BENELUX

2 0 0 5

■ *Sélection d'hôtels et de restaurants*

Selectie van hotels en restaurants ■

■ *Auswahl an Hotels und Restaurants*

Selection of hotels and restaurants ■

BENELUX

Cher lecteur

Le Guide Michelin vous propose,
dans chaque catégorie de confort et de prix,
une sélection des meilleurs hôtels et restaurants.
Cette sélection est effectuée par une équipe
d'inspecteurs, professionnels de formation
hôtelière, qui sillonnent le pays toute l'année
pour visiter de nouveaux établissements
et ceux déjà cités afin d'en vérifier la qualité
et la régularité des prestations.
Salariés Michelin, les inspecteurs travaillent
en tout anonymat et en toute indépendance.

Les équipements et services sont signalés
par des symboles, langage international qui vous
permet de voir en un coup d'œil si un hôtel dispose,
par exemple, d'un parking ou d'une piscine.
Pour bien profiter de cette très riche source
d'information, plongez-vous dans l'introduction.
Un texte décrivant l'atmosphère de l'hôtel ou
du restaurant complète ces renseignements.

L'inscription dans le guide est totalement gratuite.
Chaque année, les hôteliers et restaurateurs cités
remplissent le questionnaire qui leur est envoyé,
nous fournissant les dates d'ouverture et les prix
pour l'année à venir. Près de 100 000 informations
sont mises à jour pour chaque édition
(nouveaux établissements, changements de tarif,
dates d'ouverture).

Une grande aide vient aussi des commentaires
des lecteurs avec près de 45 000 lettres
et Email par an, pour toute l'Europe.

Merci d'avance pour votre participation
et bon voyage avec le Guide Michelin 2005.

Consultez le Guide Michelin sur
www.Viamichelin.fr
et écrivez-nous à :
leguidemichelin-Benelux@be.michelin.com

Sommaire

Le choix d'un hôtel, d'un restaurant

Ce guide vous propose une sélection d'hôtels et restaurants établie à l'usage de l'automobiliste de passage. Les établissements, classés selon leur confort, sont cités par ordre de préférence dans chaque catégorie.

Catégories

🏰	XXXXX	*Grand luxe et tradition*
🏨	XXXX	*Grand confort*
🏛	XXX	*Très confortable*
🏠	XX	*De bon confort*
🏠	X	*Assez confortable*
sans rest.		*L'hôtel n'a pas de restaurant*
	avec ch.	*Le restaurant possède des chambres*

Agrément et tranquillité

Certains établissements se distinguent dans le guide par les symboles rouges indiqués ci-après. Le séjour dans ces maisons se révèle particulièrement agréable ou reposant.
Cela peut tenir d'une part au caractère de l'édifice, au décor original, au site, à l'accueil et aux services qui sont proposés, d'autre part à la tranquillité des lieux.

🏨 à 🏠	*Hôtels agréables*
XXXXX à X	*Restaurants agréables*
⊗	*Hôtel très tranquille ou isolé et tranquille*
⊗	*Hôtel tranquille*
⩽ mer	*Vue exceptionnelle*
⩽	*Vue intéressante ou étendue.*

Les localités possédant des établissements agréables ou très tranquilles sont repérées sur les cartes placées au début de chaque pays traité dans ce guide.
Consultez-les pour la préparation de vos voyages et donnez-nous vos appréciations à votre retour, vous faciliterez ainsi nos enquêtes.

L'installation

Les chambres des hôtels que nous recommandons possèdent, en général, des installations sanitaires complètes. Il est toutefois possible que dans la catégorie 🏠, certaines chambres en soient dépourvues.

30 ch	Nombre de chambres
🛗	Ascenseur
▤	Air conditionné
TV	Télévision dans la chambre
⥰	Établissement disposant d'installations réservées aux non-fumeurs : certaines chambres pour les hôtels, une salle à manger pour les restaurants
♿	Établissement disposant d'installations accessibles aux personnes à mobilité réduite : certaines chambres pour les hôtels, une salle à manger pour les restaurants
⌂	Repas servis au jardin ou en terrasse
ⓦ	Wellness centre : bel espace de bien-être et de relaxation
♨	Balnéothérapie, Cure thermale
⨍	Salle de remise en forme
⤵ ⤶	Piscine : de plein air ou couverte
⌘ ⬱	Sauna – Jardin de repos
🚲	Location de vélos
✗	Tennis à l'hôtel
🛏 25 à 150	Salles de conférences : capacité des salles
⌕	Restaurant proposant un service voiturier (pourboire d'usage)
🚗	Garage dans l'hôtel (généralement payant)
P	Parking (pouvant être payant)
⚓	Ponton d'amarrage
✗	Accès interdit aux chiens (dans tout ou partie de l'établissement)
Fax	Transmission de documents par télécopie
mai-oct.	Période d'ouverture, communiquée par l'hôtelier En l'absence de mention, l'établissement est ouvert toute l'année.
✉ 9411 KL	Code postal de l'établissement (Grand-Duché de Luxembourg et Pays-Bas en particulier)

La table

Les étoiles

*Certains établissements méritent d'être signalés
à votre attention pour la qualité de leur cuisine.
Nous les distinguons par les étoiles de bonne table.*

*Nous indiquons pour ces établissements,
trois spécialités culinaires et,
au Grand-Duché de Luxembourg des vins locaux,
qui pourront orienter votre choix.*

❀❀❀ ### Une des meilleures tables, vaut le voyage
*On y mange toujours très bien, parfois merveilleusement.
Grands vins, service impeccable, cadre élégant...
Prix en conséquence.*

❀❀ ### Table excellente, mérite un détour
*Spécialités et vins de choix...
Attendez-vous à une dépense en rapport.*

❀ ### Une très bonne table dans sa catégorie
*L'étoile marque une bonne étape sur votre itinéraire.
Mais ne comparez pas l'étoile d'un établissement de luxe
à prix élevés avec celle d'une petite maison où à prix
raisonnables, on sert également une cuisine de qualité.*

*Le nom du chef de cuisine figure après la raison
sociale lorsqu'il exploite personnellement l'établissement.
Exemple :* 𝕏𝕏 ❀ **Panorama** (Martin)...

Le "Bib Gourmand"

Repas soignés à prix modérés

Vous souhaitez parfois trouver des tables plus simples, à prix modérés ; c'est pourquoi nous avons sélectionné des restaurants proposant, pour un rapport qualité-prix particulièrement favorable, un repas soigné.

Ces maisons sont signalées par le "Bib Gourmand" et Repas *(environ 33 euros).*

La carte des vins

Carte offrant un choix particulièrement attractif.

Parmi les restaurants que nous avons sélectionnés, dans toutes les catégories, certains proposent une carte des vins particulièrement attractive. Mais attention à ne pas comparer la carte présentée par le sommelier d'un grand restaurant avec celle d'une auberge dont le patron se passionne pour les vins de sa région.

Consultez les cartes des étoiles de bonne table ✿✿✿, ✿✿, ✿ et des "Bib Gourmand" placées au début de chaque pays et les listes signalées au sommaire.

Voir aussi ↪ page 10.

L'hébergement

Le "Bib Hôtel"

Bonnes nuits à petits prix

*Vous cherchez un hôtel pratique et accueillant
offrant une prestation de qualité
à prix raisonnable ?
Ces adresses possèdent une majorité
de chambres pour deux personnes,
petits déjeuners compris,
à moins de 80 € en province
et moins de 100 € en ville
et stations touristiques importantes.
Elles vous sont signalées par le* **"Bib Hôtel"** et ch
Ex. 25 ch **40/72** *en province.*
Ex. 25 ch **45/82** *en ville et stations
touristiques importantes.*

Consultez la liste des **"Bib Hôtel"** *pages 76 et 77
et repérez-les sur les cartes pages 84 à 86.*

Les prix

Les prix que nous indiquons dans ce guide
ont été établis à l'automne 2004 et s'appliquent
à la **haute saison**. Ils sont susceptibles
de modifications, notamment en cas de variations
des prix des biens et services. Ils s'entendent taxes et
services compris. Aucune majoration ne doit figurer
sur votre note, sauf éventuellement une taxe locale.
Les hôtels et restaurants figurent en gros caractères
lorsque les hôteliers nous ont donné tous leurs prix
et se sont engagés, sous leur propre responsabilité,
à les appliquer aux touristes de passage porteurs
de notre guide.
Les week-ends et dans les grandes villes,
certains hôtels pratiquent des prix avantageux,
renseignez-vous lors de votre réservation.
Les exemples suivants sont donnés en euros.
Entrez à l'hôtel le Guide à la main, vous
montrerez ainsi qu'il vous conduit là en confiance.

Repas

⊖⊗	*Établissement proposant un menu simple à moins de 22 euros.*
Repas Lunch 18	*Repas servi le midi et en semaine seulement.*

Menus à prix fixe :

Repas 25/50   *Minimum 25 et maximum 50 des menus servis
aux heures normales (12 h à 14 h 30
et 19 h à 21 h 30 en Belgique – 12 h à 14 h
et 17 h à 21 h aux Pays-Bas).
Certains menus ne sont servis que pour 2 couverts minimum
ou par table entière.*

bc	*Boisson comprise (vin)*
♀	*Vin servi au verre*

Repas à la carte :

Repas carte 40
à 75   *Le premier prix correspond à un repas normal
comprenant : entrée, plat garni et dessert.
Le 2ᵉ prix concerne un repas plus complet
(avec spécialité) comprenant : deux plats et dessert.*

Chambres

☕ 12   *Prix du petit déjeun*
(supplément éventuel ... en chambre).

ch 70/85   *Prix minimum (70) po... chambre d'une personne*
prix maximum (85) po... chambre
de deux personnes.

suites   *Se renseigner auprès de ...er.*

29 ch ☕ 75/105   *Prix des chambres petit ... compris.*

Demi-pension

½ P 90/110   *Prix minimum et maximun... demi-pension*
(chambre, petit déjeuner et ... deux repas)
par personne et par jour, en...
Il est indispensable de s'enten...
avec l'hôtelier pour conclure u... préalable
... ngement définitif.

Les arrhes

Certains hôteliers demandent le v... ent d'arrhes.
Il s'agit d'un dépôt-garantie qui en... l'hôtelier
comme le client. Bien faire préciser ... dispositions
de cette garantie.

Cartes de crédit

AE Ⓓ Ⓜⓔ VISA JCB

Cartes de crédit acceptées par l'établissem... :
American Express – Diners Club – MasterC...d (Eurocard)
– Visa – Japan Credit Bureau

Les *les*

1000	*Nume... à indiquer dans l'adresse avan... de la localité*
⊠ 4900 Spa	*Bure... poste desservant la localité*
P	*...? Province*
C Herve	*Sie... inistratif communal*
531 T 3 **716** E 3	*N... de la Carte Michelin et carroyage ...éro du pli*
G. Belgique-Lux.	*...o guide vert Michelin Belgique-Luxembourg*
4 283 h	*...ution (d'après chiffres du dernier recensement ...l publié)*
BX A	*...s repérant un emplacement sur le plan*
⌐₁₈	*...et nombre de trous*
☀, ≤	*...norama, point de vue*
≥	*...ropor...*
🚗 ℰ 02 45 52	*...ocalité desservie par train-auto Renseignements au numéro de téléphone indiqué*
⬏	*Transports maritimes*
⬏	*Transports maritimes pour passagers seulement*
	Information touristique

Les *curiosités*

Intérêt

★★★	*Vaut le voyage*
★★	*Mérite un détour*
★	*Intéressant*

Situation

Voir	*Dans la ville*
Env	*Aux environs de la ville*
Nord Sud, Est, Ouest	*La curiosité est située : au Nord, au Sud, à l'Est, à l'Ouest*
②. ④	*On s'y rend par la sortie ② ou ④ repérée par le même signe sur le plan du Guide et sur la carte*
2 km	*Distance en kilomètres*

La voiture, les pneus

*En fin de guide figure une liste des principales
marques automobiles pouvant éventuellement
vous aider en cas de panne.*

*Vous pouvez également consulter utilement
les principaux automobiles clubs du Benelux :*

Belgique   *Royal Automobile Club de Belgique
(RACB),
FIA, rue d'Arlon 53 – Bte 3,
1040 Bruxelles
☎ 0 2 287 09 11 fax 0 2 230 75 84
Royal Motor Union
boulevard d'Avroy 254 – Bte 1,
4000 Liège
☎ 0 4 252 70 30 fax 0 4 252 83 01
Touring Club Royal de Belgique (TCB)
AIT, rue de la Loi 44, 1040 Bruxelles
☎ 0 2 233 22 02 fax 02 286 33 23
Vlaamse Automobilistenbond
(VTB-VAB)
Sint-Jakobsmarkt 45, 2000 Antwerpen
☎ 0 3 253 63 63*

Luxembourg   *Automobile Club du Grand Duché
de Luxembourg (ACL)
FIA & AIT, route de Longwy 54,
8007 Bertrange
☎ 45 00 45 1 fax 45 04 55*

Pays-Bas   *Koninklijke Nederlandse Automobiel
Club (KNAC)
FIA, Wassenaarseweg 220,
2596 EC Den Haag
☎ (070) 383 16 12
fax (070) 383 19 06
Koninklijke Nederlandse Toeristenbond
(ANWB)
AIT, Wassenaarseweg 220,
2596 EC Den Haag
☎ (070) 314 71 47
fax (070) 314 69 69*

Vitesse : Limites autorisées (en km/h) ____

	Autoroute	Route	Agglomération
Belgique	120	90	30/50
GD Luxembourg	120	90	50
Pays-Bas	100/120	80	50

Les cartes
de voisinage

Avez-vous pensé à les consulter ?

*Vous souhaitez trouver une bonne adresse,
par exemple, aux environs de Arnhem ?
Consultez la carte qui accompagne le plan
de la ville.*

*La « carte de voisinage » (ci-contre) attire
votre attention sur toutes les localités citées au Guide
autour de la ville choisie, et particulièrement
celles situées dans un rayon de 30 km
(limite de couleur).*

*Les « cartes de voisinage » vous permettent ainsi
le repérage rapide de toutes les ressources proposées
par le Guide autour des métropoles régionales.*

Nota :

*Lorsqu'une localité est présente sur une « carte
de voisinage », sa métropole de rattachement
est imprimée en BLEU sur la ligne des distances
de ville à ville.*

*Vous trouverez
EDE
sur la carte
de voisinage
de ARNHEM.*

Exemple :

EDE *Gelderland* 🔢🔢🔢 *I 5 – 101 700 h.*
Env. *Parc National de la Haute Veluwe*★★★
*Amsterdam 81 – Arnhem 23 – Apeldoorn 32 –
Utrecht 43.*

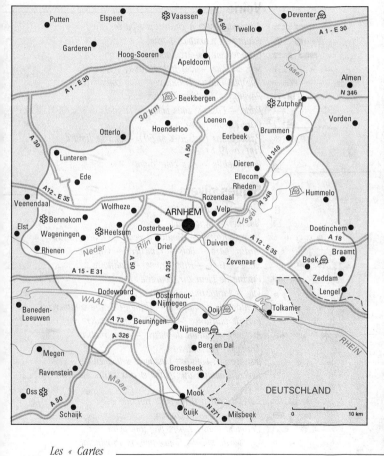

Les « Cartes de voisinage » sont localisées sur la carte thématique de chaque pays respectif.

Les plans

□   ●   *Hôtels*

■   ●   *Restaurants*

Curiosités _____

Bâtiment intéressant

Édifice religieux intéressant

Voirie _____

Autoroute, route à chaussées séparées

4   **4**   *échangeur : complet, partiel*

Grande voie de circulation

←   ◄   ⌐⌐⌐⌐⌐   *Sens unique – Rue impraticable, réglementée*

Pasteur   *Rue piétonne – Tramway – Rue commerçante*

P   P   *Parking – Parking Relais*

⌐   ⊣⊢   ⊣⊢   *Porte – Passage sous voûte – Tunnel*

Gare et voie ferrée

⌐4m⌐   ⑱   *Passage bas (inf. à 4 m 50) – Charge limitée (inf. à 19 t.)*

△   B   *Pont mobile – Bac pour autos*

Signes divers _____

🛈   *Information touristique*

ŏ   ⊠   *Mosquée – Synagogue*

● ◎ ⁂ ✸ ꭛   *Tour – Ruines – Moulin à vent – Château d'eau*

t†t 1   *Jardin, parc – Bois – Cimetière – Calvaire*

🛉 ✶ ✶   *Stade – Golf – Hippodrome – Patinoire*

≋ ⌷   *Piscine de plein air, couverte*

≼   ᾰ₩   *Vue – Panorama*

■ ◎ ✿ ⛿   *Monument – Fontaine – Usine – Centre commercial*

⚓ ⌖   *Port de plaisance – Phare – Embarcadère*

✈ ● ⍤   *Aéroport – Station de métro – Gare routière*

Transport par bateau :

▄▂   ⌐   *passagers et voitures, passagers seulement*

③   *Repère commun aux plans et aux cartes Michelin détaillées*

⚎ ⊠   *Bureau principal de poste restante*

⊞   ⊠   *Hôpital – Marché couvert*

▨ ▭   *Bâtiment public repéré par une lettre :*

    H   P   *- Hôtel de ville – Gouvernement Provincial*

        J   *- Palais de justice*

    M   T   *- Musée – Théâtre*

        U   *- Université, grande école*

  POL.   G   *- Police (commissariat central) – Gendarmerie*

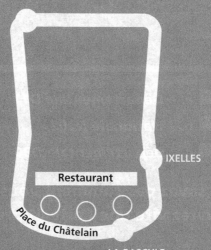

E. Baret / Michelin – (06 - Roubion)

- **a.** *Départementale D17*
- **b.** *Nationale N202*
- **c.** *Départementale D30*

**Vous ne savez pas comment vous y rendre ?
Alors ouvrez vite une Carte Michelin !**

Les cartes NATIONAL, REGIONAL, LOCAL ou ZOOM et les Atlas Michelin, par leur précision et leur clarté vous permettent de choisir votre itinéraire et de trouver facilement votre chemin, en vous repérant à chaque instant.

Une meilleure façon d'avancer

Beste lezer

De Michelingids biedt in elke categorie van comfort en prijs een selectie van de beste hotels en restaurants. Onze inspecteurs zijn opgeleid in de horecasector en reizen het hele jaar door het land om nieuwe en reeds vermelde etablissementen te bezoeken en te beoordelen of deze voldoen aan de kwaliteitseisen en een constant niveau van dienstverlening. Zij zijn in vaste dienst bij Michelin en werken anoniem en onafhankelijk.

De voorzieningen en geboden diensten zijn aangegeven met symbolen zodat iedereen in een oogopslag kan zien of een hotel bijvoorbeeld een parking of een zwembad heeft. Lees de inleiding om zo goed mogelijk te profiteren van deze rijke informatiebron. Deze gegevens worden aangevuld door een korte beschrijving van de sfeer van het hotel of restaurant.

Vermelding in de gids is kosteloos. Ieder jaar ontvangen de eigenaren van hotels en restaurants een vragenlijst waarin zij opgave doen van hun openingsperioden en prijzen voor het komende jaar. Voor elke nieuwe editie worden ongeveer 100 000 gegevens bijgewerkt (nieuwe etablissementen, prijswijzigingen, openingsperioden).

Een grote bijdrage wordt geleverd door lezers uit heel Europa die ons jaarlijks ongeveer 45 000 brieven en e-mails met commentaar sturen.

Bij voorbaat hartelijk dank voor uw medewerking en goede reis met de Michelingids 2005.

Raadpleeg de Michelin Gids op
www.Viamichelin.be.
en schrijf ons per :
leguidemichelin-benelux@be.michelin.com

Inhoud

Keuze van een hotel, van een restaurant

De selectie van hotels en restaurants in deze gids is bestemd voor de automobilist op doorreis. In de verschillende categorieën, die overeenkomen met het geboden comfort, worden de bedrijven in volgorde van voorkeur opgegeven.

Categorieën

🏨	🏨🏨🏨🏨🏨	Zeer luxueus, traditioneel
🏨	XXXX	Eerste klas
🏨	XXX	Zeer comfortabel
🏨	XX	Geriefelijk
🏨	X	Vrij geriefelijk
sans rest.		Hotel zonder restaurant
	avec ch.	Restaurant met kamers

Aangenaam en rustig verblijf

Bepaalde bedrijven worden in de gids aangeduid met de onderstaande rode tekens. Een verblijf in die bedrijven is bijzonder aangenaam of rustig. Dit kan enerzijds te danken zijn aan het gebouw, aan de originele inrichting, aan de ligging, aan de ontvangst en aan de diensten die geboden worden, anderzijds aan het feit dat het er bijzonder rustig is.

🏨 tot 🏨		Aangename hotels
XXXXX tot X		Aangename restaurants
	🤲	Zeer rustig of afgelegen en rustig hotel
	🤲	Rustig hotel
⩽ mer		Prachtig uitzicht
⩽		Interessant of weids uitzicht

Voorin elk gedeelte van de gids dat aan een bepaald land gewijd is, staat een kaart met de plaatsen met aangename of zeer rustige bedrijven. Raadpleeg deze kaarten bij het voorbereiden van uw reis en laat ons bij thuiskomst weten wat uw ervaringen zijn. Op die manier kunt u ons behulpzaam zijn.

21

Inrichting

De hotelkamers die wij aanbevelen, beschikken in het algemeen over een volledige sanitaire voorziening. Het kan echter voorkomen dat deze bij sommige kamers in de hotelcategorie 🏠 ontbreekt.

30 ch	Aantal kamers
🛗	Lift
▤	Airconditioning
📺	Televisie op de kamer
⚟	Bedrijf dat gedeeltelijk gereserveerd is voor niet-rokers : sommige kamers voor de hotels, een eetkamer voor de restaurants
♿	Bedrijf toegankelijk voor minder mobiele personen : sommige kamers voor de hotels, een eetkamer voor de restaurants
⛱	Maaltijden worden geserveerd in tuin of op terras
⑫	Wellness centre : Innerlijke en uiterlijke lichaamsverzorging in een aangenaam kader
⚚	Balneotherapie, Thalassotherapie, Badkuur
⑯	Fitness
⤢ ⤢	Zwembad : openlucht of overdekt
⇔s ⚞	Sauna – Tuin
🚲	Verhuur van fietsen
⚼	Tennis bij het hotel
🅐 25 à 150	Vergaderzalen : aantal plaatsen
⌸♟	Restaurant met valet service (fooi gebruikelijk)
⛝	Garage bij het hotel (meestal tegen betaling)
🅿	Parkeerplaats (eventueel tegen betaling)
⚓	Aanlegplaats
⚹	Honden worden niet toegelaten (in het hele bedrijf of in een gedeelte daarvan)
Fax	Telefonische doorgave van documenten
mai-oct.	Openingsperiode ; door de hotelhouder opgegeven Het ontbreken van deze vermelding betekent, dat het bedrijf het gehele jaar geopend is
✉ 9411 KL	Postcode van het bedrijf (in het bijzonder voor Groothertogdom Luxemburg en Nederland)

Keuken

Sterren

*Bepaalde bedrijven verdienen extra aandacht
vanwege de kwaliteit van hun keuken.
Wij geven ze aan met één of meer sterren.*

*Bij deze bedrijven vermelden wij meestal drie
culinaire specialiteiten en voor Luxemburg lokale
wijnen. Wij adviseren u daaruit een keuze
te maken, zowel voor uw eigen genoegen
als ter aanmoediging van de kok.*

❀❀❀ **Uitzonderlijke keuken : de reis waard**

*Het eten is altijd zeer lekker, soms buitengewoon,
beroemde wijnen, onberispelijke bediening,
stijlvol interieur... Overeenkomstige prijzen.*

❀❀ **Verfijnde keuken : een omweg waard**

*Bijzondere specialiteiten en wijnen...
Verwacht geen lage prijzen.*

❀ **Een uitstekende keuken in zijn categorie**

*De ster wijst op een goed rustpunt op uw route.
Maar vergelijk niet de ster van een luxueus bedrijf
met hoge prijzen met die van een klein restaurant dat
ook een verzorgde keuken biedt tegen redelijke prijzen.*

*De naam van de chef-kok staat vermeld achter
de naam van het bedrijf als hij zelf
het etablissement uitbaat.*
*Voorbeeld : ✗✗ ❀ **Panorama** (Martin)...*

De "Bib Gourmand" _____

Verzorgde maaltijden voor een schappelijke prijs

*Soms wenst u iets eenvoudiger te eten, voor een
schappelijke prijs. Om die reden hebben wij
eetgelegenheden geselecteerd die bij een zeer gunstige
prijs-kwaliteit verhouding, een goede maaltijd
serveren.*
Deze bedrijven worden aangeduid met de
"Bib Gourmand" Repas *(ongeveer 33 euro's).*

 Wijnkaart _____

Interessante wijnkaart

*In alle categorieën hebben wij in de selectie van
restaurants naar merkwaardige wijnkaarten gezocht.
Deze zijn niet onderling te vergelijken, een
sommelier van een groot restaurant en een
aubergist die van regionale wijnen spreekt hebben
dezelfde passie maar niet dezelfde middelen.
Bekijk ze dus niet op dezelfde wijze.*

Raadpleeg de kaarten van de sterren ✿✿✿, ✿✿, ✿ *en
van de "Bib Gourmand"* *voorin elk gedeelte van deze
gids dat aan een bepaald land gewijd is en de lijsten
vermeld in de inhoud.*
Zie ook ⊜ *pagina 26.*

24

Overnachten

De "Bib Hôtel"

Goed overnachten aan schappelijke prijzen

U bent op zoek naar een praktisch en gastvrij hotel dat een kwaliteit biedt tegen een schappelijke prijs ? Deze adressen bieden een meerderheid van tweepersoonskamers aan, ontbijt inbegrepen, voor minder dan 80 € in de provincie en minder dan 100 € in de stad en belangrijke toeristische plaatsen.
Deze worden aangeduid door de **"Bib Hôtel"** *en* ch.
Vb. 25 ch **40/72** *in de provincie.*
Vb. 25 ch **45/82** *in de stad en belangrijke toeristische plaatsen.*

Raadpleeg de lijst van de **"Bib Hôtel"** *pagina 76 tot 77 en vindt ze terug op de kaarten pagina 84 tot 86.*

Prijzen

*De prijzen in deze gids werden in het najaar 2004
genoteerd en zijn geldig tijdens **het hoogseizoen**. Zij
kunnen gewijzigd worden,
met name als de prijzen van goederen en diensten
veranderen. In de vermelde bedragen is alles
inbegrepen (bediening en belasting).
Op uw rekening behoort geen ander bedrag te
staan, behalve eventueel een plaatselijke belasting.
De naam van een hotel of restaurant is dik gedrukt
als de hotelhouder ons al zijn prijzen heeft
opgegeven en zich voor eigen verantwoording heeft
verplicht deze te berekenen aan toeristen die onze
gids bezitten.
Talrijke hotels hebben tijdens het weekend voordelige
prijzen (grote steden). Informeer U.
Onderstaande voorbeelden zijn in euro's gegeven.
Als u met de gids in de hand een hotel of
restaurant binnen gaat, laat u zien dat wij
u dat bedrijf hebben aanbevolen.*

Maaltijden

         ℴ   *Bedrijf dat een eenvoudig menu serveert van minder
dan 22 euro's.*

Repas *Lunch 18*   *Deze maaltijd wordt enkel 's middags geserveerd
en meestal alleen op werkdagen.*

Vaste prijzen voor menu's :

Repas 25/50   *laagste (25) en hoogste (50) prijs van menu's
die op normale uren geserveerd worden
(12-14.30 u. en 19-21.30 u. in België –
12-14 u. en 17-21 u. in Nederland).
Sommige menu's worden alleen geserveerd voor minimum
2 personen of per tafel.*

bc   *Drank inbegrepen (wijn)*
♀   *Wijn per glas*

Maaltijden « à la carte » :

Repas carte 40   *De eerste prijs betreft een normale maaltijd, bestaande
à 75   uit een voorgerecht, een hoofdgerecht en een dessert.
De tweede prijs betreft een meer uitgebreide maaltijd
(met een specialiteit) bestaande uit : twee gerechten,
en een dessert.*

Kamers

☐ 12	*Prijs van het ontbijt (mogelijk wordt een extra bedrag gevraagd voor ontbijt op de kamer).*
ch 70/85	*Laagste prijs (70) voor een eenpersoonskamer en hoogste prijs (85) voor een tweepersoonskamer.*
suites	*Zich wenden tot de hotelhouder*
29 ch ☐ 75/105	*Prijzen van de kamers met ontbijt.*

Half pension

½ P 90/110

Laagste en hoogste prijs voor half pension (kamer, ontbijt en één van de twee maaltijden), per persoon en per dag, in het hoogseizoen. Het is raadzaam om van tevoren met de hotelhouder te overleggen en een goede afspraak te maken.

Aanbetaling

Sommige hotelhouders vragen een aanbetaling. Dit bedrag is een garantie, zowel voor de hotelhouder als voor de gast. Het is wenselijk te informeren naar de bepalingen van deze garantie.

Creditcards

*Creditcards die door het bedrijf geaccepteerd worden :
American Express – Diners Club – MasterCard (Eurocard) – Visa – Japan Credit Bureau*

Steden

1000	Postcodenummer, steeds te vermelden in het adres voor de plaatsnaam
✉ 4900 Spa	Postkantoor voor deze plaats
ℙ	Hoofdstad van de provincie
Ⓒ Herve	Gemeentelijke administratieve zetel
531 T 3 716 E 3	Nummer van de Michelinkaart en graadnet of nummer van het vouwblad
G. Belgique-Lux.	Zie de groene Michelingids België-Luxemburg
4 283 h	Totaal aantal inwoners (volgens de laatst gepubliceerde, officiële telling)
BX A	Letters die de ligging op de plattegrond aangeven
⛳18	Golf en aantal holes
✳, ≤	Panorama, uitzicht
✈	Vliegveld
🚗 ☎ 02 45 52 14	Plaats waar de autoslaaptrein stopt. Inlichtingen bij het aangegeven telefoonnummer.
🛳	Bootverbinding
🚢	Bootverbinding (uitsluitend passagiers)
🛈	Informatie voor toeristen - VVV

Bezienswaardigheden

Classificatie

★★★	De reis waard
★★	Een omweg waard
★	Interessant

Ligging

Voir	In de stad
Env.	In de omgeving van de stad
Nord, Sud, Est, Ouest	De bezienswaardigheid ligt : ten noorden, ten zuiden, ten oosten, ten westen
②, ④	Men komt er via uitvalsweg ② of ④, die met hetzelfde teken is aangegeven op de plattegrond in de gids en op de kaart
2 km	Afstand in kilometers

Auto en banden

*Achter in deze gids vindt u een lijst met
de belangrijkste auto-importeurs die u van dienst
zouden kunnen zijn.
U kunt ook de hulp inroepen
van een automobielclub in de Benelux :*

België
*Vlaamse Automobilistenbond (VTB-VAB)
Sint-Jakobsmarkt 45, 2000 Antwerpen
✆ 0 3 253 63 63
Koninklijke Automobiel Club van
België (KACB)
FIA, Aarlenstraat 53 – Bus 3,
1040 Brussel
✆ 0 2 287 09 11 fax 0 2 230 75 84
Royal Motor Union
boulevard d'Avroy 254 – Bte 1,
4000 Liège
✆ 0 4 252 70 30 fax 0 4 252 83 01
Touring Club van België (TCB)
AIT, Wetstraat 44, 1040 Brussel
✆ 0 2 233 22 02 fax 02 286 33 23*

Luxemburg
*Automobile Club du Grand Duché de
Luxembourg (ACL)
FIA & AIT, route de Longwy 54,
8007 Bertrange
✆ 45 00 45 1 fax 45 04 55*

Nederland
*Koninklijke Nederlandse Automobiel
Club (KNAC)
FIA, Wassenaarseweg 220,
2596 EC Den Haag
✆ (070) 383 16 12
fax (070) 383 19 06
Koninklijke Nederlandse Toeristenbond
(ANWB)
AIT, Wassenaarseweg 220,
2596 EC Den Haag
✆ (070) 314 71 47
fax (070) 314 69 69*

Maximumsnelheden (km/u)

	Autosnelwegen	Wegen	Bebouwde kom
België	120	90	30/50
Luxemburg	120	90	50
Nederland	100/120	80	50

29

Omgevingskaarten

Sla ze erop na!

Bent u op zoek naar een hotel of een restaurant in de buurt van bijvoorbeeld Arnhem ?

Gebruik dan de kaart die bij de stadsplattegrond hoort.

Deze kaart (zie hiernaast) geeft de in de Gids vermelde plaatsen aan die zich in de buurt van de geselecteerde stad bevinden.

De plaatsen die binnen een straal van 30 km liggen, bevinden zich binnen de blauwe lijn.

Aan de hand van deze kaarten kan men dadelijk de in de Gids geselecteerde bedrijven in de buurt van de verschillende regionale hoofdplaatsen terugvinden.

N.B. :

Wordt een gemeente of dorp op een kaart van de omgeving in de buurt van een stad aangegeven, dan wordt deze stad in het blauw vermeld.

Voorbeeld :

EDE staat vermeld op de kaart van de omgeving van ARNHEM.

EDE *Gelderland* 🎫 *I 5 – 101 700 h.*
Env. *Parc National de la Haute Veluwe★★★*
Amsterdam 81 – Arnhem 23 – Apeldoorn 32 – Utrecht 43.

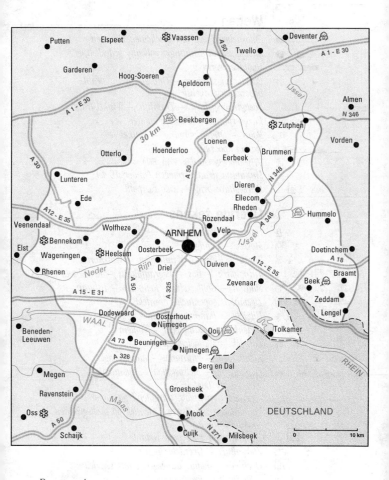

*De omgevings-
kaarten staan
vermeld op
de thematische
kaart van elk
respectievelijk land.*

Plattegronden

□   ●   *Hotels*
■   ●   *Restaurants*

Bezienswaardigheden _____

Interessant gebouw
Interessant kerkelijk gebouw

Wegen _____

Autosnelweg, weg met gescheiden rijbanen
④ ④   *knooppunt/aansluiting : volledig, gedeeltelijk*
Hoofdverkeersweg
← ◄ ======= *Eenrichtingsverkeer – Onbegaanbare straat, beperkt toegankelijk*
Pasteur   *Voetgangersgebied – Tramlijn – Winkelstraat*
🅿 🅟   *Parkeerplaats – Parkeer en Reis*
╪ ╪╞ ╪╞   *Poort – Onderdoorgang – Tunnel*
Station spoorweg
4ᵐ⁵⁰ ⑱   *Vrije hoogte (onder 4 m 50) – Maximum draagvermogen (onder 19 t.)*
△ 🅱   *Beweegbare brug – Auto-veerpont*

Overige tekens _____

🛈   *Informatie voor toeristen*
☪ ⊠   *Moskee – Synagoge*
● ○ ⋆ ✵ 🗼   *Toren – Ruïne – Windmolen – Watertoren*
▨ ▨ ✝ ✝ ✝   *Tuin, park – Bos – Begraafplaats – Kruisbeeld*
⬭ ⛳ 🏇 ⛸   *Stadion – Golfterrein – Renbaan – IJsbaan*
≋ ≋   *Zwembad : openlucht, overdekt*
≼ ≋   *Uitzicht – Panorama*
■ ○   *Gedenkteken, standbeeld – Fontein*
✿ 🏬   *Fabriek – Winkelcentrum*
⚓ 🚨   *Jachthaven – Vuurtoren – Aanlegsteiger*
✈ ⊙ 🚌   *Luchthaven – Metrostation – Busstation*
Vervoer per boot : passagiers en auto's, uitsluitend passagiers
③   *Verwijsteken uitvalsweg : identiek op plattegronden en Michelinkaarten*
🖼 ◉   *Hoofdkantoor voor poste-restante*
✚ ⊠   *Ziekenhuis – Overdekte markt*
▨ ▨   *Openbaar gebouw, aangegeven met een letter :*
H   P   *- Stadhuis – Provinciehuis*
J   *- Gerechtshof*
M   T   *- Museum – Schouwburg*
U   *- Universiteit, hogeschool*
POL.   *- Politie (in grote steden, hoofdbureau) –*
G   *- Marechaussee/rijkswacht*

Lieber Leser

Der Michelin-Führer bietet Ihnen in jeder Komfort- und Preiskategorie eine Auswahl der besten Hotels und Restaurants. Diese Auswahl wird von einem Team von Inspektoren mit Ausbildung in der Hotellerie erstellt, die das Jahr hindurch das ganze Land bereisen. Ihre Aufgabe ist es, die Qualität und die Leistung der empfohlenen und der neu aufzunehmenden Hotels und Restaurants zu überprüfen. Als Angestellte bei Michelin arbeiten die Inspektoren anonym und völlig unabhängig.

Die Einrichtung und der gebotene Service der Betriebe wird durch Symbole gekennzeichnet – eine internationale Sprache, die auf einen Blick erkennen lässt ob ein Hotel beispielsweise einen Parkplatz oder ein Schwimmbad besitzt. Um diese umfangreiche Information voll nutzen zu können, werfen Sie einen Blick in die Einleitung. Der Text, der die Atmosphäre eines Hotels oder Restaurants beschreibt, ergänzt die Symbole.

Die Empfehlung im Michelin-Führer ist absolut kostenlos. Alle empfohlenen Hotel und Restaurant füllen jedes Jahr einen Fragebogen aus, in dem uns die Schließungszeiten und die aktuellen Preise für das nächste Jahr genannt werden. Nahezu 100 000 Veränderungen für jede Ausgabe ergeben sich daraus (neue Betriebe, veränderte Preise und Schließungszeiten).

Eine sehr große Hilfe sind jedoch auch Sie, unsere Leser –mit beinahe 45 000 Briefen und E-Mail aus ganz Europa.

Wir bedanken uns im Voraus für Ihre Hilfe und wünschen Ihnen eine gute Reise mit dem Michelin-Führer 2005.

Die Auswahl des Michelin-Führers finden Sie auch im Internet unter : www.Viamichelin.be
Sie erreichen uns unter : Leguidemichelin-benelux@be.michelin.com

Inhaltsverzeichnis

Wahl eines Hotels,
eines Restaurants

*Die Auswahl der in diesem Führer aufgeführten
Hotels und Restaurants ist für Durchreisende
gedacht. In jeder Kategorie drückt die Reihenfolge
der Betriebe (sie sind nach ihrem Komfort
klassifiziert) eine weitere Rangordnung aus.*

Kategorien

⌂⌂⌂⌂	XXXXX	*Großer Luxus und Tradition*
⌂⌂⌂	XXXX	*Großer Komfort*
⌂⌂	XXX	*Sehr komfortabel*
⌂⌂	XX	*Mit gutem Komfort*
⌂	X	*Mit Standard Komfort*
sans rest.		*Hotel ohne Restaurant*
	avec ch.	*Restaurant vermietet auch Zimmer*

Annehmlichkeiten

*Manche Häuser sind im Führer durch rote Symbole
gekennzeichnet (s. unten.) Der Aufenthalt
in diesen ist wegen der schönen, ruhigen Lage,
der nicht alltäglichen Einrichtung
und Atmosphäre sowie dem gebotenen Service
besonders angenehm und erholsam.*

⌂⌂⌂⌂ bis ⌂	*Angenehme Hotels*
XXXXX bis X	*Angenehme Restaurants*
ঌ	*Sehr ruhiges, oder abgelegenes und ruhiges Hotel*
ঌ	*Ruhiges Hotel*
⩽ mer	*Reizvolle Aussicht*
⩽	*Interessante oder weite Sicht*

*Die den einzelnen Ländern vorangestellten
Übersichtskarten, auf denen die Orte mit besonders
angenehmen oder sehr ruhigen Häusern
eingezeichnet sind, helfen Ihnen bei
der Reisevorbereitung. Teilen Sie uns bitte nach
der Reise Ihre Erfahrungen und Meinungen mit. Sie
helfen uns damit, den Führer weiter zu verbessern.*

Einrichtung

Die meisten der empfohlenen Hotels verfügen über Zimmer, die alle oder doch zum größten Teil mit Bad oder Dusche ausgestattet sind.
In den Häusern der Kategorie 🏠 *kann diese jedoch in einigen Zimmern fehlen.*

30 ch	*Anzahl der Zimmer*
🛗	*Fahrstuhl*
▤	*Klimaanlage*
📺	*Fernsehen im Zimmer*
⤫	*Betrieb besitzt für Nichtraucher reservierte Räumlichkeiten : einige Zimmer bei Hotels und einen separaten Raum bei Restaurants*
♿	*Betrieb besitzt Einrichtungen für Körperbehinderte : einige Zimmer für Hotels und spezielle Einrichtungen im Restaurant*
�	*Garten-, Terrassenrestaurant*
ⓦ	*Wellness centre : schöner Bereich zum Wohlfühlen und Entspannen*
⚕	*Badeabteilung, Thermalkur*
🔩	*Fitneßraum*
⛾ 🔲	*Freibad – Hallenbad*
ⓢ 🌾	*Sauna – Liegewiese, Garten*
🚲	*Fahrradverleih*
✖	*Hoteleigener Tennisplatz*
🏛 25 à 150	*Konferenzräume (Mindest- und Höchstkapazität)*
🛎	*Das Restaurant bietet einen Wagenmeister-Service an (trinkgeld üblich)*
🚘	*Hotelgarage (wird gewöhnlich berechnet)*
P	*Parkplatz (manchmal gebührenpflichtig)*
⚓	*Bootssteg*
🐕	*Hunde sind unerwünscht (im ganzen Haus bzw. in den Zimmern oder im Restaurant)*
Fax	*Telefonische Dokumentenübermittlung*
mai-oct.	*Öffnungszeit, vom Hotelier mitgeteilt Häuser ohne Angabe von Schließungszeiten sind ganzjährig geöffnet*
✉ 9411 KL	*Angabe des Postbezirks (bes. Niederlande und Großherzogtum Luxemburg)*

Küche

Die Sterne

Einige Häuser verdienen wegen ihrer überdurchschnittlich guten Küche Ihre besondere Beachtung. Auf diese Häuser weisen die Sterne hin.

*Bei den mit « **Stern** » ausgezeichneten Betrieben nennen wir drei kulinarische Spezialitäten (mit Landweinen in Luxemburg), die Sie probieren sollten.*

❀❀❀   **Eine der besten Küchen : eine Reise wert**
Man ißt hier immer sehr gut, öfters auch exzellent, edle Weine, tadelloser Service, gepflegte Atmosphäre... entsprechende Preise.

❀❀   **Eine hervorragende Küche : verdient einen Umweg**
Ausgesuchte Menus und Weine... angemessene Preise.

❀   **Eine sehr gute Küche : verdient Ihre besondere Beachtung**
Der Stern bedeutet eine angenehme Unterbrechung Ihrer Reise.
Vergleichen Sie aber bitte nicht den Stern eines sehr teuren Luxusrestaurants mit dem Stern eines kleineren oder mittleren Hauses, wo man Ihnen zu einem annehmbaren Preis eine ebenfalls vorzügliche Mahlzeit reicht.

Wenn ein Hotel oder Restaurant vom Küchenchef selbst geführt wird, ist sein Name (in Klammern) erwähnt.
Beispiel : %%%% ❀ **Panorama** (Martin)...

Der "Bib Gourmand"

Sorgfältig zubereitete, preiswerte Mahlzeiten

Für Sie wird es interessant sein, auch solche Häuser kennenzulernen, die eine etwas einfachere Küche zu einem besonders günstigen Preis/Leistungs-Verhältnis bieten.

Im Text sind die betreffenden Restaurants durch das rote Symbol "Bib Gourmand" und Repas *(ungefähr 33 euro) vor dem Menupreis kenntlich gemacht.*

 ## Die Weinkarte

Weinkarte mit besonders Angebot attraktivem

Einige der von uns empfohlenen Restaurants bieten eine besonders interessante Weinauswahl. Aber bitte vergleichen Sie nicht die Weinkarte, die Ihnen vom Sommelier eines großen Hauses präsentiert wird, mit der Auswahl eines Gasthauses, dessen Besitzter die Weine der Region mit Sorgfalt zusammenstellt.

Benützen Sie die Übersichtskarten für die Häuser mit
⭐⭐⭐, ⭐⭐, ⭐ *und "Bib Gourmand"* . *Sie befinden sich am Anfang des jeweiligen Landes. Eine zusammenfassende Liste aller Länder finden Sie in der Einleitung.*

Siehe auch ⇝ *Seite 40.*

Übernachtung

Der "Bib Hôtel"

Hier übernachten Sie gut und preiswert

Suchen Sie ein praktisches und gastfreundliches Hotel, das Ihnen Zimmer zu einem guten Preis-Leistungsverhältnis bietet ?

In diesen Hotels kostet die Mehrzahl der Zimmer für zwei Personen mit Frühstück weniger als 80 € in ländlichen Gegenden und weniger als 100 € in Urlaubsorten und in den Städten.

Diese Häuser werden durch den "Bib Hôtel" 🛏 *und* ch *gekennzeichnet.*

Beispiel: 25 ch 40/72 *auf dem Land*
25 ch 45/82 *in Urlaubsorten und Städten*

Alle "Bib Hôtel" finden Sie auf der Liste Seite 76 bis 77 auf den Übersichtskarten Seite 84 bis 86.

Preise

Die in diesem Führer genannten Preise wurden uns
im Herbst 2004 angegeben, es sind
Hochsaisonpreise. Sie können sich mit den Preisen
von Waren und Dienstleistungen ändern. Sie
enthalten Bedienung und MWSt.
Es sind Inklusivpreise, die sich nur noch durch
eine evtl. zu zahlende lokale Taxe erhöhen können.
Zahlreiche Hotels im großen Städten bieten
sehr günstige Wochenendtarife.
Die Namen der Hotels und Restaurants,
die ihre Preise genannt haben, sind **fettgedruckt**.
Gleichzeitig haben sich diese Häuser verpflichtet,
die von den Hoteliers selbst angegebenen Preise
den Benutzern des Michelin-Führers zu berechnen.
Die folgenden Beispiele sind in Euro angegeben.
Halten Sie beim Betreten des Hotels den Führer
in der Hand. Sie zeigen damit, daß Sie aufgrund
dieser Empfehlung gekommen sind.

Mahlzeiten

<table>
<tr><td>→</td><td>Restaurant, das ein einfaches Menu unter 22 euros anbietet.</td></tr>
<tr><td>**Repas** Lunch 18</td><td>Menu im allgemeine nur Werktags mittags serviert.</td></tr>
</table>

Feste Menupreise :

Repas 25/50
Mindest- 25 und Höchstpreis 50 für die Menus
(Gedecke), die zu den normalen Tischzeiten serviert
werden (12-14.30 Uhr und 19-21.30 Uhr in Belgien,
12-14 Uhr und 17-21 Uhr in den Niederlanden).
Einige Menus werden nur tischweise oder für mindestens
2 Personen serviert.

bc   Getränke inbegriffen (Wein)

♟   Offene Wein

Mahlzeiten « à la carte » :

Repas carte 40
à 75
Der erste Preis entspricht einer einfachen Mahlzeit
und umfaßt Vorspeise, Tagesgericht mit Beilage, Dessert.
Der zweite Preis entspricht einer reichlicheren
Mahlzeit (mit Spezialität) bestehend aus:
zwei Hauptgängen, Dessert.

Zimmer

☐ 12   *Preis des Frühstücks (wenn es im Zimmer serviert*
wird kann ein Zuschlag erhoben werden).

ch 70/85   *Mindestpreis (70) für ein Einzelzimmer,*
Höchstpreis (85) für ein Doppelzimmer.

suites   *Auf Anfrage*

29 ch ☐ 75/105   *Zimmerpreis inkl. Frühstück.*

Halbpension

½ P 90/110   *Mindestpreis und Höchstpreis für Halbpension*
(Zimmer, Frühstück und 1 Hauptmahlzeit)
pro Person und Tag während der Hauptsaison.
Es ist ratsam, sich beim Hotelier vor der Anreise
nach den genauen Bedingungen zu erkundigen.

Anzahlung

Einige Hoteliers verlangen eine Anzahlung.
Diese ist als Garantie sowohl für den Hotelier
als auch für den Gast anzusehen.
Es ist ratsam, sich beim Hotelier
nach den genauen Bestimmungen zu enkundigen.

Kreditkarten

AE ⓪ ⓪⓪ *VISA* JCB   *Vom Haus akzeptierte Kreditkarten :*
American Express – Diners Club – MasterCard (Eurocard)
– Visa – Japan Credit Bureau

Städte

1000	Postleitzahl, bei der Anschrift vor dem Ortsnamen anzugeben
✉ 4900 Spa	Postleitzahl und zuständiges Postamt
P	Provinzhauptstadt
C Herve	Sitz der Kreisverwaltung
531 T 3 716 E 3	Nummer der Michelin-Karte mit Koordinaten bzw. Faltseite
G. Belgique-Lux.	Siehe Grünen Michelin-Reiseführer Belgique-Luxembourg
4 283 h	Einwohnerzahl (letzte offizielle Volkszählung)
BX A	Markierung auf dem Stadtplan
🏌18	Golfplatz und Lochzahl
☀, ≤	Rundblick, Aussichtspunkt
✈	Flughafen
🚗 ℘ 02 45 52 14	Ladestelle für Autoreisezüge. Nähere Auskünfte unter der angegebenen Telefonnummer
⛴	Autofähre
⛴	Personenfähre
🛈	Informationsstelle

Sehenswürdigkeiten

Bewertung

★★★	Eine Reise wert
★★	Verdient einen Umweg
★	Sehenswert

Lage

Voir	In der Stadt
Env.	In der Umgebung der Stadt
Nord, Sud, Est, Ouest	Im Norden, Süden, Osten, Westen der Stadt
②, ④	Zu erreichen über die Ausfallstraße ② bzw. ④, die auf dem Stadtplan und auf der Michelin-Karte identisch gekennzeichnet sind
2 km	Entfernung in Kilometern

Das Auto, die Reifen

*Am Ende des Führers finden Sie eine Adress-Liste
der wichtigsten Automarken, die Ihnen
im Pannenfalle eine wertvolle Hilfe leisten kann.
Sie können sich aber auch an die wichtigsten
Automobilclubs in den Beneluxstaaten wenden :*

Belgien
*Royal Automobile Club de Belgique (RACB)
FIA, rue d'Arlon 53 – Bte 3,
1040 Bruxelles
☎ 0 2 287 09 11 fax 0 2 230 75 84
Royal Motor Union
boulevard d'Avroy 254 – Bte 1,
4000 Liège
☎ 0 4 252 70 30 fax 0 4 252 83 01
Touring Club Royal de Belgique
(TCB)
AIT, rue de la Loi 44, 1040 Bruxelles
☎ 0 2 233 22 02 fax 02 286 33 23
Vlaamse Automobilistenbond (VTB-VAB)
Sint-Jakobsmarkt 45, 2000 Antwerpen
☎ 0 3 253 63 63*

Luxemburg
*Automobile Club du Grand Duché
de Luxembourg (ACL)
FIA & AIT, route de Longwy 54,
8007 Bertrange
☎ 45 00 45 1 fax 45 04 55*

Niederlande
*Koninklijke Nederlandse Automobiel
Club (KNAC)
FIA, Wassenaarseweg 220,
2596 EC Den Haag
☎ (070) 383 16 12
fax (070) 383 19 06
Koninklijke Nederlandse Toeristenbond
(ANWB)
AIT, Wassenaarseweg 220,
2596 EC Den Haag
☎ (070) 314 71 47
fax (070) 314 69 69*

Geschwindigkeitsbegrenzung (in km/h)

	Autobahn	Landstraße	Geschlossene Ortschaften
Belgien	120	90	30/50
Luxemburg	120	90	50
Niederlande	100/120	80	50

43

Umgebungskarten

Denken sie daran sie zu benutzen ─────

*Die Umgebungskarten sollen Ihnen die Suche
eines Hotels oder Restaurants in der Nähe
der größeren Städte erleichtern.*

*Wenn Sie beispielsweise eine gute Adresse
in der Nähe von Arnhem brauchen, gibt Ihnen
die Karte schnell einen Überblick über alle Orte,
die in diesem Michelin-Führer erwähnt sind.
Innerhalb der in Kontrastfarbe gedruckten Grenze
liegen Gemeinden, die im Umkreis
von 30 km sind.*

Anmerkung :

*Auf der Linie der Entfernungen zu anderen Orten
erscheint im Ortstext die jeweils nächste größere
Stadt mit Umgebungskarte in BLAU.*

Beispiel :

*Sie finden
EDE auf
der Umgebungskarte
von ARNHEM.*

EDE Gelderland 🔢🔢🔢 I 5 – 101 700 h.
Env. Parc National de la Haute Veluwe★★★
Amsterdam 81 – Arnhem 23 – Apeldoorn 32 –
Utrecht 43.

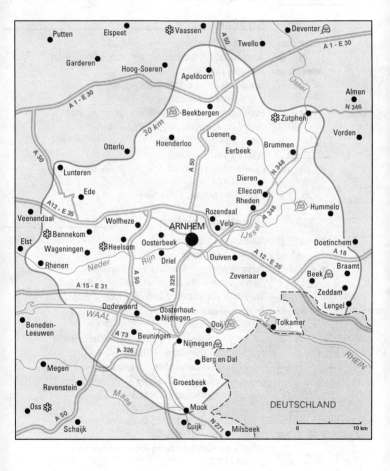

*Die Umgebungs-
karten finden
Sie auf der
Themenkarte des
jeweiligen Landes.*

Stadtpläne

□ ● *Hotels*
■ ● *Restaurants*

Sehenswürdigkeiten

Sehenswertes Gebäude
Sehenswerter Sakralbau

Straßen

Autobahn, Schnellstraße
*Anschlußstelle : Autobahneinfahrt und/oder-ausfahrt,
Hauptverkehrsstraße*
*Einbahnstraße – Gesperrte Straße, mit
- Verkehrsbeschränkungen*
Pasteur *Fußgängerzone – Straßenbahn – Einkaufsstraße*
P 🅿 *Parkplatz, Parkhaus – Park-and-Ride-Plätze*
Tor – Passage – Tunnel
Bahnhof und Bahnlinie
⁴ᵐ (18) *Unterführung (Höhe bis 4,50 m) – Höchstbelastung
(unter 19 t.)*
⚠ Ⓑ *Bewegliche Brücke – Autofähre*

Sonstige Zeichen

🖪 *Informationsstelle*
☾ ✡ *Moschee – Synagoge*
● ○ ✲ ⚲ ♴ *Turm – Ruine – Windmühle – Wasserturm*
t¹t t *Garten, Park – Wäldchen – Friedhof – Bildstock*
r̄₉ ✖ ⟅ *Stadion – Golfplatz – Pferderennbahn – Eisbahn*
≋ 🏊 *Freibad – Hallenbad*
⟨ ⚶ *Aussicht – Rundblick*
■ ⊙ ☼ ⌘ *Denkmal – Brunnen – Fabrik – Einkaufszentrum*
⚓ ⚑ *Jachthafen – Leuchtturm – Anlegestelle*
✈ ⦿ 🚌 *Flughafen – U-Bahnstation – Autobusbahnhof*
⟞ ⟞ *Schiffsverbindungen : Autofähre – Personenfähre*
(3) *Straßenkennzeichnung (identisch auf Michelin
Stadtplänen und – Abschnittskarten)*
🖾 ⊠ *Hauptpostamt (postlagernde Sendungen)*
⊞ ⊠ *Krankenhaus – Markthalle*
*Öffentliches Gebäude, durch einen Buchstaben
gekennzeichnet :*
H P *- Rathaus – Provinzregierung*
J *- Gerichtsgebäude*
M T *- Museum – Theater*
U *- Universität, Hochschule*
POL. *- Polizei (in größeren Städten Polizeipräsidium)*
G *- Gendarmerie*

Dear Reader

The Michelin Guide offers a selection of the best hotels and restaurants in many categories of comfort and price. It is compiled by a team of professionally trained inspectors who travel the country visiting new establishments as well as those already listed in the guide. Their mission is to check the quality and consistency of the amenities and service provided by the hotels and restaurants throughout the year. The inspectors are full-time Michelin employees and their assessments, made anonymously, are therefore completely impartial and independant.

The amenities found in each establishment are indicated by symbols, an international language which enables you to see at a glance whether a hotel has a car park or swimming pool. To take full advantage of the wealth of information contained in the guide, consult the introduction. A short descriptive text complements the symbols.

Entry in the Michelin Guide is completely free of charge and every year the proprietors of those establishments listed complete a questionnaire giving the opening times and prices for the coming year. Nearly 100,000 pieces of information are updated for each annual edition.

Our readers also contribute through the 45,000 letters and e-mails received annually commenting on hotels and restaurants throughout Europe.

Thank you for your support and please continue to send us your comments. We hope you enjoy travelling with the Michelin Guide 2005.

Consult the Michelin Guide at www.Viamichelin.be and write to us at : Leguidemichelin-benelux@be.michelin.com

Contents

Choosing a hotel or restaurant

This guide offers a selection of hotels and restaurants to help motorists on their travels. In each category establishments are listed in order of preference according to the degree of comfort they offer.

Categories

🏨	XXXXX	*Luxury in the traditional style*
🏨	XXXX	*Top class comfort*
🏨	XXX	*Very comfortable*
🏨	XX	*Comfortable*
🏠	X	*Quite comfortable*
sans rest.		*The hotel has no restaurant*
	avec ch.	*The restaurant also offers accommodation*

Peaceful atmosphere and setting

Certain hotels and restaurants are distinguished in the guide by the red symbols shown below. Your stay in such establishments will be particularly pleasant or restful, owing to the character of the building, its decor, the setting, the welcome and services offered, or simply the peace and quiet to be enjoyed there.

🏨 to 🏠	*Pleasant hotels*
XXXXX to X	*Pleasant restaurants*
⚶	*Very quiet or quiet, secluded hotel*
⚶	*Quiet hotel*
≤ mer	*Exceptional view*
≤	*Interesting or extensive view*

*The maps preceding each country indicate places with such very peaceful, pleasant hotels and restaurants.
By consulting them before setting out and sending us your comments on your return you can help us with our enquiries.*

Hotel facilities

In general the hotels we recommend have full bathroom and toilet facilities in each room. This may not be the case, however for certain rooms in categorie 🏠.

30 ch	*Number of rooms*
🛗	*Lift (elevator)*
▤	*Air conditioning*
📺	*Television in room*
⇜✖	*A part of the establishment is reserved for non-smokers : some bedrooms in the case of hotels, separate dining room in the case of restaurants*
♿	*Establishment with areas accessible to people of restricted mobility : some bedrooms in the case of hotels, a dining room in the case of restaurants*
🍽	*Meals served in garden or on terrace*
Ⓝ	*Wellness centre : an extensive facility for relaxation and wellbeing*
⚕	*Hydrotherapy*
🏋	*Exercise room*
🏊 🏊	*Outdoor or indoor swimming pool*
⇔s 🌳	*Sauna – Garden*
🚲	*Cycle hire*
🎾	*Hotel tennis court*
🛏 **25 à 150**	*Equipped conference hall (minimum and maximum capacity)*
👉	*Restaurant offering valet parking (tipping customary)*
🚗	*Hotel garage (additional charge in most cases)*
P	*Car park (a fee may be charged)*
⬇	*Landing stage*
🐕	*Dogs are excluded from all or part of the hotel*
Fax	*Telephone document transmission*
mai-oct.	*Dates when open, as indicated by the hotelier Where no date or season is shown, establishments are open all year round*
✉ 9411 KL	*Postal code (Netherlands and Grand Duchy of Luxembourg only)*

Cuisine

Stars

*Certain establishments deserve to be brought
to your attention for the particularly fine quality
of their cooking.* **Michelin stars** *are awarded
for the standard of meals served.
For such establishments we list 3 speciality
dishes (and some local wines in Luxembourg).
Try them, both for your pleasure and to encourage
the chef in his work.*

❀❀❀ **Exceptional cuisine, worth a special journey**
*One always eats here extremely well, sometimes
superbly. Fine wines, faultless service, elegant
surroundings. One will pay accordingly !*

❀❀ **Excellent cooking, worth a detour**
*Specialities and wines of first class quality.
This will be reflected in the price.*

❀ **A very good restaurant in its category**
*The star indicates a good place to stop on your journey.
But beware of comparing the star given
to an expensive « de luxe » establishment
to that of a simple restaurant where you can appreciate
fine cuisine at a reasonable price.*

*The name of the chef appears between brackets
when he is personally managing the establishment.
Example :* 🍴🍴 ❀ **Panorama** (Martin)...

The "Bib Gourmand"

Good food at moderate prices

*You may also like to know of other restaurants
with less elaborate, moderately priced menus
that offer good value for money
and serve carefully prepared meals.
In the guide such establishments bear the
"Bib Gourmand"* ☻ *and* Repas *(approximately 33 euros)
just before the price of the meals.*

Wine list

A particularly interesting wine list

*Some of the restaurants we have chosen, across all
categories, offer a particularly interesting wine list.
Beware, however, of comparing the list presented
by the sommelier of a grand restaurant with that
of a simple inn where the owner has a passion
for wine.*

Consult the maps of star-rated restaurants ❀❀❀, ❀❀,
❀ *and* "Bib Gourmand" ☻ *preceding each country and
lists indicated in the summary.*

See also ☙ *page 54.*

Accommodation

The "Bib Hôtel"

Good accommodation at moderate prices

*For those looking for a friendly hotel which offers
a good level of comfort and service at a reasonable
price.*

*these establishments have mostly double rooms
costing up to 80 € in the provinces and 100 € in
towns and popular tourist ressorts.*

Breakfast is included.

Look for the **"Bib Hôtel"** and ch.

Ex. **25** ch **40/72** *in the provinces.*

Ex. **25** ch **45/82** *in towns and popular tourist resorts.*

All the **"Bib Hôtel"** *are listed on pages 76 bis 77
are marked on the maps on pages 84 bis 86.*

Prices

*Prices quoted are valid for autumn 2004
and apply to **high season**.*
*Changes may arise if goods and service costs are
revised. The rates include tax and service
and no extra charge should appear on your bill,
with the possible exception of a local tax.*
*Hotels and restaurants in bold type have supplied
details of all their rates and have assumed
responsibility for maintaining them for all travellers
in possession of this Guide.*
*Many hotels offer reduced prices at weekends
(large towns).*
*The following examples are given
in Euros.*
*Your recommendation is self evident if you always
walk into a hotel Guide in hand.*

Meals

⊜	*Establishment serving a simple menu for less than 22 euros.*
Repas *Lunch 18*	*This meal is served at lunchtime and normally during the working week.*

Set meals

Repas 25/50	*Lowest price 25 and highest price 50 for set meals served at normal hours (noon to 2.30 pm and 7 to 9.30 pm in Belgium – noon to 2 pm and 5 to 9 pm in the Netherlands). Certain menus are only served for a minimum of 2 people or for an entire table.*
bc	*Wine included*
♀	*Wine served by glass*

« A la carte » meals

Repas carte 40 à 75	*The first figure is for a plain meal and includes hors-d'œuvre, main dish of the day with vegetables and dessert.* *The second figure is for a fuller meal (with « spécialité ») and includes 2 main courses and dessert.*

Rooms

☐ 12	*Price of continental breakfast* *(additional charge when served in the bedroom).*
ch 70/85	*Lowest price* (70) *for a single room and highest price* (85) *for a double.*
suites	*Ask the hotelier*
29 ch ☐ 75/105	*Price includes breakfast.*

Half board

½ P 90/110	*Lowest and highest prices (room, breakfast* *and one of two meals), per person,* *per day in the season.* *It is advisable to agree on terms with the hotelier* *before arriving.*

Deposits

Some hotels will require a deposit, which confirms
the commitment of customer and hotelier alike.
Make sure the terms of the agreement are clear.

Credit cards

AE ① ⑩ *VISA* JCB *Credit cards accepted by the establishment*
American Express – Diners Club – MasterCard (Eurocard)
– Visa – Japan Credit Bureau

Towns

1000	Postal number to be shown in the address before the town name
✉ 4900 Spa	Postal number and name of the post office serving the town
P	Provincial capital
C Herve	Administrative centre of the "commune"
531 T 3 716 E 3	Michelin map number, co-ordinates or fold
G. Belgique-Lux.	See Michelin Green Guide Belgique-Luxembourg
4 283 h	Population (as in publication of most recent official census figures)
BX A	Letters giving the location of a place on the town plan
🏌18	Golf course and number of holes
❄, ≼	Panoramic view, viewpoint
✈	Airport
🚗 ℰ 02 45 52 14	Place with a motorail connection ; further information from telephone number listed
⛴	Shipping line
⛴	Passenger transport only
🛈	Tourist Information Centre

Sights

Star-rating

★★★	Worth a journey
★★	Worth a detour
★	Interesting

Location

Voir	Sights in town
Env.	On the outskirts
Nord, Sud, Est, Ouest	The sight lies north, south, east or west of the town
②, ④	Sign on town plan and on the Michelin road map indicating the road leading to a place of interest
2 km	Distance in kilometres

Car, tyres

*A list of the main Car Manufacturers
with a breakdown service is to be found
at the end of the Guide.
The major motoring organisations in the Benelux
countries are :*

Belgium   *Royal Automobile Club de Belgique
(RACB)
FIA, rue d'Arlon 53 – Bte 3,
1040 Bruxelles
℡ 0 2 287 09 11 fax 0 2 230 75 84
Royal Motor Union
boulevard d'Avroy 254 – Bte 1,
4000 Liège
℡ 0 4 252 70 30 fax 0 4 252 83 01
Touring Club Royal de Belgique (TCB)
AIT, rue de la Loi 44, 1040 Bruxelles
℡ 0 2 233 22 02 fax 02 286 33 23
Vlaamse Automobilistenbond (VTB-VAB)
Sint-Jakobsmarkt 45, 2000 Antwerpen
℡ 0 3 253 63 63*

Luxembourg   *Automobile Club du Grand Duché
de Luxembourg (ACL)
FIA & AIT, route de Longwy 54,
8007 Bertrange
℡ 45 00 45 1 fax 45 04 55*

Netherlands   *Koninklijke Nederlandse Automobiel
Club (KNAC)
FIA, Wassenaarseweg 220,
2596 EC Den Haag
℡ (070) 383 16 12
fax (070) 383 19 06
Koninklijke Nederlandse Toeristenbond
(ANWB)
AIT, Wassenaarseweg 220,
2596 EC Den Haag
℡ (070) 314 71 47
fax (070) 314 69 69*

Maximum speed limits

	Motorways	All other roads	Built-up areas
Belgium	120 km/h (74 mph)	90 km/h (56 mph)	30/50 km/h (31 mph)
Luxembourg	120 km/h (74 mph)	90 km/h (56 mph)	50 km/h (31 mph)
Netherlands	100 km/h (62 mph)	80 km/h (50 mph)	50 km/h (31 mph)
	120 km/h (74 mph)		

Local maps

May we suggest that you consult them

Should you be looking for a hotel or restaurant not too far from Arnhem, for example, you can now consult the map along with the town plan.

The local map (opposite) draws your attention to all places around the town or city selected, provided they are mentioned in the Guide. Places located within a range of 30 km are clearly identified by the use of a different coloured background.

The various facilities recommended near the different regional capitals can be located quickly and easily.

Note :

Entries in the Guide provide information on distances to nearby towns. Whenever a place appears on one of the local maps, the name of the town or city to which it is attached is printed in BLUE.

Example :

EDE *Gelderland* **715** *I 5 – 101 700 h.*

Env. *Parc National de la Haute Veluwe★★★*

Amsterdam 81 – Arnhem 23 – Apeldoorn 32 – Utrecht 43.

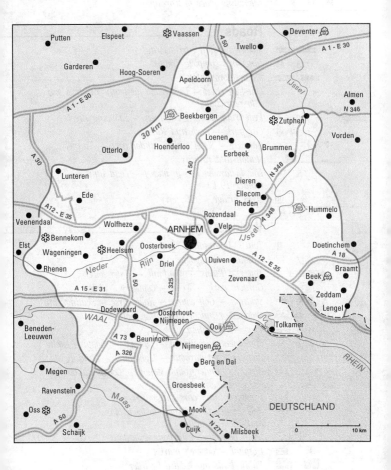

*The local maps
are indicated
on the thematic map
preceding each
country.*

Town plans

□ ●   *Hotels*
■ ●   *Restaurants*

Sights

Place of interest
Interesting place of worship

Roads

═══ ═══   *Motorway, dual carriageway*
④ ④   *Junction : complete, limited*
▬▬ ▭▭   *Major thoroughfare*
← ◄ ╒═════   *One-way street – Unsuitable for traffic or street subject*
                    - to restrictions
▬▬▬ ───── Pasteur   *Pedestrian street – Tramway – Shopping street*
🅿 🅿   *Car park – Park and Ride*
‡ ╪╞ ╪╞   *Gateway – Street passing under arch – Tunnel*
🚂   *Station and railway*
⊡ ⑱   *Low headroom (15 ft. max.) – Load limit*
                (under 19 t.)
⚠ 🅱   *Lever bridge – Car ferry*

Various signs

🛈   *Tourist Information Centre*
☪ ⊠   *Mosque – Synagogue*
● ○ ∴ ✘ 𝍫   *Tower – Ruins – Windmill – Water tower*
▨ t t t ✝   *Garden, park – Wood – Cemetery – Cross*
○ 🇫9 🐎 ⛸   *Stadium – Golf course – Racecourse – Skating rink*
🏊 🏊   *Outdoor or indoor swimming pool*
≼ 🎇   *View – Panorama*
■ ○ ☼ 🛒   *Monument – Fountain – Factory – Shopping centre*
⚓ 🗼   *Pleasure boat harbour – Lighthouse – Landing stage*
✈ ● 🚌   *Airport – Underground station – Coach station*
🛳 🛥   *Ferry services :*
                passengers and cars, passengers only
③   *Refence number common to town plans*
                and Michelin maps
🖂 ⊗   *Main post office with poste restante*
✚ ⊟   *Hospital – Covered market*
▨ ▢   *Public buildings located by letter :*
H   P   *- Town Hall – Provincial Government Office*
J   *- Law Courts*
M   T   *- Museum – Theatre*
U   *- University, College*
POL.   *- Police (in large towns police headquarters)*
G   *- Gendarmerie*

Les langues parlées au Benelux

Située au cœur de l'Europe, la Belgique est divisée en trois régions : la Flandre, Bruxelles et la Wallonie. Chaque région a sa personnalité bien marquée. Trois langues y sont utilisées : le néerlandais en Flandre, le français en Wallonie et l'allemand dans les cantons de l'Est. La Région de Bruxelles-Capitale est bilingue avec une majorité francophone. La frontière linguistique correspond à peu près aux limites des provinces. Ce « multilinguisme » a des conséquences importantes sur l'organisation politique et administrative du pays, devenu État Fédéral depuis 1993.

Au Grand-Duché, outre le « Lëtzebuergesch », dialecte germanique, la langue officielle est le français. L'allemand est utilisé comme langue culturelle.

Aux Pays-Bas le néerlandais est la langue officielle. Néanmoins dans la province de Frise, le frison se parle encore couramment.

Français-Frans-Französisch-French

Bilingue-Tweetalig-Zweisprachig-Bilingual

Néerlandais-Nederlands-Niederländisch-Dutch

Allemand-Duits-Deutsch-German

Mouscron Principales zones à minorité linguistique protégée
Gebieden met beschermde taalminderheden
Hauptsächliche Zonen sprachlich geschützter Minderheiten
Main areas with a protected linguistic minority

– – – ● Limite et chef-lieu de province
Provinciegrens en-hoofdplaats
Grenze und Provinzhauptstadt
Provincial boundaries and capital

De talen in de Benelux

In het hartje van Europa ligt België, verdeeld in Vlaanderen, Brussel en Wallonië. Elke regio heeft zijn eigen karakter. Er worden drie talen gesproken : Nederlands in Vlaanderen, Frans in Wallonië en Duits in de Oostkantons. Het Brussels Hoofdstedelijk Gewest is tweetalig met een meerderheid aan Franstaligen. De taalgrens komt ongeveer overeen met de grenzen van de provincies. Het feit dat België een meertalig land is, heeft belangrijke gevolgen voor de politieke en bestuurlijke organisatie. Dit leidde tot de vorming van een Federale Staat in 1993.

In het Groot-Hertogdom wordt het « Lëtzebuergesch », een Duits dialect gesproken. De officiële taal is het Frans. Het Duits is de algemene cultuurtaal.

De officiële taal in Nederland is het Nederlands. In de provincie Friesland wordt ook Fries gesproken.

Die Sprachen im Benelux

Belgien, ein Land im Herzen von Europa, gliedert sich in drei Regionen : Flandern, Brüssel und Wallonien. Jede dieser Regionen hat ihre eigene Persönlichkeit. Man spricht hier drei Sprachen : Niederländisch in Flandern, Französisch in Wallonien und Deutsch in den östlichen Kantonen. Die Gegend um die Haupstadt Brüssel ist zweisprachig, wobei die Mehrheit Französisch spricht. Die Sprachengrenze entspricht in etwa den Provinzgrenzen. Diese Vielsprachigkeit hat starke Auswirkungen auf die politische und verwaltungstechnische Struktur des Landes, das seit 1993 Bundesstaat ist.

Im Grossherzogtum wird ausser dem « Lëtzebuergesch », einem deutschen Dialekt als offizielle Sprache französisch gesprochen. Die deutsche Sprache findet als Sprache der Kultur Verwendung.

In den Niederlanden wird niederländisch als offizielle Sprache gesprochen. Das Friesische wird jedoch in der Provinz Friesland noch sehr häufig gesprochen.

Spoken languages in the Benelux

*Situated at the heart of Europe, Belgium is divided
into three regions : Flanders, Brussels and Wallonia.
Each region has its own individual personality.
Three different languages are spoken : Dutch in Flanders,
French in Wallonia and German in the eastern cantons.
The Brussels-Capital region is bilingual, with the majority
of its population speaking French.
The linguistic frontiers correspond more or less to those
of the provinces. The fact that the country,
which has been a Federal State since 1993, is multilingual,
has important consequences on its political
and administrative structures.*

*In the Grand Duchy, apart from « Lëtzebuergesch »,
a German dialect, the official language is French.
German is used as a cultural language.*

*In the Netherlands Dutch is the official language.
However, Frisian is still widely spoken in the Friesland province.*

La bière en Belgique

La Belgique est le pays de la bière par excellence.
On y brasse environ 400 bières différentes, commercialisées
sous plus de 800 appellations. Une partie se consomme
à la pression, dite « au tonneau ».

On distingue trois types de bières, selon leur procédé
de fermentation : les bières de fermentation spontanée
(type Lambic), haute (type Ale) et basse (type Lager).

Suite à une deuxième fermentation en bouteille, le Lambic
devient ce qu'on appelle la Geuze. La Kriek et la Framboise
ont une saveur fruitée due à l'addition de cerises et de framboises.
Ces bières sont caractéristiques de la région bruxelloise.

En Flandre, on trouve des bières blanches, brunes et rouges,
en Wallonie on brasse des bières spécifiques à certaines saisons.
Partout en Belgique, on trouve des Ales, des bières Trappistes
et des bières d'abbayes. Parmi les bières belges, les fortes dorées
et les régionales aux caractères typés occupent une place spéciale.
La Pils belge, une bière blonde, est une excellente bière de table.

Amères, aigrelettes, acides, fruitées, épicées ou doucerettes, les bières
belges s'harmonisent souvent avec bonheur à la gastronomie locale.

Het Belgische bier

België is het land van het bier bij uitstek. Men brouwt
er ongeveer 400 verschillende biersoorten. Zij worden
onder meer dan 800 benamingen op de markt gebracht.
Sommige bieren worden "van het vat" gedronken.

De bieren kunnen volgens hun gistingsproces in 3 groepen
worden onderverdeeld: bieren met een spontane gisting
(type Lambiek), hoge gisting (type Ale) en lage gisting (type Lager).
Geuze is een op flessen nagegiste Lambiek. Kriek en Framboise
hebben hun fruitige smaak te danken aan de toevoeging
van krieken (kersen) en frambozen. Deze bieren zijn typisch
voor de streek van Brussel.

Vlaanderen is rijk aan witte, bruine en rode bieren.
In Wallonië bereidt men seizoengebonden bieren. Overal in België
brouwt men ales, trappisten- en abdijbieren. De sterke blonde
bieren en de zogenaamde streekbieren nemen een speciale plaats
in onder de Belgische bieren. De Belgische pils, een blond bier,
is een uitstekend tafelbier.

Het Belgische bier met zijn bittere, rinse, zure, zoete smaak
of kruidig aroma, kan zonder problemen bij een gastronomisch
streekgerecht worden gedronken.

Das belgische Bier

Belgien ist das Land des Bieres schlechthin.
In Belgien werden ungefähr 400 verschiedene Biersorten gebraut,
die unter mehr als 800 Bezeichnungen vermarktet werden.
Ein Teil davon wird vom Faß getrunken.
Man unterscheidet drei Biertypen nach ihrer Gärmethode:
Bier mit spontaner Gärung (Typ Lambic), obergärig (Typ Ale)
und untergärig (Typ Lager). Nach einer zweiten Gärung
in der Flasche wird das Lambic zu Geuze. Das Kriek
und das Framboise haben einen fruchtigen Geschmack,
der durch den Zusatz von Kirschen und Himbeeren entsteht.
Diese Biere sind typisch für die Brüsseler Gegend.
In Flandern findet man helles, braunes und rotes Bier, während
die Saisonbiere typisch für Wallonien sind. Überall in Belgien
gibt es verschiedene Sorten Ale, Trappistenbier und Klosterbier.
Unter den belgischen Biersorten nehmen die goldbraunen
Starkbiere und die Biere mit speziellem regionalen Charakter
einen besonderen Platz ein. Das belgische Pils, ein helles Bier,
ist ein exzellentes Tafelbier.
Mit den Geschmacksrichtungen herb, leicht säuerlich, fruchtig,
würzig oder süßlich kann das belgische Bier ein deftiges
regionales Menü begleiten.

The beers of Belgium

Belgium is the country for beer "par excellence".
There are over 800 different brands on sale there today.
The breweries produce approximately 400 different beers.
In the flat country of the Ardennes beer is served
in 35,000 cafes. Some of it is on draught – "from the barrel".
There are three different types of beer dependent upon which
fermentation process is used: spontaneous fermentation (Lambic),
high (Ale) and low (Lager).
Following a second fermentation in the bottle, the Lambic
becomes what is called Geuze. Kriek and Framboise have
a fruity taste due to the addition of cherries and raspberries.
These beers are characteristic of the Brussels region.
In Flanders, pale ale, brown ale and bitter are found.
In Wallonie beers are brewed which are particular to each season.
Throughout Belgium there are Ales, Trappist beers
and Abbey beers. Of all the Belgian beers, the strong golden ones
and the regional ones with their own individual characters
are held in special regard.
Belgian Pils, a light ale, is excellent to have on the table.
Whether bitter, vinegarish, acidic, fruity, spicey or mild, Belgian
beers are the perfect accompaniment to local specialities.

Le vin au Luxembourg

*Le vignoble luxembourgeois produit essentiellement du vin blanc.
Depuis l'époque romaine, l'Elbling, cultivé sur les bords
de la Moselle, donne un vin sec et acidulé.
Ce cépage a été progressivement remplacé par l'Auxerrois,
le Pinot blanc, le Pinot gris, le Gewurztraminer ou le Rivaner.
Habitué des sols calcaires, le Riesling atteint ici la finesse qui le
caractérise. C'est le cépage le plus tardif qui occupe +/- 13 % du
territoire. Actuellement, le Pinot gris est le cépage le plus demandé.
Il donne le vin le plus moelleux et le plus aromatique
et permet une consommation jeune.*

*Le vignoble luxembourgeois couvre environ 1 345 ha.
dans la vallée de la Moselle. Quelques 850 viticulteurs sont groupés
en 5 caves coopératives, qui représentent 70 % de la production.
L'autre partie est vinifiée par une vingtaine de viticulteurs
indépendants. Les vins luxembourgeois sont toujours vendus
sous le nom du cépage ; l'étiquette de ceux bénéficiant
de l'Appellation d'Origine Contrôlée (A.O.C.) mentionne
en outre le nom du village, du lieu et du producteur.
Le canton de Remich (Schengen, Wintrange, Remich)
et le canton de Grevenmacher (Wormeldange, Ahn, Machtum,
Grevenmacher), ont droit à l'appellation "Moselle
Luxembourgeoise" et sont considérés comme étant les plus réputés.
Au Grand-Duché, on produit également des vins mousseux
et des crémants en quantité importante et quelques vins rosés
à partir du cépage Pinot noir.
Pratiquement partout, ces vins jeunes, servis au verre, en carafe
ou à la bouteille, vous feront découvrir un "petit" vignoble
qui mérite votre considération.*

De Luxemburgse wijn

In Luxemburg wordt vooral witte wijn verbouwd. De Elbling,
die sinds de oudheid wordt verbouwd langs de oevers
van de Moezel, is een droge en lichtelijk zurige wijn.
Deze wijnstok werd geleidelijk aan vervangen door de Auxerrois,
de Pinot blanc, de Pinot gris, de Gewurztraminer
en de Rivaner. De Riesling, die goed gedijt op kalksteenbodems,
bereikt hier zijn kenmerkende finesse.
Deze wijnstokvariëteit heeft een late rijping en beslaat ongeveer
13 % van het gebied. De Pinot gris is voor het ogenblik de
meest gevraagde wijn. Het is de meest volle en zachte wijn, die
jong kan worden gedronken.
Het Luxemburgse wijngebied beslaat in de Moezelvallei ongeveer
1345 ha. Ongeveer 850 wijnbouwers zijn gegroepeerd
in 5 coöperatieve wijnkelders. Zij nemen 70 % van de productie
voor hun rekening. Een twintigtal onafhankelijke wijnbouwers
verbouwt de rest van de wijnproductie. De Luxemburgse wijnen
worden steeds onder de naam van de wijnstok verkocht;
het etiket van de wijnen, die de benaming "Appellation d'Origine
Contrôlée" (gecontroleerde herkomstbenaming) dragen, vermeldt
bovendien de naam van het dorp, de plaats en de wijnbouwer.
Het kanton Remich (Schengen, Wintrange, Remich)
en het kanton Grevenmacher (Wormeldange, Ahn, Machtum,
Grevenmacher) mogen de naam "Moselle luxembourgeoise" dragen.
Deze kantons worden beschouwd als de meest beroemde.

In het Groot-Hertogdom wordt ook een grote hoeveelheid
mousserende en licht mousserende wijnen bereid, evenals enkele
roséwijnen op basis van de wijnstok Pinot noir.
Deze jonge wijnen zijn praktisch overal per glas, karaf
of fles verkrijgbaar. Op die manier ontdekt u een "kleine"
wijnstreek, die meer dan de moeite waard is.

Services et taxes

En Belgique, au Grand-Duché de Luxembourg et aux Pays-Bas,
les prix s'entendent service et taxes compris.

Der luxemburgische Wein

*Im luxemburgischen Weinbaugebiet wird im wesentlichen
Weißwein angebaut. Seit der Zeit der Römer ergibt der Elbling,
der an den Ufern der Mosel wächst, einen trockenen und
säuerlichen Wein.*

*Diese Rebsorte wurde nach und nach durch den Auxerrois,
den Pinot blanc, den Pinot gris, den Gewürztraminer
oder den Rivaner ersetzt. Auf Kalkbödem erhält der Riesling die
Fenheit die ihn charaktrisiert. Es ist die Rebsorte mit der
längsten Reifezeit, +/- 13 % der Rebfläche sind damit bepflanzt.
Zur Zeit ist der Pinot gris die gefragteste Rebsorte. Sie ergibt
den lieblichsten und aromatischsten Wein, der schon jung
getrunken werden kann.*

*Das luxemburgische Weinbaugebiet umfaßt zirka 1345 Hektar
im Moseltal. Ungefähr 850 Winzer haben sich zu
5 Weinbaugenossenschaften zusammengeschlossen, die 70 %
der Produktion vertreten. Der übrige Teil wird von etwa
20 Winzern produziert. Die luxemburgischen Weine werden
immer unter dem Namen der Rebsorte verkauft, die besondere
Appellation d'Origine Contrôlée (geprüfte Herkunftsbezeichnung)
nennt auch das Dorf, die Lage und den Produzenten.*

*Nur das Gebiet des Kantons Remich (Schengen, Wintrange,
Remich) und des Kantons Grevenmacher (Wormeldange, Ahn,
Machtun, Grevenmacher) haben wegen ihrer besonderen Lage
das Recht auf die Bezeichnung "Moselle Luxembourgiose".*

*Im Großherzogtum werden auch Sekt und Crémant
in bedeutenden Mengen sowie einige Roseweine
auf der Basis von Pinot noir produziert.*

*Fast überall lassen diese jungen Weine – im Glas,
in der Karaffe oder in der Flasche serviert – Sie ein "kleines"
Weinbaugebiet entdecken, das eine größere Bekanntheit verdient.*

*Halten Sie beim Betreten des Hotels oder des Restaurants
den Führer in der Hand
Sie zeigen damit, daß Sie aufgrund dieser Empfehlung
gekommen sind.*

The wines of Luxembourg

Luxembourg is essentially a white wine producer.
The Elbling grape, grown on the banks of the Moselle,
has been yielding a dry acidic wine since Roman times.

However, this grape has been gradually replaced by the
Auxerrois, the Pinot blanc, the Pinot gris, the Gewurztraminer
and the Rivaner. Well adapted to chalky soil, the Riesling grown
here develops a distinctive flavour. These late maturing grapes occupy
around 13 % of the land. The Pinot gris is currently the most popular.
It gives the most mellow, aromatic wine and can be drunk whilst
still young.

Vineyards cover approximately 1345 hectares of the Moselle
valley. Some 850 wine growers are grouped into 5 cooperative
"caves", which overall produce 70 % of the wine, the remainder being
made up by another 20 independent wine growers. Wines
from Luxembourg are always sold under the name of the grape.
The label, which bears the AOC ("Appellation d'Origine Contrôlée),
also gives the vintage, producer and location of the vine.

Wine produced in the cantons (districts) of Remich (Schengen,
Wintrange, Remich) and Grevenmacher (Warmeldange, Ahn,
Machtum, Grevenmacher) is the most reputed and has the right
to be called "Moselle Luxembourgeoise".

Sparkling wines and a large number of Crémants are also
produced in the Grand Duchy, as well as some rosés based
on Pinot noir.

These young wines, served by the glass, carafe or bottle,
will usually give you a taste of a little known wine
which is well worth trying.

Le fromage en Hollande

La Hollande produit 11 milliards de litres de lait par an
dont la moitié est transformée en fromage par environ
110 laiteries. Dans les provinces de Zuid-Holland et d'Utrecht,
quelques fermiers préparent encore de façon artisanale
le fromage. La fabrication du fromage est le fruit
d'une longue tradition, plusieurs musées en retracent l'histoire
(Alkmaar, Bodegraven, Arnhem, Wageningen).

Au moyen-âge déjà, le fromage aux Pays-Bas faisait l'objet
d'un commerce actif comme en témoignent encore aujourd'hui
les marchés pittoresques d'Alkmaar, Purmerend, Gouda,
Bodegraven, Woerden et Edam.

On peut distinguer plusieurs catégories de fromages : Le Gouda,
parfois aux grains de cumin, l'Edam, le Maasdam, le Leidse,
la Mimolette, le Friese aux clous de girofle et le Kernhem.

Selon la durée de la maturation qui va de 4 semaines
à plus de 3 ans, on distingue du fromage jeune, mi-vieux
et vieux. Quelques fromages de brebis (en général sur les îles)
et de chèvre complètent la gamme.

La majorité de ces fromages vous fera terminer un repas
en beauté.

De Hollandse kaas

Nederland produceert 11 miljard liter melk per jaar.
De helft wordt door zo'n 110 melkerijen bereid tot kaas.
In de provincies Zuid-Holland en Utrecht maken nog enkele boeren
op ambachtelijke wijze kaas. Het kaasmaken kent een lange
traditie, waarvan verschillende musea de geschiedenis illustreren
(Alkmaar, Bodegraven, Arnhem, Wageningen).

In de Middeleeuwen werd in Nederland reeds druk kaas
verhandeld. Ook nu nog worden er in Alkmaar, Purmerend,
Gouda, Bodegraven, Woerden en Edam schilderachtige
kaasmarkten gehouden.

Er zijn verschillende soorten kaas: Gouda, soms met komijn,
Edam, Maasdam, Leidse kaas, Mimolette, Friese kaas met
kruidnagels en Kernhem.

Naargelang de duur van het rijpingsproces (van 4 weken tot
meer dan 3 jaren) onderscheidt men jonge, belegen en oude kaas

Enkele schapenkazen (vooral op de eilanden) en geitenkazen
vervolledigen het assortiment.

Met de meeste van deze kazen kan u op passende wijze
de maaltijd beëindigen.

Der holländische Käse

Die Niederlande produzieren jährlich 11 milliarden Liter Milch, wovon die Hälfte in zirka 110 Molkereien zu Käse verarbeitet wird. In den Provinzen Zuid-Holland und Utrecht bereiten einige Bauern den Käse noch auf traditionelle Weise zu. Die Käseherstellung hat eine lange Tradition, die in mehreren Museen vergegenwärtigt wird (Alkmaar, Bodegraven, Arnhem, Wageningen).

Schon im Mittelalter wurde in den Niederlanden mit Käse gehandelt, wovon auch heute noch die folkloristischen Märkte in Alkmaar, Purmerend, Gouda, Bodegraven, Woerden und Edam zeugen.

Man unterscheidet verschiedene Käsearten: den Gouda, den es manchmal auch mit Kümmelkörnern gibt, den Edamer, den Maasdamer, den Leidse, den Mimolette, den Friese mit Nelken und den Kernhemer.

Je nach Reifezeit, die von 4 Wochen bis über 3 Jahre dauern kann, unterscheidet man jungen, mittelalten und alten Käse. Einige Sorten Schafs– (meist von den Inseln) und Ziegenkäse ergänzen die Palette.

Die meisten dieser Käsesorten werden für Sie der krönende Abschluß einer gelungenen Mahlzeit sein.

The cheeses of Holland

Holland produces 11 billion litres of milk a year, half of which is made into cheese by approximately 110 dairies. In the provinces of Zuid-Holland and Utrecht, some farmers still make cheese in the old-fashioned way. Cheese-making stems from an age-old tradition, the history of which is documented in several museums (Alkmaar, Bodegraven, Arnhem, Wageningen).

In the Middle Ages there was already an active cheese trade in Holland and this can still be seen today in the quaint markets of Alkmaar, Purmerend, Gouda, Bodegraven, Woerden and Edam.

There are several different categories of cheese: Gouda, sometimes made with cumin seeds, Edam, Maasdam, Leidse, Mimolette, Friese with cloves and Kernhem.

According to the length of maturing, which varies from 4 weeks to more than 3 years, a cheese is identified as young, medium or mature. A few sheeps cheeses (generally on the islands) and goats cheeses complete the selection.

Most of these cheeses will round your meal off beautifully.

Les établissements à étoiles
De sterrenrestaurants
Die Stern-Restaurants
Starred establishments

Belgique / België

Brugge Q. Centre	*De Karmeliet*
Bruxelles	*Comme Chez Soi*
Kruishoutem	*Hof van Cleve*

Nederland

Rotterdam Q. Centre	*Parkheuvel*
Zwolle	*De Librije*

Belgique / België

Antwerpen
– Env. à Kapellen	*De Bellefleur*

Bruxelles *Sea Grill (H. Radisson SAS)*
– Ganshoren	*Bruneau*
– Ganshoren	*Claude Dupont*
– Env. à Groot-Bijgaarden	*De Bijgaarden*
Ellezelles	*Château du Mylord*
Namur à Lives-sur-Meuse	*La Bergerie*
Paliseul	*Au Gastronome*
De Panne	*Host. Le Fox*
Tongeren à Vliermaal	*Clos St Denis*
Waregem	*'t Oud Konijntje*
Zeebrugge	*'t Molentje*

Grand-Duché de Luxembourg

Echternach à Geyershaff	*La Bergerie*
Luxembourg-Grund	*Mosconi*

Nederland

Amsterdam Q. Centre	*La Rive (H. Amstel)*
Delft à Schipluiden	*De Zwethheul*
Giethoorn	*De Lindenhof*
Haarlem à Overveen	*De Bokkedoorns*
Kruiningen	*Inter Scaldes (H. Le Manoir)*
Maastricht Q. Centre	*Beluga*
Sluis	*Oud Sluis*

Belgique / België

Antwerpen Q. Ancien
	't Fornuis
–	*De Kerselaar*
– Env. à Boechout	*De Schone van Boskoop*
– Env. à Edegem	*La Cabane*
Beaumont à Solre-St-Géry	*Host. Le Prieuré Saint-Géry*
Berlare	*'t Laurierblad*
– aux étangs de Donkmeer	*Lijsterbes*
Blaregnies	*Les Gourmands*
Bornem	*Eyckerhof*
Braine-l'Alleud	*Jacques Marit*
Brugge	*Den Gouden Harynck*
– Périph. à Sint-Andries	*Herborist*
– Env. à Varsenare	*Manoir Stuivenberg*

Bruxelles
– Q. des Sablons	*L'Écailler du Palais Royal*
– Q. Palais de Justice	*Maison du Bœuf (H. Hilton)*
– Q. Bois de la Cambre	*Villa Lorraine*
–	*La Truffe Noire*
– Anderlecht	*Saint Guidon*
– Ganshoren	*San Daniele*
– Ixelles Q. Boondael	*Marie*
– Schaerbeek	*Senza Nome*
– Uccle	*Bon-Bon*
– Q. St-Job	*Le Passage*
– Watermael-Boitsfort	*Au Vieux Boitsfort*
– Woluwe-St-Lambert	*De Maurice à Olivier*
– Woluwe-St-Pierre	*Les Deux Maisons*
– Env. à Groot-Bijgaarden	*Michel*
– Env. à Huizingen	*Terborght*
– Env. à Nossegem	*L'Orangerie Roland Debuyst*
– à Overijse	*Barbizon*

Charleroi
– à Loverval	*Le Saint Germain des Prés*
– à Montigny-le-Tilleul	*L'éveil des sens*

Dendermonde	*'t Truffeltje*	Mondorf-les-Bains	*Les Roses*
Dinant à Sorinnes	*Host. Gilain*		*(H. Casino 2000)*
Eghezée à Noville-		Schouweiler	*La Table des Guilloux*
sur-Mehaigne	*L'Air du Temps*		
Elewijt	*Kasteel Diependael*		

Nederland

Fauvillers	*Le Château de Strainchamps*	Amsterdam Q. Centre	*Vermeer*
Gent Q. Centre	*Jan Van den Bon*		*(H. NH Barbizon Palace)*
Habay-La-Neuve	*Les Forges*	–	*Christophe*
Hamme	*De Plezanten Hof*	–	*Sichuan Food*
Hasselt	*Prêt-à-Goûter*	–	*Van Vlaanderen*
– à Lummen	*Hoeve St-Paul*	– Q. Sud et Ouest	*Ciel Bleu*
Heure	*Le Fou est belge*		*(H. Okura)*
Houthalen	*De Barrier*	– Q. Sud et Ouest	*Yamazato*
Hulsthout	*Hof ter Hulst*		*(H. Okura)*
Ieper à Elverdinge	*Host. St-Nicolas*	– Env. à Ouderkerk aan de Amstel	
Keerbergen	*The Paddock*		*Ron Blaauw*
Knokke-Heist		Beetsterzwaag	
– à Het Zoute	*De Oosthoek*		*De Heeren van Harinxma*
– à Albertstrand	*Esmeralda*		*(H. Lauswolt)*
– à Albertstrand	*Jardin Tropical*	Bennekom	*Het Koetshuis*
– à Heist	*Bartholomeus*	Blokzijl	*Hof van Sonoy*
Kortrijk	*St Christophe*	Borculo	*De Stenen Tafel*
Lavaux-Sainte-Anne	*du Château*	Breda	*Wolfslaar*
Leuven	*Belle Epoque*	Breskens à Hoofdplaat	*De Kromme*
– à Heverlee	*Arenberg*		*Watergang*
Liège		Castricum	*Apicius*
– Périph. à Rocourt	*La Petite Table*	Drachten	*Koriander*
– Env. à Neuville-	*Le Chêne*	Driebergen-Rijsenburg	*Lai Sin*
en-Condroz	*Madame*	Eindhoven	*De Karpendonkse Hoeve*
Malle à Oostmalle	*De Eiken*	–	*Avant-Garde*
Mechelen	*D'Hoogh*	Ermelo	*De Roggebot*
–	*Folliez*	Etten-Leur	*De Zwaan*
Mol	*'t Zilte*	Groningen	*Muller*
Namur à Temploux	*L'Essentiel*	– à Aduard	*Herberg Onder de Linden*
Ninove	*Hof ter Eycken*	Gulpen	*Le Sapiche*
Noirefontaine	*Aub. du Moulin Hideux*	Den Haag Q. Centre	*Calla's*
Oignies-en-Thiérache	*Au Sanglier*	– à Scheveningen	*Le Cirque*
	des Ardennes	– Env. à Rijswijk	*Paul Van Waarden*
Opglabbeek	*Slagmolen*	–	*Imko Binnerts*
Pepinster	*Host. Lafarque*	– Env. à Voorburg	*Savelberg*
Profondeville à Arbre	*L'Eau Vive*	Haarlem	*Chapeau !*
Quaregnon	*Dimitri*	Hardenberg à Heemse	*De Bokkepruik*
Reet	*Pastorale*	Harderwijk	*Olivio*
Reninge	*'t Convent*	–	*'t Nonnetje*
Roeselare	*Bistro Novo*	Heelsum	*De Kromme Dissel*
Sankt-Vith	*Zur Post*	Heeze	*Boreas*
Soheit – Tinlot	*Le Coq aux Champs*	's-Hertogenbosch	*Chalet Royal*
Spontin à Dorinne	*Le Vivier d'Oies*	Hilversum	*Spandershoeve*
Virton à Torgny	*Aub. de la Grappe d'Or*	Houten	*Kasteel Heemstede*
Vrasene	*Herbert Robbrecht*	Leens	*Schathoes Verhildersum*
Westouter	*Picasso*	Maasbracht	*Da Vinci*
Zeebrugge	*Maison Vandamme*	Maastricht Q. Centre	*Toine Hermsen*
		–	*Tout à fait*

Grand-Duché de Luxembourg

Esch-sur-Alzette	*Fridrici*	– au Sud	*Château Neercanne*
–	*Favaro*	Noordwijk aan Zee	*Latour*
Frisange	*Lea Linster*		*(Gd H. Huis ter Duin)*
Gaichel	*La Gaichel*	Nuenen	*De Lindenhof*
Luxembourg – Centre	*Clairefontaine*	Nuth	*In de'n Dillegaard*
–	*Le Bouquet Garni Salon*	Ootmarsum	*De Wanne (H. De Wiemsel)*
	Saint Michel	Oss	*Cordial (H. De Weverij)*
–	*Speltz*	Purmerend à Neck	*Mario Uva*
– Env. à Hesperange	*L'Agath*	Rijsoord	*Hermitage*

"Bib Gourmand"

Repas soignés à prix modérés _____

Verzorgde maaltijden voor een schappelijke prijs _____

Sorgfältig zubereitete, preiswerte Mahlzeiten _____

Good food at moderate prices _____

😊 Repas

Belgique / België

Antwerpen
- Q. Centre — Le Zoute Zoen
- Q. Centre — La Luna
- Périph. à Berchem — Brasserie Marly
- — De Troubadour
- Périph. à Ekeren — De Mangerie

Barvaux — Le Cor de Chasse
Bastogne — Wagon Léo
Bellevaux-Ligneuville — Du Moulin
Blankenberge — Escapade
Blankenberge — Philippe Nuyens
Borgloon — Ambrozijn
Bornem à Mariekerke — De Ster
Bouillon — La Ferronnière
- à Corbion — Ardennes

Brugge Q. Centre — 't Stil Ende
- Périph. à Sint-Kruis — Eethuis De Jonkman

Bruxelles
- Q. Grand'Place — Aux Armes de Bruxelles
- Q. Ste-Catherine — La Belle Maraîchère
- — François
- — Le Loup Galant
- — Viva M'Boma
- Q. des Sablons — La Clef des Champs
- Q. Palais de Justice — JB
- Q. Atomium — La Balade Gourmande
- Berchem-Ste-Agathe — La Brasserie de la Gare
- Ganshoren — Cambrils
- Ixelles — Le Yen
- Q. Louise — De la Vigne ... à l'Assiette
- Jette — Rôtiss. Le Vieux Pannenhuis
- — French Kiss
- St-Josse-ten-Noode Q. Botanique — Les Dames Tartine

- Uccle — Villa d'Este
- Q. St-Job — Les Menus Plaisirs
- — Le pré en bulle
- Watermael-Boitsfort — Le Grill
- Watermael-Boitsfort — Le Coriandre
- Woluwe-St-Pierre — Medicis
- — La Tour d'Argent
- Env. à Itterbeek — De Ster

Court-Saint-Etienne — Les Ailes
Damme à Oostkerke — Vierschare
Deerlijk — Severinus
Deinze à Astene — Au Bain-Marie
Dinant — Le Jardin de Fiorine
- à Falmignoul — Les Crétias

Durbuy — Le Moulin
Ecaussinnes-Lalaing — Le Pilori
Enghien — Aub. du Vieux Cèdre
Gent Q. Ancien — De 3 Biggetjes
Genval — L'Amandier
Geraardsbergen — 't Grof Zout
De Haan à Klemskerke — De Kruidenmolen
Jodoigne à Mélin — La Villa du Hautsart
Knokke-Heist à Knokke — La Croisette
- — 't Kantientje
- à Heist — Old Fisher

Koksijde à Koksijde-Bad — Host. Bel-Air
Kortrijk — Huyze Decock
Lasne à Plancenoit — Le Vert d'Eau
Leuze-en-Hainaut — Le Châlet de la Bourgogne
Liège – Vieille Ville — Enoteca
- — Le Bistrot d'en face
- — Les petits plats canailles du beurre blanc
- — Il était une fois ...
- Env. à Liers — La Bartavelle
- Env. à Tilleur — Chez Massimo

Lier — Numerus Clausus
Ligny — Le Coupe-Choux

Malmédy à Bévercé — *Plein Vent*
Marche-en-Famenne — *Les 4 Saisons*
Marcourt — *Le Marcourt*
Marenne — *Les Pieds dans le Plat*
Mirwart — *Aub. du Grandgousier*
Mons — *La 5e saison*
Mouscron — *Madame*
Namur direction Citadelle
— *Cuisinémoi*
– — *Alain Dewulf-cuisinier*
Nassogne — *La Gourmandise*
Neerpelt — *De Landerije*
Oostduinkerke-Bad — *Eglantier*
— *(H. Hof ter Duinen)*
Oostende — *Petit Nice*
– — *Le Grillon*
Oudenaarde à Mater
— *De Zwadderkotmolen*

De Panne — *@De Braise*
– — *Le Flore*
Profondeville — *La Sauvenière*
La Roche-en-Ardenne — *Host. Linchet*
Rochefort à Belvaux — *Aub. des Pérées*
St-Hubert — *Le Cor de Chasse*
Sint-Martens-Latem — *Sabatini*
Spa — *La Tonnellerie*
Stoumont — *Zabonprés*
Verviers à Petit-Rechain
— *La Chapellerie*
Vielsalm à Hébronval — *Le Val d'Hébron*
Vresse-sur-Semois — *Le Relais*
Walcourt — *Host. Dispa*
Waregem à Sint-Eloois-Vijve
— *bistro desanto*
Watou — *Gasthof't Hommelhof*
Wavre — *La Table du Marché*

Grand-Duché de Luxembourg

Clervaux à Roder — *Manoir Kasselslay*
Frisange à Hellange
— *Lëtzebuerger Kaschthaus*

Luxembourg-Grund — *Kamakura*
– Périph. à l'Aéroport *Le Grimpereau*
Wiltz — *du Vieux Château*

Nederland

Alphen — *Bunga Melati*
Amsterdam
– Q. Centre — *Café Roux*
— *(H. The Grand Sofitel Demeure)*
– — *Le Relais (H. de l'Europe)*
– Q. Rijksmuseum — *Le Garage*
– Q. Sud et Ouest — *Pakistan*
– Q. Est et Sud-Est — *VandeMarkt*
– Env. à Amstelveen *De Jonge Dikkert*
Beverwijk — *'t Gildehuys*
Breda — *de Stadstuin*
Buren — *Brasserie Floris*
Dalfsen — *De Witte Gans*
Delft — *L'Orage*
Deventer — *'t Arsenaal*
Drachten à Boornbergum *Het Spijshuys*
Enkhuizen — *Die Drie Haringhe*
Goes — *Het Binnenhof*
's Gravenmeer — *Le Bouc*
Groningen — *De Pauw*
Gulpen — *L'Atelier*
Den Haag env. à Voorburg
— *Papermoon*
Haaksbergen — *Bi'j de Watermölle*
Haarlem à Bloemendaal — *Terra Cotta*
– à Heemstede — *Cheval Blanc*
Haren — *Villa Sasso*
Harlingen — *De Gastronoom*
Heerenveen — *Sir Sebastian*
Heerlen — *Het Vervolg*
Heeze — *Host. Van Gaalen*
Hilversum — *No. 33*
Hindeloopen — *De Gasterie*
Hoek van Holland — *Sand*
Holten sur le Holterberg — *Bistro*
— *de Holterberg*

Hoorn — *Hendrickje Stoffels*
Houten — *Coco Pazzo*
Leiden — *Anak Bandung*
Middelharnis — *Brasserie 't Vingerling*
Molenrij — *'t Korensant*
Nijmegen — *Het Savarijn*
Noorden — *De Watergeus*
Oldenzaal — *De oude Raadskelder*
Purmerend à Middenbeemster
— *Het Heerenhuis Beemster*
Rotterdam
– Q. Centre — *Foody's*
– — *Rosso*
– Env. à Schiedam
— *Bistrot Hosman Frères*
Ruurlo — *De Tuinkamer en de Herberg*
Schinnen — *Aan Sjuuteeänjd*
Slochteren — *Gasterei De Seghesteen*
Staphorst — *De Molenmeester*
Tilburg — *Sprakeloos*
Tubbergen — *Droste's*
Vlissingen — *De Bourgondiër*
Wamel — *D'Oude Weeghburg*
Warmond — *De Moerbei*
Wateringen — *'t Raethuys*
Weert — *Les Deux Charmes*
Yerseke — *Nolet's Vistro*
Zeddam à Beek — *Mezzo*
Zeist à Bosch en Duin — *Bistro de Ruif*
— *(H. De Hoefslag)*
Zenderen — *Het Seminar*
Zierikzee à Schuddebeurs
— *Host. Schuddebeurs*
Zweeloo à Aalden — *Adema*
Zwolle — *'t Pestengasthuys*

"Bib Hôtel"

Bonnes nuits à petits prix _____

Goed overnachten aan schappelijke prijzen _____

Hier übernachten Sie gut und preiswert _____

Good accomodation at moderate prices _____

Belgique / België _____

Antwerpen
- – Q. Ancien   *Antigone*
- – Q. Sud   *Industrie*

Balâtre   *L'escapade*
Bastogne   *Léo at home*
Blankenberge   *Manitoba*
-     *Alfa Inn*

Bouillon   *Aub. du Panorama*
Brugge
- – Q. Centre   *ter Reien*
-     *Malleberg*
- – Périph. à Dudzele   *het Bloemenhof*

Bruxelles   *Sabina*
- – Q. Grand'Place   *Matignon*
- – Q. Ste-Catherine   *Noga*
- – Woluwe-St-Lambert   *Lambeau*

Burg-Reuland à Ouren   *Rittersprung*
Bütgenbach   *Seeblick*
-     *Vier Jahreszeiten*

Cerfontaine à Soumoy   *Relais du Surmoy*
Ciney   *Surlemont*
Damme   *De Speye*
- – à Hoeke   *Welkom*

Diksmuide à Stuivekenskerke   *Kasteel Viconia*
Dinant à Falmignoul   *Les Crétias*
Durbuy à Grandhan   *La Passerelle*
Fauvillers   *Le martin pêcheur*
Florenville à Izel   *Le Nid d'Izel*
De Haan   *Arcato*
Hastière-Lavaux à Hastière-par-Delà   *Le Val des Colverts*

Hotton   *La Besace*
Houyet à Celles   *Aub. de la Lesse*
Ieper   *Gasthof t Zweerd*
Knokke-Heist à Albertstrand   *Atlanta*
-     *Albert Plage*

Koksijde à Koksijde-Bad   *Chalet Week-End*
Kortrijk   *Center*
Lommel   *Carré*
Middelkerke   *Host. Renty*
Nismes   *Le Melrose*
Oignies-en-Thiérache   *Au Sanglier des Ardennes*
Oostende   *Cardiff*
- – à Mariakerke   *Glenn*

Paliseul   *à la hutte Lurette*
De Panne   *Ambassador*
-     *Cajou*

Rivière   *Les 7 meuses*
La Roche-en-Ardenne   *Moulin de la Strument*
-     *Les Genêts*

Rochefort   *Le Vieux Logis*
Sankt-Vith   *Am Steineweiher*
Spa à Sart   *du Wayai*
Vencimont   *Le Barbouillon*
Veurne à Beauvoorde   *Driekoningen*
Vielsalm   *Les Myrtilles*
- – à Bovigny   *St-Martin*

Vresse-sur-Semois à Laforêt   *Aub. Du Vieux Moulin Simonis*
Waimes   *Aub. De la Warchenne*
Wenduine   *Host. Tennis*

Grand-Duché de Luxembourg

Bascharage	*Beierhaascht*
Beaufort	*Aub. Rustique*
Bour	*Gwendy*

Echternach à Lauterborn	*Au Vieux Moulin*
Echternach à Steinheim	*Gruber*
Pommerloch	*Motel Bereler Stuff*
Scheidgen	*de la Station*
Vianden	*Heintz*

Pays-Bas

Aardenburg	*Aardenburg*
Apeldoorn à Beekbergen	*Engelanderhof*
Balk à Harich	*Welgelegen*
Dalfsen	*Hof van Dalfsen*
Delft	*De Emauspoort*
Frederiksoord	*Frederiksoord*
Gemert à Handel	*Handelia*
Haaksbergen	*Morssinkhof 't Hoogeland*
Hardenberg	*De Rheezerbelten*
Helden	*Antiek*
Hilvarenbeek	*Herberg St Petrus*
Hulst	*L'Aubergerie*
Hummelo	*De Gouden Karper*

Kortgene	*De Korenbeurs*
Leens à Warfhuizen	*de Theaterherberg*
Maastricht à Margraten	*Groot Welsden*
Nijmegen à Ooij	*De Haan*
Norg	*Karsten*
Ohé en Laak	*Lakerhof*
Philippine	*au Port*
Simpelveld	*Bellevue*
Valkenburg	*Hulsman*
Venlo	*Puur*
Vierhouten	*De Foreesten*
Winschoten	*In den Stallen*

Hôtels agréables
Aangename Hotels
Angenehme Hotels
Particularly pleasant Hotels

⚟⚟⚟⚟

Nederland

Amsterdam Q. Centre — *Amstel*

⚟⚟⚟

Belgique / België

Bruxelles
  – Q. Léopold — *Stanhope*
Knokke-Heist à Het Zoute — *Manoir du Dragon*

Nederland

Amsterdam Q. Centre — *De l'Europe*
Beetsterzwaag — *Lauswolt*
Ootmarsum — *De Wiemsel*
Valkenburg à Houthem — *Château St. Gerlach*

⚟⚟

Belgique / België

Antwerpen Q. Ancien — *De Witte Lelie*
Brugge Q. Centre — *de tuilerieën*
  – — *Relais Oud Huis Amsterdam*
  – — *Die Swaene*
  – — *Pandhotel*
Bruxelles Q. Louise — *Hyatt Regency*
  – St Gilles Q. Louise — *Manos Premier*
  – Woluwe-St-Pierre — *Montgomery*
Comblain-la-Tour — *Host. St-Roch*
Genval — *Le Manoir du Lac*
De Haan — *Manoir Carpe Diem*
Habay-la-Neuve à l'Est — *Les Ardillières*
Noirefontaine — *Aub. Du Moulin Hideux*
Poperinge — *Manoir Ogygia*

Grand-Duché de Luxembourg

Lipperscheid — *Leweck*
Luxembourg
  – Périph. à Belair — *Albert Premier*

Nederland

Amsterdam Q. Centre — *The Dylan*
Kruiningen — *Le Manoir*
Leeuwarden à Aldtsjerk — *Landgoed De Klinze*
Ootmarsum à Lattrop — *De Holtweijde*
Valkenburg — *Prinses Juliana*
Zeist à Bosch en Duin — *de Hoefslag*

⚟

Belgique / België

Antwerpen Q. Sud — *Firean*
Brugge Q. Centre — *Prinsenhof*
Crupet — *Le Moulin des Ramiers*
De Haan — *Duinhof*

Grand-Duché de Luxembourg

Luxembourg
Périphérie à Dommeldange — *Host. du Grünewald*

Nederland

Amsterdam Q. Centre — *Ambassade*
  – — *Seven one Seven*
Amsterdam Env. Ouderkerk aan de Amstel — *'t Jagershuis*
Den Haag Q. Centre — *Haagsche Suites*
Maastricht Q. Centre — *Botticelli*
Wijk aan Zee — *De Klughte*

🏠

Belgique / België

Rance à Sautin — *Le Domaine de la Carrauterie*

Restaurants agréables
Aangename Restaurants
Angenehme Restaurants
Particularly pleasant Restaurants

XXXXX

Belgique / België

Tongeren à Vliermaal   *Clos St. Denis*

XXXX

Belgique / België

Brugge	*De Karmeliet*
Bruxelles	
– Q. Grand'Place	*La Maison du Cygne*
– Q. Palais de Justice	*Maison du Bœuf*
– Q. Bois de la Cambre	*Villa Lorraine*
– Env. à Groot-Bijgaarden	*De Bijgaarden*
– Env. à Overijse	*Barbizon*
Ellezelles	*Château du Mylord*
Habay-la-Neuve à l'Est	*Les Forges*
Kortrijk à Marke	*Marquette (avec ch)*
Namur à Lives-sur-Meuse	*La Bergerie*
Reninge	*'t Convent (avec ch)*
Waregem	*'t Oud Konijntje*

Grand-Duché de Luxembourg

Gaichel	*La Gaichel (avec ch*
Luxembourg Q. Centre	*Clairefontain*
Luxembourg-Grund	*Moscor*

Nederland

Amsterdam Q. Centre	*La Rit (H. Amste.*
–	*Excelsior (H. Europ*
Beetsterzwaag	*De Heeren va Harinxm*
Eindhoven	*De Karpendonkse Hoe*
Den Haag	
– Env. à Voorburg	*Savelberg (avec ch*
Haarlem à Overveen	*De Bokkedoor.*
Kruiningen	*Inter Scala (H. Le Manoi.*
Valkenburg	*Julian (H. Prinses Julian*
Zaandam	*De Hoop Op d'Swarte Wal*
Zeist à Bosch en Duin	*de Hoefsl (H. de Hoefsla*

XXX

Belgique / België

Anhée	*Host. Henrotte – Au Vachter (avec ch)*
Bornem	*Eyckerhof*
Brugge Q. Centre	*De Snippe (avec ch)*
– Env. à Varsenare	*Manoir Stuivenberg (avec ch)*
Bruxelles	*Comme Chez Soi*
– Watermael-Boitsfort	*Au Vieux Boitsfort*
– Woluwe-St-Pierre	*Des 3 Couleurs*
Diest	*De Proosdij*
Elewijt	*Kasteel Diependael*
Hasselt	*Figaro*
Hasselt à Lummen	*Hoeve St. Paul*
Keerbergen	*The Paddock*

Knokke-Heist à Westkapelle	*Ter Dyck*
Kortrijk	*St-Christop*
– au Sud	*Gastronomisch Do (avec c*
Kruishoutem	*Hof van Cle*
Menen à Rekkem	*La Cravac*
Namur à Temploux	*L'Essent.*
Olen	*Doffen*
Opglabbeek	*Slagmol*
De Panne	*Host. Le Fox (avec c*
Pepinster	*Host. Lafarque (avec c*
Ronse	*Host. Shamrock (avec c*
Verviers	*Château Peltz*
Virton à Torgny	*Aub. de la Grappe d'Or (avec c*

Grand-Duché de Luxembourg —
Echternach à Geyershaff *La Bergerie*
Luxembourg-Grund *Mosconi*

Nederland _____
Aalst *De Fuik*
Amsterdam Env. à Amstelveen
De Jonge Dikkert
Delft à Schipluiden *De Zwethheul*
Groningen à Aduard *Herberg Onder*
de Linden (avec ch)
's-Hertogenbosch *Chalet Royal*
Houten *Kasteel Heemstede*

Leiden à Oegstgeest *De Beukenhof*
Meppel à De Wijk *de Havixhorst*
(avec ch)
Ootmarsum *De Wanne (H. De Wiemsel)*
Sluis *Oud Sluis*
Valkenburg à Houthem *St. Gerlach*
Vreeland *De Nederlanden (avec ch)*
Waalre *De Treeswijkhoeve*
Wittem *Kasteel Wittem (avec ch)*
– Wahlwiller *Der Bloasbalg*
Wolphaartsdijk *'t Veerhuis*
Zwolle *De Librije*

Belgique / België _____
Bouillon *Le Ferronnière (avec ch)*
Brugge
– Périph. au Sud-Ouest *Herborist*
(avec ch)
Bruxelles
Q. des Sablons *Trente rue de la Paille*
Crupet *Les Ramiers*
(H. Le Moulin des Ramiers)
Dilsen à Lanklaar
Host. La Feuille d'Or (avec ch)
Geel *De Cuylhoeve*
Gent Q. Centre *Waterzooi*
Heure *Le Fou est belge*
Knokke-Heist à Albertstrand
Jardin Tropical
– à Heist *Bartholomeus*

Profondeville à Arbre *L'Eau Vive*
Tielt *De Meersbloem*
Zeebrugge *'t Molentje*

Grand-Duché de Luxembourg —
Luxembourg Périph. à Clausen
Les Jardins du Président
Schouweiler *La Table des Guilloux*

Nederland _____
Borculo *De Stenen Tafel*
Leens *Schathoes Verhildersum*
Leiden à Oegstgeest *Tolhuysch*
Oud-Loosdrecht *Zin*
Ubachsberg *De Leuf*
Veere *De Campveerse Toren*

Nederland _____
Holten sur le Holterberg *Bistro*
de Holterberg

Waddeneilanden /
Terschelling à Oosterend *De Grië*

ViaMichelin

VIAMICHELIN WIJST U DE WEG MET ZIJN SOFTWARE VOOR PDA

De software van ViaMichelin voor PDA is een ware wissel-
werking van Michelinkaarten en -gidsen, waarmee de kaart
van uw route digitaal kan worden weergegeven. U kunt zich
door gesproken instructies laten begeleiden en in een paar
kliks vindt u het adres van uw keuze.

Voor meer informatie: www.viamichelin.com

Belgique
België
Belgien

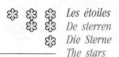

✿ ✿ ✿
✿ ✿
✿

Les étoiles
De sterren
Die Sterne
The stars

🐮 **"Bib Gourmand"**

Repas 33   *Repas soignés*
à prix modérés

Verzorgde maaltijden voor een
schappelijke prijs
Sorgfältig zubereitete preiswerte Mahlzeiten
Good food at moderate prices

ch 40/78   **"Bib Hôtel"**

Bonnes nuits
à petits prix

Goed overnachten aan schappelijke
prijzen
Hier übernachten Sie gut und preiswert
Good accomodation at moderate prices

⌫ *L'agrément*

🏯 ... 🏠   *Aangenaam*
XXXXX ... X   *verblijf*
Annehmlichkeit
Peaceful atmosphere and setting

●   *Carte de voisinage :*
voir à la ville choisie

Kaart van de omgeving in de buurt van
grote steden
Stadt mit Umgebungskarte
Town with a local map

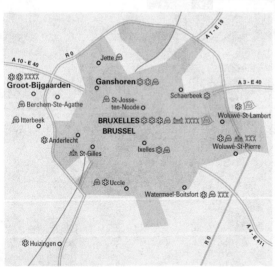

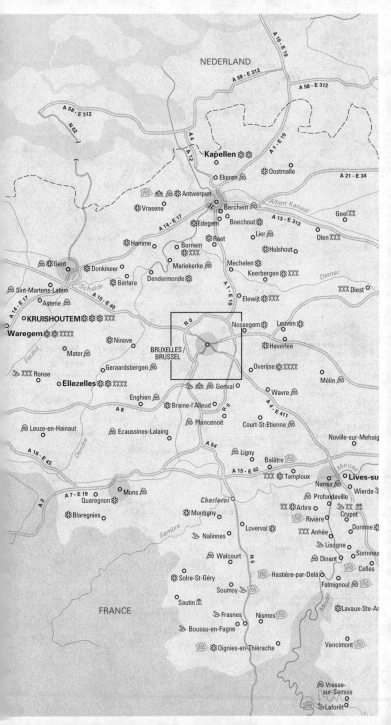

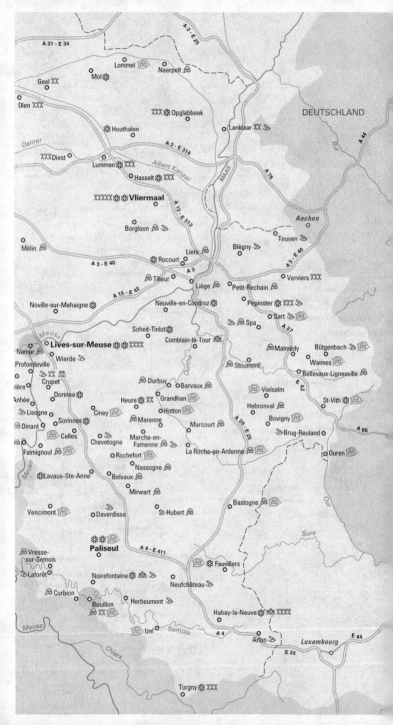

AALST (ALOST) 9300 Oost-Vlaanderen 🔢 J 17 et 🔢 F 3 – 76 935 h.

Voir Transept et chevet★, tabernacle★ de la collégiale St-Martin (Sint-Martinuskerk) BY **A** – Schepenhuis★ Y **B**.

🅱 Grote Markt 3 ☎ 0 53 73 22 70, aalst@toerismevlaanderen.be, Fax 0 53 73 22 73.

Bruxelles 29 ④ – Gent 33 ⑦ – Antwerpen 52 ①

BELGIQUE

AALST

1 Meistr.	**BY**	45
Albrechtlaan	**AZ**	2
Alfred Nichelsstr.	**BZ**	3
Bert van Hoornickstraat	**BY**	4
Brusselsesteenweg	**AZ**	6
Burgemeesterspl.	**BZ**	5
De Gheetstr.	**BZ**	17
Dendermondsesteenweg	**AZ**	8
Dirk Martensstr.	**BY**	9
Esplanadepl.	**BY**	10
Esplanadestr.	**BY**	12
Frits de Wolfkaai	**BY**	13
Gentsesteenweg	**AZ**	15
Geraardsbergsestr.	**AZ**	16
Graanmarkt	**BY**	19
Grote Markt	**BY**	20
Heilig Hartlaan	**BZ**	21
Houtmarkt.	**BZ**	23
Josse Ringoikaai	**BY**	24
Kattestr.	**BY**	
Korte Zoutstr.	**BZ**	26
Lange Zoutstr.	**BY**	29
Leopoldlaan	**AZ**	30
Molendries	**BY**	31
Molenstr.	**BY**	32
Moorselbaan	**AZ**	33
Moutstr.	**BY**	34
Nieuwstr.	**BY**	
Priester Daenspl.	**BY**	35
Vaartstr.	**BY**	38
Van Langenhovestr.	**BZ**	28
Varkensmarkt	**BY**	39
Vlaaderenstr.	**BY**	41
Vredepl.	**BY**	42
Vrijheidstr.	**BY**	43
Zwarte Zustersstraat	**BY**	44

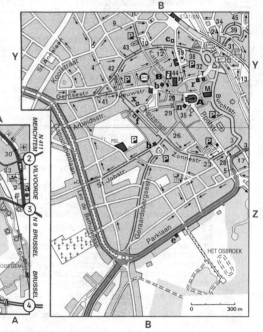

🏨 **Keizershof**, Korte Nieuwstraat 15, ☎ 0 53 77 44 11, info@keizershof-hotel.com, Fax 0 53 78 00 97, 🛌, 🍴 – 📶 🍴 🖵 📺 🍴 🛜 🅿 – 🔬 25 à 100. 🆎 ⓪ 🐾 🏦 🗫
BY x
Repas (fermé vend., sam. et dim.) (dîner seult) carte 40 à 53 – **71 ch** ⌗ 85/205.
◆ Établissement moderne dont les chambres, bien équipées, s'ordonnent de part et d'autre d'un atrium central agrémenté de plantes vertes. Espace breakfast sous verrière.
◆ De goed ingerichte kamers van dit moderne hotel komen uit op een atrium met groene planten. Het ontbijt wordt genuttigd onder een glaskoepel.

🏨 **Royal Astrid**, Keizersplein 27, ☎ 0 53 66 66 06, info@royalastrid.be, Fax 0 53 67 02 26, 🍴 – 📺 – 🔬 25 à 100. 🆎 ⓪ 🐾 🏦
BY f
Repas (fermé 3 sem. août, sam. et dim.) Lunch 30 bc – carte env. 41 – **14 ch** ⌗ 70/125.
◆ Cette maison de notable (1812) située au bord d'une esplanade arborée fournit un hébergement très valable, dans des chambres de bonne ampleur, dotées de meubles de style. Salle de restaurant classique où l'on vient faire des repas au goût du jour.
◆ Dit hotel is gevestigd in een herenhuis uit 1812 aan een esplanade met bomen. De royale kamers zijn met stijlmeubelen ingericht. In de klassieke eetzaal worden eigentijdse gerechten geserveerd.

Station sans rest, A. Liénartstraat 14, ✆ 0 53 77 58 20, *bart.quintijn@proximedia.be*, *Fax 0 53 78 14 69*, ﾶ, ☎, ❀ﾟ – ᵭ 🗐 📺 ⟅⟆. 🆎 ◑ ⓦⓞ 🆅🅸🆂🅰 ✹   BY c
15 ch ⇆ 69/88.

✦ À un jet de vapeur des quais de la gare, dans belle demeure ancienne, petite affaire familiale au cadre bourgeois, disposant de chambres classiquement agencées.

✦ Klein familiehotel in een fraai patriciërshuis, vlak bij het station. Klassiek ingerichte kamers.

Ibis, Villalaan 20, ✆ 0 53 71 18 19, *info@ibisaalst.be*, *Fax 0 53 71 07 11* – ᵭ ✦❀ 📺 ᵭ.ch, ⟅⟆ 🄿 – 🚗 25 à 120. 🆎 ◑ ⓦⓞ 🆅🅸🆂🅰   A b
Repas *(fermé sam., dim. et jours fériés)* Lunch 17 – carte 26 à 45 – ⇆ 9 – **76 ch** 60/75 – ½ P 84/99.

✦ Établissement de chaîne hôtelière implanté au sud de la ville, dans le voisinage de l'autoroute. Chambres fonctionnelles conformes aux standards de l'enseigne. Formule de restauration suivant scrupuleusement les préceptes Ibis.

✦ Dit hotel staat aan de zuidkant van de stad, vlak bij de snelweg. De kamers zijn functioneel en voldoen aan de normen van de Ibisketen. Ook het restaurant is precies wat u in een Ibishotel kunt verwachten.

XXX **'t Overhamme**, Brusselsesteenweg 163 (par ③ : 3 km sur N 9), ✆ 0 53 77 85 99, *overhamme@skynet.be*, *Fax 0 53 78 70 94*, 🌱 – 🄿. 🆎 ◑ ⓦⓞ 🆅🅸🆂🅰 ✹
fermé 1 sem. Pâques, 15 juil.-15 août, sam. midi, dim. soir et lundi – **Repas** Lunch 35 – 54/74 bc.

✦ Demeure agrémentée d'un jardin et d'une terrasse. Cuisine créative et élaborée. Cave cosmopolite. L'intimité des lieux plaira aux couples romantiques comme aux businessmen.

✦ Dit pand heeft een tuin en een terras. Creatieve, verzorgde keuken. Kosmopolitische wijnkelder. De intieme sfeer zal zowel verliefde paartjes als zakenlui aanspreken.

XXX **Kelderman**, Parklaan 4, ✆ 0 53 77 61 25, *info@visrestaurant-kelderman.be*, *Fax 0 53 78 68 05*, 🌱, Produits de la mer – 🄿. 🆎 ◑ ⓦⓞ 🆅🅸🆂🅰 🄹🄲🄱. ✹   BZ e
fermé août, merc., jeudi, sam. midi et dim. midi – **Repas** Lunch 40 – carte 43 à 108.

✦ Table ne manquant pas d'atouts pour séduire : appétissantes recettes littorales, cadre moderne d'un bon confort, salon, véranda et belle terrasse tournées vers le jardin.

✦ Dit restaurant heeft heel wat te bieden : moderne en comfortabele eetzaal, heerlijke visgerechten, salon, serre en mooi terras met uitzicht op de tuin.

XXX **La Tourbière**, Albrechtlaan 15, ✆ 0 53 76 96 10, *restaurant.la.tourbiere@pandora.be*, *Fax 0 53 77 25 44*, 🌱 – ⊟ 🆎 ◑ ⓦⓞ 🆅🅸🆂🅰   A a
fermé 1 sem. carnaval, 1 sem. Pâques, du 1er au 17 août, merc., sam. midi et dim. soir – **Repas** Lunch 28 – 57/105 bc, 🍷 ✦.

✦ Jolie villa début 20e s. reconvertie en plaisante maison de bouche. Salle à manger d'esprit classique, claire et élégante. Carte alléchante, cave de même.

✦ Fraaie villa uit de vroege 20e eeuw die tot restaurant is verbouwd. De klassieke eetzaal is licht en elegant. Aantrekkelijke menukaart en lekkere wijnen.

XX **'t Soethout**, Priester Daensplein 7, ✆ 0 53 77 88 33, *Fax 0 53 77 88 33*, 🌱 – ◑ ⓦⓞ 🆅🅸🆂🅰. ✹   BY n
fermé sem. carnaval, 2 sem. en août, mardi, merc. et sam. midi – **Repas** Lunch 30 – 40/85 bc.

✦ À l'ombre de la collégiale St-Martin, derrière une façade altière, salles à manger semées d'hésitations stylistiques où l'on goûte des mets relevés d'une pointe d'originalité.

✦ Dit restaurant is gevestigd in een pand met een statige gevel, vlak bij de St.-Martinuskerk. De eetzalen zijn in verschillende stijlen ingericht. Originele keuken.

XX **Borse van Amsterdam**, Grote Markt 26, ✆ 0 53 21 15 81, *borsevanamsterdam@skynet.be*, *Fax 0 53 21 24 80*, 🌱, Taverne-rest – 🆎 ◑ ⓦⓞ 🆅🅸🆂🅰   BY b
fermé du 2 au 17 fév., 10 août-1er sept., merc. soir, jeudi et dim. soir – **Repas** Lunch 9 – 29/39 bc.

✦ Taverne-restaurant de tradition établie dans un fier édifice (17e s.) typiquement flamand où se réunissait la chambre de rhétorique. Terrasse d'été à l'ombre des arcades.

✦ Traditioneel eethuis in een typisch Vlaams pand uit de 17e eeuw, waar vroeger de rederijkerskamer bijeenkwam. 's Zomers terras onder de arcaden.

XX **Tang's Palace**, Korte Zoutstraat 51, ✆ 0 53 78 77 77, *Fax 0 53 71 09 70*, Cuisine chinoise, ouvert jusqu'à 23 h – ⊟. 🆎 ◑ ⓦⓞ 🆅🅸🆂🅰. ✹   BZ h
Repas Lunch 10 – 22/42.

✦ Cet honorable "pavillon" de l'Empire du Milieu propose un bel éventail de saveurs dépaysantes. Le vin est le péché mignon du patron. Parking aisé.

✦ Dit paleisje uit het Chinese Rijk biedt een keur van Aziatische specialiteiten. De eigenaar heeft duidelijk een zwak voor wijnen. Groot parkeerterrein.

X **Grill Chipka**, Molenstraat 45, ✆ 0 53 77 69 79, *Fax 0 53 77 69 79*, 🌱, Grillades – 🆎 ◑ ⓦⓞ 🆅🅸🆂🅰. ✹   BY r
fermé dern. sem. août-prem. sem. sept., dim. soir et lundi – **Repas** carte 33 à 48.

✦ Ambiance rustique, grillades "pantagruéliques" à la braise de la cheminée (en salle) et dives bouteilles gouleyantes. L'été, on ripaille aussi dans la jolie cour intérieure.

✦ Royale porties vlees die in de rustieke eetzaal op houtskool worden gegrild en met een lekker wijntje worden weggespoeld. 's Zomers is het smullen geblazen op de binnenplaats.

à Erondegem *par* ⑧ : *6 km* C *Erpe-Mere 18 982 h.* – ⊠ *9420 Erondegem :*

🏠 **Host. Bovendael,** Kuilstraat 1, ☎ 0 53 80 53 66, *info@bovendael.com*, Fax 0 53 80 54 26, 🌳, 🍴 – 🛏 rest, 📺 **P.** – 🅿 25 à 40. 🅾🅾 VISA
Repas *(fermé sem. carnaval, fin juil.-début août et dim. soir)* (dîner seult sauf dim. et lundi) *Lunch 20* – carte 30 à 49 – **20 ch** ⇄ 57/115 – ½ P 70/120.
♦ Près de l'église, aimable hôtel tenu en famille dont les chambres, assez simples et équi-pées de meubles fonctionnels, promettent des nuits sans histoire. Resto "couleur locale" où les vedettes du cyclisme ont leur rond de serviette.
♦ Dit vriendelijke familiehotel bij de kerk is eenvoudig, maar de kamers zijn rustig en prak-tisch ingericht. Hier zult u goed uitgerust weer uit de veren stappen ! Traditioneel res-taurant waar wielervedetten klant aan huis zijn.

à Erpe *par* ⑧ : *5,5 km* C *Erpe-Mere 18 982 h.* – ⊠ *9420 Erpe :*

XX **Cottem,** Molenstraat 13 (direction Lede), ☎ 0 53 80 43 90, Fax 0 53 80 36 26, ≤, 🌳 – **P.** 🅰🅴 ① 🅾🅾 VISA. ⋘
fermé sem. carnaval, 3 sem. en juil., dim. soir, lundi soir et mardi – **Repas** *Lunch 28* – carte env. 45.
♦ Une carte classico-traditionnelle vous sera soumise dans cette imposante villa dont la salle à manger s'ouvre sur un parc arboré et son étang où s'ébattent les cygnes.
♦ Restaurant in een imposante villa, waar klassieke gerechten op tafel worden gezet. De eetzaal kijkt uit op een grote tuin met bomen en een vijver met zwanen.

XX **Het Kraainest,** Kraaineststraat 107 (Ouest : 2 km, direction Erondegem), ☎ 0 53 80 66 40, Fax 0 53 80 66 38, 🌳 – **P.** – 🅿 25 à 50. 🅰🅴 ① 🅾🅾 VISA. ⋘
fermé carnaval, 16 août-5 sept., lundi, mardi et sam. midi – **Repas** *Lunch 20* – 30/75 bc.
♦ Ce restaurant disposant de quelques tables sous véranda et d'une plaisante terrasse estivale a été aménagé dans une villa moderne entourée d'un jardin soigné.
♦ Dit restaurant in een moderne villa beschikt over enkele tafeltjes in de serre en een goed onderhouden tuin. 's Zomers kan op het terras worden gegeten.

AALTER 9880 *Oost-Vlaanderen* 🇵🇹🇵🇹🇵🇹 F 16 *et* 🇵🇹🇵🇹🇵🇹 D 2 – *18 662 h.*
Bruxelles 73 – *Brugge 28* – *Gent 24.*

🏠 **Memling,** Markt 11, ☎ 0 9 374 10 13, *info@memling.be*, Fax 0 9 374 70 72, 🌳 – 📺. 🅰🅴 ① 🅾🅾 VISA. ⋘ rest
fermé vacances Noël – **Repas** *(fermé vend. soir, sam. et dim. soir) Lunch 10* – carte 23 à 36 – **17 ch** ⇄ 60/80 – ½ P 49/68.
♦ Au centre-ville, établissement abritant des chambres confortables. La moitié d'entre elles se trouvent à l'annexe, quelques-unes disposent d'une kitchenette.
♦ Comfortabel hotel in het centrum. De helft van de kamers bevindt zich in de dependance en sommige zijn voorzien van een kitchenette.

X **Bacchus,** Aalterweg 10 (Nord : 5,5 km sur N 44), ☎ 0 9 375 04 85, *brasserie-bacchus @mail.be*, Fax 0 9 375 04 95, 🌳 – **P.** 🅰🅴 VISA
fermé 2 dern. sem. juil., 1 sem. fin déc., mardi soir, merc. et sam. midi – **Repas** *Lunch 30* – 47/62 bc, ♀ ♣.
♦ Restaurant officiant dans une ancienne ferme entourée de dépendances. Carte classique-actuelle et cave mondialiste effectivement digne de Bacchus. Belle terrasse.
♦ Restaurant in een oude boerderij met bijgebouwen. De kaart is klassiek-eigentijds en de wijnkelder met flessen uit de hele wereld doet Bacchus eer aan. Mooi terras.

à Lotenhulle *Sud :* 3 km par N 409 C *Aalter* – ⊠ *9880 Lotenhulle :*

XX **Den Ouwe Prins,** Prinsenstraat 9, ☎ 0 9 374 46 66, Fax 0 9 374 06 91, 🌳 – **P.** 🅾🅾 VISA. ⋘
fermé du 1er au 20 juil., lundi et mardi – **Repas** *Lunch 40* – 50 bc/75 bc.
♦ Un vaste jardin borde cette villa dont l'intérieur, intime, est décoré de tableaux et d'une collection de balances. Agréable salon invitant à prendre l'apéritif ou le café.
♦ Het interieur van deze villa met grote tuin is verfraaid met schilderijen en een collectie weegschalen. Prettige salon voor een aperitiefje of kopje koffie.

AARLEN *Luxembourg belge* – *voir Arlon.*

De MICHELIN gids wordt voortdurend bijgewerkt, vervang hem jaarlijks.

AARSCHOT 3200 Vlaams-Brabant **533** O 17 et **716** H 3 – 27 648 h.

🏌 au Sud : 10 km à Sint-Joris-Winge, Leuvensesteenweg 252 ℘ 0 16 63 40 53, Fax 0 16 63 21 40.

Bruxelles 43 – Antwerpen 42 – Hasselt 41.

XX **De Gouden Muts,** Jan Van Ophemstraat 14, ℘ 0 16 56 26 08, geert.ieven@belgacom.net, Fax 0 16 57 14 14, 😤 – 🔳. 🖭 ⓸ ⓿ VISA. 🛠
fermé 18 juil.-11 août, 26 déc.-5 janv., mardi, merc. et sam. midi – **Repas** Lunch 28 – carte 45 à 59.
- À deux pas de la collégiale, maison bourgeoise où l'on vient faire de copieux repas classiques-actuels dans une salle spacieuse dotée de chaises design. Terrasse à l'arrière.
- Restaurant in een herenhuis bij de kapittelkerk met een ruime eetzaal met designstoelen. De copieuze maaltijden zijn een mix van klassiek en modern. Terras aan de achterkant.

X **De Gelofte,** Begijnhof 19, ℘ 0 16 57 36 75, degelofte@pro.tiscali.be, Fax 0 16 57 36 76 – 🔳. 🖭 ⓿ VISA. 🛠
fermé prem. sem. Pâques, 2 dern. sem. août, merc., sam. midi et dim. – **Repas** Lunch 25 – 39.
- Lors de vos déambulations autour de l'ancien béguinage, n'hésitez pas à venir vous taper la cloche à cette table au cadre actuel sobre. Attention : nombre de couverts limité !
- Op uw wandeling door het oude begijnhof mag u dit restaurantje niet overslaan. Sobere, eigentijdse inrichting met een beperkt aantal couverts.

à **Langdorp** Nord-Est : 3,5 km ⓒ Aarschot – ✉ 3201 Langdorp :

XX **Gasthof Ter Venne,** Diepvenstraat 2, ℘ 0 16 56 43 95, info@tervenne.be, Fax 0 16 56 79 53 – 🔳 😤 – 🔬 25 à 250. 🖭 ⓿ VISA. 🛠
fermé mardi, merc. et dim. soir – **Repas** Lunch 28 – 35/89 bc.
- Ce restaurant installé dans une ancienne grange à toit de chaume plaît par ses abords boisés et son ambiance rustique. Poutres, cheminée et murs de briques rouges en salle.
- Dit restaurant in een oude graanschuur met rieten dak is in trek vanwege de bossen rondom en de rustieke sfeer. Eetzaal met houten balken, open haard en bakstenen muren.

AARTSELAAR Antwerpen **533** L 16 et **716** G 2 – voir à Antwerpen, environs.

AAT Hainaut – voir Ath.

ACHEL Limburg **533** R 15 et **716** J 2 – voir à Hamont-Achel.

ACHOUFFE Luxembourg belge **534** T 22 – voir à Houffalize.

AFSNEE Oost-Vlaanderen **533** H 16 – voir à Gent, périphérie.

ALBERTSTRAND West-Vlaanderen **533** E 14 et **716** C 1 – voir à Knokke-Heist.

ALLE 5550 Namur ⓒ Vresse-sur-Semois 2 854 h. **534** O 23 et **716** H 6.
Bruxelles 163 – Bouillon 25 – Namur 104.

🏨 **Host. Le Charme de la Semois,** r. Liboichant 12, ℘ 0 61 50 80 70, contact@charmedelasemois.be, Fax 0 61 50 80 75, ≼, 😤, ≉ – 🔳 🖵 📞 – 🔬 40. 🖭 ⓿ VISA. 🛠
fermé dern. sem. août et mardi et merc. hors saison – **Repas** Lunch 25 – 33/70 bc, ♀ – **21 ch** ☲ 65/85 – ½ P 70/93.
- Une rénovation totale a propulsé cette hostellerie familiale du bord de Semois parmi les meilleurs lieux de séjour dans la région. Chambres spacieuses et de bon confort. Salle à manger affichant un petit air "cottage". Vue sur la rivière depuis votre table.
- Dankzij een grondige verbouwing is dit familiehotel aan de oevers van de Semois nu een van de beste van de streek. De kamers zijn ruim en comfortabel. De eetzaal kijkt uit op de rivier en ademt de sfeer van een Engelse cottage.

🏨 **Aub. d'Alle,** r. Liboichant 46, ℘ 0 61 50 03 57, contact@aubergedalle.be, Fax 0 61 50 00 66, 😤, ≉, 🚲 – 🖵 📞 – 🔬 25. 🖭 ⓿ VISA. 🛠
fermé fév.-mars et dern. sem. de chaque mois sauf week-end – **Repas** Lunch 24 – 38/84 bc, ♀ – **14 ch** ☲ 62/103 – ½ P 72/105.
- Auberge en pierres du pays où vous serez logés dans de menues chambres d'esprit ardennais ou dans l'un des studios répartis à l'annexe. Bar de style "stube". Goûteuses préparations servies dans un cadre bourgeois ou sur la terrasse d'été.
- Deze herberg beschikt over kleine kamers in Ardense sfeer en over een dependance met twee studio's. Bar in de stijl van een "stube". In de eetzaal met typisch bourgeoisdecor of 's zomers op het terras kunt u genieten van een smakelijke maaltijd.

🏠 **Host. Fief de Liboichant,** r. Liboichant 44, ☎ 0 61 50 80 30, *mail.to@lefiefdeliboi chant.be*, Fax 0 61 50 14 87, ☕, 🚗 – 🛗 📺 📞 – 🍴 30. ◭ ⓪ ⑩ 🆅🆂🅰 ⚡ rest
fermé janv.-mi-fév. – **Repas** Lunch 24 – carte 30 à 43, ♀ – **25 ch** ⊊ 50/85 – ½ P 72.
◆ En bord de Semois, adossée à une futaie, auberge de style régional dont la façade s'égaye d'une verrière. Chambres sans reproche et jardin tranquille sur l'arrière. Salle à manger de style classique-bourgeois révélateur du genre de cuisine que l'on y sert.
◆ Herberg met serre in regionale stijl aan de oever van de Semois, bij een woud met hoogstammige bomen. Onberispelijke kamers en rustige tuin aan de achterkant. Eetzaal in klassiek-traditionele stijl, die goed past bij de manier van koken.

ALOST Oost-Vlaanderen – voir à Aalst.

ALSEMBERG Vlaams-Brabant ⑤③③ K 18 et ⑦①⑥ G 3 – voir à Bruxelles, environs.

AMAY 4540 Liège ⑤③③ Q 19, ⑤③④ Q 19 et ⑦①⑥ I 4 – 13 163 h.
Voir Chasse★ et sarcophage mérovingien★ dans la Collégiale St-Georges.
Bruxelles 25 – Liège 25 – Huy 8 – Namur 40.

XX **Jean-Claude Darquenne,** r. Trois Sœurs 14a (Nord : 3,5 km par N 614), ☎ 0 85 31 60 67, Fax 0 85 31 36 96, ☕ – 📞 ⑩ 🆅🆂🅰 – fermé 16 août-16 sept., 22 déc.-2 janv., dim. soir, lundi, jeudi soir et après 20 h 30 – **Repas** Lunch 40 – 45/85 bc.
◆ Bungalow agrémenté d'une charmante terrasse-véranda de style Louisiane donnant sur un pimpant jardinet. Cuisine soignée voguant au gré de la marée.
◆ Bungalow met een mooi terras annex serre in Louisianastijl, dat uitkijkt op een goed onderhouden tuintje. Verzorgde keuken die meedeint met de golven van de zee.

AMBLÈVE (Vallée de l') ★★ Liège ⑤③③ U 20, ⑤③④ U 20 et ⑦①⑥ K 4 G. Belgique-Luxembourg.

AMEL (AMBLÈVE) 4770 Liège ⑤③③ W 20, ⑤③④ W 20 et ⑦①⑥ L 4 – 5 199 h.
Bruxelles 174 – Liège 78 – Malmédy 21 – Luxembourg 96.

XX **Kreusch** avec ch, Auf dem Kamp 179, ☎ 0 80 34 80 50, *hotel.kreusch@swing.be*, Fax 0 80 34 03 69, 🚗 – 📺 📞 – 🍴 25 à 80. ⑩ 🆅🆂🅰 ⚡ – fermé 2 prem. sem. juil., dim. soir hors saison et lundi – **Repas** Lunch 23 – carte 34 à 59 – ⊊ 10 – **12 ch** 44/70 – ½ P 61/76.
◆ Au milieu du village, juste à côté de l'église, hostellerie traditionnelle fondée en 1854 par les aïeux des patrons actuels. Le gîte et le couvert dans un cadre bourgeois.
◆ Deze traditionele herberg midden in het dorp bij de kerk werd in 1854 gebouwd door de voorouders van de huidige eigenaren. Hier kunt u ouderwets goed eten en slapen.

ANDERLECHT Région de Bruxelles-Capitale ⑤③③ K 17 et ⑦①⑥ F 3 – voir à Bruxelles.

ANGLEUR Liège ⑤③③ S 19 et ⑤③④ S 19 – voir à Liège, périphérie.

ANHÉE 5537 Namur ⑤③③ O 21, ⑤③④ O 21 et ⑦①⑥ H 5 – 6 955 h.
Env. à l'Ouest : Vallée de la Molignée★.
Bruxelles 85 – Namur 24 – Charleroi 51 – Dinant 7.

🏠🏠 **Les Jardins de la Molignée,** rte de la Molignée 1, ☎ 0 82 61 33 75, *reception@jardins.molignee.com*, Fax 0 82 61 13 72, ☕, ⚓, 🏊, 🚗, ✖, 🚲 – 🛗 🧖 – 🛗 ch, 📺 📞 – 🍴 25 à 120. ◭ ⓪ 🆅🆂🅰
Repas (avec grillades) Lunch 16 – 25/35 bc – **30 ch** ⊊ 71/95, – 2 suites – ½ P 67.
◆ Hôtel au confort moderne adossé à une forge du 17e s. bâtie en pierres du pays. Six salles de séminaires. L'ensemble borde un parc où s'écoule la Molignée. Ample salle à manger actuelle garnie d'un mobilier en rotin.
◆ Dit hotel naast een 17e-eeuwse smederij is heel geriefelijk en beschikt over zes congreszalen. Het restaurant is eigentijds ingericht met rotanmeubelen. Het complex kijkt uit op een grote tuin, waar de Molignée doorheen stroomt.

XXX **Host. Henrotte - Au Vachter** avec ch, chaussée de Namur 140, ☎ 0 82 61 13 14, *hotelvachter@skynet.be*, Fax 0 82 61 28 58, ≤, ☕, 🚗, 🍴 – 🍴 25. ⑩ 🆅🆂🅰
fermé 15 déc.-12 fév. – **Repas** (fermé dim. soir et lundi) Lunch 36 bc – 50/69 bc – **8 ch** ⊊ 84/100, – 2 suites – ½ P 85.
◆ Cette belle auberge dont le jardin dévale vers la Meuse est estimée pour son hospitalité autant que pour la qualité de ses menus. Vue fluviale en terrasse. Sobres chambres.
◆ Mooie herberg met een tuin die zich tot aan de Maas uitstrekt. Gastvrij onthaal en eersteklas menu's. Terras met uitzicht op de rivier. Sobere kamers.

ANS Liège ⑤③③ S 19, ⑤③④ S 19 et ⑦①⑥ J 4 – voir à Liège, environs.

ANSEREMME Namur ⑤③③ O 21, ⑤③④ O 21 et ⑦①⑥ H 5 – voir à Dinant.

ANTWERPEN – ANVERS

2000 P 533 L 15 *et* 716 G 2 – *454 172 h.*

Bruxelles 48 ⑩ *– Amsterdam 159* ④ *– Luxembourg 261* ⑨ *– Rotterdam 103* ④.

OFFICES DE TOURISME

Grote Markt 13 ℰ *0 3 232 01 03, visit@antwerpen.be, Fax 0 3 231 19 37 – Fédération provinciale de tourisme, Koningin Elisabethlei 16* ⊠ *2018* ℰ *0 3 240 63 73, info@tpa.be, Fax 0 3 240 63 83.*

RENSEIGNEMENTS PRATIQUES

🏌 🏌 *par* ② *: 15,5 km à Kapellen, G. Capiaulei 2* ℰ *0 3 666 84 56, Fax 0 3 666 44 37*

🏌 *par* ⑩ *: 10 km à Aartselaar, Kasteel Cleydael, Cleydaellaan 36* ℰ *0 3 887 00 79, Fax 0 3 887 00 15*

🏌 🏌 *par* ⑥ *: 10 km à Wommelgem, Uilenbaan 15* ℰ *0 3 355 14 30, Fax 0 3 355 14 35*

🏌 🏌 *par* ⑥ *: 13 km par N 116 à Broechem, Kasteel Bossenstein, Moor 16* ℰ *0 3 485 64 46, Fax 0 3 425 78 41*

🏌 *par* ② *et* ③ *: 11 km à Brasschaat, Miksebaan 248* ℰ *0 3 651 37 20, Fax 0 3 651 37 20*

🏌 *par* ⑨ *: 9 km à Edegem, Drie Eikenstraat 510* ℰ *0 3 228 51 07, Fax 03 288 51 07*

🏌 🏌 *par* ⑤ *: 13 km à 's Gravenwezel, St-Jobsteenweg 120* ℰ *0 3 380 12 80, Fax 0 3 384 29 33*

CURIOSITÉS

Voir *Autour de la Grand-Place et de la Cathédrale*★★★ : *Grand-Place*★ *(Grote Markt)* FY, *Vlaaikensgang*★ FY, *Cathédrale*★★★ *et sa tour*★★★ FY, *Maison des Bouchers*★ *(Vleeshuis) : instruments de musique*★ FY **D** – *Maison de Rubens*★★ *(Rubenshuis)* GZ – *Intérieur*★ *de l'église St-Jacques* GY – *Place Hendrik Conscience*★ GY – *Église St-Charles-Borromée*★ *(St-Carolus Borromeuskerk)* GY – *Intérieur*★★ *de l'Église St-Paul (St-Pauluskerk)* FY – *Jardin zoologique*★★ *(Dierentuin)* DEU – *Quartier Zurenborg*★★ EV – *Le port (Haven)* ⚓ FY.

Musées : *de la Marine « Steen »*★ *(Nationaal Scheepvaartmuseum)* FY – *d'Etnographie*★★ *(Etnografisch museum)* FY **M¹** – *Plantin-Moretus*★★★ FZ – *Mayer van den Bergh*★★ : *Margot l'enragée*★★ *(De Dulle Griet)* GZ – *Maison Rockox*★ *(Rockoxhuis)* GY **M⁴** – *Royal des Beaux-Arts*★★★ *(Koninklijk Museum voor Schone Kunsten)* CV **M⁵** – *de la Photographie*★ *(Museum voor Fotografie)* CV **M⁶** – *de Sculpture et plein air Middelheim*★ *(Openluchtmuseum voor Beeldhouwkunst)* BS – *Provinciaal Museum Sterckshof - Zilvercentrum*★ BR **M¹⁰** – *de la Mode*★★ *(Modemuseum)* FZ – *du Diamant*★ *(Diamantmuseum)* DEU **M⁸**.

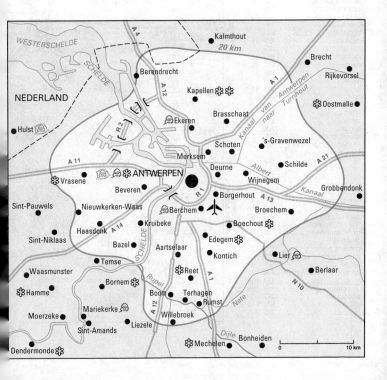

BELGIQUE

ANTWERPEN

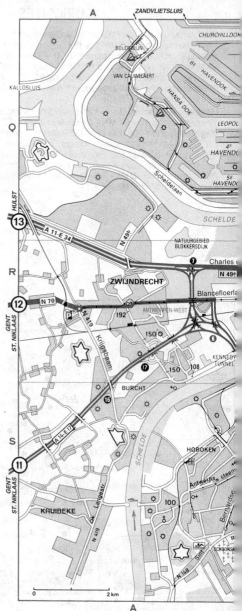

Wilt u een stad of streek bezichtigen ?
Raadpleeg de Groene Michelingidsen.

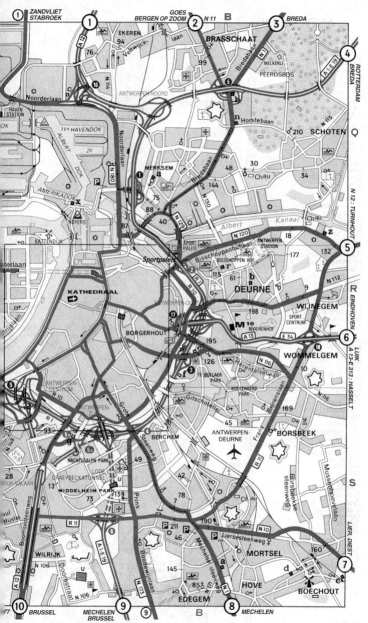

ANTWERPEN

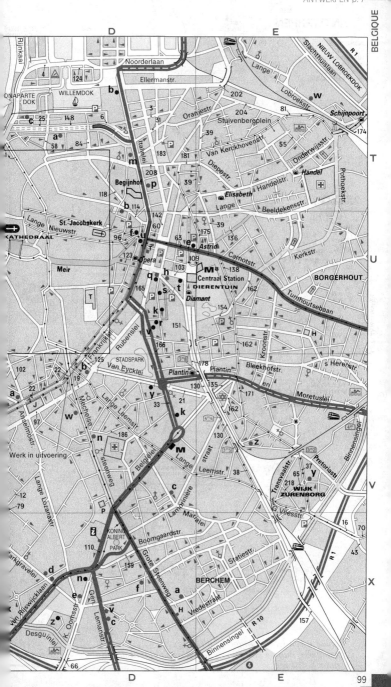

ANTWERPEN

Zoekt u een rustig of afgelegen hotel,
raadpleeg dan de kaart in de inleiding of kijk in de tekst
naar hotels met het teken ⌂

Liste alphabétique des hôtels et restaurants
Alfabetische lijst van hotels en restaurants
Alphabetisches Hotel- und Restaurantverzeichnis
Alphabetical list of hotels and restaurants

Quartier Ancien - plan p. 8 sauf indication spéciale :

Hilton, Groenplaats, ✆ 0 3 204 12 12, fb-antwerp@hilton.com, Fax 0 3 204 12 13, 🗗, 🚗 – 🛗 🎴 ♨ 🗏 🖥 📺 – 🛕 30 à 1000. 🝙 ⑩ 🍴 𝘝𝘐𝘚𝘈   FZ **m**
Repas voir rest **Het Vijfde Seizoen** ci-après – **Terrace-Café** Lunch 25 – carte 29 à 52, ♀ – 🖵 25 – **199 ch** 179/434, – 12 suites.

◆ Hôtel de luxe dans un très bel immeuble début 20ᵉ s. : l'ancien Grand Bazar du Bon Marché. Vastes chambres très bien équipées et espaces communs agréables. Vue sur la cathédrale et l'effervescente Groenplaats au Terrace Café. Carte un peu touche-à-tout.

◆ Luxehotel in een fraai gebouw uit 1900 : de Grand Bazar du Bon Marché. Zeer comfortabele, ruime kamers en aangename gemeenschappelijke ruimten. Uitzicht op de kathedraal en de gezellige Groenplaats vanuit het Terrace Café. De menukaart heeft voor elk wat wils.

De Witte Lelie 🕭 sans rest, Keizerstraat 16, ✆ 0 3 226 19 66, hotel@dewittelelie.be, Fax 0 3 234 00 19 – 🛗 📺 ♨. 🝙 ⑩ 𝘝𝘐𝘚𝘈 𝘑𝘊𝘉   GY **z**
fermé 18 déc.-6 janv. – **7 ch** ♀ 195/495, – 3 suites.

◆ Paisible et plein de charme, ce petit "grand hôtel" occupe un ensemble de maisons du 17ᵉ s. Chambres douillettes, décorées avec raffinement. Le patio invite à la détente.

◆ Dit kleine "grand hotel" is rustig en sfeervol en beslaat een aantal huizen uit de 17e eeuw. De kamers zijn behaaglijk en fraai gedecoreerd. De patio nodigt uit tot luieren.

't Sandt, Het Zand 17, ✆ 0 3 232 93 90, info@hotel-sandt.be, Fax 0 3 232 56 13 – 🛗, 🗏 ch, 📺 ♨ – 🛕 25 à 100. 🝙 ⑩ 🍴 𝘝𝘐𝘚𝘈. ♨   FZ **w**
Repas de kleine Zavel (fermé sam. midi) Lunch 20 – carte 29 à 50, ♀ – **27 ch** 🖵 135/240, – 2 suites.

◆ Demeure du 19ᵉ s. dont la belle façade rococo contraste avec le décor intérieur, sobre et contemporain. Adorable jardin d'hiver à l'italienne. Chambres amples et élégantes. Bonne cuisine de bistrot à l'heure du repas.

◆ Mooi 19e-eeuws pand met een weelderig versierde rococogevel die contrasteert met het sobere, eigentijdse interieur. Prachtige wintertuin in Italiaanse stijl. Ruime, elegante kamers. Goede bistrokeuken.

Theater, Arenbergstraat 30, ✆ 0 3 203 54 10, info@theater-hotel.be, Fax 0 3 233 88 58, 🚗 – 🛗 🎴 🗏 📺 – 🛕 25 à 50. 🝙 ⑩ 🍴 𝘝𝘐𝘚𝘈. ♨   GZ **t**
Repas (fermé 18 juil.-16 août, sam. midi, dim. et jours fériés) Lunch 16 – carte 32 à 42 – **122 ch** 🖵 110/235, – 5 suites – ½ P 89/142.

◆ Hôtel confortable et moderne, idéalement situé au coeur de la vieille· ville, à deux pas du théâtre Bourla et de la maison Rubens. Chambres spacieuses aux tons chaleureux. Salle de restaurant non dénuée de caractère. Petite carte orientée cuisines du monde.

◆ Comfortabel en modern hotel, ideaal gelegen in de binnenstad, bij de Bourla-schouwburg en het Rubenshuis. De kamers zijn ruim en in warme kleuren gehouden. Eetzaal met karakter, waar een kleine kaart met gerechten uit allerlei landen wordt gepresenteerd.

Rubens 🕭 sans rest, Oude Beurs 29, ✆ 0 3 222 48 48, hotelrubens@microsun.es, Fax 0 3 225 19 40 – 🛗 🗏 📺 ♨. 🝙 ⑩ 🍴 𝘝𝘐𝘚𝘈 𝘑𝘊𝘉. ♨   FY **y**
35 ch 🖵 145/185, – 1 suite.

◆ Tranquille et accueillante maison patricienne rénovée, toute proche de la Grand-Place et de la cathédrale. Certaines chambres donnent sur une cour intérieure fleurie en été.

◆ Rustig patriciërshuis dat pas is gerenoveerd, vlak bij de Grote Markt en de kathedraal. Sommige kamers kijken uit op een binnenplaats die 's zomers met bloemen is begroeid.

Julien sans rest, Korte Nieuwstraat 24, ✆ 0 3 229 06 00, info@hotel-julien.com, Fax 0 3 233 55 70 – 🛗 🗏 📺. 🝙 🍴 𝘝𝘐𝘚𝘈. ♨   GY **a**
11 ch 🖵 160/250.

◆ Hôtel intime dont la porte cochère s'ouvre sur une petite rue à tramway. Décor intérieur cosy mariant des éléments classiques, rustiques et design. Belles chambres modernes.

◆ Sfeervol hotel, waarvan de koetspoort uitkomt op een kleine straat met trambaan. Het gezellige interieur is een mix van klassiek, rustiek en design. Mooie moderne kamers.

Villa Mozart, Handschoenmarkt 3, ✆ 0 3 231 30 31, info@villamozart.be, Fax 0 3 231 56 85, ≼, 🍴, 🚗 – 🛗 🎴 📺. 🝙 ⑩ 🍴 𝘝𝘐𝘚𝘈 𝘑𝘊𝘉   FY **e**
Repas (taverne-rest) Lunch 15 – carte 23 à 45 – 🖵 13 – **25 ch** 99/148 – ½ P 65/89.

◆ Bien situé dans le centre animé, entre la Grand-Place et la cathédrale - visible depuis certaines chambres -, ce petit établissement est aussi pratique qu'agréable. Brasserie décorée à la mode d'aujourd'hui.

◆ Klein en aangenaam hotel, uitstekend gelegen in het centrum, tussen de Grote Markt en de kathedraal, waarop vanuit sommige kamers een blik te werpen is. De bijbehorende brasserie is eigentijds ingericht.

Antigone sans rest, Jordaenskaai 11, ✆ 0 3 231 66 77, info@antigonehotel.be, Fax 0 3 231 37 74 – 🛗 🗏 📺 🅿. 🝙 ⑩ 🍴 𝘝𝘐𝘚𝘈 𝘑𝘊𝘉   FY **a**
21 ch 🖵 75/95.

◆ Hôtel de confort simple mais très correct, dans une maison bourgeoise située sur les quais de l'Escaut, à deux pas du Steen Museum. Chambres personnalisées.

◆ Eenvoudig, maar prima hotel in een herenhuis op de kade langs de Schelde, een paar minuten lopen van het museum Het Steen. Alle kamers zijn verschillend.

BELGIQUE

Ibis sans rest, Meistraat 39 (Theaterplein), ☏ 0 3 231 88 30, *H1453@accor.com, Fax 0 3 234 29 21* – 🛗 ⚡ 📺 🖧 – 🔬 25 à 60. 🖭 ⓞ ⓦⓞ 𝘝𝘐𝘚𝘈   GZ a
☲ 9 – **150 ch** 77/89.
  ◆ Unité Ibis établie aux abords du théâtre Bourla et pas loin de la maison Rubens, que vous longerez pour gagner l'axe commerçant du Meir. Prestations habituelles de la chaîne.
  ◆ Typisch Ibishotel in de buurt van de Bourla-schouwburg en het Rubenshuis, waar u langs komt wanneer u naar de Meir, de belangrijkste winkelstraat, loopt.

Cammerpoorte sans rest, Nationalestraat 40, ☏ 0 3 231 97 36, *cammerpoorte@n et4all.be, Fax 0 3 226 29 68* – 🛗 📺 🅿. 🖭 ⓞ ⓦⓞ 𝘝𝘐𝘚𝘈 𝙅𝘊𝘉   FZ n
– **39 ch** ☲ 65/75.
  ◆ Hôtel modeste mais fonctionnel, de fréquentation surtout touristique et familiale, situé à 200 m du musée Plantin-Moretus. Chambres sans fioriture et assez sombres.
  ◆ Eenvoudig, maar praktisch hotel, waar voornamelijk toeristen en gezinnen komen, op 200 m van het Museum Plantin-Moretus. Kamers zonder opsmuk en vrij somber.

𝕏𝕏𝕏 **'t Fornuis** (Segers), Reyndersstraat 24, ☏ 0 3 233 62 70, *Fax 0 3 233 99 03* – 🖭 ⓞ
☼   𝘝𝘐𝘚𝘈. ⚡   FZ c
fermé août, 24 déc.-1er janv., sam. et dim. – **Repas** (nombre de couverts limité - prévenir) carte 60 à 90, ♀ ☕
Spéc. Salade de Saint-Jacques poêlées au foie d'oie. Sole farcie à la rhubarbe. Moelleux au chocolat et coulis d'oranges.
  ◆ Dans une belle demeure du 17e s., table ambitieuse dont la carte, personnalisée, vous sera déclamée de façon théâtrale par un chef truculent. Intérieur rustico-bourgeois.
  ◆ Ambitieus restaurant in een mooi 17e-eeuws herenhuis met een rustiek interieur. De persoonlijke menukaart wordt door de kleurrijke chef-kok theatraal aan u voorgedragen.

𝕏𝕏𝕏 **Huis De Colvenier,** Sint-Antoniusstraat 8, ☏ 0 3 226 65 73, *info@colvenier.be, Fax 0 3 227 13 14*, 🏡 – 🗏 🅿. – 🔬 25 à 90. 🖭 ⓞ ⓦⓞ 𝘝𝘐𝘚𝘈   FZ k
fermé sem. carnaval, août, sam. midi, dim. et lundi – **Repas** Lunch 50 – 60/100 bc ☕.
  ◆ L'intérieur de cet hôtel particulier fin 19e s. s'agrémente de jolies peintures murales, d'un sémillant jardin d'hiver et d'un caveau utilisé à l'apéritif. Service prévenant.
  ◆ Patriciërshuis uit de late 19e eeuw met fraaie muurschilderingen en een wintertuin. Het aperitief wordt in de wijnkelder geschonken. Attente bediening.

𝕏𝕏𝕏 **Het Vijfde Seizoen** - H. Hilton, Groenplaats 32, ☏ 0 3 204 12 12, *fb_antwerp@hilt on.com, Fax 0 3 204 12 13* – 🗏 🖧 ☐. 🖭 ⓞ ⓦⓞ 𝘝𝘐𝘚𝘈   FZ m
fermé dern. sem. juil.-2 prem. sem. août, dim. et lundi – **Repas** Lunch 38 – 45/95 bc, ♀.
  ◆ Confortable restaurant d'affaires partageant ses installations avec un établissement de chaîne hôtelière. Décor raffiné et carte d'un classicisme affirmé. Découpes en salle.
  ◆ Dit restaurant in het Hilton is een geliefd trefpunt voor zakenmensen. Stijlvol interieur en zeer klassieke kaart. Het vlees wordt door de obers aan tafel gesneden.

𝕏𝕏 **De Kerselaar** (Michiels), Grote Pieter Potstraat 22, ☏ 0 3 233 59 69, *dekerselaar@p andora.be, Fax 0 3 233 11 49* – 🗏. 🖭 ⓞ ⓦⓞ 𝘝𝘐𝘚𝘈 𝙅𝘊𝘉   FY n
fermé 2 dern. sem. juil., sam. midi, dim. et lundi midi – **Repas** Lunch 60 – 84 bc, carte 55 à 83
Spéc. Tartare de thon et crevettes à la tomate confite. Hamburger de saint-Pierre aux truffes et coulis de carottes. Pain d'épice façon pain perdu farci de figues et poires caramélisées.
  ◆ Les gourmets seront choyés dans cette maison discrète accessible par une petite rue piétonne. Cuisine française volontiers créative, ambiance intime et service stylé.
  ◆ Fijnproevers worden op hun wenken bediend in dit restaurant dat wat verscholen is een voetgangersstraatje ligt. Creatieve Franse keuken, intieme sfeer en stijlvolle bediening.

𝕏𝕏 **Neuze Neuze,** Wijngaardstraat 19, ☏ 0 3 232 27 97, *neuzeneuze@pandora.be, Fax 0 3 225 27 38* – 🖭 ⓞ ⓦⓞ 𝙅𝘊𝘉   FY s
fermé 2 sem. en août, prem. sem. janv., merc. midi, sam. midi et dim. – **Repas** Lunch 25 – 50/75 bc.
  ◆ Adresse intime et accueillante où la clientèle d'affaires côtoie des couples romantiques. Salles séparées pour les banquets. L'assiette est généreuse et le service, stylé.
  ◆ In dit restaurant hangt een intieme sfeer die zowel geschikt is voor een zakenlunch als een romantisch diner. Aparte zalen voor partijen. Royale porties en correcte bediening.

𝕏𝕏 **Orso D'oro - De Gulden Beer,** Grote Markt 14, ☏ 0 3 226 08 41, *Fax 0 3 232 52 09*, ≼, 🏡, Cuisine italienne – 🗏. 🖭 ⓞ ⓦⓞ 𝘝𝘐𝘚𝘈. ⚡   FY v
Repas Lunch 25 – 37/85 bc.
  ◆ Cette vieille maison arborant un beau pignon à redans se dresse sur la Grand-Place. Attrayante carte italienne. Jolie vue et terrasse ainsi qu'à l'étage, près des baies.
  ◆ Dit oude pand met trapgevel staat aan de Grote Markt. Aantrekkelijke Italiaanse kaart. Mooi uitzicht vanaf het terras en de tafeltjes bij de grote ramen op de bovenverdieping.

XX **Het Nieuwe Palinghuis,** Sint-Jansvliet 14, *℘ 0 3 231 74 45, hetnieuwepalinghuis@resto.be, Fax 0 3 231 50 53,* Produits de la mer – ▤, AE ① ◐ᴼ VISA. ⅍   FZ e
fermé juin, 24 déc.-15 janv., lundi et mardi – **Repas** Lunch 33 – 62/80 bc.
♦ L'anguille est chez elle dans cet établissement orienté "produits de la mer". Murs habillés de clichés nostalgiques du vieil Anvers. Bon choix de vins abordables.
♦ De paling voelt zich als een vis in het water in dit restaurant, waarvan de muren zijn behangen met oude foto's van Antwerpen. Ruime keuze aan goede en betaalbare wijnen.

XX **'t Silveren Claverblat,** Grote Pieter Potstraat 16, *℘ 0 3 231 33 88, Fax 0 3 231 31 46*
– AE ① ◐ᴼ VISA. ⅍   FY k
fermé 2 sem. en août, lundi midi, mardi, merc. et sam. midi – **Repas** Lunch 35 – 60/70 bc.
♦ Jolie petite demeure dans le quartier ancien. Son enseigne, un trèfle à quatre feuilles en argent, vous portera bonheur. Recettes classiques à base de produits prestigieux.
♦ Eetgelegenheid in een fraai pandje in de oude wijk. Het zilveren klavertjevier op het uithangbord brengt geluk. Klassieke gerechten op basis van eersteklas producten.

XX **P'tit Vatelli,** Kammenstraat 75., *℘ 0 3 226 96 46, Fax 0 3 226 96 46,* Ouvert jusqu'à
23 h – ▤, AE ① ◐ᴼ VISA JCB   FZ r
fermé 2 dern. sem. juil., prem. sem. janv., dim. et lundi – **Repas** Lunch 22 – 30/70 bc.
♦ Derrière une façade de 1577, salle à manger actuelle plaisamment agencée, où l'on se retrouve dans une ambiance cordiale. Mets classiques composés d'ingrédients raffinés.
♦ Dit restaurant met een gevel uit 1577 beschikt over een eetzaal waar men zich onmiddellijk thuis voelt. Klassieke gerechten met verfijnde ingrediënten.

XX **La Rade** 1er étage, E. Van Dijckkaai 8, *℘ 0 3 233 37 37, larade@skynet.be, Fax 0 3 233 49 63* – AE ① ◐ᴼ VISA   FY g
fermé du 7 au 13 fév., du 11 au 31 juil., sam. midi, dim. et jours fériés – **Repas** Lunch 38 – carte 39 à 55.
♦ Curieux restaurant établi dans une maison de notable du 19e s. On y découvre notamment un salon oriental, une coupole en mosaïque et un trône d'initiation maçonnique.
♦ Origineel restaurant in een 19e-eeuws herenhuis, met een Oosterse salon, mozaïekkoepel en inwijdingszetel voor de vrijmetselaarsloge.

X **De Manie,** H. Conscienceplein 3, *℘ 0 3 232 64 38, restaurant.demanie@pi.be, Fax 0 3 232 64 38,* 🏫 – AE ① ◐ᴼ VISA   GY u
fermé sem. carnaval, 2 dern. sem. août, dim. midi pendant vacances scolaires, merc. et dim. soir – **Repas** Lunch 25 – carte 46 à 62, ♀.
♦ Sur une jolie placette jouxtant l'église St-Charles-Borromée, façade ancienne devancée d'une terrasse d'été. Intérieur rustique-actuel avec mezzanine. Recettes de notre temps.
♦ Aan een mooi pleintje naast de St.-Carolus Borromeuskerk staat een oude gevel met daarvoor een zomerterras. Moderne eetzaal met rustieke accenten. Eigentijdse keuken.

X **Dock's Café,** Jordaenskaai 7, *℘ 0 3 226 63 30, info@docks.be, Fax 0 3 226 65 72,* 🏫,
Brasserie-écailler, ouvert jusqu'à 23 h – ▤, AE ◐ᴼ VISA. ⅍   FY h
fermé sam. midi – **Repas** Lunch 15 – 22/33, ♀.
♦ Une vraie invitation au voyage que cette brasserie-écailler au décor futuriste d'esprit "paquebot". Salle à manger avec mezzanine et escalier néo-baroque. Réservation utile.
♦ Deze brasserie annex oesterbar heeft een futuristisch decor in de stijl van een passagiersschip. Eetzaal met tussenverdieping en neobaroktrap. Reserveren aanbevolen.

X **De Reddende Engel,** Torfbrug 3, *℘ 0 3 233 66 30, Fax 0 3 233 73 79,* 🏫 – AE ①
◐ᴼ VISA JCB   FY p
fermé 17 et 18 avril, 16 août-14 sept., mardi, merc. et sam. midi – **Repas** 24/39.
♦ Ambiance rustique et accueil jovial dans une maison du 17e s. voisine de la cathédrale. Carte classique française à composantes méridionales ; spécialité de la bouillabaisse.
♦ Rustieke ambiance en joviale ontvangst in een 17e-eeuws pand bij de kathedraal. Klassieke Franse kaart met mediterrane invloeden. Bouillabaisse is de specialiteit.

X **Le Petit Zinc,** Veemarkt 9, *℘ 0 3 213 19 08, Fax 0 3 213 19 08,* 🏫, Bistrot – AE ◐ᴼ
VISA   FY b
fermé 26 mars-3 avril, du 15 au 31 août, sam., dim. et jours fériés – **Repas** Lunch 20 – carte 45 à 66, ♀.
♦ Bistrot de quartier très convivial, avec ses petites tables serrées, sa carte présentée sur de grandes ardoises et son service avenant. Repas non dénué de saveur.
♦ Gezellige buurtbistro met de tafeltjes dicht op elkaar. De gerechten staan op grote borden geschreven. Uitmuntende maaltijd en prettige bediening.

X **le Zoute Zoen,** Zirkstraat 17, *℘ 0 3 226 92 20, Fax 0 3 231 01 30* – AE ◐ᴼ VISA. ⅍
fermé lundi et sam. midi – **Repas** Lunch 16 – 27/60 bc.   FY c
♦ La carte de ce "bistrot-gastro" intime et cosy offre un rapport qualité-prix assez unique à Anvers. Copieuse cuisine au goût du jour ; service décontracté, suivi et souriant.
♦ Deze gezellige "gastronomische bistro" biedt een prijs-kwaliteitverhouding die vrij uniek is in Antwerpen. Overvloedige eigentijdse gerechten en goede bediening.

BELGIQUE

X **Chez Raoul,** Vlasmarkt 21, ☎ 0 3 213 09 77, 🍴 – 🐵 VISA, ❄️   FYZ x
fermé du 12 au 30 juil., 24 déc. soir, 31 déc. soir, 1er janv., mardi et merc. – **Repas** *Lunch 24* – carte 43 à 69.
  • Trois jolies pièces où assouvir sa faim : salle ouverte sur la cuisine en rez-de-chaussée, petit boudoir au 1er étage et galerie d'art COBRA au 3e, pour plus d'intimité.
  • Drie mooie vertrekken om fijn te tafelen : beneden een eetzaal met open keuken, op de eerste verdieping een kleinere ruimte en op de derde een kunstgalerij met intieme sfeer.

X **Absoluut Zweeds,** Wijngaardstraat 12, ☎ 0 3 237 28 43, *absolutt.zweeds@pandora.be,* Fax 0 3 289 62 63 – 🅰🅴 🐵 VISA, ❄️   FY d
fermé du 4 au 18 sept. – **Repas** *Lunch 30* – 42/70, ♀.
  • Cadre nordique contemporain, cuisine du monde bien pensée et charismatique patron Suédois devenu un "BV" (flamand connu). Pas de "gravlax" mais formules "Wapaz" originales.
  • Modern Zweeds interieur, smakelijke wereldkeuken en Zweedse patron met charisma die een "BV" (bekende Vlaming) is geworden. Geen graved lax, maar wel originele Wapaz-formules.

X **Bernardin,** Sint-Jacobsstraat 17, ☎ 0 3 213 07 00, Fax 0 3 232 49 96, 🍴 – 🔲 le soir
uniquement 🐵 VISA, ❄️   GY d
fermé 1 sem. Pâques, 2 dern. sem. sept., 26 déc.-2 janv., sam. midi, dim. et lundi soir – **Repas** *Lunch 25* – carte 33 à 60.
  • Sobre et contemporaine, la salle à manger contraste un peu d'avec la demeure du 17e s. qui l'abrite. L'été, repas en terrasse, à l'ombre du clocher de la St.-Jacobskerk.
  • 17e-eeuws pand met een moderne, sobere eetzaal als contrast. 's Zomers worden de maaltijden op het terras geserveerd, in de schaduw van de klokkentoren van de St.-Jacobskerk.

X **Maritime,** Suikerrui 4, ☎ 0 3 233 07 58, *restaurant.maritime@pandora.be,* Fax 0 3 233 07 58, 🍴 – 🔳. 🅰🅴 ⓞ 🐵 VISA, ❄️   FY f
fermé merc. et jeudi – **Repas** carte 33 à 48 🦐.
  • Comme le suggère l'enseigne, les préparations sont gorgées d'iode. En saison, moules et anguilles, parmi les meilleures du coin. Beau choix en Bourgognes. Service prévenant.
  • In dit visrestaurant worden lekkere mosselen en paling geserveerd. Mooie wijnkaart met bourgognes. Zeer attente bediening.

X **Hecker,** Kloosterstraat 13, ☎ 0 3 234 38 34, *info@hecker.be,* 🍴 – 🅰🅴 ⓞ 🐵 VISA
fermé du 15 au 30 août, lundi midi et merc. – **Repas** *Lunch 17* – carte 34 à 52.
  • Une petite carte originale et recherchée vous sera soumise dans ce bistrot moderne partageant ses murs avec une boutique d'antiquaire. Bon choix de vins du monde.
  • Moderne bistro naast een antiekwinkel. Kleine maar originele en verfijnde kaart. Goede selectie wijnen uit verschillende werelddelen.   plan p. 6 CU a

Quartiers du Centre et Gare - *plans p. 6 et 7 sauf indication spéciale :*

🏨 **Astrid Park Plaza,** Koningin Astridplein 7, ✉ 2018, ☎ 0 3 203 12 34, Fax 0 3 203 12 51, ≼, 🛠, 🚉, 🔲 – 💈 🈺 🔳 📺 🚗 – 🔏 25 à 500. 🅰🅴 🐵 VISA, ❄️ rest
Repas *Lunch 20* – carte 21 à 42 – ☲ 20 – **225 ch** 150/450, – 3 suites.   DEU e
  • Ce palace à l'architecture originale signée Michael Graves borde une place animée donnant accès à la gare. Belles grandes chambres bien équipées ; espaces communs modernes. Recettes de notre temps servies dans une salle à manger lumineuse.
  • Dit luxehotel met een origineel ontwerp van Michael Graves staat aan een levendig plein bij het station. Mooie grote kamers met goede voorzieningen en moderne gemeenschappelijke ruimten. In de lichte eetzaal worden eigentijdse gerechten geserveerd.

🏨 **Radisson SAS Park Lane,** Van Eycklei 34, ✉ 2018, ☎ 0 3 285 85 85, Fax 0 3 285 85 00, ≼, 🛠, 🚉, 🔲 – 💈 🈺 🔳 📺 ⅋rest, 🚗 – 🔏 25 à 600. 🅰🅴 ⓞ 🐵 VISA JCB, ❄️ rest   DV y
Repas *Lunch 30* – carte 36 à 62 – ☲ 23 – **160 ch** 137/195, – 14 suites.
  • Hôtel de luxe bien situé sur un grand axe, à l'écart du centre, et face d'un parc public. Équipements et services complets, taillés sur mesure pour la clientèle d'affaires. Petite salle à manger où l'on présente une carte classique à séquences internationales.
  • Luxehotel buiten het centrum, gunstig gelegen aan een grote verkeersader, tegenover een park. Uitstekende voorzieningen en topservice, op maat gesneden voor zakenlieden. Kleine eetzaal, waar klassieke gerechten van internationale allure worden geserveerd.

🏨 **Hyllit** sans rest, De Keyserlei 28 (accès par Appelmansstraat), ✉ 2018, ☎ 0 3 202 68 00, *info@hyllithotel.be,* Fax 0 3 202 68 90, 🛠, 🚉, 🔲 – 💈 🈺 🔳 📺 🚗 – 🔏 25 à 150. 🅰🅴 ⓞ 🐵 VISA JCB, ❄️   DU q
☲ 17 – **122 ch** 100/196, – 4 suites.
  • Espaces communs intimes, chambres et junior suites de belle ampleur et jolie vue sur les toits d'Anvers depuis la lumineuse salle de breakfast et ses deux grandes terrasses.
  • Sfeervolle lounges, ruime kamers en junior suites. Vanuit de lichte ontbijtzaal en de twee grote terrassen ontvouwt zich een mooi uitzicht op de daken van Antwerpen.

Alfa De Keyser sans rest, De Keyserlei 66, ⊠ 2018, ℰ 0 3 206 74 60, *info@dekeyserhotel.be*, Fax 0 3 232 39 70, ⅃₆, ⇔, ▣ – ▯| ⅙ ≡ ▥ – ▴ 25 à 120. ☑ ⓪ ⓦ
ⅤⅠⅤⅢ ⱼⱼⱼⱼ
DU t
⌑ 20 – **120 ch** 145/170, – 3 suites.

• À côté de la gare et d'une station de métro, hôtel où vous serez privilégié point de vue mobilité dans et hors de l'agglomération. Chambres actuelles parfaitement calfeutrées.
• Dit hotel is gunstig gelegen bij het station en de metro, zodat u zich zowel binnen als buiten de stad snel kunt verplaatsen. Moderne kamers met uitstekende geluidsisolatie.

Plaza sans rest,. Charlottelei 49, ⊠ 2018, ℰ 0 3 287 28 70, *book@plaza.be*, Fax 0 3 287 28 71 – ▯| ⅙ ≡ ▥ ⇔ – ▴ 25. ☑ ⓪ ⓦ ⅤⅠⅤⅢ
DV k
80 ch ⌑ 112/260.

• Chaleur et cordialité pour cet hôtel de style à l'écart du centre. Vastes chambres cossues et personnalisées. Grand "lobby" à l'anglaise et bar victorien. Service bagages.
• Dit stijlvolle hotel even buiten het centrum heeft een warme sfeer. Ruime, luxueuze kamers met een persoonlijke toets. Grote lobby en bar in Victoriaanse stijl. Bagage-service.

Carlton, Quinten Matsijslei 25, ⊠ 2018, ℰ 0 3 231 15 15, Fax 0 3 225 30 90 – ▯| ⅙
≡ ▥ ⇔ – ▴ 25 à 100. ☑ ⓪ ⓦ ⅤⅠⅤⅢ. ⅜ rest
DU v
Repas (fermé 27 mars-3 avril, 26 déc.-8 janv. et dim.) (dîner seult) 42/56 bc – **127 ch** ⌑ 112/238, – 1 suite.

• Confortable hôtel tout proche du centre diamantaire et d'un parc municipal. Quatre catégories de chambres. Belle vue aux étages supérieurs. Business center. Au restaurant, cuisine française et quelques plats d'inspiration flamande.
• Comfortabel hotel dicht bij de diamantwijk en het Stadspark. Vier categorieën kamers. Mooi uitzicht vanaf de bovenste verdiepingen. Business center. In het restaurant worden Franse en enkele Vlaamse gerechten geserveerd.

Antverpia sans rest, Sint-Jacobsmarkt 85, ℰ 0 3 231 80 80, *antverpia@skynet.be*, Fax 0 3 232 43 43 – ▯| ▥ ⇔. ☑ ⓪ ⓦ ⅤⅠⅤⅢ. ⅜
DU f
fermé 26 déc.-3 janv. – **18 ch** ⌑ 99/125.

• Entre la gare et les grandes avenues commerçantes, agréable petit hôtel où vous trouverez le sommeil du juste dans de bonnes chambres d'une tenue méticuleuse.
• Prettig hotelletje tussen het station en de grote winkelstraat. In de goede en perfect onderhouden kamers zult u snel de slaap kunnen vatten.

Alfa Empire sans rest, Appelmansstraat 31, ⊠ 2018, ℰ 0 3 203 54 00, *info@empirehotel.be*, Fax 0 3 233 40 60 – ▯| ⅙ ≡ ▥. ☑ ⓪ ⓦ ⅤⅠⅤⅢ
DU s
– **70 ch** ⌑ 95/165.

• Cet hôtel niché au coeur du quartier diamantaire dispose de grandes chambres où vous passerez des nuits sans histoire. Salle des petits-déjeuners au décor assez "cocorico"!
• Dit hotel in het hart van de diamantwijk beschikt over grote kamers, waar u van een ongestoorde nachtrust kunt genieten. In de ontbijtzaal kraait de haan koning!

Astoria sans rest, Korte Herentalsestraat 5, ⊠ 2018, ℰ 0 3 227 31 30, Fax 0 3 227 31 34, ⅃₆ – ▯| ⅙ ≡ ▥ ⇔. ☑ ⓪ ⓦ ⅤⅠⅤⅢ
DU r
fermé du 1er au 21 août et 24 déc.-8 janv. – **66 ch** ⌑ 104/175.

• Hôtel avoisinant un parc municipal, un peu à l'écart de l'animation, non loin du quartier diamantaire. Façade et "lobby" en granit. Bonnes chambres avec équipement de base.
• Dit hotel ligt even buiten de drukte bij het Stadspark, niet ver van de diamanthandelswijk. Façade en lobby van graniet. Kamers met goede basisvoorzieningen.

Colombus sans rest, Frankrijklei 4, ℰ 0 3 233 03 90, *colombushotel@skynet.be*, Fax 0 3 226 09 46, ⅃₆, ▣ – ▯| ▥ ⇔. ☑ ⓪ ⓦ ⅤⅠⅤⅢ. ⅜
DU u
32 ch ⌑ 68/118.

• Cet hôtel du centre-ville occupe un immeuble à façade classique situé juste en face de l'Opéra. Chambres très bien insonorisées et communs de qualité avec décor recherché.
• Dit hotel in het centrum is gehuisvest in een gebouw met een klassieke gevel, tegenover de Opera. De kamers hebben mooie badkamers en een goede geluidsisolatie.

Express by Holiday Inn sans rest, Italiëlei 2a, ℰ 0 3 221 49 49, *hotel@express-hiantwerpen.com*, Fax 0 3 221 49 44 – ▯| ⅙ ≡ ▥ ♿ ⇔ – ▴ 40. ☑ ⓪ ⓦ ⅤⅠⅤⅢ, ⅃₆
DT b
140 ch ⌑ 74/115.

• Établissement de chaîne hôtelière bâti en 2003 dans le quartier des Dokken, une ancienne zone protuaire réaménagée. Chambres fraîches et actuelles ; parties communes de même.
• Dit Holiday Inn-hotel werd in 2003 gebouwd in de wijk de Dokken, het volledig gerenoveerde havengebied. Frisse, moderne kamers en gemeenschappelijke ruimten.

Eden sans rest, Lange Herentalsestraat 25, ⊠ 2018, ℰ 0 3 233 06 08, *hotel.eden@skynet.be*, Fax 0 3 233 12 28 – ▯| ▥ ⇔. ☑ ⓪ ⓦ ⅤⅠⅤⅢ ⱼⱼⱼⱼ. ⅜
DU k
66 ch ⌑ 99/110.

• Hôtel simple mais bien tenu, bénéficiant d'une situation privilégiée en plein quartier diamantaire, tout près de la gare. Chambres fonctionnelles toutes identiques.
• Eenvoudig maar goed onderhouden hotel in het hart van de diamantwijk, vlak bij het Centraal Station. Functionele kamers die allemaal eender zijn.

XXX **De Barbarie,** Van Breestraat 4, ✉ 2018, ☎ 0 3 232 81 98, Fax 0 3 231 26 78, 🍴 –
🍷 **AE** ⓪ **MO** **VISA** **JCB**
DV b
fermé prem. sem. vacances Pâques, du 4 au 19 sept., sam. midi, dim. et lundi – **Repas** Lunch
40 – carte 62 à 115 🍴.
♦ Carte classique honorant la gent palmée, captivant livre de cave calligraphié à la plume
(de canard ?), belle collection de pièces d'argenterie de table et restaurant d'été.
♦ Klassieke keuken met eend als specialiteit en een spannende wijnkaart in schoonschrift.
Fraaie collectie tafelzilver. 's Zomers kan er buiten worden gegeten.

XX **La Luna,** Italiëlei 177, ☎ 0 3 232 23 44, info@laluna.be, Fax 0 3 232 24 41, Cuisine de
🍷 différentes nationalités – 🍴 ▭📶 le soir uniquement. **AE** ⓪ **MO** **VISA**
DT p
*fermé 1 sem. Pâques, dern. sem. juil.-2 prem. sem. août, Noël-Nouvel An, sam. midi, dim.
et lundi* – **Repas** 33, ♀ 🍴.
♦ L'ambiance brasserie américaine et l'inspiration cosmopolite de la carte attirent ici une
jeune clientèle BCBG. Menu soigné à bon prix. Belle sélection vineuse.
♦ De Amerikaanse sfeer en kosmopolitische kaart van deze trendy stek trekken een chic
publiek. Aantrekkelijk en vriendelijk geprijsd menu. Uitgelezen wijnkaart.

XX **HARMONY,** Mechelsesteenweg 169, ✉ 2018, ☎ 0 3 239 70 05 – 🖥 🍴📶 **P.** **AE** ⓪
MO **VISA**
DV n
fermé 25 août-7 sept., merc. et sam. midi – **Repas** Lunch 23 – carte 44 à 58.
♦ Éclairage moderne tamisé, pilastres cannelés, sièges tressés et sobre mise en place sur
les tables : un décor au goût du jour s'harmonisant bien au contenu de la carte.
♦ Moderne gedempte verlichting, gecannelleerde pilasters, rieten stoelen en sober gedekte
tafels : kortom, een interieur dat net als de menukaart helemaal van nu is.

XX **Gran Duca** 6ᵉ étage, De Keyserlei 28, ✉ 2018, ☎ 0 3 202 68 87, granduca@pandor
a.be, Fax 0 3 225 51 99, 🍴 – ▯ 🖥 **P.** **AE** ⓪ **MO** **VISA**
DU q
fermé sam. midi et dim. – **Repas** Lunch 25 – carte 33 à 60, ♀.
♦ Les grandes baies de cette table italianisante perchée au-dessus d'un hôtel s'ouvrent
sur trois terrasse panoramiques. Ample et lumineuse salle dotée de sièges en rotin.
♦ Italiaans restaurant boven een hotel, waarvan de grote glaspuien uitkomen op drie pano-
ramaterrassen. Lichte en ruime eetzaal met rotanstoelen.

XX **Dôme,** Grote Hondstraat 2, ✉ 2018, ☎ 0 3 239 90 03, info@domeweb.be,
Fax 0 3 239 93 90 – 🖥. **AE** ⓪ **MO** **VISA**
EV z
fermé 24 déc.-5 janv., lundi, mardi midi et sam. midi – **Repas** Lunch 28 – carte 51 à 70, ♀.
♦ Fine cuisine innovante, servie sous l'admirable coupole d'une maison baroque (19ᵉ s.) qui
abrita un café chic. Sonnez pour entrer. Service sans faille ; excellent sommelier.
♦ Barokpand met een prachtige glaskoepel uit de 19e eeuw. Fijne en vernieuwende
keuken, uitstekende sommelier en onberispelijke bediening. U moet aanbellen om binnen
te komen.

XX **'t Peerd,** Paardenmarkt 53, ☎ 0 3 231 98 25, resto_t_peerd@yahoo.com, Fax 0 3 231
59 40, 🍴 – 🖥. **AE** ⓪ **MO** **VISA**
plan p. 8 GY e
fermé 2 sem. Pâques, mardi et merc. – **Repas** Lunch 38 – carte 39 à 77.
♦ Bonne petite table au décor bourgeois déclinant le thème chevalin : un indice quant aux
spécialités de la maison. Sage carte des vins, service avenant et ambiance anversoise.
♦ Goed restaurantje met een traditionele inrichting, waarin het paard de vrije teugels
kreeg. Interessante wijnkaart, attente bediening en typisch Antwerpse sfeer.

X **O'Kontreir,** Isabellalei 145, ✉ 2018, ☎ 0 3 281 39 76, info@okontreir.com,
Fax 0 3 237 92 06 – 🖥. **AE** **VISA** 🚫
DV c
fermé dern. sem. juil.-prem. sem. août, fin déc., sam. midi, dim. midi, lundi et mardi – **Repas**
45/60 bc.
♦ Cette table du quartier juif propose une cuisine actuelle volontiers créative, présentée
avec recherche dans un cadre contemporain. Vaisselle japonisante et musique "lounge".
♦ Restaurant in de joodse wijk, met een creatieve eigentijdse keuken die met zorg wordt
gepresenteerd in een modern interieur. Japans serviesgoed en loungemuziek.

X **Pazzo,** Oude Leeuwenrui 12, ☎ 0 3 232 86 82, pazzo@skynet.be, Fax 0 3 232 79 34,
Ouvert jusqu'à 23 h – 🖥. **AE** ⓪ **MO** **VISA**
DT a
fermé 25 juil.-15 août, Noël, Nouvel An, sam., dim. et jours fériés – **Repas** Lunch 19 – carte
26 à 51, ♀ 🍴.
♦ Installé près des docks dans un ancien entrepôt converti en brasserie contemporaine,
ce restaurant animé propose une cuisine au goût du jour et de bons accords mets-vins.
♦ Deze drukke brasserie is ondergebracht in een oud pakhuis bij de haven. Eigentijdse
gerechten, waarbij de geselecteerde wijnen perfect gezelschap zijn.

X **Casa Julián,** Italiëlei 32, ☎ 0 3 232 07 29, Fax 0 3 233 09 53, Cuisine espagnole – 🖥.
AE ⓪ **MO** **VISA**
DT m
fermé mi-juil.-mi-août, lundi, mardi et sam. midi – **Repas** Lunch 22 bc – 27/41 bc.
♦ Cet estimable restaurant espagnol fêtait ses 30 ans de présence en 2004. Salle rustique
d'esprit "bodega" et authentiques spécialités de là-bas. Appétissant comptoir à tapas.
♦ Dit Spaanse restaurant bestaat al dertig jaar. Rustieke eetzaal in de stijl van een bodega,
waar authentieke Spaanse specialiteiten worden geserveerd. Lekkere tapas.

X **De Veehandel,** Lange Lobroekstraat 61 (face abattoirs), ⊠ 2060, 𝒫 0 3 271 06 06, Fax 0 3 322 25 69, 🌫 – ▤. ᴀᴇ ◑ ◍◍ 𝚟𝚒𝚜𝚊 ET w
fermé sam. midi, dim. et jours fériés – **Repas** 30.
◆ Emplacement stratégique, face aux abattoirs, décor intérieur très "vache", atmosphère de bistrot de quartier et carte pour carnivores, comportant un menu deux couverts.
◆ Deze bistro is geknipt voor vleesliefhebbers, zoals blijkt uit de naam, de inrichting en de ligging tegenover het slachthuis. À la carte en een menu voor twee.

X **Rimini,** Vestingstraat 5, ⊠ 2018, 𝒫 0 3 226 06 08, Fax 0 3 232 49 89, Avec cuisine italienne – ▤. ᴀᴇ ◍◍ 𝚟𝚒𝚜𝚊 DU h
fermé 25 juil.-23 août et dim. – **Repas** carte 30 à 51.
◆ Affaire familiale discrète et conviviale établie à proximité de la gare et du quartier diamantaire. Longue et étroite salle au décor assez neutre. Carte franco-transalpine.
◆ Gemoedelijk familierestaurant in de buurt van het Centraal Station en de diamantwijk. Lange, smalle eetzaal met een vrij neutrale inrichting. Frans-Italiaanse kaart.

X **Kuala Lumpur,** Statiestraat 10, ⊠ 2018, 𝒫 0 3 225 14 33, Fax 0 3 225 14 34, 🌫, Cuisine asiatique, ouvert jusqu'à 23 h 30 – ▤. ᴀᴇ ◑ ◍◍ 𝚟𝚒𝚜𝚊 DU d
fermé août et jeudi – **Repas** *Lunch* 12 – carte 22 à 46.
◆ Au coeur d'un quartier de sorties, savoureuses spécialités malaises servies dans un cadre approprié. Jolie mise en place sur les tables, carte bien conçue et nombreux menus.
◆ Heerlijk Maleisisch eten in een exotisch decor, midden in een gezellige uitgaanswijk. Fraai gedekte tafels, evenwichtige kaart en tal van menu's.

X **Yamayu Santatsu,** Ossenmarkt 19, 𝒫 0 3 234 09 49, Fax 0 3 234 09 49, Cuisine japonaise avec Sushi-bar – ▤. ᴀᴇ ◑ ◍◍ 𝚟𝚒𝚜𝚊 𝙹𝙲𝙱 DTU b
fermé 2 prem. sem. août, dim. midi et lundi – **Repas** *Lunch* 12 – carte 34 à 72.
◆ Ce petit restaurant japonais complété sushi-bar est une adresse constante et fiable où les amateurs du genre trouveront leur compte. Bons produits et grand choix de menus.
◆ Dit Japanse restaurant met sushibar is een betrouwbaar adresje, waar liefhebbers van de Japanse keuken beslist aan hun trekken komen. Eersteklas producten en veel menu's.

Quartier Nord (Docks) *- plans p. 4 et 5 sauf indication spéciale :*

🏨 **Novotel,** Luithagen-haven 6 (Haven 200), ⊠ 2030, 𝒫 0 3 542 03 20, H0465@accor.com, Fax 0 3 541 70 93, 🌫, ⌁, ✕ – |✿| ✪ ▤ 📺 ♿ch, 🅿 – 🔬 25 à 180. ᴀᴇ ◑ ◍◍ 𝚟𝚒𝚜𝚊, ✄ rest BQ c
Repas carte 25 à 40, ♀ – ⊆ 14 – **120 ch** 61/107.
◆ Cet hôtel de chaîne situé au Nord-Est de la zone portuaire, à proximité d'une bretelle d'autoroute, borde un axe important le reliant directement au centre-ville.
◆ Dit hotel van de Novotelketen ligt in het noordoosten van het havengebied, niet ver van de snelweg, aan een verkeersader die rechtstreeks naar de binnenstad leidt.

XX **Het Pomphuis,** Siberiastraat, ⊠ 2030, 𝒫 0 3 770 86 25, info@hetpomphuis.be, Fax 0 3 770 86 10, ⪡, Ouvert jusqu'à 23 h – ▤ 🅿 – 🔬 25 à 200. ᴀᴇ ◑ ◍◍ 𝚟𝚒𝚜𝚊, ✄ **Repas** *Lunch* 25 – carte 24 à 65. BQ x
◆ Grande brasserie de luxe aménagée dans un énorme bâtiment portuaire en brique rouge (début 20ᵉ s.). Trois impressionnantes pompes de cale sèche subsistent en salle.
◆ Grote brasserie met een luxe uitstraling in een reusachtig havengebouw van rode baksteen uit de vroege 20e eeuw. In de eetzaal staan nog drie indrukwekkende droogdokpompen.

X **Lux,** Adriaan Brouwerstraat 13, 𝒫 0 3 233 30 30, info@luxantwwerp.com, Fax 0 3 233 30 31, 🌫, Ouvert jusqu'à 23 h, |✿| – ▤ – ⊏🍽. ᴀᴇ ◑ ◍◍ plan p. 7 DT c
fermé sam. midi – **Repas** carte 31 à 68, ♀.
◆ Restaurant en vue créé dans une ancienne maison d'armateur, au bord du dock Bonaparte. Ambiance de brasserie contemporaine. Bon choix de vins au verre. Bar à cocktails.
◆ Trendy restaurant in een voormalige rederij bij het Bonapartedok. Ambiance van een hedendaagse brasserie. Keur van goede wijnen per glas. Cocktailbar.

Quartier Sud *- plans p. 6 et 7 sauf indication spéciale :*

🏨 **Crowne Plaza,** G. Legrellelaan 10, ⊠ 2020, 𝒫 0 3 259 75 00, cpantwerp@ichotelsg roup.com, Fax 0 3 216 02 96, 🌫, 🜁, ⪡s, ⊐ – |✿| ✦ ▤ 📺 ♿rest, 🅿 – 🔬 25 à 600. ᴀᴇ ◑ ◍◍ 𝚟𝚒𝚜𝚊 𝙹𝙲𝙱, ✄ rest plan p. 5 BS g
Repas *Plaza One for two Lunch* 28 – carte 34 à 47 – ⊆ 21 – **256 ch** 114/245, – 6 suites.
◆ Hôtel international proche d'un échangeur autoroutier. Agréables chambres bien équipées, au décor actuel. Bonne infrastructure pour conférences et service à toute heure. Restaurant relooké en 2004 et lounge-bar assez animé.
◆ Internationaal hotel dat ideaal is gelegen langs de snelweg en een doorlopende service biedt. Prettige en comfortabele kamers die modern zijn ingericht. Zeer geschikt voor congressen. Het restaurant is pas gerenoveerd. Gezellige lounge annex bar.

🏨 **Corinthia**, Desguinlei 94, ✉ 2018, ☎ 0 3 244 82 11, Fax 0 3 216 47 12, ☞, ⅙, ≋s
– 📶 ✆⊷ 🖵 🛗 🗗, rest, ⇦, 🅿 – 🔬 25 à 600. 🆎 ⑩ ⑱ 🆅🆂🆀 ⅌ rest DX z
Repas *(fermé dim.)* (ouvert jusqu'à minuit) carte 27 à 43 – ⌲ 20 – **208 ch** 109/209, –
5 suites.

◆ Architecture en verre proche d'une section du ring desservant les autoroutes Bruxelles-
Anvers. Harmonie des volumes dans le grand hall moderne. Chambres claires et spacieuses.
Salles à manger de style contemporain ; attrayante formule menu-carte.

◆ Hotel in een glazen gebouw bij de Ring die op de snelweg Antwerpen-Brussel aansluit.
Grote moderne hal en ruime, lichte kamers. Eigentijds restaurant met een aantrekkelijk
menu of à la carte.

🏨 **Firean** ⋙, Karel Oomsstraat 6, ✉ 2018, ☎ 0 3 237 02 60, info@hotelfirean.com,
Fax 0 3 238 11 68 – 📶 🖵 🛗 ⇦. 🆎 ⑩ ⑱ 🆅🆂🆀 🅹🅲🅱 DX n
fermé 23 juil.-16 août et 24 déc.-9 janv. – **Repas** voir rest ***Minerva*** ci-après – **15 ch**
⌲ 131/163.

◆ Paisible hôtel de charme avec jardin intérieur dans une construction Art déco jouxtant
le parc Roi-Albert. Chambres au mobilier ancien et luxueux. Service non somnolent.

◆ Rustig en sfeervol hotel met binnentuin in een art-decogebouw bij het Koning Albertpark.
Luxe kamers met antieke meubelen. Attent personeel dat dag en nacht voor u klaarstaat.

🏠 **Industrie** sans rest, Emiel Banningstraat 52, ☎ 0 3 238 66 00, hotelindustrie@telene
t.be, Fax 0 3 238 86 88 – 🖵 ⇦. 🆎 ⑩ ⑱ 🆅🆂🆀 ⅌ CV a
12 ch ⌲ 60/87.

◆ Ce petit établissement coquet occupe deux maisons de maître situées à proximité de
deux beaux musées. Menues chambres bien équipées et légèrement personnalisées.

◆ Dit mooie hotel beslaat twee herenhuizen in de buurt van twee interessante musea.
Kleine, maar praktische kamers met een persoonlijk karakter.

🍴🍴🍴 **Minerva** - H. Firean, Karel Oomsstraat 36, ✉ 2018, ☎ 0 3 216 00 55, restaurantmin
erva@skynet.be, Fax 0 3 216 00 55 – 🖵. 🆎 ⑩ ⑱ 🆅🆂🆀 🅹🅲🅱 DX e
fermé 25 juil.-16 août, 24 déc.-10 janv., dim. et lundi – **Repas** carte 50 à 94.

◆ Cette table au cadre actuel s'est substituée à un garage dont la fosse reste
intacte. Recettes classiques attrayantes et suggestions au gré des saisons. Parking aisé le soir.

◆ Dit actuele restaurant staat op de plaats van een garage, waarvan de werkkuil nog intact
is. Klassieke, seizoengebonden keuken. 's Avonds ruim parkeergelegenheid.

🍴🍴🍴 **Loncin**, Markgravelei 127, ✉ 2018, ☎ 0 3 248 29 89, info@loncinrestaurant.be,
Fax 0 3 248 38 66, ☞ – 🅿. 🆎 ⑩ ⑱ 🆅🆂🆀 DX d
fermé sam. midi et dim. – **Repas** Lunch 35 – 50/95 bc.

◆ Maison bourgeoise ancienne au cadre sobre et élégant. Choix classique orienté produits
nobles, crus prestigieux, beaux millésimes et pas mal de références en demi bouteille.

◆ Restaurant in een oud herenhuis met een sobere maar stijlvolle inrichting. Klassieke kaart
met gerechten van topkwaliteit. Prestigieuze wijnen en veel halve flessen.

🍴🍴 **Liang's Garden**, Markgravelei 141, ✉ 2018, ☎ 0 3 237 22 22, Fax 0 3 248 38 34,
Cuisine chinoise – 🖵. 🆎 ⑩ ⑱ 🆅🆂🆀 DX d
fermé mi-juil.-mi-août et dim. – **Repas** Lunch 24 – carte 26 à 37.

◆ Belle maison de maître abritant l'un des plus vieux restaurants chinois d'Anvers. Cadre
classique-bourgeois à touches asiatiques et carte avec spécialités de canard laqué.

◆ Mooi herenhuis met een van de oudste Chinese restaurants van Antwerpen. Klassiek-
traditionele inrichting met een vleugje Aziatisch. De specialiteit van het huis is Pekingeend.

🍴🍴 **Het Gerecht**, Amerikalei 20, ☎ 0 3 248 79 28, restaurant@hetgerecht.be,
Fax 0 3 248 79 28, ☞ – 🅿. 🆎 ⑩ ⑱ 🆅🆂🆀. ⅌ DV e
fermé 2 prem. sem. sept., dim. et lundi – **Repas** Lunch 21 – 40/64 bc.

◆ Restaurant très honnête, comme le proclame son enseigne ("Le Tribunal"), et en écho au
palais de justice situé juste en face. Cuisine au goût du jour, assez soignée.

◆ De (dubbelzinnige) naam van dit restaurant verwijst naar het nabije Paleis van Justitie.
Eerlijke keuken, hoe kan het ook anders met de rechterlijke macht aan de overkant !

🍴🍴 **Kommilfoo**, Vlaamse Kaai 17, ☎ 0 3 237 30 00, kommilfoo@resto.be,
Fax 0 3 237 30 00 – 🖵. 🆎 ⑩ ⑱ 🆅🆂🆀. ⅌ CV e
fermé 2 prem. sem. juil., dim. et lundi – **Repas** Lunch 30 – 40/65 bc.

◆ À deux pas de trois musées, devant un grand parking gratuit, ex-entrepôt devenu un
restaurant "kommilfoo", au décor intérieur sobre et actuel. Carte bien dans l'air du temps.

◆ Dit voormalige pakhuis is nu een trendy restaurant op loopafstand van drie musea, tegenover een groot parkeerterrein (gratis). Sober, modern interieur en actuele menukaart.

🍴🍴 **Radis Noir**, Desguinlei 186, ✉ 2018, ☎ 0 3 238 37 70, Fax 0 3 238 39 07. 🆎 ⑩ ⑱
🆅🆂🆀. ⅌ DX x
fermé 1 sem. avant carnaval, 1ʳᵉ quinz. août, sam., dim. et jours fériés – **Repas** carte 47
à 58.

◆ Sur un axe passant, pas loin du nouveau palais de justice, maison bourgeoise devenue
une table classique au parti pris décoratif design. Petite carte sans cesse renouvelée.

◆ Dit herenhuis aan een doorgaande weg, niet ver van het paleis van justitie, is nu een
klassiek restaurant met een designinterieur. De kleine kaart wordt regelmatig vernieuwd.

✗ **Hippodroom,** Leopold de Waelplaats 10, ✆ 0 3 248 52 52, *resto@hippodroom.be*,
Fax 0 3 238 71 67, 🌡, Ouvert jusqu'à 23 h – 🕮 🕮 𝗩𝗜𝗦𝗔. ✖   CV d
fermé sam. midi et dim. – **Repas** *Lunch 19* – carte 30 à 42.
◆ Grande brasserie à la mode aménagée dans une maison de notable monumentale, juste
en face du musée royal des Beaux-Arts. Carte classique-actuelle. Jolie terrasse.
◆ Grote trendy brasserie in een monumentaal herenhuis tegenover het Koninklijk Museum
voor Schone Kunsten. Klassieke keuken met een snufje modern. Mooi terras.

✗ **Panna Cotta,** Kasteelpleinstraat 64, ✆ 0 3 237 07 86, *pannacotta@skynet.be*,
Fax 0 3 237 36 73, Cuisine italienne – 🕮 𝗩𝗜𝗦𝗔. ✖   DV a
fermé 2 prem. sem. août, dim. et lundi – **Repas** *Lunch 20* – carte 34 à 44.
◆ Restaurant italien aménagé dans une ancienne boulangerie. Salle à manger design,
blanche comme de la panna cotta. Recettes authentiques et cave transalpine bien
montée.
◆ Italiaans restaurant in een oude bakkerij, waarvan de muren zo wit zijn als panna cotta.
Authentieke recepten en lekkere Italiaanse wijnen.

✗ **Bizzie-Lizzie,** Vlaamse Kaai 16, ✆ 0 3 238 61 97, *info@bizzielizzie.com*,
Fax 0 3 248 30 64 – 🔲 ⅋. 🔬 25. 🕮 ⓞ 𝗩𝗜𝗦𝗔   CV e
fermé sam. midi et dim. – **Repas** *Lunch 22* – 33/48 bc, ⸸ 🍴.
◆ Brasserie au décor moderne semé de touches rustiques : sol en damier, murs jaune
toscan, fines poutres, brique nue, chaises campagnardes et peintures d'animaux de la
ferme.
◆ Moderne bistro met rustieke accenten, zoals de tegelvloer, okergele muren, balken, ruwe
bakstenen, landelijke stoelen en afbeeldingen van boerderijdieren.

✗ **River Kwai,** Vlaamse Kaai 14, ✆ 0 3 237 46 51, *kwai@pandora.be*, Cuisine thaÿlandaise
– 🔲. 🕮 🕮 𝗩𝗜𝗦𝗔. ✖   CV r
fermé merc., sam. midi et dim. midi – **Repas** *Lunch 16* – carte 26 à 46.
◆ Un salon colonial et d'authentiques saveurs thaïlandaises vous attendent ici.
Belle carte avec suggestions. Attablez-vous et façade à l'étage pour profiter du pano-
rama.
◆ Eetzaal in koloniale stijl, waar authentieke Thaïse gerechten worden opgediend. Weids
uitzicht vanaf de tafeltjes op de bovenverdieping, bij het raam aan de voorkant.

Périphérie - *plans p. 4 et 5 sauf indication spéciale :*

à Berchem Ⓒ *Antwerpen* – ⊠ *2600 Berchem :*

🏨 **Campanile,** Potvlietlaan 2, ✆ 0 3 236 43 55, *antwerpen@campanile.be*,
🚗 Fax 0 3 236 56 53, 🌡 – 📶 ✦⇆ 📺 ⅋ 🄿. 🔬 25 à 80. 🕮 ⓞ 🕮 𝗩𝗜𝗦𝗔   BR f
Repas (avec buffets) *Lunch 10* – 22 – ⊡ 10 – **126 ch** 57/74 – ½ P 76/107.
◆ La plus grande unité Campanile du Benelux se trouve hors agglomération, au
Sud-Est du centre-ville, près du ring et de l'aéroport d'Anvers-Deurne. Chambres inso-
norisées.
◆ Dit grootste hotel van de Campanile-groep in de Benelux ligt even buiten de stad, ten
zuidoosten van het centrum, bij de Ring en de luchthaven van Antwerpen-Deurne. Kamers
met goede geluidsisolatie.

✗✗✗ **De Tafeljoncker,** Frederik de Merodestraat 13, ✆ 0 3 281 20 34, *restaurant.de-taf
eljoncker@pandora.be*, Fax 0 3 281 20 34, 🌡 – 🔲. 🕮 ⓞ 🕮 𝗩𝗜𝗦𝗔 plan p. 7 DX f
fermé 23 fév.-13 mars, 31 août-11 sept., dim. soir, lundi et mardi – **Repas** *Lunch 50* –
63/90 bc.
◆ Restaurant douillettement installé dans une maison bourgeoise. En guise de carte,
duo de menus dont les plats peuvent être pris séparément. Riche mise en place sur les
tables.
◆ Comfortabel restaurant in een herenhuis, met fraai gedekte tafels. U kunt kiezen uit twee
menu's, maar ook zelf een menu samenstellen van gangen uit beide menu's.

✗✗ **Brasserie Marly,** Generaal Lemanstraat 64, ✆ 0 3 281 23 23, *info@marly.be*,
Fax 0 3 281 33 10 – 🄿. 🕮 ⓞ 🕮 𝗩𝗜𝗦𝗔. ✖   plan p. 7 DX c
fermé 17 juil.-15 août, sam. et dim. – **Repas** 25 bc/53 bc, ⸸.
◆ Accueillante brasserie implantée aux portes de la ville. Choix bien pensé, où
poissons, huîtres et volailles de Bresse se disputent la vedette.
◆ Gemoedelijke brasserie aan de rand van de stad. Op de evenwichtige kaart strijden vis,
oesters en kip uit Bresse om de voorrang.

✗✗ **Euterpia,** Generaal Capiaumontstraat 2, ✆ 0 3 235 02 02, *euterpia@skynet.be*,
Fax 0 3 235 58 64, 🌡 – 🕮 𝗩𝗜𝗦𝗔   plan p. 7 EV y
fermé vacances Pâques, 2 prem. sem. août, Noël-Nouvel An, lundi et mardi – **Repas** (dîner
seult jusqu'à 23 h) carte 50 à 78.
◆ Façade éclectique et tour Art nouveau placées sous la protection de la muse
Euterpe. Ambiance artistique, jolie véranda, carte actuelle et ardoise suggestive plus
élaborée.
◆ Gevel met art-nouveautorentje, onder het wakend oog van de muze Euterpe. Artistieke
sfeer, mooie serre, eigentijdse kaart en dagelijks wisselende schotels.

BELGIQUE

De Troubadour, Driekoningenstraat 72, ℰ 0 3 239 39 16, *info@detroubadour.be,* *Fax 0 3 230 82 71* – 🔲 P. AE ⓪ ⓂⓈ VISA plan p. 7 DX **a**
fermé 3 dern. sem. juil., dim. et lundi – **Repas** Lunch 25 – 33, ♀.
◆ Agréable salle de restaurant contemporaine où un patron non dénué de personnalité entretient une atmosphère des plus cordiales. Menus au goût du jour intelligemment composés.
◆ Gezellig restaurant met een eigentijdse uitstraling, waar de patron voor een leuke avondje uit weet te zorgen. Goed samengestelde menu's die bij de huidige smaak passen.

Willy, Generaal Lemanstraat 54, ℰ 0 3 218 88 07 – 🔲. AE ⓪ ⓂⓈ VISA ⌘
fermé du 1er au 15 mai, sam. et dim. – **Repas** Lunch 12 – carte 23 à 45.
◆ Cette petite affaire familiale lancée en 1978 est l'une des doyennes de la restauration soignée à bon prix dans le secteur. Choix traditionnel ; menus changeant chaque jour.
◆ Dit familierestaurantje uit 1978 behoort tot de oudste van de wijk en biedt een uitstekende prijs-kwaliteitverhouding. Traditionele keuken met elke dag een ander menu. plan p. 7 DX **v**

à Berendrecht par ① : 23 km au Nord 🄲 Antwerpen – ✉ 2040 Berendrecht :

Reigershof, Reigersbosdreef 2, ℰ 0 3 568 96 91, *reigershof@p.i.be, Fax 0 3 568 71 63* – 🔥 50. AE ⓪ ⓂⓈ VISA
fermé 3 prem. sem. juil., 26 déc.-4 janv., sam. midi, dim. soir, lundi et mardi – **Repas** Lunch 29 – 33/70 bc, ♀.
◆ Dans un village situé au Nord de l'extension du port d'Anvers, table au cadre très soigné tirant parti d'une ancienne forge-estaminet. Alléchante carte dans le tempo actuel.
◆ Restaurant met een verzorgde inrichting in een oude smederij annex bierhuis, in een dorp ten noorden van de Antwerpse haven. Aantrekkelijke kaart met eigentijdse receptuur.

à Borgerhout 🄲 Antwerpen – ✉ 2140 Borgerhout :

Scandic, Luitenant Lippenslaan 66, ℰ 0 3 235 91 91, *info-antwerp@scandic-hotels.com,* *Fax 0 3 235 08 96,* 🍴, ♨, 🚭, 🔲 – 🛗 ⌘ 🔲 📺 👍 P. – 🔥 25 à 230. AE ⓪ ⓂⓈ VISA JCB, ⌘ rest BR **e**
Repas *(fermé sam. midi, dim. midi et jours fériés midis)* Lunch 20 – carte 27 à 40, ♀ – **200 ch** ⌷ 92/257, – 4 suites.
◆ Hôtel de chaîne rénové et bien situé le long du ring, à proximité de la gare de Borgerhout, du musée Sterckshof (Zilvercentrum) et d'un terrain de golf. Centre d'affaires. Brasserie de style actuel donnant sur une belle terrasse en teck. Cuisine d'aujourd'hui.
◆ Dit gerenoveerde hotel hoort bij een keten en staat langs de Ring, dicht bij station Borgerhout, het museum Sterckshof (Zilvercentrum) en een golfbaan. Business center. Brasserie in eigentijdse stijl met een mooi teakhouten terras. Moderne keuken.

à Deurne 🄲 Antwerpen – ✉ 2100 Deurne :

De Violin, Bosuil 1, ℰ 0 3 324 34 04, *deviolin@pandora.be, Fax 0 3 326 33 20,* 🍴 P. – 🔥 30. AE ⓪ ⓂⓈ VISA ⌘ BR **r**
fermé dim. et lundi soir – **Repas** Lunch 41 bc – carte 49 à 62.
◆ Ce restaurant de charme occupe une fermette aux volets peints. Cuisine classique et suggestions du marché annoncées oralement. En été, terrasse exquise évoquant l'Asie.
◆ Sfeervol restaurant in een boerderijtje met geverfde luiken. Klassieke kaart en suggesties die mondeling worden aangekondigd. Het terras doet in de zomer exotisch aan.

Harvest, Ter Rivierenlaan 100, ℰ 0 3 325 66 99, *Fax 0 3 326 69 82,* Cuisine asiatique, ouvert jusqu'à 23 h – 🔲. AE ⓪ ⓂⓈ VISA BR **b**
fermé lundis non fériés – **Repas** Lunch 10 – carte 22 à 40.
◆ Harvest vous reçoit dans une sobre salle à manger au décor japonisant. La carte des plats se partage entre la Chine et l'Empire du Soleil levant. Formule "table de riz".
◆ Harvest ontvangt zijn gasten in een sober gedecoreerde eetzaal in Japanse stijl. Op de kaart staan gerechten uit China en het land van de rijzende zon. Ook rijsttafels.

à Ekeren 🄲 Antwerpen – ✉ 2180 Ekeren :

De Mangerie, Kapelsesteenweg 471 (par ②), ℰ 0 3 605 26 26, *Fax 0 3 605 24 16,* 🍴 – P. AE ⓪ ⓂⓈ VISA BQ
fermé sam. midi – **Repas** 29, ♀.
◆ Intérieur d'esprit marin et choix de mets classiques avec plats du marché pour cet établissement que signale une engageante façade "Louisiane". Mezzanine et terrasses.
◆ Vrolijke gevel in Louisiana-stijl en een interieur dat een ode brengt aan de zee. Klassieke kaart en dagelijks wisselende gerechten. Mezzanine en terrassen.

à Merksem Ⓒ *Antwerpen* – ✉ *2170 Merksem :*

XX **Culinaria,** Ryenlanddreef 18, ✆ 0 3 645 77 72, *culinaria@pandora.be,*
Fax 0 3 290 01 25, 🍽 – 🍴 **P.** AE ⓪ ⓴ **VISA** ⌘ BQ a
fermé lundi, merc. et sam. midi – **Repas** *Lunch 20* – carte 22 à 60.
◆ Avenante salle à manger agrémentée de grandes toiles modernes et d'une intime
terrasse cachée par une haie. Mise en place originale et soignée sur les tables. Repas clas-
sique.
◆ Mooie eetzaal met grote moderne schilderijen en een sfeervol terras aan de achterkant.
De mise en place is origineel en verzorgd. Klassieke keuken.

Environs

à Aartselaar *par* ⑩ *: 10 km* – *14 253 h* – ✉ *2630 Aartselaar :*

🏨 **Kasteel Solhof** 🦢 sans rest, Baron Van Ertbornstraat 116, ✆ 0 3 877 30 00, *info*
@solhof.be, Fax 0 3 877 31 31, ← – 🛗 **TV P.** – 🔥 25 à 50. AE ⓴ **VISA** ⌘
fermé Noël-Nouvel An – ⊇ 20 – **24 ch** 159/245.
◆ Au Sud d'Antwerpen, belle demeure patricienne cernée de douves et de chlorophylle,
avec dépendances et terrasse ouverte sur un parc public. Chambres paisibles bien
équipées.
◆ Prachtig kasteeltje omringd door een slotgracht en veel groen ten zuiden van Antwerpen, met bijgebouwen en een terras dat uitkijkt op een park. Rustige en comfortabele
kamers.

X **De Cocotte,** Kleistraat 175, ✆ 0 3 887 56 85, *info@decocotte.be, Fax 0 3 887 22 56,*
≤, 🍽 – **P.** AE ⓪ ⓴ **VISA** ⌘
fermé sam. midi – **Repas** *Lunch 25* – carte 30 à 48.
◆ Jolie villa bâtie dans un quartier résidentiel. Ambiance bistrotière sympathique,
cuisine du marché, délicieuse terrasse au vert et atelier design pour cordons bleus en
herbe.
◆ Mooie villa in een rustige woonwijk. Bistrosfeer, keuken op basis van het aanbod op de
markt, terras met veel groen en designatelier voor kooklessen op hoog niveau.

X **Hana,** Antwerpsesteenweg 116, ✆ 0 3 877 08 95, Cuisine japonaise avec Teppan-Yaki
– 🍴. AE ⓪ ⓴ **VISA** ⌘
fermé août, mardi soir, sam. midi et dim. midi – **Repas** *Lunch 16* – carte 32 à 93.
◆ Une façade discrète au bord de l'autoroute A12 abrite ce sobre petit établissement
traditionnel japonais équipé de trois Teppan-Yaki (tables de cuisson).
◆ Achter een onopvallende gevel langs de A12 schuilt dit sobere, traditionele Japanse
restaurantje, waar de gasten rondom drie Teppan-Yaki kookplaten zitten.

à Boechout - *plan p. 5* – *11 947 h* – ✉ *2530 Boechout :*

XXX **De Schone van Boskoop** (Keersmaekers), Appelkantstraat 10, ✆ 0 3 454 19 31,
ॐ *deschonevanboskoop@skynet.be, Fax 0 3 454 02 10,* 🍽 – 🍴 **P.** AE ⓪ ⓴ **VISA**
JCB. ⌘ BS d
fermé sem. Pâques, 3 dern. sem. août, Noël-Nouvel An, dim. et lundi – **Repas** *Lunch 45* –
108 bc, carte 80 à 145, ♀.
Spéc. Composition de thon et langoustine au foie d'oie et truffe. Cabillaud au chou et
tempura de crabe. Quatre préparations à base de chocolat blanc et noir.
◆ Bonne table au cadre contemporain franchement artistique. Carte personnalisée et nombreuses suggestions faites de vive voix. Pièce d'eau et statues en terrasse.
◆ Goed restaurant met een modern artistiek interieur. De originele kaart wordt door
de bediening mondeling aangevuld met suggesties. Terras met waterpartij en standbeelden.

X **l'Étoile,** Binnensteenweg 187, ✆ 0 3 454 53 23, *info@letoile.be, Fax 0 3 454 53 33,* 🍽,
Ouvert jusqu'à 23 h – 🔥 **P.** AE ⓪ ⓴ **VISA** ⌘ BS c
Repas *Lunch 18* – carte 31 à 49, ♀.
◆ Ce restaurant confortable et bien dans le coup s'agrémente d'une grande véranda, d'une
mezzanine et d'une plaisante terrasse estivale. Service décontracté mais dynamique.
◆ Dit comfortabele, trendy restaurant beschikt over een grote serre, een mezzanine en
een aangenaam zomerterras. Ongedwongen maar energieke bediening.

à Brasschaat - *plan p. 5* – *37 120 h* – ✉ *2930 Brasschaat :*

🏨 **Afspanning De Kroon,** Bredabaan 409 (par ③ : 1,5 km), ✆ 0 3 652 09 88, *info@*
dekroon.be, Fax 0 3 653 25 92, 🍽 – 🛗, ▤ rest, **TV** ⇔. AE ⓴ **VISA** ⌘ ch
Repas carte 26 à 46 – **15 ch** ⊇ 115/165.
◆ Au centre du bourg, petit hôtel aménagé dans un relais du 18ᵉ s. au "look" d'auberge
anglaise. Une aile récente abrite diverses catégories de chambres assez charmantes. Repas
traditionnel dans une ancienne grange avec mezzanine. Cuisine du marché.
◆ Hotelletje in het centrum van Brasschaat, in een 18e-eeuws poststation dat doet denken
aan een Engelse herberg. In de nieuwe vleugel zijn verschillende categorieën kamers ondergebracht. Traditionele maaltijd in een oude schuur met mezzanine.

BELGIQUE

à Edegem - plan p. 5 – 21 955 h – ⊠ 2650 Edegem :

🏠🏠 **Ter Elst,** Terelststraat 310 (par Prins Boudewijnlaan), ℘ 0 3 450 90 00, info@terelst.be, Fax 0 3 450 90 90, 🌤, ⅙, 🛁, ✎, 🚲 – 📶 ✦ ▤ ☑ ⟷ 📳 – 🔏 25 à 500. 🖭 ⑩ ⓦ 💳 🅥𝐈𝐒𝐀, ✎
BS
Repas Couvert Classique (fermé 3 juil.-12 août et dim.) Lunch 33 – 33/72 bc 🏶 – **53 ch** ⇆ 90/110.

◆ Hôtel récent situé au Sud d'Anvers et couplé à un centre sportif installé légèrement à l'écart. Bel auditorium moderne et grandes chambres avec équipement de base. Table aménagée dans la note néo-rustique. Cuisine classique et choix de vins plutôt attirant.
◆ Nieuw hotel bij een sportcentrum ten zuiden van Antwerpen. Moderne hal en grote kamers met basisvoorzieningen. Restaurant in neorustieke stijl, waar klassieke gerechten en lekkere wijnen worden geserveerd.

🍴🍴 **La Cabane** (Vandersteen), Mechelsesteenweg 11, ℘ 0 3 454 58 98, restaurantlacaba
❀ ne@skynet.be, Fax 0 3 455 34 26 – ▤. 🖭 ⑩ ⓦ 💳 🅥𝐈𝐒𝐀, ✎
BS a
fermé 1 sem. Pâques, mi-juil.-mi-août, prem. sem. janv., sam. midi, dim. et lundi – **Repas** Lunch 35 – 46/90 bc, carte 48 à 79, 🖺
Spéc. Risotto aux champignons des bois (21 sept.-21 déc.). Ris de veau braisé aux carottes et à la bière régionale. Riz condé de saison.

◆ Décor intérieur moderne, assiettes soignées, flirtant avec les modes d'aujourd'hui, formule lunch avec choix et bon livre de cave. Une "cabane" de luxe, en fin de compte !
◆ Modern interieur en verzorgde keuken met een knipoog naar de laatste mode. Lunchformule met ruime keuze en lekkere wijnen. In deze "cabane" (hut) is het goed toeven !

à 's Gravenwezel par ⑤ : 13 km © Schilde 19 603 h. – ⊠ 2970 's Gravenwezel :

🍴 **De Vogelenzang,** Wijnegemsteenweg 193, ℘ 0 3 353 62 40, devogelenzang@pand
ora.be, Fax 0 3 353 33 83, 🌤, Taverne-rest – ▤ 📳. 🖭 ⑩ ⓦ 💳 🅥𝐈𝐒𝐀
fermé merc. – **Repas** carte 22 à 60.

◆ Taverne-restaurant appréciée pour sa cuisine simple mais bien faite. Plats bourgeois et nombreuses suggestions du marché. Grande terrasse abritée du vent. Cinéma pour enfants.
◆ Café-restaurant dat een eenvoudige maar smakelijke burgerpot serveert en suggesties afhankelijk van het aanbod van de markt. Groot beschut terras. Bioscoop voor kinderen.

à Kapellen par ② : 15,5 km – 25 813 h – ⊠ 2950 Kapellen :

🍴🍴🍴 **De Bellefleur** (Buytaert), Antwerpsesteenweg 253, ℘ 0 3 664 67 19, Fax 0 3
❀❀ 665 02 01, 🌤 – 📳. 🖭 ⑩ ⓦ 💳 🅥𝐈𝐒𝐀
fermé juil., sam. midi et dim. – **Repas** Lunch 55 bc – 90/110 bc, carte 103 à 216, 🖺
Spéc. Navarin de la sole aux chanterelles, cèpes et truffes. Selle de chevreuil rôtie, jus de gibier léger et jeunes légumes (août-mars). Grouse d'Ecosse et gratin de figues, son jus au pur malt (sept.-déc.).
◆ Ce restaurant de qualité interprète un répertoire classique actualisé. L'été venu, réservez votre table dans la jolie véranda avec pergola entourée d'un jardin fleuri.
◆ Kwaliteitsrestaurant met een eigentijdse keuken op klassieke basis. In de zomer kunt u een tafel reserveren onder de mooie pergola die door een bloementuin wordt omringd.

à Kontich par ⑧ : 12 km – 20 124 h – ⊠ 2550 Kontich :

🍴 **Afspanning De Jachthoorn,** Doornstraat 11 (Ouest : 3 km, direction Wilrijk), ℘ 0 3
458 21 21, afspanning.jachthoorn@restaurant.be, Fax 0 3 457 93 77, 🌤, Taverne-rest
– 📳. 🔏 25 à 350. 🖭 ⑩ ⓦ 💳 🅥𝐈𝐒𝐀
fermé 24 déc., du 27 au 31 déc. et lundi – **Repas** Lunch 17 – 30.
◆ Ancienne ferme isolée dans la campagne et entourée de dépendances aménagées. Cadre rustique, repas traditionnel soigné et aire de jeux pour les petits. Banquets et séminaires.
◆ Oude boerderij met bijgebouwen, afgelegen op het platteland. Rustiek interieur, verzorgde traditionele keuken en speeltuintje voor de kleintjes. Banketten en congressen.

à Schilde par ⑤ : 13 km – 19 603 h – ⊠ 2970 Schilde :

🍴🍴 **Euryanthe,** Turnhoutsebaan 177, ℘ 0 3 383 30 30, info@euryanthe.be
Fax 0 3 383 30 30, 🌤 – 📳. 🖭 🖭 ⓦ 💳 🅥𝐈𝐒𝐀
fermé 2 prem. sem. août, sam. midi, dim. et lundi – **Repas** Lunch 30 – carte 39 à 52.
◆ Restaurant au décor sobre et stylé dans une imposante demeure du centre de Schilde. Choix classique modérément actualisé et suggestions faites oralement. Terrasse tranquille.
◆ Stijlvol restaurant in een imposant pand in het centrum van Schilde. Klassieke kaart die voorzichtig aan de huidige trend wordt aangepast. Ook dagsuggesties. Rustig terras.

à Schoten - *plan p. 5 – 33 125 h – ⊠ 2900 Schoten :*

XXX **Kleine Barreel,** Bredabaan 1147, ℰ 0 3 645 85 84, *info@kleine-barreel.be,*
Fax 0 3 645 85 03 – 📺 🗐 🖪 – ♨ 25 à 60. 🖭 ⓞ 🐠 𝘝𝘐𝘚𝘈 ᴊᴄ⒝ BQ n
Repas *Lunch 33* – 40/64 bc, ♃.
♦ Cette table connue du Tout-Anvers présente une carte de préparations classiques-
traditionnelles recomposée chaque mois. Salle à manger confortable dotée de sièges
"club".
♦ Dit restaurant is in heel Antwerpen bekend en biedt een klassiek-traditionele kaart die
maandelijks wordt veranderd. Comfortabele eetzaal met clubfauteuils.

XX **De Linde,** Alice Nahonlei 92 (Est : 3 km, angle N 113), ℰ 0 3 658 47 43, *de.linde.bvba
@skynet.be, Fax 0 3 658 11 84,* 🏤 – 🖪 – ♨ 40. 🖭 ⓞ 🐠
fermé du 1ᵉʳ au 13 fév., du 5 au 27 juil., mardi et merc. – **Repas** *Lunch 36 bc* – carte 38
à 80.
♦ Villa des années 1930 située sur un carrefour dans un quartier résidentiel boisé. Intérieur
spacieux et moderne, aux accents Art déco. Cuisine mi-classique, mi-actuelle.
♦ Villa uit de jaren dertig op een kruispunt in een chique woonwijk met veel bomen.
Ruim, modern interieur met art-deco-accenten. De keuken is zowel klassiek als
eigentijds.

XX **Villa Doria,** Bredabaan 1293, ℰ 0 3 644 40 10, *info@villadoria.be,* Avec cuisine italienne
– 🗐 ⊏🏦 🖪 🖭 ⓞ 🐠 𝘝𝘐𝘚𝘈, ✦ BQ b
fermé 3 sem. en juil., Noël, Nouvel An et merc. – **Repas** *Lunch 25 bc* – carte 36 à
69, ♃.
♦ Une réputation flatteuse entoure ce restaurant au cadre à la fois rustique et moderne.
Recettes franco-italiennes et cave majoritairement transalpine. Service voiturier.
♦ Dit restaurant in modern rustieke stijl geniet een goede reputatie. Frans-Italiaanse keuken
met veel Italiaanse wijnen op de kaart. Valetservice.

XX **Uilenspiegel,** Brechtsebaan 277 (Nord-Ouest : 3 km sur N 115), ℰ 0 3 651 61 45,
Fax 0 3 652 08 08, 🏤 – 🖪 – ♨ 25. 🖭 ⓞ 🐠 𝘝𝘐𝘚𝘈
fermé 31 janv.-10 fév., du 11 au 28 juil., mardi et merc. – **Repas** *Lunch 20* – 30/45, ♃.
♦ De l'ardoise a remplacé le chaume de la toiture, mais elle abrite toujours deux salles
à manger dont une véranda tournée vers un beau jardin où l'on dresse le couvert en
été.
♦ Het riet is vervangen door een leiendak, maar verder zijn er nog steeds dezelfde
twee eetzalen, waarvan één met serre. In de mooie tuin worden 's zomers de tafeltjes
gedekt.

à Wijnegem *par ⑤ : 2 km – 8819 h – ⊠ 2110 Wijnegem :*

XXX **Ter Vennen,** Merksemsebaan 278, ℰ 0 3 326 20 60, *tervennen@skynet.be, Fax 0 3
326 38 47,* 🏤 – 🖪 – ♨ 50. 🖭 ⓞ 🐠 𝘝𝘐𝘚𝘈 BQ z
Repas 35/59 bc.
♦ Table classique aménagée dans une fermette blottie sous de grands arbres. Menu
multi-choix très bien balancé, cave à vue visitable sur demande et jolie terrasse en
teck.
♦ Klassiek restaurant in een boerderijtje met grote bomen eromheen. Uitgebalanceerd keuzemenu en een mooi teakhouten terras. Op verzoek kan de wijnkelder worden
bekeken.

ARBRE *Namur* 📟 *N 20,* 📟 *N 20 et* 📟 *H 4 – voir à Profondeville.*

ARCHENNES (EERKEN) *1390 Brabant Wallon* ⓒ *Grez-Doiceau 12 193 h.* 📟 *N 18 et* 📟 *H 3.*
Bruxelles 35 – Charleroi 52 – Leuven 17 – Namur 39.

X **l'Ecrin des Gourmets,** chaussée de Wavre 153, ℰ 0 10 84 49 69, 🏤 – 🖪 🖭 ⓞ 🐠
𝘝𝘐𝘚𝘈, ✦
fermé sem. carnaval, dern. sem. juil.-prem. sem. août et merc. – **Repas** *Lunch 21* – 30/40.
♦ Sur l'axe Wavre à Louvain, sympathique restaurant tenu en famille depuis une quinzaine d'années. Cuisine du moment composée à partir de bons produits des terroirs
belges.
♦ Leuk restaurant aan de weg tussen Waver en Leuven, dat al ruim 15 jaar door
dezelfde familie wordt gerund. Eigentijdse keuken met goede producten van Belgische
bodem.

ARLON (AARLEN) *6700* 🅿 *Luxembourg belge* 📟 *T 24 et* 📟 *K 6 – 25 655 h.*
Musée : Luxembourgeois★ : section lapidaire gallo-romaine★★ Y.

🗹 *r. Faubourgs 2* ℰ *0 63 21 63 60, info@arlon-tourisme.com, Fax 0 63 21 63 60.*
Bruxelles 187 ① *– Luxembourg 31* ③ *– Namur 126* ① *– Ettelbrück 34* ②

ARLON

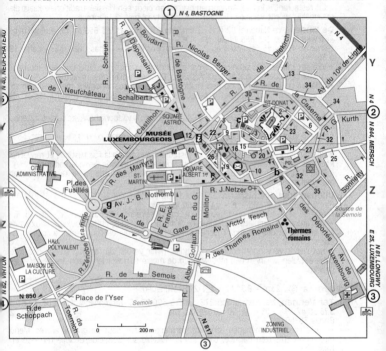

AC Arlux, r. Lorraine (par E 411 - E 25, sortie ③), puis 1ʳᵉ rue à droite), ℘ 0 63 23 22 11, hotel.arlux@autogrill.net, Fax 0 63 23 22 48, 🍴 – ⚒ 📺 🅿 – 🔧 25 à 200. 🖭 ⓪ 🖭
🖭
Repas (fermé sam. midi) Lunch 21 bc – 31 bc – **78 ch** ☑ 71/79 – ½ P 92.
◆ Construction proche de l'autoroute, déployant quatre ailes contemporaines où sont aménagées des chambres assez spacieuses, pratiques et bien insonorisées. Un grand hall avec salon-bar donne accès à la salle à manger.
◆ Hotel in de buurt van de snelweg, bestaande uit vier moderne vleugels met vrij ruime, praktisch ingerichte kamers met goede geluidsisolatie. Een grote hal met zitjes en bar geeft toegang tot de eetzaal.

Host. du Peiffeschof ⬎, Chemin du Peiffeschof 111 (par ② : 800 m, puis à gauche), ℘ 0 63 41 00 50, info@peiffeschof.be, Fax 0 63 22 44 05, 🍴, 🌳 – 📺 🅿 – 🔧 25. 🖭
🖭 🖭 🍴 rest
fermé du 5 au 13 fév., du 6 au 17 août et 1 sem. en nov. – **Repas** (fermé merc. soir, sam. midi, dim. et après 20 h 30) Lunch 29 – 37/47 – **9 ch** ☑ 80/160 – ½ P 75/85.
◆ Cette hostellerie de la campagne arlonaise s'est offert un convaincant "lifting" intégral : façade et communs modernisés, jardin embelli et ajout de trois junior suites. À l'heure des repas, alternative restaurant gastronomique ou brasserie.
◆ Dit landelijk hotel heeft een complete facelift gehad : de gevel en gemeenschappelijke ruimten zijn gemoderniseerd, de tuin is verfraaid en er zijn drie junior suites bij gekomen. Brasserie en gastronomisch restaurant.

XXX **L'Arlequin** 1er étage, pl. Léopold 6, ℰ 0 63 22 28 30, Fax 0 63 22 28 30 – 🖭 🐠 𝘝𝘐𝘚𝘈
fermé 1 sem. après Pâques, prem. sem. sept., prem. sem. janv., lundi et jeudi soir – **Repas**
Lunch 48 bc – carte 44 à 66.   Z v
   • Près d'un secteur piétonnier, au 1er étage d'une maison de ville. Accueil personnalisé,
sens prononcé de l'hospitalité, plaisant décor intérieur : une bonne impression !
   • Mooi ingericht restaurant op de eerste verdieping van een pand bij een voetgangersgebied. De persoonlijke ontvangst maakt meteen een prettige indruk.

XX **L'eau à la bouche,** rte de Luxembourg 317 (sur N 4 : 2,5 km), ℰ 0 63 23 37 05,
Fax 0 63 24 00 56, 🍴 – 🅿. 🐠 𝘝𝘐𝘚𝘈
fermé 2 sem. carnaval, 2 dern. sem. juin, 2 prem. sem. sept., début janv., mardi soir, merc.,
sam. midi et dim. soir – **Repas** Lunch 19 – 44/77 bc.
   • Table au goût du jour se complétant d'un petit salon cosy où crépite un feu de bois
en hiver et d'un restaurant d'été sous une pergola couverte d'une parure de vigne vierge.
   • Eigentijds restaurant met een gezellige salon, waar 's winters het haardvuur knispert.
In de zomer kan er onder de pergola met wijnranken worden gegeten.

XX **Or Saison,** av. de la Gare 85, ℰ 0 63 22 98 00, orsaison@skynet.be – 🖭 🐠 𝘝𝘐𝘚𝘈
fermé 1 sem. Pâques, fin août-début sept., fin déc.-début janv., sam. midi, dim. et lundi
– **Repas** Lunch 22 – 42/67 bc.   Z g
   • En toute saison, cette petite affaire vous invite à découvrir son registre culinaire à la
page dans une salle de restaurant contemporaine. Accueil et service prévenants.
   • Kleine zaak met een modern interieur en dito culinair register, dat handig inspeelt op
de seizoenen. Vriendelijke ontvangst en attente bediening.

X **La Régalade,** r. Netzer 41, ℰ 0 63 22 65 54, Fax 0 63 22 65 54 – 🐠 𝘝𝘐𝘚𝘈. 🍴 Z b
fermé du 1er au 15 sept., mardi et merc. midi – **Repas** Lunch 15 – 37/62 bc.
   • Une carte "parcheminée" proposant des plats goûteux, ainsi que d'attrayants menus :
un bon moment de table s'annonce dans cet établissement familial excentré.
   • Familiebedrijf even buiten het drukke winkelcentrum, waar men urenlang kan tafelen.
Evenwichtige kaart met smakelijke gerechten en schappelijk geprijsde menu's.

X **Au Capucin Gourmet,** r. Capucins 22, ℰ 0 63 22 16 63, Fax 0 63 22 16 63, 🍴 – 🐠
𝘝𝘐𝘚𝘈. 🍴   Y c
fermé sam. midi, dim. soir et lundi – **Repas** Lunch 18 – 44/68 bc.
   • Restaurant aménagé dans deux vieilles maisonnettes, près de l'église. Décor intérieur
rustique. La carte, rédigée à l'encre de Chine, décline des préparations appétissantes.
   • Dit restaurant is gevestigd in twee oude huisjes bij de kerk. Het interieur is in rustieke
stijl gehouden. De gekalligrafeerde menukaart zal fijnproevers doen watertanden.

AS 3665 Limburg 🖫🖫🖫 S 16 et 🖫🖫🖫 J 2 – 7 263 h.
   Bruxelles 99 – Maastricht 30 – Hasselt 25 – Antwerpen 95 – Eindhoven 58.

XXX **Host. Mardaga** avec ch, Stationsstraat 121, ℰ 0 89 65 62 65, mardaga.hotel@skyn
et.be, Fax 0 89 65 62 66, 🍴, 🌳, 🚲 – |🛗|, 🍴 rest, 🖵 🅿 – 🛗 25 à 50. 🖭 🅪 🐠 𝘝𝘐𝘚𝘈.
🍴
fermé du 11 au 29 juil. – **Repas** (*fermé sam. midi, dim. soir et lundi*) Lunch 38 – 54/73 –
18 ch 🗁 89/146.
   • Fringante hostellerie où l'on vient faire des repas en accord avec l'époque dans un cadre
élégant. Terrasse donnant sur un parc aux arbres centenaires. Chambres raffinées.
   • Aantrekkelijk hotel-restaurant, waar u in een stijlvolle omlijsting kunt genieten van eigentijdse gerechten. Het terras kijkt uit op een park met eeuwenoude bomen. De kamers zijn
geraffineerd ingericht.

ASSE 1730 Vlaams-Brabant 🖫🖫🖫 K 17 et 🖫🖫🖫 F 3 – 28 655 h.
   Bruxelles 16 – Aalst 12 – Dendermonde 17.

XXX **De Pauw,** Lindendries 3, ℰ 0 2 452 72 45, de-pauw-restaurant@hotmail.com, Fax 0 2
452 72 45, 🍴 – 🅿. 🖭 🐠 𝘝𝘐𝘚𝘈
fermé du 16 au 24 fév., du 2 au 25 août, mardi soir, merc. et dim. soir – **Repas** Lunch 29
– 40/75 bc 🍴.
   • Ancienne villa dont le jardin soigné accueille, dès les premiers beaux jours, un agréable
restaurant de plein air. Carte classique. Bon choix de bordeaux à prix raisonnables.
   • Oude villa met goed onderhouden tuin, waar bij mooi weer de tafeltjes worden gedekt.
Klassieke keuken en goede bordeaux voor een schappelijke prijs.

XX **Hof ten Eenhoorn,** Keierberg 80 (direction Enghien, puis rte à droite), ℰ 0 2
452 95 15, hof.ten.eenhoorn@edpnet.be, Fax 0 2 452 95 05, 🍴 – 🅿. 🛗 25 à 85. 🖭
🅪 🐠 𝘝𝘐𝘚𝘈. 🍴
fermé 1 sem. carnaval, 3 sem. en juil., dim. soir, lundi et mardi – **Repas** Lunch 25 – 47/65 bc.
   • Cette vieille ferme-brasserie brabançonne s'inscrit dans un site agreste très pittoresque.
Chaleureuse salle à manger néo-rustique et espaces annexes réservés aux banquets.
   • Oud-Brabantse boerderij annex bierbrouwerij in een pittoreske, landelijke omgeving.
Gezellige eetzaal in neorustieke stijl en aparte zalen voor banketten.

✕ **Notarishuis,** Gemeenteplein 12a, ℘ 0 2 305 91 40, Fax 0 2 305 91 20, ☜, Brasserie – ᴁ ☒ 𝐕𝐈𝐒𝐀
fermé lundi – **Repas** Lunch 15 – carte 28 à 51.
◆ Au centre d'Asse, ancienne maison de notable transformée en une brasserie à l'atmosphère vivante. Salle à manger-véranda et terrasse d'été sur l'arrière, côté jardin.
◆ Dit oude herenhuis in het centrum van Asse is nu een brasserie met een levendige atmosfeer. Eetzaal met serre en tuin met terras, waar 's zomers kan worden gegeten.

ASSENEDE 9960 Oost-Vlaanderen ⑬⑬⑬ H 15 *et* ⑦⑪⑥ E 2 – *13 488 h.*
Bruxelles 88 – Gent 22 – Brugge 41 – Sint-Niklaas 38.

✕ **Den Hoed,** Kloosterstraat 3, ℘ 0 9 344 57 03, Fax 0 9 344 57 03 – ᴁ ⑩ ☒ 𝐕𝐈𝐒𝐀
fermé juin, lundi soir et mardi – **Repas** Lunch 30 – carte 25 à 43.
◆ Restaurant familial établi dans un ancien estaminet où l'on jouait naguère à la "boule plate" (krulbol). Cuisine bourgeoise. Portions copieuses mais présentations soignées.
◆ Familierestaurant in een oud café, waar vroeger "krulbol" werd gespeeld. Traditionele keuken. Royale porties en goed verzorgde presentatie.

ASTENE Oost-Vlaanderen ⑬⑬⑬ G 17 – *voir à Deinze.*

ATH (AAT) 7800 Hainaut ⑬⑬⑬ H 19, ⑬⑬④ H 19 *et* ⑦⑪⑥ E 4 – *26 235 h.*
Voir Ducasse★★ (Cortège des géants).
Env. au Sud-Ouest : 6 km à Moulbaix : Moulin de la Marquise★ – au Sud-Est : 5 km à Attre★ : Château★ – au Sud : 13 km à Lessines : N.-D.-à la Rose★.
🛈 r. Pintamont 18 ℘ 0 68 26 51 70, centre.de.tourisme@ath.be, Fax 0 68 26 51 79.
Bruxelles 57 – Mons 25 – Tournai 29.

🏨 **Du Parc** ⬯ sans rest, r. Esplanade 13, ℘ 0 68 28 69 77, motel.parc@skynet.be, Fax 0 68 28 57 63 – ⟦ᴛᴠ⟧ – 🛅 25 à 70. ᴁ ⑩ ☒ 𝐕𝐈𝐒𝐀. ⬯
fermé du 15 au 31 juil. – **11 ch** ⟳ 70/85.
◆ Cet établissement tranquille exploité en famille renferme de menues chambres standard, convenablement équipées et bien insonorisées.
◆ Rustig hotel dat door een familie wordt geleid ; de kleine, maar praktisch ingerichte standaardkamers hebben een goede geluidsisolatie.

à **Ghislenghien** (Gellingen) Nord-Est : 8 km Ⓒ Ath – ✉ 7822 Ghislenghien :

✕✕ **Aux Mets Encore,** chaussée de Bruxelles 431 (N 7), ℘ 0 68 55 16 07, Fax 0 68 55 16 07, ☜ – ℗. – 🛅 25 à 50. ᴁ ⑩ ☒ 𝐕𝐈𝐒𝐀
fermé 2 sem. en août, 2 sem. en janv. et merc. – **Repas** (déjeuner seult sauf vend. et sam.) Lunch 17 – 23/76 bc.
◆ Jeu de mots assez audacieux pour l'enseigne de cette table installée dans un ancien prieuré dont le cadre évoque une auberge de campagne. Cuisine classique actualisée.
◆ Restaurant in een oude priorij, waarvan de inrichting aan een herberg op het platteland doet denken. Klassieke keuken die aan de moderne tijd is aangepast.

AUBEL 4880 Liège ⑬⑬⑬ U 18 *et* ⑦⑪⑥ K 3 – *4 023 h.*
Env. au Sud-Est : 6 km à Henri-Chapelle, cimetière américain : de la terrasse ❅★.
🛈⑧ 🛈⑨ au Sud-Est : 6 km à Henri-Chapelle, r. Vivier 3 ℘ 0 87 88 19 91, Fax 0 87 88 36 55 –
🛈⑧ au Nord-Est : 10 km à Gemmenich, r. Terstraeten 254 ℘ 0 87 78 92 80, Fax 0 87 78 75 55.
Bruxelles 125 – Maastricht 27 – Liège 34 – Verviers 18 – Aachen 20.

🏨🏨 **L'Aub. Aubépine** ⬯ sans rest, Bushaye 279 (Sud-Ouest par N 642), ℘ 0 87 68 04 10, aubepine@t-online.de, Fax 0 87 68 04 11, ☎, ⬯, ⬯ – ⟦ᴛᴠ⟧ ℗. ☒ 𝐕𝐈𝐒𝐀
fermé du 23 au 27 déc. – **7 ch** ⟳ 67/115.
◆ Idéale pour une mise au vert, cette auberge créée à partir d'une ferme restaurée s'entoure de vallons bucoliques. Hébergement dans de coquettes chambres au décor personnalisé.
◆ Deze herberg in een gerestaureerde boerderij ligt in een prachtig natuurgebied en is dan ook ideaal voor wie behoefte heeft aan groen. Mooie kamers met een persoonlijke toets.

✕✕ **Le Moulin du Val Dieu** 2ᵉ étage, Val Dieu 298, ℘ 0 87 68 01 70, info@moulinduv aldieu.be, Fax 0 87 68 01 79 – ℗. ᴁ ⑩ ☒ 𝐕𝐈𝐒𝐀
fermé du 1ᵉʳ au 6 janv., merc. et jeudi de nov. à mars, lundi et mardi – **Repas** 27/67 bc.
◆ Devant l'abbaye, pittoresque ensemble abritant un ancien moulin à eau. Table gastronomique dans l'ex-grenier et repas du terroir dans la véranda. Terrasse côté jardin.
◆ Pittoresk complex met een oude watermolen, tegenover de abdij. Gastronomische keuken op de voormalige graanzolder en streekgerechten in de serre. Tuin met terras.

AUDENARDE *Oost-Vlaanderen – voir Oudenaarde.*

AUDERGHEM (OUDERGEM) *Région de Bruxelles-Capitale* 📖 L 18 *et* 🗺 G 3 *– voir à Bruxelles.*

AVE ET AUFFE 5580 Namur Ⓒ *Rochefort* 11 921 h. 📖 P 22 *et* 🗺 I 5.
Bruxelles 114 – *Bouillon* 49 – *Namur* 55 – *Dinant* 29 – *Rochefort* 10.

🏨 **Host. Le Ry d'Ave**, Sourd d'Ave 5, 𝄞 0 84 38 82 20, ry.d.ave@skynet.be, Fax 0 84
38 93 88, ≼, ☆, ⌐, ✍, 🖈 – 📺 🄿 🄰🄴 ⓪ 🄾🄾 𝗩𝗜𝗦𝗔
fermé du 7 au 10 mars, du 13 au 16 juin, du 19 au 29 sept. et du 10 au 27 janv. – **Repas**
(fermé merc. hors saison et jeudi) (avec taverne-rest) carte env. 57, 𝒯 – **12 ch** *(fermé merc.
et jeudi hors saison)* ⌑ 58/98 – ½ P 76/84.
◆ Cette hostellerie rose enchâssée sous les frondaisons dans un cadre champêtre tient
son nom de l'affluent de la Lesse qui traverse le domaine. Chambres personnalisées. La carte
du restaurant conjuge saveurs du terroir et mets gastronomiques.
◆ Dit landelijke hotelletje te midden van het groen ontleent zijn naam aan de zijrivier van
de Lesse die door het terrein stroomt. De kamers hebben een persoonlijke uitstraling. Op
de menukaart staan gastronomische gerechten met regionale invloeden.

AVELGEM 8580 *West-Vlaanderen* 📖 F 18 *et* 🗺 D 3 – 9 186 h.
Bruxelles 72 – *Kortrijk* 16 – *Tournai* 23.

🍴 **Karekietenhof**, Scheldelaan 20 (derrière l'église), 𝄞 0 56 64 44 11, jo.vossaert Ñbus
mail.net, Fax 0 56 64 44 11, ≼, ☆, Anguilles – 🄿. 🄰🄴 🄾🄾 𝗩𝗜𝗦𝗔
fermé du 16 au 31 août, mardi soir et merc. – **Repas** Lunch 12 – 33/51 bc.
◆ La "Cour des Fauvettes" mijote une cuisine bourgeoise dans un intérieur entièrement
rénové. Les mordus d'anguille y trouveront leur bonheur. Vue sur un bras de l'Escaut.
◆ Smakelijke burgerkost in een volledig gerenoveerd interieur. Liefhebbers van paling
komen hier beslist aan hun trekken. Mooi uitzicht op een zijrivier van de Schelde.

AWENNE *Luxembourg belge* 📖 Q 22 *et* 🗺 I 5 *– voir à St-Hubert.*

AYWAILLE 4920 Liège 📖 T 20, 📖 T 20 *et* 🗺 K 4 – 10 494 h.
🄱 pl. J. Thiry 9a 𝄞 0 4 384 84 84.
Bruxelles 123 – *Liège* 29 – *Spa* 16.

🏯 **Host. Villa des Roses** avec ch, av. de la Libération 4, 𝄞 0 4 384 42 36, info@lavill
adesroses.be, Fax 0 4 384 74 40, ☆ – ⋘ 📺 ⌐ 🄿. 🄰🄴 ⓪ 🄾🄾 𝗩𝗜𝗦𝗔. ✣ ch
fermé du 15 au 30 juin, 19 janv.-3 févr. et lundis et mardis non fériés – **Repas** *(fermé après
20 h 30)* Lunch 25 – 50 bc – **8 ch** ⌑ 65/76 – ½ P 63/90.
◆ Vénérable auberge familiale adossée à un coteau, aux portes d'Aywaille. Repas classique
sagement actualisé, livre de cave bien renseigné et bonnes chambres côté rue.
◆ Deftig hotel-restaurant tegen een heuvel aan de rand van Aywaille. Klassiek eten, goed
gevulde wijnkelder en ruime kamers aan de straatkant.

BALÂTRE 5190 Namur Ⓒ *Jemeppe-sur-Sambre* 17 834 h. 📖 M 20 *et* 📖 M 20.
Bruxelles 55 – *Namur* 20 – *Charleroi* 23 – *Mons* 57.

🏨 **L'escapade**, pl. de Balâtre 123, 𝄞 0 81 55 97 80, Fax 0 81 55 97 81, ☆ – 📺 🄿 – 🄰 25
à 250. 🄰🄴 🄾🄾 𝗩𝗜𝗦𝗔
fermé 24 août-1er sept. et du 5 au 13 janv. – **Repas** *(fermé lundi et mardi)* Lunch 20 –
26/62 bc – **9 ch** ⌑ 56/75 – ½ P 58/76.
◆ Au coeur du village, petit hôtel mettant à profit un ancien presbytère (19e s.) rénové.
Chambres actuelles où vous passerez des nuits sans remous. Repas au goût du jour dans
une salle à manger-véranda moderne aux tables bien espacées ou sur la terrasse d'été.
◆ Deze 19e-eeuwse pastorie heeft een nieuwe roeping als hotel. De moderne kamers staan
garant voor een rustige nacht. Eigentijdse gerechten in de dito eetzaal met serre, waar
de tafeltjes wijd uit elkaar staan, of 's zomers op het terras.

BALEGEM 9860 *Oost-Vlaanderen* Ⓒ *Oosterzele* 13 195 h. 📖 H 17 *et* 🗺 E 3.
Bruxelles 49 – *Gent* 23 – *Aalst* 27 – *Oudenaarde* 20.

🏯 **'t Parksken**, Geraardsbergsesteenweg 233 (à l'Est sur N 42), 𝄞 0 9 362 52 20, tpar
ksken@belgacom.net, Fax 0 9 362 64 17, ☆ – 🄿 – 🄰 30. 🄰🄴 🄾🄾 𝗩𝗜𝗦𝗔. ✣
fermé du 6 au 31 juil., du 1er au 9 janv., dim. soir, lundi et mardi – **Repas** Lunch 25 – 36/80 bc.
◆ Accueillante auberge centenaire s'agrémentant d'un jardin. Spacieuses salles à manger
classiquement agencées, où les gourmets du coin ont leur rond de serviette.
◆ Uitnodigende, honderd jaar oude herberg met tuin. Klassiek ingerichte eetzalen, waar
de lekkerbekken uit de buurt hun eigen servetring hebben.

BALEN 2490 Antwerpen 🗓️ Q 15 et 🗓️ I 2 – 19 774 h.

Bruxelles 87 – Antwerpen 58 – Hasselt 37 – Turnhout 29.

X **Theater,** Steegstraat 8, ☎ 0 14 81 19 06, *stefaan.de.boeck@pandora.be*, Fax 0 14 81 19 07, 🌿 – ⓞ 🐵 𝗩𝗜𝗦𝗔
fermé 20 fév.-5 mars, 16 août-1er sept., mardi soir et merc. – **Repas** Lunch 28 – carte 27 à 46.

♦ Ce restaurant exploité en famille doit son nom à la salle de spectacle qu'il abrita naguère, aujourd'hui disparue. Bon choix de préparations traditionnelles. Accueil avenant.
♦ Dit familierestaurant dankt zijn naam aan het thans verdwenen theatertje dat hier vroeger was gevestigd. Traditionele kaart met ruime keuze. Voorkomende bediening.

BALMORAL Liège 🗓️ U 19, 🗓️ U 19 et 🗓️ K 4 – *voir à Spa.*

BARBENÇON Hainaut 🗓️ K 21, 🗓️ K 21 et 🗓️ F 5 – *voir à Beaumont.*

BARCHON Liège 🗓️ T 18, 🗓️ T 18 et 🗓️ K 3 – *voir à Liège, environs.*

BARVAUX 6940 Luxembourg belge Ⓒ Durbuy 10 130 h. 🗓️ R 20, 🗓️ R 20 et 🗓️ J 4.
🔒🔒 rte d'Oppagne 34 ☎ 0 86 21 44 54, Fax 0 86 21 44 49.
🅱 Parc Julienas 1 ☎ 0 86 21 11 65, *info@barvauxtourisme.be*, Fax 0 86 21 19 78.
Bruxelles 121 – Arlon 99 – Liège 47 – Marche-en-Famenne 19.

XX **Le Cor de Chasse** avec ch, r. Petit Barvaux 97 (Nord : 1,5 km), ☎ 0 86 21 14 98, *info@lecordechasse.be*, Fax 0 86 21 35 85, 🌿, 🚲 – 📺 **P.** – 🛎️ 25. 🐵 𝗩𝗜𝗦𝗔
fermé fin juin-début juil., 2 sem. en janv., merc. et jeudi – **Repas** Lunch 20 – 32/61 bc – **9 ch** ⎓ 54/60 – ½ P 62/76.

♦ Sympathique refuge gourmand embusqué aux abords d'un village touristique de l'agreste vallée de l'Ourthe. Savoureuse cuisine actuelle et ambiance familiale. Jolie terrasse.
♦ Goed adresje voor smulpapen, aan de rand van een toeristisch dorp in het groene Ourthedal. Eigentijdse keuken, gemoedelijke ambiance en mooi terras.

X **Au Petit Chef,** r. Basse-Sauvenière 8, ☎ 0 86 21 26 14, Fax 0 86 21 26 14, 🌿 – 🐵 𝗩𝗜𝗦𝗔
fermé janv., mardi hors saison et lundi – **Repas** 23/54 bc.

♦ Cette petite maison au décor intérieur d'esprit bourgeois jouxte la place communale. Aux beaux jours, une terrasse est dressée en façade. Plats traditionnels.
♦ Dit pandje aan het dorpsplein ademt vanbinnen een typische bourgeoissfeer. Bij mooi weer worden de tafeltjes gedekt op het terras langs de voorgevel. Traditionele schotels.

à Bohon Nord-Ouest : 3 km Ⓒ Durbuy – ✉ 6940 Barvaux :

🏠 **Le Relais de Bohon** 🌿, pl. de Bohon 50, ☎ 0 86 21 30 49, *info@lerelaisdebohon.com*, Fax 0 86 21 35 95, 🌿, 🚗 – 📺 **P.** 🛎️ – 🛎️ 25.
fermé mars, début sept., fin nov et lundis soirs et mardis non fériés – **Repas** (taverne-rest) 22/48 bc, 🍷 – **16 ch** ⎓ 70/80 – ½ P 60/84.

♦ Chaleureuse auberge ardennaise située dans un tranquille hameau voisin de la "plus petite ville du monde". Chambres fonctionnelles assez coquettes. Accueil familial. Agréable restaurant donnant sur le jardin et taverne où l'on petit-déjeune également.
♦ Gezellige Ardense herberg in een rustig dorpje vlak bij de "kleinste stad ter wereld". Keurige en praktische kamers. Vriendelijk onthaal. Aangenaam restaurant dat op de tuin uitkijkt en een café waar ook het ontbijt wordt geserveerd.

BASTOGNE (BASTENAKEN) 6600 Luxembourg belge 🗓️ T 22 et 🗓️ K 5 – 13 979 h.

Voir Intérieur★ de l'église St-Pierre★ – Bastogne Historical Center★ – à l'Est : 3 km, Le Mardasson★.

Env. au Nord : 17 km à Houffalize : Site★.

🅱 pl. Mac Auliffe 24 ☎ 0 61 21 27 11, *info@bastogne-tourisme.be*, Fax 0 61 21 27 25.
Bruxelles 148 – Bouillon 67 – Arlon 40 – Liège 88 – Namur 87.

🏨 **Melba** 🌿, av. Mathieu 49, ☎ 0 61 21 77 78, *info@hotel-melba.com*, Fax 0 61 21 55 68, 🛗, 🚲 – 📱 📺 **P.** – 🛎️ 25 à 80. 🆎 🐵 𝗩𝗜𝗦𝗔 🌿 rest
fermé du 1er au 15 janv. – **Repas** (dîner pour résidents seult) – **34 ch** ⎓ 65/95 – ½ P 55/79.

♦ Hôtel de chaîne à taille humaine bordant une rue calme qui relie le centre à l'ancienne gare où il débute le RAVEL (piste cyclable). Confort moderne dans les chambres.
♦ Dit hotel met modern comfort behoort tot een keten, maar is niet zo groot. Het staat aan een rustige straat tussen het centrum en het oude station, waar het fietspad begint.

Collin sans rest, pl. Mac Auliffe 8, ℰ 0 61 21 48 88, hotel-collin@hotel-collin.com, Fax 0 61 21 80 83 – 📳 📺 ⒶⒺ ⓜⓞ 𝘝𝘐𝘚𝘈
16 ch ⥥ 67/80.
♦ Établissement de bon confort installé sur la place centrale de Bastogne, où trône un char américain. Amples chambres convenablement équipées, pour des nuits sans histoire.
♦ Comfortabel hotel aan een plein dat het kloppend hart is van Bastenaken, met een Amerikaanse tank in het midden. Ruime kamers met redelijke voorzieningen voor een kalme nacht.

Léo at home, pl. Mac Auliffe 50, ℰ 0 61 46 92 33, info@hotel-leo.com, Fax 0 61 21 65 08 – 📳 ▤ 🅿 ⓜⓞ 𝘝𝘐𝘚𝘈
fermé 23 déc.-10 janv. – **Repas** voir rest **Wagon Léo** ci-après – **6 ch** ⥥ 62/76.
♦ Sur la place animée de Bastogne, hôtel où vous logez dans de spacieuses chambres bien insonorisées, dont deux tiers conviennent aux familles. Avenante salle de breakfast.
♦ Hotel aan het gezellige plein van Bastenaken. Van de ruime kamers met goede geluidsisolatie is tweederde geschikt voor gezinnen. Prettige ontbijtzaal.

Le Caprice sans rest, pl. Mac Auliffe 25, ℰ 0 61 21 81 40, stjames.caprice@skynet.be, Fax 0 61 21 82 01, 🚴 – 📳 ▤ 📺 ⟐ ⒶⒺ ⓞ ⓜⓞ 𝘝𝘐𝘚𝘈
13 ch ⥥ 54/74.
♦ Treize chambres - au diable, les superstitions ! - dans cet hôtel pratique veillé par la statue du général McAuliffe, auteur de la fameuse réplique "Nuts" en décembre 1944.
♦ Dertien kamers - weg met het bijgeloof ! - telt dit hotel, waarover het beeld van generaal McAuliffe waakt, die in 1944 het Duitse ultimatum tot overgave afwees met "Nuts".

Au Coin Fleuri, chaussée d'Houffalize 5, ℰ 0 61 21 39 13, francis.balaine@swing.be, Fax 0 61 21 10 11, 🏡 – 🅿 ⓜⓞ 𝘝𝘐𝘚𝘈 ✀
fermé du 1er au 17 mars, 1 sem. en sept., lundi et mardi – **Repas** 30/55, Ⓨ.
♦ Aux portes de la ville, direction Houffalize, petite adresse familiale au cadre néo-rustique. Carte bourgeoise annonçant une spécialité de viande de bison de Recogne.
♦ Familierestaurantje in neorustieke stijl aan de rand van de stad, richting Houffalize. Traditionele kaart met als specialiteit bizonvlees uit Recogne.

Wagon Léo - H. Léo at home, r. Vivier 16, ℰ 0 61 21 14 41, restaurant@wagon-leo.com, Fax 0 61 21 65 08, 🏡 – ▤ 🅿 ⓜⓞ 𝘝𝘐𝘚𝘈
fermé 29 juin-3 juil., 22 déc.-22 janv. et lundi – **Repas** Lunch 20 – 30.
♦ Un wagon forme la façade de cette brasserie proposant une cuisine traditionnelle simple mais variée. Suggestions du marché, menus et plats enfants. Additions sages.
♦ Een wagon vormt de façade van deze brasserie, die eenvoudige, maar gevarieerde traditionele gerechten biedt. Dagsuggesties en menu's (ook voor kinderen). Niet duur.

BATTICE 4651 Liège © Herve 16 614 h. 🅸🅸🅸 T 19, 🅸🅸🅸 T 19 et 🅸🅸🅸 K 4.
Bruxelles 117 – Maastricht 28 – Liège 27 – Verviers 9 – Aachen 31.

Aux étangs de la Vieille Ferme, Maison du Bois 66 (Sud-Ouest : 7 km, lieu-dit Bruyères), ⊠ 4650, ℰ 0 87 67 49 19, info@auxetangsdelavieilleferme.be, Fax 0 87 67 98 65, ≼, 🏡 – ▤ 🅿 ⒶⒺ ⓜⓞ 𝘝𝘐𝘚𝘈
fermé du 1er au 10 janv. et lundis, mardis, merc. soirs et jeudis soirs non fériés – **Repas** Lunch 28 – 44/95 bc, Ⓨ ᱝ.
♦ Cette ferme rénovée vous reçoit dans un décor alliant modernisme et rusticité. Mets classiques sobrement actualisés. La terrasse s'ouvre sur un parc verdoyant et son étang.
♦ Gerenoveerde boerderij met een mix van modern en rustiek. Klassieke gerechten die voorzichtig worden gemoderniseerd. Terras met uitzicht op een weelderige tuin en vijver.

Au Vieux Logis, pl. du Marché 25, ℰ 0 87 67 42 53, elisabethcrahay@hotmail.com – ⒶⒺ ⓜⓞ 𝘝𝘐𝘚𝘈 ✀
fermé 2 dern. sem. juil., prem. sem. janv. et dim., lundis soirs et mardis soirs non fériés – **Repas** Lunch 25 – 43/61 bc.
♦ Une appétissante carte au goût du jour est présentée dans ce "vieux logis" ayant retrouvé une seconde jeunesse. Tables bien espacées, mise en place soignée et service avenant.
♦ Dit oude pand, dat in zijn tweede jeugd is, biedt een aantrekkelijke, eigentijdse kaart. Tafeltjes op ruime afstand, verzorgde presentatie en attente service.

à Bolland Nord-Ouest : 2 km © Herve – ⊠ 4653 Bolland :

Vincent cuisinier de campagne, Saremont 10, ℰ 0 87 66 06 07, Fax 0 87 66 14 68, 🏡 – 🅿 – 🍴 40. ⒶⒺ ⓞ ⓜⓞ 𝘝𝘐𝘚𝘈
fermé 1 sem. en fév., 2 sem. en août, 25 déc.-3 janv., dim. soir, lundi soir et merc. – **Repas** Lunch 28 – 39/74 bc, Ⓨ ᱝ.
♦ Bâtisse contemporaine dominant la campagne vallonnée. Cuisine actuelle attachée au terroir local, bel assortiment de vins français et terrasse donnant sur un jardin-potager.
♦ Modern pand dat over het heuvellandschap uitkijkt. Eigentijdse keuken op basis van lokale producten en mooie Franse wijnen. Terras met uitzicht op de moestuin.

BAUDOUR Hainaut 📖 I 20, 📖 I 20 et 📖 E 4 – *voir à Mons*.

BAZEL 9150 Oost-Vlaanderen Ⓒ Kruibeke 14 775 h. 📖 K 16 et 📖 F 2.
Bruxelles 45 – Antwerpen 17 – Gent 49 – Sint-Niklaas 15.

XX **'t Hofke van Bazel,** Koningin Astridplein 11, ℘ 0 3 744 11 40, info@hofkevanbazel.be,
Fax 0 3 744 24 00, 斧 – ▤. 🆖 𝗩𝗜𝗦𝗔
fermé début sept. et lundi – **Repas** Lunch 35 – 40/87 bc, 𝒴.
* Jolie maison ancienne vous conviant à goûter, dans un décor méditerranéen romantique
à souhait, une cuisine moderne élaborée. Restaurant de plein air tourné vers l'église.
* Mooi oud huis met een mediterraan interieur, waar u romantisch kunt tafelen. Vrij verfijnde moderne keuken. 's Zomers kan er buiten worden gegeten, met uitzicht op de kerk.

BEAUMONT 6500 Hainaut 📖 K 21, 📖 K 21 et 📖 F 5 – 6 685 h.
🅱 Grand'Place 10 ℘ 0 71 58 81 91, ot.beaumont@swing.be, Fax 0 71 58 81 91.
Bruxelles 80 – Mons 32 – Charleroi 26 – Maubeuge 25.

à Barbençon Sud-Est : 4 km Ⓒ Beaumont – ⊠ 6500 Barbençon :

XX **Le Barbençon,** r. Couvent 11, ℘ 0 71 58 99 27, Fax 0 71 58 99 27 – 🅿. 🆖 𝗩𝗜𝗦𝗔
fermé mardi soir, merc. et dim. soir – **Repas** Lunch 24 – 42/50.
* Accueil tout sourire, salon apéritif, mise en place soignée, choix classico-bourgeois avec
plats du marché, assiettes bien présentées : au total, un restaurant plaisant.
* Vriendelijke ontvangst, salon voor het aperitief, prachtig gedekte tafel, klassieke kaart
en dagschotels die fraai worden opgediend. Kortom, een heel plezierig restaurant.

à Grandrieu Sud-Ouest : 7 km Ⓒ Sivry-Rance 4 545 h. – ⊠ 6470 Grandrieu :

XX **Le Grand Ryeu,** r. Goëtte 1, ℘ 0 60 45 52 10, alain.boschman@legrand-ryeu.be,
Fax 0 60 45 62 25, 斧 – 🅿. 🆎 ⓪ 🆖 𝗩𝗜𝗦𝗔
fermé 15 août-2 sept., du 1er au 15 janv., mardi, merc., jeudi, sam. midi, dim. midi et après
20 h 30 – **Repas** 25/70 bc.
* Jolie ferme du 18e s. bâtie au centre d'un village voisin de la frontière française. Chaleureuses salles à manger aux accents agrestes. Recettes bien en phase avec l'époque.
* Mooie 18e-eeuwse boerderij in het hart van een dorp bij de Franse grens. Gezellige
eetzalen met een rustieke noot. De gerechten passen goed bij de huidige smaak.

à Solre-St-Géry Sud : 4 km Ⓒ Beaumont – ⊠ 6500 Solre-St-Géry :

XXX **Host. Le Prieuré Saint-Géry** (Cardinal) 🦢 avec ch, r. Lambot 9, ℘ 0 71 58 97 00,
✿ Fax 0 71 58 96 98, 斧 – 🅿. 🆎 ⓪ 🆖 𝗩𝗜𝗦𝗔
fermé du 5 au 21 sept., du 10 au 26 janv., dim. soir, lundi et mardi midi – **Repas** Lunch 25
– 45/118 bc, carte 46 à 75, 𝒴 – **5 ch** ⌿ 65/105, – 1 suite – ½ P 99
Spéc. Fondue de foie d'oie et witlof caramélisé (oct.-mars). Tartare de thon, glacé de chou-
fleur et œuf brouillé au caviar. Parmentier de joue de bœuf braisée et ris de veau au chou
vert et lentilles.
* Cuisine inventive, servie dans un ancien prieuré au charme rustico-bourgeois. Terrasse
dressée dans la cour intérieure fleurie à la belle saison. Chambres douillettes.
* Inventieve keuken in een oude priorij met een rustiek-klassieke charme. Bij mooi weer
kan er op het terras van de fleurige patio worden gegeten. Behaaglijke kamers.

BEAURAING 5570 Namur 📖 O 22 et 📖 H 5 – 8 188 h.
Voir Lieu de pèlerinage★.
Bruxelles 111 – Bouillon 46 – Namur 48 – Dinant 20 – Givet 10.

🏠 **L'Aubépine,** r. Rochefort 27, ℘ 0 82 71 11 59, info@aubepine.be, Fax 0 82 71 33 54,
斧 – 🛏, ▤ rest, 📺 🚗 🅿 – 🕍 25 à 180. 🆎 ⓪ 🆖 𝗩𝗜𝗦𝗔 𝗝𝗖𝗕
Repas Lunch 13 – 25/32 – **66 ch** ⌿ 50/70 – ½ P 41/44.
* Cet établissement familial œuvrant depuis plus de 70 ans au centre du village renferme
de sobres chambres d'une tenue méticuleuse. Espaces de réunions et séminaires. Table
traditionnelle variée. Carte à composantes régionales.
* Dit familiehotel midden in het dorp bestaat al ruim 70 jaar. De kamers zijn sober, maar
perfect onderhouden. Het hotel beschikt over congres- en vergaderzalen. Gevarieerde
traditionele keuken met regionale invloeden.

BEAUVOORDE West-Vlaanderen 📖 A 16 – *voir à Veurne*.

---

*Nadere omschrijvingen omtrent de in deze gids vermelde prijzen,
vindt u in de inleiding.*

BEERNEM 8730 West-Vlaanderen 🔲🔲🔲 F 16 et 🔲🔲🔲 D 2 – 14 551 h.
Bruxelles 81 – *Brugge* 20 – *Gent* 36 – *Oostende* 37.

XXX **di Coylde,** St-Jorisstraat 82 (direction Knesselare), 🖉 0 50 78 18 18, dicoylde@tiscali.be, Fax 0 50 78 17 25, 🍴 – **P** – 🏛 40. 🖭 ⓞ 🐯 *VISA* . 🛇
fermé du 7 au 11 fév., 18 juil.-11 août, du 1er au 4 nov., sam. midi, dim. soir et lundi – **Repas** Lunch 32 – 49/79 bc.
◆ Ravissant manoir du 18e s. décoré d'oeuvres d'art moderne, protégé de douves et entouré de jardins soignés. Cuisine au goût du jour recherchée et cave de prestige.
◆ Schitterend 18e-eeuws kasteeltje met een slotgracht en een verzorgde tuin. Binnen zijn talrijke kunstwerken te bewonderen. Verfijnde eigentijdse keuken en prestigieuze wijnen.

à Oedelem Nord : 4 km 🆑 Beernem – ⊠ 8730 Oedelem :
XX **Alain Meessen,** Bruggestraat 259 (Ouest : 4 km sur N 337), 🖉 0 50 36 37 84, resta urant.alain.meessen@pi.be, Fax 0 50 36 01 94, 🍴 – **P**. 🖭 ⓞ 🐯 *VISA*
fermé 2 sem. en sept., sam. midi, dim., lundi midi et après 20 h 30 – **Repas** Lunch 40 – 46/75 bc, 🍷.
◆ Un choix de mets classiques et une carte des vins bien remplie vous attendent dans cette villa flamande bâtie aux portes d'Oedelem. Jardin soigné. Réservation utile.
◆ Een keur van klassieke gerechten en een rijk gevulde wijnkelder staan u te wachten in deze Vlaamse villa met een mooie tuin aan de rand van Oedelem. Reserveren aanbevolen.

BEERSEL Vlaams-Brabant 🔲🔲🔲 K 18 et 🔲🔲🔲 F 3 – voir à Bruxelles, environs.

BELLEGEM West-Vlaanderen 🔲🔲🔲 E 18 et 🔲🔲🔲 C 3 – voir à Kortrijk.

BELLEVAUX-LIGNEUVILLE 4960 Liège 🆑 Malmédy 11 535h. 🔲🔲🔲 V 20, 🔲🔲🔲 V 20 et 🔲🔲🔲 L 4.
Bruxelles 165 – Liège 65 – Malmédy 8,5 – Spa 27.

🏛 **St-Hubert,** Grand'Rue 43 (Ligneuville), 🖉 0 80 57 08 92, hotel.st.hubert@skynet.be, Fax 0 80 57 08 94, 🍴, 🚲 – 📺 **P**. – 🏛 25 à 60. 🐯 *VISA* . 🛇
fermé du 5 au 15 sept., janv., mardi soir et merc. – **Repas** Lunch 17 – 25/39 – **18 ch** ⚍ 43/70 – ½ P 55/59.
◆ Au centre de Ligneuville, sage petit hôtel où règne une atmosphère provinciale. Les deux types de chambres - modernes ou à l'ancienne - offrent la tranquillité aux voyageurs. Restaurant maniant un registre classique avec spécialités régionales.
◆ Klein hotel met een provinciale sfeer, in het centrum van Ligneuville. De twee soorten kamers, modern of in oude stijl, bieden rust en kalmte. Het restaurant voert een klassiek register met regionale specialiteiten.

XXX **du Moulin** avec ch, Grand'Rue 28 (Ligneuville), 🖉 0 80 57 00 81, moulin.ligneuville@s kynet.be, Fax 0 80 57 07 88, 🍴, 🚲 – 📺 **P**. 🖭 ⓞ 🐯 *VISA*
fermé du 7 au 24 mars, fin août-début sept., merc. et jeudi midi – **Repas** 30/110 bc, 🍷 – **14 ch** ⚍ 51/86 – ½ P 62/90.
◆ Charmante auberge concoctant une fine cuisine d'aujourd'hui magnifiée par une cave germanophile. Décor intérieur cossu, élégantes chambres et restaurant d'été à l'arrière.
◆ Sfeervolle herberg met een eigentijdse, gastronomische keuken en een uitstekende Duitse wijnkelder. Weelderig interieur, elegante kamers en terras aan de achterkant.

BELŒIL 7970 Hainaut 🔲🔲🔲 H 19, 🔲🔲🔲 H 19 et 🔲🔲🔲 E 4 – 13 396 h.
Voir Château★★ : collections★★★, parc★★, bibliothèque★.
Bruxelles 70 – Mons 22 – Tournai 28.

Hôtels et restaurants voir : Mons Sud-Est : 22 km

BELVAUX Namur 🔲🔲🔲 Q 22 et 🔲🔲🔲 I 5 – voir à Rochefort.

BERCHEM Antwerpen 🔲🔲🔲 L 15 et 🔲🔲🔲 G 2 – voir à Antwerpen, périphérie.

BERCHEM-STE-AGATHE (SINT-AGATHA-BERCHEM) Région de Bruxelles-Capitale 🔲🔲🔲 K 17 et 🔲🔲🔲 F 3 – voir à Bruxelles.

BERENDRECHT Antwerpen 🔲🔲🔲 K 14 et 🔲🔲🔲 F 1 – voir à Antwerpen, périphérie.

BERGEN 🅿 Hainaut – voir Mons.

BERLAAR 2590 Antwerpen 🗺️533 M 16 et 🗺️716 G 2 – 10 277 h.
Bruxelles 51 – Antwerpen 26 – Lier 8 – Mechelen 18.

XX **Het Land,** Smidstraat 39, ℰ 0 3 488 22 56, Fax 0 3 482 37 34, ☆ – 🅿. 🆎 🆎 VISA. 🛇
fermé 2 dern. sem. juil.-prem. sem. août, 24 et 25 déc., mardi, merc. et sam. midi – **Repas**
Lunch 25 – 33/66 bc, ♀.
♦ Une table qui plaît pour l'allant de l'accueil et du service, l'originalité du décor intérieur
privilégiant des matériaux naturels et l'agrément du restaurant d'été au jardin.
♦ Dit restaurant heeft heel wat te bieden : vriendelijke ontvangst, voorkomende bediening,
origineel interieur met natuurlijke materialen en mooie tuin om in de zomer te eten.

BERLARE 9290 Oost-Vlaanderen 🗺️533 J 16 et 🗺️716 F 2 – 13 849 h.
Bruxelles 38 – Gent 26 – Antwerpen 43 – Sint-Niklaas 24.

XXX **'t Laurierblad** (Van Cauteren) avec ch, Dorp 4, ℰ 0 52 42 48 01, guy.vancauteren@
❀ pi.be, Fax 0 52 42 59 97, ☆, ⬚ – ⬚, ▤ ch, 📺 – ⚐ 25 à 40. 🆎 🅾 🆎 VISA
fermé 2 dern. sem. août, dern. sem. janv., dim. soir, lundi et mardi midi – **Repas** Lunch 40
– 71/96 bc, carte 64 à 112 ⬚ – **5 ch** ⬚ 85/125
Spéc. Aile de raie farcie d'épinards, sabayon au balsamico et parmesan. Pigeonneau désossé
et grillé au piment d'espelette. Pruneaux au massepain et gratinés à la bière.
♦ Devant l'église de Berlare, étape gastronomique honorant le terroir local. Intérieur douillet, terrasse embellie d'une pièce d'eau, cave bien fournie et chambres au diapason.
♦ Deze gastronomische pleisterplaats brengt een eerbetoon aan de streekkeuken. Gezellig,
comfortabel interieur en dito kamers. Terras met waterpartij, goed gevulde wijnkelder.

aux étangs de Donkmeer Nord-Ouest : 3,5 km :

XXX **Lijsterbes** (Van Der Bruggen), Donklaan 155, ✉ 9290 Uitbergen, ℰ 0 9 367 82 29, gee
❀ rt@lijsterbes.be, Fax 0 9 367 85 50, ☆ – 🅿. 🆎 🅾 🆎 VISA. 🛇
fermé 28 mars-3 avril, 31 juil.-17 août, du 2 au 10 janv., sam. midi, dim. soir et lundi –
Repas Lunch 36 – 54/100 bc, carte 72 à 105, ♀ ⬚
Spéc. Carpaccio de langoustines au caviar. Bar en croûte de sel. Pêche rôtie à la verveine
et son granité (avril-oct.).
♦ Le Sorbier (Lijsterbes) vous reçoit dans sa salle à manger contemporaine à touche rustique, ou en terrasse, bordée d'un jardin d'herbes aromatiques. Recettes au goût du jour.
♦ De Lijsterbes ontvangt u in een hedendaagse eetzaal met rustieke accenten of op het
terras dat wordt omzoomd door een kruidentuin. De recepten zijn eveneens van deze tijd.

XX **Elvira,** Donklaan 255, ✉ 9290 Overmere, ℰ 0 9 367 06 82, elvira_donkmeer@yahoo.
com, Fax 0 9 367 06 83, ≤, ☆ – 🅿. 🅾 🆎 VISA. 🛇
fermé 2 dern. sem. fév., 2 prem. sem. nov., sam. midi, dim. midi, lundi et mardi – **Repas**
Lunch 30 bc – 42/75.
♦ Belle maison des années 1920 surveillant les étangs de Donkmeer. Salle de restaurant
dont le décor rétro produit son effet. Carte recomposée au fil des saisons.
♦ Mooi pand uit de jaren twintig met uitzicht op het Donkmeer. Eetzaal met een prachtig
interieur uit dezelfde periode. De menukaart wisselt met de seizoenen.

BERNEAU 4607 Liège 🅒 Dalhem 6 305 h. 🗺️533 T 18 et 🗺️716 K 3.
Bruxelles 110 – Maastricht 14 – Liège 19 – Verviers 26 – Aachen 46.

XX **Le Vercoquin,** r. Warsage 2, ℰ 0 4 379 33 63, vercoquin2001@hotmail.com,
Fax 0 4 379 75 88, ☆ – 🅿. 🆎 🅾 🆎 VISA
fermé 3 sem. en juil., du 1er au 8 janv., dim. soir et lundi – **Repas** Lunch 30 – 48/72 bc.
♦ Estimable adresse que vous débusquerez à un carrefour, sur la route reliant Battice à
Maastricht. Plusieurs menus tentateurs composés dans un registre classique actualisé.
♦ Verdienstelijk restaurant op een kruispunt, aan de weg van Battice naar Maastricht.
Verscheidene menu's in een klassiek register, dat aan de hedendaagse tijd is aangepast.

BERTRIX 6880 Luxembourg belge 🗺️534 Q 23 et 🗺️716 I 6 – 8 088 h.
Bruxelles 149 – Bouillon 24 – Arlon 54 – Dinant 73.

XX **Le Péché Mignon,** r. Burhaimont 69 (lieu-dit Burhémont), ℰ 0 61 41 47 17, Fax 0 61
41 47 17, ☆ – 🅿. 🆎 🅾 🆎 VISA
fermé 1 sem. en mars, 28 juin-20 juil., lundi soir et merc. – **Repas** Lunch 20 bc – 25/58 bc.
♦ Table mignonne misant sur une carte classique assortie de plusieurs propositions de
menus, dont une alternative "dégustation" ou "terroir". L'assiette y est plutôt généreuse.
♦ Hier kan men zich bezondigen aan een overvloedige maaltijd. Klassieke kaart en verscheidene menu's, waaronder een menu "dégustation" en een menu "terroir".

X **Four et Fourchette,** r. Gare 103, ℰ 0 61 41 66 90, ☆ – VISA
fermé sem. carnaval, 18 juil.-25 août, lundi et mardi – **Repas** Lunch 12 – 31/41.
♦ Adorable restaurant établi au centre de Bertrix, dans une rue commerçante proche de
la gare. Carte bien dans le coup et bons menus repensés chaque mois.
♦ Leuk restaurant in het centrum van Bertrix, in een winkelstraat dicht bij het station.
Eigentijdse kaart en maandelijks wisselende menu's van uitstekende kwaliteit.

BEVEREN (-Leie) 8791 *West-Vlaanderen* C *Waregem* 35 987 h. 533 F 17 *et* 716 C 3.
Bruxelles 89 – *Kortrijk* 7 – *Brugge* 49 – *Gent* 44.

XX **De Grand Cru,** Kortrijkseweg 290, ✆ 0 56 70 11 10, Fax 0 56 70 60 88 – 🔲 🅿️ ⒜ ⓞ
ⓜⓞ VISA
fermé 21 juil.-15 août, dim. et lundi – **Repas** *Lunch 30* – carte 38 à 103.
◆ Salle à manger contemporaine dont les baies vitrées procurent une vue sur un petit jardin
agrémenté de pièces d'eau. Carte classique accompagnée de grands crus du Bordelais.
◆ De moderne eetzaal biedt goed zicht op de kleine tuin met waterpartijen. Bij de klassieke
gerechten wordt een ''Grand Cru'' uit de streek rond Bordeaux geschonken.

BEVEREN (-Waas) 9120 *Oost-Vlaanderen* 533 K 15 *et* 716 F 2 – 45 176 h.
Bruxelles 52 – *Antwerpen* 15 – *Gent* 49 – *Sint-Niklaas* 11 – *Middelburg* 86.

XX **Salsifis,** Gentseweg 536 (N 70, 4 km direction Sint-Niklaas), ✆ 0 3 755 49 37,
Fax 0 3 755 49 37 – 🅿️ ⓜⓞ VISA 🛇
fermé lundi, mardi et sam. midi – **Repas** *Lunch 28* – 37/62 bc.
◆ Restaurant d'un genre assez cossu implanté au bord de la route nationale reliant Beveren
à St.-Niklaas. Alléchantes préparations actuelles. Bonne palette de menus.
◆ Rijke uitstraling voor dit restaurant aan de rijksweg tussen Beveren en Sint-Niklaas. Smakelijke, eigentijdse gerechten en verscheidene menu's.

In deze gids heeft eenzelfde letter of teken, **zwart** *of* **rood,**
gedrukt niet helemaal dezelfde betekenis.
Lees aandachtig de bladzijden met verklarende tekst.

BIÈVRE 5555 *Namur* 534 P 23 *et* 716 I 6 – 3 146 h.
Bruxelles 134 – *Bouillon* 20 – *Namur* 78 – *Arlon* 80 – *Charleville-Mézières* 63.

X **Le Saint-Hubert,** r. Bouillon 45, ✆ 0 61 51 10 11, Fax 0 61 32 13 18, 🍽 – 🅿️ ⓜⓞ VISA
fermé mardi soir et merc. – **Repas** 25/40.
◆ Ancienne maison ardennaise rénovée où l'on vient faire des repas classiques-traditionnels
soignés dans un cadre mi-rustique, mi-actuel. Restaurant d'été surplombant le jardin.
◆ Gerestaureerd pand in Ardense stijl, met een mix van rustiek en modern. Goed verzorgde,
klassiek-traditionele keuken. 's Zomers wordt het terras in de tuin opgedekt.

BILZEN 3740 *Limburg* 533 S 17 *et* 716 J 3 – 29 598 h.
Bruxelles 97 – *Maastricht* 16 – *Hasselt* 17 – *Liège* 29.

XX **'t Vlierhof,** Hasseltsestraat 57a, ✆ 0 89 41 44 18, info@vlierhof.be, Fax 0 89 41 44 18,
🍽 – 🔲 🅿️ ⒜ ⓜⓞ VISA 🛇
fermé fin juil.-début août, lundi soir, merc. et sam. midi – **Repas** *Lunch 27* – 39/69 bc.
◆ Le Clos du Sureau (Vlierhof), discret restaurant officiant à l'entrée du village, sert une
cuisine au goût du jour renouvelée à chaque saison. Carte des vins fournie.
◆ Vrij discreet restaurant bij binnenkomst in het dorp, met een eigentijdse keuken die het
ritme der seizoenen volgt. Mooie wijnkaart.

BINCHE 7130 *Hainaut* 533 J 20, 534 J 20 *et* 716 F 4 – 32 269 h.
Voir Carnaval★★★ *(Mardi gras) - Vieille ville*★ Z.
Musée : International du Carnaval et du Masque★ *: masques*★★ Z **M.**
Env. au Nord-Est, 10 km par ① *: Domaine de Mariemont*★★ *: parc*★*, musée*★★.
🄱 *Grand'Place* ✆ 0 64 33 67 27, tourisme.binche@belgacom.be, Fax 0 64 33 95 37.
Bruxelles 62 ① – *Mons* 19 ⑤ – *Charleroi* 20 ② – *Maubeuge* 24 ④

Plan page suivante

X **China Town,** Grand'Place 12, ✆ 0 64 33 72 22, Cuisine chinoise, ouvert jusqu'à 23 h 30
– 🔲, ⒜ ⓞ ⓜⓞ VISA, 🛇   Z a
fermé du 1ᵉʳ au 15 août et merc. – **Repas** 22/28.
◆ Posté sur la Grand-Place, au coeur de la vieille ville, le China Town binchois vous reçoit
dans une salle à manger au sobre décor exotique. Cuisine de l'Empire du Milieu.
◆ Deze Belgische China Town bevindt zich aan de Grote Markt, in het hart van de
oude stad. Eetzaal met een exotisch decor zonder overdaad. Keuken uit het Rijk van het
Midden.

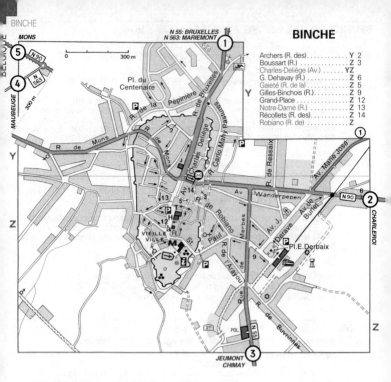

BINCHE

Archers (R. des)	Y 2
Boussart (R.)	Z 3
Charles-Deliège (Av.)	YZ
G. Dehavay (R.)	Z 6
Gaieté (R. de la)	Z 5
Gilles-Binchois (R.)	Z 9
Grand-Place	Z 12
Notre-Dame (R.)	Z 13
Récollets (R. des)	Z 14
Robiano (R. de)	Z

à Bray *Ouest : 4 km* © *Binche –* ⊠ *7130 Bray :*

✗ **Le Bercha,** rte de Mons 763, ☎ 0 64 36 91 07, Fax 0 64 36 91 07, 🍴 – 🅿 – 🔏 50. 🆎 🕦 **VISA**
fermé prem. sem. janv., lundi et mardi – **Repas** *Lunch 25 bc –* 35/58 bc.
◆ Une carte classique assortie d'un trio de menus s'emploie à combler votre appétit dans cet estimable petit restaurant où la clientèle locale a ses habitudes. Terrasse abritée.
◆ In dit leuke restaurantje met een vaste cliëntèle kunt u kiezen uit een klassieke kaart met een drietal menu's die de honger zeker zullen stillen.

à Buvrinnes *Sud-Est : 3 km* © *Binche –* ⊠ *7133 Buvrinnes :*

✗ **La Fermette des Pins,** r. Lustre 39 (par ③ : 3,5 km), ☎ 0 64 34 17 18, Fax 0 64 34 17 18, 🍴 – 🅿. 🆎 ① 🕦 **VISA**
fermé 23 août-15 sept., du 2 au 12 janv., lundi soir de janv. à mars, mardi et merc. – **Repas** *Lunch 28 –* 35/64 bc, ♀.
◆ Plats goûteux servis dans un décor champêtre, à l'image des abords de cette jolie fermette blanche. Agréable terrasse estivale dressée à la lisière des champs.
◆ Lekker eten in een schilderachtig boerderijtje in een landelijke omgeving. 's Zomers worden de tafels buiten gedekt op het terras aan de rand van de akkers.

BLANDEN *Vlaams-Brabant* 📖📖📖 *N 18 – voir à Leuven.*

Indien zich belangrijke stijgingen voordoen inzake kosten van levensonderhoud, kunnen de door ons opgegeven prijzen verhoogd zijn.
Vraag bij het reserveren van een hotelkamer steeds naar de definitieve prijs.

BLANKENBERGE 8370 West-Vlaanderen 💷 D 15 et 💷 C 2 – 18 006 h – Station balnéaire★ – Casino Kursaal A , Zeedijk, 150, ✆ 0 50 43 20 20, Fax 0 50 41 98 40.

🖪 Leopold III-plein ✆ 0 50 41 22 27, toerisme@blankenberge.be, Fax 0 50 41 61 39.

Bruxelles 111 ② – Brugge 15 ② – Knokke-Heist 12 ① – Oostende 21 ③

BLANKENBERGE

0   500 m

Voetgangersgebied in de zomer
Zone piétonne en été

Beach Palace, Zeedijk 77, ✆ 0 50 42 96 64, info@beach-palace.com, Fax 0 50 42 60 49, ≤, 🏠, ☜, 🖭, Ⅰ₅, ≘s, 🔲 – |≇| ▦ 🔟 ⇔ – 🕍 25 à 250. 🖭 ⓘ 🐠 💳 ⚐ rest
Repas 45/97 bc – **97 ch** 🖙 75/183, – 3 suites – ½ P 82/117.   A b
◆ Ce building récent dominant la plage renferme d'amples chambres pourvues d'un équipement moderne. La salle des petits-déjeuners offre la vue sur la digue. Piscine couverte. À table, carte classique et bonne sélection de vins.
◆ Dit nieuwe gebouw aan het strand beschikt over ruime kamers met moderne voorzieningen. De ontbijtzaal biedt uitzicht op de pier. Overdekt zwembad. Aan tafel klassieke gerechten, vergezeld van een goed glas wijn.

Azaert (annexe Aazaert 🏠 - 21 ch), Molenstraat 31, ✆ 0 50 41 15 99, info@ azaert.be, Fax 0 50 42 91 46, Ⅰ₅, ≘s, 🔲 – |≇|, ▦ rest, 🔟 ₖch, ⇔ 🅿 – 🕍 25 à 70. 🐠 💳 ⚐
25 mars-13 nov. – **Repas** (fermé merc.) (dîner seult jusqu'à 20 h 30) 31, 🏵 – **59 ch** 🖙 85/129 – ½ P 70/90.   A t
◆ Ensemble hôtelier comprenant plusieurs immeubles. Chambres de bon confort, salles de réunion, salons, piscine abritée, terrasse solarium et espaces de remise en forme. Restaurant chaleureux et cossu, restituant une atmosphère nostalgique.
◆ Dit hotelcomplex bestaat uit meerdere gebouwen. Comfortabele kamers, vergaderzalen, lounge, overdekt zwembad, zonneterras en fitnessruimte. Warm en rijk aandoend restaurant met een nostalgisch tintje.

Helios, Zeedijk 92, ✆ 0 50 42 90 20, info@ hotelhelios.be, Fax 0 50 42 86 66, ≤, Ⅰ₅, ≘s – |≇| 🔟 ⇔ – 🕍 25 à 100. 🖭 ⓘ 🐠 💳 🍱 ⚐   A c
20 janv.-15 nov. – **Repas** voir rest **Triton** ci-après – **33 ch** 🖙 105/155, – 1 suite – ½ P 78/103.
◆ Aménagement résolument design dans cet immeuble moderne surplombant l'animation de la digue. Chambres pimpantes, souvent tournées vers la mer. Fitness, sauna et whirlpool. Salle à manger contemporaine aux lignes épurées. Recettes classiques.
◆ Modern gebouw met een designinterieur, vlak bij de levendige pier. De kamers zien er piekfijn uit en bieden veelal uitzicht op zee. Fitnessruimte, sauna en whirlpool. Eigentijdse en zeer gestileerde eetzaal, waar klassieke gerechten worden geserveerd.

Saint Sauveur sans rest, Langestraat 50, ✆ 0 50 42 70 00, hotel@ saintsauveur.be, Fax 0 50 42 97 38, ≘s, 🔲 – |≇| ⇌ 🔟 🅿 – 🕍 35. 🐠 💳 ⚐   A q
46 ch 🖙 70/150, – 3 suites.
◆ Hôtel engageant situé à 100m de la plage. Espaces communs modernes et nombreuses sortes de chambres. Matelas à eau au décor très contemporain dans certaines d'entre elles.
◆ Uitnodigend etablissement op 100 m van het strand. Moderne gemeenschappelijke ruimten en verschillende soorten kamers, sommige met waterbed en een ultramodern interieur.

Riant Séjour, Zeedijk 188, ℘ 0 50 41 10 14, *wauters.jean@skynet.be*, Fax 0 50 42 75 54, ≼, Ƒ₅, ⌂s – ⌷ TV ⌷. AE ⓞ ⓜⓞ VISA. ⅜   B a
Repas *(fermé du 2 au 22 oct., mardi et jeudi d'oct. à fin mars, merc. et après 20 h)* carte 28 à 40 – **30 ch** *(fermé du 2 au 22 oct. et merc.)* ⌷ 110/125, – 1 suite.
 ◆ Claires et spacieuses, toutes les chambres de cet hôtel dominant la plage offrent une vue dégagée sur la jetée et le large. Petite installation de remise en forme. Table traditionnelle déclinant une dizaine de menus.
 ◆ Alle lichte en ruime kamers van dit hotel aan het strand bieden een onbelemmerd uitzicht op de pier en het ruime sop. Kleine fitnessruimte. Traditionele keuken met een tiental menu's.

de la Providence sans rest, Zeedijk 191, ℘ 0 50 41 11 98, *karel.maes@skynet.be*, Fax 0 50 41 80 79, ≼, Ƒ₅, ⌂s – ⌷ TV ⌷. ⓜⓞ VISA. ⅜   B m
4 mars-6 nov. – **24 ch** ⌷ 58/105.
 ◆ Hôtel "providentiel" pour qui recherche la proximité immédiate du front de mer et de l'estacade. Avenantes chambres de différentes tailles. Fitness, sauna et solarium.
 ◆ Dit hotel is ideaal voor wie graag dicht bij zee en de pier verblijft. Prettige kamers van verschillende grootte. Fitnessruimte, sauna en solarium.

Malecot (annexe Avenue - 33 ch), Langestraat 91, ℘ 0 50 41 12 07, *malecot@vakan tiehotels.be*, Fax 0 50 41 80 42, Ƒ₅, ⌂s – ⌷ TV ⌷ le midi uniquement ⌷. ⓜⓞ VISA B   j
27 mars-3 oct. et du 4 au 8 fév. – **Repas** (résidents seult) – **30 ch** ⌷ 49/80 – ½ P 52/57.
 ◆ Ses façades couleur saumon signalent cet hôtel familial proche du casino et du rivage. Chambres pratiques, refaites de neuf. Quelques-unes se répartissent à l'annexe.
 ◆ Dit familiehotel bij het casino en het strand valt op door zijn zalmkleurige muren. De kamers zijn praktisch en volledig gerenoveerd ; sommige bevinden zich in de dependance.

Manitoba sans rest, Manitobaplein 11, ℘ 0 50 41 12 20, *manitoba@belgacom.net*, Fax 0 50 42 98 08 – ⌷ TV ⌷. ⓜⓞ VISA.   A u
25 mars-2 oct. – **20** ch ⌷ 40/80.
 ◆ Des chambres de bon confort vous attendent derrière l'élégante façade de cette demeure située dans la zone piétonnière. Petit-déjeuner soigné. Accueil familial.
 ◆ Achter de sierlijke gevel van dit pand in het voetgangersgebied wachten u kamers met een goed comfort. Hartelijk onthaal en verzorgd ontbijt.

Richmond Thonnon, Van Maerlantstraat 79, ℘ 0 50 42 96 92, *info@hotel-richmo nd.com*, Fax 0 50 42 98 72, ⌂s, ♣ – ⌷ ⅜, ≡ rest, TV ⌷ – ⌷ 25. AE ⓞ ⓜⓞ VISA
⅜   A p
Repas (résidents seult) – **38 ch** ⌷ 80/176 – ½ P 78/88.
 ◆ Non loin du port de plaisance, de la plage et de la gare, petit immeuble d'angle renfermant une quarantaine de chambres standard convenablement équipées.
 ◆ Klein hoekpand, niet ver van de jachthaven, het strand en het station, met een veertigtal standaardkamers die goed zijn uitgerust.

Moeder Lambic, J. de Troozlaan 93, ℘ 0 50 41 27 54, *info@moederlambic.be*, Fax 0 50 41 09 44, ⌂ – ⌷ TV ⌷. AE ⓞ ⓜⓞ VISA. ⅜ ch   B u
fermé janv.-6 fév. – **Repas** *(fermé merc. et jeudi d'oct. à mars)* (taverne-rest) Lunch 14 – 22/32 – **15 ch** ⌷ 50/82 – ½ P 53/65.
 ◆ À 200 m de la plage, au coin d'une avenue desservie par le tram, établissement dont les chambres offrent un confort très correct, sans pour cela grever votre budget. Salle à manger agrémentée d'une cheminée moderne et d'une véranda. Carte traditionnelle.
 ◆ Hotel op 200 m van het strand, nabij de tramhalte, met comfortabele kamers die geen aanslag zijn op uw budget. De eetzaal wordt opgeluisterd door een moderne schouw en serre. Traditionele keuken.

Vivaldi, Koning Leopold III-plein 8, ℘ 0 50 42 84 37, Fax 0 50 42 64 33, ⌂ – ⌷ TV. ⓜⓞ VISA. ⅜ ch   B
fermé sem. Toussaint et merc. – **Repas** *(fermé après 20 h)* (taverne-rest) Lunch 9 – carte env. 24 – **30 ch** ⌷ 40/75 – ½ P 55/65.
 ◆ Pratique pour les usagers du rail, cet hôtel "quatre saisons" donne sur une place animée. Mobilier stratifié dans les chambres, parfois dotées d'un balconnet. Taverne-restaurant de mise simple.
 ◆ Dit hotel aan een druk plein is bijzonder handig voor treinreizigers, want het ligt vlak bij het station. Sommige kamers zijn voorzien van een balkonnetje. Eenvoudig café-restaurant, waar men snel een hapje kan eten alvorens weer op de trein te springen.

Alfa Inn sans rest, Kerkstraat 92, ℘ 0 50 41 81 72, *info@alfa-inn.com*, Fax 0 50 42 93 24, ⌂s, ⌂, ♣ – ⌷ TV P. ⓜⓞ VISA. ⅜   AB
15 fév.-13 nov. – **65 ch** ⌷ 48/80.
 ◆ Ancien couvent converti en un hôtel apprécié pour ses pimpantes petites chambres au "look" balnéaire, son accueillant salon moderne et sa terrasse en teck dominant le jardin.
 ◆ Oud klooster dat volledig is verbouwd, gewild vanwege de frisse en vrolijke kamertjes met de typische sfeer van een badhotel. Moderne lounge en tuin met teakhouten terras.

🏠 **Claridge**, de Smet de Naeyerlaan 81, ℰ 0 50 42 66 88, *christinezwertvaegher@hotm* *ail.com*, Fax 0 50 42 77 04 – 🛗 📺 🔞 🆚 ⃠ 𝒮𝒞 A w
fermé merc. et jeudi d'oct. à mars et mardi – **Repas** (dîner pour résidents seult) – **17 ch** 🔲 52/80 – ½ P 58.
❖ À deux pas de la Grand-Place, établissement de poche dont les chambres, agréables, sont décorées dans le style "Laura Ashley". Salon cossu. Service personnalisé.
❖ Klein hotel met prettige kamers in Laura Ashley-stijl, centraal gelegen bij de Grote Markt. Weelderige lounge. Persoonlijke service.

🏠 **Du Commerce** sans rest, Weststraat 64, ℰ 0 50 42 95 35, *info@hotel-du-commerc* *e.be*, Fax 0 50 42 94 40 – 🛗 📺 ⬚, 🗚 ⓪ 🔞 𝑽𝑰𝑺𝑨 A v
13 fév.-15 nov. – **28 ch** 🔲 43/76.
❖ Accueil plein de gentillesse et de bonne humeur dans cet hôtel créé en 1923 par les aïeux des patrons actuels. Chambres sobres, mais convenables. Clientèle touristique.
❖ Vriendelijke ontvangst in dit hotel dat in 1923 werd opgericht door de voorouders van de huidige eigenaren. Sobere, maar fatsoenlijke kamers. Veel toeristen.

🏠 **Strand**, Zeedijk 86, ℰ 0 50 41 16 71, *info@strand-hotel.be*, Fax 0 50 42 58 67 – 🛗 📺. 🗚 ⓪ 🔞 𝑽𝑰𝑺𝑨 A e
Repas (résidents seult) – **17 ch** 🔲 50/90.
❖ Établissement du front de mer renfermant de menues chambres aménagées avec simplicité. Six d'entre elles offrent une échappée vers la plage. Salon et tea-room.
❖ Hotel aan de boulevard met kleine kamers die eenvoudig zijn ingericht. Zes daarvan bieden een doorkijkje naar het strand. Lounge en tearoom.

🏠 **Albatros** sans rest, Consciencestraat 45, ℰ 0 50 41 13 49, Fax 0 50 42 86 55, ☎ 𝐬 – 🛗 📺 🅿. ⓪ 🔞 𝑽𝑰𝑺𝑨 𝐉𝐂𝐁. 𝒮𝒞 A h
22 ch 🔲 40/85.
❖ Petite affaire familiale située à quelques pas de la plage, disposant de chambres sobrement meublées et de quatre appartements avec salon séparé et kitchenette.
❖ Klein familiebedrijf, een paar minuten lopen van het strand. Naast de spaarzaam gemeubileerde kamers zijn er vier appartementen beschikbaar met zitkamer en kitchenette.

XX **Philippe Nuyens**, J. de Troozlaan 78, ℰ 0 50 41 36 32, Fax 0 50 41 36 32 – 🔞 𝑽𝑰𝑺𝑨 𝒮𝒞 B c
fermé du 11 au 23 mars, 2 sem. en juin, 2 dern. sem. sept.-début oct., mardi et merc. – Repas 32/70 bc, 𝑺.
❖ Table légèrement excentrée, dont l'orientation culinaire classique-actuelle, non dénuée de raffinement, s'harmonise bien au parti pris décoratif de la salle à manger.
❖ Dit restaurant buiten het centrum biedt een klassiek-modern culinair repertoire dat vrij verfijnd is en goed harmonieert met de inrichting van de eetzaal.

XX **Escapade** J. de Troozlaan 39, ℰ 0 50 41 15 97, Fax 0 50 42 88 64, 🏵 – 🗚 ⓪ 🔞 𝑽𝑰𝑺𝑨 B d
fermé 2 dern. sem. juin, dern. sem. sept.-prem. sem. oct., merc. sauf en juil.-août et jeudi – Repas 28/48 bc.
❖ Petite carte classique assortie de deux bons menus, cave honorable, cadre agréable et terrasse sur l'arrière : tous les ingrédients sont réunis pour une escapade gourmande.
❖ De kleine klassieke kaart met twee goede menu's, de lekkere wijnen, het aangename interieur en het terras aan de achterkant staan garant voor een prettige "escapade".

X **St-Hubert**, Manitobaplein 15, ℰ 0 50 41 22 42, Fax 0 50 41 22 42, 🏵 – 🗚 🔞 𝑽𝑰𝑺𝑨 𝐉𝐂𝐁 A u
fermé 14 fév.-15 mars, lundi et mardi – **Repas** Lunch 39 – carte 33 à 59.
❖ Dans le centre piétonnier restaurant au décor intérieur bourgeois semé de touches rustiques. Moules, anguilles et préparations classiques à la carte. Terrasse en façade.
❖ Restaurant in het voetgangersgebied, dat traditioneel is ingericht met rustieke accenten. Mosselen, paling en klassieke gerechten à la carte. Terras aan de voorkant.

X **Triton** - H. Helios, Zeedijk 92, ℰ 0 50 42 90 20, *info@hotelhelios.be*, Fax 0 50 42 86 66, ⇐ – ▤. 🗚 ⓪ 🔞 𝑽𝑰𝑺𝑨 𝐉𝐂𝐁. 𝒮𝒞 A c
21 janv.-14 nov. ; fermé mardi d'oct. à avril et merc. – **Repas** Lunch 23 – 33/60 bc, 𝑺.
❖ Repas au goût du jour servi dans une plaisante salle de restaurant contemporaine aux accents nautiques. Présentations quelquefois spectaculaires dans l'assiette.
❖ In de plezierige hedendaagse eetzaal met nautische accenten worden gerechten geserveerd die vaak tijdens de dag. De presentatie op de borden is soms ronduit spectaculair.

X **La Tempête** avec ch, A. Ruzettelaan 37, ℰ 0 50 42 94 28, *hotel.la.tempete@skynet.be*, Fax 0 50 42 79 17 – 📺 ⬚🅿 🅿. 🔞 𝑽𝑰𝑺𝑨. 𝒮𝒞 ch B x
Repas *(fermé du 1er au 26 janv., lundi et merc. en hiver et mardi)* Lunch 19 – 29/60 bc – **9 ch** *(fermé du 2 au 26 janv. et lundi, mardi et merc. en hiver)* 🔲 47/75 – ½ P 46/50.
❖ Enseigne agitée à forte pour cette table offrant un bel éventail de plats classiques-traditionnels issus de la marée. Nuitées sans remous dans des chambres de mise simple.
❖ Klassiek-traditioneel hotel-restaurant waar vis de hoofdmoot vormt. Eenvoudige kamers die prima voldoen voor een nachtje.

✗ **Griffioen**, Kerkstraat 163, ℘ 0 50 41 34 05, Produits de la mer, ouvert jusqu'à minuit
– AE ① M© VISA   B k
fermé du 1er au 30 janv., lundi hors saison et mardi – **Repas** *Lunch 20* – 45/65 bc.
♦ Aux abords de la gare, restaurant de quartier où l'on a plaisir à se retrouver entre amis
autour de copieuses préparations dialoguant en direct avec le grand large.
♦ Buurtrestaurant bij het station, waar men gezellig met vrienden kan tafelen, onder het
genot van een glas wijn. De copieuze schotels zijn een eerbetoon aan Neptunus.

✗ **'t Fregat**, Zeedijk 108, ℘ 0 50 41 34 86, *fregat@vt4.net*, Fax 0 50 42 75 42, ≤, 🌣,
Taverne-rest. AE ① M© VISA   A a
fermé 2 prem. sem. déc., 2 dern. sem. janv. et mardi sauf en juil.-août – **Repas** *Lunch 23*
– carte 24 à 50.
♦ Deux formules se côtoient dans cet établissement de la digue : taverne-bistrot au rez-
de-chaussée et carte plus élaborée à l'étage. Écriteau à suggestions. Terrasse balnéaire.
♦ Dit restaurant met terras aan de boulevard werkt met twee formules : eenvoudige
gerechten op de benedenverdieping en een uitgebreide kaart op de bovenverdieping.

✗ **La Lampara**, Langestraat 69, ℘ 0 50 41 37 27, *minodimarco@freegates.be*, Cuisine
italienne – M© VISA   A k
fermé lundi sauf en juil.-août et mardi – **Repas** (dîner seult) carte 22 à 35.
♦ Dans une rue animée du centre, entre le casino et l'église St-Roch, restaurant au décor
intérieur sobre. Cuisine simple tournée vers l'Italie. Cave bien fournie.
♦ Sober ingericht restaurant in een levendige straat in het centrum, tussen het casino en
de St.-Rochuskerk. Sobere keuken die op Italië is gericht. Ruime keuze aan wijnen.

à Zuienkerke *par ② : 6 km – 2 757 h – ⊠ 8377 Zuienkerke :*

🏨 **Butler** sans rest, Blankenbergsesteenweg 13a, ℘ 0 50 42 60 72, Fax 0 50 42 61 35 –
TV P – 🛗 25. AE ① M© VISA
15 ch ⊇ 55/75.
♦ Ce petit hôtel occupant un immeuble récent à l'architecture massive vous réserve un
accueil personnalisé. Chambres agréables ; la moitié sont mansardées.
♦ Klein hotel in een nieuw gebouw met een wat zware architectuur. Persoonlijk onthaal
en aangename kamers, waarvan de helft op de zolderverdieping ligt.

✗✗ **Hoeve Ten Doele**, Nieuwesteenweg 1, ℘ 0 50 41 31 04, *hoevetendaele@skynet.be*,
Fax 0 50 42 63 11, 🌣 – P. M© VISA
fermé 28 fév.-18 mars, du 13 au 17 juin, 26 sept.-14 oct., lundi et mardi – **Repas**
39 bc/61 bc.
♦ Ferme du 19e s. dans un typique paysage de polders. Décor intérieur néo-rustique, salle
de banquets séparée. Cuisine classique sensible au rythme des marées et des saisons.
♦ Boerderij uit de 19e eeuw in een typisch polderlandschap. Neorustiek interieur met
aparte zaal voor partijen. Klassieke keuken die rekening houdt met het marktaanbod.

✗ **De Grote Stove**, Nieuwesteenweg 140, ℘ 0 50 42 65 64, *info@degrotestove.be*,
Fax 0 50 42 65 64, 🌣, Taverne-rest – P. M© VISA. ✲
fermé 15 nov.-10 déc., mardi et merc. – **Repas** carte 26 à 51.
♦ Une exploitation agricole prête ses murs à cette taverne-restaurant. Salle à manger
aménagée dans les anciennes étables. L'été, le couvert est aussi dressé en plein air.
♦ Taverne-restaurant in een boerderij, waarvan de oude stallen tot eetzaal zijn omgetoverd. 's Zomers kan er ook buiten worden gegeten.

BLAREGNIES 7040 Hainaut C Quévy 7 732 h. 533 I 20, 534 I 20 et 716 E 4.
Bruxelles 80 – Mons 15 – Bavay 11.

✗✗ **Les Gourmands** (Bernard), r. Sars 15, ℘ 0 65 56 86 32, *info@lesgourmands.be*,
⊛ Fax 0 65 56 74 40 – P. AE M© VISA
fermé dim. soir, lundi et après 20 h 30 – **Repas** *Lunch 27* – 39/110 bc, carte 56 à 94 ⊛
Spéc. Petits-gris à la tomate et moelle. Homard bleu aux légumes confits et citron (mai-
sept.). Saint-Pierre rôti à la réglisse, raviolis à l'oignon confit.
♦ Les gourmets ne s'y trompent pas : l'originalité de cette table tient nettement moins
à son décor qu'au contenu des assiettes, personnalisé avec talent. Cave impressionnante.
♦ De originaliteit van dit restaurant zit hem niet zozeer in de inrichting als wel in de geheel
eigen kookstijl van de talentvolle chef-kok. Indrukwekkende wijnkelder.

Schrijf ons ...
Zowel uw lovende woorden als uw kritiek
worden zorgvuldig onderzocht.
Wij zullen de door u vermelde informatie
ter plaatse opnieuw bekijken.
Alvast bedankt !

BLÉGNY 4671 Liège **533** T 18, **534** T 18 et **716** K 3 – 12 662 h.
Bruxelles 105 – Maastricht 26 – Liège 12 – Verviers 22 – Aachen 33.

🏨🏨🏨 **Barbothez** ⌂, r. Entre deux Bois 55, ℰ 0 4 387 52 67, hotel@barbothez.be,
Fax 0 4 387 69 35, 🌳, 🌿 – 📶 ✆ 📺 🅿 – 🔬 25 à 100. ⏎ 🆎 ⓞ ⓜⓞ 🆅🅸🆂🅰, ❄
fermé du 2 au 15 janv. – **Repas La Source** Lunch 27 – 34/64 bc – 🖵 12 – **18 ch** 75/85
– ½ P 68/90.
  * Dans une vallée bucolique, à la lisière d'un bois, ancien moulin à eau devenu un petit hôtel
bien charmant. Chambres de bon confort, dont un tiers sont des suites. Restaurant d'été
bercé par le chant de la rivière, avec les prairies pour toile de fond.
  * Deze oude watermolen in een landelijk dal aan de rand van een bos is nu een sfeervol hotelletje. De kamers, waarvan een derde uit suites bestaat, zijn comfortabel. 's Zomers
wordt het terras aan het water opgedekt, met uitzicht op de groene weiden.

à Housse Ouest : 3 km ⓒ Blégny – ✉ 4671 Housse :

🍴🍴 **Le Jardin de Caroline,** r. Saivelette 8, ℰ 0 4 387 42 11, lejardindecaroline@belgac
om.net, Fax 0 4 387 42 11, 🌳 – 🅿 ⏎ 🆎 ⓞ ⓜⓞ 🆅🅸🆂🅰
fermé mardi et merc. – **Repas** Lunch 45 bc – carte 40 à 59.
  * Fermette offrant les plaisirs d'une cuisine en phase avec l'époque. Salle rustique, véranda
et restaurant de plein air sur la pelouse du jardin, près de la pièce d'eau.
  * Boerderijtje met eigentijdse keuken. Rustieke eetzaal, serre en tuin met waterpartij, waar
's zomers op het gazon kan worden gegeten.

BOCHOLT 3950 Limburg **533** S 15 et **716** J 2 – 12 125 h.
Bruxelles 106 – Hasselt 42 – Antwerpen 91 – Eindhoven 38.

🍴🍴🍴 **Kristoffel,** Dorpsstraat 28, ℰ 0 89 47 15 91, info@restaurantkristoffel.be, Fax 0 89
47 15 92 – 🍽, ⏎ 🆎 ⓞ ⓜⓞ 🆅🅸🆂🅰
fermé 11 juil.-2 août, du 1er au 12 janv., lundi et mardi – **Repas** 27/54.
  * Confortable restaurant dont la cuisine, dans le tempo actuel, honore volontiers l'asperge
en saison. Salon-bar moderne, salle à manger classique. Grand choix de vins.
  * Comfortabel restaurant waarvan de eigentijdse keuken in het seizoen een eerbetoon
brengt aan de asperge. Modern salon met bar en klassieke eetzaal. Uitgebreide wijnkaart.

BOECHOUT Antwerpen **533** L 16 et **716** G 2 – voir à Antwerpen, environs.

BOHON Luxembourg belge **534** R 20 – voir à Barvaux.

BOIS-DE-VILLERS 5170 Namur ⓒ Profondeville 11 116 h. **533** O 20, **534** O 20 et **716** H 4.
Bruxelles 74 – Namur 13 – Dinant 23.

🍴 **Au Plaisir du Gourmet,** r. Elie Bertrand 75, ℰ 0 81 43 44 12, Fax 0 81 43 44 12, 🌳
– 🅿 ⓜⓞ 🆅🅸🆂🅰
fermé fin août et mardis et merc. non fériés – **Repas** Lunch 31 – carte 25 à 34.
  * Accueil cordial dans cette charmante fermette en pierres du pays qu'agrémente d'un
jardin planté de rosiers. Préparations classico-traditionnelles, sans chichi.
  * Joviale ontvangst in dit mooie boerderijtje van steen uit de streek, dat wordt opgevrolijkt
door een tuin met rozenstruiken. Klassiek-traditionele keuken zonder poespas.

BOKRIJK Limburg **533** R 17 et **716** J 3 – voir à Genk.

BOLDERBERG Limburg **533** Q 17 et **716** I 3 – voir à Zolder.

BOLLAND Liège **533** T 19 et **534** T 19 – voir à Battice.

BONHEIDEN Antwerpen **533** M 16 et **716** G 2 – voir à Mechelen.

BONLEZ 1325 Brabant Wallon ⓒ Chaumont-Gistoux 10 674 h. **533** N 18, **534** N 18 et **716** H 3.
Bruxelles 34 – Namur 31 – Charleroi 51 – Leuven 24 – Tienen 34.

🍴 **32 Chemin de l'herbe,** Chemin de l'herbe 32, ℰ 0 10 68 89 61, chemindelherbe@
skynet.be, Fax 0 10 68 89 61, 🌳 – 🅿 ⓜⓞ 🆅🅸🆂🅰
fermé 2 sem. en sept., dim. et lundi – **Repas** Lunch 9 – carte 32 à 41.
  * À l'entrée du village, jolie fermette aux volets bleus et aux murs tapissés de lierre. Décor
intérieur "campagne", bar chaleureux et séduisante terrasse. Carte avec grillades.
  * Aardig boerderijtje met blauwe luiken en met klimop begroeide muren aan de rand van
het dorp. Landelijk interieur, gezellige bar en aangenaam terras. Grillspecialiteiten.

131

BOOM 2850 Antwerpen 〖〗 L 16 et 〖〗 G 2 – 15 487 h.

Bruxelles 30 – Antwerpen 18 – Gent 57 – Mechelen 16.

XX **Cheng's Garden,** Col. Silvertopstraat 5, ℘ 0 3 844 21 84, Fax 0 3 844 54 46, Avec cuisine chinoise – 📺 🅿. 🆎 ① 🕕 𝘝𝘐𝘚𝘈. ✼
fermé merc., jeudi midi et sam. midi – **Repas** carte 24 à 42.
♦ Si les délicatesses cantonaises vous tentent, attablez-vous dans cet agréable restaurant au cadre moderne européanisé. Cave bien fournie pour ce type d'adresse.
♦ Liefhebbers van de Kantonese keuken kunnen aanschuiven in dit aangename restaurant met een moderne inrichting en Europese stijl. Voor Chinese begrippen een goede wijnkelder.

à Terhagen Sud-Est : 3 km 🄲 Rumst 14 577 h. – ✉ 2840 Terhagen :

XX **Epicurus,** Kardinaal Cardijnstraat 46, ℘ 0 3 888 33 11, epicurus@skynet.be, Fax 0 3 888 33 11, 🎇 – 🕕 𝘝𝘐𝘚𝘈. ✼
fermé juil., lundi, mardi et merc. – **Repas** Lunch 35 bc – 35/67 bc.
♦ L'épicurien appréciera les recettes classiques actualisées que cette table du centre de la localité mitonne avec soin. Belle présentation sur l'assiette. Accueil souriant.
♦ Epicuristen zullen de modern-klassieke gerechten waarderen die hier met liefde worden bereid. Fraai opgemaakte borden en vriendelijke bediening.

BOORTMEERBEEK 3190 Vlaams-Brabant 〖〗 M 17 et 〖〗 G 3 – 11 456 h.

Bruxelles 30 – Leuven 16 – Antwerpen 38 – Mechelen 11.

🏠 **Classics** sans rest, Leuvensesteenweg 240, ℘ 0 15 51 57 09, info@hotel-classics.be, Fax 0 15 52 00 74, 🌳 – 📺 🅿. 🆎 ① 𝘝𝘐𝘚𝘈
6 ch ⊊ 80/140.
♦ Cette fière demeure bâtie à la fin des années 1940 et agrémentée d'un parc reposant abrite de grandes chambres personnalisées par du beau mobilier de style classique.
♦ Dit statige pand uit het midden van de 20e eeuw wordt omringd door een rustig park. De grote kamers hebben een persoonlijk karakter, dankzij het mooie klassieke meubilair.

BORGERHOUT Antwerpen 〖〗 L 15 et 〖〗 G 2 – voir à Antwerpen, périphérie.

BORGLOON (LOOZ) 3840 Limburg 〖〗 R 18 et 〖〗 J 3 – 10 022 h.

Bruxelles 74 – Maastricht 29 – Hasselt 28 – Liège 29.

🏰 **Kasteel van Rullingen** 🦢, Rullingen 1 (Ouest : 3 km à Kuttekoven), ℘ 0 12 74 31 46, info@rullingen.com, Fax 0 12 74 54 86, 🎇, 🌳, 🚲 – 📺 🅿. – 🔬 25 à 100. 🆎 ① 🕕 𝘝𝘐𝘚𝘈
Repas (fermé sam. midi) Lunch 34 – 50/115 bc, ♀ – ⊊ 11 – **15 ch** 100/124 – ½ P 117/137.
♦ Des chambres personnalisées trouvent place dans ce ravissant petit château d'esprit Renaissance mosane. Installations pour séminaires. Parc entouré de douves et de vergers. D'allure aristocratique, le restaurant mise sur une carte d'orientation classique.
♦ Schitterend renaissancekasteeltje met mooie kamers en faciliteiten voor congressen. De kasteeltuin wordt omringd door greppels en boomgaarden. Het restaurant heeft beslist aristocratische allure en hanteert een klassiek georiënteerde kaart.

🏠 **Pracha,** Kogelstraat 3, ℘ 0 12 74 20 74, info@pracha.be, Fax 0 12 74 57 04, 🕗, 🖿, 🖼,
🎇, 🚲 – 🍴 📺 🅿. 🕕 𝘝𝘐𝘚𝘈. ✼ rest
Repas (résidents seult) – **7 ch** ⊊ 60/97.
♦ Villa moderne où vous passerez un séjour "cocooning" dans une ambiance feutrée. Centre de remise en forme, salons douillets, sémillante véranda et jardin avec pièce d'eau.
♦ Moderne villa om in een relaxte sfeer te "cocoonen". Fitnesscentrum, behaaglijke zit-kamers, aangename serre en tuin met waterpartij.

🏡 **De Moerbei** sans rest, Tongersesteenweg 26, ℘ 0 12 74 72 82, moerbei@skynet.be, Fax 0 12 74 51 42, 🌳, 🚲 – 📺 🅿. 🕕 𝘝𝘐𝘚𝘈. ✼
fermé fév. – **6 ch** ⊊ 54/92.
♦ Ancienne ferme (1845) devenue hôtel. Salon, jardin d'hiver, cour intérieure et verger où la vigne a aussi pris racine. Pimpantes chambres parquetées. Accueil personnalisé.
♦ Hotel in een boerderij uit 1845, met lounge, wintertuin, binnenhof en boomgaard. De kamers met parket zien er tiptop uit en de gasten krijgen nog echt persoonlijke aandacht.

🏡 **Het Klaphuis,** Kortestraat 2, ℘ 0 12 74 73 25, sarto@portina.be, Fax 0 12 45 86 25, 🎇 – 📺 – 🔬 25 à 40. 🆎 ① 🕕 𝘝𝘐𝘚𝘈. ✼
fermé du 1er au 14 août – **Repas** (fermé merc. soir et jeudi) Lunch 20 – 32/67 bc – **8 ch** ⊊ 48/70 – ½ P 52/54.
♦ Adoptez cet hôtel rénové jouxtant la maison communale pour la sagesse de ses tarifs et pour la fonctionnalité ainsi que la bonne tenue de ses chambres. Restaurant présentant une carte classique-actuelle assortie de petits plats sans prétention.
♦ Dit hotel naast het gemeentehuis is een aanrader vanwege zijn lage prijzen en func-tionele, goed onderhouden kamers. Het restaurant voert een klassiek-eigentijdse kaart met eenvoudige schotels zonder pretentie.

XX **Ambrozijn,** Tongersesteenweg 30, ☏ 0 12 74 72 31, info@restaurantambrozijn.be, Fax 0 12 21 32 03 – ▤. ◑❸ VISA. ⚘
fermé du 15 au 23 fév., 18 juil.-3 août, lundi soir, mardi et sam. midi – **Repas** Lunch 25 – 30/63 bc, ♀ ♨.
◆ Savoureuse cuisine au goût du jour - l'Ambroisie (Ambrozijn) n'est elle pas la nourriture des dieux ? - servie dans un intérieur au style actuel. Cave bien montée.
◆ Goddelijk eten - ambrozijn is tenslotte een godenspijs - in een eigentijds interieur dat goed bij de kookstijl past. Mooie wijnkaart.

BORGWORM Liège – voir Waremme.

BORNEM 2880 Antwerpen ⑤③③ K 16 et ⑦①⑥ F 2 – 19 958 h.
Bruxelles 36 – Antwerpen 28 – Gent 46 – Mechelen 21.

🏨 **Bornem** sans rest, Rijksweg 58, ☏ 0 3 889 03 40, hotel.bornem@skynet.be, Fax 0 3 899 00 42, ♣ – ▤ TV – ♠ 25 à 50. AE ① ◑❸ VISA. ⚘
fermé fin déc. – **11 ch** ♀ 90.
◆ Au bord d'une route nationale et au voisinage des autoroutes E 17 et A 12, petit hôtel récent abritant des chambres standard correctement équipées. Salle de réunions.
◆ Moderne accommodatie aan de rijksweg, vlak bij de E17 en de A12. Standaardkamers met goede voorzieningen. Het hotel beschikt ook over een vergaderzaal.

XXX **Eyckerhof** (Debecker), Spuistraat 21 (Eikevliet), ☏ 0 3 889 07 18, eyckerhof@busma il.net, Fax 0 3 889 94 05, 佘 – 🅿. AE ① ◑❸ VISA. ⚘
fermé sem. carnaval, du 10 au 31 juil., sam. midi, dim. soir et lundi – **Repas** (nombre de couverts limité - prévenir) Lunch 39 – 52/98 bc, carte 63 à 92
Spéc. Farandole de champignons des bois, poêlée de langoustines et foie d'oie. Filet de barbue, beurre d'anchois et king crabe. Veau de lait rôti, blanquette de langue, jambon et morilles.
◆ Mignonne auberge dont le cadre champêtre et l'intérieur "cosy" se prêtent idéalement à l'interprétation d'un répertoire culinaire actuel, personnalisé avec délicatesse.
◆ Lieflijke herberg, waarvan de landelijke omgeving en het knusse interieur zich uitstekend lenen voor een hedendaags culinair repertoire met een licht persoonlijke toets.

XX **De Notelaer** avec ch, Stationsplein 2, ☏ 0 3 889 13 67, info@denotelaer.be, Fax 0 3 899 13 36, 佘, ♣ – ▐, ▤ rest, TV – ♠ 25 à 80. AE ① ◑❸ VISA. ⚘
fermé du 24 au 29 déc. – **Repas** (fermé merc. soir, jeudi, sam. midi et dim. midi) Lunch 28 – 43/65 bc – **12 ch** ♀ 80/95 – ½ P 91.
◆ Promue restaurant, naguère café de gare, la maison dispose aussi de chambres plaisantes. Déco contemporaine de bon ton et menu-carte bien dans le coup.
◆ Dit oude stationscafé is nu een restaurant met prettige kamers. Hedendaagse inrichting, met smaak gedaan. De kaart is vrij modern en er wordt ook een menu geserveerd.

X **Den Heerd,** Sint-Amandsesteenweg 31, ☏ 0 3 899 21 22, info@denheerd.com, Fax 0 3 889 59 12, 佘 – ◑❸ VISA. ⚘
fermé 21 déc.-3 janv., lundi et mardi – **Repas** (dîner seult sauf dim. et jours fériés) carte 30 à 44.
◆ Cette ancienne auberge abrita un fournil, aujourd'hui recyclé en four à pizza. Rustique salle à manger où flotte une ambiance cordiale. Spécialités d'anguille. Terrasse d'été.
◆ In deze herberg wordt de voormalige bakkersoven nu gebruikt voor pizza's. Rustieke eetzaal met een gemoedelijke atmosfeer. Palingspecialiteiten. Zomerterras.

à Mariekerke Sud-Ouest : 4,5 km ⓒ Bornem – ✉ 2880 Mariekerke :
X **De Ster,** Jan Hammeneckerstraat 141, ☏ 0 52 33 22 89, restaurant.dester@busmail. net, Fax 0 52 34 24 89, 佘 – 🅿. AE ① ◑❸ VISA. ⚘
fermé 1 sem. Pâques, 2 dern. sem. août, 1 sem. en janv., mardi et merc. – **Repas** 30/64 bc.
◆ Présumerait-on que ce bâtiment aux allures de fermette servit naguère de relais électrique ? Accueil chaleureux, sobre décor actuel, cuisine mariant tradition et goût du jour.
◆ Moeilijk te geloven dat dit boerderijtje ooit een elektriciteitsrelais was. Gastvrij onthaal in een sober, modern interieur. De keuken is een mix van traditioneel en actuele.

BOUGE Namur ⑤③③ O 20, ⑤③④ O 20 et ⑦①⑥ H 4 – voir à Namur.

BOUILLON 6830 Luxembourg belge ⑤③④ P 24 et ⑦①⑥ I 6 – 5 373 h.
Voir Château★★ Z : Tour d'Autriche ≤★★.
Musée : Ducal★ Y **M.**
Env. par ③ : 8 km à Corbion : Chaire à prêcher ≤★.
🛈 au Château fort, Esplanade Godefroy de Bouillon ☏ 0 61 46 62 57, bouillon@sedan-bouillon.com, Fax 0 61 46 42 12 – (en saison) Pavillon, Porte de France ☏ 0 61 46 42 02.
Bruxelles 161 ① – Arlon 64 ② – Dinant 63 ① – Sedan 18 ②

BELGIQUE

Houyet
Rochefort
La Roche-en-Ardenne
Nadrin
Wibrin
Villers-s-Lesse
Eprave
Han-s-Lesse
Nassogne
Lavaux-Ste-Anne
Ave et Auffe
Belvaux
Beauraing
Awenne
Wellin
Halma
Mirwart
N 89
N 4
Daverdisse
St-Hubert
Vencimont
Bastogne
Transinne
Maissin
40 km
A 26 - E 25
Bièvre
N 95
Paliseul
Recogne
Vresse-sur-Semois
N 89
Bertrix
Grandvoir
Fauvillers
Laforêt
Membre
Rochehaut
Neufchâteau
Alle
Frahan
Ucimont
Noirefontaine
Corbion
Herbeumont
BOUILLON
Habay-la-Neuve
A 4 - E 25
N 83
Ste-Cécile
Lacuisine
A 203
Sedan
N 58
Izel
N 83
Semois
FRANCE
Meuse
N 43
D 977
Virton
Latour
Torgny
0   10 km

Panorama, r. au-dessus de la Ville 25, ℰ 0 61 46 61 38, panorama@ panoramahotels.be, Fax 0 61 46 81 22, ≼ vallée et château, 🍴 – |📶|, 🖭 ch, 🔲 ⟵ 🅿, 🅰🄴 ⓪ ❶🄾 𝗩𝗜𝗦𝗔, 🍴 rest   Y c
fermé 28 juin-12 juil. et janv. – **Repas** (fermé merc. et jeudis non fériés sauf vacances scolaires) carte 30 à 48 – **24 ch** 🖙 55/73 – ½ P 62/75.
◆ Immeuble "panoramique" dominant la ville. Chambres bien agencées, salon douillet avec cheminée et terrasse procurant un coup d'oeil intéressant sur le puissant château. Confortable restaurant au goût du jour, perché tel un belvédère.
◆ Dit hooggelegen gebouw biedt een weids uitzicht op de stad en zijn imposante burcht. Goed ingerichte kamers, gezellige lounge met open haard en terras. In het restaurant kunt u niet alleen genieten van de eigentijdse keuken, maar ook van het fraaie panorama.

La Porte de France, Porte de France 1, ℰ 0 61 46 62 66, laportedefrance@ hotmail.com, Fax 0 61 46 89 15, ≼, 🍴 – |📶| ⨯ 🔲 – 🔬 25. ❶🄾 𝗩𝗜𝗦𝗔, 🍴 rest   Z d
Repas Lunch 15 – 22/38 – **25 ch** 🖙 60/98 – ½ P 65/82.
◆ Posté au pied du rempart, cet agréable établissement d'aspect régional jouxte aussi le pont de France. Quatre catégories de chambres, pourvues d'un mobilier en merisier. Sobre salle des repas aux accents Art nouveau.
◆ Aangenaam hotel-restaurant in regionale stijl aan de voet van de stadsmuur, vlak bij de Pont de France. Er zijn vier categorieën kamers, die allemaal met kersenhouten meubelen zijn ingericht. Sobere eetzaal met art-nouveau-accenten.

BOUILLON

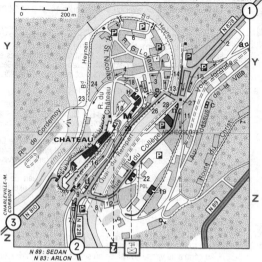

N 95 : DINANT, N 89 : ST. HUBERT

🏨 **Aub. d'Alsace et H. de France,** Faubourg de France 1, ℰ 0 61 46 65 88,
hoteldefrance@aubergedalsace.be, Fax 0 61 46 83 21, ≼ – 🛗 📺 AE 🅞 🅜🅞 VISA
✻ rest
Z k
fermé du 3 au 31 janv. et merc. d'oct. à avril – **Repas** Lunch 15 – 21/27 – **30 ch** ⊂⊃ 51/78
– ½ P 55/61.
♦ Un accueil attentionné vous sera réservé dans cet établissement regroupant une auberge
et un hôtel. Confortables chambres aménagées dans la note ardennaise. Salons "cosy".
Restaurant au cadre néo-rustique.
♦ Dit establissement bestaat uit een herberg en een hotel. Comfortabele slaapkamers met
Ardense invloeden en knusse lounge. Restaurant in neorustieke stijl. Vriendelijk en attent
personeel.

🏨 **Aub. du Panorama,** r. au-dessus de la Ville 23, ℰ 0 61 46 04 62, *auberge@auberg
edupanorama.be, Fax 0 61 46 80 74,* ≼ ville et château – 📺 🅜🅞 VISA. ✻ Y c
fermé 4 janv.-10 fév., lundi et mardi – **Repas** *(fermé après 20 h 30)* carte 28 à 36 – **11**
ch ⊂⊃ 50/72 – ½ P 50/65.
♦ Point de chute appréciable pour séjourner aux alentours de l'ancienne forteresse des
ducs de Bouillon. Belle vue sur ses remparts et la ville. Chambres sans reproche. Restaurant
classique-traditionnel. Salon, véranda et petite terrasse panoramiques.
♦ Leuk hotel wanneer men wil logeren in de buurt van de voormalige vesting van de her-
togen van Bouillon. Mooi uitzicht op de omwalling en de stad. Nette kamers. Klassiek-
traditioneel restaurant. Lounge, serre en klein terras met een fraai panorama.

🏨 **Poste,** pl. St-Arnould 1, ℰ 0 61 46 51 51, *info@hotelposte.be, Fax 0 61 46 51 65,* ≼ –
🛗 📺 ⇐⇒ – 🔏 25 à 50. AE 🅞 🅜🅞 VISA
Y n
Repas 35/45 – **66 ch** ⊂⊃ 56/112 – ½ P 69/96.
♦ Façade ancienne flanquée de deux tourelles à deux pas de l'Archéoscope, face au pont
de Liège. Chambres de style "rustique", "romantique" ou contemporain. Salon agréable.
Salle à manger feutrée avec vue sur le château et la Semois.
♦ Oude gevel met twee torentjes, vlak bij de Archeoscoop, tegenover de brug van Luik.
Kamers in rustieke, romantische of hedendaagse stijl. Aangename lounge. De eetzaal met
gedempte sfeer kijkt uit op het kasteel en de Semois.

🏨 **le Mont Blanc,** Quai du Rempart 3, ℰ 0 61 46 63 31, *lemont-blanc@skynet.be, Fax 0 61*
46 82 74, ☂ – ▤ rest, 📺 AE 🅞 🅜🅞 VISA. ✻ ch Y e
fermé du 1er au 15 mars, du 1er au 15 oct., lundi soir et mardi – **Repas** *(taverne-rest)* Lunch
14 – 16/32 bc – **6 ch** ⊂⊃ 50/65.
♦ Établissement familial cumulant les fonctions d'hôtel, de restaurant, de taverne,
de glacier (d'où l'enseigne) et de tea-room. Menues chambres habillées de tissus coordonnés.
♦ Dit familiehotel heeft heel wat te bieden : een café, restaurant, ijssalon (vandaar de naam)
en tearoom. Kleine kamers die met gevoel voor harmonie zijn gestoffeerd.

BELGIQUE

135

La Ferronnière ⚘ avec ch, Voie Jocquée 44, ℰ 0 61 23 07 50, *info@laferronniere.be*, Fax 0 61 46 43 18, ≤, 🍴, 🌳 – 🔟 **P. 🌀 VISA** ─ ─ ─ ─ ─ ─ ─ ─ ─ ─ ─ ─ ─ ─ ─ Y a fermé du 13 au 24 mars, 19 juin-7 juil., du 9 au 27 janv., lundi et mardi midi – **Repas** *(fermé après 20 h 30)* Lunch 25 – 30/55 – **7 ch** ⊑ 75/110 – ½ P 69/94.

♦ Un manteau de lierre tapisse cette jolie villa surplombant la vallée de la Semois. Élégante salle à manger d'esprit Art déco, chambres personnalisées et reposant jardinet.

♦ Mooie, met klimop begroeide villa boven het dal van de Semois. Elegante eetzaal geïnspireerd op de art-decostijl, kamers met een persoonlijk karakter en een rustige tuin.

à Corbion par ③ : 7 km ⌷ Bouillon – ✉ 6838 Corbion :

des Ardennes ⚘, r. Hate 1, ℰ 0 61 25 01 00, *contact@hoteldesardennes.be*, Fax 0 61 46 77 30, ≤, 🌳, 🍴, 🚲 – |🛗|, 🍽 rest, 🔟 **P. – 🅐** 25. **AE ① 🌀 VISA** mi-mars-début janv. – **Repas** *(fermé après 20 h 30)* Lunch 25 – 30/55 – **29 ch** ⊑ 70/105 – ½ P 69/85.

♦ Hostellerie ardennaise centenaire postée aux portes de Corbion. Chambres classiques personnalisées. Jardin ombragé offrant une vue dépaysante sur les collines boisées. Derrière les fourneaux, le chef valorise la tradition. Assiettes généreuses et goûteuses.

♦ Honderd jaar oude herberg in Ardense stijl aan de rand van Corbion. Klassieke kamers met een persoonlijke sfeer. De schaduwrijke tuin biedt een fraai uitzicht op de beboste heuvels. Achter het fornuis houdt de chef-kok de traditie in ere. Genereuze porties.

Le Relais, r. Abattis 5, ℰ 0 61 46 66 13, *info@hotellerelais.be*, Fax 0 61 46 89 50, 🌳 – 🍴 ch
fermé fin juin-10 juil. et mardi soir – **Repas** *(fermé après 20 h 30)* 22/30 – **11 ch** ⊑ 75 – ½ P 53.

♦ Au centre du village frontalier où séjourna Paul Verlaine, typique petite affaire familiale proposant des chambres fonctionnelles à prix "sympa". Terrasse d'été en façade. Restaurant "couleur locale" précédé d'un coin salon.

♦ Typisch familiehotel in het centrum van het grensplaatsje waar Paul Verlaine ooit verbleef. De kamers zijn functioneel en niet duur. 's Zomers terras aan de voorkant. Restaurant met veel "couleur locale" en een aparte zithoek.

à Ucimont par ① : 8,5 km ⌷ Bouillon – ✉ 6833 Ucimont :

du Saule ⚘, r. Fontinelle 9, ℰ 0 61 46 64 42, *hoteldusaule@bouillon.net*, Fax 0 61 46 85 78, 🌳, 🌳, 🚲 – 🔟 **P. AE 🌀 VISA**. 🍴
Repas *(fermé lundi midi, mardi midi et merc. midi)* 30/64 bc – **11 ch** ⊑ 62/105 – ½ P 72/81.

♦ Cette avenante hostellerie animant une bourgade tranquille renferme des chambres coquettes et correctement équipées. Le grand jardin invite au repos. Classique, la carte du restaurant annonce notamment un menu "homard". Terrasse d'été ombragée.

♦ Aangenaam hotel dat wat leven in de brouwerij brengt in dit rustige dorpje. De kamers zien er keurig uit en hebben goede voorzieningen. In de tuin is het heerlijk luieren. Klassieke kaart met een speciaal kreeftmenu. Lommerrijk terras in de zomer.

BOURG-LÉOPOLD Limburg – voir Leopoldsburg.

BOUSSU-EN-FAGNE Namur 🔢🔢🔢 L 22 et 🔢🔢🔢 G 5 – voir à Couvin.

BOVIGNY Luxembourg belge 🔢🔢🔢 U 21 et 🔢🔢🔢 K 5 – voir à Vielsalm.

BRAINE-L'ALLEUD (EIGENBRAKEL) 1420 Brabant Wallon 🔢🔢🔢 L 18, 🔢🔢🔢 L 18 et 🔢🔢🔢 G 3 – 36 311 h.

🏌 (2 parcours) 🏌 chaussée d'Alsemberg 1021 ℰ 0 2 353 02 46, Fax 0 2 354 68 75.
Bruxelles 18 – Charleroi 37 – Nivelles 15 – Waterloo 4.

Jacques Marit, chaussée de Nivelles 336 (sur N 27, près R0, sortie ㉔), ℰ 0 2 384 15 01, Fax 0 2 384 10 42, 🌳 – 🍴 **P. AE ① 🌀 VISA**. 🍴
fermé 1 sem. après Pâques, août, prem. sem. janv., lundi et mardi – **Repas** Lunch 35 – 48/82 bc, carte 57 à 72
Spéc. Croquant de foie gras d'oie à la granny smith. Agneau de notre élevage (mars-août). Fines feuilles au pralin, glace au carambar.

♦ Une soigneuse cuisine escoffière sobrement actualisée, que magnifient d'excellents vins, vous attend dans cette fermette cossue. La terrasse surplombe jardin et verger.

♦ Verzorgde keuken à la Escoffier met een vleugje vernieuwing en uitstekende wijnen in een weelderig ingericht boerderijtje. Het terras kijkt uit op de tuin en de boomgaard.

✗ **Philippe Meyers,** r. Doyen Van Belle 6, ✆ 0 2 384 83 18, info@philippe-meyers.be, Fax 0 2 384 83 18 – **⓮ VISA**
fermé sem. carnaval, du 8 au 30 août, sam. midi, dim. midi et lundi – **Repas** Lunch 15 – 30/45.
♦ Nouveau restaurant familial oeuvrant discrètement aux abords de l'église St-Étienne. Menu multi-choix, menu dégustation et formule lunch de démarrage proposée à un prix souriant.
♦ Het echtpaar Meyers heeft zich onlangs gevestigd bij de St-Étienne-kerk, waar het rustig zijn werk doet. Keuzemenu, menu van proeverijen en lunchformule voor een zacht prijsje.

à **Ophain-Bois-Seigneur-Isaac** Sud : 2 km Ⓒ Braine-l'Alleud – ⊠ 1421 Ophain-Bois-Seigneur-Isaac

✗✗ **Le Chabichou,** r. Église 2, ✆ 0 2 385 07 76, Fax 0 2 387 03 20, ☞ – **⒫. AE ⓞ ⓮ VISA**
fermé 1 sem. Pâques, 21 juil.-15 août, Noël-Nouvel An, mardi soir, merc. et sam. midi –
Repas Lunch 15 – 30/65 bc.
♦ À l'ombre du clocher, charmante fermette brabançonne du 16e s. interprétant un répertoire culinaire classique-actuel. Menus et choix de vins bien ficelés. Terrasse au vert.
♦ Charmant Brabants boerderijtje uit de 16e eeuw met een klassiek-modern culinair repertoire. Mooie menu's en een hecht doortimmerde wijnkaart. Terras met veel groen.

BRASSCHAAT Antwerpen 🔢 L 15 et 🔢 G 2 – voir à Antwerpen, environs.

BRAY Hainaut 🔢 J 20, 🔢 J 20 et 🔢 F 4 – voir à Binche.

BRECHT 2960 Antwerpen 🔢 M 14 et 🔢 G 1 – 25 720 h.
Bruxelles 73 – Antwerpen 25 – Turnhout 25.

✗✗ **Torsk,** Bethovenstraat 61 (près E 19 - sortie ③), ✆ 0 3 313 70 72, info@torsk.be, Fax 0 3 313 44 80, ☞ – **⒫. AE ⓮ VISA JCB. ⅋**
fermé mardi et merc. – **Repas** Lunch 18 – 25/57, ⅌.
♦ Un beau jardin pourvu de deux terrasses et teck agrémente cette villa proche d'une sortie d'autoroute. Salle ample et lumineuse, égayée de plantes vertes. Carte actuelle.
♦ Deze villa bij de snelweg heeft een mooie tuin met twee teakhouten terrassen. Ruime en lichte eetzaal met planten. Eigentijdse menukaart.

✗✗ **Cuvee Hoeve,** Vaartdijk 4 (Sud : 2,5 km par rte de Westmalle), ✆ 0 3 313 96 60, Fax 0 3 313 73 96, ☞, Avec taverne, ouvert jusqu'à 23 h – ☰ **⒫. AE ⓞ ⓮ VISA JCB**
fermé 3 sem. en fév., 2 sem. en juil., lundi et mardi – **Repas** Lunch 28 – carte 29 à 49.
♦ Ferme en briques isolée au bord d'un petit canal. Intérieur néo-rustique. Cuisine classico-traditionnelle déclinée en plusieurs menus. Jardin soigné. Affluence d'habitués.
♦ Afgelegen boerderij van baksteen langs een kanaal. Neorustiek interieur en klassiek-traditionele keuken met verscheidene menu's. Goed onderhouden tuin. Veel stamgasten.

✗ **E 10 Hoeve,** Kapelstraat 8a (Sud-Ouest : 2 km sur N 115), ✆ 0 3 313 82 85, e10@ roepvaneyck.be, Fax 0 3 313 73 12, ☞, Avec grillades – **⒫** – 🏛 35 à 500. **AE ⓞ ⓮ VISA JCB. ⅋**
Repas Lunch 25 – carte 28 à 52.
♦ À proximité de l'autoroute, grande ferme aménagée et restaurant rustique ayant pour spécialité les grillades en salle. Cave fournie. Colossale infrastructure pour séminaires.
♦ Grote boerderij bij de snelweg, die rustiek is ingericht en bekendstaat om zijn vlees van de grill. Goed gevulde wijnkelder. Zeer geschikt voor grote groepen.

BREDENE 8450 West-Vlaanderen 🔢 C 15 et 🔢 B 2 – 14 642 h.
🚩 Kapelstraat 70 ✆ 0 59 32 09 98, toerisme@bredene.be, Fax 0 59 33 19 80.
Bruxelles 112 – Brugge 23 – Oostende 6.

à **Bredene-aan-Zee** Nord : 2 km Ⓒ Bredene – ⊠ 8450 Bredene :

🏨 **Lusthof** ⅋, Zegelaan 18, ✆ 0 59 33 00 34, info@hotel-lusthof.be, Fax 0 59 32 59 59, ☞, ⅋, ☎, ⚡ – ⓣ. ⓮ VISA. ⅋ ch
fermé 2 sem. en fév. et 2 sem. en oct. – **Repas** (fermé après 20 h 30) (week-end seult sauf en saison) Lunch 10 – 24 – **13 ch** ⅃ 43/71 – ½ P 38/46.
♦ Imposante villa située dans un quartier résidentiel paisible, à 1km de la plage. Chambres confortables à prix sages. La piscine est installée dans le jardin ombragé. Salle à manger bourgeoise et cuisine traditionnelle. L'été, repas en plein air.
♦ Imposante villa in een rustige woonwijk, slechts 1 km van zee. Comfortabele kamers voor een zacht prijsje. Schaduwrijke tuin met zwembad. Traditionele eetzaal en dito keuken. Bij mooi weer kan er buiten worden gegeten.

BELGIQUE

de Golf sans rest, Kapellestraat 73, ✆ 0 59 32 18 22, *info@hoteldegolf.be*, *Fax 0 59 32 48 28* – |‡| TV P. MC VISA. ✄
fermé vacances Noël – **16 ch** ☐ 66.
◆ À deux pas du front de mer, construction récente renfermant des petites chambres fonctionnelles munies du double vitrage. Tea-room au rez-de-chaussée.
◆ Modern gebouw op twee minuten lopen van het strand. De kamers zijn klein, maar functioneel en voorzien van dubbele beglazing. Tearoom op de benedenverdieping.

BREE *3960 Limburg* 533 S 16 *et* 716 J 2 – *14 205 h.*
Env. *au Sud-Est : 4,5 km à Tongerlo : Musée Léonard de Vinci★.*
🅸 *Oud Stadhuis 13* ✆ *0 89 46 94 18, toerisme@bree.be,* Fax 0 89 47 39 79.
Bruxelles 100 – Hasselt 33 – Antwerpen 86 – Eindhoven 41.

XX **d'Itterpoort,** Opitterstraat 32, ✆ 0 89 46 80 17, *tony.timmermans@tiscali.be*, *Fax 0 89 46 80 17* – ☰. AE ⓓ MC VISA
fermé 2 dern. sem. juil.-2 prem. sem. août, mardi soir et merc. soir – **Repas** *Lunch 30* – carte 48 à 70.
◆ Officiant à l'entrée d'une rue piétonne, ce petit restaurant succède à une ancienne boucherie. Carte classique et menu annoncé oralement. Parking public juste en face.
◆ Dit restaurantje aan het begin van een voetgangersstraat was vroeger een slagerij. Klassieke kaart en mondeling aangekondigd menu. Parkeerruimte aan de overkant.

BROECHEM *Antwerpen* 533 M 15 *et* 716 G 2 – *voir à Lier.*

BRUGGE — BRUGES

8000 **P** *West-Vlaanderen* **533** E 15 *et* **716** C 2 – *116 680 h.*

Bruxelles 96 ③ – *Gent 45* ③ – *Lille 72* ④ – *Oostende 28* ⑤.

OFFICES DE TOURISME

Burg 11 𝄞 *0 50 44 86 86, toerisme@brugge.be, Fax 0 50 44 86 00 et dans la gare, Stationsplein – Fédération provinciale de tourisme, Koning Albert I-laan 120, 𝄞 0 50 30 55 00, info@westtoer.be, Fax 0 50 30 55 90.*

RENSEIGNEMENTS PRATIQUES

Ĩ₁₈ Ĩ₉ *au Nord-Est : 7 km à Sijsele, Doornstraat 16* 𝄞 *0 50 35 89 25, Fax 0 50 35 89 25.*

CURIOSITÉS

Voir *La Procession du Saint-Sang*★★★ *(De Heilig Bloedprocessie) – Centre historique et canaux*★★★ *(Historisch centrum en grachten) : Grand-Place*★★ *(Markt)* AU, *Beffroi et Halles*★★★ *(Belfort en Hallen)* ≤★★ *du sommet* AU, *Place du Bourg*★★ *(Burg)* AU, *Basilique du Saint-Sang*★ *(Basiliek van het Heilig Bloed) : chapelle basse*★ *ou chapelle St-Basile (beneden-of Basiliuskapel)* AU **B**, *Cheminée du Franc de Bruges*★ *(schouw van het Brugse Vrije) dans le Palais du Franc de Bruges (Paleis van het Brugse Vrije)* AU **S**, *Quai du Rosaire (Rozenhoedkaai)* ≤★★ AU 63, *Dijver* ≤★★ AU, *Pont St-Boniface (Bonifatiusbrug) : cadre*★★ AU, *Béguinage*★★ *(Begijnhof)* AV – *Promenade en barque*★★★ *(Boottocht)* AU – *Église Notre-Dame*★ *(O.-L.-Vrouwekerk) : tour*★★, *statue de la Vierge et l'Enfant*★★, *tombeau*★★ *de Marie de Bourgogne*★★ AV **N**.

Musées : *Groeninge*★★★ *(Stedelijk Museum voor Schone Kunsten)* AU – *Memling*★★★ *(St-Janshospitaal)* AV – *Gruuthuse*★ : *buste de Charles Quint*★ *(borstbeeld van Karel V)* AU **M¹** – *Arentshuis*★ AU **M⁴** – *du Folklore*★ *(Museum voor Volkskunde)* DY **M²**.

Env. *par* ⑥ : *10,5 km à Zedelgem : fonts baptismaux*★ *dans l'église St-Laurent (St-Laurentiuskerk) – au Nord-Est : 7 km : Damme*★.

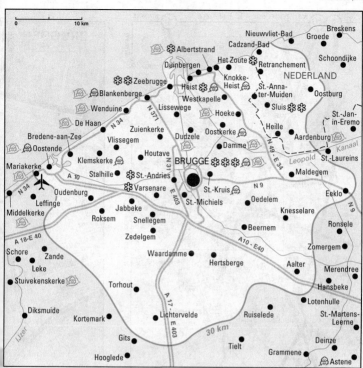

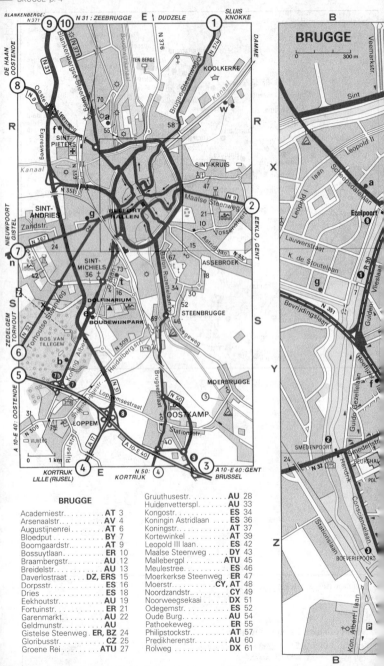

BRUGGE

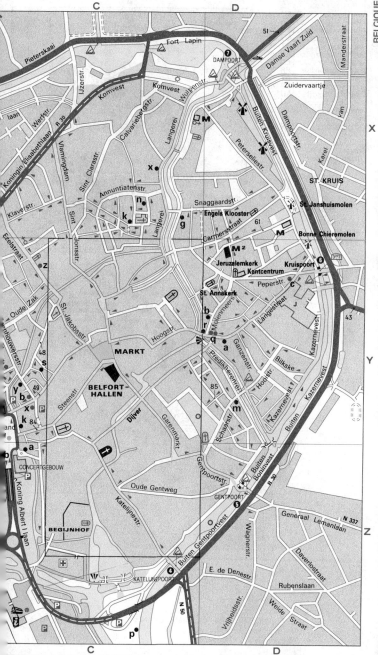

Fort Lapin

DAMPOORT

Damse Vaart Zuid

Manderstraat

Zuidervaartje

X

ST. KRUIS

St. Janshuismolen

Bonne Chieremolen

Engels Klooster

Jeruzalemkerk

Kantcentrum

Kruispoort

St. Annakerk

MARKT

BELFORT-HALLEN

Dijver

CONCERTGEBOUW

Oude Gentweg

GENTPOORT

BEGIJNHOF

KATELIJNEPOORT

Generaal Lemanlaan

N 337

BELGIQUE

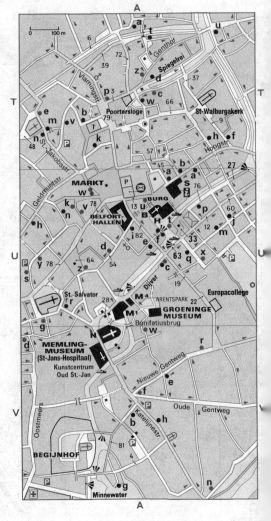

LOUIS ROEDERER
CHAMPAGNE

Liste alphabétique des hôtels et restaurants
Alfabetische lijst van hotels en restaurants
Alphabetisches Hotel- und Restaurantverzeichnis
Alphabetical list of hotels and restaurants

A

- 9 Acacia
- 12 Academie
- 11 Adornes
- 13 Albert I
- 17 Amand (den)
- 16 Aneth
- 13 Anselmus
- 19 Apertje ('t)
- 11 Aragon
- 11 Azalea

B

- 14 Barge (De)
- 17 Bezemtje ('t)
- 16 Bhavani
- 13 Biskajer
- 18 Bloemenhof (het)
- 12 Botaniek
- 14 Boterhuis
- 13 Bourgoensch Hof
- 17 Breydel-De Coninc
- 12 Bryghia

C

- 17 Cafedraal
- 19 Campanile
- 19 Casserole
- 11 Castillion (De)
- 9 Crowne Plaza

D

- 12 Dante
- 9 de' Medici
- 9 Die Swaene

- 15 Duc de Bourgogne
- 16 Dijver (Den)

E – F

- 19 Eethuis De Jonkman
- 13 Egmond
- 14 Fevery
- 12 Flanders
- 15 Florentijnen (De)

G

- 12 Gd H. Oude Burg
- 14 Gd H. du Sablon
- 15 Gouden Harynck (Den)
- 18 Gouden Korenhalm (De)
- 17 Guillaume

H – I

- 12 Hans Memling
- 16 Hemelrycke
- 19 Herborist
- 10 Heritage
- 19 Hertog Jan
- 18 Huyze Die Maene
- 18 Intermède (L')

J

- 14 Jacobs
- 10 Jan Brito

K

- 15 Kardinaalshof
- 14 Karmeliet (De)
- 11 Karos
- 17 Koto (H. de'Medici)
- 16 Kurt's pan

Quartiers du Centre :

Crowne Plaza 🐾, Burg 10, ℰ 0 50 44 68 44, hotel@crowne-plaza-brugge.com, Fax 0 50 44 68 68, ≼, 佘, ﻝ₅, ≘₅, ⌧ – 🛗 ﴾﴿ 🖭 ⅋ch, ⟺ 🅿 – 🛃 25 à 400. 🖭 ⑪ ⑯⑯ 🆅🅸🆂🅰 🅹🅲🅱, ✕

AU a

Repas Het Kapittel (fermé merc. soir, sam. midi et dim.) Lunch 21 – 32/70 bc – **De Linde** Lunch 9 – 22/32 bc, ♀ – ⌸ 21 – **93 ch** 232/276, – 3 suites.

◆ Cet hôtel assez tranquille et de grand confort s'élève sur la place du Bourg. Les sous-sols recèlent d'importants vestiges et objets médiévaux. Repas gastronomique au Het Kapittel. Tea-room et restauration sous forme de buffets au De Linde.

◆ Vrij rustig en zeer comfortabel hotel aan de Burg. In de kelderverdieping zijn nog talloze overblijfselen uit de Middeleeuwen te zien. Gastronomische maaltijd in Het Kapittel. Tearoom en buffetten in De Linde.

de tuilerieën sans rest, Dijver 7, ℰ 0 50 34 36 91, info@hoteltuilerieen.com, Fax 0 50 34 04 00, ≼, ≘₅, ⌧, ᢙ⑥ – 🛗 🖭 🖭 ﴾﴿ 🅿 – 🛃 25 à 45. 🖭 ⑪ ⑯⑯ 🆅🅸🆂🅰 🅹🅲🅱 AU c ⌸ 24 – **43 ch** 125/399, – 2 suites.

◆ Noble façade ancienne bordant l'un des canaux pittoresques du centre. Décoration intérieure classique-actuelle cossue, pimpantes chambres bien équipées et jolie piscine.

◆ Oud herenhuis aan een van de schilderachtige grachten in het centrum. Weelderig klassiek-eigentijds interieur, aantrekkelijke en goed ingerichte kamers, en een fijn zwembad.

Relais Oud Huis Amsterdam 🐾 sans rest, Spiegelrei 3, ℰ 0 50 34 18 10, info@ oha.be, Fax 0 50 33 88 91, ≼, 🚗 – 🛗 ﴾﴿ 🖭 🖭 ⟺ – 🛃 25. 🖭 ⑪ ⑯⑯ 🆅🅸🆂🅰 AT d ⌸ 20 – **32 ch** 198/238, – 2 suites.

◆ Le long d'un canal, ancien comptoir commercial hollandais du 17ᵉ s. converti en établissement de charme proposant des chambres avec vue très agréable. Garage fermé à 300 m.

◆ Oud-Hollands grachtenpand uit de 17e eeuw, dat van handelsbank tot sfeervol hotel is verbouwd. Kamers met zeer fraai uitzicht. Parkeergarage op 300 m.

de orangerie 🐾 sans rest, Kartuizerinnenstraat 10, ℰ 0 50 34 16 49, info@hotelo rangerie.com, Fax 0 50 33 30 16 – 🛗 🖭 🖭 ᢙ ⟺ 🅿 🖭 ⑪ ⑯⑯ 🆅🅸🆂🅰 🅹🅲🅱 AU e ⌸ 19 – **19 ch** 170/350, – 1 suite.

◆ Tranquille hôtel dans une maison ancienne au bord d'un magnifique canal dont la vue profite à quatre chambres. Mobilier de style. Ravissant patio et terrasse à fleur d'eau.

◆ Rustig hotel in een oud grachtenpand met stijlmeubilair. Vier kamers bieden een prachtig uitzicht op de gracht. Mooie patio en terras aan het water.

Die Swaene 🐾, Steenhouwersdijk 1, ℰ 0 50 34 27 98, info@dieswaene.com, Fax 0 50 33 66 74, ≼, ≘₅, ⌧ – 🛗 ch, 🖭 ﴾﴿ 🅿 – 🛃 30. 🖭 ⑪ ⑯⑯ 🆅🅸🆂🅰 🅹🅲🅱 AU p

Repas Storie (fermé 2 sem. en juil., 2 sem. en janv., merc. et jeudi midi) Lunch 40 – 54/99 bc ᢙ – ⌸ 15 – **30 ch** 160/295, – 2 suites.

◆ Ce paisible hôtel de caractère offrant la vue sur un canal réjouira les amateurs d'ameublement de style. Les chambres, romantiques à souhait, sont habilement individualisées. Table gastronomique intime et cossue ; préparations classiques actualisées.

◆ Rustig en karaktervol hotel met stijlmeubelen en uitzicht op de gracht. De kamers, waarvan er geen twee hetzelfde zijn, zijn superromantisch. Gastronomisch restaurant met een intieme sfeer en luxe uitstraling. Klassieke gerechten met een vleugje eigentijds.

Sofitel, Boeveriestraat 2, ℰ 0 50 44 97 11, H1278@accor.com, Fax 0 50 44 97 99, ﻝ₅, ⌧, 🚗 – 🛗 ﴾﴿ 🖭 🖭 – 🛃 25 à 150. 🖭 ⑪ ⑯⑯ 🆅🅸🆂🅰 CZ b

Repas Ter Boeverie Lunch 31 bc – 40 bc/59 bc – ⌸ 19 – **149 ch** 225.

◆ Bel hôtel de chaîne du centre-ville donnant sur une vaste place. Amples chambres garnies de meubles de divers styles, plus agréables à vivre depuis leur rénovation. Restaurant misant sur une cuisine classique, des plats traditionnels et un choix végétarien.

◆ Mooi ketenhotel, dat uitkijkt op een groot plein. De pas gerenoveerde kamers zijn ruim en met meubelen in verschillende stijlen ingericht. Restaurant dat het accent legt op de klassieke keuken, met traditionele gerechten en vegetarische schotels.

Acacia 🐾 sans rest, Korte Zilverstraat 3a, ℰ 0 50 34 44 11, info@hotel-acacia.com, Fax 0 50 33 88 17, ≘₅, ⌧ – 🛗 ﴾﴿ 🖭 🖭 ⟺ 🅿 – 🛃 25 à 40. 🖭 ⑪ ⑯⑯ 🆅🅸🆂🅰 🅹🅲🅱, ✕

AU n

fermé du 3 au 21 janv. – **46 ch** ⌸ 120/190, – 2 suites.

◆ Près de la Grand-Place, ressource hôtelière se distinguant par son entretien impeccable et son aménagement assez recherché. Chambres spacieuses, souvent duplex.

◆ Hotel in de buurt van de Markt, dat opvalt door zijn perfecte onderhoud en verzorgde inrichting. De kamers zijn ruim en vaak duplex.

de' Medici 🐾, Potterierei 15, ℰ 0 50 33 98 33, reservation@hoteldemedici.com, Fax 0 50 33 07 64, ﻝ₅, ≘₅, 🚗 – 🛗 ﴾﴿ 🖭 🖭 ᢙch, ⟺ – 🛃 25 à 180. 🖭 ⑪ ⑯⑯ 🆅🅸🆂🅰 🅹🅲🅱, CX g

Repas voir rest **Koto** ci-après – **81 ch** ⌸ 174/209.

◆ Établissement récent bâti à l'écart du centre, et en face d'un canal. Intérieur contemporain. Grandes chambres très correctement équipées. Petit jardin japonais.

◆ Recent gebouw aan een gracht, even buiten het centrum. Modern interieur. Grote kamers met uitstekende voorzieningen. Kleine Japanse tuin.

Oud Huis de Peellaert sans rest, Hoogstraat 20, ℰ 0 50 33 78 89, *info@depeella ert.be*, Fax 0 50 33 08 16, ▮⬚, ☎ – ▐ ♦✕ ▤ ▥ ⅋ 🅟 – ⚖ 30. 🆎 ⓞ ⓜⓞ 𝗩𝗜𝗦𝗔 ᴊᴄʙ. ⅋
50 ch ⌷ 115/275.
ATU a

◆ Hôtels particuliers agencés avec élégance, où vous logerez dans de grandes chambres de style classique, bénéficiant du confort moderne. Proximité de la Grand' Place.
◆ Dit hotel bestaat uit stijlvolle herenhuizen met grote klassiek ingerichte kamers die modern comfort bieden. Gunstig gelegen in de buurt van de Grote Markt.

Relais Ravestein ⅋, Molenmeers 11, ℰ 0 50 47 69 47, *info@relaisravestein.be*, Fax 0 50 47 69 48, ≤, ⌂, 🚲, ▯ – ▐ ♦✕ ▤ ▥ ⅋ ⌖ le midi uniquement 🅟 – ⚖ 35. 🆎 ⓜⓞ 𝗩𝗜𝗦𝗔. ⅋
DY b
Repas Lunch 27 – carte 39 à 170, ⬚ – ⌷ 20 – **15 ch** 175/275.

◆ Belle demeure ancienne où vécurent les descendants d'Adolphe de Clèves, neveu de Philippe Le Bon. Intérieur design rehaussant harmonieusement le caractère ancien du lieu. Restaurant moderne agrémenté d'une jolie terrasse au bord de l'eau.
◆ Mooi oud herenhuis, waar vroeger de nazaten woonden van Adolf van Cleven, een neef van Filips de Goede. Het designinterieur harmonieert schitterend met het oude karakter van de plek. Modern restaurant met een aangenaam terras aan de rand van het water.

Jan Brito sans rest, Freren Fonteinstraat 1, ℰ 0 50 33 06 01, *info@janbrito.com*, Fax 0 50 33 06 52, ⌘ – ▐ ▤ ▥ 🅟 – ⚖ 25 à 40. 🆎 ⓞ ⓜⓞ 𝗩𝗜𝗦𝗔 ᴊᴄʙ
AU j
23 ch ⌷ 110/235, – 3 suites.

◆ Typique façade à redans abritant des chambres amples et luxueuses au 1er étage, moins spacieuses, actuelles et mansardées au 2e. Décor intérieur des 16e, 17e et 18e s.
◆ Pand met trapgevel, dat in 16e-, 17e- en 18e-eeuwse stijl is ingericht. De kamers op de eerste verdieping zijn ruim en luxueus ; die op de tweede zijn kleiner en moderner.

Pandhotel sans rest, Pandreitje 16, ℰ 0 50 34 06 66, *info@pandhotel.com*, Fax 0 50 34 05 56 – ▐ ▤ ▥ 🅟 🆎 ⓞ ⓜⓞ 𝗩𝗜𝗦𝗔 ᴊᴄʙ
AU q
⌷ 15 – **24 ch** 125/225.

◆ Adresse romantique et élégante : trois maisons de caractère nichées au coeur de Brugge. Chambres et junior suites dont l'agencement témoigne d'un sens esthétique très aiguisé.
◆ Romantisch hotel in hartje Brugge, dat in drie karakteristieke huizen is ondergebracht. De kamers en junior suites zijn op esthetisch verantwoorde wijze ingericht.

Heritage ⅋ sans rest, N. Desparsstraat 11, ℰ 0 50 44 44 44, *info@hotel-heritage.com*, Fax 0 50 44 44 40, ▮⬚, ☎, 🚲 – ▐ ♦✕ ▤ ▥ ⌀. 🆎 ⓞ ⓜⓞ 𝗩𝗜𝗦𝗔 ᴊᴄʙ. ⅋ AT k
⌷ 15 – **24 ch** 150/227.

◆ Entre la Grand-Place et le théâtre, majestueuse demeure bourgeoise (19e s.) convertie en hôtel tranquille et confortable. Jolie cave avec coin fitness. Atmosphère feutrée.
◆ Tussen de Markt en de schouwburg staat dit majestueuze 19e-eeuwse herenhuis, dat nu een rustig en comfortabel hotel is. Mooie kelder met fitnessruimte. Vrij knus.

Walburg sans rest, Boomgaardstraat 13, ℰ 0 50 34 94 14, *info@hotelwalburg.be*, Fax 0 50 33 68 84 – ▐ ▥ ▥ – ⚖ 30. 🆎 ⓞ ⓜⓞ 𝗩𝗜𝗦𝗔 ᴊᴄʙ. ⅋
AT
fermé 3 janv.-3 fév. – **12 ch** ⌷ 130/200, – 1 suite.

◆ Fière architecture néo-classique dont l'entrée cochère dessert un hall monumental où s'étagent deux hautes galeries animées de colonnes et balustrades. Chambres "king size".
◆ Fier neoclassicistisch bouwwerk, waarvan de oude koetspoort naar een monumentale ha leidt met twee bovengalerijen, gesierd door zuilen en balustrades. King-size kamers.

Novotel Centrum ⅋, Katelijnestraat 65b, ℰ 0 50 33 75 33, *H1033@accor.com* Fax 0 50 33 65 56, ⌂, ⌇, ⌘ – ▐ ♦✕ ▤ ▥ – ⚖ 50 à 400. 🆎 ⓞ ⓜⓞ 𝗩𝗜𝗦𝗔 ᴊᴄʙ. ⅋ res
AV
Repas carte 25 à 38 – ⌷ 14 – **126 ch** 100/140.

◆ Cet hôtel de chaîne bâti à proximité du béguinage et du musée Memling propose des chambres refaites de neuf et bien tenues. Agréable lobby-bar. Le restaurant assure un service complet en soirée, mais plus restreint au déjeuner.
◆ Dit hotel, dat tot een keten behoort, ligt niet ver van de Begijnhof en het Memling museum. De kamers zijn pas opgeknapt en worden goed onderhouden. Aange name lobby met bar. In het restaurant kan men snel lunchen, maar ook uitgebrei dineren.

Prinsenhof ⅋ sans rest, Ontvangersstraat 9, ℰ 0 50 34 26 90, *info@prinsenhof.com* Fax 0 50 34 23 21 – ▐ ▤ ▥ ⌀ 🅟 🆎 ⓞ ⓜⓞ 𝗩𝗜𝗦𝗔 ᴊᴄʙ
CY
⌷ 15 – **16 ch** 140/295.

◆ Petit hôtel accueillant et cossu dans une maison de maître rénovée, à l'écart de l'an mation. Les chambres, toutes différentes, se caractérisent par une ambiance trè "cosy".
◆ Klein hotel in een fraai gerenoveerd herenhuis, waar u prinselijk wordt ontvangen, ve van alle drukte. De sfeervolle kamers zijn allemaal verschillend.

De Castillion (annexe Het Gheestelic Hof - 14 ch), Heilige Geeststraat 1, $\mathscr{C}$ 0 50 34 30 01, info@castillion.be, Fax 0 50 33 94 75, 😄 – 🗏 ch, 📺 🎛 – 🔬 25 à 50. 🖭 🕦 🐠 𝗩𝗜𝗦𝗔 𝗝𝗖𝗕. ❀ rest
AU r
Repas le Manoir Quatre Saisons (fermé 24 juil.-12 août et dim. soirs, lundis midis et mardis midis non fériés) Lunch 35 – 49/87 bc – **20 ch** ☲ 100/215.

♦ L'ancien palais épiscopal (1743) prête ses murs à cet hôtel mignon comme tout. Enfilade de pignons à redans, chambres personnalisées, salon Art déco et jolie cour intérieure. Salle à manger de notre temps, mais meublée dans la note Louis XVI.
♦ Magnifiek hotel in het voormalige bisschoppelijk paleis, dat uit 1743 dateert. Talrijke trapgevels, kamers met een persoonlijke sfeer, lounge in art-decostijl en mooie binnenplaats. De eetzaal is van onze tijd, maar in Louis XVI-stijl gemeubileerd.

Montanus ⊗ sans rest, Nieuwe Gentweg 78, $\mathscr{C}$ 0 50 33 11 76, info@montanus.be, Fax 0 50 34 09 38, 🗯 – 🛊 ❀ 📺 🕭 🚗 – 🔬 40. 🖭 🕦 🐠 𝗩𝗜𝗦𝗔
AV e
24 ch ☲ 120/180.

♦ Charmant hôtel établi dans une maison de maître que vous dénicherez à l'écart de l'animation. La moitié des coquettes chambres donnent sur le jardin et son pavillon anglais.
♦ Charmant hotel in een herenhuis buiten de drukte van het centrum. De helft van de fleurige kamers kijkt uit op de tuin en het Engelse paviljoen.

Aragon sans rest, Naaldenstraat 22, $\mathscr{C}$ 0 50 33 35 33, info@aragon.be, Fax 0 50 34 28 05 – 🛊 🗏 📺 🎛 – 🔬 25. 🖭 🕦 🐠 𝗩𝗜𝗦𝗔 𝗝𝗖𝗕. ❀
AT v
42 ch ☲ 100/175.

♦ Hôtel chaleureux occupant deux maisons bourgeoises entièrement rénovées. Confort moderne dans les chambres, avenantes et bien isolées du bruit. Agréables lounge et bar.
♦ Gezellig hotel in twee herenhuizen die volledig zijn gerenoveerd. Prettige kamers met modern comfort en goede geluidsisolatie. Aangename lounge en bar.

Adornes sans rest, St-Annarei 26, $\mathscr{C}$ 0 50 34 13 36, info@adornes.be, Fax 0 50 34 20 85, ≤, 🚲 – 🛊 📺 🚗. 🖭 🕦 🐠 𝗩𝗜𝗦𝗔
AT u
fermé janv.-8 fév. – **20 ch** ☲ 90/130.

♦ Quatre jolies maisons mitoyennes avec vue sur le canal forment ce petit hôtel tranquille et soigné. Bonnes chambres, chaleureuse salle de breakfast et vieilles caves voûtées.
♦ Vier mooie belendende grachtenpanden vormen dit rustige, goed verzorgde hotel. Prima kamers, gezellige ontbijtzaal en oude gewelfde kelders.

Azalea sans rest, Wulfhagestraat 43, $\mathscr{C}$ 0 50 33 14 78, info@azaleahotel.be, Fax 0 50 33 97 00, 🚲 – 🛊 ❀ 📺 🚗 🎛. 🖭 🕦 🐠 𝗩𝗜𝗦𝗔 𝗝𝗖𝗕
CY y
fermé du 22 au 27 déc. – **25 ch** ☲ 120/160.

♦ Cette maison ancienne, naguère brasserie, s'agrémente d'un jardin-terrasse revigorant alangui au bord du canal. Pimpantes chambres, salon-bibliothèque et ambiance familiale.
♦ Hotel in een oude bierbrouwerij, met een mooie tuin en een terras langs de gracht. Frisse kamers, lounge met bibliotheek en huiselijke sfeer.

Portinari sans rest, 't Zand 15, $\mathscr{C}$ 0 50 34 10 34, info@portinari.be, Fax 0 50 34 41 80 – 🛊 ❀ 🗏 📺 🚗 – 🔬 25 à 80. 🖭 🕦 🐠 𝗩𝗜𝗦𝗔
CY k
fermé du 1er au 26 janv. – **40 ch** ☲ 105/150.

♦ Établissement dont les chambres, fonctionnelles, ont été rajeunies en 2002 ; celles situées à l'arrière procurent plus de quiétude. Grande terrasse abritée sur le 't Zand.
♦ De praktische kamers van dit hotel hebben in 2002 een verjongingskuur ondergaan ; die aan de achterkant zijn het rustigst. Groot beschut terras met uitzicht op 't Zand.

Navarra sans rest, St-Jakobsstraat 41, $\mathscr{C}$ 0 50 34 05 61, reservations@hotelnavarra. com, Fax 0 50 33 67 90, 🎏, 😄, 🔲, 🗯 – 🛊 ❀ 🗏 📺 🎛 – 🔬 25 à 110. 🖭 🕦 🐠 𝗩𝗜𝗦𝗔. ❀
AT n
87 ch ☲ 130/158.

♦ L'esprit du consul de Navarre - qui repose dans l'église à côté - hante encore les lieux. Sobres chambres, jazz bar, terrasse et jardin. On nage sous les voûtes de la cave.
♦ Hier waart nog de geest van de consul van Navarra, die in de kerk ernaast ligt begraven. Sobere kamers, jazzbar, terras en tuin. Onder de keldergewelven kan worden gezwommen.

Parkhotel sans rest, Vrijdagmarkt 5, $\mathscr{C}$ 0 50 33 33 64, info@parkhotelbrugge.be, Fax 0 50 33 47 63 – 🛊 🗏 📺 🚗 – 🔬 25 à 250. 🖭 🕦 🐠 𝗩𝗜𝗦𝗔
CY j
86 ch ☲ 110/125.

♦ Cet hôtel adapté pour l'accueil des groupes comporte trois sortes de chambres presque toutes rafraîchies. Salle des petits-déjeuners coiffée d'une verrière pyramidale.
♦ Dit hotel is zeer geschikt voor groepen en beschikt over drie soorten kamers die vrijwel allemaal zijn gemoderniseerd. Ontbijtzaal met een piramidevormig glazen dak.

Karos sans rest, Hoefijzerlaan 37, $\mathscr{C}$ 0 50 34 14 48, hotelkaros@compaqnet.be, Fax 0 50 34 00 91, 🔲, 🚲 – 🛊 📺 𝗩𝗜𝗦𝗔
BY f
fermé 2 janv.-1er fév. – **58 ch** ☲ 65/125.

♦ Façade à colombages bordant le ring. Plaisant salon décoré de vieilles cages aux oiseaux, jolie piscine couverte et sobres chambres. La plus avenante est mansardée.
♦ Hotel met een vakwerkgevel aan de Ring. Prettige lounge met oude vogelkooien, mooi overdekt zwembad en sobere kamers ; de gezelligste is op de zolderverdieping.

BELGIQUE

Ter Duinen
⌂⌂ **Ter Duinen** ⚘ sans rest, Langerei 52, ℰ 0 50 33 04 37, info@terduinenhotel.be, Fax 0 50 34 42 16, ⇐ – 📶 🖭 📺 🚗. AE ⓪ ⓶ VISA JCB. ⚘   CX **x**
20 ch ⇌ 98/149.
 • Paisible hôtel excentré se mirant dans les eaux du Langerei. Accueil souriant, chambres avec vue dégagée côté canal ou jardin, véranda et patio. Petits-déjeuners soignés.
 • Rustig hotel buiten het centrum, dat wordt weerspiegeld in de Langerei. De kamers kijken uit op het water of de tuin, serre en patio. Vriendelijk onthaal en verzorgd ontbijt.

Flanders
⌂⌂ **Flanders** sans rest, Langestraat 38, ℰ 0 50 33 88 89, stay@flandershotel.be, Fax 0 50 33 93 45, ▨, ⚘ – 📶 ⚘ ▤ 📺 P. AE ⓪ ⓶ VISA JCB. ⚘   DY **a**
41 ch ⇌ 115/165.
 • Une façade verte signale cette maison bourgeoise des années 1910. Chambres pro-prettes réparties à l'arrière pour plus de calme. Courette intérieure égayée d'une pièce d'eau.
 • Dit herenhuis uit de vroege 20e eeuw valt op door zijn groene gevel. De keurige kamers zijn rustig gelegen aan de achterkant. Binnenplaatsje met waterpartij.

Gd H. Oude Burg
⌂⌂ **Gd H. Oude Burg** sans rest, Oude Burg 5, ℰ 0 50 44 51 11, Fax 0 50 44 51 00, ⚘ – 📶 📺 🚗 – 🔏 25 à 160. AE ⓪ ⓶ VISA   AU **i**
138 ch ⇌ 150/170.
 • À l'ombre du beffroi, immeuble contemporain où vous trouverez des chambres actuelles sans reproche. Des boutiques et divers petits restaurants occupent la cour inté-rieure.
 • Modern gebouw aan de voet van het belfort, met eigentijdse kamers waarop niets aan te merken valt. Rond de binnenplaats bevinden zich winkeltjes en diverse kleine restaurants.

Dante
⌂⌂ **Dante** sans rest, Coupure 30, ℰ 0 50 34 01 94, info@hoteldante.be, Fax 0 50 34 35 39, ⇐ – 📶 ⚘ 📺. AE ⓪ ⓶ VISA. ⚘   DY **m**
22 ch ⇌ 93/131.
 • Postée en bordure d'un canal, surveillant une écluse, demeure récente renfermant des chambres fonctionnelles toutes semblables, assez grandes et bien insonorisées.
 • Vrij nieuw gebouw aan een gracht, bij een sluis. De kamers zijn functioneel en zien er allemaal hetzelfde uit, maar ze zijn vrij groot en hebben een goede geluidsisolatie.

Academie
⌂⌂ **Academie** ⚘ sans rest, Wijngaardstraat 7, ℰ 0 50 33 22 66, info@hotelacademie.be, Fax 0 50 33 21 66 – 📶 ⚘ ▤ 📺 🚗. AE ⓪ ⓶ VISA   AV **b**
82 ch ⇌ 75/162.
 • Hôtel pratique installé près du lac d'Amour et du béguinage. Agréable patio, chambres dotées d'un mobilier actuel et salon mariant les styles classique et contemporain.
 • Praktisch hotel bij het Minnewater en de Begijnhof. Aangename patio, kamers met hedendaags meubilair en een lounge die een mengeling is van klassiek en modern.

Hans Memling
⌂⌂ **Hans Memling** sans rest, Kuiperstraat 18, ℰ 0 50 47 12 12, Fax 0 50 47 12 10 – 📶 📺 – 🔏 25. AE ⓪ ⓶ VISA. ⚘   AT **l**
36 ch ⇌ 120/219.
 • Maison de maître proche de la Grand-Place et du théâtre. Chambres aux tons radieux, d'ampleur variable mais d'un confort uniforme. Bar-lounge et terrasse close de murs.
 • Herenhuis in de buurt van de Markt en de schouwburg. De kamers hebben heldere kleuren en verschillen in grootte, maar niet in comfort. Bar-lounge en ommuurd terras.

Ter Brugghe
⌂⌂ **Ter Brugghe** sans rest, Oost-Gistelhof 2, ℰ 0 50 34 03 24, info@hotelterbrugghe.com Fax 0 50 33 88 73 – ⚘ 📺 🚗. AE ⓪ ⓶ VISA   AT **r**
46 ch ⇌ 87/175.
 • Demeure de style gothique tardif se dressant à deux pas du canal Speelmansrei. Sobres chambres personnalisées. Petit-déjeuner servi dans les caves voûtées d'époque.
 • Gebouw in laat-gotische stijl, vlak bij de Speelmansrei. Sobere kamers met een persoonlijk accent. Het ontbijt wordt genuttigd in de gewelfde kelderverdieping.

Bryghia
⌂⌂ **Bryghia** sans rest, Oosterlingenplein 4, ℰ 0 50 33 80 59, info@bryghiahotel.be, Fax 0 50 34 14 30 – 📶 📺. AE ⓪ ⓶ VISA. ⚘   AT **r**
fermé 18 déc.-16 fév. – 18 ch ⇌ 67/135.
 • Sur une place tranquille proche d'un canal qu'enjambe un petit pont, jolie façade du 15e abritant des chambres d'ampleur moyenne dotées du confort actuel.
 • Achter een fraaie 15e-eeuwse gevel bij een bruggetje over de gracht gaan middelgrote hotelkamers schuil, die aan de huidige normen voldoen.

Botaniek
⌂⌂ **Botaniek** ⚘ sans rest, Waalsestraat 23, ℰ 0 50 34 14 24, hotel.botaniek@pi.be, Fax 0 50 34 59 39 – 📶 ⚘ 📺 P. ⓶ VISA   AU **n**
9 ch ⇌ 85/98.
 • Entre la place des Tanneurs et le parc Reine-Astrid, hôtel familial aménagé dans une maison bourgeoise à l'écart de l'animation. Menues chambres uniformément équipées.
 • Rustig gelegen familiehotel in een herenhuis tussen het Huidenvettersplein en het Koningin Astridpark. Kleine kamers die standaard zijn ingericht.

🏨 **Anselmus** sans rest, Ridderstraat 15, ℘ 0 50 34 13 74, info@anselmus.be, Fax 0 50 34 19 16 – 🔲 ⁅AE⁆ ⁅MO⁆ ⁅VISA⁆. ✀ – fermé janv. – **16 ch** ⌑ 77/102.　　　　　　　　　AT **h**
  ◆ Pas loin du Markt et de la place du Bourg, maison dont la porte cochère s'ouvre sur un salon mignon comme tout. On séjourne dans des chambres classiquement aménagées.
  ◆ Niet ver van de Markt en de Burg staat dit pand, waarvan de oude koetspoort naar een prachtige hal leidt. De gasten verblijven in klassiek ingerichte kamers.

🏨 **Relais Bourgondisch Cruyce** ⁒ sans rest, Wollestraat 41, ℘ 0 50 33 79 26, info@relaisbourgondischcruyce.be, Fax 0 50 34 19 68, ≤ canaux et vieilles maisons flamandes – ⁅⁆ ✜ 🔲 ⁅AE⁆ ⁅MO⁆ ⁅VISA⁆. ✀　　　　　　　　　　　　　　　　　AU **f**
fermé 3 dern. sem. janv. – ⌑ 10 – **15 ch** 140/250.
  ◆ Jolie devanture à pans de bois procurant une vue unique sur les canaux bordés de vieilles maisons. Chambres aux décors raffinés. Espace breakfast-salon de thé panoramique.
  ◆ Dit fraaie vakwerkhuis biedt een uniek uitzicht op de oude grachten. Geraffineerd inge-richte kamers. Ontbijtruimte annex theesalon met panoramisch uitzicht.

🏨 **Maraboe** sans rest, Hoefijzerlaan 9, ℘ 0 50 33 81 55, hotel@maraboe.be, Fax 0 50 33 29 28, ↚, ⏚ – ⁅⁆ 🔲 ⁒. ⁅MO⁆ ⁅VISA⁆　　　　　　　　　　　　　CY **f**
fermé 10 janv.-10 fév. – **14 ch** ⌑ 70/110.
  ◆ Confort simple mais très correct pour cet hôtel proche du 't Zand, dont les chambres aux tons frais et d'ampleur respectable sont équipées à l'identique. Accueil personnalisé.
  ◆ Eenvoudig, maar correct hotel in de buurt van 't Zand, met vrij ruime standaardkamers die in frisse kleuren zijn geschilderd. Persoonlijke service.

🏨 **Egmond** ⁒ sans rest, Minnewater 15 (par Katelijnestraat), ℘ 0 50 34 14 45, info@egmond.be, Fax 0 50 34 29 40, ≤, ⁒ – 🔲 ⁅P⁆. ✀　　　　　　　　　　AV **g**
fermé janv. – **8 ch** ⌑ 92/125.
  ◆ Un notaire scellait naguère les actes dans cette charmante résidence élevée au voisinage du lac d'Amour. Les chambres donnent sur un jardin reposant.
  ◆ In dit charmante pand bij het Minnewater zetelde vroeger een notaris. De kamers kijken uit op een rustige tuin.

🏨 **Albert I** sans rest, Koning Albert I-laan 2, ℘ 0 50 34 09 30, hotel@albert1.com, Fax 0 50 33 84 18 – 🔲 ⁅P⁆. ⁅AE⁆ ⓞ ⁅MO⁆ ⁅VISA⁆ ⁅JCB⁆. ✀　　　　　　　　CZ **e**
fermé du 24 au 27 déc. – **11 ch** ⌑ 75/105.
  ◆ Petit hôtel exploité en famille situé dans le quartier du 't Zand, juste en face d'une salle de spectacles. Proprettes chambres classiquement agencées.
  ◆ Klein familiehotel in de wijk 't Zand, vlak tegenover een theaterzaal. Keurige kamers die in klassieke stijl zijn ingericht.

🏨 **Biskajer** ⁒ sans rest, Biskajersplein 4, ℘ 0 50 34 15 06, info@hotelbiskajer.com, Fax 0 50 34 39 11 – ⁅⁆ 🔲 ⁅AE⁆ ⓞ ⁅MO⁆ ⁅VISA⁆ – **17 ch** ⌑ 80/130.　　　AT **w**
  ◆ Petit hôtel soigneusement tenu, situé dans un quartier assez calme, aux abords du canal Spiegelrei et à seulement 5 mn du centre. Chambres basiques mais très convenables.
  ◆ Zorgvuldig onderhouden hotelletje in een vrij rustige wijk aan het water van de Spiegelrei, vijf minuten lopen van het centrum. Basic kamers die echter prima voldoen.

🏨 **'t Putje** (annexe - 13 ch), 't Zand 31, ℘ 0 50 33 28 47, hotelputje@pandora.be, Fax 0 50 34 14 23, ⏚ – ⁅⁆ ✜ 🔲 ⁅AE⁆ ⓞ ⁅MO⁆ ⁅VISA⁆　　　　　　　　　　CZ **a**
Repas (taverne-rest, ouvert jusqu'à 23 h) Lunch 9 – 31/43 bc – **27 ch** ⌑ 67/105 –
½ P 66/73.
  ◆ À l'entrée de la ville, jouxtant le 't Zand, ressource hôtelière proposant des chambres accueillantes mais inégalement insonorisées. Service limité. Parking public. Taverne au cadre actuel épuré et restaurant plus intime. Terrasse en façade.
  ◆ Hotel aan de rand van de stad, niet ver van 't Zand. Prettige kamers met geluidsisolatie van wisselende kwaliteit. Beperkte faciliteiten. Parkeergarage. Modern café en restaurant met een wat intiemere sfeer. Terras aan de voorkant.

🏨 **ter Reien** sans rest, Langestraat 1, ℘ 0 50 34 91 00, info@hotelterreien.be, Fax 0 50 34 40 48 – ⁅⁆ 🔲 ⁅AE⁆ ⁅MO⁆ ⁅VISA⁆. ✀　　　　　　　　　　　　　DY **r**
fermé janv. – **26** ch ⌑ 70/85.
  ◆ Un hôtel "les pieds dans l'eau". Chambres sans ampleur - hormis la suite nuptiale -, souvent avec module sanitaire. Une dizaine d'entre-elles offre la vue sur le canal.
  ◆ Hotel pal aan het water. Op de bruidssuite na zijn de kamers klein en voorzien van standaardsanitair. Een tiental kamers biedt uitzicht op de gracht.

🏨 **Bourgoensch Hof**, Wollestraat 39, ℘ 0 50 33 16 45, info@bourgoensch-hof.be, Fax 0 50 34 63 78, ≤ canaux et vieilles maisons flamandes, ⏚, ✫ – ⁅⁆ 🔲 ⁅ch⁆, ⁅⁆.
⁅MO⁆ ⁅VISA⁆　　　　　　　　　　　　　　　　　　　　　　　　　　　　AU **f**
fermé 6 janv.-12 fév. – **Repas** (fermé jeudi) carte env. 37 – **17 ch** ⌑ 86/144 –
½ P 144/169.
  ◆ Au fond d'une impasse, vieille maison flamande dominant l'un des plus beaux canaux brugeois, visible depuis quelques chambres. Confort satisfaisant. Restaurant d'esprit "bis-trot". Spécialités régionales et terrasse courtisée à la belle saison.
  ◆ Oud Vlaams pand aan het eind van een doodlopende steeg, met in sommige kamers uitzicht op een van de mooiste grachten van Brugge. Redelijk comfort. In de bistro worden regionale specialiteiten geserveerd. Bij mooi weer is het terras favoriet.

BELGIQUE

Gd H. du Sablon, Noordzandstraat 21, ℘ 0 50 33 39 02, info@sablon.be, Fax 0 50 33 39 08 – 📶 ✻ 📺 – 🔏 25 à 100. 🖭 ⑩⑩ 𝗩𝗜𝗦𝗔 𝗝𝗰𝗯. AU h
Repas (résidents seult) – **36 ch** 🛏 89/120 – ½ P 73/78.
◆ Bâtisse ancienne située dans une rue très commerçante, à mi-chemin de la cathédrale et de la Grand-Place. Hall 1900 coiffé d'une jolie coupole Art déco ; chambres bien tenues.
◆ Hotel in een oud pand in een drukke winkelstraat, tussen de kathedraal en de Markt. De hal uit 1900 is overdekt met een mooie art-decokoepel. Goed onderhouden kamers.

Jacobs ⚭ sans rest, Baliestraat 1, ℘ 0 50 33 98 31, hoteljacobs@online.be, Fax 0 50 33 56 94 – 📶 ✻ 📺. 🖭 ⑩⑩ 𝗩𝗜𝗦𝗔 CX k
fermé 3 janv.-10 fév. – **23 ch** 🛏 65/82.
◆ Belle demeure sur angle avec pignon à redans au milieu du paisible quartier St-Gilles, à un petit kilomètre de la Grand-Place. Chambres assez spacieuses remises à neuf.
◆ Mooi hoekpand met een trapgevel in de rustige wijk Sint-Gillis, op nog geen kilometer afstand van de Markt. Vrij ruime kamers die in een nieuw jasje zijn gestoken.

De Barge, Bargeweg 15, ℘ 0 50 38 51 50, info@debargehotel.com, Fax 0 50 38 21 25, 🛖 – 📺 🅿. 🖭 ⑩⑩ 𝗩𝗜𝗦𝗔. ✻ ch CZ p
fermé 23 déc.-3 janv. – **Repas** (fermé dim. et lundi) Lunch 20 – carte 35 à 70, ♀ – **23 ch** 🛏 95/165.
◆ Cette ancienne péniche amarrée le long du canal reliant Brugge à Gand est devenue un petit hôtel flottant où vous serez hébergés dans des ''cabines'' au pimpant décor nautique. Cuisine littorale à la table du capitaine.
◆ Deze oude aak, die in het kanaal tussen Brugge en Gent voor anker ligt, is een drijvend hotelletje. De hutten in nautische stijl zien er picobello uit. Lekker eten aan de ''captain's table'', met een keur van vis en schaal- en schelpdieren.

Boterhuis, St-Jakobsstraat 38, ℘ 0 50 34 15 11, boterhuis@pandora.be – 📺 🖭 🚗. 🖭 ⑩ ⑩⑩ 𝗩𝗜𝗦𝗔 AT m
Repas (fermé dim. soir d'oct. à mars) (ouvert jusqu'à 23 h) Lunch 14 – carte 25 à 41 – **13 ch** 🛏 65/110 – ½ P 80/125.
◆ Une tourelle garde cette construction ancienne postée à un tour de ronde du Markt. Elle abrite les deux meilleures chambres de la maison, desservies par un escalier tournant.
◆ Dit oude pand bij de wachttoren op de Markt heeft zelf ook een torentje, waarin zich de twee beste kamers van het hotel bevinden, te bereiken via een wenteltrap.

Fevery sans rest, Collaert Mansionstraat 3, ℘ 0 50 33 12 69, paul@hotelfevery.be, Fax 0 50 33 17 91 – 📶 📺. 🖭 ⑩⑩ 𝗩𝗜𝗦𝗔. CX n
fermé 1 sem. en juin et 1 sem. en nov. – **10 ch** 🛏 60/80.
◆ Situation calme, accueil courtois et tenue méticuleuse caractérisent ce point de chute familial du quartier St-Gilles. Chambres refaites en 2002 ; salon feutré.
◆ Dit rustig gelegen, perfect onderhouden hotel in de wijk Sint-Gillis is zeer geschikt voor gezinnen. Hoffelijke ontvangst.

Malleberg sans rest, Hoogstraat 7, ℘ 0 50 34 41 11, hotel@malleberg.be, Fax 0 50 34 67 69 – 📺 🖭 ⑩⑩ 𝗩𝗜𝗦𝗔. ✻ ATU b
8 ch 🛏 70/94.
◆ Les chambres de ce petit hôtel voisin de la place du Bourg sont pourvues d'un mobilier actuel simple. La cave voûtée a été convertie en salle des petits-déjeuners.
◆ De kamers van dit kleine hotel bij de Burg zijn eenvoudig en modern gemeubileerd. Het ontbijt wordt genuttigd in de gewelfde kelderverdieping.

De Karmeliet (Van Hecke), Langestraat 19, ℘ 0 50 33 82 59, Fax 0 50 33 10 11, 🛖 – 🅿. 🖭 ⑩⑩ 𝗩𝗜𝗦𝗔 𝗝𝗰𝗯. DY q
fermé 26 juin-13 juil., du 2 au 13 oct., mardi midi et dim. soir d'oct. à mai, dim. midi de juin à sept. et lundi – **Repas** Lunch 50 – 95/135, carte 94 à 182, ♀
Spéc. Tuile sucrée-salée aux grosses langoustines rôties. Dos de gros turbot piqué au jambon, sabayon de pommes de terre aux crevettes de Zeebrugge (21 juin-21 sept.). Ravioli à la vanille et pommes caramélisées en chaud-froid.
◆ Grande table occupant une maison patricienne au cadre intime et feutré. Intérieur classique-moderne raffiné, salon-véranda, expo d'art contemporain et terrasse close de murs.
◆ Toprestaurant in een patriciërshuis met een intieme sfeer. Geraffineerd modern-klassiek interieur, salon met serre en ommuurd terras. Tentoonstellingen van moderne kunst.

De Snippe ⚭ avec ch, Nieuwe Gentweg 53, ℘ 0 50 33 70 70, info@desnippe.be, Fax 0 50 33 76 62, 🛖, 🛖 – 📶 ch, 📺 🖭 🖭 ⑩⑩ 𝗩𝗜𝗦𝗔 AV
Repas (fermé 9 janv.-4 fév., dim. et lundi midi) Lunch 38 – carte 51 à 120 – **8 ch** (fermé 9 janv.-4 fév. et dim. de nov. à mars) 🛏 145/150.
◆ Refuge gourmand établi dans une jolie maison du 18e s. Beau décor mural en salle, mets classiques innovants, bonne cave et chambres à thèmes. Ombre et jeux d'eau en terrasse.
◆ Een uitstekend adres voor fijnproevers. Fraaie eetzaal met een lommerrijk terras, klassieke maar spannende gerechten en heerlijke wijnen. De kamers hebben elk een eigen thema.

BELGIQUE

XXX ⊛ **Den Gouden Harynck** (Serruys), Groeninge 25, ℘ 0 50 33 76 37, goud.harynck@p
andora.be, Fax 0 50 34 42 70 – **P. AE ⓘ ⑩ VISA**   AUV w
fermé 1 sem. Pâques, 2 dern. sem. juil.-prem. sem. août, dern. sem. déc., sam. midi, dim.
et lundi – **Repas** Lunch 50 – 62, carte 72 à 99 ⊛
Spéc. Langoustines braisées au Vin jaune et primeurs. Foie d'oie poêlé au witlof et coulis
de banyuls. Canard de challans à la fondue d'oignons, dattes et citron.
◆ Une belle carte inventive vous attend à cette enseigne proche des grands musées.
Salle à manger bourgeoise où règne une ambiance feutrée. Mignonne cour fleurie en
été.
◆ Dit restaurant nabij de grote musea biedt een mooie inventieve kaart. Eetzaal in bourgeoisstijl met een gedempte sfeer. Charmante binnentuin die 's zomers vol bloemen staat.

XXX **'t Pandreitje,** Pandreitje 6, ℘ 0 50 33 11 90, info@pandreitje.be, Fax 0 50 34 00 70
– **AE ⓘ ⑩ VISA JCB**   AU x
fermé 27 mars-4 avril, du 10 au 24 juil., 30 oct.-9 nov., merc. et dim. – **Repas** Lunch 40 –
60/95, ♀.
◆ Orientée "produits de luxe", cette petite table assez créative offre style et confort dans
une maison bourgeoise proche du centre touristique. Belle cave.
◆ Klein, maar stijlvol restaurant in een herenhuis dicht bij het centrum. De chef-kok is
creatief en maakt bij voorkeur gebruik van luxeproducten. Mooie wijnkelder.

XXX **Duc de Bourgogne** avec ch, Huidenvettersplein 12, ℘ 0 50 33 20 38, duc@ssi.be,
Fax 0 50 34 40 37, ≤ canaux et maisons typiques – ▤ rest, **TV. AE ⓘ ⑩ VISA**   AU t
fermé du 4 au 29 juil. et du 3 au 28 janv. – **Repas** (fermé lundi et mardi midi) Lunch 36 –
58, ♀ – **10 ch** ⌷ 110/160.
◆ À dénicher au bord d'un croisement de canaux des plus pittoresques, relais de bouche
au décor rustique rehaussé de peintures murales style fin Moyen Âge. Mets classiques.
◆ Gastronomisch restaurant bij een plek waar twee pittoreske grachten elkaar kruisen.
Rustiek interieur met muurschilderingen in laat-middeleeuwse stijl. Klassieke keuken.

XX **De Lotteburg,** Goezeputstraat 43, ℘ 0 50 33 75 35, lotteburg@pi.be, Fax 0 50
33 04 04, ㊟, Produits de la mer – ▤. **AE ⓘ ⑩ VISA JCB. ⨂**   AV d
fermé du 15 au 24 juin, 31 août-9 sept., du 4 au 22 janv., lundi, mardi et sam. midi – **Repas**
Lunch 30 – 48/87 bc, ♀.
◆ Une délicieuse terrasse ombragée dotée de meubles en teck se cache derrière cette
façade blanche égayée de volets bleus. Aux fourneaux, le chef verse volontiers dans la
marée.
◆ Achter de witte gevel met blauwe luiken bevindt zich een heerlijk lommerrijk terras met
teakhouten meubelen. In de keuken ligt het accent op vis.

XX **Patrick Devos,** Zilverstraat 41, ℘ 0 50 33 55 66, info@patrickdevos.be, Fax 0 50
33 58 67, ㊟ – **P. AE ⓘ ⑩ VISA JCB**   AU y
fermé 21 juil.-11 août, du 26 au 30 déc., sam. midi et dim. – **Repas** Lunch 37 – 48/82 bc,
♀.
◆ Restaurant aménagé dans une fière demeure patricienne. Salon Louis XVI, éléments décoratifs Art nouveau en salle et charmante terrasse d'été sur cour. Cuisine d'aujourd'hui.
◆ Restaurant in een statige patriciërswoning. Louis XVI-salon, eetzaal met art-deco-
elementen, charmant zomerterras op de binnenplaats en eigentijdse keuken.

XX ⊛ **'t Stil Ende,** Scheepsdalelaan 12, ℘ 0 50 33 92 03, stilende@skynet.be,
Fax 0 50 33 26 22, ㊟ – ▤. **⑩ VISA**   BX a
fermé sem. carnaval, fin juil., sem. Toussaint, sam. midi, dim. et lundi – **Repas** 32/80 bc
⊛.
◆ Attrayante adresse à débusquer hors des circuits touristiques. Agencement intérieur
contemporain, étonnant système de réfrigération du vin, savoureux menus et terrasse
d'été.
◆ Aanlokkelijk restaurant voor wie graag buiten de toeristische circuits blijft. Moderne
inrichting, verbazingwekkend wijnkoelsysteem, lekkere menu's en terras in de zomer.

XX **De Florentijnen,** Academiestraat 1, ℘ 0 50 67 75 33, info@deflorentijnen.be,
Fax 0 50 67 75 33 – ⓜ 25 à 60. **AE ⑩ VISA**   AT p
fermé 20 juil.-5 août, 1 sem. en nov., du 1er au 15 janv., dim. non fériés et lundi – **Repas**
Lunch 30 – 45/65 bc, ♀.
◆ Spacieux restaurant implanté dans un ancien comptoir commercial florentin, d'où l'ensei-
gne. Cuisine du moment et décoration intérieure d'esprit contemporain.
◆ Groot restaurant in een voormalige Florentijnse factorij, vandaar de naam. Modern inte-
rieur, waarbij de kookstijl goed aansluit.

XX **Kardinaalshof,** St-Salvatorskerkhof 14, ℘ 0 50 34 16 91, info@kardinaalshof.be,
Fax 0 50 34 20 62 – **AE ⓘ ⑩ VISA**   AUV g
fermé 2 prem. sem. juil., merc. et jeudi midi – **Repas** Lunch 35 – 48/84 bc, ♀.
◆ Près de la cathédrale, derrière une façade d'esprit baroque, table classique-actuelle présentant une carte assez poissonneuse. Confort douillet.
◆ Achter een fraaie barokgevel bij de kathedraal gaat dit behaaglijke en comfortabele
restaurant schuil. De modern-klassieke kaart bevat veel visspecialiteiten.

XX **Den Dyver,** Dijver 5, ℰ 0 50 33 60 69, info@dijver.be, Fax 0 50 34 10 64, 🌅, Cuisine
à la bière – 𝐀𝐄 𝐌𝐎 𝐕𝐈𝐒𝐀   AU c
fermé juil., merc. et jeudi midi – **Repas** Lunch 30 – 39/89 bc.
  ◆ Cette maison animée au cadre chaleureux attire les amateurs de cuisine à la bière comme
les curieux. Un beau col de mousse adéquat accompagne naturellement chaque préparation.
  ◆ Gezellig restaurant waar veel met bier wordt gekookt, wat typisch Vlaams is en de moeite
waard om te proberen. Natuurlijk wordt bij het eten een schuimend biertje gedronken.

XX **Hemelrycke,** Dweersstraat 12, ℰ 0 50 34 83 43, hemelrycke@pandora.be,
⊜ Fax 0 50 34 83 43 – 𝐀𝐄 𝐎 𝐌𝐎   CY x
fermé du 4 au 14 avril, mardi et merc. – **Repas** 22/58 bc.
  ◆ Intime petit établissement situé à proximité du 't Zand. Carte classique assortie de menus
à bon prix. Possibilités de stationnement dans deux parkings publics voisins.
  ◆ Intiem restaurantje in de buurt van 't Zand, waar men zich in het hemelrijk waant. Klassieke kaart en aantrekkelijk geprijsde menu's. Twee parkeergarages vlakbij.

XX **Tanuki,** Oude Gentweg 1, ℰ 0 50 34 75 12, info@tanuki.be, Fax 0 50 33 82 42, Cuisine
japonaise avec Teppan-Yaki et Sushi-bar – ▤, 𝐀𝐄 𝐌𝐎 𝐕𝐈𝐒𝐀 𝐉𝐂𝐁   AV f
fermé 1 sem. carnaval, 2 sem. en juil., 1 sem. Toussaint, lundi et mardi – **Repas** Lunch 17
– 50/65.
  ◆ L'une des rares tables japonaises brugeoises. Authentique cuisine nippone, avec la spectaculaire formule Teppan-Yaki (table de cuisson) et un sushi bar. Décor de circonstance.
  ◆ Een van de weinige Japanse restaurants in Brugge. Authentieke keuken uit het Land van
de Rijzende Zon, met de spectaculaire Teppan-Yaki-formule en een sushibar.

XX **Aneth,** Maria van Bourgondiëlaan 1 (derrière le parc Graaf Visart), ℰ 0 50 31 11 89,
info@aneth.be, Fax 0 50 32 36 46, Produits de la mer – 𝐀𝐄 𝐎 𝐌𝐎 𝐕𝐈𝐒𝐀   BY g
fermé 2 dern. sem. août, 2 prem. sem. janv., sam. midi, dim. et lundi – **Repas** Lunch 45 –
55/100 bc, ℤ.
  ◆ Ce restaurant installé dans une villa début 20ᵉ s., près d'un canal et d'un parc, fait des
produits de la mer son répertoire privilégié. Intérieur classique-actuel soigné.
  ◆ Goed visrestaurant in een villa uit het begin van de 20e eeuw, bij een gracht en een
park. Verzorgd klassiek-modern interieur.

XX **Spinola,** Spinolarei 1, ℰ 0 50 34 17 85, spinola@pandora.be, Fax 0 50 34 17 85, 🌅,
▤, 𝐎 𝐌𝐎 𝐕𝐈𝐒𝐀   AT c
fermé dern. sem. janv.-prem. sem. fév., 2 dern. sem. juin-prem. sem. juil., dim. et lundi midi
– **Repas** 46.
  ◆ Plaisant établissement rustique proche du canal Spiegelrei et de la statue de Jan Van
Eyck. Choix de préparations alléchantes que complète un très bel éventail de vins.
  ◆ Plezierig rustiek etablissement in de buurt van de Spiegelrei en het standbeeld van Jan
van Eyck. Tongstrelende gerechten, waarbij een goed glas wijn wordt geschonken.

XX **'t Voermanshuys,** Oude Burg 14, ℰ 0 50 33 71 72, johan.nelissen@pandora.be,
Fax 0 50 34 09 91 – 𝐌𝐎 𝐕𝐈𝐒𝐀 𝐉𝐂𝐁   AU c
fermé dern. sem. janv.-prem. sem. fév., 1 sem. en août, lundi et mardi – **Repas** Lunch 20
– carte 41 à 66.
  ◆ Une superbe cave voûtée (16ᵉ s.) sert de cadre à ce restaurant jouxtant le beffroi.
Registre culinaire mi-classique, mi-actuel, ambiance feutrée et romantisme assuré.
  ◆ Restaurant naast de Belforthallen met een gewelfde kelderverdieping uit de 16e eeuw
waar kan worden genoten van de half klassieke, half eigentijdse keuken. Superromantisch

XX **'t Zwaantje,** Gentpoortvest 70, ℰ 0 50 34 38 85, hetzwaantje@skynet.be, 🌅, 𝐀𝐄
𝐎 𝐌𝐎 𝐕𝐈𝐒𝐀   AV r
fermé du 8 au 22 juil., merc., jeudi et sam. midi – **Repas** 38, ℤ.
  ◆ Trois petits cygnes (zwaantjes) égaient la devanture de cet adorable restaurant où flotte
une atmosphère romantique. Recettes du moment. Véranda et terrasse arrière.
  ◆ Drie zwaantjes sieren de voorgevel van dit prachtige restaurant, waar een romantische
sfeer hangt. Hedendaagse recepten. Serre en terras aan de achterkant.

X **Bhavani,** Simon Stevinplein 5, ℰ 0 50 33 90 25, info@bhavani.be, Fax 0 50 34 89 52,
🌅, Cuisine indienne – 𝐀𝐄 𝐎 𝐌𝐎 𝐕𝐈𝐒𝐀   AU
Repas Lunch 17 – carte 31 à 41.
  ◆ Tenté par un périple culinaire au pays des maharadjas, sans quitter Brugge ? Embar-
quement immédiat place S.-Stevin ! Cuisine indienne typique avec plats végétariens.
  ◆ Zin in een culinair uitstapje naar het land van de maharadja's? Onmiddellijk instappe
dan op het Simon Stevinplein ! Typisch Indiase keuken met vegetarische schotels.

X **Kurt's Pan,** St-Jakobsstraat 58, ℰ 0 50 34 12 24, kurt.vandaele@planetinternet.be
Fax 0 50 49 11 97 – ▤, 𝐀𝐄 𝐌𝐎 𝐕𝐈𝐒𝐀, ⊰   AT
fermé dern. sem. juin, 1 sem. en nov., 1 sem. en janv., lundi et mardi midi – **Repas** Lunch
20 – 42/65 bc.
  ◆ Petite adresse familiale au cadre sagement campagnard et au confort simple, dar
une maisonnette flamande voisine de l'église St-Jacob. Choix classique et varié.
  ◆ Eenvoudig, maar lekker adres in een Vlaams pandje bij de St.-Jakobskerk. Rustiek interieu
Traditionele kaart met veel variatie.

BELGIQUE

X **De Stove**, Kleine Sint-Amandstraat 4, ℘ 0 50 33 78 35, *restaurant.de.stove@pandor a.be*, Fax 0 50 33 78 35 – ⌶ ⓞ ⓜⓢ *VISA* — AU k
fermé 2 dern. sem. juin, 2 sem. en janv., merc., jeudi et vend. midi – **Repas** 45/60 bc.
♦ Une copieuse cuisine assez conventionnelle mais basée sur des produits soigneusement choisis vous attend dans cette maison sympathique proche du Markt et du beffroi.
♦ In dit sympathieke restaurant vlak bij de Markt en de Belforthallen worden vrij conventionele, copieuze maaltijden geserveerd op basis van zorgvuldig uitgekozen producten.

X **'T bezemtje**, Kleine Sint-Amandstraat 1, ℘ 0 50 33 91 68, *hansgoossens@pandora.be*, Fax 0 50 61 62 16 – ⌶ ⓞ ⓜⓢ *VISA* — AU v
fermé prem. sem. janv., dim. et lundi – **Repas** (dîner seult) carte 33 à 66.
♦ Dans une rue piétonne, à mi-chemin entre le Markt et le beffroi, table déclinant un bon petit choix classique gentiment actualisé. Plats teintés d'influences méditerranéennes.
♦ Eethuisje in een voetgangersstraat, halverwege de Markt en de Belforthallen. Op de kleine kaart staan klassieke gerechten met een mediterraan accent.

X **Guillaume**, Korte Lane 20, ℘ 0 50 34 46 05, Fax 0 50 34 46 05, 🏠 – ⓜⓢ *VISA* — CY c
fermé 2 sem. en fév., 2 sem. en juil., 2 sem. en nov., lundi et mardi – **Repas** (dîner seult) jusqu'à minuit) carte 45 à 55.
♦ Un "p'tit resto d'amis" dont l'ambiance doit beaucoup au caractère jovial du patron, ainsi qu'à la musique pop que l'on y passe. Choix de plats recomposé chaque mois.
♦ Oergezellig tentje om met vrienden te eten, waar het joviale karakter van de baas en de swingende popmuziek de sfeer er goed inbrengen. De kaart verandert maandelijks.

X **Koto** - H. de' Medici, Potterierei 15, ℘ 0 50 44 31 31, *koto@hoteldemedici.com*, Fax 0 50 33 05 71, Cuisine japonaise avec Teppan-Yaki – 🅿 ⌶ ⓞ ⓜⓢ *VISA* ⱼⒸⒷ ⁂CX g
fermé 3 au 18 janv., lundi, mardi midi et merc. midi – **Repas** Lunch 24 – 42/77 bc.
♦ Le restaurant japonais de l' Hotel de' Medici attire les inconditionnels de la formule Teppan-Yaki (table de cuisson). Sushis et sashimis à gogo. Cadre actuel à touches nipponnes.
♦ Het Japanse restaurant van Hotel de' Medici is een must voor liefhebbers van sushi, sashimi en de Teppan-Yaki-formule. Eigentijds interieur met een Japanse toets.

X **Cafedraal**, Zilverstraat 38, ℘ 0 50 34 08 45, *info@caferaal.be*, Fax 0 50 33 52 41, 🏠, Ouvert jusqu'à 23 h – ⌶ ⓜⓢ *VISA* — AU s
fermé sam. midi et dim. midi – **Repas** Lunch 13 – carte 42 à 90.
♦ Une carte engageante s'emploie à apaiser votre faim dans cette brasserie animée mettant à profit une charmante demeure historique. Bar "cubain". Jolie terrasse intérieure.
♦ Levendige brasserie in een historisch pand, met een kaart waar ongetwijfeld iets bij zit om uw honger te stillen. Cubaanse bar en een mooi binnenterras.

X **den Amand**, Sint-Amandstraat 4, ℘ 0 50 34 01 22, 🏠, Bistrot – ⓜⓢ
VISA ⱼⒸⒷ — AU w
fermé du 2 au 30 juin, 10 nov.-1er déc., 24 et 25 déc., 1er janv., 9 janv.-3 fév., merc. et dim. soir – **Repas** 30.
♦ Bistrot familial posté à vingt mètres de l'incontournable Markt. Cuisine à vue. Recettes traditionnelles sans chichi. Pâtes, salades et quelques plats végétariens.
♦ Gezellige bistro op 20 m van de Markt. Open keuken, waar traditionele gerechten zonder franje worden bereid. Pasta's, salades en enkele vegetarische schotels.

X **'t Zonneke**, Genthof 5, ℘ 0 50 33 07 81, Fax 0 50 34 52 13 – ⓜⓢ *VISA* — AT z
fermé juin, dim. soir et lundi – **Repas** Lunch 11 – carte 32 à 66.
♦ Établissement familial aussi convivial que décontracté, situé hors animation, dans une maisonnette rustique avec mezzanine. Cuisine bourgeoise simple mais correcte.
♦ Gemoedelijk familierestaurantje, even buiten de drukte, in een rustiek pandje met tussenverdieping. Eenvoudige burgerkost van goede kwaliteit.

X **Sans Cravate**, Langestraat 159, ℘ 0 50 67 83 10, Fax 0 50 67 83 10, Grillades – 🔥 ⌶
VISA — DY c
fermé jeudi, sam. midi et dim. midi – **Repas** Lunch 19 – carte 41 à 64.
♦ Une petite carte de préparations actuelles basées sur des produits soigneusement sélectionnés est présentée à cette table au cadre rustique. Fourneaux et rôtissoire à vue.
♦ Restaurant met een rustiek interieur, open keuken en spit. Kleine kaart met eigentijdse gerechten op basis van zorgvuldig geselecteerde producten.

X **Breydel - De Coninc**, Breidelstraat 24, ℘ 0 50 33 97 46, Fax 0 50 34 61 74, Homards, anguilles et moules – ⓜⓢ *VISA* — AU u
fermé merc. – **Repas** carte 27 à 75.
♦ Homards, mais aussi moules et anguilles en saison, sont à l'honneur dans cet établissement idéalement situé entre le Markt et le Burg. Service super gentil.
♦ Kreeft, mosselen en paling zijn in hun element in dit etablissement, dat centraal is gelegen tussen de Markt en de Burg. Zeer vriendelijke bediening.

✗ **Huyze Die Maene,** Markt 17, ℰ 0 50 33 39 59, *huyzediemaene@pandora.be*, Fax 0 50 33 44 60, 佮, Taverne-rest – ▦, 🄰🄴 ⓪ ⓶ 𝗩𝗜𝗦𝗔　　　　　　　AU w
fermé fév., sam. midi, dim. midi et jours fériés midis – **Repas** Lunch 14 – 32.
　◆ Emplacement idéal sur le Markt, façade avenante, ambiance brasserie, carte avec suggestions du marché, telles sont les clés du succès de cette taverne-restaurant.
　◆ De ideale ligging aan de Markt, de uitnodigende gevel, de brasserie-ambiance en de kaart met dagelijks wisselende gerechten verklaren het succes van dit bedrijf.

✗ **L'Intermède,** Wulfhagestraat 3, ℰ 0 50 33 16 74, 佮 – ⓶ 𝗩𝗜𝗦𝗔　　　　　　CY b
fermé dern. sem. janv.-prem. sem. fév., 2 dern. sem. sept., dim. et lundi – **Repas** carte 39 à 53.
　◆ Salle à manger ancienne avec escalier tournant et, en guise de papier-peint, des partitions (celles d'un intermède ?). Choix de préparations concis, mais de qualité constante.
　◆ Oude eetzaal met wenteltrap en partituren als behang voor een culinair intermezzo. Beperkte keuze, maar kwalitatief gezien zonder enige valse noot.

✗ **Rock Fort,** Langestraat 15, ℰ 0 50 33 41 13, Ouvert jusqu'à 23 h – ⓶ 𝗩𝗜𝗦𝗔　DY q
fermé 2 sem. en juil., fin déc.-début janv., dim. et lundi – **Repas** Lunch 10 – carte 40 à 54.
　◆ Étroite salle aux tables cérusées et chaises design où l'on prend place devant une assiette actuelle, sinon innovante. Une adresse ne manquant pas de personnalité !
　◆ Smalle eetzaal met geceruseerde tafels en designstoelen. De keuken is zeer eigentijds en zelfs vernieuwend. Een adresje met karakter !

Périphérie :

au Nord-Ouest – ✉ 8000 :

🏨 **Scandic,** Handboogstraat 1 (Sint-Pieters), ℰ 0 50 25 25 25, *res.brugge@scandic-hotels.com*, Fax 0 50 25 25 27, 佮, 𝐅🛴, 🖙 – 📶 ⤬ ▦ 📺 ⅏ 🖙 le midi uniquement 🄿 – 🄰 80. 🄰🄴 ⓪ ⓶ 𝗩𝗜𝗦𝗔.　　　　　　　　　　　　　　　　　　　　　ER a
Repas *(fermé sam. midi)* Lunch 15 – carte 31 à 60 – **120 ch** ⌫ 129/159 – ½ P 92/152.
　◆ Hôtel de chaîne aménagé dans un bâtiment moderne du quartier portuaire. Chambres de style contemporain, bien équipées et aussi fraîches que lumineuses. Grande salle de restaurant actuelle aux tables bien espacées.
　◆ Dit hotel behoort tot een keten en is gehuisvest in een modern gebouw in de havenwijk. De kamers zijn eigentijds ingericht, goed geëquipeerd en even fris als licht. Grote moderne eetzaal met veel ruimte tussen de tafels.

✗✗✗ **De gouden Korenhalm,** Oude Oostendsesteenweg 79a (Sint-Pieters), ℰ 0 50 31 33 93, *info@degoudenkorenhalm.be*, Fax 0 50 31 18 96, 佮 – 🄿. 🄰🄴 ⓪ ⓶ 𝗩𝗜𝗦𝗔ER f
fermé fin fév.-début mars, fin août-début sept., lundi et mardi – **Repas** Lunch 31 – 45/74 bc.
　◆ Aux portes de Brugge. Une réputation flatteuse entoure cette construction récente de style flamand. Bon choix au goût du jour, plats de saison et cave française de qualité.
　◆ Gerenommeerd restaurant in een nieuw gebouw in Vlaamse stijl aan de rand van Brugge. Mooie eigentijdse kaart met seizoengebonden gerechten en Franse wijnen als tafelpartner.

à Dudzele *au Nord par N 376 : 9 km* Ⓖ Brugge – ✉ 8380 Dudzele :

🏠 **het Bloemenhof** ⤜, Damsesteenweg 96, ℰ 0 50 59 81 34, *info@hetbloemenhof.be*, Fax 0 50 59 84 28, ⤱, 佮, 🚲 – 🄿.
Repas *(dîner pour résidents seult)* – **7** ch ⌫ 50/74 – ½ P 59/66.
　◆ Paisible et sympathique villa de type fermette, sur la route secondaire reliant Dudzele à Damme. Chambres coquettes, petit-déjeuner soigné et terrasse sur jardin.
　◆ Rustig en vriendelijk boerderijtje aan de secundaire weg van Dudzele naar Damme. Keurige kamers, verzorgd ontbijt en terras aan de tuinzijde.

✗✗ **De Zilverberk,** Westkapelsesteenweg 92, ℰ 0 50 59 90 80, *dezilverberk@skynet.be*, 佮 – 🄿. 🄰🄴 ⓪ ⓶ 𝗩𝗜𝗦𝗔.
fermé dim. soir, lundi et après 20 h 30 – **Repas** Lunch 24 – 42 bc/70 bc.
　◆ Estimée pour sa carte au goût du jour et ses menus à prix raisonnable, cette villa de style flamand s'embellit d'un jardin bichonné. Coin salon avec cheminée ancienne.
　◆ Dit restaurant in een typisch Vlaams pand wordt gewaardeerd om zijn eigentijdse kaart en vriendelijk geprijsde menu's. Salon met oude schouw. Mooi aangelegde tuin.

à Sint-Andries Ⓖ Brugge – ✉ 8200 Sint-Andries :

🏨 **Host. Pannenhuis** ⤜, Zandstraat 2, ℰ 0 50 31 19 07, *hostellerie@pannenhuis.be*, Fax 0 50 31 77 66, 佮, 佮, ⅃ ⅏ch, 🖙 🄿 – 🄰 25. 🄰🄴 ⓪ ⓶ 𝗩𝗜𝗦𝗔 𝗝𝗖𝗕　　　ER e
Repas *(fermé du 1er au 23 juil., 15 janv.-2 fév., mardi soir et merc.)* Lunch 34 – 46/71 bc
𝑄 – **19 ch** *(fermé 15 janv.-2 fév.)* ⌫ 95/125 – ½ P 95/120.
　◆ Mignonne hostellerie fondée dans les années 1930 et rajeunie à l'aube du 21e s. Chambres assez paisibles et de bonnes dimensions. Terrasse d'été surplombant le jardin. À table, carte très classique incluant quelques spécialités de poisson et de homard.
　◆ Charmant hotel uit 1930 dat in het begin van de 21e eeuw werd gerenoveerd. Vrij rustige kamers van goed formaat. 's Zomers is het heerlijk toeven op het terras in de tuin. Aan tafel worden klassieke gerechten geserveerd, waaronder kreeft en andere visschotels.

BELGIQUE

XX 🕸 **Herborist** (Hanbuckers) 🏊 avec ch, De Watermolen 15 (par ⑥ : 6 km puis à droite après
E 40 - A 10), ✆ 0 50 38 76 00, Fax 0 50 39 31 06, 🍽, 🐴, 🚲 – 🛏 rest, 📺 🅿 🅰🅴 ⓜ🅾
VISA 🛳
*fermé 21 mars-1ᵉʳ avril, 20 juin-1ᵉʳ juil., 19 sept.-4 oct., 19 déc.-1ᵉʳ janv., dim. soir, lundi
et jeudi soir* – **Repas** (menu unique) Lunch 65 bc – 85 – **4 ch** 🖙 100/150
Spéc. Foie de canard chaud et confit d'agrumes aux sept poivres. Colvert aux pêches de
vignes (sept.-mi-nov.). Saint-Jacques au cappuccino de foie de canard (mi-sept.-mi-mars).
◆ Cette auberge isolée dans un environnement champêtre a été aménagée avec beaucoup
de goût. Menu unique proposé oralement, mis en valeur par une cave de prestige.
◆ Deze smaakvol ingerichte herberg ligt vrij afgelegen in een landelijke omgeving. Eén
menu, dat mondeling wordt aangekondigd en waarbij prestigieuze wijnen worden geschonken.

à Sint-Kruis ⓒ Brugge – ✉ 8310 Sint-Kruis :

🏨 **Wilgenhof** 🏊 sans rest, Polderstraat 151, ✆ 0 50 36 27 44, info@hotel-wilgenhof.be,
Fax 0 50 36 28 21, ≤, 🍽, 🚲 – 📺 🅿 🅰🅴 ⓞ ⓜ🅾 **VISA**. 🛳   ER w
6 ch 🖙 80/150.
◆ Au bord du Damse Vaart, dans un paysage de campagne et polders, adorable fermette
disposant de chambres sans reproche. Un feu de bûches ronfle au salon quand le froid
sévit.
◆ Lieflijk boerderijtje aan de Damse Vaart, in een typisch polderlandschap. De kamers zijn
onberispelijk en als het buiten koud is, knappert het haardvuur in de lounge.

XXX 🕸 **Eethuis De Jonkman**, Maalsesteenweg 438 (Est : 2 km), ✆ 0 50 36 07 67, resto@
ronniejonkman.be, Fax 0 50 35 76 96, 🍽 – 🅿 🅰🅴 ⓜ🅾 **VISA** 𝗝𝗖𝗕
fermé 2 sem. en mai, 2 sem. en oct., Noël-Nouvel An, dim. et lundi – **Repas** 33/63 bc.
◆ Une cuisine orientée "produits" vous sera servie dans cette jolie villa flamande. Carte
actuelle et concise. Bons accords mets-vins. Agréables terrasses au mobilier et teck.
◆ Hier wordt uitsluitend met eersteklas producten gekookt. Kleine, eigentijdse kaart en
wijnen die uitstekend bij de gerechten passen. Mooie terrassen met teakhouten meubelen.

X **'t Apertje**, Damse Vaart Zuid 223, ✆ 0 50 35 00 12, apertje@compaqnet.be, Fax 0 50
37 58 48, ≤, 🍽, Bistrot – 🅿 🅰🅴 ⓞ ⓜ🅾 **VISA**   ER w
fermé dern. sem. juin-prem. sem. juil., vacances Noël et lundi – **Repas** carte 29 à 49, ₤.
◆ Carte bistrot avec plats d'anguilles, décor intérieur dans l'air du temps et vue sur un
canal se perdant dans les polders, telle est la recette du succès de cette auberge.
◆ Een smakelijke bistrokeuken, een eigentijds interieur en een mooi uitzicht op een kanaal
in de polder, dat is het recept van deze herberg. De paling is werkelijk boterzacht.

à Sint-Michiels ⓒ Brugge – ✉ 8200 Sint-Michiels :

🏨 **Campanile**, Jagersstraat 20, ✆ 0 50 38 13 60, brugge@campanile.be, Fax 0 50
🍴 38 45 42, 🍽 – ✯⬄ 📺 🌡ch, 🅿 – 🔬 25. 🅰🅴 ⓜ🅾 **VISA**   ES e
Repas (avec buffets) Lunch 8 – 22/27 bc – 🖙 10 – **56 ch** 73/85 – ½ P 62/94.
◆ À 3 km du centre-ville, près d'un parc d'attractions, hôtel dont les chambres, conformes
aux standards de la chaîne, sont bien tenues et suffisamment insonorisées.
◆ Hotel op 3 km van het centrum, vlak bij een pretpark. De kamers voldoen aan de standaard van deze hotelketen ; ze zijn goed onderhouden en naar behoren geïsoleerd tegen
geluid.

XXX 🕸🕸 **Weinebrugge**, Koning Albertlaan 242, ✆ 0 50 38 44 40, weinebrugge@pi.be, Fax 0 50
39 35 63, 🍽 – 🅿 🅰🅴 ⓞ ⓜ🅾 **VISA**   ES b
fermé du 1ᵉʳ au 15 juil. et mardi – **Repas** Lunch 29 – 45/75 bc.
◆ Ce restaurant très confortable, avec salon et bar séparés, occupe une villa flamande en
lisière du bois de Tillegem. Cuisine classique actualisée. Accès aisé depuis Brugge.
◆ Luxueus restaurant met salon en bar in een landhuis bij het bos van Tillegem. Klassieke
keuken die is aangepast aan de huidige tijd. Vanuit Brugge gemakkelijk te bereiken.

XX **Casserole** (Établissement d'application hôtelière), Groene-Poortdreef 17, ✆ 0 50
40 30 30, casserole@tergroenepoorte.be, Fax 0 50 40 30 35, 🍽 – 🅿 – 🔬 35. 🅰🅴 ⓞ ⓜ🅾
VISA. 🛳   ES t
fermé vacances scolaires, sam. et dim. – **Repas** (déjeuner seult, menu unique) 29/42 bc.
◆ Établissement d'application hôtelière installé dans une fermette entourée de verdure.
Fringante salle à manger campagnarde, menu souvent recomposé et bons vins à prix d'ami.
◆ Restaurant van de hotelschool in een boerderijtje tussen het groen. Vrolijke eetzaal in
landelijke stijl, regelmatig wisselende menu's en goede wijnen voor een zacht prijsje.

X **Hertog Jan**, Torhoutse Steenweg 479, ✆ 0 50 67 34 46, kalon@pandora.be,
Fax 0 50 67 34 45, 🍽 – 🅿 🅰🅴 ⓞ ⓜ🅾 **VISA**   ES x
fermé du 3 au 11 avril, 1ᵉʳ juil.-8 août, 30 oct.-7 nov., 25 déc.-2 janv., dim. et lundi – **Repas**
Lunch 50 bc – 50/100 bc, ₤ 🍴.
◆ Une table qui plaît pour son ambiance "bistrot-gastro", sa cuisine créative sa cave pla-
nétaire et son grand choix de vins au verre. Fourneaux à vue ; service dynamique.
◆ Gastronomische bistro met een creatieve keuken, internationale wijnkelder en veel
wijnen per glas. Vanuit de eetzaal is te zien hoe voortvarend het personeel te werk gaat.

Environs

à Hertsberge au Sud par N 50 : 12,5 km ⓒ Oostkamp 21 371 h. – ⊠ 8020 Hertsberge :

XXX **Manderley**, Kruisstraat 13, ☏ 0 50 27 80 51, manderley@pandora.be, Fax 0 50 27 80 55, 🌳 – 🅿. 🖭 ⓞ ⓜⓞ 🆅🆂🅰
fermé fin sept.-début oct., 3 sem. en janv., mardi soir en hiver, dim. soir et lundi – **Repas** Lunch 36 – 50/87 bc, ♀.
◆ Ancienne ferme agrémentée d'une belle terrasse d'été sur jardin. Choix de recettes au goût du jour, cave importante et, l'hiver venu, réconfortantes flambées en salle.
◆ Oude boerderij met 's zomers een fijn terras dat uitkijkt op de tuin. Eigentijdse keuken, goed gevulde wijnkelder en 's winters een behaaglijk vuur in de eetzaal.

à Varsenare ⓒ Jabbeke 13 634 h. – ⊠ 8490 Varsenare :

XXX **Manoir Stuivenberg** (Scherrens frères) avec ch, Gistelsteenweg 27, ☏ 0 50 38 15 02,
✿ info@manoirstuivenberg.be, Fax 0 50 38 28 92, 🌳, ᠔ᢟᠥ – 🛗, 🍽 rest, 🖭 ⇔ 🅿 – 🕍 25
à 300. 🖭 ⓞ ⓜⓞ 🆅🆂🅰. ✳   ERS n
fermé 18 juil.-4 août et du 1ᵉʳ au 19 janv. – **Repas** (fermé sam. midi, dim. soir, lundi et mardi) Lunch 42 – 66/108 bc, carte 74 à 116 – **8 ch** (fermé dim. soir et lundi) ⇆ 124/162, – 1 suite – ½ P 130/158
Spéc. Turbot braisé au citron et marmelade de tomates. Poitrine de pigeon en crapaudine. Gibier (en saison).
◆ Une carte classique revisitée à petits pas et une superbe cave n'attendent que votre visite dans ce manoir chic décoré avec le souci du détail. Service personnalisé.
◆ Dit landhuis is met veel oog voor detail ingericht. De klassieke spijskaart is gematigd eigentijds en in de kelder liggen geweldige wijnen. Attente bediening.

à Waardamme au Sud par N 50 : 11 km ⓒ Oostkamp 21 371 h. – ⊠ 8020 Waardamme :

XX **Ter Talinge**, Rooiveldstraat 46, ☏ 0 50 27 90 61, tertalinge@tiscali.be, Fax 0 50 28 00 52, 🌳 – 🅿. 🖭 ⓜⓞ 🆅🆂🅰
fermé dern. sem. fév.-3 prem. sem. mars, dern. sem. août-prem. sem. sept., lundi soir, mardi soir, merc. et jeudi – **Repas** Lunch 28 – 45/65 bc.
◆ La sarcelle (taling) a fait son nid dans une villa moderne à l'intérieur néo-rustique. Cuisine classico-traditionnelle et clientèle d'habitués. Jolie terrasse.
◆ De taling heeft zijn nest gemaakt in deze moderne villa met een neorustieke inrichting. De klassiek-traditionele keuken trekt veel vaste gasten. Mooi terras.

à Zedelgem par ⑥ : 10,5 km – 21 919 h – ⊠ 8210 Zedelgem :

🏨 **Zuidwege**, Torhoutsesteenweg 126, ☏ 0 50 20 13 39, angelo@zuidwege.be, Fax 0 50 20 17 39, 🌳, ᠔ᢟᠥ – ✣, 🍽 ch, 🖭 🅿 – 🕍 25. 🖭 ⓞ ⓜⓞ 🆅🆂🅰. ✳ ch
Repas (fermé prem. sem. juill., vacances Noël, sam. et dim. midi) (taverne-rest) Lunch 10 – carte 22 à 44 – **20 ch** (fermé vacances Noël) ⇆ 60/85 – ½ P 58.
◆ Hôtel voisin d'un carrefour. Fonctionnelles, les chambres sont munies du double vitrage. Ensemble bien tenu mais n'offrant qu'un service minimal. Petit-déjeuner buffet. Cadre actuel et ambiance détendue au restaurant.
◆ Hotel bij een kruispunt met functionele kamers die van dubbele beglazing zijn voorzien. Alles is goed onderhouden, maar de faciliteiten zijn minimaal. Ontbijtbuffet. Restaurant met een modern interieur, waar een ontspannen sfeer heerst.

XX **Ter Leepe**, Torhoutsesteenweg 168, ☏ 0 50 20 01 97, Fax 0 50 20 88 54 – 🍽 🅿 –
🕍 220. 🖭 ⓜⓞ 🆅🆂🅰
fermé 17 juil.-3 août, dim. soir, lundi et merc. soir – **Repas** Lunch 38 bc – 65 bc.
◆ Dans une imposante villa. Sage carte de base classique, incluant un menu tout compris, très demandé. Choix de vieux millésimes. Salle réservée aux banquets à l'arrière.
◆ Restaurant in een imposante villa, met een klassieke kaart en een zeer gewild menu, waarbij alles is inbegrepen. Mooie oude wijnflessen. Feestzaal aan de achterkant.

BRUXELLES – BRUSSEL

1000 **P** *Région de Bruxelles-Capitale – Brussels Hoofdstedelijk Gewest* 533 L 17
et 716 G 3 – *997 126 h.*

Paris 308 ⑥ *– Amsterdam 204* ⑪ *– Düsseldorf 222* ② *– Lille 116* ⑨ *–*
Luxembourg 219 ④*.*

OFFICES DE TOURISME

TIB Hôtel de Ville, Grand'Place ✉ *1000,* 🕿 *0 2 513 89 40, tourism@brusselsinternatio-*
nal.be, Fax 0 2 514 45 38.
Office de Promotion du Tourisme (OPT), r. Marché-aux-Herbes 63, ✉ *1000,*
🕿 *0 2 504 02 00, info@opt.le, Fax 0 2 513 69 50.*
TIB, Gare du Midi, ✉ *1000.*
Toerisme Vlaanderen, Grasmarkt 63, ✉ *1000,* 🕿 *0 2 504 03 90, info@toerismevlaan*
deren.be, Fax 0 2 504 02 70.

Pour approfondir votre visite touristique, consultez le Guide Vert Bruxelles *et le Plan*
de Bruxelles n° 44.

RENSEIGNEMENTS PRATIQUES

BUREAUX DE CHANGE

– *Principales banques : ferment à 16 h 30 et sam., dim.*
– *Près des centres touristiques il y a des guichets de change non-officiels.*

TRANSPORTS

Principales compagnies de Taxis :

Taxis Verts 📞 *0 2 349 49 49, Fax 0 2 349 49 00*
Taxis Oranges 📞 *0 2 349 43 43, Fax 0 2 349 43 00*
En outre, il existe les Taxis Tours faisant des visites guidées au tarif du taximètre. Se renseigner directement auprès des compagnies.

Métro

STIB 📞 *0 2 515 20 00 pour toute information.*
Le métro dessert principalement le centre-ville, ainsi que certains quartiers de l'agglomération (Heysel, Anderlecht, Auderghem, Woluwé-St-Pierre). Aucune ligne de métro ne desservant l'aéroport, empruntez le train (SNCB) qui fait halte aux gares du Nord, Central et du Midi.
SNCB 📞 *0 2 555 25 25, Fax 0 2 525 93 13.*

Trams et Bus :

En plus des nombreux réseaux quadrillant toute la ville, le tram 94 propose un intéressant trajet visite guidée avec baladeur (3 h). Pour tout renseignement et réservation, s'adresser au TIB (voir plus haut).

🚗 📞 *0 2 555 25 25 et 555 25 55, Fax 0 2 525 93 13.*

CAPITALE VERTE

Parcs : de Bruxelles, Wolvendael, Woluwé, Laeken, Cinquantenaire, Duden. Bois de la Cambre. La Forêt de Soignes.

QUELQUES GOLFS

🏌 🏌 *par Tervurenlaan* (DN) *: 14 km à Tervuren, Château de Ravenstein* 📞 *0 2 767 58 01, Fax 0 2 767 28 41 –* 🏌 *au Nord-Est : 14 km à Melsbroek, Steenwagenstraat 11* 📞 *0 2 751 82 25, Fax 0 2 751 84 25 –* 🏌 *à Anderlecht, Zone Sportive de la Pede* (AN)*, r. Scholle 1* 📞 *0 2 521 16 87, Fax 0 2 521 51 56 –* 🏌 *à Watermael-Boitsfort* (CN)*, chaussée de la Hulpe 53a* 📞 *0 2 672 22 22, Fax 0 2 675 34 81 –* 🏌 *par* ④ *: 16 km à Overijse, Gemslaan 55* 📞 *0 2 687 50 30, Fax 0 2 687 37 68 –* 🏌 *par* ⑧ *: 8 km à Itterbeek, J.M. Van Lierdelaan 24* 📞 *0 2 569 00 38, Fax 0 2 567 00 38 –* 🏌 *au Nord-Est : 20 km à Kampenhout, Wildersedreef 56* 📞 *0 16 65 16 80, Fax 0 16 65 16 80 –* 🏌 *à l'Est : 18 km à Duisburg, Hertswegenstraat 59* 📞 *0 2 769 45 82, Fax 0 2 767 97 52.*

CURIOSITÉS

BRUXELLES VU D'EN HAUT

Atomium★ BK – *Basilique du Sacré Cœur*★ ABL – *Arcades du Musée royal de l'Armée et d'Histoire militaire*★ HS **M²⁵**.

PERSPECTIVES CÉLÈBRES DE BRUXELLES

Palais de Justice ES**J** – *Cité administrative* KY – *Place Royale*★ KZ.

QUELQUES MONUMENTS HISTORIQUES

Grand-Place★★★ JY – *Théâtre de la Monnaie*★ JY – *Galeries St-Hubert*★★ JKY – *Maison d'Erasme (Anderlecht)*★★ AM – *Château et parc de Gaasbeek (Gaasbeek)*★★ *(Sud-Ouest : 12 km par N 282* AN*)* – *Serres royales (Laeken)*★★ BK **R**.

ÉGLISES

Sts-Michel-et-Gudule★★ KY – *Église N.-D. de la Chapelle*★JZ – *Église N.-D. du Sablon*★ KZ – *Abbaye de la Cambre (Ixelles)*★★ FGV – *Sts-Pierre-et-Guidon (Anderlecht)*★ AM **D**.

QUELQUES MUSÉES

Musée d'Art ancien★★★ KZ – *Musée du Cinquantenaire*★★★ HS **M**[11] – *Musée d'Art moderne*★★ KZ **M**[2] – *Centre Belge de la BD*★★ KY **M**[8] – *Autoworld*★★ HS **M**[3] – *Muséum des Sciences Naturelles*★★ GS **M**[29] – *Musée des instruments de Musique*★★★ KZ **M**[21] – *Musée Constantin Meunier (Ixelles)*★ FV **M**[13] – *Musée communal d'Ixelles (Ixelles)*★★ GT **M**[12] – *Musée Charlier*★ FR **M**[9] – *Bibliotheca Wittockiana (Woluwé-St-Pierre)*★ CM **C** – *Musée royal de l'Afrique centrale (Tervuren)*★★ *(par* ③*)* – *Musée Horta (St-Gilles)*★★ EFU **M**[20] – *Maison Van Buuren (Uccle)*★ EFV **M**[6] – *Musées Bellevue*★ KZ **M**[28].*

ARCHITECTURE MODERNE

Atomium★ BK – *Centre Berlaymont* GR – *Parlement européen* GS – *Palais des Beaux Arts* KZ **Q**[1] – *La Cité administrative* KY – *Les cités-jardins Le Logis et Floréal (Watermael-Boitsfort)* DN – *Les Cités-jardins Kapelleveld (Woluwé-St-Lambert)* DM – *Campus de l'UCL (Woluwé-St-Lambert)* DL – *Palais Stoclet (Tervuren/Environs)*★ CM **Q**[4] – *Swift (La Hulpe/Environs)* – *Vitrine P. Hankar*★ KY **W** – *Maison Communale d'Ixelles* FS **K**[2] – *Hôtel Van Eetvelde*★ GR 187 – *Maison Cauchie (Etterbeek)*★ HS **K**[1] – *Old England*★ KZ **N**.*

QUARTIERS PITTORESQUES

La Grand-Place★★★ JY – *Le Grand et le Petit Sablon*★★ JZ – *Les Galeries St-Hubert*★★ JKY – *La place du Musée* KZ – *La place Ste-Catherine* JY – *Le vieux centre (Halles St-Géry – voûtement de la Senne – Église des Riches Claires)* ER – *Rue des Bouchers*★ JY – *Manneken Pis*★★ JZ – *Les Marolles* JZ – *La Galerie Bortier* JY.*

LE SHOPPING

Grands Magasins : *Rue Neuve* JKY.

Commerces de luxe : *Avenue Louise* BMN, *Avenue de la Toison d'Or* KZ, *Boulevard de Waterloo* KZ, *rue de Namur* KZ.

Antiquités : *Le Sablon et alentours* JKZ.

Marché aux puces : *Place du Jeu de Balles* ES.

Galeries commerçantes : *Basilix, Westland Shopping Center, Woluwé Shopping Center, City 2, Galerie Louise.*

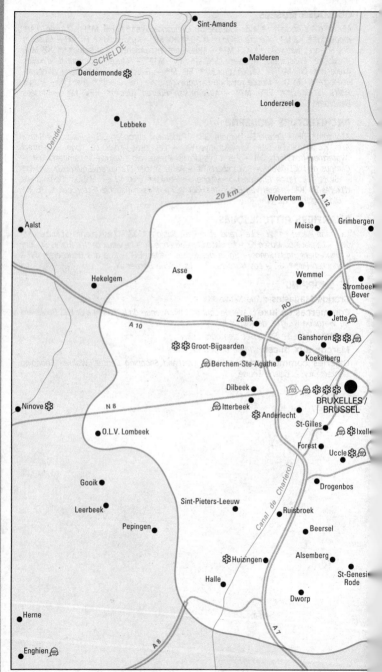

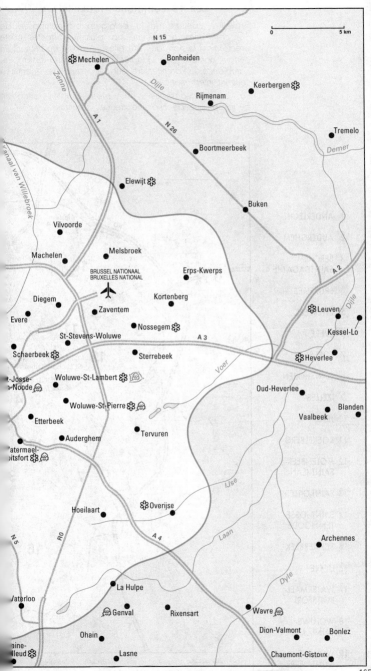

Les 19 communes bruxelloises

Bruxelles, capitale de la Belgique, est composée de 19 communes dont l'une, la plus importante, porte précisément le nom de "Bruxelles". Il existe également un certain nombre de "quartiers" dont l'intérêt historique, l'ambiance ou l'architecture leur ont acquis une renommée souvent internationale.

La carte ci-dessous vous indiquera la situation géographique de chacune de ces communes.

1 ANDERLECHT

2 AUDERGHEM

3 BERCHEM-
   SAINTE-AGATHE

4 BRUXELLES

5 ETTERBEEK

6 EVERE

7 FOREST

8 GANSHOREN

9 IXELLES

10 JETTE

11 KOEKELBERG

12 MOLENBEEK-
    SAINT-JEAN

13 SAINT-GILLES

14 SAINT-JOSSE-
    TEN-NOODE

15 SCHAERBEEK

16 UCCLE

17 WATERMAEL-
    BOITSFORT

18 WOLUWE-
    SAINT-LAMBERT

19 WOLUWE-
    SAINT-PIERRE

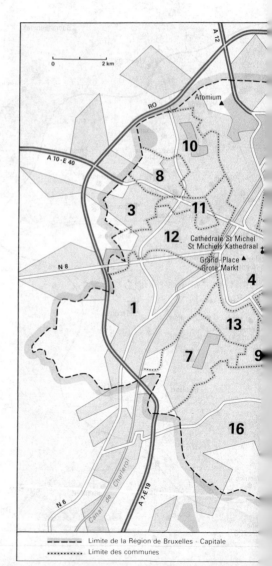

- - - - - Limite de la Region de Bruxelles - Capitale
.... Limite des communes

De 19 Brusselse gemeenten

Brussel, hoofdstad van België, bestaat uit 19 gemeenten, waarvan de meest belangrijke de naam "Brussel" draagt. Daar zijn een aantal wijken, waar de geschiedenis, de sfeer en de architectuur gezorgd hebben voor de, vaak internationaal, verworven faam.

Onderstaande kaart geeft U een overzicht van de geografische ligging van elk van deze gemeenten.

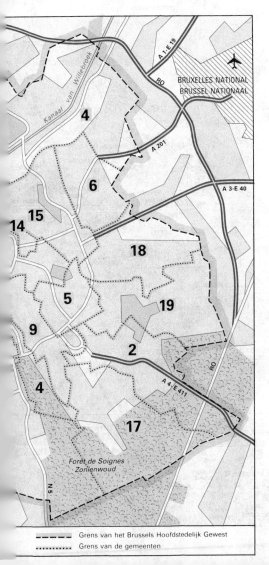

ANDERLECHT 1

OUDERGEM 2

SINT-AGATHA-BERCHEM 3

BRUSSEL 4

ETTERBEEK 5

EVERE 6

VORST 7

GANSHOREN 8

ELSENE 9

JETTE 10

KOEKELBERG 11

SINT-JANS-MOLENBEEK 12

SINT-GILLIS 13

SINT-JOOST-TEN-NODE 14

SCHAARBEEK 15

UKKEL 16

WATERMAAL-BOSVOORDE 17

SINT-LAMBRECHTS-WOLUWE 18

SINT-PIETERS-WOLUWE 19

— — — Grens van het Brussels Hoofdstedelijk Gewest
··········· Grens van de gemeenten

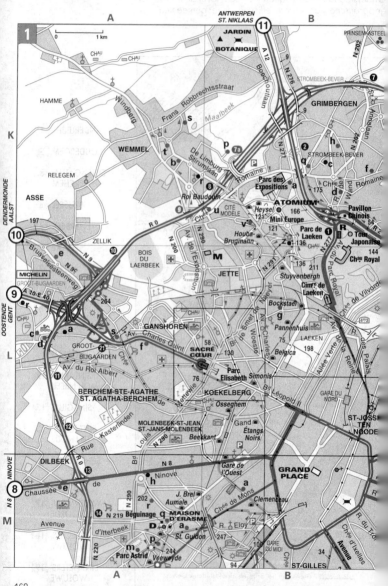

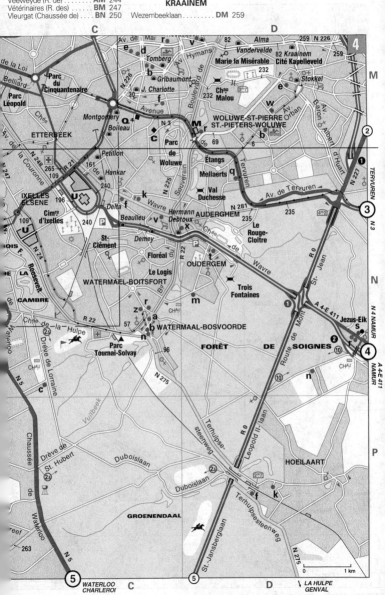

BRUXELLES/
BRUSSEL

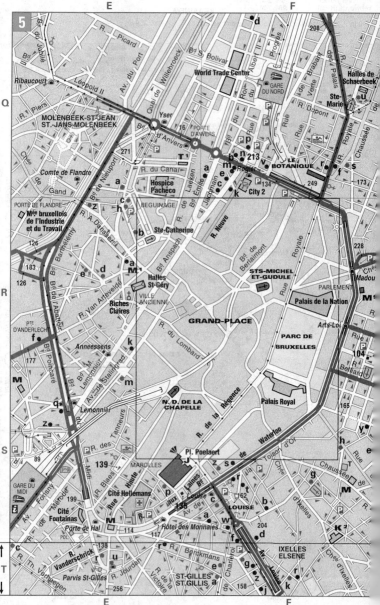

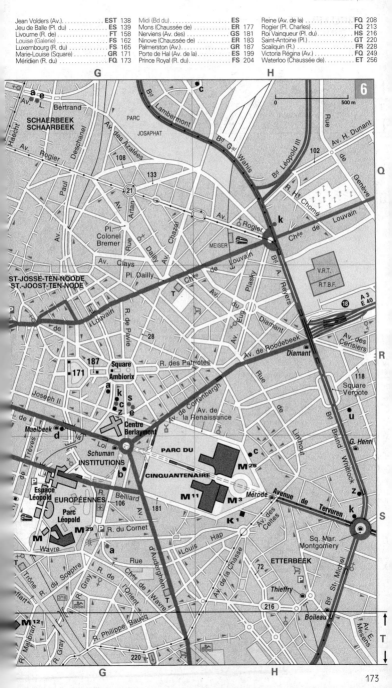

BRUXELLES/
BRUSSEL

2ème Régiment de Lanciers
(Av. du) . . . . **HU** 265
7 Bonniers (Av. des) . . . . **EV** 270

175

BRUXELLES/
BRUSSEL

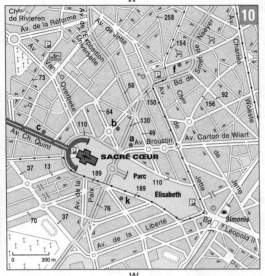

W

W

GANSHOREN
JETTE
KOEKELBERG

Liste alphabétique des hôtels et restaurants
Alfabetische lijst van hotels en restaurants
Alphabetisches Hotel- und Restaurantverzeichnis
Alphabetical list of hotels and restaurants

Les établissements à étoiles
Sterrenbedrijven
Die Stern-Restaurants
Starred establishments

£3 £3 £3

29	XXX	Comme Chez Soi

£3 £3

| 58 | XXXX | Bijgaarden (De) | | 29 | XXXX | Sea Grill (H. Radisson SAS) |
| 43 | XXXX | Bruneau | | 43 | XXX | Claude Dupont |

£3

60	XXXX	Barbizon		37	XXX	Truffe Noire (La)
35	XXXX	Maison du Bœuf (H. Hilton)		55	XX	Deux Maisons (Les)
37	XXXX	Villa Lorraine		54	XX	Maurice à Olivier (de)
53	XXX	Vieux Boitsfort (Au)		58	XX	Terborght
33	XXX	Écailler du Palais Royal (L')		51	X	Bon-Bon
58	XXX	Michel		44	X	Marie
59	XXX	Orangerie Roland Debuyst (L')		52	X	Passage (Le)
40	XXX	Saint Guidon		49	X	Senza Nome
43	XXX	San Daniele				

La cuisine que vous recherchez...
Het soort keuken dat u zoekt
Welche Küche, welcher Nation suchen Sie
That special cuisine

A la bière et régionale

Anguilles

Buffets

Grillades

Produits de la mer – Crustacés

Taverne – Brasserie – Bistrot

Chinoise

BRUXELLES (BRUSSEL) - plan p. 16 sauf indication spéciale :

Radisson SAS, r. Fossé-aux-Loups 47, ✉ 1000, ☎ 0 2 219 28 28, *reservations.bruss els@radissonsas.com, Fax 0 2 219 62 62,* ₤₅, ⌿ – 🛗 ✻ ▤ 📺 ♿ ch, 🍽 ⇔ – 🔬 25 à 450. 🆎 ⓿ ⓿⓿ 𝘝𝘐𝘚𝘈. ❄   KY **f**
Repas voir rest **Sea Grill** ci-après – **Atrium** Lunch 18 – carte 35 à 53, ♀ – ⌸ 25 – **271 ch** 210/245, – 10 suites.
◆ Luxueux hôtel de chaîne dont l'atrium recèle des vestiges des fortifications de la ville (12ᵉ s.). Chambres "high-tech" différemment agencées. Bar "bédéphile". Ample restaurant coiffé d'une haute coupole. Semaines à thème culinaire. Pianiste.
◆ Luxehotel met in het atrium overblijfselen van de 12e-eeuwse vestingwerken van de stad. Hightechkamers die verschillend zijn ingedeeld. Bar voor stripliefhebbers. Groot restaurant met een hoge koepel. Culinaire themaweken. Pianist.

Astoria, r. Royale 103, ✉ 1000, ☎ 0 2 227 05 05, *H1154@accor.com, Fax 0 2 217 11 50,* ₤₅ – 🛗 ✻ ▤ 📺 🍽 🍽 – 🔬 25 à 210. 🆎 ⓿ ⓿⓿ 𝘝𝘐𝘚𝘈   KY **b**
Repas **Le Palais Royal** *(fermé 15 juil.-15 août et week-end)* 40/55 bc – ⌸ 25 – **104 ch** 100/340, – 14 suites – ½ P 130/250.
◆ Hiro Hito, Churchill, Dali et Gainsbourg furent les hôtes de cet élégant palace Belle Époque. Fastueux salons et chambres garnies de meubles de style. Restaurant opulent : profonds miroirs, cheminée de marbre, fresques et moulures.
◆ Hiro Hito, Churchill, Dali en Gainsbourg logeerden in dit chique belle-époquehotel. Weelderige lounge en kamers met stijlmeubelen. Het restaurant is een lust voor de tong en het oog : grote spiegels, marmeren schouw, fresco's en sierlijsten.

Le Plaza, bd A. Max 118, ✉ 1000, ☎ 0 2 278 01 00, *esterel@leplaza-brussels.be, Fax 0 2 278 01 01* – 🛗 ✻ ▤ 📺 ⇔ – 🔬 25 à 800. 🆎 ⓿ ⓿⓿ 𝘝𝘐𝘚𝘈 𝘫𝘤𝘣
Repas *(fermé sam. midi et dim.)* Lunch 29 – carte 37 à 55 – ⌸ 27 – **187 ch** 125/450, – 6 suites – ½ P 120/282.   plan p. 12 FQ **e**
◆ Chambres aménagées avec goût et salon-théâtre classé monument historique, dans un immeuble 1930 dont les plans s'inspirent de l'hôtel George V à Paris. Une coupole ornée d'une fresque céleste donne un air aérien au bar-restaurant.
◆ Luxehotel met smaakvol gedecoreerde kamers in een gebouw uit 1930, naar het ontwerp van het George V in Parijs. De feestzaal met podium staat op de monumentenlijst. Bar-restaurant waarvan de koepel is versierd met een sterrenhemel.

Marriott, r. A. Orts 7 (face à la bourse), ✉ 1000, ☎ 0 2 516 90 90 et 516 91 00 (rest), *mhrs.brudt.ays.mgr@marriotthotels.com, Fax 0 2 516 90 00,* ₤₅, ⌿ – 🛗 ✻ ▤ 📺 ♿ch, 🍽 ⇔ 🅿 – 🔬 25 à 450. 🆎 ⓿ ⓿⓿ 𝘝𝘐𝘚𝘈. ❄ ch   JY **z**
Repas *(fermé dim. soir)* Lunch 13 – carte 26 à 40, ♀ – ⌸ 25 – **212 ch** 119/399, – 6 suites.
◆ Hôtel tout confort établi devant la Bourse. L'imposante façade 1900, les chambres et communs ont retrouvé l'éclat du neuf. Brasserie moderne où une cuisine internationale se conçoit sous vos yeux. Rôtissoire en salle.
◆ Zeer comfortabel hotel bij de Beurs in een hoekpand waarvan de imposante gevel uit 1900, de kamers en de gemeenschappelijke ruimten er weer als nieuw uitzien. Moderne brasserie met een open keuken en een internationale kaart. Vlees aan het spit.

Métropole, pl. de Brouckère 31, ✉ 1000, ☎ 0 2 217 23 00, *info@metropolehotel.be, Fax 0 2 218 02 20* – 🛗 ✻ ▤ 📺 ⇔ – 🔬 25 à 500. 🆎 ⓿ ⓿⓿ 𝘝𝘐𝘚𝘈 𝘫𝘤𝘣   JY **c**
Repas voir rest **L'Alban Chambon** ci-après – **291 ch** ⌸ 299/449, – 14 suites – ½ P 338/438.
◆ Palace du 19ᵉ s. s'étirant sur la place de Brouckère, si bien chantée par Brel. Superbe hall, fastueux salons d'époque et délicates fresques Art nouveau découvertes en 2004.
◆ Chic 19e-eeuws hotel aan het door Brel bezongen Brouckèreplein. Imposante hal en lounges met stijlmeubelen en schitterende art-nouveauschilderingen, die in 2004 zijn ontdekt.

NH Atlanta, bd A. Max 7, ✉ 1000, ☎ 0 2 217 01 20, *nhatlanta@nh-hotels.be, Fax 0 2 217 37 58,* ₤₅ – 🛗 ✻ ▤ 📺 🍽 ⇔ – 🔬 25 à 160. 🆎 ⓿ ⓿⓿   JY **d**
Repas *(fermé sam. midi et dim. midi)* carte env. 35 – ⌸ 19 – **228 ch** 84/150, – 13 suites – ½ P 123/189.
◆ D'importantes rénovations ont donné une seconde vie à ce bel hôtel élevé dans les années 1930 à deux pas du nostalgique passage du Nord et de la place de Brouckère. Luxueuse brasserie moderne avec carte franco-transalpine.
◆ Dit mooie hotel uit 1930, vlak bij een nostalgische winkelgalerij en het Brouckèreplein, heeft onlangs een verjongingskuur ondergaan. De bijbehorende brasserie is luxueus en modern en hanteert een Frans-Italiaanse kaart.

Bedford, r. Midi 135, ✉ 1000, ☎ 0 2 507 00 00, *info@hotelbedford.be, Fax 0 2 507 00 10,* 🛗 – 🛗 ✻ ▤ 📺 ⇔ – 🔬 25 à 550. 🆎 ⓿ ⓿⓿ 𝘝𝘐𝘚𝘈. ❄plan p. 12 ER **k**
Repas carte 37 à 55 – **318 ch** ⌸ 230/320, – 8 suites.
◆ À deux pas du Manneken Pis et 500 m de la Grand-Place, établissement renfermant une douzaine d'appartements et des chambres correctement équipées. Restaurant dédiant à la France ses préparations et sa sélection de vins.
◆ Hotel op een steenworp afstand van Manneken Pis en de Grote Markt, met goed geëquipeerde kamers en een twaalftal appartementen. Het restaurant is sterk op Frankrijk gericht, zowel qua eten als wijnen.

President Centre sans rest, r. Royale 160, ✉ 1000, ☎ 0 2 219 00 65, *gm@presidentcentre.be, Fax 0 2 218 09 10* – |‡| ⇆ TV ⇐. AE ⊙ ⊙ VISA JCB. ✻ KY a
73 ch ☕ 195/295.
◆ Morphée vous tend les bras dans les confortables chambres insonorisées de l'hôtel President Centre. Service avenant et personnalisé, bar "cosy".
◆ In de rustige en comfortabele kamers van het President Centre valt u zo in de armen van Morpheus. Uitstekende service en cosy bar.

Hesperia Grand'Place sans rest, r. Colonies 10, ✉ 1000, ☎ 0 2 504 99 10, *hotel@hesperia-grandplace.com, Fax 0 2 503 14 51* – |‡| ⇆ ▤ TV – 🏠 25. AE ⊙ ⊙ VISA
47 ch ☕ 130/270. KY z
◆ Hébergement fiable idéalement situé entre la gare centrale et la cathédrale des Sts-Michel-et-Gudule. Chambres actuelles de bon confort. Lumineuse salle des petits-déjeuners.
◆ Betrouwbaar hotel, ideaal gelegen tussen het Centraal Station en de St.-Michielskathedraal. De moderne kamers zijn comfortabel en de ontbijtzaal baadt in het licht.

Scandic Grand'Place, r. Arenberg 18, ✉ 1000, ☎ 0 2 548 18 11, *grand.place@scandic-hotels.com, Fax 0 2 548 18 20,* ≘ – |‡| ⇆ ▤ TV ♿ch, – 🏠 25 à 80. AE ⊙ ⊙ VISA JCB KY r
Repas *(fermé sam. midi et dim. midi)* carte 22 à 34 – **100 ch** ☕ 99/269.
◆ À 250 m de la Grand-Place, accessible par les galeries St-Hubert, demeures de maître fin 19ᵉ s. renfermant de coquettes petites chambres, pour des nuits sans histoire. Brasserie au cadre actuel, sobre et chaleureux.
◆ Herenhuis uit de 19e eeuw, op 250 m van de Grote Markt, te bereiken via de St.-Hubertusgalerijen. De kamers zijn klein, maar rustig en zien er picobello uit. Brasserie met een hedendaagse, sobere inrichting die toch warm aandoet.

NH Grand Place Arenberg, r. Assaut 15, ✉ 1000, ☎ 0 2 501 16 16, *nhgrandplace@nh-hotels.com, Fax 0 2 501 18 18* – |‡| ⇆ ▤ TV ⇐ – 🏠 25 à 85. AE ⊙ ⊙ VISA. ✻ KY g
Repas (taverne-rest) *Lunch 10* – carte 22 à 37 – ☕ 17 – **155 ch** 69/220.
◆ Hôtel de chaîne bien positionné pour partir à la découverte de l'Îlot sacré et du "ventre" de la ville. Équipement standard dans les chambres, modernes et fonctionnelles.
◆ Ideaal gelegen hotel voor een ontdekkingstocht door de "buik van Brussel". De kamers zijn conform de standaard van deze hotelketen : modern en praktisch.

Agenda Midi sans rest, bd Jamar 11, ✉ 1060, ☎ 0 2 520 00 10, *midi@hotel-agenda.com, Fax 0 2 520 00 20* – |‡| ⇆ TV. AE ⊙ ⊙ VISA plan p. 12 ES z
35 ch ☕ 64/99.
◆ Immeuble rénové dominant la place Jamar, à un saut de la gare du Midi (TGV). Agréables chambres et salle des petits-déjeuners aux couleurs ensoleillées.
◆ Gerenoveerd gebouw aan het Jamarplein, vlak bij het station Brussel-Zuid (HST). Prettige kamers en ontbijtzaal in zonnige kleuren.

Chambord sans rest, r. Namur 82, ✉ 1000, ☎ 0 2 548 99 10, *info@hotel-chambord.be, Fax 0 2 514 08 47* – |‡| TV. AE ⊙ ⊙ VISA JCB. ✻ KZ u
69 ch ☕ 60/160.
◆ Construction des années 1960 jouxtant la porte de Namur. Les chambres, spacieuses et convenablement équipées, offrent plus de calme sur l'arrière. Parking public à 50 m.
◆ Gebouw uit de jaren zestig, naast de Naamse poort. De kamers zijn ruim en goed uitgerust ; die aan de achterkant zijn het rustigst. Openbare parkeergarage op 50 m afstand.

du Congrès sans rest, r. Congrès 42, ✉ 1000, ☎ 0 2 217 18 90, *info@hotelducongres.be, Fax 0 2 217 18 97* – |‡| TV – 🏠 25. AE ⊙ ⊙ VISA KY d
60 ch ☕ 90/140.
◆ Rénovations importantes dans ces quatre maisons bourgeoises voisines de la colonne du Congrès. Chambres standardisées de différentes tailles. Plusieurs salons.
◆ Dit hotel is gevestigd in vier grondig gerestaureerde herenhuizen, niet ver van de Congreszuil. Standaardkamers van verschillende grootte. Verscheidene lounges.

Queen Anne sans rest, bd E. Jacqmain 110, ✉ 1000, ☎ 0 2 217 16 00, *Fax 0 2 217 18 38* – |‡| ⇆ TV. AE ⊙ ⊙ VISA. ✻ plan p. 12 EFQ a
60 ch ☕ 78/198.
◆ Immeuble situé sur une grande artère reliant le quartier du World Trade Center à la vieille ville. Sobres et menues chambres soigneusement tenues et munies du double vitrage.
◆ Hotel aan een grote verkeersader die de wijk van het World Trade Center met het oude centrum verbindt. De sobere, kleine kamers zijn goed onderhouden en hebben dubbele ramen.

Sabina sans rest, r. Nord 78, ✉ 1000, ☎ 0 2 218 26 37, *infos@hotelsabina.be, Fax 0 2 219 32 39* – |‡| TV. AE ⊙ ⊙ VISA KY c
24 ch ☕ 75/90.
◆ Entre la colonne du Congrès et la place des Barricades, sage hôtel aux chambres simples et tranquilles, peu à peu rafraîchies. Petit-déjeuner dans un cadre bourgeois.
◆ Eenvoudig, maar rustig hotel tussen de Congreszuil en het Barricadenplein, waarvan de kamers stuk voor stuk worden opgeknapt. Ontbijtzaal met een typisch bourgeoisdecor

XXXX ✿✿ **Sea Grill** - H. Radisson SAS, r. Fossé-aux-Loups 47, ⊠ 1000, ℰ 0 2 217 92 25, *seagri ll@radissonsas.com*, Fax 0 2 227 31 27, Produits de la mer – 🍴 🕮 **P.** AE ⓞ
MO VISA ✖ KY f
fermé 26 mars-3 avril, du 1er au 28 août, 29 oct.-6 nov., sam., dim. et jours fériés – **Repas**
Lunch 49 – 75/210 bc, carte 75 à 119, ♀ 🕸

Spéc. Saint-Jacques cuites à la vapeur d'algues, crème légère au cresson (15 sept.-30 avril).
Bar entier cuit en croûte de sel. Manchons de crabe de la mer de Barents tiédis au beurre
de persil plat.

◆ Ambiance scandinave aux chaudes tonalités, ambitieuse carte à dominante marine et
très belle cave. Salon avec comptoir à cigares. Accueil et service irréprochables.

◆ Scandinavische sfeer in warme tinten. Ambitieuze kaart met veel vis en heerlijke wijnen.
Rooksalon met uitgelezen sigarenkeuze. Onberispelijke bediening.

XXXX ✿✿ **L'Alban Chambon** - H. Métropole, pl. de Brouckère 31, ⊠ 1000, ℰ 0 2 217 23 00,
info@metropolehotel.be, Fax 0 2 218 02 20 – 🍴 🕮 AE ⓞ **MO** VISA JCB JY c
fermé 18 juil.-16 août, sam., dim. et jours fériés – **Repas** *Lunch* 35 – 55/90 bc.

◆ L'enseigne du restaurant du Métropole honore l'architecte des lieux. Cuisine classique
légère servie dans une ancienne salle de bal garnie d'un mobilier de style.

◆ Dit restaurant van het Métropole is genoemd naar de architect van het hotel. Klassieke,
lichte gerechten die worden opgediend in een oude balzaal met stijlmeubilair.

XXX ✿✿✿ **Comme Chez Soi** (Wynants), pl. Rouppe 23, ⊠ 1000, ℰ 0 2 512 29 21, *info@com mechezsoi.be*, Fax 0 2 511 80 52 – 🍴 🕮 AE ⓞ **MO** VISA plan p. 12 ES m
fermé 3 juil.-1er août, Noël-Nouvel An, dim. et lundi – **Repas** (nombre de couverts limité -
prévenir) 64/159, carte 64 à 236, ♀ 🕸

Spéc. Filet de sole farci au king crabe et son beurre, crustacés à l'estragon. Éventail de
carré d'agneau de la Gaume aux herbes fraîches. Fine salade de fruits nobles, glace à la
vanille et coulis tropical anisé.

◆ Atmosphère Belle Époque restituée dans un décor Horta, talentueux répertoire
culinaire honorant les saveurs du terroir, cave d'exception. Salle à manger hélas un rien
exiguë.

◆ Belle-epoque interieur in Hortastijl, waar men wat krap, zij aan zij, kan genieten van de
kookkunst op hoog niveau. Aandacht voor streek producten en uitgelezen wijnen.

X **La Manufacture,** r. Notre-Dame du Sommeil 12, ⊠ 1000, ℰ 0 2 502 25 25, *info@ manufacture.be*, Fax 0 2 502 27 15, 🕸, Ouvert jusqu'à 23 h – AE ⓞ **MO**
fermé sam. midi et dim. – **Repas** *Lunch* 14 – carte 29 à 51. plan p. 12 ER e

◆ Métaux, bois, cuir et granit président au décor "loft" de cette brasserie "trendy" aménagée dans l'ancien atelier d'une célèbre maroquinerie. Cuisine au goût du jour.

◆ Metaal, hout, leer en graniet hebben de overhand in deze hippe brasserie, die als een
loft is ingericht in een voormalig lederwarenfabriekje. Trendy menukaart.

X **Piazza Navona,** Vieille Halle aux Blés 39, ⊠ 1000, ℰ 0 2 503 00 68, Fax 0 2 503 00 68,
🕸, Cuisine italienne – AE **MO** VISA ✖ JZ c
fermé sam. midi et dim. – **Repas** *Lunch* 14 – carte 23 à 55.

◆ Ça marche fort pour ce restaurant italien baptisé du nom d'une célèbre place romaine.
Clichés dédiés à la "Ville éternelle" en salle. Recettes appétissantes. Cave transalpine.

◆ De zaken gaan goed in dit Italiaanse eettentje, dat naar een beroemd plein in Rome is
genoemd. In de eetzaal hangen foto's van de "Eeuwige Stad". Italiaanse wijnen.

X **Samourai,** r. Fossé-aux-Loups 28, ⊠ 1000, ℰ 0 2 217 56 39, Fax 0 2 771 97 61, Cuisine
japonaise – 🍴 AE ⓞ **MO** VISA JCB ✖ JY e
fermé 15 juil.-16 août, mardi et dim. midi – **Repas** *Lunch* 22 – carte 42 à 84.

◆ Près du théâtre de la Monnaie, restaurant nippon dont la carte, explicite, offre un choix
assez complet. Bel assortiment de crus bordelais.

◆ Deze Japanner bij de Muntschouwburg neemt u mee naar het land van de samoerai. De
menukaart is vrij uitgebreid en er is een fraai assortiment bordeauxwijnen.

X **Da Piero,** r. Antoine Dansaert 181, ⊠ 1000, ℰ 0 2 219 23 48, *marieange.ruiz@ skynet.be*, Fax 0 2 262 17 37, Cuisine italienne, ouvert jusqu'à 23 h – 🍴
MO VISA plan p. 12 ER z
fermé du 8 au 23 août et dim. – **Repas** *Lunch* 16 – carte 26 à 67.

◆ Sympathique établissement de quartier tenu en famille : goûteux mets transalpins, buffet
d'antipasti, intéressante formule lunch et cave tournée vers l'Italie.

◆ Leuk buurtrestaurant dat door een Italiaanse familie wordt gerund, wat garant staat voor
lekker eten en drinken. Het lunchmenu en het antipasti-buffet zijn een succesformule.

X **Jaloa,** pl. de la Vieille Halle aux Blés 31, ⊠ 1000, ℰ 0 2 512 18 31, *contact@jaloa.com*,
Fax 0 2 512 18 31, 🕸, Ouvert jusqu'à 23 h – AE **MO** VISA JZ d
fermé sam. midi et dim. – **Repas** *Lunch* 14 – carte 40 à 59, ♀.

◆ Dans une maison ancienne proche du musée Brel, longue et étroite salle au décor
actuel sommaire, ménageant une vue sur les cuisines. Repas au goût du jour ; musique
"lounge".

◆ Oud huis bij het Brel-museum met een lange, smalle en sobere eetzaal, vanwaar u een
goed zicht hebt op de keuken, die net als het interieur van deze tijd is. Loungemuziek.

X **In 't Spinnekopke**, pl. du Jardin aux Fleurs 1, ⊠ 1000, ℰ 0 2 511 86 95, *info@sp innekopke.be*, Fax 0 2 513 24 97, 🍽, Avec cuisine régionale – 🍽. AE ⓪ ⓐⓑ VISA plan p. 12 ER d
fermé sam. midi, dim. et jours fériés – **Repas** *Lunch 14 bc* – carte 24 à 48.
♦ Ce charmant estaminet bruxellois mitonne une cuisine régionale "bistrotière" escortée, selon votre inclination, de crus bourgeois ou de bières locales. Accueil souriant.
♦ Oud Brussels Estaminet dat bistrogerechten met regionale invloeden op tafel zet, vergezeld van een goed glas wijn of lokaal gebrouwen biertje. Vriendelijke bediening.

Quartier Grand'Place (Ilot Sacré) - *plan p. 16* :

🏨 **Royal Windsor**, r. Duquesnoy 5, ⊠ 1000, ℰ 0 2 505 55 55, Fax 0 2 505 55 00, ℔,
🚗 – 🛗 ⁖⊱ 🖭 🗏 🐾 🗻 – 🔏 25 à 350. AE ⓪ ⓐⓑ VISA ⁖ rest JYZ f
Repas *Lunch 17* – carte 33 à 46, ♀ – ☲ 25 – **248 ch** 325/420, – 17 suites.
♦ Luxe, confort et raffinement caractérisent ce grand hôtel du centre historique. Paisibles chambres garnies de mobilier de style. Service "royal" et nombreuses facilités.
♦ Luxe, comfort en verfijning kenmerken dit schitterende hotel in het historisch centrum. Rustige kamers met stijlmeubelen. "Vorstelijke" service en talloze faciliteiten.

🏨 **Le Méridien** ⑤, Carrefour de l'Europe 3, ⊠ 1000, ℰ 0 2 548 42 11, *info@meridien.be*,
Fax 0 2 548 40 80, <, ℔ – 🛗 ⁖⊱ 🖭 ♿ch, ⇌ – 🔏 25 à 200. AE ⓪ ⓐⓑ VISA
JCB. ⁖ KY h
Repas *L'Épicerie (fermé 15 juil.-20 août et dim. soir) Lunch 49* – carte 53 à 73, ♀ – ☲ 25 – **216 ch** 135/450, – 8 suites.
♦ Majestueuse façade néo-classique postée juste en face de la gare centrale. Décor intérieur rutilant et cossu. Coquettes chambres dotées d'équipements dernier cri. Restaurant proposant une carte actuelle et une formule "brunch dominical".
♦ Majestueus neoclassicistisch gebouw met een luisterrijk interieur, tegenover het Centraal Station. Prima kamers met ultramoderne voorzieningen. Het restaurant biedt een eigentijdse menukaart en een uitgebreide brunch op zondag.

🏨 **Amigo**, r. Amigo 1, ⊠ 1000, ℰ 0 2 547 47 47, *sales@hotelamigo.com*, Fax 0 2 513 52 77, ℔ – 🛗 ⁖⊱ 🗏 🖭 ⇌ – 🔏 25 à 200. AE ⓪ ⓐⓑ VISA. ⁖ JY x
Repas voir rest *Bocconi* ci-après – ☲ 30 – **152 ch** 520/630, – 7 suites.
♦ Situation privilégiée pour cette imposante demeure de 1958 aux accents "Renaissance espagnole". Chambres actuelles diversement aménagées. Collection d'oeuvres d'art.
♦ Imposant pand uit 1958 met Spaanse renaissance-elementen en veel kunst. Gunstige ligging. Eigentijdse kamers die verschillend zijn ingedeeld.

🏨 **Le Dixseptième** sans rest, r. Madeleine 25, ⊠ 1000, ℰ 0 2 517 17 17, *info@ledixs eptieme.be*, Fax 0 2 502 64 24 – 🛗 ⁖⊱ 🗏 🖭 – 🔏 25. AE ⓪ ⓐⓑ VISA. ⁖ JY j
18 ch ☲ 130/240, – 6 suites.
♦ Comme son nom l'indique, cet ancien hôtel particulier date du 17e s. Salons cossus et vastes chambres au confort "cosy", pourvues de meubles de styles de différentes époques.
♦ Zoals de naam al aangeeft, dateert dit grote herenhuis uit de 17e eeuw. Weelderige lounge en ruime, comfortabele kamers met meubelen uit verschillende perioden.

🏨 **Carrefour de l'Europe** sans rest, r. Marché-aux-Herbes 110, ⊠ 1000, ℰ 0 2 504 94 00, *info@carrefoureurope.net*, Fax 0 2 504 95 00 – 🛗 ⁖⊱ 🗏 🖭 – 🔏 25 à 200. AE ⓪ ⓐⓑ VISA JCB. ⁖ JKY n
☲ 21 – **58 ch** 85/285, – 5 suites.
♦ Adossée à la place d'Espagne où trône Don Quichotte, construction récente en harmonie avec l'architecture de l'îlot sacré. Chambres un peu ternes mais d'un bon calibre.
♦ Nieuw gebouw op een steenworp afstand van de Grote Markt. Centraal gelegen aan het Spanjeplein, waar Don Quichot zijn standbeeld heeft. Ruime, tikje saaie kamers.

🏨 **Novotel off Grand'Place**, r. Marché-aux-Herbes 120, ⊠ 1000, ℰ 0 2 514 33 33, *H1030@accor.com*, Fax 0 2 511 77 23, 🍽 – 🛗 ⁖⊱ 🗏 🖭 – 🔏 25. AE ⓪ ⓐⓑ VISA JCB. ⁖ rest JKY n
Repas *Lunch 14* – carte 23 à 37 – ☲ 15 – **136 ch** 179/220.
♦ Toutes les chambres de cet établissement situé idéalement à 200 m de la gare centrale et de la Grand-Place se conforment aux nouveaux standards de la chaîne.
♦ Ideaal gelegen hotel, op 200 m van het Centraal Station en de Grote Markt. De standaardkamers voldoen aan de nieuwe eisen van deze bekende hotelketen.

🏨 **Aris** sans rest, r. Marché-aux-Herbes 78, ⊠ 1000, ℰ 0 2 514 43 00, *info@arishotel.be*, Fax 0 2 514 01 19 – 🛗 ⁖⊱ 🖭 ♿ ⓪ ⓐⓑ VISA JY g
55 ch ☲ 75/220.
♦ Ce pratique petit hôtel occupant une maison bourgeoise en bordure de l'îlot sacré jouxte aussi les verrières des galeries St-Hubert. Confort actuel dans les chambres.
♦ Praktisch hotel in een mooi pand aan de rand van de "buik van Brussel", naast de St.-Hubertusgalerijen met hun glazen overkapping. De kamers bieden hedendaags comfort.

🏠 **Matignon** sans rest, r. Bourse 10, ⊠ 1000, ℰ 0 2 511 08 88, *Fax 0 2 513 69 27* – |🛗|
📠 📺 🅰🅴 ⓞ 🅜🅒 🆅🅸🆂🅰 JY **q**
37 ch ⊂🖃 75/102.
♦ La moitié des douillettes chambres à double vitrage de ce plaisant établissement offrent un joli coup d'oeil sur la Bourse. Clientèle essentiellement touristique.
♦ Aangenaam hotel dat beschikt over gerieflijke kamers met dubbele ramen, waarvan de helft een fraai uitzicht biedt op de Beurs. De cliëntèle bestaat overwegend uit toeristen.

%%%% **La Maison du Cygne,** r. Charles Buls 2, ⊠ 1000, ℰ 0 2 511 82 44, *lecygne@skynet.be,*
XXXX *Fax 0 2 514 31 48,* Avec L'Ommegang au rez-de-chaussée – 🍴 ⊑🛏 🄿 🅰🅴 ⓞ 🅜🅒 🆅🅸🆂🅰
🅹🅲🅱 ⅏ JY **w**
fermé 3 sem. en août, fin déc., sam. midi et dim. – **Repas** Lunch 40 – 70/90, ⅋ ⅏.
♦ Cette maison postée depuis le 17ᵉ s. sur la Grand-Place abrita la corporation des Bouchers. Intérieur lambrissé et salons à thèmes. Cuisine classique actualisée à petits pas.
♦ In dit 17e-eeuwse pand aan de Grote Markt zat vroeger het Slagersgilde. Binnen veel hout en salons met een bepaald thema. Klassieke keuken met een vleugje vernieuwing.

XX **Aux Armes de Bruxelles,** r. Bouchers 13, ⊠ 1000, ℰ 0 2 511 55 98, *arbrux@be*
🥗 *on.be, Fax 0 2 514 33 81,* Ouvert jusqu'à 23 h – 🍴 🅰🅴 ⓞ 🅜🅒 🆅🅸🆂🅰 JY **t**
fermé 19 juin-19 juil. et lundi – **Repas** Lunch 23 bc – 30/45.
♦ Une véritable institution bruxelloise en plein îlot sacré, que cette table vouée aux terroirs belges. Trois salles de styles classique, actuel et brasserie. Choix touffu.
♦ Een begrip in Brussel, in hartje oude centrum. Drie zalen, klassiek, actueel en brasseriestijl, waar de gasten worden onthaald op een keur van Belgische specialiteiten.

XX **Bocconi** - H. Amigo, r. Étuve 9, ⊠ 100, ℰ 0 2 547 47 15, *bocconi@hotelamigo.com,*
Fax 0 2 547 47 67, Cuisine italienne – ⊑🛏 🅰🅴 ⓞ 🅜🅒 🆅🅸🆂🅰 ⅏ JY **x**
Repas Lunch 20 – 50, ⅋.
♦ Cet estimable restaurant italien est installé dans un hôtel de luxe voisin de la Grand-Place. Aménagement intérieur façon brasserie moderne. Carte transalpine au goût du jour.
♦ Dit Italiaanse restaurant is gevestigd in een luxehotel bij de Grote Markt. De inrichting doet denken aan een moderne brasserie. Eigentijdse keuken.

XX **Le Cerf,** Grand'Place 20, ⊠ 1000, ℰ 0 2 511 47 91, *Fax 0 2 546 09 59,* Ouvert jusqu'à
23 h 30 – 🍴 🅰🅴 ⓞ 🅜🅒 🆅🅸🆂🅰 JY **s**
fermé juil., sam. et dim. – **Repas** Lunch 22 bc – 46 bc/54 bc, ⅋.
♦ Ancienne maison de notable (1710) où boiseries, vitraux, cheminée et chaudes étoffes composent un décor intérieur intime et feutré. Deux tables ont vue sur la Grand-Place.
♦ Lambrisering, glas-in-loodramen en warme stoffen voeren de boventoon in dit herenhuis uit 1710, met een behaaglijke open haard. Twee tafels kijken uit op de Grote Markt.

X **de l'Ogenblik,** Galerie des Princes 1, ⊠ 1000, ℰ 0 2 511 61 51, *ogenblik@tiscalinet.be,*
Fax 0 2 513 41 58, 🍽, Ouvert jusqu'à minuit – 🅰🅴 ⓞ 🅜🅒 🆅🅸🆂🅰 JY **p**
fermé dim. – **Repas** carte 45 à 65, ⅋.
♦ Table tonitruante évoquant un ancien café, L'Ogenblik ("L'Instant") concocte une belle cuisine classique. Suggestions et plat du jour. Clientèle d'affaires locale.
♦ Druk restaurant met de uitstraling van een oud café, waar mooie klassieke gerechten worden geserveerd. Veel dagsuggesties voor zakenmensen uit de omgeving.

X **La Roue d'Or,** r. Chapeliers 26, ⊠ 1000, ℰ 0 2 514 25 54, *Fax 0 2 512 30 81,* Ouvert
jusqu'à minuit – 🅰🅴 ⓞ 🅜🅒 🆅🅸🆂🅰 JY **y**
Repas Lunch 10 – carte 25 à 52, ⅋.
♦ Cet ancien café typique de la ville vous mitonne de bons petits plats de brasserie belge. Peintures murales surréalistes, façon Magritte. Superbe montre. Ambiance conviviale.
♦ Typisch Brussels café-restaurant met Belgische specialiteiten. Surrealistische muurschilderingen in de stijl van Magritte en een prachtige uitstalkast. Gemoedelijke ambiance.

X **Vincent,** r. Dominicains 8, ⊠ 1000, ℰ 0 2 511 26 07, *info@restaurantvincent.com,*
Fax 0 2 502 36 93, 🍽, Ouvert jusqu'à 23 h 30 – 🍴 🅰🅴 ⓞ 🅜🅒 🆅🅸🆂🅰 JY **n**
fermé 1ʳᵉ quinz. août et du 2 au 12 janv. – **Repas** Lunch 14 – carte 27 à 52.
♦ Savourez l'atmosphère bruxelloise de cette nostalgique rôtisserie ornée de fresques en carreaux de céramique peinte. Cuisine d'ici, avec spécialités carnivores et de moules.
♦ Proef de Brusselse sfeer van deze nostalgische restaurant met muurschilderingen en beschilderde tegels. Belgische keuken met vleesschotels en mosselen in het seizoen.

X **À la Recherche du Temps Perdu,** r. Lombard 25, ⊠ 1000, ℰ 0 2 513 78 84, *inf*
o@alarecherche.be, Fax 0 2 513 59 61 – 🍴 🅰🅴 🅜🅒 🆅🅸🆂🅰 JY **m**
fermé fin juil.-début août, sam. midi, dim. et lundi soir – **Repas** Lunch 15 – 35.
♦ Murs lambrissés, cheminée d'époque et lustres anciens : une ambiance très proustienne règne dans ce restaurant se signalant par une belle devanture de style Art nouveau.
♦ Gelambriseerde muren, grote schouw en antieke kroonluchters zorgen voor een Prous-tiaanse sfeer in dit restaurant met zijn mooie art-nouveaugevel.

✗ **'t Kelderke,** Grand'Place 15, ✉ 1000, ℰ 0 2 513 73 44, Fax 0 2 546 09 59, Cuisine régionale, ouvert jusqu'à 2 h du matin – AE ① ⓒⓑ VISA 　　　　　　　　　　　JY i
fermé du 1ᵉʳ au 14 juil. – **Repas** carte 22 à 43.
◆ Ce sympathique estaminet-restaurant vous accueille dans la cave voûtée d'une maison de la Grand-Place. Copieuses assiettes très "couleur locale", comme l'ambiance.
◆ Gezellige eetgelegenheid in de gewelfde kelderverdieping van een pand aan de Grote Markt. Copieuze maaltijden met veel "couleur locale", net als de ambiance.

Quartier Ste-Catherine (Marché-aux-Poissons) - *plan p. 16 sauf indication spéciale :*

🏨 **Novotel Centre - Tour Noire,** r. Vierge Noire 32, ✉ 1000, ℰ 0 2 505 50 50, H2122 @ accor.com, Fax 0 2 505 50 00, ℱ, ℅, 🔲 – 🛗 🔆 🔳 TV – 🔼 25 à 350. AE ① ⓒⓑ
VISA JCB 　　　　　　　　　　　　　　　　　　　　　　　　　　　　　　　　JY r
Repas carte 28 à 41 – ☎ 15 – **217 ch** 115/215.
◆ Alliant élégance discrète et modernité fonctionnelle, l'hôtel doit son nom à l'un des vestiges de la première enceinte bruxelloise, restaurée dans l'esprit de Viollet-le-Duc.
◆ De naam van dit hotel herinnert aan een toren van de stadsmuur, die is gerestaureerd in de geest van Viollet-le-Duc. Geslaagde combinatie van functionaliteit en elegantie.

🏨 **Welcome** sans rest, r. Peuplier 1, ✉ 1000, ℰ 0 2 219 95 46, info@ hotelwelcome.com, Fax 0 2 217 18 87 – 🛗 🔳 ⊂⊃. ① ⓒⓑ VISA 　　　　　　　　　　　　　　　JY h
Repas 16 ch ☎ 85/160.
◆ Hôtel abrité dans une belle maison d'angle où vous serez toujours "welcome". Le décor de chaque chambre évoque un pays différent. Belle suite évoquant la route de la soie.
◆ Hotel in een mooi hoekpand, waar u van harte welkom bent. Elke kamer roept de atmosfeer op van een ander land. De mooie suite doet denken aan de zijderoute.

🏨 **Atlas** ⌘ sans rest, r. Vieux Marché-aux-Grains 30, ✉ 1000, ℰ 0 2 502 60 06, info@ atlas.be, Fax 0 2 502 69 35 – 🛗 TV ᕦ ⊂⊃ – 🔼 30. AE ① ⓒⓑ VISA plan p. 12 ER a
88 ch ☎ 75/199.
◆ Sur une placette d'un quartier en plein essor où foisonnent les boutiques de mode, hôtel de maître du 18ᵉ s. dont la plupart des chambres donnent sur une cour intérieure.
◆ Hotel in een 18e-eeuws herenhuis aan een pleintje in een wijk die sterk in opkomst is en waar veel modewinkels te vinden zijn. De meeste kamers kijken uit op de binnenplaats.

🏨 **Astrid Center** sans rest, pl. du Samedi 11, ✉ 1000, ℰ 0 2 219 31 19, info@ astrid hotel.be, Fax 0 2 219 31 70 – 🛗 🔳 TV ᕦ ⊂⊃ – 🔼 25 à 80. ① ⓒⓑ VISA 　　JY b
100 ch ☎ 75/150.
◆ Cette construction récente érigée entre les places Ste-Catherine et De Brouckère renferme de sobres chambres standard. Bar, coins salons et salles pour conférences.
◆ Nieuw gebouw tussen het St.-Katelijneplein en het Brouckereplein, met sobere standaardkamers. Bar, verscheidene lounges en congreszalen.

🏨 **Noga** sans rest, r. Béguinage 38, ✉ 1000, ℰ 0 2 218 67 63, info@ nogahotel.com, Fax 0 2 218 16 03, 🚲 – 🛗 🔆 TV ⊂⊃. AE ① ⓒⓑ VISA JCB 　　　　　　　JY f
19 ch ☎ 65/100.
◆ Petit hôtel occupant une maison bourgeoise dans un quartier calme. Les chambres, coquettement personnalisées, offrent un confort très convenable.
◆ Dit kleine hotel is gevestigd in een herenhuis in een rustige wijk. De kamers hebben een persoonlijk karakter en bieden een heel redelijk comfort.

✗✗ **Le Jardin de Catherine,** pl. Ste-Catherine 5, ✉ 1000, ℰ 0 2 513 19 92, info@ jar dindecatherine.be, Fax 0 2 513 71 09, ℱ – 🔳. AE ① ⓒⓑ VISA 　　　　　　JY k
fermé sam. midi – **Repas** 30.
◆ La place dédiée à sainte Catherine a désormais son jardin. Salle à manger habillée de tableaux aux couleurs chatoyantes. À l'arrière, grande terrasse d'été close de murs.
◆ Restaurant aan het St.-Katelijneplein met kleurrijke schilderijen. Aan de achterkant bevindt zich een groot ommuurd terras, waar 's zomers de tafeltjes worden gedekt.

✗✗ **François,** quai aux Briques 2, ✉ 1000, ℰ 0 2 511 60 89, ℱ, Écailler, produits de la mer – 🔳 ⊏◻. AE ① ⓒⓑ VISA 　　　　　　　　　　　　　　　　　　　　JY k
fermé dim. et lundi – **Repas** Lunch 25 – 32/37, ☎.
◆ Une savoureuse cuisine iodée, arrosée de grands blancs, vous attend à cette table accueillante qui a le vent en poupe. Intérieur marin égayé de clichés nostalgiques.
◆ Heerlijke visgerechten en een goed glas witte wijn staan voor u klaar bij François, wiens liefde voor de zee ook tot uitdrukking komt in het interieur.

✗✗ **La Belle Maraîchère,** pl. Ste-Catherine 11, ✉ 1000, ℰ 0 2 512 97 59, Fax 0 2 513 76 91, Produits de la mer – 🔳 P. AE ① ⓒⓑ VISA 　　　　　　　　　JY k
fermé 2 sem. carnaval, mi-juil.-début août, merc. et jeudi – **Repas** 32/65 bc ☎.
◆ Deux frères oeuvrent au "piano" de ce restaurant sympathique. Choix constant et étoffé, dédié aux produits de la mer. Cave attrayante. Clientèle d'affaires et d'habitués.
◆ Leuk restaurant waar twee broers de scepter zwaaien. Ruime keuze aan visspecialiteiten en een aanlokkelijke wijnkelder. Er komen veel zakenmensen en stamgasten.

XX **Le Loup-Galant,** quai aux Barques 4, ✉ 1000, ℰ 0 2 219 99 98, Fax 0 2 219 99 98
⚬ – 𝐀𝐄 ⓞ ⓜⓞ 𝐕𝐈𝐒𝐀 𝐉𝐂𝐁   plan p. 12   EQ   a
fermé 1 sem. Ascension, du 1ᵉʳ au 15 août, du 24 au 31 déc., dim. et lundi – **Repas** *Lunch*
20 – 25/50 bc.
   ❖ Faites-vous conter la légende entourant cette vieille maison assise au bout du Vismet.
Choix vaste et pluriel, de mets comme de vins. Cheminée et poutres apparentes en
salle.
   ❖ Rond dit oude huis aan het eind van de Vismet hangt een legende, die men u graag vertelt.
Uitgebreide kaart en goed gevulde wijnkelder. Eetzaal met schouw en balkenplafond.

X **L'Huîtrière,** quai aux Briques 20, ✉ 1000, ℰ 0 2 512 08 66, Fax 0 2 512 12 81, 🌧,
Produits de la mer – 𝐀𝐄 ⓞ ⓜⓞ 𝐕𝐈𝐒𝐀 𝐉𝐂𝐁   JY   a
Repas *Lunch 15* – 25/40.
   ❖ Cuisine de la mer servie dans un cadre de boiseries, vitraux et fresques bruegeliennes,
évocateur des charmes du vieux Bruxelles. Lunch-menu intéressant. Service aimable.
   ❖ Visrestaurant met een interessant lunchmenu. Fraai interieur met veel hout, glas-in-
loodramen en Breugeliaanse muurschilderingen. Vriendelijke bediening.

X **Vismet,** pl. Ste-Catherine 23, ✉ 1000, ℰ 0 2 218 85 45, Fax 0 2 218 85 46, 🌧, Produits de la mer, ouvert jusqu'à 23 h – 𝐀𝐄 ⓜⓞ 𝐕𝐈𝐒𝐀   JY   v
fermé mi-juil.-mi-août, Noël-Nouvel An, dim. et lundi – **Repas** *Lunch 15* – carte 33 à 53.
   ❖ En face de la tour Noire, enseigne au décor intérieur de style brasserie. Éventail de
préparations poissonneuses sans complications. Les beaux jours, on mange en terrasse.
   ❖ Brasserie tegenover de Zwarte Toren met een keur van goed klaargemaakte visgerechten zonder fratsen. Bij mooi weer kan er buiten worden gegeten.

X **La Marée,** r. Flandre 99, ✉ 1000, ℰ 0 2 511 00 40, Fax 0 2 511 86 19, Produits de la
mer – ▤. 𝐀𝐄 ⓞ ⓜⓞ 𝐕𝐈𝐒𝐀 𝐉𝐂𝐁   plan p. 12   ER   h
fermé 15 juin-15 juil., Noël, Nouvel An, lundi et mardi – **Repas** carte 22 à 52.
   ❖ L'adresse plaît pour sa convivialité, autant que pour sa simplicité décorative et culinaire.
Fourneaux à vue ; cuisinière connaissant par coeur l'horaire des marées !
   ❖ Dit adresje is net zozeer vanwege de gemoedelijke sfeer, de eenvoudige inrichting en het
lekkere eten. Open keuken en veel vis, want het heet niet voor niets La Marée (het tij).

X **Strofilia,** r. Marché-aux-Porcs 11, ✉ 1000, ℰ 0 2 512 32 93, strofilia@pi.be,
Fax 0 2 512 09 94, Cuisine grecque, ouvert jusqu'à minuit – 𝐀𝐄 ⓜⓞ 𝐕𝐈𝐒𝐀, ✲
fermé 25 juil.-août et dim. – **Repas** (dîner seult) carte 23 à 38.   plan p. 12   ER   c
   ❖ "Ouzerie" améliorée dont l'enseigne se réfère à une presse à raisin. Grandes salles
façon "loft" à touches byzantines. Préparations cent pour cent hellènes et cave
assortie.
   ❖ Verbeterde ouzo-bar waarvan het uithangbord een druivenpers voorstelt. Loft-stijl zalen
met een Byzantijnse noot. De keuken en de wijnkelder zijn honderd procent Grieks.

X **Viva M'Boma,** r. Flandre 17, ✉ 1000, ℰ 0 2 512 15 93, Cuisine régionale – 𝐀𝐄 ⓞ ⓜⓞ
⚬ 𝐕𝐈𝐒𝐀, ✲   plan p. 12   ER   b
fermé 15 juil.-15 août et dim. – **Repas** (déjeuner seult sauf jeudi et vend.) *Lunch 10* – carte
env. 27.
   ❖ N'hésitez pas à pousser la porte de ce petit restaurant de spécialités belgo-bruxelloises
si vos déambulations autour de la place Ste-Catherine passent par la rue de Flandre.
   ❖ Als u tijdens uw wandeling rond het St-Catharinaplein door de Rue de Flandre komt,
moet u niet aarzelen dit leuke restaurantje met Belgische specialiteiten binnen te
stappen.

Quartier des Sablons - *plan p. 16* :

🏨 **Jolly du Grand Sablon,** r. Bodenbroek 2, ✉ 1000, ℰ 0 2 518 11 00, jollyhotelsabl
on@jollyhotels.be, Fax 0 2 512 67 66 – 📶 ✦ ▤ 📺 🕭 ch, 🖥 ⟷ – 🔒 25 à 150. 𝐀𝐄
ⓞ 𝐕𝐈𝐒𝐀, ✲ rest   KZ   p
Repas *(fermé du 1ᵉʳ au 25 août et 25 déc.-5 janv.)* (cuisine italienne) carte 45 à 55, ♀ –
192 ch ⮚ 299/320, – 1 suite.
   ❖ La tradition hôtelière italienne à deux pas des prestigieux musées royaux. Équipement
complet dans les chambres. Centre de congrès proposant de nombreux services sur
mesure. Restaurant transalpin avec formule buffets et plat du jour.
   ❖ Dit hotel bij de prestigieuze Koninklijke Musea voor Schone Kunsten is in Italiaanse handen.
De kamers zijn van alle faciliteiten voorzien. Talrijke faciliteiten voor congressen en service
op maat. Italiaans restaurant met buffetten en dagschotels.

XXX **L'Écailler du Palais Royal** (Hahn), r. Bodenbroek 1000, ✉ 1000, ℰ 0 2 512 87 51,
⚬ Fax 0 2 511 99 50, Produits de la mer – ▤. 𝐀𝐄 ⓞ ⓜⓞ 𝐕𝐈𝐒𝐀, ✲   KZ   r
fermé août, Noël-Nouvel An, dim. et jours fériés – **Repas** carte 54 à 110
Spéc. Ravioli de homard au curry léger. Bouillabaisse de poissons de la mer du Nord. Gratin
de pamplemousses, sorbet à la kriek.
   ❖ Les assiettes marient ici les saveurs de la mer à l'esthétique de la présentation. Élégant
camaïeu de bleu et choix du confort en salle : banquettes, chaises ou comptoir.
   ❖ Fraai opgemaakte borden met verrukkelijke visspecialiteiten in een elegant interieur in
verschillende blauwe tinten. De gasten zitten op bankjes, stoelen of barkrukken.

XX **Trente rue de la Paille,** r. Paille 30, ⊠ 1000, ℘ 0 2 512 07 15, *info@resto-tren teruedelapaille.com*, Fax 0 2 514 23 33 – ⊟. AE ① MO VISA　　　　　JZ x
fermé mi-juil.-mi-août, Noël-Nouvel An, sam. et dim. – **Repas** *Lunch 31* – carte 57 à 74.
◆ Poutres apparentes, briques, draperies, bouquets fleuris et vaisselle assortie composent le cadre chaleureux de cette table du quartier des antiquaires.
◆ Balken, bakstenen, draperieën, grote boeketten en het bloemetjesservies zorgen voor een warme ambiance in dit restaurant in de wijk van de antiquairs.

XX **Castello Banfi,** r. Bodenbroek 12, ⊠ 1000, ℘ 0 2 512 87 94, Fax 0 2 512 87 94, Avec cuisine italienne – ⊟. AE ① MO VISA　　　　　　　　　　　KZ q
fermé prem. sem. Pâques, 3 dern. sem. août, Noël-Nouvel An, dim. soir et lundi – **Repas** *Lunch 27* – carte 36 à 79.
◆ Derrière une façade de 1729, restaurant gastronomique dont l'enseigne se réfère à un grand domaine viticole toscan et dont l'assiette se partage entre la Botte et l'Hexagone.
◆ Gastronomisch restaurant in een pand uit 1729, waarvan de naam verwijst naar een groot Toscaans wijndomein. Frans-Italiaanse keuken.

XX **"Chez Marius" En Provence,** pl. du Petit Sablon 1, ⊠ 1000, ℘ 0 2 511 12 08, *che z.marius@skynet.be*, Fax 0 2 512 27 89, 斎 – AE ① MO VISA, ⋘　　KZ s
fermé 20 juil.-20 août, sam., dim. et jours fériés – **Repas** *Lunch 22* – 43/50 bc.
◆ Cuisine aux accents provençaux, donc ensoleillée, servie dans un cadre rustico-bourgeois. L'été venu, savourez l'anisette en terrasse. Oh peuchère ! Pas fada, le Marius !
◆ Keuken met een Provençaals accent, geserveerd in een rustiek-klassiek interieur. Bij de eerste zonnestralen kunt u genieten van een pastis op het terras.

X **La Clef des Champs,** r. Rollebeek 23, ⊠ 1000, ℘ 0 2 512 11 93, *laclefdeschamps @resto.be*, Fax 0 2 502 42 32, 斎 – AE ① MO VISA　　　　　JZ k
fermé dim. soir et lundi – **Repas** *Lunch 15* – 30/49 bc.
◆ Envie de prendre la clé des champs sans quitter le Sablon ? Cette sympathique adresse au décor frais et léger vous réserve un accueil enjoué. Mets des régions de France.
◆ Wie zin heeft om eens lekker Franse streekgerechten te eten, heeft hier een prima adres. Het interieur is fris en licht gehouden en het personeel is ongedwongen en opge-ruimd.

X **Lola,** pl. du Grand Sablon 33, ⊠ 1000, ℘ 0 2 514 24 60, *restaurant.lola@skynet.be*, Fax 0 2 514 26 53, Brasserie, ouvert jusqu'à 23 h 30 – ⊟. AE MO VISA, ⋘　JZ z
Repas carte 29 à 55, ♀.
◆ Brasserie conviviale au décor contemporain proposant une cuisine tournée vers les saveurs du moment. Alternative chaises ou banquettes. On mange également au comptoir.
◆ Gezellige brasserie met een hedendaagse inrichting en een keuken die ook aan de smaak van tegenwoordig voldoet. Er kan op een stoel, een bankje of een barkruk worden gegeten.

X **L'Herbe Rouge,** r. Minimes 34, ⊠ 1000, ℘ 0 2 512 48 34, Fax 0 2 511 62 88, Cuisine japonaise, ouvert jusqu'à 23 h – AE MO VISA　　　　　　JZ p
fermé lundi – **Repas** *Lunch 15* – carte env. 42.
◆ Une carte nippone assez authentique et bien ficelée vous attend à cette enseigne. Sobre intérieur contemporain orné de coquines estampes japonaises.
◆ Authentiek Japans restaurant met een mooie kaart. Het sobere, eigentijdse interieur wordt door ondeugende Japanse prenten opgevrolijkt.

X **Orphyse Chaussette,** r. Charles Hanssens 5, ⊠ 100, ℘ 0 2 502 75 81, Fax 0 2 513 52 04, 斎, Bistrot avec cuisine du Sud-Ouest – AE MO VISA　　JZ b
fermé 23 juil.-15 août, 24 déc.-3 janv., dim., lundi et jours fériés – **Repas** *Lunch 14* – carte 34 à 51 ♣.
◆ Recommandable petit "bistrot-gastro" dont la cuisine vous promène dans le Sud-Ouest de la France, au même titre que la cave. Confort assez sommaire mais atmosphère vivante.
◆ Een goed adresje deze kleine bistro, waar zowel Zuid-Franse gerechten als wijnen worden geserveerd. Vrij eenvoudig comfort, maar een gezellige sfeer.

Quartier Palais de Justice - *plan p. 12 sauf indication spéciale :*

血血血 **Hilton,** bd de Waterloo 38, ⊠ 1000, ℘ 0 2 504 11 11 et 0 2 504 13 33 (rest), *bruhit wrm@hilton.com*, Fax 0 2 504 21 11, ≤ ville, ょ, 全 – ⧈ 冷 ⊟ TV ⇔ – ♨ 45 à 650. AE ① MO VISA JCB. ⋘　　　　　　　　　　　　FS s
Repas voir rest **Maison du Bœuf** ci-après – **Café d'Egmont** *(avec buffets, ouvert jusqu'à minuit) Lunch 35* – carte 36 à 58, ♀ – ⊡ 32 – **419 ch** 155/480, – 13 suites.
◆ La clientèle d'affaires internationale sera choyée dans cette imposante tour à l'enseigne prestigieuse, érigée à la charnière de deux mondes : ville haute et ville basse. Buffets et semaines à thème culinaire sous la verrière Art déco du Café d'Egmont.
◆ De internationale zakenwereld wordt in de watten gelegd in deze wolkenkrabber van het beroemde Hilton-hotel, op de scheidslijn tussen de boven- en de benedenstad. Rijke buffetten en themaweken onder de art-décokoepel van het Café d'Egmont.

XXXXX **Maison du Bœuf** - H. Hilton, 1er étage, bd de Waterloo 38, ⊠ 1000, ℰ 0 2 504 13 34,
bruhitwrm@hilton.com, Fax 0 2 504 21 11, ⪕ – ▤ 🅿 AE ① ◍◍ VISA JCB. ℅ FS s
Repas Lunch 55 – 68, carte 63 à 180, ♀ 🍴
Spéc. Côte de bœuf rôtie en croûte de sel. Bar rôti au thym frais, crème d'échalotes.
Tartare maison au caviar.
◆ Une belle carte rigoureusement classique, à l'image de l'opulent décor, vous sera
soumise au restaurant gastronomique du Hilton. Cave très complète. Vue sur le parc
d'Egmont.
◆ Dit gastronomische restaurant van het Hilton biedt een mooie kaart, die net als het
weelderige interieur zeer klassiek is. Grote wijnkelder. Uitzicht op het Egmontpark.

XX **JB**, r. Grand Cerf 24, ⊠ 1000, ℰ 0 2 512 04 84, *restaurantjb@vt4.net*, Fax 0 2
511 79 30, 🌸 – ▤. AE ① ◍◍ VISA FS z
fermé sam. midi, dim. et jours fériés – **Repas** 20/40 bc.
◆ Le nom de cette table sympathique sise derrière le sélect boulevard de Waterloo
n'a aucun rapport avec le célèbre alcool homonyme ! Avantageux menu-carte au goût du
jour.
◆ De naam van dit restaurant achter de chique Waterloo Boulevard heeft niets te maken
met het beroemde whiskymerk. Eigentijdse kaart en voordelig menu.

X **L'Idiot du village,** r. Notre Seigneur 19, ⊠ 1000, ℰ 0 2 502 55 82, Ouvert jusqu'à
23 h – AE ① ◍◍ VISA JZ a
fermé 20 juil.-20 août, 23 déc.-3 janv., sam. et dim. – **Repas** Lunch 15 – carte 35 à 58.
◆ Chaleureuse ambiance "bistrot", cuisine originalement actualisée, sage choix de vins,
accueil tout sourire. Bref, une intelligente maison, quoi qu'en dise l'enseigne !
◆ Gemoedelijke bistrosfeer, originele keuken, mooie wijnkaart en vriendelijke bediening.
Kortom, een zeer slim opgezette zaak, wat de naam ook moge suggereren !

X **Le Gourmandin,** r. Haute 152, ⊠ 1000, ℰ 0 2 512 98 92, *legourmandin@hotmail.com*
– AE ① ◍◍ VISA plan p. 16 JZ u
fermé dern. sem. juil.-prem. sem. août, sam. midi, dim. soir et lundi – **Repas** Lunch 15 –
25/45.
◆ Ce petit établissement familial du quartier des Marolles décline un répertoire bien à la
page. Carte concise, comprenant menus et suggestions. Le chef s'active à vue.
◆ Familierestaurantje in de Marollenwijk met een culinair repertoire dat goed bij de tijd
is. Kleine kaart met daarnaast menu's en dagsuggesties. Open keuken.

X **Les Larmes du Tigre,** r. Wynants 21, ⊠ 1000, ℰ 0 2 512 18 77, Fax 0 2 502 10 03,
🌸. Cuisine thaïlandaise – AE ① ◍◍ VISA ES p
fermé mardi et sam. midi – **Repas** Lunch 11 – carte 25 à 36.
◆ Cap sur la Thaïlande dans cette maison de maître jouxtant le palais de Justice.
Riche éventail de mets traditionnels et décor de circonstance. Formule buffets le
dimanche.
◆ Thaise gastvrijheid in dit herenhuis naast het Paleis van Justitie. Keur van traditionele
gerechten in een exotisch interieur. Lopend buffet op zondag.

Quartier Léopold *(voir aussi Ixelles) - plan p. 13 :*

🏨 **Stanhope**, r. Commerce 9, ⊠ 1000, ℰ 0 2 506 91 11, *summithotels@*
stanhope.be, Fax 0 2 512 17 08, 🌸, 🐾, 🔼s – 📶 ▤ 📺 🛏 ⟷ 🅿 AE ① ◍◍
VISA. ℅ KZ v
Repas *Brighton (fermé sam. et dim.)* Lunch 39 – carte 53 à 91 – ⬜ 25 – **80 ch** 275/375,
– 15 suites – ½ P 339.
◆ Superbes chambres - parfois duplex - avec équipement informatique dans cet
hôtel particulier où le voyageur épris de classicisme trouvera son bonheur. Terrasse
close de murs. Table élégante vous conviant à goûter une cuisine dans le tempo
actuel.
◆ Patriciërshuis met prachtige kamers, soms met split-level, waar liefhebbers van het klas-
sicisme niet teleurgesteld zullen worden. Ommuurd terras. Elegante eetzaal waar eigentijdse gerechten worden geserveerd. Computervoorzieningen op de kamers.

Quartier Louise *(voir aussi Ixelles en St-Gilles) - plans p. 12 en 14 :*

🏨 **Conrad**, av. Louise 71, ⊠ 1050, ℰ 0 2 542 42 42, *brusselsinfo@conradhotels.com*,
Fax 0 2 542 42 00, 🌸, 🐾, 🐾, 🔼s, 🔲 – 📶 🏋 ▤ 📺 ⟷ – 🏊 25 à 450. AE ① ◍◍
VISA JCB FS f
Repas *Loui (fermé août, sam. midi, dim. et lundi)* Lunch 32 – carte 40 à 58, ♀ – **Café Wilt-**
cher's Lunch 22 – carte 34 à 72 – ⬜ 30 – **254 ch** 595/670, – 15 suites.
◆ Complexe hôtelier haut de gamme brillamment agrégé à une demeure de maître 1900.
Vastes chambres dotées de mobilier classique. Équipement complet pour séminaires et
loisirs. Table au goût du jour attitant une clientèle BCBG. Café chic coiffé d'une
verrière.
◆ Luxe hotelcomplex dat knap werd samengevoegd met een herenhuis uit 1900. Ruime
kamers met klassiek meubilair. Talrijke faciliteiten voor congresgangers en toeristen. Eigentijds restaurant dat een chic publiek trekt. Stijlvol café met glaskoepel.

Bristol Stephanie, av. Louise 91, ⊠ 1050, ℘ 0 2 543 33 11, hotel_bristol@ bristol.be, Fax 0 2 538 03 07, ₤⬡, ⬡, ⬡ – 📱 ⬡ 🔲 TV ⬡ ⬡ – 🔼 25 à 400. AE ⓞ ⓜⓔ VISA JCB, ⬡ rest
FT g

Repas (fermé 16 juil.-5 sept., 16 déc.-8 janv., sam. et dim.) (avec buffets) Lunch 40 bc – carte 41 à 62, ⬡ – ⬡ 26 – **139 ch** 340/425, – 3 suites.

♦ Établissement de luxe dont les chambres, aussi spacieuses que gracieuses, se répartissent entre deux immeubles communiquants. Typique mobilier norvégien dans les suites. Cuisine au goût du jour à savourer dans un cadre scandinave. Formule buffets.

♦ Luxehotel waarvan de ruime, elegante kamers zijn verdeeld over twee panden die met elkaar in verbinding staan. Typisch Noors meubilair in de suites. Eigentijdse keuken in een Scandinavisch interieur. Buffetformule.

Le Châtelain ⬡, r. Châtelain 17, ⊠ 1000, ℘ 0 2 646 00 55, H9@ le-chatelain.net, Fax 0 2 646 00 88, ⬡, ₤⬡ – 📱 ⬡ 🔲 TV ⬡ ⬡ – 🔼 25 à 280. AE ⓞ ⓜⓔ VISA JCB. ⬡ ch
FU t

Repas (fermé sam. et dim. midi) Lunch 17 – carte 34 à 47 – ⬡ 25 – **105 ch** 310/430, – 2 suites.

♦ Cet hôtel récent renferme de coquettes et confortables chambres actuelles munies d'un équipement tout dernier cri. Vous y passerez des nuits sans histoire.

♦ Dit nieuwe hotel beschikt over frisse en comfortabele kamers die ultramodern zijn ingericht. Hier zult u weer helemaal fit en uitgerust uit de veren komen !

Hyatt Regency, av. Louise 381, ⊠ 1050, ℘ 0 2 649 98 00, brussels@ hyattintl.com, Fax 0 2 640 17 64 – 📱 ⬡ 🔲 TV ⬡ ⬡ – 🔼 25 à 50. AE ⓞ ⓜⓔ VISA JCB. ⬡
FV a

Repas *Barsey* (fermé sam. midi et dim.) Lunch 19 – carte 38 à 55 – ⬡ 22 – **96 ch** 97/327, – 3 suites.

♦ Près du bois de la Cambre, hôtel de caractère adroitement relooké dans l'esprit Second Empire. Communs très soignés. Chambres cossues où rien ne manque. Service personnalisé. "Restaurant-lounge" au décor néo-classique griffé Jacques Garcia. Ambiance "trendy".

♦ Sfeervol hotel in second-empirestijl bij het Ter Kamerenbos. Fraaie gemeenschappelijke ruimten. Weelderige kamers waar werkelijk niets ontbreekt. Persoonlijke service. "Loungerestaurant" met een neoklassiek interieur van Jacques Garcia. Trendy ambiance.

Meliá Avenue Louise ⬡ sans rest, r. Blanche 4, ⊠ 1000, ℘ 0 2 535 95 00, karin .jongman@ solmelia.com, Fax 0 2 535 96 00 – 📱 ⬡ TV ⬡ – 🔼 35. AE ⓞ ⓜⓔ VISA. ⬡
FT z
⬡ 22 – **80 ch** 110/260.

♦ À deux pas de la place Stéphanie, vous serez hébergés dans des chambres très "cosy", personnalisées par un mobilier choisi avec soin. Beau salon agrémenté d'une cheminée.

♦ Vlak bij het Stefaniaplein kunt u de nacht doorbrengen in een knusse kamer met een persoonlijke, smaakvolle inrichting. Mooie lounge met open haard.

Floris Louise sans rest, r. Concorde 59, ⊠ 1000, ℘ 0 2 515 00 60, florislouise@ bu smail.net, Fax 0 2 503 35 19 – 📱 ⬡ TV. AE ⓞ ⓜⓔ VISA. ⬡
FS d
36 ch ⬡ 90/214.

♦ Établissement installé dans deux maisons bourgeoises, même en retrait de l'avenue Louise. Chambres actuelles bien équipées. Agréable salle des petits-déjeuners.

♦ Dit hotel is ondergebracht in twee herenhuizen, even achter de Louizalaan. Moderne kamers die van alle faciliteiten zijn voorzien. Aangename ontbijtzaal.

Brussels sans rest, av. Louise 315, ⊠ 1050, ℘ 0 2 640 24 15, brussels-hotel@ skynet.be, Fax 0 2 647 34 63 – 📱 ⬡ TV ⬡ – 🔼 30. AE ⓞ ⓜⓔ VISA JCB. ⬡
FU b
68 ch, – 1 suite.

♦ Immeuble de type "flat-hôtel" proposant deux sortes de spacieuses chambres standard - normales ou duplex avec kitchenette -, rafraîchies et convenablement insonorisées.

♦ Appartementenhotel met twee soorten ruime standaardkamers, normaal of duplex met kitchenette, die pas zijn opgeknapt en goed tegen geluid zijn geïsoleerd.

Agenda Louise sans rest, r. Florence 6, ⊠ 1000, ℘ 0 2 539 00 31, louise@ hotel-a genda.com, Fax 0 2 539 00 63 – 📱 TV ⬡. AE ⓞ ⓜⓔ VISA
FT j
37 ch ⬡ 114/126.

♦ Posté à 50 m de l'élégante avenue Louise, cet hôtel entièrement rénové vous réserve un accueil avenant. Les chambres, assez grandes, offrent un équipement très correct.

♦ In dit volledig gerenoveerde hotel, op 50 m van de elegante Louizalaan, wacht u een vriendelijk onthaal. De kamers zijn redelijk groot en hebben goede voorzieningen.

La Porte des Indes, av. Louise 455, ⊠ 1050, ℘ 0 2 647 86 51, brussels@ laporte desindes.com, Fax 0 2 640 30 59, Cuisine indienne – ⬡. AE ⓞ ⓜⓔ VISA. ⬡
FV c
fermé dim. midi – **Repas** Lunch 20 – carte 22 à 59.

♦ Envie de vous dépayser les papilles ? Franchissez donc la Porte des Indes, où vous attend une cuisine aussi chamarrée que parfumée. Intérieur décoré d'antiquités du pays.

♦ Wie door de Poort van India naar binnen gaat, betreedt een wereld die met zijn exotische smaken, geuren en kleuren alle zintuigen prikkelt.

XX **Tagawa**, av. Louise 279, ⊠ 1050, ℘ 0 2 640 50 95, *o.tagawa@ tiscali.be, Fax 0 2 648 41 36*, Cuisine japonaise – ▤ 🅿. 🆎 ⓞ 🆖 𝗩𝗜𝗦𝗔 🅹🅲🅱. ✼ FU e
fermé sam. midi, dim. et jours fériés – **Repas** *Lunch* 11 – carte 22 à 80.
✦ Ce sobre établissement à débusquer au fond d'une galerie commerçante vous entraîne au pays des samouraïs. Confort occidental ou nippon (tatamis). Bar à sushis.
✦ Sober ingericht Japans restaurant achter in een winkelgalerij. De gasten kunnen kiezen tussen Westers comfort of Japanse traditie (tatamis). De sushibar is bij velen favoriet.

X **L'Atelier de la Truffe Noire**, av. Louise 300, ⊠ 1050, ℘ 0 2 640 54 55, *luigi.cici riello@ truffenoire.com, Fax 0 2 648 11 44*, Avec cuisine italienne, ouvert jusqu'à 23 h –
▤ 🆎 ⓞ 🆖 𝗩𝗜𝗦𝗔 FU s
fermé dim. et lundi midi – **Repas** carte 40 à 57, 🍷.
✦ Brasserie "hype" dont l'originalité et le succès tiennent à la rapidité de sa formule gastronomique où règne la truffe. Bien conçue, la carte est italianisante et variée.
✦ Deze brasserie is een "hype", dankzij de snelle gastronomische formule waarin de truffel centraal staat. De Italiaans getinte kaart is evenwichtig en gevarieerd.

X **Rouge Tomate**, av. Louise 190, ⊠ 1050, ℘ 0 2 647 70 44, *rougetomate@ skynet.be, Fax 0 2 646 63 10*, 🌫, Ouvert jusqu'à 23 h – 🆎 ⓞ 🆖 𝗩𝗜𝗦𝗔 ✼ FU c
Repas carte 28 à 46.
✦ Derrière la façade d'une maison de maître du 19e s., lumineuse salle à manger design où s'attable une clientèle huppée. Préparations au goût du jour. Terrasse à l'arrière.
✦ Restaurant in een 19e-eeuws herenhuis, dat vooral wordt bezocht door yuppies. Trendy keuken en designinterieur. Bij mooi weer is het terras aan de achterkant zeer gewild.

Quartier Bois de la Cambre - *plan p. 15* :

XXXX **Villa Lorraine** (Vandecasserie), av. du Vivier d'Oie 75, ⊠ 1000, ℘ 0 2 374 31 63, *inf o@ villalorraine.be, Fax 0 2 372 01 95*, 🌫 – ▤ 🅿. 🆎 ⓞ 🆖 𝗩𝗜𝗦𝗔 🅹🅲🅱. ✼ GX w
✿ *fermé 3 dern. sem. juil. et dim.* – **Repas** *Lunch* 55 – 150 bc, carte 57 à 170, 🍷 🏵
Spéc. Foie gras au sauternes et truffes. Émincé de bœuf à l'italienne. Fricassée de homard et huîtres au riesling (sept.-fév.).
✦ Père et fils s'activent aux fourneaux de ce grand restaurant posté en lisière d'un bois. Cuisine classique, assortie au décor, et cave de prestige. Agréable terrasse ombragée.
✦ Vader en zoon staan achter het fornuis van dit chique restaurant aan de rand van het bos. De klassieke keuken past bij de inrichting. Prestigieuze wijnen. Lommerrijk terras.

XXX **La Truffe Noire**, bd de la Cambre 12, ⊠ 1000, ℘ 0 2 640 44 22, *luigi.ciciriello@ tr uffenoire.com, Fax 0 2 647 97 04* – ▤ 🖥️🅿. 🆎 ⓞ 🆖 𝗩𝗜𝗦𝗔 GV x
✿ *fermé 1 sem. Pâques, 1re quinz. août, Noël-Nouvel An, sam. midi et dim.* – **Repas** *Lunch* 40 – 80/155 bc, carte 69 à 190, 🍷 🏵
Spéc. Carpaccio aux truffes fraîches à ma façon. Saint-Pierre aux poireaux et truffes. Truffe au chocolat noir en sucre filé et coulis de framboises.
✦ Entre le bois de la Cambre et l'abbaye du même nom, table soignée où l'amateur de truffes trouvera son bonheur. Décor intérieur élégant et patio-terrasse reposant. Belle cave.
✦ Verzorgd restaurant tussen het bos en de abdij van Ter Kameren, waar liefhebbers van truffels hun hart kunnen ophalen. Elegant interieur en patio met terras. Mooie wijnkelder.

Quartier de l'Europe - *plan p. 13* :

▥ **Dorint**, bd Charlemagne 11, ⊠ 1000, ℘ 0 2 231 09 09, *H5344@ accor.com, Fax 0 2 230 33 71*, 🇫🇬, �) – 📶 ✼ ▤ 📺 🍴ch, 🌫 – 🔬 25 à 150. 🆎 ⓞ 🆖 𝗩𝗜𝗦𝗔
🅹🅲🅱. ✼ rest GR c
Repas *L'Objectif (fermé sam. midi et dim. midi)* *Lunch* 33 – carte 36 à 54 – �???⊐ 24 – **210 ch** 75/290, – 2 suites.
✦ Récent hôtel de chaîne au "look" design, composé de deux immeubles communiquants. Spacieuses et fringantes chambres standard. Exposition de photographies contemporaines. Salle à manger bien dans l'air du temps, assortie au contenu des jolies assiettes.
✦ Nieuw designhotel van een keten, dat bestaat uit twee gebouwen die met elkaar zijn verbonden. De standaardkamers zijn ruim en vrolijk. Expositie van hedendaagse fotografie. De eetzaal is zeer eigentijds, net als de inhoud van het mooie servies.

▥ **Crowne Plaza Europa**, r. Loi 107, ⊠ 1040, ℘ 0 2 230 13 33, *brussels@ ichotelsg roup.com, Fax 0 2 230 03 26*, 🇫🇬 – 📶 ✼ ▤ 📺 🍴 🌫 – 🔬 25 à 350. 🆎 ⓞ 🆖
𝗩𝗜𝗦𝗔, ✼ GR d
Repas *(fermé août, sam. midi et dim. midi)* (ouvert jusqu'à 23 h) *Lunch* 21 – carte 35 à 56 – ⊐ 25 – **238 ch** 120/350, – 2 suites.
✦ Rénovations importantes dans cet immeuble des années 1970 situé à deux pas du coeur institutionnel européen. Équipement pour conférences et business center. Confortable salle de restaurant. Formule lunch-buffets et grande carte éclectique. Bonne cave.
✦ Dit gebouw uit de jaren 1970, op loopafstand van de Europese instellingen, is ingrijpend gerenoveerd. Faciliteiten voor congressen en business center. Comfortabel restaurant met een lunchformule, buffetten en een gevarieerde kaart. Goede wijnkelder.

Eurovillage, bd Charlemagne 80, ⌶ 1000, ℰ 0 2 230 85 55, *sales@ eurovillage.be*, Fax 0 2 230 56 35, 🏖, ⌶, 🕾 – ▯ ↮ ▤ ▥ ⇔ – 🛋 25 à 130. ⌶ ⓄⒹ ⓄⓄ 𝗩𝗜𝗦𝗔 ⌶. ⌶ rest
GR **a**
Repas *(fermé août, 20 déc.-5 janv., sam. et dim. midi)* Lunch 25 – carte 23 à 42 – ⌶ 17 – **100 ch** 100/200.
◆ Cette construction moderne jouxtant un parc verdoyant renferme de menues chambres coquettes et de bonnes installations pour séminaires et affaires. Communs spacieux. Menus multi-choix et buffets dressés à l'heure du lunch.
◆ Modern gebouw bij een weelderig begroeid park. De kamers zijn klein, maar keurig en het hotel biedt veel faciliteiten voor congressen en zakenlieden. Grote gemeenschappelijke ruimten. Keuzemenu's en buffetten rond het middaguur.

Holiday Inn Schuman, r. Breydel 20, ⌶ 1040, ℰ 0 2 280 40 00, *hotel@holiday-in n-brussels-schuman.com*, Fax 0 2 282 10 70, 🏖 – ▯ ↮ ▥ ⇔ – 🛋 45. ⌶ ⓄⒹ ⓄⓄ 𝗩𝗜𝗦𝗔 ⌶. ⌶ ch
GS **b**
Repas *(diner seult)* carte 26 à 36 – ⌶ 20 – **56 ch** 45/250 – ½ P 90/295.
◆ Hôtel moderne oeuvrant à sa manière à la construction européenne : chambres et suites de bon confort et plein secteur institutionnel. Schuman, le précurseur, aurait applaudi !
◆ Modern hotel met comfortabele kamers en suites, midden in de wijk van de Europese instellingen. Schuman, de "vader van Europa", zou het geweldig hebben gevonden !

New Hotel Charlemagne, bd Charlemagne 25, ⌶ 1000, ℰ 0 2 230 21 35, *bruss elscharlemagne@new-hotel.be*, Fax 0 2 230 25 10, ⅙ – ▯ ↮ ▥ ⇔ – 🛋 30 à 50. ⌶ ⓄⒹ 𝗩𝗜𝗦𝗔 ⌶. ⌶ rest
GR **k**
Repas *(résidents seult)* – ⌶ 19 – **66 ch** 210/230.
◆ Entre le square Ambiorix et le centre Berlaymont, pratique petit hôtel où loge surtout la clientèle "UE". Réception, bar-salon et salle des petits-déjeuners en enfilade.
◆ Praktisch hotel tussen het Ambiorixsquare en het Europees Centrum Berlaymont, dat het vooral moet hebben van de "EU-klandizie". Receptie, bar-lounge en ontbijtzaal en suite.

Pappa e Citti, r. Franklin 18, ⌶ 1000, ℰ 0 2 732 61 10, *pappaecitti@ skynet.be*, Fax 0 2 732 57 40, 🏖, Cuisine italienne – ⌶ ⓄⓄ 𝗩𝗜𝗦𝗔. ⌶
GR **e**
fermé août, 18 déc.-6 janv., sam., dim. et jours fériés – **Repas** Lunch 27 bc – carte 34 à 112.
◆ Les euro-fonctionnaires aiment à se retrouver dans ce sympathique petit restaurant italien. Spécialités sardes et vins de là-bas. Menu-lunch deux services. Véranda.
◆ Eurofunctionarissen komen graag bijeen in dit sympathieke Italiaanse eethuis. Sardinische specialiteiten en bijpassende wijnen. Lunchmenu met twee gangen. Aangename serre.

Take Sushi, bd Charlemagne 21, ⌶ 1000, ℰ 0 2 230 56 27, Fax 0 2 231 10 44, 🏖, Cuisine japonaise avec Sushi-bar – ⌶ ⓄⒹ ⓄⓄ 𝗩𝗜𝗦𝗔. ⌶
GR **z**
fermé du 25 au 31 déc., sam. et dim. midi – **Repas** Lunch 14 – carte 22 à 70.
◆ Une touche nippone au coeur des institutions européennes. Décor, fond musical et jardinet assortis. Formules plateaux-menus. Le sushi-bar a ses fervents. Service en kimono.
◆ Een stukje Japan in het hart van Europa, met bijpassende inrichting, achtergrondmuziek en tuin. Lunchboxes en populaire sushibar. Bediening in kimono.

Balthazar, r. Archimède 63, ⌶ 1000, ℰ 0 2 742 06 00, 🏖 – ⌶ ⓄⒹ 𝗩𝗜𝗦𝗔
GR **s**
fermé 23 déc.-2 janv., sam. midi et dim. – **Repas** Lunch 10 – carte 30 à 48.
◆ Ambiance "brasserie moderne", saveurs méridionales franco-italianisantes, vins du monde et service polyglotte dans cette maison de maître agrémentée d'un jardinet.
◆ In dit herenhuis met een tuintje heerst de ambiance van een moderne brasserie. Frans-Italiaanse keuken, wijnen uit de hele wereld en polyglot personeel.

Quartier Botanique, Gare du Nord *(voir aussi St-Josse-ten-Noode)* - plan p. 12 :

President World Trade Center, bd du Roi Albert II 44, ⌶ 1000, ℰ 0 2 203 20 20, *sales.wtc@presidenthotels.be*, Fax 0 2 203 24 40, 🏖, 🕾, ☂ – ▯ ↮ ▥ ⇔ – 🛋 25 à 350. ⌶ ⓄⒹ ⓄⓄ 𝗩𝗜𝗦𝗔 ⌶. ⌶ rest
FQ **d**
Repas Lunch 18 – carte 34 à 58 – ⌶ 20 – **286 ch** 250/260, – 16 suites.
◆ Immeuble-bloc s'élevant à l'extrémité du "Manhattan" bruxellois, non loin de la gare du Nord et des tours du World Trade Center. Bon confort dans les chambres. Classique, la carte du restaurant comporte menus et suggestions.
◆ Imposant gebouw aan de rand van het "Manhattan" van de Belgische hoofdstad, niet ver van het station Brussel-Noord en het World Trade Center. Comfortabele kamers. De klassieke kaart van het restaurant bevat tevens menu's en dagschotels.

Le Dome *(annexe Le Dome II),* bd du Jardin Botanique 12, ⌶ 1000, ℰ 0 2 218 06 80 *dome@skypro.be*, Fax 0 2 218 41 12, 🏖 – ▯ ↮, ☰ ch, ▥ – 🛋 25 à 80. ⌶ ⓄⒹ ⓄⓄ 𝗩𝗜𝗦𝗔
FQ **n**
Repas Lunch 16 – carte 30 à 42 – **125 ch** ⌶ 105/250.
◆ Coiffé d'un globe terrestre, le dôme de cette façade 1900 contemple l'effervescence de la place Rogier. Communs Art nouveau. Chambres amples et agréables. Brasserie moderne avec mezzanine. Mets travaillés et plats simples.
◆ Een aardbol prijkt op de koepel van dit gebouw uit 1900, met een mooi uitzicht op het bruisende Rogierplein. Gemeenschappelijke ruimten in art-nouveaustijl. Prettige, ruime kamers. Moderne brasserie met mezzanine voor een eenvoudige hap of verfijnde maaltijd.

🏨 **Vendôme,** bd A. Max 98, ✉ 1000, ℰ 0 2 227 03 00, *brasserie@hotel-vendome.be*, Fax 0 2 218 06 83 – |‡| 🍴 🗐 📺 🚗 – 🔏 25 à 80. 🖭 ⓪ 🐵 ⱽⁱˢᴬ. ⅍ FQ **c**
Repas *(fermé fin déc.-début janv., sam. midi et dim.)* (déjeuner seult pendant vacances scolaires) *Lunch 15* – carte 22 à 52, ⌺ – **106 ch** ⌂ 165/263 – ½ P 108/175.
♦ Entre les places Rogier et De Brouckère, hôtel refait de neuf et doté d'une petite infrastructure pour séminaires. Les chambres sont coquettes et confortables. Brasserie lambrissée misant sur une carte actuelle avec menus et suggestions.
♦ Gerenoveerd hotel tussen het Rogierplein en het Brouckereplein, dat zeer geschikt is voor congressen. De kamers zijn tiptop en comfortabel. Brasserie met veel hout, waar u behalve eigentijdse gerechten à la carte ook menu's kunt bestellen.

🏨 **President Nord** sans rest, bd A. Max 107, ✉ 1000, ℰ 0 2 219 00 60, *gm@preside ntnord.be*, Fax 0 2 218 12 69 – |‡| 🍴 🗐 📺. 🖭 ⓪ 🐵 ⱽⁱˢᴬ ᴶᶜᴮ. ⅍ FQ **k**
63 ch ⌂ 145/195.
♦ Immeuble d'angle bâti à un saut de la cité administrative et de la commerçante rue Neuve. Six étages de chambres, avenantes et bien équipées, dont quinze junior suites.
♦ Hoekpand met zes verdiepingen, vlak bij de overheidsgebouwen en de winkels van de Nieuwstraat. Aangename, goed ingerichte kamers, waaronder vijftien junior suites.

🏨 **Maison du Dragon,** bd A. Max 146, ✉ 1000, ℰ 0 2 250 10 20, *hotel.maisondudra gon.bru@skynet.be*, Fax 0 2 218 18 25, 🍴 – |‡| 🗐 ch, 📺 🚗 📼 – 🔏 25 à 80. 🖭 ⓪ 🐵 ⱽⁱˢᴬ FQ **m**
Repas (avec cuisine chinoise, ouvert jusqu'à 23 h 30) *Lunch 10* – 22/49 bc – **98 ch** ⌂ 110/375.
♦ Établissement à management asiatique, comme le suggère l'enseigne. Chambres garnies d'un mobilier stratifié. Affluence touristique et période estivale. Cuisines chinoise et internationale servies dans une salle à manger étagée et mezzanine.
♦ Hotel met een Aziatisch management, zoals de naam al doet vermoeden. Kamers met meubelen van multiplex. Veel toeristen in de zomer. In de eetzaal met mezzanine kunnen de gasten kiezen tussen de Chinese en de internationale keuken.

Quartier Atomium (Centenaire - Trade Mart - Laeken - Neder-over-Heembeek) *- plan p. 8 :*

🏨 **Le Centenaire,** av. Jean Sobieski 84, ✉ 1020, ℰ 0 2 479 56 00, Fax 0 2 479 56 00 –
🚗 📺. 🖭 🐵 ⱽⁱˢᴬ BK **z**
Repas *(fermé 21 juil.-15 août, dim. soir et lundi)* *Lunch 15* – 22/39 bc – **5 ch** ⌂ 80/85.
♦ Seules quelques centaines de protons et d'électrons séparent cet hôtel de l'Atomium. Chambres décorées suivant un thème (africaine, asiatique, etc.) et dotées de kitchenettes. Deux belles fresques animent les murs de la salle de restaurant.
♦ Dit hotel is slechts een paar honderd protonen en elektronen verwijderd van het Atomium. Kamers met thema, bijvoorbeeld Afrikaans of Aziatisch, en kitchenette. Twee schilderingen sieren de muren van het restaurant.

XX **Ming Dynasty,** Parc des Expositions - av. de l'Esplanade BP 9, ✉ 1020, ℰ 0 2 475 23 45, *info@mingdynasty.be*, Fax 0 2 475 23 50, Cuisine chinoise, ouvert jusqu'à 23 h –
🗐 📼. 🖭 ⓪ 🐵 ⱽⁱˢᴬ BK **a**
fermé 15 juil.-15 août, mardi soir et sam. midi – **Repas** *Lunch 13* – carte 22 à 51.
♦ Escale asiatique face au parc des Expositions : carte chinoise explicite comprenant de nombreux menus, décor moderne et fond musical adaptés à la table. Honorable cave.
♦ Aziatische pleisterplaats tegenover het Tentoonstellingspark. Modern interieur, Chinese kaart met diverse menu's en bijpassende achtergrondmuziek. Goede wijnkelder.

XX **Lychee,** r. De Wand 118, ✉ 1020, ℰ 0 2 268 19 14, *Fax 0 2 268 19 14*, Cuisine chinoise, ouvert jusqu'à 23 h – 🗐. 🖭 ⓪ 🐵 ⱽⁱˢᴬ BK **d**
fermé du 10 au 31 juil. – **Repas** *Lunch 8* – 22/33.
♦ Un large éventail de mets chinois et un lunch très démocratique vous attendent à cette enseigne connue de longue date. Salle à manger étagée, avec véranda.
♦ Restaurant dat zijn sporen ruimschoots heeft verdiend, met een keur van Chinese specialiteiten en een zeer schappelijk lunchmenu. Trapsgewijze eetzaal met serre.

XX **La Balade Gourmande,** av. Houba de Strooper 230, ✉ 1020, ℰ 0 2 478 94 34, Fax 0 2 479 89 52, 🍴 – 🕭 ⓪ 🐵 ⱽⁱˢᴬ BK **v**
fermé 1 sem. carnaval, 15 août-6 sept., merc. soir, sam. midi et dim. – **Repas** *Lunch 15* – 30.
♦ Restaurant dont le menu-carte balade votre gourmandise à travers un répertoire bourgeois accordé au goût du moment. Chaises et plafond tendus de tissu rouge. Nouvelle adresse.
♦ Dit nieuwe adresje biedt een eenvoudige, eerlijke keuken die aan de huidige smaak is aangepast. De stoelen en het plafond zijn met rode stof bespannen.

ANDERLECHT - *plans p. 8 et 10 sauf indication spéciale :*

🏨 **Le Prince de Liège,** chaussée de Ninove 664, ⊠ 1070, 𝒫 0 2 522 16 00, *princede liege@coditel.be, Fax 0 2 520 81 85* – ⧉, ▤ ch, 📺 🛏️ le midi uniquement ⟷ – 🏦 25.
🆎 ⓞ ⓜⓞ 𝚅𝙸𝚂𝙰

Repas *(fermé du 1er au 15 août, sam. midi et dim. soir)* (taverne-rest) *Lunch* 16 – 25/45
– **32 ch** � 65/102 – ½ P 81/105.

◆ Hôtel familial situé aux abords d'un carrefour important. Hébergement très valable dans des chambres fonctionnelles munies du double vitrage. Taverne-restaurant où se mitonne une sage cuisine classique. Menus et suggestions du marché notées à l'ardoise.

◆ Familiehotel bij een druk kruispunt. De functioneel ingerichte kamers hebben dubbele ramen en voldoen prima. Café-restaurant met een licht klassieke kaart. Er zijn ook menu's en dagelijks wisselende gerechten te verkrijgen.

🏨 **Ustel,** Square de l'Aviation 6, ⊠ 1070, 𝒫 0 2 520 60 53 et 0 2 522 30 25 (rest), *hot el.ustel@grouptorus.com, Fax 0 2 520 33 28,* ☂ – ⧉ ⤴ ▤ 📺 ⟷ – 🏦 25 à 100. 🆎
ⓞ ⓜⓞ 𝚅𝙸𝚂𝙰, ✻ rest

plan p. 12 ES q

Repas *(fermé mi-juil.-mi-août, sam. et dim.)* (brasserie, déjeuner seult) *Lunch* 14 – 25/34 bc
– **114 ch** � 95/168.

◆ Au bord de la petite ceinture, hôtel particulier et ses dépendances renfermant de sobres chambres de diverses tailles, dont une vingtaine d'"appart's" avec kitchenette. La machinerie d'une ancienne écluse sert de cadre - insolite s'il en est - à la brasserie.

◆ Groot herenhuis met bijgebouwen langs de Kleine Ring. Sobere kamers van verschillend formaat, waaronder een twintigtal appartementen met kitchenette. In het bijbehorende restaurant is - bijzonder origineel - de machinerie van een oude sluis te zien.

🏨 **Erasme,** rte de Lennik 790, ⊠ 1070, 𝒫 0 2 523 62 82, *comfort@skynet.be,*
⇄ *Fax 0 2 523 62 83,* ☂, 𝐅δ – ⧉ ⤴, ▤ ch, 📺 δch, ⟷ – 🏦 25 à 80. 🆎 ⓞ ⓜⓞ 𝚅𝙸𝚂𝙰
Repas (taverne-rest) 16 – **73 ch** � 62/119, – 1 suite.

AN m

◆ Aux portes de la ville, à 1 km du ring, établissement proposant de menues chambres chaleureuses et convenablement insonorisées. Trois salles pour séminaires. À table, carte internationale variée.

◆ Ketenhotel aan de rand van de stad, op 1 km van de Ring. Kleine, maar warm ingerichte kamers die goed tegen geluid zijn geïsoleerd. Drie congreszalen. Aan tafel kunnen de gasten kiezen uit een gevarieerde, internationaal georiënteerde kaart.

🏨 **Van Belle,** chaussée de Mons 39, ⊠ 1070, 𝒫 0 2 521 35 16, *reservation@hotelvan belle.be, Fax 0 2 527 00 02* – ⧉ 📺 ⟷ 🅿 – 🏦 25 à 100. 🆎 ⓞ ⓜⓞ 𝚅𝙸𝚂𝙰,
✻ rest

plan p. 12 ER f

Repas (dîner pour résidents seult) – **100 ch** � 80/154.

◆ Hôtel familial bientôt centenaire occupant un ensemble de maisons d'époques différentes. Chambres pratiques et bien tenues. Le service navette vers le centre est offert.

◆ Bijna honderdjarig familiehotel in een aantal huizen uit verschillende perioden. Praktische, goed onderhouden kamers. Gratis pendeldienst naar het centrum.

🍴🍴🍴 **Saint Guidon** 2e étage du stade de football du R.S.C. d'Anderlecht, av. Théo Verbeeck
⬩ 2, ⊠ 1070, 𝒫 0 2 520 55 36, *saint-guidon@skynet.be, Fax 0 2 523 38 27* – ▤ 🅿 – 🏦 25
à 300. ⓞ ⓜⓞ 𝚅𝙸𝚂𝙰

AM m

fermé 24 déc.-1er janv., sam., dim., jours fériés et jours de match à domicile du club – **Repas** (déjeuner seult) 55 bc, carte 55 à 75

Spéc. Ravioles de homard aux truffes. Sole meunière et petit stoemp aux poireaux et persil plat. Filet d'agneau poêlé à l'estragon (21 juin-21 sept.).

◆ Cette table hébergée dans le stade de football est la "cantine" des amis du prestigieux R.S.C. Anderlecht. Cuisine actuelle soignée évoluant au gré des saisons.

◆ Dit restaurant in het voetbalstadion is de "kantine" van de fans van R.S.C. Anderlecht. De verzorgde eigentijdse keuken is seizoengevoelig.

🍴🍴 **Alain Cornelis,** av. Paul Janson 82, ⊠ 1070, 𝒫 0 2 523 20 83, *Fax 0 2 523 20 83,* ☂
– 🆎 ⓞ ⓜⓞ 𝚅𝙸𝚂𝙰, ✻

AM p

fermé 1 sem. Pâques, 1re quinz. août, 24 déc.-3 janv., merc. soir, sam. midi et dim. – **Repas** 30/63 bc, ⅌.

◆ Un restaurant classico-bourgeois, de sa cuisine jusqu'à son cellier. Terrasse à l'arrière, agrémentée d'un jardinet et d'une pièce d'eau. Menu-carte et plats du mois.

◆ Restaurant dat van keuken tot wijnkelder klassiek is. Het terras achter kijkt uit op een mooi tuintje met een waterpartij. Keuzemenu en schotels van de maand.

🍴🍴 **La Brouette,** bd Prince de Liège 61, ⊠ 1070, 𝒫 0 2 522 51 69, *info@labrouette.be, Fax 0 2 522 51 69* – 🆎 ⓞ ⓜⓞ 𝚅𝙸𝚂𝙰

AM r

fermé 28 mars-3 avril, 26 juil.-17 août, sam. midi, dim. soir et lundi – **Repas** *Lunch* 30 – 38/65 bc, ⅌ ☂.

◆ La clientèle d'habitués apprécie autant le soin apporté à la cuisine que l'harmonie des accords mets-vins dont ce confortable petit établissement de quartier a le secret.

◆ De vaste klanten waarderen zowel de verzorgde keuken als de harmonieuze spijs-wijncombinaties, waarvan dit comfortabele buurtrestaurant het patent heeft.

XX **Le Croûton,** r. Aumale 22 (près pl. de la Vaillance), ⊠ 1070, ℰ 0 2 520 79 36, *lecro uton@skynet.be*, 😤 – 𝔸𝔼 ⓞ ⓜⓞ 𝚅𝙸𝚂𝙰 AM q
fermé 23 janv.-9 fév., 23 août-9 sept., dim. et lundi – **Repas** Lunch 26 – 35/82 bc.
◆ Érasme, le ''prince des humanistes'', vécut cinq mois dans l'intéressante maison-musée qui porte son nom, en face de ce restaurant grand comme... un ''croûton'' ! Saveurs d'ici.
◆ De geleerdste humanist van zijn tijd woonde vijf maanden in het interessante Erasmusmuseum tegenover dit restaurant, dat werkelijk piepklein is. Belgische specialiteiten.

X **La Paix,** r. Ropsy-Chaudron 49 (face abattoirs), ⊠ 1070, ℰ 0 2 523 09 58, *Fax 0 2 520 10 39*, Taverne-rest – 𝔸𝔼 ⓞ ⓜⓞ 𝚅𝙸𝚂𝙰 BM a
fermé 3 dern. sem. juil., sam. et dim. – **Repas** (déjeuner seult sauf vend.) carte 22 à 43.
◆ Un choix bourgeois ''tendance carnivore'' vous attend dans cette brasserie conviviale postée en face des abattoirs d'Anderlecht. Le steak tartare prend forme sous vos yeux.
◆ Eenvoudige, maar goed klaargemaakte vleesgerechten in dit gemoedelijke eethuis tegenover het abattoir van Anderlecht. De steak tartare is een aanrader.

X **René,** pl. de la Résistance 14, ⊠ 1070, ℰ 0 2 523 28 76, 😤, Moules en saison AM a
fermé dern. sem. juil.-3 prem. sem. août, lundi soir et mardi – **Repas** carte 22 à 39.
◆ Ancienne friterie populaire judicieusement transformée en restaurant pour le plus grand plaisir des bonnes fourchettes. Clientèle de quartier et d'affaires. Terrasse d'été.
◆ Deze oude ''frituur'' is omgetoverd tot een restaurantje voor smulpapen. Er komen veel buurtbewoners en zakenmensen. Terras in de zomer.

AUDERGHEM (OUDERGEM) - *plan p. 11 sauf indication spéciale :*

XX **La Grignotière,** chaussée de Wavre 2041, ⊠ 1160, ℰ 0 2 672 81 85, *Fax 0 2 672 81 85* – 𝔸𝔼 ⓞ ⓜⓞ 𝚅𝙸𝚂𝙰 DN t
fermé du 1er au 20 août, dim. et lundi – **Repas** Lunch 35 – 46.
◆ À un saut d'écureuil de la forêt de Soignes. Côté salle : un cadre sobrement actuel ; côté ''piano'' : un classicisme mesuré. Menu multi-choix. Petit salon séparé.
◆ Restaurant in de buurt van het Zoniënwoud, met in de eetzaal een sober, eigentijds interieur en in de keuken een gematigd classicisme. Menu met veel keuze. Aparte salon.

XX **Le Pousse-Rapière,** chaussée de Wavre 1699, ⊠ 1160, ℰ 0 2 672 76 20, *Fax 0 2 672 76 20*, 😤 – ▤, 𝔸𝔼 ⓞ ⓜⓞ 𝚅𝙸𝚂𝙰 CN v
fermé 15 juil.-15 août, dim. et lundi – **Repas** 30.
◆ Formules menu-carte et suggestions sur écriteau pour ce restaurant dont la clientèle, essentiellement composée d'habitués, n'a rien à voir avec des ''traîneurs de rapière''.
◆ Dit restaurant presenteert een kaart met menu's en dagsuggesties op een leitje. De clientèle bestaat hoofdzakelijk uit habitués, wat altijd een goed teken is.

XX **La Caudalie,** r. Jacques Bassem 111, ⊠ 1160, ℰ 0 2 675 20 20, *Fax 0 2 675 20 80* – ℙ. 𝔸𝔼 ⓞ ⓜⓞ 𝚅𝙸𝚂𝙰 CDN x
fermé sam. midi et dim. – **Repas** Lunch 46 – carte 36 à 60, ♀ 😤.
◆ Table actuelle engageante vous invitant à découvrir de jolis accords mets-vins. Salle à manger au décor moderne très léché et restaurant de plein air caché sur l'arrière.
◆ In dit eigentijdse restaurant staan u spannende wijn-spijscombinaties te wachten. Moderne eetzaal en terras aan de achterkant, waar 's zomers buiten kan worden gegeten.

X **New Asia,** chaussée de Wavre 1240, ⊠ 1160, ℰ 0 2 660 62 06, *Fax 0 2 675 67 28*, 😤, Cuisine chinoise – ▤. 𝔸𝔼 ⓞ ⓜⓞ 𝚅𝙸𝚂𝙰. ❀ plan p. 15 HU a
fermé 2 dern. sem. juil. et lundis non fériés – **Repas** Lunch 9 – 14/25.
◆ Une ambiance détendue règne dans cette maison fondée voici plus de 20 ans. Cuisine chinoise déclinée en abondants menus et cadre typique d'un restaurant asiatique de quartier.
◆ In deze zaak, die al ruim 20 jaar bestaat, heerst een ongedwongen sfeer. Chinese keuken met diverse menu's en de typische inrichting van een Aziatisch buurtrestaurant.

X **La Khaïma,** chaussée de Wavre 1390, ⊠ 1160, ℰ 0 2 675 00 04, *Fax 0 2 675 12 25*, Cuisine marocaine – ▤. 𝔸𝔼 ⓜⓞ 𝚅𝙸𝚂𝙰. ❀ CN k
fermé août – **Repas** 27.
◆ Connue des amateurs de pastillas, tagines et couscous, cette petite adresse vous accueille sous une tente berbère (khaïma). Tout y est : tapis, poufs, cuivres martelés.
◆ Dit adresje is bekend bij liefhebbers van pastilla, tajine en couscous. Er wordt gegeten in een echte Berbertent (khaïma), compleet met tapijten, poefs en koperen tafeltjes.

X **La Citronnelle,** chaussée de Wavre 1377, ⊠ 1160, ℰ 0 2 672 98 43, *Fax 0 2 672 98 43*, 😤, Cuisine vietnamienne – 𝔸𝔼 ⓞ ⓜⓞ 𝚅𝙸𝚂𝙰 CN f
fermé 2e quinz. août, lundi et sam. midi – **Repas** Lunch 11 – carte 26 à 39.
◆ Cap sur le golfe du Tonkin avec cette honorable enseigne dont la cuisine vietnamienne délicatement parfumée concède fort peu de choses à l'Occident. Fond musical adapté.
◆ Hijs met gerust gemoed de zeilen voor de Golf van Tonkin. In dit Vietnamees restaurant met bijpassende muziek, doet de keuken weinig concessies aan de Westerse smaak.

BERCHEM-STE-AGATHE (SINT-AGATHA-BERCHEM) - plan p. 8 :

Ⅹ

La Brasserie de la Gare, chaussée de Gand 1430, ⊠ 1082, ℰ 0 2 469 10 09, Fax 0 2 469 10 09 – ▤ 🅿. 🆎 ① 🆚 𝐕𝐈𝐒𝐀   AL s
fermé sam. midi et dim. – **Repas** *Lunch* 12 – 26, 🍷.
  ◆ Brasserie conviviale et animée établie devant la gare de Berchem-Ste-Agathe. Amusantes peintures naïves en salle. Plats traditionnels et cave assez aguichante.
  ◆ Gezellige brasserie bij het station St-Agatha-Berchem. Grappige naïeve schilderijen in de eetzaal. Traditioneel eten en redelijk goede wijnen.

ETTERBEEK - plan p. 13 :

ⅩⅩ

Stirwen, chaussée St-Pierre 15, ⊠ 1040, ℰ 0 2 640 85 41, alain.troubat@skynet.be, Fax 0 2 648 43 08 – 🆎 ① 🆚 𝐕𝐈𝐒𝐀 𝐉𝐂𝐁   GS a
fermé 2 sem. en août, 2 sem. en déc., sam. et dim. – **Repas** *Lunch* 28 – carte 38 à 46.
  ◆ L'enseigne de cette confortable brasserie aux légères touches Belle Époque signifie en breton "Étoile blanche". Recettes classico-bourgeoises à l'écoute des régions de France.
  ◆ Comfortabele brasserie in een ingetogen belle-époquestijl, waarvan de naam verwijst naar het Bretonse woord voor witte ster. Klassieke Franse streekgerechten.

Quartier Cinquantenaire (Montgomery) - plan p. 13 sauf indication spéciale :

Park sans rest, av. de l'Yser 21, ⊠ 1040, ℰ 0 2 735 74 00, info@parkhotelbrussels.be, Fax 0 2 735 19 67, 🛦, 🚬, 🌳 – 🔋 🖙 📺 – 🔬 25 à 65. 🆎 ① 🆚 𝐕𝐈𝐒𝐀 𝐉𝐂𝐁   HS c
51 ch 🖙 105/300.
  ◆ Juste en face du parc du Cinquantenaire, deux maisons de maître renfermant de confortables chambres, dont 25 singles. La salle des petits-déjeuners donne sur un jardinet.
  ◆ Twee herenhuizen tegenover het Jubelpark met gerieflijke kamers, waarvan 25 éénpersoons. De ontbijtzaal kijkt uit op een kleine tuin.

Ⅹ

Le Jaspe, bd Louis Schmidt 30, ⊠ 1040, ℰ 0 2 734 22 30, Cuisine chinoise – ▤. 🆎 ① 🆚 𝐕𝐈𝐒𝐀   plan p. 15 HU b
fermé 15 juil.-15 août et lundis non fériés – **Repas** *Lunch* 9 – 22/28.
  ◆ La façade de ce restaurant chinois au sobre décor extrême-oriental "en impose". Pour conventionnels qu'ils soient, les plats n'en sont pas moins goûteux.
  ◆ De façade van dit Chinese restaurant met zijn sobere, typisch Aziatische decor boezemt ontzag in. Het eten is weliswaar conventioneel, maar daarom niet minder smakelijk.

EVERE - plan p. 9 :

Belson sans rest, chaussée de Louvain 805, ⊠ 1140, ℰ 0 2 708 31 00, resa@gresham-belsonhotel.com, Fax 0 2 708 31 66, 🛦 – 🔋 🖙 ▤ 📺 🚗 – 🔬 25. 🆎 ① 🆚 𝐕𝐈𝐒𝐀 𝐉𝐂𝐁. 🍴   CL z
🖙 22 – **132 ch** 95/310, – 3 suites.
  ◆ Vous aurez aussi facilement accès au centre-ville qu'à l'aéroport (Zaventem) depuis cet hôtel de chaîne renfermant deux catégories de chambres. Espace de remise en forme.
  ◆ Vanuit dit ketenhotel is zowel het centrum als de luchthaven Zaventem heel gemakkelijk te bereiken. Het Belson telt twee categorieën kamers en een fitnessruimte.

Mercure, av. Jules Bordet 74, ⊠ 1140, ℰ 0 2 726 73 35, H0958@accor-hotels.com, Fax 0 2 726 82 95 – 🔋 🖙, ▤ rest, 📺 🚗 – 🔬 25 à 120. 🆎 ① 🆚 𝐕𝐈𝐒𝐀 𝐉𝐂𝐁   CL a
Repas *(fermé 12 juil.-22 août) Lunch* 20 bc – carte 25 à 42, 🍷 – 🖙 17 – **112 ch** 175/250, – 7 suites.
  ◆ À deux pas de l'OTAN et 5 mn des pistes de Zaventem, un "classique" du groupe Accor : chambres conformes aux standards de l'enseigne hôtelière et salles pour séminaires. Restaurant au sobre décor égayé de planches de B.D.
  ◆ Deze klassieker van de hotel-groep ligt vlakbij de NAVO en de luchthaven Zaventem. De kamers voldoen aan de standaard van de hotelketen en er zijn congreszalen. Het sober ingerichte restaurant wordt opgevrolijkt door striptekeningen.

FOREST (VORST) - plan p. 10 sauf indication spéciale :

De Fierlant sans rest, r. De Fierlant 67, ⊠ 1190, ℰ 0 2 538 60 70, Fax 0 2 538 91 99 – 🔋 📺 🆎 ① 🆚 𝐕𝐈𝐒𝐀. 🍴   BN d
40 ch 🖙 60/85.
  ◆ Entre la gare du Midi et la salle de concerts Forest-National, hôtel aussi pratique que convenable, occupant un petit immeuble récent. Chambres standard insonorisées.
  ◆ Praktisch en keurig hotel in een nieuw gebouw tussen het station Brussel-Zuid en de concertzaal Vorst-Nationaal. Standaardkamers met een goede geluidsisolatie.

GANSHOREN - *plan p. 17 sauf indication spéciale :*

Bruneau, av. Broustin 75, ⌷ 1083, ✆ 0 2 421 70 70, Fax 0 2 425 97 26, 😃 – 🍽 ⌷ le soir uniquement 🅿. AE ⓪ ⓿ VISA   W a
fermé du 1ᵉʳ au 10 fév., août, mardi, merc. et jeudis fériés – **Repas** *Lunch* 45 – 95/150 bc, carte 75 à 202, ⌷
Spéc. Gaufrette de blinis au caviar osciètre farcie de crème aigre. Javanais de bar à la chair de langoustines et sabayon au jus de crustacés. Contrefilet de veau de lait farci soubise au lard fumé.
* Une table de renom, qui atteint l'équilibre parfait entre classicisme et créativité, tout en valorisant les produits régionaux. Cave prestigieuse. L'été, on mange en terrasse.
* Gerenommeerd restaurant met een volmaakt evenwicht tussen classicisme en creativiteit, met het accent op regionale producten. Prestigieuze wijnkelder. Terras in de zomer.

Claude Dupont, av. Vital Riethuisen 46, ⌷ 1083, ✆ 0 2 426 00 00, claudedupont@ resto.be, Fax 0 2 426 65 40 – AE ⓪ ⓿ VISA   W b
fermé août, lundi et mardi – **Repas** *Lunch* 45 – 65/130 bc, carte 57 à 91, ⌷
Spéc. Écrevisses sautées à la bordelaise. Timbale de homard en mousseline de jeunes poireaux. Canette de barbarie au cidre bouché et petites reinettes caramélisées.
* Travail de maître dans une maison de maître. Aucun doute : les diplômes et distinctions gastronomiques qui ornent le hall d'entrée ne sont pas usurpés. Somptueux cellier.
* De oorkonden en gastronomische onderscheidingen in de hal van dit herenhuis kondigen al aan dat hier met meesterschap wordt gekookt. Indrukwekkende wijnkelder.

San Daniele (Spinelli), av. Charles-Quint 6, ⌷ 1083, ✆ 0 2 426 79 23, Fax 0 2 426 92 14, Avec cuisine italienne – 🍽. AE ⓪ ⓿ VISA   W c
fermé 1 sem. Pâques, 15 juil.-15 août, dim. et lundi – **Repas** 60, carte 43 à 57 ⌷
Spéc. Calamaretti, gamberetti et scampis en friture. Ris de veau en crépinette de chou vert aux truffes. Soufflé d'ananas glacé à l'orange sanguine.
* L'accueil familial et gentil, autant que l'ampleur de la carte italianisante, escortée d'une affriolante sélection de crus transalpins, attire ici une clientèle assidue.
* De vriendelijke ontvangst, de ruime keuze van de Italiaans georiënteerde kaart en de aanlokkelijke selectie Italiaanse wijnen trekken veel vaste klanten.

Cambrils 1ᵉʳ étage, av. Charles-Quint 365, ⌷ 1083, ✆ 0 2 465 50 70, restaurant.ca mbrils@skynet.be, Fax 0 2 465 76 63, 😃 – 🍽. AE ⓿ VISA   plan p. 8 AL f
fermé 15 juil.-15 août, dim., lundi soir et jeudi soir – **Repas** *Lunch* 23 – 30/52 bc, ⌷.
* Les cuisines de ce restaurant plaisant s'ouvrent sur la salle, et celle-ci, sur l'avenue Charles-Quint. Choix classique. Bar au rez-de-chaussée. Terrasse pour les beaux jours.
* De keukens van dit prettige restaurant komen uit de eetzaal, die op zijn beurt uitkijkt op de Keizer Karellaan. Klassieke kaart. Bar op de benedenverdieping. Zonnig terras.

IXELLES (ELSENE) - *plan p. 14 sauf indication spéciale :*

Le Yen, r. Lesbroussart 49, ⌷ 1050, ✆ 0 2 649 07 47, 😃, Cuisine vietnamienne – AE ⓪ ⓿ VISA. 🕸   FU f
fermé sam. midi et dim. – **Repas** *Lunch* 9 – 23/30 bc.
* Rien à voir avec la devise nippone ! "L'Hirondelle" (Yen) vous reçoit dans un cadre asiatique aussi moderne que dépouillé. Préparations vietnamiennes aux noms poétiques.
* Deze Yen heeft niets te maken met de Japanse munt, maar betekent zwaluw. In een even modern als sober interieur wordt u onthaald op Vietnamese schotels met poëtische namen.

L'Ancienne Poissonnerie, r. Trône 65, ⌷ 1050, ✆ 0 2 502 75 05, Cuisine italienne. AE ⓪ ⓿ VISA   plan p. 12 FS h
fermé du 1ᵉʳ au 20 août, sam. midi, dim., lundi soir, mardi soir et merc. soir – **Repas** carte 30 à 48.
* Ancienne poissonnerie Art nouveau transformée en table italienne au goût du jour. Accueil et service charmants, ambiance sympathique et mise en place simple sur les tables.
* In deze vroegere viswinkel in art-nouveaustijl huist nu een eigentijds Italiaans restaurant. Charmant onthaal, vlotte bediening, sympathieke sfeer en eenvoudig gedekte tafels.

Saint Boniface, r. St-Boniface 9, ⌷ 1050, ✆ 0 2 511 53 66, Fax 0 2 511 53 66, 😃, Cuisine du Sud-Ouest et basque – AE ⓿ VISA   plan p. 12 FS g
fermé 3 sem. en juil., Noël, Nouvel An, sam., dim. et jours fériés – **Repas** *Lunch* 20 – carte 28 à 45.
* C'est à un repas inspiré par le Pays Basque et le Sud-Ouest de la France que vous convie cette table. Collection d'affiches et de vieilles boîtes en métal. Terrasse arrière.
* Hier kunt u genieten van een maaltijd die is geïnspireerd op het Baskenland en Zuidwest-Frankrijk. Verzameling affiches en oude blikken. Terras aan de achterzijde.

Quartier Boondael (Université) - *plan p. 15* :

XX **L'Aub. de Boendael,** square du Vieux Tilleul 12, ⊠ 1050, ℰ 0 2 672 70 55, *auberge-de-boendael@resto.be*, *Fax* 0 2 660 75 82, 🍽, Grillades – **P.** **AE** **①** **MC** **VISA**
HX h
fermé sam., dim. et jours fériés – **Repas** Lunch 48 bc – carte 38 à 74.
* Intérieur dans la note rustique, âtre crépitant et carte bourgeoise orientée "grillades", pour ce restaurant installé dans une maison du 17ᵉ s. Banquets les week-ends.
* Restaurant in een 17e-eeuws pand met een rustiek interieur, knapperend houtvuur en traditionele kaart met veel geroosterd vlees. Feestzaal beschikbaar in het weekend.

X **Les Foudres,** r. Eugène Cattoir 14, ⊠ 1050, ℰ 0 2 647 36 36, *lesfoudres@skynet.be*, *Fax* 0 2 649 09 86, 🍽 – **P.** **AE** **①** **MC** **VISA**
GUV j
fermé sam. midi et dim. – **Repas** Lunch 12 – 30.
* On s'attable ici dans un ancien chai voûté, dont les énormes "foudres" de chêne élèvent encore ici le vin. Répertoire culinaire classico-traditionnel. Parking privé gratuit.
* Restaurant in een oude gewelfde wijnkelder met reusachtige eikenhouten vaten, waarin de wijn nog ligt na te rijpen. Klassiek-traditionele keuken. Gratis parkeren.

X **La Pagode d'Or,** chaussée de Boondael 332, ⊠ 1050, ℰ 0 2 649 06 56, *Fax* 0 2 649 09 00, 🍽, Cuisine vietnamienne, ouvert jusqu'à 23 h – **AE** **①** **MC** **VISA** **JCB.** 🍽
GV m
fermé lundi – **Repas** Lunch 9 – 23/35.
* Un honorable petit ambassadeur du Vietnam à Ixelles : carte explicite et consistante, avec menus et "table de riz" ; intime salle à manger aux discrètes touches exotiques.
* Dit restaurantje is een uitstekende ambassadeur van Vietnam in Elsene. Mooie kaart met menu's en rijsttafels. De eetzaal is vrij intiem en heeft een licht exotische toets.

X **Marie,** r. Alphonse De Witte 40, ⊠ 1050, ℰ 0 2 644 30 31, *Fax* 0 2 644 27 37 – 🍽. **AE** ⊗ **MC** **VISA**. 🍽
GU a
fermé 17 juil.-16 août, 23 déc.-3 janv., sam. midi, dim. et lundi – **Repas** Lunch 16 – carte 46 à 60, ♀ 🍽.
Spéc. Brandade de morue à l'huile d'olives, concassée de tomates et coulis de poivrons. Escalope de thon rouge grillée aux artichauts et parmesan (15 avril-15 sept.). Selle d'agneau rôtie, jus à l'ail confit et tian d'aubergines.
* Cuisine traditionnelle, assaisonnée de notes méridionales et rehaussée d'une attrayante sélection de vins, dans ce sympathique bistrot gourmand au format de poche.
* In deze kleine, sympathieke bistro kan men verrukkelijk eten. De traditionele keuken krijgt pit door zijn mediterrane noot ; een regionale wijnkaart speelt hier goed op in.

X **Le Doux Wazoo,** r. Relais 21, ⊠ 1050, ℰ 0 2 649 58 52, Bistrot, ouvert jusqu'à 23 h – **AE** **①** **MC** **VISA**
HV s
fermé 18 juil.-16 août, fin déc.-début janv., sam. midi, dim. et lundi soir – **Repas** Lunch 12 – 25, ♀.
* Un tantinet embourgeoisée, la carte de ce restaurant-bistrot s'autorise toutefois quelques plats "canaille". Collection d'objets, affiches et clichés empreints de nostalgie.
* De kaart van deze bistro is een tikkeltje burgerlijk, maar bevat ook een paar spannende gerechten. De collector's items, affiches en foto's zijn doordrenkt van nostalgie.

Quartier Bascule, Châtelain, Ma Campagne - *plan p. 14* :

XX **Maison Félix** 1ᵉʳ étage, r. Washington 149, ⊠ 1050, ℰ 0 2 345 66 93, *Fax* 0 2 344 92 85 – **AE** **①** **MC** **VISA**. 🍽
FV s
fermé du 1ᵉʳ au 22 août, du 3 au 10 janv., dim. et lundi – **Repas** Lunch 24 – 38/48, ♀ 🍽.
* On traverse la boutique traiteur de Monsieur Félix - astuce pour aiguiser l'appétit des hôtes ? - avant de s'attabler à l'étage. Cuisine "produits". Superbe livre de cave.
* De gasten moeten eerst door de delicatessenwinkel - een truc om de eetlust op te wekken - alvorens boven aan tafel te gaan. Keuken met eersteklas producten en goede wijnen.

XX **O' comme 3 Pommes,** pl. du Châtelain 40, ⊠ 1050, ℰ 0 2 644 03 23, *resto@oc3pommes.be*, *Fax* 0 2 644 03 23, 🍽 – **AE** **MC** **VISA**
FU q
fermé dim. – **Repas** (dîner seult jusqu'à 23 h) 50.
* Salle à manger fraîche et actuelle où l'on prend plaisir à "tomber dans les pommes" ! Menu-carte sur ardoise, bien à la page et rehaussé par-ci, par-là de notes asiatiques.
* Frisse, moderne eetzaal, waar u kunt genieten van tongstrelende spijzen. Eigentijdse keuken met een vleugje Aziatisch. Zeer schappelijk geprijsde lunch.

XX **Aux Beaumes de Venise,** r. Darwin 62, ⊠ 1050, ℰ 0 2 343 82 93, *Fax* 0 2 346 08 96, 🍽 – 🍽. **AE** **MC** **VISA**. 🍽
EFV x
fermé 3 dern. sem. août, dim. et lundi – **Repas** Lunch 18 – 38.
* Avenante salle à manger agencée "à la parisienne", suivie d'une véranda et d'un restaurant d'été. Accueil affable, service "pro", carte souvent recomposée et cave bien montée.
* Eetzaal in Parijse stijl met serre en terras om 's zomers buiten te eten. Vriendelijke ontvangst, professionele bediening, regelmatig wisselende menukaart en goede wijnen.

✗ **La Quincaillerie,** r. Page 45, ✉ 1050, ℰ 0 2 533 98 33, *info@quincaillerie.be*, *Fax 0 2 539 40 95*, Brasserie avec écailler, ouvert jusqu'à minuit – 🍽 ▭ 🄿, 🄰🄴 🄾 🄼🄾 **VISA** JCB   FU z
fermé sam. midi, dim. midi et jours fériés midis – **Repas** *Lunch 13* – carte 30 à 52, ♌.
* Brasserie rutilante et majestueuse aménagée dans une ancienne quincaillerie de style Art déco. Plat du jour et banc d'écailler. Accueil et service très "pro". Voiturier.
* Majestueuze, fonkelende brasserie in een oude ijzerwinkel in art-decostijl. Oesterbar en dagschotels. Zeer professionele bediening. Valetparking.

✗ **Toucan,** av. Louis Lepoutre 1, ✉ 1050, ℰ 0 2 345 30 17, *info@toucanbrasserie.com*, *Fax 0 2 345 64 78*, Taverne-rest, ouvert jusqu'à 23 h – 🄰🄴 🄾 🄼🄾   FV z
fermé 24 déc. soir, 25 déc., 31 déc. soir et 1er janv. – **Repas** carte 25 à 46.
* Taverne-restaurant au look "trendy" : petites tables serrées revêtues d'émail coloré, lustres modernes et imposante oeuvre d'art contemporaine. Préparations "bistrotières".
* Café-restaurant met een trendy "look" : tafeltjes van gekleurd email, moderne kroon-luchters en een indrukwekkend hedendaags kunstwerk. Het eten is in bistrostijl.

✗ **Les Perles de Pluie,** r. Châtelain 25, ✉ 1050, ℰ 0 2 649 67 23, *info@lesperlesde pluie.be*, *Fax 0 2 644 07 60*, 🌿, Cuisine thaïlandaise, ouvert jusqu'à 23 h – 🄼🄾 **VISA**   FU n
fermé lundi et sam. midi – **Repas** *Lunch 15* – carte 26 à 41.
* Table thaïlandaise dont le nom lance un clin d'oeil au "grand Jacques". Recettes et décor typiques. Deux salles reproduisent un intérieur traditionnel orné de boiseries.
* Authentiek Thais restaurant, waarvan de naam een knipoog is naar Jacques Brel. Twee eetzalen met een traditioneel interieur en fraai houtwerk.

✗ **Le Fellini,** pl. du Châtelain 32, ✉ 1050, ℰ 0 2 534 47 49, *fellini@belgacom.net*, *Fax 0 2 534 47 49*, 🌿, Avec cuisine italienne, ouvert jusqu'à 23 h – 🍽, 🄼🄾 **VISA**. 🌿FU x
fermé merc. midi – **Repas** – carte 33 à 56.
* Préparations majoritairement tournées vers l'Italie, servies dans une salle à manger d'esprit Art nouveau. L'été, agréable terrasse sur la place. En résumé : "La Dolce Vita".
* Een kaart met een overwegend Italiaanse gerechten, een fraai interieur in art-nouveaustijl en 's zomers een prettig terras aan het plein. Kortom "La Dolce Vita" !

✗ **La Canne en Ville,** r. Réforme 22, ✉ 1050, ℰ 0 2 347 29 26, *canneenville@skynet.be*, 🌿 – 🄰🄴 🄾 🄼🄾 **VISA**. 🌿   FV q
fermé Noël, Nouvel An, sam. soir en juil.-août, sam. midi et dim. – **Repas** *Lunch 11* – carte 34 à 48.
* Bientôt vingt ans de présence pour ce bistrot paisible et accueillant qui succède à une boucherie, comme l'attestent des pans de carrelage préservés. Cuisine du marché.
* Deze bistro, die al bijna 20 jaar bestaat, was vroeger een slagerij, zoals de bewaard gebleven tegels bewijzen. De kok maakt uitsluitend gebruik van dagverse markt-producten.

✗ **Tutto Pepe,** r. Faider 123, ✉ 1050, ℰ 0 2 534 96 19, *tuttopepe@skynet.be*, *Fax 0 2 538 65 68*, Cuisine italienne – 🍽. 🄰🄴 🄾 🄼🄾 **VISA**. 🌿   FU d
fermé 20 juil.-20 août, 23 déc.-3 janv., sam., dim. et jours fériés – **Repas** carte 43 à 155.
* Microscopique et dépaysant, ce restaurant enjoué vous réserve un accueil cent pour cent italien, donc assez théâtral. Choix culinaire transalpin annoncé sur écriteaux.
* Piepklein Italiaans eettentje, waar de patron u met veel gevoel voor theater bedient, zoals nu eenmaal bij zijn volksaard hoort. Het menu staat op een bord geschreven.

Quartier Léopold *(voir aussi Bruxelles)* – plan p. 12 :

🏛 **Renaissance,** r. Parnasse 19, ✉ 1050, ℰ 0 2 505 29 29, *rhi.brubr.renaissance@rena issancehotels.com*, *Fax 0 2 505 22 76*, 🎱, 🚭, 🏊, 🚴 – 🛗 🍴 🖥 📺 🛁ch, 🐾 🚗 – 🛗 25 à 360. 🄰🄴 🄾 🄼🄾 **VISA**. 🌿   FS e
Repas *Symphony* *(fermé sam. midi et dim. midi)* *Lunch 19* – carte 28 à 53, ♌ – ☕ 23 – **256 ch** 85/399, – 6 suites.
* Hôtel jouxtant le quartier institutionnel européen. Équipement moderne dans les cham-bres. Bonnes installations pour affaires, conférences et délassement. Service complet. Res-taurant misant sur une carte au goût du jour et une formule lunch.
* Hotel dat grenst aan de wijk van de Europese instellingen. Moderne voorzieningen in de kamers. Veel faciliteiten voor zaken, congressen en ontspanning. Uitstekende service. Res-taurant met een eigentijdse keuken en een aantrekkelijk lunchmenu.

🏨 **Leopold,** r. Luxembourg 35, ✉ 1050, ℰ 0 2 511 18 28, *reservations@hotel-leopold.be*, *Fax 0 2 514 19 39*, 🌿 – 🛗 🖥 📺 🚗 – 🛗 25 à 80. 🄰🄴 🄾 🄼🄾 **VISA**   FS y
Repas *Salon Les Anges (fermé sam. midi et dim.)* *(en juil.-août déjeuner seult)* *Lunch 35* – carte 47 à 63 – ☕ 18 – **111 ch** 112/186.
* Établissement qui ne cesse de s'agrandir en s'améliorant : chambres coquettes et confor-tables, communs fignolés, jardin d'hiver sur cour intérieure ombragée, tranquillité. Angé-lique restaurant feutré. Carte classico-bourgeoise et intéressante cave.
* Dit bedrijf wordt steeds groter en beter : comfortabele kamers, mooie lounges, een wintertuin die uitkijkt op een schaduwrijke binnenplaats, en rust. Hemels restaurant met klassieke kaart en interessante wijnkelder.

Quartier Louise *(voir aussi Bruxelles et St-Gilles) - plans p. 12 et 14 :*

🏨🏨🏨 **Sofitel** sans rest, av. de la Toison d'Or 40, ⊠ 1050, ℘ 0 2 514 22 00, H1071@accor.com,
Fax 0 2 514 57 44, ₤ẟ – ⧈ ⁎⧈ ▦ TV – 🍽 25 à 120. AE ⓞ ⓜⓞ VISA   FS r
⧈ 25 – **166 ch** 135/330, – 4 suites.
   ◆ Luxe discret et confort douillet dans cet hôtel rénové pour mieux satisfaire les attentes
de la clientèle d'affaires internationale. Terrasse sur jardin suspendu.
   ◆ Bescheiden luxe en behaaglijk comfort kenmerken dit gerenoveerde hotel, waar veel
gasten uit de internationale zakenwereld verblijven. Hangende tuin en terras.

🏨🏨🏨 **Four Points Sheraton**, r. Paul Spaak 15, ⊠ 1000, ℘ 0 2 645 61 11, reservations.
brussels@sheraton.com, Fax 0 2 646 63 44, ⛫, – ⧈ ⁎⧈ ▦ TV &ch, ⇔ – 🍽 25
à 40. AE ⓞ ⓜⓞ VISA JCB ⁎ rest   FU k
Repas (ouvert jusqu'à 23 h) Lunch 15 – carte 25 à 37, ♀ – ⧈ 19 – **128 ch** 83/265.
   ◆ Établissement de chaîne jouxtant l'avenue Louise. Amples chambres un rien suran-
nées, mais bien équipées. Sauna, jacuzzi et jardin de repos pour "décompresser". Salle de
restaurant célébrant la "gent" bovine et carte avec spécialités suisses. Meuh!
   ◆ Ketenhotel aan de Louizalaan. Ruime kamers, ietwat ouderwets, maar met goede voorzieningen. Sauna, jacuzzi en tuin om tot rust te komen. In het restaurant kan men de
inwendige mens versterken met vleesschotels en Zwitserse specialiteiten.

🏨🏨 **Argus** sans rest, r. Capitaine Crespel 6, ⊠ 1050, ℘ 0 2 514 07 70, reception@hotel
-argus.be, Fax 0 2 514 12 22 – ⧈ ▦ TV. AE ⓞ ⓜⓞ VISA   FS t
42 ch ⧈ 100/120.
   ◆ Cette façade de la ville haute abrite de sobres chambres standard insonorisées. Breakfast
illuminé d'une verrière d'esprit Art déco. L'affaire reste bien cotée à l'Argus !
   ◆ Adres in de bovenstad met sobere kamers die goed tegen geluid zijn geïsoleerd. Ontbijt
onder een mooie art-decokoepel. Het attente personeel lijkt wel argusogen te hebben...

🏨🏨 **Beau-Site** sans rest, r. Longue Haie 76, ⊠ 1000, ℘ 0 2 640 88 89, beausite@coditel.net,
Fax 0 2 640 16 11 – ⧈ TV ⇔. AE ⓞ ⓜⓞ VISA   FT r
38 ch ⧈ 99/169.
   ◆ Installé dans un petit immeuble de coin, à 100 m de l'artère la plus sélecte de Bruxelles,
cet hôtel aussi fonctionnel que mignon vous réserve un accueil familial.
   ◆ In dit praktische en vriendelijke hotel in een hoekpand, op slechts 100 m van de chicste
avenue van Brussel, wacht u een gastvrij onthaal.

🏨🏨 **Beverly Hills** ⑳ sans rest, r. Prince Royal 71, ⊠ 1050, ℘ 0 2 513 22 22, beverlyhi
lls@infonie.be, Fax 0 2 513 87 77, ₤ẟ, ⛫ – ⧈ TV. AE ⓞ ⓜⓞ VISA JCB   FS b
35 ch ⧈ 110/125.
   ◆ Hôtel proche de l'avenue de la Toison d'Or où, à défaut de rencontrer la bande à Brandon
et Kelly, vous dormirez dans des chambres de bon confort. Fitness et sauna.
   ◆ Hotel bij de Gulden Vlieslaan, waar u de kliek van Brandon en Kelly niet zult aantreffen,
maar wel kunt slapen in een kamer met goed comfort. Fitnessruimte en sauna.

✗ **Notos**, r. Livourne 154, ⊠ 1000, ℘ 0 2 513 29 59, info@notos.be, Fax 0 2 644 07 20,
Cuisine grecque – AE ⓜⓞ VISA ⁎   FU t
fermé août, dim. et lundi – **Repas** (dîner seult jusqu'à 23 h) carte 34 à 46.
   ◆ Dans un ancien garage, restaurant grec "branché" dont le décor intérieur, harmonieusement épuré, évite de verser dans l'amphore. Saveurs hellènes sortant des sentiers battus.
   ◆ Dit Griekse restaurant in een oude garage is helemaal in. Gestileerde, harmonieuze
inrichting en Griekse specialiteiten die nu eens buiten de platgetreden paden gaan.

✗ **De la Vigne... à l'Assiette**, r. Longue Haie 51, ⊠ 1000, ℘ 0 2 647 68 03, Fax 0 2
⯈ 647 68 03, Bistrot – AE VISA   FT k
fermé 21 juil.-20 août, sam. midi, dim. et lundi – **Repas** Lunch 12 – 20/32, ♀ ⯈.
   ◆ Les disciples de Bacchus seront aux anges à cette enseigne animée, et les novices se
fieront aux conseils avisés d'un grand sommelier. Cadre simple. Sage carte "bistrot".
   ◆ De volgelingen van Bacchus zijn in de wolken in dit restaurant, waar men gerust kan vertrouwen op het kundig advies van de sommelier. Simpele inrichting en lekker bistro-eten.

JETTE *- plan p. 17 sauf indication spéciale :*

✗✗ **Rôtiss. Le Vieux Pannenhuis**, r. Léopold Iᵉʳ 317, ⊠ 1090, ℘ 0 2 425 83 73, lev
⯈ euxpannenhuis@belgacom.net, Fax 0 2 420 21 20, ⯈, Avec grillades – ▦. AE ⓞ ⓜⓞ VISA
fermé juil., sam. midi et dim. – **Repas** Lunch 21 – 30/64 bc ⯈.   plan p. 8 BL c
   ◆ Ancien relais de poste au charme rustique agréablement préservé. Choix conséquent
de type classico-bourgeois, avec d'appétissantes grillades exécutées en salle.
   ◆ Dit voormalige poststation heeft zijn rustieke charme weten te behouden. Evenwichtige
kaart met klassieke gerechten, waaronder vlees dat in de eetzaal wordt geroosterd.

✗ **French Kiss**, r. Léopold Iᵉʳ 470, ⊠ 1090, ℘ 0 2 425 22 93, Fax 0 2 428 68 24, Avec
⯈ grillades – ▦. AE ⓞ ⓜⓞ VISA   W
fermé 18 juil.-16 août, Noël, Nouvel An et lundi – **Repas** Lunch 17 – 27 ⯈.
   ◆ Sympathique restaurant-grill tout de briques revêtu, émaillé de sobres touches moder
nes. Grande carte diversifiée et sélection de vins bien vue. Affluence d'habitués.
   ◆ Sympathiek grillrestaurant met bakstenen muren en een paar moderne accenten. Zee
gevarieerde kaart en een goede selectie wijnen. Veel vaste bezoekers.

KOEKELBERG - plan p. 17 :

X **Le Liseron d'eau,** av. Seghers 105, ✉ 1081, ℰ 0 2 414 68 61, *Fax 0 2 414 68 61*, Cuisine vietnamienne – 🅰🄴 ⓞ 🄼🄾 *VISA*. ⚭   W k
fermé mi-juil.-mi-août, merc. et sam. midi – **Repas** *Lunch 13* – 19/35.
 ◆ Restaurant vietnamien jouxtant la basilique du Sacré-Coeur. Intérieur contemporain d'un exotisme mesuré et ambiance musicale en rapport. Choix aussi explicite qu'étoffé.
 ◆ Vietnamees restaurant naast de Basiliek van het H. Hart. Hedendaags interieur met een licht exotisch accent en bijpassende achtergrondmuziek. Ruime keuze.

MOLENBEEK-ST-JEAN (SINT-JANS-MOLENBEEK) - plan p. 8 :

ST-GILLES (SINT-GILLIS) - plans p. 12 et 14 :

🏠 **Cascade** sans rest, r. Berckmans 128, ✉ 1060, ℰ 0 2 538 88 30, *info@cascadehotel.be*, *Fax 0 2 538 92 79* – |ᶲ| ⊁ ≡ 🄣🄥 ⟺ – 🄰 25. 🅰🄴 ⓞ 🄼🄾 *VISA*. ⚭   ES r
82 ch ⊆ 215/470.
 ◆ Bâti autour d'une grande cour intérieure, cet immeuble récent et moderne abrite de coquettes chambres standard correctement équipées, avec moquette et double vitrage.
 ◆ Hotel in een nieuw en modern gebouw rondom een grote binnenplaats. Keurige en comfortabele standaardkamers die van vaste vloerbedekking en dubbele beglazing zijn voorzien.

X **Khnopff,** r. St-Bernard 1, ✉ 1060, ℰ 0 2 534 20 04, *info@khnopff.be*, *Fax 0 2 537 56 91*, Ouvert jusqu'à minuit – ≡ ⊂⋔ le soir uniquement. 🅰🄴 ⓞ 🄼🄾 *VISA*
⚭ rest   FT a
fermé 21 juil.-15 août, sam. midi et dim. – **Repas** *Lunch 13* – carte 30 à 51, ♀.
 ◆ Le peintre symboliste belge Fernand Khnopff brossa quelques toiles en ces lieux, d'où l'enseigne du restaurant. Accueil charmant, cuisine du moment et ambiance "trendy".
 ◆ De Belgische symbolistische schilder Fernand Khnopff had hier zijn atelier, vandaar de naam van het restaurant. Vriendelijke ontvangst, actuele keuken en trendy sfeer.

X **Coimbra,** av. Jean Volders 54, ✉ 1060, ℰ 0 2 538 65 35, *info@restaurant-coimbra.be*, *Fax 0 2 538 65 35*, Avec cuisine portugaise – ≡. 🄼🄾 *VISA*. ⚭   ET r
fermé août et merc. – **Repas** 30/36.
 ◆ Les standards de la cuisine portugaise, révélés dans un intérieur chargé, mais des plus typiques, revêtu de carreaux de faïence. Quelques plats bourgeois. Vins de là-bas.
 ◆ Hier kunt u kennismaken met de toppers van de Portugese keuken. Drukke inrichting, typisch Portugees, met tegels van aardewerk. Uiteraard komt de wijn ook uit het land zelf.

X **Turon** arrière-salle, r. Danemark 29, ✉ 1060, ℰ 0 2 534 01 74, Taverne-rest, cuisine espagnole – 🅰🄴 🄼🄾 *VISA*. ⚭   EST c
fermé 18 juil.-18 août et mardi – **Repas** *Lunch 12* – carte 24 à 40.
 ◆ À deux pas de la gare du Midi, sympathique café-restaurant espagnol tenu en famille. Mets, cave, atmosphère et clientèle en accord, "muy tipico" !
 ◆ Dit gezellige café-restaurant bij het station Brussel-Zuid is in handen van een Spaanse familie. Het eten, het drinken en de ambiance zijn "muy tipico español" !

X **El Madrileño,** chaussée de Waterloo 50, ✉ 1060, ℰ 0 2 537 69 82, Café espagnol, ouvert jusqu'à 23 h   ET u
fermé août, merc. soir et jeudi – **Repas** *Lunch 15* – carte 26 à 52.
 ◆ Authentiques spécialités ibériques servies dans un petit bar-restaurant très "couleur locale" avec sa rangée de jambons suspendus au-dessus du comptoir. Musique du pays.
 ◆ Authentieke Spaanse schotels in een Madrileens café-restaurant met dikke hammen boven de bar en veel "couleur locale". Opzwepende Spaanse muziek.

Quartier Louise *(voir aussi Bruxelles en Ixelles)* - plans p. 12 et 14 :

🏨 **Manos Premier** (annexe Manos Stéphanie 50 ch - 5 suites), chaussée de Charleroi 102, ✉ 1060, ℰ 0 2 537 96 82 et 0 2 533 18 30 (rest), *manos@manoshotel.com*, *Fax 0 2 539 36 55*, 🏗, 🎷, ⊆, 🌳, 🚴 – |ᶲ|, ≡ ch, 🄣🄥 ⊂⋔ le soir uniquement ⟺ 🄿 – 🄰 25 à 100. 🅰🄴 ⓞ 🄼🄾 *VISA*. ⚭   FU w
Repas *Kolya (fermé 24 déc.-2 janv., sam. midi et dim.)* *Lunch 15* – 35/85 bc – **45 ch** ⊆ 295/320, – 5 suites.
 ◆ La grâce d'un hôtel particulier fin 19ᵉ s. doté d'un riche mobilier Louis XV et Louis XVI. Breakfast sous véranda, jardin d'agrément et espaces fitness. Restaurant chic avec "lounge" feutré et jolie terrasse dressée sur un patio rafraîchissant.
 ◆ Elegant hotel in een herenhuis uit de late 19e eeuw, prachtig ingericht met Louis XV- en Louis XVI-meubilair. Fitnessruimte, siertuin en ontbijtserre voor een goed begin van de dag. Chic restaurant met lounge en mooi terras op een heerlijk koele patio.

NH Brussels City Centre, chaussée de Charleroi 17, ⌖ 1060, ✆ 0 2 539 01 60, *nhbrussels.city.centre@nh-hotels.com, Fax 0 2 537 90 11* – ⬛ ✦ ▤ ⧄ ⊷ – ⌖ 25 à 75. 🅰🅴 ⓞ ⓜⓒ *VISA* ⌖ ⌖ ch   FS w

Repas Lunch 8 – carte 22 à 54 – ⌷ 17 – **246 ch** 59/200.

◆ Cet immeuble trapu perché sur les hauteurs de la ville met diverses catégories de chambres - dont une dizaine d'"executives" - à votre disposition. Accueil dynamique. Brasserie où l'on trouvera son bonheur au déjeuner comme au dîner.

◆ Dit massieve gebouw staat in de bovenstad. Het beschikt over verschillende categorieën kamers, waaronder een tiental "executives". Dynamische ontvangst. De brasserie is zowel voor de lunch als voor het diner geopend.

NH Stéphanie sans rest, r. Jean Stas 32, ⌖ 1060, ✆ 0 2 537 42 50, *nhstephanie@ nh-hotels.be, Fax 0 2 539 33 79* – ⬛ ✦ ▤ ⊷ – ⌖ 30. 🅰🅴 ⓞ ⓜⓒ *VISA*   FS a
⌷ 17 – **68 ch** 69/220.

◆ Hôtel de chaîne implanté et léger retrait du tumulte occasionné par la très grouillante place Stéphanie. Chambres claires et actuelles. Parking public tout à côté.

◆ Dit hotel is onderdeel van een keten en ligt even buiten het lawaai van het drukke Stefaniaplein. Moderne, lichte kamers. Openbare parkeergarage ernaast.

XX **I Trulli,** r. Jourdan 18, ⌖ 1060, ✆ 0 2 537 79 30, *Fax 0 2 538 98 20*, 😊, Cuisine italienne, ouvert jusqu'à 23 h – ▤. 🅰🅴 ⓞ ⓜⓒ *VISA* ⌖   FS c
fermé du 10 au 31 juil. et dim. – **Repas** Lunch 16 – carte 40 à 68.

◆ Recettes italianisantes dont les saveurs "pugliese" trouvent un écho dans les peintures murales montrant des trulli, maisons typiques des Pouilles. Buffet d'antipasti.

◆ Mediterrane gerechten met Zuid-Italiaanse invloeden die ook zijn terug te vinden in de muurschilderingen van "trulli", de voor Apulië zo kenmerkende huizen. Antipasti-buffet.

X **Couleurs et Saveurs,** chaussée de Charleroi 73, ⌖ 1060, ✆ 0 2 539 19 75, *micheldebauw@skynet.be, Fax 0 2 539 45 93*, 😊, Avec cuisine créole, ouvert jusqu'à 23 h – ▤. 🅰🅴 ⓞ ⓜⓒ *VISA*   FT e
fermé sam. midi et dim. – **Repas** Lunch 19 – 35/50 bc.

◆ Derrière la façade d'une maison bourgeoise, salle à manger où règne une ambiance gentiment "doudou". Appétissante carte aux accents créoles. Agréable terrasse estivale.

◆ In dit restaurant in een herenhuis hangt een vrolijke Antilliaanse sfeer. Appetijtelijke kaart met Creoolse accenten. Aangenaam terras in de zomer.

X **La Faribole,** r. Bonté 6, ⌖ 1060, ✆ 0 2 537 82 23, *Fax 0 2 537 82 23* – ▤. 🅰🅴 ⓞ ⓜⓒ
VISA   FT g
fermé 21 juil.-15 août, sam. et dim. – **Repas** Lunch 13 – 25/35 bc.

◆ Repas mi-classique, mi-bistrot, dans une ambiance "comme à la maison". Menu du marché et ardoise à suggestions. Cadre rustique sobre ; collection de cafetières en porcelaine.

◆ Klassieke spijzen en bistrogerechten geserveerd in een huiselijke sfeer. Marktmenu en dagsuggesties. Traditioneel interieur ; verzameling porseleinen koffiekannen.

ST-JOSSE-TEN-NOODE (SINT-JOOST-TEN-NODE) - *plan p. 12* :

Quartier Botanique *(voir aussi Bruxelles)* : - *plan p. 12* :

Gd H. Mercure Royal Crown, r. Royale 250, ⌖ 1210, ✆ 0 2 220 66 11, *H1728@ accor.com, Fax 0 2 217 84 44*, ℉♣, ☎ – ⬛ ✦ ▤ ⧄ ⊷ – ⌖ 50 à 550. 🅰🅴 ⓞ ⓜⓒ *VISA*   FQ r

Repas voir rest **Rue Royale** ci-après – ⌷ 20 – **309 ch** 120/235, – 4 suites.

◆ Confortable hôtel de chaîne avoisinant le Botanique (Centre culturel) et ses jardins en terrasse. Nombreuses salles de conférences, voiturier, bagagiste et room-service.

◆ Comfortabel ketenhotel naast de Botanique (Waals cultureel centrum) met zijn tuinen en terras. Verscheidene congreszalen, valetparking, kruier en roomservice.

Villa Royale sans rest, r. Royale 195, ⌖ 1210, ✆ 0 2 226 04 60, *villa-royale@skynet.be Fax 0 2 226 04 80*, ☎ – ⬛ ✦ ▤ ⧄ 🅰🅴 ⓞ ⓜⓒ *VISA* ⌖ ⌖   FQ
45 ch ⌷ 69/140.

◆ Cet immeuble élevé au bord d'une artère passante constitue un bon point de chute pour découvrir la capitale de l'Europe. Chambres actuelles munies du double vitrage.

◆ Deze accommodatie aan een doorgaande weg vormt een goede uitvalsbasis voor een verkenning de hoofdstad van Europa. Moderne kamers met dubbele ramen.

XXX **Rue Royale** - Gd H. Mercure Royal Crown, r. Royale 250, ⌖ 1210, ✆ 0 2 220 66 11 *H1728@accor.com, Fax 0 2 217 84 44*, Ouvert jusqu'à 23 h – ▤ ⬛ 🅿. 🅰🅴 ⓞ ⓜⓒ *VISA*
Repas carte 28 à 44, ⌷.   FQ

◆ Cadre "seventies" et cuisine actuelle, avec un lunch-menu bien ficelé, valorisée par l'agui chante sélection "grands vins Mercure". Au total, un agréable restaurant d'hôtel.

◆ Dit restaurant hoort bij het Mercure-hotel. Jaren zeventig interieur en eigentijds keuken met een aantrekkelijk lunchmenu, waarbij de selectie Mercure-wijnen perfec past.

�X ☺ **Les Dames Tartine,** chaussée de Haecht 58, ☒ 1210, ℰ 0 2 218 45 49, Fax 0 2 218 45 49 – ⓪ ⓴ 𝖵𝖨𝖲𝖠 FQ s
fermé 3 prem. sem. août, sam. midi, dim. et lundi – **Repas** Lunch 19 – 30/42, ℤ.
◆ Deux "Dames Tartine" sont aux commandes de cette intime petite maison fidèle à son passé. On s'attable sur des socles de machines à coudre, parmi les portraits des aïeux.
◆ Twee "Dames Tartine" zwaaien de scepter in dit eettentje, dat het verleden in ere houdt. Er wordt gegeten aan oude naaimachinetafels, onder het wakend oog van de voorvaderen.

Quartier Rogier - plan p. 12 :

🏨🏨🏨 **Sheraton Towers,** pl. Rogier 3, ☒ 1210, ℰ 0 2 224 31 11, reservations.brussels@ sheraton.com, Fax 0 2 224 34 56, 𝕴₆, ⇌ₛ, ⬚ – 🛗 ⤢ ▤ 𝖳𝖵 ⅙ch, ⌖ – 🚲 25 à 600.
𝖠𝖤 ⓪ ⓴ 𝖵𝖨𝖲𝖠 𝖩𝖢𝖡 ⅗ rest FQ n
Repas (avec buffets) Lunch 31 – carte 40 à 51, ℤ – ⌑ 25 – **489 ch** 105/320, – 44 suites.
◆ Imposante tour super-équipée, dévolue à la clientèle d'affaires internationale. Vastes chambres "high tech". Les "Smart rooms" combinent ambiance de travail et relaxation. Au restaurant, plats ensoleillés, buffets et semaines à thèmes.
◆ Uitstekend geëquipeerd hotel in een torenflat, dat op de internationale zakenwereld mikt. De kamers zijn ruim en hightech. Wie werk en ontspanning wil combineren, kan terecht in de smart rooms. Restaurant met mediterrane gerechten, buffetten en themaweken.

🏨🏨 **Crowne Plaza,** r. Gineste 3, ☒ 1210, ℰ 0 2 203 62 00, info@cpbxl.be, Fax 0 2 203 55 55, �& , 𝕴₆ – 🛗 ⤢ ▤ 𝖳𝖵 ⌖ – 🚲 25 à 500. 𝖠𝖤 ⓪ ⓴ 𝖵𝖨𝖲𝖠 FQ v
Repas (fermé sam. midi et dim. midi) Lunch 15 – 35 – ⌑ 25 – **355 ch** 320/370, – 1 suite.
◆ Palace Belle Époque dont quelques chambres sont encore animées de l'esprit "1900". Communs agrémentés de meubles de style, centre de séminaires et d'affaires. Grande brasserie Art déco attirant une clientèle assez huppée.
◆ Luxehotel uit de belle époque met enkele kamers uit dezelfde stijlperiode. Stijlmeubelen in de lounge en andere gemeenschappelijke gedeelten. Congreszaal en business center. Grote brasserie in art-decostijl, waar een vrij chic publiek komt.

🏨🏨 **Comfort Art H. Siru** sans rest, pl. Rogier 1, ☒ 1210, ℰ 0 2 203 35 80, art.hotel.si ru@skynet.be, Fax 0 2 203 33 03 – 🛗 ⤢ 𝖳𝖵 – 🚲 25 à 80. 𝖠𝖤 ⓪ ⓴ 𝖵𝖨𝖲𝖠 FQ p
101 ch ⌑ 70/250.
◆ Le décor de chacune des chambres de cet immeuble "années folles" a été confié à un artiste belge contemporain différent. Les lieux accueillirent jadis Verlaine et Rimbaud.
◆ Elke kamer van dit hotel uit de "roerige jaren twintig", waar Verlaine en Rimbaud ooit verbleven, is ingericht door een hedendaagse Belgische kunstenaar.

🏨🏨 **Tulip Inn Boulevard,** av. du Boulevard 17, ☒ 1210, ℰ 0 2 205 15 11, info.hotel@ tulipinnbb.be, Fax 0 2 201 15 15, 𝕴₆, ⇌ₛ – 🛗 ⤢ ▤ 𝖳𝖵 ⅙ch, ⟷ – 🚲 25 à 450. 𝖠𝖤 ⓪ ⓴ 𝖵𝖨𝖲𝖠 𝖩𝖢𝖡. ⅗ FQ b
Repas (dîner pour résidents seult) – **450 ch** ⌑ 85/212, – 4 suites.
◆ Second hôtel bruxellois par sa capacité, cet établissement flambant neuf propose de pimpantes petites chambres correctement équipées, pourvues de la moquette ou du parquet.
◆ Dit spiksplinternieuwe hotel is qua capaciteit het op één na grootste van Brussel. Kleine, maar comfortabele kamers die er tiptop uitzien, met tapijt of parket.

SCHAERBEEK (SCHAARBEEK) - plans p. 12 et 13 :

XX **Le Stelle,** av. Louis Bertrand 53, ☒ 1030, ℰ 0 2 245 03 59, lestelle53@hotmail.com, Fax 0 2 245 03 59, 🌤, Cuisine italienne – ▤ – 🚲 25 à 70. 𝖠𝖤 ⓪ ⓴ 𝖵𝖨𝖲𝖠 GQ a
fermé sam. midi et dim. – **Repas** Lunch 11 – carte 29 à 59.
◆ Restaurant italien "classico", dans ses recettes comme dans son confort, complété d'une trattoria-osteria au cachet Belle Époque, où la formule buffets a ses inconditionnels.
◆ Italiaans restaurant dat heel "classico" is, zowel qua receptuur als comfort, aangevuld met een trattoria in belle-époquestijl, waar de buffetformule een groot succes is.

X ☸ **Senza Nome** (Bruno), r. Royale Ste-Marie 22, ☒ 1030, ℰ 0 2 223 16 17, senzanom e@skynet.be, Fax 0 2 223 16 17, Cuisine italienne – ▤. ⓴ 𝖵𝖨𝖲𝖠. ⅗ FQ u
fermé 21 juil.-25 août, sam. midi et dim. – **Repas** carte env. 47, ℤ.
Spéc. Tagliata di tonno. Linguine vongole. Branzino alla siciliana.
◆ Malgré dix ans de présence, ce très bon petit "ristorante" demeure "Sans Nom". Allé-chantes suggestions transalpines à l'écriteau. Vins de là-bas. Ambiance familiale assortie.
◆ Ondanks zijn tienjarig bestaan blijft dit familierestaurantje "zonder naam". Uitstekende Italiaanse suggesties op een leien bord en wijnen van daarginder. Gemoedelijke sfeer.

X **La Buca di Bacco,** av. Louis Bertrand 65, ☒ 1030, ℰ 0 2 242 42 30, bucadibacco @skynet.be, Fax 0 2 242 42 30, 🌤, Cuisine italienne avec buffet, ouvert jusqu'à 23 h – 𝖠𝖤 ⓪ ⓴ 𝖵𝖨𝖲𝖠. ⅗ GQ e
fermé 24 déc.-3 janv. et lundi – **Repas** Lunch 17 – carte 29 à 51, ℤ.
◆ "Enoteca" à façade Art nouveau. Buffet d'antipasti, carte italienne, suggestions orales et très beau choix de vins mûris dans la "Botte". Zinc parisien de 1870 en salle.
◆ "Enoteca" met art-nouveaugevel. Antipasti tafel, Italiaanse kaart, suggesties en bijzonder fraai assortiment wijnen uit heel Italië. Parijse tapkast uit 1870 in de eetzaal.

Quartier Meiser : - plan p. 13 :

Lambermont sans rest (annexes 61 chs ⌂ – 🚗), bd Lambermont 322, ⌂ 1030, ☎ 0 2 242 55 95, info@lambermonthotels.com, Fax 0 2 215 36 13 – 📶 ✝✝ 📺 🄰🄴 ⓪
🄼🄾 𝘝𝘐𝘚𝘈
GHQ c
⌂ 11 - **42 ch** 69/99.

◆ Sur un grand boulevard dont il emprunte le nom, immeuble hôtelier de bon confort, excentré mais profitant d'un accès aisé au centre et du calme d'un quartier bourgeois.
◆ Gerieflijk en rustig gelegen hotel buiten het centrum, dat gemakkelijk te bereiken is via de grote boulevard waaraan het Lambermont zijn naam ontleent.

✗ **Amici miei**, bd Général Wahis 248, ⌂ 1030, ☎ 0 2 705 49 80, Fax 0 2 705 49 65, 🍽,
Cuisine italienne – 🄰🄴 ⓪ 🄼🄾 𝘝𝘐𝘚𝘈
HQ k
fermé sam. midi et dim. – **Repas** carte 32 à 49.

◆ L'Amici miei (mes Amis), c'est aussi l'ami des vedettes du "showbiz" et du sport, à en juger par le décor. Et comme les amis de "mes Amis" sont nos amis... Cuisine italienne.
◆ "Amici miei" is ook de vriend van sterren en sportcoryfeeën, getuige de fotocollectie van deze Italiaan. En aangezien de vrienden van "mijn vrienden" onze vrienden zijn...

UCCLE (UKKEL) - plans p. 14 et 15 sauf indication spéciale :

County House, square des Héros 2, ⌂ 1180, ☎ 0 2 375 44 20, countyhouse@sky
net.be, Fax 0 2 375 31 22 – 📶 ✝✝, 🍽 rest, 📺 🚗 – 🛗 25 à 150. 🄰🄴 ⓪ 🄼🄾
𝘝𝘐𝘚𝘈
EX b
Repas Lunch 23 – carte 35 à 51 – **86 ch** ⌂ 105/185, – 16 suites.

◆ Nombreuses plus-values récentes dans ce building jouxtant le parc Wolvendael. Toutes les chambres, correctement équipées, s'agrémentent d'une terrasse séparée. Ample salle de restaurant. Cuisine d'aujourd'hui avec formule quatre services en semaine.
◆ Dit hotel bij het Wolvendaelpark is de laatste tijd fiink verbeterd. De kamers zijn van alle comfort voorzien en hebben een privé-terras. Groot restaurant met een eigentijdse kaart en een viergangenmenu door de week.

🅇🅇🅇🅇 **Le Chalet de la Forêt**, Drève de Lorraine 43, ⌂ 1180, ☎ 0 2 374 54 16, chaletd
elaforet@skynet.be, Fax 0 2 374 35 71, 🍽 – 🅿. – 🛗 30. 🄰🄴 ⓪ 🄼🄾 𝘝𝘐𝘚𝘈
fermé sam. et dim. – **Repas** Lunch 27 – carte 63 à 101, ♀ 🍴.
plan p. 11 CN c
◆ Ancienne laiterie nichée en lisière de la forêt de Soignes. Belles salles au décor contemporain très "léché", cuisine au goût du jour et sélection vineuse bien balancée.
◆ Oude melkerij aan de rand met het Zoniënwoud. Mooie eetzalen met een zeer gelikt modern decor, eigentijdse keuken en evenwichtige wijnkaart.

🅇🅇🅇 **Les Frères Romano**, av. de Fré 182, ⌂ 1180, ☎ 0 2 374 70 98, Fax 0 2 374 04 18
– 🅿. 🄰🄴 ⓪ 🄼🄾 𝘝𝘐𝘚𝘈
FX c
fermé 2 sem. Pâques, 3 dern. sem. août, dim. et jours fériés – **Repas** Lunch 35 – carte 41
à 65.

◆ Trois frères président au destin de cette élégante villa 1900 interprétant sans fausses notes un répertoire culinaire traditionnel, quelquefois sobrement actualisé.
◆ Drie broers dirigeren dit restaurant in een villa uit 1900, waar zonder wanklank een traditioneel culinair repertoire wordt vertolkt, soms met een licht vernieuwende noot.

🅇🅇🅇 **Villa d'Este**, r. Etoile 142, ⌂ 1180, ☎ 0 2 376 48 48, Fax 0 2 376 48 48, 🍽 – 🅿. 🄰
⓪ 🄼🄾 𝘝𝘐𝘚𝘈
plan p. 10 BN p
fermé juil., fin déc., merc. d'oct. à avril, dim. soir et lundi – **Repas** 30/50 🍴.

◆ Deux beaux menus multi-choix ("tradition" ou "prestige") et deux cartes des vins - le vigne ne pousse-t-elle pas en terrasse ? - s'offrent à vous dans cette villa bourgeoise.
◆ Twee mooie keuzemenu's ("traditie" of "prestige") en twee verschillende wijnkaarten - de druiven zijn immers zo te plukken op het terras - bieden zich aan in deze villa.

🅇🅇 **Blue Elephant**, chaussée de Waterloo 1120, ⌂ 1180, ☎ 0 2 374 49 62, brussels@
blueelephant.com, Fax 0 2 375 44 68, Cuisine thaïlandaise – 🍽 🅿. 🄰🄴 ⓪ 🄼
𝘝𝘐𝘚𝘈. 🍴
GX
fermé sam. midi – **Repas** Lunch 17 – 45/64 bc.

◆ Antiquités du pays, confort "rotin", compositions florales et mise en place très "couleur locale" entretiennent l'ambiance exotique de cette table thaïlandaise.
◆ Authentiek Thais restaurant met veel Aziatisch antiek, comfortabele rotanmeubelen prachtige bloemstukken en een exotische ambiance. Een aanrader !

🅇🅇 **Le Pain et le Vin**, chaussée d'Alsemberg 812a, ⌂ 1180, ☎ 0 2 332 37 74, info@
ainvin.be, Fax 0 2 332 17 40, 🍽 – 🄰🄴 🄼🄾 𝘝𝘐𝘚𝘈. 🍴
plan p. 10 BN
fermé Pâques, prem. sem. sept., Noël, Nouvel An, sam. midi, dim. et lundi – **Repas** Lunch
22 – carte 53 à 73, ♀ 🍴.

◆ Salle à manger moderne et épurée laissant entrevoir le "piano" où mijotent sagement les produits de saison. Côté cave, l'embarras du choix... et de précieux conseils.
◆ De moderne, gestileerde eetzaal heeft een halfopen keuken, waar seizoengebonde gerechten worden bereid. Keus is te over op de wijnkaart, maar gelukkig krijgt u vakkund advies.

XX **A'mbriana,** r. Edith Cavell 151, ✉ 1180, ☎ 0 2 375 01 56, *Fax 0 2 375 84 96*, Avec cuisine italienne – AE ⓓ ⓜⓒ VISA FX f
fermé 5 août-1er sept., lundi soir, mardi et sam. midi – **Repas** *Lunch 18* – 25/30 bc.
◆ Cuisine traditionnelle transalpine concoctée à la minute par la "Fée du logis" (A'mbriana) et assortie, comme il se doit, de vins du cru. Carte avec lunch et menus.
◆ Traditionele Italiaanse gerechten "al dente", waarvan de smaak goed tot zijn recht komt bij een lekkere wijn uit het land. Kaart met lunchformule en menu's.

XX **La Cuisine du 519,** av. Brugmann 519, ✉ 1180, ☎ 0 2 346 53 08, *lacuisinedu519@pro.tiscali.be*, *Fax 0 2 346 53 09*, 爺 – P. AE ⓓ ⓜⓒ VISA EX c
fermé sam. midi, dim. et jours fériés – **Repas** *Lunch 15* – carte 33 à 54.
◆ Restaurant tirant parti d'une ancienne maison de maître. Réservez une table dans la pièce arrière agrémentée d'une colonne ionique, d'une cheminée et d'une porte indienne.
◆ Restaurant in een oud herenhuis. Reserveer bij voorkeur een tafel in de achterste zaal, met een Ionische zuil, een schouw en een Indiase deur.

X ✿ **Bon-Bon** (Hardiquest), r. Carmélites 93, ✉ 1180, ☎ 0 2 346 66 15, *Fax 0 2 346 66 15* – ⇨ AE ⓓ ⓜⓒ VISA. ✂ EV a
fermé 21 juil.-15 août, du 1er au 8 janv., sam. midi, dim. et lundi – **Repas** *Lunch 30* – 55/75, carte 62 à 88
Spéc. Tartine de thon rouge salé et fumé aux légumes croquants. Sole bretonne en habit de blettes. L'orange façon suzette.
◆ Lambris, parquet, miroirs et velours gris pour le décor ; et pour l'assiette, recettes actuelles où n'entrent que des ingrédients d'origines certifiées, quelquefois méconnues.
◆ Lambrisering, parketvloer, spiegels en grijs fluweel kenmerken het interieur. Eigentijdse keuken op basis van soms wat miskende producten van betrouwbare herkomst.

X **Le Lion,** chaussée de Waterloo 889, ✉ 1180, ☎ 0 2 374 48 43, *Fax 0 2 374 25 63*, Cuisine chinoise, ouvert jusqu'à 23 h – AE ⓓ ⓜⓒ VISA FX p
Repas *Lunch 9* – 24/27.
◆ Deux lions gardent l'entrée de cet établissement chinois offrant un choix abondant et bien commenté. Cadre soigné, avec pièces d'eau intérieures où batifolent des carpes.
◆ Twee leeuwen bewaken de ingang van dit Chinese restaurant, dat een keur van heerlijke gerechten biedt. Verzorgd interieur met vijvertjes waarin karpers spartelen.

X **Le Petit Prince,** av. du Prince de Ligne 16, ✉ 1180, ☎ 0 2 374 73 03, *info@lepetitprince.be*, *Fax 0 2 381 26 50* – ▤. AE ⓓ ⓜⓒ VISA plan p. 10BCN s
fermé dim. soir et lundi – **Repas** *Lunch 18 bc* – 25/46 bc.
◆ Table familiale sympathique où les fines fourchettes uccloises ont leurs habitudes depuis bientôt une trentaine d'années. Harmonie de tons ocre en salle. Repas traditionnel.
◆ Leuk familierestaurantje, waar de fijnproevers uit Ukkel al bijna dertig jaar graag komen. De eetzaal is in harmonieuze okerkleuren gehouden. Traditionele keuken.

X **Brasseries Georges,** av. Winston Churchill 259, ✉ 1180, ☎ 0 2 347 21 00, *info@brasseriesgeorges.be*, *Fax 0 2 344 02 45*, 爺, Ecailler, ouvert jusqu'à minuit – ▤ ⇨ P. AE ⓓ ⓜⓒ VISA FV n
Repas *Lunch 15* – carte 25 à 44, ♀.
◆ L'une des plus grandes brasseries-écailler bruxelloises aménagées "à la parisienne". Petit "menu zinc" au déjeuner. Ambiance et service aimables. Voiturier bien pratique.
◆ Deze grootste brasserie en oesterbar van Brussel ademt een typisch Parijse sfeer. Het "menu zinc" is ideaal als snelle lunch. Vriendelijke bediening en valetparking.

X **Les Deux Frères,** av. Vanderaey 2 (hauteur 810 de la chaussée d'Alsemberg), ✉ 1180, ☎ 0 2 376 76 06, *info@les2freres.be*, *Fax 0 2 332 38 78*, Ouvert jusqu'à 23 h – AE ⓜⓒ VISA. ✂ plan p. 10 BN e
fermé du 1er au 15 août, 24 déc.-1er janv., sam. midi et dim. – **Repas** *Lunch 12* – 25/40.
◆ Refuge gourmand où flotte une atmosphère romantique rappelant un peu les années d'entre-deux-guerres. Carte pourtant bien dans le coup. Démocratique formule lunch.
◆ Lekker restaurant met een romantische sfeer die een beetje aan de jaren dertig doet denken. De kaart voldoet echter aan de huidige smaak en biedt een schappelijk lunchmenu.

X **La Branche d'Olivier,** r. Engeland 172, ✉ 1180, ☎ 0 2 374 47 05, *Fax 0 2 375 76 90*, 爺, Bistrot, ouvert jusqu'à 23 h – ⛹ 25. AE ⓓ ⓜⓒ VISA plan p. 10 BN b
fermé sam. midi et dim. – **Repas** *Lunch 14* – carte 31 à 53.
◆ Ancien bistrot à l'ambiance cordiale et au décor intérieur typique ressuscité en 2004 dans un quartier résidentiel d'Uccle. Cuisine du marché. Terrasse d'été sur le trottoir.
◆ Gezellige bistro in een woonwijk in Ukkel, die onlangs is opgeknapt. Keuken op basis van dagverse producten van de markt. Bij mooi weer worden de tafeltjes op de stoep gezet.

X **Le Petit Pont,** r. Doyenné 114, ✉ 1180, ☎ 0 2 346 49 49, *lepetitpont@tiscalinet.be*, *Fax 0 2 346 44 38*, 爺, Ouvert jusqu'à minuit – ▤. AE ⓓ ⓜⓒ VISA EX a
Repas *Lunch 11* – 24/32.
◆ Bistrot-restaurant au décor empreint de nostalgie : vieux cadres et plaques émaillées, collection d'anciens postes de radio. Saveurs "brasserie" et spécialités régionales.
◆ Deze bistro straalt een en al nostalgie uit : vergeelde foto's, geëmailleerde reclameborden en een verzameling oude radio's. Regionale specialiteiten.

✗ **Les Petits Pères,** r. Carmélites 149, ✉ 1180, ☎ 0 2 345 66 71, Fax 0 2 345 66 71,
🍴, Ouvert jusqu'à 23 h – ▤. AE ① MO VISA   EV s
fermé dim. et lundi – **Repas** *Lunch 10 –* carte 22 à 34.

◆ On doit traverser la cuisine pour s'attabler dans ce sympathique petit restaurant de
quartier occupant deux maisons ouvrières. Recettes embourgeoisées et accueil
avenant.

◆ Via de keuken komt u bij uw tafeltje in dit vriendelijke buurtrestaurant, dat in twee
arbeidershuisjes is gevestigd. Traditionele keuken en voorkomende bediening.

✗ **Le Coq au Vin,** chaussée d'Alsemberg 897, ✉ 1180, ☎ 0 2 376 43 13, Fax 0 2
376 43 13 – AE MO VISA   plan p. 10 BN x
fermé sam. midi et dim. – **Repas** *Lunch 30 –* 45.

◆ La volaille bressane et les délicatesses bourguignonnes sont à l'honneur à cette enseigne
pour le moins... "cocorico" ! Appétissante carte "tradition". Lunch et menus-choix.

◆ Kip uit Bresse en wijn uit de Bourgogne vormen een perfect koppel in dit restaurant,
waar de haan koning kraait ! Aanlokkelijke kaart met traditionele schotels en menu's.

✗ **Bienvenue Chez vous...,** r. Cottages 150, ✉ 1180, ☎ 0 2 343 88 09, 🍴 – AE MO
VISA   EV b
fermé 2 sem. en juil., 1 sem. en janv., sam. midi, dim., lundi et mardi soir – **Repas** *Lunch
20 –* 32/40, ⌺.

◆ Nouveau nom révélateur de l'ambiance intimiste dont cette maison est imprégnée.
Décor intérieur rajeuni dans un esprit très cosy. Cuisine actuelle à base de produits
choisis.

◆ De naam van dit leuke restaurantje geeft al aan welke sfeer u hier kunt verwachten.
Het interieur is pas gerenoveerd. Hedendaagse keuken met eersteklas ingrediënten.

Quartier St-Job - *plan p. 10* :

✗✗ **Les Menus Plaisirs,** r. Basse 7, ✉ 1180, ☎ 0 2 374 69 36, *lesmenusplaisirs@belga*
🍴 *com.net*, Fax 0 2 331 38 13, 🍴 – AE ① MO VISA   BN u
*fermé 1 sem. Pâques, dern. sem. août, fin déc., sam. midi, dim., lundi soir et jours fériés
–* **Repas** *Lunch 13 –* 30/50.

◆ Coquette petite adresse bien assise dans le quartier, grâce à un registre culinaire actuel
gentiment personnalisé. L'été, les "menus plaisirs" s'apprécient au jardin.

◆ Prima adresje met een goede naam in de buurt. Moderne recepten met een persoonlijke
inbreng. 's Zomers kan in de tuin van de "kleine pleziertjes" van het leven worden genoten.

✗✗ **le pré en bulle,** av. J. et P. Carsoel 5, ✉ 1180, ☎ 0 2 374 08 80, Fax 0 2 372 93 67,
🍴 🍴 – P. AE MO VISA   BN r
fermé lundi soir et mardi – **Repas** *Lunch 15 –* 30/48 bc, ⌺.

◆ Fermette du 17e s. au décor simple mais mignon, où vous attend une carte classico-
créative assortie de plusieurs menus tentateurs. Agréable terrasse pour les beaux
jours.

◆ 17e-eeuws boerderijtje, simpel maar smaakvol ingericht, waar de chef-kok creatief
aan de slag gaat met klassieke recepten. Aantrekkelijke menu's. Fijn terras voor mooie
dagen.

✗ **Le Passage,** av. J. et P. Carsoel 13, ✉ 1180, ☎ 0 2 374 66 94, *restaurant@lepassage.be*,
🍴 Fax 0 2 374 69 26, 🍴 – P. AE ① MO VISA   BN q
fermé 3 sem. en juil., prem. sem. janv., sam. midi, dim. et jours fériés – **Repas** *Lunch 20 –*
40/50, carte 41 à 71

Spéc. Foie d'oie au torchon farci aux figues confites, chutney aux poires et safran. Esca-
lopines de ris de veau croustillantes aux morilles. Blanc de turbotin cuit au lait épicé, mousseline de crevettes grises.

◆ Petit restaurant dont la salle à manger habillée dans un camaïeu de gris très "tendance"
vous convie à déguster une cuisine contemporaine non dénuée de raffinement.

◆ Trendy restaurantje met een moderne eetzaal in grijstinten. De eigentijdse keuken is
beslist verfijnd te noemen.

WATERMAEL-BOITSFORT (WATERMAAL-BOSVOORDE)
- plan p. 11 sauf indication spéciale :

🏨 **Au Repos des Chasseurs,** av. Charle Albert 11, ✉ 1170, ☎ 0 2 660 46 72, *info@*
aureposdeschasseurs.be, Fax 0 2 674 26 76, 🍴 – TV 🚗 – 🕭 25 à 80. AE ①
MO VISA   DN n
Repas (avec cuisine italienne, ouvert jusqu'à 23 h) *Lunch 21 –* carte 24 à 63 – **11 c**
⌺ 65/139.

◆ Les "chasseurs de repos" n'hésiteront pas à poser leurs besaces dans cette ancienne
laiterie postée à l'orée du bois. Chambres confortablement aménagées. À table, choix d
recettes classiques franco-italiennes et plats de gibier en saison. Vaste terrasse.

◆ In deze oude herberg aan de rand van het bos kunnen jagers zich te ruste leggen
een van de comfortabel ingerichte kamers. Klassieke Frans-Italiaanse keuken en wildspe
cialiteiten. Op zomerse dagen is het grote terras favoriet.

XXX **Au Vieux Boitsfort** (Gillet), pl. Bischoffsheim 9, ✉ 1170, ℰ 0 2 672 23 32, Fax 0 2
660 22 94, 🍽 – 🖭 ⓞ 🗺 VISA   CN z
fermé 3 sem. en août, sam. midi et dim. – **Repas** (nombre de couverts limité - prévenir)
Lunch 40 – 65/85 bc, carte 56 à 75, 𝟤
Spéc. Risotto de cèpes et foie d'oie poêlé. Vapeur de cabillaud à la mousseline de crevettes
grises. Noix de ris de veau braisées aux agrumes.
✦ La façade d'une maison d'angle dissimule cette table ayant troqué ses atours d'antan
contre un décor intérieur de notre temps. Cuisine classique soignée et cave bien
montée.
✦ Dit restaurant is ondergebracht in een hoekpand dat zijn oude praal heeft verruild voor
een eigentijds interieur. Verzorgde klassieke keuken en een goed opgezette wijnkelder.

X **Le Grill,** r. Trois Tilleuls 1, ✉ 1170, ℰ 0 2 672 95 13, Fax 0 2 660 22 94, 🍽 – 🖭 ⓞ
🗺 VISA JCB   CN r
fermé 2 sem. en juil., sam. midi et dim. – **Repas** 27.
✦ Maison officiant à un saut de chevreuil de la forêt de Soignes. Jolie salle à manger d'esprit
contemporain ; carte classique-bourgeoise où les grillades ont toujours la cote.
✦ Restaurant op een steenworp afstand van het Zoniënwoud. Mooie eetzaal in eigentijdse
stijl, klassiek-traditionele kaart en sappig vlees van de grill.

X **le Coriandre,** r. Middelbourg 21, ✉ 1170, ℰ 0 2 672 45 65, Fax 0 2 672 47 68 – 🖭
ⓞ 🗺 VISA JCB.   CN n
fermé 26 juil.-18 août, 2 sem. en janv., dim. et lundi – **Repas** *Lunch 20* – 28/65 bc.
✦ Derrière une devanture aux vitres fumées, restaurant au goût du jour misant sur une
carte avec menus multi-choix. Livre de cave intéressant. Glaces turbinées à la minute.
✦ Achter een pui met ramen van rookglas kan worden genoten van eigentijdse gerechten
à la carte en verschillende keuzemenu's. Interessante wijnkelder. Zelfgemaakt ijs.

X **Le Dragon,** pl. Léopold Wiener 11, ✉ 1170, ℰ 0 2 675 80 89, Cuisine chinoise – 🖭 ⓞ
🗺 VISA JCB   CN a
fermé août et lundis non fériés – **Repas** *Lunch 8* – 15/27 bc.
✦ Par la gentillesse de son accueil et la sagesse de sa carte, ce petit "chinois" de quartier
a tôt fait de s'imposer sur la place, fidélisant une clientèle surtout locale.
✦ Dankzij de vriendelijke ontvangst en de aanlokkelijke kaart heeft deze Chinees snel een
plaats in de buurt veroverd. Zeer populair bij de lokale bevolking.

X **Aux Portes du Béarn,** r. Philippe Dewolfs 7, ✉ 1170, ℰ 0 2 672 87 20, *portesdu
bearn@skynet.be*, Fax 0 2 672 87 20, 🍽, Cuisine du Sud-Ouest – 🖭 🗺 VISA   CN b
fermé 2 sem. en août, 2 sem. en déc., sam. midi, dim. et lundi – **Repas** *Lunch 14* – carte
env. 32.
✦ Cet établissement vous ouvre les portes du Béarn. Chaises rhabillées, chemins de table
et toiles modernes participent au décor de la salle à manger. Cuisine du Sud-Ouest.
✦ Dit etablissement opent voor u de poorten van de Béarn. Beklede stoelen, tafellopers
en moderne doeken dragen bij aan de sfeer van de zaal. Keuken uit Zuidwest-Frankrijk.

WOLUWE-ST-LAMBERT (SINT-LAMBRECHTS-WOLUWE)
- plans p. 9 et 10 sauf indication spéciale :

🏛 **Sodehotel La Woluwe** 🈸, av. E. Mounier 5, ✉ 1200, ℰ 0 2 775 21 11, *sodehot
el@sodehotel.be*, Fax 0 2 770 47 80, 🍽 – 🛄 ⽧ 🖥 📺 ♨ch, 🚗 🅿 – 🔬 25 à 200. 🖭
ⓞ 🗺 VISA JCB. ✵ rest   DL e
Repas *Leonard* *Lunch 23* – carte 35 à 57 – 🖵 21 – **120 ch** 150/285, – 6 suites.
✦ Excentré, mais d'accès assez aisé, cet hôtel de chaîne aux chambres spacieuses conjugue
tranquillité et confort moderne. Patio lumineux. Centre d'affaires et de congrès. Salle de
restaurant contemporaine aux lignes épurées. Cuisine dans le tempo actuel.
✦ Dit ketenhotel bevindt zich buiten het centrum, dat echter goed bereikbaar is. De kamers
zijn ruim, rustig en comfortabel. Lichte patio. Congreszalen en business center. Restaurant
met een modern, gestileerd interieur. Kookstijl die past bij de huidige trend.

🏠 **Monty** sans rest, bd Brand Whitlock 101, ✉ 1200, ℰ 0 2 734 56 36, *info@monty-h
otel.be*, Fax 0 2 734 50 05 – 🛄 📺. 🖭 ⓞ 🗺 VISA   plan p. 13 HS z
18 ch 🖵 90/140.
✦ Ancien hôtel particulier habilement rénové dans l'esprit contemporain. Le sens de l'accueil
et l'aménagement design des parties communes et des chambres sont ses deux
atouts.
✦ Dit oude herenhuis is fraai gerestaureerd in moderne stijl. Pluspunten zijn het gastvrije
onthaal en het designinterieur van de kamers.

🏠 **Lambeau** sans rest, av. Lambeau 150, ✉ 1200, ℰ 0 2 732 51 70, *info@hotellambe
au.com*, Fax 0 2 732 54 90 – 🛄 📺. 🖭 ⓞ 🗺 VISA. ✵   plan p. 13 HR u
24 ch 🖵 69/93.
✦ Dans un quartier résidentiel, juste en face d'une sortie de métro, petit établissement
familial renfermant de menues chambres sobres et actuelles, équipées à l'identique.
✦ Familiehotel in een rustige woonwijk, vlak tegenover het metrostation. De kleine kamers
zijn sober en modern ingericht en hebben allemaal dezelfde voorzieningen.

XX **Da Mimmo,** av. du Roi Chevalier 24, ⊠ 1200, ℰ 0 2 771 58 60, *mimmo1961@ yahoo.it,*
Fax 0 2 771 58 60, ♨, Cuisine italienne – 🍽. AE ① ⓂⓄ VISA. ✻ DM b
fermé août, lun. déc.-début janv., sam. midi et dim. – **Repas** *Lunch 45* – carte 44 à 71, ♈.
◆ Cuisine transalpine sans concessions aux habitudes alimentaires belges, servie dans une
plaisante salle à manger actuelle. Bons vins reçus en direct de la "Botte".
◆ Italiaanse gerechten zonder concessies aan de Belgische eetgewoonten, geserveerd in
een prettige, moderne eetzaal. Goede wijnen die uit Italië worden geïmporteerd.

XX **de Maurice à Olivier** (Detombe) dans l'arrière-salle d'une librairie, chaussée de Roo-
❀ debeek 246, ⊠ 1200, ℰ 0 2 771 33 98 – 🍽. AE ① ⓂⓄ VISA CM r
fermé du 15 au 31 juil., dim. et lundi soir – **Repas** *Lunch 22* – 50/60, carte 45 à 64 ♈.
Spéc. Marbré de perdreau au foie gras, pistaches et tomates confites (sept.-oct.). Suprême
de pigeonneau en croustille d'épices. Café glacé à la minute.
◆ Père et fils sont aux commandes de ce petit restaurant curieusement situé à l'arrière
de la librairie paternelle. Saveurs "tradition" et ambiance "Bernard Pivot" !
◆ Vader en zoon zwaaien de scepter in dit traditionele restaurantje, dat merkwaardig
genoeg achter in de boekhandel van papa is gevestigd. Gerechten met leesvoer dus !

X **le Nénuphar,** chaussée de Roodebeek 76, ⊠ 1200, ℰ 0 2 770 08 88, *Fax 0 2
770 08 88,* ♨, Cuisine vietnamienne – 🍽. AE ① ⓂⓄ VISA. ✻ plan p. 11 DM v
fermé 15 août-1ᵉʳ sept. et sam. midi – **Repas** *Lunch 13* – 23/35.
◆ Vietnamien de quartier niché dans une petite rue à sens unique. Choix typique bien
présenté, intérieur fleuri et service avenant. L'été venu, attablez-vous au jardin.
◆ Vietnamees restaurant in een straatje met eenrichtingsverkeer. Authentieke keuken,
bloemrijk interieur en attente bediening. Bij mooi weer kan in de tuin worden
gegeten.

X **Le Brasero,** av. des Cerisiers 166, ⊠ 1200, ℰ 0 2 772 63 94, *Fax 0 2 762 57 17,* ♨
– AE ① ⓂⓄ VISA. ✻ plan p. 11 CM e
fermé 24 déc.-1ᵉʳ janv., lundi et sam. midi – **Repas** *Lunch 16* – carte 23 à 44.
◆ Préparations variées, avec spécialité de grillades au feu de bois, dans cette agréable
brasserie au cadre actuel. Plat du jour, lunch trois services et menu dominical.
◆ Prettig restaurant met een gevarieerde kaart in een hedendaags interieur. Op houtskool
geroosterd vlees, dagschotel, lunchmenu met drie gangen en op zondag een speciaal
menu.

X **La table de Mamy,** av. des Cerisiers 212, ⊠ 1200, ℰ 0 2 779 00 96,
Fax 0 2 779 00 96, ♨ – AE ① ⓂⓄ VISA CM d
fermé 3 sem. en août, sam. midi et dim. – **Repas** 27.
◆ Retrouvez dans une atmosphère sympathique, les bon p'tits plats tels que nous les
mitonnaient nos aïeux. Décor intérieur à la fois nostalgique et bien dans l'air du temps.
◆ In een gezellige ambiance vindt u hier de keuken uit grootmoeders tijd terug. De decoratie is nostalgisch, maar past ook wel goed bij de huidige mode.

X **Les Amis du Cep,** r. Th. Decuyper 136, ⊠ 1200, ℰ 0 2 762 62 95, *info@ les-amis-
du-cep.be, Fax 0 2 771 20 32,* ♨ – AE ⓂⓄ VISA. ♈. DL c
fermé du 5 au 20 sept., 1 sem. Noël, dim. et lundi – **Repas** *Lunch 16* – 30/58 bc, ♈.
◆ "Bistrot gourmand", précise l'enseigne de cette petite villa estimée pour sa cuisine au
goût du jour arrosée d'une sélection vineuse "de derrière les fagots".
◆ "Bistrot gourmand" staat op het uithangbord van deze kleine villa. Wie eenmaal het
eten en de wijn heeft geproefd, zal volmondig toegeven dat dit niets te veel is
gezegd !

X **Le Coq en Pâte,** Tomberg 259, ⊠ 1200, ℰ 0 2 762 19 71, *Fax 0 2 762 19 71,* ♨
Avec cuisine italienne – AE ① ⓂⓄ VISA DM
fermé 2 sem. en sept. et lundi – **Repas** *Lunch 14* – 20/36 bc, ♈.
◆ Vous vous sentirez comme des coqs en pâte à cette adresse : recettes italianisante
dans l'air du temps, service souriant et efficace, terrasse estivale dressée sur le
devant.
◆ Dit adresje valt zeer in de smaak vanwege de eigentijdse, Italiaans getinte gerechten
de vriendelijke en efficiënte bediening, en het zomerse terras langs de voorgevel.

WOLUWE-ST-PIERRE (SINT-PIETERS-WOLUWE)
- plans p. 9 et 11 sauf indication spéciale :

🏨 **Montgomery** ♨, av. de Tervuren 134, ⊠ 1150, ℰ 0 2 741 85 11, *hotel@ montg
mery.be, Fax 0 2 741 85 00,* 🛗, 🚗 – 📶 ✻ 🍽 TV ⟵ – 🔏 35. AE ①
VISA. ✻ plan p. 13 HS
Repas *(fermé sam. midi et dim.)* Lunch 18 bc – 25, ♈ – ☄ 20 – **61 ch** 150/360, – 2 suite
◆ Petit hôtel de luxe dont les chambres, personnalisées avec goût, s'inspirent de style
divers : colonial, anglais et "Ralph Lauren". Salon-bibliothèque, fitness et sauna. Restaura
assez "cosy". Cuisine bien dans le coup.
◆ Luxehotel waarvan de kamers smaakvol en met een persoonlijke toets in diverse stijle
zijn ingericht : koloniaal, Engels en "Ralph Lauren". Lounge met bibliotheek, fitnessruim
en sauna. Sfeervol restaurant met een trendy keuken.

XXX **Des 3 Couleurs,** av. de Tervuren 453, ⊠ 1150, 𝒫 0 2 770 33 21, Fax 0 2 770 80 45,
🍴 – AE ⓂⓄ VISA   DN q
fermé vacances Pâques, du 15 au 31 août, sam. midi, dim. soir et lundi – **Repas** Lunch 37
– 52/99 bc.
• Poutres et mobilier cérusés, assortis à la pierre de Bourgogne, donnent un certain cachet
au décor intérieur de cette villa cossue. Carte classique. Jolie terrasse.
• Balken en meubelen van gecéruseerd hout, die goed bij de Bourgondische steensoort passen, geven deze fraaie villa een zeker cachet. Klassieke menukaart. Prettig
terras.

XXX **Le Vignoble de Margot,** av. de Tervuren 368, ⊠ 1150, 𝒫 0 2 779 23 23, info@
levignobledemargot.be, Fax 0 2 779 05 45, ≤, 🍴, Avec écailler – ▣ 🅿 AE ⓞ
ⓂⓄ VISA   DM r
fermé 23 déc.-3 janv., sam. midi, dim. et jours fériés – **Repas** carte 47 à 73.
• Près d'une passerelle design, dominant parcs et étangs, ancien buffet de gare entouré
de son "vignoble". Choix classique élaboré, avec banc d'écailler. Salle de banquets.
• Voormalig stationnetje, omringd door ligt "wijngaard", vlak bij een mooie loopbrug
naar het park en de vijvers. Klassieke menukaart met oesters. Aparte feestzaal.

XX **Les Deux Maisons** (Demartin), Val des Seigneurs 81, ⊠ 1150, 𝒫 0 2 771 14 47, les
🕸 deuxmaisons@skynet.be, Fax 0 2 771 14 47, 🍴 – ▤. AE ⓞ ⓂⓄ VISA   DM e
fermé prem. sem. Pâques, 3 prem. sem. août, Noël-Nouvel An, dim. et lundi – **Repas**
33/82 bc, carte 45 à 74
Spéc. Langoustines rôties et légumes glacés en barigoule. Bar en croûte de sel au beurre
blanc. Moelleux au chocolat.
• Sobre salle à manger au visage contemporain. Soigneuse cuisine classique actualisée que
sublime une riche sélection de vins. Menus "Dégustation" et "Tradition".
• Sobere eetzaal in eigentijdse stijl. De goed verzorgde, modern-klassieke keuken komt
subliem tot zijn recht bij de wijnen. Menu "dégustation" en menu "tradition".

XX **Medicis,** av. de l'Escrime 124, ⊠ 1150, 𝒫 0 2 779 07 00, Fax 0 2 779 19 24, 🍴 – AE
🕸 ⓞ VISA. ⬚   DM w
fermé Pâques, sam. midi et dim. – **Repas** Lunch 15 – 30/55.
• Une villa à fière allure abrite ce restaurant où une carte actuelle bien vue s'emploie à
vous aiguiser l'appétit. Cave franco-italienne et bel assortiment de desserts.
• Restaurant een statige villa, waar de eigentijdse menukaart een heerlijke maaltijd
belooft. Keur van desserts en een Frans-Italiaanse wijnkelder.

XX **l'auberg'in,** r. au Bois 198, ⊠ 1150, 𝒫 0 2 770 68 85, Fax 0 2 770 68 85, 🍴, Grillades
– 🅿 AE ⓞ ⓂⓄ VISA   DM s
fermé sam. midi et dim. – **Repas** 31.
• Fermette brabançonne du 19e s. convertie en restaurant convivial au décor néo-rustique,
où grésille un âtre réconfortant. Spécialité de grillades exécutées en salle.
• Brabants boerderijtje dat is verbouwd tot een gezellig restaurant in neorustieke stijl met
een knapperend haardvuur. De grillspecialiteiten worden in de eetzaal bereid.

X **La Tour d'Argent,** av. Salomé 1, ⊠ 1150, 𝒫 0 2 762 99 80, Cuisine vietnamienne –
🕸   DM b
fermé du 4 au 7 avril, 13 août-3 sept., merc., jeudi midi et sam. midi – **Repas** Lunch 11 –
19/24.
• Glorieuse enseigne pour ce modeste établissement vietnamien tenu en famille. Dépaysantes recettes vagabondant entre Hanoï et Ho Chi Minh Ville. Accueil sympathique.
• Vietnamees eettentje dat niets te maken heeft met het beroemde gelijknamige restaurant in Parijs. Uitheemse recepten van Hanoi tot Ho Tsji Minhstad. Sympathieke
ontvangst.

X **Le Train,** r. François Gay 152, ⊠ 1150, 𝒫 0 2 779 46 92, info@letrain.be,
Fax 0 2 772 32 91 – 🚃 35, AE ⓂⓄ VISA. ⬚   CM f
fermé du 16 au 31 juil., du 6 au 15 janv., dim. et lundi – **Repas** Lunch 14 – 30/65 bc.
• Restaurant de quartier établi en angle de rue, pas loin de la petite ceinture. Décor intérieur sur le thème ferroviaire. Plus d'intimité dans la grande salle que près du bar.
• Dit buurtrestaurant op een hoek, niet ver van de ringweg, loopt als een trein ! In de grote
eetzaal zit u gezelliger dan bij de bar.

ENVIRONS DE BRUXELLES

Alsemberg par chaussée d'Alsemberg BP : 12 km - plan p. 10 - 🅒 Beersel 23 152 h. – ⊠ 1652
Alsemberg :

XX **'t Hoogveld,** Alsembergsesteenweg 1057, 𝒫 0 2 380 30 30, Fax 0 2 381 06 07, 🍴 –
🅿 AE ⓞ ⓂⓄ VISA JCB
fermé lundi soir, merc. soir et jeudi – **Repas** Lunch 16 – 28/80 bc.
• Restaurant oeuvrant depuis un quart de siècle dans une ancienne ferme. Salle à manger
classique-actuelle, terrasse et grand jardin. Généreux menus multi-choix en 4 services.
• Dit restaurant in een oude boerderij bestaat al 25 jaar. Klassiek-moderne eetzaal, terras
en grote tuin. Copieus viergangen-menu met veel keuze.

à Beersel - plan p. 10 – 23 152 h – ⊠ 1650 Beersel :

% **3 Fonteinen,** Herman Teirlinckplein 3, ℘ 0 2 331 06 52, info@3fonteinen.be, Fax 0 2
331 07 03, 😤, Taverne-rest, avec spécialités à la bière régionale – AE ① ⓪⑧ VISA AP v
fermé fin déc.-début janv., mardi et merc. – **Repas** carte 21 à 38.
   ◆ Taverne-restaurant dont la carte bourgeoise réjouira les amateurs de plats à la bière.
Kriek et gueuze maison sortent de la micro-brasserie familiale, ouverte à la visite.
   ◆ In deze typisch Belgische taverne wordt veel met bier gekookt. De kriek en geuze komen
uit de huisbrouwerij, die ook te bezichtigen is.

à Diegem *par A 201, sortie Diegem* - plan p. 9 – ⓒ *Machelen* 12 061 h. – ⊠ 1831 Diegem :

🏨🏨🏨 **Crowne Plaza Airport,** Da Vincilaan 4, ℘ 0 2 416 33 33, cpbrusselsairport@ichote
lsgroup.com, Fax 0 2 416 33 44, 😤, Ⓕⓢ, ⇌, 🐎 – ⧇ ⥮ ▦ 🖭 ⅁ch, ⌂¶ 🅿 – 🖄 25
à 400. AE ① ⓪⑧ VISA, 🍽 rest   DK c
Repas (ouvert jusqu'à 23 h) *Lunch 21* – carte 25 à 44 – ⊑ 21 – **312 ch** 110/355, – 3 suites.
   ◆ Cette unité de la chaîne Crowne Plaza Airport s'intègre à un parc d'affaires côtoyant l'aéroport.
Grandes chambres tout confort. Bonnes installations conférencières. Choix de préparations
actuelles et formule "lunch-buffet" au restaurant.
   ◆ Dit hotel in een business park bij de luchthaven behoort tot de Crowne Plaza-keten. Grote
kamers met alle comfort. Uitstekende faciliteiten voor congressen. Eigentijdse gerechten
en lunchbuffet in het restaurant.

🏨🏨🏨 **Sofitel Airport,** Bessenveldstraat 15, ℘ 0 2 713 66 66, H0548@accor.com, Fax 0 2
721 43 45, Ⓕⓢ, 🖾, – ⥮ ▦ 🖭 ⌂¶ 🅿 – 🖄 25 à 300. AE ① ⓪⑧ VISA, 🍽 rest DL x
Repas *La Pléiade* (*fermé vend. soir, sam. et dim. midi*) *Lunch 22* – carte 28 à 61, ⅂ – ⊑ 21
– **125 ch** 99/360.
   ◆ Hôtel de chaîne haut de gamme érigé au bord de l'autoroute, à 4 km des pistes de
Zaventem. Équipement complet pour loisirs et conférences. Silencieuses chambres réno-
vées. Restaurant agréable concoctant d'appétissantes préparations au goût du jour.
   ◆ Ketenhotel uit de betere klasse langs de snelweg, op 4 km van de luchthaven Zaventem.
Talrijke faciliteiten voor congressen en ontspanning. Gerenoveerde kamers met uitste-
kende geluidsisolatie. Aangenaam restaurant met smakelijke, eigentijdse gerechten.

🏨🏨 **Holiday Inn Airport,** Holidaystraat 7, ℘ 0 2 720 58 65, hibrusselsairport@ichotelsg
roup.com, Fax 0 2 720 41 45, Ⓕⓢ, ⇌, 🖾, 🍽 – ⥮ ⥮ ▦ 🖭 🅿 – 🖄 25 à 400. AE ①
VISA   DL w
Repas (ouvert jusqu'à 23 h) *Lunch 30* – carte 27 à 42 – ⊑ 21 – **310 ch** 100/230 –
½ P 163/293.
   ◆ La proximité du tarmac, des chambres reposantes, plus tout ce qu'il faut pour se réunir
et se divertir : espaces congrès, fitness, sauna, hammam, solarium, piscine, tennis. Formule
de restauration un peu "touche à tout", avec quelques plats "Tex-Mex".
   ◆ Hotel vlak bij de ringweg, met rustige kamers en werkelijk alles om werk en plezier te
combineren : congreszalen, fitnessruimte, sauna, hamam, solarium, zwembad en tennisbaan. De restaurantformule is een beetje "van alles wat", met enkele Tex-Mex-schotels.

🏨🏨 **NH Brussels Airport,** De Kleetlaan 14, ℘ 0 2 203 92 52, nhbrusselsairport@nh-hot
els.be, Fax 0 2 203 92 53, Ⓕⓢ, ⇌ – ⥮ ⥮ ▦ 🖭 ⅁ch, ⟳ 🅿 – 🖄 25 à 80. AE ① ⓪⑧
VISA, 🍽   DKL z
Repas (*fermé mi-juil.-mi-août, vend., sam. et dim.*) (avec buffets) *Lunch 30* – carte 35 à 45
– ⊑ 19 – **234 ch** 187/260.
   ◆ Construction moderne élevée au voisinage des installations aéroportuaires. Chambres
actuelles et confortables, fidèles aux normes de la chaîne. Bonne isolation phonique. Au
restaurant, carte déclinant les saveurs du moment.
   ◆ Eigentijds gebouw bij de luchthaven. De kamers zijn conform de normen van deze hotelketen : modern, comfortabel en goed tegen geluid geïsoleerd. Ook het restaurant voldoet
qua kaart en inrichting aan de smaak van dit moment.

🏨 **Novotel Airport,** Da Vinci laan 25, ℘ 0 2 725 30 50, H0467@accor.com, Fax 0 2
721 39 58, 😤, Ⓕⓢ, ⇌, 🖾 – ⥮ ⥮, ▦ rest, 🖭 🅿 – 🖄 25 à 100. AE ① ⓪⑧ VISA DK y
Repas (ouvert jusqu'à minuit) carte 27 à 44, ⅂ – ⊑ 15 – **207 ch** 180/186.
   ◆ Hôtel pratique lorsqu'on a un avion à prendre, et conforme en tous points aux standards
Novotel. Chambres toutes semblables, salles de séminaires et piscine en plein air.
   ◆ Praktisch hotel voor luchtreizigers, dat in alle opzichten voldoet aan de normen van de
keten. Identieke kamers, congreszalen en een openluchtzwembad.

🏨 **Rainbow Airport,** Berkenlaan 4, ℘ 0 2 721 77 77, reservations@rainbowhotel.be
Fax 0 2 721 55 96, 😤 – ⥮ ⥮, ▦ rest, 🖭 ⅁ch, 🅿 – 🖄 25 à 100. AE ① ⓪⑧ VISA JCB
🍽   DL
Repas (*fermé sam. et dim.*) *Lunch 30* – carte 23 à 43 – ⊑ 16 – **100 ch** 79/219
½ P 108/116.
   ◆ Fringantes petites chambres d'une tenue irréprochable, dans un établissement où
clientèle d'aéroport compensera tranquillement l'éventuel décalage horaire. Salle à mange
au décor actuel. Cuisine à consonance bourgeoise.
   ◆ Hotel waar luchtreizigers in alle rust kunnen bijkomen van een eventuele jet lag. D
kamers zijn klein, maar zien er tiptop uit. Het restaurant heeft een eigentijds interieur e
biedt zijn gasten een eenvoudige, traditionele keuken.

à Dilbeek *par* ⑧ : *7 km - plans p. 8 et 10 – 38 782 h – ⊠ 1700 Dilbeek :*

🏠 **Relais Delbeccha** ﴾, Bodegemstraat 158, ℰ 0 2 569 44 30, relais.delbeccha@ sky net.be, Fax 0 2 569 75 30, 🍴, 🌳 – 📺 🅿. – 🛗 25 à 100. ⏃ ⏱ ⏱ 🆅🆂🅰. ⏱
Repas *(fermé dim. soir)* Lunch 30 – 35/52 bc – **12 ch** ⊑ 81/120.
♦ Paisible villa vous réservant un accueil familial. Intérieur bourgeois, salon "cosy", chambres douillettes au mobilier classique, salles de réunions et jardin de repos. Restaurant assez stylé, où les repas peuvent se prendre en plein air par beau temps.
♦ Rustige villa, waar u door de familie gastvrij wordt ontvangen. Bourgeoisinterieur, gezel-lige lounge, behaaglijke kamers met klassiek meubilair, vergaderzalen en tuin om te relaxen. Stijlvol restaurant, dat bij mooi weer zijn tafeltjes buiten zet.

🍴🍴 **Host. d'Arconati** ﴾ avec ch, d'Arconatistraat 77, ℰ 0 2 569 35 00, arconati@ hot mail.com, Fax 0 2 569 35 04, 🍴, 🌳 – 📺 🅿. – 🛗 40. ⏃ ⏱ 🆅🆂🅰. ⏱
fermé fév. – **Repas** *(fermé dim. soir, lundi et mardi)* carte 43 à 53 – **4 ch** ⊑ 78/87.
♦ Le charme de cette villa Art déco tient surtout à son environnement : le jardin arboré, richement fleuri en été, est une invitation à la détente. Chambres croqui-gnolettes.
♦ Deze art-decovilla dankt zijn charme vooral aan de weelderige tuin, die 's zomers prachtig in bloei staat en uitnodigt tot "far niente". De kamers zijn ronduit beeldig.

🍴🍴 **De Kapblok,** Ninoofsesteenweg 220, ℰ 0 2 569 31 23, reservatie@ dekapblok.be, Fax 0 2 569 67 23 – ▬. ⏃ 🆅🆂🅰. AM e
fermé vacances de Pâques, 22 juil.-15 août, vacances Noël, dim. et lundi – **Repas** Lunch 33 – 47/65.
♦ Au rez-de-chaussée d'un immeuble, petit restaurant de quartier dont l'enseigne signifie "billot de boucher". Cuisine classique de bon aloi, menus appétissants et vins choisis.
♦ Klein buurtrestaurant op een benedenverdieping van een flatgebouw. Klassieke keuken van goede kwaliteit, aantrekkelijke menu's en uitgelezen wijnen.

à Drogenbos *- plan p. 10 – 4 782 h – ⊠ 1620 Drogenbos :*

🏠 **Campanile,** av. W.A. Mozart 11, ℰ 0 2 331 19 45, drogenbos@ campanile.be, Fax 0 2 331 25 30, 🍴, 🌳 – ⏱ ⏱ 🛁ch, 📺 🅿. – 🛗 25 à 50. ⏃ ⏱ ⏱ ⏱ 🆅🆂🅰 🅹🅲🅱 AN n
Repas *(avec buffets)* Lunch 10 – 22 – ⊑ 10 – **77 ch** 64/80 – ½ P 80/100.
♦ Proximité du ring, parking à vue, petites chambres basiques refaites à neuf en 2004, prix "plancher". Voici donc un "clone" parfait de la grande famille des Campanile !
♦ Goedkoop ketenhotel bij de Ring met parkeergelegenheid. Kleine basic kamers die in 2004 in een nieuw jasje zijn gestoken. Een perfecte kloon van de grote Campanile-familie !

à Dworp *(Tourneppe) par* ⑥ : *16 km - plan p. 10 - 🅒 Beersel 23 152 h. – ⊠ 1653 Dworp :*

🏠🏠 **Kasteel Gravenhof** ﴾, Alsembergsesteenweg 676, ℰ 0 2 380 44 99, info@ grave nhof.be, Fax 0 2 380 40 60, 🍴, 🌳 – 🛗, ▬ ch, 📺 🅿 – 🛗 25 à 120. ⏃ ⏱ ⏱ 🆅🆂🅰 🅹🅲🅱
Repas *(taverne-rest)* carte 22 à 43 – ⊑ 15 – **26 ch** 100/130.
♦ Tenté par la vie de château ? Cette "folie" du 17e s. vous ravira : bibelots anciens, meubles de style et spacieuses chambres offrant la vue sur un parc agrémenté d'étangs. Sym-pathique taverne-restaurant retranchée dans les caves voûtées séculaires.
♦ Spreekt het kasteelleven u aan ? Dan is dit 17e-eeuwse lustslot echt iets voor u ! Oude snuisterijen, stijlmeubelen en ruime kamers die uitkijken op een park met vijvers. Het sfeer-volle restaurant is in de oude overwelfde kelder ondergebracht.

Grimbergen *au Nord par N 202 BK : 11 km - plan p. 8 - 33 312 h – ⊠ 1850 Grimbergen :*

🏠🏠 **Abbey,** Kerkeblokstraat 5, ℰ 0 2 270 08 88, info@ hotelabbey.be, Fax 0 2 270 81 88, 🛁, 🍴 – 🛗, ▬ rest, 📺 🅿 – 🛗 30 à 200. ⏃ ⏱ ⏱ 🆅🆂🅰. ⏱ ch
fermé juil. – **Repas** *'t Wit Paard (fermé sam. et dim.)* Lunch 32 – carte 45 à 62, ⍖ – **28 ch** ⊑ 130/250.
♦ Architecture massive rappelant une ferme flamande. Les chambres sont paisibles et spacieuses. Salles de réunions, bar, espace de remise en forme et sauna. Au restaurant, cuisine de base classique, feu de bûches en hiver et terrasse dressée en été.
♦ Zwaar bouwwerk dat aan een Vlaamse boerderij doet denken. De kamers zijn ruim en rustig. Vergaderzalen, bar, fitnessruimte en sauna. In het restaurant worden klassieke gerechten geserveerd, 's winters bij het haardvuur en 's zomers op het terras.

Groot-Bijgaarden *- plan p. 8 - 🅒 Dilbeek 38 782 h. – ⊠ 1702 Groot-Bijgaarden :*

🏠 **Waerboom,** Jozef Mertensstraat 140, ℰ 0 2 463 15 00, info@ waerboom.com, Fax 0 2 463 10 30, 🍴, ⌧ – 🛗 ▬ 📺 🅿 – 🛗 25 à 270. ⏃ ⏱ ⏱ 🆅🆂🅰. ⏱ AL r
fermé mi-juil.-mi-août – **Repas** *(résidents seult)* – **35 ch** ⊑ 96/121 – ½ P 88/93.
♦ Une grande ferme flamande joliment rénovée sert de cadre à cet hôtel familial. Chambres classiques, piscine intérieure, sauna et jardin soigné. Banquets et séminaires.
♦ Een grote Vlaamse boerderij, fraai gerenoveerd, is de setting van dit familiehotel. Tra-ditionele kamers, binnenbad, sauna en verzorgde tuin. Zeer geschikt voor seminaries.

Gosset, Gossetlaan 52, ℰ 0 2 466 21 30, info@gosset.be, Fax 0 2 466 18 50, 🍽 – 📳
🍽 📺 🅿 – 🔬 25 à 200. 🆎 ⑩ 🐵 𝕍𝕚𝕤𝕒. 🛠 ch   AL **a**
fermé dern. sem. déc.-prem. sem. janv. – **Repas** Lunch 10 – carte 26 à 39 – **48 ch**
🛏 100/125.

♦ Hôtel de confort moderne occupant un petit immeuble récent dans une zone industrielle proche du ring. Chambres convenablement insonorisées. Navette vers le centre-ville. Ample salle à manger contemporaine coiffée d'une fresque céleste.

♦ Hotel met modern comfort in een klein en nieuw gebouw op een industrieterrein bij de Ring. De kamers hebben een goede geluidsisolatie. Pendeldienst naar het centrum. Grote, hedendaagse eetzaal met een prachtig fresco aan het plafond.

De Bijgaarden, I. Van Beverenstraat 20, ℰ 0 2 466 44 85, debijgaarden@skynet.be,
🍽 – 🅿 – 🆎 ⑩ 🐵 𝕍𝕚𝕤𝕒 𝙹𝙲𝙱   AL **b**
fermé 27 mars-3 avril, du 8 au 29 août, sam. midi et dim. – **Repas** Lunch 50 – 65/125 bc, carte 75 à 156 🥄

Spéc. Beignet de foie gras d'oie caramelisé au porto. Coffre de homard aux salsifis et truffe. Cochon de lait rôti à l'ancienne, sauce aux condiments.

♦ Une demeure enchanteresse : environnement bucolique, intérieur cossu, fine cuisine classique, cellier "grand seigneur" et, en toile de fond, le château de Groot-Bijgaarden.

♦ Een betoverend plekje : schilderachtige omgeving, weelderig interieur, fijne klassieke keuken, prestigieuze wijnkelder en op de achtergrond het kasteel van Groot-Bijgaarden.

Michel (Van Landeghem), Gossetlaan 31, ℰ 0 2 466 65 91, restaurant.michel@belgacom.net, Fax 0 2 466 90 07, 🍽 – 🅿. 🆎 ⑩ 🐵 𝕍𝕚𝕤𝕒   AL **d**
fermé 29 mars, du 2 au 20 août, 23 déc.-3 janv., dim. et lundi – **Repas** 48/87 bc

Spéc. Œuf poché aux jets de houblon (mi-fév.-mars). Perdreau rôti à la feuille de vigne (15 sept.-15 nov.). Sole farcie au risotto et crevettes grises.

♦ Le décor de cette table gastronomique ne crée pas la surprise, à l'inverse des assiettes, très soignées et d'un classicisme rigoureux. Bonne cave. L'été, repas en plein air.

♦ De inrichting van dit gastronomische restaurant is niet erg verrassend, in tegenstelling tot de zeer verzorgde klassieke keuken. Goede wijnkelder. Buiten eten in de zomer.

à Hoeilaart - plan p. 11 – 10 023 h – ✉ 1560 Hoeilaart :

Aloyse Kloos, Terhulpsesteenweg 2 (à Groenendaal), ℰ 0 2 657 37 37,
Fax 0 2 657 37 37, 🍽 – 🅿. ⑩ 🐵 𝕍𝕚𝕤𝕒   DP
fermé août, sam. midi, dim. soir et lundi – **Repas** Lunch 25 – 33/57 bc 🥄.

♦ Villa postée en lisière du massif de Soignes. Cuisine classique et carte des vins honorant les vignobles les plus réputés. Fameux jambons du pays mûris dans la maison.

♦ Deze villa bij het Zoniënwoud heeft klassieke gerechten en uitstekende wijnen te bieden. De beroemde hammen van de streek hangen aan het plafond te drogen.

Tissens, Groenendaalsesteenweg 105 (à Groenendaal), ℰ 0 2 657 04 09, tissens@skynet.be, 🍽, Grillades et anguilles – 🅿. 🆎 ⑩ 🐵 𝕍𝕚𝕤𝕒   DP
fermé juil., fin déc.-début janv., merc. et jeudi – **Repas** carte 27 à 41, 🍷.

♦ Cette adresse connue comme le loup blanc à l'orée de la forêt de Soignes saura vous apaiser si vous avez les crocs ! Côtes à l'os et anguilles à se pourlécher les babines !

♦ Wie honger als een wolf heeft, kan terecht in dit restaurant aan de rand van het Zoniënwoud. Sappige steaks en paling om de vingers bij af te likken !

à Huizingen par ⑥ : 12 km - plan p. 10 ⓒ Beersel 23 152 h. – ✉ 1654 Huizingen :

Terborght (De Vlieger), Oud Dorp 16, ℰ 0 2 380 10 10, terborght@skynet.be,
Fax 0 2 380 10 97 – 🍽 🥄 50. 🆎 ⑩ 🐵 𝕍𝕚𝕤𝕒
fermé du 7 au 17 fév., 25 juil.-11 août, mardi et merc. – **Repas** Lunch 28 – 39/75 bc, carte 46 à 83, 🍷.

Spéc. Déclinaison de crevettes grises. Tout agneau. Nougat glacé, millefeuille de framboises.

♦ Maison du 17e s. dont les façades arborent de fiers pignons à redans et dont l'intérieur marie des éléments décoratifs rustiques et contemporains. Cuisine actuelle raffinée.

♦ Mooi huis met een trapgevel uit de 17e eeuw. Het interieur is een mengeling van rustiek en modern. Geraffineerde eigentijdse keuken.

à Itterbeek par ⑧ : 8 km - plans p. 8 et 10 ⓒ Dilbeek 38 782 h. – ✉ 1701 Itterbeek :

De Ster, Herdebeekstraat 169 (lieu-dit Sint-Anna-Pede), ℰ 0 2 569 78 08, rest.dester@skynet.be, Fax 0 2 569 37 97, 🍽, Estaminet – 🅿. 🆎 🐵 𝕍𝕚𝕤𝕒
fermé 2 sem. en août, sam. midi, dim. midi, lundi et mardi – **Repas** Lunch 16 – 25/45.

♦ Une belle façade à colombages signale cette ancienne auberge surveillant un carrefour. Salles de restaurant aménagées sur plusieurs niveaux. Agréable terrasse estivale.

♦ Deze oude herberg in de schaduw van het kerkje valt op door zijn mooie vakwerkgevel. De intieme zaaltjes bevinden zich op verschillende niveaus. Aangenaam terras in zomer.

à Kortenberg par ② : 15 km - plan p. 9 – 17 782 h - ⊠ 3070 Kortenberg :

XX **Hof te Linderghem,** Leuvensesteenweg 346, 𝓟 0 2 759 72 64, info@33masters.com, Fax 0 2 759 66 10 – **P.** **AE** **MO** **VISA**
fermé juil., lundi soir et mardi – **Repas** Lunch 28 – carte 43 à 73.
◆ Ce paisible restaurant familial officie depuis plus de trente ans dans une ancienne ferme du 19ᵉ s. La salle à manger, classiquement agencée, diffuse une ambiance feutrée.
◆ Dit familierestaurant ging ruim 30 jaar geleden van start in een voormalige boerderij uit de 19e eeuw. In de klassiek ingerichte eetzaal heerst een rustige sfeer.

à Machelen - plan p. 9 – 12 061 h - ⊠ 1830 Machelen :

XXX **Pyramid,** Heirbaan 210, 𝓟 0 2 253 54 56, rest.pyramid@skynet.be, Fax 0 2 253 47 65, ☞ – **P.** **AE** **①** **MO** **VISA**   DK m
fermé 27 mars-3 avril, 18 juil.-7 août, sam. midi et dim. – **Repas** Lunch 36 – 65/90, ♀.
◆ Fière villa contemporaine vous conviant à découvrir une carte inventive dans un cadre moderne rénové. Terrasse d'été agrémentée d'une pièce d'eau et d'une pyramide végétale.
◆ Moderne villa met een gerenoveerd interieur en een inventieve keuken. Op het terras met waterpartij en "groene" piramide is het 's zomers heerlijk toeven.

à Meise par ⑪ : 14 km - plan p. 8 – 18 449 h - ⊠ 1860 Meise :

XXX **Aub. Napoléon,** Bouchoutlaan 1, 𝓟 0 2 269 30 78, Fax 0 2 269 79 98, Grillades – **P.** **AE** **①** **MO** **VISA**
fermé août et fin déc. – **Repas** Lunch 36 – 56/74 bc ⌂.
◆ À l'entrée de Meise, petite auberge chaleureuse évoquant une fermette. Décor intérieur dans la note rustique, sur le thème de Napoléon. Grillades en salle. Cave "impériale" !
◆ Leuke herberg in een boerderijtje aan de rand van Meise. Het rustieke interieur is een eerbetoon aan Napoleon. In de eetzaal wordt het vlees geroosterd. Vorstelijke wijnen !

XXX **Hof ter Imde,** Beekstraat 32 (Nord-Ouest : 3 km, lieu-dit Imde), ⊠ 1861, 𝓟 0 52 31 01 01, info@hofterimde.be, Fax 0 52 31 05 50, ☞ – ▤ **P.** **AE** **①** **MO** **VISA**
fermé sem. carnaval, 20 juil.-4 août, du 1ᵉʳ au 8 nov. et sam. midis, dim. et lundis non fériés – **Repas** Lunch 30 – 38/68 bc.
◆ Ancienne ferme brabançonne au cadre agreste réaménagée et un confortable restaurant. Salle à manger de style contemporain et restaurant de plein air tourné vers un verger.
◆ Oude Brabantse boerderij in een landelijke omgeving. Comfortabele eetzaal in hedendaagse stijl. In de zomer kan op het terras worden gegeten, met uitzicht op de boomgaard.

XX **Koen Van Loven,** Brusselsesteenweg 11, 𝓟 0 2 270 05 77, koen.van.loven@proxim edia.be, Fax 0 2 270 05 46, ☞ – **A** 25 à 150. **AE** **①** **MO** **VISA**. ⬤
fermé vacances bâtiment, lundi et mardi – **Repas** Lunch 30 – 41/73 bc.
◆ Cette demeure bourgeoise du début du 20ᵉ s. abrite un restaurant de style contemporain. Cave bien montée. Grande salle pour banquets et séminaires.
◆ In dit herenhuis uit de vroege 20e eeuw is een hedendaags restaurant gevestigd. De wijnkelder is uitstekend opgezet. Grote zaal voor partijen.

à Melsbroek - plan p. 9 - © Steenokkerzeel 10 567 h. – ⊠ 1820 Melsbroek :

XX **Boetfort,** Sellaerstraat 42, 𝓟 0 2 751 64 00, boetfort@proximedia.be, Fax 0 2 751 62 00, ☞ – **P.** **A** 25 à 50. **AE** **①** **MO** **VISA**. ⬤   DK p
fermé sem. carnaval, 21 juil.-15 août, merc. soir, sam. midi et dim. – **Repas** Lunch 34 – 38/70 bc.
◆ Manoir du 17ᵉ s. agrémenté d'un parc, cette "folie" accueillit le Roi Soleil en personne. Sans nul doute, le cachet de l'ensemble revêt une forte connotation historique.
◆ Op dit 17e-eeuwse landgoed met een prachtig park heeft de Zonnekoning nog in hoogsteigen persoon gelogeerd. U kunt er vorstelijk eten in een historische omgeving.

Nossegem par ② : 13 km - plan p. 9 - © Zaventem 27 967 h. – ⊠ 1930 Nossegem :

XXX **L'Orangeraie Roland Debuyst,** Leuvensesteenweg 614, 𝓟 0 2 757 05 59, orang ✿ eraie@biz.tiscali.be, Fax 0 2 759 50 08, ☞ – **P.** **A** 35. **AE** **①** **MO** **VISA**
fermé 1 sem. Pâques, du 1ᵉʳ au 15 août, sam. midi, dim. et lundi – **Repas** Lunch 35 – 41/99 bc, carte 66 à 100
Spéc. Déclinaison de foie et Pata Negra. Tronçon de sole et foie d'oie aux girolles. Filet d'agneau des prés salés en tian de légumes à la sauce croquette d'ail doux.
◆ Apaisante salle à manger contemporaine dans les tons rouge et écru, restaurant d'été sous pergola et préparations innovantes basées sur des produits de tout premier choix.
◆ In de eigentijdse eetzaal met de kleuren rood en beige of 's zomers onder de pergola, kunt u genieten van een innovatieve keuken op basis van eersteklas producten.

à Overijse par ④ : 16 km - plan p. 11 – 23 831 h – ⊠ 3090 Overijse :

🛈 Justus Lipsiusplein 9, ℘ 0 2 785 33 73, informatie@overijse.be, Fax 0 2 687 77 22

🏨 **Soret** ⟩⟩, Kapucijnendreef 1 (à Jezus-Eik), ℘ 0 2 657 37 82, hotel.soret.bvba@pando
ra.be, Fax 0 2 657 72 66, ⩲⩲, 🔲, ⟲⟳ – 🔌 🔟 – 🔬 40. 🄰🄴 ① 🆗 VISA. ⅋⅋DN s
Repas voir rest **Istas** ci-après – **39 ch** ⊆ 65/105, – 1 suite.
  ◆ Hôtel moderne et flambant neuf, installé en lisière de la forêt de Soignes. Pimpantes chambres à géométrie variable mais toujours assez spacieuses. Tranquillité assurée.
  ◆ Modern en spiksplinternieuw hotel aan de rand van het Zoniënwoud. Kraakheldere kamers
die verschillend zijn ingedeeld, maar altijd vrij ruim zijn. Rust gegarandeerd !

XXXX **Barbizon** (Deluc), Welriekendedreef 95 (à Jezus-Eik), ℘ 0 2 657 04 62, barbizon@eur
🏵 onet.be, Fax 0 2 657 40 66, 🈺 – 🄿. 🄰🄴 🆗 VISA   DN n
fermé 12 juil.-3 août, 10 janv.-3 fév., mardi et merc. – **Repas** Lunch 36 – 50/110 bc, carte
69 à 123 🈺
Spéc. Tournedos de langoustines juste raidi, compotée de tomates douces et roquette,
crème au cresson. Filet de turbotin rôti, artichaut au Vin jaune et beurre de crevettes
grises. Gibier (sept.-janv.).
  ◆ À l'orée de la forêt, charmante villa dont le style "normand" s'harmonise au cadre bucolique. Cuisine classique recherchée. Terrasse et jardin délicieux aux beaux jours.
  ◆ Charmante villa, waarvan de Normandische bouwstijl harmonieert met de bosrijke omgeving. Verfijnde klassieke keuken. Tuin met terras, waar het 's zomers heerlijk toeven is.

XX **Lipsius**, Brusselsesteenweg 671 (à Jezus-Eik), ℘ 0 2 657 34 32, lipsius@skynet.be,
Fax 0 2 657 31 47 – 🄿. 🄰🄴 ① 🆗 VISA   DN r
fermé 1 sem. après Pâques, août, Noël, Nouvel An, sam. midi, dim. soir et lundi – **Repas**
Lunch 35 – 50/83 bc.
  ◆ Estimable restaurant nommé d'après un humaniste natif d'Overijse. Chaises chasubles,
nappages coordonnés, poutres cérusées et voûtes en briques nues président au joli
décor.
  ◆ Dit restaurant is naar een humanist uit Overijse genoemd. Hanenbalken, bakstenen gewelven, stoelen met overtrek en bijpassende tafelkleden bepalen het fraaie interieur.

X **Istas** - H. Soret, Brusselsesteenweg 652 (à Jezus-Eik), ℘ 0 2 657 05 11, 🈺, Taverne-rest
– 🄿. 🆗 VISA   DN s
fermé 1 sem. Pâques, août, merc. et jeudi – **Repas** carte 22 à 41.
  ◆ Taverne-restaurant centenaire située à un saut de biche de la forêt de Soignes. Plats
traditionnels et en-cas "couleur locale", servis dans une ambiance cordiale.
  ◆ Honderdjarig taverne-restaurant aan de rand van het Zoniënwoud. Traditionele schotels
en hapjes met veel "couleur locale", opgediend in een vriendelijke ambiance.

X **Lavinia**, Brusselsesteenweg 663 (à Jezus-Eik), ℘ 0 2 657 26 44, Fax 0 2 657 26 64, 🈺,
Taverne-rest. 🄰🄴 ① 🆗 VISA   DN r
fermé vacances Pâques, 2e quinz. août, sam. midi, dim. midi et lundi – **Repas** Lunch 18 –
30/40 bc.
  ◆ Taverne-restaurant offrant les plaisirs d'une cuisine ménagère bien tournée (avec des
plats mijotés façon "Grand-Mère") ou d'un repas "à la bonne franquette" de 15h à 18h.
  ◆ Dit café-restaurant biedt een eenvoudige maar goed bereide maaltijd, met stoofschotels
volgens grootmoeders recept. Tussen 15 en 18 uur eet men "wat de pot schaft".

à Ruisbroek - plan p. 10 - © Sint-Pieters-Leeuw 30 384 h. – ⊠ 1601 Ruisbroek :

X **De Mayeur**, Fabriekstraat 339, ℘ 0 2 331 52 61, Fax 0 2 331 52 63, 🈺 – 🄰
🆗 VISA   AP a
fermé 1 sem. en mars, 3 dern. sem. août, Noël, Nouvel An, mardi, merc. et sam. midi ‹
Repas Lunch 20 – carte 29 à 54.
  ◆ Bonne table traditionnelle, dans une jolie maison ancienne dont la devanture
contraste fort avec l'extension arrière, résolument moderne, où se déploie la terrasse
d'été.
  ◆ Goed, traditioneel restaurant in een mooi oud pand, waarvan de voorgevel ster·
contrasteert met de ultramoderne aanbouw aan de achterkant, waar zich ook een terra·
bevindt.

à Sint-Genesius-Rode (Rhode-St-Genèse) par ⑤ : 13 km - plan p. 11 – 17 930 h – ⊠ 1640 Sin·
Genesius-Rode :

🏨🏨 **Aub. de Waterloo**, chaussée de Waterloo 212, ℘ 0 2 358 35 80, aubergedewate·
oo@skynet.be, Fax 0 2 358 38 06, ⩲⩲, ⩲⩲ – 🔌 ⩲⩲ 🔟 🄿. – 🔬 25 à 70. 🄰🄴 ① 🄼
VISA
fermé du 1er au 15 août et fin déc. – **Repas** voir rest **l'Arlecchino** ci-après – **84 c**
⊆ 70/191.
  ◆ Cet hôtel récent dispose de "Bonaparte" : deux sortes de chambres, plus des studi·
au décor chinois ou syrien. Proximité du site historique. Clientèle d'affaires.
  ◆ Nieuw zakenhotel dat zijn Waterloo niet zal vinden, ondanks de nabijheid van deze hi·
torische plek. Twee soorten kamers, plus studio's met een Chinees of Syrisch decor.

XX **l'Arlecchino** - H. Aub. de Waterloo, chaussée de Waterloo 212, ℰ 0 2 358 34 16, Fax 0 2 358 28 96, 🏠, Cuisine italienne, avec trattoria – 🗏 🅿. 🖭 ⑩ ⬥⬥ 🆅🆂🅰
fermé août et lundi – **Repas** 33/48 bc.
♦ Ristorante dont la carte ravira les fervents de cuisine italienne. Salle feutrée aux accents décoratifs vénitiens. Trattoria pour les croqueurs de pizza. Bons vins de là-bas.
♦ Ristorante dat de liefhebbers van de echte Italiaanse keuken zal verrukken, met daarbij een eenvoudige pizzeria. Sfeervolle eetzaal en goede Italiaanse wijnen.

X **L'Alter Ego,** Parvis Notre-Dame 15, ℰ 0 2 358 29 15, Fax 0 2 358 29 15, 🏠 – 🖭 ⑩ ⬥⬥ 🆅🆂🅰 🆓🅲🅱
fermé août, dim. et lundi – **Repas** (déjeuner seult sauf vend. et sam.) Lunch 11 – 28/38.
♦ Cette mignonne affaire familiale installée dans une maison de coin accueille le client sur un air classique. Les plats se déclinent à l'ardoise au gré du marché.
♦ Plezierig familierestaurant in een hoekpand. De klassieke gerechten op het uithangbord wisselen volgens het aanbod op de markt.

à Sint-Pieters-Leeuw Sud-Ouest : 13 km par Brusselbaan AN - plan p. 10 – 30 384 h – ✉ 1600 Sint-Pieters-Leeuw :

🏛 **Green Park** 🦢, V. Nonnemanstraat 15, ℰ 0 2 331 19 70, info@greenparkhotel.be, Fax 0 2 331 03 11, 🏠, 🍃, ♿ – 🔄 🆃🆅 ⬥⬥ 🅿. – 🔏 25 à 100. 🖭 ⑩ ⬥⬥ 🆅🆂🅰. 🎇 rest
fermé juil. – **Repas** (résidents seult) – **18 ch** 🖙 74/110 – ½ P 80/100.
♦ Conçu voici quelques années dans un environnement paisible et verdoyant, l'hôtel se rafraîchit au bord d'un étang. Petit centre de remise en forme. Affluence d'affaires.
♦ Dit hotel heeft enkele jaren geleden zijn deuren geopend in een rustige, groene omgeving bij een vijver. Het beschikt over een kleine fitnessruimte. Zakelijke clientèle.

à Sint-Stevens-Woluwe (Woluwe-St-Étienne) - plan p. 9 🅲 Zaventem 27 967 h. – ✉ 1932 Sint-Stevens-Woluwe :

🏨 **Hobbit** sans rest, Jozef Van Damstraat 85, ℰ 0 2 709 78 00, hobbit.bxl@pandora.be, Fax 0 2 709 78 01 – 🆃🆅 🅿. 🖭 ⬥⬥ 🆅🆂🅰. 🎇   DL f
🖙 7 – **26 ch** 🖙 61/69.
♦ À proximité du boulevard de la Woluwe, hôtel de chaîne récent prisé par la clientèle d'affaires. Chambres actuelles de bon confort. Parking privé.
♦ Dit nieuwe hotel behoort tot een keten en ligt niet ver van de boulevard Woluwedal. Het is vooral populair bij zakenlui. Moderne en comfortabele kamers. Eigen parkeergarage.

à Sterrebeek par ② : 13 km - plan p. 9 🅲 Zaventem 27 967 h. – ✉ 1933 Sterrebeek :

X **la chasse des princes,** Hypodroomlaan 141, ℰ 0 2 731 19 64, Fax 0 2 731 19 64, 🏠 – 🖭 ⑩ ⬥⬥ 🆅🆂🅰
fermé lundi et mardi midi – **Repas** Lunch 13 – 23/45.
♦ Sympathique, l'adresse présente un cadre épuré ne manquant pas d'élégance. Le chef, en "bon prince", vous concocte un menu raisonné. Au lunch, point de coup de fusil !
♦ Plezierig restaurant met een sobere, maar smaakvolle inrichting. De chef-kok weet een prinselijk menu op tafel te zetten voor een schappelijke prijs.

à Strombeek-Bever - plan p. 8 - 🅲 Grimbergen 33 312 h. – ✉ 1853 Strombeek-Bever :

🏛 **Rijckendael** 🦢, J. Van Elewijckstraat 35, ℰ 0 2 267 41 24, rijckendael@vhv-hotels.be, Fax 0 2 267 94 01, 🏠, 🚇 – 🔄 🎇, 🗏 ch, 🆃🆅 ⬥⬥ 🅿 – 🔏 25 à 40. 🖭 ⑩ ⬥⬥ 🆅🆂🅰
Repas (fermé 3 dern. sem. juil.-prem. sem. août) Lunch 23 – 36/65 bc – **49 ch** 🖙 99/165 – ½ P 132/198.
♦ Cet hôtel de conception moderne a élu domicile à une portion d'asphalte de l'Atomium et du Heysel. Chambres à l'identique bien équipées. Parking privé. Restaurant au cachet rustique aménagé dans une ancienne fermette.
♦ Hotel met een modern concept, dat niet ver van de Heizel en het Atomium domicilie heeft gekozen. De kamers zijn allemaal eender en van alle comfort voorzien. Eigen parkeergarage. Het restaurant is ondergebracht in een oud boerderijtje en heeft een rustiek karakter.
                                                                                            BK c

XX **'t Stoveke,** Jetsestraat 52, ℰ 0 2 267 67 25, 🏠, Produits de la mer – 🖭 ⑩ ⬥⬥ 🆅🆂🅰. 🎇   BK q
fermé 3 sem. en juin, dim., lundi et jours fériés – **Repas** Lunch 31 – carte 56 à 77.
♦ Un "foyer" familial mitonnant les classiques du grand large. Salle à manger de poche offrant la vue sur les fourneaux. Petite terrasse bordée de chlorophylle.
♦ Goed visrestaurant met echte klassiekers op de kaart en in de kelder. Kleine eetzaal met zicht op het fornuis en een terras omringd met groene planten.

XX **Val Joli,** Leestbeekstraat 16, ℰ 0 2 460 65 43, info@valjoli.be, Fax 0 2 460 04 00, 🏠 – 🔏 25 à 40. ⬥⬥ 🆅🆂🅰   BK p
fermé 2 sem. en juin, fin oct.-début nov., lundi et mardi – **Repas** Lunch 15 – 32/64 bc.
♦ Villa avec jardin et terrasses. De votre table, vous ne perdrez pas une miette des canards batifolant sur la pièce d'eau. Cuisine variée.
♦ Villa met tuin en terrassen. Vanaf uw tafel hoeft u geen kruimel te missen van het grappige schouwspel van de eendjes in het water. De keuken is bijzonder gevarieerd.

221

X **Blink,** Sint-Amandsstraat 52, ℰ 0 2 267 37 67, *restaurantblink@skynet.be*,
Fax 0 2 267 99 68, 🌢 – 🖭 🞇 🎹   BK h
fermé du 10 au 26 sept., du 8 au 22 janv., dim. soir et lundi – **Repas** *Lunch* 20 –
35/45.

   ◆ Longue brasserie contemporaine aux tonalités bleutées. Cuisine française du moment,
joliment présentée et semée de pointes d'exotisme. Une terrasse d'été se cache à
l'arrière.

   ◆ Langgerekt, eigentijds restaurant in blauwe tinten. Actuele Franse gerechten met hier
en daar een exotische noot ; fraaie presentatie. Zomerterras aan de achterzijde.

à Tervuren *par* ③ : *14 km* - *plan p. 11* – *20 420 h* – ✉ *3080 Tervuren* :

XX **De Linde,** Kerkstraat 8, ℰ 0 2 767 87 42, *Fax 0 2 767 87 42*, 🌢 – 🞇 🎹. 🌣
fermé 3 sem. en juil., 2 sem. en janv., lundi, mardi et sam. midi – **Repas** *Lunch* 13 – 30/69 bc.
   ◆ À côté de l'église, menue façade ancienne au charme typiquement villageois. Carte classico-bourgeoise bien ficelée et sage cave française. Jolie terrasse d'été.

   ◆ Oud pandje met een typisch dorpse charme naast de kerk. Evenwichtige klassiek-
traditionele kaart en mooie Franse wijnen. Aangenaam terras in de zomer.

à Vilvoorde *(Vilvorde)* - *plans p. 8 et 9* – *36 170 h* – ✉ *1800 Vilvoorde* :

🏠 **Campanile,** Luchthavenlaan 2, ℰ 0 2 253 97 67, *vilvoorde@campanile.be*,
🞇 *Fax 0 2 253 97 69*, 🌢 – 📶 🞝 🞝 &ch, 🖭 – 🔏 25 à 160. 🞔 🞝 🞝 🎹. 🌣 *rest*
Repas *(avec buffets)* *Lunch* 10 – 22 – 🞝 10 – **85 ch** 59/84.   DK a
   ◆ Sobres chambres convenablement insonorisées dans ce petit hôtel ''budget'' voisin de
la gare et proche du ring par lequel vous gagnerez l'aéroport en moins de 5 mn.

   ◆ Klein budgethotel in de buurt van het station en de Ring, die u binnen vijf minuten naar
de luchthaven voert. De sobere kamers zijn van geluidsisolatie voorzien.

XXX **La Hacienda,** Koningslosteenweg 34, ℰ 0 2 649 26 85, *Fax 0 2 647 43 50*, 🌢, Cuisine
espagnole – 🖭 – 🔏 25. 🞔 🞝 🞝 🎹. 🌣   CK h
fermé mi-juil.-mi-août – **Repas** *Lunch* 24 – 39.
   ◆ Lumineuse hacienda embusquée dans une impasse proche du canal. On y goûte une
vraie cuisine ibérique avec menus régionaux et grillades en salle. Vaste choix de vins espa-
gnols.

   ◆ Deze haciënda ligt verscholen in een doodlopende straat bij het kanaal. Authentieke
Spaanse keuken met streekmenu's en vlees aan het spit. Groot assortiment Spaanse
wijnen.

XX **Kijk Uit,** Lange Molensstraat 60, ℰ 0 2 251 04 72, *kijkuit-vilvoorde@hotmail.com*
Fax 0 2 751 09 01 – 🞇 🞝 🎹. 🌣   CK c
fermé 15 juil.-15 août, fin déc., sam., dim. et lundi soir – **Repas** *Lunch* 30 – 49/69 bc.
   ◆ Une tour de guet du 15ᵉ s. domine ce restaurant servant une cuisine ''dernière tendance''
dans une salle haute sous plafond, rénovée et préservant son caractère ancien.

   ◆ Een 15e-eeuwse wachttoren steekt boven dit trendy restaurant uit, waarvan de hoge
gerenoveerde eetzaal zijn oude karakter heeft bewaard.

XX **Rouge Glamour,** Fr. Rooseveltlaan 18, ℰ 0 2 253 68 39, *Fax 0 2 253 68 39* – 🞝 🎹
fermé sem. Pâques, 2 prem. sem. août, sem. Toussaint, sam. midi, dim. midi, lundi et mar
soir – **Repas** *Lunch* 20 – 30/69 bc.   CDK
   ◆ Table au goût du jour où l'on prend place dans un décor recréant habilement
l'ambiance d'un cabaret. À l'arrière, verdoyante terrasse d'été dotée de meubles en bo
exotique.

   ◆ Restaurant met een eigentijdse keuken en een inrichting die de sfeer van ee
cabaret oproept. Weelderig zomerterras aan de achterkant met meubelen va
tropisch hout.

X **Spectrum,** Romeinsesteenweg 220 (Koningslo), ℰ 0 2 267 00 45, *Fax 0 2 267 00 4*
🌢 – 🞇 🞝 🞝 🎹   BK
fermé vacances Pâques, sam. midi et dim. – **Repas** *Lunch* 8 – 28.
   ◆ Restaurant contemporain - lustres halogènes, banquettes et chaises design rhabillé
de cuir - fréquenté par une clientèle d'habitués et d'affaires. Plats de brasserie.

   ◆ Trendy restaurant met halogeenlampen en designbanken en -stoelen van leer, waar ve
zakenmensen en vaste klanten komen. Keuken in brasseriestijl.

à Wemmel - *plan p. 8* – *14 405 h* – ✉ *1780 Wemmel* :

🏠 **La Roseraie,** Limburg Stirumlaan 213, ℰ 0 2 456 99 10 *et* 0 2 460 51 34 *(rest)*, *ho*
l@laroseraie.be, *Fax 0 2 460 83 20*, 🌢 – 📶 📶 🖭 🞔 🞝 🞝 🎹 🞝   AK
Repas *(fermé sam. midi, dim. soir et lundi)* *Lunch* 22 – carte 36 à 48 – **8 ch** 107/15
   ◆ Jolie villa abritant un hôtel à taille humaine. Chambres assez confortables au décor pe
sonnalisé : africain, japonais, romain, etc. Accueil familial. Salle de restaurant classiqueme
aménagée et préparations actualisées à petits pas.

   ◆ Mooie villa waarin een prettig klein hotel is gehuisvest. Vrij comfortable kamers in ve
chillende stijlen : Afrikaans, Japans, Romeins, enz. Hartelijke ontvangst. Klassiek ingerich
eetzaal en gerechten die geleidelijk worden gemoderniseerd.

XXX **Le Gril Aux Herbes,** Brusselsesteenweg 21, ☎ 0 2 460 52 39, *Fax 0 2 461 19 12,* ☂ – P. AE ① MC VISA AK t
fermé du 1er au 21 juil., 24 déc.-2 janv., sam. midi et dim. – **Repas** Lunch 30 – 45/85 bc.
◆ Cette petite villa profite de l'agrément d'un grand jardin. Cuisine à base de produits choisis et cellier honorant la réputation du vignoble français.
◆ Deze kleine villa profiteert van de charme van een grote tuin. Keuken op basis van eersteklas producten en een wijnkelder die een eerbetoon is aan de Franse wijnboeren.

XX **L'Aub. de l'Isard,** Romeinsesteenweg 964, ☎ 0 2 479 85 64, *info.reservation@isard.be, Fax 0 2 479 16 49,* ☂ – P – 25. AE ① MC VISA BK u
fermé dim. soir, lundi et jeudi soir – **Repas** Lunch 18 – 48/62 bc.
◆ Auberge de bonne réputation locale, à l'approche du ring et du Heysel. Harmonie beige-gris, chaises modernes en fer forgé et ambiance feutrée en salle. Restaurant d'été.
◆ Deze herberg bij de Ring en de Heizel staat goed bekend. Harmonieus interieur in beige en grijze tinten, moderne smeedijzeren stoelen en rustige sfeer. 's Zomers buiten eten.

XX **Parkhof,** Parklaan 7, ☎ 0 2 460 42 89, *info@parkhof.be, Fax 0 2 460 25 10,* ☂ – P. AE ① MC VISA AK s
fermé Pâques, 2 sem. en juil., dim. soir, lundi et merc. soir – **Repas** Lunch 16 – 35/83 bc.
◆ À quelques foulées de la réserve naturelle du Beverbos, vous trouverez cette ancienne villa alanguie dans un parc public. Elle vous reçoit aussi agréablement en terrasse.
◆ Deze oude villa is rustig gelegen in een mooi park, een paar minuten lopen van het natuurreservaat Het Beverbos. Bij mooi weer worden de tafeltjes op het terras gedekt.

XX **Via-Vai,** Vijverslaan 1, ☎ 0 2 460 55 64, *Fax 0 2 460 13 92,* ☂, Avec cuisine italienne, ouvert jusqu'à 23 h – ▤ P. AE ① MC VISA. ✂ AK b
Repas Lunch 18 – carte 27 à 46.
◆ Une carte majoritairement transalpine et plutôt bien fournie est présentée à cette adresse. Déco intérieure contemporaine à l'italienne. Coin trattoria et restaurant d'été.
◆ Uitgebreide kaart met een duidelijk Italiaans accent. Hedendaagse inrichting in Italiaanse stijl. Trattoria-gedeelte en 's zomers gelegenheid om buiten te eten.

à Wolvertem *par ⑪ : 15 km - plan p. 8* C *Meise 18 449 h. – ✉ 1861 Wolvertem :*

Falko sans rest, Stationsstraat 54a, ☎ 0 2 263 04 50, *info@falkohotel.be, Fax 0 2 263 04 79,* – ▤ TV ♿ P. AE ① MC VISA. ✂
19 ch ☐ 110/160.
◆ Hôtel oeuvrant au coeur de Wolvertem. Amples chambres bien équipées, bar "trendy" et fringant espace breakfast sous véranda. Communs égayés de toiles d'une vive polychromie.
◆ Hotel in het hart van Wolvertem. Ruime, goed ingerichte kamers, trendy bar en fraaie ontbijtruimte in veranda. Gemeenschappelijke ruimtes met schilderijen in vrolijke kleuren.

à Zaventem *- plan p. 9 – 27 967 h – ✉ 1930 Zaventem :*

Sheraton Airport, à l'aéroport (Nord-Est par A 201), ☎ 0 2 710 80 00, *info@sheraton.be, Fax 0 2 710 80 80,* – ▤ TV ♿ch, P – 25 à 600. AE ① MC VISA JCB DK b
Repas ***Concorde*** *(fermé sam. midi)* Lunch 55 bc – carte 54 à 74 – ☐ 25 – **292 ch** 85/470, – 2 suites.
◆ À un tour de piste à la ronde, le plus "airport" des hôtels de luxe bruxellois. Apte à gérer même les cas d'urgence, l'enseigne attire la clientèle d'affaires tous azimuts. Carte internationale et lunch-buffets, idéal pour businessmen "supersoniques".
◆ Vanuit de lucht landt u bijna rechtstreeks in een van de gerieflijke kamers van dit luxehotel. Het personeel is bijzonder flexibel en kan omgaan met noodsituaties. De internationale kaart en de lunchbuffetten zijn een uitkomst voor "supersonische" zakenlui.

XX **Stockmansmolen** 1er étage, H. Henneaulaan 164, ☎ 0 2 725 34 34, *info@stockmansmolen.be, Fax 0 2 725 75 05,* Avec taverne-rest – ▤ P. AE ① MC VISA DL c
fermé 2 dern. sem. juil.-prem. sem. août, Noël, Nouvel An, sam. et dim. – **Repas** Lunch 72 bc – 54/93 bc.
◆ La brasserie et le restaurant - situé à l'étage - se partagent les deux ailes de ce moulin à eau du 13e s. Environnement alliant des matières nobles : le bois et la pierre.
◆ De brasserie en het restaurant - op de bovenverdieping - delen de twee vleugels van deze watermolen uit de 13e eeuw, die is gebouwd van edele materialen : hout en steen.

à Zellik *par ⑩ : 8 km - plan p. 8 -* C *Asse 28 655 h. – ✉ 1731 Zellik :*

XX **Angelus,** Brusselsesteenweg 433, ☎ 0 2 466 97 26, *restoangelus@skynet.be, Fax 0 2 466 83 84,* ☂ – P. AE ① MC VISA AL e
fermé du 1er au 8 mars, du 18 au 31 juil., lundi et jeudi soir – **Repas** Lunch 18 – 25/50 bc.
◆ Villa surélevée, que devance un parking pratique. Cuisine à consonances bourgeoises concoctée par la patronne. Angélus en cave, mais l'addition reste angélique !
◆ Verhoogde villa met een parkeerterrein. Traditionele gerechten die door de bazin zelf worden bereid. De wijn behoeft geen krans en ook de rekening blijft engelachtig !

.A. MICHELIN BELUX, Brusselsesteenweg 494, bus 1 AL – ✉ 1731 ZELLIK (Asse), ☎ 0 2 274 43 53/55, Fax 0 2 274 45 16

BUKEN *1910 Vlaams-Brabant* © *Kampenhout 10 808 h.* 533 M 17 *et* 716 G 3.
Bruxelles 28 – Antwerpen 42 – Leuven 10 – Liège 68 – Namur 64 – Turnhout 74.

XX **de notelaar,** Bukenstraat 142, ℘ 0 16 60 52 69, *Fax 0 16 60 69 09,* – ▤ ♿ P. AE ⓓ MC VISA
fermé 15 fév.-3 mars, 15 juil.-12 août, mardi, merc. et jeudi – **Repas** *Lunch 25* – 29/58 bc.
• Au bord d'une route de campagne, fermette flamande restaurée donnant sur un jardin soigné. Salle à manger néo-rustique. Derrière ses fourneaux, le chef mise sur la tradition.
• Gerestaureerd Vlaams boerderijtje met een goed onderhouden tuin aan een landweggetje. De eetzaal is neorustiek. Achter het fornuis houdt de chef-kok de traditie hoog.

BÜLLINGEN (BULLANGE) *4760 Liège* 533 W 20, 534 W 20 *et* 716 L 4 – *5 367 h.*
Bruxelles 169 – Liège 77 – Aachen 57.

Haus Tiefenbach - Grüner Baum, Triererstr. 21, ℘ 0 80 64 73 06, *haus.tiefenbach@skynet.be, Fax 0 80 64 26 58,* – |‡|, ▤ rest, TV P – 25 à 190. MC VISA.
fermé vacances Pâques et 25 juin-10 juil. – **Repas** *(fermé lundi, mardi et après 20 h) Lunch 15* – 22 – **27 ch** 45/100, – 2 suites – ½ P 54/65.
• Agréable hôtel fagnard dont les deux gros pavillons entourés d'un parc se reflètent à la surface d'un étang. Plusieurs catégories de chambres correctement équipées. Ample salle à manger classiquement aménagée et carte assez étoffée.
• Aangenaam hotel, waarvan de twee grote paviljoens in het park zich weerspiegelen in de vijver. Er zijn verschillende categorieën kamers, allemaal met goede voorzieningen. Ruime eetzaal in klassieke stijl en een vrij uitgebreide menukaart.

X **Kreutz,** Hauptstr. 55e, ℘ 0 80 64 79 03 – ▤ P. MC VISA
fermé 22 juil.-10 août – **Repas** (déjeuner seult sauf week-end) *Lunch 30* – carte 28 à 50.
• Sympathique petite adresse familiale où la clientèle locale, fidélisée par une cuisine traditionnelle simple mais très honnête, a ses habitudes depuis plus de vingt ans.
• Sympathiek familierestaurantje dat al ruim 20 jaar een vaste clientèle trekt, die trouw blijft aan de simpele, maar eerlijke traditionele keuken.

BURG-REULAND *4790 Liège* 533 V 21, 534 V 21 *et* 716 L 5 – *3 839 h.*
Voir *Donjon* ≤★.
Bruxelles 184 – Liège 95.

Paquet, Lascheid 43 (Sud-Ouest : 1 km, lieu-dit Lascheid), ℘ 0 80 32 96 24, *info@hotelpaquet.be, Fax 0 80 32 98 22,* ≤ campagne vallonnée – TV P. MC VISA.
fermé 27 juin-10 juil. et dim. soir et lundi hors saison – **Repas** (résidents seult) – **19 ch** 47/86 – ½ P 50/61.
• Bientôt vingt-cinq ans de bons et loyaux services pour cet hôtel dominant la campagne vallonnée. Sommeils réparateurs dans de spacieuses chambres d'une tenue irréprochable.
• Dit hotel, dat weldra zijn 25-jarig jubileum zal vieren, kijkt uit over het heuvellandschap. De ruime en perfect onderhouden kamers staan garant voor een goede nachtrust.

Val de l'Our, Bahnhofstr. 150, ℘ 0 80 32 90 09, *val.de.lour@skynet.be, Fax 0 80 32 97 00,* – , ▤ rest, TV P – 25. AE MC VISA.
fermé 2 sem. après Pentecôte et lundi, mardi et merc. sauf vacances scolaires – **Repas** *(fermé après 20 h)* (dîner seult sauf dim. et jours fériés) carte 34 à 56 – **16 ch** 60/90 – ½ P 65/80.
• À l'entrée du village, au creux d'un vallon boisé, auberge riche en distractions : piscine chauffée, tennis, billard, fitness, sauna, pêche, vélo, karting... Bonnes chambres. Au restaurant, duo de menus et vue sur le jardin.
• Deze herberg aan de rand van het dorp, in een bebost dal, biedt tal van activiteiten : zwemmen (verwarmd), vissen, tennissen, biljarten, fietsen, skelteren, fitness en sauna. Prettige kamers. In het restaurant met tuinzicht zijn twee menu's verkrijgbaar.

à Ouren *Sud : 9 km* © *Burg-Reuland* – ✉ *4790 Burg-Reuland :*

Dreiländerblick, Dorfstr. 29, ℘ 0 80 32 90 71, *hotel.dreilaenderblick@swing.be, Fax 0 80 32 93 88,* ≤, – TV P – 25. MC VISA.
Repas *(fermé 3 sem. en janv., mardi et après 20 h 30) Lunch 19* – carte 35 à 43 – **13 ch** *(fermé 3 sem. en janv. et mardi sauf en juil.-août)* 54/82, – 1 suite – ½ P 58/67.
• Accueillante hostellerie officiant au coeur d'un petit village de l'agreste vallée de l'Our. Chambres garnies de meubles de style. Grande terrasse ombragée. Sobre salle à manger où un choix de recettes traditionnelles entend apaiser votre appétit.
• Vriendelijke herberg in het hart van een dorpje in het landelijke dal van de Our. De kamers zijn met stijlmeubilair ingericht. Het grote terras biedt veel schaduw. In de sobere eetzaal worden traditionele gerechten op tafel gezet.

Rittersprung 🕸, Dorfstr. 19, ✆ 0 80 32 91 35, *info@rittersprung.be*, Fax 0 80 32 93 61, ⪡, 🍴, ⬛s, 🌳 – **P**. ⬛⬛ **VISA**. ⬛

fermé 15 déc.-15 janv. – **Repas** *(fermé lundi et après 20 h)* carte 26 à 42 – **16 ch** ⭤ 45/80 – ½ P 60/65.

◆ Aux portes d'Ouren, dans un cadre bucolique, double chalet renfermant de tranquilles chambres procurant souvent une jolie vue sur le cours de l'Our qui murmure en contrebas. Restaurant avec formules "week-end gastronomique" pour la clientèle résidente.

◆ Dubbel chalet aan de rand van Ouren, in een zeer landelijke omgeving. Rustige kamers, de meeste met uitzicht op de Our, die iets lager kabbelt. In het restaurant worden voor de hotelgasten gastronomische weekends georganiseerd.

BÜTGENBACH 4750 Liège ⬛⬛⬛ W 20, ⬛⬛⬛ W 20 et ⬛⬛⬛ L 4 – 5 534 h.

🈂 Centre Worriken 1 (au lac) ✆ 0 80 44 63 58.

Bruxelles 164 – Liège 72 – Aachen 52.

Bütgenbacher Hof 🕸, Marktplatz 8, ✆ 0 80 44 42 12, *info@hotelbutgenbacherhof.com*, Fax 0 80 44 48 77, 🍴, **⚤**, ⬛s, 🚲 – 🛗 **TV** **P** – 🔥 40. ⬛ ⬛ ⬛ **VISA**. ⬛

fermé 2 prem. sem. avril et 2 prem. sem. juil. – **Repas** *(fermé lundi et mardi)* Lunch 15 – carte 36 à 65 – **21 ch** ⭤ 60/95, – 2 suites – ½ P 75/100.

◆ Hostellerie d'esprit ardennais avec chambres modernes ou de style régional Eifel, chaleureuse salle de petits-déjeuners et bel équipement de relaxation. Terrasse sur jardin. Salle à manger bourgeoise semée de touches rustiques. L'assiette est généreuse.

◆ Typisch Ardense herberg met kamers in moderne of regionale stijl. De ontbijtzaal doet gezellig aan en het hotel beschikt over talloze faciliteiten voor ontspanning. Terras aan de tuinzijde. Klassieke eetzaal met rustieke accenten. Royale porties.

Lindenhof 🕸, Neuerweg 1 (Ouest : 3 km, lieu-dit Weywertz), ✆ 0 80 44 50 86, Fax 0 80 44 48 26, 🍴 – **TV** **P**. ⬛ rest

fermé du 1er au 15 juil. et lundi – **Repas** *(fermé lundi, mardi et merc.)* Lunch 24 – 28/57 bc – **15 ch** ⭤ 65/120 – ½ P 65/70.

◆ Hébergement propice au repos, ce petit ensemble hôtelier donnant vie au hameau de Weywertz comprend trois maisons mitoyennes en pierres du pays et deux annexes. Restaurant bien installé, dans la villa blanche jouxtant le bâtiment principal.

◆ Dit kleine hotelcomplex in het gehuchtje Weywertz is ideaal voor wie op zoek is naar rust. Het bestaat uit drie belendende stenen huizen en twee bijgebouwen. In de witte villa naast het hoofdgebouw bevindt zich het restaurant.

du Lac, Seestr. 53, ✆ 0 80 44 64 13, *hoteldulac@skynet.be*, Fax 0 80 44 44 55, 🍴, **⚤**, ⬛s – 🛗 **TV** **P**. ⬛ **VISA**. ⬛

15 mars-15 déc. et week-end ; fermé merc. – **Repas** *(résidents seult)* – **26 ch** ⭤ 45/80 – ½ P 45/49.

◆ Immeuble-chalet pourvu de chambres sans fioriture mais d'un niveau de confort très acceptable. Grande terrasse estivale. Patron un peu "tour operator" à ses heures !

◆ Groot chalet met kamers zonder tierelantijnen, die echter een zeer redelijk comfort bieden. Groot terras in de zomer. De eigenaar fungeert op zijn tijd ook als tour operator !

Le Vieux Moulin 🕸, Mühlenstr. 32 (lieu-dit Weywertz), ✆ 0 80 28 20 00, *info@levieuxmoulin.be*, Fax 0 80 28 20 01, 🌳 – **TV**. ⬛ ⬛ ⬛ **VISA**. ⬛

Repas *(dîner pour résidents seult)* – **8 ch** ⭤ 100/140, – 1 suite.

◆ À distance respectable de Bütgenbach, mais au bord du lac, ancienne ferme-moulin restaurée où vous passerez des nuits sans remous dans de jolies chambres actuelles.

◆ Oude gerestaureerde boerderij met molen aan de oever van het meer, op een behoorlijke afstand van Bütgenbach. In de mooie eigentijdse kamers zult u een rustig nachtje hebben.

Seeblick 🕸, Zum Konnenbusch 24 (Nord-Est : 3 km, lieu-dit Berg), ✆ 0 80 44 53 86, Fax 0 80 44 80 05, ⪡ lac, ⬛s, 🌳 – **P**. ⬛

Repas *(dîner pour résidents seult)* – **12 ch** ⭤ 33/60 – ½ P 41/46.

◆ Paisible petit hôtel occupant deux bâtiments distincts reliés par une verrière. Chambres pratiques dotées de terrasses privatives offrant une vue plongeante sur le plan d'eau.

◆ Rustig hotel in twee gebouwen die door een glazen dak met elkaar zijn verbonden. Praktische kamers met een eigen terras en mooi uitzicht op het water beneden.

La Belle Époque, Bahnhofstr. 85 (Ouest : 3 km, lieu-dit Weywertz), ✆ 0 80 44 55 43 – **P**. ⬛ ⬛ ⬛ **VISA**

fermé 2 sem. en mars, 2 sem. en sept. et merc. – **Repas** Lunch 15 – 28/62 bc.

◆ Ce restaurant familial où l'on se sent un peu comme chez soi a des allures de bonbonnière avec son décor d'inspiration Belle Époque. Choix de recettes classiques.

◆ Dit familierestaurant, waar men zich onmiddellijk thuis voelt, heeft wel iets weg van een bonbonnière door zijn belle-époquedecor. De keuken is op klassieke leest geschoeid.

✕ **Vier Jahreszeiten** ⬂ avec ch, Bermicht 8 (Nord : 3 km, lieu-dit Nidrum), ✆ 0 80
44 56 04, knott@skynet.be, Fax 0 80 44 49 30, 🍴, 🚗 – **P**. ✻
fermé 1ʳᵉ quinz. juil., 1ʳᵉ quinz. janv., mardi soir et merc. – **Repas** (taverne-rest) 35 🅐 –
15 ch ⬩ 45/75 – ½ P 58/75.
   ◆ Auberge de campagne récente curieusement aménagée à l'autrichienne. Cuisine très
classique, superbe cave et chambres reposantes. Au total : une halte originale et dépaysante !
   ◆ Nieuwe plattelandsherberg, die merkwaardigerwijs in Oostenrijkse stijl is ingericht. Klassieke keuken, fantastische wijnen en rustige kamers. Om er even helemaal uit te zijn !

BUVRINNES Hainaut 𝟝𝟛𝟛 K 20, 𝟝𝟛𝟜 K 20 et 𝟟𝟙𝟞 F 4 – voir à Binche.

CASTEAU Hainaut 𝟝𝟛𝟛 J 19, 𝟝𝟛𝟜 J 19 et 𝟟𝟙𝟞 F 4 – voir à Soignies.

CELLES Namur 𝟝𝟛𝟛 P 21, 𝟝𝟛𝟜 P 21 et 𝟟𝟙𝟞 I 5 – voir à Houyet.

CERFONTAINE 5630 Namur 𝟝𝟛𝟜 L 21 et 𝟟𝟙𝟞 G 5 – 4 447 h.
   Bruxelles 100 – Charleroi 38 – Dinant 45 – Maubeuge 44.

à **Soumoy** Nord-Est : 3 km 🅲 Cerfontaine – ✉ 5630 Soumoy :

🏠 **Relais du Surmoy** ⬂, r. Bironfosse 38, ✆ 0 71 64 32 13, relais.surmoy@belgacom
.net, Fax 0 71 64 47 09, 🍴, ⬩⬩, 🚗, 🚲 – 📺 **P**. – 🅰 25 à 80. ① **MO** **VISA**. ✻ rest
15 mars-15 oct. – **Repas** Lunch 10 – 30/78 bc – **24** ch ⬩ 45/60 – ½ P 39/48.
   ◆ Légèrement à l'écart du village, dans un site tranquille, ferme ancienne bâtie en pierres
du pays et devenue un agréable hôtel familial. Chambres sans reproche. Salle de restaurant
rustique. Choix de préparations classiques à prix "tout doux".
   ◆ Familiehotel in een oude boerderij die uit de plaatselijke steensoort is opgetrokken, even
buiten het dorp, in een rustige omgeving. De kamers zijn onberispelijk. Rustieke eetzaal,
waar u voor een zacht prijsje kunt genieten van klassieke gerechten.

CHARLEROI

6000 Hainaut 🄻🄷🄷 *L 20,* 🄻🄷🄷 *L 20 et* 🄷🄷🄷 *G 4 – 200 589 h.*

Bruxelles 61 ① *– Liège 92* ③ *– Lille 123* ① *– Namur 38* ③.

Plan de Charleroi	p. 3 et 4
Nomenclature des hôtels et des restaurants	p. 5 à 7

RENSEIGNEMENTS PRATIQUES

🇧 *par* ⑤ *à Marcinelle, Maison communale annexe, av. Mascaux 100* ✆ *0 71 86 61 52, office.tourisme@charleroi.be, Fax 0 71 86 61 57 – Pavillon, Square de la Gare du Sud* ✆ *0 71 31 82 18, Fax 0 71 31 82 18.*

🛫 *au Nord : 13 km à Frasnes-lez-Gosselies (Les-Bons-Villers), Chemin du Grand Pierpont 1* ✆ *0 71 88 08 30, Fax 0 71 85 15 43.*

CURIOSITÉS

Musées : *du verre*★ BYZ **M** *– par* ⑤ *à Mont-sur-Marchienne : de la Photographie*★.
Env. *par* ⑤ *: 13 km à l'Abbaye d'Aulne*★ *: chevet et transept*★★ *de l'église abbatiale – par* ⑤ *à Marcinelle : l'Espace du 8 août 1956*★★ *au Bois du Cazier*★.

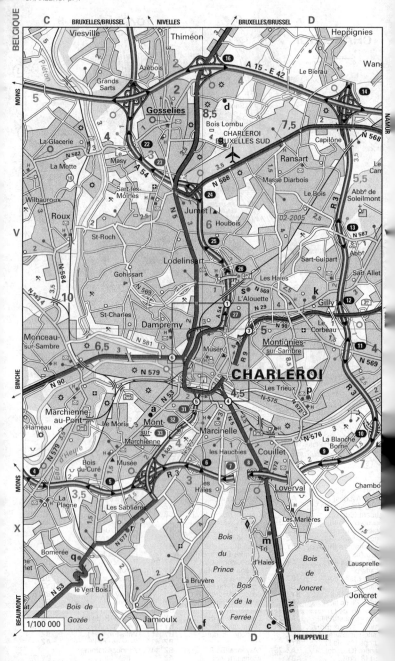

Socatel, bd Tirou 96, ℰ 0 71 31 98 11, socatel@socatel.be, Fax 0 71 30 15 96 – 🛗, ■ ch, 📺 🚗. 🆎 ⓞ ⓸ 𝘝𝘐𝘚𝘈 BZ **r**
Repas (fermé Noël) (taverne-rest) Lunch 8 – carte 22 à 37 – 🖙 9 – **67 ch** 45/115, – 1 suite – ½ P 57/87.

❖ Architecture moderne bordant l'artère principale de la capitale du Pays noir. Grandes chambres qu'une insonorisation efficace rend propices à des sommeils réparateurs. Vaste brasserie-restaurant à fort débit.

❖ Modern gebouw aan de hoofdweg van de belangrijkste stad van het Zwarte Land. Ruime kamers die goed zijn geïsoleerd, zodat u van een ongestoorde nachtrust kunt genieten. Brasserie-restaurant met grote capaciteit.

Business, bd Mayence 1a, ℰ 0 71 30 24 24, info@businesshotel.be, Fax 0 71 30 49 49, 🍴, 🛎 – 🛗 ½⇦ ■ ch, 📺 🚗 – 🕿 25 à 180. 🆎 ⓞ ⓸ 𝘝𝘐𝘚𝘈 ch BZ **f**
Repas Lunch 14 – carte 23 à 38 – 🖙 9 – **57 ch** 50/75 – ½ P 77/101.

❖ Cet immeuble récent dont les façades semblent percées de meurtrières renferme des chambres actuelles bien isolées du bruit, proximité du ring oblige ! Des buffets sont dressés à l'heure des repas ; celui du week-end se consacre surtout aux produits de la mer.

❖ Nieuw gebouw, waarvan de gevels met schietgaten lijken te zijn doorboord. Moderne kamers met een goede geluidsisolatie, wat zo vlak bij de Ring geen overbodige luxe is. 's Middags en 's avonds zijn er buffetten, die in het weekend vooral uit vis bestaan.

Ibis, quai de Flandre 12, ℰ 0 71 20 60 60, h2088@accor-hotels.com, Fax 0 71 70 21 91 – 🛗 ½⇦, ■ ch, 📺 🚗. 🆎 ⓞ ⓸ 𝘝𝘐𝘚𝘈 AZ **g**
Repas (dîner seult) 22 – 🖙 9 – **72 ch** 75.

❖ Un oiseau exotique s'est posé au bord de la Sambre, près de la gare et du pont Baudouin. Chambres modernes toutes identiques, conformes à l'esprit de la chaîne.

❖ Deze vreemde ibisvogel nestelt aan de oever van de Samber, vlak bij het station en de Boudewijnbrug. Moderne standaardkamers, geheel in de geest van deze bekende hotelketen.

𝕏𝕏𝕏 **Le D'Agnelli,** bd Audent 23a, ℰ 0 71 30 90 96, ledagnelli@skynet.be, Fax 0 71 30 08 21, 🍴, Cuisine italienne – ■ 🆎 ⓞ ⓸ 𝘝𝘐𝘚𝘈 BZ **e**
fermé du 3 au 10 fév., du 5 au 8 mai, 26 juil.-16 août, sam. midi, dim. soir et lundi – **Repas** Lunch 40 – carte 52 à 69.

❖ Attablez-vous en confiance sur la terrasse d'été abritée ou à l'intérieur de cet élégant restaurant italien. Fine cuisine transalpine, assez iodée, et vins du pays, "certo" !

❖ Deze verleidelijke Italiaan biedt u een spannend culinair avondje. Smakelijke mediterrane keuken met veel vis, waarbij de wijnen een sprankelende tafeldame zijn.

𝕏𝕏 **Le Square Sud,** bd Tirou 70, ℰ 0 71 32 16 06, Fax 0 71 30 44 55 – ■. 🆎 ⓞ ⓸ 𝘝𝘐𝘚𝘈 BZ **a**
fermé 1 sem. carnaval, 1 sem. Pâques, fin juil.-début août, sam. midi et dim. – **Repas** 30/78 bc, Ɪ ♨.

❖ Caves voûtées (17e s.) à l'ambiance rustique, appétissante carte classique et sélection vineuse riche de quelque 500 références : un tiercé gagnant depuis plus de 30 ans !

❖ Gewelfde kelderverdieping uit de 17e eeuw in rustieke stijl, met een klassieke menukaart en een wijnkelder met zo'n 500 flessen. Al ruim dertig jaar een topper !

𝕏𝕏 **La Mirabelle** 1er étage, r. Marcinelle 7, ℰ 0 71 33 39 88, Fax 0 71 33 39 88 – ■. 🆎 ⓞ ⓸ 𝘝𝘐𝘚𝘈 ABZ **s**
fermé 1 sem. carnaval, 1 sem. Pâques, du 15 au 30 août, mardi soir, merc. soir, jeudi soir et dim. – **Repas** Lunch 26 – 36/45 bc.

❖ Un escalier étroit donne accès à cette table classique-actuelle dans son décor autant que dans sa cuisine. Carte-menu souvent recomposée. Parking de la Ville Basse à deux pas.

❖ Een smalle trap leidt naar dit restaurant, dat zowel qua inrichting als eten klassiek-modern is. De menukaart wordt regelmatig vernieuwd. Parking (Ville Basse) vlakbij.

𝕏𝕏 **Au Provençal,** r. Puissant 10, ℰ 0 71 31 28 37, jcbarral@skynet.be, Fax 0 71 31 28 37 – ■. 🆎 ⓞ ⓸ 𝘝𝘐𝘚𝘈 AZ **v**
fermé 15 juil.-3 août, dim. et jours fériés – **Repas** carte 38 à 60, Ɪ.

❖ Enseigne vénérable mais un rien cachottière puisque la carte, d'orientation classique-traditionnelle, ne vous transporte pas spécialement au pays des santons et des cigales.

❖ Goed restaurant met een ietwat misleidende naam, want de klassiek-traditionele keuken brengt u nauwelijks in Provençaalse sferen.

𝕏 **A la Tête de Bœuf,** pl. de l'Abattoir 5, ℰ 0 71 48 77 64, Fax 0 71 42 27 04 – 🆎 ⓞ ⓸ 𝘝𝘐𝘚𝘈 🍴 DV **s**
fermé 2 sem. Pâques, 2 sem. en juil., sam. midi, dim., lundi soir, mardi soir et jeudi soir – **Repas** carte 28 à 49.

❖ Place de l'abattoir, le chef et les tripes sont copains comme cochons. L'aménagement des lieux donne dans le campagnard, sans vraiment faire un "effet boeuf".

❖ In dit landelijk ingerichte restaurant zijn de chef-kok en ingewanden twee handen op één buik. Hoe kan het ook anders aan het slachthuisplein !

✗ **Côté Terroir,** r. Tumelaire 6, ✆ 0 71 30 57 32, coteterroir@versateladsl.be, Fax 0 71 30 57 32 – ᴁ ᴹᴼ VISA BZ **c**
fermé du 15 au 31 août et merc. soirs, sam. midis et dim. non fériés – **Repas** Lunch 18 – 35/52 bc.
♦ C'est le nom du chef-patron, davantage que son style culinaire, qui a inspiré l'enseigne de cet appréciable petit restaurant présentant une carte dans le tempo actuel.
♦ Dit leuke restaurantje is genoemd naar de baas die tevens chef-kok is. Menukaart in een hedendaags tempo.

✗ **Piccolo Mondo,** Grand'Rue 87, ✆ 0 71 42 00 17, Fax 0 71 42 00 17, 🛋, Trattoria, Cuisine italienne – ᴹᴼ VISA BY **e**
fermé lundi soir, mardi soir, merc. soir, sam. midi et dim. – **Repas** carte 22 à 37.
♦ À 300 m du square J. Hiernaux, près d'un centre commercial, maison de caractère vous conviant à goûter une cuisine italienne traditionnelle dans une atmosphère de trattoria.
♦ Karakteristiek pand op 300 m van het plein J. Hiernaux, bij een winkelcentrum, waar u traditionele Italiaanse gerechten kunt proeven in de authentieke sfeer van een trattoria.

✗ **L'Amusoir,** av. de l'Europe 7, ✆ 0 71 31 61 64, y-leroy@hotmail.com, Fax 0 71 31 61 64 – ᴁ ⓘ ᴹᴼ VISA AY **c**
Repas Lunch 17 – 24/50 bc, 🍴.
♦ Petite adresse au charme suranné jouxtant les palais des Beaux-Arts et des Expositions. Préparations classico-traditionnelles à prix souriants. Souvenirs de ''stars'' en salle.
♦ Leuk ouderwets adresje naast het Paleis voor Schone Kunsten en het Paleis der Tentoonstellingen. Klassiek-traditionele keuken voor een schappelijke prijs.

✗ **Les 3 p'tits bouchons,** av. de l'Europe 62, ✆ 0 71 32 55 19, bouchons@skynet.be, Fax 0 71 32 94 75 – ▤. ᴹᴼ VISA AY **a**
fermé 31 janv.-6 fév., 16 juil.-7 août, sam. et dim. – **Repas** Lunch 18 – 35.
♦ Courte carte mi-classique mi-bistrotière enrichie de suggestions et sélection vineuse elle aussi assez ramassée, mais réfléchie et honnêtement tarifée. Cadre actuel sobre.
♦ Kleine kaart met klassieke gerechten en bistroschotels, aangevuld met suggesties. De wijnkaart is ook een beetje van alles wat en niet duur. Eenvoudig eigentijds interieur.

à Gerpinnes par ④ : Sud Est 13 km – 11 972 h – ✉ 6280 Gerpinnes :

✗✗ **Le Délice du Jour,** chaussée de Philippeville 195, ✆ 0 71 21 93 43, Fax 0 71 21 93 43 – Ⲣ. ᴁ ᴹᴼ VISA
fermé du 1ᵉʳ au 15 janv., mardi, merc. et après 20 h – **Repas** Lunch 20 – 30/57 bc.
♦ Villa moderne abritant une salle intime dont le niveau inférieur donne sur un jardin et sa pièce d'eau. Cuisine en phase avec l'époque ; belle mise en place sur les tables.
♦ Moderne villa met een intieme eetzaal, waarvan het onderste niveau toegang geeft tot een tuin met waterpartij. Eigentijdse keuken en fraai gedekte tafels.

à Gilly Ⓒ Charleroi – ✉ 6060 Gilly :

✗ **Il Pane Vino,** chaussée de Fleurus 125, ✆ 0 71 41 53 36, fa259225@skynet.be, Fax 0 71 41 53 36, Avec cuisine italienne – ▤. ᴁ ⓘ ᴹᴼ VISA. 🛇 DV **k**
fermé 10 juil.-10 août, merc. et dim. soir – **Repas** Lunch 23 – carte 25 à 62.
♦ Une cuisine imprégnée des saveurs de la Sardaigne natale du chef-patron se conçoit dans la stabilité à cette adresse qui plaît tout autant pour son ambiance cordiale.
♦ Hier kunt u specialiteiten van Sardinië proeven, de geboortestreek van de baas, die zelf achter het fornuis staat. Zeer gemoedelijke sfeer.

à Gosselies Ⓒ Charleroi – ✉ 6041 Gosselies :

🏨 **Le Piersoulx,** r. Grand Piersoulx 8 (Gosselies I - douane), ✆ 0 71 35 66 87, le-piersoulx@swing.be, Fax 0 71 35 70 03 – ▤ rest, 📺 Ⲣ. – ⭐ 40. ᴁ ⓘ ᴹᴼ VISA. 🛇 DV **c**
Repas Lunch 12 – 22/34 – ⊑ 10 – **14 ch** 80/100.
♦ Petit immeuble récent situé près de l'aéroport, au coeur de la zone industrielle de Gosselies. Les chambres, actuelles, offrent au businessman un confort correct. Salle de restaurant actuelle. Choix de recettes régulièrement renouvelé et vins du Bordelais.
♦ Klein en nieuw gebouw vlak bij de luchthaven, midden op het industrieterrein van Gosselies. De moderne kamers bieden zakenmensen een goed comfort. Eigentijds restaurant met regelmatig wisselende gerechten op de kaart en uitstekende bordeaux wijnen.

✗✗✗ **Le Saint-Exupéry,** chaussée de Fleurus 181 (près Aéropole), ✆ 0 71 35 59 62, Fax 0 71 37 35 96, ≤, 🛋 - Ⲣ. – ⭐ 25. ᴁ ⓘ ᴹᴼ VISA. 🛇 DV **c**
fermé du 5 au 11 fév., 28 mars-11 avril, 25 juil.-9 août et sam. midi – **Repas** (déjeuner seult sauf sam.) 48/78 bc.
♦ Par beau temps, ''posez'' vous donc sur la terrasse de ce restaurant surveillant les pistes. Carte actuelle repensée deux fois par saison, histoire de varier les plaisirs.
♦ Bij mooi weer kunt u neerstrijken op het terras van dit restaurant, met uitzicht op het vliegveld. De moderne kaart wordt twee keer per seizoen vernieuwd.

à **Loverval** Ⓒ *Gerpinnes 11 972 h.* – ⊠ *6280 Loverval :*

XX **Le Saint Germain des Prés** (Durieux), rte de Philippeville 62, ℘ 0 71 43 58 12, ⌂
ⓢ – **P.** **AE** **⊙** **⬤** **VISA**   DX m
fermé du 15 au 23 mai, du 11 au 23 sept., 23 déc.-11 janv., sam. midi, dim. soir et lundi
– **Repas** 49/85, carte 62 à 79
Spéc. Flan royal de Saint-Jacques au bouillon. Cabillaud, risotto à la truffe et bouillon de
parmesan. Blanc de turbot tartiné de caviar béluga.
♦ Les fines fourchettes fréquentent assidûment cette imposante villa perchée sur un
coteau à la périphérie de Charleroi. Salle à manger feutrée, cuisine traditionnelle
soignée.
♦ Deze imposante villa op een heuvel aan de rand van Charleroi is zeer in trek bij fijnproevers. In de cosy eetzaal worden verzorgde traditionele schotels geserveerd.

à **Montignies-sur-Sambre** Ⓒ *Charleroi* – ⊠ *6061 Montignies-sur-Sambre :*

X **Au Petit Gastronome**, pl. Albert Iᵉʳ 43, ℘ 0 71 32 10 20, Fax 0 71 32 10 20 – ▤.
⬤ **VISA**. ⌂   DX p
fermé lundi, mardi soir et merc. soir – **Repas** *Lunch* 18 – 25/39 bc.
♦ Sur la place centrale du village, sage petit restaurant agencé à la façon d'un bistrot. Tables
accoudées et alternative chaise ou banquette. Carte classique-traditionnelle.
♦ Leuke bistro aan het dorpsplein met tafeltjes dicht op elkaar en naar keuze een stoel
of een bank. Klassiek-traditionele keuken.

à **Montigny-le-Tilleul** – *10 231 h* – ⊠ *6110 Montigny-le-Tilleul :*

XX **L'éveil des Sens** (Zioui), r. Station 105 (lieu-dit Bomerée), ℘ 0 71 31 96 92, *eveildes*
ⓢ *sens@skynet.be, Fax 0 71 51 96 92* – ▤ **P.** **AE** **⬤** **VISA**   CX q
fermé du 17 au 25 avril, 24 juil.-16 août, du 23 au 31 janv., sam. midi, dim. et lundi – **Repas**
Lunch 30 – 45/115 bc, carte 68 à 80 ⌂
Spéc. Ravioli ouvert de homard et ris de veau, infusion de vanille et crustacés. Foie gras
poêlé, pomme confite au gingembre et miel. Soufflé chaud aux fruits de la passion et
banane.
♦ Il y a bien de quoi réveiller vos sens derrière cette façade discrète : décor intérieur des
plus fringants, cuisine savoureusement inventive et sélection de vins bien montée.
♦ Dit restaurant heeft een goede naam opgebouwd en terecht : vrolijk interieur, inventieve
keuken en heerlijke wijnen. Het streelt alle zintuigen !

à **Mont-sur-Marchienne** Ⓒ *Charleroi* – ⊠ *6032 Mont-sur-Marchienne :*

XXX **La Dacquoise,** r. Marcinelle 181, ℘ 0 71 43 63 90, *ladacquoise@belgacom.net, Fax 0 71*
47 45 01, ⌂ – ▤ **P.** **AE** **⊙** **⬤** **VISA**   CX r
fermé début juil.-début août, fin déc., mardi soir, merc. et dim. soir – **Repas** *Lunch* 34 –
42/55, ⌂.
♦ Poutres, solives, arcades en briques et pavés à l'ancienne donnent un cachet rustique
à cette ample salle dotée de tables rondes et de chaises cérusées. Terrasse en teck.
♦ Hanenbalken, vloerbalken, bakstenen bogen en plaveisel in oude stijl geven de grote
eetzaal met ronde tafels iets rustieks. Terras met teakhouten meubelen.

à **Nalinnes** Ⓒ *Ham-sur-Heure-Nalinnes 13 259 h.* – ⊠ *6120 Nalinnes :*

🏠 **Laudanel** ⌂ *sans rest,* r. Vallée 117 (lieu-dit Le Bultia), ℘ 0 71 21 93 40, *laudanel@*
swing.be, Fax 0 71 21 93 37, ▢, ⌂ – **TV** **P.** **AE** **⬤** **VISA**. ⌂   DX c
fermé 21 juil.-6 août et du 15 au 30 janv. – ⌂ 11 – **6 ch** 92/105.
♦ Villa de notre temps postée à l'orée de la forêt. Chambres actuelles, paisibles et spacieuses. Piscine couverte offrant une vue ressourçante sur le jardin de repos.
♦ Hedendaagse villa aan de rand van het bos. Rustige, eigentijdse en ruime kamers. Overdekt zwembad met een rustgevend uitzicht op de tuin.

XX **Guy De Wilde,** r. Marcinelle 119, ℘ 0 71 21 68 06, Fax 0 71 21 68 41 – ▤ **P.** **⊙** **⬤**
VISA. ⌂   CX f
fermé 2 sem. en avril, 2 sem. en juil., 2 sem. en oct., 2 sem. en janv., dim. soir, lundi et
jeudi – **Repas** *Lunch* 19 – 34/66 bc.
♦ Maison d'habitation récente transformée en restaurant. Ample et confortable salle à
manger décorée à la mode d'aujourd'hui et appétissante carte classique actualisée.
♦ Dit woonhuis is onlangs verbouwd tot restaurant. De eetzaal is ruim en comfortabel en
naar de laatste mode ingericht. Klassieke kaart in eigentijdse stijl.

Schrijf ons ...
Zowel uw lovende woorden als uw kritiek
worden zorgvuldig onderzocht.
Wij zullen de door u vermelde informatie
ter plaatse opnieuw bekijken.
Alvast bedankt !

CHAUDFONTAINE 4050 Liège 533 S 19, 534 S 19 et 716 J 4 – 20 835 h – Casino, Esplanade 1 *ℰ 0 4 365 07 41, Fax 0 4 365 37 62.*

🚹 *Maison Sauveur, Parc des Sources ℰ 0 4 361 56 30, info@thermesetcoteaux.be, Fax 0 4 361 56 40.*

Bruxelles 104 – Liège 10 – Verviers 22.

🏨 **Château des Thermes** ⌖, r. Hauster 9, *ℰ 0 4 367 80 67, info@chateaudesthermes.be, Fax 0 4 367 80 69,* 🅿, ⌖, ⌖, ⊱ – 📺 🖻 – 🛗 45. 🆎 ⑩ ⚫⑩ *VISA*. ⌖
Repas *Lunch 15* – carte 41 à 54 – **7 ch** ⊊ 135/178 – ½ P 126.
  ♦ Des chambres actuelles de bonne ampleur ont été aménagées dans les dépendances de ce château renfermant surtout un centre thermal spécialisé en thalassothérapie. Parc soigné.
  ♦ In de bijgebouwen van dit kasteel, een kuuroord dat in thalassotherapie is gespecialiseerd, zijn ruime en eigentijdse kamers ingericht. Goed onderhouden park.

🏨 **Il Castellino**, av. des Thermes 147, *ℰ 0 4 365 75 08, Fax 0 4 367 41 53,* ⌖ – 📺 🖻 – 🛗 25 à 400. 🆎 ⑩ ⚫⑩ *VISA* ᴊᴄʙ. ⌖ ch
fermé du 1er au 20 nov. – **Repas** *(fermé mardi)* (avec cuisine italienne) *Lunch 16* – carte 22 à 37 – **8 ch** ⊊ 55/100 – ½ P 86.
  ♦ Cette massive construction ardennaise élevée au bord de la route abrite un petit nombre de chambres bénéficiant toutes d'une bonne isolation phonique. Carte franco-italienne proposée dans une salle des repas rustique.
  ♦ Dit hotel met zijn solide, typisch Ardense architectuur ligt aan de kant van de weg. Het beschikt over een klein aantal kamers die allemaal van goede geluidsisolatie zijn voorzien. In de rustiek ingerichte eetzaal worden Frans-Italiaanse gerechten geserveerd.

CHAUMONT-GISTOUX 1325 Brabant Wallon 533 N 18, 534 N 18 et 716 H 3 – 10 674 h.
Bruxelles 37 – Namur 32 – Wavre 10.

🍴 **Le Moulin du Bloquia**, r. Manypré 96, *ℰ 0 10 68 04 31, info@moulindubloquia.be, Fax 0 10 68 04 91,* ⌖ – 🖻 🖻 🆎 ⑩ ⚫⑩ *VISA*
fermé 1 sem. Pâques, 2 prem. sem. août, fin déc., sam. midi, dim. soir et lundi – **Repas** *Lunch 20 bc* – 26.
  ♦ Table de style rustique-moderne intégrée à un ensemble où se sont succédé, depuis 1194, un moulin à grain, puis à papier, une cartonnerie et une villégiature. Belle terrasse.
  ♦ Etablissement in modern-rustieke stijl in een complex, waar zich sinds 1194 successievelijk een graanmolen, papiermolen, kartonfabriek en vakantieoord bevonden. Mooi terras.

à **Dion-Valmont** Nord-Ouest : 7 km © Chaumont-Gistoux – ✉ 1325 Dion-Valmont :

🍴🍴 **L'Or Ange Bleu**, chaussée de Huy 71, *ℰ 0 10 68 96 86, olivier@lorangebleu.com, Fax 0 10 88 09 30,* ⌖ – 🖻 🆎 ⑩ ⚫⑩ *VISA*
fermé sem. Pâques, 2e quinz. août, Noël-Nouvel An, lundi et sam. midi – **Repas** *Lunch 25* – 55/75 bc, ⌖ ⌖.
  ♦ Pimpante fermette convertie en refuge gourmand. Harmonie de bleu, d'orange et d'ivoire dans une lumineuse salle à manger-véranda au parquet blond. Accueil et service avenants.
  ♦ In dit frisse en vrolijke boerderijtje kunt u culinair genieten. Lichte eetzaal met serre in een harmonieuze kleurcombinatie van blauw, oranje en ivoor. Voorkomende bediening.

CHÊNÉE Liège 533 S 19 et 534 S 19 – *voir à Liège, périphérie.*

CHEVETOGNE 5590 Namur © Ciney 14 790 h. 533 P 21, 534 P 21 et 716 I 5.
Voir *Domaine provincial Valéry Cousin★.*
Bruxelles 90 – Namur 43 – Dinant 29 – Liège 73.

🏨 **Les Rhodos** ⌖, dans le Domaine provincial, *ℰ 0 83 68 89 00, lesrhodos@tiscali.be, Fax 0 83 68 90 75,* ⌖, ⌖ – 📺 🖻 – 🛗 30. ⚫⑩ *VISA*. ⌖ ch
fermé janv. et mardi sauf en juil.-août – **Repas** *Lunch 19* – 25/52 bc – **15 ch** ⊊ 59 – ½ P 100/106.
  ♦ Un paisible parc provincial de 500 ha borde cet ancien pavillon de chasse aux abords fleuris de rhododendrons. Confort correct dans les chambres-bungalows. Restaurant au décor intérieur soigné. Plats classiques axés "terroir", accompagnés de bons bordeaux.
  ♦ Dit oude jachtpaviljoen tussen de rododendrons grenst aan een rustig park van 500 ha. Kamers en bungalows met goede voorzieningen. Het restaurant heeft een verzorgd interieur. Klassieke schotels op basis van streekproducten, met daarbij een goede bordeaux.

CHIMAY *6460 Hainaut* ██ K 22 *et* ██ F 5 – *9 772 h.*

Env. *au Nord-Est : 3 km, Étang★ de Virelles.*

Bruxelles 110 – Charleroi 50 – Dinant 61 – Mons 56 – Hirson 25.

Ⅹ **Le Froissart,** pl. Froissart 8, ℘ 0 60 21 26 19, Fax 0 60 21 42 45, ☆ – 🅼🅲 𝐕𝐈𝐒𝐀
fermé sem. carnaval, 2 dern. sem. août, merc. et jeudis non fériés et après 20 h 30 – **Repas** 35.
  ◆ Engageante maison en pierres du pays dont l'enseigne honore la mémoire d'un grand chroniqueur français décédé à Chimay vers 1400. Choix classique-traditionnel.
  ◆ Mooi huis van natuursteen uit de streek, waarvan de naam een eerbetoon is aan een Franse kroniekschrijver die rond 1400 in Chimay is overleden. Klassiek-traditionele keuken.

Ⅹ **Xi Wou,** pl. Froissart 25, ℘ 0 60 21 17 27, Cuisine chinoise – ▤. 🅼🅲 𝐕𝐈𝐒𝐀
fermé merc. midis non fériés – **Repas** Lunch 11 – 16/43.
  ◆ Tenté par un périple culinaire dans l'Empire du Milieu sans quitter le pays des moines trappistes ? Xi Wou est alors une halte toute indiquée. Authentique et goûteux !
  ◆ Xi Wou is de ideale gelegenheid voor een culinair uitstapje naar het Chinese Rijk zonder het land van de trappisten te hoeven verlaten. Authentiek en smakelijk !

à l'étang de Virelles *Nord-Est : 3 km* © *Chimay –* ⊠ *6461 Virelles :*

ⅩⅩ **Chez Edgard et Madeleine,** r. Lac 35, ℘ 0 60 21 10 71, Fax 0 60 21 52 47, ☆ –
▤ 🅿. 🅼🅲 𝐕𝐈𝐒𝐀
fermé 2 prem. sem. juil. et lundis soirs et mardis non fériés – **Repas** carte 29 à 55.
  ◆ Ce restaurant sympathique établi au bord de l'étang perpétue une tradition culinaire ancestrale. Spécialité de truite à l'escavèche et plats à la bière. Terrasse panoramique.
  ◆ Restaurant aan een meertje, waar de culinaire traditie van generatie op generatie wordt doorgegeven. Forel en stoofgerechten met bier zijn de specialiteiten. Panoramaterras.

à Lompret *Nord-Est : 7 km sur N 99* © *Chimay –* ⊠ *6463 Lompret :*

🏠 **Franc Bois** ⌇ sans rest, r. courtil aux Martias 18, ℘ 0 60 21 44 75, francbois@swing.be, Fax 0 60 21 51 40 – 🆃🆅. 🄰🄴 ⓞ 🅼🅲 𝐕𝐈𝐒𝐀. ⌇
8 ch ⊆ 57/75.
  ◆ Près de l'église, maison de pays en pierre calcaire disposant d'un petit nombre de chambres gaies et actuelles. Équipement fonctionnel sans reproche.
  ◆ Dit karakteristieke kalkstenen huis bij de kerk beschikt over enkele frisse en vrolijke kamers. Functionele voorzieningen waar niets op aan te merken valt.

à Momignies *Ouest : 12 km – 5 161 h –* ⊠ *6590 Momignies :*

🏠 **Host. du Gahy** ⌇, r. Gahy 2, ℘ 0 60 51 10 93, Fax 0 60 51 30 05, ≤, ☆, ☞ – 🆃🆅
🅿. – 🔏 30. 🄰🄴 ⓞ 🅼🅲 𝐕𝐈𝐒𝐀
Repas *(fermé sam., dim. et après 20 h 30)* carte 34 à 57 – **6 ch** ⊆ 75/85.
  ◆ Cadre bucolique et quiétude font le charme de cette demeure ancienne abritant quelques chambres assez spacieuses et correctement équipées. Salon en fer forgé et restaurant aux tons vifs offrant une vue agreste. Panneau à suggestions en guise de carte.
  ◆ De landelijke omgeving en rust vormen de charme van deze oude hostellerie. Vrij royale kamers met goede voorzieningen. Salon met siersmeedwerk en restaurant met vrolijke kleuren en een landelijk uitzicht. De gerechten staan op een bord geschreven.

CINEY *5590 Namur* ██ P 21, ██ P 21 *et* ██ I 5 – *14 790 h.*

Bruxelles 86 – Namur 30 – Dinant 16 – Huy 31.

🏠 **Surlemont** ⌇ sans rest, r. Surlemont 9, ℘ 0 83 23 08 68, hotel.surlemont@skynet.be, Fax 0 83 23 08 69, ≤, ⌂, ☞, ⚙ – ✦ 🆃🆅 🅿. – 🔏 80 à 200. 🅼🅲 𝐕𝐈𝐒𝐀. ⌇
fermé dim. – ⊆ 8 – **15 ch** ⊆ 70/80.
  ◆ Ancienne ferme seigneuriale jouissant du calme de la campagne environnante. Mignonnes chambres actuelles et coquette salle des petits-déjeuners.
  ◆ Oude herenboerderij, rustig gelegen op het platteland. De eigentijdse kamers zijn spic en span en ook de ontbijtzaal ziet er piekfijn uit.

ⅩⅩ **L'Alexandrin,** r. Commerce 121, ℘ 0 83 21 75 95, restaurant.alexandrin@belgacom. net, Fax 0 83 21 75 95, ☆ – 🅿. 🄰🄴 🅼🅲 𝐕𝐈𝐒𝐀
fermé jeudi, sam. midi et dim. soir – **Repas** Lunch 22 – 33/70 bc.
  ◆ Ami poète, entre deux emplettes dans cette rue plutôt chouette, pourquoi ne pas envisager une césure à l'Alexandrin ? Intérieur contemporain feutré et accueillante terrasse.
  ◆ In dit restaurant in een gezellige winkelstraat kunt u na het shoppen de inwendige mens versterken. Sfeervol hedendaags interieur en een zeer uitnodigend terras.

CLERMONT *Liège* ██ U 19, ██ U 19 *et* ██ J 4 – *voir à Thimister.*

COMBLAIN-LA-TOUR 4180 Liège Hamoir 3 555 h. **533** S 20, **534** S 20 et **716** J 4.

Env. au Nord à Comblain-au-Pont, grottes★.

Bruxelles 122 – Liège 32 – Spa 29.

Host. St-Roch, r. Parc 1, ℘ 0 4 369 13 33, Fax 0 4 369 31 31, ≤, 佘, 屛, 沥 – 🔟
🅿 – 🔏 25. 🆎 ⬤◯ 𝗩𝗜𝗦𝗔
Repas (mi-mars-déc. ; fermé lundi et merc. midi sauf en juil.-août et mardi) Lunch 34 – 48/68
– **10 ch** ⌸ 130/180, – 5 suites – ½ P 130/150.
◆ Demeure centenaire élevée au bord de l'Ourthe. Jardin fleuri et élégantes chambres
garnies de meubles de style. Repas classique sous l'oeil protecteur de saint Roch dans une
salle cossue tournée vers la rivière ou, l'été, sur la belle terrasse près de l'eau.
◆ Eeuwenoud pand met bloementuin aan de oever van de Ourthe. Elegante kamers met
stijlmeubelen. In de weelderige eetzaal kunt u onder het wakend oog van de H. Rochus
van klassieke gerechten genieten, of bij goed weer aan de waterkant.

COO Liège **533** U 20, **534** U 20 et **716** K 4 – voir à Stavelot.

CORBION Luxembourg belge **534** P 24 et **716** I 6 – voir à Bouillon.

CORROY-LE-GRAND 1325 Brabant Wallon Chaumont-Gistoux 10 674 h. **533** N 19, **534** N 19
et **716** H 4.

Bruxelles 35 – Namur 35 – Charleroi 38 – Tienen 29.

Le Grand Corroy avec ch, r. Eglise 13, ℘ 0 10 68 98 98, info@legrandcorroy.be,
Fax 0 10 68 98 98, 佘 – 🔟, 🆎 ◯ ⬤◯ 𝗩𝗜𝗦𝗔 𝗝𝗖𝗕
fermé du 4 au 12 avril, du 12 au 20 sept., 19 déc.-5 janv., sam. midi, dim. soir et lundi
– **Repas** Lunch 24 – 36/87 bc – **4 ch** ⌸ 100.
◆ Poussez la grille du jardin clos et attablez-vous dans l'un des caveaux voûtés de cette
ancienne ferme brabançonne. Chambres spacieuses agencées avec goût.
◆ Wie het hek van de omheinde tuin openduwt, kan aan tafel schuiven in een van de
gewelfde kelders van deze oude Brabantse boerderij. Ruime kamers die smaakvol zijn ingericht.

COURTRAI West-Vlaanderen – voir Kortrijk.

COURT-SAINT-ETIENNE 1490 Brabant Wallon **533** M 19, **534** M 19 et **716** G 4 – 9 095 h.

Bruxelles 33 – Namur 38 – Charleroi 34.

Les Ailes, av. des Prisonniers de Guerre 3, ℘ 0 10 61 61 61, Fax 0 10 61 46 32 – 🅿. 🆎
⬤◯ 𝗩𝗜𝗦𝗔 𝗝𝗖𝗕
fermé 20 juil.-11 août, du 2 au 20 janv., et sam. midis, dim. soirs, lundis et mardis non fériés
– **Repas** Lunch 22 – 33/73 bc.
◆ Jolie salle à manger rythmée de poutres et éclairée par de grandes baies vitrées. Les
menus sont composés avec des produits du terroir : cochon de lait, volaille, truite, etc.
◆ Mooie eetzaal met balkenzoldering en grote glaspuien. De menu's zijn samengesteld uit
streekproducten, waaronder speenvarken, gevogelte en forel.

COUVIN 5660 Namur **534** L 22 et **716** G 5 – 13 388 h.

Voir Grottes de Neptune★.

🖪 r. Falaise 3 ℘ 0 60 34 01 40, valleesdeseauxvives@skynet.be, Fax 0 60 34 01 43.
Bruxelles 104 – Namur 64 – Charleroi 44 – Dinant 47 – Charleville-Mézières 46.

Nulle Part Ailleurs avec ch, r. Gare 10, ℘ 0 60 34 52 84, info@nulle-part-ailleurs.be,
Fax 0 60 34 52 84. ⬤◯ 𝗩𝗜𝗦𝗔
fermé lundi – **Repas** Lunch 27 – 29, ♀ – ⌸ 8 – **5 ch** 50/60.
◆ Une carte "tradition" ponctuée de spécialités belges vous sera présentée à cette enseigne. Sémillantes salles à manger actuelles évoquant la campagne. Chambres mignonnes
◆ Traditionele kaart met Belgische specialiteiten. De vrolijke eetzalen in hedendaagse stijl
roepen een landelijke sfeer op. Beeldige kamers.

Le Jardin de Jade, r. Gare 53, ℘ 0 60 34 66 32, Fax 0 60 34 66 32, Cuisine chinoise
ouvert jusqu'à 23 h – 🍽, 🆎 ◯ ⬤◯ 𝗩𝗜𝗦𝗔
fermé 2 sem. en juil. et mardi – **Repas** Lunch 8 – 12/34.
◆ Dans la rue principale, près de la gare, agréable restaurant asiatique au décor intérieur
"made in China". Menus bien ficelés et belle cave pour le genre de la maison.
◆ Aangenaam Aziatisch restaurant in de hoofdstraat, met een "made in China" interieur.
Mooie menu's en voor Chinese begrippen een goede wijnkelder.

à Boussu-en-Fagne *Nord-Ouest : 4,5 km* Ⓒ *Couvin* – ✉ *5660 Boussu-en-Fagne :*

Manoir de la Motte ⛉, r. Motte 21, ✆ 0 60 34 40 13, *Fax 0 60 34 67 17*, ←, ☂, ⌂ – P. AE ⓪ ⓜ VISA. ✂
fermé 2 sem. en sept., Noël, Nouvel An, dim. soir, lundi et mardi midi – **Repas** 30/45 – **7 ch** ☐ 65/75 – ½ P 63/70.
◆ Gentilhommière du 14ᵉ s. postée à l'écart du village, dans un environnement calme. Chambres personnalisées, équipées simplement mais meublées avec recherche. Agréable salle de restaurant au cadre bourgeois. Choix de mets classico-traditionnels.
◆ Kasteeltje uit de 14e eeuw, even buiten het dorp, in een rustige omgeving. Eenvoudige kamers met een persoonlijke uitstraling en smaakvolle meubilering. Klassiek-traditionele eetzaal en dito menukaart.

à Frasnes *Nord : 5,5 km par N 5* Ⓒ *Couvin* – ✉ *5660 Frasnes :*

Le Tromcourt ⛉, lieu-dit Géronsart 15, ✆ 0 60 31 18 70, *eric.patigny@pi.be, Fax 0 60 31 32 02*, ☂, ⌂ – TV P – ⛺ 30. AE ⓪ ⓜ VISA. ✂ rest
fermé 24 avril-1er mai, du 16 au 31 août, du 1er au 13 janv., mardi et merc. – **Repas** *(fermé après 20 h 30)* Lunch 25 – carte 50 à 65 – **10 ch** ☐ 66/114 – ½ P 82/94.
◆ Retirée en pleine campagne, cette paisible ferme-château du 17ᵉ s. renferme des chambres sans fioriture, égayées par la présence de quelques meubles rustiques. À table, répertoire culinaire d'inclination classique.
◆ Vredige kasteelboerderij uit de 17e eeuw, midden op het platteland. De kamers zijn zonder veel opsmuk, maar hebben een paar mooie rustieke meubelen. Aan tafel krijgen de gasten klassieke gerechten voorgeschoteld.

CRUPET *5332 Namur* Ⓒ *Assesse 6 146 h.* 533 O 20, 534 O 20 *et* 716 H 4.
Bruxelles 79 – Namur 27 – Dinant 16.

Le Moulin des Ramiers ⛉, r. Basse 31, ✆ 0 83 69 90 70, *info@moulins.ramiers.com, Fax 0 83 69 98 68*, ⌂ – TV P. AE ⓪ ⓜ VISA
fermé 28 fév.-17 mars, du 4 au 8 juil., 1 sem. en sept., 19 déc.-13 janv., lundi et mardi – **Repas** voir rest ***Les Ramiers*** ci-après – ☐ 12 – **6 ch** 135/150 – ½ P 100/110.
◆ Cet ancien moulin à eau du 18ᵉ s. aux abords verdoyants abrite d'assez amples chambres garnies d'un mobilier de style. Rafraîchissant jardin baigné par le ruisseau.
◆ Deze voormalige watermolen uit de 18e eeuw ligt midden in het groen. De vrij ruime kamers zijn met stijlmeubilair verfraaid. Door de tuin stroomt een verfrissend beekje.

Les Ramiers - H. Le Moulin des Ramiers, r. Basse 32, ✆ 0 83 69 90 70, *info@moulins.ramiers.com, Fax 0 83 69 98 68*, ←, ☂ – P. AE ⓪ ⓜ VISA
fermé 28 fév.-17 mars, du 4 au 8 juil., 1 sem. en sept., 19 déc.-13 janv., lundi midi sauf en juil.-août, lundi soir et mardi – **Repas** Lunch 28 – 36/100 bc.
◆ Salle à manger bourgeoisement décorée et plaisante terrasse estivale dressée en bordure du Crupet offrent une bucolique échappée sur les collines namuroises.
◆ Klassiek ingerichte eetzaal. In de zomer kan worden gegeten op het aangename terras aan de rand van het riviertje, waar men een fraai uitzicht heeft op de vallei.

A l'abri des Etoiles, r. Haute 14, ✆ 0 83 69 05 41, *Fax 0 83 69 92 68*, ☂ – ▤ P. AE ⓪ ⓜ VISA. ✂
fermé du 15 au 30 mai, 2 dern. sem. sept., prem. sem. janv., merc. soir et jeudi – **Repas** Lunch 25 – 35/65 bc, ♀.
◆ Sympathique petite maison de bouche ardennaise oeuvrant à côté de l'église de Crupet. Produits régionaux travaillés d'une façon très naturelle. Intéressante sélection vineuse.
◆ Leuk Ardens restaurantje naast de kerk van Crupet. De regionale producten worden zo veel mogelijk in hun waarde gelaten. Interessante wijnkaart.

CUSTINNE *Namur* 533 P 21, 534 P 21 *et* 716 I 5 – *voir à Houyet.*

DADIZELE *8890 West-Vlaanderen* Ⓒ *Moorslede 10 622 h.* 533 D 17 *et* 716 C 3.
Bruxelles 111 – Kortrijk 18 – Brugge 41.

Host. Daiseldaele, Meensesteenweg 201, ✆ 0 56 50 94 90, *info@daiseldaele.be, Fax 0 56 50 99 36*, ☂, ⌂ – TV P. AE ⓪ ⓜ VISA. ✂
Repas *(fermé 15 juil.-12 août, lundi soir, mardi et après 20 h 30)* Lunch 13 – 22/38 – **12 ch** ☐ 50/75 – ½ P 54/65.
◆ Petite hostellerie familiale bâtie en retrait de la route. Chambres au confort simple réparties entre le bâtiment principal et l'annexe flanquant le jardin. La carte du restaurant propose des recettes classico-bourgeoises. Addition sans rondeurs.
◆ Klein familiehotel dat even van de weg af ligt. Kamers met eenvoudig comfort die zijn verdeeld over het hoofdgebouw en het bijgebouw naast de tuin. In het restaurant worden simpele gerechten op klassieke basis geserveerd. De rekening blijft laag.

DALHEM 4608 Liège 👁👁👁 T 18 et 👁👁👁 K 3 – 6 305 h.

Bruxelles 108 – Maastricht 18 – Liège 17 – Namur 77 – Eijsden 9.

✗ **La Chaume,** r. Vicinal 17, ℰ 0 4 376 65 64, info@lachaume.be, Fax 0 4 376 60 66, 🕱 – 🄿 – 🄵 25 à 100. 🄰🄴 🄼🄾 𝗩𝗜𝗦𝗔
fermé lundi – **Repas** (déjeuner seult sauf vend. et sam.) Lunch 41 bc – 34/48, ♀.
 ◆ Ancienne grange à colombages (1637) surplombant une route agreste. Adorable salle à manger d'esprit rustique, cuisine classique et bon accueil familial depuis 30 ans.
 ◆ Deze voormalige vakwerkschuur uit 1637 staat boven aan een landweggetje. Mooie rustieke eetzaal, klassieke keuken en al 30 jaar een gastvrij onthaal door dezelfde familie.

DAMME 8340 West-Vlaanderen 👁👁👁 E 15 et 👁👁👁 C 2 – 10 977 h.

Voir Hôtel de Ville★ (Stadhuis) – Tour★ de l'église Notre-Dame (O.L. Vrouwekerk).
🄸🄱 🄵🄾 au Sud-Est : 7 km à Sijsele, Doornstraat 16 ℰ 0 50 35 89 25, Fax 0 50 35 89 25.
🄱 Jacob van Maerlantstraat 3 ℰ 0 50 35 33 19, toerisme@damme.be, Fax 0 50 37 00 21.
Bruxelles 103 – Brugge 7 – Knokke-Heist 12.

🏠 **De Speye,** Damse Vaart Zuid 5, ℰ 0 50 54 85 42, info@hoteldespeye.be, Fax 0 50 37 28 09, 🕱, 🚲 – 🄣🅅 🚗, 🄼🄾 𝗩𝗜𝗦𝗔. 🛇 ch
fermé lundi – **Repas** (taverne-rest) 20/30 bc – 5 ch 🛏 55/78 – ½ P 50/56.
 ◆ Ce modeste hôtel situé en face du Damse Vaart et près d'un moulin vous ouvre les portes de ses chambres pourvues d'un mobilier actuel et de sanitaires complets. Taverne-restaurant dans la note néo-campagnarde. Tea-room l'après-midi. Terrasse d'été.
 ◆ Dit bescheiden hotel bij een molen aan de Damse Vaart beschikt over kamers met modern meubilair en alle sanitaire voorzieningen. Café-restaurant in neorustieke stijl. Theesalon in de namiddag. Op zomerse dagen is het heerlijk toeven op het terras.

✗✗ **Pallieter,** Kerkstraat 12 (Markt), ℰ 0 50 35 46 75, Fax 0 50 37 28 71, 🕱 – 🖿. 🄼🄾 𝗩𝗜𝗦𝗔
fermé janv.-fév. et lundi – **Repas** Lunch 30 – carte 31 à 48.
 ◆ Auberge centenaire au coeur de la localité. Salle à manger rénovée où dominent des tons rouges et gris-bleus. Sage cuisine classique. Les beaux jours, repas en plein air.
 ◆ Oude herberg in het hart van Damme. In de pas gerenoveerde eetzaal overheersen de kleuren rood en grijs-blauw. Licht klassieke keuken. Bij mooi weer kan buiten worden gegeten.

✗✗ **De Lieve,** Jacob van Maerlantstraat 10, ℰ 0 50 35 66 30, de.lieve@pandora.be, Fax 0 50 35 21 69, 🕱 – 🄼🄾 𝗩𝗜𝗦𝗔. 🛇
fermé 2 sem. en janv., lundi soir et mardi – **Repas** 25/38 bc.
 ◆ Établissement officiant depuis 1977 au centre de cette mélancolique petite ville que borde le canal Brugge-Sluis. Décor néo-rustique et ambiance "vieille Flandre" en salle.
 ◆ In 1977 vestigde dit etablissement zich in dit historische stadje langs het kanaal Brugge-Sluis. Eetzaal met een neorustiek interieur en een typisch oud-Vlaamse sfeer.

✗✗ **De Maerlant,** Kerkstraat 21 (Markt), ℰ 0 50 35 29 52, maerlant@pandora.be, Fax 0 50 37 11 86, 🕱 – 🄿. 🄰🄴 🄾 🄼🄾 𝗩𝗜𝗦𝗔
fermé 27 juin-2 juil., 28 nov.-16 déc., mardi et merc. – **Repas** Lunch 28 – carte 30 à 53.
 ◆ Une vraie histoire de famille : la plus longue lignée de restaurateurs dammois tient toujours le haut du pavé, Kerkstraat 21. Allez-y, vous serez entre de bonnes mains !
 ◆ Een echte familiekroniek, dit restaurant dat al generaties lang bestaat en nog steeds de toon aangeeft in Damme. En dat zonder enige valse noot !

✗ **Napoleon,** Damse Vaart Zuid 4, ℰ 0 50 35 32 99, restaurant.napoleon@belgacom.net Fax 0 50 35 32 99, 🕱 – 🄼🄾 𝗩𝗜𝗦𝗔 🄹🄲🄱
fermé 2 sem. en mars, 20 sept.-16 oct., mardi soir et merc. – **Repas** Lunch 30 – 45/64 bc
 ◆ Surveillant le canal, petite affaire dédiée à l'empereur français. Préparations en phase avec l'époque, salle de restaurant décorée avec soin et terrasse d'été à l'avant.
 ◆ Dit restaurantje aan het kanaal is opgedragen aan de grote Franse keizer. De eetzaal is met zorg ingericht en de keuken is eigentijds. Zonnig terras aan de voorkant.

✗ **de Zuidkant,** Jacob van Maerlantstraat 6b, ℰ 0 50 37 16 76, 🕱 – 🄼🄾 𝗩𝗜𝗦𝗔
fermé fin juin, fin janv., merc. et jeudi – **Repas** carte env. 51.
 ◆ Adresse aussi "sympa" que "riquiqui", égayée d'un souriant décor rustico-provençal. Plats classiques et cuisine du marché se partagent la carte, courte mais engageante.
 ◆ Sfeervol restaurantje met een vrolijk interieur in rustieke Provençaalse stijl. Beperkte maar aantrekkelijke kaart met klassieke gerechten en verse producten van de markt.

✗ **Den Heerd,** Jacob van Maerlantstraat 7, ℰ 0 50 35 44 00, info@denheerd.be Fax 0 50 36 25 37, 🕱, Grillades – 🖿
fermé début avril, fin août, merc. et jeudi – **Repas** Lunch 13 – 38 bc.
 ◆ Table familiale affable où l'on prend place dans une salle à manger façon "brasserie moderne". Les beaux jours, le couvert est également dressé sur deux mini-terrasses.
 ◆ Dit vriendelijke familierestaurant heeft een eetzaal in de stijl van een moderne brasserie Op zomerse dagen worden de twee miniterrasjes opgedekt.

à Hoeke *Nord-Est : 6 km par rive du canal* C *Damme –* ⊠ *8340 Hoeke :*

🏠 **Welkom** sans rest, Damse Vaart Noord 34 (près N 49), 𝒫 0 50 60 24 92, *info@hotel welkom.be*, *Fax 0 50 62 30 31*, 🎏 – 🖵 **P**. **AE** ⓞ **OO** **VISA**. ⚘
fermé 2 dern. sem. oct. – **8** ch ⇆ 45/75.
   ◆ ''Bienvenue'' : enseigne révélatrice de l'accueil qu'on vous réserve dans cette bâtisse élevée le long du canal. Chambres simples, toutes aménagées dans le même esprit.
   ◆ In dit kleine hotel langs het kanaal bent u een welkome gast. De kamers zijn eenvoudig en allemaal in dezelfde stijl ingericht.

à Oostkerke *Nord-Est : 5 km par rive du canal* C *Damme –* ⊠ *8340 Oostkerke :*

XX **Vierschare** 🏡 avec ch, Processieweg 1, 𝒫 0 50 60 60 10, *vierschare@pandora.be*, *Fax 0 50 62 15 45*, 🎏, 🎏, 🚲 – 🖵 **P**. ⚘
fermé 15 fév.-3 mars – **Repas** *(fermé mardi et merc.)* 34 – **8** ch ⇆ 90/110.
   ◆ Auberge joliment réaménagée, blottie au coeur d'un village typique des polders. Salles à manger actuelles à touches nostalgiques ; menu ''des vrais Belges''. Chambres avenantes.
   ◆ Deze knap gerestaureerde herberg staat midden in een typisch polderdorp. Eigentijdse eetzalen met een nostalgische toets. Typisch Belgisch menu. Keurige kamers.

XX **Bruegel,** Damse Vaart Zuid 26, 𝒫 0 50 50 18 66, *Fax 0 50 67 80 69*, 🍽 – **P**. **AE** ⓞ **OO** **VISA** **JCB**
fermé mardi et merc. – **Repas** *Lunch* 50 – 55/75 bc.
   ◆ Bruegel n'aurait certainement pas dédaigné la cuisine concoctée dans cette belle villa flamande paressant au milieu des polders. On mange dehors par météo clémente.
   ◆ Bruegel zou de gerechten in deze mooie Vlaamse villa in de polder vast niet hebben versmaad. Als het weer geen roet in het eten gooit, worden de tafeltjes buiten gedekt.

X **Siphon,** Damse Vaart Oost 1 (Sud : 2 km), 𝒫 0 50 62 02 02, *info@siphon.be*, *Fax 0 50 63 09 39*, ≼, 🍽, Anguilles et grillades – **P**. ⚘
fermé du 1er au 15 fév., du 1er au 15 oct., jeudi et vend. – **Repas** carte 22 à 36 🍴.
   ◆ On vient ici en nombre se délecter d'anguilles et autres grillades, instruments du succès de cette affaire établie à la croisée de deux canaux bordés de peupliers.
   ◆ Op het kruispunt van twee met populieren omzoomde kanalen ligt dit drukbezochte restaurant, waar paling en grillspecialiteiten succes oogsten.

X **de Krinkeldijk,** Monnikenredestraat 6, 𝒫 0 50 62 51 52, *Fax 0 50 61 12 11*, 🍽 – **P**. ⓞ **OO** **VISA**
fermé 3 prem. sem. déc., merc. et jeudi – **Repas** *(déjeuner seult sauf sam.)* 32/40.
   ◆ Établissement posté aux abords du village, dans un environnement champêtre. Salle à manger moderne agrandie d'une véranda. Plaisantes terrasse et pièce d'eau.
   ◆ Restaurant aan de rand van het dorp, in een landelijke omgeving. De moderne eetzaal is uitgebreid met een serre. Prettig terras met een fraaie waterpartij.

DAVERDISSE 6929 *Luxembourg belge* 🗗🗗 *P 22 et* 🗗🗗🗗 *I 5 – 1 338 h.*
   Bruxelles 122 – Bouillon 37 – Arlon 72 – Dinant 41 – Marche-en-Famenne 35 – Neufchâteau 36.

🏠🏠 **Le Moulin** 🏡, r. Lesse 61, 𝒫 0 84 38 81 83, *info@daverdisse.com*, *Fax 0 84 38 97 20*, 🍽, 🎏, 🚲 – 🛗 🖵 **P** – 🔏 25. **AE** ⓞ **OO** **VISA**. ⚘ rest
fermé 22 août-2 sept., du 12 au 22 déc., janv. et merc. de déc. à mai – **Repas** *Lunch* 29 – carte 34 à 66 – **18** ch ⇆ 68/104 – ½ P 76/81.
   ◆ Ce vieux moulin converti en hôtel est entouré de bois propices aux balades. Fringantes chambres meublées avec goût et jardin au bord de la rivière... Relax ! Cuisine de notre temps à savourer dans une salle à manger aux couleurs du Sud.
   ◆ Hotel in een oude molen in een bosrijke omgeving. Vrolijke en smaakvol gemeubileerde kamers. De tuin aan de oever van het riviertje geeft optimale ontspanning. In de eetzaal, die met zijn zuidelijke kleuren warm aandoet, kunt u genieten van actuele gerechten.

XX **Le Trou du Loup,** Chemin du Corray 2, 𝒫 0 84 38 90 84, *info@trouduloup.be*, *Fax 0 84 36 88 65*, 🍽 – **P**. **OO** **VISA**
fermé 26 juin-8 juil., 25 sept.-7 oct., du 9 au 31 janv., mardi et merc. et après 20 h 30 – **Repas** *Lunch* 25 – 32/70 bc, 💲.
   ◆ Un condensé d'Ardenne se déploie autour de ce chalet dont le cadre intérieur cossu s'agrémente de trophées de chasse. Terrasse dressée face au jardin.
   ◆ Chalet in een typisch Ardense omgeving, met jachttrofeeën in de comfortabele eetzaal. Terras aan de tuinzijde, waar bij mooi weer kan worden gegeten.

...e – *voir au nom propre.*

DEERLIJK 8540 West-Vlaanderen 📖📖📖 F 17 et 📖📖📖 D 3 – 11 370 h.
Bruxelles 83 – Kortrijk 8 – Brugge 49 – Gent 38 – Lille 39.

XX **Severinus,** Hoogstraat 137, ℰ 0 56 70 41 11, severinus@resto.be, Fax 0 56 72 20 15,
🍴 – AE ⓪ ⓬ VISA
fermé vacances Pâques, fin juil.-mi-août, dim. soir, lundi et mardi soir – **Repas** *Lunch* 31 –
35/63 bc, ℤ.
♦ Lustres en cristal et reproductions d'oeuvres de Toulouse-Lautrec président au décor
de ce restaurant cossu doté d'une terrasse et d'un jardin d'hiver. Appétissants menus.
♦ Kristallen kroonluchters en reproducties van Toulouse-Lautrec kenmerken de weelderige
decoratie van dit restaurant. Mooi terras en wintertuin. Aanlokkelijke menu's.

XX **Marcus,** Kleine Klijtstraat 30 (Belgiek), ℰ 0 56 77 37 37, restaurant.marcus@skynet.be,
Fax 0 56 77 37 29, 🍴 – ⓬ VISA. ⚗
fermé 28 mars-5 avril, 25 juil.-11 août, 31 oct.-8 nov., lundi et mardi – **Repas** *Lunch* 30 –
45/80 bc, ℤ.
♦ Dans un quartier résidentiel proche de l'autoroute, table au goût du jour appréciée par
la clientèle d'affaires des zones industrielles alentour. Terrasse estivale invitante.
♦ Dit restaurant in een woonwijk bij de snelweg trekt veel zakenlieden die op de naburige
industrieterreinen moeten zijn. Hedendaagse keuken en uitnodigend terras in de zomer.

Wilt u een stad of streek bezichtigen ?
Raadpleeg de Groene Michelingidsen.

DEINZE 9800 Oost-Vlaanderen 📖📖📖 G 17 et 📖📖📖 D 3 – 27 806 h.
Bruxelles 67 – Brugge 41 – Gent 21 – Kortrijk 26.

XXX **D'Hulhaege - Kasteel Ten Bosse** avec ch, Karel Picquélaan 140, ℰ 0 9 386 56 16,
info@dhulhaege.be, Fax 0 9 380 05 06, 🍴, 🌙 – 🔲 📺 🅿 – 🔬 25 à 250. AE ⓪ ⓬ VISA
JCB
Repas *(fermé 2 dern. sem. juil., dim. soir et lundi)* 29 bc/70 bc 🐾 – **8 ch** ⊂ 68/88.
♦ Côté cadre : décor d'un genre assez classique. Côté bouche : préparations assorties,
produits de choix et, surtout : une "de derrière les fagots". Chambres au diapason.
♦ Vrij klassiek interieur, wat goed bij de kookstijl past. Alleen de allerbeste producten komen
op tafel, natuurlijk vergezeld van een mooie wijn. Ook de kamers zijn prima.

à Astene sur N 43 : 2,5 km 🅒 Deinze – ⊠ 9800 Astene :

XX **Au Bain Marie,** Emiel Clauslaan 141, ℰ 0 9 222 48 65, aubainmarie@skynet.be,
Fax 0 9 222 76 58, ≤, 🍴, 🔲 – AE ⓪ ⓬ VISA
fermé mardi soir et merc. – **Repas** 34/60 bc.
♦ Belle villa Art nouveau conçue en 1895 par l'architecte belge van de Velde, qui y vécut.
Vue sur les rives bucoliques de la Leie (Lys). Mets classiques actualisés.
♦ Art-Nouveau villa uit 1895 waarin de Belgische architekt van de Velde zelf woonde. Terras
met weids zicht op de landelijke oevers van de Leie. Klassiek-eigentijdse
gerechten.

X **Gasthof Halifax,** Emiel Clauslaan 143, ℰ 0 9 282 31 02, gasthof.halifax@pandora.be,
Fax 0 9 282 91 35, ≤, 🍴, Grillades, ouvert jusqu'à minuit, 🔲 – 🅿. AE ⓪ ⓬ VISA
fermé sam. midi, dim. et jours fériés – **Repas** *Lunch* 12 – 30/50 bc.
♦ Table traditionnelle aménagée avec soin dans un ancien relais de halage. Plats belges et
grillades au feu de bois faites en salle. Terrasse idyllique tournée vers la rivière.
♦ Traditioneel restaurant in een gebouw waar vroeger de jaagpaarden werden ververst.
Het vlees wordt in de eetzaal op houtskool geroosterd. Idyllisch terras aan het water.

à Grammene Ouest : 3,5 km par N 440, puis à gauche 🅒 Deinze – ⊠ 9800 Grammene :

X **Westaarde,** Westaarde 40, ℰ 0 9 386 99 59, 🍴, Ouvert jusqu'à 23 h – 🅿. AE ⓪ ⓬ VISA
fermé 2 dern. sem. juil., sam. et dim. – **Repas** *Lunch* 30 – carte 30 à 53.
♦ Au bord de la rivière, parmi les prés, jolie fermette ancienne très prisée pour son restaurant de plein air et ses grillades saisies devant vous à la braise de la cheminée.
♦ Mooi oud boerderijtje aan het water, midden in de weilanden. In de eetzaal wordt he
vlees in de open haard geroosterd. 's Zomers kan er buiten worden gegeten.

à Sint-Martens-Leerne Nord-Est : 6,5 km 🅒 Deinze – ⊠ 9800 Sint-Martens-Leerne :

XXX **D'Hoeve,** Leernsesteenweg 218, ℰ 0 9 282 48 89, Fax 0 9 282 24 31, 🍴 – 🅿 – 🔬 30
AE ⓪ ⓬ VISA
fermé lundi et mardi – **Repas** *Lunch* 30 – 44/92 bc, ℤ.
♦ Cette jolie maison côtoyant l'église vous convie à un repas classique dans u
cadre rustique cossu ou sur la terrasse dressée dans le jardin dès les premiers beau
jours.
♦ Dit mooie pand naast de kerk nodigt u uit voor een klassieke maaltijd in een weelderi
rustiek interieur. Bij de eerste zonnestralen wordt het terras in de tuin opgedekt.

DENDERMONDE (TERMONDE) *9200 Oost-Vlaanderen* 🗺️ J 16 *et* 🗺️ F 2 – *43 047 h.*

Voir *Oeuvres d'art*★ *dans l'église Notre-Dame*★★ *(O.L. Vrouwekerk).*

🛈 *Stadhuis, Grote Markt* ☎ 0 52 21 39 56, *dendermonde@toerismevlaanderen.be, Fax* 0 52 22 19 40.

Bruxelles 32 – Antwerpen 41 – Gent 34.

🏨 **City** *sans rest,* Oude Vest 121, ☎ 0 52 20 35 40, *Fax* 0 52 20 35 50 – 📺 AE ⓞ ⓜⓔ 𝘝𝘐𝘚𝘈
fermé 25 déc.-2 janv. – **12 ch** ⊆ 50/75.
♦ Le City dispose de chambres simples, mais assez confortables, équipées du double vitrage pour offrir des nuitées plus tranquilles... Et hop, sous la couette !
♦ Het City-hotel beschikt over eenvoudige, maar vrij comfortabele kamers met dubbele ramen. Goede nachtrust gegarandeerd, dus allez hop, snel onder het dons !

🍴🍴 **'t Truffeltje** (Mariën), Bogaerdstraat 20, ☎ 0 52 22 45 90, *truffeltje@compaqnet.be,*
❀ *Fax* 0 52 21 93 35, 🌤️ – AE ⓞ ⓜⓔ 𝘝𝘐𝘚𝘈. ✸
fermé 1 sem. après Pâques, 21 juil.-15 août, sam. midi, dim. soir et lundi – **Repas** *Lunch* 33 – 48/95 bc, *carte* 57 à 82 🌢
Spéc. Dim Sum aux langoustines et poireaux, vinaigrette à la truffe. Ris de veau lardé de sa langue et pomme de terre à la truffe. Foie d'oie à la truffe et hure régionale.
♦ Derrière une façade aussi discrète qu'élégante, salle à manger moderne et spacieuse offrant la vue sur les fourneaux où se conçoit une cuisine actuelle talentueuse.
♦ Achter de sierlijke gevel schuilt een modern en ruim restaurant met open keuken, waar de getalenteerde chef-kok zich uitleeft in eigentijdse gerechten.

🍴 **Arte Shock,** St-Gillislaan 24, ☎ 0 52 22 34 47, *info@arteshock.be, Fax* 0 52 25 61 08,
🌤️ – 🍽️. ⓜⓔ 𝘝𝘐𝘚𝘈. ✸
fermé du 15 au 30 août, du 19 au 29 déc., lundi, mardi et sam. midi – **Repas** *Lunch* 18 – *carte* 38 à 48.
♦ Maison de notable devenue un sympathique restaurant d'esprit "trendy", dont l'enseigne se réfère à l'artichaut. Cuisine d'aujourd'hui. Repas en plein air à la belle saison.
♦ Trendy restaurant in een herenhuis, waarvan de naam naar de artisjok verwijst. Eigentijdse keuken. Bij mooi weer kan buiten worden gegeten.

In deze gids heeft eenzelfde letter of teken, **zwart** *of* **rood,**
gedrukt niet helemaal dezelfde betekenis.
Lees aandachtig de bladzijden met verklarende tekst.

DESSEL *2480 Antwerpen* 🗺️ P 15 *et* 🗺️ I 2 – *8 650 h.*

Bruxelles 86 – Eindhoven 43 – Antwerpen 58 – Hasselt 45 – Turnhout 19.

🏨 **Alauda,** Turnhoutsebaan 28, ☎ 0 14 37 50 71, *info@alauda.be, Fax* 0 14 38 92 99, 🌤️,
🌤️, 🚲 – 📺 P. AE ⓞ ⓜⓔ 𝘝𝘐𝘚𝘈. ✸
Repas *(fermé 1 sem. Noël) Lunch* 33 – *carte* 31 à 47 – **16 ch** ⊆ 62/89 – ½ P 85.
♦ Au centre d'une petite localité campinoise, hôtel dont les chambres, actuelles et de bon confort, se répartissent entre une ancienne villa et une aile plus récente. Repas gentiment classique. L'été, il s'apprécie aussi en terrasse, dans un écrin verdoyant.
♦ Een dorpje in de Belgische Kempen. Centraal gelegen hotel waarvan de moderne en comfortabele kamers zijn verdeeld over een oude villa en een nieuwe vleugel. De maaltijd is klassiek en kan bij mooi weer ook worden gebruikt op het terras tussen het groen.

DESTELDONK *Oost-Vlaanderen* 🗺️ H 16 – *voir à Gent, périphérie.*

DEURLE *Oost-Vlaanderen* 🗺️ G 16 *et* 🗺️ D 2 – *voir à Sint-Martens-Latem.*

DEURNE *Antwerpen* 🗺️ L 15 *et* 🗺️ G 2 – *voir à Antwerpen, périphérie.*

DIEGEM *Vlaams-Brabant* 🗺️ L 17 *et* 🗺️ G 3 – *voir à Bruxelles, environs.*

DIEST *3290 Vlaams-Brabant* 🗺️ P 17 *et* 🗺️ I 3 – *22 450 h.*

Voir *Oeuvres d'art*★ *dans l'église St-Sulpice (St-Sulpitiuskerk) AZ – Béguinage*★★ *(Begijnhof) BY.*

Musée : *Communal*★ *(Stedelijk Museum) AZ* **H.**

Env. *par ④ : 8 km, Abbaye d'Averbode*★ *: église*★.

🛈 *Stadhuis, Grote Markt 1* ☎ 0 13 35 32 73, *toerisme@diest.be, Fax* 0 13 32 23 06.

Bruxelles 59 ③ – Antwerpen 60 ① – Hasselt 25 ②

BELGIQUE

DIEST

Botermarkt	**AZ** 2	Grote Markt	**AZ** 7	Pesthuizenstr.	**BY** 15
Delphine Alenuslaan	**AZ** 3	Guido Gezellestr.	**BZ** 8	Refugiestr.	**AY** 16
Ed. Robeynslaan	**BZ** 4	H. Verstappenpl.	**BZ** 9	Schotelstr.	**AZ** 19
F. Moonsstr.	**AZ** 5	Kattenstr.	**BZ** 10	St-
Graanmarkt	**BZ** 6	Ketelstr.	**AZ** 12	Jan Berchmansstr.	**AZ** 17
		Koestr.	**BZ** 13	St-Janstr.	**BZ** 18
		Koning Albertstr.	**BY**	Vestenstr.	**BY** 21
		Overstr.	**BY** 14	Wolvenstr.	**ABY** 22

De Fransche Croon, Leuvensestraat 26, ☏ 0 13 31 45 40, info@ defranschecroon.be
Fax 0 13 33 31 59 – 📶, 🍴 ch, 📺 ☎ – 🔥 40. 🆎 ⓪ 🅜🅢 VISA JCB. 🛇   AZ e
fermé fin déc. – **Repas** (fermé sam. et dim.) carte 29 à 52 – **22 ch** 🚪 65/95, – 1 suite
– ½ P 75.

• Hôtel familial établi dans les murs d'un ancien relais de diligences, près du Grote Markt.
Une extension coiffée d'un puits de lumière central héberge une partie des chambres. Table
au décor bourgeois ; carte traditionnelle enrichie de suggestions du marché.

• Familiehotel in een voormalig postkoetsstation bij de Grote Markt. In het aangebouwde
stuk met centrale lichtkoker zijn een deel van de kamers te vinden. Restaurant met bourgeoisdecor en een traditionele kaart, aangevuld met suggesties.

XXX **De Proosdij,** Cleynaertstraat 14, ✆ 0 13 31 20 10, info@proosdij.be, Fax 0 13 31 23 82, 🍴 – **P.** 🖭 ⑩ 🕼 VISA

AZ **c**

fermé 2 sem. en juil., sam. midi, dim. soir, lundi et jeudi soir – **Repas** Lunch 33 – 45/100 bc.
* Une allée étroite bordée d'un verdoyant jardin clos de murs mène à cette demeure du 17e s. abritant une salle à manger au cadre classique soigné. Agréable restaurant d'été.
* Een smal pad langs een weelderige ommuurde tuin voert naar dit 17e-eeuwse herenhuis. Verzorgde eetzaal in klassieke stijl. 's Zomers kan er heerlijk buiten worden gegeten.

DIKSMUIDE (DIXMUDE) 8600 West-Vlaanderen 🄓🄓🄓 C 16 et 🄅🄀🄆 B 2 – 15 562 h.

Voir Tour de l'Yser (IJzertoren) ☀★.

🄱 Grote Markt 28 ✆ 0 51 51 91 46, toerisme@stad.diksmuide.be, Fax 0 51 51 91 48.
Bruxelles 118 – Brugge 44 – Gent 72 – Ieper 23 – Oostende 27 – Veurne 19.

🏨 **Pax** sans rest, Heilig Hartplein 2, ✆ 0 51 50 00 34, pax.hotel@skynet.be, Fax 0 51 50 00 35 – 📳 ✚✚ 🖭 🕭 – 🔬 30. 🖭 ⑩ 🕼 VISA. ❀
fermé 26 déc.-16 janv. – **37 ch** 🖵 70/95.
* Le dernier né des hôtels de Diksmuide : édifice encore flambant neuf, abritant des chambres de taille correcte sobrement décorées dans un style actuel.
* Pax is de meest recente aanwinst van Diksmuide : een spiksplinternieuw gebouw met vrij ruime kamers, sober gedecoreerd in eigentijdse stijl.

🏨 **De Vrede,** Grote Markt 35, ✆ 0 51 50 00 38, de.vrede@skynet.be, Fax 0 51 51 06 21, 🍴 – 📳 🖭 – 🔬 25 à 70. 🖭 ⑩ 🕼 VISA. ❀
fermé fin déc.-2 prem. sem. janv. – **Repas** (fermé merc.) Lunch 8 – carte 23 à 46 – **17 ch** 🖵 45/80 – ½ P 58.
* Une aile récente, déployée sur l'arrière du bâtiment, concentre la majorité des chambres - souvent vastes - de cette affaire tournée vers le Grote Markt. Parking aisé. Des poutres apparentes et une cheminée participent au décor de la salle des repas.
* Hotel aan de Grote Markt met een nieuwe vleugel aan de achterkant, waar het merendeel van de veelal ruime kamers te vinden is. Voldoende parkeergelegenheid. De eetzaal heeft houten balken aan het plafond en een grote schouw.

🏨 **Polderbloem,** Grote Markt 8, ✆ 0 51 50 29 05, polderbloem@pi.be, Fax 0 51 50 29 06, 🍴 – 🖭 🖭 🕼 VISA
fermé 2 dern. sem. fév. – **Repas** (fermé mardi) (anguilles) Lunch 8 – carte env. 31 – **9 ch** 🖵 30/52 – ½ P 38/45.
* Position stratégique à l'angle de la place du marché pour cette demeure répondant au doux nom de "Fleur de polder". Le touriste y trouvera des chambres convenables. Taverne-restaurant misant sur une carte assez copieuse et quelques suggestions.
* Dit hotel in een herenhuis met poëtische naam heeft een strategische ligging op de hoek van het marktplein en is echt iets voor toeristen. Taverne-restaurant met vrij copieuze gerechten à la carte en enkele dagschotels.

à Leke Nord : 8 km 🄒 Diksmuide – ✉ 8600 Leke :

X **De Lekebek,** Schorestraat 39, ✆ 0 51 50 24 27, Fax 0 51 51 06 29, ≼ – **P.** 🕼 VISA. ❀
fermé 15 fév.-1er mars, 30 juin-juil., lundi, mardi, merc., jeudi midi et vend. midi – **Repas** (menu unique) 60 bc.
* Belle fermette dont la lumineuse salle à manger procure, à chacune des tables, une échappée sur les polders. Cuisine actuelle sous forme d'un menu unique. Grande terrasse.
* Mooi boerderijtje waar elk tafeltje in de lichte eetzaal uitkijkt op de polder. Er is maar één menu verkrijgbaar, dat uit eigentijdse gerechten is samengesteld. Groot terras.

à Stuivekenskerke Nord-Ouest : 7 km 🄒 Diksmuide – ✉ 8600 Stuivekenskerke :

🏨 **Kasteelhoeve Viconia** ⊱, Kasteelhoevestraat 2, ✆ 0 51 55 52 30, info@viconia.be, Fax 0 51 55 55 06, ☞, 🚲 – 🖭 **P.** – 🔬 25. 🕼 VISA. ❀
fermé du 1er au 14 sept., janv. et dim. sauf juil.-août – **Repas** (dîner pour résidents seult) – **23 ch** 🖵 48/84 – ½ P 45/54.
* Une route étroite et sinueuse conduit à cette ancienne ferme-château d'un ordre religieux isolée dans les polders. Chambres garnies de meubles de style. Alentours verdoyants.
* Een smalle kronkelweg leidt naar deze afgelegen kasteelboerderij in de polder, die vroeger aan een kloosterorde toebehoorde. Landelijke omgeving.

DILBEEK Vlaams-Brabant 🄓🄓🄓 K 17 et 🄅🄀🄆 F 3 – voir à Bruxelles, environs.

DILSEN 3650 Limburg ⓒ Dilsen-Stokkem 18 721 h. ⓻⓼⓷ T 16 et ⓻⓵⓺ K 2.

Bruxelles 110 – Maastricht 33 – Hasselt 44 – Roermond 31.

XX **Host. Vivendum** avec ch, Vissersstraat 2, ℘ 0 89 57 28 60, alex.clevers@proximedia.be, Fax 0 89 57 28 60, 🎏 – 🄿 🄰🄴 🄾 🄼🄾 𝗩𝗜𝗦𝗔 𝗝𝗖𝗕, 🛠

Repas *(fermé prem. sem. oct., merc. et sam. midi)* Lunch 30 – 50/90 bc, 🛒 – **4 ch** ⍐ 85/100 – ½ P 98/108.

◆ Belle reconversion pour cette ancienne demeure paroissiale (1736) côtoyant un parc public et abritant désormais un restaurant au goût du jour ainsi que quelques chambres.
◆ In deze fraai gerestaureerde pastorie uit 1736, die aan een park grenst, is nu een eigentijds restaurant gehuisvest, waar de gasten ook kunnen blijven slapen.

à Lanklaar *Sud : 2 km* ⓒ Dilsen-Stokkem – ✉ 3650 Lanklaar :

XX **Host. La Feuille d'Or** 🐾 avec ch, Hoeveweg 145 (Est : 5,5 km par N 75), ℘ 0 89 65 97 12, lafeuilledor@skynet.be, Fax 0 89 65 97 22, 🎏, 🚗 – 📺 🄿 🄰🄴 🄾🄾 𝗩𝗜𝗦𝗔

Repas *(fermé dern. sem. juil.-prem. sem. août, 2 prem. sem. janv., lundi, mardi et sam. midi)* Lunch 35 bc – 40/90 bc – **6 ch** ⍐ 70/90 – ½ P 85/93.

◆ Ancienne ferme-château esseulée dans les bois. Restaurant de plein air au jardin, environné d'une pièce d'eau et de sculptures. Chambres rénovées en 2004. Calme et air pur.
◆ Oude kasteelhoeve in de bossen, voor rust en schone lucht. Tuin met beelden en waterpartij, waar 's zomers kan worden gegeten. De kamers zijn in 2004 gerenoveerd.

DINANT 5500 Namur ⓹⓷⓷ O 21, ⓹⓷⓸ O 21 et ⓻⓵⓺ H 5 – 12 767 h – Casino, bd des Souverains 6 ℘ 0 82 69 84 84, Fax 0 82 69 99 95.

Voir Site★★ – Citadelle★ ≤★★ M – Grotte la Merveilleuse★ B – par ② : Rocher Bayard★ – par ⑤ : 2 km à Bouvignes : Château de Crèvecœur ≤★★ – par ② : 3 km à Anseremme : site★.

Env. Cadre★★ du domaine de Freyr (château★, parc★) – par ② : 6 km, Rochers de Freyr★ – par ① : 8,5 km à Foy-Notre-Dame : plafond★ de l'église – par ② : 10 km à Furfooz : ≤★ sur Anseremme, Parc naturel de Furfooz★ – par ② : 12 km à Vêves : château★ – par ② : 10 km à Celles : dalle funéraire★ dans l'église romane St-Hadelin.

Exc. Descente de la Lesse★ en kayak ou en barque : ≤★ et ※★.
⓰ par ② : 18,5 km à Houyet, Tour Léopold-Ardenne 6 ℘ 0 82 66 62 28, Fax 0 82 66 74 53.

🄱 av. Cadoux 8, ℘ 0 82 22 28 70, info@dinant-tourisme.be, Fax 0 82 22 77 88.

Bruxelles 93 ⑤ – Namur 29 ⑤ – Liège 75 ① – Charleville-Mézières 78 ③

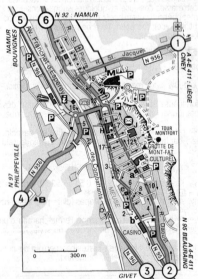

DINANT

🏠 **Ibis** sans rest, Rempart d'Albeau 16, ℰ 0 82 21 15 00, *ibisdinant@skynet.be*,
Fax 0 82 21 15 79, ≤, 🔟 – 📱 ⅓✦ 🔳 📺 – 🔬 30. 🖭 ⦿ 🐠 𝖵𝖨𝖲𝖠   **b**
🖙 9 – **59 ch** 60/75.
* Retrouvez, en bord de Meuse, aux pieds d'un coteau boisé, l'éventail des prestations hôtelières Ibis. La moitié des chambres domine le fleuve, au même titre que la
terrasse.
* Typisch Ibishotel aan de oever van de Maas, aan de voet van een beboste heuvel. De helft
van de kamers kijkt uit op de rivier, net als het terras overigens.

XX **Le Jardin de Fiorine**, r. Cousot 3, ℰ 0 82 22 74 74, *info@jardindefiorine.be*, Fax 0 82
🔊 22 74 74, 😤 – 🖭 ⦿ 🐠 𝖵𝖨𝖲𝖠   **e**
fermé 2 prem. sem. juil., 2 sem. Toussaint, merc. et dim. soir – **Repas** Lunch 25 – 33/62 bc,
𝕐.
* Enseigne horticole pour cette maison de bouche proposant un choix de mets classiques
actualisés avec sobriété. Terrasse dressée dès l'arrivée des beaux jours.
* Dit restaurant biedt een keur van klassieke gerechten, die voorzichtig aan
de huidige trend worden aangepast. Zodra het mooi weer is, worden de tafeltjes op het
terras gedekt.

XX **Le Grill**, r. Rivages 88 (par ② : près du Rocher Bayard), ℰ 0 82 22 69 35, Fax 0 82
22 54 36, Grillades – 🐠 𝖵𝖨𝖲𝖠
fermé mi-janv.-début fév., mi-juil.-mi-août, lundi et mardi – **Repas** 25/45 bc.
* À l'ombre du Rocher Bayard, agréable rôtisserie comprenant plusieurs petites salles où
les vrais carnivores aiment à se repaître de plantureuses grillades au feu de bois.
* Aangename rotisserie met verscheidene zaaltjes, waar de echte carnivoor nog een hele
kluif heeft aan de grote stukken vlees die op houtskool worden geroosterd.

X **La Broche**, r. Grande 22, ℰ 0 82 22 82 81, Fax 0 82 22 82 81 – 🔳. 🐠 𝖵𝖨𝖲𝖠   **a**
🔊 *fermé du 1er au 17 juil., du 3 au 7 janv., mardi et merc. midi* – **Repas** 22/35.
* Estimable restaurant implanté dans la grande rue commerçante dinantaise, face au centre culturel. Décoration intérieure actuelle et carte traditionnelle à prix muselés.
* Uitstekend restaurant in de voornaamste winkelstraat van Dinant, tegenover het
cultureel centrum. Modern interieur en traditionele kaart met scherp geprijsde
gerechten.

à Anseremme par ② : 3 km 🅒 Dinant – ✉ 5500 Anseremme :

🏨 **Mercure** ⑤, rte de Walzin 36, ℰ 0 82 22 28 44, *H0512@accor-hotels.com*,
Fax 0 82 22 63 03, 😤, ⇘, 🔲, 🐎, 🍽, 🚲 – 📱 ⅓✦ 📺 &ch, 📳 – 🔬 25 à 170. 🛇
79 ch, – 1 suite.
* Cet établissement de la vallée de la Lesse niché au milieu d'un parc arboré, à
proximité de l'aurotoute E 411, renferme des chambres conformes aux standards
"mercuriens".
* Dit hotel ligt midden in een boomrijk park in het dal van de Lesse, niet ver van de E411.
De kamers zijn geheel conform de normen van de hotelketen.

XX **Host. Le Freyr** ⑤ avec ch, chaussée des Alpinistes 22 (au Sud : 2 km sur N 95, direction
Beauraing), ℰ 0 82 22 25 75, *lefreyr@belgacom.net*, Fax 0 82 22 70 42, 😤, 🐎, 🍽 –
📺 📳 – 🔬 30. 🐠 𝖵𝖨𝖲𝖠
avril-déc. et week-end ; fermé mardi et merc. – **Repas** (*fermé après 20 h 30*) 32/75 bc
– **6 ch** 🖙 60/77 – ½ P 75/85.
* Cette hostellerie perchée au sommet des célèbres rochers vous accueille dans une salle
intime garnie de meubles de style. Préparations de saison. Petit motel en annexe.
* Deze hostellerie op de top van de beroemde rotsen ontvangt zijn gasten in een intieme
zaal met stijlmeubilair. Seizoengebonden keuken. Klein motel ernaast.

X **Le Mosan**, r. Joseph Dufrenne 2, ℰ 0 82 22 24 50, Fax 0 82 22 24 50, ≤, 😤, 🔟 – 📳.
🐠 𝖵𝖨𝖲𝖠. 🛇
fermé 15 déc.-20 janv., mardi et merc. – **Repas** Lunch 20 – carte 28 à 43.
* Dans un cul-de-sac, restaurant du rivage mosan où officie un chef intraitable sur la qualité
des produits. Salle à manger-véranda et terrasse au bord du chemin de halage.
* In dit restaurant in een doodlopende steeg aan de Maas neemt de chef-kok alleen met het
allerbeste genoegen. Eetzaal met serre en terras langs het oude jaagpad.

à Falmignoul par ② : 9 km 🅒 Dinant – ✉ 5500 Falmignoul :

XX **Les Crétias** ⑤ avec ch, r. Crétias 99, ℰ 0 82 74 42 11, Fax 0 82 74 40 56, 😤, 🐎
🔊 – 📺 📳 🖭 🐠 𝖵𝖨𝖲𝖠. 🛇 ch
*fermé 3 dern. sem. janv.-prem. sem. fév., fin juin-début juil., fin sept.-début oct., lundi et
mardi* – **Repas** 35/84 bc – **11 ch** 🖙 50/70 – ½ P 60/75.
* Vieille ferme en pierres située à l'écart du village. Repas classiques soignés dans
une cordiale ambiance familiale. Restaurant d'été donnant sur un jardin paysager
bichonné.
* Oude boerderij van natuursteen, even buiten het dorp. Goed verzorgde klassieke
keuken in een gezellige ambiance. Het zomerse terras kijkt uit op een met zorg onderhouden tuin.

à Lisogne par ⑥ : 7 km © Dinant – ⊠ 5501 Lisogne :

XXX **Moulin de Lisogne** ⚬ avec ch, r. Lisonnette 60, ℘ 0 82 22 63 80, info@moulinde lisogne.be, Fax 0 82 22 21 47, 斎, 彞 – ℗ 彞 – **10 ch**
fermé mi-déc.-mi-fév., dim. soir, lundi et mardi – **Repas** *Lunch* 25 – 40/85 bc – **10 ch**
⊡ 70/100 – ½ P 105.
♦ Ensemble de caractère en pierres du pays, niché dans un vallon boisé de la Leffe et entouré d'un vaste parc. Chaleureuse salle à manger bourgeoise. Chambres "king size".
♦ Karakteristiek pand van steen uit de streek, midden in een groot park in het beboste dal van de Leffe. Sfeervolle eetzaal, vrij klassiek. De kamers zijn kingsize.

à Sorinnes par ① : 10 km © Dinant – ⊠ 5503 Sorinnes :

XXX **Host. Gilain** ⚬ avec ch, r. Aiguigeois 1 (près E 411 - A 4, sortie ⑳, lieu-dit Liroux),
⚬ ℘ 0 83 21 57 42, hostelleriegilain@skynet.net, Fax 0 83 21 12 38, ≤, 斎 – 🔲 ℗ 彞 ⓪
🔳 𝘝𝘐𝘚𝘈
fermé 28 mars-13 avril, 15 août-6 sept., 2 et 3 nov., 4 et 5 janv., lundi et mardi – **Repas**
Lunch 28 – 42/90 bc, carte 49 à 67, ♀ – **6 ch** ⊡ 88/102 – ½ P 81/109
Spéc. Homard grillé sur une crème de parmesan. Aiguillettes de canette aux cerises et à la kriek (juin-août). Variation de chocolats belges.
♦ Cadre agreste, salle à manger décorée avec goût, verrière, terrasse, sans oublier les spacieuses chambres : une hôtellerie bien charmante ! Fine cuisine classique revisitée.
♦ Met zijn landelijke omgeving, smaakvol ingerichte eetzaal, glaskoepel, terras en ruime kamers is dit een zeer charmant hotel. Fijne klassieke keuken in een eigentijds jasje.

DION-VALMONT *Brabant Wallon* ⑤③③ M 18, ⑤③④ M 18 *et* ⑦①⑥ G 3 – *voir à Chaumont-Gistoux.*

DIXMUDE *West-Vlaanderen* – *voir Diksmuide.*

DONKMEER *Oost-Vlaanderen* ⑤③③ I 16 *et* ⑦①⑥ E 2 – *voir à Berlare.*

DOORNIK *Hainaut* – *voir Tournai.*

DORINNE *Namur* ⑤③③ O 21, ⑤③④ O 21 *et* ⑦①⑥ H 5 – *voir à Spontin.*

DRANOUTER 8957 *West-Vlaanderen* © *Heuvelland* 8 323 h. ⑤③③ B 18.
Bruxelles 136 – Brugge 85 – Ieper 15 – Kortrijk 46 – Arras 72 – Lille 35.

X **In de Wulf** ⚬ avec ch, Wulvestraat 1 (Sud : 2 km), ℘ 0 57 44 55 67, info@indewulf.be,
Fax 0 57 44 81 10, 斎, 彞 – ⇔ ℗ – 彞 40. 彞 ⓪ 🔳 𝘝𝘐𝘚𝘈. ⚬
Repas *(fermé 22 juin-5 juil., 19 déc.-3 janv., lundi et mardi)* *Lunch* 27 – 38/80 bc – **10 ch**
⊡ 54/92 – ½ P 65/75.
♦ Table au cadre rustique sobre aménagée dans une fermette des Monts de Flandre. Carte actuelle innovante, chambres charmantes (sans TV) et ambiance "Petit Chaperon rouge".
♦ Leuke zaak met sober rustiek interieur van een Vlaams Heuvelland-boerderijtje. Eigentijdse en vernieuwende kaart, knusse kamers (zonder TV) en een echt "Roodkapjes" sfeer.

DROGENBOS *Vlaams-Brabant* ⑤③③ K 18 – *voir à Bruxelles, environs.*

DUDZELE *West-Vlaanderen* ⑤③③ E 15 *et* ⑦①⑥ C 2 – *voir à Brugge, périphérie.*

DUINBERGEN *West-Vlaanderen* ⑤③③ E 14 *et* ⑦①⑥ C 1 – *voir à Knokke-Heist.*

DURBUY 6940 *Luxembourg belge* ⑤③③ R 20, ⑤③④ R 20 *et* ⑦①⑥ J 4 – 10 130 h.
Voir *Site*★.
🔞 🔞 à l'Est : 5 km à Barvaux, rte d'Oppagne 34 ℘ 0 86 21 44 54, Fax 0 86 21 44 49.
🔳 pl. aux Foires 25 ℘ 0 86 21 24 28, durbuyinfo@belgacom.net, Fax 0 86 21 36 81.
Bruxelles 119 – Arlon 99 – Huy 34 – Liège 51 – Marche-en-Famenne 19.

🏨 **Au Vieux Durbuy,** r. Jean de Bohême 6, ℘ 0 86 21 32 62, reservation@sanglier-de s-ardennes.be, Fax 0 86 21 24 65 – ⓣ 🔲 ⓖ – 彞 25. 彞 ⓪ 🔳 𝘝𝘐𝘚𝘈
fermé prem. sem. janv. – **Repas** voir rest **Le Sanglier des Ardennes** ci-après – ⊡ 12
– **12 ch** 105/140 – ½ P 95.
♦ Hôtel de caractère implanté au milieu du vieux Durbuy, dans une jolie maison bourgeoise du 18e s. Chambres pimpantes et douillettes, toutes dotées du confort moderne.
♦ Karakteristiek hotel in een mooi herenhuis uit de 18e eeuw, in het oude centrum van Durbuy. Knusse kamers met modern comfort.

BELGIQUE

Jean de Bohême, pl. aux Foires 2, ℰ 0 86 21 28 82, *reservation@ jean-de-boheme.be*, Fax 0 86 21 11 68, 🌫 – 🛗 📺 📱 – 🔏 25 à 330. 🖭 ⑩ ⓪ 💳
Repas *Lunch 34* – 45/63 bc – ☲ 12 – **26 ch** 87/112 – ½ P 85/97.
◆ Établissement dont l'enseigne se réfère au personnage grâce auquel Durbuy reçut le statut de ville, en 1331. Spacieuses chambres bien agencées. Grande capacité conférencière. Bar chaleureux et salle de restaurant devancés d'une ample terrasse.
◆ Jan van Bohemen is de man aan wie Durbuy in 1331 zijn status van stad te danken had. Ruime kamers die goed zijn ingedeeld. Grote capaciteit voor congressen. Gezellige bar en restaurant met groot terras.

La Prévôté, r. Récollectines 4, ℰ 0 86 21 28 68, *info@ prevote.be*, Fax 0 86 21 27 84, 🌫 – 📺 🚗 – 🔏 25. 🖭 ⓪ 💳. 🛇 ch
fermé 15 fév.-8 mars et merc. – **Repas** (grillades) carte 26 à 39 – **9 ch** ☲ 74/101 – ½ P 76/83.
◆ Une ambiance nostalgique façon "retour d'Afrique" flotte dans cet hôtel intimiste mettant à profit une maison typique du coeur de Durbuy. Chambres bien agencées. Grill-restaurant au "look" tribal : toile de Khorogo, masques d'ancêtres, bronzes du Bénin, etc.
◆ Dit vrij intieme hotel in een karakteristiek pand, hartje Durbuy, is vervuld van heimwee naar Afrika. De kamers zijn goed ingericht. Grillrestaurant met een etnische look : doek van Khorogo, Afrikaanse maskers, bronzen beelden uit Benin, enz.

Le Vieux Pont, pl. aux Foires 26, ℰ 0 86 21 28 08, *contact@ levieuxpont.be*, Fax 0 86 21 82 73, 🌫 – 📺 🚗. ⓪ 💳. 🛇 ch
fermé 3 dern. sem. janv. – **Repas** *(fermé merc. sauf vacances scolaires)* (taverne-rest) *Lunch 24* – carte 29 à 46 – **13 ch** ☲ 57/74 – ½ P 50/55.
◆ Cet hôtel bordant la Place aux Foires dispose de chambres fonctionnelles dotées d'un mobilier en pin. Pour dormir comme une bûche, préférez celles sur l'arrière. Taverne-restaurant néo-rustique complétée d'une terrasse.
◆ Dit hotel aan de Place aux Foires biedt functionele kamers met grenen meubelen. Wie heerlijk wil slapen, kan het beste een van de kamers aan de achterkant nemen. Het hotel beschikt verder over een neorustiek café-restaurant met terras.

Le Sanglier des Ardennes avec ch, (annexe 🏨 Château Cardinal 🛇 – 🚗), r. Comte Th. d'Ursel 14, ℰ 0 86 21 32 62, *reservation@ sanglier-des-ardennes.be*, Fax 0 86 21 24 65, ≤, 🌫 – 🛗 📺 📱 – 🔏 25 à 140. 🖭 ⑩ ⓪ 💳
Repas *(fermé janv. et jeudis non fériés)* *Lunch 35* – 50/65 🍷 – ☲ 12 – **16 ch** *(fermé prem. sem. janv.)* 105/140, – 2 suites – ½ P 95.
◆ Terrasse "1900", salon feutré et salle cossue ouvrant sur l'Ourthe. Fine cuisine classique, excellente cave et "armagnacothèque". Belles suites à l'annexe, entourée d'un parc.
◆ Fraai terras, stijlvolle salon en weelderige eetzaal met zicht op de Ourthe. Fijne klassieke keuken en goede wijnkelder met veel armagnacs. Mooie suites in het bijgebouw.

Clos des Récollets avec ch, r. Prévôté 9, ℰ 0 86 21 29 69, Fax 0 86 21 36 85, 🌫 – 📺 📱 ⓪ 💳
fermé du 5 au 22 sept. – **Repas** *(fermé mardi et merc.)* *Lunch 22* – 49/83 bc, ♀ – **8 ch** ☲ 70/85 – ½ P 77.
◆ Une rue aux pavés joufflus mène à ce restaurant installé dans une maison ancienne. Plaisant décor de vieilles poutres et pierres apparentes. Chambres très convenables.
◆ Een met kinderkopjes geplaveide straat leidt naar dit restaurant in een oud pand. Plezierig interieur met oude balken en stenen. De kamers voldoen uitstekend.

Le Moulin, pl. aux Foires 17, ℰ 0 86 21 29 70, Fax 0 86 21 00 84, 🌫 – 🖭 ⑩ ⓪ 💳
fermé du 1er au 10 mars et mardi – **Repas** *Lunch 20* – 35/55 bc.
◆ Au centre de "la plus petite ville du monde", accueillante adresse où l'on vient faire de goûteux repas bien dans le coup. Pour plus d'agrément, réservez une table à l'étage.
◆ Goed adresje in het centrum van de "kleinste stad ter wereld". Reserveer bij voorkeur een tafel op de bovenverdieping. Smakelijke eigentijdse gerechten.

Le Saint Amour, pl. aux Foires 18, ℰ 0 86 21 25 92, *info@ saintamour.be*, Fax 0 86 21 46 80, 🌫 – ⓪ 💳
fermé 16 janv.-3 fév. et merc. – **Repas** *Lunch 20* – 23/42.
◆ Cette enseigne romantique du coeur de Durbuy vous reçoit gentiment dans sa coquette salle à manger ou son agréable véranda. Registre culinaire classique.
◆ Dit restaurant staat in het hart van Durbuy. De gasten zitten aan tafel in de mooie eetzaal of de serre. Het culinaire register is klassiek.

le fou du Roy, r. Comte Th. d'Ursel 4, ℰ 0 86 21 08 68, Fax 0 86 21 08 55, 🌫 – ⓪ 💳
fermé lundis et mardis non fériés – **Repas** *Lunch 21* – 28, ♀.
◆ Maisonnette proche du pont, au pied du château dont elle était la conciergerie. Bonne cuisine d'aujourd'hui, collection d'objets d'hier et salles et terrasse très charmante.
◆ Dit restaurant bij de brug was vroeger de portierswoning van het kasteel. Goede eigentijdse keuken, eetzalen met verzameling oude voorwerpen en s' zomers een heerlijk terras.

à Grandhan *Sud-Ouest : 6 km* © *Durbuy –* ⊠ *6940 Grandhan :*

🏨 **La Passerelle,** r. Chêne à Han 1, ℰ 0 86 32 21 21, *info@la-passerelle.be,* Fax 0 86 32 36 20, 🌧, 😤 – 🆃🆅 🅿. – 🚿 30. 🆅🆂🅰. 🍴 ch
fermé janv. – **Repas** *(fermé lundi sauf vacances scolaires)* carte 22 à 30 – **23** ch ⇆ 55/70 – ½ P 55/75.
◆ Bâtisse en pierre postée au bord de l'Ourthe. Des escaliers étroits desservent les spacieuses chambres plaisamment aménagées. Quelques-unes se trouvent dans l'annexe, en face. Salle de restaurant agrandie d'une véranda.
◆ In dit stenen gebouw aan de oever van de Ourthe leiden smalle trappen naar de ruime, prettig ingerichte kamers. In het bijgebouw ertegenover bevinden zich ook nog enkele kamers. Het restaurant is uitgebreid met een serre.

DWORP (TOURNEPPE) *Vlaams-Brabant* 🔢 K 18, 🔢 K 18 *et* 🔢 F 3 – *voir à Bruxelles, environs.*

ÉCAUSSINNES-LALAING *7191 Hainaut* © *Écaussinnes 9 804 h.* 🔢 K 19, 🔢 K 19 *et* 🔢 F 4.
Bruxelles 48 – *Mons 31* – Namur 59 – Lille 98.

✗✗ **Le Pilori,** r. Pilori 10, ℰ 0 67 44 23 18, Fax 0 67 44 26 03, 😤 – 🆎 🅾 🆅🆂🅰
fermé vacances Pâques, 3 prem. sem. août, vacances Noël, sam. midi, dim., lundi soir, mardi soir et merc. soir – **Repas** *Lunch 23* – 27/103 bc, � 🍴.
◆ Estimable restaurant établi au centre d'une localité connue pour son curieux "goûter matrimonial" du lundi de la Pentecôte. Bonne cuisine actuelle et cave recherchée.
◆ Respectabel restaurant in het centrum van een dorp dat bekendstaat om zijn merkwaardige "huwelijksmaal" op tweede pinksterdag. Goede eigentijdse keuken en lekkere wijnen.

EDEGEM *Antwerpen* 🔢 L 16 *et* 🔢 G 2 – *voir à Antwerpen, environs.*

EDINGEN *Hainaut* – *voir Enghien.*

EEKLO *9900 Oost-Vlaanderen* 🔢 G 15 *et* 🔢 D 2 – *19 130 h.*
Bruxelles 89 – *Brugge 29* – Gent 21 – Antwerpen 66.

🏨 **Shamon** *sans rest,* Gentsesteenweg 28, ℰ 0 9 378 09 50, *hotel.shamon@pi.be,* Fax 0 9 378 12 77, 🌧, 🚲 – 🆃🆅 🅿. – 🚿 25. 🆎 🆅🆂🅰. 🍴
8 ch ⇆ 65/99.
◆ Un accueil familial vous sera réservé dans cette villa Belle Époque proche de la gare, dont le rez-de-chaussée de style Art nouveau mérite le coup d'œil. Chambres "cosy".
◆ Vriendelijk onthaal in deze villa uit de belle époque, bij het station. De benedenverdieping is geheel in art-nouveaustijl en beslist een kijkje waard. Sfeervolle kamers.

✗✗ **Hof ter Vrombaut,** Vrombautstraat 139, ℰ 0 9 377 25 77, *hoftervrombaut@yaho o.com,* Fax 0 9 327 07 27, 😤 – 🅿. – 🚿 30. 🆎 🅾 🆅🆂🅰. 🍴
fermé du 10 au 20 juil., merc., sam. midi et dim. soir – **Repas** *Lunch 23* – 38.
◆ Une tour d'angle signale aux passants cette maison bourgeoise postée aux portes de la ville. Côté cave, la Marianne et l'Oncle Sam font bon ménage.
◆ Aan de rand van Eeklo staat dit restaurant, dat is gevestigd in een herenhuis met een goed herkenbare hoektoren. In de wijnkelder vormen Marianne en Uncle Sam een mooi paar.

EERKEN *Brabant Wallon* – *voir Archennes.*

ÉGHEZÉE *5310 Namur* 🔢 O 19, 🔢 O 19 *et* 🔢 H 4 – *13 966 h.*
Bruxelles 55. – *Namur 16* – Charleroi 55 – Hasselt 62 – Liège 53 – Tienen 30.

à Noville-sur-Mehaigne *Nord-Ouest : 2 km* © *Éghezée –* ⊠ *5310 Noville-sur-Mehaigne :*

✗✗✗ **L'Air du Temps** (Degeimbre), chaussée de Louvain 181 (N 91), ℰ 0 81 81 30 48, *in o@airdutemps.be,* Fax 0 81 81 28 76 – 🆅🆂🅰
fermé 2 sem. Pâques, 3 sem. en août, fin déc.-début janv., merc. et jeudi – **Repas** *Lunc 30* – 45/105 bc, carte 50 à 73, ⍲ 🍴.
Spéc. Tartelette de ris de veau et queues de langoustines. Pigeonneau à l'échalote et soup de riz à la fève de Tonka. Œuf de la ferme à 65° et écume de beurre noisette.
◆ Étape gourmande sur la route de Louvain. Décor intérieur dans "l'air du temps", aux ton gris chocolat et rouge cardinal. Cuisine novatrice et grands vins du monde. Véranda.
◆ Gastronomische halte langs de baan naar Leuven. Recente renovatie "dans l'air du temps" in gedurfde kleuren. Vernieuwende keuken en grootse wereldwijnen. Serre.

EIGENBRAKEL *Brabant Wallon* – *voir Braine-l'Alleud.*

EISDEN Limburg 🲳🲳🲳 T 17 et 🲷🲷🲶 K 3 – voir à Maasmechelen.

EKEREN Antwerpen 🲳🲳🲳 L 15 et 🲷🲷🲶 G 2 – voir à Antwerpen, périphérie.

ELENE Oost-Vlaanderen 🲳🲳🲳 H 17 – voir à Zottegem.

ELEWIJT 1982 Vlaams-Brabant Ⓒ Zemst 21 014 h. 🲳🲳🲳 M 17 et 🲷🲷🲶 G 3.
    🗓 au Sud-Est : 6 km à Kampenhout, Wildersedreef 56 ℘ 0 16 65 16 80, Fax 0 16 65 16 80.
    Bruxelles 23 – Antwerpen 32 – Leuven 26.

XXX   **Kasteel Diependael** (Neckebroeck), Tervuursesteenweg 511, ℘ 0 15 61 17 71, kas
🕸   teeldiependael@skynet.be, Fax 0 15 61 68 97, ≼, 🏤 – 🅿 – 🖄 30. 🖭 ⓪ 🐠
     🆅🅸🆂🅰. ❀
     fermé 1 sem. en fév., 3 sem. en août, fin déc.-début janv., sam. midi, dim. soir, lundi et
     jours fériés soirs – **Repas** Lunch 40 – 60/105 bc, carte 86 à 115
     Spéc. Langoustines aux asperges et curry vert. Lasagne de homard, épinards et foie d'oie
     au coulis. Turbot et risotto à la tomate.
     ◆ Au travers de ses verrières, la salle à manger intime et raffinée de cette opulente
     villa donne à contempler un parc-jardin à la française. Savoureuse cuisine au goût du
     jour.
     ◆ Deze luisterrijke villa heeft een intieme en geraffineerde eetzaal met grote glaspuien
     die goed zicht bieden op de mooie Franse tuin. Heerlijke eigentijdse keuken.

ELLEZELLES (ELZELE) 7890 Hainaut 🲳🲳🲳 H 18, 🲳🲳🲴 H 18 et 🲷🲷🲶 E 3 – 5 597 h.
     Bruxelles 55 – Gent 44 – Kortrijk 39.

🏨   **Au Couvent des Collines** ⬩, Ruelle des Écoles 25, ℘ 0 68 65 94 94, hotel.c.collin
     es@skynet.be, Fax 0 68 26 61 81, 🏤, 🎬, ≘s, 🐎, 🚴 – 📶 💱 📺 ⅋ 🅿 – 🖄 25 à 150.
     🖭 🐠 🆅🅸🆂🅰. ❀
     Repas Lunch 12 – 32 bc/54 bc – ⏛ 9 – **19 ch** 85/135, – 1 suite – ½ P 108.
     ◆ Au pays des collines, hôtel original créé à partir d'un ancien couvent (1830). Gran-
     des chambres personnalisées. Distractions intérieures et extérieures pour les enfants.
     Repas classiques-traditionnels à composantes régionales. Plaisante salle à manger.
     ◆ Origineel hotel in een oud klooster uit 1830 dat in de heuvels ligt. Grote kamers met
     een persoonlijke sfeer. Kinderen hoeven zich binnen of buiten niet te vervelen. Klassiek-
     traditionele keuken met regionale invloeden. Plezierige eetzaal.

XXXX   **Château du Mylord** (Thomaes frères), r. St-Mortier 35, ℘ 0 68 54 26 02, chateau
🕸🕸   dumylord@pi.be, Fax 0 68 54 29 33, 🏤 – 🅿. 🖭 ⓪ 🐠 🆅🅸🆂🅰
     fermé 29 mars-6 avril, du 16 au 31 août, 22 déc.-9 janv., dim. soir, lundis midis non fériés,
     lundi soir et merc. soir – **Repas** Lunch 50 – 65/155 bc, carte 72 à 95, ⏛ 🍴
     Spéc. Morue confite à l'huile d'olives, purée aillée et calamars au jus de viande. Carpaccio
     de Saint-Jacques, foie d'oie et émulsion aux girolles (sept.-avril). Selle d'agneau et persillade
     de fleurs de houblon (janv.-août).
     ◆ Splendide gentilhommière du 19ᵉ s. nichée dans un parc bichonné. Décor élégant, superbe
     terrasse, mets flirtant avec les saveurs d'aujourd'hui, crus millésimés : exquis !
     ◆ Schitterend 19e-eeuws kasteel in een fraai aangelegd park. Elegant interieur, prachtig
     terras, spijzen die flirten met de smaken van nu en grote wijnen, in één woord geweldig !

ELLIKOM Limburg 🲳🲳🲳 S 16 – voir à Meeuwen.

ELSENE Brussels Hoofdstedelijk Gewest – voir Ixelles à Bruxelles.

ELVERDINGE West-Vlaanderen 🲳🲳🲳 B 17 et 🲷🲷🲶 B 3 – voir à Ieper.

ELZELE Hainaut – voir Ellezelles.

EMBOURG Liège 🲳🲳🲳 S 19, 🲳🲳🲴 S 19 et 🲷🲷🲶 J 4 – voir à Liège, environs.

Indien zich belangrijke stijgingen voordoen inzake kosten
van levensonderhoud, kunnen de door ons opgegeven
prijzen verhoogd zijn.
Vraag bij het reserveren van een
hotelkamer steeds naar de definitieve prijs.

ENGHIEN (EDINGEN) *7850 Hainaut* 🔢🔢🔢 *J 18,* 🔢🔢🔢 *J 18 et* 🔢🔢🔢 *F 3 – 11 365 h.*

Voir *Parc★*.

🛈 *chaussée de Soignies 36* 𝒫 *0 2 397 01 99, Fax 0 2 395 56 42.*

Bruxelles 38 – Mons 32 – Aalst 30 – Tournai 50.

🔶🔶🔶
Aub. du Vieux Cèdre 🅢 avec ch, av. Elisabeth 1, 𝒫 0 2 397 13 00, info@auberg
eduvieuxcedre.com, Fax 0 2 397 13 19, ≤, 🌣, 🐾 – ▤ rest, 📺 🅿 – 🏛 25. 🆎
⓪ ❷ **VISA**

Repas *(fermé du 4 au 11 fév., du 1er au 22 août, 27 déc.-7 janv., vend., sam. midi et dim.
soir) Lunch* 21 – 32/71 bc, 🍷 – **14 ch** *(fermé 27 déc.-7 janv.)* 🖙 85/110, – 1 suite –
½ P 71/102.

♦ Cette imposante villa agrémentée d'une pièce d'eau trône au centre d'Enghien.
Chambres tranquilles et coup d'oeil sur le parc communal, dont l'origine remonte
au 15e s.

♦ Deze imposante villa in het centrum van Edingen wordt opgeluisterd door een
waterpartij. Rustige kamers met uitzicht op het stadspark, dat in de 15e eeuw werd
aangelegd.

🔶
Les Délices du Parc, pl. P. Delannoy 32, 𝒫 0 2 395 47 89, Fax 0 2 395 47 89, 🌣 –
🆎 ⓪ ❷ **VISA**

fermé 2e quinz. fév., 1re quinz. sept., mardi et merc. – **Repas** 27/39 bc.

♦ Aux abords du noble parc, restaurant "sympa" occupant les anciennes écuries
(18e s.) du château. Cadre d'esprit rustique. Recettes classiques escortées de suggestions.

♦ Dit restaurant, dat in de 18e-eeuwse stallen van het kasteel is ondergebracht, ligt bij het
park. Rustiek interieur. Klassieke gerechten à la carte en suggesties.

Demandez à votre libraire le catalogue des publications Michelin

---

EPRAVE *Namur* 🔢🔢🔢 *Q 22 et* 🔢🔢🔢 *I 5 – voir à Rochefort.*

EREZÉE *6997 Luxembourg belge* 🔢🔢🔢 *S 21,* 🔢🔢🔢 *S 21 et* 🔢🔢🔢 *J 5 – 2 866 h.*

Bruxelles 127 – Liège 60 – Namur 66.

🔶🔶
L'Affenage 🅢 avec ch, r. Croix Henquin 7 (Sud : 1 km, lieu-dit Blier), 𝒫 0 86 47 08 80,
Fax 0 86 47 08 99 – 📺 🆎 ⓪ ❷ **VISA**

fermé dim. et lundi – **Repas** *Lunch* 32 – carte 42 à 64 – **9 ch** 🖙 80 – ½ P 80/105.

♦ Halte gastronomique paisible, mettant à profit une ancienne dépendance de la ferme-
château de Blier. Fringante salle à manger contemporaine, cuisine de même. Bonnes chambres.

♦ Gastronomische pleisterplaats, rustig gelegen in een oud bijgebouw van de kasteelhoeve
van Blier. Zwierige, moderne eetzaal en eigentijdse keuken. Goede kamers.

à Fanzel *Nord : 6 km* 🅒 *Erezée –* ✉ *6997 Erezée :*

🔶🔶
Aub. du Val d'Aisne 🅢 avec ch, r. Aisne 15, 𝒫 0 86 49 92 08, Fax 0 86 49 98 73,
≤, 🌣, 🐾 – 📺 🅿 ❷ **VISA**, 🍴 rest

fermé 15 juin-15 juil. et mardis, merc. et jeudis non fériés – **Repas** *Lunch* 25 – 35/62 bc
– **8 ch** 🖙 65/85 – ½ P 65.

♦ Charmante ferme du 17e s. et sa grange postées sur l'une des berges champêtres de
l'Aisne. Très belle terrasse surplombant le cours de la rivière. Petites chambres.

♦ Charmante boerderij met schuur uit de 17e eeuw, landelijk gelegen aan de oever van
de Aisne. Het prachtige terras steekt boven de rivier uit. Kleine kamers.

ERMETON-SUR-BIERT *5564 Namur* 🅒 *Mettet 11 683 h.* 🔢🔢🔢 *N 21,* 🔢🔢🔢 *N 21 et* 🔢🔢🔢 *H 5.*

Bruxelles 84 – Namur 32 – Dinant 20.

🔶🔶
Le Molign'Art, r. Maredret 11, 𝒫 0 71 72 57 89, Fax 0 71 72 60 00, 🌣 – 🅿 🆎 ⓪
❷ **VISA**, 🍴

fermé mi-fév.-prem. sem. mars, prem. sem. janv., mardi midi en hiver, mardi soir et merc.
– **Repas** *Lunch* 25 – 45/90 bc, 🍷.

♦ À l'écart du village, ancien moulin à eau converti en restaurant jouissant de la
quiétude des bois environnants. Jardin et étang complètent ce tableau éminemment
bucolique.

♦ Deze oude watermolen, even buiten het dorp, is tot restaurant verbouwd. De omringende bossen, tuin en vijver maken het tot een idyllisch geheel.

ERONDEGEM *Oost-Vlaanderen* 🔢🔢🔢 *I 17 – voir à Aalst.*

ERPE *Oost-Vlaanderen* 🔢🔢🔢 *I 17 et* 🔢🔢🔢 *E 3 – voir à Aalst.*

ERPS-KWERPS *3071 Vlaams-Brabant* Ⓒ *Kortenberg 17 782 h.* 🔢 M 17 *et* 🔢 G 3.
Bruxelles 19 – Leuven 6 – Mechelen 19.

XX **Rooden Scilt,** Dorpsplein 7, 𝓟 0 2 759 94 44, *roodenscilt@tijd.com*, Fax 0 2 759 74 45,
🍽 – ᕫ. **P.** **AE** **◑** **◍** *VISA*
fermé 15 fév.-3 mars, dim. soir, lundi et merc. soir – **Repas** *Lunch 28* – 43/85 bc.
♦ Près de l'église, vénérable auberge où ripaillaient naguère les notables du coin, aujourd'hui remplacés par la clientèle d'affaires. Salon, véranda et restaurant d'été.
♦ Vanouds bekende herberg bij de kerk, waar vroeger de lokale notabelen hun stek hadden ; nu komen er veel zakenlui. Salon en serre. 's Zomers kan er buiten worden gegeten.

ERTVELDE *9940 Oost-Vlaanderen* Ⓒ *Evergem 31 498 h.* 🔢 H 15 *et* 🔢 E 2.
Bruxelles 86 – Gent 15 – Brugge 38 – Sint-Niklaas 36.

XX **Paddenhouck,** Holstraat 24, 𝓟 0 9 344 55 56, Fax 0 9 344 55 56 – **P.** **AE** **◑** **◍** *VISA*
fermé du 14 au 29 août, 24 déc.-2 janv., dim. et lundi – **Repas** *Lunch 28* – 34/54 bc.
♦ Ce restaurant concoctant une cuisine actuelle personnalisée plaît aussi pour ses eaux-de-vie maison, sa terrasse et son jardin où quelques distractions attendent les enfants.
♦ Dit restaurant met creatieve, eigentijdse keuken valt ook in de smaak vanwege de zelf-gestookte brandewijnen, het terras en de tuin met speeltoestellen voor kinderen.

ESTAIMBOURG *7730 Hainaut* Ⓒ *Estaimpuis 9 539 h.* 🔢 E 18, 🔢 E 18 *et* 🔢 D 3.
Bruxelles 100 – Kortrijk 20 – Mons 62 – Tournai 12 – Lille 34.

XX **La Ferme du Château,** pl. de Bourgogne 2, 𝓟 0 69 55 72 13, Fax 0 69 55 98 29, 🍽
– 🕭 25 à 80. **◍** *VISA*
fermé 2 sem. en fév., 3 dern. sem. août et merc. – **Repas** (déjeuner seult sauf vend. et sam.) *Lunch 25* – 35/67 bc.
♦ Accueillante affaire familiale dont la façade jaune dissimule une terrasse en teck donnant sur un jardin. Carte actuelle ; assiettes présentées avec soin. Banquets fréquents.
♦ Plezierig familierestaurant met een gele gevel. Teakhouten terras en mooie tuin aan de achterkant. Moderne menukaart met fraai opgemaakte borden. Zeer geschikt voor banketten.

ETTERBEEK *Région de Bruxelles-Capitale – voir à Bruxelles.*

EUPEN *4700 Liège* 🔢 V 19, 🔢 V 19 *et* 🔢 L 4 – *17 775 h.*
Voir *Carnaval*★★ *(défilé : veille du Mardi gras) – par ② : 5 km, Barrage de la Vesdre*★ *(Talsperre).*
Env. *par ③ : Hautes Fagnes*★★, *Signal de Botrange* ≼★, *Sentier de découverte nature*★
– Les Trois Bornes★ *(Drielandenpunt) : de la tour Baudouin* ✽★, *rte de Vaals (Pays-Bas)*
≼★.
🅱 *Marktplatz 7* 𝓟 0 87 55 34 50, *info@eupen-info.be*, Fax 0 87 55 66 39.
Bruxelles 131 ⑥ – Maastricht 46 ⑥ – Liège 40 ⑥ – Verviers 15 ⑤ – Aachen 17 ①

Plan page suivante

🏰 **Ambassador,** Haasstr. 81, 𝓟 0 87 74 08 00, *ambassador.bosten@skynet.be*, Fax 0 87
74 48 41 – 📶 ⇔ 📺 🚗 – 🕭 25 à 300. **AE** **◑** **◍** *VISA*. ⚡ Z u
Repas voir rest **Le Gourmet** ci-après – **28 ch** ⇌ 90/145 – ½ P 75/150.
♦ Établissement familial rénové surplombant la Weser. Bonnes chambres bien agencées, vieux café traditionnel et ancien théâtre. Parmi les classiques hôteliers de la région.
♦ Gerenoveerd familiehotel dat boven de Weser ligt. Goed ingerichte kamers, een ouder-wets, traditioneel café en oud theater. Een van de klassieke adressen van deze streek.

XX **Le Gourmet** - H. Ambassador, Haasstr. 81, 𝓟 0 87 74 08 00, *ambassador.bosten@sk
ynet.be*, Fax 0 87 74 48 41 – 🍽. **AE** **◑** **◍** *VISA*. ⚡ Z u
Repas *Lunch 27* – 37/90 bc.
♦ Restaurant de bonne renommée locale partageant ses murs avec l'hôtel Ambassador. Cuisine classique goûtée des gourmets de cette région germanophone.
♦ Dit restaurant geniet aan het hotel Ambassador en staat goed bekend bij de bevolking van deze Duitstalige streek. Klassieke keuken voor fijnproevers.

XX **La Table de Vincent,** Hütte 64 (par ② : 3 km, sortie Park Hütte), 𝓟 0 87 56 14 31,
Fax 0 87 56 14 31, 🍽 – **P.** – 🕭 25 à 200. **◍** *VISA*. ⚡
fermé 2 dern. sem. juil., dim. soir et lundi – **Repas** *Lunch 26* – 35/80 bc.
♦ Un ancien atelier de ferronnerie sert de cadre à la Table de Vincent. Entrée ornée de vitraux, salon-mezzanine, salle à manger bien de notre temps et ambiance plaisante.
♦ Een voormalige werkplaats van een siersmid is de setting voor de Tafel van Vincent. Ingang met glas-in-loodramen, salon met mezzanine, moderne eetzaal en plezierige ambiance.

BELGIQUE

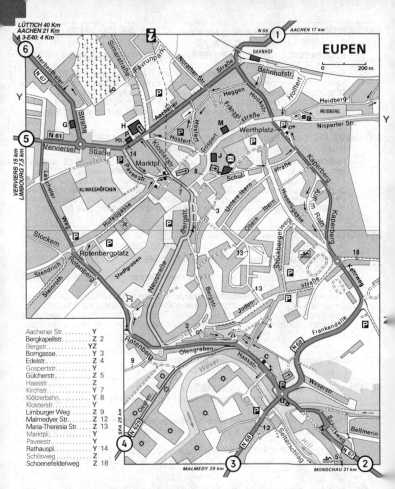

EUPEN

LÜTTICH 40 Km
AACHEN 21 Km
A 3-E40: 4 Km

N 68   AACHEN 17 km

VERVIERS 15 km
LIMBOURG 7,5 km

MALMEDY 29 km

MONSCHAU 21 km

XX **Langesthaler Mühle,** Langesthal 58 (par ② : 2 km, puis à gauche vers le barrage), ℰ 0 87 55 32 45, Fax 0 87 55 32 45, ☆ – ℙ. ᴁᴇ ⓪ ⑩ ⱽⁱˢᴬ
fermé 1 sem. carnaval, 3 sem. en août, sam. midi, dim. soir et lundi – **Repas** Lunch 30 – carte 34 à 64.
  ♦ Chalet moderne tapi au fond d'une vallée boisée. Chaleureuse salle à manger et terrasse d'été rafraîchie par la Vesdre qui actionnait la roue du moulin de naguère.
  ♦ Modern chalet onder in een bebost dal. Gezellige eetzaal en terras aan de Vesdre, die vroeger het waterrad van de molen aandreef.

XX **Delcoeur,** Gospertstr. 22, ℰ 0 87 56 16 66, delcoeur@skynet.be, Fax 0 87 56 16 96, ☆, Avec brasserie – ▤ ℙ – ⚼ 25. ᴁᴇ ⓪ ⑩ ⱽⁱˢᴬ   Y a
fermé 3 sem. en juin., du 3 au 13 janv., jeudi midi et sam. midi – **Repas** Lunch 19 – 29/80 bc, ♀
  ♦ Refuge gourmand établi dans une maison d'époque 1900 située en centre-ville. Brasserie actuelle et intime salle de restaurant se partagent l'espace intérieur.
  ♦ Adresje voor smulpapen in een pand uit omstreeks 1900, in het centrum van de stad. Keuze uit een hedendaagse brasserie en een intieme restaurantzaal.

X **Arti'Choc,** Haasstr. 38, ℰ 0 87 55 36 04, Fax 0 87 55 36 04, ☆ – ᴁᴇ ⑩ ⱽⁱˢᴬ   Z c
fermé 2 dern. sem. sept., merc. soir et jeudi – **Repas** Lunch 29 – carte 30 à 59.
  ♦ L'artichaut a inspiré la nouvelle enseigne et le nouveau décor intérieur de cette table au goût du jour relookée en 2004. Terrasse d'été où une carte simplifiée est présentée.
  ♦ Artisjokken waren de inspiratiebron voor dit eigentijdse restaurant, dat in 2004 een nieuwe look kreeg. Op het terras worden in de zomer eenvoudige gerechten geserveerd.

EVERE *Région de Bruxelles-Capitale* 🗺️ L 17 – *voir à Bruxelles.*

EYNATTEN *4731 Liège* Ⓒ *Raeren 9 821 h.* 🗺️ V 18 *et* 🗺️ L 3.
Bruxelles 136 – Maastricht 56 – Liège 45 – Namur 105 – Vaals 12.

※※ **Casino,** Aachener Str. 9, ℘ 0 87 86 61 00, *maassen.casino@skynet.be,*
Fax 0 87 86 61 00 – 🗐. ⒶⒺ ⓪ ⓌⓈ 💳
fermé carnaval, dern. sem. juil.-2 prem. sem. août, mardi et merc. – **Repas** Lunch 25 – 34/46.
♦ Petit restaurant familial installé dans un ancien hôtel-casino, d'où l'enseigne. Salle à manger actuelle rehaussée de lambris blonds. Cuisine classique de bon aloi.
♦ Familierestaurantje in een voormalig hotel met casino, zoals de naam in herinnering brengt. Moderne eetzaal met lambrisering van lichtgekleurd hout. Goede klassieke keuken.

FAGNES (Hautes) ★★ *Liège* 🗺️ V 20 *et* 🗺️ L 4 *G. Belgique-Luxembourg.*

FALAËN *5522 Namur* Ⓒ *Onhaye 3 069 h.* 🗺️ N 21, 🗺️ N 21 *et* 🗺️ H 5.
Env. *au Nord : Vallée de la Molignée★ – au Nord-Ouest : 15 km à Furnaux : fonts baptismaux★ dans l'église.*
Bruxelles 94 – Namur 37 – Dinant 12 – Philippeville 21.

🏠 **Gd H. de la Molignée** 🦐, r. Gare 87, ℘ 0 82 69 91 73, *info@hotel-molignée.be,*
Fax 0 82 69 96 13, 😋 – 📺 🅿. – 🕍 40. ⒶⒺ ⓪ ⓌⓈ 💳
Repas *Condroz (fermé mardi hors saison et merc.)* Lunch 18 – 33/62 bc – **24 ch** 🛏️ 50/68 – ½ P 89.
♦ Vallée forestière, murs en pierres du pays, terrasse abritée... Cet établissement ne manque décidément pas d'atouts. Chambres offrant un confort simple, mais suffisant. Mets classiques et régionaux, dont on se repaît dans un cadre bourgeois.
♦ Dit etablissement heeft heel wat te bieden : bosrijke vallei, muren van steen uit de streek en beschut terras. De kamers bieden eenvoudig comfort. In de traditioneel ingerichte eetzaal worden klassieke en regionale gerechten geserveerd.

FALLAIS *4260 Liège* Ⓒ *Braives 5 564 h.* 🗺️ O 19 *et* 🗺️ O 19.
Bruxelles 73 – Namur 26 – Liège 30 – Hasselt 50.

※※ **Le Chardon,** r. Chardon 10, ℘ 0 19 69 94 12, *info@lechardon.be,* Fax 0 19 69 94 12,
😋 – 🕍 25 à 120. ⒶⒺ ⓌⓈ 💳
fermé prem. sem. nov., janv., dim. soir, lundi, mardi, merc. et après 20 h 30 – **Repas** 35/49.
♦ Les origines de cette ancienne ferme hesbignonne remontent au 17ᵉ s. Une porte charretière donne accès à la grande cour intérieure où se trouve l'entrée du restaurant.
♦ Deze Haspengouwse boerderij dateert uit de 17e eeuw. Een koetspoort geeft toegang tot de grote binnenplaats, waar zich de ingang van het restaurant bevindt.

FALMIGNOUL *Namur* 🗺️ O 21, 🗺️ O 21 *et* 🗺️ H 5 – *voir à Dinant.*

FANZEL *Luxembourg belge* 🗺️ S 21, 🗺️ S 21 *et* 🗺️ J 5 – *voir à Erezée.*

FAUVILLERS *6637 Luxembourg belge* 🗺️ S 23 *et* 🗺️ K 6 – *1 905 h.*
Bruxelles 172 – Bouillon 61 – Arlon 28 – Bastogne 23.

🏠 **Le martin pêcheur** 🦐, r. Bodange 28 (Est : 3 km, lieu-dit Bodange), ℘ 0 63 60 00 66,
Fax 0 63 60 08 06, 😋, 🐎 – 📺 🅿. ⒶⒺ ⓪ ⓌⓈ 💳
fermé fév. sauf carnaval, lundi soir du 15 nov. à mars et mardi – **Repas** *(fermé après 20 h 30)* carte 36 à 49 – **9 ch** 🛏️ 49/83 – ½ P 53/70.
♦ Maison familiale paressant au bord de la Sûre, dans un environnement calme et boisé. Authentique décor intérieur des années 50. Chambres promettant un séjour agréable. Foi de martin pêcheur : les "becs fins" apprécieront les truites que mitonne le restaurant.
♦ Dit familiehotel ligt aan de oever van de Sauer in een bosrijke omgeving. Authentiek interieur uit het midden van de 20e eeuw. De kamers beloven een prettig verblijf. In het restaurant zullen fijnproevers de forel waarderen, de specialiteit van het huis.

※※※ **Le Château de Strainchamps** (Vandeputte) 🦐 avec ch, Strainchamps 12 (Nord : 6 km, lieu-dit Strainchamps), ℘ 0 63 60 08 12, *info@chateaudestrainchamps.com,*
❀ Fax 0 63 60 12 28, 😋, 🐎 – 📺 🅿. ⒶⒺ ⓪ ⓌⓈ 💳
fermé 27 juin-5 juil., 19 déc.-13 janv., merc., jeudi et dim. midi – **Repas** Lunch 30 – 50/95 bc, carte 33 à 78 – **10 ch** 🛏️ 65/110 – ½ P 70/90
Spéc. Rognon de veau grillé aux baies de genévrier. Croustillant de langoustines, sauce au curry. Poularde de Bresse en croûte de sel, ragoût de légumes.
♦ Un village ardennais typique sert de cadre à cette fière demeure ancienne et son parc. Salon confortable, restaurant classiquement agencé et mets goûtés des gastronomes.
♦ Een typisch Ardens dorp vormt de setting van deze herenboerderij met het park. Gerieflijke salon en klassiek ingerichte eetzaal met een gastronomische keuken.

FAYMONVILLE Liège 🔢 V 20, 🔢 V 20 et 🔢 L 4 – voir à Waimes.

FELUY 7181 Hainaut Ⓒ Seneffe 10 714 h. 🔢 K 19, 🔢 K 19 et 🔢 F 4.
Bruxelles 39 – Mons 28 – Charleroi 31.

🏨 **Le Manoir du Capitaine** ♨ sans rest, Chemin Boulouffe 1, ✆ 0 67 87 87 49, chr
istophe.vds@manoirducapitaine.com, Fax 0 67 87 45 50 – 📺 🅿. – 🔽 25 à 50. 🖭 ⑩ ◉◉
VISA. ✦
23 ch ♋ 85/150.
* Brasserie au 19e s., naguère haras, cette bâtisse de caractère (1702) s'est agrandie d'une
nouvelle aile pour assumer la fonction d'''appart-hôtel''. Environnement agreste.
* 19e-eeuwse brasserie in een pand met karakter uit 1702, dat vroeger een stoeterij was.
De aangebouwde vleugel doet dienst als appartementenhotel. Landelijke omgeving.

🍴🍴 **Les Peupliers,** Chemin de la Claire Haie 109 (Sud : E 19 - A 7, sortie ⑳), ✆ 0 67
87 82 05, 🌳 – 🅿. 🖭 ⑩ ◉◉ **VISA**. ✦
fermé 15 août-15 sept, 25 déc.-6 janv. et lundi – **Repas** (déjeuner seult) Lunch 40 – carte
22 à 60, ♀.
* Cette jolie fermette isolée dans la campagne vous réserve un accueil cordial. Choix
classique à l'écriteau, cadre rustique soigné et terrasse côté jardin. Mieux vaut
réserver.
* Mooi boerderijtje op het platteland, waar u gastvrij wordt onthaald. Klassieke
keuken, verzorgde rustieke inrichting en terras aan de kant van de tuin. Reserveren aanbevolen.

FLEMALLE-HAUTE Liège 🔢 R 19, 🔢 R 19 et 🔢 J 4 – voir à Liège, environs.

FLEURUS 6220 Hainaut 🔢 M 20, 🔢 M 20 et 🔢 G 4 – 22 243 h.
Bruxelles 62 – Namur 26 – Mons 48 – Charleroi 12.

🏨 **Ibis Charleroi Aéroport** sans rest, chaussée de Charleroi 590, ✆ 0 71 81 01 30,
H2195@accor.com, Fax 0 71 81 23 44 – 🛗 📺 🅿. – 🔽 25 à 50. 🖭 ⑩ ◉◉ **VISA**
♋ 9 – **64 ch** 70.
* Hôtel de chaîne situé à quelques minutes de l'aéroport de Gosselies, près de l'autoroute
E 42. Chambres fonctionnelles toutes identiques, munies du double vitrage.
* Ketenhotel op een paar minuten van de luchthaven van Gosselies, vlak bij de E42. Func-
tionele, identieke kamers met dubbele ramen.

🍴🍴 **Les Tilleuls,** rte du Vieux Campinaire 85 (Sud : 3 km par N 29 puis N 568), ✆ 0 71
81 18 10, Fax 0 71 81 37 52, 🌳 – 🅿. 🖭 ⑩ ◉◉ **VISA**
fermé du 15 au 31 juil. et lundi – **Repas** Lunch 18 – 40.
* Un choix de plats au goût du jour variant avec les saisons vous attend dans cette maison
située à l'extérieur de la ville. La cave renferme quelques prestigieuses bouteilles.
* In dit restaurant buiten de stad worden eigentijdse, seizoengebonden gerechten geserveerd. In de kelder liggen prestigieuze wijnen op een feestelijke gelegenheid te wachten.

🍴 **Clos Bernardin,** r. Emile Vandervelde 9, ✆ 0 71 81 46 82, closbernardin@skynet.be,
Fax 0 71 81 46 82 – 🍽. ◉◉ **VISA**
fermé dim. midi, dim. soir et lundi soir – **Repas** carte 24 à 42.
* Dans une rue étroite du centre-ville, restaurant familial où une carte importante et variée
se donne pour mission de combler votre appétit. Parking aisé juste en face.
* Familierestaurant in een smal straatje in het centrum van de stad. Uitgebreide en gevarieerde kaart. Voldoende parkeergelegenheid aan de overkant.

🍴 **Le Relais du Moulin,** chaussée de Charleroi 199, ✆ 0 71 81 34 50
fermé 21 fév.-2 mars, 16 août-7 sept., mardi et merc. – **Repas** carte 23 à 39.
* Déjà plus 25 ans de présence pour ce petit restaurant bordant la rue principale de Fleurus.
Clientèle fidélisée de longue date par une sage carte classique-traditionnelle.
* Dit restaurantje aan de hoofdstraat van Fleurus kan bogen op ruim 25 jaar ervaring en
vakmanschap. Klassiek-traditionele keuken.

FLOREFFE 5150 Namur 🔢 N 20, 🔢 N 20 et 🔢 H 4 – 7 293 h.
Bruxelles 63 – Namur 10 – Charleroi 28 – Dinant 30 – Leuven 59 – Wavre 39.

🍴🍴 **Le Relais Gourmand,** r. Émile Lessire 1 (N 90), ✆ 0 81 44 64 34, Fax 0 81 44 64 34,
🌳 – 🅿. 🖭 ⑩ ◉◉ **VISA**. ✦
fermé Ascension, 2 dern. sem. janv., lundi midi et mardi midi en juil.-août, dim. soir, lundi
soir, mardi soir et merc. – **Repas** Lunch 22 – 35/70 bc.
* Aux portes de Floreffe, maison traditionnelle vous réservant un accueil enjoué. Deux
salles des repas, dont une véranda installée au-dessus de la rivière. Menu-carte actuel.
* Traditioneel gebouw aan de rand van Floreffe, waar u een vriendelijk onthaal wacht. Twee
eetzalen met een serre boven de rivier. Eigentijdse keuken. Menu's met keuze.

à Floriffoux Nord : 2,5 km 🅲 Floreffe – ⊠ 5150 Floriffoux :

XX **Le Mas des Cigales,** r. Moncia 9, 𝒫 0 81 44 48 47, lemasdescigales@ hotmail.com, 🏠 – **P.** **AE** ⓞ **MO** **VISA** **JCB**
fermé mardi soir, merc., jeudi soir et après 20 h 30 – **Repas** Lunch 23 – 35/50 bc, ♀.
◆ Belle évocation de la Provence dans cette petite villa de campagne s'adossant, tel un mas, à une butte verdoyante. Menus intelligemment composés. Terrasse entourée d'une haie.
◆ De Provençaalse sfeer is goed getroffen in deze kleine villa die als een Zuidfranse boerderij tegen een groene heuvel ligt. Zorgvuldig samengestelde menu's. Omhaagd terras.

FLORENVILLE 6820 Luxembourg belge 🄳🄳🄴 Q 24 et 🄷🄸🄶 I 6 – 5 521 h.
Env. au Nord : 6,5 km et 10 mn à pied, Route de Neufchâteau ≤★ sur le défilé de la Semois – à l'Ouest : 5 km, Route de Bouillon ≤★ sur Chassepierre.
Exc.au Nord : 5 km, parcours de 8 km, Descente en barque★ de Chiny à Lacuisine.
🄱 Pavillon, pl. Albert Ier 𝒫 0 61 31 12 29, siflorenville@ skynet.be, Fax 0 61 31 32 12.
Bruxelles 183 – Bouillon 25 – Arlon 39 – Sedan 38.

à Izel Est : 5 km 🅲 Chiny 4 864 h. – ⊠ 6810 Izel :

🏨 **Le Nid d'Izel** 🐾, av. Germain Gilson 97, 𝒫 0 61 32 10 24, info@ lenid.be, Fax 0 61 32 09 65, 🏠, ⑫, 🚗, 🔲, 🚿 – 🅵 **TV** **P.** **AE** ⓞ **MO** **VISA**, 🍴
fermé mardi, merc. et jeudi sauf vacances scolaires – **Repas** Lunch 25 – 33/45 – **22 ch** ⌂ 75 – ½ P 75/80.
◆ Rénovée, agrandie et rééquipée dans un souci de bien-être et de confort, cette auberge compte désormais parmi les dignes représentants de l'hospitalité gaumaise. Beau jardin. Pimpante salle à manger aux tables bien espacées.
◆ Deze herberg werd gerenoveerd, uitgebreid en heringericht om het de gasten zo comfortabel mogelijk te maken. Typisch Belgische gastvrijheid. De eetzaal ziet er piekfijn uit en biedt voldoende ruimte tussen de tafels. Mooie tuin.

à Lacuisine Nord : 3 km 🅲 Florenville – ⊠ 6821 Lacuisine :

🏰 **La Roseraie,** rte de Chiny 2, 𝒫 0 61 31 10 39, laroseraie.lc@ skynet.be, Fax 0 61 31 49 58, 🏠, 🐾, 🚗, 🚲 – 🅵 **TV** **P.** **AE** ⓞ **MO** **VISA**. 🍴 rest
fermé 27 fév.-23 mars, 14 sept.-5 oct., mardi et merc. – **Repas** Lunch 34 – 45/82 bc – **14 ch** ⌂ 91/104 – ½ P 85.
◆ Charmant établissement entouré de grands arbres et agrémenté d'un plaisant jardin bordé par la Semois. Chambres tout confort, pourvues de meubles de style. À table, recettes aux notes actuelles jouées par un chef qui connaît ses classiques. Cadre bourgeois.
◆ Charmant hotel met grote bomen en een mooie tuin aan de oever van de Semois. Zeer comfortabele kamers met stijlmeubelen. In het restaurant worden eigentijdse gerechten geserveerd, bereid door een kok die zijn klassieken kent. Traditioneel interieur.

FLORIFFOUX Namur 🄳🄳🄳 N 20, 🄳🄳🄴 N 20 et 🄷🄸🄶 H 4 – voir à Floreffe.

FOREST (VORST) Région de Bruxelles-Capitale 🄳🄳🄳 K 18 – voir à Bruxelles.

FOSSES-LA-VILLE 5070 Namur 🄳🄳🄳 N 20, 🄳🄳🄴 N 20 et 🄷🄸🄶 H 4 – 9 090 h.
Bruxelles 78 – Namur 19 – Charleroi 22 – Dinant 30.

🏨 **Le Castel** 🐾, r. Chapitre 10, 𝒫 0 71 71 18 12, lecastel@ lecastel.be, Fax 0 71 71 23 96, 🏠, 🚗, 🚲 – 🅵 **TV** **P.** **AE** ⓞ **MO** **VISA**
fermé sam. midi, dim. soir et lundi – **Repas** 30/69 bc – **10 ch** ⌂ 80/125 – ½ P 85/125.
◆ De plaisantes chambres bien préservées du bruit ont été aménagées dans cette demeure du 19e s. bâtie à flanc de colline, près de l'église. Élégante salle à manger donnant sur une terrasse d'été meublée en teck. Goûteux repas actuel à connotations régionales.
◆ Hotel in een 19e-eeuws pand op de flank van een heuvel, vlak bij de kerk. Prettige kamers die goed tegen geluid zijn geïsoleerd. Stijlvolle eetzaal en terras met teakhouten meubelen. Eigentijdse keuken met regionale invloeden.

FOURON-LE-COMTE Limburg – voir 's Gravenvoeren.

FRAHAN Luxembourg belge 🄳🄳🄴 P 23 et 🄷🄸🄶 I 6 – voir à Poupehan.

FRAMERIES Hainaut 🄳🄳🄳 I 20, 🄳🄳🄴 I 20 et 🄷🄸🄶 E 4 – voir à Mons.

FRANCORCHAMPS *4970 Liège* 🄲 *Stavelot 6 614 h.* 533 U 20, 534 U 20 *et* 716 K 4.
Exc. au Sud : parcours★ de Francorchamps à Stavelot.
Bruxelles 146 – Liège 47 – Spa 9.

XXX **Host. Le Roannay** avec ch (annexe - 8 ch), rte de Spa 155, ✆ 0 87 27 53 11, *info@roannay.com, Fax 0 87 27 55 47*, , , , , - , rest, – 25. AE ① ⓂⒸ VISA.
fermé 3 janv.-3 fév., 28 nov.-16 déc. et mardi – **Repas** *Lunch 22* – 42/100 bc – **12 ch** 97/147 – ½ P 110/150.
◆ Hostellerie traditionnelle se prévalant de 75 années de bons et loyaux services. Salle à manger cossue, cuisine classique et pas moins de 600 crus en cave. Sobres chambres.
◆ Traditionele hostellerie die kan terugblikken op 75 jaar trouwe diensten. Luxueuze eetzaal. Klassieke keuken en een wijnkelder met maar liefst 600 flessen. Sobere kamers.

FRASNES *Namur* 534 M 22 *et* 716 G 5 – *voir à Couvin.*

FROYENNES *Hainaut* 533 F 19, 534 F 19 *et* 716 D 4 – *voir à Tournai.*

FURNES *West-Vlaanderen – voir Veurne.*

GAND *Oost-Vlaanderen – voir Gent.*

GANSHOREN *Région de Bruxelles-Capitale* 533 K 17 *et* 716 F 3 – *voir à Bruxelles.*

GEEL *2440 Antwerpen* 533 O 15 *et* 716 H 2 – *34 428 h.*
Voir *Mausolée★ dans l'église Ste-Dymphne (St-Dimfnakerk).*
🅱 *Markt 33* ✆ *0 14 57 09 50, toerisme@geel.be*, Fax 0 14 59 15 57.
Bruxelles 66 – Antwerpen 43 – Hasselt 38 – Turnhout 18.

XX **De Cuylhoeve,** Hollandsebaan 7 (Sud : 3 km, lieu-dit Winkelomheide), ✆ 0 14 58 57 35, *cuylhoeve@innet.be, Fax 0 14 58 24 08*, – . AE ① ⓂⒸ.
fermé 1 sem. en avril, mi-juil.-mi-août, 1 sem. en janv., merc., sam. midi et dim. – **Repas** *Lunch 32* – 56.
◆ Cette fermette postée à l'orée d'un bois dispose d'une terrasse très agréable par beau temps. Menus thématiques revisités au fil des semaines. Cave "châtelaine".
◆ Op het terras van deze hoeve naast het bos is het bij goed weer heerlijk toeven. Themamenu's die om de paar weken worden vernieuwd. De wijnkelder is een kasteelheer waardig.

GELDENAKEN *Brabant Wallon – voir Jodoigne.*

GELLINGEN *Hainaut – voir Ghislenghien à Ath.*

GELUWE *8940 West-Vlaanderen* 🄲 *Wervik 17 517 h.* 533 D 18 *et* 716 C 3.
Bruxelles 109 – Kortrijk 19 – Ieper 20 – Lille 27.

XX **Oud Stadhuis,** St-Denijsplaats 7, ✆ 0 56 51 66 49, *Fax 0 56 51 79 12* – AE ① ⓂⒸ VISA.
fermé 25 mars-4 avril, 25 juil.-18 août, mardi soir, merc. et dim. soir – **Repas** *Lunch 30* – 75 bc, ♀.
◆ L'enseigne révèle l'ancienne destination de ce bâtiment situé face à l'église : une maison communale (stadhuis). Intérieur actuel, sobre et plaisant.
◆ Het uithangbord herinnert aan de voormalige bestemming van dit pand recht tegenover de kerk. Het interieur is modern, sober en aangenaam.

GEMBLOUX *5030 Namur* 533 N 19, 534 N 19 *et* 716 H 4 – *21 341 h.*
Env. *au Sud : 4 km à Corroy-le-Château : château féodal★.*
18 *au Sud : 8 km à Mazy, Ferme-château de Falnuée, r. Emile Pirson 55* ✆ *0 81 63 30 90, Fax 0 81 63 37 64.*
🅱 *r. Sigebert 1* ✆ *0 81 62 69 60, otgembloux@hotmail.com*, Fax 0 81 62 69 64.
Bruxelles 44 – Namur 18 – Charleroi 26 – Tienen 34.

Les 3 Clés, chaussée de Namur 17 (N 4), ✆ 0 81 61 16 17, *hotel@3cles.be, Fax 0 81 61 41 13*, – , rest, – 25 à 220. AE ① ⓂⒸ VISA
Repas *Lunch 18* – 32/47 bc, ♀ – **45 ch** 54/108.
◆ Depuis trois générations, la même famille est aux commandes de cet établissement. Chambres sobrement équipées, mais néanmoins fonctionnelles. Salle de restaurant aménagée dans la note contemporaine. Préparations classiques et traditionnelles.
◆ Dit hotel wordt al drie generaties lang door een en dezelfde familie gerund. De sleutelwoorden van het bedrijf : sober uitgeruste, functionele kamers en een modern restaurant, waar de gasten klassiek-traditionele gerechten krijgen voorgeschoteld.

🏠 **La Gloriette,** chaussée de Charleroi 206 (Est : 2 km), 🌮 0 81 62 54 60, *la.gloriette@skynet.be*, Fax 0 81 60 14 79, 🌳, ⬛, 🐎, ❌ – 📶 📺 🅿 – 🏊 25 à 80. 🆎 ⓘ 𝘝𝘐𝘚𝘈

Repas *(fermé août, sam. midi, dim., lundi midi et mardi midi)* Lunch 8 – carte env. 34 – ⌑ 8 – **16 ch** 55/85 – ½ P 78/88.

◆ Pas loin de Gembloux, grosse villa où vous passerez des nuits sans remous après quelques moments de détente : centre de relaxation, fitness, mini-golf, tennis et pétanque. Ample et lumineux restaurant-vérada.

◆ In deze grote villa bij Gembloux slaapt u als een roos na de talloze in- en ontspanningsmogelijkheden, zoals een ontspanningscenter, fitness, midgetgolf, tennis en pétanque. Ruim en licht restaurant met serre.

❌ **Piccoline et Romarin,** r. Théo Toussaint 10, 🌮 0 81 61 46 58, *piccoline@skynet.be*, Fax 0 81 61 46 58 – ⬛. ⓞⓢ 𝘝𝘐𝘚𝘈. ❌
fermé 1re quinz. mars, 1re quinz. août, 24, 25 et 31 déc., 1er janv., lundi et mardi – **Repas** Lunch 20 – carte 33 à 50.

◆ Bonne petite adresse à dénicher en centre-ville. Jolie salle aux tons chauds, mise en place raffinée sur les tables et curieux bar créé à partir d'une chaloupe. Choix actuel.

◆ Leuk adresje in het centrum. Mooie eetzaal met warme kleuren, geraffineerd gedekte tafels en een opmerkelijke bar in de vorm van een sloep. Moderne keuken.

GENK 3600 Limburg 𝟻𝟹𝟹 S 17 et 𝟽𝟷𝟼 J 3 – 63 350 h.

Voir à l'Ouest : 5 km, Domaine provincial de Bokrijk★ : Musée de plein air★★ (Openluchtmuseum), Domaine récréatif★ : arboretum★.

🏞 Wiemesmeerstraat 109 🌮 0 89 35 96 16, Fax 0 89 36 41 84.

🅱 Gemeentehuis, Dieplaan 2 🌮 0 89 30 95 62, *toerisme@genk.be*, Fax 0 89 30 51 68.

Bruxelles 97 ⑤ – Maastricht 24 ③ – Hasselt 21 ④

Plan page suivante

🏨 **NH Genk,** Albert Remansstraat 1, 🌮 0 89 36 41 50, *nhgenk@nh-hotels.com*, Fax 0 89 36 41 51, ≤, 🌳, ⬛, ⬜, 🚴 – 📶 ❌ ⬛ 📺 🚗 🅿 – 🏊 25 à 210. 🆎 ⓘ ⓞⓢ 𝘝𝘐𝘚𝘈. ❌ rest
X e
Repas *(fermé sam. midi)* Lunch 30 – carte 28 à 55 – ⌑ 15 – **81 ch** 65/145, – 2 suites – ½ P 105/225.

◆ Entre le Molenvijver - beau parc public de 15 ha agrémenté d'un vaste étang - et un centre commercial, hôtel de chaîne bénéficiant d'un équipement moderne complet. Restaurant agrémenté d'une terrasse d'été.

◆ Dit hotel behoort tot een keten en ligt tussen het winkelcentrum en de Molenvijver, een mooi park van 15 ha met een grote vijver. De kamers zijn vrij comfortabel. Het restaurant heeft een terras, waar 's zomers de tafeltjes worden gedekt.

🏨 **Résidence Stiemerheide** 🦢, Wiemesmeerstraat 105 (Spiegelven), 🌮 0 89 35 58 28, *info@stiemerheide.be*, Fax 0 89 35 58 03, ≤, 🌳, ⬛, 🚴 – 📶 ❌ 📺 🅿 – 🏊 25 à 400. 🆎 ⓘ ⓞⓢ 𝘝𝘐𝘚𝘈
Z d
Repas *De Kristalijn* Lunch 28 – 32/90 bc, ♀ – ⌑ 13 – **70 ch** 72/82 – ½ P 86.

◆ Construction façon "cottage" aux abords verdoyants malgré le voisinage de l'autoroute. Chambres avenantes et bonne infrastructure pour la tenue de réunions. Restaurant confortable et cossu servant de la cuisine classique-traditionnelle actualisée.

◆ Dit hotel in cottagestijl ligt tussen het groen, maar is wel goed bereikbaar. Prettige kamers en goede vergaderfaciliteiten. Comfortabel restaurant met een klassiektraditionele keuken die aan de huidige tijd is aangepast.

🏨 **Atlantis** 🦢, Fletersdel 1, 🌮 0 89 35 65 51, *mail@hotelecu.com*, Fax 0 89 35 35 29, 🎣, ⬛, 🚴 – ❌ 📺 🅿 – 🏊 35. 🆎 ⓘ ⓞⓢ 𝘝𝘐𝘚𝘈. ❌ rest
Z a
Repas Lunch 25 – carte 28 à 40 – **24 ch** ⌑ 70/130 – ½ P 70/80.

◆ Petit hôtel d'une tenue irréprochable, implanté à distance respectable du centre-ville. Chambres correctes et, surtout, calme d'un quartier résidentiel. Salle à manger agrandie d'une véranda. Plats classiques-traditionnels.

◆ Perfect onderhouden hotelletje op enige afstand van het centrum van de stad. De kamers zijn correct en hebben als voordeel de rust van een chique woonwijk.

🏨 **Ecu** sans rest, Europalaan 46, 🌮 0 89 36 42 44, *mail@hotelecu.com*, Fax 0 89 36 42 50, ⬛ – 📶 ❌ ⬛ 📺 🅿 – 🏊 25. 🆎 ⓘ ⓞⓢ 𝘝𝘐𝘚𝘈
X r
50 ch ⌑ 65/138.

◆ Immeuble moderne proche de la gare, sur l'artère principale de Genk. Décoration intérieure design. Trois catégories chambres, dont une quinzaine de junior suites.

◆ Deze moderne flat staat aan de hoofdweg van Genk, vlak bij het station. Designinterieur. Er zijn drie categorieën kamers, waaronder vijftien junior suites.

GENK

André Dumontlaan . . . . . . Y 3
Bergbeemdstr. . . . . Y 4
Berglaan . . . . X 6
Camerlo . . . . Z 7
Eerste cyclistenlaan . . . . . X 8
Eindgracht . . . . X 9
Emiel van Dorenlaan . . . . . Y 10
Europalaan . . . . YZ 12
Evence Coppéelaan . . . . . . Y 13
Fletersdel . . . . Z 15
Fruitmarkt . . . . X 16
Genkerweg (ZUTENDAAL) . . . . . . Z 18
Gildelaan . . . . Z 19
Guill. Lambertlaan . . . . Y 21
Hasseltweg . . . . Z 22
Hoevenzavellaan . . . . Y 24
Hoogstr. . . . . Z 25
Jaarbeurslaan . . . . X 28
Kempenseweg (ZUTENDAAL) . . . . . . Z 30
Klokstr. . . . . X 31
Koerweg . . . . Y 33
Kolderbosstr. . . . . Z 34
Langerloweg . . . . Z 36
Maaseikerbaan . . . . Y 37
Markstr. . . . . X 39
Marktpl. . . . . X 40
Mispadstr. . . . . Y 42
Molenblookstr. (ZUTENDAAL) . . . . . . Z 43
Mosselerlaan . . . . Y 45
Nieuwstr. . . . . Z 46
Noordlaan . . . . Y 48
Onderwijslaan . . . . Y 49
Pastoor Raeymaekersstr. . . . . . . X 51
Rozenkranslaan . . . . Z 52
Schietboomstr. . . . . X 54
Sint-Martinuspl. . . . . X 55
Sledderloweg . . . . Z 57
Stalenstr. . . . . Y 58
Stoffelbergstr. . . . . X 60
Swinnenweyerweg . . . . Z 61
Terboekt . . . . Z 63
Vennestr. . . . . YZ 64

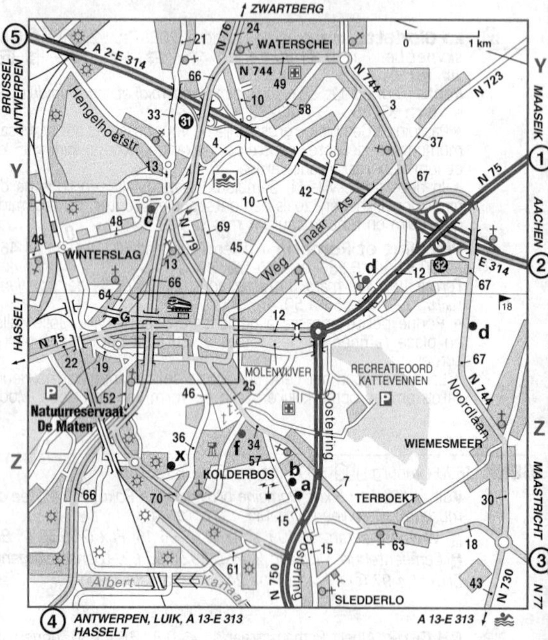

Westerring . . . . YZ 66
Wiemesmeerstr. . . . . YZ 67
Winterslagstr. . . . . X, Y 69
Zuiderring . . . . Z 70

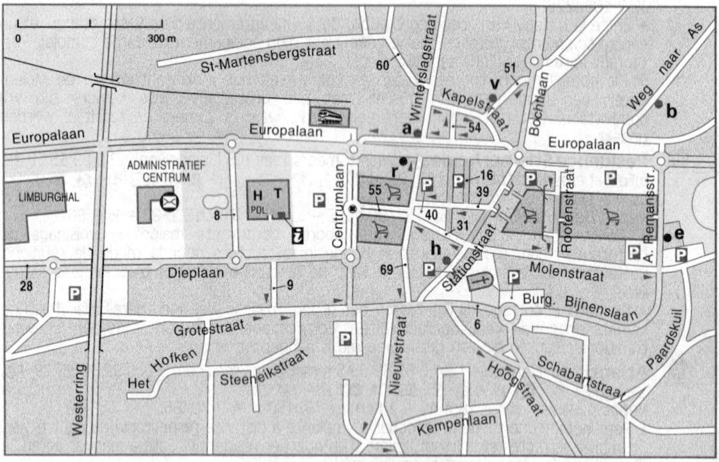

Europa, Sledderloweg 85, ✆ 0 89 35 42 74, *info@europa-horecaservice.be, Fax 0 89 35 75 79,* – – 25 à 100. *fermé dim.* – **Repas** carte 27 à 42 – **18 ch** ☐ 45/80. Z b

◆ Engageante affaire familiale avoisinant une zone industrielle de Genk. Ses sobres chambres retrouvent progressivement l'éclat du neuf.

◆ Uitnodigend familiebedrijf naast het industrieterrein van Genk. De sobere kamers worden stuk voor stuk in een nieuw jasje gestoken.

Oase, Havenstraat 18, ✆ 0 89 35 32 67, *oase.nv@pandora.be, Fax 0 89 30 33 17,* – rest, TV P. AE MC VISA Z x
Repas *(fermé sam. midi et dim.)* (moules en saison) Lunch 12 – 22 – **15 ch** 52/77 – ½ P 64.
• Ce petit hôtel excentré officie à proximité d'une zone industrielle portuaire longeant le canal Albert. Chambres propres et nettes. Fonctionnement familial. Salle de restaurant actuelle précédée d'un café. Carte classique-traditionnelle ; moules en saison.
• Dit kleine hotel ligt buiten het centrum, niet ver van het havenindustriegebied aan het Albertkanaal. De kamers zien er piekfijn uit. Huiselijke sfeer. Eigentijdse eetzaal met café. Klassiek-traditionele menukaart met mosselen in het seizoen.

XXX **Da Vinci,** Pastoor Raeymaekersstraat 3, ✆ 0 89 30 60 59, *info@restaurantdavinci.be, Fax 0 89 30 60 56* – P. AE MC VISA. X v
fermé carnaval, 20 juil.-5 août, prem. sem. janv., sam. midi, dim. et lundi – **Repas** Lunch 35 – 43/73 bc, ♀.
• Restaurant entièrement modernisé : spacieuses salles bien agencées, vaisselle design et carte actuelle succincte mais comportant tout de même sept préparations de homard.
• Volledig gemoderniseerd restaurant met ruime en mooi ingerichte eetzalen, designservies en een beknopte eigentijdse kaart met kreeft op zeven verschillende manieren bereid.

XX **De Boote,** Neerzijstraat 41, ✆ 0 89 30 59 00, *info@deboote.com, Fax 0 89 30 39 39,* – P. AE MC VISA. Y d
fermé merc., sam. midi et dim. – **Repas** Lunch 32 – carte 46 à 59, ♀.
• Intérieur moderne à touches indiennes et nipponnes, beau restaurant d'été, préparations actuelles assez imaginatives, semées de discrètes notes exotiques, et menus bien vus.
• Modern interieur met Indiase en Japanse accenten, fantasierijke keuken met een vleugje exotisch, evenwichtige menu's en 's zomers lekker buiten eten.

XX **En Chanté,** Weg naar As 28, ✆ 0 89 30 86 40, *elvire.neyens@enchante.be,* – P. AE MC VISA X b
fermé 3 dern. sem. sept., lundi et sam. midi – **Repas** Lunch 25 – 30/60 bc.
• Une carte classique assortie de deux menus actualisés est présentée dans cette petite villa des hauteurs de Genk. Salle feutrée donnant sur une véranda et sa terrasse.
• In deze kleine villa in de heuvels van Genk kunt u kiezen uit een klassieke kaart en twee eigentijdse menu's. Eetzaal met serre en terras. Binnen hangt een gedempte sfeer.

XX **Mélange,** Hooiweg 51, ✆ 0 89 36 72 02, – P. AE MC VISA. Z f
fermé dern. sem. juil.-prem. sem. août, merc. et sam. midi – **Repas** Lunch 25 – 37/70 bc, ♀.
• Restaurant établi dans un quartier résidentiel excentré. Mise en place soignée sur les table, cuisine féminine de bonne facture et terrasse arrière devancée d'un coin salon.
• Restaurant met aparte zithoek en terras aan de achterkant, in een rustige woonwijk buiten het centrum. Fraai gedekte tafels en goed verzorgde keuken met een vrouwelijke toets.

XX **St. Maarten,** Stationsstraat 13, ✆ 0 89 35 26 57, *paul.vanormelingen@proximedia.be, Fax 0 89 30 31 87,* – P. AE MC VISA. X h
fermé 2 sem. en mars, 2 prem. sem. août, lundi et sam. midi – **Repas** Lunch 28 – carte env. 48.
• Devant l'église, ancienne maison de notable où l'on vient faire des repas classiques actualisés. Parking public à côté (carte de sortie fournie en quittant l'établissement).
• Oud herenhuis tegenover de kerk, waar u van modern-klassieke gerechten kunt genieten. Parkeergarage ernaast (als u het restaurant verlaat, krijgt u een uitrijkaart).

XX **'t Konijntje,** Vennestraat 74 (Winterslag), ✆ 0 89 35 26 45, *Fax 0 89 30 53 18,* , Moules en saison – P. AE MC VISA. Y c
fermé 15 juin-10 juil., mardi et merc. – **Repas** Lunch 16 – 32/41 bc.
• Le P'tit Lapin ('t Konijntje) vous reçoit dans un pimpant et confortable "terrier". Recettes bourgeoises et menus choyés par la clientèle. Grandes terrasses à l'arrière.
• Dit konijntje ontvangt u in zijn mooie, comfortabele hol. Traditionele gerechten en menu's die zeer in de smaak vallen bij de cliëntèle. Groot terras aan de achterkant.

XX **Double Dragons,** Hasseltweg 214 (Ouest : 2 km sur N 75), ✆ 0 89 35 96 90, *Fax 0 89 36 44 28,* Cuisine asiatique, ouvert jusqu'à 1 h du matin – P. AE MC VISA.
Repas carte 22 à 84, ♀.
• Imposant restaurant dont les toits en pagode affichent ouvertement la vocation exotique. Saveurs dépaysantes ponctuées de quelques spécialités indonésiennes.
• Indrukwekkend restaurant, waarvan het pagodedak al van verre wijst op zijn exotische bestemming. Aziatische gerechten, waaronder enkele Indonesische specialiteiten.

X **Peper en Zout,** Europalaan 81, ✆ 0 89 35 74 67, *dirk.appeltans@proximedia.be, Fax 0 89 30 78 05* – AE MC VISA. X a
fermé 1 sem. en fév., 2 dern. sem. août, dim. et lundi – **Repas** Lunch 29 – carte 37 à 78.
• Bon petit restaurant central dont le jeune chef anime aussi une émission culinaire sur une radio locale. Cuisine du moment, à base de produits soigneusement choisis.
• Goed en centraal gelegen zaakje. De jonge chef brengt zijn culinair programma op een lokale radio. De uitgekozen ingrediënten dansen op een aktueel ritme.

GENT – GAND

9000 **P** *Oost-Vlaanderen* **533** *H 16 et* **716** *E 2 – 228 481 h.*

Bruxelles 55 ③ *– Antwerpen 60* ② *– Lille 71* ⑤.

RENSEIGNEMENTS PRATIQUES

🛈 *Raadskelder Belfort, Botermarkt 17 a* ℘ *0 9 266 52 32, toerisme@gent.be, Fax 0 9 225 62 88 – Fédération provinciale de tourisme, Woodrow Wilsonplein 3* ℘ *0 9 267 70 20, toerisme@oost-vlaanderen.be, Fax 0 9 267 71 99.*

🛈₁₈ *au Sud-Ouest : 9 km à Sint-Martens-Latem, Latemstraat 120* ℘ *0 9 282 54 11, latem@golf.be, Fax 0 9 282 90 19.*

CURIOSITÉS

Voir *Vieille ville*★★★ *(Oude Stad) – Cathédrale St-Bavon*★★ *(St-Baafskathedraal) FZ : Polyptyque*★★★ *de l'Adoration de l'Agneau mystique par Van Eyck (Veelluik de Aanbidding van Het Lam Gods), Crypte*★ *: triptyque du Calvaire*★ *par Juste de Gand (Calvarietriptiek van Justus van Gent) FZ – Beffroi et Halle aux Draps*★★★ *(Belfort en Lakenhalle) FY – Pont St-Michel (St-Michielsbrug)* ≤★★★ *EY – Quai aux Herbes*★★★ *(Graslei) EY – Château des Comtes de Flandre*★★ *(Gravensteen) :* ≤★ *du sommet du donjon EY – St-Niklaaskerk*★ *EY – Petit béguinage*★ *(Klein Begijnhof) DX – Réfectoire*★ *des ruines de l'abbaye St-Bavon (Ruïnes van de St-Baafsabdij) DV* **M⁵**.

Musées *: du Folklore*★ *(Huis van Alijn) : cour*★ *intérieure de l'hospice des Enfants Alyn (Alijnsgodshuis) EY* **M¹** *– des Beaux-Arts*★★ *(Museum voor Schone Kunsten) CX* **M²** *– de la Byloke*★★ *(Oudheidkundig Museum van de Bijloke) CX* **M³** *– des Arts décoratifs et du Design*★ *(Museum voor Sierkunst en Vormgeving) EY* **M⁴** *– d'Art contemporain*★★ *(S.M.A.K.) (Stedelijk Museum voor Actuele Kunst) CX – d'Archéologie Industrielle et du Textile*★ *(MIAT) (Museum voor Industriële Archeologie en Textiel) DV* **X**.

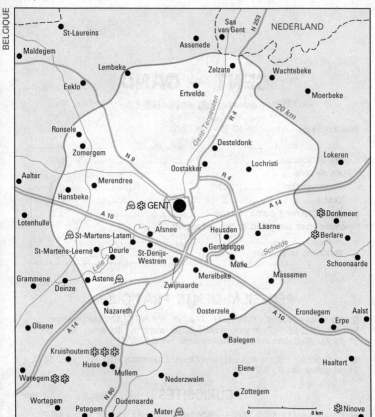

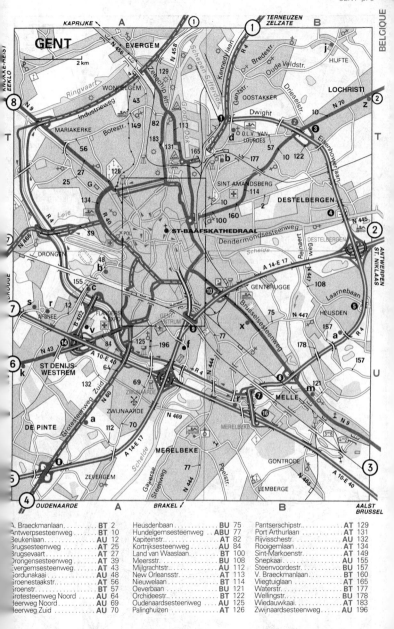

Indien u opgehouden wordt op de baan, is het beter en gebruikelijk uw reserveringen per telefoon te bevestigen na 18u.

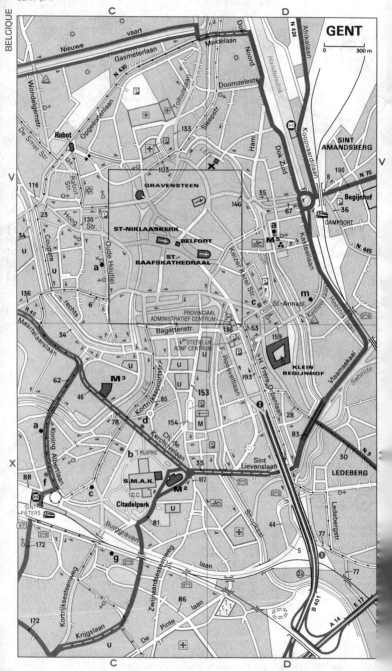

GENT

0   300 m

GENT

A. Heyndrickxlaan	**DX**	5
Annonciadenstr.	**CV**	6
Antwerpenpl.	**DV**	8
Biezekapelstr.	**FY**	17
Botermarkt	**FY**	19
Brugsepoortstr.	**CV**	23
Brusselsepoortstr.	**DX**	28
Brusselsesteenweg	**DX**	30
Cataloniëstr.	**EY**	32
Citadellaan	**CDX**	33
Coupure links	**CVX**	34
Dampoortstr.	**DV**	35
Dendermondsesteenweg	**DV**	36
Emile Braunpl.	**EFY**	41
Gaston Crommenlaan	**DX**	44
Gebr. Vandeveldestr.	**EZ**	45
Godshuizenlaan	**CX**	46
Gouvernementstr.	**FZ**	51
Graaf van Vlaanderenpl.	**DX**	53
Grasbrug	**EY**	54
Groot Brittanniëlaan	**CX**	62
Hagelandkaai	**DV**	67
Hoofdbrug	**EY**	76
Hundelgemse steenweg	**DX**	77
IJzerlaan	**CX**	78
Joz. Wauterstr.	**CX**	81
K. van Hulthemstr.	**CX**	85
Keizervest	**DX**	83
Koekoeklaan	**CX**	86
Koningin Fabiolalaan	**CX**	88
Korenmarkt	**EY**	89
Kortemunt	**EY**	92
Land van Waaslaan	**DV**	100
Lange Steenstr.	**CV**	103
Langemunt	**EY**	
Limburgstr.	**FZ**	104
Noordstr.	**CV**	116
Normaalschoolstr.	**CX**	117
Peperstr.	**CV**	130
Rodelijvekensstr.	**CV**	133
Rozemarijnstr.	**CV**	136
Schouwburgstr.	**EZ**	137
Sint-Baafspl.	**FYZ**	140
Sint-Joriskaai	**DV**	146
Sint-Michielspl. en-str.	**EY**	151
Sint-Pietersnieuwstr.	**CX**	153
Sint-Pieterspl.	**CX**	154
Tweebruggenstr.	**DVX**	159
Veldstr.	**EZ**	
Vleeshuisbrug	**EY**	163
Vogelmarkt	**FZ**	167
Voskenslaan	**CX**	172
Woodrow Wilsonpl.	**DX**	186
Zuidparklaan	**DX**	193

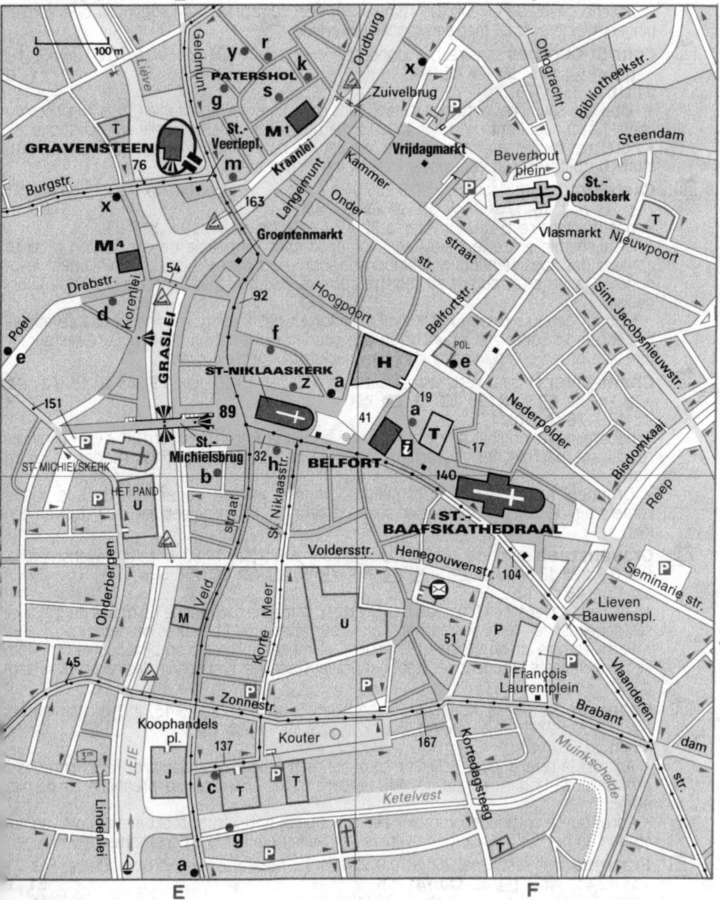

De inleidende pagina's zullen u helpen bij het gebruik van de Michelingids.

BELGIQUE

Quartiers du Centre - *plans p. 4 et 5 sauf indication spéciale :*

Novotel Centrum, Gouden Leeuwplein 5, ℰ 0 9 224 22 30, *H0840@accor.com*, Fax 0 9 224 32 95, 🍽, 🛁, 🛖, 🏊, ⚡ ☰ 📺 ☕ – 🏊 25 à 150. 🆎 ⬤ 🅾 VISA
EY a

Repas carte 26 à 40 – 🖙 15 – **110 ch** 145/165, – 4 suites.

♦ Ce Novotel porte bien son nom ! Derrière sa façade contemporaine, on trouve un grand lobby sous verrière ainsi que d'amples chambres agencées selon les standards de la chaîne. Restaurant au goût du jour. Banquets dans une cave voûtée du 14ᵉ s.

♦ Dit Novotel past precies bij zijn naam : moderne voorgevel, grote lobby met glazen dak en ruime kamers die geheel aan de standaard van de keten voldoen. Restaurant met een eigentijdse keuken. Feestzaal in een overwelfde kelder uit de 14e eeuw.

NH Gent, Koning Albertlaan 121, ℰ 0 9 222 60 65, *nhgent@nh-hotels.com*, Fax 0 9 220 16 05 – |📶| 🖐 📺 ☕ – 🏊 25 à 80. 🆎 ⬤ 🅾 VISA ⚡ rest   CX a
Repas (dîner seult) carte env. 38 – 🖙 17 – **47 ch** 69/140, – 2 suites – ½ P 73/115.

♦ Une façade néoclassique distingue cet établissement proche de la gare mais un peu éloigné du centre-ville. Chambres où l'on a ses aises, réparties sur trois étages. Petite salle à manger décorée à la mode d'aujourd'hui.

♦ Dit hotel buiten het centrum maar bij het station onderscheidt zich door zijn neoclassicistische gevel. De eigentijdse kamers zijn heel comfortabel en liggen op drie verdiepingen. Kleine eetzaal met een modern interieur.

Cour St-Georges sans rest, Hoogpoort 75, ℰ 0 9 224 24 24, Fax 0 9 224 26 40, 🚲 – |📶| 🖐 📺 ☕. 🆎 ⬤ 🅾 VISA   FY e
31 ch 🖙 138/176.

♦ Hôtel aux chambres actuelles installé dans deux maisons de notable (18ᵉ s.) proches du coeur historique. Petit-déjeuner sous forme de buffet dans une belle salle classique.

♦ Hotel met moderne kamers in twee 18e-eeuwse herenhuizen vlak bij het historisch centrum. Ontbijtbuffet in een mooie klassiek ingerichte zaal.

Castelnou, Kasteellaan 51, ℰ 0 9 235 04 11, *info@castelnou.be*, Fax 0 9 235 04 04, 🍽 – |📶|, ☰ rest, 📺 ☕ – 🏊 30. 🆎 ⬤ 🅾 VISA   DV m
Repas (taverne-rest) Lunch 9 – carte 23 à 37 – **36 ch** 🖙 86/99 – ½ P 59.

♦ À mi-chemin entre le Klein Begijnhof et la gare, immeuble de conception récente abritant des appartements contemporains sobrement décorés et convenablement insonorisés. Taverne-restaurant au registre culinaire éclectique : du snack à la cuisine bourgeoise.

♦ Modern gebouw tussen het Klein Begijnhof en het station, met hedendaagse appartementen die sober zijn ingericht en een goede geluidsisolatie hebben. Café-restaurant met een breed culinair spectrum : van snack tot uitgebreid diner.

Ghent-River-H. sans rest, Waaistraat 5, ℰ 0 9 266 10 10, Fax 0 9 266 10 15, 🛁, 🛖 – |📶| 🖐 ☰ 📺 – 🏊 50. 🆎 ⬤ 🅾 VISA   FY x
🖙 15 – **78 ch** 110/175.

♦ Hébergement original tirant parti d'une ancienne filature en bord de la Lys. Chambres réutilisant parfois des matériaux d'origine et salle de breakfast moderne façon "loft".

♦ Origineel hotel in een voormalige spinnerij aan de oever van de Lys. In de kamers zijn de originele materialen soms hergebruikt. Moderne eetzaal in de stijl van een loft.

Gravensteen sans rest, Jan Breydelstraat 35, ℰ 0 9 225 11 50, *hotel@gravensteen.be*, Fax 0 9 225 18 50, 🛁, 🛖 – |📶| 📺 🅿 – 🏊 30. 🆎 ⬤ 🅾 VISA JCB   EY x
🖙 15 – **49 ch** 100/195.

♦ Face au Gravensteen (château des Comtes), demeure patricienne du début du 19ᵉ s. et ses dépendances réparties autour d'une cour intérieure. Chambres modernes.

♦ Patriciërshuis uit de vroege 19e eeuw met moderne kamers en bijgebouwen rondom een binnenplaats. Ertegenover staat het Gravensteen, het kasteel van de graven van Vlaanderen.

Chamade sans rest, Koningin Elisabethlaan 3, ℰ 0 9 220 15 15, *info@chamade.be*, Fax 0 9 221 97 66 – |📶| 🖐 📺 ☕ – 🏊 25. 🆎 ⬤ 🅾 VISA   CX c
45 ch 🖙 85/148.

♦ Adresse à retenir pour celles et ceux qui recherchent des chambres fonctionnelles à proximité de la gare ou du S.M.A.K. Le café et les croissants se prennent au dernier étage.

♦ Adres om te onthouden voor wie een functionele hotelkamer zoekt in de buurt van het station en het S.M.A.K. Op de bovenste verdieping zijn koffie en croissants te verkrijgen.

Erasmus sans rest, Poel 25, ℰ 0 9 224 21 95, *hotel.erasmus@proximedia.be*, Fax 0 9 233 42 41, 🍽 – 📺. 🆎 ⬤ 🅾 VISA. ⚡   EY e
fermé 20 déc.-15 janv. – **7 ch** 🖙 79/120.

♦ Ravissante maison du 16ᵉ s. où vous serez hébergés dans des chambres garnies de meubles de style. Le Musée des Arts décoratifs et du Design n'est qu'à quelques enjambées.

♦ Hotel in een schitterend 16e-eeuws pand, dicht bij het Museum voor Sierkunst en Vormgeving. De kamers zijn met stijlmeubelen ingericht.

PoortAckere Monasterium sans rest, Oude Houtlei 56, ℰ 0 9 269 22 10, info@ monasterium.be, Fax 0 9 269 22 30, ☞ – 📺 📱 – 🔏 25 à 200. 🆎 ① 🐮 VISA, ✂
CV a

54 ch ⊆ 46/125.

◆ Hôtel original aménagé dans un ancien couvent. Chambres quelquefois munies d'une kitchenette, distribuées autour d'une cour intérieure. Église convertie en salle de réunion.

◆ Origineel hotel in een oud klooster. De kamers liggen rondom een binnenplaats en sommige zijn voorzien van een kitchenette. De vroegere kerk is tot vergaderzaal verbouwd.

Ibis Opera sans rest, Nederkouter 24, ℰ 0 9 225 07 07, H1455@accor.com, Fax 0 9 223 59 07 – 🖽 ✆⚬ 📺 ⇔. 🆎 ① 🐮 VISA
EZ a

⊆ 9 – **134 ch** 69/79.

◆ Cet hôtel au "look" contemporain surplombe une voie passante. Confort convenable dans des chambres bien isolées du bruit et mises aux dernières normes Ibis.

◆ Dit hotel met zijn eigentijdse "look" bevindt zich aan een drukke weg. Comfortabele kamers met goede geluidsisolatie.

The Boatel sans rest, Voorhoutkaai 44, ℰ 0 9 267 10 30, info@theboatel.com, Fax 0 9 267 10 39 – 📺. 🆎 ① 🐮 VISA
DV a

fermé fin déc. – **7 ch** ⊆ 79/130.

◆ Alternative aux formules d'hébergement classiques, cette péniche amarrée met à votre disposition de jolies cabines personnalisées dans l'esprit actuel. Vue sur l'eau.

◆ Wie op een originele manier wil overnachten, kan terecht in deze aak met mooie hutten die in eigentijdse stijl zijn ingericht en een persoonlijk karakter hebben.

XXX
✿ **Jan Van den Bon,** Koning Leopold II laan 43, ℰ 0 9 221 90 85, vandenbonjan@tisc ali.be, Fax 0 9 245 08 92, ㎡ – 🆎 ① 🐮 VISA. ✂
CX b

fermé 1 sem. Pâques, 17 juil.-12 août, fin déc.-début janv., sam. midi, dim. et jours fériés – **Repas** Lunch 40 – 55/72, carte 65 à 93

Spéc. Écrevisses sautées à l'estragon, étuvée tiède d'oignons et shiitakés (mai-sept.). Terrine de foie d'oie, céleri-rave, cœur de laitue et nappage de chou rouge acidulé (sept.-déc.). Flan au miel d'acacia, banane flambée au rhum et filet de sauce au chocolat (déc.-avril).

◆ Maison bourgeoise voisine du musée d'Art contemporain. La salle à manger, égayée de toiles modernes, s'ouvre sur un jardin d'herbes potagères. Fine cuisine à touche créative.

◆ Dit herenhuis bevindt zich bij het museum van hedendaagse kunst. De eetzaal, die met moderne schilderijen is gesierd, kijkt uit op een moestuin. Verfijnde, creatieve keuken.

XX **De Gouden Klok,** Koning Albertlaan 31, ℰ 0 9 222 99 00, Fax 0 9 222 10 92, ㎡ – 🍽 📱 🆎 ① 🐮 VISA. ✂
CX f

fermé sem. carnaval, 3 dern. sem. juil., merc. et dim. – **Repas** Lunch 46 – carte 48 à 69, ♀.

◆ Boiseries et carreaux de faïence président au décor intérieur de cet hôtel de maître élevé à l'aube du 20ᵉ s. Le caneton est le péché mignon du chef. Cave prestigieuse.

◆ Hout en tegeltjes voeren de boventoon in dit hotel, dat in een herenhuis uit de vroege 20e eeuw is gevestigd. Eend is de specialiteit van het huis. Prestigieuze wijnkelder.

XX **Agora,** Klein Turkije 14, ℰ 0 9 225 25 58, Fax 0 9 224 17 88, Ouvert jusqu'à 23 h – 🍽. 🆎 ① 🐮 VISA. ✂
EY z

fermé 15 juil.-6 août, dim. et lundi – **Repas** Lunch 15 – 32/60 bc.

◆ Table classique oeuvrant depuis bientôt 30 ans au pied de la St.-Niklaaskerk. La salle de restaurant marie briques nues, étançons d'acier, cheminée inox et touches végétales.

◆ Dit klassieke restaurant bij de St.-Niklaaskerk bestaat al bijna 30 jaar. Eetzaal met kale bakstenen, ijzeren balken, een haard van roestvrij staal en her en der wat planten.

XX **Georges,** Donkersteeg 23, ℰ 0 9 225 19 18, Fax 0 9 225 68 71, Produits de la mer – 🍽. 🆎 ① 🐮 VISA
EY f

fermé 25 mai-16 juin, lundi et mardi – **Repas** Lunch 18 – carte 37 à 65.

◆ Faites donc escale chez Georges ! Cette affaire familiale bien arrimée à une rue piétonne met le cap sur le grand large : recettes à base de poissons et fruits de mer.

◆ Zet eens voet aan wal bij Georges ! Dit familierestaurant ligt voor anker in een voetgangersstraat, maar de kok kiest het ruime sop met zijn visschotels en zeebanket.

XX **Central-Au Paris,** Botermarkt 10, ℰ 0 9 223 97 75, cardon@centralauparis.be, Fax 0 9 233 69 30, ㎡ – 🆎 ① 🐮 VISA. ✂
FY a

fermé merc. et dim. soir – **Repas** 27/63 bc.

◆ Ce petit établissement présent depuis plus d'un quart de siècle entre le beffroi et l'hôtel de ville présente une carte traditionnelle vivant avec son époque. Âtre en salle.

◆ Dit kleine restaurant tussen het belfort en het stadhuis heeft ruim 25 jaar geleden zijn deuren geopend. Traditionele kaart die aan de huidige tijd is aangepast. Open haard.

X **Grade,** Charles de Kerchovelaan 81, ℰ 0 9 224 43 85, info@grade.be, Fax 0 9 233 11 29, ㎡ – 🆎 ① 🐮 VISA
CX d

fermé vacances Pâques, dim. et lundi – **Repas** carte 30 à 43.

◆ Brasserie moderne avec véranda, équidistante du S.M.A.K. et du Musée de la Bijloke. Chaque plats est disponible en portion réduite. Artiste à ses heures, la patronne peinte.

◆ Moderne brasserie met serre, halverwege het S.M.A.K. en het Museum van de Bijloke. Alle schotels zijn ook in kleinere porties verkrijgbaar. De kunst is van de eigenares zelf.

Le Homard Rouge, Ketelvest 9, ✆ 0 9 233 87 03, *peeters.olivier1@pandora.be*, Fax *0 9 330 89 94*, 🍴, Homards, 🎫 – ⛊ ⓞ ⓜ⓪ 𝘝𝘐𝘚𝘈 – **Repas** (dîner seult) 60.   EZ **g**
fermé 1 sem. en juil., 2 sem. en août., fin déc. et jeudi
♦ Les amateurs de homard trouveront leur bonheur à cette enseigne. On prend place dans une chaleureuse cave voûtée ou sur la terrasse estivale dressée au bord du canal.
♦ Liefhebbers van kreeft komen hier beslist aan hun trekken. Er kan worden gegeten in de sfeervolle gewelfde kelder of bij mooi weer op het terras aan de gracht.

Patyntje, Gordunakaai 91, ✆ 0 9 222 32 73, *info@patyntje.be*, Fax *0 9 244 51 15*, ≼, 🍴, Brasserie, ouvert jusqu'à 23 h – ⛊ ⓞ ⓜ⓪ 𝘝𝘐𝘚𝘈   plan p. 3   AU **b**
fermé mardi et merc. – **Repas** Lunch 15 – carte 27 à 43, ♀.
♦ Une jolie villa d'esprit colonial sert de cadre à ce restaurant posté au bord de la Leie (Lys). Choix attrayant, service charmant et ambiance "brasserie dans l'air du temps".
♦ Een mooie villa in koloniale stijl is de setting van dit restaurant aan de Leie. Aantrekkelijke menukaart, charmante bediening en de ambiance van een moderne brasserie.

Italia-Grill, St-Annaplein 16, ✆ 0 9 224 30 42, Fax *0 9 224 30 42*, Avec cuisine italienne, ouvert jusqu'à 23 h – 🍴. ⛊ ⓞ ⓜ⓪ 𝘝𝘐𝘚𝘈, ✄   DV **c**
fermé 15 juil.-7 août et lundi – **Repas** Lunch 15 – carte 26 à 66.
♦ Estimé des appétits carnivores comme des friands de "cucina italiana", ce resto affiche un "look" un rien mûrissant mais ses préparations sont bien dans leurs assiettes.
♦ Dit restaurant is echt iets voor vleeseters die bovendien van de "cucina italiana" houden. Het interieur is een tikkeltje ouderwets, maar de gerechten zijn goed bij de tijd.

Pakhuis, Schuurkenstraat 4, ✆ 0 9 223 55 55, *info@pakhuis.be*, Fax *0 9 225 71 05*, Brasserie-écailler, ouvert jusqu'à minuit – 🍴. ⛊ ⓞ ⓜ⓪ 𝘝𝘐𝘚𝘈   EYZ **b**
fermé 26 juil.-4 août et dim. – **Repas** Lunch 11 – 29, ♀.
♦ Près du St.-Michielsbrug (panorama intéressant), entrepôt de la fin du 19e s. reconverti en une brasserie-écailler à la mode, étagée sur plusieurs niveaux. Additions légères.
♦ Trendy brasserie met oesterbaan in een pakhuis uit de late 19e eeuw. De rekening is licht verteerbaar. Vanaf de nabije St.-Michielsbrug ontvouwt zich een interessant panorama.

Het Blauwe Huis, Drabstraat 17, ✆ 0 9 233 10 05, Fax *0 9 233 51 81*, 🍴, Brasserie – ⛊ ⓞ ⓜ⓪ 𝘝𝘐𝘚𝘈 –   EY **d**
fermé août et lundi – **Repas** (dîner seult) carte 25 à 36.
♦ La couleur de la façade ne contredit pas l'enseigne de cette brasserie moderne : Het Blauwe Huis (La Maison Bleue). À l'intérieur, ça ne désemplit pas.
♦ De kleur van de voorgevel past perfect bij de naam van deze eigentijdse brasserie, waar het altijd stampvol zit. Lekker eten in een levendige ambiance.

Café Théâtre, Schouwburgstraat 5, ✆ 0 9 265 05 50, *info@cafetheatre.be*, Fax *0 9 265 05 59*, Brasserie, ouvert jusqu'à 23 h – 🍴. ⛊ ⓞ ⓜ⓪ 𝘝𝘐𝘚𝘈   EZ **c**
fermé mi-juil.-mi-août et sam. midi – **Repas** Lunch 14 – carte 28 à 36, ♀.
♦ Brasserie contemporaine fort courtisée, où l'on s'installe dans une salle à manger avec mezzanine, coiffée d'une coupole. Carte importante. Serveuses jeunes et mignonnes.
♦ Populaire brasserie, waarvan de eetzaal een tussenverdieping heeft met een glazen koepel. Zeer uitgebreide kaart. Jonge en knappe serveerstes.

C-Jean, Cataloniëstraat 3, ✆ 0 9 223 30 40, *antel@pandora.be*, Fax *0 9 330 00 01*, 🍴 – ⓜ⓪ 𝘝𝘐𝘚𝘈   EY **h**
fermé 30 juil.-16 août, dim. et lundi – **Repas** Lunch 25 – carte 27 à 58.
♦ Affaire placée sous la protection de la St.-Niklaaskerk (église St.-Nicolas). Petite restauration, préparations "tendance" et spécialités régionales notées à l'écriteau.
♦ Dit restaurant heeft vast de zegen van de St.-Niklaaskerk. De menukaart bestaat uit kleine schotels, trendy gerechten en regionale specialiteiten op een leitje.

Le Grand Bleu, Snepkaai 15, ✆ 0 9 220 50 25, *info@legrandbleu.be*, Fax *0 9 329 50 25*, 🍴, Produits de la mer – 🍴. ⛊ ⓞ ⓜ⓪ 𝘝𝘐𝘚𝘈   plan p. 3   AU **c**
fermé dim. et lundi – **Repas** Lunch 10 – carte 26 à 66.
♦ Le homard dessiné sur la façade laisse aisément deviner l'orientation de la carte, où ce noble crustacé tient toujours la vedette. Décor "bistrot" et atmosphère vivante.
♦ De kreeft die op de voorgevel prijkt, geeft vast een voorproefje van de kaart waarop dit schaaldier een prominente plaats inneemt. Levendige ambiance en bistro-interieur.

Quartier Ancien (Patershol) - *plan p. 5* :

De Blauwe Zalm, Vrouwebroersstraat 2, ✆ 0 9 224 08 52, Fax *0 9 234 18 98*, 🍴 Produits de la mer – ⛊ ⓞ ⓜ⓪ 𝘝𝘐𝘚𝘈, ✄   EY **j**
fermé 21 juil.-15 août, 25 déc.-2 janv., sam. midi, dim. et lundi midi – **Repas** Lunch 28 – 40/51
♦ Au coeur du Patershol, l'un des plus anciens quartiers de la ville, saveurs de la mer déclinées sur un mode créatif. Décor plutôt sobre et service tout sourire.
♦ Visrestaurant met een creatieve chef-kok achter het fornuis, in het hart van het Patershol, een van de oudste wijken van de stad. Smaakvol interieur en elegante bediening.

BELGIQUE

XX **De 3 Biggetjes,** Zeugsteeg 7, ℘ 0 9 224 46 48, Fax 0 9 224 46 48, ☆ – ▤. 🅰 ⊙
🐠 𝗩𝗜𝗦𝗔, ⋘
EY g
fermé Pâques, 3 sem. en août, Noël, Nouvel An, mardi, sam. midi et dim. soir – **Repas** Lunch
16 – 27/50 bc.
♦ Une bonne réputation entoure ce restaurant occupant une maison du 16ᵉ s. La
salle à manger, avec véranda, marie le moderne et l'ancien. Terrasse d'été sur cour intérieure.
♦ Dit restaurant in een 16e-eeuws pand geniet een uitstekende reputatie. De eetzaal met
serre is een geslaagde combinatie van oud en modern. Zomerterras op de patio.

X **Le Baan Thaï,** Corduwaniersstraat 57, ℘ 0 9 233 21 41, Fax 0 9 233 20 09, Cuisine
thaïlandaise – ▤. 🅰 ⊙ 🐠 𝗩𝗜𝗦𝗔
EY s
fermé lundi – **Repas** (dîner seult sauf dim.) carte 22 à 33.
♦ Envie de dépayser vos papilles ? Voici un resto thaïlandais, dissimulé dans la
cour intérieure d'une demeure patricienne. Ambiance "zen" et bibelots siamois... ou presque.
♦ Zin om uw gehemelte met exotische smaken te prikkelen? Dat kan in dit Thaise restaurant
op de binnenplaats van een patriciërshuis. Serene sfeer en Siamese snuisterijen.

X **'t Buikske Vol,** Kraanlei 17, ℘ 0 9 225 18 80, info@buikskevol.com, Fax 0 9 223 04 31
– 🅰 ⊙ 🐠 𝗩𝗜𝗦𝗔, ⋘
EY m
fermé 29 juil.-12 août, merc., sam. midi et dim. – **Repas** Lunch 26 – carte 25 à 45.
♦ Brasserie moderne installée dans une maison de ville du 17ᵉ s. : un authentique com-
promis historique ! Pour manger à l'étage, il suffit d'emprunter le vrai escalier.
♦ Deze moderne brasserie in een 17e-eeuws herenhuis is een goed voorbeeld van een his-
torisch compromis. Een oude trap leidt naar boven, waar men het buikje vol kan eten...

X **Karel de Stoute,** Vrouwebroersstraat 5, ℘ 0 9 224 17 35, Fax 0 9 224 17 65, ☆ –
🅰 ⊙ 🐠 𝗩𝗜𝗦𝗔. ⋘
EY y
fermé 2ᵉ quinz. mars, 2ᵉ quinz. sept., merc. et sam. midi – **Repas** Lunch 25 – 40/75 bc, ♏.
♦ L'an 1516 a vu naître cette demeure patricienne abritant aujourd'hui un sympathique
petit restaurant. Cour intérieure. Agréable terrasse d'été. Carte des vins franco-
ibérique.
♦ Dit gezellige etablissement is gevestigd in een patriciërshuis uit 1516 met een binnenplaats en een zomers terras. De wijnkaart is een Frans-Spaanse alliantie.

X **'t Klokhuys,** Corduwaniersstraat 65, ℘ 0 9 223 42 41, info@buikskevol.com, Fax 0 9
223 04 31, Ouvert jusqu'à 23 h – 🅰 ⊙ 🐠 𝗩𝗜𝗦𝗔
EY k
Repas Lunch 24 – carte 22 à 36.
♦ Ce bistrot du Patershol, agencé sur deux niveaux, renferme une belle collection de
pendules murales... Mais grâce à l'enseigne (La Maison de l'Horloge), vous le saviez
déjà !
♦ Deze twee verdiepingen tellende bistro in het Patershol bezit een fraaie collectie hangklokken, maar dat wist u vermoedelijk al toen u het uithangbord zag.

Périphérie - plan p. 3 sauf indication spéciale :

au Nord-Est – ✉ 9000 :

XX **Ter Toren,** St-Bernadettestraat 626, ℘ 0 9 251 11 29, Fax 0 9 251 11 29, ☆ – 🄿. 🅰
⊙ 🐠 𝗩𝗜𝗦𝗔. ⋘
BT b
fermé sept.et lundi – **Repas** (déjeuner seult sauf vend. et sam.) Lunch 28 – carte 38 à 55.
♦ Villa bourgeoise, parc ombragé sur l'arrière, lustres et fresque décorant le plafond de
l'une des salles à manger... En somme, un établissement à visage humain.
♦ Mooie villa met een schaduwrijk park aan de achterkant. Kroonluchters en fresco's sie-
ren het plafond van een van de eetzalen. Uitstekende keuken en attente bediening.

au Sud – ✉ 9000 :

🏢 **Holiday Inn,** Akkerhage 2, ℘ 0 9 222 58 85, hotel@holiday-inn-gentuz.com, Fax 0 9
220 12 22, ▨ – 📶 ⋙ ▤ 📺 🔥ch, 🄿, 🛎 25 à 360. 🅰 ⊙ 🐠 𝗩𝗜𝗦𝗔
AU f
Repas Lunch 20 – carte env. 49 – ⊑ 17 – **139 ch** 60/170, – 1 suite – ½ P 80/120.
♦ Le nœud autoroutier E 17-E 40 et le centre-ville ne sont qu'à quelques kilomètres de
cet hôtel de chaîne disposant de grandes chambres où rien ne manque. Au restaurant,
cuisine franco-belge à dominante classique.
♦ Het knooppunt van de E17-E40 en de binnenstad zijn slechts enkele kilometers verwij-
jderd van dit ketenhotel, dat over grote kamers beschikt waarin het aan niets ontbreekt.
In het restaurant worden klassieke Frans-Belgische gerechten geserveerd.

🏨 **Astoria** sans rest, Achilles Musschestraat 39, ℘ 0 9 222 84 13, info@astoria.be,
Fax 0 9 220 47 87 – 📶 📺 🄿, 🛎 25. 🅰 ⊙ 🐠 𝗩𝗜𝗦𝗔
plan p. 4 CX g
18 ch ⊑ 65/99.
♦ Pas loin de la gare, hôtel d'une tenue irréprochable abritant de bonnes chambres refaites
à neuf en 2004. Jardinet et jolie salle de breakfast complétée d'une véranda.
♦ Perfect onderhouden hotel in de buurt van het station. De kamers zijn in 2004 opgeknapt. Tuintje en fraaie ontbijtzaal met serre.

BELGIQUE

à Afsnee C Gent – ✉ 9051 Afsnee :

XX **Nenuphar,** Afsneedorp 28, ℘ 0 9 222 45 86, de.waterlelie@pandora.be, Fax 0 9 221 22 32, ≤, 😤, 🗍, – 🔙 – 🎗 40. AE ① ⚫⚫ VISA. 🛠 AU r
fermé 2 dern. sem. déc., merc., jeudi et dim. soir – **Repas** Lunch 25 – 30/55 bc, ♉.
♦ La même famille se relaie depuis trois générations à la barre de cette maison de tradition jouissant d'une situation digne d'une carte postale. Joli coup d'oeil sur la Leie.
♦ Al drie generaties lang staat dezelfde familie aan het roer van dit traditionele restaurant, dat door zijn ligging zo op een ansichtkaart kan. Mooi uitzicht op de Leie.

XX **de Fontein Kerse,** Broekkantstraat 52, ℘ 0 9 221 53 02, Fax 0 9 221 53 02, 😤 –
🅿 AE ① ⚫⚫ VISA. 🛠 AU s
fermé 2 dern. sem. juil., 2 dern. sem. janv., mardi, merc. et dim. soir – **Repas** Lunch 30 – 44/71 bc.
♦ Plus de dix ans de bons et loyaux services pour cette adresse. Salle à manger contemporaine agrémentée d'une petite fontaine centrale. Cuisine créative, produits de qualité.
♦ Dit restaurant bewijst al 10 jaar trouwe diensten. Midden in de hedendaagse eetzaal prijkt een fonteintje. Creatieve kookkunst op basis van kwaliteitsproducten.

à Desteldonk par ① : 10 km C Gent – ✉ 9042 Desteldonk :

XX **Distelhoeve,** Desteldonkdorp 31, ℘ 0 9 356 72 86, dennys.kemp@pandora.be, 😤 –
🅿 AE ① ⚫⚫ VISA. 🛠
fermé 1 sem. en mars, 2 dern. sem. sept., mardi soir, merc. soir, jeudi et sam. midi – **Repas** Lunch 33 – 45/75 bc, ♉.
♦ Table classique-actuelle au cadre rustique appréciée par la nombreuse clientèle d'affaires active dans la zone industrielle portuaire qui s'étend entre Gand et Zelzate.
♦ Klassiek-moderne keuken in een rustieke omgeving, die vooral zeer in trek is bij zakenlieden van het havenindustriegebied tussen Gent en Zelzate.

à Gentbrugge C Gent – ✉ 9050 Gentbrugge :

X **'t Nieuw Stadion,** Brusselsesteenweg 664, ℘ 0 9 230 88 33, info@nieuwstadion.be, Fax 0 9 231 01 56, 😤 – 🅿 AE ① ⚫⚫ VISA. 🛠 BU x
fermé 20 déc.-2 janv., mardi et sam. midi – **Repas** Lunch 12 – carte 23 à 63.
♦ Vos déambulations autour du stade de Gand passeront peut-être par ce restaurant où un bon choix de préparations traditionnelles aura raison des appétits les plus aiguisés.
♦ Als u in de buurt van het stadion van Gent bent, moet u echt eens dit restaurant binnenstappen. Er staat u een keur van traditionele en zeer copieuze gerechten te wachten.

à Oostakker C Gent – ✉ 9041 Oostakker :

XX **'t Boerenhof,** Gentstraat 2, ℘ 0 9 251 03 14, info@boerenhof.be, Fax 0 9 251 07 72, 😤 – 🔙 🅿 – 🎗 25 à 500. AE ① ⚫⚫ VISA JCB BT d
fermé 3 au 14 mars, 24 oct.-7 nov., 28 et 30 déc., lundi soir, mardi et merc. – **Repas** Lunch 21 bc – 35 bc/55 bc.
♦ Les produits venus en direct de Normandie tiennent le haut du pavé (de boeuf !) à cette vénérable enseigne. Grillades saisies à la braise de la cheminée. Restaurant d'été.
♦ Hier wordt gekookt met producten die rechtstreeks uit Normandië komen. Boven het vuur in de eetzaal worden grote stukken vlees geroosterd. s' Zomers kan men buiten eten.

à Sint-Denijs-Westrem C Gent – ✉ 9051 Sint-Denijs-Westrem :

🏨 **Holiday Inn Expo,** Maaltekouter 3, ℘ 0 9 220 24 24, hotel@holiday-inn-gentexpo. com, Fax 0 9 222 66 22, 🎒, 🏊, 🗍 – 🔁 🛬 🔙 TV 🕭ch, 🅿 – 🎗 25 à 200. AE ① ⚫⚫ VISA. 🛠 rest AU v
Repas (déjeuner seult en juil.-août) Lunch 25 – carte 36 à 53 – 🖙 17 – **169 ch** 60/220 – 1 suite.
♦ À proximité immédiate de l'autoroute et des halles du Flanders Expo, immeuble hôtelier dont les chambres tout confort accueillent le businessman à bras ouverts. Le restaurant propice aux repas d'affaires, se déploie sous les verrières de l'atrium.
♦ Hotelcomplex bij de snelweg en de hallen van Flanders Expo, waar de zakenwereld met open armen wordt ontvangen. Goed voorziene kamers. Het restaurant onder het glazen dak van het atrium is ideaal voor een businesslunch met een van uw relaties.

XX **Oranjehof,** Kortrijksesteenweg 1177, ℘ 0 9 222 79 07, Fax 0 9 222 74 06, 😤 – 🅿 AE ① ⚫⚫ VISA. 🛠 AU
fermé 2ᵉ quinz. août, sam. midi et dim. – **Repas** (déjeuner seult sauf vend. et sam.) Lunch 26 – 36/50 bc.
♦ Maison de maître soigneusement réaménagée dans la note Art nouveau. Par beau temps on dresse le couvert au jardin, à côté d'un verger. Choix classico-traditionnel.
♦ Fraai gerestaureerd herenhuis in art-nouveaustijl. Op zonnige dagen worden de tafeltjes in de tuin naast de boomgaard gedekt. Klassiek-traditionele keuken.

à Zwijnaarde ⓒ *Gent* – ✉ *9052 Zwijnaarde* :

XX **De Klosse**, Grotesteenweg Zuid 49 (sur N 60), ☎ 0 9 222 21 74, Fax 0 9 371 49 69 –
🅟 🄰🄴 ⓞ ⓦⓢ *VISA* AU **a**
fermé du 2 au 20 fév., 15 juil.-7 août, sam. midi, dim. et lundi – **Repas** *Lunch* 27 – 48.
* Aux abords d'un carrefour, auberge d'époque 1800 dont l'intérieur a été réaménagé dans l'esprit du moment. Une cuisine classique de bon aloi se conçoit derrière les
fourneaux.
* Deze herberg bij een kruispunt dateert uit 1800, maar heeft net een nieuw interieur,
dat geheel bij de huidige tijdgeest past. Klassieke keuken van goede kwaliteit.

Environs

à Heusden – *plan p. 3* – ⓒ *Destelbergen 17 017 h.* – ✉ *9070 Heusden* :

XX **Rooselaer**, Berenbosdreef 18 (par R4, sortie ⑤), ☎ 0 9 231 55 13, *info@rooselaer.be*,
🌳, Avec grillades – 🅟 🄰🄴 ⓞ ⓦⓢ *VISA* BU **a**
fermé mardi soir et merc. – **Repas** *Lunch* 29 – 40/86 bc, 🍷.
* Près de l'autoroute, bâtisse de l'entre-deux-guerres s'agrémentant d'un jardin fleuri.
Accueil et service familial, menus bien composés, vins de France et du monde.
* Gebouw uit het interbellum met een mooie bloementuin, niet ver van de snelweg.
Gemoedelijke ontvangst, goed samengestelde menu's en wijnen uit Frankrijk en andere
landen.

à Lochristi – *plan p. 3* – 19 542 h – ✉ *9080 Lochristi* :

XXX **Leys**, Dorp West 89 (N 70), ☎ 0 9 355 86 20, *info@restaurantleys.be*, Fax 0 9 356 86 26,
🌳 – 🅟 🄰🄴 ⓞ ⓦⓢ *VISA* BT **z**
*fermé 1 sem. carnaval, 2 prem. sem. juil., mardi soir d'oct. à Pâques, dim. soir, lundi soir
et merc.* – **Repas** *Lunch* 27 – 54/82 bc, 🍷.
* La décoration de cette imposante villa Belle Époque est soignée : meubles de style,
tableaux, lustres et cristal. Mets classico-traditionnels sobrement actualisés.
* Imposante belle-époquevilla met een gesoigneerd interieur : stijlmeubelen,
schilderijen en kroonluchters. Klassiek-traditionele gerechten die geleidelijk worden geactualiseerd.

XX **'t Wethuis**, Hijfte-Center 1 (Nord : 3 km), ☎ 0 9 355 28 02, *info@twethuis.be*, 🌳 –
🅟 ⓦⓢ *VISA* BT **j**
fermé 2 sem. en juil., fin déc., sam. midi, dim. soir, lundi et mardi – **Repas** *Lunch* 30 – 41/70 bc.
* Cet édifice du 16ᵉ s. a occupé diverses fonctions : justice de paix, mairie, etc. avant
d'abriter un restaurant d'esprit néo-rustique. Terrasse d'été sur jardin à l'arrière.
* Dit 16e-eeuwse gebouw deed onder andere dienst als rechtbank en gemeentehuis, voor-
dat het een neorustiek restaurant werd. Zomerterras in de tuin aan de achterkant.

à Melle – *plan p. 3* – 10 515 h – ✉ *9090 Melle* :

🏨 **Prado** sans rest, Brusselsesteenweg 100 (sur N 9), ☎ 0 9 231 14 10, *contact@hotel-
prado.be*, Fax 0 9 231 68 08 – 📺 🅟 🄰🄴 ⓞ ⓦⓢ *VISA* 🄹🄲🄱 BU
19 ch 🖙 70/85.
* Hôtel implanté dans une villa au voisinage de l'autoroute reliant le littoral à la capitale.
Intérieur classiquement agencé. Chambres sans reproche, dont quatre junior-suites.
* Hotel in een villa, vlak bij de snelweg die van de kust naar de Belgische hoofdstad loopt.
Klassiek interieur en zeer goed onderhouden kamers, waaronder vier junior suites.

X **De Branderij**, Wezenstraat 34, ☎ 0 9 252 41 66, *debranderij@compaqnet.be*, 🌳 –
🄰🄴 ⓦⓢ *VISA* BU **m**
fermé 29 mars-8 avril, 16 août-1ᵉʳ sept., sam. midi, dim. soir, lundi et après 20 h 30 – **Repas**
Lunch 30 – 39/58 bc.
* L'enseigne évoque l'ancienne destination - une brûlerie de café - de cette charmante maisonnette bâtie pendant les années trente. Restaurant d'été et salle des repas
rénovée.
* De naam van dit charmante pandje uit omstreeks 1930 herinnert aan het feit dat hier
vroeger een koffiebranderij zat. Gerenoveerde eetzaal en 's zomers buiten eten.

à Merelbeke – *plan p. 3* – 22 020 h – ✉ *9820 Merelbeke* :

XX **Torenhove**, Fraterstraat 214, ☎ 0 9 231 61 61, Fax 0 9 231 69 89, 🌳 – 🅟 🄰🄴 ⓞ ⓦⓢ
VISA BU **r**
fermé sam. midi, dim. soir et mardi – **Repas** *Lunch* 29 – 46/65 bc.
* Un petit parc arboré environne cet établissement installé dans les dépendances d'un
"castel" flanqué de tours et poivrière... Passez à table, et vous verrez la salière !
* Dit etablissement is ondergebracht in de bijgebouwen van een kasteeltje, waar aan
weerszijden een peperbustoren staat. Het zoutvaatje staat gelukkig op tafel !

GENTBRUGGE *Oost-Vlaanderen* 🅷🅸🅸 H 16 – *voir à Gent, périphérie.*

GENVAL 1332 Brabant Wallon © Rixensart 21532 h. 👥👥👥 L 18, 👥👥👥 L 18 et 👥👥👥 G 3.
Bruxelles 22 – Namur 47 – Wavre 10 – Leuven 28.

Château du Lac 🦅, av. du Lac 87, 📞 0 2 655 71 11, *cdl@martins-hotels.com*, Fax 0 2 655 74 44, ≤ lac et vallon boisé, 🍴, ⅃₅, ≋, 🔲, 🎾, 🚴 – 📶 ⇌ 📺 🚗 🅿 – 🔬 30 à 1000. 🅰🅴 ① ⓦⓢ 🚫 rest
Repas *Genval.les.Bains* (ouvert jusqu'à minuit) Lunch 15 – 38, ♀ – **120 ch** ⊑ 230/410, – 1 suite.

◆ Au creux d'un vallon boisé, magnifique hôtel dont les chambres offrent tout le confort moderne. Perspective imprenable sur le lac. Spécialité "maison" : les séminaires. Belle salle de restaurant installée à la façon d'une brasserie moderne.
◆ Schitterend hotel in een beboste vallei, met een adembenemend uitzicht op het meer. De kamers bieden modern comfort. Deze locatie is bij uitstek geschikt voor congressen. Het mooie restaurant is ingericht als een moderne brasserie.

Le Manoir du Lac 🦅 sans rest, av. Hoover 4, 📞 0 2 655 63 11, *mdl@martins-hotels.com*, Fax 0 2 655 64 55, ≤, ≋, ⅃ – ⇌ 📺 🅿 – 🔬 25 à 60. 🅰🅴 ① ⓦⓢ 🚫 **13 ch** ⊑ 130/280.

◆ Demeure victorienne entourée d'un parc verdoyant. Quelques beaux meubles de divers styles personnalisent les élégantes chambres "full options". Quiétude et romantisme.
◆ Victoriaans pand in een weelderig park. Meubelen uit diverse stijlperioden geven een persoonlijke toets aan de elegante kamers met "full options". Rust en romantiek.

L'Amandier, r. Limalsart 9 (près du lac), 📞 0 2 653 06 71, 🍴 – ⊟ 🅿 🅰🅴 ⓦⓢ *fermé du 15 au 30 août, du 1er au 15 janv., merc., sam. midi et dim. soir* – **Repas** Lunch 20 – 30/65 bc.

◆ Halte gourmande à 200 m du lac de Genval, dans une jolie villa bordée d'arbres. Fringant décor intérieur à touche féminine, carte appétissante et vins servis au verre.
◆ Gastronomische pleisterplaats op 200 m van het meer van Genval, in een mooie villa tussen de bomen. Smaakvol interieur, aanlokkelijke menukaart en wijn per glas.

l'Echalote, av. Albert Ier 24, 📞 0 2 653 31 57, *slefevre@skynet.be*, Fax 0 2 653 31 57, Cuisine du Sud-Ouest – ⊟ 🅿 🅰🅴 ① ⓦⓢ *fermé juil., lundi soir et mardi* – **Repas** 30.

◆ L'Echalote propose un choix de recettes venues en droite ligne du Sud-Ouest de la France. Des vins de même origine et des principaux vignobles de l'Hexagone les accompagnent.
◆ De recepten van deze "sjalot" komen linea recta uit Zuidwest-Frankrijk. Ook de wijnen zijn afkomstig uit die streek, aangevuld met de oogst van andere Franse wijngaarden.

à Rixensart Est : 4 km – 21532 h – ⊠ 1330 Rixensart :

Le Lido 🦅 sans rest, r. Limalsart 20 (près du lac de Genval), 📞 0 2 634 34 34, *lelido@martins-hotels.com*, Fax 0 2 634 34 44, ≤, 🍴, 🚴 – ⇌ 📺 🅿 – 🔬 25 à 80. 🅰🅴 ① ⓦⓢ **27 ch** ⊑ 125/145.

◆ Lieu de séjour estimé des congressistes, cette maison à colombages et son étang forment un petit havre de paix à quelques ricochets du lac de Genval. Chambres rénovées.
◆ Dit vakwerkhuis met vijver ligt op een steenworp afstand van het meer van Genval en is een oase van rust. De kamers zijn onlangs gerenoveerd. Zeer populair bij congresgangers.

GERAARDSBERGEN (GRAMMONT) 9500 Oost-Vlaanderen 👥👥👥 I 18 et 👥👥👥 E 3 – 30966 h.
Voir Site★.

🅘 Markt 1, 📞 0 54 43 72 89, *toerisme.geraardsbergen@skynet.be*, Fax 0 54 43 72 90.
Bruxelles 43 – Gent 44 – Aalst 29 – Mons 42 – Oudenaarde 25.

't Grof Zout, Gasthuisstraat 20, 📞 0 54 42 35 46, *grof.zout@biz.tiscali.be*, Fax 0 54 42 35 47, 🍴 – ⓦⓢ *fermé 1 sem. en mars, 3 sem. en sept., sam. midi, dim. soir et lundi* – **Repas** 26/34.

◆ Bon p'tit relais de bouche installé dans une ancienne miroiterie. En salle, aménagement contemporain pour le moins astucieux : des cuillers à soupe en guise d'appliques !
◆ Eettentje in een oude spiegelfabriek, waar u kunt genieten van een verzorgde maaltijd. De moderne inrichting is vindingrijk : soeplepels als wandlampjes !

GERPINNES Hainaut 👥👥👥 M 20, 👥👥👥 M 20 et 👥👥👥 G 4 – voir à Charleroi.

GESVES 5340 Namur 👥👥👥 P 20, 👥👥👥 P 20 et 👥👥👥 I 4 – 6020 h.
Bruxelles 81 – Namur 29 – Dinant 30 – Liège 53 – Marche-en-Famenne 31.

L'Aubergesves 🦅 avec ch, Pourrain 4, 📞 0 83 67 74 17, Fax 0 83 67 81 57, 🍴 – 📺 🅿 🅰🅴 ① ⓦⓢ *fermé lundi et mardi* – **Repas** Lunch 24 – 34/72 bc, ♀ ⅃ – ⊑ 13 – **6 ch** 90/105 – ½ P 88/98

◆ Abords verdoyants, façade où grimpe le lierre, cadre rustique, terrasse plaisante à la belle saison : une idée de repas à la campagne. Cave très complète. Chambres charmantes
◆ Weelderig groene omgeving, rustiek interieur, goede wijnkelder, zonnig terras... kortom alle ingrediënten voor een heerlijke maaltijd op het platteland. Sfeervolle kamers.

X **La Pineraie,** r. Pineraie 2, ☎ 0 83 67 73 46, *Fax 0 83 67 73 46,* – P. AE MC VISA.
fermé sem. carnaval, dern. sem. août-prem. sem. sept., dim. soir hors saison, lundi et mardi – **Repas** *Lunch 25 bc* – 37/63 bc.
◆ Ex-dépendance du château de Gesves, cette fermette en pierres du pays abrite un sympathique petit restaurant familial animé par le souci de bien faire, avec de bons produits.
◆ Dit karakteristieke boerderijtje hoorde vroeger bij het kasteel van Gesves en is nu een goed familierestaurantje, waar met liefde wordt gekookt.

GHISLENGHIEN (GELLINGEN) *Hainaut* 533 I 19, 534 I 19 *et* 716 E 4 – *voir à Ath.*

GILLY *Hainaut* 533 L 20, 534 L 20 *et* 716 G 4 – *voir à Charleroi.*

GITS *West-Vlaanderen* 533 D 17 *et* 716 C 3 – *voir à Roeselare.*

GOETSENHOVEN (GOSSENCOURT) *Vlaams-Brabant* 533 O 18 – *voir à Tienen.*

GOOIK *1755 Vlaams-Brabant* 533 J 18 *et* 716 F 3 – *8 905 h.*
Bruxelles 24 – Aalst 22 – Mons 45 – Tournai 66.

XX **'t Krekelhof,** Drie Egyptenbaan 11 (par N 285, puis direction Neigem), ☎ 0 54 33 48 57, *info@krekelhof.be, Fax 0 54 33 41 96,* – ♿ P – 25 à 60. AE MC VISA.
fermé 15 juil.-1er août, mardi et merc. – **Repas** *Lunch 30* – 40/68 bc, ♀.
◆ Cette affaire familiale établie dans une ancienne ferme fêtait ses 20 ans d'existence en 2004. Jardin d'hiver, pergola, jardin et l'agreste Pajottenland pour toile de fond.
◆ Dit familiebedrijf in een oude boerderij vierde in 2004 zijn 20-jarig bestaan. Wintertuin, pergola, tuin en dat mooie Pajottenland op de achtergrond !

à Leerbeek *Sud : 2 km* C *Gooik* – ✉ *1755 Leerbeek :*

X **De Verleiding,** Ninoofsesteenweg 181, ☎ 0 2 532 26 24, *Fax 0 2 532 26 24,* – P. AE MC VISA.
fermé du 4 au 17 fév., 19 juil.-5 août, lundi, mardi soir et sam. midi – **Repas** *Lunch 22* – carte 43 à 61.
◆ Repas au goût du jour servis dans une ample et lumineuse salle de restaurant surplombée d'une mezzanine. Mise en place soignée sur les tables. Terrasse estivale à l'arrière.
◆ Groot en licht restaurant met mezzanine. Eigentijdse keuken en verzorgd gedekte tafels. Op het terras aan de achterkant kan 's zomers worden gegeten.

GOSSELIES *Hainaut* 533 L 20, 534 L 20 *et* 716 G 4 – *voir à Charleroi.*

GOSSENCOURT *Vlaams-Brabant – voir Goetsenhoven.*

GOUY-LEZ-PIÉTON *6181 Hainaut* C *Courcelles 29 543 h.* 533 K 20, 534 K 20 *et* 716 F 4.
Bruxelles 51 – Mons 34 – Namur 43 – Wavre 47.

XX **Le Mont-à-Gourmet,** pl. Communale 12, ☎ 0 71 84 74 15, *le.mont-a-gourmet@skynet.be, Fax 0 71 84 74 15* – P. MC VISA.
fermé du 4 au 28 juil., lundi et mardi – **Repas** *Lunch 25* – 32/65 bc.
◆ Cuisine classique-traditionnelle actualisée et décoration intérieure sur le thème du Septième Art (série de portraits d'acteurs français). Petite terrasse d'été côté jardin.
◆ Klassiek-traditionele keuken die aan de huidige tijd is aangepast en een interieur met foto's van Franse filmacteurs. Tuin met klein terras, waar 's zomers kan worden gegeten.

GRAMMENE *Oost-Vlaanderen* 533 F 17 – *voir à Deinze.*

GRAMMONT *Oost-Vlaanderen – voir Geraardsbergen.*

GRAND-HALLEUX *Luxembourg belge* 533 U 21, 534 U 21 *et* 716 K 5 – *voir à Vielsalm.*

GRANDHAN *Luxembourg belge* 533 R 21, 534 R 21 *et* 716 J 5 – *voir à Durbuy.*

GRANDRIEU *Hainaut* 534 K 21 *et* 716 F 5 – *voir à Beaumont.*

GRANDVOIR *Luxembourg belge* 534 R 23 *et* 716 J 6 – *voir à Neufchâteau.*

's GRAVENVOEREN (FOURON-LE-COMTE) 3798 Limburg © Voeren 4 473 h. 533 T 18 et 716 K 3.

🖪 Kerkplein 216, 🖋 0 4 381 07 36, toerismevoeren@toerismelimburg.be, Fax 0 4 381 21 59.
Bruxelles 102 – Maastricht 15 – Liège 23.

🏠 **De Kommel** 🦮, Kerkhofstraat 117d, 🖋 0 4 381 01 85, info@dekommel.be, Fax 0 4 381 23 30, ≤, 🍴, 🚲 – 🛗 📺 📞 – 🚲 30. ΑΕ ⓪ ⓪ 𝘝𝘐𝘚𝘈. ✀
fermé janv. – **Repas** (fermé jeudi) Lunch 25 – 32/75 bc, ♀ – **16 ch** ⏏ 55/80 – ½ P 65/75.
♦ Cette construction récente juchée sur une colline profite du coup d'oeil sur la vallée et le village. Chambres convenablement équipées, garnies de meubles en rotin. Restaurant doté d'une belle terrasse panoramique. Cuisine d'aujourd'hui.
♦ Recentelijk gebouwd hotel op een heuvel, vanwaar zich een weids uitzicht op het dal en het dorp ontvouwt. De kamers hebben goede voorzieningen en zijn met rotanmeubelen ingericht. Het restaurant heeft een mooi panoramaterras. Eigentijdse keuken.

🍴🍴 **The Golden Horse,** Hoogstraat 242, 🖋 0 4 381 02 29, Fax 0 4 381 20 44, 🍴 – 📞. ΑΕ ⓪ ⓪ 𝘝𝘐𝘚𝘈. ✀
fermé 3 sem. en sept., lundi midi, jeudi, vend. midi et sam. midi – **Repas** Lunch 29 – 38/75 bc ♨.
♦ Poutres cérusées, murs éclatants et nappages dorés : voilà pour le décor de la salle. Côté bouche : produits nobles, grands vins et millésimes. Agréable restaurant d'été.
♦ Interieur met geceruseerde balken, muren in felle kleuren en goudkleurig tafellinnen. Kwaliteitsproducten en grote wijnen uit topjaren. 's Zomers kunt u buiten eten.

's GRAVENWEZEL Antwerpen 533 M 15 et 716 G 2 – voir à Antwerpen, environs.

GRIMBERGEN Vlaams-Brabant 533 L 17 et 716 G 3 – voir à Bruxelles, environs.

GROBBENDONK Antwerpen 533 N 15 et 716 H 2 – voir à Herentals.

GROOT-BIJGAARDEN Vlaams-Brabant 533 K 17 et 716 F 3 – voir à Bruxelles, environs.

GULLEGEM West-Vlaanderen 533 E 17 et 716 C 3 – voir à Wevelgem.

HAALTERT 9450 Oost-Vlaanderen 533 J 17 et 716 F 3 – 17 087 h.
Bruxelles 29 – Gent 35 – Aalst 6 – Mons 59.

🍴🍴 **Apriori,** Sint-Goriksplein 19, 🖋 0 53 83 89 54, info@a-priori.be, 🍴 – ▤. ⓪ 𝘝𝘐𝘚𝘈. ✀
fermé 1 sem. en avril, 3 sem. en août, 1 sem. en janv., mardi soir, merc. et sam. midi – **Repas** Lunch 30 – 45/75 bc.
♦ Derrière l'église, devanture moderne en aluminium précédant une salle à manger "tendance" accessible par un couloir vitré. Cuisines à vue ; terrasse arrière jouxtant un parc.
♦ Achter de kerk staat dit trendy restaurant met een moderne aluminiumgevel. Open keuken en terras aan de achterkant, met uitzicht op een park.

De HAAN 8420 West-Vlaanderen 533 D 15 et 716 C 2 – 11 666 h – Station balnéaire.
🐦₁₈ Koninklijke baan 2 🖋 0 59 23 32 83, Fax 0 59 23 37 49.
🖪 Gemeentehuis, Leopoldlaan 24 🖋 0 59 24 21 34, tourisme@dehaan.be, Fax 0 59 24 21 36 – (Pâques-sept. et vacances scolaires) Tramstation 🖋 0 59 24 21 35.
Bruxelles 113 – Brugge 21 – Oostende 12.

🏠 **Manoir Carpe Diem** 🦮 sans rest, Prins Karellaan 12, 🖋 0 59 23 32 20, manoircarpediem@skynet.be, Fax 0 59 23 33 96, 🛋, 🍴, 🚲 – 📺 📞 ΑΕ ⓪ ⓪ 𝘝𝘐𝘚𝘈
fermé janv. et lundi, mardi et merc. du 12 nov. à fév. sauf vacances scolaires - **12 ch** ⏏ 125/150, – 3 suites.
♦ La célèbre maxime latine inspire l'enseigne de cette villa charmante bâtie à proximité du littoral. Les chambres, spacieuses et cossues, ne manquent assurément pas d'agrément.
♦ In deze mooie villa vlak bij de kust is het niet moeilijk de dag te plukken ! De ruime en weelderig ingerichte kamers staan garant voor een heerlijk verblijf.

🏠 **Aub. des Rois-Beach H.,** Zeedijk 1, 🖋 0 59 23 30 18, Fax 0 59 23 60 78, ≤, 🍴, ⥷ – 🛗 📺 🦮 📞 ⓪ ⓪ 𝘝𝘐𝘚𝘈. ✀
sem. carnaval, 18 mars-23 oct. et 23 déc.-4 janv. – **Repas** (fermé merc.) 38/80 bc – **18 ch** ⏏ 78/140, – 6 suites – ½ P 84/105.
♦ Hôtel 1900 ancré sur la digue, à quelques pas de la plage. Chambres agréables, d'une tenue méticuleuse ; certaines profitent un peu plus que d'autres du panorama maritime. Restaurant classique et taverne tournés vers l'estran ; bar feutré au décor anglais.
♦ Hotel uit 1900 aan de boulevard, op loopafstand van het strand. Aangename en perfect onderhouden kamers ; sommige profiteren meer van het zeezicht dan andere. Klassiek restaurant en café met uitzicht op het strand. Gezellige bar.

Les Dunes sans rest, Leopoldplein 5, ℰ 0 59 23 31 46, *Fax 0 59 23 31 46*, 🚗 - 📶 📺
🚗 **P**. ⓞ ⓥⓢ 💳 *VISA*. ⚘
fév.-3 oct. – **20 ch** 🖙 73/116.
◆ Cette résidence de l'entre-deux-guerres borde un square tout proche des premiers châteaux de sable. Accueil avenant, chambres de bonne ampleur et jolie salle de
breakfast.
◆ Dit pand uit het interbellum ligt aan een plantsoen, vlak bij het strand. Gastvrij onthaal,
ruime kamers en mooie ontbijtzaal.

Duinhof 🐾 sans rest, Ringlaan Noord 40, ℰ 0 59 24 20 20, *info@duinhof.be, Fax 0 59
24 20 39*, 🚗, 🏊, 🌳, 🚲 – 📺 **P**. – 🏋 25. ⓥⓢ *VISA*
11 ch 🖙 80/125.
◆ De belles chambres personnalisées à l'anglaise ont été aménagées dans cette bâtisse en
briques prolongeant une ferme du 18ᵉ s. Jardin soigné ; quartier résidentiel paisible.
◆ Dit hotel is gevestigd in een bakstenen gebouw bij een 18e-eeuwse boerderij in een
rustige woonwijk. De kamers hebben een Engelse uitstraling.

Arcato 🐾 sans rest, Nieuwe Steenweg 210, ℰ 0 59 23 57 77, *Fax 0 59 23 88 66*, ⚘,
🚲 – 📶 📺 **P**. ⓥⓢ *VISA*. ⚘
14 ch 🖙 55/75.
◆ Hôtel moderne bien pensé, adjoignant une kitchenette à la plupart de ses
chambres. Calmes et ensoleillées, toutes donnent sur l'arrière et disposent d'un balcon
meublé.
◆ Modern en comfortabel hotel met rustige, zonnige kamers die allemaal aan de
achterkant liggen en voorzien zijn van een mooi balkon. Vele zijn uitgerust met een kitchenette.

Alizee 🐾 sans rest, Tollenslaan 1, ℰ 0 59 23 34 75, *info@hotelalizee.be,
Fax 0 59 23 76 34*, 🚗, 🏊, 🌳 – 📺 **P**. ⓥⓢ *VISA*
fermé 15 déc.-15 janv. – **10 ch** 🖙 72/120.
◆ Villa balnéaire typique où vous logerez dans des chambres aux douces tonalités
beiges et gris clair, dotées de vieux meubles cérusés. P'tit-déj. sur la jolie terrasse en
été.
◆ Deze villa met kamers in zacht beige en lichtgrijs is typerend voor de Belgische badplaatsen. Bij mooi weer kan op het terras worden ontbeten.

Rubens 🐾 sans rest, Rubenslaan 3, ℰ 0 59 24 22 00, *info@hotel-rubens.be, Fax 0 59
23 72 98*, 🌳 – 📺. ⓥⓢ *VISA*
fermé 15 nov.-15 déc. – **11 ch** 🖙 62/80.
◆ Élevée dans un secteur résidentiel, cette jolie villa transformée en hôtel familial propose
des chambres coquettes. Salle des petits-déjeuners assez mignonne, elle aussi.
◆ Mooie villa in een rustige woonwijk, die tot familiehotel is verbouwd. De kamers zien er
piekfijn uit, net als de ontbijtzaal overigens.

Belle Epoque, Leopoldlaan 5, ℰ 0 59 23 34 65, *hotel.belle-epoque@skynet.be, Fax 0 59
23 38 14*, 🌳 – 📶 📺. ⓥⓢ *VISA*
Repas *(fermé du 1ᵉʳ au 26 déc., du 9 au 31 janv. et lundi)* (taverne-rest) 22/27 – **16 ch**
(fermé du 9 au 31 janv.) 🖙 50/74, – 3 suites – ½ P 68.
◆ La nostalgie de la Belle Époque imprègne l'architecture de cette élégante résidence
bordant une des avenues de la station. Amples chambres sobrement actuelles. À table,
recettes aux saveurs marines. L'été, on mange sous les stores de la terrasse.
◆ De architectuur van dit sierlijke gebouw aan een van de lanen van de badplaats
druipt van heimwee naar de belle époque. De ruime, moderne kamers zijn sober
ingericht. Restaurant met veel vis. 's Zomers kan onder de markies op het terras worden
gegeten.

Internos, Leopoldlaan 12, ℰ 0 59 23 35 79, *hotelinternos@skynet.be,
Fax 0 59 23 54 43*, 🚲 – 📺 🚗 **P**. 🅰🅴 ⓞ ⓥⓢ *VISA*
fermé 15 nov.-20 déc. – **Repas** *(fermé merc.)* (dîner seult) carte 30 à 40 – **19 ch** 🖙 55/95
– ½ P 96/113.
◆ Grosse villa située au bord d'une avenue passante, dans le centre de la station. Chambres
de tailles diverses ; les meilleures possèdent un coin salon et une kitchenette. Restaurant
présentant une carte traditionnelle.
◆ Grote villa aan een doorgaande weg in het centrum van dit vakantieoord. Kamers van
verschillende grootte ; de beste hebben een zithoek en een kitchenette. Restaurant met
traditionele keuken.

De Gouden Haan sans rest, B. Murillolaan 1, ℰ 0 59 23 32 32, *de.gouden.haan@tij
d.com, Fax 0 59 23 74 92* – 📺 **P**. ⚘
8 ch 🖙 50/85.
◆ Ce petit hôtel tire parti d'une villa représentative de l'architecture balnéaire
du début du 20ᵉ s. Ses chambres sont nettes et offrent en général suffisamment
d'espace.
◆ Klein hotel in een villa die kenmerkend is voor de architectuur in badplaatsen uit
de vroege 20e eeuw. De kamers zijn netjes en bieden over het algemeen voldoende
ruimte.

BELGIQUE

Gd H. Belle Vue, Koninklijk Plein 5, ℘ 0 59 23 34 39, info@hotelbellevue.be, Fax 0 59 23 75 22, 🍴 – 🛗 📺 🅿 🕭 *VISA*. 🛇 rest
mars-15 oct. – **Repas** *Lunch* 18 – 35/47 bc – **40 ch** ☲ 62/110 – ½ P 65/72.
♦ Bâtisse hôtelière monumentale d'esprit anglo-normand inaugurée en 1910. Ambiance nostalgique et chambres proprettes, de gabarits et d'agencement variables. Repas traditionnel dans une salle au décor aimablement suranné ou sur la terrasse estivale abritée.
♦ Monumentaal pand in Anglo-Normandische stijl dat in 1910 een hotel werd. Nostalgische sfeer en keurige kamers van verschillend formaat. In de heerlijk ouderwetse eetzaal of op het beschutte zomerterras kan een traditionele maaltijd worden genuttigd.

Bon Accueil 🛇 sans rest, Montaignelaan 2, ℘ 0 59 23 31 14, lebonaccueil@pi.be, Fax 0 59 23 91 15, 🍴 – 📺 🅿 🕭 *VISA*. 🛇
fév.-oct. – **13 ch** ☲ 45/72.
♦ Deux anciennes maisons particulières mitoyennes composent ce petit hôtel blotti au coeur d'un quartier résidentiel. Lumineuse salle de breakfast tournée vers le jardin.
♦ Dit hotelletje bestaat uit twee belendende oude huizen in een rustige woonwijk. Aangenaam lichte ontbijtzaal die uitkijkt op de tuin.

Bilderdijk sans rest, Bilderdijklaan 4, ℘ 0 59 23 62 00, info@hotelbilderdijk.be, Fax 0 59 23 95 37, 🍴 – 📺 🅿 🕭 *VISA*.
fermé du 23 au 30 déc. – **8 ch** ☲ 55/74.
♦ Dans un quartier résidentiel, maison d'habitation devenue un mini-hôtel où vous serez hébergés dans des chambres de proportions satisfaisantes. Ambiance et accueil familiaux.
♦ Dit piepkleine hotelletje in een rustige woonwijk beschikt over royale kamers. Gemoedelijke ambiance en hartelijke ontvangst.

XX Cocagne, Stationsstraat 9, ℘ 0 59 23 93 28, restaurant.cocagne@pandora.be – 🕭 *VISA*
fermé du 1er au 10 juil., du 22 au 29 sept., du 18 au 23 déc., merc. sauf 15 juil.-15 août et jeudi – **Repas** *Lunch* 28 – 38/87 bc.
♦ Restaurant familial à l'atmosphère cordiale implanté dans une ancienne maison de maître, sur la voie commerçante principale de la station balnéaire. Cuisine d'aujourd'hui.
♦ Familierestaurantje met een gemoedelijke sfeer in een oud herenhuis aan de voornaamste winkelstraat van deze badplaats. Eigentijdse keuken.

X L'Espérance, Driftweg 1, ℘ 0 59 32 69 00, Fax 0 59 32 69 00 – 🕭 *VISA*
fermé 1 sem. en juin, 1 sem. en sept., mardi et merc. – **Repas** *Lunch* 25 – carte 45 à 52.
♦ Devant un arrêt de tram du début du 20e s., architecture balnéaire de la même époque abritant une salle à manger contemporaine où vous aurez les fourneaux en point de mire.
♦ Dit pand bij een tramhalte uit 1900 dateert uit dezelfde tijd en is kenmerkend voor de architectuur in de Belgische badplaatsen. Eigentijdse eetzaal met zicht op de keuken.

X Casanova, Zeedijk 15, ℘ 0 59 23 45 55, ≤, 🍴 – 🕭 *VISA*
fermé jeudi – **Repas** *Lunch* 13 – 33/35.
♦ Aucune garantie de manger ici en compagnie du légendaire séducteur ! Pour vous consoler, mesdames et mesdemoiselles : vue littorale, fruits de mer et saveurs transalpines.
♦ Aangenaam restaurant, waar de visspecialiteiten, Italiaanse gerechten en het uitzicht op zee even verleidelijk zijn als de legendarische Casanova.

à Klemskerke *Sud : 5,5 km* 🄲 *De Haan* – ⊠ *8420 Klemskerke :*

X de Kruidenmolen, Dorpsstraat 1, ℘ 0 59 23 51 78, 🍴 –
fermé 1 sem. en mai, 2 sem. en nov., merc. et jeudi – **Repas** 35.
♦ La haute silhouette d'un moulin à vent en bois du 18e s. veille sur ce logis du meunier devenu une table de bonne réputation locale. Ambiance détendue d'un "bistrot-gastro".
♦ Het hoge silhouet van een 18e-eeuwse windmolen waakt over deze molenaarswoning, die nu een restaurant is met een goede naam. Uitstekend eten in een ontspannen bistrosfeer.

à Vlissegem *Sud-Est : 6,5 km* 🄲 *De Haan* – ⊠ *8421 Vlissegem :*

XX Lepelem, Brugsebaan 16 (N 9), ℘ 0 59 23 57 49, Fax 0 59 70 09 53, 🍴 – 🅿 🅰🅴 ⓞ 🕭 *VISA*
fermé 15 fév.-8 mars, 12 sept.-7 oct., lundi soir, merc. et jeudi – **Repas** 33/63 bc.
♦ Grosse auberge isolée dans les polders, au bord de la "route de l'anguille", sur le tronçon Brugge-Oostende. Salle de restaurant confortable. Cuisine classique du marché.
♦ Afgelegen herberg in de polder, langs de "palingroute" tussen Brugge en Oostende. Comfortabel restaurant met een klassieke keuken, afhankelijk van het aanbod op de markt.

X Vijfwege, Brugsebaan 12 (N 9), ℘ 0 59 23 31 96, 🍴, Anguilles – 🅿
fermé mars, 20 sept.-15 oct., mardi et merc. – **Repas** 30.
♦ L'anguille et la côte à l'os figurent parmi les "must" du Vijfwege. Mieux vaut prendre les devants et réserver sa table, car ça ne désemplit pas !
♦ Paling en ribstuk behoren tot de toppers van de Vijfwege. Het is verstandig het zekere voor het onzekere te nemen en een tafel te reserveren, want het is er altijd bomvol !

HAASDONK 9120 Oost-Vlaanderen Ⓒ Beveren 45 176 h. **533** K 15 et **716** F 2.

Bruxelles 51 – Antwerpen 19 – Gent 44 – Sint-Niklaas 11 – Middelburg 90.

ⓧ **Willem Van Doornick,** Willem Van Doornyckstraat 2, ℘ 0 3 755 85 89, willem.vand
oornick@skynet.be, Fax 0 3 755 84 89 – ᴬᴱ ⓄⓄ ᵛᴵˢᴬ
fermé 1 sem. Pâques, 2 sem. en juil., 1 sem. Toussaint, lundi, mardi midi et sam. midi –
Repas carte 35 à 48.

◆ Belle brasserie où l'on se repaît dans un cadre contemporain semé de touches nostalgiques, comme cette cuisinière d'un autre âge exposée en salle. Ambiance "trendy".
◆ Fraaie brasserie met een hedendaags interieur en hier en daar een nostalgische noot,
zoals het antieke fornuis in de eetzaal. Trendy ambiance.

HABAY-LA-NEUVE 6720 Luxembourg belge Ⓒ Habay 7 531 h. **534** S 24 et **716** J 6.

Bruxelles 185 – Bouillon 55 – Arlon 14 – Bastogne 37 – Neufchâteau 22 – Luxembourg 40.

ⓧ **Tante Laure,** r. Emile Baudrux 6, ℘ 0 63 42 23 63, Fax 0 63 42 35 91, 🏠 – ᴬᴱ ⓄⓄ
⇔ ⓄⓄ ᵛᴵˢᴬ
fermé 20 janv.-10 fév., 20 sept.-10 oct., merc. soir et jeudi – **Repas** Lunch 12 – 22/33 bc.
◆ Au centre, devant un parking, maison familiale dont la "cartounette" de préparations traditionnelles met volontiers le terroir à l'honneur. Salle à manger néo-
rustique.
◆ Familierestaurant in het centrum, bij een parkeerplaats. In de neorustieke eetzaal kunt
u genieten van traditionele gerechten op basis van producten uit de streek.

à l'Est : 2 km par N 87, lieu-dit Pont d'Oye :

🏨 **Les Ardillières** ♨, r. Pont d'Oye 6, ℘ 0 63 42 22 43, info@lesforges.be, Fax 0 63
42 28 52, ⩽, ⌂, ⇔, 🍴 – 📺 🅿. ⓄⓄ ᵛᴵˢᴬ
fermé du 1ᵉʳ au 19 janv. – **Repas** voir rest **Les Forges** ci-après – **9 ch** ⊆ 120/185.
◆ Charmant hôtel en pierres du pays blotti au creux d'un vallon boisé. La moitié des chambres, douillettes et "full equipment", profitent de l'environnement verdoyant.
◆ Charmant hotel gelegen in een bosrijk dal en opgetrokken uit de lokale steensoort. Behaaglijke kamers met volledige accomodatie en waarvan de helft uitkijkt op het groen.

🏨 **Château** ♨, r. Pont d'Oye 1, ℘ 0 63 42 01 30, info@chateaudupontdoye.be, Fax 0 63
42 01 36, ⩽, 🌿, 🚲 – 📱 🅿. – 🔒 25 à 100. ᴬᴱ Ⓞ ⓄⓄ ᵛᴵˢᴬ. 🍴 rest
Repas (fermé lundi) Lunch 19 – 38/76 bc, ☿ – **16 ch** ⊆ 60/140, – 2 suites –
½ P 70/135.
◆ Un parc d'environ 15 ha parsemé d'étangs agrémente cette folie du 18ᵉ s. adossée à
l'épaisse forêt d'Anlier. Chambres personnalisées par de coquets décors. Salle de restaurant
où règne une atmosphère mi-aristocratique, mi-guillerette.
◆ Dit 18e-eeuwse lustslot in een park van circa 15 ha met vijvers ligt tegen het dichte
bos van Anlier. De kamers zijn mooi ingericht en hebben een persoonlijk karakter. In het
restaurant heerst een aristocratische sfeer, die echter niet stijf is.

ⓧⓧⓧⓧ **Les Forges** (Thiry frères) - H. Les Ardillières, r. Pont d'Oye 6, ℘ 0 63 42 22 43, info
☆ @lesforges.be, Fax 0 63 42 28 52, ⩽, 🏠 – 🅿. ⓄⓄ ᵛᴵˢᴬ
fermé 27 juin-14 juil., du 1ᵉʳ au 19 janv., mardi, merc. et sam. midi – **Repas** Lunch 36 –
75/128 bc, carte 71 à 113, ☿ ❀
Spéc. Tajine de foie de canard mûri au beaume de venise et safran. Pince de tourteau
et crème du corail de crabe. Entrecôte grillé aux huîtres plates de Zélande et jeunes légumes croquants à la moelle.
◆ Vallée forestière, cascades bruissantes, salle actuelle épurée, terrasse sur jardin fleuri,
cave élaborée et "armagnacothèque" de prestige... Le coup de foudre, ça existe !
◆ Bosrijk dal, klaterende watervallen, moderne eetzaal, terras aan een bloementuin,
prestigieuze wijnkelder met veel armagnacs... Bij ons was het liefde op het eerste
gezicht !

ⓧ **Les Plats Canailles de la Bleue Maison,** r. Pont d'Oye 7, ℘ 0 63 42 42 70,
Fax 0 63 42 43 17, ⩽, 🏠 – 🅿. ᵛᴵˢᴬ
fermé 29 août-15 sept., du 1ᵉʳ au 19 janv., dim. soir, lundi et mardi midi – **Repas** Lunch
18 – carte env. 46, ☿.
◆ Qui connaît Hansel et Gretel sera d'autant plus séduit par cette petite auberge. Salle des
repas colorée, égayée d'une cheminée. Véranda côté ruisseau. Soirées à thème.
◆ Deze herberg doet aan het huisje van Hans en Grietje denken. In vrolijke kleurtjes geschilderde eetzaal met schouw. Serre aan de kant van een klaterend beekje. Thema-
avonden.

HALLE (HAL) 1500 Vlaams-Brabant **533** K 18, **534** K 18 et **716** F 3 – 34 235 h.

Voir Basilique★★ (Basiliek) X.

🅱 Historisch Stadhuis, Grote Markt 1 ℘ 0 2 356 42 59, halle@toerismevlaanderen.be, Fax
0 2 361 33 50.

Bruxelles 17 ① – Charleroi 47 ② – Mons 41 ④ – Tournai 67 ⑤

HALLE

Albertstr. . . . . Z 2
Basiliekstr. . . . . Y
Beestenmarkt . . . . X 3
Bergensesteenweg . . . . Y, Z 4
Brusselsesteenweg . . . . X, Z 8
Dekenstr. . . . . X 12
E. Nerincxstr. . . . . Z 15
Edingensesteenweg . . . . Z 13
Grote Markt . . . . X 16
Jean Jacminstr. . . . . Z 17
Jean Laroystr. . . . . X 19
Jozef Michelstr. . . . . X 20
Klinkaert . . . . X 21
Kluisbos . . . . Z 23
Leopoldstr. . . . . Z 24
Louis Theunckensstr. . . . . Y 27
Louis van Beverenstr. . . . . X 25
Maandagmarkt . . . . Y 29
Melkstr. . . . . X 31
Mgr Senciestr. . . . . X 32
Nederhem . . . . X, Z 33
Nijverheidstr. . . . . Y 34
O. de Kerchove d'Exaerdestr. . . . . Z 35
Oudstrijderspl. . . . . Y 36
Possozpl. . . . . Y 38
R. Deboecklaan . . . . Y 39
Rodenemweg . . . . Z 40
St. Rochusstr. . . . . Y 41
V. Baetensstr. . . . . Y 44
v. d. Peereboomstr. . . . . Y, Z 37
van de Maelestr. . . . . X 28
Vondel . . . . Y 45
Vuurkruisenstr. . . . . Y 47
Zuster Bernardastr. . . . . X 49

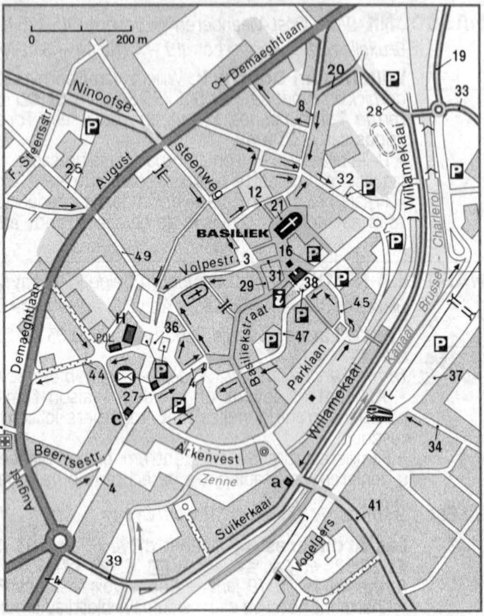

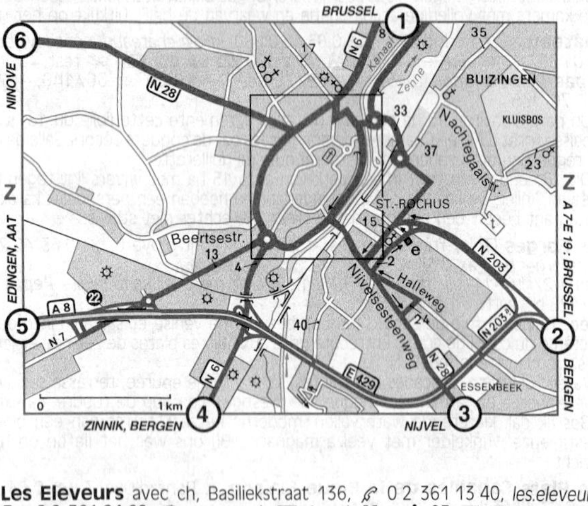

XXX **Les Eleveurs** avec ch, Basiliekstraat 136, ☎ 0 2 361 13 40, *les.eleveurs@tijd.com*
Fax 0 2 361 24 62, – rest, TV ♿ rest, P – 25. AE ① MC VISA Y a
fermé vend., sam. midi, dim. soir, lundis fériés et jours fériés soirs – **Repas** *Lunch 40* – 58/68
– **15 ch** 85/125 – ½ P 112.
◆ Cet établissement doit son nom aux rendez-vous que s'y donnaient naguère les éleveurs de chevaux. Salle de restaurant classique, cave bien remplie et chambres avenantes.
◆ Dit etablissement was vroeger een trefpunt van paardenfokkers, zoals de naam al doet vermoeden. Klassiek restaurant, goedgevulde wijnkelder en prettige kamers.

XX **Kinoo,** Albertstraat 70, ☎ 0 2 356 04 89, *bkinoo@yahoo.fr*, *Fax 0 2 361 53 50*,
AE ① MC VISA Z
fermé 22 juil.-20 août, du 26 au 31 déc., dim. soir, lundi et merc. soir – **Repas** *Lunch 38* 44/69 bc.
◆ Estimable restaurant officiant depuis une vingtaine d'années dans une ancienne maison particulière à dénicher en périphérie de Halle. Attention : nombre de couverts limité.
◆ Goed restaurant dat in 20 jaar tijd ruimschoots zijn sporen heeft verdiend. Het is gevestigd in een oud herenhuis aan de rand van Halle en heeft een beperkt aantal couverts

✗ **Peking Garden,** Bergensesteenweg 50, ✆ 0 2 360 31 20, Fax 0 2 360 31 20, Cuisine chinoise – 🗏 **P.** 🐼 **VISA**, ✀
Y c
fermé 2 dern. sem. juil. et merc. – **Repas** Lunch 28 – carte 22 à 35.
* Le coeur de Halle ne pourrait être confondu avec la Cité Interdite, quoique... Deux lions dorés gardent l'entrée du Peking Garden, au cadre intérieur "chinois contemporain".
* Soms wordt het centrum van Halle voor de Verboden Stad aangezien... Twee vergulde leeuwen bewaken de ingang van dit restaurant met een hedendaags Chinees interieur.

HALMA Luxembourg belge 534 P 22 et 716 I 5 – voir à Wellin.

HAM 3945 Limburg 533 P 16 et 716 I 2 – 9 499 h.
Bruxelles 78 – Hasselt 25 – Antwerpen 50.

✗✗ **Host. The Fox** 🦊 avec ch, Genendijkerveld 5 (Sud-Est : 4 km, lieu-dit Genendijk), ✆ 0 13 66 48 50, foxsmolders@compaqnet.be, Fax 0 13 67 28 33, 🌫, 🛋, 🐎, 🚲 – 🔚 **TV P.**
AE ① ④ VISA. ✀
Repas (fermé mars, sept., lundi, mardi midi, merc. midi et sam. midi) Lunch 15 – carte 24 à 46 – **8 ch** ☲ 62/85 – ½ P 56/99.
* Hostellerie familiale entourée d'arbres, au voisinage d'un héliport. Salle à manger néorustique prolongée d'une véranda. Chambres aménagées sous le toit.
* Dit familiehotel ligt tussen de bomen ; het bezit een helihaven. Neorustieke eetzaal met serre. Op de zolderverdieping zijn kamers ingericht.

HAMME 9220 Oost-Vlaanderen 533 N 18 et 716 F 2 – 22 822 h.
Bruxelles 38 – Antwerpen 29 – Gent 36.

🏨 **Het Zoete Water,** Damstraat 64, ✆ 0 52 47 00 92, info@hetzoetewater.be, Fax 0 52 47 00 93 – 🛗 🗏 **TV P. AE ④ VISA**. ✀
fermé vacances Noël – **Repas** (résidents seult) – ☲ 8 – **8 ch** 90/105.
* Ce petit établissement à façade Art déco a profité d'une rénovation intérieure intégrale. Belles chambres modernes ; parties communes de même. Accueil personnalisé.
* Dit hotelletje met art-decogevel is vanbinnen volledig gerenoveerd. Fraaie moderne kamers en gemeenschappelijke ruimten in dezelfde stijl. Persoonlijk onthaal.

✗✗✗ **De Plezanten Hof** (Putteman), Driegoten 97 (près de l'Escaut-Schelde), ✆ 0 52
✿ 47 38 50, plezantenhof.hamme@skynet.be, Fax 0 52 47 86 56, 🌫 – **P. AE ① ④ VISA**
JCB
fermé 2 sem. en sept., fin déc.-début janv., mardi de mai à août, dim. soir et lundi – **Repas**
Lunch 58 – 65/105 bc, carte 84 à 109 🕸
Spéc. Tartare de raie et attelet de langoustines. Homard cuit en carapace et chutney d'artichaut. Ris de veau croustillant et pickles maison.
* Qu'il est plaisant, ce jardin fleuri et agrémenté d'une pièce d'eau, au bord duquel paresse la terrasse d'été ! Cuisine joliment personnalisée et beaux flacons en cave.
* De naam van dit restaurant is goed gekozen, want wat is het plezierig tafelen op het terras aan de fraaie bloementuin met waterpartij ! Persoonlijke kookstijl en mooie wijnen.

✗✗ **Ter Schroeven,** Dendermondse Steenweg 15 (Sud : 2 km sur N 470), ✆ 0 52 47 61 31,
Fax 0 52 47 61 31, 🌫 – **P. AE VISA**. ✀
fermé lundi, mardi et merc. – **Repas** Lunch 30 – 38/62 bc.
* Se tenant en retrait de la chaussée, grosse villa blanche aux abords soignés, dont la décoration intérieure s'inspire du style provençal. Menus "all-in".
* Grote witte villa die even van de weg af staat. De directe omgeving maakt meteen al een verzorgde indruk en het interieur is geïnspireerd op de Provence. All-in menu's.

à **Moerzeke** Sud-Est : 4 km 🅖 Hamme – ✉ 9220 Moerzeke :

✗✗ **Wilgenhof,** Bootdijkstraat 90, ✆ 0 52 47 05 95, wilgenhof@skynet.be, Fax 0 52
48 03 92 – 🗏 **P. 🐼 ④ VISA**
fermé 1 sem. carnaval, 2 prem. sem. sept., lundi et mardi – **Repas** Lunch 30 – 55 bc.
* Cette gentille auberge familiale bordant une petite route de campagne distille une atmosphère "bon enfant". À table, répertoire culinaire d'un classicisme immuable.
* Deze vriendelijke herberg ligt aan een landweggetje en ademt een gemoedelijke sfeer. In de eetzaal genieten de gasten van de onveranderlijk klassieke keuken.

✗ **'t Jachthuis,** Bootdijkstraat 88, ✆ 0 52 48 02 91, Fax 0 52 48 11 91, 🌫 – **AE 🐼 VISA**
fermé 2 prem. sem. juil., sem. Toussaint, merc., jeudi et sam. midi – **Repas** Lunch 22 – 30/60 bc.
* Dans une ancienne ferme, restaurant au décor intérieur entièrement refait à neuf. Offre culinaire classique s'enrichissant de préparations un peu plus contemporaines.
* Deze oude boerderij heeft een volledig gerenoveerd interieur. Op de menukaart staat naast het klassieke repertoire ook een aantal eigentijdse gerechten.

HAMOIR 4180 Liège ⁵³³ S 20, ⁵³⁴ S 20 et ⁷¹⁶ J 4 – 3 555 h.

Bruxelles 111 – Liège 44 – Huy 28.

XX **La Bonne Auberge,** pl. Delcour 10, ℘ 0 86 38 82 08, labonneaubergehamoir@skyn et.be, Fax 0 86 38 82 08, 斎 – 🚾 ᵛⁱˢᵃ. ⊱
fermé 2 prem. sem. juil., 2 prem. sem. janv., dim. soir, lundi midi et merc. – **Repas** 26/40, ♀.
◆ Une allée "garden" mène au seuil de cette sympathique petite maison où l'on mitonne des plats traditionnels. Si la météo est clémente, les parasols fleurissent au jardin.
◆ Een kunstig aangelegde laan leidt naar dit aardige restaurant, waar traditionele gerechten worden geserveerd. Als het weer meewerkt, "ontluiken" kleurige parasols in de tuin.

HAMONT-ACHEL 3930 Limburg ⁵³³ S 15 et ⁷¹⁶ J 2 – 13 749 h.

Bruxelles 107 – Eindhoven 28 – Hasselt 43.

à Achel Ouest : 4 km © Hamont-Achel – ✉ 3930 Achel :

🏨 **Koeckhofs,** Michielsplein 4, ℘ 0 11 64 31 81, info@koeckhofs.be, Fax 0 11 66 24 42, 斎 – 🛗 ⊱⊱ 🖵 – 🔏 25 à 55. 🝙 🚾 ᵛⁱˢᵃ ᴶᶜᴮ. ⊱ rest
Repas (fermé 27 déc.-10 janv., dim. et lundi) Lunch 34 – carte 50 à 75 – **16 ch** (fermé 27 déc.-10 janv. et dim.) ⊠ 70/95 – ½ P 75.
◆ Le voyageur en quête d'un hôtel familial dans les parages de la frontière hollandaise pourra compter ici avec des chambres vastes et douillettes. Salles de séminaires. Au restaurant, choix de recettes classiques actualisées pas à pas.
◆ Reizigers die op zoek zijn naar een familiehotel bij de Nederlandse grens, kunnen hier rekenen op behaaglijke kamers. Er zijn ook vergaderzalen. Restaurant met een klassieke keuken, aan de huidige tijd aangepast.

HAM-SUR-HEURE 6120 Hainaut © Ham-sur-Heure-Nalinnes 13 259 h. ⁵³³ L 21, ⁵³⁴ L 21 et ⁷¹⁶ G 5.

Bruxelles 75 – Mons 49 – Beaumont 17 – Charleroi 16.

XX **Le Pré Vert,** r. Folie 24, ℘ 0 71 21 56 09, Fax 0 71 21 50 15, 斎 – 🅿. 🚾 ᵛⁱˢᵃ
fermé fin août-début sept., lundi et mardi – **Repas** 28/53 bc.
◆ Ce restaurant traditionnel oeuvrant aux abords du village a passé allégrement le cap des 25 ans en 2005. Salles rustiques au sol parqueté et grande terrasse côté jardin.
◆ Aan de rand van het dorp staat dit traditionele restaurant, dat in 2005 zijn 25-jarig jubileum viert. Rustieke eetzalen met parket en groot terras aan de tuinzijde.

HANNUT (HANNUIT) 4280 Liège ⁵³³ P 18, ⁵³⁴ P 18 et ⁷¹⁶ I 3 – 13 766 h.

₉ rte de Grand Hallet 19a ℘ 0 19 51 30 66, Fax 0 19 51 53 43.
Bruxelles 60 – Namur 32 – Liège 43 – Hasselt 38.

XX **Les Comtes de Champagne,** chaussée de Huy 23, ℘ 0 19 51 24 28, traiteur.jean jacques@swing.be, Fax 0 19 51 31 10, 斎 – ▤ 🅿 – 🔏 25 à 200. ᵛⁱˢᵃ ⊱.
fermé merc. – **Repas** (déjeuner seult sauf vend. et sam.) Lunch 25 – 50/70 bc.
◆ Ancienne maison de notable recluse derrière les grilles d'un petit parc. Salle de restaurant où l'on propose le meilleur accord entre vins et mets bourgeois.
◆ Oud herenhuis met een klein park dat door een hek wordt omsloten. In de eetzaal worden uitstekende wijn-spijscombinaties op tafel gezet.

HANSBEKE 9850 Oost-Vlaanderen © Nevele 10 985 h. ⁵³³ G 16 et ⁷¹⁶ D 2.

Bruxelles 75 – Brugge 37 – Gent 18.

XX **'t Oud Gemeentehuis,** Vaartstraat 2, ℘ 0 9 371 47 10, info@oudgemeentehuis.be Fax 0 9 371 88 51, 斎 – 🅿. 🝙 ① 🚾 ᵛⁱˢᵃ
fermé vacances Pâques, du 1ᵉʳ au 10 août, vacances Noël, merc. soir, sam. midi, dim. e jours fériés – **Repas** Lunch 13 – 36.
◆ Charmante maisonnette disposant d'une terrasse ombragée, bien agréable quand perc le soleil. Choix de plats classiques, dont quelques grillades préparées en salle.
◆ Charmant restaurant met een lommerrijk terras, wat wel fijn is als de zon hoog aar de hemel staat. Klassieke kaart met enkele grillspecialiteiten die in de zaal worden bereic

XX **Onder de Toren,** Dorp 24, ℘ 0 9 233 00 09, yves.loontjes@proximedia.be Fax 0 9 233 00 09, 斎 – 🅿. 🝙 ① 🚾 ᵛⁱˢᵃ
fermé 2 dern. sem. juil., fin déc., sam. midi, dim. et lundi – **Repas** carte 60 à 78, ♀ ᠖.
◆ Restaurant ayant déménagé en 2004 de Gand à Hansbeke, où le patron a jeté son dévol sur une maison bourgeoise ancienne jouxtant l'église. Choix classique noté à l'ardoise.
◆ Dit restaurant verhuisde in 2004 van Gent naar Hansbeke, waar de baas zijn oog liet valle op een oud herenhuis naast de kerk. Klassieke gerechten op een lei.

HAN-SUR-LESSE Namur ⁵³⁴ Q 22 et ⁷¹⁶ I 5 – voir à Rochefort.

HARELBEKE *8530 West-Vlaanderen* 533 *E 17 et* 716 *C 3 – 26 049 h.*
Bruxelles 86 – Kortrijk 4 – Brugge 46 – Gent 42.

Shamrock, Gentsesteenweg 99, ☎ 0 56 70 21 16, *shamrock@belgacom.net, Fax 0 56 70 46 24,* – TV P. AE ① MC VISA. ✻
fermé du 1er au 15 août – **Repas** *(fermé sam. midi et dim. soir)* Lunch 40 bc – carte 42 à 64 – **8 ch** ☐ 65/90 – ½ P 70.
• On se sent ici un peu comme chez soi. En raison de la proximité d'un important noeud routier, les chambres, bien que donnant sur le jardin, sont équipées du double vitrage. Plats classico-bourgeois à l'heure du repas. Terrasse d'été dressée sur la pelouse.
• In dit hotel voelt u zich meteen thuis. Hoewel de kamers aan de achterkant liggen, hebben ze dubbele ramen vanwege de nabijheid van een druk verkeersknooppunt. In het restaurant worden eenvoudige, klassieke maaltijden opgediend. Zomerterras op het gazon.

HASSELT *3500* P *Limburg* 533 *Q 17 et* 716 *I 3 – 68 938 h.*
Musée : *national du genièvre★ (Nationaal Jenevermuseum)* Y **M¹**.
Env. *par ⑦ : Domaine provincial de Bokrijk★.*
18 9 Vissenbroekstraat 15 ☎ 0 11 26 34 82, Fax 0 11 26 34 83 – 9 par ⑤ : 9 km à Lummen, Golfweg 1b ☎ 0 13 52 17 69, Fax 0 13 52 17 69 – 18 par ① : 12,5 km à Houthalen, Golfstraat 1 ☎ 0 89 38 35 43, Fax 0 89 84 12 08 – 18 par ⑧ : 19 km à Paal, Donckstraat 30 ☎ 0 13 61 89 50, Fax 0 13 61 89 49.
Stadhuis, Lombaardstraat 3 ☎ 0 11 23 95 44, toerisme@hasselt.be, Fax 0 11 22 50 23 – Fédération provinciale de tourisme, Willekensmolenstraat 140 ☎ 0 11 23 74 50, *info@toerismelimburg.be,* Fax 0 11 23 74 66.
Bruxelles 82 ⑥ – Maastricht 33 ④ – Antwerpen 77 ⑧ – Liège 42 ④ – Eindhoven 59 ①

Plan page suivante

Holiday Inn, Kattegatstraat 1, ☎ 0 11 24 22 00, *hotel@holiday-inn-hasselt.com, Fax 0 11 22 39 35,* ⚒, ≘s, ☐ – |‡| ⇔ ▤ TV ♿ch, ⇔ – 🏃 25 à 240. AE ① MC VISA JCB. ✻ rest — Y a
Repas (avec buffets) Lunch 20 – 25 – ☐ 16 – **107 ch** 99/230 – ½ P 119/254.
• Cet hôtel moderne bordant le ring est situé à seulement 300 m du musée national du Genièvre, "la" spécialité hasseltoise appelée ici "witteke". Chambres spacieuses. Salle à manger contemporaine agencée sur plusieurs niveaux. Buffets et menu-carte.
• Dit moderne hotel ligt aan de Ring, op slechts 300 m van het Nationaal Jenevermuseum. Deze drank is een Hasseltse specialiteit die hier "witteke" wordt genoemd. Ruime kamers en een eigentijdse eetzaal. À la carte, menu en buffet.

Hassotel, St-Jozefstraat 10, ☎ 0 11 23 06 55, *info@hassotel.be, Fax 0 11 22 94 77,* – |‡| ▤ TV ♿ch, ⇔ – 🏃 25 à 200. AE ① MC VISA. ✻ — Z d
Repas Lunch 10 – 35/45 bc – **36 ch** ☐ 80/130 – ½ P 82/95.
• Immeuble des années 1980 posté en léger retrait du ring enserrant le coeur de la capitale du Limbourg belge. Chambres avant tout fonctionnelles, plus calmes à l'arrière.
• Dit hotel uit 1980 staat even buiten de Ring die om het centrum van de hoofdplaats van Belgisch Limburg loopt. De kamers zijn vooral functioneel en achter wat rustiger.

Portmans, Minderbroederstraat 12 (Walputsteeg), ☎ 0 11 26 32 80, *hotel.portmans@walputsteeg.com, Fax 0 11 26 32 81,* – |‡|, ▤ ch, TV P – 🏃 25 à 40. MC VISA — Y r
Repas (avec cuisine italienne) Lunch 25 – carte 22 à 45 – **14 ch** ☐ 80/95 – ½ P 105.
• Bel hôtel dont l'entrée se cache dans un passage reliant la grand-place à une rue commerçante. De l'atrium, un ascenseur panoramique dessert des chambres sans reproche. Plusieurs possibilités pour se restaurer simplement : pâtes, grillades, snacks, etc.
• De ingang van dit mooie hotel bevindt zich in een winkelgalerij aan de Grote Markt. Vanuit het atrium brengt een glazen lift u naar een van de onberispelijke kamers. Mogelijkheid om eenvoudig te eten, zoals pastaschotels, grillspecialiteiten en diverse snacks.

Express by Holiday Inn sans rest, Thonissenlaan 37, ☎ 0 11 37 93 00, *hotel@express-hihasselt.com, Fax 0 11 37 93 01* – |‡| ⇔ TV ♿ – 🏃 25 à 45. AE ① MC VISA JCB
89 ch ☐ 75/95. — Y d
• Cet établissement de chaîne implanté au bord du ring ceinturant la ville renferme de pimpantes chambres aux tons frais. Les plus calmes se distribuent à l'arrière du bâtiment.
• Dit Holiday Inn-hotel bij de ringweg biedt kamers in frisse kleuren die er tiptop uitzien ; die aan de achterkant zijn het rustigst.

XXX **Figaro,** Mombeekdreef 38, ☎ 0 11 27 25 56, *figaro@figaro.be, Fax 0 11 27 31 77,* ≤, – P – 🏃 25. AE MC VISA — X a
fermé du 1er au 20 août, lundi et merc. – **Repas** Lunch 43 – carte 54 à 79.
• Élégant décor en camaïeu, beaux jardins, patio évocant une hacienda, terrasse estivale dressée au bord de la pièce d'eau : des lieux conçus pour le plaisir des yeux.
• Deze villa is werkelijk een lust voor het oog : een elegant decor in ton sur ton, een weelderige tuin, een patio zoals op een haciënda en een zonnig terras met een waterpartij.

HASSELT

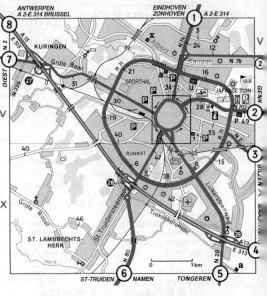

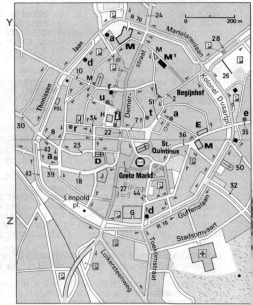

*In deze gids heeft eenzelfde letter of teken, **zwart** of rood,
gedrukt niet helemaal dezelfde betekenis.
Lees aandachtig de bladzijden met verklarende tekst.*

BELGIQUE

't Claeverblat, Lombaardstraat 34, ℘ 0 11 22 24 04, info@claeverblat.be, Fax 0 11 23 33 31 – 🍴 P. AE ① ◑◐ VISA. ※   Y r
fermé jeudi, sam. midi et dim. – **Repas** Lunch 55 – carte 54 à 118.
❖ Maison de bouche connue de très longue date. Intérieur cossu, un peu "protocolaire", vite réchauffé par un accueil cordial. Menus plébiscités et vins à bons prix.
❖ Dit restaurant staat al jaren goed bekend. Rijk aandoend interieur, een beetje stijf, maar vriendelijke bediening. De menu's zijn zeer in trek en de wijnen redelijk geprijsd.

JER, Persoonstraat 16, ℘ 0 11 26 26 47, Fax 0 11 26 26 48, 😊 – 🍴. AE ◑◐ VISA   Y a
fermé lundi, mardi et sam. midi – **Repas** Lunch 26 – carte 48 à 79, ♀.
❖ Préparations traditionnelles, mais également au goût du jour, dont on se délecte dans une salle à manger garnie de meubles de style. Sélection de vins assez bien balancée.
❖ In dit restaurant, dat met stijlmeubelen is ingericht, kunt u genieten van traditionele gerechten die toch aan de huidige smaak voldoen. Uitgebalanceerde wijnkaart.

't Kleine Genoegen, Raamstraat 3, ℘ 0 11 22 57 03, Fax 0 11 22 57 03 – 🍴. AE ①
◑◐ VISA. ※   Y t
fermé 3 sem. en juil., dim. et lundi – **Repas** Lunch 17 – 35/43, ♀.
❖ Restaurant du centre-ville tirant parti d'un bâtiment du 17e s., jadis hôpital de femmes. L'intérieur, clair et moderne, avec mezzanine, produit un sentiment d'espace ouvert.
❖ Restaurant in het centrum, in een 17e-eeuws pand dat vroeger een vrouwengasthuis was. Het lichte en moderne interieur met mezzanine geeft het gevoel van een open ruimte.

Da Chico, Maastrichtersteenweg 20, ℘ 0 11 22 67 37, info@dachico.be,   Y e
Fax 0 11 23 62 80, 😊 – ◑◐ VISA. ※
fermé 2 prem. sem. sept., sam. midi, dim. midi et lundi – **Repas** Lunch 30 – carte 37 à 52.
❖ Restaurant familial estimé pour sa goûteuse cuisine hispano-transalpine et sa plaisante atmosphère "Sud" confortée par une véranda et une terrasse estivale entourée de vigne.
❖ Dit familierestaurant met serre staat bekend om zijn lekkere mediterrane keuken en plezierige zuidelijke atmosfeer. Het zomerse terras wordt door wijnranken omringd.

Prêt-à-goûter (Vandenhove) 1er étage, Havenstraat 15, ℘ 0 11 20 16 80, pretaman   V a
ger@skynet.be – P. AE ① ◑◐ VISA
fermé du 17 au 31 août et dim. – **Repas** Lunch 45 – 65/90 bc
Spéc. Risotto aux langoustines. Côte de veau de lait au poivre de Madagascar. Glace au chocolat et orange aux épices.
❖ Table installée au-dessus d'un grossiste en viande, près du port et des abattoirs. Fourneaux à vue où père et fils signent une cuisine classique à base de produits choisis.
❖ Restaurant boven een groothandelaar in vlees, vlak bij de haven en de abattoirs. In de open keuken is te zien hoe vader en zoon klassieke gerechten bereiden.

De Egge, Walputstraat 23, ℘ 0 11 22 49 51, de.egge@versateladsl.be, Fax 0 11 22 49 51 – AE ① ◑◐ VISA   Y u
fermé 2 dern. sem. juil., sam. midi et dim. – **Repas** Lunch 25 – 33/52 bc.
❖ Sage petit établissement dont l'enseigne (La Herse) évoque les travaux aux champs. Cuisine simple et savoureuse mais accueil et service parfois un rien distants.
❖ Goed restaurantje, waarvan de naam herinnert aan het werk op het land. Eenvoudige, smakelijke keuken, maar ietwat afgemeten bediening.

Jürgen, Diesterstraat 18, ℘ 0 11 21 03 70 – ◑◐ VISA. ※   Z a
fermé merc. et sam. midi – **Repas** (menu unique) Lunch 19 – 45.
❖ Adresse familiale où se conçoit une bonne cuisine du marché. Enfilade de salles à manger sobres et apaisantes. Pas de carte ; seulement deux menus déclamés par le chef.
❖ Gemoedelijk restaurant met verschillende zaaltjes die sober zijn ingericht. Geen kaart, maar twee mondeling doorgegeven menu's met dagverse producten van de markt.

à Herk-de-Stad (Herck-la-Ville) par ⑦ : 12 km – 11581 h – ✉ 3540 Herk-de-Stad :

Rôtiss. De Blenk, Endepoelstraat 50 (Sud : 1 km par rte de St-Truiden, puis rte de Rummen), ℘ 0 13 55 46 64, 😊 – 🍴 P. AE ◑◐ VISA. ※
fermé du 15 au 31 août, jeudi et dim. – **Repas** Lunch 34 – carte 49 à 57.
❖ Fermette à colombages bâtie dans un quartier résidentiel. Côté agrément, c'est le jardin d'hiver qui l'emporte d'une courte tête devant la terrasse réservée aux beaux jours.
❖ Mooi vakwerkboerderijtje in een rustige woonwijk. Wat charme betreft wint de winter-tuin het nog net van het terras dat voor zomerse dagen is bestemd.

Kortessem par ⑤ : 8 km – 8063 h – ✉ 3720 Kortessem :

Het Jachthuis, Reeweg 96, ℘ 0 11 37 60 64, Fax 0 11 37 60 64, 😊 – P. ◑◐ VISA
fermé 1 sem. en sept., mardi et merc. – **Repas** carte 33 à 41.
❖ Ancienne ferme à dénicher en pleine campagne. Repas actuel dans une accueillante salle à touche rustique ou sur la belle terrasse environnée de champs et de prairies.
❖ Landelijk gelegen boerderij. Eigentijdse keuken in een aangename eetzaal met een rustiek karakter. Bij mooi weer is het terras met uitzicht op de akkers en weilanden een must.

à Kuringen Ⓒ *Hasselt* – ✉ *3511 Kuringen :*

XX **Orangerie 't Krekelhof**, Rechterstraat 6, ✆ 0 11 22 28 12, info@orangerie-krekel
hof.be, Fax 0 11 26 12 42, ☆ – 🔳 🅿 – 🕿 25 à 350. 🆎 ⑩ 🐵 VISA ❀   V   x
fermé sem. carnaval, dim. en juil.-août, lundi midi, mardi midi, merc. midi et sam. midi –
Repas Lunch 40 bc – carte 40 à 62.
   ◆ À l'étage d'une grande villa alanguie sur les rives du canal Albert, ample et apaisante
salle à manger couleur ivoire, rehaussée de toiles modernes. Petite terrasse perchée.
   ◆ Restaurant op de bovenverdieping van een grote villa aan het Albertkanaal. Ruime, rustige eetzaal in ivoorkleur, opgevrolijkt met moderne doeken. Hooggelegen terrasje.

à Lummen par ⑧ : 9 km – 13 621 h – ✉ 3560 Lummen :

XXX **Hoeve St. Paul** (Robyns), Rekhovenstraat 20 (sortie ㉖ sur E 314 - A 2 direction Herk-
❀ de-Stad ; après rotonde 1re rue à gauche), ✆ 0 13 52 14 15, info@hoeve_st_paul.be,
Fax 0 13 52 14 20, ☆ – 🔳 🅿 🆎 ⑩ 🐵 VISA ❀
fermé 2e quinz. juil.-début août, fin-déc.-mi-janv., lundi, mardi, jeudi soir et sam. midi –
Repas Lunch 50 – 75/135 bc, carte env. 85
Spéc. Tarte fondante au foie d'oie, homard et artichaut. Goujonnettes de soles croquan-
tes, cappuccino au noilly et oseille. Filet de bar sur sa peau et tapenade d'olives vertes.
   ◆ Table gastronomique aménagée dans une ravissante ferme à colombages. Décor inté-
rieur, terrasse et jardin du plus bel effet. Menu-choix recomposé toutes les six semaines.
   ◆ Gastronomisch restaurant in een schitterende vakwerkboerderij. Het interieur, het terras
en de tuin zijn allemaal even prachtig. Keuzemenu dat om de zes weken wordt veranderd.

à Romershoven Sud-Est : 10 km Ⓒ Hoeselt 9 244 h. – ✉ 3730 Romershoven :

XXX **Ter Beuke**, Romershovenstraat 148, ✆ 0 89 51 18 81, terbeuke@skynet.be, Fax 0 89
51 11 06, ≼, ☆ – 🅿 – 🕿 25. 🆎 ⑩ 🐵 VISA ❀
fermé du 1er au 18 août, merc., sam. midi et dim. soir – **Repas** Lunch 36 – 46/55.
   ◆ De la jolie terrasse dressée dans le jardin à la belle saison, la vue porte sur les alentours
agrestes. Large choix de recettes actualisées et de crus bourguignons.
   ◆ Vanaf het terras in de tuin, waar bij mooi weer kan worden gegeten, ontvouwt zich een
prachtig uitzicht op de landelijke omgeving. Eigentijdse keuken en goede bourgognewijnen.

HASTIÈRE-LAVAUX 5540 Namur Ⓒ Hastière 5 130 h. 🟥🟥🟥 N 21, 🟥🟥🟥 N 21 et 🟥🟥🟥 H 5.
Bruxelles 100 – Namur 42 – Dinant 10 – Philippeville 25 – Givet 9.

XX **Le Chalet des Grottes**, r. Anthée 52, ✆ 0 82 64 41 86, Fax 0 82 64 57 55, ☆ – 🅿
🆎 ⑩ 🐵 VISA
fermé mars, 1 sem. en sept., lundi et mardi – **Repas** Lunch 25 – 35/80 bc ⬦.
   ◆ L'un des "incontournables" de la région : environnement boisé, voisinage des grottes,
décor intérieur néo-rustique, plats de saison et du terroir, et cave bien fournie.
   ◆ Een must in deze streek : bosrijke omgeving, nabijgelegen grotten, neorustiek interieur,
seizoengebonden keuken met regionale invloeden en een rijk gevulde wijnkelder.

XX **La Meunerie**, r. Larifosse 17, ✆ 0 82 64 51 33, Fax 0 82 64 51 33, ☆ – 🕿 25. 🆎
⑩ 🐵 VISA ❀
fermé janv.-12 fév., 16 août-14 sept., merc. sauf en juil.-août et mardi – **Repas** Lunch 24
– 30/70 bc, ♀ ⬦.
   ◆ Restaurant établi dans un moulin à eau de la vallée du Féron. Menus bien vus et cave
riche en vins d'Alsace et de Bourgogne. La machinerie tient lieu de salle à manger.
   ◆ Deze watermolen in het dal van de Féron is nu een restaurant, waarvan de eetzaal in
de machinekamer is ondergebracht. Lekkere menu's en wijnen uit de Elzas en de Bourgogne.

à Hastière-par-Delà Sud : 2 km Ⓒ Hastière – ✉ 5541 Hastière-par-Delà :

🏠 **Le Val des Colverts**, rte de Blaimont 8, ✆ 0 82 64 45 48, af218@hotmail.com
Fax 0 82 64 57 84, ☆, ♒ – 📺 🅿 🆎 ⑩ 🐵 VISA JCB
fermé dern. sem. mars, 1 sem. en sept. et prem. sem. janv. – **Repas** (fermé mardi sau*
en juil.-août) (taverne-rest) Lunch 13 – carte 22 à 33 – **7** ch ☑ 50/75 – ½ P 50/63.
   ◆ Auberge dont la façade blanche animée de marquises rouges capte volontiers le regar<
Chambres parées de tissus coordonnés aux tons frais. Typique petit café villageois. Taver
ne-restaurant toute indiquée pour un repas sans prise de tête.
   ◆ Deze herberg springt in het oog door de rode markiezen op de witte gevel. Kamers me
frisse kleuren en bijpassende stoffen. Typisch dorpscafeetje en een restaurant dat garan
staat voor een smakelijke maaltijd zonder poespas.

HASTIÈRE-PAR-DELÀ Namur 🟥🟥🟥 O 21, 🟥🟥🟥 O 21 et 🟥🟥🟥 H 5 – voir à Hastière-Lavaux.

HAUTE-BODEUX Liège 🟥🟥🟥 T 20, 🟥🟥🟥 T 20 et 🟥🟥🟥 K 4 – voir à Trois-Ponts.

HÉBRONVAL Luxembourg belge 🟥🟥🟥 T 21 et 🟥🟥🟥 T 21 – voir à Vielsalm.

HEIST West-Vlaanderen **533** E 14 et **716** C 1 – voir à Knokke-Heist.

BELGIQUE

HEKELGEM 1790 Vlaams-Brabant © Affligem 11 656 h. **533** J 17 et **716** F 3.
Bruxelles 23 – Aalst 6 – Charleroi 75 – Mons 79.

XXX **Anobesia,** Brusselbaan 216 (sur N 9), *℘* 0 53 68 07 69, *Fax* 0 53 66 59 25, 佘 – **₽**. **AE**
① **⓪** **VISA** **JCB**. ✵
fermé 16 fév.-4 mars, 2 dern. sem. août-prem. sem. sept., lundi soir, mardi et sam. midi
– **Repas** Lunch 36 – 52/95 bc ℬ.
♦ L'enseigne de cette villa d'époque Art déco est une sorte d'acronyme forgé à partir des
mots "anorexique" et "obèse" ! Cuisine du moment. Véranda et terrasse côté jardin.
♦ De naam van deze art-decovilla zou een soort samentrekking kunnen zijn van "anorexia"
en "obesitas" ! Eigentijdse keuken. Serre en terras aan de kant van de tuin.

HERBEUMONT 6887 Luxembourg belge **534** Q 24 et **716** I 6 – 1 532 h.
Voir *Château : du sommet* ⩽★★.
Env. *à l'Ouest : 11 km, Roches de Dampiry* ⩽★ – *au Nord-Ouest : 12 km, Variante par Auby :*
au mont Zatron ⩽★.
Bruxelles 170 – Bouillon 24 – Arlon 55 – Dinant 78.

🏰 **Host. du Prieuré de Conques** ⅏, r. Conques 2 (Sud : 2,5 km), ⊠ 6820 Florenville,
℘ 0 61 41 14 17, info@conques.be, *Fax* 0 61 41 27 03, ⩽, 佘, 氣, 🚲 – **TV** **₽** – 🔏 25.
AE **①** **⓪** **VISA**. ✵
Repas *(28 mars-15 nov. et week-end ; fermé 28 août-8 sept., mardi et après 20 h 30)* Lunch
29 – 42/58, ♀ – **18 ch** *(fermé janv.-fév. et 28 août-8 sept.)* ⊊ 94/149 – ½ P 89/110.
♦ Ancien prieuré et son agréable parc inscrits dans un paysage de collines et d'épaisses
forêts. Vue sur le cours paresseux de la Semois. Chambres en annexe. Préparations classiques sobrement mises à la page, servies sous les voûtes de la salle à manger.
♦ Deze oude priorij met zijn mooie park ligt temidden van heuvels en dichte bossen, met
uitzicht op de rustig kabbelende Semois. Kamers in de dependance. Onder de gewelven
van de eetzaal worden klassieke gerechten met een snufje modern geserveerd.

🏠 **La Châtelaine - Aux Chevaliers,** Grand-Place 8, *℘* 0 61 41 14 22, contact@chat
elaine.be, *Fax* 0 61 41 22 04, ⮜, ⌇, 氣 – ▮ **TV** **₽** – 🔏 25. **AE** **①** **⓪** **VISA**.
✵ rest
15 mars-déc. ; fermé dern. sem. juin-prem. sem. juil. et dern. sem. août-prem. sem. sept.
– **Repas** *(fermé merc., dim. soir et après 20 h 30)* Lunch 24 – 42 – **18 ch** ⊊ 50/110 –
½ P 65/90.
♦ Hôtel du centre de la localité regroupant deux bâtiments. Les chambres, un brin suran-
nées, sont parfois équipées de kitchenettes. Piscine au jardin. La carte du restaurant panache saveurs régionales et traditionnelles.
♦ Dit hotel bestaat uit twee gebouwen in het centrum van het dorp. De kamers zijn een
tikkeltje ouderwets en soms voorzien van een kitchenette. Zwembad in de tuin. In het
restaurant kunnen regionale en traditionele spijzen worden besteld.

HERENTALS 2200 Antwerpen **533** O 15 et **716** H 2 – 25 762 h.
Voir *Retable★ de l'église Ste-Waudru (St-Waldetrudiskerk).*
🏌 *au Nord : 8 km à Lille, Haarlebeek 3 ℘* 0 14 55 19 30, *Fax* 0 14 55 19 31 - 🏌 *au Sud :*
5 km à Noorderwijk, Witbos ℘ 0 14 26 21 71, *Fax* 0 14 26 60 48.
🛈 *Grote Markt 41, ℘* 0 14 21 90 88, toerisme@herentals.be, *Fax* 0 14 22 28 56.
Bruxelles 70 – Antwerpen 30 – Hasselt 48 – Turnhout 24.

🏠 **de Zalm,** Grote Markt 21, *℘* 0 14 28 60 00, hotel@dezalm.be, *Fax* 0 14 28 60 10, 🚲
– ▮ ⮜ **TV** – 🔏 25. **AE** **①** **⓪** **VISA**. ✵
Repas *(fermé 2 sem. Pâques, 2 dern. sem. juil., merc. soir, sam. midi et dim.)* (taverne-rest)
Lunch 26 – 35/75 bc, ♀ – **24 ch** ⊊ 75/90 – ½ P 88/101.
♦ Rénové dans l'esprit contemporain, cet hôtel officiant sur le Grote Markt se complète
de deux salles de cinéma. Plaisant espace de breakfast doté d'une belle terrasse d'été.
Chaleureuse taverne-restaurant à l'ancienne. Carte traditionnelle.
♦ Dit hotel aan de Grote Markt is in hedendaagse stijl gerenoveerd en beschikt over twee
bioscoopzalen. Prettige ontbijtruimte met een mooi zomerterras. Sfeervol café-restaurant
vol nostalgie. Traditionele kaart.

X **'t Ganzennest,** Watervoort 68 (direction Lille : 1 km, puis à droite), *℘* 0 14 21 64 56,
Fax 0 14 21 82 36, 佘 – **VISA**
fermé lundi et mardi – **Repas** Lunch 24 – 30/56 bc.
♦ Une ambiance chaleureuse et cossue flotte dans ce restaurant procurant l'agrément
d'une fermette à la campagne. Carte un peu "touche à tout". Appétissant menu multi-
choix.
♦ In dit luxueuze restaurant met de charme van een plattelandsboerderijtje heerst een
warme sfeer. De kaart is een beetje "van alles wat". Aanlokkelijk menu met veel keus.

285

BELGIQUE

à Grobbendonk *Ouest : 4 km – 10 624 h – ✉ 2280 Grobbendonk :*

Aldhem, Jagersdreef 1 (près E 313 - A 13, sortie ⑳), ☎ 0 14 50 10 01, *info@aldhem.be, Fax 0 14 50 10 13,* ... – rest, ... – 25 à 640. AE ① MC VISA.

Repas (cuisine italienne) carte 36 à 61 – **65 ch** ☐ 82/129 – ½ P 75/89.

• Chambres toutes identiques réparties sur les trois étages de cette construction moderne qui abrite un des centres de congrès les mieux équipés de la province. Élégante salle de restaurant. Recettes et cave franco-italiennes.

• Modern gebouw met identieke kamers op drie verdiepingen en een congrescentrum dat tot de best geoutilleerde van de hele provincie behoort. Elegant restaurant, waar Frans-Italiaanse gerechten en bijpassende wijnen worden geserveerd.

HERK-DE-STAD (HERCK-LA-VILLE) *Limburg* 533 Q 17 *et* 716 I 3 – *voir à Hasselt.*

HERNE *1540 Vlaams-Brabant* 533 J 18, 534 J 18 *et* 716 F 3 – *6 373 h.*
Bruxelles 34 – Leuven 71 – Aalst 27 – Mons 31 – Tournai 52.

XXX **Kokejane,** Van Cauwenberghelaan 3, ☎ 0 2 396 16 28, *restaurant@kokejane.be, Fax 0 2 396 02 40,* ... – 25 à 40. AE MC VISA

fermé 25 juil.-12 août, 26 déc.-13 janv. et dim. soirs, lundis et mardis non fériés – **Repas** *Lunch 30* – 44/97 bc.

• Restaurant établi dans une villa moderne aux abords verdoyants. Salle à manger contemporaine à touches classiques, salon-mezzanine, terrasse et jardin. Fine cuisine française.

• Restaurant in een moderne villa tussen het groen. Eigentijdse eetzaal met een klassieke toets, salon met mezzanine, terras en tuin. Fijne Franse keuken.

HERSEAUX *Hainaut* 533 E 18 *et* 716 C 3 – *voir à Mouscron.*

HERSTAL *Liège* 533 S 18, 534 S 18 *et* 716 J 3 – *voir à Liège, environs.*

HERTSBERGE *West-Vlaanderen* 533 E 16 *et* 716 C 2 – *voir à Brugge, environs.*

Het – *voir au nom propre.*

HEURE *5377 Namur* C *Somme-Leuze 4 358 h.* 533 Q 21, 534 Q 21 *et* 716 I 5.
Bruxelles 102 – Namur 41 – Dinant 35 – Liège 54.

XX **Le Fou est belge** (Van Lint), rte de Givet 24, ☎ 0 86 32 28 12, *lefouestbelge@belgacom.net, Fax 0 86 32 39 02,* ... – P. MC VISA

fermé 19 juin-12 juil., du 4 au 10 oct., 18 déc.-17 janv., dim., lundi et jeudi soir – **Repas** *Lunch 20* – 30/65 bc, carte 34 à 59, ♀

Spéc. Croquettes fondantes aux crevettes grises. Boudin noir rôti "en baudruche", pommes caramélisées. Homard rôti aux nouilles fraîches.

• Intérieur rustique, terrasse estivale, jardin fleuri en saison, mets savoureux, vins de France et d'ailleurs... La table la plus abordable du gratin culinaire belge !

• Rustiek interieur, zomers terras, weelderige tuin, tongstrelende gerechten, wijnen uit Frankrijk en andere landen... Belgische topgastronomie voor een betaalbare prijs !

HEUSDEN *Limburg* 533 Q 16 *et* 716 I 2 – *voir à Zolder.*

HEUSDEN *Oost-Vlaanderen* 533 H 16 *et* 716 E 2 – *voir à Gent, environs.*

HEUSY *Liège* 533 U 19, 534 U 19 *et* 716 K 4 – *voir à Verviers.*

HEVERLEE *Vlaams-Brabant* 533 N 17 *et* 716 H 3 – *voir à Leuven.*

HOEI *Liège – voir Huy.*

HOEILAART *Vlaams-Brabant* 533 L 18 *et* 716 G 3 – *voir à Bruxelles, environs.*

HOEKE *West-Vlaanderen* 533 F 15 – *voir à Damme.*

HOLLAIN *Hainaut* 533 F 19, 534 F 19 *et* 716 D 4 – *voir à Tournai.*

HOOGLEDE *West-Vlaanderen* 533 D 17 *et* 716 C 3 – *voir à Roeselare.*

HOOGSTRATEN 2320 *Antwerpen* 533 N 14 *et* 716 H 1 – 18 331 h.

🛈 *Stadhuis, Vrijheid 149* ℰ *0 3 340 19 55, toerisme@hoogstraten.be, Fax 0 3 340 19 66.*
Bruxelles 88 – Antwerpen 37 – Turnhout 18.

XXX **Noordland**, Lodewijk De Konincklaan 276, ℰ *0 3 314 53 40, dk@noordland.be, Fax 0 3 314 83 32,* �につ – 🗏 **P.** **AE** ⓪ **⓪** **VISA**. ⫷
fermé 2 sem. en fév., 3 sem. en juil., lundi et mardi – **Repas** 62.
* Demeure entourée d'arbres, abritant un salon apéritif et une lumineuse salle à manger garnie de meubles de style. Jolie terrasse estivale côté jardin, très soigné, lui aussi.
* Fraai restaurant tussen de bomen, met een aparte salon voor het aperitief en een heerlijk lichte eetzaal met stijlmeubilair. Mooi zomerterras aan de tuinzijde.

XX **Host. De Tram** avec ch, Vrijheid 192, ℰ *0 3 314 65 65, Fax 0 3 314 70 06,* 🌂 – 📺 **P.** **AE** ⓪ **⓪** **VISA**.
fermé 2ᵉ quinz. août – **Repas** *(fermé dim. et lundi)* Lunch 32 – 65 bc – **5 ch** ⫘ 98/105.
* Hôtellerie familiale établie à l'ombre de la vertigineuse tour-porche - 105 m de haut ! - de l'église Ste-Catherine. Mets classiques, terrasse d'été et chambres coquettes.
* Familiehotel bij de indrukwekkende portaaltoren van de St.-Catharinakerk, die maar liefst 105 m hoog is. Klassieke keuken, zomers terras en kraakheldere kamers.

XX **Begijnhof**, Vrijheid 108, ℰ *0 3 314 66 25, info@restobegijnhof.be, Fax 0 3 314 84 13* – 🗏. **AE** **⓪** **VISA**. ⫷
fermé mardi et mercr. – **Repas** Lunch 25 – 35/70 bc.
* Face au béguinage et son église baroque (17ᵉ s.), établissement dont la façade ancienne dissimule un intérieur moderne et confortable. Recettes classiques.
* Achter de oude gevel van dit restaurant tegenover het Begijnhof met zijn 17e-eeuwse barokkerk gaat een verrassend modern en comfortabel interieur schuil. Klassieke kookstijl.

HOTTON 6990 *Luxembourg belge* 533 R 21, 534 R21 *et* 716 J 5 – 5 013 h.

Voir *Grottes*★★.

🛈 *r. Simon 14* ℰ *0 84 46 61 22, contact@hotton.be, Fax 0 86 46 76 98.*
Bruxelles 116 – Liège 60 – Namur 55.

🏠 **La Besace** 🐾 r. Monts 9 (Est : 4,5 km, lieu-dit Werpin), ℰ *0 84 46 62 35, info@labe sace.be, Fax 0 84 46 70 54,* 🌂 – 📺 **P.** – 🔥 25. **⓪** **VISA**. ⫷
Repas (dîner pour résidents seult) – **8 ch** ⫘ 59/79 – ½ P 59/62.
* Franchissez le pont : vous voici devant une sympathique auberge de poche noyée dans la chlorophylle. Chambres fonctionnelles où l'on peut poser sa besace pour la nuit.
* Als u de brug oversteekt, komt u bij deze kleine sympathieke herberg, die tussen het groen ligt verscholen. De kamers zijn functioneel en voldoen prima voor een nachtje.

HOUDENG-AIMERIES *Hainaut* 533 J 20, 534 J 20 *et* 716 F 4 – *voir à La Louvière.*

HOUFFALIZE 6660 *Luxembourg belge* 534 T 22 *et* 716 K 5 – 4 634 h.

🛈 *pl. Janvier 45* ℰ *0 61 28 81 16, info@houffalize.be, Fax 0 61 28 95 59.*
Bruxelles 164 – Luxembourg 95 – Arlon 63 – Liège 71 – Namur 97.

Achouffe *Nord-Ouest : 6 km* Ⓒ *Houffalize –* ✉ *6666 Houffalize :*

🏨 **L'Espine** 🐾, Achouffe 19, ℰ *0 61 28 81 82, espine@caramail.com, Fax 0 61 28 90 82,* 🌂 – 📺 **P.** **⓪** **VISA**
fermé début juil. et mi-janv. – **Repas** (dîner pour résidents seult) – **11 ch** ⫘ 65/104 – ½ P 69.
* Une villa qui ne manque pas d'atouts, avec sa verte campagne environnante, le silence ambiant, et ses chambres offrant le coup d'oeil sur la vallée de l'Ourthe.
* Deze villa heeft heel wat te bieden : landelijke omgeving, weldadige stilte en kamers met uitzicht op het groene dal van de Ourthe.

Wibrin *Nord-Ouest : 9 km* Ⓒ *Houffalize –* ✉ *6666 Wibrin :*

🏠 **Le Cœur de l'Ardenne** 🐾 sans rest, r. Tilleul 7, ℰ *0 61 28 93 15, lecoeurdelarden ne@belgacom.net, Fax 0 61 28 91 67 –* 📺 **P.** ⫷
5 ch ⫘ 60/90.
* Maison de pays convertie en hôtel familial dont la poignée de chambres offre au voyageur calme et confort. Terrasse et jardinet sur l'arrière.
* Dit huis met zijn typische streekarchitectuur is verbouwd tot familiehotel met een paar rustige en comfortabele kamers. Terras en kleine tuin aan de achterzijde.

HOUSSE Liège 🔢🔢🔢 T 18 et 🔢🔢🔢 T 18 – voir à Blégny.

HOUTAIN-LE-VAL 1476 Brabant Wallon Ⓒ Genappe 14 100 h. 🔢🔢🔢 L 19, 🔢🔢🔢 L 19 et 🔢🔢🔢 G 4.
Bruxelles 41 – Charleroi 33 – Mons 46 – Nivelles 11.

XX **La Meunerie,** r. Patronage 1a, 𝄞 0 67 77 28 16, info@lameunerie.be, Fax 0 67
77 33 37, 🍴 – **P.** AE ⓞ ⓞⓞ VISA JCB
fermé 22 juil.-12 août, sam. midi, dim. soir, lundi, mardi et après 20 h 30 – **Repas** Lunch
22 – 31/58 bc, 🍷.
   ◆ Dans les murs d'une ancienne meunerie, restaurant de campagne où les produits du
terroir forment la base d'une cuisine qui se goûte aussi en terrasse, l'été venu.
   ◆ Plattelandsrestaurant in een oude maalderij. De kok werkt uitsluitend met producten uit
de streek en dat proef je ! Bij mooi weer kan op het terras worden gegeten.

Vraag de catalogus van de Michelinpublicaties
bij uw boekhandelaar.

HOUTAVE 8377 West-Vlaanderen Ⓒ Zuienkerke 2 757 h. 🔢🔢🔢 D 15 et 🔢🔢🔢 C 2.
Bruxelles 109 – Brugge 31 – Oostende 16.

XX **De Roeschaert,** Kerkhofstraat 12, 𝄞 0 50 31 95 63 – AE ⓞⓞ VISA
fermé 16 août-9 sept., 23 déc.-4 janv., dim. soir, lundi et mardi – **Repas** Lunch 24 – 38/70 bc,
🍷.
   ◆ Établissement familial adossé à l'église d'un petit village des polders. Belle salle à
manger rustique ornée de deux cheminées. Attrayant choix de mets en phase avec l'époque.
   ◆ Burgerhuis naast de kerk van een polderdorpje. Mooie rustieke eetzaal met twee
schouwen. Aantrekkelijke menukaart met gerechten die bij de huidige kookstijl
passen.

HOUTHALEN 3530 Limburg Ⓒ Houthalen-Helchteren 29 512 h. 🔢🔢🔢 R 16 et 🔢🔢🔢 J 2.
   🏌 Golfstraat 1 𝄞 0 89 38 35 43, Fax 0 89 84 12 08.
   🅱 Grote Baan 112a 𝄞 0 11 60 05 40, toerisme@houthalen-helchteren.be, Fax
0 11 60 05 03.
Bruxelles 83 – Maastricht 40 – Hasselt 12 – Diest 28.

XXXX **De Barrier** (Vandersanden) avec ch, Grote Baan 9 (près E 314 - A 2, sortie ㉙), 𝄞 0 11
ꕤ 52 55 25, info@debarrier.be, Fax 0 11 52 55 45, 🍴, 🌳 – 📶 📺 க **P.** – 🔒 25 à 400.
   AE ⓞ ⓞⓞ VISA. ✀
fermé 17 juil.-1er août et du 1er au 10 janv. – **Repas** (fermé dim. midi d'oct. à fév.,
dim. soir et lundi) Lunch 45 – 65/85, carte 82 à 107 – 🍷 15 – **9 ch** 150/250,
– 1 suite
Spéc. Parmentière de tartare d'huîtres et Saint-Jacques (oct.-mars). Filet de bar braisé aux
lentilles vertes dans un cappuccino de truffes. Suprême de pigeon au foie d'oie, sauce au
banyuls et abats hachés (mars-août).
   ◆ Restaurant agrémenté d'un parc paysager et d'un patio italianisant dont la galerie
est rythmée de colonnades. Élégante salle à manger contemporaine et chambres
raffinées.
   ◆ Restaurant met een Engelse tuin en een patio in Italiaanse stijl, compleet met zuilengalerij.
Sierlijke, eigentijdse eetzaal en smaakvol ingerichte kamers.

XX **ter Laecke,** Daalstraat 19 (Nord : 2 km par N 74 à Laak), 𝄞 0 11 52 67 44, info@te
rlaecke.be, Fax 0 11 52 59 15, 🍴 – 📶 **P.** AE ⓞ ⓞⓞ VISA. ✀
fermé 2 sem. en juil., 2 sem. en nov., lundi soir, mardi et merc. – **Repas** Lunch 25 – 35/72 bc,
🍷.
   ◆ On passe, en quelques pas, de la jolie véranda au jardin soigné de cette maison construite
dans un quartier résidentiel. La cave sillonne les régions de France.
   ◆ In een paar stappen bent u van de mooie serre in de goed verzorgde tuin van dit huis
in een rustige woonwijk. De wijnkelder doorkruist verschillende Franse streken.

X **De Postkoets,** Weg naar Zwartberg 96 (Houthalen-Oost), 𝄞 0 89 38 20 7
Fax 0 89 38 36 58, 🍴 – **P.** – 🔒 25 à 70. ⓞ ⓞⓞ VISA. ✀
fermé 2 sem. en fév., 2 sem. en sept., lundi, mardi, merc. et sam. midi – **Repas** 24/33 b
   ◆ Connue de longue date pour ses bons p'tits plats classico-traditionnels
prix
"sympa", La Malle-poste (De Postkoets) présente une carte assortie d'un trio d
menus.
   ◆ De Postkoets staat sinds jaar en dag bekend om zijn uitstekende prijs-kwaliteitverho
ding. De klassiek-traditionele menukaart wordt aangevuld met een drietal menu's.

Voyage. Une télé comme les autres avec ses infos trafic.

h sur 24, Voyage parcourt le monde au-delà des clichés touristiques. Reportages,
cumentaires, magazines d'information et émissions culturelles en direct.
yage : une invitation à découvrir le monde d'un autre œil... **www.voyage.fr**

ponible sur le câble et **CANALSATELLITE**

voYage
La télé de tous les voyages

D.Pazery / Michelin

■ *a. Muséum National d'Histoire Naturelle (Parijs)*

■ *b. Natural History Museum (Londen)*

■ *c. Museum für Naturkunde (Berlijn)*

**U weet niet welk hokje u moet aankuisen?
Duik dan eens in de Groene Gids
van Michelin!**

- alles wat u ter plekke kunt zien en doen
- de beste routes
- veel praktische informatie
- alle goede adressen

  De Groene Gids van Michelin, een verrassende ontdekking

HOUYET 5560 Namur 🔲 P 21 et 🔲 I 5 – 4 439 h.

Env. au Nord : 10 km à Celles : dalle funéraire★ dans l'église romane St-Hadelin.

🏨 Tour Léopold-Ardenne 6 ℘ 0 82 66 62 28, Fax 0 82 66 74 53.

Bruxelles 110 – Bouillon 66 – Namur 54 – Dinant 34 – Rochefort 23.

à Celles Nord : 10 km 🔲 Houyet – ✉ 5561 Celles :

🏨 **Aub. de la Lesse,** Gare de Gendron 1 (N 910, lieu-dit Gendron), ℘ 0 82 66 73 02, Fax 0 82 66 76 15, 🍴, 🐾, 🖭, 🚲 – 📺 🅿 🕾 VISA JCB
Repas (fermé lundis et mardis non fériés sauf vacances scolaires) (taverne-rest) carte 22 à 35 – **14** ch ⬄ 45/64 – ½ P 54/66.
◆ Dans un site bucolique, à 200 m d'une rivière propice à la pratique du kayak, bâtiment récent hébergeant de grandes chambres auxquelles on accède directement par l'extérieur. Taverne-restaurant au cadre néo-rustique. Préparations bourgeoises sans chichi.
◆ Nieuw gebouw in een schitterende omgeving, op 200 m van een riviertje waar men kan kajakken. De grote kamers zijn van buitenaf rechtstreeks toegankelijk. Café-restaurant in neorustieke stijl, waar een smakelijke burgerpot wordt geserveerd.

XX **La Clochette** 🐾 avec ch, r. Vêves 1, ℘ 0 82 66 65 35, Fax 0 82 66 77 91, 🍴 – 📺 🅿 🕾 VISA
fermé 15 fév.-10 mars, 20 juin-7 juil. et lundis midis et merc. non fériés sauf en juil.-août
– **Repas** 25/45 – **7 ch** ⬄ 55/70 – ½ P 58.
◆ Charmante auberge ardennaise où l'on fait des repas classico-traditionnels dans une salle dont les lambris s'égayent d'une collection de clochettes. Chambres proprettes.
◆ Charmante, typisch Ardense herberg, waarvan de gelambriseerde eetzaal door een verzameling bellen wordt opgevrolijkt. Klassiek-traditionele keuken en keurige kamers.

à Custinne Nord-Est : 7 km 🔲 Houyet – ✉ 5562 Custinne :

XX **Host. "Les Grisons"** 🐾 avec ch, rte de Neufchâteau 23, ℘ 0 82 66 79 84, Fax 0 82 66 79 85, 🍴, 🚗 – 🍽 rest, 📺 🅿 🕾 🕕 🕾 VISA
fermé fin mai, début sept. et début janv. – **Repas** (fermé lundi et mardi) Lunch 20 – 40/50
– **4 ch** ⬄ 78/87, – 2 suites – ½ P 80/90.
◆ Hostellerie composée d'une belle demeure en pierres du pays abritant le restaurant et, au fond du jardin, d'un chalet "suisse" où vous dormirez comme une bûche. Bon accueil.
◆ Hotel-restaurant met een mooi natuurstenen huis om lekker te kunnen eten en achter in de tuin een Zwitsers chalet om lekker te kunnen slapen. Goede ontvangst.

HUISE Oost-Vlaanderen 🔲 G 17 et 🔲 D 3 – voir à Zingem.

HUIZINGEN Vlaams-Brabant 🔲 K 18 et 🔲 F 3 – voir à Bruxelles, environs.

La HULPE (TERHULPEN) 1310 Brabant Wallon 🔲 L 18, 🔲 L 18 et 🔲 G 3 – 7 068 h.

Voir Parc★ du domaine Solvay.

Bruxelles 20 – Charleroi 44 – Namur 54.

XXX **La Salicorne,** r. P. Broodcoorens 41, ℘ 0 2 654 01 71, la.salicorne@yucom.be, Fax 0 2 653 71 23, 🍴 – 🍽 🅿 🕾 🕕 🕾 VISA
fermé 2 sem. carnaval, dern. sem. juin-2 prem. sem. juil., 2 sem. Toussaint, dim. et lundi
– **Repas** Lunch 28 – 44/84 bc, 🍷.
◆ À la périphérie de La Hulpe, belle villa où l'on mange avec le même plaisir en salle, de style classique-contemporain, qu'à l'extérieur, près de la pièce d'eau et sa fontaine.
◆ Mooie villa aan de rand van Terhulpen, waar u kunt kiezen of u in de klassiek-moderne eetzaal of buiten bij de fontein uw maaltijd wilt gebruiken.

X **Le Gris Moulin,** r. Combattants 110, ℘ 0 2 653 10 61, tania.vandenbrande@skynet.be
– 🍽 🕾 🕕 🕾 VISA
fermé du 7 au 12 fév., 18 juil.-9 août, dim., lundi soir et mardi soir – **Repas** Lunch 10 – 23/32, 🍷.
◆ Salle de restaurant au décor actuel, à la fois clair et feutré, vous invitant à découvrir une carte classique-traditionnelle. Ambiance sereine ; accueil et service gentils.
◆ Restaurant met een eigentijds, aangenaam licht interieur, waar een rustige sfeer heerst. Klassiek-traditionele keuken en vriendelijke bediening.

Indien u opgehouden wordt op de baan, is het beter en gebruikelijk
uw reserveringen per telefoon te bevestigen na 18u.

HULSHOUT 2235 Antwerpen 533 N 16 et 716 H 2 – 8955 h.

Bruxelles 51 – Antwerpen 40 – Mechelen 27 – Turnhout 37.

※※ **Hof Ter Hulst** (Schroven), Kerkstraat 19, ☎ 0 15 25 34 40, info@hofterhulst.be,
Fax 0 15 25 34 36 – ℗ – 🎧 25. 🖭 ① 🐠 🗺
fermé 3 sem. en juil., 2 sem. en janv., mardi et sam. midi – **Repas** Lunch 30 – 40/73 bc, carte
56 à 73

Spéc. Gaspacho de tomates aux langoustines et basilic (été). Rognons de veau et pommes
de terre sarladaises. Saint-Jacques au witlof caramélisé et sauce au cidre.

◆ Estimée pour sa fine cuisine vivant avec son temps, cette ravissante villa de style fermette vous attable dans un cadre rustico-actuel des plus avenants.

◆ Deze prachtige villa in boerderijstijl nodigt uit om aan tafel te gaan in een modern
interieur met rustieke accenten. De fijne eigentijdse keuken is veelbelovend.

HUY (HOEI) 4500 Liège 533 Q 19, 534 Q 19 et 716 I 4 – 19602 h.

Voir Collégiale Notre-Dame★ : trésor★ Z – Fort★ : ≤★★ Z.

Musée : communal★ Z M.

Env. par N 617 : 7,5 km à Amay : chasse★ et sarcophage mérovingien★ dans la Collégiale
St-Georges – par N 617 : 10 km à Jehay-Bodegnée : collections★ dans le château★ de
Jehay.

🏇 par ④ : 11 km à Andenne, Ferme du Moulin, Stud 52 ☎ 0 85 84 34 04, Fax
0 85 84 34 04.

🛈 Quai de Namur 1 ☎ 0 85 21 29 15, tourisme@huy.be, Fax 0 85 23 29 44.

Bruxelles 83 ⑤ – Namur 35 ④ – Liège 33 ①

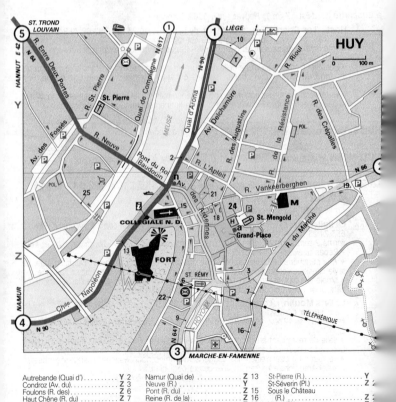

Autrebande (Quai d')	**Y** 2	Namur (Quai de)	**Z** 13
Condroz (Av. du)	**Z** 3	Neuve (R.)	**Y**
Foulons (R. des)	**Z** 6	Pont (R. du)	**Z** 15
Haut Chêne (R. du)	**Z** 7	Reine (R. de la)	**Z** 16
Hoyoux (Av. du)	**Z** 9	Rôtisseurs (R. des)	**Z** 18
Joseph-Lebeau (Av.)	**Y** 10	St-Denis (Pl.)	**Z** 19

St-Pierre (R.)	**Y**	
St-Séverin (Pl.)	**Z**	
Sous le Château		
(R.)	**Z**	
Verte (Pl.)	**Z**	
Vieux Pont (R. du)	**Z**	

🏨 **Sirius** sans rest, quai de Compiègne 47 (par ① : 1,5 km), ℰ 0 85 21 24 00, info@ hot elsirius.be, Fax 0 85 21 24 01 – ▤. **ᴬᴱ ⑩ ⓂⓈ ᴠᴵˢᴬ**. ⅍
fermé 1ʳᵉ quinz. juil., vacances Noël et dim. – **24 ch** ⇆ 72/100, – 2 suites.
  ✦ Hôtel de bon confort établi aux portes de la ville. Actuelles et lumineuses, les chambres sont toutes identiques mais celles situées en façade offrent la vue sur la Meuse.
  ✦ Comfortabel hotel aan de rand van de stad. De moderne, lichte kamers zijn allemaal eender, maar die aan de voorkant kijken uit op de Maas.

🍴 **Le Sorgho Rouge** 1ᵉʳ étage, quai d'Autrebande 1/01, ℰ 0 85 21 41 88, ≼, Cuisine chinoise – ▤. **ᴬᴱ ⑩ ⓂⓈ ᴠᴵˢᴬ**   Z n
fermé 3 sem. en juil. et mardi – **Repas** Lunch 13 – 18/39, ⅀.
  ✦ Restaurant chinois très fiable dominant le pont Roi Baudouin qui enjambe la Meuse. Meubles et objets d'art de l'Empire du Milieu égayent sobrement la salle au "look eighties".
  ✦ Goede Chinees boven de Koning Boudewijnbrug over de Maas. Meubelen en kunstvoorwerpen uit het Rijk van het Midden sieren bescheiden de eetzaal met zijn "eighties look".

🍴 **Li Cwerneu,** Grand'Place 2, ℰ 0 85 25 55 55, info@licwerneu.be, Fax 0 85 25 55 55, ⌂ – **ⓂⓈ ᴠᴵˢᴬ**   Z a
fermé lundi et mardi – **Repas** Lunch 25 – 29/64 bc, ⅀.
  ✦ Vénérable petite maison hutoise blottie contre l'hôtel de ville. Salle mignonne et chaleureuse où l'on se repaît d'une cuisine féminine bien montée, volontiers inventive.
  ✦ Goed restaurant in een karakteristiek oud pand naast het stadhuis. Gezellige eetzaal, waar inventieve gerechten worden opgediend die een vrouwelijke hand verraden.

*Vraag de catalogus van de Michelinpublicaties
bij uw boekhandelaar.*

IEPER (YPRES) 8900 West-Vlaanderen ⑤⑧⑧ C 17 et ⑦①⑥ B 3 – 35 115 h.

Voir *Halles aux draps★* (Lakenhalle) ABX.

Musée : *In Flanders Fields Museum★★* ABX **M⁴**.

🇮₁₈ au Sud-Est : 7 km à Hollebeke, Eekhofstraat 14 ℰ 0 57 20 04 36, Fax 0 57 21 89 58 -
🇮₅ Industrielaan 24 ℰ 0 57 21 82 10, Fax 0 57 21 82 10.

🅱 Grote Markt 34 ℰ 0 57 23 92 20, toerisme@ieper.be, Fax 0 57 23 91 75.

Bruxelles 125 ② – Brugge 52 ① – Kortrijk 32 ② – Dunkerque 48 ⑥

Plan page suivante

🏨 **Novotel** Sint-Jacobsstraat 15, ℰ 0 57 42 96 00, H3172@accor.com, Fax 0 57 42 96 01, ⌂, **ᵇ₆** – ▐ ≼ ▤ ᴛⱽ ♿ch, ⌷ – ⅍ 25 à 120. **ᴬᴱ ⑩ ⓂⓈ ᴠᴵˢᴬ**. ⅍ rest   BX b
Repas Lunch 13 bc – carte 22 à 36 – ⇆ 14 – **122 ch** 110/125 – ½ P 89/97.
  ✦ Hôtel implanté sur le site d'un ancien couvent dont certains éléments ont été maintenus en façade. Les chambres sont bien tenues et conformes aux standards de la chaîne.
  ✦ Novotel op de plek van een oud klooster, waarvan enkele overblijfselen in de gevel zijn opgenomen. De kamers zijn goed onderhouden en conform de standaard van deze hotelketen.

🏨 **Ariane** ⌂, Slachthuisstraat 58, ℰ 0 57 21 82 18, info@ariane.be, Fax 0 57 21 87 99, ⌂, **ᵇ₆**, ♿ – ▐ ≼ ▤ ᴛⱽ ℙ – ⅍ 25 à 90. **ᴬᴱ ⑩ ⓂⓈ ᴠᴵˢᴬ**. ⅍ rest   AX e
Repas (fermé sam. midi) Lunch 10 – carte 29 à 47 – **51 ch** ⇆ 80/100 – ½ P 100/120.
  ✦ Immeuble récent devancé d'une pelouse égayée de massifs de fleurs. Paisibles chambres sobrement équipées et agrément d'une pièce d'eau. Table misant sur une carte traditionnelle. Terrasse estivale s'ouvrant sur le jardin.
  ✦ Nieuw gebouw met een gazon dat door bloemperken wordt opgefleurd. Rustige kamers met eenvoudige voorzieningen en een mooi uitzicht op de waterpartij. Het restaurant mikt op traditie. Aangenaam terras in de zomer, aan de tuinzijde.

🏨 **Flanders Lodge** ⌂, A. Dehemlaan 19 (par ① : 2,5 km), ℰ 0 57 21 70 00, bw-ieper @skynet.be, Fax 0 57 21 94 74, ⌂ – ▐ ≼, ▤ rest, ᴛⱽ ℙ – ⅍ 25 à 120. **ᴬᴱ ⑩ ⓂⓈ ᴠᴵˢᴬ**
fermé 20 juil.-2 août – **Repas Tybaert** (fermé dim.) Lunch 14 – 29/46 bc – **39 ch** ⇆ 59/89 – ½ P 73/83.
  ✦ Dans une zone industrielle, grand bâtiment tout de bois vêtu dont les chambres, bien insonorisées, sont rassemblées dans une aile sur l'arrière. Espaces pour séminaires. Salle des repas confortable et chaleureuse, agencée sur deux niveaux.
  ✦ Groot houten gebouw op een industrieterrein. De kamers zijn afdoende voorzien van geluidsisolatie en liggen gegroepeerd in een vleugel aan de achterzijde. Faciliteiten voor congressen. De eetzaal telt twee verdiepingen en is warm en comfortabel.

IEPER

BELGIQUE

Albion sans rest, Sint-Jacobsstraat 28, ℘ 0 57 20 02 20, *info@ albionhotel.be*
Fax 0 57 20 02 15 – 🛗 📺 🕭. 🖭 🐠 *VISA*. 🛠   BX
18 ch ⊇ 74/98.

• Belle demeure ayant naguère abrité des services administratifs. Communs spacieux aménagés dans la note Art déco. Chambres à l'identique. Accueil familial.
• In dit mooie gebouw waren vroeger overheidsdiensten gehuisvest. Royale gemeenschappelijke ruimten in art-decostijl. De kamers zijn identiek. Vriendelijke ontvangst.

Regina, Grote Markt 45, ℘ 0 57 21 88 88, *info@ hotelregina.be*, Fax 0 57 21 90 20,
– 🛗, 🍴 rest, 📺 – 🕭 30. 🖭 ⓪ 🐠 *VISA*   BX
Repas (fermé 25 juil.-8 août, du 24 au 30 déc., 1 et 2 janv. et dim.) Lunch 23 – 38/68 b
♀ – **17 ch** (fermé du 24 au 30 déc.) ⊇ 65/75 – ½ P 60/80.

• Deux fières demeures flamandes composent cet hôtel on-ne-peut-plus-central. Le déco
de chaque chambre honore une personnalité du monde des arts : Dali, Piaf, Brel, Tati, et
Belle vue sur la Grand'Place depuis la salle de restaurant moderne située à l'avant.
• Dit centraal gelegen hotel bestaat uit twee Vlaamse herenhuizen. Elke kamer brengt e
ode aan een beroemde kunstenaar of artiest, zoals Dali, Piaf, Brel en Tati. Vanuit d
moderne eetzaal aan de voorkant ontvouwt zich een fraai uitzicht op de Grote Mark

292

Gasthof 't Zweerd, Grote Markt 2, ☎ 0 57 20 04 75, zweerd@pandora.be, Fax 0 57 21 78 96 – |≉| 🖅 – 🔏 100. 🖭 ➊ ➌ 𝘝𝘐𝘚𝘈   BX d
Repas (fermé mardi) Lunch 12 – 22/40 – **17** ch ⇆ 60/70 – ½ P 48.

♦ Sur le Grote Markt, petite affaire tenue en famille depuis une vingtaine d'années. Les chambres, d'un confort moderne, viennent d'être rafraîchies. Salle à manger classiquement aménagée.

♦ Dit hotelletje, centraal gelegen aan de Grote Markt, bestaat al zo'n 20 jaar en wordt door een familie gerund. De kamers bieden modern comfort en hebben niet lang geleden een facelift gehad. De eetzaal is in klassieke stijl ingericht.

De Vier Koningen, Dikkebusseweg 148, ☎ 0 57 44 84 46, Fax 0 57 44 84 47 – 🖾 ⬜ 🖭 – 🔏 25 à 100. 🖭 ➊ ➌ 𝘝𝘐𝘚𝘈   AY x
fermé 15 fév.-4 mars, 22 août-2 sept. et jeudi – **Repas** Lunch 35 – carte 30 à 50, ⚱.

♦ Restaurant au cadre contemporain complété d'un "bar-lounge" au rez-de-chaussée, accessible par une entrée séparée. Registre culinaire d'orientation traditionnelle.

♦ Eigentijds restaurant met een "bar-lounge" op de benedenverdieping, die via een aparte ingang toegankelijk is. Het culinaire repertoire houdt de traditie in ere.

Pacific Eiland, Eiland 2, ☎ 0 57 20 05 28, pacificeiland@resto.be, Fax 0 57 42 42 92, ≼, 🏠, Taverne-rest – 🖭 ➌ 𝘝𝘐𝘚𝘈   AY z
fermé fin mars-début avril, du 6 au 19 oct., lundi soir et mardi – **Repas** Lunch 30 – 50.

♦ Taverne-restaurant montant la garde sur l'un des anciens îlots qui défendaient Ypres. Ambiance familiale sympathique, carte traditionnelle, canotage et jeux pour les enfants.

♦ Dit café-restaurant houdt de wacht op een van de eilandjes die vroeger Ieper verdedigden. Sympathieke huiselijke ambiance, traditionele kaart, roeibootjes en speeltoestellen.

à Elverdinge Nord-Ouest : 5 km 🅒 Ieper – ⊠ 9606 Elverdinge :

Host. St-Nicolas (Vanderhaeghe), Veurnseweg 532 (sur N 8), ☎ 0 57 20 06 22, st.nicolas@pi.be, Fax 0 57 46 98 99, 🏠 – 🖾 🖭 🖭 ➌ 𝘝𝘐𝘚𝘈, ✀
fermé 17 juil.-9 août, du 2 au 9 janv., sam. midi, dim. soir, lundi et jours fériés soirs – **Repas** Lunch 39 – 60/105 bc, carte 49 à 95
Spéc. Gravlax. Pommes de terre écrasées à l'œuf poché et crevettes grises, sauce mousseline. Turbotin grillé, croquette de crabe, sauce mousseline aux fines herbes et Nantua.

♦ Élégante villa moderne agrémentée d'une belle terrasse d'été dressée côté jardin, près d'une pièce d'eau. Fine cuisine au goût du jour, cave bien montée et service stylé.

♦ Deze sierlijke moderne villa heeft een mooi terras aan de tuinzijde en een waterpartij. Fijne eigentijdse keuken, goede wijnkelder en stijlvolle bediening.

à Zillebeke par ③ : 3 km 🅒 Ieper – ⊠ 8902 Zillebeke :

De Steenen Haene, Komenseweg 21, ☎ 0 57 20 54 86, info@desteenenhaene.be, Fax 0 57 21 50 42, 🏠, Grillades – 🖭 🖭 ➌ 𝘝𝘐𝘚𝘈
fermé 29 mars-12 avril, du 15 au 31 août, mardi soir, merc. et après 20 h 30 – **Repas** Lunch 30 bc – 29/75 bc.

♦ Fermette flamande où l'on ripaille dans un décor rustique chaleureux, empreint d'une certaine nostalgie. Rôtissoire au feu de bois en salle. Jolie terrasse sur l'arrière.

♦ Vlaams boerderijtje om lekker te smikkelen in een gezellig en rustiek interieur dat nostalgisch aandoet. In de eetzaal wordt het vlees op houtvuur geroosterd. Terras achter.

ITTERBEEK Vlaams-Brabant ⁵⁰⁰ K 18 – voir à Bruxelles, environs.

ITTRE (ITTER) 1460 Brabant Wallon ⁵⁰⁰ K 19, ⁵⁰⁰ K 19 et ⁷⁰⁰ F 4 – 5830 h.
Bruxelles 28 – Mons 46 – Wavre 37 – Nivelles 10 – Soignies 21.

L'estaminet de la Couronne, Grand'Place 3, ☎ 0 67 64 63 85, estaminet@skyne t.be, Fax 0 67 64 89 18, 🏠 – 🖾. 🖭 ➌ 𝘝𝘐𝘚𝘈
fermé 1 sem. en fév., 2 sem. en août, dim. soir, lundi et mardi – **Repas** Lunch 25 – 40/75 bc, ⚱.

♦ Ce charmant petit restaurant côtoyant l'église a succédé à un ancien estaminet. Salle à manger de notre temps et carte actuelle lorgnant vers le Sud-Ouest de la France.

♦ Dit charmant restaurantje tegenover de kerk was vroeger een oude kroeg. De eetzaal is van deze tijd. Menukaart met invloeden uit Zuid-West Frankrijk.

VOZ-RAMET Liège ⁵⁰⁰ R 19, ⁵⁰⁰ R 19 et ⁷⁰⁰ J 4 – voir à Liège, environs.

XELLES (ELSENE) Région de Bruxelles-Capitale – voir à Bruxelles.

IZEGEM 8870 West-Vlaanderen 🎫🎫🎫 E 17 et 🎫🎫🎫 C 3 – 26 459 h.

Bruxelles 103 – Kortrijk 13 – Brugge 36 – Roeselare 7.

XX **Ter Weyngaerd,** Burg. Vandenbogaerdelaan 32, ☎ 0 51 30 95 41, info@terweyngaerd.be, Fax 0 51 31 96 52, 🍴 – AE ⓪ ⓴ⓞ VISA JCB
fermé 28 mars-6 avril, 21 juil.-10 août, mardi soir, merc. et dim. soir – **Repas** Lunch 16 – 28/69 bc.
◆ Demeure bourgeoise avec jardin et terrasse ensoleillée, conviant à sa table habitués et hommes d'affaires. Salle de restaurant d'esprit classique, comme la cuisine.
◆ Herenhuis met tuin en zonnig terras, waar voornamelijk zakenlieden en vaste gasten komen. De eetzaal is zowel qua inrichting als qua keuken in klassieke stijl.

XX **Retro,** Meensestraat 159, ☎ 0 51 30 03 06, retro.restaurant@skynet.be, Fax 0 51 30 03 06, 🍴 – 🍽. AE ⓴ⓞ VISA
fermé du 21 au 28 fév., 25 juil.-12 août, sam. midi, dim. soir et lundi – **Repas** Lunch 28 – 41/67 bc, ♌.
◆ Adresse avoisinant le centre, Retro a su se faire une place dans le concert de fourchettes izegemoises. Véranda "no smoking" et restaurant d'été. Recettes au goût du jour.
◆ Deze eetgelegenheid nabij het centrum neemt een geheel eigen plaats in tussen de restaurants van Izegem. Serre voor niet-rokers en buiten eten in de zomer. Eigentijdse keuken.

X **De Dischhoeve,** Meenseteenweg 72, ☎ 0 51 31 07 01, de.dischhoeve@skynet.be, Fax 0 51 31 72 42, 🍴 – 🅿. AE ⓴ⓞ VISA
fermé lundi soir et mardi – **Repas** Lunch 16 – carte 42 à 55.
◆ Petit refuge gourmand dans une ancienne ferme protégée de fossés. Cadre agreste et atmosphère rustique en salle. Cuisinier-sommelier suivant le tempo culinaire du moment.
◆ In deze oude hoeve met slotgracht komen fijnproevers aan hun trekken. Rustieke eetzaal, waar de chef-kok annex sommelier eigentijdse culinaire hoogstandjes vertoont.

X **Bistro d'Halve Maan,** Melkmarkt 12, ☎ 0 51 31 84 22, Fax 0 51 31 84 22, 🍴 – ⓴ⓞ VISA
fermé juil., lundi et mardi – **Repas** carte 22 à 40.
◆ Au bord d'une placette, maison localement appréciée pour ses plats traditionnels énoncés sur ardoise, son service aimable et sa sage politique de prix.
◆ Dit restaurant aan een plein valt bij de bevolking zeer in de smaak vanwege de traditionele schotels, de vriendelijke service en de schappelijke prijzen.

IZEL Luxembourg belge 🎫🎫🎫 R 24 – voir à Florenville.

JABBEKE 8490 West-Vlaanderen 🎫🎫🎫 D 15 et 🎫🎫🎫 C 2 – 13 634 h.

Musée : Permeke★ (Provinciaal Museum Constant Permeke).

Bruxelles 102 – Brugge 13 – Kortrijk 57 – Oostende 17.

🏨 **Haeneveld,** Krauwerstraat 1, ☎ 0 50 81 27 00, info@haeneveld.be, Fax 0 50 81 12 77, 🍴, 🌾 – 📺 🅿. – 🛎 25 à 140. ⓴ⓞ VISA
fermé 21 fév.-9 mars et 26 sept.-11 oct. – **Repas** (fermé mardi et merc. soir) Lunch 35 – 50/75 bc – **8 ch** ☎ 69/92 – ½ P 90/130.
◆ Cette ferme flamande proche de l'autoroute s'entoure d'un écrin verdoyant. Les chambres, vastes et confortables, sont aménagées dans une aile récente. Au restaurant, répertoire culinaire classico-créatif. On mange en terrasse les beaux jours.
◆ Deze Vlaamse boerderij bij de snelweg wordt door een tuin omgeven. De kamers in de onlangs aangebouwde vleugel zijn ruim en comfortabel. In het restaurant worden creatieve en klassieke gerechten geserveerd. Bij mooi weer wordt het terras opgedekt.

à **Snellegem** Sud-Est : 3 km ⓒ Jabbeke – ✉ 8490 Snellegem :

XX **'t Oosthof,** Oostmoerstraat 1, ☎ 0 50 81 16 53, mail@oosthof.be, Fax 0 50 81 46 56, 🍴 – 🅿. AE ⓪ ⓴ⓞ VISA
fermé du 7 au 11 fév., 29 mars-8 avril, du 11 au 27 juil., du 5 au 9 déc., lundi soir et merc – **Repas** Lunch 20 – 25/70 bc.
◆ La ferme fortifiée d'autrefois, recluse derrière ses douves, a mis bas les armes et s'est donnée une nouvelle mission : régaler ses hôtes d'une cuisine classico-bourgeoise.
◆ Deze versterkte hoeve van weleer, die zich achter zijn gracht had verschanst, heeft zich overgegeven aan een nieuwe taak : de gasten onthalen op klassiek-traditionele spijzen

à **Stalhille** Nord : 3 km ⓒ Jabbeke – ✉ 8490 Stalhille :

🏠 **Hove Ter Hille** sans rest, Nachtegaalstraat 46 (sur N 377), ☎ 0 50 81 11 97, Fax 0 50 81 45 17, 🚲 – 📺 🅿.
14 ch ☎ 35/65.
◆ Une mise au vert à la ferme, ça vous tente ? Entre Brugge et Oostende, chambre agréables et studios pourvus de kitchenettes pour permettre des séjours prolongés.
◆ Behoefte aan groen? Dat biedt deze boerderij tussen Brugge en Oostende volop. Aan gename kamers en studio's met kitchenette voor een langer verblijf.

JALHAY 4845 Liège 533 U 19, 534 U 19 et 716 K 4 – 7 729 h.

Bruxelles 130 – Liège 40 – Eupen 12 – Spa 13 – Verviers 8.

🏠 **La Crémaillère**, r. Fagne 17, ℘ 0 87 64 73 14, info@la-cremaillere.be, Fax 0 87 64 70 20, 🌿, 🚲 – 📺 🅿. – 🛁 30. 🖭 ① 🗺 VISA. 🛇 rest
fermé 1 sem. Pâques, 1re quinz. juil. et 2e quinz. déc. – **Repas** *(fermé mardi, merc. et après 20 h 30)* Lunch 22 – 29/36 – **8 ch** ⊑ 50/75 – ½ P 60/72.

  ◆ Auberge familiale disposant de chambres en nombre limité, amples et bien équipées, toutes aménagées dans l'annexe située à deux pas du bâtiment principal. Oiseaux naturalisés, assiettes et bibelots décorent la salle de restaurant bourgeoise.

  ◆ Familieherberg met in de nabijgelegen dependance een beperkt aantal kamers, die ruim en goed geëquipeerd zijn. Opgezette vogels, borden en snuisterijen decoreren de eetzaal die in typische bourgeoisstijl is ingericht.

XX **Au Vieux Hêtre** avec ch, rte de la Fagne 18, ℘ 0 87 64 70 92, vieuxhetre@skynet.be,
🐌 Fax 0 87 64 78 54, 🌿, 🌳, 🚲 – 📺 🅿. 🗺 VISA
fermé lundi, mardi et merc. sauf en juil.-août – **Repas** 22/35 – **12 ch** ⊑ 55/90 – ½ P 55/75.

  ◆ Une fresque, oeuvre d'un célèbre auteur de BD, égaye la salle à manger de cette maison ancienne. Terrasse d'été, jardin avec volière et pièce d'eau. Chambres rénovées.

  ◆ Een muurschildering van een beroemde striptekenaar sieren de eetzaal van dit oude pand. Terras in de zomer, tuin met volière en waterpartij. De kamers zijn gerenoveerd.

JETTE Région de Bruxelles-Capitale 533 K 17 – voir à Bruxelles.

JODOIGNE (GELDENAKEN) 1370 Brabant Wallon 533 O 18 et 716 H 3 – 11 861 h.

Bruxelles 50 – Namur 36 – Charleroi 52 – Hasselt 50 – Liège 61 – Tienen 12.

XX **Le Fou du Roy**, chaussée de Tirlemont 218, ℘ 0 10 81 49 51, Fax 0 10 81 55 33 – 🅿.
① 🗺 VISA. 🛇
fermé dern. sem. juil., prem. sem. sept., prem. sem. janv., dim. midi, lundi et mardi – **Repas** Lunch 18 – 30 bc/54 bc.

  ◆ Table au goût du jour installée dans une ancienne ferme en carré où vous trouverez également une boutique de produits alimentaires et d'articles de décoration (ferronnerie).

  ◆ Oude boerderij in de vorm van een vierkant, waar ook een winkeltje is met levensmiddelen en decoratieve objecten van siersmeedwerk.

à **Mélin** (Malen) Nord-Ouest : 5 km © Jodoigne – ⊠ 1370 Mélin :

XX **La Villa du Hautsart**, r. Hussompont 29, ℘ 0 10 81 40 10, villa.hausart@lavilladuh
🐌 ausart.com, Fax 0 10 81 44 34, 🌿 – 🅿. 🖭 ① 🗺 VISA
fermé début janv., dim. soir, lundi et mardi – **Repas** Lunch 20 – 30/65 bc.

  ◆ La Villa du Hautsart a choisi pour vous mettre à table vu village pittoresque. Menus attrayants, et terroir à la fête dans les assiettes. Vins des régions de France.

  ◆ Mélin is een pittoresk dorp waar u heerlijk kunt tafelen. Aantrekkelijke menu's met streekgerechten. De wijn komt uit verschillende Franse regio's.

JUPILLE Luxembourg belge 534 S 21 – voir à La Roche-en-Ardenne.

JUPILLE-SUR-MEUSE Liège 533 S 19, 534 S 19 et 716 J 4 – voir à Liège, périphérie.

KALMTHOUT 2920 Antwerpen 533 L 14 et 716 G 1 – 17 344 h.

Bruxelles 76 – Antwerpen 22 – Roosendaal 20 – Turnhout 42.

XX **Keienhof**, Putsesteenweg 133 (Sud-Ouest : 2 km sur N 111, De Kalmthoutse Heide),
℘ 0 3 666 25 50, info@keienhof.be, Fax 0 3 666 25 56, 🌿 – 🅿. 🖭 ① 🗺 VISA
fermé 1 sem. Pâques, 3 prem. sem. aout, dim. et lundi – **Repas** Lunch 25 – carte 33 à 50, ℤ.

  ◆ En été, les terrasses de cette gentilhommière d'inspiration coloniale sont dressées tout contre la forêt. Plats de saison et suggestions orales. Vins du monde.

  ◆ De terrassen van dit kasteeltje in koloniale stijl liggen in een lommerrijk bos. Seizoengebonden gerechten en mondeling aangekondigde dagsuggesties. Wereldwijnen.

KANNE 3770 Limburg © Riemst 15 801h. 533 T 18 et 716 K 3.

Bruxelles 118 – Maastricht 6 – Hasselt 37 – Liège 30.

🏠 **Limburgia**, Op 't Broek 4, ℘ 0 12 45 46 00, hotellimburgia@pandora.be, Fax 0 12 45 66 28, 🌿 – 📺 🛁 25 à 75. 🖭 ① 🗺 🛇
fermé 24 déc.-1er janv. et merc. – **Repas** (dîner pour résidents seult) – **19 ch** ⊑ 60/85.

  ◆ L'hôtel, situé à la frontière belgo-néerlandaise, a dû en voir défiler du monde depuis 1936, année de sa création... Une aile récente regroupe des chambres sans reproche.

  ◆ Dit hotel aan de Belgisch-Nederlandse grens heeft sinds 1936, het jaar van zijn oprichting, al heel wat gasten ontvangen. De onberispelijke kamers liggen in de nieuwe vleugel.

KAPELLEN Antwerpen 🔢 L 15 et 🔢 G 2 – voir à Antwerpen, environs.

KASTERLEE 2460 Antwerpen 🔢 O 15 et 🔢 H 2 – 17717 h.

🅱 Gemeentehuis ℘ 0 14 85 99 15, toerisme@kasterlee.be, Fax 0 14 85 07 77.
Bruxelles 77 – Antwerpen 49 – Hasselt 47 – Turnhout 9.

🏨 **De Watermolen** ⬡, Houtum 61 (par Geelsebaan), ℘ 0 14 85 23 74, info@waterm
olen.be, Fax 0 14 85 23 70, ⬉, ⌂, 🚲, – 📺 🅿 – 🔬 25. ⬡ rest
fermé 16 août-3 sept. et du 3 au 24 janv. – **Repas** Lunch 35 – 46/70, ⬡ – **Brasserie De
Brustele** Lunch 28 – carte 33 à 62, ⬡ – ⬡ 12 – **18 ch** 84/134 – ½ P 88.
  ✦ Enseigne-vérité : vous dormirez ici dans un ancien moulin qu'alimentait une charmante
rivière visible depuis les calmes chambres rajeunies. Ambiance cossue. Petits séminaires.
Élégante salle à manger classique. Atmosphère de brasserie moderne au Brustele.
  ✦ Oude watermolen aan de Kleine Nete, een schilderachtig riviertje dat vanuit de rustige,
gerenoveerde kamers te zien is. Luxe uitstraling. Geschikt voor kleine congressen. Elegante
klassieke eetzaal. De Brustele heeft de sfeer van een moderne brasserie.

🏨 **Den en Heuvel,** Geelsebaan 72, ℘ 0 14 85 04 97, info@denenheuvel.be, Fax 0 14
85 04 96, ⌂, 🚲 – 📺 🅿 – 🔬 25 à 100. ⬡ ⬡ ⬡
fermé du 6 au 31 juil. et du 1er au 15 janv. – **Repas** 38/85 bc, ⬡ – ⬡ 12 – **24 ch** 65/103
– ½ P 78/83.
  ✦ Établissement de bon confort, convenant aussi bien aux touristes qu'à la clientèle d'affaires en quête d'un cadre approprié à la tenue réunions professionnelles. Repas classique
dans une salle moderne. Offre culinaire incluant un "festival de homard".
  ✦ Comfortabel gebouw, zowel geschikt voor toeristen als voor zakenmensen, die hier over
uitstekende faciliteiten beschikken. Restaurant met een klassieke keuken en een modern
interieur. Het culinaire aanbod bevat een "kreeftfestival".

🎖🎖🎖 **Kastelhof,** Lichtaartsebaan 33 (Sud-Ouest sur N 123), ℘ 0 14 85 18 43, Fax 0 14
85 31 25, ⌂ – 🅿. ⬡ ⬡ ⬡ ⬡
fermé 2 dern. sem. juil., prem. sem. janv., lundi, mardi, sam. midi et après 20 h 30 – **Repas**
Lunch 40 – 47/90 bc, ⬡.
  ✦ Cette grande villa s'agrémentant d'un jardin soigné vous convie à découvrir une
carte au goût du jour ainsi qu'une sélection vineuse assez élaborée. Restaurant de plein
air.
  ✦ Grote villa met een verzorgde tuin. Eigentijdse menukaart en goede selectie wijnen. Als
de zon schijnt, is het terras favoriet.

🎖 **Potiron,** Geelsebaan 73, ℘ 0 14 85 04 25, d.verheyen@proximedia.be, Fax 0 14
85 04 26, ⌂ – ☰ 🅿. ⬡ ⬡ ⬡
fermé 21 fév.-10 mars, du 11 au 28 juil., merc. et sam. midi – **Repas** 27/41 bc.
  ✦ Petit restaurant estimé pour ses préparations actuelles et son cadre de bistrot moderne
aux accents rustiques. L'été, on mange aussi à l'extérieur, sur la terrasse en teck.
  ✦ Dit restaurantje is in trek vanwege zijn eigentijdse keuken en moderne bistro
inrichting met rustieke accenten. 's Zomers kan op het teakhouten terras worden
gegeten.

à **Lichtaart** Sud-Ouest : 6 km © Kasterlee – ⊠ 2460 Lichtaart :

🏨 **De Residentie,** Steenfortstraat 5, ℘ 0 14 55 18 34, info@residentie.be
Fax 0 14 55 18 35, ⌂, 🎣, ⬡, ☒ – ⬙ 📺 🅿 – 🔬 25 à 300. ⬡ ⬡ ⬡ ⬡ ⬡
Repas Lunch 29 – carte 39 à 70 – **36 ch** ⬡ 83/146 – ½ P 112/132.
  ✦ Bâtisse des années 1970 nichée dans un site boisé lui donnant un peu l'allure d'un
gentilhommière. Chambres de bon séjour ; installations pour se réunir et se détendre. Res
taurant confortable servant de la cuisine actuelle.
  ✦ Groot pand uit de jaren zeventig in een bosrijke omgeving, waardoor het eerder ee
landhuis is. De kamers beloven een prettig verblijf. Faciliteiten om te vergaderen en t
ontspannen. Comfortabel restaurant met eigentijdse keuken.

🎖🎖🎖 **De Pastorie,** Plaats 2, ℘ 0 14 55 77 86, depastorie@belgacom.net, Fax 0 14 55 77 9
⌂ – 🅿. ⬡ ⬡ ⬡ ⬡
fermé 2 sem. vacances Pâques, 2 dern. sem. août, lundi et mardi – **Repas** Lunch 32
55/75 bc, ⬡.
  ✦ Au coeur du village, ancien presbytère (17e s.) agrémenté d'un jardin soigné. Restaura
d'été et salle à manger optant pour un style classique raffiné. Cuisine du moment.
  ✦ Deze 17e-eeuwse pastorie in het hart van Lichtaart heeft een mooie tuin, waar 's zome
kan worden gegeten. Elegante eetzaal in klassieke stijl en hedendaagse keuken.

🎖🎖 **Keravic** avec ch, Herentalsesteenweg 72, ℘ 0 14 55 78 01, info@keravic.be, Fax 0
55 78 16, ⌂, ⬡, 🚲 – 📺 🅿 – 🔬 25. ⬡ ⬡ ⬡ ⬡
fermé 1 juil.-8 août et 25 déc.-3 janv. – **Repas** (fermé sam. midi, dim. et lundi m
33/49 bc – **11 ch** ⬡ 83/110 – ½ P 112/132.
  ✦ Typique hostellerie flamande dans son écrin verdoyant. Classiquement agencée, l'agré
ble salle à manger à touche rustique entretient une ambiance feutrée.
  ✦ Typisch Vlaamse hostellerie in een groene omgeving. Prettige klassieke eetzaal met e
rustieke noot, waar een gedempte sfeer hangt.

KEERBERGEN *3140 Vlaams-Brabant 533 M 16 et 716 G 2 – 12 216 h.*

Vlieghavenlaan 50 ✆ 0 15 23 57 37, Fax 0 15 23 57 37.

Bruxelles 34 – Antwerpen 36 – Leuven 20.

The Paddock, R. Lambertslaan 4, ✆ 0 15 51 19 34, *the.paddock@skynet.be, Fax 0 15 52 90 08,* – P. AE ⓓ ⓜ VISA
fermé 7 fév.-2 mars, 15 août-7 sept., mardi et merc. – **Repas** Lunch 37 – 45/90 bc, carte 52 à 92
Spéc. Asperges régionales, sauce au champagne (avril-23 juin). Côte de veau de lait au poivre et genièvre. Millefeuille de framboises, glace au yoghourt.
◆ Céder aux plaisirs de la table dans une superbe villa nichée au beau milieu d'un véritable havre de verdure ? C'est ce qui va vous arriver au Paddock ! Terrasse ombragée.
◆ In deze schitterende villa verscholen tussen het groen zult u geen weerstand kunnen bieden aan het genot van een gastronomische maaltijd. Lommerrijk terras.

Hof van Craynbergh, Mechelsebaan 113, ✆ 0 15 51 65 94, *info@hofvancraynbergh.be, Fax 0 15 51 65 94,* – P. AE ⓓ ⓜ VISA.
fermé 18 juil.-4 août, 26 déc.-5 janv., sam. midi, dim. soir, lundi et merc. midi – **Repas** Lunch 35 – 48/84 bc.
◆ Demeure entourée d'un joli parc, sur une butte située aux abords du village. Cadre intime, bonne cave et restaurant d'été. En saison, l'asperge a toutes les faveurs du chef.
◆ Pand met een mooi park, op een heuvel aan de rand van het dorp. Sfeervol interieur, goede wijnkelder en zomerterras. Lekkere asperges in het seizoen.

Postelein, Tremelobaan 136a, ✆ 0 16 53 86 89, *postelein@busmail.net, Fax 0 16 53 97 56,* – P. AE ⓓ ⓜ VISA
fermé 2e quinz. mars, 2e quinz. sept., lundi et mardi – **Repas** 31/94 bc, ♀.
◆ Fringante villa ouverte sur un jardin boisé. Salon et salle de restaurant aussi confortables qu'accueillants ; terrasse en teck dressée aux beaux jours à l'ombre des arbres.
◆ Vrolijke villa met een tuin vol bomen. De comfortabele salon en eetzaal zien er heel uitnodigend uit. Bij mooi weer wordt het teakhouten terras onder de bomen opgedekt.

Ming Dynasty, Haachtsebaan 20, ✆ 0 15 52 03 79, *info@mingdynasty.be, Fax 0 15 52 87 22,* , Cuisine chinoise, ouvert jusqu'à 23 h – ▤. AE ⓓ ⓜ VISA
fermé mardi – **Repas** Lunch 19 – carte 22 à 51.
◆ Salle à manger plaisamment décorée et confortable terrasse estivale s'offrent de guider votre gourmandise à travers les provinces chinoises. Multitude de menus et de vins.
◆ In de fraai gedecoreerde eetzaal en op het gerieflijke terras kunt u een culinaire ontdekkingsreis maken door de Chinese provincies. Ruime keuze aan menu's en wijnen.

KEMMEL *8956 West-Vlaanderen C Heuvelland 8 323 h. 533 B 18 et 716 B 3.*

Reningelststraat 11 ✆ 0 57 45 04 55, heuvelland@toerismevlaanderen.be, Fax 0 57 44 89 99.

Bruxelles 133 – Brugge 63 – Ieper 11 – Lille 33.

Host. Kemmelberg avec ch, Kemmelbergweg 34, ✆ 0 57 45 21 60, *info@kemmelberg.be, Fax 0 57 44 40 89,* ≤ plaine des Flandres, – TV P. – 25. AE ⓓ VISA JCB
fermé du 1er au 11 fév., 21 fév.-9 mars, 11 juil.-4 août, 26 déc.-janv., lundi et mardi – **Repas** Lunch 40 – 43/85 bc – **16 ch** 62/110 – ½ P 74/92.
◆ "Le plat pays qui est le mien..." : panorama saisissant sur la plaine des Flandres ponctuée à l'horizon de terrils fossiles. Chambres dotées de balcons.
◆ Magnifiek panorama van Vlaanderen, "mijn vlakke Vlaanderenland...", met zwarte slakkenbergen die zich tegen de horizon aftekenen. Alle kamers hebben een balkon.

KESSEL-LO *Vlaams-Brabant 533 N 17 et 716 H 3 – voir à Leuven.*

KLEMSKERKE *West-Vlaanderen 533 D 15 et 716 C 2 – voir à De Haan.*

KLUISBERGEN *9690 Oost-Vlaanderen 533 G 18 et 716 D 3 – 6 103 h.*

Bruxelles 67 – Kortrijk 24 – Gent 39 – Valenciennes 75.

Te Winde, Parklaan 17 (Berchem), ✆ 0 55 38 92 74, *Fax 0 55 38 62 92,* – P. AE ⓓ ⓜ VISA.
fermé sem. carnaval, 2e quinz. juil., dim. soir, lundi et mardi soir – **Repas** Lunch 50 – carte 47 à 69.
◆ Imposante villa bordée d'un luxuriant jardin arboré et agrémenté d'une pièce d'eau. Salle de restaurant cossue, véranda, belle terrasse, spécialités belges et bons millésimes.
◆ Imposante villa en een weelderige tuin met bomen en een waterpartij. Rijk aandoende eetzaal, serre, mooi terras, Belgische specialiteiten en wijnen van goede jaargangen.

sur le Kluisberg *(Mont de l'Enclus) Sud : 4 km* 🄲 *Kluisbergen* – ✉ *9690 Kluisbergen* :

La Sablière, Bergstraat 40, ☎ 0 55 38 95 64, *Fax 0 55 38 78 11*, – |‡| TV P. AE MC VISA. ✂ ch
fermé sem. carnaval, dern. sem. août et déc. – **Repas** *(fermé vend.)* 57/79 bc – ☕ 10 – **12 ch** 70/80 – ½ P 75/125.
• Beaux rêves en perspective : le marchand de sable passe forcément au sommet du Kluisberg ! Quelques chambres rénovées bénéficient d'une décoration soignée. Carte traditionnelle proposée dans un cadre élégant. En cave, la France pavoise.
• Mooie dromen in het vooruitzicht, want het zandmannetje komt beslist langs de top van de Kluisberg ! Enkele gerenoveerde kamers met zeer verzorgde inrichting. Traditioneel eten in een sierlijk interieur. In de wijnkelder wappert de Franse vlag.

KNESSELARE *9910 Oost-Vlaanderen* 533 F 16 *et* 716 D 2 – *7 852 h.*
Bruxelles 83 – Brugge 17 – Gent 31 – Middelburg 75 – Lille 79.

Prélude sans rest, Knokseweg 23 (N 44) 460, ☎ 0 9 374 32 34, *info@hotelprelude.be, Fax 0 9 374 32 38* – ▤ TV. MC VISA
10 ch ☕ 75/95.
• Nouvel hôtel construit à mi-chemin de Bruges et Gand, en retrait d'une route passante. Chambres réparties sur l'arrière, donc épargnées par les bruits de la circulation.
• Nieuw hotel tussen Brugge en Gent, even van een doorgaande weg. De kamers liggen aan de achterkant en hebben dus geen last van het verkeer.

KNOKKE-HEIST *8300 West-Vlaanderen* 533 E 14 *et* 716 C 1 – *33 545 h – Station balnéaire*★★ – *Casino AY , Zeedijk-Albertstrand 509* ☎ *0 50 63 05 00, Fax 0 50 61 20 49.*
Voir *le Zwin*★ *: réserve naturelle (flore et faune) EZ.*
18 *(2 parcours) à Het Zoute, Caddiespad 14* ☎ *0 50 60 12 27, Fax 0 50 62 30 29.*
🅸 *Zeedijk 660 (Lichttorenplein) à Knokke* ☎ *0 50 63 03 80, toerisme@knokke-heist.be*, Fax 0 50 63 03 90 – (avril-sept., vacances scolaires et week-end) Tramhalte, Heldenplein à Heist ☎ 0 50 63 03 80, Fax 0 50 63 03 90.
Bruxelles 108 ① – *Brugge 18* ① – *Gent 49* ① – *Oostende 33* ③

Plans pages suivantes

à Knokke – ✉ *8300 Knokke-Heist* :

des Nations sans rest, Zeedijk 704, ☎ 0 50 61 99 11, *Fax 0 50 61 99 99*, ≤, – |‡| ✂ TV – 🏛 25. AE ⓓ MC VISA. ✂ BY f
fermé 27 janv.-11 fév. et 26 nov.-10 déc. – **36 ch** ☕ 180/220, – 4 suites.
• Immeuble moderne dominant la digue. Espaces communs et chambres à touches Art déco, souvent avec vue sur mer. Côté bien-être : sauna, hammam et soins esthétiques (sur rdv.).
• Moderne flat bij de pier. De gemeenschappelijke ruimten en kamers hebben art-deco-elementen en kijken merendeels uit op zee. Sauna, hamam en beautysalon (op afspraak).

Figaro sans rest, Dumortierlaan 127, ☎ 0 50 62 00 62, *info@hotelfigaro.be, Fax 0 50 62 53 28* – |‡| TV. MC VISA. ✂ BY x
fermé 3 dern. sem. janv.-prem. sem. fév. et 2 dern. sem. nov.-3 prem. sem. déc. – **16 ch** ☕ 75/120.
• Dans une rue commerçante du centre, construction récente renfermant de menues chambres actuelles. Accueil et service avenants. Agréable salle des petits déjeuners.
• Modern gebouw met kleine, eigentijdse kamers in een gezellige winkelstraat in het centrum. Attente service. Aangename ontbijtzaal voor een goed begin van de dag.

Adagio sans rest, Van Bunnenlaan 12, ☎ 0 50 62 48 44, *hoteladagio@planetinternet.be, Fax 0 50 62 59 36*, – |‡| TV – 🏛 25. MC VISA. ✂ BY
20 ch ☕ 65/115.
• Hôtel de bon confort situé en léger retrait du centre animé. Chambres revêtues de moquette et munies du double vitrage. Salon sous verrière, solarium, sauna et bain turc.
• Comfortabel hotel even buiten de drukte van het centrum. Kamers met vaste vloerbedekking en dubbele ramen. Lounge met glaskoepel. Solarium, sauna en Turks bad.

Van Bunnen sans rest, Van Bunnenlaan 50, ☎ 0 50 62 93 63, *info@hotelvanbunnen.be, Fax 0 50 62 29 66* – |‡| TV P. AE MC VISA BY
18 ch ☕ 99/117.
• Affaire familiale installée dans une maison Art déco. Chambres fraîches et bien tenues. Lumineuse salle de breakfast donnant sur une jolie terrasse. Petit-déjeuner soigné.
• Familiehotel in een art-decopand. De kamers zijn fris en goed onderhouden. Aangename lichte ontbijtzaal met een mooi terras. Verzorgd ontbijt.

BELGIQUE

Eden sans rest, Zandstraat 18, ✆ 0 50 61 13 89, yves@edenhotel.be, Fax 0 50 61 07 62 – |§| 🖵
BY n
19 ch ⬚ 52/87.
◆ À quelques pas de la plage, petit immeuble-bloc dont les sobres chambres aux tons frais privilégient le côté pratique. Accueil et service personnalisés. Ambiance familiale.
◆ Klein flatgebouw op loopafstand van het strand. Sobere en praktische kamers in frisse kleuren. Persoonlijke aandacht voor de gasten. Huiselijke sfeer.

Prins Boudewijn sans rest, Lippenslaan 35, ✆ 0 50 60 10 16, info@hotelprinsboud ewijn.com, Fax 0 50 62 35 46 – |§| 🖵 – 🔬 25 à 40. 🆖 𝗩𝗜𝗦𝗔 𝗝𝗖𝗕
ABY g
44 ch ⬚ 60/85.
◆ Chambres fonctionnelles bien insonorisées et de dimensions correctes, dans un hôtel surplombant la principale artère commerçante de Knokke. La gare est toute proche.
◆ Functionele kamers met behoorlijke afmetingen en een goede geluidsisolatie in een hotel aan de belangrijkste winkelstraat van Knokke. Het station ligt vlakbij.

XX **La Croisette,** Van Bunnenplein 24, ✆ 0 50 61 28 39, Fax 0 50 61 63 47 – ▤. 🅰🅴 ⓞ 🆖 𝗩𝗜𝗦𝗔
BY q
fermé fin janv.-début fév., début oct., mardi et merc. – Repas Lunch 19 – 30/63 bc.
◆ Non loin de l'estran, enseigne évocant le soleil, les stars et les paillettes. Cuisine à la page, trio de menus joliment ficelés et plaisants accords mets-vins.
◆ De naam van dit restaurant nabij het strand doet denken aan zon, glamour en filmsterren. Eigentijdse keuken, drie hecht doortimmerde menu's en goede wijnspijscombinaties.

XX **De Savoye,** Dumortierlaan 18, ✆ 0 50 62 23 61, info@desavoye.be, Fax 0 50 62 60 30, Produits de la mer – ▤ 🔬. ⓞ 🆖 𝗩𝗜𝗦𝗔
BY v
fermé 2 dern. sem. juil., 2 dern. sem. nov.-début déc., merc. soir hors saison et jeudi – Repas Lunch 22 – 38/62 bc, 🍷.
◆ Ce restaurant orienté "poisson et fruits de mer" vous reçoit dans un cadre actuel garni de meubles cérusés. Lunch intéressant, cave fournie, accueil et service aimables.
◆ Dit huis is gespecialiseerd in vis en zeevruchten. Eigentijds interieur met geceruseerde meubelen. Interessant lunchmenu, goed gevulde wijnkelder en vriendelijk personeel.

XX **Panier d'Or,** Zeedijk 659, ✆ 0 50 60 31 89, alanvg@skynet.be, Fax 0 50 60 31 90, ≤, 🌤 – ▤. 🅰🅴 ⓞ 🆖
BY w
fermé mi-nov.-mi-déc. et mardi d'oct. à mai – Repas 25/40.
◆ Ambiance "brasserie maritime" à cette table de la promenade. Terrasse d'été dressée côté digue, camaïeu de bleu et salle, menus pleins de sagesse, donc très demandés.
◆ Restaurant aan de boulevard met de ambiance van een "maritieme brasserie". Eetzaal in verschillende tinten blauw, zomerterras en goedkope menu's die zeer in de smaak vallen.

XX **Le P'tit Bedon,** Zeedijk 672, ✆ 0 50 60 06 64, pucci@pandora.be, Fax 0 50 60 06 64, 🌤 , Avec grillades – ▤. 🅰🅴 ⓞ 🆖 𝗩𝗜𝗦𝗔
BY s
fermé fin nov.-mi-déc. et merc. – Repas 23/42.
◆ Clairement présentée, la liste des mets du P'tit Bedon comporte un volet grillades - préparées en salle - et plusieurs menus-carte avantageux. Terrasse sur front de mer.
◆ De overzichtelijke spijskaart van le P'tit Bedon bevat onder meer voordelige menu's en grillspecialiteiten die in de eetzaal worden bereid. Terras met uitzicht op zee.

XX **Le Chardonnay,** Swolfsstraat 7, ✆ 0 50 62 04 39, restaurant@chardonnay.be, Fax 0 50 62 58 52, Produits de la mer – ▤. 🅰🅴 ⓞ 🆖 𝗩𝗜𝗦𝗔
BY h
fermé fin nov.-début déc., jeudi d'oct. à Pâques et merc. – Repas Lunch 19 – 28/68 bc, 🍷.
◆ Salle à manger chaleureuse et soignée, accueil et service cordial, recettes honorant la marée et beaux flacons de chardonnay en cave. Derrière les fourneaux : la stabilité.
◆ Gezellige en verzorgde eetzaal, vriendelijke bediening, smakelijke visgerechten en verrukkelijke chardonnays.

XX **Hippocampus,** Kragendijk 188, ✆ 0 50 60 45 70, hippocampus@versateladsl.be, 🌤 – ▤ 🄿. 🅰🅴 ⓞ 🆖 𝗩𝗜𝗦𝗔 𝗝𝗖𝗕
DZ k
fermé 2 prem. sem. fév., 2 prem. sem. oct., mardi soir en hiver, merc. et sam. midi – Repas Lunch 25 – 41/84 bc, 🍷.
◆ Fermette des polders servant des repas au goût du jour, dont quelques préparations à la truffe. Vieilles briques brugeoises, peintures marines et objets hétéroclites en salle.
◆ In dit polderboerderijtje kunt u genieten van eigentijdse gerechten, soms zelfs met truffel. Eetzaal met oude bakstenen, curiosa en schilderijen met de zee als thema.

XX **Open Fire,** Zeedijk 658, ✆ 0 50 60 17 26, Fax 0 50 60 17 26, ≤, 🌤 – ▤. 🅰🅴 ⓞ 🆖 𝗩𝗜𝗦𝗔
BY a
fermé merc. – Repas 25/38.
◆ Engageante affaire familiale devancée d'une terrasse. Salle à manger vivant avec son temps et choix classique où poissons crabes et homards se taillent la part du lion.
◆ Dit uitnodigende restaurant met terras is een familiebedrijf. Eigentijdse eetzaal met klassieke keuken, waar krab en kreeft zich als een vis in het water voelen.

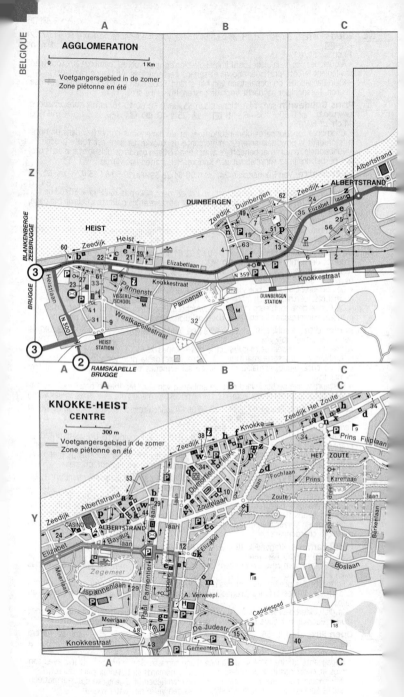

☆ **'t Kantientje,** Lippenslaan 103, ℰ 0 50 60 54 11, Fax 0 50 61 63 76, 🍽, Moules en saison – 🍴. 🆎 **VISA**
ABY **e**
fermé dern. sem. juin-prem. sem. juil., 15 nov.-15 déc., lundi soir sauf en juil.-août et mardi – **Repas** 23 🍴.
• Goûteuse cuisine bourgeoise servie dans une ambiance décontractée. Service aimable et diligent, mais aucune réservation possible : tables cédées aux premiers arrivés.
• Eenvoudige maar smakelijke maaltijd in een relaxte sfeer. Vriendelijke en vlotte bediening. Reserveren is niet mogelijk : wie het eerst komt, wie het eerst maalt.

☆ **Ciccio,** Dumortierlaan 64, ℰ 0 50 60 96 61, Fax 0 50 34 46 50, 🍽, Avec cuisine italienne – 🆎 **VISA**
BY **b**
fermé merc. et jeudi – **Repas** (dîner seult sauf week-end) carte 36 à 53.
• Cet agréable établissement du centre animé vous installe dans un intérieur italianisant orné de fresques murales. Carte franco-transalpine avec suggestions ; cave au diapason.
• Dit aangename etablissement in het centrum ontvangt u in een Italiaans aandoend interieur met muurschilderingen. Frans-Italiaanse wijnen en dito menukaart met suggesties.

l'Orchidée, Lippenslaan 130, ✆ 0 50 62 38 84, orchidee.thai@belgacom.net, Fax 0 50 62 51 88, Cuisine thaïlandaise, ouvert jusqu'à 1 h du matin – 🍽️. 🆎 ⓞ ⓜ🄾 VISA
AY t
fermé 2 sem. en mars, mi-nov.-mi-déc. et merc. – **Repas** (dîner seult sauf dim. et jours fériés) 36/47 bc.
* L'un des rares restaurants thaïlandais de Knokke-Heist : tables fleuries d'orchidées, décor ''bambou'', confort ''rotin'' et statuaire bouddhiste. Saveurs du Triangle d'or.
* Dit is een van de weinige Thaise restaurants in Knokke-Heist. Orchideeën op tafel, bamboe aan de muren, rotanmeubelen en boeddhabeeldjes. Recepten uit de Gouden Driehoek.

à Het Zoute – ✉️ 8300 Knokke-Heist :

Manoir du Dragon �>️ sans rest, Albertlaan 73, ✆ 0 50 63 05 80, manoirdudragon @pandora.be, Fax 0 50 63 05 90, ≤ golf, 🌳, 🚲 – 🔌 🍽️ 📺 🄿. 🆎 ⓞ ⓜ🄾 VISA. 🕉️
BY m
fermé 15 nov.-15 déc. – **12 ch** ⊂⊃ 190/275, – 4 suites.
* Élégant manoir dont la plupart des chambres jouissent d'une terrasse avec vue sur le golf. Accueil et service personnalisés, atmosphère romantique et cadre verdoyant.
* Elegant landhuis, waarvan de meeste kamers een eigen terras hebben met uitzicht op de golfbaan. Een romantisch adresje met veel groen en persoonlijke aandacht voor de gast.

Lugano (annexe Locarno 🏨 - 15 ch, 1 suite), Villapad 14, ✆ 0 50 63 05 30, lugano @hotelvanhollebeke.com, Fax 0 50 63 05 30, 🌸, 🌳 – 🔌, 🍽️ ch, 📺 🄿 – 🏛️ 25. 🆎 ⓞ ⓜ🄾 VISA. 🕉️ ch
BY p
Repas (dîner pour résidents seult en saison) – **27 ch** ⊂⊃ 109/235, – 2 suites.
* Villa de style vaguement anglo-normand établie à proximité de la plage. Chambres agréables et jardin ravissant. Annexe offrant un confort inférieur mais tout à fait valable.
* Hotel in een Anglo-Normandisch aandoende villa met een mooie tuin, vlak bij het strand. Prettige kamers ; die in het bijgebouw zijn minder gerieflijk, maar heel acceptabel.

Approach (annexe 5 ch), Kustlaan 172, ✆ 0 50 61 11 30, info@hotel-approach.com, 🌸, 🌳 – 🔌 🍽️, 🍽️ ch, 📺 ⊂⊃ 🄿 – 🏛️ 25 à 50. 🆎 ⓞ VISA
CY d
Repas carte 49 à 71 – ⊂⊃ 25 – **20 ch** 130/400, – 6 suites.
* Diverses catégories de chambres très bien équipées, à un jet de frisbee du sable fin et un putt du Mini en Approach Golf. Cinq occupent l'annexe et une, un chalet côté jardin. Salle de restaurant classique-actuelle ; orientation culinaire de même.
* Hotel op een frisbeeworp afstand van het strand en slechts één hole van de midgetgolf. Goed geëquipeerde kamers in verschillende categorieën, waarvan vijf in het bijgebouw en één in het chalet in de tuin. Klassiek-eigentijdse eetzaal en dito keuken.

Britannia sans rest, Elizabetlaan 85, ✆ 0 50 62 10 62, britannia@pandora.be, Fax 0 50 62 00 63, 🚲 – 🔌 📺 🄿 – 🏛️ 25. ⓞ ⓜ🄾 VISA
BY c
fermé 22 nov.-22 déc. et 8 janv.-carnaval – **30 ch** ⊂⊃ 75/165.
* Imposante résidence balnéaire dont l'architecture rappelle un peu le style anglo-normand. Communs cossus, grand salon ''cosy'', chambres amples et douillettes. Accueil familial.
* Imposant badhotel in Anglo-Normandische stijl. Weelderige gemeenschappelijke ruimten, grote en sfeervolle lounge, ruime en behaaglijke kamers. Vriendelijke ontvangst.

Rose de Chopin sans rest, Elizabetlaan 94, ✆ 0 50 63 07 50, lugano@hotelsvanho ebeke.com, Fax 0 50 63 05 20, 🌸, 🚲 – 📺 🄿. 🆎 ⓞ ⓜ🄾 VISA
BY k
9 ch ⊂⊃ 207/300.
* Entre le golf et la grande artère commerçante, belle villa abritant de vastes chambres soigneusement agencées ainsi qu'une plaisante salle des petits-déjeuners.
* Mooie villa tussen de golfbaan en de hoofdwinkelstraat. Ruime en smaakvol ingerichte kamers. Prettige ontbijtzaal.

Cosmipolis sans rest, Kustlaan 353, ✆ 0 50 61 16 17 – 🔌 📺 ⊂⊃ – 🏛️ 25. 🆎 ⓞ ⓜ🄾 VISA
CY z
24 ch ⊂⊃ 105/162, – 1 suite.
* Hôtel proche de la plage et du golf, où vous séjournerez dans des chambres pimpantes et actuelles, toutes dotées d'un petit balcon. Les plus appréciées sont côté ''green''.
* Hotel bij het strand en de golfbaan, met eigentijdse kamers die er piekfijn uitzien en allemaal een balkonnetje hebben ; die aan de kant van de ''green'' zijn favoriet.

Andrews sans rest, Kustlaan 72, ✆ 0 50 61 08 47, Fax 0 50 61 04 90 – 🔌 📺 ⊂⊃ ⓜ🄾 VISA. 🕉️
BY
fermé 3 janv.3 fév. – **10 ch** ⊂⊃ 120/160.
* Massive villa moderne distante de 150 m de la digue. Chambres standard avec balcon bien insonorisées et équipées d'un mobilier actuel de série.
* Eigentijdse solide villa, op 150 m van de dijk. Standaardkamers met balkon, goede geluidsisolatie en modern meubilair.

Duc de Bourgogne - Golf ⑤, Zoutelaan 175, ☎ 0 50 61 16 14, *golfhotelzoute@skynet.be*, Fax 0 50 62 15 90, ㄷ, ㄷ – ⑤ ☒ ㄷ – ㄷ 25. ㄷ ☒ ☒   EZ n
fermé 10 janv.-10 fév. – **Repas** *(fermé merc.)* Lunch 24 – 32/45 bc – **26 ch** ☲ 80/155 –
½ P 82/112.
◆ Villa engageante bordant la longue avenue qui traverse le Zoute. Chambres au décor assez conventionnel, mais d'une tenue méticuleuse. Belle terrasse protégée. Confortable salle à manger complétée de l'un des plus agréables restaurants d'été de Knokke.
◆ Vriendelijk uitziende villa aan een lange laan dwars door Het Zoute. Traditioneel ingerichte kamers die perfect zijn onderhouden. Comfortabele eetzaal met een van de mooiste terrassen van Knokke om in de zomer te eten.

Les Arcades sans rest, Elizabetlaan 50, ☎ 0 50 60 10 73, *hotel.les.arcades@pandora.be*, Fax 0 50 60 49 98 – ⑤ ☒ ㄷ ㄷ ☒   BY j
fermé 15 nov.-15 déc. et 15 janv.-1er fév. – **10 ch** ☲ 100/120.
◆ Le rivage et le golf sont à 5mn de cette villa balnéaire tranquille jouxtant un carrefour. Équipement convenable dans les chambres. Clientèle d'habitués.
◆ De kust en de golfbaan liggen op 5 minuten afstand van deze rustige villa aan een kruispunt. De kamers hebben goede voorzieningen en trekken regelmatig terugkerende gasten.

De Oosthoek (Billiau), Oosthoekplein 25, ☎ 0 50 62 23 33, *deoosthoek@tiscali.be*, Fax 0 50 62 25 13 – ㄷ ㄷ ☒   EZ k
fermé dern. sem. juin-prem. sem. juil., 1re quinz. déc., mardi midi sauf vacances scolaraires, mardi soir sauf en juil.-août et merc. – **Repas** Lunch 25 – 40/80 bc, carte 53 à 87, ☲
Spéc. Langoustines aux laitues braisées. Saint-pierre poêlé au risotto de crabe et poireaux. Cannelloni de fruits rouges.
◆ Répertoire culinaire assez ambitieux et personnalisé, interprété dans un intérieur plutôt élégant. Service "classe". Une bonne adresse pour clôturer la visite du Zwin.
◆ Vrij ambitieus culinair repertoire dat de hand van de meester verraadt. Elegant interieur en stijlvolle bediening. Een genot om hier een bezoek aan Het Zwin af te sluiten !

Aquilon, Elizabetlaan 6, ☎ 0 50 60 12 74, *aquilon@resto.be*, Fax 0 50 62 09 72, ㄷ –
☒ ㄷ ㄷ ㄷ ☒ ㄷ   BY y
fermé 10 janv.-9 fév., 1re quinz. déc., merc. hors saison et mardi – **Repas** Lunch 28 –
44/75 bc.
◆ L'enseigne de cette table désigne le fameux vent du Nord, "qu'a fait craquer la terre entre Zeebrugge et l'Angleterre". Mets classiques sobrement actualisés. Lunch et menus.
◆ Aquilon is de beruchte noordenwind "waardoor de aarde tussen Zeebrugge en Engeland is opengebarsten". Klassieke gerechten met een vleugje vernieuwing. Lunchformule en menu's.

L'Echiquier 1er étage, De Wielingen 8, ☎ 0 50 60 88 82 – ☒. ㄷ ㄷ ㄷ
☒ ㄷ   CY h
fermé 3 sem. en janv., lundi soir, mardi et merc. midi sauf vacances scolaires et merc. soir
– **Repas** 50 bc, ☲.
◆ Adresse à conseiller pour s'offrir un menu homard "all in". Une autre formule similaire saura vous satisfaire si vous n'en pincez pas pour ce noble crustacé. Carte accessoire.
◆ Een uitstekend adresje om zich te trakteren op een all-in kreeftmenu. Wie daar niet van houdt, kan het andere menu kiezen, waarin ook alles is inbegrepen. Tevens à la carte.

Si Versailles avec ch, Zeedijk 795, ☎ 0 50 60 28 50, *Fax 0 50 62 58 65*, ㄷ, ㄷ – ⑤,
☒ rest, ㄷ. ㄷ ㄷ ㄷ ☒ ㄷ ch   CY a
fermé 12 nov.-13 déc. – **Repas** *(fermé merc.)* (moules en saison) carte 31 à 82 – **6 ch**
☲ 120.
◆ Brasserie moderne très BCBG où l'on prend place dans un cadre cossu, d'esprit nautique. Les meilleures tables ont vue sur digue et mer. Service dans les règles de l'art.
◆ Moderne en zeer chique brasserie met een weelderig interieur in maritieme stijl. De beste tafels kijken uit op de pier en de zee. Onberispelijke bediening.

Le Bistro de la Mer, Oosthoekplein 2, ☎ 0 50 62 86 98, *Fax 0 50 62 86 99* – ☒. ㄷ
ㄷ ㄷ ☒   EZ a
ferme 15 nov.-7 déc., mardi et merc. – **Repas** carte 45 à 55.
◆ Le Bistro de la Mer vous reçoit dans une salle à manger au décor nautique, aussi chaleureuse que cossue. Plats bourgeois et spécialités de la côte belge. "Sympa" !
◆ Deze bistro ontvangt u in een sfeervolle eetzaal die in nautische stijl is gedecoreerd. Lekkere burgerkeuken en specialiteiten van de Belgische kust. Uiterst plezant !

Marie Siska avec ch, Zoutelaan 177, ☎ 0 50 60 17 64, *Fax 0 50 62 32 00*, ㄷ, ㄷ –
ㄷ ㄷ. ㄷ ㄷ ㄷ ☒   EZ g
avril-4 oct. et week-end – **Repas** (taverne-rest) Lunch 14 – carte 28 à 47 – **7 ch** ☲ 77/113.
◆ Un paradis de la gaufre que cette adresse très touristique où les enfants sont rois. Repas classique, tea-room, terrasse, jardin ludique avec minigolf. Chambres coquettes.
◆ Dit toeristische adres, waar de kinderen koning zijn, is een heus wafelparadijs. Klassieke keuken, tearoom, terras en speeltuin met midgetgolf. De kamers zien er piekfijn uit.

BELGIQUE

✗ **Lady Ann,** Kustlaan 301, ✆ 0 50 60 96 77, 🏤, Taverne-rest – 🍴. 🖭 ⓸ 🐵 🚗
CY **n**
fermé 3 sem. en mars, 3 sem. en déc., jeudi hors saison et merc. – **Repas** Lunch 23 – carte 22 à 52.

♦ Petite taverne-restaurant assez "cosy" où vous sera soumise une carte simple accompagnée d'un duo menus. Fonctionnement de type salon de thé durant l'après-midi.

♦ Gezellig klein café-restaurant, waar u uit een eenvoudige kaart en twee menu's kunt kiezen. 's Namiddags verandert de ruimte in een theesalon.

à **Albertstrand** – ✉ *8300 Knokke-Heist :*

🏨 **La Réserve,** Elizabetlaan 160, ✆ 0 50 61 06 06, *info@la-reserve.be*, Fax 0 50 60 37 06, ≼, 🏤, ⊘, 🛏, ≋, 🗔, ⚓, ✗ – 🖹 🔀 📺 ⊡ 🄿 – 🔏 25 à 350. 🖭 ⓸
🐵 🚗
AY **c**
Repas Lunch 45 – 36/114 bc – **110 ch** ☡ 190/376 – ½ P 201/334.

♦ Au bord du Zegemeer, imposante construction renfermant des chambres cossues de diverses catégories et quatorze salles de séminaires. Centre de thalassothérapie. Restaurant tombant à point nommé si vous avez eu la main chanceuse au casino, juste en face !

♦ Imposant gebouw aan de oever van het Zegemeer. Weelderige kamers in verschillende prijsklassen en veertien vergaderzalen. Centrum voor thalassothérapie. Als u in het tegenover gelegen casino heeft gewonnen, kunt u het geld meteen verbrassen in het restaurant !

🏨 **Binnenhof** sans rest, Jozef Nellenslaan 156, ✆ 0 50 62 55 51, *info@binnenhof.be*, Fax 0 50 62 55 50 – 🖹 📺 ⚅ 🚗 🄿 – 🔏 30. 🖭 🐵 🚗
AY **n**
25 ch ☡ 95/135.

♦ Résidence balnéaire moderne proche de la plage. Coquettes et douillettes, la plupart des chambres s'agrémentent d'un balcon. Petit-déjeuner soigné. Accueil personnalisé.

♦ Modern hotel bij het strand. Mooie en behaaglijke kamers, waarvan het merendeel een balkon heeft. Goed verzorgd ontbijt. Persoonlijke ontvangst.

🏨 **Parkhotel,** Elizabetlaan 204, ✉ 8301, ✆ 0 50 60 09 01, *parkhotelknokke@skynet.be*, Fax 0 50 62 36 08, 🏤 – 🖹, 🍴 rest, 📺 🚗. 🖭 🐵 🚗. ✗
CZ **e**
Repas *(mars-15 nov. ; fermé jeudi)* 53 bc/69 bc – **14 ch** *(fermé 4 janv.-13 fév. et mardi et merc. du 15 nov. au 4 mars)* ☡ 95/135 – ½ P 73/98.

♦ Grosse maison bâtie en léger retrait d'une avenue passante, à faible distance de la digue. Confort convenable dans les chambres ; préférez celles donnant sur l'arrière. Salle de restaurant complétée d'une petite véranda et d'une terrasse. Carte actuelle.

♦ Statig pand aan de vrij drukke kustweg, maar vlak bij de pier. Redelijk comfortabele kamers, waarvan die aan de achterkant de voorkeur verdienen. Restaurant met kleine serre en terras. Eigentijdse keuken.

🏨 **Atlanta,** Jozef Nellenslaan 162, ✆ 0 50 60 55 00, *info@atlantaknokke.be*, Fax 0 50 62 28 66, 🏤 – 🖹 📺 🚗 🄿 🐵 🚗. ✗ rest
AY **k**
Pâques-sept., vacances scolaires et week-end ; fermé début janv.-début fév. – **Repas** carte 22 à 40 – ☡ 10 – **33 ch** 85/125 – ½ P 88/110.

♦ Hébergement fiable pour séjourner en demi-pension à deux pas de la plage. Balcon et salle d'eau en marbre dans toutes les chambres du 1er étage. Bon buffet au p'tit-déj Goûteuse cuisine classique servie à l'heure du dîner.

♦ Goed hotel voor een verblijf op basis van halfpension, vlak bij het strand. Balkon en marmeren badkamer in alle kamers op de eerste verdieping. Overvloedig ontbijtbuffet. 's Avonds alleen à la carte. Klassieke keuken.

🏨 **Gresham** sans rest, Elizabetlaan 185, ✆ 0 50 63 10 10, *hotelgresham.skynet.be* Fax 0 50 63 10 20 – 📺 🄿. 🐵 🚗. ✗
CZ **z**
9 ch ☡ 100/140.

♦ À quelques râteaux de croupier du Casino, petit hôtel où vous logerez dans des chambres garnies de meubles cérusés et de tissus coordonnés. Breakfast sous forme de buffet.

♦ Wie in dit kleine hotel logeert, kan zijn geluk beproeven in het naburige casino De kamers zijn ingericht met geceruseerde meubelen en bijpassende stoffer Ontbijtbuffet.

🏨 **Lido,** Zwaluwenlaan 18, ✆ 0 50 60 19 25, *info@lido-hotel.be*, Fax 0 50 61 04 57, 🚲 🖹 📺 🄿 – 🔏 30. 🐵 🚗. ✗ rest
AY
Repas *(résidents seult)* – **39 ch** ☡ 55/114 – ½ P 62/72.

♦ Hôtel situé à 250 m des premiers châteaux de sable. Salon moderne avec cheminé et chambres fonctionnelles de tailles satisfaisantes. Vélos prêtés gracieusement au logeurs.

♦ Hotel op 250 m van het strand. Moderne lounge met schouw en functionele kamers di ruim genoeg zijn. Hotelgasten kunnen fietsen lenen.

BELGIQUE

Nelson's, Meerminlaan 36, ℘ 0 50 60 68 10, *infon@nelsonshotel.be*, Fax 0 50 61 18 38, ⚡ – 📶, ■ rest, 📺 ⟷ – 🅰 25. 🖭 ⓜⓞ 𝘝𝘐𝘚𝘈 ⁂ rest   AY z
fermé mardi, merc. et jeudi d'oct. à mars sauf vacances scolaires – **Repas** *(fermé après 20 h) Lunch* 11 – 24 – **48 ch** ⌂ 50/119 – ½ P 60/75.
* Immeuble d'angle implanté à deux pas du front de mer. Nombreuses chambres familiales ; vue sur le va-et-vient en direction de la digue depuis le salon-bar du premier étage. Grande salle à manger fraîche et actuelle ; carte et ambiance typiques du littoral.
* Hoekpand op twee minuten lopen van zee. Groot aantal kamers voor gezinnen. Uitzicht op de gezellige pier vanuit de lounge annex bar op de eerste verdieping. Grote moderne eetzaal. De menukaart en sfeer zijn typerend voor de Belgische badplaatsen.

Albert Plage sans rest, Meerminlaan 22, ℘ 0 50 60 59 64, *info@nelsonshotel.be*, Fax 0 50 61 18 38, ⚡ – 📶 📺 🖭 ⓜⓞ 𝘝𝘐𝘚𝘈   AY w
16 ch ⌂ 55/95.
* Cet établissement bien pratique pour les fans d'Albert-Plage a retrouvé l'éclat du neuf en 2004. Accueil familial, chambres fonctionnelles et bon buffet au petit-déjeuner.
* Dit praktische hotel werd in 2004 opgeknapt en is ideaal voor een strandvakantie. Vriendelijke ontvangst, functionele kamers en goed ontbijtbuffet.

XXX **Esmeralda** (Verhasselt), Jozef Nellenslaan 161, ℘ 0 50 60 33 66, Fax 0 50 60 33 46 – ❄ ■, 🖭 ⓞ ⓜⓞ 𝘝𝘐𝘚𝘈   AY p
fermé 20 juin-1er juill., du 15 au 30 nov., du 10 au 30 janv., lundi et mardi – **Repas** *Lunch 30* – 50/95 bc, carte 64 à 97
Spéc. Langoustines à la plancha, sauce aux agrumes piquants. Cannelloni de crabe au chou vert et jus de crustacés. Bar en croûte de sel, émulsion de cresson.
* Face au casino, table élégante mais détendue où l'on vient savourer une cuisine intraitable sur la qualité des produits. Presque toute la famille met la main à la pâte.
* Elegant restaurant tegenover het casino, waar men ontspannen geniet van een maaltijd op basis van eersteklas producten. Bijna de hele familie steekt de handen uit de mouwen.

XX **Jardin Tropical** (Van den Berghe), Zwaluwenlaan 12, ℘ 0 50 61 07 98, *info@jardint ropical.be*, Fax 0 50 61 61 03 – ■, 🖭 ⓞ ⓜⓞ 𝘝𝘐𝘚𝘈   AY n
fermé 2 dern. sem. mars, dern. sem. juin, 2 dern. sem. oct., 1 sem. en déc., merc., jeudi et dim. midi – **Repas** *Lunch 39* – 58/100 bc, carte 60 à 105
Spéc. Soupe de poissons aux Saint-Jacques, langoustines et rouget barbet. Crevettes de Zeebrugge de quatre façons. Barbue en filet, braisé au chou fleur et caviar.
* Élégante salle immaculée vous invitant à goûter une cuisine actuelle inventive. Mise en place harmonieuse sur les tables et présentations souvent originales dans l'assiette.
* In dit elegante, smetteloze restaurant kunt u van een inventieve eigentijdse keuken genieten. De tafels zijn mooi gedekt en de presentatie op de borden is vaak origineel.

XX **Lispanne,** Jozef Nellenslaan 201, ℘ 0 50 60 05 93, Fax 0 50 62 64 92 – ■. 🖭 ⓞ ⓜⓞ 𝘝𝘐𝘚𝘈   AY z
fermé 17 janv.-3 fév., 30 juin-7 juil., du 3 au 13 oct., mardi soir sauf vacances scolaires et merc. – **Repas** *Lunch 16* – 19/62 bc.
* Une carte classique et des menus bien vus sont présentés à cette enseigne où tout est fait maison, des mises en bouche jusqu'aux mignardises. Accueil et service avenants.
* Klassieke kaart met heerlijke menu's in dit restaurant, waar alles zelfgemaakt wordt, van de borrelhapjes tot en met de bonbons bij de koffie. Vriendelijke bediening.

XX **Les Flots Bleus,** Zeedijk 538, ℘ 0 50 60 27 10, *restaurant@lesflotsbleus.be*, Fax 0 50 60 63 83, ≤, 🍽 – 🖭 ⓞ ⓜⓞ 𝘝𝘐𝘚𝘈   AY a
fermé 15 fév.-3 mars, 14 nov.-2 déc., mardi soir de sept. à Pâques sauf vacances scolaires et merc. – **Repas** *Lunch 20* – 40/50.
* Ce restaurant officiant sur la digue recompose régulièrement sa carte, mais le homard, puisé au vivier, ne manque presque jamais à l'appel. Vue sur les "flots" en terrasse.
* In dit restaurant aan de boulevard wordt de menukaart regelmatig veranderd, maar kreeft uit het homarium ontbreekt vrijwel nooit. Terras met uitzicht op de "blauwe golven".

XX **Cédric,** Koningslaan 230a, ℘ 0 50 60 77 95, *info@restaurant-cedric.be*, Fax 0 50 62 21 47, 🍽 – 🖭 ⓞ ⓜⓞ 𝘝𝘐𝘚𝘈   AY b
fermé 1 sem. en mars, prem. sem. juil., 1 sem. en déc., lundi soir sauf vacances scolaires et mardi – **Repas** *Lunch 25* – 40/75 bc.
* Adresse estimable pour s'offrir un bon repas classique à Albertstrand. Lumineuse salle de restaurant et terrasse abritée garnie de meubles en teck. Formule lunch bien cotée.
* Respectabel etablissement voor een goede klassieke maaltijd in Albertstrand. Lichte eetzaal en beschut terras met teakhouten meubelen. De lunchformule is zeer populair.

XX **Olivier,** Jozef Nellenslaan 159, ℘ 0 50 60 55 70, Fax 0 50 60 55 70 – 🖭 ⓞ ⓜⓞ 𝘝𝘐𝘚𝘈 AY v
fermé merc. – **Repas** *Lunch 22* – 38/60 bc.
* Cet "Olivier" planté en 1976 déploie sa ramure à un tour de roulette du casino. Salle à manger fraîche et radieuse ; grand lunch et menus multi-choix avec option vin compris.
* Deze olijfboom heeft in 1976 wortel geschoten bij het casino. Frisse en vrolijke eetzaal, uitgebreide lunchkaart en talloze keuzemenu's, sommige inclusief drank.

à Duinbergen Ⓒ *Knokke-Heist* – ✉ *8301 Heist* :

🏠 **Monterey** 🦐 sans rest, Bocheldreef 4, ☎ 0 50 51 58 65, *info@monterey.be*, Fax 0 50 51 01 65, ≼, ☞ – 📺 🅿️ 🆅🆂🅰 🅹🅲🅱, ⅏   BZ **p**
fermé 11 nov.-24 déc. – **8 ch** ☲ 72/115.
  ♦ Belle villa perchée sur une hauteur de Duinbergen. Jardin de repos, calme chambres à géométrie variable, véranda et terrasse panoramiques utilisées pour les petits-déjeuners.
  ♦ Mooie villa op de top van een heuvel in Duinbergen. Rustige kamers van verschillend formaat. Tuin, serre en panoramaterras voor het ontbijt.

🏠 **Du Soleil,** Patriottenstraat 15, ☎ 0 50 51 11 37, *hotel.du.soleil@compaqnet.be*, Fax 0 50 51 69 14, ☞, ☞, 🚲 – 🛗 📺 🖿 🅿️ 🆎 ① 🆆🅾 🆅🆂🅰, ⅏ rest   BZ **n**
fermé 15 nov.-15 déc. – **Repas** Lunch 15 – 22/44 bc – **27 ch** ☲ 45/120 – ½ P 52/77.
  ♦ À quelques mètres de la plage, une enseigne qui semble vouloir exorciser les sombres augures de Monsieur météo. Menues chambres fonctionnelles. Jeune clientèle familiale. Cuisine classico-traditionnelle au restaurant. Formules lunch et demi-pension.
  ♦ Dit hotel staat op een paar meter van het strand en probeert met zijn naam slechte weerberichten te bezweren. Kleine, functionele kamers, waar voornamelijk jonge gezinnen komen. Klassiek-traditionele keuken in het restaurant, met lunchmenu's en half-pension.

🏠 **Paul's** sans rest, Elizabetlaan 305, ☎ 0 50 51 39 32, *pauls.hotel@skynet.be*, Fax 0 50 51 67 40 – 🛗 📺 🅿️ 🆆🅾 🆅🆂🅰, ⅏   BZ **f**
14 ch ☲ 55/105.
  ♦ Affaire familiale occupant une grande villa résidentielle postée en bordure d'une avenue assez fréquentée. Salon-bar contemporain et chambres simples mais convenables.
  ♦ Dit familiehotel is ondergebracht in een grote villa aan een vrij drukke straat. De kamers zijn eenvoudig maar netjes. Moderne lounge annex bar.

XX **Den Baigneur,** Elizabetlaan 288, ☎ 0 50 51 16 81 – 🅿️ 🆎 ① 🆆🅾 🆅🆂🅰 🅹🅲🅱   BZ **r**
fermé dim. soir, lundi et mardi midi – **Repas** (déjeuner sur réservation) 110 bc, ⅏.
  ♦ Ce minuscule restaurant devancé par un jardinet se montre intraitable sur la qualité des produits qui composent ses recettes ; ceci justifie des tarifs parfois un peu élevés.
  ♦ In dit piepkleine restaurantje met voortuintje wordt alleen genoegen genomen met producten van de allerbeste kwaliteit, wat de tamelijk hoge prijzen verklaart.

à Heist Ⓒ *Knokke-Heist* – ✉ *8301 Heist* :

XX **Bartholomeus** (Desmidt), Zeedijk 267, ☎ 0 50 51 75 76, *rest.bartholomeus@pando*
☸ *ra.be*, Fax 0 50 51 75 76, ≼ – 🖿, 🆎 🆆🅾 🆅🆂🅰, ⅏   AZ **e**
fermé 2 sem. en juin, 2 sem. en sept., janv., mardi, merc. et jeudi – **Repas** Lunch 29 – 50/123 bc, carte 69 à 147, ⅏ ⌖
  Spéc. Crabe royal à l'aigre-doux et gingembre. Turbot en cocotte aux truffes et jus au sherry. Poularde de Bresse aux poireaux.
  ♦ Fauteuils "alcantara" et toiles de petits maîtres président au décor de cette bonne table de la digue. Cuisine personnalisée avec doigté. Accueil souriant de la patronne.
  ♦ "Alcántara" fauteuils en doeken van kleine meesters sieren dit uitstekende restaurant aan zee. Karaktervolle en persoonlijke keuken. Hartelijke ontvangst door de gastvrouw.

XX **Old Fisher,** Heldenplein 33, ☎ 0 50 51 11 14, Fax 0 50 51 71 51, ☞, Produits de la mer
☺ – 🖿, 🆎 ① 🆆🅾 🆅🆂🅰   AZ **c**
fermé 28 juin-9 juil., 27 sept.-15 oct., mardi soir hors saison et merc. – **Repas** Lunch 19 – 30/65 bc.
  ♦ Le "Vieux Pêcheur" vous reçoit dans une salle à manger ornée d'un grand vitrail représentant un rouget, ce qui n'est pas sans rapport avec le contenu de la carte.
  ♦ De "Oude Visser" ontvangt u in een eetzaal met een groot glas-in-loodraam, waarvan de voorstelling, een rode poon, een aanwijzing is voor de spijskaart.

XX **De Waterlijn,** Zeedijk 173, ☎ 0 50 51 35 28, *gerritdegroote@yahoo.com*,
☺ Fax 0 50 51 15 16, ☞ – 🆎 🆆🅾 🆅🆂🅰   AZ **b**
fermé du 1er au 15 mars, du 1er au 15 oct. et mardi – **Repas** Lunch 18 – 39.
  ♦ Affaire familiale décontractée postée à l'extrémité de la digue de Heist. Cuisine classique, avec ambiance musicale les lundis soirs. Demandez l'agenda des dîners à thème.
  ♦ Familiebedrijfje met een ontspannen sfeer, aan het uiteinde van de dijk van Heist. Klassieke keuken met live-muziek op maandagavond. Vraag naar de agenda van de themadiners.

à Westkapelle par ① : 3 km Ⓒ *Knokke-Heist* – ✉ *8300 Westkapelle* :

XXX **Ter Dycken,** Kalvekeetdijk 137, ☎ 0 50 60 80 23, *terdycken@planetinternet.be*,
Fax 0 50 61 40 55, ☞ – 🖿 🅿️ 🆎 ① 🆆🅾
fermé mardi sauf en juil.-août et lundi – **Repas** carte 75 à 148.
  ♦ Fastueuse villa flamande dont le beau jardin accueille un agréable restaurant d'été. Concertos culinaires pour fins gourmets, dans le tempo actuel. Expo d'art contemporain.
  ♦ Schitterende Vlaamse villa met mooie tuin, waar fijnproevers kunnen genieten van een culinair concert in een eigentijds tempo. Tentoonstellingen van moderne kunst.

KOEKELARE 8680 West-Vlaanderen 𝟻𝟹𝟹 C 16 et 𝟽𝟷𝟼 B 2 – 8 211 h.
Bruxelles 117 – Brugge 35 – Gent 66 – Kortrijk 52 – Oostende 20 – Lille 74.

à Zande Nord-Ouest : 5 km 🄲 Koekelare – ⊠ 8680 Zande :

ⵝ **Hof ter Zande,** Zandestraat 16, 𝓟 0 59 27 77 79, info@hofterzande.be, Fax 0 59 27 77 79, 🏡 – **P.** 🆆🆂 𝐕𝐈𝐒𝐀
fermé 1 sem. en avril, fin août-début sept., merc. et jeudi – **Repas** Lunch 22 – 26/52 bc.
   ✦ Cette fermette un peu cachée régale ses hôtes dans une petite salle intime et feutrée, agrémentée d'un vieux poêle de Louvain et d'une terrasse champêtre sur le devant.
   ✦ Dit ietwat verscholen boerderijtje ontvangt zijn gasten in een intieme eetzaal met een gedempte sfeer, waar een oude Leuvense kachel staat. Landelijk terras aan de voorkant.

KOEKELBERG Brabant – voir à Bruxelles.

KOKSIJDE 8670 West-Vlaanderen 𝟻𝟹𝟹 A 16 et 𝟽𝟷𝟼 A 2 – 20 464 h – Station balnéaire.
Bruxelles 135 ① – Brugge 50 ① – Oostende 31 ① – Veurne 7 ② – Dunkerque 27 ③

Plan page suivante

à Koksijde-Bad Nord : 1 km 🄲 Koksijde – ⊠ 8670 Koksijde.
🔲 Bezoekerscentrum Ter Duinen 1138, Koninklijke Prinslaan 8, 𝓟 0 58 51 29 10, toeris me@koksijde.be

🏨 **Apostroff** 🦢 (annexe 🏠 - 15 ch) sans rest, Lejeunelaan 38, 𝓟 0 58 52 06 09, info @apostroff.be, Fax 0 58 52 07 09, 🄯, 🛁, 🕿s, 🔲, 🌇, ﹪, 🚲 – 🛗 📺 🚗 **P.** – 🏊 35.
AE ⓪ 🆆🆂 𝐕𝐈𝐒𝐀 𝐉𝐂𝐁   C c
42 ch ⊑ 63/124.
   ✦ Construction récente renfermant des chambres assez amples ainsi que divers équipements de détente et de remise en forme. Beauty-center (sur rdv.) et jardin de repos.
   ✦ Nieuw gebouw met eenvoudige kamers en faciliteiten zoals een fitnessruimte en beautycenter (op afspraak). In de tuin komt u helemaal tot rust.

🏨 **Carnac,** Koninklijke Baan 62, 𝓟 0 58 51 27 63, hotelcarnac@pandora.be, Fax 0 58 52 04 59, 🏡 – 🛗 📺 **P.** **AE** 🆆🆂 𝐕𝐈𝐒𝐀   C d
fermé 14 nov.-7 déc. – **Repas** (fermé mardi d'oct. à mars et merc.) carte 22 à 43 – **12 ch** ⊑ 70/80 – ½ P 60/65.
   ✦ Hôtel n'ayant de mégalithique que le nom ! Chambres spacieuses et claires, dont quatre familiales. Belle collection de mignonnettes apéritives visible au petit-déjeuner. Table classique-traditionnelle devancée d'une terrasse abritée. Vivier à homards en salle.
   ✦ Behalve de naam is er niets prehistorisch aan dit hotel. Ruime, lichte kamers, waarvan vier voor gezinnen. In de ontbijtzaal is een collectie miniatuurflesjes met likeur te bewonderen. Klassiek-traditioneel restaurant met homarium en beschut terras.

🏠 **Chalet Week-End,** Zeelaan 136, 𝓟 0 58 51 12 06, chalet.weekend@skynet.be, Fax 0 58 52 09 00, 🏡, 🌇, 🚲 – 📺 **P.** **AE** 🆆🆂 𝐕𝐈𝐒𝐀   C h
fermé 17 nov.-14 déc. et jeudi – **Repas** (fermé après 20 h 30) carte 22 à 32 – **10 ch** ⊑ 63/170 – ½ P 50.
   ✦ Avouons-le : le nom "chalet" est un rien usurpé, et l'auberge fonctionne aussi en dehors du week-end... Chambres de bon confort. Jardin et terrain de pétanque. Salle des repas bourgeoise, à l'image du contenu des assiettes.
   ✦ We vallen maar meteen met de deur in huis : chalet is iets te veel gezegd en het hotel is niet alleen in het weekend open ! Comfortabele kamers. Tuin en jeu-de-boulesterrein. De inrichting van de eetzaal is traditioneel, net als wat u op uw bordje krijgt.

🏠 **Rivella,** Zouavenlaan 1, 𝓟 0 58 51 31 67, rivella@compaqnet.be, Fax 0 58 52 27 90 –
🛗 📺 𝐕𝐈𝐒𝐀 ﹪ rest   C b
Pâques-fin sept. et vacances scolaires – **Repas** (dîner pour résidents seult) – **24 ch** ⊑ 65/85 – ½ P 62/68.
   ✦ En face d'un rond-point, résidence des années 1970 reconnaissable à sa façade incurvée. Chambres fonctionnelles réparties sur deux étages.
   ✦ Gebouw uit de jaren zeventig met halfronde gevel aan een rotonde. De functionele kamers liggen over twee verdiepingen verspreid.

XXX **Host. Le Régent** avec ch, A. Bliecklaan 10, 𝓟 0 58 51 12 10, Fax 0 58 51 66 47, 🏡,
🌇 – 🛗 🍴 rest, 📺 **P.** **AE** ⓪ 🆆🆂 𝐕𝐈𝐒𝐀   C f
Repas (fermé dim. soir, lundi, jeudi soir et après 20 h 30) Lunch 30 – 36/83 bc – **10 ch** ⊑ 58/78 – ½ P 69/77.
   ✦ Accueil familial dans cette hostellerie bourgeoise dont la carte des mets ne manque ni d'attrait, ni de variété. Menus bien ficelés: Une dizaine de chambres confortables.
   ✦ In deze traditionele hostellerie wacht u een hartelijke ontvangst. De spijskaart is aantrekkelijk en gevarieerd en de menu's zijn evenwichtig. Een tiental comfortabele kamers.

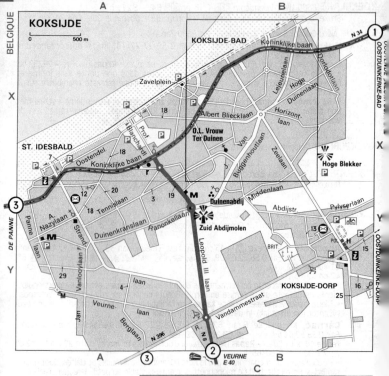

KOKSIJDE

BELGIQUE

0 — 500 m

KOKSIJDE-BAD

ST. IDESBALD

DE PANNE

Hoge Blekker

Zavelplein

Albert Bliecklaan

O.L. Vrouw Ter Duinen

Duinenabdij

Zuid Abdijmolen

Koninklijke baan

Oostendel

Tennislaan

Duinenkranslaan

Ranonkellaan

Leopold III laan

Vandammestraat

KOKSIJDE-DORP

Veurne-laan

Berglaan

N 396

N 8

VEURNE E 40

OOSTDUINKERKE-BAD

OOSTDUINKERKE-DORP

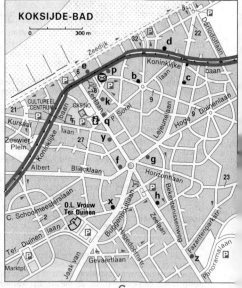

KOKSIJDE-BAD

0 — 300 m

Zeedijk

Koninklijke baan

CULTUREEL CENTRUM

CASINO

Kursaal

Zeewier Plein

Albert Bliecklaan

O.L. Vrouw Ter Duinen

Ter Duinen laan

Marktpl.

Gevaertlaan

Horizontlaan

Lejeunelaan

Hoge Duinenlaan

Bekentenissenweg

Fazantenparkstr.

Panoramalaan

BELGIQUE

Host. Bel-Air avec ch, Koninklijke Baan 95, ℘ 0 58 51 77 05, *bel-air.koksijde@skynet.be*, Fax 0 58 51 16 93, ☆ – ❖ 🗺 🝇 VISA. ❀   C p
fermé 1 sem. en mars, dern. sem. juin, dern. sem. sept., 2 dern. sem. nov., mardi soir d'oct. à mars, vend. midi sauf en juil.-août, merc. et jeudi – **Repas** Lunch 25 – 30/62 bc – **4 ch** ☲ 80/99 – ½ P 70/80.

♦ Tout près du front de mer, dans une artère que dessert le tram, petite enseigne concoctant une cuisine élaborée. Menus goûteux conçus avec des produits choisis.

♦ Klein hotel-restaurant dicht bij de boulevard, aan een verkeersader waar de tram langskomt. Gastronomische keuken met heerlijke menu's op basis van eersteklas producten.

Sea-Horse avec ch, Zeelaan 254, ℘ 0 58 52 32 80, Fax 0 58 52 32 75 – ▥ rest, 🗺. AE ⓞ 🝇 VISA   C q
fermé 1 sem. en mars, 1 sem. en juin et 23 nov.-4 déc. – **Repas** (*fermé merc.*) Lunch 20 – 30/70 bc – **4 ch** ☲ 55/70 – ½ P 60.

♦ Orientée "produits", la cuisine de ce restaurant situé sur l'axe commerçant de la station oscille entre classicisme et goût du jour. Chambres fonctionnelles à prix sages.

♦ Restaurant in een gezellige winkelstraat. Klassiek-moderne keuken, met veel aandacht voor de kwaliteit van de producten. Functionele kamers voor een zacht prijsje.

Apropos, Jaak van Buggenhoutlaan 26, ℘ 0 58 51 52 53, *info@aproproskoksijde.be*, Fax 0 58 52 41 82, ☆ – ℉ – 🏝 25. AE ⓞ 🝇 VISA. ❀   C x
fermé 2 dern. sem. nov., jeudi et dim. midi – **Repas** Lunch 20 – carte 36 à 95.

♦ Grande villa jumelée où l'on prend place dans un cadre moderne. Carte actuelle incluant des plats "quick service" et une ribambelle de salades-repas. Terrasse d'été en façade.

♦ Grote geschakelde villa, waar u in een moderne omgeving kunt tafelen. Hedendaagse kaart met "quick service" schotels en veel maaltijdsalades. Zomerterras aan de voorkant.

Host. Oxalis (annexe Loxley Cottage -3 ch 🛏) avec ch, Lejeunelaan 12, ℘ 0 58 52 08 79, *oxalis@advalvas.be*, Fax 0 58 51 06 34, ☆, ≈, ♿ – 🗺 ℉. AE ⓞ 🝇 VISA JCB. ❀ rest   C g
fermé du 1er au 10 fév. – **Repas** (*fermé merc. hors saison*) Lunch 23 – 27/65 bc, ♀ – **9 ch** ☲ 69/108 – ½ P 67.

♦ Villa convertie en agréable relais gourmand. Cuisine de notre temps et jolies chambres de style anglais à l'étage et au "cottage" (à 150m), qui abrite aussi un beau tea-room.

♦ Gastronomische pleisterplaats met eigentijdse keuken. Mooie kamers in Engelse stijl op de bovenverdieping en in de bijbehorende cottage (op 150 m), waar ook een theesalon is.

de Kelle, Zeelaan 265, ℘ 0 58 51 18 55, *dekelle@skynet.be*, Fax 0 58 51 18 55, ☆ C   y
fermé carnaval, fin juin-début juil., jeudi et dim. soir – **Repas** Lunch 25 – 35/85 bc.

♦ Sobre restaurant où l'on vient faire des repas à composantes littorales. Carte actuelle incluant deux grands menus ; collection de whiskies. Terrasse mignonne sur l'arrière.

♦ In dit sobere restaurant vormt vis de hoofdmoot. Hedendaagse kaart met twee uitgebreide menu's en een grote collectie whisky's. Leuk terras aan de achterkant.

Bistro Pinot Blanc, Mariastraat 2, ℘ 0 58 51 53 10, *Fax 0 58 51 53 10*, ☆ – ℉. 🝇 VISA. ❀   C k
fermé du 7 au 17 juin, 28 nov.-10 déc., mardi et merc. – **Repas** Lunch 33 – carte 45 à 56.

♦ Villa balnéaire 1930 aménagée dans l'esprit "mer du Nord". Cuisine du marché énoncée sur ardoise, jardin fleuri et agréable terrasse. Ambiance décontractée.

♦ Villa uit 1930, zoals men die in veel badplaatsen aan de Noordzee ziet. Suggesties op een schoolbord, gevarieerde wijnkelder, bloemrijke tuin en mooi terras. Ontspannen sfeer.

Le Coquillage, Zeelaan 118, ℘ 0 58 51 26 25, *Fax 0 58 51 15 71*, ☆ – ♿ 🝇 VISA   C z
fermé dern. sem. juin-prem. sem. juil., jeudi soir d'oct. à mars, lundi soir et mardi – **Repas** carte 34 à 58.

♦ Une bonne réputation locale entoure cette auberge familiale présentant une carte d'orientation classique complétée de suggestions et de menus saisonniers.

♦ Deze familieherberg geniet bij de lokale bevolking een goede reputatie. Klassiek georiënteerde kaart met suggesties en seizoengebonden menu's.

De Huifkar, Koninklijke Baan 142, ℘ 0 58 51 16 68, *restaurant.dehuifkar@pi.be*, Fax 0 58 52 45 71 – ▥. AE ⓞ 🝇 VISA   C e
fermé merc. soir d'oct. à avril et jeudi – **Repas** Lunch 9 – 30/50 bc, ♀.

♦ Une "roulotte" (huifkar) qui va son petit bonhomme de chemin. Décor intérieur à la mode d'aujourd'hui et éventail de recettes bourgeoises rythmées par les marées.

♦ Deze huifkar gaat kalm zijn eigen weg. Het interieur is eigentijds en de kok volgt de beweging van de getijden, dus lekkere visschotels op het menu.

BELGIQUE

à Sint-Idesbald C Koksijde – ⊠ 8670 Koksijde.

🛃 (Pâques-sept. et vacances scolaires) Koninklijke Baan 330, 🕿 0 58 51 39 99 :

🏨 **Soll Cress**, Koninklijke Baan 225, 🕿 0 58 51 23 32, hotel@sollcress.be, Fax 0 58 51 91 32, 🍴, 🐾, 🖎, 🖝, 🖎, 🖂, 🖩 rest, 📺 ᐤrest, 🚗 P – 🔥 25 à 65. ◑◐ **VISA**. 🛏 ch
AX r
fermé du 6 au 27 oct., 28 nov.-8 déc. et du 10 au 15 janv. – **Repas** (fermé lundi et mardi sauf vacances scolaires) Lunch 10 – 22/35 – **43 ch** 🖙 50/80 – ½ P 55/60.
◆ À 500 m de la plage, auberge tenue en famille et renfermant des chambres sobres mais généralement assez amples. Grande piscine couverte et espace fitness. Divers menus à prix sages vous attendent à l'heure des repas. Cave à vue et collection de whiskies.
◆ Deze herberg op 500 m van het strand wordt gerund door een familie. De kamers zijn sober, maar over het algemeen vrij ruim. Groot overdekt zwembad en fitnessruimte. Diverse menu's voor een zacht prijsje. Lekkere wijnen en verschillende soorten whisky.

KONTICH Antwerpen 🅛🅛🅛 L 16 et 🅖🅛🅖 G 2 – voir à Antwerpen, environs.

KORTEMARK 8610 West-Vlaanderen 🅛🅛🅛 D 16 et 🅖🅛🅖 C 2 – 12 093 h.
Bruxelles 103 – Brugge 33 – Kortrijk 38 – Oostende 34 – Lille 52.

✕ **'t Fermetje**, Staatsbaan 3, 🕿 0 51 57 01 94, Fax 0 51 57 01 94, Bistrot – P. **VISA**
fermé 21 juil.-15 août, merc. et jeudi – **Repas** 50 bc.
◆ Une accueillante "fermette" sert de cadre à ce petit restaurant sympathique mitonnant un éventail de recettes gentiment classiques. Intérieur dans la note néo-rustique.
◆ Een uitnodigend boerderijtje is de setting van dit sympathieke restaurant, waar licht klassieke gerechten worden geserveerd. Het interieur is in neorustieke stijl gehouden.

KORTENBERG Vlaams-Brabant 🅛🅛🅛 M 17 et 🅖🅛🅖 G 3 – voir à Bruxelles, environs.

KORTESSEM Limburg 🅛🅛🅛 R 17 et 🅖🅛🅖 J 3 – voir à Hasselt.

KORTRIJK (COURTRAI) 8500 West-Vlaanderen 🅛🅛🅛 E 18 et 🅖🅛🅖 C 3 – 74 299 h.
Voir Hôtel de Ville (Stadhuis) : salle des Échevins★ (Schepenzaal), salle du Conseil★ (Oude Raadzaal) CZ H – Église Notre-Dame★ (O.L. Vrouwekerk) : statue de Ste-Catherine★, Élévation de la Croix★ DY – Béguinage★ (Begijnhof) DZ.
Musée : National du Lin et de la Dentelle★ (Nationaal Vlas-, Kant- en Linnenmuseum) BX **M**.
🛃 St-Michielsplein 5 🕿 0 56 23 93 71, toerisme@kortrijk.be, Fax 0 56 23 93 72.
Bruxelles 90 ② – Brugge 51 ⑥ – Gent 45 ② – Oostende 70 ⑥ – Lille 28 ⑤

Plans pages suivantes

🏨 **Broel**, Broelkaai 8, 🕿 0 56 21 83 51, infobroel@hotelbroel.be, Fax 0 56 20 03 02, 🍴, 🖟, 🖎, ⚡ – 🖩 🖝 🏊 🖎 – 🔥 25 à 450.
DY e
fermé 21 juil.-7 août – **Repas Castel** (fermé sam. et dim. non fériés) Lunch 25 – 40/50 bc – **Bistro** (ouvert jusqu'à 23 h) Lunch 13 – 38 – **70 ch** 🖙 114/145.
◆ Plaisant hôtel au cachet ancien. Intérieur spacieux et cossu, chambres de bon séjour, installations pour séminaires, piscine, sauna et fitness. Salle à manger de style classique, à l'image des préparations figurant à la carte. Bistrot récemment refait à neuf.
◆ Prettig hotel met een oud cachet. Ruim en luxe interieur, gerieflijke kamers, faciliteiten voor congressen, zwembad, sauna en fitnessruimte. De eetzaal is in klassieke stijl ingericht en past uitstekend bij de gerechten. De bistro is net helemaal opgeknapt.

🏨 **Damier** sans rest, Grote Markt 41, 🕿 0 56 22 15 47, info@hoteldamier.be, Fax 0 56 22 86 31, 🖗, 🏊 – 🖩 🖝 📺 P – 🔥 25 à 120. 🖭 ◐ ◑◐ **VISA** 🖲. 🛏 CZ a
fermé 24 déc.-2 janv. – **48 ch** 🖙 89/226, – 1 suite.
◆ Hôtel chargé d'histoire veillant sur la Grand-Place. Façade rococo animée de deux lions dorés, salon "cosy", beau "lounge-bar", chambres personnalisées et cour intérieure.
◆ Een rococogevel met twee leeuwen kenmerkt dit historische pand aan de Grote Markt Gezellig lounge, mooie bar met zithoek, binnenplaats en kamers met een persoonlijke toets

🏨 **Messeyne** 🖗, Groeningestraat 17, 🕿 0 56 21 21 66, hotel@messeyne.com, Fax 0 56 45 68 22, 🍴, 🖟, 🖎, 🍴 – 🖩 📺 P – 🔥 25. 🖭 ◐ ◑◐ **VISA**. 🛏 DY
fermé dern. sem. déc.-prem. sem. janv. – **Repas** (fermé sam. midi et dim. midi) Lunch 30 – 42/50 bc – **28 ch** 🖙 115/140.
◆ Établissement de charme tirant parti d'une belle demeure patricienne rénovée. Décor intérieur mi-classique, mi-moderne ; salon exquis et jardin avec pièce d'eau sur l'arrière Salle de restaurant dans l'air du temps. Âtre réconfortant et quiétude assurée.
◆ Dit sfeervolle etablissement is gehuisvest in een gerenoveerde patriciërswoning. Het interieur is zowel klassiek als modern. Schitterende lounge en tuin met waterpartij aan de achterkant. Eigentijds restaurant met een behaaglijk haardvuur. Rust verzekerd.

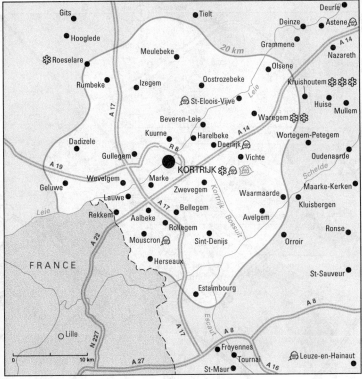

Parkhotel, Stationsplein 2, ℰ 0 56 22 03 03, info.parkhotel@parkhotel.be, Fax 0 56 22 14 02, ⇔ – ▮ ▦ ▦ – ⏲ 25 à 80. ⅏ ⓞ ⓦ ⓥⓘⓢⓐ   CZ r
fermé 24 juil.-12 août – **Repas** *Four Seasons* (fermé 18 juil.-12 août et dim. soir) 43/50 bc
– **98 ch** ⊇ 90/160.

♦ À deux pas de la gare, hôtel confortable et pratique pour l'homme d'affaires usager du rail. Chambres relativement amples et bien équipées, réparties sur trois étages. Cuisine classico-bourgeoise servie dans un cadre actuel.

♦ Comfortabel hotel bij het station, ideaal voor zakenmensen die van het spoor gebruik maken. Relatief ruime kamers met goede voorzieningen die over drie verdiepingen zijn verspreid. Klassiek-traditionele keuken in een eigentijds interieur.

Belfort, Grote Markt 52, ℰ 0 56 22 22 20, info@belforthotel.be, Fax 0 56 20 13 06, ⇧
– ▮, ▦ ch, ▦ ⅏ ⓞ ⓦ ⓥⓘⓢⓐ   CZ c
fermé 22 déc.-2 janv. – **Repas** (taverne-rest) Lunch 13 – carte 29 à 47 – **29 ch** ⊇ 77/109
– ½ P 60/92.

♦ Dans le sillage du beffroi, construction d'esprit baroque flamand renfermant des chambres de différentes tailles. Agréable salle des petits-déjeuners lambrissée. Des fresques de notre temps ornent la salle à manger.

♦ Dit gebouw is opgetrokken in Vlaamse barokstijl en staat aan de voet van het belfort. De kamers zijn van verschillende grootte. Aangename ontbijtzaal met lambrisering en eetzaal met moderne muurschilderingen.

Center, Graanmarkt 6, ℰ 0 56 21 97 21, cbh@skynet.be, Fax 0 56 20 03 66, ⇧, ▯,
⇔ – ▮, ▦ rest, ▦ ⅏ ⓞ ⓦ ⓥⓘⓢⓐ, ⅙ ch   CZ a
fermé dern. sem. déc. – **Repas** (fermé sam. soir et dim.) (taverne-rest) carte 29 à 67 –
⊇ 10 – **26 ch** 60/80.

♦ Hôtel très central, comme le laisse présumer son enseigne. Bonnes petites chambres fonctionnelles refaites en 2004, solarium, sauna et terrasse avec vue sur la ville. Repas classique actualisé dans une taverne-restaurant lumineuse, de style contemporain.

♦ Centraal gelegen hotel, zoals al blijkt uit de naam. Kleine functionele kamers, die in 2004 zijn gerenoveerd ; sauna, solarium en terras met uitzicht op de stad. Eigentijds en licht café-restaurant dat een geactualiseerde klassieke maaltijd serveert.

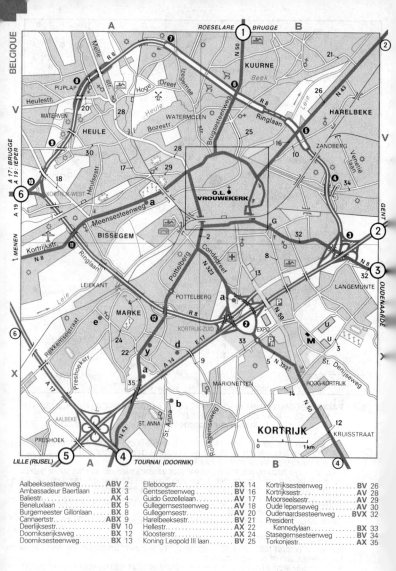

XXX   **St.-Christophe** (Pélissier), Minister Tacklaan 5, ☎ 0 56 20 03 37, Fax 0 56 20 01 95, ⌂
ε₃   – AE ① ◑◐ VISA. ✧   DZ m
fermé 2 prem. sem. mars, dern. sem. juil.-2 prem. sem. août, début janv., dim. soir, lunc
et mardi soir – **Repas** *Lunch 57 bc* – 65/140 bc, carte 75 à 92 ⌂
Spéc. Gâteau de sardines, compote de tomates et coulis de beurre d'anchois. Langue
de veau aux chicons et foie poêlé à la crème de truffes. Les desserts de notre
pâtissier.

◆ Ancienne maison de maître dont l'intérieur conjugue avec harmonie classicisme et bor
goût contemporain. Cuisine soignée magnifiée par une cave de prestige. Terrasse ombra
gée.

◆ Oud herenhuis met een interieur dat een geslaagde combinatie is van klassiek en moderr
Verzorgde keuken die volledig tot ontplooiing komt bij de wijnen. Schaduwrijk terras.

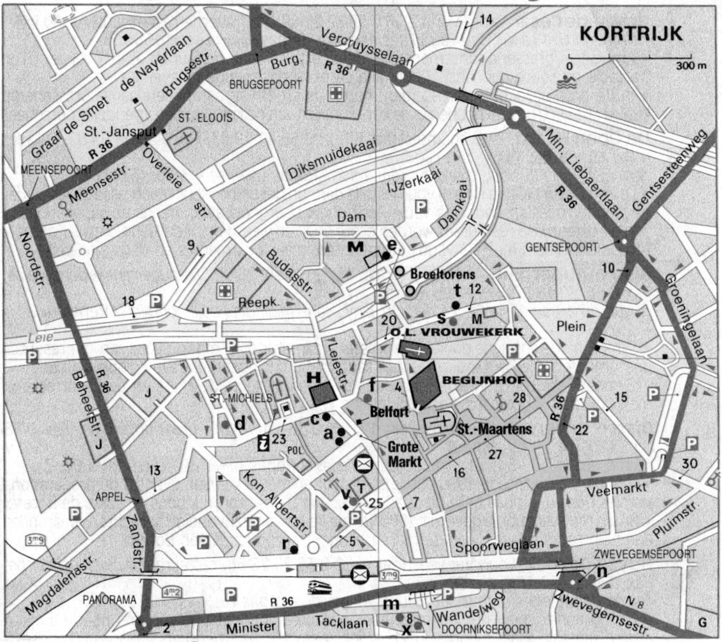

Aalbeeksesteenweg	CZ	2	Groeningestr.	DY	12	O. L. Vrouwestr.	CDY	20
Begijnhofstr.	DZ	4	Grote Markt	CDZ		Rijselsestr.	CZ	23
Budastr.	CY		H. Consciencestr.	CZ	13	Romeinselaan	DZ	22
Burg. Reynaertstr.	CZ	5	Koning Leopold III laan	DY	14	Schouwburgpl.	CDZ	25
Doorniksestr.	DZ	7	Lange Meersstr.	DZ	15	Steenpoort	DZ	27
Doorniksewijk	DZ	8	Lange Steenstr.	DZ	16	Voorstr.	DZ	28
Fabriekskaai	CY	9	Leiestr.	CYZ		Wandelingstr.	DZ	30
Gentsestr.	DY	10	Nijverheidskaai	CY	18			

XX **Boerenhof,** Walle 184, ✆ 0 56 21 31 72, *boerenhof@tijd.com, Fax 0 56 22 87 01* – P. AE MC VISA BX a

fermé 2 sem. en fév., 20 juil.-19 août, lundi et mardi – **Repas** *(déjeuner seult sauf vend. et sam.)* *Lunch 40 bc* – carte 45 à 62.

• Au Sud de la ville, près du ring et de l'autoroute, fermette de la fin du 19e s. concoctant des plats du marché dans un cadre rustique. Très belle carte des vins.

• Rustiek boerderijtje uit de late 19e eeuw in het zuiden van de stad, makkelijk te bereiken. De kok kookt met verse producten van de markt. Uitstekende wijnkelder.

XX **Akkerwinde,** Doorniksewijk 12, ✆ 0 56 22 82 33, *restaurant.akkerwinde@pandora.be, Fax 0 56 32 00 48,* – AE MC VISA DZ x

fermé du 13 au 25 mars, 17 juil.-19 août, 20 nov.-21 déc., merc., jeudi soir, sam. midi et dim. soir – **Repas** *Lunch 38 bc* – 50/71 bc.

• Plafonds ouvragés, riches lambris et vieux tableaux évoquant la culture du lin président au décor "couleur locale" de cette maison bourgeoise. Menus plébiscités.

• Fraai bewerkte plafonds, lambrisering en oude schilderijen kenmerken het interieur van dit restaurant vol "couleur locale". De menu's zijn een groot succes.

XX **Langue d'oc,** Meensesteenweg 155, ✆ 0 56 35 44 85, *info@languedoc.be, Fax 0 56 37 29 33,* . AE D MC VISA AV a

fermé du 24 au 31 août, mardi soir, merc., jeudi soir et dim. soir *Lunch 25* – 38/70 bc, ♀.

• Belle salle à manger bourgeoise, mets au goût du jour, sélection de vins du Languedoc, table romantique pour deux dans la cave, accueillant salon d'attente et jolie terrasse.

• Traditionele eetzaal, eigentijdse keuken, wijnen uit de Languedoc, romantische tafel voor twee in de kelder, sfeervolle salon voor het aperitief en mooi terras.

✗ **Brasserie César,** Grote Markt 2, ℘ 0 56 22 22 60, 🍴, Taverne-rest – 🍽. 🆎 ⑩ 🐖 𝘝𝘐𝘚𝘈
fermé 21 juil.-15 août, du 24 au 31 déc. et mardi – **Repas** Lunch 14 – carte 38 à 55.   CZ f
  • Ambiance "brasserie contemporaine" dans cette taverne-restaurant assez courue où l'on
s'attable en toute confiance. Choix à la carte. Service jeune et avenant.
  • In dit druk bezochte etablissement hangt de sfeer van een hedendaagse brasserie en
kunt u alle vertrouwen hebben in de kookkunsten van de kok. Jong en vriendelijk personeel.

✗ **De Open Haard,** Zwevegemsestraat 65, ℘ 0 56 21 19 33, Fax 0 56 25 93 82, Grillades
 – 🍽. 🆎 ⑩ 🐖 𝘝𝘐𝘚𝘈   DZ n
fermé 21 juil.-15 août, mardi et sam. midi – **Repas** Lunch 20 – 34 bc/37 bc.
  • Le Feu Ouvert (Open Haard) vous installe dans un décor intérieur réactualisé où les pièces
de viande rôtissent sous vos yeux. Petit choix bourgeois avec menus et suggestions.
  • In dit eigentijdse restaurant worden grote stukken vlees voor iedereen zichtbaar geroosterd. Kleine kaart met eenvoudige gerechten, maar ook menu's en dagsuggesties.

✗ **Bistro Aubergine,** Groeningestraat 16, ℘ 0 56 25 79 80, aubergine@pandora.be,
Fax 0 56 20 18 97, 🍴 – 🐖 𝘝𝘐𝘚𝘈   DY s
fermé du 1er au 15 août, 24 déc.-1er janv., sam. midi, dim. et lundi midi – **Repas** Lunch 12
 – 35/40 bc.
  • Sympathique enseigne pour cette brasserie dans l'air du temps où vous seront présentés
une grande carte "bistrotière" et un sage menu sur écriteau. Cave "globe-trotter".
  • Sympathieke bistro in eigentijdse stijl met een uitgebreide kaart en een aantrekkelijk
menu op een schoolbord. Kosmopolitische wijnkelder.

✗ **Bistro Botero,** Schouwburgplein 12, ℘ 0 56 21 11 24, info@botero.be, Fax 0 56
 21 33 67, 🍴 – 🍽. 🐖 𝘝𝘐𝘚𝘈   CZ v
fermé du 1er au 15 août, dim. et jours fériés – **Repas** Lunch 12 – carte 28 à 67, Ω.
  • Une pimpante façade 1900 abrite ce bistrot animé servant un éventail de préparations
simples dont une ribambelle de salades. Aux murs, des reproductions de toiles de Botero.
  • Bistro met een mooie gevel uit 1900. Ruime keuze aan eenvoudige gerechten, waaronder
een hele reeks salades. Aan de muren hangen reproducties van Botero.

✗ **Huyze Decock,** Louis Verweestraat 1, ℘ 0 56 25 28 54, restaurant@huyzedecock.be,
 Fax 0 56 25 61 16 – 🍽. 🐖 𝘝𝘐𝘚𝘈   CZ d
fermé début mars, début sept., lundi et mardi – **Repas** Lunch 15 – 50 bc.
  • Lithographies, peintures et madrigaux encadrés donnent une certaine poésie à cette
affaire familiale. Plats mijotés, lunch et intéressant menu mensuel "boissons comprises".
  • Litho's, schilderijen en ingelijste madrigalen geven dit familierestaurant iets poëtisch.
Stoofschotels, lunchformule en een interessant maandmenu inclusief wijn.

au Sud :

XXX **Gastronomisch Dorp "Eddy Vandekerckhove"** 🛎 avec ch, St-Anna 9, ℘ 0 56
 22 47 56, info@evolk.be, Fax 0 56 22 71 70, 🍴, 🌷 – 📺 P. – 🏄 25. 🆎 ⑩ 🐖 𝘝𝘐𝘚𝘈
fermé 2 sem. en août – **Repas** *(fermé dim. soir et lundi)* Lunch 42 – carte 66 à 137 – **7 ch**
 ☑ 112/118.   AX b
  • Un beau repas en perspective : cuisine escoffière que rehausse un cadre raffiné. Une
verrière moderne coiffe le jardin exotique et sa pièce d'eau. Chambres douillettes.
  • Hier staat u een gastronomische maaltijd à la Escoffier te wachten in een verfijnd interieur. Exotische tuin en waterpartij met moderne glazen overkapping. Knusse kamers.

XXX **Host. Klokhof** avec ch, St-Anna 2, ℘ 0 56 22 97 04, info@klokhof.be, Fax 0 56
 25 73 25, 🍴, 🌷 – 🍽 📺 P. – 🏄 25 à 320. 🆎 🐖 𝘝𝘐𝘚𝘈. ℅ ch   AX a
fermé du 6 au 15 fév. et 24 juil.-13 août – **Repas** *(fermé dim. soir et lundi)* Lunch 45 bc –
carte 59 à 80 – **9 ch** ☑ 93/103.
  • Cette ancienne ferme aménagée pour recevoir banquets et séminaires a mené d'importants travaux de rénovation en 2004, surtout à l'extérieur. Repas classique. Restaurant d'été.
  • Deze oude boerderij, zeer geschikt voor partijen en congressen, is pas ingrijpend gerenoveerd, vooral vanbuiten. Klassieke gerechten die 's zomers buiten worden geserveerd.

à Aalbeke par ⑤ : 7 km 🅲 Kortrijk – ✉ 8511 Aalbeke :

✗ **St-Cornil,** Plaats 15, ℘ 0 56 41 35 23, Fax 0 56 40 29 09, Grillades – 🍽
fermé août, sam. et dim. – **Repas** 32 bc.
  • Auberge au cadre bourgeois proposant une belle brochette de grillades où la côte à l'os
- issue de la boucherie familiale - a ses fervents. Une valeur sûre.
  • Traditioneel restaurant, waar de gegrilde vleesspies en ribstuk uit de eigen slagerij van
de familie tot de favorieten behoren. Een betrouwbaar adresje !

à Bellegem par ④ : 5 km 🅲 Kortrijk – ✉ 8510 Bellegem :

🏨 **Troopeird,** Doornikserijksweg 74, ℘ 0 56 22 26 85, info@hotel-troopeird.be, Fax 0 56
 22 33 63, 🍴, 🐟, 🚴 – ℅ 📺 P. 🐖 𝘝𝘐𝘚𝘈
Repas *(dîner pour résidents seult)* – **14 ch** ☑ 70/90 – ½ P 68.
  • Cette jolie villa flamande accordée au cachet rural de Bellegem renferme de grandes chambres correctement équipées. Véranda et petit centre de relaxation en annexe.
  • Deze mooie Vlaamse villa past uitstekend in de landelijke omgeving van Bellegem. Grote
kamers met goede voorzieningen. Serre en kleine fitnessruimte in het bijgebouw.

BELGIQUE

à Kuurne *par* ① : *3,5 km – 12 595 h –* ✉ *8520 Kuurne :*

XX **Bourgondisch Kruis,** Brugsesteenweg 400, ☏ 0 56 70 24 55, *info@het-bourgondi sch-kruis.be,* Fax 0 56 70 56 65, ☆ – ≡ 🅿. 🆎 ⓞ ⓦⓞ
fermé du 3 au 13 avril, 15 août-4 sept., mardi soir, merc. et dim. soir – **Repas** *Lunch 42 bc – 54/75 bc.*
♦ Mets classiques personnalisés servis dans un cadre lumineux et cossu où règne la pierre de Bourgogne. Carte avec lunch et menu. Terrasse délicieuse et cave-salon.
♦ Licht en weelderig interieur, waarin steen uit Bourgondië domineert. Klassieke keuken met een persoonlijke noot. Lunchformule en menu. Prachtig terras en salon in de kelder.

à Marke Ⓒ *Kortrijk –* ✉ *8510 Marke :*

XXXX **Marquette** avec ch, Kannaertstraat 45, ☏ 0 56 20 18 16, *marquette@marquette.be,* Fax 0 56 20 14 37, ☆, ☎s, ⌬ – ≡ rest, 📺 🅿. – 🕏 25 à 200. 🆎 ⓞ ⓦⓞ 𝘝𝘐𝘚𝘈 AX d
fermé 21 juil.-15 août – **Repas** *(fermé dim. et lundi) Lunch 56 bc –* carte 61 à 104 ⅋ – ⬡ 9
– 9 ch 86/112.
♦ Luxueuse hostellerie spécialisée dans les banquets et soirées à thème. Cuisines que l'on visite, riche collection de vins en caveau. Chambres agréables.
♦ Luxueus hotel-restaurant dat zich toelegt op feestmaaltijden en thema-avonden en waar de gasten een kijkje in de keuken mogen nemen. Rijke wijnkelder en aangename kamers.

XX **Ten Beukel,** Markekerkstraat 19, ☏ 0 56 21 54 69, *inf@tenbeukel.be,* Fax 0 56 32 84 65 – ≡. 🆎 ⓞ ⓦⓞ 𝘝𝘐𝘚𝘈 ⒿⒸⒷ AX e
fermé 15 août-7 sept., sam. midi, dim. soir, lundi et merc. soir – **Repas** *Lunch 45 bc –* 52/86 bc.
♦ Une "Lady chef" officie aux fourneaux de ce petit restaurant familial où un choix de préparations classiques tout doucettement adaptées au goût du jour vous sera proposé.
♦ Klein familiebedrijf, waar een vrouwelijke chef de leiding heeft over de keukenbrigade. Klassieke gerechten die voorzichtig aan de huidige smaak worden aangepast.

X **Het Vliegend Tapijt,** Pottelberg 189, ☏ 0 56 22 27 45, *st.francois@skynet.be –* 🅿.
ⓦⓞ 𝘝𝘐𝘚𝘈 AX y
fermé 29 mars-5 avril, 19 juil.-17 août, dim. et lundi – **Repas** carte 31 à 43.
♦ Un sympathique bistrot contemporain baptisé Le Tapis Volant (Vliegend Tapijt) s'est posé dans cette villa au bord de la route. Salle à manger habillée de lambris modernes.
♦ Deze sympathieke en eigentijdse bistro is gevestigd in een villa langs de weg. De eetzaal is modern en van lambrisering voorzien.

à Rollegem *par* ⑤ : *9 km* Ⓒ *Kortrijk –* ✉ *8510 Rollegem :*

X **Scalini,** Lampestraat 89, ☏ 0 56 40 35 00, *scalini@tijd.com,* ☆ – 🅿.
fermé 21 juil.-15 août, dern. sem. janv., lundi et sam. midi – **Repas** *Lunch 35 –* 37/42 bc.
♦ Cette plaisante petite table décline un registre culinaire classico-bourgeois dans une salle de restaurant croquignolette parée de belles fresques.
♦ Leuk eettentje met mooie muurschilderingen, waar u kunt smullen van simpele, maar lekkere schotels die op klassieke leest zijn geschoeid.

KRUIBEKE *9150 Oost-Vlaanderen* 🅵🅷🅷 *K 15 et* 🆆🆇🅶 *F 2 – 14 775 h.*
Bruxelles 49 – Antwerpen 12 – Gent 53 – Sint-Niklaas 19.

XX **De Ceder,** Molenstraat 1, ☏ 0 3 774 30 52, *restaurant.deceder@telenet.be,* Fax 0 3 296 45 07, ☆ – ≡ 🅿. 🆎 ⓦⓞ 𝘝𝘐𝘚𝘈. ⌖
fermé 3 sem. en juil., lundi, jeudi soir et sam. midi – **Repas** *Lunch 29 –* 42/67 bc, ⫝.
♦ Enraciné de longue date à Kruibeke, Le Cèdre déploie une frondaison de mets classiques. Agréable jardin d'hiver et repas à l'extérieur une fois la sève bien montée.
♦ Deze ceder is stevig geworteld in Kruibeke en zit vol klassieke knoppen. Aangename wintertuin en heerlijk buiten eten zodra de boom begint uit te botten.

KRUISHOUTEM *9770 Oost-Vlaanderen* 🅵🅷🅷 *G 17 et* 🆆🆇🅶 *D 3 – 8 075 h.*
Bruxelles 73 – Gent 29 – Kortrijk 25 – Oudenaarde 9.

XXXX **Hof van Cleve** (Goossens), Riemegemstraat 1 (près N 459, autoroute E 17 - A 14, sortie
❀❀❀ ⑥), ☏ 0 9 383 58 48, *inof@hofvancleve.com,* Fax 0 9 383 77 25, ≼, ☆ – 🅿. 🆎 ⓞ ⓦⓞ
𝘝𝘐𝘚𝘈. ⌖
fermé 1 sem. Pâques, 24 juil.-17 août, fin déc.-début janv., dim. et lundi – **Repas** *Lunch 65 –* 110/175 bc, carte 100 à 210, ⫝ ⅋.
Spéc. Ravioli ouvert de joues de bœuf et champignons, sabayon à l'estragon. Pigeonneau au lard croustillant, parmentière aux truffes et banyuls. Poudre de chocolat et granité à l'orange et gingembre.
♦ Cette ravissante et discrète fermette, au décor contemporain, abrite un exceptionnel atelier gourmand : talentueuse et jeune équipe, beau livre de cave et cuisine imaginative.
♦ In deze prachtige hoeve met een hedendaags interieur huist een uitzonderlijk culinair atelier: vernuftige keuken en uitgelezen wijnen verheven door een jonge talentvolle brigade.

KURINGEN *Limburg* 🅵🅷🅷 *Q 17 et* 🆆🆇🅶 *I 3 – voir à Hasselt.*

KUURNE *West-Vlaanderen* 533 E 17 *et* 716 C 3 – *voir à Kortrijk.*

La – *voir au nom propre.*

LAARNE *9270 Oost-Vlaanderen* 533 I 16 716 E 2 – *11 591 h.*

Voir *Château★ : collection d'argenterie★.*

Bruxelles 51 – Gent 14 – Aalst 29.

XX **Kasteel van Laarne,** Eekhoekstraat 7 (dans les dépendances du château), *0 9 230 71 78, info@kasteelvanlaarne-rest.be, Fax 0 9 230 33 05,* – P – 25 à 50. AE VISA

fermé 3 dern. sem. juil., du 2 au 12 janv., lundi et mardi – **Repas** 35/65 bc.

◆ Restaurant occupant les dépendances du château, sur lequel la terrasse dressée au bord des douves offre une jolie vue. Élégante salle à manger au décor classique actualisé.

◆ Restaurant in de bijgebouwen van het kasteel, dat goed te zien is vanaf het terras aan de rand van de slotgracht. Elegante eetzaal met een modern-klassiek interieur.

XX **Dennenhof,** Eekhoekstraat 62, 0 9 230 09 56, *info@dennenhof.com, Fax 0 9 231 23 96* – P. AE VISA

fermé du 7 au 17 mars, 18 juil.-9 août, dim. soir, lundi et jeudi soir – **Repas** Lunch 30 – 35/83 bc.

◆ À portée de mousquet du château, table classique dans sa cuisine et son décor. Nombreuses préparations de homard et cave honorant le vignoble californien. Terrasse apéritive.

◆ Dit restaurant bij het kasteel van Laarne kent zijn klassieken ! Kreeftspecialiteiten en Californische wijnen. Op het terras kan het aperitief worden genuttigd.

LACUISINE *Luxembourg belge* 534 Q 24 *et* 716 I 6 – *voir à Florenville.*

LAETHEM-ST-MARTIN *Oost-Vlaanderen* 533 G 16 *et* 716 D 2 – *voir Sint-Martens-Latem.*

LAFORET *Namur* 534 O 23 – *voir à Vresse-sur-Semois.*

LANAKEN *3620 Limburg* 533 S 17 *et* 716 J 3 – *24 377 h.*

Koning Albertlaan 110 *0 89 72 24 67, info@vvvlanaken.be,* Fax 0 89 72 25 30.

Bruxelles 108 – Maastricht 8 – Hasselt 29 – Liège 34.

Eurotel, Koning Albertlaan 264 (Nord : 2 km sur N 78), 0 89 72 28 22, *eurotel@skynet.be, Fax 0 89 72 28 24,* – P – 25 à 140. AE VISA.

Repas ***Arte*** *(fermé sam. midi)* Lunch 22 – 25/49 – **72 ch** 71/135 – ½ P 93/122.

◆ Établissement récent construit aux portes de la ville. Chambres fonctionnelles de diverses tailles, fraîchement rénovées. Salles de réunions et centre de remise en forme. À table, répertoire culinaire classico-traditionnel diversifié. Cave franco-transalpine.

◆ Vrij nieuw hotel aan de rand van de stad, met functionele, moderne kamers van verschillend formaat. Vergaderzalen en fitnessruimte. Op tafel een zeer gevarieerd klassiek-traditioneel repertoire, begeleid door een mooie Franse of Italiaanse wijn.

à Neerharen *Nord : 3 km sur N 78* C *Lanaken* – *3620 Neerharen :*

Host. La Butte aux Bois , Paalsteenlaan 90, 0 89 73 97 70, *info@labutteauxbois.be, Fax 0 89 73 97 72,* – P – 25 à 350. AE VISA

Repas Lunch 30 – 37/93 bc – 15 – **35 ch** 99/215, – 2 suites – ½ P 93/153.

◆ Tranquillité assurée dans cette imposante gentilhommière émergeant de la verdure. Grandes chambres douillettes et bonnes installations pour se réunir ou "décompresser".

◆ Rust verzekerd in dit imposante landhuis tussen het groen. Grote behaaglijke kamers en uitstekende voorzieningen om te vergaderen of te relaxen.

à Rekem *Nord : 6 km sur N 78* C *Lanaken* – *3621 Rekem :*

X **Vogelsanck,** Steenweg 282, 0 89 71 72 50, *Fax 0 89 71 87 69* – P. AE VISA

fermé prem. sem. juil., prem. sem. sept., prem. sem. janv., lundi et mardi – **Repas** Lunch 22 – carte 35 à 46.

◆ Petite affaire familiale occupant un chalet-villa, le Chant d'Oiseau (Vogelsanck) mitonne un éventail de recettes classico-bourgeoises. Plat du jour, suggestions et menus.

◆ Klein familiebedrijf in een chaletachtige villa, waar klassiek-traditionele schotels op het vuur staan te pruttelen. Dagschotels, wisselende gerechten en menu's.

à Veldwezelt *Sud : 4 km sur N 78 C Lanaken – ✉ 3620 Veldwezelt :*

X **Aux Quatre Saisons,** 2de Carabinierslaan 154 (à la frontière), ✆ 0 89 71 75 60, 🏡 – AE ◑ MC VISA. ✂
fermé carnaval, 3 prem. sem. juil., jeudi en juil.-août et merc. – **Repas** 28/60 bc.
◆ Restaurant frontalier installé dans une villa reconnaissable à sa façade recouverte d'une parure de lierre. Cuisine classique-traditionnelle ; décoration intérieure de même.
◆ Restaurant bij de grens, in een villa die te herkennen is aan de gevel met klimop. Klassiek-traditionele keuken en interieur in dezelfde stijl.

LANGDORP *Vlaams-Brabant* 533 O 17 *et* 716 H 3 – *voir à Aarschot.*

LANKLAAR *Limburg* 533 T 16 – *voir à Dilsen.*

LASNE *1380 Brabant Wallon* 533 L 18, 534 L 18 *et* 716 G 3 – *13 777 h.*
18 (2 parcours) 9 au Nord : 1 km à Ohain, Vieux Chemin de Wavre 50 ✆ 0 2 633 18 50, Fax 0 2 633 28 66. – Bruxelles 27 – Charleroi 41 – Mons 54 – Nivelles 20.

XX **Le Caprice des Deux,** r. Genleau 8, ✆ 0 2 633 65 65, *capricedesdeux@swing.be, Fax 0 2 652 39 00* – AE ◑ MC VISA
fermé Pâques, dern. sem. août-prem. sem. sept., dim. et lundi – **Repas** Lunch 23 – 40/68 bc.
◆ À deux pas de la gare de Lasne, petite table estimée pour sa cuisine bien en phase avec l'époque, à l'image de sa jolie salle à manger dans les tons gris et chocolat.
◆ Leuk restaurantje vlak bij het station van Lasne. Mooie eetzaal in grijs- en bruintinten met een eigentijdse keuken.

à Plancenoit *Sud-Ouest : 5 km C Lasne – ✉ 1380 Plancenoit :*

XX **Le Vert d'Eau,** r. Bachée 131, ✆ 0 2 633 54 52, *Fax 0 2 633 54 52,* 🏡 – AE MC VISA
fermé 2 sem. carnaval, 2 prem. sem. sept., lundi soir, mardi et sam. midi – **Repas** Lunch 14 – 26/48.
◆ Adresse sympathique et dans l'air du temps, connue pour son répertoire culinaire classico-traditionnel soigné et son choix de savoureux menus. Réservation conseillée.
◆ Dit sympathieke restaurant is een kind van zijn tijd. Het staat bekend om zijn goed verzorgde klassiek-traditionele keuken en zijn heerlijke menu's. Reserveren aanbevolen.

LATOUR *Luxembourg belge* 534 S 25 *et* 716 J 7 – *voir à Virton.*

LAUWE *8930 West-Vlaanderen C Menen 32 114 h.* 533 E 18 *et* 716 C 3.
Bruxelles 100 – Kortrijk 10 – Lille 22.

XXX **'t Hoveke** 🏠 avec ch, Larstraat 206, ✆ 0 56 41 35 84, *restaurant@thoveke.be, Fax 0 56 41 55 11,* 🏡, 🌳, ✂ – ▤ TV P – 🏛 25 à 150. AE ◑ MC VISA
fermé 18 juil.-11 août, du 2 au 17 janv., dim. soir, lundi soir et mardi – **Repas** Lunch 35 bc – carte 43 à 73 – ☕ 8 – **4 ch** 67/70.
◆ Cette jolie ferme du 18e s. cernée de douves vous installe dans une salle à manger cossue coiffée de robustes poutres. Cuisine classique et cave fournie.
◆ Mooie 18e-eeuwse hoeve met een slotgracht, waar u aan tafel gaat in een rijk aandoende eetzaal met robuuste balken. Klassieke keuken en een goed gevulde wijnkelder.

XXX **Ter Biest,** Lauwbergstraat 237, ✆ 0 56 41 47 49, *terbiest@busmail.be, Fax 0 56 42 13 86,* 🏡 – ▤ – 🏛 25 à 70. AE ◑ MC VISA. ✂
fermé du 1er au 10 août, mardi soir, merc. et dim. soir – **Repas** Lunch 40 bc – carte 43 à 60.
◆ Ferme ancienne dont l'environnement champêtre et le cadre rustico-bourgeois s'harmonisent bien avec l'orientation culinaire classico-traditionnellle du chef.
◆ Oude boerderij, waarvan de landelijke omgeving en het rustieke interieur in harmonie zijn met de klassiek-traditionele stijl van de chef-kok.

XX **de Mangerie,** Wevelgemstraat 37, ✆ 0 56 42 00 75, *info@demangerie.be, Fax 0 56 42 42 62,* 🏡 – AE ◑ MC VISA. ✂
fermé fin fév.-début mars, 2e quinz. août, sam. midi, dim. soir et lundi – **Repas** Lunch 30 bc – 45/70 bc, 🍷.
◆ Une petite carte engageante, avec son menu vedette, vous sera soumise dans cette maison bourgeoise proche de la place du marché. Réservez votre table dans le jardin d'hiver.
◆ In dit herenhuis bij het marktplein krijgt u een kleine, maar aanlokkelijke kaart gepresenteerd. Het menu is bij menigeen favoriet. Reserveer een tafel in de wintertuin.

XX **Culinair,** Dronckaertstraat 508, ✆ 0 56 42 67 33, *info@restaurantculinair.be, Fax 0 56 42 67 34,* 🏡 – ▤ P. AE ◑ MC VISA. ✂
fermé du 21 au 28 fév., 29 août-12 sept., dim. soir et lundi – **Repas** Lunch 29 – 39/71 bc.
◆ Grosse villa transformée en restaurant maniant un registre culinaire au goût du jour. Intérieur sémillant, avec véranda. L'été, on dresse quelques tables au jardin.
◆ Deze grote villa is nu een restaurant met een culinair register dat goed bij deze tijd past. Vrolijke eetzaal met serre. 's Zomers worden enkele tafeltjes in de tuin gedekt.

LAVAUX-SAINTE-ANNE 5580 Namur © Rochefort 11 921 h. ⬜ P 22 et ⬜ I 5.
Bruxelles 112 – Bouillon 64 – Namur 50 – Dinant 34 – Rochefort 16.

🏨 **Maison Lemonnier** ⬤, r. Baronne Lemonnier 82, ✆ 0 84 38 88 83, restolavaux@s
wing.be, Fax 0 84 38 88 95, ☞ – 📶 📺 📠 💳 🆔 💳 VISA JCB
fermé dern. sem. juin-prem. sem. juil. et janv. – **Repas** voir rest du Château ci-après –
☐ 12 – **11 ch** 75/110 – ½ P 93/129.
◆ Hôtel charmant composé de deux belles maison famenoises en pierres du pays surveillant
une placette tranquille agrémentée d'une fontaine et d'un pilori. Chambres douillettes.
◆ Charmant hotel bestaande uit twee mooie huizen van steen uit de streek, aan een rustig
pleintje met een fontein en een oude schandpaal. Knusse kamers.

🍴 **du Château** (Martin) - H. Maison Lemonnier, r. Baronne Lemonnier 82, ✆ 0 84 38 88 83,
☺ restolavaux@swing.be, Fax 0 84 38 88 95, ☞ – 📠 💳 – ⚖ 50. 📶 🆔 💳 VISA JCB
fermé dern. sem. juin-prem. sem. juil., janv., lundi et mardi – **Repas** Lunch 25 – 45/85 bc,
carte 48 à 76, ☐ ⬤
Spéc. Risotto de girolles au pied de porc. Paupiette de lapereau, carottes au miel. Soufflé chaud à la menthe et pépites de chocolat.
◆ Transfert réussi pour cette table toute d'élégance et de sobriété incorporée à un adorable hôtel. Carte actuelle recherchée, variant avec les saisons. Cave de grand seigneur.
◆ Dit sobere, maar elegante restaurant hoort bij een sfeervol hotel. Eigentijdse, seizoengebonden kaart. De wijnkelder is een kasteelheer waardig !

Le – voir au nom propre.

LÉAU Vlaams-Brabant – voir Zoutleeuw.

LEBBEKE 9280 Oost-Vlaanderen ⬜ J 16 et ⬜ F 3 – 17 393 h.
Bruxelles 27 – Antwerpen 41 – Gent 37.

🍴 **Rembrandt,** Laurierstraat 6, ✆ 0 52 41 04 09, restaurantrembrandt@skynet.be,
Fax 0 52 41 45 75, Avec taverne – 📠 💳 🆔 💳 VISA
fermé 2 dern. sem. juil.-prem. sem. août, lundi soir, mardi et sam. midi – **Repas** Lunch 20
– 45.
◆ Occupant plusieurs maisons mitoyennes, ce restaurant niché au coeur du bourg présente
un intérieur rustique à touches modernes. Recettes classiques. Partie taverne.
◆ Dit café-restaurant in het hart van het dorp beslaat een aantal belendende panden. Het
interieur is rustiek met een moderne toets. Klassieke recepten.

LEERBEEK Vlaams-Brabant ⬜ J 18 et ⬜ F 3 – voir à Gooik.

LEFFINGE West-Vlaanderen ⬜ C 15 et ⬜ B 2 – voir à Oostende.

LEKE West-Vlaanderen ⬜ C 16 et ⬜ B 2 – voir à Diksmuide.

LEMBEKE 9971 Oost-Vlaanderen © Kaprijke 6 073 h. ⬜ G 15 et ⬜ D 2.
Bruxelles 75 – Gent 19 – Antwerpen 63 – Brugge 35.

🏨 **Host. Ter Heide** ⬤, Tragelstraat 2, ✆ 0 9 377 19 23, info@ter-heide.be,
Fax 0 9 377 19 23, ☞, ☞, ⚲ – 📺 💳 – ⚖ 25 à 100. 📶 🆔 💳 VISA
Repas Lunch 25 – carte 37 à 51 – ☐ 13 – **8 ch** 81/87 – ½ P 93.
◆ À proximité du bois de Lembeke, dans un quartier résidentiel chic, hostellerie cossue dont
les chambres, rénovées en 2004, offrent espace et sérénité. Jardin soigné. Opulente brasserie habillée de marbre. Choix de préparations bourgeoises.
◆ Luxueus hotel in een chique woonwijk bij het bos van Lembeke. De kamers, die in 2004
zijn gerenoveerd, bieden rust en ruimte. Verzorgde tuin. Weelderig ingerichte brasserie
met veel marmer, waar traditionele gerechten worden geserveerd.

LEOPOLDSBURG (BOURG-LÉOPOLD) 3970 Limburg ⬜ O 16 et ⬜ I 2 – 14 092 h.
☐ Seringenstraat 7 ✆ 0 11 39 17 80, Fax 0 11 39 11 70.
Bruxelles 83 – Antwerpen 64 – Liège 71 – Eindhoven 44 – Maastricht 59

🍴 **'t Pannehuis,** Leopoldsburgsesteenweg 99 (Heppen), ✆ 0 11 34 55 93
Fax 0 11 34 55 93, ☞ – 📠 💳 🆔 💳 VISA. ⬤
fermé 2e quinz. août, mardi et merc. – **Repas** Lunch 40 – 46.
◆ Ravissante "fermette" d'esprit rustique, dont les murs s'animent de colombages. À
l'arrière, une terrasse d'été s'ouvre sur un jardin délicieux. Repas au goût du jour.
◆ Prachtig rustiek vakwerkboerderijtje. Aan de achterkant bevindt zich een tuin met terras
waar het 's zomers heerlijk toeven is. Het eten voldoet aan de huidige smaak.

LEUVEN (LOUVAIN) 3000 P Vlaams-Brabant 回回回 N 17 et 回回回 H 3 – 89 651 h.

Voir Hôtel de Ville★★★ (Stadhuis) BYZ **H** – Collégiale St-Pierre★ (St-Pieterskerk) : musée d'Art religieux★★, Cène★★, Tabernacle★, Tête de Christ★, Jubé★ BY **A** – Grand béguinage★★ (Groot Begijnhof) BZ – Plafonds★ de l'Abbaye du Parc (Abdij van 't Park) DZ **B** – Façade★ de l'église St-Michel (St-Michielskerk) BZ **C**.

Musée : communal Vander Kelen - Mertens★ (Stedelijk Museum) BY **M**.

Env. Korbeek-Dijle : retable★ de l'église St-Barthélemy (St-Batholomeüskerk) par N 253 : 7 km DZ.

🏌 au Sud-Ouest : 15 km à Duisburg, Hertswegenstraat 59 ✆ 0 2 769 45 82, Fax 0 2 767 97 52 - 🏌 par ② : 13 km à Sint-Joris-Winge par ② : 13 km, Leuvensesteenweg 252, ✆ 0 16 63 40 53, Fax 0 16 63 21 40.

🛈 Grote Markt 9 ✆ 0 16 21 15 39, toerisme@leuven.be, Fax 0 16 21 15 49 – Fédération provinciale de tourisme, Diestsesteenweg 52, ✉ 3010 Kessel-Lo, ✆ 0 16 26 76 20, toerisme@vl-brabant.be, Fax 0 16 26 76 76.

Bruxelles 27 ⑥ – Antwerpen 48 ⑨ – Liège 74 ④ – Namur 53 ⑤ – Turnhout 60 ①

Plans pages suivantes

🏨 **Klooster** ⚘ sans rest, Predikherenstraat 22 (accès par Minderbroederstraat et par O.-L.-Vrouwstraat), ✆ 0 16 21 31 41, kh@martins-hotels.com, Fax 0 16 22 31 00, ☞ – 🛊 ✦ 📺 🕭 ⇔ P. 🖭 ⑩ ⬤⬤ 𝑉𝐼𝑆𝐴   BY **a**
40 ch ⇌ 120/190.
 ◆ Laissez-vous séduire par l'harmonie subtile de cet hébergement intimiste au cadre design "reclus" dans un ancien cloître dont certaines parties datent des 17e et 18e s.
 ◆ Laat u verleiden door de subtiele harmonie van deze sfeervolle accommodatie met design-interieur in een oud klooster, waarvan sommige gedeelten uit de 17e en 18e eeuw dateren.

🏨 **Begijnhof** ⚘ sans rest, Tervuursevest 70, ✆ 0 16 29 10 10, info@bchotel.be, Fax 0 16 29 10 22, 🎎, ⇔, ☞ – 🛊 📺 🕭 P. – 🕭 30. 🖭 ⑩ ⬤⬤ 𝑉𝐼𝑆𝐴   BZ **g**
64 ch ⇌ 90/220, – 5 suites.
 ◆ Ensemble récent dont le style s'harmonise à l'architecture du grand béguinage qu'il jouxte. Communs cossus, chambres douillettes et ravissant jardin d'agrément.
 ◆ Vrij nieuw hotel dat qua bouw goed bij de architectuur van het naburige Groot Begijnhof past. Weelderige gemeenschappelijke ruimten, gezellige kamers en een schitterende tuin.

🏨 **Novotel**, Vuurkruisenlaan 4, ✆ 0 16 21 32 00, H3153@accor.com, Fax 0 16 21 32 01, 🎎 – 🛊 ✦ ☰ 📺 🕭 ⇔ – 🕭 25 à 135. 🖭 ⑩ ⬤⬤ 𝑉𝐼𝑆𝐴. ✦ rest   CY **z**
Repas Lunch 15 – carte 22 à 44 – ⇌ 14 – **139 ch** 130/135.
 ◆ Nouvel hôtel situé aux abords de la gare et des célèbres brasseries. L'aménagement des chambres en est tout fidèle à l'enseigne Novotel. Parking souterrain commode.
 ◆ Nieuw hotel in de buurt van het station en de bekende bierbrouwerijen. De kamers zijn in alle opzichten trouw aan de Novotelformule. Handige ondergrondse parkeergarage.

🏨 **Binnenhof** sans rest, Maria-Theresiastraat 65, ✆ 0 16 20 55 92, info@hotelbinnenhof.be, Fax 0 16 23 69 26 – 🛊 ✦ 📺 ⇔ – 🕭 25. 🖭 ⑩ ⬤⬤ 𝑉𝐼𝑆𝐴. ✦   CY **a**
60 ch ⇌ 85/140.
 ◆ Bien pratique pour les usagers du rail, cet ensemble hôtelier abrite des chambres récemment refaites à neuf, au même titre que la salle des petits-déjeuners (buffet soigné).
 ◆ Dit hotelcomplex is ideaal voor treinreizigers. De kamers en de ontbijtzaal zijn onlangs opgeknapt. Goed verzorgd ontbijtbuffet.

🏨 **New Damshire** sans rest, Pater Damiaanplein-Schapenstraat 1, ✆ 0 16 23 21 15, reservations@newdamshire.com, Fax 0 16 23 32 08 – 🛊 ✦ ☰ 📺 ⇔. 🖭 ⑩ ⬤⬤ 𝑉𝐼𝑆𝐴. ✦
34 ch ⇌ 95/136, – 1 suite.   BZ **m**
 ◆ La consonance anglo-saxonne de l'enseigne est trompeuse : l'établissement n'a en effet pas grand chose de "british". Bonnes chambres agencées d'une façon avenante.
 ◆ De Engels klinkende naam zet u op het verkeerde been, want het New Damshire is niet zo "British". De hotelkamers zijn prima en op een aantrekkelijke manier ingericht.

🏨 **Theater** sans rest, Bondgenotenlaan 20, ✆ 0 16 22 28 19, reservations@theaterhotel.be, Fax 0 16 28 49 39 – 🛊 📺 🕭. 🖭 ⑩ ⬤⬤ 𝑉𝐼𝑆𝐴. ✦   BY **v**
fermé 23 déc.-3 janv. – **21 ch** ⇌ 73/135.
 ◆ Cet hôtel jouxtant le théâtre met quelques chambres duplex à votre disposition. Une galerie d'art moderne tient lieu de salle de breakfast.
 ◆ Dit hotel tegenover de schouwburg beschikt over enkele duplexkamers. Het ontbijt wordt genuttigd in een moderne kunstgalerie.

🏨 **Ibis** sans rest, Brusselsestraat 52, ✆ 0 16 29 31 11, H1457@accor.com, Fax 0 16 23 87 92 – 🛊 ✦ 📺 ⇔ P. 🖭 ⬤⬤ 𝑉𝐼𝑆𝐴   BY **b**
⇌ 9 – **72 ch** 95/95.
 ◆ Construction du début des années 1990 distribuant ses chambres standard sur cinq étages. Accueil, espaces communs et équipements en phase avec les préceptes de la chaîne.
 ◆ Hotel uit 1990 met standaardkamers op vijf verdiepingen. De ontvangst, gemeenschappelijke ruimten en voorzieningen voldoen aan de normen van de Ibisketen.

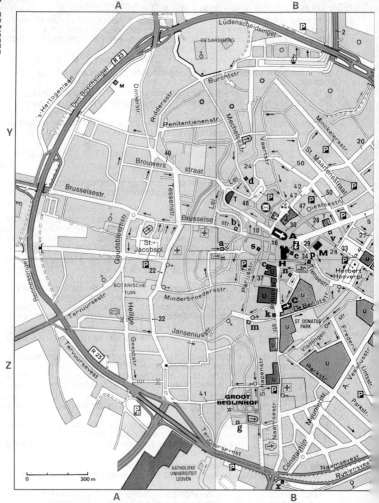

XXX **Sire Pynnock**, Hogeschoolplein 10, ℰ 0 16 20 25 32, sirepynnock@frankfol.be,
Fax 0 16 20 11 26 – 🅿 – 🔏 30. 🆎 ⓪ 🔟 *VISA*. ⚶
BZ n
fermé du 7 au 31 août, sam. midi, dim. soir et lundi – **Repas** Lunch 40 – 58/90 ♨.
♦ Sur une placette de la vieille ville, maison de maître déclinant un répertoire culinaire assez
élaboré, où les légumes sont à l'honneur. Vins du monde. Intérieur cossu.
♦ Restaurant met een weelderig interieur in een herenhuis aan een pleintje in de oude stad.
Vrij verfijnde keuken, met het accent op groenten. Wijnen uit allerlei landen.

XXX **Belle Epoque** (Tubee), Bondgenotenlaan 94, ℰ 0 16 22 33 89, Fax 0 16 22 37 42, 🕮
✿ – 🗐. 🆎 ⓪ 🔟 *VISA*
CY d
fermé du 15 au 24 fév., 18 juil.-10 août, dim. et lundi – **Repas** Lunch 32 – 53/85 bc, carte
57 à 95
Spéc. Tournedos de langoustines rôtis à la "mozzarella di Bufala". Filet de barbue aux
nouilles et girolles. Pigeon de Bresse à l'essence de truffes.
♦ Restaurant fêtant ses 25 ans de présence en 2005 ! Cuisine classico-traditionnelle soignée
servie dans le cadre raffiné d'une jolie demeure bourgeoise. Cave prestigieuse.
♦ Dit restaurant in een smaakvol ingericht herenhuis viert in 2005 zijn 25-jarig jubileum !
Verzorgde klassiek-traditionele keuken en prestigieuze wijnkelder.

BELGIQUE

LEUVEN

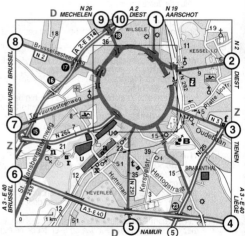

XX **Ramberg Hof,** Naamsestraat 60, ℰ 0 16 29 32 72, Fax 0 16 20 10 90, 斎 – 歴 ① ⑳ VISA 彩
BZ **k**
fermé dern. sem. août-prem. sem. sept., 1 sem. en nov., dim. soir et lundi – **Repas** *Lunch 22 –* 36/58 bc.

• Au coeur du quartier universitaire, restaurant-véranda que dessert une porte cochère. Mets classico-bourgeois et suggestions de saison. L'été venu, on mange au jardin.
• Een koetspoort leidt naar dit restaurant met serre in de universiteitswijk. Klassiekburgerlijke keuken en seizoengebonden schotels. Bij mooi weer wordt in de tuin gegeten.

XX **'t Zwart Schaap,** Boekhandelstraat 1, ℰ 0 16 23 24 16, Fax 0 16 23 24 16 – 歴 ⑳ VISA
BY **e**
fermé sem. carnaval, 15 juil.-15 août, dim., lundi et jours fériés – **Repas** *Lunch 17 bc –* carte 31 à 56.

• Au coin d'une ruelle piétonne jouxtant l'hôtel de ville, restaurant familial dont le décor lambrissé évoque un bistrot ancien. Préparations franco-belges de bon aloi.
• Familiebedrijf op de hoek van een voetgangerssteeg naast het stadhuis, dat door zijn lambrisering aan een oude bistro doet denken. Frans-Belgische keuken van goede kwaliteit.

X **Oesterbar,** Muntstraat 23, ✆ 0 16 20 28 38, *info@oesterbar.be*, Fax 0 16 20 54 84, 🍴, Produits de la mer – AE ⓪ ⓪ VISA. ✂ BYZ **p**
fermé 1 sem. en avril, 2 prem. sem. sept., prem. sem. janv., dim. et lundi – **Repas** *Lunch 25* – 42 🍴.
❖ Une faim de loup (de mer) ? Laissez-vous donc dériver vers ce bar à huîtres au cadre actuel et avenant. Superbe cave franco-italienne à écumer. Coude à coude sympathique.
❖ Honger als een (zee)wolf? Laat u zich dan afdrijven naar deze moderne oesterbar, waar u knus schouder aan schouder zit. Geweldige Frans-Italiaanse wijnkelder.

X **Ming Dynasty,** Oude Markt 9, ✆ 0 16 29 20 20, *info@mingdynasty.be*, Fax 0 16 29 44 04, 🍴, Cuisine chinoise, ouvert jusqu'à 23 h – ▤. AE ⓪ ⓪ VISA BYZ **c**
fermé mardi – **Repas** *Lunch 19* – 24/63 bc.
❖ Manger chinois sans chinoiseries ? La carte de cette table asiatique au décor européanisé vous promène entre le Sichuan, Canton, Shanghai et Pékin. Ribambelle de menus.
❖ Chinees eten zonder chinoiserieën? De kaart van dit Aziatische restaurant met zijn Europese decor voert u naar Sichuan, Kanton, Shanghai en Peking. Ruime keuze menu's.

X **Osteria Pergola,** Mechelsestraat 85, ✆ 0 16 23 30 95, *info@enoteca-pergola.be*, Fax 0 16 23 30 95, Cuisine italienne – ▤ ৬. ⓪ VISA. ✂ BY **d**
fermé du 9 au 25 août, sam. midi, dim., lundi et mardi – **Repas** *Lunch 30* – carte 46 à 55 🍴.
❖ "Osteria-enoteca" au cadre simple mais soigné où l'on goûte une estimable cuisine italienne dans une ambiance cordiale. Cuisines à vue. Entrée par une petite boutique de vins.
❖ "Osteria-enoteca" met een eenvoudig maar smaakvol interieur en open keuken. Lekker Italiaans eten en drinken in een gemoedelijke sfeer. Ingang via een kleine wijnhandel.

X **Y-Sing,** Parijsstraat 18, ✆ 0 16 22 80 52, *ysing@telenet.be*, Fax 0 16 23 40 47, Cuisine asiatique – ▤. AE ⓪ VISA. ✂ BY **s**
fermé merc. – **Repas** 15/21.
❖ Plus de quarante ans de bons et loyaux services pour ce doyen de la restauration asiatique louvaniste ! Grande carte sino-thaïlandaise assez authentique, incluant des menus.
❖ Y-Sing bestaat al ruim 40 jaar en is daarmee het oudste Aziatische restaurant van Leuven. Uitgebreide kaart met vrij authentieke Chinees-Thaise specialiteiten en menu's.

à Blanden *par* ⑤ *: 7 km* Ⓒ *Oud-Heverlee 10657 h.* – ✉ *3052 Blanden :*

XX **Meerdael,** Naamsesteenweg 90 (sur N 25), ✆ 0 16 40 24 02, *meerdael@pandora.be*, Fax 0 16 40 81 37, 🍴 – 🅿. AE ⓪ VISA. ✂
fermé du 6 au 14 mars, 7 août-1er sept., 26 déc.-9 janv., sam. midi, dim. et lundi – **Repas** *Lunch 30* – 49/74 bc.
❖ Jolie fermette transformée en auberge familiale. Cuisine sagement classique, salle à manger égayée de notes rustiques, verdoyante terrasse d'été ombragée et jardin.
❖ Mooi boerderijtje dat tot familierestaurant is verbouwd. Klassieke keuken, eetzaal met rustieke accenten, lommerrijk terras en uitnodigende tuin.

à Heverlee Ⓒ *Leuven* – ✉ *3001 Heverlee :*

🏨 **The Lodge,** Kantineplein 3, ✆ 0 16 50 95 09, *heverlee@lodge-hotels.be*, Fax 0 16 50 95 08, 🍴, ⇔, 🚲 – ⇔ 📺 ৬ch, – 🔬 25 à 70. AE ⓪ VISA DZ **x**
Repas (taverne-rest) *Lunch 13* – carte 22 à 36 – **25 ch** ⇆ 90/125.
❖ De grandes chambres combinant avec bonheur des éléments décoratifs modernes et anciens ont été aménagées dans ces anciennes dépendances du château d'Arenberg. Taverne-restaurant de style contemporain dont la véranda côtoie une terrasse d'été meublée en teck.
❖ In de voormalige bijgebouwen van het kasteel van Arenberg bevinden zich grote kamers met een smaakvol interieur van oude en moderne elementen. Eigentijds café-restaurant met serre. 's Zomers kan er op het terras met teakhouten meubelen worden gegeten.

XXX **Arenberg** (Demeestere), Kapeldreef 46, ✆ 0 16 22 47 75, *restaurant.arenberg@pan* 🍴 *dora.be*, Fax 0 16 22 49 64, ⇐, 🍴 – 🅿. 🔬 25 à 125. AE ⓪ ⓪ VISA JCB. ✂DZ **r**
fermé vacances carnaval, 24 juil.-19 août, vacances Toussaint, dim. et lundi – **Repas** 37/74 bc 🍴
Spéc. Gorge de porc braisée au foie d'oie. Langue de veau et son ris croquant, sabayon de champignons. Tarte tatin au foie d'oie poêlé et sirop de vinaigre de cidre.
❖ Table actuelle talentueuse installée dans une ancienne ferme réaménagée. Orangerie et restaurant d'été agréables, tournés vers un jardin soigné. Riche choix de vins.
❖ Een talentvolle tafel in een vernieuwde hoeve. Oranjerie en aangenaam terras met zicht op de mooie tuin. Rijk gevulde wijnkelder.

XX **Couvert couvert,** St-Jansbergsesteenweg 171, ✆ 0 16 29 69 79, Fax 0 16 29 59 15, ⇐, 🍴 – 🔬 25. ✂ DZ **r**
fermé 2 sem. Pâques, 2 sem. en sept., dim. et lundi – **Repas** *Lunch 30* – 45/79 bc, ♀.
❖ Mets au goût du jour servis dans un intérieur design. Belle cave visible par une coupole. Accès par la terrasse arrière où l'on dresse le couvert en saison. Jardin d'aromates.
❖ Trendy keuken en designinterieur. Mooie wijnkelder die door de glaskoepel zichtbaar is. Toegang via het terras aan de achterkant, waar 's zomers wordt gegeten. Kruidentuin

Boardroom avec ch, J. Vandenbemptlaan 6, ℰ 0 16 31 44 55, *info@boardroom.be*, Fax 0 16 31 44 56, 🌳, 🚲 – 🖥 📺 – 🛁 40. 🖭 ① 🐠 💳. ✨ DZ a
fermé 2 dern. sem. août – **Repas** *(fermé sam. midi et dim.)* Lunch 28 – carte 37 à 73, ♀ –
🛏 11 – **8 ch** 80/100.
* Luxueuse brasserie étendant ses tables dans deux salles à manger ; l'une d'elles s'ouvre sur une agréable terrasse d'été. Chambres confortables, le plus souvent avec balcon.
* Luxueuze brasserie met twee eetzalen, waarvan één uitkomt op een terras dat in de zomer bijzonder aangenaam is. Comfortabele kamers, veelal met balkon.

Het land aan de Overkant, L. Scheursvest 87, ℰ 0 16 22 61 81, *info@hetlandaa ndeoverkant.be*, Fax 0 16 22 59 69, 🌳 – 🖥. 🖭 🐠 💳. ✨ CZ b
fermé fin déc., sam. midi, dim. et lundi midi – **Repas** Lunch 27 – 33/86 bc, ♀.
* Cette façade discrète dissimule un ample salle dont les lignes, modernes et épurées, évoquent la structure d'un navire. Plats aux accents méditerranéens, délicatement iodés.
* Onopvallend gebouw met een grote eetzaal, die door zijn moderne en gestileerde belijning aan een schip doet denken. Visschotels met een mediterraan sausje.

Le Fil, Erasme Ruelensvest 19, ℰ 0 16 29 15 43, *food@lefil.be*, Fax 0 16 23 34 85, 🌳 – 🖭 ① 🐠 💳. ✨ BZ x
fermé 17 juil.-5 août, du 6 au 13 nov., sam. midi, dim. et lundi – **Repas** Lunch 30 – carte 40 à 75.
* Table au goût du jour prolongée par une petite terrasse à l'arrière. Plats composés selon le marché et la fantaisie du chef, dont les propositions tiennent dans un seul menu.
* Hedendaags restaurant met een terrasje. De gerechten variëren al naar gelang het aanbod op de markt en de fantasie van de chef-kok, die zijn kookkunsten in één menu vertoont.

Den Bistro, Hertogstraat 160, ℰ 0 16 40 54 88, *den.bistro@skynet.be*, Fax 0 16 40 80 91, 🌳 – 🖭 ① 🐠 💳. ✨ DZ t
fermé 1 sem. après Pâques, 22 août-15 sept., 28 déc.-9 janv., mardi, merc. et sam. midi – **Repas** 28.
* Aménagé dans la note néo-rustique, ce bistrot aussi mignon que "sympa" opte pour une carte "brasserie" : préparations traditionnelles présentées avec soin.
* Gezellige bistro met een neorustiek interieur, waar een typische "brasseriekaart" wordt gehanteerd. Traditionele gerechten die met zorg zijn klaargemaakt.

à Kessel-Lo Ⓒ *Leuven* – ✉ *3010 Kessel-Lo* :

In Den Mol, Tiensesteenweg 347, ℰ 0 16 25 11 82, *indenmol@biz.tiscali.be*, Fax 0 16 26 22 65, 🌳 – 🅿. 🖭 ① 🐠 💳 DZ f
fermé du 1er au 20 août, dim. soir, lundi et mardi – **Repas** Lunch 23 – 42.
* Au charme intérieur de ce relais rustique du 18e s. s'ajoute l'agrément d'une jolie terrasse et d'un jardin avec volière. Mets classiques et cave bien montée.
* Rustiek restaurant in een 18e-eeuws pand met een sfeervol interieur. Mooi terras en tuin met volière. Klassieke keuken en een wijnkelder om met volle teugen van te genieten.

à Oud-Heverlee *par* ⑤ : *7,5 km* – *10 657 h* – ✉ *3050 Oud-Heverlee* :

Spaans Dak, Maurits Noëstraat 2 (Zoet Water), ℰ 0 16 47 33 33, *info@spaansdak.be*, Fax 0 16 47 38 12, 🌳 – 🅿. 🖭 🐠 💳
fermé du 1er au 28 juil., lundi et mardi – **Repas** 25/70 bc, ♀.
* Les vestiges d'un manoir du 16e s. dominant un étang accueillent cette salle de restaurant moderne, douillette et feutrée. L'assiette, elle aussi, vit avec son temps.
* De overblijfselen van een 16e-eeuws kasteeltje aan een vijver vormen de setting van dit moderne restaurant, dat warm en behaaglijk aandoet. De keuken is eveneens eigentijds.

à Vaalbeek *par* ⑤ : *6,5 km* Ⓒ *Oud-Heverlee 10 657 h.* – ✉ *3054 Vaalbeek* :

De Bibliotheek, Gemeentestraat 12, ℰ 0 16 40 05 58, *info@debibliotheek.be*, Fax 0 16 40 20 69, 🌳 – 🅿. – 🛁 25 à 70. 🖭 🐠 💳 🎮
fermé 1 sem. carnaval, 2 dern. sem. juil., mardi, merc. et sam. midi – **Repas** Lunch 28 – 44/68 bc, ♀.
* Table élégante et "cosy" dont l'ambiance, autant que le décor, rappelle un peu un "british club". Bibliothèques garnies de livres en salle. Registre culinaire au goût du jour.
* Stijlvol restaurant, waarvan het pas gerenoveerde interieur en de ambiance aan een Engelse herensociëteit doen denken. De gerechten passen goed bij de smaak van tegenwoordig.

Ecrivez-nous...
Vos avis seront examinés avec le plus grand soin.
Nous reverrons sur place les informations que vous nous signalez.
Par avance merci !

LEUZE-EN-HAINAUT 7900 Hainaut 533 G 19, 534 G 19 et 716 D 4 – 13 113 h.
Bruxelles 76 – Mons 39 – Kortrijk 49 – Gent 56 – Tournai 19.

La Cour Carrée, chaussée de Tournai 5, *℘* 0 69 66 48 25, Fax 0 69 66 18 82, ☎, ⅙,
☞ – 📺 🅿 – ⅍ 25 à 40. ⒜ ⓪ ⓜⓞ 𝑉𝐼𝑆𝐴. ⅗
Repas *(fermé vend. soir, sam. midi et dim. soir)* Lunch 14 – 22/53 bc – **9 ch** ⇆ 45/59 –
½ P 43/59.

♦ Ferme-auberge agrandie d'une aile récente renfermant quelques chambres fonctionnelles. Le regard de certaines embrasse la campagne, les autres donnent côté "cour carrée". Salle à manger au charme suranné. Carte classico-régionale actualisée.
♦ Herberg in een boerenhoeve, waar onlangs een vleugel is aangebouwd. De kamers zijn
functioneel en bieden uitzicht op het platteland of de vierkante binnenplaats. De eetzaal
straalt een ouderwetse charme uit. Klassieke en regionale gerechten.

XX **Le Châlet de la Bourgogne,** chaussée de Tournai 1, *℘* 0 69 66 19 78, Fax 0 69
🐀 66 19 78 – 🖳 🅿. ⒜ ⓪ ⓜⓞ 𝑉𝐼𝑆𝐴
fermé 1 sem. Pâques, 18 juil.-5 août et merc. – **Repas** *(déjeuner seult sauf week-end)*
32/56 bc.

♦ Au bord de la grand-route, agréable restaurant orienté vers une cuisine au goût du jour.
Les menus, plus classiques, changent avec les saisons. Service tout sourire.
♦ Aangenaam restaurant langs de grote weg, dat zich op een eigentijdse kookstijl toelegt.
De menu's zijn wat klassieker en veranderen met de seizoenen. Vriendelijke bediening.

LIBRAMONT 6800 Luxembourg belge ⒞ Libramont-Chevigny 9 544 h. 534 R 23 et 716 J 6.
Bruxelles 143 – Bouillon 33 – Arlon 52 – Dinant 68 – La Roche-en-Ardenne 43.

à Recogne Sud-Ouest : 1 km ⒞ Libramont-Chevigny – ✉ 6800 Recogne :

🏨 **L'Amandier,** av. de Bouillon 70, *℘* 0 61 22 53 73, hotel.l.amandier@skynet.be, Fax 0 61
22 57 10, ⅙, ☎, 🚲 – 🛗 📺 🅿 – ⅍ 25 à 200. ⒜ ⓪ ⓜⓞ 𝑉𝐼𝑆𝐴. ⅗ rest
Repas *(fermé lundi et mardi midi)* (avec cuisine asiatique) Lunch 20 – 23/45 bc – **24 ch**
⇆ 65/88 – ½ P 65/88.

♦ Chambres fonctionnelles, fitness, sauna, solarium, salles de réunions et restaurant se
partagent l'intérieur de cette construction récente située en léger retrait de la route. Salle
à manger vous conviant à un repas classique ou asiatique.
♦ Modern gebouw dat even van de weg af staat, met functionele kamers, fitnessruimte,
sauna, solarium en vergaderzalen. Het restaurant biedt zowel klassieke als Aziatische
gerechten.

LICHTAART Antwerpen 533 O 15 et 716 H 2 – voir à Kasterlee.

LICHTERVELDE West-Vlaanderen 533 D 16 et 716 C 2 – voir à Torhout.

LIÈGE – LUIK

4000 ⓟ **533** S 19, **534** S 19 *et* **716** J 4 – *184 474 h.*

Bruxelles 97 ⑨ *– Amsterdam 242* ① *– Antwerpen 119* ⑫ *– Köln 122* ② *–*
Luxembourg 159 ⑤ *– Maastricht 32* ①.

OFFICES DE TOURISME

En Féronstrée 92 ℘ *0 4 221 92 21, office.tourisme@liege.be, Fax 0 4 221 92 22 et*
Gare des Guillemins ℘ *0 4 252 44 19 – Fédération provinciale de tourisme, bd de la*
Sauvenière 77 ℘ *0 4 232 65 10, ftpl@prov-liège.be, Fax 0 4 232 65 11.*

RENSEIGNEMENTS PRATIQUES

🏇 *r. Bernalmont 2* (BT) ℘ *0 4 227 44 66, Fax 0 4 227 91 92 –* 🏌 *par* ⑥ *: 8 km à Angleur,*
rte du Condroz 541 ℘ *0 4 336 20 21, Fax 0 4 337 20 26 –* 🏌 *par* ⑤ *: 18 km à*
Gomzé-Andoumont, Sur Counachamps, r. Gomzé 30 ℘ *0 4 360 92 07, Fax 0 4 360 92 06.*

🚗 ℘ *0 4 342 52 14, Fax 0 4 229 27 33.*

CURIOSITÉS

Voir *Citadelle* ≤★★ *DW, Parc de Cointe* ≤★ *CX – Vieille ville★★ : Palais des*
Princes-Évêques★ : grande cour★★ EY, Le perron★ EY **A**, *Cuve baptismale★★★ dans*
l'église St-Barthélemy FY, Trésor★★ de la Cathédrale St-Paul : reliquaire de Charles le
Téméraire★★ EZ – Église St-Jacques★★ : voûtes de la nef★★ EZ – Retable★ dans l'église
St-Denis EY – Statues★ en bois du calvaire et Sedes Sapientiae★ de l'église St-Jean EY
– Aquarium★ FZ **D**.

Musées *: d'Art Moderne et d'Art Contemporain★ DX* **M⁷** *– de la Vie wallonne★★ EY*
– d'Art religieux et d'Art mosan★ FY **M⁵** *– Curtius et musée du Verre★ (Musées*
d'Archéologie et d'Arts décoratifs) : Évangéliaire de Notger★★★, collection d'objets de
verre★ FY **M¹** *– d'Armes★ FY* **M³** *– d'Ansembourg★ FY* **M²**.

Env. *par* ① *: 20 km : Blégny-Trembleur★★ – par* ⑥ *: 27 km : Fonts baptismaux★ dans*
l'église★ de St-Séverin – par ① *: 17 km à Visé : Châsse de St-Hadelin★ dans l'église*
collégiale.

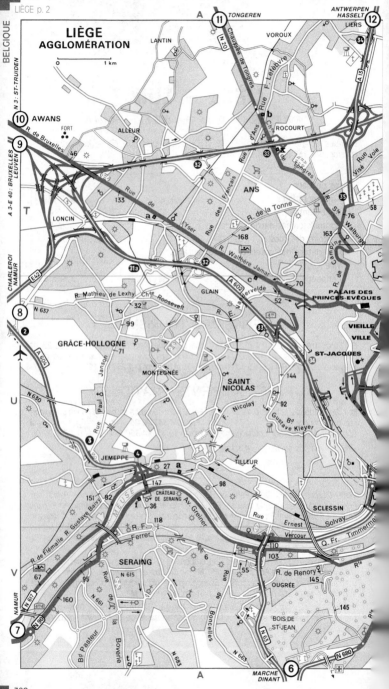

LIÈGE
AGGLOMÉRATION

BELGIQUE

1 km

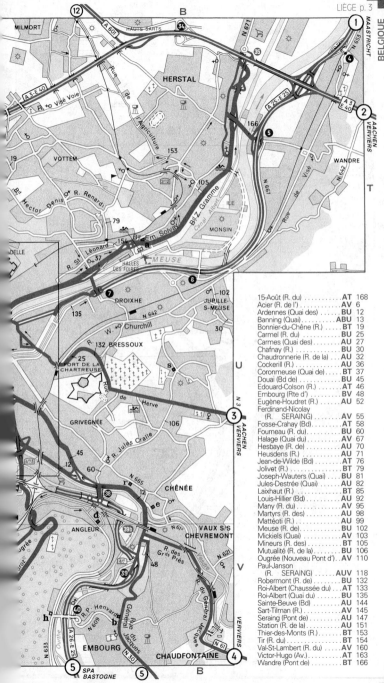

BELGIQUE

MILMORT

HERSTAL

VOTTEM

HAUTS SARTS

WANDRE

MONSIN

DROIXHE

JUPILLE-S-MEUSE

BRESSOUX

PORT DE LA CHARTREUSE

GRIVEGNÉE

CHÊNÉE

ANGLEUR

VAUX S/S CHEVREMONT

EMBOURG

CHAUDFONTAINE

SPA BASTOGNE

MAASTRICHT

AACHEN VERVIERS

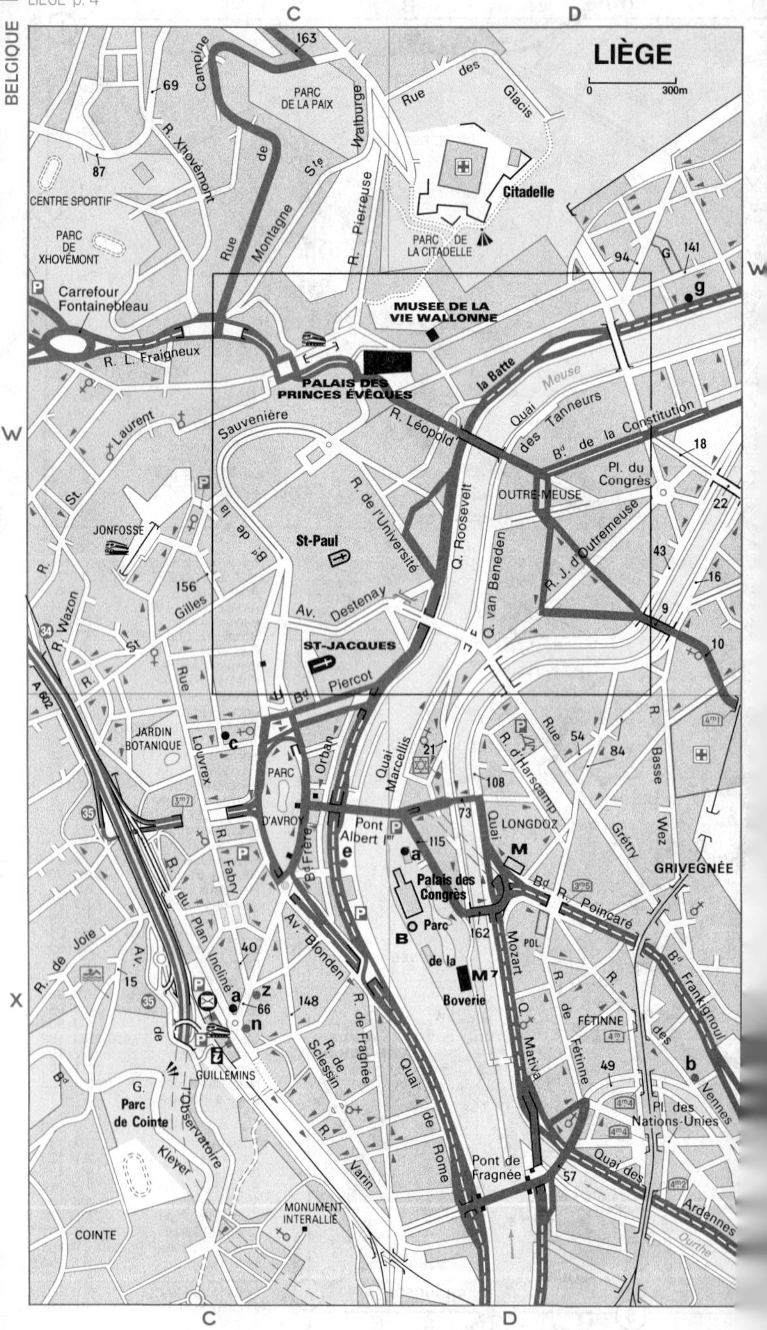

BELGIQUE

C   D

LIÈGE

0   300m

163

69

R. Xhovémont

87

CENTRE SPORTIF

PARC
DE
XHOVÉMONT

Carrefour
Fontainebleau

R. L. Fraigneux

Campigle

Rue

de

Montagne

Ste

Walburge

PARC
DE LA PAIX

Rue

Pierreuse

Rue   des   Glacis

Citadelle

PARC   DE
LA CITADELLE

94   G   141

g   W

W

Laurent

Sauvenière

JONFOSSE

156

R.

Wazon

Gilles

St

34

A 602

35

Rue

Louvrex

c

PARC
D'AVROY

B⁴   Frère   Orban

R.   Fabry

R. de Joie

Av.

Av.   Blonden

du   Plan   incliné

40

15

X

R. de Joie

Av.

de

B⁴

G.
Parc
de Cointe

COINTE

Kleyer

MONUMENT
INTERALLIÉ

L'Observatoire

GUILLEMINS

z
a   66
n

148

R.   de   Fragnée

R.   de   Sclessin

Quai

de

Rome

R.   Varin

JARDIN
BOTANIQUE

R. de l'Université

St-Paul

Av.   Destenay

ST-JACQUES

Piercot

B⁴

MUSÉE DE LA
VIE WALLONNE

PALAIS DES
PRINCES ÉVÊQUES

R. Léopold

Q.   Roosevelt

Q.   van   Beneden

la   Batte

Quai

Meuse

des   Tanneurs

B⁴   de la   Constitution

OUTRE-MEUSE

R. J. d'Outremeuse

Pl. du
Congrès

18

22

43

16

9

10

4 km

54   84

R.   d'Harscamp

R.   Basse

Wez

Grétry

GRIVEGNÉE

21

Quai
Marcellis

108

73

Pont
Albert I⁷

e

115

Palais des
Congrès

B   Parc

162

de la

Boverie

M 7

Quai

Longdoz

LONGDOZ

M

Bd   R.   Poincaré

Mozart

POL

R.   de   Fétinne

Q.   Mativa

FÉTINNE

49

b

B⁴   Frankignoul

Pl. des
Nations-Unies

Pont de
Fragnée

57

Quai   des

Ardennes

Ourthe

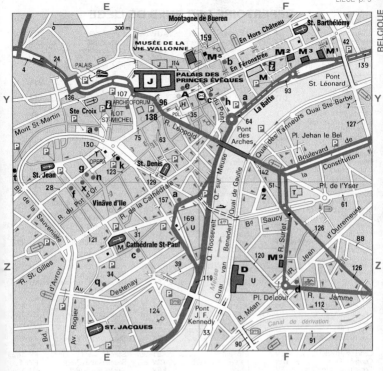

Si vous cherchez un hôtel tranquille,
consultez d'abord les cartes de l'introduction
ou repérez dans le texte les établissements indiqués
avec le signe 🐦

RÉPERTOIRE DES RUES DE LIÈGE

plan p. 4 sauf indication spéciale :

🏨 **Bedford,** quai St-Léonard 36, ℰ 0 4 228 81 11, infolg@hotelbedford.be, Fax 0 4 227 45 75, ㄟ, 【δ, ☞ – ▐ ✕, ▤ ch, 🄫 δ,rest, ☜ 🄿 – 🔬 25 à 240. 🄰🄴 ⓞ 🄼🄾 𝗩𝗜𝗦𝗔, ㄟ
Repas Lunch 25 – carte 25 à 39 – **147 ch** ☑ 210/235, – 2 suites – ½ P 78/180.   DW g
 ◆ Cet hôtel où vous serez hébergés dans de bonnes chambres bien insonorisées a remplacé un couvent et une filature sur ce quai au trafic soutenu. Jardin-terrasse intérieur. Salle à manger aménagée sous des voûtes du 17e s. Menu-carte actuel et buffet d'entrées.
 ◆ Dit hotel staat op de plek van een voormalig klooster en spinnerij aan een drukke kade. De kamers zijn prima en van goede geluidsisolatie voorzien. Binnentuin met terras. Eetzaal met 17e-eeuwse gewelven. Eigentijdse menukaart en buffet met voorgerechten.

🏨 **Le Cygne d'Argent** sans rest, r. Beeckman 49, ℰ 0 4 223 70 01, info@cygnedargent.be, Fax 0 4 222 49 66 – ▐ 🄫 ☜. 🄰🄴 ⓞ 🄼🄾 𝗩𝗜𝗦𝗔   CX c
 ☑ 8 – **20 ch** 58/80.
 ◆ Maison bourgeoise située dans une rue calme, pas loin du jardin botanique ni du parc d'Avroy. Lors de votre réservation, demandez une chambre récemment refaite.
 ◆ Hotel in een herenhuis in een rustige straat, niet ver van de botanische tuin en het park van Avroy. Vraag bij uw reservering om een pas gerenoveerde kamer.

🍴 **Héliport,** bd Frère Orban 37z (bord de Meuse), ℰ 0 4 252 13 21, info@restautantheliport.be, Fax 0 4 252 57 50, ≤, ㄟ – 🄿. 🄰🄴 🄼🄾 𝗩𝗜𝗦𝗔   CX e
 fermé 1 sem. carnaval, 2 sem. en juil., dim. et lundi – **Repas** Lunch 28 – 40/50.
 ◆ Un mât de bateau domine l'entrée de cette table au cadre nautique offrant les plaisirs d'une cuisine contemporaine. Agréable restaurant de plein air tourné vers la Meuse.
 ◆ Een scheepsmast staat bij de ingang van dit restaurant, dat een maritiem karakter heeft. De eigentijdse gerechten worden 's zomers buiten geserveerd, met uitzicht op de Maas.

Vieille Ville - plan p. 5 :

🏨 **Mercure,** bd de la Sauvenière 100, ℰ 0 4 221 77 11, mercureliege.hotel@alliance-hospitality.com, Fax 0 4 221 77 01 – ▐ 🄫 ☜ – 🔬 25 à 120. 🄰🄴 ⓞ 🄼🄾 𝗩𝗜𝗦𝗔EY t
Repas (fermé sam. midi et dim.) (taverne-rest) carte 22 à 31 – **105 ch** ☑ 173/188.
 ◆ Situation centrale, sur un grand boulevard, pour cette unité de la chaîne hôtelière Mercure. Les chambres promettent des nuitées récupératrices à deux pas du trépidant Carré. Baptisée Bar à Thym, la brasserie mise sur une cuisine valorisant les épices.
 ◆ Dit Mercurehotel is centraal gelegen aan een grote boulevard, vlak bij de bruisende "Carré". De kamers beloven een weldadige nachtrust. De brasserie, die niet voor niets "Tijmbar" heet, mikt op een kruidige keuken.

🏨 **Ibis Opera** sans rest, pl. de la République Française 41, ℰ 0 4 230 33 33, H0864-gm@accor.com, Fax 0 4 223 04 81 – ▐ ✕ ▤ 🄫 🄿. 🄰🄴 ⓞ 🄼🄾 𝗩𝗜𝗦𝗔   EY k
 ☑ 9 – **78 ch** 75.
 ◆ Établissement intégré au centre commercial Opéra, proche de tout et commode pour la découverte de la "Cité ardente". Chambres fonctionnelles, bonne isolation phonique.
 ◆ Dit zeer centraal gelegen hotel bevindt zich in het winkelcentrum Opera en is een ideale uitvalsbasis om Luik te verkennen. Functionele kamers met een goede geluidsisolatie.

🍴 **Max,** pl. Verte 2, ℰ 0 4 222 08 59, Fax 0 4 222 08 73, ㄟ, Produits de la mer et écailler, ouvert jusqu'à 23 h – 🔬 25. 🄰🄴 ⓞ 🄼🄾   EY a
 fermé sam. midi – **Repas** Lunch 30 – carte 43 à 75.
 ◆ En plein centre animé, brasserie cossue au décor griffé Luc Genot. Réputation fermement ancrée en matière de produits de la mer. Banc d'écailler et terrasse chauffée.
 ◆ Deze weelderige brasserie in hartje Luik is verfraaid door Luc Genot. Max heeft een goede reputatie opgebouwd met zijn superverse oesters en visschotels. Verwarmd terras.

🍴 **Au Vieux Liège,** quai Goffe 41, ℰ 0 4 223 77 48, Fax 0 4 223 78 60 – ▤. 🄰🄴 ⓞ 🄼🄾 𝗩𝗜𝗦𝗔   FY a
 fermé mi-juil.-mi-août, merc. soir, dim. et jours fériés – **Repas** Lunch 29 – 40/59 bc.
 ◆ Cette jolie maison à pans de bois (16e s.) abrite l'une des plus anciennes tables de Liège. Cadre rustique et choix classique semé de pointes d'exotisme. Collection de rhums.
 ◆ In dit mooie 16e-eeuwse vakwerkhuis is een van de oudste restaurants van Luik te vinden. Rustiek interieur en klassieke keuken met een vleugje exotisch. Grote collectie rum.

🍴 **La Parmentière,** pl. Cockerill 10, ℰ 0 4 222 43 59, erieklamarre@skynet.be, Fax 0 4 222 43 59 – ▤. 🄰🄴 ⓞ 🄼🄾 𝗩𝗜𝗦𝗔   EZ a
 fermé 21 juil.-15 août, dim., lundi et jeudi soir – **Repas** Lunch 25 – 32/51 bc.
 ◆ Restaurant tranquille dont la façade discrète contemple l'université. Cadre actuel assez réussi, formule menu-carte avantageuse et vins des régions de France.
 ◆ Rustig restaurant met een onopvallende gevel die uitkijkt op de universiteit. Het moderne interieur is geslaagd te noemen. Gerechten à la carte, voordelig menu en Franse wijn.

🍴 **Folies Gourmandes,** r. Clarisses 48, ℰ 0 4 223 16 44, ㄟ – 🄰🄴 ⓞ 🄼🄾 𝗩𝗜𝗦𝗔 EZ q
 fermé 1 sem. Pâques, mi-août-début sept., dim. soir et lundi – **Repas** 33/55 bc.
 ◆ Bon petit restaurant familial établi dans une maison de maître 1900. Menu-choix appétissant et plats minceur. Par beau temps, profitez de la terrasse arrière.
 ◆ Uitstekend familierestaurantje dat in een herenhuis uit 1900 is gevestigd. Aanlokk... keuzemenu en lichte gerechten. Bij mooi weer is het terras aan de achterkant fa...

XX **Septime,** r. St-Paul 12, ℘ 0 4 221 03 06, *Fax 0 4 221 02 04*, Rôtisserie – 🍽. ⒶⒺ ⓪
ⓂⓄ 𝘷𝘪𝘴𝘢
EZ **c**
Repas *Lunch 20* – carte 28 à 45.
◆ Dans une rue piétonne animée, surplombée par la cathédrale. Intérieur "béton brut et
velours gris taupe", ambiance décontractée, rôtissoire en salle et carte pour
carnivores.
◆ Gemoedelijk restaurant in een levendige voetgangersstraat bij de kathedraal. Interieur
van ruw beton en grijs velours. De gasten kunnen in de eetzaal het vlees zien roosteren.

XX **L'Écailler,** r. Dominicains 26, ℘ 0 4 222 17 49, *info@ecailler.be*, *Fax 0 4 387 63 74*, 🍴,
Produits de la mer – 🍽. ⒶⒺ ⓪ ⓂⓄ 𝘷𝘪𝘴𝘢
EY **n**
Repas *Lunch 35* – carte 34 à 48.
◆ L'enseigne de cette brasserie à dénicher aux abords du "Carré" est explicite : les produits
de la mer sont ici chez eux. Ambiance nostalgique, façon bistrot parisien.
◆ Deze brasserie met zijn nostalgische ambiance in de buurt van de "Carré" heet De Oes-
terverkoper, een voorbode van wat u hier krijgt voorgeschoteld.

XX **aux goûts du jour,** En Bergerue 6, ℘ 0 4 250 08 80, *lautermansbruno@belgacom.net*
– 🍽. ⒶⒺ ⓪ ⓂⓄ 𝘷𝘪𝘴𝘢
EYZ **x**
fermé 15 juil.-août, fin déc., lundi et mardi – **Repas** 29/64, 𝒴.
◆ Cette table du "Carré" est appréciée pour ses recettes innovantes et esthétiques,
recourant à de délicates associations de saveurs. Décor intérieur au goût du jour, lui
aussi.
◆ Dit eigentijdse restaurant in de wijk "Carré" is populair vanwege zijn vernieuwende
gerechten, die tot verrassende smaakcombinaties leiden en een bovendien prachtig uitzien.

X **les petits plats canailles du beurre blanc,** r. Pont 5, ℘ 0 4 221 22 65, *beurr*
e.blanc@belgacom.net, *Fax 0 4 221 22 65* – ⒶⒺ ⓪ ⓂⓄ 𝘷𝘪𝘴𝘢
FY **c**
fermé merc. soir et dim. – **Repas** *Lunch 23* – 30/43 bc, 𝒴.
◆ Deux espaces intimes et contrastés composent ce bon petit restaurant agencé avec
ingéniosité. Belle façade à colombages pieusement conservée dans l'arrière-salle.
◆ Dit lekkere restaurantje, dat ingenieus is ingericht, bestaat uit twee intieme ruimten die
elk hun eigen sfeer hebben. De achterste zaal heeft nog een vakwerkmuur.

X **Il était une fois...,** r. Saint-Jean-en-Isle 3, ℘ 0 4 222 18 54, *philippesi@hotmail.com*,
Fax 0 4 222 18 54 – ⒶⒺ ⓪ ⓂⓄ 𝘷𝘪𝘴𝘢
EZ **f**
fermé prem. sem. Pâques, 2 prem. sem. août, lundi, mardi midi et sam. midi – **Repas**
31/61 bc, 𝒴.
◆ Soigneuse cuisine actuelle servie dans une salle à manger dont les chaudes patines murales présentent un joli dégradé virant de l'ocre rouge au jaune curcuma.
◆ Verzorgde hedendaagse keuken in een eetzaal, waarvan de muren in warme kleuren
variëren van okerrood tot kurkumageel.

X **Enoteca,** r. Casquette 5, ℘ 0 4 222 24 64, *info@enoteca.be*, Cuisine italienne – 🍽.
ⓂⓄ 𝘷𝘪𝘴𝘢
EY **g**
fermé sam. midi et dim. – Repas (menu unique) 19/48 bc 🍴.
◆ Halte sympathique estimée pour ses goûteuses préparations et sa cave privilégiant l'Italie.
Intérieur contemporain avec cuisine à vue. Le lunch : une bonne affaire !
◆ Leuk restaurant dat geliefd is vanwege het lekkere eten en de goede wijnen, die
veelal uit Italië komen. Hedendaags interieur met een open keuken. Het lunchmenu is een
koopje !

X **Le Bistrot d'en face,** r. Goffe 8, ℘ 0 4 223 15 84, *Fax 0 4 223 15 86*, 🍴 – ⒶⒺ
ⓂⓄ 𝘷𝘪𝘴𝘢
FY **h**
fermé lundi et sam. midi – Repas carte 30 à 38.
◆ Un adorable bouchon lyonnais "made in Liège" se dissimule derrière cette belle devanture
en bois postée à l'arrière des anciennes halles aux viandes. Chaleur et convivialité.
◆ Deze karakteristieke bistro met een mooie houten voorgevel bevindt zich achter de oude
vleesmarkt. Hier kunt u heerlijk eten in een gezellige ambiance.

X **Le Danieli,** r. Hors-Château 46, ℘ 0 4 223 30 91, *Fax 0 4 223 30 91*, 🍴, Avec cuisine
italienne, ouvert jusqu'à 23 h – 𝘷𝘪𝘴𝘢
FY **b**
Repas (menu unique) 22.
◆ Près de plusieurs musées, à deux pas des plus hauts lieux de la "Cité ardente", maison
de bouche émergeant de la mêlée des tables italiennes. Le tout-Liège s'y presse.
◆ Danieli is gunstig gelegen bij de voornaamste bezienswaardigheden van de stad en
steekt bovendien met kop en schouders boven het gros van de Italiaanse restaurants
uit.

X **As Ouhès,** pl. du Marché 21, ℘ 0 4 223 32 25, *as.ouhes@skynet.be*, *Fax 0 4 237 03 77*
🍴, Brasserie, ouvert jusqu'à 23 h – ⒶⒺ ⓪ ⓂⓄ 𝘷𝘪𝘴𝘢
EY **e**
Repas carte 22 à 38.
◆ Comprenez "Les Oiseaux". Carte classique et brasserie, assortie de suggestions et plat
du terroir. Une institution liégeoise avoisinant le fier perron, symbole de la ville.
◆ As Ouhès, dat "De Vogels" betekent, is een begrip in Luik en staat vlak bij Le Perron, he
fiere symbool van de stad. Klassieke kaart met dagschotels en streekgerechten.

Guillemins - *plan p. 4 :*

🏨 **Univers** sans rest, r. Guillemins 116, ℰ 0 4 254 55 55, *univers.hotel@skynet.be*, *Fax 0 4 254 55 00* – 🛗 ✻ 📺 🚗. 🖭 ⓪ ⓪ 🚙 CX a
51 ch ☑ 65/78.
* Anxieux de rater votre TGV ? Cet hôtel de chaîne avoisine la gare des Guillemins, dormez donc sur vos deux oreilles ! Chambres insonorisées et bien tenues.
* Voor wie bang is de HST te missen, is dit ketenhotel bij het station de oplossing. Hier kunt u met een gerust hart gaan slapen ! Goed onderhouden kamers met geluidsisolatie.

🍴 **Le Duc d'Anjou**, r. Guillemins 127, ℰ 0 4 252 28 58, Moules en saison, ouvert jusqu'à 23 h 30 – 🗐. 🖭 ⓪ ⓪ 🚙 CX n
Repas 22/34.
* Une carte aussi variée qu'étendue, incluant des plats belges et un intéressant menu-choix, draine ici clients de passage et habitués de longue date. Moules à gogo en saison.
* Uitgebreide en gevarieerde kaart met Belgische specialiteiten en een interessant keuzemenu. Volop mosselen in het seizoen. Veel stamgasten.

🍴 **Frédéric Maquin** r. Guillemins 47, ℰ 0 4 253 41 84, Fax 0 4 253 41 84 – ⓪ 🚙 CX z
fermé 3 sem. en août, 3 sem. en janv., lundi soir, mardi et sam. midi – **Repas** *Lunch* 15 – 22/50 bc.
* Ce petit restaurant implanté à 200 m de la gare des Guillemins est apprécié pour son menu-carte à prix muselé et son décor intérieur moderne. Cuisine classique-actuelle.
* Dit restaurantje op 200 m van het station is in trek vanwege de zeer redelijk geprijsde gerechten van de kaart en het menu. Modern interieur en klassiek-eigentijdse keuken.

Rive droite (Outremeuse - Palais des Congrès) - *plans p. 4 et 5 sauf indication spéciale :*

🏨 **Holiday Inn** sans rest, Esplanade de l'Europe 2, ✉ 4020, ℰ 0 4 349 20 00, *hiliege@ alliance-hospitality.com*, Fax 0 4 343 48 10, ≼, 🏋, 🚭, 🔲 – 🛗 ✻ 🖺 📺 🕭 🚗 🅿 – 🔬 40 à 70. 🖭 ⓪ ⓪ 🚙 DX a
fermé fin juil.-début août – **214 ch** ☑ 193/208, – 5 suites.
* Hôtel des bords de Meuse dominant le palais des congrès et un grand parc public où se tient le musée d'Art moderne. Confort actuel dans les chambres. Clientèle d'affaires.
* Dit hotel aan de Maas torent boven het congrescentrum en een groot park uit, waar het Museum van Moderne Kunst te vinden is. Modern comfort in de kamers. Zakelijke clientèle.

🏨 **Passerelle** sans rest, chaussée des Prés 24, ✉ 4020, ℰ 0 4 341 20 20, Fax 0 4 344 36 43 – 🛗 📺 🚗. 🖭 ⓪ ⓪ 🚙 FZ z
☑ 8 – **15 ch** 60/70.
* Pas loin de la passerelle, hôtel sans chichi occupant une maison de coin du quartier St-Pholien en Outremeuse. Chambres bien tenues ; buffet soigné au petit-déjeuner.
* Pretentieloos hotel op een hoek in de wijk St.-Pholien in Outremeuse, bij de voetgangersbrug waaraan het zijn naam ontleent. Goed onderhouden kamers en verzorgd ontbijtbuffet.

🍴🍴 **Michel Germeau**, r. Vennes 151, ✉ 4020, ℰ 0 4 343 72 42, *michelgermeau@hotm ail.com*, Fax 0 4 344 03 86, 🌳 – 🖭 ⓪ ⓪ 🚙 DX b
fermé 1 sem. fév., fin août-début sept., prem. sem. déc., dim. soir et lundi – **Repas** 25/82 bc, ⓧ.
* Cette maison bourgeoise du faubourg de Fétinne abrita le consulat de Suède. Une fresque angélique anime le haut plafond mouluré de la salle à manger. Fine cuisine française.
* In dit herenhuis in de buitenwijk Fétinne zetelde vroeger het Zweedse consulaat. Een fresco met engelen siert het hoge plafond van de eetzaal. Fijne Franse keuken.

🍴🍴 **Les Cyclades**, r. Ourthe 4, ✉ 4020, ℰ 0 4 342 25 86 – 🗐. 🖭 ⓪ ⓪ 🚙. ✻FZ d
fermé mi-août-début sept., merc. et jeudi – **Repas** *Lunch* 22 – 29/49 bc.
* Restaurant classiquement agencé, proche du musée Tchantchès (personnage folklorique) et de la petite rue Roture, très animée en soirée le week-end. Cuisine bourgeoise.
* Klassiek restaurant bij het Musée Tchantchès (een folkloristische figuur) en de kleine Rue Roture, die in het weekend een echte uitgaansstraat is. Traditionele keuken.

Périphérie - *plans p. 2 et 3 :*

à Angleur 🄲 Liège – ✉ 4031 Angleur :

🏨 **Le Val d'Ourthe** sans rest, rte de Tilff 412, ℰ 0 4 365 91 71, Fax 0 4 365 62 89 – ✻ 🖺 📺 🚗 🅿. ⓪ ⓪ 🚙 BV h
☑ 9 – **12 ch** 82/95.
* Perché dans la verdure près d'une sortie d'autoroute, ce petit hôtel correctement tenu domine la vallée de l'Ourthe entre Angleur et Tilff. Grandes chambres actuelles.
* Dit kleine, goed onderhouden hotel ligt tussen het groen, niet ver van de snelweg, hoog in het Ourthedal tussen Angleur en Tilff. Grote moderne kamers.

à Chênée [C] Liège – ⌖ 4032 Chênée :

XX **Le Gourmet,** r. Large 91, ℰ 0 4 365 87 97, info@ legourmet.be, Fax 0 4 365 38 12, 🏠
– 🔲 🄿. 🖭 ⓞ 🕮 𝘝𝘐𝘚𝘈   BU r
fermé du 4 au 29 juil., du 3 au 19 janv., lundi, mardi et merc. – **Repas** Lunch 25 – 30/64 bc.
  ◆ Confortable restaurant dont la devanture se signale par une marquise. Cuisine
  d'aujourd'hui servie dans une belle véranda moderne agrémentée de plantes vertes.
  ◆ Comfortabel restaurant dat al in de verte te herkennen is aan de markies. De eigentijdse
  gerechten worden opgediend in een mooie moderne serre met planten.

X **Le Vieux Chênée,** r. Gravier 45, ℰ 0 4 367 00 92, Fax 0 4 367 59 15, Moules en saison
– 🖭 ⓞ 🕮 𝘝𝘐𝘚𝘈   BU e
fermé jeudis non fériés – **Repas** Lunch 15 – 26/45 bc.
  ◆ Maison ancienne au cadre bourgeois où défile une clientèle d'affaires fidèle et d'habitués.
  Cuisine classique-actuelle, vivier à homards et moules en saison.
  ◆ Oud huis met een traditioneel interieur, waar voornamelijk zakenmensen en vaste gasten
  komen. Klassiek-moderne keuken met verse kreeft en mosselen in het seizoen.

à Jupille-sur-Meuse [C] Liège – ⌖ 4020 Jupille-sur-Meuse :

XX **Donati,** r. Bois de Breux 264, ℰ 0 4 365 03 49, Fax 0 4 365 03 49, Cuisine italienne –
🄿. ⓞ 🕮 𝘝𝘐𝘚𝘈 �â   BU s
fermé du 1er au 23 août, sam. midi, dim. et lundi – **Repas** Lunch 22 – carte 24 à 37 🐟.
  ◆ Sa carte italienne ambitieuse et son large choix de vins transalpins font de cette maison
  juchée sur les coteaux de Jupille une petite adresse hautement recommandable.
  ◆ Dankzij de ambitieuze Italiaanse kaart en zijn keur van bijpassende wijnen is dit restaurant
  op een van de heuvels van Jupille absoluut een aanrader.

à Rocourt [C] Liège – ⌖ 4000 Rocourt :

X **La Petite Table** (Gillard), pl. Reine Astrid 3, ℰ 0 4 239 19 00, lapetitetable@ skynet.be,
🕸 Fax 0 4 239 19 77 – 🕮 𝘝𝘐𝘚𝘈   AT b
fermé du 4 au 10 avril, du 1er au 19 août, 27 déc.-10 janv., lundi, mardi et sam. midi –
Repas (nombre de couverts limité - prévenir) Lunch 30 – 50/75 bc, carte 47 à 86
Spéc. Emincé de Saint-Jacques sur un lit de couscous de chou-fleur. Ravioles de Saint-
Jacques au salpicon de homard. Croustillant d'agneau, gratin dauphinois aux poireaux.
  ◆ Près d'une artère passante, petit restaurant discret jouant tranquillement dans la cour
  des grands. Fourneaux à vue, fine cuisine au goût du jour, tables hélas assez serrées.
  ◆ Huiselijk restaurantje aan een drukke straat, dat zich ondanks zijn kleine formaat met
  de groten kan meten. Open keuken met een eigentijds culinair repertoire.

X **Le Bouddha Gourmand,** chaussée de Tongres 366, ℰ 0 4 384 39 31,
Fax 0 4 247 47 67, 🏠, Cuisine asiatique – 🖭 🕮 𝘝𝘐𝘚𝘈. �â   AT x
Repas 25/40.
  ◆ Table asiatique peu conventionnelle jouxtant l'autoroute et un centre commercial. Carte
  aux influences multiples, cadre moderne épuré et petite terrasse cachée sur l'arrière.
  ◆ Onconventioneel Aziatisch restaurant bij de snelweg en een winkelcentrum. Kaart met
  verschillende culinaire invloeden. Modern en gestileerd interieur. Klein terras achter.

Environs

à Ans - plan p. 2 – 27 443 h – ⌖ 4430 Ans :

XX **Le Marguerite,** r. Walthère Jamar 171, ℰ 0 4 226 43 46, Fax 0 4 226 38 35, 🏠 – 🖭
ⓞ 🕮 𝘝𝘐𝘚𝘈   AU c
fermé fin juil.-début août, sam. midi, dim. et lundi soir – **Repas** Lunch 28 – 35/62 bc, 🍷.
  ◆ Estimable restaurant officiant sous la même enseigne florale depuis trente ans. Cuisine
  actuelle de saison, très naturelle. Décor intérieur bien en phase avec l'époque.
  ◆ Dit 30 jaar oude restaurant ziet eruit als een jonge blom ! Seizoengebonden eigentijdse
  keuken op basis van natuurlijke producten. Het interieur is typisch jaren zeventig.

XX **La Fontaine de Jade,** r. Yser 321, ℰ 0 4 246 49 72, Fax 0 4 263 69 53, Cuisine chinoise, ouvert jusqu'à 23 h – 🔲. 🕮   AT a
fermé mi-juil.-mi-août et mardi – **Repas** Lunch 13 – 22/51 bc, 🍷 🐟.
  ◆ Les restaurants chinois abondent le long de cet axe très emprunté. Celui-ci se distingue
  par son cadre exotique cossu, par l'ampleur de sa carte et par la qualité de sa cave.
  ◆ Het wemelt van de Chinese restaurants aan deze drukke weg. De "Fontein van Jade"
  springt eruit vanwege zijn weelderige interieur, uitgebreide menukaart en goede wijnen

à Barchon par ② : 13,5 km [C] Blégny 12 662 h. – ⌖ 4671 Barchon :

XX **La Pignata,** rte de Légipont 20 (A 3-E 40, sortie ㊱), ℰ 0 4 362 31 45, info@ lapigna
ta.be, Fax 0 4 387 56 79, 🏠, Avec cuisine italienne – 🄑 25. 🖭 ⓞ 🕮 𝘝𝘐𝘚𝘈
fermé lundi, merc. soir et sam. midi – **Repas** Lunch 28 – 33/65 bc.
  ◆ Cuisine méditerranéenne servie dans une sémillante salle à manger moderne à touche:
  rustiques ou sur la belle terrasse tournée vers le jardin et les prés. Cave transalpine.
  ◆ In de mooie moderne eetzaal met rustieke accenten of op het prettige terras met uitzich
  op de tuin en weilanden, kunt u genieten van de mediterrane keuken. Italiaanse wijnen.

BELGIQUE

à Embourg - plan p. 3 ⓒ Chaudfontaine 20 835 h. – ⊠ 4038 Embourg :

XX **Robertissimo,** (Ferme des Croisiers), voie de l'Ardenne 58, ☎ 0 4 365 72 12, Fax 0 4 365 74 77, 🏤, Cuisine italienne – 🗏 **P.** 🖭 ⓂⓈ 𝖵𝖨𝖲𝖠   BV **b**
fermé 24 déc. – **Repas** Lunch 21 – carte 30 à 39, ♀.
• L'une des valeurs sûres d'Embourg quand il s'agit de passer à table. Fringant intérieur contemporain et cuisine au goût du jour d'inspiration transalpine. "Correctissimo" !
• Dit is een zeer betrouwbaar restaurant. Aantrekkelijk eigentijds interieur en Italiaans georiënteerde trendy keuken. Correctissimo !

à Flémalle par ⑦ : 16 km – 25 362 h – ⊠ 4400 Flémalle :

XXX **la Ciboulette,** chaussée de Chokier 96, ☎ 0 4 275 19 65, la-ciboulette@teledisnet.be, Fax 0 4 275 05 81, 🏤 – 🗏. 🖭 ⓂⓈ 𝖵𝖨𝖲𝖠
fermé dern. sem. juil.-prem. sem. août, 1 sem. en janv., sam. midi, dim. soir, lundi et merc. soir – **Repas** Lunch 30 – 49/103 bc 🍷.
• Un bel ensemble de maisons mosanes abrite cette table classique-actuelle au cadre soigné. Carte de saison aussi engageante que celle des vins. Patio avec vue sur la terrasse.
• Dit mooie restaurant is ondergebracht in een aantal huizen in de stijl van het Maasland. Klassiek-moderne, seizoengebonden keuken en aanlokkelijke wijnkaart. Patio en terras.

XX **Le Gourmet Gourmand,** Grand-Route 411, ☎ 0 4 233 07 56, Fax 0 4 233 19 21, 🏤 – 🗏. 🖭 ① ⓂⓈ 𝖵𝖨𝖲𝖠
fermé 21 juil.-10 août, lundi et sam. midi – **Repas** (déjeuner seult sauf vend. et sam.) Lunch 30 – 40/60 bc.
• Petit établissement d'un genre assez classique mitonnant une cuisine de saison, à la fois régionale et au goût du jour. Cave privilégiant le Sud-Ouest de la France.
• Klein etablissement uit het klassieke genre. De keuken is zowel regionaal als eigentijds en houdt rekening met de seizoenen.

XX **Jacques Koulic,** chaussée de Chockier 82, ☎ 0 4 275 53 15, jacques.koulic@cybern et.be, 🏤 – **P.** 🖭 ① ⓂⓈ 𝖵𝖨𝖲𝖠
fermé du 1er au 15 sept., mardi et merc. – **Repas** Lunch 34 – 65/95 bc.
• Demeure ancienne des bords de Meuse. Cuisine sagement actualisée dans un accueillant intérieur rustique. Cave variée et vins au verre. Jardin clos et terrasse.
• Oud pand aan de oever van de Maas. Vrij moderne keuken in een aangenaam rustiek interieur. Gevarieerde wijnen die ook per glas kunnen worden besteld. Ommuurde tuin en terras.

à Herstal - plan p. 3 – 36 466 h – ⊠ 4040 Herstal :

XX **La Bergamote,** bd Ernest Solvay 72 (lieu-dit Coronmeuse), ☎ 0 4 342 29 47, berga mote@sky.be, Fax 0 4 248 17 61, 🏤 – ⓂⓈ 𝖵𝖨𝖲𝖠   BT **a**
fermé 28 janv.-7 fév., 1 sem. Pâques, 2 dern. sem. juil., dim., lundi et jours fériés – **Repas** Lunch 29 – 41/75 bc.
• Estimable restaurant aménagé dans un ancien bureau de poste. Ambiance "bistrot contemporain" et terrasse mignonne sur l'arrière. Bons menus en phase avec l'époque.
• Respectabel restaurant in een oud postkantoor. Eigentijdse bistrosfeer en terras aan de achterkant. De mooie menu's zijn helemaal van deze tijd.

à Ivoz-Ramet par ⑦ : 16 km ⓒ Flémalle 25 362 h. – ⊠ 4400 Ivoz-Ramet :

X **Chez Cha-Cha,** pl. François Gérard 10, ☎ 0 4 337 18 43, Fax 0 4 385 07 59, 🏤, Avec grillades – **P.** 🖭 ① ⓂⓈ 𝖵𝖨𝖲𝖠 ✦
fermé du 15 au 30 août, du 15 au 30 janv., sam. midi, dim., lundi soir et mardi soir – **Repas** carte 30 à 39.
• Le tout-Liège et sa région défilent dans cette maison à l'ambiance animée, connue pour ses savoureuses grillades au feu de bois. Jolie terrasse évoquant un lavoir français.
• De inwoners van Luik en omstreken komen massaal af op dit gezellige restaurant, dat bekendstaat om zijn op houtskool gebraden vlees. Mooi terras.

à Liers par ⑫ : 8 km ⓒ Herstal 36 466 h. – ⊠ 4042 Liers :

X **La Bartavelle,** r. Provinciale 138, ☎ 0 4 278 51 55, info@labartavelle.be, Fax 0 4 278 51 57, 🏤 – **P.** – 🔏 25 à 60. 🖭 ① ⓂⓈ 𝖵𝖨𝖲𝖠
fermé carnaval, du 15 au 31 juil., sam. midi et dim. – **Repas** (déjeuner seult sauf week-end) 30/50 bc, ♀ 🍷.
• Ambiance méridionale, savoureuse cuisine inspirée par la Provence, bonne cave ratissant le Sud de l'Hexagone, expo d'art contemporain et agréable terrasse côté jardin.
• Mediterrane sfeer, heerlijke Provençaalse keuken, goede Zuid-Franse wijnen, tentoon-stellingen van moderne kunst en een tuin met aangenaam terras.

BELGIQUE

à Neuville-en-Condroz par ⑥ : 18 km 🄲 Neupré 9 762 h. – ✉ 4121 Neuville-en-Condroz :

XXXX **Le Chêne Madame** (Mme Tilkin), av. de la Chevauchée 70 (Sud-Est : 2 km sur N 62, dans
🕸 le bois de Rognac), ℘ 0 4 371 41 27, Fax 0 4 371 29 43, 🎴 – 🅿. 🄰🄴 ⓪ ⓿ⓞ 𝗩𝗜𝗦𝗔
fermé août, dim. soir, lundi et jeudi soir – **Repas** Lunch 35 – 50/105 bc, carte 66 à 88 🐖
Spéc. Homard canadien au lillet et poivre rose. Ravioles de céleri au foie gras et truffes.
Suprême de pintade en crêpe croquante, sauce curry.
◆ Un haut lieu de la gastronomie liégeoise que ce relais de campagne élégant dans un parc
boisé. Beau choix classique de saison orienté "produits nobles". Cave de prestige.
◆ Dit restaurant behoort tot de crème de la crème van de Luikse gastronomie. Keur van
klassieke seizoengebonden gerechten op basis van "edele producten". Prestigieuze wijnen.

à Seraing - plan p. 2 – 60 718 h. – ✉ 4100 Seraing :

XX **Le Moulin à Poivre**, r. Plainevaux 30, ℘ 0 4 336 06 13, Fax 0 4 336 07 52, 🎴 – 🅿.
🄰🄴 ⓪ ⓿ⓞ 𝗩𝗜𝗦𝗔. ✆ AV t
fermé dern. sem. août-prem. sem. sept., dim. soir, lundi et mardi – **Repas** Lunch 25 –
33/65 bc, 🍷.
◆ Restaurant jouxtant un petit parc sur les hauteurs de Seraing. Goûteuse cuisine classique
actualisée servie dans un décor intérieur stylé, à la fois baroque et romantique.
◆ Dit restaurant grenst aan een parkje op de heuvels van Seraing. Smakelijke
klassieke keuken in een vrij gestileerd modern interieur, dat zowel barok als romantisch
aandoet.

XX **La Table d'Hôte**, quai Sadoine 7, ℘ 0 4 337 00 66, info@ tabledhote.be, Fax 0 4 336
98 27, 🎴 – 🄰🄴 ⓪ ⓿ⓞ 𝗩𝗜𝗦𝗔 AU f
fermé juin, 23 déc.-3 janv., sam. midi, dim. soir et lundi – **Repas** Lunch 29 – 32/72 bc, 🍷.
◆ Sur un quai au trafic dense, maison de maître 1900 où l'on fait des repas d'un classicisme
de bon aloi, à l'image du décor intérieur. Terrasse-jardin où bruisse une fontaine.
◆ Klassiek ingericht herenhuis uit 1900, aan een drukke kade. Hier kunt u terecht voor een
klassieke maaltijd van goede kwaliteit. Tuin met terras en fonteintje.

à Tilleur - plan p. 2 🄲 St-Nicolas 22 694 h. – ✉ 4420 Tilleur :

X **Chez Massimo**, quai du Halage 78, ℘ 0 4 233 69 27, Fax 0 4 234 00 31, 🎴, Cuisine
🍽 italienne – 🕭 40. ⓿ⓞ 𝗩𝗜𝗦𝗔 AU a
fermé fin déc.-début janv., sam. midi, dim. soir et lundi – **Repas** (menu unique) 28/40.
◆ Cette étape gourmande des quais de Meuse est connue depuis belle lurette pour son
registre italien associant spécialités régionales et préparations plus conventionnelles.
◆ Dit adresje aan de Maas staat al jaren bekend om zijn Italiaanse kookkunst, waarbij
regionale specialiteiten en meer klassieke gerechten goed met elkaar worden gecombineerd.

LIER (LIERRE) 2500 Antwerpen 🖫🖫🖫 M 16 et 🖫🖫🖫 G 2 – 32 720 h.

Voir Église St-Gommaire★★ (St-Gummaruskerk) : jubé★★, verrière★ Z – Béguinage★ (Begijnhof) Z – Horloge astronomique★ de la tour Zimmer (Zimmertoren) Z **A.**

🏌🏌 au Nord : 10 km à Broechem, Kasteel Bossenstein, Moor 16 ℘ 0 3 485 64 46, Fax
0 3 425 78 41.

🇧 Stadhuis, Grote Markt 57 ℘ 0 3 800 05 55, toerisme@lier.be, Fax 0 3 488 12 76.
Bruxelles 45 ④ – Antwerpen 22 ⑤ – Mechelen 15 ④

Plan page ci-contre

XX **De Werf**, Werf 17, ℘ 0 3 480 71 90, Fax 0 3 488 74 73 – 🄰🄴 ⓿ⓞ 𝗩𝗜𝗦𝗔. ✆ Z e
fermé 15 juil.-14 août, dim. et lundi – **Repas** Lunch 30 – 50/82 bc.
◆ Petite table familiale au cadre moderne, derrière une pimpante façade voisine de la tour
Zimmer (horloge astronomique). Recettes classiques actualisées.
◆ Familierestaurantje met een mooie gevel en een modern interieur naast de Zimmertoren
met zijn astronomische klok. Klassieke recepten die naar de huidige tijd zijn vertaald.

XX **Numerus Clausus**, Keldermansstraat 2, ℘ 0 3 480 51 62, info@ numerusclausus.be,
🍽 Fax 0 3 480 51 62, 🎴 – 🄰🄴 𝗩𝗜𝗦𝗔. ✆ Z c
fermé 1 sem. en juin, 2 sem. en sept., sam. midi, dim. et lundi – **Repas** Lunch 28 – 30, 🍷.
◆ Adresse sympathique dont le décor, sobre mais assez mode, se rapproche du style
"Marie-Claire". Cuisine traditionnelle de saison. Menus courtisés. Intime petite terrasse.
◆ Leuk restaurant met een sobere en vrij modieuze inrichting in "Marie-Clairestijl". Tra
ditionele seizoengebonden kaart met een bijzonder populair menu. Intiem terrasje.

XX **Cuistot**, Antwerpsestraat 146, ℘ 0 3 488 46 56, info@ restaurantcuistot.be
Fax 0 3 488 46 56, 🎴 – 🄰🄴 ⓿ⓞ 𝗩𝗜𝗦𝗔 Y ■
fermé mardi et merc. – **Repas** (dîner seult sauf dim.) carte 40 à 56, 🍷.
◆ Salle à manger d'esprit contemporain, carte de préparations vivant, elle aussi, avec son
temps, menus bien conçus, vins de France à bon prix et ambiance décontractée.
◆ Dit restaurant is zowel qua inrichting als eten up-to-date. Ontspannen ambiance
evenwichtig samengestelde menu's en Franse wijnen voor een zacht prijsje.

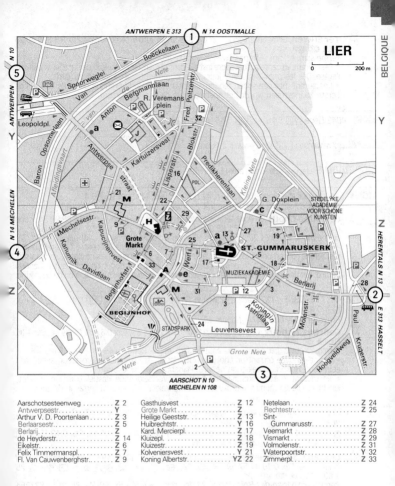

LIER

ANTWERPEN E 313 N 14 OOSTMALLE

BELGIQUE

 't Cleyn Paradijs, Heilige Geeststraat 2, ℘ 0 3 480 78 57, karel.smekens@pandora.be, Fax 0 3 480 78 57 – ❿ 🆅🅸🆂🅰. ⬥ — **Repas** Lunch 28 – 36/55 bc.   Z a
fermé mardi, merc. et sam. midi – **Repas** Lunch 28 – 36/55 bc.

♦ Une courte carte au goût du jour, incluant des menus, vous sera soumise dans cette discrète maison du 17ᵉ s. Juste en face, la St.-Gummaruskerk mérite aussi la visite.

♦ Klein paradijsje in een bescheiden 17e-eeuws pand tegenover de St.-Gummaruskerk, die beslist een bezoekje waard is. De vrij beperkte kaart wordt aangevuld met menu's.

à Broechem Nord : 10 km Ⓒ Ranst 17 602 h. – ⬜ 2520 Broechem :

🏨 **Bossenstein,** Moor 16 (Nord : 2 km, direction Oelegem), ℘ 0 3 485 64 46, Fax 0 3 485 78 41, 🍽, 🌳 – 📺 🄿 – 🔬 35. 🄰🄴 ① ❿ 🆅🅸🆂🅰. ⬥
fermé 23 déc.-fin janv. – **Repas** (*fermé lundi*) Lunch 27 – 34 – **16 ch** ⬜ 100/135 – ½ P 150.

♦ Face à un parc avec golf entourant un château médiéval, établissement dont les chambres, bien conçues, sont aussi amples que confortables. Accueil et service avenants. Cuisine de notre temps servie dans le cadre agréable du "club house" du golf.

♦ Dit hotel ligt tegenover een middeleeuws kasteel in een park met golfbaan. De kamers zijn goed ontworpen en zowel ruim als comfortabel. Vriendelijke ontvangst en service. In het club house van de golf worden eigentijdse gerechten geserveerd.

XX **Ter Euwen,** Gemeenteplein 20, ✆ 0 3 225 58 25, *info@tereuwen.be, Fax 0 3 225 58 25* – AE MC VISA. ✂
fermé sam. et dim. – **Repas** *Lunch 22* – carte 46 à 65.
◆ Restaurant au cadre actuel sobre installé dans une ancienne maison de notable avoisinant l'église. Dès les premiers beaux jours, possibilité de prendre l'apéritif au jardin.
◆ Restaurant met een sober, modern interieur in een oud herenhuis naast de kerk. Bij de eerste zonnestralen wordt het aperitief al in de tuin geserveerd.

LIERS *4042 Liège* 533 *S 18 et* 534 *S 18 – voir à Liège, environs.*

LIEZELE *Antwerpen* 533 *K 16 – voir à Puurs.*

LIGNEUVILLE *Liège – voir Bellevaux-Ligneuville.*

LIGNY *5140 Namur* C *Sombreffe 7 390 h.* 533 *M 19;* 534 *M 19 et* 716 *G 4.*
Bruxelles 57 – Namur 25 – Charleroi 22 – Mons 51.

X **Le Coupe-Choux,** r. Pont Piraux 23 (centre Général Gérard), ✆ 0 71 88 90 51, *coupe-choux@skynet.be, Fax 0 71 88 90 51,* 🌳 – P – 🏛 25 à 140. AE ⓓ MC VISA
fermé merc. et après 20 h 30 – **Repas** (déjeuner seult sauf week-end) *Lunch 20* – 31/38.
◆ Au coeur du village, dans une grange rénovée dépendant du centre Général Gérard, restaurant contemporain connu localement pour sa savoureuse cuisine classique de saison.
◆ Eigentijds restaurant in een gerenoveerde schuur die hoort bij het Centre Général Gérard, hartje Ligny. Klassieke, seizoengebonden keuken die zeer in trek is bij de bevolking.

LILLOIS-WITTERZÉE *1428 Brabant Wallon* C *Braine-l'Alleud 36 311 h.* 533 *L 19,* 534 *L 19 et* 716 *G 4.*
Bruxelles 30 – Mons 47 – Namur 43.

XX **Georges Tichoux,** Grand'Route 491, ✆ 0 67 21 65 33, *Fax 0 67 49 08 79,* ≤, 🌳 – P. AE ⓓ MC VISA
fermé 2e quinz. juil.-prem. sem. août et sam. midi – **Repas** *Lunch 15* – 36/68 bc.
◆ Ferme rénovée offrant un choix de plats classico-traditionnels prometteur, avec lunch et menus. Honorable sélection de vins. Plaisante terrasse estivale.
◆ Restaurant in een gerenoveerde boerderij. Veelbelovende klassiek-traditionele kaart, lunchformule en menu's. Indrukwekkende wijnkelder. Aangenaam terras in de zomer.

LIMELETTE *1342 Brabant Wallon* C *Ottignies-Louvain-la-Neuve 28 786 h.* 533 *M 18,* 534 *M 18 et* 716 *G 3.*
⛳18 *à l'Est : 1 km à Louvain-la-Neuve, r. A. Hardy 68* ✆ *0 10 45 05 15, Fax 0 10 45 44 17.*
Bruxelles 29 – Namur 40 – Charleroi 41.

Château de Limelette 🐌, r. Ch. Dubois 87, ✆ 0 10 42 19 99, *info@chateau-de-limelette.be, Fax 0 10 41 57 59,* 🌳, ⓦ, 🏋, ≘s, 🏊, 🌿, 🎾, 🚲 – |♦| ▤ TV P – 🏛 25 à 600. AE ⓓ MC VISA. ✂
Repas ***Saint-Jean-des-Bois*** *(fermé 24 déc. soir) Lunch 25* – 55/60, ♀ – **88 ch** ☕ 87/264 – ½ P 111/177.
◆ Élégant manoir anglo-normand ressuscité dans les années 1980. Chambres de bon ton, installations pour séminaires, centre de remise en forme, terrasses, jardins et cascades. Salle de restaurant en rotonde agrandie d'une terrasse couverte. Carte classique.
◆ Kasteeltje in Anglo-Normandische stijl, dat in de jaren 1980 in zijn oorspronkelijke luister is hersteld. Smaakvolle kamers, faciliteiten voor congressen, fitnessruimte, terrassen, tuinen en watervallen. Ronde eetzaal met een overdekt terras. Klassieke kaart.

LISOGNE *Namur* 533 *O 21,* 534 *O 21 et* 716 *H 5 – voir à Dinant.*

LISSEWEGE *8380 West-Vlaanderen* C *Brugge 116 680 h.* 533 *E 15 et* 716 *C 2.*
Voir *Grange abbatiale★ de l'ancienne abbaye de Ter Doest.*
Bruxelles 107 – Brugge 11 – Knokke-Heist 12.

XXX **De Goedendag,** Lisseweegsvaartje 2, ✆ 0 50 54 53 35, *luc.goedendag@yucom.be, Fax 0 50 54 57 68* – ▤ P. AE ⓓ MC VISA
fermé du 13 au 24 mars, mardi soir et merc. – **Repas** *Lunch 24* – 46/67 bc, ♀.
◆ Décor rustique soigné pour la salle à manger de cette jolie auberge-relais. Côté fourneaux, on fait montre d'un certain classicisme. Menus et suggestions. Vins choisis.
◆ Deze mooie herberg heeft een verzorgd interieur in rustieke stijl. De keuken geeft blijk van een zeker classicisme. Menu's en dagsuggesties. Uitgelezen wijnen.

✕ **Hof Ter Doest,** Ter Doeststraat 4 (Sud : 2 km, à l'ancienne abbaye), ✆ 0 50 54 40 82, info@terdoest.be, Fax 0 50 54 40 82, ≤, 🍽, Grillades – **P** – 🏛 25 à 60. ⏃ ⏺ ⏺ 𝖵𝖨𝖲𝖠, 𝒴.
Repas carte 22 à 55, 𝒴.
 ◆ Une ferme monastique à tourelle (16ᵉ s.), flanquée d'une belle grange dîmière du 13ᵉ s., sert d'écrin à cette table champêtre. Grillades et salle. Cave de doyen de chapitre.
 ◆ Een kloosterboerderij met een 16e-eeuws torentje en een tiendschuur uit de 13e eeuw vormt de fraaie setting van dit landelijke restaurant. Grillspecialiteiten en goede wijnen.

LIVES-SUR-MEUSE Namur 𝟧𝟥𝟥 O 20 et 𝟧𝟥𝟦 O 20 – voir à Namur.

LO 8647 West-Vlaanderen © Lo-Reninge 3 322 h. 𝟧𝟥𝟥 B 17 et 𝟕𝟣𝟨 B 3.
Bruxelles 142 – Brugge 66 – Kortrijk 51 – Veurne 13.

✕ **De Hooipiete,** Fintele 7, ✆ 0 58 28 89 09, Fax 0 58 28 99 85, Taverne-rest, anguilles, ⬆ – **P.** 𝖵𝖨𝖲𝖠
fermé 2 sem. en sept., 2 sem. en janv., mardi et merc. – **Repas** carte 27 à 43.
 ◆ La carte de cette taverne-restaurant alanguie dans un paysage agreste, entre le canal et l'Yser, est axée "produits de la mer". Spécialités d'anguilles en saison.
 ◆ Dit café-restaurant ligt in een landelijke omgeving tussen het kanaal en de IJzer. Wie van vis houdt, is hier aan het goede adres. Palingspecialiteiten in het seizoen.

LOBBES 6540 Hainaut 𝟧𝟥𝟥 K 20, 𝟧𝟥𝟦 K 20 et 𝟕𝟣𝟨 F 4 – 5 468 h.
Env. au Nord-Ouest : 3 km à Thuin : site★.
Bruxelles 60 – Mons 29 – Charleroi 22 – Maubeuge 35.

🏨 **Le Relais de la Haute Sambre,** r. Fontaine Pépin 12 (au site Avigroup), ✆ 0 71 59 79 69, rhs@skynet.be, Fax 0 71 59 79 83, 🍽, 🌳 – ▤ rest, 📺 **P** – 🏛 25 à 40. ⏃ ⏺ ⏺ 𝖵𝖨𝖲𝖠. ✀ ch
fermé janv.-14 fév. – **Repas** Lunch 17 – carte 22 à 46 – **15 ch** ⊐ 77 – ½ P 85/97.
 ◆ Sur un domaine touristique offrant divers loisirs, petit hôtel dont les chambres, au confort convenable, promettent des nuits sans histoire. Environnement verdoyant. Restaurant avec vue sur un manège et un étang. Cuisine traditionnelle ; ambiance détendue.
 ◆ Dit kleine hotel bevindt zich op een recreatieterrein met diverse activiteiten voor toeristen. De kamers zijn rustig en redelijk comfortabel. Eetzaal met uitzicht op een manege en een meertje. Traditionele keuken en ontspannen ambiance.

LOCHRISTI Oost-Vlaanderen 𝟧𝟥𝟥 I 16 et 𝟕𝟣𝟨 E 2 – voir à Gent, environs.

LOKEREN 9160 Oost-Vlaanderen 𝟧𝟥𝟥 J 16 et 𝟕𝟣𝟨 E 2 – 37 120 h.
🛈 Markt 2 ✆ 0 9 340 94 74, toeristischedienst@lokeren.be, Fax 0 9 340 94 77.
Bruxelles 41 – Gent 28 – Aalst 25 – Antwerpen 38.

🏨 **La Barakka,** Kerkplein 1, ✆ 0 9 340 56 86, info@labarakka.com, Fax 0 9 340 56 80, 🍽
– ▤ rest, 📺 ⏺ 𝖵𝖨𝖲𝖠. ✀ ch
Repas (fermé jeudi) (taverne-rest) Lunch 10 – 21/45 bc – ⊐ 6 – **13 ch** 56/70.
 ◆ À l'ombre du clocher de la Kerkplein, hostellerie familiale engageante, dont les chambres, munies du double vitrage, offrent un confort tout à fait convenable. Alternative brasserie ou restaurant.
 ◆ Dit vriendelijke familiehotel staat aan de voet van de klokkentoren op het Kerkplein. De kamers zijn voorzien van dubbele ramen en bieden een heel redelijk comfort. Voor het eten hebben de gasten de keuze uit de brasserie of het restaurant.

✕✕✕ **'t Vier Emmershof,** Krommestraat 1 (par Karrestraat 3 km), ✆ 0 9 348 63 98, info @vieremmershof.be, Fax 0 9 348 00 02, 🍽 – ▤ **P.** ⏃ ⏺ ⏺ 𝖵𝖨𝖲𝖠
fermé 2 sem. en sept., sam. midi, dim. soir, lundi et mardi – **Repas** Lunch 30 – 50/83 bc.
 ◆ À quelques minutes du centre-ville, dans un quartier résidentiel verdoyant, villa moderne qu'agrémente une terrasse sur jardin. Cuisine classique sobrement actualisée.
 ◆ Moderne villa in een woonwijk met veel groen, op een paar minuten van het centrum. Fijn terras aan de tuinzijde. Klassieke gerechten met een eigentijds tintje.

✕ **Vienna,** Stationsplein 6, ✆ 0 9 349 03 02, Fax 0 9 349 30 28, 🍽, Brasserie – ⏺ 𝖵𝖨𝖲𝖠. ✀
fermé lundi et mardi – **Repas** Lunch 20 – 30/40, 𝒴.
 ◆ Une agréable brasserie a élu domicile dans cette maison de maître jouxtant la gare. Menus de saison, suggestions et beau choix de desserts, également servis l'après-midi.
 ◆ Aangename brasserie gevestigd in een herenhuis tegenover het station. Seizoengebonden menu's en suggesties. Verrukkelijke desserts die u ook in de namiddag kunt proeven.

LOMMEL 3920 Limburg 👁👁👁 Q 15 et 👁👁👁 I 2 – 31 392 h.

🖪 Dorp 56 ℘ 0 11 54 02 21, info@toerismelommel.be, Fax 0 11 55 22 66.

Bruxelles 93 – Eindhoven 30 – Hasselt 37.

🏦 **die Prince** ॐ sans rest, Mezenstraat 1, ℘ 0 11 54 44 61, Fax 0 11 54 64 12 – 🛗 📺 📞 AE ① 🐠 VISA. ✸

ॼ 4 – **26 ch** 60/78.

♦ Immeuble des années 1970 dont les chambres, assez tranquilles et convenablement équipées, se répartissent sur deux étages. Bar et salons "cosy". Accueil familial gentil.
♦ Hotel in een gebouw uit de jaren 1970. De vrij rustige, goed geëquipeerde kamers zijn over twee verdiepingen verdeeld. Gezellige bar en lounge. Vriendelijk onthaal.

🏦 **Carré**, Dorperheide 31 (Ouest : 3 km sur N 712), ℘ 0 11 54 60 23, hotelcarre@skynet.be, Fax 0 11 55 42 42, 🈂, 🍴 – 🔳 rest, 📺 – 🛎 25 à 120. AE 🐠 VISA. ✸ rest

Repas (fermé lundi et sam. midi) Lunch 25 – carte 24 à 42 – **12 ch** ॼ 52/66.

♦ À 2 mn du centre, petit hôtel familial renfermant une douzaine de chambres rafraîchies, munies chacune d'un grand bureau. Les plus paisibles occupent l'arrière du bâtiment. Un éventail de mets classico-bourgeois vous attend au restaurant. Terrasse d'été.
♦ Klein familiehotel op twee minuten van het centrum, met een twaalftal kamers die zijn opgeknapt en allemaal een groot bureau hebben ; de rustigste liggen aan de achterkant. Het restaurant biedt een keur van klassiek-traditionele gerechten. Terras in de zomer.

🏛 **Lommel Broek**, Kanaalstraat 91 (Sud : 9 km, lieu-dit Kerkhoven), ℘ 0 11 39 10 34, lommelbroek@pandora.be, Fax 0 11 39 10 74, 🚵 – 📺 📞 🐠 VISA

fermé 30 oct.-12 nov. et merc. – **Repas** (taverne-rest) carte 22 à 39 – **7 ch** ॼ 53/70 – ½ P 47/65.

♦ Sept chambres actuelles "king size" dont cinq familiales - avec salon et lit-sofa sup-plémentaire - dans cette construction récente proche du Kattenbos (réserve naturelle).
♦ Hotel in een modern gebouw bij het natuurreservaat het Kattenbos. Zeven kingsize kamers met zithoek en extra bedbank, geschikt voor gezinnen.

🍴🍴🍴 **St Jan**, Koning Leopoldlaan 94, ℘ 0 11 54 10 34, info@restauraant-st-jan.be, Fax 0 11 54 62 22 – 🔳 📞 AE ① 🐠 VISA. ✸

fermé 2e quinz. juil. et dim. et lundis non fériés – **Repas** Lunch 30 – 34/70 bc, ♀.

♦ Cuisine classico-traditionnelle servie dans une confortable salle à manger d'esprit Art nouveau. Mise en place soignée sur les tables. Livre de cave bien fourni.
♦ Comfortabele eetzaal in art-nouveaustijl, waar klassiek-traditionele gerechten worden geserveerd. Verzorgde mise en place en rijk gevulde wijnkelder.

🍴🍴 **den Bonten Oss**, Dorp 33, ℘ 0 11 54 15 97, smakelijk@skynet.be, Fax 0 11 54 47 47 – 📞 AE ① 🐠 VISA

fermé lundi et sam. midi – **Repas** Lunch 26 – 40.

♦ Cet ancien relais de la malle-poste converti en restaurant bourgeois décline un sage registre culinaire oscillant entre classicisme et tradition.
♦ Dit voormalige poststation is tot een geriefelijk restaurant verbouwd. Het culinaire regis-ter schommelt tussen klassiek en traditioneel.

🍴🍴 **Le Soleil**, Luikersteenweg 443 (Kolonie), ℘ 0 11 64 87 83, lesoleil@skynet.be – 📞 AE ① 🐠 VISA. ✸

fermé merc. et jeudi – **Repas** (dîner seult) 33/82 bc, ♀.

♦ Petite villa bichonnée où l'on se sent directement entre de bonnes mains. Accueil cordial, expo d'objets d'art et préparations bien dans le coup, à base de produits choisis.
♦ In deze vriendelijk ogende villa bent u in goede handen. Hartelijke ontvangst, tentoons-telling van kunstvoorwerpen en eigentijdse gerechten met ingrediënten van topkwaliteit.

🍴🍴 **De Tafel van Adrian**, Kerkstraat 3, ℘ 0 11 55 20 65, detafelvanadrian@skynet.be, Fax 0 11 55 20 65, 🈂 – 🔳 – 🛎 25. AE ① 🐠 VISA

fermé du 10 au 24 juin, du 12 au 24 sept., mardi et sam. midi – **Repas** 23/43, ♀.

♦ Une adresse chaleureuse et très sympathique, située à l'angle d'une rue commerçante du coeur de Lommel. Carte classique annonçant plusieurs menus. Mobilier de bistrot.
♦ Heel gezellig restaurant met meubilair in bistrostijl, op de hoek van een winkelstraat in het centrum van Lommel. Klassieke kaart met verscheidene menu's.

LOMPRET Hainaut 👁👁👁 L 22 et 👁👁👁 G 5 – voir à Chimay.

LONDERZEEL 1840 Vlaams-Brabant 👁👁👁 K 16 et 👁👁👁 F 2 – 17 235 h.

Bruxelles 22 – Antwerpen 28 – Gent 60 – Mechelen 20.

🍴🍴 **'t Notenhof**, Meerstraat 113, ℘ 0 52 31 15 00, notenhof@pandora.be, Fax 0 52 31 14 44, 🈂 – 📞 AE ① 🐠 VISA

fermé 28 mars-11 avril, 25 juil.-12 août, mardi, merc. et sam. midi – **Repas** Lunch 20 – 35/52

♦ À l'entrée de la ville, près de la voie ferrée, villa sur jardin proposant une sobre cuisine classique. Accueil et service avenants. Terrasse délicieuse par beau temps.
♦ Villa met tuin bij de ingang van de stad, bij de spoorbaan. Sobere klassieke keuken. Vriendelijke ontvangst en service. Mooi terras voor zomerse dagen.

BELGIQUE

à Malderen *Nord-Ouest : 6 km* Ⓒ *Londerzeel –* ✉ *1840 Malderen :*

XX **'t Vensterke,** Leopold Van Hoeymissenstraat 29, ℰ 0 52 34 57 67, *info@vensterke.be,*
🍽 – 📮, AE ⓪ ⓪ VISA, �
fermé dim. soir, lundi et mardi – **Repas** Lunch 30 – 39/78 bc, ⌀.
* Table engageante et bien dans l'air du temps, La P'tite Fenêtre ('t Vensterke) interprète
en famille un solide répertoire de recettes classiques renouvelé au fil des saisons.
* Uitnodigend restaurant met een hedendaags interieur, waar de hele familie de handen
uit de mouwen steekt. Solide repertoire van klassieke gerechten die wisselen per seizoen.

LOOZ *Limburg – voir Borgloon.*

LOTENHULLE *Oost-Vlaanderen* 533 F 16 *et* 716 D 2 *– voir à Aalter.*

LOUVAIN *Vlaams-Brabant – voir Leuven.*

LOUVAIN-LA-NEUVE *Brabant Wallon* 533 M 18, 534 M 18 *et* 716 G 3 *– voir à Ottignies.*

La LOUVIÈRE 7100 *Hainaut* 533 K 20, 534 K 20 *et* 716 F 4 – 76 840 h.
Env. *à l'Ouest : 6 km à Strépy-Thieu, Canal du Centre : les Ascenseurs hydrauliques*★.
🛈 *r. Bouvy 11* ℰ *0 64 26 15 00, Fax 0 64 21 51 25.*
Bruxelles 52 – Mons 28 – Binche 10 – Charleroi 26.

🏨 **Tristar** sans rest, pl. Maugretout 5, ℰ 0 64 23 62 60, *hotel.tristar@skynet.be,*
Fax 0 64 26 14 23, 🛏 – 🛗 ⋇ ▤ TV ⅍. AE ⓪ ⓪ VISA. �
24 ch ⊥ 78/90, – 2 suites.
* En centre-ville, immeuble moderne à façade rouge abritant des chambres actuelles bien
calibrées. Petits-déjeuners sous forme de buffet dans une salle "avec vue sur l'Etna".
* Dit moderne flatgebouw met rode gevel in het centrum van de stad beschikt over
eigentijdse kamers van goed formaat. Ontbijtbuffet in een zaal met uitzicht op de "Etna".

XXX **Aub. de la Louve,** r. Bouvy 86, ℰ 0 64 22 87 87, *Fax 0 64 28 20 53 –* 📮 – 🅰 25 à
200. AE ⓪ ⓪ VISA. �
fermé 1 sem. Pâques, 15 juil.-15 août, 1 sem. en janv., sam. midi, dim. soir, lundi et merc.
soir – **Repas** Lunch 20 – 40/67 bc, ⌀.
* Auberge ancienne dont le décor intérieur, chaleureux et cossu, s'accorde pleinement
avec le contenu des assiettes, goûteux et sobrement actualisé. Menus plébiscités.
* Oude herberg met een warm en rijk aandoend interieur, dat uitstekend bij de gastronomische maaltijd past. De menu's zijn erg in trek. Redelijk moderne keuken.

à Houdeng-Aimeries *Ouest : 3 km* Ⓒ *La Louvière –* ✉ *7110 Houdeng-Aimeries :*

XX **Le Damier,** r. Hospice 59, ℰ 0 64 22 28 70, *ledamier@skynet.be, Fax 0 64 22 28 70,*
🍽 – 📮, AE ⓪ ⓪ VISA. �
fermé mi-juil.-mi-août, dim. soir, lundi et merc. soir – **Repas** Lunch 29 – 48/80 bc.
* Pas loin du canal du Centre et de ses ascenseurs hydrauliques, corpulente maison de
notable où se conçoit un choix de mets classiques revisités en douceur. Terrasse abritée.
* Groot herenhuis niet ver van het Canal du Centre met zijn hydraulische liften. Binnen
wacht u een keur van klassieke gerechten met een vleugje modern. Beschut terras.

LOVERVAL *Hainaut* 533 L 20, 534 L 20 *et* 716 G 4 *– voir à Charleroi.*

LUBBEEK 3210 *Vlaams-Brabant* 533 O 17 *et* 716 H 3 – 13 550 h.
Bruxelles 32 – Antwerpen 57 – Liège 71 – Namur 59.

XX **Maelendries,** Hertbosweg 5 (Sud : 3 km), ℰ 0 16 73 48 60, *maelendries@tiscali.be,*
Fax 0 16 73 48 60, ≤, 🍽 – 📮, AE ⓪ ⓪ VISA. �
fermé 3 prem. sem. août, 24 déc.-1er janv., mardi, merc. et dim. soir – **Repas** Lunch 32 –
carte 33 à 49.
* Fermette charmante isolée dans la campagne. Tomettes, poutres, solives, pressoir, vais-
selier et chaises paillées en salle. Terrasse tournée vers les prés. Repas classique.
* Lieflijk boerderijtje op het platteland. Eetzaal met tegelvloer, houten balken, wijnpers,
open servieskast en rieten stoelen. Klassieke keuken en terras.

LUIK *Liège – voir Liège.*

LUMMEN *Limburg* 533 Q 17 *et* 716 I 3 *– voir à Hasselt.*

MAARKE-KERKEM *Oost-Vlaanderen* 533 G 18 *– voir à Oudenaarde.*

MAASEIK 3680 Limburg 533 T 16 et 716 K 2 – 23 399 h.

🛈 Stadhuis, Markt 1 ℘ 0 89 81 92 90, toerisme.maaseik@maaseik.be, Fax 0 89 81 92 99.
Bruxelles 118 – Hasselt 41 – Maastricht 33 – Roermond 20.

🏠 **Kasteel Wurfeld** ॐ, Kapelweg 60, ℘ 0 89 56 81 36, info@kasteelwurfeld.be, Fax 0 89 56 87 89, 😤, 🗻, – 📺 🅿 – 🛦 25 à 100. 🖭 🐠 VISA 🛷
Repas (fermé lundi midi, mardi midi et sam. midi) Lunch 30 – 41/55 – **16 ch** 🖙 77/111 – ½ P 83/88.
◆ Aux portes de Maaseik, imposante demeure ouverte sur un beau parc arboré invitant au repos. Les chambres, tranquilles et personnalisées, jouissent d'un confort douillet. Une véranda verdoyante sert de cadre au restaurant. Cuisine dans le tempo actuel.
◆ Imposant gebouw aan de rand van Maaseik, met een boomrijk park waar u volledig kunt ontspannen. De comfortabele kamers zijn rustig en hebben een persoonlijk karakter. In de weelderige serre kunt u genieten van de eigentijdse kookkunst van de kok.

🏠 **Aldeneikerhof** ॐ, Hamontweg 103 (Est : 2 km, lieu-dit Aldeneik), ℘ 0 89 56 67 77, aldeneikerhof@pi.be, Fax 0 89 56 67 78, 😤, 🗻 – 🛦 25 à 70. 🐠 VISA 🛷
fermé fév. et dim. – **Repas** (dîner pour résidents seult) **8 ch** 🖙 70/95.
◆ Ancienne maison de notable jouxtant l'église romano-gothique d'un hameau proche de Maaseik. Chambres aussi paisibles que confortables. Accueil familial gentil.
◆ Vriendelijk onthaal in dit 19e-eeuwse herenhuis naast de romaans-gotische kerk in een dorpje dicht bij Maaseik. De kamers zijn zowel rustig als comfortabel.

🍴🍴 **La Cloche**, Markt 35, ℘ 0 89 86 54 05, info@lacloche.be, Fax 0 89 86 13 89, 😤, Produits de la mer – ▣. 🖭 ① 🐠 VISA 🛷
fermé du 6 au 13 mars, 24 déc.-4 janv. et merc. – **Repas** Lunch 33 – 30/73.
◆ Table au "look" nautique où les friands de produits de la mer seront comme des poissons dans l'eau. L'été, on se tape aussi la cloche en terrasse, sous les tilleuls du Markt.
◆ Liefhebbers van zeeproducten zullen zich als een vis in het water voelen in dit restaurant. In de zomer worden de tafeltjes op het terras aan de Grote Markt gedekt.

🍴🍴 **de Loteling**, Willibrordusweg 5 (Est : 2 km, lieu-dit Aldeneik), ℘ 0 89 56 35 89, 😤 – 🅿. 🛷
fermé du 1er au 16 juil., mardi, merc. et après 20 h 30 – **Repas** Lunch 26 – 32/56 bc, ♀.
◆ Au beau milieu du site pittoresque d'Aldeneik, près de la frontière hollandaise, villa récente estimée pour sa cuisine au goût du jour. L'été venu, on mange en terrasse.
◆ Moderne villa in het schilderachtige Aldeneik, vlak bij de Nederlandse grens. Tongstrelende eigentijdse gerechten, die bij mooi weer op het terras worden geserveerd.

🍴 **Tiffany's**, Markt 19, ℘ 0 89 56 40 89, 😤 – 🖭 🐠 VISA 🛷
fermé lundi et sam. midi – **Repas** (menu unique) Lunch 26 – 31.
◆ Agréable restaurant posté sur la Grand-Place où trônent les statues des frères Van Eyck, deux célèbres enfants du pays. Menu unique au goût du jour, élaboré selon le marché.
◆ Aangenaam restaurant aan de Markt met de standbeelden van de gebroeders Van Eyck, die in Maaseik zijn geboren. Slechts één dagmenu, afhankelijk van het aanbod op de markt.

à Opoeteren Sud-Ouest : 12 km par N 778 © Maaseik – ✉ 3680 Opoeteren :

🏠 **Oeterdal**, Neeroeterenstraat 41, ℘ 0 89 51 82 70, info@hoteloeterdal.be, Fax 0 89 51 82 71, 😤 – 📺 🅿 – 🛦 25 à 60. 🖭 ① 🐠 VISA
fermé 24 déc.-2 janv. – **Repas** (dîner pour résidents seult) – **24 ch** 🖙 60/100 – ½ P 70/80.
◆ Aimable hôtel implanté aux abords du hameau, en retrait de la route. Chambres formatées pour trois personnes à l'avant ; d'ampleur plus réduite à l'arrière. Jardin de repos
◆ Vriendelijk hotel aan de rand van het dorp, even van de weg af. De kamers aan de voorkant zijn geschikt voor drie personen ; die aan de achterkant zijn kleiner. Rustige tuin

MAASMECHELEN 3630 Limburg 533 T 17 et 716 K 3 – 35 967 h.
Bruxelles 106 – Maastricht 15 – Hasselt 30 – Aachen 42.

🍴🍴 **Da Lidia**, Rijksweg 215, ℘ 0 89 76 41 34, info@dalidia.be, Fax 0 89 77 42 10, 😤, Cui sine italienne – 🖭 ① 🐠 VISA 🛷
fermé carnaval, 2 dern. sem. juil.-prem. sem. août, lundi et mardi – **Repas** carte 32 à 60 ♀.
◆ Enseigne transalpine auréolée d'une certaine reconnaissance locale, depuis 30 ans. Sall actuelle et bonne ambiance très familiale. Restaurant d'été sur la pelouse du jardin.
◆ Deze Italiaan geniet al 30 jaar een goede reputatie bij de bevolking. Moderne eetzaa en zeer gemoedelijke sfeer. Bij mooi weer wordt in de tuin op het gras gegeten.

à Eisden Nord : 3 km © Maasmechelen – ✉ 3630 Eisden :

🏠 **Lika** sans rest, Pauwengraaf 2, ℘ 0 89 76 01 26, Fax 0 89 76 55 72, ☎s, 🗻, 🚲 – 📺 🅿 – 🛦 25 à 150. 🖭 🐠 VISA 🛷
42 ch 🖙 77/107.
◆ Cet établissement d'allure moderne niché au centre du village renferme des chambre pratiques garnies d'un mobilier de série. Piscine couverte, sauna et salles de réunion.
◆ Modern hotel in het centrum van het dorp, met praktische kamers die van standaare meubilair zijn voorzien. Overdekt zwembad, sauna en vergaderzalen.

à **Opgrimbie** *Sud : 5 km* Ⓒ *Maasmechelen –* ✉ *3630 Opgrimbie :*

La Strada, Rijksweg 634 (N 78), ℰ 0 89 76 69 12, *lastrada@skynet.be*, Fax 0 89 76 69 12, 佘, Cuisine italienne, ouvert jusqu'à 23 h – **P.** **AE** **①** **MO** **VISA**
fermé 2 dern. sem. juil., merc., jeudi et sam. midi – **Repas** carte 31 à 54.
◆ Bonne cuisine italienne concoctée dans la stabilité : ce n'est pas par hasard que La Strada compte quelques grands cuisiniers limbourgeois parmi sa fidèle clientèle.
◆ Goede Italiaanse keuken, die al jaren dezelfde kwaliteit weet hoog te houden. Niet verwonderlijk dus dat een aantal Limburgse topkoks tot de vaste cliëntèle behoort.

MACHELEN *Vlaams-Brabant* 533 L 17 *et* 716 G 3 *– voir à Bruxelles, environs.*

MAISSIN *6852 Luxembourg belge* Ⓒ *Paliseul 4 999 h.* 534 Q 23 *et* 716 I 6.
Bruxelles 135 – Bouillon 26 – Arlon 65 – Dinant 49 – St-Hubert 19.

Chalet-sur-Lesse, av. Bâtonnier Braun 1, ℰ 0 61 65 53 91, *info@chalet-sur-lesse.be*, Fax 0 61 65 56 88, 佘, ≤, 佘, ≦s, 佘, ♣, – 劇 **P.** **AE** **①** **MO** **VISA**. ⋇ rest
25 mars-16 oct., week-end et vacances scolaires ; fermé janv.-4 fév. – **Repas** (dîner pour résidents seult) – **25 ch** ⊐ 69/131, – 1 suite – ½ P 69/109.
◆ Grand chalet aménagé avec goût en confortable hostellerie. Chambres actuelles bien agencées mais dépourvues de TV, salon "cosy", bar anglais et agréable terrasse sur jardin.
◆ Comfortabel hotel in een groot en smaakvol chalet. Moderne kamers zonder tv, "cosy" lounge, Engelse pub en prettig terras in de tuin. Kleine lunchkaart en klassieke diners.

MALDEGEM *9990 Oost-Vlaanderen* 533 F 15 *et* 716 D 2 – *22 099 h.*
Bruxelles 87 – Gent 29 – Brugge 17 – Antwerpen 73.

Beukenhof, Brugse Steenweg 200, ℰ 0 50 71 55 95, Fax 0 50 71 55 95, 佘 – **P.** **AE** **MO** **VISA**
fermé 16 fév.-4 mars, 2 dern. sem. juil., merc. et jeudi – **Repas** 33/62 bc.
◆ Gentille petite affaire familiale installée dans une fermette aux portes de Maldegem. Registre culinaire classique sagement actualisé. Salon-bar, terrasse sur l'arrière.
◆ Aardig familiebedrijfje in een boerderijtje aan de rand van Maldegem. Klassieke keuken met een vleugje vernieuwing. Salon met bar en terras aan de achterzijde.

MALDEREN *Vlaams-Brabant* 533 K 16 *et* 716 F 2 – *voir à Londerzeel.*

MALEN *Brabant Wallon – voir Mélin.*

MALINES *Antwerpen – voir Mechelen.*

MALLE *2390 Antwerpen* 533 N 15 *et* 716 H 2 – *14 079 h.*
Bruxelles 75 – Antwerpen 30 – Turnhout 18.

à **Oostmalle** *Est : 2 km* Ⓒ *Malle –* ✉ *2390 Oostmalle :*

De Eiken (Smets), Lierselei 173 (Sud : 2 km sur N 14), ℰ 0 3 311 52 22, *info@de-eiken.be*, Fax 0 3 311 69 45, ≤, 佘, 佘, – **P.** **AE** **①** **MO** **VISA**. ⋇
fermé du 4 au 10 fév., 15 fév., 28 mars-5 avril, du 1er au 11 août, 16 août, 30 oct.-7 nov., sam. midi, dim. et lundi – **Repas** Lunch 45 – 55/104 bc, carte 70 à 94
Spéc. Asperges du terroir et homard, tomates séchées et pesto (mai-juil.). Agneau cuit en croûte de sel au parfum de truffes (janv.-août). Pigeonneau au carpaccio de pommes de terre et jus de truffes.
◆ Une bonne table campinoise : cuisine actuelle brillamment personnalisée, servie par beau temps au grand air dans un environnement boisé agrémenté d'une pièce d'eau.
◆ Een uitstekend adres in de Kempen, waar u kunt genieten van een eigentijdse keuken met een persoonlijk karakter. Bij mooi weer wordt er tussen de bomen aan het water gegeten.

Haute Cookure, Herentalsebaan 30, ℰ 0 3 322 94 20, *haute.cookure@pandora.be*, Fax 0 3 322 94 21, 佘 – **P.** **MO** **VISA**. ⋇
fermé 27 mars-8 avril, 16 août-2 sept., mardi, merc. et sam. midi – **Repas** Lunch 22 – carte 39 à 58.
◆ Restaurant moderne établi dans une maison ancienne excentrée. Harmonie de tons beiges, café et tabac en salle ; chaises et banquettes en cuir confortables. Terrasse cachée.
◆ Modern interieur van beige-, tabak- en koffiekleuren in de eetzaal van een oud pand buiten het dorp. Knusse lederen bankstellen en stoelen. Verborgen terras achteraan.

MALMÉDY *4960 Liège* 🆅🆅🅳 V 20, 🆅🆅🆅 V 20 *et* 🆅🆅🅴 L 4 – *11 535 h.*

Voir *Site★ – Carnaval★ (dimanche avant Mardi-gras).*

Env. *au Nord : Hautes Fagnes★★, Signal de Botrange* ≼★*, Sentier de découverte nature★ – au Sud-Ouest : 6 km, Rocher de Falize★ – au Nord-Est : 6 km, Château de Reinhardstein★.*

🖪 *pl. Albert Iᵉʳ 29a 🖉 0 80 33 02 50, info@eastbelgium.com, Fax 0 80 77 05 88.*

Bruxelles 156 – Liège 57 – Eupen 29 – Clervaux 57.

🏨 **Le Chambertin,** Chemin-rue 46, 🖉 0 80 33 03 14, Fax 0 80 77 03 38 – 🛗 🅣🆅 🕮🕮 𝗩𝗜𝗦𝗔.
 𝒮𝒞 ch
fermé début sept. et lundi – **Repas** *(fermé après 20 h) Lunch 12 –* carte 22 à 44 – **8 ch**
 ⊇ 55/65 – ½ P 47.
 ◆ Au coeur de Malmédy, à l'angle de la principale rue commerçante, petit établissement dont les chambres offrent un confort correct. Salle des repas sobrement décorée. Assortiment de plats traditionnels.
 ◆ Dit hotelletje staat op de hoek van de belangrijkste winkelstraat van Malmédy. De kamers zijn redelijk comfortabel. In de sober ingerichte eetzaal worden traditionele schotels geserveerd.

🏵🏵 **Plein Vent** avec ch, rte de Spa 44 (Ouest : 7 km, lieu-dit Burnenville), 🖉 0 80 33 05 54, *plei
 nvent@pleinvent.be, Fax 0 80 33 70 60,* ≼ vallées, 🍽 – 🔳 rest, 🅣🆅 🄿. 🕮 🕦 🕮🕮 𝗩𝗜𝗦𝗔. 𝒮𝒞
 fermé fin déc.-début janv., lundi soir et mardi – **Repas** *(fermé après 20 h 30)* 28/65, 𝛺 –
 7 ch ⊇ 57/78 – ½ P 63/69.
 ◆ Cette villa "nez au vent" entourée de verdure embrasse la vallée du regard. Cuisine classique de bon aloi. Chambres lambrissées. Proximité du circuit national de vitesse.
 ◆ In deze villa met uitzicht op het groene dal waait een frisse wind ! Gelambriseerde kamers. Eerlijke, klassieke keuken. Vlak bij het Nationale Autocircuit van Francorchamps.

🏵🏵 **Albert Iᵉʳ** avec ch, pl. Albert Iᵉʳ 40, 🖉 0 80 33 04 52, *info@hotel-albertpremier.be,
 Fax 0 80 33 06 16,* 🍽 – 🔳 ch, 🅣🆅. 🕮 🕦 🕮🕮 𝗩𝗜𝗦𝗔. 𝒮𝒞
 fermé 1 sem. carnaval, du 1ᵉʳ au 15 juil., merc. soir, jeudi et dim. soir – **Repas** *Lunch 32 –*
 42/49 – **6 ch** ⊇ 58/85.
 ◆ Alléchantes recettes actuelles aux accents transalpins et belle carte de vins italiens à cette enseigne de la place la plus animée de Malmédy. Chambres correctes.
 ◆ Dit establishment is te vinden aan het meest levendige plein van Malmédy. Smakelijke eigentijdse gerechten met een Italiaans accent en bijpassende wijnen. Keurige kamers.

🏵 **Au Petit Louvain,** Chemin-rue 47, 🖉 0 80 33 04 15 – 🔳. 🕮 🕦 🕮🕮 𝗩𝗜𝗦𝗔
 fermé du 5 au 15 sept., lundi soir et merc. – **Repas** 18/30.
 ◆ Aimable petite affaire familiale localement appréciée pour ses copieuses préparations traditionnelles. Le gibier s'y arroge la part du lion en saison de chasse.
 ◆ Vriendelijk familiebedrijfje dat plaatselijk wordt gewaardeerd om zijn copieuze traditionele schotels. Wild neemt het leeuwendeel voor zijn rekening in het jachtseizoen.

à Bévercé *Nord : 3 km* 🅒 *Malmédy –* ⊠ *4960 Bévercé :*

🏩 **Host. Trôs Marets** 🐾, rte des Trôs Marets 2 (N 68), 🖉 0 80 33 79 17, *info@tros
 marets.be, Fax 0 80 33 79 10,* ≼ vallées, 🍽, 🔲 – 🅣🆅 🄿. 🕮 🕦 🕮🕮 𝗩𝗜𝗦𝗔. 𝒮𝒞 rest
 fermé du 6 au 24 mars et du 4 au 22 déc. – **Repas** *(fermé dim. soirs et lundis non fériés)*
 43/75 – **7 ch** ⊇ 87/206, – 4 suites – ½ P 112/146.
 ◆ Au pied des Hautes Fagnes, en contrebas d'une route sinueuse, charmante hostellerie procurant une vue bucolique sur la vallée. Jardin soigné. Chambres confortables. Restaurant garni de meubles de style. Registre culinaire classique actualisé. Belle terrasse.
 ◆ Aan de voet van de Hoge Venen, onder aan een kronkelweg, staat dit charmante hotel met prachtig uitzicht op het dal. Comfortabele kamers. Restaurant met stijlmeubelen. Het culinaire register is modern-klassiek. Mooi terras en verzorgde tuin.

🏨 **Maison Géron** (annexe 🏠 Géronprès - 4 ch) sans rest, rte de la Ferme Libert 4, 🖉 0 80
 33 00 06, *geron@busmail.net, Fax 0 80 77 03 17,* 🍽 – 🅣🆅 🄿. 🕮 🕮🕮 𝗩𝗜𝗦𝗔. 𝒮𝒞
 9 ch ⊇ 52/100.
 ◆ Cette villa engageante construite au 18ᵉ s. s'agrémente d'une véranda, d'une terrasse et d'un jardin croquignolet. Chambres personnalisées, à l'image de l'accueil.
 ◆ De aantrekkingskracht van deze 18e-eeuwse villa wordt nog versterkt door zijn serre, terras en mooie tuin. De kamers hebben een persoonlijke uitstraling, net als de ontvangst.

🏨 **Ferme Libert - Le Grand Champs,** Bévercé-Village 26, 🖉 0 80 33 02 47, Fax 0 80
 33 98 85, ≼ vallées, 🍽, 🚲 – 🅣🆅 🄿 – 🔏 25 à 80. 🕮 🕮🕮 𝗩𝗜𝗦𝗔. 𝒮𝒞 ch
 Repas *(fermé après 20 h)* (taverne-rest) *Lunch 22 –* 29/53 – **41 ch** ⊇ 48/71 – ½ P 58/61
 ◆ Bâtisse à colombage voisine d'un domaine skiable. Petites chambres avec douche ou installations sanitaires plus complètes à l'annexe Le Grand Champs. Vue sur la vallée. À table ambiance ardennaise et solide cuisine traditionnelle régionale.
 ◆ Vakwerkhuis in een skiegebied, met uitzicht op het dal. Kleine kamers met douche of compleet sanitair in de dependance Le Grand Champs. Typisch Ardens restaurant met traditionele gerechten uit de streek.

MALONNE *Namur* 🆅🆅🅳 N 20, 🆅🆅🆅 N 20 *et* 🆅🆅🅴 H 4 – *voir à Namur.*

MANAGE 7170 Hainaut 🔢🔢 K 19, 🔢🔢 K 19 *et* 🔢🔢 F 4 – *21 977 h.*
Bruxelles 47 – Mons 25 – Charleroi 24.

ХХ **Le Petit Cellier,** Grand'rue 88, ✆ 0 64 55 59 69, *lepetitcellier@skynet.be, Fax 0 64 55 56 07,* 😊 – 🍽 **P.** AE ① ⓪ VISA ↓CB
fermé 15 juil.-15 août, dim. soir et lundi – **Repas** 30/73 bc.
◆ Cette vénérable enseigne du centre de Manage signale une maison de caractère appréciée pour ses recettes classiques françaises que valorise un bon "petit cellier".
◆ Karakteristiek pand in het centrum van Manage. Het restaurant valt zeer in de smaak
vanwege de klassieke Franse gerechten, waarvoor het goede wijn uit de kast wordt gehaald.

MARCHE-EN-FAMENNE 6900 Luxembourg belge 🔢🔢 R 21, 🔢🔢 R 21 *et* 🔢🔢 J 5 – *16 757 h.*
🄱 *r. Brasseurs 7 ✆ 0 84 31 21 35, marche.en.famenne@belgique.com, Fax 0 84 32 31 09.*
Bruxelles 107 – Arlon 80 – Liège 56 – Namur 46.

🏨🏨🏨 **Quartier Latin,** r. Brasseurs 2, ✆ 0 84 32 17 13, *contact@quartier-latin.be, Fax 0 84 32 17 12,* 😊, **Ⅰ₆**, 😊, 🚲 – ⬆ 🍽 📺 ⬅ **P.** – 🔏 25 à 120. AE ① ⓪ VISA
Repas (brasserie) *Lunch* 15 – 25/41, ⚲ – ⌷ 13 – **69 ch** 75/120, – 6 suites – ½ P 93/108.
◆ Au centre de Marche, hôtel intégrant un ancien lieu de culte des Pères jésuites. Chambres
assez avenantes et bonne infrastructure pour... séminaires ! Accueil aimable. Confortable
salle à manger actuelle. Cuisine de type brasserie et mets plus élaborés.
◆ Centraal gelegen hotel op een plek waar de jezuïeten hun eredienst hielden. De kamers
zien er uitnodigend uit en er zijn faciliteiten voor... seminars ! Vriendelijk onthaal. Comfortabel, eigentijds restaurant met eenvoudige of uitgebreide kaart.

🏨🏨🏨 **Château d'Hassonville** 😊, rte d'Hassonville 105 (Sud-Ouest : 4 km par N 836), ✆ 0 84 31 10 25, *info@hassonville.be, Fax 0 84 31 60 27,* ≤, 🌳, 🚲 – ⬆ **P.** – 🔏 30. AE ①
⓪ VISA
fermé 2 prem. sem. janv. et mardi – **Repas** voir rest *le Grand Pavillon* ci-après – **20 ch**
⌷ 115/180 – ½ P 150/175.
◆ Superbe château du 17ᵉ s. s'entourant d'un vaste parc agrémenté d'un étang. Belles chambres romantiques (sans TV) aménagées dans le corps de logis et ses dépendances.
◆ Prachtig 17e-eeuws kasteel, omringd door een groot park met een vijver. Mooie romantische kamers zonder tv in het hoofdgebouw en de bijgebouwen.

ХХХ **le Grand Pavillon** - H. Château d'Hassonville, rte d'Hassonville 105 (Sud-Ouest : 4 km
par N 836), ✆ 0 84 31 10 25, *info@hassonville.be, Fax 0 84 31 60 27,* ≤, 😊 – 🍽 **P.** AE
① ⓪ VISA. 🌿
fermé 2 prem. sem. janv., mardi et merc. midi – **Repas** *Lunch* 35 – 55/160 🍴.
◆ Le restaurant du Château d'Hassonville vous reçoit avec style dans une élégante orangerie recelant un cave à vins "grand seigneur". Savoureuses recettes au goût du jour.
◆ Het restaurant van het Château d'Hassonville ontvangt u met stijl in de elegante oranjerie. Fijne eigentijdse keuken en een wijnkelder die een "grand seigneur" waardig is.

ХХ **Aux Menus Plaisirs** avec ch, r. Manoir 2, ✆ 0 84 31 38 71, *info@manoir.be, Fax 0 84 31 52 81,* 😊 – 🍽 rest, 📺 **P.** ⓪ VISA. 🌿 ch
fermé 1ʳᵉ quinz. juil., dern. sem. sept., 1 sem. en janv., dim. soir et lundi – **Repas** *Lunch* 20 – 35/40 – ⌷ 8 – **6 ch** 62/92.
◆ Agréable moment de table en perspective dans ce petit manoir du 17ᵉ s. s'ouvrant sur
un jardin d'hiver cossu où l'on prend place sous une large coupole.
◆ In dit 17e-eeuwse kasteeltje met een weelderige overkoepelde wintertuin, kunt u van
de kleine plezierijes van het leven genieten.

ХХ **Les 4 Saisons,** rte de Bastogne 108 (Sud-Est : 2 km, lieu-dit Hollogne), ✆ 0 84 32 18 10,
Fax 0 84 32 18 81, 😊 – **P.** ⓪ VISA
fermé 1 sem. carnaval, 3 prem. sem. juil., mardi soir, merc. et dim. soir – **Repas** *Lunch* 23 – 30/60 bc.
◆ Postée aux portes de la ville, cette fermette pimpante et guillerette bâtie en pierre du
pays interprète un répertoire culinaire attrayant, au léger accent méridional.
◆ Dit karakteristieke stenen boerderijtje aan de rand van de stad ziet er fris en vrolijk uit.
Aantrekkelijk culinair register met een licht zuidelijke tongval.

ХХ **La Gloriette,** r. Bastogne 18, ✆ 0 84 37 98 22, *info@lagloriette.net,* 😊 – **P.** AE ⓪ VISA
fermé fin janv.-début fév., 2 sem. en sept., merc., sam. midi et dim. midi – **Repas** *Lunch* 14 – 30/60 bc.
◆ Maison bourgeoise en briques rouges vous conviant à goûter une cuisine classique relevée d'un zeste de modernité. Cadre actuel et clair ; grand jardin sur l'arrière.
◆ Dit herenhuis van rode baksteen nodigt u uit voor een klassieke maaltijd met een vleugje
modern. De eetzaal is licht en eigentijds. Grote tuin aan de achterzijde.

Х **des Arts** 1ᵉʳ étage, pl. du Roi Albert Iᵉʳ 21, ✆ 0 84 31 61 81 – AE ① ⓪ VISA. 🌿
fermé du 15 au 20 fév., du 15 au 31 juil., dim. soir et lundi – **Repas** 30/75 bc.
◆ Salle de restaurant contemporaine, chaleureuse et colorée, aménagée à l'étage
d'une maison jouxtant l'église, sur la place principale. Menus saisonniers et du marché.
◆ Hedendaags restaurant in warme kleuren op de bovenverdieping van een pand naast
de kerk, aan het hoofdplein van Marche. Menu van het seizoen en menu van de markt.

✗ **Le Yang-Tsé,** r. Neuve 5, ℘ 0 84 31 26 88, *sunying71@hotmail.com*, Fax 0 84 32 31 88, Cuisine chinoise – AE ⓪ ⓬ *VISA*
Repas Lunch 8 – 22/43 bc.
* Cette table asiatique bien connue localement vient de déménager ses bols et baguettes dans une maison voisine où vos papilles poursuivront leur "longue marche" au pays de Mao.
* Dit Chinese restaurant, dat plaatselijk goed bekendstaat, heeft net met zijn kommetjes en stokjes het naburige pand betrokken, maar qua keuken is er niets veranderd.

MARCOURT 6987 Luxembourg belge Ⓒ Rendeux 2 261 h. 𝟝𝟛𝟛 S 21, 𝟝𝟛𝟜 S 21 et 𝟟𝟙𝟞 J 5.
Bruxelles 126 – Arlon 84 – Marche-en-Famenne 19 – La Roche-en-Ardenne 9.

✗✗ **Le Marcourt** avec ch, Pont de Marcourt 7, ℘ 0 84 47 70 88, Fax 0 84 47 70 88, 🏠,
🍴 – **P.** ⓬ *VISA* ⁕
fermé 3 sem. en sept., 3 sem. en janv., merc. et jeudi – **Repas** (fermé après 20 h 30) 32/52
– **6 ch** ⊊ 60/72 – ½ P 75/95.
* Sympathique petite adresse que cette maison de briques voisine du pont de Marcourt ! Menus traditionnels bien balancés. Terrasse d'appoint et grand jardin arboré.
* Dit restaurant in een bakstenen huis bij de brug van Marcourt is een goed adresje. Evenwichtige, traditionele menu's. Zomerterras en een grote tuin met veel bomen.

MARENNE 6990 Luxembourg belge Ⓒ Hotton 5 013 h. 𝟝𝟛𝟛 R 21, 𝟝𝟛𝟜 R 21 et 𝟟𝟙𝟞 J 5.
Bruxelles 109 – Dinant 44 – Liège 55 – Namur 53 – La Roche-en-Ardenne 22.

✗✗ **Les Pieds dans le Plat,** r. Centre 3, ℘ 0 84 32 17 92, *phdienst@belcenter.com*,
Fax 0 84 32 36 92, 🏠 – **P.** ⁕
fermé lundi, mardi, merc. soir et jeudi soir – **Repas** Lunch 23 – 25/65 bc.
* Le chef, quoi qu'en dise l'enseigne, évite de mettre "les pieds dans le plat" ! Architecture régionale égayée d'une véranda moderne. Cuisine ambitieuse. Alentours champêtres.
* In dit landelijk gelegen etablissement met moderne serre staat de ambitieuze chef-kok met beide benen op de grond !

MARIAKERKE West-Vlaanderen 𝟝𝟛𝟛 C 15 et 𝟟𝟙𝟞 B 2 – voir à Oostende.

MARIEKERKE Antwerpen 𝟝𝟛𝟛 K 16 et 𝟟𝟙𝟞 F 2 – voir à Bornem.

MARKE West-Vlaanderen 𝟝𝟛𝟛 E 18 et 𝟟𝟙𝟞 C 3 – voir à Kortrijk.

MARTELANGE 6630 Luxembourg belge 𝟝𝟛𝟜 T 24 et 𝟟𝟙𝟞 K 6 – 1 461 h.
Bruxelles 168 – Luxembourg 53 – Arlon 18 – Bastogne 21 – Diekirch 40 – Ettelbrück 36.

✗✗ **Host. An der Stuff** avec ch (annexe 🏠), r. Roche Percée 1 (Nord : 2 km sur N 4),
℘ 0 63 60 04 28, Fax 0 63 60 13 92, ≤, 🏠 – TV **P.** AE ⓬ *VISA* JCB. ⁕
fermé janv. – **Repas** (fermé dim. soir et lundi) Lunch 33 – 55 – **12 ch** ⊊ 66/74.
* Cordiale table au décor ardennais où ronronne, par temps de froidure, un âtre réconfortant. Recettes d'orientation classique relevées de touches régionales. Abords verdoyants.
* Behaaglijk restaurant met een Ardens interieur, waar het haardvuur knappert als het buiten koud en guur is. Klassieke recepten met regionale invloeden. Bosrijke omgeving.

MASSEMEN 9230 Oost-Vlaanderen Ⓒ Wetteren 22 960 h. 𝟝𝟛𝟛 I 17 et 𝟟𝟙𝟞 E 3.
Bruxelles 45 – Gent 19 – Antwerpen 65.

✗✗ **Geuzenhof,** Lambroekstraat 90, ℘ 0 9 369 80 34, *info@geuzenhof.be*, Fax 0 9
368 20 68, 🏠 – **P.** AE ⓪ ⓬ *VISA* ⁕
fermé Pâques, Toussaint, sam. midi, dim. et lundi – **Repas** Lunch 20 – 40/69 bc.
* À la campagne, ancienne ferme dont les deux ailes reliées par une véranda se consacrent chacune à un genre de cuisine : bistrot cosy et table gastronomique. Terrasse sur cour.
* Oude boerderij met serre en twee aparte vleugels die elk hun eigen culinaire traditie hebben : gezellige bistro en gastronomisch restaurant. Terras op de binnenplaats.

MATER Oost-Vlaanderen 𝟝𝟛𝟛 H 17 – voir à Oudenaarde.

Dans ce guide un même symbole, un même mot,
imprimé en **rouge** *ou en* **noir** *n'a pas tout à fait la même signification.*
Lisez attentivement les pages explicatives.

MECHELEN (MALINES) *2800 Antwerpen* 533 L 16 *et* 716 G 2 – *76 867 h.*

Voir *Tour★★★ de la cathédrale St-Rombaut★★ (St. Romboutskathedraal)* AY – *Grand-Place★ (Grote Markt)* ABY **26** – *Hôtel de Ville★ (Stadhuis)* BY **H** – *Pont du Wollemarkt (Marché aux laines)* ⩽★ AY **F**.

Musée : *Manufacture Royale de Tapisseries Gaspard De Wit★ (Koninklijke Manufactuur van Wandtapijten Gaspard De Wit)* AY **M**[1].

Env. *par* ③ : *3 km à Muizen : Parc zoologique de Plankendael★★.*

Hallestraat 2 ☏ *0 15 29 76 55, toerisme@mechelen.be,* Fax 0 15 29 76 53.

Bruxelles 30 ④ – *Antwerpen 26* ⑥ – *Leuven 24* ③

Plan page suivante

Novotel, Van Beethovenstraat 1, ☏ 0 15 40 49 50, *h3154@accor.com, Fax 0 15 40 49 51,* – ch, – 25 à 110. AE VISA JCB. rest
Repas *Lunch 25 bc* – carte 22 à 40, – 14 – **121 ch** 75/139, – 1 suite – ½ P 113/193.
• Novotel "nouvelle génération" installé dans un immeuble moderne bâti en centre-ville. Espaces communs et chambres dont l'agencement "colle" bien à l'époque. Brasserie au cadre contemporain. Carte diversifiée, apte à satisfaire la plupart des appétits.
• Een Novotel "nieuwe stijl" in een modern gebouw in het centrum. De kamers en andere ruimten passen geheel in de huidige tijdgeest. Brasserie met een hedendaagse inrichting en een gevarieerde kaart met voor elk wat wils. AZ b

Gulden Anker, Brusselsesteenweg 2, ☏ 0 15 42 25 35, *info@guldenanker.be, Fax 0 15 42 34 99,* – – 25 à 120. AE VISA AZ u
Repas *(fermé 3 dern. sem. juil., sam. midi et dim. soir) Lunch 24* – 35/72 bc – **34 ch** 70/140 – ½ P 63/93.
• "Jetée" aux portes de la ville, en face d'un canal, L'Ancre d'Or (Gulden Anker) propose des chambres refaites de neuf offrant un bon niveau de confort. Salle des repas actuelle. Préparations classiques égayées de notes régionales.
• Dit hotel ligt voor anker bij een gracht aan de rand van de stad. Het beschikt over kamers die volledig zijn gerenoveerd en goed comfort bieden. In de moderne eetzaal worden klassieke gerechten met regionale invloeden geserveerd.

NH Mechelen sans rest, Korenmarkt 24, ☏ 0 15 42 03 03, *nhmechelen@nh-hotels.com, Fax 0 15 42 37 88* – – 25. AE VISA AZ s
17 – **43 ch** 120/140.
• Cette imposante façade de briques située au centre-ville abrite des chambres amples et douillettes, agencées dans l'esprit "british". Bar rutilant et salon "cosy".
• Centraal gelegen hotel met een imposante bakstenen gevel. De ruime, behaaglijke kamers zijn in Engelse stijl ingericht. Fonkelende bar, sfeervolle lounge.

MECHELEN

Antwerpsesteenweg	C	2
Battelsesteenweg	C	4
Brusselsesteenweg	C	12
Colomalaan	C	14
Eikestr.	C	20
Europalaan	C	23
Hanswijkvaart	C	30
Hombeeksesteenweg	C	32
Liersesteenweg	C	47
Postzegellaan	C	57
Steppeke	C	66
Stuivenbergbaan	C	67
Tervuursesteenweg	C	69

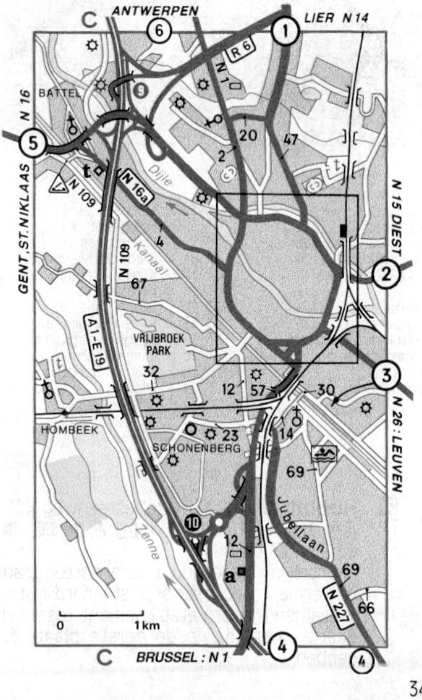

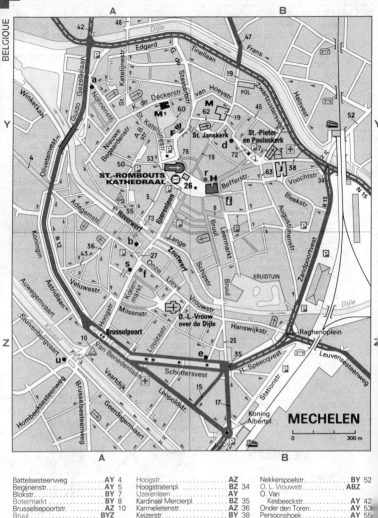

MECHELEN

0 — 300 m

Hobbit sans rest, Battelsesteenweg 455 F, ☎ 0 15 27 20 27, *hobbit.hotel@skynet.be*
Fax 0 15 27 20 28 – ⚒ 🔟 ⅙ 🅿 🆎 ① ⑩ 🆚 . ⚒
☐ 7 – **23 ch** 48.

♦ Entre la Dijle et le canal, à portée d'autoroute, petit établissement d'allure modern
renfermant des chambres standard insonorisées, avant tout fonctionnelles.
♦ Klein en modern etablissement tussen de Dijle en het kanaal, vlak bij de snelweg. Star
daardkamers die in de eerste plaats functioneel zijn en een goede geluidsisolat
hebben.

🏠 **Egmont** sans rest, Oude Brusselstraat 50, ℰ 0 15 42 13 99, *hotel-egmont@skynet.be*, Fax 0 15 41 34 98 – |$| TV 🚗. AE ➊ ➌ VISA BZ e
19 ch ☲ 64/96.

♦ Accueil familial dans cet immeuble jouxtant le ring de Mechelen. Les chambres, un tantinet désuètes, mais munies du double vitrage, se répartissent sur quatre étages.

♦ In dit vier verdiepingen tellende gebouw langs de Ring van Mechelen wacht u een vriendelijk onthaal. De kamers zijn ietwat sleets, maar hebben wel dubbele ramen.

🏠 **Carolus**, Guido Gezellelaan 49, ℰ 0 15 28 71 41, *hotel@hetanker.be*, Fax 0 15 28 71 42, 🍴 – ✦ TV P – 🔬 30. AE ➊ ➌ VISA ❀ ch AY a
Repas *(fermé 17 juil.-5 août et merc.)* 22/48 bc – **22 ch** *(fermé 24 déc.-2 janv.)* ☲ 70/93.

♦ À deux pas du béguinage, hôtel implanté sur le site de la célèbre brasserie malinoise Het Anker, dans un ancien entrepôt. Chambres de notre temps. Ample taverne-restaurant proposant des plats traditionnels accompagnés d'un col de mousse approprié.

♦ Dit hotel is gevestigd in het pakhuis van een oude brouwerij bij het begijnhof. Eigentijdse kamers. Groot café-restaurant met traditionele gerechten, waarbij natuurlijk een biertje wordt gedronken.

🏠 **Express by Holiday Inn** sans rest, Veemarkt 3, ℰ 0 15 44 84 20, *hotel@express-himechelen.com*, Fax 0 15 44 84 21 – |$| ✦ 🖥 TV 🔥 🚗 – 🔬 25. AE ➊ ➌ VISA JCB BY d
69 ch ☲ 70/115.

♦ Hôtel récent, stratégiquement situé dans le centre-ville, et en bordure du Marché aux bestiaux (Veemarkt). Chambres sans reproche, équipées à l'identique. Parking privé.

♦ Dit nieuwe hotel is strategisch gelegen in de binnenstad, aan de Veemarkt. Onberispelijke kamers die identiek zijn ingericht. Eigen parkeergarage.

XXX **D'Hoogh** 1er étage, Grote Markt 19, ℰ 0 15 21 75 53, *dhoogh@pandora.be*, Fax 0 15 21 67 30 – 🖥. AE ➊ ➌ VISA ❀ BY r
✿ fermé 2 sem. après Pâques, 3 prem. sem. août, sam. midi, dim. soir et lundi – **Repas** (nombre de couverts limité - prévenir) 45/84 bc, carte 56 à 77

Spéc. Gibier en saison. Asperges régionales (avril-juin). Ragoût de ris et pieds de veau aux truffes.

♦ Sur la Grand-Place de la cité de l'asperge et des carillons, élégante demeure 1900 interprétant un alléchant répertoire actuel. Mobilier malinois authentique.

♦ Elegant pand uit 1900 aan de Grote Markt van de stad die bekendstaat om zijn asperges en beiaards. Het Mechelse meubilair is authentiek. Aantrekkelijke eigentijdse keuken.

XX **Folliez**, Korenmarkt 19, ℰ 0 15 42 03 02, *info@folliez.be*, Fax 0 15 42 03 08 – 🖥 ☐🍴 ✿ P. AE ➌ VISA AZ f
fermé mi-juil.-mi-août, Noël-Nouvel An, sam. et dim. – **Repas** 34/100 bc, carte 55 à 80, ☲ ❀

Spéc. Langoustines sous forme de tapas. Daurade royale en croûte de sel, ravioli de tomates. Pigeonneau et croquette de foie d'oie aux lentilles.

♦ Fine cuisine au goût du jour, à savourer dans un décor intérieur d'esprit résolument contemporain. Lunch, menus et suggestions. Voiturier providentiel.

♦ Hier kunt u in een trendy interieur van fijne eigentijdse gerechten genieten. Lunchformule, menu's en suggesties. Valetparking, wat in deze buurt geen overbodige luxe is.

XX **Callas**, Brusselsesteenweg 544, ℰ 0 15 34 03 88, *info@callas.be*, Fax 0 15 34 03 89, 🍴 – P. AE ➊ ➌ VISA C a
fermé 25 juil.-7 août, sam. midi et dim. – **Repas** Lunch 32 – 47/84 bc, ☲.

♦ Grande villa résidentielle réaménagée en restaurant. Salle à manger sobre et reposante, tables bien espacées, carte actuelle et, sur l'assiette, présentation soignée.

♦ Grote villa die tot restaurant is verbouwd. Sobere en rustgevende eetzaal met tafeltjes die gelukkig niet zo dicht op elkaar staan. Actuele kaart en fraai opgemaakte borden.

Bonheiden par ② : 6 km – 14283 h – ✉ 2820 Bonheiden :

XX **'t Wit Paard**, Rijmenamseweg 85, ℰ 0 15 51 32 20, 🍴 – P. AE ➊ ➌ VISA. ❀
fermé 2 sem. en mars, 2 sem. en sept., mardi et merc. – **Repas** Lunch 15 bc – carte 33 à 65.

♦ Auberge rajeunie située dans une bourgade malinoise, le Cheval Blanc ('t Wit Paard) attèle plusieurs menus à sa carte gentiment classique. Terrasse plaisante.

♦ Dit "Witte Paard" in de omgeving van Mechelen ziet er na een grondige renovatie weer uit als een veulentje ! Licht klassieke kaart en verscheidene menu's. Aangenaam terras.

X **Marie**, Rijmenamsesteenweg 167, ℰ 0 15 52 96 90, Fax 0 15 52 96 01, 🍴, Brasserie – P. AE ➌ VISA ❀
fermé vacances bâtiment, 21 déc.-5 janv., mardi et sam. midi – **Repas** carte 31 à 48.

♦ Cette brasserie installée dans un pavillon de style colonial est appréciée pour ses généreuses grillades et ses terrasses aux abords verdoyants. Le soir, on rôtit en salle.

♦ Brasserie in een koloniaal huis met mooie terrassen met planten. 's Avonds wordt het vlees aan het spit in de eetzaal geregen.

※ **Zellaer,** Putsesteenweg 229, ✆ 0 15 55 07 55, 佘 – **P. AE ① ◑◐ VISA**. ※
fermé carnaval, fin août-début sept., merc. et sam. midi – **Repas** Lunch 29 – carte 37 à 47.
   ◆ Restaurant familial où l'on vient faire des repas classiques. Salon en rotin, salle à manger
à touches rustiques et mise en place soignée. Terrasse et jardin sur l'arrière.
   ◆ In dit familierestaurant kunt u genieten van een klassieke maaltijd. Salon met rotanmeubelen en een rustieke eetzaal met fraai gedekte tafels. Terras en tuin aan de achterkant.

à Rijmenam par ② : 8 km © Bonheiden 14 283 h. – ✉ 2820 Rijmenam :

🏠 **Host. In den Bonten Os,** Rijmenamseweg 214, ✆ 0 15 52 04 50, info@bontenos.be,
Fax 0 15 52 07 19, 佘 , 鴆 , 鴆鴆 – **TV P** – 🛔 25 à 40. **AE ① ◑◐ VISA**. ※ rest
Repas *(fermé 31 déc.-5 janv. et dim. soir)* (dîner seult sauf dim.) 23 bc/80 bc – **24 ch**
⊃ 93/147.
   ◆ Élégante hostellerie nichée dans la verdure. Communs chaleureux, chambres coquettes
et espace breakfast baigné de lumière. Clientèle d'affaires et de séminaires. Table à la fois
classique et régionale. Brunch au champagne le premier dimanche du mois.
   ◆ Elegant hotel met sfeervolle gemeenschappelijke ruimten, mooie kamers en een ontbijtzaal waar veel licht naar binnen valt. Clientèle van zakenmensen en congresgangers. De
keuken is zowel klassiek als regionaal. Asperges in het seizoen.

à Rumst par ⑥ : 8 km – 14 577 h. – ✉ 2840 Rumst :

※※※ **La Salade Folle,** Antwerpsesteenweg 84, ✆ 0 15 31 53 41, info@saladefolle.be,
Fax 0 15 31 08 28, 佘 – **■ P** – 🛔 25 à 70. **AE ① ◑◐ VISA JCB**. ※
fermé 18 juil.-7 août, du 2 au 11 janv., sam. midi et dim. soir – **Repas** Lunch 34 – 57/82 bc,
🕮.
   ◆ Agréable restaurant installé dans une villa devancée d'un grand parking. Recettes
d'aujourd'hui, cave globe-trotter bien balancée et verdoyante terrasse ombragée par un
saule.
   ◆ Aangenaam restaurant in een villa met een grote parkeerplaats. Eigentijdse keuken,
internationale wijnkelder en lommerrijk terras.

MEERHOUT 2450 Antwerpen 👥👥👥 P 16 et 👥👥👥 I 2 – 9 293 h.
Bruxelles 79 – Antwerpen 47 – Hasselt 59 – Turnhout 28.

※※ **Rembrandt,** Meiberg 10, ✆ 0 14 30 81 03, rest-rembrandt@skynet.be,
Fax 0 14 30 81 03, 佘 – **P. AE ① ◑◐ VISA**
fermé 2 sem. en juil., du 16 au 26 août, dim. soir, lundi, mardi et après 20 h 30 – **Repas**
Lunch 28 – 33/62 bc.
   ◆ Cette longue bâtisse en lisière du village est une ancienne ferme-relais où Rembrandt
aurait aimé poser son chevalet. Menus au goût du jour. Salle à manger bourgeoise.
   ◆ Deze langwerpige boerderij aan de rand van het dorp is een oud relais, waar Rembrandt
graag zijn ezel zou hebben neergezet. Eetzaal in bourgeoisstijl en eigentijdse menu's.

MEEUWEN 3670 Limburg © Meeuwen-Gruitrode 12 539 h. 👥👥👥 S 16 et 👥👥👥 J 2.
Bruxelles 105 – Hasselt 26 – Maastricht 42 – Roermond 42.

à Ellikom Nord : 3 km © Meeuwen-Gruitrode – ✉ 3670 Ellikom :

🏠 **Ellekenhuys,** Weg naar Ellikom 286, ✆ 0 11 61 06 80, info@ellekenhuys.be, Fax 0 11
63 61 80, 佘 – **TV P** – 🛔 à 80. **◑◐ VISA**. ※
Repas Lunch 32 – carte 25 à 37 – **11 ch** ⊃ 55/85 – ½ P 72/102.
   ◆ Une pimpante façade de briques signale ce petit hôtel "perdu" dans un village lim-
bourgeois. Confort convenable dans les chambres. Les plus paisibles ouvrent sur l'arrière.
Salle des repas avec verrière en demi-rotonde. Recettes classiques sagement actualisées.
   ◆ Dit kleine hotel met een mooie baksteen gevel staat wat verloren in een Limburgs dorp.
Redelijk comfortabele kamers, waarvan die aan de achterkant het rustigste zijn. Eetzaal
met halfronde glaskoepel. Klassieke recepten die voorzichtig worden gemoderniseerd.

MEISE Vlaams-Brabant 👥👥👥 K 17 et 👥👥👥 F 3 – voir à Bruxelles, environs.

MÉLIN Brabant Wallon 👥👥👥 O 18 et 👥👥👥 H 3 – voir à Jodoigne.

MELLE Oost-Vlaanderen 👥👥👥 H 17 et 👥👥👥 E 2 – voir à Gent, environs.

MELSBROEK Vlaams-Brabant 👥👥👥 L 17 – voir à Bruxelles, environs.

MEMBRE Namur 👥👥👥 O 23 et 👥👥👥 H 6 – voir à Vresse-sur-Semois.

MENEN (MENIN) *8930 West-Vlaanderen* 🔢 *D 18 et* 🔢 *C 3 – 32 114 h.*
Bruxelles 105 – Kortrijk 13 – Ieper 24 – Lille 23.

Ambassador ⚜ sans rest, Wahisstraat 34, ℘ 0 56 31 32 72, *ambassador@ambass adorhotel.be*, Fax 0 56 31 55 28, ⎍ – 🛗 📺 🅿. 🆎 ① ⑳ 𝘝𝘐𝘚𝘈
30 ch ⚏ 75/115.
♦ Hôtel dont on apprécie le calme, autant que l'ampleur des chambres, actuelles, égayées de tissus coordonnés aux tons chauds. Petite terrasse sur cour, salon de lecture et bar.
♦ Dit hotel wordt gewaardeerd om zijn rust en de ruime, moderne kamers, waarvan de stoffering bij de warme kleuren past. Klein terras op de binnenplaats, leeszaal en bar.

Royale Axkit, Bruggestraat 260, ℘ 0 56 53 06 07, Fax 0 56 53 06 07, ≤, ☞ – 🍽 🅿.
🆎 ⑳ 𝘝𝘐𝘚𝘈
fermé mardi soir et merc. – **Repas** *Lunch 25 bc –* 39 bc/49 bc.
♦ Salle de restaurant actuelle jouissant d'une échappée sur une prairie où s'ébattent des chevaux. Clientèle d'affaires et d'habitués. Les beaux jours, on mange à l'extérieur.
♦ Vanuit dit eigentijdse restaurant ziet u de paarden rondrennen in de wei. Naast zaken-lieden komen er ook veel vaste gasten. Op zomerse dagen kan buiten worden gegeten.

à Rekkem *Est : 4 km* 🄲 *Menen –* ⊠ *8930 Rekkem :*

La Cravache, Gentstraat 215 (Sud-Est : 4 km sur N 43), ℘ 0 56 42 67 87, *info@lacr avache.com*, Fax 0 56 42 67 97, ☞ – 🍽 🅿. – 🅰 30. 🆎 ① ⑳ 𝘝𝘐𝘚𝘈
fermé 2 prem. sem. avril, 2 prem. sem. sept., sam. midi, dim. soir et lundi – **Repas** *Lunch 30 –* 56 bc/85 bc.
♦ Villa cossue aux abords verdoyants, La Cravache vous dorlotera dans un décor classique assorti à son style de cuisine, où la truffe règne en maître. Terrasse agréable.
♦ In deze weelderige villa wordt u gastronomisch verwend. De klassieke inrichting past perfect bij de stijl van de keuken, waar de truffel heer en meester is. Prettig terras.

MERELBEKE *Oost-Vlaanderen* 🔢 *H 17 et* 🔢 *E 3 – voir à Gent, environs.*

MERENDREE *9850 Oost-Vlaanderen* 🄲 *Nevele 10 985 h.* 🔢 *G 16 et* 🔢 *D 2.*
Bruxelles 71 – Brugge 42 – Gent 13.

De Waterhoeve, Durmenstraat 6, ℘ 0 9 371 59 42, *info@dewaterhoeve.be*, Fax 0 9 371 94 46, ≤, ☞ – 🍽 🅿. 🆎 ① ⑳ 𝘝𝘐𝘚𝘈. ※
fermé 18 juil.-11 août, merc., sam. midi et dim. soir – **Repas** *Lunch 27 –* carte 34 à 55 🔖.
♦ Ce restaurant environné de prairies et de champs évoque quelque peu une ferme-château. Élégantes salles, salon en mezzanine et jardin pomponné s'égayant d'une pièce d'eau.
♦ Dit restaurant te midden van weiden en akkers doet aan een kasteelhoeve denken. Elegante eetzalen, salon en mezzanine. De mooie tuin wordt opgeluisterd door een water-partij.

MERKSEM *Antwerpen* 🔢 *L 15 et* 🔢 *G 2 – voir à Antwerpen, périphérie.*

MEULEBEKE *8760 West-Vlaanderen* 🔢 *E 17 et* 🔢 *C 3 – 10 968 h.*
Bruxelles 84 – Kortrijk 15 – Brugge 36 – Gent 39.

't Gisthuis, Baronielaan 28, ℘ 0 51 48 76 02, *marleen.d.hulster@pandora.be*, Fax 0 51 48 76 02, ☞ – 🅿. 🆎 ① ⑳ 𝘝𝘐𝘚𝘈
fermé dim. soir et lundi – **Repas** *Lunch 30 –* 45/80 bc.
♦ Beau moment de table en perspective dans cette grosse villa dont la terrasse estivale en hémicycle s'entoure de haies soignées. Salle à manger cossue. Cave intéressante.
♦ Deze grote villa met een weelderige eetzaal en halfrond zomerterras dat door een haag wordt omzoomd, heeft mooie culinaire momenten voor u in petto. Interessante wijnkelder.

MEUSE NAMUROISE (Vallée de la) ★★ *Namur* 🔢 *O 21 - Q 19,* 🔢 *O 21 - Q 19 et* 🔢 *H 5 - K 3 G. Belgique-Luxembourg.*

MIDDELKERKE *8430 West-Vlaanderen* 🔢 *B 15 et* 🔢 *B 2 – 17 356 h – Station balnéaire – Casino Kursaal, Zeedijk* ℘ 0 59 31 95 95, Fax 0 59 30 52 84.
🅱 *Dr J. Casselaan 4* ℘ 0 59 30 03 68, *toerisme@middelkerke.be*, Fax 0 59 31 11 95.
Bruxelles 124 – Brugge 37 – Oostende 8 – Dunkerque 43.

Excelsior sans rest, A. Degreefplein 9a, ℘ 0 59 30 18 31, Fax 0 59 31 27 02, ≤, ⎍ –
🛗 📺. ⑳ 𝘝𝘐𝘚𝘈
32 ch ⚏ 40/85.
♦ Avantagé par sa proximité du front de mer - visible depuis la salle de breakfast -, ce building érigé à l'entrée de la station dispose de petites chambres sans fioriture.
♦ Bij binnenkomst in deze badplaats staat dit hotel, gunstig gelegen in de buurt van de kustlijn, die vanaf de eetzaal goed te zien is. Kleine kamers zonder veel opsmuk.

BELGIQUE

353

XX **Were-Di** avec ch, P. de Smet de Naeyerstraat 19, ✆ 0 59 30 11 88, *info@ hotelweredi.be*, Fax 0 59 31 02 41, ⛱ – 🛗 ✻ 📺 🕮 VISA ✻ ch
Repas *(fermé 2 sem. après carnaval, mi-nov.-début déc. et merc.)* 50/80 bc – **18 ch** ⚏ 45/90 – ½ P 68.

♦ Confortable restaurant établi dans l'artère commerçante de Middelkerke, à quelques enjambées de la digue. Cuisine du marché au goût du jour. Menues chambres fonctionnelles.

♦ Comfortabel restaurant in een winkelstraat van Middelkerke, vlak bij de boulevard. Eigentijdse keuken op basis van verse producten van de markt. Kleine, functionele kamers.

XX **La Tulipe,** Leopoldlaan 81, ✆ 0 59 30 53 40, *la_tulipe_middelkerke@ hotmail.com*, Fax 0 59 30 61 39 – 🕮 🕮 VISA
fermé sem. carnaval, 2 prem. sem. oct., lundi soir et mardi – **Repas** 20/75 bc.

♦ Une carte classique annonçant cinq menus et une spécialité de bouillabaisse comblera votre appétit à cette table où l'on a ses aises. Salle à manger stylée ; service de même.

♦ Comfortabel restaurant met een klassieke kaart en vijf menu's. Bouillabaisse is de specialiteit van het huis. Stijlvolle eetzaal en dito bediening.

XX **De Vlaschaard,** Leopoldlaan 246, ✆ 0 59 30 18 37, Fax 0 59 31 40 40 – ▤, AE 🕮 🕮 VISA
fermé mi-nov.-début déc. et merc. – **Repas** 28/60 bc, ⚏.

♦ Pas loin de la plage, restaurant dont le nom et certains éléments du décor intérieur se réfèrent à un célèbre roman de l'écrivain flamand Stijn Streuvels. Cuisine classique.

♦ Eethuis dicht bij het strand. De naam en sommige elementen van het interieur herinneren aan een beroemde roman van de Vlaamse schrijver Stijn Streuvels. Klassieke keuken.

XX **Host. Renty** avec ch, L. Logierlaan 51 (près du château d'eau Krokodil), ✆ 0 59 31 20 77, *hostellerie.renty@ skynet.be*, Fax 0 59 30 07 54, 😊 – ✻ 📺 🅿 🕮 VISA ✻
fermé 1 sem. en oct., 24 déc. soir, 31 déc.-1er janv., 16 janv.-3 fév. et mardi soir et merc. sauf vacances scolaires – **Repas** (de déc. à mi-mars déjeuner seult sauf week-end et vacances scolaires) *Lunch* 15 – 21/44 bc – **8 ch** ⚏ 56/95 – ½ P 67/83.

♦ Villa "mer du Nord" postée à l'ombre d'un château d'eau. Choix de préparations littorales et sélection vineuse imprimés sur les nappes. Bonnes chambres à prix sages.

♦ Hoekpand, gunstig gelegen aan de boulevard, met meer dan 50 kamers die allemaal uitkijken op zee. De receptie, lounge en ontbijtzaal zijn echt design.

MILLEN *Limburg* 🔢 S 18 *et* 🔢 J 3 – *voir à Riemst.*

MIRWART 6870 *Luxembourg belge* 🅲 *St-Hubert* 5 669 h. 🔢 Q 22 *et* 🔢 I 5.
Bruxelles 129 – *Bouillon* 55 – *Arlon* 71 – *Marche-en-Famenne* 26 – *Namur* 68 – *St-Hubert* 11.

🏠 **Beau Site** ✻ sans rest, pl. Communale 5, ✆ 0 84 36 62 27, *beau-site.mirwart@ skyn et.be*, Fax 0 84 36 71 18, ← – 📺 🅿 AE 🕮 VISA
fermé mardi sauf en juil.-août – **9 ch** ⚏ 54/68.

♦ Assez spacieuses et aménagées en annexe dans l'esprit campagnard, toutes les chambres de cette paisible petite auberge rustique profitent d'une échappée forestière.

♦ Deze rustig gelegen herberg beschikt over vrij ruime kamers in de dependance, die in rustieke stijl zijn ingericht en allemaal uitkijken op de bosrijke omgeving.

XX **Aub. du Grandgousier** ✻ avec ch, r. Staplisse 6, ✆ 0 84 36 62 93, *grandgousier @belgacom.net*, Fax 0 84 36 65 77, 😊, 🌳, 🚲 – 📺 🅿 🕮
fermé 20 juin-7 juil., 22 août-8 sept., 2 janv.-8 fév., mardi et merc. sauf vacances scolaires et après 20 h 30 – **Repas** 30/55 – **9 ch** ⚏ 55/72 – ½ P 65/75.

♦ Charmante auberge traditionnelle dont la façade est animée de colombages. Les menus saisonniers s'effeuillent dans une salle à manger à poutres apparentes. Chambres pratiques.

♦ Traditionele herberg met een mooie vakwerkgevel en praktische kamers. Onder de hanenbalken van de robuuste eetzaal worden seizoengebonden menu's geserveerd.

MODAVE 4577 *Liège* 🔢 Q 20, 🔢 Q 20 *et* 🔢 I 4 – 3 723 h.

Voir Château★ : ←★ de la terrasse de la chambre du Duc de Montmorency.
Env. au Sud : 6 km à Bois-et-Borsu, fresques★ dans l'église romane.
Bruxelles 97 – *Liège* 38 – *Marche-en-Famenne* 25 – *Namur* 46.

X **Le Pavillon du Vieux Château,** Vallée du Houyoux 9 (Sud-Ouest : 2 km, lieu-dit Por de Vyle), ✆ 0 85 41 13 43, Fax 0 85 31 28 84, 😊 – 🅿 🕮 🕮 VISA ✻
fermé 2 sem. en sept., jeudi soir sauf en juil.-août, lundi et mardi – **Repas** *Lunch* 21 – cart 22 à 39.

♦ Ce café converti en restaurant traditionnel profite du voisinage rafraîchissant du Hoyou Sa carte bourgeoise comblera les amateurs de truites et d'écrevisses.

♦ Dit traditionele eethuis, dat vroeger een café was, ligt vlak bij de rivier de Hoyaux. D kaart zal vooral bij liefhebbers van forel en rivierkreeft in de smaak vallen.

MOERBEKE 9180 Oost-Vlaanderen 533 I 15 et 716 E 2 – 5 785 h.

Bruxelles 54 – Gent 26 – Antwerpen 38.

XX **'t Molenhof**, Heirweg 25, ℘ 0 9 346 71 22, molenhof@proximedia.be, Fax 0 9 346 71 22, 🐕 – 🅿. 🐾 *VISA*. ✛
fermé sept., 23 déc.-2 janv., sam. midi, dim. soir, lundi et mardi – **Repas** Lunch 43 – carte 35 à 68, ♀.
♦ Un moulin dominait naguère cette fermette entourée de champs. Salle rustique et terrasse donnant sur un beau jardin. Choix classique enrichi de plats mijotés, du merc. au vend.
♦ Vroeger stond er een molen bij dit boerderijtje tussen de landerijen. Rustieke eetzaal en mooie tuin met terras. Klassieke keuken en stoofschotels van woensdag t/m vrijdag.

MOERZEKE Oost-Vlaanderen 533 J 16 et 716 F 2 – voir à Hamme.

MOESKROEN Hainaut – voir Mouscron.

MOL 2400 Antwerpen 533 P 15 et 716 I 2 – 32 243 h.

🏌 Kiezelweg 78 (Rauw) ℘ 0 14 81 62 78, Fax 0 14 81 62 78 - 🏌 Steenovens 89 (Postel) ℘ 0 14 37 36 61, Fax 0 14 37 36 62.

🛈 Markt 1a ℘ 0 14 33 07 85, toerisme@gemeentemol.be, Fax 0 14 33 07 87.

Bruxelles 78 – Antwerpen 54 – Hasselt 42 – Turnhout 23.

XXX **Hippocampus**, St-Jozeflaan 79 (Est : 7 km à Wezel), ℘ 0 14 81 08 08, chef@hippocampus.be, Fax 0 14 81 45 90, 🐕 – 🅿. 🆎 ⓿ 🐾 *VISA*. ✛
fermé dern. sem. août, 2 prem. sem. janv., dim. soir et lundi – **Repas** Lunch 30 – 45/82 bc.
♦ Demeure ancienne ouverte sur un beau parc agrémenté d'un étang. Ambiance feutrée en salle ; vue romantique en terrasse. Bons cigares et collection de whiskies single-malt.
♦ Oud landhuis in een mooi park met vijver. In de eetzaal hangt een rustige sfeer. Het terras biedt een romantisch uitzicht. Goede sigaren en single-malt whisky's.

XXX **'t Zilte** (Geunes), Martelarenstraat 74, ℘ 0 14 32 24 33, tzilte@skynet.be, Fax 0 14 32 13 27, 🐕 – 🅿. 🆎 ⓿ 🐾 *VISA*. ✛
ⓔ fermé 1 sem. Pâques, 2 sem. en août, 1 sem. Toussaint, lundi et mardi – **Repas** Lunch 32 – 55/95 bc, carte 63 à 87
Spéc. Langoustines, Pata Negra et melon mariné. Couscous de Saint-Jacques et chou-fleur, gelée tiède aux truffes. Agneau, crème de pois et jus aux olives.
♦ Le nom de celle confortable villa au goût du jour officiant à la périphérie de Mol est sur toutes les (fines) bouches de la région. Terrasse d'été cossue dressée au jardin.
♦ De naam van deze moderne, comfortabele villa aan de rand van Mol ligt op de lippen van alle fijnproevers in de streek. Tuin met prachtig terras, waar 's zomers wordt gegeten.

XX **De Partituur**, Corbiestraat 62, ℘ 0 14 31 94 82, 🐕 – 🆎 ⓿ 🐾 *VISA*. ✛
fermé sam. midi, dim. et lundi midi – **Repas** Lunch 35 – 40/70 bc, ♀.
♦ Au "piano" de cet établissement actuel et engageant, le chef interprète une partition culinaire sur un mode classico-traditionnel. Cave bien orchestrée. Ambiance "jazzy".
♦ In dit vriendelijke, eigentijdse restaurant vertolkt de chef-kok een klassiek-traditioneel repertoire, waarbij de wijn in harmonie is. De ambiance heeft een "jazzy" ondertoon.

MOLENBEEK-ST-JEAN (SINT-JANS-MOLENBEEK) Région de Bruxelles-Capitale – voir à Bruxelles.

MOMIGNIES Hainaut 534 J 22 et 716 F 5 – voir à Chimay.

MONS (BERGEN) 7000 🅿 Hainaut 533 I 20, 534 I 20 et 716 E 4 – 90 794 h.

Voir Collégiale Ste-Waudru★★ CY – Beffroi★ CY D.

Musées : de la Vie montoise★ (Maison Jean Lescarts) DY M' – Collection de pendules★★ dans le Musée François Duesberg★ CY M⁵.

Env. par ① : 15 km à Strépy-Thieu, Canal du Centre : les Ascenseurs hydrauliques★ – par ④ : 9,5 km à Hornu : Le Grand-Hornu★★.

🏌 🏌 par ① : 6 km à Erbisoeul, Chemin de la Verrerie 2 ℘ 0 65 22 02 00, Fax 0 65 22 02 09 - 🏌 par ⑥ : 6 km à Baudour, r. Mont Garni 3 ℘ 0 65 62 27 19, Fax 0 65 62 34 10.

🛈 Grand'Place 22 ℘ 0 65 33 55 80, ot1@mons.be, Fax 0 65 35 63 36 – Fédération provinciale de tourisme, r. Clercs 31 ℘ 0 65 36 04 64, federation.tourisme@hainaut.be, Fax 0 65 33 57 32.

Bruxelles 67 ① – Charleroi 36 ② – Namur 72 ① – Tournai 48 ⑤ – Maubeuge 20 ③

🏠 **Lido** sans rest, r. Arbalestriers 112, ☎ 0 65 32 78 00, *info@lido.be, Fax 0 65 84 37 22,*
₤☞, ☎s – 🛗 ⇆ 📺 🚗. 🆑 ⓪ ⓦ⓪ 𝘝𝘐𝘚𝘈   DY b
73 ch ☑ 85/150.

♦ Cet immeuble contemporain jouxtant la Porte de Nimy abrite des chambres
standard bénéficiant du confort moderne. Un buffet très varié est dressé au petit-
déjeuner.

♦ Hotel in een modern flatgebouw bij de Porte de Nimy. Standaardkamers met modern
comfort en een uitgebreid ontbijtbuffet.

🏠 **ST JAMES** sans rest, pl. de Flandre 8, ☎ 0 65 72 48 24, *hotestjamers@hotmail.com,*
Fax 0 65 72 48 11 – 🛗 ⇆ 📺 🅿. 🆑 ⓪ ⓦ⓪ 𝘝𝘐𝘚𝘈   DY c
21 ch ☑ 77/93.

♦ Ancienne maison de notable dont l'intérieur a été entièrement redessiné dans
un esprit design non dénué de cachet. Chambres plus tranquilles à l'arrière et dans
l'annexe.

♦ Dit oude herenhuis heeft nu een designinterieur met cachet. De kamers aan de achterkant en in de dependance zijn het rustigst.

🏠 **Infotel** sans rest, r. Havré 32, ☎ 0 65 40 18 30, *info@hotelinfotel.be, Fax 0 65 35 62 24*
– 🛗 📺 🅿 – 🔬 25. 🆑 ⓪ ⓦ⓪ 𝘝𝘐𝘚𝘈   DY s
20 ch ☑ 65/90.

♦ Dans un secteur piétonnier voisin de la Grand-Place, hôtel bâti au début des
années 1990 sans dénaturer le style architectural du vieux Mons. Chambres refaites en
2003.

♦ Dit hotel in een voetgangersgebied werd rond 1990 gebouwd in een stijl die goed past
bij die van het oude Bergen. De kamers zijn in 2003 opgeknapt.

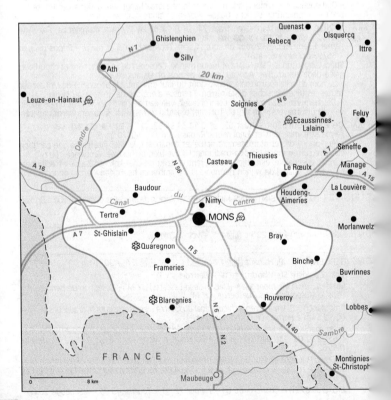

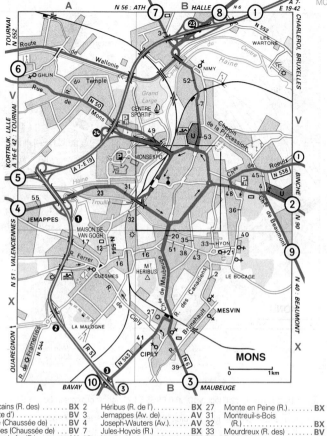

MONS

0   1km

🏨 **Ibis,** bd Charles-Quint 27, ℘ 0 65 84 74 40, info@ibismons.be, Fax 0 65 84 74 41 – 📶 ⇄
📺 🅿. 🆎 ⓜⓢ *VISA*, ⅝ rest
CY **b**
Repas *(fermé 15 déc.-15 janv., sam. et dim.)* (dîner seult) carte env. 25 – ☐ 9 – **72 ch**
– ½ P. 91/98.

◆ Établissement de chaîne hôtelière installé dans le voisinage de la gare. Chambres actuelles valablement insonorisées et privilégiant le côté pratique. Salle de restaurant au décor champêtre. Choix entre cinq entrées et cinq plats pour composer votre repas.
◆ Dit Ibishotel staat in de buurt van het station. Moderne, praktische kamers met een goede geluidsisolatie. De eetzaal is rustiek ingericht. U kunt zelf uw maaltijd samenstellen door een keuze te maken uit vijf voorgerechten en vijf hoofdgerechten.

XXX **Devos,** r. Coupe 7, ℘ 0 65 35 13 35, info@restaurantdevos.be, Fax 0 65 35 37 71 – 🍽
– 🍴 25 à 150. 🆎 ⓜⓢ *VISA*
DY **r**
fermé 28 fév.-6 mars, 25 juil.-18 août, merc., dim. soir et jours fériés soirs – **Repas** *Lunch*
30 – 60/85 bc, ♀.

◆ Vénérable hostellerie (1879) ordonnée autour d'une cour intérieure. Mets classiques actualisés et plats traditionnels servis dans deux élégantes salles lambrissées.
◆ Eerbiedwaardige herberg uit 1879 met een binnenplaats. De licht klassieke gerechten en traditionele schotels worden opgediend in twee sierlijke eetzalen met lambrisering.

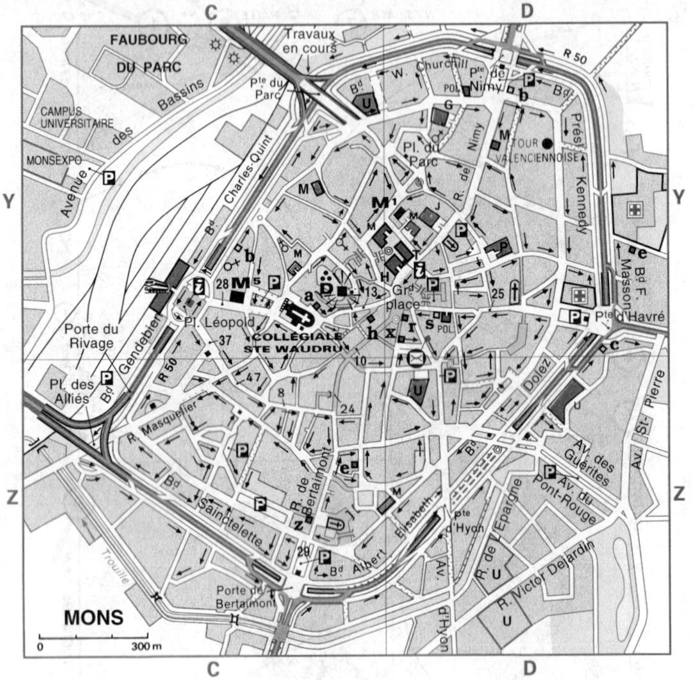

Capucins (R. des)	**CZ** 8	Grand Rue	**CZ** 24	Jean-d'Avesnes (Av.)	**CZ** 29
Chaussée (R. de la)	**CY** 10	Havré (R. d')	**DY** 25	Léopold-II (R.)	**CY** 37
Clercs (R. des)	**CY** 13	Houssière (R. de la)	**CY** 28	Pte Guirlande (R.)	**CZ** 47

XX **Chez John,** av. de l'Hôpital 10, ✆ 0 65 33 51 21, *john@proximedia.be, Fax 0 65 33 76 87* – 25. MC VISA DY e
fermé 28 juin-14 juil. et dim. et lundis non fériés – **Repas** Lunch 35 – 57/135 bc.

◆ Aux portes de la Cité du Doudou, table présentant une belle carte actuelle souvent recomposée et un livre de cave étonnamment riche. Possibilité de sabrer le champagne !

◆ Restaurant aan de rand van de Cité du Doudou met een moderne kaart die regelmatig wordt vernieuwd en een uitstekende wijnkelder. De champagne wordt met een sabelklap geopend !

XX **La 5e saison,** r. Coupe 25, ✆ 0 65 72 82 62, *Fax 0 65 72 82 61,* – AE MC VISA DY
fermé 1 sem. Pâques, 1re quinz. août, 1 sem. Toussaint, dim. et lundi midi – **Repas** 30/45.

◆ Salles à manger lumineuses et modernes desservies par une impasse aux murs à pan de bois. Recettes d'aujourd'hui, menus bien vus, cave bien montée et service non somnolent.

◆ Restaurant met twee lichte, moderne eetzalen die door een houten gang aan elkaar zijn verbonden. Eigentijdse keuken, smakelijke menu's, goede wijnkelder en attente bediening.

X **La Table des Matières,** r. Grand Trou Oudart 16, ✆ 0 65 84 17 0 *renato.carati@skynet.be, Fax 0 65 84 91 45,* , Cuisine italienne – AE MC VI CZ
fermé 20 juil.-20 août, merc., sam. midi et dim. soir – **Repas** Lunch 24 – 40.

◆ Cette table transalpine à débusquer dans le bas de la ville occupe une part d'un ancien couvent (1790). Fresque italianisante en salle. Terrasse ombragée dans la cour.

◆ Italiaans restaurant in een deel van een oud klooster uit 1790 in de benedenstad. Eetz met fresco in Italiaanse stijl. Lommerrijk terras op de binnenplaats.

Marchal, Rampe Ste-Waudru 4, 0 65 31 24 02, *contact@marchal.be, Fax 0 65 36 24 69,* – 25 à 45. AE MC VISA CY a
fermé 1re quinz. août, prem. sem. janv., dim. soir, lundi et mardi – **Repas** *Lunch 22* – 26/72 bc.
• Au pied de la collégiale, maison de caractère où l'on mange dans un cadre feutré. Sage carte traditionnelle au déjeuner du merc. au sam. ; choix plus raffiné le week-end.
• Karakteristiek pand om stijlvol en rustig te eten. Mooie lunchkaart met traditionele gerechten van woensdag t/m vrijdag ; in het weekend verfijndere gerechten à la carte.

La Coquille St-Jacques, r. Poterie 27, 065 84 36 53, *piejac@busmail.net, Fax 0 65 84 36 53* – MC VISA CY h
fermé 21 juil.-15 août et dim. soirs et lundis non fériés – **Repas** 22.
• Proche de toutes les curiosités du centre de Mons, ce restaurant familial au décor sagement rustique sert une cuisine traditionnelle du marché. Additions "sympa".
• Rustiek familierestaurant nabij de bezienswaardigheden van Bergen. Traditionele keuken, afhankelijk van het aanbod op de markt. De prijzen rijzen in elk geval niet de pan uit !

Les enfants gâtés, r. Bertaimont 40, 0 65 72 39 73, *Fax 0 65 72 39 73* – MC VISA. CZ z
fermé 1 sem. vacances Pâques, 3 dern. sem. août, sam. midi, dim., lundi, mardi et merc. soir – **Repas** carte 30 à 50.
• Petit repaire gourmand du genre estaminet amélioré, où vous serez traités un peu comme des "enfants gâtés". Repas au goût du jour dans une atmosphère bistrotière.
• In deze eenvoudige eetgelegenheid, waar u als een "verwend kind" wordt behandeld, kunt u lekker smikkelen. Eigentijdse gerechten in bistrosfeer.

à Baudour *par ⑥ : 12 km C Saint-Ghislain 22 188 h. – ✉ 7331 Baudour :*

Le Faitout, av. Louis Goblet 161, 0 65 64 48 57, *administration@fernez.com, Fax 0 65 61 32 29,* , Grillades – 30. AE MC VISA.
fermé mardi soir – **Repas** 23/28.
• Les carnivores friands de plantureuses grillades au feu de bois - exécutées en salle - trouveront leur bonheur à cette enseigne. Recettes traditionnelles de bon aloi.
• Vleesliefhebbers kunnen hun tanden zetten in de grote sappige stukken vlees die in de eetzaal op houtskool worden geroosterd. Eerlijke, traditionele keuken.

à Frameries *par ⑩ : 6 km – 20 677 h – ✉ 7080 Frameries :*

l'assiette au beurre, r. Industrie 278, 0 65 67 76 73, *jeanlouis.simonet@skynet.be, Fax 0 65 66 43 87,* – P – 30. AE MC VISA
fermé 2 sem. en août, dim. soir, lundi et merc. soir – **Repas** *Lunch 24* – 45/80 bc.
• Un journal satirique né en 1900 prête son nom à cette bonne table hennuyère qui fête ses 20 ans de présence en 2005. Repas dans le tempo actuel, élaboré selon le marché.
• Dit restaurant, dat in 2005 twintig jaar bestaat, is genoemd naar een satirische krant uit 1900. De chef-kok is zeer bij de tijd en maakt gebruik van het aanbod op de markt.

à Nimy *par ⑦ : 6 km C Mons – ✉ 7020 Nimy :*

Mercure , r. Fusillés 12, 0 65 72 36 85, *hotel.mercure.mons@skynet.be, Fax 0 65 72 41 44,* , , – TV P – 25 à 70. AE MC VISA. rest
Repas *(fermé sam., dim. et jours fériés) Lunch 18* – carte 31 à 41 – **51 ch** 70/110 – ½ P 90/130.
• Émergeant d'un site paisible imprégné de chlorophylle, cet immeuble de briques bâti à la fin des années 1960 renferme des chambres retrouvant peu à peu l'éclat du neuf.
• Dit hotel is gehuisvest in een bakstenen gebouw uit het einde van de jaren zestig, in een rustige en bosrijke omgeving. De kamers worden stuk voor stuk opgeknapt.

MONTAIGU *Vlaams-Brabant – voir Scherpenheuvel.*

MONTIGNIES-ST-CHRISTOPHE *6560 Hainaut C Erquelinnes 9 557 h.* 533 K 21, 534 K 21 et 716 F 5.
Bruxelles 70 – Mons 25 – Charleroi 30 – Maubeuge 20.

La Villa Romaine, chaussée de Mons 52, 0 71 55 56 22, *Fax 0 71 55 62 03* – P. AE MC VISA
fermé 31 août-22 sept., du 2 au 12 janv., jeudis midis non fériés, merc., jeudi soir et dim. soir – **Repas** *Lunch 25* – 50/85 bc.
• Près du pont romain enjambant la Hantes, bonne maison de bouche dont la petite carte au goût du jour s'accompagne de trois menus prometteurs et d'une formule déjeuner.
• Goed restaurant bij de "Romeinse" brug over de Hantes. De kleine kaart met eigentijdse gerechten wordt vergezeld van drie veelbelovende menu's en een tweegangenlunchmenu.

MONTIGNIES-SUR-SAMBRE *Hainaut* 533 L 20, 534 L 20 et 716 G 4 – *voir à Charleroi.*

BELGIQUE

MONTIGNY-LE-TILLEUL Hainaut 🔢 L 20, 🔢 L 20 et 🔢 G 4 – voir à Charleroi.

MONT-SUR-MARCHIENNE Hainaut 🔢 L 20, 🔢 L 20 et 🔢 G 4 – voir à Charleroi.

MORLANWELZ 7140 Hainaut 🔢 K 20, 🔢 K 20 et 🔢 F 4 – 18 408 h.
Bruxelles 56 – Mons 31 – Charleroi 24 – Maubeuge 35.

XX **Le Mairesse,** chaussée de Mariemont 77, ☎ 0 64 44 23 77, lemairesse@msn.com,
Fax 0 64 44 27 70, 🖼 – 🅿 – 🔬 25. ⓪ 🆗 𝗩𝗜𝗦𝗔
fermé dim. soir, lundi et mardi soir – **Repas** Lunch 20 – 25/67 bc.
◆ Cette belle maison ancienne séduisit déjà Bibendum en 1930 ! Atmosphère intime et chaleureuse, mise en place soignée sur les tables et carte-menu tendance classique-actuelle.
◆ Al in 1930 was Bibendum verrukt van dit mooie oude pand ! Intieme en warme ambiance,
fraai gedekte tafels en een klassiek-moderne kaart met menu.

MOUSCRON (MOESKROEN) 7700 Hainaut 🔢 E 18, 🔢 E 18 et 🔢 C 3 – 52 214 h.
🚹 pl. Gérard Kasiers 15 ☎ 0 56 86 03 70, mouscron.tourisme@mouscron.be, Fax
0 56 86 03 71.
Bruxelles 101 ③ – Kortrijk 13 ④ – Mons 71 ⑤ – Tournai 23 ⑤ – Lille 23 ③

XX **Au Petit Château,** bd des Alliés 243 (par ⑤ : 2 km sur N 58), ✉ 7700 Luingne, ☎ 0 56
33 22 07, Fax 0 56 84 02 11 – 📟 🅿 🆎 🆗 𝗩𝗜𝗦𝗔
fermé fin juil.-début août, dim. soir, lundi soir, mardi soir et merc. – **Repas** Lunch 23 –
36/72 bc.
◆ L'installation tient davantage de la grande villa que du ″petit château″, mais le soin
apporté à l'assiette vous fera certainement pardonner cette petite exagération.
◆ Dit restaurant lijkt meer op een grote villa dan op een klein kasteel, maar het verzorgde
eten en de fraai opgemaakte borden doen deze kleine overdrijving snel vergeten.

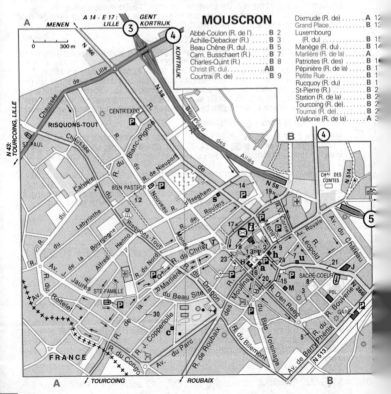

360

BELGIQUE

XX **Madame,** r. Roi Chevalier 17, ✆ 0 56 34 43 53, restaurant-madame@skynet.be, Fax 0 56 34 43 53, 🌇 – 📖. ⓪ ⓦ🎯 𝖵𝖨𝖲𝖠   A c
fermé 22 juil.-14 août, lundis midis et mardis midis non fériés, dim. soir, lundi soir et mardi soir – **Repas** Lunch 20 bc – 28/60 bc, 🍷.
• Restaurant au sobre décor intérieur, régalant ses hôtes en face du parc municipal. Cuisinière au fourneaux, intraitable sur la qualité des produits entrant dans ses recettes.
• Restaurant met een sober interieur, tegenover het gemeentelijke park. Achter het fornuis staat een vrouwelijke kok die genoegen neemt met ingrediënten van de allerbeste kwaliteit.

XX **l'Escapade,** Grand'Place 34, ✆ 0 56 84 13 13, info@moresto.be, Fax 0 56 84 36 46, 🌇 – 📖. ⓪ ⓦ🎯 𝖵𝖨𝖲𝖠   B a
fermé 2e quinz. juil. – **Repas** (déjeuner seult sauf vend. et sam.) 33/49 bc.
• Sur la Grand'Place, ample et lumineuse salle de restaurant agencée dans un style actuel. Carte classique-traditionnelle complétée d'un menu de saison et d'un menu du mois.
• Groot en licht restaurant aan de Grote Markt. Modern interieur en klassiek-traditionele kaart, aangevuld met een menu van het seizoen en een menu van de maand.

X **Au Jardin de Pékin,** r. Station 9, ✆ 0 56 33 72 88, Fax 0 56 33 77 88, Cuisine chinoise, ouvert jusqu'à 23 h 30 – 📖. 🅰🅴 ⓪ ⓦ🎯 𝖵𝖨𝖲𝖠. 🍸   B u
fermé lundis non fériés – **Repas** Lunch 8 – carte 22 à 31.
• Tout l'éventail des saveurs de l'Empire du Milieu, avec une faveur spéciale pour les régions de Canton et Pékin, se déploie à cette enseigne. Décor intérieur "made in China".
• Heel de waaier van smaken uit het Rijk van het Midden ontvouwt zich hier, met een speciale voorkeur voor Kanton en Peking. Het interieur is "made in China".

X **l'Aquarelle,** r. Menin 185, ✆ 0 56 34 55 36, Fax 0 56 34 55 36 – 📖. ⓪ ⓦ🎯 𝖵𝖨𝖲𝖠. 🍸   B s
fermé 2 sem. en mars, 3 sem. en sept., mardi soir et merc. – **Repas** 29/48 bc.
• Ce petit restaurant vous reçoit dans une salle à manger croquignolette. La carte, traditionnelle et relativement étoffée, comprend plusieurs menus assez courtisés.
• De eetzaal van dit kleine restaurant ziet er bijzonder appetijtelijk uit. De vrij uitgebreide kaart omvat traditionele gerechten en een aantal menu's die zeer in trek zijn.

X **le bistro des anges,** r. Tombrouck 6 (par ⑤ : 2 km sur N 58), ✉ 7700 Luingne, ✆ 0 56 33 00 55, Fax 0 56 33 00 55 – 📖. 🅿. 🅰🅴 ⓪ ⓦ🎯 𝖵𝖨𝖲𝖠
fermé août, merc. soir et jeudi – **Repas** Lunch 30 bc – carte 25 à 40.
• Enseigne à laquelle on donnerait le bon Dieu sans confession ! Plats traditionnels et de bistrot servis dans une ambiance sympathique. Carte et tableau a suggestions.
• In deze sympathieke bistro waant u zich in het paradijs ! Traditionele kaart en suggesties.

X **La Cloche,** r. Tournai 9, ✆ 0 56 85 50 30, info@moresto.be, Fax 0 56 85 50 33, Brasserie, ouvert jusqu'à 23 h – 📖. 🅰🅴 ⓪ ⓦ🎯 𝖵𝖨𝖲𝖠   B h
Repas Lunch 12 – 18/29.
• Brasserie de quartier où l'on "se tape la cloche" dans une atmosphère cordiale. Lambris et poutres en salle. Carte incluant une ribambelle de menus et des plats "canailles".
• In deze buurtbrasserie is het een al gezelligheid wat de klok slaat. Eetzaal met lambrisering en balkenzoldering. Kaart met veel menu's en smakelijke suggesties.

Herseaux par ⑤ : 4 km 🅲 Mouscron – ✉ 7712 Herseaux :
X **La Broche de Fer,** r. Broche de Fer 273 (lieu-dit Les Ballons), ✆ 0 56 33 15 16, broche-de-fer@skynet.be, Fax 0 56 34 10 54 – 🅿. 𝖵𝖨𝖲𝖠
fermé du 21 au 25 fév., 18 juil.-13 août, lundi soir, mardi, merc. et jeudi soir – **Repas** Lunch 25 – 40/55 bc.
• C'est le nom de la rue qui a inspiré celui du restaurant : cette auberge de la périphérie mouscronoise n'a donc rien d'une rôtisserie. Cuisine classico-bourgeoise de bon aloi.
• Dit leuke restaurant aan de rand van Moeskroen is genoemd naar de straat waarin het zich bevindt en heeft dus niets van een rotisserie. Klassieke keuken van goed allooi.

NULLEM Oost-Vlaanderen 🖫🖫🖫 G 17 – voir à Oudenaarde.

NADRIN 6660 Luxembourg belge 🅲 Houffalize 4 634 h. 🖫🖫🖫 T 22 et 🖫🖫🖫 K 5.
Voir Belvédère des Six Ourthe★★, Le Hérou★★.
Bruxelles 140 – Bouillon 82 – Arlon 68 – Bastogne 29 – La Roche-en-Ardenne 13.

XX **Host. du Panorama** 🐾 avec ch, rte du Hérou 41, ✆ 0 84 44 43 24, Fax 0 84 44 46 63, ≤ vallées boisées, 🌇, 🌲 – 📺 🅿. 🅰🅴 ⓦ🎯 𝖵𝖨𝖲𝖠. 🍸 ch
fermé janv. – **Repas** (fermé merc.) Lunch 30 – 40/50 – **13 ch** ⌖ 65/75 – ½ P 70.
• Elle porte bien son nom, cette paisible hostellerie surplombant une vallée bucolique. Salle à manger classiquement aménagée. Menus très courtisés. Chambres pratiques.
• Dit rustige hotel boven een groen dal biedt een fraai panorama, zoals de naam al doet vermoeden. Praktische kamers. Klassiek ingerichte eetzaal. De menu's zijn zeer gewild.

La Plume d'Oie avec ch en annexe 🏠, pl. du Centre 3, 𝒫 0 84 44 44 36, Fax 0 84 44 44 36, ≤, 🏤, 🏊 – TV. ⓐⓒ VISA. 🛇 ch

Repas *(fermé 2 prem. sem. juil. et merc. et jeudis non fériés)* Lunch 22 – 29/75 bc – **4 ch** 🛏 69/79 – ½ P 68/89.

◆ Table au cadre actuel cossu, dont les menus se parent chaque mois de nouvelles plumes. Côté casseroles, on n'a pas affaire à des "oies blanches" ! Salon-mezzanine chaleureux.

◆ De menu's van dit moderne restaurant krijgen elke maand een nieuwe tooi van veren. In de keuken is geen plaats voor "domme gansjes" ! Gezellige salon met mezzanine.

Au Vieux Chêne, r. Villa Romaine 4, 𝒫 0 84 44 41 14, auvieuxchene@skynet.be, Fax 0 84 44 46 04, 🏤 – 🅿. ⓐⓒ VISA

fermé fin juin-début juil., 2 sem. en sept., 2 prem. sem. janv. et mardi et merc. sauf 15 juil.-15 août – **Repas** Lunch 18 – 23/33.

◆ Petite auberge aux murs blanchis plantée en bord de route, sous la frondaison rassurante d'un vieux chêne. Sages préparations bourgeoises. Prix "plancher".

◆ Kleine herberg met witgekalkte muren langs de weg, onder het ruisende gebladerte van een oude eik. Eenvoudige burgerkeuken voor een zacht prijsje.

NALINNES Hainaut 🇫🇷🇫🇷🇫🇷 L 21, 🇫🇷🇫🇷🇫🇷 L 21 et 🇫🇷🇫🇷🇫🇷 G 5 – *voir à Charleroi.*

NAMUR – NAMEN

5000 P 533 O 20, 534 O 20 *et* 716 H 4 – *105 842 h.*

Bruxelles 64 ① *– Charleroi 38* ⑥ *– Liège 61* ① *– Luxembourg 158* ③.

RENSEIGNEMENTS PRATIQUES

Casino BZ, *av. Baron de Moreau 1* ℰ *0 81 22 30 21, Fax 0 81 24 11 05.*

🛈 *Square Leopold* ℰ *0 81 24 64 49, Maison.tourisme.namur@ville.namur.be, Fax 0 81 24 71 28 et (en saison) Chalet, pl. du Grognon* ℰ *0 81 24 64 48, Fax 0 81 24 71 28 – Fédération provinciale de tourisme, av. Reine Astrid 22,* ℰ *0 81 74 99 00, tourisme@ftpn.be, Fax 0 81 74 99 29.*

🏇₉ *à l'Est : 22 km à Andenne, Ferme du Moulin, Stud 52* ℰ *0 85 84 34 04, Fax 0 85 84 34 04.*

CURIOSITÉS

Voir *Citadelle*★ ⁂★★ BZ *– Trésor*★★ *du prieuré d'Oignies aux sœurs de Notre-Dame* BCZ **K** *– Église St-Loup*★ BZ *– Le Centre*★.

Musées : *Archéologique*★ BZ **M²** *– des Arts Anciens du Namurois*★ BY **M³** *– Diocésain et trésor de la cathédrale*★ BYZ **M⁴** *– de Groesbeek de Croix*★ BZ **M⁵**.

Env. *par* ⑤ *: 11 km à Floreffe : stalles*★ *de l'église abbatiale .*

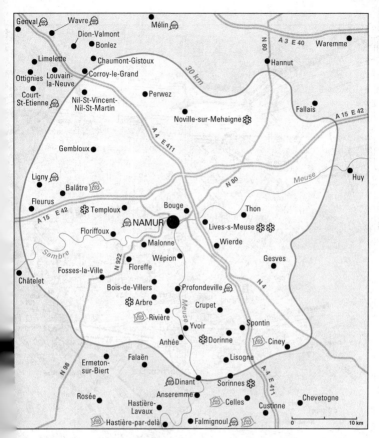

Quartiers du Centre :

🏠 **Les Tanneurs,** r. Tanneries 13, ✆ 0 81 24 00 24, *info@tanneurs.com*, Fax 0 81 24 00 25, 🍴 – 🛗, 🍽 ch, 📺 🅿 – 🔬 25 à 80, 🆎 ⑩ 🔟 🆚, ⌘ CZ x
Repas voir rest *L'Espièglerie* ci-après *Le Grill des Tanneurs* Lunch 8 – 25/35 bc – ⌷ 8 – **29 ch** 40/115.

◆ Chambres de bon confort distribuées dans une vieille tannerie promue hostellerie au terme d'une rénovation complète. Le "Visiteur" Jean Reno y a dormi comme une bûche. À l'étage, restaurant-grill au cadre rustique. Intéressant menu-choix. Terrasse perchée.

◆ Deze oude leerlooierij is na een ingrijpende verbouwing een aantrekkelijk hotel geworden. De comfortabele kamers staan garant voor een goede nachtrust. Rustiek restaurant annex grillroom met een interessant keuzemenu op de bovenverdieping. Hooggelegen terras.

🏠 **Ibis** sans rest, r. Premier Lanciers 10, ✆ 0 81 25 75 40, *h3151@accor.com*, Fax 0 81 25 75 50 – 🛗 🍴 🍽 📺 🚿 🅿 🆎 ⑩ 🔟 🆚 CY a
⌷ 9 – **92 ch** 62.

◆ Les fidèles habitués de l'enseigne trouveront ici des chambres un rien moins austères qu'à l'accoutumée. Bar d'esprit nautique où l'on prend aussi le café et les croissants.

◆ Trouwe gasten van de Ibisketen zullen de kamers hier iets minder sober vinden dan normaal. Bar in nautische stijl, waar ook koffie en croissants kunnen worden genuttigd.

365

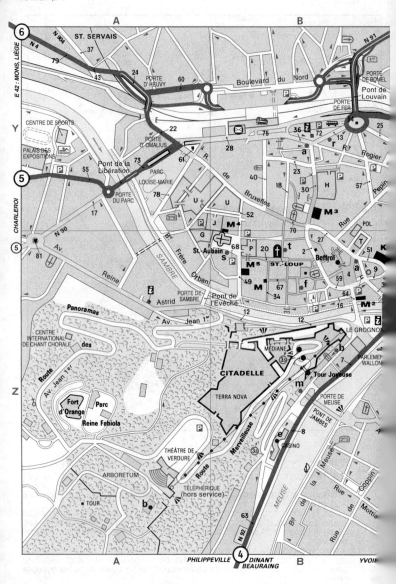

XX **L'Espièglerie** - H. Les Tanneurs, r. Tanneries 13, ℘ 0 81 24 00 24, info@ tanneurs.co
Fax 0 81 24 00 25 – 🅿 AE ① ✱◐ VISA 🛇 CZ
fermé sam. midi et dim. soir – **Repas** Lunch 27 – carte 58 à 68, ♀ 🍴.
♦ Beau restaurant agrégé à l'hôtel Les Tanneurs. Salles à manger en enfilade séparées p
des arcades de pierre. Mets goûtés des fines fourchettes. Excellent choix de bordeau
♦ Mooi restaurant in hotel Les Tanneurs. De eetzalen worden door stenen bogen van elka
afgescheiden. Gastronomische keuken en uitstekende selectie bordeauxwijnen.

NAMUR

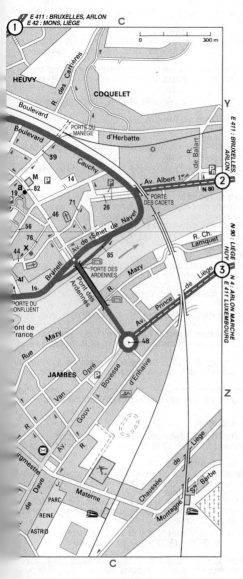

XX **Nero Bianco** 1er étage, r. Saint-Loup 4, ☏ 0 81 26 25 25, *j-c.daoust@skynet.be*, Fax 0 81 26 25 26, 斋 – AE ① ⓒⓔ *VISA*. ⅙ BZ **t**
fermé dim. et lundi – **Repas** *Lunch* 25 bc – 26/58 bc.
• Maison de notable où l'on savoure une cuisine transalpine du moment dans un cadre design très léché. Lounge-bar, salon privé et terrasse sur cour intérieure.
• Herenhuis waar in een bijzonder verzorgd designinterieur actuele Italiaanse gerechten worden opgediend. Lounge-bar, privé-salon en terras op de binnenplaats.

XX **La Petite Fugue,** pl. Chanoine Descamps 5, ☞ 0 81 23 13 20, *lapetitefugue@ yahoo.fr*, Fax 0 81 23 13 20, ☞. VISA BZ **f**
fermé 2 sem. Pâques et 1ʳᵉ quinz. oct. – **Repas** *Lunch* 22 – 40/65 bc.
* Sur une placette très animée le soir venu, table estimée pour ses menu-choix composés dans le tempo actuel et sa cave riche de grands millésimes bourguignons et bordelais.
* Dit restaurant aan een pleintje dat 's avonds tot leven komt, staat bekend om zijn keuzemenu's. Culinair repertoire in een actueel tempo en goede bourgogne- en bordeauxwijnen.

X **Chez Chen,** r. Borgnet 8, ☞ 0 81 22 48 22, Fax 0 81 24 12 46, Cuisine chinoise, ouvert jusqu'à 23 h – ▤. ⓂⓈ VISA. ✻ BY **r**
fermé 3 sem. en juil. et mardi – **Repas** *Lunch* 18 – 24/39.
* Un petit coin de Chine aux portes de Namur. Le service s'est hélas un peu essoufflé mais l'assiette (ou plutôt le bol) reste valable.
* Een klein stukje China aan de rand van Namen. De bediening is helaas minder dan vroeger maar het eten is kwalitatief nog steeds in orde.

X **La Bruxelloise,** av. de la Gare 2, ☞ 0 81 22 09 02, Fax 0 81 22 09 02, Moules en saison, ouvert jusqu'à 23 h 30 – ▤. ⒶⒺ ① ⓂⓈ VISA BY **a**
Repas carte 24 à 47.
* Adresse assez courue dans le secteur de la gare, La Bruxelloise offre un grand choix de plats bourgeois. Décor intérieur tendance "seventies". Moules à gogo en saison.
* Populair adresje in de stationswijk, met een ruime keuze aan eenvoudige schotels en mosselen in het seizoen. Het interieur is typisch jaren zeventig.

X **Brasserie Henry,** pl. St-Aubain 3, ☞ 0 81 22 02 04, Fax 0 81 22 05 66, ☞, Ouvert jusqu'à minuit – ☝ 25 à 200. ⒶⒺ ① ⓂⓈ VISA BZ **s**
fermé 2ᵉ quinz. juil. – **Repas** *Lunch* 18 – 24/37 bc, ♀.
* La tradition "brasserie parisienne" à deux pas des musées diocésain (trésor de la cathédrale) et Groesbeeck de Croix. Indispensable, car pas cher et ouvert tard.
* Deze brasserie in Parijse stijl is tot laat geopend. Ideaal voor wie honger heeft na een bezoek aan het Musée Diocésain of het Musée de Groesbeeck de Croix. Niet duur !

X **Les Embruns,** r. La Tour 2, ☞ 0 81 22 74 41, Fax 0 81 22 73 41, ☞, Produits de la mer – ⓂⓈ VISA. ✻ BZ **a**
fermé 1 sem. carnaval, vacances Pâques, 3 sem. en juil., Toussaint, prem. sem. janv., dim., lundi et après 20 h 30 – **Repas** (déjeuner seult sauf vend. et sam. de Pâques à oct.) *Lunch* 22 – carte 23 à 51, ♀ ⚄.
* Cette poissonnerie-restaurant ancrée près du théâtre ne désemplit pas à l'heure du déjeuner. Grand choix de produits de la mer et menu-carte à prix muselé. Terrasse chauffée.
* Restaurant annex viswinkel (bij de schouwburg), waar het tijdens de lunch altijd vol zit. Natuurlijk veel vis op de kaart en een aantrekkelijk geprijsd menu. Verwarmd terras.

direction Citadelle (le Grognon) :

🏨 **Château de Namur** ✺ (Établissement d'application hôtelière), av. Ermitage 1, ☞ 0 81 72 99 00, *info@ chateaudenamur.be*, Fax 0 81 72 99 99, ≤, ☞, ✻, ☂ – ▯ TV ₽ – ☝ 25 à 150. ⒶⒺ ① ⓂⓈ VISA. ✻ AZ **b**
Repas *Lunch* 30 – 46 – ☲ 13 – **30 ch** 120/160 – ½ P 120/150.
* Hissez-vous au sommet de la citadelle pour visiter cette école d'hôtellerie installée dans une petite folie reconstruite au 20ᵉ s. Chambres de bon séjour. Maison de bouche où le futur "gratin" de la restauration wallonne fait ses gammes.
* Deze hotelschool is gevestigd in een klein lustslot dat in de 20e eeuw werd herbouwd op de top van de Citadelle. Prettige kamers. Hier worden veelbelovende chefs opgeleid om de Waalse gastronomie op peil te houden.

🏨 **Beauregard** sans rest, av. Baron de Moreau 1, ☞ 0 81 23 00 28, *hotel.beauregard@ skynet.be*, Fax 0 81 24 12 09 – ▯ TV ₽ – ☝ 25 à 200. ⒶⒺ ① ⓂⓈ VISA BZ **c**
47 ch ☲ 100/110.
* Avis aux flambeurs : l'originalité du Beauregard tient surtout à sa situation au-dessus du Casino. Équipement correct dans les chambres, dont la moitié contemple la Meuse.
* Door de ligging, boven het casino, is dit hotel een goed adres voor wie graag een gokje waagt. Correcte voorzieningen in de kamers, waarvan de helft op de Maas uitkijkt.

XXX **Biétrumé Picar,** Tienne Maquet 16 (par ④ : 3 km sur N 92, La Plante), ☞ 0 81 23 07 39, Fax 0 81 23 10 32, ☞ – ₽ – ☝ 40. ⒶⒺ ⓂⓈ VISA
fermé dim. soir et lundi – **Repas** *Lunch* 28 – 50 bc/80 bc.
* L'enseigne évoque une figure locale du 18ᵉ s. : un gamin sympathique et frondeur, sorte de "Fanfan la Tulipe". Recettes au goût du jour servies dans un cadre cosy.
* De naam slaat op een lokale figuur uit de 18de eeuw, een soort Pietje Bell. Binnen is echter weinig weerspannigheid te ontwaren : eigentijdse keuken in een sfeervol interieur.

X **cuisinémoi**, r. Notre-Dame 44, ℰ 0 81 22 91 81 – AE MO VISA   BZ **b**
⏣ *fermé 2 sem. en mars, fin juil.-début août, 24, 25 et 31 déc., 1ᵉʳ janv., sam. midi, dim. soir et lundi* – **Repas** *Lunch 22* – 35.
 ◆ Entre le parlement et le casino, petite table offrant les plaisirs d'un repas inventif dans un cadre contemporain. Bon choix de vins du monde. Accueil et service charmants.
 ◆ Leuk restaurantje met een eigentijds interieur, tussen het parlement en het casino. Inventieve keuken en goede selectie wijnen uit allerlei landen. Charmante bediening.

X **Alain Dewulf - Cuisinier**, av. de la Plante 4, ℰ 0 81 22 70 10, *info@ alaindewulf.be*,
⏣ *Fax 0 81 22 70 10*, ⌂ – AE ① MO VISA   BZ **m**
fermé du 1ᵉʳ au 19 mars, 16 août-3 sept., sam. midi, dim. et lundi – **Repas** 33/50 bc.
 ◆ Au pied de la citadelle, coquette adresse appréciée pour son ambiance et son registre culinaire bien dans le coup. Un "bouchon lyonnais à la namuroise", pourrait-on dire !
 ◆ Leuk adresje aan de voet van de Citadelle, dat zeer in de smaak valt vanwege zijn gezellige ambiance en eigentijdse culinaire register.

à Bouge *par ② : 3 km* Ⓒ *Namur* – ⊠ *5004 Bouge* :

🏠 **La Ferme du Quartier** ⟋, pl. Ste Marguerite 4, ℰ 0 81 21 11 05, *Fax 0 81 21 59 18*,
⌂, ⌖ – P. – 🔏 25 à 160. AE ① MO VISA. ⟋
fermé juil., du 22 au 31 déc., dim. soir et jours fériés soirs – **Repas** 25/35 – **14 ch** ⟋ 29/50.
 ◆ Une ferme imposante et paisible, dont l'origine remonte au 16ᵉ s., procure un cadre plaisant à cet établissement familial renfermant de menues chambres de mise simple. Restaurant agrémenté d'une terrasse. Choix de préparations classico-bourgeoises varié.
 ◆ Dit aangename en rustige familiehotel is gevestigd in een imposante boerderij, waarvan de oorsprong tot de 16e eeuw teruggaat. De kamers zijn klein en eenvoudig. Restaurant met terras. Gevarieerde kaart met eenvoudige gerechten in klassieke stijl.

à Lives-sur-Meuse *par ③ : 9 km* Ⓒ *Namur* – ⊠ *5101 Lives-sur-Meuse* :

🏠 **New Hotel de Lives**, chaussée de Liège 1178, ℰ 0 81 58 05 13, *info@newhotelde
lives.com, Fax 0 81 58 15 77*, ⌂, ⌖, ⛵ – ⇔ TV P. – 🔏 25 à 50. AE ① MO VISA JCB.
⟋ rest
Repas *Lunch 22* – 30/72 bc – **20 ch** ⟋ 59/130 – ½ P 108/180.
 ◆ Entre Namur et Andenne, le long de la chaussée de Liège, grande auberge en pierres du pays vous réservant un accueil familial. Chambres convenables où l'on a ses aises. Nouveau restaurant misant sur une carte diversifiée.
 ◆ In deze grote herberg van steen uit de streek, langs de weg naar Luik, tussen Namen en Andenne, wacht u een vriendelijke ontvangst. Keurige kamers waar u volop ruimte heeft. Nieuw restaurant met een gevarieerde kaart.

XXXX **La Bergerie** (Lefevere) (hôtel prévu), r. Mosanville 100, ℰ 0 81 58 06 13, *marc@ber
❀❀ *gerielives.be, Fax 0 81 58 19 39* – ■ P. AE ① MO VISA
fermé 2ᵉ quinz. fév.-début mars, 2ᵉ quinz. août-début sept., dim. soir, lundi et mardi –
Repas *Lunch 41* – 60/113 bc, carte 77 à 92, ⟓ ⏣
Spéc. Truites de notre vivier. Agneau rôti "Bergerie". Gâteau de crêpes soufflées.
 ◆ Un cadre de verdure luxuriant ajoute au charme de cette élégante maison de bouche namuroise bordée de pièces d'eau. Cuisine délicieusement classique et cave au diapason.
 ◆ De weelderig groene omgeving draagt zeker bij tot de charme van dit elegante Naamse restaurant met zijn mooie waterpartij. Zowel de kok als de sommelier kennen hun klassieken !

à Malonne *par ⑤ : 8 km* Ⓒ *Namur* – ⊠ *5020 Malonne* :

XX **Alain Peters**, Trieux des Scieurs 22, ℰ 0 81 44 03 32, *Fax 0 81 44 60 20*, ⌂ – ■ P.
MO VISA
fermé 2 sem. après Pâques, 1ʳᵉ quinz. sept., prem. sem. janv., dim. soir, lundi et mardi –
Repas *Lunch 28* – 39/72 bc, ⟓.
 ◆ Accueil chaleureux et service avenant dans cette moderne villa dont la terrasse estivale s'agrémente d'une pièce d'eau. Appétissant menu-carte avec l'option "vins compris".
 ◆ Warm onthaal en voorkomende bediening in deze moderne villa, waarvan het zomerterras met een waterpartij wordt opgeluisterd. Aantrekkelijk wijnarrangement.

Temploux *par ⑥ : 7 km* Ⓒ *Namur* – ⊠ *5020 Temploux* :

XXX **l'essentiel** (Cersdorff), r. Roger Clément 32 (2,5 km par Chemin du Moustier), ℰ 0 81
❀ 56 86 16, *info@lessentiel.net, Fax 0 81 56 86 36*, ⌂ – P. – 🔏 25 à 40. AE ① MO VISA
fermé dern. sem. juil.-prem. sem. août, dern. sem. déc.-prem. sem. janv., sam. et dim. –
Repas *Lunch 30* – 52, ⟓ ⏣
Spéc. Pithiviers de Saint-Jacques. Filet de sandre et foie d'oie poêlé. Sorbet à l'huile d'olives vierge et poivre noir.
 ◆ Enseigne "essentielle" pour se mettre au vert en s'émoustillant les papilles. Recettes au goût du jour, remarquable choix de vins, terrasse agrémentée d'une pièce d'eau.
 ◆ Wat een feest om een dagje op het platteland te besluiten met een etentje in dit restaurant ! Eigentijdse keuken, uitgelezen wijnen en een prettig terras met waterpartij.

à Thon par ③ : 11 km Andenne 23 870 h. – ✉ 5300 Thon :

Les Jardins du Luxembourg, rte de Liège 2 (N 90), ✆ 0 81 58 86 51, jardins du Luxembourg@skynet.be, Fax 0 81 58 07 62, ≤, 🌳 – **P** – 🔒 40. 🖭 ① 🖭 **VISA**
fermé sem. carnaval, 18 juil.-4 août, mardi soir et merc. – **Repas** Lunch 25 – 28/49, 🍷.
* Une carte assez engageante et soucieuse de valoriser les produits de saison vous sera soumise dans cette demeure imposante que prolonge un jardin en bord de Meuse.
* Léon is gehuisvest in een mooi pand met een uitgestrekte tuin aan de oever van de Maas. Aanlokkelijke spijskaart met veel aandacht voor de producten van het seizoen.

à Wépion par ④ : 4,5 km Namur – ✉ 5100 Wépion :

Villa Gracia 🌳 sans rest, chaussée de Dinant 1455, ✆ 0 81 41 43 43, hotel@villagracia.com, Fax 0 81 41 12 25, ≤, 🌳, 🚲, 🖭 – 🔯 🖭 **P** – 🔒 30. 🖭 ① 🖭 **VISA** 🇯🇨🇧
8 ch ☑ 105/172.
* Paisible demeure mosane de 1923, la Villa Gracia renferme une poignée de chambres amples et douillettes. Certaines s'agrémentent d'une terrasse-balcon avec vue fluviale.
* Rustig hotel in een pand dat in 1923 in de stijl van het Maasland is gebouwd. Ruime en behaaglijke kamers, waarvan sommige een terras hebben met uitzicht op de rivier.

Novotel, chaussée de Dinant 1149, ✆ 0 81 46 08 11, H0594@accor.com, Fax 0 81 46 19 90, ≤, 🍴, 🖭, 🌳, 🚲, 🖭 – 🖈 🖭 🖭 **P** – 🔒 25 à 300. 🖭 ① 🖭 **VISA** 🇯🇨🇧 rest
Repas Lunch 29 – carte 24 à 44, 🍷 – ☑ 14 – **110 ch** 69/99 – ½ P 87/94.
* Au bord du fleuve, construction récente dont les chambres, conformes aux standards de la chaîne hôtelière, se répartissent sur deux étages. Jolie piscine couverte.
* Nieuw gebouw aan de oever van de rivier, met kamers op twee verdiepingen die aan de standaard van deze hotelketen voldoen. Mooi overdekt zwembad.

La Petite Marmite, chaussée de Dinant 683, ✆ 0 81 46 09 06, pmarmite@pi.be, Fax 0 81 46 02 06, ≤ Meuse (Maas), 🖭 – **P**. 🖭 ① 🖭 **VISA**
fermé 2 sem. après Pâques, 3 prem. sem. oct., mardi soir et merc. soir de mi-nov. à mars, jeudi soir hors saison, dim. soir et lundi – **Repas** Lunch 34 bc – 35/64 bc.
* Une clientèle fidélisée fréquente cette maison mosane à colombages surveillant l'ex-chemin de halage. La salle à manger en demi-rotonde offre une vue agréable sur la Meuse.
* Vakwerkhuis dat op het vroegere trekpad uitkijkt en in de bouwstijl van het Maasland is opgetrokken. De halfronde eetzaal biedt een fraai uitzicht op de Maas. Vast cliëntele.

à Wierde par ③ : 9 km Namur – ✉ 5100 Wierde :

Le Petit Marais 🌳 avec ch, r. Lambaitienne 7, ✆ 0 81 40 25 65, lepetitmarais@tiscali.be, Fax 0 81 40 20 72, ≤, 🌳, 🖭, 🌳, 🚲 – 🖭 **P**. 🖭 🖭 **VISA**
fermé 1 sem. carnaval, 2 prem. sem. sept., mardi et merc. – **Repas** Lunch 22 – 32/83 bc, 🍷 – ☑ 10 – **4 ch** 100 – ½ P 135/170.
* L'adresse, à l'écart du village, profite du cadre agreste de la vallée du Tronquoy. L'imagination est aux fourneaux et toutes les régions de France, en cave. Accueil aimable.
* Dit restaurant staat even buiten het dorp in het prachtige dal van de Tronquoy. Fantasievolle keuken en een wijnkelder waarin alle Franse streken zijn vertegenwoordigd.

NASSOGNE 6950 Luxembourg belge 🔢 R 22 et 🔢 J 5 – 4 912 h.
Bruxelles 121 – Bouillon 56 – Dinant 45 – Liège 71 – Namur 62.

Beau Séjour 🌳, r. Masbourg 30, ✆ 0 84 21 06 96, info@lebeausejour.be, Fax 0 84 21 40 62, 🌳, 🍴, 🖭, 🌳 – 🖭 ch, **P**. – 🔒 25. 🖭 **VISA** 🍴 rest
fermé 29 juin-7 juil., du 7 au 22 sept., du 12 au 20 janv. et merc. et jeudi midi hors saison – **Repas** Lunch 20 – carte 46 à 68 – **23 ch** ☑ 65/95 – ½ P 65/75.
* Devenue hôtel, l'ancienne école du village se prête en effet à un "beau séjour" : accueil gentil, chambres tranquilles, salon coquet, piscine couverte et jardin reposant. Lumineuse salle des repas contemporaine garnie de meubles d'allure plus traditionnelle.
* Deze voormalige dorpsschool is verbouwd tot hotel, waar u een prettig verblijf zult hebben. Aardig personeel, rustige kamers, mooie lounge, overdekt zwembad en verkwikkende tuin. In de eigentijdse eetzaal valt traditioneel meubilair valt veel licht naar binnen.

la gourmandine avec ch, r. Masbourg 2, ✆ 0 84 21 09 28, Fax 0 84 21 09 23, 🌳 🖭 **P**. 🖭 🖭 **VISA** 🍴 ch
fermé 1ʳᵉ quinz. juil., 1ʳᵉ quinz. janv., lundi et mardi – **Repas** 25/45 – **6 ch** ☑ 72/90 – ½ P 80/85.
* Maison de pays transformée en lieu de bouche d'esprit actuel. Salon cossu et fringant salle à manger. Recettes bien dans l'air du temps, parsemées de connotations régionales.
* Dit karakteristieke pand is omgebouwd tot een modern restaurant. Sfeervolle eetzaal met aparte zithoek. De recepten zijn geheel van deze tijd en tonen regionale invloeden.

BELGIQUE

NAZARETH 9810 Oost-Vlaanderen 533 G 17 et 716 D 3 – 10 917 h.
Bruxelles 65 – Gent 18 – Kortrijk 34 – Oudenaarde 16.

Nazareth, Autostrade E 17 -A 14, ℰ 0 9 385 60 83, info@hotelnazareth.be, Fax 0 9 385 70 43, ㈜ – 劇 ⬚ ⠴ TV P – 益 25 à 250. AE ① ⑩ VISA
Repas (ouvert jusqu'à minuit) Lunch 17 – carte 26 à 53 – **80 ch** ⊇ 75/90 – ½ P 50/65.
♦ Au bord de l'autoroute, entre Gent et Kortrijk, établissement bien pratique pour l'étape, doté de grandes chambres actuelles et confortables.
♦ Dit hotel aan de snelweg tussen Gent en Kortrijk is ideaal voor wie op doorreis is. De kamers zijn groot en comfortabel, zodat u de volgende dag weer fit in de auto stapt.

NEDERZWALM 9636 Oost-Vlaanderen © Zwalm 7 711 h. 533 H 17 et 716 E 3.
Bruxelles 51 – Gent 26 – Oudenaarde 9.

't Kapelleke, Neerstraat 39, ℰ 0 55 49 85 29, Fax 0 55 49 66 97, ㈜ – P. AE ⑩ VISA
fermé dim., lundi et jeudi soir – **Repas** Lunch 35 bc – 58 bc/68 bc.
♦ L'enseigne est déroutante : le restaurant occupe une fermette, et non une "petite chapelle" (kapelleke). Préparations à la page et vins prestigieux. Charmante terrasse d'été.
♦ De naam van dit restaurant is wat misleidend, want het kapelletje blijkt een boerderijtje te zijn. Moderne keuken en prestigieuze wijnen. Charmant terras in de zomer.

NEERHAREN Limburg 533 T 17 et 716 K 3 – voir à Lanaken.

NEERPELT 3910 Limburg 533 R 15 et 716 J 2 – 15 865 h.
Bruxelles 108 – Eindhoven 24 – Hasselt 40 – Antwerpen 86.

De Landerije, Broeseinderdijk 32 (Nord : 1 km direction Grote Heide), ℰ 0 11 66 45 16, delanderije@skynet.be, Fax 0 11 66 10 78, ㈜ – P. AE ① ⑩ VISA. ⅍
fermé 2 sem. en août, lundi et mardi – **Repas** (déjeuner sur réservation) 34/67 bc, ⑨.
♦ Une petite villa à la campagne sert de cadre à cet adorable refuge gourmand. Accueil personnalisé, salle à manger actuelle aux tables bien espacées et vue agreste en terrasse.
♦ Dit buitenhuis vormt een stijlvolle omlijsting voor een avondje culinair genieten. Moderne eetzaal met veel ruimte tussen de tafels en terras met uitzicht op het platteland.

Au Bain Marie, Heerstraat 34, ℰ 0 11 66 31 17, bertsmeets@pandora.be, Fax 0 11 80 25 61 – ▤. AE ⑩ VISA. ⅍
fermé vacances Pâques, 18 juil.-4 août, mardi soir et merc. – **Repas** Lunch 25 – 43/50.
♦ Rassurez-vous : le "bain-marie" n'est pas le seul mode de cuisson adopté par ce sympathique restaurant du centre associé à une boutique de traiteur. Carte selon le marché.
♦ In dit sympathieke restaurant dat bij een delicatessenwinkel hoort, wordt meer dan alleen "au bain-marie" gekookt. De kok maakt gebruik van verse producten van de markt.

NEUFCHÂTEAU 6840 Luxembourg belge 534 R 23 et 716 J 6 – 6 345 h.
Bruxelles 153 – Bouillon 41 – Arlon 36 – Dinant 71.

Au Coin Du Feu, r. Lucien Burnotte 13, ℰ 0 61 27 81 32, info@aucoindufeu.be, Fax 0 61 27 91 71, ㈜ – AE ① ⑩ VISA
fermé fin juin, début oct., 2 prem. sem. janv., mardi soir, merc. et sam. midi – **Repas** Lunch 25 – 31/55 bc.
♦ Restaurant officiant sur la place centrale de Neufchâteau. Salle à manger façon "Art déco" où l'on vient faire des repas classiques-traditionnels.
♦ Restaurant aan het centrale plein van Neufchâteau. De eetzaal is in art-decostijl ingericht. Klassiek-traditionele keuken.

à Grandvoir Nord-Ouest : 7 km © Neufchâteau – ⊠ 6840 Grandvoir :

Cap au Vert ⌖ Chemin du Moulin de la Roche 24, ℰ 0 61 27 97 67, geers@capau vert.be, Fax 0 61 27 97 57, ≤, ㈜, ⊶ – 劇 TV P – 益 25. AE ① ⑩ VISA. ⅍
fermé 29 août-16 sept., 2 janv.-2 fév. et dim. soirs et lundis non fériés sauf en juil.-août – **Repas Les Claytones du Cap** (dîner seult jusqu'à 20 h 30) – 46/104 bc – **12 ch** ⊇ 107/146 – ½ P 112/117.
♦ Embusqué au creux d'un vallon, entre étang et sapinière, cet hôtel promet un séjour revigorant. Grandes chambres et salle de breakfast sous verrière "tropicale". À table, répertoire culinaire classique-actuel sagement personnalisé. Restaurant d'été.
♦ Dit hotel in een dal, tussen een meertje en een dennenbos, garandeert een verkwikkend verblijf. Grote kamers en ontbijtzaal met glaskoepel en tropische sfeer. Modern-klassieke keuken met een persoonlijke toets. 's Zomers kan er buiten worden gegeten.

NEUVILLE-EN-CONDROZ Liège 533 R 19, 534 R 19 et 716 J 4 – voir à Liège, environs.

NIEUWERKERKEN Limburg 533 Q 17 et 716 I 3 – voir à Sint-Truiden.

NIEUWKERKEN-WAAS *Oost-Vlaanderen* 📟 *K 15 et* 📟 *F 2 – voir à Sint-Niklaas.*

NIEUWPOORT *8620 West-Vlaanderen* 📟 *B 16 et* 📟 *B 2 – 10 581 h – Station balnéaire.*
🛈 *Stadhuis, Marktplein 7* 🕿 *0 58 22 44 44, nieuwpoort@toerismevlaanderen.be, Fax 0 58 22 44 28.*
Bruxelles 131 – Brugge 44 – Oostende 19 – Veurne 13 – Dunkerque 31.

🏨 **Clarenhof** 🦢 sans rest, Hoogstraat 4, 🕿 0 58 22 48 00, *ph.blanchart@skynet.be*, Fax 0 58 22 48 01, 🖀, 🛏 – 📺 🅿. – 🔬 25 à 40. 🖭 ① 🐽 🎫 🛇
26 ch ⚏ 70/105.
◆ Ancien couvent malicieusement converti en une charmante hostellerie, le Clarenhof renferme désormais des chambres bien calibrées et fort coquettes. Jardin claustral.
◆ Oud klooster dat knap is verbouwd tot een sfeervol hotel met kloostertuin. De kamers zijn goed van formaat en zien er tiptop uit.

🏨 **Martinique,** Brugse Steenweg 7 (à l'écluse), 🕿 0 58 24 04 08, *info@hotelmartinique.be*, Fax 0 58 24 04 07, 🖀, 🖈, 🚲 – 📺 🅿. 🐽 🎫 🛇
fév.-nov. et week-end ; fermé fin déc. – **Repas** (dîner seult sauf week-end) 28/58 bc, 🖢
– **5 ch** ⚏ 80/90 *–* ½ P 60/70.
◆ Enseigne "doudou" pour cette villa bâtie aux portes de Nieuwpoort. Chambres avenantes parfois dotées d'un jacuzzi. L'été, le ti' punch se prend sur la terrasse ombragée. Table mitonnant des recettes aux saveurs créoles et une cuisine française au goût du jour.
◆ Antilliaanse sferen in deze villa aan de rand van Nieuwpoort. Aantrekkelijke kamers, sommige met jacuzzi. 's Zomers wordt de ti' punch op het lommerrijke terras geserveerd. De kaart bestaat uit een mix van eigentijdse Creoolse en Franse gerechten.

🍴 **De Vierboete,** Halve Maanstraat 2a (Nord-Est : 2 km, au port de plaisance), 🕿 0 58 23 34 33, *devierboete@skynet.be*, Fax 0 58 23 81 61, ≤, 🖀, Avec taverne-rest., 🖳 – 🔳 🅿. – 🔬 25 à 80. 🐽 🎫 🛇
fermé du 1er au 15 fév. et merc. hors saison – **Repas** Lunch 38 – carte 27 à 55.
◆ Au bord d'un des bassins des yachts, restaurant implanté dans un clubhouse dont la vue nautique, en phase avec le décor intérieur, ajoute au plaisir de l'assiette et du verre.
◆ Restaurant in een clubgebouw bij de jachthaven, met bijpassend interieur. Het uitzicht op het water verhoogt nog het eet- en drinkplezier.

🍴 **Café de Paris,** Kaai 16, 🕿 0 58 24 04 80, *nv.bas@telenet.be*, Fax 0 58 24 03 90, Taverne-rest avec produits de la mer, ouvert jusqu'à 23 h – 🔳. 🖭 ① 🐽 🎫
Repas carte 35 à 84.
◆ La flottille de pêche locale accoste juste en face de cet établissement aménagé dans l'esprit "brasserie parisienne". Spécialité de poissons et fruits de mer, donc.
◆ De plaatselijke vissersvloot ligt precies tegenover dit etablissement, dat aan een Parijse brasserie doet denken. Visspecialiteiten en zeevruchten, hoe kan het ook anders !

à Nieuwpoort-Bad : *(Nieuport-les-Bains)* N : 1 km 🅲 Nieuwpoort – ⊠ 8620 Nieuwpoort :

🍴🍴 **Gérard,** Albert I-laan 253, 🕿 0 58 23 90 33, *lucgerard@hotmail.com*, Fax 0 58 23 07 17 – 🔳. 🖭 ① 🐽 🎫
fermé janv., merc. sauf vacances scolaires et mardi – **Repas** 47/95 bc, 🖢.
◆ Préparations actuelles à bases de produits choisis et sélection de vins intéressante, avec quelques grands crus à petits prix ; bref, un bon moment de table en perspective.
◆ Eigentijdse gerechten op basis van eersteklas producten en een interessante wijnkaart met enkele grands crus voor een zacht prijsje. Kortom, puur genieten.

🍴 **De Tuin,** Zeedijk 6, 🕿 0 58 23 91 00, *detuin@pandora.be*, Fax 0 58 24 09 80, 🖀 – 🐽 🎫
fermé fin nov.-début déc., mardi soir et merc. – **Repas** Lunch 11 – 23/50.
◆ L'un de ces restaurants typiques de la côte belge. Cuisine à la fois bistrotière et classique bourgeoise, façon "mer du Nord". Clientèle balnéaire. Additions sans sel.
◆ Dit is een van die restaurants die zo kenmerkend zijn voor de Belgische kust. Een voudige bistrokeuken met een flinke scheut "Noordzee". De rekening geeft geen bitter nasmaak.

🍴 **Brasserie Casino,** Zeedijk 29, 🕿 0 58 23 33 10, *brasserie.casino@skynet.be*, Fax 0 58 23 11 07, 🖀 – 🐽 🎫
fermé lundi – **Repas** Lunch 15 – carte 28 à 64.
◆ Cette belle brasserie moderne surveillant la digue propose une carte classique-actuelle affichant un petit faible pour le homard. Terrasse d'été avec vue marine.
◆ Deze mooie eigentijdse brasserie aan de kust biedt een modern-klassieke menukaart waaruit een voorliefde voor kreeft blijkt. Het terras in de zomer kijkt op zee uit.

NIJVEL *Brabant Wallon – voir Nivelles.*

NIL-ST-VINCENT-ST-MARTIN 1457 Brabant Wallon © Walhain 5 847 h. 🔢 N 19, 🔢 N 19 et 🔢 H 4.
Bruxelles 39 – Namur 30.

XX **Le Provençal,** rte de Namur 11 (sur N 4), 𝒫 0 10 65 51 84, Fax 0 10 65 51 75 – **P.**
⊙ ⑩ 𝘝𝘐𝘚𝘈
fermé 25 janv.-9 fév., du 2 au 12 août, dim. soir, lundi et mardi midi – **Repas** 29/40.
* Déjà plus de 40 ans de présence pour ce restaurant familial installé dans un ancien relais de poste. Salle à manger bourgeoise. Menus-cartes raisonnés et cave bien fournie.
* Dit familierestaurant, dat in bourgeoisstijl is ingericht, is al ruim 40 jaar gevestigd in een oud poststation. Evenwichtige kaart met menu's en een goed gevulde wijnkelder.

NIMY Hainaut 🔢 I 20, 🔢 I 20 et 🔢 E 4 – *voir à Mons.*

NINOVE 9400 Oost-Vlaanderen 🔢 J 17 et 🔢 F 3 – 34 816 h.
Voir Boiseries★ *dans l'église abbatiale.*
🅱 Geraardsbergsestraat 80, 𝒫 0 54 33 78 57, ninove@toerismevlaanderen.be, Fax 0 54 31 92 77.
Bruxelles 24 – Gent 46 – Aalst 15 – Mons 47 – Tournai 58.

🏠 **De Croone,** Geraardsbergsestraat 49, 𝒫 0 54 33 30 03, decroone@biz.tiscali.be, Fax 0 54 32 55 88 – 🛗 ▤ 📺 – 🔏 25 à 200. 🆎 ⑩ 𝘝𝘐𝘚𝘈 𝙅𝘾𝘽, 🛇 rest
Repas *(fermé 15 juil.-15 août, lundi midi et sam. midi)* Lunch 9 – 30/43 bc – **21 ch** ⬚ 65/85 – ½ P 59/78.
* À proximité du centre, ressource hôtelière utile pour la clientèle d'affaires. Elle y trouvera des chambres pratiques pourvues d'un mobilier de série et du double vitrage. Salle de restaurant sobrement lambrissée. Cuisine classico-traditionnelle de saison. ·
* Dit hotel ligt vlak bij het centrum en is geknipt voor zakenlieden. Praktische kamers met dubbele ramen en standaardmeubilair. In het sober gelambriseerde restaurant worden klassiek-traditionele gerechten geserveerd die zijn afgestemd op de seizoenen.

XXX **Hof ter Eycken** (Vanheule), Aalstersesteenweg 298 (Nord-Est : 2 km par N 405, 2e feu
❀ à droite), 𝒫 0 54 33 70 81, Fax 0 54 32 81 74, 😋 – **P.** 🆎 ⊙ ⑩ 𝘝𝘐𝘚𝘈
fermé sem. carnaval, 2 dern. sem. juil.-prem. sem. août, mardi soir, merc. et sam. midi –
Repas Lunch 40 – 63/110 bc, carte 60 à 109
Spéc. Salade de homard et foie d'oie, vinaigrette au jus de truffes. Gibier (en saison). Huîtres au champagne et caviar (oct.-mars).
* Les dépendances d'un ancien haras abritent une table aussi inventive dans ses recettes que dans son décor mêlant fer forgé et merisier. Cave d'exception. Terrasse sur jardin.
* Origineel restaurant in een voormalige stoeterij. De keuken is al even inventief als het decor van smeedijzer en kersenhout. Uitstekende wijnkelder. Tuin en terras.

X **De Lavendel,** Lavendelstraat 11, 𝒫 0 54 33 32 03, Fax 0 54 33 32 03 – ▤. 🆎 ⑩ 𝘝𝘐𝘚𝘈
fermé dern. sem. août-2 prem. sem. sept., dim. soir et lundi – **Repas** Lunch 25 – 36.
* En centre-ville, petit restaurant localement estimé pour ses préparations ne lésinant ni sur la qualité des produits, ni sur le soin dans la présentations des assiettes.
* Klein restaurant in het centrum dat bij de inwoners van Ninove een goede reputatie geniet, dankzij de kwaliteit van de producten en de fraaie opmaak van de borden.

NISMES 5670 Namur © Viroinval 5 669 h. 🔢 M 22 et 🔢 G 5.
Bruxelles 113 – Charleroi 51 – Couvin 6 – Dinant 42 – Charleville-Mézières 50.

🏠 **Le Melrose** 🐾, r. Albert Grégoire 33, 𝒫 0 60 31 23 39, Fax 0 60 31 10 13, 😋 , 🍴
– 📺 **P.** – 🔏 40. 🆎 ⊙ ⑩ 𝘝𝘐𝘚𝘈
fermé sem. carnaval – **Repas** *(fermé dim. soir, lundi, mardi soir et après 20 h 30)* Lunch 25
– carte 23 à 33 – **8 ch** ⬚ 40/49 – ½ P 55/94.
* Paisible demeure patricienne dont le parc, reposant, s'est vu loti d'une annexe regroupant quelques chambres pratiques et assez mignonnes. Salle à manger aménagée dans le style bourgeois où se décline un registre culinaire assez traditionnel.
* Dit patriciërshuis staat in een rustig park, waar onlangs een dependance is gebouwd met enkele praktische kamers die er ook nog aantrekkelijk uitzien. In de eetzaal, die in bourgeoisstijl is ingericht, worden vrij traditionele gerechten geserveerd.

Schrijf ons ...
Zowel uw lovende woorden als uw kritiek
worden zorgvuldig onderzocht.
Wij zullen de door u vermelde informatie
ter plaatse opnieuw bekijken.
Alvast bedankt !

BELGIQUE

NIVELLES (NIJVEL) *1400 Brabant Wallon* 🗺 L 19, 🗺 L 19 *et* 🗺 G 4 – *24070 h.*

Voir *Collégiale Ste-Gertrude★★.*

Env. *Plan incliné de Ronquières★ O : 9 km.*

🏌 *(2 parcours) Chemin de Baudemont 21 ℰ 0 67 89 42 66, Fax 0 67 21 95 17* - 🏌 🏌 *au Nord-Est : 10 km à Vieux-Genappe, Bruyère d'Hulencourt 15 ℰ 0 67 79 40 40, Fax 0 67 79 40 48.*

🛈 *Waux-Hall, pl. Albert I er ℰ 0 67 21 54 13, Fax 0 67 21 57 13.*

Bruxelles 34 – Charleroi 28 – Mons 35.

🏨 **Nivelles-Sud,** chaussée de Mons 22 (E 19 - A 7, sortie ⑲), ℰ 0 67 21 87 21, *nivelles sud@valk.com, Fax 0 67 22 10 88,* 🍽, 🐟 – 📶 🍽 📺 📶 – 🚗 25 à 450. 🅰🅴 ① ⑩ 🚇 𝕍𝕀𝕊𝔸
Repas (ouvert jusqu'à 23 h) Lunch 20 – carte 22 à 48 – 🔲 9 – **115 ch** 60/75 – ½ P 124/140.
◆ Aux portes de Nivelles, près d'une bretelle d'autoroute, motel de chaîne entièrement rénové renfermant des chambres insonorisées, disponibles en cinq tailles.
◆ Volledig gerenoveerd ketenmotel aan de rand van Nijvel, vlak bij de snelweg. De kamers hebben een goede geluidsisolatie en zijn in vijf verschillende afmetingen beschikbaar.

🏠 **Ferme de Grambais** 🐟, chaussée de Braine-le-Comte 102 (Ouest : 3 km sur N 533), ℰ 0 67 22 01 18, *ferme.de.grambais@proximedia.be, Fax 0 67 84 13 07,* 🍽 – 📺 📶 – 🚗 35. 🅰🅴 ① ⑩ 𝕍𝕀𝕊𝔸
Repas (fermé du 1er au 15 janv. et lundi) (taverne-rest) Lunch 13 – 27/44 bc – 🔲 6 – **10 ch** 50/55.
◆ Accueil familial dans cette ancienne exploitation agricole devenue une auberge tranquille. Pimpantes chambres sobrement équipées. Cour intérieure, abords campagnards. Au restaurant, cuisine classique-traditionnelle et ambiance rustique.
◆ Vriendelijk onthaal in deze oude boerderij die nu een rustige herberg is. De kamers hebben sobere voorzieningen, maar zien er piekfijn uit. Grote binnenplaats en landelijke omgeving. In het rustieke restaurant worden klassiek-traditionele gerechten geserveerd.

XX **Le Clocheton,** r. Namur 124, ℰ 0 67 84 01 20, Fax 0 67 84 01 20 – 📶 🅰🅴 ⑩ 𝕍𝕀𝕊𝔸
fermé 15 août-15 sept., sam. midi, dim. soir et lundi – **Repas** Lunch 20 – 40.
◆ Coquettement décoré dans la note Laura Ashley, Le Clocheton tinte de gaieté. Registre culinaire au goût du moment. Lunch renouvelé chaque jour et menu prometteur.
◆ Dit restaurant is vrolijk gedecoreerd in Laura Ashleystijl. Het culinaire register past geheel in de huidige trend. Dagelijks wisselende lunchformule en veelbelovend menu.

X **Le Champenois,** r. Brasseurs 14, ℰ 0 67 21 35 00, Fax 0 67 21 35 00 – ⑩ 𝕍𝕀𝕊𝔸
fermé 25 mars-7 avril, 10 août-1er sept., merc., sam. midi et dim. soir – **Repas** Lunch 18 – 32.
◆ Une carte concise, mais engageante et bien en phase avec son temps vous sera soumise dans cette maisonnette proche de la Grand-Place. Assiettes joliment mises en scène.
◆ In dit pandje in de buurt van de Grote Markt kunt u kiezen uit een beperkte, maar aanlokkelijke kaart die goed bij de tijd is. Prachtig opgemaakte borden.

à Petit-Rœulx-lez-Nivelles Sud : 7 km 🅲 Seneffe 10 714 h. – ✉ 7181 Petit-Rœulx-lez-Nivelles

XX **L'Aub. Saint-Martin,** r. Grinfaux 44, ℰ 0 67 87 73 80, Fax 0 67 87 73 80 – 📶 🅰🅴 ①
⑩ 𝕍𝕀𝕊𝔸 🇯🇨🇧 🐟
fermé 2 sem. carnaval et 15 juil.-15 août – **Repas** (déjeuner seult sauf vend. et sam.) Lunch 30 – 48.
◆ Un choix de recettes classiques mises à la sauce du jour s'emploie à apaiser votre faim dans cette fermette-auberge aux accents rustiques un peu esseulée au bout du village.
◆ Kleine herberg in een rustiek boerderijtje aan de rand van het dorp. Klassieke recepten met een snufje modern.

NOIREFONTAINE *6831 Luxembourg belge* 🅲 *Bouillon 5 373 h.* 🗺 P 24 *et* 🗺 I 6.
Env. *à l'Ouest : 7 km, Belvédère de Botassart* ≤★★.
Bruxelles 154 – Bouillon 8 – Arlon 67 – Dinant 59.

🏨 **Aub. du Moulin Hideux** 🐟, rte de Dohan 1 (Sud-Est : 2,5 km par N 865), ℰ 0 6
46 70 15, *info@moulinhideux.be, Fax 0 61 46 72 81,* ≤, 🍽, 🍴, 🌳, 🍽, 🐎 – 📺 📶 📶
⑩ 𝕍𝕀𝕊𝔸 🐟 rest
15 mars-nov. – **Repas** (fermé merc. soir et jeudi midi de mars à juil. et merc. midi) Lun
35 – 65/120 bc, carte 60 à 118 – **10 ch** 🔲 190/240, – 2 suites – ½ P 150/160
Spéc. Couronne de saint-Pierre au beurre rouge, mousseline de céleri truffée. Gibier e saison. Filet d'agneau, sauce au romarin.
◆ N'ayez crainte : le nom de cet ancien moulin réaménagé dans un cadre bucolique déri simplement du wallon "l'y deux molins". Chambres personnalisées. Terrasse exquise. Re taurant cossu servant une belle cuisine de base classique. Cave remarquable.
◆ Dit hotel-restaurant is ondergebracht in een oude molen in een schilderachtige omgevir De kamers hebben een persoonlijk karakter. Prachtig terras. Weelderige eetzaal, waar fij gerechten op klassieke basis worden geserveerd. Opmerkelijke wijnkelder.

NOSSEGEM Brabant ⻏⻏⻏ M 17 et ⻖⻖⻖ G 3 – voir à Bruxelles, environs.

NOVILLE-SUR-MEHAIGNE Namur ⻏⻏⻏ O 19 et ⻏⻏⻖ O 19 – voir à Éghezée.

OCQUIER 4560 Liège © Clavier 4 137 h. ⻏⻏⻏ R 20, ⻏⻏⻖ R 20 et ⻖⻖⻖ J 4.
Bruxelles 107 – Liège 41 – Dinant 40 – Marche-en-Famenne 21.

🏠 **Le Castel du Val d'Or**, Grand'Rue 62, ℰ 0 86 34 41 03, castel@castel-valdor.be,
Fax 0 86 34 49 56, 😷, 🐎, 🚲 – 🍽 📺 📳 – 🏛 25 à 200. 🆎 ⓞ ⓜⓢ 𝐕𝐈𝐒𝐀, ✳ ch
fermé prem. sem. juil., 2 sem. en janv. et mardi – **Repas** Lunch 30 – 38/60, ♀ – ☲ 12 –
14 ch 54/101, – 1 suite – ½ P 74/95.
   ♦ Cet ancien relais de poste (17ᵉ s.) conservant son charme délicieusement rustique est
établi dans l'un des "plus beaux villages du Condroz". Chambres de bon séjour. Mets clas-
sico-créatifs dont on se régale dans une salle à manger pleine de cachet.
   ♦ Dit 17e-eeuwse relais heeft zijn rustieke charme bewaard en is gevestigd in een van de
"mooiste dorpen van de Condroz". De kamers staan garant voor een prettig verblijf. Klassieke keuken die van creativiteit getuigt en een eetzaal met cachet.

OEDELEM West-Vlaanderen ⻏⻏⻏ F 15 et ⻖⻖⻖ D 2 – voir à Beernem.

OHAIN 1380 Brabant Wallon © Lasne 13 777 h. ⻏⻏⻏ L 18, ⻏⻏⻖ L 18 et ⻖⻖⻖ G 3.
   🏌 (2 parcours) 🏌 Vieux Chemin de Wavre 50 ℰ 0 2 633 18 50, Fax 0 2 633 28 66.
Bruxelles 23 – Charleroi 39 – Nivelles 17.

XX **Le Dernier Tri**, r. Try Bara 33, ℰ 0 2 633 34 20, dernier.tri@skynet.be, Fax 0 2
633 57 41, 😷 – 🆎 ⓞ ⓜⓢ 𝐕𝐈𝐒𝐀
fermé du 1ᵉʳ au 15 mars, du 1ᵉʳ au 15 oct., dim. soir et lundi – **Repas** Lunch 11 – 29/37.
   ♦ Repas classique actualisé servi dans une ancienne ferme-laiterie dont la façade en briques
blanchies s'égaye de boiseries bordeaux. Restaurant d'été tourné vers le jardin.
   ♦ Voormalige boerderij met melkstallen, waarvan de witte gevel wordt opgevrolijkt door
donkerrode boiseries. De klassieke gerechten worden 's zomers op het terras geserveerd.

X **Aub. de la Roseraie**, rte de la Marache 4, ℰ 0 2 633 13 74, Fax 0 2 633 54 67, 😷
– 📳 – 🏛 25. 🆎 ⓞ ⓜⓢ 𝐕𝐈𝐒𝐀
fermé 15 août-6 sept., Noël-Nouvel An et merc. – **Repas** Lunch 12 – 34/46.
   ♦ Ce restaurant aménagé dans une ancienne fermette (19ᵉ s.) plaît pour son nouveau décor
intérieur actuel teinté de rusticité et sa terrasse verte blottie à l'ombre du clocher.
   ♦ Dit restaurant in een 19e-eeuws boerderijtje valt in de smaak vanwege het eigentijdse
interieur met rustieke accenten en het groene terras aan de voet van de kerktoren.

OIGNIES-EN-THIÉRACHE 5670 Namur © Viroinval 5 669 h. ⻏⻏⻖ M 22 et ⻖⻖⻖ G 5.
Bruxelles 120 – Namur 81 – Chimay 30 – Dinant 42 – Charleville-Mézières 40.

XX **Au Sanglier des Ardennes** (Buchet) avec ch, r. J.-B. Périquet 4, ℰ 0 60 39 90 89,
Fax 0 60 39 02 83 – ▤ rest, 📺. 🆎 ⓜⓢ 𝐕𝐈𝐒𝐀
fermé mi-fév.-mi-mars, dim. soir en saison de chasse, lundi et mardi – **Repas** Lunch 35 –
55/80 bc, carte 38 à 71 ♨ – ☲ 13 – **9 ch** 44/67 – ½ P 84
Spéc. Foie gras d'oie en terrine. Sanglier et chevreuil du pays (août et oct.-janv.). Duo de
saumon maison.
   ♦ Petite auberge très couleur locale, nichée au cœur d'un village typiquement ardennais.
Menus à thèmes et gibier en saison de vénerie. Ambiance "chasse". Chambres avenantes.
   ♦ Kleine herberg met veel "couleur locale" en jachttrofeeën aan de muren, in het hart
van een typisch Ardens dorp. Wildmenu's in het jachtseizoen. Prettige kamers.

OISQUERCQ Brabant Wallon ⻏⻏⻏ K 18 et ⻏⻏⻖ K 18 – voir à Tubize.

OLEN 2250 Antwerpen ⻏⻏⻏ O 16 et ⻖⻖⻖ H 2 – 11 042 h.
   🏌 à l'Ouest : 1,5 km à Noorderwijk, Witbos ℰ 0 14 26 21 71, Fax 0 14 26 60 48.
Bruxelles 67 – Antwerpen 33 – Hasselt 46 – Turnhout 27.

XXX **Doffenhof**, Geelseweg 28a (Nord-Est : 5 km sur N 13), ℰ 0 14 22 35 28, t.doffenho
f@telenet.be, Fax 0 14 23 29 12, 😷 – 📳 🆎 ⓜⓢ 𝐕𝐈𝐒𝐀
fermé prem. sem. en sept., du 26 au 30 déc., du 1ᵉʳ au 6 janv., mardi, merc. et sam. midi –
Repas Lunch 35 – 54/73 bc.
   ♦ Cette ravissante maison à colombages habilement reconstituée vous attable dans un
intérieur néo-rustique cossu. Terrasse invitante au goût du jour. Terrasse invitante l'été venu.
   ♦ Prachtig gerestaureerd vakwerkhuis met een neorustiek interieur dat rijk aandoet. De
kookstijl past in de huidige trend. Op zomerse dagen ziet het terras er uitnodigend uit.

375

XX **Het komfoor,** Hezewijk 48 (sortie ㉒ sur E 313 - A 12), ✆ 0 14 30 73 60, *het.komfo or@pandora.be*, 🍽 – 🅿. 🆎 ⓂⓄ 💳. ✖
fermé lundi, jeudi soir et sam. midi – **Repas** *Lunch 25* – 32/69 bc.
• Le nom de cette table installée dans une jolie fermette se réfère à la marque du vieux poêle émaillé qui trône en salle. Carte classique-actuelle et menus bien vus.
• De naam van dit restaurant in een mooi boerderijtje verwijst naar de oude geëmailleerde kachel die in de eetzaal prijkt. Klassiek-moderne kaart en smakelijke menu's.

X **De Blauwe Regen,** Kanaalstraat 1 (Nord-Est : 4 km, près N 13), ✆ 0 14 21 55 34, *bla uweregen@pandora.be*, 🍽 – ▤ 🅿. 🆎 ⓂⓄ 💳. ✖
fermé 2 sem. en juil., lundi, mardi et merc. soir – **Repas** *Lunch 40 bc* – 38/64 bc.
• Une façade couverte de plantes grimpantes signale cette fermette. Salle à manger affichant un petit air romantique. Mise en place soignée. Joli jardin aménagé sur l'arrière.
• Dit boerderijtje is te herkennen aan zijn gevel met blauweregen. De eetzaal heeft een licht romantische uitstraling. Verzorgde mise en place. Mooie tuin aan de achterkant.

X **Pot au feu,** Dorp 37, ✆ 0 14 27 70 56, *vanhoof.maarten@skynet.be*, Fax 0 14 26 32 43, 🍽 – 🅿. 💳. ✖
fermé 2 prem. sem. sept., lundi et mardi – **Repas** *Lunch 24* – carte 28 à 50.
• Brasserie familiale dont le succès tient à ses nombreuses suggestions du marché inscrites sur un écriteau et à son intéressante cave franco-espagnole.
• Gezellige brasserie die zijn succes niet alleen te danken heeft aan de talrijke suggesties, maar ook aan de interessante wijnkelder met flessen uit Frankrijk en Spanje.

OLSENE 9870 Oost-Vlaanderen Ⓒ Zulte 14 557 h. 🔢 F 17 et 🔢 D 3.
Bruxelles 73 – Gent 30 – Kortrijk 18.

XXX **Eikenhof,** Kasteelstraat 20, ✆ 0 9 388 95 46, Fax 0 9 388 40 33, 🍽 – 🅿. 🆎 Ⓞ ⓂⓄ 💳
fermé dern. sem. janv.-prem. sem. fév., dern. sem. juil.-prem. sem. août, mardi soir, merc. et dim. soir – **Repas** 25/60 ⅌.
• Agréable moment de table et perspective dans cette villa flamande massive s'ouvrant sur un jardin. Mets classiques tout doucettement actualisés. Cave d'épicurien.
• In deze Vlaamse villa met tuin kunt u met volle teugen genieten van een heerlijke maaltijd. Klassieke spijzen met een vleugje vernieuwing, in volmaakte harmonie met de wijnen.

O.L.V. LOMBEEK Vlaams-Brabant Ⓒ Roosdaal 10 591 h. 🔢 J 18 et 🔢 F 3 – ✉ 1760 Roosdaal.
Bruxelles 23 – Halle 16 – Ninove 8.

XX **De Kroon,** Koning Albertstraat 191, ✆ 0 54 33 23 81, *dekroon@restaurantdekroon.be*, Fax 0 54 32 62 19, 🍽 – 🅿. ⓄⓂⓄ 💳. ✖
fermé 2 dern. sem. juil.-prem. sem. août, 3 dern. sem. janv., lundi, mardi et sam. midi – **Repas** *Lunch 29* – 45.
• Dans un village du Pajottenland, ancien relais de poste (1760) conservant son caractère rustique régional. Cuisine classique-traditionnelle ; terrasse tournée vers l'église.
• Dit voormalige poststation uit 1760 in een dorp in het Pajottenland heeft zijn rustieke karakter behouden. Klassiek-traditionele keuken en terras met uitzicht op de kerk.

OOSTAKKER Oost-Vlaanderen 🔢 H 16 et 🔢 E 2 – voir à Gent, périphérie.

OOSTDUINKERKE 8670 West-Vlaanderen Ⓒ Koksijde 20 464 h. 🔢 B 16 et 🔢 B 2.
🅱 Oud-Gemeentehuis, Leopold II-laan 2 ✆ 0 58 53 21 21, Fax 0 58 53 21 21.
Bruxelles 133 – Brugge 48 – Oostende 24 – Veurne 8 – Dunkerque 34.

X **De Hoeve,** Polderstraat 148, ✆ 0 58 23 93 58, 🍽, Anguilles – 🅿. ⓂⓄ 💳
fermé merc. – **Repas** carte 24 à 45.
• Typique fermette des polders alanguie dans l'arrière-pays. Moules et anguilles et pagaille savoureuses viandes, bonne humeur communicative et terrasse d'été côté jardin.
• Dit typische polderboerderijtje ligt loom en landelijk in het achterland. Mosselen en paling in overvloed, maar ook mals vlees. Zonnig terras aan de tuinzijde.

à Oostduinkerke-Bad Nord : 1 km Ⓒ Koksijde – ✉ 8670 Oostduinkerke.
🅱 (Pâques-sept. et vacances scolaires) Albert I-laan 78a, ✆ 0 58 51 13 89 :

🏨 **Hof ter Duinen,** Albert I-laan 141, ✆ 0 58 51 32 41, *info@hofterduinen.be*, Fax 0 5 52 04 21, 🍽, 🛁, 🐎 – 🛏 🕿 📺 🅿 – 🔬 40. 🆎 ⓄⓂⓄ 💳. ✖ rest
fermé 9 janv.-9 fév. – **Repas** voir rest *Eglantier* ci-après – **21 ch** ⌧ 85/134 – ½ P 67/9
• À quelques foulées de la plage, résidences récentes dont les chambres offrent de visages : l'un, fringant et moderne, l'autre, plutôt convenu. Espace breakfast ra-di-eu
• Hotel in een nieuw gebouw, vlak bij het strand. De kamers hebben twee gezichten : h ene modern en vrolijk, het andere nogal gewoon. In de ontbijtzaal begint de dag stralen

Britannia Beach, Zeedijk 435, ✆ 0 58 51 11 77, *Fax 0 58 52 15 77*, ≤, – 30. MC VISA. ch
Repas *(fermé 4 janv.-14 fév., 15 nov.-15 déc., mardi sauf en juil.-août et après 20 h 30)* (taverne-rest) carte 22 à 54 – **29 ch** *(fermé 15 nov.-15 déc. et mardi)* 50/112 – ½ P 62/76.
◆ Confort douillet, insonorisation optimale et échappée balnéaire dans la plupart des chambres de cet immeuble étroit surveillant la digue. Service toutefois "minimaliste". Taverne-restaurant proposant snacks et plats de brasserie. Terrasse et véranda.
◆ Hotel in een smal en hoog gebouw dat de dijk bewaakt, met gerieflijke kamers die perfect tegen geluid zijn geïsoleerd en waarvan de meeste op zee uitkijken. De service is helaas minimaal. Café-restaurant met snacks en dagschotels. Serre en terras.

Artan Beach sans rest, IJslandplein 12 (Zeedijk), ✆ 0 58 52 11 70, *artan.beach.hotel@pandora.be, Fax 0 58 52 07 83*, ≤, – TV. MC VISA
fermé prem. sem. oct. et 3 dern. sem. nov.-prem. sem. déc. – **16 ch** 91/101.
◆ La vue littorale depuis la moitié des chambres n'est pas le seul atout de cet hôtel. Vous y trouverez aussi de bons équipements : piscine, sauna, hammam, jacuzzi et solarium.
◆ Het uitzicht op de kust is niet de enige aantrekkingskracht van dit hotel, want daarnaast zijn er diverse faciliteiten, zoals een zwembad, sauna, hamam, jacuzzi en solarium.

Argos, Rozenlaan 20, ✆ 0 58 52 11 00, *Fax 0 58 52 12 00*, – TV P. AE MC VISA.
Repas *(fermé merc., jeudi et après 20 h 30)* (déjeuner sur réservation, menu unique) 35 – **6 ch** 50/63 – ½ P 55/63.
◆ Auberge avenante tenue en famille, située au cœur d'un quartier résidentiel paisible. Les chambres, assez coquettes et menues, sont aménagées à l'étage. Accueil aimable. Restaurant moderne où l'on propose une formule unique consistant en un menu multi-choix.
◆ Deze vriendelijke herberg in een rustige woonwijk wordt door een familie gerund. De kleine kamers op de bovenverdieping zien er keurig uit. Hartelijke ontvangst. Modern restaurant waar slechts één menu te verkrijgen is, maar dan wel één met een enorme keuze.

Albert I sans rest, Astridplein 11, ✆ 0 58 52 08 69, *Fax 0 58 52 09 04* – TV. MC VISA
22 ch 70/97.
◆ Immeuble étroit s'élevant à proximité du rivage. Chambres standard de mise assez simple, mais de taille respectable et convenablement équipées.
◆ Hotel in een smal en hoog gebouw, niet ver van de dijk. De standaardkamers zijn eenvoudig ingericht, maar hebben goede voorzieningen en zijn prettig van formaat.

Eglantier - H. Hof ter Duinen, Albert I-laan 141, ✆ 0 58 51 32 41, *info@hofterduinen.be, Fax 0 58 52 04 21*, – P. AE MC VISA JCB.
fermé 26 sept.-13 oct., 9 janv.-9 fév., lundi soir et mardi sauf vacances scolaires et après 20 h 30 – **Repas** 30/78 bc, ♀.
◆ Cette bonne table associée à l'hôtel Hof ter Duinen propose plusieurs menus alléchants ainsi qu'une sélection de vins bien pensée. Possibilités de week-ends gastronomiques.
◆ Goed restaurant dat bij hotel Hof ter Duinen hoort, met een aantal aantrekkelijke menu's en een goede selectie wijnen. Mogelijkheden voor gastronomische weekends.

La Péniche avec ch Albert I-laan 4, ✆ 0 58 51 10 92, *info@peniche.be, Fax 0 58 51 64 82*, – TV P – 25. MC VISA JCB
fermé mi-janv.-mi-fév. et lundi soir, mardi et merc. de sept. à mai – **Repas** carte 27 à 44 – **11 ch** 60/95 – ½ P 83/95.
◆ Agréable restaurant au décor nautique installé dans un bâtiment dont l'architecture rappelle un peu une péniche. Cuisine littorale, belle terrasse et chambres fonctionnelles.
◆ Aangenaam restaurant met een maritiem decor in een gebouw dat aan een boot doet denken. Visgerechten, prettig terras en functionele kamers.

OOSTENDE (OSTENDE) *8400 West-Vlaanderen* 533 C 15 *et* 716 B 2 – *68 005 h – Station balnéaire – Casino Kursaal CYZ, Oosthelling* ✆ *0 59 70 51 11, Fax 0 59 70 85 86.*

par ① : 9 km à De Haan, Koninklijke baan 2 ✆ *0 59 23 32 83, Fax 0 59 23 37 49.*

Liaison maritime Oostende-Ramsgate : Transeuropa Ferries, Stapelhuisstraat (TRW-parking), ✆ *0 59 34 02 60, Fax 0 59 34 02 61.*

Monacoplein 2 ✆ *0 59 70 11 99, info@toerisme-oostende.be,* Fax0 59 70 34 77.

Bruxelles 115 ③ – Brugge 27 ③ – Gent 64 ③ – Dunkerque 55 ⑤ – Lille 81 ④

OOSTENDE

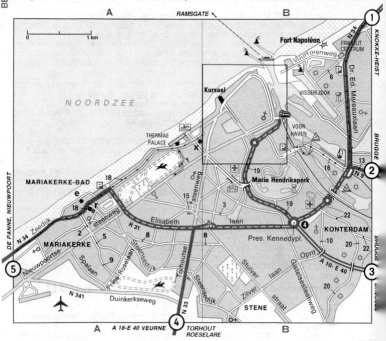

🏛🏛🏛 **Andromeda,** Kursaal Westhelling 5, ℰ 0 59 80 66 11, reservation@ andromedahote.
.be, Fax 0 59 80 66 29, ≤, 🍴, 🅿, ᒭ₆, ⬥, 🖼 – 🛗 ✳ 📺 ⟺ – 🔏 25 à 80. 🆎 ⓞ
ⓜⓞ 𝐕𝐈𝐒𝐀. ✳ rest   CZ
Repas Gloria (fermé merc. du 16 nov. au 29 mars sauf vacances scolaires) 40/65 – 立 15
– **92 ch** 95/210.
 ◆ Immeuble dominant la digue et le casino. Chambres spacieuses dont près de la
moitié scrute l'horizon marin. Exposition permanente d'œuvres d'art, piscine couverte et
fitness. Confortable restaurant devancé d'une terrasse. Carte classique-actuelle
attrayante.
 ◆ Dit flatgebouw torent boven de pier en het casino uit. Ruime kamers, waarvan
de helft uitkijkt op zee. Permanente expositie van kunstwerken, overdekt zwembad en
fitnessruimte. Comfortabel restaurant met terras. Menukaart met een klassiek-modern
repertoire.

🏛🏛 **Thermae Palace** ⚓, Koningin Astridlaan 7, ℰ 0 59 80 66 44, info@ thermaepalace.be,
Fax 0 59 80 52 74, ≤, ᒭ₆, ⬥ – 🛗 ✳ 📺 ⅙ch, 🄿 – 🔏 25 à 650. 🆎 ⓞ ⓜⓞ 𝐕𝐈𝐒𝐀
✳ rest   A
fermé prem. sem. janv. – **Repas Périgord** (fermé dim. soir et lundi soir sauf en juil.-août)
Lunch 28 – 44 bc/55 bc – **Bistro Paddock** Lunch 15 – carte 27 à 47 – 立 14 – **159 ch**
170/220 – ½ P 212/262.
 ◆ Palace rénové s'étirant sur le front de mer, juste devant l'hippodrome. Chambres
de standing, aussi spacieuses que paisibles. Belle et ample salle de restaurant à touche
Art déco où l'on présente un choix classique-traditionnel. Bistrot au cadre actuel
soigné.
 ◆ Gerenoveerd luxehotel aan de boulevard, vlak bij de renbaan. Ruime en rustige
kamers met standing. Mooie en grote eetzaal in art-decostijl, waar u van een
klassiek-traditionele keuken kunt genieten. Bistro met een verzorgde en moderne
inrichting.

OOSTENDE

BELGIQUE

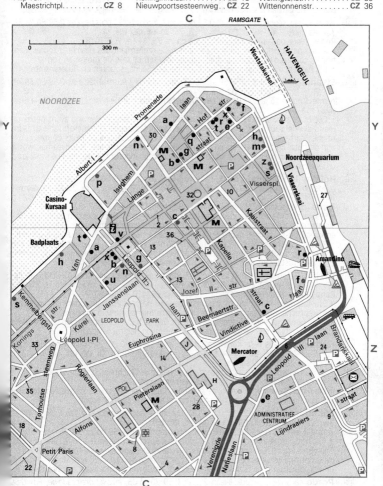

🏨 **Golden Tulip Bero** sans rest, Hofstraat 1a, ℘ 0 59 70 23 35, *hotel.bero@oostend e.net*, Fax 0 59 70 25 91, 🛁, ⇔, 🔲 – 🛗 🍴 ▤ 📺 🚗 – 🛋 25 à 80. 🆀 ⓞ
🆀🅔 **VISA**
CY **t**
69 ch ⊆ 85/125, – 3 suites.
  • À une pirouette de cerf-volant du port des yachts et de la promenade Albert Ier, établissement de bon confort mettant à votre disposition des chambres agréables à vivre.
  • Dit comfortabele hotel is gunstig gelegen op een steenworp afstand van de jachthaven en de Albert I-Promenade. Het beschikt over aangename kamers waarin het fijn logeren is.

die Prince sans rest, Albert I Promenade 41, ☎ 0 59 70 65 07, *info@hotel-dieprince.be*, Fax 0 59 80 78 51, ⇐ – 📶 📺 🅿 – 🔬 25. 🆎 ① ⓿ 🆚 🇯🇨🇧. ⚬⚬   CY **n**
60 ch ☲ 65/107.
* Immeuble d'angle bien situé sur la promenade : plus de cinquante chambres ont ainsi vue sur mer. Hall de réception, salon et salle des petits-déjeuners d'esprit design.
* Dit hotel in een flatgebouw is gunstig gelegen aan de boulevard, recht tegenover de pier. Standaardkamers met redelijke voorzieningen, die geleidelijk worden opgeknapt.

Acces, Van Iseghemlaan 21, ☎ 0 59 80 40 82, *info@hotelacces.be*, Fax 0 59 80 88 39, 🛏️, ⇌, 🚴 – 📶 🔆 📺 ⇦ – 🔬 25. 🆎 ① ⓿ 🆚 ⚬⚬   CY **a**
Repas (dîner pour résidents seult) – **63 ch** ☲ 75/117 – ½ P 70/81.
* A une petite encablure de la digue, immeuble renfermant des chambres toutes identiques, garnies d'un mobilier actuel. Sauna, solarium et salle de remise en forme.
* Dit flatgebouw ligt op loopafstand van de zee. Sauna, solarium en fitnessruimte.

Strand, Visserskaai 1, ☎ 0 59 70 33 83, *strandhotel@busmail.net*, Fax 0 59 80 36 78, ⇐, 🕌 – 📶, ▤ rest, 📺. ⓿ 🆚. ⚬⚬ ch   CZ **r**
fermé 30 nov.-15 janv. – **Repas Les Amants Dinent** (fermé merc.) (produits de la mer) Lunch 20 – 30/50 – **21 ch** ☲ 58/120 – ½ P 61/82.
* Cet hôtel surveillant le chenal et l'Amandine (dernier bateau flamand ayant pêché en mer d'Islande) vous réserve un accueil familial. Chambres amples et actuelles. Table au cadre soigné ; carte dialoguant avec le grand large et beaux plateaux de fruits de mer.
* In dit hotel bij de havengeul en de Amandine, de laatste Vlaamse IJslandvaarder, wordt u gastvrij ontvangen in ruime kamers die modern zijn ingericht. In de mooie eetzaal kunt u genieten van fruits de mer en andere visspecialiteiten.

Holiday Inn Garden Court, Leopold II-laan 20, ☎ 0 59 70 76 63, *hotel@holiday-inn-oostende.com*, Fax 0 59 80 84 06, 🚴 – 📶 🔆 ▤ 📺 🛗 ⇦ – 🔬 25. 🆎 ① ⓿ 🆚 🇯🇨🇧. ⚬⚬   CZ **b**
Repas (dîner seult) 22/32 bc – ☲ 15 – **90 ch** 60/130 – ½ P 55/102.
* Établissement formé par deux immeubles communicants. Le plus ancien jouxte un mini-square, en bordure d'une avenue passante. Espaces communs modernes ; chambres bien équipées. Restaurant au cadre actuel. Petite carte traditionnelle un peu passe-partout.
* Hotelcomplex met twee gebouwen, waarvan het oudste naast een plantsoentje aan een drukke weg staat. Moderne gemeenschappelijke ruimten en goed geëquipeerde kamers. Eigentijds restaurant met een kleine traditionele kaart die voor elk wat wils heeft.

Pacific, Hofstraat 11, ☎ 0 59 70 15 07, *info@pacifichotel.com*, Fax 0 59 80 35 66, 🛏️, ⇌, 🚴 – 📶 ▤ 📺 ⇦ 🅿. 🆎 ① ⓿ 🆚   CY **r**
Repas (dîner pour résidents seult) – **50 ch** ☲ 65/110 – ½ P 62/77.
* Établissement familial du centre animé où vous poserez vos valises dans des chambres sans reproche. Une poignée d'entre elles s'offre même une vue balnéaire.
* In dit familiehotel in het levendige centrum van de badplaats logeert u in onberispelijke kamers, waarvan een aantal een doorkijkje biedt op het ruime sop.

Burlington sans rest, Kapellestraat 90, ☎ 0 59 55 00 30, *info@hotelburlington.be*, Fax 0 59 70 81 93, ⇌, 🚴 – 📶 📺 ⇦ – 🔬 25 à 90. 🆎 ① ⓿ 🆚. ⚬⚬   CZ **c**
40 ch ☲ 50/102, – 2 suites.
* Immeuble-bloc se dressant en surplomb du bassin des yachts où stationne le navire-école Mercator. Chambres sobres, mais relativement amples.
* Dit flatgebouw steekt boven de jachthaven uit, waar het opleidingszeilschip Mercator ligt aangemeerd. De kamers zijn sober ingericht, maar relatief groot.

Glenmore, Hofstraat 25, ☎ 0 59 70 20 22, *info@hotelglenmore.be*, Fax 0 59 70 47 08, 🛏️, ⇌ – 📶, ▤ rest, 🆎 ⓿ 🆚. ⚬⚬ rest   CY **x**
fermé 2 janv.-20 fév. – **Repas** (dîner pour résidents seult) – **39 ch** ☲ 50/95 – ½ P 56/66.
* Cet hôtel situé à mi-chemin de la digue et du port de plaisance a eu 20 ans en 2004. Chambres actuelles et centre "thalasso" perché au 6e étage, avec une terrasse "aérienne".
* Dit hotel halverwege de boulevard en de jachthaven bestaat al 20 jaar. Moderne kamers en een centrum voor thalassotherapie op de zesde verdieping, waar ook het terras is.

Prado sans rest, Leopold II-laan 22, ☎ 0 59 70 53 06, *info@hotelprado.be*, Fax 0 59 80 87 35 – 📶 📺 ⇦. 🆎 ⓿ 🆚. ⚬⚬   CZ **x**
fermé janv. – **28 ch** ☲ 51/90.
* Proximité de la digue pour prendre le vent, d'une ligne de tramway pour bouger et du centre animé pour faire du shopping. Chambres fonctionnelles munies du double vitrage.
* De nabijheid van de dijk om een frisse neus te halen, de tram om een ritje langs de kust te maken en het centrum om te shoppen. Functionele kamers met dubbele ramen.

Royal Astrid, Wellingtonstraat 1, ☎ 0 59 33 96 96, *info@royalastrid.com*, Fax 0 5 51 51 56, 🛏️, ⇌ – 📶 🔆, ▤ rest, 📺 🛗 ⇦ – 🔬 25 à 380. 🆎 ① ⓿ 🆚. ⚬⚬ res
Repas (résidents seult) – **99 ch** ☲ 46/100 – ½ P 43/63.   AB **:**
* Centre de revalidation promu hôtel, le Royal Astrid vous accueille dans des chambre standard avec ou sans kitchenette. Voisinage d'un arrêt de tram et de l'hippodrome.
* Het Royal Astrid, dat vroeger een revalidatiecentrum was, beschikt over standaardka mers met zonder kitchenette. De tramhalte en de renbaan zijn vlakbij.

🏨 **Melinda** sans rest, Mercatorlaan 21, 𝒫 0 59 80 72 72, *info@melinda.be*,
Fax 0 59 80 74 25 – |≜| ←→ ▤ 🅣🅥 🅿. 🄰🄴 ⓞ ⓦⓢ 🆅🅸🆂🅰   CZ e
45 ch 🖙 60/150.
* Hôtel officiant en face du bassin qui accueille le navire-école Mercator. Chambres de style
contemporain et sympathique "wine-bar" proposant aussi de la restauration rapide.
* Dit hotel staat tegenover het bassin met de scheepvaartschool Mercator. Kamers in
eigentijdse stijl en leuke wijnbar, waar u ook een hapje kunt eten.

🏨 **Louisa** sans rest, Louisastraat 8b, 𝒫 0 59 50 96 77, *info@hotellouisa.be*, Fax 0 59
51 37 55 – |≜| 🅣🅥. 🄰🄴 ⓞ 🆅🅸🆂🅰.   CY b
fermé 3 janv.-1er mars – **15 ch** 🖙 40/80.
* Le peintre ostendais James Ensor vécut à deux pas de cette demeure bourgeoise 1900
abritant de bonnes grandes chambres et une lumineuse salle des petits-déjeuners Art déco.
* De in Oostende geboren schilder James Ensor, een voorloper van het surrealisme,
woonde vlak bij dit herenhuis met mooie grote kamers. Lichte ontbijtzaal in art-decostijl.

🏨 **de Hofkamers** sans rest, IJzerstraat 5, 𝒫 0 59 70 63 49, *info@dehofkamers.be*,
Fax 0 59 24 23 90, *ℐ₅* – |≜| 🅣🅥 ⇌ 🄰🄴 ⓞ 🆅🅸🆂🅰 – **24 ch** 🖙 50/90.   CZ u
* Toutes les chambres de cet hôtel situé dans une rue calme vont être redécorées et
personnalisées en accentuant le côté "cosy". Proximité d'un parc, du centre et de la digue.
* De kamers van dit hotel in een rustige straat worden binnenkort opgeknapt, zodat ze
wat gezelliger worden. Vlakbij zijn een park, het centrum en de boulevard te vinden.

🏨 **Europe,** Kapucijnenstraat 52, 𝒫 0 59 70 10 12, *info@europehotel.be*, Fax 0 59
80 99 79, *ℐ₅,* �körpersauna, 🚲 – |≜| 🅣🅥 ⇌ 🅿. – 🅰 25. 🄰🄴 ⓞ ⓦⓢ 🆅🅸🆂🅰 🅹🅲🅱. ✆   CY q
Repas (dîner pour résidents seult) – **62 ch** 🖙 76/102 – ½ P 53/93.
* Hôtel où l'élargissement de la Communauté européenne fut sans doute accueilli avec
joie. Chambres fraîches, de calibres et de conforts différents. Sauna et salle de fitness.
* Gezien de naam werd de uitbreiding van de Europese Unie hier vast met gejuich ontvan-
gen. Frisse kamers van verschillend formaat en comfort. Sauna en fitnessruimte.

🏨 **Impérial** sans rest, Van Iseghemlaan 76, 𝒫 0 59 80 67 67, *info@hotel-imperial.be*,
Fax 0 59 80 78 38 – |≜| 🅣🅥. 🄰🄴 ⓞ ⓦⓢ 🆅🅸🆂🅰   CZ a
60 ch 🖙 70/120.
* 50 ans de présence en 2004 pour cet hôtel tenu par la même famille depuis trois générations. Sobres chambres mais salle des petits-déjeuners ne manquant pas de cachet.
* Dit hotel uit het midden van de 20e eeuw wordt al drie generaties lang door dezelfde
familie gerund. De kamers zijn eenvoudig, maar de ontbijtzaal heeft beslist cachet.

🏨 **Du Parc** sans rest, Marie-Joséplein 3, 𝒫 0 59 70 16 80, *hotel@duparcoostende.com*,
Fax 0 59 80 08 79, 🚋 – |≜| 🅣🅥 ⇌ 🄰🄴 ⓞ 🆅🅸🆂🅰   CZ v
fermé du 5 au 16 janv. – **51 ch** 🖙 52/87.
* Une immuable ressource hôtelière ostendaise que cette construction des années 1930
se donnant des airs de petit palace. Chambres fonctionnelles. Belle taverne Art déco.
* Dit hotel is niet meer weg te denken uit Oostende en is gevestigd in een pand uit de
jaren 1930 dat beslist allure heeft. Functionele kamers. Taverne in art-decostijl.

🏨 **Cardiff,** St-Sebastiaanstraat 4, 𝒫 0 59 70 28 98, Fax 0 59 51 46 27 – |≜| 🅣🅥. 🄰🄴 ⓞ ⓦⓢ
🆅🅸🆂🅰. ✆   CY c
fermé mi-nov.-mi-déc. et mardi hors saison – **Repas** (fermé après 20 h 30) 19/31 – **16 ch**
🖙 69 – ½ P 38/52.
* Dans une rue piétonne proche de la Wapenplein, sympathique hôtel familial dont
les chambres ont adopté un style plus actuel en 2002. Restaurant mitonnant une cuisine
classique-bourgeoise sans façon.
* Dit sympathieke familiehotel bevindt zich in een voetgangersstraat bij het Wapenplein.
De comfortabele kamers zijn in 2002 gemoderniseerd. In het restaurant worden eenvoudige klassieke gerechten op tafel gezet.

🏨 **Ostend,** Londenstraat 6, 𝒫 0 59 70 46 25, *info@hotelostend.be*, Fax 0 59 80 46 22,
ℐ₅, 🚋, 🚲 – |≜| 🅣🅥 ⇌ 🅿. – 🅰 25 à 100. 🄰🄴 ⓞ ⓦⓢ 🆅🅸🆂🅰. ✆   CY e
Repas (dîner pour résidents seult) – **122 ch** 🖙 56/89 – ½ P 59/66.
* Établissement approprié pour un séjour balnéaire en famille. Nombreuses chambres pré-
vues pour des couples accompagnés de deux enfants et espace de jeux réservé à ces
derniers.
* Dit hotel is bij uitstek geschikt voor een strandvakantie met het hele gezin. Veel kamers
bieden plaats aan een echtpaar met twee kinderen en er is een aparte speelruimte.

🏨 **Marion,** Louisastraat 19, 𝒫 0 59 70 09 28, *restaurant.lucullus@hotelmarion.be*,
Fax 0 59 50 28 56 – |≜| 🅣🅥 ⇌. 🄰🄴 ⓞ ⓦⓢ 🆅🅸🆂🅰. ✆ ch   CY g
Repas (fermé 3 sem. en janv., dim. et lundi) (dîner seult) 30/45 – **27 ch** 🖙 40/70 – ½ P 55.
* Trois maisons bourgeoises composent cet hôtel simple dont chaque chambre porte le
nom d'une brasserie artisanale du pays. Excellent choix de bières belges au "Pub". Salle
à manger actuelle coiffée d'une voûte lambrissée. Plats mijotés à la boisson nationale.
* Dit eenvoudige hotel bestaat uit drie huizen met kamers die elk zijn genoemd naar een
bierbrouwerij. De pub biedt een ruime keuze aan Belgisch bier. Moderne eetzaal met gelam-
briseerd gewelf. Uiteraard worden de stoofschotels met bier bereid.

Villa Maritza, Albert I Promenade 76, ℘ 0 59 50 88 08, villa-maritza@freegates.be, Fax 0 59 70 08 40, ≼ – ▨ ▧ ▨
CZ s
fermé mardi et dim. soir d'oct. à mai et lundi – **Repas** Lunch 30 – 55/100 bc.
◆ Élégante demeure bourgeoise du 19e s., la Villa Maritza entretient pieusement son décor d'époque : vitraux délicats, riches lambris et tapisseries. Mets au goût du jour.
◆ Elegant herenhuis uit de 19e eeuw dat zijn oorspronkelijke interieur heeft bewaard : sierlijke glas-in-loodramen, rijke lambrisering en mooie tapisserieën. Eigentijdse keuken.

't Vistrapje avec ch, Visserskaai 37, ℘ 0 59 80 23 82, Fax 0 59 80 95 68, ㋱ – ▤ rest,
▨ ▨
CY m
Repas (fermé lundis soirs non fériés d'oct. à mai sauf vacances scolaires) (produits de la mer) 28/70 bc – **6 ch** ⌷ 45/70 – ½ P 65.
◆ Une valeur sûre parmi la ribambelle de restaurants qui s'étire le long du quai des Pêcheurs. Alléchante carte à dominante marine. Chambres familiales non dénuées de charme.
◆ Een betrouwbaar adresje tussen de hele rits restaurants langs de Visserskaai. Aantrekkelijke kaart met veel visgerechten. De kamers zijn sfeervol en geschikt voor gezinnen.

Marina, Albert I Promenade 9, ℘ 0 59 70 35 56, restomarina@skynet.be, Fax 0 59 51 85 92, ≼, Cuisine italienne – ▤ ㋱ ▨ ▨ ▧ ▨ ▨ ▨
CY f
fermé 24 déc., sam. midi et dim. midi – **Repas** Lunch 22 – 38/55, ▨ ㋱.
◆ Maison de bouche transalpine où l'on prend place dans un cadre soigné, avec l'estacade et l'entrée du port pour toile de fond. Belle cave surtout italienne et service stylé.
◆ Dit Italiaanse restaurant biedt vanuit de verzorgde eetzaal een mooi uitzicht op de pier en de haven. Goede Italiaanse wijnen en stijlvolle bediening.

Le Grillon, Visserskaai 31, ℘ 0 59 70 60 63, Fax 0 59 51 52 51 – ▤. ▨ ▧ ▨ ▨ ▨
▨
CY s
fermé oct., merc. soir sauf vacances scolaires et jeudi – **Repas** 27/38.
◆ Enseigne rencontrant un certain succès, et pour cause : cuisine classique-traditionnelle bien faite, intéressant menu multi-choix et service aussi dynamique que prévenant.
◆ Dit restaurant heeft terecht een goede naam : uitgebalanceerde klassiek-traditionele keuken, interessant keuzemenu en een bediening die even energiek als voorkomend is.

Auteuil, Albert I Promenade 54, ℘ 0 59 70 00 41, Fax 0 59 70 00 41, ≼ – ▨ ▧ ▨ ▨
▨
CY p
fermé merc. soir et jeudi – **Repas** Lunch 28 – 46/70 bc.
◆ Cadre chic, vue littorale, tables dressées avec soin et carte actuelle innovante, refaite tous les deux mois. Lunch et menus. Patronne aux fourneaux depuis plus de 20 ans.
◆ Chic restaurant met fraai gedekte tafels en een eigentijdse, tweemaandelijkse kaart. Lunch en menu's. De bazin staat al ruim 20 jaar achter het fornuis. Mooi uitzicht op zee.

Petit Nice, Albert I Promenade 62b, ℘ 0 59 80 39 28, info@petitnice.be, Fax 0 59 80 96 44, ≼, ㋱ – ▤. ▨ ▨ ▧ ▨. ⌀
CZ h
fermé du 18 au 29 avril, du 3 au 7 oct., 28 nov.-17 déc., mardi soir hors saison et merc. – **Repas** Lunch 24 – 28/64 bc.
◆ Ni pissaladière, ni daube, ni ratatouille dans cet appréciable restaurant dont le nom se réfère simplement à la partie la plus ensoleillée de la digue. Repas classique-actuel.
◆ Wie in dit restaurant naar Zuid-Franse specialiteiten zoekt, komt bedrogen uit, want de naam slaat alleen maar op het zonnigste deel van de boulevard. Klassieke keuken met een snufje modern.

David Dewaele, Visserskaai 39, ℘ 0 59 70 42 26, Fax 0 59 70 42 26, ㋱ – ▤. ▨ ▧
▨ ▨. ⌀
CY h
fermé 1 sem. en juin, du 9 au 31 janv. et lundi – **Repas** 28/72 bc.
◆ Côté salle, une ambiance maritime contemporaine, contrepoint du voisinage de l'avant-port. Côté "piano", une partition culinaire actuelle. Côté cave, un peu de tout.
◆ In de zaal een moderne maritieme sfeer, nog versterkt door de nabijheid van de voor-haven. In de keuken een eigentijdse manier van koken. Gevarieerde wijnkaart.

Au Vieux Port Visserskaai 32, ℘ 0 59 70 31 28, info@auvieuxport.be
Fax 0 59 80 12 57 – ▤. ▨ ▧ ▨ ▨ ▨
CY z
fermé 17 nov.-8 déc. et lundi – **Repas** Lunch 24 – 32/55.
◆ Face au port de pêche, confortable établissement où l'on s'attable dans un cadre rajeuni parsemé de touches nautiques. Ambiance chaleureuse et feutrée ; carte classique.
◆ Dit comfortabele restaurant tegenover de vissershaven heeft een verjongingskuur ondergaan. Interieur met maritieme accenten, warme sfeer en klassieke kaart.

L'Hermitage, Vindictivelaan 25c, ℘ 0 59 80 50 98, info@lhermitage.be
Fax 0 59 80 50 98, ㋱ – ▨ ▧ ▨ ▨ ▨
CZ
fermé 2 sem. en janv., mardi soir sauf en juil.-août et merc. – **Repas** 27/65.
◆ Table plaisante installée aux abords de la gare, près du chenal et du bateau-musé l'Amandine. La carte, avec menus, mise sur un choix traditionnel. Terrasse d'été.
◆ Plezierig restaurant in de buurt van het station, bij de havengeul en de IJslandvaarde Amandine. De kaart met een aantal menu's mikt op traditie. Terras in de zomer.

Windaue's, Koningstraat 2, ℘ 0 59 80 89 29, *stephanedaue@hotmail.com,* Avec cuisine asiatique – 🆎 ⓂⓈ 𝖵𝖨𝖲𝖠   CZ n
fermé 2ᵉ quinz. juin, 2ᵉ quinz. janv., merc. soir et jeudi – **Repas** *Lunch* 16 – carte 33 à 72, ⌂.
  ◆ Les amateurs d'ambiance "clubbing" et de cuisines du monde apprécieront cette table branchée présentant une carte à la fois classique (franco-italianisante) et pan-asiatique.
  ◆ Wie dol is op "clubbing" en wereldkeuken, is in dit trendy restaurant aan het juiste adres. De kaart bevat zowel mediterrane als Aziatische gerechten.

Bistro Mathilda, Leopold II-laan 1, ℘ 0 59 51 06 70, *Fax 0 59 51 06 70* – 🆎 ⓄⒾ ⓂⓈ 𝖵𝖨𝖲𝖠, ⅍   CZ g
fermé 2 sem. en fév., 2 sem. en juin, 2 sem. en oct., lundi soir et mardi – **Repas** *Lunch* 14 – carte 24 à 50, ⌂.
  ◆ Une statue de femme bien en chair - la Grosse Mathilda (Dikke Matille) - a susurré son nom à cette taverne-bistrot très prisée les midis. Réservation conseillée.
  ◆ Het standbeeld van een goed gevulde dame, de Dikke Matille, was de inspiratiebron voor de naam van deze bistro. Reserveren aanbevolen, want vooral 's middags zit het bomvol.

à Leffinge *par* ④ : *7,5 km* Ⓒ *Middelkerke 17356 h.* – ✉ *8432 Leffinge :*

Het Molenhuis, Torhoutsesteenweg 3, ℘ 0 59 27 78 03, *Fax 0 59 27 78 03,* 🍽, Grilla-des – 🍴 🄿 ⓂⓈ 𝖵𝖨𝖲𝖠
fermé du 2 au 12 avril, du 15 au 30 août, lundi et mardi midi – **Repas** 30/62 bc.
  ◆ Ancienne maison de meunier habilement mise à profit. Salle à manger rustique garnie de poutres apparentes et d'une grande cheminée en briques. Grillades au feu de bois.
  ◆ Deze oude molenaarswoning is knap verbouwd tot restaurant. De eetzaal doet rustiek aan met zijn hanenbalken en grote bakstenen schouw. Het vlees wordt op houtskool geroosterd.

à Mariakerke Ⓒ *Oostende* – ✉ *8400 Oostende :*

Glenn, Aartshertogstraat 78, ℘ 0 59 70 26 72, *info@hotelglenn.be, Fax 0 59 70 50 26,* 🍽, 🚲 – |📞|, 📺, 🆎 ⓄⒾ ⓂⓈ 𝖵𝖨𝖲𝖠 𝖩𝖢𝖡, ⅍ rest   A r
carnaval-12 nov. et week-end ; fermé 26 sept.-14 oct. – **Repas** (résidents seult) – **20 ch** ⌷ 37/74 – ½ P 62.
  ◆ Ce point de chute où l'on se sent un peu comme chez soi abrite de coquettes chambres personnalisées par du mobilier de style. Ambiance "bonbonnière" ; ravissant patio fleuri.
  ◆ In dit hotel zult u zich direct thuis voelen. De kamers zien er smaakvol uit en hebben door de stijlmeubelen een persoonlijke toets. Prachtige patio met bloemen.

Royal Albert, Zeedijk 167, ℘ 0 59 70 42 36, *hotel@mariakerke.com, Fax 0 59 80 61 09,* ≤, 🚲 – |📞|, 🍽 rest, 📺 – 🛗 25. 🆎 ⓄⒾ ⓂⓈ 𝖵𝖨𝖲𝖠, ⅍ rest   A e
25 mars-oct. – **Repas** (dîner seult) carte 28 à 40 – **22 ch** ⌷ 45/95.
  ◆ Hôtel familial bordant la digue. Chambres très classiquement aménagées et valablement insonorisées ; quinze d'entre elles profitent du spectacle pittoresque des bains de mer. Cuisine traditionnelle et vue littorale dans une salle des repas au décor bourgeois.
  ◆ Dit familiehotel staat aan de boulevard. De kamers zijn zeer klassiek ingericht en goed geïsoleerd ; vijftien ervan bieden een pittoresk zeezicht. Het restaurant heeft een traditionele inrichting en dito keuken en kijkt eveneens uit op de kust.

Au Grenache, Aartshertogstraat 80, ℘ 0 59 70 76 85, *au.grenache@skynet.be* – 🆎 ⓄⒾ ⓂⓈ 𝖵𝖨𝖲𝖠   A r
fermé du 18 au 28 juil. et lundi – **Repas** 59/90.
  ◆ Table intimiste (14 couverts) connue de longue date pour sa petite carte basée sur des produits de luxe. Mise en place et service en rapport. Discrète façade Art déco de 1930.
  ◆ Intiem restaurantje voor slechts 14 couverts, met een kleine maar fijne kaart op basis van luxeproducten. De presentatie van de gerechten en de service zijn navenant.

Schrijf ons ...
Zowel uw lovende woorden als uw kritiek
worden zorgvuldig onderzocht.
Wij zullen de door u vermelde informatie
ter plaatse opnieuw bekijken.
Alvast bedankt !

OOSTERZELE 9860 Oost-Vlaanderen 533 H 17 et 716 E 3 – 13 195 h.

Bruxelles 57 – Gent 19 – Aalst 28.

XX **De Bareel,** Geraardsbergsesteenweg 54, ℰ 0 9 362 82 28, Fax 0 9 363 01 95, 斎 – P.
🐶 🖨 VISA

fermé 3 dern. sem. août, mardi soir, merc., sam. midi et dim. soir – **Repas** Lunch 14 –
40/62 bc.

♦ Ancien relais de poste où les gastronomes de ce petit coin de Flandre-Orientale ont main-
tenant leur habitudes. Carte franco-belge au goût du jour. Terrasse sur l'arrière.

♦ Dit voormalige poststation in Oost-Vlaanderen staat bekend om zijn gastronomische
keuken. Eigentijdse kaart met Frans-Belgische specialiteiten. Terras aan de achterkant.

OOSTKERKE West-Vlaanderen 533 E 15 et 716 C 2 – voir à Damme.

OOSTMALLE Antwerpen 533 N 15 et 716 H 2 – voir à Malle.

OOSTROZEBEKE 8780 West-Vlaanderen 533 F 17 et 716 D 3 – 7 399 h.

Bruxelles 85 – Kortrijk 15 – Brugge 41 – Gent 41.

XX **Swaenenburg** avec ch, Ingelmunstersteenweg 173, ℰ 0 56 66 33 44, swaenenburg
@skynet.be, Fax 0 56 66 33 55, 斎, 🌳 – TV P. AE 🐶 VISA

fermé 16 juil.-12 août, merc. et dim. soir – **Repas** Lunch 30 – 45 bc/65 bc – **6 ch** ☑ 55/80
– ½ P 73/80.

♦ Un agréable restaurant d'été borde le jardin de cette imposante villa. Cuisine
d'aujourd'hui servie dans un cadre actuel. Chambres bien équipées, peu à peu rafraîchies.

♦ Imposante villa met een aangenaam zomerterras aan de tuinzijde. Hedendaags interieur
en dito keuken. De kamers hebben goede voorzieningen en worden een voor een opgeknapt.

OPGLABBEEK 3660 Limburg 533 S 16 et 716 J 2 – 9 309 h.

Bruxelles 94 – Maastricht 36 – Hasselt 25 – Antwerpen 79 – Eindhoven 53.

XXX **Slagmolen** (Meewis), Molenweg 177 (Nord-Est : 3 km, direction Opoeteren, puis 1re rue
❀ à droite), ℰ 0 89 85 48 88, info@slagmolen.be, Fax 0 89 81 27 82, 斎 – 🖨 P.
🐶 VISA

fermé 2 sem. carnaval, 16 août-2 sept., mardi, merc. et sam. midi – **Repas** Lunch 38 – 110 bc,
carte 65 à 110

Spéc. Salade de homard aux pommes. Turbot grillé, sauce dijonnaise. Dame blanche.

♦ Aux avant-postes du village, presque à la campagne, ex-moulin au cachet rustique
préservé. Mets classiques élaborés avec dextérité. Engrenage et salle. Terrasse
délicieuse.

♦ Deze oude rustieke molen staat aan de rand van het dorp, bijna op het platteland. De
klassieke gerechten worden met vakmanschap bereid. Prachtig terras voor zomerse
dagen.

OPGRIMBIE Limburg 533 T 17 et 716 K 3 – voir à Maasmechelen.

OPHAIN-BOIS-SEIGNEUR-ISAAC Brabant Wallon 533 L 19 et 716 G 3 – voir à Braine-l'Alleud.

OPOETEREN Limburg 533 S 16 et 716 J 2 – voir à Maaseik.

OPZULLIK Hainaut – voir Silly.

ORROIR 7750 Hainaut © Mont-de-l'Enclus 3 255 h. 533 F 18 et 716 D 3.

Bruxelles 73 – Kortrijk 22 – Gent 48 – Valenciennes 45.

XXX **Le Bouquet,** Enclus du Haut 5 (au Mont-de-l'Enclus), ℰ 0 69 45 45 86, Fax 0 69
45 41 58, 斎 – 🖨 P. – 🔬 25 à 100. AE ① 🐶 VISA

fermé lundi soir et mardi – **Repas** 35/85 bc.

♦ Grosse hostellerie dont la pimpante façade s'égaye de volets turquoises. Confortable
salle à manger au décor assez opulent. Terrasse d'été donnant sur un jardin romantique.

♦ Grote herberg met vrolijke turkooizen luiken. De comfortabele eetzaal is vrij weelderig
ingericht. Het zomerterras komt uit op een romantische tuin.

ORVAL (Abbaye d') ★★ Luxembourg belge 534 R 25 et 716 J 7 G. Belgique-Luxembourg.

OTTIGNIES *1340 Brabant Wallon* C *Ottignies-Louvain-la-Neuve 28 786 h.* 533 M 18, 534 M 18 *et* 716 G 3.

Env. *à l'Est : 8 km à Louvain-la-Neuve★, dans le musée : legs Charles Delsemme★.*

🛪₈ *à l'Est : 8 km à Louvain-la-Neuve, r. A. Hardy 68* ₰ *0 10 45 05 15, Fax 0 10 45 44 17.*
Bruxelles 31 – Namur 39 – Charleroi 36.

XX **Le Chavignol,** r. Invasion 99, ₰ 0 10 45 10 40, *ciuro@lechavignol.com*, Fax 0 10 45 54 19, 🍴 – AE OD VISA
fermé mardi, merc. et dim. soir – **Repas** 25/65 bc, ♀.
♦ Meubles façon "colonies", plafond luisant et marbre du Portugal composent un intérieur de bon goût, en parfaite osmose avec le contenu des assiettes. Menus aguichants.
♦ Meubelen in koloniale stijl, een glanzend plafond en Portugees marmer kenmerken het smaakvolle interieur. In volmaakte harmonie met het eten. Verleidelijke menu's.

à Louvain-la-Neuve *Est : 8 km* C *Ottignies-Louvain-la-Neuve –* ✉ *1348 Louvain-la-Neuve :*

🏠 **Mercure,** bd de Lauzelle 61, ₰ 0 10 45 07 51, *H2200@accor.com*, Fax 0 10 45 09 11, 🍴 – 📱 ᐊᗒ TV P – 🔥 25 à 220. AE OD OO VISA
Repas (taverne-rest) carte 28 à 40 – **77 ch** ☐ 71/106 – ½ P 99/131.
♦ Hôtel et centre de séminaires tout à la fois, l'établissement a été rajeuni en 2002 pour mieux coller aux normes Mercure. Menues chambres avec balcon donnant sur le parc.
♦ Dit Mercurehotel met congrescentrum heeft in 2002 een verjongingskuur ondergaan. Kleine kamers met balkon die uitkijken op het park.

X **Il Doge,** Agora 22, ₰ 0 10 45 30 63, *info@ildoge-vea.be*, Fax 0 10 45 30 86, Avec cuisine italienne, ouvert jusqu'à minuit – AE OD OO VISA
fermé 24 et 25 déc. – **Repas** carte 22 à 44.
♦ Registre culinaire franco-transalpin sans fioriture et vins élevés dans la Botte, voilà le programme de ce restaurant dont la salle à manger s'habille de masques vénitiens.
♦ Eerlijke Frans-Italiaanse gerechten en wijnen uit de laars van Italië staan op het culinaire programma van dit Belgische dogenpaleis. Venetiaanse maskers aan de muren.

OUDENAARDE (AUDENARDE) *9700 Oost-Vlaanderen* 533 G 17 *et* 716 D 3 – *28 088 h.*

Voir *Hôtel de Ville★★★* (Stadhuis) Z – *Église N.-D. de Pamele★* (O.L. Vrouwekerk van Pamele) Z.

🛪₈ 🛪 *par* ④ *: 5 km à Wortegem-Petegem, Kortrijkstraat 52* ₰ 0 55 31 41 61, Fax 0 55 31 98 49.

🅱 *Stadhuis, Markt 1* ₰ 0 55 31 72 51, *toerisme@oudenaarde.be*, Fax 0 55 30 92 48.
Bruxelles 61 ② – *Gent 29* ⑥ – *Kortrijk 28* ④ – *Valenciennes 61* ③

Plan page suivante

🏛 **de Rantere** 🐾 (annexe - 8 ch), Jan Zonder Vreeslaan 8, ₰ 0 55 31 89 88, *info@derante re.be*, Fax 0 55 33 01 11, 🍴, 🕿 – 📱 TV – 🔥 25 à 40. AE OD OO VISA JCB   Z e
Repas (fermé 18 juil.-8 août, janv. et dim.) Lunch 24 – 30/77 bc, ♀ – **19 ch** ☐ 75/105.
♦ Au voisinage des quais et du béguinage, construction récente distribuant ses chambres de bon confort sur trois étages et dans une annexe aussi paisible que moderne. Salle des repas égayée de toiles abstraites. Importante carte classique-actuelle.
♦ Hotel in een modern gebouw in de buurt van de kaden en het begijnhof. Comfortabele kamers op drie verdiepingen en in het bijgebouw, waar het heerlijk rustig is. Abstracte schilderijen sieren de eetzaal. Uitgebreide kaart met modern-klassieke gerechten.

🏛 **CESAR,** Markt 6, ₰ 0 55 30 13 81, 🍴 – 📱 📺 TV – 🔥 40. AE OD OO VISA. 🦺 ch   Z b
Repas (fermé lundi) (taverne-rest) Lunch 11 – carte 22 à 39 – **9 ch** ☐ 70/85 – ½ P 83.
♦ Sur la place du marché, ancienne maison de notable dont l'élégante façade capte volontiers le regard. Vous y serez hébergés dans de grandes chambres bien équipées. Taverne-restaurant servant des salades, des plats de brasserie et des pâtes.
♦ De sierlijke gevel van dit oude herenhuis aan de Grote Markt is een echte blikvanger. U logeert er in grote kamers met goede voorzieningen. In het café-restaurant worden salades, eenvoudige schotels en pasta's geserveerd.

🏛 **de Zalm,** Hoogstraat 4, ₰ 0 55 31 13 14, *info@hoteldezalm.be*, Fax 0 55 31 84 40, 🍴, 🚲 – 📱, 📺 rest, TV 🚗 – 🔥 25 à 150. AE OD OO VISA. 🦺   Z a
fermé 24 janv.-2 fév. – **Repas** (fermé dim. soir et lundi) Lunch 13 – carte 27 à 37 – **7 ch** ☐ 70/90 – ½ P 87.
♦ Affaire familiale jouxtant l'hôtel de ville, remarquable édifice public de style flamboyant achevé en 1530. Chambres avant tout pratiques. Poutres, lambris, lustres à bougies et cheminée réchauffent l'atmosphère de la salle à manger. Cuisine bourgeoise.
♦ Familiehotel naast het stadhuis, een schitterend bouwwerk in laatgotische stijl dat in 1530 werd voltooid. De kamers zijn in de eerste plaats praktisch. Balken, lambrisering, kroonluchters met kaarsen en de open haard geven de eetzaal sfeer. Burgerkeuken.

385

OUDENAARDE

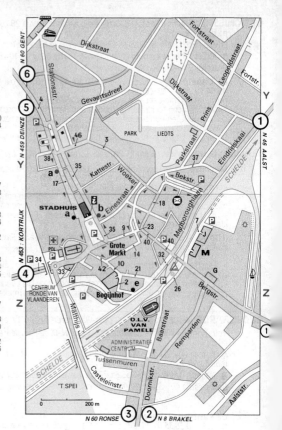

🏠 **Da Vinci** sans rest, Gentstraat 58 (par ⑥), ℰ 0 55 31 13 05, *hotel.davinci@skynet.be*, Fax 0 55 31 15 03 – 📺, 🅰🅴 ⓪ 🆎 **VISA**. ✵
fermé fin déc. - **5 ch** ⇆ 70/90, – 1 suite.
◆ Derrière la gare, demeure de caractère imprégnée d'un charme provincial désuet. Chambres individualisées, douillettes et cossues. Terrasse sur cour. Service personnalisé.
◆ Karakteristiek pand met een ouderwetse provinciale charme achter het station. Mooie kamers met een persoonlijke uitstraling. Terras op de binnenplaats. Service op maat.

🏠 **Wijnendael,** Berchemweg 13 (par ②, sur N 8), ℰ 0 55 30 49 90, *info@wijnendael.com*, Fax 0 55 31 84 95, 🏤, 🚡, 🚲 – 📺 🅿. 🅰🅴 🆎 **VISA**. ✵ rest
fermé juil. et du 25 au 31 déc. – **Repas** (dîner pour résidents seult) – **8 ch** ⇆ 65/87 – ½ P 56/77.
◆ Petit établissement excentré, le Wijnendael abrite une poignée de chambres correctement équipées, toutes situées en rez-de-chaussée.
◆ Dit kleine hotel ligt even buiten het centrum. Wijnendael beschikt over enkele kamers met goede voorzieningen, die allemaal gelijkvloers zijn.

✗ **wine dine Café,** Hoogstraat 34, ℰ 0 55 23 96 97, *info@derantere.be* Fax 0 55 33 01 11, Ouvert jusqu'à 23 h – 🍽. 🅰🅴 ⓪ 🆎 **VISA**   Y
fermé lundi – **Repas** carte 24 à 38, ♀.
◆ Le succès de cet établissement tient à ses recettes bistrotières simples mais composée de bons produits et soigneusement mises en scène sur l'assiette. Vins du monde.
◆ Dit etablissement dankt zijn succes aan het eenvoudige bistro-eten, dat va uitstekende kwaliteit is en met zorg op de borden wordt gepresenteerd. Kosmopolitisch wijnkaart.

à Maarke-Kerkem *Sud-Est : 4 km sur N 60, puis N 457* 🅲 *Maarkedal 6 366 h.* – ✉ *9680 Maarke-Kerkem :*

✗ **Het genot op den Berg,** Bovenstraat 4 (Kerkem), 🖊 0 55 30 35 56, *info@ genoto pdenberg.be, Fax* 0 55 30 40 24, ≼, 🛋 – **P.** 𝐀𝐄 🅾🅾 𝐕𝐈𝐒𝐀
fermé 15 fév.-15 mars, du 3 au 17 oct., lundi, mardi et merc. – **Repas** 30/54 bc 🏵.
◆ Esseulée sur une butte en pleine campagne, cette ancienne ferme à colombages se coiffe d'un joli toit de chaume et de tuiles. Salle rustique, véranda et terrasse panoramique.
◆ Deze oude vakwerkboerderij met een mooi dak van riet en pannen staat afgelegen op een heuvel midden op het platteland. Rustieke eetzaal met serre en panoramaterras.

à Mater *par* ② *: 4 km sur N 8* 🅲 *Oudenaarde* – ✉ *9700 Mater :*

✗✗ **Zwadderkotmolen,** Zwadderkotstraat 2 (par Kerkgatestraat : 1 km, puis à gauche),
🍴 🖊 0 55 49 84 95, *Fax* 0 55 49 84 95, 🛋 – ▤ **P.** 𝐀𝐄 🅾🅾
fermé du 1er au 22 sept., du 1er au 20 janv., mardi et merc. – **Repas** Lunch 38 bc – 45 bc/55 bc, ♀.
◆ En pleine campagne, vieux moulin à eau transformé en restaurant de charme dont l'intérieur rustique, étagé en mezzanine, conserve une partie de la machinerie originale.
◆ Deze oude watermolen op het platteland is nu een sfeervol restaurant. In het rustieke interieur met tussenverdieping is nog een deel van de oorspronkelijke machinerie te zien.

à Mullem *par* ⑥ *: 7,5 km sur N 60* 🅲 *Oudenaarde* – ✉ *9700 Mullem :*

✗✗ **Moriaanshoofd** avec ch, Moriaanshoofd 27, 🖊 0 9 384 37 87, *Fax* 0 9 384 67 25, 🛋,
🍴 🛋 – 📺 **P.** 🅾 🅾🅾 𝐕𝐈𝐒𝐀 ⚡
Repas Lunch 13 – carte 42 à 60 – **12 ch** ⊐ 43/70 – ½ P 48.
◆ Mignonne auberge tenue en famille, le Moriaanshoofd propose une sage carte bourgeoise assortie d'un lunch et de menus. Chambres standard à l'arrière. Jardin reposant.
◆ Lieflijke herberg die door een familie wordt gerund. Standaardkamers aan de achterkant. Rustgevende tuin. Eenvoudige kaart met een lunchformule en menu's.

OUDENBURG *8460 West-Vlaanderen* 🄳🄳🄳 *D 15 et* 🄷🄸🄶 *C 2 – 8 786 h.*
Bruxelles 109 – Brugge 19 – Oostende 8.

🏨 **Abdijhoeve,** Marktstraat 1, 🖊 0 59 26 51 67, *info@ abdijhoeve.com, Fax* 0 59
26 53 10, 🛋, ⑫, 🄵♠, ⊨s, 🖼, 🛋, 🚴 – 📺 **P.** – 🔬 25 à 250. 𝐀𝐄 🅾 🅾🅾 ⚡ rest
fermé 1 sem. en nov. – **Repas** (taverne-rest) Lunch 10 – 23/50 – **24 ch** ⊐ 70/120 – ½ P 80/85.
◆ Nouvelle vocation pour cette grosse ferme abbatiale du 17e s. : chambres pratiques, piscine couverte, espaces de remise en forme et de réunions. Environnement de polders. L'ancienne grange tient lieu de salle à manger, classiquement agencée.
◆ Deze grote 17e-eeuwse kloosterboerderij in een prachtig polderlandschap heeft nu een nieuwe roeping : praktische kamers, overdekt zwembad, fitnessruimte en vergaderzalen. De oude schuur is in een eetzaal met een klassiek interieur omgetoverd.

à Roksem *Sud-Est : 4 km* 🅲 *Oudenburg* – ✉ *8460 Roksem :*

🏨 **De Stokerij** ⚞, Hoge dijken 2, 🖊 0 59 26 83 80, *hotel@ hoteldestokerij.be, Fax* 0 59
26 89 35, ⊨s, 🛋, 🚴 – ▤ 📺 🄵 **P.** 𝐀𝐄 🅾 🅾🅾 𝐕𝐈𝐒𝐀
Repas *voir rest* **Jan Breydel** ci-après – **10 ch** ⊐ 62/104 – ½ P 70/120.
◆ Cette paisible auberge rurale aménagée dans une ancienne distillerie dispose de chambres personnalisées avec un goût sûr ; cinq d'entre elles offrent l'agrément d'un jacuzzi.
◆ Deze rustige plattelandsherberg is ondergebracht in een oude stokerij. De kamers zijn smaakvol en persoonlijk ingericht ; vijf ervan zijn voorzien van een jacuzzi.

✗ **Jan Breydel** - H. De Stokerij, Brugsesteenweg 108, 🖊 0 59 26 82 97, *restaurant@ ja nbreydel.be, Fax* 0 59 26 89 35, 🛋, Produits de la mer – ▤ **P.** 𝐀𝐄 🅾 🅾🅾 𝐕𝐈𝐒𝐀
fermé 2 dern. sem. nov., mardi et merc. – **Repas** Lunch 30 – carte 30 à 47.
◆ Le décor, très "nostalgie", fait son effet : collections de vieux pots de chambre, de téléphones d'antan et autres objets hétéroclites chers à nos aïeux. Produits de la mer.
◆ Dit restaurant druipt van de nostalgie : oude pispotten, telefoontoestellen en andere voorwerpen uit grootmoeders tijd. De menukaart is echt iets voor visliefhebbers.

OUDERGEM *Brussels Hoofdstedelijk Gewest – voir Auderghem à Bruxelles.*

OUD-HEVERLEE *Vlaams-Brabant* 🄳🄳🄳 *N 17 et* 🄷🄸🄶 *H 3 – voir à Leuven.*

OUD-TURNHOUT *Antwerpen* 🄳🄳🄳 *O 15 et* 🄷🄸🄶 *H 2 – voir à Turnhout.*

OUREN *Liège* 🄳🄳🄳 *V 22,* 🄳🄳🄴 *V 22 et* 🄷🄸🄶 *L 5 – voir à Burg-Reuland.*

OVERIJSE Vlaams-Brabant 🎚🎚🎚 M 18 et 🎚🎚🎚 G 3 – voir à Bruxelles, environs.

PALISEUL 6850 Luxembourg belge 🎚🎚🎚 P 23 et 🎚🎚🎚 I 6 – 4 999 h.
Bruxelles 146 – Bouillon 18 – Arlon 65 – Dinant 55.

🏨🏨 **Au Gastronome** (Libotte) avec ch, r. Bouillon 2 (Paliseul-Gare), 𝒫 0 61 53 30 64, inf
🏵🏵 o@augastronome.be, Fax 0 61 53 38 91, ☕, 🍽 – 🔲 🆃🆅 🄿 🕪 🆅🆅🆅🆅
fermé janv.-prem. sem. fév., 27 juin-8 juil., dim. soir, lundi et mardi – **Repas** Lunch 52 bc –
65/105, carte 59 à 95 – **8 ch** ⌁96/175
Spéc. Cuisses de grenouilles au jus de persil, raviole frite de fromage de chèvre aux radis.
Canette en croûte d'amandes, navets à l'hydromel et dattes au citron. Pied de porc farci
de ris de veau et de morilles grillé au romarin.
◆ Hostellerie ardennaise cossue où une fine cuisine classique délicieusement revisitée s'éla-
bore dans la stabilité. Élégante salle feutrée, belles chambres et piscine au jardin.
◆ Luxueus Ardens hotel-restaurant met een fijne keuken in klassieke stijl, waaraan een
vleugje eigentijds niet ontbreekt. Sierlijke eetzaal, mooie kamers en zwembad in de tuin.

🏨🏨 **à la hutte Lurette** avec ch, r. Station 64, 𝒫 0 61 53 33 09, lahuttelurette@skynet.be,
Fax 0 61 53 52 79, ☕, 🍽, 🚲 – 🆃🆅 🄿 🄰🄴 🄾 🕪 🆅🆅🆅🆅
fermé 18 fév.-23 mars, mardi soir et merc. – **Repas** Lunch 17 – 32/56 bc – **7 ch** ⌁ 50/64
– ½ P 52/60.
◆ Auberge néo-rustique connue depuis "belle lurette" à Paliseul. Préparations classiques
et traditionnelles, grande terrasse côté jardin et chambres fonctionnelles proprettes.
◆ Deze neorustieke herberg geniet plaatselijk een goede reputatie. Keurige, functionele
kamers. Klassieke en traditionele gerechten. Groot terras aan de kant van de tuin.

De PANNE (LA PANNE) 8660 West-Vlaanderen 🎚🎚🎚 A 16 et 🎚🎚🎚 A 2 – 9 893 h – Station balnéaire.
Voir Plage★.
🅱 Gemeentehuis, Zeelaan 21, 𝒫 0 58 42 18 18, toerisme@depanne.be, Fax 0 58 42 16 17.
Bruxelles 143 ① – Brugge 55 ① – Oostende 31 ① – Veurne 6 ② – Dunkerque 20 ③

Plan page ci-contre

🏨🏨🏨 **Donny** ☕, Donnylaan 17, 𝒫 0 58 41 18 00, info@hoteldonny.com, Fax 0 58 42 09 78, A d
◄, ☕, ☕, 🗜, 🆘, 🔲, 🍽 – 🖐 🆃🆅 🄿 🖐 – 🖐 25 à 80. 🄰🄴 🕪 🆅🆅🆅🆅 🍽 rest
fermé du 15 au 26 déc. et du 10 au 24 janv. – **Repas** (fermé dim.) Lunch 20 – 25/44 bc
– **43 ch** ⌁ 60/95, – 2 suites – ½ P 63/88.
◆ À 300 m de la plage, chambres de bon séjour distribuées sur trois étages. Équipements
complets, aussi bien pour se réunir que pour se laisser vivre et prendre soin de soi. Restaurant prolongé d'une terrasse invitante quand le soleil est au rendez-vous.
◆ Dit hotel ligt op 300 m van het strand en beschikt over aangename kamers op drie
verdiepingen. Talrijke faciliteiten voor werk, ontspanning en lichaamsverzorging. Het restaurant heeft een terras dat lokt als de zon van de partij is.

🏨🏨🏨 **Iris,** Duinkerkelaan 41, 𝒫 0 58 41 51 41, Fax 0 58 42 11 77, ☕, 🗜, 🆘, 🍽 – 🖐, 🔲 ch,
🆃🆅 ☕ 🄿 – 🖐 35. 🕪 🆅🆅🆅🆅 🍽 ch   A n
Repas (fermé mardi et merc.) carte 31 à 45 – **20 ch** ⌁ 60/119, – 3 suites.
◆ Cet hôtel bordant l'axe principal de la station se partage entre deux unités dont un bloc
d'architecture contemporaine abritant les meilleures chambres, avec bain-bulles. Salle à
manger de notre temps. Recettes classico-bourgeoises.
◆ Dit hotel aan de hoofdweg van de badplaats bestaat uit twee gebouwen. De beste kamers
bevinden zich in het nieuwe gebouw en hebben een bubbelbad. In de eigentijdse eetzaal
worden de gasten onthaald op eenvoudige klassieke gerechten.

🏨🏨 **Villa Select** sans rest, Walckierstraat 6, 𝒫 0 58 42 10 00, Fax 0 58 42 09 78, ☕, 🔟,
🆘, 🗜 – 🖐 🆃🆅 🄿 🄰🄴 🕪 🆅🆅🆅🆅 🍽   A c
fermé du 15 au 26 déc. – **15 ch** ⌁ 60/150.
◆ Belle demeure sur digue bâtie en 1920 mais dont l'intérieur a été harmonieusement
relooké dans un style contemporain. Chambres agréables ; installations de remise en
forme.
◆ Deze fraaie villa aan de boulevard werd in 1920 gebouwd, maar het interieur kreeg
een harmonieuze eigentijdse look. Prettige kamers en fitnessruimte.

🏨🏨 **Ambassador,** Duinkerkelaan 43, 𝒫 0 58 41 16 12, info@hotel-ambassador.be, Fax 0 58   A o
42 18 84, ☕, 🚲 🖐 🔲 🆃🆅 🄿 🕪 🆅🆅🆅🆅 🍽
15 fév.-15 nov. – **Repas** (fermé merc. et après 20 h 30) (dîner seult sauf week-end) 22
– **28 ch** ⌁ 48/85 – ½ P 54/72.
◆ Cet hôtel familial datant des années 1930 a consenti de gros efforts de rénovation en
ce début de siècle. Chambres actuelles d'une tenue méticuleuse ; espaces communs
de même. Salle à manger où un duo de menus à prix musclés s'emploie à apaiser
votre faim.
◆ Dit familiehotel dateert uit de jaren dertig en werd in 2000 ingrijpend gerenoveerd. De
moderne kamers zien er spic en span uit, net als de gemeenschappelijke ruimten. In het
restaurant kunt u de honger stillen met een tweetal schappelijk geprijsde menu's.

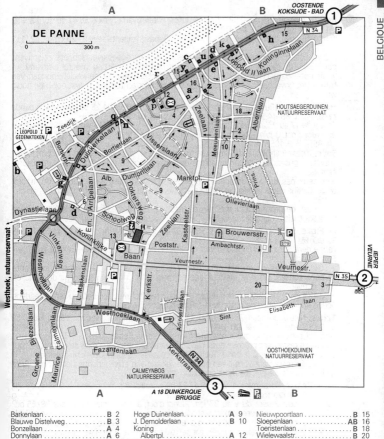

DE PANNE

Scale: 0 — 300 m

OOSTENDE
KOKSIJDE - BAD

N 34

HOUTSAEGERDUINEN
NATUURRESERVAAT

LEOPOLD I
GEDENKTEKEN

Zeedijk

Dynastielaan

Westhoek, natuurreservaat

Alb. Dumontlaan

Marktpl.

Ollevierlaan

Brouwersstr.

Ambachtstr.

Poststr.

Veurnestr.

Veurnestr.

N 35

IEPER
VEURNE

Sint

Elisabeth laan

Westhoeklaan

Kerkstraat

N 34

Fazantenlaan

CALMEYNBOS
NATUURRESERVAAT

OOSTHOEKDUINEN
NATUURRESERVAAT

A 18 DUNKERQUE
BRUGGE

Cajou, Nieuwpoortlaan 42, ℘ 0 58 41 13 03, info@cajou.be, Fax 0 58 42 01 23, 🚲 –
⌷, ▤ rest, 📺 🅿 – 🔬 35. 🆎 ⓞ ⑩ 𝘝𝘐𝘚𝘈. ⑲ ch
                                                                    B e
fermé 2 prem. sem. déc. et janv. – **Repas** (fermé dim. soir et lundi) Lunch 12 – 22/60 bc
– **32 ch** ⌷ 45/85 – ½ P 54/59.
• Pas loin de la digue, au bord d'une avenue desservie par le tram, hôtel où vous logerez
dans des chambres fonctionnelles très valables, quoiqu'un peu plus calmes à l'arrière. Salle
de restaurant à touches nautiques. Généreuse cuisine classique-actuelle.
• Dit hotel staat aan een lange avenue waar de tram doorheen rijdt, niet ver van de
boulevard. De kamers zijn functioneel, maar voldoen prima ; achter zijn ze het rustigst.
De eetzaal heeft hier en daar een nautisch accent. Copieuze klassiek-moderne gerechten.

Lotus, Duinkerkelaan 83, ℘ 0 58 42 06 44, info@lotusdepanne.be, Fax 0 58 42 07 09 –
📺 🅿 🆎 𝘝𝘐𝘚𝘈. ⑲ ch
                                                                    A x
fermé 15 fév.-4 mars et 14 nov.-18 déc. – **Repas** (fermé merc. sauf vacances
scolaires et dim. soir d'oct. à Pâques) Lunch 25 – carte 42 à 50, ⌷ – **8 ch** ⌷ 55/80 –
½ P 63/65.
• À proximité de l'animation des bains de mer, petite hostellerie aimablement tenue, abritant une poignée de chambres peut-être menues, mais convenablement équipées. Salle
de restaurant lumineuse et ne manquant pas de confort.
• Goed verzorgd hotelletje, vlak bij de bedrijvigheid van de kust. De paar kamers zijn
weliswaar aan de kleine kant, maar hebben goede voorzieningen. In de lichte eetzaal ontbreekt het niet aan comfort.

Royal, Zeelaan 180, ℰ 0 58 41 11 16, *info@hotel-royal.be*, Fax 0 58 41 10 16, ⅃⅃ – 📧
📺 ⇔ – 🔏 25 à 60. 🔟 🗺. ✧ A a
fermé 15 nov.-26 déc. et du 10 au 31 janv. – **Repas** (résidents seult) – **20 ch** ⇌ 62/111
– ½ P 75/85.
* Immeuble hôtelier élevé dans les années 1930. Aménagées avec sobriété et souvent
pourvues d'un balcon, les chambres viennent de s'offrir un lifting intégral bienvenu.
* Dit hotel dateert uit 1930. De kamers zijn sober ingericht en veelal voorzien van
balkon. Het Royal heeft net een grondige opknapbeurt achter de rug, wat ook hard nodig
was.

Host. Le Fox (Buyens) avec ch, Walckierstraat 2, ℰ 0 58 41 28 55, *hotelfox@pando*
ra.be, Fax 0 58 41 58 79 – 📧 📺 ⇱ ⇔. 🔟 ⓞ 🔟 🗺 A u
fermé du 17 au 23 avril, du 2 au 21 oct., 28 nov.-2 déc., du 8 au 19 janv., lundis non fériés
et mardi d'oct. à juin – **Repas** *Lunch* 40 – 70/105 bc, carte 65 à 85, ♀ ⅌ – ⇌ 11 – **13 ch**
50/95 – ½ P 105/110
Spéc. Toast cannibale de langoustines écrasées au caviar. Savarin de bintjes et
crevettes grises, œuf poché et crème de xères. Suprême de turbot en croûte, beurre
nantais.
* À deux pas de la promenade, l'une des grandes maisons de bouche du littoral
belge. Cuisine classico-créative soignée et sélection de vins affriolante. Chambres au diapason.
* Een van de grote restaurants aan de Belgische kust. Verzorgde, creatieve keuken op
klassieke basis en uitgelezen wijnen. De kamers vallen hierbij bepaald niet uit de toon.

Le Flore, Duinkerkelaan 19b, ℰ 0 58 41 22 48, *info@leflore.be*, Fax 0 58 41 53 36 – 📧.
🔟 🔟 🗺 A p
fermé dern. sem. fév., fin nov.-debut déc., merc. hors saison et mardi – **Repas** *Lunch* 28 –
33/84 bc ⅌.
* Salle à manger façon Art déco, registre culinaire actuel de tendance innovante
et bons conseils pour le meilleur accord mets-vins : un beau moment de table en
perspective.
* Eetzaal in art-decostijl en een modern culinair register met een vernieuwende tendens.
Goede adviezen voor de juiste wijn-spijscombinaties. Verrassend lekker !

Trio's, Nieuwpoortlaan 75, ℰ 0 58 41 13 78, *rudy.tommelein@pandora.be*, Fax 0 58
42 04 16 – 🔳 📧. 🔟 ⓞ 🔟 🗺 B k
fermé 1 sem. en nov., mardi soir, merc. et dim. soir – **Repas** *Lunch* 28 – 38/70 bc.
* Aimable restaurant presque aussi classique dans son décor que dans ses assiettes, tout
doucettement mises à la page. Tables bien espacées et soigneusement dressées.
* Dit leuke restaurant vormt een mooi klassiek trio van eten, inrichting en service. Fraai
gedekte tafels die niet te dicht op elkaar staan.

@ De Braise, Bortierplein 1, ℰ 0 58 42 23 09, *hotelfox@pandora.be*, Fax 0 58 41 58 79,
⌂ – 🔟 ⓞ 🔟 🗺 A g
fermé 21 nov.-2 déc., du 9 au 27 janv., lundi d'oct. à mai et mardi – **Repas** 28/65 bc.
* Estimé pour ses savoureux menus, son livre de cave planétaire et sa belle terrasse estivale
dotée de meubles en teck, De Braise a les faveurs d'une clientèle plutôt sélecte.
* Hier komt men vrij select publiek, aangetrokken door de smakelijke menu's, de kosmopolitische wijnkelder en het mooie zomerterras met teakhouten meubelen.

La Coupole, Nieuwpoortlaan 9, ℰ 0 58 41 54 54, *coupole@vt4.net*, Fax 0 58 42 05 49,
⌂ – 🔳. 🔟 🔟 🗺 A y
fermé du 10 au 30 janv., merc. de nov. à fév., jeudi et vend. midi – **Repas** *Lunch* 15 – 26/50.
* Une grande carte de poissons, crustacés et fruits de mer est présentée à cette enseigne.
Salle de restaurant classique-actuelle où flotte une ambiance animée.
* Hier kunt u kiezen uit een uitgebreide kaart met visschotels, schaaldieren en zeebanket.
In de klassiek-moderne eetzaal heerst een geanimeerde sfeer.

Host. Avenue, Nieuwpoortlaan 56, ℰ 0 58 41 13 70, *nathalie.deuwel@tiscali.be*,
Fax 0 58 41 35 40 – ⇱ 📧. 🔟 ⓞ 🔟 🗺 B v
Repas *Lunch* 20 – carte 26 à 60.
* Ici, toque et tablier se transmettent en famille depuis quatre générations. Les
menus, quant à eux, tanguent entre tradition et goût du jour, au gré des marées et des
saisons.
* Hier worden de koksmuts en de voorschoot van generatie op generatie overgedragen.
De menu's deinen op de half moderne, half traditionele golven van de (jaar)getijden.

Baan Thai, Sloepenplaats 22, ℰ 0 58 41 49 76, *baanthai@yucom.be*, Fax 0 58 41 04 26
⌂, Cuisine thaïlandaise – 🔟 ⓞ 🔟 🗺 AB z
fermé 15 nov.-16 déc., mardi et merc. d'oct. à juin sauf vacances scolaires et dim. mid
– **Repas** *Lunch* 14 – carte 25 à 54 ⅌.
* Une valeur sûre parmi les tables asiatiques de La Panne : saveurs thaïlandaises
déclinées dans une salle à manger plaisante et choix de vins inhabituel à ce genre
de maison.
* Van de Aziatische restaurants in De Panne is dit een betrouwbaar adres. Prettige eetzaa
Thaise keuken en voor Oosterse begrippen een goede wijnkaart.

X **La Bonne Auberge,** Zeedijk 3, ☎ 0 58 41 13 98 – AE ✱ VISA   A r
21 mars-21 déc. et week-end ; fermé jeudi – **Repas** carte env. 40.
◆ Immuable restaurant d'esprit rustique aménagé au rez-de-chaussée d'un immeuble du front de mer. Carte typique de la côte belge et sages menus bien calibrés.
◆ Typisch Vlaams restaurant met een rustiek interieur op de benedenverdieping van een flat aan de boulevard. De kaart bevat Belgische visgerechten en uitgebalanceerde menu's.

X **Pauillac,** Nieuwpoortlaan 55, ☎ 0 58 42 25 86, *pauillac@pandora.be,* ☂ – AE ✱
VISA   B d
fermé 20 nov.-15 déc., merc. sauf vacances scolaires et mardi – **Repas** 25/50 bc.
◆ Adresse où touristes et habitués se coudoient et toute convivialité. Salle aux tons guillerets agencée comme un bistrot, terrasse d'été fleurie et cuisine classique-actuelle.
◆ In dit restaurant zitten toeristen en stamgasten gezellig schouder aan schouder. Vrolijke eetzaal in bistrostijl, fleurig zomerterras en klassiek-moderne keuken.

X **Bistrot Merlot,** Nieuwpoortlaan 70, ☎ 0 58 41 40 61, Fax 0 58 41 51 92, ☂, Ouvert jusqu'à 23 h – ✱ VISA   B h
fermé 2 sem. en mars, jeudi et vend. midi – **Repas** 30/35, ♀.
◆ Aux portes de la ville, grande villa des années 1910 où l'on se retrouve dans un cadre de bistrot décontracté, autour de plats classiques-bourgeois. Grande terrasse protégée.
◆ Grote villa uit 1910 aan de rand van de stad. Eenvoudig klassiek eten in de ontspannen sfeer van een bistro. Groot beschut terras.

X **Imperial,** Leopold I Esplanade 9, ☎ 0 58 41 42 28, *imperial@skynet.be,* Fax 0 58
41 33 61, ≤, ☂, Taverne-rest – 🔒 25. AE ➀ ✱ VISA   A b
fermé 2 sem. en janv. et merc. – **Repas** 45/65 bc.
◆ Taverne-restaurant moderne bien située en bout de digue, face au monument royal. Expo d'art contemporain, terrasse au pied des dunes, salles de réunions et centre d'affaires.
◆ Modern taverne-restaurant aan het eind van de boulevard, tegenover het koning Leopold I-monument. Terras aan de voet van de duinen. Vergaderzalen en business center.

PARIKE *9661 Oost-Vlaanderen* © *Brakel 13 629 h.* ⬛⬛⬛ H 18 *et* ⬛⬛⬛ E 3.
Bruxelles 48 – Gent 47 – Mons 55 – Tournai 42.

🏠 **Molenwiek** ⬟, Molenstraat 1, ☎ 0 55 42 26 15, *info@molenwiek.be,*
Fax 0 55 42 77 29, ☂, ♒ – 📺 ℗. ✱ VISA
fermé vacances Noël – **Repas** *(fermé dim. soir)* 22/48 – **9 ch** ⬒ 50/70 – ½ P 70/110.
◆ Villa à fière allure nichée dans un cadre champêtre. Accueil familial avenant, intérieur bourgeois semé de touches rustiques, et chambres classiquement agencées. Derrière ses fourneaux, le chef favorise volontiers les produits régionaux.
◆ Landelijk gelegen villa met allure, waar u gastvrij wordt ontvangen. Traditioneel interieur met rustieke accenten en klassiek ingerichte kamers. Achter het fornuis maakt de chef-kok bij voorkeur streekgerechten klaar.

PEER *3990 Limburg* ⬛⬛⬛ R 16 *et* ⬛⬛⬛ J 2 – *15 567 h.*
Bruxelles 99 – Hasselt 30 – Antwerpen 78 – Eindhoven 33.

XX **Fleurie,** Baan naar Bree 27, ☎ 0 11 63 26 33, *info@fleurie.be,* Fax 0 11 66 26 33 – ▤
℗. AE ➀ ✱ VISA . ♒
fermé 2 sem. en juil., mardi soir et merc. – **Repas** *Lunch* 28 – 36/70 bc, ♀.
◆ Une façade "fleurie" durant tout l'été signale ce petit restaurant sympathique posté à l'entrée du village. Menus attrayants, renouvelés au fil des saisons.
◆ Sympathiek restaurantje dat bij binnenkomst in het dorp 's zomers goed te herkennen is aan zijn fleurige voorgevel. Aantrekkelijke menu's die elk seizoen worden veranderd.

PEPINGEN *1670 Vlaams-Brabant* ⬛⬛⬛ J 18, ⬛⬛⬛ J 18 *et* ⬛⬛⬛ F 3 – *4 302 h.*
Bruxelles 21 – Leuven 55 – Gent 54 – Mons 61.

X **Artmosfeer,** Ninoofsesteenweg 93, ☎ 0 2 361 37 62, Fax 0 2 361 31 44, ☂ – ✱ VISA
fermé 19 août-5 sept., lundi, mardi et merc. – **Repas** 35.
◆ Cette affaire familiale a pris ses quartiers dans une ancienne ferme du début du 20e s. Petite salle à manger campagnarde. Cour intérieure où l'on s'attable par beau temps.
◆ Dit familiebedrijfje heeft zijn intrek genomen in een oude boerderij uit de vroege 20e eeuw. Kleine eetzaal in rustieke stijl. Bij mooi weer worden de tafeltjes buiten gedekt.

Lees aandachtig de inleiding : deze is de sleutel van de gids.

PEPINSTER 4860 Liège 533 T 19, 534 T 19 et 716 K 4 – 9 398 h.

Env. au Sud-Ouest : Tancrémont, Statue★ du Christ dans la chapelle.

Bruxelles 126 – Liège 26 – Verviers 6.

୪୪୪
ఢ **Host. Lafarque** ⋙ avec ch, Chemin des Douys 20 (Ouest : 4 km par N 61, lieu-dit Goffontaine), ℘ 0 87 46 06 51, lafarque@relaischateaux.com, Fax 0 87 46 97 28, ⩽, 佘, 帚 – ⧫ TV P. AE ⓄD ⓄⓄ VISA. ⅍ ch
fermé 21 mars-10 avril, 18 sept.-7 oct., lundi, mardi et sam. midi – **Repas** (fermé après 20 h 30) 70/85, carte 73 à 85 – ⌻ 15 – **8 ch** 135/150 – ½ P 150/195
Spéc. Thon mi-cuit, sauce à la coriandre. Bar de ligne au Vin jaune. Gibier en saison.
◆ Sur les hauteurs, au milieu d'un parc arboré, élégante construction à colombages rappelant les manoirs normands. Les fines fourchettes y sont choyées. Chambres douillettes.
◆ Dit sierlijke vakwerkhuis in Normandische stijl op een heuvel met boomrijk park beschikt over gerieflijke kamers. De keuken zal zelfs het meest verwende gehemelte bevallen.

X **Au Pot de Beurre,** r. Neuve 116, ℘ 0 87 46 06 43, Fax 0 87 46 06 43 – ▦. AE ⓄD ⓄⓄ VISA
fermé du 1er au 24 août, du 2 au 10 janv., mardi soir et merc. – **Repas** 25/75 bc.
◆ Un choix de préparations bourgeoises discrètement actualisées entend combler votre appétit à cette adresse du centre de Pepinster. Accueil et service attentionnés, en famille.
◆ Op dit adresje in het centrum kunt u de honger stillen met eenvoudige gerechten die voorzichtig aan de huidige tijd worden aangepast. Attente bediening door een familie.

à Wegnez Nord : 2 km © Pepinster – ⊠ 4860 Wegnez :

XX **Host. du Postay** avec ch, r. Laurent Mairlot 22, ℘ 0 87 46 14 77, hostellerie.postay@skynet.be, Fax 0 87 46 00 80, ⩽, 佘 – TV P. AE ⓄD ⓄⓄ VISA. ⅍ rest
fermé 1re quinz. août et 24 déc.-2 janv. – **Repas** (fermé sam. midi, dim. soir et lundi) Lunch 27 – 58/99 bc – **8 ch** ⌻ 65/85 – ½ P 92.
◆ Ancienne ferme réaménagée en relais de bouche, à débusquer au faîte du village. Véranda et restaurant d'été procurant une vue sur les toits de Verviers. Carte inventive.
◆ Deze oude boerderij, hoog in het dorp, is nu een uitstekend restaurant met een inventieve menukaart. Serre en terras met uitzicht op de daken van Verviers.

PERWEZ (PERWIJS) 1360 Brabant Wallon 533 N 19, 534 N 19 et 716 H 4 – 7 243 h.

Bruxelles 46 – Namur 27 – Charleroi 42 – Leuven 35 – Tienen 27.

XX **La Frairie,** av. de la Roseraie 9, ℘ 0 81 65 87 30, frairie@swing.be, Fax 0 81 65 87 30, 佘 – P. AE ⓄD ⓄⓄ VISA
fermé dern. sem. juil.-mi-août, dim. soir, lundi et mardi – **Repas** Lunch 24 – 30/60.
◆ L'enseigne n'évoque-t-elle pas une joyeuse partie de plaisir et de bonne chère ? Agréable moment de table en perspective, donc. Mets au goût du jour et menus alléchants.
◆ La Frairie, dat in dialect "het dorpsfeest" betekent, staat garant voor een genoeglijk avondje uit. Kaart met eigentijdse gerechten en verleidelijke menu's.

PETIT-RECHAIN Liège 533 U 19, 534 U 19 et 716 K 4 – voir à Verviers.

PETIT-ROEULX-LEZ-NIVELLES Hainaut 533 K 19, 534 K 19 et 716 F 4 – voir à Nivelles.

PETIT-THIER Luxembourg belge 534 U 21 et 716 K 5 – voir à Vielsalm.

PHILIPPEVILLE 5600 Namur 534 M 21 et 716 G 5 – 8 064 h.

ᵣ au Nord-Est : 10 km à Florennes, Base J. Offenberg ℘ 0 71 68 88 48, Fax 0 71 68 88 48.
ᴇ r. Religieuses 2 ℘ 0 71 66 89 85, tourisme.philippeville@swing.be, Fax 0 71 66 89 85.
Bruxelles 88 – Namur 44 – Charleroi 26 – Dinant 29.

୪୪୪ **La Côte d'Or** avec ch, r. Gendarmerie 1, ℘ 0 71 66 81 45, info@lacotedor.com, Fax 0 7 66 67 97, 佘, 帚 – TV P. – ⚓ 25 à 80. AE ⓄD ⓄⓄ VISA
Repas (fermé carnaval, dim. soir, lundi et merc. soir) Lunch 25 – 35/55, ⌻ ⅌ – **8 ch** ⌻ 48/80 – ½ P 52/97.
◆ Fière villa entourée d'un beau jardin. Salon "cosy", salle à manger classique-actuelle, cave d'exception, espaces de réunions et de banquets et chambres sans reproche.
◆ Fiere villa met een mooie tuin, gezellige lounge, modern-klassieke eetzaal, uitstekende wijnkelder, vergaderruimten, feestzalen en onberispelijke kamers.

X **Aub. des 4 Bras,** r. France 49, ℘ 0 71 66 72 38, collardfab@swing.be, Fax 0 7
ⓒ 66 93 59, 佘 – P. AE ⓄD ⓄⓄ VISA
fermé 21 fév.-8 mars, 29 août-13 sept., dim. soir sauf en juil.-août et lundi – **Repas** Lun 12 – 22/35.
◆ Auberge postée au croisement des "4 Bras", comme le proclame sa devanture. Les menu eux aussi, sont à la croisée des chemins : classico-bourgeois et régionaux.
◆ De naam van deze herberg verwijst naar de viersprong waaraan hij is gelegen. De menu staan op een tweesprong tussen klassiek en regionaal.

PLANCENOIT *Brabant Wallon* 533 L 19, 534 L 19 *et* 716 G 4 – *voir à Lasne.*

POLLEUR *4910 Liège* © *Theux 11 495 h.* 533 U 19, 534 U 19 *et* 716 K 4.
Bruxelles 129 – Liège 38 – Namur 98 – Maastricht 52 – Vaals 38

Host. le Val de Hoëgne, av. Félix Deblon 1, ☎ 0 87 22 44 26, *val_de_hoëgne@hotmail.com, Fax 0 87 22 55 91,* – 25. *fermé 29 août-9 sept. et du 2 au 26 janv.* – **Repas** *(fermé mardi et merc.)* 28/35 bc – **16 ch** 50/95 – ½ P 48/60.
◆ Petite hostellerie traditionnelle établie sur les rives de la Hoëgne, à l'entrée du village, près du "Vieux Pont". Chambres bien tenues, véranda, terrasse et jeux d'enfants. Chaleureux restaurant au décor néo-rustique. Cuisine actuelle.
◆ Klein traditioneel hotel-restaurant aan de oevers van de Hoëgne, bij de ingang van het dorp, vlak bij de "Oude Brug". Goed onderhouden kamers, serre, terras en speeltuintje. Gezellig restaurant in neorustieke stijl. Eigentijdse keuken.

POPERINGE *8970 West-Vlaanderen* 533 B 17 *et* 716 B 3 – *19 419 h.*
Grote Markt 1 ☎ *0 57 34 66 76, toerisme@poperinge.be* Fax 0 57 33 57 03.
Bruxelles 134 – Brugge 64 – Kortrijk 41 – Oostende 54 – Lille 45.

Manoir Ogygia, Veurnestraat 108, ☎ 0 57 33 88 38, *info@ogygia.be, Fax 0 57 33 88 77,* ch
fermé du 4 au 14 avril et 22 déc.-14 janv. – **Repas** voir rest **Amfora** ci-après – **6 ch** 115/135, – 3 suites – ½ P 95/115.
◆ Cet hôtel très charmant met à profit une gentilhommière alanguie dans un parc centenaire. Décor intérieur élégant, belles chambres personnalisées et espace de relaxation.
◆ Dit bijzonder charmante hotel is gevestigd in een kasteeltje met 19e-eeuws park. Fraai interieur, mooie kamers met een persoonlijk tintje ; fitness- en verwenruimte.

Belfort, Grote Markt 29, ☎ 0 57 33 88 88, *hotelbelfort@pandora.be, Fax 0 57 33 74 75,* – – 200.
Repas *(fermé 13 nov.-6 déc., dim. d'oct. à juil. et lundi)* (taverne-rest) *Lunch 9* – 22/36 bc – **7 ch** *(fermé 13 nov.-6 déc. et lundi en hiver)* 60/80 – ½ P 60/80.
◆ Ce petit hôtel du cœur de Poperinge abrite une douzaine de chambres fonctionnelles dont cinq se complètent d'une kitchenette. Accueil familial, affable et souriant. Taverne-restaurant classiquement aménagée.
◆ Dit hotelletje ligt in het hart van Poperinge. Het beschikt over een twaalftal functionele kamers, waarvan vijf zijn uitgerust met een kitchenette. Alleraardigste ontvangst. Het bijbehorende taverne-restaurant is klassiek ingericht.

Pegasus et H. Recour avec ch, Guido Gezellestraat 7, ☎ 0 57 33 57 25, *info@pegasusrecour.be, Fax 0 57 33 54 25,* – 30.
Repas *(fermé 28 mars-6 avril, du 22 au 31 août, 18 déc.-4 janv., dim. soir et lundi) Lunch 28* – 43/75 bc – 14 – **8 ch** 75/250 – ½ P 140/200.
◆ Table créative officiant dans une belle maison de notable. Élégant décor intérieur alliant classicisme et goût du jour, avenante terrasse et superbes chambres tout confort.
◆ Restaurant in een mooi herenhuis dat vanbinnen een stijlvolle mix van klassiek en modern vormt. Creatieve chef-kok. Uitnodigend terras en geweldige kamers met alle comfort.

D'Hommelkeete, Hoge Noenweg 3 (Sud : 3 km par Zuidlaan), ☎ 0 57 33 43 65, *hommelkeete@yahoo.com, Fax 0 57 33 65 74,* ≤, –
fermé 23 juil.-13 août, 22 déc.-5 janv., dim soir, lundi et merc. soir – **Repas** *Lunch 32* – 45/63 bc, ♀.
◆ Jolie fermette agrémentée d'un jardin exquis, avec pièce d'eau. Salle à manger aux accents rustiques. Les jets de houblon sont, en saison, la grande spécialité de la maison.
◆ Mooi boerderijtje met een schitterende tuin en waterpartij. Eetzaal met rustieke accenten. Hopscheuten of "jets de houblon" zijn in het voorjaar de specialiteit van het huis.

Amfora - H. Manoir Ogygia, avec ch, Grote Markt 36, ☎ 0 57 33 88 66, *info@amfora.be, Fax 0 57 33 88 77,* –
fermé 21 déc.-13 janv. – **Repas** *(fermé merc.) Lunch 9* – 40/54 bc – **7 ch** 70/90 – ½ P 75.
◆ Sur la Grand-Place, demeure ancienne dont la typique façade flamande s'anime de pignons à redans. Salle de restaurant cossue, jolies terrasse, véranda et chambres de bon ton.
◆ Oud pand met een typisch Vlaamse trapgevel aan de Grote Markt. Fraaie eetzaal, aardig terras, veranda en smaakvolle kamers.

Gasthof De Kring avec ch, Burg. Bertenplein 7, ☎ 0 57 33 38 61, *info@dekring.be, Fax 0 57 33 92 20,* – – 25 à 200. ch
fermé du 7 au 28 fév. et 25 juil.-12 août – **Repas** *(fermé dim. soir et lundi) Lunch 9* – 30/52 bc, ♀ – **7 ch** 60/76 – ½ P 60/64.
◆ À l'ombre de St-Bertin, aimable hostellerie où l'on se plie en quatre pour vos banquets et séminaires. Jets de houblon à gogo de février à avril. Chambres pratiques.
◆ Bij de St-Bertinuskerk. Het personeel slooft zich uit om uw feesten en partijen tot een succes te maken. Volop hopscheuten tussen februari en april. Praktische kamers.

XX **Quadrille,** Ieperstraat 21, ℰ 0 57 33 77 41, appetito@ yucom.be, Fax 0 57 33 77 49 – ⓂⒶ 𝚅𝙸𝚂𝙰. ⌯⌯
fermé 21 juil.-1ᵉʳ sept., dim., lundi et merc. soir – **Repas** Lunch 20 – 31/54 bc.
♦ Un ancien magasin de confection sert de cadre à cet établissement du centre-ville dont le nom vous invite à entrer dans la danse. Choix de préparations au goût du jour.
♦ Een oud confectiemagazijn is de setting voor dit eigentijdse restaurant in het centrum van de stad. Wie weet wordt er na het eten nog de quadrille gedanst...

X **Palace** avec ch, Ieperstraat 34, ℰ 0 57 33 30 93, palace.hotel@ planetinternet.be, Fax 0 57 33 35 35, ☇⅁ – 𝚃𝚅 𝙿 – 🅰 25 à 200. 𝙰𝙴 ⓞ ⓂⒶ 𝚅𝙸𝚂𝙰. ⌯⌯ rest
fermé 28 juil.-14 août – **Repas** (fermé merc. et dim. soir) Lunch 9 – carte 28 à 47 – **11 ch** ⌂ 60/76 – ½ P 60.
♦ Accueil familial, ambiance "vieille Flandre" et repas classiques à composantes régionales, sans oublier quelques chambres simples et un café où le temps s'est arrêté en 1947.
♦ Vriendelijk onthaal, typisch Vlaamse sfeer en klassieke keuken met regionale invloeden. In het café uit 1947 lijkt de tijd te hebben stilgestaan. Enkele eenvoudige kamers.

POUPEHAN 6830 Luxembourg belge ⒸBouillon 5 373 h. 𝟻𝟹𝟺 P 24 et 𝟽𝟷𝟼 I 6.
Bruxelles 165 – Bouillon 12 – Arlon 82 – Dinant 69 – Sedan 23.

à Frahan Nord : 5 km Ⓒ Bouillon – ⊠ 6830 Poupehan :

🏠 **Aux Roches Fleuries** ☞, r. Crêtes 32, ℰ 0 61 46 65 14, info@ auxrochesfleuries.be, Fax 0 61 46 72 09, ⩽, ⌂ – ⎸ 𝚃𝚅 𝙿. ⓂⒶ 𝚅𝙸𝚂𝙰
fermé du 1ᵉʳ au 24 mars, 13 nov.-23 déc. sauf week-end et janv. – **Repas** Lunch 20 – 26/54 – ⌂ 10 – **14 ch** 56/81 – ½ P 65/75.
♦ Tranquille hostellerie nichée dans un vallon boisé où se glisse la Semois. Les meilleures chambres, avec balcon, se trouvent à l'arrière. Terrasse d'été et jardin délicieux. Salle à manger panoramique. Bons menus à prix raisonnables, servis par table entière.
♦ Rustig hotel in een bebost dal, waar de Semois zich een weg baant. De beste kamers, met balkon, liggen aan de achterkant. Panoramarestaurant, zomerterras en mooie tuin. Goede menu's voor een zacht prijsje, mits het hele tafelgezelschap hetzelfde menu neemt.

🏠 **Beau Séjour** ☞, r. Tabac 7, ℰ 0 61 46 65 21, info@hotel-beausejour.be, Fax 0 61 46 78 80, ⌂, ⌂ – 𝚃𝚅 𝙿. 𝙰𝙴 𝚅𝙸𝚂𝙰
fermé 10 janv.-10 fév. et 20 juin-1ᵉʳ juil. – **Repas** 22/44 – **14 ch** ⌂ 35/75 – ½ P 65/70.
♦ La Semois dessine l'un de ses plus gracieux méandres autour du village au bout duquel s'élève cette mignonne auberge familiale. Chambres de "Beau Séjour". Jardin reposant. Repas classico-bourgeois servi dans un cadre "provincial". Vue sur la vallée.
♦ De Semois meandert sierlijk om Frahan, waar aan het eind deze mooie herberg te vinden is. De kamers bieden een aangenaam verblijf. Rustgevende tuin. In de provinciaal aandoende eetzaal worden klassiek-traditionele maaltijden geserveerd. Uitzicht op het dal.

PROFONDEVILLE 5170 Namur 𝟻𝟹𝟹 O 20, 𝟻𝟹𝟺 O 20 et 𝟽𝟷𝟼 H 4 – 11 116 h.
Voir Site★.
Env. au Sud-Ouest : 5 km à Annevoie-Rouillon : Parc★★ du Domaine et intérieur★ du château – à l' Est : 5 km à Lustin : Rocher de Frênes★, ⩽★.
🅖 Chemin du Beau Vallon 45 ℰ 0 81 41 14 18, Fax 0 81 41 21 42.
Bruxelles 74 – Namur 14 – Dinant 17.

XX **La Sauvenière,** chaussée de Namur 57, ℰ 0 81 41 33 03, Fax 0 81 57 02 43, ⌂ – 𝙿 ⓂⒶ 𝚅𝙸𝚂𝙰
fermé fin août- début sept. et lundi – **Repas** Lunch 21 – 33/83 bc, ♀ ⌂.
♦ Table mosane ne manquant pas d'atouts pour séduire : accueil gentil, salle à manger chaleureuse, terrasse d'été invitante... Plats traditionnels et au goût du jour.
♦ Restaurant in de bouwstijl van het Maasland, met een vriendelijke bediening, sfeervolle eetzaal en uitnodigend terras. Traditionele schotels die bij de huidige smaak passen.

à Arbre Sud-Ouest : 5 km par N 928 Ⓒ Profondeville – ⊠ 5170 Arbre :

XX **L'Eau Vive** (Résimont), rte de Floreffe 37, ℰ 0 81 41 11 51, eauvive@ netcourrier.com ⌂ Fax 0 81 41 40 16, ⩽, ⌂ – 𝙿. 𝙰𝙴 ⓞ ⓂⒶ 𝚅𝙸𝚂𝙰
fermé 1 sem. Pâques, 1ʳᵉ quinz. sept., Noël, Nouvel An, mardi et merc. – **Repas** Lunch – 45/90 bc, carte 57 à 74, ♀ ⌂.
Spéc. Truite du vivier au bleu. Foie poêlé à la rhubarbe. Pigeonneau fumé au thym.
♦ Ancienne chaudronnerie blottie au creux d'un vallon boisé. Rafraîchissante terrasse estivale dressée devant la cascade. Côté cuisine, on panache tradition et modernité.
♦ Oude koperslagerij onder in een bebost dal. In de zomer is het terras bij de waterval heerlijk verfrissend. De kookstijl is een combinatie van traditioneel en modern.

PUURS 2870 Antwerpen 533 K 16 et 716 F 2 – 15 802 h.
Bruxelles 32 – Antwerpen 29 – Gent 50 – Mechelen 18.

à Liezele Sud : 1,5 km © Puurs – ⊠ 2870 Liezele :

XX **Hof ten Broeck,** Liezeledorp 3, ℘ 0 3 899 28 00, hoftenbroeck@pandora.be, Fax 0 3 899 38 10, ≤ – **P. ⍟ VISA JCB**
fermé 16 août-début sept., prem. sem. janv., dim. soir, lundi et mardi – **Repas** Lunch 30 – carte 41 à 57.
◆ Demeure ancienne assez cossue avec sa ceinture de douves et son jardin soigné où dialoguent sculptures et pièce d'eau. L'assiette, dans le tempo actuel, est convaincante.
◆ Weelderig gebouw met een slotgracht en een verzorgde tuin, die wordt opgeluisterd met beeldhouwwerken en een waterpartij. De eigentijdse kookstijl is overtuigend.

QUAREGNON 7390 Hainaut 533 I 20, 534 I 20 et 716 E 4 – 18 799 h.
Bruxelles 77 – Mons 11 – Tournai 37 – Valenciennes 30.

XXX **Dimitri,** pl. du Sud 27 (Lourdes), ℘ 0 65 66 69 69, Fax 0 65 66 69 69 – ▤. **AE ⍟ ⍟**
VISA JCB. ⌘
fermé août, dim. soir et lundi – **Repas** Lunch 30 – 42/90 bc, ♀ ⌘
Spéc. Ragoût de Saint-Jacques et homard. Noisettes de chevreuil, poivrade. Sabayon au mascarpone.
◆ Table classique évolutive où marbres, fresques et boiseries renvoient aux origines grec-ques du patron, installé ici depuis plus de 30 ans. Beau choix de vins bien commenté.
◆ Het marmer, de fresco's en het houtwerk herinneren aan de Griekse afkomst van de baas, die hier al ruim 30 jaar de scepter zwaait. Licht klassieke keuken en goede wijnen.

QUENAST 1430 Brabant Wallon © Rebecq 9 896 h. 533 J 18, 534 J 18 et 716 F 3.
Bruxelles 31 – Mons 33 – Wavre 53 – Charleroi 51 – Namur 77.

XX **La Ferme du Faubourg,** r. Faubourg 2, ℘ 0 67 63 69 03, Fax 0 67 63 69 03, ☆ –
P. AE ⍟ ⍟
fermé du 5 au 15 sept., du 2 au 19 janv., lundi et mardi – **Repas** Lunch 35 bc – 28/50.
◆ Les murs de cette grosse ferme brabançonne de plan carré dissimulent une cour avec jardin, où la terrasse est dressée aux beaux jours. Carte assortie de menus et suggestions.
◆ Grote Brabantse boerderij met een vierkant grondplan, binnenplaats en tuin, waar bij mooi weer op het terras kan worden gegeten. Spijskaart met menu's en suggesties.

RANCE 6470 Hainaut © Sivry-Rance 4 545 h. 534 K 22 et 716 F 5.
Bruxelles 92 – Mons 44 – Charleroi 39 – Chimay 12.

XX **La Braisière,** rte de Chimay 13, ℘ 0 60 41 10 83, Fax 0 60 41 10 83, ☆ – **P. AE ⍟**
⍟ VISA
fermé du 18 au 30 mars, du 20 au 30 juin, 20 août-15 sept., mardis et merc. non fériés et après 20 h 30 – **Repas** (déjeuner seult sauf vend. et sam.) Lunch 37 – 45/72 bc.
◆ Au bord d'une grand-route, confortable établissement dont la salle à manger feutrée, garnie de meubles de style, se complète d'une orangerie. Cuisine du marché.
◆ Comfortabel etablissement aan een grote weg. De eetzaal, die met stijlmeubelen is inge-richt, is uitgebreid met een oranjerie. Keuken met dagverse producten van de markt.

à Sautin Nord-Ouest : 4 km © Sivry-Rance – ⊠ 6470 Sautin :

🏠 **Le Domaine de la Carrauterie** ⌘ sans rest, r. Station 11, ℘ 0 60 45 53 52, car rauterie@skynet.be, Fax 0 60 45 66 96, ☏, ☎, ⌘, ☞ – **TV P. AE ⍟ ⍟ VISA. ⌘**
fermé 24, 25, 26 et 31 déc., 1er janv. et dim. – **5 ch** ⌘ 70/105.
◆ Chaleureuse maison de pays où vous êtes hébergés dans de tranquilles chambres coquettement personnalisées, façon "cottage". Espace beauté-relaxation. Accueil avenant.
◆ Dit sfeervolle pand in de steen van de streek biedt rustige kamers in cottagestijl, die er allemaal anders uitzien. Schoonheidssalon en ontspanningscentrum. Attente service.

REBECQ 1430 Brabant Wallon 533 J 18, 534 J 18 et 716 F 4 – 9 896 h.
Bruxelles 31 – Mons 33 – Wavre 48 – Charleroi 51 – Namur 77.

XX **Nouveau Relais d'Arenberg,** pl. de Wisbecq 30 (par E 429 - A 8, sortie ㉔, lieu-dit Wisbecq), ℘ 0 67 63 60 82, Fax 0 67 63 72 03, ☆ – **P. – ⌘** 25. **AE ⍟ ⍟ VISA. ⌘**
fermé carnaval, 2e quinz. août, lundis midis non fériés, dim. soir et lundi soir – **Repas** Lunch 16 – 25/57 bc.
◆ Près de l'église, restaurant dont la terrasse surplombe un jardin plaisant. Lunch avan-tageux et menu-carte épatant. Intéressant choix de bordeaux rouges.
◆ Dit restaurant bij de kerk heeft een terras en een mooie tuin. Voordelige lunchformule en een verbluffend goed menu. Interessante selectie rode bordeauxwijnen.

RECOGNE Luxembourg belge 🔢 R 23 et 🔢 J 6 – voir à Libramont.

REET 2840 Antwerpen © Rumst 14 577 h. 🔢 L 16 et 🔢 G 2.
Bruxelles 32 – Antwerpen 17 – Gent 56 – Mechelen 11.

ᐃᐃᐃ **Pastorale** (De Pooter), Laarstraat 22, ℘ 0 3 844 65 26, pastorale@belgacom.net,
Fax 0 3 844 73 47, ≼, ⌂ – ▤ 🅿 – 🛦 45. 🖭 ⓪ ⓦⓢ VISA
fermé 18 juil.-11 août, merc. et sam. midi – **Repas** Lunch 40 – 57/97 bc, carte 78 à 92,
♎ ⅋.
Spéc. Langoustines à la mousse de chou-fleur et vinaigrette de limon (mars-sept.). Anguille
et légumes fumés (avril-oct.). Crabe de la mer du Nord et asperges à l'œuf poché (avril-
28 juin).
♦ Presbytère (19e s.) veillant sur un parc public. Beau jardin, élégante salle à manger
bénie des muses (poèmes, œuvres d'art), mets d'aujourd'hui et somptueux livre
de cave.
♦ Deze 19e-eeuwse pastorie kijkt uit op een park. Mooie tuin, elegante eetzaal met beel-
dende kunst en poëzie aan de muur. Eigentijdse gerechten en prestigieuze wijnen.

La REID Liège 🔢 T 20, 🔢 T 20 et 🔢 K 4 – voir à Spa.

REKEM Limburg 🔢 T 17 et 🔢 K 3 – voir à Lanaken.

REKKEM West-Vlaanderen 🔢 D 18 et 🔢 C 3 – voir à Menen.

REMOUCHAMPS Liège – voir Sougné-Remouchamps.

RENAIX Oost-Vlaanderen – voir Ronse.

RENDEUX 6987 Luxembourg belge 🔢 S 21, 🔢 S 21 et 🔢 J 5 – 2 261 h.
Bruxelles 119 – Arlon 83 – Marche-en-Famenne 15 – La Roche-en-Ardenne 11.

🏨 **Host. Château de Rendeux** ⚲, r. Château 8 (lieu-dit Rendeux-Haut),
℘ 0 84 37 00 00, chateau.rendeux@skynet.be, Fax 0 84 37 00 01, ⌂, ☞ – ▤ 🖭 –
🛦 25 à 100. ⓦⓢ VISA. ⚲ ch
fermé 24 janv.-10 fév., 1re quinz. sept. et merc. – **Repas** Les Caves du Château (fermé
merc. et jeudi midi) Lunch 20 – 26/61 bc – **16 ch** ⊒ 65/95 – ½ P 68/88.
♦ Vous séjournerez au calme dans cette noble demeure en pierres du pays entourée
de dépendances et d'un parc. Salon avec cheminée. Parquet en chêne dans
la plupart des chambres. Bonne table classique-traditionnelle au cadre rustique-
bourgeois.
♦ Dit adelshuis van steen uit de streek met bijgebouwen en park is bij uitstek geschikt voor
een rustig verblijf. Lounge met schouw en eikenhouten parket in de meeste kamers. Goede
klassiek-traditionele keuken in een rustiek interieur.

ᐃᐃ **Au Moulin de Hamoul**, r. Hotton 86 (lieu-dit Rendeux-Bas), ℘ 0 84 47 81 81, Fax 0 84
47 81 85, ≼ – 🅿 – 🛦 25. 🖭 ⓪ ⓦⓢ VISA
fermé fin août, dim. soir, lundi et après 20 h 30 – **Repas** Lunch 22 – 35/61 bc.
♦ Sur les rives de l'Ourthe, maison de pays où l'on vient goûter de sages menus
oscillant entre tradition et goût du jour. Salle à manger rajeunie en 2003 ; jardin et
terrasse.
♦ Fraai pand in de bouwstijl van de streek, aan de oever van de Ourthe. Mooie menu's, half
traditioneel en half modern. De eetzaal werd in 2003 gerenoveerd. Tuin en terras.

RENINGE 8647 West-Vlaanderen © Lo-Reninge 3 322 h. 🔢 B 17 et 🔢 B 3.
Bruxelles 131 – Brugge 54 – Ieper 22 – Oostende 53 – Veurne 21.

ᐃᐃᐃᐃ **'t Convent** (De Volder) ⚲ avec ch, Halve Reningestraat 1 (Ouest : 3 km, direction Oost
vleteren), ℘ 0 57 40 07 71, Fax 0 57 40 11 27, ≼, ⌂, ⅃ⅆ, ☎, ▦, ☞, ♣⅚ – 🛦, ▤ ch
🖭 🅿 – 🛦 25. 🖭 ⓪ ⓦⓢ VISA
fermé 15 fév.-2 mars, du 22 au 31 août et du 1er au 4 janv. – **Repas** (fermé mardi et merc.
50/120, carte 83 à 121 ♣ – ⊒ 18 – **10 ch** 110/200, – 4 suites – ½ P 180/275
Spéc. Ramequin d'œuf fermier, crème parmentière et truffes. Filet de turbot aux pâtes
fraîches et truffe. La truffe dans toute sa splendeur.
♦ Délicieuse hostellerie pleine de caractère : au dehors, truffière, vigne, jardin fleuri, et le
polders pour toile de fond ; au dedans, cadre raffiné, chambres de même.
♦ Sfeervol hotel met karakter en een verfijnde inrichting, ook in de kamers. Op het landgoe
liggen een truffelveld, wijngaard en bloementuin en dat midden in de polders !

RETIE 2470 Antwerpen 🔢🔢🔢 P 15 et 🔢🔢🔢 I 2 – 9997 h.

Bruxelles 89 – Eindhoven 38 – Antwerpen 51 – Turnhout 12.

XXX **De Pas,** Passtraat 11, ℰ 0 14 37 80 35, depas@pandora.be, Fax 0 14 37 33 36, 🍽️ –
AE Ⓞ ⓄⓈ VISA 🍴

fermé lundi, mardi et sam. midi – **Repas** Lunch 30 – 55/65 bc, ℤ.

♦ La salle à manger de cette demeure du 17ᵉ s. renferme une collection d'antiquités, dont quelques jolies toiles et des pièces en bronze. Registre culinaire assez ambitieux.

♦ De eetzaal van dit mooie 17e-eeuwse pand bevat een antiekverzameling, waaronder enkele fraaie schilderijen en bronzen beelden. Het culinaire register is tamelijk ambitieus.

RHODE-ST-GENÈSE Région de Bruxelles-Capitale – voir Sint-Genesius-Rode à Bruxelles, environs.

RIEMST 3770 Limburg 🔢🔢🔢 S 18 et 🔢🔢🔢 J 3 – 15801 h.

Bruxelles 111 – Maastricht 9 – Hasselt 30 – Liège 24.

à Millen Sud : 3 km © Riemst – ✉ 3770 Millen :

XX **Hoeve Dewalleff,** Tikkelsteeg 13, ℰ 0 12 23 70 89, info@hoeve-dewalleff.be, Fax 0 12 26 25 30, 🍽️ – 🅿️ – 🚲 25 à 450. AE Ⓞ ⓄⓈ VISA

fermé mardi, merc. et dim. soir – **Repas** Lunch 30 – 35/60 bc.

♦ Ferme limbourgeoise du 17ᵉ s. dissimulant une cour intérieure fleurie. Un restaurant assez charmant et plusieurs salles de banquets se partagent les ailes du bâtiment.

♦ Limburgse hoeve uit de 17e eeuw met een binnenplaats vol bloemen. In de vleugels zijn een sfeervol restaurant en een aantal feestzalen ondergebracht.

RIJKEVORSEL 2310 Antwerpen 🔢🔢🔢 N 14 et 🔢🔢🔢 H 1 – 10505 h.

Bruxelles 80 – Antwerpen 34 – Turnhout 16 – Breda 41.

XX **Waterschoot,** Bochtenstraat 11, ℰ 0 3 314 78 78, info@restaurant-waterschoot.be, Fax 0 3 314 78 78, 🍽️ – ⓄⓈ VISA 🍴

fermé du 20 au 28 fév., 14 août-5 sept., sam. midi, dim. et lundi – **Repas** Lunch 32 – 29/49, ℤ.

♦ Au cœur du village, adresse familiale où, par beau temps, les parasols envahissent le jardin situé sur l'arrière. Carte saisonnière comportant menus et suggestions.

♦ Familierestaurant in het midden van het dorp. In de tuin aan de achterkant worden bij mooi weer de parasols opengeklapt. Seizoengebonden kaart met menu's en suggesties.

RIJMENAM Antwerpen 🔢🔢🔢 M 16 et 🔢🔢🔢 G 2 – voir à Mechelen.

RIVIÈRE 5170 Namur © Profondeville 11116 h. 🔢🔢🔢 O 20, 🔢🔢🔢 O 20 et 🔢🔢🔢 H 4.

Bruxelles 78 – Namur 16 – Charleroi 38 – Dinant 15 – Liège 77 – Wavre 54.

🏠 **Les 7 meuses,** r. Sarte à Soilles 27, ℰ 0 81 25 75 75, Fax 0 81 25 75 70, ❉ vallée de la Meuse (Maas), 🍽️ – 📺 🅿️ ⓄⓈ VISA

fermé 20 déc.-3 mars – **Repas** (taverne-rest) Lunch 22 – carte 31 à 44 – 6 ch ⇌ 50/80 – ½ P 70/80.

♦ Perché tel un nid d'aigle sur un coteau mosan, cet hôtel de style contemporain offre, depuis chaque chambre, une vue inoubliable sur la vallée et les méandres du fleuve. Ample taverne-restaurant panoramique au "look" design. Superbe échappée en terrasse.

♦ Dit moderne hotel ligt als een adelaarsnest hoog op een heuvel langs de Maas. Elke kamer biedt een adembenemend uitzicht op het dal en de meanders van de rivier. Groot panoramarestaurant met designmeubelen. Ook het terras biedt een schitterend uitzicht.

RIXENSART Brabant Wallon 🔢🔢🔢 M 18, 🔢🔢🔢 M 18 et 🔢🔢🔢 G 3 – voir à Genval.

ROBERTVILLE 4950 Liège © Waimes 6618 h. 🔢🔢🔢 V 20, 🔢🔢🔢 V 20 et 🔢🔢🔢 L 4.

Voir Lac★, ≼★.

🛈 r. Centrale 53 ℰ 0 80 44 64 75, robertville@com, Fax 0 80 44 66 64.

Bruxelles 154 – Liège 58 – Malmédy 14 – Aachen 40.

🏨 **Domaine des Hautes Fagnes** ⬙, r. Charmilles 67 (lieu-dit Ovifat), ℰ 0 80 44 69 87, info@hotel2.be, Fax 0 80 44 69 19, ②, ≦s, 🔲, ☞, ※, 🚲 – 🛗 📺 🅿️ – 🚲 25 à 130. AE Ⓞ ⓄⓈ VISA 🍴 rest

Repas (résidents seult) – **70 ch** ⇌ 97/148, – 1 suite – ½ P 104/127.

♦ Parc et forêt encadrent cet hôtel contemporain dont les chambres, réparties sur deux étages, sont garnies d'un mobilier actuel. Infrastructures pour se réunir et se divertir. À table, répertoire culinaire de base classique, actualisé à petits pas.

♦ Dit eigentijdse hotel wordt omgeven door een park en een bos. De kamers zijn modern gemeubileerd en liggen op twee verdiepingen. Talrijke faciliteiten om werk en plezier te combineren. Klassieke keuken die voorzichtig aan de huidige tijd wordt aangepast.

La Chaumière du Lac, r. Barrage 23 (lieu-dit Ovifat), 🌐 0 80 44 63 39, info@chau
mieredulac.be, Fax 0 80 44 46 01, 🍴, 🌿 – 📺 🅿. 🐵 𝖵𝖨𝖲𝖠, 🎿 rest
Repas *(fermé lundi et mardi sauf vacances scolaires et après 20 h 30)* 24/35 – **10 ch**
🛏 45/84 – ½ P 59/105.

◆ Imposante villa dont le toit de chaume bien peigné encapuchonne quelques chambres
tant fonctionnelles que plaisantes. Le jardin invite à "décompresser". Salle de restaurant
en accord avec son temps. Accueil chaleureux.

◆ Deze imposante villa met rieten dak bezit kamers die zowel functioneel als aangenaam
zijn. De tuin nodigt uit tot relaxen. De eetzaal is in eigentijdse stijl ingericht. Hartelijke
ontvangst.

Host. du Chêneux 🦢, Chemin du Chêneux 32 (lieu-dit Ovifat), 🌐 0 80 44 04 00, inf
o@cheneux.be, Fax 0 80 44 04 10, 🍴 – 📺 🅿. 🐵 𝖵𝖨𝖲𝖠
fermé 3 sem. en mars – **Repas** *(dîner pour résidents seult)* – **8 ch** 🛏 52/88 –
½ P 65/72.

◆ Une rue en cul-de-sac conduit à ce nouvel établissement familial s'entourant d'un jardin
avec pièce d'eau. Chambres équipées d'un mobilier récent.

◆ Een doodlopende straat leidt naar dit nieuwe familiehotel, dat wordt omringd door een
tuin met een waterpartij. De kamers zijn geriefelijk.

Aub. du Lac, r. Lac 24, 🌐 0 80 44 41 59, Fax 0 80 44 58 20, 🍴, 🕭 – 📺. 🐵 𝖵𝖨𝖲𝖠.
🎿 ch
Repas *(fermé 1ʳᵉ quinz. juil., du 20 au 31 déc., lundi et mardi)* (taverne-rest) carte 22 à
32 – **6 ch** 🛏 38/55.

◆ En traversant Robertville, l'automobiliste fatigué comme le randonneur fourbu trouveront le repos dans cette maison familiale jouxtant l'église. Chambres de bon confort.
Grande salle à manger dont la décoration recrée quelque peu l'atmosphère d'une
ferme.

◆ Vermoeide automobilisten en wandelaars kunnen heerlijk uitrusten in de comfortabele
kamers van dit familiehotel naast de kerk. De grote eetzaal is onlangs opnieuw gedecoreerd
en ademt een beetje de sfeer van een oude boerderij.

International, r. Lac 41, 🌐 0 80 44 62 58, hotelinternational@belgique.com, Fax 0 80
44 76 93, 🍴 – 🛋 25. 🄰🄴 🐵 𝖵𝖨𝖲𝖠, 🎿 rest
fermé lundi – **Repas** *Lunch 18* – 28/34 – **11 ch** 🛏 43/67 – ½ P 54/63.

◆ Au coeur de la localité, derrière une façade blanche, affaire tenue en famille
disposant de chambres assez simples mais nettes, auxquelles s'ajoute une salle de
réunion.

◆ Dit hotel met witte gevel staat in het centrum van Robertville en is eigendom van een
familie. De kamers zijn vrij eenvoudig, maar netjes en er is ook een vergaderzaal.

du Barrage, r. Barrage 46, 🌐 0 80 44 62 61, Fax 0 80 44 88 47, ≤ lac, 🍴 –
🐵 𝖵𝖨𝖲𝖠
fermé 28 fév.-11 mars, 22 août-1ᵉʳ sept., 21 nov.-9 déc., lundi soir et mardi – **Repas** 28/34.
◆ Cet établissement familial surveillant la route jouit d'un panorama enviable sur le barrage
et son lac de retenue. Par beau temps, le repas peut se prendre en terrasse.
◆ Dit familierestaurant dat boven de weg uitsteekt, biedt een schitterend panorama van
de dam en het stuwmeer. Op zonnige dagen kan op het terras worden gegeten.

La ROCHE-EN-ARDENNE 6980 *Luxembourg belge* 🔢 *S 21 et* 🔢 *J 5 – 4 183 h.*

Voir *Site★★ – Chapelle Ste-Marguerite* ✳★★ A B.

Env. par ② : 14,5 km, Belvédère des Six Ourthe★★, le Hérou★★ – Point de vue des
Crestelles★.

🅱 pl. du Marché 15 🌐 0 84 36 77 36, infolr@skynet.be, Fax 0 84 36 78 36 – Fédération
provinciale de tourisme, Quai de l'Ourthe 9 🌐 0 84 41 10 11, info@ftlb.be Fax
0 84 41 24 39.

Bruxelles 127 ⑤ – *Bouillon 69* ④ – *Arlon 75* ④ – *Liège 77* ① – *Namur 66* ⑤

Plan page ci-contre

Host. Linchet, rte de Houffalize 11, 🌐 0 84 41 13 27, hostellerie.linchet@skynet.be,
Fax 0 84 41 24 10, ≤, 🍴 – 📺 🛆. 🄰🄴 🐵 𝖵𝖨𝖲𝖠 🄹🄲🄱. 🎿 ch   A w
fermé du 1ᵉʳ au 24 mars, 20 juin-16 juil., du 3 au 21 janv., mardi et merc. – **Repas**
(fermé après 20 h) (déjeuner seult sauf week-end) 35/78 bc – **11 ch** 🛏 87/124 –
½ P 75/98.

◆ Une atmosphère cossue flotte dans cette grosse villa bâtie au pied d'un coteau
verdoyant. Décor et mobilier personnalisés dans chaque chambre. Restaurant bien
installé, dont les grandes baies vitrées et la terrasse procurent une jolie vue sur la
vallée.

◆ Deze grote villa aan de voet van een groene heuvel straalt een en al luxe uit. De
kamers hebben een persoonlijk karakter. Gunstig gelegen restaurant, waarvan de grote
glaspuien en het terras een fraai uitzicht bieden op het dal.

LA ROCHE-EN-ARDENNE

Bastogne (Rte de) . . . . A 2
Beausaint (R. de) . . . . B 3
Beausaint (Vlle Rte de) . . . . A 4
Bon-Dieu-de-Maka (R.) . . . . B 7
Châlet (R. du) . . . . B 8
Chamont (R.) . . . . B 10
Champlon (Rte de) . . . . . . A 12
Chanteraine (Pl.) . . . . B 13
Chanteraine (R. de) . . . . . B 14
Chats (R. des) . . . . B 15
Cielle (Rte de) . . . . A 16
Église (R. de l') . . . . B 17
Faubourg (Pont du) . . . . . . B 18
Gare (R. de la) . . . . B 20
Gravier (Pt du) . . . . B 21
Gravier (Q. du) . . . . B 22
Hospice (R. de l') . . . . B 24
Hotton (Rte de) . . . . A 25
Marché (Pl. du) . . . . B 27
Moulin (R. du) . . . . B 28
Nulay (R.) . . . . B 30
Ourthe (Q. de l') . . . . B 32
Pafy (Ch. du) . . . . A 33
Presbytère (R. du) . . . . B 35
Purnalet (R. du) . . . . B 36
Rompré (R.) . . . . B 37
Val-du-Pierreux . . . . A 39

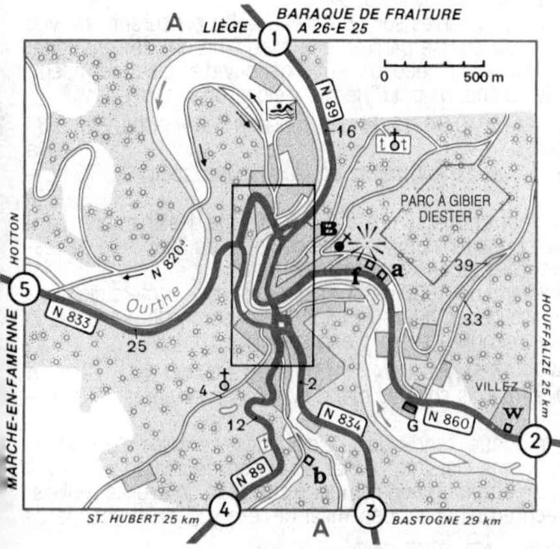

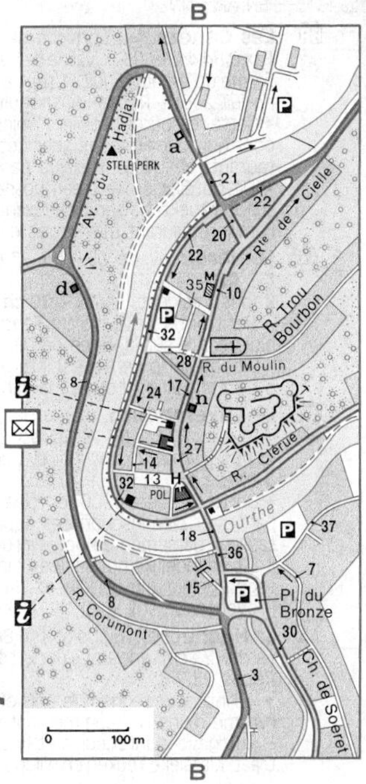

La Claire Fontaine, rte de Hotton 64 (par ⑤ : 2 km), ☎ 0 84 41 24 70, *logis@clairefontaine.be, Fax 0 84 41 21 11,* ←, 🏞, 🏖 - 🛗 TV P - 🏛 25 à 80. AE MC VISA
Repas *Lunch 15* – 27/62, 🍷 – **28 ch** ☕ 65/113 – ½ P 61/132.
• Cette bâtisse massive bordant une route "carte postale" abrite des chambres spacieuses ; la plupart d'entre elles donnent sur un plaisant jardin ombragé baigné par l'Ourthe. Salle à manger garnie de meubles de style. Véranda apéritive.
• Massief gebouw aan een weg die zo op een ansichtkaart kan. Ruime kamers, waarvan de meeste uitkijken op een mooie schaduwrijke tuin, waar de Ourthe langsloopt. De eetzaal is met stijlmeubelen ingericht. Het aperitief wordt in de serre gebruikt.

Moulin de la Strument 🌿, Petite Strument 62, ☎ 0 84 41 15 07, *info@strument.com, Fax 0 84 41 10 80,* 🏞 - TV. MC VISA. 🚭 A b
fermé janv. – **Repas** *(fermé lundis, mardis et merc. non fériés sauf en juil.-août) Lunch 24* – carte 32 à 44 – **8 ch** ☕ 66/78 – ½ P 64/96.
• Hôtel tranquille aménagé dans les dépendances d'un moulin à eau auquel se consacre un petit musée. Fringantes chambres habillées de tissus coordonnés. Restaurant au "look" rustique-contemporain, devancé d'une brasserie. Répertoire culinaire traditionnel.
• Rustig hotel in de bijgebouwen van een watermolen, waaraan een klein museum is gewijd. De kamers zien er met hun bijpassende stoffen tiptop uit. De modern-rustieke eetzaal ligt achter een brasserie. Traditioneel culinair repertoire.

Le Chalet, r. Chalet 61, ☎ 0 84 41 24 13, *lechalet@skynet.be, Fax 0 84 41 13 38,* ← – TV P. AE ① MC VISA. 🚭 B d
fermé 25 juin-5 juil., du 1er au 17 déc., janv. et lundi et mardi sauf vacances scolaires – **Repas** (dîner seult jusqu'à 20 h 30) 29/45 – **17 ch** ☕ 62/83 – ½ P 67/74.
• La vue plongeante sur le château, la ville et le méandre de l'Ourthe font de cet hôtel un point de chute valable pour découvrir les richesses de ce petit coin d'Ardenne. Salle à manger bourgeoise où l'on goûte des plats classiques et traditionnels.
• Dit hotel biedt een schitterend uitzicht op het kasteel, de stad en de meander van de Ourthe. Het is een ideale uitvalsbasis om de rijkdommen van dit stukje Ardennen te verkennen. Restaurant met een klassiek-traditionele inrichting en dito keuken.

Les Genêts ⬟, Corniche de Deister 2, ℰ 0 84 41 18 77, info@lesgenetshotel.com, Fax 0 84 41 18 93, ≤ vallée de l'Ourthe et ville, ☆, ☞ – ⒯⒱ ⬥ ⓥⓘⓢⓐ   A f
fermé du 1er au 15 juil., 1 sem. en sept., 3 sem. en janv., merc. de nov. à avril et jeudi sauf en juil.-août – **Repas** (dîner seult jusqu'à 20 h 30) 24/38 – **7 ch** ⌷ 63/74 – ½ P 65/90.
• Cette ressource hôtelière "miniature" avoisinant un parc forestier tombe à point nommé pour qui souhaite conjuguer détente, mise au vert & sérénité. Chambres pratiques. Restaurant familial dont la vue panoramique s'apprécie aussi en terrasse.
• Dit hotelletje naast een bosreservaat is ideaal voor wie rust, ontspanning en natuurschoon zoekt. Na een flinke wandeling ligt u als op rozen in een van de praktische kamers. Familierestaurant met terras en een schitterend panorama.

Le Hérou, av. de Villez 53, ℰ 0 84 41 14 20, info@leherou.be, Fax 0 84 45 72 20, ≤ – ⒯⒱ ⬥ ⓥⓘⓢⓐ, ⬟   A a
Repas (résidents seult) – **10 ch** ⌷ 44/81 – ½ P 49/62.
• Petit hôtel élevé durant l'entre-deux-guerres sur un coteau boisé procurant une vue plongeante sur la vallée de l'Ourthe où chasse parfois le "Hérou" (héron) de l'enseigne.
• Dit hotelletje werd in het interbellum op een beboste heuvel gebouwd en biedt een adembenemend uitzicht op het dal van de Ourthe, waar de "Hérou" (reiger) op een visje aast.

Le Luxembourg, av. du Hadja 1a, ℰ 0 84 41 14 15, cl.bissen@skynet.be, Fax 0 84 41 11 49, ☆ – ⒯⒱ ⒫. ⒜⒠ ⬥ⓞ ⓥⓘⓢⓐ   B a
Repas (fermé 2 janv.-12 fév., du 1er au 10 juil., merc. et jeudi) (dîner seult) 22/48 bc – **8 ch** ⌷ 45/58 – ½ P 47/52.
• Cette demeure 1900 recyclée en petit hôtel sympathique renferme des chambres pimpantes et bien insonorisées. Espace breakfast affichant les couleurs du Midi. Salle de restaurant parsemée de notes provençales, menu-carte de même.
• Dit vriendelijke hotel in een mooi pand uit 1900 beschikt over prettige kamers die goed tegen geluid zijn geïsoleerd. De ontbijthoek heeft zonnige kleurtjes en de eetzaal is in Provençaalse stijl ingericht. Ook de menukaart heeft een zuidelijke tongval.

La Huchette, r. Église 6, ℰ 0 84 41 13 33, Fax 0 84 41 13 33, ☆ – ⒜⒠ ⬥ⓞ ⓥⓘⓢⓐ   B n
fermé 2 sem. en janv., lundis soirs, mardis soirs et merc. non fériés et après 20 h 30 –
Repas 25/48.
• À l'intérieur règnent le bois et la brique, tandis qu'à l'extérieur la terrasse d'été vit au rythme d'une rue commerçante. Cuisine classique. Gibier en saison de chasse.
• Rustgevend interieur met hout en steen en een rumoerig terras in de drukke winkelstraat. Klassieke keuken en wildgerechten in het seizoen, maar de rekening is niet gepeperd !

à Jupille par ⑤ : 6 km ⒞ Rendeux 2 261 h. – ⬚ 6987 Hodister :

Host. Relais de l'Ourthe, r. Moulin 3, ℰ 0 84 47 76 88, relais@pi.be, Fax 0 84 47 70 85, ☆, ♨, ☞ – ▤ ch, ⒯⒱ ⒫. ⬥ⓞ ⓥⓘⓢⓐ. ⬟
fermé 25 juin-10 juil. et 27 déc.-25 janv. – **Repas** (fermé mardi et merc.) 22/81 bc, ♀ –
9 ch ⌷ 65/79 – ½ P 62/66.
• Cette ancienne ferme du 17e s. bâtie en léger contrebas de la route possède un adorable jardin. Pour un maximum d'agrément, offrez-vous la junior-suite aménagée sous le toit. Restaurant au décor intérieur soigné. L'été, repas-plaisir au jardin.
• Deze 17e-eeuwse boerderij ligt iets lager dan de weg en heeft een prachtige tuin. De junior suite op de zolderverdieping is het mooist. Het restaurant heeft een verzorgd interieur. 's Zomers mag u zich het genoegen van een maaltijd in de tuin niet ontzeggen !

Les Tilleuls ⬟ avec ch, Clos Champs 11, ℰ 0 84 47 71 31, info@les-tilleuls.be, Fax 0 84 47 79 55, ≤ vallée de l'Ourthe, ☆, ☞, ⭗ – ⒯⒱ ⒫. – ⚿ 25. ⒜⒠ ⬥ⓞ ⓥⓘⓢⓐ
fermé 3 janv.-4 fév. et lundi et mardi hors saison – **Repas** (fermé après 20 h 30) Lunch 25 – 42/56 – **8 ch** ⌷ 38/76 – ½ P 50/63.
• Villa tranquille dont le délicieux jardin embrasse du regard l'agreste vallée de l'Ourthe. On ripaille en plein air dès l'arrivée des beaux jours. Chambres pratiques.
• Rustige villa met een weelderige tuin, die een weids uitzicht biedt op het Ourthedal. Bij de eerste zonnestralen worden de tafeltjes buiten gedekt. Praktische kamers.

ROCHEFORT 5580 Namur ⑤⑶⑷ Q 22 et ⑺⑴⑹ I 5 – 11 921 h.

Voir Grotte★.

Env. au Sud-Ouest : 6 km à Han-sur-Lesse, Grotte★★★ - Safari★ - Fragment de diplôme★ (d'un vétéran romain) dans le Musée du Monde souterrain – au Nord-Ouest : 15 km à Chevetogne, Domaine provincial Valéry Cousin★.

🛈 r. Behogne 5 ℰ 0 84 21 25 37, rochefort.tourisme@skynet.be, Fax 0 84 22 13 74.
Bruxelles 117 – Bouillon 52 – Namur 58 – Dinant 32 – Liège 71.

Le Vieux Logis sans rest, r. Jacquet 71, ℰ 0 84 21 10 24, vieux.logis@tiscali.be, Fax 0 84 22 12 30, ☆ – ⒯⒱ ⬥. ⬥ⓞ ⓥⓘⓢⓐ
fermé 15 sept.-1er oct. et dim. soir – **10 ch** ⌷ 52/67.
• Hôtel familial occupant un logis charmant élevé au soir du 17e s. L'intérieur conserve de beaux vestiges du passé : portes, poutres, planchers... Chambres assez mignonnes.
• Dit familiehotel is ondergebracht in een sfeervol pand uit de late 17e eeuw, waarvan de deuren, balken en vloeren nog origineel zijn. De kamers zien er aantrekkelijk uit.

ROCHEFORT

BELGIQUE

XX **Les Falizes** avec ch, r. France 90, ℰ 0 84 21 12 82, Fax 0 84 22 10 86, 佘, 🐴 – 📺.
ᴬᴱ ⑩ ⦿ 𝗩𝗜𝗦𝗔
fermé fin janv.-début mars, lundi soir et mardi – **Repas** Lunch 23 – 33/67 bc 🐚 – ☑ 8 –
6 ch 48/55 – ½ P 75.
◆ Auberge typique où l'on se sent tout de suite entre de bonnes mains. Salon feutré,
salle à manger bourgeoise, belle carte classique et cave unique. Terrasse et jardin
soignés.
◆ In deze Ardense herberg bent u in goede handen. Mooie salon, eetzaal in bourgeoisstijl,
klassieke kaart en goede wijnen. Terras en verzorgde tuin.

XX **Le Limbourg** avec ch, pl. Albert Iᵉʳ 21, ℰ 0 84 21 10 36, *info@hotellimbourg.com*,
Fax 0 84 21 44 23 – 📺. ᴬᴱ ⑩ ⦿ 𝗩𝗜𝗦𝗔
fermé du 1ᵉʳ au 10 sept., du 15 au 31 janv. et merc. – **Repas** Lunch 17 – 23/45 – **6 ch**
☑ 50/60 – ½ P 55/62.
◆ Enseigne du centre de Rochefort qui vous paraîtra pour le moins atypique dans ce
contexte bas-ardennais. Les chambres, plus ou moins spacieuses, se trouvent à
l'étage.
◆ De naam van dit restaurant in het hart van Rochefort ligt niet bepaald voor de hand
in de Lage Ardennen. De kamers zijn van verschillende grootte.

X **Trou Maulin,** rte de Marche 19, ℰ 0 84 21 32 40, *troumaulin@tiscali.be*, Fax 0 84
21 32 40, 佘 – 🅿. ᴬᴱ ⦿ 𝗩𝗜𝗦𝗔
fermé mardi et merc. – **Repas** 32/48.
◆ Auberge familiale implantée de longue date à l'entrée de Rochefort. Accueillante salle
à manger dans les tons jaunes ; l'été, les repas se prennent aussi sous la pergola.
◆ Familieherberg aan de rand van Rochefort met een uitnodigende eetzaal in warme
gele tinten. Als het weer geen roet in het eten gooit, wordt er onder de pergola
gegeten.

X **Le Relais du Château,** r. Jacquet 22, ℰ 0 84 21 09 81, Fax 0 84 21 09 81, 佘 – 🔳.
ᴬᴱ ⦿ 𝗩𝗜𝗦𝗔
fermé merc. soir et jeudi hors saison – **Repas** Lunch 18 – 25/40.
◆ Aux portes de la petite cité qui hébergea Lafayette, adresse bien appréciée de la clientèle
locale. Salle à manger d'esprit néo-rustique. Moules à gogo en saison.
◆ Dit restaurant aan de rand van het stadje waar La Fayette heeft gelogeerd, valt zeer
in de smaak bij de bevolking. Neorustieke eetzaal met volop mosselen in het seizoen.

à Belvaux *Sud-Ouest : 9 km* Ⓒ Rochefort – ✉ 5580 Belvaux :

XX **Aub. des Pérées** 🦌 avec ch, r. Pairées 37, ℰ 0 84 36 62 77, *aubergeperees@sky*
net.be, Fax 0 84 36 72 05, 佘, 🐴 – 📺 🅿. ᴬᴱ ⦿ 𝗩𝗜𝗦𝗔
fermé dern. sem. sept.-prem. sem. oct., dern. sem. janv.-prem. sem. fév., mardi soir et merc.
sauf en juil.-août et mardi midi – **Repas** *(fermé après 20 h 30)* Lunch 39 bc – 26/61 bc – **6 ch**
☑ 62 – ½ P 64.
◆ Auberge sympathique réservant un bon accueil. En été, le couvert est dressé sur la
terrasse fleurie, face au jardin. Repas goûteux. Chambres paisibles, à l'image du
patelin.
◆ Deze sympathieke herberg bereidt u een hartelijke ontvangst. Rustige kamers en
lekker eten. In de zomer worden de tafeltjes gedekt op het bloemrijke terras aan de tuinzijde.

à Eprave *Sud-Ouest : 7 km* Ⓒ Rochefort – ✉ 5580 Eprave :

XX **Aub. du Vieux Moulin** (avec ch en annexe 🏠), r. Aujoule 51, ℰ 0 84 37 73 18,
auberge@eprave.com, Fax 0 84 37 84 60, 佘, 🐴, 🚴 – 📺 🅿. – 🔬 25. ᴬᴱ ⦿
𝗩𝗜𝗦𝗔, 🍴 ch
fermé 17 janv.-7 fév. et 29 août-12 sept. – **Repas** *(fermé dim. soirs, lundis et mardis soirs*
non fériés sauf vacances scolaires) Lunch 22 – 35/75 bc – ☑ 5 – **14 ch** 90/125 –
½ P 88/110.
◆ Ancienne maison paroissiale côtoyant l'église et l'une des rives de la Lomme. Chambres
design à l'annexe. En terrasse, vue sur le mouvement des roues à aubes du vieux moulin.
◆ Herberg in de voormalige pastorie naast de kerk, aan de Lomme. Designkamers in het
bijgebouw. Het terras biedt uitzicht op het schoeprad van de oude molen.

à Han-sur-Lesse *Sud-Ouest : 6 km* Ⓒ Rochefort – ✉ 5580 Han-sur-Lesse :

🏠 **des Ardennes** (annexe Ardennes 2 - 🏠), r. Grottes 2, ℰ 0 84 37 72 20, Fax 0 84
37 80 62, 佘, 🐴 – 📺 🅿. ᴬᴱ ⦿ 𝗩𝗜𝗦𝗔
fermé du 6 au 31 janv. – **Repas** *(fermé merc.)* Lunch 19 – 22/40 bc, ⚑ – **27 ch** ☑ 53/80
– ½ P 55/69.
◆ Agréable hostellerie familiale proche de la sortie des grottes. Ses chambres ont retrouvé
l'éclat du neuf en 2002. L'annexe communicante, côté jardin, abrite les meilleures. Bonne
table classique-bourgeoise devancée d'une terrasse couverte.
◆ Aangenaam familiehotel bij de beroemde grotten van Han. De kamers hebben in 2002
een verjongingskuur ondergaan ; die in het bijgebouw, aan de tuinzijde, zijn het rustigst.
Goed restaurant met een klassiek-traditionele keuken en overdekt terras.

401

BELGIQUE

ROCHEHAUT 6830 Luxembourg belge Ⓒ Bouillon 5 373 h. 🔢 P 23 et 🔢 I 6.

Voir ≤★★ – 🖪 r. Palis 5a ℘ 0 61 46 40 51.

Bruxelles 159 – *Bouillon 20* – Arlon 76 – Dinant 63 – Sedan 26.

🏠 **L'Aub. de la Ferme** (annexes), r. Cense 12, ℘ 0 61 46 10 00, contact@aubergedel
aferme.be, Fax 0 61 46 10 01, 🌣, 🛋, ✕, 🚲 – 📺 🅿. – 🔏 50. 🆎 🚇 🆚 🚇. 🕷 rest
fermé du 9 au 28 janv. – **Repas** (fermé dim. soir, lundi et après 20 h 30) 30/60 ☺ – **60 ch**
🖙 56/100, – 1 suite – ½ P 72/80.
  ◆ Ambiances ardennaises, maisons de pays et chambres douillettes réparties aux quatre
coins du village : une auberge rustique tient lieu de case-départ à ce "jeu de l'oie". Cuisine
actuelle connotée "terroir" et caveau où bonifient quelques 50 000 bouteilles.
  ◆ Deze rustieke Ardense herberg lijkt wel het eerste hokje van een ganzenbordspel, want
de behaaglijke kamers zijn verspreid in huizen door het hele dorp. Eigentijdse keuken met
regionale invloeden en een wijnkelder met zo'n 50.000 flessen.

🏠 **Les Tonnelles,** pl. Marie Howet 5, ℘ 0 61 46 40 18, info@tonnelles.com, Fax 0 61
46 40 12, 🌣 – 🅿. 🆚 🚇. 🕷 rest
fermé 20 juin-8 juil. et 7 janv.-4 Fév. – **Repas** carte 22 à 39 – **17 ch** 🖙 47/58 – ½ P 55.
  ◆ Adresse opportune pour s'offrir un repas classico-traditionnel sans ronds de jambes ou
une bonne nuit de sommeil après une épuisante balade en forêt.
  ◆ Dit adres is geschikt voor een klassiek-traditionele maaltijd zonder franje of een goede
nachtrust na een stevige wandeling in het bos.

✕✕ **L'An 1600** avec ch, r. Palis 7, ℘ 0 61 46 40 60, info@an1600hotel.be, Fax 0 61 46 83 82,
🌣, 🛋, 🚲 – 📺 🅿. 🆎 🆚
avril-20 nov., 20 déc.-5 janv. et week-end ; fermé 20 juin-9 juil., dim. soir et lundi – **Repas**
(fermé après 20 h 30) Lunch 20 – 22/53 – **9 ch** 🖙 90/95 – ½ P 79/84.
  ◆ Ancienne ferme avoisinant l'église. Ambiance familiale, restaurant au cadre rustique
ardennais, mignonne cave convertie en salon, amples chambres bien agencées.
  ◆ Oude boerderij naast de kerk. Huiselijke sfeer, restaurant in rustieke Ardense stijl, sfeervolle kelder die tot lounge is verbouwd en ruime, goed ingerichte kamers.

ROCOURT Liège 🔢 S 18, 🔢 S 18 et 🔢 J 3 – voir à Liège, périphérie.

ROESELARE (ROULERS) 8800 West-Vlaanderen 🔢 D 17 et 🔢 C 3 – 55 225 h.
🖪 Ooststraat 35 ℘ 0 51 26 96 00, infocentrum@roeselare.be, Fax 0 51 26 96 08.
Bruxelles 111 ③ – *Kortrijk 20* ③ – Brugge 34 ① – Lille 45 ③

Plan page ci-contre

🏠 **Parkhotel** (annexe Flanders Inn - 16 ch), Vlamingstraat 8, ℘ 0 51 26 31 31, info@parkhot
el-roeselare.be, Fax 0 51 26 31 13, 🕿 – 📲 📺 🅿 – 🔏 25 à 50. 🆎 🅾 🆚 🚇 🆚 🃏   BY **a**
Repas (fermé 2 sem. en août et dim.) Lunch 10 – 22/28 – **42 ch** 🖙 75/85, – 4 suites.
  ◆ Établissement familial "éclaté", mettant à votre disposition des chambres bien tenues.
Plus de calme dans l'unité principale (rue piétonne) que dans l'annexe jouxtant la gare.
  ◆ Dit familiehotel beschikt over goed onderhouden kamers. In het hoofdgebouw aan de
voetgangersstraat is het rustiger dan in het bijgebouw naast het station.

✕✕✕ **Savarin** avec ch, Westlaan 359, ℘ 0 51 22 59 16, jansavarin@hotmail.com, Fax 0 51
22 07 99, 🌣, 🛋, – 📺 🅿. – 🔏 25 à 60. 🆎 🅾 🆚 🆚   AY **d**
Repas (fermé dim. soir, lundi et merc. soir) Lunch 38 – 55/83 bc, 🍷 – **11 ch** 🖙 65/90 –
½ P 70/103.
  ◆ Au bord du ring, fière villa où l'on vient faire des repas classiques-actuels quelquefois
relevés d'une touche créative. Bonnes chambres côté jardin. Banquets et séminaires.
  ◆ Statige villa bij de Ring, waar u kunt genieten van een klassiek-moderne keuken met een
creatief vleugje. Goede kamers aan de kant van de tuin. Banketten en congressen.

✕✕✕ **De Ooievaar,** Noordstraat 91, ℘ 0 51 20 54 86, Fax 0 51 24 46 76, 🌣 – 🗏 🅿. 🆎 🅾
🆚 🆚. 🕷   AY **s**
fermé 1 sem. en fév., 2 dern. sem. juil.-prem. sem. août, dim. soir et lundi – **Repas** Lunch
35 – 45/70 bc, 🍷.
  ◆ Des verrières de style Tiffany égayent le plafond de ce restaurant intime où l'on sert
des plats agrémentés d'un zeste d'innovation. Cave bien montée. Terrasse "au vert".
  ◆ Een glaskoepel in Tiffanystijl siert dit intieme restaurant, waar een innovatieve chef-kok
achter het fornuis staat. Uitstekende wijnkelder en een terras tussen het groen.

✕✕ **Orchidee** 12e étage, Begoniastraat 9, ℘ 0 51 21 17 23, info@restaurant-orchidee.be
Fax 0 51 26 85 28, ≤ ville – 📲 🗏 🅿. – 🔏 25. 🆎 🅾 🆚 🆚   BZ **b**
fermé 23 juil.-15 août, du 2 au 9 janv., dim. soir, lundi et merc. soir – **Repas** Lunch 30 –
50/80 bc.
  ◆ Besoin de prendre un peu de hauteur ? De votre table, perchée au sommet d'un immeu
ble de douze étages, vous jouirez d'une vue imprenable sur les toits de la ville !
  ◆ Vertoeft u graag in hoger sferen? Schuif dan aan uw tafel op de twaalfde verdieping
en een magnifiek uitzicht op de daken van de stad ligt aan uw voeten !

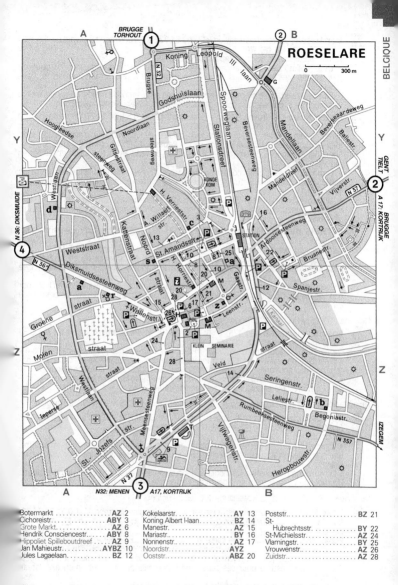

ROESELARE

BELGIQUE

0   300 m

XX **La Bastide,** Diksmuidsesteenweg 159, ℘ 0 51 25 23 64, Fax 0 51 24 97 47, 🍽 – **⊙⊙**
VISA
                                                                                    AZ **a**
fermé 1 sem. en fév., 2 dern. sem. août, sam. midi, dim. soir et lundi – **Repas** *Lunch 32* –
40/75 bc, ⅃.
◆ Restaurant aménagé dans une ancienne brasserie dont la façade se signale par une
tourelle et une porte cochère. Cuisine innovante et personnalisée. Mignonne terrasse
d'été.
◆ Restaurant in een oude bierbrouwerij, waarvan de gevel opvalt door het torentje
en de koetspoort. Innovatieve keuken met een persoonlijke toets. Mooi terras in
de zomer.

Den Haselt, Diksmuidsesteenweg 53, ☎ 0 51 22 52 40, den.haselt@skynet.be, Fax 0 51 24 10 64 – 📧 ⓪ 🆖 VISA AZ r
fermé mardi soir et merc. – **Repas** carte 31 à 48, ♀.
* Deux salles, deux ambiances : l'une, en partie sous véranda, est au goût du jour tandis que l'autre, plus "cosy", se conforme à un certain classicisme. Cave rabelaisienne.
* Twee eetzalen, twee sferen : de ene heeft een serre en is eigentijds, terwijl de andere wat intiemer is en naar een zeker classicisme neigt. Rabelaisiaanse wijnkelder.

Bistro Novo (De Bruyn), Hugo Verriesstraat 12, ☎ 0 51 24 14 77, bistro.novo@pandora.be, Fax 0 51 20 09 90 – 🖼. 🆖 VISA AY c
ⓒ *fermé 1 sem. Pâques, 21 juil.-début août, 24 déc.-début janv., dim. d'avril à sept., lundi midi d'oct. à mars, lundi soir et sam. midi* – **Repas** – 25/75 bc, carte 37 à 85, ♀ 🌱
Spéc. Gigot d'agneau de lait (janv.-Pâques). Tête de veau en tortue. Gibier et truffes en saison.
* Lambris cérusés, belle collection de cartes de restaurants habilement mise en valeur, plats classiques actualisés, appétissants écriteaux et assiettes soignées. On s'incline !
* Wittige lambrisering, fraai uitgestalde verzameling spijskaarten, klassiek-moderne gerechten, verfijnde stoofschotels en mooi opgemaakte borden. Wij geven ons gewonnen !

EETHUIS pieter, Delaerestraat 32, ☎ 0 51 20 00 07, eethuispieter@pandora.be, Fax 0 51 20 06 53, 🏡 – 🖼. 📧 🆖 VISA BZ z
fermé fin juil.-début août, mardi et merc. – **Repas** Lunch 22 – carte 34 à 58.
* Au cœur de Roeselare, bonne adresse misant sur une carte en phase avec l'époque. Préparations aussi savoureuses qu'esthétiques. Jolie terrasse estivale close de murs.
* Goed adresje in het centrum van Roeselare. De eigentijdse gerechten zijn een lust voor de tong én voor het oog. 's Zomers is het aangenaam toeven op het mooie ommuurde terras.

à Gits par ① : 5 km sur N 32 🅒 Hooglede 9813 h. – ✉ 8830 Gits :

Epsom, Bruggesteenweg 175, ☎ 0 51 20 25 10, epsom.dujardin@yucom.be, Fax 0 51 20 52 43, 🏡 – 🅿. 📧 🆖 VISA
fermé 21 juil.-6 août, merc. soir, sam. midi et dim. soir – **Repas** Lunch 37 – carte 38 à 63.
* C'est bien une cuisine classique française qui se pratique ici, malgré la consonance britannique de l'enseigne. Salle à manger où l'on a ses aises ; mise en place soignée.
* Ondanks de Engels klinkende naam wordt hier de Franse klassieke keuken in ere gehouden. Comfortabele eetzaal met fraai gedekte tafels.

à Hooglede par Hoogleedsesteenweg Nord-Est : 7 km - AY – 9813 h – ✉ 8830 Hooglede :

De Vossenberg sans rest, Hogestraat 194, ☎ 0 51 70 25 83, info@vossenberg.be, Fax 0 51 70 18 10, ≤ – 📺 🅿 – 🔬 25 à 800. 🆖 VISA
15 ch ☷ 75.
* Établissement moderne regroupant, de part et d'autre d'une cour intérieure, une colossale infrastructure conférencière et des chambres actuelles avec vue sur un étang.
* Dit hotelcomplex bestaat uit moderne gebouwen aan weerszijden van een binnenplaats. Reusachtige congreszalen en eigentijdse kamers die uitkijken op een vijver.

à Rumbeke Sud-Est : 3 km 🅒 Roeselare – ✉ 8800 Rumbeke :

Host. Vijfwegen, Groene Herderstraat 171 (au domaine Sterrebos), ☎ 0 51 24 34 72, hotel-vijfwegen@mdr.be, Fax 0 51 24 16 74, 🏡, 🚲 – 🛗, 🖼 ch, 📺 🅿. 📧 ⓪ 🆖 VISA
Repas *Bistro Frogs* Lunch 17 – carte 28 à 52 – **30 ch** ☷ 64/89 – ½ P 95/105.
* Juste en face du domaine provincial "Sterrebos", hostellerie familiale bien en phase avec l'époque, renfermant de bonnes chambres parfaitement insonorisées. Bistrot "hype" estimé pour ses cuisses de grenouilles et son "filet américain" (steak tartare).
* Dit familiehotel, dat goed met zijn tijd meegaat, ligt recht tegenover het Sterrebos en beschikt over prettige kamers met een uitstekende geluidsisolatie. Trendy bistro met kikkerbilletjes en filet américain als specialiteiten.

Cá d'Oro, Hoogstraat 97, ☎ 0 51 24 71 81, Fax 0 51 24 56 27, 🏡, Cuisine italienne
📧 ⓪ 🆖 VISA
fermé 13 sept.-15 oct., mardi et merc. – **Repas** carte 37 à 51.
* Côté décor : miroirs et lambris. Côté fourneaux : recettes oscillant entre France et l'Italie. Cave dans le même esprit, plutôt bien fournie. Terrasse estivale ombragée.
* Interieur met spiegels en houtwerk. Spijzen die uit Frankrijk en Italië komen. Goede gevulde wijnkelder die volgens hetzelfde recept is opgezet. Schaduwrijk terras in de zomer.

Le ROEULX 7070 Hainaut 🔲 J 19, 🔲 J 19 *et* 🔲 F 4 – 7 984 h.

Bruxelles 55 – Mons 19 – Binche 12 – Charleroi 27.

💥 **Aub. Saint-Feuillien,** chaussée de Mons 1, 𝒫 0 64 66 22 85, *Fax 0 64 66 22 85* – ⓐ
🔲 🔲
fermé mi-juil.-mi-août, dim. soir, lundi et merc. soir – **Repas** Lunch 24 – 32/71 bc.
♦ Au centre du village, auberge ancienne gentiment reconvertie en restaurant familial aimant son petit confort. La cuisine du chef fait l'objet d'une certaine recherche.
♦ Deze oude herberg midden in het dorp is nu een prettig familierestaurant dat op zijn comfort is gesteld. De kookstijl van de chef-kok getuigt van verfijning.

ROKSEM West-Vlaanderen 🔲 D 15 *et* 🔲 C 2 – *voir à Oudenburg.*

ROLLEGEM West-Vlaanderen 🔲 E 18 – *voir à Kortrijk.*

ROMERSHOVEN Limburg 🔲 R 17 – *voir à Hasselt.*

RONSE (RENAIX) 9600 Oost-Vlaanderen 🔲 G 18 *et* 🔲 D 3 – 23 884 h.

Voir Crypte★ *de la Collégiale St-Hermès.*

🅱 *Hoge Mote, De Biesestraat 2,* 𝒫 0 55 23 16 17, ronse@toerismevlaanderen.be, *Fax* 0 55 23 28 19.

Bruxelles 57 – Kortrijk 34 – Gent 38 – Valenciennes 49.

🔲 **Host. Lou Pahou,** Zuidstraat 25, 𝒫 0 55 21 91 11, loupahou@online.be, *Fax 0 55 20 91 04* – 🔲 🔲 ⓐ 🔲 🔲. 🔲
fermé 15 juil.-5 août. – **Repas** *(fermé mardi, merc. midi et dim. midi)* Lunch 16 – 30 bc/60 bc – **6 ch** 🔲 46/62 – ½ P 62.
♦ Charmante demeure 1900 installée en plein centre-ville, près de l'église St-Martens et non loin de la grand-place. Chambres correctement équipées. Jardin reposant. Salle de restaurant au décor bourgeois : cheminée de marbre, lustre en cristal, chandeliers.
♦ Charmant pand uit 1900 in het centrum van de stad, bij de St-Maartenskerk, niet ver van de Grote Markt. De kamers bieden goede voorzieningen. Rustgevende tuin. De kroonluchter, marmeren schouw en kandelaren kenmerken het bourgeoisinterieur van het restaurant.

🔲 **Host. Shamrock** 🔲 avec ch, Ommegangstraat 148 (Louise-Marie, Nord-Est : 7 km par N 60), ⊠ 9681 Maarkedal, 𝒫 0 55 21 55 29, shamrock@edpnet.be, *Fax 0 55 21 56 83,* 🔲, 🔲, 🔲 – 🔲 🔲 🔲 ⓐ 🔲 🔲. 🔲
fermé 2e quinz. juil., lundi et mardi – **Repas** Lunch 50 – 70/120 bc – **4 ch** 🔲 170/210, – 1 suite.
♦ Beau manoir à l'anglaise. De la terrasse sur "garden" aux chambres "cosy", une seule réflexion vient à l'esprit : "it's so quiet ! " Fine cuisine actuelle. Cave prestigieuse.
♦ Fraai landhuis in Engelse stijl. Van het terras in de garden tot de cosy kamers komt er maar één gedachte bij ons op : "it's so quiet ! " Fijne keuken en prestigieuze wijnkelder.

💥 **Bois Joly,** Hogerlucht 7, 𝒫 0 55 21 10 17, bois-joly@skynet.be, *Fax 0 55 21 10 17,* 🔲 – 🔲 🔲 🔲
fermé 1 sem. carnaval, 2 sem. en juil., mardi soir et merc. – **Repas** Lunch 9 – 30.
♦ Restaurant familial dont l'assiette évolue dans un registre classique. À épingler : une dizaine de préparations de homard et de copieuses fondues. Véranda et terrasse d'été.
♦ Gemoedelijk restaurant met een klassieke keuken. Aanraders zijn de kopieuze fondues en de kreeft, die op wel tien verschillende manieren wordt bereid. Serre en zomerterras.

RONSELE Oost-Vlaanderen 🔲 G 16 – *voir à Zomergem.*

ROSÉE 5620 Namur Ⓒ Florennes 10 697 h. 🔲 N 21, 🔲 N 21 *et* 🔲 H 5.

Bruxelles 91 – Namur 36 – Charleroi 37 – Dinant 18.

💥 **La Clairière,** rte Charlemagne 189, 𝒫 0 82 68 84 68, agnesmathieu@wanadoo.be, *Fax 0 82 68 80 30,* 🔲 – 🔲 ⓐ 🔲 🔲
fermé lundi soir et merc. d'oct. à avril – **Repas** Lunch 25 – 43/70 bc, 🔲.
♦ Ancienne auberge montant la garde aux portes de la base militaire de Florennes. Deux formules sous le même toit : café-brasserie et restaurant misant sur carte "à rallonge".
♦ Dit nieuwe restaurant houdt de wacht bij de poort van de militaire basis van Florennes. Twee formules onder één dak : café-brasserie en restaurant met een uitgebreidere kaart.

ROULERS West-Vlaanderen – *voir Roeselare.*

BELGIQUE

ROUVEROY 7120 Hainaut Ⓒ Estinnes 7 416 h. 🆅🆅🆅 J 20, 🆅🆅🆅 J 20 et 🆅🆅🆅 F 4.

Bruxelles 74 – Mons 17 – Charleroi 33 – Maubeuge 21.

✗ **La Brouette,** Barrière d'Aubreux 4 (rte de Mons), ℘ 0 64 77 13 42, Fax 0 64 77 13 42,
🈂 – AE ⓪ 🆆🆆 VISA 🈂
fermé du 1er au 10 fév., mardi soir, merc. et après 20 h 30 – **Repas** Lunch 25 – carte 30
à 48.
◆ Auberge-relais postée au bord de la grand-route. Décor intérieur classico-rustique, mise
en place soignée sur les tables, carte traditionnelle et terrasse d'été sur l'arrière.
◆ Dit voormalige poststation staat aan de rand van de grote weg. Klassiek-rustiek interieur,
fraai gedekte tafels, traditionele kaart en terras aan de achterkant.

RUISBROEK Vlaams-Brabant 🆅🆅🆅 K 18 et 🆅🆅🆅 F 3 – voir à Bruxelles, environs.

RUISELEDE 8755 West-Vlaanderen 🆅🆅🆅 F 16 et 🆅🆅🆅 D 2 – 5 071 h.

Bruxelles 79 – Brugge 31 – Gent 29.

✗✗ **Lindenhof,** Tieltstraat 29, ℘ 0 51 68 75 39, info@lindenhof.be, Fax 0 51 68 62 15, 🈂
– P. AE ⓪ 🆆🆆 VISA JCB 🈂
fermé du 7 au 11 fév., du 19 au 30 juil., mardi soir et merc. – **Repas** Lunch 35 – 25/64 bc.
◆ Salle à manger-véranda au décor façon "cottage" vous conviant à goûter une cuisine
classique présentée à la mode d'aujourd'hui. Bon choix de menus. Terrasse entourée
de haies.
◆ Restaurant met serre in cottagestijl, waar klassieke gerechten op eigentijdse wijze worden opgediend. Mooie menu's. Het terras wordt door een haag omgeven.

RUMBEKE West-Vlaanderen 🆅🆅🆅 D 17 et 🆅🆅🆅 C 3 – voir à Roeselare.

RUMST Antwerpen 🆅🆅🆅 L 16 et 🆅🆅🆅 G 2 – voir à Mechelen.

SAINTE-CÉCILE 6820 Luxembourg belge Ⓒ Florenville 5 521 h. 🆅🆅🆅 Q 24 et 🆅🆅🆅 I 6.

Bruxelles 171 – Bouillon 18 – Arlon 46 – Neufchâteau 30.

🏨 **Host. Sainte-Cécile** 🅂, r. Neuve 1, ℘ 0 61 31 31 67, info@hotel-ste-cecile.com,
Fax 0 61 31 50 04, 🈂, 🖝 – TV P. AE ⓪ 🆆🆆 VISA 🈂 rest
fermé 21 févr.-11 mars, 29 août-8 sept. et du 3 au 28 janv. – **Repas** (fermé dim. soir et
lundi sauf en juil.-août) Lunch 23 – 53/57 – ⊇ 8 – **14 ch** 57/98 – ½ P 77/92.
◆ Charmante demeure de pays agrémentée sur l'arrière, au bord du ruisseau, d'un adorable
jardin. Silencieuses chambres personnalisées. Salle à manger au décor chaleureux et pimpant, semé de-ci de-là de pointes de raffinement.
◆ Dit sfeervolle pand is karakteristiek voor de streek en heeft een beeldige tuin met een
beekje. Rustige kamers met een persoonlijke toets. De eetzaal ziet er warm en aantrekkelijk
uit, met hier en daar een vleugje raffinement.

ST-GEORGES-SUR-MEUSE 4470 Liège 🆅🆅🆅 R 19, 🆅🆅🆅 R 19 et 🆅🆅🆅 J 4 – 6 308 h.

Bruxelles 87 – Liège 20 – Marche-en-Famenne 60 – Namur 43.

✗✗ **Philippe Fauchet,** r. Warfée 62, ℘ 0 4 259 59 39, philippe.fauchet@skynet.be, Fax 0 4
259 59 39, 🈂 – P. 🆆🆆 VISA 🈂
fermé lundi, mardi et sam. midi – **Repas** Lunch 24 – carte env. 54.
◆ Ancienne fermette dans un environnement champêtre. Confortable salle des repas sur-
montée d'une mezzanine et beau jardin servant de restaurant d'été. Cuisine du moment
◆ Restaurant in een oud boerderijtje op het platteland. Comfortabele eetzaal met mezzanine en een mooie tuin, waar 's zomers de tafeltjes worden gedekt. Eigentijdse keuker

---

ST-GHISLAIN 7330 Hainaut 🆅🆅🆅 H 20, 🆅🆅🆅 H 20 et 🆅🆅🆅 E 4 – 22 188 h.

Bruxelles 78 – Mons 11 – Tournai 41 – Valenciennes 30.

✗ **Chez Romano,** r. Ath 17, ℘ 0 65 79 29 79, Avec cuisine italienne – AE ⓪ 🆆🆆 VISA
fermé du 10 au 30 août, merc. et dim. soir – **Repas** carte 23 à 40.
◆ La bonne humeur de Romano, l'ambiance conviviale de son restaurant, ainsi que se
préparations franco-italiennes ont séduit bon nombre de clients du secteur. Et vous ?
◆ Het goede humeur van Romano, de gezellige ambiance in het restaurant en het lekker
Frans-Italiaanse eten hebben al menigeen verleid. Bent u de volgende ?

ST-GILLES (SINT-GILLIS) Région de Bruxelles-Capitale – voir à Bruxelles.

ST-HUBERT 6870 Luxembourg belge 🔲🔲🔲 R 22 et 🔲🔲🔲 J 5 – 5 669 h.

Voir *Intérieur★★ de la Basilique St-Hubert★*.

Env. *au Nord : 7 km à Fourneau-St-Michel★★ : Musée du Fer et de la Métallurgie ancienne★ – Musée de la Vie rurale en Wallonie★★*.

🔳 r. St-Gilles 12 ✆ 0 61 61 30 10, info@saint-hubert-tourisme.be, Fax 0 61 61 51 44.

Bruxelles 137 – Bouillon 44 – Arlon 60 – La Roche-en-Ardenne 25 – Sedan 59.

Le Cor de Chasse avec ch, av. Nestor Martin 3, ✆ 0 61 61 16 44, ph.arnoldy@skyn et.be, Fax 0 61 61 33 15, 😊 – 📺. 🅰️🅾️ 💳. 🛇 ch
fermé 1re quinz. mars, 2e quinz. juin et 2e quinz. sept. – **Repas** *(fermé mardi hors saison), lundi et après 20 h 30) Lunch 13 – 27/39 –* **10 ch** *(fermé lundi et mardi hors saison)* 🖙 52/62 – ½ P 46/53.

* Enseigne de circonstance pour cette sympathique adresse au centre d'une bourgade ardennaise placée sous la bannière du patron des chasseurs. Bons menus bien conçus.
* Deze"jachthoorn" is een sympathiek adresje in het hart het Ardenner dorp dat naar de schutspatroon van de jagers is genoemd. Lekkere, goed doordachte menu's.

à Awenne *Nord-Ouest : 9 km* 🅒 *St-Hubert –* ✉ *6870 Awenne :*

L'Aub. du Sabotier et Les 7 Fontaines 😊, Grand'rue 21, ✆ 0 84 36 65 23, *aub ergedusabotier@skynet.be, Fax 0 84 36 63 68, 😊, 🐎, 🚴 –* 📺 🅿️. 🅰️🅴 🅾️ 💳 💳 🛇 *rest*
fermé carnaval, prem. sem. Pâques, 1re quinz. juil., mardi et merc. – **Repas** Lunch 27 – carte 36 à 70, 🖙 65/82 – ½ P 71/95.

* Halte rustique à souhait, idéale pour un séjour calme au coeur d'un village forestier. Chambres proprettes. Jardin invitant à décompresser. Chaleureuse salle à manger ardennaise et restaurant de plein air. Carte actuelle flirtant avec les produits du terroir.
* Dit landelijke hotel garandeert een rustig verblijf in een door bossen omringd dorpje. Mooie kamers en een fijne tuin om optimaal te ontspannen. Sfeervolle Ardense eetzaal en eigentijdse keuken met een regionaal accent. 's Zomers kan er buiten worden gegeten.

ST-JOSSE-TEN-NOODE (SINT-JOOST-TEN-NODE) *Région de Bruxelles-Capitale – voir à Bruxelles.*

ST-MAUR Hainaut 🔲🔲🔲 F 19, 🔲🔲🔲 F 19 et 🔲🔲🔲 D 4 – *voir à Tournai.*

ST-NICOLAS Oost-Vlaanderen – *voir Sint-Niklaas.*

ST-SAUVEUR 7912 Hainaut 🅒 Frasnes-lez-Anvaing 10 906 h. 🔲🔲🔲 G 18, 🔲🔲🔲 G 18 et 🔲🔲🔲 D 3. *Bruxelles 73 – Kortrijk 40 – Gent 48 – Tournai 20 – Valenciennes 45.*

Les Marronniers, r. Vertes Feuilles 7, ✆ 0 69 76 99 58, *info@restaurantlesmarronn iers.be, Fax 0 69 76 99 58, ≤, 😊 –* 📺. 🅰️🅴 🅾️ 🅾️ 💳
fermé 2 sem. en mars, 2 sem. en sept., lundi, mardi et merc. – **Repas** 30/48 bc.

* Cuisine classique basée sur de bons produits et vue plongeante sur une vallée verdoyante, en salle comme en terrasse. La maison passait le cap des dix ans en 2003.
* Dit restaurant vierde in 2003 zijn tienjarig bestaan. Klassieke keuken op basis van eersteklas producten. Weids uitzicht op de vallei, zowel uit de eetzaal als van het terras.

ST-TROND Limburg – *voir Sint-Truiden.*

ST-VITH Liège – *voir Sankt-Vith.*

SANKT-VITH (ST-VITH) 4780 Liège 🔲🔲🔲 V 21, 🔲🔲🔲 V 21 et 🔲🔲🔲 L 5 – 9 120 h.

🔳 Mühlenbachstr. 2 ✆ 0 80 22 76 64, info@eastbelgium.com, Fax 0 80 22 65 39.

Bruxelles 180 – Liège 78 – La Roche-en-Ardenne 51 – Clervaux 36.

Pip-Margraff, Hauptstr. 7, ✆ 0 80 22 86 63, *info@pip.be, Fax 0 80 22 87 61, ☎, 🖃 –* 📺 – 🔬 25 à 80. 🅰️🅴 🅾️ 💳 🛇 ch
fermé 29 mars-13 avril et du 5 au 14 juil. – **Repas** *(fermé dim. soirs et lundis non fériés)* Lunch 20 – 30/58 – **20 ch** 🖙 60/98, – 3 suites – ½ P 65/85.

* Après un plongeon dans la piscine et un peu de relaxation au "bain-bulles", vous regagnerez tranquillement votre chambre. Sommeils plus réparateurs à l'arrière du bâtiment. Salon sous verrière, salle à manger actuelle, généreuses préparations traditionnelles.
* Na een frisse duik in het zwembad en een zit in het "bubbelbad" gaat u voor een verkwikkend slaapje naar een van de hotelkamers, die aan de achterkant het rustigst zijn. Onder het glazen dak van de moderne eetzaal worden overvloedige, traditionele schotels opgediend.

Am Steineweiher 🦢, Rodter Str. 32, ☎ 0 80 22 72 70, Fax 0 80 22 91 53, 🍽, 🚗 – 📺, **🅾️🏧** **VISA**

Repas 23/50 – **15** ch 🛏 50/72 – ½ P 52/71.

✦ Près d'un étang, adresse paisible, entourée de sapins et d'un parc de 3 ha, dont la desserte est assurée par une allée privée. Chambres aménagées à l'ancienne. Par météo clémente, il fait bon s'attabler sur la terrasse estivale au bord de l'eau.

✦ Een mooie laan leidt naar dit rustige hotel in een park van 3 ha met veel sparren en een vijver. De kamers zijn in grootmoeders stijl ingericht. Als het weer het toelaat, kunt u uitgebreid tafelen op het terras aan de rand van het water.

Zur Post (Pankert) avec ch, Hauptstr. 39, ☎ 0 80 22 80 27, info@hotelzurpost.be, Fax 0 80 22 93 10 – 📟 ch, 📺, 🅰️🅴 **🅾️🏧** **VISA**

fermé 30 mai-21 juin, du 19 au 23 sept., du 2 au 26 janv., dim. soir, lundi et mardi midi – **Repas** Lunch 39 – 69/89, carte 53 à 90, 🍷 – **8 ch** 🛏 79/135 – ½ P 88/107

Spéc. Tartare de thon, crème glacée au raifort et caviar d'Iran. Homard grillé et glacé à la vanille sur une sauce au safran et fondant de fenouil. Suprême de pigeon en robe de pistaches et sa cuisse confite.

✦ Hostellerie gourmande repérable à sa jolie façade fleurie en été. Un vent nouveau souffle dans la maison depuis que la génération montante a pris la relève. Chambres refaites.

✦ Hotel-restaurant met een gevel die 's zomers één bloemenpracht is. Sinds de nieuwe generatie de scepter heeft overgenomen, waait er een frisse wind door dit bedrijf.

Le Luxembourg arrière-salle, Hauptstr. 71, ☎ 0 80 22 80 22 – **🅾️🏧** **VISA**. 🦢

fermé 1 sem. après carnaval, 2 prem. sem. juil., prem. sem. sept., lundi soir, merc. soir et jeudi – **Repas** Lunch 40 – carte 49 à 70.

✦ Un petit bistrot devance l'accueillante salle à manger lambrissée du Luxembourg. Belle mise en place des tables. Recettes actuelles composées à partir de bons produits.

✦ Achter een cafeetje bevindt zich de uitnodigende eetzaal met lambrisering van Le Luxembourg. Eigentijdse gerechten op basis van kwaliteitsproducten en prachtig gedekte tafels.

Vraag de catalogus van de Michelinpublicaties
bij uw boekhandelaar.

SART Liège **533** U 19, **534** U 19 et **716** K 5 – voir à Spa.

SAUTIN Hainaut **534** K 22 et **716** F 5 – voir à Rance.

SCHAERBEEK (SCHAARBEEK) Région de Bruxelles-Capitale **533** L 17 – voir à Bruxelles.

SCHERPENHEUVEL (MONTAIGU) 3270 Vlaams-Brabant © Scherpenheuvel-Zichem 21 765 h. **533** O 17 et **716** H 3.

Bruxelles 52 – Antwerpen 52 – Hasselt 31.

De Zwaan avec ch, Albertusplein 12, ☎ 0 13 77 13 69, Fax 0 13 78 17 77 – 🍴, 🛏 rest, 📺 🔧rest, 🚗 🅿️ – 🔔 25. 🅰️🅴 🅾️ **🅾️🏧** **VISA**. 🦢

fermé du 4 au 13 fév. – **Repas** (fermé sam. de sept. à mars) 25/60 bc – **9 ch** 🛏 48/79 – ½ P 71/97.

✦ Institution locale connue depuis 1958 et en face de la basilique. Repas traditionnel dans un cadre classique-actuel. Belle argenterie sur les tables. Chambres refaites en 2003.

✦ Dit hotel-restaurant tegenover de basiliek is al sinds 1958 een begrip. Traditionele maaltijd in een klassiek-modern interieur. Fraai tafelzilver. Gerenoveerde kamers.

SCHILDE Antwerpen **533** M 15 et **716** G 2 – voir à Antwerpen, environs.

SCHOONAARDE 9200 Oost-Vlaanderen © Dendermonde 43 047 h. **533** J 17 et **716** F 2.

Bruxelles 39 – Gent 26 – Aalst 11 – Dendermonde 7.

Het Palinghuis, Oude Brugstraat 16, ☎ 0 52 42 32 46, ≤, Anguilles – 🛏 🅿️ 🅰

🅾️🏧 **VISA**. 🦢

fermé mi-déc.-début janv., vend. et sam. midi – **Repas** carte 28 à 41.

✦ À la grande satisfaction d'une clientèle d'assidus, l'anguille reste ici "la" spécialité d'une tradition culinaire transmise de génération en génération. Avis aux amateurs !

✦ Tot groot plezier van de vaste clientèle blijft paling hier dé specialiteit ; een culinaire traditie die van generatie op generatie wordt doorgegeven. Dat u het maar weet !

SCHORE 8433 West-Vlaanderen Ⓒ Middelkerke 17 356 h. 🖽 C 16.
Bruxelles 126 – Brugge 40 – Ieper 34 – Kortrijk 67 – Oostende 22 – Lille 77.

🏛 **Landgoed de Kastanjeboom** 🦵, Lekestraat 10, ℰ 0 51 55 59 17, de.kastanjebo
om@belgacom.net, Fax 0 51 50 44 82, 🏠, 🌲 – 🛬 📺 🅿. 🐾
Repas (dîner pour résidents seult) – **5 ch** 🛏 77/86 – ½ P 83.
   ◆ Cinq charmantes chambres ont été aménagées dans cette ferme des polders
s'agrémentant d'un jardin d'aromates. Petits-déjeuners très soignés ; table d'hôte de
même.
   ◆ Deze boerderij in de polder heeft een kruidentuin en vijf charmante kamers, die volgens
een bepaald thema zijn ingericht. Goed verzorgd ontbijt en table d'hôte.

SCHOTEN Antwerpen 🖽 L 15 et 🖽 G 2 – voir à Antwerpen, environs.

SEMOIS (Vallée de la) ★★ Luxembourg belge et Namur 🖽 P 24 - T 24 🖽 J 7 - H 6
G. Belgique-Luxembourg.

SENEFFE 7180 Hainaut 🖽 K 19, 🖽 K 19 et 🖽 F 4 – 10 714 h.
Bruxelles 43 – Mons 27 – Charleroi 28 – Maubeuge 54.

🏨 **L'Aquarelle** 🦵 sans rest, r. Scrawelle 64, ℰ 0 64 23 96 23, direction@hotelaquarell
e.be, Fax 0 64 23 96 20, ≼, 🛗, 🔲 – 📺 🅿 – 🔬 25. 🖭 ⓐ 🐵 𝘝𝘐𝘚𝘈 𝘫𝘤𝘣. 🐾
🛏 10 – **27 ch** 94/104.
   ◆ Construction récente située en zone résidentielle, à distance respectable de l'autoroute.
Chambres modernes parquetées, vue champêtre et bon breakfast sous forme de buffet.
   ◆ Nieuwbouwhotel in een rustige woonwijk, op voldoende afstand van de snelweg.
Moderne kamers met parket, landelijk uitzicht en een goed ontbijtbuffet.

SERAING Liège 🖽 S 19, 🖽 S 19 et 🖽 J 4 – voir à Liège, environs.

SILLY (OPZULLIK) 7830 Hainaut 🖽 I 19, 🖽 I 19 et 🖽 E 4 – 7 791 h.
Bruxelles 49 – Mons 26 – Gent 61 – Tournai 45.

🍴 **Aux 9 Tilleuls,** pl. Communale 24, ℰ 0 68 56 85 27, Fax 0 68 56 85 27, 🏠 – 🅿. 🐵
🐖 𝘝𝘐𝘚𝘈
fermé lundi soir et mardi – **Repas** Lunch 8 – 20/43.
   ◆ Ce resto familial posté derrière l'église doit son enseigne à la place arborée qu'il jouxte.
Choix varié de plats gentiment bourgeois et vins pour toutes les bourses.
   ◆ Dit familierestaurant achter de kerk dankt zijn naam aan het aangrenzende plein met
linden. Gevarieerde kaart met eenvoudige, smakelijke gerechten en wijnen voor elke beurs.

SINT-AGATHA-BERCHEM Brussels Hoofdstedelijk Gewest – voir Berchem-Ste-Agathe à
Bruxelles.

SINT-AMANDS 2890 Antwerpen 🖽 K 16 et 🖽 F 2 – 7 627 h.
Bruxelles 40 – Antwerpen 32 – Mechelen 23.

🍴 **De Veerman,** Kaai 26, ℰ 0 52 33 32 75, Fax 0 52 33 25 70, ≼, 🏠 – 🔲. 🖭 ⓐ 🐵
𝘝𝘐𝘚𝘈
fermé mardi sauf en été et lundi – **Repas** 33/50 bc.
   ◆ Le rêve inavoué de toute anguille qui se respecte : terminer sa carrière dans les casseroles
de ce restaurant insensible aux modes. Perspective fluviale.
   ◆ De heimelijke wens van iedere zichzelf respecterende paling is zijn carrière te beëindigen
in de pan van dit restaurant, dat ongevoelig is voor modes. Uitzicht op de rivier.

🍴 **'t ebdiep,** Emile Verhaerenstraat 14a, ℰ 0 52 34 14 16, ebdiep@skynet.be,
Fax 0 52 34 10 50, ≼, 🏠 – 🅿. 🐵 𝘝𝘐𝘚𝘈
fermé 2 sem. carnaval, prem. sem. juil., 2 sem. Toussaint, lundi et mardi – **Repas** 38/60 bc.
   ◆ Joli coup d'oeil vers l'Escaut (Schelde) depuis l'ample salle à manger de ce restaurant.
L'été, il s'apprécie encore mieux en s'attablant sur la terrasse. Mets assez élaborés.
   ◆ De grote eetzaal biedt een mooi uitzicht op de Schelde, die 's zomers vanaf het terras
nog beter te zien is. Hier kunt u genieten van redelijk verfijnde gerechten.

SINT-ANDRIES West-Vlaanderen 🖽 E 14 et 🖽 C 2 – voir à Brugge, périphérie.

SINT-DENIJS West-Vlaanderen 🖽 F 18 et 🖽 D 3 – voir à Zwevegem.

SINT-DENIJS-WESTREM Oost-Vlaanderen 🖽 H 16 et 🖽 D 2 – voir à Gent, périphérie.

SINT-ELOOIS-VIJVE West-Vlaanderen 533 F 17 et 716 D 3 – voir à Waregem.

SINT-GENESIUS-RODE Vlaams-Brabant 533 L 18 et 716 G 3 – voir à Bruxelles, environs.

SINT-GILLIS Brussels Hoofdstedelijk Gewest – voir St-Gilles à Bruxelles.

SINT-HUIBRECHTS-LILLE 3910 Limburg © Neerpelt 15 865 h. 533 R 15 et 716 J 2.
Bruxelles 113 – Eindhoven 23 – Antwerpen 84.

XXX **Sint-Hubertushof**, Broekkant 23, ℰ 0 11 66 27 71, sinthubertushof@pandora.be, Fax 0 11 66 28 83, 🏛 – 🅿. ⒶⒺ ⓂⓈ 𝘝𝘐𝘚𝘈. 🍽
fermé 16 janv.-9 fév., 28 août-14 sept., lundi, mardi et sam. midi – **Repas** Lunch 40 – 50/70 bc, ♀.
◆ Jadis, les lieux résonnaient du pas des bateliers et des chevaux de halage. C'est désormais votre tour d'être les hôtes de ce relais "1900" reconverti avec goût. Grands crus.
◆ Vroeger klonken hier de stappen van schippers en hun jaagpaarden, maar nu is het uw beurt om dit oude relais binnen te stappen, dat smaakvol is verbouwd. Prestigieuze wijnen.

SINT-IDESBALD West-Vlaanderen 533 A 16 et 716 A 2 – voir à Koksijde-Bad.

SINT-JAN-IN-EREMO Oost-Vlaanderen 533 G 15 et 716 D 2 – voir à Sint-Laureins.

SINT-JANS-MOLENBEEK Brussels Hoofdstedelijk Gewest – voir Molenbeek-St-Jean à Bruxelles.

SINT-JOOST-TEN-NODE Brussels Hoofdstedelijk Gewest – voir St-Josse-Ten-Noode à Bruxelles.

SINT-KRUIS West-Vlaanderen 533 E 15 et 716 C 2 – voir à Brugge, périphérie.

SINT-LAMBRECHTS-WOLUWE Brussels Hoofdstedelijk Gewest – voir Woluwe-St-Lambert à Bruxelles.

SINT-LAUREINS 9980 Oost-Vlaanderen 533 G 15 et 716 D 2 – 6 566 h.
Bruxelles 98 – Brugge 31 – Gent 30 – Antwerpen 70.

X **Slependamme**, Lege Moerstraat 26 (Sud-Est : 5,5 km sur N 434), ℰ 0 9 377 78 31, info@slependamme.be, Fax 0 9 377 78 31, 🏛 – 🔳. ⒶⒺ ⓂⓈ 𝘝𝘐𝘚𝘈
fermé 22 août-10 sept., merc. et jeudi midi – **Repas** Lunch 30 – 44.
◆ Maison de tradition où se mitonne, depuis près d'un quart de siècle, un solide répertoire de plats classiques, aujourd'hui sobrement actualisé. Terrasse estivale et jardin.
◆ Traditioneel restaurant dat al ruim 25 jaar bekendstaat om zijn solide repertoire van klassieke gerechten, die nu voorzichtig worden geactualiseerd. Tuin en zomerterras.

à Sint-Jan-in-Eremo Nord-Est : 5,5 km © Sint-Laureins – ✉ 9982 Sint-Jan-in-Eremo :

XXX **De Warande,** Warande 10 (Bentille), ℰ 0 9 379 00 51, warande@de-warande.be, Fax 0 9 379 03 77, ≼, 🏛 – 🅿. ⒶⒺ ⓞ ⓂⓈ 𝘝𝘐𝘚𝘈
fermé 31 janv.-13 fév., 28 août-9 sept., mardi et merc. – **Repas** Lunch 28 – 48/67 bc, ♀
◆ Ample restaurant dont la confortable salle à manger s'ouvre sur une terrasse estivale devançant un grand jardin agrémenté de haies basses et d'une pièce d'eau.
◆ Dit ruim opgezette restaurant beschikt over een gerieflijke eetzaal met terras. De grote tuin wordt opgevrolijkt door lage hagen en een waterpartij.

SINT-MARTENS-LATEM (LAETHEM-ST-MARTIN) 9830 Oost-Vlaanderen 533 G 16 et 716 D 2
– 8 344 h.
🅸🅱 Latemstraat 120 ℰ 0 9 282 54 11, Fax 0 9 282 90 19.
Bruxelles 65 – Gent 13 – Antwerpen 70.

XX **Sabatini**, Kortrijksesteenweg 114, ℰ 0 9 282 80 35, Fax 0 9 282 80 35, Avec cuisine italienne – 🔳 🅿. ⒶⒺ ⓞ ⓂⓈ 𝘝𝘐𝘚𝘈
fermé 15 juil.-15 août, 24 déc.-1er janv., merc. et sam. midi – **Repas** Lunch 32 bc – 30/50
◆ Rien à voir avec le tennis : de goûteuses préparations typiquement transalpines tiennent ici la vedette, devant quelques classiques français. Cave dans le même esprit.
◆ Ver buiten het tennisveld wedijveren typisch Italiaanse gerechten hier met Franse klassiekers. In de wijnkelder wordt dezelfde competitie gevoerd.

XX **Meersschaut,** Kortrijksesteenweg 134, ℰ 0 9 282 38 56, meersschaut@meersschaut.be, Fax 0 9 282 02 14, ☞, Produits de la mer – 📖 🅿️ 🆎 ⓜⓞ 💳
fermé 15 août-12 sept., dim. et lundi – **Repas** Lunch 28 – 31/68 bc.
♦ Table plaisante tenue par une famille de poissonniers, ce qui laisse deviner l'orientation culinaire, comme du reste le décor intérieur. Véranda où l'on s'abstient de fumer.
♦ Dit plezierige restaurant is in handen van een familie van vishandelaars, dus het laat zich raden wat u op uw bordje krijgt. In de serre mag niet worden gerookt.

XX **De Klokkeput,** Dorp 8, ℰ 0 9 282 47 75, Fax 0 9 282 47 75, ☞, Avec grillades – 🆎 ⓞ ⓜⓞ 💳 ⚘
fermé 2 sem. en nov. – **Repas** Lunch 12 – carte 37 à 68, ♀.
♦ En 1914-1918, les cloches (klokken) de l'église voisine furent cachées dans un puits (put) situé à l'emplacement de cette auberge, d'où l'enseigne. Restaurant d'été à l'avant.
♦ In 1914-1918 werden de klokken van de naburige kerk verstopt in een put op de plek van deze herberg, vandaar de naam. 's Zomers kan voor op het terras worden gegeten.

XX **d'Oude Schuur,** Baarle Frankrijkstraat 1, ℰ 0 9 282 33 65, oudeschuur@hotmail.com, Fax 0 9 282 89 21, ☞ – 🅿️ 🆎 ⓞ ⓜⓞ 💳
fermé 1er au 15 mars, merc. et jeudi – **Repas** Lunch 30 bc – 30/75 bc.
♦ Dans un quartier résidentiel assez cossu, typique fermette devancée d'une terrasse où l'on s'attable par beau temps. Clientèle d'habitués fidélisée depuis un quart de siècle.
♦ Karakteristiek boerderijtje in een vrij chique woonwijk, dat al 25 jaar een vaste klantenkring heeft. Op zomerse dagen kan op het terras aan de voorkant worden gegeten.

X **brasserie Latem,** Kortrijksesteenweg 9, ℰ 0 9 282 36 17, petervandenbossche@brasserielatem.be, Fax 0 9 281 06 23, ☞, Ouvert jusqu'à minuit – 🅿️ 🆎 ⓜⓞ 💳 ⚘
fermé vacances Pâques, du 15 au 31 août, vacances Noël et dim. – **Repas** carte 38 à 61, ♀ ℬ.
♦ Villa des années 1930 surveillant la grand-route. Ambiance brasserie, assortie aux assiettes. Liste des vins à rallonge, classée par cépages. Une affaire qui tourne bien.
♦ Deze goed lopende brasserie is te vinden in een villa uit 1930 aan de grote weg. Typische brasseriekaart en een lange lijst wijnen, die naar druivenras zijn ingedeeld.

à Deurle Est : 2 km ⓒ Sint-Martens-Latem – ✉ 9831 Deurle :

🏨 **Aub. du Pêcheur** ♨, Pontstraat 41, ℰ 0 9 282 31 44, info@auberge-du-pecheur.be, Fax 0 9 282 90 58, ≤, ☞, ☀, ♿, ▦, 🍴, 📖 rest, 📺 🅿️ 🎱 25 à 120. 🆎 ⓞ ⓜⓞ 💳
Repas *Orangerie* (fermé du 15 au 30 déc., sam. midi, dim. soir et lundi) Lunch 30 – 48/88 bc, ♀ – **The Green** (fermé 24 et 25 déc.) (taverne-rest) Lunch 13 – 35/59 bc – ⊆ 13 – **31 ch** (fermé dern. sem. déc.) 85/140, – 1 suite – ½ P 102/120.
♦ Au pays des peintres, villa néo-classique cossue que rafraîchit le cours de la Leie (Lys). Chambres rénovées, assez menues mais confortables. Terrasse et jardin délicieux. Restaurant sous orangerie, avec vue sur la rivière. Carte appétissante et belle cave.
♦ Weelderige neoklassieke villa met terras en tuin aan de Leie, in de streek van de schilders van de Latemse school. Gerenoveerde kamers, vrij klein maar comfortabel. Restaurant in de oranjerie, met uitzicht op de rivier. Aanlokkelijke kaart en mooie wijnkelder.

XX **de Meander,** Pontstraat 96, ℰ 0 9 282 20 11, demeander@skynet.be, Fax 0 9 281 04 67, ☞ – 🅿️ ⓞ ⓜⓞ 💳
fermé mardi soir, merc. et sam. midi – **Repas** Lunch 25 – 30/61 bc.
♦ Cette jolie villa paressant au bord d'un langoureux méandre comblera les fines fourchettes portées sur la cuisine classique actualisée. Salle de restaurant bourgeoise.
♦ Deze mooie villa ligt loom aan een meander van de rivier. De eetzaal is in bourgeoisstijl ingericht. Gastronomische keuken in het modern-klassieke register.

X **Brasserie Vinois,** Ph. de Denterghemlaan 31, ℰ 0 9 282 70 18, info@brasserie-vinois.com, Fax 0 9 282 68 04, ☞ – 🅿️ 🆎 ⓞ ⓜⓞ 💳
fermé du 1er au 15 sept., lundi, mardi et sam. midi – **Repas** Lunch 16 – 33 bc, ♀.
♦ Affaire familiale aménagée dans une belle villa "balnéaire" des années 1930. Banquettes en cuir, chaises bistrot et tables en marbre garnissent plaisamment la salle à manger.
♦ Familiebedrijf in een mooie villa uit de jaren 1930, die men eerder in een badplaats zou verwachten. In de eetzaal staan leren bankjes, bistrostoelen en marmeren tafels.

INT-MARTENS-LEERNE Oost-Vlaanderen 🖽🖽🖽 G 16 – voir à Deinze.

Les plans de villes sont orientés le Nord en haut.

BELGIQUE

SINT-MICHIELS West-Vlaanderen 📖 E 14 et 📖 C 2 – voir à Brugge, périphérie.

SINT-NIKLAAS (ST-NICOLAS) 9100 Oost-Vlaanderen 📖 J 15 et 📖 F 2 – 68 769 h.
🛈 Grote Markt 45 ☎ 0 3 777 26 81, land-van-waas@toerismevlaanderen.be, Fax 0 3 776 27 48.
Bruxelles 47 ② – Antwerpen 25 ② – Gent 39 ③ – Mechelen 32 ②

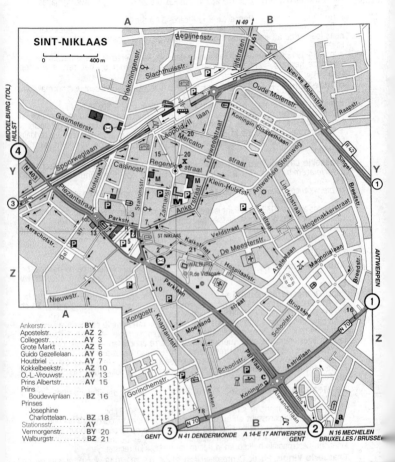

SINT-NIKLAAS

Ankerstr. . . . . **BY**
Apostelstr. . . . . **AZ** 2
Collegestr. . . . . **AY** 3
Grote Markt . . . . **AZ** 5
Guido Gezellelaan . . . . **AY** 6
Houtbriel . . . . **AY** 7
Kokkelbeekstr. . . . . . . **AY** 10
O.-L.-Vrouwstr. . . . . . . **AY** 13
Prins Albertstr. . . . . . . **AY** 15
Prins
 Boudewijnlaan . . . . **BZ** 16
Prinses
 Josephine
 Charlottelaan. . . . . . **BZ** 18
Stationsstr. . . . . **AY**
Vermorgenstr. . . . . . . **BY** 20
Walburgstr. . . . . **BZ** 21

🏨 **Serwir,** Koningin Astridlaan 57, ☎ 0 3 778 05 11, info@serwir.be, Fax 0 3 778 13 73 BZ
🍴, 🚲 – 🛏 🔄 ▦ 📺 📞 – 🔬 25 à 500. 🄰🄴 ① 🄼🄾 🆅🅸🆂🅰 ❌
Repas **Renardeau** (fermé 12 juil.-1er août, sam. midi, dim. et lundi) Lunch 30 – 45/57 bc
🍴 – **The Balloon** (fermé 24 et 25 déc.) (brasserie) Lunch 15 – 25/35 bc – **42 ch** 🛏 80/14°
– ½ P 95/130.
◆ Confort accru et efforts tangibles de rénovation dans cet immeuble excentré
Chambres standard d'ampleur respectable, réparties sur trois étages. Onze salles d
réunions. Restaurant au "look" contemporain plutôt léché. Préparations dans le temp
actuel.
◆ Het comfort in dit hotel even buiten het centrum is na een renovatie een stu
verbeterd. Ruime standaardkamers op drie verdiepingen, plus elf vergaderzale
Restaurant met een hedendaagse "look", waar eigentijdse gerechten worde
geserveerd.

112

Den Silveren Harynck, Grote Baan 51 (par ① : 5 km sur N 70), ℰ 0 3 777 50 62, Fax 0 3 766 67 61, ㄹ – ▤ **P.** 🝗 ⓦ ⓥ *VISA*
fermé 3 dern. sem. juil., 26 déc.-3 janv., sam. midi, dim. soir et lundi – **Repas** Lunch 29 – 45/78 bc.
♦ L'enseigne - un hareng d'argent - reflète les préférences du chef, qui ne dédaigne toutefois pas les produits "terrestres". Apaisante salle à manger confortablement installée.
♦ De naam is een duidelijke aanwijzing voor de culinaire voorkeur van de chef-kok, maar ook zijn aan tafel gesneden vleesgerechten zijn niet te versmaden. Comfortabele eetzaal.

Bistro De Eetkamer, De Meulenaerstraat 2, ℰ 0 3 776 28 73, bistro.de.eetkamer@ skynet.be, Fax 0 3 766 24 61, ㄹ – **P.** 🝗 ⓞ ⓦ ⓥ *VISA*   BZ **a**
fermé du 7 au 15 mars, 11 juil.-2 août, du 24 au 31 déc., lundi et mardi – **Repas** Lunch 20 – 35.
♦ Villa sur jardin à l'entrée d'un quartier résidentiel. Décor intérieur bourgeois égayé de lambris clairs, et terrasse dressée à la belle saison. Lunch et menus très demandés.
♦ Villa met tuin in een rustige woonwijk. Bourgeoisinterieur met licht houtwerk. Bij mooi weer wordt het terras opgedekt. De lunchformule en menu's zijn zeer in trek.

Het gevoel, Regentieplein 53, ℰ 0 3 296 92 94, Fax 0 3 296 92 96, ㄹ – ⓦ ⓥ *VISA*. ✑
fermé dim., lundi et jours fériés – **Repas** carte 33 à 67.   BY **x**
♦ Trois pièces contemporaines en enfilade et une terrasse verdoyante composent cette table décontractée occupant une belle maison de maître. Assiettes esthétiquement présentées.
♦ Dit restaurant is gehuisvest in een mooi herenhuis met drie eigentijdse eetzalen, waar een ontspannen sfeer hangt. De borden worden prachtig opgemaakt. Terras met veel groen.

Gasthof Malpertus, Beeldstraat 10 (par ① : 5 km, près du parc récréatif), ℰ 0 3 776 73 44, malpertus@pi.be, Fax 0 3 766 50 18, ㄹ, Taverne-rest – **P.** – 🅐 25 à 150. 🝗 ⓦ ⓥ *VISA*
fermé 2 dern. sem. fév., 2 dern. sem. juil., mardi et merc. – **Repas** Lunch 22 – 35/60, ⓨ.
♦ Taverne-restaurant établie dans un cadre forestier. Recettes où pointe parfois le soleil de la Méditerranée. Tous les menus ont une option "vins compris". Terrasse ombragée.
♦ Café-restaurant in een bosrijke omgeving. In de recepten breekt af en toe de Zuid-Franse zon door. Alle menu's bieden een interessant wijnarrangement. Schaduwrijk terras.

à **Nieuwkerken-Waas** Nord-Est : 4,5 km par N 451 ⓒ Sint-Niklaas – ⊠ 9100 Nieuwkerken-Waas :

't Korennaer, Nieuwkerkenstraat 4, ℰ 0 3 778 08 45, info@korennaer.be, Fax 0 3 778 08 43, ㄹ – ▤. 🝗 ⓦ ⓥ *VISA*
fermé 1 sem. après Pâques, 2 dern. sem. août, 1 sem. Toussaint, mardi, merc. et sam. midi – **Repas** Lunch 30 – 37/76 bc, ⓨ.
♦ Salon confortable, fringantes salles de restaurant semées de légères touches contemporaines, belle terrasse et grand jardin. Mets actuels ou résolument innovants.
♦ Gerieflijke salon, zwierige eetzalen met een licht contemporain accent, mooi terras en grote tuin. Eigentijdse en zelfs vernieuwende keuken.

à **Sint-Pauwels** par ④ : 7 km ⓒ Sint-Gillis-Waas 17 470 h. – ⊠ 9170 Sint-Pauwels :

De Rietgaard, Zandstraat 221 (sur N 403), ℰ 0 3 779 55 48, ㄹ – 🝗 ⓦ ⓥ *VISA*. ✑
fermé lundi soir et mardi – **Repas** Lunch 29 – 37/63 bc.
♦ Villa bourgeoise encapuchonnée sous un toit de chaume bien peigné. Registre culinaire classique-actuel ; carte avec menus et suggestions de saison. Restaurant d'été au jardin.
♦ Mooie villa met rieten dak. Klassiek-moderne kaart met menu's en suggesties, afhankelijk van het seizoen. 's Zomers kan in de tuin worden gegeten.

SINT-PAUWELS Oost-Vlaanderen 🌃🌃🌃 J 15 et 🌃🌃🌃 F 2 – voir à Sint-Niklaas.

SINT-PIETERS-LEEUW Vlaams-Brabant 🌃🌃🌃 K 18 et 🌃🌃🌃 F 3 – voir à Bruxelles, environs.

SINT-PIETERS-WOLUWE Brussels Hoofdstedelijk Gewest – voir Woluwe-St-Pierre à Bruxelles.

SINT-STEVENS-WOLUWE (WOLUWE-ST-ÉTIENNE) Vlaams-Brabant 🌃🌃🌃 L 17 – voir à Bruxelles, environs.

Zoekt u een rustig of afgelegen hotel,
raadpleeg dan de kaart in de inleiding of kijk in de tekst
naar hotels met het teken ✑

SINT-TRUIDEN (ST-TROND) *3800 Limburg* 🔲🔲🔲 Q 17 *et* 🔲🔲🔲 I 3 – *37619 h.*

🇮 *Stadhuis, Grote Markt* ℰ *0 11 70 18 18, info.toerisme@sint-truiden.be,* Fax *0 11 70 18 20.*

Bruxelles 63 ⑥ – *Hasselt 17* ② – *Liège 35* ④ – *Namur 50* ⑤ – *Maastricht 39* ③

🏨 **Cicindria** sans rest, Abdijstraat 6, ℰ *0 11 68 13 44, hotel.cicindria.nv@pandora.be,* Fax *0 11 67 41 38* – 🔁 🔳 📺 ⇔ 🅿 🅰🅴 ⊕ ⊕⊕ 🆅🆂🅰 🗚ᴄʙ A s
fermé 24 déc.-10 janv. – **25 ch** ⊆ 65/95.

♦ Établissement familial de conception récente jouxtant un centre commercial et l'ancienne abbaye fondée par saint Trond. Deux catégories de chambres : "de luxe" et "standard".
♦ Nieuw familiehotel naast een winkelcentrum en de voormalige abdij van de H. Trond. Twee categorieën kamers : luxe en standaard.

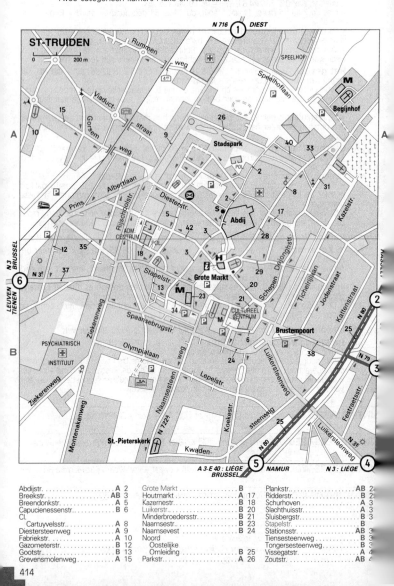

414

🏠 **Four Seasons** sans rest, Tiensesteenweg 264 (par ⑥ sur N 3), ✆ 0 11 69 42 28, Fax 0 11 69 16 78 – 📺 🚗 🅿. 🖭 ⓞ 🐵 𝗩𝗜𝗦𝗔. ❀
15 ch ⬜ 50/60.
  ◆ Grand pavillon bâti de plain-pied, à une distance respectable du centre. Hébergement décent dans des chambres fonctionnelles. Service navette vers les restaurants de la ville.
  ◆ Hotel in een groot vrijstaand gebouw zonder verdiepingen, vrij ver van het centrum. Prettig verblijf in functionele kamers. Pendeldienst naar restaurants in de stad.

XXX **De Fakkels,** Hasseltsesteenweg 61 (Nord-Est : 2 km sur N 722, lieu-dit Melveren), ✆ 0 11 68 76 34, info@defakkels.be, Fax 0 11 68 67 63, 🍽 – 🔲 🅿 – 🔏 25 à 40. 🖭 ⓞ 🐵 𝗩𝗜𝗦𝗔. ❀
fermé 1 sem. Pâques, 2 dern. sem. août-prem. sem. sept., dim. soir, lundi et jeudi soir – **Repas** Lunch 32 – 49/79 bc 🍴.
  ◆ Maison bourgeoise 1900 précédée, côté jardin, d'une terrasse entourée de haies basses et de buis taillés en boules. Décor intérieur rajeuni en 2004. Recettes de notre temps.
  ◆ Herenhuis uit 1900 met een tuin en terras omringd door lage hagen en kunstig gesnoeide buksbomen. Het interieur heeft onlangs een verjongingskuur gehad. Eigentijdse keuken.

XXX **Aen de Kerck van Melveren,** St-Godfriedstraat 15 (Nord-Est : 3 km par N 722, lieu-dit Melveren), ✆ 0 11 68 39 65, Fax 0 11 69 13 05, ⇐ – 🅿. 🖭 ⓞ 🐵 𝗩𝗜𝗦𝗔. ❀
fermé sem. carnaval, 25 juil.-14 août, sam. midi, dim. soir et lundi – **Repas** Lunch 35 – 60/85 bc.
  ◆ Jolie reconversion pour ce presbytère caché derrière l'église et à présent dévolu aux plaisirs de la table. Salle à manger-véranda donnant sur l'ancien jardin de curé.
  ◆ Deze fraai verbouwde pastorie achter de kerk wijdt zich nu aan het versterken van de inwendige mens. De eetzaal met serre kijkt uit op de voormalige kloostertuin.

à **Nieuwerkerken** Nord : 6 km – 6 493 h – ✉ 3850 Nieuwerkerken :
XX **Kelsbekerhof,** Kerkstraat 2, ✆ 0 11 69 13 87, geert.boonen@pandora.be, Fax 0 11 69 13 87, 🍽 – 🅿 🖭 ⓞ 🐵 𝗩𝗜𝗦𝗔. ❀
fermé du 5 au 15 sept., du 1er au 13 janv., lundi, mardi et merc. – **Repas** Lunch 34 – 45/85 bc.
  ◆ Un choix de mets classiques actualisés entend combler votre appétit dans cette ancienne ferme totalement remaniée. Belle terrasse avec un magnifique jardin pour toile de fond.
  ◆ In deze oude, van top tot teen verbouwde boerderij kunt u de honger stillen met een keur van modern-klassieke gerechten. Mooi terras met een prachtig uitzicht op de tuin.

SNELLEGEM West-Vlaanderen 📠 D 16 et 📟 C 2 – voir à Jabbeke.

SOHEIT-TINLOT 4557 Liège © Tinlot 2 228 h. 📠 R 20, 📟 R 20 et 📟 J 4.
Bruxelles 96 – Liège 29 – Huy 13.

XX **Le Coq aux Champs** (Pauly), r. Montys 33, ✆ 0 85 51 20 14, Fax 0 85 51 20 14, 🍽
✿ – 🅿. 🖭 ⓞ 🐵 𝗩𝗜𝗦𝗔
fermé du 15 au 23 mars, 31 mai-8 juin, du 6 au 14 sept., 24 et 25 déc., 2 prem. sem. janv., mardi et merc. – **Repas** Lunch 23 – 34/72 bc, carte 49 à 69
Spéc. Tempura de gambas. Cochon basque braisé, parmentière aux truffes. Tartelette renversée de framboises.
  ◆ Dans la campagne condruzienne, auberge en pierres du pays agrémentée d'une terrasse en teck au jardin. Cuisine actuelle soignée, à l'image de la mise en place sur les tables.
  ◆ Plattelandsherberg van steen uit de streek, met tuin en teakhouten terras. Goed verzorgde, moderne keuken en fraai gedekte tafels.

SOIGNIES (ZINNIK) 7060 Hainaut 📠 J 19, 📟 J 19 et 📟 F 4 – 24 801 h.
Voir Collégiale St-Vincent★★.
Bruxelles 41 – Mons 21 – Charleroi 40.

🏠 **Les Greniers du Moulin** sans rest, chaussée d'Enghien 224, ✆ 0 67 33 11 88, info@lemoulin.be, Fax 0 67 34 68 99 – 📺 🅿. 🐵 𝗩𝗜𝗦𝗔. ❀
fermé 23 déc.-10 janv. – **14 ch** ⬜ 46/68.
  ◆ Les greniers de cet ancien moulin qu'alimentait la Senne ont fait place à des chambres bien tenues, offrant un niveau de confort tout à fait valable. P'tit-déj servi à table.
  ◆ De graanschuren van deze oude watermolen aan de Senne bieden nu plaats aan goed onderhouden kamers met heel redelijk comfort. Het ontbijt wordt aan tafel geserveerd.

XX **La Fontaine St-Vincent,** r. Léon Hachez 7, ✆ 0 67 33 95 95, pierre.leonard@skynet.be – 🐵 𝗩𝗜𝗦𝗔
fermé 1 sem. carnaval, mi-juil.-mi-août, dim. soir, lundi soir et mardi – **Repas** Lunch 24 – 39/80 bc 🍴.
  ◆ Au centre-ville, maison du 16e s. appréciée pour ses préparations classiques à base de produits choisis et pour sa cave digne de St-Vincent, le patron des vignerons.
  ◆ Restaurant in een 16e-eeuws pand in het centrum, met een klassieke keuken. De wijnkelder brengt een eerbetoon aan de H. Vincentius, de schutspatroon van de wijnboeren.

XX **L'Embellie,** r. Station 115, ☎ 0 67 33 31 48, *Fax 0 67 33 31 48*, – AE ⊕ MC VISA
fermé 17 juil.-12 août, du 2 au 8 janv., sam. midi, dim. soir et lundi – **Repas** *Lunch 25* – 33/49 bc.
◆ Petite adresse de notre temps située au voisinage de la gare. Salon apéritif cossu et terrasse dressée si le soleil luit. On ne badine pas avec la qualité des produits.
◆ Eigentijds restaurant bij het station, met een weelderige salon voor het aperitief en een mooi terras voor zomerse dagen. De kok neemt alleen genoegen met topkwaliteit.

X **Le Bouchon et l'Assiette,** Chemin du Saussois 5a (par N 6 : 2 km direction Mons, puis 2e rue à gauche), ☎ 0 67 33 18 14, *info@bouchonetlassiette.com, Fax 0 67 33 68 64*, ←, – P – 30. ⊕ MC VISA
fermé dim. soir, lundi soir, mardi soir et merc. – **Repas** *Lunch 17* – carte 23 à 44.
◆ Bien recevoir et faire plaisir : telle est la philosophie du patron. Vue agreste depuis votre table, en salle ou en terrasse. Plats traditionnels. Vins des régions de France.
◆ De baas maakt het zijn gasten graag naar de zin. Zowel vanuit de eetzaal als het terras ontvouwt zich een landelijk uitzicht. Traditionele schotels en Franse wijnen.

à Casteau *Sud : 7 km par N 6* C *Soignies* – ✉ *7061 Casteau* :

Casteau Resort, chaussée de Bruxelles 38, ☎ 0 65 32 04 00, *info@casteauresort.be, Fax 0 65 72 87 44*, , , – – TV – 25 à 250. AE ⊕ MC VISA JCB
Repas *(fermé lundi midi) Lunch 41* – carte 22 à 42 – **73 ch** 80/130 – ½ P 98/150.
◆ Cet hôtel établi en retrait de la route nationale reliant Soignies à Maisières a refait ses chambres en 2004 et prévoit une série d'améliorations dans ses parties communes. Salle à manger-véranda en attente d'une rénovation.
◆ Dit hotel staat even van de rijksweg tussen Zinnik en Maisières. De kamers zijn in 2004 gemoderniseerd. Voor de gemeenschappelijke ruimten en de eetzaal met serre bestaan eveneens verbouwingsplannen.

à Thieusies *Sud : 6 km par N 6* C *Soignies* – ✉ *7061 Thieusies* :

XX **La Saisinne,** r. Saisinne 133, ☎ 0 65 72 86 63, *b.delaunois@easynet.be, Fax 0 65 73 02 61* – P. AE ⊕ MC VISA.
fermé 1 sem. Pâques, juil., dim., lundi et après 20 h 30 – **Repas** 36/65 bc.
◆ Fermette embusquée au milieu des prés, entre Mons et Soignies. Atmosphère sagement rustique, cuisine de base classique et déjà plus de 25 ans de bons et loyaux services.
◆ Al meer dan 25 jaar weten de gasten de weg te vinden naar dit boerderijtje in de weilanden tussen Bergen en Soignies. Rustieke ambiance en klassieke keuken.

X **La Maison d'Odile,** r. Sirieu 303, ☎ 0 65 73 00 72 – 25. ⊕ MC VISA
fermé mi-août-début sept., 21 déc.-3 janv., mardi soir, merc. et dim. soir – **Repas** 37/85 bc.
◆ Une ancienne forge abrite cette table au goût du jour aménagée dans l'esprit campagnard. Terrasse d'été agréable et mignon salon où crépitent de bonnes flambées en hiver.
◆ Deze oude smederij is nu een plezierig restaurant met eigentijdse gerechten. Aangenaam zomerterras en sfeervolle salon, waar 's winters een behaaglijk vuur brandt.

SOLRE-ST-GÉRY *Hainaut* 534 K 21 *et* 716 F 5 – *voir à Beaumont.*

SORINNES *Namur* 533 O 21, 534 O 21 *et* 716 H 5 – *voir à Dinant.*

SOUGNÉ-REMOUCHAMPS *4920 Liège* C *Aywaille 10 494 h.* 533 T 20, 534 T 20 *et* 716 K 4.

Voir *Grottes★★.*

r. Broux 18 ☎ *0 4 384 52 42.*

Bruxelles 122 – Liège 28 – Spa 13.

XX **Bonhomme** avec ch, r. Reffe 26, ☎ 0 4 384 40 06, *info@hotelbonhomme.be, Fax 0 4 384 37 19*, , , , – TV P. AE MC VISA. ch
fermé sem. carnaval, dern. sem. mars, dern. sem. juin, dern. sem. sept.-prem sem. oct., 22 nov.-10 déc., jeudi hors saison et merc. – **Repas** 32/50 – **10 ch** 60/89 – ½ P 70/75.
◆ Mistinguett et Fernandel ont apprécié cette auberge ardennaise tenue en famille depuis 1768. D'importants efforts pour encore mieux vous recevoir ont été récemment consentis.
◆ Deze authentieke Ardense herberg is al sinds 1768 eigendom van dezelfde familie. N de op handen zijnde verbouwing zullen de gasten het nog meer naar de zin hebben.

SOUMOY *Namur* 534 L 21 *et* 716 G 5 – *voir à Cerfontaine.*

SPA 4900 Liège **533** U 20, **534** U 20 et **716** K 4 – 10 512 h – Station thermale★★ – Casino AY , r. Royale 4 ☎ 0 87 77 20 52, Fax 0 87 77 02 06.

Voir par ② : Promenade des Artistes★.

Musée : de la Ville d'eaux : collection★ de "jolités" AY **M**.

Env. par ③ : 9 km, Circuit autour de Spa★ - Parc à gibier de la Reid★.

🛅 par ① : 2,5 km à Balmoral, av. de l'Hippodrome 1 ☎ 0 87 79 30 30, Fax 0 87 79 30 39.

🛄 Pavillon des Petits Jeux, pl. Royale 41 ☎ 0 87 79 53 53, officetoerisme@skynet.be, Fax 0 87 79 53 54.

Bruxelles 139 ③ – Liège 38 ③ – Verviers 16 ③

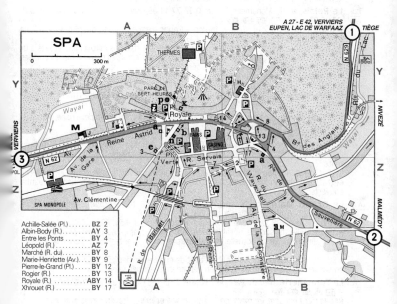

Achille-Salée (Pl.) . . . . **BZ** 2
Albin-Body (R.) . . . . **AY** 3
Entre les Ponts . . . . **BY** 4
Léopold (R.) . . . . **AZ** 7
Marché (R. du) . . . . **BY** 8
Marie-Henriette (Av.) . . . . **BY** 9
Pierre-le-Grand (Pl.) . . . . . . **BY** 12
Rogier (R.) . . . . **BY** 13
Royale (R.) . . . . **ABY** 14
Xhrouet (R.) . . . . **BY** 17

Radisson SAS Palace, pl. Royale 39, ☎ 0 87 27 97 00, info.spapalace@radissonsas. com, Fax 0 87 27 97 01, 🍴, 🐾, Ⅰ₆, 🛋, ⚕ – 📶 ❄ 🔲 📺 👌 ◁▷ 🅿 – 🔏 25 à 140. 🆎 ① ⑩ 𝘷𝘪𝘴𝘢, ✂
AY x

Repas **O2-Source d'Oxygène** (fermé dim.) Lunch 22 – carte 26 à 58, ♀ – **119 ch** ⚌ 130/180, – 1 suite – ½ P 110/125.

◆ Un funiculaire privé relie ce palace moderne aux nouveaux thermes de Spa perchés au-dessus du rocher. Chambres tout confort. Vestiges de fortifications dans le jardin d'hiver. Table actuelle conforme aux attentes des curistes : cuisine saine et naturelle.

◆ Een kabelbaantje voert naar dit moderne luxehotel met nieuwe spabaden hoog op de rots. Comfortabele kamers. Wintertuin met overblijfselen van de oude versterkingen. De hedendaagse keuken voldoet aan de eisen van kuurgasten en is dan ook natuurlijk gezond.

La Villa des Fleurs sans rest, r. Albin Body 31, ☎ 0 87 79 50 50, info@villadesfleurs.be, Fax 0 87 79 50 60, 🌸 – 📶 📺 🅿 🆎 ① ⑩ 𝘷𝘪𝘴𝘢 𝘫𝘤𝘣, ✂
AY e
fermé janv. – **12 ch** ⚌ 74/127.

◆ Élégante demeure patricienne du 19e s. s'ouvrant, à l'arrière, sur un jardin clos de murs où donnent la plupart des chambres, assez spacieuses. Aménagement cossu.

◆ Sierlijk patriciërshuis uit de 19e eeuw met een ommuurde tuin aan de achterkant. Weelderig interieur. De kamers zijn vrij ruim en kijken vrijwel allemaal op de tuin uit.

La Heid des Pairs 🐾 sans rest, av. Prof. Henrijean 143 (Sud-Ouest : 1,5 km), ☎ 0 87 77 43 46, info@laheid.be, Fax 0 87 77 06 44, 🛁, 🌸 – 📺 🅿 ⑩ 𝘷𝘪𝘴𝘢. ✂
par av. Clémentine AZ
fermé lundi et mardi sauf vacances scolaires – **8 ch** ⚌ 74/139.

◆ Dans un quartier résidentiel excentré, confortable villa agrémentée d'un vaste jardin reposant et d'une piscine. Bonnes chambres personnalisées. Salon "cosy".

◆ Comfortabele villa met grote tuin en zwembad in een rustige woonwijk buiten het centrum. Goede kamers met een persoonlijk karakter. Sfeervolle lounge.

L'Auberge, pl. du Monument 3, ℘ 0 87 77 44 10, info@hotel-thermes.be, Fax 0 87 77 48 40, 🚲 – 📶 🍴, ▦ rest, 📺 🅿. – 🏄 25. 🆎 ⑩ ⑩ VISA. ❌   AY **a**
Repas (fermé 3 prem. sem. janv.) Lunch 22 – 42/50 bc – **18 ch** ⏴ 60/127, – 12 suites – ½ P 83/127.

 • Établissement très central dont la jolie façade, fleurie en été, s'anime de colombages. Chambres fonctionnelles et suites avec kitchenette à l'annexe. Miroirs, cuivres, banquettes en cuir et lustres graciles président au décor du restaurant.

 • Zeer centraal gelegen hotel in een vakwerkhuis, waarvan de gevel 's zomers één bloe-menpracht is. Functionele kamers en suites met kitchenette in de dependance. Spiegels, koperwerk, leren bankjes en kroonluchters sieren het restaurant.

Le Relais, pl. du Monument 22, ℘ 0 87 77 11 08, info@hotelrelais-spa.be, Fax 0 87 77 25 93, 🍴 – 📺. 🆎 ⑩ ⑩ VISA   AY **b**
fermé 28 fév.-6 mars et 19 nov.-16 déc. – **Repas** (fermé dim. soir du 15 nov. au 15 mai et lundi) 22/48 bc – **11 ch** ⏴ 50/75 – ½ P 48/55.

 • Ce petit hôtel tenu en famille se partage entre deux maisons mitoyennes situées à un jet d'eau des bains et à un tour de roulette du casino. Chambres correctement équipées. Repas traditionnel. Terrasse d'été dressée en façade.

 • Dit hotel wordt door een familie gerund en beslaat twee belendende panden. Van hieruit kunt u gemakkelijk een bad in de bronnen nemen of uw geluk beproeven in het casino. De kamers bieden goede voorzieningen. Traditionele keuken en zomerterras aan de voor-kant.

L'art de vivre, av. Reine Astrid 53, ℘ 0 87 77 04 44, info@artdevivre.be, Fax 0 87 77 17 43, 🍴 – 🆎 ⑩ VISA   AY **f**
fermé merc. et jeudi – **Repas** Lunch 35 – carte 48 à 66, ♀.

 • "L'art de vivre" se cultive en effet à cette adresse : plaisante salle à manger actuelle et mets au goût du jour relevés d'un zeste de créativité. Nombre de couverts limité.

 • Hier verstaat men inderdaad "de kunst van het leven" : een prettige moderne eetzaal en een eigentijdse kookstijl die blijk geeft van creativiteit. Beperkt aantal couverts.

Le Grand Maur, r. Xhrouet 41, ℘ 0 87 77 36 16, legrandmaur@skynet.be, Fax 0 87 77 46 13, 🍴 – 🆎 ⑩ ⑩ VISA   BY **a**
fermé du 13 au 28 juin, lundi et mardi – **Repas** Lunch 25 – 34/42.

 • Cette belle maison de notable bâtie en 1740 compte parmi les plus anciennes de la ville d'eau. Carte actuelle et suggestions revues toutes les quinzaines. Terrasse agréable.

 • Dit mooie herenhuis uit 1740 behoort tot de oudste van het kuuroord. Eigentijdse kaart en suggesties die om de twee weken veranderen. Aangenaam terras.

La Tonnellerie avec ch, Parc de 7 heures 1, ℘ 0 87 77 22 84, Fax 0 87 77 22 48, 🍴 – 📺 🅿. 🆎 ⑩ VISA JCB   AY **p**
Repas (fermé 1 sem. en mars, nov., janv., mardi et merc.) (taverne-rest avec cuisine ita-lienne) 23, ♀ ♨ – **7 ch** ⏴ 60/100 – ½ P 65/75.

 • Ce pavillon niché dans un parc public du centre-ville est, à Spa, l'actuelle "place to be". Cuisine franco-italienne escortée de salades. Vins servis également au verre.

 • Dit restaurant in een park in het centrum is "the place to be" in Spa. Frans-Italiaanse keuken met lekkere maaltijdsalades en wijnen die ook per glas kunnen worden besteld.

La Belle Epoque, pl. du Monument 15, ℘ 0 87 77 54 03, Fax 0 87 77 54 03 – 🆎 ⑩ ⑩ VISA. ❌   AY **n**
fermé 3 sem. en juin, 3 sem. en déc., lundi et mardi – **Repas** Lunch 20 – 35/40, ♀.

 • Côté salle : banquettes, chaises bistrot, tables en marbre et décor façon "brasserie Belle Époque". Côté fourneaux : recettes traditionnelles simples à prix muselés.

 • Interieur in de stijl van een brasserie uit de belle époque, met bankjes, bistro-stoelen en marmeren tafels. Traditionele gerechten en prijzen die echt niet de pan uit rijzen !

à Balmoral par ① : 3 km ⓒ Spa – ⊠ 4900 Spa :

Radisson SAS Balmoral, av. Léopold II 40, ℘ 0 87 79 21 41, info@radissonsas.com Fax 0 87 79 21 51, ♨, 🚗, 🏊, 🎾, ❀, 🚲 – 📶 🍴 ▦ 📺 🔧, 🅿 – 🏄 25 à 180. 🆎 ⑩ ⑩ VISA JCB. ❌
Repas **Entre Terre et Mer** (rôtissoire en salle) Lunch 25 – carte 55 à 79, ♀ – **51 cl** ⏴ 120/180, – 38 suites – ½ P 155/195.

 • Sur les hauteurs, en lisière de forêt, petit palace 1900 entièrement rénové en 2002 mai conservant sa belle façade "anglo-normande". Quatre tailles de chambres dernier cri. Ambi tieuse table au goût du jour voguant entre terre et mer.

 • Gerenoveerd luxehotel uit 1900 met een mooie Anglo-Normandische gevel, op een heu vel bij het bos. Ultramoderne kamers in vier verschillende maten. Ambitieus restaurant i eigentijdse stijl dat zowel het land als de zee eert.

🏨 **Dorint,** rte de Balmoral 33, ✆ 0 87 79 32 50, *reservations@ dorintspa.be*, Fax 0 87 79 32 41, ⇐ vallée boisée, 🌿, 🏖, Ⅰ&, ⬚, 🖻, 🛝, ❀, ♿ – 🖼 ↩, 🖩 rest, 📺 ᴄh, 🖻 – 🏌 25 à 200. 🖭 🌐 📶 VISA. ⚭ rest
Repas Lunch 30 – 35/55 bc – **98 ch** ⊂⊃ 130/195 – ½ P 159/235.
♦ Immeuble émergeant de la colline boisée qui domine le lac de Warfaaz. Chambres rafraîchies, aussi confortables que pimpantes, et munies d'un balcon. Espace de remise en forme. Salle de restaurant refaite à neuf.
♦ Dit hotel staat op een beboste heuvel hoog boven het meer van Warfaaz. De gerenoveerde kamers met balkon zijn comfortabel en zien er piekfijn uit. Ook de eetzaal is in een nieuw jasje gestoken. Fitnessruimte.

à la Reid par ③ : 9 km ⒸYⓄ Theux 11 495 h. – ✉ 4910 La Reid :

🏨 **Le Menobu** ⚘, rte de Menobu 546, ✆ 0 87 37 60 42, Fax 0 87 37 69 35, 🌿, 🛝 –
⇐ 📺 🖻 📶 VISA. ⚭
fermé 2 sem. en janv. – **Repas** *(fermé mardi et merc.)* 37/52 bc – **10 ch** ⊂⊃ 58/80 – ½ P 48/58.
♦ Paisible petite auberge familiale surveillant une route de campagne. Préférez les chambres situées à l'arrière : elles offrent la vue sur le jardin et les champs. Restaurant-tea-room. L'été, quelques tables sont dressées sur la pelouse.
♦ Rustig familiehotelletje bij een landweg. De kamers aan de achterkant verdienen de voorkeur, omdat ze uitkijken op de tuin en de velden. Restaurant annex theesalon. In de zomer worden enkele tafeltjes op het grasveld gedekt.

à Sart par ① : 7 km Ⓒ Jalhay 7 729 h. – ✉ 4845 Sart :

🏨 **du Wayai** ⚘ sans rest, rte du Stockay 2, ✆ 0 87 47 53 93, *wayai@ hotel-du-wayai.be*, Fax 0 87 47 53 95, 🛝, 🏊, 🛝 – 📺 🖻 📶 VISA
18 ch ⊂⊃ 55/100.
♦ Aux avant-postes du village, dans un vallon agreste, ensemble de maisonnettes disposées en carré autour d'une cour agrémentée de pelouses et d'une piscine. Parc animalier.
♦ Deze auberge aan de rand van het dorp, in een landelijk dal, bestaat uit huisjes die in een vierkant om de met gras begroeide binnenplaats staan. Zwembad en dierenpark.

XX **Aub. les Santons** ⚘ avec ch, Cokaifagne 47 (rte de Francorchamps), ✆ 0 87 47 43 15, *info@ auberge-les-santons.be*, Fax 0 87 47 43 16, 🌿, 🛝 – 📺 ⇔ 🖻 📶 VISA. ⚭ ch
15 avril-15 nov., week-end et jours fériés ; fermé 20 nov.-23 déc., mardi soir et merc. – **Repas** *(fermé après 20 h 30)* Lunch 27 – 38/50 – **6 ch** ⊂⊃ 80/105 – ½ P 70/80.
♦ Une auberge qui n'a de provençal que l'enseigne. Agréable salle à manger au décor bourgeois. Terrasse estivale invitante dressée au jardin.
♦ In deze herberg is alleen het uithangbord Provençaals. Aangename eetzaal in de stijl van de gegoede burgerij. 's Zomers is het heerlijk toeven op het terras in de tuin.

XX **Le Petit Normand,** r. Roquez 47 (Sud-Est : 3 km, direction Francorchamps), ✆ 0 87 47 49 04, *lepetitnormand@ hotmail.com*, Fax 0 87 47 49 04, 🌿 – 🖻 📶 VISA
fév.-nov. et week-end ; fermé 1ʳᵉ quinz. sept., merc. et jeudi – **Repas** Lunch 30 – 35/45.
♦ Maison de notable esseulée dans la vallée forestière de la Hoëgne. Le chef, bardé de distinctions gastronomiques, panache tradition et modernité. Restaurant de plein air.
♦ Afgelegen pand in het beboste dal van de Hoëgne. De chef-kok, die tal van gastronomische prijzen heeft gewonnen, combineert traditioneel met modern. 's Zomers buiten eten.

SPONTIN 5530 Namur Ⓒ Yvoir 8 120 h. 🖽🖽🖽 P 21, 🖽🖽🖽 P 21 *et* 🖽🖽🖽 I 5.

Voir Château★.
Bruxelles 83 – Namur 24 – Dinant 11 – Huy 31.

à Dorinne Sud-Ouest : 2,5 km Ⓒ Yvoir – ✉ 5530 Dorinne :

XXX **Le Vivier d'Oies** (Godelet), r. État 7, ✆ 0 83 69 95 71, Fax 0 83 69 90 36, 🌿 – 🖻 🖭 ⑊
🟢 📶 VISA
fermé 1 sem. carnaval, 20 juin-8 juil., 23 sept.-7 oct., merc. et jeudis non fériés – **Repas** Lunch 29 – 47/93 bc, carte 52 à 74, ⚹
Spéc. Fond d'artichaut aux queues d'écrevisses, coulis à l'estragon (20 mai-nov.). Selle de chevreuil poivrade au verjus (en saison). Pigeonneau rôti à la sauge, galette de pommes de terre au lard et petits oignons.
♦ Demeure ancienne en pierres du pays. Les spécialités de la maison en témoignent : aux fourneaux, on n'a pas affaire à des "oies blanches" ! Repas en terrasse par beau temps.
♦ Mooi oud pand van steen uit de streek, dat een culinaire maaltijd van hoog niveau voor u in petto heeft. Op zomerse dagen worden de tafeltjes op het terras gedekt.

SPRIMONT 4140 Liège 533 T 19, 534 T 19 et 716 JK 4 – 12 712 h.

Bruxelles 112 – Liège 19 – Spa 12.

XXX **La Maison des Saveurs**, r. Grand Bru 27 (sur N 30, direction Liège), ℘ 0 4 382 35 60, didier.galet@swing.be, Fax 0 4 382 35 63, 斎 – 🅿. 🆎 ⓞ 🕮🕘 𝗩𝗜𝗦𝗔. ℀
fermé 2 dern. sem. août, fin déc., mardi et après 20 h 30 – **Repas** Lunch 29 – carte 46 à 59, ℥.

◆ Beau restaurant d'esprit contemporain, confortablement installé dans une villa du hameau de Ognée. Repas savoureux, confirmant ainsi ce que proclame l'enseigne.
◆ Mooi eigentijds restaurant in een comfortabele villa in het gehuchtje Ognée. De maaltijd is bijzonder smakelijk, zoals het uithangbord ook belooft.

STALHILLE West-Vlaanderen 533 D 15 et 716 C 2 – voir à Jabbeke.

STAVELOT 4970 Liège 533 U 20, 534 U 20 et 716 K 4 – 6 614 h.

Voir Carnaval du Laetare★★ (3e dim. avant Pâques) – Châsse de St-Remacle★★ dans l'église St-Sébastien.

Musées : religieux régional dans l'Ancienne Abbaye : section des Tanneries★ – Ancienne abbaye★.

Env. à l'Ouest : Vallée de l'Amblève★★ de Stavelot à Comblain-au-Pont – à l'Ouest : 8,5 km : Cascade★ de Coo, Montagne de Lancre ❄★.

🛈 Musée de l'Ancienne Abbaye, Cour de l'Hôtel de Ville ℘ 0 80 86 27 06, info@abbaye destavelot.be, Fax 0 80 88 08 77.

Bruxelles 158 – Liège 59 – Bastogne 64 – Malmédy 9 – Spa 18.

🏨 **dufays** sans rest, r. Neuve 115, ℘ 0 80 54 80 08, dufays@skynet.be, Fax 0 80 39 90 67, ≼, 斎 – 📺
fermé 25 et 26 déc., et du 1er au 14 janv. – **6 ch** ⊇ 85/95.

◆ Ancienne maison de notable restaurée où vous serez hébergés dans des chambres per-sonnalisées par du mobilier de styles divers. Jardin ménageant une belle vue sur la vallée.
◆ De kamers in dit oude gerestaureerde herenhuis hebben een persoonlijke sfeer, dankzij de stijlmeubelen uit verschillende tijdperken. Tuin met uitzicht op het dal.

🏠 **d'Orange**, Devant les Capucins 8, ℘ 0 80 86 20 05, logis@hotel-orange.be, Fax 0 80 86 42 92, 斎 – 📺 ⇔ 🅿 – 🔬 30. 🆎 ⓞ 🕮🕘 𝗩𝗜𝗦𝗔
avril-nov., vacances scolaires et week-end ; fermé janv. – **Repas** (fermé mardi soir, merc. et après 20 h 30) Lunch 26 – 35/62 bc – **17 ch** ⊇ 90/105 – ½ P 61/66.

◆ Auberge affable occupant l'un de ces anciens relais de la malle-poste édifiés voici plus de deux cents ans. L'affaire se transmet de génération en génération depuis 1789.
◆ Vriendelijke herberg in een van de vele oude poststations die deze streek telt. Al sinds 1789 wordt de traditie hier van generatie op generatie overgedragen.

XXX **Le Val d'Amblève** avec ch, rte de Malmédy 7, ℘ 0 80 28 14 40, info@levaldamble ve.com, Fax 0 80 28 14 59, 斎, 斎 – 🗐 rest, 📺 – 🔬 35. 🆎 ⓞ 🕮🕘 𝗩𝗜𝗦𝗔
fermé 20 déc.-19 janv. – **Repas** (fermé lundis non fériés) Lunch 35 – 48/81 bc – **20 ch** ⊇ 76/102.

◆ Aux portes de Stavelot, élégante résidence des années 1930 blottie dans son parc, sous les frondaisons d'arbres centenaires. Cuisine maîtrisée. Chambres au diapason.
◆ Dit sierlijke gebouw uit de jaren 1930 staat aan de rand van Stavelot in een prachtige grote tuin met eeuwenoude bomen. De keuken getuigt van vakmanschap. Prima kamers.

STERREBEEK Vlaams-Brabant 533 L 17 et 716 G 3 – voir à Bruxelles, environs.

STOUMONT 4987 Liège 533 T 20, 534 T 20 et 716 K 4 – 2 944 h.

Env. à l'Ouest : Belvédère "Le Congo" ≼★ – Site★ du Fonds de Quareux.

Bruxelles 139 – Liège 45 – Malmédy 24.

X **Zabonprés**, Zabonprés 3 (Ouest : 4,5 km sur N 633, puis route à gauche), ℘ 0 80 78 56 72, zabonpres@swing.be, Fax 0 80 78 61 41, 斎 – 🅿. 🆎 ⓞ 🕮🕘 𝗩𝗜𝗦𝗔. ℀
21 mars-21 sept. et week-end ; fermé sem. carnaval, sem. Pâques, sem. Toussaint, Noël-Nouvel An, lundi et mardi – **Repas** 30/61 bc ℥.

◆ Préparations au goût du jour servies dans l'atmosphère sympathique d'une fermette à pans de bois surveillant le cours de l'Amblève. Accueil et service gentils. Menus bien vus.
◆ Vakwerkboerderijtje met een gezellige sfeer aan de oever van de Amblève, waar u van eigentijdse gerechten kunt genieten. Vriendelijke ontvangst en bediening. Mooie menu's.

STROMBEEK-BEVER Vlaams-Brabant 533 L 17 et 716 G 3 – voir à Bruxelles, environs.

STUIVEKENSKERKE West-Vlaanderen 533 C 16 – voir à Diksmuide.

TAMISE *Oost-Vlaanderen – voir Temse.*

TEMPLOUX Namur 533 N 20, 534 N 20 *et* 716 H 4 – *voir à Namur.*

TEMSE (TAMISE) 9140 *Oost-Vlaanderen* 533 K 16 *et* 716 F 2 – *26 080 h.*

🏛 *De Watermolen, Wilfordkaai 23* ℘ *0 3 771 51 31, temse@toerismevlaanderen.be, Fax 0 3 711 94 34.*

Bruxelles 40 – Antwerpen 25 – Gent 43 – Mechelen 25 – Sint-Niklaas 7,5.

XX **La Provence,** Doornstraat 252 (Nord : 2 km, lieu-dit Velle), ℘ 0 3 711 07 63, *info@restaurantlaprovence.be,* Fax 0 3 711 69 03, � – **P.** AE ① ◑◎ VISA
fermé 16 août-1ᵉʳ sept., 26 déc.-2 janv., mardi et merc. – **Repas** (dîner seult sauf dim.) 34/56 bc.

♦ Ancienne ferme et sa terrasse estivale dressée face au jardin agrémenté d'une pièce d'eau. Salle de restaurant cossue évoquant la Provence ; carte et menus de même.
♦ Deze boerderij heeft een terras dat 's zomers wordt opgedekt en uitkijkt op de tuin met vijver. De luxe eetzaal doet aan de Provence denken, net als de kaart en de menu's.

XX **de Sonne,** Markt 10, ℘ 0 3 771 37 73, *desonne@pandora.be,* � – **P.** AE ① ◑◎ VISA
fermé vacances Pâques, du 11 au 31 juil., merc., jeudi et sam. midi – **Repas** Lunch 30 – 40/75 bc.

♦ Maison de notable postée depuis 1870 sur la place du marché. Derrière son "piano", le chef adapte sagement ses recettes au goût du moment. Salle à manger aux douces tonalités.
♦ Dit herenhuis staat al sinds 1870 aan het marktplein. De chef-kok past zijn recepten voorzichtig aan de huidige tijd aan. De eetzaal is in zachte tinten gehouden.

TERHAGEN Antwerpen 533 L 16 – *voir à Boom.*

TERHULPEN Brabant Wallon – *voir La Hulpe.*

TERMONDE Oost-Vlaanderen – *voir Dendermonde.*

TERTRE 7333 Hainaut C St-Ghislain 22 188 h. 533 H 20, 534 H 20 *et* 716 E 4.

🛏 au Nord-Est : 4 km à Baudour, r. Mont Garni 3 ℘ 0 65 62 27 19, Fax 0 65 62 34 10.
Bruxelles 77 – Mons 12 – Tournai 37 – Valenciennes 30.

XX **Le Vieux Colmar,** rte de Tournai 197 (N 50), ℘ 0 65 62 26 79, Fax 0 65 62 36 14, 🌲 – **P.** AE ① ◑◎ VISA
fermé 16 fév.-4 mars, 20 juil.-5 août et mardi – **Repas** (déjeuner seult sauf vend. et sam.) Lunch 28 – 46/76 bc.

♦ Auberge-villa à la campagne, servant une cuisine aux références classiques, sensible au cycle des saisons. Par beau temps, on mange au jardin, fleuri tout l'été. Bon accueil.
♦ Plattelandsvilla met een klassieke keuken die gevoelig is voor de seizoenen. Bij mooi weer wordt in de tuin gegeten, die de hele zomer in bloei staat.

XX **La Cense de Lalouette,** rte de Tournai 188 (N 547), ℘ 0 65 62 08 70, *jeanne.vanderlinden@pi.be,* 🌲 – **P.** AE ① ◑◎ VISA
fermé 2ᵉ quinz. août-prem. sem. sept., 1ʳᵉ quinz. janv. et lundis et sam. midis non fériés – **Repas** (déjeuner seult sauf sam.) Lunch 35 bc – 23/88 bc, ₤.

♦ L'une de ces anciennes fermes hennuyères construites pour durer... Celle-ci, coquette et rustique à souhait, date de 1704. Terrasse dans la cour intérieure aux pavés joufflus.
♦ Een van de oude Henegouwse boerderijen die zo stevig zijn gebouwd dat ze nooit vergaan. Deze is mooi en rustiek en dateert uit 1704. Terras op de binnenplaats met kasseien.

'ERVUREN Vlaams-Brabant 533 M 18 *et* 716 G 3 – *voir à Bruxelles, environs.*

'ESSENDERLO 3980 Limburg 533 P 16 *et* 716 I 2 – *16 390 h.*

Voir Jubé★ de l'église St-Martin (St-Martinuskerk).

🏛 Gemeentehuis, Markt ℘ 0 13 66 17 15, vvv@tessenderlo.be, Fax 0 13 67 36 93.
Bruxelles 66 – Antwerpen 57 – Liège 70.

XX **La Forchetta,** Stationsstraat 69, ℘ 0 13 66 40 14, Fax 0 13 66 40 14, 🌲 – AE ① ◑◎ VISA
fermé 1 sem. après carnaval, dern. sem. juil.-2 prem. sem. août, sam. midi, dim. soir et lundi – **Repas** Lunch 34 – carte 37 à 52.

♦ Accueil affable, intimes salle à manger, terrasse exquise, jardin pomponné, mets classiques et cave franco-transalpine : les bonnes fourchettes du coin sont conquises !
♦ Gastvrije ontvangst, intieme eetzaal, heerlijk terras, mooie tuin, klassieke keuken en Frans-Italiaanse wijnen, dat is de succesformule van dit restaurant !

TEUVEN 3793 Limburg 🅒 Voeren 4 273 h. 💷💷💷 U 18 et 💷💷💷 K 3.
Bruxelles 134 – Maastricht 22 – Liège 43 – Verviers 26 – Aachen 22.

XXX **Hof de Draeck** 🦢 avec ch, Hoofstraat 6, 𝒫 0 4 381 10 17, Fax 0 4 381 11 88, 🍴,
🌳 – 📺 🄰🄴 🄼🄾 💳 ❄
fermé du 7 au 21 fév., du 15 au 31 août, lundi et mardi – **Repas** *Lunch 41 bc –* 39/75 bc,
♀ – **11 ch** ⊐ 60/86.
♦ Jolie ferme-château isolée dans la campagne limbourgeoise. Salle de restaurant
"grand seigneur" et bonne cuisine traditionnelle actualisée. Grand parc et chambres spacieuses.
♦ Mooie kasteelhoeve op het Limburgse platteland. In de chique eetzaal worden goede
traditionele gerechten met een vleugje vernieuwing geserveerd. Groot park en ruime
kamers.

THEUX 4910 Liège 💷💷💷 T 19, 💷💷💷 T 19 et 💷💷💷 K 4 – 11 495 h.
Bruxelles 131 – Liège 31 – Spa 7 – Verviers 12.

XX **L'Aubergine,** chaussée de Spa 87, 𝒫 0 87 53 02 59, aubergine.theux@ belgacom.net,
Fax 0 87 53 02 59 – 📳.
fermé 2 dern. sem. juin, prem. sem. janv., mardi soir et merc. – **Repas** *Lunch 25 –* 39/69 bc.
♦ Une belle carte mise au goût du jour, avec lunch et menus prometteurs, vous sera
soumise dans cette villa récente située aux avant-postes de Theux. Nombre de couverts
limité.
♦ In deze nieuwe villa even buiten Theux kunt u kiezen uit een mooie kaart met
eigentijdse gerechten, een lunchformule en veelbelovende menu's. Beperkt aantal
couverts.

THIEUSIES Hainaut 💷💷💷 J 19, 💷💷💷 J 19 et 💷💷💷 F 4 – voir à Soignies.

THIMISTER 4890 Liège 🅒 Thimister-Clermont 5 297 h. 💷💷💷 U 19, 💷💷💷 U 19 et 💷💷💷 K 4.
Bruxelles 121 – Maastricht 34 – Liège 29 – Verviers 12 – Aachen 22.

à Clermont Est : 2 km 🅒 Thimister-Clermont – ✉ 4890 Clermont :

XXX **Le Charmes-Chambertin,** Crawhez 40, 𝒫 0 87 44 50 37, lecharmeschambertin@ s
kynet.be, Fax 0 87 44 71 61, 🍴 – 📳 – 🔏 25 à 60. 🄰🄴 🄾 🄼🄾 💳
*fermé 1 sem. carnaval, fin juil.-début août, prem. sem. janv., mardi soir, merc. et dim. soir
–* **Repas** *Lunch 30 –* 37/80 bc 🍷.
♦ Sur le plateau bucolique du pays de Herve, ancienne ferme restaurée qui séduit par sa
cuisine classique actualisée et sa cave d'épicurien. Décor intérieur néo-rustique.
♦ Deze gerestaureerde boerderij met een neorustiek interieur is schilderachtig
gelegen in het Land van Herve. De klassiek-moderne keuken en wijnkelder zijn beide uit-
muntend.

THON Namur 💷💷💷 P 20, 💷💷💷 P 20 et 💷💷💷 I 4 – voir à Namur.

TIELT 8700 West-Vlaanderen 💷💷💷 F 17 et 💷💷💷 D 2 – 19 250 h.
Bruxelles 85 – Brugge 34 – Kortrijk 21 – Gent 32.

🏨 **Shamrock,** Euromarktlaan 24 (près rte de ceinture), 𝒫 0 51 40 15 31, info@ shamro
ck.be, Fax 0 51 40 40 92, 🍴, 🍸 – 📶, 📺 rest, 📺 📳 – 🔏 25 à 250. 🄰🄴 🄾
🄼🄾 💳
fermé 17 juil.-5 août et du 24 au 31 déc. – **Repas** *(fermé dim. et lundi) Lunch 12 –* cart
env. 44 – **29 ch** *(fermé dim.)* ⊐ 67/110 – ½ P 78/85.
♦ Imposante villa des années 1970 installée aux portes de Tielt. Chambres fonctionnelle
de taille satisfaisante, munies du double vitrage. Jardin paisible. Salle à manger dans l'a
du temps, où règne une atmosphère feutrée.
♦ Deze imposante villa is in de jaren 1970 aan de rand van Tielt gebouwd. De functione
kamers zijn goed van formaat en hebben dubbele ramen. Rustige tuin. In de eetzaal, d
naar de laatste mode is ingericht, heerst een gedempte atmosfeer.

XX **De Meersbloem,** Polderstraat 3 (Nord-Est : 4,5 km, direction Ruiselede, puis rte à ga
che), 𝒫 0 51 40 25 01, Fax 0 51 40 77 52, ≤, 🍴 – 📳 📳 🄼🄾 💳
fermé du 15 au 31 août, du 15 au 31 déc., mardi soir, merc. et dim. soir – **Repas** *Lun
30 –* 55/78 bc.
♦ Adorable fermette perdue dans la campagne. L'assiette y est généreuse, la salle d
restaurant, "classico-moderne", et la cave, assez bien balancée. Jardin soigné.
♦ Dit lieflijke boerderijtje staat afgelegen op het platteland. Het interieur is
modern-klassiek, het eten verfijnd en de wijnkelder evenwichtig. Goed onderhoud
tuin.

TIENEN (TIRLEMONT) *3300 Vlaams-Brabant* 533 O 18 *et* 716 H 3 – *31 753 h.*

Voir *Église N.-D.-au Lac★ (O.L. Vrouw-ten-Poelkerk) : portails★ ABY* **D.**

Env. *par* ② : *3 km à Hakendover, retable★ de l'église St-Sauveur (Kerk van de Goddelijke Zaligmaker) – à l'Est : 15 km à Zoutleeuw, Église St-Léonard★★ (St-Leonarduskerk) : intérieur★★ (musée d'art religieux, tabernacle★★).*

🛈 *Grote Markt 4* ☎ *0 16 80 56 86, toerisme.tienen@ skynet.be, Fax 0 16 82 27 04.*

Bruxelles 46 ④ – *Charleroi 60* ④ – *Hasselt 35* ② – *Liège 57* ④ – *Namur 47* ④

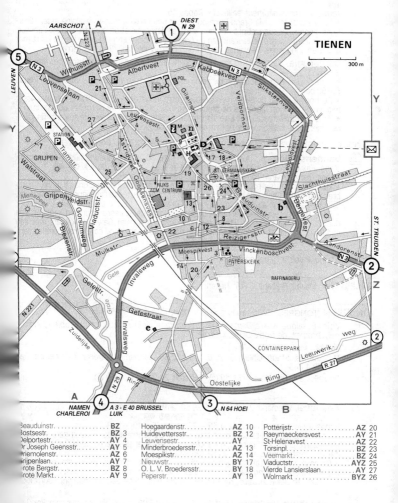

☆☆☆ **Fidalgo,** Outgaardenstraat 23 (Bost), ☎ *0 475 61 21 55, info@fidalgo.be, Fax 0 16 82 28 17,* 🍽 – ⚙ 🅿 AE ① ⊛⊙ VISA 🚭   *AZ* **e**
fermé 1 sem. après Pâques, 15 juil.-9 août, 1 sem. après Noël, merc., jeudi et sam. midi – **Repas** *Lunch 20* – *30/60 bc.*
   ◆ *Ancienne ferme où l'on vient faire des repas classiques dans un cadre rustique-actuel élégant et feutré. Belle terrasse tournée vers le jardin, agrémenté d'un étang.*
   ◆ *In deze oude boerderij kunt u genieten van een klassieke maaltijd in een stijlvol, rustiek-modern interieur. Tuin met vijver en mooi terras.*

✗ **Casa Al Parma,** Grote Markt 40, ℰ 0 16 81 68 55, Fax 0 16 82 26 56, 🍴 , Avec cuisine italienne, ouvert jusqu'à 23 h – 🍴. 🄰🄴 ⓪ 🄼🄾 𝖵𝖨𝖲𝖠 𝖩𝖢𝖡   AY **r**
fermé du 10 au 31 août et merc. – **Repas** *Lunch 30* – carte 26 à 66.
◆ Une adresse qui marche fort et dont l'orientation culinaire, comme la teneur de la cave, se devine aisément à la lecture de l'enseigne. Accueil et service à l'italienne.
◆ Goed lopend eethuisje, waarvan het uithangbord wel laat raden uit welke hoek de wind draait. Ontvangst en bediening op zijn Italiaans.

✗ **Vigiliae,** Grote Markt 10, ℰ 0 16 81 77 03, 🍴 , Ouvert jusqu'à 23 h – 🍴. 🄰🄴 ⓪ 🄼🄾
𝖵𝖨𝖲𝖠 . 🍴   AY **n**
fermé vacances bâtiment et lundi – **Repas** 35.
◆ Ce "ristorante" de la Grand-Place opte pour une carte franco-transalpine assez diversifiée, annonçant suggestions et menu. Vins de l'Hexagone et de la Botte. Terrasse abritée.
◆ Dit Frans-Italiaanse restaurant aan de Grote Markt biedt een vrij gevarieerde kaart met menu en suggesties. De wijnen komen uit Frankrijk en Italië. Beschut terras.

✗ **De Refugie,** Kapucijnenstraat 75, ℰ 0 16 82 45 32, *derefugie@tiscali.be*, Fax 0 16 82 45 32, 🍴 – 🅿. 🄰🄴 ⓪ 🄼🄾 𝖵𝖨𝖲𝖠   BZ **b**
fermé fin juil.-début août, prem. sem. janv., mardi soir, merc. et sam. midi – **Repas** 30/58 bc.
◆ Au bord du ring, dans le voisinage du centre industriel sucrier, affaire familiale assez mignonne, où il est agréable de trouver "refuge". Préparations actuelles de saison.
◆ Dit leuke familierestaurant is te vinden aan de Ring, in de buurt van de suikerraffinaderij. De eigentijdse keuken volgt het ritme van de seizoenen.

à Goetsenhoven *(Gossencourt) par ③ : 6 km* 🄲 *Tienen* – ⊠ *3300 Goetsenhoven :*

🏨 **Vandenschilde** 🐾, Doolhofstraat 1, ℰ 0 16 80 29 11, *vandenschilde@vandenschilde.be*, Fax 0 16 80 29 00, 🍴 , 🐎 – 🛗 🄿 – 🔬 25 à 120. 🄰🄴 ⓪ 🄼🄾 𝖵𝖨𝖲𝖠
Repas *(fermé mardi)* 31/43 bc – **8 ch** ⊊ 86/117, – 1 suite.
◆ Rénovation réussie pour cette ancienne ferme-château flanquée d'une chapelle. Chambres avenantes. Centre de séminaires. Donjon et caves voûtées à l'ambiance moyenâgeuse. Salle de restaurant au cadre actuel façon "grand café" ; carte traditionnelle.
◆ Deze fraai gerestaureerde kasteelboerderij wordt geflankeerd door een kapel en een donjon. De kamers zien er uitnodigend uit. Congrescentrum. Gewelfde kelders met een middeleeuwse sfeer. Eigentijdse eetzaal in de stijl van een grand café ; traditionele kaart.

TILLEUR *Liège – voir à Liège, environs.*

TIRLEMONT *Vlaams-Brabant – voir Tienen.*

TONGEREN (TONGRES) *3700 Limburg* 🯳🯳🯳 *R 18 et* 🯷🯱🯶 *J 3 – 29 588 h.*

Voir Basilique Notre-Dame★★ (O.L. Vrouwebasiliek) : trésor★★, retable★, statue polychrome★ de Notre-Dame, cloître★ Y.

Musée : Gallo-romain★ Y **M¹**.

🇧 *Stadhuis, Stadhuisplein 9* ℰ *0 12 39 02 55, toerisme.tongeren@skynet.be, Fax 0 12 39 11 43.*

Bruxelles 87 ④ – Maastricht 19 ② – Hasselt 20 ⑤ – Liège 19 ③

Plan page suivante

🏨 **Ambiotel,** Veemarkt 2, ℰ 0 12 26 29 50, *ambiotel.tongeren@belgacom.net*, Fax 0 12 26 15 42, 🍴 – 🛗 📺 – 🔬 25 à 50. 🄰🄴 ⓪ 🄼🄾 🍴   Y
Repas *(taverne-rest)* carte 22 à 35 – **22 ch** ⊊ 75/110 – ½ P 75.
◆ L'enseigne de cet établissement tout proche du centre animé et de la gare se réfère à Ambiorix, chef des Éburons, qui souleva contre César une partie de la Gaule Belgique. Taverne-restaurant devancée par une terrasse estivale.
◆ De naam van dit etablissement vlak bij het levendige centrum en het station verwijst naar Ambiorix, koning van de Eburones, die een opstand tegen Caesar uitlokte voor een deel van Belgisch Gallië. Taverne-restaurant met terras aan de voorkant voor mooie dagen.

✗✗✗ **Biessenhuys,** Hemelingenstraat 23, ℰ 0 12 23 47 09, *info@biessenhuys.com*, Fax 0 12 23 83 76, 🍴 – 🍴 – 🔬 25. 🄰🄴 ⓪ 🄼🄾 𝖵𝖨𝖲𝖠   Y
fermé du 7 au 17 fév., 18 juil.-11 août, mardi soir et merc. – **Repas** *Lunch 29* – 45/80 bc. 🍴.
◆ Ancienne maison de convalescence des Templiers ouvrant sur un jardin où l'on s'attable à la belle saison. Carte au goût du jour, avec plats à la bière. Cave rabelaisienne.
◆ Voormalig herstellingsoord van de tempeliers met een tuin waarin wordt gegeten. Eigentijdse menukaart met enkele in bier gestoofde gerechten. Rabelaisiaanse wijnkelder.

TONGEREN

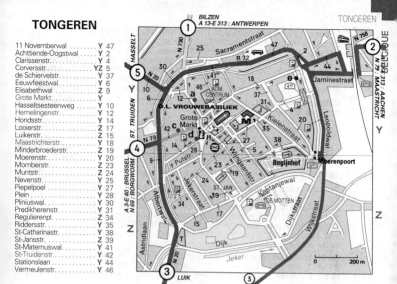

%%%
XXX
De Mijlpaal, Sint-Truiderstraat 25, $\mathscr{P}$ 0 12 26 42 77, de-mijlpaal@skynet.be, Fax 0 12 26 43 77, 🍴 – **❸❹ VISA** 🛇   **Y c**
fermé 1 sem. en fév., 2 dern. sem. juil., 1 sem. en nov., jeudi et sam. midi – **Repas** Lunch 29 – carte 42 à 53.
  • Dans une rue piétonne, restaurant dont l'intérieur affiche un "look" moderne épuré. L'été, on dresse aussi le couvert sur le gravier de l'arrière-cour close de vieux murs.
  • Restaurant in een voetgangersstraat, met een supermodern interieur. In de zomer worden de tafeltjes op de ommuurde binnenplaats aan de achterkant opgedekt.

à Vliermaal par ⑤ : 5 km Ⓒ Kortessem 8 063 h. – ⊠ 3724 Vliermaal :

XXXXX
❀❀
Clos St. Denis (Denis), Grimmertingenstraat 24, $\mathscr{P}$ 0 12 23 60 96, info@closstdenis.be, Fax 0 12 26 32 07 – **P. AE ◐ ❶❹ VISA** 🛇
fermé 29 mars-6 avril, 18 juil.-3 août, du 1er au 9 nov., 29 déc.-10 janv., mardi et merc.
– **Repas** Lunch 50 – 99/182 bc, carte 92 à 155 ⅋
Spéc. Effiloché de le crabe tourteau, marmelade de légumes marinés aux parfums du Sud et caviar d'aubergines. Pigeonneau royal poché, rôti et laqué. Délice au croustillant de pralin et chocolat pur Venezuela.
  • Cuisine escoffière délicieusement revisitée, servie dans une fastueuse ferme-château du 17e s. regorgeant d'objets d'art. Jolie terrasse et adorable jardin. Cave de haut vol.
  • Prachtige 17e-eeuwse kasteelhoeve met talloze kunstschatten. De kookstijl is een eigentijdse versie van de keuken van Escoffier. Fijn terras en beeldige tuin. Grote wijnen.

ORGNY Luxembourg belge 🔢🔢🔢 R 25 et 🔢🔢🔢 J 7 – voir à Virton.

ORHOUT 8820 West-Vlaanderen 🔢🔢🔢 D 16 et 🔢🔢🔢 C 2 – 18 951 h.
🅱 Kasteel Ravenhof $\mathscr{P}$ 0 50 22 07 70, torhout@toerismevlaanderen.be, Fax 0 50 22 15 04.
Bruxelles 107 – Brugge 23 – Oostende 25 – Roeselare 13.

🏠
Host. 't Gravenhof, Oostendestraat 343 (Nord-Ouest : 3 km à Wijnendale), $\mathscr{P}$ 0 50 21 23 14, gravenhof@telenet.be, Fax 0 50 21 69 36, 🍴, 🐴, 🚲 – 🔲 📺 ⅌ – 🛄 25 à 320. **AE ◐ ❶❹ VISA**
Repas (fermé sem. Toussaint, mardi et merc.) Lunch 35 – carte 39 à 58 – **10 ch** ⊑ 65/100 – ½ P 90/95.
  • Cet hôtel établi dans une ancienne laiterie officie à l'approche du château de Wijnendale. Chambres confortables ; infrastructure séparée pour la tenue de banquets. Salle de restaurant au cadre classique ; plats traditionnels de saison.
  • Dit hotel bij Slot Wijnendale beschikt over comfortabele kamers, met een aparte zaal voor partijen. In het klassiek ingerichte restaurant worden traditionele, seizoengebonden gerechten geserveerd.

425

%%% **Forum,** Rijksweg 42 (Sud-Ouest : 7 km sur N 35 à Sint-Henricus), ℘ 0 51 72 54 85, *inf
o@restaurantforum.be*, Fax 0 51 72 63 57 – ▤ 🅿. 🄰🄴 ⓞ 🄾🄾 🆅🅸🆂🄰
fermé 21 juil.-15 août, dim. soir et lundi – **Repas** *Lunch 25* – 35/65 bc.
♦ Petite adresse engageante, connue pour la variété de ses recettes où l'on percevra de
légers accents du Sud. Lunch et menus bien ficelés. Décoration intérieure actuelle.
♦ Dit populaire adresje staat bekend om zijn gevarieerde keuken, waarin een licht zuidelijk
accent te herkennen is. Aantrekkelijke lunchformule en menu's. Eigentijds interieur.

% **Dining Villa Maciek,** Aartrijkestraat 265, ℘ 0 50 22 26 96, Fax 0 50 22 26 96, 🍴 –
🅿. 🄰🄴 ⓞ 🄾🄾 🆅🅸🆂🄰
fermé lundi soir et mardi – **Repas** *Lunch 25* – 35/55 bc.
♦ Une villa sur jardin abrite cette affaire familiale dont la carte énonce un bon menu "all
in" que le chef repense entièrement chaque mois. Repas en plein air aux beaux jours.
♦ Familiebedrijf in een villa met tuin. De chef-kok bedenkt elke maand weer een ander lekker
menu, waarbij alles is inbegrepen. Bij mooi weer kan buiten worden gegeten.

à Lichtervelde *Sud : 7 km* – 8 272 h – ✉ 8810 Lichtervelde :

🏠 **De Voerman,** Koolskampstraat 105 (par E 403 - A 17, sortie ⑨), ℘ 0 51 74 67 67,
Fax 0 51 74 80 80, 🍴 – ▤ rest, 📺 ⇔ 🅿 – 🔏 25. 🄾🄾 🆅🅸🆂🄰
Repas *(fermé sam. midi)* (taverne-rest) *Lunch 8* – carte 22 à 38 – **10 ch** ⇄ 57/69.
♦ Établissement fonctionnel dont les chambres, fraîches et munies du double vitrage, sont
toutes de plain-pied, à la façon d'un motel. Accueil familial.
♦ Dit functionele hotel beschikt over frisse kamers met dubbele ramen die, net als in een
motel, allemaal gelijkvloers zijn. Gastvrije ontvangst.

%%% **De Bietemolen,** Hogelaanstraat 3 (direction Ruddervoorde : 3 km à Groenhove) ℘ 0 50
21 38 34, Fax 0 50 22 07 60, <, 🍴 – ▤ 🅿. 🄰🄴 ⓞ 🄾🄾 🆅🅸🆂🄰
fermé 3 sem. en août, 2 sem. en janv., dim. soir, lundi et jeudi soir – **Repas** *Lunch 35* –
72/88 bc.
♦ Un ravissant jardin paysager et une terrasse fleurie servent d'écrin à cette
ancienne ferme reconvertie depuis 25 ans en restaurant. Carte au goût du jour. Cave
d'épicurien.
♦ Dit restaurant is al 25 jaar gehuisvest in een oude boerderij met een prachtige Engelse
tuin en een terras vol bloemen. Eigentijdse menukaart en uitstekende wijnkelder.

TOURNAI (DOORNIK) 7500 Hainaut 🗗🗗🗗 F 19, 🗗🗗🗗 F 19 et 🗗🗗🗗 D 4 – 67 408 h.

Voir *Cathédrale Notre-Dame★★★ : trésor★★* C – *Pont des Trous★* : ≼★ AY – *Beffroi★* C.
Musées : *des Beaux-Arts★ (avec peintures anciennes★)* C M² – *d'histoire et d'archéologie :
sarcophage en plomb gallo-romain★* C M³.

Env. *au Nord : 6 km à Mont-St-Aubert* ☀★ AY.

🛈 *Vieux Marché-aux-Poteries 14 (au pied du Beffroi)* ℘ 0 69 22 20 45, *tourisme@tour
nai.be*, Fax 0 69 21 62 21.
Bruxelles 86 ② – *Kortrijk 29* ⑥ – *Mons 48* ② – *Charleroi 93* ② – *Gent 70* ⑥ – *Lille 28*
⑥

Plan page suivante

🏨 **d'Alcantara** 🌫 sans rest, r. Bouchers St-Jacques 2, ℘ 0 69 21 26 48, *hotela
cantara@hotmail.com*, Fax 0 69 21 28 24 – 📺 ⇔ 🅿 – 🔏 25 à 50. 🄰🄴 ⓞ
🄾🄾 🆅🅸🆂🄰. 🌣
fermé du 24 au 30 déc. – **17 ch** ⇄ 78/108.
♦ Brillamment restaurée, cette maison patricienne élevée au siècle des Lumières renferm
des chambres modernes et paisibles, disponibles en trois tailles. Communs soignés.
♦ Dit oude patriciërshuis uit de Verlichting (18e eeuw) is prachtig verbouwd. Modern
rustige kamers van drie verschillende afmetingen. Verzorgde gemeenschappelijk
ruimten.

%%% **Le Carillon,** Grand'Place 64, ℘ 0 69 21 18 48, Fax 0 69 21 33 79 – ▤. 🄰🄴 ⓞ 🄾🄾 🆅
fermé 1 sem. carnaval, 16 août-7 sept., sam. midi, dim. soir et lundi – **Repas** *Lunch 30*
40/60 bc.
♦ Haut plafond-miroir, mobilier d'aujourd'hui et grande fresque évoquant des scène
médiévales tournaisiennes composent le décor de cette demeure de la Grand-Place.
♦ Een hoog spiegelplafond, eigentijds meubilair en een grote muurschildering met m
deleeuwse taferelen uit Doornik kenmerken het interieur van dit pand aan de Grote Mar

%% **Charles-Quint,** Grand'Place 3, ℘ 0 69 22 14 41, Fax 0 69 22 14 41 – ▤. 🄰🄴 ⓞ 🄾🄾 🆅
fermé 28 fév.-9 mars, 18 juil.-13 août, merc. soir, jeudi et dim. soir – **Repas** *Lunch*
46/66 bc, 🌣 🍴.
♦ Au pied du plus vieux beffroi belge, table plaisante dont la façade s'agrémente d
pignon à redans. Salle de restaurant dans la note Art déco. Large choix de vins.
♦ Plezierige eetgelegenheid in een pand met een trapgevel, aan de voet van het oud
belfort van België. Eetzaal in art-decostijl. Groot assortiment wijnen.

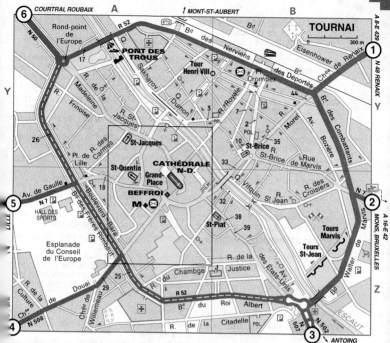

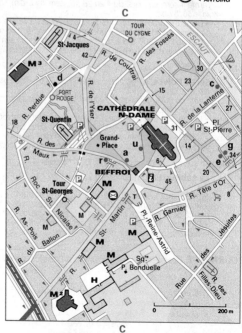

XX **Le Pressoir,** Vieux Marché aux Poteries 2, ☎ 0 69 22 35 13, Fax 0 69 22 35 13, ≤ –
🛏 25 à 70. ⁇ ⓘ ⁇ VISA
C u
fermé sem. carnaval et 3 dern. sem. août – **Repas** (déjeuner seult sauf vend. et sam.) *Lunch*
29 – 35/65 bc ⁇.
   ◆ Belle maison du 17ᵉ s. dont la devanture et la terrasse fleuries font face à la cathédrale.
Salle à manger cossue aux murs bruts ; salon à l'étage. Cave de grand seigneur.
   ◆ Dit mooie 17e-eeuwse huis met zijn fleurige gevel en terras staat tegenover de kathedraal. Weelderige eetzaal met een apart zaaltje op de bovenverdieping. Goede wijnen.

XX **Giverny,** quai du Marché au Poisson 6, ☎ 0 69 22 44 64 – ⁇ ⓘ ⁇ VISA. ⁇ – 36 c c
fermé du 1er au 25 juil., du 2 au 8 janv., dim. soir et lundi – **Repas** *Lunch 21* – 36/62, Σ.
   ◆ Trois pièces dont les murs patinés s'égayent de miroirs et de fresques. Cuisine
d'aujourd'hui sagement personnalisée. Les formules lunch ont un franc succès.
   ◆ Drie vertrekken met gepatineerde muren die met spiegels en fresco's zijn versierd. Eigentijdse keuken met een persoonlijke toets. De lunchformules zijn een groot succes.

X **Terre de Sienne,** ruelle d'Ennetières 4, ☎ 0 69 21 56 26, Fax 0 69 21 56 26, ⁇ – ⁇
VISA
C g
fermé dern. sem. août-prem. sem. sept., merc., sam. midi et dim. soir – **Repas** *Lunch 23* –
37/47 bc.
   ◆ L'esprit méditerranéen du lieu s'est estompé mais la cuisine, plus classique, plaît toujours
autant. Carte pas trop étoffée afin de garantir la fraîcheur des produits.
   ◆ Hoewel de mediterrane invloed is vervaagd, valt de nu meer klassieke keuken nog steeds
in de smaak. De kaart is beperkt, want er wordt alleen met verse ingrediënten gekookt.

X **L'Écurie d'Ennetières,** ruelle d'Ennetières 7, ☎ 0 69 21 56 89, Fax 0 69 21 56 96, ⁇,
Taverne-rest – ⁇ VISA
C e
fermé sem. carnaval, 15 juil.-5 août, lundi et mardi soir – **Repas** *Lunch 21* – carte env. 28.
   ◆ Dans une jolie ruelle aux pavés joufflus, ancienne écurie transformée en taverne-
restaurant aussi chaleureuse que rustique, avec mezzanine. Collection de marionnettes.
   ◆ Deze oude paardenstal in een mooi geplaveid steegje is nu een warm en rustiek taverne-
restaurant met een tussenverdieping. Fraaie collectie marionetten.

à Froyennes *par* ⑥ : *4 km* © *Tournai* – ✉ *7503 Froyennes* :

XX **l'Oustau du Vert Galant,** chaussée de Lannoy 106, ☎ 0 69 22 44 84, *oustaumalf*
ait@yahoo.fr, Fax 0 69 23 54 46 – ⁇. ⁇ ⁇ VISA
fermé 1 sem. en mars, du 4 au 28 juil., sam. midi, dim. soir, lundi et mardi – **Repas** *Lunch*
30 – 36/57 bc.
   ◆ Demeure 1900 qui, raconte-t-on, s'élèverait sur le site d'une abbaye où séjourna le roi
de France Henri IV quand il guerroyait en Flandre. Info ou intox ? À vous de voir !
   ◆ Dit pand uit 1900 zou zijn gebouwd op de plek van een klooster waar de Franse koning
Hendrik IV verbleef toen hij oorlog voerde in Vlaanderen. Waar of onwaar? Dat is de vraag !

à Hollain *par* ③ : *8 km sur N 507* © *Brunehaut 7 559 h.* – ✉ *7620 Hollain* :

X **Sel et Poivre,** r. Fontaine 3, ☎ 0 69 34 46 67, Fax 0 69 76 67 80, ⁇, Bistrot – ⁇ ⓘ
⁇ VISA. ⁇
fermé du 20 au 27 mars, 21 août-4 sept., lundi et sam. midi – **Repas** (déjeuner seult sauf
vend. et sam.) *Lunch 12* – carte 22 à 45.
   ◆ Une façade orange signale ce sympathique petit bistrot villageois situé près de la fron
tière franco-belge. Plats traditionnels servis dans une ambiance décontractée.
   ◆ Deze leuke bistro in een dorpje bij de Frans-Belgische grens valt op door zijn oranje
voorgevel. Traditionele keuken en gemoedelijke ambiance.

à St-Maur *Sud* : *5 km* © *Tournai* – ✉ *7500 St-Maur* :

X **La table d'Éric,** r. Boulevard 2, ☎ 0 69 22 41 70, Fax 0 69 84 22 58, ⁇ – ⁇. ⁇ ⁇
VISA
fermé sem. carnaval, 10 juil.-10 août, mardi et merc. – **Repas** *Lunch 15* – carte 26 à 45
   ◆ Nouvelle enseigne apparue en 2003 dans le paysage culinaire tournaisien. Éric, qui n'es
pas né de la dernière pluie, vous y propose une convaincante table au goût du jour.
   ◆ Dit restaurant opende in 2003 zijn deuren. Éric, die bepaald niet van gisteren is, bied
een overtuigend culinair repertoire dat goed bij de huidige tijd past.

TOURNEPPE *Vlaams-Brabant* – *voir Dworp à Bruxelles, environs.*

*Indien zich belangrijke stijgingen voordoen inzake kosten
van levensonderhoud, kunnen de door ons opgegeven
prijzen verhoogd zijn.
Vraag bij het reserveren van een
hotelkamer steeds naar de definitieve prijs.*

TRANSINNE 6890 *Luxembourg belge* [C] *Libin 4 459 h.* 534 Q 23 *et* 716 I 6.

Voir *Euro Space Center★.*

Bruxelles 129 – Bouillon 32 – Arlon 64 – Dinant 44 – Namur 73.

XX **La Bicoque,** r. Colline 58 (carrefour N 899 et N 40), ℘ 0 61 65 68 48, *Fax 0 61 46 93 50,* 🍴 – P. AE ① ⓴ VISA
  fermé dern. sem. mars, du 15 au 30 juin, dern. sem. août-prem. sem. sept., du 1er au 10 janv., dim. soir et lundi – **Repas** *Lunch 19* – 34/67 bc.
  ◆ Table actuelle à débusquer en contrebas d'un carrefour. Atmosphère romantique dans une salle au décor moderne coiffée d'une belle charpente ancienne. Carte bien troussée.
  ◆ Eigentijds restaurant met een romantische sfeer, bij een kruispunt. Modern ingerichte eetzaal met een mooi oud gebinte. Aantrekkelijke menukaart.

XX **La Barrière** avec ch, r. Barrière 2 (carrefour N 899 et N 40), ℘ 0 61 65 50 37, *labar riere@skynet.be, Fax 0 61 65 55 32,* 🍴, 🌱 – TV P. – 🏌 25. AE ① ⓴ VISA
  Repas *(fermé du 1er au 5 mai, 20 juin-6 juil., 29 août-14 sept., du 19 au 31 déc., lundi midi, mardi midi et sam. midi) Lunch 15* – 32/67 bc, ♀ ⓴ – **13 ch** ⌂ 65/82 – ½ P 64/71.
  ◆ Édifice centenaire aux accents rustiques, proposant le gîte et le couvert. Repas traditionnel dans une ambiance cordiale. Beaux millésimes en cave. Terrasse et jardin.
  ◆ In dit honderd jaar oude gebouw met rustieke accenten kunt u eten en slapen. Traditionele maaltijd in een gemoedelijke ambiance. Mooie wijnkelder. Terras en tuin.

TREMELO 3120 *Vlaams-Brabant* 533 N 17 *et* 716 H 3 – 13 602 h.

Bruxelles 37 – Antwerpen 44 – Leuven 25.

XX **'t Riet,** Grote Bollostraat 195, ℘ 0 15 22 65 60, *info@riet.be, Fax 0 15 22 65 61,* 🍴 – P. AE ⓴ VISA. 🍴
  fermé 2 sem. en fév., fin août-début sept., 25 déc.-2 janv., lundi, mardi et sam. midi – **Repas** *Lunch 32* – 43/77 bc.
  ◆ Villa s'entourant d'un jardin, dans un quartier résidentiel excentré. Recettes de saison, dont une grande spécialité de préparations basées sur l'asperge, d'avril à juin.
  ◆ Deze villa met tuin staat in een rustige woonwijk even buiten het centrum. Seizoengebonden keuken met fantasievolle aspergegerechten van april tot en met juni.

TROIS-PONTS 4980 *Liège* 533 U 20, 534 U 20 *et* 716 K 4 – 2 433 h.

Exc. **Circuit des panoramas★.**

🚩 *pl. Communale 1* ℘ 0 80 68 40 45, *troisponts@skynet.be, Fax 0 80 68 52 68.*
Bruxelles 152 – Liège 54 – Stavelot 6.

🏨 **Le Beau Site** 🍴, r. Villas 45, ℘ 0 80 68 49 44, *beausite@skynet.be, Fax 0 80 68 49 60,* ≤ vallée et confluent du Salm et de l'Amblève – TV P. AE ① ⓴ VISA. 🍴 rest
  fermé du 20 au 24 juin, 29 août-2 sept. et 18 déc.-19 janv. – **Repas** *(fermé merc.)* (dîner seult jusqu'à 20 h 30 sauf week-end et jours fériés) carte 34 à 49 – **17 ch** ⌂ 57/89 – ½ P 68.
  ◆ Perché tel un belvédère, ce petit hôtel à l'ambiance familiale procure une jolie vue sur le site de Trois-Ponts où confluent la Salm et l'Amblève. Accès par un chemin privé. Cuisine actuelle à touche régionale servie dans une salle à manger panoramique.
  ◆ Een eigen weg leidt naar dit hooggelegen familiehotel, dat een prachtig uitzicht biedt op de samenloop van de Salm en de Amblève. In het panoramarestaurant kunt u genieten van de eigentijdse keuken met een regionaal accent.

à **Haute-Bodeux** *Sud-Ouest : 7 km* [C] *Trois-Ponts* – ✉ *4983 Haute-Bodeux :*

🏰 **Host. Doux Repos** 🍴, Haute-Bodeux 34, ℘ 0 80 68 42 07, *hoteldouxrepos@skyne t.be, Fax 0 80 68 42 82,* ≤, 🍴, 🌱 – 🖨 TV P. – 🏌 25. AE ① ⓴ VISA
  Repas *(fermé janv.-fév., 25 juin-10 juil., 28 nov.-21 déc., lundi soir et mardi)* 45 bc – **14 ch** *(fermé janv.-fév., lundi soir et mardi)* ⌂ 62/95, – 1 suite – ½ P 65/78.
  ◆ Hostellerie familiale dont les chambres, correctement équipées et d'une tenue irréprochable, se prêtent effectivement à un "doux repos". Restaurant au décor ardennais, avec terrasse d'été panoramique dominant la vallée.
  ◆ Deze hostellerie wordt door een familie gerund. De perfect onderhouden kamers bieden goede voorzieningen en staan inderdaad garant voor een "zachte nachtrust". Restaurant in Ardense stijl met terras, dat een weids uitzicht biedt op het dal.

Wanne *Sud-Est : 6 km* [C] *Trois-Ponts* – ✉ *4980 Wanne :*

X **La Métairie,** Wanne 4, ℘ 0 80 86 40 89, *lametairie@skynet.be, Fax 0 80 88 08 37,* 🍴,
  Avec taverne-rest – AE ① ⓴ VISA
  fermé 2 sem. Pâques, prem. sem. juil., 1 sem. en sept., merc. de mi-déc. à mi-mars, lundi et mardi – **Repas** *Lunch 20* – 25/50 bc, ♀.
  ◆ Sur les hauteurs, dans un hameau équidistant de Stavelot et de Trois-Ponts, coquette maison typique combinant deux formules : cuisine d'aujourd'hui et petite restauration.
  ◆ Mooi karakteristiek pand op een heuvel in een gehuchtje precies halverwege Stavelot en Trois-Ponts. Het restaurant biedt zowel een kleine als grote kaart. Eigentijdse keuken.

BELGIQUE

TROOZ 4870 Liège 🔲 T 19, 🔲 T 19 et 🔲 K 4 – 7627 h.
Bruxelles 110 – Liège 16 – Verviers 18.

🏨 **Château Bleu**, r. Rys-de-Mosbeux 52, ☎ 0 4 351 74 57, indo@chateaubleu.be,
Fax 0 4 351 73 43, 🌸, 🍸, 🛏 – 📶 📺 📦 – 🏄 25. 📶 🗺️ 🛒
fermé 27 juin-16 juil. et jeudis non fériés – **Repas** (dîner seult) 44/60 bc, ⌑ – ⌑ 10 – **12 ch**
60/111 – ½ P 70/86.
◆ Tenté par la vie de château ? Cette belle demeure du 19e s. nichée au creux d'une vallée
boisée n'attend alors que vous ! Grandes chambres garnies de meubles de style. Dîner
aux chandelles. Carte partagée entre classicisme, tradition et tempo actuel.
◆ Oefent het kasteelleven een onweerstaanbare aantrekkingskracht op u uit? Dan is dit
mooie 19e-eeuwse gebouw in een bebost dal wat voor u ! Grote kamers met stijlmeubelen.
Dineren bij kaarslicht. De kaart is een mengeling van klassiek, traditioneel en modern.

TUBIZE (TUBEKE) 1480 Brabant Wallon 🔲 K 18, 🔲 K 18 et 🔲 F 3 – 21680 h.
Bruxelles 24 – Charleroi 47 – Mons 36.

🍴 **Le Pivert**, r. Mons 183, ☎ 0 2 355 29 02 – 📶 ⊙ 📶 🗺️
fermé 1 sem. Pâques, du 1er au 21 août, mardi soir, merc. et dim. soir – **Repas** Lunch 16
– 20/62 bc, ⌑.
◆ Un sympathique volatile préside au destin de cette plaisante adresse sise à quelques
battements d'ailes du centre. La carte, abordable, déploie une ribambelle de menus.
◆ Deze "groene specht" heeft een prettig nest op een paar vleugelslagen van het centrum.
De spijskaart bevat een hele zwerm menu's tegen prijzen die gelukkig niet omhoogvliegen !

à Oisquercq Sud-Est : 4 km 🅲 Tubize – ✉ 1480 Oisquercq :

🍴🍴 **La Petite Gayolle**, r. Bon Voisin 79, ☎ 0 67 64 84 44, info@lapetitegayolle.be, Fax 0 67
64 84 44, 🌸 – 📦 📶 🗺️
fermé 20 août-10 sept., dim. soir, lundi et jeudi soir – **Repas** Lunch 20 – 35/60 bc.
◆ Fermette mignonne comme tout, dont l'enseigne désigne une cage à oiseaux en wallon.
Registre culinaire dans le coup et cave assez bien montée. Terrasse estivale fleurie.
◆ Schattig boerderijtje, waarvan de naam verwijst naar een vogelkooi. Modern culinair
register en goede wijnkelder. Mooi terras in de zomer met veel bloemen.

TURNHOUT 2300 Antwerpen 🔲 O 15 et 🔲 H 2 – 39417 h.
🛈 Grote Markt 44 ☎ 0 14 44 33 55, toerisme@turnhout.be, Fax 0 14 44 33 54.
Bruxelles 84 ⑤ – Antwerpen 45 ⑤ – Liège 99 ④ – Breda 37 ① – Eindhoven 44 ③ –
Tilburg 28 ②

Plan page suivante

🏨 **Corsendonk Viane**, Korte Vianenstraat 2, ☎ 0 14 88 96 00, info.viane@corsendon
k.be, Fax 0 14 88 96 99, 🌸, 🚲 – 📶 🔼 📺 🛏ch, 🚗 📦 – 🏄 25 à 580. 📶 ⊙ 📶 🗺️
🛒   Z a
Repas (fermé sam. et dim.) (dîner seult) 22/45 – **84 ch** ⌑ 84/130.
◆ À mi-chemin entre la gare et la Grand-Place, immeuble récent distribuant ses chambres
standardisées sur quatre étages. Neuf salles de séminaires correctement équipées.
◆ Recent gebouw met standaardkamers gelegen tussen het station en de Grote Markt.
Negen zalen met goede conferentiefaciliteiten.

🏨 **Ter Driezen** sans rest, Herentalsstraat 18, ☎ 0 14 41 87 57, terdriezen@yahoo.com,
Fax 0 14 42 03 10 – 📺 🚗 📶 ⊙ 📶 🗺️   Z c
fermé 22 déc.-2 janv. – **13 ch** ⌑ 95/150.
◆ Charmant hôtel dont les chambres et parties communes offrent un bon niveau de
confort. Au rayon farniente, salons "cosy" et belle terrasse ouverte sur un jardinet
soigné.
◆ Charmant en comfortabel hotel met aangename kamers. De sfeervolle lounges, het
mooie terras en het goed onderhouden tuintje nodigen uit tot het dolce far niente.

🍴🍴 **Cucinamarangon**, Patersstraat 9, ☎ 0 14 42 43 81, cucinamarangon@pandora.be,
Fax 0 14 43 87 00, 🌸, Cuisine italienne – 📶 ⊙ 📶 🗺️   Y
fermé dim. – **Repas** (dîner seult) 32/95 bc, ⌑.
◆ L'enseigne annonce la couleur de l'assiette : goûteuse cuisine transalpine aux accents
vénitiens, et décor intérieur évoquant la cité des Doges. Vins élevés dans la "Botte".
◆ Smakelijke Italiaanse keuken met Venetiaanse invloeden en een interieur dat een oog
brengt aan de dogenstad. Ook de wijnen komen rechtstreeks uit Italië.

🍴🍴 **Boeket**, Klein Engeland 67 (par ① : 5 km, direction Breda), ☎ 0 14 42 70 28, boek
@compaqnet.be, Fax 0 14 42 70 28, 🌸 – 📦 📶 ⊙ 📶 🗺️
fermé merc., jeudi midi et sam. midi – **Repas** Lunch 26 – 36/69 bc, ⌑.
◆ Non loin des étangs de la 't Kleine Engeland, villa coquette où se conçoit une cuisine
actuelle de saison. Fourneaux visibles de la salle. Terrasse au cadre reposant.
◆ Mooie villa bij de vijvers van 't Kleine Engeland, met een eigentijdse, seizoengebonden
keuken. Het fornuis is vanuit de eetzaal te zien. Terras in een rustgevende omgeving.

TURNHOUT

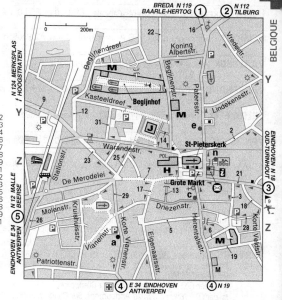

✗ **Kuisine,** Baron Fr. du Fourstraat 4 (Bloemekensgang), ✆ 0 14 43 86 42, info@kuisine.be, Fax 0 14 43 86 42, � – AE ① ⓪ VISA Z n
fermé mars, fin juil., sam. midi et dim. – **Repas** Lunch 32 – 43/73 bc.
• Cette petite affaire familiale un peu cachée dans un passage commercial ancien (17e s.) avoisinant le Grote Markt offre les plaisirs d'une cuisine au goût du jour.
• Dit familierestaurantje staat ietwat verscholen in een 17e-eeuwse winkelgalerij bij de Grote Markt. Smakelijke eigentijdse gerechten.

à Oud-Turnhout par ③ : 4 km – 12 409 h – ✉ 2360 Oud-Turnhout :

🏠🏠 **Priorij Corsendonk** sans rest, Corsendonk 5 (près E 34 - A 21, sortie ㉕), ✆ 0 14 46 28 00, info@corsendonk.be, Fax 0 14 46 28 99, ⚒, 🌳, ✗, 🚴 – TV P – 🔏 25 à 250. AE ⓪ VISA
☎ 12 – **71 ch** 62/114.
• Un ancien prieuré s'ouvrant sur un parc public sert de cadre à cet hôtel. Les cellules de naguère ont fait place aux chambres mais de nombreux séminaires ont toujours lieu !
• Dit hotel bij het park is gevestigd in een oude priorij, waar nog steeds seminars worden gehouden ! De gasten logeren in de vroegere kloostercellen.

✗✗ **Vin Perdu,** Steenweg op Mol 114, ✆ 0 14 72 38 10, info@vinperdu.be, Fax 014 72 38 11, � – ▤ P. AE ① ⓪ VISA, ✗
fermé du 20 au 31 juil., du 4 au 8 janv., lundi, mardi et sam. midi – **Repas** Lunch 28 – carte 50 à 79, ☎ ⌂.
• Confortable villa où l'on vient faire des repas au goût du jour dans une sobre et lumineuse salle contemporaine. Cave superbe et terrasse design tournée vers le jardin.
• Comfortabele villa met een sobere en lichte, moderne eetzaal, waar eigentijdse gerechten worden geserveerd. Geweldige wijnkelder en designterras dat op de tuin uitkomt.

✗✗ **'t Vrouwenhuys,** Corsendonk 5a (près E 34 - A 21, sortie ㉕), ✆ 0 14 46 28 97, info@vrouwenhuys.be, Fax 0 14 45 03 96, � – P. ⓪ VISA. ✗
fermé lundi, mardi et sam. midi – **Repas** Lunch 35 – 45/130 bc, ☎.
• Adroite reconversion pour ces dépendances d'un monastère du 17e s. devenues une élégante maison de bouche. En été, repas au jardin, joliment aménagé et orné de haies basses.
• De bijgebouwen van een 17e-eeuws klooster hebben een nieuwe roeping als elegante eetgelegenheid gevonden. 's Zomers worden de tafeltjes gedekt in de mooie tuin met lage hagen.

UCCLE (UKKEL) *Région de Bruxelles-Capitale* 𝟝𝟛𝟛 L 18 *et* 𝟟𝟙𝟞 G 3 – *voir à Bruxelles.*

UCIMONT *Luxembourg belge* 𝟝𝟛𝟜 P 24 *et* 𝟟𝟙𝟞 I 6 – *voir à Bouillon.*

VAALBEEK *Vlaams-Brabant* 𝟝𝟛𝟛 N 18 – *voir à Leuven.*

VARSENARE *West-Vlaanderen* 𝟝𝟛𝟛 D 15 *et* 𝟟𝟙𝟞 C 2 – *voir à Brugge, environs.*

VELDWEZELT *Limburg* 𝟝𝟛𝟛 S 17 *et* 𝟟𝟙𝟞 J 3 – *voir à Lanaken.*

VENCIMONT *5575 Namur* ⓒ *Gedinne 4 330 h.* 𝟝𝟛𝟜 O 22 *et* 𝟟𝟙𝟞 H 5.
Bruxelles 129 – Bouillon 38 – Dinant 35.

XX **Le Barbouillon** *avec ch, r. Grande 25,* ℰ 0 61 58 82 60, Fax 0 61 58 82 60, ⌂ – 📺
🅿 – ♨ 70. ⑩ 🆚
*fermé 24 juin-8 juil., du 22 au 25 août, du 2 au 14 janv., merc. midi sauf en juil.-août et
merc. soir* – **Repas** 30/57 – **6 ch** 🛏 47/60 – ½ P 55/60.
♦ *Au centre d'un village ardennais, petite auberge typique où l'on vient autant pour
l'assiette, classico-régionale et plutôt généreuse, que pour l'ambiance "couleur locale".*
♦ *In deze karakteristieke dorpsherberg in de Ardennen komt men zowel voor de keuken,
die klassiek-regionaal en overvloedig is, als voor de ambiance met veel "couleur locale".*

VERVIERS *4800 Liège* 𝟝𝟛𝟛 U 19, 𝟝𝟛𝟜 U 19 *et* 𝟟𝟙𝟞 K 4 – *53 016 h.*
Musées : des Beaux-Arts et de la Céramique⋆ D **M**¹ – *d'Archéologie et de Folklore :
dentelles⋆ D* **M**².

Env. par ③ : *14 km, Barrage de la Gileppe⋆⋆,* ≤⋆⋆.

🎱 *par* ③ : *16 km à Gomzé-Andoumont, Sur Counachamps, r. Gomzé 30* ℰ 0 4 360 92 07,
Fax 0 4 360 92 06.

🅱 *r. Xhavée 61* ℰ 0 87 33 02 13, *Fax 0 87 33 70 63.*
Bruxelles 122 ④ – *Liège 32* ④ – *Aachen 36* ④

Plan page suivante

XXX **Château Peltzer**, *r. Grétry 1,* ℰ 0 87 23 09 70, *info@chateau-peltzer.be,*
Fax 0 87 23 08 71, ⌂ – 🅿 AE ⓪ ⑩ 🆚 ✕   B d
fermé 2 dern. sem. fév., prem. sem. sept., dim. soir, lundi et mardi – **Repas** *Lunch* 38 –
62/124 bc, �.
♦ *Splendide petit château néo-gothique s'entourant d'un parc centenaire. Aménagements
intérieurs classiques du plus bel effet. Repas soigné. Accueil et service en rapport.*
♦ *Schitterend neogotisch kasteeltje in een park met eeuwenoude bomen. De klassieke
inrichting is bijzonder geslaagd. Verzorgde maaltijden en uitstekende service.*

XXX **Chez Paul** *avec ch,* pl. Albert Iᵉʳ 5, ℰ 0 87 23 22 21, *chezpaul@skynet.be,*
Fax 0 87 22 76 87, ⌂ 🍽 – 📺 🅿 AE 🆚 ✕ ch   C b
fermé 2 dern. sem. fév. et 2 dern. sem. juil. – **Repas** *(fermé dim. soir et lundi)* 27/60 bc
� – **4 ch** 🛏 90/115 – ½ P 117/130.
♦ *Ce ravissant manoir néo-classique abritait naguère un cercle littéraire verviétois. Élégante
salle à manger, chambres actuelles de bon confort et jardin soigné avec terrasse.*
♦ *Prachtig neoklassiek landhuis waarin het plaatselijke literaire genootschap was onder
gebracht. Elegante eetzaal, moderne kamers met goed comfort en verzorgde tuin me
terras.*

à Heusy ⓒ *Verviers* – ✉ *4802 Heusy :*

XXX **La Croustade,** *r. Hodiamont 13 (par N 657),* ℰ 0 87 22 68 39, *croustade@belgaco*
.net, Fax 0 87 22 79 21, ⌂ – 🅿 – ♨ 30. AE ⓪ ⑩ 🆚   B
fermé vacances Pâques, 2ᵉ quinz. août, sem. Noël, sam. midi, dim. soir et lundi – **Repa**
Lunch 25 – 32/76 bc.
♦ *Sur les hauteurs, dans un quartier plutôt chic, maison 1900 que signale une faça
égayée de colombages. Mets au goût du jour. Terrasse d'été invitante dressée au jard*
♦ *Dit vakwerkhuis uit 1900 staat op een heuvel in een vrij chique woonwijk. De gerechte
passen bij de huidige smaak. Op zomerse dagen wordt het terras in de tuin opgedek*

XX **Aub. du Tilleul,** av. Nicolaï 43, ℰ 0 87 22 11 11, *fernand.laschet@skynet.be, Fax 0*
22 11 11, ⌂ – 🅿 AE ⓪ ⑩ 🆚   B
fermé dim. soirs, lundis soirs et merc. soirs non fériés – **Repas** *Lunch* 19 – 23/53.
♦ *Nouvelle enseigne et améliorations en vue dans cette villa où la même famille vo
dorlote depuis 25 ans. Repas classique-traditionnel. Restaurant de plein air.*
♦ *Deze villa, die al bijna 25 jaar door dezelfde familie wordt bemand, wordt binnenke
verbouwd. Klassiek-traditionele gerechten, die bij mooi weer buiten worden geservee*

VERVIERS

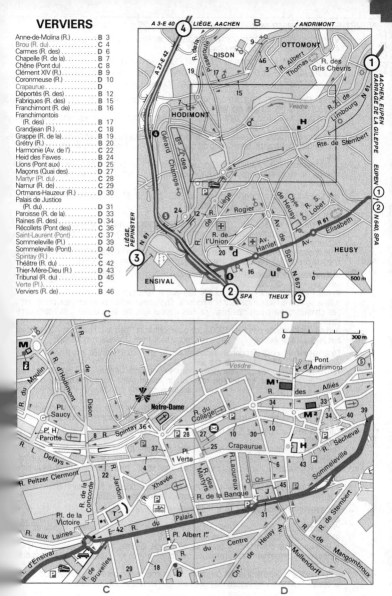

Petit-Rechain Nord-Ouest : 2 km ⓒ Verviers – ⊠ 4800 Petit-Rechain :

XX **La Chapellerie,** chaussée de la Seigneurie 13, ✆ 0 87 31 57 41, *lachapellerie@skyne*
t.be, Fax 0 87 31 57 41, ☆ – 🅿 – 🔏 40. 🆎 🆚 🚾
fermé 1 sem. Pâques, 2 sem. en juil., 1 sem. Toussaint, prem. sem. janv., lundi soir d'oct.
à mars, mardi midi en juil.-août, mardi soir, merc. et sam. midi – Repas Lunch 23 – 31/75 bc.
♦ Agréable restaurant contemporain confortablement installé dans l'ancienne chapellerie
familiale, massive maison de pays proche de l'église. Aguichante terrasse sur cour.
♦ Aangenaam en comfortabel restaurant in hedendaagse stijl, in een robuust pand bij de
kerk ; vroeger had de familie hier een hoedenzaak. Plezierig terras op de binnenplaats.

VEURNE (FURNES) *8630 West-Vlaanderen* 🗾🗾 *B 16 et* 🗾🗾 *B 2 – 11 888 h.*

Voir *Grand-Place*★★ *(Grote Markt) – Procession des Pénitents*★★ *(Boetprocessie) – Cuirs*★ *à l'intérieur de l'Hôtel de Ville (Stadhuis).*

Env. *à l'Est : 10 km à Diksmuide, Tour de l'Yser (IJzertoren)* ✳★.

🛈 *Grote Markt 29* ☎ *0 58 33 05 31, veurne@toerismevlaanderen.be, Fax 0 58 33 05 96. Bruxelles 134 – Brugge 47 – Oostende 26 – Dunkerque 21.*

Host. Croonhof, Noordstraat 9, ☎ 0 58 31 31 28, *info@croonhof.be, Fax 0 58 31 56 81* – |🛗| 📺 ⅏ ① 🕮 𝖵𝖨𝖲𝖠
fermé du 8 au 10 fév., du 28 au 30 juin et 20 sept.-3 oct. – **Repas** voir rest ***Orangerie*** ci-après – **14 ch** ☲ 63/110 – ½ P 80.
* Maison de maître rénovée, toute proche de la pittoresque Grand-Place. Chambres d'ampleur satisfaisante, bénéficiant du confort moderne. Atmosphère d'hostellerie familiale.
* Dit gemoedelijke familiehotel is ondergebracht in een gerenoveerd herenhuis vlak bij de pittoreske Grote Markt. De kamers zijn groot genoeg en bieden modern comfort.

de Loft sans rest, Oude Vestingstraat 36, ☎ 0 58 31 59 49, *deloft@pandora.be, Fax 0 58 31 68 12* – 📺 – 🔬 25. 🕮 𝖵𝖨𝖲𝖠
8 ch ☲ 52/67.
* Au centre, mais à l'écart du circuit touristique, ancien atelier de forgeron converti en "loft"-hôtel accueillant. Les chambres, assez sobres, sont toutefois très convenables.
* Deze oude smederij is omgetoverd tot een "lofthotel" in het centrum, even buiten het toeristische circuit. De kamers zijn vrij sober, maar voldoen uitstekend.

't Kasteel en 't Koetshuys ⦏, Lindendreef 7, ☎ 0 58 31 53 72, *Fax 0 58 31 57 48,* ✺, – ⅏ 🕮 𝖵𝖨𝖲𝖠 ✺
Repas (résidents seult) – **6 ch** ☲ 60/100 – ½ P 105/125.
* Belle demeure 1900 misant sur une formule d'hébergement de type "bed and breakfast". Les chambres sont paisibles mais parfois dépourvues de salle d'eau. Tea-room côté jardin.
* In dit schitterende pand uit 1900 kunt u terecht voor "bed and breakfast". De kamers zijn rustig, maar hebben niet altijd een eigen badkamer. Theesalon in de tuin.

Orangerie H. Host. Croonhof, Noordstraat 9, ☎ 0 58 31 31 28, *info@croonhof.be, Fax 0 58 31 56 81* – ▤. ⅏ ① 🕮 𝖵𝖨𝖲𝖠 𝖩𝖢𝖡
fermé du 2 au 10 fév., 20 sept.-3 oct., dim. soir et lundi – **Repas** Lunch 25 – 36/83 bc.
* Restaurant d'hôtel sortant du lot, où l'on prend place dans une salle à manger agencée avec goût. Cuisine actuelle assortie de vins français et italiens. Service "pro".
* Dit restaurant met zijn smaakvolle interieur hoort bij een hotel, maar onderscheidt zich gunstig. Eigentijdse keuken en Frans-Italiaanse wijnen. Professionele service.

Olijfboom, Noordstraat 3, ☎ 0 58 31 70 77, *olijfboom@pandora.be, Fax 0 58 31 42 08* – 🕮 𝖵𝖨𝖲𝖠
fermé prem. sem. oct., 2 sem. en janv., dim. et lundi – **Repas** Lunch 21 – 36/65 bc 🍴.
* Bonne petite adresse à débusquer près du Grote Markt. Décor intérieur contemporain, fourneaux à vue où s'active un chef "new style", assiettes soignées et beau livre de cave.
* Goed adresje bij de Grote Markt. Hedendaags interieur, open keuken waarin een chef-kok "nieuwe stijl" aan het werk is, mooi opgemaakte borden en lekkere wijnen.

Brasserie 'de oogappel', Appelmarkt 3, ☎ 0 58 28 86 46, *Fax 0 58 28 86 46,* 🌳 🕮 𝖵𝖨𝖲𝖠
fermé dern. sem. fév., dern. sem. mai, prem. sem. oct., 24, 25 et 31 déc., 1er janv. et dim. et lundis midis non fériés – **Repas** carte 30 à 48.
* Restaurant de style bistrot établi au centre de Veurne, dans une maison de 1760 rénovée et préservant revêtements de sol et armoires d'origine. Carte classique française.
* Restaurant in bistrostijl in het centrum van Veurne, in een gerenoveerd pand uit 1760 waarvan de vloeren en kasten nog origineel zijn. Klassieke Franse kaart.

à **Beauvoorde** Sud-Ouest : 8 km 🅲 *Veurne* – ✉ *8630 Veurne :*

Driekoningen avec ch, Wulveringemstraat 40, ☎ 0 58 29 90 12, *info@driekoningen .be, Fax 0 58 29 80 22,* 🌳 – 📺 🅿. – 🔬 25 à 120. ⅏ ① 🕮 𝖵𝖨𝖲𝖠
fermé du 19 au 29 sept. et 16 janv.-3 fév. – **Repas** *(fermé lundi soir et mardi midi d'oct. à mars, mardi soir et merc.)* 35/63 bc – **13** ch ☲ 55/77 – ½ P 64/69.
* Un village charmant sert de cadre à cette auberge du 17e s. où les touristes de passage trouveront le gîte et le couvert, aussi corrects l'un que l'autre. Accueil familial.
* Deze 17e-eeuwse herberg in een charmant dorp is een prima slaap- en eetgelegenheid voor toeristen, die er gastvrij worden ontvangen.

VICHTE 8570 West-Vlaanderen © Anzegem 13 914 h. ⑧⑧⑧ F 18 et ⑦①⑥ D 3.
Bruxelles 83 – Kortrijk 13 – Brugge 49 – Gent 38 – Lille 37.

Rembrandt, Oudenaardestraat 22, ℰ 0 56 77 73 55, rembrandt.bvba@pandora.be, Fax 0 56 77 57 04, ㈜ – ▤ rest, ⒯⒱ ℙ. – ⒜ 25 à 280. ⒜⒠ ⓞ ⓜⓞ ⓥⒾⓈⒶ. ⒮⒮ fermé 21 juil.-15 août – **Repas** (fermé dim. soir) Lunch 25 bc – carte 24 à 49 – **17 ch** ⊆ 50/80.

♦ Aux portes de Vichte et pas loin de l'autoroute, ancien relais converti en auberge renfermant des chambres de mise simple, mais convenables. Petit-déjeuner copieux. Agréable restaurant au décor "composite". Cour intérieure sous verrière. Plats traditionnels.
♦ Herberg aan de rand van Vichte, bij de snelweg. De kamers zijn eenvoudig, maar keurig. Aangenaam restaurant dat in verschillende stijlen is ingericht. De binnenplaats is met een glaskoepel overdekt. Traditionele keuken.

VIELSALM 6690 Luxembourg belge ⑧⑧⑧ U 21, ⑧⑧④ U 21 et ⑦①⑥ K 5 – 7 259 h.
🯅 av. de la Salm 50 ℰ 0 80 21 50 52, infosalm@wanadoo.be, Fax 0 80 21 74 62.
Bruxelles 171 – Arlon 86 – Malmédy 28 – Clervaux 40.

Les Myrtilles sans rest, r. Vieux Marché 1, ℰ 0 80 67 22 85, info@lesmyrtilles.be, Fax 0 80 67 22 86, ㈐, ㈜, ㈜, ㋵ – ⒯⒱ ℙ. – ⒜ 60. ⒜⒠ ⓞ ⓜⓞ ⓥⒾⓈⒶ. ⒮⒮ **19 ch** ⊆ 53/74.

♦ Cet hôtel familial rénové en 2003 vous héberge dans des chambres claires, sobres et nettes. Sémillante salle de breakfast à touche rustique. Terrasse et jardinet à l'arrière.
♦ Dit familiehotel werd in 2003 gerenoveerd en beschikt over lichte, sobere en keurige kamers. Vrolijke ontbijtzaal met een rustiek karakter. Terras en tuintje achter.

Belle Vue sans rest, r. Jean Bertholet 5, ℰ 0 80 21 62 61, hotelbellevue@swing.be, Fax 0 80 21 62 01, ≤ lac, ㈜, ㋵ – ⒯⒱. ⓜⓞ ⓥⒾⓈⒶ fermé du 1er au 10 juil., du 3 au 12 sept., 31 déc.-10 janv., dim. soir et lundi – ⊆ 8 – **14 ch** 37/80.

♦ L'enseigne dit vrai : une "belle vue" plongeante se dévoile sur le lac depuis chacune des chambres tournées vers l'arrière de cet hôtel de tradition édifié au début du 20e s.
♦ Het uithangbord van dit traditionele hotel uit de vroege 20e eeuw zegt niets te veel, want vanuit elke kamer aan de achterzijde ontvouwt zich een mooi uitzicht op het meer.

à **Bovigny** Sud : 7 km © Gouvy 4 670 h. – ✉ 6671 Bovigny :

St-Martin, Courtil 5, ℰ 0 80 21 55 42, hotelsaintmartin@skynet.be, Fax 0 80 21 77 46, ㈜ – ⒯⒱ ℙ. ⓜⓞ ⓥⒾⓈⒶ. ⒮⒮ rest fermé 30 mars-12 avril – **Repas** (fermé dim. soir et après 20 h 30) Lunch 20 – 23/60 bc, ♀ – ⊆ 8 – **12 ch** 50/70 – ½ P 47/58.

♦ Maison ardennaise en pierres du pays, au bord de la route traversant le hameau. Chambres fonctionnelles, dont la plupart ont été remises à neuf. Réel sens de l'hospitalité. Salle de restaurant au décor assez typé, assortti au tempérament régional du menu.
♦ Dit pand is in typisch Ardense stijl uit steen opgetrokken langs de weg die door het dorpje loopt. Functionele kamers, waarvan de meeste zijn gerenoveerd. Gastvrij onthaal. De karakteristieke eetzaal past uitstekend bij het regionale karakter van het menu.

à **Grand-Halleux** Nord : 5 km © Vielsalm – ✉ 6698 Grand-Halleux :

Host. Les Linaigrettes, Rocher de Hourt 60, ℰ 0 80 21 59 68, Fax 0 80 21 46 64, ㈜ – ⒯⒱ ℙ. ⒜⒠ ⓞ ⓜⓞ ⓥⒾⓈⒶ. ⒮⒮ fermé du 1er au 15 sept. – **Repas** (dîner pour résidents seult) – **10 ch** ⊆ 45/75 – ½ P 55/80.

♦ Auberge discrète le long d'une jolie route suivant la vallée. Situées à l'arrière, les menues chambres offrent un petit confort, mais aussi le chant de la rivière.
♦ Deze herberg staat onopvallend aan een mooie weg door het dal. Aan de achterkant liggen kleine kamers met beperkt comfort, maar wel met uitzicht op de rivier. De Salm kronkelt aan de voet van het terras, waar bij goed weer de tafeltjes worden gedekt.

L'Ecurie, av. de la Résistance 30, ℰ 0 80 21 59 54, restaurant.ecurie@swing.be, Fax 0 80 21 76 43, ≤, ㈜, Avec cuisine italienne, ouvert jusqu'à 23 h – ℙ. ⒜⒠ ⓞ ⓜⓞ ⓥⒾⓈⒶ fermé prem. sem. sept. et lundis et mardis non fériés sauf vacances scolaires – **Repas** carte 27 à 45.

♦ Cuisine franco-transalpine servie dans les anciennes dépendances d'un pensionnat de jeunes filles. La plupart des tables embrassent du regard une vallée bucolique.
♦ In de voormalige bijgebouwen van een meisjesinternaat genieten de gasten van Frans-Italiaanse gerechten. Het merendeel van de tafels kijkt uit op het schilderachtige dal.

435

BELGIQUE

à Hébronval Ouest : 10 km C Vielsalm – ⊠ 6690 Vielsalm :

Le Val d'Hébron, Hébronval 10, ✆ 0 80 41 88 73, Fax 0 80 41 80 73, 😊, 🐎 – 📺
📱 – 🔧 25. AE ① ⓪ VISA 🍴 rest
fermé 1 sem. en mars et 17 août-4 sept. – Repas (fermé mardi) (avec taverne) Lunch 19
– 25/45 – 🍽 7 – **12 ch** 32/50 – ½ P 50.
♦ Accueil familial affable dans cette petite auberge érigée au bord de la route. Les
meilleures chambres sont à l'annexe, au bout du jardin, près de l'église. Restaurant
rénové où ronfle une cheminée. Menus bien conçus, service prévenant et vue sur la
campagne.
♦ In deze herberg wordt u vriendelijk ontvangen. De beste kamers bevinden zich
in de dependance achter in de tuin, bij de kerk. In de gerenoveerde eetzaal knappert 's
winters het haardvuur. Mooie menu's, voorkomende bediening en uitzicht op het platteland.

à Petit-Thier Nord-Est : 5 km C Vielsalm – ⊠ 6692 Petit-Thier :

Au Moulin Minguet, Moulin 128 (La Ferme de la Reine des Prés), ✆ 0 80 21 58 01,
Fax 0 80 21 79 66, 😊 – 📱 ⓪ VISA
fermé sem. carnaval, sem. Toussaint, mardi soir et merc. – Repas (en janv.-fév. déjeuner
seult sauf week-end) Lunch 25 – carte 22 à 49.
♦ Dans un ancien moulin, table idéale pour un repas exempt de prise de tête. Préparations simples mais soignées. Truites puisées directement au vivier. Additions sans
arêtes !
♦ Deze oude molen is ideaal voor een ongedwongen maaltijd. Eenvoudige, maar verzorgde
schotels. De forel komt zo uit de vijver en in de rekening hoeft u zich niet te verslikken !

Indien u opgehouden wordt op de baan, is het beter en gebruikelijk
uw reserveringen per telefoon te bevestigen na 18u.

VIEUXVILLE 4190 Liège C Ferrières 4 393 h. ⑤③③ S 20, ⑤③④ S 20 et ⑦①⑥ J 4.
🅱 r. Principale 34 ✆ 0 86 21 30 88, Fax 0 86 38 82 09.
Bruxelles 120 – Liège 42 – Marche-en-Famenne 27 – Spa 30.

Château de Palogne 🦢 sans rest, rte du Palogne 3, ✆ 0 86 21 38 74, chateau.d
e.palogne@swing.be, Fax 0 86 21 38 75, 🐎, 🚲 – 📺 📱 ⓪ VISA. 🍴
🍽 15 – **11 ch** 74/131.
♦ Le château de Palogne, paisible gentilhommière datant de 1890, s'agrémente d'un parc
soigné. Chambres et communs cossus. Service personnalisé. Petit-déjeuner de grand
style.
♦ Het kasteel van Palogne uit 1890 is rustig gelegen in een mooi park. Weelderige kamers
en gemeenschappelijke ruimten. Service met persoonlijke aandacht. Vorstelijk ontbijt.

VILLERS-LA-VILLE 1495 Brabant Wallon ⑤③③ M 19, ⑤③④ M 19 et ⑦①⑥ G 4 – 9 338 h.
Voir Ruines de l'abbaye★★.
🅱 r. Châtelet 62 ✆ 0 71 87 88 65, Fax 0 71 87 77 83 - 🅱 au Sud-Ouest : 3 km à Sart-
Dames-Avelines, r. Jumerée 1 ✆ 0 71 87 72 67, Fax 0 71 87 43 38.
🅱 r. Abbaye 53 ✆ 0 71 87 98 98, Fax 0 71 87 98 98.
Bruxelles 36 – Charleroi 28 – Namur 33.

le Cigalon, av. Arsène Tournay 40, ✆ 0 71 87 85 54, cigalon@cigalon.be, Fax 0 71
87 53 63, 😊 – 📱 AE ① ⓪ VISA. 🍴
fermé sem. midi d'oct. à avril, dim. soir et lundi – Repas Lunch 18 – 29/60 bc, 🍷.
♦ Une carte bourgeoise assortie d'un lunch et de menus vous sera soumise à cette table
décorée dans la note provençale. Côté cave, les régions de France sont à l'honneur.
♦ Dit restaurant met een Provençaals interieur biedt een vrij eenvoudige kaart met een
lunchformule en menu's. In de wijnkelder strijken de Franse regio's met de eer.

VILLERS-LE-BOUILLET 4530 Liège ⑤③③ Q 19, ⑤③④ Q 19 et ⑦①⑥ I 4 – 5 859 h.
Bruxelles 86 – Namur 37 – Liège 25 – Huy 8.

Un temps pour Soi, Thier du Moulin 46, ✆ 0 85 25 58 55, untempspoursoi@skyr
t.be, Fax 0 85 21 31 84, 😊 – 📱 ⓪ VISA. 🍴
fermé prem. sem. sept., prem. sem. janv. et lundis et sam. midis non fériés – Repas Lunch
30 – 41/49.
♦ Table accueillante récemment transférée dans une belle maison de pays du 18e s. Cadre
rustique-contemporain feutré, cuisine actuelle bien faite, bar à vins et terrasse d'été.
♦ Dit restaurant heeft onlangs een mooi 18e-eeuws pand betrokken. Sfeervolle inrichting
in rustiek-eigentijdse stijl, smakelijke moderne keuken, wijnbar en zomerterras.

VILLERS-SUR-LESSE 5580 Namur Ⓒ Rochefort 11 921 h. 𝟻𝟹𝟺 P 22 et 𝟽𝟷𝟼 I 5.
Bruxelles 115 – *Bouillon 55* – Namur 54 – Dinant 25 – Rochefort 9.

🏨 **Château de Vignée,** r. Montainpré 27 (Ouest : 3,5 km près E 411 - A 4, sortie ㉒, lieu-dit Vignée), ☎ 0 84 37 84 05, *chateaudevignee@skynet.be*, Fax 0 84 37 84 26, ≤, 🍴, 🏖, 🐎 – 📺 📞 – 🔬 25 à 180. 🖭 🕥 ⓿ 𝗩𝗜𝗦𝗔
fermé 10 janv.-10 fév. et lundis soirs et mardis non fériés – **Repas** *Lunch 32* – carte 51 à 64 – �🍴 10 – **13 ch** 100/125, – 3 suites – ½ P 142/209.
♦ Ferme-château du 18ᵉ s. s'entourant d'un parc dont les terrasses offrent une vue plongeante sur la Lesse et la campagne. Chambres personnalisées, garnies de meubles anciens. Élégante salle à manger d'esprit Art déco. Mets classiques revisités pas à pas.
♦ Deze 18e-eeuwse kasteelboerderij heeft een park en terrassen met uitzicht op de Lesse en het platteland. De kamers hebben antieke meubelen en een persoonlijk karakter. Elegante eetzaal in art-decostijl. Klassieke gerechten met een vleugje vernieuwing.

🏨 **Beau Séjour** 🏊, r. Platanes 16, ☎ 0 84 37 71 15, *contact@beausejour.be*, Fax 0 84 37 81 34, ≤, 🍴, 🏖, 🐎 – 📺 📞 – 🔬 25. 🖭 🕥 𝗩𝗜𝗦𝗔 ⅍ ch
fermé 1 sem. en mars, fin juin-début juil., 2 sem. en janv. et mardi – **Repas** *Du four à la Table (fermé mardi soir sauf en juil.-août, lundi midi, mardi midi, merc. midi et après 20 h 30) Lunch 27* – 37/60 ⍼ – **12 ch** 63/98 – ½ P 72/96.
♦ Au cœur du village, auberge s'ouvrant sur un jardin généreusement fleuri à la belle saison. Chambres de "beau séjour" et piscine extérieure chauffée de mai à septembre. Repas dans le tempo actuel, cave bien fournie, belle terrasse d'été et service avenant.
♦ Deze dorpsherberg heeft een tuin die 's zomers prachtig in bloei staat. De kamers staan garant voor een prettig verblijf en het buitenzwembad wordt van mei tot eind september verwarmd. Eigentijdse keuken, goede wijnkelder, mooi zomerterras en hoffelijke bediening.

🍴 **Aub. du bief de la Lesse,** r. Bief 1, ☎ 0 84 37 84 21, ≤, 🍴 – 📞
fermé lundi et mardi – **Repas** carte env. 28.
♦ Cette ancienne ferme (18ᵉ s.) à la façade fleurie en été vous reçoit dans un agréable décor rustique. Âtre au salon. Plats goûteux soigneusement présentés. Vue sur jardin.
♦ In deze 18e-eeuwse boerderij met een fleurige gevel en rustiek interieur wordt u gastvrij ontvangen. Lounge met open haard. Verzorgde keuken. Uitzicht op de tuin.

VILVOORDE (VILVORDE) Vlaams-Brabant 𝟻𝟹𝟹 L 17 et 𝟽𝟷𝟼 G 3 – voir à Bruxelles, environs.

VIRELLES Hainaut 𝟻𝟹𝟺 K 22 et 𝟽𝟷𝟼 F 5 – voir à Chimay.

VIRTON 6760 Luxembourg belge 𝟻𝟹𝟺 S 25 et 𝟽𝟷𝟼 J 7 – 11 072 h.
🛈 Pavillon, r. Grasses Oies 2b ☎ 0 63 57 89 04, *mtq@soleildegaume.com*, Fax 0 63 57 71 14.
Bruxelles 221 – *Bouillon 53* – Arlon 29 – Longwy 32 – Montmédy 15.

🍴🍴 **Le Franc Gourmet,** r. Roche 13, ☎ 0 63 57 01 36, Fax 0 63 58 17 19, 🍴 – 🖭 🕥 ⓿ 𝗩𝗜𝗦𝗔
fermé carnaval, dern. sem. nov., dim. soir et lundi – **Repas** *Lunch 30* – 35.
♦ Adresse en phase avec son temps, faisant face à la Maison du Tourisme de Gaume. Salle de restaurant contemporaine et plaisante cuisine au goût du jour. Jardin et terrasse.
♦ Dit adresje tegenover het Maison du Tourisme is goed bij de tijd, getuige de moderne eetzaal en de lekkere keuken die voldoet aan de huidige smaak. Tuin en terras.

🍴 **Au Fil des Saisons,** Faubourg d'Arival 40b, ☎ 0 63 58 22 02, Fax 0 63 58 22 02, 🍴 – 📞 ⓿ 𝗩𝗜𝗦𝗔 ⅍
fermé dim. soir et lundi – **Repas** *Lunch 19* – 45/68 bc.
♦ Au cœur de Virton, dans une vieille forge en pierre du pays, ample salle à manger où s'étagent plusieurs mezzanines. Carte actuelle, menus et plat du jour. Terrasse sur cour.
♦ Deze smederij van steen uit de streek, hartje Virton, is nu een groot restaurant met meerdere tussenverdiepingen. Actuele kaart, menu's en dagschotel. Binnenplaats met terras.

Latour Est : 4 km Ⓒ Virton – ⊠ 6761 Latour :

🏨 **Le Château de Latour,** r. 24 Août 1, ☎ 0 63 57 83 52, *chateaulatourbernard@skynet.be*, Fax 0 63 60 82 12, ≤, 🍴, 🏖, 🐎 – 📺 📞 – 🔬 30. 🖭 🕥 ⓿ 𝗩𝗜𝗦𝗔 ⅍ rest
fermé du 18 au 31 août et du 2 au 20 janv. – **Repas** *(fermé dim. soir et lundi) Lunch 20* – carte 38 à 49 – ⍼ 8 – **14 ch** 63/75 – ½ P 90/130.
♦ Au calme, dans une demeure ancienne adroitement restaurée, hôtel assez original renfermant des chambres classiquement aménagées et souvent flambant neuves. Salle à manger bourgeoise au bel appareil de pierres nues. Recettes personnalisées.
♦ Vrij origineel hotel in een fraai gerestaureerd pand, rustig gelegen. Klassiek ingerichte kamers, voor het merendeel spiksplinternieuw. Eetzaal in bourgeoisstijl met fraai metselwerk. De kookstijl heeft iets heel eigens.

BELGIQUE

à Torgny Sud : 6 km Ⓒ Rouvroy 1953 h. – ✉ 6767 Torgny :

🏨 **L'Empreinte du Temps,** r. Escofiette 12, ✆ 0 63 60 81 80, lempreinte@skynet.be,
Fax 0 63 57 03 44 – 📺 📠 *VISA* 📠 rest
*fermé dern. sem. janv.-prem. sem. fév., 1 sem. en juin, dern. sem. août-prem. sem. sept.,
dim. soir, lundi et mardi midi* – **Repas** carte env. 26 – **11 ch** ☲ 70/110.
◆ Petit hôtel séduisant établi dans l'ancienne école de Torgny. Façade typique en pierres
du pays (1803) et agencement intérieur rustique-contemporain très réussi. Repas bien de
notre temps dans une sobre salle en osmose parfaite avec le style de la maison.
◆ Aantrekkelijk hotelletje in de voormalige school van Torgny, met een kenmerkende stenen gevel uit 1803 en een geslaagd rustiek-modern interieur. De sobere eetzaal past perfect bij de stijl van het huis. De keuken is zeer bij de tijd.

🍴🍴🍴 **Aub. de la Grappe d'Or** (Boulanger) 🦐 avec ch et annexe, r. Ermitage 18, ✆ 0 63
♧ 57 70 56, la.grappe.dor@skynet.be, Fax 0 63 57 03 44, 📠 – 📺 📠. 📠 ⑨ 📠 *VISA*. 📠 rest
*fermé dern. sem. janv.-prem. sem. fév., prem. sem. juin, dern. sem. août-prem. sem. sept.,
dim. soir, lundi et mardi midi* – **Repas** 49/125 bc, carte 57 à 84 – **10 ch** ☲ 94/120 –
½ P 105
Spéc. Lotte, foie gras et risotto à l'huile de truffe blanche. Côte de veau à l'huile de sauge,
millefeuille de pommmes de terre. Vacherin glacé aux cerises noires.
◆ Un joli village sert de cadre à cette maison du 19ᵉ s. transformée en relais de bouche
savoureux et charmant. Chambres rustiques à l'étage, actuelles en rez-de-jardin.
◆ Dit 19e-eeuwse pand in een mooi dorp is nu een sfeervol en lekker restaurant. Rustieke
kamers op de bovenverdieping en moderne op de begane grond.

VLIERMAAL Limburg 📖📖📖 R 17 et 📖📖📖 J 3 – voir à Tongeren.

VLISSEGEM West-Vlaanderen 📖📖📖 D 15 et 📖📖📖 C 2 – voir à De Haan.

VORST Brussels Hoofdstedelijk Gewest – voir Forest à Bruxelles.

VRASENE 9120 Oost-Vlaanderen Ⓒ Beveren 45 176 h. 📖📖📖 K 15 et 📖📖📖 F 2.
Bruxelles 55 – Antwerpen 13 – Gent 49 – Sint-Niklaas 8.

🍴🍴🍴 **Herbert Robbrecht,** Hogenakker 1 (sur N 451), ✆ 0 3 755 17 75, info@herbertrob
♧ brecht.be, Fax 0 3 755 17 36, 📠 – 📠. 📠 ⑨ 📠 *VISA*
fermé vacances Pâques, 18 juil.-5 août, mardi soir, jeudi et sam. midi – **Repas** Lunch 32 –
46/76 bc, carte 59 à 85, ♑
Spéc. Anguilles au vert maison. Pigeon rôti aux légumineuses. Poire Belle-Hélène.
◆ Aux portes de Vrasene, villa récente s'ouvrant sur un jardin agrémenté d'une terrasse
estivale et d'une pièce d'eau. Registre culinaire au goût du jour, orienté ''produits''.
◆ Hedendaagse villa aan de rand van Vrasene met een tuin, zomerterras en waterpartij.
Eigentijdse keuken, waarbij de kwaliteit van de producten hoog in het vaandel staat.

VRESSE-SUR-SEMOIS 5550 Namur 📖📖📖 O 23 et 📖📖📖 H 6 – 2 854 h.
Env. au Nord-Est : Gorges du Petit Fays★ – Route de Membre à Gedinne ≤★★ sur ''Jambor
de la Semois'' : 6,5 km.
🛈 r. Albert Raty 83 ✆ 0 61 29 28 27, tourisme.vresse@belgacom.net, Fax 0 61 29 28 32
Bruxelles 154 – Bouillon 29 – Namur 95 – Charleville-Mézières 30.

🏨🏨 **Le Relais,** r. Albert Raty 72, ✆ 0 61 50 00 46, le.relais.vresse@skynet.be, Fax 0 6
🏠 50 02 26, 📠 – 🍽 rest, 📺 📠. 📠 ⑨ 📠 *VISA*
26 mars-1ᵉʳ janv. – Repas (fermé mardi soir, merc. et jeudi sauf juil.-15 sept. et aprè
20 h 30) Lunch 18 – 25 – **18 ch** ☲ 45/71 – ½ P 43/60.
◆ Devancée d'une terrasse estivale animée, cette auberge accueillante nichée au coeu
d'un village touristique propose deux catégories de chambres correctement équipée
Ambiance ardennaise, menus bien vus et prix musclés : trois raisons de s'attabler ici.
◆ Deze vriendelijke herberg in een toeristisch dorp heeft een populair zomerterras aa
de voorkant en twee categorieën kamers met prima voorzieningen. Ardense sfeer, aar
trekkelijke menu's en schappelijke prijzen : drie goede redenen om hier aan tafel te gaar

🍴🍴 **Pont St. Lambert,** r. Ruisseau 8, ✆ 0 61 50 04 49, Fax 0 61 50 16 93, ≤, 📠 – ⓑ
🍴 ⑨ *VISA*
*fermé 29 mars-15 avril, 26 juin-14 juil., du 19 au 30 sept.-1ᵉʳ oct., mardi et merc. sa
en juil.-août et après 20 h 30* – **Repas** 17/35.
◆ Un petit choix régional actualisé, proposant plusieurs menus, vous attend à cette ense
gne. La terrasse offre la vue sur un vieux pont enjambant la Semois.
◆ Terras met uitzicht op de oude brug over de Semois. De eigentijdse kaart met regiona
invloeden is beknopt, maar wordt uitgebreid met een aantal menu's.

à Laforêt *Sud : 2 km* © *Vresse-sur-Semois* – ⊠ *5550 Laforêt :*

🏠 **Aub. du Moulin Simonis** ⤸, rte de Charleville 42 (sur N 935), ✆ 0 61 50 00 81, *courrier@moulinsimonis.com*, Fax 0 61 50 17 41, ⛲ – **TV** – 🏛 40. **OO** **VISA**. ⚘ rest
fermé janv.-carnaval, dim. soir et lundi hors saison – **Repas** *(fermé après 20 h 30)* 22/75 bc, ♀ 🐾 – **14 ch** ☲ 63/70 – ½ P 53.

◆ Ancien moulin à eau isolé dans une clairière, sur un site imprégné de chlorophylle. Petites chambres de mise simple, mais d'une grande tranquillité. Accueil familial. Plats traditionnels et régionaux, menus tentateurs, choix de bourgognes et additions sages.

◆ Deze oude watermolen staat afgelegen op een open plek in het groen. Kleine, eenvoudige kamers, die echter veel rust bieden. Vriendelijke ontvangst. Traditionele en regionale gerechten, aanlokkelijke menu's, lekkere bourgognewijnen en billijke prijzen.

à Membre *Sud : 3 km* © *Vresse-sur-Semois* – ⊠ *5550 Membre :*

🏠 **des Roches**, rte de Vresse 93, ✆ 0 61 50 00 51, Fax 0 61 50 20 67 – **P.** **OO** **VISA**. ⚘
fermé janv.-carnaval, dern. sem. juin, dern. sem. sept. et merc. hors saison – **Repas** *(fermé après 20 h 30)* 35/40 – **14 ch** ☲ 38/55 – ½ P 46/49.

◆ Au bord de la route de Vresse, engageante petite auberge ardennaise tenue en famille depuis quatre générations. Chambres convenables. Clientèle surtout touristique. Table chaleureuse misant sur une carte classique-bourgeoise.

◆ Deze kleine Ardense herberg aan de weg naar Vresse ziet er uitnodigend uit en wordt al vier generaties lang door dezelfde familie geleid. Keurige kamers, waar overwegend toeristen komen. Gezellig restaurant met een traditionele klassieke kaart.

VROENHOVEN *3770 Limburg* © *Riemst 15 801 h.* **533** S 18 *et* **716** J 3.
Bruxelles 106 – *Maastricht 6* – *Hasselt 37* – *Liège 26* – *Aachen 42.*

XX **Mary Wong**, Maastrichtersteenweg 242, ✆ 0 12 45 57 57, *info@marywong.be*, Fax 0 12 45 72 90, ⛲, Cuisine chinoise – **P.** **AE** **①** **OO** **VISA**
fermé 15 juil.-10 août et merc. – **Repas** *(dîner seult sauf dim.)* 30/59.

◆ Agréable restaurant asiatique voisin de la frontière belgo-hollandaise, Mary Wong décline toutes les saveurs de l'Empire du Milieu. Présentations soignées. Service aimable.

◆ Aangenaam Aziatisch restaurant bij de Belgisch-Nederlandse grens, waar alle smaken van de Chinese keuken aan bod komen. Verzorgde presentatie en vriendelijke bediening.

WAARDAMME *West-Vlaanderen* **533** E 16 *et* **716** C 2 – *voir à Brugge, environs.*

WAARMAARDE *8581 West-Vlaanderen* © *Avelgem 9 186 h.* **533** F 18 *et* **716** D 3.
Bruxelles 64 – *Kortrijk 20* – *Gent 42* – *Tournai 26.*

XXX **De Gouden Klokke**, Trappelstraat 25, ✆ 0 55 38 85 60, *info@goudenklokke.be*, Fax 0 55 38 79 29, ⛲ – **P.** **AE** **①** **OO** **VISA**. ♀
fermé sem. carnaval, 15 août-9 sept., dim. soir, lundi, mardi soir et jeudi soir – **Repas** Lunch 25 – 52/88 bc, ♀.

◆ Fermette de style typiquement flamand située à la campagne. Cuisine traditionnelle et cadre alliant rusticité, touches classiques et notes modernes. Terrasse d'été invitante.

◆ Vlaamse boerderij op het platteland met een traditionele keuken. Het interieur is een mix van rustiek, klassiek en modern. 's Zomers is het terras favoriet.

WAASMUNSTER *9250 Oost-Vlaanderen* **533** J 16 *et* **716** F 2 – *10 429 h.*
Bruxelles 39 – *Antwerpen 29* – *Gent 31.*

XXX **La Cucina**, Belselestraat 4 (sur E 17 - A 14, sortie ⑬), ✆ 0 52 46 00 29, *info@restaurant-lacucina.be*, Fax 0 52 46 34 59, ⛲ – **P.** **AE** **①** **OO** **VISA**. ⚘
fermé 29 mars-7 avril, 24 juil.-11 août, 31 oct.-10 nov., mardi soir, merc. et sam. midi – **Repas** Lunch 57 bc – 50/70 bc.

◆ Construction récente évoquant un mas provençal, la Cucina vous attable dans un intérieur coquet. Cuisine d'aujourd'hui teintée d'un léger accent du Midi. Cave bien montée.

◆ Vrij nieuw gebouw in de stijl van een Provençaalse herenboerderij. In de mooie eetzaal kunt u genieten van de eigentijdse keuken met een licht Zuid-Frans accent. Goede wijnen.

XX **De Snip**, Schrijberg 122 (carrefour N 446 et N 70), ✆ 0 3 772 20 81, *info@desnip.be*, Fax 0 3 722 06 95, ⛲ – **P.** **AE** **①** **OO** **VISA**
fermé 27 mars-12 avril, 10 juil.-2 août, 22 déc.-10 janv., dim. et lundi – **Repas** Lunch 38 – 60/90 bc.

◆ Une villa d'esprit néo-classique sert de nid à la bécasse (snip). Recettes dans l'air du temps et décor intérieur assez raffiné. Terrasse d'été rafraîchie par une pièce d'eau.

◆ Een neoklassieke villa is het nest van deze snip. De gerechten passen bij de huidige smaak en het interieur is vrij geraffineerd. Zomerterras met een verkoelende waterpartij.

WACHTEBEKE 9185 Oost-Vlaanderen 🗺️ I 15 et 🗺️ E 2 – 6 811 h.

Bruxelles 73 – *Gent 18 – Middelburg 55 – Sas van Gent 10.*

X **L'olivette,** Meersstraat 33, 📞 0 9 342 04 17, stefano@tiscali.be, Fax 0 9 342 05 19, 🌿
AE 🐵 VISA
fermé du 14 au 30 juin, 27 déc.-4 janv., dim. et lundi – **Repas** Lunch 20 – carte 30 à 54,
♀.
 ◆ Petit restaurant charmant au bord d'un chemin de halage longeant un canal. Attrayante
carte inspirée de la Provence et ardoise de suggestions saisonnières.
 ◆ Leuk restaurantje aan het oude jaagpad langs het kanaal. Aantrekkelijke kaart met Provençaalse gerechten en suggesties afhankelijk van het seizoen.

WAIMES (WEISMES) 4950 Liège 🗺️ V 20, 🗺️ V 20 et 🗺️ L 4 – 6 618 h.

Bruxelles 164 – Liège 65 – Malmédy 8 – Spa 27.

🏨 **Hotleu,** r. Hottleux 106 (Ouest : 2 km), 📞 0 80 67 97 05, info@hotleu.be, Fax 0 80
67 84 62, 🌿, ⌁, ☀, 🛠 – 📺 🅿. – 🕮 25 à 90. AE 🕕 🐵 VISA. ✦ rest
fermé 2 dern. sem. juin, 2 sem. en janv. et merc. – **Repas** Lunch 25 – 42/62 bc – **15 ch**
⌁ 54/88.
 ◆ Sur les hauteurs de Waimes, confortable hôtel familial offrant plusieurs possibilités de
distractions ou détente : piscine et court de tennis au jardin, hammam flambant neuf. L'été,
une délicieuse terrasse dominant la vallée vous invite à un repas panoramique.
 ◆ Dit comfortabele familiehotel in de heuvels van Weismes biedt talloze mogelijkheden
voor ontspanning : zwembad en tennisbaan in de tuin en een gloednieuwe hamam. In de
zomer nodigt het prachtige terras boven het dal tot een panoramische maaltijd.

🏨 **Cyrano,** r. Chanteraine 11, 📞 0 80 67 99 89, info@cyrano.be, Fax 0 80 67 83 85, 🌿,
⌁ – 📺 🅿. – 🕮 25 à 120. AE 🐵 VISA. ✦
Repas (fermé prem. sem. juil., 1 sem. en janv., merc. et sam. midi) 32/60, ♀ – **14 ch**
⌁ 55/90 – ½ P 70/98.
 ◆ Juste "un peu de nez" suffit pour découvrir cet établissement sympathique. Toutefois,
le héros de la pièce de Rostand n'aurait pu que s'y plaire, avec la belle Roxane ! Actuelle
et inventive, la carte du restaurant trouve sa rime dans le vignoble de Bergerac.
 ◆ Wie een fijne neus heeft, vindt moeiteloos de weg naar dit sympathieke etablissement,
dat is opgedragen aan de beroemde held uit het stuk van Rostand. De eigentijdse en
inventieve keuken komt goed tot zijn recht bij de wijnen uit... Bergerac !

X **Aub. de la Warchenne** avec ch, r. Centre 20, 📞 0 80 67 93 63, Fax 0 80 67 84 59,
🌿 – 📺 🅿. AE 🕕 🐵 VISA
fermé merc. – **Repas** 19/35 – **7** ch ⌁ 45/75 – ½ P 50/56.
 ◆ Auberge familiale proprette aménagée à la manière d'un chalet. Derrière les fourneaux,
on mise sur la tradition. Spacieuses chambres d'une tenue méticuleuse ; bon accueil.
 ◆ Deze keurige familieherberg ziet eruit als een chalet. Achter het fornuis wordt de traditie
in ere gehouden. Ruime kamers die perfect onderhouden zijn. Goede ontvangst.

à Faymonville Est : 2 km ⓒ Waimes – ⌂ 4950 Faymonville :

XXX **Au Vieux Sultan** ⌁ avec ch, r. Wemmel 12, 📞 0 80 67 91 97, Fax 0 80 67 81 28, 🌿
– 🍽 rest, 📺 🚗 🅿. – 🕮 25 à 80. AE 🕕 🐵 VISA. ✦
fermé fin juin-mi-juil., dim. soir et lundi – **Repas** Lunch 20 – 31/50 – **8 ch** ⌁ 50/75 –
½ P 64/68.
 ◆ Au centre d'un village tranquille, hostellerie connue pour ses mets classiques de saison
revisités en douceur. Salle à manger actuelle. Chambres pratiques, assez agréables.
 ◆ Deze herberg in een rustig dorp staat bekend om zijn klassieke, seizoengebonden gerech
ten met een vleugje vernieuwing. Eigentijdse eetzaal. Practische, vrij aangename kamers

---

WALCOURT 5650 Namur 🗺️ L 21, 🗺️ L 21 et 🗺️ G 5 – 17 246 h.

Voir *Basilique St-Materne★ : jubé★, trésor★.*

Env. *au Sud : 6 km, Barrage de l'Eau d'Heure★, Barrage de la Plate Taille★.*

🅱 Grand'Place 25 📞 0 71 61 25 26.

Bruxelles 81 – Namur 57 – Charleroi 21 – Dinant 43 – Maubeuge 44.

XX **Host. Dispa** ⌁ avec ch, r. Jardinet 7, 📞 0 71 61 14 23, Fax 0 71 61 11 04, 🌿 –
🚗 🅿. AE 🕕 🐵 VISA. ✦ ch
fermé 15 fév.-15 mars, 1 sem. en juin, 2 sem. en sept., jeudi soir hors saison, mardi
merc. – **Repas** Lunch 22 – 33/84 bc, ♀ – ⌁ 10 – **6 ch** 60/75 – ½ P 75.
 ◆ Deux ambiances contrastées dans cette ancienne maison de notable où il fait bon s'att
bler : salle feutrée au décor bourgeois ou véranda. Mets classiques soignés.
 ◆ Twee verschillende sferen in dit herenhuis, waar u goed kunt tafelen : eetzaal in bou
geoisstijl of serre. Verzorgde klassieke keuken.

WANNE Liège 🗺️ U 20, 🗺️ U 20 et 🗺️ K 4 – voir à Trois-Ponts.

BELGIQUE

🚉 Bergstraat 41 🖉 0 56 60 88 08, Fax 0 56 62 18 23.

Bruxelles 79 – Kortrijk 16 – Brugge 47 – Gent 34.

🏨 **St-Jan**, Anzegemseweg 26 (Sud : 3 km, près E 17 - A 14, sortie ⑤), 🖉 0 56 61 08 88, info@hotel-st-janshof.com, Fax 0 56 60 34 45 – 🔲 📮 – 🔏 25 à 40. 🖭 🐵 𝖵𝖨𝖲𝖠. ✄
fermé du 20 au 31 déc. – **Repas** (dîner pour résidents seult) – **21 ch** ⊇ 60/80 – ½ P 72/94.
◆ À portée d'autoroute, imposante villa érigée au bord d'une chaussée passante traversant une zone industrielle. Chambres standard de bon format, munies du double vitrage.
◆ Imposante villa aan een doorgaande weg op een industrieterrein langs de snelweg. De standaardkamers zijn van goed formaat en hebben dubbele ramen.

🏨 **de peracker,** Caseelstraat 45 (Ouest : 3 km sur rte de Desselgem, puis rte à gauche), 🖉 0 56 60 03 31, deperacker@telenet.be, Fax 0 56 60 03 25, ≤, 🏤, 🐖 – 🔲 📮 – 🔏 40 à 100. 🖭 🐵 𝖵𝖨𝖲𝖠. ✄
Repas (fermé vend. sauf en juil.-août) (dîner seult) carte 22 à 46 – **14 ch** ⊇ 65/100.
◆ Cet hôtel familial excentré voisinant un étang que l'on peut sillonner en barque l'été venu, est spécialisé dans la tenue de banquets et séminaires. Chambres fonctionnelles.
◆ Dit familiehotel ligt even buiten Waregem bij een meertje, waar 's zomers bootjes te huur zijn. Het is gespecialiseerd in congressen en feesten. Functionele kamers.

🏵🏵🏵🏵
🏵🏵 **'t Oud Konijntje** (Mmes Desmedt), Bosstraat 53 (Sud : 2 km près E 17 - A 14), 🖉 0 56 60 19 37, info@oudkonijntje.be, Fax 0 56 60 92 12, 🏤 – 🔲 📮 🖭 🐵 𝖵𝖨𝖲𝖠
fermé 1 sem. Pâques, fin juil.-début août, Noël-Nouvel An, jeudi soir, vend. et dim. soir –
Repas 85/110, carte 69 à 115, ⅋ ❀
Spéc. Potée de jeunes légumes à la crème de foie d'oie, croustillant de fleur de courgette. Tronçon de turbot aux noisettes grillées et truffe (déc.-fév.). Pigeonneau rôti au romarin et mousseline de pommes de terre surprise.
◆ Décor intérieur joliment dédié au lapin, exquise terrasse rafraîchie d'une fontaine, jardin délicieusement fleuri en été : pareil écrin méritait bien la félicité culinaire !
◆ Culinair genieten in een interieur dat geheel in het teken staat van dit sympathieke knaagdier. Mooi terras met fontein en een tuin die 's zomers prachtig in bloei staat.

🍴 **Hobo's,** Wortegemseweg 51 (près E 17 - A 14, sortie ⑤), 🖉 0 56 61 69 54, info@hob oswaregem, Fax 0 56 60 90 56, 🏤 – 📮 🖭 🐵 𝖵𝖨𝖲𝖠
fermé du 4 au 14 fév., 25 juil.-16 août, dim. soir et lundi – **Repas** Lunch 25 – 33/55 bc.
◆ Accueillant restaurant style "bistrot bien dans le coup". Ample et lumineuse salle où domine le bois blond, grande terrasse d'été et quelques spécialités nipponnes à la carte.
◆ Gezellig restaurant in de stijl van een moderne bistro. Ruime en lichte eetzaal, waarin hout de boventoon voert. Groot terras en enkele Japanse specialiteiten op de kaart.

à Sint-Eloois-Vijve Nord-Ouest : 3 km 🅒 Waregem – ✉ 8793 Sint-Eloois-Vijve :

🍴🍴 **De Houtsnip**, Posterijstraat 56, 🖉 0 56 61 13 77, info@houtsnip.be, Fax 0 56 61 28 10, 🏤 – 📮 🖭 ① 🐵 𝖵𝖨𝖲𝖠
fermé 1 sem. carnaval, du 1er au 18 août, mardi soir, merc. et dim. soir – **Repas** 28/54 bc, ⅋.
◆ Un volatile sympathique s'est posé sur l'enseigne de ce plaisant restaurant. Salle à manger d'un style classique actualisé, tout comme les préparations, assez ambitieuses.
◆ Deze sympathieke vogel is neergestreken op het uithangbord van dit plezierige restaurant. Eetzaal in modern-klassieke stijl, evenals de gerechten, die vrij ambitieus zijn.

🍴 **bistro desanto,** Gentseweg 558, 🖉 0 56 60 24 13, bistro.desanto@pandora.be, Fax 0 56 61 17 84, 🏤. Ouvert jusqu'à 23 h – 📮 🖭 ① 🐵 𝖵𝖨𝖲𝖠
fermé du 26 au 29 mars, 28 juil.-16 août, 24 déc.-3 janv., dim., lundi et jours fériés – **Repas** Lunch 18 – carte 28 à 52.
◆ Atmosphère conviviale, service avenant, saveurs "bistrotières" et suggestions plus travaillées font le succès de cette maison bourgeoise au décor intérieur contemporain.
◆ De gemoedelijke sfeer, attente bediening, bistrogerechten en ook verfijndere schotels zijn het succesrecept van dit restaurant in een herenhuis met een eigentijds interieur.

🍴 **Anna's Place** avec ch, Gentseweg 606, 🖉 0 56 60 11 72, info@annas-place.be, Fax 0 56 61 45 86, 🏤 – 🔲 🐵 𝖵𝖨𝖲𝖠
fermé 25 déc.-2 janv. – **Repas** (fermé lundi midi, merc. et sam. midi) Lunch 38 – carte 39 à 56 – **11 ch** ⊇ 52/84.
◆ L'affaire, qui a fêté ses dix ans, surveille un carrefour au trafic soutenu. Petite adresse de cuisine traditionnelle prisée pour son menu vedette. Chambres insonorisées.
◆ Dit establissement, dat pas zijn tienjarig bestaan heeft gevierd, staat aan een druk kruispunt. Eenvoudige, traditionele kaart met een gewild menu. Kamers met geluidsisolatie.

WAREMME (BORGWORM) *4300 Liège* 533 Q 18, 534 Q 18 *et* 716 I 3 – *13 628 h.*
Bruxelles 76 – Namur 47 – Liège 28 – Sint-Truiden 19.

XX **Le Petit Axhe,** r. Petit-Axhe 12 (Sud-Ouest : 2 km, lieu-dit Petit Axhe), ℰ 0 19 32 37 22, lepetit-axhe@skyneet.be, Fax 0 19 32 88 92, 😊 – P. AE ⓪ ⓸⓷ VISA
fermé lundis, mardis, merc. soirs et sam. midis non fériés – **Repas** *Lunch 30* – 43/75 bc.
◆ Maison appréciée pour son répertoire culinaire assez inventif, le confort de ses salles à manger et le soin apporté à la mise en place sur les tables. L'été, repas au jardin.
◆ Dit restaurant valt in de smaak vanwege zijn vrij inventieve culinaire repertoire, comfortabele eetzalen en fraai gedekte tafels. Bij goed weer kan in de tuin worden gegeten.

WATERLOO *1410 Brabant Wallon* 533 L 18, 534 L 18 *et* 716 G 3 – *28 886 h.*
⓶⓼ *(2 parcours)* 🏌 *à l'Est : 5 km à Ohain, Vieux Chemin de Wavre 50* ℰ 0 2 633 18 50, Fax 0 2 633 28 66 - ⓶⓼ *(2 parcours)* 🏌 *au Sud-Ouest : 5 km à Braine-l'Alleud, chaussée d'Alsemberg 1021* ℰ 0 2 353 02 46, Fax 0 2 354 68 75.
🅱 *chaussée de Bruxelles 149* ℰ 0 2 354 99 10, Fax 0 2 354 22 23 – *Fédération provinciale de tourisme, chaussée de Bruxelles 218* ℰ 0 2 351 12 00, brabant.wallon.tourisme@skynet.be, Fax 0 2 351 13 00.
Bruxelles 17 – Charleroi 37 – Nivelles 15.

🏨 **Grand H.,** chaussée de Tervuren 198, ℰ 0 2 352 18 15, ghw@martins-hotels.com, Fax 0 2 352 18 88, 😊, ⅃🏊 – 🛗 ⅟✕, 🍽 rest, TV P. – ᴁ 25 à 85. AE ⓪ ⓸⓷ VISA
Repas *(fermé sam. midi et dim. midi) Lunch 13* – 33/58 bc – **79 ch** ⥥ 60/320 – ½ P 73/203.
◆ Cet hôtel cossu aménagé dans un ensemble industriel du 19ᵉ s. renferme des chambres spacieuses de bon ton, offrant tout le confort moderne. Room service. Ample salle de restaurant voûtée, mise en place simple et recettes orientées "épices".
◆ Dit luxueuze hotel is gevestigd in een industriecomplex uit de 19e eeuw. De mooie en ruime kamers zijn van alle moderne gemakken voorzien. Roomservice. Grote gewelfde eetzaal met bistrotafels. Keuken waarin veel met kruiden wordt gewerkt.

🏨 **Le Côté Vert** 😊, chaussée de Bruxelles 200g, ℰ 0 2 354 01 05, info@cotevert.be, Fax 0 2 354 08 60 – 🛗 ⅟✕ TV P. – ᴁ 40. ⓪ ⓸⓷ VISA
fermé Nouvel An – **Repas** voir rest **La Cuisine "au Vert"** ci-après – **29 ch** ⥥ 119/134.
◆ Près du centre-ville, mais au calme, immeuble récent dont les chambres, munies d'un mobilier de série, donnent côté arrière sur un jardin et un paysage de prairies.
◆ Nieuw gebouw, rustig gelegen bij het centrum van de stad. De kamers zijn met standaardmeubilair ingericht en kijken aan de achterkant uit op de tuin en de weilanden.

🏨 **Le 1815,** rte du Lion 367, ℰ 0 2 387 01 60, Fax 0 2 385 29 31, 😊 – 🍽 rest, TV P. AE ⓪ VISA JCB. ✕
Repas *(fermé 21 juil.-15 août, dim. soir et lundi) Lunch 19* – carte 40 à 53 – **15 ch** ⥥ 115/135.
◆ Peut-être croiserez-vous l'ex-Diable rouge Enzo Scifo dans cette bâtisse jaune postée à 200 m de la butte du Lion. Chambres inspirées par les protagonistes du 18 juin 1815. Salle de restaurant actuelle ; cuisine de même.
◆ In dit gele gebouw op 200 m van de Leeuw van Waterloo loopt u Enzo Scifo, ex-voetballer van de Rode Duivels, misschien wel tegen het lijf. De inrichting van de kamers is geïnspireerd op de slag bij Waterloo van 18 juni 1815. Eigentijdse eetzaal en dito keuken.

🏠 **Le Joli-Bois** 😊 sans rest, r. Ste-Anne 59 (Sud : 2 km à Joli-Bois), ℰ 0 2 353 18 18, info@waterloohotel.be, Fax 0 2 353 05 16, 😊 – 🛗 TV P. AE ⓪ ⓸⓷ VISA
fermé 22 déc.-3 janv. – **14 ch** ⥥ 80/110.
◆ Établissement à taille humaine situé dans un quartier résidentiel paisible, proche du ring. Chambres confortables. Petit-déjeuner dans la véranda ouvrant sur le jardin.
◆ Dit hotel in een rustige woonwijk, niet ver van de Ring, heet u graag welkom. De kamers zijn gerieflijk. Het ontbijt wordt gebruikt in de serre, die uitkijkt op de tuin.

XX **La Cuisine "au Vert"** - H. Le Côté Vert, chaussée de Bruxelles 200g, ℰ 0 2 357 34 94, info@cotevert.be, Fax 0 2 354 08 60, 😊 – P. AE ⓪ ⓸⓷ VISA
fermé dern. sem. juil.-2 prem. sem. août, dern. sem. déc.-prem. sem. janv., sam. et dim. – **Repas** *Lunch 18* – 29.
◆ Cuisine au goût du jour servie dans un cadre actuel plaisant. Terrasse estivale dressée au jardin, offrant la vue sur les champs où paissent des vaches.
◆ Eigentijdse keuken en dito interieur. Op zomerse dagen worden de tafeltjes gedekt op het terras in de tuin, dat een mooi uitzicht biedt op de weilanden met grazende koeien.

XX **Le Jardin des Délices,** chaussée de Bruxelles 253, ℰ 0 2 354 80 33, jardin_des_delices@hotmail.com, Fax 0 2 354 80 33, 😊 – AE ⓪ ⓸⓷ VISA
fermé 2 prem. sem. sept., dim. soir, lundi et mardi – **Repas** *Lunch 12* – 28/38 bc.
◆ Lambris blonds, murs écarlates, colonnes blanches, tableaux modernes, chaises et banquettes zébrées : un décor qui a du punch ! Formule menu-carte à composer soi-même.
◆ Lichtgele lambrisering, scharlakenrode muren, witte zuilen, moderne schilderijen en stoelen en bankjes in zebraprint : een interieur met schwung ! Aantrekkelijk à la carte-menu

BELGIQUE

XX **Rêve Richelle,** Drêve Richelle 96, ☎ 0 2 354 82 24, *restaurantreverichelle@hotmail. com,* Fax 0 2 354 82 24, ☞ – 🅿. 🖭 🕮 ⑳ 𝗩𝗜𝗦𝗔
fermé 1 sem. Pâques, 3 sem. en août, 1 sem. Toussaint, dim. et lundi – **Repas** 22/45 bc.
◆ Villa vous conviant à goûter une cuisine classique dans un cadre sans prétention. Aux beaux jours, un restaurant de plein air enrobé de glycine de s'installe côté jardin.
◆ In deze villa kunt genieten van een klassieke maaltijd in een eenvoudig interieur. Bij mooi weer worden de tafeltjes op het terras in de tuin met blauweregen opgedekt.

XX **L'Opéra,** chaussée de Tervuren 178, ☎ 0 2 354 86 43, Fax 0 2 354 19 69, ☞, Cuisine italienne, ouvert jusqu'à 23 h – 🅿. 🖭 ⓞ ⑳ 𝗩𝗜𝗦𝗔
fermé 21 août-6 sept., sam. midi et dim. – **Repas** Lunch 16 – 44, 🍷 ⬚.
◆ Ample "ristorante-wine bar" au design italien très léché. Harmonie gris et pourpre en salle, marbres de Vérone et de Carrare et belle toile montrant un célèbre opéra vénitien.
◆ Italiaans restaurant met wijnbar en trendy interieur met harmonieuze grijs- en purper-kleuren, marmer uit Verona en Carrare, en een schildering van een Venetiaanse opera.

X **Yves Lemercier,** chaussée de Charleroi 72 (N 5, direction butte du lion), ☎ 0 2 387 17 78, *yves.lemercier@tiscali.be,* Fax 0 2 387 17 78, ☞, Rôtissoire à vue – 🅿. 🖭 ⓞ ⑳ 𝗩𝗜𝗦𝗔
fermé 1 sem. carnaval, 1re quinz. juil., 1 sem. Toussaint, Noël-Nouvel An et après 20 h 30 – **Repas** (déjeuner seult sauf week-end) Lunch 15 – 30/40.
◆ Restaurant simple et convivial, au bord d'un axe passant, pas loin de la butte du lion. Mets traditionnels à base de bons produits des terroirs belges. Rôtissoire en salle.
◆ Gemoedelijk restaurant aan een drukke verkeersader, vlak bij de Leeuwenheuvel. Tra-ditionele gerechten op basis van goede producten van het Belgische land. Grill in de eetzaal.

WATERMAEL-BOITSFORT (WATERMAAL-BOSVOORDE) *Région de Bruxelles-Capitale* 🟥🟥🟥 L 18 – *voir à Bruxelles.*

WATOU 8978 West-Vlaanderen Ⓒ Poperinge 19 419 h. 🟥🟥🟥 A 17 et 🟥🟥🟥 A 3.
Bruxelles 146 – Brugge 81 – Kortrijk 55 – Lille 49.

🏠 **Brouwershuis** ⚘ sans rest, Trappistenweg 23a, ☎ 0 57 38 88 60, Fax 0 57 38 80 71, ☞, ⚘ – ⅙⬚ 🗐 🖭 🅿. ⑳ 𝗩𝗜𝗦𝗔 ᴶᶜᴮ, ⚘
Pâques-oct., week-end et vacances scolaires ; fermé lundi et mardi – **8 ch** 🍽 75/90.
◆ Jolie maison couverte d'un tapis végétal, à débusquer dans la campagne des Monts de Flandre, à côté d'une exploitation brassicole. Calmes chambres personnalisées. Bon accueil.
◆ Mooi huis met klimop op het platteland van de Vlaamse Bergen, naast een bierbrouwerij. Rustige kamers met een persoonlijk karakter. Gastvrij onthaal.

X **Gasthof 't Hommelhof,** Watouplein 17, ☎ 0 57 38 80 24, *info@hommelhof.be,* Fax 0 57 38 85 90, ☞, Avec cuisine à la bière – ⓐ 150. 🖭 ⓞ ⑳ 𝗩𝗜𝗦𝗔
fermé 1 sem. en juin, 1 sem. en oct., 1 sem. en janv. et merc. sauf en juil.-août – **Repas** (déjeuner seult sauf week-end et en juil.-août) 25/37.
◆ Table blottie au centre d'un village brassicole proche de la frontière française. Du houblon séché orne les murs des deux coquettes salles. Savoureuse cuisine traditionnelle.
◆ Restaurant in een brouwersdorp, vlak bij de Franse grens. De muren van de twee eetzalen zijn versierd met gedroogde hop. Smakelijke traditionele keuken.

WAVRE (WAVER) 1300 🅿 Brabant Wallon 🟥🟥🟥 M 18, 🟥🟥🟥 M 18 et 🟥🟥🟥 G 3 – 31 650 h.
🔳 🔳 chaussée du Château de la Bawette 5 ☎ 0 10 22 33 32, Fax 0 10 22 90 04 - 🔳 au Nord-Est : 10 km à Grez-Doiceau, Les Gottes 3 ☎ 0 10 84 15 01, Fax 0 10 84 55 95.
🅱 Hôtel de Ville, r. Nivelles 1 ☎ 0 10 23 03 52, Fax 0 10 23 03 56.
Bruxelles 27 – Namur 37 – Charleroi 45 – Liège 87.

Plans pages suivantes

🏨 **Novotel,** r. Wastinne 45, ✉ 1301, ☎ 0 10 41 13 63, *H1645@accor.com,* Fax 0 10 41 19 22, ☞, ⅊, ⚓ – 🛗 ⅙⬚ 🗐 🖭 ⚓ch, 🅿 – ⓐ 25 à 170. 🖭 ⓞ ⑳ 𝗩𝗜𝗦𝗔 **B a Repas** *(fermé 24 et 25 déc. et sam. midi)* Lunch 15 – carte 26 à 39 – 🍽 14 – **102 ch** 112/130.
◆ Retrouvez, aux portes de Wavre, près de l'autoroute et d'un grand parc d'attractions, toutes les prestations habituelles de l'enseigne Novotel. Chambres refaites de neuf.
◆ Dit hotel aan de rand van Waver, vlak bij de snelweg en een groot pretpark, biedt alle voorzieningen die gebruikelijk zijn voor deze keten. De kamers zijn zojuist gerenoveerd.

🏠 **AC Hotel Wavre-Nord,** av. Lavoisier 12, ☎ 0 10 22 60 50, *hotel.wavre@autogrill.net,* Fax 0 10 22 57 01, ☞ – 🛗 ⅙⬚ 🖭 ⚓ch, 🅿 – ⓐ 25 à 60. 🖭 ⓞ ⑳ 𝗩𝗜𝗦𝗔 ⚓ rest
Repas *(fermé dim.)* carte env. 29 – **64 ch** 🍽 67/78.　　　　　　　　A b
◆ Hôtel de chaîne dont la façade style "Louisiane" introduit un brin de fantaisie dans ce quartier à vocation industrielle. Chambres menues mais pratiques et rénovées.
◆ Ketenhotel waarvan de gevel in Louisianastijl voor enige fantasie zorgt in dit indus-triegebied. De kamers zijn klein, maar praktisch en onlangs gerenoveerd.

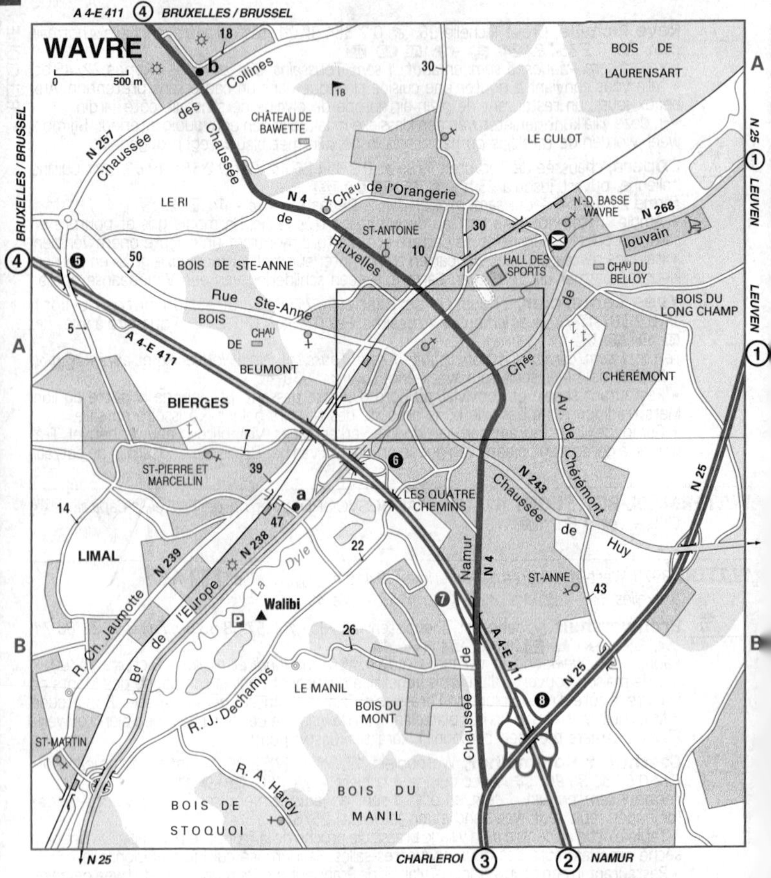

A 4-E 411 ④ BRUXELLES / BRUSSEL
WAVRE
0 500 m
BRUXELLES / BRUSSEL ④
N 25 ① LEUVEN
LEUVEN ①
N 25
CHARLEROI ③
② NAMUR
BOIS DE LAURENSART
CHÂTEAU DE BAWETTE
LE CULOT
Chaussée des Collines
N 257
Chaussée des
LE RI
N 4 de Bruxelles
Chau de l'Orangerie
N.-D. BASSE WAVRE
N 268
louvain
ST-ANTOINE
HALL DES SPORTS
CHAU DU BELLOY
BOIS DE STE-ANNE
Rue Ste-Anne
BOIS DU LONG CHAMP
BOIS DE CHAU DE BEUMONT
A 4-E 411
Chée de
CHÉRÉMONT
BIERGES
Av. de Chérémont
ST-PIERRE ET MARCELLIN
LES QUATRE CHEMINS
N 243 Chaussée de Huy
LIMAL
N 239
N 238
La Dyle
Walibi
Chaussée de Namur N 4
ST-ANNE
R. Ch. Jaumotte
Bd de l'Europe
R. J. Dechamps
LE MANIL
BOIS DU MONT
ST-MARTIN
R. A. Hardy
BOIS DE STOQUOI
BOIS DU MANIL
N 25
A
B

Champles (R. de)	**A** 5	Lavoisier (Av.)	**A** 18	Provinciale (R.)	**B** 39
Combattants (R. des)	**AB** 7	Manil (R. du)	**B** 22	Vieusart (Chemin de)	**B** 43
Gaulois (Chaussée des)	**A** 10	Maréchaux (Chemin des)	**B** 26	Wastinne (R. de la)	**B** 47
Haie (R. de la)	**B** 14	Ottenbourg (Chaussée d')	**A** 30	Wavre (R. de)	**A** 50

at home sans rest, pl. Bosch 33, ✆ 0 10 22 83 83, *melinda.bacq@skynet.be* – *Fax 0 10 81 69 39* – 🚭 TV P – 🏊 25. AE ⓓ MC VISA JCB C
18 ch ☐ 65/80.
◆ Étape idéale au coeur de la capitale du Brabant wallon : accueil familial, chambres e communs fringants, semés de touches provençales ou exotiques, et salles d'ea "nickel".
◆ Hotel in het centrum van de hoofdstad van Waals-Brabant. Piekfijne kamers en gemeen schappelijke ruimten met een Provençaalse of exotische noot. De badkamers zijn spic e span.

Carte Blanche, av. Reine Astrid 8, ✆ 0 10 24 23 63, 🏠 – AE MC VISA D
fermé 21 juil.-14 août, du 1er au 14 janv., sam. midi, dim. soir et lundi – **Repas** (déjeun seult) *Lunch 17* – 25/37.
◆ Affaire familiale avoisinant un carrefour dit du "Fin bec". Le chef y a carte blanche po concocter ses menus entre classicisme et tradition. Décor intérieur chaleureux.
◆ Dit familiebedrijf staat bij een kruispunt dat ook wel de lekkerbek wor genoemd. De chef-kok heeft "carte blanche" voor zijn klassiek-traditionele menu's. War interieur.

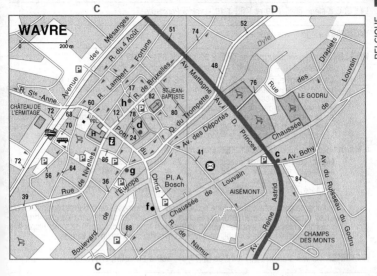

WAVRE

0   200 m

XX **Le Bateau Ivre**, Ruelle Nuit et Jour 19, ℘ 0 10 24 37 64, Fax 0 10 24 37 64, 🐾 –
AE Ⓞ ⓄⓈ VISA   C d
fermé dim. et lundi – **Repas** *Lunch* 15 – carte 32 à 42.
◆ Dans une ruelle piétonne, adresse dont l'ami Rimbaud n'aurait sans doute pas dédaigné
la cuisine méditerranéenne, ni d'ailleurs la jolie terrasse d'été sur cour close de murs.
◆ De naam van dit restaurant in een voetgangersstraat slaat op een gedicht van Rimbaud,
die de mediterrane keuken vast niet had versmaad. Mooi ommuurd terras voor zomerse
dagen.

X **La table du marché**, r. Flandre 11, ℘ 0 10 88 13 50, Fax 0 10 88 13 50 – AE ⓄⓈ VISA.
🐾   C h
fermé 15 août-3 sept., dim. et lundi – **Repas** *Lunch* 16 – 30.
◆ Au voisinage de la place dominée par l'église St-Jean-Baptiste, table dont les savoureux
mets au goût du jour connaissent un succès grandissant auprès des habitants de Wavre.
◆ Dit restaurant bevindt zich in de buurt van het plein met de kerk St.-Jean-Baptiste. De
smakelijke, eigentijdse gerechten oogsten steeds meer succes bij de inwoners van Waver.

X **Rotissimus**, r. Fontaines 60, ℘ 0 10 24 54 54, 🐾, Grillades – AE Ⓞ ⓄⓈ VISA C g
fermé du 1er au 15 août, sam. et dim. – **Repas** *Lunch* 15 – carte 30 à 48, ♀.
◆ Une façade bordeaux signale cette maisonnette du centre-ville accueillant ses hôtes dans
un cadre actuel. Rôtissoire en salle et choix de recettes classico-bourgeoises.
◆ Rotisserie in een pandje in het centrum met een bordeauxrode gevel en een eigentijds
interieur, waar u eenvoudig klassiek kunt eten. Het vlees wordt in de eetzaal geroosterd.

VEELDE 2381 Antwerpen Ⓒ Ravels 13 413 h. 🔢 🔢 Ⓞ 14 et 🔢 🔢 🔢 H 1.
Bruxelles 94 – Antwerpen 44 – Turnhout 11 – Breda 38 – Eindhoven 47 – Tilburg 20.
XX **de Groes**, Meir 1, ℘ 0 14 65 64 84, restaurant.degroes@pandora.be, Fax 0 14 65 64 84,
🐾 – P, AE Ⓞ ⓄⓈ VISA
fermé 2 sem. vacances bâtiment, mardi midi, merc. et sam. midi – **Repas** *Lunch* 28 – carte
41 à 53.
◆ À proximité de la frontière batave, ancienne ferme convertie en restaurant au cadre
rustique dont un éclairage tamisé renforce l'intimité. Carte classique avec lunch et menus.
◆ Deze oude boerderij bij de Nederlandse grens is verbouwd tot rustiek restaurant,
waar een gedempte licht een intieme sfeer geeft. Klassieke kaart met lunchformule en
menu's.

445

WEGNEZ *Liège* 533 T 19 *et* 534 T 19 – *voir à Pepinster.*

WEISMES *Liège – voir Waimes.*

WELLIN *6920 Luxembourg belge* 534 P 22 *et* 716 I 5 – *2 899 h.*
Bruxelles 110 – Bouillon 44 – Dinant 34 – Namur 53 – Rochefort 14.

La Papillote, r. Station 5, ☎ 0 84 38 88 16, *Fax 0 84 38 70 46* – MC VISA
fermé 21 juil.-13 août, prem. sem. janv., mardi soir, merc., sam. midi et dim. soir – **Repas** *Lunch 24* – 45/60 bc.
◆ Maison bourgeoise nichée au coeur du village. Menu au goût du jour reprenant des plats de la carte, homards pêchés dans le vivier et suggestions quotidiennes sur écriteau.
◆ Herenhuis in het hart van het dorp. Het eigentijdse menu bestaat uit gerechten van de kaart, maar u kunt ook kiezen voor kreeft uit het homarium of suggesties op een leitje.

à Halma *Sud-Est : 3 km* C *Wellin* – ✉ *6922 Halma :*

Host. Le Père Finet avec ch, r. Libin 75 (lieu-dit Neupont), ☎ 0 84 38 81 35, *perefinet@euronet.be, Fax 0 84 38 82 12,* – P. AE MC VISA.
fermé 1 sem. en mars, 1 sem. en sept., 1 sem. en janv., lundi midi en hiver et dim. soir, lundi soir, et mardi sauf vacances scolaires – **Repas** *(fermé après 20 h 30)* 24/45, ♀ – **10 ch** ☕ 59/72 – ½ P 65/72.
◆ Auberge concoctant une cuisine actuelle souvent composée de produits régionaux. Terrasse estivale dressée au jardin, près d'un étang. Confort simple dans les chambres.
◆ Herberg met een eigentijdse keuken op basis van streekproducten. In de zomer wordt het terras opgedekt in de tuin, bij de vijver. Eenvoudig comfort in de kamers.

WEMMEL *Vlaams-Brabant* 533 K 17 *et* 716 F 3 – *voir à Bruxelles, environs.*

WENDUINE *8420 West-Vlaanderen* C *De Haan 11 666 h.* 533 D 15 *et* 716 C 2.
Bruxelles 111 – Brugge 17 – Oostende 16.

Host. Tennis, Astridplein 2, ☎ 0 50 41 21 37, *hostellerie.tennis@pandora.be, Fax 0 50 42 36 26,* – TV. MC VISA.
fermé du 7 au 16 mars – **Repas** *(fermé lundi et mardi midi d'oct. à mars, mardi soir et merc.)* (dîner seult jusqu'à 20 h 30) 40/70 bc – **10 ch** ☕ 60/90 – ½ P 65/155.
◆ Cette villa avoisinant des terrains de tennis se situe à 500 m de la plage. Accueil et service soignés, chambres actuelles bien tenues et petit-déjeuner de qualité. Repas au goût du jour et bons conseils pour vous orienter dans le large choix de vins.
◆ Deze villa naast een tennisbaan bevindt zich op 500 m van het strand. Attente service, moderne, goed onderhouden kamers en lekker ontbijt. Eigentijdse keuken en uitstekende wijnadviezen, wat gezien de ruime keuze geen overbodige luxe is.

Georges sans rest, De Smet de Naeyerlaan 19, ☎ 0 50 41 90 17, *hotel.georges@pandora.be, Fax 0 50 41 21 99,* – TV P – 30. MC VISA.
fermé mardi et merc. sauf vacances scolaires – **18 ch** ☕ 50/80.
◆ Cet hôtel de confort simple mais correct met à profit un monument du début du 20e s. Architecture Art nouveau, au même titre que certains détails décoratifs des chambres.
◆ Hotel in een gebouw uit het begin van de 20e eeuw ; eenvoudig maar correct comfort Architectuur en een aantal decoratieve elementen van de kamers in art nouveau-stijl.

Rita, Kerkstraat 6 (transfert prévu), ☎ 0 50 41 19 09, *Fax 0 50 41 19 09,* – VISA
fermé 2 sem. après carnaval, mi-nov.-mi-déc. et lundi – **Repas** 21/35.
◆ Ce restaurant est sur le point de déménager, mais que les habitués se rassurent : il s'installera à deux pas, dans la même rue commerçante. Cuisine classique-traditionnelle
◆ Dit restaurant gaat hier binnenkort weg, maar vaste klanten kunnen gerust zijn, want het blijft in dezelfde winkelstraat. Klassiek-traditionele keuken.

WÉPION *Namur* 533 O 20, 534 O 20 *et* 716 H 4 – *voir à Namur.*

WESTENDE *8434 West-Vlaanderen* C *Middelkerke 17 356 h.* 533 B 16 *et* 716 B 2 – *Station balnéaire.*
Bruxelles 127 – Brugge 40 – Oostende 11 – Veurne 14 – Dunkerque 40.

à Westende-Bad *Nord : 2 km* C *Middelkerke* – ✉ *8434 Westende :*

Roi Soleil sans rest, Charles de Broquevillelaan 17, ☎ 0 59 30 08 08, *Fax 0 59 31 50 7*
– TV P. AE MC VISA
6 ch ☕ 60/95.
◆ Villa devancée d'une terrasse d'été meublée en teck, où l'on petit-déjeune quand bri le Roi Soleil. Chambres douillettes nommées d'après les courtisanes de Louis XIV.
◆ Als de Zonnekoning straalt, wordt er ontbeten op het terras met teakhouten meubel aan de voorkant van deze villa. De behaaglijke kamers zijn genoemd naar de maîtress van Lodewijk XIV. Gerieflijke eetzaal in een originele kleurstelling.

🏨 **Host. Melrose,** Henri Jasparlaan 127, ☎ 0 59 30 18 67, hotel@melrose.be, Fax 0 59 31 02 35, 🍴 – 📺 📫 – 🛗 25. 🝳 ⓪ ⓿ 𝒱𝐼𝒮𝒜
Repas *(fermé mardi soir, merc. et après 20 h 30)* Lunch 35 – 52/85 bc – **10 ch** ⊑ 56/84 – ½ P 72/95.
♦ Cette grande demeure implantée à proximité de la plage met à votre disposition des chambres actuelles spacieuses et de bon confort. L'accueil est familial. Restaurant où l'on a ses aises, présentant une carte classique.
♦ Dit grote pand ligt op een steenworp afstand van het strand en beschikt over ruime en moderne kamers met goed comfort. De ontvangst is vriendelijk. Comfortabel restaurant met een klassiek georiënteerde menukaart.

🏨 **Splendid,** Meeuwenlaan 20, ☎ 0 59 30 00 32, Fax 0 59 31 01 94 – 📶 📺. ⓿ 𝒱𝐼𝒮𝒜. 🍴 ch
Repas *(fermé déc. et merc.)* (grillades) Lunch 15 – carte 24 à 45 – **18 ch** *(fermé du 1er au 20 déc.)* ⊑ 50/75.
♦ À une encablure du front de mer, hôtel se signalant par une pimpante façade "1900". Sobres et pratiques, les chambres se répartissent sur quatre étages. Table tombant à point nommé si votre régime alimentaire est plutôt carnivore.
♦ Op een paar bootlengtes van de boulevard onderscheidt dit hotel zich door een mooie gevel uit het begin van de 20e eeuw. De sobere en praktische kamers bevinden zich op vier verdiepingen. In het restaurant komen carnivoren aan hun trekken !

🏨 **St-Laureins** 🦐, Strandlaan 12 (Ouest : 1 km, Sint-Laureinsstrand), ☎ 0 58 23 39 58, info@st-laureins.be, Fax 0 58 23 08 99, ≤, 🍴 – ▤ rest, 📺, ⓿ 𝒱𝐼𝒮𝒜
fermé 15 nov.-15 déc. et merc. hors saison – **Repas** *(fermé après 20 h 30)* (taverne-rest) Lunch 20 – 24/31 bc – **9 ch** ⊑ 55/80 – ½ P 65.
♦ Plaisante échappée littorale depuis chacune des chambres - personnalisées - de ce petit immeuble niché parmi les dunes, juste au bord de la plage. Bonjour les embruns ! Taverne-restaurant avec vue côtière.
♦ Dit hotel ligt geïsoleerd in de duinen, vlak bij het strand. Alle kamers hebben een per-soonlijk karakter en kijken op zee uit. Ook vanuit het café-restaurant hebben de gasten een mooi uitzicht op het ruime sop.

🏨 **Isba,** Henri Jasparlaan 148, ☎ 0 59 30 23 64, Fax 0 59 31 06 26, 🌳, 🚲 – 📺 📫. 🝳 ⓪ ⓿ 𝒱𝐼𝒮𝒜
fermé 15 fév.-3 mars, du 1er au 27 déc. et mardi et merc. en hiver sauf vacances scolaires – **Repas** (dîner pour résidents seult) – **6 ch** ⊑ 50/75 – ½ P 70.
♦ Imposante villa balnéaire des années 1920 postée en léger retrait d'une avenue passante. Chambres insonorisées, de tailles différentes. Le jardin invite au repos.
♦ Deze imposante villa uit de jaren 1920 staat even van een drukke weg af. De kamers met geluidsisolatie zijn verschillend van formaat. In de tuin kunt u heerlijk luieren.

🍴 **Marquize,** Henri Jasparlaan 175, ☎ 0 59 31 11 11, Fax 0 59 30 65 83, 🍴 – 🝳 ⓪ ⓿ 𝒱𝐼𝒮𝒜
fermé 2 dern. sem. juin, 2 prem. sem. oct., fin janv.-début fév., mardi et merc. – **Repas** Lunch 20 bc – 40/55.
♦ Restaurant établi dans une villa ancienne au centre de Westende-bad. Recettes au goût du jour sortant un peu de l'ordinaire. Accueil tout sourire et service proche du client.
♦ Restaurant in een oude villa in het centrum van Westende-Bad. Vrij originele eigentijdse keuken. Vriendelijke en attente bediening.

🍴 **De Prins,** Priorijlaan 24, ☎ 0 59 30 05 93, Fax 0 59 30 05 93 – ▤ 🛗. ⓿ 𝒱𝐼𝒮𝒜
fermé 20 nov.-5 déc., du 9 au 30 janv., merc. d'oct. à avril et jeudi – **Repas** Lunch 15 – 26/57 bc.
♦ Une carte classique incluant une spécialité de bouillabaisse vous sera soumise dans cette salle à manger au parti pris décoratif vaguement nautique. Cuisines à vue.
♦ Eetzaal met open keuken en hier en daar een nautisch accent. Klassieke kaart. Bouilla-baisse is de specialiteit van het huis.

WESTERLO 2260 Antwerpen 🟥🟥🟥 O 16 et 🟦🟦🟦 H 2 – 22 396 h.
Env. au Nord : 2 km à Tongerlo, Musée Léonard de Vinci★.
🄱 Boerenkrijglaan 25 ☎ 0 14 54 54 28, toerismewesterlo@skynet.be, Fax 0 14 54 76 56.
Bruxelles 57 – Antwerpen 46 – Diest 20 – Turnhout 30.

🍴 **Geerts** avec ch, Grote Markt 50, ☎ 0 14 54 40 17, info@hotelgeerts.be, Fax 0 14 54 18 80, 🍴, 🌳, 🚲 – 📶, ▤ rest, 📺 📫. 🛗 25. 🝳 ⓪ ⓿ 𝒱𝐼𝒮𝒜. 🍴 ch
fermé du 2 au 18 fév. et 16 août-9 sept. – **Repas** *(fermé merc. et dim. soir)* Lunch 30 – 50/90 bc – **18 ch** ⊑ 92/120 – ½ P 70/110.
♦ Hostellerie familiale et traditionnelle où l'on se sent en de bonnes mains. Mets classiques pour fines fourchettes. Chambres amples et douillettes. Jardin exquis à l'arrière.
♦ Traditionele hostellerie, waar u in goede handen bent. Klassieke gerechten voor fijnproe-vers. Ruime, behaaglijke kamers. Prachtige tuin aan de achterkant.

XX **'t Kempisch Pallet,** Bergveld 120 (Ouest : 4 km sur N 15), ✆ 0 14 54 70 97, info@
kempischpallet.be, Fax 0 14 54 70 57, 🍽 – **P. AE ⓞ ⓜⓞ VISA** ⚘
fermé dim. soir et lundi – **Repas** 35/68 bc.
◆ Dans un site verdoyant, jolie villa flamande interprétant un répertoire culinaire classique
actualisé. Accueil gentil, salle à manger refaite de neuf et service prévenant.
◆ Mooie Vlaamse villa in een schilderachtige omgeving met een culinair palet in
modern-klassieke stijl. Vriendelijke ontvangst, gerenoveerde eetzaal en voorkomende
bediening.

WESTKAPELLE West-Vlaanderen 🟥🟥🟥 E 15 *et* 🟥🟥🟥 C 2 – *voir à Knokke-Heist.*

WESTOUTER 8954 West-Vlaanderen Ⓒ Heuvelland 8 323 h. 🟥🟥🟥 B 18 *et* 🟥🟥🟥 B 3.
Bruxelles 136 – Brugge 66 – Ieper 14 – Lille 39.

🏨 **Reverie,** Rodebergstraat 26, ✆ 0 57 44 48 19, hotel@reverie.be, Fax 0 57 44 87 40, ≼,
🍽, 🌳 – **TV P. – 🛁** 25. **ⓜⓞ VISA** ⚘
fermé début juil. et déc. – **Repas** (diner pour résidents seult) – **8 ch** 🛏 65/95 – ½ P 60/73.
◆ Construction de style "cottage" s'entourant d'un paysage agreste.
Confortables, les chambres jouissent d'une vue sur le mont Kemmel et vous invitent à la
rêverie.
◆ Dit landelijk gelegen hotel is opgetrokken in de stijl van een cottage. De comfortabele
kamers kijken uit op de Kemmelberg en nodigen uit tot rêverieën...

XXX **Picasso** (Van Kerckhove), Rodebergstraat 69, ✆ 0 57 44 69 08, koert-van-kerckhove
⚘ @yucom.be, Fax 0 57 44 69 08, ≼ plaine des Flandres, 🍽 – **P. AE ⓞ ⓜⓞ VISA** ⚘
fermé 29 mars-7 avril, 2 sem. en juil., vacances Noël, mardi et merc. – **Repas** Lunch 35 –
43/80 bc, carte 62 à 78
Spéc. Foie gras de canard de la région au vin rouge. Turbot grillé au coulis d'oseille, stoemp
de crevettes grises. Joue de porc braisée à la bière brune régionale.
◆ Une valeur montante de la chaîne des Monts de Flandre. Cuisine soignée servie dans une
fermette dont la salle à manger embrasse du regard la plaine flamande, jusqu'à
la côte.
◆ Picasso is een rijzende ster in het Vlaamse Heuvelland. Verzorgde keuken in een boerderijtje met een weids uitzicht van de Vlaamse laagvlakte tot aan de kust.

WEVELGEM 8560 West-Vlaanderen 🟥🟥🟥 E 18 *et* 🟥🟥🟥 C 3 – 31 138 h.
Bruxelles 99 – Kortrijk 8 – Brugge 54 – Lille 23.

🏨 **Cortina,** Lauwestraat 59, ✆ 0 56 41 25 22, info@hotel-cortina.be, Fax 0 56 41 45 67
– ⚐ **TV P. – 🛁** 25 à 600. **AE ⓞ ⓜⓞ VISA**
fermé 21 juil.-15 août – **Repas** voir rest **Pinogri** ci-après – **26 ch** 🛏 74/98.
◆ Établissement bien organisé pour la tenue de banquets et séminaires. On séjourne dans
des chambres actuelles, d'une tenue irréprochable. Accueil et service "pro".
◆ Dit etablissement leent zich bij uitstek voor banketten en congressen. De gasten overnachten in perfect onderhouden, moderne kamers. Zeer professioneel personeel.

🏨 **Bell-X** sans rest, Kortrijkstraat 351 (direction Bissegem, près de l'aérodrome), ✆ 0 56
37 17 71, info@hotel-bell-x.com, Fax 0 56 35 92 82 – 🛗 **TV P. AE ⓞ ⓜⓞ VISA**
fermé 20 déc.-2 janv. – **13 ch** 🛏 62/110.
◆ Près de l'aéroport et du ring de Kortrijk, demeure bourgeoise adroitement rénovée dont
l'enseigne n'a, en dépit des apparences, rien de grivois. Chambres insonorisées.
◆ Dit hotel is gevestigd in een fraai gerenoveerd herenhuis, dicht bij de luchthaven en de
Ring van Kortrijk. De kamers zijn goed tegen het geluid geïsoleerd.

X **Pinogri** - H. Cortina, Lauwestraat 59, ✆ 0 56 42 41 41, bistro@pinogri.be, Fax 0 56
42 23 31, 🍽 – ▤ **P. AE ⓞ ⓜⓞ VISA**
fermé 21 juil.-15 août – **Repas** Lunch 24 – carte 25 à 42.
◆ Salle à manger façon bistrot moderne, ambiance plaisante et choix de mets diversifié
assorti d'un lunch : autant de raisons de ne pas bouder ce restaurant d'hôtel.
◆ Dit restaurant hoort bij een hotel en is niet te versmaden vanwege het moderne
bistro-interieur, de plezierige ambiance, de gevarieerde kaart en het aantrekkelijke lunch
menu.

X **Biggles** 1er étage, Luchthavenstraat 1 (dans l'aérodrome), ✆ 0 56 37 33 00
Fax 0 56 36 05 36, ≼, 🍽 – ▤ **P. ⓜⓞ VISA** ⚘
fermé 21 juil.-16 août, vacances Noël, mardi soir et merc. – **Repas** Lunch 14 – 36.
◆ Au premier étage d'un bâtiment de l'aérodrome régional, salle de restauran
en demi-rotonde dont la baie vitrée offre un regard sur l'activité des pistes. Cart
actuelle.
◆ Halfronde eetzaal op de eerste verdieping van een gebouw op het regionale vliegvel
De grote glaspui biedt een goed uitzicht op de startbaan. Eigentijdse menukaart.

à Gullegem Nord : 5 km [C] Wevelgem – ⊠ 8560 Gullegem :

XXX **Gouden Kroon,** Koningin Fabiolastraat 41, ℘ 0 56 40 04 76, Fax 0 56 42 83 66, 😤
– 📧 – 🏧 25. 🖭 🐵 🗺
fermé 25 juil.-11 août, sam. midi, dim. soir, lundi et merc. soir – **Repas** Lunch 52 bc –
60 bc/82 bc.
* Maison de maître 1900 située au centre de Gullegem. Le chef, qui a fait ses armes auprès
de la famille royale à Laeken, propose une cuisine classique de bon aloi.
* Herenhuis uit 1900 in het centrum van Gullegem, met een goede klassieke keuken.
De chef-kok heeft zijn proeve van bekwaamheid afgelegd bij de koninklijke familie in Laken.

WIBRIN Luxembourg belge [534] T 22 et [716] K 5 – voir à Houffalize.

WIERDE Namur [533] O 20, [534] O 20 et [716] H 4 – voir à Namur.

WIJNEGEM Antwerpen [533] M 15 et [716] G 2 – voir à Antwerpen, environs.

WILLEBROEK 2830 Antwerpen [533] L 16 et [716] G 2 – 22 741 h.
Bruxelles 29 – Antwerpen 22 – Mechelen 10 – Sint-Niklaas 22.

XX **Breendonck,** Dendermondsesteenweg 309 (près du fort), ℘ 0 3 886 61 63, breend
onck@pi.be, Fax 0 3 886 25 40, 😤 – 🗐 📧 🖭 ⓞ 🐵 🗺. 🍴
fermé 2 dern. sem. juil., fin déc., vend. soir et sam. midi – **Repas** Lunch 11 – 34/65 bc.
* Affaire familiale postée face au fort de Breendonck, mémorial national complété d'un
petit musée. L'assiette est traditionnelle et la salle à manger, chaleureuse.
* Familiebedrijfje tegenover het fort van Breendonck, een nationaal gedenkteken met een
klein museum. De eetzaal doet warm aan en de kookstijl is traditioneel.

WOLUWE-ST-ÉTIENNE Vlaams-Brabant – voir Sint-Stevens-Woluwe à Bruxelles, environs.

WOLUWE-ST-LAMBERT (SINT-LAMBRECHTS-WOLUWE) Région de Bruxelles-Capitale [533]
L 17 et [716] G 3 – voir à Bruxelles.

WOLUWE-ST-PIERRE (SINT-PIETERS-WOLUWE) Région de Bruxelles-Capitale [533] L 18 et
[716] G 3 – voir à Bruxelles.

WOLVERTEM Vlaams-Brabant [533] K 17 et [716] F 3 – voir à Bruxelles, environs.

WORTEGEM-PETEGEM 9790 Oost-Vlaanderen [533] G 17 et [716] D 3 – 5 959 h.
🏨 🛠 Kortrijkstraat 52 ℘ 0 55 33 41 61, Fax 0 55 31 98 49.
Bruxelles 80 – Gent 32 – Kortrijk 24 – Oudenaarde 8.

XX **Bistronoom,** Waregemseweg 155 (Wortegem), ℘ 0 56 61 11 22, bistronoom@proxi
media.be, Fax 0 56 60 38 11, 😤 – 📧 🖭 🗺. 🍴
fermé vacances Pâques, 2 prem. sem. sept., merc. soir, jeudi et sam. midi – **Repas** Lunch
25 – carte 29 à 93.
* Fière villa donnant sur un jardin où l'on dresse le couvert en été. Salles de restaurant
étagées, carte actuelle-bourgeoise un peu bistrotière, accueil et service dynamiques.
* Fiere villa met tuin, waar u 's zomers heerlijk buiten kunt eten. Eetzalen op meerdere
verdiepingen, actuele kaart met bistrogerechten. Accurate bediening.

YPRES West-Vlaanderen – voir Ieper.

YVOIR 5530 Namur [533] O 21, [534] O 21 et [716] H 5 – 8 120 h.
Env. à l'Ouest : Vallée de la Molignée★.
🏨 au Nord : 10 km à Profondeville, Chemin du Beau Vallon 45 ℘ 0 81 41 14 18, Fax
0 81 41 21 42.
Bruxelles 92 – Namur 22 – Dinant 8.

X **La Tonnelle,** r. Fenderie 41, ℘ 0 82 61 13 94, Fax 0 82 61 13 94, 😤 – 📧 🖭 ⓞ 🐵
🗺
fermé sem. carnaval, 1re quinz. juil., dern. sem. nov., mardi et merc. – **Repas** Lunch 21 –
37/61 bc.
* Accueil familial tout sourire dans cette maisonnette postée à l'entrée du village. Recettes
de saison. Par beau temps, repas au jardin, sous la tonnelle. Lunch et menus.
* Bij binnenkomst in het dorp wacht u in dit pandje een alleraardigste ontvangst. Seizoengebonden kaart met lunchformule en menu's. Bij mooi weer wordt in het prieeltje
gegeten.

ZANDE *West-Vlaanderen* 533 C 16 – *voir à Koekelare*.

ZAVENTEM *Vlaams-Brabant* 533 L 17 *et* 716 G 3 – *voir à Bruxelles, environs*.

ZEDELGEM *West-Vlaanderen* 533 D 16 *et* 716 C 2 – *voir à Brugge, environs*.

ZEEBRUGGE *West-Vlaanderen* C Brugge 116 680 h. 533 E 14 *et* 716 C 1 – ⊠ 8380 Zeebrugge (Brugge).

⚓ *Liaison maritime Zeebrugge-Hull : P and O North Sea Ferries, Leopold II Dam 13 (Kaaien 106-108)* ☎ 0 2 710 64 44.

Bruxelles 111 ② – *Brugge 15* ② – *Knokke-Heist 8* ① – *Oostende 25* ③

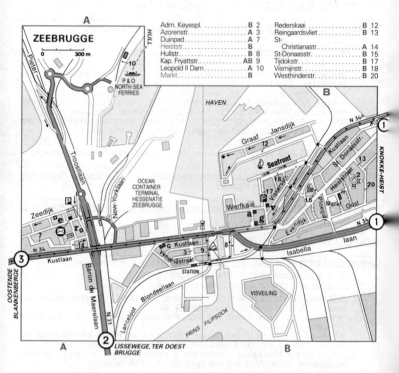

ZEEBRUGGE

Adm. Keyespl.	B 2
Azorenstr.	A 3
Duinpad	A 7
Heiststr.	B
Hullstr.	B 8
Kap. Fryattstr.	AB 9
Leopold II Dam	A 10
Markt	B
Rederskaai	B 12
Reingaardsvliet	B 13
St-Christianastr.	A 14
St-Donaasstr.	B 15
Tijdokstr.	B 17
Vismijnstr.	B 18
Westhinderstr.	B 20

🏨 **Monaco**, Baron de Maerelaan 26, ☎ 0 50 54 44 37, hotelmonacozeebrugge@skynet.be, Fax 0 50 54 44 85, ㄟ – 🍴 🚺 📺 – 🔬 25. 🆎 ① ⓶ 🗙 A

Repas *(fermé vend.)* carte 26 à 40 – **15 ch** ⊇ 70/90.
• Pratique lorsque l'on a un ferry à prendre, ce petit hôtel bénéficie aussi de la proximité de la digue. Bon confort dans les chambres, bien calibrées, claires et actuelles. Repas simple, mais généreusement iodé. Choix uniquement à la carte.
• Dit kleine hotel ligt vlak bij de kust en is ideaal voor wie de ferry neemt. Goed comfort in de kamers, die ruim en licht zijn. De spijskaart is eenvoudig, maar bevat veel visspecialiteiten. Uitsluitend à la carte.

🏨 **Maritime** sans rest, Zeedijk 6, ☎ 0 50 54 40 66, hotelmaritime@skynet.be, Fax 0 5 54 66 08, ㄟ – 🍴 📺 🅿 🆎 ⓶ 🗙 A

12 ch ⊇ 72/80.
• Hôtel occupant deux étages d'un grand immeuble du front de mer. Chambres correctement équipées ; les meilleures (plus amples et panoramiques) se distribuent en façade.
• Dit hotel in een twee verdiepingen tellend gebouw aan de boulevard beschikt over goed kamers ; die aan de voorkant zijn het grootst en bieden een weids uitzicht.

450

BELGIQUE

XXX **Maison Vandamme**, Tijdokstraat 7 (transfert prévu été 2005, Kustlaan 170), ℰ 0 50
55 13 51, Fax 0 50 55 01 79, Produits de la mer – 🍽. 🆎 ⓪ ⓪⑩ 𝗩𝗜𝗦𝗔   B g
fermé 2 prem. sem. juil., 2 prem. sem. oct., 2 prem. sem. janv., mardi et merc. – **Repas**
Lunch 40 – 60/130 bc, carte 60 à 180
Spéc. Filet de plie au beurre de citron. Turbot grillé, sauce dijonaise. Bar rôti sur sa peau
et risotto à la tomate.
  ✦ Cette table talentueuse où s'illustrent les produits de la mer vous accueillera bientôt
dans un ancien bâtiment portuaire entièrement métamorphosé. Cadre moderne élégant.
  ✦ Uitstekend visrestaurant dat binnenkort een volledig verbouwd oud havengebouw zal
betrekken. Modern en stijlvol interieur.

XXX **De Barcadère**, Tijdokstraat 8, ℰ 0 50 54 49 69, Fax 0 50 54 40 05, 🌫, Produits de
la mer – 🍽. 🆎 ⓪⑩ 𝗩𝗜𝗦𝗔   B v
fermé dim. et lundi – **Repas** *Lunch 38* – carte 44 à 86.
  ✦ Agréable restaurant habillé de boiseries patinées, en cèdre du Canada, s'il vous plaît !
Plats classiques honorant la marée, exécutés avec un grand respect des produits.
  ✦ Aangenaam restaurant met gepatineerde lambrisering van Canadees cederhout. De klassieke keuken is een eerbetoon aan Neptunus en getuigt van groot respect voor de producten.

XX **'t Molentje** (Horseele), Baron de Maerelaan 211 (par ② : 2 km sur N 31), ℰ 0 50
54 61 64, molentje@pi.be, Fax 0 50 54 79 94, 🌫 – 🅿. 🆎 ⓪⑩ 𝗩𝗜𝗦𝗔. ✿
fermé du 7 au 12 mars, du 13 au 18 juin, du 5 au 24 sept., du 2 au 7 janv., merc. et dim.
– **Repas** (nombre de couverts limité - prévenir) *Lunch 58* – 135 bc, carte 89 à 138
Spéc. L'abstrait d'anguille au vert et caviar osciètre. Saint-Jacques à la plancha, beurre
aux herbes. Saucisse de brochet et petits-gris, crème mousseuse de citron vert aux cham-
pignons des bois.
  ✦ Jolie fermette isolée bordant une impasse accessible par la voie rapide menant à Brugge.
Mobilier choisi avec goût. Cuisine aussi créative que raffinée. Cave d'épicurien.
  ✦ Mooi boerderijtje in een doodlopende straat die bereikbaar is via de snelweg naar Brugge.
Het meubilair is met zorg uitgezocht. Creatieve, verfijnde keuken en goede wijnen.

X **Channel 16**, Werfkaai 13, ℰ 0 50 60 16 16, go@ch16.be, Fax 0 50 60 16 17, ≼ – 🆎
⓪ ⓪⑩ 𝗩𝗜𝗦𝗔   B a
fermé mardi – **Repas** 33, ♀.
  ✦ Nouvel établissement "hype" entretenant une ambiance "clubbing". Carte actuelle où
prime la diversité, éclairage design, belle terrasse perchée sur le toit et vue sur le port.
  ✦ Dit trendy restaurant met "clubbing" ambiance is een enorme hype. Eigentijdse kaart
die mikt op diversiteit en een mooi dakterras met uitzicht op de haven.

ZELLIK *Vlaams-Brabant* **⑤③③** K 17 *et* **⑦①⑥** F 3 – *voir à Bruxelles, environs.*

ZELZATE 9060 *Oost-Vlaanderen* **⑤③③** H 15 *et* **⑦①⑥** E 2 – *12 093 h.*
Bruxelles 76 – Gent 20 – Brugge 44.

XX **Den Hof** avec ch, Stationsstraat 22, ℰ 0 9 345 60 48, info@denhof.be, Fax 0 9
342 93 60, 🌫, ⸻ – 📺 🅿. – 🛗 25 à 50. 🆎 ⓪⑩ 𝗩𝗜𝗦𝗔. ✿ ch
fermé 3 dern. sem. juil. et fin déc.-début janv. – **Repas** (fermé sam. midi, dim., jeudi soir
et après 20 h 30) *Lunch 13* – carte env. 45 – **16 ch** ⇆ 78/100 – ½ P 92/107.
  ✦ À mi-chemin entre le pont sur le canal et le centre-ville, demeure ancienne de style
néo-classique où l'on trouve le gîte et le couvert. Terrasse estivale dressée côté jardin.
  ✦ Oud herenhuis in neoclassicistische stijl halverwege de brug over het kanaal en het centrum, waar men zowel kan eten als overnachten. Zomerterras aan de tuinzijde.

ZILLEBEKE *West-Vlaanderen* **⑤③③** C 18 *et* **⑦①⑥** B 3 – *voir à Ieper.*

ZINGEM 9750 *Oost-Vlaanderen* **⑤③③** G 17 *et* **⑦①⑥** D 3 – *6 648 h.*
Bruxelles 57 – Gent 23 – Kortrijk 35 – Oudenaarde 9.

à **Huise** Ouest : 2,5 km 🅲 Zingem – ⊠ 9750 Huise :

🏠 **Gasthof 't Peerdeke**, Gentsesteenweg 45 (N 60), ℰ 0 9 384 55 11, motel@peerd
eke.be, Fax 0 9 384 26 16, 🌫 – 📺 🅿. – 🛗 25 à 50. 🆎 ⓪⑩ 𝗩𝗜𝗦𝗔. ✿
Repas (fermé 2 dern. sem. juil.-prem. sem. août, 24, 25 et 31 déc., 1er janv., sam. midi et
dim.) (ouvert jusqu'à 23 h) *Lunch 35* – carte 39 à 50 – **15 ch** ⇆ 65/85 – ½ P 85.
  ✦ Sur l'axe Gent-Oudenaarde, petit motel installé dans une construction en briques rappelant une ferme régionale. Chambres fonctionnelles desservies par une cour intérieure.
Salle des repas décorée dans la note néo-campagnarde.
  ✦ Klein motel aan de as Gent-Oudenaarde, in een bakstenen gebouw dat aan een boerderij
uit de streek doet denken. De functionele kamers zijn toegankelijk via de binnenplaats. De
eetzaal is in neorustieke stijl ingericht.

ZINNIK Hainaut – voir Soignies.

ZOLDER 3550 Limburg Ⓒ Heusden-Zolder 30 607 h. 🔢 Q 16 et 🔢 I 2.

🏌️ au Nord-Est : 10 km à Houthalen, Golfstraat 1 ✆ 0 89 38 35 43, Fax 0 89 84 12 08 -

🏌️ à l'Ouest : 14 km à Paal, Donckstraat 30 ✆ 0 13 61 89 50, Fax 0 13 61 89 49.

Bruxelles 77 – *Maastricht 46* – Hasselt 12 – Diest 22.

au Sud-Ouest : 7 km par N 729, sur Omloop (circuit) Terlamen – ⊠ 3550 Zolder :

🍴🍴🍴 **De Gulden Schalmei,** Sterrenwacht 153, ✆ 0 11 25 17 50, deguldenschalmei@pan
dora.be, Fax 0 11 25 38 75 – **P.** 🟠 *VISA*

fermé dern. sem. juin-prem. sem. juil., merc., jeudi midi, sam. midi et dim. soir – **Repas** *Lunch*
33 – 54/80 bc.

◆ Belle villa établie dans une impasse du quartier résidentiel verdoyant qui domine le circuit
de vitesse. Gros efforts de modernisation, derrière les fourneaux comme en salle.

◆ Mooie villa in een doodlopende straat in een woonwijk bij het autocircuit. Er heeft een
grootscheepse modernisatie plaatsgevonden, zowel in de eetzaal als achter het fornuis.

à Bolderberg Sud-Ouest : 8 km sur N 729 Ⓒ Heusden-Zolder – ⊠ 3550 Zolder :

🏨 **Soete Wey** 🐸, Kluisstraat 48, ✆ 0 11 25 20 66, info@soete-wey.be, Fax 0 11
87 10 59, 🌳, 🍴, 🚲 – **TV** **P.** – 🔱 25 à 60. 🄰🄴 ⓪ 🟠 *VISA* 🛏 🍴 rest

Repas *(fermé dim.)* (dîner seult) carte 46 à 57 – **21 ch** ⊇ 60/110 – ½ P 61/81.

◆ Ressource hôtelière nichée à l'ombre des frondaisons, dans un secteur résidentiel éminemment bucolique. Calmes chambres rajeunies en 2003 ; jardin reposant. Parements de
briques, feu ouvert et poutres apparentes donnent un air rustique au restaurant.

◆ Dit hotel met rustige tuin staat verscholen tussen het groen, in een woonwijk die heel
landelijk aandoet. De rustige kamers zijn in 2003 gerenoveerd. De bakstenen parementen,
open haard en hanenbalken geven het restaurant iets rustieks.

à Heusden Nord-Ouest : 6 km Ⓒ Heusden-Zolder – ⊠ 3550 Heusden :

🄱 Terlaemenlaan 1 ✆ 0 11 53 02 30, gemeente@heusden-zolder.be, Fax 0 11 53 02 31

🍴🍴 **Convivium,** Guido Gezellelaan 140, ✆ 0 11 42 55 58, convivium@skynet.be,
Fax 0 11 45 55 17, 🌳, Avec cuisine italienne – **P.** 🟠 *VISA* 🛏

fermé lundi et sam. midi – **Repas** *Lunch* 25 – carte 46 à 69, 🍷.

◆ Confortable restaurant établi dans une villa moderne agrémentée d'une terrasse. Salon
''cosy'', salle à manger bien de notre temps, cuisine franco-italienne et cave de même.

◆ Comfortabel restaurant in een moderne villa met terras. Gezellige salon, eigentijdse
eetzaal, Frans-Italiaanse keuken en bijpassende wijnen.

🍴🍴 **De Wijnrank,** Kooidries 10, ✆ 0 11 42 55 57, de.wijnrank@pandora.be, Fax 0 11
43 29 73, 🌳 – 🄰🄴 🟠 *VISA*

fermé 3 prem. sem. sept., mardi et sam. midi – **Repas** *Lunch* 32 – 34/50 🍷.

◆ Cette villa à toit de chaume recèle une vieille charrette de glacier convertie en bar pour
isoler la partie bistrot du restaurant. Plats bourgeois. Livre de cave calligraphié.

◆ Deze villa met rieten dak heeft nog een oud ijskarretje, die nu als bar dienstdoet en het
bistrogedeelte van het restaurant afscheidt. Lekkere burgerkeuken met mooie wijnen.

ZOMERGEM 9930 Oost-Vlaanderen 🔢 G 16 et 🔢 D 2 – 8 134 h.

Bruxelles 77 – *Gent 21* – Brugge 38 – Roeselare 53.

à Ronsele Nord-Est : 3,5 km Ⓒ Zomergem – ⊠ 9932 Ronsele :

🍴🍴 **Landgoed Den Oker,** Stoktevijver 36, ✆ 0 9 372 40 76, 🌳 – **P.** – 🔱 25. 🟠 *VISA*
🛏

*fermé du 1er au 15 mars, du 11 au 16 juil., du 1er au 20 sept., merc. soir de janv. à juin,
dim. soir et lundi –* **Repas** *Lunch* 35 – 55/80 bc.

◆ Près du canal de Schipdonk, fermette offrant les plaisirs d'un repas classique dans un
décor composite aux réminiscences gothiques ou sur la terrasse tournée vers le jardin.

◆ Dit boerderijtje bij het kanaal van Schipdonk heeft tal van gotische elementen in de
eetzaal en op het terras met uitzicht op de tuin. Klassieke keuken.

ZOTTEGEM 9620 Oost-Vlaanderen 🔢 H 17 et 🔢 E 3 – 24 404 h.

Bruxelles 46 – *Gent 29* – Aalst 24 – Oudenaarde 18.

🍴🍴 **New Century 2000,** Buke 4, ✆ 0 9 360 99 50, Fax 0 9 360 93 03, Cuisine chinoise,
ouvert jusqu'à 23 h – **P.** 🟠 *VISA* 🛏

fermé lundi – **Repas** *Lunch* 10 – carte 22 à 36.

◆ Important choix de recettes représentant toutes les régions de Chine, menus nombreux
et suggestions : de quoi mettre l'eau à la bouche aux amateurs du genre !

◆ Uitgebreide kaart met gerechten die alle Chinese regio's bestrijken, talrijke menu's en
dagsuggesties. Liefhebbers van de Aziatische keuken komen hier beslist aan hun trekken.

à Elene *Nord : 2 km* ⓒ *Zottegem –* ⊠ *9620 Elene :*

XX **Bistro Alain,** Leopold III straat 1 (angle Elenestraat), ✆ 0 9 360 12 94, Fax 0 9 361 08 03, ⌖ – 🅿. 🖭 ① ⑩ 🆅🆂🅰
fermé 27 janv.-10 fév., sem. carnaval, 12 août-2 sept., merc., jeudi et dim. soir – **Repas** *Lunch 33* – 49/90 bc.
◆ Dans un ancien moulin à eau, bistrot "design" jouant sur le contraste du rouge et du blanc. Arrière-salle plus "gastro" et vivifiante terrasse d'été dotée de meubles en teck.
◆ Deze designbistro in een oude watermolen speelt met het contrast tussen rood en wit. In de achterste zaal kan gastronomisch worden getafeld. Terras met teakhouten meubelen.

HET ZOUTE *West-Vlaanderen* ⓒ *Knokke-Heist* 🔢 *E 14 et* 🔢 *C 1 – voir à Knokke-Heist.*

ZOUTLEEUW (LÉAU) *3440 Vlaams-Brabant* 🔢 *P 18 et* 🔢 *I 3 – 7 828 h.*
Bruxelles 59 – Leuven 38 – Sint-Truiden 8 – Tienen 14 – Maastricht 48.

🏠 **Boyenhov** ⌖ sans rest, Louis Claeslaan 4 (Booienhoven), ✆ 0 11 78 21 31, vanleeu w@skynet.be, Fax 0 11 78 31 26, ⌖, ≉, 🚲 – 🖭 🅿. ⌖
fermé 20 déc.-9 janv. – **4 ch** ⌖ 40/95.
◆ À la campagne, jolie maison où vous serez hébergés dans des chambres bien agencées. Salon cossu, salle des petits-déjeuners accueillante et grand jardin agrémenté d'un étang.
◆ Mooi huis op het platteland, waar de gasten in goed ingedeelde kamers overnachten. Weelderige lounge, vriendelijke ontbijtzaal en grote tuin met vijver.

X **Pannenhuis,** Grote Markt 25, ✆ 0 11 78 50 02, pannenhuis@skynet.be, Fax 0 11 78 50 13, ⌖ – 🖭 ① ⑩ 🆅🆂🅰. ⌖
fermé lundi et merc. – **Repas** *Lunch 26 bc* – carte 23 à 33.
◆ Ce petit restaurant familial classiquement aménagé mitonne des repas traditionnels à prix souriants. Vous ferez une vraie bonne affaire en choisissant le menu gastronomique.
◆ In dit leuke familierestaurantje dat klassiek is ingericht, kunt u genieten van een traditionele maaltijd voor een zacht prijsje. Het gastronomische menu is echt een koopje.

ZUIENKERKE *West-Vlaanderen* 🔢 *D 15 et* 🔢 *C 2 – voir à Blankenberge.*

ZUTENDAAL *3690 Limburg* 🔢 *S 17 et* 🔢 *J 3 – 6 834 h.*
🅱 *Oosterzonneplein 1,* ✆ 0 89 62 94 51, toerisme@zutendaal.be, Fax 0 89 62 94 30.
Bruxelles 104 – Maastricht 16 – Hasselt 20 – Liège 38.

XX **De Klok** avec ch, Daalstraat 9, ✆ 0 89 61 11 31, Fax 0 89 61 24 70, ⌖, 🚲 – 🖭 🅿. 🖭 ⑩ 🆅🆂🅰 🆓🅱. ⌖ rest
Repas *(fermé mardi, merc. et sam. midi) Lunch 35* – carte env. 58 – **11 ch** ⌖ 54/95 – ½ P 70.
◆ Auberge de bonne renommée dans un petit coin du Limbourg. Lumineuse et confortable salle de restaurant, carte classique, vinothèque à vue et chambres sans reproche.
◆ Deze herberg geniet een goede reputatie in dit stukje Limburg. Lichte en comfortabele eetzaal met een klassieke kaart en uitstekende wijnen. Onberispelijke kamers.

ZWEVEGEM *8550 West-Vlaanderen* 🔢 *F 18 et* 🔢 *D 3 – 23 405 h.*
Bruxelles 91 – Kortrijk 6 – Brugge 48 – Gent 46 – Lille 31.

🏨 **Sachsen,** Avelgemstraat 23, ✆ 0 56 75 94 75, hotel.sachsen@proximedia.be, Fax 0 56 75 50 66, 🚲 – 🖭 🔳 🖭 – 🔏 60. 🖭 ① ⑩ 🆅🆂🅰
Repas (taverne-rest) *Lunch 9* – carte 28 à 39 – **21 ch** ⌖ 67/87 – ½ P 77/97.
◆ Au milieu du village, entre l'église et le moulin, récente construction en briques dont les chambres, amples et bien équipées, se répartissent sur trois étages. Chaleureuse ambiance tyrolienne dans la taverne-restaurant.
◆ Dit nieuwe bakstenen gebouw staat midden in het dorp, tussen de kerk en de molen. De ruime, goed geëquipeerde kamers liggen over drie verdiepingen verspreid. Gezellige Tiroler sfeer in het café-restaurant.

XX **Molenberg,** Kwadepoelstraat 51, ✆ 0 56 75 93 97, rest-molenberg@hot.mail.com, Fax 0 56 75 93 97, ⌖ – 🅿. 🖭 ① ⑩ 🆅🆂🅰 🆓🅱
fermé merc., sam. midi et dim. soir – **Repas** *Lunch 40* – 58/85 bc.
◆ Maison de meunier dans un cadre champêtre. Briques, vieux carrelage et poutres font l'attrait de la salle à manger. À table, produits nobles et classicisme revisité.
◆ Deze oude molenaarswoning is landelijk gelegen. Bakstenen, plavuizen en balken vormen de aantrekkingskracht van de eetzaal. Edele producten op tafel in modern-klassieke stijl.

à Sint-Denijs *Sud : 6 km* © *Zwevegem –* ⊠ *8554 Sint-Denijs :*

✗ **De Muishond,** Zandbeekstraat 15 (par N 50, puis prendre Beerbosstraat), ℘ 0 56 45 51 11, *Fax* 0 56 45 51 11, 🌧, Grillades – 🅿, 🆎 🛇 *fermé 20 juil.-15 août, lundi soir, mardi, sam. midi et après 20 h –* **Repas** *Lunch* 25 – carte 27 à 55.

◆ Affaire tenue en famille depuis trente ans, à dénicher derrière la façade d'une fermette aux murs blanchis. Grillades sur feu de bois en salle. Jolie terrasse d'été.

◆ Dit restaurant in een witgekalkt boerderijtje wordt al 30 jaar door dezelfde familie gerund. Het vlees wordt in de eetzaal op houtskool geroosterd. Mooi terras in de zomer.

ZWIJNAARDE *Oost-Vlaanderen* 🮐🮐🮐 H 17 *et* 🮐🮐🮐 E 2 – *voir à Gent, périphérie.*

Grand-Duché
de
Luxembourg

Lëtzebuerg

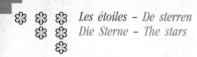

Les étoiles - De sterren
Die Sterne - The stars

"Bib Gourmand"

Repas 33   *Repas soignés*
à prix modérés

Verzorgde maaltijden voor een schappelijke prijs
Sorgfältig zubereitete preiswerte Mahlzeiten
Good food at moderate prices

ch 40/78   **"Bib Hôtel"**

Bonnes nuits à petits prix

Goed overnachten aan schappelijke prijzen
Hier übernachten Sie gut und preiswert
Good accomodation at moderate prices

L'agrément - Aangenaam verblijf
Annehmlichkeit
Peaceful atmosphere and setting

Carte de voisinage :
voir à la ville choisie

Kaart van de omgeving in de buurt van grote steden
Stadt mit Umgebungskarte - Town with a local map

AHN (OHN) © *Wormeldange 2 285 h.* 🎫 X 25 *et* 🎫 M 7.
Luxembourg 36 – Ettelbrück 51 – Remich 15 – Trier 27.

LUXEMBOURG

XXX **Mathes,** rte du Vin 37, ⊠ 5401, 𝒫 76 01 06, *mathesah@cmdnet.lu,* Fax 76 06 45, ≤,
🏵, 🔟 – 🗐 **P. 🝙 VISA**
fermé 24 oct.-4 nov., 27 déc.-12 janv., lundi et mardi – **Repas** *Lunch 31* – 50/69, 🝙.
♦ Cet aimable restaurant dominant la Moselle fêtait ses 30 ans en 2003. Mise en place
soignée sur les tables. Terrasse abritée et jardin avec pièce d'eau et vue sur les vignes.
♦ Dit sympathieke restaurant aan de Moezel vierde in 2003 zijn dertigste verjaardag. Stijlvol
gedekte tafels. Beschut terras, tuin met waterpartij en uitzicht op de wijngaarden.

ALZINGEN (ALZÉNG) 🎫 V 25 – *voir à Luxembourg, environs.*

ASSELBORN (AASSELBUR) © *Wincrange 3 462 h.* 🎫 U 22 *et* 🎫 K 5.
Luxembourg 75 – Clervaux 13 – Ettelbrück 47 – Bastogne 26.

🏛 **Domaine du Moulin** 🝙, Maison 158, ⊠ 9940, 𝒫 99 86 16, *moulinas@pt.lu,*
Fax 99 86 17, 🏵, 🚗 – 🔟 **P. 🝙 VISA**
fermé du 4 au 27 janv. – **Repas** *(fermé sam. midi sauf en juil.-août et mardi midi)* 35/46
– **15 ch** ⊠ 55/88 – ½ P 80/84.
♦ Au creux d'une vallée verdoyante, hôtel tranquille aménagé dans un très vieux moulin
dont un musée retrace l'histoire. Terrasse au bord d'un ruisseau où l'on pêche la truite.
Salle à manger rustique. Petite carte traditionnelle refaite de saison en saison.
♦ Dit rustige hotel in een groen dal heeft een zeer oude molen betrokken, waarvan de
geschiedenis in een museum in beeld is gebracht. Terras aan een beekje waarin op forel
wordt gevist. Rustieke eetzaal. Kleine, traditionele en seizoengebonden kaart.

BASCHARAGE (NIDDERKÄERJHÉNG) 🎫 U 25 *et* 🎫 K 7 – *6 837 h.*
Luxembourg 19 – Esch-sur-Alzette 14 – Arlon 21 – Longwy 17.

🏛 **Beierhaascht,** av. de Luxembourg 240, ⊠ 4940, 𝒫 26 50 85 50, *info@beierhaasch*
t.lu, Fax 26 50 85 99, 🏵, 🚲 – 🖹 🍴 🔟 ⅙ch, ⇔ **P. 🝙 ⓞ VISA**
fermé 24 déc. soir – **Repas** *Lunch 9* – carte 28 à 41 – **28 ch** ⊠ 65/78.
♦ Cet hôtel contemporain est curieusement agrégé à une brasserie artisanale et à une
boucherie-charcuterie spécialisée dans les salaisons ! Bonnes chambres parquetées. Deux
grandes cuves de brassage trônent dans la spacieuse taverne-restaurant.
♦ Dit eigentijdse hotel bevindt zich onder één dak met een ambachtelijke brouwerij en een
slagerij gespecialiseerd in ham en worstsoorten. Goede kamers met parketvloer. In het
grote café-restaurant accentueren twee brouwkuipen de ambachtelijke entourage.

XX **Le Pigeonnier,** av. de Luxembourg 211, ⊠ 4940, 𝒫 50 25 65, Fax 50 53 30, 🏵 –
P. 🝙 ⓞ VISA
fermé 15 août-15 sept., sam. midi, dim. soir, lundi et mardi – **Repas** *Lunch 32* – carte 49
à 56.
♦ Une ancienne grange restaurée - murs de pierre, épaisses poutres, etc. - sert de cadre
à ce restaurant bien placé à l'entrée du bourg. Les banquets se tiennent à l'étage.
♦ Een oude, gerestaureerde schuur - stenen muren, dikke balken - vormt het decor van
dit restaurant aan de rand van het dorp. Boven zijn faciliteiten voor banketten.

XX **Digne des Gourmets,** r. Continentale 1, ⊠ 4917, 𝒫 50 72 86, Fax 50 72 50, 🏵 –
🝙 ⓞ VISA
fermé 3 sem. en sept., 1 sem. en janv., lundi soir et mardi – **Repas** *Lunch 15* – 27/60 bc, 🝙.
♦ Auberge traditionnelle transformée en table au goût du jour sous l'impulsion d'un couple
avisé. Recettes quelquefois surprenantes. Desserts tentateurs. L'été, repas au jardin.
♦ Deze oude herberg is door het echtpaar Digne verbouwd tot een modern restaurant.
Verrassende gerechten en verleidelijke desserts. 's Zomers wordt in de tuin geserveerd.

BEAUFORT (BEFORT) 🎫 W 23 *et* 🎫 L 6 – *1 664 h.*
Voir *Ruines du château★ – au Sud-Est : 4 km et 30 mn AR à pied, Gorges du Hallerbach★.*
🛈 *Grand-Rue 87,* ⊠ *6310,* 𝒫 *83 60 99, beaufort@pt.lu, Fax 86 91 08.*
Luxembourg 38 – Diekirch 15 – Echternach 15 – Ettelbrück 25.

🏛 **Meyer** 🝙, Grand-Rue 120, ⊠ 6310, 𝒫 83 62 62, *homeyer@pt.lu,* Fax 86 90 85, 🏵,
📻, 🍴, 🝙, 🚗, 🚲 – 🖹, 🗐 rest, 🔟 ⇔ **P. – 🛗** 25 à 40. 🝙 ⓞ VISA. 🝙 rest
18 mars-2 janv. – **Repas** *(fermé après 20 h 30)* carte 39 à 57 – **33 ch** ⊠ 65/127 –
½ P 72/89.
♦ Imposante hostellerie postée à l'entrée d'un village connu pour sa liqueur de cassis : le
Cassero. Bonnes chambres garnies de meubles en bois cérusé. Ambiance familiale. Cuisine
actuelle servie, l'été venu, sur une terrasse côté jardin.
♦ Imposant hotel aan de rand van een dorp dat bekend is om zijn zwartebessenlikeur, de
Cassero. Goede kamers met meubilair van geceruseerd hout. Gezellige ambiance en eigen-
tijdse keuken. In de zomer wordt op een terras aan de tuinkant geserveerd.

Aub. Rustique, r. Château 55, ✉ 6313, ✆ 83 60 86, info@aubergerustique.lu, Fax 86 92 22, 斎, ☞ – 🍽 rest, 📺 ⓜ⓪ 𝘝𝘐𝘚𝘈
fermé 30 déc.-2 janv. – **Repas** 32 – **8 ch** ☲ 45/70 – ½ P 39/47.
* Auberge miniature construite près des ruines romantiques du château de Beaufort, auquel Victor Hugo en personne a dédié quelques lignes. Chambres assez confortables. Restaurant misant sur un éventail de préparations régionales sans complications.
* Herberg in "zakformaat", gebouwd bij de romantische ruïne van het kasteel van Beaufort, waaraan de Franse schrijver Victor Hugo enkele regels heeft gewijd. Vrij gerieflijke kamers. Restaurant met op de menukaart eerlijke streekgerechten.

BELAIR – voir à Luxembourg, périphérie.

BERDORF (BÄERDREF) 🎟🎟🎟 X 24 et 🎟🎟🎟 M 6 – 1 426 h.
Voir au Nord-Ouest : Île du Diable★★ – au Nord : Plateau des Sept Gorges★ (Sieweschluff), Kasselt★ – au Sud : 2 km, Werschrumschluff★.
Exc. Promenade à pied★★ : Perekop.
🛈 r. Laach 7, ✉ 6550, ✆ 79 06 43, berdorf@gmx.net, Fax 79 91 82.
Luxembourg 38 – Diekirch 24 – Echternach 6 – Ettelbrück 31.

Bisdorff ⤸, r. Heisbich 39, ✉ 6551, ✆ 79 02 08, hotelbisdorff@pt.lu, Fax 79 06 29, 斎, ⓢ, 📦, ☞ – 🛗 📺 🄿 – 🔐 25. 🄰🄴 ⓞ ⓜ⓪ 𝘝𝘐𝘚𝘈. 🦐 rest
Pâques-mi-nov. – **Repas** (fermé lundi, mardi et après 20 h 30) Lunch 30 – 35/50, ♀ – **25 ch** ☲ 70/115 – ½ P 74/94.
* Du repos et des loisirs : voici ce à quoi vous pouvez vous attendre à cette enseigne familiale nichée dans la verdure. Chambres bien équipées et insonorisées. Salle des repas classiquement aménagée ; cuisine traditionnelle et du terroir.
* Rust en ontspanning ! Dat is wat u kunt verwachten op dit adresje midden in het groen. Kamers met goed comfort en voorzien van geluidsisolatie. Klassiek ingerichte eetzaal. Traditionele keuken en streekgerechten.

Kinnen, rte d'Echternach 2, ✉ 6550, ✆ 79 01 83, hotelkinneng@pt.lu, Fax 790 18 35 00, 斎 – 🛗 📺 ⬅ 🄿 – 🔐 30. ⓜ⓪ 𝘝𝘐𝘚𝘈. 🦐
avril-14 nov. – **Repas** (fermé après 20 h 30) Lunch 20 – 25/33 – **25 ch** ☲ 50/85 – ½ P 53/58.
* Hostellerie familiale oeuvrant depuis plus de 150 ans au centre de ce village de la Petite Suisse luxembourgeoise. Chambres rénovées en 2003 ; terrasse parfaitement abritée. À table, plats classiques et traditionnels à composantes régionales.
* Dit hotel is te vinden in het centrum van een dorpje in Luxemburgs Klein Zwitserland en bestaat al ruim honderdvijftig jaar. De kamers zijn in 2003 gerenoveerd. Beschut terras. Klassieke en traditionele gerechten met een regionaal accent.

BOLLENDORF-PONT (BOLLENDORFER BRÉCK) ⓒ Berdorf 1 426 h 🎟🎟🎟 X 23 et 🎟🎟🎟 M 6.
Luxembourg 40 – Diekirch 21 – Echternach 7 – Ettelbrück 27.

André sans rest, rte de Diekirch 23, ✉ 6555, ✆ 72 03 93, info@hotel-andre.com, Fax 72 87 70, 斎, ⓢ, 🚴 – 🛗 📺 🄿. 🄰🄴 ⓞ ⓜ⓪ 𝘝𝘐𝘚𝘈. 🦐
fermé déc.-janv. – **20 ch** ☲ 60/90.
* Une route pittoresque conduit à cet établissement alangui au creux d'une verte vallée, en plein cœur de la Petite Suisse luxembourgeoise. Chambres spacieuses.
* Een schilderachtige weg voert naar dit etablissement, dat in een groen dal ligt midden in Luxemburgs Klein Zwitserland. Ruime kamers.

BOULAIDE (BAUSCHELT) 🎟🎟🎟 T 23 et 🎟🎟🎟 K 6 – 788 h.
Luxembourg 65 – Ettelbrück 35 – Arlon 30 – Bastogne 27.

Hames, r. Curé 2, ✉ 9640, ✆ 99 30 07, laboulle@pt.lu, Fax 99 36 49, 斎, ⓢ, ☞ – 📺 🄿. ⓜ⓪ 𝘝𝘐𝘚𝘈. 🦐 rest
fermé du 20 au 29 juin, 29 août-16 sept. et du 1er au 28 janv. – **Repas** (fermé mardi soir et merc.) Lunch 13 – **10 ch** ☲ 38/66 – ½ P 42/46.
* Petite affaire installée dans un village qu'un bref trajet en voiture sépare de la frontière belge. Chambres proprettes. Collection d'appareils photo au bar. Cuisine familiale servie sous les poutres d'une salle bourgeoise. Spécialité d'escalope Cordon bleu.
* Dit hotelletje staat in een dorp vlak bij de Belgische grens. De kamers zijn keurig netjes. Collectie fototoestellen in de bar. Klassieke eetzaal met balkenplafond, waar eenvoudige maar goede gerechten worden geserveerd. Specialiteit : cordon bleu.

Si vous êtes retardé sur la route, dès 18 h, confirmez votre réservation par téléphone, c'est plus sûr... et c'est l'usage.

BOUR (BUR) Ⓒ *Tuntange 1 056 h.* 🅿🅸🅸 V 24 *et* 🅿🅸🅶 L 6.

Env. *au Nord-Est : 4 km, Hunnebour : cadre★*.
Luxembourg 16 – Ettelbrück 27 – Mersch 12 – Arlon 18.

🏨 **Gwendy,** rte de Luxembourg 3, ✉ 7412, ℘ 308 88 81, *hotelgwendy@online.lu,*
Fax 30 79 99, 🍴 – 📺 🅿 🅰🅴 ⓪ 🆖 *VISA* 🅹🅲🅱
Repas *(fermé du 1er au 14 sept., jeudi soir et dim. soir) Lunch 9* – carte 22 à 40, ♀ – **15
ch** *(fermé dim. soir)* ⌷ 58/72 – ½ P 68/75.
♦ En lisière de forêt, hôtel récent renfermant des chambres assez grandes et quatre
appartements équipés d'une kitchenette pour les séjours de longue durée. Salle de restaurant contemporaine au décor chaleureux et soigné. Repas traditionnel.
♦ Dit vrij nieuwe hotel aan de rand van een bos heeft vrij grote kamers en vier appartementen met kitchenette voor een langer verblijf. Verzorgd ingerichte en eigentijdse
restaurantzaal met een gezellige ambiance. Traditionele keuken.

🅇🅇🅇 **Janin,** r. Arlon 2, ✉ 7412, ℘ 30 03 78, Fax 30 79 02, 🍴 – 🅿 🆖 *VISA*
fermé mi-août-mi-sept., 24 déc.-1er janv., merc. et jeudi – **Repas** carte 54 à 65.
♦ La génération montante a repris les commandes de cette maison de bouche.
Confortable salle à manger au "look" agréablement suranné. Plats classiques
appétissants.
♦ De jongere generatie heeft in dit restaurant het roer overgenomen. Comfortabele eetzaal met een gezellig ouderwetse look. Smakelijke klassieke gerechten.

BOURGLINSTER (BUERGLËNSTER) Ⓒ *Junglinster 5 859 h.* 🅿🅸🅸 W 24 *et* 🅿🅸🅶 L 6.

Luxembourg 20 – Echternach 25 – Ettelbruck 29.

🅇🅇 **La Distillerie,** r. Château 8, ✉ 6162, ℘ 787 87 81, *mail@bourglinster.lu,*
Fax 78 78 78 52, ≤, 🍴 – 🛎 25 à 100. 🅰🅴 🆖 *VISA* 🎊
fermé dim. soir, lundi et mardi – **Repas** *Lunch 30 bc* – 56/70.
♦ Envie de s'offrir un bon moment de table dans un château fort dominant la ville ? La
Distillerie est alors l'adresse indiquée ! Vue plongeante sur les toits de Bourglinster.
♦ Zin om lekker uit eten te gaan in een slot dat boven de stad uittoornt? Dan is de Dis-
tillerie het aangewezen adres! Mooi uitzicht op de daken van Bourglinster.

BOURSCHEID (BUURSCHENT) 🅿🅸🅸 V 23 *et* 🅿🅸🅶 L 6 – *1 203 h.*

Voir *Route du château* ≤★★ – *Ruines★ du château★, ≤★.*
Luxembourg 47 – Diekirch 14 – Ettelbrück 18 – Wiltz 22.

🏨 **St-Fiacre,** Groussgaass 4, ✉ 9140, ℘ 99 00 23, *stfiacre@pt.lu,* Fax 99 06 66, ≤, 🍴,
🍴, 🚴 – 📳, 🍴 rest, 📺 🅿 🅰🅴 ⓪ 🆖 *VISA* 🅹🅲🅱
fermé janv.-fév. – **Repas** *(fermé mardi soir, merc. et après 20 h 30) Lunch 35* – 40 – **19 ch**
⌷ 54/89 – ½ P 59/65.
♦ Grosse maison accueillante dont les chambres, assez amples et pourvues d'un mobilier
de série, offrent une échappée sur les collines alentour. Tout en mangeant, profitez du
coup d'oeil sur le paysage agreste.
♦ Een gastvrij hotel in een robuust pand. De vrij ruime kamers zijn met standaardmeubilair
ingericht en kijken uit op de omringende heuvels. Ook aan tafel kunt u genieten van deze
landelijke omgeving.

à Bourscheid-Moulin *(Buurschenter-millen) Est : 4 km :*

🏨 **du Moulin** 🦢 Buurschtermillen 1, ✉ 9164, ℘ 99 00 15, *hotel@moulin.lu,* Fax 99 07 40,
≤, 🍴, 🏋, ≋, 🍴 – 📳 📺 🅿 🅰🅴 ⓪ 🆖 *VISA*
fermé déc.-janv. – **Repas** *Lunch 22* – 25/30 – **14 ch** ⌷ 70/110 – ½ P 69/79.
♦ Établissement tranquille oeuvrant dans la bucolique vallée de la Sûre. Chambres spacieuses et ambiance vacances confortée par une piscine à vagues couverte. De la salle à
manger, vue plaisante sur la rivière.
♦ Dit rustige etablissement ligt in het idyllische landschap van het Sûre-dal. Ruime kamers.
Het overdekte golfslagbad zorgt voor nog meer vakantiepret. De eetzaal biedt een fraai
uitzicht op de rivier.

Bourscheid-Plage *Est : 5 km :*

🏨 **Theis** 🦢, ✉ 9164, ℘ 99 00 20, *info@hotel-theis.com,* Fax 99 07 34, ≤, 🍴, 🏋, 🛁,
≋, 🎊 – 📳, 🍴 rest, 📺 ⟲ 🅿 – 🛎 25. ⓪ 🆖 *VISA* 🎊
12 mars-14 nov. – **Repas** *(fermé merc. et jeudi)* 30/40, ♀ – **19 ch** ⌷ 59/99 – ½ P 62/70.
♦ Tenté par une mise au vert ? Cet hôtel familial installé au bord de la Sûre et cerné par
la forêt fera l'affaire. Bon confort dans les chambres. Au restaurant, cuisine traditionnelle,
cave franco-luxembourgeoise et terrasse d'été.
♦ Voor natuurliefhebbers is dit familiehotel midden in het bos, aan de oever van de Sûre,
de uitgelezen verblijfplaats. Goed comfort in de kamers. Restaurant met traditionele keuken en Frans-Luxemburgse wijnkaart. Zomerterras

BRIDEL (BRIDDEL) 🗺 V 25 – *voir à Luxembourg, environs.*

CANACH (KANECH) © Lenningen 1 358 h. 🗺 W 25 et 🗺 L 7.

  📷 *Scheierhaff,* ✉ 5412, ✆ 35 61 35, Fax 35 74 50.
  Luxembourg 16 – Mondorf-les-Bains 19 – Saarbrücken 88.

🏨 **Mercure** ◈, Scheierhaff (Sud : 2,5km), ✉ 5412, ✆ 26 35 41, H2898@accor.com,
Fax 26 35 44 44, ≤, 🍴, 🎧, ⛱, ☐ – 🛗 ✦ ▤ 🖵 🅿 – 🚪 25 à 150. 🖭 ⓞ 🕕 🆅🆂🆁
🈶
Repas (ouvert jusqu'à 23 h) Lunch 24 bc – carte 25 à 46, 🍷 – 🖵 15 – **72 ch** 135/329, –
2 suites – ½ P 107/205.
  ◆ Hôtel de chaîne moderne niché dans un vallon champêtre, au milieu d'un terrain de golf.
Pimpantes chambres bien calibrées, garnies de meubles en bois clair. Ouverte sur le "green",
salle de restaurant entretenant une ambiance "club house".
  ◆ Dit moderne hotel ligt midden op een golfcourse in een landelijk dal. De ruime, elegante
kamers zijn met licht houten meubilair ingericht. Gezellige clubhuisambiance in het restaurant, dat uitkijkt op de green.

CAPELLEN (KAPELLEN) © Mamer 6 729 h. 🗺 U 25 et 🗺 K 7.
  Luxembourg 15 – Ettelbrück 37 – Mondorf-les-Bains 37 – Arlon 18 – Longwy 30.

🏨 **Motel Drive-In** sans rest, rte d'Arlon 1, ✉ 8310, ✆ 30 91 53, Fax 30 73 53 – 🖵 🅿.
🖭 ⓞ 🕕 🆅🆂🆁
fermé 20 déc.-10 janv. – 🖵 7 – **22 ch** 55/100.
  ◆ Motel où vous serez hébergés dans des chambres bien tenues, distribuées de plain-pied
et à l'étage. Elles sont assez spacieuses et accessibles par l'extérieur. Parking à vue.
  ◆ Dit motel beschikt over goed onderhouden en vrij ruime kamers op de begane grond
en de verdieping, die alle vanbuiten af toegankelijk zijn. Parkeerterrein in het zicht.

CLAUSEN (KLAUSEN) – *voir à Luxembourg, périphérie.*

CLERVAUX (KLIERF) 🗺 V 22 et 🗺 L 5 – 1 796 h.

  Voir *Site*★★ – *Château*★ : exposition de maquettes★ – au Sud : route de Luxembourg
≤★★.
  📷 *au Nord-Ouest : 3 km à Eselborn, Mecherwee,* ✉ 9748, ✆ 92 93 95, Fax 92 94 51.
  🅱 *(avril-oct.) Château,* ✉ 9712, ✆ 92 00 72, Fax 92 93 12.
  Luxembourg 62 – Diekirch 30 – Ettelbrück 34 – Bastogne 28.

🏨 **International,** Grand-rue 10, ✉ 9712, ✆ 92 93 91, mail@interclervaux.lu,
  Fax 92 04 92, 🍴, ◐, 🎧, ⛱, ☐ – 🛗 ✦, ▤ rest, 🖵 🍴 – 🚪 25 à 150. 🖭 ⓞ 🕕
🆅🆂🆁. ❀ rest
fermé 24 et 25 déc. – **Repas Les Arcades** Lunch 14 – 20 bc/39, 🍷 – **50 ch** 🖵 53/206,
– 2 suites – ½ P 59/98.
  ◆ Bon point de chute au centre d'une localité touristique dont l'agrément tient surtout
au site qu'elle occupe et à la présence d'un château féodal. Chambres confortables. Cuisine
dans le tempo actuel aux Arcades.
  ◆ Een goede pleisterplaats in het centrum van een toeristisch stadje, dat een middeleeuws
slot heeft en in een prachtige omgeving ligt. Comfortabele kamers. Les Arcades biedt een
culinair repertoire in een actueel tempo.

🏨 **Koener,** Grand-rue 14, ✉ 9710, ✆ 92 10 02, mail@koenerclervaux.lu, Fax 92 08 26,
  🍴, ◐, 🎧, ⛱, ☐ – 🛗 🖵 ⛱ 🅿 – 🚪 25 à 100. 🖭 ⓞ 🕕 🆅🆂🆁. ❀ rest
fermé 16 janv.-4 fév. – **Repas** Lunch 18 – 21/41 – **48 ch** 🖵 45/130 – ½ P 56/83.
  ◆ Au coeur de Clervaux, sur une place piétonne, établissement familial renfermant deux
générations de chambres : les anciennes, fonctionnelles, et les neuves, plus confortables.
Belle salle de restaurant au cadre classique-bourgeois feutré.
  ◆ Aan een pleintje in het autovrije centrum van Clervaux herbergt dit familiehotel twee
generaties kamers : de oudere kamers zijn functioneel, de nieuwe comfortabeler. Mooie
restaurantzaal met een klassiek interieur en chique, ingetogen ambiance.

🏨 **du Parc** ◈, r. Parc 2, ✉ 9708, ✆ 92 06 50, hduparc@pt.lu, Fax 92 10 68, ≤, 🍴, 🎧
  – 🖵 🅿 🕕 🆅🆂🆁
Repas *(fermé lundi et mardi)* Lunch 39 – carte 23 à 37 – **7 ch** 🖵 59/72 – ½ P 60.
  ◆ Demeure bourgeoise centenaire entourée d'un parc reposant. Sobrement personnal-
sées, les petites chambres sont agencées à l'ancienne, au même titre que les commun
Préparations traditionnelles servies dans une chaleureuse salle à touches rustiques.
  ◆ Een 100 jaar oud herenhuis in een rustig park. De kleine kamers hebben elk een persoonli
tintje en ademen de sfeer van grootmoeders tijd, net als de andere ruimten. Gezellig
eetzaal met een rustiek accent, waar traditionele gerechten worden geserveerd.

🏠 **du Commerce,** r. Marnach 2, ⊠ 9709, ✆ 92 10 32, hotelcom@pt.lu, Fax 92 91 08, 🖥, ⇔, 🌊, ☂ – 🕴 📺 🅿 – 🔬 30. 🖭 ⓸ 🐵 🆅🆂🅰 🅹🅲🅱, 🌣 rest
18 mars-nov. – **Repas** (fermé mardi midi, merc. midi et après 20 h) Lunch 19 – 23/30 – **52 ch** ⊇ 45/102 – ½ P 56/68.
❖ Près du château, hôtel disposant de chambres souvent menues, mais convenables. Jolie piscine intérieure, espace de remise en forme et terrasse d'été perchée sur le toit. Une carte traditionnelle enrichie de suggestions du marché est présentée au restaurant.
❖ Dit hotel vlak bij het kasteel heeft kamers die wat aan de kleine kant zijn maar wel gerieflijk. Mooi binnenzwembad, fitnessruimte en een dakterras voor in de zomer. Restaurant met een traditionele kaart en menusuggesties.

🏠 **Le Claravallis,** r. Gare 3, ⊠ 9707, ✆ 92 10 34, info@claravallis.lu, Fax 92 90 89, 🚏, ⇔ – 🕴 ✂ 📺 🅿 – 🔬 25. 🖭 ⓸ 🐵 🆅🆂🅰
mi-mars-28 déc. – **Repas** (fermé jeudi hors saison) Lunch 15 – 22/31 – **25 ch** ⊇ 50/98 – ½ P 62/77.
❖ Immeuble un peu excentré construit au cours des années 1970 en lisière des bois, dans la rue rejoignant la gare. Chambres fonctionnelles souvent munies d'un balcon. Salle des repas classiquement aménagée.
❖ Dit hotel uit de jaren zeventig van de vorige eeuw ligt wat buiten het centrum aan de bosrand, in de straat die naar het station voert. Functionele kamers, de meeste met balkon. Klassiek ingerichte eetzaal.

🍴 **du Vieux Château** 1er étage, Montée du Château 4, ⊠ 9712, ✆ 92 00 12, pshanc ke@pt.lu, Fax 92 05 52, 🚏, Taverne-rest – 🖭 ⓸ 🐵 🆅🆂🅰 🅹🅲🅱
fermé 20 nov.-20 déc. et mardi – **Repas** 25/35.
❖ Taverne-restaurant miniature retranchée dans la tour de garde du château fort. Ambiance sagement rustique. Terrasse estivale sur cour. Affluence touristique en saison.
❖ Klein café-restaurant dat zich heeft verschanst in de wachttoren van het slot. Rustieke ambiance. Zomerterras op de binnenplaats. Veel toeristen in het seizoen.

à Reuler (Reiler) Est : 1 km par N 18 🄲 Clervaux :

🏠 **St-Hubert** Maison 3, ⊠ 9768, ✆ 92 04 32, Fax 92 93 04, ≤, ⇔, 🌿, 🌣 – 🕴 📺 🅿. 🖭 ⓸ 🐵 🆅🆂🅰. 🌣
mi-mars-mi-déc. ; fermé mardi – **Repas** (fermé après 20 h 30) carte 22 à 37 – **19 ch** ⊇ 55/80 – ½ P 56.
❖ Une façade fleurie aux beaux jours signale ce gros chalet situé aux avant-postes de Clervaux. Certaines chambres, dotées d'un balcon, ont vue sur la campagne. Table dédiée à saint Hubert, patron des chasseurs. Le gibier foisonne en saison de vénerie.
❖ Dit grote chalet aan de rand van Clervaux is 's zomers herkenbaar aan de bloemrijke façade. Enkele kamers met balkon kijken uit op het platteland. De keuken staat in het teken van de H. Hubertus, schutspatroon van de jagers. In het jachtseizoen dus volop wild.

à Roder (Roeder) Est : 4,5 km 🄲 Munshausen 911 h :

🍴🍴🍴 **Manoir Kasselslay** 🦌 avec ch, Maison 21, ⊠ 9769, ✆ 95 84 71, contact@kassel slay.lu, Fax 26 95 02 72, 🚏, 🌿, 🌣 – 📺 🅿. 🖭 🐵 🆅🆂🅰
Repas (fermé 31 janv.-18 fév., 29 et 30 mars, 17 et 18 mai, 22 août-16 sept., 27 déc.-5 janv., lundi et mardi) Lunch 30 – 33/80 bc, ☘ – **6 ch** (fermé 31 janv.-18 fév., 22 août-16 sept. et 27 déc.-5 janv.) ⊇ 75/130.
❖ Auberge familiale providentielle pour une halte gastronomique. Salle à manger actuelle, recettes d'aujourd'hui, terrasse bichonnée et chambres refaites. Adresse non-fumeur.
❖ Zin in een culinaire stop? Dan komt deze herberg vast als geroepen. De eetzaal is bij de tijd, net als de gerechten. Mooi terras en opgeknapte kamers. Roken niet toegestaan.

DIEKIRCH (DIKRECH) 🈁 V 23 et 🈁 L 6 – 6 241 h.
Env. au Nord : 8 km et 15 mn AR à pied, Falaise de Grenglay ≤★★.
🅱 pl. de la Libération 3, ⊠ 9201, ✆ 80 30 23, tourisme@diekirch.lu, Fax 80 27 86.
Luxembourg 33 – Clervaux 30 – Echternach 28 – Ettelbrück 5 – Bastogne 46.

🏠 **du Parc,** av. de la Gare 28, ⊠ 9233, ✆ 803 47 21, info@hotel-du-parc.lu, Fax 80 98 61 – 🕴 ✂ 📺 🅿. 🖭 🐵 🆅🆂🅰
fermé 15 déc.-15 fév. et mardi – **Repas** carte 29 à 42 – **40 ch** ⊇ 57/84 – ½ P 70/74.
❖ Près de la gare, au cœur d'une petite localité "brassicole", hôtel familial renfermant des chambres assez confortables ; une poignée d'entre elles se trouvent dans l'annexe. Salle de restaurant agréablement désuète.
❖ Dit familiehotel bevindt zich in het hart van een brouwersplaatsje, dicht bij het station. Het beschikt over vrij gerieflijke kamers, waarvan sommige in de dependance zijn ingericht. Gezellig ouderwetse eetzaal.

XX **Hiertz** avec ch, r. Clairefontaine 1, ✉ 9220, ☎ 80 35 62, *Fax 80 88 69*, ☂, ☂ – ▤ rest, TV. AE ① MC VISA JCB
fermé 22 août-5 sept., 26 déc.-16 janv., sam. midi, dim. soir et lundi – **Repas** Lunch 34 – 59 – **8 ch** ☕ 60/75 – ½ P 80.
◆ Adresse de tradition où, en été, des fleurs colorent le jardin suspendu et la belle terrasse où sont servis les repas. L'Italie inspire certains mets. Chambres correctes.
◆ Traditioneel adresje met een hangende tuin die 's zomers in bloei staat en een mooi terras waar enkele Italiaans getinte gerechten te verkrijgen zijn. Keurige kamers.

DOMMELDANGE (DUMMELDÉNG) 717 V 25 – *voir à Luxembourg, périphérie.*

DUDELANGE (DIDDELENG) 717 V 26 *et* 716 L 7 – *17 514 h.*
Luxembourg 16 – *Esch-sur-Alzette 13 – Thionville 17.*

XX **Parc Le'h,** r. Parc (par A 3, sortie ③, puis au 1er rond-point prendre à droite), ✉ 3542, ☎ 51 99 90, *parcleh@pt.lu, Fax 51 16 90*, ☂ – P. AE ① MC VISA
fermé du 15 au 31 août, lundi soir et mardi – **Repas** Lunch 11 – 30/58, ♀.
◆ Pavillon érigé au beau milieu d'un parc verdoyant. Salle à manger claire et contemporaine, aux tables bien espacées offrant une vue "plein cadre" sur les fourneaux.
◆ Dit paviljoen is gebouwd midden in een park. Lichte en eigentijdse eetzaal met grote ruimte tussen de tafels, waarvan sommige zicht hebben op de fornuizen.

ECHTERNACH (IECHTERNACH) 717 X 24 *et* 716 M 6 – *4 480 h.*
Voir *Place du Marché*★ Y **10** - *Abbaye*★ X – *à l'Ouest : Gorge du Loup*★★ *(Wolfschlucht)*, ≤★ *du belvédère de Troosknepchen* Z.
ℹ *Porte St-Willibrord, Parvis de la Basilique,* ✉ *6401,* ☎ *72 02 30, info@echternach-tourist.lu, Fax 72 75 24.*
Luxembourg 36 ② – *Diekirch 28* ③ – *Ettelbrück 30* ③ – *Bitburg 21* ①

Plan page suivante

Eden au Lac ⑤, Oam Nonnesees (au-dessus du lac), ✉ 6474, ☎ 72 82 83, *edenlac@pt.lu, Fax 72 81 44*, ≤ ville et vallée boisée, ☂, ⑦, Fø, ≘s, ◻, ☂, ✂, ⚲ – |‡|, ▤ ch, TV P – 🔔 25 à 45. AE ① MC VISA. ⚡ Z m
15 mars-15 nov. – **Repas** ***Le Jardin d'Épices*** *(fermé merc. et sam.)* (dîner seult sauf dim. et jours fériés) 90 ♣ – **60 ch** ☕ 89/180, – 5 suites – ½ P 81/120.
◆ En pleine nature, dominant le lac et la villa romaine, bonnes chambres avec balcon panoramique aménagées dans trois unités communicantes, dont deux chalets. Repos et loisirs. Cuisine actuelle soignée et belle vue panoramique au Jardin d'Épices.
◆ Dit hotel midden in de natuur kijkt uit op het meer en een Romeinse villa. Het Eden heeft goede kamers met balkon, die zijn ondergebracht in drie geschakelde panden, waaronder twee chalets. Verzorgde, eigentijdse keuken en mooi uitzicht op de Jardin d'Épices.

Grand H., rte de Diekirch 27, ✉ 6430, ☎ 72 96 72, *grandhot@pt.lu, Fax 72 90 62*, ≤, ≘s, ◻, ☂ – |‡| TV ⇔ P. AE ① MC VISA JCB. ⚡ Z p
15 mars-15 nov. – **Repas** *(fermé après 20 h)* (dîner seult sauf week-end et jours fériés) carte 34 à 67 – **28 ch** ☕ 85/160, – 8 suites – ½ P 74/105.
◆ Ensemble hôtelier proche de la fameuse Gorge du Loup. Chambres sans reproche, salon garni de meubles de style, jolie piscine intérieure et espace de remise en forme. La plupart des tables du restaurant offre une plaisante échappée sur la vallée boisée.
◆ Hotelcomplex dicht bij de fameuze Gorge du Loup. Onberispelijke kamers, met stijlmeubilair ingerichte lounge, fraai binnenzwembad en fitnessruimte. De meeste tafels in het restaurant kijken uit op het beboste dal.

Bel Air ⑤, rte de Berdorf 1, ✉ 6409, ☎ 72 93 83, *belair@pt.lu, Fax 72 86 94*, ≤, ☂, Fø, ≘s, ◻, ☂, ✂, ⚲ – |‡| ⇆ TV ⇔ P – 🔔 25 à 100. AE ① MC VISA. ⚡ Z n
fermé du 2 au 13 janv. – **Repas** 45/65, ♀ – **31 ch** ☕ 87/170, – 8 suites – ½ P 97/122.
◆ Ce confortable établissement lové au creux d'une vallée verdoyante s'entoure d'un parc propice au ressourcement. Salon cossu, reposantes chambres, belle piscine et fitness. Coup d'oeil plaisant sur les pelouses, parterres et pièce d'eau depuis le restaurant.
◆ Dit comfortabele hotel bevindt zich in een groen dal en wordt omringd door een park waar u weer heerlijk kunt bijkomen. Weelderige lounge, rustige kamers, mooi zwembad fitnessruimte. De eetzaal kijkt uit op gazons, bloemperken en een waterpartij.

Welcome, rte de Diekirch 9, ✉ 6430, ☎ 72 03 54, *info@hotelwelcome.lu, Fax 72 85 81* ☂, Fø, ≘s, ⚲ – |‡| TV P. MC VISA. ⚡ Z
15 mars-25 nov. – **Repas** *(fermé merc.)* (dîner seult jusqu'à 20 h 30) 30/35 – **26 ch** ☕ 52/88 – ½ P 51/67.
◆ À deux pas d'un belvédère qui mérite - hautement ! - l'ascension, construction allongée bordant la grand-route et le lit de la Sûre. Chambres douillettes, souvent avec balcon. Repas traditionnel dans une grande salle feutrée.
◆ Bij een belvédère met prachtig uitzicht op het dal, en de rivier, ligt dit langgerekte hotelpand bij de weg. De kamers zijn behaaglijk en de meeste hebben een balkon. In de rustige eetzaal kunt u genieten van een traditionele maaltijd.

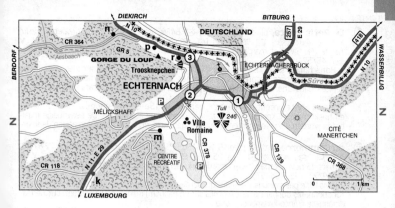

ECHTERNACH

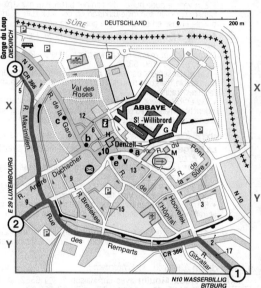

🏨 **Host. de la Basilique,** pl. du Marché 7, ✉ 6460, 𝒞 72 94 83, info@hotel-basilique.lu, Fax 72 88 90, 🈂, 🍴, 🐎 – 🛗 📺 🚗, 🖭 ① 🆎 𝑉𝐼𝑆𝐴. ✂ — Y a
15 mars-15 nov. – **Repas** (dîner seult sauf week-end et jours fériés) 38/48 – **14 ch** �🛏 91/108 – ½ P 66/104.

♦ Accueil familial chaleureux dans cette grosse maison postée sur une place aux pavés joufflus. Chambres fonctionnelles bien calibrées. Proximité immédiate de l'abbaye. Alternative brasserie ou restaurant.

♦ Vriendelijk en gastvrij onthaal in dit robuuste huis aan een plein dat met kinderhoofdjes is geplaveid en in de directe nabijheid van de abdij ligt. Functionele kamers van goede afmetingen. Keuze tussen brasserie en restaurant.

🏨 **Le Pavillon,** r. Gare 2, ✉ 6440, 𝒞 72 98 09, diedling@pt.lu, Fax 72 86 23, 🈂 – 📺 🚗 – 🅰 40. 🖭 🆎 𝑉𝐼𝑆𝐴 — XY b
Repas Lunch 10 – 23/49 bc, ℐ – **10 ch** ⍺ 62/72 – ½ P 55/75.

♦ Etape idéale pour découvrir la capitale de la Petite Suisse luxembourgeoise, cet établissement du centre piétonnier renferme des chambres sobres et bien tenues. Table traditionnelle.

♦ Een ideale pleisterplaats om de hoofdstad van Luxemburgs Klein Zwitserland te verkennen. Dit etablissement in het autovrije centrum beschikt over eenvoudige, goed onderhouden kamers. Traditionele gerechten.

Le Petit Poète, pl. du Marché 13, ⊠ 6460, 𝓟 720 07 21, lepetitpoete@vip.lu, Fax 72 74 83, 🛋️ – 📺. 🅰🅴 🄰🄾 🄼🄾 🆅🅸🆂🅰. ❄️ ch   Y v
fermé déc.-janv. et mardi hors saison – **Repas** Lunch 9 – 22/34 – **12 ch** ⊆ 40/58 – ½ P 45/52.

◆ Hôtel familial situé juste en face d'un bel édifice du 15ᵉ s. avec arcades et tourelles d'angle. Chambres proprettes ; sans accessoire superflu. Préparations bourgeoises servies dans une salle à manger classiquement aménagée. Terrasse abritée sur le devant.

◆ Familiehotel recht tegenover een fraai 15e-eeuws gebouw met arcaden en hoektorentjes. Keurige kamers zonder overbodige accessoires. De eenvoudige maaltijden worden geserveerd in een klassiek ingerichte eetzaal. Beschut terras aan de voorkant.

du Commerce, pl. du Marché 16, ⊠ 6460, 𝓟 72 03 01, chactour@pt.lu, Fax 72 87 90, 🛋️, 🈶, ⊆s, 🌳 – 📶 📺 – 🔏 25 à 50. 🅰🅴 🄼🄾 🆅🅸🆂🅰   Y e
5 mars-13 nov. – **Repas** (fermé mardi midi, merc. midi et jeudi midi) 14/42 bc, ℤ – **44 ch** ⊆ 49/77 – ½ P 53/57.

◆ Dans l'une des maisons anciennes qui bordent la pittoresque place du Marché, chambres fonctionnelles donnant pour certaines sur un mignon jardinet. Au restaurant, cuisine traditionnelle franco-luxembourgeoise.

◆ Een van de oude huizen die aan het pittoreske marktplein staan, herbergt functionele kamers waarvan sommige uitkijken op een leuk tuintje. In het restaurant worden traditionele Franse en Luxemburgse gerechten geserveerd.

St-Hubert, r. Gare 21, ⊠ 6440, 𝓟 72 03 06, Fax 72 87 72, 🛋️ – 📶 📺 📶. 🅰🅴 🄰🄾 🄼🄾 🆅🅸🆂🅰   X c
fermé lundis et mardis non fériés d'oct. à mars – **Repas** Lunch 13 – carte 27 à 45 – **18 ch** ⊆ 56/80 – ½ P 60/68.

◆ Cet établissement bordant la longue rue piétonne, très animée, abrite des chambres de mise simple, mais bien tenues. Quatre d'entre elles sont équipées d'une kitchenette. À table, recettes traditionnelles.

◆ Dit establissement in de lange en zeer levendige voetgangersstraat heeft eenvoudig ingerichte, maar goed onderhouden kamers, waarvan er vier zijn uitgerust met een kitchenette. Menukaart met traditionele gerechten.

à Geyershaff (Geieschhaff) par ② : 6,5 km par E 29 [C] Bech 935 h :

XXX **La Bergerie** (Phal), ⊠ 6251, 𝓟 79 04 64, bergerie@relaischateaux.com, Fax 79 07 71, ❀❀ ← – 📶. 🅰🅴 🄰🄾 🄼🄾 🆅🅸🆂🅰
fermé 1ᵉʳ janv.-11 fév., dim. soir et lundi – **Repas** (de sept. à mai dîner seult sauf week-end) – 110 bc, carte 76 à 144, ℤ 🍴
Spéc. Foie gras aux cinq saveurs. Carré d'agneau de Sisteron grillé. Suprême de turbot, sauce au Champagne. **Vins** Pinot gris, Riesling.

◆ Entre forêt et champs, coquette maison de bouche concoctant une cuisine innovante et raffinée. Excellent choix de vins locaux. Salle à manger-véranda ouvrant sur un beau parc.

◆ Charmant restaurant tussen bos en akkers, met een verfijnde en innovatieve keuken. Uitstekende selectie lokale wijnen. De eetzaal met serre kijkt uit op een mooi park.

à Lauterborn (Lauterbur) [C] Echternach :

XXX **Au Vieux Moulin** avec ch, Maison 6, ⊠ 6562, 𝓟 720 06 81, avmoulin@pt.lu, Fax 72 71 25, 🛋️, 🈶, 🌳 – 📺 📶. 🅰🅴 🄼🄾 🆅🅸🆂🅰. ❄️   Z k
fermé 27 déc.-janv., lundi et mardi midi – **Repas** (fermé après 20 h) carte 39 à 55 – **8 ch** ⊆ 66/74, – 1 suite – ½ P 60/64.

◆ Au creux d'une vallée verdoyante, hostellerie tranquille aménagée dans un ancien moulin dont un musée retrace l'histoire. Repas au goût du jour. Bon hébergement à prix sages.

◆ Rustig hotel in een groen dal en gehuisvest in een oude molen. Een museum verhaalt de geschiedenis ervan. De gerechten zijn bij de tijd. Goede kamers voor een redelijke prijs.

à Steinheim (Stenem) par ① : 4 km [C] Rosport 1 850 h :

Gruber, rte d'Echternach 36, ⊠ 6585, 𝓟 72 04 33, info@hotelgruber.com Fax 72 87 56, 🛋️, 🈶, 🌳, ⊸ – 📺 📶. 🅰🅴 🄼🄾 🆅🅸🆂🅰. ❄️ rest
avril-12 déc. – **Repas** (fermé après 20 h 30) carte 26 à 40 – ⊆ 8 – **18** ch 40/68 – ½ P 53/63.

◆ Auberge de longue tradition familiale où vous séjournerez dans des chambres d'une tenue méticuleuse. Salon moderne avec cheminée et petit parc clos de haies bordé pa la Sûre. Restaurant traditionnel confortablement installé.

◆ Dit aloude familiehotel beschikt over piekfijn onderhouden kamers. Moderne lounge me schouw en een met heggen omheind parkje langs de Sûre. In het comfortabele restaurar worden traditionele gerechten geserveerd.

EHNEN (ÉINEN) 🅒 *Wormeldange 2 285 h.* 🔟🔟 X 25 *et* 🔟🔞 M 7.
Luxembourg 31 – Ettelbrück 55 – Remich 10 – Trier 32.

🏨 **Bamberg's**, rte du Vin 131, ⊠ 5416, ℘ 76 00 22, Fax 76 00 56, ≤ – |🛄| 📺. 🆎 ① ⓦⓞ
  VISA. ⅏
  fermé déc.-15 janv. et mardi – **Repas** carte 44 à 68 – **12 ch** ⊇ 65/90 – ½ P 70.
  ◆ Cet hôtel tenu en famille depuis 1911 paresse au bord de la Moselle, au pied d'un coteau
  planté de vignes : route du vin oblige ! Certaines chambres ont un balcon panoramique.
  Au restaurant, plats traditionnels et sélection de crus du vignoble luxembourgeois.
  ◆ Dit hotel wordt sinds 1911 door dezelfde familie gerund en staat in alle rust langs de
  Moezel, aan de voet van een helling met wijnstokken. Sommige kamers hebben een balkon
  met panoramisch uitzicht. Restaurant met traditionele keuken en Luxemburgse wijnen.

XX **Simmer** avec ch, rte du Vin 117, ⊠ 5416, ℘ 76 00 30, *info@hotel-simmer.lu*,
  Fax 76 03 06, ≤, 🚲 – 🅿. 🆎 ① ⓦⓞ **VISA**. ⅏
  fermé 3 janv.-11 fév., lundi soir et mardi – **Repas** Lunch 30 – 46, ♀ – **12 ch** ⊇ 62/74 –
  ½ P 74/79.
  ◆ Hostellerie élevée à la fin du 19ᵉ s. sur les berges de la Moselle. Mets traditionnels et
  bonne cave régionale. Terrasse dressée aux beaux jours. Chambres proprettes.
  ◆ Hostellerie die aan het einde van de 19e eeuw aan de Moezel is gebouwd. Traditionele
  gerechten en goede regionale wijnkaart. Terras bij mooi weer. Keurig nette kamers.

EICH (EECH) – *voir à Luxembourg, périphérie.*

ELLANGE (ELLÉNG) 🔟🔟 W 25 – *voir à Mondorf-les-Bains.*

ERNZ NOIRE (Vallée de l') (MULLERTHAL-MËLLERDALL) ★★★ 🔟🔟 W 24 *et* 🔟🔞 L 6 *G. Belgique-Luxembourg.*

ERPELDANGE (IERPELDÉNG) 🔟🔟 V 23 *et* 🔟🔞 L 6 – *voir à Ettelbruck.*

ESCHDORF (ESCHDUERF) 🅒 *Heiderscheid 1 192 h.* 🔟🔟 U 23 *et* 🔟🔞 K 6.
  Env. *au Sud : 4,5 km à Rindschleiden : Église paroissiale*★.
  Luxembourg 46 – Diekirch 22 – Ettelbrück 17 – Bastogne 17.

🏨 **Braas**, an Haesbich 1, ⊠ 9150, ℘ 83 92 13, *info@hotel-braas.lu*, Fax 83 95 78 – |🛄| 📺
  🅿. ⓦⓞ **VISA** 🅹🅲🅱. ⅏ rest
  fermé 30 août-13 sept. et janv. – **Repas** (fermé lundi soir et mardi) Lunch 9 – carte 23 à
  61 – **11 ch** ⊇ 52/75 – ½ P 57/72.
  ◆ La vallée de la Sûre décrit ses plus beaux méandres à quelques minutes de cette auberge
  familiale restée insensible aux modes depuis sa naissance dans les années 1970. Repas
  traditionnel au restaurant, qui propose une formule déjeuner à prix "plancher".
  ◆ De mooiste meanders van de Sûre slingeren door het stukje dal in de buurt van deze herberg, die sinds de bouw rond 1970 ongevoelig is gebleven voor trends. Restaurant met
  een traditionele keuken en een lunchformule tegen "bodemprijs".

ESCH-SUR-ALZETTE (ESCH-UELZECHT) 🔟🔟 U 26 *et* 🔟🔞 K 7 – *27 891 h.*
  🚩 *Hôtel de Ville*, ⊠ 4004, ℘ 54 16 37, *touristinfo@esch-city.lu*, Fax 547 38 36 78.
  Luxembourg 18 ① – Longwy 26 ① – Thionville 32 ③

Plan page suivante

🏨 **Mercure Renaissance** 🐾, pl. Boltgen 2, ⊠ 4044, ℘ 54 19 91, *h2017@accor.com*,
  Fax 54 19 90, 🍴 – |🛄|, 🔳 rest, 📺 🔄 – 🔼 30. 🆎 ① ⓦⓞ **VISA**   BZ **t**
  Repas Lunch 13 – carte 30 à 39, ♀ – ⊇ 13 – **41 ch** 95/105 – ½ P 98/131.
  ◆ Cet établissement de chaîne déploie tout l'éventail des prestations hôtelières propres
  à l'enseigne Mercure. Chambres fonctionnelles où l'on ne manque pas d'espace. Salle à
  manger façon "bistrot" ; petite carte traditionnelle.
  ◆ Dit etablissement etaleert alle hotelprestaties die de Mercure-keten eigen zijn. Functionele kamers waar het beslist niet aan ruimte ontbreekt. Eetzaal in bistrostijl ; kleine
  traditionele kaart.

🏨 **de la Poste** sans rest, r. Alzette 107, ⊠ 4011, ℘ 265 45 41, *contact@hotel-de-la-
  poste.lu*, Fax 265 45 48 00 – |🛄| 🔄 📺 🔄. ⓦⓞ **VISA**   BZ **d**
  20 ch ⊇ 95/125.
  ◆ Cet immeuble de ville bâti en 1919 retrouvait l'éclat du neuf à l'aube du 21ᵉ s. Façade
  bourgeoise modernisée, espaces communs à touches Art déco et chambres bien équipées.
  ◆ Dit pand uit 1919 ziet er sinds deze eeuw weer als nieuw uit. Gemoderniseerde statige
  voorgevel, gemeenschappelijke ruimten met accenten in art deco, goed uitgeruste kamers.

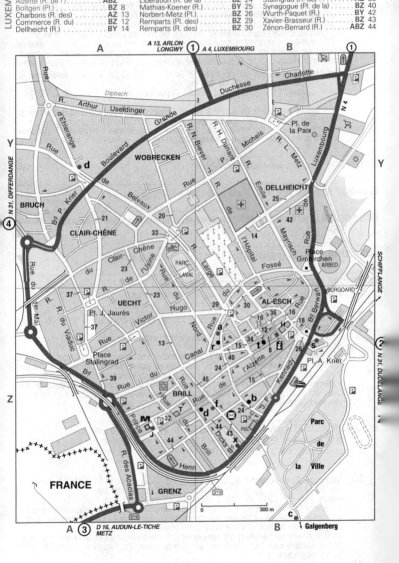

Zoekt u een rustig of afgelegen hotel,
raadpleeg dan de kaart in de inleiding of kijk in de tekst
naar hotels met het teken ॐ

Topaz sans rest, r. Remparts 5, ⊠ 4303, ℰ 531 44 11, *topaz@pt.lu*, Fax 53 14 54 –
|⊛| 📺 🚗. 🆎 ① ⓂⓈ 𝚅𝙸𝚂𝙰. ❄ BZ **r**
22 ch ⊡ 80/87.
* Hôtel récent installé dans une paisible petite rue du centre. Chambres de bonne ampleur, mansardées au 4e étage. Salle de breakfast ouverte sur une terrasse fleurie en été.
* Vrij nieuw hotel in een rustig straatje in het centrum. Ruime kamers, op de vierde verdieping met schuine wand. De ontbijtzaal kijkt 's zomers uit op een terras vol bloemen.

Acacia, r. Libération 10, ⊠ 4210, ℰ 54 10 61, *hacacia@pt.lu*, Fax 54 35 02 – |⊛|, ▤ rest,
📺 – 🚿 80. 🆎 ① ⓂⓈ 𝚅𝙸𝚂𝙰 BZ **b**
fermé 24 déc.-1er janv. – **Repas** *(fermé dim. et jours fériés)* Lunch 28 – 38/75 bc – **23 ch**
⊡ 52/90 – ½ P 69/80.
* Point de chute dont l'emplacement, à 100 m du secteur piétonnier et 300 m de la gare s'avère bien commode pour les touristes usagers du rail. Chambres simples mais correctes. Repas classique dans une salle à manger actuelle agrémentée de peintures abstraites.
* Een praktische pleisterplaats voor toeristen die met de trein reizen, op 100 m van het voetgangerscentrum en 300 m van het station. Eenvoudige maar correcte kamers. Het Acacia serveert klassieke maaltijden in een moderne eetzaal met abstracte schilderijen.

Favaro, r. Remparts 19, ⊠ 4303, ℰ 542 72 31, *rfavaro@pt.lu*, Fax 54 27 23 40, Avec
cuisine italienne – ▤ – 🚿 30. 🆎 ① ⓂⓈ 𝚅𝙸𝚂𝙰, ❄ BZ **a**
fermé fin août-début sept., début janv., sam. midi, dim. soir et lundi – **Repas** Lunch 60 bc
– 140 bc, carte 69 à 98, ♀ 🍷
Spéc. Carpaccio de langoustines à la ciboulette et caviar. Cappelletti de ricotta et castel magno. Cornetto et sa glace au yaourt, sauce au chocolat. **Vins** Pinot gris, Riesling.
* Repaire gourmand rénové dans un souci d'esthétique et de confort. Petites salles actuelles et intimes, carte au goût du jour où pavoise l'Italie et cave franco-transalpine.
* Een smaakvol gerenoveerd en comfortabel adres met moderne, intieme zaaltjes. Eigentijdse kaart waarop Italië de boventoon voert. Frans-Italiaanse wijnkelder.

Fridrici, rte de Belvaux 116, ⊠ 4026, ℰ 55 80 94, *restaurantfridrici@internet.lu*,
Fax 57 33 35 – ▤ 🅿. 🆎 ① ⓂⓈ 𝚅𝙸𝚂𝙰 AY **d**
fermé sem. carnaval, 3 sem. en août, mardi, jeudi soir et sam. midi – **Repas** Lunch 47 – 58, carte 58 à 72 🍷
Spéc. Gaspacho de homard et langoustines. Escalope de foie gras poêlé aux figues. Dos de bar façon bouillabaisse. **Vins** Pinot gris, Pinot noir.
* Confortable salle de restaurant accessible par un salon feutré pourvu de fauteuils de style. Décor intérieur uniformément classique, à l'image du type de cuisine pratiqué ici.
* Een salon met ingetogen ambiance en stijlfauteuils geeft toegang tot de comfortabele restaurantzaal. Het interieur is op-en-top klassiek, net als de geserveerde gerechten.

Postkutsch, r. Xavier Brasseur 8, ⊠ 4040, ℰ 54 51 69, *postkutsch@pt.lu*,
Fax 54 82 35 – ▤. 🆎 ① ⓂⓈ 𝚅𝙸𝚂𝙰 BZ **f**
fermé sam. midi, dim. soir et lundi – **Repas** Lunch 19 – 33/80 bc, ♀.
* Salle à manger aux réminiscences Art déco, fresque évoquant l'ère des diligences, carte actuelle assortie de menus hebdomadaires et mémorables chariots de fromages affinés.
* Eetzaal waar nog een vleugje art déco resteert en een fresco herinnert aan de tijd van de diligences. Actuele kaart met wekelijkse menu's. Het kaaswagentje is echt een must.

Le Pavillon, Parc Galgebierg (au-dessus du stade Emile Mayrisch), ⊠ 4142, ℰ 54 02 28,
pavillon@pt.lu, Fax 54 74 28, ☂ – 🅿 – 🚿 35. ⓂⓈ 𝚅𝙸𝚂𝙰 BZ **c**
fermé 25 déc.-9 janv., sam. midi, dim. soir et lundi – **Repas** Lunch 12 – carte 32 à 54, ♀.
* Agréable restaurant aménagé dans un grand parc boisé, aux portes de la ville. Lunch et menus bien ficelés, salle à manger d'esprit 1900 et terrasse estivale invitante.
* Aangenaam restaurant in een groot bomenpark, aan de rand van de stad. Goed samengestelde lunch en menu's, eetzaal met decor van omstreeks 1900 en uitnodigend zomerterras.

Bec Fin, pl. Norbert Metz 15, ⊠ 4239, ℰ 54 33 22, Fax 54 00 99 – 🆎 ①
ⓂⓈ 𝚅𝙸𝚂𝙰 BZ **s**
fermé 1 sem. en fév., 1 sem. en août, dim. soir et lundi – **Repas** Lunch 16 – carte 22 à 40.
* Sur une placette jouxtant le ring, sympathique petite table familiale où les "fins becs" du coin ont leurs habitudes. Nombre de couverts limité : mieux vaut donc réserver.
* Op een pleintje vlak bij de ringweg bevindt zich dit sympathieke eethuis waar de lekkerbekken uit de buurt graag vertoeven. Beperkt aantal couverts : reserveren dus aanbevolen.

Cœur Grenadine, bd Kennedy 138, ⊠ 4171, ℰ 26 54 02 13, Fax 26 54 02 19, ☂
– 🅿. 🆎 ⓂⓈ 𝚅𝙸𝚂𝙰. ❄ BZ **x**
fermé 28 mars-5 avril, du 15 au 30 août, fin déc.-début janv., lundi, mardi et sam. midi
– **Repas** Lunch 25 – 58.
* Restaurant "tendance" offrant les plaisirs d'un repas assez créatif dans un cadre clair et moderne égayé de toiles d'une vive polychromie. Musique "lounge" ; terrasse arrière.
* Dit eigentijdse restaurant serveert creatieve maaltijden in een licht, modern decor met schilderijen in vrolijke kleuren. Loungemuziek. Terras achter.

à Foetz *(Féitz) par ① : 5 km* 🅖 *Mondercange 6 090 h :*

🏨 **De Foetz**, r. Avenir 1 (dans zoning commercial), ✉ 3895, 𝒫 57 25 45, *hfoetz@pt.lu*,
Fax 57 25 65 – 📺 ℗ ⚿ ⓞ ⓌⓈ 𝘝𝘐𝘚𝘈. ❧
fermé 24 déc.-9 janv. – **Repas** *(fermé dim.) Lunch* 10 – 22 – **40 ch** ⌸ 45/66 – ½ P 45/57.
◆ Établissement récent s'ouvrant sur une rue en cul-de-sac. Chambres standard pratiques
pour la clientèle d'affaires, foisonnante dans le zoning commercial de Foetz. À table, choix
traditionnel à composantes lorraines.
◆ Vrij nieuw hotel in een doodlopend straatje. Praktisch ingerichte standaardkamers voor
een zakelijke clientèle. Aan gasten geen gebrek dankzij het bedrijvenpark van Foetz. Traditionele kaart waarop ook gerechten uit Lotharingen staan.

ESCH-SUR-SÛRE (ESCH SAUER) 🔢 U 23 *et* 🔢 K 6 – *308 h.*

Voir *Site★ – Tour de Guet* ⩽★.

Env. *à l'Ouest : rte de Kaundorf* ⩽★ – *à l'Ouest : Lac de la Haute-Sûre★*, ⩽★ – *au Sud-
Ouest : Hochfels★.*

🅱 *Maison du Parc Naturel de la Haute-Sûre, rte de Lultzhausen 15*, ✉ 9650, 𝒫 899 33 11,
Fax 89 95 20.
Luxembourg 48 – Diekirch 24 – Ettelbrück 19 – Bastogne 27.

🏨 **de la Sûre** ⌚ (annexe - 9 ch), r. Pont 1, ✉ 9650, 𝒫 83 91 10, *info@hotel-de-la-sure.lu*,
Fax 89 91 01, ⩽, 🍴, 🎣, 🛁, 🚲 – 🛎 📺 – 🔏 25 à 45. ⚿ ⓌⓈ 𝘝𝘐𝘚𝘈. ❧ *rest*
fermé 16 déc.-30 janv. – **Repas Comte Godefroy** *Lunch* 15 – 28/50 bc, 𝗭 – **14 ch**
⌸ 28/174 – ½ P 43/94.
◆ Dans un patelin mignon comme tout, massive construction régionale abritant diverses
catégories de chambres, également aménagées dans l'annexe voisine. Accueil familial. Salle
à manger bourgeoise étagée sur deux niveaux. Cuisine actuelle et plats traditionnels.
◆ Dit robuuste pand in regionale stijl beschikt over diverse categorieën kamers, waarvan
er ook enkele in de ernaast gelegen dependance zijn ingericht. Vriendelijke ontvangst.
Eetzaal op twee niveaus. Eigentijdse keuken en traditionele gerechten.

🏨 **Le Postillon**, r. Eglise 1, ✉ 9650, 𝒫 89 90 33, *conrad@lepostillon.lu*, Fax 89 90 34, 🍴,
🌳 – 🛗 📺 ⓌⓈ 𝘝𝘐𝘚𝘈. ❧
fermé janv. – **Repas** *(fermé après 20 h 30) Lunch* 12 – 22/35, 𝗭 – **24 ch** ⌸ 54/80 – ½ P 65.
◆ Une tour de guet médiévale domine l'escarpement rocheux au pied duquel se dresse
cette imposante auberge traditionnelle. La Sûre méandre en contrebas de l'hôtel. On mange
sur la terrasse par météo clémente.
◆ Een middeleeuwse wachttoren beheerst de steile rotshelling met aan de voet deze
imposante, traditionele herberg. Nog iets lager meandert de rivier de Sûre. Bij mooi weer
wordt op het terras geserveerd.

ETTELBRÜCK (ETTELBRÉCK) 🔢 V 23 *et* 🔢 L 6 – *7 326 h.*

Env. *au Nord-Est : 2,5 km à Erpeldange : cadre★.*

🅱 *pl. de la Gare 1*, ✉ 9044, 𝒫 81 20 68, *site@pt.lu*, Fax 81 98 39.
Luxembourg 28 – Clervaux 34 – Bastogne 41.

🏨 **Central**, r. Bastogne 25, ✉ 9010, 𝒫 81 21 16, *info@hotelcentral.lu*, Fax 81 21 38 – 🛗
📺 ⚿ ⓞ ⓌⓈ 𝘝𝘐𝘚𝘈. ❧
fermé dim. et lundi – **Repas** *voir rest* **Le Châteaubriand** *ci-après* – **13 ch** ⌸ 52/82 –
½ P 70/75.
◆ Cet hôtel officiant de longue date au centre d'Ettelbrück constitue un bon petit point
de chute pour rayonner dans la basse vallée de la Sûre. Ambiance familiale.
◆ Dit hotel in het centrum van Ettelbrück is al sinds lang een goed vertrekpunt voor
excursies in het benedendal van de Sûre. Huiselijke sfeer.

🍴🍴 **Le Châteaubriand** - H. Central, 1ᵉʳ étage, r. Bastogne 25, ✉ 9010, 𝒫 81 21 16, *in-
o@hotelcentral.lu*, Fax 81 21 38 – ⚿ ⓞ ⓌⓈ 𝘝𝘐𝘚𝘈. ❧
fermé dim. soir et lundi – **Repas** 39/65 bc, 𝗭.
◆ Restaurant de bonne réputation locale aménagé au 1ᵉʳ étage de l'hôtel Central. Cuisine
classique actualisée servie dans une salle rénovée ou sur la terrasse protégée.
◆ Plaatselijk goed aangeschreven restaurant (1e verdieping Hôtel Central) dat geactualiseerde klassieke gerechten serveert in een gerenoveerde zaal of op het beschutte terras

🍴 **Le Navarin**, r. Prince Henri 15, ✉ 9047, 𝒫 81 80 82, *navarin@pt.lu*, Fax 81 13 12
⚿ ⓞ ⓌⓈ ⱼᴄʙ
fermé du 1ᵉʳ au 15 fév., du 1ᵉʳ au 15 août, lundi soir et mardi – **Repas** *Lunch* 11 – 27/57 b
◆ Adresse sympathique où une carte traditionnelle à séquences régionales entend comble
votre faim. Tables bien espacées, mais mise en place assez simple sur celles-ci.
◆ Trek gekregen? Dit sympathieke restaurant heeft een traditioneel culinair repertoire me
regionale accenten. De eenvoudig gedekte tafeltjes staan op ruime afstand van elka

à Erpeldange *(Ierpeldéng) Nord-Est : 2,5 km par N 27 – 2 065 h*

Dahm, Porte des Ardennes 57, ✉ 9145, 𝒫 816 25 51, dahm@pt.lu, Fax 816 25 52 10, 🍴, 🌐, 🐬 – 📶 📺 ♿ch, 🚗 ▣ – 🛎 30. ⏣ ⓪ ⓿ VISA. ✵
fermé 19 déc.-29 janv. – **Repas** *(fermé lundi, jeudi soir et après 20 h 30) Lunch 11* – 30/46
– **25 ch** ⬜ 62/95 – ½ P 78/92.
◆ Maison imposante dont la façade s'agrémente de colombages et d'arcades. Chambres spacieuses récemment refaites, distribuées dans deux ailes. Jardin fleuri en été. Repas traditionnel servi dans un décor intérieur rustique. Terrasse estivale.
◆ Een imposant vakwerkhuis met arcaden. Ruime, pas gerenoveerde kamers, verspreid over twee vleugels. 's Zomers is er een terras en staat de tuin vol bloemen. In een rustiek interieur wordt een traditionele maaltijd geserveerd.

FOETZ (FÉITZ) ⛛⛛⛛ V 25 – *voir à Esch-sur-Alzette.*

FRISANGE (FRÉISENG) ⛛⛛⛛ W 25 *et* ⛛⛛⛚ L 7 – 3 052 h.
Luxembourg 12 – Thionville 20.

de la Frontière, r. Robert Schuman 52 (au poste frontière), ✉ 5751, 𝒫 23 61 51, hotfront@pt.lu, Fax 23 66 17 53, 🍴 – 📺 ▣. ⏣ ⓪ ⓿ VISA
fermé 2 dern. sem. fév., 2 prem. sem. août, fin déc., dim. soir, lundi et mardi midi – **Repas** carte 22 à 33 – **18 ch** ⬜ 45/70 – ½ P 46/56.
◆ Enseigne pertinente, puisque le poste de douane se trouve juste en face de cet hôtel tenu en famille. Chambres bien calibrées, garnies d'un mobilier robuste. Le couvert est dressé dans une salle à manger de style bourgeois actualisé.
◆ Een relevante naam, want de douanepost bevindt zich recht tegenover dit familiehotel. De ruime kamers zijn met robuust meubilair ingericht. De maaltijd wordt geserveerd in een gemoderniseerde eetzaal.

Lea Linster, rte de Luxembourg 17, ✉ 5752, 𝒫 23 66 84 11, lealin@pt.lu, Fax 23 67 64 47, ≼, 🍴 – ▣. ⏣ ⓪ ⓿ VISA. ✵
fermé fin août-début sept., Noël-Nouvel An, lundi et mardi – **Repas** 80, carte 73 à 105
Spéc. Œufs en surprise au caviar sevruga. Selle d'agneau en croûte de pomme de terre. Bar de ligne en croûte de sel. **Vins** Riesling, Auxerrois.
◆ Refuge gourmand dont la façade végétale dissimule une apaisante salle à manger élégamment agencée. Belle terrasse procurant une vue agreste. Patronne-cuisinière aux fourneaux.
◆ Achter de begroeide voorgevel van dit restaurant gaat een stijlvol ingerichte eetzaal schuil. Mooi terras met landelijk uitzicht. De eigenares is tevens de chef-kok.

à Hellange *(Helléng) Ouest : 3 km* 🄲 *Frisange :*

Lëtzebuerger Kaschthaus, r. Bettembourg 4 (face à l'église), ✉ 3333, 𝒫 51 65 73, Fax 51 65 75, 🍴 – ⏣ ⓿ VISA
fermé 23 juil.-18 août, 22 déc.-6 janv., mardi et merc. midi – **Repas** carte 30 à 41, ♀.
◆ Charmante auberge où l'on vient goûter une cuisine traditionnelle soignée dans une ambiance décontractée. Adorable restaurant d'été dans l'arrière-cour close de murs.
◆ Charmante herberg met ongedwongen ambiance en een verzorgde, traditionele keuken. 's Zomers wordt op de gezellige binnenplaats geserveerd.

GAICHEL (GÄICHEL) 🄲 *Hobscheid 2 668 h.* ⛛⛛⛛ U 24 *et* ⛛⛛⛚ K 6.
🛢 𝒫 39 71 08, Fax 39 00 75.
Luxembourg 35 – Diekirch 35 – Arlon 5.

La Gaichel ☙ avec ch, rte de Mersch 5, ✉ 8469 Eischen, 𝒫 39 01 29, gaichel@re laischateaux.com, Fax 39 00 37, ≼, 🍴, ☕, 🌐, ✵ – 🛗 📺 ▣ – 🛎 30. ⏣ ⓿ VISA. ✵
fermé 23 août-1er sept., janv.-9 fév., dim. soir, lundi et mardi midi – **Repas** Lunch 40 – 60/90, carte 63 à 95, ♀ ☙ – **12 ch** ⬜ 165/195 – ½ P 143/158
Spéc. Queues de langoustines royales rôties en carapace. Filet de cabillaud en croûte d'herbes, poivrons doux braisés aux calamars. Magret de canard sauvage au poivre vert. **Vins** Pinot blanc, Riesling.
◆ Un parc splendide entoure cette prestigieuse auberge traditionnelle fondée en 1852. Repas classique. Chambres personnalisées avec goût et dotées d'un balcon. Parcours de golf.
◆ Deze prestigieuze, traditionele herberg uit 1852 staat in een prachtig park. Klassieke maaltijden. Smaakvol ingerichte kamers met elk een eigen sfeer en een balkon. Golfbaan.

XXX **Host. La Bonne Auberge** avec ch, Maison 7, ✉ 8469 Eischen, ☎ 39 01 40, *gaichel2@pt.lu, Fax 39 71 13,* ≤, 🏠, 🌳 – TV P. AE ⓓ ⓜⓒ VISA
Repas *(fermé 1 sem. en juil., 1 sem. en janv., mardi et sam. midi)* Lunch 17 – 28/79 bc, ♀ – **17 ch** ☕ 60/92 – ½ P 70/80.
◆ La salle à manger classiquement aménagée, la terrasse estivale et les chambres d'ampleur variable profitent toutes du coup d'oeil sur le parc d'en face et sa pièce d'eau.
◆ De klassiek ingerichte eetzaal, het zomerterras en de in grootte variërende kamers kijken alle uit op het park met waterpartij aan de overkant.

GEYERSHAFF (GEIESCHHAFF) – *voir à Echternach.*

GONDERANGE (GONNERÉNG) C *Junglinster 5 859 h.* 717 W 24 et 716 L 6.
18 *au Nord : 3 km à Junglinster, Domaine de Behlenhaff,* ✉ *6141,* ☎ *78 00 68, Fax 78 71 28.*
Luxembourg 16 – Echternach 22 – Ettelbrück 30.

Euro, rte de Luxembourg 11, ✉ 6182, ☎ 78 85 51, *eurohotel@vo.lu, Fax 78 85 50,* 🏋, 🚲 – |⇕|, ≡ rest, TV P. – 🏛 25 à 100. AE ⓓ ⓜⓒ VISA
Repas Lunch 9 – 25/48 – **50 ch** ☕ 61/89 – ½ P 78/89.
◆ Cet hôtel fonctionnel aux communs assez vastes dispose de chambres récentes et bien équipées. Clientèle de groupes et d'hommes d'affaires. Une carte actuelle est présentée au restaurant.
◆ Dit functionele hotel met vrij grote gemeenschappelijke ruimten beschikt over moderne, goed geëquipeerde kamers. De clientèle bestaat uit groepen en zakelijke gasten. Het restaurant voert een eigentijdse menukaart.

GORGE DU LOUP (WOLLEFSSCHLUCHT) ★★ 717 X 24 et 716 M 6 *G. Belgique-Luxembourg.*

GRUNDHOF (GRONDHAFF) C *Beaufort 1 664 h.* 717 W 23 et 716 L 6.
Luxembourg 37 – Diekirch 18 – Echternach 10 – Ettelbrück 24.

Brimer, rte de Beaufort 1, ✉ 6360, ☎ 268 78 71, *Fax 26 87 63 13,* 🏠, 🏋, ≘s, 🏊, 🚲 – |⇕| ⇔ ≡ TV P. AE ⓓ ⓜⓒ VISA. ✻
mars-18 nov. – **Repas** *(fermé après 20 h 30)* Lunch 25 – 39/45 – **25 ch** ☕ 85/135 – ½ P 80/90.
◆ La route pittoresque reliant Diekirch à Echternach longe cet hôtel presque centenaire blotti au creux de la verte vallée de la Sûre. Bonnes chambres standard et junior suites. Table au goût du jour dans une salle classiquement agencée.
◆ Dit bijna honderdjarige hotel in het groene dal van de Sûre staat aan de schilderachtige weg van Diekirch naar Echternach. Goede standaardkamers en junior suites. De klassiek ingerichte eetzaal vormt het decor voor actuele gerechten.

XXX **L'Ernz Noire** avec ch, rte de Beaufort 2, ✉ 6360, ☎ 83 60 40, *lernznoire@pt.lu, Fax 86 91 51,* 🚲 – TV P. AE ⓜⓒ VISA. ✻
mars-27 déc. – **Repas** *(fermé mardi)* Lunch 38 – carte 29 à 73 – **11 ch** ☕ 64/97 – ½ P 65/74.
◆ Sur un carrefour, établissement dont l'enseigne reprend le nom du cours d'eau local. Spécialité de la maison : les plats à base de champignons. Chambres pratiques.
◆ Dit etablissement bij een kruispunt is genoemd naar de rivier in de omgeving. Specialiteit van het huis zijn gerechten op basis van paddestoelen. Praktische kamers.

HAUT-MARTELANGE (UEWER-MAARTEL) C *Rambrouch 3 517 h.* 717 T 24 et 716 K 6.
Luxembourg 53 – Diekirch 38 – Ettelbrück 38 – Bastogne 22.

à Rombach-Martelange *(Rombech-Maarteléng) Nord : 1,5 km* C *Rambrouch :*

XX **Maison Rouge,** rte d'Arlon 5, ✉ 8832, ☎ 23 64 00 06, *Fax 23 64 90 14,* 🏠 – ≡ P. ⓜⓒ VISA. ✻
fermé mi-fév.-mi-mars, 2e quinz. août, merc. et jeudi. – **Repas** 25/45.
◆ Grosse maison rouge postée à la frontière belgo-luxembourgeoise. Mise en place soignée sur les tables, carte traditionnelle à séquences "terroir", jardin d'hiver et terrasse.
◆ Restaurant in een groot rood huis aan de Belgisch-Luxemburgse grens. Met zorg gedekte tafels en een traditionele kaart met streekgerechten. Wintertuin en terras.

HELLANGE (HELLÉNG) 717 V 25 – *voir à Frisange.*

HESPERANGE (HESPER) 717 V 25 et 716 L 7 – *voir à Luxembourg, environs.*

HOSCHEID (HOUSCHENT) 🔢🔢🔢 V 23 *et* 🔢🔢🔢 L 6 – *490 h.*
Luxembourg 42 – Clervaux 19 – Ettelbrück 15 – Vianden 14.

🏛 **Des Ardennes,** Haaptstr. 33, ✉ 9376, 🖉 99 00 77, *info@hotel-des-ardennes.lu,*
Fax 99 07 19 – 📺 🅿. ⓘ ◍◍ 𝘝𝘐𝘚𝘈
fermé 14 déc.-28 janv. – **Repas** *Lunch 8* – carte 24 à 43, ♀ – **24 ch** ⌑ 39/80 – ½ P 51/60.
♦ Établissement familial dont la présence anime depuis plus de vingt ans ce tranquille petit
village des Ardennes luxembourgeoises. Chambres fonctionnelles. Salle des repas tenant
à l'écart des modes son immuable décor néo-rustique.
♦ Al ruim twintig jaren zijn verstreken sinds dit familiehotel zijn entree maakte midden
in dit rustige dorp in de Luxemburgse Ardennen. Functionele kamers. Het neorustieke
decor van de eetzaal is door de jaren heen onveranderlijk zichzelf gebleven.

HOSTERT (HUESCHERT) 🔢🔢🔢 W 25 – *voir à Luxembourg, environs.*

HULDANGE (HULDANG) 🅲 *Troisvierges 2 582 h.* 🔢🔢🔢 V 22 *et* 🔢🔢🔢 L 5.
Luxembourg 75 – Clervaux 22 – Ettelbrück 47.

🍽 **Knauf** avec ch, r. Stavelot 2 (Est : sur N 7), ✉ 9964, 🖉 97 90 56, *Fax* 99 75 16, 🏡
🍴 – 🍴 rest, 📺 🅿. 𝘈𝘌 ⓘ ◍◍ 𝘝𝘐𝘚𝘈
fermé lundi – **Repas** *(fermé après 20 h 30)* (grillades) 22/39 bc – **4 ch** ⌑ 25/43.
♦ Chez Knauf, sur le toit du Luxembourg, on peut manger soit au restaurant, soit dans
la taverne avec gril bénéficiant d'un décor plus pittoresque. Chambres sobres.
♦ Bij Knauf in het uiterste noorden van Luxemburg kunt u in het restaurant eten of in
de taverne met grill, waar het decor wat pittoresker is. Eenvoudige kamers.

JUNGLINSTER (JONGLËNSTER) 🔢🔢🔢 W 24 *et* 🔢🔢🔢 L 6 – *5 859 h.*
🏌 *Domaine de Behlenhaff, 6141,* 🖉 *78 00 68, Fax 78 71 28.*
Luxembourg 17 – Echternach 19 – Ettelbrück 27.

🍽 **Parmentier** avec ch, r. Gare 7, ✉ 6117, 🖉 78 71 68, *info@parmentier.lu, Fax 78 71 70,* 🏡
🍴 – 🍴 rest, 📺 ◍◍ 𝘝𝘐𝘚𝘈
Repas *(fermé 2 sem. en fév., 3 sem. en août, mardi et merc.)* Lunch 9 – 29/60 bc – **10 ch**
(fermé 3 sem. en août) ⌑ 60/70 – ½ P 64/80.
♦ Hostellerie œuvrant depuis plus de 100 ans au centre de Junglinster. On accède par le
café à la salle de restaurant agrémentée d'arcades et de peintures murales.
♦ Al meer dan honderd jaar vinden gasten hun weg naar dit hotel-restaurant in het centrum van Junglinster. Restaurantzaal met arcaden en muurschilderingen. Ingang via het
café.

KAUTENBACH (KAUTEBAACH) 🔢🔢🔢 V 23 *et* 🔢🔢🔢 L 6 – *266 h.*
Luxembourg 56 – Clervaux 24 – Ettelbrück 28 – Wiltz 11.

🏨 **Hatz** ⤴ Duerfstr. 9, ✉ 9663, 🖉 95 85 61, *contact@hotel-hatz.lu, Fax* 95 81 31, 🏡
🍴 – 🍴 📺 ⤵ 🅿. ◍◍ 𝘝𝘐𝘚𝘈 – 🍴 rest
11 mars-18 déc. ; fermé lundi, merc. et jeudi midi – **Repas** 22/35 – **16 ch** ⌑ 58/90, –
1 suite – ½ P 59/67.
♦ Au milieu d'un minuscule village ardennais entouré de forêts, bâtisse régionale dont
l'imposante façade jaune clair abrite des chambres tranquilles. Salle à manger classiquement agencée ; restaurant d'été sur le devant.
♦ Dit pand in regionale bouwstijl en met imposante, lichtgele gevel staat in een Ardens
gehucht dat wordt omringd door bossen. Het hotel beschikt over rustige kamers en een
klassiek ingerichte eetzaal. 's Zomers wordt buiten aan de voorkant geserveerd.

KOPSTAL (KOPLESCHT) 🔢🔢🔢 V 24 *et* 🔢🔢🔢 L 7 – *voir à Luxembourg, environs.*

LAROCHETTE (an der FIELS) 🔢🔢🔢 W 24 *et* 🔢🔢🔢 L 6 – *1 774 h.*
Voir *à l'Ouest : 5 km, Nommerlayen★.*
🅱 *Hôtel de Ville,* ✉ *7619,* 🖉 *83 76 76, info@larochette.lu, Fax 87 96 46.*
Luxembourg 27 – Diekirch 12 – Echternach 20 – Ettelbrück 17 – Arlon 35.

🏛 **Résidence,** r. Medernach 14, ✉ 7619, 🖉 83 73 91, *visser@hotels.lu, Fax 87 94 42,* 🏡
– 📺 🅿. ◍◍ 𝘝𝘐𝘚𝘈. 🍴 rest
mars-15 nov. – **Repas** (dîner seult) carte 25 à 38, ♀ – **20 ch** ⌑ 63/80 – ½ P 61/65.
♦ Aimable adresse familiale nichée au cœur de Larochette, centre de villégiature de la vallée
de l'Ernz Blanche. Les chambres, bien tenues, sont de mise assez simple. Salle des repas
au décor néo-rustique ; cuisine traditionnelle.
♦ Leuk familiehotel in het hartje van Larochette, een vakantieoord in het dal van de Ernz
Blanche. De goed onderhouden kamers zijn vrij eenvoudig ingericht. Eetzaal met neorustiek
decor.

Aub. Op der Bleech avec ch, pl. Bleech 4, ⊠ 7610, ℰ 87 80 58, *bleech@pt.lu,*
Fax 87 97 25, 🛋 , 🍴 – 📺 . ⓜⓞ *VISA* , ✂ ch
fermé 1er au 15 sept. et fin déc. – **Repas** *(fermé mardi et merc. hors saison)* carte 22 à
40 – **9 ch** ⊂ 50/75.
* Café-restaurant où l'on propose une table classique-traditionnelle. Hébergement simple mais valable aux étages. Grande terrasse semi-abritée sur le devant.
* Café-restaurant met een klassiek-traditionele menukaart. Eenvoudige maar correcte
kamers op de verdiepingen. Deels beschut terras aan de voorzijde.

LAUTERBORN (LAUTERBUR) 🔢 X 24 – *voir à Echternach.*

LIMPERTSBERG (LAMPERTSBIERG) – *voir à Luxembourg, périphérie.*

LIPPERSCHEID (LËPSCHT) Ⓒ *Bourscheid 1 203 h.* 🔢 V 23 *et* 🔢 L 6.

Voir à l'Est : 2 km et 15 mn AR à pied, Falaise de Grenglay ⩽★★.
Luxembourg 45 – Clervaux 24 – Diekirch 10 – Ettelbrück 18.

Leweck ⤳ , contrebas E 421, ⊠ 9378, ℰ 99 00 22, *cleweck@pt.lu,* Fax 99 06 77,
⩽ vallée et château de Bourscheid, 🍴 , 🐾 , 🎱 , 🛋 , 🖾 , 🌊 , ✂ – 📳 📺 🚗 🅿 – 🔬 30
à 60. 🅰🅴 ⓞ ⓜⓞ *VISA* 🇯🇨🇧
Repas *(fermé 28 fév.-20 mars, du 4 au 17 juil. et mardi midi)* carte 33 à 51, ♀ – **45 ch**
⊂ 83/125, – 5 suites – ½ P 80/94.
* Chambres avenantes, centre de soins esthétiques, distractions sportives, installations
conférencières et jardin soigné offrant une belle vue sur la vallée et le château. Repas
traditionnel dans une élégante salle à manger d'inspiration autrichienne.
* Charmante kamers, welness center, sportvoorzieningen, vergaderfaciliteiten en een
verzorgde tuin met een mooi uitzicht op het dal en het kasteel. In een elegante eetzaal
in Oostenrijkse stijl worden traditionele maaltijden geserveerd.

LUXEMBOURG – LËTZEBUERG

717 V 25 et 716 L 7 – 77 325 h.

Amsterdam 391 ⑧ – Bonn 190 ③ – Bruxelles 219 ⑧.

OFFICES DE TOURISME

pl. d'Armes, ⊠ 2011, ℘ 22 28 09, touristinfo@lcto.lu, Fax 46 70 70
Air Terminus, gare centrale, ⊠ 1010, ℘ 42 82 82 20, info@ont.lu. Fax 42 82 82 30.
Aérogare à Findel ℘ 42 07 61 info@ont.lu. Fax 43 38 62

RENSEIGNEMENTS PRATIQUES

BUREAUX DE CHANGE

La ville de Luxembourg est connue pour la multitude de banques qui y sont représentées, et vous n'aurez donc aucune difficulté à changer de l'argent.

TRANSPORTS

Il est préférable d'emprunter les bus (fréquents) qui desservent quelques parkings périphériques.
Principale compagnie de Taxi : Taxi Colux ℘ 48 22 33, Fax 40 26 80 16.
Transports en commun : Pour toute information ℘ 47 96 29 75, Fax 29 68 08.

COMPAGNIES DE TRANSPORT AÉRIEN

Renseignements départs-arrivées ℘ 47 98 50 50 et 47 98 50 51. Findel par E 44 : 6 km
℘ 42 82 82 21 – Aérogare : pl. de la Gare ℘ 48 11 99.

GOLF

🏌 *Hoehenhof (Senningerberg) près de l'Aéroport, rte de Trèves 1, ⊠ 2633,*
℘ 340 00 90, Fax 34 83 91.

LE SHOPPING

Grand'Rue et rues piétonnières autour de la Place d'Armes F – Quartier de la Gare CDZ.

CURIOSITÉS

POINTS DE VUE

Place de la Constitution★★ F – Plateau St-Esprit★★ G – Chemin de la Corniche★★ G – Le Bock★★ G – Boulevard Victor Thorn★ G 121 – Les Trois Glands★ DY.

MUSÉE

Musée national d'Histoire et d'Art★ : section gallo-romaine★ et section Vie luxembourgeoise (arts décoratifs, arts et traditions populaires)★★ G M¹ – Musée d'Histoire de la Ville de Luxembourg★ G M³.

AUTRES CURIOSITÉS

Les Casemates du Bock★★ G – Palais Grand-Ducal★ G – Cathédrale Notre-Dame★ F – Pont Grande-Duchesse Charlotte★ DY.

ARCHITECTURE MODERNE

Sur le plateau de Kirchberg : Centre Européen DEY.

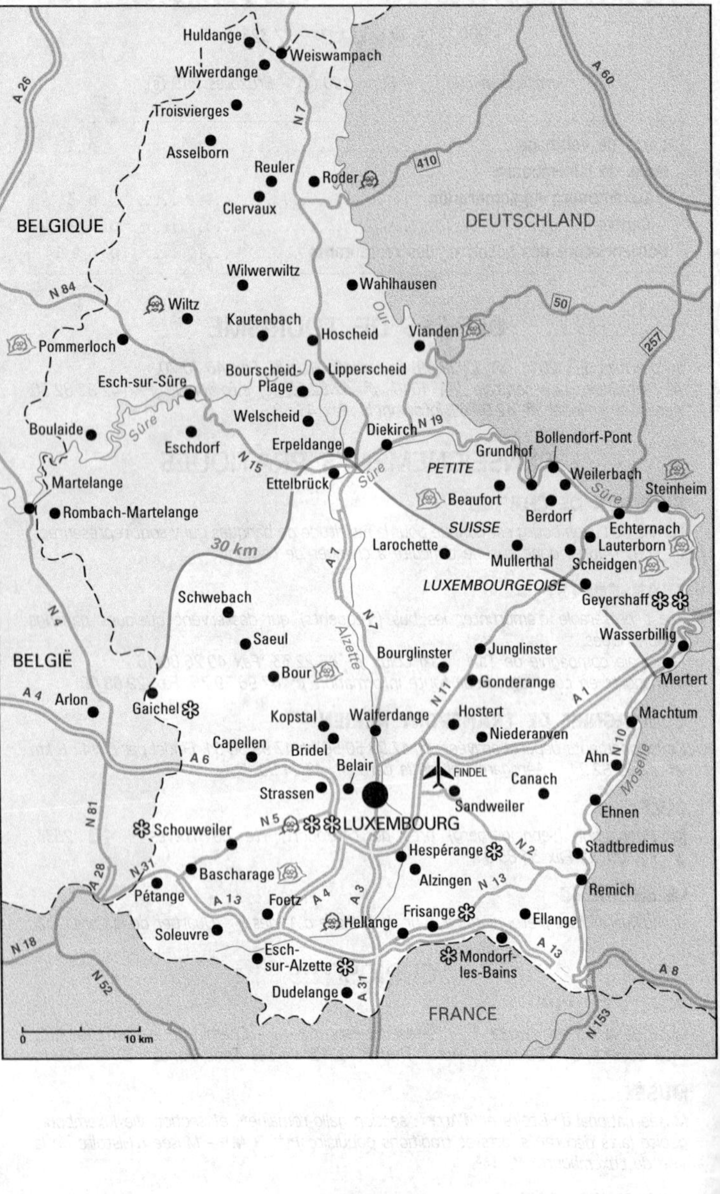
Huldange
Weiswampach
Wilwerdange
Troisvierges
Asselborn
Reuler
Roder
Clervaux
BELGIQUE
DEUTSCHLAND
Wilwerwiltz
Wahlhausen
Wiltz
Kautenbach
Hoscheid
Vianden
Pommerloch
Bourscheid-Plage
Lipperscheid
Esch-sur-Sûre
Welscheid
Boulaide
Eschdorf
Diekirch
Erpeldange
Ettelbrück
Martelange
Rombach-Martelange
Grundhof
Bollendorf-Pont
PETITE
Weilerbach
Steinheim
Beaufort
Berdorf
Echternach
SUISSE
Larochette
Lauterborn
Mullerthal
Scheidgen
LUXEMBOURGEOISE
Geyershaff
30 km
Schwebach
Saeul
Wasserbillig
BELGIË
Bourglinster
Junglinster
Bour
Gonderange
Mertert
Arlon
Gaichel
Kopstal
Walferdange
Hostert
Machtum
Niederanven
Capellen
Bridel
Ahn
Belair
FINDEL
Canach
Strassen
Sandweiler
Ehnen
Schouweiler
LUXEMBOURG
Hespérange
Stadtbredimus
Bascharage
Alzingen
Remich
Pétange
Foetz
Frisange
Ellange
Hellange
Soleuvre
Esch-sur-Alzette
Mondorf-les-Bains
Dudelange
FRANCE
0
10 km
Sûre
Our
Alzette
Moselle
A 26
A 60
N 7
410
N 84
50
257
N 19
N 15
A 7
N 4
N 11
A 1
A 4
A 6
N 10
N 81
N 5
N 2
N 31
A 28
A 13
A 3
N 13
N 18
N 52
A 31
A 8
N 153

Dans ce guide un même symbole, un même mot,
*imprimé en rouge ou en **noir** n'a pas tout à fait la même signification.*
Lisez attentivement les pages explicatives.

LUXEMBOURG

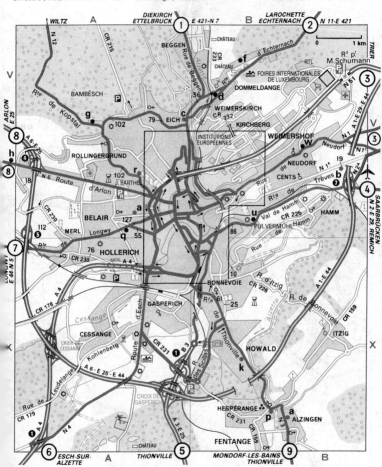

477

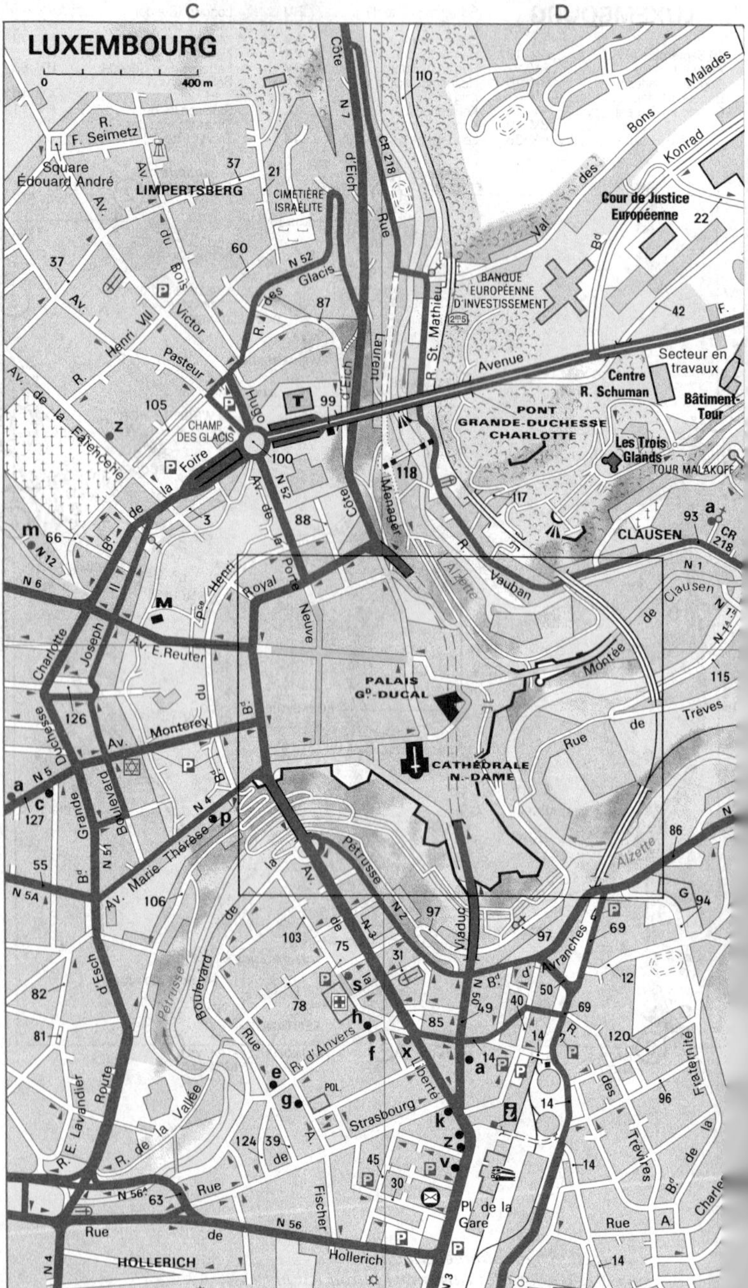

LUXEMBOURG

0   400 m

C   D

Y

R. F. Seimetz

Square Édouard André

LIMPERTSBERG

CIMETIÈRE ISRAÉLITE

37   21

60

Av. du Bois

N 52

87

R. des Glacis

Côte d'Eich

CR 218

110

Bd des Bons Malades

Konrad

Cour de Justice Européenne   22

Av. Henri VII

Pasteur

Av. Victor

R.

105

CHAMP DES GLACIS

de la Faïencerie

Av. de la Foire

N 52

T   99

100

3

88

BANQUE EUROPÉENNE D'INVESTISSEMENT

Avenue

Bd J. F.

42

Secteur en travaux

Centre R. Schuman

Bâtiment Tour

PONT GRANDE-DUCHESSE CHARLOTTE

Les Trois Glands

TOUR MALAKOFF

R. St Mathieu

R. Laurent

Côte d'Eich

118

117

m   66

N 12

N 6

Pce Henri II

Royal

Porte Neuve

R. Aldringen

R. Vauban

93   a

CR 218

CLAUSEN

N 1

Charlotte

Joseph II

Av. E. Reuter

M

126

Monterey

Av. Grande Duchesse

Bd Royal

PALAIS Gd-DUCAL

Montée de Clausen

N 1

N 4a

115

a   N 5

c

127

55

N 5A

Bd

Av. Marie-Thérèse

106

p

la

Av. Pétrusse

CATHÉDRALE N.-DAME

Rue de Trèves

86

Alzette

G   94

Bd de la Pétrusse

103   75

78

s

h

f

e

g

31

Viaduc

97

97

Bd d'Avranches

85

49

40

50

12

69

14

120

POL.

Rue d'Anvers

Rue de Strasbourg

124   39

45

63

N 56A

N 56

Rue de Hollerich

HOLLERICH

Rue de la Vallée

R. E. Lavandier

Route d'Esch

82

81

N 4

x

a   14

k

z

v

30

Pl. de la Gare

96

Bd de la Fraternité

Rue A.

Charte

14

14

Z

C   D

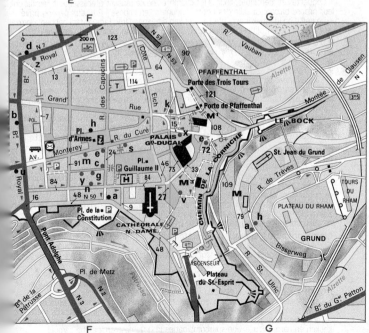

Luxembourg-Centre - *plan p. 5 sauf indication spéciale :*

Le Royal, bd Royal 12, ⊠ 2449, ℰ 241 61 61, *reservations@hotelroyal.lu*, Fax 22 59 48, 斎, ₤6, ⋒, ⬚, 🚲 – ⧉ 🔌 ▤ TV ⊐ ↩ – ⚱ 25 à 350. 🗛 ◑ ◍◎ 🆅🆂🅰. ※ rest
F d
Repas voir rest **La Pomme Cannelle** ci-après – **Le Jardin** Lunch 27 – 42, ♀ – ⋍ 25 – **190 ch** 340/470, – 20 suites.

◆ En plein "Wall Street" luxembourgeois, hôtel de luxe aux grandes chambres modernes royalement équipées. Service complet et personnalisé à toute heure. Brasserie-restaurant au cadre méditerranéen. Formule lunch-buffets les dimanches.
◆ Luxehotel in het hart van het Luxemburgse "Wall Street", met grote en moderne kamers die van alle gemakken zijn voorzien. Het personeel staat dag en nacht voor u klaar. Brasserie-restaurant met mediterrane sfeer. Lunchbuffet op zondag.

Gd H. Cravat, bd Roosevelt 29, ⊠ 2450, ℰ 22 19 75, *contact@hotelcravat.lu*, Fax 22 67 11 – ⧉ ↩, ▤ rest, TV – ⚱ 25. 🗛 ◑ ◍◎ 🆅🆂🅰. ※ ch
F a
Repas *(fermé août)* (taverne-rest) Lunch 13 – 40/65 bc, ♀ – **60 ch** ⋍ 215/275.

◆ Petit palace classique installé à l'ombre des fines flèches de la cathédrale et à proximité de la zone piétonne. Ameublement bourgeois dans les chambres. Au 1er étage, plaisante table classico-traditionnelle et taverne-restaurant cossue au rez-de-chaussée.
◆ Klein en klassiek luxehotel aan de voet van de kathedraal, vlak bij het voetgangersgebied. Kamers met ameublement in bourgeoisstijl. Plezierig klassiek-traditioneel restaurant op de eerste verdieping en een schitterend café-restaurant op de begane grond.

Domus, av. Monterey 37, ⊠ 2163, ℰ 467 87 81 et 467 87 88 (rest), *info@domus.lu*, Fax 46 78 79, 斎 – ⧉ ▤ TV ↩. 🗛 ◍◎ 🆅🆂🅰. ※
F u
Repas *le sot l'y laisse* (fermé 3 sem. en août, 2 dern. sem. déc., sam., dim. et jours fériés) Lunch 22 – carte 22 à 50, ♀ – ⋍ 15 – **38 ch** 135/150.

◆ "Flat-hôtel" contemporain dont les chambres, spacieuses et modernes, sont toutes munies d'une kitchenette bien équipée. Brasserie-restaurant donnant sur un jardin meublé et sa terrasse. Carte traditionnelle. Exposition de toiles d'artistes locaux en salle.
◆ Modern flathotel met ruime, moderne kamers die alle een goed uitgeruste kitchenette hebben. Het café-restaurant kijkt uit op de tuin met terras. Traditionele kaart. In de eetzaal is een expositie te zien van schilderijen van lokale kunstenaars.

Rix sans rest, bd Royal 20, ⊠ 2449, ℰ 47 16 66, *rixhotel@vo.lu*, Fax 22 75 35, 🚲 –
⧉ TV P. ◍◎ 🆅🆂🅰. ※
F b
fermé 17 déc.-2 janv. – **21 ch** ⋍ 120/185.

◆ Coquettes et identiques, toutes les chambres de ce plaisant établissement familial ont leur propre balcon. La salle des petits-déjeuners "en impose". Précieux parking privé.
◆ De nette en identiek ingerichte kamers van dit aangename familiehotel hebben allemaal een balkon. De ontbijtzaal is imponerend, de privéparking beslist een pluspunt.

Parc-Belle-Vue ❧, av. Marie-Thérèse 5, ⊠ 2132, ℰ 456 14 11, *bellevue@hpb.lu*, Fax 456 14 12 22, ≼, 斎, 🚲 – ⧉ ↩ TV ↩ P. – ⚱ 25 à 350. 🗛 ◑
◍◎ 🆅🆂🅰
plan p. 4 CZ p
Repas *(fermé sam. et dim. midi)* Lunch 15 – carte env. 32 – **58 ch** ⋍ 115/130 – ½ P 85/135.

◆ L'enseigne n'est pas usurpée : cet hôtel légèrement excentré bénéficie bien d'un parc et d'une belle vue, mais surtout de chambres insonorisées correctement tenues. Le restaurant invite à s'attabler, l'été venu, sur une accueillante terrasse panoramique.
◆ Een zeer terechte naam voor dit hotel, dat bij een park even buiten het centrum ligt en een mooi uitzicht biedt. Goed onderhouden kamers met geluidsisolatie. Het restaurant heeft een gezellig, panoramisch terras waar in de zomer wordt geserveerd.

Français, pl. d'Armes 14, ⊠ 1136, ℰ 47 45 34, *hfinfo@pt.lu*, Fax 46 42 74, 斎 – ⧉ TV – ⚱ 30. 🗛 ◑ ◍◎ 🆅🆂🅰
F h
Repas Lunch 17 – 28/42, ♀ – **21 ch** ⋍ 90/127.

◆ Bonne situation au centre-ville pour cet hôtel tenu par la même famille depuis un quart de siècle. Chambres actuelles confortables et d'ampleur honnête. Une cuisine traditionnelle se donne pour mission d'apaiser votre faim à l'heure du lunch et du dîner.
◆ Dit zeer centraal gelegen hotel wordt al 25 jaar door dezelfde familie gerund. De kamers zijn modern, comfortabel en ruim. Tijdens de lunch en het diner kunnen de gasten zich te goed doen aan gerechten waarin de traditie hoogtij viert.

Clairefontaine (Magnier), pl. de Clairefontaine 9, ⊠ 1341, ℰ 46 22 11, *clairefo@pt.lu* Fax 47 08 21, 斎 – ▤ P. 🗛 ◑ ◍◎ 🆅🆂🅰
G
fermé 1 sem. Pâques, 2 sem. en août, prem. sem. sept., sam., dim. et jours fériés – **Repas** Lunch 60 bc – 70/88, carte 63 à 89, ♀

Spéc. Gambas géantes croustillantes au chou-fleur et crème citronnée. Le meilleur du bœuf tradition luxembourgeoise, nem de champignons et hamburger saveurs printanières. Millefeuille à la crème anisée et céleri vert. **Vins** Riesling, Pinot blanc.

◆ Dans la vieille ville, sur une place cossue vivant au rythme du carillon, belle maison de bouche estimée pour sa cuisine au goût du jour et ses harmonieux accords mets-vins.
◆ Terwijl klokgelui op het statige plein de oude stad opluistert, geniet u van een eigentijdse keuken en harmonieuze wijn-spijscombinaties in deze gastronomische tempel.

LUXEMBOURG

XXX 🕸🕸🕸
🕸
Le Bouquet Garni Salon Saint Michel (Duhr), r. Eau 32, ✉ 1449, 𝒫 26 20 06 20, *bouquetgarni@pt.lu, Fax 26 20 09 11* – 🖭 ⓞ 🕦 𝘝𝘐𝘚𝘈   G e
fermé 1 sem. Pâques, fin août-début sept., Noël-Nouvel An, dim. et lundi – **Repas** Lunch 40 bc – 80, carte 60 à 80, 🍷
Spéc. Salade tiède de pommes de terre de Noirmoutier et homard rôti (mai-août). Pied de cochon farci de morilles et ris de veau. Dos de cabillaud piqué au thym cuit au four et coco de Paimpol (août-oct.). **Vins** Vin de la barrique, Riesling.
* Table au cadre rustique élégant, dans une rue longeant le palais Grand-Ducal. Plats classiques revisités par petites touches, menu dégustation et desserts affriolants.
* Elegant rustiek restaurant in een straat waar ook het Groothertogelijk paleis staat. Klassieke gerechten met een snufje modern, degustatiemenu en verrukkelijke desserts.

XXX 🕸🕸🕸
🕸
Speltz, r. Chimay 8 (angle r. Louvigny), ✉ 1333, 𝒫 47 49 50, *info@restaurant-speltz.lu, Fax 47 46 77,* ☂ – 🖭 ⓞ 🕦 𝘝𝘐𝘚𝘈   F c
fermé 20 mars-18 avril, du 5 au 9 mai, 31 juil.-15 août, 24 déc.-2 janv., dim., lundi et jours fériés – **Repas** 44/95 bc, carte 61 à 77, 🍷
Spéc. Boune schlupp au foie gras de canard, écrevisses et amandes fraîches. Lièvre à la royale (oct.-fév.). Tiramisu aux fraises (mai-sept.). **Vins** Pinot gris, Riesling.
* Préparations actuelles soignées servies dans deux salles de meubles de style ou sur la terrasse urbaine (rue piétonne) dressée en façade dès les premiers beaux jours.
* De verzorgde, eigentijdse gerechten worden geserveerd in twee eetzalen met stijlmeubilair of - zodra het weer het toelaat - op het terras aan de straatkant (voetgangerszone).

XXX 🕸🕸🕸
La Pomme Cannelle - H. Le Royal, bd Royal 12, ✉ 2449, 𝒫 241 61 67 36, *reservations@hotelroyal.lu, Fax 22 59 48* – 🖩 ☂ 🅿. 🖭 ⓞ 𝘝𝘐𝘚𝘈. ⅏   F d
fermé sam. midi, dim. et jours fériés – **Repas** Lunch 45 – 65/120 bc, 🍷 🍴.
* Registre culinaire original où produits de nobles origines et épices du Nouveau Monde sont à l'honneur. Intérieur chic et chaleureux évoquant l'Empire des Indes.
* Edele producten en specerijen uit nieuwe werelden zetten de toon in het originele repertoire. Het chique, warme interieur ademt de sfeer van India.

XXX 🕸🕸🕸
Jan Schneidewind, r. Curé 20 (transfert prévu à Kockelscheuer), ✉ 1368, 𝒫 22 26 18, *info@schneidewind.lu, Fax 46 24 40,* ☂ – 🖭 ⓞ 🕦 𝘝𝘐𝘚𝘈   F s
fermé dim. et lundi – **Repas** Lunch 43 – 66/98 bc, 🍷.
* Une appétissante carte de saison vous sera soumise dans ce restaurant coincé entre les places d'Armes et Guillaume II. Les murs bruts de la salle s'égayent de toiles modernes.
* In dit restaurant tussen Place d'Armes en de Place Guillaume II wacht u een heerlijke seizoenkaart. Aan de ruwe muren van de eetzaal hangen moderne schilderijen.

XX
La Lorraine 1ᵉʳ étage, pl. d'Armes 7, ✉ 1136, 𝒫 47 14 36, *lorraine@pt.lu, Fax 47 09 64,* ☂, Avec écailler et produits de la mer – 🖩. 🖭 ⓞ 🕦 𝘝𝘐𝘚𝘈. ⅏ rest   F e
fermé sam. midi et dim. – **Repas** carte 53 à 69, 🍷.
* Belle maison sur la place d'Armes. Cuisine du terroir et banc d'écailler en saison au rez-de-chaussée ; repas gastronomique au goût du jour dans une salle Art déco à l'étage.
* Mooi pand aan de Place d'Armes. Beneden : streekgerechten en oesterbar in het seizoen. Boven : actuele gastronomische gerechten in een art deco-zaal.

X
Caves Gourmandes, r. Eau 32, ✉ 1449, 𝒫 46 11 24, *lescaves@pt.lu, Fax 46 11 24,* ☂ – 🖩. 🖭 🕦 𝘝𝘐𝘚𝘈. ⅏   G e
fermé sam. midi et dim. – **Repas** Lunch 20 – carte 36 à 54.
* Dans une ruelle pittoresque de la vieille ville, restaurant de terroir vouant la plupart de ses recettes à l'Aquitaine. Ancienne cave voûtée convertie en salle à manger.
* Dit eethuis in een pittoresk straatje in de oude stad staat in het teken van de streekgerechten, de meeste uit Aquitanië. Eetruimte in een oude, gewelfde kelder.

X
Apoteca, r. Boucherie 12, ✉ 1247, 𝒫 26 47 82 45, *info@apoteca.lu, Fax 26 47 82 46,* ☂, Ouvert jusqu'à 23 h – 🔒 25. 🖭 ⓞ 🕦 𝘝𝘐𝘚𝘈   G x
fermé sam. midi et dim. midi – **Repas** Lunch 25 – 48/74 bc, 🍷.
* Restaurant au goût du jour occupant une maison du 19ᵉ s. située dans le quartier historique de la ville haute. Trois petites salles à manger modernes à touches rustiques.
* Dit eigentijdse restaurant heeft onderdak gevonden in een 19e-eeuws huis in het historische centrum van de bovenstad. Drie kleine, moderne eetzalen met een rustieke toets.

X
la fourchette à droite, av. Monterey 5, ✉ 2163, 𝒫 22 13 60, *Fax 22 24 95,* ☂ – 🖭 ⓞ 🕦 𝘝𝘐𝘚𝘈   F m
fermé sam. midi – **Repas** Lunch 18 – 29/54 bc, 🍷.
* Une clientèle variée se presse à cette avenante eatserie située au coeur de l'animation. La carte annonce un sage petit lunch. Salle façon "brasserie", parée de bois blond.
* Een zeer gemêleerde klantenkring verdringt zich in dit gezellige eethuis midden in het drukke centrum. Op de kaart een degelijke kleine lunch. Eetzaal in brasseriestijl.

X **Wengé**, r. Louvigny 15, ⊠ 1946, ℘ 26 20 10 58, wenge@vo.lu, Fax 26 20 12 59, 🍴
– AE ⓞⓞ VISA   F y
fermé du 12 au 19 avril, du 15 au 31 août, du 1er au 11 janv. et dim. – **Repas** Lunch 30
– 37/79 bc, ♀ 📷.
* L'essence de wengé - un précieux bois exotique - prête son nom à cette table bien dans
l'air du temps. Intime salle à manger où dominent des tons pourpres. Mets à la page.
* Dit moderne restaurant is genoemd naar het kostbare tropisch hardhout wengé. In de
intieme eetzaal voeren purpertinten de boventoon. De kookstijl is up-to-date.

X **Roma**, r. Louvigny 5, ⊠ 1946, ℘ 22 36 92, Fax 22 04 96, 🍴, Cuisine italienne – ▦.
AE ⓞ ⓞⓞ VISA. 📷   F g
fermé dim. soir et lundi – **Repas** carte 28 à 55.
* Cet établissement connu depuis les années 1950 compte parmi les doyens des res-
taurants italiens de Luxembourg. Tout nouveau décor intérieur bien en phase avec l'épo-
que.
* Dit etablissement uit 1950 behoort tot de oudste Italiaanse restaurants in Luxemburg.
Het compleet nieuwe interieur is echter uitstekend bij de tijd.

X **Thai Céladon**, r. Nord 1, ⊠ 2229, ℘ 47 49 34, Fax 37 91 73, Cuisine thaïlandaise –
AE ⓞ ⓞⓞ VISA. 📷   FG k
fermé sam. midi et dim. – **Repas** Lunch 18 – 46.
* Ce restaurant exotique du centre tient son nom d'un vernis précieux utilisé par les potiers
thaïs. Salle élégante et épurée. Cuisine thaïlandaise avec plats végétariens.
* Dit exotische restaurant is genoemd naar een glazuur dat door Thaise pottenbakkers
wordt gebruikt. Smaakvol ingerichte eetzaal. Thaise keuken met vegetarische gerechten.

X **La Table de François**, bd Royal 25, ⊠ 2449, ℘ 46 58 88, Fax 26 20 02 22, 🍴 –
ⓞⓞ VISA   F z
fermé du 1er au 10 janv., mardi soir, sam. midi, dim. et jours fériés – **Repas** Lunch 13 – carte
29 à 55, ♀.
* Établissement d'esprit "bistrot actuel" où François vous concocte une cuisine du marché,
aussi simple que naturelle. Choix à l'écriteau et formule lunch.
* Eethuis in moderne bistrostijl, waar François eenvoudige maar eerlijke gerechten bereidt
met dagverse producten van de markt. Suggesties op een schoolbord en lunchformule.

X **Yamayu Santatsu**, r. Notre-Dame 26, ⊠ 2240, ℘ 46 12 49, Fax 46 05 71, Cuisine
japonaise avec Sushi-bar – AE ⓞ ⓞⓞ VISA   F n
fermé du 1er au 22 août, 24 déc.-5 janv., dim. midi et lundi – **Repas** Lunch 15 – 28.
* Les délicatesses du pays des samouraïs vous tentent ? Ce restaurant japonais au décor
épuré vous attend à 200 m de la cathédrale. Sushi bar et choix typique varié. Banzaï !
* Houdt u van gerechten uit het land van de samoerai? Probeer dan dit verfijnde Japanse
restaurant vlak bij de kathedraal. Sushibar en gevarieerde menukaart. Banzai !

Luxembourg-Grund - plan p. 5 :

XXXX **Mosconi**, r. Münster 13, ⊠ 2160, ℘ 54 69 94, Fax 54 00 43, 🍴, Cuisine italienne –
❀❀❀ AE ⓞ ⓞⓞ VISA   G a
fermé 1 sem. Pâques, du 7 au 29 août, Noël-Nouvel An, sam. midi, dim. et lundi – **Repas**
Lunch 34 – 45/85, carte 66 à 83 📷
Spéc. Pâté de foie de poulet à la crème de truffes blanches. Risotto aux truffes blanches
(oct.-déc.). Arista au Chianti (côte de porc).
* Ancienne maison de notable en bord d'Alzette. Salon accueillant et ristorante au luxe
discret où l'on goûte une fine cuisine italienne. Jolie terrasse près de l'eau.
* Voormalig patriciërshuis aan de oever van de Alzette. Sfeervolle salon, luxueus restaurant
met ingetogen ambiance en terras bij het water. Fijne Italiaanse keuken.

X **Kamakura**, r. Münster 4, ⊠ 2160, ℘ 47 06 04, kamakura@pt.lu, Fax 46 73 30, Cuisine
japonaise – AE ⓞ ⓞⓞ VISA. 📷   G h
fermé 1 sem. Pâques, 2 dern. sem. août, jours fériés midis, sam. midi et dim. – **Repas** Lunch
10 – 26/65.
* Ambiance "zen" et cadre design pour cette table japonaise sans concessions à l'Occident.
Bon sushi bar et menus fidèles aux coutumes nippones. Une valeur sûre.
* Ambiance "zen" en designdecor voor dit concessieloze Japanse restaurant. Goede sushi
bar en menu's die de Japanse tradities trouw blijven. Een prima optie !

Luxembourg-Gare - plan p. 4 :

🏛 **Gd H. Mercure Alfa**, pl. de la Gare 16, ⊠ 1616, ℘ 490 01 11, H2058@accor.com
Fax 49 44 42 – 📶 ⚡ ▦ ⓣⓥ – 🔔 25 à 80. AE ⓞ ⓞⓞ VISA. 📷 rest   DZ
Repas (brasserie) Lunch 21 – carte 30 à 53 – 🖵 18 – **140 ch** 175/220, – 1 suite.
* Commode pour l'usager du rail, cet hôtel de chaîne réaménagé abrite des chambres
agréables où vous trouverez le sommeil du juste. Une ambiance de brasserie parisienne
flotte dans le restaurant Art déco. Carte "touche-à-tout". Banc d'écailler.
* Dit gerenoveerde hotel is ideaal voor treinreizigers en beschikt over aangename kamers
die garant staan voor een ongestoorde nachtrust. Het art-decorestaurant ademt de sfeer
van een Parijse brasserie. De menukaart is een beetje "van alles wat". Oesterbar.

President sans rest, pl. de la Gare 32, ⊠ 1024, ℰ 48 61 61, *president@pt.lu*, Fax 48 61 80 – |⋕| ✦✦ ▤ ▥ ▣. – ⚙ 30. AE ① ⊕⊕ VISA JCB. ⅋
42 ch ⊂⊃ 110/180.

DZ **v**

◆ Ce bel hôtel au luxe discret situé juste devant la gare renferme de confortables chambres régulièrement remises à neuf. Accueil personnalisé et atmosphère intime.
◆ Een mooi hotel met bescheiden luxe, tegenover het station. De comfortabele kamers worden regelmatig in een nieuw jasje gestoken. Persoonlijk onthaal en intieme sfeer.

City sans rest, r. Strasbourg 1, ⊠ 2561, ℰ 291 12 21, *mail@cityhotel.lu*, Fax 29 11 33 – |⋕| ▥ ⇦⇨ – ⚙ 25 à 80. AE ① ⊕⊕ VISA
35 ch ⊂⊃ 87/160.

DZ **k**

◆ Immeuble ancien bénéficiant d'installations intérieures modernes. Vastes chambres où rien ne manque, au décor sagement personnalisé. Accueil et service attentionnés.
◆ Een oud pand met moderne voorzieningen. Grote kamers met een eigen karakter en waar het aan niets ontbreekt. Attente ontvangst en service.

Christophe Colomb (annexe Marco Polo - 18 ch) sans rest, r. Anvers 10, ⊠ 1130, ℰ 408 41 41, *mail@christophe-colomb.lu*, Fax 40 84 08 – |⋕| ▥ – ⚙ 25. AE ① ⊕⊕ VISA
24 ch ⊂⊃ 136/168.

CZ **h**

◆ À 500 m de la gare, petit hôtel idéal pour les utilisateurs du rail, n'en déplaise aux "grands navigateurs". Chambres standard assez spacieuses, garnies d'un mobilier actuel.
◆ Met alle respect voor de "grote zeevaarders", dit hotelletje op 500 m van het station is ideaal voor treingebruikers. Vrij ruime standaardkamers met modern meubilair.

International, pl. de la Gare 20, ⊠ 1616, ℰ 48 59 11, *info@hotelinter.lu*, Fax 49 32 27 – |⋕| ✦✦ ▤ ▥ – ⚙ 25 à 50. AE ① ⊕⊕ VISA
Repas *(fermé 20 déc.-6 janv. et sam. midi)* 18/40, ⬚ – **67 ch** ⊂⊃ 90/170, – 1 suite – ½ P 108/180.

DZ **z**

◆ Hôtel dont l'emplacement rassurera les voyageurs anxieux de rater leur train : il suffit presque de traverser la rue pour gagner les quais. Chambres bien tenues. Intime salle de restaurant revêtue de boiseries.
◆ Bang om de trein te missen? Dit hotel biedt een stukje zekerheid, want de perrons liggen bijna recht aan de overkant. Het heeft goed onderhouden kamers en een intieme restaurantzaal die met lambrisering is bekleed.

Le Châtelet (annexe ▥ - 9 ch) sans rest, bd de la Pétrusse 2, ⊠ 2320, ℰ 40 21 01, *contact@chatelet.lu*, Fax 40 36 66 – |⋕| ▥ – ⚙ 25. AE ① ⊕⊕ VISA. ⅋ rest
36 ch ⊂⊃ 88/120.

CZ **e**

◆ Cet hôtel surveillant la vallée de la Pétrusse regroupe plusieurs maisons dont l'une est flanquée une fine tourelle. Mobilier en sapin dans les chambres, bien insonorisées.
◆ Dit hotel kijkt uit over het Pétrusse-dal en omvat diverse huizen waarvan één met een rank torentje. Kamers met goede geluidsisolatie en ingericht met sparrenhouten meubilair.

Nobilis, av. de la Gare 47, ⊠ 1611, ℰ 49 49 71, *info@hotel-nobilis.com*, Fax 40 31 01 – |⋕| ▤ ▥ – ⚙ 50. AE ① ⊕⊕ VISA
Repas *Lunch 17* – carte env. 22 – ⊂⊃ 15 – **46 ch** 75/115 – ½ P 70/90.

DZ **a**

◆ Cette ressource hôtelière intégrée à un centre commercial se situe à mi-chemin de la gare et du viaduc qui vous mène directement à la vieille ville. Chambres fonctionnelles.
◆ Dit hotel is onderdeel van een winkelcentrum en ligt halverwege het station en het viaduct dat rechtstreeks naar de oude stad leidt. Functionele kamers.

Delta, r. Ad. Fischer 74, ⊠ 1521, ℰ 493 09 61, *info@hoteldelta.lu*, Fax 40 43 20, 龠, ⟐ – |⋕| ▥ ▣. – ⚙ 25. AE ① ⊕⊕ VISA
fermé 12 août-6 sept. et 24 déc.-2 janv. – **Repas** *(fermé sam., dim., lundi soir et jours fériés)* Lunch 15 – 30/57 bc, ⬚ – **18 ch** ⊂⊃ 85/135, – 3 suites – ½ P 104/134.

CZ **g**

◆ Trois petites maisons mitoyennes à l'écart de l'animation forment cet établissement familial engageant. Chambres mignonnes garnies d'un mobilier de qualité. Aux beaux jours, repas en plein air sur la terrasse ombragée.
◆ Drie aangrenzende, kleine huizen weg van de drukte vormen dit aantrekkelijke familiehotel. Genoeglijke kamers die met kwaliteitsmeubilair zijn ingericht. Bij mooi weer kan er buiten op het lommerrijke terras worden gegeten.

Cordial 1er étage, pl. de Paris 1, ⊠ 2314, ℰ 48 85 38, Fax 40 77 76 – AE ⊕⊕ VISA
fermé du 17 au 23 mai, 19 juil.-12 août, du 3 au 5 janv., sam. midi, dim. soir et lundi –
Repas *Lunch 33* – 42/90 bc, ⬚.

DZ **x**

◆ Grande et confortable salle de restaurant bourgeoisie aménagée, entretenant une atmosphère feutrée. Carte classique assortie de menus et de suggestions faites de vive voix.
◆ Chic ingericht, groot en comfortabel restaurant met een ingetogen ambiance. Klassieke kaart met menu's. Suggesties worden mondeling gedaan.

Arpège, r. Sainte Zithe 29, ⊠ 2763, ℰ 48 88 08, Fax 48 88 20, 龠 – ▤. AE ① ⊕⊕ VISA
fermé du 1er au 8 mai, 27 août-5 sept., 26 déc.-9 janv. et dim. – **Repas** Lunch 25 – carte 33 à 44.

◆ Dans une rue piétonne du plateau Bourbon. Choix classique, incluant un menu simple et un autre plus élaboré. Salle à manger ornée de toiles contemporaines. Confort "rotin".
◆ In een voetgangersstraat op het Plateau Bourbon. Klassieke kaart en een eenvoudig plus een verfijnd menu. Eetzaal met hedendaagse schilderijen en rotanmeubelen. CZ **s**

XX **Italia** avec ch, r. Anvers 15, ✉ 1130, ☎ 486 62 61, *italia@euro.lu, Fax 48 08 07*, ☂, Avec cuisine italienne – TV. AE ① MC VISA CZ f
Repas carte 30 à 49 – **20 ch** ☕ 70/90.
◆ Table transalpine misant sur une longue carte avec suggestions. Cave italo-française et vins de Moselle. Dîner aux chandelles en musique les vendredis de septembre à juin.
◆ Italiaans restaurant met een uitgebreide kaart en menusuggesties. Frans-Italiaanse wijnselectie en Moezelwijnen. September-juni diner bij kaarslicht en vrijdagavond muziek.

Périphérie - *plan p. 3 sauf indication spéciale :*

à l'Aéroport *par ③ : 8 km :*

Sheraton Aérogolf ⛰, rte de Trèves 1, ✉ 2633, ☎ 34 05 71, *sheraton.luxembourg@sheraton.com, Fax 34 02 17* – ⫼ ⇔ ▤ TV P – 🔬 25 à 120. AE ① MC VISA. ⇎
☕ 20 – **147 ch** 130/300, – 1 suite.
◆ Chambres tout confort, luxe sans tape-à-l'oeil, insonorisation optimale et service "nickel", comme il se doit dans un hôtel haut de gamme. En prime : la vue sur les pistes.
◆ Comfortabele kamers, nonchalante luxe, uitstekende geluidsisolatie en optimale service ; echt een tophotel. Het uitzicht op de landingsbaan krijgt u er gratis bij. Het meubilair in de eigentijdse eetzaal is op vroegere eeuwen geïnspireerd.

Ibis, rte de Trèves, ✉ 2632, ☎ 43 88 01, *H0974@accor.com, Fax 43 88 02*, ≤, ☂ – ⫼ ▤ TV ♿ch, P – 🔬 25 à 80. AE ① MC VISA
Repas *Lunch 11 bc* – carte 22 à 36 – ☕ 10 – **120 ch** 65/95.
◆ Établissement de chaîne aux communs assez avenants pour la catégorie. Les chambres, d'ampleur limitée, offrent le niveau de confort habituel à l'enseigne. Annexe "low-budget". Une rotonde vitrée abrite le restaurant.
◆ Dit hotel heeft voor zijn klasse vrij aangename gemeenschappelijke ruimten. De kamers zijn niet al te groot, maar bieden het comfort dat voor deze hotelketen gebruikelijk is. Dependance low budget. Een ronde zaal met glazen wand herbergt het restaurant.

Campanile, rte de Trèves 22, ✉ 2633, ☎ 34 95 95, *luxembourg@campanile.lu, Fax 34 94 95*, ☂ – ⫼ ⇔ TV ♿ch, P – 🔬 25 à 90. AE ① MC VISA. ⇎ rest
Repas (avec buffets) 23 bc – ☕ 9 – **108 ch** 60/80 – ½ P 90.
◆ Hôtel occupant un immeuble récent. On accède par l'intérieur aux petites chambres avec double vitrage, garnies d'un mobilier assez simple. Accueil à toute heure.
◆ Hotel in een nieuw gebouw. De kleine kamers met dubbele ramen zijn vrij eenvoudig gemeubileerd en binnendoor toegankelijk. De receptie is dag en nacht open.

Trust Inn sans rest, r. Neudorf 679 (par rte de Trèves), ✉ 2220, ☎ 423 05 11, *trustinn@pt.lu, Fax 42 30 56* – ▤ TV. AE ① MC VISA
7 ch ☕ 65/75.
◆ Hôtel format "pocket" renfermant de coquettes chambres correctement équipées, où le petit-déjeuner - seul service offert - vous sera "livré", faute de salle à manger.
◆ Klein hotel met aantrekkelijke, correct geëquipeerde kamers. Het ontbijt is de enige service die het hotel biedt en wordt, bij gebrek aan een eetzaal, op de kamer gebracht.

XX **Le Grimpereau,** r. Cents 140, ✉ 1319, ☎ 43 67 87, *bridard@pt.lu, Fax 42 60 26*, ☂ – P. AE ① MC VISA BV b
fermé 1 sem. Pâques, 3 prem. sem. août, sam. midi, dim. soir et lundi – **Repas** 45 bc/60.
◆ Dans une villa nichée sous les frondaisons où chantent les grimpereaux, restaurant néo-rustique proposant une belle variété de plats. Clientèle d'habitués et d'aéroport.
◆ Neorustiek restaurant in een villa verscholen tussen het loof, waar voornamelijk vaste gasten en luchtreizigers komen. De menukaart biedt een mooie variatie.

à Belair C *Luxembourg :*

Albert Premier ⛰ sans rest, r. Albert Ier 2a, ✉ 1117, ☎ 442 44 21, *info@albert1er.lu, Fax 44 74 41*, Fδ, ≘s – ⫼ TV 🚗. AE ① MC VISA plan p. 4 CZ c
☕ 14 – **14 ch** 145/235.
◆ Hôtel "chic" situé aux portes de la ville. Décor anglais cossu réalisé avec le souci du détail, exquises chambres bien équipées, accueil et service prévenants.
◆ Chic hotel aan de rand van de stad. Het weelderige interieur in Engelse stijl getuigt van oog voor detail. Schitterende en uiterst gerieflijke kamers. Uitstekende service.

Parc Belair, av. du X Septembre 111, ✉ 2551, ☎ 442 32 31, *paribel@hpb.lu, Fax 44 44 84*, ≤, ☂, Fδ, ≘s, 🚲 – ⫼ ⇔, ▤ rest, TV 🚗 – 🔬 25 à 260. AE ① MC VISA JCB AV c
Repas ***Le Bistrot*** *Lunch 10* – carte 22 à 44, ♀ – **53 ch** ☕ 220/280 – ½ P 140/240.
◆ En lisière d'un parc, luxueux hôtel dont on appréciera le caractère "cosy". Chambres modernes et excellentes installations pour séminaires. Une carte assez conséquente s'emploie à combler votre appétit dans le petit bistrot d'en face.
◆ Luxueus hotel met een "cosy" karakter aan de rand van een park. Moderne kamers en uitstekende faciliteiten voor congressen. In de kleine bistro aan de overkant kan de inwendige mens worden versterkt. Vrij uitgebreide kaart.

XX Astoria, av. du X Septembre 44, ⊠ 2550, ℘ 44 62 23, Fax 45 82 96 – 🗐, 🆎 ⓞ
🕮 VISA   plan p. 4   CZ a
fermé sam., dim. soir et lundi soir – **Repas** Lunch 24 – carte 35 à 59.
  ◆ Restaurant officiant à l'entrée de la capitale, dans une demeure bourgeoise avenante
dont la façade dévoile des touches Art déco. Terrasse-jardin à l'arrière. Repas classique.
  ◆ Restaurant aan de rand van de hoofdstad, gevestigd in een charmant herenhuis met
art-decogevel. Terras met tuin aan de achterzijde. Klassieke keuken.

X Thailand, av. Gaston Diderich 72, ⊠ 1420, ℘ 44 27 66, Cuisine thaïlandaise – ⅍
fermé 15 août-4 sept., lundi et sam. midi – **Repas** carte 36 à 54.   AV a
  ◆ Au coeur de Belair, table exotique se distinguant par sa ribambelle de recettes
thaïlandaises et son décor typique sans surcharge. Des parasols ornent le plafond.
  ◆ Deze Thai in het hart van Belair onderscheidt zich door de veelheid van gerechten.
Typisch Aziatisch interieur zonder overdaad en een plafond dat met parasols is versierd.

à Clausen *(Klausen)* Ⓛ *Luxembourg :*

XX les jardins du President ⅍ avec ch pl. Ste-Cunégonde 2, ⊠ 1367, ℘ 260 90 71,
jardins@president.lu, Fax 26 09 07 73, 🏡, �較 – 🛗, 🗐 ch, 📺 🅿. 🆎 ⓞ
🕮 VISA   DY a
fermé dern. sem. déc.-prem. sem. janv. – **Repas** *(fermé sam. midi et dim.)* Lunch 24 – carte
43 à 58, ♀ – **7 ch** ⊊ 180/250 – ½ P 160/180.
  ◆ Élégant et intime relais gourmand niché dans un écrin de verdure. Terrasse s'agrémentant d'un jardin où bruisse une cascade. Cuisine du moment. Belles chambres personnalisées.
  ◆ Elegante, intieme pleisterplaats voor lekkerbekken midden in het groen. Terras en een
tuin met waterval. Seizoengebonden keuken. De mooie kamers hebben elk een eigen karakter.

à Dommeldange *(Dummeldéng)* Ⓛ *Luxembourg :*

Hilton ⅍, r. Jean Engling 12, ⊠ 1466, ℘ 4 37 81, *hilton.luxembourg@hilton.com*,
Fax 43 60 95, ≤, 𝑓₆, ≈s, 🔲 – 🛗 ⅍ 🗐 📺 ⇔ 🅿 – 🔬 25 à 360. 🆎 ⓞ 🕮
VISA JCB   BV f
Repas *Café Stiffchen* Lunch 30 – carte 34 à 64, ♀ – ⊊ 22 – **298 ch** 108/298, – 39 suites.
  ◆ À l'orée de la forêt, hôtel de luxe dont les lignes épousent celles de la vallée. Chambres
tout confort, service avenant et infrastructure pour conférences très complète. Res-
tauration de type brasserie et lunch-buffets en semaine au Café Stiffchen.
  ◆ Dit luxehotel, waarvan de belijning harmonieert met de glooiingen van het dal, staat aan
de rand van het bos. Gerieflijke kamers, goede service en talrijke faciliteiten voor congressen. Door de week een lunchbuffet in het Café Stiffchen.

Host. du Grünewald, rte d'Echternach 10, ⊠ 1453, ℘ 43 18 82, *hostgrun@pt.lu*,
Fax 42 06 46, � – 🛗, 🗐 rest, 📺 🅿 – 🔬 25 à 40. 🆎 ⓞ 🕮 VISA. ⅍ rest   BV d
Repas *(fermé du 1er au 22 août, du 1er au 18 janv., sam. midi, dim. et lundi midi)* Lunch 49
– 60/95 – **23 ch** ⊊ 95/150, – 2 suites – ½ P 100/120.
  ◆ Adorable hostellerie traditionnelle au charme désuet. Chambres de divers gabarits,
mignonnes comme tout. Assez cossu, l'ensemble produit une atmosphère romantique. Une
belle carte classique et une cave d'épicurien vous attendent au restaurant.
  ◆ Een bekoorlijke, traditionele hostellerie met een ouderwetse charme. De kamers variëren
in grootte, maar zijn alle even schattig. Overal hangt een sfeer van luxe en romantiek.
Restaurant met een mooie klassieke kaart en verfijnde wijnselectie.

à Eich *(Eech)* Ⓛ *Luxembourg :*

XX La Mirabelle, pl. d'Argent 9, ⊠ 1413, ℘ 42 22 69, *c0laianni@email.lu*, Fax 42 22 69,
🏡, Ouvert jusqu'à 23 h – 🗐. 🆎 ⓞ 🕮 VISA JCB   AV c
fermé sam. midi et dim. – **Repas** Lunch 29 – carte 34 à 54, ♀.
  ◆ La carte classico-bourgeoise de cet établissement façon "brasserie" comprend des plats
lorrains, des suggestions et un menu quotidiens, plus un menu dégustation.
  ◆ De klassiek-traditionele kaart van dit etablissement in brasseriestijl bevat Lotharingse
gerechten, dagsuggesties, een menu van de dag en een degustatiemenu.

au plateau de Kirchberg *(Kiirchbierg) :*

Sofitel ⅍, r. Fort Niedergrünewald 6 (Centre Européen), ⊠ 2015, ℘ 43 77 61, *H1314*
@accor.com, Fax 42 50 91 – 🛗 ⅍ 🗐 📺 ⅍ch, 🖭 🅿 – 🔬 25 à 75. 🆎 ⓞ
🕮 VISA   plan p. 5   EY a
Repas *Oro e Argento (fermé sam.)* carte 41 à 62, ♀ – ⊊ 20 – **100 ch** 330, – 4 suites.
  ◆ En plein quartier institutionnel européen, hôtel au plan ovale audacieux, avec atrium
central. Chambres spacieuses très confortables. Accueil et service en rapport. Intime ris-
torante "d'or et d'argent", teinté de notes vénitiennes. Cuisine transalpine.
  ◆ Hotel met een gedurfd ovaal grondplan en een atrium in het midden, in de wijk van de
Europese instellingen. Ruime en zeer comfortabele kamers. Uitstekende service. Sfeervol
Italiaans restaurant met veel goud en zilver en hier en daar een Venetiaanse noot.

🏨 **Novotel** ॐ, r. Fort Niedergrünewald 6 (Centre Européen), ⊠ 2226, ✆ 429 84 81, H1930@accor.com, Fax 43 86 58, ☆ – ▯ ✗ ▤ 📺 ﭏ ch, 🅿 – 🔏 25 à 300. 🆎 ⑩ ⑯ 𝐕𝐈𝐒𝐀
plan p. 5 EY a
Repas (ouvert jusqu'à minuit) Lunch 23 – carte 22 à 38, ♀ – � 15 – **259 ch** 190/195, – 1 suite.

◆ Voisin de son grand frère, cet établissement géré par le même groupe dispose d'une infrastructure pour séminaires très complète et d'agréables chambres de belle ampleur.
◆ Dit Novotel staat naast zijn grote broer en wordt door dezelfde groep geleid. Aangename kamers van goed formaat en talrijke faciliteiten voor congressen.

à Limpertsberg (Lampertsbierg) 🅲 Luxembourg :

⛶ **Lagura**, av. de la Faïencerie 18, ⊠ 1510, ✆ 26 27 67, Fax 26 27 02 97, ☆ – ▤. 🆎 ⑩ ⑯ 𝐕𝐈𝐒𝐀
plan p. 4 CY z
fermé sam. midi et dim. – **Repas** Lunch 22 – carte 35 à 53, ♀.

◆ Table "trendy" vous conviant à parcourir une carte "globe-trotter" puisant son inspiration du côté de la Méditerranée et de l'Asie. Ambiance "zen". Terrasse arrière plaisante.
◆ De reislustige menukaart van dit trendy restaurant heeft inspiratie opgedaan in mediterraan gebied en in Azië. Ambiance "zen". Aangenaam terras aan de achterzijde.

à Neudorf (Neiduerf) 🅲 Luxembourg :

🏨 **Ponte Vecchio** sans rest, r. Neudorf 271, ⊠ 2221, ✆ 424 72 01, vecchio@pt.lu, Fax 424 72 08 88 – ▯ ▤ 📺 🅿. 🆎 ⑩ ⑯ 𝐕𝐈𝐒𝐀
BV w
46 ch � 89/107.

◆ Ancien site brassicole adroitement réaffecté : fringantes chambres avec ou sans kitchenette - dont 9 duplex - et communs ornés de romantiques fresques italianisantes.
◆ Hotel in een oude bierbrouwerij. Mooie kamers met of zonder kitchenette, waaronder 9 split-level, en gemeenschappelijke ruimten met romantische Italiaanse fresco's.

à Rollingergrund (Rolléngergronn) 🅲 Luxembourg :

🏨 **Sieweburen**, r. Septfontaines 36, ⊠ 2534, ✆ 44 23 56, Fax 44 23 53, ≤, ☆, ⋐ –
📺 🅿. ⑯ 𝐕𝐈𝐒𝐀
AV g
Repas (fermé 24 déc.-8 janv. et merc.) (taverne-rest) Lunch 11 – carte 28 à 46, ♀ – **14 ch** ⊆ 95/115.

◆ Sur un site inondé de chlorophylle, maison à colombage offrant le choix entre plusieurs tailles de chambres au confort standard. Certaines d'entre elles sont mansardées.
◆ Dit vakwerkhuis wordt door veel groen omringd. Kamers met standaardcomfort van verschillende grootte, waarvan sommige op de zolderverdieping liggen.

⛶ **Théâtre de l'Opéra**, r. Rollingergrund 100, ⊠ 2440, ✆ 25 10 33, opera@pt.lu, Fax 25 10 29, ☆ – 🆎 ⑩ 𝐕𝐈𝐒𝐀 𝐉𝐂𝐁
AV r
fermé sam. midi et dim. – **Repas** Lunch 12 – carte 39 à 51.

◆ Engageante demeure rénovée dissimulant une salle de restaurant étagée et agencée dans l'esprit "bistrot". Cuisine actuelle avec menu du jour et choix à la carte au dîner.
◆ Fraai gerenoveerd pand met een eetzaal op verschillende niveaus, die in bistrostijl is ingericht. Eigentijdse keuken met een menu van de dag en à la carte bij het diner.

⛶ **Himalaya**, r. Rollingergrund 8 (pl. de l'Étoile), ⊠ 2440, ✆ 25 23 85, Fax 45 61 19, Cuisine indienne – ⑩ ⑯ 𝐕𝐈𝐒𝐀
plan p. 4 CY m
fermé dim. – **Repas** Lunch 9 – carte env. 27.

◆ Une table indienne attrayante se cache derrière cette façade ornée de moulures. Choix assez étoffé, avec plats népalais et végétariens. Fond musical en rapport.
◆ Achter deze gevel met sierlijsten gaat een leuk Indiaas eettentje schuil. Vrij uitgebreide kaart met Nepalese en vegetarische schotels. Bijpassende achtergrondmuziek.

Environs

à Alzingen (Alzéng) - plan p. 4 🅲 Hesperange 11 177 h :

⛶ **Opium**, rte de Thionville 427, ⊠ 5887, ✆ 26 36 01 60, Fax 26 36 16 06, ☆, Avec cuisine asiatique, ouvert jusqu'à 23 h – ▤ 🅿. 🆎 ⑩ ⑯ 𝐕𝐈𝐒𝐀
BX a
fermé sam. midi, dim. midi et lundi midi – **Repas** Lunch 15 – carte 25 à 93, ♀.

◆ Une véranda reliant deux immeubles d'appartements abrite ce restaurant asiatique original où règne une ambiance à la fois "zen" et "lounge". Service très prévenant.
◆ Dit originele Aziatische restaurant in een overdekte galerij tussen twee flatgebouwen ademt een sfeer die zowel "zen" als "lounge" is. Zeer voorkomende bediening.

à Bridel (Briddel) par N 12 : 7 km - AV - 🅲 Kopstal 2 958 h :

⛶ **Le Rondeau**, r. Luxembourg 82, ⊠ 8140, ✆ 33 94 73, ochemjp@pt.lu, Fax 33 37 46, ☆ – 🅿. 🆎 ⑩ ⑯ 𝐕𝐈𝐒𝐀
fermé 2 sem. en mars, 3 sem. en août, lundi et mardi – **Repas** Lunch 28 – 54/95 bc.

◆ Carte classico-traditionnelle, généreux menus et choix de vins prometteur dans ce sympathique restaurant familial. D'intéressantes toiles contemporaines égaient les murs.
◆ Klassiek-traditionele kaart, royale menu's en veelbelovende wijnkeuze in dit sympathiek familierestaurant. De muren worden opgevrolijkt door interessante hedendaagse doeken.

XX **Brideler Stuff,** r. Lucien Wercollier 1, ✉ 8156, ✆ 33 87 34, *bridstuf@pt.lu,* Fax 33 90 64, 🌳 – ▣ **P.** AE ⓪ ⓶ VISA
fermé lundi – **Repas** *Lunch* 13 – carte 28 à 50, ♀.
* Cette auberge fondée au 19e s. doit son affluence à un éventail de copieux plats bourgeois et de spécialités régionales roboratives. Décor de style "stubbe" en salle.
* Deze 19e-eeuwse herberg dankt zijn populariteit aan de keur van eenvoudige schotels en regionale specialiteiten, die allemaal even copieus zijn. De eetzaal is rustiek.

à Hesperange *(Hesper) - plan p. 4* – *11 177 h*

XXX **L'Agath** (Steichen), rte de Thionville 274 (Howald), ✉ 5884, ✆ 48 86 87, *restaurant* ✿ *@agath.lu,* Fax 48 55 05, 🌳 – **P.** – 🍴 60. AE ⓪ ⓶ VISA   BX **k**
fermé au 16 août, du 1er au 7 nov., du 1er au 10 janv., sam. midi, dim. et lundi –
Repas *Lunch* 58 – carte 68 à 91, ♀ 🍴
Spéc. Ravioles de homard dans sa bisque mousseuse. Daurade royale dans son jus et légumes confits. Suprême de pigeon et millefeuille de chou vert. **Vins** Riesling, Chardonnay.
* Une cuisine au goût du jour soignée vous sera servie dans cette villa massive postée en retrait de la route. Un trompe-l'oeil orne la coupole de l'opulente salle à manger.
* In deze massieve villa, die even van de weg af staat, kunt u genieten van een verzorgde eigentijdse keuken. Een trompe-l'oeil siert de koepel van de weelderige eetzaal.

XX **Le Jardin Gourmand,** rte de Thionville 432, ✉ 5886, ✆ 36 08 42, 🌳 – AE ⓶ VISA
fermé 25 août-15 sept., sam. midi, dim. soir et lundi – **Repas** *Lunch* 11 – 30, ♀.
* Établissement implanté au centre du bourg. L'été, une terrasse est dressée côté jardin, au bord de l'Alzette ; quant aux gourmandises, elles défilent dans vos assiettes.
* Dit establissement is midden in het dorp te vinden. Op zomerse dagen kan worden gegeten op het terras aan de tuinzijde, aan de oever van de Alzette.   BX **p**

à Hostert *(Hueschert) par ③ : 12 km* ⓒ *Niederanven 5 334 h :*

XX **Chez Pascal-Le Gastronome,** r. Andethana 90, ✉ 6970, ✆ 34 00 39, *pascal@le* *gastronome.lu,* Fax 26 34 01 06, 🌳 – **P.** AE ⓪ ⓶ VISA
fermé du 8 au 30 août, sam. et dim. – **Repas** *Lunch* 32 – carte 47 à 58.
* Le nouvel intérieur de ce restaurant niché au coeur du patelin contraste avec la simplicité de sa façade. Cuisine très classique et amusant décor naïf en trompe-l'oeil.
* Het nieuwe interieur van dit restaurant midden in Hostert contrasteert met de sobere gevel en heeft een grappige trompe-l'oeil in naïeve stijl. De kok kent zijn klassieken !

à Kopstal *(Koplescht) par N 12 : 9 km* - AV – *2 958 h*

XX **Weidendall** avec ch, r. Mersch 5, ✉ 8181, ✆ 30 74 66, *weidenda@pt.lu,* Fax 30 74 67 – TV. AE ⓪ ⓶ VISA JCB
Repas *(fermé 2 sem. carnaval, du 1er au 15 sept. et mardi)* *Lunch* 13 – carte 37 à 53 – **9 ch** ⌸ 46/70 – ½ P 54.
* Près de l'église, engageante auberge-restaurant tenue en famille. Côté fourneaux et salle à manger, on fait preuve du même classicisme. Chambres commodes pour l'étape.
* Deze aardige herberg bij de kerk wordt door een familie gerund. Zowel de inrichting als de keuken van het restaurant zijn klassiek. De kamers voldoen prima voor een nachtje.

à Sandweiler *par ④ : 7 km* – *2 853 h*

XX **Hoffmann,** r. Principale 21, ✉ 5240, ✆ 35 01 80, *hoffmann@resto.lu,* Fax 35 79 36, 🌳 – **P.** AE ⓶ VISA. 🦞
fermé 2 sem. carnaval, 3 sem. en août, 26 déc.-10 janv., dim. soir, lundi et mardi soir –
Repas *Lunch* 35 – 42, ♀.
* Faim de homard ou d'une pièce de viande rôtie à la broche ? Cette table au cadre "cosy" peut assouvir vos désirs. Carte de saison dans le tempo actuel et bonne petite cave.
* Zin in kreeft of vlees aan het spit? In dit gezellige restaurant wordt u op uw wenken bediend ! Eigentijdse, seizoengebonden kaart en kleine, maar fijne wijnkelder.

à Strassen *(Stroossen) - plan p. 4* – *6 021 h*

🏛 **L'Olivier** avec appartements, rte d'Arlon 140a, ✉ 8008, ✆ 31 36 66, *olivier@mail.lu,* Fax 31 36 27 – 🛗 ☎ TV ৬ ⇔ **P.** – 🍴 25 à 50. AE ⓪ ⓶ VISA   AV **h**
Repas voir rest *La Cime* ci-après – **38 ch** ⌸ 77/184, – 4 suites – ½ P 97/174.
* Immeuble récent situé à 400 m de l'autoroute. Confort actuel et double vitrage dans les chambres, souvent des duplex avec kitchenette. Vue champêtre à l'arrière.
* Hotel in een nieuw gebouw, op 400 m van de snelweg. Modern comfort en dubbele ramen in de kamers, veelal split-level met kitchenette. Landelijk uitzicht aan de achterkant.

🏠 **Mon Plaisir** sans rest, rte d'Arlon 218 (par ⑧ : 4 km), ✉ 8010, ✆ 31 15 41, *mplaisir@* *pt.lu,* Fax 31 61 44 – 🛗 TV **P.** AE ⓪ ⓶ VISA
fermé 24 déc.-2 janv. – **27 ch** ⌸ 68/79.
* Hôtel d'un bon petit confort dont la façade jaune ne passe pas inaperçue sur cet axe fréquenté rejoignant Luxembourg. Chambres sobrement équipées, mais bien tenues.
* Redelijk gerieflijk hotel met een opvallende gele gevel aan een drukke weg naar de Luxemburgse hoofdstad. De kamers zijn sober, maar goed onderhouden.

XX **La Cime** - H. L'Olivier, rte d'Arlon 140a, ⊠ 8008, ℘ 31 88 13, *olivier@mail.lu*, Fax 31 36 27, 佘 - **P.** **AE ① ◑ VISA** AV **h**
fermé sam. - **Repas** *Lunch* 35 - 22/30, ♀.

◆ Ce restaurant d'hôtel propose une carte classique variée, avec plusieurs menus incluant une formule végétarienne et un menu-choix. Salle à manger ample et moderne.

◆ Dit restaurant, dat bij een hotel hoort, biedt een gevarieerde klassieke kaart met meerdere menu's, waaronder een vegetarisch menu en een keuzemenu. Ruime, moderne eetzaal.

XX **Le Nouveau Riquewihr**, rte d'Arlon 373 (par ⑧ : 5 km), ⊠ 8011, ℘ 31 99 80, *leriquewihr@email.lu*, Fax 31 97 05, 佘 - **P.** **AE ① ◑ VISA**
fermé 24 déc.-2 janv. et dim. - **Repas** *Lunch* 34 - carte 38 à 60, ♀.

◆ Confortable salle à manger au cadre intime et feutré, façon Renaissance italienne ; terrasse d'été contemporaine enrobée de verdure. Carte classique-traditionnelle de saison.

◆ Comfortabele eetzaal met intieme ambiance in Italiaanse renaissancestijl. Het terras ligt 's zomers in het groen. De klassiek-traditionele kaart wisselt met de seizoenen.

à Walferdange *(Walfer) par* ① *: 5 km* - *6 628 h*.

🏠 **Moris**, pl. des Martyrs, ⊠ 7201, ℘ 330 10 51, *contact@morishotel.lu*, Fax 33 30 70, 佘 - 🛗, ⊟ rest, 📺 **P.** - 🔙 50. **AE ① ◑ VISA**
fermé 24 déc.-8 janv. - **Repas** *Lunch* 39 - carte 34 à 55, ♀ - **24 ch** ⊑ 85/110.

◆ Hôtel octogonal se dressant près de l'église du village, devant un carrefour. Chambres fonctionnelles assez amples mais inégalement insonorisées. Parking. Table au cadre harmonieux et accueillant. Carte classico-bourgeoise avec plats régionaux.

◆ Achthoekig hotel bij een kruispunt in de buurt van de dorpskerk. De functionele kamers zijn vrij ruim, maar niet altijd even goed tegen geluid geïsoleerd. Parkeerruimte. Restaurant met een harmonieus interieur. Eenvoudige klassieke kaart met streekgerechten.

XX **l'Étiquette**, rte de Diekirch 50, ⊠ 7220, ℘ 33 51 68, Fax 33 51 69, 佘 - **P.** **AE ①**
◑ VISA
fermé mardi et dim. soir - **Repas** *Lunch* 17 - 22/42, ♀ ⌖.

◆ Registre culinaire classico-traditionnel et exceptionnel choix de vins régionaux dans cette maison où tout débuta par une "vinothèque", qui existe d'ailleurs toujours.

◆ Dit restaurant is begonnen als "vinotheek", die overigens nog steeds bestaat. Klassiektraditionele keuken en een keur van goede wijnen uit verschillende streken.

MACHTUM (MIECHTEM) 🅒 *Wormeldange* 2 285 h. **ⁿⁿⁿ** X 25 *et* **ⁿⁿⁿ** M 7.
Luxembourg 31 - *Ettelbrück* 46 - *Grevenmacher* 4 - *Mondorf-les-Bains* 29.

XX **Chalet de la Moselle**, rte du Vin 35, ⊠ 6841, ℘ 75 91 91, *maryde@pt.lu*, Fax 26 74 55 91, ≤ - **P.** **◑ VISA**. ✻
fermé 26 déc. soir-7 janv. et merc. - **Repas** *Lunch* 38 - 33/50, ♀.

◆ Sur la route du vin, dominant la rivière, bel établissement au décor intérieur sobre, de bon goût. Mise en place soignée sur les tables, carte traditionnelle et crus locaux.

◆ Dit mooie etablissement ligt aan een wijnroute en kijkt uit op de rivier. Eenvoudig, smaakvol decor. Met zorg gedekte tafels, traditionele menukaart en lokale wijnen.

X **Aub. du Lac**, rte du Vin 77, ⊠ 6841, ℘ 75 02 53, Fax 75 88 87, ≤, 佘 - **P.** **AE ①**
◑ VISA
fermé 15 déc.-15 janv. et mardi - **Repas** *Lunch* 30 - 35/55 bc, ♀ ⌖.

◆ L'été en terrasse, ou toute l'année depuis les grandes baies de la salle à manger, cette auberge familiale vous offre la vue sur la Moselle. Beau choix de vins luxembourgeois.

◆ Deze herberg biedt in de zomer vanaf het terras en het hele jaar door via de grote ramen van de eetzaal uitzicht op de Moezel. Mooie selectie Luxemburgse wijnen.

MERTERT (MÄERTERT) **ⁿⁿⁿ** X 24 *et* **ⁿⁿⁿ** M 6 - 3 354 h.
Luxembourg 32 - *Ettelbrück* 46 - *Thionville* 56 - *Trier* 15.

XXX **Goedert** avec ch, pl. de la Gare 4, ⊠ 6674, ℘ 74 00 21, Fax 74 84 71, 佘 - ⊟ rest,
📺 **P.** **◑ VISA**
fermé 16 août-8 sept., 27 déc.-14 janv., lundi et mardi - **Repas** *Lunch* 25 - 42/57 - **8 ch**
⊑ 57/83 - ½ P 75.

◆ Choix de recettes appétissantes et menus alléchants : la carte du Goedert ne manque pas d'intérêt. Salle à manger de style "années 1980". Chambres récentes et assez sobres.

◆ Een scala van smakelijke gerechten en aanlokkelijke menu's : de kaart van Goedert mag er wezen. Eetzaal in de stijl van de tachtiger jaren. Moderne, vrij eenvoudige kamers.

XX **Paulus**, r. Haute 1, ⊠ 6680, ℘ 74 00 70, *restpaulus@euro.lu*, Fax 74 84 02 - ⊟. **A**
① ◑ VISA **JGB**
fermé sem. carnaval, août, lundi et mardi - **Repas** *Lunch* 10 - 41/55 bc, ♀.

◆ Au cœur de l'actif port fluvial, devant l'église, établissement familial dont l'enseigne porte le nom du chef-patron. Longue terrasse couverte. Généreuses cuisine classique.

◆ Voor de kerk in het hart van de bedrijvige rivierhaven staat dit familiehotel, genoemd naar de patron. Lang en overdekt terras. Overvloedige, klassieke keuken.

MONDORF-LES-BAINS (MUNNERËF) 𝟩𝟩𝟩 W 25 et 𝟩𝟙𝟨 L 7 – 3 839 h – *Station thermale* – Casino 2000, r. Flammang, ✉ 5618, ℘ 23 61 11, Fax 23 61 12 29.

Voir *Parc*★ – *Mobilier* de l'église St-Michel.

Env. à l'Est : Vallée de la Moselle Luxembourgeoise★ de Schengen à Wasserbillig.

🄱 av. des Bains 26, ✉ 5610, ℘ 23 66 75 75, Fax 23 66 16 17.

Luxembourg 19 – Remich 11 – Thionville 22.

Parc ﹩, Domaine thermal, av. Dr E. Feltgen, ✉ 5601, ℘ 23 66 60, domaine@mon dorf.lu, Fax 23 66 10 93, 😤, ⊘, ⅃₆, 🗉, ≚, ≋, ✗ – 📶 ⥲ ▥ TV ⅄ch, ⟵ 🄿 – 🔏 25 à 350. ஊ ⓞ ⓜⓞ VISA. ⅍ rest
Repas *De Jangeli* (fermé 27 déc.-17 janv., sam. midi, dim. soir et lundi) Lunch 24 – 43/76 bc, ⌂ – **114 ch** ⌑ 97/148, – 20 suites – ½ P 118/148.
♦ Hôtel ressourçant où descend volontiers la famille grand-ducale. Chambres sans reproche, installations de remise en forme et accès direct au parc thermal. Cadre contemporain élégant et carte actuelle teintée d'accents méridionaux au restaurant De Jangeli.
♦ Een verkwikkend adres waar de groothertogelijke familie graag te gast is. Smetteloze kamers, sportvoorzieningen, rechtstreekse toegang tot het kuurpark. Restaurant De Jangeli heeft een elegante, moderne ambiance en een actuele kaart met zuidelijke accenten.

Grand Chef ﹩, av. des Bains 36, ✉ 5610, ℘ 23 66 80 12, granchef@ pt.lu, Fax 23 66 15 10, ≚, ≋, ⬦⬥ – 📶 TV ⅄ ⟵ 🄿 – 🔏 30. ஊ ⓞ ⓜⓞ VISA. ⅍ rest
12 mars-20 nov. – **Repas** (fermé mardis midis et merc. midis non fériés) Lunch 24 – 31/38 – **36 ch** ⌑ 66/99, – 2 suites – ½ P 68/79.
♦ Vous rêviez depuis toujours de séjourner dans un ancien hôtel particulier ? C'est fait, vous y êtes ! Beaux salons du temps passé, bar opulent et chambres spacieuses. Table misant sur une carte traditionnelle dans un décor classique-bourgeois.
♦ Altijd al gedroomd van een verblijf in zo'n oud en voornaam herenhuis? Dan is dit uw kans ! Mooie salons van weleer, weelderige bar en grote kamers. Restaurant met een chic klassiek decor en een traditionele kaart.

Casino 2000, r. Flammang, ✉ 5618, ℘ 23 61 11, info@casino2000.lu, Fax 23 61 14 53 – 📶 ▥ TV 🄿 – 🔏 25 à 600. ஊ ⓞ ⓜⓞ VISA. ⅍ rest
fermé 24 déc. – **Repas** voir rest **Les Roses** ci-après – **28 ch** ⌑ 115/139, – 3 suites.
♦ Que vous soyez flambeur ou pas, la chance voudra vous sourire dès que vous aurez posé votre valise... Chambres amples et bien équipées. Rénovation totale de l'hôtel en 2004.
♦ Zware gokker of niet, het geluk lacht u toe zodra hier de koffers zijn neergezet. Ruime, goed uitgeruste kamers. In 2004 vond een algehele renovatie plaats.

Beau Séjour, av. Dr Klein 3, ✉ 5630, ℘ 266 77 51, info@beau-sejour.lu, Fax 23 66 08 89, ⅍ – ⥲ TV ஊ ⓞ ⓜⓞ VISA. ⅍
fermé 15 déc.-15 janv. – **Repas** Lunch 20 – carte 32 à 50 – **10 ch** ⌑ 67/95 – ½ P 67/72.
♦ Petite affaire familiale située à proximité des thermes. Les chambres, de tailles correctes sans plus, et munies du double vitrage, se répartissent sur deux étages. Repas traditionnel dans une salle au décor classique assez plaisant.
♦ Familiehotelletje vlak bij het kuurcentrum. De kamers zijn correct van afmetingen, hebben dubbele beglazing en liggen verspreid over twee verdiepingen. Traditionele maaltijden in een aangename, klassieke omlijsting.

※※※
✕✕✕
✿
Les Roses - H. Casino 2000, r. Flammang, ✉ 5618, ℘ 23 61 11, info@casino2000.lu, Fax 23 61 14 53 – ≡ 🄿. ஊ ⓞ ⓜⓞ VISA. ⅍
fermé août, 24 déc., prem. sem. janv., lundi et mardi sauf jours fériés – **Repas** 69, carte 60 à 87, ⌂
Spéc. Faux millefeuille de grosse langoustine, légumes étuvés au gingembre. Tronçon de turbot clouté à la truffe noire et rôti sur l'arête, sauce Noilly Prat. Filet de bœuf charolais, foie gras Matignon à la riche. **Vins** Pinot gris, Riesling.
♦ Le thème de la rose inspire l'élégante décoration de cette salle de restaurant en rotonde coiffée d'une verrière. Cuisine actuelle élaborée, volontiers innovante.
♦ De roos was inspiratiebron voor de elegante inrichting van dit restaurant met ronde eetzaal en glaskoepel. De eigentijdse keuken is verfijnd en vernieuwend.

Ellange-gare (Elléng) Nord-Ouest : 2,5 km 🄲 Mondorf-les-Bains :

※※※
✕✕✕
La Rameaudière, r. Gare 10, ✉ 5690, ℘ 23 66 10 63, la_rameaudiere@internet.lu, Fax 23 66 10 64, 😤 – 🄿. ஊ ⓞ ⓜⓞ VISA
fermé dern. sem. juin, dern. sem. août-prem. sem. sept., janv. et lundis et mardis non fériés – **Repas** 40/65 ﹩.
♦ Cette maison accueillante était autrefois la gare du village. Salle à manger contemporaine. En été, on mange sur la terrasse fleurie, à l'ombre des arbres fruitiers.
♦ Dit gezellige restaurant was vroeger het dorpsstation. Eigentijdse eetzaal. In de zomer wordt op het fleurige terras gegeten, in de schaduw van de fruitbomen.

LUXEMBOURG

MULLERTHAL (MËLLERDALL) [C] *Waldbillig 1 292 h.* [717] W 24 *et* [716] L 6.

Voir *Vallée des Meuniers★★★ (Vallée de l'Ernz Noire).*

[18] [9] *au Sud-Ouest : 2 km à Christnach,* ⊠ 7641, ℘ 87 83 83, Fax 87 95 64.
Luxembourg 30 – Echternach 14 – Ettelbrück 31.

XXX **Le Cigalon** avec ch, r. Ernz Noire 1, ⊠ 6245, ℘ 79 94 95, le_cigalon@internet.lu, Fax 79 93 83, 佘, [6], 佥, 龱, – [钅] [tv] [P]. [MO] [VISA]. ※ rest
fermé du 1er au 10 fév., 26 déc.-21 janv., lundi en hiver et mardi – **Repas** *Lunch* 32 – 65/90 bc, ♀ – **11 ch** ⊆ 75/94, – 3 suites – ½ P 72/78.
   • Dans une vallée bucolique, auberge avenante où l'on vient faire des repas classiques à connotations provençales. Crèche et santons en salle. Chambres et suites.
   • Charmant hotel-restaurant in een idyllisch dal, waar de klassieke maaltijden geïnspireerd zijn op de Provençaalse keuken. Kribbe en santons in de eetzaal! Kamers en suites.

NEUDORF (NEIDUERF) – *voir à Luxembourg, périphérie.*

NIEDERANVEN (NIDDERANWEN) [717] W 25 *et* [716] L 7 – 5 334 h.
Luxembourg 13 – Ettelbrück 36 – Grevenmacher 16 – Remich 19.

XX **Host. de Niederanven**, r. Munsbach 2, ⊠ 6941, ℘ 34 00 61, Fax 34 93 92 – [AE] [MO] [VISA]. ※
fermé 2e quinz. août et lundi – **Repas** *Lunch* 15 – 25/50, ♀.
   • Hostellerie tenue par la même famille depuis plus de 30 ans. Carte saisonnière d'orientation traditionnelle, où la marmite dieppoise et le gratin de fruits de mer ont la cote.
   • Deze hostellerie is al ruim 30 jaar in dezelfde handen. Traditionele, seizoengebonden kaart met de "marmite diéppoise" en gegratineerde fruits de mer als neusje van de zalm.

Si vous êtes retardé sur la route, dès 18 h, confirmez votre réservation par téléphone, c'est plus sûr... et c'est l'usage.

OUR (Vallée de l') (URDALL) ★★ [717] V 22 *et* [716] L 5 - L 6 *G. Belgique-Luxembourg.*

PÉTANGE (PÉITÉNG) [717] U 25 *et* [716] K 7 – 14 382 h.
Luxembourg 22 – Esch-sur-Alzette 15 – Arlon 18 – Longwy 14.

[BÌ] **Threeland**, r. Pierre Hamer 50, ⊠ 4737, ℘ 265 08 00, threelan@pt.lu, Fax 26 50 28 20, 佘 – [钅] ¼← [tv] [P] – 諡 25 à 150. [AE] [O] [MO] [VISA]
Repas *Lunch* 24 – 40/62 bc – **57 ch** ⊆ 74/84, – 2 suites.
   • Hôtel récent construit à proximité des frontières belge et française. Communs spacieux. Banquets et congrès ont lieu au 1er étage. Certaines chambres sont mansardées. Salle à manger moderne en forme de rotonde.
   • Dit vrij nieuwe hotel ligt vlak bij de Belgisch-Franse grens. Grote gemeenschappelijke ruimten. Zalen voor feesten en congressen op de eerste verdieping. Sommige kamers hebben een schuine dakwand. Moderne, ronde eetzaal.

POMMERLOCH (POMMERLACH) [C] *Winseler 981 h.* [717] U 23 *et* [716] K 6.
Luxembourg 56 – Diekirch 37 – Ettelbrück 7 – Wiltz 7 – Bastogne 12.

[BÌ] **Pommerloch**, Wohlber 2, ⊠ 9638, ℘ 269 51 51, Fax 26 95 06 20, 佘 – [钅] [tv] &ch [P]. [AE] [O] [MO] [VISA]
Repas *Lunch* 12 – carte 24 à 58 – **8 ch** ⊆ 55/75.
   • Établissement familial créé en 2001 devant un rond-point fréquenté. Installations modernes ; bonne insonorisation dans les chambres, spacieuses et fonctionnelles. Fringante salle de restaurant contemporaine partiellement sous véranda ; carte traditionnelle.
   • Dit familiehotel aan een drukke rotonde is in 2001 gebouwd. Moderne voorzieningen. Ruime, functionele kamers met een goede geluidsisolatie. Elegante, eigentijdse eetzaal die deels in de serre is ingericht. Traditionele menukaart.

[m] **Motel Bereler Stuff** sans rest, rte de Bastogne 6, ⊠ 9638, ℘ 95 79 09, Fax 95 79 09 – [tv] [P]. [MO] [VISA]
18 ch ⊆ 29/47.
   • Ce motel est un point de chute pratique pour les usagers de la route. Les chambres de belle ampleur et toutes identiques, baignent dans une atmosphère un peu suranné
   • Dit motel is een praktische pleisterplaats voor weggebruikers. De sfeer is een beetje vergane glorie, maar de identiek ingerichte kamers zijn ruim.

490

REMICH (RÉIMECH) 囗囗囗 X 25 et 囗囗囗 M 7 – *2 964 h.*

Voir *Vallée de la Moselle Luxembourgeoise★ de Schengen à Wasserbillig.*

🏕 au Nord-Ouest : 12 km à Canach, Scheierhaff, ✉ 5412, 🅿 35 61 35, Fax 35 74 50.

🛈 (juil.-août) Esplanade (gare routière), ✉ 5533, 🅿 23 69 84 88, Fax 23 69 72 95.

Luxembourg 22 – Mondorf-les-Bains 11 – Saarbrücken 77.

🏨 **Saint Nicolas,** Esplanade 31, ✉ 5533, 🅿 26 66 30, *hotel@saint-nicolas.lu*, Fax 26 66 36 66, ≤, 🍴, 🕭, 🚭, 🚲 – 🛗 ⇔ 📺 – 🔬 40. 🅰🅴 ⓪ 🅟🅾 🆅🅸🆂🅰 🅹🅲🅱. 🛠 ch

Repas *Lohengrin* Lunch 26 bc – 29/74 bc, 🍷 – **40 ch** ⊇ 69/126 – ½ P 75/88.

♦ Ancien relais de bateliers et son jardin clos de murs postés au bord de la Moselle. Chambres d'un bon niveau de confort. Agréable salle à manger dont les grandes baie vitrées permettent de profiter de la vue sur la rivière. Cuisine classique actualisée.

♦ Voormalige schippersherberg met ommuurde tuin, aan de oever van de Moezel. Kamers met goed comfort. Aangename eetzaal waarvan de grote ramen uitkijken op de rivier. Klassieke keuken in een eigentijds jasje.

🏨 **des Vignes** 🐾, rte de Mondorf 29, ✉ 5552, 🅿 23 69 91 49, *info@hotel-vignes.lu*, Fax 23 69 84 63, ≤ vignobles et vallée de la Moselle – 🛗, 🍽 rest, 📺 🅿 – 🔬 25. 🅰🅴 🅿🅾 🆅🅸🆂🅰

fermé 15 déc.-15 janv. – **Repas** (fermé merc.) 35/56 bc, 🍷 – **24 ch** ⊇ 78/98 – ½ P 73/102.

♦ Au sommet d'un coteau, établissement dont les chambres, munies d'un balcon ou d'une terrasse, offrent un panorama grandiose sur les vignes et la vallée de la Moselle. Salle à manger-belvédère où trône un vieux pressoir à raisins.

♦ Dit etablissement boven op een heuvel heeft kamers met terras of balkon, die alle een grandioos uitzicht bieden op de wijngaarden en het Moezel-dal. Eetzaal met serre, waar een oude druivenpers de show steelt.

🏨 **de l'Esplanade,** Esplanade 5, ✉ 5533, 🅿 23 66 91 71, *esplanad@pt.lu*, Fax 23 69 89 24, ≤, 🍴 – 📺 🅿🅾 🆅🅸🆂🅰

fermé 3 janv.-7 fév. et merc. de mi-sept. à mi-juin – **Repas** Lunch 20 – 25/40, 🍷 – **18 ch** ⊇ 55/80 – ½ P 73/98.

♦ La rivière et l'embarcadère sont à deux pas de cette adresse située dans le centre animé de Remich. Petites chambres sobrement décorées. L'été, on peut prendre son repas sous les stores de la terrasse. Profitez alors de la vue sur la Moselle.

♦ De rivier en aanlegsteiger liggen op loopafstand van dit adres in het levendige centrum van Remich. Kleine kamers met eenvoudig decor. In de zomer kan de maaltijd worden genuttigd onder de markies op het terras, dat uitkijkt op de Moezel.

🍴🍴 **Domaine la Forêt** avec ch, rte de l'Europe 36, ✉ 5531, 🅿 23 69 99 99, *laforet@pt.lu*, Fax 23 69 98 98, ≤, 🍴, 🕭, 🚭, 🚲 – 🛗 📺 🅿 – 🔬 25. 🅰🅴 ⓪ 🅿🅾 🆅🅸🆂🅰 🛠 rest

Repas (fermé 25 juil.-6 août, 1 sem. en nov., 2 sem. en janv., mardi midi d'oct. à avril et lundis non fériés) 35/69 bc, 🍷 🐾 – **14 ch** (fermé 25 juil.-6 août) ⊇ 70/95 – ½ P 65/85.

♦ Élégante salle à manger en demi-rotonde dominant du regard la vallée de la Moselle. Recettes actuelles et livre de cave riche d'environ 400 références. Chambres au diapason.

♦ Elegante, halfcirkelvormige restaurantzaal die uitkijkt op de Moezelvallei. Eigentijdse keuken en wijnkaart met circa vierhonderd "etiketten". Kamers in diverse registers.

REULER (REILER) 囗囗囗 V 22 – *voir à Clervaux.*

RODER (ROEDER) 囗囗囗 V 22 – *voir à Clervaux.*

ROLLINGERGRUND (ROLLÉNGERGRONN) – *voir à Luxembourg, périphérie.*

ROMBACH-MARTELANGE (ROMBECH-MAARTELÉNG) 囗囗囗 T 24 – *voir à Haut-Martelange.*

SAEUL (SËLL) 囗囗囗 U 24 et 囗囗囗 K 6 – *514 h.*

Luxembourg 21 – Ettelbrück 22 – Mersch 11 – Arlon 14.

🍴🍴 **Maison Rouge,** r. Principale 10, ✉ 7470, 🅿 23 63 02 21, Fax 23 63 07 58 – 🅿🅾 🆅🅸🆂🅰

fermé 3 sem. en fév., 3 sem. en août, dim. soir en hiver, lundi et mardi – **Repas** 45/50.

♦ Cette auberge familiale reconnaissable à sa façade rouge met à profit un ancien relais de poste. Table traditionnelle utilisant notamment les légumes du potager.

♦ Deze familieherberg in een voormalig poststation is herkenbaar aan de rode gevel. Traditionele keuken met groenten uit de moestuin als hoofdingrediënten.

SANDWEILER 囗囗囗 W 25 et 囗囗囗 L 7 – *voir à Luxembourg, environs.*

SCHEIDGEN (SCHEEDGEN) © Consdorf 1 749 h. 🔢 X 24 et 🔢 M 6.
Luxembourg 35 – Echternach 8 – Ettelbrück 36.

🏨 **de la Station** ⌕, rte d'Echternach 10, ✉ 6250, ✆ 79 08 91, *info@hoteldelastation.lu*,
Fax 79 91 64, ≤, 🌳, 🏠, 🐎, 🚲 – 📶 📺 🚗 🅿 – ♿ 25 à 40. ⨀ 𝚅𝙸𝚂𝘼.
🍽 rest
25 mars-14 nov. – **Repas** *(fermé lundi et mardi)* (dîner seult jusqu'à 20 h 30) carte 35 à
45 – **25 ch** ⌕ 45/80 – ½ P 52/60.
◆ Établissement tranquille entre les mains de la même famille depuis un siècle. La plupart
des chambres ont vue sur la campagne. Accueil gentil et jardin revigorant. Restaurant
traditionnel bien installé.
◆ Rustig etablissement dat al ruim een eeuw in handen van dezelfde familie is. De meeste
kamers kijken uit op het platteland. Vriendelijke ontvangst en heerlijke tuin. Goed ingericht,
traditioneel restaurant.

Pour toutes précisions sur les prix indiqués dans ce guide,
reportez-vous aux pages explicatives.

SCHOUWEILER (SCHULLER) © Dippach 3 292 h. 🔢 U 25 et 🔢 K 7.
Luxembourg 14 – Mondorf-les-Bains 29 – Arlon 20 – Longwy 18.

XX **La Table des Guilloux,** r. Résistance 17, ✉ 4996, ✆ 37 00 08, Fax 37 12 69, 🌳 –
🅿 – ♿ 25
fermé du 2 au 11 mai, du 1er au 24 août, 23 déc.-3 janv., lundi, mardi et sam. midi – **Repas**
carte 50 à 72
Spéc. Salade de truffes de Meuse, croustillant de cornes de gâtes (sept.-déc.). Dos de bar
de ligne aux crustacés. Queue de bœuf farcie au foie gras et purée grand-mère. **Vins** Pinot
gris, Riesling.
◆ Au centre du village, ferme-auberge fleurie aux beaux jours, abritant d'intimes petites
salles garnies de meubles d'hier. Terrasse ombragée et jardin avec étang. Mets
soignés.
◆ Gerenoveerde boerderij in het dorpscentrum. De intieme, kleine eetzalen hebben
meubelen uit grootmoeders tijd. Schaduwrijk terras en tuin met vijver. Verzorgde
gerechten.

X **Toit pour toi,** r. IX Septembre 2, ✉ 4996, ✆ 26 37 02 32, Fax 26 37 11 61 – ⨀
𝚅𝙸𝚂𝘼. 🍽
fermé du 19 au 30 avril, du 1er au 24 août, 20 déc.-8 janv. et jeudi – **Repas** (dîner seult
jusqu'à 23 h) carte 32 à 47.
◆ Une grange restaurée avec une certaine originalité donne son "toit" à cette affaire. Mise
en place simple. Salades et viandes rôties, portions copieuses. Service aimable.
◆ Dit eethuis heeft onderdak gevonden in een fraai gerestaureerde korenschuur.
Eenvoudig gedekte tafels. Salades en gebraden vlees, royale porties. Vriendelijke
bediening.

SCHWEBACH (SCHWIEBECH) © Saeul 514 h. 🔢 U 24.
Luxembourg 23 – Ettelbrück 22 – Mersch 13 – Arlon 16.

XX **Reimen,** Maison 1 (Schwebach-Pont), ✉ 8561, ✆ 23 63 03 81, *reimen@pt.lu*,
Fax 23 63 95 96 – 🅿. 🆎 ⨀ 𝚅𝙸𝚂𝘼. 🍽
fermé 15 août-8 sept., 27 déc.-20 janv., lundi, mardi et après 20 h 30 – **Repas** carte 32
à 46.
◆ L'affaire, familiale, rencontre un certain succès auprès de la clientèle locale. Les plats
appétissants suggérés par la carte y sont sûrement pour quelque chose !
◆ Dit restaurantje staat bij de lokale bevolking vrij goed aangeschreven. De kaart met
aantrekkelijke gerechten ligt er in ieder geval niet om !

SOLEUVRE (ZOLWER) © Sanem 13 674 h. 🔢 U 25 et 🔢 K 7.
Luxembourg 22 – Esch-sur-Alzette 8 – Arlon 27 – Longwy 22.

XX **La Petite Auberge,** r. Aessen 1 (CR 110 - rte de Sanem), ✉ 4411, ✆ 59 44 80
Fax 59 53 51 – 🅿 – ♿ 25. 🆎 ⨀ 𝚅𝙸𝚂𝘼. 🍽
fermé sem. Pentecôte, 2 dern. sem. août, fin déc.-début janv., dim. et lundi – **Repas** Lunc
14 – carte 45 à 63, 🍷 🌳.
◆ Ancienne ferme transformée en une confortable auberge. Préparations classi
ques et traditionnelles. La passion du vin anime le patron ; résultat : une cave bie
montée.
◆ Voormalige boerderij die is verbouwd tot een comfortabele herberg. Klassieke en tra
ditionele gerechten. De patron heeft een passie voor wijnen. Resultaat : een prima wijr
kaart !

STADTBREDIMUS (STADTBRIEDEMES) ⑦⑦⑦ X 25 *et* ⑦①⑥ M 7 – *1 264 h.*
> Env. *au Nord : rte de Greiveldange* ≤★.
> *Luxembourg 25 – Mondorf-les-Bains 14 – Saarbrücken 80.*

🏠 **l'Écluse,** rte du Vin 29, ✉ 5450, ℰ 236 19 11, *info@ hotel-ecluse.com, Fax 23 69 76 12,*
☀, 🌿 – 📺 ☜, 🅿. 🆎 🆊 𝐕𝐈𝐒𝐀, ✂ rest
Repas *(fermé 2 sem. Noël-Nouvel An, 2e quinz. juin, merc. midi et jeudi)* (taverne-rest) carte
22 à 39, ♀ – **16 ch** ☷ 47/62 – ½ P 48.
> ◆ Face à une écluse sur la Moselle, hôtel où les membres d'une même famille se relayent
> depuis 1963 derrière le comptoir de la réception. Chambres proprettes. Une véranda abrite
> la salle de restaurant. Généreuse assiette mêlant terroir et tradition.
> ◆ Hotel tegenover een sluis in de Moezel, waar leden van dezelfde familie elkaar al sinds
> 1963 in de receptie aflossen. Keurige kamers. De restaurantzaal is ingericht in de serre.
> Copieuze maaltijden met een mix van streek en traditie.

STEINHEIM (STENEM) ⑦⑦⑦ X 24 – *voir à Echternach.*

STRASSEN (STROOSSEN) ⑦⑦⑦ V 25 *et* ⑦①⑥ L 7 – *voir à Luxembourg, environs.*

SUISSE LUXEMBOURGEOISE (Petite) ★★★ ⑦⑦⑦ W 24 - X 24 *et* ⑦①⑥ L 6 - M 6 *G. Belgique-Luxembourg.*

SÛRE (Vallée de la) (SAUERDALL) ★★ ⑦⑦⑦ T 23 - Y 24 *et* ⑦①⑥ K 6 *G. Belgique-Luxembourg.*

TROISVIERGES (ELWEN) ⑦⑦⑦ U 22 *et* ⑦①⑥ L 5 – *2 582 h.*
> *Luxembourg 75 – Clervaux 19 – Bastogne 28.*

XX **Aub. Lamy** avec ch, r. Asselborn 51, ✉ 9907, ℰ 99 80 41, Fax 97 80 72, ≤, ☀ – 📧
📺 🅿. 🆎 ① 🆊 𝐕𝐈𝐒𝐀
fermé mardi – **Repas** Lunch 20 – 30/42 – **5 ch** ☷ 30/47.
> ◆ Une auberge qui "ratisse large" : grande carte classique-bourgeoise, restaurant d'été,
> pub à bières, coin pizzeria et chambres convenables. Coup d'oeil sur la nature.
> ◆ Deze herberg in het groen weet van wanten : grote klassieke kaart, bierpub, kleine pizzeria
> en geriefelijke kamers.

VIANDEN (VEIANEN) ⑦⑦⑦ W 23 *et* ⑦①⑥ L 6 – *1 502 h.*
> Voir *Site★★, ≤★★, ☀★★ par le télésiège – Château★★ : chemin de ronde* ≤★.
> Env. *au Nord-Ouest : 4 km, Bassins supérieurs du Mont St-Nicolas (route* ≤★★ *et* ≤★) –
> *au Nord : 3,5 km à Bivels : site★ – au Nord : Vallée de l'Our★★.*
> 🅱 r. Vieux Marché 1, ✉ 9417, ℰ 834 25 71, viasi@ pt.lu, Fax 84 90 81.
> *Luxembourg 44 – Clervaux 31 – Diekirch 11 – Ettelbrück 16.*

🏨 **Belvédère,** rte de Diekirch 4 (Nord : 1 km), ✉ 9409, ℰ 26 87 42 44, *belveder@ pt.lu,*
Fax 26 87 42 43, ≤, ☀, 🐟, ⇄ – 📧 📺 ⚙ch, 🅿. – 🔺 25. 🆎 ① 🆊 𝐕𝐈𝐒𝐀 𝐉𝐂𝐁. ✂ rest
fermé du 14 au 29 nov. et du 8 au 29 janv. – **Repas** 33/91 bc, ♀ – **16 ch** ☷ 97/115 –
½ P 85/123.
> ◆ Une rénovation intégrale donnait voici quelques années une seconde vie à cet
> accueillant hôtel familial. Chambres sans reproche. Terrasse-belvédère face au château. Cui-
> sine d'aujourd'hui servie dans une salle à manger contemporaine, lumineuse et panoramique.
> ◆ Een algehele renovatie een paar jaar geleden heeft dit gezellige familiehotel nieuw leven
> ingeblazen. Onberispelijke kamers. Terras met uitzicht op het kasteel. De moderne, lichte
> en panoramische eetzaal vormt een prima decor voor de eigentijdse gerechten.

🏨 **Oranienburg,** Grand-Rue 126, ✉ 9411, ℰ 834 15 31, *oranienburg@ hotmail.com,*
Fax 83 43 33, ☀ – 📧 📺 – 🔺 40. 🆎 ① 🆊 𝐕𝐈𝐒𝐀
mi-mars-mi-nov. – **Repas** voir rest **Le Châtelain** ci-après – **22 ch** ☷ 53/106, – 4 suites
– ½ P 59/72.
> ◆ Établissement familial dont la flatteuse réputation est faite depuis longtemps dans
> cette charmante petite ville. Bonnes chambres et belle terrasse d'été au pied du château.
> ◆ Familiehotel dat al lange tijd een complimenteuze reputatie geniet in dit charmante
> stadje. Goede kamers en mooi zomerterras aan de voet van het kasteel.

🏨 **Heintz,** Grand-Rue 55, ✉ 9410, ℰ 83 41 55, *hoheintz@ pt.lu,* Fax 83 45 59, ☀, 🌿 –
📧 ⇆ 📺 🅿. 🆎 🆊 𝐕𝐈𝐒𝐀
26 mars-1er nov. – **Repas** *(fermé merc. midi et jeudi midi sauf en juil.-août)* Lunch 12 – 22/37
– **30 ch** ☷ 45/78 – ½ P 50/57.
> ◆ Près de l'église, hostellerie où le cahier de réservations, les toques, poêles et spatules
> se transmettent en famille depuis 1910. Chambres bien tenues, terrasse et jardin. Table
> traditionnelle au cadre rustique. Repas en plein air à la belle saison.
> ◆ Hotel-restaurant dicht bij de kerk. Al sinds 1910 worden hier de reserveringen, koksmut-
> sen, potten en pannen binnen dezelfde familie overgedragen. Goed onderhouden kamers,
> terras en tuin. Traditionele keuken en rustiek decor. 's Zomers wordt buiten geserveerd.

🏠 **Aub. du Château,** Grand-Rue 74, ⊠ 9401, ✆ 83 45 74, chateau@pt.lu, Fax 83 47 20, 🍴, 🛏 – 📺 📹 *VISA*, ✻ rest
fermé 18 déc.-28 janv. – **Repas** *(fermé merc. sauf 15 juil.-25 août)* Lunch 20 – 30/50 – **26 ch**
⊇ 46/76 – ½ P 50/54.
◆ Point de chute enviable pour le touriste, cette belle auberge située au centre de Vianden dispose de petites chambres fonctionnelles aménagées à l'identique. Restaurant traditionnel devancé d'une terrasse estivale où l'on présente une carte simplifiée.
◆ Een begerenswaardige pleisterplaats voor toeristen, deze mooie herberg in het centrum van Vianden. De kleine, functionele kamers zijn identiek ingericht. Traditioneel restaurant. 's Zomers is er een terras aan de voorkant, waar een kleine kaart wordt gevoerd.

XX **Le Châtelain** - H. Oranienburg, Grand-Rue 126, ⊠ 9411, ✆ 834 15 31, oranienburg @hotmail.com, Fax 83 43 33, 🍴 – 🍽. 📭 ⑩ ⑩⑨ *VISA*
mi-mars-mi-nov. ; fermé lundi midi et mardi – **Repas** Lunch 29 – 58, 🍷.
◆ Le Châtelain vous installe très confortablement dans un décor non dénué de raffinement. Mise en place soignée sur les tables. Appétissantes préparations classiques.
◆ De "Kasteelheer" installeert zijn gasten bijzonder comfortabel in een verfijnd decor. De tafels zijn met zorg gedekt. Smakelijke, klassieke gerechten.

X **Aub. Aal Veinen "Beim Hunn"** avec ch, Grand-Rue 114, ⊠ 9411, ✆ 83 43 68, aha hn@pt.lu, Fax 83 40 84, 🍴 – 📺 📭 ⑩ ⑩⑨ *VISA*
fermé fin nov.-début déc. et lundis et mardis non fériés sauf juil.-sept. – **Repas** (grillades) Lunch 9 – carte 22 à 34, 🍷 – **8 ch** ⊇ 60/70 – ½ P 54.
◆ Maison de caractère bâtie en contrebas du château. Décoration intérieure rustique. Cuisine sans chichi, axée sur les grillades au feu de bois. Chambres sobres.
◆ Karakteristiek pand aan de voet van het kasteel. Rustiek interieur. Eerlijke keuken met gerechten die boven houtskoolvuur worden geroosterd. Eenvoudige kamers.

WAHLHAUSEN (WUELËSSEN) 🅲 Hosingen 1 621 h. 🗺 V 23.
Luxembourg 51 – Clervaux 17 – Ettelbrück 24 – Vianden 12.

X **E'slecker Stuff,** Am Duerf 37, ⊠ 9841, ✆ 92 16 21, ahahn@pt.lu, Fax 92 05 10, 🍴, Avec grillades – 📭 ⑩ ⑩⑨ *VISA*
fermé 23 déc.-23 janv., mardi soir et merc. – **Repas** Lunch 9 – carte 22 à 34, 🍷.
◆ Un petit restaurant de village dont les viandes grillées à la braise de la cheminée feront le bonheur des carnivores. Salle à manger rustique non dénuée de caractère.
◆ Een klein dorpsrestaurant waar het vlees in de open haard wordt geroosterd. Een walhalla voor carnivoren. Rustieke eetzaal met karakter.

WALFERDANGE (WALFER) 🗺 V 25 et 🗺 L 7 – voir à Luxembourg, environs.

WASSERBILLIG (WAASSERBËLLEG) 🅲 Mertert 3 354 h. 🗺 X 24 et 🗺 M 6.
Luxembourg 33 – Ettelbrück 48 – Thionville 58 – Trier 18.

XX **Kinnen** avec ch, rte de Luxembourg 32, ⊠ 6633, ✆ 74 00 88, Fax 74 01 08, 🍴 – 📶 📺 📹 📭 ⑩⑨ *VISA*, ✻
fermé du 1er au 15 fév., du 1er au 15 juil., merc. et jeudi soir – **Repas** Lunch 36 – carte 36 à 62 – **10 ch** ⊇ 43/65.
◆ Adresse familiale postée aux abords de la localité. Ample salle à manger. L'été repas en terrasse. Pour les hébergés, réception au bar et chambres d'un bon calibre.
◆ Familiehotel aan de rand van het plaatsje. Ruime eetzaal. 's Zomers wordt op het terras geserveerd. De receptie is aan de bar en de kamers zijn van een goed kaliber.

WEILERBACH (WEILERBAACH) 🅲 Berdorf 1 426 h. 🗺 X 23 et 🗺 M 6.
Luxembourg 39 – Diekirch 24 – Echternach 5 – Ettelbrück 29.

🏠 **Schumacher,** rte de Diekirch 1, ⊠ 6590, ✆ 720 13 31, hotschum@pt.lu, Fax 72 87 1 ≼, 🛏, 🍴, 🚲 – 📶 📺 📹 ⑩⑨ *VISA*, ✻
15 mars-nov. – **Repas** *(fermé merc. et après 20 h 30)* 42 – **25 ch** ⊇ 65/84 ½ P 56/60.
◆ La Sûre - qui matérialise la frontière avec l'Allemagne - coule devant cette hostell.. Chambres bien équipées. Terrasse sur le toit, offrant un panorama sur la vallée. Une car.. traditionnelle est présentée au restaurant.
◆ De Sûre, de grens met Duitsland, stroomt langs dit hotel. Goed uitgeruste kamers. H.. dakterras biedt uitzicht op het dal.

WEISWAMPACH (WÄISWAMPECH) 🔢 V 22 *et* 🔢 L 5 – *1 203 h.*
Luxembourg 69 – Clervaux 16 – Diekirch 36 – Ettelbrück 41.

🏨 **Keup**, rte de Stavelot 143 (sur N 7), ⊠ 9991, 𝒫 997 59 93 00, *hotel@keup.lu*,
Fax 997 59 94 40, 🍽 – 📶, ▤ rest, 📺 ⅋ch, 📞 – 🅰 40. 🝙 ⓞ 🝘 🝚
Repas *(fermé merc.)* Lunch 9 – 22/32, 🝡 – **24 ch** *(fermé merc. hors saison)* ⌑ 41/104, –
1 suite – ½ P 52.
♦ Cet hôtel récent est une halte bienvenue pour les usagers de la route. Les chambres,
assez vastes et convenablement insonorisées, se répartissent sur deux étages. Grande salle
à manger classiquement aménagée.
♦ Dit vrij nieuwe hotel is een welkome etappeplaats voor weggebruikers. De vrij grote
kamers zijn voorzien van geluidsisolatie en liggen verspreid over twee verdiepingen. Grote,
klassiek ingerichte eetzaal.

🍴🍴 **Host. du Nord** avec ch, rte de Stavelot 113, ⊠ 9991, 𝒫 99 83 19, *Fax 99 74 61,* 🍽,
🚗 – 📺 📞 🝙 ⓞ 🝘 🝚
Repas Lunch 8 – 25/30 – **8 ch** ⌑ 38/55 – ½ P 50/66.
♦ Hostellerie de tradition toujours prête à rendre service aux voyageurs. Salle à manger
classiquement agencée, donnant sur une véranda et une pelouse. Chambres de mise simple.
♦ Een traditionele hostellerie waar men altijd klaarstaat voor de gasten. Klassiek ingerichte
eetzaal met serre en uitzicht op de tuin. Eenvoudige kamers.

WELSCHEID (WELSCHENT) Ⓒ *Bourscheid 1 203 h.* 🔢 V 23 *et* 🔢 L 6.
Luxembourg 38 – Diekirch 13 – Ettelbrück 8.

🍴🍴 **Reuter** 🦆 avec ch, Waarkstrooss 2 (centre village), ⊠ 9191, 𝒫 81 29 17, *infos@*
hotel-reuter.lu, Fax 81 73 09, 🍽, 🚲 – 📶, ▤ rest, 📺 ⅋ch, 📞 – 🅰 rest. 🝙 🝘 🝚
fermé 24 janv.-4 mars, 14 nov.-16 déc., lundi et mardi – **Repas** 30/60 bc – **17 ch** ⌑ 60/75
– ½ P 66/70.
♦ Auberge exploitée de père en fils depuis 1875 dans ce village paisible de la vallée de la
Wark. Salle à manger aux tons pastel, table traditionnelle et chambres proprettes.
♦ Dit etablissement in een rustig dorpje in het Wark-dal gaat al sinds 1875 over van vader
op zoon. Eetzaal in pasteltinten, traditionele keuken en keurige kamers.

WILTZ (WOLZ) 🔢 U 23 *et* 🔢 K 6 – *4 525 h.*

🄱 *Château,* ⊠ 9516, 𝒫 95 74 44, *siwiltz@pt.lu,* Fax 95 75 56.
Luxembourg 55 – Clervaux 21 – Ettelbrück 26 – Bastogne 21.

🏨 **Aux Anciennes Tanneries** 🦆, r. Jos Simon 42a, ⊠ 9550, 𝒫 95 75 99, *tannerie*
@pt.lu, Fax 95 75 95, 🍽, 🎠, 🝟 – 📺 ⅋ch, 📞 – 🅰 30. 🝙 ⓞ 🝘 🝚
Repas Lunch 17 – carte 22 à 43, 🝡 – **12 ch** ⌑ 50/85 – ½ P 65/85.
♦ L'enseigne rappelle l'ancienne destination des lieux et, plus largement, l'activité qui valut
à Wiltz une certaine notoriété. Coquettes chambres de notre temps. Repas au goût du
jour sous les voûtes de la salle à manger ou sur la terrasse bordant la rivière.
♦ De naam herinnert aan de oude leerlooierijen die hier vroeger waren gevestigd en Wiltz
zekere faam hebben bezorgd. Nette, eigentijdse kamers. Onder de gewelven van de eetzaal
of op het terras aan de rivier worden eigentijdse gerechten geserveerd.

🍴🍴🍴 **du Vieux Château** 🦆 avec ch, Grand-Rue 1, ⊠ 9530, 𝒫 95 80 18, *vchateau@pt.lu,*
🦢 Fax 95 77 55, 🍽, 🚗, 🎠 – 📺 📞 🝙 ⓞ 🝘 🝚 🝟 ch
fermé 3 prem. sem. août, 2 prem. sem. janv., dim. soir et lundi – Repas 25/65 bc – **6 ch**
⌑ 65/87, – 1 suite – ½ P 84.
♦ Belle demeure construite dans un quartier pittoresque, non loin du vieux château comtal
de Wiltz. Terrasse ombragée. Cuisine actuelle sagement personnalisée. Chambres calmes.
♦ Mooi pand in een schilderachtige wijk, niet ver van het oude grafelijke kasteel van Wiltz.
Beschaduwd terras. Eigentijdse keuken met een persoonlijk accent. Rustige kamers.

🍴🍴 **Host. des Ardennes,** Grand-Rue 61, ⊠ 9530, 𝒫 95 81 52, *Fax 95 94 47,* ← – 🝙
ⓞ 🝘 🝚
fermé 30 janv.-20 fév., du 1er au 21 août, sam. et après 20 h 30 – **Repas** carte 32 à 49.
♦ Affaire familiale établie depuis 1929 en centre-ville. Un café où l'on sert le plat du jour
devance une rustique salle de restaurant offrant la vue sur la vallée boisée.
♦ Dit hotel is al sinds 1929 in het centrum gevestigd. Achter het café - waar dagschotels
worden geserveerd - ligt een rustieke restaurantzaal met uitzicht op het beboste dal.

Si vous cherchez un hôtel tranquille,
consultez d'abord les cartes de l'introduction
ou repérez dans le texte les établissements indiqués
avec le signe 🦆.

WILWERDANGE (WILWERDANG) Ⓒ Troisvierges 2 582 h. 🔟🔟🔟 V 22 et 🔟🔟🔟 L 5.
Luxembourg 71 – Diekirch 41 – Ettelbrück 43 – Bastogne 31.

XX **L'Ecuelle,** r. Principale 15, ⊠ 9980, ℘ 99 89 56, ecuellew@pt.lu, Fax 97 93 44, 🕏 –
🅿. ⌷Æ ⓪ ⓿⓿ 𝘝𝘐𝘚𝘈. ⌖
*fermé 1 sem. en mai, dern. sem. juil., 1 sem. en nov., 2 prem. sem. janv., lundis soirs non
fériés, mardi soir et merc. –* **Repas** Lunch 10 – 35/80 bc.
♦ Pas loin de la frontière belge, auberge villageoise dont la terrasse donne sur un jardinet
avec jeux d'enfants. Choix traditionnel ; truites et saumons fumés "maison".
♦ Dorpsherberg niet ver van de Belgische grens, met een terras dat uitkijkt op een speeltuintje. Traditionele gerechten. Het "huis" rookt zelf zalm en forel.

WILWERWILTZ (WËLWERWOLZ) 🔟🔟🔟 V 23 et 🔟🔟🔟 L 6 – 624 h.
Luxembourg 64 – Clervaux 11 – Ettelbrück 11 – Wiltz 11 – Bastogne 32.

🏠 **Host. La Bascule,** Op der Gare 13, ⊠ 9776, ℘ 92 14 15, info@bascule.lu, Fax 92 10 88
– 🆃🆅 🅿 – 🔏 60. ⌷Æ ⓿⓿ 𝘝𝘐𝘚𝘈. ⌖
fermé 15 déc.-15 janv. – **Repas** *(fermé lundi, mardi et après 20 h 30)* Lunch 14 – 22 – **12 ch**
⌷ 52/85 – ½ P 64/68.
♦ La route pittoresque reliant Wiltz à Clervaux conduit à cette hostellerie familiale postée
en face d'une minuscule gare. Chambres fonctionnelles. L'addition d'un repas pris à "La
Bascule" ne vous fera certainement pas tomber à la renverse !
♦ De pittoreske weg die Wiltz met Clervaux verbindt, voert naar deze hostellerie, die
tegenover een piepklein stationnetje staat. Functionele kamers. Van de rekening voor een
maaltijd in de Bascule zult u zeker niet uit balans raken !

Nederland
Pays-Bas

---

*Het is gebruikelijk, dat bepaalde restaurants
in Nederland pas geopend zijn vanaf 16 uur,
vooral in het weekend.
Reserveert u daarom uit voorzorg.*

*L'usage veut que certains restaurants aux Pays-Bas
n'ouvrent qu'à partir de 16 heures,
en week-end particulièrement.
Prenez donc la précaution de réserver en conséquence.*

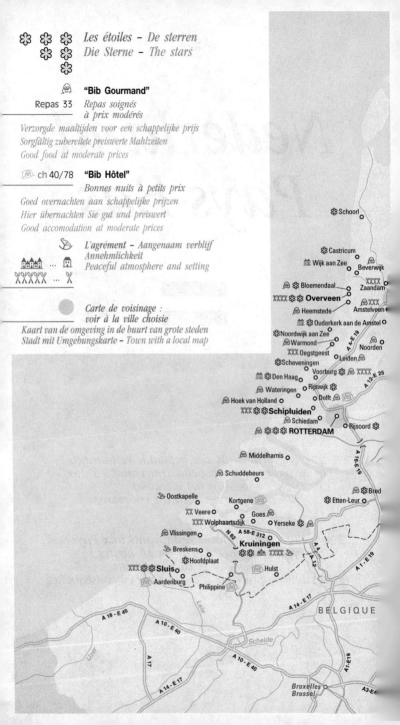

❀ ❀ ❀
❀ ❀
❀

Les étoiles - De sterren
Die Sterne - The stars

🙂 **"Bib Gourmand"**

Repas 33   *Repas soignés
à prix modérés*

Verzorgde maaltijden voor een schappelijke prijs
Sorgfältig zubereitete preiswerte Mahlzeiten
Good food at moderate prices

🛏 ch 40/78   **"Bib Hôtel"**

Bonnes nuits à petits prix
Goed overnachten aan schappelijke prijzen
Hier übernachten Sie gut und preiswert
Good accomodation at moderate prices

🕭   *L'agrément - Aangenaam verblijf*
Annehmlichkeit
Peaceful atmosphere and setting

🏠🏠🏠 … 🏠
XXXXX … X

*Carte de voisinage :
voir à la ville choisie*
Kaart van de omgeving in de buurt van grote steden
Stadt mit Umgebungskarte - Town with a local map

❀ Schoorl

❀ Castricum
🏛 Wijk aan Zee   🕭 Beverwijk
🕭 ❀ Bloemendaal   XXXX Zaandam
XXXX ❀ ❀ **Overveen**   🕭 XXX Amstelveen
🕭 Heemstede
🏛 ❀ Ouderkerk aan de Amstel
❀ Noordwijk aan Zee
🕭 Warmond   A 4 - E 19   Noorden
XXX Oegstgeest   Leiden 🕭
❀ Scheveningen   Voorburg ❀ 🕭 XXXX
🏛 🕭 Den Haag   A 12 - E 25
🕭 Wateringen   Rijswijk ❀
🕭 Hoek van Holland   Delft 🕭 🕭
XXX ❀ ❀ **Schipluiden**
🕭 Schiedam   Rijsoord ❀
🕭 ❀ ❀ ❀ **ROTTERDAM**
A 16 - E 19

🕭 Middelharnis

🕭 Schuddebeurs
🕭 ❀ Bred
🌿 Oostkapelle   ❀ Etten-Leur
Kortgene 🕭
XX Veere   Goes 🕭
XXX Wolphaartsdijk   Yerseke ❀
🌿 Vlissingen   A 58 - E 312   **Kruiningen**
🌿 Breskens   ❀ ❀ 🏛 XXXX 🌿
❀ Hoofdplaat
XXX ❀ ❀ **Sluis**   🕭 Hulst
🕭 Aardenburg   Philippine

BELGIQUE

A 18 - E 40   A 10 - E 40   Leie   Schelde   A 10 - E 40   A 14 - E 17   A 1 - E 19

A 17

A 14 - E 17

Bruxelles
Brussel

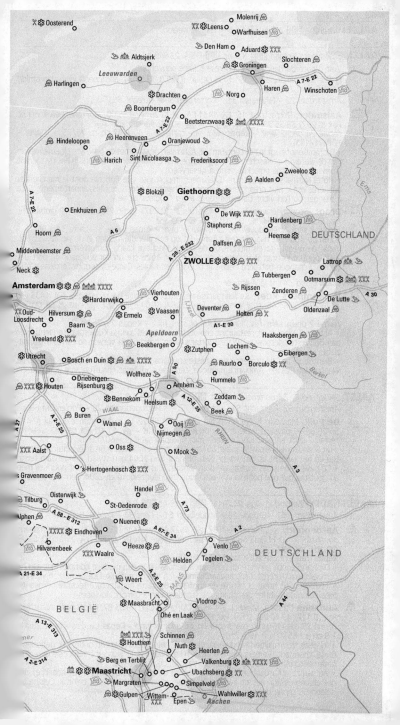

PAYS-BAS

AALDEN Drenthe 🅗 Z 6 et 🅗 L 3 – voir à Zweeloo.

AALSMEER Noord-Holland 🅗 N 9 et 🅗 F 5 – 22 839 h.

Voir Vente de fleurs aux enchères★★ (Bloemveiling).

🄳 Drie Kolommenplein 1, ⊠ 1431 LA, ℘ (0 297) 32 53 74, aalsmeer@ vvvhollandsmidd en.nl, Fax (0 297) 38 75 54.

Amsterdam 22 – Hilversum 31 – Rotterdam 59 – Utrecht 36.

Aalsmeer, Dorpsstraat 15, ⊠ 1431 CA, ℘ (0 297) 38 55 00, inof@ hotelaalsmeer.nl, Fax (0 297) 38 55 38 – 📱 ✿ 📺 🄿 – 🔬 50. 🄰🄴 ① 🐵 🆅🆂🄰 🄹🄲🄱
fermé 24 déc.-2 janv. – Repas Lunch 18 – carte 25 à 45 – **47 ch** 🖙 73/95, – 1 suite – ½ P 91/131.
♦ Dit familiehotel ligt in het centrum van Aalsmeer, de stad met de grootste bloemenveiling van de wereld. Het beschikt over appartementen en functionele kamers. In het restaurant worden met name streekgerechten geserveerd.
♦ Hôtel familial situé au centre d'Aalsmeer, importante ville floricole dont le marché aux enchères est le plus prestigieux du monde. Chambres fonctionnelles, appartements. Salle à manger où l'on vient faire des repas assez "couleur locale".

Dragt, Stommeerweg 72, ⊠ 1431 EX, ℘ (0 297) 32 55 79, restdrag@ globalxs.nl, Fax (0 297) 34 74 63, ≼, 🍴, 🄻 – 🄰🄴 ① 🐵 🆅🆂🄰
fermé 2 sem. Noël-Nouvel An, sam. midi et dim. – Repas Lunch 25 – carte 34 à 66.
♦ Een ponton leidt naar dit restaurant, dat op een eilandje midden in de jachthaven ligt. Vanaf de meeste tafels uitzicht op de boten. Klassieke kaart. Zomerterras.
♦ Un ponton permet d'accéder à ce restaurant établi sur un îlot au coeur du port des yachts. Échappée batelière depuis la plupart des tables. Carte classique. Terrasse d'été.

à Kudelstaart Sud : 4 km 🄲 Aalsmeer :

De Kempers Roef, Kudelstaartseweg 228 (au port de plaisance), ⊠ 1433 GR, ℘ (0 297) 32 41 45, roef@xskall.nl, Fax (0 297) 36 01 81, ≼, 🍴, 🄻 – 🍽 🄿, 🄰🄴 🐵 🆅🆂🄰 🄹🄲🄱
fermé 2 prem. sem. fév., lundi, mardi et sam. midi – Repas 29/76 bc, 🖳.
♦ Al bijna 30 jaar is dit restaurant een vertrouwd beeld aan de Kudelstaartse jachthaven aan de Westeinderplassen. Watersportambiance, beschut en verwarmd terras, mooi uitzicht.
♦ Bientôt 30 ans de présence pour cette enseigne ancrée sur le port de plaisance du lac Westeinder Plassen. Ambiance nautique, terrasse abritée et chauffée, vue agréable.

AALST Gelderland 🄲 Zaltbommel 25 999 h. 🅗 P 12 et 🅗 G 6.

Amsterdam 82 – Utrecht 34 – Arnhem 77 – 's-Hertogenbosch 20 – Rotterdam 68.

De Fuik, Maasdijk 1, ⊠ 5308 JA, ℘ (0 418) 55 22 47, fuik@ alliance.nl, Fax (0 418) 55 29 80, ≼ paysage typique aquatique, 🍴, 🄻 – 🄿 – 🔬 40. 🄰🄴 ① 🐵 🆅🆂🄰 🄹🄲🄱. ❄
fermé 2 sem. en oct., lundi et sam. midi – Repas Lunch 45 – 60/115 bc, 🖳 🏵.
♦ Dit Scandinavische paviljoen aan de Maas valt in de smaak vanwege de eigentijdse gerechten en het uitzicht op het water. Het interieur is in 2004 gerestyled. Aangenaam terras
♦ Ce pavillon de style scandinave dominant un bras du fleuve plaît autant pour ses mets au goût du jour que pour sa vue aquatique. Intérieur relooké en 2004. Terrasse agréable

AARDENBURG Zeeland 🄲 Sluis 24 791 h. 🅗 F 15 et 🅗 B 8.

Amsterdam 240 – Brugge 26 – Middelburg 61 – Gent 37 – Knokke-Heist 16.

Aardenburg 🐾, Herendreef 67, ⊠ 4527 AZ, ℘ (0 117) 37 58 00, info@ hotelaard nburg.nl, Fax (0 117) 37 58 99, 🎿, 🍴, 🍸, 🚴 – ✿ 📺 🄴 🄿 – 🔬 25 à 150. 🄰🄴 ① 🐵 🆅🆂🄰. ❄ rest
Repas (résidents seult) – 🖙 8 – **70 ch** 45.
♦ Dit hotel annex conferentiecentrum is gehuisvest in een modern complex dat aan he gemeentepark grenst. De standaardkamers zijn van de gebruikelijke gemakken voorzie
♦ Tout à la fois hôtel et centre de conférences, cette architecture récente côtoyant parc communal abrite des chambres standard correctement équipées.

Rudanna Castra, Markt 2, ⊠ 4527 CM, ℘ (0 117) 49 33 87, info@ rudannacastra Fax (0 117) 49 30 26, 🍴 – 🍽 📺. 🐵 🆅🆂🄰. ❄
fermé 29 déc.-15 janv., mardi sauf en juil.-août et lundi – Repas Lunch 28 – carte 28 à – **9 ch** 🖙 85 – ½ P 190/210.
♦ In deze voormalige brandweerkazerne in het centrum wordt onderdak geboden frisse, charmante kamers met meubilair in koloniale stijl. Er worden traditionele gerecht geserveerd in een restaurantzaal die past bij de huidige tijd.
♦ Au centre d'Aardenburg, ancienne caserne de pompiers où vous serez hébergés da des chambres fraîches et avenantes, dotées d'un mobilier d'esprit colonial. Cuisine t ditionnelle servie dans une salle de restaurant actuelle.

500

✗ **Lekens,** Markt 25, ✉ 4527 CN, ℰ (0 117) 49 14 35, Fax (0 117) 49 31 00, Anguilles et moules en saison – ▤
fermé juin, merc. soir et jeudi – **Repas** 28/48 bc.
♦ Hoe dit vroegere café uitgroeide tot een succesvol restaurant? In het seizoen mosselen en paling op diverse manieren bereid, gemoedelijke sfeer en vlak bij de Belgische grens.
♦ Les clés du succès de cet ancien café promu restaurant ? Moules et anguilles à toutes les sauces en saison, ambiance bon enfant et proximité de la frontière belge.

à Heille *Ouest : 1 km* ⓒ *Sluis :*

XX **De Schaapskooi,** Zuiderbruggeweg 23, ✉ 4524 KH, ℰ (0 117) 49 12 19, *info@des chaapskooi.nl*, Fax (0 117) 49 22 19, 🌳 – ℙ. ﷼ ⓿ ⓿ ﷼
fermé 2 sem. carnaval, dern. sem. juin, 2 sem. en oct., lundi d'oct. à Pâques, lundi soir de Paques au 15 juil. et mardi – **Repas** carte 36 à 60.
♦ De naam verwijst naar de vroegere bestemming van dit landelijk gelegen restaurant en verklaart de lamsgerechten op de succesvolle kaart. Rustiek ingerichte eetzaal.
♦ Maison aux abords champêtres dont l'enseigne (La Bergerie) résume le passé. Salle à manger rustique. Naturellement, les plats d'agneau participent au succès de la carte.

AASTEREIN *Fryslân – voir Oosterend à Waddeneilanden (Terschelling).*

ABCOUDE *Utrecht* ⬛ O 9, ⬛ O 9 *et* ⬛ F 5 – *8 595 h.*
Amsterdam 15 – Utrecht 25 – Hilversum 20.

🏨 **Abcoude,** Kerkplein 7, ✉ 1391 GJ, ℰ (0 294) 28 12 71, *info@hotelabcoude.nl*, Fax (0 294) 28 56 21 – |≣| ⓣⓥ ℙ. – ☘ 50. ﷼ ⓿ ⓿ ﷼ ⓙⒸⒷ. ﹪
Repas *De Wakende Haan* *(fermé 23 juil.-15 août, dim. et lundi)* (dîner seult) carte 30 à 43 – ☐ 9 – **19 ch** 75/93.
♦ Een klein hotel in het centrum van Abcoude, recht tegenover de kerk. De comfortabel ingerichte kamers liggen verspreid over twee aangrenzende panden. In het sfeervolle restaurant De Wakende Haan zult u niet gemakkelijk boven uw bord in slaap vallen.
♦ Au centre de la localité, juste devant l'église, petite ressource hôtelière dont les chambres, d'un confort convenable, se partagent entre deux maisons voisines. Le Coq Veilleur (Wakende Haan) vous plonge le temps d'un repas dans une atmosphère "cocorico" !

ADUARD *Groningen* ⬛ X 3 *et* ⬛ K 2 – *voir à Groningen.*

AFFERDEN *Limburg* ⓒ *Bergen 13 463 h.* ⬛ V 13 *et* ⬛ J 7.
Amsterdam 142 – Eindhoven 61 – Nijmegen 30 – Venlo 32.

XXX **Aub. De Papenberg** avec ch, Hengeland 1a (Nord : 1 km sur N 271), ✉ 5851 EA, ℰ (0 485) 53 17 44, *info@papenberg.nl*, Fax (0 485) 53 22 64, 🌳, 🌴, 🚲 – ⓣⓥ ☎ℙ – ☘ 30. ﷼ ⓿ ﷼. ﹪
fermé 22 juil.-12 août et 27 déc.-10 janv. – **Repas** *(fermé dim.)* (dîner seult) 38/72 bc – **21 ch** ☐ 75/95 – ½ P 70.
♦ Deze moderne herberg ligt iets van de weg af. Tussen het restaurant en de kamers is een gezellig zomerterras ingericht. Tuin met waterpartij. Persoonlijke service.
♦ Auberge moderne bâtie et léger retrait de la route. Une accueillante terrasse estivale sépare le restaurant des chambres. Jardin avec pièce d'eau. Service personnalisé.

FSLUITDIJK (DIGUE DU NORD) ★★ *Fryslân et Noord-Holland* ⬛ O 4 *et* ⬛ G 3 *G. Hollande.*

KERSLOOT *Noord-Holland* ⓒ *Castricum 35 327 h.* ⬛ N 7 *et* ⬛ F 4.
Amsterdam 30 – Haarlem 23 – Alkmaar 13.

🏨 **Akersloot,** Geesterweg 1a (près A 9), ✉ 1921 NV, ℰ (0 251) 36 18 88, *info@akersl oot.valk.nl*, Fax (0 251) 31 45 08, 🌳, ≦s, 🔲, 🚲 – |≣|, ▤ rest, ⓣⓥ ℙ – ☘ 25 à 600. ﷼ ⓿ ⓿ ﷼ ⓙⒸⒷ. ﹪ rest
Repas (ouvert jusqu'à 23 h) Lunch 13 – carte 22 à 41, ♀ – ☐ 9 – **211 ch** 70/105 – ½ P 70/85.
♦ Eigentijds ketenmotel vlak bij de snelweg. De ruime en knusse kamers, die op de begane grond en de eerste verdieping liggen, zijn voorzien van geluidsisolatie en een bureau.
♦ Proche de l'autoroute, motel de chaîne contemporain dont les chambres, de plain-pied ou en étage, assez amples et "cosy", sont dotées de bureaux et correctement insonorisées.

XX **The Flying Dragon,** De Crimpen 2, ⊠ 1921 BW, ℘ (0 251) 31 09 49, *Fax (0 251)* 31 56 05, Cuisine chinoise – ▤ 🅿. 🄰🄴 ⓪ ⑩ **VISA**
fermé 24 oct.-10 nov. et lundis non fériés – **Repas** (dîner seult) 28/43, ♀.
◆ Zin in een culinaire trip naar China? Ga dan direct aan boord van De Vliegende Draak. Specialiteiten uit het Rijk van het Midden worden geserveerd in een eigentijdse eetzaal.
◆ Tenté par un "trip" culinaire en Chine ? Embarquement immédiat au Dragon Volant. Plats typiques de l'Empire du Milieu, servis dans une salle à manger actuelle.

AKKRUM *Fryslân* 🄲 *Boarnsterhim 18 980 h.* 🗐🗐 U 4 *et* 🗐🗐 I 2.
Amsterdam 137 – Leeuwarden 23 – Groningen 60 – Zwolle 74.

🏠 **De Oude Schouw,** Oude Schouw 6 (Nord-Ouest : 3 km), ⊠ 8491 MP, ℘ (0 566) 65 21 25, *postbus@oudeschouw.nl, Fax (0 566) 65 21 02,* ≤, 🚡, 🐎, 🎱, 🚲, 🛗 – 📺 🅿. 🄰🄴 ⓪ ⑩ **VISA** 🄹🄲🄱
Repas carte env. 54 – **16 ch** ⊃ 93/98.
◆ Dit eeuwenoude veerhuis annex uitspanning ligt aan de kruising van twee waterwegen. Langs het water aan de voorkant is een groot zomerterras ingericht. Functionele kamers. Restaurant met een warme ambiance en uitzicht op de voorbijvarende boten.
◆ À un croisement de canaux, ancien relais de halage peut-être plusieurs fois centenaire, devancé d'une grande terrasse estivale dressée à fleur d'eau. Chambres fonctionnelles. Chaleureuse salle de restaurant profitant d'un coup d'oeil "batelier".

ALBERGEN *Overijssel* 🗐🗐 Z 8 *et* 🗐🗐 L 4 – *voir à Tubbergen.*

ALDTSJERK (OUDKERK) *Fryslân* 🗐🗐 T 3 *et* 🗐🗐 I 2 – *voir à Leeuwarden.*

ALKMAAR *Noord-Holland* 🗐🗐 N 7 *et* 🗐🗐 F 4 – *93 390 h.*
Voir Marché au fromage★★ (Kaasmarkt) sur la place du Poids public (Waagplein) Y 34 – Grandes orgues★, petit orgue★ dans la Grande église ou église St-Laurent (Grote of St. Laurenskerk) Y **A**.
🏌 Sluispolderweg 7, ⊠ 1817 BM, ℘ (0 72) 515 68 07, Fax (0 72) 520 99 18.
🛈 Waagplein 3, ⊠ 1811 JP, ℘ (0 72) 511 42 84, info@vvvalkmaar.nl, Fax (0 72) 511 75 13.
Amsterdam 39 ③ – Haarlem 31 ③ – Leeuwarden 109 ②

Plan page ci-contre

🏠 **Golden Tulip** sans rest, Arcadialaan 6, ⊠ 1813 KN, ℘ (0 72) 540 14 14, info@hote lalkmaar.nl, Fax (0 72) 547 01 41, 🚲 – 🛗 🌭 ▤ 📺 ᴋ ⇔ 🅿 – 🔬 25 à 120. 🄰🄴 ⓪ ⑩ **VISA**   Z b
76 ch ⊃ 90/125.
◆ Hotel op een esplanade. Kamers met goede geluidsisolatie en ingericht conform de nor men van de keten. In de gangen hangen schilderijen van lokale kunstenaars.
◆ Hôtel posté sur une esplanade. Bonne isolation phonique dans les chambres, conforme aux standards de la chaîne. Des peintures d'artistes locaux ornent les murs de couloirs.

XX **'t Stokpaardje,** Vrouwenstraat 1, ⊠ 1811 GA, ℘ (0 72) 512 88 70, info@stokpa djealkmaar.nl – ▤. 🄰🄴 ⓪ ⑩ **VISA** 🄹🄲🄱   Z
fermé mardi et merc. – **Repas** (dîner seult) 35/45, ♀.
◆ Dit culinaire rasdier staat op stal in een steegje in het centrum. Spiegels en m stof beklede bankjes geven sfeer aan de eetzaal. Luxueuze bistro met eigentijdse men kaart.
◆ Bistrot amélioré embusqué dans une ruelle du centre. Jeux de miroirs, banquettes te dues de tissus et étagères à bouteilles de vin en salle. Cuisine actuelle ficelée en men

à Noord-Scharwoude *Nord : 8 km* 🄲 *Langedijk 25 009 h :*

🏠 **De Buizerd** 🦅, Spoorstraat 124, ⊠ 1723 NG, ℘ (0 226) 31 23 88, *Fax (0 22* 31 76 27, 🚡, 🛗 – ▤ rest, 📺 – 🔬 80. ⑩ **VISA**. 🛥 ch
fermé 23 déc.-3 janv. – **Repas** (fermé après 20 h 30) carte 23 à 43, ♀ – **12 ch** ⊃ 45/ – ½ P 65.
◆ Een rustig familiehotelletje langs het kanaal. Het omvat vier huizen met puntdak die n elkaar in verbinding staan en functionele kamers herbergen. In het restaurant word eenvoudige maar vrij royale maaltijden geserveerd.
◆ Au bord d'un canal, tranquille petit hôtel familial composé de quatre maisonnettes co municantes, coiffées de toits pentus. Chambres fonctionnelles. Restaurant misant un choix de préparations simples mais assez généreuses.

ALKMAAR

DEN HELDER

PAYS-BAS

N 9 ① BERGEN AAN ZEE EGMOND AAN ZEE ⑤

Jan van Scorelkade

Kruseman van Eltenweg

STATION

Stationspl.

Pettemerstraat

OVERSTAD

STADSKANTOOR

POL.

Noorderkade

Kwakelkade

Frieseweg

Friesebrug

② N 243 HOORN VOLENDAM

A 7

KAASMARKT

Langestr

Laat

Nieuwlander

Singel

Schepenkade

Emmastr.

Lijeumstr.

Wilhelminalaan

Staalweg

Kade

Julianalaan

Prinses

Sportlaan

Kennemer

Van Houten

Willem de Zwijgerlaan

Vondelstr.

HEILOO CASTRICUM ④

HAARLEM AMSTERDAM ③ A 9

ALMELO Overijssel 🔢🔢 Z 8, 🔢🔢 Z 8 et 🔢🔢 K 4 – 71 729 h.

🏌 à l'Ouest : 4 km à Wierden, Rijssensestraat 142a, ⊠ 7642 NN, ℘ (0 546) 57 61 50, Fax (0 546) 57 81 09.

🇮 Centrumplein 2, ⊠ 7607 SB, ℘ (0 546) 81 87 65, info@vvvalmelo.nl, Fax (0 546) 82 30 12.

Amsterdam 146 – Zwolle 48 – Enschede 23.

🏛 **Theater,** Schouwburgplein 1, ⊠ 7607 AE, ℘ (0 546) 80 30 00, info@theaterhotel.nl, Fax (0 546) 82 16 65, 🍴, 🌐, ⬅s, 🔲, 🏊, – 🛗 ♻ 📺 & 🚗 – 🔏 25 à 750. 🆎 ⓞ Ⓜⓒ 𝐕𝐈𝐒𝐀. ✗ rest

Repas carte 27 à 45, ♀ – ⊒ 9 – **112 ch** 63/75 – ½ P 92/169.

◆ Voormalig stadstheater dat is uitgebreid met een moderne annexe waarin ruime, eigentijdse kamers zijn ingericht. Kolossale infrastructuur voor congressen en vergaderingen. Health- en beautycenter. In de restaurantzaal hangt een enigszins nostalgische sfeer.

◆ Ancien théâtre municipal agrandi d'une annexe moderne accueillant des chambres amples et actuelles. Installations de remise en forme et colossale infrastructure conférencière. Une atmosphère un rien nostalgique flotte dans la salle de restaurant.

ALMEN Gelderland 🖸 Gorssel 13 365 h. 🖪🖪🖪 W 10 et 🖪🖪🖪 J 5.

Amsterdam 120 – Arnhem 42 – Apeldoorn 33 – Enschede 52.

🏠 **De Hoofdige Boer**, Dorpsstraat 38, ⊠ 7218 AH, ℰ (0 575) 43 17 44, *hoofdigeboer@tref.nl*, Fax (0 575) 43 15 67, 😤, 🚗, 🚲 – ✳ 📺 🕭ch, 🖭 – 🔏 25 à 150. 🖭 🕐 🐠 💳 🎗.

fermé 31 déc.-6 janv. – **Repas** *(fermé après 20 h 30)* 30/42, 🎗 – **23 ch** 🖵 66/110 – ½ P 78.
* Degelijk hotelletje in familiebeheer, direct naast de kerk midden in Almen. Comfortabel ingerichte kamers en 's zomers een prachtige tuin. Als de zon meewerkt, worden de tafels gedekt op een heerlijk terras.
* Sage petite auberge tenue en famille, à dénicher au coeur d'Almen, juste à côté de l'église. Chambres convenablement installées ; jardin adorable à la belle saison. Avec la complicité du soleil, le couvert est dressé sur une délicieuse terrasse estivale.

ALMERE Flevoland 🖪🖪🖪 Q 8, 🖪🖪🖪 Q 8 et 🖪🖪🖪 G 4 – 165 106 h.

🏌 🏌 *Watersnipweg 21, ⊠ 1341 AA, ℰ (0 36) 521 91 32, Fax (0 36) 521 91 31.*
🖪 *Spoordreef 20 (Almere-Stad), ⊠ 1315 GP, ℰ (0 36) 533 46 00, almere@vvvflevoland.nl, Fax (0 36) 534 36 65.*

Amsterdam 30 – Lelystad 34 – Apeldoorn 86 – Utrecht 46.

à Almere-Haven 🖸 Almere :

🍴 **Brasserie Bakboord**, Veerkade 10, ⊠ 1357 PK, ℰ (0 36) 540 40 40, *bakboord@uwnet.nl*, Fax (0 36) 540 40 41, ≤, 😤, Avec taverne, 🕭 – 🖭 🐠 💳.

fermé 27 déc.-1ᵉʳ janv. – **Repas** Lunch 25 – 31/55 bc, 🎗.
* Brasserie aan de jachthaven. Seizoensgebonden keuken, keuzemenu en wijn per fles of glas. In de zomer is het heerlijk toeven op een van de terrassen aan het water.
* Taverne-restaurant embrassant du regard le port de plaisance. Cuisine du moment, formule menu-choix et vins servis en bouteille ou au verre. Terrasses d'été au ras de l'eau.

🍴 **Bestevaer**, Sluiskade 16, ⊠ 1357 NX, ℰ (0 36) 531 15 57, 😤 – 🖭 🕐 🐠 💳. 🎗
fermé lundi et mardi – **Repas** (déjeuner sur réservation) 28/41.
* Dit charmante restaurantje ligt verankerd bij de jachthaven en heeft aan de voorzijde een zomerterras. Klassiek culinair register in een modern jasje en favoriet maandmenu.
* Une terrasse estivale précède cette plaisante petite table ancrée devant le port des yachts. Registre culinaire classique actualisé. Menu mensuel courtisé.

à Almere-Stad 🖸 Almere :

🏨 **Bastion**, Audioweg 1 (près A 6, sortie ③, Almere-West), ⊠ 1322 AT, ℰ (0 36) 536 77 55, *bastion@bastionhotel.nl*, Fax (0 36) 536 70 09 – 📺 🖭 🖭 🕐 🐠 💳. 🎗
Repas (grillades, ouvert jusqu'à 23 h) carte env. 30 – 🖵 11 – **100 ch** 81/100.
* Nabij de snelweg, parking in het zicht, praktische kamers van redelijk formaat, ontbijtbuffet... Kortom, een exacte kopie van de hotels die tot deze Nederlandse keten behoren.
* Proximité de l'autoroute, parking à vue, chambres pratiques de taille convenable, petit-déjeuner buffet... Bref, une copie conforme de tous les hôtels de la chaîne batave.

ALPHEN Noord-Brabant 🖸 Alphen-Chaam 9 413 h. 🖪🖪🖪 O 14 et 🖪🖪🖪 H 6.

Amsterdam 122 – 's-Hertogenbosch 37 – Breda 25 – Tilburg 14.

🍴 **Bunga Melati**, Oude Rielseweg 2 (Nord-Est : 2 km), ⊠ 5131 NR, ℰ (0 13) 508 17 28, *bungamelati@hotmail.com*, Fax (0 13) 508 19 63, 😤, Cuisine indonésienne – 🍽 🖭 🖭 🕐 🐠 💳 🖲.

fermé 24 et 31 déc. – **Repas** (dîner seult sauf week-end) 24/28.
* Dit Indonesische restaurant heeft een mooi scala aan rijsttafels op de menukaart staan. Interieur met Hollands decor, landelijk terras en verzorgde tuin.
* Un bel éventail de "rijsttafels" (tables de riz) est déployé à cette enseigne indonésienne. Décor intérieur à la hollandaise, terrasse champêtre et jardin soigné.

ALPHEN AAN DEN RIJN Zuid-Holland 🖪🖪🖪 M 10 et 🖪🖪🖪 F 5 – 70 706 h.

🏌 🏌 *Kromme Aarweg 5, ⊠ 2403 NB, ℰ (0 172) 47 45 67, Fax (0 172) 49 46 60.*
🖪 *Wilhelminalaan 1, ⊠ 2405 EB, ℰ (0 172) 49 56 00, info@vvvalphenaandenrijn.nl, F (0 172) 47 33 53.*

Amsterdam 36 – Rotterdam 41 – Den Haag 32 – Utrecht 38.

🏨 **Avifauna**, Hoorn 65, ⊠ 2404 HG, ℰ (0 172) 48 75 75, *avifauna@valk.com*, Fax (0 172) 48 75 06, 😤, 🚗, 🕭 – 🕭 🍴 rest, 📺 🖭 – 🔏 25 à 400. 🖭 🕐 🐠 💳
Repas (ouvert jusqu'à 23 h) Lunch 14 – carte 22 à 45, 🎗 – 🖵 9 – **94 ch** 70/80 – ½ P 98/1
* Deze oude herberg maakt tegenwoordig deel uit van het gelijknamige vogelpark. De ruime kamers zijn in een moderne dependance ingericht. Tal van recreatieve mogelijk den.
* Vieille auberge désormais englobée dans un parc ornithologique. Les chambres, as spacieuses, sont aménagées dans une annexe récente. Nombreuses possibilités de lois

Golden Tulip, Stationsplein 2, ✉ 2405 BK, ℰ (0 172) 49 01 00, *info@ gtalphenadrijn.nl,* Fax (0 172) 49 37 81, 佘, 愸 – 劇 ↩, 圓 rest, 📺 🅿 – 🅰 25 à 125. 🆎 ⓪ ⓜⓞ 𝚅𝙸𝚂𝙰 𝙹𝙲𝙱, ❀

Repas Lunch 20 – carte 31 à 49, ♀ – ⚌ 13 – **57 ch** 70/135 – ½ P 90/175.

♦ Dit hotel ligt bij het station en beschikt over functionele kamers met een goede geluids-isolatie. Deze zijn verdeeld over twee blokken die door een glaspui met elkaar zijn verbonden. Acht vergaderzalen. In het restaurant worden eenvoudige gerechten geserveerd.

♦ Près de la gare, hôtel de chaîne dont les chambres, fonctionnelles et valablement insonorisées, se partagent deux blocs reliés par une verrière. Huit salles de réunions. À table, choix de recettes bourgeoises.

AMELAND (Ile de) Fryslân 🄵🄵🄵 T 2 et 🄵🄵🄵 I 1 – voir à Waddeneilanden.

AMERONGEN Utrecht 🄵🄵🄵 R 10 et 🄵🄵🄵 H 5 – 7 194 h.

Amsterdam 71 – Utrecht 29 – Arnhem 38.

Herberg Den Rooden Leeuw, Drostestraat 35, ✉ 3958 BK, ℰ (0 343) 45 40 55, *info@ denroodenleeuw.nl,* Fax (0 343) 45 77 65, 佘 – 🅿. 🆎 ⓪ ⓜⓞ 𝚅𝙸𝚂𝙰 𝙹𝙲𝙱

fermé mardi et merc. – **Repas** (déjeuner sur réservation) carte 32 à 43.

♦ Een smeedijzeren uithangbord signaleert deze 18e-eeuwse herberg aan de rand van het dorp. Mooie eetzalen, zomerterras, eenvoudige maaltijden in de voormalige stalhouderij.

♦ À l'entrée du village, auberge du 18e s. arborant une belle enseigne en fer forgé. Salles à manger bien installées, restaurant d'été et repas plus simples dans l'ex-écurie.

AMERSFOORT Utrecht 🄵🄵🄵 R 10 et 🄵🄵🄵 H 5 – 131 221 h.

Voir Vieille Cité★ : Maisons de rempart★ (muurhuizen) BYZ – Tour Notre-Dame★ (O.-L.-Vrouwetoren) AZ **S** – Koppelpoort★ AY.

Env. au Sud : 14 km à Doorn : Collection d'objets d'art★ dans le château (Huis Doorn).

🄱 Stationsplein 9, ✉ 3818 LE, ℰ 0 900-112 23 64, *info@ vvvamersfoort.nl,* Fax (0 33) 465 01 08.

Amsterdam 51 ① – Utrecht 21 ④ – Apeldoorn 46 ① – Arnhem 51 ③

Plan page suivante

Berghotel, Utrechtseweg 225, ✉ 3818 EG, ℰ (0 33) 422 42 22, Fax (0 33) 465 05 05, 佘, ☎s, 🔲, 愸 – 劇 ↩ 📺 愸ch, 🅿 – 🅰 25 à 160. 🆎 ⓪ ⓜⓞ 𝚅𝙸𝚂𝙰　　　AX **a**

Repas Lunch 28 – carte 35 à 48, ♀ – ⚌ 15 – **90 ch** 99/141.

♦ Dit honderd jaar oude hotel aan de rand van de geboortestad van Piet Mondriaan staat in een prachtige omgeving met veel natuurschoon en beschikt over onberispelijke kamers.

♦ Aux avant-postes de la ville natale du peintre Mondrian, auberge centenaire entourée d'espaces verts et mettant à votre disposition des chambres sans reproche.

Campanile, De Brand 50 (Nord-Est : 4 km près A 1, sortie ⑬), ✉ 3823 LM, ℰ (0 33) 455 87 57, *amersfoort@ campanile.com,* Fax (0 33) 456 26 20, 佘 – 劇 ↩ 📺 愸ch, 🅿 – 🅰 25 à 150. 🆎 ⓪ ⓜⓞ 𝚅𝙸𝚂𝙰

Repas (avec buffets) Lunch 10 – 22 – ⚌ 10 – **74 ch** 55/75.

♦ Praktisch ingerichte kamers en een sympathiek prijsbeleid kenmerken dit ketenhotel, dat al ruim tien jaar klaarstaat om het zijn gasten naar de zin te maken en... met succes.

♦ Officiant depuis plus de dix ans, établissement de chaîne dont le succès tient autant à l'aspect pratique de sa formule d'hébergement qu'à sa politique de prix "sympa".

Het Bergpaviljoen, Utrechtseweg 180, ✉ 3818 ES, ℰ (0 33) 461 50 00, *info@ bergpaviljoen.nl,* Fax (0 33) 461 89 45, 佘 – 圓 🅿. 🆎 ⓪ ⓜⓞ 𝚅𝙸𝚂𝙰　　　AX **k**

fermé 27 déc.-9 janv., sam. midi et dim. – **Repas** Lunch 28 – carte 41 à 69, ♀.

♦ Dit art-decopaviljoen aan de rand van een openbaar park biedt onderdak aan een luxueus restaurant. Seizoengebonden keuken, mooie plateaus met fruits de mer, aangenaam terras.

♦ Une luxueuse brasserie a pris place dans ce pavillon Art déco établi en lisière d'un parc public. Cuisine du moment, beaux plateaux de fruits de mer et plaisante terrasse.

Tollius, Utrechtseweg 42, ✉ 3818 EM, ℰ (0 33) 465 17 93, *info@ tollius.nl,* 佘 – 🆎 ⓜⓞ 𝚅𝙸𝚂𝙰　　　ABX **d**

fermé 31 déc.-1er janv., dim. et lundi – **Repas** Lunch 25 – 33/55, ♀ 愸.

♦ Een restaurantje aan de rand van de stad, waar de klassiek-moderne eetzaal in prima harmonie is met de menukaart. De wijnkelder staat open voor proeverijen.

♦ Aux portes d'Amersfoort, petite maison de bouche dont la salle à manger classico-moderne s'harmonise au contenu des assiettes. Cave à vue, avec salon de dégustation.

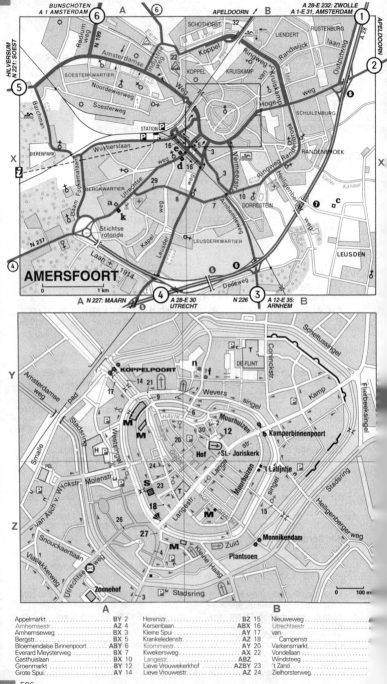

AMERSFOORT

506

XX **Dorloté,** Bloemendalsestraat 24, ✉ 3811 ES, 𝒫 (0 33) 472 04 44, *restaurant@dorlo te.nl, Fax (0 33) 475 35 18,* ⌂ – **P. AE MO VISA.** ✾
BY n
fermé 26 déc.-4 janv., sam. midi, dim. midi et lundi midi – **Repas** *Lunch 30 –* carte 45 à 61, ♀.

  ◆ De naam zegt het al : hier wordt de gast inderdaad een beetje vertroeteld. Gerechten met lichte kosmopolitische accenten en op eigentijdse wijze bereid.

  ◆ L'enseigne le laisse supposer : on sera effectivement un peu dorloté à cette adresse. Préparations aux légers accents cosmopolites, travaillées à la mode d'aujourd'hui.

XX **'t Bloemendaeltje,** Bloemendalsestraat 3, ✉ 3811 EP, 𝒫 (0 33) 475 00 01, *info@ bloemendaeltje.com, Fax (0 33) 475 88 02 –* **AE ① MO VISA JCB.** ✾
BY f
fermé 21 fév.-7 mars, 19 juil.-10 août, dim. et lundi – **Repas** *Lunch 32 –* 35/64 bc, ♀.

  ◆ Aangenaam restaurant in de buurt van de Muurhuizen, halverwege de Koppelpoort en het levendige centrum. In een gezellige ambiance worden eigentijdse gerechten geserveerd.

  ◆ Table plaisante située à proximité des Muurhuizen, à mi-chemin de la Koppelpoort et du centre animé. Recettes au goût du jour servies dans un intérieur chaleureux.

X **tottweeduizendzeven,** Utrechtseweg 29, ✉ 3811 NA, 𝒫 (0 33) 448 04 68, *info @ tot2007.nl,* ⌂ – **P. MO VISA**
AX e
Repas *Lunch 14 –* 28/38.

  ◆ Dit restaurant in een verbouwde autoshowroom heeft wel iets weg van een loft en is ingericht met designmeubilair. Gevarieerde, eigentijdse kaart en vriendelijke bediening.

  ◆ Agencé un peu comme un "loft", ce "lounge"-restaurant doté d'un mobilier design squatte la salle d'exposition d'un ancien garage. Carte actuelle variée et service avenant.

à Leusden *Sud-Est : 4 km – 28 998 h*

🏨 **Leusden,** Philipsstraat 18, ✉ 3833 LC, 𝒫 (0 33) 434 53 45, *leusden@ vdvalk.com, Fax (0 33) 434 53 00,* ⌂, 🚴 – 🖥 📺 🛏 **P.** – ⛟ 25 à 350. **AE MO VISA**
BX c
Repas *Lunch 14 –* 22/29 bc – **169 ch** ☲ 67/105, – 7 suites – ½ P 55/71.

  ◆ Modern gebouw tussen Amersfoort en Leusden, dicht bij de snelweg. Het hotel beschikt over vier categorieën ruime kamers met een zeer verzorgd en behaaglijk interieur. Restaurantzaal met een Italiaans decor. Lunchformule voor een redelijke prijs.

  ◆ Entre Amersfoort et Leusden, au voisinage de l'autoroute, immeuble récent renfermant quatre catégories de chambres de bonne taille, douillettes et pimpantes. Salle de restaurant italianisante. Formule lunch à prix raboté.

XX **Ros Beyaart,** Hamersveldseweg 55, ✉ 3833 GL, 𝒫 (0 33) 494 31 27, *info@ rosbeya art.nl, Fax (0 33) 432 12 48,* ⌂ – 🖩 **P.** – ⛟ 25 à 100. **AE ① MO VISA.** ✾
fermé dern. sem. juil.-prem. sem. août – **Repas** *Lunch 20 –* 25/44, ♀.

  ◆ Deze imposante witte villa herbergt zowel een zalencentrum als een modern restaurant. Eigentijdse menukaart met hoofdgerechten die ook als entree kunnen worden geserveerd.

  ◆ Imposante villa blanche associant un centre de séminaires à une brasserie moderne. Carte dans le tempo actuel, où les plats de résistance peuvent aussi être servis en entrées.

AMMERZODEN *Gelderland* © *Maasdriel 23 519 h.* 🗺 O 12 *et* 🗺 G 6.
Amsterdam 81 – Utrecht 49 – 's-Hertogenbosch 8.

X **'t Oude Veerhuis,** Molendijk 1, ✉ 5324 BC, 𝒫 (0 73) 599 13 42, *oudeveerhuis@ cs .com, Fax (0 73) 599 44 02,* ≤, ⌂, 🛏 – **P. AE ① MO VISA JCB**
fermé 27 déc.-20 janv., lundi et sam. midi – **Repas** *Lunch 30 –* carte 32 à 60, ♀.

  ◆ Restaurant aan de Maas, waar inmiddels de zesde generatie achter het fornuis staat. Vriendelijke ontvangst, serre, terras, uitzicht op de steigers en... volop paling.

  ◆ Restaurant des rives mosanes où la même famille se relaie aux fourneaux depuis six générations. Accueil souriant, véranda, terrasse, anguilles à gogo et vue sur les pontons.

AMSTELVEEN *Noord-Holland* 🗺 O 9, 🗺 O 9 *et* 🗺 F 5 *– voir à Amsterdam, environs.*

AMSTERDAM

Noord-Holland 📖 O 8, 📖 O 8 *et* 📖 G 4 – *735 562 h.*

Bruxelles 204 ③ – Düsseldorf 227 ③ – Den Haag 60 ④ – Luxembourg 419 ③ – Rotterdam 76 ④.

OFFICE DE TOURISME

V.V.V. Amsterdam, Stationsplein 10. ✉ *1012 AB* ✆ *(020) 201 88 00, info@atcb.nl, Fax (020) 625 28 69.*
Pour approfondir votre visite touristique, consultez le Guide Vert Amsterdam *et le Plan d'Amsterdam nº 36.*

RENSEIGNEMENTS PRATIQUES

TRANSPORTS

Un réseau étendu de transports publics (tram, bus et métro) dessert toute la ville, et le "canalbus" couvre toute la ceinture des canaux grâce à une série d'embarcadères. Les taxis sur l'eau ou "Water Taxi" sont également très rapides.
Le soir, il est préférable et conseillé de se déplacer en taxi.

AÉROPORT

À Schiphol (p. 6 AQR) : 9,5 km ✆ *(020) 794 08 00.*

QUELQUES GOLFS

📖 *par ⑥ à Halfweg, Machineweg 1b,* ✉ *1165 NB,* ✆ *(023) 513 29 39, Fax (023) 513 29 35 –* 📖 *à Duivendrecht (CQ), Zwarte Laantje 4,* ✉ *1099 CE,* ✆ *(020) 694 36 50, Fax (020) 663 46 21 –* 📖 *par ①, Buikslotermeerdijk 141,* ✉ *1027 AC,* ✆ *(020) 632 56 50, Fax (020) 634 35 06 –* 📖 📖 *à Holendrecht (DR), Abcouderstraatweg 46,* ✉ *1105 AA,* ✆ *(0294) 28 12 41, Fax (0294) 28 63 47.*
📖 *à Duivendrecht, Borchlandweg 4, 1099CT, Tº (020) 563 33 33, Fax (020) 563 33 58.*

LE SHOPPING

Grands Magasins :
Centre piétonnier, Shopping Center et Magna Plaza.

Commerces de luxe :
Beethovenstraat FU – P.C. Hooftstraat JKZ – Van Baerlestraat.

Marché aux fleurs★ *(Bloemenmarkt)* KY.

Marché aux puces *(Vlooienmarkt) :*
Waterlooplein LXY.

Antiquités et Objets d'Art :
Autour du Rijksmuseum et du Spiegelgracht.

CASINO

Holland Casino KY, *Max Euweplein 62,* ✉ *1017 MB (près Leidseplein)* ✆ *(020) 521 11 11, Fax (020) 521 11 10.*

CURIOSITÉS

POINTS DE VUE

Keizersgracht★★ KVY – du Pont-écluse Oudezijds Kolk-Oudezijds Voorburgwal★ LX.

QUELQUES MONUMENTS HISTORIQUES

*Dam : Palais Royal★ (Koninklijk Paleis) KX – Béguinage★★ (Begijnhof) KX – Maisons Cromhout★ (Cromhouthuizen) KY **A⁴** – Westerkerk★ KX – Nieuwe Kerk★★ KX – Oude Kerk★ LX.*

MUSÉES HISTORIQUES

Musée Historique d'Amsterdam★★ (Amsterdams Historisch Museum) KX – Musée Historique Juif★ (Joods Historisch Museum) LY – Musée Allard Pierson★ : collections archéologiques LXY – Maison d'Anne Frank★★ KX – Musée d'Histoire maritime des Pays-Bas★★ (Nederlands Scheepvaart Museum) MX – Musée des Tropiques★ (Tropenmuseum) HT – Musée Van Loon★ LY – Musée Willet-Holthuysen★ LY.

COLLECTIONS CÉLÈBRES

*Rijksmuseum★★★ KZ – Museum Van Gogh★★★ JZ – Musée Municipal★★★ (Stedelijk Museum) : art moderne JZ – Amstelkring "Le Bon Dieu au Grenier"★ (Museum Amstelkring Ons' Lieve Heer op Solder) : ancienne chapelle clandestine LX – Maison de Rembrandt★ (Rembrandthuis) : oeuvres graphiques du maître LX – Cobra★ (art moderne) BR **M⁵**.*

ARCHITECTURE MODERNE

Logements sociaux dans le quartier Jordaan et autour du Nieuwmarkt – Créations contemporaines à Amsterdam Zuid-Oost (banque ING).

QUARTIERS PITTORESQUES ET PARCS

Vieil Amsterdam★★★ – Herengracht★★★ KVY – Les canaux★★★ (Grachten) avec bateaux-logements (Amstel) – Le Jordaan (Prinsengracht★★, Brouwersgracht★, Lijnbaansgracht, Looiersgracht, Egelantiersgracht★, Bloemgracht★) KX-JKY – Reguliersgracht★ LY – Westerdok BN – Dam★ KX – Pont Maigre★ (Magere Brug) LY – De Walletjes★★ (Quartier chaud) LX – Sarphatipark GU – Oosterpark HT – Vondelpark JZ – Artis (jardin zoologique)★ MY – Singel★★ KY.

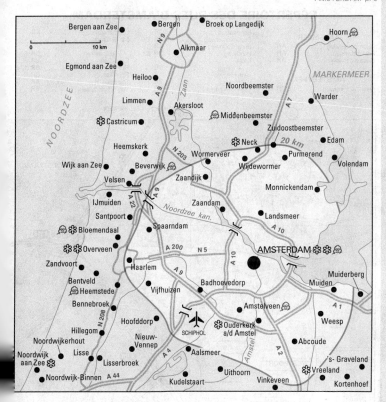

RÉPERTOIRE DES RUES D'AMSTERDAM

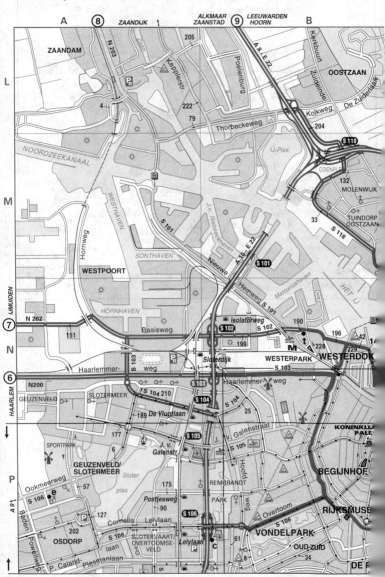

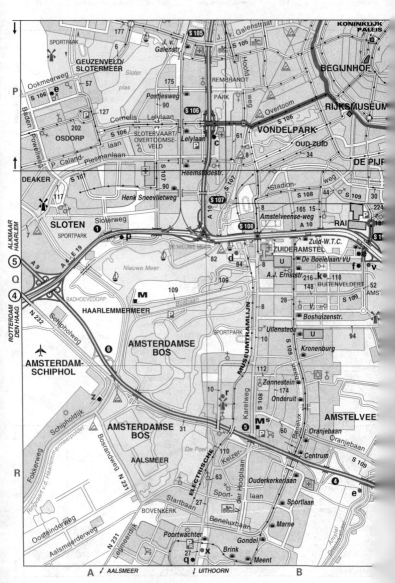

514

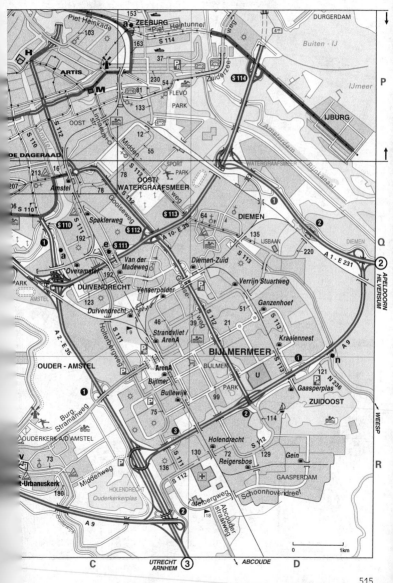

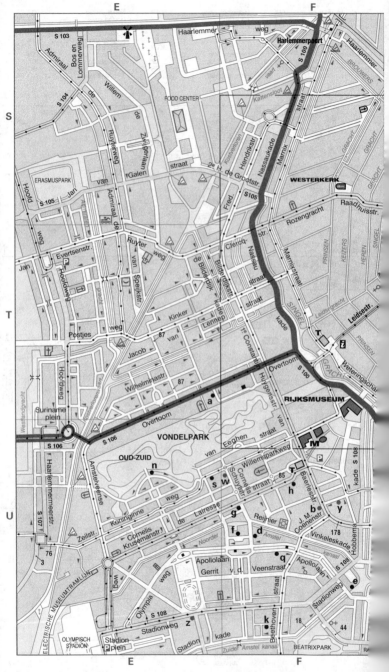

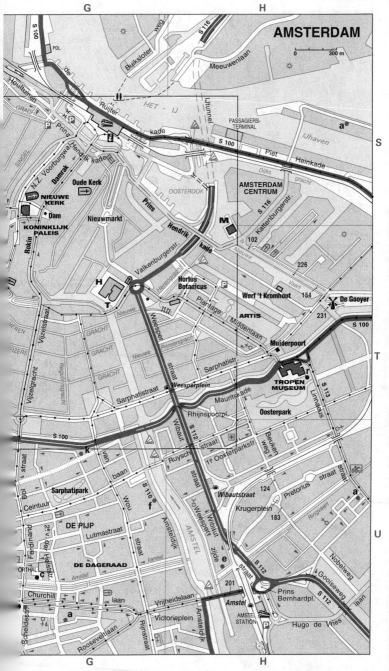

AMSTERDAM

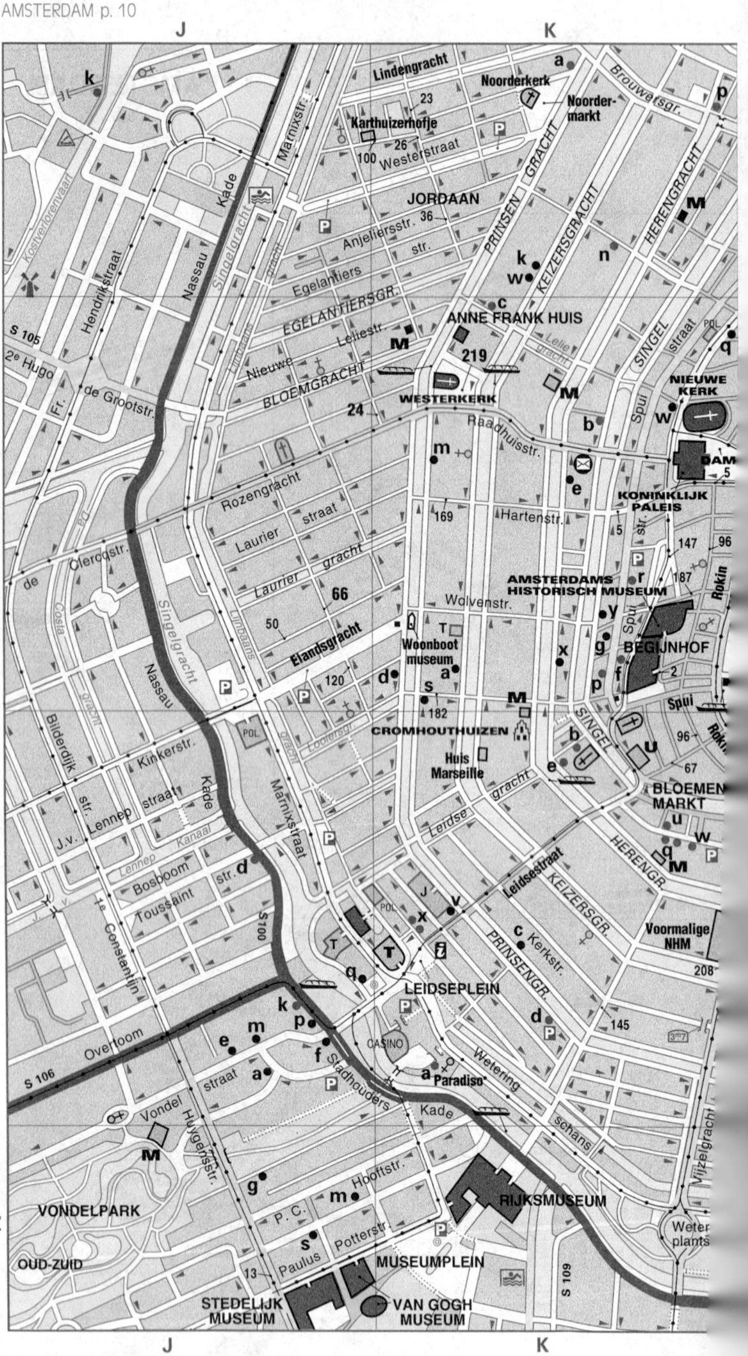
J
K
V
X
Y
Z
Lindengracht
Noorderkerk
Noordermarkt
Brouwersgr.
Karthuizerhofje
Westerstraat
Marnixstr.
JORDAAN
Anjeliersstr.
Egelantiers
EGELANTIERSGR.
PRINSEN GRACHT
KEIZERSGRACHT
HERENGRACHT
ANNE FRANK HUIS
WESTERKERK
Raadhuisstr.
NIEUWE KERK
DAM
KONINKLIJK PALEIS
SINGEL
Nieuwe Leliestr.
BLOEMGRACHT
Rozengracht
Laurier straat
Laurier gracht
Elandsgracht
Hartenstr.
Wolvenstr.
AMSTERDAMS HISTORISCH MUSEUM
BEGIJNHOF
Spui
Rokin
Woonboot museum
CROMHOUTHUIZEN
Huis Marseille
BLOEMEN MARKT
Leidse gracht
Leidsestraat
KEIZERSGR.
HERENGR.
PRINSENGR.
Kerkstr.
Voormalige NHM
LEIDSEPLEIN
CASINO
Paradiso
Wetering schans
Stadhouders Kade
Vijzelgracht
Nassau Kade
Singelgracht
Hendrikstraat
Kostverlorenvaart
2e Hugo de Grootstr.
Fr.
S 105
de Clercqstr.
Costa
Bilderdijk str.
Kinkerstr.
J.v. Lennep straat
Lennep Kanaal
Bosboom Toussaint str.
1e Constantijn Huygensstr.
Overtoom
S 106
S 100
Vondel
VONDELPARK
OUD-ZUID
P.C. Hooftstr.
Paulus Potterstr.
MUSEUMPLEIN
STEDELIJK MUSEUM
VAN GOGH MUSEUM
RIJKSMUSEUM
S 109
Weter plants
POL

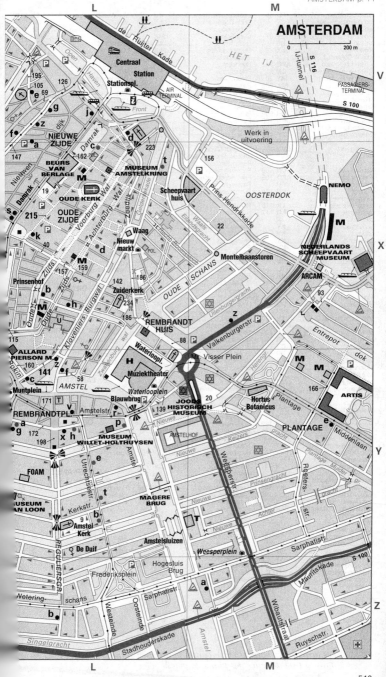

DIEMEN

HAARLEMMERMEER

LANDSMEER

OOSTZAAN

OUDER-AMSTEL

ZAANSTAD

Les principales voies commerçantes figurent en **rouge**
dans la liste des rues des plans de villes.

Liste alphabétique des hôtels et restaurants
Alfabetische lijst van hotels en restaurants
Alphabetisches Hotel- und Restaurantverzeichnis
Alphabetical list of hotels and restaurants

La cuisine que vous recherchez...
Het soort keuken dat u zoekt
Welche Küche, welcher Nation suchen Sie
That special cuisine

Buffets

34 Greenhouse *H. Hilton Schiphol, Env. à Schiphol*

Grillades

33 Bastion Airport *à Hoofddorp*
31 Bastion Amstel *Q. Est et Sud-Est*

33 Bastion Schiphol, *Env. à Hoofddorp*
29 Bastion Zuid-West *Q. Sud et Ouest*

Produits de la mer

24 Lucius *Q. Centre*
28 La Sirène *H. Le Méridien Apollo*
    Q. Sud et Ouest

24 Le Pêcheur *Q. Centre*
29 Visaandeschelde *Q. Sud et Ouest*

Taverne – Brasserie – Bistrot

18 Crowne Plaza American *Q. Centre*
17 The Amstel Bar and Brasserie
    H. Amstel Q. Centre
28 Brasserie Le Camelia *H. Okura,*
    Q. Sud et Ouest
17 Brasserie De Palmboom
    H. Radisson SAS, Q. Centre
30 Brasserie Richard
    Q. Sud et Ouest
27 Brasserie van Baerle
    Q. Rijksmuseum
23 Café Roux *H. The Grand,*
    Sofitel Demeure Q. Centre

19 Eden *Q. Centre*
22 Ibis Stropera *Q. Centre*
20 NH City Centre *Q. Centre*
31 Novotel *Est et Sud-Est*
20 Die Port van Cleve *Q. Centre*
29 Quartier Sud Chez Denise
    Q. Sud et Ouest
32 Ravel *Q. Buitenveldert*
20 NH Schiller *Q. Centre*
31 VandeMarkt *Q. Sud et Ouest*
25 Vooges *Q. Centre*

Américaine

31 *H. Holiday Inn, Q. Buitenveldert*

Asiatique

34 East West *H. Hilton Schiphol,*
    Env. à Schiphol

18 The Dylan *Q. Centre*

Chinoise

23 Sichuan Food *Q. Centre*

Hollandaise régionale

18 Dorrius *Crowne Plaza City Centre,*
    Q. Centre

20 De Roode Leeuw *H. Amsterdam,*
    Q. Centre

Indienne

Indonésienne

Italienne

Japonaise

Orientale

Vietnamienne

Quartiers du Centre - *plans p. 10 et 11 sauf indication spéciale :*

🏨 **Amstel** ॐ, Prof. Tulpplein 1, ⊠ 1018 GX, 🖉 (0 20) 622 60 60, *amstel@interconti.com*, *Fax (0 20) 622 58 08*, ≤, 🍽, *Ĵδ*, ≋, 🔲, 🚲, 🔃, – 🕴 ᚦ≽ 🖿 📺 ☐🖳 🖳 – 🏋 25 à 180.
🖭 ⓿ ⓸ 𝗩𝗜𝗦𝗔 𝖩𝖢𝖡. ᾔ   MZ a
Repas voir rest *La Rive* ci-après – **The Amstel Bar and Brasserie** (ouvert jusqu'à 23 h 30) carte 46 à 58, ♀ – ⊐ 29 – **64 ch** 550/750, – 15 suites.
 ♦ Een bastion van stijl en luxe, dit paleis aan de Amstel. Grote kamers die met zorg voor details zijn ingericht, stijlmeubilair, efficiënte service en alle denkbare faciliteiten. De behaaglijke bar-brasserie heeft een smakelijke, kosmopolitische kaart.
 ♦ Un vrai havre de luxe et de bon goût que ce palace au bord de l'Amstel. Vastes chambres décorées avec le souci du détail, mobilier de style, services efficaces et complets. Bar-bibliothèque "cosy" misant sur une appétissante carte aux influences cosmopolites.

🏨 **The Grand Sofitel Demeure** ॐ, O.Z. Voorburgwal 197, ⊠ 1012 EX, 🖉 (0 20) 555 31 11, *h2783@accor.com, Fax (0 20) 555 32 22*, *Ĵδ*, ≋, 🔲, ᾔ, 🔃, – 🕴 ᚦ≽ 🖿 📺 ☜☞ 🖳 – 🏋 25 à 300. 🖭 ⓿ ⓸ 𝗩𝗜𝗦𝗔. ᾔ   LX b
Repas voir rest *Café Roux* ci-après – ⊐ 25 – **170 ch** 420/520, – 12 suites.
 ♦ Authentieke salons in art nouveau, voortreffelijke kamers en een binnenhof met tuin gaan schuil achter deze prachtige historische gevel, waar Maria de' Medici ooit verbleef.
 ♦ D'authentiques salons Art nouveau, des chambres exquises et un jardin intérieur vous attendent derrière cette superbe façade historique où séjourna Marie de Médicis.

🏨 **NH Gd H. Krasnapolsky,** Dam 9, ⊠ 1012 JS, 🖉 (0 20) 554 91 11, *nhkrasnapolsky@nh-ho tels.com, Fax (0 20) 622 86 07*, *Ĵδ*, 🔃, – 🕴 ᚦ≽ 📺 ☜☞ – 🏋 25 à 750. 🖭 ⓿ ⓸ 𝗩𝗜𝗦𝗔
Repas *Reflet* (fermé 2 sem. Noël-Nouvel An) (déjeuner sur réservation) 33, ♀ – **461 ch** ⊐ 125/390, – 7 suites.   LX k
 ♦ Grand Hôtel aan de Dam, met business en executive rooms, evenals appartementen met modern of traditioneel meubilair. 19e-eeuwse wintertuin. Restaurant Reflet (1883) weerspiegelt nog altijd de sfeer van de belle époque.
 ♦ Sur le Dam, grand hôtel aux chambres "business" ou "executives" et appartements au mobilier moderne ou traditionnel. Jardin d'hiver 19e s. Né en 1883, le Reflet conserve son éclat et entretient une atmosphère cossue.

🏨 **de l'Europe,** Nieuwe Doelenstraat 2, ⊠ 1012 CP, 🖉 (0 20) 531 17 77, *hotel@leurope.nl, Fax(020) 531 17 78*, ≤, *Ĵδ*, 🚲, 🔲, 🔃, – 🕴 ᚦ≽ 🖳 – 🏋 25 à 80. 🖭 ⓿ ⓸ 𝗩𝗜𝗦𝗔 𝖩𝖢𝖡. LY c
Repas voir rest *Excelsior* et *Le Relais* ci-après – ⊐ 23 – **94 ch** 290/440, – 6 suites.
 ♦ Luxehotel (eind 19e eeuw) dat charme en traditie combineert. Zeer smaakvol ingerichte kamers. Collectie doeken van Nederlandse landschapschilders. Mooi zicht op het water.
 ♦ Hôtel-palace de la fin du 19e s. alliant le charme à la tradition. Chambres décorées avec un goût sûr. Collection de tableaux de paysagistes néerlandais. Belle vue sur l'eau.

🏨 **NH Barbizon Palace,** Prins Hendrikkade 59, ⊠ 1012 AD, 🖉 (0 20) 556 45 64, *nhba rbizonpalace@nh-hotels.com, Fax (0 20) 624 33 53*, *Ĵδ*, ≋, 🔃, – 🕴 ᚦ≽ 🖿 📺 🔃 ch, ☜☞ – 🏋 25 à 300. 🖭 ⓿ ⓸ 𝗩𝗜𝗦𝗔 𝖩𝖢𝖡. ᾔ   LV d
Repas voir rest *Vermeer* ci-après – **Hudson's Terrace and Restaurant** (ouvert jusqu'à 23 h) *Lunch 13* – carte env. 47, ♀ – ⊐ 30 – **267 ch** 185/290, – 3 suites.
 ♦ Dit comfortabele hotel tegenover het station heeft heel wat renovaties achter de rug, zowel in de gemeenschappelijke ruimten als in de kamers. Prachtige lobby met zuilen. Lichtelijk maritieme ambiance, regisseursstoelen en actuele keuken in het Hudson's.
 ♦ Ce confortable hôtel proche de la gare a consenti d'importants efforts de rénovation aussi bien dans ses espaces communs que dans ses chambres. Superbe hall à colonnade. Ambiance vaguement nautique et cuisine actuelle au Hudson's. Sièges de régisseur et en salle.

🏨 **Radisson SAS** ॐ, Rusland 17, ⊠ 1012 CK, 🖉 (0 20) 623 12 31, *reservations.amste rdam@radissonsas.com, Fax (0 20) 520 82 00*, *Ĵδ*, ≋, 🔃, – 🕴 ᚦ≽ 🖿 📺 🔃 ch, ☐🖳 ☜☞ – 🏋 25 à 180. 🖭 ⓿ ⓸ 𝗩𝗜𝗦𝗔. ᾔ rest   LX h
Repas *Brasserie De Palmboom* *Lunch 29* – carte env. 41, ♀ – ⊐ 22 – **242 ch** 260, – 1 suite – ½ P 295/311.
 ♦ Modern hotel waar in het atrium een 18e-eeuwse pastorie is geïntegreerd. Kamers in diverse stijlen: Scandinavisch, Hollands, oriëntaals of art deco. Moderne brasserie met ongedwongen sfeer en een culinair repertoire van Nederlandse en internationale gerechten.
 ♦ Hôtel de chaîne moderne dont l'atrium intègre un presbytère du 18e s. Bonnes chambres standard et business, de styles scandinave, hollandais, oriental ou Art déco. Brasserie actuelle décontractée servant une cuisine hollandaise et internationale.

🏨 **Renaissance,** Kattengat 1, ⊠ 1012 SZ, 🖉 (0 20) 621 22 23, *renaissance.amsterdam @renaissancehotels.com, Fax (0 20) 627 52 45*, *Ĵδ*, ≋, 🔃, – 🕴 ᚦ≽ 🖿 📺 🔃 ch, ☜☞ – 🏋 25 à 400. 🖭 ⓿ ⓸ 𝗩𝗜𝗦𝗔. ᾔ   LV e
Repas (fermé sam. et dim.) *Lunch 34* – carte 30 à 42, ♀ – ⊐ 22 – **382 ch** 219/360, – 6 suites.
 ♦ Onder de koepel van een voormalige Lutherse kerk beschikt dit hotel over een unieke accommodatie voor vergaderingen en evenementen. Actueel comfort in de kamers, suites en junior suites. Tal van faciliteiten. Brasserie-restaurant met internationale kaart.
 ♦ Hôtel doté de superbes installations conférencières sous le dôme d'une ancienne église luthérienne. Chambres, suites et junior suites au confort actuel. Nombreux services. Brasserie-restaurant jouant la carte internationale.

Crowne Plaza City Centre, N.Z. Voorburgwal 5, ⌧ 1012 RC, ℘ (0 20) 620 05 00, *info@crownplaza.nl*, Fax (0 20) 620 11 73, *Fâ*, ⇌, 🔲 – 🕸 🕸 ≡ 📺 ⌷ 🚗 – 🏊 25 à 270. 🅰🅴 ⓞ ⓜⓞ *VISA*. ✁
LV **g**

Repas *Dorrius (fermé dim. et lundi)* (avec cuisine hollandaise, dîner seult) 38 – **268 ch** ⌧ 125/395, – 2 suites – ½ P 180/490.

◆ De kamers in dit hotel vlak bij het station bieden alle comfort. Vanuit de club lounge uitzicht over de daken van de stad. Restaurant met lambrisering en een authentiek 19e-eeuws bruin café. Mix van klassieke keuken en lokale gerechten.

◆ Immeuble voisin de la gare. Bonnes chambres bénéficiant d'équipements complets. Vue sur les toits de la ville depuis le "lounge club" perché au dernier étage. Restaurant lambrissé et authentique café du 19e s. Choix classique panaché de plats locaux.

 Pulitzer ⌂, Prinsengracht 323, ⌧ 1016 GZ, ℘ (0 20) 523 52 35, *sales.amsterdam@ starwoodhotels.com*, Fax (0 20) 627 67 53, 🍴, *Fâ*, 🏊, 🔲 – 🕸 🕸 ≡ 📺 ⌷ 🚗 – 🏊 25 à 150. 🅰🅴 ⓞ ⓜⓞ *VISA*
KX **m**

Repas *Pulitzers* carte 39 à 62, 🍷 – ⌧ 25 – **227 ch** 220/455, – 3 suites.

◆ Karaktervol complex van 25 huizen uit de 17e en 18e eeuw, rond een tuin. Tal van kunstwerken in de gemeenschappelijke ruimten. Kamers met een eigen sfeer. Het café-restaurant heeft een origineel interieur met een humoristische knipoog naar Frans Hals.

◆ Ensemble de caractère formé de 25 maisons des 17e et 18e s. ordonnées autour d'un jardin central. Espaces communs parsemés d'oeuvres d'art. Chambres personnalisées. Café-restaurant au décor original, avec un clin d'oeil humoristique au peintre Frans Hals.

 Crowne Plaza American, Leidsekade 97, ⌧ 1017 PN, ℘ (0 20) 556 30 00, *ameri can@ichotelsgroup.com*, Fax (0 20) 556 30 01, 🍴, *Fâ*, ⇌, 🔲 – 🕸 🕸, ≡ ch, 📺 ⌷ch, – 🏊 25 à 150. 🅰🅴 ⓞ ⓜⓞ *VISA* ⱼⒸⒷ. ✁
JY **q**

Repas (taverne-rest Art déco) *Lunch* 28 – carte 28 à 41, 🍷 – ⌧ 18 – **172 ch** 130/365, – 2 suites – ½ P 235/320.

◆ Achter de imposante, historische façade gaat een aangenaam hotel schuil. De kamers variëren in grootte, maar zijn identiek gemeubileerd. Internationale clientèle. Beneden bevindt zich een chic café-restaurant met ambiance in de tijdeloze art deco.

◆ Cette imposante façade historique abrite un hôtel avenant dont les chambres, meublées à l'identique, sont d'ampleur différente. Clientèle internationale. Taverne-restaurant aux accents Art déco, immuable et sélecte.

 Victoria, Damrak 1, ⌧ 1012 LG, ℘ (0 20) 623 42 55, *vicsales@parkplazahotels.nl*, Fax (0 20) 625 29 97, *Fâ*, ⇌, 🔲 – 🕸 🕸 ≡ 📺 ⌷ch, – 🏊 30 à 150. 🅰🅴 ⓞ ⓜⓞ *VISA* ⱼⒸⒷ. ✁
LV **j**

Repas *Lunch* 23 – carte 35 à 70, 🍷 – ⌧ 20 – **295 ch** 99/315, – 10 suites.

◆ Dit klassieke luxehotel met recentelijk aangebouwde vleugel is voor treinreizigers zeer gunstig gelegen. Het hotel beschikt over vier typen kamers. De lobby is bekroond met een fraaie glaskoepel. Eigentijdse keuken.

◆ Ce palace classique et son aile récente bénéficient d'une situation privilégiée pour les utilisateurs du rail. Quatre sortes de chambres. Hall coiffé d'une jolie verrière. Repas au goût du jour.

 The Dylan ⌂, Keizersgracht 384, ⌧ 1016 GB, ℘ (0 20) 530 20 10, *restaurant@bla kes.nl*, Fax (0 20) 530 20 30, 🍴, 🚲, 🔲 – 🕸 🕸, ≡ ch, 📺 – 🏊 30. 🅰🅴 ⓞ ⓜⓞ *VISA* ⌧
KX **a**

Repas *(fermé sam. midi et dim.)* (avec cuisine asiatique) *Lunch* 28 – carte 55 à 81 – ⌧ 27, – **38 ch** 255/995, – 3 suites.

◆ "Stijl, schoonheid, luxe, rust en exotiek." Ontdek de geheime harmonie van dit verrassende hotel met oosters geïnspireerd designdecor. Kamers met elk een bijzondere ambiance. Eigentijds restaurant met harmonieuze zen-look. Accent op de oriëntaalse keuken.

◆ "Ordre et beauté ; luxe, calme et volupté..." Découvrez l'harmonie secrète de cette demeure au surprenant décor design d'inspiration orientale. Chambres personnalisées. Table actuelle au "look zen", avec un penchant pour les saveurs du levant.

 Jolly Carlton, Vijzelstraat 4, ⌧ 1017 HK, ℘ (0 20) 622 22 66 et 623 83 20 (rest), *ba queting.nl@jollyhotels.com*, Fax (0 20) 626 61 83 – 🕸 🕸 ≡ 📺 ⌷ch, ⌷ 🚗 – 🏊 2 à 150. 🅰🅴 ⓞ ⓜⓞ *VISA*. ✁
LY

Repas *Caruso* (cuisine italienne, dîner seult jusqu'à 23 h) carte 52 à 65, 🍷 – ⌧ 17 – **218 ch** 125/470.

◆ Ketenhotel in een pand uit 1928, op een steenworp afstand van de bloemenmarkt en het Rembrandtplein. Standaardkamers met geluidsisolatie en Italiaans interieur. Verfijnde Italiaanse keuken. Evenwichtige kaart en menu's.

◆ Hôtel de chaîne installé dans un immeuble 1900, à deux pas du marché aux fleurs de la place Rembrandt. Chambres standard insonorisées, garnies d'un mobilier italien. Élégante table transalpine. Carte et menus bien balancés.

Swissôtel, Damrak 96, ⊠ 1012 LP, ℰ (0 20) 522 30 00, *emailus.amsterdam@swisso tel.com,* Fax *(0 20) 522 32 23,* ♖ – 🛗 ▒ ▤ ▥ ⬧ch, – 🐾 25 à 45. ◭ ⓞ 𝗩𝗜𝗦𝗔 🔏. ⅏
LX s
Repas (avec cuisine italienne) carte 22 à 41, ♈ – ☲ 20 – **101 ch** 299/360, – 5 suites.
◆ Dit etablissement vlak bij de Dam beschikt over verschillende categorieën kamers, waaronder diverse junior suites. Moderne voorzieningen. Business center. Eigentijdse brasserie annex restaurant. Mediterrane keuken met duidelijk Italiaanse invloeden.
◆ Cet établissement proche du Dam met à votre disposition diverses catégories de chambres, dont plusieurs junior suites. Installations modernes. Centre d'affaires. Brasserie-restaurant à la page. Registre culinaire d'inspiration "Sud", où se distingue l'Italie.

 Sofitel, N.Z. Voorburgwal 67, ⊠ 1012 RE, ℰ (0 20) 627 59 00, *h1159@accor.com,* Fax *(0 20) 623 89 32,* ☎ – 🛗 ▒ ▤ ▥ ⬧ch, ▭ – 🐾 25 à 55. ◭ ⓞ ⓜⓞ 𝗩𝗜𝗦𝗔. ⅏
KX q
Repas carte 32 à 49 – ☲ 20 – **148 ch** 255/305.
◆ Dit ketenhotel op 500 m van het Centraal Station is gehuisvest in een karakteristiek oud pand en een aangrenzend modern gebouw. Voorgevel en kamers zijn onlangs opgeknapt. Restaurant met ambiance "Orient Express". Traditionele menukaart.
◆ À 500 m de la gare centrale, hôtel de chaîne occupant une demeure ancienne et un édifice récent mitoyens. Façade et chambres viennent d'être rafraîchies. Atmosphère "Orient express" au restaurant. Carte traditionnelle.

 Toren 🐾 sans rest, Keizersgracht 164, ⊠ 1015 CZ, ℰ (0 20) 622 63 52, *info@hote ltoren.nl,* Fax *(0 20) 626 97 05,* ▦ – 🛗 ▒ ▥ ◭ ⓞ ⓜⓞ 𝗩𝗜𝗦𝗔
KV w
☲ 12 – **39 ch** 135/240, – 1 suite.
◆ Het huis van Anne Frank ligt op 200 m van dit charmante familiehotel. Piekfijne, klassiek ingerichte kamers. Elegante ontbijtzaal met een mooie bar.
◆ La maison d'Anne Frank se dresse à 200 m de ce charmant hôtel familial aux pimpantes chambres de style classique. Élégante salle de breakfast devancée d'un beau bar.

 NH Doelen sans rest, Nieuwe Doelenstraat 24, ⊠ 1012 CP, ℰ (0 20) 554 06 00, *nhd oelen@nh-hotels.com,* Fax *(0 20) 622 10 84,* ≤, ▦ – 🛗 ▒ ▥ – 🐾 25 à 100. ◭ ⓞ ⓜⓞ 𝗩𝗜𝗦𝗔 🔏. ⅏
LY z
☲ 16 – **85 ch** 105/145.
◆ Het hotel in dit pand (1856) aan de Amstel behoort tot de oudste van de stad. De in Engelse stijl ingerichte kamers hebben geluidsisolatie, maar van ongelijke kwaliteit.
◆ Cet établissement érigé en 1856 au bord de l'Amstel compte parmi les plus anciens hôtels de la ville. Chambres de style anglais inégalement insonorisées.

 Seven One Seven 🐾 sans rest, Prinsengracht 717, ⊠ 1017 JW, ℰ (0 20) 427 07 17, *info@717hotel.nl,* Fax *(0 20) 423 07 17,* ▦ – ▥ ☞. ◭ ⓞ ⓜⓞ 𝗩𝗜𝗦𝗔. ⅏
KY c
8 ch ☲ 390/640.
◆ Op zoek naar een intiem hotelletje? Dan is dit echt iets voor U! De ruime, smaakvol ingerichte kamers in dit 18e-eeuwse pand zijn stuk voor stuk juweeltjes.
◆ En quête d'un petit hôtel intime ? Aménagée avec recherche, cette maison du 18e s. a de quoi vous combler. Les chambres, amples et individualisées, sont de vrais bijoux.

 Ambassade sans rest, Herengracht 341, ⊠ 1016 AZ, ℰ (0 20) 555 02 22, *info@am bassade-hotel.nl,* Fax *(0 20) 555 02 77,* ≤, ♖ – 🛗 ▥ ◭ ⓞ ⓜⓞ 𝗩𝗜𝗦𝗔
KX x
☲ 16 – **51 ch** 165/195, – 8 suites.
◆ Een aantal 17e-eeuwse grachtenhuizen vormt het decor van dit charmante hotel. De kamers en suites hebben allemaal een eigen karakter. Interessante bibliotheek.
◆ Un ensemble de maisons typiques du 17e s. sert de cadre à ce charmant hôtel bordé de canaux. Chambres et suites coquettement personnalisées. Intéressante bibliothèque.

Estheréa sans rest, Singel 305, ⊠ 1012 WJ, ℰ (0 20) 624 51 46, *estherea@xs4all.nl,* Fax *(0 20) 623 90 01* – 🛗 ▒ ▥ ◭ ⓜⓞ 𝗩𝗜𝗦𝗔 🔏. ⅏
KX y
☲ 14 – **71 ch** 221/285.
◆ Dit hotel buiten het drukke centrum, tussen het Historisch Museum en de Singel, omvat enkele kleinere aangrenzende grachtenhuizen. Gerieflijke kamers.
◆ Cet hôtel à dénicher hors de l'animation du centre, entre le musée historique et le Singel, comprend plusieurs petites habitations mitoyennes. Chambres agréables à vivre.

Eden, Amstel 144, ⊠ 1017 AE, ℰ (0 20) 530 78 78, *reso.eden@edenhotelgroup.com,* Fax *(0 20) 623 32 67* – 🛗 ▒, ▒ ch, ▥ ⬧ch,. ◭ ⓞ ⓜⓞ 𝗩𝗜𝗦𝗔 🔏. ⅏
LY r
Repas (taverne-rest) 22/33 – ☲ 14 – **327 ch** 115/190 – ½ P 116/134.
◆ Wie zou ooit maar kunnen vermoeden dat er achter deze twee smalle gevels aan de oever van de Amstel een hotel schuilgaat met meer dan 300 kamers? Zowel voor individuele toeristen als voor groepen. Het café-restaurant biedt uitzicht op het water.
◆ Présumerait-on que ces deux étroites façades au bord de l'Amstel dissimulent un établissement comptant plus de 300 chambres ? Touristes individuels et groupes. Taverne-restaurant avec vue sur la rivière.

Amsterdam, Damrak 93, ✉ 1012 LP, ℘ (0 20) 555 06 66, *info@hotelamsterdam.nl,* Fax (0 20) 620 47 16 – 🛗 ✤ 📺 🅰🅴 🅾 🆚🅸🆂🅰 🇯🇨🇧, ⌘   LX s
Repas *De Roode Leeuw* (avec cuisine régionale hollandaise) 27/30 – ⊇ 11 – **79 ch** 95/310 – ½ P 140/395.
   ◆ Een veteraan in de Amsterdamse horeca en uiterst centraal gelegen aan het drukke Damrak. Onberispelijke kamers. Openbare parkings in de buurt. De menukaart van het restaurant bestaat uit traditionele, Nederlandse gerechten.
   ◆ Situation très centrale, sur la populeuse Damstraat, pour ce vétéran de l'hôtellerie amstellodamoise. Chambres sans reproche. Parkings publics aux alentours. Brasserie misant sur un choix de préparations traditionnelles typiquement hollandaises.

NH Schiller, Rembrandtsplein 26, ✉ 1017 CV, ℘ (0 20) 554 07 00, *nhschiller@ nh-hotels.com,* Fax (0 20) 626 68 31, 🍴 – 🛗 ✤ 📺 🅰🅴 🅾 🆒🅾 🆚🅸🆂🅰 🇯🇨🇧, ⌘   LY x
Repas (brasserie) *Lunch 18* – 22/33 bc, ♀ – ⊇ 16 – **91 ch** 119/230, – 1 suite.
   ◆ Dit pand uit 1912 staat aan een bruisend plein waar het standbeeld van Rembrandt de wacht houdt. Kwaliteitsmeubilair in de kamers. Aangename lobby. In de art-decobrasserie wacht u een uitdaging : Frisse Frits, het huisbier.
   ◆ Édifice 1900 élevé sur une place effervescente veillée par la statue de Rembrandt. Chambres convenablement équipées, garnies d'un mobilier de qualité. Agréable "lobby". Brasserie Art déco où vous pourrez vous mesurer à la Frisse Frits, brassée "maison".

Albus Gd H. sans rest, Vijzelstraat 49, ✉ 1017 HE, ℘ (0 20) 530 62 00, *info@ albusgrandhotel.com,* Fax (0 20) 530 62 99 – 🛗 ✤ 📺 🅰🅴 🅾 🆒🅾 🆚🅸🆂🅰 🇯🇨🇧, ⌘   LY g
⊇ 14 – **74 ch** 180/200.
   ◆ Hotel met een zeer acceptabel comfort, halverwege de bloemenmarkt en het Rembrandtplein. Een prima lokatie, zowel voor een zakelijk als een toeristisch verblijf.
   ◆ Hôtel d'un niveau de confort très valable, officiant à mi-chemin du marché aux fleurs et de la Rembrandtplein : une situation propice aux séjours d'affaires et d'agrément.

NH Caransa sans rest, Rembrandtsplein 19, ✉ 1017 CT, ℘ (0 20) 554 08 00, *nhcaransa@nh-hotels.com,* Fax (0 20) 626 68 31 – 🛗 ✤ 📺 – 🔬 25 à 100. 🅰🅴 🅾 🆒🅾 🆚🅸🆂🅰 🇯🇨🇧, ⌘   LY v
⊇ 16 – **66 ch** 119/230.
   ◆ Het hotel beschikt over functionele, goed onderhouden kamers die behoorlijk ruim zijn en in Britse stijl zijn ingericht. Vier zalen voor seminars.
   ◆ Hôtel abritant des chambres fonctionnelles, d'ampleur très satisfaisante et bien tenues, aménagées dans le style "British". Quatre salles accueillent les séminaires.

die Port van Cleve, N.Z. Voorburgwal 178, ✉ 1012 SJ, ℘ (0 20) 622 48 60, *sales-marketing@dieportvancleve.com,* Fax (0 20) 622 02 40 – 🛗 ✤, 🍽 rest, 📺 – 🔬 40. 🅰🅴 🅾 🆒🅾 🆚🅸🆂🅰 🇯🇨🇧, ⌘   KX w
Repas (brasserie) *Lunch 20* – carte 24 à 53, ♀ – ⊇ 18 – **119 ch** 216/305, – 1 suite.
   ◆ Achter deze imposante façade vlak bij het Koninklijk Paleis op de Dam begon Heineken in de 19e eeuw zijn eerste brouwerij. Het hotel heeft zes junior suites en een sfeervolle jeneverbar. In het grillrestaurant kunt u uw tanden zetten in een sappige steak.
   ◆ Le premier groupe brassicole batave naquit au 19e s. derrière cette imposante façade jouxtant le palais royal. À épingler : six junior-suites et un charmant bar à genièvres. Restaurant à grillades où le steak tient le haut du pavé !

Dikker en Thijs Fenice sans rest, Prinsengracht 444, ✉ 1017 KE, ℘ (0 20) 620 12 12, *info@dtfh.nl,* Fax (0 20) 625 89 86, 🍸 – 🛗 ✤ 📺 🅰🅴 🅾 🆒🅾 🆚🅸🆂🅰 🇯🇨🇧   KY v
42 ch ⊇ 125/345.
   ◆ Een klassiek hotelpand vlak bij het Leidseplein, gebouwd op een hoek recht tegenove een bruggetje over de Prinsengracht ; enkele kamers kijken hierop uit.
   ◆ Édifice classique érigé à 100 m de la Leidseplein, juste en face d'un petit pont enjamban le canal des Princes, qu'on aperçoit depuis quelques-unes des chambres.

NH City Centre, Spuistraat 288, ✉ 1012 VX, ℘ (0 20) 420 45 45, Fax (0 20) 420 43 0(⩽, 🍸 – 🛗 ✤ 📺 &.ch, ⇔, 🅰🅴 🅾 🆒🅾 🆚🅸🆂🅰 🇯🇨🇧, ⌘   KX
Repas (taverne-rest avec cuisine italienne) *Lunch 20* – carte 22 à 35, ♀ – ⊇ 16 – **209 c** 120/190 – ½ P 156/226.
   ◆ Dit hotel tussen de Singel en het Begijnhof beschikt over kamers die er weer als nieu' uit zien, in de stijl van de keten. Grote, comfortabele lounge. Informeel restaurant da zich heeft toegelegd op de Italiaanse keuken.
   ◆ Entre le quai du Singel et le béguinage, hôtel de chaîne où vous logerez dans des chan bres refaites à neuf et conformité avec le style NH. "Lounge" spacieux et confortabl Restaurant informel servant de la cuisine italianisante.

Mercure Arthur Frommer sans rest, Noorderstraat 46, ⊠ 1017 TV, 𝓟 (0 20) 622 03 28, *h1032@accor.com*, Fax (0 20) 620 32 08 – |≠| ✒ ▤ ▥ ⟷ 🄿. 🄰🄴 🄾 🄼🄾 *VISA*. ⬧
LYZ   j
⛆ 14 – **90 ch** 105/170.

• Het hotel omvat een aantal huizen in een rustige straat, vlak bij het Rijksmuseum en het Museum van Loon. Standaardkamers. Vrij beperkt servicepakket, wel parkeergelegenheid.

• Ensemble de maisons situé dans une rue calme, à un saut du Rijksmuseum et deux pas du musée Van Loon. Chambres standard. Service assez sommaire, mais utile parking.

Canal House sans rest, Keizersgracht 148, ⊠ 1015 CX, 𝓟 (0 20) 622 51 82, *info@ canalhouse.nl*, Fax (0 20) 624 13 17 – |≠|. 🄾 🄼🄾 *VISA* 🄹🄲🄱. ⬧
KV   k
26 ch ⛆ 140/190.

• Hotel in een karaktervol 17e-eeuws grachtenpand. De kamers, die elk een eigen sfeer hebben, bieden aan de voorkant meer uitzicht, aan de achterkant meer rust. Stijlmeubilair.

• Le long d'un canal, demeure du 17e s. au cachet préservé. Chambres personnalisées, plus panoramiques sur le devant, mais plus calmes à l'arrière. Mobilier de divers styles.

Inntel sans rest, Nieuwezijdskolk 19, ⊠ 1012 PV, 𝓟 (0 20) 530 18 18, *infoamsterda m@hotelinntel.com*, Fax (0 20) 422 19 19 – |≠| ✒ ▤ ▥ ♿. 🄰🄴 🄾 🄼🄾 *VISA*
LVX   a
⛆ 18 – **236 ch** 99/290.

• Modern hotel in het bruisende Nieuwe Zijde-kwartier, een buurt met winkels en warenhuizen dicht bij het station. Kamers met dubbele beglazing en een dubbele deur naar de gang.

• Établissement moderne situé au coeur du trépidant Nieuwe Zijde, quartier commerçant jouxtant la gare. Chambres à double vitrage, isolées du couloir par un sas.

Rembrandt sans rest, Herengracht 255, ⊠ 1016 BJ, 𝓟 (0 20) 622 17 27, *info@re mbrandtresidence.nl*, Fax (0 20) 625 06 30, ⏏ – |≠| ✒ ▥. 🄰🄴 🄾 🄼🄾 *VISA* 🄹🄲🄱 KX   e
111 ch ⛆ 100/175.

• Zin in een nachtelijke wandeling langs de grachten? Laat de koffers dan maar gerust hier achter. Kamers van verschillend formaat, aan de kant van de Singel wat meer standaard.

• Une petite ronde de nuit le long des canaux vous tente ? Déposez alors vos bagages à l'hôtel Rembrandt. Chambres à géométrie variable ; plus standardisées côté Singel.

City Center sans rest, N.Z. Voorburgwal 50, ⊠ 1012 SC, 𝓟 (0 20) 422 00 11, *info@ ams.nl*, Fax (0 20) 420 03 57 – |≠| ✒ ▥ ♿. 🄰🄴 🄾 🄼🄾 *VISA*. ⬧
LV   f
⛆ 15 – **106 ch** 189.

• Modern pand aan de rand van het kwartier Nieuwe Zijde, op 400 m van het station. Praktische, goed onderhouden kamers. Belangrijk pluspunt : de openbare ondergrondse parking.

• Immeuble contemporain posté en bordure du Nieuwe Zijde, à 400 m de la gare centrale. Chambres pratiques bien tenues. Un atout précieux : le parking public souterrain.

Avenue sans rest, N.Z. Voorburgwal 33, ⊠ 1012 RD, 𝓟 (0 20) 530 95 30, *info@aven ue-hotel.nl*, Fax (0 20) 530 95 99 – |≠| ▥. 🄰🄴 🄾 🄼🄾 *VISA* 🄹🄲🄱. ⬧
LV   z
77 ch ⛆ 80/155.

• Dit hotel in het kwartier Nieuwe Zijde is gevestigd in een hoekpand en een karakteristiek huis ernaast. Kleine, eenvoudige kamers. Tramhalte vlakbij.

• Un immeuble d'angle et une maison typique attenante composent cet hôtel du quartier Nieuwe Zijde. Petites chambres de mise simple. Proximité immédiate d'un arrêt de tram.

Nicolaas Witsen sans rest, Nicolaas Witsenstraat 4, ⊠ 1017 ZH, 𝓟 (0 20) 626 65 46, *info@hotelnicolaaswitsen.nl*, Fax (0 20) 620 51 13 – |≠| ✒ ▥. 🄰🄴 🄼🄾 *VISA*. ⬧
LZ   b
29 ch ⛆ 75/110.

• Dit keurig onderhouden pand beschikt over verschillende typen kamers die eenvoudig zijn ingericht. Het Rijksmuseum met de beroemde Nachtwacht bevindt zich op loopafstand.

• Cette maison soigneusement tenue offre le choix entre plusieurs sortes de chambres sobrement équipées. Courrez admirer la Ronde de nuit au Rijksmuseum.

Wiechmann sans rest, Prinsengracht 328, ⊠ 1016 HX, 𝓟 (0 20) 626 33 21, *info@h otelwiechmann.nl*, Fax (0 20) 626 89 62 – ▥. 🄼🄾 *VISA*. ⬧
KX   d
37 ch ⛆ 55/140.

• Dit etablissement omvat drie huizen, die zich spiegelen in het water van de Prinsengracht. Een tip : de beste kamers, die rustiek zijn ingericht, liggen op de hoeken.

• Établissement occupant trois maisonnettes se mirant dans le canal des Princes. Bon à savoir : les meilleures chambres, sagement rustiques, occupent les angles.

Nes sans rest, Kloveniersburgwal 137, ⊠ 1011 KE, 𝓟 (0 20) 624 47 73, *info@hotelnes.nl*, Fax (0 20) 620 98 42 – |≠| ▥. 🄰🄴 🄾 🄼🄾 *VISA* 🄹🄲🄱
LY   f
39 ch ⛆ 75/165.

• Dit karakteristieke patriciërshuis ligt aan de Amstel, vlak bij het Rembrandtplein en twee aanlegsteigers. De vrij comfortabele kamers zijn erg netjes.

• Au bord de l'Amstel, près de la place Rembrandt et de deux pontons d'embarquement, typique demeure bourgeoise aux chambres assez avenantes, propres et nettes.

Lancaster sans rest, Plantage Middenlaan 48, ⊠ 1018 DH, ℘ (0 20) 535 68 88, *res.l ancaster@edenhotelgroup.com*, Fax (0 20) 535 68 89 – ⧮ TV. AE ⓞ ⓜⓔ VISA JCB. ❀
MY e
⊑ 14 – **92 ch** 95/170.
♦ Imposant oud pand dat volledig is gerenoveerd. Het ligt in een woonwijk iets buiten het centrum, tegenover de dierentuin. Vrij gerieflijke kamers, variërend in grootte.
♦ Imposante demeure ancienne entièrement rénovée, située en face du zoo dans un quartier résidentiel légèrement excentré. Chambres très convenables d'ampleur différente.

Ibis Stopera, Valkenburgerstraat 68, ⊠ 1011 LZ, ℘ (0 20) 531 91 35, *h3044@acco r.com*, Fax (0 20) 531 91 45 – ⧮ ⬩⬩ ☰ TV &,ch,. AE ⓞ ⓜⓔ VISA. ❀ rest MX z
Repas (taverne-rest, dîner seult) carte env. 22 – ⊑ 13 – **207 ch** ⊑ 112/146.
♦ Dit vrij nieuwe hotel biedt zeer correct onderdak in functionele kamers. Bij mooi weer wordt het ontbijt op het terras in de binnentuin geserveerd.
♦ Cet hôtel de chaîne récent fournit un hébergement très correct dans des chambres fonctionnelles. Terrasse intérieure où l'on petit-déjeune aux beaux jours.

La Rive - H. Amstel, Prof. Tulpplein 1, ⊠ 1018 GX, ℘ (0 20) 520 32 64, *evert_groot @interconti.com*, Fax (0 20) 520 32 66, ≤, ⬩ – ☰ ⬩⬩ P. AE ⓞ ⓜⓔ VISA JCB. ❀MZ a
fermé 25 juil.-15 août, 31 déc.-11 janv., sam. midi, dim et jours fériés – **Repas** *Lunch 50 bc* – 85/98, carte 71 à 97, ⬩
Spéc. Terrine de jambon Jabugo, foie gras à la gelée de queue de bœuf. Pigeonneau grillé et poivron rouge, sauce au maïs. Feuilleté aux pommes, cannelle, glace vanille et caramel au beurre salé.
♦ Stemmige ambiance, geraffineerd decor en een subliem comfort kenmerken het gastronomische restaurant van het Amstel Hotel. Aan de raamzijde kijkt u prachtig op het water.
♦ Ambiance feutrée, décor raffiné et confort incomparable caractérisent le restaurant gastronomique de l'Amstel. Attablé en façade, vous admirerez à loisir la fameuse "rive".

Excelsior - H. de l'Europe, Nieuwe Doelenstraat 2, ⊠ 1012 CP, ℘ (0 20) 531 17 05, *hotel@leurope.nl*, Fax (0 20) 531 17 78, ≤, ♨, Ouvert jusqu'à 23 h, ⬩ – ☰ ⬩⬩ P. AE ⓞ ⓜⓔ VISA JCB
LY c
fermé 1er au 15 janv., sam. midi et dim. midi – **Repas** *Lunch 45* – 65/95 bc, ⬩.
♦ In dit restaurant van het 100 jaar oude Hotel de l'Europe wacht u een stijlvolle ontvangst in een fraai, vernieuwd decor. Het terras kijkt uit op de Munttoren en de Amstel.
♦ Ce palace centenaire vous accueille dans son restaurant plaisamment redécoré. Côté terrasse, vue sur la Munttoren et le va-et-vient des embarcations sur l'Amstel.

Vermeer - NH Barbizon Palace, Prins Hendrikkade 59, ⊠ 1012 AD, ℘ (0 20) 556 48 85, *vermeer@nh-hotels.nl*, Fax (0 20) 624 33 53, ⬩ – ☰ ⬩⬩ P. AE ⓞ ⓜⓔ VISA. ❀ LV d
fermé 27 juil.-26 août, 24 déc.-8 janv., sam. midi, et dim. – **Repas** *Lunch 40* – 55/130 bc, carte 58 à 75, ⬩
Spéc. Ravioli de ris de veau aux écrevisses et mousse de citron. Risotto de bar à l'émulsion d'olives. Ananas rôti aux granny smith et glace au beurre noisette.
♦ Nee hoor, Vermeer heeft hier met zijn schildersezel nooit een voet binnengezet ! Verfijnde keuken op klassieke basis, die met vrij inventieve accenten wordt opgeluisterd.
♦ Détrompez-vous : Vermeer n'a jamais posé son chevalet à cette adresse proposant une belle cuisine de base classique, relevée de notes assez inventives.

Christophe (Royer), Leliegracht 46, ⊠ 1015 DH, ℘ (0 20) 625 08 07, *info@christop he.nl*, Fax (0 20) 638 91 32 – ☰. AE ⓞ ⓜⓔ VISA KVX c
fermé du 1er au 8 janv., dim. et lundi – **Repas** (dîner seult) 65/75, carte 64 à 93, ⬩
Spéc. Lapin de quatre heures au foie gras et jus de cassis. Fricassée de homard aux haricots, coco et piments d'Espelette. Noix de ris de veau au romarin et citron confit.
♦ Dit restaurant vlak bij het Anne Frank Huis en de Jordaan bereidt een ambitieuze keuken die is doorspekt met mediterrane accenten en wordt geserveerd in een luxueus decor.
♦ Le long du canal des Lys. Cuisine ambitieuse semée de touches méditerranéennes, servie dans un cadre luxueux. À deux pas : la maison d'Anne Frank et le quartier Jordaan.

Dynasty, Reguliersdwarsstraat 30, ⊠ 1017 BM, ℘ (0 20) 626 84 00, Fax (0 20) 622 30 38, ♨, Cuisine orientale – ☰. AE ⓞ ⓜⓔ VISA. ❀ KY c
fermé 27 déc.-27 janv. et mardi – **Repas** (dîner seult) carte 32 à 50.
♦ Na een bezoek aan de bloemenmarkt is het een plezier om aan te schuiven in het bonte verfrissende decor van dit oriëntaalse restaurant. Specialiteiten uit Zuidoost-Azië.
♦ Papillonnez sur le marché aux fleurs avant de vous attabler dans cet agréable restaurant oriental au décor multicolore et rafraîchissant. Spécialités du Sud-Est asiatique.

d'Vijff Vlieghen, Spuistraat 294 (par Vlieghendesteeg 1), ⊠ 1012 VX, ℘ (0 20) 530 40 60, *restaurant@vijffvlieghen.nl*, Fax (0 20) 623 64 04, ♨, ⬩ – ☰. AE ⓞ ⓜⓔ VIS JCB. ❀ KX
Repas (dîner seult) 33/51, ⬩.
♦ De "vliegen" zijn neergestreken in deze vijf 17e-eeuwse pandjes, die diverse charmant en rustieke eetkamers herbergen. Keuze uit klassieke gerechten en menu's.
♦ "Cinq mouches" (Vijff Vlieghen) se sont posées sur ces maisonnettes du 17e s. renfermat un dédale de salles mignonnes et rustiques. Choix classique avec menus.

Café Roux - H. The Grand Sofitel Demeure, O.Z. Voorburgwal 197, ✉ 1012 EX, ℘ (0 20) 555 35 60, h2783-fb@accor.com, Fax (0 20) 555 32 22, 🌫 – 🗐 ⊏⊐ 🖪 ⒜Ε ⑩ ⑯ 𝗩𝗜𝗦𝗔, ✳️

Repas Lunch 30 – 35/49 bc, ⒴. LX **b**

✦ Een prachtige brasserie in art deco, verbonden aan een luxueus hotel. De keuken sluit aan bij de huidige trend. Bij de ingang is een muurschildering te zien van Karel Appel.

✦ Belle brasserie Art déco agrégée à un hôtel de luxe. Cuisine dans le tempo actuel. Une peinture murale de K. Appel's, artiste du groupe COBRA, est visible près de l'entrée.

Het Tuynhuys, Reguliersdwarsstraat 28, ✉ 1017 BM, ℘ (0 20) 627 66 03, info@t uynhuys.nl, Fax (0 20) 423 59 99, 🌫 – 🗐. ⒜Ε ⑩ 𝗩𝗜𝗦𝗔 𝗝𝗖𝗕 KY **q**

fermé 31 déc.-1er janv., sam. midi et dim. midi – **Repas** Lunch 30 – 32/48.

✦ Het Tuynhuys heeft aan de achterzijde een leuk terras en presenteert een menukaart met eigentijdse gerechten. De moderne eetzaal is met azulejo's gedecoreerd.

✦ Une carte au goût du jour vous sera soumise dans cette "Maison de jardin" (Tuynhuys) profitant d'une jolie terrasse intérieure. Salle à manger contemporaine ornée d'azulejos.

Indrapura, Rembrandtplein 42, ✉ 1017 CV, ℘ (0 20) 623 73 29, info@indrapura.nl, Fax (0 20) 624 90 78, Cuisine indonésienne – 🗐. ⒜Ε ⑩ ⑯ 𝗩𝗜𝗦𝗔 LY **h**

fermé 31 déc. – **Repas** (dîner seult) 25/39, ⒴.

✦ Indonesisch restaurant aan een populair en levendig plein. Ruime keuze aan authentieke gerechten, waaronder de fameuze "rijsttafel". Toeristen, vaste gasten en groepen.

✦ Sur une place populaire et animée. Bon choix de plats indonésiens, avec l'incontournable formule "rijsttafel" (table de riz). Clientèle touristique, habitués et groupes.

Sichuan Food, Reguliersdwarsstraat 35, ✉ 1017 BK, ℘ (0 20) 626 93 27, Fax (0 20) 627 72 81, Cuisine chinoise – 🗐. ⒜Ε ⑩ ⑯ 𝗩𝗜𝗦𝗔. ✳️ KY **u**

fermé 31 déc.-**Repas** (dîner seult, nombre de couverts limité - prévenir) 31/43, carte 53 à 63

Spéc. Dim Sum. Canard laqué à la pékinoise. Huîtres sautées maison.

✦ Achter deze alledaagse gevel gaat een tempel van Aziatische gastronomie schuil waar de keuken van Sichuan wordt aanbeden. Karakteristiek decor van een Chinees buurtrestaurant.

✦ Cette façade banale abrite un vrai temple de la gastronomie asiatique où les saveurs du Sichuan sont à l'honneur. Décor typique d'un restaurant chinois de quartier.

Hosokawa, Max Euweplein 22, ✉ 1017 MB, ℘ (0 20) 638 80 86, info@hosokawa.nl, Fax (0 20) 638 22 19, Cuisine japonaise avec Teppan-Yaki – ⒜Ε ⑩ ⑯ 𝗩𝗜𝗦𝗔 𝗝𝗖𝗕. ✳️KY **a**

fermé dim. – **Repas** carte 34 à 66.

✦ Strak en modern Japans restaurant, waar het fantastisch is om te zien hoe de gerechten met veel zwier op de bakplaat worden bereid. 's Middags enkel sushibar.

✦ Sobre et moderne restaurant japonais équipé de 8 tables de cuisson. Le spectacle des produits virevoltant sous vos yeux mérite le détour. Au déjeuner sushi bar uniquement.

Van Vlaanderen (Philippart), Weteringschans 175, ✉ 1017 XD, ℘ (0 20) 622 82 92, 🌫, ⃘ – 🗐. ⒜Ε ⑯ 𝗩𝗜𝗦𝗔 KZ **k**

fermé 24 juil.-15 août, 25 déc.-2 janv., dim. et lundi – **Repas** (dîner seult, nombre de couverts limité - prévenir) 40/48, carte 56 à 63, ⒴.

Spéc. Méli-mélo de homard, Saint-Jacques et artichaut. Pigeon de Bresse farçi de foie de canard, sauce aux quatre épices. Millefeuille de poires, glace vanille aux cerneaux de noix et sauce caramel.

✦ Een verfijnde, eigentijdse Franse keuken en enkele Belgische gerechten zijn de smaakmakers in dit goede restaurant vlak bij het Museum Van Loon en het Rijksmuseum.

✦ Une fine cuisine française au goût du jour et quelques recettes d'inspiration belge vous attendent à cette bonne enseigne proche du musée Van Loon et du Rijksmuseum.

Breitner, Amstel 212, ✉ 1017 AH, ℘ (0 20) 627 78 79, Fax (0 20) 330 29 98 – ⒜Ε ⑯ 𝗩𝗜𝗦𝗔 𝗝𝗖𝗕. ✳️ LY **p**

fermé 25 juil.-7 août, 25 déc.-3 janv. et dim. – **Repas** (dîner seult) carte 44 à 68, ⒴.

✦ Modern restaurant dat zijn naam ontleent aan de lokale impressionist. Hedendaagse keuken met mediterrane en internationale nuances. Wereldwijnen. Uitzicht op de Amstel.

✦ Restaurant moderne empruntant son nom à un impressionniste local. Cuisine actuelle aux nuances méditerranéennes et internationales. Vins du monde. Vue sur l'Amstel.

Manchurian, Leidseplein 10a, ✉ 1017 PT, ℘ (0 20) 623 13 30, info@manchurian.nl, Fax (0 20) 626 21 05, Cuisine orientale – 🗐. ⒜Ε ⑩ ⑯ 𝗩𝗜𝗦𝗔 𝗝𝗖𝗕. ✳️ KY **x**

fermé 30 avril et 31 déc. – **Repas** 30/70 bc.

✦ De Chinees-Thaise menukaart van dit Aziatische restaurant vlak bij het drukke Leidseplein is net een culinaire reis door de regio's Canton, Shanghai en Sichuan.

✦ Aux abords de la passagère Leidseplein, restaurant asiatique dont la carte sino-thaïlandaise traverse les régions de Canton, de Shanghai et du Sichuan.

blauw aan de wal, O.Z. Achterburgwal 99,, ✉ 1012 DD, ℘ (0 20) 330 22 57, e.gen deren@planet.nl, Fax (0 20) 330 20 06, 🌫 – 🗐. ⒜Ε ⑩ ⑯ 𝗩𝗜𝗦𝗔. ✳️ LX **d**

fermé 25 déc.-1er janv. et dim. – **Repas** (dîner seult jusqu'à 23 h 30) carte env. 56, ⒴ 🍴.

✦ Een oase van rust midden in het bruisende kwartier van de Walletjes, achter in een steegje. Trendy gerechten. Vrij goede selectie Franse en Italiaanse wijnen.

✦ Une oasis de tranquillité, au fond d'un cul-de-sac de l'effervescent quartier des Walletjes. Préparations en phase avec l'époque et cave franco-transalpine assez bien montée.

XX **Segugio,** Utrechtsestraat 96, ⊠ 1017 VS, ℘ (0 20) 330 15 03, Fax (0 20) 330 15 16,
Cuisine italienne – 📧. AE ⓐ MO VISA. ✀   LY **b**
fermé 23 déc.-2 janv. et dim. – **Repas** (dîner seult jusqu'à 23 h) carte 46 à 66, ♀.
  ◆ Een beetje flair is genoeg om dit Italiaanse restaurant op te sporen. Het is genoemd
  naar een jachthondenras dat ook als truffelhond wordt gebruikt. Goede selectie
  landwijnen.
  ◆ Un peu de flair suffit pour dénicher ce "ristorante" tirant son nom d'une race de chien
  de chasse ; un toutou également utilisé comme truffier ! Bon choix de vins du pays.

XX **Le Pêcheur,** Reguliersdwarsstraat 32, ⊠ 1017 BM, ℘ (0 20) 624 31 21, *rien.vansant
en@chello.nl*, Fax (0 20) 624 31 21, 🌣, Produits de la mer – AE MO VISA JCB. ✀ KY **w**
fermé sam. midi et dim. – **Repas** Lunch 31 – 40.
  ◆ De "Visser" ligt voor anker in de "grootste eetstraat" van de stad, waar zijn kookkunst
  in het teken van de oceaan staat. Terras aan de achterkant, openbare parking vlakbij.
  ◆ Ancré dans une petite "rue de bouche" longeant le marché aux fleurs, Le Pêcheur voue
  sa cuisine à l'océan. Terrasse à l'arrière et parking public à proximité immédiate.

XX **d' theeboom,** Singel 210, ⊠ 1016 AB, ℘ (0 20) 623 84 20, *info@theeboom.nl*,
Fax (0 20) 421 25 12, 🌣 – AE ⓐ MO VISA JCB   KX **b**
fermé 24 déc.-5 janv. et dim. – **Repas** (dîner seult) 33/40.
  ◆ Deze theeboom, die langs de Singel wortel heeft geschoten, heeft niets weg van een
  tearoom, maar is een restaurant waar een eigentijdse keuken wordt bereid. Interessant
  menu.
  ◆ Enraciné au bord du Singel, à 200 m du Dam, "Le théier" n'a rien d'un tea-room : c'est
  un restaurant préparant une cuisine à la page, avec un menu intéressant.

XX **Le Relais** - H. de l'Europe, Nieuwe Doelenstraat 2, ⊠ 1012 CP, ℘ (0 20) 531 17 77,
hotel@leurope.nl, Fax (0 20) 531 17 78, Ouvert jusqu'à 23 h, 🔳 – 📧 🕽. AE ⓐ MO
VISA JCB   LY **c**
Repas Lunch 23 – 28, ♀.
  ◆ Een klein, weelderig restaurant in een grand hôtel. U voelt hier onmiddellijk dat u in
  goede handen bent. Klassieke gerechten en een kaart met een speciaal culinair thema.
  ◆ Dans un grand hôtel, petit restaurant cossu où l'on se sent directement entre de bon-
  nes mains. Choix classique et carte déclinant un thème culinaire particulier.

X **Bordewijk,** Noordermarkt 7, ⊠ 1015 MV, ℘ (0 20) 624 38 99, Fax (0 20) 420 66 03
– 📧. AE MO VISA. ✀   KV **a**
fermé mi-juil.-mi-août, 24 déc.-4 janv. et lundi – **Repas** (dîner seult) carte 46 à 68.
  ◆ Een van de populairste adressen in de Jordaan. Moderne, eenvoudig ingerichte
  eetzaal met een gezellige ambiance. Smaakvolle, eigentijdse menukaart en een mooie wijnkelder.
  ◆ L'une des adresses les plus courues du quartier Jordaan. Sobre et moderne salle à manger
  où règne une ambiance animée. Appétissante carte actuelle et bon livre de cave.

X **De Compagnon,** Guldehandsteeg 17, ⊠ 1012 RA, ℘ (0 20) 420 42 25, *info@deco
mpagnon.nl*, Fax (0 20) 421 15 56, 🌣, 🔳 – AE ⓐ MO VISA JCB. ✀   LX **c**
fermé sam. midi et dim. – **Repas** Lunch 30 – carte 44 à 106, ♀.
  ◆ In een doodlopend steegje achter het Damrak, vlak bij de Walletjes en de Beurs. Smalle
  zalen verdeeld over vier niveaus. Ruime, gevarieerde keuze. Veelbelovende wijnkaart.
  ◆ Face au Damrak, dans une impasse proche du quartier rouge et de la bourse. Salles
  étroites étagées sur quatre niveaux. Choix varié et assez bien fourni. Cave prometteuse.

X **Zuid Zeeland,** Herengracht 413, ⊠ 1017 BP, ℘ (0 20) 624 31 54, *mail@zuidzeeland.nl*,
Fax (0 20) 428 31 71, 🌣, Ouvert jusqu'à 23 h – AE MO VISA   KY **e**
fermé sam. midi et dim. midi – **Repas** 32/46, ♀.
  ◆ Een culinaire pleisterplaats dicht bij de pittoreske bloemenmarkt. Verfijnde, hedendaagse
  keuken. 's Avonds wordt u ook een prima keuzemenu voorgelegd.
  ◆ Repaire gourmand à débusquer au bord du canal des Seigneurs, pas très loin du marché
  aux fleurs. Fine cuisine d'aujourd'hui. Bon menu multi-choix servi à l'heure du dîner.

X **Lucius,** Spuistraat 247, ⊠ 1012 VP, ℘ (0 20) 624 18 31, Fax (0 20) 627 61 53, Produit
de la mer – AE ⓐ MO VISA JCB   KX
Repas (dîner seult jusqu'à minuit) 35, ♀.
  ◆ Noordzeekeuken met Hollandse specialiteiten als haring, Zeeuwse oesters en paling. Collectie anemonen uit de zuidelijke zeeën en tropische vissen in een aquarium.
  ◆ Cuisine de la mer du Nord valorisant des produits locaux : hareng, huître de Zélande,
  anguille... Collection d'anémones des mers du Sud et poissons tropicaux en aquarium.

X **Chez Georges et Betsie,** Herenstraat 3, ⊠ 1015 BX, ℘ (0 20) 626 33 32 – 📧. AE
MO VISA   KV
fermé 3 sem. en juil., fin déc.-début janv., merc. et dim. – **Repas** (dîner seult) carte en
38.
  ◆ Dit smaakvol ingerichte restaurantje tussen de Jordaan en het historische stadshart
  vrij klein en dus vaak vol. Het draait voornamelijk op een vaste klantenkring.
  ◆ Entre le Jordaan et le Nieuwe Zijde. Assez exigu, donc souvent complet, ce restaurant
  classique de style bonbonnière fonctionne majoritairement avec son cercle d'habitué

✗ **Haesje Claes,** Spuistraat 275, ⊠ 1012 VR, ℰ (0 20) 624 99 98, *info@haesjeclaes.nl*,
⊖ *Fax (0 20) 627 48 17,* 🍴 – ▤. AE ① ⓂⓈ VISA JCB. ❀ KX **f**
fermé 30 avril et 25, 26 et 31 déc. – **Repas** 19/29, ⌾.
◆ Het is een komen en gaan op dit adres, dat de sfeer van de stad weerspiegelt. Eenvoudige maar overvloedige "Hollandse pot". Gemoedelijke ambiance. Historisch Museum op 100 m.
◆ Une clientèle nombreuse défile à cette adresse reflétant l'ambiance de la ville. Cuisine batave simple et copieuse servie dans un cadre chaleureux. Musée historique à 100 m.

✗ **Entresol,** Geldersekade 29, ⊠ 1011 EJ, ℰ (0 20) 623 79 12, *entresol@chello.nl* – ▤.
ⓂⓈ VISA LX **t**
fermé lundi et mardi – **Repas** (dîner seult) carte 37 à 46.
◆ Dit kleine, charmante restaurant vlak bij het Amsterdamse Chinatown is gevestigd in een 17e-eeuws pand. Eetzalen met Hollands decor, verdeeld over twee niveaus.
◆ Cette charmante petite affaire familiale proche du "Chinatown" amstellodamois occupe une maison du 17e s. Salles à manger au décor hollandais étagées sur deux niveaux.

✗ **Van de Kaart,** Prinsengracht 512, ⊠ 1017 KH, ℰ (0 20) 625 92 32, *info@vandekaart.com* – AE ⓂⓈ VISA JCB. ❀ KY **d**
fermé fin juil.-début août, sam. midi, dim., lundi et mardi midi – **Repas** *Lunch 30* – carte 39 à 94, ⌾.
◆ Restaurant op de entresol van een grachtenpand. Typisch Amsterdamse en soms wat opgewonden sfeer. Charmante ontvangst en bediening. Eigentijdse keuken met verrassingsmenu's.
◆ Restaurant établi à l'entresol d'une maison de canal. Accueil et service charmants, ambiance amstellodamoise quelquefois survoltée et choix actuel avec menus "surprise".

✗ **Tempo doeloe,** Utrechtsestraat 75, ⊠ 1017 VJ, ℰ (0 20) 625 67 18, *Fax (0 20) 639 23 42,* Cuisine indonésienne – ▤. AE ① ⓂⓈ VISA. ❀ LY **t**
fermé 31 déc.-2 janv. – **Repas** (dîner seult jusqu'à 23 h 30) 30/45.
◆ Aan Indonesische restaurantjes geen gebrek in Amsterdam. Profiteer er dus van ! Dit adresje is te vinden op 200 m van de Magere Brug, achter een onopvallende gevel.
◆ Puisque les bonne petites tables indonésiennes ne manquent pas à Amsterdam, autant en profiter ! Celle-ci se cache à 200 m du Pont-Maigre, derrière une façade discrète.

✗ **blue pepper,** Nassaukade 366h, ⊠ 1054 AB, ℰ (0 20) 489 70 39, *info@restaurantbluepepper.com*, Cuisine indonésienne – AE ① ⓂⓈ VISA. ❀ JY **d**
fermé dim. – **Repas** (dîner seult) carte 33 à 43, ⌾.
◆ Indonesisch restaurant met rustige ambiance, gedempt licht, verschillende tinten blauw en subtiele bloemaccenten. Verfijnde gerechten die op mooie borden worden geserveerd.
◆ Lumière tamisée, camaïeu de bleus et touches florales délicates composent l'apaisant décor du blue pepper. Préparations "javanaises" raffinées, dans de jolies assiettes.

✗ **De Belhamel,** Brouwersgracht 60, ⊠ 1013 GX, ℰ (0 20) 622 10 95, *info@belhamel.nl*, *Fax (0 20) 623 88 40,* ⋞, 🍴 – ▤. AE ⓂⓈ VISA. ❀ KV **p**
Repas (dîner seult) 31.
◆ Buurtrestaurant op een prachtige lokatie, aan de kruising van twee grachten. Kleine kaart op klassieke basis, menu op een lei. Eetzaal in art nouveau, met tussenverdieping.
◆ Brasserie de quartier postée au confluent de ravissants canaux. Petit choix de base classique et menu sur écriteau. Salle à manger de style Belle Époque, avec mezzanine.

✗ **L'Indochine,** Beulingstraat 9, ⊠ 1017 BA, ℰ (0 20) 627 57 55, *kietle@wxs.nl*, Cuisine vietnamienne – ▤. AE ① ⓂⓈ VISA JCB. ❀ KY **b**
fermé lundi – **Repas** (déjeuner sur réservation) carte 34 à 47.
◆ In dit kleine restaurant met sober decor wordt u meegenomen op een culinair avontuur tussen de Golf van Thailand en de Golf van Tonkin. Wijnkaart met accent op Franse wijnen.
◆ C'est à une savoureuse escapade entre les golfes du Siam et du Tonkin que vous convie ce petit restaurant au cadre dépouillé et à l'enseigne "coloniale". Vins de la Métropole.

✗ **Vooges,** Utrechtsestraat 51, ⊠ 1017 VJ, ℰ (0 20) 330 56 70, *vooges40@zonnet.nl*, *Fax (0 20) 330 29 88,* Taverne-rest – AE ① ⓂⓈ VISA JCB LY **e**
Repas (dîner seult) carte 27 à 36.
◆ Een voormalige bruin café, maar na wat aanpassingen in het interieur nu een restaurant. Regelmatig wisselende menukaart, sympathieke ambiance en een vaste klantenkring.
◆ Ancien "bruin café" promu taverne-restaurant grâce à quelques embellissements de-ci de-là. Carte fréquemment recomposée, ambiance sympathique et clientèle d'habitués.

✗ **Memories of India,** Reguliersdwarsstraat 88, ⊠ 1017 BN, ℰ (0 20) 623 57 10, *info@memoriesofindia.nl*, *Fax (0 20) 453 22 05,* Cuisine indienne – ▤. AE ⓂⓈ VISA. ❀ LY **a**
Repas (dîner seult jusqu'à 23 h 30) carte 22 à 37, ⌾.
◆ Specialiteiten uit Noord- en Midden-India en een decor uit de sprookjes van duizend-en-een-nacht in moderne versie. Kortom, een stukje India vlak bij een gezellig plein.
◆ Des spécialités du Nord et du centre du sous-continent, un décor des mille et une nuits modernisé, et voici recréée près d'une place animée l'ambiance "Empire des Indes".

Quartier Rijksmuseum (Vondelpark) - plans p. 8 et 10 :

 Marriott, Stadhouderskade 12, ⊠ 1054 ES, 𝒸 (0 20) 607 55 55, *amsterdam@mario tthotels.com, Fax (0 20) 607 55 11,* 𝐼₆, 𝄢, 𝄐 – 📶 ⇆ ▤ ☎ 🅳 ch, 🖙 – 𝄐 25 à 450.
🆎 ⓪ ⓶ 𝑽𝑰𝑺𝑨 𝑱𝑪𝑩 ⋘ JY **f**
Repas *(fermé 2 dern. sem. juil.-2 prem. sem. août, dim. et lundi)* (dîner seult) carte 34 à 44, 𝒴 – 😋 24 – **387 ch** 199/249, – 5 suites – ½ P 223/273.

◆ Eersteklas hotel op Amerikaanse leest geschoeid, aan een belangrijk kruispunt. Grote, volledig uitgeruste kamers. Business center, goede faciliteiten voor seminars.
◆ Hôtel haut de gamme conçu à l'américaine au bord d'un axe important. Vastes chambres dotées d'équipements complets. Bonne infrastructure pour séminaires et centre d'affaires.

 NH Amsterdam Centre, Stadhouderskade 7, ⊠ 1054 ES, 𝒸 (0 20) 685 13 51, *nha msterdamcentre@nh-hotels.nl, Fax (0 20) 685 16 11* – 📶 ⇆ ▤ ☎ 🅳 ch, – 𝄐 25 à 200.
🆎 ⓪ ⓶ 𝑽𝑰𝑺𝑨 𝑱𝑪𝑩 ⋘ JY **p**
Repas carte 22 à 41 – **Bice** *(fermé 3 prem. sem. août)* (cuisine italienne, dîner seult) carte env. 40 – 😋 19 – **228 ch** 160/390, – 2 suites – ½ P 220/450.

◆ Dit volledig gerenoveerde hotel staat aan de Singel in hartje Amsterdam, maar is desondanks goed bereikbaar. Ruime, zeer comfortabele kamers, ingericht met stijlmeu-bilair. De brasserie is tot vrij laat in de avond geopend. Zeer eigentijdse Italiaanse keuken.
◆ Le long du Singelgracht, établissement de chaîne entièrement rénové et dont l'accès ne pose aucune difficulté. Amples chambres très confortables, garnies de meubles de style. Brasserie dont les lumières brillent assez tard. Table transalpine bien dans le coup.

 The Gresham Memphis sans rest, De Lairessestraat 87, ⊠ 1071 NX, 𝒸 (0 20) 673 31 41, *info@gresham-memphishotel.nl, Fax (0 20) 673 73 12,* 𝐼₆, 𝄐 – 📶 ⇆ ☎ –
𝄐 40. 🆎 ⓪ ⓶ 𝑽𝑰𝑺𝑨 𝑱𝑪𝑩 ⋘ FU **g**
😋 18 – **74 ch** 205/250.

◆ Goede kamers met een Engelse look en met geluidsisolatie, die geleidelijk worden opgek-napt. Attente service. Tramlijn 16 stopt bij het hotel.
◆ Bonnes chambres au look "british", insonorisées et progressivement rafraîchies. Service attentionné. La ligne 16 du tramway, desservant le centre, passe devant l'hôtel.

 Jan Luyken sans rest, Jan Luykenstraat 58, ⊠ 1071 CS, 𝒸 (0 20) 573 07 30, *jan-lu yken@bilderberg.nl, Fax (0 20) 676 38 41* – 📶 ⇆ ▤ ☎. 🆎 ⓪ ⓶ 𝑽𝑰𝑺𝑨 𝑱𝑪𝑩 JZ **m**
😋 18 – **62 ch** 90/258.

◆ Een hotel in drie fraaie herenhuizen uit rond 1900, met grote kamers die zeer com-fortabel zijn. Eigentijds interieur. Praktisch gelegen, op een steenworp afstand van de musea.
◆ Trois belles demeures 1900 composent cet hôtel aux grandes chambres bien équipées. Décor intérieur d'esprit contemporain. Situation pratique et en plein quartier des musées.

 Vondel (annexes) sans rest, Vondelstraat 28, ⊠ 1054 GE, 𝒸 (0 20) 612 01 20, *info@ hotelvondel.nl, Fax (0 20) 685 43 21,* 𝄐 – 📶 ☎. 🆎 ⓪ ⓶ 𝑽𝑰𝑺𝑨 𝑱𝑪𝑩 JY **m**
😋 17 – **70 ch** 139/239.

◆ Het hotel beslaat vijf herenhuizen uit het einde van de 19e eeuw. Het pand met de receptie beschikt over de beste kamers, die zeer verzorgd zijn ingericht. Luxueuze salons.
◆ L'établissement occupe cinq maisons de la fin du 19e s. Le bâtiment accueillant la récep-tion abrite les meilleures chambres, de style très soigné. Salons cossus.

 Piet Hein sans rest, Vossiusstraat 53, ⊠ 1071 AK, 𝒸 (0 20) 662 72 05, *info@hotelp iethein.nl, Fax (0 20) 662 15 26* – 📶 ⇆ ▤ ☎. 🆎 ⓪ ⓶ 𝑽𝑰𝑺𝑨 𝑱𝑪𝑩 ⋘ JZ **g**
60 ch 😋 92/165.

◆ Hotel met moderne kamers, gevestigd in een prachtig herenhuis. Op loopafstand lig-gen het groene Vondelpark, het gezellige Leidseplein en diverse interessante musea.
◆ Ancienne maison de notable renfermant des chambres modernes. À deux pas : la chlo-rophylle du Vondelpark, l'animation de la Leidseplein et plusieurs beaux musées.

Ramada Museum Square sans rest, De Lairessestraat 7, ⊠ 1071 NR, 𝒸 (0 20) 671 95 96, *info@ams.nl, Fax (0 20) 671 17 56* – 📶 ⇆ ☎. 🆎 ⓪ ⓶ 𝑽𝑰𝑺𝑨 𝑱𝑪𝑩 ⋘ FU **h**
😋 15 – **34 ch** 149/239.

◆ Achter een vrij alledaagse gevel gaat dit goed onderhouden hotel schuil, dicht bij drie prestigieuze musea. De ruime kamers zijn met geriefelijk meubilair ingericht.
◆ Une façade assez banale abrite cet hôtel bien tenu bénéficiant de la proximité de trois musées prestigieux. Chambres spacieuses garnies d'un mobilier actuel.

Ramada Leidse Square sans rest, Tesselschadestraat 23, ⊠ 1054 ET, 𝒸 (0 20) 612 68 76, *info@ams.nl, Fax (0 20) 683 83 13* – 📶 ⇆ ☎. 🆎 ⓪ ⓶ 𝑽𝑰𝑺𝑨 𝑱𝑪𝑩 ⋘
😋 15 – **89 ch** 139/189. JY

◆ Dit hotel tussen het Vondelpark en het Leidseplein omvat vier huizen naast elkaar met goed onderhouden kamers. Openbare, ondergrondse parkeergarage op 100 m.
◆ Entre le Vondelpark et la Leidseplein, hôtel formé de quatre maisons mitoyennes où vous serez hébergés dans des chambres bien tenues. Parking public souterrain à 100 m.

🏠 **Fita** sans rest, Jan Luykenstraat 37, ⊠ 1071 CL, *℘* (0 20) 679 09 76, *info@fita.nl*, *Fax (0 20) 664 39 69* – 📱 ✺ 📺 . ⒶⒺ ⓪ ⓴ 𝑽𝑰𝑺𝑨 . ✺ JZ **s** *fermé 15 déc.-16 janv.* – **16 ch** ⌑ 90/140.

◆ Dit kleine hotel is ideaal voor de individuele toerist. Het heeft functionele kamers in drie verschillende prijsklassen en ligt vlak bij de grote musea van de stad.

◆ Idéal pour le tourisme individuel, ce petit hôtel aux chambres fonctionnelles, de trois calibres différents, bénéficie de la proximité des plus grands musées d'Amsterdam.

🏠 **De Filosoof** ✺ sans rest, Anna van den Vondelstraat 6, ⊠ 1054 GZ, *℘* (0 20) 683 30 13, *reservations@hotelfilosoof.nl*, *Fax (0 20) 685 37 50* – 📱 📺 – 🔬 25. ⒶⒺ ⓴ 𝑽𝑰𝑺𝑨 . ✺ ET **a** **38 ch** ⌑ 99/150.

◆ Hotel in een eenrichtingstraat langs het Vondelpark. Het decor van de kamers is geïnspireerd op cultureel-filosofische thema's. Rustig mediteren kan op het terras.

◆ Adoptez cet hôtel ouvert sur une rue à sens unique longeant le Vondelpark pour ses chambres inspirées de thèmes philosophico-culturels que vous pourrez même méditer sur la terrasse.

🏠 **Villa Borgmann** ✺ sans rest, Koningslaan 48, ⊠ 1075 AE, *℘* (0 20) 673 52 52, *info@hotel-borgmann.nl*, *Fax (0 20) 676 25 80* – 📱 📺 . ⒶⒺ ⓪ ⓴ 𝑽𝑰𝑺𝑨 . ✺ EU **n** ⌑ 10 – **15 ch** 75/135.

◆ Dit rustige familiehotel vlak bij het Vondelpark is gehuisvest in een fraaie, rode bakstenen villa uit omstreeks 1900. De kamers zijn ruim en actueel.

◆ Paisible adresse familiale voisine du rafraîchissant Vondelpark, cette jolie villa 1900 bâtie en briques rouges met à votre disposition des chambres amples et actuelles.

🏠 **Prinsen** sans rest, Vondelstraat 36, ⊠ 1054 GE, *℘* (0 20) 616 23 23, *manager@prinsenhotel.nl*, *Fax (0 20) 616 61 12*, ✺ – 📱 📺 . ⒶⒺ ⓪ ⓴ 𝑽𝑰𝑺𝑨 𝐽𝐶𝐵 . JY **e** **45 ch** ⌑ 90/135.

◆ Achter de donkere façade van dit pand uit circa 1900 gaan kamers schuil die klein en eenvoudig zijn, maar wel zeer verzorgd en licht. De ontbijtzaal kijkt uit op een tuintje.

◆ Des chambres sobres et menues, mais pimpantes et lumineuses, se cachent derrière cette sombre façade 1900. La salle des petits-déjeuners donne sur un jardinet.

🏠 **Zandbergen** sans rest, Willemsparkweg 205, ⊠ 1071 HB, *℘* (0 20) 676 93 21, *info@hotel-zandbergen.com*, *Fax (0 20) 676 93 21* – ✺ 📺 . ⒶⒺ ⓪ ⓴ 𝑽𝑰𝑺𝑨 . ✺ EU **s** *fermé du 15 au 27 déc. et du 4 au 17 janv.* – **18 ch** ⌑ 75/143.

◆ Hotelletje in een herenhuis nabij het Vondelpark. Door de straat rijdt een tram, maar dankzij de dubbele beglazing hebben de kleine, gerenoveerde kamers geen geluidsoverlast.

◆ À 100 m du Vondelpark, dans une rue à tramway, petit hôtel dont les compactes chambres ont été rénovées. Un double vitrage efficace les prémunit des bruits de la circulation.

ⓧⓧⓧ **Radèn Mas**, Stadhouderskade 6, ⊠ 1054 ES, *℘* (0 20) 685 40 41, *Fax (0 20) 685 39 81*, Cuisine indonésienne, ouvert jusqu'à 23 h – 🍽 . ⒶⒺ ⓪ ⓴ 𝑽𝑰𝑺𝑨 𝐽𝐶𝐵 . ✺ JY **k** **Repas** carte 31 à 68.

◆ Een gerenommeerd Indonesisch restaurant dat het culinaire erfgoed van de voormalige Hollandse kolonie alle eer aandoet. 's Avonds speelt er een pianist, behalve op dinsdag.

◆ Une réputation flatteuse entoure ce restaurant indonésien qui ranime dignement l'héritage culinaire de l'ancienne colonie hollandaise. Piano tous les soirs, sauf le mardi.

ⓧⓧ **Le Garage**, Ruysdaelstraat 54, ⊠ 1071 XE, *℘* (0 20) 679 71 76, *info@rest-legarage.nl*, *Fax (0 20) 662 22 49*, Avec bar à tapas Le Garage en Pluche, ouvert jusqu'à 23 h – 🍽 🗗 le soir uniquement. ⒶⒺ ⓪ ⓴ 𝑽𝑰𝑺𝑨 𝐽𝐶𝐵 FU **y** *fermé 25 juil.-8 août* – **Repas** *Lunch 30* – 33/50, ♀.

◆ Moderne brasserie met artistiek decor en bruisende kosmopolitische ambiance. Vrij kleine, maar goed doortimmerde menukaart. De buurman heeft een sympathieke, tapasachtige bar.

◆ Ambiance artistique et effervescence cosmopolite dans cette brasserie moderne dont la carte décline un bon petit choix bien ficelé. Tapas bar-restaurant très "sympa" à côté.

ⓧ **Spring**, Willemsparkweg 177, ⊠ 1071 GZ, *℘* (0 20) 675 44 21, *info@restaurantspring.nl*, *Fax (0 20) 676 94 14*, ✺ – 🍽 . ⒶⒺ ⓪ ⓴ 𝑽𝑰𝑺𝑨 𝐽𝐶𝐵 . ✺ FU **w** *fermé sam. midi et dim.* – **Repas** *Lunch 30* – carte 45 à 57, ♀.

◆ Ambiance "hype" in een lange, smalle designeetzaal, die door een dubbele bank in tweeën wordt gedeeld. Trendy keuken. Collectie doeken van Jasper Krabbé.

◆ Atmosphère "hype" dans une longue et étroite salle à manger design coupée en deux par une curieuse banquette. Cuisine "tendance". Collection de toiles de Jasper Krabbé.

ⓧ **Brasserie van Baerle**, Van Baerlestraat 158, ⊠ 1071 BG, *℘* (0 20) 679 15 32, *Fax (0 20) 671 71 96*, ✺ , Ouvert jusqu'à 23 h – ⒶⒺ ⓪ ⓴ 𝑽𝑰𝑺𝑨 . ✺ FU **b** *fermé 25 et 26 déc., janv. et sam. midi* – **Repas** *Lunch 33* – carte 39 à 54, ♀.

◆ Aangename brasserie die vooral bij Amsterdammers populair is. Aantrekkelijke kaart met menu, waarbij de geserveerde wijnen harmonieus gezelschap zijn. Brunch op zondag.

◆ Agréable restaurant où afflue une clientèle surtout amstellodamoise, fidélisée par un attrayant menu-carte suggérant aussi d'harmonieux accords mets-vins. Brunch dominical.

Quartiers Sud et Ouest - plans p. 8 et 9 sauf indication spéciale :

Okura 🐟, Ferdinand Bolstraat 333, ✉ 1072 LH, ℰ (0 20) 678 71 11, sales@okura.nl, Fax (0 20) 671 23 44, ☺, ℐ₆, ≋s, ☒, ▣ – 🛗 ⇥ ▤ 🔳 📶ch, ⇦ 🅿 – 🚗 25 à 1200. AE ⓞ ⓜⓢ VISA JCB 🏡 GU c
Repas voir rest **Ciel Bleu** et **Yamazato** ci-après – **Sazanka** (cuisine japonaise avec Teppan-Yaki, dîner seult) 53/80, 🍷 – **Brasserie Le Camelia** (ouvert jusqu'à 23 h) carte env. 46, 🍷 – ⊔ 26 – **357 ch** 170/380, – 12 suites.

◆ Net Japan in 't klein, dit internationale luxehotel aan de Noorder Amstel, dat bij uitstek geschikt is voor feestelijke en zakelijke bijeenkomsten. Prachtig health center. Japans restaurant met teppan yaki. Gevarieerde Franse keuken in brasserie Le Camelia.

◆ Un vrai "village japonais" que ce luxueux hôtel international dominant le canal Noorder Amstel. Superbe health center et colossale infrastructure pour séminaires. Restaurant nippon doté de tables de cuisson. Cuisine française variée à la brasserie Le Camelia.

Hilton, Apollolaan 138, ✉ 1077 BG, ℰ (0 20) 710 60 00, robertos.amsterdam@hilton .com, Fax (0 20) 710 60 80, ≤, 🍽, ℐ₆, ≋s, ☄, 🚲, ▣ – 🛗 ⇥ ▤ 🔳 📶ch, 🅿 – 🚗 25 à 550. AE ⓞ ⓜⓢ VISA 🏡 FU f
Repas Roberto's (cuisine italienne avec buffet) carte 45 à 54, 🍷 – ⊔ 25 – **267 ch** 180/390, – 4 suites.

◆ Het volledig gerenoveerde hotel heeft elegante kamers in design. De tuin en de terrassen aan het water nodigen uit tot een dolce far niente. De mediterrane restaurantzaal is een prima setting voor de Italiaanse gerechten. Keuzemenu en buffetten met antipasti.

◆ L'établissement a bénéficié d'une rénovation intégrale. Pimpantes chambres design et - invitation au farniente - jardin et terrasses en bordure de canal. Plaisante salle à manger méditerranéenne battant pavillon italien. Menu-choix et buffets d'anti-pasti.

Bilderberg Garden, Dijsselhofplantsoen 7, ✉ 1077 BJ, ℰ (0 20) 570 56 00, garden@b ilderberg.nl, Fax (0 20) 570 56 54 – 🛗 ⇥ ▤ 🔳 🅿 – 🚗 25 à 150. AE ⓞ ⓜⓢ VISA JCB
Repas voir rest **Mangerie de Kersentuin** ci-après – ⊔ 21 – **120 ch** 165/350, – 2 suites – ½ P 215/400. FU d

◆ Bescheiden luxe en charme karakteriseren de persoonlijke ambiance van dit kleine Grand Hotel. De kamers zijn zeer goed uitgerust en smaakvol ingericht met gevoel voor details.

◆ Ce tout petit "grand hôtel" à l'ambiance très personnalisée combine luxe et charme discrets. Chambres fort bien équipées, décorées avec goût et sens du détail.

Le Meridien Apollo, Apollolaan 2, ✉ 1077 BA, ℰ (0 20) 673 59 22, info.apollo@le meridien.com, Fax (0 20) 570 57 44, ≤, 🍽, ℐ₆, ▣ – 🛗 ⇥ ▤ 🔳 🖃 🅿 – 🚗 25 à 200. AE ⓞ ⓜⓢ VISA JCB 🏡 FU e
Repas La Sirène (produits de la mer) Lunch 33 – carte 43 à 83, 🍷 – ⊔ 21 – **217 ch** 305/390, – 2 suites.

◆ Dit internationale hotel ligt buiten het drukke centrum, bij de kruising van vijf grachten. Kamers met goed comfort. Vrij compleet servicepakket. Groot, eigentijds visrestaurant met terras aan het water.

◆ Hôtel de chaîne international situé à l'écart de l'animation, au croisement de cinq canaux. Chambres de bon confort. Service assez complet. Ample restaurant au goût du jour complété d'une terrasse d'été au bord de l'eau. Cuisine littorale.

Tulip Inn City West, Reimerswaalstraat 5, ✉ 1069 AE, ℰ (0 20) 410 80 00, info@tiam sterdamcw.nl, Fax (0 20) 410 80 30 – 🛗 ⇥ ▤ 🔳 📶ch, – 🚗 25 à 70. AE ⓞ ⓜⓢ VISA
Repas (dîner seult) carte 22 à 35 – ⊔ 14 – **162 ch** 135/150. plan p. 6 AP e

◆ Pluspunten van deze nieuwkomer in een vrij rustige wijk zijn de ruime kamers, de grote gemeenschappelijke ruimten en de parkeerfaciliteiten in de omgeving. Het restaurant voert een klassieke kaart die in een modern jasje is gestoken.

◆ Dans un quartier assez tranquille, récent hôtel de chaîne dont les atouts sont l'ampleur des chambres et des espaces communs ainsi que les facilités de parking aux alentours. Une carte classique actualisée est présentée au restaurant.

Tulip Inn Art (annexe Golden Tulip Art - 60 ch), Spaarndammerdijk 302 (Westerpark), ✉ 1013 ZX, ℰ (0 20) 410 96 70, art@westlordhotels.nl, Fax (0 20) 681 08 02, 🍽, 🚲 – 🛗 ▤ 🔳 ⇦ – 🚗 25. AE ⓞ ⓜⓢ VISA 🏡 plan p. 4 BN
Repas (ouvert jusqu'à 23 h) 25 bc – ⊔ 15 – **130 ch** 170 – ½ P 207.

◆ Dit eigentijdse hotel vlak bij een afrit van de rondweg beschikt over kamers die geheel op de zakelijke gast zijn afgestemd. Expositie van doeken en hedendaagse kunstenaars. Café-restaurant in trendy brasseriestijl.

◆ Près d'une bretelle du ring, hôtel de notre temps renfermant des chambres adaptées aux besoins de la clientèle d'affaires. Exposition de toiles d'artistes contemporains. Taverne-restaurant façon "brasserie branchée".

Delphi sans rest, Apollolaan 105, ✉ 1077 AN, ℰ (0 20) 679 51 52, delphi-hotel@tref.n Fax (0 20) 675 29 41 – 🛗 ⇥ 🔳 AE ⓞ ⓜⓢ VISA 🏡 FU ⊔ 10 – **47 ch** 85/115.

◆ Dit kleine hotel ligt nabij de Beethovenstraat met zijn vele winkels. De comfortabele kamers zijn met Engels meubilair ingericht. Stemmige sfeer, rust verzekerd.

◆ À deux pas de la commerçante Beethovenstraat, petit hôtel proposant des chambres confortables, garnies d'un mobilier anglais. Ambiance feutrée et tranquillité assurée.

🏠 **La Richelle** ❦ sans rest, Holbeinstraat 41, ✉ 1077 VC, ℰ (0 20) 671 79 71, *info@ hotellarichelle.nl*, Fax (0 20) 671 05 41 – 📺 ☞. 🆑 ⓦ 🆅🆂🅰 🅹🅲🅱   FU **k**
12 ch ☞ 80/160.
* Dit bescheiden hotel is even sympathiek als gastvrij en beschikt over enkele goede en vrij ruime kamers, waarvan sommige uitzicht bieden op een leuke, kleine patio.
* Modeste, mais aussi sympathique qu'accueillant, cet établissement comporte quelques bonnes chambres assez amples. Certaines offrent la vue sur un ravissant petit patio.

🏠 **Bastion Zuid-West,** Nachtwachtlaan 11, ✉ 1058 EV, ℰ (0 20) 669 16 21, *bastion @bastionhotel.nl*, Fax (0 20) 669 16 31, 🌫 – 🛗 🌬 📺 🆑 📵. 🆑 🆇 🆅🆂🅰. ❦
Repas (grillades, ouvert jusqu'à 23 h) carte env. 30 – ☞ 11 – **80 ch** 86.
* Dit hotel ligt buiten het centrum, dicht bij het Rembrandtpark en een afrit van de snelweg. De functionele kamers zijn karakteristiek voor de hotelgroep. Beveiligde parking, tramverbinding met het centrum. Restaurantzaal met een kleine salon-bibliotheek.
* Hôtel excentré, proche du parc Rembrandt et d'une sortie d'autoroute. Chambres fonctionnelles typiques de la chaîne. Parking sécurisé et accès aisé au centre par le tram. Salle de restaurant complétée d'un petit salon-bibliothèque.   plan p. 6   BP **c**

🆇🆇🆇🆇 ✿✿✿ **Ciel Bleu** - H. Okura, 23ᵉ étage, Ferdinand Bolstraat 333, ✉ 1072 LH, ℰ (0 20)
678 71 11, *restaurants@okura.nl*, Fax (0 20) 678 77 88, ⩽ ville, 🛗 – 🛗 ☰ 📵. 🆑 🅾 📵
🆅🆂🅰 🅹🅲🅱. ❦   GU **c**
fermé mi-juil.-mi-août et fin déc. – **Repas** (dîner seult) 55/93, carte 77 à 102, 🍴
Spéc. Saint-Jacques rôties aux truffes. Agneau de trois façons. Parfait au whisky et beignets de cerises.
* Dit uitgelezen restaurant op de bovenste verdieping van een hotel dat in Japanse handen is, biedt een schitterend uitzicht op de stad. Aantrekkelijke en inventieve menukaart.
* Au sommet d'un palace à gestion nippone, table de haute voltige culinaire, procurant une vue splendide sur les toits de la ville. Carte aussi appétissante qu'inventive.

🆇🆇 ✿✿✿ **Yamazato** - H. Okura, Ferdinand Bolstraat 333, ✉ 1072 LH, ℰ (0 20) 678 83 51, *res taurants@okura.nl*, Fax (0 20) 678 77 88, Cuisine japonaise, 🛗 – ☰ 📵. 🆑 🅾 📵 🆅🆂🅰
🅹🅲🅱. ❦   GU **c**
Repas *Lunch* 49 – 50/90, carte 39 à 69, 🍴
Spéc. Uminosachi Tempura (crevettes). Sukiyaki (bœuf). Suzuki Usuzukuri (bar) (sept.-mai).
* Zen-decor en dito ambiance in dit restaurant. Onder het wakende oog van geisha's kunt u hier genieten van verrukkelijke, traditionele Japanse gerechten. Speciale lunchformule.
* Ambiance et décor "zen" à cette table où l'on déguste de succulents repas traditionnels nippons sous l'oeil prévenant des geishas. Formule "lunch box" en guise de déjeuner.

🆇🆇 **visaandeschelde,** Scheldeplein 4, ✉ 1078 GR, ℰ (0 20) 675 15 83, *info@visaandes chelde.nl*, Fax (0 20) 471 46 53, 🌫, Produits de la mer, ouvert jusqu'à 23 h – ☰ ⏏ le
soir uniquement 📵. 🆑 🅾 📵 🆅🆂🅰 🅹🅲🅱. ❦   GU **m**
fermé 24 déc.-2 janv., sam. midi et dim. midi – **Repas** *Lunch* 29 – carte 40 à 72, 🍴
* De maquette van een boot achter het raam verraadt de culinaire ambitie van dit huis. Het is bijna alles vis wat de klok slaat. Lichte, sobere eetzaal in blauw-witte tinten.
* En vitrine, une maquette de bateau annonce l'orientation culinaire de la maison. Recettes gorgées d'iode. Salle à manger claire et dépouillée, dans les tons bleu et blanc.

🆇🆇 **Quartier Sud Chez Denise,** Olympiaplein 176, ✉ 1076 AM, ℰ (0 20) 675 39 90, *info@quartiersud.nl*, Fax (0 20) 675 42 60 – 🆑 📵 🆅🆂🅰   EU **z**
fermé déc.-1ᵉʳ janv., sam. et dim. – **Repas** carte 38 à 73, 🍴.
* Een populair restaurant met de ontspannen ambiance van een buurteethuis. De mediagenieke Denise heeft een mooi, eigentijds repertoire met een klassieke basis.
* Enseigne en vogue où règne une atmosphère détendue de brasserie de quartier. La médiatique Denise y compose une belle carte un rien bourgeoise et bien de son temps.

🆇🆇 **Het Bosch,** Jollenpad 10, ✉ 1081 KC, ℰ (0 20) 644 58 00, *restaurant@hetbosch.com*,
⩽, 🌫, 🛗 – 📵. 🆑 🅾 📵 🆅🆂🅰. ❦   plan p. 6   BQ **d**
fermé fin déc., sam. et dim. – **Repas** *Lunch* 35 – carte 38 à 67, 🍴.
* Deze culinaire stek ligt aan de jachthaven bij het Nieuwe Meer. Smakelijke, klassiekeigentijdse keuken en goed samengestelde wijnkaart. Panoramisch terras aan het water.
* Pavillon caché sur le port de plaisance, à l'entrée du Nieuwe Meer. Goûteuse cuisine classique-actuelle et sélection de vins recherchée. Terrasse panoramique au bord du lac.

🆇🆇 **Mangerie de Kersentuin** - H. Bilderberg Garden, Dijsselhofplantsoen 7, ✉ 1077 BJ,
ℰ (0 20) 570 56 00, *garden@bilderberg.nl*, Fax (0 20) 570 56 54, 🌫 – ☰ ⏏ 📵. 🆑 🅾
📵 🆅🆂🅰 🅹🅲🅱. ❦ rest   FU **d**
fermé 31 déc.-1ᵉʳ janv., sam. midi et dim. – **Repas** *Lunch* 28 – 33 bc/58, 🍴.
* Glimmend koperwerk en rode banken geven dit restaurant de uitgesproken look van een brasserie. Uitnodigende, eigentijdse menukaart. Mooi zomerterras.
* Une mangerie plagiant franchement le "look" d'une brasserie, avec ses cuivres rutilants et ses banquettes rouges rebondies. Engageante carte actuelle. Belle terrasse estivale.

X **Blender,** Van der Palmkade 16, ⊠ 1051 RE, ✆ (0 20) 486 98 60, *info@blender.to*,
Fax (0 20) 486 98 51, 🏛 – AE MO VISA   plan p. 10 JV **k**
fermé 1ᵉʳ janv. et lundi – **Repas** (dîner seult jusqu'à 23 h) carte env. 40, ♀.
• Jong restaurant dat is gevestigd op de benedenverdieping van een rond gebouw. De
halfcirkelvormige bar is het kloppende hart van deze trendy ambiance. Charmante bedie-
ning.
• Restaurant d'esprit jeune occupant le rez-de-chaussée d'un immeuble en rotonde.
Ambiance "trendy" autour d'un comptoir en hémicycle. Service charmant.

X **Le Hollandais,** Amsteldijk 41, ⊠ 1074 HV, ✆ (0 20) 679 12 48, *lehollandais@planet.nl*
– ▤. AE MO VISA JCB   GU **f**
fermé dim. – **Repas** (dîner seult) carte 41 à 57, ♀.
• Een charmant adresje met een wat yuppieachtige clientèle. Dit voormalige buurtcafé
is uitgegroeid tot een restaurant dat een eigentijdse keuken serveert in een sober
decor.
• Attachante petite adresse attirant une clientèle un peu "bourgeois-bohème", ce bistrot
de quartier promu restaurant sert une cuisine de notre temps dans un cadre dépouillé.

X **Brasserie Richard,** Scheldestraat 23, ⊠ 1078 GD, ✆ (0 20) 675 78 08, *diri@wanad*
oo.nl, Fax (0 20) 662 33 85 – AE MO VISA   GU **b**
fermé 2 prem. sem. août, prem. sem. janv. et dim. – **Repas** (dîner seult jusqu'à 23 h) 30.
• In deze brasserie in de buurt van de RAI krijgt u een menukaart voorgelegd met klassieke
Franse gerechten. Modern interieur in mediterrane sfeer.
• Un choix de préparations classiques françaises s'emploie à combler votre appétit
dans cette brasserie avoisinant le RAI. Décor intérieur actuel, d'inspiration méditerranéenne.

X **Pakistan,** Scheldestraat 100, ⊠ 1078 GP, ✆ (0 20) 675 39 76, *Fax (0 20) 675 39 76*,
🍜 Cuisine indienne – AE ① MO VISA   GU **s**
Repas (dîner seult jusqu'à 23 h) 25/45.
• Authentiek Pakistaans restaurant vlak bij de RAI. Op de uitheemse kaart staan ook
uitgebreide menu's, maar gerechten met varkensvlees zijn uiteraard de grote
afwezigen.
• Pas loin du RAI, authentique restaurant pakistanais dont la dépaysante carte, assortie
de généreux menus, exclut logiquement le porc de ses recettes, au profit du boeuf.

X **AlaFerme,** Govert Flinckstraat 251, ⊠ 1073 BX, ✆ (0 20) 679 82 40, *alaferme@xs4*
all.nl, Fax (0 20) 679 30 92, 🏛   GU **k**
fermé dern. sem. juil.-prem. sem. août, dern. sem. déc.-prem. sem. janv., dim. et lundi –
Repas (dîner seult) 29/35, ♀.
• Geen wijnkruiken en hooibalen "bij de boer", maar een kleine kaart die voor de variatie
elke twee weken wordt vervangen. Grote gastentafel in de serre.
• "À la Ferme", ni cruches ni bottes de foin, mais une sage petite carte recomposée tous
les 15 jours pour éviter toute lassitude. Grande table d'hôtes dressée côté véranda.

X **Kaiko,** Jekerstraat 114 (angle Maasstraat), ⊠ 1078 MJ, ✆ (0 20) 662 56 41, Cuisine
japonaise avec Sushi-bar – ▤. AE MO VISA JCB. ⚡   GU **a**
fermé dern. sem. juil.-2 prem. sem. août, dern. sem. déc., jeudi et dim. – **Repas** (dîner seult)
22/60, ♀.
• Sympathieke sushibar die in trek is vanwege de authentieke Japanse keuken en voorkomende service. Eetzaal met bescheiden Japanse accenten.
• Sympathique sushi-bar apprécié pour l'authenticité de sa cuisine japonaise et son service
prévenant. Salle aux discrètes touches nippones.

Quartiers Est et Sud-Est - *plan p. 7 sauf indication spéciale* :

🏨 **Mercure a/d Amstel,** Joan Muyskenweg 10, ⊠ 1096 CJ, ✆ (0 20) 665 81 81, *H1244*
@accor.com, Fax (0 20) 694 87 35, ♨, 🖥, 🛗 – 📶 ✻ 📺 ♿ch, 📞 – 🔒 25 à 450.
AE ① MO VISA. ⚡   CQ **a**
Repas *Lunch 23* – carte 33 à 47, ♀ – ⊇ 18 – **368 ch** 175/230 – ½ P 125/153.
• Dit hotel aan de rand van de stad heeft een royale infrastructuur voor seminars en goede
kamers die zijn ingericht naar de normen van de keten. Het restaurant presenteert een
internationale kaart met wijnen uit de Mercure-selectie.
• Cet hôtel posté juste à l'entrée de la ville dispose d'une importante infrastructure pour
séminaires et de bonnes chambres aménagées selon les standards de l'enseigne Mercure
À table, carte internationale et sélection de vins de la chaîne.

🏨 **AC Hotel,** Provincialeweg 38 (sur A 9, sortie S 113), ⊠ 1108 AB, ✆ (0 20) 312 14 16
amsterdam@autogrill.net, Fax (0 20) 312 14 65, ≤, 🏛, ✻, 🛗 – 📶 ✻ 📺 ♿ch, 📞 – 🔒 25
à 220. AE ① MO VISA. ⚡   DQR **r**
Repas carte 25 à 41 – **192 ch** ⊇ 99/149.
• Hotel buiten het centrum, dicht bij de snelweg, een meer en een rivier. Goede, identiek
ingerichte kamers, sommige met uitzicht op de Gaasperplas. Terras op aanlegsteiger.
• Hôtel de chaîne excentré, proche de l'autoroute, d'un lac et d'une rivière. Bonnes chambres à l'identique - certaines avec vue sur le Gaasp. Terrasse sur ponton d'amarrage.

🏠🏠 **NH Tropen,** Linnaeusstraat 2c, ✉ 1092 CK, ☎ (0 20) 692 51 11, *nhtropen@nh-hotels.com*, Fax *(0 20) 663 09 79*, ⇐ – 🛗 ⟡ 📺 📞 – 🏋 80. 🆎 ⓪ ⓿
📷 💳 ⟡ plan p. 9 HT r
Repas *(fermé vend. soir, sam. et dim.)* carte env. 30 – 🍽 13 – **80 ch** 69/180.
 ◆ Een modern pand naast het Tropenmuseum. De kamers zijn voorzien van geluidsisolatie en gerenoveerd naar de normen van de keten. Uitzicht op het Oosterpark met vijver.
 ◆ À côté du musée des Tropiques. Immeuble récent dont les chambres, bien insonorisées, ont été rénovées selon les standards de la chaîne. Vue sur l'Oosterpark et son étang.

🏠🏠 **Lloyd,** Oostelijke Handelskade 34, ✉ 1019 BN, ☎ (0 20) 561 36 36, *post@lloydhotel.com*, Fax *(0 20) 561 36 00*, ☂ – 🛗 ⟡ 📺 ♿ch, ⟲, 🆎 ⓪ ⓿ 💳 ⟡ CP a
Repas carte env. 22, 🍷 – 🍽 12 – **119 ch** 80/300.
 ◆ Monumentaal hotel in een voormalig rederijkantoor uit 1921. Artistieke ambiance en culturele ambassade (reserveringen voor voorstellingen). 14 kamers hebben gedeeld sanitair. Het restaurant voert een uitgebreide, klassiek-internationale kaart.
 ◆ Hôtel monumental tirant parti d'un ancien siège d'armateurs (1921). Ambiance artistique et ambassade culturelle (réservations spectacles). Salles d'eau communes à 14 chambres. Une grande carte classique-internationale est présentée au restaurant.

🏠 **Bastion Amstel,** Verlengde van Marwijk Kooystraat 30 (sur A 10, sortie S 111), ✉ 1096 BX, ☎ (0 20) 663 45 67, *bastion@bastionhotel.nl*, Fax *(0 20) 663 31 16* – 🛗 ⟡
📺 📞 🆎 ⓪ ⓿ 💳 ⟡ CQ e
Repas (grillades, ouvert jusqu'à 23 h) carte env. 30, 🍷 – 🍽 11 – **152 ch** 86/91.
 ◆ Dit hotel ligt niet centraal, maar wel dicht bij de metro naar het centrum. De nieuwe toren heeft kamers met meer comfort. Beveiligde parking gratis.
 ◆ Hôtel de chaîne excentré mais proche d'une station de métro desservant rapidement le centre. Meilleur confort dans les chambres de la nouvelle tour. Parking sécurisé gratuit.

🍴🍴 **Voorbij het Einde,** Sumatrakade 613, ✉ 1019 PS, ☎ (0 20) 419 11 43, *aperlot@wxs.nl*, Fax *(0 33) 479 31 92*, 😊, Ouvert jusqu'à 23 h – 🆎 ⓿ 💳 ⟡
fermé 27 déc.-12 janv., dim., lundi et mardi – **Repas** (déjeuner sur réservation) carte 42 à 50, 🍷. plan p. 9 HS a
 ◆ Een verrassend restaurant achter een rij streng uitziende gebouwen. Designmeubilair, lichtgevende kolommen, halfopen keuken en moderne glaswand die uitkijkt op een parkje.
 ◆ Surprenante table retranchée derrière une rangée d'immeubles austères. Mobilier design, cloisons luminescentes, cuisine à vue et verrière moderne s'ouvrant sur un mini-parc.

🍴 **De Kas,** Kamerlingh Onneslaan 3, ✉ 1097 DE, ☎ (0 20) 462 45 62, *info@restaurantdekas.nl*, Fax *(0 20) 462 45 63*, ⇐, 😊 – 🔲. 🆎 ⓪ 💳 ⟡ plan p. 9 HU a
fermé 24 déc.-2 janv., sam. midi et dim. – **Repas** (menu unique) Lunch 33 – 44.
 ◆ Een lokale curiositeit ! Restaurant in een reusachtige kas waar groenten worden gekweekt. Elke dag een nieuw, supervers menu zo vanuit de kas op tafel.
 ◆ Une curiosité locale. Restaurant établi dans une énorme serre où l'on produit un ensemble de cultures maraîchères. Menu unique renouvelé quotidiennement, et direct du potager.

🍴 **VandeMarkt,** Schollenbrugstraat 8, ✉ 1091 EZ, ☎ (0 20) 468 69 58, *bos.catering@
🍷 wxs.nl*, Fax *(0 20) 463 04 54*, 😊 – 🆎 ⓪ ⓿ 💳 ⟡ plan p. 9 HU e
fermé 3 sem. vacances bâtiment, 25 déc.-3 janv., dim. et lundi – **Repas** (dîner seult) 36/43, 🍷.
 ◆ Een zeer eigentijds restaurant dat zich heeft verschanst tussen een rij gevels die er enigszins streng uitzien. Het terras aan het water kijkt uit op de brandweerkazerne.
 ◆ Brasserie résolument contemporaine à débusquer dans une rangée de façades un peu austères. La terrasse d'été, au bord du canal, contemple la caserne des pompiers.

Quartier Buitenveldert (RAI) - plan p. 6 :

🏠🏠🏠 **Holiday Inn,** De Boelelaan 2, ✉ 1083 HJ, ☎ (0 20) 646 23 00, *reservations.amsnt@ichotelsgroup.com*, Fax *(0 20) 517 27 64*, 🏋 – 🛗 ⟡ 🔲 📺 ♿ch, 📞 – 🏋 25 à 350. 🆎
⓪ ⓿ 💳
Repas (cuisine américaine) carte 37 à 48, 🍷 – 🍽 20 – **254 ch** 295, – 2 suites.
 ◆ Dit hotel ligt dicht bij de RAI (congressen) en heeft ruime kamers die een bescheiden luxe ademen, wat ook geldt voor de gemeenschappelijke ruimten. De keuken is op Amerikaanse leest geschoeid. De kaart biedt volop keuze. Saladebar.
 ◆ Cet hôtel de chaîne proche du RAI (palais des Expositions) plaît pour l'ampleur et le luxe discret de ses chambres ainsi que de ses parties communes. Restauration à la mode américaine. Carte un peu touche-à-tout et salad-bar.

🏠🏠 **Novotel,** Europaboulevard 10, ✉ 1083 AD, ☎ (0 20) 541 11 23, *wanda.boruss@accor.com*, Fax *(0 20) 646 28 23*, 🚲 – 🛗 ⟡ 🔲 📺 ♿ch, 📞 – 🏋 25 à 225. 🆎 ⓪ ⓿
💳 🇯🇨🇧 BQ f
Repas (taverne-rest., ouvert jusqu'à minuit) Lunch 20 – 22, 🍷 – 🍽 17 – **611 ch** 120/219.
 ◆ Imposant hotelcomplex met faciliteiten die zowel op groepen als op de individuele zakelijke gast zijn afgestemd. De kamers zijn ingericht naar de normen van de keten.
 ◆ Immeuble hôtelier imposant, dont l'infrastructure s'adapte aussi bien aux groupes qu'à l'homme d'affaires isolé. Chambres aménagées selon les standards de la chaîne.

XXX **Rosarium,** Amstelpark 1, ✉ 1083 HZ, ✆ (0 20) 644 40 85, info@rosarium.net, Fax (0 20) 646 60 04, ≼, 🌲 – 🅿 – 🔥 25 à 250. 🆎 ⓐ ⓜ ⓞ VISA JCB. ❄ 　　 BQ **v**
fermé sam. et dim. – **Repas** Lunch 30 – carte 38 à 51, ♀.
　　◆ Deze moderne architectuur in het Amstelpark herbergt een ruim opgezet en eigentijds restaurant, een wijnbar en acht vergaderzalen. Vrij gelikt designdecor.
　　◆ Cette architecture moderne émergeant de l'Amstelpark abrite un spacieux restaurant au goût du jour, un bar à vins et huit salles de réunions. Décor design assez léché.

XX **Ravel,** Gelderlandplein 233 (dans centre commercial), ✉ 1082 LX, ✆ (0 20) 644 16 43, info@ravelrestaurant.nl, Fax (0 20) 642 86 84, Taverne-rest – 🗖 🅿. 🆎 ⓐ ⓜ ⓞ VISA JCB
fermé 30 avril, 5 et 25 déc., 1er janv. et dim. midi – **Repas** Lunch 22 – 34, ♀. 　 BQ **k**
　　◆ Dit grote café-restaurant speelt al 20 jaar een klassiek-traditioneel culinair repertoire op de begane grond van een winkelcentrum. Standvastigheid troef achter het fornuis !
　　◆ Grande taverne-restaurant officiant depuis plus de vingt ans au rez-de-chaussée d'un centre commercial. Carte classico-traditionnelle et, derrière les fourneaux, la stabilité.

par autoroute de Den Haag (A 4 - E 19) - plan p. 6 :

🏨 **Mercure Airport,** Oude Haagseweg 20 (sortie ① Sloten), ✉ 1066 BW, ✆ (0 20) 617 90 05, h1315@accor.com, Fax (0 20) 615 90 27 – 📶 📠 – 🗖 📺 🔥ch, 🅿 – 🔥 25 à 300. 🆎 ⓐ ⓜ ⓞ VISA 　　　　　　　　　　　　　　　　　　　　　　AQ **p**
Repas Lunch 20 – 25/30, ♀ – ⊂ 18 – **152 ch** 139/159 – ½ P 182/212.
　　◆ Hotel langs de snelweg, op 3 km van Schiphol (shuttleservice). De grote kamers zijn ingericht naar de normen van de hotelketen en bieden de reiziger de nodige rust.
　　◆ Hôtel situé en bordure de l'autoroute, à 3 km de l'aéroport (service navette). Conformes aux normes de la chaîne, ses grandes chambres conviennent au repos du voyageur.

Environs

à Amstelveen - plans p. 4 et 6 – 78 095 h

🏨 **Grand Hotel,** Bovenkerkerweg 81 (Sud : 2,5 km, direction Uithoorn), ✉ 1187 XC, ✆ (0 20) 645 55 58, info@grandhotelamsteveen.nl, Fax (0 20) 641 21 21, ❄, 🚲 – 📶
📠 📶 🔥 🅿. 🆎 ⓐ ⓜ ⓞ VISA. ❄ 　　　　　　　　　　　　　　　　　　　　　AR **q**
Repas voir rest **Résidence Fontaine Royale** ci-après, par navette – **97 ch** ⊂ 153/173, – 2 suites.
　　◆ Dit hotel ligt aan een belangrijke verkeersader, op 5 min. van Schiphol. Het beschikt over ruime, eigentijdse kamers, alle met vrij goede geluidsisolatie.
　　◆ Sur un axe important, à cinq minutes de l'aéroport, ressource hôtelière proposant des des chambres spacieuses et actuelles, assez bien isolées du bruit.

XXX **De Jonge Dikkert,** Amsterdamseweg 104a, ✉ 1182 HG, ✆ (0 20) 643 33 33, info
🏭 @jongedikkert.nl, Fax (0 20) 645 91 62, 🌲 – 🅿. 🆎 ⓐ ⓜ ⓞ VISA JCB 　　　　　BR **r**
fermé 24 et 31 déc. en 1er janv. – **Repas** Lunch 31 – 32/45, ♀.
　　◆ Hedendaagse keuken in een schilderachtig decor : achter de elegante voorgevel is in de rustieke eetzaal het voetstuk van een 17e-eeuwse windmolen geïntegreerd. Origineel !
　　◆ Cuisine d'aujourd'hui servie dans un cadre pittoresque : derrière sa pimpante façade, la salle à manger rustique intègre la base d'un moulin à vent du 17e s. Original !

XX **Résidence Fontaine Royale** - H. Grand Hotel, Dr Willem Dreesweg 1 (Sud : 2 km, direction Uithoorn), ✉ 1185 VA, ✆ (0 20) 640 15 01, reservering@fontaineroyale.nl, Fax (0 20) 640 16 61, 🌲 – 🗖 🅿 – 🔥 25 à 225. 🆎 ⓐ ⓜ ⓞ VISA. ❄ 　　　ABR **x**
fermé sam. midi, dim. et lundi soir – **Repas** Lunch 24 – carte 39 à 48, ♀.
　　◆ Restaurant van het Grand Hotel, 150 m verderop, aan de overkant van de weg. Actuele gerechten. Aparte ruimten voor partijen en seminars.
　　◆ La table du Grand Hotel occupe un pavillon séparé, à 150 m, de l'autre côté de la route. Recettes dans le tempo actuel. Espaces réservés aux banquets et séminaires.

à Badhoevedorp par Schipholweg AQ – © Haarlemmermeer 122 902 h :

🏨 **Dorint Novotel,** Sloterweg 299, ✉ 1171 VB, ✆ (0 20) 658 81 11, H5330@accor.com Fax (0 20) 658 81 00, 🔁, 📠, 🗖, ❄, 🚲 – 📶 📶, 🗖 ch, 📺 🔥ch, 🅿 – 🔥 25 à 150 🆎 ⓐ ⓜ ⓞ VISA ❄ rest
Repas carte 30 à 49, ♀ – **211 ch** ⊂ 95/215, – 9 suites.
　　◆ Aan de zuidwestkant van Amsterdam, niet ver van de luchthaven (shuttleservice) en de snelweg. Een ketenhotel met grote kamers, voorzien van geluidsisolatie en modern comfort.
　　◆ Au Sud-Ouest d'Amsterdam, non loin de l'aéroport (service navette) et de l'autoroute, hôte de chaîne récent aux grandes chambres insonorisées, disposant du confort moderne.

XX **De Herbergh** avec ch, Sloterweg 259, ✉ 1171 CP, ✆ (0 20) 659 26 00, info@her ergh.nl, Fax (0 20) 659 83 90, 🌲 – 🗖 rest, 📺 🅿 – 🔥 35. 🆎 ⓐ ⓜ ⓞ VISA. ❄ ch
Repas (fermé sam. midi) Lunch 27 – carte 41 à 52, ♀ – ⊂ 11 – **24 ch** 80/121.
　　◆ Honderdjarige herberg met "up to date"-kaart en goede infrastruktuur voor het houde van "executives" seminars. Onberispelijke en praktische kamers.
　　◆ Auberge centenaire où l'on vient faire des repas au goût du jour. Bonnes installatio pour la tenue de petits séminaires "executives". Chambres fonctionnelles sans reproch

à Hoofddorp *par autoroute A 4 - E 19* ④ - 🄲 *Haarlemmermeer 122 902 h. – voir aussi à Schiphol.*

🎗 *Binnenweg 20,* ✉ *2132 CT,* ☎ *(0 23) 563 33 90, hoofddorp@vvvhollandsmidden.nl,* Fax (0 23) 562 77 59

🏨 **Crowne Plaza Amsterdam-Schiphol,** Planeetbaan 2, ✉ 2132 HZ, ☎ (0 23) 565 00 00, *sales.amsap@ichotelsgroup.com, Fax (0 23) 565 05 21,* ₣6, ⇔, 🔲, 🚴 – ₪ 🍴 ▤ 📺 📞 – 🅰 25 à 350. 🖭 ⓞ 🐄 VISA JCB
Repas *Lunch 12* – carte env. 50, ♀ – 🖵 20 – **230 ch** 109/280, – 12 suites.
♦ Dit eersteklas hotel ligt tussen het centrum van Hoofddorp en de snelweg naar Amsterdam-Schiphol. Kamers en suites zijn van alle comfort voorzien. Toegewijde service. In de klassiek-moderne eetzaal worden eigentijdse gerechten geserveerd.
♦ Établissement haut de gamme situé entre le centre de Hoofddorp et l'autoroute menant à l'aéroport Amsterdam-Schiphol. Chambres et suites tout confort. Service diligent. Salle à manger "classico-contemporaine". Préparations dans le tempo actuel.

🏨 **Courtyard by Marriott - Amsterdam Airport,** Kruisweg 1401, ✉ 2131 MD, ☎ (0 23) 556 90 00, *Fax (0 23) 556 90 09,* 🍽, ₣6, ⇔, 🚴 – ₪ 🍴 ▤ 📺 ♿ch, – 🅰 25 à 160. 🖭 ⓞ 🐄 VISA. 🛇
Repas *Lunch 15* – 22/40 bc, ♀ – 🖵 16 – **148 ch** 145/225 – ½ P 186/266.
♦ Nieuw hotel tussen Haarlem en de luchthaven, aan de rand van een park. Grote, eigentijdse kamers waarin zakelijke gasten de accu weer kunnen opladen. Sauna en fitness.
♦ Entre Haarlem et l'aéroport, hôtel récent implanté en bordure d'un vaste parc. Spacieuses chambres actuelles où les businessmen rechargeront leurs accus. Sauna et fitness.

🏨 **Schiphol A 4,** Rijksweg A 4 nr 3 (Sud : 4 km, Den Ruygen Hoek), ✉ 2132 MA, ☎ (0 252) 67 53 35, *info@schiphol.valk.nl, Fax (0 252) 62 92 45,* 🍽, 🔲 – ₪ 🍴 ▤ 📺 ♿ch, 📞 – 🅰 25 à 1500. 🖭 ⓞ 🐄 VISA JCB
Repas *Lunch 17* – carte 29 à 37, ♀ – 🖵 15 – **431 ch** 75/100, – 2 suites.
♦ De Van der Valk toekant heeft zich hier gesetteld in een hotel dat praktisch is gelegen voor wie per vliegtuig reist. Veel categorieën kamers. Kolossale congresinfrastructuur.
♦ Le toucan Van der Valk s'est posé sur cet établissement pratique lorsqu'on a un avion à prendre. Nombreuses catégories de chambres. Colossale infrastructure conférencière.

🏨 **Bastion Airport,** Vuursteen 1 (près A 4, De Hoek), ✉ 2132 LZ, ☎ (0 20) 653 26 11, *bastion@bastionhotel.nl, Fax (0 20) 653 34 78* – ₪ 🍴 📺 📞 🖭 ⓞ 🐄 VISA. 🛇
Repas (grillades, ouvert jusqu'à 23 h) carte env. 30 – 🖵 11 – **80 ch** 86/91.
♦ Dit Bastion heeft een voorpost van Schiphol betrokken, direct bij een afrit van de A4. Eenvoudige maar keurige kamers.
♦ Établissement de la chaîne Bastion montant la garde aux avant-postes de l'aéroport, près d'une bretelle de l'autoroute A 4. Chambres de mise simple, mais correctes.

🏨 **Bastion Schiphol,** Adrianahoeve 8 (Ouest : 5 km près N 201), ✉ 2131 MN, ☎ (0 23) 562 36 32, *bastion@bastionhotel.nl, Fax (0 23) 562 28 48* – 📺 📞 🖭 ⓞ 🐄 VISA. 🛇
Repas (grillades, ouvert jusqu'à 23 h) carte env. 30 – 🖵 11 – **80 ch** 76.
♦ Een exacte kopie van alle hotels onder het vaandel van Bastion. Hier geldt als belangrijkste troef : gemakkelijk te bereiken vanaf Amsterdam, Schiphol en Haarlem.
♦ Une "copie conforme" de tous les hôtels arborant l'étendard Bastion. L'avantage de celui-ci tient surtout à sa facilité d'accès, depuis Amsterdam, Schiphol ou Haarlem.

XX **Marktzicht,** Marktplein 31, ✉ 2132 DA, ☎ (0 23) 561 24 11, *Fax (0 23) 563 72 91,* 🍽 – 🖭 ⓞ 🐄 VISA. 🛇
fermé dim. – **Repas** *Lunch 30* – carte 38 à 57.
♦ Een eerbiedwaardig restaurant (1860) op de Markt, gebouwd toen de Schipholpolder werd ingericht. Er worden traditionele Hollandse gerechten geserveerd.
♦ Sur le Markt, vénérable auberge (1860) élevée lors de la création du polder où s'étend l'aéroport de Schiphol. La carte tourne autour des plats traditionnels hollandais.

à Ouderkerk aan de Amstel *- plans p. 6 et 7 -* 🄲 *Amstelveen 78 095 h :*

🏨 **'t Jagershuis** 🍴, Amstelzijde 2, ✉ 1184 VA, ☎ (0 20) 496 20 20, *receptie@jagers huis.com, Fax (0 20) 496 45 41,* <, 🍽, 🚴, 🛗 – ▤ 📺 ♿ 📞 – 🅰 30. 🖭 ⓞ 🐄 VISA JCB
BCR u
fermé 30 déc.-3 janv. – **Repas** *(fermé sam. midi) Lunch 38* – carte 47 à 63, ♀ – **11 ch** 🖵 165/195.
♦ Hotel-restaurant dat een terras en een gezellige eetzaal heeft met een mooi uitzicht op de Amstel. À la carte en menu, ruime keuze. Met stijlmeubilair ingerichte kamers.
♦ Auberge-restaurant dont la terrasse d'été et la salle à manger chaleureuse offrent un beau panorama sur l'Amstel. Menu-carte étoffé. Chambres garnies de meubles de style.

XX **Ron Blaauw,** Kerkstraat 56, ✉ 1191 JE, ℰ (0 20) 496 19 43, *info@ronblaauw.nl,*
😤 *Fax (0 20) 496 57 01,* 🍴 – 🍽️ – ⌧ ⓞ ⓒ ⓞ 𝗩𝗜𝗦𝗔   CR v
fermé 31 juil.-15 août, 31 déc., 1er et 2 janv., sam. midi, dim. et lundi – **Repas** *Lunch* 38 –
65/100 bc, carte 50 à 64, ♁

Spéc. Rouget-barbet grillé et tartare de langoustines (mai-août). Foie d'oie aux épices et
sauce madère (sept.-janv.). Tarte tatin.

◆ Op het dorpsplein tegenover de kerk. Eigentijdse keuken in een modern decor met een
licht Japans accent. Ambitieuze kaart die regelmatig wordt vervangen.

◆ Sur la place du village, devant l'église. Cuisine à la page présentée dans un cadre moderne,
aux légers accents nippons. Carte ambitieuse régulièrement recomposée.

XX **Klein Paardenburg,** Amstelzijde 59, ✉ 1184 TZ, ℰ (0 20) 496 13 35, *Fax (0 20)*
472 32 57, 🍴 – 🍽️ 𝗣. ⌧ ⓞ ⓒ ⓞ 𝗩𝗜𝗦𝗔   BCR t
fermé 31 déc., dim. midi de mai à sept. et sam. midi – **Repas** *Lunch* 38 – 48/55 bc, ♁.

◆ Dit kleine restaurant met warme ambiance staat aan de oever van de Amstel, samen met
andere soortgenoten. In de fleurige eetzaal met serre overheersen baksteen, leer en hout.

◆ Petit refuge gourmand établi sur la rive de l'Amstel convoitée par le secteur de la
restauration. Fringante salle à manger-véranda où dominent la brique, le cuir et le bois.

XX **Lute** (avec suites), De Oude Molen 5, ✉ 1184 VW, ℰ (0 20) 472 24 62, *info@luteres*
taurant.nl, Fax (0 20) 472 24 63, 🍴 – 🍽️ 𝗣. ⌧ ⓞ ⓒ ⓞ 𝗩𝗜𝗦𝗔   BR e
fermé 30 avril, 26 déc.-1er janv., sam. midi et dim. midi – **Repas** *Lunch* 30 – carte 49 à 64, ♁.

◆ Een eigentijds restaurant op een verrassende lokatie, het terrein van een voormalige
kruitfabriek. Postindustriële architectuur type loft. Mooie serre en nieuwe suites.

◆ Restaurant contemporain curieusement implanté dans le site réaffecté d'une ancienne
poudrière. Architecture post-industrielle façon "loft", belle verrière et nouvelles suites.

X **De Voetangel,** Ronde Hoep Oost 3 (Sud-Est : 3 km), ✉ 1191 KA, ℰ (0 20) 496 13 73,
info@voetangel.nl, Fax (0 294) 28 49 39, ≼, 🍴 – 🍽️ 𝗣. ⌧ ⓞ 𝗩𝗜𝗦𝗔. ✼
fermé du 1er au 22 août, 24 déc.-6 janv., sam. midi, dim. et lundi – **Repas** *Lunch* 24 – carte
34 à 46.

◆ Restaurant in een eeuwenoude schippersherberg, waar al enkele generaties lang dezelfde
familie aan het roer staat. Klassieke keuken en streekgerechten.

◆ Sur un polder sillonné de canaux, établissement de longue tradition familiale mettant
à profit un relais de batellerie plusieurs fois centenaire. Plats classico-régionaux.

à Schiphol *(Aéroport international) - par A 4 -E 19 ④ - Ⓖ Haarlemmermeer 122 902 h. – voir aussi*
à Hoofddorp – Casino AQR *, Luchthaven Schiphol, Terminal Centraal,* ℰ (0 23) 574 05 74,
Fax (0 23) 574 05 77

🏨 **Sheraton Airport,** Schiphol bd 101, ✉ 1118 BG, ℰ (0 20) 316 43 00, *sales.amster*
dam@starwoodhotels.com, Fax (0 20) 316 43 99, 🛁, 🚡 – 🛗 ✼ 🍽️ 📺 🖳ch, 🖙 –
🔖 25 à 500. ⌧ ⓞ ⓒ ⓞ 𝗩𝗜𝗦𝗔
Repas *Voyager* *Lunch* 40 – carte 44 à 55, ♁ – ⌕ 25 – **400 ch** 130/405, – 8 suites.

◆ Hotelcomplex op de luchthaven, afgestemd op de zakelijke cliëntele. De kamers zijn van
de allerlaatste snufjes voorzien. Mooi atrium. Zeer volledige service. Moderne brasserie met
blauwachtige koepel die het zenit voorstelt. 's Avonds buffetten.

◆ À l'entrée de l'aéroport, ensemble hôtelier conçu pour la cliëntele d'affaires. Chambres
offrant un équipement "dernier cri". Bel atrium. Service très complet. Brasserie moderne
dont la coupole bleutée suggère le zénith. Buffets et soirée.

🏨 **Hilton Schiphol,** Schiphol Bd 701, ✉ 1118 ZK, ℰ (0 20) 710 40 00, *hilton.schiphol*
@hilton.nl, Fax (0 20) 710 40 80, 🛁, 🚡 – 🛗 ✼ 🍽️ 📺 🖳ch, 𝗣. – 🔖 25 à 60. ⌧ ⓞ
ⓒ ⓞ 𝗩𝗜𝗦𝗔 𝗝𝗖𝗕. ✼
Repas *East West* *(fermé sam. et dim.)* (avec cuisine asiatique, dîner seult) carte 44 à 64,
♁ – *Greenhouse* (ouvert jusqu'à 23 h) (buffets) carte 37 à 68, ♁ – ⌕ 25 – **278 ch**
169/349, – 2 suites.

◆ Eersteklas hotel, vlak bij de landingsbanen. Gemoderniseerde kamers met optimaal comfort. Perfecte service, business center en faciliteiten voor seminars. De keuken vormt een
mix van westerse en Aziatische gerechten.

◆ Hôtel de chaîne haut de gamme, proche des pistes d'atterrissage. Chambres rafraîchies,
tout confort. Service "nickel", business center et infrastructure pour séminaires. Au dîner,
métissage de saveurs occidentales et asiatiques.

🏨 **Dorint Sofitel Airport,** Stationsplein Zuid-West 951 (Schiphol-Oost), ✉ 1117 CE,
ℰ (0 20) 540 07 77, *H5332.FB2@accor.com, Fax (0 20) 540 08 88,* 🍴, 🛁, 🚡, 🖳, 🖳,
🖳 – 🛗 ✼ 📺 🖳ch, 🖙 – 🔖 25 à 640. ⌧ ⓞ ⓒ ⓞ 𝗩𝗜𝗦𝗔 𝗝𝗖𝗕. ✼ rest   AR z
Repas *Nadar* *(fermé sam. midi et dim.)* *Lunch* 23 – carte 25 à 42, ♁ – ⌕ 19 – **438 ch**
250, – 4 suites.

◆ Dit hotel annex congrescentrum tussen Schiphol en het Amsterdamse Bos is gebouwd
rond een patio. Veel kamers in de categorie "executive". De bar heeft een pubambiance
en is 24 uur per dag geopend. Het restaurant is genoemd naar een zeppelinvaarder.

◆ Entre l'aéroport et le bois d'Amsterdam, hôtel-centre de congrès moderne disposé
autour d'un patio. Nombreuses chambres "executives". Bar façon pub anglais ouvert en
continu. Un pilote d'aérostat prête son nom au restaurant.

Radisson SAS Airport ⚘, Boeing Avenue 2 (Sud : 4 km par N 201 à Rijk), ✉ 1119 PB,
ℰ (0 20) 655 31 31, *reservations.amsterdam.airport@radissonsas.com*, Fax (0 20)
655 31 00, 🍴, 🛵, ⬛ – 🛗 ⤓ ▦ 📺 ⚒ch, 🅿 – 🔏 25 à 600. 🄰🄴 ⓞ ⚫🄴 𝘝𝘐𝘚𝘈.
🦀 rest
Repas carte 31 à 44, ♀ – ⬜ 19 – **277 ch** 215/225, – 2 suites.
◆ Vlak bij het luchthavenplatform en de snelweg. Ruim opgezet en gastvrij hotel, kamers
met bescheiden luxe en alle denkbare voorzieningen. Kortom, een ideaal hotel voor een
zakenreis. Mediterrane menukaart met het accent op de Italiaanse keuken.
◆ À proximité du tarmac et de l'autoroute, ampleur et convivialité des lieux, chambres au
luxe discret, hyper-équipées. Au total : un hôtel idéal pour le "trip" d'affaires. Vouée à la
Méditerranée, la carte du restaurant manifeste un penchant pour l'Italie.

ANNA PAULOWNA *Noord-Holland* 𝟻𝟹𝟷 N 5 *et* 𝟽𝟷𝟻 F 3 – *13 940 h.*
Amsterdam 71 – Alkmaar 32 – Den Helder 15 – Hoorn 43.

XX **La Première,** Smidsweg 4, ✉ 1761 BJ, ℰ (0 223) 53 19 66, *info@lapremiere.nl*,
Fax (0 223) 53 41 65, 🍴 – 🄰🄴 ⓞ ⚫🄴 𝘝𝘐𝘚𝘈
fermé 2e quinz. juil., mardi et merc. – **Repas** (déjeuner sur réservation) 43/55, ♀.
◆ Fleurige, propere gevels met bloembakken en markiezen, zomerterras aan de
voorkant, elegante eetzaal met een romantische toets, vriendelijk onthaal door de vrouw
des huizes.
◆ Façades proprettes égayées de jardinières et de marquises, terrasse estivale sur le
devant, fringante salle à touches romantiques et accueil tout sourire de la patronne.

APELDOORN *Gelderland* 𝟻𝟹𝟸 U 9 *et* 𝟽𝟷𝟻 I 5 – *155 741 h.*
Voir *Musée-Palais (Nationaal Museum Paleis) Het Loo*★★★ : *appartements*★★★, *porte*★★★
vers la terrasse, jardins★★ X.
🏌 *à l'Ouest : 6 km à Hoog Soeren, Hoog Soeren 57, ✉ 7346 AC, ℰ (0 55) 519 12 75, Fax
(0 55) 519 11 26 -* 🏌 *au Sud : 4 km à Lieren, Albaweg 43, ✉ 7364 CB, ℰ (0 55) 505 12 62,
Fax (0 55) 505 23 88 -* 🏌 *par* ④ *: 10 km au Domaine de Bussloo, Bussloselaan 6,
✉ 7383 RP, ℰ (0 571) 26 19 55, Fax (0 571) 26 20 89.*
🄱 *Stationsstraat 72, ✉ 7311 MH, ℰ 0 900 168 16 36, info@vvvapeldoorn.nl, Fax (0 55)
521 12 90.*
Amsterdam 90 ⑦ *– Arnhem 33* ⑥ *– Enschede 73* ④ *– Groningen 145* ② *– Utrecht 72* ⑦

Plan page suivante

 De Keizerskroon ⚘, Koningstraat 7, ✉ 7315 HR, ℰ (0 55) 521 77 44, *info@keize
rskroon.nl, Fax (0 55) 521 47 37,* 🛵, ⬛, ▢, 🚲 – 🛗 ⤓, ▦ ch, 📺 ⟷ 🅿 – 🔏 25
à 220. 🄰🄴 ⓞ ⚫🄴 𝘝𝘐𝘚𝘈. 🦀 rest   X a
Repas *(fermé sam. midi et dim.)* Lunch 31 – 34/72 bc, ♀ – ⬜ 19 – **92 ch** 85/168, – 2 suites
– ½ P 87/119.
◆ Zeer comfortabel hotel aan de rand van de stad, vlak naast paleis Het Loo en het weel-
derige paleispark. De ruime kamers zien er piekfijn uit en zijn van alle comfort voorzien.
Smaakvol ingerichte eetzaal met een warme ambiance.
◆ Hôtel haut de gamme situé aux portes d'Apeldoorn, juste à côté du musée-palais (Het
Loo) et ses jardins fastueux. Chambres complètement équipées, spacieuses et pimpantes.
Chaleureuse salle à manger décorée sans faute de goût.

🏛 **De Cantharel,** Van Golsteinlaan 20 à Ugchelen (Sud-Ouest : par Europaweg, près A 1),
⊜ ✉ 7339 GT, ℰ (0 55) 541 44 55, *cantharel@valk.com, Fax (0 55) 533 41 07,* 🍴, ⬛, 🌳,
🦞, 🚲 – 🛗 ⤓, ▦ rest, 📺 ⚒ 🅿 – 🔏 25 à 450. 🄰🄴 ⓞ ⚫🄴 𝘝𝘐𝘚𝘈   Y
Repas *(ouvert jusqu'à 23 h)* Lunch 19 – 21/23 – ⬜ 25 – **90 ch** 65 – ½ P 62/80.
◆ Een praktisch hotel voor weggebruikers, dat wat buitenaf ligt nabij de snelweg.
Het is aangesloten bij Van der Valk en heeft comfortabele kamers, de beste aan de achterkant.
◆ Comode pour les usagers de l'autoroute, cet établissement excentré, membre de
la chaîne Van der Valk, renferme des chambres de bon confort. Les meilleures sont sur
l'arrière.

 Apeldoorn, Soerenseweg 73, ✉ 7313 EH, ℰ (0 55) 355 45 55, *info@hotelapeldoorn.nl,
Fax (0 55) 355 73 61,* 🚲 – 🛗, ▦ rest, 📺 ⚒ch, 🅿 – 🔏 25 à 300. 🄰🄴 ⓞ ⚫🄴
𝘝𝘐𝘚𝘈. 🦀 ch   X b
fermé 27 déc.-7 janv. – **Repas** *(fermé sam. midi et dim. midi)* (buffets) Lunch 13 – carte 27
à 38 – **61 ch** ⬜ 65/100 – ½ P 85/110.
◆ Compleet opnieuw ingericht pand uit omstreeks 1900, gelegen in een groene woonwijk
die via de rondweg goed bereikbaar is. Frisse, functionele kamers en goed geoutilleerde
vergaderruimten. Restaurantzaal met een vleugje chic. Buffetformules.
◆ Construction 1900 entièrement réaménagée, dans un quartier résidentiel arboré des-
servi par le ring. Chambres fraîches et fonctionnelles ; espaces de conférences bien équipés. Salle de restaurant à touches décoratives bourgeoises. Formules buffets.

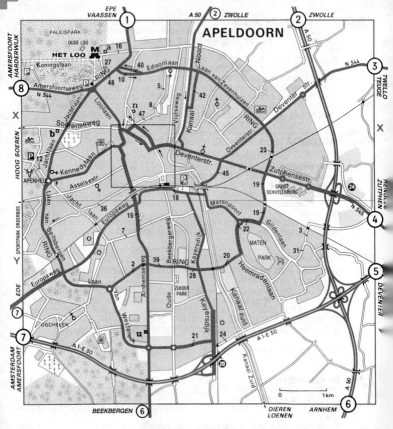

APELDOORN

EPE VAASSEN
A 50 ZWOLLE
ZWOLLE
AMERSFOORT HARDERWIJK
PALEISPARK
OUDE LOO
HET LOO
Koningslaan
Amersfoortseweg
N 344
TWELLO TEUGE
Jachtlaan
Loolaan
Edisonlaan
Laan van Levenhuizen
Deventer str.
Soerenseweg
Vlijtseweg
Kanaal
Deventerstr.
HOOG SOEREN
Jachtlaan
Kennedylaan
APENHEUL
Asselsestr.
Deventerstr.
Zutphensestr.
GROOT SCHUYLENBURG
ZUTPHEN
N 345
SPORTPARK ORDERBOS
Laan van Spitsbergen
Jacht laan
Europaweg
Matenpoort
Gildenlaan
DEVENTER
EDE
Europaweg
Laan
van Westenenk
Arnhemseweg
Beekbergerweg
Kayersdijk
RING
Oude
MATEN PARK
Heemradenlaan
UGCHELEN
AMSTERDAM AMERSFOORT
A 1-E 30
ZUIDER PARK
Kanaal Zuid
A 1-E 30
Kanaal Zuid
A 50
BEEKBERGEN
DIEREN LOENEN
ARNHEM

0   1 km

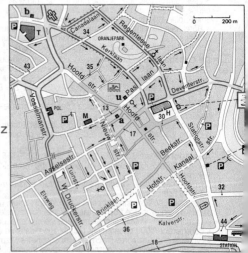

0   200 m

Canadalaan
Regentesse laan
ORANJEPARK
Kerklaan
Mr van Rhemenslaan
Paul Krügerstr.
Hoofd str.
Pastt. laan
Deventerstr.
Vosselmanstr.
Hoofd str.
Nieuwstr.
Stationsstr.
30 H
POL.
Asselsestr.
Tunstr.
W. Druckerstr.
Beekstr.
Kanaal
Hofstr.
Hoofdstr.
Elsweg
Brinklaan
Kalverstr.
STATION

544

🏠 **Astra,** Bas Backerlaan 14, ✉ 7316 DZ, 𝒫 (0 55) 522 30 22, *info@hotelastra.nl*,
Fax *(0 55) 522 30 21*, 🍴, 🚲 – 📺 **P.** 🆎 **◎◎** **VISA**. �ُُ   X n
fermé 23 déc.-7 janv. – **Repas** (diner seult) carte 25 à 37, ♀ – **29 ch** 🛏 58/95.
  ◆ Vriendelijk, gastvrij onthaal in deze twee doorgebroken herenhuizen waarnaast een
annexe is gebouwd. De standaardkamers zijn aan de kleine kant, maar comfortabel.
  ◆ Gentil accueil familial dans ces deux maisons de maître communicantes flanquées d'une
annexe. Chambres standard un peu menues, mais convenables.

🍴🍴 **Aub. Navet,** Arnhemseweg 350, ✉ 7334 AC, 𝒫 (0 55) 541 86 64, *info@auberge-na*
vet.nl, Fax *(0 55) 533 60 93,* 🍴 – 📺 **P.** 🆎 **VISA**   Y u
fermé sam. midi et dim. – **Repas** Lunch 27 – 32/53 bc.
  ◆ Deze herberg mag dan Knol heten, het oog ziet iets verfijnders : eetzaal in Provençaalse
stijl, eigentijdse keuken die even smaakvol als royaal is, vriendelijke bediening.
  ◆ L'auberge, quoi qu'en dise l'enseigne, n'a rien d'un "navet" : salle à manger d'esprit
provençal, cuisine de notre temps, aussi généreuse que goûteuse, et service avenant.

🍴🍴 **Peter'sburgh,** Van Kinsbergenstraat 4, ✉ 7311 BM, 𝒫 (0 55) 579 18 74, Fax *(0 55)*
579 18 91 – 📧. 🆎 **◎** **◎◎** **VISA** **JCB**   Z a
fermé 24 déc.-2 janv., sam. midi, dim. et lundi – **Repas** Lunch 33 – 38/65, ♀.
  ◆ Restaurant in een eetstraat in het centrum van de stad. Het interieur is goed bij de tijd,
net als de keuken. De wijnen op de kaart worden ook per glas geschonken.
  ◆ Restaurant officiant dans une rue de bouche du centre. Décoration intérieure contemporaine, cuisine de même. Carte des vins proposant également toutes ses références au
verre.

🍴 **Poppe,** Paslaan 7, ✉ 7311 AH, 𝒫 (0 55) 522 32 86, *informatie@poppe-apeldoorn.nl*,
🍴, Ouvert jusqu'à minuit – **P.** 🆎 **◎◎** **VISA**   Z u
fermé sam. midi, dim. midi et lundi – **Repas** Lunch 18 – 29/43 bc, ♀.
  ◆ Dit sympathieke restaurant achter een keurige, klassieke gevel behoort tot de gevestigde
adressen in het levendige centrum. Eigentijdse keuken. Vaste klantenkring.
  ◆ Cette table sympathique que dissimule une façade bourgeoise assez coquette compte
parmi les valeurs sûres du centre animé. Recettes d'aujourd'hui. Clientèle d'habitués.

🍴 **La Palette,** Soerenseweg 4, ✉ 7314 CC, 𝒫 (0 55) 577 71 46, *info@lapalette.nl*,
Fax *(0 55) 577 71 47,* 🍴 – **◎** **◎◎** **VISA** **JCB**   Z b
fermé sam. midi et dim. midi – **Repas** Lunch 23 – 33/83 bc, ♀.
  ◆ In deze herenhuizen tegenover het theater worden trendy gerechten geserveerd.
Fleurige eetzaal met trap en grote moderne schilderijen die voor een kleurrijke noot zor-
gen.
  ◆ Face au théâtre, anciennes maisons de notable où l'on fait des repas bien dans l'air du
temps. Fringante salle traversée par un escalier et colorée de grande toiles modernes.

à Beekbergen *par* ⑥ *: 5 km* Ⓒ *Apeldoorn :*

🏨 **Landgoed de Wipselberg** 🌿, Wipselbergweg 30 (Sud-Est : 3 km), ✉ 7361 TK,
𝒫 (0 55) 506 26 26, *info@gtwipselberg.nl,* Fax *(0 55) 506 31 49,* 🍴, 🆘, 🌳, 🍴, 🍴,
🚲 – 🍴 📺 **P.** – 🔬 25 à 80. 🆎 📺 **◎** **◎◎** **VISA** **JCB**. �ُُ
Repas Lunch 18 – 27/52 bc – **90 ch** 🛏 150 – ½ P 125.
  ◆ Dit verrassende etablissement voor een verblijf in het groen bestaat uit acht kleine, vrij
comfortabele bungalowgroepen die verspreid liggen over een bebost landgoed. Als de zon
een beetje meewerkt, kan er buiten op het terras worden gegeten.
  ◆ Providentiel pour un séjour "au vert", l'établissement se compose de huit petits chapelets
de bungalows assez confortables, disséminés dans un domaine boisé. Avec la complicité
du soleil, on ripaille en terrasse.

🏨 **Engelanderhof,** Arnhemseweg 484, ✉ 7361 CM, 𝒫 (0 55) 506 33 18, *hr.engelande*
rhof@chello.nl, Fax *(0 55) 506 32 20,* 🍴, 🍴 – 📺 **P.** – 🔬 25 à 40. 🆎 **◎** **◎◎** **VISA**
JCB. �ُُ
Repas 23/32 bc, ♀ – **28 ch** 🛏 55/85 – ½ P 64/77.
  ◆ Dit kleine hotel midden in het groen beschikt over functionele kamers op de
begane grond. Vriendelijke en persoonlijke service. Rustige tuin. 's Zomers wordt de
maaltijd buiten geserveerd. Menukaart met Frans-Nederlandse gerechten voor schappelijke prijzen.
  ◆ Cette petite ressource hôtelière entourée de verdure vous offre de séjourner dans
des chambres fonctionnelles de plain-pied. Service familial personnalisé. Jardin reposant.
L'été, repas en plein air. Carte de préparations franco-bataves à prix muselés.

à Hoog Soeren *Ouest : 6 km par Soerenseweg* X Ⓒ *Apeldoorn :*

🍴🍴 **Het Jachthuis,** Hoog Soeren 55, ✉ 7346 AC, 𝒫 (0 55) 519 13 97, 🍴 – **P.** 🆎 **◎** **◎◎**
VISA **JCB**
fermé 16 fév.-16 mars, lundi et mardi – **Repas** (déjeuner seult) Lunch 45 – 50/60.
  ◆ Restaurant in een oude, traditionele boerderij met rieten dak en witte luiken, midden
in de bossen. Klassieke menukaart, schilderijen van naïeven en zomerterras.
  ◆ Au milieu des bois, ancienne ferme traditionnelle coiffée d'un toit de chaume et égayée
de volets blancs. Carte classique, collection de peintures naïves et terrasse d'été.

APPELSCHA (APPELSKEA) *Fryslân* [C] *Ooststellingwerf 26 761 h.* 531 W 5 *et* 715 K 3.
Amsterdam 190 – Groningen 49 – Leeuwarden 55 – Assen 19.

Appelscha, Boerestreek 2, ✉ 8426 BP, ✆ (0 516) 43 15 93, *info@hotelappelscha.nl, Fax (0 516) 43 26 63* – lift TV P – 50. AE VISA JCB.
Repas *(fermé après 20 h) Lunch 13* – carte 25 à 35, ♀ – **34 ch** ☐ 37/74 – ½ P 47.
◆ Dit hotel bevindt zich in de nabijheid van diverse recreatieve faciliteiten en wandelroutes. Het beschikt over kamers met eenvoudig maar voldoende comfort. Voor het diner heeft u de keuze uit een aantal traditionele gerechten van Hollandse bodem.
◆ Avantagé par la proximité de plusieurs structures récréatives et d'itinéraires de promenades, cet établissement renferme des chambres au confort simple mais convenable. Un choix de recettes traditionnelles hollandaises est proposé au dîner.

APPINGEDAM *Groningen* 531 AA 3 *et* 715 L 2 – *12 467 h.*
Voir ≤★ *de la passerelle (Smalle brug).*
Env. *au Nord-Ouest : 20 km à Uithuizen★ : Château Menkemaborg★.*
Professor Cleveringaplein 1a, ✉ *9901 AZ,* ✆ *(0 596) 62 03 00, vvv-anwb.appingedam@wanadoo.nl,* Fax (0 596) 62 82 51.
Amsterdam 208 – Groningen 26.

Landgoed Ekenstein, Alberdaweg 70 (Ouest : 3 km), ✉ 9901 TA, ✆ (0 596) 62 85 28, *info@ekenstein.com, Fax (0 596) 62 06 21*, – TV rest, P – 25 à 200. AE VISA. rest
fermé 31 déc.-1er janv. – **Repas** *Lunch 27* – carte env. 39 – **28 ch** ☐ 75/90 – ½ P 93/138.
◆ De oorsprong van dit landhuis zou in de 17e eeuw liggen. In de moderne nieuwbouwvleugel zijn eenvoudige, eigentijdse kamers ingericht. Neogotische lounge. In de ruime en lichte eetzaal worden klassiek Nederlandse gerechten geserveerd.
◆ L'origine de ce petit château-manoir remonterait au 17e s. L'ensemble est agrandi d'une aile récente accueillant les chambres, sobrement actuelles. Salon néo-gothique. Cuisine classico-hollandaise servie dans une salle de restaurant ample et lumineuse.

Het Wapen van Leiden, Wijkstraat 44, ✉ 9901 AJ, ✆ (0 596) 62 29 63, *wvl@appingedam.nl, Fax (0 596) 62 48 53*, – TV P – 25 à 100. AE VISA.
Repas *(fermé week-end)* carte 22 à 38 – **28 ch** ☐ 58/75 – ½ P 55/75.
◆ Oude gerenoveerde herberg in het centrum van een stadje dat bekend is om zijn agrarische markten. Kleine, functionele kamers op twee verdiepingen. Gastvrij onthaal. Café met typisch lokale ambiance en dito restaurant. Groningse brunch.
◆ Au centre d'un bourg renommé pour ses marchés agricoles, vieille auberge rénovée renfermant de petites chambres fonctionnelles réparties sur deux étages. Accueil familial. Café très "couleur locale" et restaurant du même tonneau. Brunch à la mode de Groningue.

ARCEN *Limburg* [C] *Arcen en Velden 8 948 h.* 532 W 14 *et* 715 J 7.
Wal 26, ✉ *5944 AW,* ✆ *(0 77) 473 12 47, arcen@regiovvv.nl,* Fax (0 77) 473 30 19.
Amsterdam 167 – Maastricht 88 – Nijmegen 53 – Venlo 13.

Rooland, Roobeekweg 1 (Nord : 3 km sur N 271), ✉ 5944 EZ, ✆ (0 77) 473 66 66, *info@rooland.nl, Fax (0 77) 473 66 67*, – lift TV P – 25 à 250. AE VISA JCB.
Repas *Lunch 16* – carte 23 à 36 – **54 ch** ☐ 77/100 – ½ P 58/64.
◆ Dit moderne gebouw staat aan een doorgaande weg. Voor wat meer rust kunt u beter naar een kamer aan de achterzijde vragen. Ontbijtbuffet. Vriendelijke ontvangst.
◆ Construction moderne bordant une route passante. Pour plus de tranquillité, préférez les chambres situées à l'arrière. Breakfast avec buffets. Accueil gentil.

De Maasparel, Schans 3, ✉ 5944 AE, ✆ (0 77) 473 12 96, *maasparel@hetnet.nl, Fax (0 77) 473 13 35*, – TV P. VISA. ch
Repas (dîner seult) 23/38 – **16 ch** ☐ 58/90 – ½ P 58/78.
◆ In het hart van dit toeristische dorp bieden deze twee fraaie 19e-eeuwse huizen zowel tafel als bed. Aangename kamers en mooi aangelegde tuin met speelhoek voor de kinderen. Een van de twee eetzalen heeft in het naseizoen een overdekt, verwarmd terras.
◆ Ces deux jolies maisons du 19e s. situées au coeur du village touristique assurent le gîte et le couvert. Chambres avenantes, petit jardin bichonné et jeux d'enfants. L'une des deux salles à manger s'agrémente d'une pergola chauffée durant l'arrière-saison.

Ecrivez-nous...
Vos avis seront examinés avec le plus grand soin.
Nous reverrons sur place les informations que vous nous signalez.
Par avance merci !

PAYS-BAS

Voir *Parc de Sonsbeek*★ *(Sonsbeek Park)* CY – *Burgers' Zoo*★★.

Musées : *Néerlandais de plein air*★★ *(Het Nederlands Openluchtmuseum)* AV – *Musée d'art moderne*★ *(Museum voor Moderne Kunst)* AVX **M²** – *Historique Het Burgerweeshuis*★ DZ **M¹**.

Env. *au Nord-Est : Parc National (Nationaal Park) Veluwezoom*★, *route de Posbank* ⚹★ *par* ②.

🔟 *Papendallaan 22,* ✉ *6816 VD,* 🖉 *(0 26) 482 12 82, Fax (0 26) 482 13 48 -* 🔟 🔟 *au Sud-Ouest : 8 km à Elst, Grote Molenstraat 173,* ✉ *6661 NH,* 🖉 *(0 481) 37 65 91, Fax (0 481) 37 70 55. -* 🅱 *Willemsplein 8,* ✉ *6811 KB,* 🖉 *0 900-202 40 75, info@vvvarnhe mplus.nl, Fax (0 26) 442 26 44.*

Amsterdam 100 ⑥ – *Apeldoorn 27* ① – *Nijmegen 19* ④ – *Utrecht 64* ⑥ – *Essen 110* ③

Plans pages suivantes

🏨 **Landgoed Groot Warnsborn** ⌂, *Bakenbergseweg 277,* ✉ *6816 VP,* 🖉 *(0 26) 445 57 51, info@grootwarnsborn.nl, Fax (0 26) 443 10 10,* ≤, 🍴, 🌳, 🚲 – 🔌 📺 🅿 – 🔥 25 à 175. 🆎 ① 🆎 *VISA* 🆎. 🛠️   AV **e**
fermé 27 déc.-15 janv. - **Repas** *(fermé dim. midi)* Lunch *32* – carte 51 à 66, ♀ – ⌸ 14 – **30 ch** 80/205 – ½ P 105/135.

◆ Dit charmante landhuis ligt midden in een bos en wordt omringd door fraaie, terras-vormige tuinen. Goede, klassieke kamers in het hoofdgebouw en moderne kamers in de dependances. Eetzaal met serre, weelderige lounge en zomerterras. Eigentijdse keuken.
◆ Charmant manoir enrobé de chlorophylle et embelli d'un parc en terrasses. Bonnes chambres classiques dans le corps de logis et contemporaines dans les dépendances. Salle à manger dotée d'une véranda, salon cossu et restaurant d'été. Cuisine de notre temps.

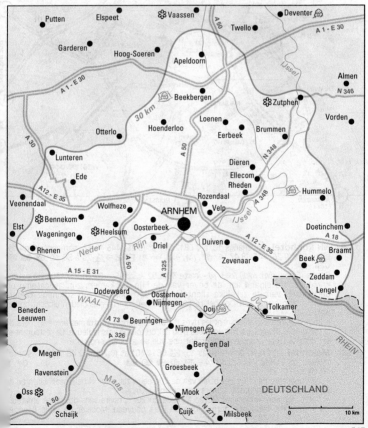

ARNHEM

🏨 **NH Rijnhotel,** Onderlangs 10, ⊠ 6812 CG, ℰ (0 26) 443 46 42, nhrijnhotel@ nh-hot
els.nl, Fax (0 26) 445 48 47, <, 🏤, 🚲 – ⧆ ⇆ ▤ 📺 💶 – 🛆 25 à 80. 🖭 ① 🐵 VISA
JCB, ⅝
AX a
Repas (fermé dim. midi) Lunch 30 – carte 39 à 52 – ☲ 15 – **67 ch** 75/130, – 1 suite.
+ Modern hotelpand aan de oever van de Rijn. De kamers zijn afgestemd op
de wensen van de zakelijke clientèle. Aan de rivierkant zijn sommige kamers
voorzien van een balkon. Ook het restaurant en het zomerterras bieden uitzicht op het
water.
+ Immeuble moderne dominant les rives du Rhin. Chambres conformes aux exigences de
la clientèle d'affaires, parfois équipées d'un balcon tourné vers le fleuve. Le restaurant et
sa terrasse d'été procurent également une vue aquatique plongeante.

🏨 **Molendal** sans rest, Cronjéstraat 15, ⊠ 6814 AG, ℰ (0 26) 442 48 58, info@hotel
molendal.nl, Fax (0 26) 443 66 14 – 📺. 🖭 ① 🐵 VISA
CY b
17 ch ☲ 70/110.
+ Dit imposante pand uit het begin van de 20e eeuw zal zeker in de smaak vallen bij de
liefhebbers van Jugendstil. Kamers met stijlmeubilair.
+ Cette demeure imposante élevée à l'aube du 20e s. ravira sans doute les amateurs
du Jugendstil, tendance germanique de l'Art nouveau. Mobilier de style dans les
chambres.

ARNHEM

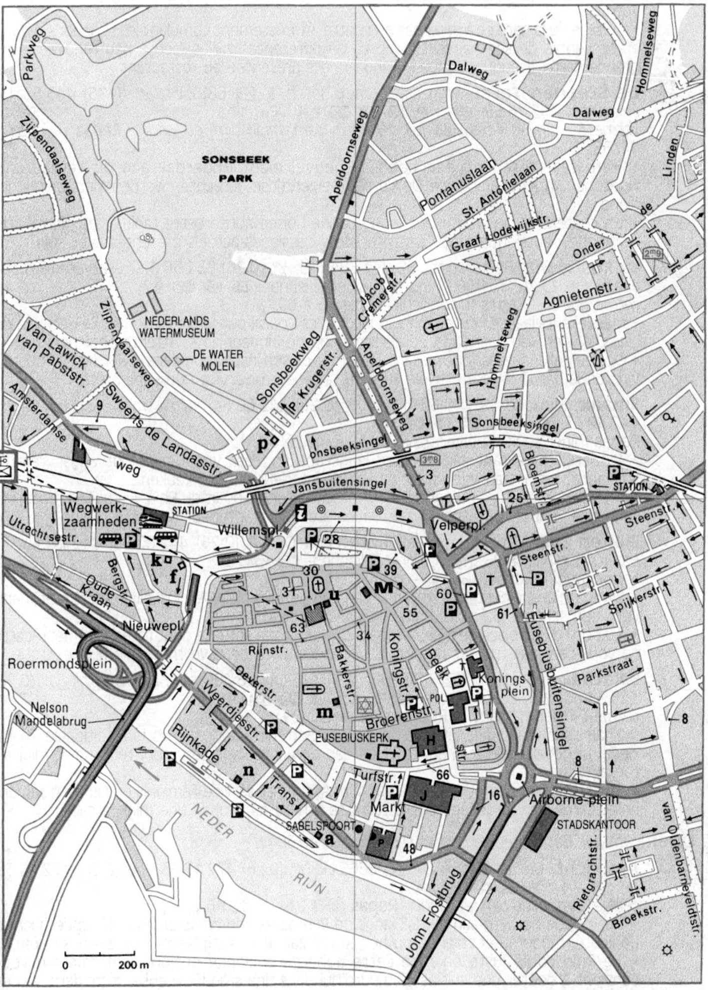

Mercure, Europaweg 25 (près A 12), ✉ 6816 SL, ☎ (0 26) 357 33 33, *h2105@accor-hotels.com, Fax (0 26) 357 33 61*, 🏨, 🚲 – 🛗 ⇆ 📺 ♿ ch, 🅿 – 👥 25 à 400. 💳 ABV **d**
83 ch.
◆ Hotel buiten het centrum, dicht bij de snelweg, een mooi openluchtmuseum en een golfterrein. De praktische kamers voldoen aan de standaardnormen van de Mercure-keten.
◆ Hôtel de chaîne excentré, proche à la fois de l'autoroute, d'un beau musée de plein air et d'un terrain de golf. Chambres pratiques, adaptées aux standards "mercuriens".

Haarhuis, Stationsplein 1, ✉ 6811 KG, ☎ (0 26) 442 74 41, *info@hotelhaarhuis.nl, Fax (0 26) 442 74 49* – 🛗 ⛔, ▤ rest, 📺 🅿 – 🏛 25 à 500. AE ⓓ MC VISA JCB CZ f
Repas *Lunch 19* – 22/33 bc, 🍷 – **84 ch** ☕ 98/156 – ½ P 117.
◆ Dit hotel tegenover het station en op loopafstand van het centrum is tevens een zalencentrum. De in grootte variërende kamers worden geleidelijk gerenoveerd. Het restaurant heeft een grote, klassieke menukaart die een Frans-Nederlandse alliantie vormt.
◆ En face de la gare et à deux pas du centre, établissement cumulant les fonctions d'hôtel et de centre de séminaires. Chambres de différentes tailles, peu à peu rénovées. Une grande carte classique franco-hollandaise est présentée au restaurant.

XX **De Steenen Tafel,** Weg achter het Bosch 1, ✉ 6822 LV, ☎ (0 26) 443 53 13, *Fax (0 26) 442 16 59*, 🌳 – 🅿. AE ⓓ MC VISA JCB. ⛔ AV h
fermé 30 janv.-15 fév., 25 juil.-16 août, sam. midi, dim. et lundi – **Repas** *Lunch 31* – 44/66, 🍷.
◆ Een watertoren op een beboste heuvel biedt onderdak aan dit restaurant. Ingetogen, intieme ambiance. De klassieke-eigentijdse gerechten worden met zorg opgediend.
◆ Un château d'eau émergeant d'une colline boisée abrite cette table - "de pierre", dit l'enseigne - aussi intime que discrète. Mets classiques-actuels présentés avec soin.

X **La Rusticana,** Bakkerstraat 58, ✉ 6811 EJ, ☎ (0 26) 351 56 07, *reserveren@rusticana.nl, Fax (0 26) 351 56 07*, 🌳, Cuisine italienne – AE ⓓ MC VISA CZ m
fermé mardi – **Repas** (dîner seult) carte 25 à 60.
◆ Klassieke Italiaanse keuken die zijn inspiraties vooral put uit het noordelijke deel van de Laars. Wijnen van daarginds. Zomerterras op de binnenplaats. Attente bediening.
◆ Cuisine italienne classique puisant l'essentiel de son inspiration dans le Nord de la "Botte". Vins de là-bas. Terrasse estivale sur cour intérieure. Service non somnolent.

X **Smaak,** Rijnkade 39, ✉ 6811 HA, ☎ (0 26) 442 66 64, *info@smaak.org, Fax (0 26) 442 32 63*, 🌳 – ▤. AE ⓓ MC VISA CZ n
Repas (dîner seult en hiver) *Lunch 24* – 28/43, 🍷.
◆ Plezierig restaurant aan de kade langs de Rijn. Zeer vriendelijke ontvangst, relaxte ambiance, terras aan het water, eigentijds interieur en dito keuken.
◆ Agréable restaurant au goût du jour officiant sur les quais du Rhin. Accueil tout sourire, ambiance "relax", terrasse fluviale, saveurs et décor intérieur de notre temps.

X **Zilli en Zilli,** Mariënburgstraat 1, ✉ 6811 CS, ☎ (0 26) 442 02 88, *da.zilli@wxs.nl, Fax (0 26) 442 48 95*, 🌳, Cuisine italienne – MC VISA. ⛔ CZ u
fermé lundi – **Repas** *Lunch 14* – 28/33.
◆ Sympathieke, eigentijdse trattoria aan een gezellig plein. Aanlokkelijke kaart met menu voor een schappelijke prijs. Prima Italiaanse wijnkaart.
◆ Au bord d'une place animée, sympathique trattoria actuelle dont l'alléchant menu-carte ne vous fera pas froisser une grosse coupure. Livre de cave transalpin bien expliqué.

X **Salathai,** Rijnkade 65, ✉ 6811 HC, ☎ (0 26) 446 08 48, *salathai@xs4all.nl, Fax (0 26) 325 61 60*, 🌳, Cuisine thaïlandaise – AE ⓓ MC VISA. ⛔ CZ a
fermé 24 déc.-1er janv. – **Repas** (dîner seult) 29.
◆ Thais restaurant met uitzicht op de Rijn. Bediening door dames in traditionele Thaïse kledij, uitgebalanceerde menukaart en aan de achterkant een mooi terras met miniwaterval.
◆ Table thaïlandaise établie face au Rhin. Accueil et service féminins en tenue traditionnelle, carte bien balancée et jolie terrasse arrière où bruisse une mini-cascade.

à Driel *5 km par Batavierenweg* AX Ⓒ *Overbetuwe 40 604 h* :

XX **Ambacht,** Drielse Rijndijk 87, ✉ 6665 LR, ☎ (0 26) 472 17 43, *Fax (0 26) 472 14 59*, ⩽, 🌳 – ▤ 🅿. AE MC VISA. ⛔
fermé sam. midi, dim. et lundi – **Repas** *Lunch 33* – carte 46 à 58, 🍷.
◆ Deze oude herberg aan de dijk langs de Rijn heeft een complete facelift ondergaan. In de lichte, moderne eetzaal en op het terras zal de eigentijdse keuken zeker smaken.
◆ Le Rhin coule juste en face cette auberge ancienne entièrement rajeunie vous conviant à goûter une cuisine d'aujourd'hui dans une salle lumineuse et moderne ou en terrasse.

à Duiven *par ③ : 10 km* – *26 163 h*

XXX **'t Raedthuys,** Rijksweg 51, ✉ 6921 AC, ☎ (0 316) 26 88 08, *info@raedthuys.nl, Fax (0 316) 26 90 22*, 🌳 – AE MC VISA
fermé 1 sem. carnaval, 1 sem. en août, 27 déc.-6 janv., sam. midi, dim. midi et lundi – **Repas** *Lunch 28* – carte 37 à 49, 🍷.
◆ Dit notabele pand uit 1863 herbergt nu een restaurant met een klassiek-eigentijds interieur en dito culinair register. Zomerterras met teakhouten meubilair aan de voorkant.
◆ Naguère mairie, cette belle maison de notable (1863) abrite désormais une table au parti pris culinaire et décoratif classique-actuel. Terrasse d'été en teck sur le devant.

à Rozendaal – 1527 h

 Residence Roosendael, Beekhuizenseweg 1, ⊠ 6891 CZ, ℰ (0 26) 361 15 97, *inf o@residenceroosendael.nl, Fax (0 26) 364 70 63,* ≤, 斎 – **P** – 🛦 25 à 40. 🖭 ⓞ 🕦 𝓥𝓘𝓢𝓐
BV **b**
Repas Lunch 30 – carte 34 à 62, 𝖸 🕸.
◆ Dit chalet kijkt uit op een heuvelachtig park en ligt dicht bij kasteel Rosendael, dat vanaf het terras te zien is. Eigentijdse eetzaal met originele verlichting.
◆ Ce chalet surplombant un parc vallonné monte la garde aux abords du château de la Rozen-daal, que vous admirerez de la terrasse. Salle à manger actuelle originalement éclairée.

à Velp ⓒ Rheden 45 012 h :

🏨 **Velp,** Pres. Kennedylaan 102, ⊠ 6883 AX, ℰ (0 26) 364 98 49, *arnhem-velp@bilderb erg.nl, Fax (0 26) 364 24 27,* 🖘, 🚲 – 🐆 🖭 – 🛦 25 à 150. 🖭 ⓞ 🕦 𝓥𝓘𝓢𝓐 🕽𝓬🕮.
🕸 rest
BVX **m**
fermé 24 déc.-2 janv. – **Repas** carte 25 à 42, 𝖸 – ☞ 15 – **74 ch** 70/170 – ½ P 83/125.
◆ Gemakkelijk te bereiken, vlak bij de snelweg en de rand van Arnhem, eigentijdse en goed ingedeelde kamers, vergaderzalen... Kortom, een hotel op maat voor de zakelijke cliëntèle. Het restaurant heeft een fraai zomerterras aan een vijver.
◆ Facilité d'accès, proximité de l'autoroute et des portes d'Arnhem, chambres actuelles bien agencées, salles de réunion... Bref, un hôtel taillé pour la clientèle d'affaires ! Le res-taurant s'agrémente d'une belle terrasse d'été alanguie au bord d'un étang.

ARUM Fryslân 𝟧𝟥𝟙 R 4 et 𝟟𝟙𝟧 H 2 – voir à Harlingen.

ASSEN 𝕡 Drenthe 𝟧𝟥𝟙 Y 5 et 𝟟𝟙𝟧 K 3 – 61 577 h.

Voir Musée de la Drenthe★ (Drents Museum) : section archéologique★ – Ontvangershuis★ Y **M'**.

Env. au Nord-Ouest à Midwolde, monument funéraire★ dans l'église – à l'Est à Eexterhalte, hunebed★ (dolmen).

🛈 Marktstraat 8, ⊠ 9401 JH, ℰ 0 900-202 23 93, vvv-assen@home.nl, Fax (0 592) 24 18 52.

Amsterdam 187 ③ – Groningen 27 ① – Zwolle 76 ③

ASSEN

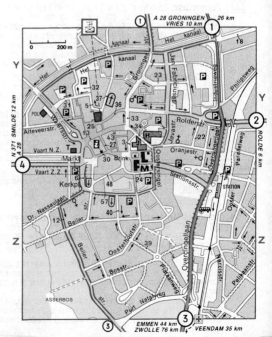

Assen, Balkenweg 1 (par ④ : 2 km), ✉ 9405 CC, ✆ (0 592) 85 15 15, *info@assen.valk.nl, Fax (0 592) 85 15 16,* ☂, 🏋, 🚲 – 🛗 ⚡, ▤ rest, TV ♿ch, P – 🏛 25 à 400. AE ⓓ MC VISA
Repas (ouvert jusqu'à 23 h) carte 22 à 42 – ☕ 8 – **137 ch** 75 – ½ P 98/123.
◆ Dit comfortabele ketenhotel dicht bij de snelweg en op 2 km van de Drentse hoofdstad beschikt over drie verdiepingen met kamers die voorzien zijn van geluidsisolatie.
◆ Non loin de l'autoroute et à distance respectable du chef-lieu de la Drenthe, confortable hôtel de chaîne distribuant ses chambres insonorisées sur trois étages.

ASTEN *Noord-Brabant* 532 T 14 *et* 715 I 7 – *16091 h.*
Musée : *National du Carillon★ (Nationaal Beiaardmuseum).*
Env. *au Sud-Est : De Groote Peel★ (réserve naturelle d'oiseaux).*
Amsterdam 152 – Eindhoven 26 – 's-Hertogenbosch 63 – Helmond 14 – Venlo 33.

Nobis, Nobisweg 1 (près A 67), ✉ 5721 VA, ✆ (0 493) 68 13 00, *receptie@nobis.nl, Fax (0 493) 69 10 58,* ☂, 🚲 – ⚡ TV P – 🏛 25 à 450. AE ⓓ MC VISA. ✗ ch
Repas (taverne-rest) *Lunch 13* – carte 22 à 40, ♀ – ☕ 11 – **56 ch** 78/83 – ½ P 71/108.
◆ Modern gebouw aan de snelweg. De vrij eenvoudige kamers zijn redelijk van formaat en liggen verspreid over de begane grond en de verdieping.
◆ Architecture contemporaine avoisinant l'autoroute. Les chambres, de mise assez simple mais d'ampleur convenable, se répartissent au rez-de-chaussée et à l'étage.

In 't Eeuwig Leven, Pr. Bernhardstraat 22, ✉ 5721 GC, ✆ (0 493) 69 35 62, *restaurant@eeuwigleven.nl, Fax (0 493) 69 53 17* – 🏛 30. AE ⓓ MC VISA. ✗
fermé 2 sem. vacances bâtiment, merc., sam. midi et dim. midi – **Repas** *Lunch 20* – 33/73 bc.
◆ Voormalige herberg in een plaatsje dat bekend is om zijn Beiaardmuseum. Vriendelijk onthaal. In de keuken zijn seizoenproducten de hoofdingrediënten. Nieuwe terrassen.
◆ Accueil familial dans cette ancienne auberge nichée au coeur d'un bourg connu pour son musée du Carillon. Recettes valorisant les produits de saison. Nouvelles terrasses.

AXEL *Zeeland* C *Terneuzen 34634 h.* 532 I 15 *et* 715 C 8.
⛳18 *Justaasweg 4,* ✉ *4571 NB,* ✆ *(0 115) 56 44 67.*
Amsterdam 206 – Middelburg 44 – Antwerpen 42 – Gent 29.

Zomerlust, Boslaan 1, ✉ 4571 SW, ✆ (0 115) 56 16 93, *restaurantzomerlust@planet.nl, Fax (0 115) 56 36 45,* ☂ – P. AE ⓓ MC VISA JCB. ✗
fermé du 1er au 12 fév., 23 juil.-17 août, lundi et sam. midi – **Repas** *Lunch 35 bc* – 43/80 bc.
◆ Onder het rieten dak van deze imposante villa gaat een aangenaam restaurant schuil. Zomerterras en mooie tuin aan het water. Klassieke keuken.
◆ Un agréable restaurant a pris place sous le toit de chaume de cette imposante villa agrémentée d'une terrasse d'été et d'un beau jardin au bord de l'eau. Repas classique.

in d'Ouwe Baencke, Kerkstraat 10, ✉ 4571 BC, ✆ (0 115) 56 33 73, *baecke@zeelandnet.nl, Fax (0 115) 56 33 73,* ☂ – MC VISA JCB. ✗
fermé dern. sem. juil.-prem. sem. août, 28 déc.-7 janv., mardi et merc. – **Repas** 29/39, ♀.
◆ Op dit prettige adresje in een voetgangersstraat naar de kerk voelt men zich gauw thuis. Eetzaal in zakformaat, eigentijdse keuken en de wijnen veilig in de oude bankkluis.
◆ Dans une rue piétonne menant à l'église, adresse plaisante où l'on se sent un peu comme chez soi. Salle à manger "format poche", cuisine d'aujourd'hui et cave blindée !

BAARN *Utrecht* 532 Q 9 *et* 715 G 5 – *24423 h.*
ℹ *Stationsplein 7,* ✉ *3743 KK,* ✆ *(0 35) 541 32 26, vvvbaarn@worldonline.nl,* Fax (0 35) 543 08 28.
Amsterdam 38 – Utrecht 26 – Apeldoorn 53.

Kasteel De Hooge Vuursche 🔇, Hilversumsestraatweg 14 (Ouest : 2 km) ✉ 3744 KC, ✆ (0 35) 541 25 41, *h2114@accor.com, Fax (0 35) 542 32 88,* ≤, ☂, 🌳, 🚲 – 🛗 TV P – 🏛 25 à 100. AE ⓓ MC VISA JCB. ✗ rest
Repas *(fermé 26 déc.-5 janv.)* (dîner seult) 24/36 bc, ♀ – ☕ 15 – **25 ch** 97/240 – ½ P 97/138.
◆ Voelt u zich aangetrokken tot de romantiek van het kasteelleven? Deze buitenplaats uit 1910 staat in een prachtig park met terrassen en fonteinen. Zeer comfortabele kamers. Aangenaam restaurant met antiek meubilair in het bijbehorende huis met rieten dak.
◆ Tenté par la vie de château ? Celui-ci date des années 1910 et s'ouvre sur un parc délicieux, dont les terrasses s'agrémentent de fontaines. Chambres de bon séjour. Dans la chaumière voisine, salle à manger plaisante et confortable, garnie de meubles anciens.

🏠 **La Promenade,** Amalialaan 1, ⊠ 3743 KE, ℰ (0 35) 541 29 13, info@hotelpromena
de.nl, Fax (0 35) 541 57 75, ☞ – 🔟. ⒶⒺ ⓄⓄ 𝘝𝘐𝘚𝘈. ⁓ ch
Repas Lunch 27 – carte env. 45, ♀ – ⌸ 13 – **21 ch** 83/93.
♦ Al in 1875 werd deze herberg in het centrum geopend. Kamers met een warme ambiance
en bedden die garant staan voor een verkwikkende nachtrust. Gelambriseerde eetzaal met
stijlmeubilair en schilderijen van naïeven. De fraaie kelder is bestemd voor groepen.
♦ Auberge œuvrant depuis 1875 au centre de Baarn. Chaleureuses chambres dotées d'une
literie propice à des sommeils réparateurs. Salle des repas lambrissée, pourvue d'un mobilier
de style et égayée de peintures naïves. Joli caveau pour ripailler en groupe.

à **Lage-Vuursche** Sud-Ouest : 7 km 🅒 Baarn :

De Kastanjehof ⑊, avec ch, Kloosterlaan 1, ⊠ 3749 AJ, ℰ (0 35) 666 82 48, info
@dekastanjehof.nl, Fax (0 35) 666 84 44, ☞, 🎋, 🚲 – 🔟 🅿. – 🔼 30. ⒶⒺ ⓄⒹ ⓄⓄ 𝘝𝘐𝘚𝘈
Repas (fermé 25, 26 et 31 déc., 1er janv. et sam. midi) Lunch 38 – 43/61 bc, ♀ ☞ – ⌸ 13
– **10 ch** (fermé 24, 25, 26, 30 et 31 déc. et 1er janv.) 55/135 – ½ P 105/170.
♦ In de romantische ambiance van dit etablissement heeft u een genoeglijk uurtje tafelen
in het vooruitzicht. Heerlijk zomerterras en prachtige bloementuin. Verzorgde kamers.
♦ Délicieux moment de table en perspective dans cette auberge aux accents romantiques.
L'été venu, terrasses invitantes et adorable jardin fleuri. Chambres coquettes.

BADHOEVEDORP Noord-Holland 🄫🄪🄩 N 8, 🄫🄪🄫 N 8 et 🄮🄢🄮 F 4 – voir à Amsterdam, environs.

BALK Fryslân 🅒 Gaasterlân-Sleat 10 263 h. 🄫🄪🄩 S 5 et 🄮🄢🄮 H 3.
Voir à l'Est : 6 km à Sloten (Sleat)★ (ville fortifiée).
Amsterdam 119 – Leeuwarden 50 – Groningen 84 – Zwolle 63.

à **Harich** Nord-Ouest : 1 km 🅒 Gaasterlân-Sleat :

Welgelegen ⑊, Welgelegen 15, ⊠ 8571 RG, ℰ (0 514) 60 50 50, info@hotelwelge
legen.nl, Fax (0 514) 60 51 99, 🚲 – 🔟 🅿. – 🔼 25 à 200. ⓄⓄ 𝘝𝘐𝘚𝘈 𝘑𝘊𝘉. ⁓ rest
Repas (dîner seult) carte env. 38 – **22 ch** ⌸ 48/73 – ½ P 60/71.
♦ Voormalige herenboerderij die tot hotel is verbouwd. Praktische kamers. Beneden hebben
sommige een terras. De beste kamers liggen op de bovenverdieping en hebben een balkon.
♦ Ancienne ferme seigneuriale devenue hôtel. Chambres pratiques. Celles de plain-pied
s'ouvrent parfois sur une terrasse. Les meilleures, à l'étage, sont dotées d'un balcon.

BALLUM Fryslân 🄫🄪🄩 T 2 et 🄮🄢🄮 I 1 – voir à Waddeneilanden (Ameland).

BARCHEM Gelderland 🄫🄪🄫 X 10 et 🄮🄢🄮 K 5 – voir à Lochem.

BARENDRECHT Zuid-Holland 🄫🄪🄫 M 11 et 🄮🄢🄮 E 6 – voir à Rotterdam, environs.

BAVEL Noord-Brabant 🄫🄪🄫 O 13 – voir à Breda.

BEEK Gelderland 🄫🄪🄫 W 11 et 🄮🄢🄮 J 6 – voir à Zeddam.

BEEK Limburg 🄫🄪🄫 T 17 et 🄮🄢🄮 I 9 – voir à Maastricht.

BEEKBERGEN Gelderland 🄫🄪🄫 U 10 et 🄮🄢🄮 I 5 – voir à Apeldoorn.

BEETSTERZWAAG (BEETSTERSWEACH) Fryslân 🅒 Opsterland 29 000 h. 🄫🄪🄩 V 4 et 🄮🄢🄮 J 2.
🏌 van Harinxmaweg 8a, ⊠ 9244 CJ, ℰ (0 512) 38 35 90, Fax (0 512) 38 37 39.
Amsterdam 143 – Groningen 41 – Leeuwarden 34.

Lauswolt ⑊ (annexe), Van Harinxmaweg 10, ⊠ 9244 CJ, ℰ (0 512) 38 12 45, lausw
olt@bilderberg.nl, Fax (0 512) 38 14 96, ⑦, ⬛, 🎋, 🚲 – 📶 🔟 🅿. – 🔼 25 à 80. ⒶⒺ
ⓄⒹ ⓄⓄ 𝘝𝘐𝘚𝘈 𝘑𝘊𝘉
Repas voir rest **De Heeren van Harinxma** ci-après – ⌸ 19 – **63 ch** 109/215, – 2 suites
– ½ P 160/173.
♦ Luisterrijk 19e-eeuws landhuis in een boomrijk park, een paradijs voor golfers. Zeer
smaakvolle kamers en gemeenschappelijke ruimten. Beautycenter. Uitstekende service.
♦ Fastueuse demeure du 19e s. nichée dans un parc arboré, véritable paradis des golfeurs.
Chambres et communs aménagés avec un goût sûr. Centre esthétique. Service complet.

PAYS-BAS

De Heeren van Harinxma - H. Lauswolt, Van Harinxmaweg 10, ⌧ 9244 CJ, ℘ (0 512) 38 12 45, *lauswolt@bilderberg.nl*, Fax (0 512) 38 14 96, ⌖ – ⌂ 🄿. 🄰🄴 ⓞ 🄼🄾 🆅🅸🆂🅰 🄹🄲🄱, ⌖
fermé sam. midi et dim. midi – **Repas** Lunch 45 – 65/105 bc, carte 69 à 126, ♀
Spéc. Queue de bœuf braisée et son carpaccio aux truffes. Homard fumé et porc mijotés à l'huile d'épices. Déclinaison de cerises (21 juin-21 sept.).
  ◆ In het gastronomisch restaurant van het Lauswolt wordt u stijlvol ontvangen in een comfortabele eetzaal. Klassieke Franse keuken in een bescheiden eigentijds jasje.
  ◆ Le restaurant gastronomique du Lauswolt vous reçoit en grand seigneur dans une salle à manger confortable. Cuisine d'orientation escoffière, sagement actualisée.

Prins Heerlijck, Hoofdstraat 23, ⌧ 9244 CL, ℘ (0 512) 38 24 55, *info@prinsheerli jck.nl*, Fax (0 512) 38 33 71, ⌖ – 🄿. 🄰🄴 ⓞ 🄼🄾 🆅🅸🆂🅰 🄹🄲🄱
Repas 32/43 bc, ♀.
  ◆ In de hoofdstraat gaat u in dit herenhuis aan tafel voor een eigentijdse maaltijd. Ongedwongen ambiance. Aangenaam zomerterras aan de achterkant.
  ◆ Dans la rue principale, maison de maître où l'on s'attable pour un repas au goût du jour. Ambiance décontractée. Agréable terrasse estivale dressée sur l'arrière.

à Olterterp Nord-Est : 2 km © Opsterland :

Het Witte Huis avec ch, van Harinxmaweg 20, ⌧ 9246 TL, ℘ (0 512) 38 22 22, *wit te-huis@planet.nl*, Fax (0 512) 38 23 07, ≪, ⌖ – 🍴 rest, 🆃🆅 🄿 – 🔬 25 à 75. 🄰🄴 ⓞ 🄼🄾
🆅🅸🆂🅰, ⌖ rest
fermé 31 déc.-1er janv. – **Repas** 28/40 – **8 ch** ☷ 55/80 – ½ P 65/80.
  ◆ George "W" heeft in dit Witte Huis met rieten dak nog nooit een voet gezet. Jammer voor hem ! Tuin met waterpartij. Goed onderhouden kamers.
  ◆ George "W" n'a jamais mis les pieds dans cette Maison Blanche (Witte Huis) coiffée d'un toit de chaume : tant pis pour lui ! Jardin avec pièce d'eau. Chambres bien tenues.

BEILEN Drenthe © Midden-Drenthe 32 826 h. 🄵🄴🄸 Y 5 et 🄷🄸🄴 K 3.
Amsterdam 169 – Assen 17 – Groningen 44 – Leeuwarden 70 – Zwolle 59.

à Spier Sud-Ouest : 5 km © Midden-Drenthe :

De Woudzoom, Oude Postweg 2, ⌧ 9417 TG, ℘ (0 593) 56 26 45, *reserveren@w oudzoom.nl*, Fax (0 593) 56 25 50, ⌖, 🎾, ≋, 🚲 – 🖡 📺 📺 🚻ch, ⌂🄿 – 🔬 25 à 200. 🄰🄴 🄼🄾 🆅🅸🆂🅰. ⌖
Repas (fermé 27 déc.-10 janv.) Lunch 23 – carte env. 43 – ☷ 13 – **36 ch** 80/150 – ½ P 105.
  ◆ Dit lage hotelpand heeft zijn stek gevonden in een Drents dorp, vlak bij de snelweg. Kamers van goed formaat, ontbijtzaal met Toscaanse accenten en groot terras. Ruim restaurant met moderne ramen. In de zomer kunt u er heerlijk buiten eten.
  ◆ Construction basse située près de l'autoroute, dans un village de la Drenthe. Chambres de bonnes proportions, salle de breakfast aux accents toscans et grande terrasse. Ample restaurant agrémenté de verrières modernes. L'été, repas en plein air.

BELFELD Limburg © Venlo 91 780 h. 🄵🄴🄸 V 15 et 🄷🄸🄴 J 8.
Amsterdam 172 – Maastricht 67 – Eindhoven 61 – Roermond 17.

De Krekelberg, Parallelweg 11 (Sud-Ouest : 2 km sur N 271), ⌧ 5951 AP, ℘ (0 77) 475 12 66, Fax (0 77) 475 35 05 – 📺 🄿 – 🔬 100. 🄰🄴 🄼🄾 🆅🅸🆂🅰 🄹🄲🄱
Repas (dîner pour résidents seult) – **8 ch** ☷ 54/68 – ½ P 68/74.
  ◆ Etablissement langs de weg, tegenover een rivier, met annexen waarvan de ruime kamers met goede geluidsisolatie alle op de begane grond liggen, net als in een motel.
  ◆ En bord de route, face au fleuve, auberge agrandie d'annexes où les chambres, spacieuses et bien insonorisées, sont toutes de plain-pied, à la façon d'un motel.

BENEDEN-LEEUWEN Gelderland © West Maas en Waal 18 202 h. 🄵🄴🄸 S 11 et 🄷🄸🄴 H 6.
Amsterdam 90 – Arnhem 42 – 's-Hertogenbosch 34 – Nijmegen 30.

De Twee Linden, Zandstraat 100, ⌧ 6658 CX, ℘ (0 487) 59 12 34, *info@detwee nden.nl*, Fax (0 487) 59 42 24, ⌖ – 🍴 rest, 📺 – 🔬 25 à 350. 🄰🄴 🄼🄾 🆅🅸🆂🅰. ⌖
fermé 24 déc.-5 janv. – **Repas** De Gelagkamer carte 25 à 40 – **14 ch** ☷ 75/89 – ½ P 63/88.
  ◆ Dit hotel in een gerenoveerde dorpsherberg uit 1871 is uitgebreid met een modern vleugel waarin de beste kamers liggen. Aangenaam café met serre aan de voorkant. He nieuwe, eigentijdse restaurant heeft de ambiance van een weelderige brasserie.
  ◆ Cette auberge villageoise rénovée, dont l'origine remonte à 1871, se complète d'un aile récente renfermant les meilleures chambres. Agréable café devancé d'une vérand Nouveau restaurant au goût du jour aménagé à la façon d'une brasserie cossue.

BENNEBROEK *Noord-Holland* 🔲🔳 M 9, 🔲🔳 M 9 *et* 🔲🔳 E 5 – 5 307 h.

Voir *à l'Ouest : 1,5 km à Vogelenzang* ≤★ : Tulipshow★.

Amsterdam 27 – Haarlem 8 – Den Haag 37 – Rotterdam 62.

Patrick's, Rijksstraatweg 51, ✉ 2121 AB, ℘ (0 23) 584 87 32, *info@ degeleerdeman.nl*, Fax (0 23) 584 87 33, 🍽, Avec cuisine chinoise – 🔲 ℗. 🝿 🆎 🆖 𝗩𝗜𝗦𝗔. 🛇
fermé sam. midi et dim. midi – **Repas** 30/38.
   ♦ Een volledig nieuwe bemanning staat aan het roer van deze driehonderdjarige herberg (vroeger : De Geleerde Man) waar men nu een Aziatische koers vaart.
   ♦ Une nouvelle équipe vient de prendre les commandes de cette ancienne auberge tricentenaire (ex-Geleerde Man) offrant désormais les plaisirs d'une cuisine tournée vers l'Asie.

Les Jumeaux, Bennebroekerlaan 19b, ✉ 2121 GP, ℘ (0 23) 584 63 34, *info@ lesju meaux.nl*, Fax (0 23) 584 96 83, 🍽 – 🆎 ⓪ 🆖 𝗩𝗜𝗦𝗔
fermé sam. midi et dim. midi – **Repas** 30/55.
   ♦ Dit patriciërshuis aan de rand van Bennebroek, tegenover een karakteristieke vaart, heeft een eigentijds culinair repertoire. Decor met moderne schilderijen. Overdekte patio.
   ♦ Aux portes de Bennebroek, devant un typique petit canal, maison patricienne maniant un répertoire culinaire dans le tempo actuel. Peintures modernes et salle. Patio couvert.

à Vogelenzang *Ouest : 1,5 km* 🅒 *Bloemendaal 17 045 h :*

La Tulipe Noire, Bekslaan 35 (à l'ancienne gare), ✉ 2114 CB, ℘ (0 23) 584 91 55, *restaurant@ latulipenoire.nl*, Fax (0 23) 584 28 01, 🍽 – 🔲 ℗. 🆎 𝗩𝗜𝗦𝗔
fermé mardi et merc. – **Repas** (déjeuner sur réservation) carte 38 à 74.
   ♦ Restaurant in een oud seinwachtershuis. Amusant detail : de muren en tafels trillen als de trein langskomt. Trendy restaurant. Van de rekening zult u hier echt niet ontsporen !
   ♦ Logis de garde-barrière promu restaurant. Détail amusant : murs et tables vibrent au passage des trains. Carte dans le vent. L'addition ne vous fera pas dérailler !

BENNEKOM *Gelderland* 🅒 *Ede 104 771 h.* 🔲🔳 T 10 *et* 🔲🔳 I 5.

Amsterdam 83 – Arnhem 21 – Apeldoorn 45 – Utrecht 45.

Het Koetshuis (Löhr), Panoramaweg 23a (Est : 3 km), ✉ 6721 MK, ℘ (0 318) 41 73 70, *koetshuis@ tref.nl*, Fax (0 318) 42 01 16, 🍽 – ℗. 🆎 ⓪ 🆖 𝗩𝗜𝗦𝗔 𝗝𝗖𝗕
fermé dim. et lundi – **Repas** Lunch 45 – 49/93 bc, carte 59 à 73, ♀ 🛇
   Spéc. Salade de homard tiède et foie d'oie à la crème de homard. Foie d'oie poêlé aux pomme fruit et pomme de terre. Marbré de tournedos et foie d'oie au bouillon parfumé de madère.
   ♦ Rustiek pand met rieten dak aan de rand van het bos, waar met veel talent een eigentijdse keuken wordt bereid. Prima terrassen voor zomerse dagen. Internationale wijnkaart.
   ♦ À l'orée des bois, chaumière rustique à souhait où se conçoit une talentueuse cuisine d'aujourd'hui. Terrasses exquises dressées aux beaux jours. Belle cave planétaire.

BENTVELD *Noord-Holland* 🔲🔳 M 8 *et* 🔲🔳 M 8 – voir à Zandvoort.

BERGAMBACHT *Zuid-Holland* 🔲🔳 N 11 *et* 🔲🔳 F 6 – 9 227 h.

Amsterdam 64 – Rotterdam 25 – Gouda 11 – Utrecht 34.

De Arendshoeve, Molenlaan 14 (Ouest : par N 207), ✉ 2861 LB, ℘ (0 182) 35 10 00, Fax (0 182) 35 11 55, 🍽, 🄰, 🛋, 🔲, 🌳, ✎, 🐾 – 🔋 📺 – 🔼 25 à 150. 🆎 ⓪ 🆖 𝗩𝗜𝗦𝗔
fermé 30 déc.-1er janv. – **Repas** *Onder de Molen* (fermé sam. midi et dim. midi) carte 34 à 52 – ☕ 15 – **24 ch** 120/145, – 3 suites.
   ♦ Een trotse molen markeert deze voormalige boerderij waarnaast een moderne villa is gebouwd. Luxueus interieur, kamers met alle comfort, verzorgde tuin, beautycenter en een fraai Romeins zwembad. Het pittoreske huis onder de molen herbergt een brasserie.
   ♦ Un fier moulin signale cette ancienne ferme flanquée d'une villa récente. Intérieur cossu, chambres tout confort, jardin soigné, centre esthétique et jolie piscine romaine. Restaurant aménagé "sous le moulin" (onder de molen), dans une maison pittoresque.

BERGEN *Noord-Holland* 🔲🔳 N 6 *et* 🔲🔳 F 3 – 31 742 h.

🅱 Plein 1, ✉ 1861 JX, ℘ (0 72) 581 31 00, *info@ vvvbergen.com*, Fax (0 72) 581 38 90.
Amsterdam 43 – Haarlem 38 – Alkmaar 6.

Parkhotel, Breelaan 19, ✉ 1861 GC, ℘ (0 72) 589 78 67, *info@ parkhotelbergen.nl*, Fax (0 72) 589 74 35, 🍽 – 🔋 📺 – 🔼 30 à 70. 🆎 ⓪ 🆖 𝗩𝗜𝗦𝗔 𝗝𝗖𝗕
Repas Lunch 15 – carte 22 à 36, ♀ – **26 ch** ☕ 60/105 – ½ P 58/70.
   ♦ Deze twee moderne gebouwen in het centrum van Bergen hebben standaardkamers met de gangbare voorzieningen. Lounge met warme ambiance en een schouw. Voor de maaltijd kunt u kiezen tussen klassieke Hollandse gerechten en het grillrestaurant. Populair terras.
   ♦ Ces deux résidences modernes élevées au centre de Bergen proposent des chambres standard correctement équipées. Chaleureux salon agrémenté d'une cheminée. À l'heure du repas, cuisine classique hollandaise ou restaurant à grillades. Terrasse populaire.

🏠 **Duinpost** ॐ sans rest, Kerkelaan 5, ⊠ 1861 EA, ℰ (0 72) 581 21 50, *hotelduinpost @hotmail.com, Fax (0 72) 589 96 96*, 🌧, 🚲 – 📺 📠. 🍽
fév.-15 nov. – **13 ch** ⊏ 35/130.
 ◆ Dit massieve pand staat aan een rustige, groene laan en herbergt vrij gerieflijke kamers, waarvan er enkele een balkon hebben. Terrassen en tuintje.
 ◆ Dans une allée paisible et verdoyante, construction massive renfermant des chambres assez mignonnes, quelquefois munies d'un balcon. Terrasses et jardinet.

🍴 **Onder de Linde,** Prinsesselaan 22, ⊠ 1861 EN, ℰ (0 72) 581 21 08, *Fax (0 72) 581 56 78*, 🍽 – 🆎 🏧 **VISA**
fermé lundi – **Repas** (déjeuner sur réservation) carte env. 40, ♀.
 ◆ Leuk restaurantje achter in een steegje. Eigentijdse menukaart, aangenaam terras in de schaduw van de lindebomen ('s winters verwarmd) en zeer vriendelijke bediening.
 ◆ Jolie petite table à dénicher au fin fond d'une ruelle : carte au goût du jour, agréable terrasse dressée à l'ombre des tilleuls et chauffée en hiver, service tout sourire.

🍴 **De Kleine Prins,** Oude Prinsweg 29, ⊠ 1861 CS, ℰ (0 72) 589 69 69 – 🍽. 🆎 🏧 **VISA**. 🍽
fermé lundis et mardis non fériés – **Repas** (déjeuner sur réservation) carte 37 à 46, ♀.
 ◆ Dit oude, pittoreske boerderijtje staat midden in het dorp, dicht bij de overblijfselen van de kerk. Op de traditionele kaart staat zeker iets om uw honger te stillen.
 ◆ Au coeur du village, près des vestiges de l'église, ancienne fermette assez charmante où une carte d'inspiration traditionnelle s'emploie à combler votre appétit.

🍴 **De Ware Jacob,** Jan Jacoblaan 3, ⊠ 1861 LJ, ℰ (0 72) 589 40 07, *Fax (0 72) 581 67 42*, 🍽 – 🍽. 🆎 ⓪ 🏧 **VISA**
fermé lundi – **Repas** (dîner seult) 32/43, ♀.
 ◆ Dit restaurant staat lokaal goed aangeschreven vanwege de eigentijdse gerechten met kwaliteitsproducten en de kleine, weldoordachte wijnkaart. Voorterras onder markiezen.
 ◆ Restaurant bénéficiant d'une bonne réputation locale pour ses préparations actuelles respectueuses des produits et sa petite cave bien pensée. Terrasse sous auvents et façade.

à Bergen aan Zee *Ouest : 5 km* 🄲 *Bergen* – *Station balnéaire*

🏨 **Nassau Bergen,** Van der Wijckplein 4, ⊠ 1865 AP, ℰ (0 72) 589 75 41, *info@hote l-nassau.nl, Fax (0 72) 589 70 44*, ≤, 🛁, 🗊 – 📺 📠 – 🛄 25 à 60. 🏧 **VISA**. 🍽 rest
Repas (dîner pour résidents seult) – **40 ch** ⊏ 65/175 – ½ P 68/113.
 ◆ Een groot gebouw dat waakt over kust en duinen. Rechtstreekse toegang tot het strand. Het hotel is erg in trek bij bedrijven (vergaderingen, congressen) en Duitse toeristen.
 ◆ Grande bâtisse surveillant littoral et dunes, avec accès direct à la plage. Fréquents séminaires d'entreprises ; la clientèle touristique allemande y a aussi ses habitudes.

🏨 **Victoria,** Zeeweg 33, ⊠ 1865 AB, ℰ (0 72) 581 23 58, *Fax (0 72) 589 60 01*, 🚭, 🍽 – 🍽 rest, 📺 📠 – 🛄 25 à 40. 🆎 ⓪ 🏧 **VISA**
Repas *Lunch 18* – carte env. 24 – **34 ch** ⊏ 57/120 – ½ P 90/165.
 ◆ Dit kleine establissement dicht bij het strand en het zeeaquarium is heel geschikt voor een paar daagjes aan zee met het gezin. Ruime en lichte kamers. Restaurant met serre, waar u zich te goed kunt doen aan Hollandse klassiekers.
 ◆ À une encablure de la plage et deux pas de l'aquarium, petit établissement approprié pour quelques jours de villégiature balnéaire en famille. Chambres amples et lumineuses. Restaurant avec véranda où vous vous mesurerez aux classiques culinaires bataves.

🏠 **Prins Maurits,** Van Hasseltweg 7, ⊠ 1865 AL, ℰ (0 72) 581 23 64, *hotel@prins-ma urits.nl, Fax (0 72) 581 82 98*, 🚲 – 📺 🍽 📠. 🏧 **VISA**. 🍽
avril-oct. – **Repas** (dîner pour résidents seult) – **23 ch** ⊏ 49/90 – ½ P 57/62.
 ◆ Slechts enkele flinke passen scheiden de zee van dit massief ogende hotelpand aan de rand van Bergen. De moderne kamers hebben alle een balkonnetje.
 ◆ Seulement quelques-unes de vos amples foulées séparent le front de mer de cet immeuble trapu à débusquer en bordure de Bergen. Chambres actuelles dotées d'un balconnet.

BERG EN DAL *Gelderland* 🔢🔢🔢 U 12 *et* 🔢🔢🔢 I 6 – *voir à Nijmegen.*

*Si vous cherchez un hôtel tranquille,
consultez d'abord les cartes de l'introduction
ou repérez dans le texte les établissements indiqués
avec le signe* ॐ.

Voir *Markiezenhof*★ AY **M¹**.

🏌 *par* ③ : 5 km, Zoomvlietweg 66, ⊠ 4624 RP, ℰ (0 165) 37 71 00, Fax (0 165) 37 71 01.

Amsterdam 143 ② – 's-Hertogenbosch 90 ② – Breda 40 ② – Rotterdam 70 ② – Antwerpen 39 ③

BERGEN OP ZOOM

		De Boulevard Noord	**AZ** 12	Lieve Vrouwestr.	**AY** 26
		Fortuinstr.	**AY** 13	Minderbroedersstr.	**ABY** 28
		Glymesstr.	**AY** 14	Roosevellaan	**BZ** 39
Antwerpsestraatweg	**BZ** 3	Grote Markt	**AY** 15	St-Josephstr.	**BYZ** 34
Arn. Asselbergsstr.	**BY** 4	Halstersweg	**AY** 16	Stationsstr.	**BY** 36
Auvergnestr.	**AZ** 6	Kerkstr.	**BZ** 20	Steenbergsestr.	**AY** 37
Blauwehandstr.	**BY** 7	Kloosterstr.	**BZ** 22	van der Rijtstr.	**BY** 32
Boutershemstr.	**AZ** 8	Kortemeestr.	**AY** 23	van Overstratenlaan	**BY** 30
Burg. Stulemeijerlaan	**AY** 9	Kremerstr.	**AY** 24	Wouwsestraatweg	**BY** 41
Burg. van Hasseltstr.	**BZ** 10	Lange Parkstr.	**BY** 25	Zuivelstr.	**BY** 43

🏛🏛🏛 **De Draak,** Grote Markt 36, ⊠ 4611 NT, ℰ (0 164) 25 20 50, info@hoteldedraak.com, Fax (0 164) 25 70 01, 🍴 – 🛗 ⇔, 🍽 ch, 📺 🅿 – 🔒 40. 🆎 ⓞ ⓒⓞ 𝗩𝗜𝗦𝗔 ᴶᶜᴮ. ⚓

AY **a**

fermé 26 déc.-1ᵉʳ janv. – **Repas** *(fermé sam. midi et dim. midi)* Lunch 25 – carte 36 à 53 – **64 ch** ⊇ 121/225, – 3 suites.

◆ Dit traditionele hotel bestaat al ruim 600 jaar en heeft zich in 1996 aangesloten bij de internationale hotelketen Mercure. De buitenkant, de kamers en de gemeenschappelijke ruimten zien er verzorgd uit. Fijne Frans-Italiaanse keuken.

◆ Cet hôtel de tradition officiant depuis plus de 600 ans est entré en 1996 dans le giron de la chaîne internationale Mercure. Façades, chambres et communs soignés. Élégante table franco-transalpine.

Parkhotel, Gertrudisboulevard 200, ⊠ 4615 MA, ℰ (0 164) 26 02 02, *info@gtparkh otel.nl*, Fax *(0 164) 26 03 03*, 斎, ᦀ – 📱 ᕈ⇌ ⚡ 🗹 ⅊ch, 🖭 – 🏠 25 à 200. 🖭 ⓞ ⓜⓞ 🖾 🖾, ⅏ ch
AZ **d**
Repas *(fermé sam. midi et dim. midi)* carte env. 33 – ⅏ 14 – **51 ch** 112.
◆ Dit moderne hotelgebouw aan de rand van de stad kijkt uit over een recreatieplas en een spoorlijn. De functionele kamers zijn voorzien van geluidsisolatie. De keuken kan behagen aan zowel Pancho Villa als Uncle Sam !
◆ Aux portes de la ville, immeuble récent dominant un plan d'eau récréatif et une voie de chemin de fer. Chambres fonctionnelles insonorisées. Style de restauration digne de Pancho Villa et l'Oncle Sam réunis.

Tulip Inn sans rest, Antwerpsestraat 56, ⊠ 4611 AK, ℰ (0 164) 26 52 65, *info@tul ipinnbergenopzoom.nl*, Fax *(0 164) 26 65 24* – ᕈ⇌ 🚗 🗹 🚗. 🖭 ⓞ ⓜⓞ 🖾 BZ **e**
⅏ 11 – **68 ch** 77/98.
◆ Dit hotel ligt wat uit het centrum, vlak bij een complex met winkels. De moderne, comfortabele kamers zijn verdeeld over het hoofdgebouw en enkele nabijgelegen annexen.
◆ Établissement un peu excentré, voisin d'un centre commercial. Chambres actuelles où l'on a ses aises, réparties entre le bâtiment principal et plusieurs proches annexes.

Moerstede, Vogelenzang 5 (Moerstraatsebaan, Nord : 2 km), ⊠ 4614 PP, ℰ (0 164) 25 88 00, *moerstede@planet.nl*, Fax *(0 164) 25 99 21*, 斎 – 🖭 – 🏠 25 à 120. 🖭 ⓞ ⓜⓞ 🖾, par Ravelstraat BY
fermé carnaval, 2 sem. vacances bâtiment, sam. midi, dim. midi et lundi – **Repas** Lunch 33 – 43/73 bc, ⅏.
◆ Aangenaam restaurant midden in de bossen. Klassieke gerechten met een modern accent, net als de inrichting van de eetzaal. Terras in de zomer.
◆ Plaisante maison de bouche "perdue" dans les bois. Recettes classiques gentiment actualisées, à l'image de la décoration intérieure. Terrasse dressée à la belle saison.

't Spuihuis, Spui 1, ⊠ 4611 GX, ℰ (0 164) 23 31 96, *info@spuihuis.nl*, Fax *(0 164) 24 63 80*, 斎 – 🖭 ⓞ ⓜⓞ 🖾 🖾 AY **v**
fermé 1 sem. carnaval, sam. midi et dim. midi – **Repas** 25/30, ⅏.
◆ Dit monumentale neoklassieke pand ligt sinds 1839 verankerd achter aan de kaden van de oude haven. Interieur met tussenverdieping, groot terras in de zomer.
◆ Cette monumentale construction néo-classique est ancrée depuis 1839 à l'extrémité des quais de l'ancien port. Intérieur traité en mezzanine et grande terrasse d'été.

De Boschpoort, Bosstraat 9, ⊠ 4611 NA, ℰ (0 164) 23 03 04, *boschpoort@home.nl*, Fax *(0 164) 23 01 86*, 斎 – 📖. 🖭 ⓜⓞ 🖾 AZ **a**
fermé dern. sem. juil.-2 prem. sem. août, lundi et mardi – **Repas** (dîner seult) 23/44.
◆ Dit huis aan een pleintje in het centrum is verbouwd tot een prettig restaurantje waar hedendaags het sleutelwoord is, van het decor van de eetzaal tot de inhoud van de kaart.
◆ Sur une placette du centre, maison réaménagée et agréable petit restaurant bien dans le coup, du décor de la salle à manger jusqu'au contenu de la carte. La saveur y est !

De Bloemkool, Wouwsestraatweg 146 (par ②), ⊠ 4623 AS, ℰ (0 164) 23 30 45, *deb loemkool@home.nl*, Fax *(0 164) 21 01 22*, 斎 – 🖭. 🖭 ⓜⓞ 🖾
fermé 2 dern. sem. juil.-prem. sem. août, sam. midi, dim. midi, lundi midi et mardi midi – **Repas** 24/42, ⅏.
◆ Voormalig uitspanning aan de oostkant van Bergen op Zoom, vlak bij de snelweg. Traditionele gerechten op basis van kwaliteitsproducten. Ambiance van een Brabantse herberg.
◆ Ancien relais de poste situé à l'Est de Bergen op Zoom, au voisinage de l'autoroute. Plats traditionnels attentifs à la qualité des produits. Ambiance "auberge brabançonne".

Napoli, Kerkstraat 10, ⊠ 4611 NV, ℰ (0 164) 24 37 04, Cuisine italienne, ouvert jusqu'à 23 h – 🖭 ⓞ ⓜⓞ 🖾 BZ
fermé sem. carnaval, 24 et 31 déc., 1er janv., sam. midi et dim. midi – **Repas** 28/58.
◆ Dit restaurant is gevestigd in een herenhuis naast de Peperbus. De naam bekent rondui kleur : vrij goede Italiaanse keuken, maar een tikje alledaags.
◆ L'enseigne de cette maison jouxtant l'emblématique Peperbus annonce sans détour l couleur de l'assiette : cuisine italienne honorable, toutefois un rien convenue.

BERG EN TERBLIJT *Limburg* 🗐🗐🗐 T 16 *et* 🗐🗐🗐 I 9 – *voir à* Valkenburg.

BERKEL-ENSCHOT *Noord-Brabant* 🗐🗐🗐 P 13 *et* 🗐🗐🗐 G 7 – *voir à* Tilburg.

BEST *Noord-Brabant* 532 R 13 *et* 715 H 7 – *28 244 h.*

🕌 *Golflaan 1,* ✉ *5683 RZ,* 𝒫 *(0 499) 39 14 43, Fax (0 499) 39 32 21.*
Amsterdam 111 – Eindhoven 11 – 's-Hertogenbosch 22 – Breda 53.

🏨 **NH Best,** De Maas 2 (Sud : 2 km par A 58, sortie ⑦), ✉ 5684 PL, 𝒫 (0 499) 39 01 00,
nhbest@nh-hotels.com, Fax (0 499) 39 16 50, �, ⬛, 🚲 – |韋| 粥 📺 ⬛ch, 🅿 –
🔬 25 à 160. 🅰🅴 ⓞ 🆎 𝘝𝘐𝘚𝘈
Repas carte 25 à 36 – ⬜ 14 – **68 ch** 59/125 – ½ P 105.
  ◆ Modern hotel, op maat gesneden voor zakenmensen die dicht bij Eindhoven een slaapplaats zoeken. Eigentijdse kamers. Restaurant en bar-brasserie. Op het zomerterras wordt
  een kleine kaart gevoerd.
  ◆ Hôtel de chaîne contemporain, taillé sur mesure pour la clientèle d'affaires choisissant
  de poser ses valises en périphérie de Eindhoven. Chambres actuelles. Restaurant, bar-
  brasserie et terrasse d'été où l'on présente une carte abrégée.

🍴 **Qu4tre Bras,** Nieuwstraat 79, ✉ 5683 KB, 𝒫 (0 499) 37 14 50, info@quatrebras.nl,
Fax (0 499) 39 05 20, �, Avec taverne – 🅿 – 🔬 25 à 100. 🅰🅴 ⓞ 🆎 𝘝𝘐𝘚𝘈
Repas Lunch 20 – carte 34 à 62, ⵏ.
  ◆ Deze vier armen reiken twee mogelijkheden aan voor de inwendige mens : een brasserie
  en een restaurant met eigentijdse keuken. Goedkope lunchformule.
  ◆ Ces "Qu4tre Bras" vous tendent "d2ux possibilités" pour assouvir votre appétit : bras-
  serie et restaurant avec cuisine d'aujourd'hui. Formule lunch à bon compte.

BEUNINGEN *Gelderland* 532 T 11 *et* 715 I 6 – *voir à Nijmegen.*

BEVERWIJK *Noord-Holland* 531 M 8 *et* 715 E 4 – *36 409 h.*
Amsterdam 28 – Haarlem 13 – Alkmaar 22.

🍴🍴 **'t Gildehuys,** Baanstraat 32, ✉ 1942 CJ, 𝒫 (0 251) 22 15 15, info@gildehuys.nl,
Fax (0 251) 21 38 66, � – 🅰🅴 ⓞ 🆎 𝘝𝘐𝘚𝘈
fermé 23 déc.-6 janv. et lundi – **Repas** (dîner seult) 25/57 bc, ⵏ.
  ◆ Goed adres in het centrum, waar fijnproevers uit de stad af en aan lopen.
  Kwaliteitsproducten worden met zorg bereid. Het weekmenu is favoriet. Lommerrijk
  terras.
  ◆ Au centre de Beverwijk, bonne adresse où défilent les fines fourchettes du
  secteur. Produits choisis, travaillés avec soin. Menu hebdomadaire courtisé. Terrasse
  ombragée.

🍴🍴 **De Hoge Heren,** Baanstraat 26, ✉ 1942 CJ, 𝒫 (0 251) 21 18 77, info@hogeheren.nl,
Fax (0 251) 21 44 67 – ⬛. 🅰🅴 ⓞ 𝘝𝘐𝘚𝘈 𝘑𝘊𝘉
fermé fin juil.-début août, dim. et lundi – **Repas** Lunch 29 – carte 30 à 51, ⵏ.
  ◆ Een betrouwbaar adres dicht bij het station, dat eigentijdse gerechten serveert.
  Speciale vermelding verdienen de mooie wijnselectie en de verzorgde presentatie op de
  borden.
  ◆ Près de la gare, adresse fiable où l'on fait des repas au goût du jour. Mentions
  spéciales pour la belle sélection vineuse et le soin apporté à la présentation des
  assiettes.

🍴 **de Jonge Halewijn,** Duinwijklaan 46, ✉ 1942 GC, 𝒫 (0 251) 22 08 59, info@halew
ijn.nl, � – 🅰🅴 🆎 𝘝𝘐𝘚𝘈 𝘑𝘊𝘉
fermé sam. midi et dim. midi – **Repas** Lunch 25 – 29/52 bc, ⵏ.
  ◆ Het interieur laat een melange van stijlen zien, de keuken is goed bij de tijd.
  Aangenaam, intiem zomerterras aan de achterkant, onder het bladerdak van een oude
  kastanje.
  ◆ Cuisine du moment et décoration intérieure composite. Une terrasse d'été plaisante et
  intime se cache à l'arrière, sous les frondaisons d'un vieux châtaignier.

BIDDINGHUIZEN *Flevoland* © *Dronten 37 132 h.* 531 T 8 *et* 715 I 4.
Amsterdam 70 – Apeldoorn 58 – Utrecht 74 – Zwolle 41.

🏨 **Dorhout Mees** 🏌, Strandgaperweg 30 (Sud : 6 km, direction Veluwemeer),
✉ 8256 PZ, 𝒫 (0 321) 33 11 38, info@dorhoutmees.nl, Fax (0 321) 33 10 57, �, 🛎,
🌦 – |韋| 📺 🅿 – 🔬 25 à 600. 🅰🅴 🆎 𝘝𝘐𝘚𝘈 𝘑𝘊𝘉
fermé 25 et 26 et 1er janv. – **Repas** Lunch 17 – carte 35 à 62 – **42 ch** ⬜ 88/150.
  ◆ Afgelegen establissement midden in de natuur en omgeven door twee golfterreinen.
  Comfortabele kamers. Kleiduivenbanen en uitstekende faciliteiten voor bijeenkomsten en
  seminars. De eetzaal heeft de ambiance van een jachtpaviljoen.
  ◆ Établissement isolé dans la campagne et encadré de deux terrains de golf. Chambres
  de bon séjour, stands de tir aux clays et équipement complet pour la tenue de séminaires.
  À table, ambiance "pavillon de chasse".

Gebruik steeds de gids van het lopende jaar.

559

De BILT Utrecht 532 P 10 et 715 G 5 – 42 308 h.
Amsterdam 49 – Utrecht 7 – Apeldoorn 65.

De Biltsche Hoek, De Holle Bilt 1 (sur N 225), ✉ 3732 HM, 🏖 (0 30) 220 58 11, *res ervations@biltschehoek.valk.nl,* Fax (0 30) 220 28 12, 🍴, 🗔, ✕, 🚲 – 🛗 📺 📶 – 🏋 25 à 200. 🆎 ⭕ 📶 🆅🆂🅰 ✕ ch
Repas Lunch 12 – carte 22 à 38, 🍷 – 🍶 9 – **101 ch** 70/75 – ½ P 96.
♦ Dit ketenmotel vlak bij de snelweg en de stad Utrecht telt een honderdtal ruime kamers, verspreid over diverse vleugels die rond een voormalige herberg zijn gebouwd.
♦ Ce motel de chaîne proche de l'autoroute et d'Utrecht abrite une centaine de chambres spacieuses réparties entre plusieurs ailes disposées autour d'une ancienne auberge.

BILTHOVEN Utrecht 🄲 De Bilt 42 308 h. 532 Q 10 et 715 G 5.
Amsterdam 48 – Utrecht 10 – Apeldoorn 65.

Heidepark 🏖, Jan Steenlaan 22, ✉ 3723 VB, 🏖 (0 30) 228 24 77, *info@heidepark.nl,* Fax (0 30) 229 21 84, 🍴, 🚲 – ▦ 📺 📶 – 🏋 25 à 150. 🆎 ⭕ 📶 🆅🆂🅰 ✕
Repas *(fermé dim.)* Lunch 23 – carte env. 35 – 🍶 12 – **21 ch** 80/129 – ½ P 106/121.
♦ Een rustig hotel in een voormalige bioscoop, waar u uw keus kunt laten vallen op een gerenoveerde kamer of op een van de drie junior suites met kitchenette en balkon.
♦ Ancien cinéma devenu un paisible hôtel où vous séjournerez dans des chambres refaites de neuf ou dans l'une des trois junior suites dotées d'une kitchenette et d'un balcon.

De Kuuk, Soestdijkseweg-Noord 492 (Nord : 2 km), ✉ 3723 HM, 🏖 (0 30) 225 00 52, *info@dekuuk.nl,* Fax (0 30) 225 00 35, 🍴 – ▤ 📶 🆎 ⭕ 📶 🆅🆂🅰 ✕ ✕
fermé du 18 au 31 juil., 31 déc.-1ᵉʳ janv. et sam. midi – **Repas** Lunch 34 – carte 38 à 50, 🍷.
♦ Deze voormalige boerderij aan de rand van Bilthoven ligt in een bosrijke omgeving en heeft een prettig zomerterras. Met zorg wordt van eenvoudige producten iets goeds bereid.
♦ Aux portes de Bilthoven, ancienne ferme profitant d'alentours boisés et d'une plaisante terrasse d'été. Côté fourneaux, le souci de faire bon avec des produits simples.

BLADEL Noord-Brabant 532 Q 14 et 715 G 7 – 19 092 h.
🛈 Markt 21a, ✉ 5531 BC, 🏖 (0 497) 38 33 00, *vvv@iae.nl,* Fax (0 497) 38 59 22.
Amsterdam 141 – Eindhoven 26 – 's-Hertogenbosch 52 – Antwerpen 67.

Bladel, Europalaan 77, ✉ 5531 BE, 🏖 (0 497) 38 33 19, *info@hotel-bladel.nl,* Fax (0 497) 38 36 30, 🍴, 🚲 – 📺 – 🏋 25. 🆎 ⭕ 📶 🆅🆂🅰 ✕
Repas Lunch 18 – 26/31 – **14 ch** 🍶 64/83 – ½ P 64/69.
♦ Klein hotelpand uit circa 1980, nabij het centrum. Functionele kamers met dubbele beglazing. Vriendelijk onthaal. À la carte, lunchformules en menu van constante kwaliteit.
♦ Ce petit immeuble des années 1980 avoisinant le centre de Bladel dispose de chambres fonctionnelles munies du double vitrage. Accueil familial. Repas à la carte ; formules lunch et menu de qualité constante.

Aub. Central, Europalaan 28a, ✉ 5531 BH, 🏖 (0 497) 38 69 28, *lroijmans2102@ho tmail.com,* Fax (0 497) 38 57 83, 🍴, 🚲 – 📺. 🆎 ⭕ 📶 🆅🆂🅰 ✕
Repas (dîner pour résidents seult) – **5 ch** 🍶 45/64 – ½ P 45/60.
♦ De kamers in dit minuscule hotel vlak bij het centrum zijn op één hand te tellen. Tuin met waterpartij.
♦ Elles se comptent sur les doigts d'une seule main, les chambres de ce minuscule hôtel situé à proximité du centre-ville. Jardin avec pièce d'eau.

De Hofstee, Sniederslaan 121, ✉ 5531 EK, 🏖 (0 497) 38 15 00, Fax (0 497) 38 80 93, 🍴 – 📶 🆅🆂🅰
fermé dern. sem. juil.-prem. sem. août, 28 déc.-10 janv., merc., sam. midi et dim. midi –
Repas Lunch 28 – 37/48, 🍷.
♦ Een bekoorlijke tuin en een verrukkelijk zomerterras geven dit mooie, rustieke boerderijtje met rieten dak extra charme. Aanlokkelijke menu's. Goed voorziene wijnkelder.
♦ Un adorable jardin et une exquise terrasse dressée aux beaux jours agrémentent cette jolie fermette rustique coiffée d'un toit de chaume. Menus affriolants. Cave bien montée

Schrijf ons ...
Zowel uw lovende woorden als uw kritiek
worden zorgvuldig onderzocht.
Wij zullen de door u vermelde informatie
ter plaatse opnieuw bekijken.
Alvast bedankt !

BLARICUM Noord-Holland 图51 Q 9, 图52 Q 9 et 图5 G 5 – 9 309 h.

Amsterdam 34 – Apeldoorn 63 – Hilversum 9 – Utrecht 24.

XX **Rust Wat,** Schapendrift 79, ⌧ 1261 HP, ℰ (0 35) 538 32 86, bonhoreca@zonnet.nl, Fax (0 35) 531 73 37, 🍽 – 🅿, 🆎 🔟 💳
Repas Lunch 30 – carte 40 à 57, ♀.
  ◆ Karakteristieke herberg met vijver, nabij een natuurgebied. In een eigentijdse, luxueuze brasserieambiance of op het mooie terras kunt u genieten van een moderne keuken.
  ◆ Près d'une réserve naturelle et d'un étang, auberge typique vous invitant à goûter une cuisine moderne dans une ambiance de brasserie actuelle cossue ou sur la belle terrasse.

XX **De Goede Gooier,** Crailoseweg 151 (près A 1 - E 231, sortie ⑧ direction Huizen), ⌧ 1261 AA, ℰ (0 35) 691 93 04, info@degoedegooier.nl, Fax (0 35) 692 05 91, ≤, 🍽 – 🅿, 🆎 ① 🔟 💳
Repas 34/43, ♀.
  ◆ Oude herberg aan de rand van de uitgestrekte Blaricumse heide, een favoriet wandelgebied. Kaart met keuzemenu's. Zomerterras met rieten meubels.
  ◆ Ancienne auberge postée à la lisière du Blaricum heide, vaste étendue de landes appréciée des promeneurs. Carte avec menus-choix. Terrasse d'été garnie de meubles en osier.

BLERICK Limburg 图52 V 14 et 图5 J 7 – voir à Venlo.

BLOEMENDAAL Noord-Holland 图51 M 8, 图52 M 8 et 图5 E 4 – voir à Haarlem.

BLOKZIJL Overijssel © Steenwijkerland 42 358 h. 图51 U 6 et 图5 I 3.

Voir Grande Église (Grote Kerk) : intérieur★.

Amsterdam 102 – Zwolle 33 – Assen 66 – Leeuwarden 65.

XX **Hof van Sonoy** (van Staveren) avec ch, Kerkstraat 9, ⌧ 8356 DN, ℰ (0 527) 29 17 08, ⁣ info@hofvansonoy.nl, Fax (0 527) 29 17 09, 🍽 – 📺, 🆎 ① 🔟 💳 🎴. ❀
fermé 2 sem. en mars, 1 sem. en oct., dim. non fériés sauf en juil.-août, lundi et sam. midi
– **Repas** 33/68 bc, carte 45 à 57, ♀ ₰ – **4 ch** ☲ 95 – ½ P 82/105
Spéc. Rouleaux de veau au foie de canard. Filets de sole grillés au jus de homard. Soufflé aux agrumes.
  ◆ Een 19e-eeuwse school vormt het decor van dit grote restaurant met vide. Kaart met beperkte keuze en goede menu's. Er zijn ook enkele eenkamerappartementen met keukenhoek.
  ◆ Un ancien établissement scolaire du 19e s. sert de cadre à ce vaste restaurant étagé en mezzanine. Choix concis, avec de bons menus. Chambres conçues comme des studios.

à **Muggenbeet** Nord-Est : 3 km © Steenwijkerland 41 870 h :

🏠 **Geertien** ⌗ Muggenbeet 3, ⌧ 8356 VK, ℰ (0 527) 29 12 45, info@geertien.nl, Fax (0 527) 29 15 16, 🍽, 🐾, 🔟 💳 ch, 🅿 – ₰ 25 à 40. 🆎 ① 🔟 💳
fermé 1er janv. – **Repas** (fermé merc. de sept. à juin) Lunch 31 – carte 33 à 52 – **12 ch** ☲ 78/98, – 2 suites – ½ P 77.
  ◆ Dit sympathieke familiehotelletje ligt in een moerassige veenstreek en beschikt over eigentijdse kamers met voldoende ruimte en rust. Authentiek bruin café en zomerterras in een boomgaard aan het water.
  ◆ Dans une région de tourbières marécageuses, sympathique hôtel familial dont les chambres, actuelles, offrent suffisamment d'espace et de calme. Café très "couleur locale". Restaurant d'été dans un verger au bord de l'eau.

BODEGRAVEN Zuid-Holland 图52 N 10 et 图5 F 5 – 19 562 h.

Amsterdam 48 – Rotterdam 36 – Den Haag 45 – Utrecht 30.

🏠 **AC Hotel,** Goudseweg 32 (près A 12, sortie ⑫), ⌧ 2411 HL, ℰ (0 172) 65 00 03, bodegraven@autogrill.net, Fax (0 172) 61 81 01 – 🛗 ⌗ 📺 🐾 ch, 🅿 – ₰ 25 à 90. 🆎 ①
🔟 💳
Repas (fermé sam. midi et dim. midi) (avec buffets) carte 22 à 38 – ☲ 10 – **64 ch** 62/82.
  ◆ Dit ketenhotel dicht bij de snelweg Den Haag-Utrecht is geschikt voor een zakelijk verblijf, maar ook voor een tussenstop. Faciliteiten voor seminars.
  ◆ Près de l'autoroute reliant Den Haag à Utrecht, hôtel de chaîne aussi bien équipé pour la clientèle d'affaires que pour les familles et la tenue de séminaires.

BOEKELO Overijssel 图52 Z 9 et 图5 L 5 – voir à Enschede.

BOLLENVELDEN (CHAMPS DE FLEURS) ★★★ Zuid-Holland 图51 L 9 à N 5, 图52 J 10 à M 8 et 图5 E 5 à G 3 G. Hollande.

PAYS-BAS

BOLSWARD (BOALSERT) *Fryslân* 531 S 4 *et* 715 H 2 – 9 446 h.

Voir *Hôtel de ville★ (Stadhuis) – Stalles★ et chaire★ de l'église St-Martin (Martinikerk).*
Env. *au Sud-Ouest : Digue du Nord★★ (Afsluitdijk).*
Amsterdam 114 – Leeuwarden 29 – Zwolle 85.

Hid Hero Hiem ⚓, Kerkstraat 51, ⊠ 8701 HR, ℰ (0 515) 57 52 99, Fax (0 515) 57 30 52, 🌿, 🏖, 🚲 – 📺 ♿ch, 📻 – 🔬 30. ◾️ 💳 💳. ✎ *fermé 28 déc.-1er janv.* – **Repas** (dîner seult) carte env. 32 – **14 ch** ⊇ 67/98.
♦ Een smal straatje voert naar dit rustige hotel, dat onderdak heeft gevonden in een voormalig weeshuis. Eenkamerflat met kitchenette. Binnenhof met tuin en terras.
♦ Une ruelle étroite dessert ce paisible hôtel aménagé dans un ancien orphelinat. Studios avec kitchenette. Cour intérieure agrémentée d'un jardin et d'une terrasse d'été.

De Lavendelhof, Nieuwmarkt 24, ⊠ 8701 KL, ℰ (0 515) 57 79 88, *info@lavendelh of.nl,* Fax (0 515) 57 34 45 – ▤ – 🔬 25 à 200. ◾️ ◑ 💳 💳. ✎
fermé vacances scolaires, sam. midi, dim. et lundi midi – **Repas** Lunch 25 – 23/38, 🍷.
♦ De smaak van de Provence zult u zeker aantreffen in dit eerbiedwaardige pand in hartje Bolsward. Gevarieerde keuze met diverse uitgebalanceerde menu's. Vriendelijke bediening.
♦ Les saveurs de la Provence sont à l'honneur dans cette vénérable auberge du centre de Bolsward. Choix diversifié s'articulant sur plusieurs menus bien ficelés. Service jovial.

BOORNBERGUM (BOARNBURGUM) *Fryslân* 531 V 4 *et* 715 J 2 – *voir à Drachten.*

BORCULO *Gelderland* © *Berkelland 10 417 h.* 532 Y 10 *et* 715 K 5.
🛈 *Hofstraat 5,* ⊠ 7271 AP, ℰ (0 545) 27 19 66, *info@vvvborculo.nl,* Fax (0 545) 27 17 00.
Amsterdam 134 – Arnhem 61 – Apeldoorn 48 – Enschede 34.

De Stenen Tafel (Prinsen), Het Eiland 1, ⊠ 7271 BK, ℰ (0 545) 27 20 30, *mail@de stenentafel.nl,* Fax (0 545) 27 20 30, 🌿 – 📻. ◾️ ◑ 💳
fermé 3 prem. sem. fév., fin août-début sept., dim. et lundi – **Repas** (déjeuner sur réservation) 45/120 bc, carte 58 à 96, 🍷 🍴
Spéc. Thon aux épices et foie d'oie à la gelée de gewürztraminer. Cabillaud au chou-fleur et truffe. Soufflé au fromage blanc, limon et vanille.
♦ Een van de beste restaurants in Gelderland, rustiek en pittoresk, in een dubbele 17e-eeuwse watermolen, waarvan het raderwerk in de eetzaal is geïntegreerd. Lommerrijk terras.
♦ L'une des meilleures tables du Gelderland, rustique et pittoresque, installée dans un double moulin à eau du 17e s. dont le mécanisme anime la salle. Terrasse ombragée.

BORN *Limburg* © *Sittard-Geleen 97 806 h.* 532 T 16 *et* 715 I 8.
Amsterdam 190 – Maastricht 28 – Eindhoven 62 – Roermond 23 – Aachen 43.

Amráth, Langereweg 21 (Est : 2 km près A 2 - E 9), ⊠ 6121 SB, ℰ (0 46) 485 16 66, *info@hotel-born.nl,* Fax (0 46) 485 12 23, 🌿, 🍴, 🚲 – 📶 ♿ ▤ 📺 📻 – 🔬 25 à 200. ◾️ ◑ 💳 💳. ✎ rest
Repas *(fermé sam. midi et dim. midi)* Lunch 25 bc – carte 23 à 38 – ⊇ 14 – **59 ch** 85/105 – ½ P 86/101.
♦ Dat moderne telg van een hotelketen ligt wat buiten het centrum en blijkt voor de zakelijke gast een prima uitvalsbasis te zijn. Ruime, gerenoveerde kamers. Het restaurant biedt twee opties : brasserieschotels en mediterraan geöriënteerde gerechten à la carte.
♦ Cet hôtel de chaîne contemporain, un peu excentré, renferme des chambres rénovées où l'on ne manque pas d'espace. La clientèle d'affaires y a ses habitudes. Double formule au restaurant : plats de brasserie ou repas d'esprit méditerranéen à la carte.

BORNE *Overijssel* 531 Z 9, 532 Z 9 *et* 715 L 5 – 20 651 h.
🛈 *Nieuwe Markt 7,* ⊠ 7622 DD, ℰ 0 900 202 19 81, *info@vvvborne.nl,* Fax (0 74) 266 93 01.
Amsterdam 145 – Apeldoorn 61 – Arnhem 83 – Groningen 135 – Munster 77.

Dorset Mansion House, Grotestraat 167, ⊠ 7622 GE, ℰ (0 74) 266 19 25, *info@ dorset.nl,* Fax (0 74) 267 05 53, 🌿 – 🔬 40. ◾️ ◑ 💳 💳. ✎
fermé vacances bâtiment, sam. midi, dim. midi, lundi et mardi – **Repas** Lunch 29 – carte 4 à 86, 🍷.
♦ Dat wordt echt genieten in het luxeuze decor van dit huis (1895), dat voor ee textielbaron is gebouwd. Stijlvol, klassiek-eigentijds interieur en intieme, rustige ambianc
♦ Beau moment de table en perspective dans cette demeure opulente bâtie en 189 pour un baron du textile. Décor intérieur classique-actuel raffiné ; ambiance intime feutrée.

✗✗ **Jasmin Garden,** Grotestraat 6, ⊠ 7622 GL, ℘ (0 74) 266 99 55, Fax (0 74) 266 96 22, Cuisine asiatique avec Teppan-Yaki – 🔲 **P.** – 🔏 25 à 80. 🖭 ⓪ ⓒ **VISA** JCB
Repas (dîner seult sauf week-end jusqu'à 23 h) carte 22 à 32.
♦ Al bij binnenkomst in dit Aziatische restaurant voelt u dat het goed zit. Chinese en Japanse gerechten. Twee eetzalen, van elkaar gescheiden door een salon.
♦ Cet établissement asiatique où l'on se sent directement entre de bonnes mains se consacre aux cuisines chinoise et japonaise dans deux salles séparées par un salon.

Den BOSCH 🄿 Noord-Brabant – voir 's-Hertogenbosch.

BOSCH EN DUIN Utrecht 🟥🟥🟥 Q 10 et 🟥🟥🟥 G 5 – voir à Zeist.

BOSSCHENHOOFD Noord-Brabant 🟥🟥🟥 M 13 et 🟥🟥🟥 E 7 – voir à Roosendaal.

BOXMEER Noord-Brabant 🟥🟥🟥 U 13 et 🟥🟥🟥 I 7 – 29 352 h.
Amsterdam 145 – Eindhoven 47 – 's-Hertogenbosch 57 – Nijmegen 31.

 van Diepen, Spoorstraat 74, ⊠ 5831 CM, ℘ (0 485) 57 13 45, info@hotelvandiepen.nl, Fax (0 485) 57 62 13, ☎ – 🔟 📺 **P.** – 🔏 25 à 125. 🖭 ⓪ ⓒ **VISA** ♨ rest
fermé 24 déc.-2 janv. – **Repas** (fermé sam. et dim. midi) carte 22 à 34 – **21 ch** ♁ 71/88.
♦ Het functionele comfort in dit kleine hotel valt goed in de smaak. Het pand staat op de hoek van een doorgaande straat, nabij een spoorweg. Kamers van respectabel formaat en met dubbele beglazing. Klassieke eetzaal, klassiek-traditionele kaart en zomerterras.
♦ On apprécie le confort fonctionnel de ce petit hôtel situé à l'angle d'une rue passante, près d'une voie ferrée. Chambres d'ampleur respectable, munies du double vitrage. Salle à manger bourgeoise, carte classico-traditionnelle et terrasse dressée en été.

BOXTEL Noord-Brabant 🟥🟥🟥 Q 13 et 🟥🟥🟥 G 7 – 29 513 h.
Amsterdam 101 – Eindhoven 21 – 's-Hertogenbosch 12 – Breda 48.

✗✗ **De Ceulse Kaar,** Eindhovenseweg 41 (Sud-Est : 2 km), ⊠ 5283 RA, ℘ (0 411) 67 62 82, deceulsekaar@hetnet.nl, Fax (0 411) 68 52 12, 🌳 – **P.** 🖭 ⓪ ⓒ **VISA**
fermé sam. midi, dim. midi et lundi – **Repas** 27/36, ⬩.
♦ Deze oude Brabantse boerderij uit de 18e eeuw staat aan de rand van Boxtel. In de rustieke eetzaal zitten de gasten dicht bij elkaar rond de dis. Zomerterras.
♦ Aux avant-postes de la localité, ancienne ferme-auberge brabançonne du 18e s. où l'on mange au coude à coude dans une salle de restaurant rustique. Terrasse dressée en été.

✗✗ **De Negenmannen,** Fellenoord 8, ⊠ 5281 CB, ℘ (0 411) 67 85 64, info@negenmannen.nl, Fax (0 411) 67 62 76 – 🔲. 🖭 ⓪ ⓒ **VISA** JCB. ♨
fermé 2 sem. carnaval, lundi et sam. midi – **Repas** Lunch 25 – carte 39 à 59, ⬩.
♦ Dit aardige negental in het centrum lijkt door de plaatselijke clientèle geadopteerd te zijn. De menu's flirten wat met eigentijdse smaken. Vernieuwd interieur.
♦ La clientèle du secteur paraît avoir adopté cette agréable adresse du centre-ville. Menus fricotant un peu avec les saveurs d'aujourd'hui. Décoration intérieure rajeunie.

✗✗ **Molenwijk,** Molenwijk 2, ⊠ 5282 SH, ℘ (0 411) 67 23 02, Fax (0 411) 68 66 48, 🌳 – ⬩, **P.** – 🔏 25 à 100. 🖭 ⓒ **VISA**. ♨
fermé carnaval, Pâques, Pentecôte, vacances bâtiment, sam. midi, dim. et lundi – **Repas** 27/45.
♦ In dit paviljoen in een openbaar park kunt u genieten van een eigentijdse keuken in een modern en sober interieur of op het terras aan het water.
♦ Au sein d'un parc public, pavillon offrant les plaisirs d'une cuisine actuelle dans un intérieur moderne volontairement dépouillé ou sur la terrasse tournée vers l'étang.

✗ **Aub. van Boxtel** avec ch, Stationsplein 2, ⊠ 5281 GH, ℘ (0 411) 67 22 37, info@ auberge.nl, Fax (0 411) 67 41 24, 🌳 – 🔏 30. 🖭 ⓒ **VISA** JCB. ♨ ch
fermé carnaval, 2 sem. vacances bâtiment et fin déc.-début janv. – **Repas** (fermé mardi) (dîner seult) 28 – **10 ch** ♁ 75/100.
♦ Klein restaurant aan een pleintje naast het station van Boxtel. Eigentijds culinair register en een vrij kosmopolitische selectie wijnen. Praktische kamers.
♦ Petite affaire bordant une placette voisine de la gare de Boxtel. Registre culinaire dans le tempo actuel et sélection de vins assez cosmopolite. Chambres pratiques.

BRAAMT Gelderland 🟥🟥🟥 W 11 – voir à Zeddam.

BREDA *Noord-Brabant* 532 N 13 *et* 715 F 7 – *164 397 h – Casino* B, *Kloosterplein 20,* ✉ *4811 GP,* ☎ *(0 76) 525 11 00, Fax (0 76) 522 50 29.*

Voir *Carnaval★ – Grande église ou Église Notre-Dame★ (Grote of O.-L.-Vrouwekerk) : clocher★, tombeau★ d'Englebert II de Nassau* C R – *Valkenberg★* D.

Env. *au Nord par* ①*, Parc national De Biesbosch★ : promenade en bateau★ – par* ① *: 15 km à Raamsdonksveer, Musée national de l'Automobile★.*

18 par ② : 4 km à Molenschot, Veenstraat 89, ✉ *5124 NC,* ☎ *(0 161) 41 12 00, Fax (0 161) 41 17 15 et 18 9 Bavelseweg 153,* ✉ *5124 PX,* ☎ *(0 161) 43 18 11, Fax (0 161) 45 35 54 - 9 au Nord-Ouest : 4 km à Prinsenbeek, Wiemersedreef 19,* ✉ *4841 KG,* ☎ *(0 76) 541 94 49, Fax (0 76) 541 91 16.*

Willemstraat 17, ✉ *4811 AJ,* ☎ *0 900 522 24 44, info@vvvbreda.nl,* Fax (0 76) 521 85 30.

Amsterdam 103 ① – Rotterdam 52 ⑦ – Tilburg 22 ② – Utrecht 72 ① – Antwerpen 56 ⑤

Bliss, Torenstraat 9, ✉ 4811 XV, ☎ (0 76) 533 59 80, *info@blisshotel.nl, Fax (0 76) 533 59 81,* – AE MC VISA C z

Repas ***Chocolat*** *Lunch 22* – 33/47 bc, ♀ – **9 ch** 200/400 – ½ P 240/475.

◆ In de schaduw van de klokkentoren van de grote kerk gaat achter een statige, oude gevel een eigentijds hotel schuil met elegante junior suites die elk een eigen thema hebben. Eetzaal in chocoladetinten, een verleidelijk decor voor de up-to-date gerechten.

◆ À l'ombre du clocher de la grande église, noble devanture ancienne dissimulant une construction récente où vous séjournerez dans des junior suites élégamment personnalisées. Salle à manger dans les tons chocolat conviant à goûter une cuisine d'aujourd'hui.

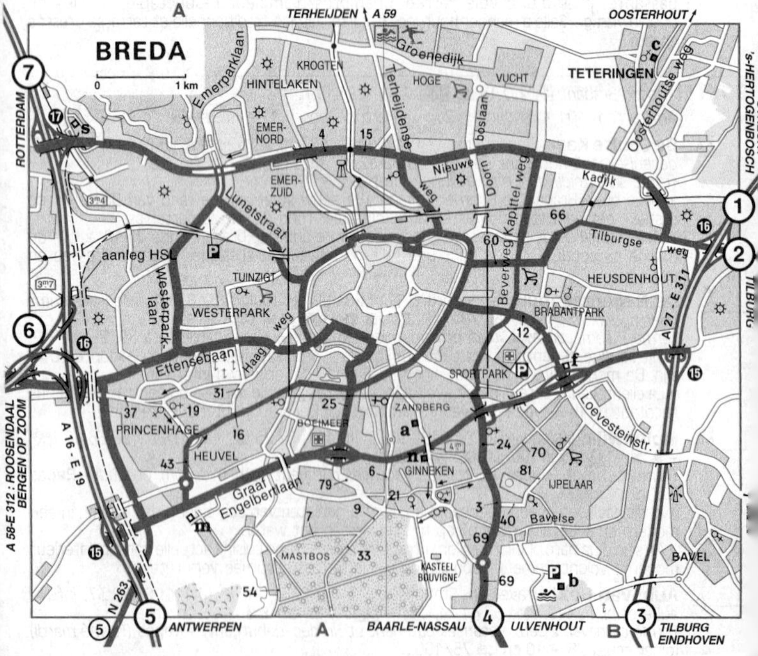

Allerheiligenweg . . . . . B 3
Backer en Ruebweg . . . . . A 4
Baronielaan . . . . . AB 6
Burg. de Manlaan . . . . . A 7
Burg. Kerstenlaan . . . . . A 9
Claudius Prinsenlaan . . . . . B 12
Crogtdijk . . . . . A 15
Dr-Struyckenstr. . . . . . A 16
Dreef . . . . . A 19
Duivelsbruglaan . . . . . B 21
Fatimastr. . . . . . B 24
Graaf Hendrik III laan . . . . . A 25
Heuvelstr. . . . . . A 31
Huisdreef . . . . . A 33
Liesboslaan . . . . . A 37
Marialaan . . . . . B 40
Mastbosstr. . . . . . A 43
Overaseweg . . . . . A 54
Rijsbergseweg . . . . . A 58
Sint-Ignatiusstr. . . . . . B 60
Teteringsedijk . . . . . B 66
Ulvenhoutselaan . . . . . B 6
Valkenierslaan . . . . . B 7
Willem van Oranjelaan . . . . . A 7
Zwijnsbergenstr. . . . . . B 8

Mercure, Stationsplein 14, ✉ 4811 BB, ✆ (0 76) 522 02 00, *h1316@accor.com,* Fax (0 76) 521 49 67, 🍴, 🚲 – 📶 ✱✦ 🖥 TV 🅿 – 🔥 25 à 150. AE ⑩ ⑩ VISA JCB CD b
Repas *(fermé sam. midi et dim. midi) Lunch 17* – carte 26 à 45, ⌷ – ⌷ 14 – **40 ch** 112/131.
◆ Comfort en een gastvrij onthaal, zoals gebruikelijk bij Mercure, zijn hier gecombineerd met een ideale lokatie : tegenover het station, vlak bij een mooi lommerrijk park en 700 m van het levendige centrum. Kaart met lunch en menu. Wijnselectie "van het huis".
◆ Comfort et qualité d'accueil propres à l'enseigne Mercure, s'ajoutant à une situation idéale : en face de la gare, près d'un beau parc ombragé et à 700 m du centre animé. Carte avec lunch et menu. Sélection de vins "maison".

 Keyser, Keizerstraat 5, ✉ 4811 HL, ✆ (0 76) 520 51 73, *info@hotel-keyser.nl,* Fax (0 76) 520 52 25, 🍴, 🚲 – 📶 🖥 TV – 🔥 25 à 60. AE ⑩ ⑩ VISA ✑ ch D h
Repas *(fermé 27 et 28 mars, 15 et 16 mai, 25 et 26 déc., 1er janv., sam. midi et dim. midi)*
Lunch 19 – carte env. 38, ⌷ – ⌷ 14 – **79 ch** 112/139 – ½ P 149/166.
◆ Betrouwbaar hotel in het centrum van de vroegere residentie van de Nassaus. Grote gemeenschappelijke ruimten, moderne kamers, vrolijke ontbijtzaal. In het restaurant zijn eigentijds en belle époque sfeervol gecombineerd.
◆ Hébergement fiable situé au centre de l'ancien fief des Nassau, dont le musée voisin retrace l'histoire. Communs spacieux, chambres modernes et sémillante salle de breakfast. Restaurant mêlant style contemporain et accents décoratifs Belle Époque.

Brabant, Heerbaan 4, ⊠ 4817 NL, ℘ (0 76) 522 46 66, *info@hotelbrabant.nl*, Fax *(0 76) 521 95 92*, 🍴, 🛋, ▨, 🚲 – ▯ ✦ 📺 📖 – 🛁 25 à 300. ፚ ⓞ ⓜⓢ

VISA JCB   B f

Repas Lunch 18 – 22/43 – 🍽 14 – **71 ch** 82/135 – ½ P 112/119.

◆ Dit functionele establissement aan de rand van Breda, dicht bij de snelweg, is zowel geschikt voor een familieuitstapje als voor een business trip of het houden van seminars.

◆ Aux portes de Breda et à portée d'autoroute, établissement fonctionnel aussi bien équipé pour les séjours en famille que pour l'homme d'affaires ou la tenue de séminaires.

Novotel, Dr. Batenburglaan 74, ⊠ 4837 BR, ℘ (0 76) 565 92 20, *h0516@accor.com*, Fax *(0 76) 565 87 58*, 🍴, 🛋, ≋, 🍽, 🚲 – ▯ ✦ ▤ 📺 📖 – 🛁 25 à 150. ፚ ⓞ ⓜⓢ

VISA   A m

Repas (ouvert jusqu'à 23 h) Lunch 23 – carte 22 à 43 – 🍽 14 – **106 ch** 107 – ½ P 139.

◆ Aan de zuidrand van de stad, vlak bij de snelweg Antwerpen-Rotterdam, wordt het gebruikelijke scala geboden van hotellerieprestaties die de Novotel-keten eigen zijn.

◆ Retrouvez, aux avant-postes de la ville et à un saut de puce du tronçon d'autoroute Antwerpen-Rotterdam, l'éventail habituel des prestations de la chaîne Novotel.

Campanile, Minervum 7090 (par ②), ⊠ 4817 ZK, ℘ (0 76) 578 77 00, *breda@campanile.com*, Fax (0 76) 578 77 01, 🍴 – ▯ ✦ 📺 📖 – 🛁 25 à 180. ፚ ⓞ ⓜⓢ VISA, ✽ rest

Repas *(fermé sam. midi et dim. midi)* Lunch 10 – carte env. 27, ♀ – 🍽 10 – **83 ch** 55/76.

◆ Dit hotel buiten de stad ligt op een heel praktische lokatie bij de A27. De kamers zijn naar de normen van de Campanile-keten ingericht.

◆ Hôtel excentré profitant néanmoins d'une situation bien pratique aux abords de l'autoroute A27. Chambres aménagées en conformité avec les standards Campanile.

Bastion, Lage Mosten 4, ⊠ 4822 NJ, ℘ (0 76) 542 04 03, *bastion@bastionhotel.nl*, Fax (0 76) 542 06 03, 🍴 – ▯ ✦ 📺 📖 ፚ ⓞ ⓜⓢ VISA, ✽   A s

Repas (grillades, ouvert jusqu'à 23 h) carte env. 30 – 🍽 10 – **40 ch** 69.

◆ Een klein en praktisch ketenhotel voor een onderbreking van de reis : vlak bij de snelweg, eenvoudige kamers met geluidsisolatie en voldoende ruimte.

◆ Petit hôtel de chaîne commode pour l'étape : proximité du réseau autoroutier, chambres de mise simple, mais de tailles satisfaisantes et correctement insonorisées.

Wolfslaar, Wolfslaardreef 100, ⊠ 4803 EV, ℘ (0 76) 560 80 08, *restaurant@wolfslaar.com*, Fax (0 76) 560 80 09, 🍴 – 📖 – 🛁 25 à 40. ፚ ⓞ ⓜⓢ VISA, ✽   B b

fermé dern. sem. juil.-2 prem. sem. août, fin déc., sam. midi, dim. et lundi – **Repas** Lunch 30 – carte 52 à 77, ♀ 🍷

Spéc. Tartare de saumon maison. Filet de veau et son ris croustillant. Pruneaux au massepain, sorbet d'abricots.

◆ Dit oude koetshuis op een landgoed is nu een modern restaurant. Zeer eigentijdse gerechten en een grote wijnkeuze die is samengesteld door een zeer ervaren sommelier.

◆ Dans un parc public, ancienne écurie promue restaurant au décor contemporain. Recettes bien dans le coup et grand choix de vins proposé par un sommelier des plus avertis.

Prei, Adriaan Oomenstraat 1a (Nord-Est : 2 km à Teteringen), ⊠ 4847 DH, ℘ (0 76) 587 77 17, *info@restaurantprei.nl*, Fax (0 76) 572 98 37, 🍴 – 📖 ⓜⓢ VISA. ✽   B c

fermé 27 déc.-2 janv., sam. midi, dim. midi et lundi – **Repas** Lunch 32 – carte env. 56.

◆ In een moderne setting van zwarte, grijze en witte tinten en moderne sculpturen kunt u genieten van een eerlijke, visrijke keuken. Terras met massieve granieten tafels.

◆ Cuisine naturelle et poissonneuse, à goûter dans un cadre contemporain : sculptures modernes et harmonie noir-gris-blanc en salle. Terrasse dotée de tables massives en granit.

Salon de Provence, Ginnekenweg 172 (Ginneken), ⊠ 4835 NH, ℘ (0 76) 561 59 69, *salondeprovence@hetnet.nl*, Fax (0 76) 561 59 65, 🍴 – ▤. ⓜⓢ VISA. ✽   B i

fermé 3 prem. sem. sept., sam. midi, dim. midi et lundi – **Repas** Lunch 23 – 35/51, ♀.

◆ Klassiek culinair register met Provençaalse accenten, zoals de naam van het restaurant al doet vermoeden. Mooie kaart, met lunchopties en menu's. Aangenam eetzaal.

◆ Registre culinaire classique relevé, ici et là, de notes provençales, comme le laisse devine l'enseigne. Belle carte incluant lunch et menus. Sympathique salle de restaurant.

de Stadstuin, Ginnekenweg 138, ⊠ 4818 JK, ℘ (0 76) 530 96 36, *destadstuin@com*, Fax (0 76) 530 97 77, 🍴 – ፚ ⓞ ⓜⓢ VISA. ✽   B i

fermé 1 sem. carnaval, dern. sem. juil.-2 prem. sem. août, prem. sem. janv., merc., sa midi et dim. midi – **Repas** Lunch 25 – 30/80 bc, ♀.

◆ Vriendelijk onthaal, harmonieus interieur met klassiek en modern, eigentijds culina repertoire en attente service : kortom, een adres om te onthouden.

◆ Accueil gentil, décor intérieur mariant le classique au contemporain, répertoire culina dans le tempo actuel et service non somnolent : au total, une adresse à retenir.

XX **Boswachter Liesbosch,** Nieuwe Dreef 4 (par ⑥ : 8 km), ⊠ 4839 AJ, 𝒫 (0 76) 521 27 36, info@boswachter-liesbosch.nl, Fax (0 76) 520 06 34, ☞ – P. – ᴢ 25. ᴀᴇ ◑ ◍◐ VISA. 𝒮

fermé lundi – **Repas** Lunch 26 – 36/55 bc.

♦ Deze charmante herberg midden in de bossen ligt letterlijk verscholen onder het bladerdak van prachtige eiken en kastanjebomen. Verleidelijke terrassen voor zonnige dagen.

♦ Au milieu des bois, coquette auberge littéralement nichée sous les frondaisons de chênes et châtaigniers magnifiques. Terrasses aguichantes lorsque le soleil est là.

X **Boschlust,** Oosterhoutseweg 139 (Nord-Est : 2,5 km à Teteringen), ⊠ 4847 DB, 𝒫 (0 76) 571 33 83, info@boschlust.nl, Fax (0 76) 571 17 47, ☞ – P. – ᴢ 30. ᴀᴇ ◑ ◍◐ VISA JCB. 𝒮

fermé 2 prem. sem. août et lundi – **Repas** Lunch 31 – carte 41 à 69, 𝒴.

♦ Grote brasserie in de bosrijke omgeving net buiten de stad, aan de weg naar Oosterhout. Lunch, menu's en dagsuggesties die op een bord staan aangekondigd.

♦ Grande brasserie aux abords verdoyants située en périphérie immédiate de la ville, sur la route d'Oosterhout. Lunch, menus et suggestions sur écriteau.

X **da Nino,** Vlaszak 2, ⊠ 4811 GR, 𝒫 (0 76) 522 79 55, Fax (0 76) 520 31 97, ☞, Cuisine italienne – ᴀᴇ ◍◐ VISA   D u

fermé carnaval, mi-juil.-mi-août, Noël, lundi et mardi – **Repas** (dîner seult) carte 31 à 49.

♦ De tijd van de pizza's is voorbij ! Da Nino heeft zijn koers gewijzigd en richt zich nu helemaal op de Toscaanse keuken, zonder enige concessie aan de Nederlandse eetgewoonten.

♦ Définitivement terminé, le temps des pizzas ! Da Nino tourne la page et se concentre désormais sur sa cuisine toscane, sans concession aux habitudes alimentaires bataves.

à Bavel par ③ : 5 km ⓒ Breda :

XX **Vanouds de Brouwers,** Gilzeweg 24, ⊠ 4854 SG, 𝒫 (0 161) 43 22 72, Fax (0 161) 43 39 67, ☞ – P. ᴀᴇ ◍◐ VISA. 𝒮

fermé lundis et mardis non fériés, sam. midi et dim. midi – **Repas** Lunch 25 – carte 41 à 57, 𝒴.

♦ Traditionele herberg bij een rustig klein kruispunt. Actuele keuken. Twee zomerterrassen, waarvan het mooiste aan de achterkant ligt.

♦ Auberge traditionnelle œuvrant en face d'un petit carrefour tranquille. Repas au goût du jour. Deux terrasses estivales, dont la plus jolie est installée à l'arrière.

à Ulvenhout par ④ : 7 km ⓒ Alphen-Chaam 9 413 h :

X **'t Jagthuijs,** Dorpstraat 3, ⊠ 4851 CJ, 𝒫 (0 76) 565 69 56, jagthuijs@hetnet.nl, Fax (0 76) 565 48 21, ☞ – ᴀᴇ ◍◐ VISA JCB

fermé 18 juil.-1ᵉʳ août et lundi – **Repas** 31/43, 𝒴.

♦ Seizoengerechten worden hier geserveerd in een oude herberg die als een gezellige Hollandse bistro is ingericht. Bij mooi weer wordt buiten geserveerd.

♦ Plats de saison servis dans une ancienne auberge aménagée à la façon d'un bistrot hollandais cossu. Repas à l'extérieur avec la complicité du soleil.

BRESKENS Zeeland ⓒ Sluis 24 791 h. 🔢 G 14 et 🔢 B 7.

🚢 vers Vlissingen : Prov. Stoombootdiensten Zeeland 𝒫 (0 118) 46 09 00, Fax (0 118) 46 80 96 (Pas de voitures !). Durée de la traversée : 20 min.

🅱 Kaai 1, ⊠ 4511 RC, 𝒫 (0 117) 38 18 88, breskens@vvvzvl.nl, Fax (0 117) 38 38 67.

Amsterdam 213 – Middelburg 53 – Antwerpen 87 – Brugge 41.

🏨 **de Milliano** 𝒮 sans rest, Promenade 4, ⊠ 4511 RB, 𝒫 (0 117) 38 18 55, info@milliano.nl, Fax (0 117) 38 35 92, ≼ embouchure de l'Escaut (Schelde), ☞ – TV P. ᴀᴇ ◑ ◍◐ VISA

23 ch ⊊ 88/130.

♦ Dit hotel aan de monding van de Schelde beschikt over kamers op de begane grond en appartementen met een prachtig uitzicht op de kust. De veerpont is vlakbij.

♦ Cet immeuble surveillant l'estuaire de l'Escaut dispose de chambres de plain-pied et d'appartements offrant une superbe vue littorale. Proximité du bac pour piétons et vélos.

🏨 **Scaldis,** Langeweg 3, ⊠ 4511 GA, 𝒫 (0 117) 38 24 20, hotelscald@zeelandnet.nl, Fax (0 117) 38 60 21, ☞, ☞, 🚴 – ⛝ TV P. ᴀᴇ ◑ ◍◐ VISA. 𝒮 rest

fermé 3 sem. en oct. – **Repas** (fermé merc.) (grillades) Lunch 16 bc – carte env. 31 – **12 ch** ⊊ 43/68 – ½ P 45/51.

♦ Modern pand uit de jaren zeventig, in een rustige straat in het centrum en met een kleine, verzorgde tuin aan de achterkant. Functionele kamers van redelijk formaat. Huiselijke ontvangst. Op de spijskaart staan Spaans georiënteerde grillgerechten.

♦ Dans une rue calme du centre, pavillon des années 1970 agrémenté d'un petit jardin soigné sur l'arrière. Chambres fonctionnelles d'un format convenable. Accueil familial. Restaurant présentant une carte de grillades aux dénominations espagnoles.

à Hoofdplaat *Est : 8 km* Ⓒ *Sluis :*

✗✗✗ 🕄 **De Kromme Watergang** (Vinke), Slijkplaat 6 (Ouest : 6 km direction Breskens, Slijk-plaat), ✉ 4513 KK, ℘ (0 117) 34 86 96, *krommewatergang@zeelandnet.nl, Fax (0 117) 34 86 79*, 🏠 – 🅿 ᴀᴇ 🐵 𝗩𝗜𝗦𝗔 . ✀
fermé 2 dern. sem. juin, début août, 27 déc.-6 janv. et lundis et mardis non fériés – **Repas** *Lunch 33* – carte 55 à 73, 🅩 ⬚
Spéc. Bar rôti et risotto au safran. Agneau de lait en deux déclinaisons. Tout framboise.
◆ Goed restaurant met modern interieur, gevestigd in een gehucht in de polder. Terras aan een waterpartij en met uitzicht op een mooie Engelse tuin. Regionale producten.
◆ Bonne maison de bouche au décor intérieur moderne établie dans un hameau des polders. Terrasse au bord d'une pièce d'eau, tournée vers un beau jardin paysager. Produits régionaux.

BREUGEL *Noord-Brabant* Ⓒ *Son en Breugel 15 017 h.* ⑤③② S 13 *et* ⑦①⑤ H 7.
Amsterdam 114 – Eindhoven 13 – 's-Hertogenbosch 27.

✗✗ **de Gertruda Hoeve,** Van den Elsenstraat 23, ✉ 5694 ND, ℘ (0 499) 47 10 37, *inf o@gertrudahoeve.nl, Fax (0 499) 47 68 84*, 🏠 – 🅿 ᴀᴇ 🐵 𝗩𝗜𝗦𝗔 𝗝𝗖𝗕 . ✀
fermé du 4 au 9 fév., du 4 au 25 juil. et lundi – **Repas** *Lunch 27* – 38/50, 🅩.
◆ De oorsprong van deze voormalige, typisch Brabantse boerderij, die weggedoken ligt onder een rieten kap, gaat terug tot 1670. Intieme en rustieke ambiance.
◆ L'origine de cette ancienne ferme typiquement brabançonne encapuchonnée sous son toit de chaume bien peigné remonte à 1670. Ambiance intime et rustique.

BREUKELEN *Utrecht* ⑤③② P 9 *et* ⑦①⑤ G 5 – *14 416 h.*
Env. au Sud : route ⩽★.
Amsterdam 27 – Utrecht 12.

🏨 **Breukelen,** Stationsweg 91 (près A 2), ✉ 3621 LK, ℘ (0 346) 26 58 88, *info@breuk elen.valk.nl, Fax (0 346) 26 28 94*, 🏠, 🚴, 🚲 – 📶 🍴 🚙 ⊟ 📺 – 🅰 25 à 180. ᴀᴇ ⓪ 🐵 𝗩𝗜𝗦𝗔 𝗝𝗖𝗕
Repas (ouvert jusqu'à 23 h) carte 22 à 34, 🅩 – 🖵 11 – **141 ch** 80 – ½ P 70/93.
◆ Een Chinees paleis met tuin die in dezelfde stijl is aangelegd, vormt het originele decor van dit Van der Valk-hotel. Het ligt dicht bij de snelweg en het station. Restaurant en bar met lounge-bibliotheek.
◆ Un pavillon chinois, ouvert sur un jardin conçu dans le même esprit, sert de cadre à cet établissement de la chaîne Van der Valk. Proximité de l'autoroute et de la gare. Restaurant et bar avec "lounge-library".

BREUKELEVEEN *Noord-Holland* ⑤③② P 9 *et* ⑦①⑤ G 5 – *voir à Oud-Loosdrecht.*

BRIELLE *Zuid-Holland* ⑤③② J 11 *et* ⑦①⑤ D 6 – *15 999 h.*
🔢 *Krabbeweg 9,* ✉ *3231 NB,* ℘ *(0 181) 41 78 09, Fax (0 181) 41 00 26.*
Amsterdam 100 – Rotterdam 29 – Den Haag (bac) 37 – Breda 75.

🏨 **De Zalm,** Voorstraat 6, ✉ 3231 BJ, ℘ (0 181) 41 33 88, Fax (0 181) 41 77 12 – ➽, ch, 📺 🅿 ᴀᴇ 🐵 𝗩𝗜𝗦𝗔 . ✀
fermé Noël et Nouvel An – **Repas** (fermé dim. et après 20 h 30) carte 23 à 36 – **36 ch** 🖵 75/110.
◆ Centraal gelegen etablissement waar zakelijke Europoortgangers graag te gast zijn. De kamers variëren in grootte en liggen verspreid over enkele oude panden. Klassieke eetzaal Klassiek-traditioneel culinair register.
◆ Établissement central où descend volontiers la clientèle d'affaires en visite à l'Europoort. Chambres de différentes tailles réparties entre plusieurs maisons anciennes. Salle à manger bourgeoise. Registre culinaire classico-traditionnel.

🏨 **Bastion,** Amer 1, ✉ 3232 HA, ℘ (0 181) 41 65 88, *bastion@bastionhotel.nl, Fax (0 181) 41 01 15* – ➽ 📺 🅿 ᴀᴇ ⓪ 🐵 𝗩𝗜𝗦𝗔 . ✀
Repas (grillades, ouvert jusqu'à 23 h) carte env. 30 – 🖵 11 – **66 ch** 74.
◆ Een Bastion aan de rand van een oude vestingplaats ! Een betere lokatie voor een hotel met deze naam zouden we niet kunnen bedenken. Functionele kamers.
◆ Un Bastion aménagé à l'entrée d'une ancienne place forte : aurait-on pu imaginer un emplacement plus approprié, avec une telle enseigne ? Chambres fonctionnelles.

✗ **Pablo,** Voorstraat 89, ✉ 3231 BG, ℘ (0 181) 41 29 60, *ind.rest.pablo@planet.n Fax (0 181) 41 02 06*, Cuisine indonésienne – ⊟. ᴀᴇ 🐵 𝗩𝗜𝗦𝗔 . ✀
fermé dern. sem. sept.-3 prem. sem. oct. et lundis non fériés – **Repas** carte 22 à 32.
◆ Al bijna dertig jaar geeft dit goede Indonesische restaurant acte de présence in een deco van balken, bogen en bakstenen. Collectie oude pistolen en tinnen schalen.
◆ Bientôt trente ans de présence pour cette bonne table indonésienne au décor prése par poutres, arcades en briques, collection de vieux pistolets et récipients en étain.

BROEKHUIZEN Limburg 🆑 Horst aan de Maas 28 655 h. 🌐 V 14 et 🌐 J 7.
Amsterdam 167 – Eindhoven 60 – Nijmegen 60 – Venlo 28.

XXX **'t Veerhuis** 🦐 avec ch, Veerweg 11, ⊠ 5872 AE, 🔊 (0 77) 463 21 14, *het.veerhuis*
@*wxs.nl*, Fax (0 77) 463 28 67, ≤, 😤, 🚲 – 📺 🅿. AE ⓞ ⓜⓞ VISA JCB. ⋘
Repas *Lunch 32* – 40/58 – **10 ch** ☲ 80/110, – 2 suites – ½ P 115.
♦ Dit voormalige veerhuis is uitgebreid met een nieuwe aanbouw waarin grote, rustige
kamers zijn ingericht. De balkons kijken uit op de Maas. Eigentijdse keuken.
♦ Ancien café de passeurs d'eau agrandi d'une construction neuve abritant de grandes
et quiètes chambres dont les balcons contemplent la Meuse. Cuisine actuelle.

BROEK OP LANGEDIJK Noord-Holland 🆑 Langedijk 25 009 h. 🌐 N 6 et 🌐 F 3.
Amsterdam 48 – Alkmaar 11 – Den Helder 38 – Hoorn 25.

XX **Akkers,** Stationsweg 3, ⊠ 1721 CD, 🔊 (0 226) 32 03 28, *mail@restaurantakkers.nl*,
Fax (0 226) 34 04 64, 😤 – 🅿. – 🔏 25. ⓜⓞ VISA. ⋘
fermé 2e quinz. fév., 2 sem. en août, 27 déc.-2 janv., sam. midi, dim. midi, lundi et mardi
– **Repas** *Lunch 25* – carte 43 à 51.
♦ Gedrapeerde stoelen, glimmend parket, oranje getinte muren, wit bekleed plafond... Kortom, eigentijdse elegantie voor een restaurant dat sinds 1930 de deuren heeft openstaan.
♦ Chaises drapées, parquet reluisant, murs orangés et plafond paré de tissu blanc concourent à l'élégance contemporaine de cette salle à manger officiant depuis les années 1930.

BROUWERSHAVEN Zeeland 🆑 Schouwen-Duiveland 34 484 h. 🌐 I 12 et 🌐 C 6.
Amsterdam 143 – Middelburg 57 – Rotterdam 79.

X **de Brouwerie,** Molenstraat 31, ⊠ 4318 BS, 🔊 (0 111) 69 18 80, *debrouwerie@het*
net.nl, Fax (0 111) 69 25 51, 😤 – 🅿. AE ⓞ ⓜⓞ VISA
fermé 11 janv.-3 fév., merc. de nov. à mars, lundi sauf en juil.-août et mardi – **Repas**
(déjeuner sur réservation) 25/43.
♦ Dit verbouwde vissershuis staat aan een rustige straat tussen het centrum en de jachthaven. Rustieke ambiance, traditionele keuken en een kleine selectie interessante wijnen.
♦ Cette maisonnette de pêcheurs reconvertie borde une rue calme entre le centre-ville
et le port de plaisance. Ambiance rustique, plats traditionnels et bonne petite cave.

BRUINISSE Zeeland 🆑 Schouwen-Duiveland 34 484 h. 🌐 J 13 et 🌐 D 7.
Amsterdam 156 – Middelburg 56 – Breda 95 – Rotterdam 81.

X **De Vluchthaven,** Zijpe 1 (par Rijksstraatweg), ⊠ 4311 RK, 🔊 (0 111) 48 12 28, ≤, 😤,
Produits de la mer, 🔲 – 🅿. ⓜⓞ VISA
avril-août et week-end ; fermé 1 sem. en juin, 2 sem. en sept., lundi et mardi – **Repas** *Lunch*
33 – 38/50.
♦ Restaurantje waarvan het terras en de ronde eetzaal uitkijken op de Oosterschelde. De
maritieme keuken profiteert van het nabijgelegen park met oesters, mosselen en kreeft.
♦ Petit restaurant dont la terrasse et la rotonde offrent une large vue sur l'Oosterschelde.
Cuisine littorale tirant parti du voisinage d'un parc à moules, huîtres et homards.

BRUMMEN Gelderland 🌐 V 10 et 🌐 J 5 – 21 604 h.
Amsterdam 113 – Arnhem 22 – Apeldoorn 25 – Enschede 63.

🏰 **Kasteel Landgoed Engelenburg** 🦐, Eerbeekseweg 6, ⊠ 6971 LB, 🔊 (0 575)
56 99 99, *info@engelenburg.com*, Fax (0 575) 56 99 92, ≤, 😤, 🌳, 🎾, 🚲 – 📳, 🍽 ch,
📺 🅿. – 🔏 25 à 80. AE ⓞ ⓜⓞ VISA. ⋘
fermé 24 déc.-2 janv. – **Repas** *(fermé sam. midi et dim. midi) Lunch 33* – carte 37 à 51, ♀
– ☲ 17 – **30 ch** 118/175 – ½ P 115/135.
♦ Weelderig buitenverblijf met een slotgracht en een park waar golfers naar hartenlust
aan de slag kunnen. Vorstelijke en smaakvolle kamers, sommige in koloniale stijl. Klassieke
maaltijden in de serre. Zuid-Afrikaanse wijnkelder en collectie whisky's.
♦ Un beau parc où les golfeurs s'en donnent à cœur joie borde cette fastueuse demeure
ceinturée de douves. Chambres "king size" décorées avec goût, parfois en style colonial.
Repas classique dans la véranda. Cave sud-africaine et collection de whiskies.

BUNNIK Utrecht 🌐 Q 10 et 🌐 G 5 – 14 111 h.
Amsterdam 49 – Utrecht 9 – Arnhem 52.

🏨 **Mercure,** Kosterijland 8 (sur A 12), ⊠ 3981 AJ, 🔊 (0 30) 656 92 22, *h2113@accor.com*,
Fax (0 30) 656 40 74, 🚲 – 📳 ¼✳, 🍽 rest, 📺 🔥ch, 🅿. – 🔏 25 à 300. AE ⓞ ⓜⓞ VISA
Repas *(fermé sam. midi et dim. midi)* 26, ♀ – ☲ 14 – **80 ch** 57/142 – ½ P 54/102.
♦ Functioneel ketenhotel bij de afslag Bunnik van de A12. De kamers liggen op de begane
grond en de verdieping. Grote hoeveelheid vergaderzalen.
♦ Hôtel de chaîne fonctionnel posté à la sortie de l'autoroute A 12 qui dessert Bunnik.
Chambres de plain-pied et à l'étage. Nombreuses salles de réunions.

BUNSCHOTEN Utrecht 532 R 9 et 715 H 5 – 19 396 h.

    Voir Costumes traditionnels★.

    �444 Oude Schans 90 à Spakenburg, ✉ 3752 AH, ℘ (0 33) 298 21 56, info@ vvvspakenb urg.nl, Fax (0 33) 299 62 35.

    Amsterdam 46 – Utrecht 32 – Amersfoort 12 – Apeldoorn 52.

à **Spakenburg** Nord : 2,5 km © Bunschoten :

    XX **de Mandemaaker,** Kerkstraat 103, ✉ 3751 AT, ℘ (0 33) 298 02 55, Fax (0 33) 298 03 55, 🏠 – AE ① ⓪⓪ VISA JCB

        fermé dim. – **Repas** 28/36, ⚲.

      ◆ Een toeristische trekpleister, dit restaurantje. Het stadje met zijn nog bestaande traditionele leefgewoonten ligt aan een meer waar paling wordt gevangen.

      ◆ Affluence touristique à cette enseigne de Spakenburg, petite cité célèbre pour son mode de vie resté traditionnel, bâtie au bord d'un lac où l'on taquine l'anguille.

BUREN (BUEREN) Fryslân 531 T 2 et 715 I 1 – voir à Waddeneilanden (Ameland).

BUREN Gelderland 532 R 11 et 715 H 6 – 25 689 h.

    📘18 📗9 à l'Est : 4 km à Zoelen, Oost Kanaalweg 1, ✉ 4011 LA, ℘ (0 344) 62 43 70, Fax (0 344) 61 30 96.

    Amsterdam 74 – Utrecht 37 – 's-Hertogenbosch 29 – Nijmegen 48.

    XXX **Gravin van Buren,** Kerkstraat 4, ✉ 4116 BL, ℘ (0 344) 57 16 63, gravin@ alliance.nl, Fax (0 344) 57 21 81, 🏠 – AE ① ⓪⓪ VISA

        fermé 30 avril, 19 juil.-8 août, 5 déc., 20 déc.-2 janv., sam. midi, dim. et lundi – **Repas** Lunch 43 – 55/70, ⚲.

      ◆ Het kleine parochiehuis in de schaduw van de klokkentoren is tot een aangenaam eethuis verbouwd. Creatieve, klassieke keuken en mooie selectie wereldwijnen. Fraai zomerterras.

      ◆ À l'ombre du clocher, petite demeure paroissiale convertie en agréable maison de bouche. Mets classico-créatifs et beau choix de vins du monde. Jolie terrasse d'été.

    X **Brasserie Floris,** Kerkstraat 5, ✉ 4116 BL, ℘ (0 344) 57 27 70, Fax (0 344) 57 21 81, 🏠 – ⓪⓪ VISA

        fermé 30 avril, 19 juil.-8 août, 5 déc., 20 déc.-2 janv., sam. midi, dim. et lundi – Repas 28/44 bc, ⚲.

      ◆ Brasserie met een ongedwongen ambiance, die te vinden is in een van de oude arbeiderswoningen in het straatje rond de kerk. Vrij verzorgde eetzaal met twee niveaus.

      ◆ Brasserie décontractée occupant l'une des anciennes habitations ouvrières de la ruelle qui contourne l'église. La salle à manger, assez coquette, s'étage sur deux niveaux.

Den BURG Noord-Holland 531 N 4 et 715 F 2 – voir à Waddeneilanden (Texel).

BURGH-HAAMSTEDE Zeeland © Schouwen-Duiveland 34 484 h. 532 H 12 et 715 C 6.

    Amsterdam 142 – Middelburg 37 – Rotterdam 69.

    🏨 **Duinhotel** ⚲, Torenweg 1 (Nieuw-Haamstede), ✉ 4328 JC, ℘ (0 111) 88 77 66, inf o@ duinhotel.nl, Fax (0 111) 88 77 55, ≤, 🏠, 📘, ⚓, ♿ – 🖃 ⤢ 📺 🄿 – 🕿 25 à 250 AE ① ⓪⓪ VISA JCB. ⚲

      Repas 29/38 – **41 ch** ⊇ 95/138 – ½ P 95/117.

      ◆ Dit nieuwe hotelcomplex ligt aan de rand van de duinen en een natuurgebied en kijk uit op een zweefvliegveld. Ruime kamers, vergaderzalen en groot zomerterras. In het res taurant kunt u stijlvol genieten van de capriolen van de zweefvliegers.

      ◆ Hôtel récent élevé devant une piste de vol à voile, à la lisière les dunes et d'une réserv naturelle. Chambres de belle ampleur, espaces de réunions et grande terrasse d'été. Res taurant où vous serez aux premières loges pour profiter du spectacle des planeurs.

BUSSUM Noord-Holland 531 P 9, 532 P 9 et 715 G 5 – 31 267 h.

    Amsterdam 21 – Apeldoorn 66 – Utrecht 30.

    🏨 **NH Jan Tabak,** Amersfoortsestraatweg 27, ✉ 1401 CV, ℘ (0 35) 695 99 11, nhj tabak@ nh-hotels.nl, Fax (0 35) 695 94 16, 🏠, ⚓ – 🖃 ⤢ 🖃 📺 ♿ch, ⟷ 🄿 – 🕿 à 350. AE ① ⓪⓪ VISA ⚲

      Repas Lunch 27 – carte 39 à 50 – ⊇ 16 – **86 ch** 99/180, – 1 suite.

      ◆ Bij "Jan" wordt een inmiddels 300 jaar oude hoteltraditie nog altijd voortgezet. Hal m glazen dak, verzorgde kamers, knusse lounge, goede vergaderfaciliteiten. Comfortabe brasserie met uitzicht op een zomerterras. Interessante vestingstad 3 km verderop.

      ◆ Complexe perpétuant une tradition hôtelière tricentenaire. Hall sous verrière, chambr soignées, salon "cosy" et bon outil conférencier. Intéressante ville fortifiée à 3 km. Brasse confortable donnant sur une terrasse d'été.

CADZAND Zeeland 🄲 Sluis 24 791 h. **532** F 14 et **715** B 7.

🛈 Boulevard de Wielingen 44d à Cadzand-Bad, ⌧ 4506 JK, 𝒫 (0 117) 39 12 98, cadzand@vvvzvl.nl, Fax (0 117) 39 25 60.

Amsterdam 224 – Brugge 29 – Middelburg 64 – Gent 53 – Knokke-Heist 12.

à Cadzand-Bad Nord-Ouest : 3 km 🄲 Sluis :

🏨 **De Blanke Top** ⤫, Boulevard de Wielingen 1, ⌧ 4506 JH, 𝒫 (0 117) 39 20 40, info@blanketop.nl, Fax (0 117) 39 14 27, ≤ mer et dunes, 🏶, Ⅰ♨, ⇌, 🔲 – ▯ ↳, 🍴 rest, 📺 🅿 – 🕍 25 à 45. 🅐🅔 ⓞ 🆗 𝐕𝐈𝐒𝐀 𝐉𝐂𝐁. ✵
fermé 10 janv.-2 fév. et 16 fév.-2 mars – **Repas** 37/60 – **48 ch** ⌸ 223 – ½ P 94/149.
◆ Dit afgelegen, comfortabele hotel in de duinen telt drie verdiepingen met kamers, waarvan de meeste een balkon hebben met uitzicht over het strand. In de panoramische eetzaal worden eigentijdse gerechten geserveerd.
◆ Réparties sur trois étages, la plupart des chambres de ce confortable hôtel isolé dans les dunes disposent d'un balcon d'où l'on embrasse du regard toute la plage. Repas au goût du jour servi dans la salle à manger panoramique.

🏨 **Strandhotel**, Boulevard de Wielingen 49, ⌧ 4506 JK, 𝒫 (0 117) 39 21 10, info@strandhotel-cadzand.nl, Fax (0 117) 39 15 35, ≤, Ⅰ♨, ⇌, 🔲, ✵ – ▯ ↳, 🍴 rest, 📺 🅺
🅿 – 🕍 25 à 50. 🅐🅔 ⓞ 🆗 𝐕𝐈𝐒𝐀. ✵ rest
fermé du 19 au 23 déc. – **Repas** (fermé après 20 h 30) 38 – **37 ch** ⌸ 63/97, – 3 suites – ½ P 71/91.
◆ Dit moderne hotelgebouw staat iets van de boulevard af, tegen de duin. De kamers zijn in een nieuw jasje gestoken en de meeste zijn voorzien van balkon of terras. Het restaurant biedt een mooi uitzicht op de kust. Zomerterras.
◆ Résidence hôtelière récente postée à flanc de dune, et léger retrait du boulevard. La majorité des chambres, réactualisées, s'agrémentent d'un balcon ou d'une terrasse. Table procurant une jolie perspective littorale. Terasse d'été.

🏨 **Noordzee** ⤫, Noordzeestraat 2, ⌧ 4506 KM, 𝒫 (0 117) 39 18 10, info@hotelnoordzee.com, Fax (0 117) 39 14 16, ≤, 🏶, ⇌, 🔲 – ▯ ↳, 🍴 rest, 📺 🅿 – 🕍 30. 🅐🅔 ⓞ 🆗 𝐕𝐈𝐒𝐀
fermé 6 janv.-6 fév. – **Repas** (fermé après 20 h 30) Lunch 25 – carte 34 à 51 – **24 ch** ⌸ 63/148, – 10 suites – ½ P 74/97.
◆ Dit hotel ligt op een duin direct aan zee. De kamers en suites zijn ingericht met meubels van exotisch hout en voorzien van terras of balkon, sommige van een kitchenette. Eetzaal met serre. Visgerechten en traditionele schotels.
◆ Exposées aux embruns, tranquilles chambres et suites garnies de meubles en bois exotique et dotées d'une terrasse ou d'un balcon et, parfois, d'une cuisinette. Salle à manger agrémentée d'une véranda. Recettes de la mer et plats plus "terre à terre".

🏨 **De Wielingen** ⤫, Kanaalweg 1, ⌧ 4506 KN, 𝒫 (0 117) 39 15 11, wieling@xs4all.nl, Fax (0 117) 39 12 34, ≤, 🏶, ⇌, 🔲 – ▯, 🍴 rest, 📺 🅿 – 🕍 ↳ch, 🅿 – 🕍 30. 🅐🅔 🆗 𝐕𝐈𝐒𝐀
Repas (fermé après 20 h 30) Lunch 23 – carte 25 à 50 – **31 ch** ⌸ 70/135.
◆ Gezellige sfeer, speelfaciliteiten voor kinderen, direct aan het strand, ruime kamers en appartementen met kitchenette. Kortom, een goed en niet al te groot strandhotel. Eerlijke keuken met degelijke, klassieke gerechten.
◆ Ambiances familiales, jeux d'enfants, proximité immédiate de l'estran, chambres bien calibrées et appartements avec kitchenette. Un bon petit hôtel de plage, et en somme. Repas sagement classiques, et sans mondanités.

🏨 **De Schelde**, Scheldestraat 1, ⌧ 4506 KL, 𝒫 (0 117) 39 17 20, info@hoteldeschelde.nl, Fax (0 117) 39 22 24, 🏶, ⇌, 🔲 – ↳ 📺 🅿 – 🕍 30. 🅐🅔 ⓞ 🆗 𝐕𝐈𝐒𝐀 𝐉𝐂𝐁
fermé 29 nov.-10 déc. – **Repas** (fermé mardis non fériés de nov. à début mars) 29/39 bc, ♀ – **29 ch** ⌸ 56/116 – ½ P 60/66.
◆ Dit kleine familiehotel aan de rand van de badplaats beschikt over functionele kamers die onlangs zijn opgeknapt. Bar, bowling en biljart in het souterrain. Het restaurant voert een vrij uitgebreide, klassieke menukaart.
◆ Petit établissement familial situé à l'entrée de la station. Ses chambres, fonctionnelles, on été récemment rafraîchies. Bar, bowling et billard au sous-sol. Restaurant présentant une carte classique assez étoffée.

CALLANTSOOG Noord-Holland 🄲 Zijpe 11 314 h. **531** N 5 et **715** F 3.

🛈 Jewelweg 8, ⌧ 1759 HA, 𝒫 (0 224) 58 40 40, callantsoog@vvv-knh.nl, Fax (0 224) 58 15 40.

Amsterdam 67 – Alkmaar 27 – Den Helder 22.

🏨 **Strandhotel Landgoed de Horn** ⤫ sans rest, Previnaireweg 4a, ⌧ 1759 GX, 𝒫 (0 224) 58 12 42, hotel@strandhoteldehorn.nl, Fax (0 224) 58 25 18, ≤, 🏶 – 📺 🅿 – 🕍 30. 🆗 𝐕𝐈𝐒𝐀. ✵
25 mars-oct. – **30 ch** ⌸ 63/95.
◆ Een groenstrook beschermt de twee vleugels van dit hotel, waarvan de tuin is opgeluisterd met een vijver. Functionele, comfortabele kamers. De beste liggen aan de achterkant.
◆ Un écran de verdure protège les deux ailes de cet hôtel dont le jardin s'agrémente d'un étang. Chambres fonctionnelles et confortables. Les meilleures sont à l'arrière.

CAMPERDUIN Noord-Holland 🗺 M 6 et 🗺 E 3 – voir à Schoorl.

CAPELLE AAN DEN IJSSEL Zuid-Holland 🗺 M 11 et 🗺 E 6 – voir à Rotterdam, environs.

CASTRICUM Noord-Holland 🗺 M 7 et 🗺 E 4 – 35 327 h.

Amsterdam 33 – Haarlem 20 – Alkmaar 11.

🗨 **Apicius** (de Winter), Van der Mijleweg 16 (Nord-Ouest : 2 km, lieu-dit Bakkum), ⊠ 1901 KD, 𝒫 (0 251) 67 67 60, info@apicius.nl, Fax (0 251) 67 64 04, 🌭 – 🗐, 🖭 ⓞ ⓜⓞ 𝑉𝐼𝑆𝐴
fermé 1 sem. en fév., 2 sem. en juil., 1 sem. en oct., lundi et mardi – **Repas** Lunch 32 – 39/85 bc, carte 44 à 62, ⚒ ⅌
Spéc. Terrine de foie d'oie au boerenjongens. Cabillaud à la vinaigrette tomatée. Gigue de chevreuil aux chanterelles.
• Een fijne keuken in het hartje van dit gehucht. Salon met lederen zetels. Verzorgd interieur. Creatieve kaart. Uitstekende bordeaux- en wereldwijnen.
• Bonne table œuvrant au centre d'un hameau. Salon doté de fauteuils en cuir et salle au cadre actuel soigné. Cuisine créative escortée de grands crus du Bordelais et du monde.

🗨 **Le Moulin**, Dorpsstraat 96, ⊠ 1901 EN, 𝒫 (0 251) 65 15 00, 🌭 – ⓜⓞ 𝑉𝐼𝑆𝐴. ✀
fermé lundi et mardi – **Repas** (déjeuner sur réservation) carte 37 à 48, ⚒.
• De klassiek-traditionele gerechten worden niet geserveerd in een molen - ook al wekt de naam wel die indruk - maar in een oud huis. Met zorg onderhouden, rustieke eetzaal.
• Repas classico-traditionnel servi non pas dans un moulin - quoi qu'en dise l'enseigne -, mais dans une maison ancienne. Salle à manger rustique patiemment entretenue.

CHAMPS DE FLEURS – voir Bollenvelden.

De COCKSDORP Noord-Holland 🗺 O 4 et 🗺 F 2 – voir à Waddeneilanden (Texel).

COEVORDEN Drenthe 🗺 Z 7 et 🗺 L 4 – 36 008 h.

🛈 Haven 2, ⊠ 7741 JV, 𝒫 (0 524) 52 51 50, Fax (0 524) 51 19 23 Fax (0 524) 51 19 23.
Amsterdam 163 – Assen 54 – Enschede 72 – Groningen 75 – Zwolle 53.

🗨 **Gasterie Het Kasteel**, Kasteel 29, ⊠ 7741 GC, 𝒫 (0 524) 51 21 70, gasterie-hetkasteel@wanadoo.nl, Fax (0 524) 51 57 80, 🌭 – 🖭. 🖭 ⓞ ⓜⓞ 𝑉𝐼𝑆𝐴
fermé 2 prem. sem. vacances bâtiment, 27 déc.-8 janv., sam. midi, dim. et lundi – **Repas** Lunch 28 – 33/51, ⚒.
• De gewelfde kelder van een meermaals verbouwd kasteel herbergt dit restaurant, waar klassieke gerechten in een eigentijds jasje worden geserveerd. Mooi zomerterras.
• La cave voûtée d'un castel plusieurs fois remanié abrite ce restaurant proposant un choix de mets classiques présentés à la mode d'aujourd'hui. Jolie terrasse estivale.

CROMVOIRT Noord-Brabant © Vught 25 273 h. 🗺 Q 13 et 🗺 G 7.

Amsterdam 93 – Eindhoven 36 – 's-Hertogenbosch 9.

🗨 **Busio**, Sint Lambertusstraat 59, ⊠ 5266 AD, 𝒫 (0 411) 64 38 88, info@restaurant-usio.nl, Fax (0 411) 64 48 99 – 🖭 ⓞ ⓜⓞ 𝑉𝐼𝑆𝐴. ✀
fermé carnaval – **Repas** Lunch 33 – 43/75, ⚒.
• Op enkele minuten van Den Bosch is in deze 19e-eeuwse, volledig gerenoveerde boerderij een ruime, eigentijdse eetzaal ingericht. De keuken volgt de smaak van het moment.
• À quelques minutes de 's-Hertogenbosch, ferme du 19e s. entièrement rénovée, prêtant ses murs à une spacieuse salle de restaurant contemporaine. Cuisine au goût du jour

CUIJK Noord-Brabant 🗺 U 12 et 🗺 I 6 – 24 325 h.

Amsterdam 130 – Arnhem 41 – 's-Hertogenbosch 46 – Eindhoven 58 – Nijmegen 22

🏨 **Cuijk**, Raamweg 10, ⊠ 5431 NH, 𝒫 (0 485) 33 51 23, info@cuijk.valk.nl, Fax (0 48 33 51 24, 🌭, 🐧 – 🗐 📺 &ch, 🖭 – 🕍 25 à 400. 🖭 ⓞ ⓜⓞ 𝑉𝐼𝑆𝐴 𝐽𝐶𝐵
Repas (ouvert jusqu'à 23 h) Lunch 13 – carte 22 à 42, ⚒ – 🖵 8 – **76 ch** 62 – ½ P 50/7
• Comfortabel ketenhotel vlak bij de snelweg Nijmegen-Keulen en de Duits-Nederland grens. Aangename, goed onderhouden kamers. Congrescentrum.
• Confortable hôtel de chaîne proche de l'autoroute Nijmegen-Keulen (Cologne) et de frontière germano-batave. Chambres avenantes et bien tenues. Centre de conférenc

XX **Carpe Diem,** Kerkstraat 1, ⊠ 5431 DS, ℘ (0 485) 31 88 90, *Fax (0 485) 31 55 53*, 🛋
– 📇⊚ **VISA**
fermé carnaval, 3 dern. sem. juin, sam. midi, dim. midi, lundi et mardi – **Repas** *Lunch* 25 –
35/53 bc, 🍷.
  ◆ Pluk de dag! Rasechte bon-vivants zullen zich hier prima thuis voelen. En wie zijn boekje
  te buiten is gegaan, kan aan de overkant zijn zonde opbiechten!
  ◆ Une adresse appréciée des bons vivants, comme son enseigne le laisse deviner. S'il s'agit
  d'expier un éventuel péché de gourmandise, l'église se trouve juste en face!

DALFSEN *Overijssel* 🔲 W 7 *et* 🔲 J 4 – *26 281 h.*

🏛 *Prinsenstraat 18,* ⊠ *7721 AJ,* ℘ *(0 529) 43 37 11, info.dalfsen@ vechtdalvvv.nl,* Fax
(0 529) 43 46 27.

Amsterdam 130 – Zwolle 20 – Assen 64 – Enschede 64.

🏠 **Hof van Dalfsen,** Haersolteweg 3, ⊠ 7722 SE, ℘ (0 529) 43 18 18, *info@hofvand
alfsen.nl,* Fax (0 529) 43 48 92, 🛋, ♨, ♿, – 📺 ♿ch, 🅿 – 🔏 25 à 300. 📇 ⓞ 📇 **VISA**
Repas *Lunch* 19 – 23 – 17 ch ⊒ 50/82 – ½ P 50/60.
  ◆ Dit establissement midden in het groen heeft functionele kamers met prima beddengoed,
  verspreid over twee verdiepingen, en diverse vergaderzalen. In het restaurant worden
  klassiek-traditionele gerechten à la carte geserveerd en een menu voor een zacht prijsje.
  ◆ Cet établissement entouré de verdure renferme deux étages de chambres fonctionnelles
  dotées d'une bonne literie et plusieurs salles équipées pour la tenue de séminaires. À table,
  plats classico-traditionnels et menu à prix doux.

X **De Witte Gans,** Heinoseweg 30 (Sud : 4 km direction Heino), ⊠ 7722 JP, ℘ (0 529)
43 05 15, *Fax (0 529) 43 59 75,* 🛋 – 🅿 📇⊚ **VISA**
fermé mardi – Repas (diner seult sauf dim.) 28/37, 🍷.
  ◆ De eigentijdse kaart zou misschien als ganzenbord kunnen dienen... Achter het fornuis
  weet deze gans in elk geval wel raad met de pionnen! Terras in een landelijk decor.
  ◆ La carte, au goût du jour, pourrait faire un jeu de l'oie... Côté fourneaux, toutefois, on
  n'a pas affaire à une "oie blanche" (witte gans)! Cadre champêtre en terrasse.

De – *voir au nom propre.*

DEIL *Gelderland* 🔲 *Geldermalsen 25 600 h.* 🔲 Q 11 *et* 🔲 G 6.

Amsterdam 63 – Utrecht 33 – Arnhem 56 – Gorinchem 28 – 's-Hertogenbosch 25.

X **de Os en het Paard** 🐾 *avec ch,* Deilsedijk 73, ⊠ 4158 EG, ℘ (0 345) 65 16 13,
info@osenpaard.nl, Fax (0 345) 65 22 87, 🛋, ♨, 🎿, – 📺 ⊜ 🅿 📇 ⓞ 📇 **VISA** **JCB**, 🍴 ch
fermé 18 juil.-5 août – **Repas** *(fermé dim. et lundi) Lunch* 27 – 32/45 – 4 ch ⊒ 83/115
– ½ P 83.
  ◆ De naam van deze gasterij verwijst naar het wapen van het stadje. Klassieke, Nederlandse
  keuken. De kamers hebben elk een geheel eigen ambiance.
  ◆ Auberge engageante dont l'enseigne - un boeuf (os) et un cheval (paard) - se réfère
  aux armes de la localité. Préparations classiques bataves. Chambres personnalisées.

DELDEN *Overijssel* 🔲 *Hof van Twente 35 038 h.* 🔲 Z 9, 🔲 Z 9 *et* 🔲 L 5.

🏛 *Langestraat 29,* ⊠ *7491 AA,* ℘ *(0 74) 376 63 63, info@vvvdelden.nl,* Fax (0 74)
376 63 64.

Amsterdam 144 – Zwolle 60 – Apeldoorn 59 – Enschede 17.

🏨 **Carelshaven,** Hengelosestraat 30, ⊠ 7491 BR, ℘ (0 74) 376 13 05, *info@carelshav
en.nl, Fax (0 74) 376 12 91,* 🛋, ♨, 🎿, – 📺 ⊜ 🅿 – 🔏 40. 📇 ⓞ 📇 **VISA** **JCB**
fermé 27 déc.-12 janv. – **Repas** *Lunch* 32 – 42, 🍷 – ⊒ 13 – 20 ch 40/90 – ½ P 95/105.
  ◆ Dit traditionele hotel aan de rand van Delden wordt sinds 1837 door dezelfde familie
  gerund. Comfortabele kamers, verzorgde tuin, royaal terras. 's Zomers kan er buiten worden getafeld, 's winters in de nostalgische Gelagkamer. De menukaart is bij de tijd.
  ◆ Aux portes de Delden, hôtellerie de tradition tenue par la même famille depuis 1837.
  Chambres de bon confort, jardin bichonné et terrasse royale. L'été, on peut s'attabler au
  grand air, et en hiver, dans la nostalgique Gelagkamer. Carte actuelle.

🏨 **Aparthotel,** Sportlaan 7, ⊠ 7491 DG, ℘ (0 74) 377 76 66, *info@aparthoteldelden.nl,*
Fax (0 74) 377 76 77, 🛋, 🚲, ♨, 🏊, 🍴, ♨ – ♿, 🍽 rest, 📺 ♿rest, 🅿 – 🔏 25 à
125. 📇 ⓞ 📇 **VISA**. 🍴
Repas *Lunch* 14 – 22/40, 🍷 – 52 ch ⊒ 70/90, – 11 suites – ½ P 63/100.
  ◆ Kamers, suites en split-level met kitchenette : dit hotel heeft voor elk wat wils en biedt
  bovendien tal van ontspannende en sportieve activiteiten.
  ◆ Chambres, suites avec duplex avec kitchenette : chacun trouvera un hébergement à sa
  mesure dans cet hôtel proposant aussi de nombreuses distractions et activités sportives.

in den Weijenborg, Spoorstraat 16, ⊠ 7491 CK, ℘ (0 74) 376 30 79, info@resta
urant-weijenborg.nl, Fax (0 74) 376 13 27, ⛾ – AE ① ◉◉ VISA JCB
fermé du 13 au 20 fév., du 7 au 19 août, mardi et merc. – **Repas** (dîner seult jusqu'à 23 h)
25/36 bc.
  ◆ Voormalige boerderij uit 1739. Moderne schilderijen geven wat fleur aan de rustieke
eetzalen. Zomerterras aan de achterkant. Actuele kaart, doorspekt met mondiale invloeden.
  ◆ Ancienne ferme datant de 1739. Salles rustiques égayées de toiles modernes et terrasse
d'été dressée dans l'arrière-cour. Carte actuelle truffée d'influences mondiales.

DELFT Zuid-Holland ⁵³² L 10 et ⁷¹⁶ E 5 – 96 588 h.

Voir Nouvelle Église★ (Nieuwe Kerk) : mausolée de Guillaume le Taciturne★, de la tour
≤★ CDY – Vieux canal★ (Oude Delft) CYZ – Pont de Nieuwstraat ≤★ CY – Porte de
l'Est★ (Oostpoort) DZ – Promenade sur les canaux★ ⛴ CZ – Centre historique et
canaux★★.

Musées : Prinsenhof★ CY – Museum Lambert van Meerten★ : collection de carreaux de
faïence★ CY M² – Royal de l'Armée des Pays-Bas★ (Koninklijk Nederlands Legermuseu-
m) CZ M¹.

⛳ à l'Est : 12 km à Bergschenhoek, Rottebandreef 40, ⊠ 2661 JK, ℘ (0 10) 522 07 03,
Fax (0 10) 522 15 94.

🛈 Hippolytusbuurt 4, ⊠ 2611 HN, ℘ (0 15) 215 40 51, info@tipdelft.nl, Fax (0 15)
215 40 55.

Amsterdam 58 ④ – Rotterdam 16 ① – Den Haag 13 ④ – Utrecht 62 ④

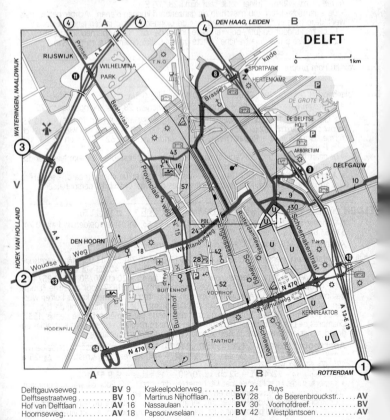

Delftgauwseweg	**BV** 9	Krakeelpolderweg	**BV** 24	Ruys	
Delftsestraatweg	**BV** 10	Martinus Nijhofflaan	**BV** 28	de Beerenbrouckstr	**AV**
Hof van Delftlaan	**AV** 16	Nassaulaan	**BV** 30	Voorhofdreef	**BV**
Hoornseweg	**AV** 18	Papsouwselaan	**BV** 42	Westplantsoen	**AV**

DELFT

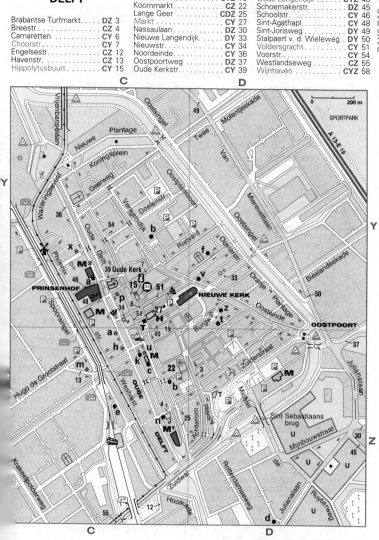

🏨 **Museumhotel** (annexe Residence 🏨🏨 - 21 ch et 2 suites) sans rest, Oude Delft 189, ✉ 2611 HD, ℘ (0 15) 215 30 70, *sales@museumhotel.nl*, Fax (0 15) 215 30 79 – 🛗 ⇆ 📺 🖭 ⑩ ⓪⓪ *VISA* JCB. ⚘
CY **a**
fermé 24 déc.-2 janv. – 🖵 16 – **30 ch** 95/175.
 ◆ Pleisterplaats en museum tegelijk, op een ideale lokatie voor een ontdekkingstocht door het oude Delft. De annexe is met modern keramiek gedecoreerd en heeft de beste kamers.
 ◆ Un point de chute tenant un peu du musée, idéalement situé pour découvrir le vieux Delft. L'annexe, décorée de céramiques modernes, renferme les meilleures chambres.

🏨 **Johannes Vermeer** sans rest, Molslaan 18, ✉ 2611 RM, 𝒫 (0 15) 212 64 66, *info
@hotelvermeer.nl*, Fax (0 15) 213 48 35 – ❄️ ▤ 📺 – 🏛️ 25. 🖭 ⓞ ⓦⓞ 𝐕𝐈𝐒𝐀
🖸. ⅏   DY t
25 ch ☲ 112/125.
♦ Kopieën van doeken van Vermeer sieren het interieur van dit gerenoveerde hotel, dat
zijn intrek heeft genomen in enkele patriciërshuizen. Gerieflijke kamers.
♦ Un ensemble de copies de toiles de Vermeer - l'enfant du pays - agrémente l'intérieur
de cet hôtel rénové regroupant plusieurs maisons patriciennes. Chambres plaisantes.

🏨 **Bridges House** sans rest, Oude Delft 74, ✉ 2611 CD, 𝒫 (0 15) 212 40 36, *info@b
ridges-house.com*, Fax (0 15) 213 36 00 – 📺. ⓦⓞ 𝐕𝐈𝐒𝐀   CZ k
10 ch ☲ 88/225.
♦ Dit pand vlak bij het station en het historische centrum was het woonhuis van Jan Steen,
die beroemd werd om zijn genreschilderijen. Smaakvol ingerichte junior suites.
♦ Proche de la gare et du coeur historique, cette maison où vécut le peintre Jan Steen
- célèbre pour ses scènes de genre - abrite des junior suites aménagées avec goût.

🏨 **De Koophandel** sans rest, Beestenmarkt 30, ✉ 2611 GC, 𝒫 (0 15) 214 23 02, *hot
el@hoteldekoophandel.nl*, Fax (0 15) 212 06 74 – 📺. 🖭 ⓞ ⓦⓞ 𝐕𝐈𝐒𝐀 🖸. ⅏ DY z
fermé 23 déc.-2 janv. – **25 ch** ☲ 75.
♦ Comfortabel hotel aan een levendig pleintje waar 's zomers restaurantterrasjes worden
uitgezet. De ruime kamers zijn voorzien van dubbele beglazing.
♦ Agréable établissement bordant une placette animée où, en été, s'alignent les terrasses
de restaurants. Chambres de bonne taille, munies du double vitrage.

🏨 **Leeuwenbrug** sans rest, Koornmarkt 16, ✉ 2611 EE, 𝒫 (0 15) 214 77 41, *sales@l
eeuwenbrug.nl*, Fax (0 15) 215 97 59 – 📱 ❄️ 📺. 🖭 ⓞ ⓦⓞ 𝐕𝐈𝐒𝐀. ⅏   CZ b
36 ch ☲ 58/128.
♦ Een praktisch adres in het centrum van Delft. De kamers, alle niet-roken, zijn ondergebracht in twee patriciërshuizen en variëren in grootte, maar hebben hetzelfde
comfort.
♦ Adresse utile pour séjourner au centre de Delft. Chambres de différents formats,
mais d'un confort uniforme et toutes non-fumeur, aménagées dans deux hôtels particuliers.

🏨 **Les Compagnons "Grand Canal"** sans rest, Breestraat 1, ✉ 2611 CB, 𝒫 (0 15)
215 71 33, *info@grandcanal.nl*, Fax (0 15) 213 44 91 – ❄️ 📺. 🖭 ⓞ ⓦⓞ 𝐕𝐈𝐒𝐀 CZ n
☲ 14 – **20 ch** 100/125.
♦ Langs een pittoreske gracht, vlak bij mooi museum, staat de oude gevangenis, die
later dienst deed als tabaksfabriek en nu een hotelletje herbergt met sfeervolle kamers.
♦ Le long d'un canal pittoresque, près d'un beau musée, ancienne prison devenue manufacture de tabac avant d'être convertie en petit hôtel aux chambres très coquettes.

🏨 **de Ark** sans rest, Koornmarkt 65, ✉ 2611 EC, 𝒫 (0 15) 215 79 99, *hotel@deark.nl*,
Fax (0 15) 214 49 97 – 📱 📺 🄿. 🖭 ⓞ ⓦⓞ 𝐕𝐈𝐒𝐀 🖸   CZ c
fermé 16 déc.-2 janv. – **28 ch** ☲ 68/131.
♦ Aangenaam hotel in drie gerestaureerde grachthuizen die zich spiegelen in het water.
De ontbijtzaal kijkt uit op een binnenplaats, waar 's zomers het ontbijt wordt geserveerd.
♦ Agréable établissement partagé entre trois maisons restaurées se mirant à la surface
d'un canal. La salle de breakfast donne sur une cour où l'on dresse des tables en été.

🏨 **de Kok** sans rest, Houttuinen 14, ✉ 2611 AJ, 𝒫 (0 15) 212 21 25, Fax (0 15) 212 21 25
🚲 – 📺. 🖭 ⓞ ⓦⓞ 𝐕𝐈𝐒𝐀. ⅏   CZ e
28 ch ☲ 66/96.
♦ "Anno 1852" staat er op de voorzijde van dit herenhuis vlak bij het station. De kamers
zijn van de benodigde faciliteiten voorzien, de eenvoudigste bevinden zich in de annexe.
♦ "Anno 1852", proclame la devanture de cette maison bourgeoise située aux abords de
la gare. Chambres correctement équipées. Les plus simples sont dans l'annexe.

🏨 **de Plataan** sans rest, Doelenplein 10, ✉ 2611 BP, 𝒫 (0 15) 212 60 46, *info@hotel
eplataan.nl*, Fax (0 15) 215 73 27 – ❄️ 📺 – 🏛️ 35. 🖭 ⓞ ⓦⓞ 𝐕𝐈𝐒𝐀. ⅏   CY r
fermé 20 déc.-6 janv. – **25 ch** ☲ 85/98.
♦ In dit hotel vlak bij het centrum heeft de gast de keuze uit diverse typen kamers
functioneel, met kitchenette of een thema (Marokkaans, huwelijkssuite). Grote parking.
♦ Plusieurs types de chambres - fonctionnelles, avec kitchenette ou à thème (marocain
nuptiale) - vous attendent dans cet hôtel proche du centre-ville. Vaste parking.

🏨 **de Emauspoort** sans rest, Vrouwenregt 9, ✉ 2611 KK, 𝒫 (0 15) 219 02 19, *em
spoort@emauspoort.nl*, Fax (0 15) 214 82 51, 🚲 – 📺 🄿. 🖭 ⓦⓞ 𝐕𝐈𝐒𝐀 🖸. ⅏ DY
21 ch ☲ 78/88.
♦ Achter de Nieuwe Kerk bevindt zich dit leuke familiehotelletje. Sommige kamers kijk
uit op een binnenplaats, waar twee oude woonwagens staan voor een originele ove
nachting.
♦ Au chevet de la Nieuwe Kerk, mignonne affaire familiale dont certaines chambres do
nent sur une cour intérieure où deux anciennes roulottes gitanes sont transformées
gîtes.

🏠 **De Vlaming** sans rest, Vlamingstraat 52, ✉ 2611 KZ, 𝒫 (0 15) 213 21 27, info@ho
teldevlaming.nl, Fax (0 15) 212 20 06 – 📺, 𝔸𝔼 ⓞ ⓞⓞ 𝕍𝕀𝕊𝔸 𝙅𝘾𝘽   DY f
12 ch ⊆ 65/110.

◆ Dit hotel, type familiepension, biedt kleine maar vrij rustige kamers. Persoonlijke
ontvangst door de vrouw des huizes.

◆ Ressource hôtelière façon "pension de famille" proposant des chambres sans
ampleur mais assez paisibles. Accueil personnalisé par la maîtresse de maison.

🏠 **Juliana** sans rest, Maerten Trompstraat 33, ✉ 2628 RC, 𝒫 (0 15) 256 76 12, info@
hoteljuliana.nl, Fax (0 15) 256 57 07 – 📺, 𝔸𝔼 ⓞ ⓞⓞ 𝕍𝕀𝕊𝔸 𝙅𝘾𝘽, ※   DZ d
27 ch ⊆ 78/96.

◆ Deze villa ligt buiten het centrum, in de buurt van de universiteitsgebouwen en De
Porceleyne Fles, de fabriek van Delfts blauw. Kleine, comfortabele kamers.

◆ Cette villa excentrée voisine des institutions universitaires et de la manufacture de bleu
de Delft (De Porceleyne Fles) dispose de petites chambres correctement équipées.

🏠 **Campanile** Kleveringweg 53 (près A 13, sortie ⑧), ✉ 2616 LZ, 𝒫 (0 15) 279 90 00,
delft@campanile.com, Fax (0 15) 279 90 01, 😄, 🚲 – ⛱ 🛠 📺 🚿ch, 📱 – 🏛 25 à 140.
𝔸𝔼 ⓞ ⓞⓞ 𝕍𝕀𝕊𝔸 𝙅𝘾𝘽   BV z
Repas (avec buffets) Lunch 13 – 18/22 – ⊆ 10 – **95 ch** 59/87 – ½ P 81/119.

◆ Nieuw hoteletablissement vlak bij de A13, aan de noordkant van Delft. Het comfort van
de kamers voldoet aan de normen van de hotelketen. Goede geluidsisolatie.

◆ Nouvel établissement implanté à proximité de l'autoroute A13, au Nord de Delft. Le
confort des chambres se conforme aux standards de la chaîne. Bonne isolation phonique.

🍴🍴 **L'Orage,** Oude Delft 111b, ✉ 2611 BE, 𝒫 (0 15) 212 36 29, info@restaurantlorage.nl,
😄 – 𝔸𝔼 ⓞ ⓞⓞ 𝕍𝕀𝕊𝔸   CZ h
fermé 26 juil.-8 août, 31 déc.-9 janv. et lundi – **Repas** (dîner seult) 35/53.

◆ "Onweersachtige" naam voor dit eigentijdse restaurant, waar een echte keukenprinses
de scepter zwaait. Leessalon in trompe l'oeil en serre met dak dat kan worden
geopend.

◆ Enseigne tumultueuse pour ce restaurant dans l'air du temps, où une cuisinière avertie
s'active aux fourneaux. Salon-bibliothèque et trompe-l'oeil et véranda à toit ouvrant.

🍴🍴 **Le Vieux Jean,** Heilige Geestkerkhof 3, ✉ 2611 HP, 𝒫 (0 15) 213 04 33, restaurant
@levieuxjean.nl, Fax (0 15) 214 67 20 – 𝔸𝔼 ⓞ ⓞⓞ 𝕍𝕀𝕊𝔸, ※   CY p
fermé 19 juil.-3 août, 25 déc.-2 janv., sam. midi, dim. et lundi – **Repas** Lunch 31 – 42/71 bc,
♀ 😄.

◆ Een goed adresje om in hartje Delft aan tafel te gaan. Klassieke gerechten, dik wijnboek.
Oude Jan is ook de naam van de toren aan de overkant, die ietwat uit het lood
staat.

◆ Bonne petite adresse offrant de s'attabler au coeur de Delft. Mets classiques et
épais livre de cave. Le Vieux Jean c'est aussi le clocher penché, juste en face du restaurant.

🍴🍴 **l'Escalier,** Oude Delft 125, ✉ 2611 BE, 𝒫 (0 15) 212 46 21, info@restaurantlescalier.nl,
Fax (0 15) 215 80 48, 😄 – 𝔸𝔼 ⓞ ⓞⓞ 𝕍𝕀𝕊𝔸. ※   CZ a
fermé 26 déc.-9 janv., sam. midi et dim. – **Repas** Lunch 28 – 33/87 bc, ♀.

◆ Dit restaurant aan de oude gracht valt in de smaak vanwege de eigentijdse Franse
keuken, de intieme ambiance en het terras aan de achterkant met plataan en pergola.

◆ Cette table bordant le vieux canal plaît pour sa cuisine française au goût du jour, son
cadre intime et sa terrasse arrière agrémentée d'un platane et d'une pergola.

🍴🍴 **de Klikspaan,** Koornmarkt 85, ✉ 2611 ED, 𝒫 (0 15) 214 15 62, Fax (0 15) 214 74 30
– 𝔸𝔼 ⓞⓞ 𝕍𝕀𝕊𝔸   CZ u
fermé dern. sem. avril et 2 prem. sem. sept. – **Repas** (dîner seult de sept. à avril) carte
37 à 52, ♀.

◆ Dit pakhuis aan de Koornmarkt, vlak bij de aanlegsteiger, is verbouwd tot een restaurant
met een overladen interieur. De Klikspaan, de huismascotte, troont in de eetzaal.

◆ Sur le Koornmarkt, près de l'embarcadère, entrepôt transformé en restaurant au décor
intérieur chargé. Un perroquet (Klikspaan), mascotte de la maison, trône en salle.

🍴 **Bastille,** Havenstraat 6, ✉ 2613 VK, 𝒫 (0 15) 213 23 90, Fax (0 15) 214 65 31 – 𝔸𝔼 ⓞ
ⓞⓞ 𝕍𝕀𝕊𝔸   CZ m
fermé 10 juil.-10 août, lundi et mardi – **Repas** (dîner seult) 28/34.

◆ Dit restaurant in de stationswijk voert een traditionele kaart met enkele Hollandse specialiteiten. Rustieke eetzaal. Ontspannen ambiance.

◆ Une carte traditionnelle incluant quelques spécialités bataves vous sera soumise à cette
table du quartier de la gare. Salle à manger rustique. Ambiance décontractée.

🍴 **Van der Dussen,** Bagijnhof 118, ✉ 2611 AS, 𝒫 (0 15) 214 72 12, info@restauran
tvanderdussen.nl, Fax (0 15) 215 91 37 – 𝔸𝔼 ⓞⓞ 𝕍𝕀𝕊𝔸   CY x
fermé dim. – **Repas** (dîner seult) 34/49 bc, ♀.

◆ Laag balkenplafond, fresco's, plavuizen en een antieke trap behoren tot de charmante
details van dit restaurant in een begijnhof uit de 13e eeuw.

◆ Poutres basses, fresques patinées, carrelage et escalier du temps jadis font le charme
de ce restaurant installé dans un béguinage remontant au 13e s. Repas aux chandelles.

PAYS-BAS

Sud-Est : 6 km [C] *Midden-Delfland 18 014 h :*

XXX ✿✿ **De Zwethheul,** Rotterdamseweg 480 (le long du canal), ✉ 2636 KB, ✆ (0 10) 470 41 66, info@zwethheul.nl, Fax (0 10) 470 65 22, ≼, ㋡ – ■ 🅿 ⁂ AE ① ⓂⓄ VISA JCB *fermé 25 déc.-9 janv., sam. midi, dim. midi et lundi* – **Repas** *Lunch* 45 – 63/130 bc, carte 54 à 127 ⦿
Spéc. Raviolis de poulet noir de Bresse aux langoustines sautées. Perdreau écossais en deux services (15 sept.-31 déc.). Composition de foie d'oie mariné aux bâtonnets de betteraves en aigre-doux.
◆ Het is een waar genot een maaltijd te gebruiken in deze gerenoveerde herberg die de passerende binnenvaartuigen in het oog houdt. Creatieve keuken. Mooi panoramisch terras.
◆ Aux délices culinaires de cette ancienne auberge réaménagée s'ajoute le plaisir d'une vue batelière, particulièrement séduisante en terrasse, dès les premiers beaux jours.

DELFZIJL *Groningen* **[531]** *AA 3 et* **[715]** *L 1 – 28 972 h.*

🔹 *J. v.d. Kornputplein 1a,* ✉ *9934 EA,* ✆ *(0 596) 61 81 04, delfzijl24@zonnet.nl, Fax (0 596) 61 65 50.*
Amsterdam 213 – Groningen 30.

🏨 **Eemshotel,** Zeebadweg 2, ✉ 9933 AV, ✆ (0 596) 61 26 36, info@eemshotel.nl, Fax (0 596) 61 96 54, ≼, 𝄞, ☎ – ■ TV 🅿. AE ① ⓂⓄ VISA JCB, ⅍ rest *fermé 31 déc. et 1ᵉʳ janv.* – **Repas** 28/51 bc, ⚏ – **20 ch** ⯑ 67/87 – ½ P 84/104.
◆ Dit moderne hotel staat aan een zeearm en is gebouwd op palen. Het beschikt over praktische kamers die alle een balkon met mooi uitzicht hebben. De restaurantzaal biedt een weergaloos uitzicht op de Eems. Klassiek culinair register.
◆ Cet hôtel dominant le bras de mer occupe une construction moderne sur pilotis où vous logerez dans des chambres pratiques, toutes dotées d'un balcon panoramique. Vue imprenable sur les flots depuis la salle de restaurant. Repas classique.

🏨 **Du Bastion,** Waterstraat 78, ✉ 9934 AX, ✆ (0 596) 61 87 71, info@dubastion.nl, Fax (0 596) 61 71 47 – TV. AE ① ⓂⓄ VISA JCB. ⅍ rest
Repas *(fermé sam. midi et dim. midi) Lunch* 17 – carte 23 à 34 – **40 ch** ⯑ 53/67 – ½ P 50/70.
◆ Dit vriendelijke etablissement in familiebeheer, in de stationbuurt en op loopafstand van de jachthaven, beschikt over eenvoudige kamers. In het restaurant wordt een traditionele Nederlandse kaart gehanteerd om aan uw eetlust tegemoet te komen.
◆ Dans le voisinage de la gare et à quelques encablures du port de plaisance, cet établissement gentiment tenu en famille propose des chambres équipées avec sobriété. Une carte traditionnelle batave s'emploie à combler votre appétit au restaurant.

XX **De Kakebrug,** Waterstraat 8, ✉ 9934 AV, ✆ (0 596) 61 71 22, kakebrug@planet.nl, ㋡ – AE ⓂⓄ
fermé 3 sem. vacances bâtiment, fin déc., sam. midi, dim. et lundi – **Repas** 30/45, ⚏.
◆ Dit restaurant aan het begin van een voetgangersstraat behoort tot de trefzekere adressen van de stad. Eigentijdse keuken, net als het decor van de restaurantzaal.
◆ Cette enseigne postée à l'entrée d'une rue piétonne signale l'une des valeurs sûres de la ville. Cuisine au goût du jour, à l'image du décor de la salle à manger.

Den – *voir au nom propre.*

DEURNE *Noord-Brabant* **[532]** *T 14 et* **[715]** *I 7 – 32 130 h.*
Amsterdam 136 – Eindhoven 25 – 's-Hertogenbosch 51 – Venlo 33.

XX **Hof van Deurne,** Haageind 29, ✉ 5751 BB, ✆ (0 493) 31 21 41, info@hofvandeu ne.nl, ㋡ – ■ 🅿 – 🔏 40 à 125. ① ⓂⓄ VISA
fermé sem. carnaval, vacances bâtiment, lundi et mardi – **Repas** *Lunch* 27 – 33/60 bc, ⚌
◆ In deze oude, tot eigentijds restaurant verbouwde boerderij eet u in gezelscha van enkele lokale figuren die op een curieus fresco van het Laatste Avondmaal zij vereeuwigd.
◆ Ancienne ferme métamorphosée et restaurant actuel. On mange sous les regards c quelques figures locales immortalisées sur une curieuse fresque rappelant la Cène.

DEVENTER *Overijssel* **[531]** *W 9,* **[532]** *W 9 et* **[715]** *J 5 – 87 526 h.*
Voir *Ville★ – Bergkwartier★★ (Vieux Quartier) Z – Poids public★ (Waag) Z.*
🏌 *au Nord : 5 km à Diepenveen, Golfweg 2,* ✉ *7431 PR,* ✆ *(0 570) 59 32 69, Fax (0 57 59 01 02.*
🔹 *Keizerstraat 22,* ✉ *7411 HH,* ✆ *(0 570) 64 99 59, vvvdeventer@anwb.nl, Fax (0 57 64 33 38.*
Amsterdam 106 ④ – Arnhem 44 ④ – Zwolle 38 ② – Apeldoorn 16 ⑤ – Enschede 59

DEVENTER

PAYS-BAS

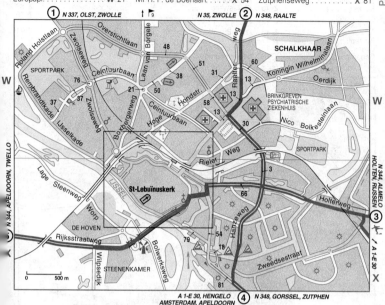

🏨 **Mercure,** Deventerweg 121 (par ④ : 2 km près A 1), ⊠ 7418 DA, ℰ (0 570) 62 40 22, H2110-re@accor.com, Fax (0 570) 62 53 46, 🛬, ⤏ – 🛗 ⇄, 🍴 rest, 📺 ⚒rest, 🅿 – 🔬 25 à 250. 🆎 ⓪ ⓶ 🆅🅸🆂🅰 🅹🅲🅱
Repas Lunch 12 – carte 22 à 32, ⚲ – ⏛ 14 – **99 ch** 51/106 – ½ P 82/137.
  ◆ Aan de rand van Deventer, vlak bij de snelweg Amsterdam-Hengelo, vindt u alle hotel-lerieprestaties en faciliteiten die Mercure eigen zijn. Het restaurant heeft een traditionele kaart met een regionaal tintje.
  ◆ Retrouvez, aux portes de Deventer, près de l'autoroute Amsterdam-Hengelo, l'éventail des facilités et prestations hôtelières portant la griffe Mercure. Une carte traditionnelle à séquences régionales est présentée au restaurant.

🏨 **Gilde** sans rest, Nieuwstraat 41, ⊠ 7411 LG, ℰ (0 570) 64 18 46, info@gildehotel.nl, Fax (0 570) 64 18 19, ⤏ – 🛗 ⇄ 📺 🅿 – 🔬 25. 🆎 ⓶ 🆅🅸🆂🅰   YZ a
24 ch ⏛ 65/110.
  ◆ In het hart van de oude hanzestad zijn de cellen van dit oude 18e-eeuwse klooster eind vorige eeuw verbouwd tot moderne, behaaglijke kamers. Lobby met gebrandschilderde ramen.
  ◆ Au coeur de l'ancienne ville hanséatique, cloître du 18e s. dont les cellules ont été opportunément converties en chambres douillettes et modernes. Hall orné de vitraux.

🏨 **De Leeuw** sans rest, Nieuwstraat 25, ⊠ 7411 LG, ℰ (0 570) 61 02 90, deleeuw@home.nl, Fax (0 570) 64 16 49 – 📺. 🆎 ⓶ 🆅🅸🆂🅰. ⚒   Z r
fermé 25 déc.-16 janv. – **11 ch** ⏛ 69/98.
  ◆ Dit monumentale 17e-eeuwse pand is herkenbaar aan de statige trapgevel. De meeste kamers zijn voorzien van een kitchenette. Klein museum met snoep en suikerwaren als thema.
  ◆ Demeure du 17e s. reconnaissable à sa jolie façade couronnée d'un fier pignon à redans. Chambres souvent équipées d'une cuisinette. Petit musée sur le thème de la confiserie.

579

DEVENTER

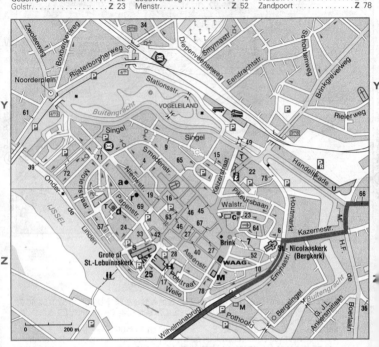

XX 't Arsenaal, Nieuwe Markt 33, ⊠ 7411 PC, 🕾 (0 570) 61 64 95, *emausrob@cs.com* ⊜ Fax (0 570) 61 57 52, 🍴 – AE ① MO VISA Z s
fermé sam. midi, dim. et lundi midi – **Repas** *Lunch* 25 – 28/45, ⌺.
• Dit eerbiedwaardige, tot restaurant verbouwde huis staat aan het plein me[t] de Grote of St.-Lebuïnuskerk. Actuele kaart, weldoordachte menu's en fraai, ommuur[de] terras.
• Cette vénérable maison réaménagée à la façon d'une brasserie jouxte le parvis d[e] la Grote of St.-Lebuïnuskerk. Carte actuelle, menus bien vus et belle terrasse clos[e] de murs.

X **Le Bistro Navet,** Golstraat 6, ⊠ 7411 BP, 🕾 (0 570) 61 95 08, *info@bistronavet.r[l]* Fax (0 570) 61 95 08, 🍴 – 🕼 le soir uniquement 🅰 25 à 60. AE ① M[O] VISA JCB Z
fermé merc. – **Repas** (dîner seult) 29/35, ⌺.
• In een zeer verzorgd en rustiek decor worden eigentijdse gerechten geserveer[d]. Massief dakgebint bekroont de charmantste eetzaal, waar lange glimmende tafels sta[an] opgesteld.
• Préparations au goût du jour servies dans un cadre rustique très soigné. U[ne] charpente massive coiffe la plus charmante des salles, garnie de longues tabl[es] reluisantes.

X **Theater bouwkunde,** Klooster 4, ⊠ 7411 NH, ✆ (0 570) 61 40 75, info@theater
bouwkunde.nl, 🍴 – 🆎 VISA   Z d
fermé 24, 25, 26 et 31 déc., 1ᵉʳ janv., dim. et lundi – **Repas** (déjeuner sur réservation)
27/32, ♀.
• Dit aangename restaurant in een woonwijk in het centrum oogst ronduit succes. Op de
eerste verdieping bevindt zich een theater, vandaar de naam. Brasseriesfeer.
• Cet agréable restaurant situé dans un secteur résidentiel du centre-ville connaît un franc
succès. Le 1ᵉʳ étage abrite un théâtre, d'où l'enseigne. Ambiance brasserie.

à **Diepenveen** Nord : 5 km Ⓒ Deventer :

XX **De Roetertshof,** Kerkplein 6, ⊠ 7431 EE, ✆ (0 570) 59 25 28, aroetert@roetertsh
of.nl, Fax (0 570) 59 32 60, 🍴 – 📧 AE ⓪ 🆎 VISA JCB
fermé 14 juil.-8 août, 27 déc.-7 janv., mardi, merc. et sam. midi – **Repas** Lunch 32 – 44/75 bc,
♀.
• Charmant, rustiek restaurant aan een lommerrijk pleintje, in de schaduw van de klokkentoren. De eigentijdse keuken heeft een romance met producten uit de streek.
• Mignonne auberge rustique bordant une placette ombragée, à l'ombre du clocher.
L'assiette, au goût du jour, flirte quelque peu avec les saveurs du terroir.

*Indien zich belangrijke stijgingen voordoen inzake kosten
van levensonderhoud, kunnen de door ons opgegeven
prijzen verhoogd zijn.
Vraag bij het reserveren van een
hotelkamer steeds naar de definitieve prijs.*

DIEPENHEIM Overijssel Ⓒ Hof van Twente 35 038 h. 532 Y 9 et 715 K 5.
Amsterdam 137 – Zwolle 53 – Apeldoorn 47 – Arnhem 72 – Enschede 31.

XX **Den Haller,** Watermolenweg 34, ⊠ 7478 PW, ✆ (0 547) 35 12 87, denhaller@wana
doo.nl, Fax (0 547) 35 24 34, ≤, 🍴 – 📧 AE ⓪ 🆎 VISA JCB
fermé du 2 au 17 janv., mardi sauf en juil.-août et lundi – **Repas** 27/65 bc, ♀.
• Oude Saksische boerderij met aan de voorzijde een heerlijk terras dat uitkijkt op een
oude watermolen. Vindingrijke keuken en wereldwijnen. Vriendelijke service.
• Ancienne ferme saxonne précédée d'une adorable terrasse estivale offrant la vue sur
un vieux moulin à eau. Cuisine inventive accompagnée de vins du monde. Service avenant.

DIEPENVEEN Overijssel 531 V 9 et 715 J 5 – voir à Deventer.

DIEREN Gelderland Ⓒ Rheden 45 012 h. 532 V 10 et 715 J 5.
Amsterdam 106 – Arnhem 17 – Lelystad 80 – Utrecht 83 – Zwolle 62.

X **De Pastorie,** Wilhelminaweg 57, ⊠ 6951 BN, ✆ (0 313) 45 00 55, info@de-pastorie.nl,
Fax (0 313) 41 98 78, 🍴 – 📧 AE ⓪ 🆎 VISA. ❀
fermé 27 déc.-10 janv., sam. midi, dim. midi et lundi – **Repas** Lunch 23 – carte env. 41, ♀.
• Het interieur van dit restaurant in een voormalige parochiezaal is net een kapel, waar
sobere glas-in-loodramen het daglicht filteren. Omsloten terras aan de achterkant.
• Restaurant établi dans une ancienne salle paroissiale rappelant une chapelle. De sobres
vitraux diluent la lumière du jour en salle. Mignonne terrasse close à l'arrière.

DIFFELEN Overijssel 531 Y 7 – voir à Hardenberg.

DIGUE DU NORD – voir à Afsluitdijk.

DODEWAARD Gelderland Ⓒ Neder-Betuwe 22 205 h. 532 S 11 et 715 H 6.
Amsterdam 98 – Arnhem 29 – 's-Hertogenbosch 49 – Lelystad 109 – Utrecht 64.

X **Herberg De Engel,** Waalbandijk 102, ⊠ 6669 ME, ✆ (0 488) 41 12 80, info@de-e
ngel.nl, Fax (0 488) 41 23 95, ≤, 🍴 – 📧 🆎 VISA JCB. ❀
fermé 1 sem. en juil. et 26 déc.-6 janv. – **Repas** Lunch 27 – carte 35 à 53, ♀.
• Zeer oude, traditionele herberg aan een dode arm van de Waal. Klassieke keuken en
wijnen uit alle windstreken, ook van eigen wijngaard ! Terras met teakhouten meubels.
• Au bord d'un bras mort du Waal, charmante auberge traditionnelle qui serait la doyenne
du pays. Carte classique, cave planétaire et trois vins du cru. Terrasse en teck.

DOENRADE Limburg 532 U 17 – voir à Sittard.

DOETINCHEM Gelderland 582 W 11 et 715 J 6 – 49 099 h.

🛫 au Nord-Ouest : 8 km à Hoog-Keppel, Oude Zutphenseweg 15, ⊠ 6997 CH, ℘ (0 314) 38 14 16, Fax (0 314) 36 65 23.

🛈 IJsselkade 30, ⊠ 7001 AP, ℘ (0 314) 32 33 55, info@vvvdoetinchem.nl, Fax (0 314) 34 50 27.

Amsterdam 130 – Arnhem 33 – Apeldoorn 43 – Enschede 60.

🏛 **de Graafschap** sans rest, Simonsplein 12, ⊠ 7001 BM, ℘ (0 314) 32 45 41, stadsm otel-de-graafschap@hetnet.nl, Fax (0 314) 32 58 63 – 📺 🅿 🖭 ① 🔞 💳
⌕ 9 – **26 ch** 50/96.
◆ Dit hotel is een vertrouwd beeld in het centrum van Doetichem, een moderne stad waar nog altijd klompen worden gemaakt. Functionele kamers op twee verdiepingen.
◆ Hôtel installé de longue date au centre de Doetinchem, cité moderne connue pour sa tradition artisanale du sabot. Chambres fonctionnelles réparties sur deux étages.

Den DOLDER Utrecht 582 Q 10 et 715 G 5 – voir à Zeist.

DOMBURG Zeeland C Veere 22 087 h. 582 F 13 et 715 B 7 – Station balnéaire.

🛈 Schuitvlotstraat 32, ⊠ 4357 EB, ℘ 0 900-202 02 80, info@vvvwnb.nl, Fax (0 118) 58 35 45.

Amsterdam 190 – Middelburg 16 – Rotterdam 111.

🏨 **Badhotel,** Domburgseweg 1a, ⊠ 4357 BA, ℘ (0 118) 58 88 88, info@badhotel.com, Fax (0 118) 58 88 99, ☆, ⊘, ⇌, ☒, ☞, ⛖ – 🛗 ⤧ 📺 ⚹rest, ◻ 🅿 – 🔬 25 à 160.
🔞 💳 ❦ rest
fermé du 5 au 19 janv. – **Repas** (dîner seult jusqu'à 20 h 30) carte 33 à 46 – **11 ch** ⌕ 124/180, – 3 suites.
◆ Dit statig hotel omringd door een klein park in het centrum van Domburg, biedt zeer ruime kamers en een moderne sauna open. Leuke eetzaal waar u geniet van eigentijdse gerechten in een losse en gemoedelijke sfeer.
◆ Entouré d'un petit parc bordant la route qui mène au coeur de Domburg, cet hôtel haut de gamme plaît aussi pour ses très grandes chambres et son beau sauna moderne. Table au cadre contemporain et à l'ambiance décontractée ; repas bien dans l'air du temps.

🏨 **Bommeljé** ⤧, Herenstraat 24, ⊠ 4357 AL, ℘ (0 118) 58 16 84, bommelje@zeelan dnet.nl, Fax (0 118) 58 22 18, ☆, ☞, ⛖ – 🛗 ⤧ 📺 ⚹rest, ⇌ 🅿 – 🔬 30.
🔞 💳
Repas (fermé lundi, mardi et merc. de nov. à avril) (dîner seult) carte 40 à 55, ⚌ – **34 ch** ⌕ 75/150, – 9 suites – ½ P 98/173.
◆ "Appart-hotel" in een rustige straat vlak bij de duinen. Charmante voorgevel met balkons, moderne voorzieningen en een interieur waarin zwart en wit de toon zetten. Restaurant met gelikt decor : tafels zonder kleedjes, glimmend parket en rood leren stoelen.
◆ "Appart-hôtel" établi dans une rue calme proche des dunes. Pimpante façade à balcons équipements modernes et décor intérieur jouant sur le contraste du noir et du blanc Restaurant au décor "léché" : tables nues, parquet luisant et sièges en cuir rouge.

🏨 **Wilhelmina** ⤧ sans rest, Noordstraat 20, ⊠ 4357 AP, ℘ (0 118) 58 12 62, info@ wilduin.nl, Fax (0 118) 58 41 10 – ⤧ 📺 ⚹ ⇌ 🅿 🖭 🔞 💳 🃏
mi-fév.-mi-nov. et week-end – **22 ch** ⌕ 70/165, – 4 suites.
◆ Hotel in een rustige straat dicht bij het centrum en het strand. Kamers van bescheiden luxe, die rond een kleine patio liggen. Modern interieur. Expositie van kunstwerken.
◆ Dans une rue calme proche du centre et de la plage, hostellerie dont les chambres a luxe discret s'ordonnent autour d'un petit patio. Intérieur moderne. Expo d'oeuvres d'ar

🏨 **The Wigwam** ⤧, Herenstraat 12, ⊠ 4357 AL, ℘ (0 118) 58 12 75, info@wigwa hotel.nl, Fax (0 118) 58 25 25 – 🛗 📺 🅿 🖭 💳 ❦
fév.-20 nov. – **Repas** (dîner seult jusqu'à 20 h) 27/32 – **32 ch** ⌕ 82/130.
◆ U komt hier echt niet terecht in een tipi of indianendorp, al doet de naam wel zoie vermoeden. Ruime, comfortabele kamers met geluidsisolatie en de meeste met balko Grote, klassieke restaurantzaal. De aantrekkelijke kaart is up-to-date.
◆ L'hôtel, quoi qu'en dise l'enseigne, n'a rien d'un tipi ni d'un village indien. Chambres ins norisées, d'ampleur et de confort respectables, souvent munies d'un balcon. Ample sa de restaurant classiquement aménagée. Attrayante carte au goût du jour.

🏛 **Strandhotel Duinheuvel** sans rest, Badhuisweg 2, ⊠ 4357 AV, ℘ (0 118) 58 12 8 info@wilduin.nl, Fax (0 118) 58 33 45 – 🛗 📺 ⇌ 🅿 🖭 🔞 💳 🃏
mi-fév.-mi-nov. et week-end – **19 ch** ⌕ 70/150.
◆ Hotel met een echte vakantiesfeer, dat uitkijkt over de duinenrij langs het strand. kamers variëren in grootte en zijn verzorgd ingericht. Ontbijt in de kunstgalerie.
◆ Ambiance vacances à cette adresse dominant le chapelet de dunes qui précè l'estran. Chambres de différentes tailles, aux décors soignés. Galerie d'art où l'on pe déjeune.

Mondriaan, Ooststraat 6, ✉ 4357 BE, 🖉 (0 118) 58 44 34, info@restaurant-mondr iaan.nl, Fax (0 118) 58 39 23, 🏠 – 🗐. 🝂 ⓪ 🝂 VISA JCB
fermé du 19 au 26 déc. et du 9 au 31 janv. – **Repas** (dîner seult) 25, 🍷.
◆ Modern restaurant in een toeristische straat, met aan de achterkant een deels beschut terras. Klassieke kaart in een actueel jasje, mooi glaswerk en homarium in de zaal.
◆ Sur l'artère touristique, brasserie de notre temps s'ouvrant à l'arrière sur une petite terrasse semi-abritée. Cuisine classique actualisée, jolie verrerie et vivier en salle.

DORDRECHT Zuid-Holland 🔢🔢🔢 N 12 et 🔢🔢🔢 F 6 – 120043 h.

Voir La Vieille Ville★ – Grande Église ou église Notre-Dame★ (Grote of O.-L.-Vrouwekerk) : stalles★, de la tour ⩿★★ CV **R** – Groothoofdspoort : du quai ⩿★ DV.

Musée : Mr. Simon van Gijn★ CV **M²**.

🏌 Baanhoekweg 50, ✉ 3313 LP, 🖉 (0 78) 621 12 21, Fax (0 78) 616 10 36- 🏌 au Sud-Ouest : 20 km à Numansdorp, Veerweg 26, ✉ 3251 Lx, 🖉 (0 186) 65 44 55, Fax (0 186) 65 46 81.

🛬 au Nord-Ouest : 23 km par ④ à Rotterdam 🖉 (0 10) 446 34 44, Fax (0 10) 446 34 99.
🅱 Stationsweg 1, ✉ 3311 JW, 🖉 0 900 463 68 88, info@vvvzhz.nl, Fax (0 78) 613 17 83.
Amsterdam 95 ① – Rotterdam 28 ④ – Den Haag 53 ④ – Arnhem 106 ① – Breda 29 ② – Utrecht 58 ①

Plans pages suivantes

Dordrecht, Achterhakkers 72, ✉ 3311 JA, 🖉 (0 78) 613 60 11, info@hoteldordrech t.nl, Fax (0 78) 613 74 70, 🏠, 🌾 – 🗐 ch, 🝂 🝂. 🝂 ⓪ 🝂 VISA JCB   CX d
fermé 24 déc.-1er janv. – **Repas** (fermé week-end) (dîner seult) carte 23 à 38 – **21 ch** ⊡ 88/140 – ½ P 107/139.
◆ Oud herenhuis tegenover de kade, aan de rand van de binnenring. Comfortabele king size kamers in het oorspronkelijke pand, wat kleinere kamers in de dependance aan de tuin. Klassieke Nederlandse gerechten worden geserveerd in een scheepvaart-decor.
◆ Ancienne demeure bourgeoise postée face aux quais, au bord du ring intérieur. Chambres "king size" correctement équipées, plus menues dans l'annexe jouxtant le jardin. Cuisine classico-batave servie dans un décor marin.

Mercure, Rijksstraatweg 30 (par A 16 - E 19, sortie ㉚), ✉ 3316 EH, 🖉 (0 78) 618 44 44, h2106@accor.com, Fax (0 78) 618 79 40 – 📶 ✆, 🗐 rest, 🝂 ❹ch, 🝂. – 🝂 25 à 500. 🝂 ⓪ 🝂 VISA JCB   AZ u
Repas Lunch 14 – 28/32 – ⊡ 14 – **96 ch** 115/145 – ½ P 134/164.
◆ Lokatie dicht bij de snelweg, standaardcomfort in de kamers, business center en goede faciliteiten voor bijeenkomsten en seminars. Kortom : het hotelconcept van de keten.
◆ Proximité de l'autoroute, confort standard dans les chambres, business-center et bonnes installations conférencières : bref, le concept hôtelier propre à la chaîne.

Bastion, Laan der Verenigde Naties 363, ✉ 3318 LA, 🖉 (0 78) 651 15 33, bastion@bastionhotel.nl, Fax (0 78) 617 81 63, 🏠 – ✆ 🝂 🝂. 🝂 ⓪ 🝂 VISA JCB. 🍴   BZ a
Repas (grillades, ouvert jusqu'à 23 h) carte env. 30 – ⊡ 10 – **40 ch** 75.
◆ Dit kleine hotel is identiek aan zijn soortgenoten van dezelfde keten : ligging in de buurt van de snelweg en functionele kamers met dubbele beglazing.
◆ Un petit hôtel identique à ses nombreux frères partageant la même enseigne : voisinage du réseau autoroutier et chambres fonctionnelles pourvues du double vitrage.

Hein en Hoogvliet, Toulonselaan 12, ✉ 3312 ET, 🖉 (0 78) 613 50 09, info@heine nhoogvliet.nl, Fax (0 78) 631 57 37, 🏠 – 🝂 ⓪ 🝂 VISA JCB   DX u
fermé 3 sem. vacances bâtiment, 27 déc.-5 janv., sam. midi, dim. midi, lundi et mardi – **Repas** Lunch 28 – 45/72, 🍷.
◆ Restaurant dat wat uit het centrum ligt en trendy maaltijden serveert. Twee broers, een tweeling, verzorgen de ontvangst en de bediening. 's Zomers wordt buiten geserveerd.
◆ Restaurant un peu excentré où l'on vient faire des repas bien dans l'air du temps. Deux frères jumeaux assurent l'accueil et le service en salle. L'été, repas à l'extérieur.

Da Moreno, Voorstraat 215, ✉ 3311 EP, 🖉 (0 78) 614 99 04, Fax (0 78) 614 65 65, Cuisine italienne – 🗐. 🝂 ⓪ 🝂 VISA JCB.   DV a
fermé 31 déc., jeudi et dim. midi – **Repas** 30/35, 🍷.
◆ Restaurant aan de drukste winkelstraat van de stad. De restaurantzaal telt drie niveaus. Smaakvolle Italiaanse keuken. Antipastabuffet.
◆ Table bordant l'artère commerçante la plus fréquentée de la ville. Salle de restaurant aménagée sur trois niveaux. Goûteuse cuisine italienne. Buffet d'antipasti.

DORDRECHT

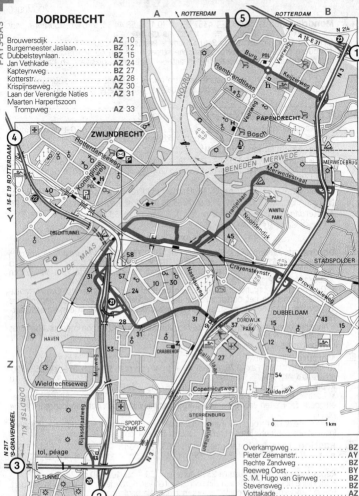

✗ **De Hoff'nar,** Talmaweg 10, ✉ 3317 RB, ✆ (0 78) 618 04 66, *crabbehoff@dord*
Fax (0 78) 618 45 54 – **P** – **A** 25 à 125. **AE ① ⑥ VISA JCB.** ✵   ABZ
fermé dern. sem. juil.-2 prem. sem. août, sam. midi et dim. midi – **Repas** *Lunch 25* – ca
50 à 69, ♀.
  ♦ Dit restaurant heeft zijn intrek genomen in het oude koetshuis van kasteel Crabbeh
  waar de eetzaal met serre een genoeglijke ambiance biedt voor de eigentijdse gerecht
  ♦ Cette salle à manger-orangerie offrant les plaisirs d'une cuisine d'aujourd'hui tire p
  d'une ancienne remise à charrettes, naguère dépendance du château Crabbehof.

✗ **De Stroper,** Wijnbrug 1, ✉ 3311 EV, ✆ (0 78) 613 00 94, *info@destroper.nl, Fax* (0
631 86 74, ㄍ, Produits de la mer – ☰. **AE ⑥ VISA.** ✵   DV
fermé 24 et 31 déc., sam. midi et dim. midi – **Repas** 23/53, ♀.
  ♦ Bij mooi weer richt deze volhardende velddief zijn terras in aan de voet van de Wijnbr
  Visgerechten. Compleet nieuw interieur.
  ♦ Dressée aux beaux jours, la terrasse du Braconnier (Stroper) flotte au pied du Pont
  Vin (Wijnbrug) : tout un programme ! Saveurs du grand large. Intérieur relooké.

DORDRECHT

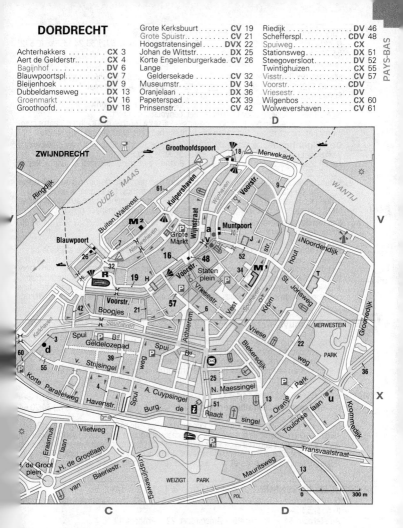

Papendrecht Nord-Est : 4 km – 30510 h

🏨 **Mercure,** Lange Tiendweg 2, ⊠ 3353 CW, ℰ (0 78) 615 20 99, info@hotelmercure.nl, Fax (0 78) 615 85 97, 🍴 – 🛗 ⤢, 🍽 rest, 📺 📞 – 🛎 25 à 300. 🅰🅴 ① 🆖 𝗩𝗜𝗦𝗔. ⋘   BY **h**
Repas (fermé dim. midi) Lunch 21 – carte env. 36, ⌇ – ⌷ 15 – **76 ch** 75/163 – ½ P 101/190.
 ◆ Comfortabel ketenhotel aan de rand van Dordrecht, vlak bij de snelweg Rotterdam-Groningen. De kamers en gemeenschappelijke ruimten zijn ruim opgezet.
 ◆ Confortable établissement de chaîne bâti aux avant-postes de Dordrecht, à deux tours de roue de l'autoroute Rotterdam-Groningen. Chambres et communs actuels, d'un bon gabarit.

Onze hotelgidsen, toeristische gidsen en wegenkaarten vullen elkaar aan. Gebruik ze samen.

DRACHTEN Fryslân 🄲 Smallingerland 53 740 h. 🔢🔢🔢 V 4 et 🔢🔢🔢 J 2.

🄸 Museumplein 4, ⊠ 9203 DD, ℘ (0 512) 51 77 71, Fax (0 512) 53 24 13 Fax (0 512) 53 24 13.

Amsterdam 147 – Groningen 38 – Leeuwarden 27 – Zwolle 85.

🏛 **Marathon,** Eikesingel 64, ⊠ 9203 PA, ℘ (0 512) 54 35 55, info@marathonhotel.nl, Fax (0 512) 54 34 54, 龠, 🚲 – 🆃🆅 🄿. 🄰🄴 ① ⓦⓞ 𝐕𝐈𝐒𝐀 🄹🄲🄱. ⚡ rest
Repas (résidents seult) – **40 ch** ⊇ 55/75 – ½ P 75.
♦ Een praktische pleisterplaats aan de rand van Drachten, een bedrijvig stadje met levendige straten. Kleine, moderne kamers met eenvoudig comfort.
♦ Point de chute bien pratique pour poser ses valises à l'entrée de Drachten, centre commercial et industriel aux rues animées. Petites chambres actuelles de mise simple.

XXX **De Wilgenhoeve,** De Warren 2, ⊠ 9203 HT, ℘ (0 512) 51 25 10, rest.dewilgenhoeve@planet.nl, Fax (0 512) 53 14 19, 龠 – 🄿. 🄰🄴 ① ⓦⓞ 𝐕𝐈𝐒𝐀
fermé 2 sem. vacances bâtiment, 31 déc.-6 janv., sam. midi, dim. midi et lundi – **Repas** 29/35, ⊊.
♦ Aan de voorkant van deze voormalige boerderij met geschilderde luiken is een leuk terras ingericht. De klassieke gerechten flirten met nieuwe trends. De eetzaal is opgeknapt.
♦ Une jolie terrasse d'été est dressée à l'avant de cette ancienne ferme aux volets peints. Mets classiques flirtant avec les modes d'aujourd'hui. Salle à manger rajeunie.

XX **Koriander** (Gaastra), Burgemeester Wuiteweg 18, ⊠ 9203 KK, ℘ (0 512) 54 88 50,
🐝 info@dekoriander.nl, Fax (0 512) 54 81 24 – 🄰🄴 ① ⓦⓞ 𝐕𝐈𝐒𝐀
fermé dim. et lundi – **Repas** (dîner seult) 34/45, carte env. 52
Spéc. Lotte au lard et crème de carottes. Foie d'oie poêlé et gaufre caramélisée au jus de vin de cerises. Côte de porc braisée aux abricots et raisins secs parfumés au calvados.
♦ In dit pand in het centrum wordt met verve en inventiviteit een fraai staaltje van eigentijdse kookkunst geleverd. Interieur met baksteen, lambrisering en smeedijzeren trap.
♦ Belle démonstration culinaire au goût du jour, inventive et pleine de panache, dans cette maison du centre. Briques, lambris et escalier en fer forgé participent au décor.

à Boornbergum (Boarnburgum) Sud-Ouest : 5 km 🄲 Smallingerland :

XX **Het Spijshuys,** Westerbuorren 2, ⊠ 9212 PL, ℘ (0 512)38 30 47, het.spijshuys@zo
🐝 nnet.nl, Fax (0 512) 38 17 80, 龠 – 🄰🄴 ① ⓦⓞ 𝐕𝐈𝐒𝐀
fermé 31 déc.-1er janv., sam. midi, dim. midi et lundi – **Repas** 25/49 bc, ⊊.
♦ Een sympathiek restaurantje midden in de dorpskern, dat in familiebeheer wordt gerund. In dit eethuis wordt een eigentijdse keuken bereid. Wereldwijnen.
♦ Au coeur du village, à l'angle de la Westerbuorren, sympathique petite affaire tenue en famille, où se mitonne une cuisine bien dans le coup. Vins du monde.

à Rottevalle (Rottefalle) Nord : 4 km 🄲 Smallingerland :

XX **De Herberg van Smallingerland,** Muldersplein 2, ⊠ 9221 SP, ℘ (0 512) 34 20 64,
龠 – 🄿. – 🄰 25 à 40. ① ⓦⓞ 𝐕𝐈𝐒𝐀 ⚡
fermé du 1er au 21 août et lundi – **Repas** (déjeuner sur réservation) 30/56 bc, ⊊.
♦ Deze herberg ademt de nostalgische sfeer naar vervlogen tijden : aardewerk uit Makkum antieke lampen en bedstee in de eetzaal. De chef-kok staat met beide benen in het heden
♦ Cette vénérable auberge entretient avec art la nostalgie du temps jadis : faïence de Makkum, lampes anciennes et lit à alcôve en salle. Le chef, lui, vit avec son temps.

DRIEBERGEN-RIJSENBURG Utrecht 🔢🔢🔢 Q 10 et 🔢🔢🔢 G 5 – 18 575 h.

🄸 Hoofdstraat 12a, ⊠ 3971 XE, ℘ (0 343) 51 31 62, vvvdriebergen@zonet.nl, Fa
(0 343) 53 24 11.

Amsterdam 54 – Utrecht 15 – Amersfoort 22 – Arnhem 49.

XX **Lai Sin,** Arnhemse Bovenweg 46, ⊠ 3971 MK, ℘ (0 343) 51 68 58, Fax (0 343) 51 17 1
🐝 龠, Cuisine chinoise – 🄰🄴 ① ⓦⓞ 𝐕𝐈𝐒𝐀 🄹🄲🄱. ⚡
fermé 17 juil.-8 août, sam. midi, dim. et lundi – **Repas** Lunch 38 – 63/88, carte 33 à 6
⊊
Spéc. Hérisson de mer en croûte de crevettes. Canard fumé au thé. Trio de porc, aubergi
et poivron farcis au piment et gingembre.
♦ In deze tempel van Chinese gastronomie wacht u een scala van authentieke gerechte
met een creatieve touch. Interieur en buitenkant hebben pas een facelift ondergaan.
♦ Un éventail de recettes authentiques relevées d'un zeste de créativité vous sera pr
senté dans ce temple de la gastronomie chinoise. Nouveaux décors intérieur et extérie

XX **La Provence,** Hoofdstraat 109, ⊠ 3971 KG, ℘ (0 343) 51 29 20, la_provence@p
et.nl, Fax (0 343) 52 08 33 – 🄿. ① ⓦⓞ 𝐕𝐈𝐒𝐀 🄹🄲🄱
fermé 2 prem. sem. août, 2 prem. sem. janv., sam. midi, dim. et lundi – **Repas** Lunch 4
carte 46 à 58.
♦ Klein familierestaurant waar u zich in het rustiek-eigentijdse decor in de Provence waa
De eigentijdse keuken heeft echter een onmiskenbaar Hollands temperament.
♦ Petite affaire familiale dont le décor intérieur, rustico-contemporain, vous transpo
en Provence. La cuisine, actuelle, adopte toutefois un tempérament hollandais.

DRIEL Gelderland 532 T 11 et 715 I 6 – *voir à Arnhem.*

DRONRIJP (DRONRYP) Fryslân C Menaldumadeel 14 089 h. 531 S 3 et 715 H 2.
Amsterdam 138 – Leeuwarden 11 – Sneek 23 – Zwolle 110.

✗ **Op Hatsum,** Hatsum 13 (Sud : 2 km), ⊠ 9035 VK, ℘ (0 517) 23 16 88, info@ophat sum.nl, Fax (0 517) 23 21 63, ☞, Anguilles – **P.** **AE** **①** **⓪⓪** **VISA** **JCB**
fermé Noël, lundi et mardi – **Repas** (dîner seult) carte 36 à 53.
♦ Dit voormalige stationscafé is verbouwd tot een gastvrij restaurant met de ambiance van een Franse bistro. Visgerechten met als specialiteit huisgerookte paling.
♦ Ancien café de la gare converti en restaurant convivial, dans l'esprit "bistrot français". Plats gorgés d'iode et spécialité d'anguille - fumée "maison", s'il vous plaît !

Dans ce guide un même symbole, un même mot,
*imprimé en rouge ou en **noir** n'a pas tout à fait la même signification.*
Lisez attentivement les pages explicatives.

DRONTEN Flevoland 531 T 7 et 715 I 4 – 37 132 h.
Amsterdam 72 – Lelystad 23 – Apeldoorn 51 – Leeuwarden 94 – Zwolle 31.

🏠 **Het Galjoen,** De Rede 50, ⊠ 8251 EW, ℘ (0 321) 31 70 30, info@hotelhetgaljoen.nl, Fax (0 321) 31 58 22, ☎, 🚲 – 🛗 **TV** 🔥ch, **P.** – 🛋 25 à 350. **AE** **①** **⓪⓪** **VISA**
Repas carte 25 à 60, ☐ – ☐ 11 – **19 ch** 55/135 – ½ P 55/116.
♦ Dit hotel-restaurant, een familiebedrijf in het centrum van Dronten, telt drie verdiepingen met kamers die niet al te groot zijn, maar wel volledig zijn gerenoveerd.
♦ Sur la place centrale de Dronten, hôtel-restaurant familial dont les chambres, pas très grandes mais toutes entièrement refaites de neuf, se distribuent sur trois étages.

à Ketelhaven Nord : 8 km C Dronten :

✗ **Lands-End,** Vossemeerdijk 25, ⊠ 8251 PM, ℘ (0 321) 31 33 18, info@lands-end.nl, Fax (0 321) 31 42 49, ≤, ☞, **L** – **AE** **⓪⓪** **VISA**
fermé du 1er au 14 fév. et lundi – **Repas** carte 32 à 56.
♦ "Pas op, straks heeft u geen vaste grond meer onder de voeten", waarschuwt de naam van dit restaurantje. Aangenaam uitzicht op de jachthaven. Traditionele Hollandse gerechten.
♦ "La Fin des Terres" (Lands-End), avertit l'enseigne de cette table offrant une vue agréable sur le port de plaisance. Recettes traditionnelles hollandaises.

DRUNEN Noord-Brabant C Heusden 43 161 h. 532 P 12 et 715 G 6.
Amsterdam 99 – Eindhoven 58 – 's-Hertogenbosch 15 – Breda 34 – Rotterdam 73.

🏠 **Royal,** Raadhuisplein 13, ⊠ 5151 JH, ℘ (0 416) 37 23 81, info@hotel-royal.nl, Fax (0 416) 37 88 63, ☞, 🚲 – **TV** **AE** **⓪⓪** **VISA** 🍴
fermé du 1er au 10 janv. – **Repas** (fermé dim. midi) Lunch 10 – 27/47 – **12 ch** ☐ 65/85 – ½ P 65/88.
♦ Huiselijke sfeer in dit kleine hotel in het centrum van het dorp, recht tegenover het marktplein. Hoewel de geluidsisolatie matig is, zijn de kamers heel redelijk. Diner bij kaarslicht. Asperges in het seizoen.
♦ Ambiance familiale dans cette petite auberge située au centre du village, juste en face de la place du marché. Chambres moyennement insonorisées, mais très convenables. Repas aux chandelles. Carte d'asperges en saison.

✗ **de Verkèt,** Grotestraat 148a, ℘ (0 416) 31 90 21, info@deverket.nl, Fax (0 416) 31 90 36, ☞ – 🍽, **⓪⓪** **VISA**
fermé mardi – **Repas** Lunch 22 – 28/55 bc.
♦ Dit huiselijke restaurant in hartje Drunen serveert eigentijdse gerechten zonder frutsels en fratsels en bereid met verse producten. Lichte, klassiek ingerichte eetzaal.
♦ Au cœur de Drunen, adresse familiale servant des repas actuels sans complication inutile, basés sur des produits frais. Lumineuse salle à manger classiquement agencée.

MICHELIN NEDERLAND N.V., Bedrijvenpark Groenewoud II, Huub van Doorneweg 2 – ⊠ 5151 DT, ℘ (0 416) 38 41 00, Fax (0 416) 38 41 26

DUIVEN Gelderland 532 V 11 et 715 J 6 – *voir à Arnhem.*

DWINGELOO *Drenthe* [c] *Westerveld 19097 h.* 531 X 5 *et* 715 K 3.

 Brink 1, ⊠ *7991 CG,* 𝒫 *(0 521) 59 13 31, dwingeloo@vvvwesterveld.nl, Fax (0 521) 59 37 11.*

Amsterdam 158 – Assen 30 – Groningen 50 – Leeuwarden 70 – Zwolle 50.

Wesseling, Brink 26, ⊠ 7991 CH, 𝒫 (0 521) 59 15 44, *info@hotelwesseling.nl,* Fax (0 521) 59 25 87, ⌸, 🏵 – ⓩ 🕥 ᵭch, 🄿 – 🔏 35. 🄰🄴 ⬤ 🄼🄾 𝐕𝐈𝐒𝐀 🄹🄲🄱
fermé du 1ᵉʳ au 15 janv. – **Repas** *(fermé après 20 h 30)* Lunch 22 – 30/44, ⌺ – **23 ch** ⌺ 68/99 – ½ P 65.
♦ De vierde generatie bestiert inmiddels dit familiehotel aan een lommerrijk pleintje in een schilderachtig dorp. De kamers zijn ruim en modern. In de grote serre is de eetzaal ingericht. Eigentijdse keuken.
♦ Quatre générations se sont relayées aux commandes de cette auberge bordant la placette ombragée d'un village pittoresque. Chambres actuelles de bonne ampleur. Grande salle à manger-véranda. Cuisine au goût du jour.

De Brink, Brink 30, ⊠ 7991 CH, 𝒫 (0 521) 59 13 19, *info@hoteldebrink.nl, Fax (0 521) 59 06 66,* ⌸ – 🕥 🄿 – 🔏 25 à 250. 🄾🄾 𝐕𝐈𝐒𝐀
Repas *(fermé après 20 h 30)* (taverne-rest) Lunch 19 – 22/29 – **10 ch** ⌺ 68/99 – ½ P 60.
♦ De naam van dit traditionele hotel verwijst naar de typische Drentse dorpspleintjes met bomen. Het comfort van de kamers is verbeterd. Eenvoudige maaltijd zonder liflafjes.
♦ L'enseigne de cet établissement traditionnel évoque la place plantée d'arbres aérant le centre des villages de la Drenthe. Amélioration du confort des chambres. Repas sans prise de tête.

à Lhee *Sud-Ouest : 1,5 km* [c] *Westerveld :*

De Börken 🡖, Lhee 76, ⊠ 7991 PJ, 𝒫 (0 521) 59 72 00, *info@deborken.nl, Fax (0 521) 59 72 87,* ⌸, 🛵, ⍻, 🔲, ⍌, 🍽, 🚲 – 🕥 ᵭch, – 🔏 25 à 100. 🄰🄴 ⬤ 🄼🄾
𝐕𝐈𝐒𝐀 🛰
Repas carte 37 à 72, ⌺ – **35 ch** ⌺ 80/115 – ½ P 85.
♦ Achter een oud huisje met rieten dak ligt het gebouw met de kamers, die ruim zijn en waarvan de meeste een klein terras hebben. Tal van faciliteiten voor sport en ontspanning. Restaurant met lambrisering van licht hout en sfeervol gedempt licht.
♦ Une chaumière ancienne précède le bâtiment abritant les chambres, spacieuses et souvent pourvues d'une menue terrasse. Nombreuses distractions au programme. Restaurant habillé de lambris clairs, baignant dans une lumière tamisée.

EARNEWÂLD (EERNEWOUDE) *Fryslân* [c] *Tytsjerksteradiel 31696 h.* 531 U 4 *et* 715 I 2.
Amsterdam 148 – Leeuwarden 19 – Drachten 18 – Groningen 50.

Princenhof 🡖, P. Miedemaweg 15, ⊠ 9264 TJ, 𝒫 (0 511) 53 92 06, *info@princen hof.nl, Fax (0 511) 53 93 19,* ⍃, ⌸, 🚲, ⍌ – 🕃 🕥 ᵭch, 🄿 – 🔏 25 à 200. 🄰🄴 ⬤ 🄼🄾
𝐕𝐈𝐒𝐀
fermé 31 déc.-1ᵉʳ janv. – **Repas** 33/46 – **42 ch** ⌺ 60/135.
♦ Dit hotel heeft zijn twee vleugels langs het water uitgespreid. De kamers zijn in een nieuw jasje gestoken en hebben bijna allemaal een terras of balkon met uitzicht over het Friese merengebied. Ook het restaurant kijkt uit op de voortglijdende boten.
♦ Construction déployant ses deux ailes au bord de l'eau. Les chambres, toutes rafraîchies, sont très souvent pourvues d'une terrasse ou d'un balcon avec vue aquatique. Salle de restaurant profitant d'une jolie perspective batelière.

ECHT *Limburg* [c] *Echt-Susteren 32107 h.* 532 U 16 *et* 715 I 8.
Amsterdam 180 – Maastricht 36 – Eindhoven 51 – Venlo 37.

à Peij *Est : 3 km* [c] *Echt-Susteren :*

Hof van Herstal, Pepinusbrug 8, ⊠ 6102 RJ, 𝒫 (0 475) 48 41 50, *bruggemangz@ zonnet.nl, Fax (0 475) 48 85 63,* ⌸ – 🄿. 🄰🄴 🄼🄾 𝐕𝐈𝐒𝐀. 🛰
fermé du 8 au 18 fév., 26 juil.-11 août, lundi et sam. midi – **Repas** 29/60 bc, ⌺.
♦ De muren van dit kleine klooster uit andere tijden omsluiten nu een klassiek ingericht, comfortabel restaurant dat inmiddels zijn tiende verjaardag heeft gevierd.
♦ Les murs de ce petit cloître d'un autre temps renferment désormais un confortable restaurant classiquement aménagé, dont l'enseigne a fêté ses dix ans à l'aube du 21ᵉ s.

Utilisez le guide de l'année.

EDAM *Noord-Holland* [C] *Edam-Volendam 28 063* 🛇 **531** P 7 *et* **715** G 4.

🖪 *Damplein 1,* ✉ *1135 BK,* 🅟 *(0 299) 31 31 25, info@ vvv-edam.nl,* Fax *(0 299)*

Amsterdam 22 – Alkmaar 28 – Leeuwarden 116.

🏠 **De Fortuna,** Spuistraat 3, ✉ *1135 AV,* 🅟 *(0 299) 37 16 71, fortuna@ fortuna-*
Fax *(0 299) 37 14 69,* 🌳, 🚗 – 📺, 🅰🅔 ⓞ 🅒🅞 **VISA** **JCB**, 🏵 rest
Repas (dîner seult) 33/43 bc, 🖹 – **23 ch** 🖵 65/100 – ½ P 75/83.

♦ Vrouwe Fortuna spreidt hier al haar charme tentoon in vijf karakteristieke heren
die rond een tuin aan het water liggen. Goed onderhouden kamers. Het resta
heeft de ambiance van een luxueuze brasserie en is verfraaid met oude Holla
schilderijen.

♦ Le charme de l'adresse tient dans ces quelques maisonnettes typiques ordon
autour d'un jardin bichonné que longe un canal. Chambres bien tenues. Co
à la façon d'une brasserie cossue, le restaurant s'agrémente de toiles ancien
hollandaises.

EDE *Gelderland* **532** S 10 *et* **715** I 5 – *104 771 h.*

Env. *au Nord-Est : 13 km, Parc National de la Haute Veluwe*★★★ *(Nationaal Park De Ho*
Veluwe) : Parc★★★*, Musée national (Rijksmuseum) Kröller-Müller*★★★ *– Parc à sculptures*★
(Beeldenpark).

🖪 *De Manenberg, Molenstraat 80,* ✉ *6711 AW,* 🅟 *(0 318) 61 44 44, info@ vvvede.nl, Fa*
(0 318) 65 03 35.

Amsterdam 81 – Arnhem 23 – Apeldoorn 32 – Utrecht 43.

🏨 **De Reehorst,** Bennekomseweg 24, ✉ *6717 LM,* 🅟 *(0 318) 64 11 88, hotel@*
reehorst.nl, Fax *(0 318) 62 21 07,* 🚲 – 📳 📺 🕭,ch, 🖹 – 🛏 25 à 580. 🅰🅔 ⓞ
🅒🅞 **VISA**
fermé 30 déc.-2 janv. – **Repas** *Lunch 16* – *carte 22 à 43* – 🖵 10 – **90 ch** 65/113.

♦ Modern hotel dat is gespecialiseerd in het organiseren van evenementen. Groot scala
aan multifunctionele zalen : voor bioscoop, theater, exposities, congressen, feesten, enzo-
voort. Kaart met Frans-Nederlands culinair register.

♦ Hôtel récent, surtout spécialisé dans l'organisation d'événements. Espaces de réunions
aussi nombreux que polyvalents : salles de cinéma, d'expositions, de spectacles, etc. Carte
maniant un double registre culinaire : franco-hollandais.

🍽🍽 **La Façade,** Notaris Fischerstraat 31, ✉ *6711 BB,* 🅟 *(0 318) 61 62 54, façade@ plan*
et.nl, 🌳 – 🍽. 🅰🅔 ⓞ 🅒🅞 **VISA**
fermé 1ère quinz. fév., 1ère quinz. août, 31 déc.-1er janv., lundi et mardi – **Repas** (dîner seult)
31/46 bc, 🖹.

♦ Gepaste naam voor dit restaurant, waarvan de trapgevel onmiddellijk de aandacht
trekt in het rustige straatje. Menu's met eigentijdse gerechten van dagverse
producten.

♦ Une enseigne appropriée, tant la façade à redans qui la supporte capte l'attention
dans cette petite rue tranquille. Recettes d'aujourd'hui déclinées et menus du
marché.

EEMNES *Utrecht* **532** Q 9 *et* **715** G 5 – *8 630 h.*

🖪 *Beukenlaan 1,* ✉ *3755 MP,* 🅟 *(0 35) 539 31 00,* Fax *(0 35) 539 31 25.*
Amsterdam 34 – Utrecht 22 – Apeldoorn 61 – Hilversum 5.

🏨 **De Witte Bergen,** Rijksweg 2 (sur A 1), ✉ *3755 MV,* 🅟 *(0 35) 539 58 00, reservati*
ons@ wittebergen.valk.nl, Fax *(0 35) 531 38 48,* 🌳, 🚲 – 📳 🔁 📺 🖹 – 🛏 25 à 300.
🅰🅔 🅒🅞 **VISA** 🏵 rest
Repas (ouvert jusqu'à 23 h) carte env. 30 – 🖵 7 – **131 ch** 71/83 – ½ P 63.

♦ Dit ketenhotel dicht bij de snelweg valt onder Van der Valk en heeft kamers
in verschillende categorieën, die deels in de nieuw aangebouwde vleugel zijn ondergebracht.

♦ Près de l'autoroute, établissement de la chaîne Van der Valk hébergeant
des chambres de différentes catégories, en partie regroupées dans une aile plus
récente.

🍽 **'t Oude Raadhuys,** Wakkerendijk 30, ✉ *3755 DC,* 🅟 *(0 35) 538 92 56, restaurant*
@ ouderaadhuys.nl, Fax *(0 35) 531 36 72,* ≤, 🌳 – 🖹. 🅰🅔 🅒🅞 **VISA**
fermé 2 dern. sem. juil., mardi, sam. midi et dim. midi – **Repas** *Lunch 27* – carte 32 à 45,
🖹.

♦ Restaurant met een klassiek-eigentijds interieur, seizoengebonden keuken en een
grote selectie wijnen die per glas worden geschonken. Terras met mooi uitzicht op de
polder.

♦ Restaurant implanté dans l'ex-mairie d'Eemnes. Décor intérieur classique-actuel,
cuisine du moment et grand choix de vins servis au verre. Jolie vue sur le polder en
terrasse.

RBEEK Gelderland 📧 Brummen 21 604 h. 📒 V 10 et 🖫 J 5.
Amsterdam 107 – Arnhem 28 – Apeldoorn 21 – Enschede 71.

🏰 **Landgoed Het Huis te Eerbeek** ⬡, Prof. Weberlaan 1, ⊠ 6961 LX, ℘ (0 313) 65 91 35, *info@hhte.com*, Fax (0 313) 65 41 75, 🌭, 🚲 – 🕌 📺 🅿 – 🔬 25 à 100. 🖭 ⊙ 🐵 *VISA*. 🛠
fermé 31 déc.-1er janv. – **Repas** (dîner seult) 37/53, ⚲ – **46 ch** ⊇ 64/107 – ½ P 56/102.
◆ De kamers liggen verspreid over drie gebouwen in een mooi park waar pauwen lopen te pronken. Het neoklassieke landhuis en het koetshuis herbergen de beste kamers. Het restaurant is ondergebracht in het oude hoofdgebouw. Gerechten met een zuidelijk accent.
◆ Chambres réparties entre trois bâtiments élevés dans un beau parc où se pavanent des paons. Le manoir néoclassique et son ancienne remise (koetshuis) abritent les meilleures. Salle de restaurant aménagée dans l'ex-corps de logis. Plats aux accents du Sud.

EERNEWOUDE Fryslân – voir Earnewâld.

EERSEL Noord-Brabant 📒 Q 14 et 🖫 G 7 – 18 389 h.
Amsterdam 136 – Eindhoven 19 – 's-Hertogenbosch 47 – Antwerpen 72.

XX **Promessa,** Markt 3, ⊠ 5521 AJ, ℘ (0 497) 53 05 10, *info@promessa.nl*, Fax (0 497) 53 05 09 – ▤. 🖭 ⊙ 🐵 *VISA*
fermé du 5 au 13 fév., 25 juil.-14 août et lundi – **Repas** (dîner seult) 28/48 bc.
◆ Rode banken, clubfauteuils en een blinkende moderne keuken waarin u letterlijk een kijkje krijgt, geven deze restaurantzaal met loungeambiance een zeer trendy look.
◆ Banquettes rouges, sièges club et rutilante cuisine moderne à vue donnent un "look" résolument "hype" à cette salle de restaurant où flotte une atmosphère de "lounge".

EGMOND AAN ZEE Noord-Holland 📧 Bergen 31 742 h. 📒 M 7 et 🖫 E 4.
🎫 Voorstraat 82a, ⊠ 1931 AN, ℘ (0 72) 581 31 00, *info@vvvegmond.nl*, Fax (0 72) 506 50 54.
Amsterdam 46 – Haarlem 34 – Alkmaar 10.

🏰 **Zuiderduin,** Zeeweg 52, ⊠ 1931 VL, ℘ (0 72) 750 20 00, *info@zuiderduin.nl*, Fax (0 72) 750 20 01, ⬡, 🛁, ⚓, 🔲, 🚲 – 🕌 📺 🛏 🅿 – 🔬 25 à 800. 🖭 🐵 *VISA*. 🛠 rest
Repas (buffets) 25 – **365 ch** ⊇ 80/115 – ½ P 83.
◆ Dit immense hotel ligt op loopafstand van het strand en beschikt over functionele kamers die goed worden onderhouden. Het heeft een grote infrastructuur voor bijeenkomsten en seminars, evenals een fitnesscentrum en bar. Buffetformule in het restaurant.
◆ Immense hôtel posté à deux pas du front de mer. Les chambres, fonctionnelles, sont bien tenues. Grande infrastructure pour séminaires, complexe de remise en forme et bar. Formule buffets au restaurant.

🏰 **Vureboetsduin** sans rest, Vuurtorenplein 1, ⊠ 1931 CV, ℘ (0 72) 506 47 08, *info @vureboetsduin.nl*, Fax (0 72) 506 62 19 – 📺. 🖭 🐵 *VISA*. 🛠
mars-oct. et week-end ; fermé Noël – **11 ch** ⊇ 70/95.
◆ Grote, moderne villa op 50 m van de dijk, tegenover de vuurtoren, die een goed herkenningspunt vormt. De helft van de kamers heeft een terras of balkon met uitzicht op de zee.
◆ Grande villa récente bâtie à 50 m de la digue, face au phare qui vous servira de point de repère. La moitié des chambres ont une terrasse ou un balcon avec vue sur mer.

🏠 **de Vassy** sans rest, Boulevard Ir. de Vassy 3, ⊠ 1931 CN, ℘ (0 72) 506 15 73, *info @vassy.nl*, Fax (0 72) 506 53 06, 🚲 – 📺. 🛠
15 ch ⊇ 55/98.
◆ Dit kleine hotel ligt direct aan het strand, vlak bij het centrum, en telt twee verdiepingen met onberispelijke, eigentijdse kamers. Familiebedrijf.
◆ Les deux étages de ce petit hôtel bâti à une pirouette de cerf-volant de la plage renferment des chambres actuelles sans reproche. Fonctionnement familial.

🏠 **Golfzang,** Boulevard Ir. de Vassy 19, ⊠ 1931 CN, ℘ (0 72) 506 15 16, *golfzang@pla net.nl*, Fax (0 72) 506 22 22 – 📺. 🐵 *VISA*. 🛠
fermé 15 déc.-15 janv. – **Repas** (dîner pour résidents seult) – **23 ch** ⊇ 45/95 – ½ P 50/70.
◆ Dit modern opgezette pand is net achter de zeewering gebouwd. Wie graag over het balkon leunt, kan beter een kamer aan de voorkant vragen.
◆ Immeuble de conception récente construit à l'arrière de la digue. Si l'on aime s'accouder au balcon, mieux vaut opter pour l'une des chambres disposées sur le devant.

X **La Châtelaine,** Smidstraat 7, ⊠ 1931 EX, ℘ (0 72) 506 23 55, *restaurant@lachat aine.nl*, Fax (0 72) 506 69 26 – 🖭 ⊙ 🐵 *VISA*
fermé janv. et merc. – **Repas** (dîner seult) 26/34.
◆ Oude bakvormen uit de keuken en de patisserie sieren een rustieke eetzaal waar zomer en winter een haardvuurtje knappert. De ambiance heeft wat weg van een oude smids.
◆ De vieux ustensiles de cuisine et de pâtisserie décorent une salle à manger rustique où un feu ouvert crépite hiver comme été. Atmosphère un peu "vieille forge".

EIBERGEN *Gelderland* ⓒ *Berkelland 16 762 h.* 🔢 Y 10 *et* 🔢 K 5.
Amsterdam 146 – Arnhem 71 – Apeldoorn 60 – Enschede 24.

🏠🏠 **De Greune Weide** 🦐, Lutterweg 1 (Sud : 2 km), ⊠ 7152 CC, ℘ (0 545) 47 16 92, *info@degreuneweide.nl, Fax (0 545) 47 74 15,* 🏠, 🍴 – 📶 📺 🅿 – 🔒 25. 🆎 🆔 VISA 🦐
Repas *(fermé lundi midi du 1er janv. au 15 avril) Lunch 18* – 38/55, 🍷 – **19 ch** ⌖ 70/90 –
½ P 70/85.
♦ De verzorgde tuin rond deze villa is in harmonie met de landelijke omgeving. Aangename kamers - waarvan zes split-level met kitchenette - in de twee dependances. Rust verzekerd ! Restaurant met serre. Traditionele keuken. Bij mooi weer kunt u ook buiten eten.
♦ Le jardin soigné entourant cette villa s'harmonise au caractère champêtre du site. Chambres agréables, dont six duplex avec kitchenette, dans les deux annexes. Calme garanti ! Restaurant-véranda. Repas traditionnel également servi en plein air par beau temps.

XXX **Belle Fleur,** J.W. Hagemanstraat 85, ⊠ 7151 AE, ℘ (0 545) 47 21 49, *Fax (0 545) 47 59 53,* 🏠 – 📶 🅿. 🆔 VISA 🦐
fermé du 2 au 5 mai, 31 juil.-19 août, 27 déc.-10 janv., lundi et mardi – **Repas** (dîner seult) carte 38 à 54.
♦ In deze voormalige boerderij vlak bij de Duitse grens is chic het sleutelwoord, vanaf de stoep tot aan de schikking van de tafels in de fraaie eetzaal.
♦ Près de la frontière allemande, ancienne ferme où transparaît un réel souci de coquetterie, des abords jusqu'à la mise en place des tables dans la jolie salle à manger.

XX **The Green House,** Haaksbergseweg 27, ⊠ 7151 AR, ℘ (0 545) 47 29 23, *Fax (0 545) 47 50 25,* 🏠, Cuisine asiatique – 📶 🅿. 🆎 🆔 🆔 VISA 🦐
Repas *Lunch 17* – carte 22 à 35, 🍷.
♦ De gerechten die in deze grote villa worden bereid, komen uit diverse Aziatische streken en mengen zich soms zelfs met wat westerser smaken. Vriendelijk onthaal.
♦ Les recettes concoctées dans cette grande villa vagabondent entre plusieurs contrées d'Asie et fusionnent même parfois avec des saveurs plus occidentales. Accueil gentil.

EIJSDEN *Limburg* 🔢 T 18 *et* 🔢 I 9 – *11 938 h.*
Amsterdam 224 – Maastricht 9 – Heerlen 33 – 's-Hertogenbosch 135 – Liège 22.

XX **De Kapoen,** Diepstraat 1, ⊠ 6245 BJ, ℘ (0 43) 409 35 54, *dekapoen@gmx.net, Fax (0 43) 409 09 37,* 🏠 – 🆔 VISA 🦐
fermé du 2 au 10 fév., du 1er au 15 sept., lundi et mardi – **Repas** (dîner seult) 30/45, 🍷.
♦ Een allercharmantst restaurant dat heerlijke gerechten bereidt en zich graag laat inspireren door de groten onder de nationale vakbroeders. Het menu op de lei is een aanrader.
♦ Refuge gourmand des plus coquets, où l'on fait de savoureux repas s'inspirant volontiers des grandes maisons de bouche du royaume. Le menu noté à l'écriteau : un bon choix !

EINDHOVEN *Noord-Brabant* 🔢 S 14 *et* 🔢 H 7 – *206 118 h – Casino* BY, *Heuvel Galerie 134,* ⊠ 5611 DK, ℘ (0 40) 235 73 57, *Fax (0 40) 235 73 60.*
Musée : Van Abbe★ *(Stedelijk Van Abbemuseum)* BZ **M'**.

🅿 *Ch. Roeslaan 15,* ⊠ 5644 HX, ℘ (0 40) 252 09 62, *Fax (0 40) 293 22 38 -* 🅿 *à l'Ouest : 5 km à Veldhoven, Locht 140,* ⊠ 5504 RP, ℘ (0 40) 253 44 44, *Fax (0 40) 254 97 47.*
🛫 *5 km par Noord Brabantlaan* AV ℘ (0 40) 291 98 18, *Fax (0 40) 291 98 20.*
🇮 *Stationsplein 17,* ⊠ 5611 AC, ℘ (0 40) 232 31 66, *info@vvveindhoven.nl, Fax (0 40) 243 31 35.*
Amsterdam 122 ⑦ – 's-Hertogenbosch 35 ⑦ – Maastricht 86 ③ – Tilburg 36 ⑥ – Antwerpen 86 ④ – Duisburg 99 ③

Plans pages suivantes

🏨🏨 **Dorint Sofitel Cocagne,** Vestdijk 47, ⊠ 5611 CA, ℘ (0 40) 232 61 11, *H5374@accor.com, Fax (0 40) 244 01 48,* 🌐, ℒ, 🍷, 🏊, – 📶 🖄 📶 📺 🍴ch, 🚗 🅿 – 🔒 25 à 1500. 🆎 🆔 🆔 VISA JCB   BY **h**
Repas *Lunch 18* – carte 35 à 85 – ⌖ 23 – **256 ch** 169/224, – 4 suites.
♦ Een van de beste hotels in de vijfde stad van Nederland. Verzorgde, gemeenschappelijke ruimten met eigentijdse inrichting, moderne kamers, appartementen en suites.
♦ L'un des meilleurs hôtels de la cinquième ville batave. Espaces communs soignés, agencés dans l'esprit contemporain, chambres modernes, appartements et suites.

🏨🏨 **Holiday Inn,** Veldm. Montgomerylaan 1, ⊠ 5612 BA, ℘ (0 40) 235 82 35, *holidayinn.eindhoven@gc.com, Fax (0 40) 235 82 72,* 🏠, ℒ, 🍷, 🏊, – 📶 🖄 📶 📺 🍴ch, 🅿 – 🔒 40 à 200. 🆎 🆔 🆔 VISA JCB   BY **t**
Repas *(fermé dim. du 11 juil. au 28 août et vend.)* (ouvert jusqu'à 23 h) carte 35 à 54 – ⌖ 22 – **199 ch** 129/197.
♦ Hotel in de buurt van het station en de campus. De diverse typen kamers zijn in verschillende stijlen ingericht en bieden het comfort dat gebruikelijk is binnen de hotelketen.
♦ Près de la gare et du campus, établissement mettant à votre disposition plusieurs catégories de chambres fidèles aux normes de la chaîne et aménagées selon divers styles.

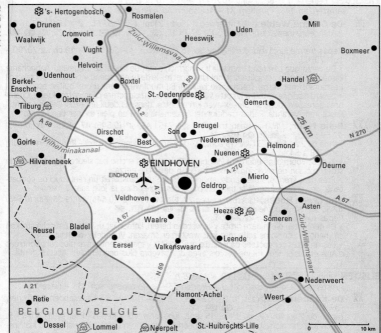

Mandarin Park Plaza, Geldropseweg 17, ⊠ 5611 SC, ℘ (0 40) 212 50 55, *mppres @ parkplazahotels.nl*, Fax (0 40) 212 15 55, ⇔s, ☐ – ▯ ⇔ ☰ ᵀⱽ ▣ – 🔏 30 à 60. ᴀᴇ ① ᴹ⊙ *VISA*. ⅍   BZ y
Repas *Mandarin Garden* (cuisine chinoise) Lunch 18 – 28/53 bc, ♀ – ☲ 17 – **100 ch** 150/295, – 2 suites – ½ P 199/350.
   ◆ Dit hotel is te vinden aan de rand van de stad, vlak bij de ringweg. Gemeen-schappelijke ruimten met een oosters accent en kamers die geheel zijn afgestemd op de zakelijke cliëntele. Het restaurant staat geheel in het teken van de Aziatische keuken.
   ◆ Immeuble situé à l'entrée de la ville, au voisinage du ring. Espaces communs empreints d'un zeste d'orientalisme et chambres taillées sur mesure pour la clientèle d'affaires. Salles de restaurant exclusivement consacrées à la cuisine asiatique.

Pierre, Leenderweg 80, ⊠ 5615 AB, ℘ (0 40) 212 10 12, *info@ hotelpierre.nl* Fax (0 40) 212 12 61 – ▯ ⇔ ᵀⱽ ▣ – 🔏 25 à 150. ᴀᴇ ① ᴹ⊙ *VISA* ᴊᴄʙ. ⅍   BX r
Repas *(fermé week-end) Lunch 15* – carte 23 à 32, ♀ – **60 ch** ☲ 80/120 – ½ P 100/130
   ◆ De nabijheid van het centrum en de ringweg plus de kwaliteit van het beddengoed zij argumenten die de zakelijke cliëntele vast als muziek in de oren zullen klinken. Traditionele gerechten zetten de toon in de eetzaal.
   ◆ La proximité du centre et du ring et la qualité de la literie des chambres sont des argu ments que cet hôtel peut honnêtement faire valoir auprès de sa clientèle d'affaires. Sall à manger où l'on propose une table traditionnelle.

Campanile, Noord-Brabantlaan 309 (près A 2, sortie ③), ⊠ 5657 GB, ℘ (0 40 254 54 00, *eindhoven@ campanile.nl*, Fax (0 40) 254 54 00, ⇔ – ▯ ⇔ ᵀⱽ ᵹch, ▣ 🔏 40. ᴀᴇ ① ᴹ⊙ *VISA*
Repas (avec buffets) 22 – ☲ 10 – **84 ch** 60/75.
   ◆ Een van de grootste vestigingen van Campanile in Nederland, op slechts enke kilometers van het stadscentrum en de luchthaven. Eenvoudige maar opgeknapt kamers.
   ◆ L'une des plus grandes unités Campanile des Pays-Bas, à quelques kilomètr seulement du centre-ville et de l'aéroport. Chambres de mise simple, ma rafraîchies.

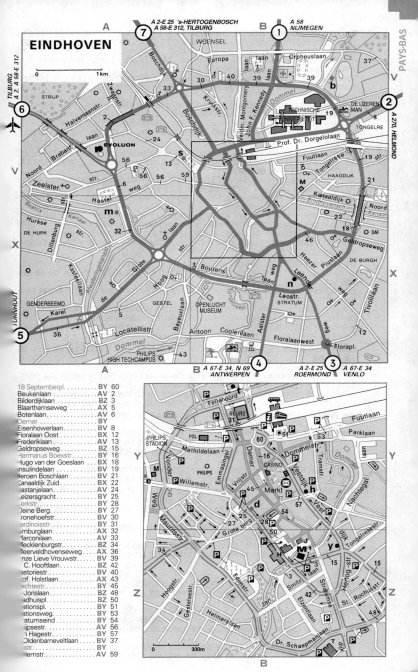

EINDHOVEN

TILBURG
A 2, A 58-E 312

TURNHOUT

WOENSEL

Europa laan laan Orpheuslaan

Boschdijk

Zwaapstr.

STRIJP

Halvemaanstr.

Brabant laan

Noord str.

Zeeister

Hurkse str.

DE HURK

Dillenburg str.

Kastellaan

Atalwateringskanaal

Beatrix Kanaal

EVOLUON

Kruisstr.

Veldm. Montgomery
John F. Kennedy laan

TECHNISCHE UNIVERSITEIT

DE IJZEREN MAN

TONGELRE

Prof. Dr. Dorgelolaan

Fuutlaan

Tongatresse

HAAGDIJK

Kanaaldijk

Eindhovenschkanaal

Noord Kanaal

DAF

Geldropseweg

DE BURGH

Heezer Piuslaan

Tivolilaan

Grote weg

Hoog

Boutens laan

OPENLUCHT MUSEUM

Tongelreep

Leostr. STRATUM

Aalster weg

GENDERBEEMD

Karel

Locatellistr.

Bayeulaan

Antoon Coolenlaan

Floraiaanwest

Florapl.

Dommel

PHILIPS HIGH TECHCAMPUS

B 67-E 34, N 69
ANTWERPEN

A 2-E 25
ROERMOND

A 67-E 34
VENLO

Fellenoord

BEURS

Fuutlaan

Parklaan

PHILIPS STADION

Mathildelaan

PHILIPS

Wal

Mauritsstr.

POL

Demer

Dommelstr.

Dommel

Emmasingel

Vrijstr.

Willemstr.

CASINO

Vestdijk

Tramstr.

Nachtegal

Markt

Grote berg

Hoogstr.

Gestelsestr.

Jan

Helmerslaan

Eeldenstr.

Smitz laan

Strijpse laan

Eizenlaan

Herbg-str.

St. Rochusstr.

Tongelresestr.

dijk

Dr. Schaepmanlaan

De Karpendonkse Hoeve, Sumatralaan 3, ⊠ 5631 AA, ✆ (0 40) 281 36 63, info@karpendonksehoeve.nl, Fax (0 40) 281 11 45, ≤, 🌧 – 🏠. 🖭 ⓪ ⬚ *VISA*. 🦌
BV **b**
fermé du 6 au 13 fév., 25 et 28 mars, 16 mai, 24 et 31 déc., 2 janv., sam. midi et dim. – **Repas** *Lunch* 45 – 65/116 bc, carte 49 à 64, ♀
Spéc. Terrine de foie gras gelée au sauternes. Petite soupe épicée aux pêches blanches et scampis sautés au pesto d'amandes. Ris de veau croustillant et tatin de tomates.
◆ In de elegante eetzaal van deze voormalige boerderij schittert al ruim 25 jaar een ster. Mooi terras aan een park met vijver. Klassieke keuken in een eigentijds jasje.
◆ Une étoile brille depuis plus de 25 ans dans l'élégante salle à manger de cette ancienne ferme. Jolie terrasse avec vue sur un parc et son lac. Mets classiques actualisés.

Avant-Garde (van Groeninge), Frederiklaan 10d (Philips stadion, entrée 7 - 3e étage), ⊠ 5616 NH, ✆ (0 40) 250 56 40, j.vangroeninge@avant-garde.nl, Fax (0 40) 250 56 43, ≤, 🌧 – 🗏 🏠. 🖭 ⓪ ⬚ *VISA*. 🦌
ABV **s**
fermé sem. carnaval, 16 juil.-8 août, 25 déc.-3 janv., sam. midi, dim., lundi et jours de match du club – **Repas** *Lunch* 35 – 54/140 bc, carte 60 à 87, ♀
Spéc. Turbot grillé à la truffe d'été. Poussin en vessie, sauce aux morilles. Gratin de figues, sabayon au marc de champagne.
◆ Dit gastronomische restaurant is geïntegreerd in het voetbalstadion van PSV. Het heeft een zeer gelikt, eigentijds decor met een zweempje zen. Inventieve keuken.
◆ Habilement intégrée au stade du PSV, cette table gastronomique vous accueille dans un cadre contemporain très léché, où flotte une atmosphère "zen". Cuisine inventive.

De Luytervelde, Jo Goudkuillaan 11 (Nord-Ouest : 7 km par ⑦ à Acht), ⊠ 5626 GC, ✆ (0 40) 262 31 11, info@deluytervelde.nl, Fax (0 40) 262 20 90, 🌧 – 🏠. 🖭 ⓪ ⬚ *VISA*. 🦌
fermé 1 sem. carnaval, 3 sem. vacances bâtiment, fin déc., sam. midi et dim. – **Repas** *Lunch* 24 – carte 48 à 69, ♀.
◆ Voormalige boerderij met bomentuin, waterpartijen en bloemperken. De gerechten worden bereid van vers verkrijgbare producten. Schitterend zomerterras.
◆ Ancienne résidence profitant d'un beau domaine : jardin arboré, pièces d'eau et parterres fleuris en été. Cuisine du marché. Ravissantes terrasses estivales.

Bali, Keizersgracht 13, ⊠ 5611 GC, ✆ (0 40) 244 56 49, Cuisine indonésienne – 🗏. 🖭 ⓪ ⬚ *VISA*
BY **d**
Repas *Lunch* 10 – 22.
◆ Indonesisch restaurant in een lange ruimte. Op de kaart ontbreekt de gebruikelijke rijsttafel uiteraard niet. Het decor is bescheiden exotisch.
◆ Restaurant indonésien tout en longueur. Au choix à la carte s'ajoute évidemment l'habituelle formule "rijsttafel" (table de riz). Décor intérieur d'un exotisme mesuré.

De Blauwe Lotus, Limburglaan 20, ⊠ 5652 AA, ✆ (0 40) 251 48 76, Fax (0 40) 251 15 25, Cuisine asiatique – 🗏. 🖭 ⓪ ⬚ *VISA*. 🦌
AX **m**
fermé sam. midi et dim. – **Repas** *Lunch* 23 – 33/53.
◆ De restaurantnaam zal bij stripliefhebbers zeker in de smaak vallen, want die is ontleend aan een avontuur van Kuifje. De eetzalen hebben een prettige, oriëntaalse ambiance.
◆ L'enseigne de cet établissement asiatique plaira aux bédéphiles, puisqu'elle emprunte le titre d'une aventure de Tintin. En salles, habillage oriental assez plaisant.

The Old Valley, Sint Antoniusstraat 18, ⊠ 5616 RT, ✆ (0 40) 257 39 39, info@the oldvalley.nl, Fax (0 40) 256 92 31 – 🗏. 🖭 ⬚ *VISA*. 🦌
BY **e**
fermé du 4 au 11 fév., 26 juil.-11 août, 30 déc.-7 janv., sam. midi, dim. midi et lundi – **Repas** *Lunch* 23 – 28/69 bc.
◆ Dit restaurant ligt niet ver van het Philips Stadion, de thuisbasis van PSV. In het seizoen zijn de asperges altijd van de partij.
◆ Seulement quelques foulées séparent cette affaire familiale du Philips Stadion, le stade de football du PSV. En saison, les asperges sont toujours de la partie.

à l'aéroport *Ouest : 5 km :*

Novotel, Anthony Fokkerweg 101, ⊠ 5657 EJ, ✆ (0 40) 252 65 75, H1018@accor.com, Fax (0 40) 252 28 50, 🌧, ⌇, 🕭 – 🛗 🛏, 🗏 ch, 📺 🛁ch, 🏠 – 🔏 25 à 200. 🖭 ⓪ ⬚ *VISA* 🇯🇨🇧
Repas *Lunch* 25 – carte 23 à 39, ♀ – 🛏 14 – **92 ch** 89/130 – ½ P 129/164.
◆ Ketenhotel op een strategische lokatie : vlak bij de luchthaven en de autosnelweg. De kamers zijn van een goede geluidsisolatie voorzien. Conferentiezalen aanwezig.
◆ Hôtel de chaîne occupant une position stratégique : proximité de l'aéroport et de l'autoroute. Chambres bien insonorisées. Espaces pour la tenue de conférences.

ELLECOM *Gelderland* 🄵🄷🄲 V 10 *et* 🄷🄸🄻 J 5.

Amsterdam 114 – Arnhem 14 – Apeldoorn 25 – Nijmegen 32 – Utrecht 79 – Zwolle 66.

🏨 **Landgoed Avegoor** ♨, Zutphensestraatweg 2, ⊠ 6955 AG, ℘ (0 313) 43 06 00, *management@avegoor.nl, Fax (0 313) 43 06 27,* 😊, ⬛s, 🔲, 🍴, 🚲 – 🛗 ⇌ 📺 & 🖭 – 🔏 25 à 160. 🖭 ⓸ ⓶ *VISA* 🄹🄲🄱, ✸ rest

Repas Lunch 28 – 35/77 bc, ⬚ – **68 ch** ⭤ 73/135, – 5 suites – ½ P 75/80.

♦ Hotel met designinterieur op een landgoed dat in 1356 werd gesticht. Een oud verblijf in koloniale stijl is gereserveerd voor meetings, twee recente bijgebouwen herbergen de kamers. Eigentijds, culinair register. Zomerterras aan het park.

♦ Hébergement d'esprit design dans un domaine fondé en 1356. Une demeure ancienne de style colonial accueille les séminaires et deux annexes récentes regroupent les chambres. Table au goût du jour complétée d'un restaurant de plein air tourné vers le parc.

ELSLOO *Limburg* 🄲 *Stein 25 596 h.* 🄵🄷🄲 T 17 *et* 🄷🄸🄻 I 9.

Amsterdam 205 – Maastricht 20 – Eindhoven 70.

🞬🞬 **Kasteel Elsloo** avec ch, Maasberg 1, ⊠ 6181 GV, ℘ (0 46) 437 76 66, *info@kastee lelsloo.nl, Fax (0 46) 437 75 70,* 😊, 🍴, 🍽, 🚲 – 📺 🖭 – 🔏 25 à 90. 🖭 ⓸ ⓶ *VISA* ✸ rest

fermé 27 déc.-3 janv. – **Repas** *(fermé sam. midi et dim. midi)* Lunch 30 – 35/49, ⬚ – ⭤ 12 – **24 ch** 79/89 – ½ P 75/85.

♦ Dit buitenverblijf aan de Maas heeft met zijn imposante verdedigingstoren, gerestaureerde watermolen en rustgevende park ronduit cachet. Eigentijdse gerechten en dito kamers.

♦ En bord de Meuse, demeure pleine de cachet, avec sa puissante tour défensive, son vieux moulin à eau restauré et son parc reposant. Cuisine actuelle ; chambres de même.

ELSPEET *Gelderland* 🄲 *Nunspeet 26 456 h.* 🄵🄷🄱 T 9, 🄵🄷🄲 T 9 *et* 🄷🄸🄻 I 5.

Amsterdam 82 – Arnhem 50 – Lelystad 44 – Utrecht 62 – Zwolle 39.

🏠 **Landgoed Stakenberg** ♨, Stakenberg 86 (Nord-Est : 6 km), ⊠ 8075 RH, ℘ (0 577) 49 12 71, *Fax (0 577) 49 11 00,* 😊, 🍴, 🍽, 🚲 – 📺 🖭 – 🔏 25 à 80. 🖭 ⓸ ⓶ *VISA* ✸

Repas (dîner seult jusqu'à 20 h sauf week-end) carte env. 33 – **36 ch** ⭤ 85/105 – ½ P 68.

♦ In dit rustige hotel in de bossen zijn de kamers ondergebracht in een lange vleugel naast het oude woonhuis, waar de sleutel kan worden opgehaald. Het hotel is onlangs gerenoveerd. Restaurant met een smakelijke, actuele kaart.

♦ Cet hôtel tranquille à débusquer dans les bois se compose d'une longue aile de chambres flanquant une demeure ancienne où l'on retirera sa clé. Rénovation récente. Appétissante carte actuelle au restaurant.

ELST *Utrecht* 🄵🄷🄲 R 11 *et* 🄷🄸🄻 H 6 – *voir à Rhenen.*

EMMELOORD *Flevoland* 🄲 *Noordoostpolder 44 741 h.* 🄵🄷🄱 T 6 *et* 🄷🄸🄻 I 3.

🄱 *De Deel 21a,* ⊠ *8302 EK,* ℘ *(0 527) 61 20 00, emmeloord@vvvflevoland.nl, Fax (0 527) 61 44 57.*

Amsterdam 89 – Groningen 94 – Leeuwarden 66 – Zwolle 36.

🏨 **Emmeloord,** Het Hooiveld 9 (sortie ⑮ sur A 6), ⊠ 8302 AE, ℘ (0 527) 63 08 00, *inf o@emmeloord.valk.nl, Fax (0 527) 63 08 05,* 😊, 🛠, ⬛s, 🚲, 🔲 – 🛗 📺 🖭 – 🔏 25 à 350. 🖭 ⓸ ⓶ *VISA*

Repas (ouvert jusqu'à 23 h) carte 22 à 43, ⬚ – ⭤ 8 – **109 ch** 60/67 – ½ P 50/59.

♦ Een kleine privéjachthaven ligt naast dit hotel van de Van der Valk-keten. Het heeft comfortabele kamers, een Engelse pub en een healthcenter. De keuken volgt nauwgezet de voorschriften van het concern.

♦ Un petit port de plaisance privé avoisine cette unité du parc hôtelier Van der Valk. Chambres confortables, bar à l'anglaise et health center. La table est parfaitement fidèle aux préceptes de la chaîne.

🏠 **'t Voorhuys,** De Deel 20, ⊠ 8302 EK, ℘ (0 527) 61 28 70, *info@voorhuys.nl, Fax (0 527) 61 79 03,* 😊, 🚲 – 🛗, ▤ rest, 📺 🖭 – 🔏 25 à 520. 🖭 ⓸ ⓶ *VISA* 🄹🄲🄱, ✸ ch

Repas (taverne-rest) 25/37, ⬚ – **25 ch** ⭤ 59/85 – ½ P 53/59.

♦ Dit familiehotel in het centrum is onlangs volledig gerenoveerd en opnieuw ingericht. De frisse, eigentijdse kamers zijn voorzien van standaardcomfort. Gezellig restaurant. Ambiance grand café met accenten in art-decostijl.

♦ Établissement familial du centre-ville, totalement rénové et redécoré voici quelque temps. Chambres fraîches et actuelles, pourvues d'un équipement standard. Taverne-restaurant animée. Ambiance "grand café" aux accents Art déco.

✗ **Le Mirage** 2ᵉ étage, Beursstraat 2, ⊠ 8302 CW, ℘ (0 527) 69 91 04, info@lemirage.nl, Fax (0 527) 69 80 35 – 🍽, **AE** ⓪ 🌐 **VISA**, ⚶
fermé du 1ᵉʳ au 19 août, 28 déc.-3 janv. et lundi – **Repas** (déjeuner sur réservation) 28/59 bc, ♀.
♦ Sympathiek, eigentijds eethuis in hartje Emmeloord. Ruime eetzaal met rotanstoelen en tafels zonder kleedjes. In de vide wordt het aperitief geserveerd.
♦ Adresse sympathique et bien dans l'air du temps située au coeur d'Emmeloord. Ample salle à manger avec sièges en rotin et tables nues. Mezzanine où l'on sert l'apéritif.

EMMEN Drenthe 🔢🔢🔢 AA 6 et 🔢🔢🔢 L 3 – 108 198 h.

Voir Dolmen d'Emmer Dennen★ (hunebed) – Jardin zoologique★ (Noorder Dierenpark).
Env. à l'Ouest : 6,5 km à Noordsleen : Dolmen★ (hunebed) – au Nord-Ouest : 18 km à Orvelte★.
🏌 à l'Ouest : 12 km à Aalden, Gebbeveenweg 1, ⊠ 7854 TD, ℘ (0 591) 37 17 84, Fax (0 591) 37 24 22.
🚩 Hoofdstraat 22, ⊠ 7811 EP, ℘ (0 591) 61 30 00, info@vvvemmen.nl, Fax (0 591) 64 41 06.
Amsterdam 180 – Assen 44 – Groningen 57 – Leeuwarden 97 – Zwolle 70.

🏨🏨 **De Giraf,** Van Schaikweg 55, ⊠ 7811 HN, ℘ (0 591) 64 20 02, info@giraf.nl, Fax (0 591) 64 96 54, 🛁, ⚶, 🚲 – 📳 ⟷ 📺 🅿ch, 🖫 – 🏩 25 à 1100. **AE** ⓪ 🌐 **VISA**
⚶ rest
Repas Lunch 10 – carte 22 à 38, ♀ – 🍴 9 – **83 ch** 65/75 – ½ P 124.
♦ Dit hotel ligt wat buiten de drukte van het centrum en is gekoppeld aan een omvangrijk congrescentrum. Diverse categorieën kamers en goede sportfaciliteiten.
♦ En retrait de l'animation du centre-ville, établissement couplé à un important centre de congrès. Diverses catégories de chambres et bonne infrastructure sportive.

ENKHUIZEN Noord-Holland 🔢🔢🔢 Q 6 et 🔢🔢🔢 G 3 – 17 117 h.

Voir La vieille ville★ – Jubé★ dans l'église de l'Ouest ou de St-Gommaire (Wester of St-Gomaruskerk) AB – Drommedaris★ : du sommet ❄★, du quai ⩹★ B.
Musée : du Zuiderzee★ (Zuiderzeemuseum) : Binnenmuseum★ en Buitenmuseum★★ B.
🚢 vers Stavoren : Rederij V and O B.V., Oosterhavenstraat 13 ℘ (0 228) 32 60 06, Fax (0 228) 31 82 97. Durée de la traversée : 1 h 25. - vers Urk : Rederij Duurstede à Urk ℘ (0 527) 68 34 07. Durée de la traversée : 1 h 30.
🚩 Tussen Twee Havens 1, ⊠ 1601 EM, ℘ (0 228) 31 31 64, vvvenkhuizeneo@hetnet.nl, Fax (0 228) 31 55 31.
Amsterdam 62 ① – Hoorn 19 ② – Leeuwarden 113 ①

Plan page suivante

🏨🏨 **De Koepoort,** Westerstraat 294, ⊠ 1601 AS, ℘ (0 228) 31 49 66, info@dekoepoo rt.nl, Fax (0 228) 31 90 30 – 📳 🎛 📺 🅿. **AE** ⓪ 🌐 **VISA**   A a
fermé 31 déc.-1ᵉʳ janv. – **Repas** Lunch 18 – carte 28 à 61, ♀ – **25 ch** 🍴 59/130 – ½ P 81/113.
♦ Een oude stadspoort heeft zijn naam gegeven aan dit familiehotel, waar de comfortabele kamers garant staan voor een ongestoorde nachtrust. Aan tafel worden de klassieke gerechten vergezeld van grands crus uit de Bourgogne en de Bordelais.
♦ Une ancienne porte de la ville, la Koepoort, prête son nom à cet hôtel familial où vou passerez des nuits sans histoire dans des chambres correctement équipées. À l'heure du repas, mets classiques escortés de grands crus de Bourgogne et du Bordelais.

✗✗ **Die Drie Haringhe,** Dijk 28, ⊠ 1601 GJ, ℘ (0 228) 31 86 10, Fax (0 228) 32 11 35
⩹, 🍸 – **AE** 🌐 **VISA**   B b
fermé mardi, sam. midi et dim. midi – **Repas** Lunch 32 – 33/44, ♀.
♦ In dit tot restaurant verbouwde pakhuis uit de 17e eeuw worden streekgerechten geserveerd. Uitzicht op de Drommedaris, de massieve toren die de ingang van de have bewaakt.
♦ Les produits régionaux sont à l'honneur dans cet entrepôt du 17ᵉ s. habilement conver en restaurant. Vue sur le Drommedaris, tour massive surveillant l'entrée du port.

✗✗ **d'Alsace,** Westerstraat 116, ⊠ 1601 AM, ℘ (0 228) 31 52 25, info@d-alsace.
Fax (0 228) 31 52 25, 🍸 – **AE** 🌐 **VISA**   B
fermé lundi et mardi – **Repas** (déjeuner sur réservation) 30.
♦ Een voetgangersstraat in de oude stad leidt naar een oud huis, dat alleen in naam ie van de Elzas heeft. Moderne eetzaal met tussenverdieping. Zomerterras aan d achterkant.
♦ Une rue piétonne de la vieille ville mène à cette maison ancienne qui n'a d'alsacien q le nom. Salle à manger actuelle avec mezzanine. Terrasse d'été fleurie à l'arrière.

ENKHUIZEN

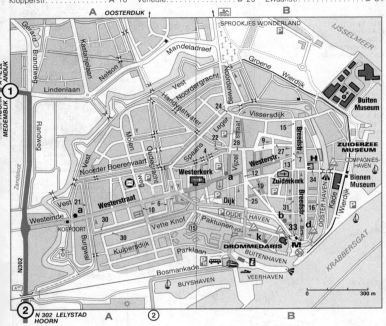

✗ **De Smederij,** Breedstraat 158, ⊠ 1601 KG, ✆ (0 228) 31 46 04, Fax (0 228) 32 30 79 – ⒶⒺ ⓄⒹ ⒸⒹ 𝗩𝗜𝗦𝗔 **B** d
fermé lundi d'oct. à mars et merc. – **Repas** (déjeuner sur réservation) carte env. 40.
♦ Kleine bistro waarvan de naam herinnert aan de vroegere bestemming van het pand. Rustieke eetzaal. Vriendelijke bediening en gezellige ambiance.
♦ Petit bistrot dont l'enseigne, La Forge (De Smederij), rappelle la destination première des lieux. Salle à manger rustique. Service convivial, tout comme l'ambiance.

✗ **De Boei,** Havenweg 5, ⊠ 1601 GA, ✆ (0 228) 31 42 80, info@restaurantdeboei.com, Fax (0 228) 32 30 48, 🍴 – ⒶⒺ ⓄⒹ ⒸⒹ 𝗩𝗜𝗦𝗔 **B** k
fermé lundi – **Repas** 24/38 bc.
♦ Restaurant in een herenhuis dat zich spiegelt in het water van de jachthaven. Eetzaal in bistrostijl, met uitzicht op de boten. Eigentijdse keuken en aangenaam zomerterras.
♦ Maison bourgeoise se mirant dans les eaux du port de plaisance. Salle de restaurant façon bistrot avec vue batelière, agréable terrasse estivale et cuisine à la page.

ENSCHEDE Overijssel **531** AA 9, **532** AA 9 et **715** L 5 – 152 321 h – Casino Z , Boulevard 1945 nr 105, ⊠ 7511 AM, ✆ (0 53) 750 27 50, Fax (0 53) 750 27 00.
Musée : de la Twente★ (Rijksmuseum Twenthe) V.

🏌 Maatmanweg 27, ⊠ 7522 AN, ✆ (0 53) 433 79 92 - 🏌 par ① : Veendijk 100, ⊠ 7525 PZ, ✆ (0 541) 53 03 31, Fax (0 541) 53 16 90 - 🏌 par ③ : 9 km à Hengelo, Morshoekweg 16, ⊠ 7552 PE, ✆ (074) 250 84 66, Fax (0 74) 250 93 88.
✈ Twente ✆ (0 53) 486 22 22, Fax (0 53) 435 96 91.
🚩 Oude Markt 31, ⊠ 7511 GB, ✆ (0 53) 432 32 00, info@vvvenschede.nl, Fax (0 53) 430 41 62.
Amsterdam 160 ⑤ – Zwolle 73 ⑥ – Groningen 148 ① – Düsseldorf 141 ④ – Münster 64 ②

ENSCHEDE

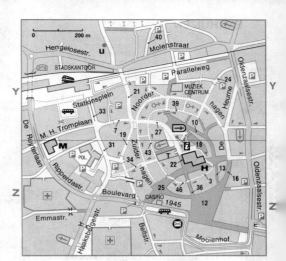

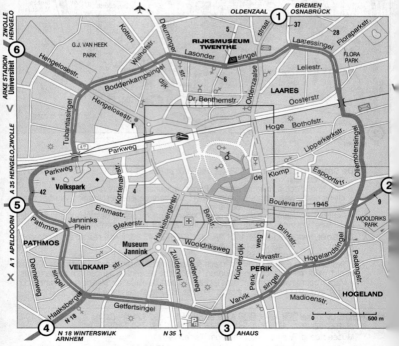

Pour visiter une ville ou une région :
utilisez les Guides Verts Michelin

🏨 **De Broeierd,** Hengelosestraat 725 (par ⑥ : 3 km), ✉ 7521 PA, 𝒫 (0 53) 850 65 00, Fax (0 53) 850 65 10, 🍴, 🚲 – ▯ ✽ 📺 ⚘ 🅿 – 🍴 25 à 70. 🆎 ⑩ 🆖 VISA, ✲

Repas (fermé 2 sem. vacances bâtiment, fin déc.-début janv., dim. et lundi) (avec brasserie) carte 35 à 47, ♀ – ☲ 14 – **61 ch** 117 – ½ P 187.

♦ Een oude, karakteristieke boerderij vormt het decor van dit schitterende, gemoderniseerde hotel dat met een annexe is uitgebreid. Comfortabele kamers en junior suites. Mooi ingerichte eetzaal, brasserieruimte en een fraai terras.

♦ Une ancienne ferme typique bordée d'arbres sert de cadre à cette ravissante auberge modernisée et agrandie d'annexes. Chambres et junior suites de bon séjour. Salle de restaurant bien installée, partie brasserie et jolie terrasse.

🕸🕸🕸 **Het Koetshuis Schuttersveld,** Hengelosestraat 111, ✉ 7514 AE, 𝒫 (0 53) 432 28 66, koetshuis@alliance.nl, Fax (0 53) 433 39 57, 🍴 – 🅿. 🆎 ⑩ 🆖 VISA JCB, ✲ V r

fermé 31 juil.-17 août, 24 déc.-11 janv., sam. midi, dim. et lundi – **Repas** Lunch 33 – 40/75, ♀.

♦ Sober maar modern ingericht restaurant in het voormalige koetshuis van de naburige villa. Eigentijdse gerechten van uitstekende producten. Verzorgde ontvangst en service.

♦ Table au décor sobre et moderne installée dans l'ancienne remise à chariots d'une demeure voisine. Cuisine actuelle partant de produits choisis. Accueil et service soignés.

🕸🕸 **La Petite Bouffe,** Deurningerstraat 11, ✉ 7514 BC, 𝒫 (0 53) 430 30 40, bouffe@ introweb.nl, Fax (0 53) 436 23 72, 🍴 – ▤. 🆎 ⑩ 🆖 VISA Y u

fermé 30 avril-10 mai, 22 oct.-1er nov., lundi et mardi – **Repas** (déjeuner sur réservation) 36/48.

♦ Een verdienstelijk adres wanneer u aan een lekkere maaltijd toe bent ! Moderne eetzaal in roze en zwart en een leuk terras om bij mooi weer heerlijk buiten te kunnen smullen.

♦ Enseigne estimable pour s'offrir une bonne "petite bouffe" ! Salle à manger actuelle en rose et noir et jolie terrasse urbaine pour ripailler en plein air aux beaux jours.

🕸🕸 **Hu's Garden,** Oldenzaalsestraat 266 (par ① : 1,5 km), ✉ 7523 AG, 𝒫 (0 53) 433 36 78, michael@husgarden.nl, Fax (0 53) 433 38 99, Cuisine chinoise – ▤ ⚘. 🆎 ⑩ 🆖 VISA, ✲

Repas carte 22 à 33, ♀.

♦ In dit Chinese restaurant buiten het centrum wordt getafeld in een grote eetzaal met een immens aquarium. Op de kaart staan ook enkele Indonesische "gaststerren".

♦ Restaurant chinois excentré où l'on prend place dans une grande salle égayée d'un immense aquarium. Carte à rallonge, avec quelques plats indonésiens et "guest stars".

à Boekelo par ④ : 8 km 🄲 Enschede :

🏨 Bad Boekelo ⬙, Oude Deldenerweg 203, ✉ 7548 PM, 𝒫 (0 53) 428 30 05, info@be levingshotel.com, Fax (0 53) 428 30 35, 🍴, 🐾, ⫘s, ◪, ⛱, ✂, 🚲 – ▯ ✽ 📺 ⚘ 🅿 – 🍴 25 à 220. ✲

76 ch, – 2 suites.

♦ Een origineel hotel in de bossen, waar het nieuwe concept gebaseerd is op de beleving van onze vijf zintuigen. Eigentijdse en iets klassiekere kamers. Voor de inwendige mens kunt u terecht in de moderne snackbar en het trendy restaurant met themamenu's.

♦ L'originalité de cet hôtel entouré de bois tient à son nouveau concept, basé sur l'expérience de nos cinq sens. Chambres actuelles ou plus classiques. Deux types de restauration : snack-bar moderne et restaurant "trendy" misant sur une série de menus à thèmes.

à Usselo par ④ : 4 km 🄲 Enschede :

🕸🕸 **Hanninkhof,** Usselerhofweg 5, ✉ 7548 RZ, 𝒫 (0 53) 428 31 29, info@hanninkhof.nl, Fax (0 53) 428 21 29, 🍴 – 🅿. ⑩ 🆖 VISA JCB, ✲

fermé sam. midi – **Repas** Lunch 28 – carte env. 37.

♦ Restaurant in een boerderijwoning, iets van het kruispunt af. Eigentijdse keuken. Terras en een zaal voor feesten en partijen aan de tuinkant. Livemuziek in het weekend.

♦ Ferme-auberge engageante située en retrait d'un carrefour. Préparations dans le tempo actuel, terrasse en teck et salle de banquets sur le côté. Ambiance musicale le week-end.

NTER Overijssel 🄲 Wierden 23 444 h. 🔢 Y 9, 🔢 Y 9 et 🔢 K 5.

Amsterdam 131 – Zwolle 45 – Apeldoorn 45 – Enchede 33.

🍴 **bistro T-bone,** Dorpsstraat 154, ✉ 7468 CS, 𝒫 (0 547) 38 12 59, bistrot-bone@w xs.nl, Fax (0 547) 38 27 67, 🍴, Grillades – ⚘ 🅿. 🆎 ⑩ 🆖 VISA, ✲

fermé 14 juil.-5 août, mardi et merc. – **Repas** (diner seult) carte 30 à 59.

♦ Rund voert de boventoon in dit karakteristieke, drukke restaurant. Grillades worden in de eetzaal bereid. Bistrosfeer. Seizoengerechten worden op een lei geschreven.

♦ Le boeuf tient le haut du pavé dans cette maison aussi typique qu'animée. Grillades exécutées en salle et ambiance bistrotière. Plats de saison annoncés à l'écriteau.

EPE Gelderland **531** U 8, **532** U 8 et **715** I 4 – 33233 h.

🛈 Pastoor Somstraat 6, ⊠ 8162 AK, 𝒫 (0 578) 61 26 96, vvvepe@tref.nl, Fax (0 578) 61 55 81.

Amsterdam 97 – Arnhem 44 – Apeldoorn 21 – Zwolle 25.

🏨 Golden Tulip 🦢, Dellenweg 115, ⊠ 8161 PW, 𝒫 (0 578) 61 28 14, sales@gtepe.nl, Fax (0 578) 61 54 93, �, ⇌s, 🔲, 🍽, 🚴 – 🛗 ⇄, 🔳 rest, 📺 🅿 – 🔏 25 à 275. 🌤 **138 ch.**

◆ Dit ketenhotel ligt midden in de bossen. De kamers worden geleidelijk gerenoveerd. Fraaie sauna, bowling en gezellige bar. Vrij rustig, ondanks de vele seminars.

◆ Hôtel de chaîne planté au milieu d'une forêt. Chambres progressivement rajeunies, sauna bien installé, bowling et bar agréable. Assez de calme, malgré les nombreux séminaires.

🏨 **Dennenheuvel,** Heerderweg 27 (Nord : 2 km), ⊠ 8161 BK, 𝒫 (0 578) 61 23 26, dennenheuvel@dennenheuvel.nl, Fax (0 578) 67 76 99, �. ⇌s, 🌤, 🚴 – 🛗 ⇄, 🔳 rest, 📺 🅿 – 🔏 25 à 50. 🆎 ⓪ ⓒⓔ 𝐕𝐈𝐒𝐀. 🌤 rest

fermé 27 déc.-4 janv. – **Repas** Lunch 25 – carte env. 42 – **34 ch** ⇌ 78/103 – ½ P 64/72.

◆ De tweede generatie staat nu aan het roer van dit hotel, dat van de weg af ligt. Nieuwe vleugel met kamers die qua grootte en inrichting variëren. Restaurant en brasserie.

◆ Une deuxième génération d'hôteliers est aux commandes de cette auberge postée en retrait de la route. Aile neuve avec chambres variant surface et type d'ameublement. Alternative restaurant ou brasserie.

🍴🍴🍴 **'t Soerel,** Soerelseweg 22 (Ouest : 7 km, direction Nunspeet), ⊠ 8162 PB, 𝒫 (0 578) 68 82 76, info@soerel.nl, Fax (0 578) 68 82 86, 🌤 – 🅿. 🆎 ⓪ ⓒⓔ 𝐕𝐈𝐒𝐀 𝐉𝐂𝐁.

fermé du 1er au 13 fév., du 4 au 16 oct., lundi et sam. midi – **Repas** 30/60 bc, 🍷.

◆ Restaurant in een mooi huis met rieten dak in een bosrijke omgeving. 's Zomers wordt op het terras aan de voorkant geserveerd. De keuken heeft een oogje op streekproducten.

◆ Dans un environnement boisé, jolie maison à toit de chaume devancée d'une terrasse où l'on dresse le couvert en été. La cuisine courtise un peu les produits régionaux.

EPEN Limburg 🅒 Gulpen-Wittem 15340 h. **532** U 18 et **715** I 9.

Voir Route de Epen à Slenaken ⇐★.

🛈 Julianastraat 15, ⊠ 6285 AG, 𝒫 0 900 97 98, info@vvvzuidlimburg.nl, Fax (0 43) 609 85 10.

Amsterdam 235 – Maastricht 24 – Aachen 15.

🏨 **NH Zuid Limburg,** Julianastraat 23a, ⊠ 6285 AH, 𝒫 (0 43) 455 18 18, nhzuidlimburg@nh-hotels.com, Fax (0 43) 455 24 15, ⇐, 🌤, ⇌s, 🔲, 🌤, 🚴 – 📺 🅿 – 🔏 25 à 140. 🆎 ⓪ ⓒⓔ 𝐕𝐈𝐒𝐀 𝐉𝐂𝐁. 🌤

Repas (résidents seult) – ⇌ 13 – **77 ch** 79/179 – ½ P 86/179.

◆ Dit hotel dicht bij de Belgische en Duitse grens heeft grote gemeenschappelijke ruimten, fraai ingerichte kamers en studio's, vergaderzalen en faciliteiten voor ontspanning.

◆ Seuls quelques kilomètres séparent cet hôtel des frontières belge et allemande. Communs spacieux, chambres et studios bien agencés, salles de réunions et espaces de détente.

🏨 **Creusen** 🦢, Wilhelminastraat 50, ⊠ 6285 AW, 𝒫 (0 43) 455 12 15, info@hotelcreusen.nl, Fax (0 43) 455 21 01, ⇐, 🌤 – 🛗, 🔳 rest, 📺 🅿 – 🔏 25. 🆎 ⓒⓔ 𝐕𝐈𝐒𝐀 𝐉𝐂𝐁. 🌤

fermé janv.-fév. – **Repas** (résidents seult) – **18 ch** ⇌ 65/101 – ½ P 73.

◆ Een rustig familiehotel met een grote comfortabele lounge die uitkijkt op een tuin met waterpartij, vrij ruime kamers en uitzicht op het omringende platteland.

◆ Grand salon confortable donnant sur un jardin avec pièce d'eau, chambres assez spacieuses, vue sur la campagne environnante : une hostellerie familiale tranquille.

🏨 **Ons Krijtland,** Julianastraat 22, ⊠ 6285 AJ, 𝒫 (0 43) 455 15 57, info@krijtland.nl, Fax (0 43) 455 21 45, ⇐, 🌤 – 🛗 📺 🅿 – 🔏 30. 🆎 ⓪ 𝐕𝐈𝐒𝐀.

fermé du 10 au 24 janv. – **Repas** (fermé lundi et après 20 h) Lunch 11 – carte env. 31 – **32 ch** ⇌ 45/100.

◆ Dit familiehotel aan de rand van het dorp maakt het zijn gasten al sinds 1931 naar de zin. Het beschikt over verschillende categorieën kamers met een rustgevend, landelijk uitzicht. Schoonheidssalon. Eetzaal en terras kijken uit op een idyllisch dal.

◆ Aux abords du village, ressource hôtelière familiale active depuis 1931. Différentes catégories de chambres bénéficient d'une reposante perspective champêtre. Salon de beauté. De la salle de restaurant, comme de la terrasse, panorama sur un vallon bucolique.

🏨 **Os Heem,** Wilhelminastraat 19, ⊠ 6285 AS, 𝒫 (0 43) 455 16 23, osheem@bestwestern.nl, Fax (0 43) 455 22 85 – 🛗 🔳 📺 🍴ch, 🆎 ⓪ ⓒⓔ 𝐕𝐈𝐒𝐀

Repas (dîner pour résidents seult) – **24 ch** ⇌ 82/109 – ½ P 70/90.

◆ Een zeer acceptabel hotelletje voor wie in het centrum van Epen wil verblijven. De kamers zijn zeer redelijk van formaat en behoren tot de best uitgeruste van de streek.

◆ Petite ressource hôtelière très valable pour séjourner au centre d'Epen. Chambres d'un calibre très convenable, et dont l'équipement est parmi les plus complets de la région.

🏠 **Berg en Dal,** Roodweg 18, ✉ 6285 AA, ☎ (0 43) 455 13 83, *info@ bergendalepen.com*, *Fax (0 43) 455 27 05*, 🍴, 🚗 – 📶 🖥 📺 📞 📞 *VISA* *JCB*. 🚭
Repas *(fermé après 20 h) Lunch 19* – 25/28 – **33 ch** 🛏 46/86 – ½ P 44/50.
♦ Dit etablissement wordt al generaties lang in familiebeheer gerund. Het beschikt over drie soorten kamers die over twee verdiepingen verspreid liggen. De lommerrijke tuin nodigt uit tot lekker luieren. Klassiek ingerichte eetzaal en zomerrestaurant.
♦ Cet établissement tenu en famille depuis plusieurs générations dispose de trois sortes de chambres distribuées sur deux étages. Jardin ombragé pour le farniente. Salle à manger classiquement aménagée et restaurant d'été.

🏠 **Inkelshoes** 🚗, Terzieterweg 12, ✉ 6285 NE, ☎ (0 43) 455 17 42, *info@ inkelshoes.nl*, *Fax (0 43) 455 24 53*, ⇐ – 📶 📺 ♿ch, 📞 – 🏊 50. 📶 🕦 *VISA* 🚭
fermé janv.-fév. – **Repas** (résidents seult) – **25 ch** 🛏 42/99, – 1 suite.
♦ Dit familiehotel midden in de natuur is een ideale pleisterplaats voor wandelaars en fietsers die graag een pittoresk stukje Limburg willen ontdekken. Landelijk uitzicht.
♦ En pleine campagne, point de chute familial taillé sur mesure pour les randonneurs cyclistes ou pédestres souhaitant découvrir ce charmant petit coin du Limbourg. Vue agreste.

🏠 **Landgoed Schoutenhof** 🚗, Molenweg 1, ✉ 6285 NJ, ☎ (0 43) 455 20 02, *info@ schoutenhof.nl, Fax (0 43) 455 26 05*, ⇐ campagne vallonnée, 🚗 – 📺 📞 📶 🕦 📞 *VISA* *JCB*. 🚭
fermé janv. – **Repas** (dîner pour résidents seult) – **8 ch** 🛏 68/114 – ½ P 87/95.
♦ Klein, rustig buitenverblijf waar ook leden van het Nederlandse Koninklijk Huis te gast zijn geweest. Aan de achterkant prachtig uitzicht op het groene heuvellandschap.
♦ Paisible petit manoir où séjournèrent des membres de la famille royale hollandaise. À l'arrière, quelques chambres dévoilent une vue imprenable sur les prairies vallonnées.

🏠 **Alkema** 🚗, Kap. Houbenstraat 12, ✉ 6285 AB, ☎ (0 43) 455 13 35, *hotel.alkema@ iae.nl, Fax (0 43) 455 27 44* – 📶 📺 📞 🚭 rest
Repas (dîner pour résidents seult) – **18 ch** 🛏 49/83 – ½ P 62.
♦ Wie een vakantie in alle rust wil doorbrengen, heeft hier een prima adres. Functionele kamers waarvan sommige met een balkonnetje. Vriendelijke ontvangst.
♦ Qui souhaite passer un séjour en toute quiétude pourra compter sur cette adresse. Chambres fonctionnelles parfois dotées d'un balconnet. Accueil gentil.

ERMELO *Gelderland* 🟦🟦🟦 S 9, 🟦🟦🟦 S 9 *et* 🟦🟦🟦 H 5 – *26 755 h.*
Amsterdam 75 – Arnhem 55 – Lelystad 33 – Utrecht 54 – Zwolle 46.

🏠 **Heerlickheijd van Ermelo** 🚗, Staringlaan 1, ✉ 3852 LA, ☎ (0 341) 56 85 85, *sal es@ heerlickheijd.nl, Fax (0 341) 56 85 00*, 🍴, 🛋, 🏋, ♨, 🔲, 🚗, 🚲 – 📶 🍴 📺 📞 – 🏊 25 à 450. 📶 🕦 📞 📞 *VISA* *JCB*. 🚭 rest
Repas carte 26 à 53, 🍷 – **127 ch** 🛏 143/213 – ½ P 88/130.
♦ Luxehotel in het bos. Tuin met moderne vijvers, grote en chique gemeenschappelijke ruimtes, zeer comfortabele kamers en goede faciliteiten voor ontspanning of om nieuwe energie op te doen. Sobere, ruime bar-brasserie met mooie houten schouw in 1900-stijl.
♦ Hôtel de standing entouré de bois. Pièces d'eau modernes au jardin, communs amples et luxueux, chambres tout confort et bons équipements pour se délasser ou se ressourcer. Sobre et spacieux bar-brasserie agrémenté d'une belle cheminée en bois de style "1900".

XXX **De Roggebot** (Delpeut), Staringlaan 1, ✉ 3852 LA, ☎ (0 341) 56 85 58, *info@ dero ggebot.nl, Fax (0 341) 56 85 57* – 📞 📶 🕦 📞 📞 *VISA*
fermé 26 juil.-6 août, 27 déc.-7 janv., sam. midi, dim. et lundi – **Repas** *Lunch 38* – 65/137 bc, carte 53 à 150, 🍷 🍴
Spéc. Tournedos d'agneau au romarin (mai-juil.). Ris de veau croquant, mousseline de pommes de terre à l'huile d'olives et jus de morilles. Mousse de citron, sauce au miel et glace au sereh.
♦ Gastronomisch eten met een hedendaags decor in de veranda van het Hotel Heerlickheijd van Ermelo. Vindingrijke, actuele keuken. Op verzoek kan de mooie kelder worden bekeken.
♦ Table gastronomique au cadre contemporain aménagée dans la véranda de l'hôtel Heerlickheijd van Ermelo. Cuisine actuelle innovante. Jolie cave visitable sur demande.

SCAUT ORIENTAL (Barrage de l'), Stormvloedkering – *voir Oosterscheldedam, Stormvloedkering.*

ETTEN-LEUR Noord-Brabant 532 M 13 et 715 E 7 – 39 352 h.

Amsterdam 115 – 's-Hertogenbosch 63 – Breda 13 – Rotterdam 56 – Antwerpen 59.

Huis Ten Bosch sans rest, Oude Bredaseweg 2, ⊠ 4872 AE, ℰ (0 76) 501 23 40, inf o@ huis-ten-bosch.nl, Fax (0 76) 503 81 22, ✿ – 🔟 ⇔. ⚠ ① ⊕ 𝚅𝙸𝚂𝙰

25 ch ⊆ 78/98.

♦ In een wit pand tegenover de kerk biedt dit hotel grote, comfortabele kamers waar u goed uitgerust aan de volgende dag kunt beginnen.

♦ Maison blanche postée en face d'une église. Grandes et confortables, les chambres vous permettront de passer des nuits agréables avant de reprendre votre chemin.

De Zwaan, Markt 7, ⊠ 4875 CB, ℰ (0 76) 501 26 96, info@ restaurant-dezwaan.nl, Fax (0 76) 501 73 59 – 🍽. ⚠ ① ⊕ 𝚅𝙸𝚂𝙰 𝙹𝙲𝙱

fermé du 5 au 13 fév., 24 juil.-15 août, fin déc.-début janv., sam. midi, dim. et lundi – **Repas** Lunch 45 – 53/73 bc, carte 52 à 76, ♀

Spéc. Saint-Jacques et crème brûlée de chèvre au witlof et pommes. Paupiette de filet de sole et foie d'oie au jus de veau. Crème caramel, irish coffee et glace moka.

♦ Mooie, eigentijdse keuken die wordt geserveerd in een elegante eetzaal met intieme ambiance en een opmerkelijke collectie impressionistische en hedendaagse schilderijen.

♦ Belle cuisine au goût du jour servie dans une salle à manger élégante et intime, habillée d'une remarquable collection de tableaux impressionnistes et contemporains.

De Hooghe Neer, Hoge Neerstraat 1 (par A 58 - E 312, sortie ⑱, direction Rijsbergen), ⊠ 4873 LM, ℰ (0 76) 503 10 64, info@ dehoogheneer.nl, Fax (0 76) 504 02 88, 🍽 – 🅿 – 🚗 ⊆ 25 à 200. ⊕ 𝚅𝙸𝚂𝙰

fermé prem. sem. janv., lundi et hiver et mardi – **Repas** Lunch 24 – 32/50 bc, ♀.

♦ Restaurant in een 19e-eeuwse Brabantse boerderij, waarvan de rustieke sfeer wordt benadrukt door een traditioneel interieur. Zomerterras.

♦ Restaurant aménagé dans une ferme brabançonne du 19e s. dont le cachet rustique est sobrement mis en valeur à travers un décor intérieur bourgeois. Terrasse d'été.

Si vous cherchez un hôtel tranquille,
consultez d'abord les cartes de l'introduction
ou repérez dans le texte les établissements indiqués
avec le signe 🦢.

EXLOO Drenthe 531 AA 5 et 715 L 3 – voir à Odoorn.

FRANEKER (FRJENTSJER) Fryslân 🄲 Franekeradeel 20 955 h. 531 S 3 et 715 H 2.

Voir Hôtel de Ville★ (Stadhuis) – Planetarium★.

Amsterdam 122 – Leeuwarden 19.

Tulip Inn De Valk, Hertog van Saxenlaan 78, ⊠ 8802 PP, ℰ (0 517) 39 80 00, info @ tulipinn-franeker.nl, Fax (0 517) 39 31 11, 🍽, ✿ – 📶 🔟 ऄch, 🅿 – 🚗 25 à 350. ⚠ ① ⊕ 𝚅𝙸𝚂𝙰

Repas Lunch 22 – carte 28 à 38, ♀ – **42 ch** ⊆ 70/95 – ½ P 63.

♦ Als u op zakenreis naar Franeker gaat, de stad waar Descartes zich aan de universiteit inschreef, vergeet dan niet dit adres in uw koffertje te stoppen. Drie typen kamers. Ruime en lichte eetzaal in de serre.

♦ Avant de partir pour Franeker, ville où Descartes fut inscrit à l'université, le businessman n'oubliera pas d'emporter cette adresse dans ses bagages. Trois types de chambres. Ample et lumineuse salle à manger sous verrière.

FREDERIKSOORD Drenthe 🄲 Westerveld 19 097 h. 531 W 5 et 715 J 3.

Amsterdam 154 – Assen 37 – Groningen 62 – Leeuwarden 62 – Zwolle 44.

Frederiksoord, Maj. van Swietenlaan 20, ⊠ 8382 CG, ℰ (0 521) 38 55 55, info@ h telfrederiksoord.nl, Fax (0 521) 38 15 24, 🍽, 🍴, ✿ – 🔟 🅿 – 🚗 25 à 80. ⚠ ① ⊕ 𝚅𝙸𝚂𝙰

fermé 27 déc.-2 janv. et lundi d'oct. à avril – **Repas** (fermé après 20 h 30) Lunch 27 – cart 41 à 54 – **11 ch** ⊆ 45/77 – ½ P 66/120.

♦ Dit sympathieke provinciehotelletje wordt in familieverband geëxploiteerd en heeft de tweehonderd jaar van zijn bestaan zijn gasten heel wat diensten bewezen. De kame worden geleidelijk gerenoveerd. Bij mooi weer kan er in de tuin worden gegeten.

♦ En deux cents ans d'existence, cette sympathique petite hostellerie provinciale exploité en famille a rendu bien des services aux voyageurs. Chambres peu à peu rénovées. Po sibilité de prendre son repas au jardin à la belle saison.

GARDEREN *Gelderland* © *Barneveld 49 423 h.* 🔢🔢 T 9 *et* 🔢🔢🔢 I 5.

🅱 *Oud Milligenseweg 5,* ✉ *3886 MB,* ℘ *(0 577) 46 15 66, info@ vvvgarderen.nl,* Fax *(0 577) 46 15 66.*

Amsterdam 72 – Arnhem 47 – Apeldoorn 20 – Utrecht 54.

🏛🏛 **Résidence Groot Heideborgh** 🐾, Hogesteeg 50 (Sud : 1,5 km), ✉ 3886 MA, ℘ *(0 577) 46 27 00, heideborgh@ bilderberg.nl, Fax (0 577) 46 28 00,* 🍴, 🏊, **ⵏ**, ⇔, 🔲, 🚗, 🏸, 🚴 – 📶 ⇆ 📺 ⬚ch, 🅿 – 🎱 25 à 300. 🆎 ⓞ ⓂⓄ 🆅🅸🆂🅰 🛞 rest
fermé Noël-début janv. – **Repas** *Lunch 30* – carte 37 à 60, ♀ – ⌑ 17 – **84 ch** 80/177 – ½ P 175/290.
❖ Modern etablissement omringd door bos en heide. De kamers zijn allemaal junior suites die van alle faciliteiten zijn voorzien. Beautycenter en fitnessruimte. Het restaurant serveert een klassieke Franse keuken en gerechten met kosmopolitische accenten.
❖ Établissement moderne entouré de bois et landes de bruyères. Toutes les chambres sont des junior suites "full equipment". Centre esthétique et espaces de remise en forme. Au restaurant, cuisine classique française et recettes aux accents cosmopolites.

🏛🏛 **'t Speulderbos** 🐾, Speulderbosweg 54, ✉ 3886 AP, ℘ (0 577) 46 15 46, *speulder bos@ bilderberg.nl, Fax (0 577) 46 11 24,* 🍴, 🏊, **ⵏ**, ⇔, 🔲, 🚗, 🏸, 🚴 – 📶 ⇆, ⬛ rest, 📺 ⬚ch, 🅿 – 🎱 25 à 250. 🆎 ⓞ ⓂⓄ 🆅🅸🆂🅰 🛞 rest
fermé 31 déc.-1er janv. – **Repas** *Lunch 28* – carte 46 à 74, ♀ – ⌑ 18 – **100 ch** 70/165, – 2 suites – ½ P 105/190.
❖ Moet u een congres organiseren of gaat u eropuit met het gezin? Dan is dit hotel midden in de bossen geknipt voor u. Comfortabele kamers. Voor de kinderen staan de trapautoo-tjes klaar. De restaurantzaal heeft een eigentijds decor.
❖ Un séjour familial ou un congrès à organiser ? Cet hôtel retiré dans les bois n'attend alors que vous. Chambres de bon séjour. Trotteurs mis à la disposition des enfants. Salle de restaurant au décor actuel.

🏛 **Overbosch**, Hooiweg 23 (Sud : 1,5 km), ✉ 3886 PM, ℘ (0 577) 46 13 14, *info@ ove rbosch-horeca.nl, Fax (0 577) 46 20 79,* 🍴, ⇔, 🚗, 🚴 – 📺 🅿 – 🎱 25 à 500. 🆎 ⓞ ⓂⓄ 🆅🅸🆂🅰
fermé 27 déc.-2 janv. – **Repas** *Lunch 28* – 33 – **46 ch** ⌑ 73/120 – ½ P 75/80.
❖ Dit hotel midden in de bossen, aan de rand van Garderen, heeft onberispelijke kamers, een knusse lounge, een terras en een rustige, schaduwrijke tuin. Vergaderzalen. Voor de inwendige mens kunnen de gasten kiezen tussen het grand café en het restaurant.
❖ Hôtel implanté dans un quartier résidentiel parsemé de sapinières. Chambres sans repro-che, salon "cosy", terrasse et jardin de repos ombragé. Multiples salles de conférences. À l'heure des repas, alternative "grand café" ou restaurant.

🏠 **Tulip Inn** 🐾, Oud Milligenseweg 62, ✉ 3886 MJ, ℘ (0 577) 46 19 51, *info@ tulipinn garderen.nl, Fax (0 577) 46 23 58,* 🚗, 🚴 – 📶 ⇆ 📺 ⬚ch, 🅿 – 🎱 25 à 200. 🆎 ⓞ ⓂⓄ 🆅🅸🆂🅰 🛞
Repas *Lunch 15* – carte 23 à 47, ♀ – ⌑ 64 ch ⌑ 88/98 – ½ P 110.
❖ Een rustig gelegen hotel op aanzienlijke afstand van het dorp, met kleine maar zeer praktische en verzorgde kamers, aangename zalen en een lounge-café. Alles ziet er prima onderhouden uit. Het restaurant heeft een kleine, traditionele menukaart.
❖ Situation tranquille à distance respectable du village, pimpantes petites chambres très pratiques, salons et lounge-café agréables. Tenue générale et entretien exemplaires. Brève carte traditionnelle est présentée au restaurant.

🍴 **Camposing**, Oud Milligenseweg 7, ✉ 3886 MB, ℘ (0 577) 46 22 88, *info@ camposing.nl,* Fax *(0 577) 40 29 80,* 🍴, Cuisine chinoise – ⬛ 🅿 ⓂⓄ 🆅🅸🆂🅰 🛞
fermé 2 dern. sem. janv.-prem. sem. fév. et lundi et mardi midi sauf en juil.-août – **Repas** *Lunch 17* – 29/33.
❖ Een wat vreemde eend in de bijt, dit Chinese restaurant naast de oer-Hollandse molenwie-ken, maar dat niettemin een keur aan gerechten biedt. Mooi zomerterras aan de voorzijde.
❖ Le vent actionne encore les ailes du vieux moulin avoisinant cette dépaysante affaire familiale. Grand choix de plats chinois. Belle terrasse estivale sur le devant.

GEERTRUIDENBERG *Noord-Brabant* 🔢🔢 O 12 *et* 🔢🔢🔢 F 6 – *20 939 h.*

🛥 *au Nord : 6 km à Hank, Kurenpolderweg 33,* ✉ *4273 LA,* ℘ *(0 162) 40 28 20.*
Amsterdam 90 – 's-Hertogenbosch 36 – Breda 20 – Rotterdam 55.

🍴🍴 **'t Weeshuys**, Markt 52, ✉ 4931 BT, ℘ (0 162) 51 36 98, *info@ weeshuys.nl,* Fax *(0 162) 51 60 02,* 🍴 – 🆎 ⓂⓄ 🆅🅸🆂🅰 🛞
fermé du 5 au 8 fév., mi-juil.-début août, 27 déc.-1er janv., sam. midi et dim. midi – **Repas** *Lunch 35* – 40/78 bc.
❖ Op de markt van dit oude vestingplaatsje bevindt zich tegenover de barokke fontein een prettig restaurant in een kapelletje uit 1310. Terras aan de achterzijde.
❖ Sur le Markt d'un petit bourg au passé de place forte, devant la fontaine baroque, agréable restaurant mettant à profit une chapelle élevée en 1310. Terrasse à l'arrière.

GEERVLIET Zuid-Holland © Bernisse 12 712 h. **532** K 11 et **715** D 6.
Amsterdam 93 – Rotterdam 19 – Den Haag 41.

XXX **In de Bernisse Molen,** Spuikade 1, ✉ 3211 BG, ℰ (0 181) 66 12 92, *bernisse@pu blishnet.nl*, Fax (0 181) 64 14 46, 🌣 – **P. AE ① ◐ VISA JCB**
fermé 10 juil.-1er août, 31 déc.-10 janv., sam. midi, dim. et lundi – **Repas** *Lunch 33* – carte 42 à 51, ♀.
  ◆ Een trotse 19e-eeuwse windmolen biedt onderdak aan dit restaurant. Halfronde eetzaal met warme ambiance en neorustiek decor. Boomgaard en vijver.
  ◆ Un fier moulin à vent du 19e s. donne un toit à cette chaleureuse salle à manger en demi-rotonde décorée dans l'esprit néo-rustique. Verger et étang.

GELDROP Noord-Brabant © Geldrop-Mierlo 38 112 h. **532** S 14 et **715** H 7.
Amsterdam 137 – Eindhoven 7 – 's-Hertogenbosch 49 – Venlo 48 – Aachen 106.

🏨 **NH Geldrop,** Bogardeind 219 (près A 67), ✉ 5664 EG, ℰ (0 40) 286 75 10, *nhgeldro p@nh-hotels.nl*, 🌣, 🛏, 🛜, ⬜, 🛏, ✗, 🚲 – 📶 ✦, ▤ rest, 📺 ♿ch, **P. – 🅰** 25 à 180. **AE ① ◐ VISA** ✗ rest
Repas *Lunch 18* – carte env. 36, ♀ – ⊑ 13 – **131 ch** 49/160 – ½ P 76/187.
  ◆ Dit ketenhotel in een stadje dicht bij Eindhoven beschikt over functionele, vrij grote kamers. Een zakelijke cliëntèle is er kind aan huis.
  ◆ Cet hôtel de chaîne situé dans une petite ville proche de Eindhoven renferme des chambres fonctionnelles assez spacieuses. La clientèle d'affaires y a ses habitudes.

🏨 **De Gouden Leeuw** sans rest, Korte Kerkstraat 46, ✉ 5664 HH, ℰ (0 40) 286 23 93, Fax (0 40) 285 69 41 – 📺 – 🅰 25 à 60. **AE ◐ VISA** ✗
14 ch ⊑ 55/75.
  ◆ Dit massief ogende hotelpand in het centrum staat aan een voetgangersstraat met winkels. Kleine eenvoudige kamers, maar functioneel en voorzien van geluidsisolatie.
  ◆ Une rue piétonne à vocation commerçante longe cet immeuble trapu du centre de Geldrop. Menues chambres de mise simple, toutefois pratiques et insonorisées.

GELEEN Limburg © Sittard-Geleen 97 806 h. **532** U 17 et **715** I 9.
Amsterdam 200 – Maastricht 23 – Eindhoven 77 – Aachen 33.

🏨 **Bastion,** Rijksweg Zuid 301, ✉ 6161 BN, ℰ (0 46) 474 75 17, *bastion@bastionhotel.nl*, Fax (0 46) 474 89 33 – ✦ 📺 **P. AE ① ◐ VISA** ✗
Repas (grillades, ouvert jusqu'à 23 h) carte env. 30 – ⊑ 10 – **40 ch** 58.
  ◆ Hotel vlak bij de snelweg, met kleine standaardkamers waarin het praktische aspect de boventoon voert.
  ◆ Près de l'autoroute, hôtel de chaîne où vous serez hébergés dans des petites chambres standardisées, dont l'équipement privilégie surtout l'aspect pratique.

XX **de lijster,** Rijksweg Zuid 172, ✉ 6161 BV, ℰ (0 46) 474 39 57, *i.sleypen@wxs.nl*, Fax (0 46) 474 38 38, 🌣 – ▤ **P. AE ① ◐ VISA**
fermé sem. carnaval, mardi, sam. midi et dim. midi – **Repas** *Lunch 28* – carte 36 à 51.
  ◆ Restaurant in een prachtig herenhuis. De eetzaal is een geslaagde combinatie van stijlen : klassieke wandornamenten, biedermeier stoelen en moderne Italiaanse verlichting.
  ◆ Ancienne maison de notable où l'on se restaure dans une salle de style composite : ornements muraux classiques, sièges Biedermeier et éclairage italien moderne.

X **Angelique's,** Rijksweg Centrum 24, ✉ 6161 EE, ℰ (0 46) 474 22 63, *angeliquesrest aurant@hotmail.com*, Fax (0 46) 474 22 63 – ▤. **◐ VISA**
fermé 27 déc.-3 janv., lundi et mardi – **Repas** (dîner seult) carte 27 à 40, ♀.
  ◆ Deze kleine, moderne bistro spreidt zijn kookkunst tentoon in het centrum van de stad en is rond etenstijd het aangewezen adres voor een lekkere maaltijd.
  ◆ Cet angélique petit bistrot moderne officiant au coeur de la localité est, à l'heure du dîner, l'adresse toute indiquée pour un repas "sans prise de tête".

GEMERT Noord-Brabant © Gemert-Bakel 27 816 h. **532** T 13 et **715** I 7.
Amsterdam 111 – Eindhoven 24 – Nijmegen 54.

XX **Kastanjehof,** Heuvel 4, ✉ 5421 CN, ℰ (0 492) 36 19 12, *info@kastanjehof.com* Fax (0 492) 36 81 00, 🌣 – **P. – 🅰** 25. **AE ① ◐ VISA**
fermé 18 juil.-7 août et merc. – **Repas** *Lunch 33* – carte 37 à 50, ♀.
  ◆ Een statig, neoklassiek pand waarin oud en modern hand in hand gaan. Klein terras aan de voorzijde en groot zomerterras achter, bij de vijverpartij. Eigentijdse gerechten.
  ◆ Fière demeure néoclassique (1884) au décor intérieur alliant le moderne et l'ancien Menue terrasse avant et restaurant d'été dominant un étang à l'arrière. Saveurs du moment.

à Handel *Nord-Est : 3,5 km* ⓒ *Gemert-Bakel :*

🏠 **Handelia,** *Past. Castelijnsstraat 1,* ✉ *5423 SP,* ✆ *(0 492) 32 12 90, hotel@handelia.nl, Fax (0 492) 32 38 41,* 🛋, 🍴, 🐾, – 📺, ⬛🟢 *VISA,* ✄
fermé 25 déc.-1ᵉʳ janv. – **Repas** *(résidents seult)* – **12** ch ⌑ 50/80 – ½ P 55/68.
  ◆ Enkele kamers, die uitkijken op een groot grasveld met bomen, hebben een zomerterras. Establissement met de gemoedelijke sfeer van een klein dorpshotel in familiebeheer.
  ◆ Quelques-unes des chambres, donnant sur une grande pelouse bordée d'arbres, se complètent d'une terrasse estivale. La bonhomie d'un petit hôtel villageois tenu en famille.

GEYSTEREN *Limburg* 🔢🔢🔢 *V 13 et* 🔢🔢🔢 *J 7 – voir à Wanssum.*

GIETHOORN *Overijssel* ⓒ *Steenwijkerland 42 358 h.* 🔢🔢🔢 *V 6 et* 🔢🔢🔢 *J 3.*

Voir *Village lacustre★★.*
  🅱 *(bateau) Beulakerweg 114a,* ✉ *8355 AL,* ✆ *(0 521) 36 12 48, giethoorn@kopvanov erijssel.nl,* Fax (0 521) 36 22 81.
  Amsterdam 135 – Zwolle 28 – Assen 63 – Leeuwarden 63.

🏠🏠 **De Harmonie** ⌑, *Beulakerweg 55 (Nord : 2 km),* ✉ *8355 AB,* ✆ *(0 521) 36 13 72, info@harmonie-giethoorn.nl, Fax (0 521) 36 10 82,* ☕, 🐾, 🅹 – 📺 🅿 – 🔏 25 à 100.
🅰🅴 ⓪ ⓸ *VISA* J͞C͞B
Repas *Lunch 30* – 40/43 – **16 ch** ⌑ 75/85 – ½ P 73.
  ◆ Familiehotel in het Venetië van het Noorden, met kamers in een dependance achter het restaurant. Het hotel heeft een eigen steiger, waar u uw bootje kunt aanleggen. In het restaurant mengen culinaire Hollandse klassiekers zich met enkele uitheemse gerechten.
  ◆ Près d'un beau village lacustre, hôtel familial dont les chambres occupent une annexe située à l'arrière du restaurant. Embarcadère privé où vous pourriez amarrer votre canot. À table, les classiques bataves s'associent à quelques plats venus d'ailleurs.

🏠🏠 **De Kruumte** ⌑ *sans rest, Kerkweg 48a (Est : 1,5 km),* ✉ *8355 BJ,* ✆ *(0 521) 36 15 17, info@dekruumte.com, Fax (0 521) 36 18 80,* 🐾, 🅹 – 📺 🅿 ✄
7 ch ⌑ 69/88.
  ◆ Rustig, klein familiehotel met kamers waar niets op aan te merken valt. Organisatie van rondleidingen per boot en verhuur van electrobootjes om de kanalen te verkennen.
  ◆ Ce calme petit hôtel familial aux chambres sans reproche organise des visites guidées en bateau et propose même la location de canots électriques pour sillonner les canaux.

🏠 **De Pergola,** *Ds. T.O. Hylkemaweg 7,* ✉ *8355 CD,* ✆ *(0 521) 36 13 21, info@de-perg ola.nl, Fax (0 521) 36 24 08,* ☕, – 📺 🅿
fermé déc. – **Repas** *(fermé merc. d'avril à juin et en oct. et après 20 h 30)* (taverne-rest) 22/25 – **22 ch** ⌑ 35/65.
  ◆ Dit etablissement ligt iets buiten het centrum van Giethoorn. De redelijk ruime kamers zijn voorzien van standaardcomfort dat tegemoet komt aan de praktische behoeften van de reiziger. Grand café met neorustiek decor. Zomerterras onder een pergola.
  ◆ Établissement bâti un peu à l'écart du centre de Giethoorn. Chambres de tailles correctes, dont l'équipement standard répond aux besoins pratiques du voyageur. Taverne-restaurant au décor néo-rustique. Terrasse d'été qu'abrite une pergola.

🏛🏛🏛 **De Lindenhof** *(Kruithof), Beulakerweg 77 (Nord : 1,5 km),* ✉ *8355 AC,* ✆ *(0 521)*
🌸🌸 *36 14 44, info@restaurantdelindenhof.nl, Fax (0 521) 36 05 95,* ☕ – 🅿, 🅰🅴 ⓪ ⓸ *VISA*
J͞C͞B
fermé 2 prem. sem. mars, 2 dern. sem. oct. et jeudi – **Repas** (déjeuner sur réservation) 59/85, carte 65 à 80, ⌑ ✄
Spéc. Langoustines en aigre-doux de miel. Sandre au jus de truffes et mousseline de céleri-rave (sauf avril-mai). Cannellonis de queue de bœuf braisée aux morilles (21 sept.-21 mars).
  ◆ Dit karakteristieke boerderijtje tussen de linden herbergt onder het nieuwe rieten dak een van de grote restaurants van Overijssel, dat 's zomers in de Engelse tuin serveert.
  ◆ Cette fermette typique entourée de tilleuls abrite, sous son tout nouveau toit de chaume, l'une des grandes tables de l'Overijssel. Restaurant d'été dans le jardin paysager.

à Wanneperveen *Sud : 6 km* ⓒ *Steenwijkerland :*

🏠🏠 **Prinsenije,** *Veneweg 294,* ✉ *7946 LX,* ✆ *(0 522) 28 11 85, mail@prinsenije.nl, Fax (0 522) 28 14 93,* ≤, ☕, 🍴, 🖂, ✎, 🐾, 🅹 – 📺 ⛱rest, 🅿 – 🔏 25 à 200. 🅰🅴 ⓸
VISA
Repas carte 29 à 41 – ⌑ 9 – **15 ch** 83/93 – ½ P 75.
  ◆ Dit vrij nieuwe hotelcomplex met achthoekige, cirkelvormige constructies is prachtig gelegen aan het water. Comfortabele kamers in koloniale stijl. Het decor van de eetzaal ademt de sfeer van Het Verdronken Dorp (lokale legende) ; uitzicht op de jachthaven.
  ◆ Constructions récentes en forme de rotondes octogonales agréablement situées au bord du lac. Chambres confortables dotées de meubles d'esprit colonial. Restaurant décoré sur le thème du village englouti (légende locale) ; vue sur le port de plaisance.

GILZE Noord-Brabant 🔲 Gilze en Rijen 24 894 h. 🔟🔟🔟 O 13 et 🔟🔟🔟 F 7.
Amsterdam 105 – 's-Hertogenbosch 37 – Breda 15 – Tilburg 10.

🏨 **Gilze-Rijen,** Klein Zwitserland 8 (près A 58), ⊠ 5126 TA, 𝒫 (0 161) 45 49 51, recept
ie@ hotelgilzerijen.nl, Fax (0 161) 45 21 71, 🍽️, ⫴, ⇄, 🔲, 🎿, 🚲 – 🛗 📺 🅿️ch, 🅿️ –
🔒 25 à 400. 🆎 ⓞ 🆘 🆚🆂🅰
Repas Lunch 18 – carte 26 à 41, ♀ – **132 ch** ⊠ 73, – 3 suites – ½ P 56.
♦ Een van de grotere hotels van de Van der Valk-keten, tussen Breda et Tilburg. Ver-
schillende categorieën kamers. Casino, zwembad, whirlpool en sauna.
♦ Entre Breda et Tilburg, l'une des "grandes pointures" de la chaîne hôtelière Van der Valk.
Différentes catégories de chambres. Casino, piscine, whirlpool et sauna.

GOEDEREEDE Zuid-Holland 🔟🔟🔟 I 12 et 🔟🔟🔟 C 6 – 11 491 h.
Amsterdam 118 – Rotterdam 44 – Den Haag 66 – Middelburg 76.

✗ **De Gouden Leeuw,** Markt 11, ⊠ 3252 BC, 𝒫 (0 187) 49 13 71, Fax (0 187) 49 15 31,
🍽️ – 🆎 ⓞ 🆘 🆚🆂🅰
fermé janv. et lundi sauf en juil.-août – **Repas** 22/49 bc, ♀.
♦ Eerbiedwaardige herberg die al sinds 1480 een vertrouwd beeld is in de dorpskern.
Pretentieloze gerechten om de honger van passanten te stillen.
♦ Vénérable auberge déjà présente au coeur du village en 1480. Ses préparations
n'ont d'autres prétentions que celle de satisfaire simplement l'appétit des hôtes de
passage.

GOES Zeeland 🔟🔟🔟 I 13 et 🔟🔟🔟 C 7 – 36 251 h.

Voir Grande Église★ (Grote Kerk).

🔞 🔞 Kurkweg 29, ⊠ 4465 BH, 𝒫 (0 113) 22 95 56, Fax (0 113) 22 95 54.
🅱 Singelstraat 13, ⊠ 4461 HZ, 𝒫 0 900-168 16 66, vvvgoes@ planet.nl, Fax (0 113)
25 13 50.

Amsterdam 165 – Middelburg 22 – Breda 78 – Rotterdam 87 – Antwerpen 68.

🏨 **Bolsjoi,** Grote Markt 28, ⊠ 4461 AJ, 𝒫 (0 113) 23 23 23, bolsjoi@ bolsjoi.nl, Fax (0 113)
25 17 55, 🍽️ – 📺 🅿️ – 🔒 25 à 40. 🆎 ⓞ 🆘 🆚🆂🅰
Repas (fermé 25 et 26 déc. et 1er janv.) (taverne-rest) carte 22 à 34 – **12 ch** (fermé 24,
25, 26 et 31 déc. et 1er janv.) ⊠ 67/79 – ½ P 53/81.
♦ Dit familiehotel is te herkennen aan de oude gevel met luifels. De kamers hebben
in 2004 een facelift ondergaan en liggen aan de achterkant, waardoor de gasten
van de nodige rust verzekerd zijn. Het café-restaurant heeft in het seizoen een terras
op het plein.
♦ Établissement familial reconnaissable à sa façade ancienne où s'alignent des
auvents. Les chambres ont été refaites en 2004 et sont réparties à l'arrière pour
plus de calme. À la belle saison, la taverne-restaurant se complète d'une terrasse sur la
place.

✗✗ **De Stadsschuur,** Schuttershof 32, ⊠ 4461 DZ, 𝒫 (0 113) 21 23 32, info@ stadssc
huur.nl, Fax (0 113) 25 02 29, 🍽️ – 🆎 ⓞ 🆘 🆚🆂🅰
fermé 31 déc.-2 janv., sam. midi et dim. – **Repas** Lunch 28 – 33, ♀.
♦ Deze oude schuur in het centrum is vakkundig tot restaurant verbouwd. De poort dateert
uit 1645. Lommerrijk zomerterras. Met de seizoenen wisselende menukaart.
♦ Au centre-ville, vieille grange adroitement reconvertie en salle de restaurant. Portail élevé
en 1645 et terrasse d'été ombragée. Carte recomposée d'une saison à l'autre.

✗ **Het Binnenhof,** De Bocht van Guinea 6 (accès par St-Jacobstraat), ⊠ 4461 BC,
🍷 𝒫 (0 113) 22 74 05, binnenhof@ wanadoo.nl, Fax (0 113) 22 25 52, 🍽️ – 🔲. 🆎 ⓞ 🆘
🆚🆂🅰 🗂️
fermé 2 dern. sem. fév., merc. et jeudi – Repas (dîner seult) 30/76 bc.
♦ Een smal steegje leidt naar dit sympathieke eethuis dat verscholen ligt aan een hofje
in het oude Goes. Gerechten op basis van streekproducten. Huisgerookte vis.
♦ Un passage étroit mène à cette sympathique affaire familiale retranchée dans
une courette du vieux Goes. Recettes valorisant les produits du coin. Poisson fumé
"maison".

✗ **De Witte Lelie,** Opril Grote Markt 8, ⊠ 4461 AK, 𝒫 (0 113) 22 02 76 – 🆎 ⓞ 🆘 🆚🆂🅰
fermé du 1er au 7 mars, du 1er au 14 août, lundi et mardi – **Repas** (dîner seult) carte env.
39.
♦ Goed eethuisje in een voetgangersstraatje naast de Grote Markt. In het verzorgde inte
rieur worden smaakvolle, eigentijdse gerechten geserveerd.
♦ Bon petit relais de bouche à débusquer dans une ruelle piétonne avoisinant la Grand-Place
Décoration intérieure soignée et savoureuse cuisine au goût du jour.

GOIRLE Noord-Brabant 🔟🔟🔟 P 13 et 🔟🔟🔟 G 7 – voir à Tilburg.

GORINCHEM Zuid-Holland 🔢🔢🔢 O 11 et 🔢🔢🔢 F 6 – 34 509 h.

🚉₉ au Nord : 3 km à Spijk, Haarweg 3, ⊠ 4212 KJ, ℰ (0 183) 62 80 77- - 🚉₁₈ 🚉₉ au Sud : 14 km à Almkerk, Hoekje 7b, ⊠ 4256 LN, ℰ (0 183) 40 35 92, Fax (0 183) 40 21 65.

Amsterdam 74 – Utrecht 37 – Den Haag 68 – Breda 41 – 's-Hertogenbosch 40 – Rotterdam 42.

🏛 **'t Spinnewiel** sans rest, Eind 18, ⊠ 4201 CR, ℰ (0 183) 63 10 57, hetspinnewiel@ zonnet.nl, Fax (0 183) 66 00 95 – **📺** – ⬧ 25. 🅰🅴 ⓞ **⬧⬧** **VISA** **JCB**
fermé 25 déc.-2 janv. – ⌲ 9 – **15 ch** 56/72.
   ◆ Charmant familiehotel in de historische kern, niet ver van de haven. De kamers aan de achterkant bieden meer rust, maar die aan de voorkant kijken uit op het water.
   ◆ Mignonne auberge familiale œuvrant dans le quartier ancien, pas loin du port. Les chambres situées à l'arrière sont plus calmes, mais celles du devant ont vue sur l'eau.

XX **Solo**, Zusterhuis 1, ⊠ 4201 EH, ℰ (0 183) 63 77 90, Fax (0 183) 63 77 91 – ▤ – ⬧ 25.
🅰🅴 ⓞ **⬧⬧** **VISA**
fermé dern. sem. juil.-prem. sem. août, sam. midi, dim. midi et lundi – **Repas** Lunch 25 – carte 26 à 54.
   ◆ In dit pand aan het karakteristieke marktplein hangt een trendy sfeer. Het interieur is naar hedendaagse smaak ingericht. Eigentijdse menukaart met lunch.
   ◆ Il flotte une atmosphère "trendy" dans cette maison de la typique place du marché. Aménagement intérieur à la mode d'aujourd'hui. Carte actuelle assortie d'un lunch.

X **Bistro de Poort,** Eind 19, ⊠ 4201 CP, ℰ (0 183) 66 05 22, bistro-depoort@hetnet.nl, Fax (0 78) 699 01 78, ≼ Merwede, 😊 – ▤. 🅰🅴 **⬧⬧** **VISA**.
fermé 31 déc.-10 janv., dim. soir de sept. à mai, sam. midi et dim. midi – **Repas** carte 38 à 61.
   ◆ Voor een gezellig uitzicht op de boten tijdens het eten kunt u plaatsnemen in de serre, die naar de kade is gericht, of 's zomers op het terras, dat uitkijkt op de sluis.
   ◆ Pour agrémenter votre repas d'une plaisante échappée batelière, prenez place sur la véranda, orientée côté quais, ou, l'été venu, en terrasse, dressée sur l'écluse.

GOUDA Zuid-Holland 🔢🔢🔢 N 10 et 🔢🔢🔢 F 5 – 71 641 h.

Voir Le Cœur de la ville★ – Hôtel de Ville★ (Stadhuis) BY H¹ – Vitraux★★★ de l'église St-Jean★ (St. Janskerk) BY **A**.

Musée : Het Catharina Gasthuis★ BY **M¹**.

Env. par ① : Étangs de Reeuwijk★ (Reeuwijkse Plassen) – de Gouda à Oudewater route de digue ≼★ par Goejanverwelledijk BZ.

🅱 Markt 27, ⊠ 2801 JJ, ℰ (0 182) 59 02 40, info@vvvgouda.nl, Fax (0 182) 58 47 08.

Amsterdam 53 ④ – Rotterdam 27 ③ – Den Haag 30 ④ – Utrecht 36 ④

Plan page suivante

XX **Rôtiss. l'Etoile**, Blekerssingel 1, ⊠ 2806 AA, ℰ (0 182) 51 22 53, info@letoile.nl, Fax (0 182) 55 11 07, 😊 – ▤ ⌂⁺ – ⬧ 80. 🅰🅴 **⬧⬧** **VISA**. 😒   BY **a**
fermé 24 juil.-15 août, du 1ᵉʳ au 10 janv., sam. midi, dim. et lundi – **Repas** Lunch 28 – 30/56 bc, ⵚ.
   ◆ Met zijn bijna 30-jarige bestaan behoort dit restaurant tot de trefzekere adressen van de kaasstad. In de eetzaal vormen oud en modern een sfeervolle combinatie. Dakterras.
   ◆ L'une des valeurs sûres de la ville fromagère, avec bientôt 30 ans de présence. Harmonieux mariage décoratif de l'ancien et du moderne en salle. Terrasse perchée sur le toit.

XX **Jean Marie**, Oude Brugweg 4, ⊠ 2808 NP, ℰ (0 182) 51 62 62, restjeanmarie@het net.nl, 😊 – **P**. **⬧⬧** **VISA**   BZ **e**
fermé mi-juil.-mi-août, dim. et lundi – **Repas** (dîner seult) carte 33 à 49, ⵚ.
   ◆ Een intiem restaurantje gaat schuil achter deze fleurige gevel van geschilderd hout. Traditionele kaart met een viertal menu's. Vriendelijke ontvangst en service.
   ◆ Une intime petite table familiale se dissimule derrière cette pimpante façade en bois peint. Carte traditionnelle, avec un quatuor de menus. Accueil et service aimables.

XX **De Mallemolen**, Oosthaven 72, ⊠ 2801 PG, ℰ (0 182) 51 54 30, p.wponsioen@fre eler.nl, Fax (0 182) 51 54 30, 😊 – ▤. 🅰🅴 ⓞ **⬧⬧** **VISA**   BZ **b**
fermé fin déc.-prem. sem. janv., mardi en juil.-août et lundi – **Repas** (déjeuner sur réservation) carte 33 à 46.
   ◆ Restaurant langs een kade, in een leuk oud huis vlak bij het park waar de walmolen staat. Aan de muren van de eetzalen prijken schilderijen en fresco's.
   ◆ Restaurant aménagé au bord d'un quai, dans une jolie maison ancienne proche du parc public où se dresse le moulin de rempart. Peintures et fresques habillent les salles.

A 12-E 30-25
REEUWIJK

GOUDA

Boelekade	BY 2
Doelenstr.	BZ 4
Dubbele Buurt	BY 5
Goejanverwelledijk	BZ 6
Hoogstr.	BY 7
Jeruzalemstr.	BY 8
Kerkhoflaan	BZ 9
Kleiweg	BY
Korte Groenendaal	BY 10
Korte Tiendeweg	BY 12

Lange Noodgodsstr.	BZ
Lange Tiendeweg	BY
Lazaruskade	AYZ
Nieuwe Markt	BY
Nieuwe Veerstal	BZ
Onder de Boompjes	AY
Reigerstr.	AZ
Sint-Anthoniestr.	BY
Vossenburchkade	BY
Vredebest	BY
Walestr.	BZ
Wijdstr.	BY

à Reeuwijk *par* ① : *6 km – 12 904 h*

XX **Kaagjesland,** Kaagjesland 60 (par N 207, au pont-levis direction Reeuwijk), ⌂ 2811 KL, ℰ (0 182) 39 64 21, *kaagjesland@planet.nl*, Fax (0 182) 39 66 19, ≤, 🍴 – ▤ 🅿. VISA. ⋘
fermé 17 juil.-8 août, 31 déc.-16 janv., dim. et lundi – **Repas** (diner seult) 35/45, ♀.
◆ Pittoreske omgeving voor dit designrestaurant : een karakteristiek dorp in een polderlandschap, met bruggetjes, grachten en villa's die er 's zomers fleurig bij staan.
◆ Situation pittoresque pour cet établissement design : un village typique de la région, avec ses villas fleuries aux beaux jours, ses passerelles, ses canaux et ses polders.

's-GRAVELAND *Noord-Holland* 532 P 9 *et* 715 G 5 – *voir à Hilversum.*

's-GRAVENHAGE Ⓟ *Zuid-Holland* – *voir Den Haag.*

Une réservation confirmée par écrit est toujours plus sûre.

's GRAVENMOER *Noord-Brabant* Ⓒ *Dongen 25 148 h.* 🔢 O 13 *et* 🔢 F 7.
Amsterdam 97 – 's-Hertogenbosch 34 – Breda 24 – Tilburg 32.

XX **Le Bouc,** Hoofdstraat 75, ⌧ 5109 AB, 🏠 (0 162) 45 08 88, *brasserie@lebouc.nl,*
Fax (0 162) 43 76 13, 🎏 – 🅿. ➊ ⚙⚙ 𝗩𝗜𝗦𝗔, ⚡
fermé 27 déc.-3 janv., sam. midi, dim. midi et lundi – **Repas** *Lunch 19* – 29/67, 𝒴.
◆ Ruim en zeer trendy restaurant waar plaats kan worden genomen in een fraai designdecor. Aantrekkelijke menukaart met een persoonlijke noot. Terras in de zomer.
◆ Brasserie spacieuse et résolument "tendance", où l'on prend place dans un décor design
assez réussi. Appétissante carte personnalisée. Terrasse d'été.

's-GRAVENZANDE *Zuid-Holland* Ⓒ *Westland 96 000 h.* 🔢 J 10 *et* 🔢 D 5.
Amsterdam 77 – Rotterdam 32 – Den Haag 17.

X **De Spaansche Vloot,** Langestraat 137, ⌧ 2691 BD, 🏠 (0 174) 41 24 95, Fax (0 174)
41 71 24, 🎏 – 🅿 – 🔥 25 à 150. 𝗔𝗘 ➊ ⚙⚙ 𝗩𝗜𝗦𝗔 𝗝𝗖𝗕
fermé 2 dern. sem. juil., dim. et lundi sauf en mai-juin et sam. midi – **Repas** *Lunch 25* –
28/58 bc.
◆ Deze aloude herberg in regionale stijl is in trek bij de lokale bewoners en vermoedelijk
de nestor van de restaurants ter plaatse. Klassieke keuken in een moderne versie.
◆ Cette vénérable auberge de style régional où la bourgeoisie locale a ses habitudes est
probablement le doyen des restaurants de 's-Gravenzande. Cuisine classique actualisée.

GROEDE *Zeeland* Ⓒ *Sluis 24 791 h.* 🔢 G 14 *et* 🔢 B 7.
Amsterdam 219 – Middelburg 99 – Brugge 35 – Knokke-Heist 21.

XX **Etablissement 1880,** Markt 27, ⌧ 4503 AH, 🏠 (0 117) 37 60 66, *1880@zeelandn
et.nl,* Fax (0 117) 37 60 66, 🎏 – ⚙⚙ 𝗩𝗜𝗦𝗔
fermé mardi d'avril à sept. et lundi – **Repas** 50/72 bc, 𝒴.
◆ Eigentijds restaurant in een oud huis dicht bij de kerk. Twintig wijnen worden per glas
geschonken. Open keuken. Ook op het tuinterras achter kunt u genoeglijk tafelen.
◆ Table actuelle aménagée dans une maison ancienne proche de l'église. Une vingtaine de
vins sont servis au verre. Cuisines à vue desservant une terrasse-jardin sur l'arrière.

GROESBEEK *Gelderland* 🔢 U 12 *et* 🔢 I 6 – *voir à Nijmegen.*

GRONINGEN Ⓟ 🔢 Y 3 *et* 🔢 K 2 – *177 172 h* – *Casino* Z, *Gedempte Kattendiep 150,*
⌧ *9711 PV,* 🏠 *(0 50) 317 23 17, Fax (0 50) 317 23 00.*

Voir *Goudkantoor★* Z B – *Tour★ (Martinitoren) de l'église St-Martin (Martinikerk)* Z.
Musée : *maritime du Nord★ (Noordelijk Scheepvaartmuseum)* Z M² – *Groninger Museum★*
Z **M¹**.

Env. *par ② à Loppersum : Les églises rurales★ (fresques★ dans l'église) – par ② à Zeerijp :
coupoles★ dans l'église – par ⑦ à Uithuizen : château Menkemaborg★★ – par ⑥ à Leens :
buffet d'orgues★ dans l'église St-Pierre (Petruskerk) – par ② à Garmerwolde : église★.*
🛫 *par ④ : 12 km à Glimmen (Haren), Pollselaan 5,* ⌧ *9756 CJ,* 🏠 *(0 50) 406 20 04, Fax
(0 50) 406 19 22.*
✈ *par ④ : 12 km à Eelde* 🏠 *(0 50) 406 27 83, Fax (0 50) 406 27 83.*
🚹 *Grote Markt 25,* ⌧ *9712 HS,* 🏠 *0 900-202 30 50, info@vvvgroningen.nl, Fax (0 50)
311 38 55.*
Amsterdam 181 ⑤ – Leeuwarden 59 ⑥ – Bremen 181 ③

Plans pages suivantes

🏛 **Hotel de Ville,** Oude Boteringestraat 43, ⌧ 9712 GD, 🏠 (0 50) 318 12 22, *hotel@d
eville.nl,* Fax (0 50) 318 17 77 – 📱 ✦ 📺 🔥 🚗 – 🔥 40. 𝗔𝗘 ➊ ⚙⚙ 𝗩𝗜𝗦𝗔 𝗝𝗖𝗕 Z r
Repas voir rest *'t Gerecht* ci-après – ☲ 15 – **66 ch** 105/200, – 1 suite.
◆ Twee oude huizen en een modern pand vormen dit hotel. Comfortabele kamers en grote,
luxueus ingerichte gemeenschappelijke ruimten. Binnenplaats met terras. Valetservice.
◆ Hôtel formé de deux maisons anciennes et d'une construction récente. Communs amples
et cossus, chambres agréables à vivre, terrasse sur cour et service voiturier bien rodé.

🏛 **Schimmelpenninck Huys,** Oosterstraat 53, ⌧ 9711 NR, 🏠 (0 50) 318 95 02, *info
@schimmelpenninckhuys.nl,* Fax (0 50) 318 31 64, 🎏 – ⌂, 🔥 – 📱 📺 – 🔥 25 à 70. 𝗔𝗘
➊ ⚙⚙ 𝗩𝗜𝗦𝗔 𝗝𝗖𝗕 Z h
Repas voir rest *de Parelvisser* ci-après – *Classique* *Lunch 23* – 30/35, 𝒴 – ☲ 14 – **52 ch**
82/125 – ½ P 104/139.
◆ Een complex van 18e-eeuwse huizen rond een binnenplaats met bomen waar 's zomers
wordt geserveerd. Kamers en junior suites. Verleidelijk bonbonwinkeltje. Klassieke restaurantzaal, de keuken vaart dezelfde koers.
◆ Ensemble de maisons du 18e s. disposé autour d'une cour intérieure arborée où l'on
dresse le couvert en été. Chambres et junior suites. Affriolante boutique de pralines. Salle
de restaurant d'esprit classique ; orientation culinaire de même.

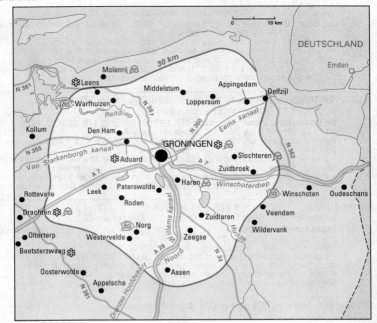

🏠 **NH Groningen,** Hanzeplein 132, ⊠ 9713 GW, 𝒫 (0 50) 584 81 81, *nhgroningen@ nh-hotels.com, Fax (0 50) 584 81 80,* 🚲 – 🛗 ⇔ 🍴 rest, 📺 🕭 ⇔ – 🔦 25 à 70. 🆎 ⓪ ⓒ🅾 🆅🆂🅰. ⚛ rest
YZ g

Repas (dîner seult) carte 22 à 48 – 🖵 13 – **104 ch** 89/140 – ½ P 55/85.

◆ Dit hotel ligt op 500 m van het centrum, dicht bij een esplanade met openbare, onder-grondse parking (gratis 20.00-08.00 u.). Moderne gemeenschappelijke ruimten en goed uitgeruste kamers. Restaurant met eigentijds interieur.

◆ Cet hôtel de chaîne établi à 500 m du centre-ville jouxte une esplanade abritant un parking public souterrain gratuit de 20h à 8h. Communs modernes et chambres bien équi-pées. Restaurant au cadre contemporain.

🏠 **Mercure,** Expositielaan 7 (Sud : 2 km près N 7), ⊠ 9727 KA, 𝒫 (0 50) 525 84 00, *H1241 @ accor.com, Fax (0 50) 527 18 28,* ⇌, ⬛, 🚲 – 🛗 🍴 ⇔ 📺 🅿. – 🔦 30 à 60. 🆎 ⓪ ⓒ🅾 🆅🆂🅰 🅹🅲🅱. ⚛ rest
X v

Repas (fermé sam. midi et dim. midi) Lunch 15 – carte 25 à 36, ♀ – 🖵 14 – **155 ch** 95/115 – 2 suites.

◆ Dit hotel is geïntegreerd in het Martini Plaza, een grootschalig centrum voor theater, beurzen en andere evenementen. Functionele kamers naar de normen van Mercure.

◆ Établissement de chaîne intégré au site du Martini Plaza (important centre d'expositions et théâtre). Chambres fonctionnelles aménagées selon les standard· Mercure.

🏠 **Cityhotel** sans rest, Gedempte Kattendiep 25, ⊠ 9711 PM, 𝒫 (0 50) 588 65 65, re· .city@ edenhotelgroup.com, Fax (0 50) 311 51 00, 🛁, ⇌, 🚲 – 🛗 🍴 📺 🕭 ⇔. A ⓪ ⓒ🅾 🆅🆂🅰 🅹🅲🅱. ⚛
Z
🖵 14 – **93 ch** 76/155.

◆ Een vrij nieuw, modern hotelgebouw tussen het casino en de jachthaver· Lounge in design en cyber corner (internet voor gasten) in de lobby. Kleine, eigentijds· kamers.

◆ Immeuble récent situé entre le casino et le port de plaisance. Salon design e "cyber-corner" (connexion internet offerte aux logeurs) dans le hall. Petites chambre· modernes.

PAYS-BAS

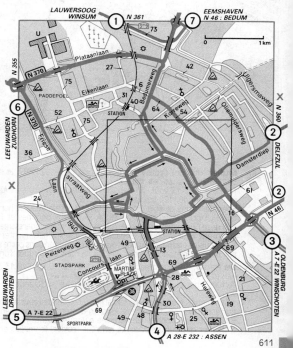

De Doelen sans rest, Grote Markt 36, ⊠ 9711 LV, ℰ (0 50) 312 70 41, *info@hotel-dedoelen.nl*, Fax (0 50) 314 61 12, 🚲 – 🛗 🖃. 🖭 ⓞ ⓜ🅾 🆅🅸🆂🅰. ⸰⸰ Z d
⚏ 9 – **30 ch** 45/110.
* Een karaktervol hotel dat al ruim 200 jaar een vertrouwd beeld is. Lounge-bibliotheek en ontbijtzaal met een gezellige, rustige ambiance. Luxueuze kamers, charmante pub.
* Hôtel de caractère présent depuis plus de 200 ans sur la grand'place. Salon-bibliothèque et salle de breakfast chaleureux et feutrés ; chambres cossues. Pub charmant à côté.

Aub. Corps de Garde sans rest, Oude Boteringestraat 74, ⊠ 9712 GN, ℰ (0 50) 314 54 37, *info@corpsdegarde.nl*, Fax (0 50) 313 63 20, 🚲 – 📺. 🖭 ⓜ🅾 🆅🅸🆂🅰 Y n
⚏ 14 – **17 ch** 83.
* Deze 17e-eeuwse kortegaard aan de gracht rond het oude centrum biedt nu onderdak aan een hotel met keurige kamers en een plezierige ontbijtzaal.
* Posté au bord du canal ceinturant le centre ancien, ce corps de garde du 17e s. abrite désormais un hôtel aux chambres proprettes et une plaisante salle des petits-déjeuners.

Bastion, Bornholmstraat 99 (par ③ : 5 km), ⊠ 9723 AW, ℰ (0 50) 541 49 77, *bastion@bastionhotel.nl*, Fax (0 50) 541 30 12 – ⸰⸰ 📺 🅿. 🖭 ⓞ ⓜ🅾 🆅🅸🆂🅰. ⸰⸰
Repas (grillades, ouvert jusqu'à 23 h) carte env. 30 – ⚏ 10 – **40 ch** 63.
* Ketenhotel vlak bij de snelweg, op 5 km van het centrum. Kleine, functionele standaardkamers met modemaansluiting. Goede geluidsisolatie.
* Hôtel de chaîne proche de l'autoroute, à 5 km du centre-ville. Petites chambres standard fonctionnelles équipées de la connexion pour modem. Bonne isolation phonique.

Martini sans rest, Gedempte Zuiderdiep 8, ⊠ 9711 HG, ℰ (0 50) 312 99 19, *info@martinihotel.nl*, Fax (0 50) 312 79 40, 🚲 – 🛗 📺. 🖭 ⓜ🅾 🆅🅸🆂🅰. ⸰⸰ Z f
⚏ 8 – **73 ch** 63/80.
* Dit oude hotel in het centrum heeft een eigen parking, een grand café en kleine, frisse kamers die er keurig uit zien en met standaardmeubilair zijn ingericht.
* Cet hôtel ancien installé en centre-ville dispose d'un parking privé bien commode, d'un "grand café" et de petites chambres fraîches et nettes pourvues d'un mobilier de série.

GRONINGEN

GRONINGEN

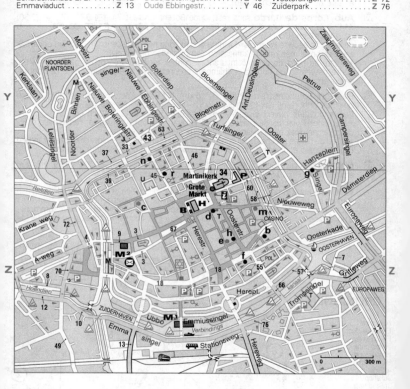

XX **Muller** (Hengge), Grote Kromme Elleboog 13, ⊠ 9712 BJ, ℰ (0 50) 318 32 08, *Fax (0 50)*
☆ *312 58 76* – 🍽️, **AE** ⓵ ⓵ **VISA** Z c
fermé 24 juil.-16 août, 25 déc.-2 prem. sem. janv., dim. et lundi – **Repas** (déjeuner sur
réservation) 48/120 bc, carte 50 à 66, ⚒
Spéc. Ballottine de foie d'oie et de canard. Ris de veau et homard aux champignons des
bois (juil.-oct.). Raie braisée et witlof, sauce aux pommes et foie d'oie.
• In deze Friese herberg, te bereiken via een voetgangersstraatje, wordt een klassieke en
verzorgde keuken bereid. Elegant decor van spiegels, luchters, lambrisering en parket.
• Une cuisine classique soignée vous sera concoctée dans cette auberge frisonne accessible
par une rue piétonne. Miroirs, lustres, lambris et parquet forment un décor élégant.

XX **De Pauw**, Gelkingestraat 52, ⊠ 9711 NE, ℰ (0 50) 318 13 32, *restaurant@depauw.nl,*
🍴 *Fax (0 50) 313 34 63* – 🍽️, **AE** ⓵ ⓵ **VISA** **JCB** Z e
fermé 27 déc.-5 janv. et lundi et mardi du 18 juil. au 30 août – **Repas** (dîner seult) 30/62 bc
⚒.
• Sympathiek restaurant dat lokaal een uitstekende reputatie geniet en met gepaste trots
buffettrolleys (koude entrees, kaas en desserts) met de menukaart combineert.
• Cette table sympathique auréolée d'une excellente réputation locale a la particularité
d'associer des buffets roulants (entrées froides, fromages et desserts) à sa carte.

XX **'t Gerecht** - Hotel de Ville, Oude Boteringestraat 45, ⊠ 9712 GD, ℰ (0 50) 589 18 59, *hotel@deville.nl*, Fax (0 50) 318 17 77, 🏠 – 🗗 AE ⓞ ⓒⓔ VISA JCB   Z r
fermé 31 déc.-3 janv. – **Repas** (dîner seult) 28/40, ♀.
◆ Klassieke keuken en chic interieur in bistrostijl met gezellige ambiance. Donkere leren banken, lambrisering, spiegels en grote, glimmende toog. De service is op z'n qui-vive.
◆ Cuisine classique et ambiance animée d'un bistrot au cadre chic : banquettes en cuir sombre, lambris, jeux de miroirs et grand comptoir rutilant. Service non somnolent.

X **de KEuK&**, Poelestraat 39, ⊠ 9711 PK, ℰ (0 50) 318 96 96, *info@restaurantdekeuk en.com*, Fax (0 50) 318 98 87, 🏠 – AE ⓒⓔ VISA   Z m
fermé dim. et lundi – **Repas** (dîner seult) carte 25 à 51, ♀.
◆ Dit eigentijdse restaurant valt in de smaak vanwege de gerechten met kwaliteitsproducten en de verzorgde presentatie op de borden. Achterterras in de schaduw van bomen.
◆ Table au goût du jour estimée pour la qualité des produits entrant dans ses recettes et pour le soin apporté à leur présentation dans l'assiette. Cour ombragée d'arbustes.

X **de Parelvisser** - H. Schimmelpenninck Huys, Gelkingestraat 58, ⊠ 9711 NR, ℰ (0 50) 368 60 44, *parelvisser@schimmelpenninckhuys.nl*, Fax (0 50) 318 31 64, 🏠, Produits de la mer, ouvert jusqu'à 23 h – ▦. AE ⓞ ⓒⓔ VISA JCB   Z h
fermé 31 déc., 1er janv., sam. midi, dim. et lundi – **Repas** Lunch 35 – carte env. 47, ♀.
◆ Deze bistro voert een kaart die ''meedeint op de golven''. Drie luxueuze, intieme eetzalen. Fraai terras onder de bomen op de patio zodra de eerste mooie dagen zich aandienen.
◆ Ce bistrot dont la carte vogue au gré des marées comprend trois salles intimes et cossues. Jolie terrasse dressée sous les arbres du patio dès l'arrivée des beaux jours.

à Aduard par ⑧ : 10 km © Zuidhorn 18 109 h :

🏠 **Aduard**, Friesestraatweg 13 (sur N 355), ⊠ 9831 TB, ℰ (0 50) 403 14 00, *mail@hot eladuard.nl*, Fax (0 50) 403 12 16, 🏠, 🚲 – 📺 ♿rest, ▣ – 🦽 80. AE ⓞ ⓒⓔ VISA.
🌺 rest
Repas Lunch 10 – carte 23 à 36 – **20 ch** ⚏ 48/70 – ½ P 50/53.
◆ Dit goed onderhouden familiehotelletje langs een doorgaande weg biedt onderdak in functionele kamers, waarvan sommige uitkijken op het platteland. Eerlijke, Hollandse keuken.
◆ Au bord d'une route passante, petit hôtel familial bien tenu, où vous serez hébergés dans des chambres fonctionnelles offrant quelquefois une vue sur la campagne environnante. Restaurant préparant une cuisine néerlandaise exempte de complication.

XXX ❀ **Herberg Onder de Linden** (Slenema) 🦐 avec ch, Burg. van Barneveldweg 3, ⊠ 9831 RD, ℰ (0 50) 403 14 06, *herberg-linden@slenema.nl*, Fax (0 50) 403 18 14, 🏠, 🏠, 🚲 – 📺 ▣. AE ⓞ ⓒⓔ VISA JCB
fermé du 11 au 24 juil., du 24 au 31 oct., 1 sem. en janv., dim. et lundi – **Repas** (dîner seult) – 60/108 bc, carte env. 73, ♀ – **5 ch** ⚏ 100/115 – ½ P 119/125
Spéc. Filet de sole vapeur et Saint-Jacques poêlé à sec au jambon de Parme. Agneau régional. Gelée de framboises, crème fraîche et glace au basilic (21 juin-21 sept.).
◆ Heerlijke eigentijdse gerechten en prestigieuze wijnen verwennen de smaakpapillen in deze elegante, 18e-eeuwse herberg. Terras met teakhouten meubilair in de tuin.
◆ Une cuisine délicieusement actualisée et des vins prestigieux s'emploient à flatter vos papilles dans cette élégante auberge du 18e s. Belle terrasse en teck dans le jardin.

à Den Ham Nord-Ouest : 15 km © Zuidhorn 18 109 h :

🏠 **Piloersemaborg** 🦐 sans rest, Sietse Veldstraweg 25 (Hamsterborg), ⊠ 9833 TA, ℰ (0 50) 403 13 62, *piloersemaborg@lauwersland.net*, Fax (0 50) 403 07 55, 🏠, 🚲 – ✳ 📺 ▣ – 🦽 25
fermé 31 déc. – **2 ch** ⚏ 95/120, – 3 suites.
◆ Een sfeervol hotel op het platteland, dat onderdak biedt in een oude herenboerderij met rondom grachten. Junior suites beneden, kamers met bedstee boven. Goed ontbijt.
◆ Hébergement de charme à la campagne, dans une ancienne ferme seigneuriale entourée de douves. Junior suites de plain-pied et chambres avec lits clos à l'étage. Bon breakfast.

à Paterswolde Sud : 5 km par Paterswoldseweg X © Haren 19 008 h :

🏠 **Golden Tulip**, Groningerweg 19, ⊠ 9765 TA, ℰ (0 50) 309 54 00, *info@goldentulip paterswolde.nl*, Fax (0 50) 309 11 57, 🏠, 🛁, 🍴, 🏊, ⚓, 🚲 – 🛗 ✳ 📺 ♿ ▣ – 🦽 25 à 225. AE ⓞ ⓒⓔ VISA. 🌺 rest
Repas Lunch 25 – carte 29 à 43, ♀ – ⚏ 12 – **62 ch** 77/134, – 3 suites – ½ P 114/159.
◆ Grote gemeenschappelijke ruimten, designdecor in de kamers, uitstekende vergaderfaciliteiten en een meer vlakbij maken dit hotel tot een geliefd adres. Trendy eetzaal met terras. Brasserie in de lounge.
◆ Près d'un lac, hôtel de chaîne apprécié pour l'ampleur de ses parties communes, le décor design de ses chambres et la qualité de ses installations conférencières. Salle à manger ''tendance'' ouverte sur une terrasse et espace ''lounge'' tenant lieu de brasserie.

PAYS-BAS

GULPEN Limburg C Gulpen-Wittem 15 340 h. 532 U 18 et 715 I 9.

18 au Sud-Est : 6 km à Mechelen, Dalbissenweg 22, ⊠ 6281 NC, ℘ (0 43) 455 13 97, Fax (0 43) 455 15 76.

Amsterdam 229 – Maastricht 16 – Aachen 16.

XX
☺ **Le Sapiche** (Cremers), Rijksweg 12, ⊠ 6271 AE, ℘ (0 43) 450 38 33, *info@lesapiche.nl*, Fax (0 43) 450 20 97, 🍽 – AE MC *VISA*
fermé carnaval, mardi et merc. – **Repas** (dîner seult) 64/78, carte 67 à 83, ♀ ☺
Spéc. Déclinaison de foie d'oie. Witlof au vacherin et truffes (21 déc.-1 mars). Loup en papillote au jus de langoustines (21 juin-21 sept.).
◆ Bij het lezen van de kaart begint u al te watertanden ! Vanuit de eetzaal met fraaie serre kunt u de chef-kok achter het fornuis ziet kokkerellen.
◆ La seule lecture de la carte vous mettra l'eau à la bouche. Une jolie véranda recouvre partiellement la salle à manger d'où l'on aperçoit le chef œuvrer aux fourneaux.

XX
☺ **l'Atelier**, Markt 9, ⊠ 6271 BD, ℘ (0 43) 450 44 90, *info@restaurantatelier.nl*, Fax (0 43) 450 29 62, 🍽 – AE MC *VISA* ♀
fermé 2 sem. carnaval, 2 sem. en août, jeudi et sam. midi – **Repas** (déjeuner sur réservation) 33/84 bc, ♀
◆ Een 15e-eeuws pand herbergt dit gezellige restaurant. Balken, houten vloer en bakstenen wanden geven de eetzaal een rustiek cachet. 's Zomers wordt op het terras geserveerd.
◆ Une demeure du 15e s. abrite cet établissement familial. Poutres, plancher et parements de briques confèrent aux lieux un cachet rustique. L'été, repas en terrasse.

616

DEN HAAG

P Zuid-Holland 532 K 10 et 715 D 5 – 463 826 h.

Amsterdam 55 ② – Bruxelles 182 ④ – Rotterdam 27 ④ – Delft 13 ④.

RENSEIGNEMENTS PRATIQUES

🛈 Kon. Julianaplein 30. ⊠ 2595 AA. ℘ 0 900-340 35 05, info@vvvdenhaag.nl, Fax (070) 347 21 02.

✈ Amsterdam-Schiphol Nord-Est : 37 km ℘ (020) 794 08 00 – Rotterdam Sud-Est : 17 km ℘ (010) 446 34 44, Fax (020) 446 34 99.

🚉₁₈ à Rijswijk (BR), Delftweg 58 ⊠ 2289 AL ℘ (070) 319 24 24, Fax (070) 399 50 40 – 🚉₁₈ au Nord-Est : 11 km à Wassenaar, Groot Haesebroekseweg 22, ⊠ 2243 EC, ℘ (070) 517 96 07, Fax (070) 514 01 71 et 🚉₁₈ Dr Mansveltkade 15, ⊠ 2242 TZ, ℘ (070) 517 88 99, Fax (0 70) 551 93 02 – 🚉₁₈ à Leidschendam (CQ), Elzenlaan 31, ⊠ 2495 AZ, ℘ (070) 399 10 96, Fax (070) 399 86 15 – 🚉₉ à Kijkduin, Wijndaelerduin 25, ⊠ 2554 BX, ℘ (070) 368 66 39.

CURIOSITÉS

Voir Binnenhof★ : salle des Chevaliers★ (Ridderzaal) JY – Étang de la Cour (Hofvijver) ≤★ HJY – Lange Voorhout★ HJX – Madurodam★★ ET – Scheveningen★★.

Musées : Mauritshuis★★★ JY – Galerie de peintures Prince Guillaume V★ (Schilderijengalerij Prins Willem V) HY M² – Panorama Mesdag★ HX – Musée Mesdag★ EU – Municipal★★ (Gemeentemuseum) DEU – Bredius★ JY – Museum Beelden aan Zee★★ (Musée de la sculpture) à Scheveningen DS.

RÉPERTOIRE DES RUES DE DEN HAAG

DEN HAAG

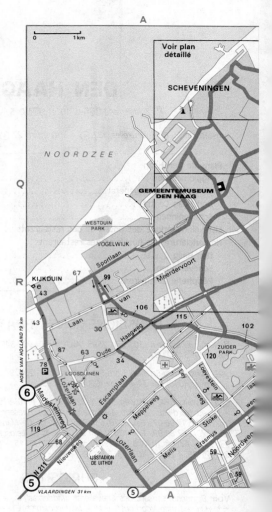

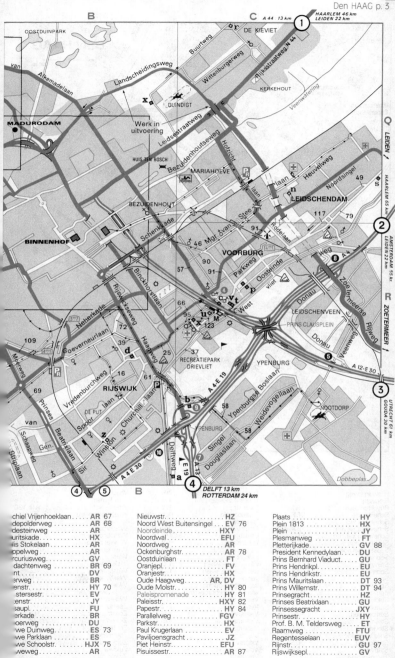

PAYS-BAS

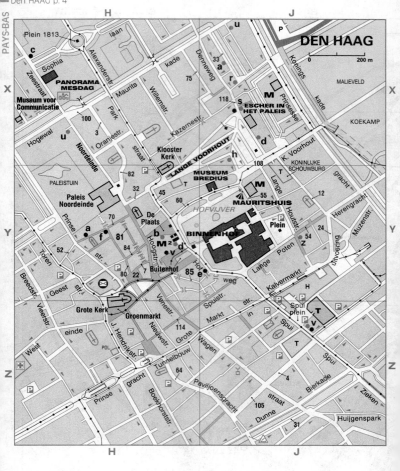

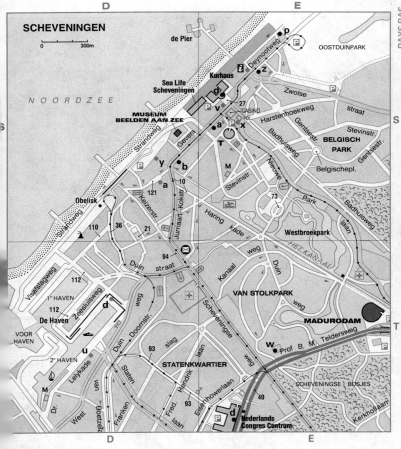

SCHEVENINGEN

0 ___ 300m

NOORDZEE

de Pier

Sea Life Scheveningen

Kurhaus

MUSEUM BEELDEN AAN ZEE

Strandweg

Gevers

Obelisk

Keizerstr.

Jurriaan Kokstr.

Haring kade

Duin straat

Kanaal weg

Visafslagweg

1ᵉ HAVEN

Zeesluisweg

De Haven

VOOR HAVEN

2ᵉ HAVEN

Lelykade

van

Dr. West

Boetzelaer

Franken laan

Staten

Fred. laan

Hendrik laan

Doornstr.

Duin

slag

STATENKWARTIER

Eisenhowerlaan

Nederlands Congres Centrum

OOSTDUINPARK

Deynootweg

Zwolse straat

Harstenhoekweg

CASINO POL

Stevinstr.

BELGISCH PARK

Belgischepl.

Gentsestr.

Stevinstr.

Badhuisweg

Nieuwe

Park laan

Westbroekpark

HET KANAAL

VAN STOLKPARK

Duin weg

Scheveningse weg

MADURODAM

Prof. B. M. Telderweg

SCHEVENINGSE BOSJES

Kerkhoflaan

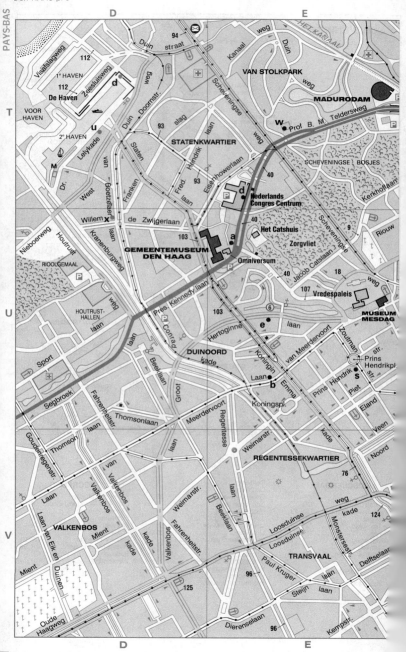

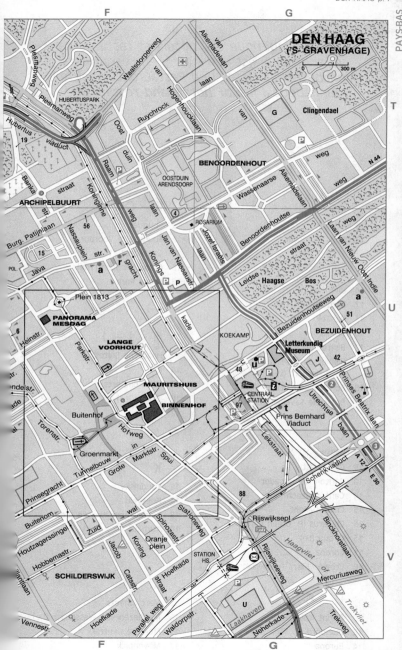

DEN HAAG
('S-GRAVENHAGE)

0   300 m

T

U

V

F   G

623

Liste alphabétique des hôtels et restaurants
Alfabetische lijst van hotels en restaurants
Alphabetisches Hotel- und Restaurantverzeichnis
Alphabetical list of hotels and restaurants

N – O

11 Novotel
13 Ombrelles (Les)

P

11 Paleis
17 Papermoon
10 Parkhotel
16 Paul van Waarden
11 Petit

R

15 Radèn Mas
12 Raffles (The)
12 Rousseau

S – T

13 Sapphire
12 Saur
16 Savarin
17 Savelberg
11 Sebel
14 Seinpost
13 Shirasagi
10 Sofitel
12 Strasbourg (Le)

V – W – Z

17 Villa la Ruche
16 Villa Rozenrust
13 Wox
13 ZouitdeZee

PAYS-BAS

Quartiers du Centre *- plans p. 5 et 6 sauf indication spéciale :*

🏨 Des Indes, Lange Voorhout 54, ✉ 2514 EG, ℰ (0 70) 361 23 45, *info@ desindes.com*, Fax *(0 70) 361 23 50* – 🛗 ✦, ▤ ch, 📺 🅿 – 🛗 25 à 100. ✸ JX s
92 ch.

♦ Stadspaleis uit het einde van de 19e eeuw, aan een lommerrijke laan vlak bij de regeringsgebouwen. Elegante lounge, kamers met stijlmeubilair, vriendelijke ontvangst en service. Klassieke, luxueus ingerichte restaurantzaal. Eigentijdse, internationale keuken.

♦ Maison de maître fin 19e s. jouxtant une place du quartier institutionnel. Élégant lounge classique, chambres avec mobilier de style, accueil et service avenants.

🏨 **Crowne Plaza Promenade,** van Stolkweg 1, ✉ 2585 JL, ℰ (0 70) 352 51 61, *inf o@ crowneplazadenhaag.nl*, Fax *(0 70) 354 10 46*, ≤, 🍴, ⅃ᵇ, ≘s, 🚴 – 🛗 ✦ ▤ 📺 ᵬch, 🅿 – 🛗 25 à 425. 🆎 ⓪ ⓪⓪ 𝗩𝗜𝗦𝗔 𝗝𝗖𝗕. ✸ rest ET w
Repas *Brasserie Promenade* Lunch 30 – 35/40, ⅂ – *Trattoria dell'Arte (fermé dim.)* (cuisine italienne, ouvert jusqu'à minuit et dîner seult en juil.-août) Lunch 29 – carte env. 48 – ⌑ 23 – **93 ch** 165/310, – 1 suite.

♦ Groot ketenhotel aan de binnenste ring, tegenover een groot park. Modern comfort in de kamers, collectie moderne schilderijen, attente service. Brasserie met ontspannen ambiance voor een eenvoudige maaltijd. Trattoria met eigentijds decor.

♦ Grand hôtel de chaîne bâti en bordure du ring intérieur, face à un vaste parc. Confort actuel dans les chambres, collection de tableaux modernes, service non somnolent. Brasserie décontractée pour un repas simple. Trattoria au cadre contemporain.

🏨 **Dorint Novotel** sans rest, Johan de Wittlaan 42, ✉ 2517 JR, ℰ (0 70) 416 91 11, *info@ dhd.dorint.nl*, Fax *(0 70) 416 91 00*, ≤, ⅃ᵇ, ≘s, 🚴 – 🛗 ✦ ▤ 📺 ᵬ ⇔ – 🛗 25 à 2000. 🆎 ⓪ ⓪⓪ 𝗩𝗜𝗦𝗔 plan p. 4 ET d
⌑ 19 – **214 ch** 310/370, – 2 suites.

♦ Strategische ligging bij het congrescentrum, moderne faciliteiten, ruime en elegante kamers, kolossale infrastructuur voor vergaderingen, interessant uitzicht, comfortabele restaurantzaal met een eigentijds decor. Dit is het hotel ten voeten uit.

♦ Emplacement stratégique "sur" le palais des congrès, installations modernes, chambres amples et pimpantes, colossale infrastructure pour séminaires et panorama intéressant.

🏨 **Carlton Ambassador** ⍐, Sophialaan 2, ✉ 2514 JP, ℰ (0 70) 363 03 63, *enouwe ns@ ambassador.carlton.nl*, Fax *(0 70) 360 05 35*, 🍴 – 🛗 ✦ ▤ 📺 – 🛗 25 à 160. 🆎 ⓪ ⓪⓪ 𝗩𝗜𝗦𝗔. ✸ HX c
Repas *Henricus (fermé sam. midi et dim. midi)* Lunch 30 – carte 41 à 49, ⅂ – ⌑ 22 – **77 ch** 175/310, – 1 suite.

♦ De kamers van dit kleine luxehotel dicht bij de ambassades en Panorama Mesdag zijn in Hollandse of Engelse stijl ingericht. De kwaliteit van de geluidsisolatie is niet overal gelijk. De eetzaal straalt rust uit. Mediterraan geïnspireerde keuken.

♦ Les chambres de ce petit palace du diplomatique quartier Mesdag sont de style hollandais ou anglais. Insonorisation inégale, mais ensemble de caractère. Apaisante salle à manger fleurie. Cuisine d'inspiration méditerranéenne.

🏨 **Bel Air,** Johan de Wittlaan 30, ✉ 2517 JR, ℰ (0 70) 352 53 54, *info@ goldentulipbel airhotel.nl*, Fax *(0 70) 352 53 53*, ≤, ▦, 🍴 – 🛗 ✦ ▤ 📺 🅿 – 🛗 25 à 250. 🆎 ⓪ ⓪⓪ 𝗩𝗜𝗦𝗔 𝗝𝗖𝗕. ✸ rest plan p. 4 EU a
Repas Lunch 23 – carte env. 38 – ⌑ 17 – **348 ch** 109/195 – ½ P 132/234.

♦ Robuust hotelcomplex waarvan de vrij ruime en zeer comfortabele kamers over negen verdiepingen verspreid liggen. Royale gemeenschappelijke ruimten.

♦ Ressource hôtelière massive dont les chambres, d'un calibre honorable et convenablement équipées, se distribuent sur neuf étages. Espaces communs de bonne ampleur.

🏨 **Sofitel,** Koningin Julianaplein 35, ✉ 2595 AA, ℰ (0 70) 381 49 01, *h0755@ accor.com*, Fax *(0 70) 382 59 27* – 🛗 ✦ ▤ 📺 ᵬch, 🍴 🅿 – 🛗 25 à 150. 🆎 ⓪ ⓪⓪ 𝗩𝗜𝗦𝗔 𝗝𝗖𝗕
Repas *(fermé sam. midi et dim. midi)* Lunch 28 – 33/38, ⅂ – ⌑ 21 – **142 ch** 140/315, – 1 suite.

♦ Dit hotel is gevestigd in een modern pand bij het station, dus praktisch voor treinreizigers De kamers bieden het comfort dat gebruikelijk is binnen de keten. Eigentijds restaurant met de ambiance van een kunstenaarsatelier.

♦ Pratique pour les utilisateurs du rail, cet hôtel occupe un immeuble contemporain jouxtant la gare. Les chambres offrent le niveau de confort habituel à l'enseigne. Table actuelle recréant l'ambiance d'un atelier d'artiste. GU

🏨 **Parkhotel** sans rest, Molenstraat 53, ✉ 2513 BJ, ℰ (0 70) 362 43 71, *info@ parkh teldenhaag.nl*, Fax *(0 70) 361 45 25*, 🍴 – 🛗 ✦ 📺 ⇔ – 🛗 25 à 200. 🆎 ⓪ ⓪⓪ 𝗩𝗜𝗦 𝗝𝗖𝗕 HY
120 ch ⌑ 125/275.

♦ Dit etablissement is gebouwd in 1912 en grenst aan de tuin van Paleis Noordeind Moderne kamers op vier verdiepingen, die in 2004 een facelift hebben ondergaan.

♦ Cet établissement créé en 1912 avoisine l'agréable parc arboré du Paleis Noordeind Ses chambres modernes distribuées sur quatre étages retrouvaient l'éclat du neuf € 2004.

🏨 **Corona**, Buitenhof 42, ✉ 2513 AH, 🖉 (0 70) 363 79 30, info@corona.nl, Fax (0 70) 361 57 85 – 📳 📺 🚘 – 🏄 25 à 100. 🆎 ⑩ 🕔 🆚   HY v
Repas voir rest *Marc Smeets* ci-après – 🍴 16 – **35 ch** 109/179, – 1 suite.
◆ Klein hotelcomplex aan het Buitenhof, dat drie herenhuizen omvat. Keurige kamers die in grootte variëren. Clientèle van ministers en diplomaten.
◆ Sur la place du Buitenhof, petit hôtel occupant trois maisons de maître. Coquettes chambres bourgeoises de différentes tailles. Clientèle ministérielle et diplomatique.

🏨 **Mercure Central**, Spui 180, ✉ 2511 BW, 🖉 (0 70) 363 67 00, h1317@accor.com, Fax (0 70) 363 93 98 – 📳 ✻ 🗐 📺 🔥 – 🏄 25 à 135. 🆎 ⑩ 🕔 🆚, ✎   JZ v
Repas (dîner seult) carte env. 35, ♀ – 🍴 17 – **156 ch** 85/185, – 3 suites – ½ P 118/132.
◆ Goed onderhouden, functionele kamers met dubbele beglazing in een centraal gelegen pand uit de jaren tachtig van de vorige eeuw. Beperkt servicepakket. Zakelijke clientèle.
◆ Chambres fonctionnelles bien tenues et munies du double vitrage dans ce building très central édifié au cours des années 1980. Service "minimaliste". Clientèle d'affaires.

🏨 **Haagsche Suites** sans rest, Laan van Meerdervoort 155, ✉ 2517 AX, 🖉 (0 70) 364 78 79, info@haagschesuites.nl, Fax (0 70) 345 65 33, ✎, 🚲 – 📳 ✻ 📺 🅿 🆎 🕔 🆚, ✎   plan p. 4   EU b
fermé du 17 au 31 janv. – **1 ch** 300/340, – 3 suites.
◆ Klein, bijzonder select hotel waarvan het interieur getuigt van een zeer verfijnde smaak. Designtuin. Informeer naar de afgesloten privé parkeerplaats.
◆ Petit hébergement select et discret dont l'intérieur, intime, témoigne d'un sens esthétique des plus subtils. Jardin design. Entrée dérobée pour le parking privé : s'informer.

🏨 **Paleis** sans rest, Molenstraat 26, ✉ 2513 BL, 🖉 (0 70) 362 46 21, info@paleishotel.nl, Fax (0 70) 361 45 33 – 📳 ✻ 🗐 📺 🚘. 🆎 ⑩ 🕔 🆚 🌐   HY f
🍴 15 – **20 ch** 135/195.
◆ Dit kleine luxehotel is gevestigd in een pand met een fraaie, zalmkleurige voorgevel. De kamers zijn gezellig en zeer luxueus ingericht. Fraaie badkamers in klassieke stijl.
◆ Une engageante façade bourgeoise rose saumon signale ce petit hôtel de luxe où vous séjournerez dans de sémillantes chambres richement décorées. Belles salles de bains rétro.

🏨 **Novotel**, Hofweg 5, ✉ 2511 AA, 🖉 (0 70) 364 88 46, h1180@accor.com, Fax (0 70) 356 28 89 – 📳 ✻ 📺 🚘 – 🏄 25 à 100. 🆎 ⑩ 🕔 🆚 🌐   HJY e
Repas (ouvert jusqu'à 23 h) carte 23 à 37 – 🍴 16 – **106 ch** 95/165 – ½ P 70/121.
◆ Dit hotel recht tegenover het Binnenhof is gehuisvest in een voormalige bioscoop en herbergt nog altijd een winkelpassage. De moderne kamers zijn in 2004 gerenoveerd. Groot restaurant in een oude filmzaal.
◆ Cet établissement de la chaîne faisant face au Binnenhof était naguère un cinéma ; il abrite encore aujourd'hui un passage commercial. Chambres modernes refaites en 2004. Ample restaurant installé dans une ancienne salle de projection.

🏨 **Petit** sans rest, Groot Hertoginnelaan 42, ✉ 2517 EH, 🖉 (0 70) 346 55 00, info@ho telpetit.nl, Fax (0 70) 346 32 57 – 📳 ✻ 📺 🔥 🅿 🆎 ⑩ 🕔 🆚 🌐 plan p. 4   EU e
20 ch 🍴 65/110.
◆ Dit kleine familiehotel ligt wat buiten het centrum aan een grote laan met woonhuizen en beschikt over moderne kamers met eenvoudig comfort.
◆ Installé en léger retrait du centre, sur un grand boulevard résidentiel, ce brave "petit" hôtel familial renferme des chambres actuelles sobrement équipées.

🏨 **Sebel** sans rest, Zoutmanstraat 40, ✉ 2518 GR, 🖉 (0 70) 345 92 00, info@hotelsebel.nl, Fax (0 70) 345 58 55 – 📺 🚘. 🆎 ⑩ 🕔 🆚. ✎   plan p. 4   EU s
27 ch 🍴 75/95.
◆ Drie aangrenzende huizen in een doorgaande straat (tram) vormen dit eenvoudige maar vrij gerieflijke hotel. Kamers met dubbele beglazing.
◆ Trois maisons mitoyennes alignées dans une rue passagère (tramway) forment cet hôtel de confort simple mais tout à fait convenable. Chambres avec double vitrage.

🍴🍴🍴 **Calla's** (van der Kleijn), Laan van Roos en Doorn 51a, ✉ 2514 BC, 🖉 (0 70) 345 58 66,
❀ Fax (0 70) 345 57 10 – 🆎 ⑩ 🕔 🆚. ✎   JX u
fermé 24 juil.-15 août, 25 déc.-5 janv., sam. midi, dim. et lundi – **Repas** Lunch 38 – 56/91 bc, carte 73 à 97, ♀
Spéc. Brochette de Saint-Jacques à la réglisse et witlof (oct.-avril). Turbot en soufflé de pommes de terre aillées (mai-déc.). Crêpes farcies glacées et glace vanille.
◆ Dit pakhuis is verbouwd tot een eetzaal in design, met roomkleurige en koraalrode tinten en zicht op de keuken. Klassieke gerechten in een tactvol, eigentijds jasje.
◆ Entrepôt métamorphosé en salle à manger design aux tons crème et corail. Depuis l'une des tables, vue sur les cuisines d'où sortent des mets classiques actualisés avec doigté.

XX **Le Bistroquet,** Lange Voorhout 98, ⊠ 2514 EJ, ℘ (0 70) 360 11 70, *info@bistroqu et.nl, Fax (0 70) 360 55 30,* 🌣 – ■. AE ① ⓞ VISA JCB JX d
fermé 24 déc.-1ᵉʳ janv., sam. midi et dim. – **Repas** Lunch 30 – carte 46 à 64, ♌.
♦ Intieme ambiance en nostalgie naar de roaring twenties in deze gezellige bistro, die in trek is bij diplomaten en parlementsleden. De keuken is goed bij de tijd.
♦ Atmosphère intime et nostalgie des années folles dans ce chaleureux "Bistroquet" attirant la clientèle diplomatico-parlementaire du quartier. Carte au goût du jour.

XX **Saur,** Lange Voorhout 47, ⊠ 2514 EC, ℘ (0 70) 346 25 65, *restaurant.saur@12move.nl, Fax (0 70) 362 13 13,* 🌣, Produits de la mer – ■. AE ① ⓞ VISA JX h
fermé 27 mars, 16 mai, 25 et 26 déc., 1ᵉʳ janv., sam. midi et dim. – **Repas** Lunch 30 – carte 50 à 73, ♌.
♦ Vis, kreeft en fruits de mer spartelen van ongeduld om via de pan de eeuwige roem tegemoet te gaan in dit welbekende restaurant. Moderne, chique brasserieambiance. Oesterbar.
♦ Poissons, homards et coquillages se disputent pour passer à la casserole dans cette maison connue de longue date à La Haye. Ambiance brasserie moderne chic. Bar à huîtres.

XX **Marc Smeets** - H. Corona, Buitenhof 42, ⊠ 2513 AH, ℘ (0 70) 363 79 30, *rest.mar csmeets@planet.nl, Fax (0 70) 361 57 85,* 🌣 – AE ① ⓞ VISA JCB. 🌣 HY v
fermé dim. – **Repas** Lunch 33 – carte 48 à 62, ♌.
♦ Chic restaurant op de benedenverdieping van hotel Corona. Mooie eetzaal met art deco en een ingetogen sfeer. De kaart is goed bij de tijd.
♦ Restaurant chic installé au rez-de-chaussée de l'hôtel Corona. Belle salle à manger d'inspiration Art déco, où flotte une atmosphère feutrée ; carte au goût du jour.

XX **Julien,** Vos in Tuinstraat 2a, ⊠ 2514 BX, ℘ (0 70) 365 86 02, *info@julien.nl, Fax (0 70) 365 31 47* – AE ① ⓞ VISA JCB JX s
fermé dim. – **Repas** Lunch 30 – carte 46 à 75, ♌.
♦ Echt iets voor liefhebbers van art nouveau ! Zalen, mezzanine en bar met ambiance fin de siècle. De klassieke keuken valt in de smaak bij politici en de koninklijke familie.
♦ Une table qui ravira les entichés d'Art nouveau. Salles feutrées, mezzanine et bar à l'ambiance 1900. Cuisine classique goûtée par le monde politique et la famille royale.

XX **Rousseau,** Van Boetzelaerlaan 134, ⊠ 2581 AX, ℘ (0 70) 355 47 43, 🌣 –
ⓞ VISA plan p. 4 DU x
fermé du 6 au 14 fév., 24 juil.-15 août, 24 déc.-2 janv., sam. midi, dim. et lundi – **Repas** Lunch 25 – 30/89 bc.
♦ Hier waart de geest rond van Rousseau, naamgenoot van de patron. Een fresco in de stijl van deze Franse schilder siert de eetzaal. Goed doordachte en seizoengebonden kaart.
♦ L'esprit du Douanier Rousseau - homonyme du patron - a investi les lieux. Une jolie fresque à sa façon orne la salle de restaurant. Carte saisonnière bien pensée.

XX **The Raffles,** Javastraat 63, ⊠ 2585 AG, ℘ (0 70) 345 85 87, *Fax (0 70) 356 00 84,* Cuisine indonésienne – ■. AE ① ⓞ VISA. 🌣 FU r
fermé fin juil.-début août et dim. – **Repas** (dîner seult) carte 31 à 47, ♌.
♦ Hier wordt een smaakvolle en authentieke Indonesische keuken in een passend decor geserveerd. Is het toeval dat dit adres in de Javastraat is te vinden?
♦ Savoureuse et authentique cuisine indonésienne servie dans un cadre approprié. Est-ce un hasard, d'ailleurs, si cette "rue de bouche" porte le nom de Javastraat ?

XX **Le Strasbourg,** Laan van Nieuw Oost Indië 1f, ⊠ 2593 BH, ℘ (0 70) 383 88 56, *inf o@lestrasbourg.nl, Fax (0 70) 335 15 80,* 🌣 – AE ⓞ VISA JCB GU a
fermé 2 sem. en mai, 2 sem. en août, 2 sem. en janv., dim. et lundi – **Repas** (dîner seult) 40/50 bc, ♌.
♦ De naam van dit adresje zegt het al : u vindt hier gerechten en wijnen uit de Elzas. Aan de achterkant ligt een binnenplaatsje waar 's zomers wordt geserveerd.
♦ L'enseigne de cette petite adresse donne le ton : mets et cave influencés par l'Alsace. L'arrière du restaurant s'ouvre sur une courette où l'on dresse le couvert en été.

XX **Koesveld,** Maziestraat 10, ⊠ 2514 GT, ℘ (0 70) 360 27 23, *Fax (0 70) 360 27 23,* 🌣
– AE ① ⓞ VISA HX l
fermé juil.-août, 15 déc.-3 janv., sam. midi, dim. et lundi – **Repas** Lunch 20 – carte 33 à 43, ♌.
♦ Dit kleine restaurant tussen Panorama Mesdag en het Paleis Noordeinde draai een trendy culinair repertoire. Gerechten met een zuidelijk accent worden royaa geserveerd.
♦ Entre le Panorama Mesdag et le Paleis Noordeinde, petite table interprétant u répertoire culinaire en phase avec l'époque. Plats aux accents du midi ; portion généreuses.

XX **Sapphire** 25e étage, Jan van Riebeekstraat 571, ⊠ 2595 TZ, 𝒫 (0 70) 383 67 67, *inf o@sapphire.nl*, Fax *(0 70) 347 50 54*, ❄ ville, Cuisine chinoise – 📶 🔲 📺, 🝙 💳
VISA, ❄ GU t
fermé 2 dern. sem. vacances bâtiment, sam. midi, dim. midi et jours fériés midi – **Repas**
Lunch 16 – 26/68.
  ◆ Dit panoramische restaurant boven in een hoge toren biedt een duizelingwekkend uit-
zicht over de stad. Chinese kaart met gerechten uit Canton en Sichuan.
  ◆ Perché au sommet d'une haute tour, ce restaurant panoramique offre un coup
d'oeil vertigineux sur la ville. Carte chinoise parcourant les régions de Canton et du
Sichuan.

X **ZouitdeZee,** Hooikade 14, ⊠ 2514 BH, 𝒫 (0 70) 346 26 03, Fax *(0 70) 365 40 76*, ☂,
Produits de la mer – 🔲. 🝙 💳 **VISA** JX a
fermé 19 juil.-8 août, 27 déc.-2 janv., dim. et lundi – **Repas** (dîner seult) carte 39 à 66,
♀.
  ◆ Intiem restaurant in een uitgaanswijk, tegenover een gracht. Mooi terras aan de
voorkant, interieur met een mix van oud en modern, actuele kaart met vis als
hoofdmoot.
  ◆ Table intime située dans un quartier de sorties, devant un canal. Jolie terrasse
sur le devant, intérieur mariant le moderne et l'ancien, carte actuelle à dominante
littorale.

X **Le Bistrot de la Place Chez Norbert,** Plaats 27, ⊠ 2513 AD, 𝒫 (0 70) 364 33 27,
Fax *(0 70) 364 33 27*, ☂ – 🝙 💳 **VISA** HY b
fermé 20 juil.-10 août, 29 déc.-5 janv., sam. et dim. – **Repas** *Lunch 30 –* carte 41
à 59, ♀.
  ◆ Een mooi scala van traditionele en klassieke gerechten bij deze Norbert op de Plaats,
een bistro met een eenvoudig decor en de "bouchon lyonnais" ambiance.
  ◆ Un bel éventail de préparations traditionnelles et bourgeoises vous attend chez
Norbert, bistrot dont l'atmosphère, autant que le décor, rappelle les "bouchons
lyonnais".

X **Shirasagi,** Spui 170 (transfert prévu), ⊠ 2511 BW, 𝒫 (0 70) 346 47 00, *shirasagi@
planet.nl*, Fax *(0 70) 346 26 01*, Cuisine japonaise avec Teppan-Yaki – 🔲 📺. 🝙 ① 💳 **VISA**
JCB. ❄ JZ v
fermé 31 déc.-3 janv., sam. midi, dim. midi et lundi midi – **Repas** *Lunch 23 –* 33/73.
  ◆ Decor en keuken uit het land van de rijzende zon in dit restaurant naast een ketenhotel.
Keuze uit de kaart, waarop ook menu's staan, of formule teppan-yaki.
  ◆ Décor intérieur et cuisine à l'emblème du soleil levant pour le Shirasagi, restaurant adossé
à un hôtel de chaîne. Choix à la carte - avec menus - ou formule Teppan-Yaki.

X **Les Ombrelles,** Hooistraat 4a, ⊠ 2514 BM, 𝒫 (0 70) 365 87 89, *info@lesombrelles.nl*,
☂, Produits de la mer – 📺. 🝙 💳 **VISA** **JCB**. ❄ JX r
fermé 25 déc.-5 janv., sam. midi et dim. – **Repas** *Lunch 28 –* 32/60 bc.
  ◆ Dit in vis gespecialiseerde restaurant - een plaatselijk begrip - doet blijkbaar ook in parasols, als we tenminste afgaan op de naam en het decor. Terras aan het water.
  ◆ Spécialisée dans les produits de la mer, cette véritable institution locale fait aussi dans
l'ombrelle, comme en témoignent enseigne et décor. Terrasse au bord de l'eau.

X **Wox,** Buitenhof 36, ⊠ 2513 AH, 𝒫 (0 70) 365 37 54, Fax *(0 70) 364 83 79*, Avec cuisine
asiatique – 🔲 – ♨ 25. 🝙 💳 **VISA** **JCB**. ❄ HY d
fermé mi-juil.-mi-août, sam. midi, dim., lundi et mardi midi – **Repas** carte 30 à 65, ♀.
  ◆ Een populair restaurant dat uitkijkt op het Binnenhof. Trendy seizoenkeuken, maar ook
enkele Aziatisch georiënteerde gerechten. Ambiance tikje hype.
  ◆ Restaurant en vogue s'ouvrant sur le Buitenhof. La carte privilégie les saveurs du moment
et comporte quelques mets aux accents asiatiques. Ambiance un rien "hype".

X **Fouquet,** Javastraat 31a, ⊠ 2585 AC, 𝒫 (0 70) 360 62 73, *denhaag@fouquet.nl*,
Fax *(0 15) 361 34 55*, ☂ – 🝙 ① 💳 **VISA** FU a
Repas (déjeuner sur réservation) carte 23 à 34, ♀.
  ◆ Gezellig restaurant met drie keurige eetkamers en suite en een leuk terras aan
de achterzijde. De maaltijden zijn gelardeerd met mediterrane invloeden, net als het
interieur.
  ◆ Brasserie accueillante formée de trois pièces coquettes en enfilade, plus une jolie
terrasse arrière. Repas semé de connotations méditerranéennes ; décor intérieur
de même.

X **Basiliek,** Korte Houtstraat 4a, ⊠ 2511 CD, 𝒫 (0 70) 360 61 44, *debasiliek@wanadoo.nl*,
Fax *(0 70) 399 55 99*, ☂ – 💳 **VISA** JY z
fermé 25 juil.-8 août, 24 déc.-3 janv., sam. midi, dim. et lundi – **Repas** carte env.
36, ♀.
  ◆ Dit restaurant midden in het centrum heeft een bistroachtige ambiance en een eigentijds
georiënteerde menukaart. Bij mooi weer kan buiten worden gegeten.
  ◆ En plein centre-ville, affaire familiale affichant un petit air "bistrot" et misant sur une
carte actuelle. Lorsque la météo est clémente, le repas est servi en terrasse.

à Scheveningen - *plan p. 7* - Ⓒ *'s-Gravenhage* – *Station balnéaire*★★ – *Casino* ES, *Kurhausweg 1,* ✉ *2587 RT,* ℰ *(0 70) 306 77 77, Fax (0 70) 306 78 88.*
🛈 *Gevers Deynootweg 1134,* ✉ *2586 BX,* ℰ *0 900-340 35 05, scheveningen@spdh.net,* Fax (0 70) 352 04 26

 Kurhaus, Gevers Deynootplein 30, ✉ 2586 CK, ℰ (0 70) 416 26 36, *info@kurhaus.nl,* *Fax (0 70) 416 26 46,* ≤, ℗, 🛁, 🚗 – 🛗 🛎 ▤ 📺 👶ch, 📠, 🔒 35 à 600. 🆎 ⓞ ⓒⓞ
🆅🆂🅰 🅹🅲🅱. 🛠 rest   ES d
Repas voir rest **Kandinsky** ci-après – **Kurzaal** (avec écailler) *Lunch* 25 – 28/41 bc, ♀ – 🍴 22 – **245 ch** 215/291, – 10 suites – ½ P 115/200.
✦ Dit luxueuze hotel aan de boulevard heeft stijlvolle kamers met alle moderne comfort. De prachtige concertzaal uit het einde van de 19e eeuw is nu een restaurant. Up-to-date maaltijden, oesters en mosselen onder de schitterende koepel van de Kurzaal.
✦ Ce palace somptueux bordant la plage renferme une remarquable salle de concert fin 19e s. convertie en restaurant. Chambres raffinées, offrant tout le confort moderne. Banc d'écailler et repas au goût du jour sous la superbe coupole du Kurzaal.

 Europa, Zwolsestraat 2, ✉ 2587 VJ, ℰ (0 70) 416 95 95, *europa@bilderberg.nl,* *Fax (0 70) 416 95 55,* 🍴, 🚗, 🔲 – 🛗 ╘, ▤ rest, 📺 🍴 🚗 – 🔒 25 à 460.   ES z
ⓒⓞ 🆅🆂🅰 🅹🅲🅱. 🛠 rest
Repas Mangerie Oxo *(fermé 25, 26 et 31 déc.)* (dîner seult jusqu'à 23 h) 33, ♀ – 🍴 18 – **174 ch** 89/219 – ½ P 97/140.
✦ Dit hotel aan een kruispunt achter de Scheveningse boulevard is onlangs gerenoveerd. Moderne kamers met balkon, goed uitgerust en met geluidsisolatie. Sommige kijken uit op zee. Zeer trendy decor in het restaurant, dat een al even trendy menukaart heeft.
✦ Rénovations récentes pour cet hôtel jouxtant un carrefour proche de la digue. Chambres actuelles avec balcon, bien équipées et insonorisées. Certaines ont vue sur la mer. Restaurant au décor très "tendance", maniant un répertoire culinaire à la page.

🏨 **Carlton Beach,** Gevers Deynootweg 201, ✉ 2586 HZ, ℰ (0 70) 354 14 14, *info@b* *each.carlton.nl, Fax (0 70) 352 00 20,* ≤, 🍴, 🛁, 🚗, 🔲, 🏊 – 🛗 ╘ 📺 📠 – 🔒 25 à 250. 🆎 ⓞ ⓒⓞ 🆅🆂🅰 🅹🅲🅱. 🛠 rest   ES p
Repas (produits de la mer) 30 – 🍴 21 – **183 ch** 190/245.
✦ Modern gebouw aan het einde van de Scheveningse boulevard. De gemoderniseerde kamers en appartementen kijken uit op het strand of op de parking. Goede geluidsisolatie. Sportvoorzieningen. Het restaurant heeft een glazen koepel. Grillades en zeeproducten.
✦ Building contemporain posté au bout de la digue. Chambres et appartements donnent côté plage ou parking. Bonne isolation phonique. Infrastructure sportive assez complète. Restaurant coiffé d'une délicate verrière. Choix de grillades et produits de la mer.

🏨 **Badhotel,** Gevers Deynootweg 15, ✉ 2586 BB, ℰ (0 70) 351 22 21, *info@badhotel* *scheveningen.nl, Fax (0 70) 355 58 70* – 🛗 ╘ ▤ 📺 📠 – 🔒 25 à 100. 🆎 ⓞ ⓒⓞ 🆅🆂🅰
🅹🅲🅱   DS b
Repas (dîner seult) 28/33 – 🍴 15 – **90 ch** 105/158.
✦ Dit blokvormige hotel staat aan de hoofdweg door de badplaats, halverwege het centrum van Scheveningen en de haven. De kamers aan de achterkant liggen dus wat rustiger. Het restaurant serveert actuele gerechten met "zeewaardige" componenten.
✦ Bâti à mi-chemin du centre de Scheveningen et du port, cet immeuble bloc domine l'artère principale de la station ; ses chambres sont donc un peu plus quiètes à l'arrière. Restaurant servant de la cuisine actuelle à composantes marines.

🏠 **Ibis,** Gevers Deynootweg 63, ✉ 2586 BJ, ℰ (0 70) 354 33 00, *h1153@accor.com,* *Fax (0 70) 352 39 16* – 🛗 ╘ 📺 🔓 📠 – 🔒 25 à 40. 🆎 ⓞ ⓒⓞ 🆅🆂🅰   ES a
Repas (dîner seult) carte 23 à 32 – 🍴 10 – **88 ch** 70/105.
✦ Hotel boven de grote boulevard van Scheveningen. De twee typen kamers, "economy" en "standard", voldoen aan de normen van de hotelgroep. De keuken volgt de voorschriften van Ibis trouw op. De bezienswaardigheden van de badplaats liggen in de nabijheid.
✦ Hôtel surplombant le grand boulevard de Scheveningen. Chambres "economy" et "standard", conformes aux normes de la chaîne. Proximité de toutes des curiosités de la station. Table bien en phase avec les préceptes Ibis.

XXX **Seinpost,** Zeekant 60, ✉ 2586 AD, ℰ (0 70) 355 52 50, *mail@seinpost.nl, Fax (0 70)* *355 50 93,* ≤, Produits de la mer – ▤. 🆎 ⓞ ⓒⓞ 🆅🆂🅰 🅹🅲🅱   DS
fermé sam. midi, dim. et jours fériés – **Repas** *Lunch* 40 – 50/112 bc, ♀ 🍴.
✦ Neptunus kijkt uit over dit ronde paviljoen waar zeebanket de verleidelijke kaart beheerst. De moderne, comfortabele eetzaal heeft een nieuwe look. Mooi uitzicht op de zee.
✦ Le dieu Neptune domine ce pavillon en rotonde où les produits marins règnent sur une carte attrayante. Confortable salle à manger contemporaine relookée ; belle vue balnéaire.

PAYS-BAS

XXX **Kandinsky** - H. Kurhaus, Gevers Deynootplein 30, ☒ 2586 CK, 𝒫 (0 70) 416 26 36, *inf o@kurhaus.nl*, Fax (0 70) 416 26 46, ≤, 斎 – ▤ ⊡ P. ﷽ ⊕ ⊕ 𝐕𝐈𝐒𝐀 𝐉𝐂𝐁. ❀ES d *fermé 31 déc., sam. midi et dim.* – **Repas** (dîner seult en juil.-août) *Lunch 30* – carte 50 à 79, ♀.

• Elegant, modern restaurant in de parel van de lokale hotellerie. Comfortabele eetzaal in beige tinten. Klassieke keuken met een bescheiden, eigentijds tintje.
• Table élégante et moderne incorporée au plus beau fleuron de l'hôtellerie de la station. Confortable salle à manger dans tons beige. Cuisine classique sobrement actualisée.

XX **Le Cirque** (Kranenborg), Circusplein 50, ☒ 2586 CZ, 𝒫 (0 70) 416 76 76, *info@restauran tlecirque.com*, Fax (0 70) 416 75 37 – ▤ ⊡ le soir uniquement. ﷽ ⊕ ⊕ 𝐕𝐈𝐒𝐀. ❀ ES x
ₑ₃ *fermé 31 déc., 1ᵉʳ janv. et lundi* – **Repas** (dîner seult sauf sam. et dim.) 50/60, ♀
Spéc. Ravioli de girolles à la crème d'ail. Saint-pierre laqué aux clémentines et limon. Crumble au beurre salé et poires confites.

• In dit nieuwe designrestaurant bij het Circustheater geniet vanaf 18 uur het theater-publiek van één menu. De chef regisseert zijn culinaire creaties vanaf 20 uur.
• Nouveau restaurant design accolé au Circustheater. Formule menu "d'avant-spectacle" au service de 18h, tandis qu'une carte créative et élaborée est présentée à partir de 20h.

XX **Cap Ouest**, Schokkerweg 37, ☒ 2583 BH, 𝒫 (0 70) 306 09 35, *info@capouest.nl*, Fax (0 70) 350 84 54, ≤, 斎, Produits de la mer – ▤. ﷽ ⊕ ⊕ 𝐕𝐈𝐒𝐀 𝐉𝐂𝐁 DT d
Repas *Lunch 20* – 40, ♀.

• Dit restaurant boven de kaden onthaalt zijn gasten op gerechten waarin vis de hoofd-moot is. De moderne eetzaal kijkt uit op de vissers- en jachthaven.
• Une cuisine à dominante iodée vous attend dans ce pavillon en surplomb des quais, dont la salle à manger, moderne, offre une échappée sur les ports de pêche et de plaisance.

XX **Radèn Mas,** Gevers Deynootplein 125, ☒ 2586 CR, 𝒫 (0 70) 354 54 32, Fax (0 70) 350 60 42, Avec cuisine indonésienne – ▤. ﷽ ⊕ ⊕ 𝐕𝐈𝐒𝐀. ❀ ES v
Repas carte 31 à 65.

• Een stukje Verre Oosten aan het levendige plein van Scheveningen. Op het menu : Indo-nesische specialiteiten, inclusief de rijsttafels, en Chinese gerechten. Javaanse ambiance.
• Étape extrême-orientale sur la place animée de Scheveningen. Au menu : spécialités indonésiennes - incluant des tables de riz - et plats chinois. Ambiance "javanaise".

XX **China Delight,** Dr Lelykade 116, ☒ 2583 CN, 𝒫 (0 70) 355 54 50, *info@chinadelight.nl*, Fax (0 70) 354 66 52, Cuisine chinoise – ⊕ ⊕ 𝐕𝐈𝐒𝐀. ❀ DT u
Repas (déjeuner sur réservation) carte 24 à 32.

• Groot Chinees restaurant in een voormalig havenpakhuis. De respectabele kaart voert de gast naar Peking en Sichuan. Het interieur is net zo gelakt als de pekingeend.
• Ample restaurant chinois occupant un ancien entrepôt posté au bord d'un bassin. Son "honorable" carte vous emmène vers Pékin et le Sichuan. Décor laqué, comme le canard.

X **Le Bon Mangeur,** Wassenaarsestraat 119, ☒ 2586 AM, 𝒫 (0 70) 355 92 13, *info@ lebonmangeur.nl* – ﷽ ⊕ ⊕ 𝐕𝐈𝐒𝐀. ❀ DS a
fermé dern. sem. juil.-2 prem. sem. août, dern. sem. déc., dim. et lundi – **Repas** (dîner seult) 29/38.

• In dit sympathieke restaurantje van de familie Bast zitten de gasten gezellig dicht bij elkaar. Kaart met elke maand een nieuw meerkeuzemenu. Open keuken. Vaste klantenkring.
• On mange au coude à coude à cette sympathique petite adresse familiale dont la carte comprend un menu multi-choix recomposé chaque mois. Cuisines à vue ; clientèle d'habi-tués.

à Kijkduin *Ouest : 4 km - plan p. 2 - ⊡ 's-Gravenhage :*

🏠🏠 **Atlantic,** Deltaplein 200, ☒ 2554 EJ, 𝒫 (0 70) 448 24 82, *info@atlantichotel.nl*, Fax (0 70) 368 67 21, ≤, 斎, 🔲, 🚲 – 📶 ✉ 📺 P. – 🔩 25 à 300. ﷽ ⊕ ⊕ 𝐕𝐈𝐒𝐀 𝐉𝐂𝐁. ❀ rest AR e
Repas *Lunch 28* – carte env. 40, ♀ – **152 ch** ☒ 158/260 – ½ P 117/158.

• Uitzicht op het strand of de duinen vanuit de meeste kamers en studio's in dit hotel, dat boven de zeewering uittorent. Vriendelijke ontvangst en service. Zwembad en sauna. De eetzaal kijkt uit op de zee.
• Vue sur la plage ou les dunes depuis la plupart des chambres et studios de cet hôtel surveillant la digue. Accueil et service avenants. Piscine et espace de relaxation. Salle à manger offrant une échappée en direction du large.

Environs

Leidschendam - *plan p. 3* ⊡ *Leidschendam-Voorburg 73 747 h :*

🏠🏠🏠 **Green Park,** Weigelia 22, ☒ 2262 AB, 𝒫 (0 70) 320 92 80, *info@greenpark.nl*, Fax (0 70) 327 49 07, ≤, 𝕴, 🚲 – 📶 📺 – 🔩 25 à 250. ﷽ ⊕ ⊕ 𝐕𝐈𝐒𝐀 CQ n
Repas voir rest **Chiparus** ci-après – ☒ 16 – **92 ch** 99/175, – 4 suites – ½ P 98.

• Dit grote ketenhotel is gebouwd op palen, aan de rand van een grote plas. Modern comfort in de kamers, die rond een licht atrium liggen. Attente service.
• Grand hôtel de chaîne construit sur pilotis, au bord d'un étang. Confort actuel dans les chambres, réparties autour d'un lumineux atrium. Service prévenant.

XXX **Villa Rozenrust,** Veursestraatweg 104, ✉ 2265 CG, ℘ (0 70) 327 74 60, *villarozenr ust@planet.nl*, Fax (0 70) 327 50 62, 斧 – **P. AE ① ⓿ VISA** CQ s
fermé mardi, merc. et sam. midi – **Repas** (menu unique) 35/75, ♀.

● Prachtige, oude villa met een romantische ambiance. De keuken volgt de smaak van de dag. Eén menu. 's Zomers wordt in de tuin geserveerd. Groentekwekerij ter plaatse.

● Belle villa ancienne entretenant une ambiance romantique. Offre culinaire au goût du jour, réduite à un seul menu. Restaurant d'été dans le jardin. Légumes cultivés sur place.

XX **Chiparus** - H. Green Park, Weigelia 22, ✉ 2262 AB, ℘ (0 70) 320 92 80, *info@ green park.nl*, Fax (0 70) 327 49 07, ≤, 斧 – ▤. **AE ① ⓿ VISA**. ⅍ CQ n
Repas *Lunch 30* – carte 33 à 52, ♀.

● Dit restaurant met uitzicht op het water is genoemd naar een Roemeense beeldhouwer uit de 20e eeuw. Eigentijdse, mediterraan georiënteerde kaart. Terras aan het meer.

● Un sculpteur roumain du 20e s. prête son nom à cette table procurant une vue sur l'eau. Carte actuelle tournée vers la Méditerranée. Terrasse au bord du lac.

à Rijswijk - *plan p. 3* – *48 094 h*

🏠 **The Grand Winston** Generaal Eisenhowerplein 1, ✉ 2288 AE, ℘ (0 70) 414 15 00, *info@grandwinston.nl*, Fax (0 70) 414 15 10, ♨ – 🛗 ⟊ ▤ ⓣⓥ ⅙ P. – 🔄 25 à 200. AE ① ⓿ VISA JCB BR z
Repas *voir rest **Imko Binnerts** ci-après* – **The Grand Canteen** carte 30 à 50, ♀ – ⚏ 18 – **245 ch** 109/215, – 7 suites – ½ P 138/265.

● In dit nieuwe designhotel naast het station van Rijswijk haalt u onder het toeziend oog van Sir Winston Churchill uw sleutel op. De kamers liggen verspreid over twee moderne torens. Lounge-bar en trendy brasserie met een uitgebreide kaart.

● Vous retirerez votre clé sous l'oeil sévère de Sir Winston Churchill dans ce nouvel hôtel d'esprit design côtoyant la gare de Rijswijk. Chambres distribuées dans deux tours. "Lounge-bar" et brasserie "dernière tendance" présentant une carte diversifiée.

XXX **Imko Binnerts** - H. The Grand Winston, 2e étage, Generaal Eisenhowerplein 1,
❀ ✉ 2288 AE, ℘ (0 70) 414 15 14, *info@grandwinston.nl*, Fax (0 70) 414 15 10, Produits de la mer – ▤ 🚗**P**. AE ① ⓿ VISA JCB BR z
fermé 24 juil.-4 août, sam. midi et dim. – **Repas** *Lunch 38* – 58/105 bc, carte 52 à 85, ♀ 🍷

Spéc. Rouget-barbet au consommé de poivron rouge (avril-sept.). Salade niçoise maison. Turbot grillé et sa béarnaise.

● Verfijnde visgerechten worden geserveerd in een "hangende" designeetzaal, waar een glaswand met virtueel mozaïek voor een telkens wisselend lichtspel zorgt.

● Fine cuisine littorale servie dans une salle design "suspendue". Éclairage évolutif assuré par un mur vitré formant une mosaïque virtuelle qui filtre la lumière extérieure.

XXX **Savarin,** Laan van Hoornwijck 29, ✉ 2289 DG, ℘ (0 70) 307 20 50, *info@savarin.nl*, Fax (0 70) 307 20 55, 斧 – **P**. – 🔄 25 à 120. AE ① ⓿ VISA JCB CR b
fermé 24 déc.-1er janv., sam. midi et dim. midi – **Repas** *Lunch 30* – 35/45, ♀.

● Boerderij uit 1916, waar een inventieve keuken wordt bereid. In de eetzaal zijn rustiek en design sfeervol gecombineerd. 's Zomers kunt u buiten eten. Moderne vergaderruimten.

● Ancienne ferme de 1916 où l'on goûte une cuisine inventive dans une salle au parti pris décoratif mi-rustique mi-design. Restaurant d'été et espaces de réunions modernes.

XX **'t Ganzenest,** Delftweg 58 (près A 13 - E 19, sortie ⑧ Rijswijk-Zuid), ✉ 2289 AL, ℘ (0 70) 414 06 42, *info@ganzenest.nl*, Fax (0 70) 414 07 05, ≤, 斧 – ▤ **P. AE ① ⓿ VISA**. ⅍ BCR a
fermé 2 sem. vacances bâtiment, fin déc.-début janv., sam. midi, dim., lundi et mardi mid – **Repas** *Lunch 28* – 38/102 bc, ♀.

● Dit vriendelijke restaurant heeft een boerderijtje betrokken aan de rand van een golf terrein. Zwierig interieur, aanlokkelijke eigentijdse menukaart en heerlijk terras.

● Cet accueillant "Nid d'oie" (Ganzenest) squatte une fermette alanguie sur un terrain d golf. Décor intérieur fringant, affriolante carte au goût du jour et terrasse exquise.

X **Paul van Waarden,** Tollensstraat 10, ✉ 2282 BM, ℘ (0 70) 414 08 12, *info@pa*
❀ *vanwaarden.nl*, Fax (0 70) 414 03 91, 斧 – ▤. AE ① ⓿ VISA BR r
fermé sam. midi, dim., lundi et jours fériés dîner seult – **Repas** *Lunch 33* – 38/90 bc, cart 50 à 67, ♀.

Spéc. Quatre préparations de quatre fois différents. Cabillaud croquant au potage de po cassés et anguille fumée (21 sept.-21 mars). Tatin à la rhubarbe (mars-août).

● Paul van Waarden ontvangt u in een van de kamers "en suite" van het restaurant, d als een moderne brasserie is opgezet. Inventieve gerechten, ommuurd terras.

● Paul van Waarden vous reçoit dans l'une des pièces en enfilade qui composent so restaurant conçu à la façon d'une brasserie moderne. Mets inventifs. Terrasse clos murs.

PAYS-BAS

à Voorburg - plan p. 3 Ⓒ Leidschendam-Voorburg 73 747 h :

🏨 **Mövenpick**, Stationsplein 8, ✉ 2275 AZ, ℰ (0 70) 337 37 37, hotel-voorburg@moe venpick.com, Fax (0 70) 337 37 00, 🏤, 🚵 - 🔄 ⤢ ▭ 📺 🐶ch, ☞ - 🅰️ 25 à 180. 🆎 ⓪ ⓿ VISA JCB   CR u
Repas Lunch 16 – carte 22 à 49, ♀ – ⊆ 14 – **125 ch** 70/168.
◆ Ketenhotel met moderne vormgeving. De ruime en goed onderhouden kamers zijn functioneel en voorzien van een goede geluidsisolatie. Vriendelijke ontvangst. Aan tafel is er
keuze in overvloed : buffetten, grillgerechten, pasta's en wokgerechten.
◆ Hôtel de chaîne aux lignes modernes renfermant des chambres fonctionnelles
de bonnes dimensions, aussi correctement tenues qu'insonorisées. Accueil souriant.
À l'heure des repas, l'embarras du choix : buffets, grillades, pâtes ou plats sautés
au "wok".

XXXX **Savelberg** 🌿 avec ch, Oosteinde 14, ✉ 2271 EH, ℰ (0 70) 387 20 81, info@resta
🐦 uranthotelsavelberg.nl, Fax (0 70) 387 77 15, ≼, 🏤 - 🔄 ⤢ 📺 📇. - 🅰️ 35. 🆎 ⓪ ⓿
VISA JCB   CR p
Repas (fermé sam. midi, dim. et lundi) Lunch 43 – 60/120 bc, carte 66 à 97, ♀ ☞ – ⊆ 16
– **14 ch** 138/195 – ½ P 142
Spéc. Salade de homard maison. Turbot façon saisonnier. Pigeon de Bresse rôti au four,
artichaut violette, tomates sechées et jus d'olives vertes.
◆ De klassieke maaltijd in dit weelderige 17e-eeuwse pand is een waar festijn en een lust
voor het oog ! Uitgebreide wijnkaart. Terras aan een park. Kamers met een eigen
sfeer.
◆ Un régal doublé d'un vrai plaisir des yeux, dans une fastueuse demeure du 17e s.
Carte classique, vaste choix de vins, terrasse dominant un parc et chambres
personnalisées.

XX **Villa la Ruche**, Prinses Mariannelaan 71, ✉ 2275 BB, ℰ (0 70) 386 01 10, rest.villar
uche@worldonline.nl, Fax (0 70) 386 50 64, 🏤 - ▬. 🆎 ⓪ ⓿ VISA   CR x
fermé 25 déc.-10 janv., sam. midi, dim. et lundi - **Repas** Lunch 29 – carte 43 à 72.
◆ Eigentijds restaurant in een 19e-eeuwse villa. Klassiek ingerichte eetzaal en een terras
in de schaduw van platanen zodra de eerste mooie dagen zich aandienen.
◆ Table au goût du jour aménagée dans une villa du 19e s. Salle à manger classiquement agencée et terrasse dressée à l'ombre des platanes dès les premiers beaux
jours.

X **Brasserie Savelberg - De Koepel**, Oosteinde 1, ✉ 2271 EA, ℰ (0 70) 369 35 72,
Fax (0 70) 360 32 14, 🏤 - 🆎 ⓪ ⓿ VISA JCB   CR p
fermé 30 déc.-2 janv. - **Repas** (dîner seult jusqu'à 23 h sauf dim.) 30/37.
◆ Restaurant in een monumentaal rond pand met een fraaie koepel. Terras in de zomer
en aangenaam park voor een avondwandelingetje.
◆ Brasserie cossue aménagée dans un bâtiment monumental en forme de rotonde,
coiffé d'une jolie coupole. Terrasse estivale et parc agréable pour une promenade
digestive.

X **Fouquet**, Kerkstraat 52, ✉ 2271 CT, ℰ (0 70) 386 29 00, voorburg@fouquet.nl,
Fax (0 70) 386 55 92, 🏤 - ▬. ⓿ VISA JCB   CR t
fermé lundi - **Repas** (dîner seult) 30/40.
◆ Gastvrij restaurant in twee 19e-eeuwse panden die op de monumentenlijst
staan. Moderne brasseriestijl met spiegels, rode banken, gele muren en tafeltjes dicht op
elkaar.
◆ Ce chaleureux restaurant de style brasserie actuelle - banquettes rouges, murs
jaunes, tables accoudées et jeux de miroirs - met à profit deux maisons classées du
19e s.

X **Papermoon**, Herenstraat 175, ✉ 2271 CE, ℰ (0 70) 387 31 61, info@papermoon.nl,
Fax (0 70) 387 75 20, 🏤 - ▬. ⓿ VISA   CR c
fermé 31 déc.-1er janv. et lundi - Repas (dîner seult) 28/52 bc, ♀.
◆ Dit sympathieke adres heeft een uitnodigende, eigentijdse kaart met verschillende
menu's. Eetzaal met ingetogen sfeer.
◆ Une engageante carte actuelle annonçant plusieurs menus vous sera soumise
à cette sympathique adresse dont la salle à manger entretient une atmosphère
feutrée.

X **Le Barquichon**, Kerkstraat 6, ✉ 2271 CS, ℰ (0 70) 387 11 81, kiepkoel@wanadoo.nl
– ▬. 🆎 ⓿ VISA   CR v
fermé 2 dern. sem. juil.-prem. sem. août, 25, 26 et 31 déc., 1er janv., mardi et merc. - **Repas**
(dîner seult) carte env. 44.
◆ Dit vriendelijke restaurantje in het voetgangerscentrum draait vooral op een
bestand van klanten die de eenvoudige, klassieke maar overtuigende keuken trouw
blijven.
◆ Ce gentil petit établissement familial du centre piétonnier tourne surtout
avec sa clientèle d'assidus, fidélisée par une cuisine classique simple, mais convaincante.

PAYS-BAS

à Wassenaar *au Nord-Est : 11 km – 25 662 h*

🏨🏨 **Aub. de Kieviet** 🦢, Stoeplaan 27, ✉ 2243 CX, 🌐 *(0 70) 511 92 32, receptie@dek ieviet.nl, Fax (0 70) 511 09 69, 🍴, 🚲 – 📱 ⇆ ≡ 📺 ♿ch, 🅿 – 🈦 25 à 90. AE ① ⑩* **VISA** **JCB** plan p. 3 CQ r
fermé 31 déc.-1er janv. – **Repas** *(fermé sam. midi et dim. midi) Lunch 25 –* carte 43 à 63, 🍷 – 🕮 15 – **23 ch** 110/190, – 1 suite – ½ P 144/229.
♦ Deze herberg is gevestigd in een chique woonwijk. De opgeknapte kamers bieden een eigentijds comfort, sommige kijken uit op het fleurige zomerterras. De klassieke gerechten worden geserveerd in een comfortabele eetzaal, 's zomers buiten in het groen.
♦ Auberge à dénicher dans un quartier résidentiel huppé. Les chambres, rafraîchies, offrent le confort actuel et, pour certaines, la vue sur la terrasse fleurie en été. Repas classique dans une salle confortable ; restaurant estival animé du charme rustico-bourgeois.

🏨 **Duinoord** 🦢, Wassenaarseslag 26 (Nord-Ouest : 3 km), ✉ 2242 PJ, 🌐 *(0 70) 511 93 32, info@hotelduinoord.nl, Fax (0 70) 511 22 10, ≤, 🍴 – ⇆ 📺 – 🈦 25. AE ⑩ **VISA***
Repas *(fermé lundi midi) Lunch 20 –* 29 – **20 ch** 🕮 51/87 – ½ P 58/102.
♦ Wie huiselijke sfeer, rust en lekker eten wil combineren, is in dit imposante gebouw in de duinen op het goede adres. Keuze uit klassieke gerechten, die worden opgediend in een sfeervolle rustieke eetzaal.
♦ Cette bâtisse imposante alanguie dans les dunes fournit un hébergement valable pour qui souhaite concilier ambiance familiale, repos et plaisirs de la table. Choix de mets classiques présenté dans une salle à manger au charme rustico-bourgeois.

✕✕ **De Keuken van Waarde,** Waalsdorperlaan 43, ✉ 2244 BN, 🌐 *(0 70) 328 11 67, inf o@dekeukenvanwaarde.nl, Fax (0 70) 324 36 30, 🍴 – 🅿. AE ⑩ **VISA** **JCB*** BQ x
fermé fin juil.-début août, fin déc.-début janv., dim. et lundi – **Repas** *Lunch 35 –* 38/77 bc.
♦ Dit eigentijdse restaurant in een luxueuze villa heeft aan de voorkant een terras met teakhouten meubilair. Zeer "profi" onthaal en service. Eenvoudig, licht interieur.
♦ Restaurant au goût du jour aménagé dans une villa cossue devancée d'une terrasse garnie de meubles en teck. Accueil et service très "pro" ; décor intérieur sobre et lumineux.

✕ **De Markiezen van Wassenaer,** Langstraat 10, ✉ 2242 KM, 🌐 *(0 70) 514 34 18, Fax (0 70) 514 34 04, 🍴 – AE ① ⑩ **VISA** **JCB***
fermé dern. sem. juin, 24 déc.-10 janv., dim. et lundi – **Repas** *Lunch 20 –* 25/65, 🍷.
♦ Er rijdt een miniatuurtreintje door de eetzaal van dit restaurant, waar met kwaliteits- producten eigentijdse gerechten worden bereid. Brasserie aan de voorzijde.
♦ Un train miniature parcourt la salle à manger de ce restaurant mitonnant une cuisine d'aujourd'hui basée sur des produits choisis. Espace brasserie à l'avant.

HAAKSBERGEN *Overijssel* 🄻🄷🄸 *Z 10 et* 🄷🄸🄻 *L 5 – 24 109 h.*
Amsterdam 163 – Apeldoorn 78 – Arnhem 78 – Enschede 21.

🏨 **Morssinkhof 't Hoogeland,** Eibergsestraat 157 (N 18), ✉ 7481 HJ, 🌐 *(0 53) 573 10 20, info@hotelmorssinkhof.nl, Fax (0 53) 573 10 25, 🍴, 🚲 – 📱 ⇆ 📺 – 🈦 25 à 350. AE ① ⑩ **VISA**. 🍽 rest*
Repas *Lunch 15 –* carte 27 à 38, 🍷 – 🕮 8 – **36** ch 63 – ½ P 70/85.
♦ Dit familiehotel beschikt over prettige, eigentijdse kamers die smaakvol zijn gestoffeerd. De beste kamers liggen aan de achterkant en kijken uit op de velden. Op het lommerrijke terras worden in de zomer de tafels gedekt. Traditionele gerechten.
♦ Établissement familial disposant de chambres plaisantes et actuelles, habillées de tissus coordonnés. Les meilleures, à l'arrière, profitent du coup d'oeil sur les champs. Terrass ombragée où l'on dresse le couvert en été. Plats traditionnels.

✕✕✕ **de Blanckenborgh,** Enschedesestraat 65, ✉ 7481 CL, 🌐 *(0 53) 574 11 55, info@ blanckenborgh.nl, Fax (0 53) 574 11 65, 🍴, Avec brasserie 🌐 (0 53) 574 19 80 – 🅿 🈦 30. AE ⑩ **VISA**. 🍽*
fermé mardi et sam. midi – **Repas** *Lunch 35 –* carte env. 39, 🍷.
♦ Deze statige, neoklassieke villa in een park met moderne sculpturen werd in het beg van de 20e eeuw voor een textielbaron gebouwd. Lichte eetzaal. Zomerterras.
♦ Un parc égayé de sculptures modernes entoure cette fière villa néoclassiqu bâtie au début du 20e s. pour un baron du textile. Lumineuse salle à manger et restaura d'été.

✕✕ **Bi'j de Watermölle** 🦢, avec ch, Watermolenweg 3, ✉ 7481 VL, 🌐 *(0 53) 572 92 5 info@watermolle.nl, Fax (0 53) 572 92 05, 🍴, 🚲 – 📺 🅿. AE ① ⑩ **VISA** **JCB***
fermé 31 déc.-5 janv. – **Repas** *(fermé sam. midi et dim. midi) Lunch 30 –* 33/69 bc, 🍷 – 5 🕮 105/125 – ½ P 105.
♦ Deze boerderij in de bossen kijkt uit op een honderd jaar oude watermol Neorustieke restaurantzaal en eigentijdse menukaart. 's Zomers wordt op het terras ges veerd.
♦ Au milieu des bois, ferme regardant un moulin à eau centenaire. Salle de restau néo-campagnarde. Carte à la page, proposée en terrasse l'été venu. Chambres luxueu

HAARLEM 🅿 *Noord-Holland* 🔢🔢 M 8, 🔢🔢 M 8 *et* 🔢🔢🔢 E 4 – *147 097 h.*

Voir *Grand-Place★ (Grote Markt)* BY – *Grande église ou église St-Bavon★★ (Grote of St-Bavokerk) : grille★ du chœur, grandes orgues★, tour-lanterne★* BCY – *Hôtel de Ville★ (Stadhuis)* BY **H** – *Halle aux viandes★ (Vleeshal)* BY.

Musées : *Frans Hals★★★* BZ – *Teylers★ : dessins★* CY **M³**.

Env. *par* ③ *: 7,5 km, Champs de fleurs★★ – par* ③ *: 13 km, Parc de Keukenhof★★ (fin mars à mi-mai), passerelle du moulin* ≤★★ *– au Nord : 16 km par* ⑦*, Écluses★ d'IJmuiden.*

🔢 🔢 *par* ⑦ *: 10 km à Velsen-Zuid, Recreatieoord Spaarnwoude, Het Hoge Land 2,* ✉ *1981 LT,* 🖉 *(0 23) 538 27 08, Fax (0 23) 538 72 74.*

🏌 *au Sud-Est : 14 km par* ⑤ *à Amsterdam-Schiphol* 🖉 *(0 20) 794 08 00.*

🅱 *Stationsplein 1,* ✉ *2011 LR,* 🖉 *0 900-616 16 00, info@ vvvzk.nl, Fax (0 23) 534 05 37.*

Amsterdam 20 ⑥ *– Den Haag 59* ⑤ *– Rotterdam 79* ⑤ *– Utrecht 54* ⑤

Plans pages suivantes

Lion d'Or, Kruisweg 34, ✉ 2011 LC, 🖉 (0 23) 532 17 50, *reservations@ hotelliondor.nl,* *Fax (0 23) 532 95 43* – 🛗 ✦= , 🖴 ch, 📺 – 🔼 25 à 100. 🆎 ⓞ 🆅🆂🅰 🅹🅲🅱, ✦ rest BCX **d**
Repas *(fermé 24 déc.-5 janv. et dim. en août)* 22/28 – **34 ch** ☲ 110/190 – ½ P 94/117.
◆ Eerbiedwaardig hotel vlak bij het station, dat het zijn gasten al ruim 150 jaar naar de zin maakt. De eigentijdse kamers zijn voorzien van geluidsisolatie. Een klassieke kaart zonder poespas probeert knorrende magen te vullen.
◆ Vénérable enseigne toute proche de la gare, le Lion d'Or héberge les voyageurs depuis plus de 150 ans. Chambres de notre temps, convenablement insonorisées. Une carte classique sans complications est là pour vous apaiser, si vous avez les "crocs".

Haarlem Zuid, Toekanweg 2, ✉ 2035 LC, 🖉 (0 23) 536 75 00, *info@ haarlemzuid.v alk.nl, Fax (0 23) 536 79 80,* 🍴, 🏩, – 🛗 ✦= 📺 🅿, – 🔼 25 à 500. 🆎 ⓞ 🆅🆂🅰
Repas *(ouvert jusqu'à 23 h 30) Lunch 14* – carte 22 à 35 – ☲ 12 – **287 ch** 59/99, – 6 suites – ½ P 67/92.
◆ Dit Van der Valk kentenhotel is buiten het centrum gelegen. Gemakkelijk bereikbaar vanwege de ligging bij de snelweg en de ruime kamers.
◆ Un établissement excentré, membre de la chaîne hôtelière Van der Valk, dont le succès tient surtout à la proximité de l'autoroute et à l'ampleur des chambres. AV **b**

Joops sans rest, Oude Groenmarkt 20, ✉ 2011 HL, 🖉 (0 23) 532 20 08, *joops@ easy net.nl, Fax (0 23) 532 95 49* – 🛗 ✦= 📺 ☞ – 🔼 25 à 150. 🆎 🆐 🆅🆂🅰. ✦ CY **x**
☲ 10 – **21 ch** 65/95, – 5 suites.
◆ Betrouwbaar hotel voor wie graag in het hartje van de stad verblijft, in de onmiddellijke nabijheid van de Grote Markt en de Grote Kerk met het graf van Frans Hals.
◆ Hébergement fiable pour qui souhaite séjourner au cœur de la ville, dans le voisinage immédiat de la place du marché et de la Grande Église où repose le peintre Frans Hals.

Peter Cuyper, Kleine Houtstraat 70, ✉ 2011 DR, 🖉 (0 23) 532 08 85, *Fax (0 23) 534 33 85,* 🍴 – 🆎 🆐 🆐 BZ **s**
fermé fin déc., dim. et lundi – **Repas** *Lunch 33* – 39/64 bc, 🍷.
◆ Modern restaurant dat is gevestigd in een voormalig pandjeshuis, een monumentaal gebouw uit de 17e eeuw. Op de achterplaats wordt in de zomer een gezellig terras ingericht.
◆ Restaurant au goût du jour aménagé dans l'ancien mont-de-piété, un édifice monumental hérité du 17ᵉ s. L'arrière-cour abrite une mignonne terrasse d'été.

dè Eetkamer van Haarlem, Lange Veerstraat 45, ✉ 2011 DA, 🖉 (0 23) 531 22 61, *eetkamervanhaarlem@ hetnet.nl,* 🍴 – 🆎 ⓞ 🆐 🆅🆂🅰 🅹🅲🅱 CY **h**
fermé lundi et mardi – **Repas** *(dîner seult jusqu'à 23 h)* 25/32.
◆ Een voetgangersstraatje in het centrum leidt naar dit restaurant. Gelambriseerde eetzaal met schilderijen en nostalgische clichés van Haarlem. Eigentijdse keuken.
◆ Une rue piétonne du centre mène à cette adresse. Des toiles et clichés nostalgiques d'Haarlem égayent la salle de restaurant lambrissée. Cuisine du moment.

Lambermon's, Spaarne 96, ✉ 2011 CL, 🖉 (0 23) 542 78 04, *info@ lambermons.nl,* *Fax (0 23) 542 78 26* – 🖴. 🆎 ⓞ 🆐 🆅🆂🅰. ✦ CZ **t**
fermé dern. sem. juil.-prem. sem. août, fin déc.-début janv. et lundi – **Repas** *(dîner seult, menu unique)* 24/80, 🍷.
◆ Dit moderne restaurant in een voormalige brouwerij valt op door de prachtige bakstenen façade. Open keuken. Vanaf 18.30 uur wordt elk half uur een ander gerecht geserveerd.
◆ Une superbe façade de brique distingue ce restaurant moderne, naguère maison de brasseur. Fourneaux à vue. Un mets différent est proposé toutes les demi-heures dès 18h30.

Eetkamer Karmozijn, Gierstraat 69, ✉ 2011 GC, 🖉 (0 23) 542 10 95, *karmozijn@ cs.com* – 🆐 🆅🆂🅰 🅹🅲🅱. ✦ BZ **a**
fermé lundi et mardi – **Repas** *(dîner seult)* 35, 🍷.
◆ Dit aangename restaurantje ontvangt zijn gasten in een rustieke eetzaal waar een schouw staat met oude Delftse tegels. Kleine kaart met seizoengebonden gerechten.
◆ Cette petite table vous installe dans une salle à manger rustique garnie d'une cheminée en vieux carrelages de Delft. Menue carte misant sur les saveurs du moment.

HAARLEM

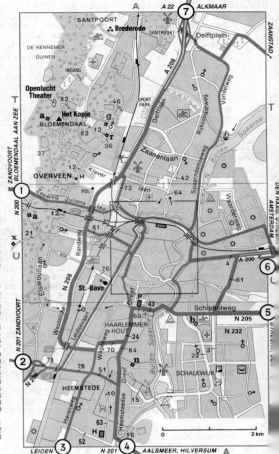

✗ **Napoli,** Houtplein 1, ⊠ 2012 DD, ℰ (0 23) 532 44 19, Fax (0 23) 532 02 38, 龠, Cuisine
italienne, ouvert jusqu'à 23 h – 〚ↇ〛 ⊙ ⊙⊙ 〚VISA〛 BZ
fermé 24 déc., 31 déc.-5 janv., sam. midi et dim. midi – **Repas** 29/60.
* Een van de bekendere ristoranti in de stad. De restaurantzaal is in tweeën gedeeld
het ene deel is meer een pizzeria, in het andere wordt de gast wat stijlvoll
ontvangen.
* L'un des "ristoranti" bien connus en ville. Espace intérieur scindé en deux parties : l'u
à vocation de pizzeria tandis que l'autre reçoit ses hôtes plus élégamment.

✗ **Aqua,** Oude Groenmarkt 12, ⊠ 2011 HL, ℰ (0 23) 532 16 99, info@aquabistro.nl, Pr
duits de la mer, ouvert jusqu'à minuit – 〚ↇ〛 ⊙ ⊙⊙ 〚VISA〛 CY
fermé dim. midi – **Repas** carte 26 à 35.
* Een restaurant met viswinkel naast de St.-Bavokerk. In het voorste gedeelte opteert m
voor de wereldkeuken, achteraan worden meer de klassieke visbereidingen geserveerd
* Devant l'église St-Bavon, restaurant-poissonnerie présentant une carte d'ori
tation cosmopolite (à l'avant) et une autre où s'illustrent les produits de la mer
l'arrière).

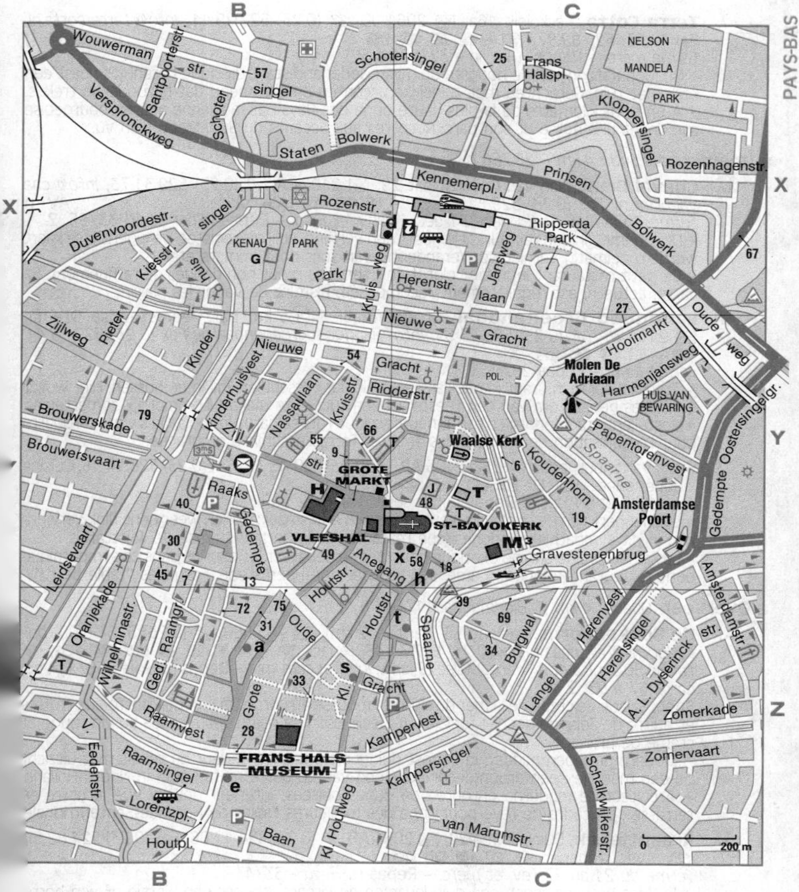

Bloemendaal *Nord-Ouest : 4 km – 17 045 h*

XX **Chapeau !** , Hartenlustlaan 2, ✉ 2061 HB, ☎ (0 23) 525 29 25, *restaurantchapeau @planet.nl, Fax (0 23) 525 53 19*, 余 – P. AE ① MC VISA JCB AT r

✿ *fermé 2 dern. sem. août, dern. sem. déc., sam. midi, dim. et lundi* – **Repas** *Lunch 38* – 53, carte 58 à 72

Spéc. Salade de Pata Negra, langoustines et crème de câpres salés. Pigeon d'Anjou rôti entier sous croûte de noisettes, foie de canard et jus de cuisson. Mousse d'orange au Campari et sorbet au fromage blanc.

◆ "Petje af" voor dit restaurant in een witte villa : eigentijdse eetzaal in grijze tinten, open keuken, voortreffelijke trendy gerechten, bediening volgens het boekje en terras.

◆ Villa blanche devancée d'une terrasse. Salle des repas actuelle vêtue d'un camaïeu de gris, fourneaux à vue, exquise cuisine à la page et service dans les règles de l'art.

XX **de Uitkijk,** Hoge Duin en Daalseweg 6, ✉ 2061 AC, ☎ (0 23) 525 11 62, *restaurant @uitkijk-kopje-bloemendaal.nl, Fax (0 23) 525 86 84*, ≤, 余 – ♿ P – 🚣 25 à 60. AE ① MC VISA AT a

fermé 29 déc.-5 janv. et lundi – **Repas** *Lunch 24* – 29/58 bc, ♀.

◆ Dit grote paviljoen ligt enigszins verscholen in een chique woonwijk. Zomerterras en eigentijdse restaurantzaal met een prachtig uitzicht op de beboste duinen.

◆ Grand pavillon un peu caché dans un quartier résidentiel chic. Terrasse estivale et salle de restaurant actuelle dévoilant une vue imprenable sur les dunes boisées.

X **Terra Cotta,** Kerkplein 16a, ⊠ 2061 JD, ℰ (0 23) 527 79 11, *info@terra-cotta.nl,*
Fax *(0 23) 525 89 97,* 🎍 – ▤. 📧 🆔 🆚 AT **g**
fermé merc. – **Repas** *Lunch 30* – 32/58 bc, ₷.
◆ Op loopafstand van de hoogste duin van Nederland staat dit oude herenhuis naast een
kerk met tuin. Gerechten met zuidelijke accenten en een menu dat bijzonder in trek is.
◆ À un petit kilomètre de la plus haute dune des Pays-Bas, ancienne maison bourgeoise
avoisinant une église et son parc. Recettes aux accents du Sud. Menu bien vu.

à Heemstede *Sud : 4 km – 25 760 h*

XX **Cheval Blanc,** Jan van Goyenstraat 29, ⊠ 2102 CA, ℰ (0 23) 529 31 73, *info@che*
val-blanc.nl, Fax (0 23) 529 61 73, 🎍 – 📧 🆔 🆚 🅹🅲🅱. ✼ AV **n**
fermé 30 avril, 5 et 24 déc., 31 déc.-7 janv. et lundi – **Repas** (dîner seult) 33/55, ₷.
◆ Dit intieme, chique restaurantje heeft een verfijnd culinair register. De eigentijdse kaart
wordt regelmatig vernieuwd. Verandering van spijs doet immers eten !
◆ Ce petit restaurant intime et plutôt chic sert des repas non dénués de raffinement. Sa
carte, actuelle, est régulièrement recomposée, histoire de varier les plaisirs.

X **Landgoed Groenendaal,** Groenendaal 3 (1,5 km par Heemsteedse Dreef),
⊠ 2104 WP, ℰ (0 23) 528 15 55, *info@landgoedgroenendaal.nl, Fax (0 23) 529 18 41,*
🎍 – 📧 🆔 🆚 🆚. ✼
fermé lundi – **Repas** 29, ₷.
◆ Traditioneel restaurant in neoklassieke stijl, dat verscholen ligt in de bossen. Hier wordt
echt alles gedaan om van een feestmaal een succes te maken. Lommerrijk zomerterras.
◆ Hostellerie traditionnelle d'esprit néo-classique retirée parmi les bois. On s'y plie en quatre
pour l'organisation de vos grandes agapes. Terrasse estivale ombragée.

X **Sari,** Valkenburgerlaan 48, ⊠ 2103 AP, ℰ (0 23) 528 45 36, *Fax (0 23) 528 14 16,* Cuisine
indonésienne – ▤. 📧 🆔 🆚 🆚. ✼
fermé 25 et 31 déc. – **Repas** (dîner seult) carte 22 à 34.
◆ Liefhebbers van de exotische keuken kunnen hun smaakpapillen weer eens flink verwennen in dit sympathieke Indonesische restaurantje in hartje Heemstede.
◆ Les amateurs de cuisine exotique pourront se dépayser les papilles dans ce sympathique
petit restaurant indonésien aménagé au cœur de Heemstede. Formules "table de riz".

à Overveen *Ouest : 4 km* 🅒 *Bloemendaal 17 045 h :*

XXXX **de Bokkedoorns,** Zeeweg 53 (par ① : 2 km), ⊠ 2051 EB, ℰ (0 23) 526 36 00, *bok*
❀❀ *kedoorns@alliance.nl, Fax (0 23) 527 31 43,* ≤ lac, 🎍 – ▤ 📧 🆔 🆚 🅹🅲🅱. ✼
fermé 30 avril, 5 et 24 déc., 27 déc.-9 janv., lundi et sam. midi – **Repas** *Lunch 45* – 58/114 bc,
carte 67 à 95, ₷ 🏡
Spéc. Salade de crabe de la mer du Nord et mousse au citron (mai-oct.). Risotto aux truffes
et huître de Zélande pochée (oct.-avril). Déclinaison de ris de veau, sauce au vin rouge et
crème de braisage.
◆ Modern paviljoen midden in bebost duingebied, designinterieur en terras met uitzicht
op een meertje : een droomdecor voor een van de beste restaurants in Noord-Holland.
◆ Architecture moderne entourée de dunes boisées, intérieur design, vue lacustre et
terrasse : un cadre de rêve pour l'une des meilleures tables de Hollande-Septentrionale.

XX **Kraantje Lek,** Duinlustweg 22, ⊠ 2051 AB, ℰ (0 23) 524 12 66, *Fax (0 23) 524 82 54*
🎍, Avec crêperie – 📧 📧 🆔 🆚 🆚 AU ‿
fermé du 21 au 27 fév. et merc. – **Repas** *Lunch 20* – 33/43.
◆ In deze herberg tegen een duin kwamen de vissers vroeger een biertje of een borre
drinken. Pannenkoeken behoren tot de specialiteiten van het huis.
◆ Les pêcheurs venaient jadis boire une bière ou un verre de genièvre dans cette vénérab'
petite auberge adossée à une dune. Les crêpes : une des spécialités de la maison.

X **'t Brouwerskolkje,** Brouwerskolkweg 5, ⊠ 2051 ED, ℰ (0 23) 524 08 61, *els_me*
hik@hetnet.nl, Fax (0 23) 524 08 61 – 📧 📧 🆔 🆚 🆚. ✼ AU
fermé 1er janv., sam. midi et dim. – **Repas** *Lunch 29* – 46/68, ₷.
◆ Restaurant een beetje verscholen in de Overveense duinen. Eigentijdse, fijn gekruie
gerechten. Mooi terras in het groen.
◆ Maisonnette embusquée dans un site de dunes boisées. Préparations actuelles a
savants dosages. Belle terrasse au vert.

Den HAM *Groningen* 🄻🄷🄸 *X 3 et* 🄷🄸🄻 *K 2 – voir à Groningen.*

HANDEL *Noord-Brabant* 🄻🄷🄸 *T 13 et* 🄷🄸🄻 *I 7 – voir à Gemert.*

Pour toutes précisions sur les prix indiqués dans ce guide,
reportez-vous aux pages explicatives.

HARDENBERG *Overijssel* 🗺 Y 7 *et* 🗺 K 4 – *57 731 h.*

🏛 *Badhuisweg 2,* ✉ *7772 XA,* 📞 *(0 523) 26 20 00, info.hardenberg@vechtdalvvv.nl,* Fax
(0 523) 26 65 95.

Amsterdam 149 – Zwolle 39 – Assen 59 – Enschede 58.

🏛 **De Rheezerbelten** 🛏, Grote Beltenweg 1, ✉ 7771 SX, 📞 (0 523) 27 10 12, *rhee
zerbelten@hetnet.nl,* Fax *(0 523) 27 06 90,* 🍽, 🚲 – 📺 🅿 – 🔥 25 à 120. 🍷 VISA. 🐾 ch
fermé mi-déc.-début janv. – **Repas** (dîner seult) 35/48 – 🍷 11 – **12** ch 48/73.

◆ Een modern gebouw in Scandinavische stijl herbergt ruime kamers en gezinsstudio's.
Bistro met neorustieke ambiance onder fraaie gewelven. In de boerderij met rieten dak
naast het hotel bevindt zich een groot pannenkoekenrestaurant.
◆ Une ferme à toit de chaume convertie en grande crêperie jouxte ce bâtiment moderne
d'esprit scandinave où des chambres spacieuses et des studios familiaux ont été aménagés.
Ambiance chaleureuse sous les jolies voûtes du bistrot au cadre néo-rustique.

à Diffelen *Sud-Ouest : 7 km* 🅲 *Hardenberg :*

🍴 **De Gloepe,** Rheezerweg 84a, ✉ 7795 DA, 📞 (0 523) 25 12 31, *info@degloepe.nl,*
Fax *(0 523) 25 20 61,* 🍽, Taverne-rest – 🅿. 🍷 VISA JCB
fermé 2 prem. sem. fév., lundi, mardi et sam. midi – **Repas** 30/35, 🍷.

◆ Het is alweer een poosje geleden dat op deze karakteristieke boerderij uit circa 1900
de dag begon met het kraaien van de haan. Een welkome onderbreking voor fietsre-
creanten.
◆ Voici bien longtemps que le chant du coq ne rythme plus la vie de cette ferme typique,
bâtie au crépuscule du 19ᵉ s. Une halte providentielle pour les randonneurs à vélo.

à Heemse *Ouest : 1 km* 🅲 *Hardenberg :*

🍴🍴🍴 **De Bokkepruik** (Istha) avec ch, Hessenweg 7, ✉ 7771 CH, 📞 (0 523) 26 15 04, *bok
kepruik@planet.nl,* Fax *(0 523) 26 74 73,* 🍽, 🌳, 🚲 – 📱 📺 🅿 – 🔥 25 à 150. 🅰🅴 ⓞ
🍷 VISA JCB. 🐾
fermé 28 déc.-8 janv. – **Repas** *(fermé sam. midi, dim. et lundi midi)* Lunch 35 – 43/95 bc,
carte 48 à 70, 🍷 – **23 ch** 🍷 57/100 – ½ P 69/88
Spéc. Saumon écossais fumé maison. Saint-Jacques rôties aux deux sauces et poireaux.
Chevreuil régional (janv.-mars, mai-août).

◆ Een klassieke Franse keuken en een origineel nieuw jasje wordt geserveerd in een comfortabele eetzaal in Engelse stijl. Bloeiende zomertuin. Praktische kamers.
◆ Cuisine escoffière revisitée avec originalité, servie dans une confortable salle à manger
d'inspiration "british". Jardin fleuri à la belle saison. Chambres pratiques.

HARDERWIJK *Gelderland* 🗺 S 8, 🗺 S 8 *et* 🗺 H 4 – *40 603 h.*

Voir *Dolfinarium★.*

🔟 🛥 *à l'Ouest : à Zeewolde, Golflaan 1,* ✉ *3896 LL,* 📞 *(0 36) 522 20 73,* Fax *(0 36)
522 41 00 et* 🛥 *Pluvierenweg 7,* ✉ *3898 LL,* 📞 *(0 320) 28 81 16,* Fax *(0 320) 28 86 18.*
🏛 *Bleek 102,* ✉ *3841 GC,* 📞 *(0 341) 42 66 66, info@vvvharderwijk.nl,* Fax *(0 341)
45 51 32.*

Amsterdam 72 – Arnhem 71 – Apeldoorn 32 – Utrecht 54 – Zwolle 42.

🏨 **Baars,** Smeepoortstraat 52, ✉ 3841 EJ, 📞 (0 341) 41 20 07, *baars@bestwestern.nl,*
Fax *(0 341) 41 87 22,* 🍽, 🚲 – 📱 🍽 📺 🍴 🅿 – 🔥 25 à 150. 🅰🅴 ⓞ 🍷 VISA JCB
Repas Lunch 15 – carte 22 à 38 – **45 ch** 🍷 75/109 – ½ P 87/128.

◆ De kamers in dit familiehotel in het centrum zijn goed onderhouden en comfortabel.
Inmiddels staat de vijfde generatie achter de balie. Restaurant met serre naast de kerk.
◆ Au centre-ville, hôtel familial où vous séjournerez dans des chambres aussi bien tenues
qu'équipées. Cinq générations se sont relayées derrière le comptoir de la réception. Restaurant-véranda côtoyant l'église.

🏨 **Marktzicht - Klomp** sans rest, Markt 8, ✉ 3841 CE, 📞 (0 341) 41 30 32, *info@ho
telzicht-klomp.nl,* Fax *(0 341) 41 32 30,* 🚲 – 📺 🍴 🅰🅴 🍷 VISA
fermé 24 déc.-1ᵉʳ janv. – **34 ch** 🍷 53/105.

◆ Dit hotel staat aan de autovrije markt, maar heeft 100 m verderop enkele parkeer-
plaatsen. Functionele kamers van respectabel formaat.
◆ Cet établissement situé en zone piétonne, sur le Markt, dispose de quelques places de
parking à 100 m de là. Chambres fonctionnelles de tailles respectables.

🍴🍴 **Olivio** (Zwaart), Vischmarkt 57a, ✉ 3841 BE, 📞 (0 341) 41 52 90, *info@olivio.nl,*
Fax *(0 341) 43 35 10,* 🍽 – 🅰🅴 🍷 VISA
fermé du 20 au 29 mars, 24 juil.-16 août, 26 déc.-11 janv., dim. et lundi – **Repas** (dîner
seult) – 53/98 bc, carte 54 à 70, 🍷.
Spéc. Langoustines rôties à la mayonnaise légère de curry. Bar grillé, vinaigrette à la tomate
et beignets de légumes provençaux. Tompouce de framboises au chocolat blanc.

◆ Goed restaurant in een gotische kapel waarvan de oude muren in schril contrast staan
met het eigentijdse interieur. Mediterraan georiënteerde gerechten.
◆ Bonne table occupant une chapelle gothique dont les vieux murs contrastent fort d'avec
la décoration intérieure contemporaine. Plats d'inspiration méditerranéenne.

't Nonnetje, Vischmarkt 38, ⊠ 3841 BG, ℘ (0 341) 41 58 48, *info@ hetnonnetje.nl,*
Fax (0 341) 42 25 78, 🍴 – ▣. 🆎 🅜🅞 𝗩𝗜𝗦𝗔 𝗝𝗖𝗕, ❀
fermé du 5 au 20 juil., 27 déc.-11 janv., mardi et merc. – **Repas** (dîner seult) 38/95 bc,
carte 52 à 72, ♀
Spéc. L'asperge en trois préparations (mai-juin). Bouillabaisse à notre façon (juil.-sept.).
Râble de lièvre en cocotte aux épices (oct.-janv.).
◆ Kleine maar goed bij zijn tijdse gastronomische stek aan een pittoresk plaatsje.
Warm hedendaags interieur met een Spaans rustiek tintje.
◆ Bon petit relais de bouche au goût du jour oeuvrant sur une placette pittoresque. Inté-
rieur contemporain aux tons chauds et à touches rustiques vaguement hispaniques.

Bistro Ratatouille, Vischmarkt 6, ⊠ 3841 BG, ℘ (0 341) 43 12 56, *info@ bistrorat*
atouille.nl, Fax (0 341) 43 12 57, 🍴 – 🆎 🅜🅞 𝗩𝗜𝗦𝗔
fermé 27 déc.-4 janv. – **Repas** (dîner seult sauf week-end) 29, ♀.
◆ Moderne bistro in een oud huis. Liefhebbers van zuidelijke smaken zullen in hun nopjes
zijn met het culinaire repertoire en de wijnen. Zomerterras op de historische vismarkt.
◆ Dans une maisonnette ancienne, bistrot moderne dont l'offre culinaire et vineuse plaira
aux amateurs de saveurs méridionales. Terrasse d'été sur la place du marché au poisson.

HARDINXVELD-GIESSENDAM *Zuid-Holland* 🄵🄷🄸 N 12 *et* 🄷🄸🄵 F 6 – *17 841 h.*
Amsterdam 78 – Utrecht 42 – Den Haag 58 – Arnhem 87 – Breda 45 – Rotterdam 32.

Kampanje, Troelstrastraat 5, ⊠ 3371 VJ, ℘ (0 184) 61 26 13, *Fax (0 184) 61 19 53,*
🍴 – 🅿 – 🔏 25 à 300. 🆎 🅞 🅜🅞 𝗩𝗜𝗦𝗔 𝗝𝗖𝗕, ❀
fermé du 18 au 31 juil., sam. midi, dim. et jours fériés sauf 30 avril – **Repas** *Lunch 23* –
39/69 bc, ♀.
◆ Dit comfortabele restaurant in het centrum heeft sinds 2002 een eigentijdse look. Klassieke keuken in een modern jasje. Wereldwijnen, waarvan vele per glas worden geschonken.
◆ Au coeur du bourg, confortable restaurant refait en 2002 dans un esprit contemporain.
Cuisine classique actualisée et livre de cave mondial ; nombreux vins servis au verre.

HAREN *Groningen* 🄵🄷🄹 Y 3 *et* 🄷🄸🄵 K 2 – *19 008 h.*
🏌 *au Sud : 2 km à Glimmen, Pollselaan 5,* ⊠ 9756 CJ, ℘ (0 50) 406 20 04, *Fax (0 50)*
406 19 22.
Amsterdam 207 – Groningen 8 – Zwolle 99.

Mercure, Emmalaan 33 (sortie ㊳ sur A 28 - E 232), ⊠ 9752 KS, ℘ (0 50) 534 70 41,
h2107@ accor.com, Fax (0 50) 534 01 75, 🍴 , ♿– 🛏 ✆ 📺 ⚒rest, 🅿 – 🔏 25 à 450.
🆎 🅞 🅜🅞 𝗩𝗜𝗦𝗔
Repas *Lunch 22* – carte 28 à 42 – ⊊ 14 – **97 ch** 64/130 – ½ P 41/90.
◆ Dit hotel ten zuiden van de stad Groningen, dicht bij een oprit van de snelweg, is bij het
zakenleven erg in trek. Goede infrastructuur voor vergaderingen en bijeenkomsten.
◆ La clientèle d'affaires active au Sud de Groningue a ses habitudes dans cet hôtel de chaîne
situé à proximité d'une bretelle d'autoroute. Bonne infrastructure conférencière.

Villa Sasso, Meerweg 221 (Ouest : 2 km), ⊠ 9752 XC, ℘ (0 50) 309 13 65, *info@ vil*
lasasso.nl, Fax (0 50) 309 39 34, ≤, 🍴, 🎱 – 🅿 – 🔏 25 à 80. 🆎 🅜🅞 𝗩𝗜𝗦𝗔
fermé 27 déc.-6 janv., sam. midi, dim. et lundi – **Repas** 33/57 bc.
◆ Verzorgde, actuele gerechten worden geserveerd in een modern, smaakvol interieur of,
bij zonnig weer, op het terras aan het water. Charmante ontvangst en service.
◆ Cuisine actuelle soignée servie dans un cadre moderne produisant son effet ou, dès les
premiers beaux jours, sur la terrasse dressée près du lac. Accueil et service avenants.

HARICH *Fryslân* 🄵🄷🄹 S 5 – *voir à Balk.*

HARINGVLIETDAM (Barrage du Haringvlietdam) ★★ *Zuid-Holland* 🄵🄷🄸 J 11 *et* 🄷🄸🄵 D 6 *G. Ho*
lande.

HARLINGEN (HARNS) *Fryslân* 🄵🄷🄹 R 3 *et* 🄷🄸🄵 H 2 – *15 561 h.*
Voir *Noorderhaven★ (bassin portuaire).*
⚓ *vers Terschelling : Rederij Doeksen, Willem Barentszkade 21 à West-Terschellin*
℘ *0 900 363 57 36, Fax (0 562) 44 32 41. Durée de la traversée : 2 h. Il existe aussi u*
service rapide (pour passagers uniquement). Durée de la traversée : 45 min.
⚓ *vers Vlieland : Rederij Doeksen, Willem Barentszkade 21 à West-Terschellin*
℘ *0 900 363 57 36, Fax (0 562) 44 32 41. Durée de la traversée : 2 h. Il existe aussi u*
service rapide. Durée de la traversée : 45 min.
Amsterdam 113 – Leeuwarden 27.

PAYS-BAS

🏨 **Zeezicht,** Zuiderhaven 1, ✉ 8861 CJ, 𝒫 (0 517) 41 25 36, *receptie@hotelzeezicht.nl,* Fax (0 517) 41 90 01, ≼, 🍽, 🚲 – 📺 🅿. – 🔟 35. 🆎 ⓪ 🔞 *VISA* *fermé mi-déc.-mi-janv.* – **Repas** carte 24 à 61 – **24 ch** ⊆ 58/95 – ½ P 78/145.

♦ Familiehotel met uitzicht op de kaden van een oude haven, vanwaar de vissersboten uitvoeren voor de walvisjacht bij Groenland. Praktische kamers. Hollandse keuken. De serre kijkt uit op de dokken en de oude waag.

♦ Auberge familiale avec vue sur les quais d'un vieux port d'où les marins-pêcheurs partaient traquer la baleine jusqu'au Groenland. Chambres pratiques. À table, cuisine hollandaise. Véranda donnant sur les docks et l'ancien poids public.

🏠 **Stadslogement "Almenum"** ⏚ sans rest, Kruisstraat 8 (accès par Heiligeweg), ✉ 8861 EB, 𝒫 (0 517) 41 77 06, *info@stadslogementharlingen.nl,* Fax (0 517) 43 47 85, 🚲 – 📺. 🔞 *VISA* ⊆ 9 – **12 ch** 50/76.

♦ Dit mooie, oude pand in een moeilijk toegankelijk steegje in het centrum van de havenplaats herbergt kleine studio's met kitchenette. Sommige kijken uit op een binnenplaats.

♦ Au coeur du bourg portuaire, dans une ruelle d'accès peu aisé, jolie maison ancienne disposant de petits studios avec kitchenette. Certains donnent sur une cour intérieure.

🏠 **Anna Casparii,** Noorderhaven 69, ✉ 8861 AL, 𝒫 (0 517) 41 20 65, Fax (0 517) 41 45 40, 🍽, 🚲 – 📺 – 🔟 40. 🆎 ⓪ 🔞 *VISA* 🛇 rest **Repas** (fermé 25 et 26 déc. et 1er janv.) carte 35 à 58, ⚱ – **14 ch** ⊆ 63/79 – ½ P 63.

♦ Drie herenhuizen en ook drie heel verschillende, oude voorgevels voor dit etablissement, dat op loopafstand van de eerste plezierjachten ligt. Vrij gerieflijke kamers. De eetzaal baadt in het licht dat door een eigentijds glasdak naar binnen valt.

♦ Trois maisons bourgeoises, trois façades anciennes toutes différentes pour un établissement situé à un coup de rame des premiers yachts de plaisance. Chambres convenables. Une verrière actuelle inonde de lumière la salle des repas.

🍴🍴 **De Gastronoom,** Voorstraat 38, ✉ 8861 BM, 𝒫 (0 517) 41 21 72, *gastronoom@w* 🍴 *xs.nl,* Fax (0 517) 41 39 26, 🍽 – 🔟 60. 🆎 ⓪ 🔞 *VISA* *fermé lundi de mi-oct. à avril* – **Repas** (déjeuner sur réservation) 30/47, ⚱.

♦ Sympathiek restaurant in een drukke winkelstraat. Eigentijdse gerechten worden met lokale producten bereid. Een trefzekere optie in het centrum van de stad.

♦ Affaire familiale sympathique nichée dans la commerçante Voorstraat. Recettes d'aujourd'hui travaillées à partir de produits d'ici. Une valeur sûre au centre de Harlingen.

à Arum *Sud-Est : 6 km* Ⓒ *Wûnseradiel 11 935 h :*

🏠 **Eesterburen** ⏚, Allengaweg 12, ✉ 8822 WJ, 𝒫 (0 517) 53 13 77, *eesterbuur@he* *tnet.nl,* Fax (0 517) 53 20 80, 🍽, 🌿, 🚲 – 🅿. 🔞 *VISA* 🛇 *fermé nov.-déc.* – **Repas** (dîner pour résidents seult) – **10 ch** ⊆ 46/73 – ½ P 56.

♦ Deze voormalige boerderij in een landelijke omgeving heeft 's zomers een prachtig bloeiende tuin. Gemoedelijke ontvangst, grote kamers en ''bed and breakfast'' ambiance.

♦ Cette ancienne ferme entourée de champs s'agrémente d'un jardin fleuri à la belle saison. Accueil familial chaleureux, grandes chambres et ambiance ''bed and breakfast''.

HARMELEN Utrecht Ⓒ Woerden 47 762 h. 🔢 O 10 et 🔢 F 5.
Amsterdam 44 – Utrecht 13 – Den Haag 54 – Rotterdam 49.

🍴🍴🍴 **Kloosterhoeve,** Kloosterweg 2, ✉ 3481 XC, 𝒫 (0 348) 44 40 40, *info@kloosterhoe* *ve.nl,* Fax (0 348) 44 42 35, 🍽 – 🅿 – 🔟 25 à 120. 🆎 ⓪ 🔞 *VISA* 🛇 *fermé 24 juil.-7 août, 27 déc.-8 janv., sam. midi et dim.* – **Repas** Lunch 28 – 35/45, ⚱.

♦ Zodra het warmer wordt, neemt het terras van deze oude, 18e-eeuwse boerderij weer zijn stekkie op het grasveld in, met de klokkentoren op de achtergrond. Gemoedelijke sfeer.

♦ Dès les beaux jours, la terrasse de cette ancienne ferme du 18e s. reprend sa place sur une pelouse arborée, avec le clocher en toile de fond. Atmosphère chaleureuse.

HASSELT Overijssel Ⓒ Zwartewaterland 22 206 h. 🔢 V 7 et 🔢 J 4.
Amsterdam 111 – Zwolle 20 – Meppel 20.

🍴 **De Herderin,** Hoogstraat 1, ✉ 8061 HA, 𝒫 (0 38) 477 33 00, *info@herderin.nl,* Fax (0 38) 477 23 05, 🍽, Taverne-rest – 🔟 25. 🔞 *VISA* 🇯. 🛇 *fermé 22 déc.-10 janv., sam. midi, dim. et lundi* – **Repas** carte 27 à 38, ⚱.

♦ In dit oude, karakteristieke pand in het centrum zijn drie functies gecombineerd : hotel, restaurant (gescheiden zalen) en kookatelier. Zomerterras aan de voorkant.

♦ Au coeur du bourg, architecture ancienne typique cumulant les fonctions de taverne, de restaurant (salles séparées) et d'atelier culinaire. Terrasse d'été sur le devant.

641

HATTEM Gelderland 531 V 8 et 715 J 4 – 11 688 h.
Amsterdam 116 – Assen 83 – Enschede 80 – Zwolle 7.

XX **Herberg Molecaten,** Molecaten 7, ⊠ 8051 PN, ℰ (0 38) 444 69 59, info@ herber
gmolecaten.nl, Fax (0 38) 444 68 49, ≼, 😋, 🏤 – 🖭. 🖭 ⊙ ⊙⊙ ⅤⅠⅤ⑴ ⲤⲨⲔ. ❤
fermé sam. midi, dim. et lundi – **Repas** Lunch 30 – 35.
  ◆ Karakteristieke herberg (1858) in een rustige bosrijke omgeving. Oude watermolen die
  weer in gebruik is genomen. Goed onderhouden tuin met kruiden voor de chef-kok.
  ◆ Auberge de caractère (1858) profitant du calme des bois aux alentours. Vieux moulin
  à eau remis en état de marche. Jardin soigné où le chef fait provision d'aromates en été.

HAUTE VELUWE (Parc National de la) – voir Hoge Veluwe.

HEELSUM Gelderland ⒸRenkum 32 098 h. 532 T 11 et 715 I 6.
Amsterdam 90 – Arnhem 13 – Utrecht 52.

🏰 **Klein Zwitserland** 🦌, Klein Zwitserlandlaan 5, ⊠ 6866 DS, ℰ (0 317) 31 91 04, kle
in-zwitserland@ bilderberg.nl, Fax (0 317) 31 39 43, 🏤, 🕗, ≘≘, 🔲, ❤️, 🚲 – 🛗 ❤✕ 🖭
🖭 – 🔬 25 à 200. 🖭 ⊙ ⊙⊙ ⅤⅠⅤ⑴. ❤ rest
fermé 27 déc.-3 janv. – **Repas** voir rest **De Kromme Dissel** ci-après – **De Kriekel**
35/58 bc, ♀ – 🍷 19 – **71 ch** 65/155 – ½ P 113/125.
  ◆ Dit hotel van standing ligt in de bosrijke omgeving van Heelsum en heeft zijn vleugels
  uitgespreid rond een cirkelvormige binnenplaats waar 's zomers een heerlijk terras wordt
  ingericht. Kamers met balkon. Restaurantzaal met kapgebint en bakstenen muren.
  ◆ Cet hôtel de standing installé dans un secteur résidentiel boisé déploie ses ailes autour
  d'une cour circulaire où se prélasse une terrasse d'été. Chambres avec balcon. Salle de
  restaurant habillée d'une charpente apparente et de murs de briques.

XXX **De Kromme Dissel** - H. Klein Zwitserland, Klein Zwitserlandlaan 5, ⊠ 6866 DS,
🕄 ℰ (0 317) 31 31 18, klein-zwitserland@ bilderberg.nl, Fax (0 317) 31 39 43, 🏤 – 🖭. 🖭
⊙ ⊙⊙ ⅤⅠⅤ⑴. ❤
fermé 27 déc.-3 janv., sam. midi, dim. midi et lundi midi – **Repas** Lunch 38 – 48/108 bc, carte
50 à 70, ♀
Spéc. Risotto et sandre au witlof (juin-mars). Carpaccio de langoustines à l'estragon, caviar
et crème de limon. Medaillons de homard frits et cuisses de grenouilles panées au jus de
crustacés et estragon.
  ◆ In deze oude Saksische boerderij wordt getafeld onder de massieve balken van een
  rustieke eetzaal, waar een behaaglijk vuurtje knappert. Keuken met een persoonlijke touch.
  ◆ Ancienne ferme saxonne où l'on prend place sous les poutres massives d'une charmante
  salle à manger rustique que réchauffe une flambée bienfaisante. Cuisine personnalisée.

HEEMSE Overijssel 531 Y 7 et 715 K 4 – voir à Hardenberg.

HEEMSKERK Noord-Holland 531 N 7 et 715 F 4 – 36 421 h.
🏌 Communicatieweg 18, ⊠ 1967 PR, ℰ (0 251) 25 00 88, Fax (0 251) 24 16 27.
Amsterdam 28 – Haarlem 18 – Alkmaar 18.

XX **de Vergulde Wagen,** Rijksstraatweg 161 (Nord : 1,5 km, direction Castricum)
⊠ 1969 LE, ℰ (0 251) 23 24 17, info@ verguldewagen.nl, Fax (0 251) 25 35 94, 🏤 – ⑤
⊙ ⊙⊙ ⅤⅠⅤ⑴. ❤ – fermé sam. midi, dim. et lundi – **Repas** Lunch 35 – carte 47 à 60, ♀.
  ◆ Een dame als chef-kok op de bok van deze wagen, die een smaakvol ritje voor u i
  petto heeft. Deskundige sommelier. Een sculptuur geeft elke tafel een eigen accent.
  ◆ Une Lady-chef conduit ce "fiacre doré" (vergulde wagen) estimé pour sa cuisine jolimer
  troussée. Sommelier averti. Chaque table est personnalisée par une sculpture.

HEEMSTEDE Noord-Holland 531 M 8, 532 M 8 et 715 E 4 – voir à Haarlem.

HEERENVEEN (IT HEARRENFEAN) Fryslân 531 U 5 et 715 I 3 – 42 190 h.
🏌 Heidemeer 2, ⊠ 8445 SB, ℰ (0 513) 63 65 19, Fax (0 513) 64 53 21.
🏛 Minckelersstraat 11, ⊠ 8442 CE, ℰ (0 513) 62 55 55, vvv.heerenveen@ 12move.nl, F
(0 513) 65 06 09.
Amsterdam 129 – Leeuwarden 30 – Groningen 58 – Zwolle 62.

XX **Sir Sèbastian,** Kûper 18 (sur A 7, sortie Heerenveen-West, Businesspark Frieslan
⊠ 8447 GK, ℰ (0 513) 65 04 08, info@ sirsebastian.nl, Fax (0 513) 65 05 62, 🏤 – 🖭.
⊙ ⊙⊙ ⅤⅠⅤ⑴ – fermé 2 prem. sem. vacances bâtiment, 27 déc.-2 janv., sam. midi et d
– **Repas** Lunch 25 – 33/50, ♀.
  ◆ De bereikbaarheid is niet optimaal, maar culinair gezien is het de omweg zeker waa
  Designeetzaal met muisgrijze banken, kale baksteen, spiegels en zicht op de keuken.
  ◆ L'accès est peu aisé, mais l'assiette vaut assurément le détour. Salle design avec b
  quettes gris souris, brique nue, jeux de miroirs, éclairage "constellé" et cuisine à vu

XX **perBacco,** Herenwal 186, ✉ 8441 BG, ℰ (0 513) 64 82 85, info@ perbacco.nl, Fax (0 513) 68 38 84, 🍴, Cuisine italienne – 🔳. ⓞ ⓜ◉ ⓥⓘⓢⓐ
fermé dim. et lundi – **Repas** Lunch 22 – 45/75.
◆ Deze respectabele ristorante is gevestigd in een hoekhuis tegenover een klein kanaal. Actueel interieur, eigentijdse Italiaanse kaart.
◆ Appréciable "ristorante" installé dans une maison de coin postée et face d'un petit canal. Décor intérieur actuel ; carte transalpine au goût du jour.

à Oranjewoud *(Oranjewâld)* Sud : 4 km © Heerenveen :

🏨 **Tjaarda** ⌖, Koningin Julianaweg 98, ✉ 8453 WH, ℰ (0 513) 43 35 33, info@ tjaarda.nl, Fax (0 513) 43 35 99, 🍴, ⓢ, 🚲 – |₿| ⤴ ⓣⓥ ₺ch, 🖭 – ₯ 25 à 450. ⒶⒺ ⓞ ⓜ◉ ⓥⓘⓢⓐ

Repas *De Oranjetuin* *(fermé sam. midi et dim. midi)* 34/45 – **Grand Café Tjaarda** 24, �

Repas *De Oranjetuin* *(fermé sam. midi et dim. midi)* 34/45 – **Grand Café Tjaarda** 24, ♀ – ⌧ 15 – **70 ch** 104/138 – ½ P 92/112.
◆ Dit vrij nieuwe, zeer comfortabele hotel in het groen herbergt goede kamers die smaakvol zijn ingericht. De grote gemeenschappelijke ruimten stralen moderne elegantie uit. Beautycenter. De moderne, luxueuze restaurantzaal is opgeknapt. Eigentijdse gerechten.
◆ Cet hôtel récent et très confortable s'entoure de verdure et abrite de bonnes chambres aménagées avec recherche. Communs spacieux, d'une élégance moderne. Centre de beauté. Salle de restaurant rajeunie, contemporaine et cossue. Saveurs et phase avec l'époque.

HEERLEN Limburg 🗗🗗🗗 U 17 et 🗗🗗🗗 I 9 – 93 969 h.

🏌 *(2 parcours) au Nord : 7 km à Brunssum, Rimburgerweg 50, ✉ 6445 PA, ℰ (0 45) 527 09 68, Fax (0 45) 525 12 80 - 🏌 au Sud-Ouest : 5 km à Voerendaal, Hoensweg 17, ✉ 6367 GN, ℰ (0 45) 575 44 88, Fax (0 45) 575 09 00.*

🎫 *Bongerd 22, ✉ 6411 JM, ℰ 0 900-97 98, info@ vvvzuidlimburg.nl, Fax (0 43) 609 85 10.*

Amsterdam 214 – Maastricht 25 – Roermond 47 – Aachen 18.

🏨 **Kasteel Ter Worm** ⌖, Terworm 5 (direction Heerlen-Noord, sortie zoning In de Cramer), ✉ 6411 RV, ℰ (0 45) 400 11 11, reception@ terworm.valk.nl, Fax (0 45) 400 11 22, ⌖, 🍴, 🚲 – |₿|, 🔳 rest, ⓣⓥ ₺ch, 🖭 – ₯ 25. ⒶⒺ ⓞ ⓜ◉ ⓥⓘⓢⓐ. ⌗
Repas 33/49, ♀ – ⌧ 14 – **36 ch** 100/115, – 4 suites – ½ P 120/195.
◆ Dit neoklassieke kasteel met dependances is eind 19e eeuw gebouwd en wordt omringd door een slotgracht. Kamers met rustieke accenten en een eigen karakter. Rococotuin en oranjerie. In de aristocratische eetzaal kunt u genieten van een eigentijdse keuken.
◆ Château néoclassique avec dépendances, bâti à la fin du 19e s. sur un îlot entouré de douves. Chambres aux notes rustiques, toutes personnalisées. Jardin rococo et orangerie. Aristocratique salle à manger où l'on vient savourer une cuisine actuelle.

🏨 **Grand H.,** Groene Boord 23, ✉ 6411 GE, ℰ (0 45) 571 38 46, info@ grandhotel-heerlen.nl, Fax (0 45) 574 10 99, 🍴, 🚲 – |₿| ⤴, 🔳 rest, ⓣⓥ 🖭 – ₯ 25 à 180. ⒶⒺ ⓞ ⓜ◉ ⓥⓘⓢⓐ. ⌗ rest
Repas *(fermé sam. midi et dim. midi)* Lunch 15 – 22/34 bc – ⌧ 14 – **102 ch** 95/125, – 6 suites – ½ P 95/127.
◆ Dit adres is prima geschikt voor de zakelijke clientèle op doorreis in Heerlen, een oude mijnstad aan de grens met Duitsland. De kamers zijn van alle gemakken voorzien.
◆ Une adresse bien échue pour les hommes d'affaires de passage à Heerlen, ancien centre minier mais aussi ville frontière avec l'Allemagne. Chambres bien équipées.

🏨 **Heerlen,** Terworm 10 (direction Heerlen-Noord, sortie zoning In de Cramer), ✉ 6411 RV, ℰ (0 45) 571 94 50, info@ heerlen.valk.nl, Fax (0 45) 571 51 96, 🍴, ⌀, ⓢ, 🏊, 🚲 – |₿|, 🔳 rest, ⓣⓥ ₺ch, 🖭 – ₯ 25 à 500. ⒶⒺ ⓞ ⓜ◉ ⓥⓘⓢⓐ. ⌗ rest
Repas Lunch 24 – carte 24 à 40 – ⌧ 11 – **146 ch** 70/80 – ½ P 65/75.
◆ Groot hotel van de Van der Valk-keten. Ruime comfortabele kamers verspreid over drie verdiepingen, congreszalen en sportcentrum.
◆ Importante unité de la chaîne hôtelière Van der Valk. Grandes chambres distribuées sur trois étages, salles de congrès et centre de loisirs.

🏨 **de Paris,** Geleenstraat 1, ✉ 6411 HP, ℰ (0 45) 400 91 91, info@ hotelparis.nl, Fax (0 45) 400 91 92, 🍴 – |₿| ⓣⓥ ⌗ ⌖ 🖭 ⒶⒺ ⓞ ⓜ◉ ⓥⓘⓢⓐ. ⌗
Repas (taverne-rest) Lunch 18 – 23/34, ♀ – ⌧ 9 – **20 ch** 45/89 – ½ P 65/85.
◆ De voorgevel van dit hotel herinnert aan de oorspronkelijke bestemming van het pand : een warenhuis tijdens het interbellum. Het ligt voor de romaanse kerk aan het begin van een winkelgebied. Grote brasserie met gemoedelijke sfeer, mezzanine en terras.
◆ Cet hôtel dont la devanture résume la vocation initiale - un grand magasin de l'entre-deux-guerres - est situé à l'entrée d'un secteur commerçant, devant l'église romane. Grande brasserie chaleureuse avec mezzanine et terrasse urbaine.

🏨 **Bastion,** In de Cramer 199 (direction Heerlen-Noord, sortie zoning In de Cramer), ✉ 6412 PM, ☎ (0 45) 575 45 40, *bastion@bastionhotel.nl, Fax (0 45) 575 45 44,* ☜ – ☜ 🆗 📵 🅰🅴 🅾 🅾🅾 💳. ✍
Repas (grillades, ouvert jusqu'à 23 h) carte env. 30 – ☒ 10 – **40 ch** 58.
◆ Functioneel ketenhotel waar elke kamer nu zijn eigen modemaansluiting heeft. Een technisch detail dat cybernauten ongetwijfeld zullen toejuichen.
◆ Hôtel de chaîne fonctionnel où chaque chambre possède désormais sa propre connexion pour modem : un petit détail technique qui plaira sans doute aux "accros du Web".

💥💥 **Het Vervolg,** Laanderstraat 27, ✉ 6411 VA, ☎ (0 45) 571 42 41, *Fax (0 45) 574 37 73,* ☜ – 📵 🅰🅴 🅾 🅾🅾 💳. ✍
fermé du 5 au 12 fév., du 2 au 14 août, sam. midi, dim. midi et lundi – **Repas** Lunch 25 – 30/40, ♀.
◆ Glas-in-loodramen, lambrisering en spiraalvormige designlampen sieren de intieme eetzaal. Lokale producten zijn hier op het bord volkomen in hun sas. Betaalbare wijnen.
◆ Vitraux, boiseries et lampes design en forme de spirales garnissent l'intime salle à manger. Les produits du terroir sont à la fête sur l'assiette. Cave accessible.

💥💥 **Geleenhof,** Valkenburgerweg 54, ✉ 6419 AV, ☎ (0 45) 571 80 00, *info@geleenhof.nl, Fax (0 45) 571 80 86,* ☜ – 📵. 🅰🅴 🅾 🅾🅾 💳. ✍
fermé carnaval, dern. sem. juil.-prem. sem. août, 31 déc.-1er janv., sam. midi, dim. midi et lundi – **Repas** Lunch 28 – 38/63, ♀.
◆ In het opgeknapte interieur van deze 18e-eeuwse boerderij is niets terug te vinden van de oude, rustieke sfeer. Eetzaal met moderne doeken in levendige kleuren. Leuk terras.
◆ Ancienne ferme du 18e s. dont l'intérieur, réaménagé, s'est défait de son cachet rustique d'antan. Toiles contemporaines d'une vive polychromie en salle. Terrasse mignonne.

à Welten Sud : 2 km © Heerlen :

💥💥 **In Gen Thún,** Weltertuynstraat 31, ✉ 6419 CS, ☎ (0 45) 571 16 16, *igt@cuci.nl, Fax (0 45) 571 09 74,* ☜ – ▥ – 🅰🅴 25 à 50. 🅰🅴 🅾 🅾🅾 💳. ✍
fermé 1 sem. carnaval et 3 sem. vacances bâtiment – **Repas** (dîner seult) carte 30 à 61, ♀.
◆ Restaurant met een sterk contrast tussen de modern ingerichte eetzaal en de bistroruimte, die de typisch Nederlandse ambiance heeft van een bruin café. Seizoengebonden keuken.
◆ Salle de restaurant moderne produisant tout son effet et espace bistrot baignant dans une atmosphère de "bruin café" si typique aux Pays-Bas. Cuisine du moment.

HEESWIJK Noord-Brabant © Bernheze 28 848 h. 🔢 R 13 et 🔢 H 7.
Amsterdam 102 – Eindhoven 31 – 's-Hertogenbosch 16 – Breda 63 – Nijmegen 39.

🏨 **De Leygraaf,** Meerstraat 45a (Nord : 2 km), ✉ 5473 VX, ☎ (0 413) 29 30 16, *info@ leygraaf.nl, Fax (0 413) 29 37 08,* ☜, ☜s – 🆗 📵. – 🅰🅴 25 à 125. 🅰🅴 🅾🅾 💳. ✍
fermé 31 déc.-1er janv. – **Repas** Lunch 20 – carte 23 à 56 – **9 ch** ☒ 60/125 – ½ P 83/113.
◆ Deze voormalige boerderij herbergt keurige kamers, die zowel geschikt zijn voor fietsliefhebbers als voor de zakelijke clientèle die hier in de regio op doorreis is.
◆ Cette ancienne ferme familiale renferme des chambres coquettes, convenant tant à l'amoureux de la petite reine qu'aux businessmen de passage dans la région.

HEEZE Noord-Brabant © Heeze-Leende 15 363 h. 🔢 S 14 et 🔢 H 7.
Amsterdam 139 – Eindhoven 13 – 's-Hertogenbosch 50 – Roermond 42 – Venlo 50.

💥💥💥 **Boreas,** Jan Deckersstraat 7, ✉ 5591 HN, ☎ (0 40) 226 32 32, *restaurant.boreas@ lanet.nl, Fax (0 40) 226 50 77,* ☜ – 🅰🅴 🅾 🅾🅾 💳. ✍
✿ *fermé du 4 au 14 fév., 3 sem. vacances bâtiment, sam. midi, dim. et lundi* – **Repas** Lunch 30 – 50/95 bc, carte 54 à 69, ♀.
Spéc. Anguille fumée à chaud à la gelée de concombre et raifort. Turbot à la vapeur d'épices. Ananas rôti à la cannelle, vanille et romarin.
◆ In deze villa in het centrum is het aangenaam tafelen in een hedendaags decor. Ook de keuken is bij de tijd. Bij mooi weer wordt aan de tuinkant een gezellig terras ingericht.
◆ Au coeur du bourg, villa où l'on mange agréablement dans un cadre contemporain. Une accueillante terrasse est dressée aux beaux jours côté jardin. Cuisine de notre temps.

💥💥 **Host. Van Gaalen** avec ch, Kapelstraat 48, ✉ 5591 HE, ☎ (0 40) 226 35 15, *info@ hostellerie.nl, Fax (0 40) 226 38 76,* ☜, ☞ – ▥ rest, 🆗 📵 🅰🅴 🅾 🅾🅾 💳.
fermé sem. carnaval, lundi de Pâques, lundi de Pentecôte et fin déc. – **Repas** (fermé sam. midi, dim. et lundi midi) Lunch 26 – 34/63, ♀ – ☒ 10 – **13 ch** 75/85, – 1 suite – ½ P 75/10.
◆ Hostellerie waar het decor van de eetzaal en de inhoud van het bord u meenemen op een genoeglijk, mediterraan avontuur. Zomerterras en tuin. Kamers en suite.
◆ Hostellerie dont le décor de la salle à manger, autant que l'assiette, vous entraînent dans une plaisante escapade méridionale. Terrasse d'été et jardin. Chambres et suite.

HEIJEN Limburg Ⓒ Gennep 16 867 h. 🔢🔢🔢 U 12 et 🔢🔢🔢 I 6.

Amsterdam 140 – Maastricht 115 – Eindhoven 67 – Nijmegen 26 – Venlo 38.

XXX **Mazenburg,** Boxmeerseweg 61 (Sud-Ouest : 3 km, Zuidereiland), ✉ 6598 MX, 𝒫 (0 485) 51 71 71, info@mazenburg.nl, Fax (0 485) 51 87 87, ≤, 🏡, 🔲 – ▤ 🅿. 🖭 ⓞ ⓜⓞ 𝘝𝘐𝘚𝘈, ⋇ fermé carnaval, 2e quinz. oct., merc. de sept. à mars, sam. midi, dim. midi et jours fériés midis – **Repas** Lunch 30 – 33/82 bc, ♀.

◆ Charmant restaurant dat eenzaam aan de oever van een rustige bocht in de Maas ligt. Ruime panoramische eetzaal. Specialiteit van asperges in het seizoen. Gemoedelijke sfeer.
◆ Auberge charmante esseulée au bord d'un paisible méandre de la Meuse. Ample salle de restaurant panoramique. Spécialité d'asperges en saison. Ambiance familiale.

HEILLE Zeeland 🔢🔢🔢 F 15 – voir à Aardenburg.

HEILOO Noord-Holland 🔢🔢🔢 N 7 et 🔢🔢🔢 F 4 – 22 048 h.

Amsterdam 36 – Haarlem 27 – Alkmaar 5.

🏠🏠 **Golden Tulip,** Kennemerstraatweg 425, ✉ 1851 PD, 𝒫 (0 72) 505 22 44, info@gth eiloo.nl, Fax (0 72) 505 37 66, 🏡, 🚲 – ▤ rest, 🖭 🅿. – 🛅 40 à 800. 🖭 ⓜⓞ 𝘝𝘐𝘚𝘈 **Repas** carte 29 à 41, ♀ – **41 ch** ⌷ 75/93 – ½ P 93/128.

◆ Zodra het zomer wordt, staan rond dit internationale ketenhotel de tulpenvelden in bloei. De kamers zijn ondergebracht in een vleugel met zaagdak.
◆ L'été venu, des champs de tulipes fleurissent autour de cet hôtel de chaîne internationale. Chambres réparties dans une aile coiffée de toits en dents de scie.

XX **de Loocatie,** 't Loo 20 (dans centre commercial), ✉ 1851 HT, 𝒫 (0 72) 533 33 52, info@loocatie.nl, 🏡 – ⓜⓞ 𝘝𝘐𝘚𝘈 ᴊᴄʙ fermé lundi et mardi – **Repas** (déjeuner sur réservation) carte 31 à 49.

◆ Een adres dat goed van pas komt voor wie de geneugten van het shoppen wil combineren met culinaire genoegens. Eigentijdse gerechten.
◆ Une adresse bienvenue pour toutes celles et ceux qui souhaitent conjuguer les joies du shopping à un certain plaisir de la table. Recettes au goût du jour.

à Limmen Sud : 2 km Ⓒ Castricum 35 327 h :

XX **Gastronome,** Rijksweg 100, ✉ 1906 BK, 𝒫 (0 72) 505 12 96, info@gastronome.nl, Fax (0 72) 505 34 74, 🏡 – 🅿. 🖭 ⓜⓞ 𝘝𝘐𝘚𝘈 fermé 31 déc.-2 janv. et dim. – **Repas** (déjeuner sur réservation) carte 37 à 48, ♀.

◆ Aanlokkelijke naam voor deze villa langs de weg door het dorp, zeker als de maag begint te knorren. Charmante eetzaal met mediterraan decor. De kaart leest als een krant.
◆ Enseigne engageante à l'heure du repas pour cette villa bordant la route nationale. Coquette salle à manger d'inspiration méditerranéenne. Carte "journalistique".

HELDEN Limburg 🔢🔢🔢 V 15 et 🔢🔢🔢 I 8 – 19 507 h.

Amsterdam 174 – Maastricht 68 – Eindhoven 46 – Roermond 24 – Venlo 15.

🏠🏠 **Antiek,** Mariaplein 1, ✉ 5988 CH, 𝒫 (0 77) 306 72 00, info@antiek-helden.nl, Fax (0 77) 306 72 19, 🏡, 🚲 – 🖭 🅿. – 🛅 30. 🖭 ⓞ ⓜⓞ 𝘝𝘐𝘚𝘈. ⋇ fermé 27 déc.-7 janv. – **Repas** (fermé dim.) Lunch 25 – 37/79 bc, ♀ – ⌷ 9 – **12 ch** 46/71 – ½ P 57.

◆ Het hotel heeft een wat nostalgische sfeer en staat altijd klaar voor zijn gasten. Eenvoudig ingerichte maar piccobello kamers, sommige met een koperen ledikant. Restaurant met klassieke ambiance en een schouw met Delfts blauw. Brasserie.
◆ Auberge familiale un peu mélancolique, mais toujours prête pour rendre service au voyageur. Sobres et pimpantes chambres quelquefois dotées de cadres de lits en cuivre. Brasserie et restaurant d'allure bourgeoise pourvu d'une cheminée en carreaux de Delft.

Den HELDER Noord-Holland 🔢🔢🔢 N 5 et 🔢🔢🔢 F 3 – 60 026 h.

🐾 au Sud : 7 km à Julianadorp, Van Foreestweg, ✉ 1787 PS, 𝒫 (0 223) 64 01 25, Fax (0 223) 64 01 26.

🚢 vers Texel : Rederij Teso, Pontweg 1 à Den Hoorn (Texel) 𝒫 (0 222) 36 96 00. Durée de la traversée : 20 min.

🛈 Bernhardplein 18, ✉ 1781 HH, 𝒫 (0 223) 62 55 44, denhelder@vvv-knh.nl, Fax (0 223) 61 48 88.

Amsterdam 79 – Haarlem 72 – Alkmaar 40 – Leeuwarden 90.

🏠 **Lands End,** Havenplein 1, ✉ 1781 AB, 𝒫 (0 223) 62 15 70, hotel@landsend.nl, Fax (0 223) 62 85 40, ≤ – 🔌 🖭 🅿. 🖭 ⓞ ⓜⓞ 𝘝𝘐𝘚𝘈 **Repas** carte 22 à 36 – **36 ch** ⌷ 66/86.

◆ Eigentijds hotel binnen kanonbereik van de ponton waar men inscheept voor het eiland Texel. Functionele kamers van goede afmetingen.
◆ Construction d'aujourd'hui élevée à portée de canon du ponton d'où l'on s'embarque pour l'île de Texel. Chambres fonctionnelles de bonnes dimensions.

à Huisduinen *Ouest : 2 km* © *Den Helder :*

Beatrix ⚓, Badhuisstraat 2, ✉ 1783 AK, ℰ (0 223) 62 40 00, *info@goldentulipbea trixhotel.nl*, Fax (0 223) 62 73 24, ≼, ☎, 🖻, 🚲 – 🛗 ⇄, ▤ rest, 📺 ⇔ᵀ le midi uniquement ℙ – 🔬 25 à 100. 🖭 ⑩ ⑩ 🆅🆂🅰 🅹🅲🅱. ⚝ rest
Repas *(fermé sam. midi et dim. midi)* Lunch 28 – 38/50 – **50 ch** ⇆ 88/128 – ½ P 85/115.
* Rustig hotel vlak bij Den Helder, waar Napoleon een fort liet bouwen en nu de marinehaven ligt. Goede kamers voor een ongestoorde nachtrust. Faciliteiten voor sport en ontspanning. Parijse bistroambiance anno 1940 in het panoramische restaurant.
* Hôtel tranquille à dénicher près de Den Helder, forteresse napoléonienne devenue port de guerre national. Bonnes chambres pour des nuits sans remous. Sports et farniente. Au 3ᵉ étage, restaurant panoramique recréant l'ambiance d'un "bistrot parigot" en 1940.

HELLENDOORN *Overijssel* 🈺🈲 X 8 *et* 🈹🈺 K 4 – 36 146 h.
Amsterdam 142 – Zwolle 35 – Enschede 42.

🏠 **Hellendoorn**, Johanna van Burenstraat 9, ✉ 7447 HB, ℰ (0 548) 65 54 25, *info@h otelhellendoorn.nl*, Fax (0 548) 65 58 33, ⸖, ☎ – 🛗 ⇄ 📺 🚪rest, – 🔬 25 à 80. 🖭 ⑩ ⑩ 🆅🆂🅰 ⚝
Repas Lunch 15 – 24/32 – **29 ch** ⇆ 35/93 – ½ P 43/70.
* Een hoektorentje vestigt de aandacht op dit hotel, waarvan de beste kamers aan de achterkant liggen, in een nieuwe dependance. Waterpartij met houten vlonders.
* Les meilleures chambres de cet hôtel reconnaissable à sa tourelle d'angle se situent à l'arrière, dans une annexe récente. Rafraîchissante pièce d'eau bordée de caillebotis.

HELMOND *Noord-Brabant* 🈺🈴 T 14 *et* 🈹🈺 I 7 – 84 233 h.

Voir *Château★ (Kasteel).*

🇫𝟫 *Verliefd Laantje 3a, ℰ (0 492) 52 78 77, Fax (0 492) 47 59 23.*
Amsterdam 124 – Eindhoven 15 – 's-Hertogenbosch 39 – Roermond 47.

🏨 **West-Ende**, Steenweg 1, ✉ 5707 CD, ℰ (0 492) 52 41 51, *info@westende.nl*, ⊗⊗ Fax (0 492) 54 32 95, ⸖, 🚲 – 🛗 ▤ 📺 ℙ. – 🔬 25 à 100. 🖭 ⑩ ⑩ 🆅🆂🅰 ⚝ ch
Repas Lunch 13 – 22 – ⇆ 11 – **28 ch** 70/88 – ½ P 69/111.
* In het centrum, vlak bij een viaduct met aanhoudend verkeer, biedt deze mooie patriciërswoning in neoklassieke stijl diverse categorieën kamers (twee junior suites). Eigentijds restaurant met een bar-lounge voor het aperitief of een afzakkertje.
* Dans le centre-ville, près d'un viaduc au trafic soutenu, belle demeure patricienne de style néo-classique proposant diverses catégories de chambres dont deux junior suites. Restaurant contemporain, avec un "bar-lounge" pour l'apéritif ou le pousse-café.

XXX **de Warande**, Warande 2 (Nord-Ouest : 1 km), ✉ 5707 GP, ℰ (0 492) 53 63 61, *dew arande@hetnet.nl*, Fax (0 492) 52 26 15, ≼, ⸖ – ℙ. ⑩ ⑩ 🆅🆂🅰 ⚝
fermé dim. d'oct. à mars et sam. midi – **Repas** 30/43.
* In een stemmige, romantische ambiance worden klassieke gerechten met een modern accent geserveerd. Serre en zomerterras bieden een aangenaam uitzicht op een park met vijver.
* Cuisine classique actualisée servie dans une ambiance feutrée, assez romantique. Véranda et terrasse estivale procurent un plaisant coup d'œil sur un parc et son étang.

XX **de Raymaert**, Mierloseweg 130, ✉ 5707 AR, ℰ (0 492) 54 18 18, *raymaert@tiscali.nl* Fax (0 492) 52 56 38, ⸖ – ℙ. ⑩ ⑩ 🆅🆂🅰 ⚝
fermé 2 prem. sem. août et lundi – **Repas** (dîner seult) 26/34.
* Een statig herenhuis herbergt dit familiebedrijf, dat in het weekend erg in trek is Smaakvolle kaart, klassiek interieur en leuk zomerterras.
* Une imposante maison de notable abrite cette affaire familiale très courtisée le week-end Carte appétissante, intérieur classiquement aménagé et jolie terrasse d'été.

X **de Steenoven**, Steenovenweg 21, ✉ 5708 HN, ℰ (0 492) 50 75 07, *info@restaur ntdesteenoven.nl*, Fax (0 492) 50 75 05, ⸖ – ℙ. ⑩ ⑩ 🆅🆂🅰 ⚝
fermé sam. midi et dim. – **Repas** 24/48 bc, ♀.
* Zoals de naam al aangeeft, heeft dit restaurant zijn intrek genomen in een oude steer bakkerij. De eetzaal heeft een neorustiek decor.
* Restaurant installé dans les murs d'une ancienne briqueterie, comme le précise son ense gne (le Four à Briques). Salle des repas au décor néo-rustique.

Ecrivez-nous...
Vos avis seront examinés avec le plus grand soin.
Nous reverrons sur place les informations que vous nous signalez.
Par avance merci !

HELVOIRT Noord-Brabant Ⓒ Haaren 14 043 h. 🔢 O 13 et 🔢 G 7.

Amsterdam 98 – Eindhoven 36 – 's-Hertogenbosch 9 – Tilburg 13.

XX **De Helvoirtse Hoeve,** Margrietweg 9 (Nord-Ouest : 5,5 km), ✉ 5268 LW, ✆ (0 411) 64 16 61, info@dehelvoirtsehoeve.nl, Fax (0 411) 64 38 67, 🍴 – 🖃. 🝙 ⓪ 🝙🝙 𝗩𝗜𝗦𝗔 𝗝𝗖𝗕. ⊛

fermé lundi et mardi – Repas 32/67 bc, ⬮.
 ◆ De bossen vormen een rustgevend decor voor deze voormalige boerderij met rieten dak. Volop asperges en wild in het seizoen. Salon met schouw. Zomerterras in de tuin.
 ◆ Les bois offrent un cadre apaisant à cette ancienne ferme coiffée d'un toit de chaume. Asperges et gibiers à foison en saison. Salon avec cheminée et terrasse d'été au jardin.

XX **De Zwarte Leeuw,** Oude Rijksweg 20, ✉ 5268 BT, ✆ (0 411) 64 12 66, info@dez warteleeuw.nl, Fax (0 411) 64 22 51, 🍴 – 🖩 🖃. 🝙 ⓪ 🝙🝙 𝗩𝗜𝗦𝗔. ⊛
fermé 2e quinz. juil., mardi, merc. et dim. midi – Repas Lunch 27 – 35.
 ◆ De tijd heeft weinig vat op deze koning der dieren, die al sinds de 19e eeuw zijn prooi bespiedt langs de weg Tilburg-Den Bosch. De klassieke kaart is om in te bijten !
 ◆ Le temps a peu d'emprise sur ce vénérable Lion Noir (Zwarte Leeuw) "rugissant" depuis le 19e s. au bord de l'axe Tilburg-Den Bosch. La carte, classique, donne les crocs !

HENGELO Overijssel 🔢 Z 9, 🔢 Z 9 et 🔢 L 5 – 80 962 h – Ville industrielle.

🛈 Morshoekweg 16, ✉ 7552 PE, ✆ (0 74) 250 84 66, Fax (0 74) 250 93 88.
 ⤴ au Nord-Est : 6 km à Enschede-Twente ✆ (0 53) 486 22 22, Fax (0 53) 435 96 91.
 🖹 Molenstraat 26, ✉ 7551 DC, ✆ (0 74) 242 11 20, info@vvv.hengelo.nl, Fax (0 74) 242 17 80.

Amsterdam 149 – Zwolle 61 – Apeldoorn 62 – Enschede 9.

🏨 **Hengelo,** Bornsestraat 400 (près A 1, direction Borne), ✉ 7556 BN, ✆ (0 74) 255 50 55, receptie@hengelo-valk.nl, Fax (0 74) 255 50 10, 🍴, 🖂, 🚲 – 🛗 ✳ 📺 ⅖ 🖃 – 🔌 25 à 1500. 🝙 ⓪ 🝙🝙 𝗩𝗜𝗦𝗔
Repas (ouvert jusqu'à 23 h) Lunch 10 – 22 – ⬭ 10 – **202 ch** 65/72, – 1 suite – ½ P 90/97.
 ◆ Een typisch etablissement van de Nederlandse hotelketen Van der Valk, met de bekende toekan als logo. Grote kamers en kolossale infrastructuur voor bijeenkomsten.
 ◆ Établissement typique de la chaîne hôtelière hollandaise Van der Valk, symbolisée par un toucan. Aux grandes chambres s'ajoute une infrastructure de réunions colossale.

🏨 **Star,** B.P. Hofstedestraat 50, ✉ 7551 DG, ✆ (0 74) 851 68 00, info@starhotel?nl, Fax (0 74) 851 68 10 – 🛗 ✳ 📺 ⅖ – 🔌 25 à 120. 🝙 ⓪ 🝙🝙 𝗩𝗜𝗦𝗔 ⊛
Repas (dîner seult) carte 26 à 34 – ⬭ 14 – **100 ch** 75/105.
 ◆ In dit moderne pand dicht bij het station en een theater wordt onderdak geboden in kamers die naar vier thema's zijn ingericht : theater, kunst, reizen en Hengelo. In een modern brasseriedecor worden eenvoudige maaltijden geserveerd.
 ◆ Près de la gare et d'une salle de spectacles, immeuble moderne où vous serez hébergés dans des chambres décorées selon quatre thèmes : "théâtre, arts, voyages et Hengelo". Formule de restauration simple dans un cadre de brasserie moderne.

XX **le Rossignol,** C.T. Storkstraat 18, ✉ 7553 AR, ✆ (0 74) 291 00 66, info@lansinkhotel.nl, Fax (0 74) 243 58 91, 🍴 – 🖃. – 🔌 25 à 80. 🝙 ⓪ 🝙🝙 𝗩𝗜𝗦𝗔
fermé 27 déc.-2 janv., sam. et dim. – Repas (déjeuner sur réservation) carte 28 à 39, ⬮.
 ◆ In een rustig gelegen woonwijk ligt deze charmante villa uit het einde van de 19e-eeuw. Het vernieuwde restaurant heeft een geactualiseerde klassieke kaart.
 ◆ Dans un quartier résidentiel tranquille, charmante villa de la fin du 19e s. renfermant un restaurant entièrement refait à neuf. Repas classique actualisé.

HENGEVELDE Overijssel Ⓒ Hof van Twente 35 038 h. 🔢 Y 9 et 🔢 K 5.

Amsterdam 135 – Zwolle 63 – Apeldoorn 53 – Arnhem 32 – Enschede 18.

🏨 **Pierik,** Goorsestraat 25 (sur N 347), ✉ 7496 AB, ✆ (0 547) 33 30 00, info@hotelpie rik.nl, Fax (0 547) 33 36 56, 🍴, 🚲 – ✳ 📺 ⅖ rest, 🖃 – 🔌 30. 🝙 ⓪ 🝙🝙 𝗩𝗜𝗦𝗔. ⊛ rest
fermé 26 déc.-2 janv. – Repas carte env. 34 – **40 ch** ⬭ 62/110 – ½ P 55/58.
 ◆ Het roer van dit familiebedrijf is door de jongere generatie overgenomen. In een voormalige meelfabriek aan de overkant is een kwart van de kamers ingericht, die spiksplinternieuw zijn en ook ruimer. Klassieke maaltijden in een eigentijds decor.
 ◆ Établissement dont les commandes ont été reprises par la génération montante. Juste en face, une ancienne meunerie regroupe un quart des chambres, plus neuves et plus amples. Repas classiques servis dans une salle de restaurant actuelle.

ERKENBOSCH Limburg 🔢 V 16 et 🔢 J 8 – voir à Roermond.

ERTEN Limburg 🔢 U 15 et 🔢 I 8 – voir à Roermond.

PAYS-BAS

's-HERTOGENBOSCH ou Den BOSCH ⓟ Noord-Brabant 📊 Q 12 et 📊 G 6 – 132 501 h.

Voir Cathédrale St-Jean★★ (St-Janskathedraal) : retable★ Z.

Musée : du Brabant Septentrional★ (Noordbrabants Museum) Z **M'**.

Env. au Nord-Est : 3 km à Rosmalen, collection de véhicules★ dans le musée du transport Autotron – a l'Ouest : 25 km à Kaatsheuvel, De Efteling★★ (parc récréatif).

🏌 🏌 Leunweg 40, ⊠ 5221 BC, ℘ (0 73) 633 06 44, Fax (0 73) 633 06 45 - 🏌 Meerendonkweg 2, ⊠ 5216 TZ, ℘ (0 73) 613 66 30 - 🏌 par ④ : 10 km à St-Michielsgestel, Zegenwerp 12, ⊠ 5271 NC, ℘ (0 73) 551 23 16, Fax (0 73) 551 94 41 - 🏌 au Nord : 8 km à Kerkdriel, Piekenwaardweg 3, ℘ (0 418) 63 48 03, Fax (0 418) 63 46 30.

✈ par ④ : 32 km à Eindhoven ℘ (0 40) 291 98 18, Fax (0 40) 291 98 20.

🚗 lignes directes France, Suisse, Italie, Autriche, Yougoslavie et Allemagne ℘ 0 900-92 96.

🚾 Markt 77, ⊠ 5211 JX, ℘ (0 73) 614 99 86, Fax (0 73) 612 89 30.

Amsterdam 83 ⑦ – Eindhoven 33 ④ – Nijmegen 47 ② – Tilburg 23 ⑤ – Utrecht 51 ⑦.

's-HERTOGENBOSCH

PAYS-BAS

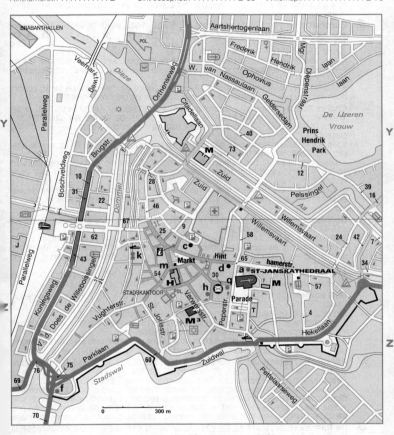

Central, Burg. Loeffplein 98, ⊠ 5211 RX, 𝒸 (0 73) 692 69 26, *info@hotel-central.nl*, Fax (0 73) 614 56 99 – 🛗 ✳ ▤ 🔟 – 🛗 25 à 280. 🖭 ① 🐠 **VISA**. ⅏
Z c
Repas *Leeuwenborgh* carte 22 à 47 – 🖵 14 – **123 ch** 122/147, – 1 suite.
◆ Comfortabel hotel aan de rand van het voetgangersgebied rond de Markt, een bruisend plein waar het standbeeld troont van de schilder Jeroen Bosch, die hier werd geboren. Eetzaal verfraaid met fresco's. Eigentijdse recepten.
◆ Confortable hôtel situé à l'entrée du secteur piétonnier entourant le Markt, place effervescente où trône la statue d'un célèbre enfant du pays : le peintre Jérôme Bosch. Salle à manger agrémentée de fresques. Recettes goût du jour.

PAYS-BAS

🏨 **Mövenpick**, Pettelaarpark 90, ✉ 5216 PH, ℰ (0 73) 687 46 74, *hotel.s-hertogenbos
ch@moevenpick.com*, Fax (0 73) 687 46 35, ≤, 🍴, ⇔s, 🏊, – 🛗 ↻, 🖧 ch, 📺 🔓ch,
🅿 – 🚗 25 à 85. 🔤 ⓞ 🔤 𝖵𝖨𝖲𝖠 𝖩𝖢𝖡   X a
Repas (taverne-rest) Lunch 16 – carte 22 à 40 – 🍴 14 – **92 ch** 121/158.
◆ De moderne architectuur van dit pand net buiten het centrum weerspiegelt zich in de
vijver. Grote en moderne gemeenschappelijke ruimten. De eigentijdse kamers zijn in 2004
gerenoveerd. Grand café met zomerterras aan het water.
◆ Architecture contemporaine un peu excentrée, se reflétant à la surface d'un
étang. Espaces communs modernes, d'une belle ampleur. Chambres actuelles
refaites à neuf en 2004. Taverne-restaurant complétée d'une terrasse d'été au bord de
l'eau.

🏨 **Eurohotel** sans rest, Hinthamerstraat 63, ✉ 5211 MG, ℰ (0 73) 613 77 77, *eurohot
el@xs4all.nl*, Fax (0 73) 612 87 95, 🏊 – 🛗 📺 ⇔ – 🚗 25 à 150. 🔤 ⓞ 🔤
𝖵𝖨𝖲𝖠. 🍴   Z d
fermé 23 déc.-2 janv. – 🍴 8 – **42 ch** 60/150.
◆ Een van de mooiste kathedralen van Nederland - gebouwd in laat-gotische stijl en
beroemd om de carilloncerten - staat op een steenworp afstand van dit familiehotel.
◆ L'une des plus belles cathédrales des Pays-Bas - édifice de style gothique tardif, célèbre
pour ses concerts de carillon - se dresse à deux pas de cet hôtel familial.

XXX **Chalet Royal** (Greveling), Wilhelminaplein 1, ✉ 5211 CG, ℰ (0 73) 613 57 71, *chalet
@alliance.nl*, Fax (0 73) 614 77 82, ≤, 🍴 – 🅿 – 🚗 25. 🔤 ⓞ 🔤 𝖵𝖨𝖲𝖠 𝖩𝖢𝖡   Z f
fermé 26 juil.-8 août, 27 déc.-2 janv., sam. midi, dim. et lundi – **Repas** Lunch 35 – 43/75,
carte 44 à 73, 🍷
Spéc. Cannelloni de homard et épinards, sauce aux truffes. Râble de lièvre au foie d'oie
(oct.-déc.). Langoustines tièdes dans leur jus à la cardamome (janv.-mai).
◆ Luxueuze villa met panoramisch zomerterras : uitzicht op de oude vestinggracht
en het achterliggende landschap. Klassiek en eigentijds vormen een prima paar in de
keuken.
◆ Villa cossue agrémentée d'une terrasse estivale panoramique : vue sur les douves
et la campagne en arrière-plan. Cuisine mariant avec bonheur classicisme et goût du
jour.

XX **de Veste**, Uilenburg 2, ✉ 5211 EV, ℰ (0 73) 614 46 44, *deveste@hetnet.nl*, Fax (0 73)
612 49 34, 🍴 – 🔤 ⓞ 🔤 𝖵𝖨𝖲𝖠   Z k
fermé du 6 au 9 fév., 24 juil.-15 août, du 1er au 3 janv., sam. midi et dim. – **Repas** 39/52.
◆ Dit restaurant aan een kanaal heeft vanbinnen een facelift gehad en onthaalt zijn
gasten op een klassieke maaltijd met een trendy tintje. Beschut miniterras aan de
voorkant.
◆ Au bord d'un canal, maisonnette rajeunie intérieurement et offrant les plaisirs d'un repas
classique, voire un peu plus "tendance". Mini-terrasse d'été abritée en façade.

XX **De 5 kamers**, Korte Putstraat 23, ✉ 5211 KAP, ℰ (0 73) 613 27 79, *info@de5kamers.nl*,
Fax (0 73) 614 62 52, 🍴 – 🖧. 🔤 ⓞ 🔤 𝖵𝖨𝖲𝖠. 🍴   Z h
fermé 27 déc.-1er janv. et dim. d'oct. à mars – **Repas** (dîner seult) 30/50, 🍷.
◆ Dit voormalige herenhuis in een uitgangsbuurt is tot een restaurant omgebouwd met
vijf zalen verdeeld over verdiepingen en een dakterrasje.
◆ Cinq salles distribuées sur différents niveaux et une petite terrasse perchée composent
ce restaurant occupant une ancienne maison bourgeoise dans un quartier de sorties.

XX **Paradis-Pettelaar**, Pettelaarseschans 1, ✉ 5216 CG, ℰ (0 73) 613 73 51, *info@pe
ttelaar.nl*, Fax (0 73) 613 56 05, 🍴 – 🖧 🅿. 🔤 🔤 𝖵𝖨𝖲𝖠 𝖩𝖢𝖡. 🍴   X g
fermé du 4 au 8 juil., vend., sam. midi, dim. midi et lundi – **Repas** 23/60 bc, 🍷.
◆ Fraaie witte, voormalige boerderij aan de rand van een goed bewaard gebleven ver-
dedigingswerk. Keuze uit franse en uitheemse gerechten, inclusief Japanse teppan-yaki.
◆ Jolie villa blanche élevée à l'entrée d'un ouvrage défensif bien préservé. Choix de préparations françaises ou plus exotiques. Formule "table de cuisson" à la mode japonaise.

XX **De Raadskelder**, Markt 1a, ✉ 5211 JV, ℰ (0 73) 613 69 19, *raadskelder@hetnet.nl*,
Fax (0 73) 613 00 46, Avec taverne – 🔤 𝖵𝖨𝖲𝖠. 🍴   Z m
fermé 19 juil.-9 août, 19 déc.-2 janv., dim. et lundi – **Repas** Lunch 17 – 22/46 bc.
◆ Pilaren en gewelven ondersteunen sinds de 16e eeuw de gotische kelders van het stadhuis. Een authentiek decor dat dit restaurant een historische dimensie geeft.
◆ Piliers et voûtes soutiennent les caves gothiques de l'hôtel de ville depuis le 16e s. : un
cadre authentique et préservé donnant à l'adresse une dimension historique.

X **Shiro** 1er étage, Uilenburg 4, ✉ 5211 EV, ℰ (0 73) 612 76 00, Fax (0 73) 503 00 61
Cuisine japonaise – 🔤 🔤 𝖵𝖨𝖲𝖠 𝖩𝖢𝖡   Z l
fermé du 5 au 8 fév., 25 juil.-16 août, du 1er au 4 janv., lundi et mardi – **Repas** (dîner seult
carte 35 à 56.
◆ Zin in een culinaire reis door het land van de rijzende zon? Tempoera, sushi's, sashimi's
en andere Japanse specialiteiten worden hier in een passend decor geserveerd.
◆ Tenté par une promenade culinaire au pays du soleil levant ? Tempura, sushis, sashim
et autres spécialités nippones se déclinent ici dans une atmosphère appropriée.

X **de Opera,** Hinthamerstraat 115, ✉ 5211 MH, ☎ (0 73) 613 74 57 – AE MC VISA JCB. ✂ Z a
fermé carnaval, vacances bâtiment, dim. et lundi – **Repas** (déjeuner sur réservation) 50/75, ♀.
◆ De restaurantzaal van dit etablissement in het centrum van de stad is net een rariteitenkabinet. Prachtige opmaak van de borden. Efficiënte bediening.
◆ Établissement du centre-ville dont la salle de restaurant est décorée à la manière d'un "cabinet de curiosités". Belle mise en scène sur l'assiette. Service efficace.

X **Da Peppone,** Kerkstraat 77, ✉ 5211 KE, ☎ (0 73) 614 78 94, *e.hoedemakers@planet.nl, Fax (0 73) 610 55 04,* ☂, Cuisine italienne – MC VISA Z q
fermé du 5 au 10 fév., 23 déc.-1er janv., lundi et mardi – **Repas** (dîner seult) carte 23 à 40, ♀.
◆ De naam doet direct denken aan de eeuwige tegenstander van Don Camillo, de onstuimige burgemeester die door Gino Cervi op het witte doek werd gezet. Pasta's en pizza's.
◆ Avec une telle enseigne, il est difficile de ne pas penser à l'éternel opposant de Don Camillo, un maire bouillonnant incarné au cinéma par Gino Cervi. Pâtes et pizzas.

à Rosmalen *Est : 3 km* C *'s-Hertogenbosch :*

XXX **Die Heere Sewentien,** Sparrenburgstraat 9, ✉ 5244 JC, ☎ (0 73) 521 77 44, *info@dieheeresewentien.nl, Fax (0 73) 521 00 75,* ☂ – P. MC VISA
fermé du 1er au 15 août, 27 déc.-1er janv., sam. midi, dim. et lundi – **Repas** Lunch 29 – 40/89 bc, ♀.
◆ Gezellig restaurant omgeven door groen, in een woonwijk van een stadje waar een museum is gewijd aan de geschiedenis van de auto. Terras en heerlijke tuin.
◆ Accueillante auberge entourée de verdure, dans un quartier résidentiel d'une localité consacrant un beau petit musée à l'histoire automobile. Terrasse et jardin exquis.

à Vught *Sud : 4 km – 25 273 h*

Vught, Bosscheweg 2, ✉ 5261 AA, ☎ (0 73) 658 77 77, *info@vught.valk.com, Fax (0 73) 658 77 00,* ☂, Fб, ≘s, ✗, 🚲 – |♦|, ▤ rest, TV ♿ch, P – 🎤 25 à 400. AE ⓓ MC VISA. ✂ X n
Repas (ouvert jusqu'à 23 h) Lunch 13 – carte 22 à 42, ♀ – ☕ 12 – **118 ch** 91, – 7 suites – ½ P 105.
◆ Nabij de snelweg en het centrum staat hotel Van der Valk, waar de kamers zijn ingericht zoals de vaste gasten van de keten dat gewend zijn. Sport- en congresfaciliteiten.
◆ Assez proche de l'autoroute et du centre-ville, hôtel Van der Valk dont l'aménagement des chambres n'étonnera pas les habitués de la chaîne. Sports et congrès.

XXX **Ons Kabinet,** Kampdijklaan 80, ✉ 5263 CK, ☎ (0 73) 657 17 10, *info@onskabinet.nl, Fax (0 73) 657 25 62,* ☂ – ▤ P – 🎤 25 à 80. AE ⓓ MC VISA JCB X t
fermé du 6 au 12 fév., vacances bâtiment, 31 déc.-1er janv., sam. midi et dim. – **Repas** Lunch 30 – 33/90 bc, ♀.
◆ Dit paviljoen staat in een woonwijk, vlak bij een kanaal, en heeft een modern ingerichte restaurantzaal. Teakhouten meubilair op het zomerterras. Goed uitgebalanceerde keuken.
◆ Pavillon bâti dans un secteur résidentiel, près d'un canal. Salle de restaurant de notre temps. Terrasse d'été garnie d'un mobilier en teck. Préparations bien balancées.

XX **Kasteel Maurick,** Dijk van Maurick 3 (sur N 2), ✉ 5261 NA, ☎ (0 73) 657 91 08, *info@maurick.nl, Fax (0 73) 656 04 40,* ☂ – P – 🎤 25 à 170. AE MC VISA. ✂ X y
fermé 25 juil.-7 août, sam. midi et dim. – **Repas** Lunch 32 – carte 53 à 72, ♀.
◆ Een verzorgd aangelegde tuin siert dit fraaie kasteeltje met ophaalbrug. In de zomer wordt op de binnenplaats een terras ingericht. De lokatie leent zich goed voor partijen.
◆ Un jardin bichonné agrémente cet adorable petit château protégé par un pont-levis. Terrasse estivale sur cour intérieure. L'endroit se prête bien à la tenue de banquets.

X **De Heer Kocken,** Taalstraat 173, ✉ 5261 BD, ☎ (0 73) 656 94 94, ☂ – P. AE MC VISA. ✂
fermé août, du 1er au 7 janv., dim. et lundi – **Repas** (dîner seult) carte 39 à 57.
◆ Succesvol avondrestaurant met trendy sfeer. De eigentijdse keuken en moderne setting werpen vrucht af. De heer Kocken zelf staat achter het fornuis.
◆ Adresse un peu "mode", très courtisée à l'heure du dîner. Cuisine actuelle et cadre contemporain produisant son effet. On aperçoit De Heer Kocken oeuvrer aux fourneaux.

EUSDEN *Noord-Brabant* 532 P 12 *et* 715 G 6 – *43 161 h.*
Amsterdam 96 – Utrecht 57 – 's-Hertogenbosch 19 – Breda 43 – Rotterdam 67.

XXX **In den Verdwaalde Koogel** avec ch, Vismarkt 1, ✉ 5256 BC, ☎ (0 416) 66 19 33, *info@indenverdwaaldekoogel.nl, Fax (0 416) 66 12 95,* ☂ – ▤ rest, TV – 🎤 30. MC VISA JCB
fermé 27 déc.-10 janv. – **Repas** *(fermé dim. du 31 oct. au 13 mars)* Lunch 27 – 33/70 bc, ♀ – **12 ch** ☕ 78/86 – ½ P 70/85.
◆ Het vestingstadje heeft roerige tijden gekend. Een kogel in de voorgevel van dit 17e-eeuws pand is hiervan de stille getuige. Mooi ingericht restaurant. Praktische kamers.
◆ Témoin du passé mouvementé de place forte que connut Heusden, un boulet est resté incrusté dans cette jolie façade du 17e s. Restaurant bien installé ; chambres pratiques.

HILLEGOM Zuid-Holland **531** M 9, **532** M 9 et **715** E 5 – 20670 h.
Amsterdam 36 – Den Haag 33 – Haarlem 12.

🏠 **Flora,** Hoofdstraat 55, ⊠ 2181 EB, 𝒫 (0 252) 51 51 00, hotelflora@hetnet.nl,
Fax (0 252) 52 93 14, 🚲 – |🛗| 🔄, 🍴 rest, 📺 – 🛗 25 à 200. 🖭 ⓿ ⓶
VISA. 🦌
fermé 24, 25 et 31 déc. et 1er janv. – **Repas** (fermé dim. midi) 25/35 – **27 ch** ⊊ 70/85
– ½ P 56/65.
◆ De naam spreekt boekdelen over de roeping van de streek, de bollenteelt. Eenvoudige,
maar goed onderhouden kamers voor een ongestoorde nachtrust. Aan tafel krijgt u een
bloemlezing van eigentijdse gerechten en een boeket menu's aangeboden.
◆ L'enseigne de cet hôtel en dit long sur la vocation de la région, à savoir la floriculture.
Séjour sans histoire dans des chambres sommairement équipées, mais bien tenues. À table,
florilège de recettes au goût du jour et bouquet de menus.

HILVARENBEEK Noord-Brabant **532** P 14 et **715** G 7 – 14852 h.
Amsterdam 120 – Eindhoven 30 – Ein's-Hertogenbosch 31 – Tilburg 12 – Turnhout 33.

🏠 **Herberg St Petrus,** Gelderstraat 1, ⊠ 5081 AA, 𝒫 (0 13) 505 21 66, Fax (0 13)
505 46 19, 🌳 – 📺. 🖭 ⓿ ⓶ **VISA**. 🦌 ch
Repas (fermé 25 et 26 déc.) carte 34 à 49, ♀ – **6 ch** (fermé 25, 26 et 31 déc.) ⊊ 45/70.
◆ Deze kleine herberg aan het vrijthof, tegenover de kerk, is een goede uitvalsbasis voor
verkenning van het toeristische plaatsje. Kleine kamers. De eetzaal is opgeluisterd met hei-
ligenbeelden.
◆ Cette petite auberge postée sur le Vrijthof, devant l'église, constitue un point de départ
valable pour partir à la découverte d'un bourg touristique. Menues chambres. Salle à manger décorée de statues de saints.

XX **Aub. Het Kookhuys,** Vrijthof 27, ⊠ 5081 CB, 𝒫 (0 13) 505 14 33, info@kookhuys.nl,
Fax (0 13) 505 49 23, 🌳 – 🍴. ⓶ **VISA**. 🦌
fermé 7 au 10 fév., 25 juil.-8 août et lundis non fériés – **Repas** (dîner seult) 33/44.
◆ Dit restaurant heeft een mooi, groen terras met fontein, waar het bij warm weer werkelijk genieten is. Moderne eetzaal. 's Avonds gedempt licht.
◆ Restaurant dont la jolie terrasse verte où bruisse une fontaine fera des heureux, avec
la complicité du soleil. Salle à manger moderne. Le soir, lumière tamisée.

XX **Pieter Bruegel,** Gelderstraat 7, ⊠ 5081 AA, 𝒫 (0 13) 505 17 58, wout@pieterbru
egel.nl – 🍴. 🖭 ⓿ ⓶ **VISA**. 🦌
fermé carnaval, vacances bâtiment, du 16 au 31 déc., mardi et merc. – **Repas** (dîner seult)
carte 42 à 55, ♀.
◆ Pieter Bruegel, zelf een ware bon-vivant, zou het best naar zijn zin hebben gehad in dit
restaurant in het centrum. Klassiek-traditionele keuken. Hollandse ambiance.
◆ Pieter Bruegel, qui n'était pas le dernier des bons vivants, aurait pu se plaire à cette
table du coeur de la localité. Plats classico-traditionnels. Atmosphère hollandaise.

HILVERSUM Noord-Holland **532** Q 9 et **715** G 5 – 83306 h.

Voir Hôtel de ville★ (Raadhuis) Y **H** – Le Gooi★ (Het Gooi).

Env. par ④ : 7 km, Étangs de Loosdrecht★★ (Loosdrechtse Plassen).

🔼 Noordse Bosje 1, ⊠ 1211 BD, 𝒫 (0 35) 624 17 51, info@vvvhollandsmidden.nl, Fax
(0 35) 623 74 60.
Amsterdam 34 ⑤ – Utrecht 20 ③ – Apeldoorn 65 ① – Zwolle 87 ①

Plan page ci-contre

🏰 **Lapershoek,** Utrechtseweg 16, ⊠ 1213 TS, 𝒫 (0 35) 623 13 41, info@lapershoek.r
Fax (0 35) 628 43 60, 🌳, 🚲 – |🛗| 🔄 📺 📇 – 🛗 25 à 300. 🖭 ⓿ ⓶
VISA. 🦌   X
Repas Lunch 30 – carte env. 46, ♀ – ⊊ 15 – **80 ch** 100/175 – ½ P 75/195.
◆ Dit hotel is geheel afgestemd op bijeenkomsten en seminars. De villa kijkt uit op een
rotonde en beschikt over een twaalftal vergaderzalen en kleine, eenvoudige kamers. Cu
nair avontuur in restaurant Vivaldi of een eenvoudige maaltijd in de serre.
◆ Spécialisée dans la tenue de séminaires, cette villa donnant sur un rond-point dispo
d'une douzaine de salles de réunions et de petites chambres sobrement équipées. Bo
moment de table au restaurant Vivaldi ou repas simple dans la véranda.

🏠 **Ravel** sans rest, Emmastraat 35, ⊠ 1213 AJ, 𝒫 (0 35) 621 06 85, info@ravel.
Fax (0 35) 624 37 77, 🚲 – 📺. 🖭 ⓿ ⓶ **VISA** JCB. 🦌   Z
19 ch ⊊ 65/130.
◆ In deze villa verblijft u in smaakvol ingerichte kamers die alle een eigen karakter hebbe
Aan het ontbijt, inspirerend uitzicht op het terras en de vijver met waterlelies.
◆ Villa résidentielle où l'on séjourne dans des chambres personnalisées avec recherche.
petit-déj', vue ressourçante sur la terrasse et sa pièce d'eau tapissée de nénuphars.

HILVERSUM

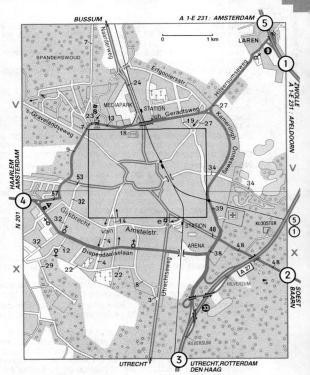

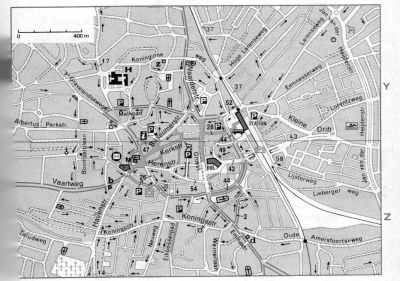

653

🏛 **Tulip Inn** ⟢, Koninginneweg 30, ⊠ 1217 LA, ℰ (0 35) 623 24 44, info@ tulipinnhilversum.nl, Fax (0 35) 623 49 76, 🛲 🔊 🖔 ▥ 🄿 � 🄼 ⓤ 🌀 ᴠɪsᴀ 🄹ᴄʙ ✷ ▪ ▪ ▪ ▪ ▪ ▪ ▪ ▪ Y z
Repas carte 24 à 52 – **58 ch** ⊏⊐ 90/103 – ½ P 114.
    ◆ Deze imposante villa nabij het Media Park heeft aan de achterzijde een moderne aanbouw waarin ruime, rustige kamers liggen.
    ◆ Proche du Media Park, imposante villa complétée, à l'arrière, d'une construction moderne où se répartissent des chambres spacieuses et paisibles.

XX **Spandershoeve**, Bussummergrintweg 46, ⊠ 1217 BS, ℰ (0 35) 621 11 30, Fax (0 35)
ξ³ 621 51 53, 🛲, Cuisine indonésienne – ▤ 🄿 🄰🄴 ⓤ 🌀 ᴠɪsᴀ. ✷ ▪ ▪ ▪ ▪ ▪ V s
    fermé fin déc., sam. midi et dim. midi – **Repas** Lunch 25 – 42, carte 29 à 40
    Spéc. Ikan Boemboe Bali (cabillaud). Kambing Ketjap Pedis (chèvre). Bistek Mentega (bœuf).
    ◆ Tempel van oriëntaalse gastronomie. Al ruim 20 jaar wordt hier een fijne Indonesische keuken bereid. Elegant Javaans decor, onberispelijke ontvangst en bediening. Goddelijk !
    ◆ Temple de la gastronomie orientale. Une fine cuisine indonésienne s'y conçoit depuis plus de vingt ans. Élégant cadre "javanais", accueil et service sans reproche. À vénérer !

XX **No.33**, Vaartweg 33, ⊠ 1211 JD, ℰ (0 35) 621 45 56, info@ restaurant33.nl, Fax (0 35)
⊜   624 41 21, 🛲 – 🄿 🄰🄴 ⓤ 🌀 ᴠɪsᴀ 🄹ᴄʙ. ✷ ▪ ▪ ▪ ▪ ▪ ▪ ▪ ▪ Z b
    fermé 19 juil.-10 août, sam. midi et dim. – **Repas** Lunch 23 – 33/50, ⃝.
    ◆ Een eenvoudige ruit vormt de scheidslijn tussen de keuken en de gasten. Af en toe duikt hier een bekend gezicht van de Nederlandse televisie op.
    ◆ Un simple vitrage sépare les fourneaux des convives, parmi lesquels on reconnaît, de temps en temps, l'un ou l'autre visage familier du petit écran hollandais.

XX **de Mangerie**, Diependaalselaan 490, ⊠ 1215 KM, ℰ (0 35) 672 07 84, Fax (0 35)
⊜   672 04 07, 🛲, Cuisine chinoise – ▤ 🄰🄴 ⓤ 🌀 ᴠɪsᴀ ▪ ▪ ▪ ▪ ▪ ▪ ▪ ▪ X v
    fermé mardi – **Repas** (dîner seult) 27/52 bc.
    ◆ Rustgevende ambiance en subtiele fresco's, gerechten uit Chinese provincies, goed uitgebalanceerde menu's en een prachtige kelder waar Bacchus de armen naar Boeddha uitstrekt.
    ◆ Apaisante salle à manger décorée de fresques délicates, recettes issues des provinces de Chine, menus bien balancés et superbe cave où Bacchus tend les bras au Bouddha.

X   **Robert**, Spanderslaan 1 (par Naarderweg puis à gauche par Bussumergrintweg),
    ⊠ 1217 DB, ℰ (0 35) 622 56 95, restaurantrobert@ proximedia.nl, Fax (0 35) 672 05 40,
    🛲 – 🄿 🄰🄴 ⓤ 🌀 ᴠɪsᴀ. ✷ ▪ ▪ ▪ ▪ ▪ ▪ ▪ ▪ V
    fermé sam. midi, dim. et lundi – **Repas** carte env. 41.
    ◆ Aan de rand van het Spanderswoud wordt u op dit adres een aantrekkelijke, eigentijdse kaart gepresenteerd in een rustieke restaurantzaal of 's zomers op een aangenaam terras.
    ◆ Postée en lisière du Spanderswoud, cette adresse vous soumet son attrayante carte actuelle dans une salle de restaurant rustique ou, l'été venu, sur une agréable terrasse.

à 's-Graveland par ④ : 7 km 🆔 Wijdemeren 23 237 h :

XX **Berestein**, Zuidereinde 208, ⊠ 1243 KR, ℰ (0 35) 656 10 30, pc_peter@ hetnet.nl,
    Fax (0 35) 656 98 44, 🛲 – ▤. 🄰🄴 🌀 ᴠɪsᴀ 🄹ᴄʙ
    fermé lundi – **Repas** Lunch 15 – carte 33 à 58, ⃝.
    ◆ Karakteristiek Hollands restaurant voor een diner in een gemoedelijke, ontspannen sfeer. Bij mooi weer wordt langs het trekpad een terras ingericht.
    ◆ Typique auberge hollandaise pour dîner dans une ambiance chaleureuse et détendue. Aux beaux jours, une jolie terrasse prend position au bord du chemin de halage.

HINDELOOPEN (HYLPEN) Fryslân 🆔 Nijefurd 10 903 h. 🔢 R 5 et 🔢 H 3.
    Amsterdam 118 – Leeuwarden 47 – Zwolle 86.

XX **De Gasterie**, Kalverstraat 13, ⊠ 8713 KV, ℰ (0 514) 52 19 86, info@ gasterie.nl,
    Fax (0 514) 52 20 53, 🛲 – 🄰🄴 ⓤ 🌀 ᴠɪsᴀ
    fermé 31 déc.-janv., mardi de sept. à avril et merc. – **Repas** (dîner seult) 29/48, ⃝.
    ◆ Een prima adres voor een "sympathieke" maaltijd in een leuk Fries dorp met een han zeverleden. Door de nabijgelegen jachthaven meren hier 's zomers veel plez, iervaarders aan
    ◆ Adresse à retenir pour un repas "sympa" dans une jolie bourgade frisonne au passé han séatique. Le voisinage du port des yatchs attire les plaisanciers à l'escale en été.

HOEK VAN HOLLAND Zuid-Holland 🆔 Rotterdam 599 651 h. 🔢 J 11 et 🔢 O 6.
    🚢 vers Harwich : Stena Line, Stationsweg 10, ℰ (0 174) 38 93 33, Fax (0 174) 38 93 89
    Amsterdam 80 – Rotterdam 32 – Den Haag 24.

XX **Het Jagershuis**, Badweg 1 (Ouest : 1 km), ⊠ 3151 HA, ℰ (0 174) 38 22 51, Fax (0 174)
    38 27 67, 🛲 – 🄿 🄰🄴 ⓤ 🌀 ᴠɪsᴀ
    fermé 27 déc.-13 janv. et lundi. – **Repas** Lunch 18 – 30/60 bc.
    ◆ Een bungalow op loopafstand van het strand, met aan de achterzijde een groot terra waarop bij mooi weer de tafels worden gedekt. Nautisch decor. Traditionele gerechte
    ◆ À deux pas de la plage, bungalow s'ouvrant à l'arrière sur une grande terrasse où l'o s'attable aux beaux jours. Préparations traditionnelles servies dans un cadre nautique

XX **Sand,** Zeekant 125 (Ouest : 1,5 km, Strand - accès par Rivierkant), ⊠ 3151 HW, ℰ (0 174) 38 25 03, info@waterlandestate.com, Fax (0 174) 31 02 47, ≤ estuaire et trafic maritime, 🌫 – AE ⑩⑤ VISA JCB
fermé 27 déc.-10 janv. – Repas 32/63, 🍴.
♦ De eetzaal van dit paviljoen in duinen biedt vrij uitzicht op de Nieuwe Waterweg en het scheepvaartverkeer. Eigentijdse gerechten met inspiratie uit de mediterrane keuken.
♦ Vue imprenable sur l'estuaire et son trafic maritime, depuis la salle à manger moderne de ce pavillon niché dans les dunes. Cuisine actuelle d'inspiration méditerranéenne.

HOENDERLOO *Gelderland* Ⓒ *Apeldoorn 155 741 h.* 532 U 10 *et* 715 I 5.
Amsterdam 88 – Arnhem 21 – Apeldoorn 14.

🏨 **Buitenlust,** Apeldoornseweg 30, ⊠ 7351 AB, ℰ (0 55) 378 13 62, Fax (0 55) 378 13 62, 🌫 – 🖭 AE ⑩⑤ VISA 🍴
fermé nov.-déc., lundi et mardi – Repas (*fermé après 20 h 30) Lunch 22 –* carte 25 à 39 – **14 ch** 🛏 70/79 – ½ P 49/60.
♦ Dit familiehotel midden in een bosrijke omgeving biedt toeristen die het Nationaal Park De Hoge Veluwe willen bezoeken, een ideaal dak boven het hoofd. Functionele kamers. Restaurant met serre. Bij mooi weer wordt in de tuin geserveerd.
♦ Cette auberge familiale inondée de chlorophylle procure un toit idéal aux voyageurs souhaitant rayonner dans le parc national De Hoge Veluwe. Chambres fonctionnelles. Restaurant prolongé d'une véranda. Repas au jardin les jours ensoleillés.

HOEVELAKEN *Gelderland* Ⓒ *Nijkerk 37 631 h.* 532 R 9 *et* 715 H 5.
🚩 🚩 à l'Est : 10 km à Voorthuizen, Hunnenweg 16, ⊠ 3781 NN, ℰ (0 342) 47 38 32, Fax (0 342) 47 10 37.
Amsterdam 50 – Utrecht 28 – Arnhem 57 – Amersfoort 8 – Apeldoorn 42 – Zwolle 66.

🏨🏨 **De Klepperman,** Oosterdorpsstraat 11, ⊠ 3871 AA, ℰ (0 33) 253 41 20, *klepperm an@bilderberg.nl, Fax (0 33) 253 74 34,* 🍸, 🛎, 🚴 – 🖊 🏃, ▤ rest, 📺 🕭ch, 🖭 – 🏋 25 à 225. AE ⑩ ⑩⑤ VISA
Repas voir rest **De Gasterie** ci-après – **Eethuys 't Backhuys** (dîner seult) 32/56 bc, 🍴 – 🛏 7 – **79 ch** 85/193 – ½ P 123/223.
♦ Dit zeer comfortabele hotel nabij de snelweg heeft zijn intrek genomen in drie traditionele, Zuid-Veluwse boerderijen. De kamers zijn met stijlmeubilair ingericht. Beautycenter. Brasserieformule in een prettige en ongedwongen sfeer.
♦ Ce confortable hôtel proche de l'autoroute se partage entre trois anciennes fermes traditionnelles du Sud de la Veluwe. Chambres garnies de meubles de style. Beauty center. Formule brasserie dans une atmosphère plaisante et décontractée.

XXX **De Gasterie** - H. De Klepperman, Oosterdorpsstraat 11, ⊠ 3871 AA, ℰ (0 33) 253 41 20, *klepperman@bilderberg.nl, Fax (0 33) 253 74 34,* 🌫 – 🖭 AE ⑩ ⑩⑤ VISA
fermé fin juil.-3 prem. sem. août et dim. – Repas Lunch 33 – carte env. 54, 🍴.
♦ Op dit adres worden eigentijdse gerechten geserveerd in een charmant verbouwde kaasboerderij. Grote, fleurige eetzaal met schouw in het midden. Diner bij kaarslicht.
♦ Préparations d'aujourd'hui servies dans une ferme-fromagerie coquettement réaménagée. Grande salle à manger fleurie, avec cheminée centrale. Repas aux chandelles.

De HOGE VELUWE (Nationaal Park) (Parc National de la HAUTE VELUWE) ★★★ : Musée Kröller-Müller★★★ *Gelderland* 532 U 10 *et* 715 I 5 G. Hollande.

HOLLANDSCHE RADING *Utrecht* 532 Q 9 *et* 715 G 5 – voir à Maartensdijk.

HOLLUM *Fryslân* 531 S 2 *et* 715 H 1 – voir à Waddeneilanden (Ameland).

HOLTEN *Overijssel* Ⓒ *Holten 35 545 h.* 531 X 9, 532 X 9 *et* 715 K 5.
Voir Natuurdiorama★ sur le Holterberg.
🚩 *Dorpsstraat 27,* ⊠ *7451 BR,* ℰ *(0 548) 36 15 33, info@vvvholten.nl, Fax* (0 548) 36 69 54.
Amsterdam 124 – Zwolle 40 – Apeldoorn 40 – Enschede 42.

🏨 **AC Hotel,** Langstraat 22 (sur A 1, sortie Struik), ⊠ 7451 ND, ℰ (0 548) 36 26 80, *hol ten@autogrill.net, Fax (0 548) 36 45 50,* 🚴 – 🖊 🏃 📺 🕭 🖭 – 🏋 25 à 200. AE ⑩ ⑩⑤ VISA
Repas (avec buffets) Lunch 11 – carte 22 à 34 – 🛏 10 – **58 ch** 62/82, – 2 suites – ½ P 80/95.
♦ Directe nabijheid van de snelweg, grote parking in het zicht en functionele kamers die van goede geluidsisolatie zijn voorzien. Kortom : de klassieke formule van de keten.
♦ Proximité immédiate de l'autoroute, grand parking à vue et chambres fonctionnelles correctement insonorisées ; au total, un AC Hotel "tout ce qu'il y a de plus classique".

sur le Holterberg :

XXX **Hoog Holten** ⚘ avec ch, Forthaarsweg 7, ✉ 7451 JS, ℘ (0 548) 36 13 06, *hoogh olten@a1.nl*, Fax (0 548) 36 30 75, 㕏, ☎s, ▨, ✗, ☍ – ▥ ☍ch, ▣ – ⌂ 30. ☒ ⦿ ⦿ VISA JCB. ✗ rest
fermé 30 déc.-5 janv. – **Repas** Lunch 30 – carte 38 à 50, ♀ – ☲ 13 – **22 ch** 85/120, – 2 suites
– ½ P 85/120.
◆ Dit mooie hotel-restaurant ligt midden in de bossen op de Holterberg. Verzorgd interieur, Engelse lounge-bibliotheek, verrukkelijk terras en behaaglijke kamers.
◆ Sur les hauteurs boisées, belle auberge où l'on trouve le gîte et le couvert. Décor intérieur soigné, salon-bibliothèque anglais, terrasse exquise et chambres douillettes.

X **Bistro de Holterberg,** Forthaarsweg 1, ✉ 7451 JS, ℘ (0 548) 36 38 49, *restaura*
⚘ *nt@bistrodeholterberg.nl*, Fax (0 548) 36 51 12, ≤, 㕏 – ▣. ☒ ⦿ ⦿ VISA. ✗
fermé dern. sem. juil.-prem. sem. août, fin déc.-début janv. et lundi – **Repas** (dîner seult) 30/35.
◆ Deze bistro op de Holterberg heeft zijn gasten heel wat te bieden : mooie eigentijdse keuken, gastvrije ambiance, vriendelijke bediening en zomerterras met uitzicht op het dal.
◆ Plus d'un atout pour cette table perchée sur le Holterberg : belle cuisine au goût du jour, ambiance conviviale, service avenant et terrasse estivale dominant la vallée.

HOOFDDORP *Noord-Holland* 531 N 9, 532 N 9 *et* 715 F 5 – *voir à Amsterdam, environs.*

HOOFDPLAAT *Zeeland* 532 G 14 *et* 715 C 7 – *voir à Breskens.*

HOOGEVEEN *Drenthe* 531 X 6 *et* 715 K 3 – 53 312 h.

🏌 au Nord-Est : 7 km à Tiendeveen, Haarweg 22, ✉ 7936 TP, ℘ (0 528) 33 15 58, Fax (0 528) 33 14 77.
🅱 Hoofdstraat 13, ✉ 7902 EA, ℘ (0 528) 26 83 73, *vvvhoogeveen@planet.nl*, Fax (0 528) 22 11 35.
Amsterdam 155 – Assen 34 – Emmen 32 – Zwolle 45.

XX **De Herberg,** Hoogeveenseweg 27 (Nord : 2 km, Fluitenberg), ✉ 7931 TD, ℘ (0 528) 27 59 83, *rest.herberg@hetnet.nl*, Fax (0 528) 22 07 30, 㕏 – ▣. ☒ ⦿ ⦿ VISA JCB
fermé vacances bâtiment, prem. sem. janv., sam. midi, dim. midi et lundi – **Repas** Lunch 33 – 45/48, ♀.
◆ Ontvangst met een glimlach, vriendelijke bediening, charmant interieur, eigentijds culinair register, zomerterras aan de achterkant... Wat wilt u nog meer?
◆ Accueil tout sourire, service avenant, décor intérieur coquet, registre culinaire actualisé, terrasse estivale dressée à l'arrière... Au total, une bonne petite adresse.

HOOG-SOEREN *Gelderland* 532 U 9 *et* 715 I 5 – *voir à Apeldoorn.*

HOORN *Noord-Holland* 531 P 7 *et* 715 G 4 – 67 515 h.

Voir *Le vieux quartier*★ YZ – *Rode Steen*★ Z – *Façade*★ *du musée de la Frise Occidentale (Westfries Museum)* Z M¹ – *Veermanskade*★ Z.
🏌 au Nord-Est : 8 km à Westwoud, Zittend 19, ✉ 1617 KS, ℘ (0 228) 56 31 28, Fax (0 228) 56 27 40.
🅱 Veemarkt 4, ✉ 1621 JC, ℘ (0 72) 511 42 84, *info@vvvhoorn.nl*, Fax (0 229) 21 50 23.
Amsterdam 40 ② – Alkmaar 26 ② – Enkhuizen 19 ① – Den Helder 52 ③

Plan page ci-contre

🏨 **Petit Nord,** Kleine Noord 53, ✉ 1621 JE, ℘ (0 229) 21 27 50, *hotelpetitnord@quic knet.nl*, Fax (0 229) 21 57 45 – ▤ ✗≡ ▤ ▥ – ⌂ 25 à 80. ☒ ⦿ ⦿ VISA. ✗ Y
Repas *Madame Cheung* (fermé 31 déc.) (cuisine asiatique, déjeuner sur réservation) carte 29 à 50, ♀ – **33 ch** ☲ 55/115 – ½ P 78.
◆ Aangezien Grand Nord verstek laat gaan, is zijn broertje een goede optie. Dit hotel in "zakformaat" beslaat twee panden in de buurt van het station en het meer. Keurige kamers. Restaurant met modern decor en Aziatisch georiënteerde gerechten.
◆ À défaut de "Grand Nord", offrez-vous donc le Petit Nord, hôtel format poche occupan deux maisons au voisinage de la gare et du lac. Chambres sans reproche. Restaurant a décor intérieur contemporain. Éventail de préparations tournées vers l'Asie.

XXX **L'Oasis de la Digue,** De Hulk 16, ✉ 1622 DZ, ℘ (0 229) 55 33 44, *info@loasis.nl*, ≤
㕏 – ▣. ☒ ⦿ ⦿ VISA   par Westerdijk   X
fermé 2 dern. sem. août, sam. midi, dim. et lundi – **Repas** Lunch 29 – 33/60 bc, ♀.
◆ Aangenaam restaurant aan het IJsselmeer, in een voormalig polderbemaling. Eetzaal e zomerterras kijken uit over het land, de dijk en het water.
◆ Agréable restaurant aménagé au bord de l'Ijsselmeer, dans une ancienne station d pompage. Salle à manger et terrasse d'été surplombent le polder, la digue et le plan d'ea

HOORN

PAYS-BAS

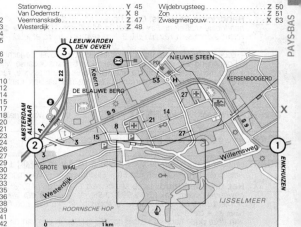

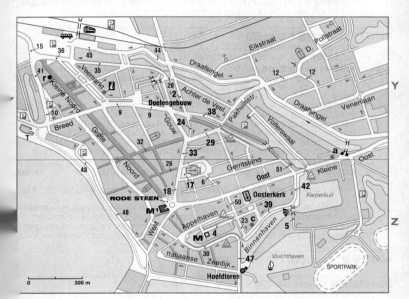

XX **La Porte de l'Est,** Kleine Oost 39, ✉ 1621 GR, ℰ (0 229) 21 31 15, *topkokjoz@ho tmail.nl*, Fax (0 229) 21 31 15, ☆ – ▤, AE ⓜ⑤ VISA. ✦
Z a
fermé du 1ᵉʳ au 14 janv. et mardi – **Repas** *(diner seult sauf vend.)* 33/66 bc,
♀.

◆ Dit aangename restaurant vlak bij de Oosterpoort heeft een charmant terras ingericht onder een pergola met wingerd.
◆ Cet ancien bistrot promu maison de bouche jouxte la porte de l'Est et abrite sa plaisante terrasse estivale sous une tonnelle où grimpe la vigne vierge.

Hendrickje Stoffels, Oude Doelenkade 5, ⌂ 1621 BH, ℰ (0 229) 21 04 17, info@ hendrickje-stoffels.nl, Fax (0 229) 21 04 17, 🌣, 🔔 – 🆎 ⓪ 🆗 𝗩𝗜𝗦𝗔   Z c
fermé 2 dern. sem. fév., fin juil., 2 dern. sem. oct., merc. et jeudi – Repas (dîner seult) 27/30, 🍷.
◆ Leuk huisje met gezellige brasseriesfeer, tegenover de jachthaven bij de Hoofdtoren, bij de ingang van de bassins. Klassieke kaart. Frans-Spaanse wijnselectie.
◆ Jolie maisonnette où flotte une atmosphère de brasserie, face au port des yachts et près de la Hoofdtoren marquant l'entrée des bassins. Carte classique. Cave franco-ibérique.

Den HOORN Noord-Holland 📟 N 4 et 📟 F 2 – voir à Waddeneilanden (Texel).

HORN Limburg 📟 U 15 et 📟 I 8 – voir à Roermond.

HORST Limburg © Horst aan de Maas 28 655 h. 📟 V 14 et 📟 J 7.
Amsterdam 160 – Maastricht 86 – Eindhoven 53 – Roermond 41 – Venlo 13.

Het Groene Woud, Jacob Merlostraat 6, ⌂ 5961 AB, ℰ (0 77) 398 38 20, hetgroe newoud@cs.com, Fax (0 77) 398 77 55, 🌣 – 🆎 ⓪ 🆗 𝗩𝗜𝗦𝗔 ᴊᴄʙ
fermé 1 sem. carnaval, 2 sem. vacances bâtiment, dim. non fériés et sam. midi – Repas Lunch 33 – carte 50 à 63, 🍷.
◆ In deze oude herberg kunt u gezellig tafelen in een van de mooie, klassiek-eigentijdse eetzalen aan de voorzijde of in de moderne serre die uitkijkt op de tuin.
◆ Ancienne auberge vous invitant à passer à table dans l'une de ses jolies salles classiques-actuelles situées à l'avant ou dans la véranda moderne ouverte sur le jardin.

HOUTEN Utrecht 📟 P 10 et 📟 G 5 – 41 254 h.
📍 Heemsteedseweg 32a, ⌂ 3992 LS, ℰ (0 30) 636 99 20.
Amsterdam 38 – Utrecht 12 – Rotterdam 63.

Kasteel Heemstede (van Doorn), Heemsteedseweg 20 (Ouest : 4 km, près du golf)
⌂ 3992 LS, ℰ (0 30) 272 22 07, info@restaurant-kasteelheemstede.nl, Fax (0 30) 272 30 39, 🌣 – 🅿, 🆎 ⓪ 🆗 𝗩𝗜𝗦𝗔, 🍴
fermé 27 déc.-8 janv. et dim. – Repas Lunch 40 – 108 bc, carte env. 64, 🍷
Spéc. Saint-Jacques au cappuccino de tomates et cannelle. Queues de langoustines à l'artichaut, fenouil et tomate séchée. Déclinaison d'agneau régional à l'oignon rouge.
◆ Stijlvol restaurant in de gewelfde kelders van een 17e-eeuws kasteel dat wordt omringd door een slotgracht en tuinen. Loopbrug en terras aan het water. Eigentijdse keuken.
◆ Élégante table retranchée dans les caves voûtées d'un château seigneurial (17e s.) entouré de douves et jardins. Passerelle et terrasse au ras de l'eau. Cuisine actuelle.

Coco Pazzo, Plein 20 (Oude Dorp), ⌂ 3991 DL, ℰ (0 30) 637 14 03, restaurantcoco pazzo@hotmail.com, Fax (0 30) 637 18 23, 🌣, Avec cuisine italienne – 🆎 ⓪ 🆗 𝗩𝗜𝗦𝗔. 🍴
fermé 24 juil.-8 août, 25 déc.-2 janv., sam. midi, dim. et lundi – Repas 29/53 bc, 🍷 🌣.
◆ Sympathiek restaurant met een smakelijke mediterrane keuken die vrolijk heen en weer pendelt tussen de Laars en Frankrijk. Interessante menu's. Frans-Italiaanse wijnkaart.
◆ Ce restaurant sympathique concocte une cuisine méditerranéenne goûteuse, zigzaguant gaiement entre la Botte et l'Hexagone. Menus intéressants. Belle cave franco-transalpine.

HOUTHEM Limburg 📟 T 17 – voir à Valkenburg.

HUISDUINEN Noord-Holland 📟 N 5 – voir à Den Helder.

HUIZEN Noord-Holland 📟 Q 9, 📟 Q 9 et 📟 G 5 – 42 125 h.
Amsterdam 31 – Apeldoorn 65 – Hilversum 10 – Utrecht 27.

Newport 🍸, Labradorstroom 75, ⌂ 1271 DE, ℰ (0 35) 528 96 00, info@hotelne port.nl, Fax (0 35) 528 96 11, ≤, 🌣, ℔, ≦, 🐾, 🔔 – 📶 🍽 📺 🅿 – 🔺 25 à 250. 🆎 ⓪ 🆗 𝗩𝗜𝗦𝗔 ᴊᴄʙ
Repas Lunch 27 – carte 26 à 46, 🍷 – 🖙 15 – **14 ch** 230, – 47 suites.
◆ Alle kamers in dit kleine, eigentijdse kwaliteitshotel hebben vrij uitzicht op de jachthave van het Gooimeer. De moderne, gemeenschappelijke ruimten ademen een bescheiden lux Lounge-bar-brasserie waar speciale aandacht wordt geschonken aan waterdrinkers.
◆ La vue imprenable sur le port de plaisance du Gooimeer profite à chacune des chambre de ce petit palace contemporain. Communs modernes, au luxe discret. Lounge-ba brasserie réservant une attention particulière aux buveurs d'eau.

XX **Tjoe Tjoe Mas,** Labradorstroom 75, ✉ 1271 DC, ℰ (0 35) 528 96 48, Fax (0 35) 623 51 53, ≼ marina, 🍽, Cuisine indonésienne – 🍴 **P.** 🖭 **⊕⊛** **VISA**. ⚌
Repas (dîner seult sauf en été) 25/35, ♈.
◆ Een "new style", oosters restaurant in een hotel, waar u kunt genieten van een pittige, moderne Indonesische keuken. Zomerterras met uitzicht op de jachthaven.
◆ Incorporée à un hôtel, table orientale "new style" vous conviant à goûter une cuisine indonésienne pimentée de modernité. Terrasse d'été tournée vers la marina.

HULST Zeeland 🔢🔢🔢 J 15 et 🔢🔢🔢 D 8 – 19 918 h.
🏛 Grote Markt 19, ✉ 4561 AR, ℰ (0 114) 31 52 21, hulst@vvvzvl.nl, Fax (0 114) 31 62 08.
Amsterdam 196 – Antwerpen 32 – Middelburg 56 – Sint-Niklaas 16.

🏠 **L'Aubergerie,** van der Maelstedeweg 4a, ✉ 4561 GT, ℰ (0 114) 31 98 30, lauberge
rie@zeelandnet.nl, Fax (0 114) 31 14 31, 🍽 – 📺, 🖭 **⊕⊛** **VISA**. ⚌ rest
fermé 22 déc.-9 janv. – **Repas** (dîner seult jusqu'à 20 h 30) carte 23 à 39 – **24 ch** ⚏ 55/77 – ½ P 68.
◆ Dit familiehotel ligt wat buiten het toeristische circuit van Hulst, een oude vestingplaats en hoofdstad van de grensstreek die de Vier Ambachten wordt genoemd. Ruim en licht restaurant met terras aan de achterzijde. Traditionele kaart.
◆ Hôtel familial situé en léger retrait du circuit touristique de Hulst, ancienne place forte et capitale de la région frontalière dite des Quatre-Métiers (Vier Ambachten). Restaurant clair et spacieux donnant sur une terrasse à l'arrière. Carte traditionnelle.

XX **Napoleon,** Stationsplein 10, ✉ 4561 GC, ℰ (0 114) 31 37 91, info@restaurantnapol
eon.nl, Fax (0 114) 31 67 82, 🍽 – 🖭 **⊕** **⊛⊛** **VISA**
fermé carnaval, 2ᵉ quinz. juil., 25 déc., 1ᵉʳ janv., mardi et merc. – **Repas** Lunch 26 – carte 29 à 52.
◆ Al ruim dertig jaar is dit traditionele restaurant met keizerlijke naam een vertrouwd beeld in Hulst. Geen Waterloo in zicht sinds de jongere generatie de scepter zwaait.
◆ Déjà plus de 30 ans de présence pour cette table traditionnelle à l'enseigne impériale. Pas de Waterloo en vue depuis la reprise de l'affaire par la génération montante !

HUMMELO Gelderland 🅒 Bronckhorst 4 498 h. 🔢🔢🔢 W 10 et 🔢🔢🔢 J 5.
🏃 à l'Ouest : 3 km à Hoog-Keppel, Oude Zutphenseweg 15, ✉ 6997 CH, ℰ (0 314) 38 14 16, Fax (0 314) 36 65 23.
Amsterdam 126 – Arnhem 29 – Apeldoorn 37.

🏨 **De Gouden Karper,** Dorpsstraat 9, ✉ 6999 AA, ℰ (0 314) 38 12 14, welkom@deg
oudenkarper-hummelo.nl, Fax (0 314) 38 22 38, 🍽 – 📺 **P.** – 🔏 25 à 250. 🖭 **⊕⊛** **VISA**
Repas carte 31 à 41, ♈ – **12 ch** ⚏ 43/80.
◆ Een gouden karper spartelt aan de voorzijde van dit rustieke hotel-restaurant, dat dateert uit 1642, het jaar waarin Rembrandt zijn beroemde Nachtwacht schilderde. Klassiek ingerichte restaurantzaal als decor voor een traditionele maaltijd.
◆ Une Carpe d'Or (Gouden Karper) frétille sur la devanture de cette auberge rustique fondée en 1642, l'année précise où Rembrandt brossa sa fameuse Ronde de nuit. Repas traditionnel dans une salle de restaurant classiquement aménagée.

HYLPEN Fryslân – voir Hindeloopen.

IJMUIDEN Noord-Holland 🅒 Velsen 67 527 h. 🔢🔢🔢 M 8 et 🔢🔢🔢 E 4.
Voir Écluses★.
🏃 🏃 à Velsen-Zuid, Het Hoge Land 2, ✉ 1981 LT, Recreatieoord Spaarnwoude ℰ (0 23) 538 27 08, Fax (0 23) 538 72 74.
⚓ vers Newcastle : DFDS Seaways, Felison Terminal, Sluisplein 33 ℰ (0 255) 54 66 66, Fax (0 255) 54 66 55.
🏛 Zeeweg 189, ✉ 1971 HB, ℰ (0 255) 51 56 11, ijm@vvvzk.nl, Fax (0 255) 52 42 26.
Amsterdam 25 – Haarlem 14 – Alkmaar 26.

🏨 **Holiday Inn Seaport Beach,** Kennemerboulevard 250 (Strand), ✉ 1976 EG, ℰ (0 255) 56 69 99, info@holidayinn-ijmuiden.nl, Fax (0 255) 56 69 00, ≼, 🍽, ⅙, ⚋, 🚲, 📶 – 📱 ⚌ 📺 ♿ch, **P.** – 🔏 25 à 450. 🖭 **⊕** **⊛⊛** **VISA** **JCB**
Repas Lunch 24 – carte 26 à 41, ♈ – ⚏ 19 – **146 ch** 115/235 – ½ P 75/284.
◆ Treffende naam gezien de strategische ligging van dit mooie ketenhotel : de kamers hebben allemaal een balkon met uitzicht op de zee. Het restaurant en het terras kijken ook uit op de duinen en de jachthaven.
◆ Enseigne adéquate, vu la position stratégique qu'occupe ce bel hôtel de chaîne : on contemple le front de mer depuis le balcon de chaque chambre. Restaurant et terrasse procurent également une échappée sur les dunes et le port des yachts.

🏨 **Augusta,** Oranjestraat 98 (direction Sluizen), ✉ 1975 DD, ☎ (0 255) 51 42 17, *info@ augusta.nl*, Fax *(0 255) 53 47 03*, 🚲 – ▤ rest, 📺 – 🛗 25 à 100. ⚿ ◉ VISA JCB, ✻

Repas *(fermé 25 juil.-15 août, 24 déc.-6 janv., sam. midi et dim. midi)* Lunch 28 – 35/60 bc, ♀ – **25 ch** ☲ 55/115.

◆ Dit hotel-restaurant omvat enkele herenhuizen uit rond 1900 en is in art deco ingericht. Het ontbreekt de kamers zeker niet aan cachet of ruimte, behalve de eenpersoons, die beduidend kleiner zijn. Maaltijden in een nostalgische ambiance.

◆ Ensemble de maisons bourgeoises "1900" aménagées dans le style Art déco. Les chambres ne manquent ni de cachet, ni d'ampleur, sauf les singles, nettement plus menues. À l'heure du repas, on s'attable dans une atmosphère nostalgique.

à Velsen-Zuid *sortie IJmuiden sur A 9* Ⓒ *Velsen :*

XX **Het Roode Hert,** Zuiderdorpstraat 15, ✉ 1981 BG, ☎ (0 255) 51 57 97, *info@roo dehert.nl*, Fax *(0 255) 52 31 55*, 🌳 – ▤. ◉ VISA. ✻ *fermé fin déc., sam. midi, dim. et lundi* – **Repas** Lunch 35 – carte 47 à 70, ♀.

◆ Restaurant in een charmante herberg uit de 17e eeuw, in een karakteristieke wijk waar tal van façades met trapgevels zijn bekroond. Rustieke ambiance en eigentijdse keuken.

◆ Charmante auberge du 17e s. située dans un quartier pittoresque, avec ses nombreuses façades agrémentées de pignons à redans. Cadre rustique et cuisine au goût du jour.

X **Beeckestijn,** Rijksweg 136, ✉ 1981 LD, ☎ (0 255) 51 44 69, Fax *(0 255) 51 12 66*, ≤, 🌳 – 🅿 – 🛗 80. ⚿ ◉ ◉ VISA *fermé lundi et mardi* – **Repas** carte 35 à 44.

◆ De hekken van de poort geven toegang tot een 18e-eeuwse buitenplaats in een groot park. Het restaurant bevindt zich in een koetshuis. Goede faciliteiten voor partijen.

◆ Les grilles du portail s'ouvrent sur une petite "folie" du 18e s., au milieu d'un grand parc. On ripaille dans les dépendances, bien équipées pour la tenue de banquets.

Indien zich belangrijke stijgingen voordoen inzake kosten
van levensonderhoud, kunnen de door ons opgegeven
prijzen verhoogd zijn.
Vraag bij het reserveren van een
hotelkamer steeds naar de definitieve prijs.

IJSSELSTEIN Utrecht 532 P 10 et 715 G 5 – 33 269 h.
Amsterdam 47 – Utrecht 14 – Breda 61 – 's-Hertogenbosch 45 – Rotterdam 60.

XX **Les Arcades,** Weidstraat 1, ✉ 3401 DL, ☎ (0 30) 688 39 01, *info@lesarcades.nl*, Fax *(0 30) 687 15 74* – 🛗 80. ⚿ ◉ ◉ VISA JCB *fermé 25 juil.-8 août et dim.* – **Repas** Lunch 30 – carte env. 42.

◆ De fraaie gewelven van een eeuwenoude kelder vormen het decor van dit restaurant onder het voormalige stadhuis. Klassieke keuken in een eigentijds jasje.

◆ Le couvert est dressé sous les jolies voûtes de la cave - plusieurs fois centenaire - de l'ancienne salle du Conseil communal. Cuisine classique revisitée.

JOURE (DE JOUWER) Fryslân Ⓒ Skarsterlân 27 258 h. 531 T 5 et 715 I 3.
🏌 au Sud : 7,5 km à Sint Nicolaasga, Legemeersterweg 16, ✉ 8527 DS, ☎ (0 513) 49 94 66, Fax (0 513) 49 97 77.
🛈 Midstraat 99, ✉ 8501 AH, ☎ (0 513) 41 60 30, vvv@joure.nl, Fax (0 513) 41 52 82
Amsterdam 122 – Leeuwarden 37 – Sneek 14 – Zwolle 67.

XX **'t Plein,** Douwe Egbertsplein 1a, ✉ 8501 AB, ☎ (0 513) 41 70 70, *plein@euronet.nl*, Fax (0 513) 41 72 21, 🌳 – ▤. ⚿ ◉ ◉ VISA *fermé 24 oct.-3 nov., 31 déc.-11 janv., sam. midi et dim.* – **Repas** Lunch 25 – 34/70 bc, ♀.

◆ Het lage restaurantpand staat aan een pleintje in het centrum van Joure, de geboortestad van Douwe Egbert. Actuele kaart met goed samengestelde menu's.

◆ Maison basse postée sur une placette du centre de Joure, ville natale d'un certain Douwe Egbert. Carte actuelle assortie de menus bien composés.

KAAG Zuid-Holland 🄲 Alkemade 14 428 h. **530** M 9.

Amsterdam 42 – Rotterdam 60 – Den Haag 25 – Haarlem 22.

XX **Tante Kee,** Julianalaan 14 (par bac), ⊠ 2159 LA, ℰ (0 252) 54 42 06, info@tantekee.nl, Fax (0 252) 54 52 90, ≤, 🏤, 🄹 – 🄰🄴 🐠 𝐕𝐈𝐒𝐀 𝐉𝐂𝐁.
fermé lem. de nov. à avril – **Repas** Lunch 25 – 32/44.
• Restaurant op een eiland dicht bij een pittoresk dorp, in een polder waar tal van kanaaltjes doorheen stromen. Panoramisch zomerterras aan de Kagerplassen. Aanleg-steiger.
• Auberge à dénicher sur une île-polder quadrillée de petits canaux, près d'un village pit-toresque. Terrasse estivale panoramique au bord du Kagerplassen. Ponton d'amarrage.

KAART Fryslân **531** Q 2 – voir à Waddeneilanden (Terschelling).

KAATSHEUVEL Noord-Brabant 🄲 Loon op Zand 22 952 h. **532** P 13 et **715** G 7.

Voir De Efteling★★.

🄸🄱 Veldstraat 6, ⊠ 5176 NB, ℰ (0 416) 28 83 99, Fax (0 416) 28 84 39.
Amsterdam 107 – 's-Hertogenbosch 26 – Breda 25 – Tilburg 12.

🏛️ **Efteling,** Horst 31, ⊠ 5171 NA, ℰ (0 416) 28 71 11, info@efteling.com, Fax (0 416) 28 71 99, 🐾, 🌳 – 📶 ✄, 🔟 ⅙ch, 🄿 – 🄰 25 à 275. 🐠 𝐕𝐈𝐒𝐀 𝐉𝐂𝐁.
🍽️ rest
fermé 31 déc. – **Repas** carte 27 à 40 – ⌤ 15 – **120 ch** 80/130.
• Dit moderne, vrij fantasievolle bouwwerk aan de rand van het attractiepark de Efteling is net een sprookjeskasteel. Junior suites met themadecor.
• Aux portes d'Efteling (parc d'attractions), architecture moderne assez fantaisiste, évo-quant ces châteaux forts des contes de fées. Junior suites avec décor à thème.

XX **De Molen,** Vaartstraat 102, ⊠ 5171 JG, ℰ (0 416) 53 02 30, info@restaurantdemol en.nl, Fax (0 416) 53 00 31, 🏤 – 📶 🄿 🄰🄴 🄾 🐠 𝐕𝐈𝐒𝐀
fermé dern. sem. juil.-prem. sem. août, sam. midi, dim. midi et lundi – **Repas** Lunch 33 – 40/82 bc, 🍷.
• Een nog altijd bedrijvige windmolen vormt het decor van dit restaurant, waar de kaart de smaak van het moment volgt. Detail : brood wordt gebakken van het hier gemalen meel.
• Moulin à vent - toujours en activité - promu restaurant dont la carte s'acoquine aux saveurs du moment. Petit détail : le pain est réalisé avec la farine obtenue sur place.

XX **Rasa Senang,** Horst 1, ⊠ 5171 RA, ℰ (0 416) 28 44 76, Fax (0 416) 53 07 59, 🏤, Cuisine indonésienne – 🄿 🄰🄴 🄾 🐠 𝐕𝐈𝐒𝐀. 🍽️
fermé mardi – **Repas** (dîner seult) 25/47.
• Zin in een oosters avontuur? Dan komt dit adres als geroepen : smakelijke Indonesische keuken, rijsttafelformule, mooie wijnkaart en vriendelijke bediening.
• Envie d'une escapade orientale ? Cette adresse tombe à point nommé : goûteuse cuisine indonésienne, formule "rijsttafel" (table de riz), beau livre de cave et service avenant.

KAMPEN Overijssel **531** U 7 et **715** I 4 – 48 919 h.

Voir Rive droite de l'IJssel ≤★ Y – Ancien hôtel de ville★ (Oude Raadhuis) : cheminée★ dans la salle des échevins★ (Schepenzaal) Y H – Hanap★ dans le musée municipal (Stedelijk Museum) Y M – Cellebroederspoort★ Z.

🄸 Oudestraat 151, ⊠ 8261 CL, ℰ (0 38) 331 35 00, info@vvvkampen.nl, Fax (0 38) 332 89 00.
Amsterdam 115 ② – Zwolle 14 ① – Leeuwarden 86 ③

Plan page suivante

🄼 **Van Dijk** sans rest, IJsselkade 30, ⊠ 8261 AC, ℰ (0 38) 331 49 25, info@hotelvandijk.nl, Fax (0 38) 331 65 08 – 📶 – 🄰 25 à 40. 🐠 𝐕𝐈𝐒𝐀   Y   r
fermé 20 déc.-2 janv. – **18 ch** ⌤ 52/75.
• Dit eenvoudige, maar vrij gerieflijke familiehotel is een aangename pleisterplaats voor wie de bezienswaardigheden van de hanzestad wil bezoeken.
• Ce petit hôtel familial de confort simple, mais très correct, est un point de chute appré-ciable pour découvrir les nombreuses curiosités de Kampen. Chambres proprettes.

XX **De Bottermarck,** Broederstraat 23, ⊠ 8261 GN, ℰ (0 38) 331 95 42, bottermarck @worldmail.nl, Fax (0 38) 332 89 95 – 🄰🄴 🄾 🐠 𝐕𝐈𝐒𝐀 𝐉𝐂𝐁   Y   s
fermé 1 sem. carnaval, 3 sem. vacances bâtiment, sam. midi, dim. et lundi – **Repas** Lunch 25 – carte 34 à 53, 🍷 🍴.
• Aangenaam adres in een steegje in het levendige centrum. Ooit stond Kampen als siga-renstad bekend, nu is tabak als culinair ingrediënt de vedette. Vrij inventieve keuken dus.
• Adresse agréable à dénicher dans une ruelle du centre animé. Le tabac, plante qui valut son renom à Kampen, est ici l'ingrédient vedette. Cuisine assez inventive, donc.

Si vous êtes retardé sur la route, dès 18 h, confirmez votre réservation par téléphone, c'est plus sûr... et c'est l'usage.

KATWIJK AAN ZEE Zuid-Holland ⓒ Katwijk 41 535 h. 🖫🖫🖫 L 9 et 🖫🖫🖫 E 5.
🖪 Vuurbaakplein 11, ⊠ 2225 JB, ℘ 0 900-528 99 58, katwijk@hollandrijnland.nl, Fa
(0 71) 407 63 42.
Amsterdam 44 – Rotterdam 43 – Den Haag 19 – Haarlem 34.

🏨 **Noordzee,** Boulevard 72, ⊠ 2225 AG, ℘ (0 71) 401 57 42, info@hotelnoordzee.r
Fax (0 71) 407 51 65, <, 🍴 – 🛗 🗏 📺 ⟷ 🅿 – 🔬 40. 🆎 ⓪ 🕦 𝖵𝖨𝖲𝖠
🛇 ch
fermé 22 déc.-14 janv. – **Repas** (avec cuisine italienne, dîner seult) carte 22 à 40 – **47 c**
🖵 80/145, – 2 suites – ½ P 73/93.
♦ De hoofdvleugel van dit hotel herbergt standaardkamers die uitkijken op het strand. D
nieuwere vleugel aan de achterzijde heeft een paar kamers met meer comfort. Voor e
inwendige mens is er keuze genoeg : pannenkoeken, pizza's en Frans-Holland
keuken.
♦ Hôtel composé d'une aile principale avec des chambres ordinaires côté plage et d'ur
aile plus récente à l'arrière, avec quelques chambres mieux installées. Formules de re
tauration touche-à-tout : crêpes, pizzas, cuisine franco-hollandaise.

662

🏠 **Zeezicht** sans rest, Boulevard 50, ⌧ 2225 AD, 𝒫 (0 71) 401 40 55, *info@hotel-zeez icht.nl*, Fax *(0 71) 407 58 52*, ☎s – |嶽| TV. ❀
30 ch ⊑ 42/100.
♦ Dit familiehotel aan de boulevard beschikt over kleine kamers met eenvoudig comfort, die voor een onderbreking van de reis echter prima voldoen.
♦ Le long de la promenade, établissement familial où vous poserez vos bagages dans des petites chambres sommairement équipées mais tout à fait convenables pour l'étape.

XX **Brittenburg,** Boulevard 70, ⌧ 2225 AG, 𝒫 (0 71) 407 76 24, *dik.haasnoot@12mov e.nl*, Fax *(0 71) 401 54 34*, 😤, Produits de la mer – AE ⓪ ⓶ VISA ❀
fermé 22 déc.-16 janv., sam. midi et dim. – **Repas** 33, ♀.
♦ Dit in brasseriestijl ingerichte restaurant met oesterbaar bereidt smaakvolle visgerechten. In de zomer kan men aan de voorzijde plaatsnemen op een beschut terras.
♦ Agencé dans le style brasserie, ce restaurant avec banc d'écailler mitonne une savou-reuse cuisine de la mer. L'été, on dresse une terrasse abritée en façade.

X **De Zwaan,** Boulevard 111, ⌧ 2225 HC, 𝒫 (0 71) 401 20 64, *info@restaurantdezwa an.nl*, Fax *(0 71) 401 20 64*, <, 😤 – AE ⓪ ⓶ VISA
fermé 27 déc.-4 janv. et lundi – **Repas** 30/48 bc, ♀.
♦ Fraai uitzicht op de kust, zowel vanaf het zomerterras als vanachter de ramen van een ruime en plezierige eetzaal. Uitgebreide Frans-Nederlandse kaart.
♦ Joli coup d'oeil sur le littoral, que ce soit en terrasse aux beaux jours ou de derrière les baies d'une salle à manger ample et plaisante. Grande carte franco-hollandaise.

KERKRADE *Limburg* 532 V 17 *et* 715 J 9 – *50 295 h.*
Voir *Abbaye de Rolduc★ (Abdij Rolduc) : chapiteaux★ de la nef.*
Amsterdam 225 – Maastricht 33 – Heerlen 12 – Aachen 12.

🏰 **Brughof** 🍃, Oud Erensteinerweg 6, ⌧ 6468 PC, 𝒫 (0 45) 546 13 33, *info@erenste in.chateauhotels.nl*, Fax *(0 45) 546 07 48*, 🚴 – TV 🕭 P. – 🔏 25 à 230. AE ⓪ ⓶ VISA
JCB
Repas voir rest **Kasteel Erenstein** ci-après – ⊑ 17 – **44 ch** 120/235 – ½ P 105/115.
♦ Hotel in een mooie 18e-eeuwse boerderij. De kamers, junior suites en senior sui-tes hebben alle een eigen karakter en zijn even sfeervol als behaaglijk. Tearoom in de serre.
♦ Hôtel aménagé dans une ravissante ferme du 18e s. Chambres, junior suites et senior suites toutes personnalisées, et aussi pimpantes que douillettes. Tea-room sous véranda.

🏰 **Winseler Hof** 🍃, Tunnelweg 99 (Ouest : 2 km à Landgraaf), ⌧ 6372 XH, 𝒫 (0 45) 546 43 43, *info@winselerhof.com*, Fax *(0 45) 535 27 11*, 😤, 🚴 – ⊷ TV P. – 🔏 25 à 120. AE ⓪ ⓶ VISA
Repas *Pirandello* (dîner seult) 48/68, ♀ – **Luigi's Trattoria** *(fermé dim. d'oct. à avril)* (déjeuner seult sauf vend. et sam.) 33/45 bc, ♀ – ⊑ 19 – **48 ch** 125/159, – 1 suite – ½ P 119/188.
♦ Oude, vakkundig verbouwde boerderij in een rustig dal. Stijlvol ingerichte kamers en een mooi terras op een fleurige binnenplaats. Eigentijds Frans-Italiaans restaurant met oran-jerie. Sfeervolle trattoria in de gewelfde kelder.
♦ Ancienne ferme adroitement restaurée, blottie dans un vallon tranquille. Chambres meu-blées avec élégance et belle terrasse sur cour fleurie. Restaurant franco-italien au goût du jour, agrandi d'une orangerie. Avenante trattoria recluse dans une cave voûtée.

XX **Kasteel Erenstein** - H. Brughof, Oud Erensteinerweg 6, ⌧ 6468 PC, 𝒫 (0 45) 546 13 33, *info@erenstein.chateauhotels.nl*, Fax *(0 45) 546 07 48*, 😤 – P. AE ⓪ ⓶ VISA
JCB
fermé dim. – **Repas** 29/87 bc, ♀.
♦ Een 14e-eeuws kasteel, omringd door een slotgracht en een park met bomen. De kok bereidt Franse streekgerechten. De sfeer is die van een luxueuze bistro, maar zonder poespas.
♦ Table papillonnant à travers les régions de France, dans un château du 14e s. entouré de douves et d'un parc arboré. Atmosphère "bistrot de luxe", mais pas du tout guindée.

KESSEL *Limburg* 532 V 15 *et* 715 J 8 – *4 182 h.*
Amsterdam 178 – Maastricht 65 – Eindhoven 50 – Roermond 21 – Venlo 14.

XX **Château De Neerhof** 🍃 avec ch, Kasteelhof 1, ⌧ 5995 BX, 𝒫 (0 77) 462 84 62, *info@deneerhof.nl*, Fax *(0 77) 462 84 69*, < Meuse (Maas), 😤, 🚴 – TV P. – 🔏 30. AE ⓶ VISA. ❀
fermé carnaval – **Repas** *(fermé lundi et mardi)* 34/50, ♀ – **6 ch** ⊑ 75/110 – ½ P 80/180.
♦ Het is alweer even geleden dat wachters vanaf deze machtige middeleeuwse vesting de Maas afspeurden. Een historische decor voor dit restaurant. Mooie kamers.
♦ Voici des lunes que les vigies ne scrutent plus la Meuse du haut de ce puissant château médiéval : un cadre historique dont profite le restaurant. Belles chambres.

KETELHAVEN *Flevoland* 531 T 7 *et* 715 I 4 – *voir à Dronten.*

KEUKENHOF ⋆⋆ *Zuid-Holland* 532 M 9 *et* 715 E 5 *G. Hollande.*

KIJKDUIN *Zuid-Holland* 532 K 10 *et* 715 D 5 *– voir à Den Haag.*

KINDERDIJK (Molens van) (Moulins de KINDERDIJK) ⋆⋆ *Zuid-Holland* 532 M 11 *et* 715 E 6 *G. Hollande.*

KOLLUM *Fryslân* C *Kollumerland en Nieuwkruisland 13 264 h.* 531 V 3 *et* 715 J 2.
Amsterdam 174 – Groningen 34 – Leeuwarden 30.

XX **De Kolibrie,** Voorstraat 63, ✉ 9291 CD, ✆ (0 511) 45 33 78, *info@dekolibrie.nl, Fax (0 511) 45 06 55* – MC VISA. ✻
fermé dim. soir de sept. à mai, dim. midi et lundi – **Repas** Lunch 25 – carte env. 42, ♀.
◆ Dit oude pand in het centrum van Kollum is verbouwd tot een restaurant waarvan de klassiek-moderne kaart Friese producten het hof maakt. Moderne schilderijen in de eetzaal.
◆ Au centre du bourg, demeure ancienne transformée en restaurant dont la carte, classique actualisée, fait la part belle aux produits frisons. Toiles modernes en salle.

De KOOG *Noord-Holland* 531 N 4 *et* 715 F 2 *– voir à Waddeneilanden (Texel).*

KORTENHOEF *Noord-Holland* C *Wijdemeren 23 237 h.* 532 P 9 *et* 715 G 5.
Amsterdam 26 – Utrecht 23 – Hilversum 7.

XX **De Nieuwe Zuwe** 1er étage, Zuwe 20 (Ouest : 2 km sur N 201), ✉ 1241 NC, ✆ (0 35) 656 33 63, *info@nieuwe-zuwe.nl, Fax (0 35) 656 40 41,* ≤, ☂, ⚓ – P – 25 à 80. AE ⓓ MC VISA
fermé 27 déc.-6 janv., dim. du 15 sept à avril et lundi – **Repas** Lunch 29 – 38/70 bc, ♀.
◆ Dit culinaire familiebedrijf ligt verankerd op het terrein van de jachthaven aan de Kortenhoeftse Plassen, tussen Hilversum en Vreeland. Panoramisch terras in de zomer.
◆ Affaire familiale aménagée dans l'enceinte d'un port de plaisance des Kortenhoeftse Plassen, entre Hilversum et Vreeland. Terrasse panoramique dressée en été.

KORTGENE *Zeeland* C *Noord-Beveland 7 127 h.* 532 H 13 *et* 715 C 7.
Amsterdam 165 – Middelburg 26 – Goes 11 – Rotterdam 82.

XX **De Korenbeurs** avec ch, Kaaistraat 12, ✉ 4484 CS, ✆ (0 113) 30 13 42, *info@korenbeurs-kortegene.nl, Fax (0 113) 30 23 94* – TV ♿ rest, – 25 à 100. AE ⓓ MC VISA
Repas *(fermé dim. soir du 14 nov. au 30 janv., sam. midi et dim. midi)* 27/61 bc – **7 ch** ☕ 50/85 – ½ P 58/63.
◆ Pleziervaarders die Kortgene aandoen, gooien graag het anker uit bij dit hotel-restaurant. Copieuze, traditionele gerechten, stijlvolle ontvangst en service en keurige kamers.
◆ Établissement familial où les plaisanciers de passage à Kortgene jettent volontiers l'ancre. Plats traditionnels généreux, accueil et service soignés et chambres proprettes.

X **Overstag,** Hoofdstraat 36, ✉ 4484 CG, ✆ (0 113) 30 24 54, *r.vandebos@12move.nl, Fax (0 113) 30 10 20,* ☂, Taverne-rest – MC VISA
fermé 3 sem. en janv. et lundis non fériés sauf en juil.-août – **Repas** *(déjeuner sur réservation)* carte 22 à 50.
◆ Café-restaurant in familiebeheer. De eetzaal is ingericht met massief meubilair van gelakt grenen en heeft decoratieve details met een knipoog naar het zeemansleven.
◆ Taverne-restaurant familiale oeuvrant dans la rue principale. Salle dotée d'un mobilier massif en pin verni. Détails décoratifs évoquant vaguement l'univers des marins.

X **Shangrila,** Kaaistraat 15, ✉ 4484 CS, ✆ (0 113) 30 16 68, Cuisine chinoise – ▤. AE MC VISA
fermé lundi de nov. à mars – **Repas** (dîner seult) carte 22 à 48.
◆ De meest exotische ankerplaats in dit stukje Zeeland. Op de kaart staan tussen alle lekkernijen uit het Rijk van het Midden enkele verleidelijke specialiteiten van het huis.
◆ L'escale la plus exotique de ce petit coin de Zélande. Parmi les délicatesses de l'Empire du Milieu figurant à la carte, laissez-vous tenter par les spécialités du chef.

KOUDEKERKE *Zeeland* 532 G 14 *et* 715 B 7 *– voir à Vlissingen.*

KOUDUM Fryslân Ⓒ Nijefurd 10 903 h. 🗟🗟🗟 R 5 et 🗟🗟🗟 H 3.
Amsterdam 129 – Leeuwarden 50 – Bolsward 22 – Zwolle 76.

🏨 **GalamaDammen** ⚓, Galamadammen 1, ✉ 8723 CE, ℰ (0 514) 52 13 46, info@ga
lamadammen.nl, Fax (0 514) 52 24 01, ≤, 🛋, ≦s, 🗔, 🚲, 🖼 – 🛎 📺 ⅏ch, 🖭 – 🖾 25
à 200. 🄰🄴 ⊙ 🄾🄾 𝘝𝘐𝘚𝘈
Repas Lunch 25 – 31/40, ♀ – **47 ch** ⊆ 62/125 – ½ P 85/99.
◆ Dit hotel-restaurant ligt op een unieke lokatie aan het water, tussen twee jachthavens.
Comfortabele kamers en split-level appartementen, de meeste met kitchenette. Zwembad
onder glas. Het restaurant hanteert een traditioneel register.
◆ Établissement privilégié par sa situation au bord du lac, devant le port des yachts. Chambres et duplex où l'on a ses aises, souvent avec cuisinette. Piscine sous verrière. Restaurant
maniant un registre culinaire traditionnel.

KRAGGENBURG Flevoland Ⓒ Noordoostpolder 44 741 h. 🗟🗟🗟 U 7 et 🗟🗟🗟 I 4.
Amsterdam 96 – Emmeloord 16 – Zwolle 32.

🏨 **Van Saaze**, Dam 16, ✉ 8317 AV, ℰ (0 527) 25 23 53, Fax (0 527) 25 25 59, 🛋, ⅃ₛ,
🚲 – 📺 🖃🗲 🖭 – 🖾 40 à 200. 🄰🄴 🄾🄾 𝘝𝘐𝘚𝘈
Repas Lunch 15 – 22/30, ♀ – **16 ch** ⊆ 50/68 – ½ P 60/70.
◆ Vrij gerieflijk hotelletje dat rond de eeuwwisseling zijn overnachtingscapaciteit
bijna heeft verdubbeld. Vriendelijk en gastvrij onthaal en een stevig ontbijt voor een goed
begin van de dag. Eetzaal met klassiek decor. Hollandse keuken.
◆ Petit hôtel très convenable, dont la capacité d'hébergement a presque doublé au tournant du 20ᵉ s. Accueil familial gentil et bon breakfast pour bien débuter la journée. Salle
à manger au décor bourgeois. Préparations hollandaises.

KRALINGEN Zuid-Holland – voir à Rotterdam, périphérie.

KRÖLLER-MÜLLER (Musée) ★★★ Gelderland 🗟🗟🗟 U 10 et 🗟🗟🗟 I 5 G. Hollande.

KRUININGEN Zeeland Ⓒ Reimerswaal 20 839 h. 🗟🗟🗟 J 14 et 🗟🗟🗟 D 7.
🛤 au Sud-Est : 13 km à Rilland Bath, Grensweg 21, ✉ 4411 ST, ℰ (0 113) 55 12 65, Fax
(0 113) 55 12 64.
Amsterdam 169 – Middelburg 34 – Breda 67 – Antwerpen 56.

🏨 **Le Manoir** ⚓, Zandweg 2 (Ouest : 1 km), ✉ 4416 NA, ℰ (0 113) 38 17 53, info@in
terscaldes.nl, Fax (0 113) 38 17 63, ≤, 🛋, 🚲 – 🖃 📺 🖭 🄰🄴 ⊙ 🄾🄾 𝘝𝘐𝘚𝘈 🄹🄲🄱
fermé 1 sem. en oct. et 2 prem. sem. janv. – **Repas** voir rest **Inter Scaldes** ci-après –
⊆ 21 – **10 ch** 195/340, – 2 suites – ½ P 195/226.
◆ Dit grote landhuis met rieten dak is gelegen in een polder met boomgaarden. In de
verzorgde tuin wisselen heggen, rozenstruiken en fruitbomen elkaar af. Zeer comfortabele
kamers.
◆ Sur un polder parsemé de vergers, gros manoir à toit de chaume agrémenté d'un jardin
bichonné où alternent haies, roseraies et arbres fruitiers. Chambres de bon séjour.

ⅩⅩⅩⅩ **Inter Scaldes** (Brevet) - H. Le Manoir, Zandweg 2 (Ouest : 1 km), ✉ 4416 NA, ℰ (0 113)
❀❀ 38 17 53, info@interscaldes.nl, Fax (0 113) 38 17 63, 🛋 – 🖭 🄰🄴 ⊙ 🄾🄾 𝘝𝘐𝘚𝘈 🄹🄲🄱
fermé 1 sem. en oct., 2 prem. sem. janv., lundi, mardi et sam. midi – **Repas** Lunch 79 – 181 bc,
carte 97 à 157, ♀
Spéc. Bar de ligne au laurier, sauce au verjus. Saint-Jacques lutées à la truffe. Soufflé au
fromage blanc, citron et à la vanille.
◆ Na een fikse brand is dit bijzonder chique, eersteklas restaurant als een feniks uit zijn
as herrezen. Schitterende serre met terras en een sublieme Engelse tuin.
◆ Ce restaurant très chic pratiquant un art culinaire de haut vol est ressuscité de ses cendres
tel le phénix après un sévère incendie. Superbes terrasse-véranda et jardin anglais.

KUDELSTAART Noord-Holland 🗟🗟🗟 N 9 – voir à Aalsmeer.

LAGE-VUURSCHE Utrecht 🗟🗟🗟 Q 9 et 🗟🗟🗟 G 5 – voir à Baarn.

LANGWEER (LANGWAR) Fryslân Ⓒ Skarsterlân 27 258 h. 🗟🗟🗟 T 5 et 🗟🗟🗟 I 3.
Amsterdam 122 – Leeuwarden 51 – Sneek 13 – Zwolle 68.

ⅩⅩ **'t Jagertje,** Buorren 7, ✉ 8525 EB, ℰ (0 513) 49 92 97, Fax (0 513) 49 95 26, 🛋 –
🖃. 🄰🄴 🄾🄾 𝘝𝘐𝘚𝘈
fermé fév. et lundi et mardi de sept. à juin – **Repas** 25/30, ♀.
◆ Dit restaurant in het centrum van een typisch Fries havenplaatsje is een echte aanrader.
Eigentijds interieur en trendy gerechten.
◆ Restaurant établi au milieu d'un petit village portuaire typiquement frison, dont la visite
est à conseiller. Décoration intérieure contemporaine ; recettes dans le vent.

LAREN *Noord-Holland* 532 Q 9 *et* 715 G 5 – *11674 h.*

Env. *à l'Ouest :* Le Gooi★ *(Het Gooi).*

Amsterdam 29 – Utrecht *23 –* Apeldoorn *61 –* Hilversum *6.*

XX **Stijl,** Naarderstraat 46, ⊠ 1251 BD, ℘ (0 35) 538 68 58, *Fax (0 35) 538 04 06,* 斧 – 🅿.
① ⓪⑤ VISA
fermé lundi – **Repas** 25/36 bc, ♀.
◆ Klassieke kookkunst met moderne invulling in een huisje met rieten dak en tuin. Het Singer Museum aan de overkant exposeert doeken van de school van Laren. Groot terras.
◆ Restaurant aménagé dans une jolie chaumière sur jardin, face au musée Singer présentant l'école picturale dite de Laren. Cuisine classique actualisée. Grande terrasse.

X **Oesters aan de Brink,** Brink 10, ⊠ 1251 KV, ℘ (0 35) 533 54 03, *info@ oestersa andebrink.nl, Fax (0 35) 531 54 21,* Produits de la mer – 🅰🅴 ⓪⑤ VISA
fermé dern. sem. juil.-prem. sem. août, sam. midi et dim. midi – **Repas** Lunch 30 – carte env. 48, ♀.
◆ Dit restaurant staat flink in de kijkerd, net als de patron : René Froger. Eetzaal in trendy design, waarin zwart en rood sfeervol zijn gecombineerd. Chique brasserie-ambiance.
◆ Table très en vue, dont le patron, R. Froger, est un célèbre chanteur populaire hollandais. Harmonie de rouge et noir en salle, tendance design. Ambiance de brasserie sélecte.

LATTROP *Overijssel* 531 AA 8 *et* 715 L 4 – *voir à Ootmarsum.*

LEEK *Groningen* 531 X 3 *et* 715 K 2 – *19319 h.*

Amsterdam 170 – Groningen *17 –* Leeuwarden *52.*

🏨 **Leek,** Euroweg 1, ⊠ 9351 EM, ℘ (0 594) 51 88 00, *info@ hotelleek.nl, Fax (0 594) 51 74 55,* 斧, ⊛ – ▥ 🕭rest, 🅿 – 🔬 25 à 200. 🅰🅴 ① ⓪⑤ VISA ᴊᴄв. ※
Repas *(fermé sam. midi et dim. midi)* Lunch 12 – carte 22 à 48, ♀ – ⊡ 9 – **35 ch** 50/85 – ½ P 50/74.
◆ Functioneel hotel met kamers op de begane grond en de verdieping, alle voorzien van geluidsisolatie. Toch doet u er goed aan een kamer te vragen die van het kruispunt af ligt. Het restaurant heeft een typisch Hollands culinair repertoire.
◆ Établissement fonctionnel proposant des chambres insonorisées réparties au rez-de-chaussée et à l'étage. Préférez tout de même celles tournant le dos au carrefour. Une carte typiquement néerlandaise est présentée au restaurant.

LEENDE *Noord-Brabant* Ⓒ Heeze-Leende *15 353 h.* 532 S 14 *et* 715 H 7.

🔓 Maarheezerweg N. 11, ⊠ 5595 ZG, ℘ (0 40) 206 18 18.

Amsterdam 139 – Eindhoven *15 – 's-Hertogenbosch 51 –* Roermond *38 –* Venlo *54.*

XX **Jagershorst,** Valkenswaardseweg 44 (près A 2, sortie ㉞), ⊠ 5595 XB, ℘ (0 40) 206 13 86, *jagershorst@ hotmail.com, Fax (0 40) 206 27 55,* 斧 – 🅿. – 🔬 25 à 60. 🅰🅴 ①
⓪⑤ VISA ※
Repas Lunch 33 – 44/62 bc.
◆ Dit comfortabele etablissement heeft een brasserie en een restaurant met twee wintertuinen. Bij mooi weer wordt geserveerd in een lommerrijk parkje.
◆ Ce confortable établissement se compose d'une brasserie et d'un restaurant prolongé par deux jardins d'hiver. S'il fait soleil, service assuré dans un petit parc ombragé.

LEENS *Groningen* Ⓒ De Marne *11 180 h.* 531 X 2 *et* 715 K 1.

Amsterdam 196 – Groningen *27 –* Assen *51 –* Leeuwarden *52.*

XX **Schathoes Verhildersum** (Soek), Wierde 42, ⊠ 9965 TB, ℘ (0 595) 57 22 04, *sha
③ thoes@ inn.nl, Fax (0 595) 57 26 07,* 斧 – 🅿. 🅰🅴 ① ⓪⑤ VISA ᴊᴄв
fermé 27 déc.-6 janv., lundi et mardi – **Repas** *(déjeuner sur réservation)* Lunch 34 – 80 bc
carte env. 50
Spéc. Crevettes du Waddenzee de 5 façons. Sandre au chanterelles, sauce aux truffes
Déclinaison d'airelles des dunes du Lauwersmeer.
◆ Dit restaurant in een bijgebouw van de naburige borg (een versterkte boerderij) legt he
accent op streekproducten. Rustiek interieur. Tuin met expositie van beeldhouwwerker
◆ Table axée "terroir", dans les anciennes dépendances du manoir voisin, protégé de dou
ves et entouré d'un domaine boisé. Décoration campagnarde. Expo de sculptures au jardir

à Warfhuizen *Sud-Est : 5 km* Ⓒ De Marne *:*

🏨 **de Theaterherberg** sans rest, Baron van Asbeckweg 42, ⊠ 9963 PC, ℘ (0 595
57 27 42, *info@ theaterherberg.nl, Fax (0 595) 57 27 91* – ※
fermé janv. – **4** ch ⊡ 65/80.
◆ Deze oude boerderij in een gehucht heeft zijn landbouwwerktuigen verruild voor ee
minitheater - de patron is acteur - en enkele kamers. Landelijk terras aan de achterkar
◆ Cette ancienne ferme située dans un hameau a troqué ses équipements agricoles cont◆
un mini-théâtre et quelques chambres. Terrasse agreste sur l'arrière. Patron comédie◆

LEEUWARDEN (LJOUWERT) P *Fryslân* 531 T 3 *et* 715 I 2 – *91 284 h.*
Musées : *Frison*★★ *(Fries Museum/Verzetsmuseum)* CY – *Het Princessehof, Musée néerlandais de la céramique*★★ *(Nederlands Keramiek Museum)* BY.

⊞ *par* ①, *Woelwijk 101,* ⊠ *8926 XD,* ℰ *(0 511) 43 22 99, Fax (0 511) 43 00 13.*
🔁 *Sophialaan 4,* ⊠ *8911 AE,* ℰ *(0 58) 234 75 50, vvvleeuwarden@vvvleeuwarden.nl, Fax (0 58) 234 75 51. – Amsterdam 139* ④ *– Groningen 59* ① *– Sneek 24* ③

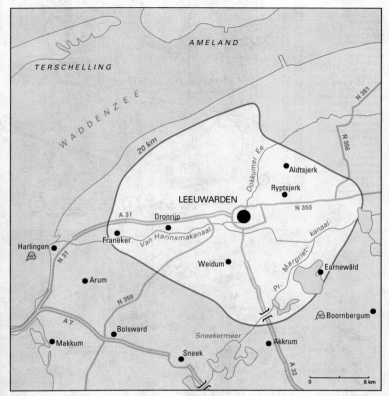

Oranje, Stationsweg 4, ⊠ 8911 AG, ℰ (0 58) 212 62 41, *oranjehotel@bilderberg.nl, Fax (0 58) 212 14 41,* 🍴, 🐾 – 🛗 ✉, 🍽 rest, 📺 ✏ – 🔬 25 à 350. 🖭 ⓪ 🔟 VISA JCB. ⅙ rest
fermé 24 déc.-1er janv. – **Repas** *Lunch 25* – carte 31 à 45, ♀ – **78 ch** ☲ 78/188 –
½ P 103/119.   BZ a
◆ Dit hotel staat tegenover het station, een geruststellende lokatie voor wie de stad niet kent. Het comfort van de kamers is navenant met de prijs. Mooie, gelambriseerde eetzaal en bar met de ambiance van een Engelse pub.
◆ Hôtel posté devant la gare, situation rassurante pour ceux qui ne connaissent pas la ville. Le niveau d'équipement des chambres va crescendo avec la dépense consentie. Belle salle à manger lambrissée et bar à l'ambiance "pub".

Paleis het Stadhouderlijk Hof, Hofplein 29, ⊠ 8911 HJ, ℰ (0 58) 216 21 80, *inf o@stadhouderlijkhof.nl, Fax (0 58) 216 38 90,* 🍴, 🌿, 🐾 – 🛗 📺 ♿ ch, 🅿 – 🔬 25 à
120. 🖭 ⓪ 🔟 VISA   BY v
Repas *(fermé dim.)* (dîner seult) 25 – ☲ 13 – **28 ch** 95/120, – 4 suites – ½ P 118.
◆ Dit hotel in het hart van de stad, voormalige residentie van de Friese stadhouders en koninklijk paleis tot 1970, herbergt vorstelijke kamers, waarvan zes in design. Restaurant in een serre..
◆ Tour à tour résidence des gouverneurs frisons, puis de la famille royale jusqu'en 1970, ce palais élevé au coeur de Leeuwarden abrite de vastes chambres. Six sont "design". Restaurant aménagé dans une serre.

LEEUWARDEN

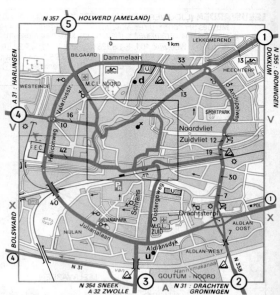

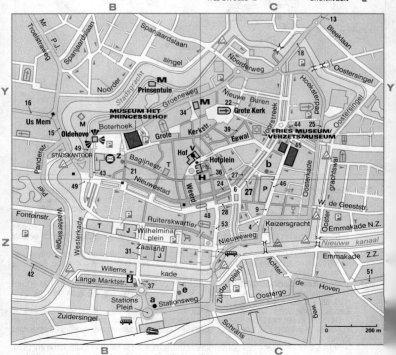

Wyswert 🍴 (Établissement d'application hôtelière), Rengerslaan 8, ✉ 8917 DD, 🦵 (0 58) 215 77 15, *hotel@chn.nl*, Fax (0 58) 212 32 11, 🌫 – ⇄ 📺 🔧ch, 🄻 – 🅐 25 à 250. 🄰🄴 ⓪ 🆖 *VISA*. 🍴   AV **d**
fermé sam. soir et dim. – **Repas** *Lunch* 20 – 28, ♀ – ⌐ 10 – **28 ch** 80/90.
◆ Van kampers boeken tot seminars organiseren, de studenten van de hotelschool staan overal paraat. Als u reserveert, zeg dan "namens Bibendum"! Menu en à la carte, het restaurant biedt beide. De bediening wordt door de studenten verzorgd.
◆ Du "booking" des chambres à l'organisation de séminaires, les élèves de l'école hôtelière répondent partout présent. En réservant, dites "c'est de la part du Bibendum"! Gourmande formule menu-carte au restaurant. Service assuré par les étudiants.

Bastion, Legedijk 6, ✉ 8935 DG, 🦵 (0 58) 289 01 12, *bastion@bastionhotel.nl*, Fax (0 58) 289 05 12 – ⇄ 📺 🄿 🄰🄴 ⓪ 🆖 *VISA*. 🍴   AX **u**
Repas (grillades, ouvert jusqu'à 23 h) carte env. 30 – ⌐ 10 – **40 ch** 58.
◆ De grote ring om de stad loopt vlak langs dit opgeknapte ketenhotel. Praktisch ingerichte kamers. Zaal voor ontspanning, met biljart en darts.
◆ La grande ceinture entourant la ville passe près de cet hôtel de chaîne rafraîchi. Chambres pratiques. Salle de divertissement avec billard et jeu de fléchettes.

Eindeloos, Korfmakersstraat 17, ✉ 8911 LA, 🦵 (0 58) 213 08 35, *info@restaurante indeloos.nl*, Fax (0 58) 216 11 07 – 🆖 *VISA*   CY **b**
fermé vacances bâtiment, lundi et mardi – **Repas** (dîner seult, menu unique) 33, ♀.
◆ Intiem, gezellig restaurant, type bistrot met beperkte keuze : u ontdekt het menu als het wordt opgediend. Wereldwijnen en een deskundige sommelier. Vriendelijke ontvangst.
◆ Restaurant du genre bistrot intime et chaleureux. Choix limité à un menu dont le contenu n'est révélé que dans l'assiette. Vins du monde et sommelier averti. Accueil avenant.

kostelijk, Kleine Kerkstraat 41, ✉ 8911 DL, 🦵 (0 58) 216 52 52, (058) 216 26 26 – 🆖 *VISA*
fermé 30 avril-16 mai, 31 déc.-9 janv., dim. et lundi – **Repas** (déjeuner sur réservation) carte env. 40, ♀.   BY **z**
◆ In een voormalig herenhuis serveert dit sympathieke restaurant gerechten met een persoonlijk accent. Eigentijdse eetzaal in Scandinavische stijl. Open keuken.
◆ Dans une ancienne demeure, restaurant sympathique concoctant une cuisine sobrement personnalisée. Salle à manger contemporaine de style scandinave. Le chef s'active à vue.

à Aldtsjerk *(Oudkerk) par* ① *: 12 km* ⒞ *Tytsjerksteradiel 31 696 h :*

Landgoed De Klinze 🍴, Van Sminiaweg 32, ✉ 9064 KC, 🦵 (0 58) 256 10 50, Fax (0 58) 256 10 60, 🌫, 🅿, 🍸, 🏊, 🎾, 🚲 – 🛗, 📧 rest, 📺 🄿 – 🅐 25 à 250. 🄰🄴 🆖 *VISA*. 🍴 rest
Repas 35/78 bc – ⌐ 13 – **27 ch** 145 – ½ P 233/235.
◆ Een majestueuze laan leidt naar dit weelderige 17e-eeuwse verblijf met het boomrijke park. Grote kamers, junior suites, knusse lounge, beautycenter en ritjes in een calèche. Keuken met mediterrane invloeden en stijlvolle eetzaal.
◆ Une allée majestueuse conduit à cette opulente demeure du 17e s. et à son parc arboré. Grandes chambres, junior suites, salon cosy, beauty-center et tours en calèche. Cuisine aux influences méditerranéennes à savourer dans une élégante salle de restaurant.

LEGEMEER (LEGEMAR) *Fryslân* – *voir à Sint Nicolaasga.*

LEIDEN *Zuid-Holland* 🄵🄷🄶 **L** 10 *et* 🄷🄸🄵 **E** 5 – *117 689 h.*
Voir *La vieille ville et ses Musées*★★ – *Rapenburg*★ CZ.
Musées : *National d'Ethnologie*★★ *(Rijksmuseum voor Volkenkunde)* CY **M⁴** – *Municipal (Stedelijk Museum) De Lakenhal*★★ DY **M⁵** – *National des Antiquités*★★ *(Rijksmuseum van Oudheden)* CYZ **M³** – *Boerhaave*★ DY **M¹** – *Naturalis*★★ AU.
Env. *par* ⑥ *: 10 km, Champs de fleurs*★★ – *par* ③ *à Alphen aan den Rijn : Archeon*★ *(parc à thèmes archéologiques)* – ☒ *au Sud-Ouest : 5 km à Voorschoten, R. Wagnerlaan 85,* ✉ *2253 CD,* 🦵 *(0 71) 561 48 48, Fax (0 71) 561 41 98. –* 🄱 *Stationsweg 2d,* ✉ *2312 AV,* 🦵 *0 900-222 23 33, leiden@hollandrijnland.nl, Fax (0 71) 516 12 27.*
Amsterdam 41 ⑤ – *Rotterdam 36* ② – *Den Haag 19* ② – *Haarlem 32* ⑥

Plans pages suivantes

Holiday Inn, Haagse Schouwweg 10 (près A 44), ✉ 2332 KG, 🦵 (0 71) 535 55 55, *hot el@holiday-inn-leiden.com*, Fax (0 71) 535 55 53, 🎰, 🍸, 🏊, 🎾, 🚲 – 🛗 ⇄, 📧 ch, 📺 🔧ch, 🄿 – 🅐 25 à 400. 🄰🄴 ⓪ 🆖 *VISA* 🄹🄲🄱. 🍴 rest   AU **u**
Repas carte 22 à 48 – ⌐ 16 – **200 ch** 80/240 – ½ P 81/161.
◆ Dit ketenhotel werd in 1968 op behoorlijke afstand van het centrum gebouwd, in de directe nabijheid van de snelweg. De kamers liggen gegroepeerd rond een centraal atrium. De grote eetzaal als een wintertuin opgezet. Lunchbuffetten.
◆ Établissement de chaîne élevé en 1968 à distance respectable du centre-ville, dans le proche voisinage de l'autoroute. Chambres distribuées autour d'un atrium central. Grande salle à manger agencée comme un jardin d'hiver. Buffets dressés à l'heure du lunch.

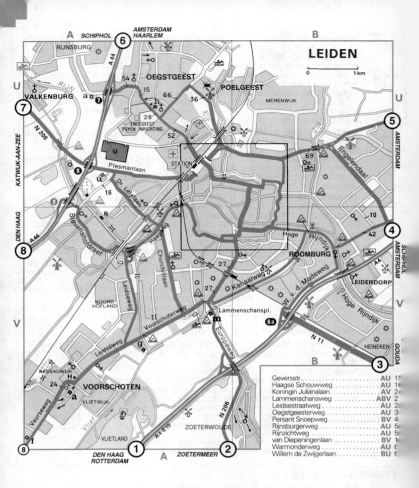

LEIDEN

0   1 km

🏨 **Golden Tulip,** Schipholweg 3, ⊠ 2316 XB, ☎ (0 71) 408 35 00, reservations@golde n-tulip-leiden.nl, Fax (0 71) 522 66 75 – 📱 ⧖ 🔲 📺 ☍ 🅿 – 🔏 25 à 60. 🆎 ① ⓪ VISA JCB, ℅ rest

CX (

Repas 22/30, ♀ – ⚌ 14 – **54 ch** 75/160 – ½ P 120/192.

◆ Op zoek naar een comfortabele kamer in de buurt van het station? Dit pand met spiegelende façade belooft een ongestoorde nachtrust en... de zekerheid dat u de trei niet mist !

◆ En quête d'une chambre confortable dans le secteur de la gare ? Cet immeuble à façade miroir promet des nuits sans histoire, avec la garantie de ne pas manquer so train.

🏨 **Nieuw Minerva,** Boommarkt 23, ⊠ 2311 EA, ☎ (0 71) 512 63 58, hotel@nieuwm erva.nl, Fax (0 71) 514 26 74 – 📺 – 🔏 25 à 80. 🆎 ① ⓪ VISA JCB

DY

fermé fin déc.-début janv. – **Repas** carte env. 22 – **39 ch** ⚌ 75/148.

◆ Dit familiehotel op loopafstand van de bruisende Breestraat kijkt uit op een gracht m een karakteristieke brug. De beste kamers hebben elk een ander decoratief thema. He restaurant heeft meer iets weg van een café.

◆ À deux pas de l'effervescente Breestraat, hôtel familial surveillant un canal qu'enjamb un pont typique. Les meilleures chambres déclinent un thème décoratif différent. Re taurant affichant un petit air de café.

🏛 **De Doelen** sans rest, Rapenburg 2, ✉ 2311 EV, 𝒫 (0 71) 512 05 27, *hotel@dedoele n.com, Fax (0 71) 512 84 53* – 📺. 🆎 ⑩ ⓶⑨ 𝖵𝖨𝖲𝖠 🇯🇨🇧   CYZ **k**
fermé 23 déc.-3 janv. – ⌑ 8 – **16 ch** 70/105.

♦ Dit historische pand is een goede uitvalsbasis voor wie Leiden wil bezichtigen. De kamers variëren en grootte. Mooie ontbijtzaal. Het kanaal is net een plaatje.

♦ Bon point de chute pour découvrir Leiden, cette demeure historique abrite des chambres de divers formats et une belle salle de breakfast. Le canal d'en face est ravissant.

XXX **Engelbertha Hoeve,** Hoge Morsweg 140, ✉ 2332 HN, 𝒫 (0 71) 576 50 00, *engelb erthahoeve@xs4all.nl, Fax (0 71) 532 55 85* – 📧. 🆎 ⑩ ⓶⑨ 𝖵𝖨𝖲𝖠   AV **s**
fermé 27 déc.-2 janv., sam. midi, dim. midi et lundi – **Repas** *Lunch 32* – carte 50 à 61.

♦ Deze 18e-eeuwse boerderij aan de Oude Rijn is tot een aangenaam restaurant verbouwd. Heerlijk zomerterras in de tuin en een even aantrekkelijke als verzorgde menukaart.

♦ Au bord du Vieux Rhin, ferme du 18ᵉ s. transformée en maison de bouche agréable : délicieuse terrasse estivale dressée au jardin et carte aussi appétissante qu'élaborée.

XX **het Prentenkabinet,** Kloksteeg 25, ✉ 2311 SK, 𝒫 (0 71) 512 66 66, *info@prent enkabinet.nl, Fax (0 71) 512 52 50*, ⌬ – ⓶⑨ 𝖵𝖨𝖲𝖠   DZ **s**
Repas (déjeuner sur réservation) carte 35 à 58.

♦ Restaurant in een voormalige bibliotheek waarvan de oorsprong teruggaat tot het tijdperk van de verlichting. De restaurantzaal was vroeger het prentenkabinet.

♦ Restaurant occupant les murs d'une ancienne bibliothèque dont l'origine remonte au Siècle des lumières. La pièce où l'on mange servait jadis de cabinet des estampes.

XX **Fabers,** Kloksteeg 13, ✉ 2311 SK, 𝒫 (0 71) 512 40 12, *restaurantfabers@hotmail.com, Fax (0 71) 513 11 20* – 📧. 🆎 ⑩ ⓶⑨ 𝖵𝖨𝖲𝖠. ✂   CDZ **n**
fermé dim. et lundi – **Repas** (déjeuner sur réservation) 29/49 bc, ♀.

♦ Dit adresje in de schaduw van de Pieterskerk geniet een zekere erkenning in de studentenstad. Restaurantzalen en suite. Eigentijdse Franse keuken.

♦ À l'ombre de la gothique Pieterskerk, petite adresse auréolée d'une certaine reconnaissance locale. Salles de restaurant en enfilade. Cuisine française d'aujourd'hui.

XX **In den Doofpot,** Turfmarkt 9, ✉ 2312 CE, 𝒫 (0 71) 512 24 34, *info@indendoofpot.nl,* ⌬ – 🆎 ⑩ ⓶⑨ 𝖵𝖨𝖲𝖠. ✂   CY **a**
fermé fin déc.-début janv. et dim. – **Repas** (dîner seult) carte 33 à 86, ♀.

♦ Helwitte muren, fonkelende lampen, parketstroken en een lichtkleurige lambrisering bepalen het verzorgde decor. Terras met uitzicht op het water. Eigentijdse kaart.

♦ Murs éclatants, chaises tressées, lustres rutilants, lames de parquet et lambris clairs composent un décor soigné. Terrasse estivale avec vue batelière. Carte à la page.

XX **La Cloche,** Kloksteeg 3, ✉ 2311 SK, 𝒫 (0 71) 512 30 53, *info@laclocheleiden.nl, Fax (0 71) 514 60 51* – 🆎 ⑩ ⓶⑨ 🇯🇨🇧   CDZ **m**
fermé 24 juil.-8 août, du 1ᵉʳ au 8 janv., dim. et lundi – **Repas** (déjeuner sur réservation) 35/60 bc, ♀.

♦ Dat wordt smikkelen op dit adres vlak bij de Pieterskerk. Charmante voorgevel met bloemen in de zomer, sympathieke bar en gezellige eetzalen op verschillende verdiepingen.

♦ Enseigne de circonstance pour "se taper la cloche" près de l'église St-Pierre. Pimpante façade fleurie en été, bar "sympa" et coquettes salles à manger étagées.

X **Cronesteyn,** Vlietweg 2 (près A 4 - E 19, sortie ⑦), ✉ 2323 LB, 𝒫 (0 71) 576 69 30, *info@cronestreyn.nl, Fax (0 71) 532 82 00*, ⌬ – 📧. 🆎 ⑩ ⓶⑨ 𝖵𝖨𝖲𝖠 🇯🇨🇧   AV **m**
fermé 31 août-20 sept. et lundi – **Repas** *Lunch 26* – 30/37.

♦ Deze elegante villa wordt met visie geëxploiteerd als restaurant. Eigentijdse gerechten worden in twee moderne eetzalen geserveerd. 's Zomers wordt er op het terras gegeten.

♦ Élégante villa judicieusement mise à profit. Préparations au goût du jour servies dans deux salles à manger actuelles. L'été, le couvert est dressé en terrasse.

X **Mangerie De Jonge Koekop,** Lange Mare 60, ✉ 2312 GS, 𝒫 (0 71) 514 19 37, *info@koekop.nl* – ⓶⑨ 𝖵𝖨𝖲𝖠   DY **a**
fermé dim. – **Repas** (dîner seult) 30/45 bc, ♀.

♦ Vriendelijke ontvangst, jonge en enthousiaste bediening, eigentijds interieur met vide, trendy gerechten. 's Zomers kunt u tijdens een rondvaart aan boord eten (reserveren).

♦ Accueil gentil, service jeune et dynamique, intérieur actuel avec mezzanine et recettes à la page. En été, sur réservation, repas servi en bateau, au fil des canaux.

X **Hèt Panacee,** Rapenburg 97, ✉ 2311 GL, 𝒫 (0 71) 566 14 94, *info@hetpanacee.nl* – 🆎 ⑩ ⓶⑨ 𝖵𝖨𝖲𝖠. ✂   CZ **b**
fermé 18 juil.-9 août, 31 déc.-5 janv., lundi et mardi – **Repas** (dîner seult) 28/47 bc, ♀.

♦ Verwacht niet in deze oude drogisterij een wondermiddel tegen uw kwalen te vinden. Op de eigentijdse menukaart vindt u wel de remedie tegen een gezonde trek. Ambiance bistro.

♦ N'espérez pas trouver la panacée dans cette ancienne droguerie habilement transformée en restaurant. Une carte actuelle vous y sera néanmoins soumise. Ambiance "bistrot".

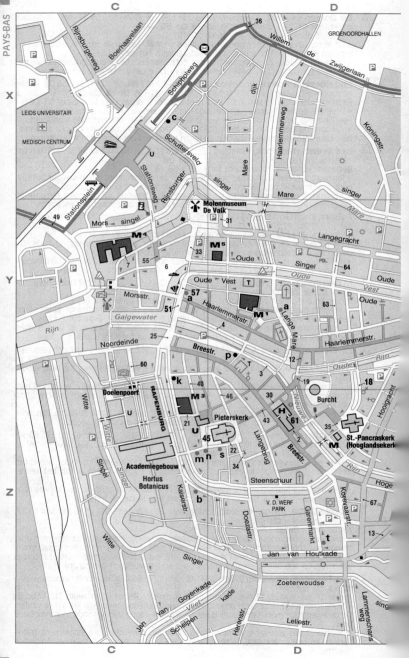

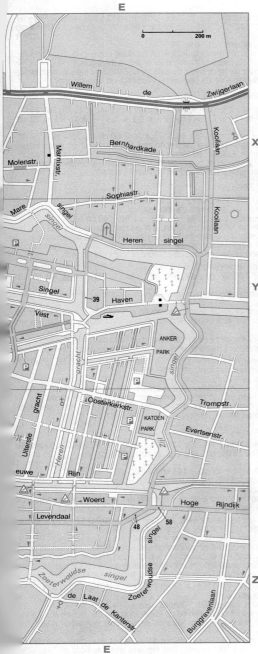

LEIDEN

✗ **Anak Bandung,** Garenmarkt 24a, ☒ 2311 PJ, ℰ (0 71) 512 53 03, *reserveringen@
anakbandung.nl, Fax (0 71) 512 10 49*, 🍴, Cuisine indonésienne, table de riz – 🖃 ⓪ ⓶
VISA JCB   DZ t
Repas (déjeuner sur réservation) carte env. 24, ♀.
◆ In zijn sobere eetzaal met lichte meubels biedt Anak Bandung een eenvoudige formule :
een groot Javaans bord of Javaanse rijsttafel, met vegetarische optie.
◆ Dans sa sobre salle à manger garnie de meubles clairs, Anak Bandung mise sur une formule
simple : grande assiette ou table de riz javanaises, avec l'option végétarienne.

à Leiderdorp *Sud-Est : 2 km – 26 402 h*

🏠🏠 **Tulip Inn,** Persant Snoepweg 2 (près A 4, sortie ⑥), ☒ 2353 KA, ℰ (0 71) 589 93 02,
ACLeiderdorp@ autogrill.net, Fax (0 71) 541 56 69 – 📶 📺 ⅙ch, 📇 – 🛦 25 à 250. 🖃 ⓪
⓶ VISA
Repas (avec buffets) *Lunch 10* – carte 22 à 36, ♀ – ⌲ 10 – **60 ch** 55/72 – ½ P 75/91.
◆ Autobestuurders die het gejakker over de wegen beu zijn, kunnen in dit jonge keten-
hotel hun accu weer opladen. Functionele kamers met geluidsisolatie.
◆ Hôtel de chaîne récent, dans lequel les conducteurs, fatigués par leur périple autoroutier,
pourront recharger les batteries. Chambres fonctionnelles insonorisées.

à Oegstgeest *Nord : 3 km – 21 228 h*

🏠 **Bastion,** Rijnzichtweg 97, ☒ 2342 AX, ℰ (0 71) 515 38 41, *bastion@ bastionhotel.nl,
Fax (0 71) 515 49 81*, 🍴 – ✦ 📺 📇 🖃 ⓪ ⓶ VISA. ✦   AU a
Repas (grillades, ouvert jusqu'à 23 h) carte env. 30 – ⌲ 10 – **40 ch** 63.
◆ Het zoveelste hotel van de Nederlandse keten, aan de rand van Leiden, dicht bij de
snelweg. De eenvoudige maar vrij gerieflijke kamers zijn voorzien van geluidsisolatie.
◆ Ixième unité de la chaîne hollandaise, située en périphérie de Leiden, à proximité de
l'autoroute. Chambres insonorisées, offrant un confort simple mais correct.

✗✗✗ **De Beukenhof** avec ch, Terweeweg 2, ☒ 2341 CR, ℰ (0 71) 517 31 88, *info@ deb
eukenhof.nl, Fax (0 71) 517 61 69*, 🍴, ☎, 🌳, 🚲 – ▤ ch, 📺 📇 – 🛦 40. 🖃 ⓪
⓶ VISA   AU h
fermé 31 déc.-3 janv. – **Repas** *(fermé sam. midi)* *Lunch 25* – carte 47 à 66, ♀ – ⌲ 23 –
6 ch 150/225, – 3 suites.
◆ Deze oude herberg wordt omringd door terrassen en een tuin die 's zomers prachtig
in bloei staat. Restaurantzaal met bogen. Moderne, smaakvol ingerichte kamers en
suites.
◆ Cette auberge centenaire s'entoure de terrasses et d'un beau jardin fleuri en été. Salle
de restaurant animée d'arcades. Chambres et suites modernes décorées avec goût.

✗✗ **Tolhuysch,** Jaagpad 1 (par A 44, sortie ⑥ : 1,5 km sur N 444), ☒ 2343 BS, ℰ (0 71)
301 37 87, *info@ tolhuysch.restaurant.nl*, 🍴 – ⓶ VISA
fermé lundi – **Repas** *Lunch 28* – 42/52, ♀.
◆ In dit gerenoveerde tolhuis uit 1701 heerst een aangename eigentijdse sfeer. Bij mooi
weer is het prettig vertoeven op het terrasje langs het jaagpad van het kanaal.
◆ Restaurant au goût du jour établi au bord d'un canal, dans un ancien poste de péage
de batellerie (1701). Par beau temps, profitez de la terrasse le long du chemin de halage.

à Voorschoten *Sud-Ouest : 5 km – 22 552 h*

🏠🏠 **De Gouden Leeuw,** Veurseweg 180, ☒ 2252 AG, ℰ (0 71) 560 28 00, *goudenleeu
w@ valk.com, Fax (0 71) 560 28 05*, 🍴, 🚲 – 📶, ▤ rest, 📺 ⅙ch, 🍽 – 🛦 25 à 300.
🖃 ⓪ ⓶ VISA   AV f
Repas *Lunch 12* – carte 22 à 34 – ⌲ 10 – **143 ch** 80/90 – ½ P 130/145.
◆ Dit motel van Van der Valk ligt iets van de snelweg Den Haag-Leiden. Bijna de helft van
de kamers heeft een kingsize formaat.
◆ Le roi des animaux a inspiré l'enseigne de ce motel Van der Valk construit en retrait de
la route Den Haag-Leiden. Près de la moitié des chambres sont "king size".

✗✗ **De Knip,** Kniplaan 22 (4 km par Veurseweg), ☒ 2251 AK, ℰ (0 71) 561 25 73, *info@
restaurantdeknip.nl, Fax (0 71) 561 40 96*, ≼, 🍴 – 📇, 🖃 ⓪ ⓶ VISA. ✦   AV
fermé sam. midi, dim. et lundi – **Repas** *Lunch 33* – carte 41 à 50, ♀.
◆ Een doodlopend weggetje leidt naar dit voormalige veerhuis, dat eenzaam aan de oever
van de Vliet ligt. Bij mooi weer kan er buiten worden gegeten. Uitzicht op de rivier.
◆ Un cul-de-sac vous mènera jusqu'à cette ancienne maison de passeur d'eau isolée su
les berges de la Vliet. Repas servi à l'extérieur par beau temps. Vue sur la rivière.

✗✗ **Allemansgeest,** Hofweg 55, ☒ 2251 LP, ℰ (0 71) 576 41 75, *Fax (0 71) 531 55 54*
≼, 🍴, 🔲 – ▤ 📇 🖃 ⓪ ⓶ VISA. ✦   AV
fermé 24 déc.-1er janv., sam. midi et dim. – **Repas** *Lunch 37* – 42/48, ♀.
◆ Dit restaurant heeft de wacht betrokken bij de samenloop van de Vliet en een kanaa
De panoramische eetzaal heeft een echt Hollands decor. Mooi zomerterras aan he
water.
◆ Auberge familiale montant la garde au confluent de la Vliet et d'un canal. Salle de re
taurant panoramique décorée à l'hollandaise. Jolie terrasse d'été au bord de l'eau.

XX **Floris V**, Voorstraat 12, ⊠ 2251 BN, 𝒫 (0 71) 561 84 70, *restaurant@florisv.nl*,
Fax (0 71) 562 02 94, 🐀 – ΛΕ ⓞ ⓒⓞ 𝘝𝘐𝘚𝘈. ✸   AV a
fermé 28 juil.-15 août, lundi et jours fériés – **Repas** (dîner seult) 30/65 bc, ♀.
♦ Restaurant in een 17e-eeuws gildehuis in het centrum. De lokale clientèle weet de weg
naar deze stek inmiddels wel te vinden. Het interieur is weer als nieuw. Zomerterras.
♦ Au centre de Voorschoten, ancienne maison de corporation (17ᵉ s.) devenue un restaurant où la clientèle locale a ses habitudes. Intérieur refait à neuf ; terrasse d'été.

LEIDERDORP *Zuid-Holland* 🢒🢓🢒 M 10 *et* 🢖🢔🢖 E 5 – *voir à Leiden.*

LEIDSCHENDAM *Zuid-Holland* 🢒🢓🢒 L 10 *et* 🢖🢔🢖 E 5 – *voir à Den Haag, environs.*

LELYSTAD ℙ *Flevoland* 🢒🢓🢑 R 7 *et* 🢖🢔🢖 H 4 – *68 555 h.*

🢝🢝 *Parklaan 2a*, ⊠ *8241 BG*, 𝒫 *(0 320) 23 00 77, Fax (0 320) 23 09 32* - 🢝🢝 🢝🢝 *au Sud :*
20 km à Zeewolde, Golflaan 1, ⊠ *3896 LL*, 𝒫 *(0 36) 522 20 73, Fax (0 36) 522 41 00*
et 🢝🢝 *Pluvierenweg 7*, ⊠ *3898 LL*, 𝒫 *(0 320) 28 81 16, Fax (0 320) 28 86 18.*
🢒 *Stationsplein 186*, ⊠ *8232 VT*, 𝒫 *(0 320) 24 34 44, lelystad@vvvflevoland.nl, Fax*
(0 320) 28 02 18. – Amsterdam 57 – Amersfoort 55 – Arnhem 96 – Zwolle 49.

🏛 **Mercure**, Agoraweg 11, ⊠ 8224 BZ, 𝒫 (0 320) 24 24 44, *h1657@accor.com*,
Fax (0 320) 22 75 69, 🐀 – 🍴 ✸✸, 🍴 ch, 🆃🆅 – 🢝 25 à 150. ΛΕ ⓞ ⓒⓞ 𝘝𝘐𝘚𝘈. ✸✸ rest
Repas *(fermé vend. soir, sam. et dim.)* carte 22 à 40, ♀ – 🢔 13 – **86 ch** 92/103.
♦ Dit ketenhotel in een voetgangersgebied in het centrum is een interessante pleisterplaats
voor de zakelijke gast. Vrij ruime kamers.
♦ Cet hôtel de chaîne construit dans un secteur piétonnier du centre-ville est un point de
chute valable pour l'homme d'affaires. Chambres assez spacieuses.

à Lelystad-Haven 🄲 *Lelystad :*

X **'t Dijkhuysje**, Oostvaardersdijk 57, ⊠ 8244 PB, 𝒫 (0 320) 26 20 22, *Fax (0 320)*
21 29 48, ⟪ Markermeer, 🐀, Taverne-rest, 🍴 – 🍴. ⓒⓞ 𝘝𝘐𝘚𝘈. ✸✸
Repas carte env. 39.
♦ Café-restaurant in een houten loods waarin vroeger het materieel voor het onderhoud
van de dijk werd opgeborgen. Vanaf de verdieping vrij uitzicht op het Markermeer.
♦ Taverne-restaurant aménagée dans une construction en bois où l'on remisait jadis
l'outillage d'entretien des digues. À l'étage, vue imprenable sur le Markermeer.

LEMMER (DE LEMMER) *Fryslân* 🄲 *Lemsterland 13 241 h.* 🢒🢓🢑 T 5 *et* 🢖🢔🢖 I 3.
🢒 *Nieuwburen 1*, ⊠ *8531 EE*, 𝒫 *0 900 540 00 01, info@friesekust.nl, Fax (0 514)*
56 16 64. – Amsterdam 106 – Leeuwarden 49 – Zwolle 51.

XX **De Connoisseur,** Vuurtorenweg 15, ⊠ 8531 HJ, 𝒫 (0 514) 56 55 59, *connoisseur@*
wanadoo.nl, Fax (0 561) 48 14 56, 🐀, 🍴 – 🍴 ℙ. ΛΕ ⓞ ⓒⓞ 𝘝𝘐𝘚𝘈
fermé 27 déc.-4 fév., lundi et mardi – **Repas** (déjeuner sur réservation) 37/50.
♦ In een intieme ambiance worden verzorgde gerechten geserveerd. Mooi zomerterras
met uitzicht op de haven. In het botenhuis ernaast is een origineel Grand café ingericht.
♦ Préparations soignées à savourer dans une ambiance intime. Jolie terrasse d'été avec
vue sur le port. À côté, un hangar à bateaux abrite une taverne-restaurant originale.

LENGEL *Gelderland* 🢒🢓🢒 W 11 – *voir à Zeddam.*

LEUSDEN *Utrecht* 🢒🢓🢒 R 10 *et* 🢖🢔🢖 H 5 – *voir à Amersfoort.*

LEUVENUM *Gelderland* 🄲 *Ermelo 26 755 h.* 🢒🢓🢑 T 9, 🢒🢓🢒 T 9 *et* 🢖🢔🢖 I 5.
Amsterdam 80 – Arnhem 46 – Apeldoorn 24 – Zwolle 38.

🏛 **Het Roode Koper** 🢝, Jhr. Dr. J.C. Sandbergweg 82, ⊠ 3852 PV Ermelo, 𝒫 (0 577)
40 73 93, *info@roodekoper.nl, Fax (0 577) 40 73 93*, 🐀, 🢝, 🢝, 🢝 – 🆃🆅 ℙ – 🢝 25
à 60. ΛΕ ⓞ ⓒⓞ 𝘝𝘐𝘚𝘈. ✸✸ rest
Repas *Lunch 34* – carte 42 à 78, ♀ – **33 ch** 🢔 61/170 – ½ P 107/144.
♦ Deze mooie villa in de bossen heeft een verleidelijk terras dat uitkijkt op een park met
prachtige rododendrons. Behaaglijke kamers en junior suites. Charmante eetzaal in warme
tinten, waar eigentijdse gerechten worden geserveerd.
♦ Cette belle villa retirée dans les bois dispose d'une aguichante terrasse s'ouvrant sur un
parc agrémenté de magnifiques rhododendrons. Chambres douillettes et junior suites.
Coquette salle à manger aux tons chauds. Cuisine actuelle.

HEE *Drenthe* 🢒🢓🢑 X 6 *et* 🢖🢔🢖 K 3 – *voir à Dwingeloo.*

LIES Fryslân 531 Q 2 – voir à Waddeneilanden (Terschelling).

LIMMEN Noord-Holland 531 N 7 et 715 F 4 – voir à Heiloo.

LINSCHOTEN Utrecht 532 O 10 et 715 F 5 – voir à Montfoort.

LISSE Zuid-Holland 532 M 9 et 715 E 5 – 22 026 h.

Voir Parc de Keukenhof★★ (fin mars à mi-mai), passerelle du moulin ≤★★.

🛈 Grachtweg 53, ⊠ 2161 HM, 𝒫 (0 252) 41 42 62, lisse@hollandrijnland.nl, Fax (0 252) 41 86 39.

Amsterdam 36 – Den Haag 29 – Haarlem 16.

De Nachtegaal, Heereweg 10 (Nord : 2 km), ⊠ 2161 AG, 𝒫 (0 252) 43 30 30, info @nachtegaal.nl, Fax (0 252) 43 30 10, 😄, ☎s, 🏊, ✖, 🚲 – 📶 ✦ 🖤 📺 ⚒ch,🅿 – 🏛 25 à 700. 🆎 ⑩ ⓸ 𝗩𝗜𝗦𝗔 ✖ rest
Repas Lunch 10 – carte 27 à 43, ♀ – ☲ 13 – **148 ch** 125/145, – 2 suites – ½ P 89/114.
♦ Comfortabel hotel in de beroemde bollenstreek. Eigentijdse kamers en rustige tuin. Met al die prachtige tulpenvelden zou je gewoon zin krijgen om hier de hele zomer te blijven. De tafels worden gedekt in de serre, waaraan het zomerterras ligt.
♦ Confortable hôtel situé dans une célèbre région floricole. Chambres actuelles et jardin reposant. Les magnifiques tulipières vous invitent à papillonner durant tout l'été. Le couvert est dressé sous une véranda donnant sur la terrasse estivale.

De Duif sans rest, Westerdreef 49, ⊠ 2161 EN, 𝒫 (0 252) 41 00 76, hotel_de_duif @planet.nl, Fax (0 252) 41 09 99, 🚲 – 📺 🅿 – 🏛 50. 🆎 ⓸ 𝗩𝗜𝗦𝗔
fermé 25, 26 et 31 déc. et 1er janv., ♀ – **39 ch** ☲ 75, – 12 suites.
♦ Dit hotel beschikt over verschillende categorieën kamers, waaronder twaalf suites. Bij mooi weer kunt u zo doorlopen naar de Keukenhof, een prachtige tuin in landschapsstijl.
♦ Ressource hôtelière proposant diverses catégories de chambres, dont douze suites. Aux beaux jours, courrez admirer le tout proche Keukenhof, un splendide jardin paysager.

De Vier Seizoenen, Heereweg 224, ⊠ 2161 BR, 𝒫 (0 252) 41 80 23, info@restau rantdevierseizoenen.nl, Fax (0 252) 53 15 14, 😄 – 🆎 ⑩ ⓸ 𝗩𝗜𝗦𝗔 ✖
fermé sem. carnaval, dern. sem. juil.-prem. sem. août et mardi – **Repas** Lunch 23 – 25/53 bc, ♀.
♦ Dit restaurant aan het dorpsplein houdt gelijke tred met de vier jaargetijden. In de zomer heeft het aan de achterkant een groen terras dat wordt omgeven door oude muren.
♦ Cette table dédiée aux quatre saisons (vier seizoenen) surveille la place du village. À l'arrière, terrasse d'été verdoyante s'entourant de murs de facture ancienne.

Het Lisser Spijshuis, Heereweg 234, ⊠ 2161 BR, 𝒫 (0 252) 41 16 65, info@spijsh uis.nl, Fax (0 252) 41 97 77, 😄 – 🗐. 🆎 ⑩ ⓸ 𝗩𝗜𝗦𝗔 ✖
fermé sam. midi, dim. midi et lundi – **Repas** Lunch 30 – 25/46 bc, ♀.
♦ Aan de voorkant doet dit kleine huis in het hartje van de stad denken aan een Engels winkeltje. Nieuwe up-to-date eetzaal en een keuken die eveneens bij de tijd is.
♦ La devanture de cette petite maison du coeur de Lisse rappelle un peu une boutique anglaise. Nouvelle salle à manger de style actuel et cuisine en phase avec l'époque.

à **Lisserbroek** Est : 1 km 🅒 Haarlemmermeer 122 902 h :

Het Oude Dykhuys, Lisserdijk 567, ⊠ 2165 AL, 𝒫 (0 252) 41 39 05, info@hetoud edykhuys.nl, Fax (0 252) 41 89 77, 😄, 🗐 – 🅿. 🆎 ⓸ 𝗩𝗜𝗦𝗔 ✖
fermé sam. midi, dim. midi et lundi – **Repas** Lunch 35 – 33/66 bc, ♀.
♦ Knalrode schouw, wit gelakte balken en schilderijen in levendige kleuren vormen een mooi decor dat in harmonie is met de gerechten op de kaart.
♦ Cheminée d'un rouge éclatant, poutres blanches laquées et tableaux d'une vive poly-chromie composent un décor bien dans le coup, assorti aux recettes qu'annonce la carte.

LISSERBROEK Noord-Holland 532 M 9 – voir à Lisse.

LOCHEM Gelderland 532 X 10 et 715 K 5 – 19 370 h.

🛈 Tramstraat 4, ⊠ 7241 CJ, 𝒫 (0 573) 25 18 98, vvv.lochem@planet.nl, Fax (0 573) 25 68 85. – Amsterdam 121 – Arnhem 49 – Apeldoorn 37 – Enschede 42.

De Scheperskamp 😎, Paasberg 3 (Sud-Ouest : 1 km), ⊠ 7241 JR, 𝒫 (0 573) 25 40 51, reserveringen@scheperskamp.nl, Fax (0 573) 25 71 50, 😄, ☎s, 🏊, 🎯, 🚲 – 🖤 ✦, 🏛 25 à 150. 🆎 ⑩ ⓸ 𝗩𝗜𝗦𝗔 ✖
Repas 30/40, ♀ – **50 ch** ☲ 58/144 – ½ P 74/88.
♦ Rust verzekerd in dit hotel midden in de bossen. Ruime eigentijdse kamers, waarvan de meeste een balkonnetje hebben. Expositie van beeldhouwwerken in de tuin, die 's zomer prachtig in bloei staat. Keuze tussen brasserie en restaurant.
♦ Quiétude assurée dans cet hôtel environné de bois. Chambres amples et actuelles, souvent dotées d'un balconnet. Expo de sculptures au jardin, fleuri à la belle saison. Alternative brasserie ou restaurant.

🏨 **'t Hof van Gelre** 🦢, Nieuweweg 38, ✉ 7241 EW, ℰ (0 573) 25 33 51, *info@hofv angelre.nl*, Fax *(0 573) 25 42 45*, 🍴, ▣, 🍷, 🚲 – 🛗 📺 🅿 – 🏛 25 à 120. 🆎 🐵
VISA. ✗
Repas carte 35 à 44, ♀ – **38 ch** ♦ 60/120 – ½ P 79/99.
◆ De kamers in dit rustig gelegen familiehotel worden geleidelijk gerenoveerd. U kunt hier heerlijk bijkomen in de lounge met schouw of in de tuin, waar 's zomers zitjes staan. De menukaart combineert streekgerechten met eigentijdse culinaire verrassingen.
◆ Au calme, affaire familiale mettant à votre disposition des chambres peu à peu rénovées et, pour le "farniente", un salon avec cheminée ainsi qu'un jardin meublé en été. La carte du restaurant combine terroir et goût du jour.

🏨 **Tulip Inn** 🦢, Paasberg 2 (Sud-Ouest : 1 km), ✉ 7241 JR, ℰ (0 573) 25 47 51, *info @tulipinnlochem.nl, Fax (0 573) 25 33 41*, ⬅, 🍴, 🍷, 🚲 – 🛗 ✗, 🍽 rest, 📺 🅿 – 🏛 25 à 200. 🆎 ⓞ 🐵 **VISA** **JCB**. ✗
Repas (dîner pour résidents seult) – **36 ch** ♦ 95/125 – ½ P 121.
◆ Dit comfortabele hotel in een rustig stukje Gelderland is zowel geschikt voor groepen als voor een verblijf met het gezin. Sommige kamers bieden uitzicht op de Paasberg.
◆ Établissement dit convenable pour les séjours en groupe ou en famille dans ce petit coin tranquille du Gelderland. Certaines chambres offrent la vue sur le Paasberg.

✗ **Kawop,** Markt 23, ✉ 7241 AA, ℰ (0 573) 25 33 42, *info@kawop.nl, Fax (0 573) 25 88 60*, 🍴 – 🆎 🐵 **VISA**
fermé jeudi – **Repas** (dîner seult sauf en saison) Lunch 22 – 30/33 bc.
◆ Restaurant in een oud herenhuis aan het pittoreske marktplein. Kaart met tal van Franse streekgerechten. Vriendelijke ontvangst en charmante bediening. Lommerrijke terrassen.
◆ Maison ancienne surveillant la pittoresque place du marché. Menu-carte parsemé de plats régionaux français. Accueil et service aussi aimable qu'élégant. Terrasses ombragées.

à Barchem *Sud-Est : 4 km* 🅒 *Lochem :*

🏨 **Bon'Aparte,** Lochemseweg 37 (Nord-Ouest : 2,5 km), ✉ 7244 RR, ℰ (0 573) 25 71 96, *info@hotelbonaparte.nl, Fax (0 573) 25 62 38*, 🍴, ⬛, ▣, 🍷, 🚲 – 🛗 📺 🚿ch, 🅿 – 🏛 25 à 250. 🆎 ⓞ 🐵 **VISA** **JCB**. ✗ rest
Repas Lunch 10 – 22/48 bc, ♀ – **39 ch** ♦ 90/130 – ½ P 93/97.
◆ Een broer van Napoleon zou hier ooit hebben gelogeerd, vandaar de naam ! Moderne kamers en junior suites met goed comfort. Aangename lounge en een mooi zwembad met sauna. In de grote eetzaal kunt u genieten van een vrij verzorgde, eigentijdse maaltijd.
◆ Un frère de Napoléon aurait séjourné en ces lieux, d'où l'enseigne ! Chambres et suites actuelles bien équipées, confortable salon et belle piscine complétée d'un sauna. Ample salle à manger où l'on vient faire des repas au goût du jour et assez élaborés.

🏨 **De Lochemse Berg,** Lochemseweg 42 (Nord-Ouest : 2,5 km), ✉ 7244 RS, ℰ (0 573) 25 13 77, *info@delochemseberg.nl, Fax (0 573) 25 82 24*, 🍷, 🚲 – 🛗 📺 🅿 🐵 **VISA**. ✗ rest
26 mars-oct. et du 22 au 30 déc. – **Repas** (résidents seult) – **15 ch** ♦ 54/107 – ½ P 72/76.
◆ Dit fraaie herenhuis uit de vorige eeuw ligt in een rustig park aan de rand van het bos, waar u heerlijk kunt wandelen. Prima kamers. Vriendelijke, gastvrije ontvangst.
◆ Jolie demeure bourgeoise du siècle dernier, agrémentée d'un reposant petit parc bordé de bois propices aux promenades. Chambres sans histoire. Accueil familial gentil.

LOENEN Gelderland 🅒 Apeldoorn 155 741 h. 🄷🄰🄷 V 10 et 🄷🄸🄻 J 5.
Amsterdam 104 – Arnhem 25 – Apeldoorn 16 – Enschede 80.

🏨 **De Loenermark,** Eerbeekseweg 4, ✉ 7371 CG, ℰ (0 55) 505 13 28, *info@loenerm ark.nl, Fax (0 55) 505 11 59*, 🍴, 🚲 – 📺 🅿 🆎 🐵 **VISA**. ✗ ch
fermé 2 prem. sem. janv. – **Repas** (fermé après 20 h 30) Lunch 16 – carte 22 à 36, ♀ – **8 ch** ♦ 45/65 – ½ P 48/60.
◆ Dit adres in het dorpje Loenen is een handige uitvalsbasis voor fietsers en wandelaars die de streek willen verkennen. De kamers zijn zeer behoorlijk. Er wordt een klassiek-traditionele maaltijd geserveerd.
◆ Voici une adresse villageoise qui servira utilement de "case départ" aux randonneurs, cyclistes ou pédestres, désireux de rayonner dans la région. Chambres très convenables. Repas classico-traditionnel.

LOENEN Utrecht 🄷🄷🄷 P 9 et 🄷🄸🄻 G 5 – 8 324 h.
Amsterdam 24 – Utrecht 17 – Hilversum 14.

✗ **Tante Koosje,** Kerkstraat 1, ✉ 3632 EL, ℰ (0 294) 23 32 01, *info@tante-koosje.nl, Fax (0 294) 23 46 13*, 🍴 – 🍽. 🆎 ⓞ 🐵 **VISA**
fermé merc., sam. midi et dim. midi – **Repas** Lunch 35 – carte 46 à 62.
◆ De lokale fijnproevers gaan prat op hun vaste stek in dit restaurant vlakbij de klokkentoren, waar ook het interieur prima in de smaak valt. Verzorgde keuken.
◆ Les fines fourchettes du cru se piquent d'avoir leur rond de serviette à cette table avoisinant le clocher. Décoration intérieure produisant son effet. Mets soignés.

LOPPERSUM *Groningen* 🔲🔲🔲 Z 3 *et* 🔲🔲🔲 L 2 – 11 152 h.

Voir *Fresques*★ *dans l'église*.
Amsterdam 216 – *Groningen 21* – Appingedam 8.

XX **'t Regthuys,** Fromaweg 1 (Sud-Est : 3 km à Wirdum), ⊠ 9917 PK, ℘ (0 596) 57 18 90, *regthuys@ wxs.nl, Fax (0 596) 57 30 54,* ㎡ – 🅿, ⒶⒺ ⓞ ⓜⓞ **VISA** ⒿⒸⒷ. ⅍
fermé 31 déc.-9 janv. et lundi – **Repas** (déjeuner sur réservation) carte 24 à 36.
♦ Dit restaurant midden in een schilderachtig dorpje serveert eenvoudige, klassieke gerechten in een warme ambiance. Voor partijen wordt de serre gebruikt.
♦ Cet établissement situé au coeur d'un hameau pittoresque sert une cuisine classique-bourgeoise dans un décor chaleureux. Les banquets se tiennent à part, sous la véranda.

LUNTEREN *Gelderland* 🄲 *Ede 104 771 h.* 🔲🔲🔲 S 10 *et* 🔲🔲🔲 H 5.
Amsterdam 69 – *Arnhem 29* – Apeldoorn 43 – Utrecht 46.

🏠🏠 **Host. De Lunterse Boer** ⅍, Boslaan 87, ⊠ 6741 KD, ℘ (0 318) 48 36 57, *recep tie@ lunterseboer.nl, Fax (0 318) 48 55 21,* ㎡, ㎡, 🚲 – 🆀 🅿 – 🔊 25. ⒶⒺ ⓞ ⓜⓞ **VISA**. ⅍ ch
fermé 27 déc.-6 janv. – **Repas** (ouvert jusqu'à 23 h) Lunch 25 – carte 38 à 62, ♀ – **16 ch** ⊇ 62/105 – ½ P 82/95.
♦ Dit hotel in een bosrijke omgeving staat vlak bij een gebouw met rieten dak, waar u de sleutel kunt halen. Goed onderhouden kamers met terras of balkon. Onder het kapgebint van de oude schuur is het sfeervol tafelen. De menukaart past bij de huidige trend.
♦ Dans un cadre paisible et boisé, près d'un grand bâtiment à toit de chaume où l'on retirera sa clé, hôtel abritant des chambres bien tenues, avec terrasse ou balcon. Une carte actuelle est proposée sous la belle charpente de l'ancienne grange.

De LUTTE *Overijssel* 🄲 *Losser 22 587 h.* 🔲🔲🔲 AA 9, 🔲🔲🔲 AA 9 *et* 🔲🔲🔲 L 5.
🅱 *Plechelmusstraat 14,* ⊠ 7587 AM, ℘ 0 900 202 19 81, info@ vvvdelutte.nl, Fax (0 541) 55 22 11.
Amsterdam 165 – Zwolle 78 – Enschede 15.

🏠🏠🏠 **Landgoed de Wilmersberg** ⅍, Rhododendronlaan 7, ⊠ 7587 NL, ℘ (0 541) 58 55 55, *info@ wilmersberg.nl, Fax (0 541) 58 55 65,* ≤, ㎡, ⓥ, ⇌, 🔳, ㎡, ⅍, 🚲 – 🆀 🆧 🔊 ch, 🅿 – 🔊 25 à 300. ⒶⒺ ⓞ ⓜⓞ **VISA**. ⅍
Repas *(fermé dim. midi)* Lunch 33 – 38/84 bc, ♀ – ⊇ 16 – **62 ch** 88/160, – 2 suites – ½ P 95/105.
♦ Landhuis in het groen, mooie kamers met alle comfort, panoramische zomerterrassen, verzorgde tuin en absolute rust. Wie kan de verleiding weerstaan? Gerechten uit de eigen-tijdse keuken worden geserveerd in een restaurantzaal die in Engelse stijl is ingericht.
♦ Domaine verdoyant, belles chambres tout confort, terrasses estivales panoramiques, jardin soigné, quiétude absolue : un capital séduction auquel on ne reste pas insensible. Salle de restaurant décorée à l'anglaise. Cuisine de notre temps.

🏠🏠🏠 **De Bloemenbeek** ⅍, Beuningerstraat 6 (Nord-Est : 1 km), ⊠ 7587 LD, ℘ (0 541) 55 12 24, *info@ bloemenbeek.nl, Fax (0 541) 55 22 85,* ㎡, ⓥ, 𝕁ₛ, ⇌, 🔳, ㎡, ⅍, 🚲 – 🆀 🔊 25 à 250. ⒶⒺ ⓞ ⓜⓞ **VISA** ⒿⒸⒷ. ⅍ rest
fermé 29 déc.-7 janv. – **Repas** 33/90 bc, ♀ – **55 ch** ⊇ 90/210, – 5 suites – ½ P 95/160.
♦ Een passende naam voor dit landelijk gelegen hotel. Zwembad voor een verkoelende duik en ligstoelen om lekker op weg te dromen. Ruime kamers. De tafels worden in een stem-mige ambiance gedekt en, op zomerse dagen, op het lommerrijke gazon.
♦ Le Ruisseau Fleuri (Bloemenbeek) : l'enseigne traduit bien la situation agreste dont profite l'hôtel. Piscine relaxante et chaises longues pour paresser. Chambres amples. Tables dres-sées dans une atmosphère feutrée et, aux beaux jours, sur la pelouse ombragée.

🏠🏠 **'t Kruisselt,** Kruisseltlaan 3, ⊠ 7587 NM, ℘ (0 541) 55 15 67, *info@ kruisselt.nl, Fax (0 541) 55 18 62,* ≤, ㎡, ⇌, 🔳, 🚲 – ㎡ 🔊 🔳 🅿 – 🔊 25 à 100. ⒶⒺ ⓞ ⓜⓞ **VISA**. ⅍ rest
fermé 30 déc.-7 janv. – **Repas** carte env. 36 – **43 ch** ⊇ 69/105 – ½ P 72/75.
♦ De Tiger Woods in de dop kunnen hier hun slag slaan op de green, een baan van negen holes die door bomen wordt omzoomd en vanaf het terras te zien is. Uitzicht op de golfbaan en een bos van 20 ha. Bij mooi weer worden de maaltijden buiten geserveerd.
♦ Les Tiger Woods en herbe pourront enchaîner les coups sur le green, un parcours er neuf trous, bordé d'arbres, visible de la terrasse. Vue sur le golf et un bois de 20 ha. Repas servi à ciel ouvert par météo clémente.

🏠 **Berg en Dal,** Bentheimerstraat 34, ⊠ 7587 NH, ℘ (0 541) 55 12 02, *info@ bergendal.n Fax (0 541) 55 15 54,* ㎡, ⅍, 🚲 – ㎡ 🔳 🔊 ch, 🅿. ⒶⒺ ⓞ ⓜⓞ **VISA**
fermé 31 déc. – **Repas** Lunch 20 – 33, ♀ – **12 ch** ⊇ 35/80 – ½ P 57.
♦ Deze oude, karakteristieke herberg langs de weg heeft kamers in twee annexen aan d tuinkant. Ontbijtruimte met een keurig decor en warme, ingetogen ambiance. In de licht eetzaal staan de tafeltjes op ruime afstand van elkaar. Klassieke keuken.
♦ Cette auberge ancienne et typique postée au bord de la route distribue ses chambre dans deux annexes côté jardin. Espace breakfast au décor bourgeois chaleureux et feutr Repas classique dans une salle lumineuse aux tables bien espacées.

MAARSSEN Utrecht 🔲 P 10 et 🔲 G 5 – 40 015 h.
Amsterdam 32 – Utrecht 9.

🕱🕱 **Auguste,** Straatweg 144, ✉ 3603 CS, 𝒫 (0 346) 56 56 66, *info@auguste.nl, Fax (0 346) 56 56 66,* 🛋 – 🄿. 🄰🄴 ⓐ 🆎 𝐕𝐈𝐒𝐀
fermé 26 déc.-2 janv., sam. midi, dim. et lundi – **Repas** *Lunch 33 –* carte 44 à 70, ⟂.
◆ Fijnproevers komen hier genieten van klassieke gerechten in een eigentijds jasje, die in het zicht van de gasten worden bereid. Vrij goed gevulde, open wijnkelder.
◆ Une auguste enseigne signale cette petite adresse où l'on vient pour une cuisine classique remise à la page. Fourneaux à vue, tout comme la cave, assez bien fournie.

🕱🕱 **De Nonnerie,** Langegracht 51, ✉ 3601 AK, 𝒫 (0 346) 56 22 01, *restaurant@nonne rie.nl, Fax (0 346) 56 18 24,* 🛋 – 🄿. – 🚪 25 à 110. 🄰🄴 ⓐ 🆎 𝐕𝐈𝐒𝐀 𝗝𝗖𝗕
fermé 31 déc., sam. midi et dim. midi – **Repas** *Lunch 29 –* carte 37 à 57, ⟂.
◆ Dit oude herenhuis is verbouwd tot restaurant en businesscenter. U kunt hier tafelen in een decor dat net als de gerechten een eigentijds karakter heeft. Veel evenementen.
◆ Ancienne habitation bourgeoise convertie en restaurant et "business center", De Non-nerie vous attable dans un décor de notre temps, à l'image des mets. Banquets fréquents.

MAARTENSDIJK Utrecht 🆑 De Bilt 42 308 h. 🔲 Q 10 et 🔲 G 5.
Amsterdam 53 – Utrecht 19 – Apeldoorn 70.

🕱 **Martinique,** Dorpsweg 153, ✉ 3738 CD, 𝒫 (0 346) 21 26 27, *Fax (0 346) 21 43 20,* 🛋 – 🄿. 🄰🄴 ⓐ 🆎 𝐕𝐈𝐒𝐀
fermé 17 janv.-8 fév. et lundis non fériés – **Repas** (déjeuner sur réservation) 34.
◆ Dit restaurant valt goed in de smaak door de ongedwongen ambiance, de actuele keuken en het fraaie zomerterras. Eetzaal in de kleurencombinatie purper, lavendel en lila.
◆ Restaurant apprécié pour son ambiance décontractée, sa cuisine actuelle et sa jolie terrasse dressée dès les premiers beaux jours. Harmonie pourpre, lavande et lilas en salle.

à **Hollandsche Rading** *Nord : 3 km* 🆑 *De Bilt :*

🕱🕱 **De Fazantenhof,** Karnemelkseweg 1, ✉ 3739 LA, 𝒫 (0 35) 577 14 64, *info@defaz antenhof.nl, Fax (0 35) 577 12 28,* 🛋 – 🄿. – 🚪 25 à 45. 🄰🄴 ⓐ 🆎
fermé 27 déc.-4 janv., lundi, mardi et merc. – **Repas** *Lunch 20 –* carte 30 à 44.
◆ Groot paviljoen met een terras aan de voorzijde, bij een kruispunt van fietspaden in de bossen. Het culinaire repertoire volgt de smaak van het moment. Goede selectie wijnen.
◆ Dans le bois, au croisement de pistes cyclables, vaste pavillon devancé d'une terrasse d'été. Registre culinaire en accord avec son temps. Sélection de vins bien montée.

MAASBRACHT Limburg 🔲 U 16 et 🔲 I 8 – 13 727 h.
Amsterdam 176 – Maastricht 39 – Eindhoven 48 – Venlo 40.

🕱🕱🕱 **Da Vinci** (Mme Reuten), Havenstraat 27 (au port des péniches), ✉ 6051 CS, 𝒫 (0 475) 46 59 79, *info@restaurantdavinci.nl, Fax (0 475) 46 66 11 –* 🄰🄴 ⓐ 🆎 𝐕𝐈𝐒𝐀
❀ *fermé 1 sem. carnaval, 3 sem. vacances bâtiment, 1 sem. après Noël, sam. midi, lundis et mardis non fériés –* **Repas** *Lunch 38 –* 40/125 bc, carte 52 à 85, ⟂
Spéc. Tartare de bœuf à l'œuf poché et truffes. Langoustines, Rosevall et tapenade de caviar. Turbot à la truffe et ravioli de pommes de terre aux cèpes.
◆ Een vrouwelijke chef-kok zwaait de scepter in dit eethuis ; zij geeft er een fraai staaltje van klassieke kookkunst met een vleugje modern. Designinterieur met warme ambiance.
◆ Belle démonstration de cuisine classique actualisée, dans cette maison de bouche que dirige une sagace cuisinière. Intérieur résolument design, et pourtant fort chaleureux.

MAASDAM Zuid-Holland 🆑 Binnenmaas 19 211 h. 🔲 M 12 et 🔲 E 6.
Amsterdam 100 – Rotterdam 21 – Breda 35 – Dordrecht 14.

🏠 **De Hoogt** 🛋, Raadhuisstraat 3, ✉ 3299 AP, 𝒫 (0 78) 676 18 11, *hoogt@chello.nl, Fax (0 78) 676 47 25,* 🛋, 🚲, 🔲 – ▤ rest, 📺 🄿. 🄰🄴 ⓐ 🆎 𝐕𝐈𝐒𝐀 𝗝𝗖𝗕
fermé 23 juil.-7 août et 26 déc.-1ᵉʳ janv. – **Repas** 24/41 bc, ⟂ – **10 ch** ⇌ 75/88 – ½ P 58/89.
◆ De vrij gerieflijke kamers van dit familiehotelletje liggen aan de achterkant, waar het wat rustiger is. De beste kamer, met whirlpool, kijkt uit op het water. Eetzaal waar zeege-zichten hangen, zomerterras aan de voorkant, traditionele gerechten.
◆ Distribuées à l'arrière pour plus de calme, les chambres de ce petit hôtel familial offrent un confort correct. La meilleure, avec whirlpool, profite d'une vue sur l'eau. Salle des repas décorée de marines, terrasse estivale sur le devant, plats traditionnels.

Si le coût de la vie subit des variations importantes,
les prix que nous indiquons peuvent être majorés.
Lors de votre réservation à l'hôtel, faites-vous préciser le prix définitif.

MAASLAND Zuid-Holland 🔲 K 11 et 🔲 D 6 – 6 844 h.

Amsterdam 73 – Rotterdam 19 – Den Haag 24 – Utrecht 71.

XXX **De Lickebaertshoeve,** Oostgaag 55, ⊠ 3155 CE, 𝒫 (0 10) 591 51 75, info@licke
baertshoeve.nl, Fax (0 10) 592 42 00, 🍴 – ⚓, ⬛ ⓞ ⬛ ⬛
fermé sam. midi, dim. et lundi – **Repas** 35/64 bc, ⬛ ⬛.

♦ Voormalige boerderij achter een polderdijk. Naargelang het seizoen kunt u hier tafelen
op het terras of in de kleine zaal met Delfts aardewerk en een bedstee. Goede sommelier.
♦ Ancienne ferme cachée derrière une digue du polder. Selon la saison, profitez des terrasses ou de la petite pièce ornée de faïence de Delft et d'un lit clos. Bon sommelier.

MAASSLUIS Zuid-Holland 🔲 K 11 et 🔲 D 6 – 32 915 h.

🚢 vers Rozenburg : Veer Maassluis, Burg. v.d. Lelykade 15 𝒫 (0 10) 591 22 12, Fax
(0 10) 592 85 55. Durée de la traversée : 10 min.

Amsterdam 81 – Rotterdam 17 – Den Haag 26.

XX **De Ridderhof,** Sportlaan 2, ⊠ 3141 XN, 𝒫 (0 10) 591 12 11, info@restaurantderid
derhof.nl, Fax (0 10) 591 37 80, 🍴 – ⬛ ⬛ ⬛ ⬛ ⬛
fermé sam. midi, dim. midi et lundi – **Repas** Lunch 32 – carte 43 à 78, ⬛.

♦ Oude boerderij uit de tijd van Rembrandt en Vermeer. Klassieke schotels en
mooie, kosmopolitische kelder waarin ook oude whisky's en port liggen te rijpen.
♦ Ancienne ferme rustique fondée au temps de Rembrandt et Vermeer. Plats classiques
et belle cave globe-trotter où s'épanouissent aussi vieux whiskies et portos. Terrasse d'été.

MAASTRICHT 🅿 Limburg 🔲 T 17 et 🔲 I 9 – 121 982 h.

Voir La vieille ville★ - Basilique St-Servais★★ (St. Servaasbasiliek) : Portail
royal★, chœur★, chapiteaux★, trésor★★ (kerkschat) CY **B** – Basilique Notre-Dame★ (O. L.
Vrouwebasiliek) : chœur★★ CZ **A** – Remparts Sud★ (Walmuur) CZ – Carnaval★ – au Sud :
2 km, St. Pietersberg★ AX.

Musée : des Bons Enfants★★ (Bonnefantenmuseum) DZ **M'**.

🛫 par ① : 11 km à Beek 𝒫 (0 43) 358 99 99, Fax (0 43) 358 99 88.

🚉 Kleine Staat 1, ⊠ 6211 ED, 𝒫 (0 43) 321 78 78, info@vvvmaastricht.nl, Fax (0 43)
321 37 46.

Amsterdam 213① – Bruxelles 124⑤ – Liège 33⑤ – Aachen 36② – Mönchengladbach 81①

Plans pages suivantes

Quartiers du Centre :

🏨 KruisherenHotel 🦢 (ouverture prévue printemps 2005), Kruisherengang 19, ⊠ 6211 NW,
𝒫 (0 43) 608 88 90, secretariaat@oostwegel.chateauhotels.nl, Fax (0 43) 608 88 91, 🍴,
🚲 – 🛗 🍴 ⬛ ⬛ ⬛ ⬛, ⬛ ⓞ ⬛ ⬛ ⬛   CY x
⬛ 23 – **60 ch** 225/285.

♦ Hotel in een monumentaal, historisch complex met een 16e-eeuws klooster, een gotische
kerk en een conciërgewoning in renaissancestijl. Maar het interieur is op-en-top design !
♦ Saisissant contraste d'un intérieur design dans un ensemble historique monumental :
ancien couvent (16e s.), église gothique et conciergerie de style renaissance mosane.

🏨 **Derlon,** O.L.Vrouweplein 6, ⊠ 6211 HD, 𝒫 (0 43) 321 67 70, info@derlon.com,
Fax (0 43) 325 19 33, 🍴 – 🛗 ⬛, ⬛ ch, ⬛ ⬛ ⬛ – ⬛ 25 à 70. ⬛ ⓞ
⬛ ⬛   CZ e
Repas (avec cuisine asiatique) carte 32 à 44 – ⬛ 23 – **42 ch** 245/325 – ½ P 350/375.

♦ Zeer comfortabel hotel aan de voet van het oudste monument van de stad, aan een
plein dat 's zomers een bruisend trefpunt is. Design interieur. Romeinse resten in de kelder.
De trendy brasserie heeft een actuele kaart met Italiaans-Aziatische componenten.
♦ Hôtel très confortable installé au pied du plus vieux monument de la ville, sur une placette
effervescente les soirs d'été. Intérieur design. Vestiges romains au sous-sol. Brasserie
"hype" présentant une carte actuelle à séquences italo-asiatiques.

🏨 **Botticelli** 🦢 sans rest, Papenstraat 11, ⊠ 6211 LG, 𝒫 (0 43) 352 63 00, reception
@botticellihotel.nl, Fax (0 43) 352 63 36 – 🍴 ⬛ ⬛ ⬛ ⬛, ⬛ ⓞ ⬛ ⬛. ⬛   CZ s
fermé carnaval, 17 juil.-1er août, Noël et Nouvel An – ⬛ 14 – **18 ch** 95/180.

♦ Charmant patriciërshuis met een nieuwe look in Italiaanse renaissancestijl. Aangename
eigentijdse kamers. Ommuurd terras met waterpartij en beelden.
♦ Charmante maison patricienne relookée façon "Renaissance italienne". Chambres actuelles et plaisantes. Terrasse close de murs, embellie d'une pièce d'eau et de statues.

🏨 **de Pauwenhof** sans rest, Boschstraat 70, ⊠ 6211 AX, 𝒫 (0 43) 350 33 33, info@
pauwenhof.nl, Fax (0 43) 350 33 39 – 🛗 🍴 ⬛ ⬛ ⬛ ⓞ ⬛ ⬛ ⬛. ⬛   CY
fermé du 5 au 9 fév. – ⬛ 14 – **15 ch** 87/125.

♦ Geslaagde melange van klassiek en modern in dit 17e-eeuwse herenhuis. Kamers in eigen-
tijdse stijl. Zomerterras met designmeubels aan de tuinkant.
♦ Heureux mélange d'ancien et de moderne dans cette demeure bourgeoise du 17e
Chambres de style contemporain et terrasse estivale intérieure, garnie de meubles desig

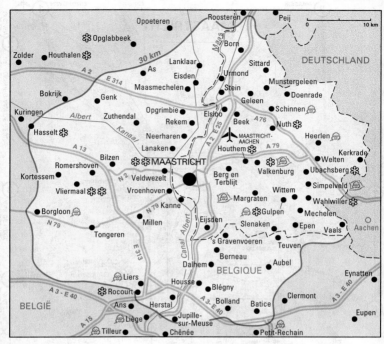

Mabi ⚜, Kleine Gracht 24, ✉ 6211 CB, ☎ (0 43) 351 44 44, info@hotel-mabi.nl, Fax (0 43) 351 44 55 – |฿| ⇌, ▤ rest, TV &rest,🖃– 🔬 35. AE ⓪ ⓜⓢ VISA. ⚘ CY q
Repas (fermé sam. midi et dim. midi) Lunch 28 – carte 37 à 54 – ⇌ 15 – **55 ch** 95/140 – ½ P 100.
♦ Filmliefhebbers opgelet : een oude bioscoop vormt het decor van dit aangename hotel. Modern interieur in levendige kleuren. Kamers met goede geluidsisolatie. De restaurantzaal past bij de huidige tijdgeest, maar het culinair register is op-en-top klassiek.
♦ Avis aux cinéphiles : un ancien "bioscoop" (cinéma) sert de cadre à cet agréable hôtel. Intérieur moderne aux couleurs vives. Bel effort d'insonorisation dans les chambres. Salle de restaurant dans l'air du temps mais registre culinaire classique.

d'Orangerie sans rest, Kleine Gracht 4, ✉ 6211 CB, ☎ (0 43) 326 11 11, info@hotel-orangerie.nl, Fax (0 43) 326 12 87 – ⇌ TV ⇐. AE ⓪ ⓜⓢ VISA   CY d
⇌ 13 – **22 ch** 69/112.
♦ Sympathiek, karaktervol hotelletje in een 18e-eeuws patriciërshuis. Diverse categorieën kamers met Engels decor en knusse ambiance. Vriendelijke onthaal. De maaltijden worden geserveerd in een fraaie eetzaal met enkele originele, klassieke elementen.
♦ Sympathique petit hôtel de caractère occupant une habitation patricienne du 18e s. Plusieurs catégories de chambres au décor "british", toutes assez cosy. Accueil aimable.

Les Charmes sans rest, Lenculenstraat 18, ✉ 6211 KR, ☎ (0 43) 321 74 00, info@hotellescharmes.nl, Fax (0 43) 325 85 74 – ⇌ TV 🅿. AE ⓪ ⓜⓢ VISA JCB. ⚘ CZ t
fermé 24, 25 et 26 déc. – ⇌ 11 – **15 ch** 95/125.
♦ Aangename kamers met een eigen sfeer en diverse studio's, verspreid over twee oude panden waarin de nostalgie naar de belle époque voelbaar is. Luxueuze ontbijtzaal.
♦ D'agréables chambres personnalisées et plusieurs studios se partagent ces deux maisons anciennes entretenant la nostalgie de la Belle Époque. Salle de breakfast cossue.

Du Casque sans rest, Helmstraat 14, ✉ 6211 TA, ☎ (0 43) 321 43 43, ducasque@bestwestern.nl, Fax (0 43) 325 51 55 – |฿| ⇌ TV ⇐ – 🔬 35. AE ⓪ ⓜⓢ VISA CY m
⇌ 14 – **45 ch** 113/142.
♦ Dit hotel in een straat naast het Vrijthof en de St.-Servaasbasiliek is een ideale stek voor wie graag dicht bij de winkels in het voetgangerscentrum zit.
♦ Dans une rue voisine du Vrijthof et de la basilique St-Servais, ressource hôtelière idéale si l'on recherche la proximité immédiate du secteur commercial piétonnier.

MAASTRICHT

MAASEIK — EINDHOVEN

BORGHAREN

0   1 km

WYCK

ST.-SERVAAS
BASILIEK

St. Annadal

Tongerseweg

Fort St. Pieter

Grotten
Noord

ST. PIETERSBERG

Grotten
Zonneberg

KANNE

LUIK
BRUSSEL

OOSTERMAAS

Terblijterweg

Europaplein

HEER

MECC

RANDWYCK

HEUGEM

DE HEEG

A 2-E 25

A 79 / AACHEN

HEERLEN / VALKENBURG AAN DE GEUL

VALKENBURG AAN DE GEUL

AACHEN / VAALS

A 13 / HASSELT, ANTWERPEN

ST-TRUIDEN / TONGEREN

N 278

🏠 **Dis** sans rest, Tafelstraat 28, ✉ 6211 JD, ℰ (0 43) 321 54 79, *hoteldis@home.nl*, Fax (0 43) 325 70 26 – ✦✕ 📺 AE ⑩⓪ VISA ✖ CZ a
☑ 10 – 6 ch 100/110.
• Hotel-kunstgalerie in een voornaam pand in een rustig straatje. Ontbijt onder fraaie gewelven die rusten op zuilen. Groene patio.
• Hôtel-galerie d'art mettant à profit une maison de notable embusquée dans une ruelle calme. P'tit-déj sous de belles voûtes supportées par des colonnes. Patio verdoyant.

🏠 **iban** sans rest, Hertogsingel 28, ✉ 6214 AD, ℰ (0 43) 326 13 16, *hotel.iban@planet.nl* Fax (0 43) 321 79 22 – 📺 ⇔. ⑩⓪ VISA ✖ AX a
fermé du 5 au 7 fév., du 18 au 28 juil. et 28 déc.-4 janv. – ☑ 9 – 5 ch 80/95.
• Dit herenhuis aan de rand van het centrum heeft een handjevol eigentijdse kamers met fraai sanitair. Artistieke ambiance.
• Une poignée de chambres contemporaines dotées de jolies salles d'eau ont été aménagées dans cette maison bourgeoise située à l'entrée du centre. Ambiance artistique.

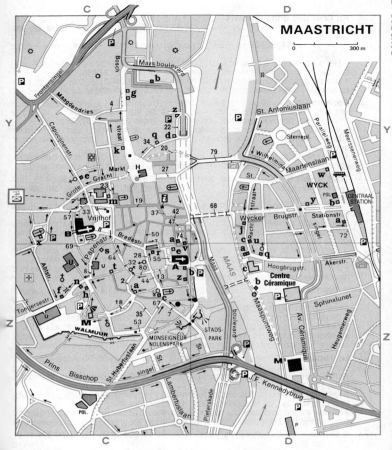

Toine Hermsen, St-Bernardusstraat 2, ✉ 6211 HL, ℰ (0 43) 325 84 00, *toine.herm
sen@wxs.nl, Fax (0 43) 325 83 73* – 🍴, ᴀᴇ ⓄⒹ ⓂⓈ ᴠɪꜱᴀ ᴊᴄʙ. ✸   CZ **b**
*fermé du 4 au 9 fév., 25 juil.-8 août, 24 déc-4 janv., sam. midi, dim., lundi midi et jours
fériés* – **Repas** *Lunch 25* – 79/135 bc, carte 61 à 107, ♀
Spéc. Cuisses de grenouilles à la crème légère de cerfeuil et ail. Morue rôtie au four,
marmelade de tomates et crème de poivrons doux. Confit de pigeon de Bresse aux deux
cuissons, gratin d'asperges au jus de morilles truffé (mai-juin).
♦ Een van de beste restaurants in Nederlands Limburg : mooie klassieke keuken met eigentijdse invulling. Eetzaal met oker- en terratinten, die chic maar beslist niet stijfjes is.
♦ L'une des meilleures tables du Limbourg batave : belle cuisine classique actualisée, servie
dans une salle aux tons ocre et terre de Sienne. Chic, mais pas du tout guindé.

XXX **Au Coin des Bons Enfants**, Ezelmarkt 4, ⊠ 6211 LJ, ℰ (0 43) 321 23 59, mail@ aucoindesbonsenfants.nl, Fax (0 43) 325 82 52, 🍽 – 📖 – 🚾 30. 🖭 ⓪ ⓪⓪ 𝖵𝖨𝖲𝖠 ᴊᴄʙ. ⅍
CZ h
fermé du 6 au 11 fév., 25 juil.-9 août, 31 déc.-10 janv. et mardi – **Repas** Lunch 29 – carte 43 à 63, ⌇ ⌂.
◆ Een goed, eigentijds eetadresje op 200 m van het Vrijthof. Stijlvol gedekte tafels, wel-doordachte wijnkelder en romantisch miniterras achter op de binnenplaats.
◆ Bon petit repaire gourmand au goût du jour niché à 200m du Vrijthof. Mise en place recherchée sur les tables, cave réfléchie et mini-terrasse romantique dans l'arrière-cour.

XX **Rozemarijn**, Havenstraat 19, ⊠ 6211 GJ, ℰ (0 43) 450 65 05, info@rozemarijnmaa stricht.nl, Fax (0 43) 450 65 09, 🍽 – 📖. 🖭 ⓪ ⓪⓪ 𝖵𝖨𝖲𝖠 ᴊᴄʙ. ⅍
CYZ a
fermé 2 sem. carnaval, sam. midi, dim. et lundi – **Repas** Lunch 28 – 37/78 bc, ⌇.
◆ Vriendelijk restaurant in een voetgangersstraatje van de oude stad. Eigentijds, smaakvol interieur en een serre die uitkijkt op een pleintje waar 's zomers ook wordt geserveerd.
◆ Dans une rue piétonne de la vieille ville, engageante table au cadre actuel bien inspiré, agrandie d'une véranda jouxtant une placette où l'on dresse aussi le couvert en été.

XX **Tout à Fait** (Ausems), St-Bernardusstraat 16, ⊠ 6211 HL, ℰ (0 43) 350 04 05, tout
ॐ .a.fait@planet.nl, Fax (0 43) 350 05 35, Avec rôtisserie – 📖. 🖭 ⓪ ⓪⓪
𝖵𝖨𝖲𝖠. ⅍
CZ z
fermé du 5 au 15 fév., 2 prem. sem. août, fin déc.-2 janv., lundi, mardi et sam. midi – **Repas** Lunch 35 – 46/70, carte 54 à 90, ⌇
Spéc. Salade de Saint-Jacques à l'œuf brouillé de son corail. Coucou de Maline de la rôtis-soire, sauces aux morilles (15 oct.-15 janv.). Pomme marinée au calvados fourré de fran-gipane et rôtie.
◆ Gastronomische rotisserie in een rustig voetgangersstraatje achter de walmuur. De gerechten zijn goed bij de tijd en innoverend. Professionele ontvangst en service.
◆ Derrière les remparts, dans une rue piétonne tranquille, rôtisserie gastronomique servant des préparations actuelles volontiers innovantes. Accueil et service très "pro".

XX **'t Plenkske**, Plankstraat 6, ⊠ 6211 GA, ℰ (0 43) 321 84 56, plenkske@wxs.nl, Fax (0 43) 325 81 33, 🍽 – 🖭 ⓪ ⓪⓪ 𝖵𝖨𝖲𝖠. ⅍
CYZ v
fermé du 3 au 8 janv. et dim. – **Repas** Lunch 22 – carte 33 à 55, ⌇.
◆ Dit eethuis valt prima in de smaak vanwege zijn bar en serre. De laatste kijkt uit op een verscholen pleintje, dat bij mooi weer ook als openluchtrestaurant wordt gebruikt.
◆ Maison de bouche très appréciée pour son bar et sa véranda surplombant une petite place cachée également utilisée comme restaurant de plein air dès les premiers beaux jours.

XX **Le Tapage**, St. Pieterstraat 8a, ⊠ 6211 JN, ℰ (0 43) 325 00 74, info@letapage.nl, Fax (0 43) 326 04 04, 🍽 – 📖. 🖭 ⓪ ⓪⓪ 𝖵𝖨𝖲𝖠. ⅍
CZ c
fermé sem. carnaval, 2 sem. vacances bâtiment et lundi – **Repas** (déjeuner sur réservation) carte 35 à 50, ⌇.
◆ Restaurant in een oud huis met een uitbundige Venetiaanse gevel die de gotische pro-testantse kerk lijkt uit te dagen. Uitzicht op het straatleven.
◆ Restaurant implanté dans une maison ancienne dont l'exubérante façade "vénitienne" semble défier une église protestante de style gothique. Vue urbaine depuis quelques tables.

XX **'t Drifke**, Lage Kanaaldijk 22, ⊠ 6212 AE, ℰ (0 43) 321 45 81, Fax (0 43) 321 45 81, 🍽 – ⓪⓪ 𝖵𝖨𝖲𝖠
AX b
fermé carnaval et lundis et mardis non fériés – **Repas** (dîner seult) carte 23 à 36.
◆ Dit restaurant, een familiebedrijf, ligt aan de rand van de stad, in de wijk St.-Pieter Rustieke ambiance aan de voorkant en een recente tuinserre met terras achter.
◆ Affaire familiale située aux portes de la ville, dans le quartier St-Pieter. Coin rustique à l'avant, salle récente sous verrière et terrasse au vert dissimulée sur l'arrière.

XX **le bon vivant**, Capucijnenstraat 91, ⊠ 6211 RP, ℰ (0 43) 321 08 16, info@lebonv vant.nl, Fax (0 43) 325 37 82 – 📖. 🖭 ⓪⓪ 𝖵𝖨𝖲𝖠
CY e
fermé sem. carnaval, mi-juil.-mi-août, dim. et lundi – **Repas** (déjeuner sur réservation 32/59 bc, ⌇.
◆ Imposante gewelven en oude bakstenen muren zetten de toon in de eetzaal, waar d gasten kunnen genieten van een traditionele keuken met een typisch vrouwelijk toets.
◆ Voûtes imposantes et vieux parements de brique nue président au décor de cette sal à manger où l'on vient goûter une cuisine traditionnelle typiquement féminine.

X **Jean La Brouche**, Tongersestraat 9, ⊠ 6211 LL, ℰ (0 43) 321 46 09 – 📖. 🖭 ⓪ ⓪
𝖵𝖨𝖲𝖠
CZ
fermé 2 dern. sem. juil., dim. et lundi – **Repas** (dîner seult) 40.
◆ Al meer dan twintig jaar bereidt dit buurtrestaurantje een Franse keuken met trad tionele accenten. À la carte en menu. Familiebedrijf.
◆ Déjà plus de vingt ans de présence pour ce petit restaurant de quartier où se miton une cuisine française aux accents bourgeois. Carte avec menu. Fonctionneme familial.

✗ **sagittarius,** Bredestraat 7, ✉ 6211 HA, ℰ (0 43) 321 14 92, Produits de la mer – ▣
① ⓜⓔ 𝐕𝐈𝐒𝐀 𝐉𝐂𝐁   CZ   r
fermé dim., lundi et mardi – **Repas** (dîner seult) carte 34 à 48.
  ✦ Liefhebbers van grillgerechten en visschotels worden al jarenlang met open armen ontvangen op dit adres bij de O.-L.-Vrouwebasiliek. Serre met dak dat kan worden geopend.
  ✦ Amateurs de grillades et de produits de la mer, cette adresse connue de longue date autour de la basilique N.-D. n'attend que votre passage. Jardin d'hiver à toit ouvrant.

✗ **Sukhothai,** Tongersestraat 54, ✉ 6211 LP, ℰ (0 43) 321 79 46, *sukhothai@home.nl*, *Fax (0 43) 325 89 59*, 🍴, Cuisine thaïlandaise – ▣ ⓜⓔ 𝐕𝐈𝐒𝐀   CZ   f
fermé lundi – **Repas** (dîner seult) 25/38.
  ✦ Sukhothai - dat "bij de dageraad van het geluk" betekent - bereidt een smakelijke, Thaise keuken. Grote kaart en een mooi scala aan menu's. Aangepast decor en besloten terras.
  ✦ Une savoureuse cuisine thaûlandaise se conçoit à cette enseigne signifiant "à l'aube du bonheur". Grande carte et bel éventail de menus ; cadre adapté et terrasse intérieure.

✗ **Eetkamer De Bissjop,** Luikerweg 33, ✉ 6212 ET, ℰ (0 43) 459 92 02, *info@debi ssjop.nl, Fax (0 43) 459 92 01* – ▤. ⓜⓔ 𝐕𝐈𝐒𝐀. ✂   AX   c
fermé du 5 au 20 fév., 2ᵉ quinz. juil., lundi et mardi – **Repas** (dîner seult, menu unique) 30, ♀.
  ✦ Een groot standbeeld van een bisschop staat u op te wachten bij de entree van dit hui- selijke restaurant, waar kwaliteit de boventoon voert. Eén eigentijds menu.
  ✦ Une grande statue d'évêque vous accueille à l'entrée de ce restaurant familial dont l'offre, limitée à un seul menu au goût du jour, veut privilégier la qualité des produits.

Quartier Bassin :

🏠 **Bigarré** sans rest, Van Hasseltkade 7, ✉ 6211 CC, ℰ (0 43) 310 03 10, *info@bigarre.nl, Fax (0 43) 310 02 40* – ✂ 📺. ▣ ⓜⓔ 𝐕𝐈𝐒𝐀. ✂   CY   z
⌑ 13 – **10 ch** 75/105.
  ✦ Een verrukkelijk hotelletje als u de stad wilt gaan verkennen. Kamers van goed formaat en smaakvol gestoffeerd. Zeer verzorgde ontbijtzaal.
  ✦ Un adorable point de chute pour partir à la découverte de Maastricht. Chambres de bon format, habillées de tissus coordonnés. Salle des petits-déjeuners très soignée.

🏠 **Quartier Bassin** sans rest, Boschstraat 55, ✉ 6211 AT, ℰ (0 43) 350 00 88, *quart ier@bassin-maastricht.nl, Fax (0 43) 358 01 50* – ✂ 📺. ▣ ① ⓜⓔ 𝐕𝐈𝐒𝐀   CY   g
⌑ 10 – **7 ch** 110/120, – 1 suite.
  ✦ Luxueus, romantisch hotelletje bij een gerenoveerd havenbassin. Mooie kamers met kitchenette. Ontbijt in de krantenwinkel ernaast, die een terras aan het water heeft.
  ✦ Petit hôtel romantique et cossu proche d'un bassin rénové. Jolies chambre avec cuisinette ; breakfast dans un magasin de journaux voisin doté d'une terrasse au bord de l'eau.

🏠 **Bastion,** Boschstraat 27, ✉ 6211 AS, ℰ (0 43) 321 22 22, *bastion@bastionhotel.nl, Fax (0 43) 321 34 32* – |🔌| ✂ 📺 ♿ch, ⊜. ▣ ① ⓜⓔ 𝐕𝐈𝐒𝐀. ✂   CY   g
Repas (grillades, ouvert jusqu'à 23 h) carte env. 30 – ⌑ 11 – **116 ch** 92/113.
  ✦ Dit hotel aan de rand van het centrum, niet ver van de ring maar ook niet van het plein waar markt wordt gehouden, herbergt kamers van goed formaat en enkele junior suites.
  ✦ Hôtel de chaîne implanté en lisière du centre-ville, pas loin du ring ni de la grande place où se tiennent les marchés. Chambres bien calibrées ; quelques junior suites.

✗✗ **Harbour Club,** Bassinkade 4, ✉ 6211 AL, ℰ (0 43) 450 66 66, *info@harbourclub.nl, Fax (0 43) 459 91 00*, 🍴 ▣ ① ⓜⓔ 𝐕𝐈𝐒𝐀   CY   b
fermé carnaval, 31 déc.-1ᵉʳ janv. et lundi – **Repas** Lunch 25 – carte env. 40, ♀.
  ✦ Klassieke keuken in een modern jasje, trendy brasserieambiance en decor Jean de Bou- vrie. Dit restaurant in een gewelfd entrepot bij het water is niet voor niets in trek.
  ✦ Près de l'eau, dans un ancien entrepôt voûté, table appréciée pour sa cuisine classique actualisée, son ambiance de brasserie "trendy" et son décor signé Jan des Bouvrie.

Rive droite (Wyck - Station - MECC) :

🏨 **Crowne Plaza,** Ruiterij 1, ✉ 6221 EW, ℰ (0 43) 350 91 91, *cpmaastricht@bilderbe rg.nl, Fax (0 43) 350 91 92*, ⇐ – |🔌| ✂ ▤ 📺 ♿ ⊜ – ⚓ 25 à 500. ▣ ⓜⓔ 𝐕𝐈𝐒𝐀. ✂ rest   DZ   c
Repas voir rest *de Mangerie* ci-après – ⌑ 22 – **139 ch** 139/264, – 2 suites – ½ P 154/254.
  ✦ Eersteklas hotel aan de Maas, gebouwd omstreeks 1970. Kamers en suites met alle mogelijke voorzieningen. Hightech vergaderfaciliteiten en uitzicht op het scheepvaart- verkeer.
  ✦ Hôtel haut de gamme bâti en bord de Meuse dans les années 1970. Chambres et suites "full equipment", installations congressistes "high tech" et vue sur le trafic des péniches.

Gd H. de l'Empereur, Stationsstraat 2, ✉ 6221 BP, ℰ (0 43) 321 38 38, *info@hotel-empereur.nl, Fax (0 43) 321 68 19*, 🛌, 🖥 – 🛗 ⁞⁞⁞ 📺 🚗 – 🏥 25 à 350. 🆎 ⓞ ⓶ 𝖵𝖨𝖲𝖠. ✂
    DY **b**
Repas *(fermé sam. midi et dim. midi)* carte 42 à 72 – ⌧ 16 – **150 ch** 129/160 – ½ P 171/274.

◆ Hotelpand uit 1900, waarvan het torentje uitkijkt op de ingang van het station. Diverse typen kamers, verspreid over het historische pand en verscheidene aangrenzende annexen. Restaurant met nostalgische ambiance, maar de keuken is uitstekend bij de tijd.

◆ Hostellerie 1900 dont la tourelle surveille l'entrée de la gare. Nombreuses catégories de chambres distribuées dans le bâtiment historique et plusieurs annexes mitoyennes. Ambiance nostalgique au restaurant, mais cuisine bien de notre temps.

la bergère sans rest, Stationsstraat 40, ✉ 6221 BR, ℰ (0 43) 328 25 25, *info@la-bergere.com, Fax (0 43) 328 25 26*, ⓟ, 𝑰𝖘 – 🛗 ⁞⁞⁞ 📺 & 🚗 – 🏥 25 à 350. 🆎 ⓞ ⓶ 𝖵𝖨𝖲𝖠 𝖩𝖢𝖡. ✂
    DY **y**
⌧ 18 – **74 ch** 140/210.

◆ Dit establissement met neoklassieke façade is geheel design ingericht, van lobby tot kamers, inclusief de receptie, de lounge, de bar en de ontbijtzaal.

◆ Façade néoclassique pour cet établissement aménagé dans la note design, du hall aux chambres, en passant par la réception, le salon, le bar et la salle de breakfast.

Beaumont (avec annexe), Wycker Brugstraat 2, ✉ 6221 EC, ℰ (0 43) 325 44 33, *info@beaumont.nl, Fax (0 43) 325 36 55* – 🛗 ⁞⁞⁞ ▤ rest, 📺 & rest, 🚗 – 🏥 25 à 75. 🆎 ⓞ ⓶ 𝖵𝖨𝖲𝖠. ✂
    DY **e**
Repas *(fermé dim. midis non fériés)* Lunch 25 – carte 43 à 68, ♀ – ⌧ 16 – **117 ch** 100/175.

◆ Enkele huizen in diverse stijlen vormen dit hotel op de hoek van een winkelstraat tussen het station en de fiets-voetgangersbrug naar het centrum. Het heeft een nieuwe, eigentijdse brasserie en een restaurant à la carte.

◆ Plusieurs maisons de divers styles composent cet hôtel établi à l'angle d'une rue commerçante reliant la gare au pont cyclo-piétonnier par lequel on rejoint le centre animé. Nouvelle brasserie contemporaine ou repas à la carte au restaurant.

NH Maastricht, Forum 110, ✉ 6229 GV, ℰ (0 43) 383 82 81, *nhmaastricht@nh-hotels.com, Fax (0 43) 361 58 62*, 🍴, 𝑰𝖘, 🛌, 🚲 – 🛗 ⁞⁞⁞ ▤ rest, 📺 & rest, 🚗 – 🏥 25 à 300. 🆎 ⓞ ⓶ 𝖵𝖨𝖲𝖠. ✂ rest
    BX **e**
Repas (déjeuner sur réservation) carte 22 à 38 – ⌧ 16 – **272 ch** 69/200, – 2 suites.

◆ Dit zeer comfortabele establissement staat naast het MECC, het Maastrichts Expositie en Congres Centrum, waar in maart een grote kunst- en antiekbeurs wordt gehouden. Twee typen kamers. Klassiek ingerichte eetzaal. Frans-Italiaans, culinair register.

◆ Cet établissement très confortable avoisine un centre de congrès et d'expositions (MECC) où se tient en mars un important salon d'art et d'antiquités. Deux types de chambres. Salle à manger classiquement aménagée. Registre culinaire franco-italien.

Apple Park, Pierre de Coubertinweg 3, ✉ 6225 XT, ℰ (0 43) 352 90 00, *info@applepark.nl, Fax (0 43) 352 02 24*, 🍴, 𝑰𝖘, 🚲 – 🛗 ⁞⁞⁞ ▤ 📺 & 🖭 – 🏥 25 à 250. 🆎 ⓞ ⓶ 𝖵𝖨𝖲𝖠 𝖩𝖢𝖡. ✂
    BV **u**
Repas (ouvert jusqu'à 23 h) carte 22 à 41 – ⌧ 16 – **166 ch** 137/167 – ½ P 83/88.

◆ Dit moderne pand vlak bij de snelweg herbergt standaardkamers die van de nodige faciliteiten zijn voorzien. Zeer eigentijds interieur. Restaurant in Amerikaanse stijl.

◆ Construit à proximité de l'autoroute, cet immeuble résolument moderne renferme des chambres standard correctement équipées. Décor intérieur résolument contemporain. Taverne-restaurant à l'américaine.

Maastricht, Nijverheidsweg 35, ✉ 6227 AL, ℰ (0 43) 387 35 00, *reservation@maastricht.valk.nl, Fax (0 43) 387 35 15*, 🍴, 🚲 – 🛗 ⁞⁞⁞ ▤ rest, 📺 & 🖭 – 🏥 25 à 350. 🆎 ⓞ ⓶ 𝖵𝖨𝖲𝖠. ✂
    BX **c**
Repas Lunch 22 – 27/32, ♀ – ⌧ 10 – **186 ch** 79/89, – 4 suites.

◆ Hotel van de Van der Valk-keten, in 2000 gebouwd langs de ring en de A2-E25 richting Luik. Moderne gemeenschappelijke ruimten, elegante kamers en terras aan een waterpartij. Mooi ingerichte eetzaal. De keuken voldoet aan de normen van Van der Valk.

◆ Unité de la chaîne hôtelière au toucan créée en 2000 à côté du ring et de l'A2-E25 vers Liège. Communs modernes, chambres pimpantes et terrasse au bord d'une pièce d'eau. Salle à manger bien installée ; carte conforme au concept de restauration Van der Valk.

Kasteel Vaeshartelt ⌕, Weert 9, ✉ 6222 PG, ℰ (0 43) 369 02 00, *info@vaeshartelt.nl, Fax (0 43) 362 60 60*, ≤, 🍴, 𝑰𝖘, 🌳, 🚲 – 🛗 ⁞⁞⁞ 📺 & 🖭 – 🏥 25 à 200. 🆎 ⓞ ⓶ 𝖵𝖨𝖲𝖠. ✂
    BV
Repas (dîner pour résidents seult) – **84 ch** ⌧ 89/140 – ½ P 76/96.

◆ Dit 17e-eeuwse kasteel wordt omringd door een groot Engels park. In het interieur zijn oud en nieuw vakkundig gecombineerd. De kamers zijn ingericht in de nieuwe annexe.

◆ Ce château du 17ᵉ s. s'entoure d'un grand parc à l'anglaise. Aménagement intérieur mêlant adroitement le moderne et l'ancien. Chambres réparties dans l'annexe récente.

In den Hoof, Akersteenweg 218, ⌧ 6227 AE, ℰ (0 43) 361 06 00, *info@indenhoof.nl,* *Fax (0 43) 361 80 40,* ⌂, ⚲ – ⤨, ▤ rest, 𝗧𝗩 ⟚ 𝗣 – ⛙ 25. ⬛ ⓞ 𝗠𝗢 𝘝𝘐𝘚𝘈   BX s
fermé du 24 au 26 déc. et 31 déc.-1er janv. – **Repas** *(fermé après 20 h 30)* 25/48 bc – ⌷ 10 – **24 ch** 60/90 – ½ P 87/102.

◆ Deze oude poststation aan de rand van de stad is nu een familiehotel. Redelijk ruime kamers op twee verdiepingen. Vragen naar een kamer aan de achterzijde. 's Zomers wordt er op het terras gegeten. Rijk gevulde kaart met diverse menu's en een lunchformule.

◆ À l'entrée de la ville, ancien relais de poste devenu auberge familiale. Chambres d'ampleur satisfaisante distribuées sur deux étages. Préférez celles donnant à l'arrière. L'été, repas en terrasse. Carte étoffée de plusieurs menus et d'une formule lunch.

Le Roi sans rest, St-Maartenslaan 1, ⌧ 6221 AV, ℰ (0 43) 325 38 38, *info@hotelleroi.nl,* *Fax (0 43) 321 08 21* – ▐ᵻ 𝗧𝗩 ⛖ – ⛙ 30. ⬛ ⓞ 𝗠𝗢 𝘝𝘐𝘚𝘈 𝗝𝗖𝗕. ✺   DY w
fermé 30 déc.-1er janv. – ⌷ 12 – **42 ch** 110.

◆ Een praktisch hotelletje voor wie zijn trein beslist niet wil missen. Het beschikt over comfortabele kamers, waaronder vier junior suites.

◆ Petit hôtel bien pratique lorsqu'on a un train à prendre, Le Roi dispose de chambres convenablement équipées, dont quatre sont des junior suites.

Beluga (Van Wolde), Plein 1992 nr 12 (Centre Céramique), ⌧ 6221 JP, ℰ (0 43) 321 33 64, *info@rest-beluga.com, Fax (0 43) 326 03 56,* ⇐ – ▤ 𝗣 – ⛙ 30. ⬛ ⓞ 𝗠𝗢 𝘝𝘐𝘚𝘈 𝗝𝗖𝗕. ✺   DZ b
fermé du 5 au 14 fév., 24 juil.-15 août, 27 déc.-2 janv., sam. midi, dim. et lundi – **Repas** *Lunch 35* – 125 bc, carte 88 à 118 ⚏
Spéc. Tajine de pigeon d'Anjou aux épices marocaines. Foie gras à la vapeur et sa gelée de pommes, crème de courge marinée et jambon ibérique. Croque-Monsieur au thon, caviar osiètre et vinaigrette à l'orange salée.

◆ Beluga ligt in een compleet gerestylde wijk, naast de nieuwe loopbrug over de Maas. Eetzaal in elegant design. Gerechten worden talenvol van een persoonlijk accent voorzien.

◆ Restaurant établi dans un quartier entièrement relooké, à côté de la nouvelle passerelle jetée sur la Meuse. Design élégant en salle. Préparations personnalisées avec talent.

't Pakhoes, Waterpoort 4, ⌧ 6221 GB, ℰ (0 43) 325 70 00, *info@pakhoes.nl, Fax (0 43) 325 59 61,* ⌂ – ▤. ⬛ ⓞ 𝗠𝗢 𝘝𝘐𝘚𝘈. ✺   DZ a
fermé sem. carnaval et dim. – **Repas** (déjeuner sur réservation) 30/86 bc, ⯑.

◆ Dit achtenswaardige restaurant heeft in een voetgangersstraatje naar de kaden zijn intrek genomen in een oud pakhuis. Klassieke keuken. Rustig zomerterras.

◆ Une honorable maison de bouche s'est substituée à ce vieil entrepôt situé dans une ruelle piétonne accédant aux quais. Cuisine classique. Terrasse estivale tranquille.

Ca' del Biro, Hoogbrugstraat 66, ⌧ 6221 CS, ℰ (0 43) 326 41 52, *Fax (0 43) 326 41 54,* ⌂, Avec cuisine italienne – 𝗠𝗢 𝘝𝘐𝘚𝘈.   DZ q
fermé sem. carnaval, 2 prem. sem. juil., sam. midi et dim. – **Repas** *Lunch 35* – carte 48 à 60 ⚏.

◆ In dit prettige Frans-Italiaanse restaurant wordt u in een modern decor ontvangen. Kleine groepen kunnen de fraaie gewelfde kelder reserveren.

◆ Cette table franco-transalpine assez plaisante vous accueille dans un décor moderne. Sur réservation, la jolie cave voûtée peut recevoir les petits groupes.

Mediterraneo, Rechtstraat 73, ⌧ 6221 EH, ℰ (0 43) 325 50 37, *Fax (0 43) 325 88 74,* Cuisine italienne – ▤. ⬛ 𝗠𝗢 𝘝𝘐𝘚𝘈 𝗝𝗖𝗕   DY c
fermé carnaval, 2 sem. en août et dim. – **Repas** (dîner seult jusqu'à 23 h) 39/81 bc, ⯑.

◆ Italiaanse ambiance en service in deze ristorante met modern decor. De gerechten komen rechtstreeks uit Italië, met een voorkeur voor Toscane. Interessante wijnkelder.

◆ Ambiance et service à l'italienne dans ce "ristorante" au cadre actuel. Mets venus en direct de la péninsule, avec un penchant pour la Toscane. Cave intéressante.

de Mangerie - H. Crowne Plaza, Ruiterij 1, ⌧ 6221 EW, ℰ (0 43) 350 91 91, *cpmaastricht@bilderberg.nl, Fax (0 43) 350 91 92,* ⇐, ⌂ – ▤ ⌸. ⬛ 𝗠𝗢 𝘝𝘐𝘚𝘈. ✺   DZ c
Repas 33/64 bc, ⯑.

◆ Innoverend, eigentijds restaurant in een luxehotel. Moderne eetzaal met terras, dat uitkijkt op de rivier en het stadsdeel op de linkeroever.

◆ Innovante table au goût du jour incorporée à un hôtel de luxe. Salle contemporaine devancée d'un restaurant de plein air avec vue sur le fleuve et la rive gauche de la ville.

Gadjah Mas, Rechtstraat 42, ⌧ 6221 EK, ℰ (0 43) 321 15 68, *info@gadjahmas.nl,* *Fax (0 43) 326 47 10,* Cuisine indonésienne – ⬛ ⓞ 𝗠𝗢 𝘝𝘐𝘚𝘈. ✺   DY j
fermé 1 sem. carnaval – **Repas** (dîner seult) 19/38.

◆ De rijsttafels spannen de kroon in dit aangename Indonesische restaurant aan het begin van de Rechtstraat. Gedempt licht. Exotisch decor.

◆ Les formules rijsttafel (table de riz) tiennent la vedette dans cet agréable restaurant indonésien posté à l'entrée de la Rechtstraat. Éclairage tamisé. Cadre exotique.

✗ **Tabkeaw,** Rechtstraat 102, ✉ 6221 EL, ℰ (0 43) 325 97 12, Fax (0 43) 326 25 10, ㈜, Cuisine thaïlandaise – ▣. 🆎 🅿️🆎 🆅🅸🆂🅰
DZ **a**
fermé 3 sem. en fév., 2 den. sem. juil.-prem. sem. août et merc. – **Repas** (dîner seult) 33.
◆ In het decor van een Siamese eetzaal wordt u ''ondergedompeld'' in de geuren en smaken van de Gouden Driehoek. Uitgebreide kaart met een vijftigtal vrij authentieke gerechten.
◆ Initiation aux saveurs du Triangle d'or dans une salle à manger ''siamoise''. Très bon choix à la carte, qui énumère une cinquantaine de préparations assez authentiques.

✗ **Wen-Chow,** Spoorweglaan 5, ✉ 6221 BS, ℰ (0 43) 321 45 40, ㈜, Cuisine chinoise, ouvert jusqu'à 23 h – ▣
DY **a**
Repas Lunch 10 – carte 22 à 40.
◆ Dit door Aziaten gerespecteerde, Chinese restaurant heeft drie menukaarten : een toeristische, een 100 % Kantonese en een in de taal van Confucius. Heerlijk verrassingsmenu.
◆ Restaurant chinois estimé de la diaspora asiatique. Trois cartes : touristique, cent pour cent cantonaise ou dans la langue de Confucius, pour les puristes. Bon menu-surprise.

à l'aéroport par ① : 13 km :

🏨 **Mercure,** Vliegveldweg 19, ✉ 6199 AD, ℰ (0 43) 364 21 31, H1243@accor.com, Fax (0 43) 364 46 68, ≼, – ❄-, ▣ ch, 🅿️ – 🔏 25 à 80. 🆎 ⓪ 🆎 🆅🅸🆂🅰 🅹🅲🅱
Repas Lunch 17 – 22/27 bc, ☕ – ⌸ 14 – **62 ch** 70/150 – ½ P 101/181.
◆ Dit ketenhotel is opgezet als een motel en is een ideaal adres om te overnachten zonder risico het vliegtuig te missen. Schitterend uitzicht op de landingsbanen.
◆ Cet établissement de chaîne ordonné à la façon d'un motel offre la meilleure possibilité de s'endormir sans risquer de rater son avion. Vue privilégiée sur les pistes.

au Sud : 5 km par Bieslanderweg :

✗✗✗ **Château Neercanne,** Cannerweg 800, ✉ 6213 ND, ℰ (0 43) 325 13 59, info@nee
㊉ rcanne.com, Fax (0 43) 321 34 06, ≼, ㈜ – 🅿️. 🆎 ⓪ 🆎 🆅🅸🆂🅰
fermé lundi et sam. midi – **Repas** 66/79, carte 53 à 95
Spéc. Salade de homard au melon, vinaigrette à la vanille (21 juin-21 sept.). Canette laquée aux échalotes, amandes fumées et salées. Gâteau chaud au chocolat et glace au mascarpone.
◆ Kasteeltje uit de Gouden Eeuw, met prachtige, in terrasvorm aangelegde tuinen : een droomdecor voor een gastronomisch moment. Mooi uitzicht op het omringende landschap.
◆ Petite ''folie'' du Siècle d'or dominant un admirable jardin étagé et terrasses : un lieu de rêve pour un grand moment de table. Jolie perspective sur la campagne environnante.

✗✗ **Manjefiek** (avec ch en annexe 🏨 - Kleine Looiersstraat 8), Rijksweg 80, ✉ 6228 XZ, ℰ (0 43) 361 01 45 et (0 43) 325 78 41 (ch), info@manjefiek.nl, Fax (0 43) 361 64 86, ≼, ㈜ – 📺 🛁ch, 🅿️ – 🔏 25 à 60. 🆎 ⓪ 🆎 🆅🅸🆂🅰 ✂
BX **d**
fermé mardi et sam. midi – **Repas** carte 48 à 59, ☕ – **12 ch** ⌸ 110/120.
◆ Eigentijdse keuken en dito interieur, galerie voor moderne kunst in het souterrain en een gezellig terras met landelijk uitzicht. Goede kamers in de dependance van de stad.
◆ Cuisine et décor intérieur d'aujourd'hui, galerie d'art moderne au sous-sol et accueillante terrasse offrant un panorama agreste. Bonnes chambres à l'annexe située en ville.

✗ **L'Auberge,** Cannerweg 800 (cour intérieure du château), ✉ 6213 ND, ℰ (0 43) 325 13 59, info@neercanne.com, Fax (0 43) 321 34 06, ㈜ – 🆎 ⓪ 🆎 🆅🅸🆂🅰
fermé sam. – **Repas** (déjeuner seult) Lunch 53 bc – carte env. 42.
◆ In de voormalige kapel van het kasteeldomein, die tot restaurant is verbouwd, gaat u aan tafel onder een imposant gewelf. Toegang via het binnenhof van Château Neercanne.
◆ Convertie en restaurant, l'ancienne chapelle du domaine seigneurial vous attable sous une imposante galerie de voûtes. Accès via la cour intérieure du château Neercanne.

à Beek par ① : 15 km – 17 065 h

✗✗ **De Bokkeriejer** avec ch, Prins Mauritslaan 22, ✉ 6191 EG, ℰ (0 46) 437 13 19, ken pener.44@tiscali.nl, Fax (0 46) 437 47 47 – 📺 🅿️ – 🔏 25. 🆎 ⓪ 🆎 🆅🅸🆂🅰 🅹🅲🅱. ✂
fermé 2 sem. vacances bâtiment, 27 déc.-4 janv., lundi et sam. midi – **Repas** Lunch 29 – 34
– **5 ch** ⌸ 53/80 – ½ P 72/81.
◆ Deze kleine herberg biedt al sinds jaar en dag logies - een handjevol leuk opgeknapte kamers - en, belangrijker nog, een maaltijd. Huiselijke ontvangst.
◆ Petite auberge connue de longue date, où l'on trouvera le gîte - une poignée de chambres joliment refaites - et, moins accessoirement, le couvert. Accueil familial.

✗✗ **Pasta e Vino,** Brugstraat 2, ✉ 6191 KC, ℰ (0 46) 437 99 94, pastaevino@planet.r
Fax (0 46) 436 03 79, ㈜, Cuisine italienne – ▣. 🆎 🆅🅸🆂🅰. ✂
fermé 2 sem. carnaval, 2 sem. vacances bâtiment, sam. midi, dim. midi, lundi et mardi
Repas Lunch 28 – carte 39 à 54.
◆ De naam vertelt u onomwonden welk programma u hier te wachten staat : Italiaans keuken zonder concessies aan de Hollandse eetgewoonten, wijnen uit de Laars.
◆ L'enseigne annonce sans détour le programme qui vous attend ici : cuisine italienne sa concessions aux habitudes hollandaises, accompagnée de vins élevés dans la Botte.

à **Margraten** *par* ④ : *10 km – 13 592 h*

🏨 **Groot Welsden** 🦢, Groot Welsden 27, ✉ 6269 ET, ✍ (0 43) 458 13 94, *info@hot elgrootwelsden.nl, Fax (0 43) 458 23 55*, ≠ – 🆃🆅 **P.** 🆎 **VISA** JCB. 🛇
fermé carnaval – **Repas** (résidents seult) – ⌑ 10 – **14** ch 48/80 – ½ P 59/75.
   ◆ Weelderige lounge, keurige kamers, tuin met waterpartij, een ontvangst die getuigt van natuurlijke hoffelijkheid, en vooral... absolute rust. Stemmige ambiance in de restaurantzaal, die is ingericht met stijlmeubilair en doeken van kleine meesters.
   ◆ Salon cossu, chambres coquettes, jardin avec pièce d'eau, accueil familial témoignant d'une courtoisie naturelle, et en prime, le calme absolu. Garnie de meubles de style et de toiles de petits maîtres, la salle de restaurant entretient une ambiance feutrée.

🏠 **Wippelsdaal** 🦢, Groot Welsden 13, ✉ 6269 ET, ✍ (0 43) 458 18 91, *info@wippel sdaal.nl, Fax (0 43) 458 27 15*, ← – 🆃🆅 **P.** 🆎 **VISA**. 🛇 rest
fermé 27 déc.-24 janv. – **Repas** (dîner pour résidents seult) – **14 ch** ⌑ 47/76 – ½ P 51/52.
   ◆ Dit hotel is ingericht in de bijgebouwen van een voormalige boerderij en wordt in familiebeheer gerund. Grote, functionele kamers. Rust en landelijke omgeving.
   ◆ Aménagé dans les dépendances d'une ancienne ferme, cette auberge tenue en famille dispose de grandes chambres fonctionnelles. Quiétude et environnement champêtre.

MADE *Noord-Brabant* Ⓒ *Drimmelen 26 747 h.* 🔢 N 12 *et* 🔢 F 6.
Amsterdam 94 – 's-Hertogenbosch 40 – Bergen op Zoom 45 – Breda 13 – Rotterdam 46.

🏨 **De Korenbeurs,** Kerkstraat 13, ✉ 4921 BA, ✍ (0 162) 68 21 50, *info@korenbeurs.nl, Fax (0 162) 68 46 47*, 🍽, 🚲 – 📶 ⇆ ⌑ **P.** – 🔒 25 à 350. 🆎 **⓪** **⓪** **VISA**. 🛇 ch
Repas *Lunch* 14 – carte 37 à 53, ⚲ – ⌑ 10 – **70 ch** 78 – ½ P 108/140.
   ◆ Dit vrij nieuwe hotel in het centrum van het dorp herbergt comfortabele kamers en beschikt over een redelijke infrastructuur voor bijeenkomsten. Restaurant met zomerterras. De menukaart laat een duidelijke hang zien naar Nederlandse klassiekers.
   ◆ Au centre du village, établissement de conception récente renfermant des chambres correctement équipées ainsi qu'une infrastructure convenable pour la tenue de réunions. Restaurant avec terrasse d'été. Carte gravitant autour des standards culinaires bataves.

MAKKUM *Fryslân* Ⓒ *Wûnseradiel 11 935 h.* 🔢 R 4 *et* 🔢 H 2.
Amsterdam 112 – Leeuwarden 39 – Zwolle 114.

XX **It Posthûs,** Plein 15, ✉ 8754 ER, ✍ (0 515) 23 11 53, *info@itposthus.nl,* 🍽 – **⓪** **VISA**
avril-sept. ; fermé lundi – **Repas** (dîner seult) carte env. 39.
   ◆ Een zeer creatieve, Ierse chef-kok staat achter het fornuis in dit voormalige poststation van deze pittoreske vissersplaats, ook bekend om zijn aardewerk en keramiek.
   ◆ Un chef irlandais bien inspiré s'active aux fourneaux de ce restaurant occupant l'ancienne poste de Makkum, port de pêche pittoresque également réputé pour sa faïence.

MARGRATEN *Limburg* 🔢 T 18 *et* 🔢 I 9 – *voir à Maastricht.*

MARKELO *Overijssel* Ⓒ *Hof van Twente 35 038 h.* 🔢 X 9, 🔢 X 9 *et* 🔢 K 5.
🛈 *Goorseweg 1,* ✉ *7475 BB,* ✍ *(0 547) 36 15 55, info@vvvmarkelo.nl, Fax (0 547) 36 38 81.*
Amsterdam 125 – Zwolle 50 – Apeldoorn 41 – Arnhem 59 – Enschede 34.

XX **In de Kop'ren Smorre** 🦢 avec ch, Holterweg 20, ✉ 7475 AW, ✍ (0 547) 36 13 44, *markelo@koprensmorre.nl, Fax (0 547) 36 22 01,* 🍽, 🚗 – 🆃🆅 **P.** **⓪** **VISA**. 🛇
fermé 31 déc.-1ᵉʳ janv., dim. midi et lundi – **Repas** *Lunch* 25 – 36/45, ⚲ – **4 ch** ⌑ 60/85 – ½ P 74/86.
   ◆ Eigentijdse gerechten worden geserveerd in een oude boerderij met karakteristiek decor : massieve balken, Delfts aardewerk en tin. Tuin in landschapsstijl en praktische kamers.
   ◆ Cuisine d'aujourd'hui servie dans une ancienne ferme au cadre immuable et typique : poutres massives, faïence de Delft, étains. Jardin paysager et chambres pratiques.

MAURIK *Gelderland* Ⓒ *Buren 25 689 h.* 🔢 R 11 *et* 🔢 H 6.
Amsterdam 73 – Utrecht 35 – Arnhem 49 – 's-Hertogenbosch 39 – Lelystad 96.

X **Lodewijk XIII,** Dorpsplein 3a, ✉ 4021 EE, ✍ (0 344) 60 22 92, *info@lodewijkxiii.nl, Fax (0 344) 69 12 81,* 🍽. **⓪** **VISA**
fermé fin juil.-début août, fin déc.-prem. sem. janv., dim. et lundi – **Repas** (déjeuner sur réservation, menu unique) 40, ⚲.
   ◆ Klein, trendy restaurant dicht bij de kerk. Knusse eetzalen, zomerterras en een chique maar ongedwongen sfeer. Aanlokkelijke menukaart met een vrij beperkte keuze.
   ◆ Petite table au goût du jour officiant devant l'église. Salles à manger étagées, terrasse d'été, ambiance à fois chic et décontractée et carte assez ramassée mais affriolante.

MECHELEN *Limburg* Ⓒ *Gulpen-Wittem 15 340 h.* 532 U 18 et 715 I 9.

Dalbissenweg 22, ✉ 6281 NC, ☎ (0 43) 455 13 97, Fax (0 43) 455 15 76.
Amsterdam 235 – Maastricht 21 – Aachen 14.

Brull, Hoofdstraat 26, ✉ 6281 BD, ☎ (0 43) 455 12 63, *info@hotel-brull.nl, Fax (0 43) 455 23 00*, – TV. MC VISA. rest
fermé carnaval et Noël – **Repas** (dîner pour résidents seult) – **26 ch** 48/115 – ½ P 78/86.
• Deze hostellerie in een verbouwde boerderij ligt rond een fraai binnenhof met vakwerkdecoratie. Onberispelijke kamers, serre en boomgaard met tuin, culturele activiteiten.
• Cette ferme convertie en hostellerie s'ordonne autour d'une jolie cour intérieure à colombages. Chambres sans reproche, vérandas, jardin-verger et animations culturelles.

MEDEMBLIK *Noord-Holland* 531 P 6 et 715 G 3 – *7 902 h.*

Voir *Oosterhaven*★.
Amsterdam 58 – Alkmaar 36 – Enkhuizen 21 – Hoorn 19.

Tulip Inn Het Wapen van Medemblik, Oosterhaven 1, ✉ 1671 AA, ☎ (0 227) 54 38 44, *post@tulipinnmedemblik.nl, Fax (0 227) 54 23 97*, – TV – 40 à 80. AE MC VISA JCB. ch
fermé 31 déc.-1er janv. – **Repas** Lunch 20 – 24/45 bc, – **26 ch** 68/100 – ½ P 55.
• Dit hotel met goed onderhouden kamers bevindt zich in het gezellige oude hanzestadje Medemblik, aan een havenbekken waarlangs fraaie oude gevels staan.
• Dans une cité mignonne s'enorgueillant d'un passé hanséatique, hôtel aux chambres bien tenues, idéalement implanté le long d'un bassin bordé de jolies façades anciennes.

MEERKERK *Zuid-Holland* Ⓒ *Zederik 13 556 h.* 532 O 11 et 715 F 6.

Amsterdam 55 – Utrecht 24 – Den Haag 80 – Arnhem 76 – Breda 46 – Rotterdam 50.

AC Hotel, Energieweg 116 (près A 27, sortie ㉕), ✉ 4231 DJ, ☎ (0 183) 35 21 98, *meerkerk@autogrill.net, Fax (0 183) 35 22 99* – TV ch, P – 25 à 250. AE MC VISA
Repas (avec buffets) carte 22 à 34 – 10 – **64 ch** 70/80 – ½ P 99/109.
• Onmiddellijke nabijheid van de snelweg, vrij aangename kamers en junior suites, vergaderruimten, comfort, vriendelijke ontvangst : de gebruikelijke kenmerken van een AC Hotel.
• Proximité immédiate de l'autoroute, chambres et junior suites assez plaisantes, espaces de réunions, confort et qualité d'accueil propres à l'enseigne AC Hotel.

De MEERN *Utrecht* 532 P 10 et 715 G 5 – *voir à Utrecht.*

MEGEN *Noord-Brabant* Ⓒ *Oss 67 646 h.* 532 S 12 et 715 H 6.

Amsterdam (bac) 103 – Arnhem 45 – 's-Hertogenbosch 30 – Nijmegen 28.

Den Uiver, Torenstraat 3, ✉ 5366 BJ, ☎ (0 412) 46 25 48, *Fax (0 412) 46 30 41*, – AE MC VISA JCB.
fermé du 5 au 14 fév., sam. midi, dim. midi et lundi – **Repas** 26/45 bc.
• Deze voormalige 19e-eeuwse schuur midden in het pittoreske dorp herbergt nu een aangenaam restaurant in rustieke, typisch Brabantse stijl. Salon met schouw. Klassieke keuken.
• Au cœur d'un village pittoresque, ancienne grange du 19e s. devenue un agréable restaurant taillé dans le rustique brabançon. Salon avec cheminée. Cuisine classique.

MEPPEL *Drenthe* 531 W 6 et 715 J 3 – *30 588 h.*

Kromme Elleboog 2, ✉ 7941 KC, ☎ (0 522) 25 28 88, vvv@boom.nl, Fax (0 522) 25 96 88.
Amsterdam 135 – Assen 55 – Groningen 82 – Leeuwarden 68 – Zwolle 25.

de reisiger sans rest, Dirk Jakobsstraat 6, ✉ 7941 KJ, ☎ (0 522) 25 66 49, *reisiger@home.nl, Fax (0 522) 25 55 14* – TV. AE MC VISA
fermé 23 déc.-2 janv. – **9 ch** 65/90.
• Dit hotel ligt in een rustige wijk even buiten het centrum. Alle kamers zijn voorzien van een goede badkamer en bieden vooral functioneel comfort.
• Maison bourgeoise un peu excentrée, située dans un quartier tranquille. Les chambres équipées de bonnes salles de bains, offrent un confort avant tout fonctionnel.

à de Wijk *Est : 7,5 km* Ⓒ *De Wolden 23 969 h :*

XXX **De Havixhorst** avec ch, Schiphorsterweg 34 (De Schiphorst), ✉ 7966 AC, ☎ (0 522) 44 14 87, *info@dehavixhorst.nl, Fax (0 522) 44 14 89,* , , – TV P – 25 à 150. AE ① MO VISA JCB.
Repas *(fermé 31 déc.-1er janv., dim. et lundi)* (déjeuner sur réservation) carte 48 à 62, ♀ – ☕ 12 – **8 ch** *(fermé 31 déc.-1er janv. et dim.)* 95/148 – ½ P 135/142.
◆ Dit statige 18e-eeuwse landhuis staat in een schitterende tuin. Tongstrelende maaltijd en alle genoegens van een goed restaurant. Weelderige kamers.
◆ Devancée d'un parterre de buis, cette noble demeure du 18e s. donne sur un parc exquis. Repas-plaisir, avec tout l'agrément d'une bonne maison de bouche. Chambres cossues.

MIDDELBURG P *Zeeland* 532 G 14 *et* 715 B 7 – *46 214 h.*

Voir *Hôtel de ville★ (Stadhuis)* AYZ **H** – *Abbaye★ (Abdij)* ABY.
Musée : *de Zélande★ (Zeeuws Museum)* AY **M¹**.
ℹ *Nieuwe Burg 42,* ✉ *4331 AH,* ☎ *(0 118) 65 99 99, vvvmid@zeelandnet.nl,* Fax (0 118) 65 99 66.
Amsterdam 194 ① – Breda 98 ① – Rotterdam 106 ① – Antwerpen 91 ① – Brugge 83 ②

MIDDELBURG

Achter de Houttuinen	AZ	3
Bierkaai	BZ	4
Dampl.	BY	6
Groenmarkt	AYZ	7
Hoogstr.	AZ	9
Houtkaai	BZ	10
Koepoortstr.	BY	12
Koestr.	AZ	13
Koorkerkstr.	BZ	15
Korte Burg	AY	16
Korte Delft	BYZ	18
Korte Noordstr.	AY	19
Lange Delft	ABZ	
Lange Noordstr.	AY	21
Langeviele	AZ	
Londensekaai	BZ	22
Markt	AZ	
Nieuwe Burg	AZ	24
Nieuwe Haven	AZ	25
Nieuwe Vlissingseweg	AZ	27
Nieuwstr.	BZ	28
Plein 1940	AZ	30
Pottenmarkt	AZ	2
Rotterdamsekaai	BY	31
Schuitvlotstr.	BY	5
Segeerstr.	BZ	33
Sint-Pieterstr.	BY	34
Stadhuisstr.	AY	36
Vismarkt	ABZ	37
Vlissingsestr.	AZ	39
Volderijlaagte	AY	40
Wagenaarstr.	AY	42
Walensingel	AYZ	43

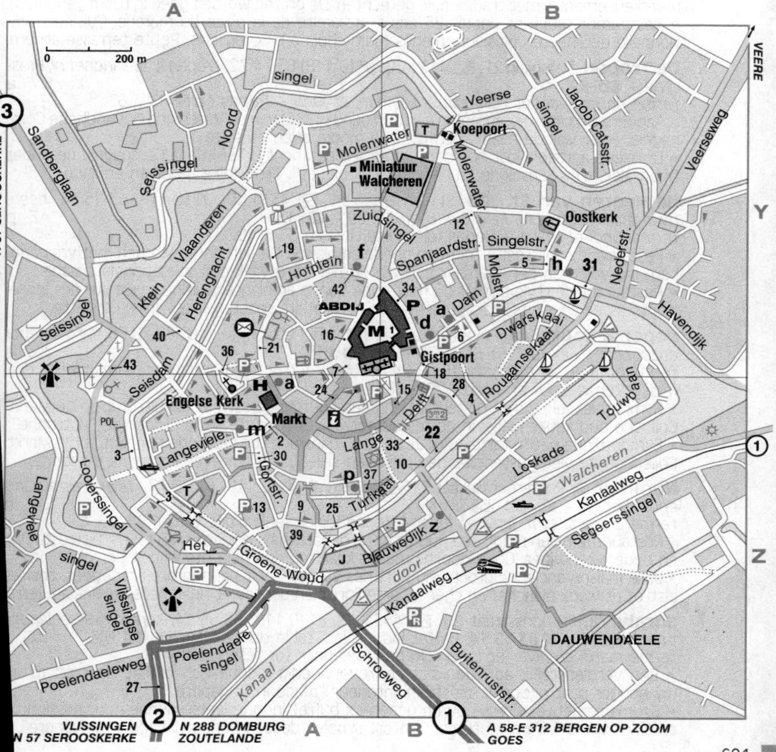

🏠 **Arneville,** Buitenruststraat 22 (par ①), ⊠ 4337 EH, ℘ (0 118) 63 84 56, *info@ hotelarn eville.nl*, Fax (0 118) 61 51 54, 佘, ゐ゚, ⾧ 🖴 🅿 – 🈺 25 à 250. 🖭 ⓞ ⓥ𝗦 𝑽𝑰𝑺𝑨. ⋙ rest
fermé 24 déc.-3 janv. – **Repas** Lunch 23 – carte 25 à 52 – 🖙 13 – **46 ch** 88/109 –
½ P 135/175.
BZ
• Hotel-Congrescentrum aan de rand van de stad, aan een doorgaande weg. Standaard-
kamers en twee junior suites. De beste liggen aan de kant van de parking.
• Hôtel-centre de congrès situé aux portes de la ville, le long d'une chaussée passante.
Chambres standard et deux junior suites. Les meilleures se trouvent côté parking.

XX **Het Groot Paradijs,** Damplein 13, ⊠ 4331 GC, ℘ (0 118) 65 12 00, *info@ grootpa radijs.nl*, Fax (0 118) 65 12 21, 佘 – 🖭 ⓞ ⓥ𝗦 𝑽𝑰𝑺𝑨
BY d
fermé 2 dern. sem. mars, 2 prem. sem. nov., dern. sem. déc., sam. midi, dim. et lundi – **Repas**
Lunch 39 – 45/75, ♀.
• Gastronomisch restaurant in de "parel van Walcheren". Salon op de mezzanine, charmante eetzaal, open keuken, terras voor een zomerse maaltijd buiten en vriendelijke bediening.
• Table gastronomique au cœur de Middelburg, la "perle de Walcheren". Salon-
mezzanine, charmante salle à manger, fourneaux à vue, agréable restaurant d'été et service avenant.

XX **De Eetkamer,** Wagenaarstraat 13, ⊠ 4331 CX, ℘ (0 118) 63 56 76, *eetkamer@ ze elandnet.nl* – 🖭 ⓥ𝗦
AY f
fermé 2 sem. en août, dim. et lundi – **Repas** (déjeuner sur réservation) carte 42 à 58, ♀.
• Dit restaurant achter de abdij voert een eigentijdse kaart waarop Zeeuwse producten
prominent aanwezig zijn. De eenvoudige, moderne eetzaal is verfraaid met stillevens.
• Une carte actuelle valorisant les produits zélandais est présentée à cette adresse pelo-
tonnée derrière l'abbaye. Sobre salle à manger contemporaine décorée de natures mortes.

X **de Gespleten Arent,** Vlasmarkt 25, ⊠ 4331 PC, ℘ (0 118) 63 61 22, *gespletenar ent1@ zeeland.nl*, Fax (0 118) 61 80 35, 佘 – 🖭 ⓞ ⓥ𝗦 𝑽𝑰𝑺𝑨
AZ e
fermé du 13 au 23 juin, du 20 au 31 déc., lundi et mardi – **Repas** (dîner seult) 23/36.
• Deze Arent is 25 jaar geleden vlak bij het marktplein neergestreken en biedt diverse
meerkeuzemenu's met traditionele gerechten. De prijzen worden goed in toom gehouden.
• Restaurant œuvrant depuis 25 ans à proximité de la place du marché. Cuisine traditionnelle déclinée en plusieurs menus multi-choix à prix musclés. Petite terrasse arrière.

X **De Tropen,** Damplein 27, ⊠ 4331 GC, ℘ (0 118) 63 74 22, *tropen@ zeelandnet.nl*, Bras-
serie – ⓥ𝗦 𝑽𝑰𝑺𝑨. ⋙
BY a
fermé fin janv.-début fév., sam. midi, dim. et lundi – **Repas** carte 33 à 63.
• Aangenaam café-restaurant in een oud pand (1736) van de Verenigde Oostindische Com-
pagnie, waarnaar de naam verwijst. Drie mooie zalen en suite.
• Brasserie agréable installée dans un ancien bâtiment (1736) de la Compagnie des Indes
Orientales, d'où l'enseigne, qui signifie "Tropiques". Trois jolies salles et enfilade.

X **de Heeren van St. Jan,** St. Janstraat 34, ⊠ 4331 KD, ℘ (0 118) 63 45 34, *heere nvanstjan@ hetnet.nl*, Fax (0 118) 46 85 29 – ⓥ𝗦 𝑽𝑰𝑺𝑨
AZ p
fermé lundi et mardi – **Repas** (dîner seult) carte 35 à 48.
• Restaurant in bistrostijl, met een goede ambiance. De gerechten worden met vrij gangbare ingrediënten bereid, maar vormen op het bord vaak een sensationele creatie.
• Restaurant de style bistrot où flotte une bonne ambiance. Cuisine basée sur des ingrédients assez courants mais présentations volontiers spectaculaires dans l'assiette.

X **Peper & Zout,** Lange Noordstraat 8, ⊠ 4331 CD, ℘ (0 118) 62 70 58, *info@ peper enzout.com*, Fax (0 118) 61 48 39 – ▤. ⓥ𝗦 𝑽𝑰𝑺𝑨
AZ a
fermé du 8 au 24 mars, du 15 au 24 nov., mardi d'oct. à mars, merc., sam. midi et dim.
midi – **Repas** Lunch 20 – carte 28 à 38.
• Sympathiek, eigentijds restaurantje in een voetgangersstraat die uitkomt op de Markt.
Collectie oud keukengerei in de restaurantzaal. Charmante service door de "patronne".
• Sympathique petite table au goût du jour, dans une rue piétonne donnant sur le Markt.
Collection de vieux ustensiles de cuisine en salle. Service prévenant par la patronne.

X **Nummer 7,** Rotterdamsekaai 7, ⊠ 4331 GM, ℘ (0 118) 62 70 77, *info@ restaurant enummer7.nl* – ▤. ⓥ𝗦 𝑽𝑰𝑺𝑨
BY h
fermé 2 prem. sem. janv. et lundi – **Repas** (dîner seult d'oct. à mai) 24/35, ♀.
• Restaurant in een mooi, oud huis dicht bij de jachthaven. Marmeren tafels, bistrostoelen
en oude eiken vloer. Goed doortimmerde kaart en een hele rits wijnen per glas.
• Jolie maison ancienne proche du port des yachts. Tables en marbre accoudées, chaises
bistrot et vieux plancher en chêne. Carte fort bien pensée et ribambelle de vins au verre.

X **Surabaya,** Stationsstraat 20, ⊠ 4331 JB, ℘ (0 118) 63 59 14, *surabaya@ zeelandr t.net*, Fax (0 118) 63 59 14, Buffet indonésien, table de riz – 🖭 ⓞ ⓥ𝗦 𝑽𝑰𝑺𝑨
BZ
fermé mardi en hiver et lundi – **Repas** (déjeuner sur réservation) 18.
• Een verdienstelijk adresje waar een overvloedig Indonesisch buffet klaar staat o
uw honger naar exotisme te stillen. Interieur "made in Singapore".
• Estimable petite adresse où un généreux buffet indonésien se donne pour mission d
combler votre faim d'exotisme. Confort simple ; décor intérieur "made in Singapore".

MIDDELHARNIS Zuid-Holland 532 J 12 et 716 D 6 – 17 346 h.

🖪 Vingerling 3, ⊠ 3241 EB, 𝒫 (0 187) 48 48 70, middelharnis@vvvzhe.nl, Fax (0 187) 48 78 15.

Amsterdam 133 – Rotterdam 49 – Den Haag 83 – Breda 65 – Zierikzee 22.

XX **De Hooge Heerlijkheid** avec ch, Voorstraat 21, ⊠ 3241 EE, 𝒫 (0 187) 48 32 64, Fax (0 187) 48 53 29, 😤 – 🔟. 🗚 ① 🐠 ᵛᴵˢᴬ, 🎇 ch
  fermé 2 sem. en juin, 1 sem. en oct. et 2 sem. en janv. – Repas (fermé lundi, mardi et merc.) Lunch 32 – 55, 🍴 – 🖵 15 – **4 ch** 40/75.
  • Pittoreske pandjes waar tafel en bed worden geboden : kamers en studio met kitchenette, chique bistro en klassieke restaurant. Zomerterras onder een pergola.
  • Maisonnettes pittoresques où l'on trouve le gîte et le couvert : chambres et studio avec kitchenette, bistrot chic et restaurant classique. Terrasse d'été sous tonnelle.

X **Brasserie 't Vingerling,** Vingerling 23, ⊠ 3241 EB, 𝒫 (0 187) 48 33 33, Fax (0 187) 48 33 33, ≤, 😤, 🖳 ᵛᴵˢᴬ
  fermé 2 sem. en fév., 2 sem. en oct., sam. midi, dim. midi, lundi et jeudi – Repas 23/30.
  • Dit 18e-eeuwse havenpakhuis biedt nu onderdak aan een goed restaurantje met een rustiek-eigentijdse look. Aantrekkelijke menu's. Uitzicht op de kaden van de jachthaven.
  • Cet entrepôt de pêcheurs élevé au 18e s. abrite désormais une bonne petite table au "look" rustico-actuel. Menus courtisés. Vue sur les quais du port de plaisance.

MIDDELSTUM Groningen © Loppersum 11 152 h. 531 Y 2 et 716 K 1.

Amsterdam 202 – Groningen 22 – Assen 49 – Den Haag 255 – Leeuwarden 76 – Zwolle 124.

X **Herberg "In de Valk",** Burchtstraat 12, ⊠ 9991 AB, 𝒫 (0 595) 55 22 16, info@herbergindevalk.nl, Fax (0 595) 55 22 04 – ℙ. 🗚 🐠 ᵛᴵˢᴬ
  fermé lundi et mardi – Repas carte env. 30.
  • Een oud dorpscafé in een landelijk gehucht biedt onderdak aan dit restaurant met twee kleine, karaktervolle zalen. De eigentijdse keuken is eenvoudig maar goed.
  • Dans un hameau agreste, ancien café villageois abritant un restaurant dont les deux petites salles ne manquent pas de caractère. Cuisine actuelle, simple mais bien faite.

MIDDENBEEMSTER Noord-Holland 531 O 7 et 716 F 4 – voir à Purmerend.

MIDSLAND (MIDSLÂN) Fryslân 531 Q 2 et 716 G 1 – voir à Waddeneilanden (Terschelling).

MIERLO Noord-Brabant © Geldrop-Mierlo 38 112 h. 532 S 14 et 716 H 7.

🖪₁₈ Heiderschoor 26, ⊠ 5731 RG, 𝒫 (0 492) 59 24 55, Fax (0 492) 66 72 47.
Amsterdam 129 – Eindhoven 16 – 's-Hertogenbosch 44 – Helmond 5.

🏨 **Carlton De Brug,** Arkweg 3, ⊠ 5731 PD, 𝒫 (0 492) 67 89 11, info@debrug.carlton.nl, Fax (0 492) 43 04 70, 😤, ⓥ, 𝕀₆, 🏊, 🔲, 🎇, ♿ – 🛗 ⟷, 🍴 rest, 🔟 ℙ – 🔬 25 à 1000. 🗚 ① 🐠 ᵛᴵˢᴬ. 🎇 rest
  Repas Lunch 17 – carte 36 à 46, 🍴 – 🖵 15 – **146 ch** 96/165, – 3 suites – ½ P 45/83.
  • Dit hotel aan de rand van Mierlo beschikt over verschillende typen kamers en een kolossale infrastructuur voor bijeenkomsten en seminars. Directe toegang tot een groot sportcomplex. Klassieke gerechten in een eigentijds jasje, lunchformules en menu's.
  • Aux avant-postes de Mierlo, immeuble disposant de plusieurs types de chambres et d'une colossale infrastructure pour séminaires. Accès direct à un grand complexe sportif. À table, préparations classiques actualisées, formules lunch et menus.

X **De Cuijt,** Burg. Termeerstraat 50 (Nord-Ouest : 1 km, direction Nuenen), ⊠ 5731 SE, 𝒫 (0 492) 66 13 23, decuijt@hetnet.nl, Fax (0 492) 66 57 41, 😤 – ℙ. 🐠 ᵛᴵˢᴬ. 🎇
  fermé du 5 au 14 fév., 31 juil.-15 août, 24 déc.-2 janv., sam. midi, dim. et lundi – Repas Lunch 25 – carte 27 à 50, 🍴.
  • Charmant familierestaurant aan het kanaal. Rustieke eetzaal, lommerrijk terras en fleurige tuin in de zomer. Klassiek-traditionele gerechten.
  • Charmante auberge familiale assise au bord du canal. Salle à manger rustique, terrasse ombragée et jardin fleuri aux beaux jours. Repas classico-traditionnel.

MILL Noord-Brabant © Mill en Sint Hubert 11 108 h. 532 T 12 et 716 I 6.

Amsterdam 123 – Eindhoven 48 – 's-Hertogenbosch 41 – Nijmegen 25.

XX **de Stoof,** Kerkstraat 14, ⊠ 5451 BM, 𝒫 (0 485) 45 11 37 – 🗚 🐠 ᵛᴵˢᴬ
  fermé mardi – Repas (dîner seult) carte 25 à 43.
  • Zoek naar een roze gevel in het centrum van het dorp, want daar kunt u aanschuiven voor een eigentijdse maaltijd. Verzorgd, rustiek interieur.
  • Pour débusquer cette adresse où il fait bon s'attabler autour d'un repas au goût du jour, cherchez une façade rose au centre du village. Décor intérieur rustique soigné.

MILSBEEK Limburg Ⓒ Gennep 16 867 h. **532** U 12 et **705** I 6.

Amsterdam 133 – Maastricht 126 – Arnhem 33 – 's-Hertogenbosch 60 – Utrecht 95.

X **Mangerie Milsbeek,** Rijksweg 14 (N 271), ⊠ 6596 AB, ℘ (0 485) 51 40 70, angeliq
ue.drogt@wolmail.nl, Fax (0 485) 51 40 70, ㎡, Avec brasserie – **P.** AE OO VISA
fermé 31 déc.-5 janv., sam. midi, dim. midi et lundi – Repas Lunch 23 – carte 28 à 51.
   ◆ Deze herberg geniet plaatselijk een goede reputatie en combineert een kleine brasserie
met een rustiek-eigentijds restaurant. Vriendelijke, stijlvolle ontvangst en service.
   ◆ Auberge de bonne renommée locale associant une petite brasserie à un restaurant
rustique-contemporain. Accueil et service souriants et stylés, par la jeune patronne.

MOLENRIJ Groningen Ⓒ De Marne 11 180 h. **531** X 2.

Amsterdam 201 – Groningen 29 – Leeuwarden 59.

XX **'t Korensant,** H. van Cappenbergweg 34, ⊠ 9977 RW, ℘ (0 595) 48 11 34, info@
korensant.nl, Fax (0 595) 48 11 05, ㎡ – OO VISA
fermé vacances bâtiment, merc. d'oct. à mars, lundi et mardi – Repas (déjeuner sur réservation) 30/50, ♀.
   ◆ De kaart heeft een regionaal tintje, maar biedt zo'n beetje van alles wat. Winkeltje met
gedistilleerde dranken, zoals een jenever van het huis. 's Zomers maaltijd in de tuin.
   ◆ Auberge villageoise devenue restaurant. Carte à composantes régionales, quoique un
peu touche-à-tout. Boutique de spiritueux, dont un genièvre maison. L'été, repas au jardin.

MONNICKENDAM Noord-Holland Ⓒ Waterland 17 150 h. **531** P 8 et **705** G 4.

Env. à l'Est : 8 km, Marken★ : village★, costumes traditionnels★.

Amsterdam 16 – Alkmaar 34 – Leeuwarden 122.

X **De Volle Maan,** Galgeriet 5a, ⊠ 1141 GA, ℘ (0 299) 65 46 41, vanberkumrob@yah
oo.com, Fax (0 20) 403 84 65, ㎡, – **P.** AE OO VISA JCB
fermé lundi et mardi – Repas (dîner seult) 25/38, ♀.
   ◆ Eerst is er de charmante lokatie : een kleine jachthaven aan de Gouwzee, een enclave
in het IJsselmeer. Dan komt het "bord", eigentijds en trots op de producten van daarginder.
   ◆ Avant tout, il y a le charme des lieux : un petit port de plaisance sur le Gouwzee, enclave
de l'Ijsselmeer. Ensuite, il y a l'assiette, actuelle, fière des produits d'ici.

X **Four Seasons,** Haringburgwal 3, ⊠ 1141 AT, ℘ (0 299) 65 55 84, info@fourseason
s-monnickendam.nl, Fax (0 299) 65 51 99, Cuisine chinoise, ouvert jusqu'à 23 h, – ▤
P. AE OO VISA
fermé 31 déc. et lundi – Repas (dîner seult) carte 25 à 37.
   ◆ Dit respectabele Chinese restaurant bij de ingang van de jachthaven biedt sinds de
recente verhuizing iets meer comfort. De gerechten worden "à la française" gepresenteerd.
   ◆ À l'entrée du port des yachts, honorable restaurant chinois offrant un peu plus de
confort à ses convives depuis son récent déménagement. Plats présentés "à la française".

MONSTER Zuid-Holland Ⓒ Westland 96 000 h. **532** K 10 et **705** D 5.

Amsterdam 73 – Rotterdam 33 – Den Haag 13.

🏨 **Elzenduin** ⚓, Strandweg 18 (Nord : 1 km à Terheyde aan Zee), ⊠ 2684 VT, ℘ (0 174)
21 42 00, info@elzenduin.com, Fax (0 174) 21 42 04, ㎡, – , ▤ rest, TV **P.** –
 30. AE ① OO VISA JCB
Repas Lunch 27 – carte 32 à 64, ♀ – ☕ 9 – **27 ch** 84/129 – ½ P 81/120.
   ◆ Dit eigentijdse hotelpand achter de duinen, in de onmiddellijke nabijheid van het
strand, herbergt vrij rustige kamers die goed van formaat zijn en verdeeld liggen over twee
verdiepingen. Grote eetzaal met klassiek decor, net als de keuze aan gerechten.
   ◆ Derrière les dunes, à proximité immédiate de la plage, construction d'aujourd'hui di
tribuant ses chambres, assez tranquilles et bien calibrées, sur deux étages. Grande sal
à manger au décor bourgeois, à l'image du choix de préparations.

MONTFOORT Utrecht **532** O 10 et **705** F 5 – 13 339 h.

Amsterdam 33 – Utrecht 15 – Den Haag 52 – Rotterdam 48.

XX **Kasteel Montfoort,** 1er étage, Kasteelplein 1, ⊠ 3417 JG, ℘ (0 348) 47 27 2
info@kasteel.montfoort.nl, Fax (0 348) 47 27 28, ㎡ – ▤ **P.** – 25 à 80. AE ①
VISA JCB
fermé 28 déc.-3 janv. sam. midi et dim. – Repas Lunch 33 – carte 31 à 43.
   ◆ Een kasteeltje dat nog uit de Middeleeuwen dateert, vormt het decor van dit luxueu
restaurant. De zeer eigentijdse kaart combineert lunch en menu's.
   ◆ Un petit château dont l'origine remonte à l'époque médiévale sert de cadre à cette ta
de "grand seigneur". La carte, bien dans l'air du temps, associe lunch et menus.

694

XX **de Schans,** Willeskop 87 (Sud-Ouest : 4,5 km sur N 228), ✉ 3417 MC, ℰ (0 348) 56 23 09, *verburgt78@hetnet.nl*, Fax (0 348) 56 73 07, 🍽 – 🍽 **P** 🕭 *VISA* *fermé sam. midi, dim. midi et lundi* – **Repas** *Lunch 30* – carte 38 à 47, 🍷.

♦ Dit familierestaurant op respectabele afstand van Montfoort, langs de binnenweg naar Gouda, bereidt een klassieke keuken met een subtiele eigentijdse invulling.

♦ À distance respectable de Montfoort, au bord de la route nationale menant à Gouda, affaire familiale où se mitonne une cuisine classique gentiment actualisée.

à **Linschoten** *Nord-Ouest : 3 km* ⓒ *Montfoort :*

XX **De Burgemeester,** Raadhuisstraat 17, ✉ 3461 CW, ℰ (0 348) 41 40 40, *info@deb urgemeester.nl*, Fax (0 348) 41 40 45 – **P** – 🍽 25 à 40. 🖭 ⓞ 🕭 *VISA* *Jⁱⁱⁱ* *fermé dern. sem. juil.-prem. sem. août, 25 déc.-1ᵉʳ janv., sam. midi, dim. et lundi* – **Repas** *Lunch 30* – 32/55, 🍷.

♦ Dit aangename restaurant heeft zijn intrek genomen in het voormalige raadhuis. Eigentijdse eetzaal, open wijnkelder en mediterraan georiënteerde gerechten.

♦ Une agréable maison de bouche s'est substituée à l'ancienne mairie du village. Salle à manger contemporaine, cave à vin et recettes tournées vers la Méditerranée.

XX **bij Mette,** Dorpsstraat 41, ✉ 3461 CP, ℰ (0 348) 49 99 39, *info@bijmette.nl*, Fax (0 348) 49 99 39, 🍽 – 🕭 *VISA* ⸰🍽 *fermé 2 prem. sem. août, fin déc.-début janv., sam. midi, dim. et lundi* – **Repas** *Lunch 25* – carte 35 à 45.

♦ Dit mooie restaurant in de schaduw van de scheve klokkentoren heeft een oude kruidenierszaak betrokken. Sober interieur met een mix van oud en modern. Verzorgde menu's.

♦ Ce beau restaurant met à profit une ancienne épicerie à l'ombre du clocher penchant. Parti pris décoratif mariant tout en sobriété le moderne et l'ancien. Menus soignés.

MOOK *Limburg* ⓒ *Mook en Middelaar 8 011 h.* 🔳🔳 *U 12 et* 🔳🔳🔳 *I 6.*

Amsterdam 129 – *Arnhem 30* – *Maastricht 133* – *'s-Hertogenbosch 48* – *Nijmegen 12* – *Venlo 54.*

🏛 **Jachtslot de Mookerheide** ⸰, Heumensebaan 2 (Nord-Est : 2,5 km sur A 73, sortie ③), ✉ 6584 CL, ℰ (0 24) 358 30 35, *info@mookerheide.nl*, Fax (0 24) 358 43 55, 🍽, 🍽, 🍽 – 🍽 25 à 150. 🖭 ⓞ 🕭 *VISA* *Jⁱⁱⁱ* ⸰🍽 **Repas** *(fermé dim. midi)* *Lunch 33* – 43/60, 🍷 – 🍽 14 – **17 ch** 85/140, – 6 suites – ½ P 95/140.

♦ In dit elegante buitenverblijf op een bosrijk landgoed kunt u zich koesteren in de sfeer van rond 1900. Luxueuze kamers met bubbelbad. Mooie eetzaal in Jugendstil voor een genoeglijke maaltijd in stijl. Franse, klassiek-eigentijdse keuken.

♦ Savourez l'atmosphère 1900 qui règne dans cette élégante demeure entourée d'un parc arboré. Chambres cossues, toutes nanties d'une baignoire à bulles. Belle salle de restaurant Jugendstil propice à un repas-plaisir. Cuisine française mi-classique mi-actuelle.

🏠 **De Molenhoek,** Rijksweg 1 (Nord : 1 km), ✉ 6584 AA, ℰ (0 24) 358 01 55, *info@h otelmolenhoek.nl*, Fax (0 24) 358 21 75, 🍽, 🍽, 🍽 – 🍽 🍽 🍽 **P** – 🍽 25 à 150. 🖭 ⓞ 🕭 *VISA* **Repas** *Lunch 11* – carte 22 à 39, 🍷 – 🍽 8 – **56 ch** 60 – ½ P 88/100.

♦ Dit comfortabele motel behoort tot de oudste hotelbedrijven van Van der Valk. Wel moet u hier eerst de weg oversteken om van de receptie bij uw kamer te komen.

♦ Ce confortable motel compte parmi les plus anciennes unités Van der Valk. Notez qu'il vous faudra traverser la route pour passer de la réception aux chambres.

MUGGENBEET *Overijssel* 🔳🔳 *U 6* – *voir à Blokzijl.*

MUIDEN *Noord-Holland* 🔳🔳 *P 9,* 🔳🔳 *P 9 et* 🔳🔳🔳 *G 5* – *6 647 h.*

Voir *Château★ (Muiderslot).*

Amsterdam 18 – *Hilversum 22.*

XXX **De Doelen,** Sluis 1, ✉ 1398 AR, ℰ (0 294) 26 32 00, *info@restaurantdedoelen.nl*, ≼, 🍽 – 🍽 25 à 70. 🖭 ⓞ 🕭 *VISA* *Jⁱⁱⁱ* *fermé sam. midi et dim. midi* – **Repas** carte 42 à 61.

♦ Rustieke eetzaal met moderne doeken, zomerterras langs de sluizen, uitzicht op de plezierboten, klassieke gerechten in een modern jasje en goed gevulde wijnkelder.

♦ Salle à manger rustique parsemée de toiles modernes, terrasse estivale le long des écluses, vue sur le trafic plaisancier, mets classiques revisités et cave d'épicurien.

à **Muiderberg** Est : 4 km © Muiden :

 't Lagerhuys, Dorpsstraat 29, ⊠ 1399 GT, ℰ (0 294) 26 29 80, lagerhuys@ hgm.nl, Fax (0 294) 26 29 81, 😚 – ☰ **Ⓟ. ⑩ ⑩⑩ VISA**
fermé lundi – **Repas** Lunch 25 – 33/43 bc, ♀.
♦ Mooi hotelpand uit 1882, dat vakkundig tot restaurant is verbouwd. Actuele gerechten worden geserveerd in een ambiance grand café of op het overdekte terras met teak-meubilair.
♦ Bel hôtel de la fin du 19ᵉ s. adroitement réaffecté en restaurant. Cuisine actuelle servie dans un intérieur d'esprit "grand café" ou sur la belle terrasse en teck couverte.

MUIDERBERG Noord-Holland 🟦🟦🟦 P 9, 🟦🟦🟦 P 9 et 🟦🟦🟦 G 5 – voir à Muiden.

MUNSTERGELEEN Limburg 🟦🟦🟦 U 17 – voir à Sittard.

NAALDWIJK Zuid-Holland © Westland 96 000 h. 🟦🟦🟦 K11 et 🟦🟦🟦 D 6.
Amsterdam 77 – Rotterdam 26 – Den Haag 13.

🏨🏨 **Carlton,** Tiendweg 20, ⊠ 2671 SB, ℰ (0 174) 27 26 25, reservations@highlandcarlto nhotel.nl, Fax (0 174) 27 26 26, 😚, 🚴 – 🛗 ✎, ☰ rest, 📺 Ⓟ – 🔬 25 à 150. 🆎 ⑩ ⑩⑩ VISA JCB. ✄ rest
Repas (fermé sam. midi et dim.) Lunch 16 – 23, ♀ – 🍴 13 – **80 ch** 68/160 – ½ P 75/108.
♦ Dit ketenhotel ligt aan de rand van Naaldwijk, een belangrijk centrum in de tuinbouw-streek het Westland. De grote kamers zijn van alle faciliteiten voorzien. Roomservice. In de zomer worden de tafels gedekt op het terras naast de vijver.
♦ Établissement de chaîne situé aux portes de Naaldwijk, important centre horticole de la région maraîchère du Westland. Grandes chambres "full equipment". Room service. L'été, le couvert est dressé sur une terrasse agrémentée d'un étang.

NAARDEN Noord-Holland 🟦🟦🟦 P 9, 🟦🟦🟦 P 9 et 🟦🟦🟦 G 5 – 16 947 h.

Voir Fortifications★.

🟦 IJsselmeerweg 100, ⊠ 1411 DL, ℰ (0 35) 678 39 67, Fax (0 35) 678 32 06.
🟦 Adriaan Dortsmanplein 1-B, ⊠ 1411 RC, ℰ (0 35) 694 28 36, naarden@ hollandsmidd en.nl, Fax (0 35) 694 34 24.
Amsterdam 21 – Apeldoorn 66 – Utrecht 30.

🏨🏨 **NH Naarden,** IJsselmeerweg 3 (près A 1, sortie ⑥ - Gooimeer), ⊠ 1411 AA, ℰ (0 35) 695 15 14, nhnaarden@ nh-hotels.com, Fax (0 35) 695 10 89, 😚, 🔥, 🚠, 🚴 – 🛗 ✎, ☰ rest, 📺 🚿ch, Ⓟ – 🔬 25 à 150. 🆎 ⑩ ⑩⑩ VISA. ✄ rest
Repas Lunch 17 – 25/33 – 🍴 15 – **107 ch** 125/180, – 21 suites.
♦ Dit vrij nieuwe hotel staat aan de rand van een fraaie vestingstad. De suites zijn in de naburige annexe ingericht, apart van de kamers.
♦ Aux avant-postes d'une jolie ville fortifiée, ressource hôtelière récente, dont les suites, en marge des chambres, se distribuent dans l'annexe voisine.

🍴🍴 **Het Arsenaal,** Kooltjesbuurt 1, ⊠ 1411 RZ, ℰ (0 35) 694 91 48, Fax (0 35) 694 03 69, 😚 – ☰ Ⓟ. 🆎 ⑩ ⑩⑩ VISA
fermé 25 déc.-3 janv., sam. midi et dim. midi – **Repas** Lunch 45 – 55/90 bc, ♀.
♦ Een herkenningspunt in het gastronomische landschap van de stad. Franse keuken en interieur met contrastrijk decor : rode banken, lichte balken, ruitvormig gelegde plavuizen.
♦ Un point de repère dans le paysage gastronomique de Naarden. Cuisine française et décor intérieur contrasté : banquettes rouges, poutres claires, carrelage en damier.

🍴 **Chef's,** Cattenhagestraat 9, ⊠ 1411 CR, ℰ (0 35) 694 88 03, Fax (0 35) 694 88 03, 😚 – 🆎 ⑩ ⑩⑩ VISA JCB
fermé 31 déc. – **Repas** 18/25.
♦ Dit sympathieke eethuis behoort tot een van de trefzekere adressen van de stad. Bistroambiance. Zomerterras aan de achterkant, in de schaduw van de gotische Grote Kerk.
♦ Cette maison de bouche sympathique s'est hissée parmi les valeurs sûres de la ville. Ambiance "bistrot". Terrasse d'été sur l'arrière, à l'ombre de la gothique Grote Kerk.

🍴 **Mixit,** St-Annastraat 3 (Naarden-Vesting), ⊠ 1411 PE, ℰ (0 35) 694 66 05, Fax (0 35) 694 66 05, 😚 – 🆎 ⑩⑩ VISA JCB
fermé lundi – **Repas** Lunch 23 – carte 29 à 41.
♦ Eethuis naast de kerk met gezellige zaaltjes waar in een romantische sfeer actuele maaltijden worden geserveerd. De pergola met bloemen dient als zomerrestaurant.
♦ À côté de l'église, salles à manger "cosy" où l'on vient faire des repas au goût du jour dans une ambiance romantique. Une pergola fleurie tient lieu de restaurant d'été.

NECK Noord-Holland 🟦🟦🟦 O 7 – voir à Purmerend.

NEDERWEERT Limburg 532 T 15 et 715 I 8 – voir à Weert.

NEDERWETTEN Noord-Brabant 532 S 14 – voir à Nuenen.

NES Fryslân 531 T 2 et 715 I 1 – voir à Waddeneilanden (Ameland).

NIEUWEGEIN Utrecht 532 P 10 et 715 G 5 – 62 124 h.
Amsterdam 50 – Utrecht 11 – Rotterdam 65.

Mercure, Buizerdlaan 10 (Ouest : 1 km), ⊠ 3435 SB, ℰ (0 30) 604 48 44, h1164@a
ccor.com, Fax (0 30) 603 83 74, Ⅰ₆, ☎s, ⊠, ♿ – ⧄ ⁜ ⊟ ⅳ ⇔ Ⓟ – 益 25 à 450.
ℿ ⓪ ⓪ ⅦⅫ ⅏ rest
Repas (fermé sam. midi et dim. midi) Lunch 20 – carte 26 à 53, ⌾ – ⇌ 14 – **78 ch** 99/185
– ½ P 139/190.
• Eigentijds ketenhotel op een paar minuten van Utrecht, in de buurt van de snelweg
Amsterdam-Eindhoven. Kamers van goed formaat en congrescentrum.
• Hôtel de chaîne contemporain situé à quelques minutes d'Utrecht, dans le voisinage de
l'autoroute Amsterdam-Eindhoven. Centre de congrès et chambres de bon gabarit.

De Bovenmeester, Dorpsstraat 49 (Est : 1,5 km, Vreeswijk), ⊠ 3433 CL, ℰ (0 30)
606 66 22, Fax (0 30) 606 61 08, 🏤 – 🗐. ℿ ⓪ ⓪ ⅦⅫ ⅏
fermé sam. midi, dim. midi et lundi – **Repas** Lunch 29 – carte 34 à 50.
• Dit vriendelijke familierestaurantje waakt over de ophaalbrug bij de haven. À la carte,
lunch, menu's en dagsuggesties. Bij mooi weer kan aan het water worden gegeten.
• Gentille petite affaire familiale surveillant le pont à bascule qui dessert le port. Choix à
la carte, lunch, menus et suggestions. Les beaux jours, repas au bord de l'eau.

NIEUWERKERK AAN DEN IJSSEL Zuid-Holland 532 M 11 et 715 E 6 – 22 380 h.
🏌 Blaardorpseweg 1, ⊠ 2911 BC, ℰ (0 180) 31 71 88, Fax (0 180) 39 02 12.
Amsterdam 53 – Rotterdam 17 – Den Haag 42 – Gouda 12.

Nieuwerkerk a/d IJssel, Parallelweg Zuid 185 (près A 20, sortie ⑰), ⊠ 2914 LE,
ℰ (0 180) 32 11 03, nieuwerkerk@valk.com, Fax (0 180) 32 11 84, 🏤 – ⧄ ⁜ ⅳ ♿ch,
Ⓟ – 益 25 à 150. ℿ ⓪ ⅦⅫ
Repas (fermé 24 déc. soir et 31 déc. soir) carte 22 à 46, ⌾ – ⇌ 10 – **101 ch** 85, – 1 suite.
• De toekan van de bekende hotelketen - die een valk in zijn naam draagt - is geland op
dit moderne gebouw. Comfortabele kamers.
• Le toucan de la chaîne hôtelière Van der Valk - dont le nom désigne pourtant un faucon
(valk) - s'est perché sur cet immeuble de notre temps. Chambres confortables.

NIEUW-VENNEP Noord-Holland © Haarlemmermeer 122 902 h. 532 M 9 et 715 E 5.
Amsterdam 31 – Haarlem 17 – Den Haag 36.

De Rustende Jager, Venneperweg 471, ⊠ 2153 AD, ℰ (0 252) 62 93 33, rustend
e_jager@planet.nl, Fax (0 252) 62 93 34, 🏤 – ⧄, ⅏ rest, ⅳ Ⓟ – 益 25 à 300. ℿ ⓪
⓪ ⅦⅫ ⅉⅭⅯ. ⅏
Repas carte 24 à 48 – ⇌ 10 – **40 ch** 80/100, – 2 suites – ½ P 72/99.
• Een grote moderne overkapping van glas verbindt de twee vleugels van dit eigentijdse
pand vlak bij de kerk. Comfortabele kamers en junior suites. Hartelijke ontvangst. Kleine
bistroachtige kaart, eetzaal met brasseriesfeer.
• Une grande verrière moderne dessert les deux ailes de cette construction récente toute
proche de l'église. Chambres et junior suites assez coquettes. Accueil familial. Petite carte
bistrotière présentée dans une ambiance "brasserie".

NIEUWVLIET Zeeland © Sluis 24 791 h. 532 F 14 et 715 B 7.
Amsterdam 218 – Brugge 32 – Middelburg 61 – Den Haag 171 – Oostburg 7 – Sluis 11.

Nieuwvliet-Bad Nord-Ouest : 3 km © Sluis :

 Nieuwvliet-Bad, Zouterik 2, ⊠ 4504 RX, ℰ (0 117) 37 20 20, info@nieuwvliet-bad.nl,
Fax (0 117) 37 20 07, 🏤, Ⅰ₆, ☎s, ⊠, ♿ – ⧄ ⁜ ⅳ Ⓟ – 益 25 à 200. ℿ ⓪ ⓪ ⅦⅫ.
⅏ rest
Repas carte 24 à 43 – **35 ch** ⇌ 32/115 – ½ P 52/71.
• Slechts een smalle strook duinen scheidt dit hotel van het strand. Eenvoudig ingerichte,
praktische kamers. Zalen en diverse faciliteiten voor recreatie en ontspanning, zoals een
sauna, fitness en beautysalon. Restaurant met serre.
• Seul un petit cordon de dunes sépare cet hôtel de la plage. Chambres sobres et pratiques.
Salons et belle infrastructure pour se distraire ou entretenir sa condition physique. Restaurant-véranda.

NIJKERK Gelderland 🗺️🗺️🗺️ R 9 et 🗺️🗺️🗺️ H 5 – 37631 h.

Amsterdam 60 – Utrecht 34 – Apeldoorn 53 – Zwolle 57.

🏨🏨🏨 **Ampt van Nijkerk,** Berencamperweg 4, ⊠ 3861 MC, ℰ (0 33) 247 16 16, sales@ a
mptvannykerk.nl, Fax (0 33) 247 16 00, 🌣, ⬛, ❄, 🚲 – 🛗 ❄ 🆀 ✏️ 🕭 ch, 🅿 – 🔬 25
à 250. 🅰🅴 Ⓞ Ⓞ🅾 𝘝𝘐𝘚𝘈
Repas De Patio Lunch 24 – 28/43 bc, ♀ – **107 ch** ➭ 130/185 – ½ P 75/99.
♦ Dit luxueuze hotel aan de rand van de stad heeft tevens een goede infrastructuur voor
partijen en seminars. De kamers en junior suites zijn zeer comfortabel. Eigentijdse brasserie
met een trendy culinair repertoire.
♦ Aux portes de Nijkerk, établissement cossu, complété d'une bonne infrastructure pour
la tenue de banquets et séminaires. Chambres et junior suites joliment équipées. Brasserie
actuelle maniant un répertoire culinaire bien dans le coup.

XXX **de Salentein,** Putterstraatweg 7 (Nord-Est : 1,5 km), ⊠ 3862 RA, ℰ (0 33) 245 41 14,
info@ desalentein.nl, Fax (0 33) 246 20 18, 🌣 – 🅿 – 🔬 25 à 175. 🅰🅴 ⓄⓄ 🅾 𝘝𝘐𝘚𝘈 🄹🄲🄱
fermé sam. midi et dim. – **Repas** Lunch 29 – 33/77 bc, ♀.
♦ Een stijlvol restaurant aan een kanaal, in de dependances (1826) van een klein landhuis.
Eigentijdse keuken. De voormalige schuur is bestemd voor feesten en partijen.
♦ Table élégante officiant au bord d'un canal, dans les dépendances (1826) d'un petit châ
teau de campagne. Cuisine au goût du jour. Ancienne grange séparée pour les banqueteurs.

NIJMEGEN Gelderland 🗺️🗺️🗺️ T 11 et 🗺️🗺️🗺️ I 6 – 156 198 h – Casino Y , Waalkade 68, ⊠ 6511 XP,
ℰ (0 24) 381 63 81, Fax (0 24) 381 62 09.

Voir Poids public★ (Waag) BC – Chapelle St-Nicolas★ (St. Nicolaaskapel) C **R.**

Musée : Nationaal Fietsmuseum Velorama★ C **M³.**

🏌️ (2 parcours) au Sud-Est : 9 km à Groesbeek, Postweg 17, ⊠ 6561 KJ, ℰ (0 24)
397 66 44, Fax (0 24) 397 69 42 – 🏌️🏌️ au Sud-Ouest : 10 km à Wijchen, Weg door de
Berendonck 40, ⊠ 6603 LP, ℰ (0 24) 642 00 39, Fax (0 24) 641 12 54.

🚉 Keizer Karelplein 2, ⊠ 6511 NC, ℰ 0 900-112 23 44, info@ vvvnijmegen.nl, Fax (0 24)
329 78 79.

Amsterdam 119 ① – Arnhem 19 ① – Duisburg 114 ②

Plan page ci-contre

🏨🏨🏨 **Scandic,** Weg door Jonkerbos 90, ⊠ 6532 SZ, ℰ (0 24) 359 72 00, info@ sanadome.n
Fax (0 24) 359 72 94, 🕖, ⛲, ⬛, ♨ – 🛗, ▤ ch, 🆀 🕭 – 🔬 25 à 250. 🅰🅴 ⓄⓄⓄ 𝘝𝘐𝘚𝘈
🄹🄲🄱. ✂️   A z
Repas carte 36 à 49 – **96 ch** ➭ 144/230 – ½ P 127/146.
♦ Dit moderne hotelcomplex is net een vakantieoord. Het biedt uitstekend onderdal
en heeft tal van faciliteiten voor ontspanning, van thermen tot schoonheidsbehandelingen.
Moderne eetzaal en actuele keuken met gevarieerde invloeden. Reislustig buffet op vrijdag.
♦ Cette construction moderne rappelant une marina fournit un hébergement de qualité
ainsi qu'un bon éventail de prestations thermales et de soins esthétiques. Salle à manger
moderne et cuisine actuelle aux influences variées. Buffet globe-trotter le vendredi.

🏨🏨 **Mercure,** Stationsplein 29, ⊠ 6512 AB, ℰ (0 24) 323 88 88, H1356@ accor.com,
Fax (0 24) 324 20 90, ❄, 🚲 – 🛗 ❄, ▤ ch, 🆀 🕭ch, 🅿 – 🔬 25 à 100. 🅰🅴 Ⓞ ⓄⓄ 𝘝𝘐𝘚𝘈
✂️   B
Repas (fermé sam. midi et dim. midi) carte 26 à 41, ♀ – ➭ 14 – **104 ch** 83/168 – ½ P 114.
♦ Ketenhotel tegenover het station, op loopafstand van het drukke centrum. Op de ach
verdiepingen van de veelhoekige toren liggen kamers en club rooms van respectabel for
maat.
♦ Hôtel de chaîne posté en face de la gare, à un kilomètre du centre animé. Chambres
et "club rooms" de tailles respectables, réparties sur huit étages d'une tour polygonale.

🏨🏨 **Belvoir,** Graadt van Roggenstraat 101, ⊠ 6522 AX, ℰ (0 24) 323 23 44, info@ belvoir.n
Fax (0 24) 323 99 60, 🌣, ❄, ⬛, 🚲 – 🛗 ❄ 🆀 🅿 – 🔬 25 à 350. 🅰🅴 Ⓞ ⓄⓄ 𝘝𝘐𝘚𝘈 🄹🄲
✂️ rest   C
Repas (fermé 31 déc., sam. midi et dim. midi) carte 28 à 39 – ➭ 15 – **75 ch** 93/119
½ P 133/159.
♦ Junior suites en vrij ruime kamers, vergaderzalen, interessante bezienswaardigheden in
de nabijheid. Kortom : een goede uitvalsbasis om Nijmegen te verkennen.
♦ Junior suites et chambres assez spacieuses, salles de réunions, proximité de curiosités
intéressantes, bref, un bon point de chute pour partir à la découverte de Nimègue.

🏨 **Bastion,** Neerbosscheweg 614, ⊠ 6544 LL, ℰ (0 24) 373 01 00, bastion@ bastion.
tel.nl, Fax (0 24) 373 03 73, 🌣 – ❄ 🆀 🅿 🅰🅴 Ⓞ ⓄⓄ 𝘝𝘐𝘚𝘈 ✂️   A
Repas (grillades, ouvert jusqu'à 23 h) carte env. 30 – ➭ 10 – **40 ch** 78.
♦ Dit hotel dicht bij de snelweg houdt de wacht aan de rand van de agglomeratie. E
praktisch adres om de reis te onderbreken en identiek aan de andere Bastions.
♦ Pratique pour l'étape, et identique aux autres unités de la chaîne Bastion, cette r
source hôtelière proche de l'autoroute monte la garde à l'entrée de l'agglomération.

NIJMEGEN

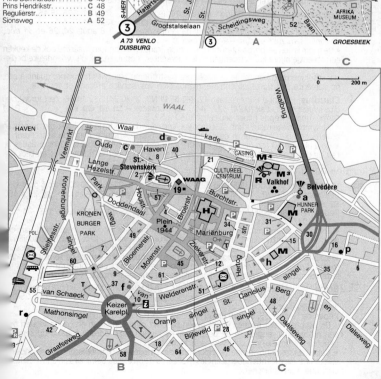

XXX **Chalet Brakkestein,** Driehuizerweg 285, ⊠ 6525 PL, ℘ (0 24) 355 39 49, *info@c haletbrakkestein.nl*, *Fax (0 24) 356 46 19*, ≤, ⇔ – **P**, **AE ① ⑩ VISA**   A n
fermé carnaval, 24 et 31 déc. et 1ᵉʳ janv. – **Repas** (dîner seult) 39/49, ⊻.
   ♦ Dit 18e-eeuwse landhuis in een park heeft een luxueuze eetzaal en een serre in Victoriaanse stijl met uitzicht op een stoeterij. 's Zomers diner bij fakkellicht.
   ♦ Demeure du 18ᵉ s. s'ouvrant sur parc public. Salle à manger cossue et véranda de style
victorien avec vue sur un haras. Repas aux flambeaux et terrasse, les soirs d'été.

XX **Belvédère,** Kelfkensbos 60, ⊠ 6511 TB, ℘ 6511 TB, ℘ (0 24) 322 68 61, *info@restaurantbelve dere.nl*, *Fax (0 24) 360 01 06*, ≤ rivière et ville, ⇔ – ▤. **AE ① ⑩ VISA JCB**   C a
fermé sam. midi, dim. et lundi – **Repas** Lunch 29 – carte 46 à 57.
   ♦ Een wenteltrap leidt naar dit restaurant in een wachttoren, die vroeger deel uitmaakte
van de stadsmuur. De eetzaal en het terras bieden uitzicht op de rivier.
   ♦ Un escalier tournant dessert cette table recluse dans une tour de la guet appartenant à
l'ancienne enceinte de Nimègue. Vue plongeante sur la rivière, en salle comme en terrasse.

XX **De Schat,** Lage Markt 79, ⊠ 6511 VK, ℘ (0 24) 322 40 60, *de.schat@wanadoo.nl*,
Fax (0 24) 360 88 88, ⇔, Ouvert jusqu'à 23 h – ▤. **AE ① ⑩ VISA JCB**   B d
*fermé du 20 au 28 avril, du 17 au 25 août, 20 déc.-5 janv., merc., jeudi, sam. midi et dim.
midi* – **Repas** Lunch 28 – carte 44 à 63, ⊻.
   ♦ Klein restaurant tussen de stadswal en de Waal. Charmant interieur en een verzorgde
mise en place op de tafels. Trendy gerechten. Miniterras in de zomer.
   ♦ Petit restaurant pelotonné entre le rempart et le Waal. Décor intérieur mignon et mise
en place soignée sur les tables. Repas dans l'air du temps. Mini-terrasse d'été.

XX **Het Heimwee,** Oude Haven 76, ⊠ 6511 XH, ℘ (0 24) 322 22 56, *info@heimwee.com*,
Fax (0 24) 350 54 45, ⇔ – ▤. **AE ① ⑩ VISA JCB**   B c
fermé 31 déc.-1ᵉʳ janv. – **Repas** (dîner seult) carte 33 à 44.
   ♦ Restaurant in twee herenhuizen aan de rivier. Moderne, eenvoudig ingerichte eetzaal,
terras bij het water, goede sfeer en gerechten die bij de tijd zijn.
   ♦ Restaurant installé dans deux maisons bourgeoises au bord de la rivière. Sobre salle à
manger moderne, terrasse près de l'eau, préparations actuelles et bonne ambiance.

X **Het Savarijn,** Van der Brugghenstraat 14, ⊠ 6511 SL, ℘ (0 24) 323 26 15, *post@s
avarijn.nl*, *Fax (0 24) 360 51 67*, ⇔ – ▤. **AE ① ⑩ VISA JCB**. ⅝   C h
*fermé lundi de Pâques, 30 avril, lundi de Pentecôte, 16 juil.-8 août, 24, 26 et 31 déc.,
1ᵉʳ janv., sam. midi et dim.* – **Repas** Lunch 27 – 31/58 bc, ⊻ ⸱.
   ♦ De naam is een eerbetoon aan een beroemde Franse gastronoom, waartoe ook de keuken
een steentje bijdraagt. Seizoengebonden gerechten, populaire menu's, vriendelijke bediening.
   ♦ L'enseigne rend hommage à un célèbre gastronome français ; la cuisine, quant à elle,
ne démérite pas. Carte saisonnière, menus bien vus, service efficace et souriant.

X **Claudius,** Bisschop Hamerstraat 12, ⊠ 6511 NB, ℘ (0 24) 322 14 56, *restaurant.clau
dius@inter.nl.net*, *Fax (0 24) 322 14 56*, ⇔, Grillades – **AE ① ⑩ VISA**   B f
fermé lundi – **Repas** (dîner seult) carte 30 à 52, ⊻.
   ♦ Dit sympathieke restaurant, al 30 jaar een vertrouwd adres in de stad, grilt zijn gerechten
boven een houtskoolvuur in de eetzaal. Terras met teakmeubilair aan de achterkant.
   ♦ Déjà plus de 30 ans de présence pour cette rôtisserie sympathique où les grillades au
feu de bois crépitent en salle. Terrasse d'été à l'arrière, garnie de meubles en teck.

à Berg en Dal ⓒ *Groesbeek 18 939 h* :

🏨 **Val-Monte** ⌂, Oude Holleweg 5, ⊠ 6572 AA, ℘ (0 24) 684 20 00, *info@goldentu
pvalmonte.nl*, *Fax (0 24) 684 33 53*, ≤, ⬛, ⇙, ⚲ – ▧ ⇹ ▦ ☎ch, **P** – ▵ 25 à 160.
AE ① ⑩ VISA. ⅝   A
Repas *(fermé après 20 h 30)* Lunch 24 – carte 29 à 37 – ⊇ 14 – **123 ch** 70/133, – 1 suit
– ½ P 107/171.
   ♦ Dit hotel annex vergadercentrum ligt op een beboste heuvel aan de rand van ee
woonwijk. In de tuin kunt u in alle rust de druk weer van de ketel halen. Verschillend
categorieën kamers. Het terras van het restaurant kijkt uit op de omringende bossen.
   ♦ Sur une butte boisée dominant un secteur résidentiel, hôtel-centre de séminaires agr
menté d'un jardin où l'on pourra "décompresser". Plusieurs catégories de chambres. D
la terrasse du restaurant, coup d'oeil plongeant sur les alentours verdoyants.

🏨 **Erica** ⌂, Molenbosweg 17, ⊠ 6571 BA, ℘ (0 24) 684 35 14, *info@hotelerica.
Fax (0 24) 684 36 13, ⇔, ☎, ⬛, ⇙, ⚲, ⚲ – ▧ ⇹ ▦ ☎ch, **P** – ▵ 25 à 250.
① ⑩ VISA. ⅝ rest   A
Repas carte env. 35, ⊻ – **59 ch** ⊇ 60/150 – ½ P 65/100.
   ♦ Dit etablissement midden in het groen beschikt over kamers in een oude villa en o
een nieuwbouwvleugel, die de beste kamers herbergt. Er worden regelmatig semin
gehouden. Klassieke maaltijd voor een zachte prijs.
   ♦ Cet établissement enrobé de chlorophylle distribue ses chambres entre une ancien
villa et une aile récente hébergeant les meilleures d'entre elles. Séminaires fréquents. Re
classique à prix plancher.

XX **In Geuren en Kleuren,** Oude Kleefsebaan 102 (par Berg en Dalseweg : 4 km), ⊠ 6571 BJ, ℰ (0 24) 322 55 55, info@ingeurenenkleuren.nl, Fax (0 24) 323 68 83, 🏤 – 🕮 🐠 𝕍𝕀𝕊𝔸

fermé du 1er au 8 fév., du 19 au 26 juil., mardi, sam. midi et dim. midi – **Repas** Lunch 28 – carte 38 à 47, 🍷.

• Familierestaurant in een gerenoveerd pand, waarvan de elegante veranda iets kolo-niaals heeft. Verzorgde menukaart. Charmante bediening door de eigenaresse.
• Un restaurant familial à pris des quartiers dans cette maison rénovée dont la pimpante pergola affiche un petit air colonial. Carte élaborée. Service charmant par la patronne.

Beuningen *par* ⑤ *: 7 km – 25 361 h*

X **De Croonprins,** Van Heemstraweg 77, ⊠ 6641 AB, ℰ (0 24) 677 12 17, info@croo nprins.nl, Fax (0 24) 677 81 26, 🏤 – 🅿. 🕮 ⓞ 🐠 𝕍𝕀𝕊𝔸
fermé 2 prem. sem. août, sam. midi, dim. midi et lundi – **Repas** 23/52 bc, 🍷.
• Mooie villa in Normandische stijl, waar voor een zacht prijsje goede, traditionele gerech-ten worden bereid. Modern interieur, aparte salon en terras aan de achterkant.
• Belle villa de style normand où l'on vient faire de bons repas traditionnels sans trop bourse délier. Décor intérieur actuel, salon séparé et invitante terrasse sur l'arrière.

Groesbeek *Sud-Est : 9 km – 18 939 h*

🏨 **De Wolfsberg,** Mooksebaan 12, ⊠ 6562 KB, ℰ (0 24) 397 13 27, info@dewolfsberg.nl, Fax (0 24) 397 74 74, ≼, 🏤, 🐎, 🚲 – 🕿 🅿 – 🔏 25 à 80. 🕮 🐠 𝕍𝕀𝕊𝔸. 🛒
fermé 31 déc.-1er janv. – **Repas** Lunch 19 – carte env. 41 – 🖵 10 – **17 ch** 65/80 – ½ P 105/160.
• Dit fraaie neoklassieke pand uit de 19e eeuw is prachtig gelegen in een park aan de rand van uitgestrekte bossen en biedt een rustgevend uitzicht over het dal. Functioneel com-fort in de kamers. Restaurant met serre.
• Cette jolie demeure néo-classique élevée au 19e s. offre l'agrément d'un parc arboré et d'une vue apaisante sur la vallée. Confort fonctionnel dans les chambres. Restaurant prolongé d'une véranda.

Ooij *par* ② *: 7,5 km* 🅲 *Ubbergen 9 250 h :*

🏨 **De Haan,** Koningin Julianalaan 32, ⊠ 6576 AS, ℰ (0 24) 663 82 13, Fax (0 24) 663 82 12, 🏤, 🐎 – 🛗 🕿 🛁ch, 🅿 – 🔏 25 à 120. 🐠 𝕍𝕀𝕊𝔸. 🛒
Repas (résidents seult) – **43 ch** 🖵 57/81 – ½ P 54/108.
• Dit familiehotel in een rustig dorp op 10 min. van Nijmegen heeft grote kamers die uitstekend worden onderhouden. Een goede pleisterplaats voor wie de oevers van de Waal wil gaan verkennen. Het zomerterras is erg in trek bij fietstoeristen. Hollandse keuken.
• À 10 min de Nimègue, dans un village tranquille, hôtel familial aux grandes chambres d'une tenue exemplaire. Un bon hébergement pour partir à la découverte des rives du Waal.

NOORDBEEMSTER *Noord-Holland* 🔢🔢🔢 *O 7 – voir à Purmerend.*

NOORDELOOS *Zuid-Holland* 🅲 *Giessenlanden 14 341 h.* 🔢🔢🔢 *O 11 et* 🔢🔢🔢 *F 6.*
Amsterdam 61 – Utrecht 30 – Den Haag 70 – Breda 45 – Rotterdam 43.

XXX **De Gieser Wildeman,** Botersloot 1, ⊠ 4225 PR, ℰ (0 183) 58 25 01, Fax (0 183) 58 29 44, 🏤 – ▤ 🅿. 🕮 ⓞ 🐠 𝕍𝕀𝕊𝔸 𝕁ᴄ🄱
fermé 19 juil.-8 août, sam. midi et dim. – **Repas** Lunch 38 – carte 52 à 79.
• Deze voormalige boerderij met rieten dak is met de komst van een bezielde patron in een top-zaak veranderd. De grote nieuwe serre ziet uit op de terrassen.
• Promue maison de bouche grâce à un patron bien inspiré, cette ancienne ferme coiffée d'un toit de chaume vient de s'embellir d'une verrière s'ouvrant sur les terrasses.

NOORDEN *Zuid-Holland* 🅲 *Nieuwkoop 11 056 h.* 🔢🔢🔢 *N 10 et* 🔢🔢🔢 *F 5.*
Amsterdam 42 – Rotterdam 47 – Utrecht 50 – Den Haag 48.

XXX **De Watergeus** 🛏 *avec ch,* Simon van Capelweg 10, ⊠ 2431 AG, ℰ (0 172) 40 83 98, info@dewatergeus.nl, Fax (0 172) 40 92 15, ≼ étangs, 🏤, 🚣, 🚲, 🛥 – 🕿 🅿 – 🔏 25. 🕮 ⓞ 🐠 𝕍𝕀𝕊𝔸 𝕁ᴄ🄱
fermé juil.-9 août et 24 déc.-5 janv. – Repas (fermé dim. et lundi) Lunch 28 – 33/55, 🍷 – 🖵 9 – **7 ch** 53/105, – 1 suite – ½ P 68/82.
• Up-to-date restaurant met terras aan het water. De vrouwelijke chef-kok bereidt ver-fijnde gerechten, die worden geserveerd in een decor met veel bloemen. Comfortabele kamers.
• Restaurant contemporain établi au bord de l'eau. Fine cuisine féminine à goûter dans un décor intérieur généreusement fleuri. Vue lacustre en terrasse. Chambres de bon séjour.

NOORD-SCHARWOUDE *Noord-Holland* 🔢🔢🔢 *N 6 – voir à Alkmaar.*

PAYS-BAS

NOORDWIJK AAN ZEE Zuid-Holland Noordwijk 24 542 h. 👩👩👩 L 9 et 👩👩👩 E 5 – Station balnéaire.

🏌 Van Berckelweg 38, ⊠ 2200 AA, 𝒫 (0 71) 364 65 43.

🅱 De Grent 8, ⊠ 2202 EK, 𝒫 0 900-202 04 04, noordwijk@hollandrijnland.nl, Fax (0 71) 361 69 45.

Amsterdam 42 ① – Den Haag 26 ① – Haarlem 28 ①

Plan page ci-contre

🏨🏨🏨🏨 **Gd H. Huis ter Duin** ⪢, Koningin Astrid bd 5, ⊠ 2202 BK, 𝒫 (0 71) 361 92 20 et 365 12 30 (rest), info@huisterduin.com, Fax (0 71) 361 94 01, ≤ plage et mer, 🏖, ⓩ 👟, ⬄s, 🔲, 🛥, 🍴, 🚴 – 🔁 ⇄ , ▤ ch, 📺 🕭ch, ⟿ 🅿 – 🛗 25 à 1050. 🖭 ⓿ ⓿ 𝐕𝐈𝐒𝐀 𝐉𝐂𝐁. 🛇 rest
AX a
Repas voir rest **Latour** ci-après – **la Terrasse** carte 29 à 44, ⯊ – **232 ch** ⯊ 260/360 – 22 suites.

◆ Vanaf de duin speurt dit grote internationale hotel de zee af. Zeven typen kamers waar werkelijk niets ontbreekt. Ontspanningscentrum en grote congrescapaciteit. Zoals de naam van het Grand Café al doet vermoeden, wordt er bij mooi weer buiten geserveerd.
◆ Perché sur sa dune, ce grand hôtel international scrute le front de mer. Sept catégories de chambres où rien ne manque. Centre de loisirs et importante capacité conférencière. Comme l'insinue l'enseigne de la brasserie, on mange à l'extérieur aux beaux jours.

🏨🏨🏨 **Hotels van Oranje,** Koningin Wilhelmina bd 20, ⊠ 2202 GV, 𝒫 (0 71) 367 68 69, info@hotelsvanoranje.nl, Fax (0 71) 367 68 00, ≤, ⓩ, ⬄s, 🔲 – 🔁 ⇄ , ▤ rest, 📺 ⎙ ⟿ 🅿 – 🛗 25 à 900. 🖭 ⓿ ⓿ 𝐕𝐈𝐒𝐀 𝐉𝐂𝐁
AX c
fermé 27 déc.-prem. sem. janv. – Repas **Romanoff** (dîner seult) 43, ⯊ – **De Harmonie** (grillades, dîner seult jusqu'à 23 h) carte 22 à 35 – **262 ch** ⯊ 140/320, – 2 suites – ½ P 173/193.

◆ Eersteklas hotel aan de boulevard, met ruime, luxeuze kamers. Beauty center, golf slagbad, grote infrastructuur voor bijeenkomsten. Gastronomische maaltijd in de Romanoff. Een collectie blaasinstrumenten zorgt voor een vrolijke noot in steakhouse De Harmonie.
◆ Le long de la digue, hôtel haut de gamme aux chambres spacieuses et raffinées. Beauty center, piscine à vagues et grande infrastructure pour se réunir. Repas gastronomique au Romanoff. Une collection d'instruments à vent égaye le steak-house De Harmonie.

🏨🏨🏨 **Palace** ⪢, Picképlein 8, ⊠ 2202 CL, 𝒫 (0 71) 365 30 00, info@palacehotel.n, Fax (0 71) 365 30 01, ⓩ, 👟, ⬄s, 🔲, 🚴 – 🔁 ⇄ ▤ 📺 🕭ch, ⎙ ⟿ 🅿 – 🛗 25 à 800. 🖭 ⓿ ⓿ 𝐕𝐈𝐒𝐀 𝐉𝐂𝐁
AX z
Repas (fermé du 4 au 17 juil.) (dîner seult) 35/68 bc – ⯊ 18 – **120 ch** 140/306 – ½ P 175/195.

◆ Een gloednieuw luxehotel met een imposante façade in 1900-stijl. Moderne gemeenschappelijke ruimten, kamers en junior suites met de nieuwste snufjes, alles smaakvol ingericht. Stijlvol restaurant waar de gasten de actuele keuken kunnen waarderen.
◆ Palace flambant neuf que signale une imposante façade d'inspiration 1900. Communs modernes, chambres et junior suites "dernier cri"; le tout, aménagé sans faute de goût. Élégante salle de restaurant où l'on vient faire des repas dans le tempo actuel.

🏨🏨 **Alexander,** Oude Zeeweg 63, ⊠ 2202 CJ, 𝒫 (0 71) 361 89 00, info@alexanderhotel.n, Fax (0 71) 361 78 82, ⬄s, 🛥, 🚴 – 🔁, ▤ rest, 📺 ⟿ 🅿 – 🛗 50 à 200. 🖭 ⓿ ⓿ 𝐕𝐈𝐒𝐀. 🛇
AX
Repas Lunch 15 – carte 33 à 50, ⯊ – **62 ch** ⯊ 75/135 – ½ P 85/100.

◆ Eigentijds gebouw vlak aan zee, met ruime kamers die over drie verdiepingen verspreid liggen en alle zijn voorzien van een balkon. De restaurantzaal is tegen de achtergrond van een ruige arcaderij met stijlmeubilair ingericht.
◆ À une encablure du bord de mer, construction contemporaine distribuant ses chambres de tailles très respectables, sur trois étages. Chacune dispose de son balcon. Salle de restaurant garnie de meubles de style et rythmée par une rangée d'arcades.

🏨🏨 **De Witte Raaf** ⪢, Duinweg 117 (Nord-Est : 4,5 km), ⊠ 2204 AT, 𝒫 (0 252) 24 29 00, info@hoteldewitteraaf.nl, Fax (0 252) 37 75 78, 🏖, 🍴, 🚴 – 🔁 ⇄ 📺 🅿 – 🛗 25 à 150. 🖭 ⓿ ⓿ 𝐕𝐈𝐒𝐀. 🛇 rest
BY
fermé 30 déc.-9 janv. – Repas **In de Tuin** Lunch 33 – 38/78 bc, ⯊ – **39 ch** ⯊ 72/180, 2 suites – ½ P 90/124.

◆ Een rustig hotel aan de rand van het mondaine Noordwijk aan Zee, omringd door terrassen waar 's zomers volop bloemen staan. Goede voorzieningen, zowel voor een gezins vakantie als voor seminars. Lichte eetzaal. Bij mooi weer wordt buiten geserveerd.
◆ Aux avant-postes de la mondaine Noordwijk aan Zee, paisible hôtel entouré de terrasses fleuries aux beaux jours. Bon équipement pour séjourner en famille ou en séminaire. Salle à manger lumineuse. Repas et plein air à la belle saison.

🏨 **Marie Rose** ⪢, Emmaweg 25, ⊠ 2202 CP, 𝒫 (0 71) 361 73 00, info@marierose tel.nl, Fax (0 71) 361 73 01 – 🔁 📺 🖭 ⓿ ⓿ 𝐕𝐈𝐒𝐀. 🛇
AX
Repas (dîner pour résidents seult) – **32 ch** ⯊ 53/95 – ½ P 70.

◆ Een goed adresje om neer te strijken buiten de drukte van de badplaats. Kamers met balkonnetje, lounge met open haard, enthousiast familiemanagement.
◆ Bonne petite adresse pour poser ses valises à l'écart de l'animation balnéaire. Chambres avec balconnet, salon-bibliothèque au coin du feu, gestion familiale dynamique.

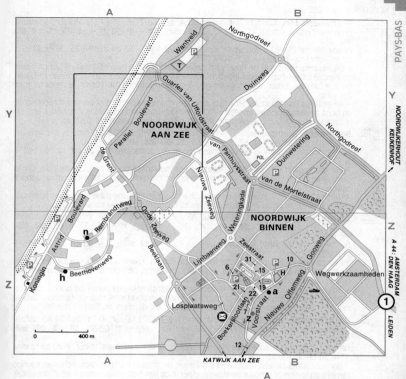

PAYS-BAS

NOORDWIJK AAN ZEE

NOORDWIJK BINNEN

NOORDWIJKERHOUT KEUKENHOF

A 44 AMSTERDAM 'DEN HAAG

LEIDEN

Wegwerkzaamheden

(1)

Losplaatsweg

0   400 m

KATWIJK AAN ZEE

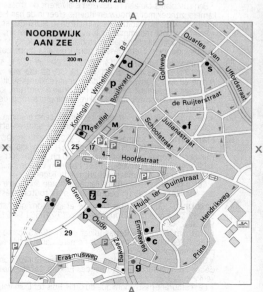

NOORDWIJK AAN ZEE

0   200 m

Quarles van Ufford str.

Golfweg

de Ruijterstraat

Julianastraat

Koningin Wilhelmina Bd

Boulevard

Parallel

Schoolstraat

Hoofdstraat

Duinstraat

Hulst ter

de Grent

Oude

Zeeweg

Emmaweg

Hendrikweg

Prins

Erasmusweg

Prominent Inn, Koningin Wilhelmina bd 4, ⌂ 2202 GR, ℰ (0 71) 361 22 53, *info@ prominentinn.nl*, Fax (0 71) 361 13 65, ≤, 🌳, ⇔s – 🛗 📺 🅿 – 🔬 25. 🖭 🖭 🖭 🖭
VISA JCB
AX m

Repas (fermé 25 et 26 déc. et 1er janv.) carte 22 à 41 – **33 ch** (fermé 25, 26 et 31 déc. et 1er janv.) ⌑ 84/137 – ½ P 107/129.

◆ Dit etablissement aan de boulevard dateert uit de jaren negentig van de vorige eeuw en beschikt over functioneel ingericht kamers met balkon, waarvan de meeste uitkijken op zee. In de zomer wordt geserveerd op een lommerrijk terras, eveneens met zeezicht.

◆ Aménagées fonctionnellement, la plupart des chambres de cet établissement reconstruit en bord de digue dans les années 1990 fixent l'horizon marin depuis leur balcon. L'été, on dresse le couvert sur une terrasse abritée offrant aussi la vue sur l'estran.

Belvedere, Beethovenweg 5, ⌂ 2202 AE, ℰ (0 71) 361 29 29, *hotbelv.@cistron.nl*, Fax (0 71) 364 60 61 – 🛗 📺 🖭 – 🔬 35. 🖭 🖭 🖭 🖭 rest
AZ h
fermé 15 déc.-2 janv. – **Repas** (dîner pour résidents seult) – **32 ch** ⌑ 88/110 – ½ P 125/143.

◆ Dit grote pand uit rond 1900 staat als een belvédère op de top van de duin. Grote gemeenschappelijke ruimten, salon met heerlijke fauteuils, grote kamers met of zonder balkon.

◆ Vaste bâtisse 1900 assise tel un belvédère au sommet d'une dune. Communs spacieux, salon garni de fauteuils moelleux et grandes chambres avec ou sans balcon.

Zonne, Rembrandtweg 17, ⌂ 2202 AT, ℰ (0 71) 361 96 00, *info@hotelzonne.nl*, Fax (0 71) 362 06 02, 🌳, 🏊, 🎿, 🚲 – 🍴 📺 🖭 – 🔬 25 à 60. 🖭 🖭
🖭 rest
AZ n
fermé 22 déc.-3 janv. – **Repas** Lunch 23 – carte 32 à 46, 🍷 – **28 ch** ⌑ 70/115 – ½ P 80/105.

◆ Een zonnige naam voor dit hotel midden in de duinen, in een woonwijk vlak bij het strand. De kamers zijn praktisch ingericht. Huiselijke ambiance. De eetzaal wordt 's zomers naar buiten uitgebreid. De kaart is goed bij de tijd.

◆ Enseigne "solaire" pour cette résidence hôtelière implantée parmi les dunes, dans un quartier résidentiel proche de la plage. Chambres pratiques. Ambiance familiale. Salle à manger complétée aux beaux jours d'un restaurant de plein air. Carte actuelle.

De Admiraal, Quarles van Uffordstraat 81, ⌂ 2202 ND, ℰ (0 71) 361 24 60, *info@ hoteladmiraal.nl*, Fax (0 71) 361 68 14, ⇔s, 🚲 – 🍴 📺 🖭 🖭 🖭 🖭 VISA
🖭 ch
AX s
fermé 24 déc.-10 janv. – **Repas** (fermé vend. de mi-oct. à mi-mars) (dîner seult) carte env. 31 – **26 ch** ⌑ 45/95 – ½ P 56/65.

◆ Een rustplaats die te bevelen is alvorens de trossen los te gooien : lichte en keurige kamers, zithoek met schouw en intieme sfeer in de bar. Het restaurant is met stijlmeubilair ingericht. Klassiek-traditionele gerechten in Hollandse stijl.

◆ Point de chute recommandable avant de larguer les amarres : chambres claires et nettes, coin salon avec sa cheminée et ambiance "vieux loup de mer" au bar. Restaurant doté de meubles de style. Mets classico-bourgeois à la mode batave.

Astoria, Emmaweg 13, ⌂ 2202 CP, ℰ (0 71) 361 00 14, *info@hotelastoria.nl*, Fax (0 71) 361 66 44 – 🍴 📺 🖭 – 🔬 30. 🖭 🖭 VISA. 🖭
AX r
fermé 20 déc.-5 janv. – **Repas** (dîner pour résidents seult) – **34 ch** ⌑ 50/95 – ½ P 55/63.

◆ Hoteletablissement net buiten het drukke centrum. Kamers met het accent op functionaliteit ; de kamers op de dakverdieping staan op de nominatie om gerenoveerd te worden.

◆ Ressource hôtelière en léger retrait du centre animé. Chambres avant tout fonctionnelles ; celles du dernier étage, mansardées, sont en attente d'une rénovation.

Fiankema 🌳, Julianastraat 32, ⌂ 2202 KD, ℰ (0 71) 362 03 40, *info@hotelfianke ma.nl*, Fax (0 71) 362 03 70, 🍷, ⇔s, 🖭 – 📺 🖭 VISA. 🖭
AX
fév.-oct. – **Repas** (résidents seult) – **30 ch** ⌑ 50/100 – ½ P 45/55.

◆ Dit vriendelijke hoteletje in het centrum van de badplaats heeft kamers die wat aar de krappe kant zijn, maar wel rustig liggen.

◆ Cette gentille petite affaire familiale située au centre de la localité balnéaire renferm des chambres certes un peu menues mais toutefois assez calmes.

XXX **Latour** - H. Gd H. Huis ter Duin, 1er étage, Koningin Astrid bd 5, ⌂ 2202 BK, ℰ (0 7
🖭 365 12 39, *info@huisterduin.com*, Fax (0 71) 361 94 01, ≤ plage et mer – 🖭 🖭 🖭 🖭
VISA JCB. 🖭
AX
fermé dim. et lundi – **Repas** (dîner seult) 58/75, carte 48 à 95, 🍷

Spéc. Gelée d'huîtres et salade de homard. Canette de barbarie à l'orange. Crème au cham pagne et fraises des bois.

◆ Gastronomisch restaurant van Huis ter Duin. Stijlvolle ontvangst in een klassiek-eigentijt decor met ingetogen ambiance. Enkele tafels met uitzicht op de zee. Actuel keuken.

◆ Le restaurant gastronomique du Gd H. Huis ter Duin vous reçoit avec style dans un cat classique-actuel feutré. Cuisine du moment. Vue littorale depuis quelques tables.

PAYS-BAS

XX **Villa de Duinen** avec ch, Oude Zeeweg 74, ⊠ 2202 CE, ℘ (0 71) 364 89 32, *info@*
villadeduinen.nl, Fax (0 71) 364 71 49, 🍴, 🚲 – |♿| 📺 📦 – 🅰️ 25. 🆎 ⑩ 🐵 💳 . ✄ 　　AX g
fermé 29 déc.-6 janv. – **Repas** (fermé sam. midi) Lunch 30 – 34/58, ♀ – ☕ 14 – **9 ch**
145/175.

　◆ Deze mooie villa uit het begin van de 20e eeuw is volledig gerenoveerd. Zowel de eetzaal
als de fleurige kamers zijn modern ; in de keuken worden actuele gerechten bereid.

　◆ Ce bel édifice centenaire évoquant une villa balnéaire normande a retrouvé l'éclat du
neuf. Salle à manger moderne, cuisine d'aujourd'hui et pimpantes chambres contemporaines.

à **Noordwijk-Binnen** Ⓒ *Noordwijk* :

🏨 **Het Hof van Holland,** Voorstraat 79, ⊠ 2201 HP, ℘ (0 71) 361 22 55, *info@heth
ofvanholland.nl*, 🍴, 🚲 – 🍽 rest, 📺 📦 – 🅰️ 25 à 100. 🐵 💳 　　　　　BZ a
fermé 31 déc.-6 janv. – **Repas** Lunch 29 – carte 34 à 55, ♀ – **33 ch** ☕ 65/105, – 2 suites
– ½ P 85/95.

　◆ Traditie en romantiek in deze herberg uit 1609, midden in een dorpje in Zuid-Holland.
Het historische karakter is door de renovatie gelukkig niet aangetast. Restaurantzaal met
karakteristiek decor. Streekgerechten.

　◆ Tradition et romantisme dans cette auberge fondée en 1609 au coeur d'un village de
la Hollande méridionale. Rénovation n'entachant point le caractère historique du lieu. Salle
de restaurant au décor typé. Préparations "couleur locale".

XX **Onder de Linde,** Voorstraat 133, ⊠ 2201 HS, ℘ (0 71) 362 31 97, *info@onderdeli
nde.com, Fax (0 71) 362 31 98* – 🐵 💳 . ✄ 　　　　　　　　　　　　　　　BZ z
fermé 25 juil.-10 août, 27 déc.-5 janv. et mardi – **Repas** (déjeuner sur réservation)
33/68 bc.

　◆ Sympathiek adresje in de schaduw van de lindeboom. Aan de wanden van de eetzaal hangen gravures van het plaatsje uit het begin van de vorige eeuw.

　◆ Sympathique affaire abritée sous les tilleuls (onder de linde). Les murs de la salle à manger
sont habillés de gravures représentant la localité au début du 20e s.

XX **Hofstede Cleyburch,** Herenweg 225 (Sud : 2 km), ⊠ 2201 AG, ℘ (0 71) 364 84 48,
info@cleyburch.nl, Fax (0 71) 364 63 66, 🍴 – 📦. 🆎 ⑩ 🐵 💳 . ✄ 　　　　　BZ
fermé lundi – **Repas** (dîner seult) 30/65 bc, ♀.

　◆ Een mooi rieten dak bekroont deze voormalige kaasmakerij, die verbouwd is tot een
prettig restaurant. Rustiek-klassiek interieur. Goede wijnkaart.

　◆ Un toit de chaume bien peigné encapuchonne cette ancienne fromagerie reconvertie
en agréable maison de bouche. Intérieur mi-rustique, mi-classique. Cave bien montée.

à **Noordwijkerhout** Nord-Est : 5 km – 15 113 h

XX **Zegers,** Herenweg 78 (Nord-Est : 1,5 km), ⊠ 2211 CD, ℘ (0 252) 37 25 88, 🍴 – 🍽
– 🅰️ 25 à 125. 🆎 ⑩ 🐵 💳 . ✄
fermé 1 sem. en fév., 1 sem. en août et mardi – **Repas** Lunch 22 – 33/69 bc.

　◆ Lokale liefhebbers van lekker eten weten de weg naar dit eethuis trouw te vinden.
Smakelijke eigentijdse keuken en moderne, halfronde restaurantzaal.

　◆ Les bonnes fourchettes du coin ont leur rond de serviette à la Mangerie Zegers. Goûteuse
cuisine de notre temps et salle de restaurant actuelle, en forme de demi-rotonde.

NOORDWIJK-BINNEN Zuid-Holland 🔲 G 9 et 🔲 E 5 – voir à Noordwijk aan Zee.

NOORDWIJKERHOUT Zuid-Holland 🔲 L 9 et 🔲 E 5 – voir à Noordwijk aan Zee.

NORG Drenthe Ⓒ Noordenveld 31 936 h. 🔲 X 4 et 🔲 K 2.
　Amsterdam 176 – Groningen 21 – Assen 15 – Emmen 56.

🏨 **Karsten,** Brink 6, ⊠ 9331 AA, ℘ (0 592) 61 34 84, *info@hotelkarsten.nl, Fax (0 592)
61 22 16*, 🍴, 🚲 – 📺 📦 – 🅰️ 40. 🆎 ⑩ 🐵 💳 🇯🇨🇧
Repas carte 30 à 41 – **21 ch** ☕ 53/90 – ½ P 53/58.

　◆ Een charmant familiehotel dat waakt over de brink van Norg. Gerenoveerde kamers,
terras en een gezellige lounge waar op koude dagen een behaaglijk haardvuur knappert.

　◆ Charmant hôtel familial surveillant le brink (place plantée de tilleuls) de Norg. Chambres
rénovées, terrasse et salon où crépitent de bonnes flambées quand le froid sévit.

Westervelde Sud : 1 km Ⓒ Noordenveld :

XX **De Jufferen Lunsingh** 🌿 avec ch, Hoofdweg 13, ⊠ 9337 PA, ℘ (0 592) 61 26 18,
de.jufferen.lunsingh@wxs.nl, Fax (0 592) 61 23 40, 🍴, 🌳 – 📺 📦 – 🅰️ 25 à 50. 💳
fermé prem. sem. janv. – **Repas** Lunch 23 – 32/41, ♀ – **8 ch** ☕ 60/100 – ½ P 73.

　◆ Hartelijkheid, traditie en lokale keuken in dit verrukkelijke pand uit de 18e eeuw, te
midden van bos en weiden. De eetzaal is ingericht in een serre met Engelse ambiance.

　◆ Chaleur, tradition et saveurs locales dans une adorable demeure du 18e s. entourée de
prés et de bois. Une véranda au charme "british" abrite la salle à manger.

NUENEN *Noord-Brabant* Ⓒ *Nuenen, Gerwen en Nederwetten 23 645 h.* 532 S 14 et 715 H 7.
Amsterdam 125 – Eindhoven 7 – 's-Hertogenbosch 39.

de Collse Hoeve, Collse Hoefdijk 24 (à Eeneind, Sud : 3 km), ✉ 5674 VK, ☎ (0 40) 283 81 11, *info@collsehoeve.nl, Fax (0 40) 283 42 55,* – rest, – 25 à 125. AE ⓓ MC VISA
fermé 24, 27 et 31 déc. et 1er janv. – **Repas** *(fermé sam. midi et dim. midi) Lunch 30* – 33/58, ♀ – **40 ch** ☕ 60/78 – ½ P 90/115.
• Hotel in een oude Brabantse boerderij, vlak bij het dorpje waar Van Gogh begon met schilderen. De beste kamers, op de begane grond aan de tuinkant, zijn junior suites. De chef-kok richt zich vooral op traditie. Lommerrijk zomerterras.
• Près du bourg où Van Gogh s'initia à la peinture, ancienne ferme brabançonne habilement mise à profit. Les meilleures chambres, en rez-de-jardin, sont des junior suites. Derrière les fourneaux, le chef mise sur la tradition. Terrasse estivale ombragée.

De Lindehof (Bahadoer), Beekstraat 1, ✉ 5671 CS, ☎ (0 40) 283 73 36, *info@restaurant-delindehof.nl, Fax (0 40) 284 01 16* – . AE MC VISA
fermé du 2 au 10 fév., 25 juil.-17 août, 27 déc.-11 janv., mardi et merc. – **Repas** (dîner seult) 48/97 bc, carte 48 à 66, ♀
Spéc. Petite soupe de truffes, échalotes et crème de pommes de terre. Langoustines aux pommes et curry. Médaillon de filet de biche à la moutarde violette.
• Een vast punt in het gastronomisch landschap van de streek : verzorgde gerechten en eigentijds interieur met een curieus "magisch" plafond.
• Un point de repère dans le paysage gastronomique de la région : assiettes soignées et aménagement intérieur d'esprit contemporain, avec un curieux plafond "magique" !

de Zonnewende, Park 63, ✉ 5671 GC, ☎ (0 40) 284 00 60, *info@dezonnewende.nl, Fax (0 40) 284 20 45,* – AE MC VISA.
fermé du 5 au 8 fév., du 4 au 26 juil., 31 déc.-1er janv. et lundi – **Repas** (dîner seult) carte 40 à 51, ♀.
• Dit restaurant aan het marktplein bereidt een eigentijdse keuken. 's Zomers worden enkele tafeltjes gedekt op het terras in de tuin aan de achterkant.
• Ce restaurant de la place du marché concocte une cuisine bien en phase avec l'époque. L'été, quelques tables vous accueillent à l'arrière de l'établissement, côté jardin.

à Nederwetten *Nord-Ouest : 3 km* Ⓒ *Nuenen, Gerwen en Nederwetten :*

Heerendonck, Hoekstraat 21, ✉ 5674 NN, ☎ (040) 283 39 27, *info@heerendonck.nl, Fax (0 40) 284 01 85,* – MC VISA
fermé 3 sem. en août, lundi, mardi et merc. – **Repas** (dîner seult) 30/54 bc.
• Kleine villa met tuin aan de rand van een karakteristiek dorpje. Zomerterras aan de voorkant. Klassieke gerechten in een modern jasje, net als de nieuwe look van de eetzaal.
• Une terrasse d'été précède cette petite villa sur jardin postée à l'entrée d'un patelin typique. Plats classiques actualisés, à l'image de la salle à manger relookée.

NUTH *Limburg* 532 U 17 et 715 I 9 – *16 371 h.*
Amsterdam 207 – Maastricht 19 – Heerlen 8 – Aachen 24.

In De'n Dillegaard (Kagenaar), Dorpstraat 89, ✉ 6361 EK, ☎ (0 45) 524 55 94, *restaurant@dillegaard.nl,* – P. ⓓ MC VISA
fermé du 15 au 30 août, 28 déc.-3 janv., sam. midi, dim. midi, lundi et mardi – **Repas** *Lunch 34* – 42/94 bc, carte 59 à 68, ♀
Spéc. Bouillon d'oignon safrané aux scampis et vieux Amsterdammer. Foie de canard en copeaux au jus de truffes et parmesan. Tartelette de pommes au homard, sauce au champagne.
• Plezierig, eigentijds restaurant tegenover de kerk. Eetzaal met zithoek bij de open haard en een terras onder de pergola op de binnenplaats. Veelbelovende menu's.
• Table plaisante et actuelle située en face de l'église. Salle à manger se complétant d'un salon au coin du feu et d'une terrasse sous tonnelle dans la cour. Menus prometteurs.

ODOORN *Drenthe* Ⓒ *Borger-Odoorn 26 440 h.* 531 AA 5 et 715 L 3.
Amsterdam 185 – Assen 32 – Emmen 8 – Groningen 49.

Lubbelinkhof , Hoofdstraat 19, ✉ 7873 TA, ☎ (0 591) 53 51 11, *info@hotel-lubbelinkhof.nl, Fax (0 591) 53 51 15,* – ch, – 25 à 100. ⓓ MC VISA. rest
Repas *Lunch 30* – 38/50 bc, ♀ – ☕ 14 – **32 ch** 90/145 – ½ P 102/125.
• Deze voormalige boerderij is uitgebreid met een moderne vleugel waarin diverse categorieën kingsize kamers zijn ondergebracht. In het park kunt u nieuwe energie opdoen. Restaurant in het oude woongedeelte, luxueuze lounge en zomerterras.
• Agrandie d'une aile moderne où se distribuent plusieurs catégories de chambres "king size", cette ancienne exploitation agricole s'agrémente d'un parc ressourçant. Restaurant aménagé dans l'ex-corps de logis. Salon cossu et terrasse d'été.

De Stee, Hoofdstraat 24, ✉ 7873 BC, ℘ (0 591) 51 22 63, *Fax (0 591) 51 36 18*, – TV P. MC VISA. ch
fermé 25 déc.-7 janv. – **Repas** (résidents seult) – **12 ch** 51/75.
◆ Dit familiehotel bevindt zich in hartje Odoorn. Aangename lounge om even uit te blazen. De kamers zijn niet geweldig groot, maar wel functioneel.
◆ Ressource hôtelière familiale installée au cœur de la localité. Salon agréable pour souffler un instant. Les chambres ne sont pas gigantesques, mais fonctionnelles.

à Exloo *Nord : 4 km* C *Borger-Odoorn :*

De Meulenhoek, Hoofdstraat 61, ✉ 7875 AB, ℘ (0 591) 54 91 88, *info@hotel-meulenhoek.nl, Fax (0 591) 54 96 49*, – rest, TV ch, P. AE MC VISA JCB.
Repas *(fermé après 20 h)* carte env. 33 – **14 ch** 50/78 – ½ P 49/54.
◆ Dit adres in een brinkdorp op de Hondsrug kan van pas komen. Na een fikse boswandeling zult u hier als een blok in slaap vallen. De meeste kamers hebben een balkon of terras.
◆ Les balades sylvestres, ça fatigue ! Alors, voici une adresse utile pour dormir comme une souche. La plupart des chambres sont équipées d'un balcon ou d'une terrasse.

à Valthe *Est : 3 km* C *Borger-Odoorn :*

De Gaffel, Odoornerweg 1, ✉ 7872 PA, ℘ (0 591) 51 35 36, *Fax (0 591) 51 31 85*, – P. MC VISA
fermé lundi et mardi – **Repas** (d'oct. à mars dîner seult sauf dim.) Lunch 30 – carte 32 à 44.
◆ Restaurant in een oude Saksische boerderij met rieten dak, in een rustig en boomrijk dorp. Terras aan de voorzijde en rustieke eetzaal. Hollandse keuken met een Frans tintje.
◆ Dans un hameau paisible et arboré, ancienne ferme saxonne à toit de chaume devancée d'une terrasse. Salle de restaurant à touche rustique. Préparations franco-hollandaises.

OEGSTGEEST *Zuid-Holland* 532 L 9 *et* 715 E 5 – *voir à Leiden.*

OHÉ en LAAK *Limburg* C *Maasbracht 13 727 h.* 532 T 16 - U 16 *et* 715 I 8.
Amsterdam 182 – Maastricht 29 – Eindhoven 56 – Roermond 14.

Lakerhof, Walburgisstraat 3 (Laak), ✉ 6109 RE, ℘ (0 475) 55 16 54, *Fax (0 475) 55 21 44*, – TV P. AE MC VISA.
fermé 26 janv.-11 fév. – **Repas** *(fermé merc.)* (dîner seult) 27/36 – 6 – **8** ch 45/70 – ½ P 63/71.
◆ Pas op ! Wie verblijft in dit familiehotel loopt het risico met een goed humeur besmet te worden. De vrij grote en praktische kamers zijn voorzien van geluidsisolatie.
◆ Attention ! Ceux qui séjournent dans cette maison familiale s'exposent à une bonne humeur certainement contagieuse. Chambres plutôt vastes, pratiques et insonorisées.

OIRSCHOT *Noord-Brabant* 532 O 13 *et* 715 G 7 – *17 838 h.*
St-Odulphusstraat 11, ✉ 5688 BA, ℘ (0 499) 55 05 99, info@vvvoirschot.nl, Fax (0 499) 57 76 33.
Amsterdam 117 – Eindhoven 18 – 's-Hertogenbosch 28 – Tilburg 21.

de Moriaan sans rest, Moriaan 41a, ✉ 5688 ER, ℘ (0 499) 57 81 80, *info@hoteldemoriaan.nl, Fax (0 499) 57 81 33*, – TV . AE MC VISA JCB.
fermé carnaval – **2 ch** 80/115, – 8 suites.
◆ Dit vrij nieuwe hotel in het centrum van het plaatsje beschikt over ruime, comfortabele kamers alsmede enkele suites. Sauna. Parking.
◆ Au centre du bourg, hôtel de construction récente mettant à votre disposition des chambres spacieuses et confortables ainsi que plusieurs suites et un sauna. Parking commode.

De Kroon, Rijkesluisstraat 6, ✉ 5688 ED, ℘ (0 499) 57 10 95, *info@hoteldekroon.nl, Fax (0 499) 57 57 85*, – TV. AE MC VISA JCB. ch
fermé 20 déc.-2 janv. – **Repas** Lunch 23 – 25/28, ♀ – **12 ch** 73/140 – ½ P 92.
◆ De stevige toren van de St.-Petruskerk helpt u de weg te vinden naar dit familiehotel bij de markt. Kamers met een nieuwe, aangename inrichting.
◆ La puissante tour de la St.-Petruskerk vous servira de point de repère pour dénicher cet établissement familial avoisinant le Markt. Chambres plaisamment réaménagées.

La Fleurie, Rijkesluisstraat 4, ✉ 5688 ED, ℘ (0 499) 57 41 36, *info@lafleurie.nl, Fax (0 499) 57 49 68*, – AE MC VISA.
fermé sem. carnaval, 31 déc.-1er janv. et lundi – **Repas** Lunch 25 – 28/62 bc, ♀.
◆ In dit intieme, gezellige restaurant aan het marktplein wordt een eigentijdse keuken bereid. Zaal voor partijen in de tuinkamer met neobarokke accenten.
◆ Sur la place du marché, maison de bouche intime et chaleureuse où se conçoit une cuisine d'aujourd'hui. Salle de banquets dans la "tuinkamer" aux notes néo-baroques.

De Meulen, Korenaar 49, ⌧ 5688 TS, ✆ (0 499) 57 51 92, *info@demeulen.nl*, Fax (0 499) 57 50 22, 🌳 – **P. AE ① ⑩ VISA.** ✼
fermé 1 sem. carnaval, 2 sem. vacances bâtiment, sam. midi, dim. midi, lundi et mardi –
Repas (déjeuner sur réservation) 28/43.
◆ Een oude gaanderijmolen (19e eeuw) - die nog altijd in bedrijf is - staat naast dit restaurant. Zomerterras in de tuin, aan de achterkant.
◆ Un vieux moulin à vent (19e s.) monté sur balustrade - et toujours en état de marche - jouxte la salle du restaurant. Terrasse d'été dressée au jardin, sur l'arrière.

De Zwaan, Markt 4, ⌧ 5688 AJ, ✆ (0 499) 55 14 14, *info@dezwaan-oirschot.nl*, Fax (0 499) 55 14 15, 🌳 – 🍽 – 🔏 25 à 120. **AE ① ⑩ VISA JCB**
Repas Lunch 23 – carte 27 à 41.
◆ Dit restaurant annex brasserie krijgt een steeds breder publiek en voert een kaart waarop een beetje "van alles wat" staat. Interieur met vrij weelderig decor. Banqueting.
◆ À la fois brasserie et restaurant, De Zwaan ratisse large et présente une carte un peu "touche-à-tout" dans un décor assez cossu. Organisation de banquets.

OISTERWIJK Noord-Brabant ⬛⬛⬛ Q 13 et ⬛⬛⬛ G 7 – 25 588 h.

Voir Site★.

🛈 De Lind 57, ⌧ 5061 HT, ✆ (0 13) 528 23 45, Fax (0 13) 528 52 17.
Amsterdam 106 – Eindhoven 38 – 's-Hertogenbosch 17 – Tilburg 10.

🏨 **Landgoed De Rosep** ⬡, Oirschotsebaan 15 (Sud-Est : 3 km), ⌧ 5062 TE, ✆ (0 13) 523 21 00, *info@rosep.com*, Fax (0 13) 523 21 99, 🌳, ⚿, ⚲, ⬚, ☞, ✖, ⚙ – 🍽 rest, 📺 **P.** – 🔏 25 à 350. **AE ① ⑩ VISA.** ✼
fermé 1er janv. – **Repas** 34/45, ♀ – **73 ch** ⚏ 113/195 – ½ P 99/197.
◆ Dit hotel in het groen heeft zijn drie vleugels met rustige en royale kamers uitgespreid tegenover een vijver. Sportfaciliteiten en klein lommerrijk park. Zodra de temperatuur stijgt, wordt het druk op het terras. Verfijnde keuken.
◆ Tapis dans la verdure, le domaine De Rosep déploie ses trois ailes de chambres, calmes et bien calibrées, juste en face d'un étang. Centre sportif et petit parc ombragé. Terrasse prise d'assaut dès que la température grimpe. Recettes élaborées.

🏨 **Bos en Ven** ⬡, Klompven 26, ⌧ 5062 AK, ✆ (0 13) 528 88 56, *info@bos-ven.nl*, Fax (0 13) 528 68 10, ⬉, 🌳, ⚿, ☞, ⚙ – 🛗, 🍽 rest, 📺 **P.** – 🔏 25 à 150. **AE ① ⑩ VISA**
fermé 27 déc.-1er janv. – **Repas** Lunch 38 – 47, ♀ – **39 ch** ⚏ 115/143 – ½ P 99.
◆ Dit monumentale pand werd in 1920 in een chique woonwijk opgetrokken. Schouw met Delfts blauwe tegeltjes in de lounge. Terras voor een zomerse maaltijd buiten. Het terras en enkele kamers kijken uit op een Franse tuin met miniwaterpartij.
◆ Demeure massive élevée en 1920 dans un quartier résidentiel. La terrasse et quelques chambres dévoilent une vue plaisante sur le jardin à la française et son mini plan d'eau. Restaurant d'été. Salon avec cheminée garnie de faïence de Delft.

🏨 **Bosrand** ⬡, Gemullehoekenweg 60, ⌧ 5062 CE, ✆ (0 13) 521 90 15, *info@hotelbosrand.nl*, Fax (0 13) 528 63 66, 🌳, ☞, ⚙ – 📺 ⚐ch, **P.** – 🔏 25 à 45. **AE ① ⑩ VISA JCB.** ✼ rest
fermé 28 déc.-5 janv. – **Repas** (fermé après 20 h) 22, ♀ – **25 ch** ⚏ 60/86 – ½ P 60/68.
◆ De naam zegt al genoeg over de ligging van dit familiehotel. Het establissement is opgeknapt en biedt nu meer comfort. Eigentijdse kamers.
◆ L'enseigne dit vrai : cet établissement familial - aujourd'hui embelli et procurant plus d'agrément - est situé à la lisière des bois (bosrand). Chambres actuelles.

🏨 **De Blauwe Kei** ⬡, Rosepdreef 4 (Sud-Est : 3 km), ⌧ 5062 TB, ✆ (0 13) 528 23 14, *deblauwekei@yahoo.com*, Fax (0 13) 528 22 21, 🌳 – 📺 **P. AE ⑩ VISA.** ✼
fermé 29 déc.-20 janv. et lundi, mardi et merc. d'oct. à mars – **Repas** Lunch 20 – 33/48, ♀ – **12 ch** ⚏ 47/90 – ½ P 53/63.
◆ Behoefte om te ontsnappen aan de hectiek van alledag? Dit hotel in de bossen staat paraat. Kleine kamers. Bij warm weer wordt een groot terras uitgezet. Het restaurant in trek bij wandelaars vanwege het doordachte à la carte menu en de vriendelijke prijzen.
◆ Besoin d'une mise au vert ? Cette auberge retirée en forêt répond présent. Chambres menues. S'il fait beau, une grande terrasse est dressée. Table estimée des promeneurs pour son menu-carte bien pensé et sa sage politique de prix.

Linnen, Gemullehoekenweg 5, ⌧ 5061 MA, ✆ (0 13) 521 23 74, *info@restaurant-linnen.nl*, Fax (0 13) 503 08 87, 🌳 – 🍽. **AE ⑩ VISA.** ✼
fermé mardi et merc. – **Repas** Lunch 28 – carte 46 à 70, ♀.
◆ Lichte, eenvoudig ingerichte eetzaal met moderne doeken in stripverhaalstijl, bar met lounge-ambiance, designmeubilair en trendy gedekte tafels. Innoverende keuken.
◆ Salle claire et sobre égayée de toiles modernes façon "bandes dessinées", bar d'esprit "lounge", mobilier design et mise en place "tendance" sur les tables. Cuisine innovante.

De Swaen, De Lind 47, ✉ 5061 HT, ☎ (0 13) 523 32 33, *info@hoteldeswaen.nl*, Fax (0 13) 528 58 60, 🍴 – ▤ 🄿 – 🕭 25 à 200. ⅍ ⓞ ⓜⓔ 𝗩𝗜𝗦𝗔. ⅍
fermé du 8 au 13 juil. – **Repas** (dîner seult) 38/74 bc, ♀.
  ✦ Een actuele keuken in een oude herberg met gevel in de koloniale stijl. "Loungesfeer" in het salon en klassieke meubelen in het restaurant. Omsloten tuin met een mooi terras.
  ✦ Bonne table au goût du jour aménagée dans une ancienne auberge à façade d'esprit colonial. Espace "lounge", mobilier de style et salle, belle terrasse et jardin clos de murs.

Rasa Senang, Gemullehoekenweg 127, ✉ 5062 CC, ☎ (0 13) 528 60 86, *rasa.senan g@tip.nl*, Fax (0 13) 528 30 40, 🍴, Cuisine indonésienne – 🄿. ⅍ ⓜⓔ 𝗩𝗜𝗦𝗔
fermé 24, 25 et 31 déc. et lundi de nov. à mars – **Repas** (dîner seult) 25/63 bc.
  ✦ Een stukje Indonesië in hartje Noord-Brabant. In de eetzaal zitten enkele bronzen boeddha's te mediteren. De gerechten schuimen de archipel af, van Sumatra tot Bali.
  ✦ Un petit coin d'Indonésie en plein Brabant septentrional : salle à manger où méditent quelques bouddhas de bronze et recettes écumant l'archipel, de Sumatra à Bali.

De Parel 🛌 avec ch, Scheibaan 17 (Sud-Est : 4,5 km), ✉ 5062 TM, ☎ (0 13) 528 25 25, *info@pareloisterwijk.nl*, Fax (0 13) 528 54 14, 🍴, 🖘, 🔲, 🌬, 🚲 – ▤ rest, 📺 🄿 – 🕭 25 à 50. ⅍ ⓞ ⓜⓔ 𝗩𝗜𝗦𝗔. ⅍
Repas Lunch 20 – 30/38 – **8 ch** 🛏 57/66 – ½ P 57.
  ✦ Sleur is niets voor de chef-kok en verandering van spijs doet eten, dus maandelijks wisselende menukaart. Zomerterras met uitzicht op het water. Kleine kamers, goed ontbijt.
  ✦ Peu enclin à la routine, le chef repense sa carte chaque mois, histoire de varier les plaisirs. Terrasse d'été dominant une pièce d'eau. Chambres menues et bon breakfast.

OLDENZAAL *Overijssel* 𝟱𝟯𝟭 AA 9, 𝟱𝟯𝟮 AA 9 *et* 𝟳𝟭𝟱 L 5 – *31 374 h.*

🛈 *St-Plechelmusplein 5,* ✉ 7571 EG, ☎ 0 900 202 19 81, *info@vvvoldenzaal.nl*, Fax (0 541) 51 75 42.
Amsterdam 161 – Zwolle 74 – Enschede 11.

🏨 **De Kroon,** Steenstraat 17, ✉ 7571 BH, ☎ (0 541) 51 24 02, *dekroon@introweb.nl*, Fax (0 541) 52 06 30 – 📶 📺 – 🕭 30. ⅍ ⓞ ⓜⓔ 𝗩𝗜𝗦𝗔
Repas (dîner pour résidents seult) – **20 ch** 🛏 60/90.
  ✦ De vierde generatie heeft het roer van dit sympathieke familiehotel overgenomen. Aan kamers is er voor elk wat wils, variërend in grootte en comfort. Vriendelijke ontvangst.
  ✦ La quatrième génération a pris les commandes de cette sympathique auberge familiale. Chambres pour toutes les attentes, espace et agrément variables. Accueil gentil.

De oude Raadskelder, Kerkstraat 18, ✉ 7571 EE, ☎ (0 541) 53 25 53, *info@oud eraadskelder.nl*, Fax (0 541) 53 88 10 – ▤. ⅍ ⓜⓔ 𝗩𝗜𝗦𝗔 ᴊᴄʙ. ⅍
fermé lundi – **Repas** (déjeuner sur réservation) 27/48, ♀.
  ✦ Aangenaam restaurant in een gewelfde kelder in het centrum. Eigentijdse en verfijnde keuken, grote keuze aan wijnen, die overigens ernaast worden verkocht.
  ✦ En centre-ville, agréable restaurant aménagé dans des caves voûtées. Cuisine actuelle assez élaborée et grand choix de vins, dont on fait d'ailleurs commerce sur le côté.

OLTERTERP *Fryslân* 𝟱𝟯𝟭 V 4 – *voir à Beetsterzwaag.*

OMMEN *Overijssel* 𝟱𝟯𝟭 X 7 *et* 𝟳𝟭𝟱 K 4 – *16 966 h.*

🛈 *Kruisstraat 6,* ✉ 7731 CR, ☎ (0 529) 45 16 38, *info@vechtdalvvv.nl*, Fax (0 529) 45 14 50. – *Amsterdam 134 – Zwolle 24 – Assen 59 – Enschede 59.*

🏨 **De Zon,** Voorbrug 1, ✉ 7731 BB, ☎ (0 529) 45 55 50, *info@hoteldezon.nl*, Fax (0 529) 45 62 35, ≼, 🍴, 🖘, 🚲 – 📶 🔄, ▤ rest, 📺 ♿ 🖚 🄿 – 🕭 25 à 150. ⅍ ⓞ ⓜⓔ 𝗩𝗜𝗦𝗔 ᴊᴄʙ. ⅍ rest
Repas Lunch 19 – 30/50 bc, ♀ – **35 ch** 🛏 70/145 – ½ P 75/90.
  ✦ Imposant hotel-restaurant aan de Overijsselse Vecht. Mooie kamers met een actueel decor, expositie van kunstwerken in de gemeenschappelijke ruimten, comfortabele eetzaal in design. 's Zomers wordt ook op het moderne terras aan het water geserveerd.
  ✦ Imposante hostellerie surveillant le cours de la Vecht. Belles chambres au décor actuel, expo d'œuvres d'art dans les parties communes et terrasse moderne au bord de l'eau. Salle à manger d'esprit design confortablement installée ; agréable restaurant d'été.

Paping, Stationsweg 29, ✉ 7731 AX, ☎ (0 529) 45 19 45, *info@hotelpaping.nl*, Fax (0 529) 45 47 82, 🍴, ⅍, 🖘, 🔲, 🌬, 🚲 – 📶 🔄 📺 🄿 – 🕭 25 à 100. ⅍ ⓞ ⓜⓔ 𝗩𝗜𝗦𝗔. ⅍ rest
Repas Lunch 11 – 26 – **37 ch** 🛏 63/115 – ½ P 65/156.
  ✦ Familiehotel bij het station. Overdekt zwembad, sauna, solarium, beautycenter. De kamers in de achterste vleugel bieden meer rust. Klassiek restaurant, 's zomers wordt op het voorter-ras geserveerd. Eigentijdse keuken met regionale en mondiale componenten.
  ✦ Auberge familiale avoisinant la gare. Piscine couverte, sauna, solarium et beauty-center. Plus de calme dans les chambres de l'aile arrière. Table classiquement agencée et restaurant d'été sur le devant. Cuisine actuelle à composantes régionales et mondiales.

à **Vilsteren** Sud-Ouest : 5 km © Ommen :

🏠 **Herberg De Klomp** ⚲, Vilsterseweg 10, ⊠ 7734 PD, ℘ (0 529) 45 90 00, herber
gdeklomp@planet.nl, Fax (0 529) 45 90 39, 😊, 🚗, 🚲 – 🔆 📺 🔥rest, 🅿 – 🏛 25 à
70. 🆅🆂🅰. ※ ch
Repas (fermé mardi d'oct. à avril, lundi et après 20 h) Lunch 22 – carte env. 35, ♀ – **8 ch**
☑ 65/89 – ½ P 73.
♦ Deze charmante familieherberg met rieten dak staat in een landelijk gehucht en beschikt
over enkele kamers waar u van een goede nachtrust verzekerd bent. De prijzen zijn in toom
gehouden. Actuele keuken van biologisch gekweekte, regionale producten.
♦ Cette charmante auberge familiale embusquée dans un hameau agreste abrite, sous
son toit de chaume, quelques chambres où vous passerez de bonnes nuits à prix
muselés. Cuisine actuelle faite à partir de produits régionaux et issus de l'agriculture
biologique.

OOIJ Gelderland 🔢🔢 U 11 et 🔢🔢 I 6 – voir à Nijmegen.

OOSTBURG Zeeland © Sluis 24 791 h. 🔢🔢 F 15 et 🔢🔢 B 8.
🏠 Brugsevaart 10, ⊠ 4501 NE, ℘ (0 117) 45 34 10, Fax (0 117) 45 55 11.
Amsterdam 216 – Brugge 27 – Middelburg 57 – Knokke-Heist 18.

XXX **De Eenhoorn** avec ch, Markt 1, ⊠ 4501 CJ, ℘ (0 117) 45 27 28, info@eenhoornoo
stburg.nl, Fax (0 117) 45 33 94, 😊 – 📺 – 🏛 25 à 60. 🅰🅴 ⓞ ⓒⓞ 🆅🅸🆂🅰 🅹🅲🅱. ※ ch
fermé sem. carnaval et sem. Toussaint – **Repas** (fermé vend. et après 20 h 30) Lunch 30
– carte 29 à 60 – **5 ch** ☑ 38/100, – 1 suite.
♦ Smaakvolle, superklassieke keuken - met specialiteiten als ganzenlever en kalfszwezerik
- die wordt geserveerd in een gelambriseerde eetzaal. Kamers en klein appartement.
♦ Goûteuse cuisine archi-classique - avec spécialités de foie d'oie et de ris de veau - servie
dans une salle de restaurant lambrissée. Chambres et petit appartement.

Dans ce guide un même symbole, un même mot,
*imprimé en rouge ou en **noir** n'a pas tout à fait la même signification.*
Lisez attentivement les pages explicatives.

OOSTERBEEK Gelderland © Renkum 32 098 h. 🔢🔢 U 11 et 🔢🔢 I 6.
Amsterdam 97 – Arnhem 6.

🏨 **De Bilderberg** ⚲, Utrechtseweg 261, ⊠ 6862 AK, ℘ (0 26) 339 63 33, Fax (0 26)
339 63 96, 😊, 🔲, ※, 🚲 – 📶 🔆 📺 🔥ch, 🅿 – 🏛 25 à 200. 🅰🅴 ⓞ ⓒⓞ 🆅🅸🆂🅰 🅹🅲🅱.
※ rest
fermé 27 déc.-2 fév. – **Repas** voir rest **Trattoria Artusi** ci-après – **145 ch** ☑ 75/195,
– 1 suite – ½ P 115/219.
♦ Dit grote hotel ligt in een bosrijke omgeving en beschikt over diverse categorieën
kamers : suite, executives, studio, junior suites en standaardkamers.
♦ Ce grand hôtel copieusement enrobé de chlorophylle avec diverses catégories de chambres à votre disposition : suite, executives, studio, junior suites et standard.

X **Trattoria Artusi** - H. De Bilderberg, Utrechtseweg 261, ⊠ 6862 AK, ℘ (0 26)
339 63 33, Fax (0 26) 339 63 96, 😊, Cuisine italienne – ▤ 🅿. 🅰🅴 ⓞ ⓒⓞ 🆅🅸🆂🅰
🅹🅲🅱. ※
fermé 24 et 31 déc., 1er janv. et sam. midi – **Repas** 49/59, ♀.
♦ Dit lichte en kleurrijke serrerestaurant in Italiaanse stijl deelt zijn muren met hotel De
Bilderberg. Keuken uit de Laars. À la carte dinere.
♦ Aménagée dans un style italianisant, cette brasserie-véranda lumineuse et colorée
partage ses murs avec l'hôtel De Bilderberg. Cuisine de la "Botte". Formule menu-
carte.

X **De Kantine**, Valkenburglaan 1, ⊠ 6861 AH, ℘ (0 26) 333 31 93, kantine@sonnenbe
rg.nl, Fax (0 26) 334 13 43, 😊 – 🅿. 🅰🅴 ⓞ ⓒⓞ 🆅🅸🆂🅰 🅹🅲🅱
fermé 24, 25, 26 et 31 déc., 1er janv. et sam. midi – **Repas** Lunch 23 – 30/40, ♀.
♦ Dit restaurant aan de rand van de bossen maakt deel uit van een ruitercentrum. Elegante
eetzaal met mezzanine. In de prachtige kelders liggen uitstekende wijnen te rijpen.
♦ À l'orée des bois, agrégée à un manège, élégante salle de restaurant coiffée d'une mez
zanine et complétée d'un superbe caveau où s'épanouissent d'excellents vins.

OOSTEREND (AASTEREIN) Fryslân 🔢🔢 R 2 et 🔢🔢 H 1 – voir à Waddeneilanden (Terschelling).

OOSTEREND Noord-Holland 🔢🔢 S 4 et 🔢🔢 F 2 – voir à Waddeneilanden (Texel).

OOSTERHOUT *Noord-Brabant* 🔢🔢🔢 O 13 *et* 🔢🔢🔢 F 7 – *53 136 h.*

> 🏠 *Dukaatstraat 21,* ✉ *4903 RN,* ℰ *(0 162) 45 87 59, Fax (0 162) 43 32 85.*
>
> 🏢 *Bouwlingplein 1,* ✉ *4901 KZ,* ℰ *0 900-202 25 50, info@ vvvoosterhout.nl, Fax (0 162) 43 10 48.*
>
> *Amsterdam 92 – 's-Hertogenbosch 38 – Breda 8 – Rotterdam 58.*

🏨   **Golden Tulip,** Waterlooplein 50, ✉ 4901 EN, ℰ (0 162) 45 20 03, *info@ goldentulip oosterhout.nl, Fax (0 162) 43 50 03,* ⛲, ☎ – 📶 ⁎📞 📺 – 🛎 25 à 70. 🅰🅴 ⓪⓪ 𝐕𝐈𝐒𝐀 🇯🇨🇧. ⁎⁎ rest

Repas *Lunch 20* – 25/35 – **52 ch** ⌐ 70/89, – 1 suite – ½ P 102/114.

  ◆ Dit hotel-congrescentrum is verbonden met cultureel centrum De Bussel, waarvan het theater plaats biedt aan driehonderd personen. Functionele kamers.

  ◆ Hôtel-centre de congrès couplé à un espace culturel - appelé De Bussel - dont le théâtre peut accueillir 300 personnes. Chambres fonctionnelles.

🍴   **de Vrijheid,** Heuvel 11, ✉ 4901 KB, ℰ (0 162) 43 32 43, *colline@ euronet.nl, Fax (0 162) 46 14 62,* ⛲, Taverne-rest – ⓪⓪ 𝐕𝐈𝐒𝐀

fermé carnaval, du 19 au 25 août et 25 et 26 déc. – **Repas** 25.

  ◆ Een van de trendy adressen in het centrum. Gerechten uit een bistroachtige keuken worden in een ongedwongen ambiance geserveerd. Het fraaie zomerterras kijkt uit op een park.

  ◆ L'une des adresses en vogue au coeur d'Oosterhout. Cuisine bistrotière servie dans une ambiance décontractée. Dressée en été, la jolie terrasse donne sur un parc public.

OOSTERHOUT-Nijmegen *Gelderland* Ⓒ *Overbetuwe 40 604 h.* 🔢🔢🔢 U 11 *et* 🔢🔢🔢 I 6.

Amsterdam 113 – Arnhem 22 – Nijmegen 8.

🍴🍴   **De Altena,** Waaldijk 38, ✉ 6678 MC, ℰ (0 481) 48 21 96, *info@ dealtena.nl,* ≼, ⛲ – 📶 🅿. 🅰🅴 ⓪⓪ 𝐕𝐈𝐒𝐀. ⁎⁎

fermé 27 déc.-4 janv., sam. midi, dim. midi et lundi – **Repas** *Lunch 33* – carte 37 à 54, ℒ.

  ◆ Aangenaam restaurant aan de Waal. Reserveer in de zomer een tafeltje aan het raam of op het terras om tijdens het eten te kunnen kijken naar de voorbijvarende plezierboten.

  ◆ Agréable restaurant posté au bord du Waal (bras du Rhin). L'été venu, réservez votre table près des baies ou en terrasse pour assister au va-et-vient des bateaux.

OOSTERSCHELDEDAM, Stormvloedkering (Barrage de l'ESCAUT ORIENTAL) ★★★
Zeeland 🔢🔢🔢 H 3 *et* 🔢🔢🔢 C 7 *G. Hollande.*

OOSTERWOLDE (EASTERWÂLDE) *Fryslân* Ⓒ *Ooststellingwerf 26 761 h.* 🔢🔢🔢 W 5 *et* 🔢🔢🔢 J 3.

Amsterdam 194 – Groningen 40 – Leeuwarden 46 – Assen 30.

🏠   **De Zon,** Stationsstraat 1, ✉ 8431 ET, ℰ (0 516) 51 24 30, *info@ fletcher.nl, Fax (0 516) 51 24 30,* ⛲ – 📶 📺 🅿. – 🛎 25 à 300. ⓪⓪ 𝐕𝐈𝐒𝐀. ⁎⁎ rest

Repas 25 – **34 ch** ⌐ 50/65 – ½ P 55.

  ◆ Deze herberg werd in 1870 geopend bij de kruising van een kanaal en de belangrijkste winkelstraat. De beste kamers liggen achter de parking. Klein, ouderwets theater.

  ◆ Auberge fondée en 1870 au croisement d'un canal et de la principale rue commerçante. Les meilleures chambres se distribuent à l'arrière du parking. Petit théâtre d'époque.

OOSTKAPELLE *Zeeland* Ⓒ *Veere 22 087 h.* 🔢🔢🔢 G 13 *et* 🔢🔢🔢 B 7.

Amsterdam 186 – Middelburg 12 – Rotterdam 107.

🏨   **Villa Magnolia** ⌘ sans rest, Oude Domburgseweg 20, ✉ 4356 CC, ℰ (0 118) 58 19 80, *info@ villamagnolia.nl, Fax (0 118) 58 40 58,* ⛲, ⛲ – ⁎📞 📺. ⓪ ⓪⓪ 𝐕𝐈𝐒𝐀. ⁎⁎

15 fév.-oct. – **24 ch** ⌐ 65/110.

  ◆ Mooie villa van rond 1900, met bijgebouwen en een tuin die 's zomers vol bloemen staat. Ontbijtbuffet in de oranjerie. Rust, charme en comfort voor een vriendelijke prijs.

  ◆ Cette jolie villa 1900 et ses annexes s'agrémentent d'un jardin très fleuri en été. P'tit-déj sous forme de buffet dans l'orangerie. Paix, charme et confort à prix souriants.

OST-VLIELAND (EAST-FLYLÂN) *Fryslân* 🔢🔢🔢 P 3 *et* 🔢🔢🔢 G 2 – *voir à Waddeneilanden (Vlieland).*

OOTMARSUM *Overijssel* © *Dinkelland 26 079 h.* 531 AA 8 *et* 715 L 4.

Voir *Village★*.

🛈 *Markt 1,* ✉ *7631 BW,* ✆ *0 900 202 19 81, info@ vvvootmarsum.nl, Fax (0 541)* 29 18 84.

Amsterdam 165 – Zwolle 67 – Enschede 28.

🏰🏰 **De Wiemsel** ⚲, Winhofflaan 2 (Est : 1 km), ✉ 7631 HX, ✆ (0 541) 29 21 55, *info@ wiemsel.nl*, Fax (0 541) 29 32 95, 🅿, 🚄, 🔲, ☂, 🍽, 🚲 – 📺 🕭 🖃 – 🔏 25 à 90. 🝙 ⓞ ⓜⓔ 𝗩𝗜𝗦𝗔. 🕸
Repas voir rest **De Wanne** ci-après – **44 ch** 🛏 155/260, – 5 suites – ½ P 135/200.
♦ Een droomhotel voor een verwenvakantie : luxueuze lounge, zeer knusse suites en junior suites, zomerterras, hartvormig zwembad en verrukkelijke tuin. De Wine and Dine is een prima alternatief voor het gastronomisch restaurant.
♦ Hôtel de rêve pour un séjour "cocooning" : salon cossu, suites et junior suites très "cosy", terrasse d'été surplombant une piscine en forme de cœur et jardin exquis.

🏠 **de Landmarke**, Rossummerstraat 5, ✉ 7636 PK, ✆ (0 541) 29 12 08, *info@ landm arke.nl*, Fax (0 541) 29 22 15, �, 🚄, 🔲, 🚲 – 🕭 📺 🖃 – 🔏 25 à 40. 🝙 ⓞ ⓜⓔ 𝗩𝗜𝗦𝗔. 🕸 rest
fermé 30 déc.-4 janv. – **Repas** *Lunch 23* – carte env. 30 – **37 ch** 🛏 65/98 – ½ P 69/71.
♦ Dit traditionele hotel ligt net buiten het pittoreske plaatsje, dat op een heuvel rond een gotische kerk is gebouwd. Het heeft aangename kamers en twee eetzalen, elk met een andere ambiance : de een neorustiek, de ander wat eigentijdser.
♦ Cette hostellerie traditionnelle renfermant des chambres assez plaisantes occupe les avant-postes d'un bourg charmant bâti sur une butte autour d'une église gothique. Deux salles à manger, deux décorations : l'une d'esprit néo-rustique, l'autre plus actuelle.

🏠 **Van der Maas,** Grotestraat 7, ✉ 7631 BT, ✆ (0 541) 29 12 81, *info@ vandermaas.nl*, Fax (0 541) 29 34 62, 🌱 – 📺 🖃 – 🔏 25 à 100. 🝙 ⓞ ⓜⓔ 𝗩𝗜𝗦𝗔. 🕸
fermé du 1er au 15 nov. – **Repas** *(fermé après 20 h 30) Lunch 10* – carte 23 à 45, 🍷 – **20 ch** 🛏 50/70 – ½ P 47/75.
♦ Dit kleine familiehotel bevindt zich in het centrum van Ootmarsum, op enkele minuten van de Duitse grens. Sommige kamers zijn een beetje sleets. Klassiek ingerichte eetzaal. De keuken volgt de smaak van de dag.
♦ Petite adresse familiale située au centre d'Ootmarsum, localité d'où l'on atteint la frontière allemande en quelques minutes. Chambres quelquefois un peu mûrissantes. Salle à manger classiquement aménagée ; table au goût du jour.

🏠 **Résidence Wyllandrie** ⚲, Tichelwerk 1, ✉ 7631 CJ, ✆ (0 541) 29 17 05, *info@ wyllandrie.nl*, Fax (0 541) 29 27 49, 🌱, 🚄, 🚲 – 🕭 📺 🕭ch, 🖃 🖃 – 🔏 25 à 40. 🝙 ⓞ ⓜⓔ 𝗩𝗜𝗦𝗔. 🕸 rest
fermé 1er janv. – **Repas** *Lunch 23* – 30/43, 🍷 – **43 ch** 🛏 50/92 – ½ P 95/133.
♦ Dit rustig gelegen hotel in een bosrijke omgeving beschikt over eenvoudige maar vriendelijke kamers. In het aangename restaurant worden gerechten geserveerd die goed bij de tijd zijn. Zomerterras midden in het groen.
♦ Appréciée pour son calme et ses abords verdoyants, cette résidence bâtie dans les années 1930 met à votre disposition des chambres de mise simple mais hospitalières. Agréable restaurant servant une cuisine de notre temps. Terrasse d'été "chlorophyllienne".

🍴🍴🍴 **De Wanne** - H. De Wiemsel, Winhofflaan 2 (Est : 1 km), ✉ 7631 HX, ✆ (0 541) 29 21 55, ❀ *info@ wiemsel.nl*, Fax (0 541) 29 32 95, 🌱 – 🕭 🖃 🝙 ⓞ ⓜⓔ 𝗩𝗜𝗦𝗔. 🕸
Repas (nombre de couverts limité - prévenir) *Lunch 35* – 63/112 bc, carte 66 à 96, 🍷
Spéc. Rouleau de foie d'oie et sa gelée de queue de bœuf. Sandre braisé à la truffe et céleri-rave, sauce aux chanterelles (juin-déc.). Bar cuit sur la peau et Saint-Jacques enrobée de Pata Negra.
♦ Gastronomisch tafelen tussen de muren van dit prestigieuze hotel. Comfortabele eetzaal en aangenaam zomerterras bij het zwembad in de tuin. Actuele keuken.
♦ Table gastronomique partageant ses installations avec un prestigieux hôtel. Salle à manger confortable, agréable restaurant d'été et beau jardin. Cuisine du moment.

à Lattrop *Nord-Est : 6 km* © *Dinkelland :*

🏰🏰 **De Holtweijde** ⚲, Spiekweg 7, ✉ 7635 LP, ✆ (0 541) 22 92 34, *info@ holtweijde.n* Fax (0 541) 22 94 45, 🌱, 🅿, 🌿, 🚄, 🔲, ☂, 🍽, 🚲 – 🕭, ▤ rest, 📺 🕭 🖃🖃 – 🔏 2 à 200. ⓜⓔ 𝗩𝗜𝗦𝗔. 🕸
Repas *Lunch 20* – 30/70 bc, 🍷 – 🛏 15 – **35 ch** 95/180, – 41 suites – ½ P 115/175.
♦ Een adres waar u weer energie kunt opdoen. De beste kamers zijn bungalowsuites di verspreid liggen over een idyllisch landgoed. Engelse lounge, schitterend zwemba en hydrotherapie. De fraaie Saksische boerderij biedt onderdak aan een groot restauran
♦ Étape revigorante où les meilleures chambres sont de douillettes "suites-bungalow éparpillées dans un domaine bucolique. Salon anglais, superbe piscine et hydrothérapie. Un ferme saxonne joliment réaménagée donne un toit et beaucoup l'ampleur au restauran

ORANJEWOUD (ORANJEWÂLD) *Fryslân* 531 U 5 *et* 715 I 3 – *voir à Heerenveen.*

OSS *Noord-Brabant* 🖧🖧🖧 S 12 *et* 🖧🖧🖧 H 6 – *67 646 h.*

🚏 *au Sud-Est : 7 km à Nistelrode, Slotenseweg 11,* ✉ *5388 RC,* ✆ *(0 412) 61 19 92, Fax (0 412) 61 28 98.*

🏢 *Spoorlaan 24,* ✉ *5348 KB,* ✆ *0 900-112 23 34, info.vvvnob@planet.nl, Fax (0 412) 65 20 93.*

Amsterdam 102 – Arnhem 49 – 's-Hertogenbosch 20 – Eindhoven 51 – Nijmegen 29.

🏨🏨🏨 **De Weverij,** *Oostwal 175,* ✉ *5341 KM,* ✆ *(0 412) 69 46 46, info@deweverij.nl, Fax (0 412) 69 46 47 –* 🖪 🍴🍴 📺 **P** – 🔬 25 à 150. 🆎 ⬤ ⬤⬤ VISA JCB
Repas *voir rest **Cordial** ci-après* – ☐ *16 –* **45 ch** *103/158, – 3 suites –* ½ P *103/120.*
❖ De naam van dit zeer comfortabele hotel in het centrum is een verwijzing naar het verleden : met de stoffering van de kamers zit het dus wel goed !
❖ Au centre-ville, hôtel très confortable dont l'enseigne - L'Atelier de Tissage - résume le passé. ''Cousues de fil blanc'', les chambres ne manquent évidemment pas d'étoffe !

🏨🏨 **City,** *Raadhuislaan 43,* ✉ *5341 GL,* ✆ *(0 412) 63 33 75, info@cityhotel.nl, Fax (0 412) 62 26 55,* 🚲🚲 – 🖪 🍴🍴, 🍽 rest, 📺 **P** – 🔬 25 à 130. 🆎 ⬤ ⬤⬤ VISA
fermé 24 déc. soir et 31 déc.-1ᵉʳ janv. – **Repas** *(fermé sam. midi et dim. midi)* Lunch *35 –* carte *24 à 55,* ♌ *– ☐ 8 –* **45 ch** *70/93.*
❖ Een praktisch etablissement voor een zakelijk verblijf. Gemeenschappelijke ruimten met een nieuwe look en goede kamers met dubbele beglazing waardoor het rumoer van de weg wordt getemperd. De piekfijne eetzaal in design is het werk van Jan des Bouvrie.
❖ Établissement familial bien pratique pour les séjours d'affaires. Communs relookés et bonnes chambres munies d'un double vitrage atténuant la rumeur de l'avenue passante. Pimpante salle à manger de style design, due à l'architecte hollandais Jan des Bouvrie.

🏚🏚🏚 **Cordial** *- H. De Weverij, Oostwal 175,* ✉ *5341 KM,* ✆ *(0 412) 69 46 46, info@dewev erij.nl, Fax (0 412) 69 46 47 –* 🍽 **P.** 🆎 ⬤ ⬤⬤ VISA JCB
🏵 *fermé 5 mai, 31 juil.-14 août, 27 déc.-1ᵉʳ janv., sam. midi et dim. midi –* **Repas** Lunch *30 –* 60/95 bc, carte *58 à 76,* ♌
Spéc. Brochette de Saint-Jacques et caille fumée à la crème de fenouil. Joue de veau braisée et ris glacé au chou-fleur. Médaillon de veau grillé et son ris aux chanterelles et sauce au sherry.
❖ U krijgt een smakelijk staaltje van eigentijdse kookkunst voorgeschoteld in deze vroegere tapijtfabriek, die zijn muren deelt met hotel De Weverij. Verzorgd interieur.
❖ Une savoureuse démonstration de cuisine au goût du jour vous sera faite dans cette ex-fabrique de tapis partageant ses murs avec l'hôtel De Weverij. Décor intérieur soigné.

OTTERLO *Gelderland* 🅲 *Ede 104 771 h.* 🖧🖧🖧 T 10 *et* 🖧🖧🖧 I 5.

Voir *Parc National de la Haute Veluwe*★★★ *(Nationaal Park De Hoge Veluwe) : Musée Kröller-Müller*★★★ *– Parc à sculptures*★★ *(Beeldenpark).*
Amsterdam 79 – Arnhem 33 – Apeldoorn 22.

🏨🏨 **Sterrenberg,** *Houtkampweg 1,* ✉ *6731 AV,* ✆ *(0 318) 59 12 28, info@sterrenberg.nl, Fax (0 318) 59 16 93,* ☕, 🐴, ⛳, 🞐, 🌳, 🚲🚲 – 🖪, 🍽 rest, 📺 **P** – 🔬 25 à 50. 🆎 ⬤ ⬤⬤ VISA ❄
Repas *(fermé après 20 h 30) 24/48 bc,* ♌ *–* **32 ch** ☐ *70/125 –* ½ P *73/95.*
❖ Comfortabel hotel met frisse, sfeervol ingerichte kamers. In de gemeenschappelijke ruimten hangen schilderijen met taferelen uit de streek. In de mooie restaurantzaal gaan trendy en couleur locale hand in hand. 's Zomers wordt buiten geserveerd.
❖ ''Hôtel-cocooning'' où vous séjournerez dans de fringantes chambres harmonieusement agencées, à l'image des communs, semés de touches artistiques évoquant la région. Belle salle de restaurant, à la fois tendance et couleur locale. L'été, repas en plein air.

🏨🏨 **'t Witte Hoes,** *Dorpsstraat 35,* ✉ *6731 AS,* ✆ *(0 318) 59 13 92, wittehoes@hollan dhotels.nl, Fax (0 318) 59 15 04,* ☕ – 📺 **P.** 🆎 ⬤ ⬤⬤ VISA ❄
fév.-nov. – **Repas** *(fermé après 19 h 30) 25/39 bc –* **10 ch** ☐ *65/97 –* ½ P *63/73.*
❖ Charmant familiehotel dat onberispelijk wordt onderhouden en uitstekend beheerd. Terras aan de voorzijde, lounge-bibliotheek met rustige sfeer en kamers waarop niets valt aan te merken. Stijlvol restaurant met Engels decor. Aspergemenu in het seizoen.
❖ Avenante auberge familiale bénéficiant d'une tenue et d'une gestion méticuleuses. Terrasse sur le devant, salon-bibliothèque feutré et chambres exemptes de reproche. Restaurant aménagé à l'anglaise et ne manquant pas d'allure. Menu asperges en saison.

🏠 **Kruller,** *Dorpsstraat 19,* ✉ *6731 AS,* ✆ *(0 318) 59 12 31, info@kruller.nl, Fax (0 318) 59 20 54,* ☕ – 📺 **P** – 🔬 25 à 40. 🆎 ⬤ ⬤⬤ VISA
Repas *(taverne-rest)* Lunch *24 – 26/32 –* **17 ch** ☐ *55/100 –* ½ P *76/121.*
❖ Dit sympathieke hotel op menselijke maat in hartje Otterloo beschikt over drie categorieën functionele kamers van verschillende afmeting. Geheel vernieuwd interieur. Eigentijds Grand café dat de hele dag geopend is.
❖ Au cœur d'Otterlo, sympathique hôtel à taille humaine où vous séjournerez dans des chambres fonctionnelles disponibles en trois tailles. Redécoration intérieure complète. Taverne-restaurant actuelle fonctionnant en continu du matin jusqu'au soir.

OTTERLO

🏠 **Host. Carnegie Cottage** 🦢, Onderlangs 35, ✉ 6731 BK, 𝒫 (0 318) 59 12 20, *inf o@carnegiecottage.nl*, Fax (0 318) 59 20 93, ≤, 🍽 – 🍴 📺 🅿, 🦅
mars-19 déc. – **Repas** *(fermé après 20 h) Lunch 11* – 40/66 bc – **13 ch** ⇆ 41/92 –
½ P 70/76.
• Rustig familiehotel aan de rand van het Nationaal Park de Hoge Veluwe, een prachtige wandelgebied. Charmante kamers alsmede een junior suite in een kleine cottage. Aantrekkelijk à la carte menu. De serre kijkt uit op de omringende natuur.
• Paisible auberge familiale voisine du Parc National de la Haute-Veluwe, site propice aux randonnées. Chambres mignonnes et junior suite aménagée dans un petit cottage. À table, menu-carte engageant et vue sur une nature omniprésente depuis la véranda.

OUDERKERK AAN DE AMSTEL *Noord-Holland* 🗺 O 9, 🗺 O 9 *et* 🗺 F 5 – *voir à Amsterdam, environs.*

OUDESCHANS *Groningen* 🅒 *Bellingwedde 9 671 h.* 🗺 AB 4 *et* 🗺 M 2.
Amsterdam 230 – Groningen 47 – Assen 52 – Den Haag 283 – Zwolle 123.

XX **De Piekenier,** Voorstraat 21, ✉ 9696 XG, 𝒫 (0 597) 65 53 70, *depiekenier@hotma il.com*, Fax (0 597) 65 53 09, 🍴 – 🌐 🕦 *VISA* 🇯🇨🇧. 🦅
fermé dim. et lundi – **Repas** *(diner seult) Lunch 28* – carte 45 à 60, 🍷.
• Dit eigentijdse restaurant heeft twee huizen betrokken in een mooi vestingdorp. Prima onthaal en service, eenvoudige eetzaal met moderne doeken en een fraai terras.
• Restaurant au goût du jour formé de deux maisonnettes dans un joli hameau de garnison. Accueil et service de qualité, sobre salle décorée de toiles modernes et belle terrasse.

OUDESCHILD *Noord-Holland* 🗺 O 4 *et* 🗺 F 2 – *voir à Waddeneilanden (Texel).*

OUDEWATER *Utrecht* 🗺 O 10 *et* 🗺 F 5 – *9 754 h.*
Amsterdam 39 – Utrecht 21 – Den Haag 58 – Rotterdam 54.

X **Joia,** Havenstraat 2, ✉ 3421 BS, 𝒫 (0 348) 56 71 50, *info@brasseriejoia.nl*, Fax (0 348) 56 79 48, Brasserie – 🌐 *VISA* 🇯🇨🇧
fermé 27 déc.-4 janv., mardi de sept. à avril et lundi – **Repas** 25, 🍷.
• Gezellige en trendy brasserie in het hart van het pittoreske plaatsje met de beroemde heksenwaag. Dit weegtoestel is te zien in de Waag, vlak bij de Markt.
• Brasserie chaleureuse et "trendy" située au coeur d'une pittoresque localité célèbre pour sa "balance aux sorcières", visible dans le Poids public, à deux pas du Markt.

OUDKERK *Fryslân* – *voir Aldtsjerk à Leeuwarden.*

OUD-LOOSDRECHT *Noord-Holland* 🅒 *Wijdemeren 23 237 h.* 🗺 P 9 *et* 🗺 G 5.
Voir *Étangs★★ (Loosdrechtse Plassen).*
Amsterdam 27 – Utrecht 23 – Hilversum 7.

🏨 **Golden Tulip,** Oud Loosdrechtsedijk 253, ✉ 1231 LZ, 𝒫 (0 35) 582 49 04, *info@gtloosdr echt.nl*, Fax (0 35) 582 48 74, ≤, 🍴, 🐴, 🖼 – 🍴 🍽 📺 🅿 – 🔏 25 à 100. 🆎 🌐 🕦 *VISA*
Repas *Lunch 15* – carte env. 30 – **68 ch** ⇆ 80/180 – ½ P 105/185.
• Prachtig gelegen ketenhotel aan de Loosdrechtse Plassen. Een derde van de kamers - allemaal met balkon of terras - biedt een fraai uitzicht op het water en de jachten. In de zomer wordt buiten geserveerd op een uitnodigend haventerras.
• Emplacement privilégié pour cet hôtel de chaîne dont un tiers des chambres - toutes avec balcon ou terrasse - profite d'une jolie vue sur le lac et les yachts. À la belle saison, on dresse le couvert sur une terrasse portuaire invitante.

XX **ZIN,** Veendijk 1a (De Driesprong), ✉ 1231 PB, 𝒫 (0 35) 526 14 26, ≤ lac, 🍴, 🖼 – 📠 🅿. 🆎 🌐 🕦 *VISA* 🇯🇨🇧
Repas *(diner seult de sept. à mai) Lunch 38* – carte 53 à 65.
• Creatief-klassieke gerechten worden geserveerd in een moderne eetzaal met mezzanine. Terras met uitzicht op de jachthaven. Vlotte bediening in ongedwongen stijl.
• Préparations classico-créatives servies dans une salle à manger moderne avec mezzanine. Terrasse balayant du regard le port de plaisance. Service dynamique et décontracté.

à Breukeleveen *Sud : 11 km* 🅒 *Wijdemeren :*

XX **De Veenhoeve,** Herenweg 37, ✉ 3625 AB, 𝒫 (0 35) 582 43 99, *info@veenhoeve.* 🦅
Fax (0 35) 582 32 80, 🍴 – 🆎 🌐 🕦 *VISA*
fermé lundi et mardi sauf en juil.-août – **Repas** *(diner seult)* 25/38.
• In dit vriendelijke familierestaurant wordt in een gemoedelijke ambiance getafeld. Eetzaal met open wijnkelder en schouw. Serre en zomerterras aan het water.
• Accueillante affaire familiale où l'on dîne dans une ambiance chaleureuse. Salle à manger avec cave à vue et cheminée. Véranda et terrasse d'été dressée au bord de l'eau.

OUD-ZUILEN Utrecht 🔢 P 10 et 🔢 G 5 – voir à Utrecht.

OVERVEEN Noord-Holland 🔢 M 8, 🔢 M 8 et 🔢 E 4 – voir à Haarlem.

PAPENDRECHT Zuid-Holland 🔢 N 12 et 🔢 F 6 – voir à Dordrecht.

PATERSWOLDE Groningen 🔢 Y 4 et 🔢 K 2 – voir à Groningen.

PEIJ Limburg 🔢 U 16 et 🔢 I 8 – voir à Echt.

PHILIPPINE Zeeland 🄲 Terneuzen 34 634 h. 🔢 H 15 et 🔢 C 8.
Amsterdam 196 – Middelburg 36 – Gent 35 – Sint-Niklaas 43.

🏨 **au port,** Waterpoortstraat 1, ⊠ 4553 BG, ℰ (0 115) 49 18 55, auport@zeelandnet.nl,
Fax (0 115) 49 17 65, 🍴 – 📺 – ⚒ 25 à 350. ⟨Æ ⟩ ⟨◉◉⟩ ⟨VISA⟩
fermé 2 prem. sem. juin et 29 déc.-15 janv. – **Repas** (fermé mardi, merc. et sam. midi)
Lunch 25 – 30, ⬙ – **7** ch ⌸ 53/70 – ½ P 58/75.
   ◆ Familiehotelletje in het centrum van een Zeeuws dorpje vlak bij de Belgische grens. Goed
onderhouden en functionele kamers, waar u zult slapen als een roos en dat voor een
vriendelijk prijsje. Restaurant met een klassiek-traditioneel, culinair repertoire.
   ◆ Vous passerez de bonnes nuits à petits prix dans cet hôtel familial établi au cœur d'un
village zélandais proche de la frontière belge. Chambres fonctionnelles bien tenues. Une
carte de préparations classiques-traditionnelles est présentée au restaurant.

🍴🍴 **Aub. des Moules,** Visserslaan 3, ⊠ 4553 BE, ℰ (0 115) 49 12 65, info@aubergede
smoules.com, Fax (0 115) 49 16 56, 🍴, Produits de la mer – ⟨P.⟩ ⟨Æ⟩ ⟨◉⟩ ⟨◉◉⟩ ⟨VISA⟩
fermé du 6 au 27 juin, fin déc.-début janv. et lundi – **Repas** 28/43, ⬙.
   ◆ De mosselen voelen zich thuis in deze herberg, die bij visliefhebbers al jaren hoog genoteerd staat. Kleine zalen met foto's van de oude haven van Philippine.
   ◆ Les moules sont chez elles dans cette auberge connue de longue date des amateurs
de produits de la mer. Petites salles décorées de photos montrant l'ancien port de Philippine.

🍴🍴 **Place du Marché,** Havenstraat 12, ⊠ 4553 AV, ℰ (0 115) 49 15 24, pdm12@zeel
andnet.nl, Fax (0 115) 49 21 12, 🍴, Moules en saison – ▤ ⟨⟩. ⟨Æ⟩ ⟨◉⟩ ⟨◉◉⟩ ⟨VISA⟩
fermé 1 sem. en juin, 2 sem. en janv. et mardi – **Repas** 29/42.
   ◆ Het spreekt voor zich dat er tussen de visgerechten op de kaart ook een "menu van
de markt" staat. Een ander, gastronomisch menu kan alleen per tafel worden
besteld.
   ◆ Assez conséquent, le choix de recettes du grand large décliné à cette adresse inclut un
menu du marché et un autre, d'orientation gastronomique, servi par table entière.

🍴 **De Fijnproever,** Visserslaan 1, ⊠ 4553 BE, ℰ (0 115) 49 13 13, Moules en saison –
▤ ⟨P.⟩ ⟨Æ⟩ ⟨◉⟩ ⟨◉◉⟩ ⟨VISA⟩
fermé mi-mai-mi-juin, 2 dern. sem. janv., merc. soir et jeudi – **Repas** carte 23 à 44, ⬙.
   ◆ De specialiteit bij uitstek in dit deel van het land is toch wel de mossel. Ook de
Fijnproever ontkomt er niet aan, hoewel de paling zich hier eveneens op zijn gemak
voelt.
   ◆ La grande spécialité du coin, c'est assurément la moule, et Le Fin gourmet (De Fijnproe-
ver) n'y échappe pas, quoique l'anguille s'y trouve également bien à l'aise.

PURMEREND Noord-Holland 🔢 O 7 et 🔢 F 4 – 74 921 h.

🏌 (2 parcours) 🟩 Westerweg 60, ⊠ 1445 AD, ℰ (0 299) 48 16 66, Fax (0 299) 64 70 81 -
🟩 au Sud-Ouest : 5 km à Wijdewormer (Wormerland), Zuiderweg 68, ⊠ 1456 NH,
ℰ (0 299) 47 91 23, Fax (0 299) 43 81 99.

🅱 Koestraat 11, ⊠ 1441 CV, ℰ 0 900-400 40 40, info@atcb.nl, Fax (0 20) 625 28 69.
Amsterdam 19 – Alkmaar 25 – Leeuwarden 117.

🏛 **Hampshire Waterland** 🦢, Westerweg 60 (Est : 3 km, direction Volendam),
⊠ 1445 AD, ℰ (0 299) 68 91 60, info@waterland.hampshire-hotels.com, Fax (0 299)
64 46 91, ≤, ≋, □, 🏌 – 📶 🍴 📺 ⟨P.⟩ – ⚒ 25 à 200. ⟨Æ⟩ ⟨◉◉⟩ ⟨VISA⟩
Repas 26 – ⌸ 13 – **97** ch 99 – ½ P 138.
   ◆ Hoe kan het ook anders met zo'n golfgreen voor de deur? Dit ketenhotel is
geheel afgestemd op liefhebbers die het witte balletje graag laten "swingen". De
kamers hebben allemaal een opknapbeurt gehad. Restaurant met vrij uitzicht over de
golfbaan.
   ◆ Proximité du green oblige, cet hôtel de chaîne est taillé sur mesure pour ceux qui aiment
faire "swinguer" la petite balle blanche. Les chambres ont toutes été rafraîchies. Restaurant
avec vue imprenable sur le parcours de golf.

XX **Sichuan Food,** Tramplein 9, ⌧ 1441 GP, ✆ (0 299) 42 64 50, *Fax (0 20) 627 72 81*, Cuisine chinoise – 🍽️. ☲ ① ⓪ *VISA*. ⅍
fermé 31 déc. – **Repas** (dîner seult) carte 25 à 36.
 ♦ Explicieter kan de naam niet zijn : hier kunnen specialiteiten uit Sichuan, een streek in China, worden genuttigd of afgehaald.
 ♦ L'enseigne pourrait difficilement être plus explicite : ici, les recettes du Sichuan, une région chinoise, sont autant de spécialités à consommer sur place, ou à emporter.

à Middenbeemster Nord-Ouest : 5 km ⓒ Beemster 8 536 h :

XX **Het Heerenhuis Beemster,** Rijperweg 83, ⌧ 1462 MD, ✆ (0 299) 68 20 10, *post@hetheerenhuis.nl, Fax (0 299) 68 20 20*, 🌳 – ⚏. – 🍽️ 25 à 150. ☲ ⓪ *VISA*. ⅍
fermé 21 juil.-11 août et 28 déc.-10 janv. – **Repas** 28/49, ♀ 🌳.
 ♦ Het voormalige gemeentehuis vormt het decor van dit restaurant. Moderne eetzaal, aantrekkelijke eigentijdse kaart en goede selectie wijnen. 's Zomers maaltijd op het terras.
 ♦ L'ancienne mairie sert de cadre à cette affaire familiale. Salle à manger résolument contemporaine, attrayante carte à la page et cave bien montée. L'été, repas en terrasse.

à Neck Sud-Ouest : 2 km ⓒ Wormerland 15 510 h :

XX **Mario Uva** avec ch, Dorpsstraat 15, ⌧ 1456 AA, ✆ (0 299) 42 39 49, *Fax (0 299) 42 37 62*, 🚲 – ⅍, 🍽️ rest, 📺 🅿️. ☲ ① ⓪ *VISA* ⓙⒸⒷ. ⅍
fermé 27 déc.-10 janv., dim. et lundi – **Repas** (dîner seult, cuisine italienne, menu unique) – 65/85 bc, ♀ – **4 ch** ⌧ 55/82
Spéc. Pot-au-feu de bœuf à la piémontaise et sa sauce verte. Lasagne de rucola, pommes de terre et gorgonzola. Canard sauvage en croûte et au jus.
 ♦ Een stukje Italië midden in de polder. De Italiaanse keuken in menu-vorm op zijn best ! Wijn en gerechten combineren uitstekend. Collectie decoratief aardewerk in de zaal.
 ♦ Un petit coin d'Italie perdu parmi les polders. Belle cuisine transalpine, menu dégustation et accords mets-vins parfaits. Collection de faïences décoratives exposée en salle.

X **Trattoria Il Grappolo,** Onderdijk 20, ⌧ 1456 AA, ✆ (0299) 42 42 64, *Fax (0 299) 42 37 62*, 🌳, Cuisine italienne – 🅿️. ☲ ① ⓪ *VISA*.
fermé 27 déc.-10 janv., lundi et mardi – **Repas** (dîner seult) 35.
 ♦ Een alternatief voor de ristorante ernaast. Deze sympathieke trattoria kokerelt eenvoudige, smakelijke gerechten. Leuk zomerterras met pergola die door wingerd is overwoekerd.
 ♦ Alternative au "ristorante" d'à côté, cette sympathique trattoria vous concocte des plats simples mais goûteux. Jolie terrasse "al sole" et pergola mangée par la vigne.

à Noordbeemster Nord : 10 km direction Hoorn ⓒ Beemster 8 536 h :

XX **De Beemster Hofstee,** Middenweg 48, ⌧ 1463 HC, ✆ (0 299) 69 05 22, *info@beemsterhofstee.nl, Fax (0 299) 69 05 04*, 🌳 – 🅿️. ☲ ① ⓪ *VISA* ⓙⒸⒷ
fermé 26 juil.-8 août, sam. midi, dim. midi et lundi – **Repas** Lunch 33 – 37/70 bc, ♀.
 ♦ Aangenaam restaurant in de polder, in een voormalige karakteristieke en charmante boerderij met rieten dak, lage heggen en een rij lindenbomen. Mooi terras.
 ♦ Dans les polders, agréable restaurant occupant une ancienne ferme pimpante et typée, avec son toit de chaume, ses haies basses et son alignement de tilleuls. Belle terrasse.

à Zuidoostbeemster Nord : 2 km ⓒ Beemster 8 536 h :

🏨 **Purmerend,** Purmerenderweg 232, ⌧ 1461 DN, ✆ (0 299) 43 68 58, *info@purmerend.valk.nl, Fax (0 299) 43 69 54*, 🌳, 🚲 – 🛗, 🍽️ rest, 📺 🚿ch, 🅿️ – 🍽️ 25 à 80. ☲ ① ⓪ *VISA*
Repas Lunch 18 – carte env. 36 – ⌧ 8 – **40 ch** 61/74 – ½ P 65.
 ♦ Dit etablissement op menselijke maat heeft een leuke, met klimop begroeide gevel en valt enigszins buiten het keurslijf van de hotelketen Van der Valk. Kamers en junior suites. De maaltijden worden in de serre geserveerd. Frans-Hollandse kaart.
 ♦ Coquette devanture tapissée de lierre pour cet établissement à taille humaine sortant un peu des standards de la chaîne hôtelière au toucan. Chambres et junior suites. Couvert dressé sous la véranda. Carte franco-batave.

XX **La Ciboulette,** Kwadijkerweg 7 (dans l'ancienne forteresse), ⌧ 1461 DW, ✆ (0 299) 68 35 85, *jacco.huitema@wxs.nl, Fax (0 299) 68 42 54*, 🌳 – 🅿️. ☲ ① ⓪ *VISA*. ⅍
fermé fin déc., lundi et mardi – **Repas** (dîner seult) 35/83 bc, ♀.
 ♦ De kruitdampen van weleer zijn opgetrokken nu dit restaurant hier heeft post gevat. Bij mooi weer betrekt het terras de wacht aan de gracht rond het fort.
 ♦ Petite table retranchée dans un site défensif. S'il fait beau, la terrasse, étagée sur plusieurs niveaux, regagne son poste au bord des douves entourant la forteresse.

Donnez-nous votre avis sur les tables que nous recommandons,
sur leurs spécialités et leurs cartes de vins.

PUTTEN Gelderland **531** S 9, **532** S 9 et **715** H 5 – 23 192 h.

🖪 Kerkplein 15, ✉ 3881 BH, 𝒫 (0 341) 35 17 77, info@vvvputten.nl, Fax (0 341) 35 30 40.

Amsterdam 66 – Arnhem 57 – Apeldoorn 41 – Utrecht 48 – Zwolle 49.

🏨 **Mercure,** Strandboulevard 3 (Ouest : 4 km sur A 28), ✉ 3882 RN, 𝒫 (0 341) 35 64 64, h2111@accor.com, Fax (0 341) 35 85 16, ≤, 佘, 🎜, 🖳 – 🛊 ⇔, 🍽 rest, 📺 ⅋ch, 🖸 – 🖴 25 à 400. 🖭 ⓞ 🐠 𝗩𝗜𝗦𝗔 𝗝𝗖𝗕
Repas Lunch 20 – carte env. 40, ♀ – ⋤ 15 – **84 ch** 99/120.
◆ Dit etablissement vlak bij de snelweg is niet alleen voor congresgangers bedoeld. Ook vakantiegangers hebben de weg naar dit hotel aan de Randmeren gevonden. Vanuit de kamers ziet u de stranden liggen. Restaurant met uitzicht op het water (vogelreservaat).
◆ Cet établissement proche de l'autoroute ne s'adresse pas qu'aux congressistes. Voisin des plages de l'ljsselmeer - visibles des chambres -, il attire pas mal de vacanciers. Restaurant procurant un coup d'œil sur l'étendue d'eau (réserve ornithologique).

RAALTE Overijssel **531** W 8, **532** W 8 et **715** J 4 – 36 956 h.

🖪 Varkensmarkt 8, ✉ 8102 EG, 𝒫 (0 572) 35 24 06, info@vvvraalte.nl, Fax (0 572) 35 23 43.

Amsterdam 124 – Zwolle 21 – Apeldoorn 35 – Enschede 50.

🏨 **De Zwaan,** Kerkstraat 2, ✉ 8102 EA, 𝒫 (0 572) 36 37 38, dezwaan@euronet.nl, Fax (0 572) 36 37 39, 佘, ⇔s, 🎜, 🌱 – 🛊 📺 🖸 – 🖴 25 à 60. 🖭 ⓞ 🐠 𝗩𝗜𝗦𝗔 𝗝𝗖𝗕. ✼✼
Repas Brasserie BONaparte (fermé 27 déc.-4 janv.) Lunch 22 – 32/44 bc, ♀ – **33 ch** ⋤ 70/95 – ½ P 85/95.
◆ In hartje Raalte herbergt dit hotel moderne, aangename kamers en een kleine infrastructuur voor de broodnodige ontspanning : bar, zwembad, sauna en Turks bad. Eigentijdse brasserie met plezierige ambiance. Op de kaart staan klassieke en actuele gerechten.
◆ Au cœur de la Raalte, bâtiment renfermant des chambres modernes agréables à vivre ainsi qu'une petite infrastructure pour se détendre : bar, piscine, sauna, bain turc. Brasserie contemporaine à l'ambiance plaisante. Carte de préparations classiques et actuelles.

RAVENSTEIN Noord-Brabant Ⓒ Oss 67 646 h. **532** S 12 et **715** H 6.

Amsterdam 110 – Arnhem 36 – 's-Hertogenbosch 31 – Nijmegen 17.

✼✼ **Rôtiss. De Ravenshoeve,** Mgr. Zwijsenstraat 5, ✉ 5371 BS, 𝒫 (0 486) 41 28 03, info@deravenshoeve.nl, 佘 – 🗏 🖸. 🐠 𝗩𝗜𝗦𝗔
fermé carnaval et lundi – **Repas** (dîner seult) 30/35.
◆ Eigentijdse gerechten worden geserveerd in de karakteristieke ambiance van een oude boerderij. De bar en zithoek met schouw zijn gemoderniseerd. Beschut zomerterras.
◆ Repas au goût du jour, dans l'ambiance typique d'une vieille ferme villageoise. Bar et coin salon avec cheminée ont toutefois été actualisés. Terrasse d'été abritée.

REEUWIJK Zuid-Holland **532** N 10 et **715** F 5 – voir à Gouda.

RENESSE Zeeland Ⓒ Schouwen-Duiveland 34 484 h. **532** H 12 et **715** C 6.

🖪 Zeeanemoonweg 4a, ✉ 4325 BZ, 𝒫 (0 111) 46 24 24, vvv@renesse.com, Fax (0 111) 46 14 36.

Amsterdam 140 – Middelburg 37 – Rotterdam 68.

🏨 **De Zeeuwse Stromen,** Duinwekken 5, ✉ 4325 GL, 𝒫 (0 111) 46 20 40, info@zeeuwsestromen.nl, Fax (0 111) 46 20 65, 佘, 𝕝ᵴ, ⇔s, 🎜, 🐖, ✼, ⅋ – 🛊 ⇔ 📺 ⅋ 🖸 – 🖴 25 à 400. 🖭 ⓞ 🐠 𝗩𝗜𝗦𝗔
Repas Lunch 14 – 28, ♀ – **134 ch** ⋤ 64/138 – ½ P 79/89.
◆ Modern complex aan de rand van de duinen. In het park rond het hoofdgebouw liggen enkele paviljoens die de rustigste kamers herbergen. Op het programma : ontspanning en recreatie. Aan tafel : actuele keuken in een ongedwongen ambiance.
◆ Complexe moderne à dénicher en lisière des dunes. Quelques pavillons éparpillés dans le parc abritent les chambres les plus paisibles. Au programme : détente et loisirs. À table, cuisine actuelle et ambiance décontractée.

🏨 **Badhotel,** Laône 2, ✉ 4325 EK, 𝒫 (0 111) 46 25 00, info@badhotelrenesse.nl, Fax (0 111) 46 25 38, 佘, ⇔s, 🌱, 🐖, ⅋ – ⇔ 📺 ⅋rest, 🖸 – 🖴 30. 🐠 𝗩𝗜𝗦𝗔. ✼ rest
Repas Le Marquis (fermé après 20 h 30) 29/69 bc – **41 ch** ⋤ 59/148, – 1 suite – ½ P 79/87.
◆ Onberispelijke kamers, gezellige Engelse pub annex lounge, sfeervolle tuin, serre en terras met uitzicht op het zwembad. Al met al een hotel dat er wezen mag ! In de mooie, ronde eetzaal met serre worden verfijnde gerechten geserveerd die goed bij de tijd zijn.
◆ Chambres sans reproche, accueillant bar façon " british library-pub", jardin intimiste, véranda et terrasse braquées sur la piscine. Not so "bad", cet hôtel, en définitive ! Belle salle à manger-véranda et rotonde où l'on goûte une cuisine actuelle élaborée.

Hampshire Inn, Hoogenboomlaan 5, ✉ 4325 DB, ☎ (0 111) 46 25 10, *info@hampshirehotels.nl, Fax (0 111) 46 25 69,* ☂, 🚲 – ⇆ TV ♿rest, P – 🏨 25 à 65. AE ⓓ ⓜ VISA JCB. ✂ rest
Repas 30/42 bc – **48 ch** ☐ 65/115 – ½ P 66/79.
◆ Hotel in een laag en langwerpig gebouw aan de rand van het dorp, niet ver van het strand en een meertje. De kamers op de begane grond hebben een terras en zijn het grootst. Het restaurant is bekroond met een koepel die het zenit voorstelt. Actuele menukaart.
◆ Construction basse et longiligne située à l'entrée du village, pas loin de la plage et d'un étang. Dotées d'une terrasse, les chambres de plain-pied sont les plus spacieuses. Une coupole évoquant le zénith coiffe la salle de restaurant. Carte au goût du jour.

RETRANCHEMENT *Zeeland* 532 F 14 *et* 715 B 7 – *voir à Sluis.*

REUSEL *Noord-Brabant* C *Reusel-De Mierden 12 353 h.* 532 P 14 *et* 715 G 7.
Amsterdam 135 – Eindhoven 30 – 's-Hertogenbosch 45 – Antwerpen 63.

De Nieuwe Erven, Mierdseweg 69, ✉ 5541 EP, ☎ (0 497) 64 33 76, *nieuwe.erven@wxs.nl, Fax (0 497) 64 54 08,* ☂ – P. AE ⓓ ⓜ VISA. ✂
fermé lundi et mardi – **Repas** (déjeuner sur réservation) 31/70 bc, ♀.
◆ Restaurant in een witte villa aan de rand van het dorp. De tuin met waterpartij staat 's zomers volop in bloei en biedt ruimte voor een terras. Comfortabele eetzaal met serre.
◆ Aux abords de Reusel, villa blanche dont le jardin avec pièce d'eau, fleuri à la belle saison, procure un espace agréable à la terrasse. Confortable salle à manger-véranda.

RHEDEN *Gelderland* 532 V 10 *et* 715 J 5 – *45 012 h.*
Amsterdam 112 – Arnhem 11 – Lelystad 94 – Utrecht 75 – Zwolle 79.

Bronckhorst, Arnhemsestraatweg 251, ✉ 6991 JG, ☎ (0 26) 495 22 07, *restaurant.bronckhorst@wanadoo.nl, Fax (0 26) 495 48 43,* ☂ – P. AE ⓓ ⓜ VISA JCB
fermé merc. – **Repas** Lunch 32 – carte 41 à 50.
◆ Deze oude, gerenoveerde herberg is te herkennen aan zijn gele muren en rieten dak. Klassiek-eigentijdse eetzaal en dito keuken. Schaduwrijk terras.
◆ Ancienne auberge rénovée, reconnaissable à ses murs jaunes et son toit de chaume. Salle à manger classique-actuelle, orientation culinaire de même. Terrasse ombragée.

RHENEN *Utrecht* 532 S 11 *et* 715 H 6 – *17 690 h.*
ℹ Markt 20, ✉ 3911 LJ, ☎ (0 317) 61 23 33, vvv.rhenen@wxs.nl, Fax (0 317) 61 34 10.
Amsterdam 79 – Arnhem 26 – Utrecht 41 – Nijmegen 33.

't Paviljoen, Grebbeweg 103, ✉ 3911 AV, ☎ (0 317) 61 90 03, *info@paviljoen.nl, Fax (0 317) 61 72 13,* ☂, ≘, ✂, 🚲 – |♦| ⇆, ▤ rest, TV P – 🏨 25 à 80. AE ⓓ ⓜ VISA. ✂
fermé 31 déc.-1er janv. – **Repas** carte 31 à 49, ♀ – **32 ch** ☐ 117/196 – ½ P 83/125.
◆ Bijna een kwart van de kamers in dit hotel aan de rand van het dorp is voorzien van een jacuzzi en een computer met internetaansluiting. Vlakbij bevindt zich een dierentuin. Lunchen kunt u in de brasserie, 's avonds biedt het restaurant menu's en à la carte.
◆ À l'entrée du bourg, auberge dont près d'un quart des chambres sont équipées d'un jacuzzi et d'un ordinateur relié au Web. La proximité d'un zoo enchantera toute la famille. Plats de brasserie à midi et menu-carte classique au restaurant le soir.

't Kalkoentje, Utrechtsestraatweg 143 (Nord-Ouest : 2 km), ✉ 3911 TS, ☎ (0 317) 61 23 44, *info@kalkoentje.nl, Fax (0 317) 61 65 00,* ⩽, ☂ – P. AE ⓓ ⓜ VISA
fermé 3 prem. sem. janv., sam. midi et dim. – **Repas** Lunch 30 – 37/101 bc, ♀.
◆ Voormalig boerderijtje net buiten Rhenen. In de zomer worden enkele tafeltjes gedekt op een charmant terras en in de boomgaard op de uiterwaard langs de Rijn.
◆ Ancienne chaumière située aux portes de Rhenen. En été, quelques tables sont dressées sur une mignonne terrasse et dans le verger dégringolant la pente jusqu'au fleuve.

à Elst *Nord-Ouest : 6 km* C *Rhenen :*

De Rotisserie, Veenendaalsestraatweg 50 (Nord : 3 km), ✉ 3921 EC, ☎ (0 318) 54 28 88, *info@residencerhenen.nl, Fax (0 318) 54 02 72,* ⩽, ☂, Rôtissoire en salle – P – 🏨 25 à 150. AE ⓓ ⓜ VISA
Repas Lunch 28 – carte 32 à 47, ♀.
◆ Deze prachtige oranjerie in een bosrijke omgeving, aan de rand van een park, is een uitgelezen plek voor een goede maaltijd in de buitenlucht. In de eetzaal wordt gegrilleerd.
◆ Alanguie dans un paysage boisé, cette élégante orangerie devancée d'un parc est l'endroit tout indiqué pour s'offrir un bon repas en plein air. Rôtissoire en salle.

RHOON *Zuid-Holland* 532 L 11 *et* 715 E 6 – *voir à Rotterdam, environs.*

RIIS *Fryslân* – *voir Rijs.*

RIJPERKERK *Fryslân* – *voir Ryptsjerk.*

RIJS (RIIS) *Fryslân* ⒸGaasterlân-Sleat 10 263 h. 531 S 5 *et* 715 H 3.
Amsterdam 124 – Leeuwarden 50 – Lemmer 18 – Sneek 26.

 Jans ⑤, Mientwei 1, ✉ 8572 WB, ✆ (0 514) 58 12 50, *info@hoteljans.nl*, Fax (0 514) 58 16 41, 佘, ☎, ♒ – TV ℗ – 益 25 à 40. 哑 ① ⑳ VISA
fermé du 3 au 19 juil., 27 déc.-24 janv., dim. et lundi – **Repas** (dîner pour résidents seult)
– **21 ch** ⌑ 51/90 – ½ P 61/71.
♦ Ruim honderd jaar oud logement omringd door bos en velden. Achter in de tuin staan enkele chalets die de beste kamers herbergen. Terras in het groen. Vriendelijke ontvangst.
♦ Auberge centenaire entourée de bois et de champs. Au fond du jardin, quelques chalets abritent les meilleures chambres. Terrasse verdoyante. Accueil gentil.

RIJSOORD *Zuid-Holland* Ⓒ Ridderkerk 45 873 h. 532 M 11 *et* 715 E 6.
Amsterdam 90 – Rotterdam 14 – Den Haag 40 – Breda 39.

XXX **Hermitage** (Klein), Rijksstraatweg 67 (par A 16 - E 19, sortie ㉓), ✉ 2988 BB, ✆ (0 180) 42 09 96, *hermitage@alliance.nl*, Fax (0 180) 43 33 03, 佘, Avec brasserie Corneille – ▭ ℗, 哑 ① ⑳ VISA
fermé 16 juil.-5 août, 27 déc.-6 janv., sam. midi, dim., lundi midi et jours fériés – **Repas** *Lunch 35* – 48/134 bc, carte 54 à 82, ♀
Spéc. Saint-Jacques poêlées au foie gras, poireau et truffe (mi-oct.-mi-avril). Cabillaud Skrei au four, au lait de coco et limon (janv.-mars). Homard rôti de l'Oosterschelde au gingembre (avril-juil.).
♦ Restaurant in een imposant pand aan de oever van een pittoresk kanaal dat rustig voort-kabbelt langs het fraaie zomerterras. Gerechten met een persoonlijke touch.
♦ Imposante auberge-relais postée au bord d'un canal pittoresque dont les flots défilent paisiblement le long d'une jolie terrasse estivale. Mets personnalisés.

RIJSSEN *Overijssel* Ⓒ Rijssen 35 545 h. 531 Y 9, 532 Y 9 *et* 715 K 5.
🄱 Oranjestraat 131, ✉ 7461 DK, ✆ (0 548) 52 00 11, *info@vvvrijssen.nl*, Fax (0 548) 52 14 29.
Amsterdam 131 – Zwolle 40 – Apeldoorn 45 – Enschede 36.

 Rijsserberg ⑤, Burg. Knottenbeltlaan 77 (Sud : 2 km sur rte de Markelo, 2e rotonde à droite), ✉ 7461 PA, ✆ (0 548) 51 69 00, *rijsserberg@bilderberg.nl*, Fax (0 548) 52 02 30, 佘, ☎, ☒, 烫, ✖, ♒ – 博 ✦ TV ♿ch, ℗ – 益 25 à 250. 哑 ① ⑳ VISA ᴶᶜᴮ, ✖ rest
Repas *Lunch 30* – carte 33 à 47, ♀ – ⌑ 18 – **54 ch** 85/165 – ½ P 95/123.
♦ Comfortabel etablissement midden in het ''Zwarte Woud van Nederland'', een streek waar u heerlijke boswandelingen kunt maken en nieuwe energie opdoen. Zeer comfortabele kamers en junior suites. Grote, klassiek ingerichte eetzaal. Eigentijdse, Franse keuken.
♦ Confortable établissement retiré en pleine ''Forêt Noire des Pays-Bas'', une région revigorante, propice aux balades sylvestres. Chambres et junior suites de bon séjour. Ample salle à manger classiquement aménagée. Cuisine française d'aujourd'hui.

RIJSWIJK *Zuid-Holland* 532 K 10 *et* 715 D 5 – *voir à Den Haag, environs.*

ROCKANJE *Zuid-Holland* Ⓒ Westvoorne 14 243 h. 532 J 11 *et* 715 D 6.
Amsterdam 111 – Rotterdam 38 – Den Haag 48 – Hellevoetsluis 10.

🏨 **Badhotel**, Tweede Slag 1 (Ouest : 1 km), ✉ 3235 CR, ✆ (0 181) 40 17 55, *info@bad hotel.nl*, Fax (0 181) 40 39 33, 佘, ☎, ☒, ✖ – TV ℗ – 益 25 à 110. 哑 ① ⑳ VISA ᴶᶜᴮ
Repas *Lunch 16* – carte env. 27, ♀ – ⌑ 14 – **68 ch** 70/129 – ½ P 50.
♦ Dit hotelcomplex is praktisch gelegen voor wie in de Europoort werkt. Het staat in een woonwijk vlak bij de kust. Praktische kamers en studio's met kitchenette.
♦ Commode pour la clientèle active à l'Europoort, ce complexe hôtelier est établi dans un quartier résidentiel proche du littoral. Chambres pratiques et studios avec cuisinette.

RODEN Drenthe 🆑 Noordenveld *31 936 h.* 🔢 **X** 4 *et* 🔢 **K** 2.

 Oosteinde 7a, ✉ *9301 ZP,* 🌮 *(0 50) 501 51 03, Fax (0 50) 501 36 85.*

Amsterdam 205 – Groningen *14* – Leeuwarden *56* – Zwolle *94.*

🏨 **Langewold,** Ceintuurbaan-Noord 1, ✉ *9301 NR,* 🌮 *(0 50) 501 38 50, info@langewo ldhotel.nl, Fax (0 50) 501 38 18,* 🌤, ≋s, ⚲ – 🛗 ✛ 📺 &ch, ⌁📠 **P.** – 🏛 *25 à 150.* 🆎 ⓪ 🆖 **VISA** 🆓 🐆

fermé 31 déc.-1ᵉʳ janv. – **Repas** *(fermé sam. midi et dim. midi)* Lunch *15* – carte *28 à 39* – 🍷 *10* – **30 ch** *85/115* – ½ P *55/65.*

❖ Dit moderne hotel aan de rand van Roden beschikt over grote kamers, waarvan de meeste met balkon. Ook aan ontspanning is gedacht : sauna, whirlpool, Turks bad, solarium en bowling. Restaurant en een brasserie. De prijzen rijzen niet uit de pan !

❖ Ce petit hôtel de chaîne bâti à la périphérie de Roden dispose de grandes chambres souvent dotées d'un balcon. Côté détente : sauna, whirlpool, bain turc, solarium et bowling. Alternative restaurant ou brasserie. Prix musclés.

ROERMOND Limburg 🔢 **V** 15 *et* 🔢 **I** 8 – *45 344 h.*

 au Sud-Est : 10 km à Herkenbosch, Stationsweg 100, ✉ *6075 CD,* 🌮 *(0 475) 52 95 29, Fax (0 848) 33 82 69.*

✈ *par* ④ *: 34 km à Beek* 🌮 *(0 43) 358 99 99, Fax (0 43) 358 99 88.*

🛈 *Kraanpoort 1,* ✉ *6041 EG,* 🌮 *0 900-202 55 88, roermond@regiovvv.nl, Fax (0 475) 33 50 68.*

Amsterdam 178 ⑤ – Maastricht *47* ④ – Eindhoven *50* ⑤ – Venlo *25* ① – Düsseldorf *65* ②

Plan page ci-contre

🏨 **TheaterHotel De Oranjerie,** Kloosterwandplein 12, ✉ *6041 JA,* 🌮 *(0 475) 39 14 91, info@oranjerie.valk.com, Fax (0 475) 31 71 88,* 🌤, ≋s, ⚲ – 🛗 ✛ 📺 &ch, **P.** – 🏛 *25* à *80.* 🆎 ⓪ 🆖 **VISA** 🐆 rest   **Z b**

Repas *30/50* – **98 ch** 🍷 *80/103* – ½ P *104.*

❖ Een van de betere Van der Valk hotels. Verzorgde gemeenschappelijke ruimten, schitterend theater (80 voorstellingen per jaar), luxueuze kamers en beautycenter met alles erop en eraan. Elegante, eigentijds georiënteerde keuken.

❖ L'un des fleurons du groupe hôtelier Van der Valk : communs soignés, splendide salle de spectacle (80 représentations par an), beauty-center complet et chambres luxueuses. Élégante table orientée cuisine au goût du jour.

🏨 **Landhotel Cox,** Maalbroek 102 (par ② sur N 68, à la frontière), ✉ *6042 KN,* 🌮 *(0 475) 34 88 99, gtcox@roermond.com, Fax (0 475) 32 51 42,* ⚲ – 🛗 ✛, ≣ rest, 📺 – 🏛 *25* à *80.* 🆎 ⓪ 🆖 **VISA** 🐆 rest

fermé 27 déc.-2 janv. – **Repas** Lunch *14* – carte *25 à 40,* 🍷 – **53 ch** 🍷 *61/150* – ½ P *75/114.*

❖ Een prima hotel voor wie zich op een steenworp afstand van de Duitse grens in Morpheus armen wil nestelen. De ruime kamers zijn voorzien van goede geluidsisolatie. Het restaurant voert een klassieke kaart waarop ook enkele menu's staan. Brunch op zondag.

❖ Établissement approprié si vous souhaitez poser vos valises à deux pas de la frontière allemande. Chambres spacieuses, convenablement insonorisées. Au restaurant, carte classique assortie de plusieurs menus. Brunch dominical.

🍴🍴 **dielies,** Roersingel 4, ✉ *6041 KX,* 🌮 *(0 475) 42 06 62, eyckholt@planet.nl, Fax (0 475) 42 06 65, Avec taverne-rest* – 🆎 🆖 **VISA** 🐆   **Y a**

fermé dim. – **Repas** *(dîner seult)* 34/40 bc, 🍷.

❖ Achter een prachtige oude gevel gaat een restaurant schuil met een seizoengebonden keuken. Het eetcafé heeft een eenvoudiger kaart. De sfeer is trendy en nostalgisch tegelijk.

❖ Derrière une belle façade ancienne, table vouée à la gastronomie du moment et café misant sur une carte simplifiée. Atmosphère tout à la fois nostalgique et "trendy".

à Herkenbosch *6 km par Keulsebaan* Z 🆑 Roerdalen *10 557 h* :

🏨 **Kasteel Daelenbroeck** ⚶, Kasteellaan 2, ✉ *6075 EZ,* 🌮 *(0 475) 53 24 65, info@ daelenbroeck.nl, Fax (0 475) 53 60 30,* 🌤, 🌲, ⚲ – 📺 **P.** – 🏛 *25 à 180.* 🆎 ⓪ 🆖 **VISA** 🐆 rest

fermé carnaval et 1ᵉʳ janv. – **Repas** *(dîner seult)* carte *44 à 52,* 🍷 – 🍷 *15* – **16 ch** *80/120* – 2 suites – ½ P *70/133.*

❖ Statige kasteelhoeve omringd door een slotgracht. Een van de dependances, op 100 m van de receptie, herbergt mooie, grote kamers met mezzanine en terras. Weelderig ingerichte eetzaal met meubilair dat is geïnspireerd op vervlogen tijden. Eigentijds keuken.

❖ Majestueuse ferme-château entourée de douves. L'une des dépendances, à environ 10 m de la réception, abrite de belles grandes chambres avec mezzanine et terrasse. Salle à manger cossue, garnie d'un mobilier inspiré des siècles passés. Cuisine à la page.

ROERMOND

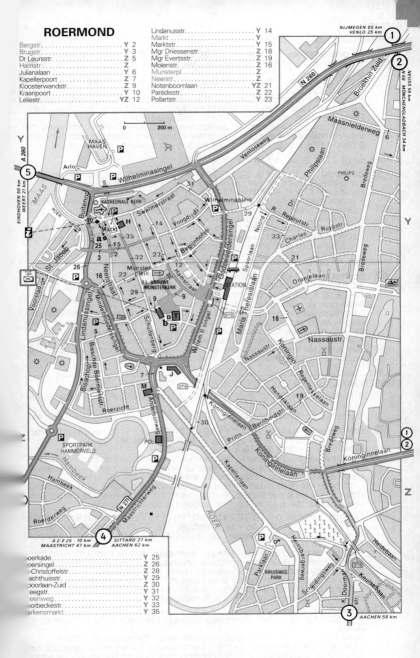

Pour toutes précisions sur les prix indiqués dans ce guide,
reportez-vous aux pages explicatives.

ROERMOND

à Herten *Ouest : 2 km* 🅲 *Roermond :*

🏨 **De Oolderhofjes** 🐾, Groeneweg 2, ✉ 6049 CE, 🖉 (0 475) 33 36 93, *info@oolder hof.nl*, Fax *(0 475) 31 11 02*, 🍴, 🚲, 🎏 – ≪↦ 📺 ⅙rest, 🅿 – 🛗 25 à 250. 🖭 ⓪ ⓮ 𝘝𝘐𝘚𝘈 ⅙
fermé 25 juil.-12 août – **Repas** *(fermé sam. midi)* 28/43 – ⌲ 10 – **26 ch** 64/78, – 3 suites – ½ P 72/150.
♦ Grote, met zorg ingerichte kamers in de nieuwe uitbouw van een voormalige boerderij aan de aan de Maas. Het oude gedeelte herbergt het restaurant en multifunctionele zalen. Eigentijdse keuken waarvoor de patron ter plaatse groenten kweekt.
♦ Grandes chambres arrangées avec soin et toutes réparties dans l'extension récente d'une ancienne ferme du rivage mosan transformée et restaurant et salles multifonctionnelles. À table, cuisine actuelle où entrent des légumes que le patron cultive sur place.

à Horn *par* ⑤ *: 3 km* 🅲 *Haelen 10 104 h :*

🏨 **De Abdij** 🐾, Kerkpad 5, ✉ 6085 BA, 🖉 (0 475) 58 12 54, *de@abdij.etrade.nl*, Fax *(0 475) 58 31 31*, 🍴, 🚲 – 📺 🅿 – 🛗 25. 🖭 ⓪ ⓮ 𝘝𝘐𝘚𝘈 ⅙
Repas carte 27 à 45 – **27 ch** ⌲ 48/80 – ½ P 57/72.
♦ Binnen de muren van een voormalige abdij biedt dit kleine familiehotel ietwat krappe maar vrij gerieflijke kamers, waar een bijna kloosterlijke stilte heerst. In de mooie serre kunt u genieten van mediterrane gerechten.
♦ Dans les murs d'une ancienne abbaye, petit hôtel familial dont les chambres, d'ampleur restreinte mais de confort convenable, offrent un silence presque monastique. Beau jardin d'hiver où une carte de préparations méditerranéennes est présentée.

à Vlodrop *8 km par Keulsebaan* Z 🅲 *Roerdalen 10 557 h :*

🏨 **Boshotel** 🐾, Boslaan 1 (près de la frontière), ✉ 6063 NN, 🖉 (0 475) 53 49 59, *info @boshotel.nl*, Fax *(0 475) 53 45 80*, 🍴, 🏖, 🔲, 🚲 – 🛗 ≪↦, 🍴 rest, 📺 ⅙ch, 🅿 – 🛗 25 à 250. 🖭 ⓪ ⓮ 𝘝𝘐𝘚𝘈 ᴊᴄʙ. ⅙ rest
Repas Lunch 30 – carte 34 à 45, ♀ – **88 ch** ⌲ 75/115 – ½ P 85/98.
♦ Een veelzeggende naam, want dit hotel is rustig gelegen midden in de bossen. De twee vleugels herbergen vergaderzalen en kamers waarin u als een blok in slaap zult vallen. Restaurant met eigentijds decor. Eenvoudige maar goede, klassieke keuken.
♦ Cet établissement estimé pour sa tranquillité doit son enseigne au bois qui l'avoisine. Deux ailes se partagent salles de réunions et chambres où l'on dort comme une bûche. Restaurant au décor intérieur actuel. Recettes classico-bourgeoises.

ROOSENDAAL *Noord-Brabant* 532 L 13 *et* 715 E 7 – *78 110 h.*

🅱 *Markt 71,* ✉ *4701 PC,* 🖉 *(0 165) 55 44 00, vvv.roosendaal@tref.nl,* Fax *(0 165) 56 75 22.*

Amsterdam 127 – 's-Hertogenbosch 75 – Breda 25 – Rotterdam 56 – Antwerpen 44.

🏨 **the Goderië,** Stationsplein 5a, ✉ 4702 VX, 🖉 (0 165) 55 54 00, *hotel@goderie.com*, Fax *(0 165) 55 06 60* – 🛗 ≪↦ 📺 – 🛗 25 à 80. 🖭 ⓪ ⓮ 𝘝𝘐𝘚𝘈 ⅙
Repas Lunch 19 – carte 40 à 50, ♀ – ⌲ 13 – **49 ch** 75/113 – ½ P 76/90.
♦ Dit adres vlak bij de ringweg en het station is handig voor zakenlieden op doorreis. De kamers, waarvan de meeste ruim zijn, bieden een goed comfort. Er is de keuze tussen een brasserie met ongedwongen sfeer en een wat klassiekere formule.
♦ Proche du ring et de la gare, adresse utile pour l'homme d'affaires de passage dans la région. Spacieuses le plus souvent, les chambres offrent un bon niveau de confort. Brasserie décontractée ou formule de restauration plus classique.

🏨 **Central,** Stationsplein 9, ✉ 4702 VZ, 🖉 (0 165) 53 56 57, *sistermans@hotelcentral.nl*, Fax *(0 165) 56 92 94*, 🍴, 🚲 – 🛗, 🍴 rest, 📺 – 🛗 40. 🖭 ⓪ ⓮ 𝘝𝘐𝘚𝘈 ᴊᴄʙ. ⅙
fermé 30 déc. et 1ᵉʳ janv. – **Repas** Lunch 22 – 35/47, ♀ – **18 ch** ⌲ 83/99, – 3 suites – ½ P 71/119.
♦ Wie met de trein in Roosendaal aankomt, heeft geluk, want de trein stopt recht tegenover dit familiehotel. De lichte, functionele kamers zijn voorzien van geluidsisolatie. In de gezellige restaurantzaal wordt een klassieke keuken geserveerd.
♦ Ceux qui gagnent Roosendaal par le rail seront avantagés car leur train s'arrêtera juste en face de cet hôtel familial. Chambres claires, fonctionnelles et insonorisées. Cuisine classique servie dans une accueillante salle de restaurant.

🍴🍴 **Vroenhout,** Vroenhoutseweg 21 (par A 17, sortie ⑲, direction Wouw), ✉ 4703 SC, 🖉 (0 165) 53 26 32, *restaurant.vroenhout@home.nl*, Fax *(0 165) 53 52 31* – 🔲 🅿. 🖭 ⓪ ⓮ 𝘝𝘐𝘚𝘈
fermé prem. sem. janv., merc., sam. midi et dim. midi – **Repas** Lunch 35 – 38/59.
♦ Een verrukkelijke 18e-eeuwse boerderij met rieten dak, midden op het platteland. Rustieke eetzaal, salon met schouw en bedstee die herinnert aan het boerenleven van weleer.
♦ En pleine campagne, ravissante ferme à toit de chaume construite au 18ᵉ s. Salle à manger rustique, salon avec cheminée et lit clos restituent l'âme paysanne des lieux.

PAYS-BAS

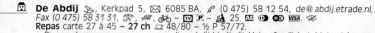

XX **van der Put,** Bloemenmarkt 9, ✉ 4701 JA, ✆ (0 165) 53 35 04, Fax (0 165) 54 61 61, ⌂ – ▮ ▮ ▮
fermé 31 juil.-14 août, du 27 au 31 déc., dim. midi et lundi – **Repas** Lunch 25 – 28/45, ⌂.
♦ Dit gezellige restaurant aan de bloemenmarkt, vlak bij de kerk, heeft veel trouwe gasten. Traditionele Hollandse keuken die in verschillende menu's wordt gepresenteerd.
♦ Sur le marché aux fleurs, près de l'église, affaire familiale où l'on s'attable en compagnie de clients fidèles. Cuisine traditionnelle batave déclinée en plusieurs menus.

à Bosschenhoofd *Nord-Est : 4 km* Ⓒ *Halderberge 29 746 h :*

▮▮ **De Reiskoffer,** Pastoor van Breugelstraat 45, ✉ 4744 AA, ✆ (0 165) 31 63 10, *inf o@reiskoffer.nl, Fax (0 165) 31 82 00,* ⌂, ⌂, ✿, ⚙ – ▮ ✉ ▮ ▮ – ▮ 25 à 125. ▮ ▮ ▮ ▮ ▮ ✿
fermé 26 et 31 déc. – **Repas** Lunch 27 – carte 28 à 39 – **53 ch** ⌂ 58/146 – ½ P 72/75.
♦ Dit voormalige klooster vlak bij een afrit van de snelweg is tot hotel verbouwd. De kamers, met balkon of terras, bevinden zich in de annexe. De voormalige kapel is tot restaurantzaal verbouwd.
♦ Près d'une sortie d'autoroute, ancien couvent réaffecté en hôtel dont les chambres, munies d'un balcon ou d'une terrasse, sont rassemblées en annexe. La chapelle d'autrefois a été reconvertie en salle de restaurant.

ROOSTEREN *Limburg* Ⓒ *Echt-Susteren 32 107 h.* ▮▮▮ T 16 *et* ▮▮▮ I 8.
Amsterdam 186 – Maastricht 33 – Eindhoven 57 – Roermond 18.

▮▮ **De Roosterhoeve** ⌂, Hoekstraat 29, ✉ 6116 AW, ✆ (0 46) 449 31 31, Fax (0 46) 449 44 00, ⌂, ▮, ▮ – ▮ ✉ ▮ – ▮ 25 à 150. ▮ ▮ ▮ ▮ ▮ ✿
Repas *(fermé 1er janv. et sam. midi)* 25/55 – **60 ch** ⌂ 63/105 – ½ P 65/75.
♦ Dit rustig gelegen hotel heeft wel wat weg van een oude hofstede. Een tip : reserveer uw kamer in de annexe aan de achterkant (Maasburcht). Terras op de binnenhof. In de eetzaal met serre kunt u genieten van klassieke maaltijden in Hollandse stijl.
♦ Paisible hôtel familial plagiant l'architecture d'une ferme. Un conseil : réservez votre chambre à l'annexe (Maasburcht) située à l'arrière. Terrasse sur cour intérieure. Salle à manger-véranda où l'on vient faire des repas classiques à la mode hollandaise.

XX **Kasteeltje Eyckholt,** Eyckholtstraat 13, ✉ 6116 BR, ✆ (0 46) 449 49 00, *eyckhol t@planet.nl, Fax (0 46) 449 12 74 –* ▮. ▮ ▮ ▮ ▮
fermé fin fév.-début mars, mi-juil.-mi-août, lundi, mardi et sam. midi – **Repas** Lunch 33 – 49/91 bc, ⌂.
♦ Plezierig restaurant in een 17e-eeuws kasteeltje. Mooie rustieke bar en eetzaal met serre aan de tuin. 's Zomers kunt u ook gezellig buiten tafelen. Eigentijdse keuken.
♦ Table plaisante aménagée dans un petit château fondé au 17e s. Joli bar rustique, salle à manger-véranda tournée vers le jardin et restaurant de plein air. Cuisine du moment.

ROSMALEN *Noord-Brabant* ▮▮▮ Q 13 *et* ▮▮▮ H 6 – *voir à 's-Hertogenbosch.*

ROSSUM *Gelderland* Ⓒ *Maasdriel 23 519 h.* ▮▮▮ R 12 *et* ▮▮▮ H 6.
Amsterdam 80 – Utrecht 46 – Arnhem 62 – 's-Hertogenbosch 16

▮ **De Gouden Molen** ⌂, Waaldijk 5, ✉ 5328 EZ, ✆ (0 418) 66 13 06, *info@de-goud en-molen.nl, Fax (0 418) 66 21 88,* <, ⌂, ⚙ – ✉ ▮ – ▮ 25. ▮ ▮ ▮ ✿
fermé 27 déc.-2 janv. – **Repas** Lunch 30 – carte 33 à 52, ⌂ – **9 ch** ⌂ 65/90 – ½ P 65/85.
♦ Deze voormalige herberg onder aan de dijk is met zorg voor behoud van het specifieke karakter verbouwd. Eigentijds comfort in de kamers. Gastvrije, sympathieke ontvangst. Bij mooi weer kan op het terras een aperitiefje worden genomen, met uitzicht op de Waal.
♦ En contrebas de la digue, ancienne auberge réaménagée avec le souci de préserver son caractère typique. Confort actuel dans les chambres. Accueil familial sympathique. Aux beaux jours, le restaurant se complète d'une terrasse apéritive avec vue sur le Waal.

ROTTERDAM

Zuid-Holland 🔢 L 11 *et* 🔢 E 6 – *599 651 h.*

Amsterdam 76 ① – *Den Haag 24* ① – *Antwerpen 103* ③ – *Bruxelles 148* ③ –
Utrecht 57 ②.

RENSEIGNEMENTS PRATIQUES

🗓 *Coolsingel 67,* ✉ *3012 AC,* 📞 *0 900-403 40 65, vvvrotterdam@anwb.nl,
Fax (010) 413 01 24.*

🛬 *(BR)* 📞 *(010) 446 34 44, Fax (010) 446 34 99.*

⚓ *Europoort vers Hull : P and O North Sea Ferries* 📞 *(0181) 25 55 00
(renseignements) et (0181) 25 55 55 (réservations), Fax (0181) 25 52 15.*

Casino JY, *Plaza-Complex, Weena 624,* ✉ *3012 CN,* 📞 *(010) 206 82 06, Fax (010)
206 85 00.*

▚ *Kralingseweg 200,* ✉ *3062 CG* (DS), 📞 *(010) 452 22 83 –* ▚ *à Capelle aan den IJssel*
(DR), *'s Gravenweg 311,* ✉ *2905 LB,* 📞 *(010) 442 21 09, Fax (010) 284 06 06 –* ▚ *à
Rhoon* (AT), *Veerweg 2a,* ✉ *3161 EX,* 📞 *(010) 501 80 58, Fax (010) 501 56 04.*
▚ *Kleiweg 480, 3045PM, T° (010) 418 88 48, Fax (010) 418 46 98.*

CURIOSITÉS

Voir *Lijnbaan★* JY – *Intérieur★ de l'Église St-Laurent (Grote of St-Laurenskerk)* KY –
Euromast★ (❄★★, ⬳★) JZ – *Le port★★ (Haven)* ⚓ KZ – *Willemsbrug★★* HV –
Erasmusbrug★★ KZ – *Delftse Poort (bâtiment)★* JY **C** – *World Trade Centre★* KY **Y** –
Nederlands Architectuur Instituut★ JZ **W** – *Boompjes★* KZ – *Willemswerf (bâtiment)★*
KY.

Musées : *Historique (Historisch Museum) Het Schielandshuis★* KY **M²** – *Boijmans Van
Beuningen★★★* JZ – *Historique « De Dubbelde Palmboom »★* EV.

Env. *par* ③ : *7 km : Moulins de Kinderdijk★★.*

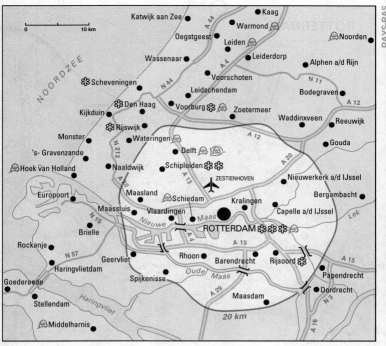

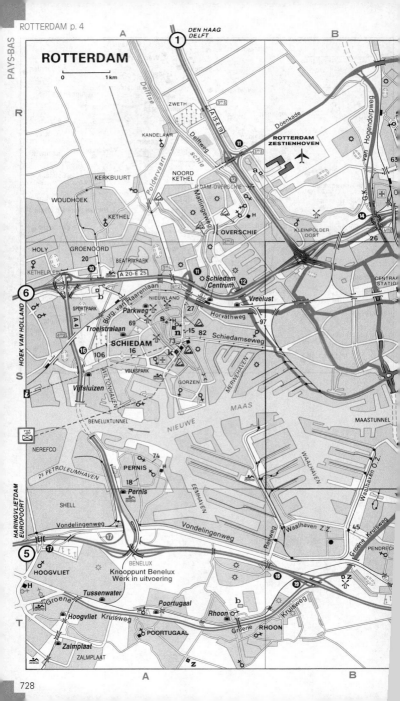

ROTTERDAM

0   1 km

DEN HAAG
DELFT

A

B

R

HOEK VAN HOLLAND

HARINGVLIETDAM
EUROPOORT

ZWETH

KANDELAAR

KERKBUURT

WOUDHOEK

KETHEL

HOLY
KETHELPLEIN

GROENOORD

BEATRIXPARK

NOORD
KETHEL

R'DAM OVERSCHIE

OVERSCHIE

KLEINPOLDER
OOST

ROTTERDAM
ZESTIENHOVEN

Doenkade

CENTRAAL
STATION

Schiedam
Centrum

Vreelust

SPORTPARK

NIEUWLAND

Parkweg

Burg. van Haarenlaan

Horvåthweg

Schiedamseweg

Troelstralaan

SCHIEDAM

VOLKSPARK

GORZEN

MERWEHAVEN

MAAS

MAASTUNNEL

MAASTUNNEL

Vijfsluizen

BENELUXTUNNEL

NIEUWE

WAALHAVEN

NEREFCO

2E PETROLEUMHAVEN

PERNIS

Pernis

SHELL

Vondelingenweg

Vondelingenweg

EEMHAVEN

Rijnweg

Waalhaven Z.Z.

Groene Kruisweg

PENDRECHT

HOOGVLIET

BENELUX
Knooppunt Benelux
Werk in uitvoering

Tussenwater

Hoogvliet

Groene

Kruisweg

Poortugaal

POORTUGAAL

Rhoon

Groene

RHOON

Kruisweg

Zalmplaat

ZALMPLAAT

5

T

A

B

728

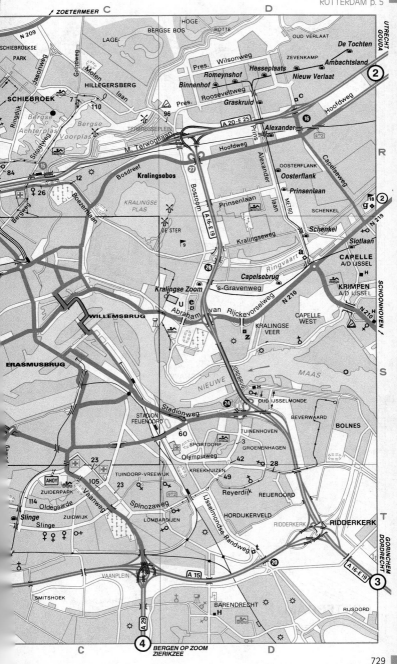

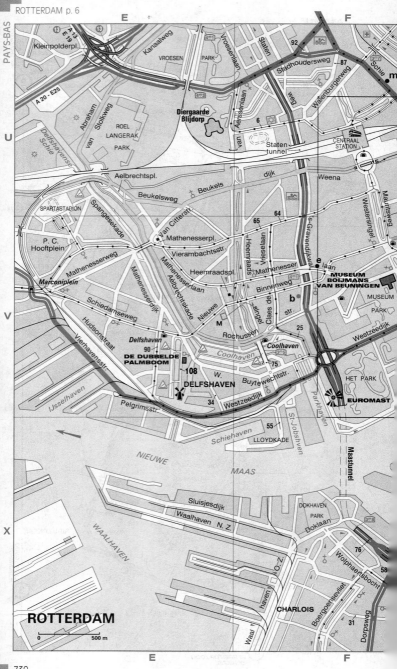

G H

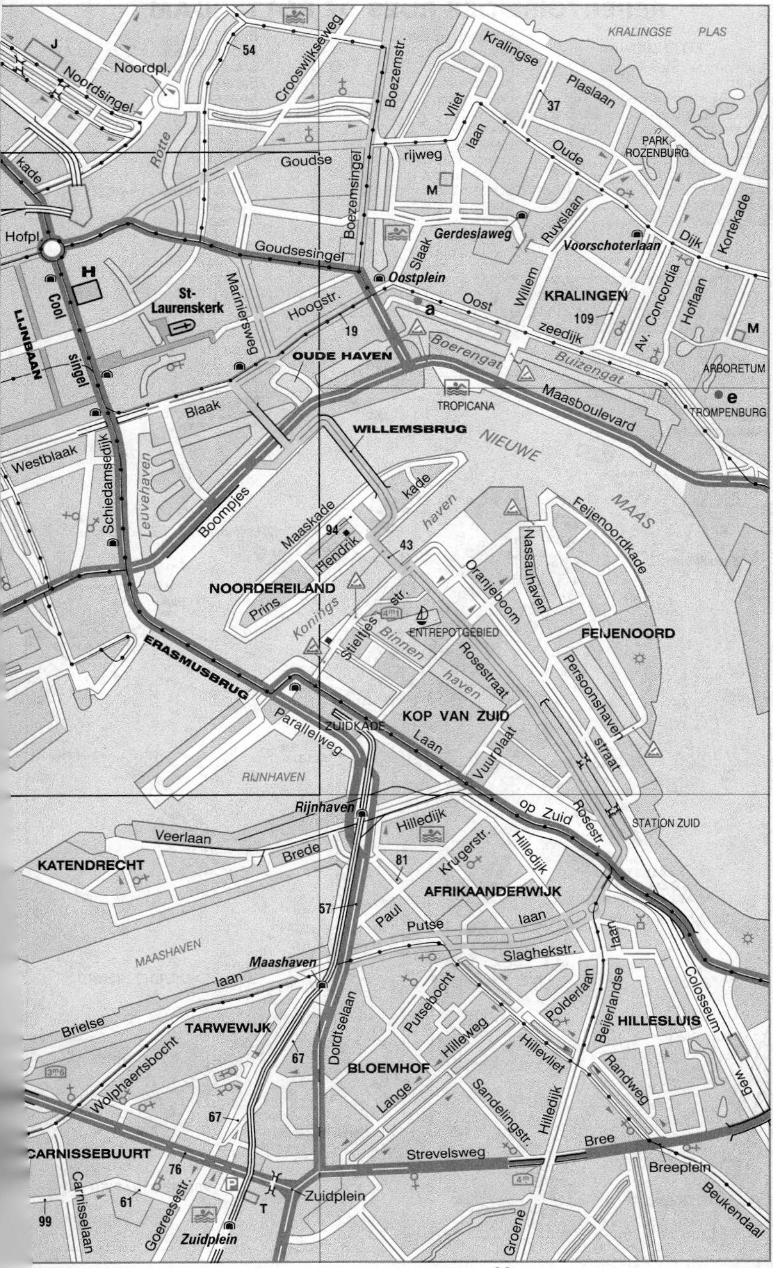
KRALINGSE PLAS
Kralingse
Plaslaan
37
54
J
Noordpl.
Noordsingel
Crooswijkseweg
Boezemstr.
Vliet
laan
Rotte
Goudse
rijweg
Boezemsingel
PARK ROZENBURG
Oude
kade
M
Gerdesiaweg
Ruyslaan
Voorschoterlaan
Dijk
Kortekade
Hofpl.
Goudsesingel
Slaak
H
Oostplein
Cool
St-Laurenskerk
Marinierseweg
Hoogstr.
a
Oost
Willem
KRALINGEN
Av. Concordia
Hoflaan
LIJNBAAN
19
109
zeedijk
M
singel
OUDE HAVEN
Boerengat
Buizengat
ARBORETUM
Blaak
TROPICANA
Maasboulevard
e
TROMPENBURG
WILLEMSBRUG
NIEUWE
Westblaak
Schiedamsedijk
Leuvehaven
Boompjes
Maaskade
kade
haven
MAAS
Feijenoordkade
94
Hendrik
43
Nassauhaven
Oranjeboom
NOORDEREILAND
Prins
Konings
str.
Stieltjes
Binnen
ENTREPOTGEBIED
FEIJENOORD
Rosestraat
haven
Persoonshaven
ERASMUSBRUG
KOP VAN ZUID
Parallelweg
ZUIDKADE
Laan
Vuurplaat
straat
RIJNHAVEN
op Zuid
Rosestr
STATION ZUID
Rijnhaven
Hilledijk
Veerlaan
Brede
Krugerstr.
Hilledijk
KATENDRECHT
81
AFRIKAANDERWIJK
57
Paul
Putse
laan
laan
MAASHAVEN
Slaghekstr.
Maashaven
laan
Colosseum
Putsebocht
Polderlaan
Beijerlandse
Brielse
TARWEWIJK
HILLESLUIS
Dordtselaan
Hilleweg
Wolphaertsbocht
67
BLOEMHOF
Hillevliet
Randweg
weg
Lange
Sandelingstr.
Hilledijk
67
Bree
CARNISSEBUURT
Strevelsweg
Breeplein
76
Carnisselaan
Goereesestr.
P
Zuidplein
Beukendaal
61
T
99
Zuidplein
Groene

U V X

G H

RÉPERTOIRE DES RUES DE ROTTERDAM

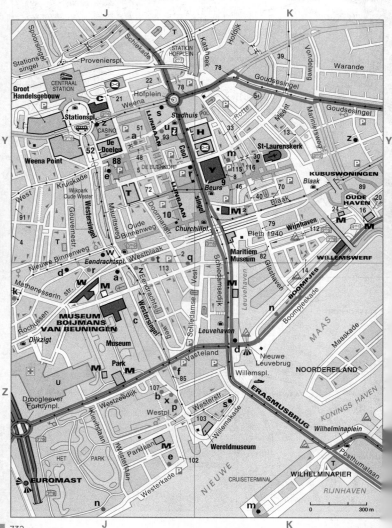

Quartiers du Centre - plan p. 8 sauf indication spéciale :

The Westin, Weena 686, ⊠ 3012 CN, *ℱ* (0 10) 430 20 00, *rotterdam.westin@ west in.com*, Fax (0 10) 430 20 01, ≼, ⅃₅ – ⅋ ⇆ ▤ ▥ ⅜ch, ◻▸ – ⅍ 25 à 100. ℿ ⓪ ⓶ ⓿ 𝗩𝗜𝗦𝗔 ⫶⫶⫶ ⅌
JY z

Repas *Lighthouse* (ouvert jusqu'à 23 h) Lunch 19 – carte 37 à 53, ⵚ – **227 ch** ⵗ 300/330, – 4 suites.

♦ Deze futuristische wolkenkrabber staat tegenover het station en beschikt over ruime kamers die met alle moderne voorzieningen zijn uitgerust. Congreszalen en business center. Hedendaagse gerechten worden geserveerd in een decor dat eveneens bij de tijd is.

♦ Ce gratte-ciel aux lignes futuristes posté devant la gare abrite d'amples chambres dotées de tout le confort actuel. Salles de conférences et centre d'affaires. Cuisine d'aujourd'hui à savourer dans un décor d'esprit résolument contemporain.

Hilton, Weena 10, ⊠ 3012 CM, *ℱ* (0 10) 710 80 00, *sales-rotterdam@hilton.com*, Fax (0 10) 710 80 80, ⅃₅ – ⅋ ⇆ ▤ ▥ ⅜ ◻▸ ⥰ – ⅍ 25 à 325. ℿ ⓪ ⓶ ⓿ 𝗩𝗜𝗦𝗔 ⫶⫶⫶
JY s

Repas (ouvert jusqu'à 23 h) carte 28 à 44, ⵚ – ⵗ – **246 ch** 165/280, – 8 suites.
♦ Hotel van prima kwaliteit, in een modern pand vlak bij het World Trade Center. Het ontbreekt de kamers beslist niet aan stijl en comfort. Klein restaurant in de lounge. Originele wijnkaart in de vorm van een schilderspalet.
♦ Hôtel de chaîne haut de gamme occupant un immeuble moderne proche du World Trade Center. Les chambres ne manquent ni d'allure, ni d'agrément. Petite restauration dans le lounge. Originale carte des vins façon "palette de peintre".

Parkhotel, Westersingel 70, ⊠ 3015 LB, *ℱ* (0 10) 436 36 11, *parkhotel@bilderberg.nl*, Fax (0 10) 436 42 12, ≼, ⅌, ⅃₅, ⇌ – ⅋ ⇆ ▤ ▥ ◻◻ – ⅍ 25 à 60. ℿ ⓪ ⓶ ⓿ 𝗩𝗜𝗦𝗔 ⫶⫶⫶ ⅌ rest
JZ a

Repas (fermé sam. midi) Lunch 34 – carte 29 à 44, ⵚ – ⵗ 21 – **187 ch** 65/289, – 2 suites – ½ P 133/323.

♦ Zilvergrijze toren met uitzicht over de museumwijk en met zes typen piekfijne kamers. Op een steenworp afstand ligt de Lijnbaan met veel winkels. Restaurantzaal in blauw, wit en beige. "New Style", "Global" en "Classic" ofwel... gerechten in diverse stijlen.
♦ Six types de chambres "nickel" garnissent cette tour d'un ton gris argenté dominant le quartier des musées. À deux pas, la commerçante Lijnbaan s'offre à vous. Harmonie bleu-blanc-beige dans la salle de restaurant. Recettes "New Style", "Global" et "Classic".

NH Atlanta Rotterdam sans rest, Aert van Nesstraat 4, ⊠ 3012 CA, *ℱ* (0 10) 206 78 00, *o.scheffers@nh-hotels.com*, Fax (0 10) 411 74 23 – ⅋ ⇆ ▥ ⅜ ⥰ – ⅍ 25 à 325. ℿ ⓪ ⓶ ⓿ 𝗩𝗜𝗦𝗔
JY r

ⵗ 16 – **213 ch** 85/205, – 2 suites.
♦ In dit luxehotel uit 1930 worden grootscheepse renovaties uitgevoerd. De art-decostijl van de gemeenschappelijke ruimten - lobby, trap, bar en ontbijtzaal - blijft behouden.
♦ Rénovations importantes dans cet hôtel-palace 1930 dont les espaces communs - hall, escalier, bar et salle de breakfast - préservent leur cachet Art déco.

Inntel, Leuvehaven 80, ⊠ 3011 EA, *ℱ* (0 10) 413 41 39, *inforotterdam@hotelinntel. com*, Fax (0 10) 413 32 22, ≼, ⅃₅, ⇌, ▣ – ⅋ ⇆ ▤ ▥ – ⅍ 25 à 250. ℿ ⓪ ⓶ ⓿ 𝗩𝗜𝗦𝗔 ⫶⫶⫶ ⅌
KZ d

Repas Lunch 22 – carte 24 à 43 – ⵗ 19 – **148 ch** 190/270 – ½ P 232/312.
♦ Ketenhotel aan de museumhaven, vlak bij de majestueuze Erasmusbrug. Zwembad en bar, beide met panoramisch uitzicht, bevinden zich op de bovenste verdieping.
♦ Hôtel de chaîne élevé le long du bassin-musée portuaire, à une enjambée du majestueux pont Erasmusbrug. Piscine et bar panoramiques perchés au dernier étage.

Holiday Inn City Centre, Schouwburgplein 1, ⊠ 3012 CK, *ℱ* (0 10) 206 25 55, *hic crotterdam@bilderberg.nl*, Fax (0 10) 206 25 50 – ⅋ ⇆ ▥ ⥰ – ⅍ 25 à 300. ℿ ⓪ ⓶ ⓿ 𝗩𝗜𝗦𝗔 ⅌ rest
JY e

Repas carte 26 à 39, ⵚ – ⵗ 18 – **98 ch** 190/210 – ½ P 85/140.
♦ Hotelgebouw aan het Theaterplein, waar de hand van Adriaan Geuze een nieuwe look heeft gecreëerd. Modern meubilair en dubbele beglazing in de kamers. Congresinfrastructuur.
♦ Immeuble surplombant la place du Théâtre relookée par Adriaan Geuze. Mobilier actuel et double vitrage dans les chambres. Infrastructures conférencières.

Savoy sans rest, Hoogstraat 81, ⊠ 3011 PJ, *ℱ* (0 10) 413 92 80, *info.savoy@edenh otelgroup.com*, Fax (0 10) 404 57 12, ⅃₅ – ⅋ ⇆ ▤ ▥ – ⅍ 25 à 60. ℿ ⓪ ⓶ ⓿ 𝗩𝗜𝗦𝗔 ⫶⫶⫶ ⅌
KY z

ⵗ 17 – **94 ch** 140/205.
♦ Een aangenaam hotel nabij de beroemde kubushuizen van Blom, met kamers op zeven verdiepingen. Gratis internettoegang op de benedenverdieping.
♦ À deux pas des fameuses "maisons cubes" conçues par Blom, agréable hôtel distribuan ses chambres sur sept étages. Accès gratuit à Internet au rez-de-chaussée.

New York, Koninginnehoofd 1 (Wilhelminapier), ⊠ 3072 AD, 𝒫 (0 10) 439 05 00, *inf o@hotelnewyork.nl*, Fax *(0 10) 484 27 01*, ≼, 🍴 – 📶 📺 ↔ – 🚲 25 à 100. ◫ ⓪ ⓿ 𝗩𝗜𝗦𝗔 ᴶᶜᴮ 🍴 ch   KZ **m**
Repas (ouvert jusqu'à minuit) carte 30 à 39, ♀ – 🍷 11 – **72 ch** 93/160.
♦ Dit karaktervolle complex was voorheen de zetel van de Holland-Amerika lijn. Kamers met een origineel en eigen karakter bieden uitzicht op de haven, de stad of de rivier. Ruime eetzaal met meubilair in Grand café stijl.
♦ Cet ensemble de caractère fut le siège de la compagnie maritime Holland-America. Chambres originalement personnalisées offrant la vue sur le port, la ville ou le fleuve. Ample salle à manger garnie d'un mobilier de type brasserie.

Pax sans rest, Schiekade 658, ⊠ 3032 AK, 𝒫 (0 10) 466 33 44, *pax@bestwestern.nl*, Fax *(0 10) 467 52 78* – 📶 🍷 ▤ 📺 ⅃ ↔ – 🚲 25 à 80. ◫ ⓿ 𝗩𝗜𝗦𝗔 ⅍   plan p. 6   FU **m**
124 ch 🍷 85/165.
♦ Dit hotel aan een belangrijke verkeersader is handig voor automobilisten, maar ook voor treinreizigers. Vrij ruime kamers met standaardmeubilair.
♦ En bordure d'un axe important, hôtel aussi pratique pour les automobilistes que pour les usagers du rail. Chambres plus ou moins spacieuses, au mobilier standard.

Tulip Inn, Willemsplein 1, ⊠ 3016 DN, 𝒫 (0 10) 413 47 90, *sales@tulipinnrotterdam.nl*, Fax *(0 10) 412 78 90*, ≼ – 📶 🍷, ▤ rest, 📺 – 🚲 25 à 60. ◫ ⓪ ⓿ 𝗩𝗜𝗦𝗔 ᴶᶜᴮ ⅍ rest   KZ **s**
Repas *(fermé août)* carte 26 à 36 – **108 ch** 🍷 110/185 – ½ P 50/64.
♦ Aan een kade langs de Nieuwe Maas zijn in dit hotel goede, maar kleine kamers ingericht die functioneel zijn en vrij comfortabel. Vlak voor het pand ligt de Erasmusbrug.
♦ Bonnes petites chambres fonctionnelles et assez confortables dans ce building construit au bord d'un quai de la Nieuwe Maas. L'Erasmusbrug se déploie juste devant vous.

Van Walsum, Mathenesserlaan 199, ⊠ 3014 HC, 𝒫 (0 10) 436 32 75, *info@hotelva nwalsum.nl*, Fax *(0 10) 436 44 10* – 📶 🍷 📺 🅿 ◫ ⓪ ⓿ 𝗩𝗜𝗦𝗔 ᴶᶜᴮ ⅍ rest
Repas (résidents seult) – **29 ch** 🍷 78/110 – ½ P 126.   plan p. 6   FV **e**
♦ Imposant patriciërshuis met kamers die in grootte variëren, maar wel identiek zijn gemeubileerd en voorzien van dubbele beglazing. De ontbijtzaal kijkt uit op het terras.
♦ Imposante demeure bourgeoise aux chambres d'ampleur différente, meublées à l'identique et munies du double vitrage. La salle des petits-déjeuners s'ouvre sur la terrasse.

Emma sans rest, Nieuwe Binnenweg 6, ⊠ 3015 BA, 𝒫 (0 10) 436 55 33, *info@hotel emma.nl*, Fax *(0 10) 436 76 58* – 📶 🍷 📺 🅿 ◫ ⓪ ⓿ 𝗩𝗜𝗦𝗔 ᴶᶜᴮ   JY **w**
24 ch 🍷 60/115.
♦ Boven een winkel liggen op de drie verdiepingen van dit bijna honderd jaar oude pandje functionele kamers die onlangs zijn gerenoveerd en nu een behoorlijk comfort bieden.
♦ Ce petit immeuble presque centenaire se partage entre un rez-de-chaussée commercial et trois étages de chambres fonctionnelles récemment rénovées et convenablement équipées.

Breitner, Breitnerstraat 23, ⊠ 3015 XA, 𝒫 (0 10) 436 02 62, *info@hotelbreitner.nl*, Fax *(0 10) 436 40 91* – 📶 📺 ↔ 🅿 ◫ ⓪ ⓿ 𝗩𝗜𝗦𝗔 ᴶᶜᴮ ⅍ rest   JZ **d**
Repas (dîner pour résidents seult) – **36 ch** 🍷 68/105.
♦ Familiehotel dat gevestigd is in drie woonhuizen in een rustige straat, halverwege het drukke centrum en het Museumpark. Eenvoudige, praktische kamers.
♦ Établissement familial occupant trois maisons d'habitation situées dans une rue calme, à mi-chemin du centre animé et du Museumpark. Chambres sobres et pratiques.

Parkheuvel (Helder), Heuvellaan 21, ⊠ 3016 GL, 𝒫 (0 10) 436 07 66, Fax *(0 10) 436 71 40*, ≼, 🍴 – 🅿 ◫ ⓪ ⓿ 𝗩𝗜𝗦𝗔 ᴶᶜᴮ   JZ **n**
fermé 18 juil.-6 août, 27 déc.-5 janv., sam. midi et dim. – **Repas** Lunch 47 – 68/115, carte 67 à 112, ♀ ⅍
Spéc. Turbot grillé, crème d'anchois et champignons au basilic. Filet et côtelettes de chevreuil panés d'amandes et poivre noir. Tempura de langoustines au melon.
♦ In dit moderne, halfronde paviljoen wordt u onthaald op een verrukkelijke, creatieve keuken. De tafels aan de terraskant kijken uit op het scheepvaartverkeer. Een festijn!
♦ Une succulente cuisine créative vous attend dans ce pavillon moderne en hémicycle. Prenez place côté terrasse pour profiter de la vue sur le trafic maritime. Un régal!

Old Dutch, Rochussenstraat 20, ⊠ 3015 EK, 𝒫 (0 10) 436 03 44, *info@olddutch.net*, Fax *(0 10) 436 78 26*, 🍴 – 🍷 🅿 ◫ ⓪ ⓿ 𝗩𝗜𝗦𝗔   JZ **r**
fermé sam. soir en juil.-août, sam. midi, dim. et jours fériés – **Repas** Lunch 33 – 48/83 bc, ♀.
♦ Deze Oude Hollander runt in een herberg uit 1932 een aangenaam restaurant dat met traditioneel meubilair is ingericht. Klassieke kaart met menu's. Wereldwijnen.
♦ Installé dans une auberge bâtie en 1932, le "Vieil Hollandais" est un agréable restaurant garni d'un mobilier bourgeois. Carte classique avec plusieurs menus. Vins du monde.

XX **La Vilette** (Mustert), Westblaak 160, ⊠ 3012 KM, ℰ (0 10) 414 86 92, *Fax (0 10) 414 33 91* – ☰. 〽 ⓪ ⓶ ⱱⓘ⊿ 〽. ⱦ JY **t**
fermé 18 juil.-7 août, 24 déc.-1er janv., sam. midi et dim. – **Repas** Lunch 31 – 45, carte 43 à 57, ♀.
Spéc. Saint-Jacques et foie de canard aux pommes. Barbue et anguille, risotto et vinaigrette à l'oseille. Eventail de chocolat et nougat.
◆ Chique brasseriesfeer in dit comfortabele restaurant, waar u kunt kiezen uit een aantrekkelijke kaart met trendy gerechten. Prima onthaal en service. Openbare parking vlakbij.
◆ Ambiance "brasserie sélecte" dans ce confortable restaurant présentant une appétissante carte au goût du jour. Accueil et service de qualité. Parking public aisé à proximité.

XX **De Harmonie,** Westersingel 95, ⊠ 3015 LC, ℰ (0 10) 436 36 10, *Fax (0 10) 436 36 08,* ⌂ – ☖ 25 à 60. 〽 ⓪ ⓶ ⱱⓘ⊿ JZ **c**
fermé 26 déc.-2 janv., sam. midi et dim. – **Repas** Lunch 35 – carte 42 à 58, ♀.
◆ Prettig restaurant dicht bij de Westersingel en het Museumpark. 's Zomers doen tuin en terras de naam van dit adres alle eer aan. Verfijnd decor en smakelijke, actuele keuken.
◆ Agréable restaurant jouxtant le Westersingel et le Museumpark. L'été venu, jardin et terrasse ne désavouent pas l'enseigne. Cadre raffiné et cuisine actuelle savoureuse.

XX **ZeeZout,** Westerkade 11b, ⊠ 3016 CL, ℰ (0 10) 436 50 49, *Fax (0 10) 225 18 47,* ⌂, Produits de la mer – ☰. 〽 ⓪ ⓶ ⱱⓘ⊿ JZ **e**
fermé 25 et 26 déc., sam. midi, dim. et lundi – **Repas** Lunch 28 – carte 41 à 64.
◆ What's in the name ! Gerechten die op de zee zijn geïnspireerd en het terras aan de Nieuwe Maas vormen de trekpleister van deze elegante brasserie.
◆ Recettes tournées vers le grand large et terrasse orientée côté Nieuwe Maas font l'attrait de cette élégante brasserie dont le nom - "Sel de Mer "- annonce la couleur.

XX **Brancatelli,** Boompjes 264, ⊠ 3011 XD, ℰ (0 10) 411 41 51, *pino@brancatelli.nl, Fax (0 10) 404 57 34,* Cuisine italienne, ouvert jusqu'à 23 h – ☰. 〽 ⓪ ⓶ ⱱⓘ⊿ KZ **n**
fermé sam. midi et dim. midi – **Repas** Lunch 32 – carte 30 à 48, ♀.
◆ Modern ingericht, Italiaans restaurant aan een levendige kade. Kaart met vrij authentieke gerechten en keuze uit een selectie wijnen die rechtstreeks uit de Laars komen.
◆ Table italienne aménagée de façon actuelle, bordant un quai animé. Carte de préparations assez authentiques, qu'accompagne une sélection de vins reçus en direct de la "Botte".

XX **Perla del Mare,** Van Voolenhovenstraat 15 (accès par Westerlijk Handelsterrein), ⊠ 3016 BE, ℰ (0 10) 241 04 00, *info@perladelmare.nl, Fax (0 10) 241 03 67,* Cuisine italienne, produits de la mer – ☰. 〽 ⓪ ⓶ ⱱⓘ⊿ JZ **b**
fermé sam. midi et dim. midi – **Repas** Lunch 38 – carte 45 à 79, ♀.
◆ De naam van dit restaurant met maritieme ambiance verraadt welke kookstijl u in dit oude pakhuis kunt verwachten. Italiaanse gerechten met producten uit zee als hoofdmoot.
◆ L'enseigne de ce restaurant à l'ambiance nautique établi dans un ancien entrepôt revendique une cuisine italianisante essentiellement tournée vers les produits de la mer.

X **Huson,** Scheepstimmermanslaan 14, ⊠ 3011 BS, ℰ (0 10) 413 03 71, *lunch@huson.info, Fax (0 10) 412 49 38,* ⌂ JZ **f**
fermé dern. sem. juil.-2 prem. sem. août, du 1er au 10 janv. et sam. – **Repas** (déjeuner seult jusqu'à 18 h) carte env. 35.
◆ Moderne eetzaal met mooie leren banken, trendy ambiance en kleine kaart met eenvoudige gerechten van kwaliteitsproducten. Service van 11.00 tot 18.00 uur.
◆ Salle moderne dotée de jolies banquettes en cuir, ambiance "trendy" et petite carte de préparations simples où entrent des produits nobles. Service en continu de 11h à 18h.

X **Foody's,** Nieuwe Binnenweg 151, ⊠ 3014 GK, ℰ (0 10) 436 51 63, *Fax (0 10) 436 54 42,* ⌂ – 〽 ⓪ ⓶ ⱱⓘ⊿ JZ **k**
fermé lundi – **Repas** (dîner seult jusqu'à minuit) 35/46, ♀ ⌂.
◆ Modern restaurant met open keuken waar met seizoengebonden ingrediënten eigentijdse, eerlijke gerechten worden klaar gestoomd. Enorme keuze in wijnen per glas.
◆ Brasserie d'aujourd'hui avec cuisines à vue où se concocte un choix de préparations actuelles très "nature", valorisant les produits de saison. Nombreux vins servis au verre.

X **de Engel,** Eendrachtsweg 19, ⊠ 3012 LB, ℰ (0 10) 413 82 56, *restaurant@engel.com, Fax (0 10) 412 51 96* – ☰. 〽 ⓪ ⓶ ⱱⓘ⊿ JZ **z**
fermé dim. – **Repas** (dîner seult) carte 50 à 68, ♀.
◆ Een van de trendy adressen in de stad. Ongedwongen sfeer, eetzaal met meubilair in diverse stijlen en verzorgde keuken die wordt bereid van dagverse producten.
◆ L'une des adresses en vogue à Rotterdam. Ambiance décontractée, salle à manger actuelle garnie de meubles de divers styles et soigneuse cuisine du marché.

X **Kip,** Van Vollenhovenstraat 25, ⊠ 3016 BG, ℰ (0 10) 436 99 23, *info@kip-rotterdam.nl, Fax (0 10) 436 27 02,* ⌂ – 〽 ⓪ ⓶ ⱱⓘ⊿ JZ **p**
Repas (dîner seult) carte 42 à 56, ♀.
◆ Geen nood, er wordt echt niet alleen kip geserveerd in deze gezellige bistro, waar de contrastrijke kaart een ruime keuze aan gerechten biedt. Leuk terras in de zomer.
◆ Détrompez-vous, on ne sert pas que du poulet (kip) dans ce bistrot convivial dont la carte assez contrastée, offre une belle variété de plats. Jolie terrasse fleurie en été.

La Stanza, Van Vollenhovenstraat 19, ✉ 3016 BE, ℰ (0 10) 277 14 14, *info@lastan za.nl, Fax (0 10) 277 14 10,* 🍴 – AE ⓘ ⓜⓞ VISA JCB   JZ **x**
Repas *Lunch 29* – carte 26 à 46, ♀.
◆ Dit patriciërshuis in een bruisende wijk is vakkundig tot restaurant verbouwd. Eetzaal met strak decor. De eigentijdse kaart toont een voorkeur voor de mediterrane keuken.
◆ Dans un quartier qui bouge, maison bourgeoise judicieusement mise à profit. Salle de restaurant sobrement décorée. Carte actuelle avouant un petit faible pour la Méditerranée.

Lux, 's-Gravendijkwal 133, ✉ 3021 EK, ℰ (0 10) 476 22 06, *Fax (0 10) 476 00 69,* 🍴, Cuisine italienne – VISA   plan p. 6 FV **b**
Repas (dîner seult) carte 23 à 33, ♀.
◆ Achter aan met tegels bedekte voorgevel gaat een moderne, contrastrijke eetzaal schuil met designmeubilair uit de jaren zestig. De Italiaanse keuken is goed bij de tijd.
◆ Salle de restaurant contemporaine jouant sur les contrastes, à dénicher derrière une belle façade carrelée. Mobilier design des années 1960. Cuisine transalpine du moment.

Brasserie De Tijdgeest, Oost-Wijnstraat 14, ✉ 3011 TZ, ℰ (0 10) 233 13 11, *inf o@detijdgeest.nl, Fax (0 10) 413 94 21,* 🍴, Taverne-rest – ⓘ ⓜⓞ VISA   KY **a**
fermé 24 déc. – **Repas** *Lunch 26* – carte 26 à 35, ♀.
◆ Trendy café-restaurant in een historisch pand aan de voet van de oudste wolkenkrabber in Nederland en vlak bij de oude haven. Bistroachtige keuken.
◆ Taverne-restaurant à l'ambiance "trendy", occupant un ensemble historique au pied du plus ancien gratte-ciel batave et à une encablure du vieux port. Cuisine bistrotière.

Asian Glories, Leeuwenstraat 15, ✉ 3011 AL, ℰ (0 10) 411 71 07, *fanka008@yaho o.com, Fax (0 10) 280 91 78,* Cuisine chinoise, ouvert jusqu'à 23 h – AE ⓘ ⓜⓞ VISA, 🍴   KY **m**
fermé fin juil.-début août et merc. – **Repas** *Lunch 22* – 23/31, ♀.
◆ Gezellig restaurantje in een pand dat uitkijkt op de hypermoderne toren van het World Trade Center. Vrij verfijnde en authentieke Chinese gerechten.
◆ Petite affaire familiale installée dans un immeuble embrassant du regard la très moderne tour du World Trade Center. Préparations chinoises authentiques et assez élaborées.

Oliva, Witte de Withstraat 15a, ✉ 3012 BK, ℰ (0 10) 412 14 13, *info@restaurantoli va.nl, Fax (0 10) 412 70 69,* 🍴, Cuisine italienne – ⓜⓞ VISA. 🍴   JZ **q**
fermé lundi – **Repas** carte env. 34.
◆ Trendy Italiaans restaurant in een naoorlogs gebouw. Het interieur doet denken aan een loft en het is er gezellig druk. Redelijke prijzen ; de dagsuggesties staan op een bord.
◆ Restaurant italien branché établi dans un ancien bâtiment industriel. Décor intérieur "loft", atmosphère vivante, carte sans prise de tête et suggestions du jour à l'ardoise.

Rosso, Van Vollenhovenstraat 15 (accès par Westerlijk Handelsterrein), ✉ 3016 BE, ℰ (0 10) 225 07 05, *Fax (0 10) 436 95 04* – 🍴. AE ⓘ ⓜⓞ VISA. 🍴   JZ **b**
fermé dim. – **Repas** (dîner seult jusqu'à 23 h) 33/40, ♀.
◆ In een voormalig 19e-eeuws entrepot, dat handig is verbouwd, ziet de eetzaal het leven door een rode bril. Trendy klandizie en ambiance. Kortom : the place to be !
◆ Dans un ancien entrepôt du 19e s. habilement relooké, bar-restaurant dont la salle à manger voit la vie en rouge. Clientèle et ambiance "hype". En résumé : "the place to be".

Kaat Mossel, Admiraliteitskade 85, ✉ 3063 EG, ℰ (0 10) 404 86 00, *Fax (0 10) 412 72 83,* 🍴, Produits de la mer, moules en saison, ouvert jusqu'à 23 h – AE ⓘ ⓜⓞ VISA. 🍴   plan p. 7 HU **a**
fermé dim. – **Repas** carte 27 à 57, ♀.
◆ Dit zeer populaire visrestaurant ligt verankerd tegenover de haven en trekt met name ook bekende nationale sporters. Smakelijke keuken. Prettige ontvangst en service.
◆ Ancrée en face du port, table très populaire à Rotterdam notamment fréquentée par de grands sportifs du pays. Goûteuses recettes de la mer. Accueil et service affriolants.

Périphérie - *plans p. 4 et 5 sauf indication spéciale :*

à l'Aéroport :

Airport, Vliegveldweg 59, ✉ 3043 NT, ℰ (0 10) 462 55 66, *info@airporthotel.nl, Fax (0 10) 462 22 66,* 🍴, 🏌️ – 📶 ⇄ 🗔 📺 & ch, 📛 – 🛗 25 à 425. AE ⓘ ⓜⓞ VISA JCB.   AR **a**
Repas carte 27 à 39, ♀ – 🖵 16 – **96 ch** 165, – 2 suites.
◆ Hotel tegenover de luchthaven (shuttleservice gegarandeerd), met functionele kamers die op goede geluidsisolatie zijn voorzien. Lounge en bar zijn een ontmoetingspunt voor de zakelijke cliëntele. Comfortabele, moderne eetzaal. Traditionele gerechten.
◆ Devant l'aéroport (navette assurée), hôtel aux chambres fonctionnelles bénéficiant d'une bonne isolation phonique. "Lounge" et bar où se retrouve la clientèle d'affaires. Confortable salle à manger de notre temps. Choix de préparations traditionnelles.

à Kralingen Ⓒ *Rotterdam* :

🏨 **Novotel Brainpark,** K.P. van der Mandelelaan 150 (près A 16), ✉ 3062 MB, ✆ (0 10) 253 25 32, *H1134@accor.com, Fax (0 10) 253 25 71* – ↕ ⊬ ▤ 📺 ♿ch, 🅿 – 🧑‍🏫 25 à 400. AE ① MC VISA DS e
Repas *Lunch 18* – carte env. 44 – ☕ 15 – **202 ch** 80/130 – ½ P 170.
◆ Modern torengebouw in een bedrijvenpark aan de rand van de stad. De goed onderhouden kamers zijn ruimer dan de standaardkamers van de hotelgroep. Het restaurant houdt zich uitstekend aan de normen van Novotel.
◆ Immeuble-tour contemporain installé dans un parc d'affaires, aux portes de la ville. Chambres bien tenues, de tailles supérieures à la moyenne des hôtels de la chaîne. Formule de restauration respectant parfaitement les coutumes Novotel.

XXX **In den Rustwat,** Honingerdijk 96, ✉ 3062 NX, ✆ (0 10) 413 41 10, *rustwat@tiscali.nl, Fax (0 10) 404 85 40,* ⛱ – ▤. AE ① MC VISA plan p. 7 HV e
fermé vacances bâtiment, Noël, 31 déc.-1er janv., dim. et lundi – **Repas** *Lunch 30* – carte 44 à 53, 🍷.
◆ "1597" staat er op de puntgevel van deze herberg met rieten dak en vrij nieuwe vleugel. Terras en bloementuin. Er is dichtbij een arboretum voor een wandeling na de maaltijd.
◆ "1597", proclame le pignon de cette auberge à toit de chaume agrandie d'une aile récente. Terrasse et beau jardin fleuri. Voisinage d'un arboretum, pour une balade digestive.

Zone Europoort *par ⑤ : 25 km* :

🏨 **De Beer Europoort,** Europaweg 210 (N 15), ✉ 3198 LD, ✆ (0 181) 26 23 77, *info@hoteldebeer.nl, Fax (0 181) 26 29 23,* ≤, ⛱, 🏊, 🎾, 🚲 – ↕ 📺 ⇨ le soir uniquement 🅿 – 🧑‍🏫 25 à 180. AE ① MC VISA
Repas *Lunch 15* – 25/38, 🍷 – **78 ch** ☕ 84/99 – ½ P 102.
◆ Onder de rook van de bedrijvige Europoort bevindt zich dit kleine hotel met functionele kamers, waarvan de helft uitkijkt op een kanaal. Sportvoorzieningen en faciliteiten voor seminars. Eetzaal en terras bieden uitzicht op het Hartelkanaal.
◆ En retrait de l'effervescent Europoort, petit immeuble aux chambres fonctionnelles dont la moitié offrent la vue sur un canal. Installations sportives et pour séminaires. Depuis la salle à manger et la terrasse, échappée en direction du Hartelkanaal.

Environs

à Barendrecht - *plan p. 5* – *35 880 h*

⌂ **Bastion,** Van der Waalsweg 27 (près A 15), ✉ 2991 XN, ✆ (0 10) 479 22 04, *bastion@bastionhotel.nl, Fax (0 10) 479 32 85* – ⊬ 📺 🅿. AE ① MC VISA. ⊘ DT t
Repas (grillades, ouvert jusqu'à 23 h) carte env. 30 – ☕ 11 – **40 ch** 80.
◆ Dit hotel in de nabijheid van de ringweg beschikt over standaardkamers met kluis, modemaansluiting en dubbele beglazing. Beperkt servicepakket. Een getrouw hotel van de keten.
◆ Proximité du ring, service "minimaliste", chambres standardisées avec coffre-fort, prise modem et double vitrage. Bref, un hôtel typique de cette chaîne hollandaise.

à Capelle aan den IJssel - *plan p. 5* – *65 318 h*

🏨 **NH Capelle,** Barbizonlaan 2 (près A 20), ✉ 2908 MA, ✆ (0 10) 456 44 55, *info@nhcapelle.nh-hotels.nl, Fax (0 10) 456 78 58,* ≤, ⛱ – ↕ ⊬, ▤ ch, 📺 🅿 – 🧑‍🏫 25 à 250. AE ① MC VISA JCB DR c
Repas *(fermé dim.)* carte 22 à 37, 🍷 – ☕ 16 – **103 ch** 125/140, – 1 suite – ½ P 160.
◆ Modern gebouw vlak bij de rondweg, die in 5 min. naar het centrum van Rotterdam voert. Centraal atrium, kamers met een Scandinavische look en bar met nautisch decor. Zuidelijke ambiance in het restaurant. 's Zomers kunt u ook op het terras aan het water eten.
◆ Ce building contemporain jouxte une bretelle du ring par lequel vous gagnerez Rotterdam en 5 min. Atrium central, chambres au "look" scandinave et bar au décor nautique. Ambiance "Sud" au restaurant ; l'été, on mange aussi sur la terrasse surplombant un étang.

⌂ **Bastion,** Rhijnspoor 300, ✉ 2901 LC, ✆ (0 10) 202 01 04, *bastion@bastionhotel.nl, Fax (0 10) 202 02 47* – ⊬ 📺 🅿. AE ① MC VISA. ⊘ DS a
Repas (grillades, ouvert jusqu'à 23 h) carte env. 30 – ☕ 11 – **40 ch** 78.
◆ Dit jonge Bastion is net zo opgezet als de andere hotels van de keten. Het bevindt zich tegenover een belangrijk kruispunt van wegen en herbergt functionele kamers.
◆ Conçu de la même façon que tous les autres et posté juste en face d'un carrefour important, ce récent petit Bastion renferme des chambres fonctionnelles.

XX **Rivium Royale,** Rivium Boulevard 188, ✉ 2909 LK, ✆ (0 10) 202 56 33, *reserveren@riviumroyale.nl, Fax (0 10) 202 65 37,* ⛱ – ▤ 🅿. ① MC VISA DS z
fermé 22 juil.-15 août, 24 déc.-3 janv., sam., dim. et jours fériés – **Repas** *Lunch 29* – carte 35 à 66, 🍷.
◆ Dit restaurant onder een moderne koepel en omgeven door een gracht heeft een fraaie ronde eetzaal met salon op de tussenverdieping. Aangenaam terras met uitzicht op het water.
◆ Sous un dôme contemporain entouré de "douves", belle salle de restaurant en rotonde que surmonte une mezzanine-salon. Agréable terrasse estivale avec vue sur l'eau.

PAYS-BAS

XX **Johannahoeve,** 's Gravenweg 347, ✉ 2905 LB, ✎ (0 10) 450 38 00, *info@johanna hoeve.nu, Fax (0 10) 442 07 34,* 🌳 – 🖭 ❿ 🝙 DR g
fermé lundi et mardi en été et dim. midi – **Repas** 29.
◆ Leuke 17e-eeuwse boerderij met rieten dak, in een woonwijk. Klassieke keuken met een licht modern accent. Rustieke eetzaal en terras aan de tuin.
◆ Dans un quartier résidentiel, jolie ferme du 17e s. coiffée d'un toit de chaume. Cuisine classique sobrement actualisée. Salle à manger rustique et terrasse sur jardin.

à Rhoon - *plan p. 4* - ⒼⒸ *Albrandswaard 18 737 h :*

🏠 **Bastion,** Driemanssteenweg 5 (près A 15), ✉ 3084 CA, ✎ (0 10) 410 10 00, *bastion @ bastionhotel.nl, Fax (0 10) 410 31 94* – |🛗| ⇄ 🖸 🖭 🝙 ⓪ ❿ 🝙 . 🝙 BT z
Repas (grillades, ouvert jusqu'à 23 h) carte env. 30 – 🛏 11 – **80 ch** 90.
◆ Dit hotel staat vlak bij een afslag van de snelweg en beschikt over functionele, identiek ingerichte kamers met doeltreffende, dubbele beglazing.
◆ Chambres fonctionnelles toutes identiques, munies d'un double vitrage efficace, dans cet hôtel de chaîne érigé à proximité d'une bretelle d'autoroute.

XXX **Biggo@het Kasteel van Rhoon,** Dorpsdijk 63, ✉ 3161 KD, ✎ (0 10) 501 88 96, *info@ hetkasteelvanrhoon.nl, Fax (0 10) 506 72 59,* ≤, 🌳 – 🖭. – 🚗 25 à 100. 🝙 ⓪ ❿
🝙 🝙 AT b
fermé sam. midi – **Repas** Lunch 33 – carte 51 à 62, ⒴.
◆ Comfortabel, modern restaurant in de bijgebouwen van een kasteel met slotgracht. Verfijnde keuken op klassieke basis en een uitgebreide wijnkaart. Faciliteiten voor partijen.
◆ Confortable restaurant moderne occupant les dépendances d'un château cerné de dou- ves. Cuisine assez élaborée, de base classique et choix de vins étoffé. Salles de banquets.

X **Orangerie de Rhoonse Grienden,** Albrandswaardsedijk 196 (Poortugaal, au port de plaisance), ✉ 3172 XB, ✎ (0 10) 501 15 00, *info@hetkasteelvanrhoon.nl, Fax (0 10) 501 15 02,* 🌳 – 🖭. 🝙 🝙 ⓪ ❿ 🝙 AT z
fermé mardi d'oct. à mars, lundi et sam. midi – **Repas** Lunch 17 – carte 22 à 34, ⒴.
◆ Dit paviljoen ligt pal tegenover de jachthaven. Eigentijdse lichte eetzaal, waar de kaart originele, actuele gerechten vermeldt. Terrassen in het groen.
◆ Pavillon amarré juste en face du port des yachts. Lumineuse salle à manger contem- poraine où l'on présente une carte actuelle sortant du lot. Terrasses enrobées de verdure.

à Schiedam - *plan p. 4* – *75 802 h.*

🅱 *Buitenhavenweg 9,* ✉ 3113 BC, ✎ (0 10) 473 30 00, *vvv.schiedam@kabelfoon.nl, Fax* (0 10) 473 66 95

🏨 **Novotel,** Hargalaan 2 (près A 20), ✉ 3118 JA, ✎ (0 10) 471 33 22, *H0517@accor.com, Fax (0 10) 470 06 56,* 🌳, 🝙, 🝙 – |🛗| ⇄ 🝙 🖸 🝙ch, 🖭 – 🚗 25 à 200. 🝙 ⓪ ❿
🝙 🝙 AS b
Repas carte 22 à 38, ⒴ – **134 ch** 🛏 81/159.
◆ Hotel aan een kruispunt vlak bij de ringweg, met veel groen in de omgeving. Het heeft functionele kamers, een zomerterras en een tuin met zwembad en kinderspeeltuintje. Restaurant in de stijl van een eigentijdse brasserie.
◆ Hôtel de chaîne aux abords verdoyants implanté sur un carrefour proche du ring. Cham- bres fonctionnelles, terrasse d'été et jardin avec jeux d'enfants au bord de la piscine. Restaurant de type brasserie actuelle.

XX **Le Pêcheur,** Nieuwe Haven 97, ✉ 3116 AB, ✎ (0 10) 473 33 41, *email@le-pecheur.nl, Fax (0 10) 273 11 55,* 🌳 – 🝙. 🝙 ❿ 🝙 🝙 AS k
fermé 31 déc.-1er janv., sam. midi et dim. midi – **Repas** Lunch 25 – carte 37 à 49.
◆ Dit voormalige pakhuis van een distilleerderij herbergt een restaurant waarvan de naam misleidend kan zijn. Er wordt namelijk niet alleen vis geserveerd. Rustieke ambiance.
◆ Cet ancien entrepôt d'une distillerie abrite un restaurant dont il faut nuancer l'enseigne car sa carte ne se limite pas au produit de la pêche. Ambiance rustique.

X **Bistrot Hosman Frères,** Korte Dam 10, ✉ 3111 BG, ✎ (0 10) 426 40 96, *Fax (0 10) 426 90 41* – 🝙. 🝙 ⓪ ❿ 🝙 🝙 AS s
fermé 31 déc.-1er janv., sam. midi, dim. midi et lundi – **Repas** 26/52 bc, ⒴.
◆ In dit sympathieke eethuis op een pittoreske lokatie in het historisch centrum, vlak bij vier oude molens, kunnen liefhebbers van de bistro keuken hun hart ophalen.
◆ Sur un site pittoresque du quartier ancien, à deux pas de quatre vieux moulins, sym- pathique auberge où les amateurs de cuisine "bistrotière" trouvent leur bonheur.

X **Italia,** Hoogstraat 118, ✉ 3111 HL, ✎ (0 10) 473 27 56, *info@italia.nu, Cuisine italienne*
– 🝙. 🝙 ⓪ ❿ 🝙 AS n
fermé 25 juil.-8 août, 27 déc.-6 janv., lundi et mardi – **Repas** (dîner seult) 26/38, ⒴.
◆ Italiaans georiënteerde gerechten worden geserveerd in een intieme, gelambriseerde eetzaal waar een kleine smeedijzeren potkachel troont. De patron is een en al enthou- siasme.
◆ Préparations d'inspiration transalpine servies avec le sourire dans une intime salle à man- ger lambrissée où trône un beau petit poêle en fonte. Patron plein de verve.

ROTTEVALLE (ROTTEFALLE) *Fryslân* V 4 – *voir à Drachten.*

ROZENDAAL *Gelderland* 532 U 10 *et* 715 I 5 – *voir à Arnhem.*

RUINEN *Drenthe* ⓒ *De Wolden 23 969 h.* 531 X 6 *et* 715 K 3.
> 🅱 *Brink 3*, ✉ *7963 AA*, 𝒫 (0 522) 47 17 00, info@vvvruinen.nl, Fax (0 522) 47 02 44.
> *Amsterdam 154 – Assen 36 – Emmen 51 – Zwolle 41.*

> 🏨 **De Stobbe,** Westerstraat 84, ✉ 7963 BE, 𝒫 (0 522) 47 12 24, *info@stobbe.nl,*
> Fax (0 522) 47 27 47, 🚪, 🚗, 🖼, 🚲 – 🛏 ✢, 🍽 rest, 📺 🚿, 🅿 – 🅰 25 à 40. 🌐
> **VISA**
> **Repas** *(fermé après 20 h) Lunch 18* – 22/28 – **33 ch** ⌑ 55/85 – ½ P 64/84.
> ♦ Deze stobbe heeft wortel geschoten aan de rand van het dorp en beschikt over kamers
> van goed formaat, waar u als een blok zult slapen. Engelse lounge en bar. Eetzaal met
> glanzend parket en meubels van kersenhout. Menukaart met klassieke gerechten.
> ♦ Enracinée à l'entrée de Ruinen, De Stobbe (La Souche) dispose de chambres bien calibrées
> où vous dormirez "comme un bûcheron". Salon et bar anglais. Salle à manger au parquet
> luisant et meubles couleur merisier. Carte de préparations classiques.

RUURLO *Gelderland* ⓒ *Berkelland 8 584 h.* 532 X 10 *et* 715 K 5.
> *Amsterdam 134 – Arnhem 53 – Apeldoorn 45 – Doetinchem 21 – Enschede 39.*

> 🏨 **Avenarius,** Dorpsstraat 2, ✉ 7261 AW, 𝒫 (0 573) 45 11 22, *info@avenarius.nl,*
> Fax (0 573) 45 37 44, 🚪, 🚲 – 🛏 ✢ 📺 🅿 – 🅰 25 à 200. 🅰🅴 ① 🌐 **VISA**. ✢ ch
> *fermé 27 déc.-2 janv.* – **Repas** carte 29 à 43, ⌑ – **29 ch** ⌑ 80/120 – ½ P 76/88.
> ♦ Dit ruim honderd jaar oude hotel aan de rand van het dorp heeft er een moderne vleugel
> bij, met prachtige kamers die in een uitgesproken eigentijdse stijl zijn ingericht. Grote
> restaurantzaal met serre en terras.
> ♦ Une aile moderne dotée de belles chambres d'un style résolument contemporain s'est
> adjointe à cette hostellerie centenaire officiant à l'entrée du village. Spacieuse salle de
> restaurant complétée d'une terrasse et d'une véranda.

> 🍴 **De Tuinkamer en De Herberg** avec ch, Hengeloseweg 1 (Sud-Ouest : 3 km),
> ✉ 7261 LV, 𝒫 (0 573) 45 21 47, detuinkamer@hollandhotels.nl, 🚪, 🌿, 🚲 – 🛏 📺 🅿 🌐
> **VISA**. ✢ ch
> *fermé du 4 au 21 juil. et 27 déc.-22 janv.* – **Repas** *(fermé lundi et mardi)* (dîner seult) 32/60,
> ⌑ – **10 ch** ⌑ 55/105 – ½ P 62/80.
> ♦ Restaurant aan de achterkant van een fraaie boerderijherberg, in een serre die uitkijkt
> op de tuin. Rustieke lounge en keurige kamers. Goed onthaal.
> ♦ Restaurant aménagé à l'arrière d'une jolie ferme-auberge, dans une véranda ouverte
> sur une terrasse tournée vers le jardin. Salon rustique et chambres proprettes. Bon accueil.

RYPTSJERK (RIJPERKERK) *Fryslân* ⓒ *Tytsjerksteradiel 31 696 h.* 531 U 3.
> *Amsterdam 148 – Leeuwarden 10 – Assen 64 – Groningen 60 – Lelystad 111.*

> 🍴 **Frouckje State,** Binnendijk 74, ✉ 9256 HP, 𝒫 (0 511) 43 19 20, *info@froukjestate.nl,*
> Fax (0 511) 43 14 66, 🚪 – 🅿 – 🅰 100. 🌐 **VISA**
> *fermé 3 sem. vacances bâtiment et mardi* – **Repas** (déjeuner sur réservation) 32/47, ⌑.
> ♦ Dit etablissement in een oude Friese boerderij buiten het dorp, is aanlokkelijk door de
> landelijke omgeving, het genoeglijke hedendaagse decor en de klassieke kaart. Comfor-
> tabele eetzaal met zicht op het water.
> ♦ Aux abords du village, dans une ancienne ferme frisonne, table appréciée pour son cha-
> leureux cadre contemporain, son environnement agreste et l'attrait de sa carte classique.
> Confortable salle de restaurant d'où vous balayerez la rivière du regard.

SANTPOORT *Noord-Holland* ⓒ *Velsen 67 527 h.* 407 M 8, 532 M 8 *et* 715 E 4.
> *Amsterdam 24 – Haarlem 7.*

> 🏨 **Landgoed Duin en Kruidberg** 🐾, Duin en Kruidbergerweg 60 (Santpoort-Noord)
> ✉ 2071 LE, 𝒫 (0 23) 512 18 00, info@duin-kruidberg.nl, Fax (0 23) 512 18 88, <, ₤ₔ
> 🚗, 🚲 – 🛏 ✢ 🖼 📺 🚿 🅿 – 🅰 25 à 225. 🅰🅴 ① 🌐 **VISA** 🅹🅲🅱. ✢
> *fermé 24 déc.-1er janv.* – **Repas** voir rest *de Vrienden van Jacob* ci-après – ⌑ 19 ·
> **73 ch** 195/345, – 2 suites.
> ♦ Weelderige verblijf van begin 1900 in een groot park met vijver. Mooie kamers. De
> gemeenschappelijke ruimten zijn met kunstobjecten verfraaid. Groot conferentiecentrum
> Luxeuze eetzaal met uitzicht op het landgoed. Creatieve keuken. Terras voor een ape
> ritief.
> ♦ Fastueuse demeure 1900 s'entourant d'un vaste parc avec étang. Belles chambres e
> communs parsemés d'objets d'art. Grande infrastructure pour séminaires.

🏨 **Bastion,** Vlietweg 20, ⊠ 2071 KW, ℘ (0 23) 538 74 74, *bastion@bastionhotel.nl*, *Fax (0 23) 538 43 34* – 📺 📮. 🅰🅴 ⓞ ⓜⓞ 𝖵𝖨𝖲𝖠. ❀
Repas (grillades, ouvert jusqu'à 23 h) carte env. 30 – ⌑ 11 – **40 ch** 72.
♦ Dit Bastion is te vinden nabij de omringende gemeenten van Santpoort, Velsen en Haarlem, en verschilt in niets van zijn soortgenoten die onder dezelfde naam actief zijn.
♦ Postée au carrefour des communes limitrophes de Santpoort, Velsen et Haarlem, cette unité Bastion ne diffère en rien de toutes celles partageant la même enseigne.

🏵🏵🏵 **de Vrienden van Jacob** - Landgoed Duin en Kruidberg, Duin en Kruidbergweg 60 (Santpoort-Noord), ⊠ 2071 LE, ℘ (0 23) 512 18 00, *info@duin-kruidberg.nl*, *Fax (0 23) 512 18 88*, ≼ – 📮. 🅰🅴 ⓞ ⓜⓞ 𝖵𝖨𝖲𝖠 🅹🅲🅱. ❀
fermé 24 déc.-1er janv. et dim. – **Repas** (dîner seult) 60/117 bc, ♀.
♦ Op het kasteeltje van Landgoed Duin en Kruidberg kan men smullen van mooi opgemaakte borden. De inventieve kaart en "selecte" bediening doen de rest.
♦ Cette table installée dans le manoir Landgoed Duin en Kruidberg plaît pour l'inventivité de sa carte, le soin apporté à la présentation des assiettes et son service "select".

SAS VAN GENT *Zeeland* 🄲 *Terneuzen 34 634 h.* 🄵🄷🄶 H 15 *et* 🄷🄸🄵 C 8.
Amsterdam 214 – Gent 25 – Middelburg 42 – Antwerpen 49 – Brugge 46.

🏨🏨 **Royal** (annexes), Gentsestraat 12, ⊠ 4551 CC, ℘ (0 115) 45 18 53, *hotelroyal@zeela ndndnet.nl*, *Fax (0 115) 45 17 96*, ☎, 🗙 – 🗖 rest, 📺 – 🛦 40. 🅰🅴 ⓞ ⓜⓞ 𝖵𝖨𝖲𝖠 🅹🅲🅱. ❀ ch
Repas *(fermé dim. en août et sam.)* Lunch 27 – 35/52 bc – **51 ch** ⌑ 58/85 – ½ P 73/90.
♦ Appartementen met kitchenette, junior suites, een- of tweepersoonskamers : ieder vindt wel iets van zijn gading in een van de nabijgelegen dependances van dit etablissement. De restaurantzaal ademt de sfeer van een traditionele herberg.
♦ Appartements avec kitchenette, junior suites, chambres doubles ou singles : chacun trouvera son compte dans l'une des proches annexes de cet établissement. Salle de restaurant affichant un petit air d'hostellerie traditionnelle.

🍴 **'t Oudt Sas,** Westkade 80, ⊠ 4551 CE, ℘ (0 115) 45 44 46, *trtb@hetnet.nl*, *Fax (0 115) 45 04 56*, ☛ – 🅰🅴 ⓜⓞ 𝖵𝖨𝖲𝖠. ❀
fermé sem. carnaval, mardis et merc. non fériés et sam. midi – **Repas** Lunch 30 – carte 34 à 56.
♦ Intiem restaurant bij de jachthaven van dit kleine grensplaatsje. Vriendelijke ontvangst en service. De eenvoudige maar goede keuken is bij de Vlamingen in trek.
♦ Restaurant intime établi devant le port de plaisance de cette petite localité frontalière. Accueil et service affables. Cuisine bourgeoise goûtée par la clientèle flamande.

SCHAGEN *Noord-Holland* 🄵🄷🄱 N 6 *et* 🄷🄸🄵 F 3 – *17 488 h.*
Amsterdam 64 – Alkmaar 19 – Den Helder 23 – Hoorn 29.

🏨🏨 **Slothotel Igesz,** Markt 22, ⊠ 1741 BS, ℘ (0 224) 21 48 24, *info@igesz.nl*, *Fax (0 224) 21 20 86*, ☛ – 🛗 ☛ 📺 ⅙rest, – 🛦 25 à 250. 🅰🅴 ⓞ ⓜⓞ 𝖵𝖨𝖲𝖠. ❀
fermé du 24 au 31 déc. – **Repas** (déjeuner sur réservation) carte 32 à 43 – **34 ch** ⌑ 65/135 – ½ P 85/115.
♦ Dit hotel omvat een oud huis met standaardkamers en een modern kasteeltje, waar een brug met oude torens de wacht houdt en de kamers meer luxe bieden. Diverse eetruimten, waaronder een aangename oranjerie. Eigentijds culinair repertoire.
♦ Hôtel composé d'une maison ancienne abritant des chambres standard et d'un petit château moderne aux chambres plus luxueuses, gardé par un pont flanqué de vieilles tours. Plusieurs espaces de restauration, dont une agréable orangerie. Cuisine du moment.

🏵🏵 **De Eetkamer,** Molenstraat 21, ⊠ 1741 GJ, ℘ (0 224) 21 58 17, *eetkamer@eeterta inment.nl*, *Fax (0 224) 29 59 39*, ☛ – 🗖. 🅰🅴 ⓞ ⓜⓞ 𝖵𝖨𝖲𝖠 🅹🅲🅱
fermé du 1er au 11 août, 31 déc., sam. midi, dim. midi et lundi – **Repas** Lunch 33 – 35/74 bc, ♀.
♦ Doe alsof u thuis bent ! Moderne, gezellige ambiance in een eenvoudig, smaakvol interieur en klassieke gerechten in een eigentijds jasje. Al met al, een prettig adres.
♦ Ambiance "brasserie contemporaine", mise en place d'une élégante sobriété et recettes de base classique présentées à la mode d'aujourd'hui. Au total, une adresse plaisante.

🍴 **De Bourgondiër,** Noord 8, ⊠ 1741 BD, ℘ (0 224) 29 26 86, *Fax (0 224) 29 24 50* – ❀
fermé du 16 au 20 mars, du 15 au 28 juin, 27 déc.-3 janv., lundi et mardi – **Repas** (dîner seult) 33/75 bc, ♀.
♦ De gerechten die bij de Bourgondiër worden bereid, volgen de trends op de voet en zijn erg in trek bij lokale liefhebbers. Intieme sfeer en charmante bediening.
♦ Axées sur les saveurs du moment, les préparations concoctées au Bourgondiër ont su s'attirer les faveurs de la clientèle locale. Atmosphère intime et service charmant.

SCHAIJK *Noord-Brabant* © *Landerd 14 704 h.* 532 S 12 *et* 715 H 6.
Amsterdam 99 – Arnhem 44 – 's-Hertogenbosch 25 – Nijmegen 22.

ХХ **De Peppelen,** Schutsboomstraat 43, ⊠ 5374 CB, ℘ (0 486) 46 35 48, *info@ peppel en.nl,* 🎇 – 🅿 🖭 🐵 𝖵𝖨𝖲𝖠
fermé 2 dern. sem. janv. et mardi – **Repas** *Lunch 23* – carte 36 à 55, ♀.
❖ In dit oude notarishuis komt het verleden weer tot leven. Eetzalen in authentieke stijl, tuinterras met teakmeubilair onder een pergola en een tweede terras met waterpartij.
❖ Ancienne demeure de notaire renouant avec son passé festif. Salles bourgeoises, pergola "chlorophyllienne" meublée en teck et charmante terrasse rafraîchie d'une pièce d'eau.

SCHERPENISSE *Zeeland* © *Tholen 23 990 h.* 532 J 13 *et* 715 D 7.
Amsterdam 141 – Bergen op Zoom 20 – Breda 57 – Rotterdam 68.

🏨 **De Gouden Leeuw,** Hoge Markt 8, ⊠ 4694 CG, ℘ (0 166) 66 39 01, *info@ degoud en-leeuw1.nl,* Fax (0 166) 66 20 79, 🎇, 🚲 – ✦🚐 🖭 🅿 – 🔏 25 à 50. 🖭 ⓞ 🐵 𝖵𝖨𝖲𝖠 𝖩𝖢𝖡. 🎇 rest
Repas *(fermé du 10 au 28 août, 24 déc.-6 janv. et dim.)* (déjeuner sur réservation) 30/58 bc, ♀ 🌤 – 🖃 10 – **5 ch** 64/93, – 1 suite – ½ P 70/110.
❖ Dit kleine familiehotel ligt "verscholen" in een dorp, op veilige afstand van het massatoerisme. Op de verdieping zijn enkele moderne kamers ingericht. Eetzaal met keurig interieur. Goede, eigentijdse keuken en interessante, kosmopolitische wijnkaart.
❖ Quelques belles chambres modernes ont été aménagées à l'étage de cette petite auberge familiale "perdue" dans un village à l'écart des flux touristiques. On s'attable dans un intérieur bourgeois. Bonne cuisine actuelle et intéressante cave cosmopolite.

SCHERPENZEEL *Gelderland* 532 R 10 *et* 715 H 5 – *9 039 h.*
Amsterdam 64 – Utrecht 29 – Arnhem 34 – Amersfoort 13.

🏨 **De Witte Holevoet,** Holevoetplein 282, ⊠ 3925 CA, ℘ (0 33) 277 91 11, *info@ wi tteholevoet.nl,* Fax (0 33) 277 26 13, 🎇, 🌿, 🚲 – 📶 🖭 🅿 – 🔏 25 à 100. 🖭 ⓞ 🐵 𝖵𝖨𝖲𝖠 𝖩𝖢𝖡. 🎇
Repas *(fermé dim. midi) Lunch 28* – carte 37 à 60, ♀ – **22 ch** 🖃 85/110, – 1 suite.
❖ In dit hotel-restaurant worden de gasten ondergebracht in vrij ruime, comfortabele kamers. Aan de achterkant ligt een Engelse tuin. Restaurantzaal met een vleugje art deco en lichte serre. Klassieke kaart.
❖ Grosse auberge villageoise où vous serez hébergés dans des chambres assez amples et plutôt agréables à vivre. Un jardin paysager se cache à l'arrière. Salle du restaurant aux vagues réminiscences "Art déco" et lumineuse véranda. Carte classique.

SCHEVENINGEN *Zuid-Holland* 532 K 10 *et* 715 D 5 – *voir à Den Haag (Scheveningen).*

SCHIEDAM *Zuid-Holland* 532 L 11 *et* 715 E 6 – *voir à Rotterdam, environs.*

SCHIERMONNIKOOG (ile de) *Fryslân* 531 W 2 *et* 715 J 1 – *voir à Waddeneilanden.*

SCHINNEN *Limburg* 532 U 17 *et* 715 I 9 – *13 598 h.*
Amsterdam 206 – Maastricht 20 – Aachen 25.

ХХ **Aan Sjuuteeänjd,** Dorpsstraat 74, ⊠ 6365 BH, ℘ (0 46) 443 17 67, *info@ sjuut.nl,* Fax (0 46) 443 49 30, 🎇 – 🅿 🐵 𝖵𝖨𝖲𝖠. 🎇
fermé 2 dern. sem. juin, mardi et merc. – **Repas** *Lunch 27* – 33/43, ♀.
❖ Zoekt u voor een etentje de sfeer van een rustieke boerderij? Dan is dit adres vlak bij de snelweg geknipt voor u. 's Zomers staat de binnenhof in bloei.
❖ Si l'atmosphère d'une ferme rustique vous tente le temps d'un repas, retenez donc cette adresse située près de l'autoroute. La cour est en fleur à la belle saison.

SCHIPHOL *Noord-Holland* 531 N 9, 532 N 9 *et* 715 F 5 – *voir à Amsterdam, environs.*

SCHIPLUIDEN *Zuid-Holland* 532 K 11 *et* 715 D 6 – *voir à Delft.*

Si vous cherchez un hôtel tranquille,
consultez d'abord les cartes de l'introduction
ou repérez dans le texte les établissements indiqués
avec le signe 🐾.

SCHOONDIJKE *Zeeland* Ⓒ *Sluis 24 791 h.* 🔢 G 14 *et* 🔢 B 7.

Amsterdam 212 – Brugge 34 – Middelburg 52 – Terneuzen 28.

🍴 **de Zwaan** avec ch, Prinses Beatrixstraat 1, ✉ 4507 AH, ✆ (0 117) 40 20 02, ulijn@
🕹 zeelandnet.nl, Fax (0 117) 40 12 12, 🌳 – ▤ rest, 📺, ⚫ ⚫ 🔵🔴 VISA
fermé 18 oct.-4 nov. – **Repas** *(fermé lundi midi et merc. midi)* 20 – **9 ch** ⊑ 50/80 –
½ P 55/60.

◆ Dit hotel draagt sinds het begin van de 20e eeuw dezelfde naam. De kamers die het
kruispunt de rug hebben toegekeerd, liggen rustiger. Klassieke kaart, weloverwogen keuzemenu.

◆ Auberge connue sous la même enseigne depuis le début du 20e s. Carte classique et
menu-choix bien pensé. Plus de tranquillité dans les chambres tournant le dos au
carrefour.

SCHOONHOVEN *Zuid-Holland* 🔢 O 11 *et* 🔢 F 6 – *12 254 h.*

Voir *Collection d'horloges murales★ dans le musée d'orfèvrerie et d'horlogerie (Nederlands Goud-, Zilver- en Klokkenmuseum) – route de digue de Gouda à Schoonhoven :
parcours★.*

🅱 *Stadhuisstraat 1,* ✉ *2871 BR,* ✆ *(0 182) 38 50 09, info@vvvschoonhoven.nl, Fax
(0 182) 38 74 46.*

Amsterdam 62 – Utrecht 32 – Den Haag 55 – Rotterdam 28.

🏨 **Belvédère** 🔖, Lekdijk West 4, ✉ 2871 MK, ✆ (0 182) 32 52 22, info@hotelbelved
ere.nl, Fax (0 182) 32 52 29, ≤, 🌳, 🚲 – 📶 📺 🅿 – 🔬 25 à 80. ⚫ ⚫ 🔵🔴
VISA 🔖 ch
Repas 25/45 bc – **12 ch** ⊑ 60/90 – ½ P 63/75.

◆ Voormalig clubhuis op de dijk, in een charmant dorp. Zes kamers kijken uit op de rivier,
net als het zomerterras in de schaduw van honderdjarige bomen. Ietwat verouderde restaurantzaal met uitzicht op de Lek.

◆ Ancien ''club house'' sur digue, dans un bourg charmant. Six chambres ont vue sur la
rivière, au même titre que la terrasse d'été dressée à l'ombre d'arbres centenaires. Salle
des repas un rien mûrissante, avec le coup d'oeil sur la Lek.

🍴 **de Hooiberg,** Van Heuven Goedhartweg 1, ✉ 2871 AZ, ✆ (0 182) 38 36 01, info@
dehooiberg.nl, Fax (0 182) 38 03 06, 🌳 – 🅿. 🔵🔴 VISA
fermé lundi et mardi – **Repas** *(dîner seult)* 28/55 bc, 🍷.

◆ Verjongd restaurant in een huis met rieten dak, aan de rand van een charmant
plaatsje waar zilversmeden en klokkenmakers de traditie voortzetten (museum, ambachts-
kunst).

◆ Restaurant rajeuni aménagé dans une chaumière située aux portes de Schoonhoven, jolie
localité perpétuant sa tradition de l'orfèvrerie et de l'horlogerie (musée, artisanat).

SCHOORL *Noord-Holland* Ⓒ *Bergen 31 742 h.* 🔢 N 6 *et* 🔢 F 3.

🅱 *Duinvoetweg 1,* ✉ *1871 EA,* ✆ *(0 72) 581 31 00, info@vvvschoorl.nl, Fax (0 72)
509 49 28.*

Amsterdam 49 – Alkmaar 10 – Den Helder 32.

🏨 **Jan van Scorel,** Heereweg 89, ✉ 1871 ED, ✆ (0 72) 509 44 44, Fax (0 72) 509 29 41,
🌳, 🍴, 🔲, 🚲 – 📶 📺 🍴ch, 🔬 25 à 150. ⚫ ⚫ 🔵🔴 VISA 🔖 ch
Repas Lunch 28 – carte 33 à 44, 🍷 – **74 ch** ⊑ 100/225, – 11 suites – ½ P 166/211.

◆ Junior suites, appartementen en studio's die in grootte variëren : voor eenieder is in dit
vrij nieuwe pand wel een stekje op maat te vinden. Grote privéparking vlakbij. Ruime,
eigentijdse eetzaal.

◆ Junior suites, appartements et studios de diverses tailles : chacun trouvera un point
de chute à sa mesure dans cette construction récente. Grand parking privé à deux pas.
Ample salle à manger de notre temps.

🏨 **Merlet,** Duinweg 15, ✉ 1871 AC, ✆ (0 72) 509 36 44, merlet@worldonline.nl, Fax (0 72)
❄ 509 14 06, ≤, 🌳, 🍴, 🔲, 🚲 – 📶 📺 🅿 – 🔬 25 à 45. ⚫ ⚫ 🔵🔴 VISA JCB
fermé 31 déc.-14 janv. – **Repas** *(fermé sam. midi)* Lunch 38 – 48/80, carte env. 53 – **26 ch**
⊑ 79/150 – ½ P 119/165
Spéc. Terrine de boudin noir et boudin de foie sautés, pommes caramélisées au porto
rouge (17 oct.-déc.). Langoustines de trois façons. Turbot braisé, joue de veau étuvée et
Saint-Jacques à la truffe (17 oct.-déc.).

◆ Een dorp te midden van beboste polders vormt het decor van dit gemoedelijke
hotel. Smaakvol ingerichte kamers met een eigen karakter, zomerterras met
landelijke entourage en mooi zwembad. Restaurant in cottagestijl. Klassieke en inventieve
gerechten.

◆ Un village entouré de polders boisés sert d'écrin à cette accueillante hôtellerie. Chambres
personnalisées avec recherche, terrasse estivale champêtre et belle piscine. Table gastronomique agencée dans l'esprit ''cottage'' contemporain. Mets classico-inventifs.

à Camperduin *Nord-Ouest : 6 km* Ⓒ *Bergen :*

🏨 **Strandhotel** ⬧, Heereweg 395, ✉ 1871 GL, ☏ (0 72) 509 14 36, *info@strandhot el-camperduin.nl*, Fax (0 72) 509 41 66, ⬧, ⬧, 🚲 – 📺 🅿 🄰🄴 ⓪ 🕹 VISA. ⬧ rest
Repas (dîner pour résidents seult) – **24 ch** ⬧ 67/76 – ½ P 60/88.
♦ Klein badhotel tussen duin en polder, dicht bij het strand. Kamers met balkon of terras, waar u weer helemaal tot rust zult komen.
♦ Petit hôtel balnéaire posté entre dunes et polders, à une encablure de la plage. Les chambres, munies d'un balcon ou d'une terrasse, promettent des nuitées récupératrices.

SCHUDDEBEURS *Zeeland* 🔢 *J 15 et* 🔢 *C 6 – voir à Zierikzee.*

SEROOSKERKE *(Schouwen) Zeeland* Ⓒ *Schouwen-Duiveland 34 484 h.* 🔢 *H 12 et* 🔢 *C 6. Amsterdam 137 – Middelburg 54 – Rotterdam 69.*

✕✕ **De Waag,** Dorpsplein 6, ✉ 4327 AG, ☏ (0 111) 67 15 70, *info@dewaag.com*, Fax (0 111) 67 29 08, ⬧ – 🅿. 🄰🄴 ⓪ 🕹 VISA. ⬧
fermé 29 mai-16 juin, lundi et mardi – **Repas** (menu unique) *Lunch 36* – 60, ⬧.
♦ Deze oude herberg midden in een schilderachtig dorp bereidt Italiaanse gerechten, maar wel met streekproducten. Het biedt één menu, dat mondeling wordt toegelicht.
♦ Ancienne auberge blottie au centre d'un village pittoresque. Cuisine italianisante, mais faite à partir de produits régionaux. Offre réduite à un seul menu détaillé oralement.

SIMPELVELD *Limburg* 🔢 *U 17 et* 🔢 *I 9 – 11 448 h. Amsterdam 222 – Maastricht 29 – Heerlen 9 – Kerkrade 7 – Voerendaal 11.*

✕✕ **Bellevue** avec ch, Deus 1, ✉ 6369 GA, ☏ (0 45) 544 15 37, *info@hr-bellevue.nl*, Fax (0 45) 544 68 80, ⬧ clochers environnants, ⬧, ⬧ – ▤ rest, 📺 🅿. 🄰🄴 ⓪ 🕹 VISA. ⬧
fermé carnaval – **Repas** (fermé lundi, mardi et sam. midi) *Lunch 26* – carte 47 à 58, ⬧ – **10** ch ⬧ 51/78 – ½ P 81.
♦ Dit familiehotel ligt als een belvédère boven op een van de "toppen" van Nederland. Door de telescoop voor het restaurant zijn in de vlakte beneden 17 klokkentorens te ontwaren. Verzorgde maaltijd in een ruime, eigentijdse eetzaal of op het panoramaterras.
♦ Établissement familial perché tel un belvédère sur l'un des "sommets" des Pays-Bas. Le télescope installé devant le restaurant permet de viser 17 clochers à travers la plaine.

SINT ANNA TER MUIDEN *Zeeland* 🔢 *F 15 et* 🔢 *B 8 – voir à Sluis.*

SINT NICOLAASGA (ST. NYK) *Fryslân* Ⓒ *Skarsterlân 27 258 h.* 🔢 *T 5 et* 🔢 *I 3.*
🔢 *Legemeersterweg 16, ✉ 8727 DS, ☏ (0 513) 49 94 66, Fax (0 513) 49 97 77. Amsterdam 117 – Groningen 74 – Leeuwarden 48 – Zwolle 64.*

à Legemeer *(Legemar) Ouest : 4 km (direction Idskenhuizen (Jiskenhuzen)* Ⓒ *Skarsterlân :*

🏨 **Hampshire Inn** ⬧, Legemeersterweg 1a (au golf), ✉ 8527 DS, ☏ (0 513) 43 29 99, *info@logereninfriesland.nl*, Fax (0 513) 43 47 94, ⬧, ⬧, ⬧, ⬧, ⬧, 🚲 – 📺 🅿. 🄰🄴 ⓪ 🕹 VISA JCB. ⬧ rest
fermé 15 déc.-15 fév. – **Repas** (fermé lundi et mardi) (dîner seult) carte env. 31 – **17 ch** ⬧ 90/130 – ½ P 65/93.
♦ Een buitenweggetje leidt naar deze robuuste villa naast een golfterrein. Kingsize kamers in Engelse stijl. De balkons kijken uit op de weidevelden of op de green.
♦ Une petite route de campagne dessert cette grosse villa jouxtant un terrain de golf. Chambres "king size" décorées à l'anglaise. Balcons avec vue sur les champs ou le green.

SINT-OEDENRODE *Noord-Brabant* 🔢 *R 13 et* 🔢 *H 7 – 17 034 h.*
🔢 *Schootsedijk 18, ✉ 5491 TD, ☏ (0413) 47 92 56, Fax (0 413) 47 96 85. Amsterdam 107 – Eindhoven 17 – Nijmegen 48.*

✕✕✕ **Wollerich,** Heuvel 23, ✉ 5492 AC, ☏ (0 413) 47 33 33, *wollerich@alliance.nl*, Fax (0 413) 49 00 07, ⬧ – ▤ 🅿. 🄰🄴 ⓪ 🕹 VISA. ⬧
fermé 31 déc.-13 janv., mardi du 11 juil. au 21 août, sam. midi, dim. midi et lundi – **Repas** *Lunch 25* – 55/75, carte 58 à 70, ⬧
Spéc. Langoustines au four, coulis de homard et ail fumé. Risotto au ravioli de fromage de chèvre et Saint-Jacques poêlée à sec. Figues fraîches marinées à la frangipane, glace et sabayon (août-nov.).
♦ Dit oude notariskantoor in het centrum is tot een goed restaurant verbouwd. Lichte en ruime eetzaal. Eigentijdse gerechten met een creatieve touch.
♦ Au cœur du bourg, ancienne étude de notaire convertie en bonne maison de bouche. Salle à manger claire et spacieuse. Recettes au goût du jour teintées de touches créatives.

XX **de Rooise Boerderij,** Schijndelseweg 2, ⊠ 5491 TB, ℘ (0 413) 47 49 01, *info@ de rooiseboerderij.nl*, Fax *(0 413) 47 47 65*, 🌫 – ⯅⯅ ⓞ ⓜⓞ 𝐕𝐈𝐒𝐀 🍴
fermé lundi – **Repas** *Lunch 27* – 34/88 bc.
♦ Dit comfortabele restaurant is gehuisvest in een Brabantse boerderij die in rustiek-eigentijdse stijl is verbouwd. Zondagnamiddag theesalon. 's Zomers wordt er buiten gegeten.
♦ Ce confortable établissement met à profit une ferme brabançonne réaménagée dans l'esprit "rustico-actuel". Tea-room le dimanche après-midi. L'été, on ripaille en plein air.

SINT WILLEBRORD Noord-Brabant © Rucphen 22 607 h. 🔢 M 13 *et* 🔢 E 7.

Amsterdam 122 – 's-Hertogenbosch 69 – Breda 17 – Rotterdam 59.

X **O & O,** Dorpsstraat 138, ⊠ 4711 EL, ℘ (0 165) 38 32 49, Fax *(0 165) 38 80 54*, 🌫,
Cuisine asiatique – ⯅⯅ ⓜⓞ 𝐕𝐈𝐒𝐀 🍴
fermé 2 sem. en juil., lundi et mardi – **Repas** (déjeuner sur réservation) 25/33, 🍷.
♦ Aziatische restaurant achter een onopvallende gevel. In het sobere, moderne decor voelen de dito gerechten zich prima thuis. Het terras ademt een soortgelijke sfeer.
♦ Derrière une façade discrète, table asiatique au décor intérieur sobre et moderne, à l'image du style de cuisine proposé. Restaurant de plein air agencé dans le même esprit.

SITTARD Limburg © Sittard-Geleen 97 806 h. 🔢 U 17 *et* 🔢 I 8.

🏌 *au Sud : 8 km à Beek* ℘ *(0 43) 358 99 99*, Fax (0 43) 358 99 88.
🅱 Rosmolenstraat 2, ⊠ 6131 HX, ℘ *(0 46) 631 06 20, info@ b-toerisme.nl*, Fax (0 46) 631 06 25.

Amsterdam 194 – Maastricht 29 – Eindhoven 66 – Roermond 27 – Aachen 36.

🏨 **De Limbourg,** Markt 22, ⊠ 6131 EK, ℘ (0 46) 451 81 51, *hoteldelimbourg@ hetnet.nl*,
Fax *(0 46) 452 34 86*, 🌫 – 📺 🄿 – ⯅ 25 à 60. ⯅⯅ ⓞ ⓜⓞ 𝐕𝐈𝐒𝐀 𝐉𝐂𝐁
Repas (taverne-rest) 25/33, 🍷 – **22 ch** 🛏 60/110 – ½ P 115.
♦ In dit familiehotel op de Markt van een vroeger zeer betwiste vestingstad zijn alle kamers opgeknapt. De grootste zijn in de naburige dependance ingericht. Restaurant met zomerterras tegenover het portaal van de barokke St.-Michielskerk.
♦ Sur le Markt d'une ville forte jadis très disputée, hôtel familial dont toutes les chambres ont été rafraîchies. Les plus grandes occupent une annexe voisine. Restaurant avec terrasse d'été dressée devant le portail de la baroque St.-Michielskerk.

🏠 **De Prins** sans rest, Rijksweg Zuid 25, ⊠ 6131 AL, ℘ (0 46) 451 50 41, *info@ hoteld eprins.nl*, Fax *(0 46) 451 46 41*, 🚴 – 📺 – ⯅ 25 à 60. ⯅⯅ ⓞ ⓜⓞ 𝐕𝐈𝐒𝐀 𝐉𝐂𝐁
23 ch 🛏 62/98.
♦ Dit hotel aan de rand van het centrum heeft iets weg van een chalet. De kamers zijn van een aanzienlijk formaat en bieden functioneel comfort.
♦ Cette auberge évoquant vaguement un chalet monte la garde aux portes du centre-ville. Les chambres, de tailles respectables, offrent un confort fonctionnel.

XX **Silvester's,** Paardestraat 25, ⊠ 6131 HA, ℘ (0 46) 451 12 24, *genieten@ silvesters.nl*,
Fax *(0 46) 458 48 66*, 🌫 – ⯅⯅ ⓜⓞ 𝐕𝐈𝐒𝐀 🍴
fermé 31 janv.-11 fév., 25 juil.-8 août, 31 déc.-2 janv., sam. midi, dim. midi et lundi – **Repas** *Lunch 25* – 32/59, 🍷.
♦ Hartelijke ontvangst, warme en gemoedelijke sfeer, vrij beperkte maar smaakvolle eigentijdse kaart en vriendelijke service : vier goede redenen om hier aan tafel te gaan !
♦ Accueil tout sourire, salle de restaurant intime et chaleureuse, carte actuelle assez ramassée mais appétissante et service avenant : quatre bonnes raisons de s'attabler ici !

à Doenrade Sud : 6 km par N 276 © Schinnen 13 598 h :

🏨 **Kasteel Doenrade** 🌿, Limpensweg 20 (Klein-Doenrade), ⊠ 6439 BE, ℘ (0 46) 442 41 41, *info@ kasteeldoenrade.nl*, Fax *(0 46) 442 40 30*, 🌫, 🍷, 🍴, 🚴 – 🔔 ▤ 📺 🄿 – ⯅ 25 à 70. ⯅⯅ ⓞ ⓜⓞ 𝐕𝐈𝐒𝐀 🍴 rest
fermé 31 déc.-2 janv. – **Repas** *Lunch 23* – carte env. 47 – **23 ch** 🛏 90/135, – 1 suite – ½ P 138/168.
♦ Op zoek naar een rustig adres op het platteland om even aan de hectiek van alledag te ontsnappen? Dan is deze mooie kasteelhoeve de aangewezen plek. Kamers met een eigen karakter. Comfortabel restaurant met een eigentijdse keuken. Van april tot juni : asperges !
♦ En quête d'un point de chute tranquille à la campagne pour poser sa valise et décompresser ? Cette jolie ferme-château est alors toute indiquée. Chambres personnalisées. Agréable restaurant au goût du jour. D'avril à juin, spécialité d'asperges.

PAYS-BAS

à Munstergeleen Sud : 3 km © Sittard-Geleen :

XX **Zelissen**, Houbeneindstraat 4, ⊠ 6151 CR, ℰ (0 46) 451 90 27, nick.zelissen@home.nl,
Fax (0 46) 411 14 47 – ℻ ⑩ ⑩ 𝚅𝙸𝚂𝙰 𝙹𝙲𝙱
fermé 1 sem. carnaval, 3 sem. en juil., mardi et merc. – **Repas** (déjeuner sur réservation)
30/55 bc.
◆ Een familierestaurant dat al ruim dertig jaar een vertrouwd adres is en waar men
altijd klaarstaat voor zijn gasten. Klassieke borden in een modern jasje. Opgefriste
eetzaal.
◆ Cette enseigne, connue depuis plus de trente ans à Munstergeleen, signale un restaurant
familial animé par le souci de bien faire. Repas classique actualisé. Salle éclaircie.

SLENAKEN Limburg © Gulpen-Wittem 15 340 h. 𝟧𝟥𝟤 U 18 et 𝟩𝟷𝟧 I 9.

Voir Route de Epen ≤★.

Amsterdam 230 – Maastricht 19 – Aachen 20.

🏰 **Klein Zwitserland** ≫, Grensweg 11, ⊠ 6277 NA, ℰ (0 43) 457 32 91, info@klein
zwitserland.com, Fax (0 43) 457 32 94, ≤ campagne, 🏤, 🐎 – |≣|, 🛏 rest, 📺 – 🏊 25.
℻ ⑩ 𝚅𝙸𝚂𝙰. ✵
fermé 31 déc.-11 fév. – **Repas** (dîner seult jusqu'à 20 h) 30, ♀ – **25 ch** ⊂⊃ 99/166, – 1 suite
– ½ P 72/104.
◆ Dit rustig gelegen hotel op een heuvel net buiten het dorp kijkt vrij uit over het bosrijke,
glooiende landschap. Kamers met balkon, suite en junior suite voor een comfortabel verblijf. Grote, klassiek ingerichte eetzaal. Eigentijdse keuken.
◆ Paisible hôtel posté à flanc de colline, la "Petite Suisse" offre une vue imprenable sur
la campagne boisée. Chambres avec balcon, suite et junior suite de bon séjour. Ample salle
à manger classiquement aménagée. Cuisine actualisée.

🏰 **Het Gulpdal,** Dorpsstraat 40, ⊠ 6277 NE, ℰ (0 43) 457 33 15, info@gulpdal.nl,
Fax (0 43) 457 33 16, ≤, 🐎, 🔲, 🐎, ✵, 🚴 – |≣|, 🛏 rest, 📺 ☞📞 📦. ℻ ① ⑩ 𝚅𝙸𝚂𝙰
𝙹𝙲𝙱. ✵
fermé 31 déc.-1er mars – **Repas** (dîner pour résidents seult) – **19 ch** ⊂⊃ 63/158, – 5 suites
– ½ P 69/95.
◆ Villa in Engelse stijl met een verrukkelijke landschapstuin als idyllisch decor om lekker
luierend in weg te dromen. Deftige lounge, grote kamers en junior suites.
◆ Villa à l'anglaise agrémentée d'un adorable jardin paysager - idéal pour le farniente -
procurant un panorama bucolique. Salon cossu, grandes chambres et junior suites.

🏨 **Slenaker Vallei,** Dorpsstraat 1, ⊠ 6277 NC, ℰ (0 43) 457 35 41, info@slenakervall
ei.nl, Fax (0 43) 457 26 28, ≤, 🏤 – |≣| 📺 📦 – 🏊 25 à 50. ℻ ⑩ 𝚅𝙸𝚂𝙰. ✵
rest
Repas Lunch 28 – carte 35 à 83, ♀ – **20 ch** ⊂⊃ 68/120 – ½ P 64/116.
◆ De meeste kamers van dit hotel in het centrum kijken uit op het prachtige Gulper landschap. Het terras aan de voorkant is bij toeristen erg in trek. Restaurant met neorustiek
decor. Bij mooi weer wordt buiten geserveerd.
◆ La majorité des chambres de cette hostellerie établie au centre de Slenaken profite d'un
coup d'œil champêtre. Terrasse courtisée par les touristes sur le devant. Table au décor
néo-rustique. Repas en plein air par beau temps.

🏨 **Slenaken,** Heyenratherweg 4, ⊠ 6276 PC, ℰ (0 43) 457 35 46, slenaken@bestwest
ern.nl, Fax (0 43) 457 20 92, 🚴 – |≣| 📺 📦. ℻ ① ⑩ 𝚅𝙸𝚂𝙰. ✵ rest
Repas (résidents seult) – **35 ch** ⊂⊃ 82/109 – ½ P 70/140.
◆ Hotel dat zijn troeven uitspeelt in het grensgebied : Duitsland en vooral België zijn snel
te bereiken. Comfortabele kamers en veel junior suites.
◆ Hôtel jouant la carte frontalière : l'Allemagne, et surtout la Belgique, sont rapidement
accessibles. Chambres confortables et nombreuses junior suites.

Donnez-nous votre avis sur les tables que nous recommandons,
sur leurs spécialités et leurs cartes de vins.

SLOCHTEREN Groningen 𝟧𝟥𝟷 Z 3 et 𝟩𝟷𝟧 L 2 – 15 121 h.

Amsterdam 205 – Groningen 22 – Assen 46 – Leeuwarden 86 – Zwolle 121.

XX **gasterei de Seghesteen,** Hoofdweg 22, ⊠ 9621 AL, ℰ (0 598) 42 22 44, info@
☞ seghesteen.nl, Fax (0 598) 42 30 90 – &. 📦. ℻ ⑩ 𝚅𝙸𝚂𝙰. ✵
fermé 24 juil.-9 août, dim. et lundi – Repas (déjeuner sur réservation) 33/50, ♀.
◆ Oude, typisch Hollandse herberg dicht bij kasteel-museum Freylemaborg. Moderne
eetzaal met ronde tafels op ruime afstand van elkaar. Het menu is goed en bij de
tijd.
◆ Ancienne auberge typiquement néerlandaise située à deux pas d'un château-musée
(Freylemaborg). Salle actuelle aux tables rondes bien espacées ; bon menu au goût du jour

SLUIS *Zeeland* 582 F 15 *et* 715 B 8 – 24 791 h.

  🛈 *St-Annastraat 15,* ⊠ *4524 JB,* ✆ *(0 117) 46 17 00, sluis@ vvvzvl.nl, Fax (0 117) 46 26 84.*

Amsterdam 226 – Brugge 21 – Middelburg 67 – Knokke-Heist 9.

 De Dikke van Dale, St-Annastraat 46, ⊠ 4524 JE, ✆ (0 117) 45 60 10, *Fax (0 117) 45 60 20,* 😊, 🄵, ≋s, ぬ – 🛗 ⇄ 📺 🕭 🖵 ⇦ 🅿 – 🔬 25 à 120. 🆎 ① ⓦⓞ 𝓥𝓘𝓢𝓐. ⋙ rest

Repas *Lunch 28 bc* – 30/65 – � 10 – **64 ch** 85/155 – ½ P 117/145.

  • Dit grote, oude gebouw in regionale stijl ziet er weer als nieuw uit. Grote kamers met mooi sanitair. In de knusse bistro wordt ook het ontbijt gebruikt. Eetzaal met klassiek decor. Ook buiten wordt geserveerd. Culinair repertoire in eigentijds tempo.

  • Grande bâtisse ancienne d'architecture régionale ayant retrouvé l'éclat du neuf. Chambres spacieuses dotées de belles salles d'eau. Bistrot "cosy" où l'on petit-déjeune aussi. Salle à manger au décor classique et restaurant d'été ; repas dans le tempo actuel.

XXX ❀❀ **Oud Sluis** (Herman), Beestenmarkt 2, ⊠ 4524 EA, ✆ (0 117) 46 12 69, oudsluis@ ze elandnet.nl, Fax (0 117) 46 30 05, 😊, Produits de la mer – 🆎 ① ⓦⓞ 𝓥𝓘𝓢𝓐. ⋙
fermé prem. sem. avril, 2 sem. en juin, 2 sem. en oct., dern. sem. déc., lundi et mardi –
Repas *Lunch 45* – 90, carte 94 à 125, ⍩ 🕭

Spéc. 6 préparations d'huîtres de Zélande (sept.-avril). Rouleaux de thon mariné et langoustines, crème de yaourt et caviar. Bar de ligne salé aux anchois, vinaigrette d'agrumes et mousseline au macvin (mai-oct.).

  • Kleine, karakteristieke herberg aan een bruisend pleintje, waar met producten uit zee originele, verfijnde gerechten worden bereid. Bediening volgens de regelen der kunst.

  • Sur une placette effervescente, petite auberge très typée où se concocte une cuisine originale et raffinée, à base de produits de la mer. Service dans les règles de l'art.

à Retranchement *Nord : 6 km* 🅲 *Sluis :*

  X **de witte koksmuts,** Kanaalweg 8, ⊠ 4525 NA, ✆ (0 117) 39 16 87, *Fax (0 117) 39 20 30,* ≤, 😊 – 🅿. 🆎 ⓦⓞ
fermé 2 nov.-1er déc., merc. et jeudi – **Repas** carte 29 à 57.

  • Polders, dijk en kanaal vormen een aangenaam decor voor dit restaurant, waar de kaart de krab behoorlijk in de tang heeft. Eigentijdse gerechten. Zomerterras.

  • Polders, digue et canal procurent un environnement agréable à ce restaurant dont la carte "en pince" pour le tourteau. Préparations actuelles. Terrasse d'été.

à Sint Anna ter Muiden *Nord-Ouest : 2 km* 🅲 *Sluis :*

  XX **De Vijverhoeve,** Greveningseweg 2, ⊠ 4524 JK, ✆ (0 117) 46 13 94, vijverhoeve@ zeelandnet.nl, 😊 – 🅿. 🆎 ① ⓦⓞ 𝓥𝓘𝓢𝓐 𝗝𝗖𝗕
fermé merc. et jeudi – **Repas** 38/98 bc, ⍩.

  • Charmant boerderijtje in een landelijk dorp. Intieme, ingetogen ambiance in de eetzalen. Openluchtrestaurant aan de achterkant, aan een mooie Franse tuin.

  • Jolie fermette à débusquer dans un hameau agreste. Atmosphère intime et feutrée en salles. Restaurant de plein air sur l'arrière, tourné vers un beau jardin à la française.

SLUISKIL *Zeeland* 582 I 15 *et* 715 C 8 – *voir à Terneuzen.*

SNEEK (SNITS) *Fryslân* 581 T 4 *et* 715 I 2 – 32 862 h.

  Voir Porte d'eau★ (Waterpoort) A **A.**

  Env. par ③ à Sloten (Sleat)★ (ville fortifiée).

  Exc. Circuit en Frise Méridionale★.

  🛈 *Marktstraat 18,* ⊠ *8601 CV,* ✆ *(0 515) 41 40 96, info@ vvvsneek.nl, Fax (0 515) 42 37 03.*

Amsterdam 125 ④ – Leeuwarden 27 ① – Groningen 78 ② – Zwolle 74 ③

Plan page suivante

 Hanenburg, Wijde Noorderhorne 2, ⊠ 8601 EB, ✆ (0 515) 41 25 70, info@ hotelha nenburg.nl, Fax (0 515) 42 58 95 – 📺 🅿 – 🔬 25 à 60. 🆎 ① ⓦⓞ 𝓥𝓘𝓢𝓐 𝗝𝗖𝗕. ⋙ rest   A e
fermé 25, 26 et 31 déc. et 1er janv. – **Repas** voir rest **Piccolo** ci-après – **19 ch** ⊂ 55/110 – ½ P 55/77.

  • Inmiddels staat de vierde generatie aan het roer van dit familiehotel, dat te vinden is in een winkelstraat in het centrum. Sommige kamers hebben een badkamer met jacuzzi.

  • Cet hôtel tenu en famille depuis quatre générations est implanté dans une rue commerçante du centre. Plusieurs chambres ont une salle de bains équipée d'un jacuzzi.

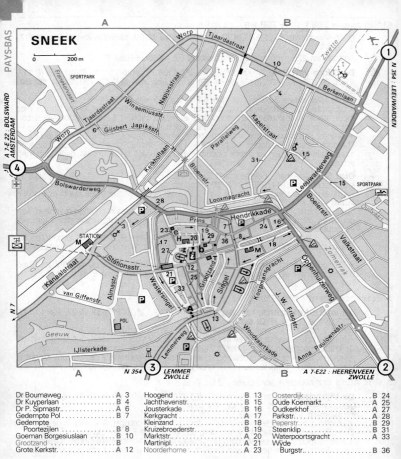

SNEEK

0   200 m

Onder de Linden, Marktstraat 30, ⊠ 8601 CV, ℰ (0 515) 41 26 54, info@ restaura ntonderdelinden.nl, Fax (0 515) 42 77 15, 佘, Taverne-rest – 𝐀𝐄 ⓞ ⓞⓞ 𝘝𝘐𝘚𝘈   B b *fermé 27 déc.-15 janv. et lundi* – **Repas** 20/26, ₤.

♦ Restaurant in een eerbiedwaardig, gerenoveerd pand aan de Markt, waar 's zomers onder de linden een terras wordt uitgezet. Regionale lunch en keuzemenu voor een vriendenprijs.

♦ Vénérable auberge rajeunie surveillant le Markt, où une terrasse d'été est dressée "sous les tilleuls" (onder de linden). Lunch régional et menu-choix à prix d'ami.

Piccolo - H. Hanenburg, Wijde Noorderhorne 2, ⊠ 8601 EB, ℰ (0 515) 41 25 70, info @ hotelhanenburg.nl, Fax (0 515) 42 58 95, 佘. 𝐀𝐄 ⓞ ⓞⓞ 𝘝𝘐𝘚𝘈 ᴶᶜᴮ, ⅏   A e *fermé 25, 26 et 31 déc., 1er janv. et dim. midi* – **Repas** carte 32 à 45.

♦ Eigentijds restaurant dat deel uitmaakt van een hotel. Parket, moderne rieten stoelen wandlampen en kroonluchters in de eetzaal. Eenvoudig maar verzorgd gedekte tafels.

♦ Restaurant au goût du jour agrégé à un hôtel. Parquet, sièges modernes et osier appliques et lustres contemporains en salle. Mise en place simple mais soignée sur les tables.

Pour toutes précisions sur les prix indiqués dans ce guide, reportez-vous aux pages explicatives.

SOEST Utrecht 532 Q 9 et 715 G 5 – 44 792 h.

🏠 Steenhoffstraat 9b, ✉ 3764 BH, 𝒫 (0 35) 601 20 75, info@ vvv-soest.nl, Fax (0 35) 602 80 17.

Amsterdam 42 – Utrecht 18 – Amersfoort 7.

🏨 **Het Witte Huis**, Birkstraat 138 (Sud-Ouest : 3 km sur N 221), ✉ 3768 HN, 𝒫 (0 33) 461 71 47, info@ h-r-wittehuis.nl, Fax (0 33) 465 05 66 – 🛗 📺 🅿 – 🔬 25 à 160. ⅄ ⊙ 🆎 VISA JCB

fermé 25 déc.-4 janv. – **Repas** (fermé sam. midi et dim. midi) Lunch 20 – carte 23 à 47, ♀ – **68 ch** ⊊ 83/120 – ½ P 102/122.

◆ De meeste kamers van dit etablissement zijn ingericht in een dependance en in een motelachtig pand, waar de kamers wat ruimer zijn. In de klassieke Hollandse ambiance van de eetzaal kunt u genieten van eerlijke gerechten zonder opsmuk.
◆ La majorité des chambres de l'établissement se distribue entre une dépendance et une construction de type motel. Pour davantage d'espace, préférez cette dernière. On s'attable dans un cadre bourgeois à l'hollandaise. Préparations sans complications.

🍴🍴 **Van den Brink**, Soesterbergsestraat 122, ✉ 3768 EL, 𝒫 (0 35) 601 27 06, vdbrink @ eetvilla.nl, Fax (0 35) 601 97 18, 🌳 – 🅿 – 🔬 25 à 40. ⅄ 🆎 VISA

fermé 31 déc.-10 janv., sam. midi et dim. soir – **Repas** Lunch 29 – 30/52 bc, ♀.
◆ Deze villa (1928) aan de rand van Soest herbergt een restaurant waar u zich direct in goede handen voelt. Menugerechten ook in halve porties. Groen terras aan de voorkant.
◆ En périphérie, villa de 1928 abritant une table familiale où vous vous sentirez entre de bonnes mains. Plats du menu aussi déclinés en demi portion. Terrasse verte à l'avant.

à Soestdijk Nord : 3 km © Soest :

🍴🍴🍴 **'t Spiehuis**, Biltseweg 45 (sur N 234), ✉ 3763 LD, 𝒫 (0 35) 666 82 36, spiehuis@ he tnet.nl, Fax (0 35) 666 84 76, 🌳 – 🅿. ⅄ ⊙ 🆎 VISA. ✍

fermé 20 juil.-13 août, 27 déc.-10 janv., mardi, merc., sam. midi et dim. midi – **Repas** Lunch 30 – carte 39 à 99, ♀.
◆ Dit eethuis is te vinden aan de rand van de bossen, op een steenworp afstand van Paleis Soestdijk. Klassieke gerechten die wijselijk aan de moderne smaak zijn aangepast.
◆ Maison de bouche à dénicher en lisière des bois, près d'une localité connue pour sa résidence de la famille royale. Recettes classiques actualisées avec sagesse.

à Soestduinen Sud : 3 km © Soest :

🏨 **Hilton Royal Parc** 🏌, Van Weerden Poelmanweg 4, ✉ 3768 MN, 𝒫 (0 35) 603 83 83, reservations.soestduinen@ hilton.com, Fax (0 35) 603 83 00, ≤, 🌳, 🛴, 🏊, 🚲 – 🛗 🔄, 🍽 rest, 📺 ♿ch, 🅿 – 🔬 25 à 500. ⅄ ⊙ 🆎 VISA JCB. ✍ rest

Repas Lunch 22 – 33/43 bc, ♀ – ⊊ 18 – **81 ch** 75/160, – 4 suites.
◆ Een eigentijds hotelgebouw in de onmiddellijke nabijheid van een golfterrein. Ruime kamers met balkon, moderne voorzieningen en een fraai terras dat uitkijkt op de green.
◆ Architecture contemporaine profitant du voisinage immédiat d'un terrain de golf. Amples chambres avec balcon, équipements modernes et belle terrasse ouverte sur le green.

à Soesterberg Sud : 4 km © Soest :

🍴🍴 **the Oriental Swan**, Rademakerstraat 2, ✉ 3769 BD, 𝒫 (0 346) 35 21 81, orientalswan @ tiscali.nl, Fax (0 346) 35 47 50, Cuisine chinoise – 🅿 – 🔬 25 à 80. ⅄ ⊙ 🆎 VISA. ✍

fermé lundi – **Repas** carte 28 à 61.
◆ Comfortabel, Aziatisch restaurant aan de doorgaande weg in Soesterberg. De Kantonese smaak spant hier de kroon. Rijsttafels en menu's, waaronder twee Dim Sum variaties.
◆ Table asiatique confortable œuvrant sur la traversée de Soesterberg. Carte à dominante cantonaise ; bon choix de "rijsttafels" et de menus, dont deux déclinaisons de Dim Sum.

SOESTDIJK Utrecht 532 Q 9 et 715 G 5 – voir à Soest.

SOESTDUINEN Utrecht 532 Q 10 et 715 G 5 – voir à Soest.

SOESTERBERG Utrecht 532 Q 10 et 715 G 5 – voir à Soest.

SOMEREN Noord-Brabant 532 T 14 et 715 I 7 – 18 413 h.

Amsterdam 151 – Eindhoven 26 – 's-Hertogenbosch 52 – Helmond 13 – Venlo 37.

🍴🍴 **Gasterij De Zeuve Meeren** avec ch, Wilhelminaplein 14, ✉ 5711 EK, 𝒫 (0 493) 49 27 28, j.meinen@ chello.nl, Fax (0 493) 47 01 12, 🌳 – 📺. ⅄ ⊙ 🆎 VISA JCB. ✍ rest

fermé prem. sem. fév., 1 sem. vacances bâtiment et merc. – **Repas** (déjeuner sur réservation) 33/43 bc – **5 ch** ⊊ 50/70 – ½ P 75.
◆ Twee comfortabele eetzalen met een licht en eigentijds decor. In deze entourage kunt u genieten van een keuken die goed bij de tijd is. Mooie lounge-bar en eenvoudige kamers.
◆ Restaurant dont les deux salles confortables au décor clair et actuel vous invitent à goûter une cuisine en phase avec l'époque. Joli salon-bar et chambres de mise simple.

SON *Noord-Brabant* ⓒ *Son en Breugel 15 017 h.* 🔢 R 13 *et* 🔢 H 7.
Amsterdam 114 – Eindhoven 10 – Helmond 17 – Nijmegen 53.

🏠 **la Sonnerie,** Nieuwstraat 45, ⊠ 5691 AB, ℘ (0 499) 46 02 22, *info@ sonnerie.nl,*
Fax (0 499) 46 09 75, 😋, 🚲 – 🔟 🅿. – 🔬 25 à 100. 🆎 ⓞ ⓞⓞ 𝘝𝘐𝘚𝘈, 🦌
Repas *(fermé 31 déc.-1er janv.)* 22/37 – 🍽 13 – **30 ch** 80/99 – ½ P 108/182.
◆ Dit voormalige klooster is praktisch verbouwd tot familiehotel en herbergt verschillende
categorieën kamers. De kapel doet nu dienst als zaal voor conferenties en partijen. De
brasserie heeft een eigentijdse keuken met een snufje originaliteit.
◆ Cet ancien cloître adroitement converti en hôtel familial renferme diverses catégories
de chambres. La chapelle a été réaffectée en salle de conférences et de banquets. Brasserie
proposant une cuisine actuelle relevée d'un zeste d'originalité.

SPAARNDAM *Noord-Holland* ⓒ *Haarlemmerliede en Spaarnwoude 5 533 h.* 🔢 N 8 *et* 🔢 F 4.
🏌 🏌 au Nord : 8 km à Velsen-Zuid, Het Hoge Land 2, ⊠ 1981 LT, Recreatieoord Spaarnwoude ℘ (0 23) 538 27 08, Fax (0 23) 538 72 74.
Amsterdam 18 – Haarlem 11 – Alkmaar 28.

🍴 **Het Stille Water,** Oostkolk 19, ⊠ 2063 JV, ℘ (0 23) 537 13 94, *restaurant@ stillew
ater.nl,* Fax (0 23) 539 59 64, 😋, 🔟 – 🆎 ⓞ ⓞⓞ 𝘝𝘐𝘚𝘈 𝘑𝘊𝘉
fermé fin déc. et mardi – **Repas** *(déjeuner sur réservation)* carte env. 43, 🍷.
◆ Pand uit de 18e eeuw vlak bij een pittoreske sluis met kastanjebomen langs het water.
Hedendaags interieur en verzorgde aankleding. Seizoengerechten.
◆ Maison du 18e s. alanguie près d'un pittoresque bassin d'écluse bordé de marronniers.
Agencement intérieur contemporain et mise en place soignée. Plats de saison.

SPAKENBURG *Utrecht* 🔢 R 9 *et* 🔢 H 5 – *voir à Bunschoten-Spakenburg.*

SPIER *Drenthe* 🔢 X 6 *et* 🔢 K 3 – *voir à Beilen.*

SPIJKENISSE *Zuid-Holland* 🔢 K 11 *et* 🔢 D 6 – *75 354 h.*
Amsterdam 92 – Rotterdam 16.

🏨 **Carlton Oasis,** Curieweg 1 (Sud : 1 km), ⊠ 3208 KJ, ℘ (0 181) 62 52 22, *info@ oasi
s.carlton.nl,* Fax (0 181) 61 10 94, 😋, 🏋, 🏊, 🔳, 🚲 – 🛗 🔛, 🍴 ch, 🔟 🅿. – 🔬 40
à 250. 🆎 ⓞ ⓞⓞ 𝘝𝘐𝘚𝘈
Repas *(ouvert jusqu'à 23 h 30)* carte env. 35 – 🍽 18 – **139 ch** 86/240.
◆ Dit recente gebouw op een industrieterrein, aan de rand van Spijkenisse en op een
steenworp afstand van de Europoort, is een ideaal logeeradres voor zakenmensen. Comfortabele kamers en junior suites. Restaurant en brasserie.
◆ Point de chute prisé des hommes d'affaires, cet immeuble récent, assez proche de
l'Europoort, est construit dans un secteur industriel. Chambres confortables et junior suites. Alternative restaurant ou brasserie.

🍴🍴 **'t Ganzengors,** Oostkade 4, ⊠ 3201 AM, ℘ (0 181) 61 25 78, *info@ ganzengors.nl,*
Fax (0 181) 61 77 32 – 🅿. 🆎 ⓞ ⓞⓞ 𝘝𝘐𝘚𝘈 𝘑𝘊𝘉
fermé lundi – **Repas** *(dîner seult)* 27/50 bc, 🍷.
◆ Familierestaurant naast de ingang van een winkelcentrum in het hartje van de stad.
Proeflokaal met wijnbar voor het aperitief.
◆ Affaire familiale gardant les portes d'un centre commercial au coeur de la localité. Salon
de dégustation et wine-bar pour l'apéritif.

STAPHORST *Overijssel* 🔢 W 7 *et* 🔢 J 4 – *15 565 h.*
Voir *Ville typique★ : fermes★, costume traditionnel★.*
Amsterdam 128 – Zwolle 18 – Groningen 83 – Leeuwarden 74.

🏠 **Waanders,** Rijksweg 12, ⊠ 7951 DH, ℘ (0 522) 46 18 88, *hotel.waanders@ tref.nl,*
Fax (0 522) 46 10 93 – 🛗 🔟 🚿rest, 🅿. – 🔬 25 à 300. 🆎 ⓞ ⓞⓞ 𝘝𝘐𝘚𝘈 𝘑𝘊𝘉
Repas *(taverne-rest)* carte 22 à 44 – **24 ch** 🍽 60/95 – ½ P 63/85.
◆ Dit hotel vlak bij de snelweg gaat al sinds 1901 van vader op zoon over. Een nieuwere
vleugel herbergt de kamers, waarvan een derde op de begane grond is ingericht.
◆ Près de l'autoroute, établissement exploité de père en fils depuis 1901. Une aile plus
récente regroupe les chambres, dont un tiers se répartissent de plain-pied.

🍴🍴 **De Molenmeester,** Gemeenteweg 364 (Est : 3 km), ⊠ 7951 PG, ℘ (0 522) 46 31 16
🍷 *info@ demolenmeester.nl,* Fax (0 522) 46 09 34, 😋, Ouvert jusqu'à 23 h – 🅿. 🆎 ⓞⓞ 𝘝𝘐𝘚
fermé sam. midi, dim. midi, lundi et mardi – Repas 29/43.
◆ Restaurant in een bakstenen huis aan de rand van het dorp. Bij het terras aan de achterkant staat een 19e-eeuwse molen. Stijlvol decor, warme ambiance en eigentijdse keuken.
◆ Maison de brique située aux abords de Staphorst. Un beau moulin du 19e s. se dress
à l'arrière, près de la terrasse. Cadre soigné, ambiance chaleureuse et cuisine actuelle

STEENWIJK *Overijssel* [C] *Steenwijkerland 42 358 h.* [531] V 6 *et* [715] J 3.

> 🅱 *Markt 60,* ✉ *8331 HK,* 𝒫 *0 900-567 46 37, steenwijk@kopvanoverijssel.nl,* Fax *(0 521) 51 17 79.*
>
> *Amsterdam 148 – Zwolle 38 – Assen 55 – Leeuwarden 54.*

🏨   **De "Eese"** ⚓, Duivenslaagte 2 (Nord : 5,5 km, direction Frederiksoord à De Bult), ✉ 8346 KH, 𝒫 (0 521) 51 14 54, *info@eese.nl,* Fax *(0 521) 51 13 16,* 🌧, ⛵, 🔲, ⚒, 🐎 – 📱 ⤬, 🍴 rest, 📺 📞 🅿 – 🔬 80 à 180. 🆎 🐵 *VISA* ⚒
fermé 27 déc.-3 janv. – **Repas** *Lunch 15* – carte 31 à 47 – ⌑ 13 – **56 ch** 69/89 – ½ P 97/119.

> ◆ De kamers in dit rustig gelegen hotelcomplex aan de rand van Steenwijk bieden een goed comfort. Het establissement beschikt over acht zalen voor seminars. Actuele kaart met lunch en menu's. Aspergegerechten in het seizoen. Zomerterras.
>
> ◆ Aux avant-postes de Steenwijk, paisible complexe hôtelier où vous séjournerez dans des chambres offrant un bon niveau de confort. Huit salles accueillent les séminaires. Carte actuelle avec lunch et menus. Recettes d'asperges en saison. Terrasse estivale.

🏨   **Hiddingerberg,** Woldmeentherand 15 (près A 32, sortie ⑥), ✉ 8332 JE, 𝒫 (0 521) 51 23 11, *balie@hiddingerberg.nl,* Fax *(0 521) 51 20 64,* 🌧, 🐎 – 📱 ⤬ 📺 🔬🅿 – 🔬 25 à 500. 🆎 🐵 *VISA* ⚒
fermé 31 déc.-1er janv. – **Repas** carte 23 à 34 – **36 ch** ⌑ 65/95 – ½ P 83.

> ◆ Dit etappehotel vlak bij de snelweg runt tevens een groot zalencentrum. Rookvrije, prima onderhouden kamers die van een goede geluidsisolatie zijn voorzien en op de begane grond liggen. Kaart met een keur van klassiek-traditionele gerechten.
>
> ◆ Cet hôtel d'étape proche de l'autoroute se double d'un grand centre de congrès. Chambres non-fumeur bien insonorisées et d'une tenue exemplaire, distribuées de plain-pied. À l'heure des repas, choix de préparations classiques-traditionnelles.

STEIN *Limburg* [532] T 17 *et* [715] I 9 – *26 596 h.*

> *Amsterdam 197 – Maastricht 21 – Roermond 30 – Aachen 36.*

à Urmond *Nord : 3 km* [C] *Stein :*

🏨   **Stein-Urmond,** Mauritslaan 65 (près A 2), ✉ 6129 EL, 𝒫 (0 46) 433 85 73, *steinurmondans@valk.com,* Fax *(0 46) 433 86 86,* 🌧, 🍴, 🐎 – 📱 ⤬ 📺 🔬ch, 🅿 – 🔬 25 à 400. 🆎 ① 🐵 *VISA* ᴊᴄʙ, ⚒ ch
Repas (ouvert jusqu'à 23 h) *Lunch 12* – carte 22 à 38, ⵏ – ⌑ 8 – **164 ch** 60/75, – 1 suite – ½ P 60/87.

> ◆ Dit motel is karakteristiek voor de Van der Valk-keten en herbergt identieke kamers, een handjevol junior suites en een appartement met kitchenette.
>
> ◆ Ce motel typique de la chaîne Van der Valk abrite des chambres à l'identique, une poignée de junior suites, ainsi qu'un appartement avec kitchenette.

STELLENDAM *Zuid-Holland* [C] *Goedereede 11 491 h.* [532] J 12 *et* [715] D 6.

> *Amsterdam 115 – Rotterdam 43 – Den Haag 67 – Middelburg 60.*

🍴   **de Gard,** Meester Iman Caustraat 4, ✉ 3251 AR, 𝒫 (0 187) 49 90 92, *info@degard.nl* – 🐵 *VISA* ᴊᴄʙ
fermé 10 juil.-10 août, 24 déc.-11 janv., lundi et mardi – **Repas** (dîner seult) 55/80 bc, ⵏ.

> ◆ Aangenaam restaurantje waar u direct voelt dat u in goede handen bent. Het interieur heeft een zeer geslaagd designdecor. Het menu van de chef is uitermate favoriet.
>
> ◆ Agréable petit restaurant où l'on se sent directement entre de bonnes mains. La décoration intérieure, tendance design, est très réussie, et le menu du chef, fort demandé.

STEVENSWEERT *Limburg* [C] *Maasbracht 13 727 h.* [532] U 16 *et* [715] I 8.

> *Amsterdam 184 – Maastricht 37 – Eindhoven 58 – Venlo 39.*

🍴   **Herberg Stadt Stevenswaert,** Veldstraat Oost 1, ✉ 6107 AS, 𝒫 (0 475) 55 23 76, *stadt-stevenswaert.nl,* Fax *(0 475) 55 10 61,* 🌧 – 🆎 🐵 *VISA*
fermé 1 sem. en oct., janv. et lundi – **Repas** 40/63 bc, ⵏ.

> ◆ Deze sympathieke familieherberg staat in het centrum vlak bij de Markt. Bij de oude schouw met gietijzeren potkachel kunnen de gasten genieten van een eigentijdse maaltijd.
>
> ◆ Sympathique auberge familiale montant la garde près du Markt, au centre de Stevensweert. Repas au goût du jour autour d'une vieille cheminée et son poêle en fonte.

TEGELEN *Limburg* [532] V 14 *et* [715] J 7 – *voir à Venlo.*

TERBORG Gelderland 🄲 Wisch 19 573 h. 🗗🗗🗗 X 11 et 🗗🗗🗗 K 6.
Amsterdam 135 – Arnhem 37 – Enschede 58.

XX **'t Hoeckhuys,** Stationsweg 16, ⊠ 7061 CT, ✆ (0 315) 32 39 33, *info@hoeckhuys.nl*, Fax (0 315) 33 04 97, 😤 – 🅿. 🆎 ⓿ ⓿ 𝗩𝗜𝗦𝗔
fermé dern. sem. juil.-prem. sem. août et merc. – **Repas** (déjeuner sur réservation) carte 29 à 45, 🏵.
◆ In dit statige herenhuis tegenover het station wacht u een hartelijk onthaal. Goed ingerichte eetzaal, klassiek-eigentijdse keuken, serres en beschut terras.
◆ En face de la gare, maison de notable vous réservant un bon accueil familial. Salle à manger bien installé, cuisine classique-actuelle, jardins d'hiver et terrasse abritée.

TERNEUZEN Zeeland 🗗🗗🗗 I 14 et 🗗🗗🗗 C 7 – 34 634 h.
🅱 Markt 11, ⊠ 4531 EP, ✆ (0 115) 69 59 76, *terneuzen@vvvzvl.nl*, Fax (0 115) 64 87 70.
Amsterdam 193 – Middelburg 33 – Antwerpen 56 – Brugge 58 – Gent 39.

🏨 **L'Escaut,** Scheldekade 65, ⊠ 4531 EJ, ✆ (0 115) 69 48 55, *info@goldentulip-lescaut.nl*, Fax (0 115) 62 09 81, 😤, 🚲 – 🛗 ✦, ▤ rest, 📺 ⟷ – 🔬 25 à 100. 🆎 ⓿ ⓿ 𝗩𝗜𝗦𝗔. 🦮 rest
Repas *(fermé sam. midi)* carte 28 à 59 – ☲ 15 – **28 ch** 100/134 – ½ P 130/183.
◆ Dit kleine, moderne pand vlak bij de monding van de Schelde - vandaar de naam - heeft kamers van goed formaat, met een zeer behoorlijk comfort. Restaurant in ietwat art-decoachtige stijl, met een grote kaart die van alles en nog wat te bieden heeft.
◆ Ce petit immeuble actuel posté à proximité des bouches de l'Escaut - d'où l'enseigne - renferme des chambres aux dimensions et très valablement équipées. Restaurant de style vaguement Art déco où une grande carte un peu touche-à-tout est présentée.

🏨 **Churchill,** Churchilllaan 700, ⊠ 4532 JB, ✆ (0 115) 62 11 20, *info@hampshire-churchill.nl*, Fax (0 115) 69 73 93, 😤, 🚗, 🔲, 🚲 – 🛗 ✦ 📺 ⚗ 🅿. – 🔬 25 à 125. 🆎 ⓿ ⓿ 𝗩𝗜𝗦𝗔. 🦮 rest
Repas *Lunch 25* – carte 29 à 51 – ☲ 13 – **54 ch** 109/119 – ½ P 96.
◆ Dit etablissement ligt buiten het centrum, vlak bij een belangrijk kruispunt en een recreatiecentrum met exotisch zwembad. Functionele kamers op drie verdiepingen. Restaurant met een aantrekkelijke actuele kaart, nautische ambiance en uitzicht op de rivier.
◆ Établissement excentré, proche d'un carrefour important et d'un centre de loisirs avec piscine exotique. Chambres fonctionnelles distribuées sur trois étages. Carte actuelle attrayante, atmosphère nautique et jolie vue sur le fleuve au restaurant.

🏨 **Triniteit** sans rest, Kastanjelaan 2 (angle Axelsestraat), ⊠ 4537 TR, ✆ (0 115) 61 41 50, Fax (0 115) 61 44 69, 😤 – 📺. 🆎 ⓿ ⓿ 𝗩𝗜𝗦𝗔. 🦮
fermé dern. sem. déc.-prem. sem. janv., week-end et jours fériés – **15 ch** ☲ 56/78.
◆ Dit hotel aan de weg Zelzate-Terneuzen wordt met zorg onderhouden. Twee derde van de kamers is eenpersoons. Bij mooi weer ontbijt op het terras. Huiselijk onthaal.
◆ Hôtel d'une tenue méticuleuse implanté sur l'axe Zelzate-Terneuzen. Deux tiers des chambres sont des singles. P'tit-déj en terrasse aux beaux jours. Accueil familial gentil.

XX **d'Ouwe Kercke,** 1ᵉʳ étage, Noordstraat 77a (rue piétonne), ⊠ 4531 GD, ✆ (0 115) 69 72 27, Fax (0 115) 69 70 60 – 🔬 60. 🆎 ⓿ ⓿ 𝗩𝗜𝗦𝗔
fermé dim. midi et lundi – **Repas** *Lunch 35* – carte 43 à 64.
◆ Restaurant op de eerste verdieping van een voormalige kerk die tot winkelcentrum is verbouwd. De klassieke kaart heeft een lichte voorkeur voor edele producten, zoals kreeft.
◆ Restaurant aménagé à l'étage d'une ancienne église curieusement convertie en centre commercial. Carte classique affichant un penchant pour les produits nobles, dont le homard.

X **het Arsenaal,** Nieuwstraat 27, ⊠ 4531 CV, ✆ (0 115) 61 30 00, *info@hetarsenaal.com*, Fax (0 115) 64 82 25, 😤 – 🆎 ⓿ ⓿ 𝗩𝗜𝗦𝗔
fermé sam. midi et dim. – **Repas** 20/47 bc, 🏵.
◆ Dit arsenaalgebouw (1840) is nu een uitgaanscentrum en herbergt onder de robuuste gewelven een groot, charmant restaurant met weldoordachte wijnkaart. Terras aan de voorkant.
◆ Dans une forteresse de 1840 désormais vouée aux sorties, restaurant ample et avenant où l'on prend place sous des voûtes massives. Sélection vineuse réfléchie. Terrasse avant.

à Sluiskil Sud : 8 km 🄲 Terneuzen :

🏨 **Dallinga** (avec annexe 10 ch 🏠 ⚞), Nieuwe Kerkstraat 5, ⊠ 4541 EB, ✆ (0 115) 47 15 90, *info@dallinga.com*, Fax (0 115) 47 25 82, 😤 – ▤ rest, 🅿. – 🔬 80. 🆎 ⓿ ⓿ 𝗩𝗜𝗦𝗔. 🦮
fermé 24 déc.-2 janv. – **Repas** *(fermé sam. midi et dim. midi)* *Lunch 18* – carte 26 à 53 – **23 ch** ☲ 55/80 – ½ P 73/80.
◆ Betrouwbaar hotel in het centrum, met frisse, eigentijdse kamers die zijn ondergebracht in een paviljoen en een rustig, voormalig klooster met mooie tuin. Gerechten uit de eerlijke keuken worden geserveerd in een klassieke eetzaal.
◆ Au centre du village, hébergement fiable dont les chambres, fraîches et actuelles, se répartissent dans un pavillon et un ancien cloître paisible, agrémenté d'un beau jardin. Cuisine sans effet de manche servie dans une salle classiquement aménagée.

TERSCHELLING (Ile de) *Fryslân* 531 R 2 *et* 715 H 1 – *voir à Waddeneilanden.*

TERWOLDE *Gelderland* ⓒ *Voorst 23 602 h.* 531 V 9, 532 V 9 *et* 715 J 5.
Amsterdam 112 – Apeldoorn 18 –.Arnhem 48 – Deventer 9 – Zwolle 38.

XX **'t Diekhuus**, Bandijk 2, ⊠ 7396 NB, ℘ (0 571) 27 39 68, *info@diekhuus.nl*, Fax *(0 571) 27 04 07*, ≼, 🏠 – ▤ 🅿. 🖭 ⓞ 🐵 𝗩𝗜𝗦𝗔
fermé 2 sem. en fév., lundi et sam. midi – **Repas** (menu unique) *Lunch 32* – 45, 𝟨.
♦ De lokale fijnproevers hebben hun vaste stekje wel gevonden in deze mooie herberg met rieten dak. Eigentijds culinair register. Uitzicht over de IJssel.
♦ Les fines fourchettes du coin ont leur rond de serviette dans cette belle auberge emmitouflée sous son toit de chaume. Registre culinaire actuel. Panorama sur l'IJssel.

TEXEL (Ile de) *Noord-Holland* 531 N 4 *et* 715 F 2 – *voir à Waddeneilanden.*

THORN *Limburg* 532 U 16 *et* 715 I 8 – *2 543 h.*
Voir *Bourgade*★.
🛈 *Wijngaard 14*, ⊠ *6017 AG*, ℘ (0 475) 56 27 61, *thorn@regiovvv.nl*, Fax (0 475) 56 37 99.
Amsterdam 172 – Maastricht 44 – Eindhoven 44 – Venlo 35.

🏠 **Host. La Ville Blanche**, Hoogstraat 2, ⊠ 6017 AR, ℘ (0 475) 56 23 41, *info@ville blanche.nl*, Fax *(0 475) 56 28 28*, 🏠, 🚲 – 📶 📺 🅿 – 🔬 25 à 90. ⓞ 🐵 𝗩𝗜𝗦𝗔
fermé du 5 au 9 fév. et 30 déc.-8 janv. – **Repas** 30/63 bc – **23 ch** ⊑ 65/105 – ½ P 74.
♦ Deze hostellerie bevindt zich in het centrum van een charmant stadje, waar de uit roze baksteen opgetrokken huizen wit zijn geverfd. Het hotel heeft eenvoudige kamers van goed formaat. Zomerterras aan de binnenhof. Klassieke eetzaal en eigentijdse keuken.
♦ Au centre d'une jolie bourgade aux briques roses souvent peintes en blanc, hostellerie proposant de sobres chambres bien calibrées. Terrasse d'été sur cour intérieure. Salle des repas classiquement aménagée. Cuisine d'aujourd'hui.

🏠 **Host. Crasborn**, Hoogstraat 6, ⊠ 6017 AR, ℘ (0 475) 56 12 81, *info@hotelcrasbo rn.nl*, Fax *(0 475) 56 22 33*, 🏠, 🚲 – 📺. 🖭 ⓞ 🐵 𝗩𝗜𝗦𝗔 𝗝𝗖𝗕
fermé janv.-mi-fév. et lundi d'oct. à mars – **Repas** *(fermé après 20 h)* (taverne-rest) carte 22 à 41 – **11 ch** ⊑ 65/89 – ½ P 115.
♦ Dit familiehotel heeft onderdak gevonden in een oude herberg in het centrum van een pittoresk stadje. Vrij comfortabele kamers. Het café-restaurant wordt 's zomers uitgebreid met een terras, waar de toeristen graag neerstrijken.
♦ Postée dans le voisinage de l'église, au cœur d'un village "carte postale", cette ancienne auberge promue hostellerie familiale dispose de chambres correctement équipées. Taverne-restaurant complétée, en période estivale, d'une terrasse très touristique.

TIEL *Gelderland* 532 R 11 *et* 715 H 6 – *40 515 h.*
🏌 🏌 *au Nord-Ouest : 4 km à Zoelen, Oost Kanaalweg 1*, ⊠ *4011 LA*, ℘ (0 344) 62 43 70, *Fax (0 344) 61 30 96.*
Amsterdam 80 – Utrecht 49 – Arnhem 44 – 's-Hertogenbosch 38 – Nijmegen 41 – Rotterdam 76.

🏨 **Tiel**, Laan van Westroyen 10 (près A 15, sortie ㉝), ⊠ 4003 AZ, ℘ (0 344) 62 20 20, *info@tiel.valk.com*, Fax *(0 344) 61 21 28*, 🏠, 🚲 – 📶 ✲ 📺 ♿ch, 🅿 – 🔬 30. 🖭 ⓞ 🐵 𝗩𝗜𝗦𝗔
Repas (ouvert jusqu'à 23 h) *Lunch 10 bc* – carte 22 à 52, 𝟨 – **124 ch** ⊑ 79/89 – ½ P 99/119.
♦ Dit grote motel vlak bij de snelweg, aan de rand van een oude hanzestad, is gemakkelijk te herkennen aan de piramidevormige daken. Kolossale vergaderinfrastructuur.
♦ Ce grand motel reconnaissable à ses toits pyramidaux monte la garde à l'entrée d'une ancienne ville hanséatique, près de l'autoroute. Infrastructure conférencière colossale.

TILBURG *Noord-Brabant* 532 P 13 *et* 715 G 7 – *197 917 h.*
Voir *De Pont (Stichting voor Hedendaagse Kunst)*★★ V.
Musée : *Nederlands Textielmuseum*★ V **M'**.
Env. *au Sud-Est : 4 km par ②, Domaine récréatif de Beekse Bergen*★.
🏌 *Gilzerbaan 400*, ⊠ *5032 VC*, ℘ (0 13) 462 82 00, Fax (0 13) 462 82 01 – 🏌 *Reeshofweg 55*, ⊠ *5044 VC*, ℘ (0 13) 571 14 13, Fax (0 13) 572 04 94- - 🏌 *au Sud : 5 km à Goirle, Nieuwkerksedijk Zuid 50*, ⊠ *5051 DD*, ℘ (0 13) 534 20 29, Fax (0 13) 534 53 60 *et* 🏌 *Tilburgseweg 176a - Schietberg 4*, ℘ (13) 536 98 21.
✈ *par ② : 32 km à Eindhoven* ℘ (0 40) 291 98 18, Fax (0 40) 291 98 20.
🛈 *Spoorlaan 364*, ⊠ *5038 CD*, ℘ *0 900-202 08 15*, *stadsvvv@tilburg.nl*, Fax (0 13) 545 36 63.
Amsterdam 110 ① – Eindhoven 36 ② – Breda 22 ③ – 's-Hertogenbosch 23 ①

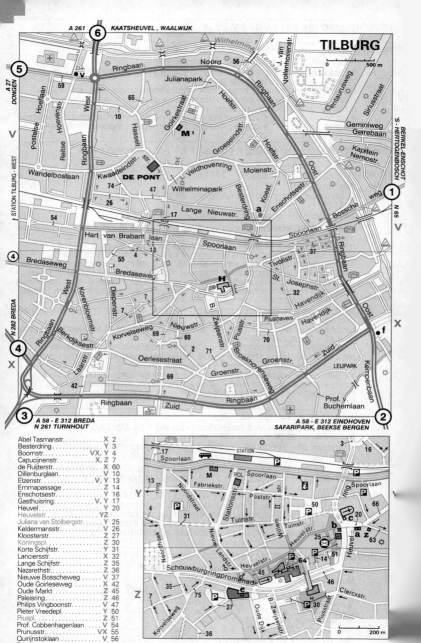

A 27 DONGEN

A 27 TILBURG - WEST

STATION TILBURG - WEST

N 282 BREDA

BERKEL-ENSCHOT
'S-HERTOGENBOSCH

N 65

A 58 - E 312 BREDA
N 261 TURNHOUT

A 58 - E 312 EINDHOVEN
SAFARIPARK, BEEKSE BERGEN

STATION

Spoorlaan

Spoorlaan

Aub. du Bonheur ⌚, Bredaseweg 441 (par ④ : 3 km), ✉ 5036 NA, 🅿 (0 13) 468 69 42, *info@bonheurhorecagroep.nl*, 🍽, 🍴, ♿ – 📶 ⟷ 📺 ◻'📶 – 🚗 25 à 80. 🆎 ◉ ◍◎ 𝗩𝗜𝗦𝗔. ✂

Repas *(fermé sam. midi et dim. midi)* Lunch 25 – 39/58, 𝚼 – **26 ch** ⟷ 105/135 – ½ P 105/115.

♦ Wie op zoek is naar een behaaglijk onderkomen voor de nacht, kan in deze herberg in het groen zijn geluk beproeven. De kamers zijn ingericht in een moderne annexe. Comfortabel restaurant waar stijlmeubilair, schouw en baksteen bijdragen aan de warme ambiance.
♦ En quête d'un lieu douillet où passer la nuit ? Entourée de verdure et complétée d'une annexe moderne regroupant les chambres, cette auberge peut faire votre "bonheur". Restaurant confortable et chaleureux : mobilier de style, cheminée, briques apparentes.

De Postelse Hoeve, Dr. Deelenlaan 10, ✉ 5042 AD, 🅿 (0 13) 463 63 35, *info@de postelsehoeve.nl*, Fax (0 13) 463 93 90, 🍽, ♿ – 📶, 🍴 rest, 📺 📶 – 🚗 25 à 400. 🆎 ◉ ◍◎ 𝗩𝗜𝗦𝗔   V v

Repas Lunch 18 – 28/47 bc, 𝚼 – **35 ch** ⟷ 68/113 – ½ P 93/113.

♦ Dit hotel-restaurant is gehuisvest in een langwerpig pand uit omstreeks 1960 en beschikt over comfortabele kamers die redelijk van formaat zijn en op de verdieping liggen. Eigentijds ingerichte restaurantzaal.
♦ Immeuble longiligne construit dans les années 1960, De Postelse Hoeve distribue ses chambres, de confort fonctionnel et de format convenable, à l'étage. Salle de restaurant contemporaine.

Mercure, Heuvelpoort 300, ✉ 5038 DT, 🅿 (0 13) 535 46 75, *info@mercure-tilburg.nl*, Fax (0 13) 535 58 75, 🍽 – 📶 ⟷, 🍴 rest, 📺 ⟷ – 🚗 25 à 200. 🆎 ◉ ◍◎ 𝗩𝗜𝗦𝗔 𝗝𝗖𝗕.   Y b

Repas Lunch 18 – carte 24 à 38, 𝚼 – ⟷ 15 – **61 ch** 103, – 2 suites – ½ P 135/167.

♦ Op een levendig pleintje in het centrum vindt u het gebruikelijke scala van hotelprestaties dat kenmerkend is voor de Mercure-keten. De praktische kamers zijn voorzien van dubbele beglazing. Het decor van de eetzaal staat in het teken van Napoleon.
♦ Retrouvez, sur une place animée du centre de Tilburg, l'éventail habituel des prestations hôtelières de l'enseigne Mercure. Chambres pratiques pourvues du double vitrage. Salle des repas décorée sur le thème de Napoléon.

de Lindeboom sans rest, Heuvelring 126, ✉ 5038 CL, 🅿 (0 13) 535 13 55, *lindebo om@wxs.nl*, Fax (0 13) 536 10 85 – 📶 📺. 🆎 ◉ ◍◎ 𝗩𝗜𝗦𝗔   Y s **18 ch** ⟷ 85/95.

♦ Deze lindeboom heeft zich geworteld in de schaduw van de kerktorens bij een druk plein. Het hotel heeft goede kamers met geluidsisolatie.
♦ Enraciné à l'ombre des tours de l'église qui jouxte une place passante, Le Tilleul (De Lindeboom) est un établissement disposant de bonnes chambres insonorisées.

Bastion, Kempenbaan 2, ✉ 5018 TK, 🅿 (0 13) 544 19 99, *bastion@bastionhotel.nl*, Fax (0 13) 543 89 10, 🍽 – 📶 📺 📶. 🆎 ◉ ◍◎ 𝗩𝗜𝗦𝗔. ✂   X f **Repas** (grillades, ouvert jusqu'à 23 h) carte env. 30 – ⟷ 10 – **40 ch** 62.

♦ Een groot openbaar park ligt naast dit kleine ketenhotel, dat aan de ringweg ligt en daardoor probleemloos te bereiken is. Eenvoudige kamers.
♦ Un grand parc public avoisine ce petit hôtel de chaîne excentré dont l'accès ne pose aucun problème en raison de sa situation au bord du ring. Chambres de mise simple.

Lucebert, Schouwburgring, ✉ 5003 DA, 🅿 (0 13) 543 25 15, *lucebert@theaterstilb urg.nl*, Fax (0 13) 543 09 57, 🍽 – 🚗 25 à 60. 🆎 ◉ ◍◎ 𝗩𝗜𝗦𝗔   Z e *fermé du 1er au 29 août et lundi* – **Repas** (dîner seult) 38/60 bc, 𝚼.

♦ Dit aangename restaurant heeft onderdak gevonden in de stadsschouwburg en is in moderne stijl ingericht. Eigentijdse keuken en vrij stijlvolle bediening.
♦ Incorporé au théâtre municipal et agencé dans un style résolument contemporain, cet agréable restaurant vous concocte une cuisine au goût du jour. Service assez stylé.

Sprakeloos, St. Josephstraat 138, ✉ 5017 GL, 🅿 (0 13) 580 08 11, *info@sprakeloos.nl*, Fax (0 13) 582 03 94, 🍽 – 🆎 ◍◎ 𝗩𝗜𝗦𝗔. ✂   Y z *fermé 24 et 31 déc. et dim.* – **Repas** Lunch 31 – 34/85 bc, 𝚼.

♦ Mooie eetzaal in bistrostijl. Aantrekkelijke eigentijdse menukaart met wijnsuggesties van een deskundig sommelier. Voor een aperitiefje is er de bar-salon op de begane grond.
♦ Belle salle à manger aménagée dans la note "bistrot". Attrayante carte actuelle qu'un sommelier averti escorte de bons crus. Bar-salon apéritif au rez-de-chaussée.

L'Olivo, Heuvel 41, ✉ 5038 CS, 🅿 (0 13) 542 67 31, *info@lolivo.nl*, Fax (0 13) 580 11 94, 🍽, Avec cuisine italienne – ◍◎ 𝗩𝗜𝗦𝗔 𝗝𝗖𝗕. ✂   Y a *fermé mardi* – **Repas** (dîner seult) 29/36, 𝚼.

♦ Dit restaurant in het centrum heeft een voorgevel in chaletstijl en een interieur met Italiaans decor. Smakelijke keuken uit de Laars. Warme ambiance.
♦ Ce restaurant du centre-ville dont la façade évoque un chalet alpin vous attable dans un décor intérieur italianisant. Savoureuse cuisine de la Botte. Ambiance chaleureuse.

Kok Verhoeven, NS Plein 32, ✉ 5014 DC, ☎ (0 13) 545 10 88, *kokverhoeven@ho me.nl,* Fax *(0 13) 545 10 89,* 🍴, Produits de la mer – 📺. **◯◯** 𝐕𝐈𝐒𝐀. ✆ V a *fermé sem. carnaval, dern. sem. juil., prem. sem. oct., merc., sam. midi et dim. midi –* **Repas** *Lunch 22 –* carte 37 à 46, ♀.

◆ Klaar en helder interieur in nautische sfeer en met leuk overdekt terras aan de voorkant. Zeebanket en jodiumrijke visgerechten.

◆ Lumineuse salle de restaurant agencée dans l'esprit nautique et agréable terrasse abritée sur le devant. Cuisine gorgée d'iode. Beaux plateaux de fruits de mer.

à Berkel-Enschot *par* ① *: 5 km* ⓒ *Tilburg :*

De Druiventros, Bosscheweg 11, ✉ 5056 PP, ☎ (0 13) 533 91 15, *info@ druiventr os.nl,* Fax *(0 13) 533 14 35,* 🍴, 🚲 – 🔰 📺 🖥 **P** – 🏃 25 à 600. 🝿 ◯ **◯◯** 𝐕𝐈𝐒𝐀 𝐉𝐂𝐁 **Repas** *(fermé 30 déc.-1er janv.) Lunch 13 –* 22 – 🍽 10 – **56 ch** *(fermé 29 déc.-1er janv.)* 80/110 – ½ P 75/98.

◆ Hotel-conferentiecentrum vlak bij de snelweg (A65), die voorbij het plaatsje in de hoofd-weg (N65) richting Den Bosch overgaat. Kamers met goed comfort. Bowlingbaan.

◆ Hôtel-centre conférencier proche de l'autoroute A 65 qui devient route nationale au-delà de la localité, vers 's-Hertogenbosch. Chambres de bon confort. Piste de bowling.

à Goirle *Sud : 5 km – 22 510 h*

De Eetkamer, Tilburgseweg 34, ✉ 5051 AH, ☎ (0 13) 534 49 00, *Fax (0 13) 534 11 58,* 🍴 – **P.** 𝐕𝐈𝐒𝐀 *– fermé dim. midi –* **Repas** *Lunch 23 –* carte 27 à 42.

◆ Een zeer favoriet adres in het plaatsje : brasseriekaart voor goede eters, bijpassende ambiance en in de tuin een fraai zomerterras met teakmeubilair.

◆ Une affaire très courtisée à Goirle : carte brasserie pour bonnes fourchettes, ambiance assortie et jolie terrasse d'été garnie de meubles en teck, ouverte sur le jardin.

TOLKAMER *Gelderland* ⓒ *Rijnwaarden 11 226 h.* 🔢 **532** V 11 *et* 🔢 **715** J 6.

Amsterdam 126 – Arnhem 26 – Emmerich 13.

de Tolkamer 🌿 *sans rest,* Europakade 10, ✉ 6916 BG, ☎ (0 316) 54 75 25, *info @detolkamer.nl,* Fax *(0 316) 54 74 73,* ‹, 🔳 – 🔰 📺. 🝿 ◯ **◯◯** 𝐕𝐈𝐒𝐀. ✆ *fermé 29 déc.-2 janv. –* 🍽 10 – **18 ch** 53/82.

◆ Niets aan te geven? Strijk dan neer in deze oude post van de rivierdouane, die tot een sympathiek hotelletje is verbouwd. Sommige kamers kijken uit op de kaden langs de Rijn.

◆ Rien à déclarer ? Posez alors vos valises dans cet ancien poste de douane fluviale transformé en petit hôtel "sympa". Certaines chambres ont vue sur les quais du Rhin.

Villa Copera, Spijksedijk 2, ✉ 6917 AC, ☎ (0 316) 54 28 16, *info@ copera.nl,* Fax *(0 316) 54 31 25,* ‹, 🍴, 🔳 – **P.** **◯◯** 𝐕𝐈𝐒𝐀 𝐉𝐂𝐁. ✆ *fermé 15 fév.-4 mars, lundi midi, mardi et sam. midi –* **Repas** *Lunch 35 –* carte 36 à 50, ♀.

◆ Restaurant in een herenhuis dat een oogje houdt op de dijk. Eigentijdse maaltijden. De eetzaal op de eerste verdieping kijkt uit op de Rijn. Tuin met moderne sculpturen.

◆ Repas au goût du jour dans une maison de notable surveillant la digue. La salle à manger de l'étage profite d'une belle échappée "batelière". Sculptures modernes au jardin.

TRICHT *Gelderland* ⓒ *Geldermalsen 25 600 h.* 🔢 **532** Q 11 *et* 🔢 **715** G 6.

Amsterdam 68 – Utrecht 39 – Arnhem 59 – 's-Hertogenbosch 25 – Rotterdam 68.

Kok & de Bruin, Kerkstraat 19, ✉ 4196 AA, ☎ (0 345) 57 77 00, *info@ kokdebruin.nl,* Fax *(0 345) 57 06 70* – 📺 **P.** 🝿 **◯◯** 𝐕𝐈𝐒𝐀 *fermé sam. midi, dim. et lundi –* **Repas** *Lunch 33 –* carte 41 à 49, ♀.

◆ Achter een keurige gevel in het centrum worden in een sobere, moderne eetzaal actuele en creatieve gerechten geserveerd. Kosmopolitische wijnkaart met goed advies.

◆ Au centre de Tricht, derrière une façade proprette, salle sobre et moderne vous conviant à découvrir une cuisine actuelle créative. Livre de cave cosmopolite bien commenté.

TUBBERGEN *Overijssel* 🔢 **531** Z 8 *et* 🔢 **715** L 4 – *20 262 h.*

🅱 *Raadhuisplein 4,* ✉ *7651 CV,* ☎ *0 900 202 19 81, info@ vvvtubbergen.nl,* Fax (0 546) 62 36 40. *– Amsterdam 162 – Zwolle 65 – Enschede 28 – Nordhorn 28.*

Droste's, Uelserweg 95 (Nord-Est : 2 km), ✉ 7651 KV, ☎ (0 546) 62 12 64, *info@dr ostes.nl,* Fax (0 546) 62 28 28, 🚲 – ✆, 📺 rest, 📺 ⚙ rest, **P.** 🝿 ◯ **◯◯** 𝐕𝐈𝐒𝐀 𝐉𝐂𝐁. ✆ rest *fermé 16 déc.-9 janv. –* **Repas** *(fermé sam. midi et dim. midi) Lunch 30 –* 33/74 bc, ♀ – **21 ch** 🍽 65/109 – ½ P 65/85.

◆ Er hangt een enigszins trendy sfeer in dit aangename familiehotel buiten het centrum Gemeenschappelijke ruimten en kamers met een gelikt, eigentijds decor. Mooi café. He interieur van het comfortabele restaurant is goed bij de tijd, net als de keuken.

◆ Il règne une atmosphère un rien "trendy" dans cet agréable établissement familial excen tré. Espaces communs et chambres de style contemporain très léché. Beau café et confor table restaurant au parti pris décoratif bien de notre temps, à l'image de la cuisine.

à Albergen *Est : 7 km* © *Tubbergen :*

🏠 **'t Elshuys** 🦢, Gravendijk 6, ✉ 7665 SK, ✆ (0 546) 44 21 61, *info@elshuys.nl*, *Fax (0 546) 44 20 53*, ☞, 🔊, 🌳, 🚴 – ▤ 🍴 📺 ⅃ ◻📶 – ♨ 25 à 150. ⏏ ❶❸ 𝗩𝗜𝗦𝗔
🍽 rest
Repas carte env. 30, ♀ – **27 ch** ☒ 53/70 – ½ P 50/54.
◆ Dit rustig gelegen hotel in een landelijke omgeving heeft een snoezige tuin met water-partij. De kamers, waaronder enkele split-levels, liggen over twee vleugels verspreid. Een traditionele Nederlandse kaart wordt als wapen ingezet om uw honger te stillen.
◆ Paisible hôtel de campagne agrémenté d'un jardin croquignolet, avec pièce d'eau. Les chambres, dont quelques-unes sont des duplex, se partagent deux ailes. Une carte traditionnelle batave s'emploie à combler votre appétit.

TWELLO *Gelderland* © *Voorst 23 602 h.* 𝟝𝟛𝟚 V 9 *et* 𝟟𝟙𝟝 J 5.
Amsterdam 104 – Arnhem 40 – Apeldoorn 11 – Deventer 7 – Enschede 66.

XX **de Staten Hoed,** Dorpsstraat 12, ✉ 7391 DD, ✆ (0 571) 27 70 23, *info@destaten hoed.nl, Fax (0 571) 27 03 48*, ☞ – 📶 ⏏ ❶ ❸ 𝗩𝗜𝗦𝗔 𝗝𝗖𝗕
fermé lundi – **Repas** *Lunch 29 bc* – 33 bc, ♀.
◆ Dit restaurant vlak bij de kerk heeft onderdak gevonden in een eerbiedwaardige herberg. Eetzaal met serre. Klassiek-eigentijdse keuken en een voortreffelijk terras.
◆ Près de l'église, relais de bouche prenant la relève d'une vénérable auberge. Salle pro-longée d'une jolie véranda. Copieuse cuisine classique-actuelle. Terrasse exquise.

UBACHSBERG *Limburg* © *Voerendaal 13 087 h.* 𝟝𝟛𝟚 U 17 *et* 𝟟𝟙𝟝 I 9.
Amsterdam 218 – Maastricht 31 – Eindhoven 88 – Aachen 16.

XX **De Leuf** (van de Bunt), Dalstraat 2, ✉ 6367 JS, ✆ (0 45) 575 02 26, *info@deleuf.nl*,
🕸 *Fax (0 45) 575 35 08*, ☞ – 📶 ⏏ ❶ ❸ 𝗩𝗜𝗦𝗔
fermé du 8 au 12 fév., 26 juil.-13 août, sam. midi, dim. et lundi – **Repas** *Lunch 33* – 63/130 bc, carte 57 à 134, ♀
Spéc. Gambas croquants, tapenade et compote de tomates. Cuisse de lièvre au céleri-rave, salsifis et betteraves rouges (mi-oct.-fin déc.). Salade de framboises, olives caramélisées et glace à l'huile d'olives (mi-juin-mi-sept.).
◆ Dit restaurant is gehuisvest in een vakkundig gerestaureerde boerderij. Smakelijke, inven-tieve keuken op klassieke basis. Mooie wijnkelder en heerlijke binnenplaats.
◆ Une ferme restaurée avec habileté abrite cette grande table limbourgeoise. Cuisine savoureusement inventive, de base classique. Belle cave et cour intérieure délicieuse.

UDEN *Noord-Brabant* 𝟝𝟛𝟚 S 13 *et* 𝟟𝟙𝟝 H 7 – 40 113 h.
🎫 *Mondriaanplein 14a*, ✉ 5401 HX, ✆ (0 413) 25 07 77, vvvuden@tref.nl, Fax (0 413) 25 52 02.
Amsterdam 113 – Eindhoven 32 – 's-Hertogenbosch 28 – Nijmegen 33.

🏨 **Arrows** 🦢 *sans rest,* St. Janstraat 14, ✉ 5401 BB, ✆ (0 413) 26 85 55, *info@hote larrows.com, Fax (0 413) 26 16 15*, 🚴 – ▤ ▤ 📺 ⟿ 📶 ⏏ ❸ 𝗩𝗜𝗦𝗔 𝗝𝗖𝗕. 🍽
fermé fin déc. – **38 ch** ☒ 100/120.
◆ Dit vrij rustig gelegen hotel op loopafstand van het centrum biedt een goed comfort. Verzorgd ontbijt en persoonlijke ontvangst.
◆ Cet hôtel de situation centrale, toutefois assez tranquille, offre un bon niveau de confort. Les petits-déjeuners sont soignés, et l'accueil, individualisé.

XX **'t Raadhuis,** Markt 1a (dans la mairie), ✉ 5401 GN, ✆ (0 413) 25 70 00, Fax (0 413) 25 67 22, ☞ – ▤. ⏏ ❶ ❸ 𝗩𝗜𝗦𝗔
fermé du 6 au 13 fév., du 11 au 24 juil., sam. midi et dim. midi – **Repas** *Lunch 26* – 32/69 bc, ♀.
◆ Die burgemeester heeft geluk ! Hij hoeft maar een paar treetjes af om in zijn eigen raadhuis aan te schuiven in dit familierestaurant op de benedenverdieping.
◆ On envie Monsieur le maire, qui n'a que quelques marches à descendre pour s'attabler au 't Raadhuis, adresse familiale occupant le rez-de-chaussée de la maison communale.

JDENHOUT *Noord-Brabant* © *Tilburg 197 917 h.* 𝟝𝟛𝟚 P 13 *et* 𝟟𝟙𝟝 G 7.
Amsterdam 103 – Eindhoven 40 – 's-Hertogenbosch 18 – Tilburg 10.

XX **L'Abeille,** Kreitenmolenstraat 59, ✉ 5071 BB, ✆ (0 13) 511 36 12, Fax (0 13) 511 00 65, ☞ – ⏏ ❸ 𝗩𝗜𝗦𝗔
fermé lundi et mardi – **Repas** (dîner seult) 32/42, ♀.
◆ Charmant, romantisch restaurant dat een traditionele kaart voert en vrij overvloedige maaltijden serveert. De stamgasten laten zich graag door de surprisemenu's verrassen.
◆ Salle à manger mignonne et romantique, jouant la carte "tradition", avec des plats assez copieux. Les habitués se laissent volontiers surprendre par les menus surprise.

UITHOORN *Noord-Holland* 🄫🄫🄫 N 9 et 🄫🄫🄫 F 5 – *26 680 h.*
Amsterdam 24 – Haarlem 23 – Den Haag 54 – Utrecht 31.

🏨 **Het Rechthuis aan de Amstel** ⬧, Schans 32, ✉ 1421 BB, ✆ (0 297) 56 13 80, *info@ hetrechthuis.com, Fax (0 297) 53 04 11*, ⬧, 🍽 – ⬧ 📺 📺 🄿 – ⬧ 25 à 80. ⬧ ⬧
⬧ ⬧ 🄫🄫🄫 ⬧
Repas carte 24 à 44, ⬧ – ⬧ 14 – **12 ch** 89/125.
♦ Karakteristiek hotel aan de Amstel in een voormalig gerechtsgebouw. Goed onderhouden, correct ingerichte kamers. Schitterend terras aan het water. Comfortabele eetzaal met zicht op de Amstel.
♦ Hôtel de caractère créé sur une rive de l'Amstel à partir d'un ancien tribunal de justice. Chambres nettes et convenablement équipées. Superbe terrasse au bord de l'eau. Comfortable salle de restaurant d'où vous balayerez la rivière du regard.

🍴 **La Musette,** Wilhelminakade 39h, ✉ 1421 AB, ✆ (0 297) 56 09 00, ⬧ – ⬧
fermé 27 déc.-19 janv., lundi et mardi – **Repas** (déjeuner sur réservation) 29/54 bc, ⬧.
♦ Eethuis aan een kade waar plezierboten aanmeren. Aan het fornuis, in 't zicht van de gasten, bereidt de chef-kok zijn trendy menu's.
♦ Affaire à débusquer sur un quai où accostent les plaisanciers. Au "piano", visible de tous, le chef adapte ses menus au tempo actuel. Jouez, hautbois, résonnez, musettes !

ULVENHOUT *Noord-Brabant* 🄫🄫🄫 N 13 – *voir à Breda.*

URK *Flevoland* 🄫🄫🄫 S 7 et 🄫🄫🄫 H 4 – *16 748 h.*

Voir *Site★.*

🚢 *vers Enkhuizen : Rederij Duurstede, Dormakade 4 ✆ (0 527) 68 34 07. Durée de la traversée : 1 h 30.*
Amsterdam 84 – Emmeloord 12 – Zwolle 42.

🍴🍴 **Mes Amis** 2e étage, Bootstraat 65 (face au port), ✉ 8321 EM, ✆ (0 527) 68 87 36, *info@ mes-amis.nl, Fax (0 527) 68 23 49*, ⬧ – ⬧. ⬧ ⬧ 🄫🄫🄫 🄫🄫🄫 ⬧
fermé prem. sem. mars, prem. sem. oct. et dim. – **Repas** Lunch 25 – 31/43, ⬧.
♦ Een adres dat veel vrienden maakt : charmante eetzaal met trendy decor, tafels met uitzicht op de haven en een mooie menukaart die met nostalgische clichés is geïllustreerd.
♦ Une adresse qui se fait beaucoup d'amis : ravissante salle à manger bien dans l'air du temps, tables avec vue sur le port et belle carte illustrée de clichés nostalgiques.

URMOND *Limburg* 🄫🄫🄫 T 17 et 🄫🄫🄫 I 9 – *voir à Stein.*

USSELO *Overijssel* 🄫🄫🄫 Z 9 et 🄫🄫🄫 L 5 – *voir à Enschede.*

UTRECHT 🄿 🄫🄫🄫 P 10 et 🄫🄫🄫 G 5 – *265 151 h* – *Casino* AY , *Overste den Oudenlaan 2,* ✉ *3527 KW, ✆ (0 30) 750 47 50, Fax (0 30) 750 47 00.*

Voir *La vieille ville★★ – Tour de la Cathédrale★★ (Domtoren)* ⬧★★ BY *– Ancienne cathédrale★ (Domkerk)* BY B *– Vieux canal★ (Oudegracht) :* ⬧★ ABXY *– Bas reliefs★ et crypte★ dans l'église St-Pierre (Pieterskerk)* BY *– Maison (Huis) Rietveld Schröder★★* CY.

Musées : *Catharijneconvent★★* BY *– Central★★ (Centraal Museum)* BZ *– Université★ (Universiteitsmuseum)* BZ M⁵ *– Chemin de fer★ (Nederlands Spoorwegmuseum)* CY M⁴.

Env. *par* ⑥ : *10 km, Château de Haar : collections★ (mobilier, tapisseries, peinture).*
🄫🄫 *par* ② : *13 km à Bosch en Duin, Amersfoortseweg 1,* ✉ *3735 LJ, ✆ (0 30) 695 52 23, Fax (0 30) 696 37 69.*
✈ *par* ⑥ : *37 km à Amsterdam-Schiphol ✆ (0 20) 794 08 00.*
🄱 *Vinkenburgstraat 19,* ✉ *3512 AA, ✆ (0 30) 236 00 00, info@ vvvutrecht.nl, Fax (0 30) 236 00 37.*
Amsterdam 36 ⑥ *– Den Haag 61* ⑤ *– Rotterdam 57* ⑤

Plans pages suivantes

🏨🏨 **Gd H. Karel V** ⬧, Geertebolwerk 1, ✉ 3511 XA, ✆ (0 30) 233 75 55, *info@ karelv.n⬧* *Fax (0 30) 233 75 00,* 🍽, ⬧, ⬧, ⬧ – ⬧ ⬧ 📺 🄿 – ⬧ 25 à 120. ⬧ ⬧ ⬧ ⬧
Repas voir rest *Karel V* ci-après – **Brasserie Goeie Louisa** Lunch 30 – 30/54 bc, ⬧ – ⬧ 2⬧
– 75 ch 225/295, – 16 suites.   BY ⬧
♦ Rust en levenskunst in hartje Utrecht, in een voormalige commanderij van de Ridderlij⬧ Duitse Orde. Weelderig ingerichte kamers, business center en ommuurd park. Overvloedig⬧ grillgerechten in brasserie Goeie Louisa.
♦ Tranquillité et art de vivre au cœur d'Utrecht, dans une ancienne commanderie de l'ord⬧ Teutonique. Chambres cossues, centre d'affaires et parc clos de murs. Plantureuses grilla⬧ dés à la brasserie Goeie Louisa.

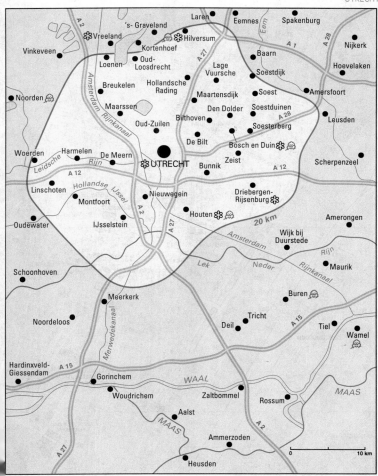

NH Utrecht, Jaarbeursplein 24, ⌧ 3521 AR, ℰ (0 30) 297 79 77, *nhutrecht@nh-ho tels.nl, Fax (0 30) 297 79 99,* ≤, 🍴, 🏋, 🚴 – 🛗 🔌 ≡ 📺 &ch, – 🔬 25 à 250. 🆎 ⓞ
🔟 VISA JCB. 🎙️   AY s
Repas (cuisine italienne) *Lunch 23* – carte env. 42 – ⌧ 16 – **275 ch** 59/175, – 1 suite.
 • Dit ketenhotel in een hoge toren in de stationswijk heeft de kamers en junior suites over een twintigtal verdiepingen verspreid. Congrescentrum. Zeer complete fitness-ruimte.
 • Dans une haute tour du quartier de la gare, hôtel de chaîne distribuant ses chambres et junior suites sur une vingtaine d'étages. Centre de congrès. Fitness très complet.

Park Plaza, Westplein 50, ⌧ 3531 BL, ℰ (0 30) 292 52 00, *Fax (0 30) 292 51 99,* 🏋,
⇔ – 🛗 🔌 ≡ 📺 🅿 – 🔬 25 à 170. 🆎 ⓞ 🔟 VISA JCB. 🎙️   AY b
Repas *Lunch 22* – carte env. 38, ⌶ – ⌧ 17 – **120 ch** 99/215 – ½ P 139/248.
 • Dit hotel in een modern gebouw is heel praktisch gelegen voor de zakelijke clientèle die per trein reist. Alle kamers hebben internetverbinding.
 • Cette ressource hôtelière bien pratique pour l'homme d'affaires utilisateur du rail occupe un immeuble moderne dont toutes les chambres offrent l'accès à l'Internet.

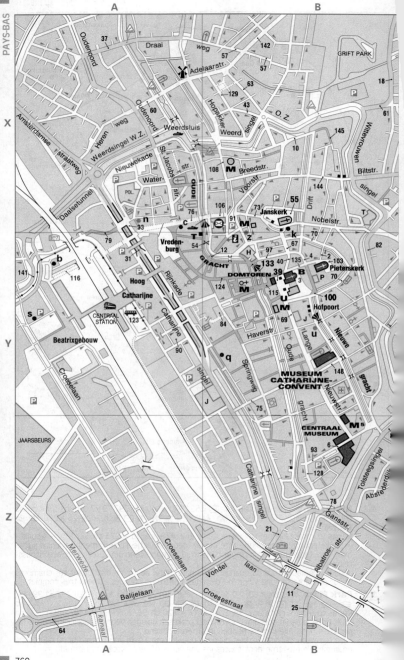

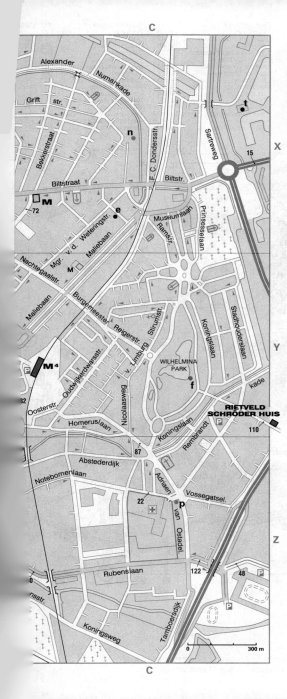

UTRECHT

UTRECHT

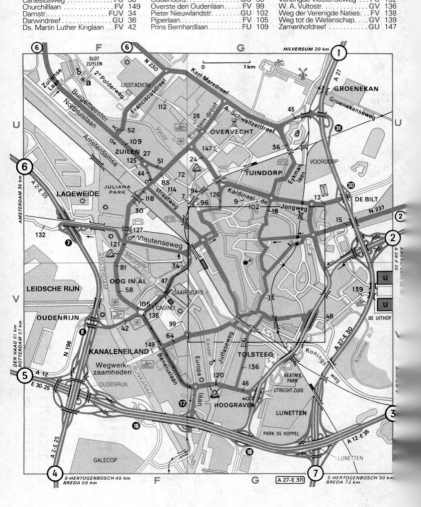

*Les pages explicatives de l'introduction vous aideront
à mieux profiter de votre Guide Michelin.*

Mitland ⊗, Ariënslaan 1, ⊠ 3573 PT, 🖉 (0 30) 271 58 24, *info@mitland.nl*, Fax (0 30) 271 90 03, ≼, 🏤, ⌂⌂, 🔲 – ⧉ ⟿, ▤ ch, 📺 ⅋ch, 🖭 – 🏄 25 à 150. 🝞 ⑩ ⓿
VISA. ⍤
CX   t

Repas *Lunch 16* – carte 33 à 42 – **135 ch** ⌒ 85/140 – ½ P 85/94.

• Hotel buiten het centrum, aan een park met verdedigingsgrachten voor de nabije vesting. Kamers, suites en appartementen. Het hotel is gespecialiseerd in bijeenkomsten. Restaurant met uitzicht op de vestingggracht. Bij mooi weer kunt u ook op het terras tafelen.

• Immeubles excentrés donnant sur un parc dont les fossés immergés protégeaient une forteresse. Chambres, suites et appartements. Spécialité de séminaires. Restaurant tourné vers les douves ; repas également servi en terrasse dès les premiers beaux jours.

Malie ⊗ sans rest, Maliestraat 2, ⊠ 3581 SL, 🖉 (0 30) 231 64 24, *info@maliehotel.nl*, Fax (0 30) 234 06 61, 🌿 – ⧉ ▤ 📺. 🝞 ⑩ ⓿ **VISA** 🇯🇨🇧. ⍤
CX   e
45 ch ⌒ 100/185.

• Twee statige gevels met een charmant binnenplaatsje geven dit volledig gerenoveerde hotel een eigen karakter. Comfortabele kamers en rustig tuintje aan de achterkant.

• Deux façades bourgeoises devancées d'une mignonne courette personnalisent ce petit hôtel entièrement rénové. Chambres de bon séjour et jardinet reposant à l'arrière.

NH Centre Utrecht sans rest, Janskerkhof 10, ⊠ 3512 BL, 🖉 (0 30) 231 31 69, *nhc entreutrecht@nh-hotels.com*, Fax (0 30) 231 01 48 – ⧉ ⟿ 📺 🖭. 🝞 ⑩ ⓿ **VISA**. ⍤
⌒ 13 – **45 ch** 139/150.
BX   k

• Imposant herenhuis tegenover de kerk waarnaast 's zaterdags een gezellige bloemenmarkt wordt gehouden. Vrij aangename kamers en junior suites.

• Imposante maison de maître jouxtant la Janskerk au pied de laquelle se tient chaque samedi un ravissant marché aux fleurs. Chambres et junior suites assez plaisantes.

Amrâth sans rest, Vredenburg 14, ⊠ 3511 BA, 🖉 (0 30) 233 12 32, *info@amrathut recht.nl*, Fax (0 30) 232 84 51 – ⧉ ⟿ 📺 – 🏄 25 à 55. 🝞 ⑩ ⓿ **VISA**. ⍤
AX   c
⌒ 14 – **86 ch** 80/148.

• Pand waarvan de afgeronde voorzijde aan een plein staat dat de oude stad met de nieuwe wijken verbindt. De functionele kamers zijn van een goede geluidsisolatie voorzien.

• Immeuble dont la devanture arrondie domine une vaste place animée reliant la vieille ville aux nouveaux quartiers. Chambres fonctionnelles correctement insonorisées.

Karel V - H. Gd H. Karel V, Geertebolwerk 1, ⊠ 3511 XA, 🖉 (0 30) 233 75 55, *info@ karelv.nl*, Fax (0 30) 233 75 00, 🏤 – ▤ ⌑ 🖭 🝞 ⑩ ⓿ **VISA**. ⍤
BY   q
fermé 18 juil.-10 août, 27 déc.-4 janv. et dim. – **Repas** (dîner seult) 49/120 bc, carte 60 à 84, ⚥

Spéc. Tourteau en gelée de concombre. Bar au four et purée d'artichaut. Soufflé à la tomate, glace au lait battu.

• Karel V zou zich vast wel thuis hebben gevoeld in dit luxueuze restaurant : weelderige eetzaal, fijne eigentijdse keuken en zeer attente bediening.

• Une table qui n'aurait probablement pas déplu à l'empereur éponyme Charles Quint : opulente salle à manger, fines recettes au goût du jour et service très attentionné.

Wilhelminapark, Wilhelminapark 65, ⊠ 3581 NP, 🖉 (0 30) 251 06 93, *info@wilhel minapark.nl*, Fax (0 30) 254 07 64, ≼, 🏤 – ▤ – 🏄 25. 🝞 ⑩ **VISA**
CY   f
fermé sam. midi et dim. – **Repas** *Lunch 36* – 49/65, ⚥.

• Vrijstaand huis met rieten dak uit circa 1920, midden in een park, vlak bij het Rietveld Schröder huis. Eetzaal en terras kijken uit op het water. Mooie schouw in art deco.

• Pavillon à toit de chaume élevé dans les années 1920 au milieu d'un parc proche de la maison Rietveld Schröder. Salle et terrasse ont vue sur l'eau. Belle cheminée Art déco.

Goesting, Veeartsenijpad 150, ⊠ 3572 DH, 🖉 (0 30) 273 33 46, 🏤 – 🝞 ⓿ **VISA**   CX   n
fermé 2e quinz. juil. et dim. – **Repas** (dîner seult) carte 36 à 70, ⚥.

• Goed, eigentijds restaurant in een parkje aan het einde van een steeg. Vanbuiten is het net een kapel. Eetzaal met arcaden, rustige sfeer en mooi opgemaakte borden. Terras.

• Au fond d'une impasse, dans un parc, bonne table actuelle occupant un bâtiment en forme de chapelle. Apaisante salle animée d'arcades, jolies assiettes et belle terrasse.

Bistro Chez Jacqueline, Korte Koestraat 4, ⊠ 3511 RP, 🖉 (0 30) 231 10 89, *che zjacqueline@planet.nl*, Fax (0 30) 232 18 55, 🏤 – 🝞 ⑩ ⓿ **VISA** 🇯🇨🇧
AX   n
fermé 25 juil.-15 août, dim. et lundi – **Repas** (déjeuner sur réservation) carte 30 à 41.

• Enkele huizen op de hoek van een winkelstraat vormen dit vriendelijke familierestaurantje, waar traditionele gerechten worden bereid. Een parkeerplek is hier lastig te vinden.

• Plusieurs maisons établies à l'angle d'une rue piétonne composent cette gentille petite affaire familiale où se mitonnent des plats sagement traditionnels. Parking difficile.

het Grachtenhuys, Nieuwegracht 33, ⊠ 3512 LD, 🖉 (0 30) 231 74 94, *grachtenh uys@zonnet.nl*, Fax (0 30) 236 70 25 – ▤. 🝞 ⑩ ⓿ **VISA**
BY   u
Repas (dîner seult) 32/70 bc.

• Waarin zou dit restaurant zijn ondergebracht? De naam zegt genoeg. Klassieke gerechten worden voorzichtig in een bescheiden eigentijds jasje gestoken en in menu's aangeboden.

• Maison de maître postée au bord d'un canal (gracht), comme le proclame son enseigne. Préparations classiques sobrement réactualisées et déclinées en plusieurs menus.

X **Eggie,** Schoutenstraat 19, ✉ 3512 GA, ☎ (0 30) 240 00 96, *j.eggie@wanadoo.nl*, ☂, Produits de la mer – MC VISA BXY z
fermé lundi – **Repas** (dîner seult) carte 29 à 48.
◆ Visrestaurant waar u gezellig zij aan zij zit in een strakke, moderne zaal met ingenieuze verlichting. Mooie plateaus met fruits de mer. Vriendelijke, charmante bediening.
◆ Cuisine littorale, mémorables plateaux de fruits de mer, coude à coude convivial et service aussi gentil que charmant, dans une salle sobre et moderne, savamment éclairée.

X **Kaatje's,** A. van Ostadelaan 67a, ✉ 3583 AC, ☎ (0 30) 251 11 82, *kaatje.valkenburg@12move.nl, Fax (0 30) 252 33 19* – ▤. MC VISA CZ p
fermé prem. sem. mai, dern. sem. juil.-prem. sem. août, sam. midi et dim. midi – **Repas** *Lunch 28* – carte 38 à 52, ♀.
◆ Dit piepkleine buurtrestaurant heeft iets weg van een bistro. Achter het fornuis wordt met zorg van eenvoudige producten iets goeds bereid. Vaste klantenkring.
◆ Grand comme un mouchoir, ce restaurant de quartier affiche un petit air de bistrot. Aux fourneaux, le souci de faire bien avec des produits simples. Clientèle d'habitués.

à De Meern *Ouest : 9 km* C *Utrecht :*

X **Castellum Novum,** Castellumlaan 1, ✉ 3454 VA, ☎ (0 30) 666 45 80, *info@castellumnovum.nl, Fax (0 30) 666 45 70*, ☂, Ouvert jusqu'à 23 h – ▤ – 🏛 25 à 90. AE MC VISA
Repas *Lunch 30* – 33.
◆ Robuust restaurant in terrakleur, in het dorpscentrum. Op de driemaandelijks wisselende kaart passeert telkens een ander mediterraan land de revue : zuidelijke ambiance dus !
◆ Grosse auberge couleur terre de Sienne nichée au centre du village. La carte, trimestrielle, honore tour à tour les pays d'Europe baignés par la Méditerranée. Ambiance "Sud".

à Oud-Zuilen C *Maarssen 40 015 h :*

X **Belle,** Dorpsstraat 12, ✉ 3611 AE, ☎ (0 30) 244 17 90, *restaurant.belle@12move.nl, Fax (0 30) 243 72 90*, ☂ – ▤ P. MC VISA FU a
fermé 31 déc.-1er janv., sam. midi et dim. midi – **Repas** *Lunch 33* – 36, ♀.
◆ Restaurant in een 18e-eeuws huis in de buurt van Slot Zuylen. In de eetkamers heerst nog altijd een prettige, rustieke ambiance. Op de kaart staan tal van amusante benamingen.
◆ Aux abords du château d'Oud-Zuilen, demeure du 18e s. dont les salles à manger entretiennent une plaisante atmosphère rustique. Carte parsemée d'intitulés amusants.

VAALS *Limburg* 532 *V 18 et* 716 *J 9* – *10 628 h.*

Voir *au Sud : 1,5 km, Drielandenpunt*★, ⋞★, *de la tour Baudouin* ✻★ *(Boudewijntoren).*
ℹ *Maastrichterlaan 73a,* ✉ *6291 EL,* ☎ *0 900-97 98, info@vvvzuidlimburg.nl,* Fax (0 43) 609 85 10.
Amsterdam 229 – Maastricht 27 – Aachen 4.

🏨 **Dolce Vaalsbroek** ⛰, Vaalsbroek 1, ✉ 6291 NH, ☎ (0 43) 308 93 08, *info_vaalsbroek@dolce.com, Fax (0 43) 308 93 33*, ☂, ⑦, Fø, ≘s, ⬚, ⛱, 🚲 – ⇕ ⇷, ▤ rest, TV ♿ch, P – 🏛 25 à 220. AE ⓓ MC VISA. ✂ rest
Repas (dîner seult) carte 42 à 60, ♀ – ☕ 15 – **125 ch** 150/275, – 5 suites – ½ P 110/135.
◆ Luxehotel met rustige kamers die van alle gemakken zijn voorzien, en een goed uitgerust fitnesscentrum. Op een steenworp afstand worden in een mooi kasteel congressen gehouden. Een oude watermolen herbergt het restaurant. Zomerterras aan de vijver.
◆ Hôtel de luxe renfermant de paisibles chambres tout confort ainsi qu'un centre de remise en forme bien équipé. Les congrès se tiennent à deux pas, dans un beau château. Un ancien moulin à eau prête ses murs au restaurant. Terrasse d'été au bord de l'étang.

🏨 **Kasteel Bloemendal** ⛰, Bloemendalstraat 150, ✉ 6291 CM, ☎ (0 43) 365 98 00, *info@bloemendal.valk.nl, Fax (0 43) 306 66 12*, ☂, ⛱, 🚲 – ⇕ TV P – 🏛 25 à 200 AE ⓓ MC VISA. ✂
Repas *Lunch 25* – carte 36 à 49, ♀ – ☕ 11 – **74 ch** 89/150, – 3 suites – ½ P 127/139
◆ Een 18e-eeuws kasteel met een park aan de voorzijde en een terrasvormige tuin aan de achterkant. Luxueuze gemeenschappelijke ruimten. Goed ingedeelde kamers in diverse categorieën. Comfortabel restaurant met klassieke ambiance en een eigentijdse keuken
◆ Château du 18e s. devancé d'un parc et s'ouvrant sur un jardin en terrasses à l'arrière. Communs amples et cossus. Diverses catégories de chambres bien agencées. Confortable restaurant de style classique où l'on vient faire des repas au goût du jour.

X **Ambiente,** Lindenstraat 1, ✉ 6291 AE, ☎ (0 43) 306 59 39, *ambiente-restaurant@vodafone.de*, ☂
fermé merc. et jeudi – **Repas** (dîner seult) 22/42 bc, ♀.
◆ De naam van dit restaurant in een herenhuis mag dan Italiaans zijn, in de keuken heeft de Laars niet het alleenrecht. Franse en mediterrane gerechten.
◆ L'enseigne de cette maison bourgeoise est transalpine, mais l'Italie n'a pas l'exclusivité en cuisine. Préparations françaises et méditerranéennes.

VAASSEN Gelderland ⓒ Epe 33 233 h. 🄑 U 9, 🄒 U 9 et 🄖 I 5.
Amsterdam 98 – Arnhem 36 – Apeldoorn 10 – Zwolle 33.

XX **De Leest** (Boerma), Kerkweg 1, ✉ 8171 VT, ℰ (0 578) 57 13 82, info@restaurantde
✿ leest.nl, Fax (0 578) 57 74 88, ☞ – ᴴ ● ⦿ ⓥⁱˢᵃ ⒿⒸⒷ, ❀
fermé 27 déc.-2 janv., sam. midi et lundi – **Repas** Lunch 33 – 45/107 bc, carte 55 à 74, ♀
Spéc. Maquereau en gelée de tomates, vinaigrette au citron et caviar (21 juin-21 sept.).
Dos de cabillaud poêlé à la moutarde et laurier, jus d'échalotes fumées. Cake à la lavande
et framboises marinées, sorbet de yaourt à la vanille (21 juin-21 sept.).
◆ Aangename culinaire pleisterplaats in het dorp. Modern interieur. Zeer verzorgde,
eigentijdse en subtiel opgemaakte gerechten. Discreet terras en openbare parkeergelegenheid.
◆ Agréable refuge gourmand établi au centre du village. Décor intérieur moderne ; cuisine
du moment présentée avec esthétisme. Terrasse à l'abri des regards et parking public.

Zoekt u een rustig of afgelegen hotel,
raadpleeg dan de kaart in de inleiding of kijk in de tekst
naar hotels met het teken ⬤

VALKENBURG Limburg ⓒ Valkenburg aan de Geul 17 896 h. 🄒 U 17 et 🄖 I 9 – Station
thermale – Casino Y , Kuurpark Cauberg 28, ✉ 6301 BT, ℰ (0 43) 609 96 00, Fax (0 43)
609 96 99.
Musée : de la mine★ (Steenkolenmijn Valkenburg) Z.
Exc. Circuit Zuid-Limburg★ ((Limbourg Méridional).
🅱 Theodoor Dorrenplein 5, ✉ 6301 DV, ℰ 0 900-97 98, info@vvvzuidlimburg.nl, Fax
(0 43) 609 85 10.
Amsterdam 212 ① – Maastricht 15 ① – Liège 40 ③ – Aachen 26 ①

Plan page suivante

🏨 **Prinses Juliana,** Broekhem 11, ✉ 6301 HD, ℰ (0 43) 601 22 44, info@juliana.nl,
Fax (0 43) 601 44 05, ☞ – ⬛ ⓣⓥ ⓟ – 🅐 50. ⒶⒺ ● ⦿ ⓥⁱˢᵃ   Y m
fermé du 6 au 9 fév., 25 juil.-9 août, 27 déc.-10 janv. et lundi – **Repas** voir rest **Juliana**
ci-après – **15 ch** ⌚ 100/125 – ½ P 115/131.
◆ Charmant hotel met een Engelse tuin. De meeste kamers zijn fleurige junior suites met
gepatineerd meubilair. Uitstekend ontbijt.
◆ Charmante hostellerie agrémentée d'un jardin à l'anglaise. La plupart des chambres sont
de fringantes junior suites au mobilier patiné. Très bons petits-déjeuners.

🏨 **Grand-Hotel,** Walramplein 1, ✉ 6301 DC, ℰ (0 43) 601 28 41, info@hotelvoncken.nl,
Fax (0 43) 601 62 45 – ⬛ ⓣⓥ ⓟ – 🅐 25 à 100. ⒶⒺ ● ⦿ ⓥⁱˢᵃ ⒿⒸⒷ   Z s
fermé 27 déc.-6 janv. – **Repas** voir rest **Voncken** ci-après – **37 ch** ⌚ 90/150, – 2 suites
– ½ P 90/105.
◆ Dit familiehotel aan een plein, vlak bij de kasteelruïne, wordt inmiddels door de vijfde
generatie gerund. Goede kamers en grote gemeenschappelijke ruimten met stijlmeubilair.
◆ Sur une place arborée, près des vestiges du château, "grand-hôtel" tenu en famille depuis
cinq générations. Bonnes chambres et communs spacieux garnis de meubles de style.

🏨 **Parkhotel Rooding,** Neerhem 68, ✉ 6301 CJ, ℰ (0 43) 601 32 41, parkhotel@roo
ding.com, Fax (0 43) 601 32 40, ☞, ⦿, 🄵🄶, ⛱, ⬛, ☞, 🚲 – ⬛ ⓣⓥ ♿ch, ☞ ⓟ – 🅐 25
à 140. ⒶⒺ ● ⦿ ⓥⁱˢᵃ ⒿⒸⒷ, ❀   Z n
fermé 2 janv.-fév. – **Repas** Lunch 22 – 25/54 bc, ♀ – **94 ch** ⌚ 45/155, – 1 suite – ½ P 65/99.
◆ Hotel in een ruim honderd jaar oud pand dat tegen een beboste heuvel staat. Het heeft
een elegante façade in 1890-stijl, een verzorgd aangelegd park, terrassen, een wintertuin
en een luxueus wellness center. Ruime eetzaal met een wat statig decor en een
serre.
◆ Ce palace centenaire s'adosse à une colline boisée. Pimpante façade "1890", parc
bichonné dévalant la pente, terrasses, jardin d'hiver et luxueux centre de soins. Ample salle
de restaurant au décor un rien solennel, complétée d'une véranda.

🏨 **Tummers,** Stationstraat 21, ✉ 6301 EZ, ℰ (0 43) 601 37 41, info@hoteltummers.nl,
☞ – ⬛ ⓣⓥ ☞ ⓟ – 🅐 25 à 50. ⒶⒺ ● ⦿ ⓥⁱˢᵃ ❀   Y e
Repas Lunch 25 – 35 – **28 ch** ⌚ 70/90 – ½ P 68/105.
◆ Dit hotel tegenover het station wordt sinds 1930 van vader op zoon geëxploiteerd.
Behaaglijke lounge en verschillende categorieën gerenoveerde kamers, de rustigste aan
de achterkant. In de chique eetzaal worden traditionele gerechten geserveerd.
◆ Devant la gare, établissement exploité de père en fils depuis les années 1930. Salon
"cocooning" et plusieurs catégories de chambres rénovées, plus calmes à l'arrière. Carte
traditionnelle proposée dans une salle à manger bourgeoise.

VALKENBURG

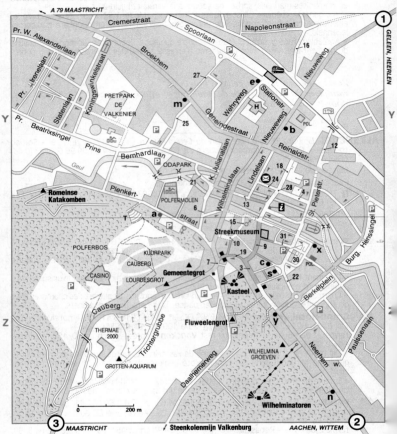

Walram, Walramplein 37, ⊠ 6301 DC, 𝒫 (0 43) 601 30 47, hotelwalram@wxs.nl, Fax (0 43) 601 42 00, ☎, ⬛, 🐥 – 🛗 ⤢, ▤ rest, 📺 – 🔬 25 à 60. 🆎 🕒 ◉ 𝐕𝐈𝐒𝐀. ⁘   Z x
Repas (dîner pour résidents seult) – **115 ch** ⊑ 57/115 – ½ P 64/85.
♦ Dit familiehotel staat op een pleintje aan de oever van het bekoorlijke riviertje de Geul dat door het centrum stroomt. In sommige kamers is het kabbelende water te horen.
♦ Hôtel familial posté sur une placette, au bord de la jolie petite rivière qui se faufile à travers le centre. Certaines chambres profitent d'ailleurs de son doux murmure.

Atlanta, Neerhem 20, ⊠ 6301 CH, 𝒫 (0 43) 601 21 93, hotelatlanta@wxs.nl, Fax (0 43) 601 53 29 – 🛗 📺 📮 🆎 ◉ ◉◉ 𝐕𝐈𝐒𝐀. ⁘ rest   Z y
Repas (dîner pour résidents seult) – **34 ch** ⊑ 46/94 – ½ P 58/63.
♦ Een klein hotel dat vlak bij de Wilhelminatoren (kabelbaan) en de kasteelruïne ligt. De kamers worden geleidelijk gerenoveerd. Dakterras.
♦ Petit point de chute avantagé par la proximité de la tour Wilhelmine (télésiège) et des ruines du château. Chambres peu à peu rénovées et terrasse perchée sur le toit.

Monopole, Nieuweweg 22, ✉ 6301 ET, ✆ (0 43) 601 35 45, *info@ grandhotelmono pole.nl, Fax (0 43) 601 47 11* – 🚷 📺 **P.** – 🏥 25 à 100. **ₒₒ** ⟐ **VISA** ⟐
fermé du 1er au 17 fév. – **Repas** *(fermé après 20 h 30)* carte 31 à 47 – **48 ch** ☐ 52/98 – ½ P 66.

b

◆ Dit hotel in de buurt van het station is gevestigd in een pand uit omstreeks 1900. De kamers zijn respectabel van afmeting en ook het comfort is redelijk. Zes kamers aan de achterkant bieden wat meer luxe. Klassiek-traditionele gerechten zonder liflafjes.

◆ Cet immeuble "1900" établi dans le quartier de la gare renferme des chambres de tailles et de confort respectables. Six d'entre elles, à l'arrière, s'offrent plus de luxe. À table, préparations classico-traditionnelles sans complications.

Hulsman, De Guascostraat 16, ✉ 6301 CT, ✆ (0 43) 601 23 26, *hotel.hulsman@ het net.nl, Fax (0 43) 609 03 13* – 📺 – 🏥 30. **ₐₑ** ⟐ **ₒₒ** **VISA**. ⟐

c

Repas (dîner pour résidents seult) – **24 ch** ☐ 45/80 – ½ P 53/58.

◆ Hier zult u van de rekening niet met hoofdpijn wakker worden. Een speciale vermelding verdient het halfpensionmenu ('s avonds) met zijn uitstekende prijs-kwaliteit-verhouding.

◆ Établissement où vous passerez de bonnes nuitées sans vous ruiner. Mention spéciale pour le menu demi pension servi au dîner, d'un rapport qualité-prix avantageux.

Juliana - H. Prinses Juliana, Broekhem 11, ✉ 6301 HD, ✆ (0 43) 601 22 44, *info@ jul iana.nl, Fax (0 43) 601 44 05,* ⟐ – 🚷 **P.** **ₐₑ** ⟐ **ₒₒ** **VISA** **JCB**. ⟐

m

fermé du 6 au 9 fév., 25 juil.-9 août, 27 déc.-10 janv., sam. midi et lundi – **Repas** *Lunch 33* – 45/80, carte 55 à 75, ♀
Spéc. Homard bleu cuit à l'huile de vanille. Langoustines sautées et raviolis. Canard au four, sauce au gingembre et sauge.

◆ De geraffineerde, eigentijdse keuken wordt met stijl geserveerd in een warm en smaakvol decor. 's Zomers worden de tafels gedekt op het magnifieke terras in de Engelse tuin.

◆ Cuisine actuelle raffinée servie avec style dans un décor aussi chaleureux qu'élégant. Un jardin paysager sert d'écrin à la superbe terrasse où l'on dresse le couvert en été.

Voncken - H. Grand-Hotel, Walramplein 1, ✉ 6301 DC, ✆ (0 43) 601 28 41, *info@ ho telvoncken.nl, Fax (0 43) 601 62 45,* ⟐ – ⟐**f** **P.** **ₐₑ** ⟐ **ₒₒ** **VISA** **JCB**. ⟐

s

fermé 27 déc.-6 janv., dim. soir du 10 oct. au 3 avril, sam. midi et dim. midi – **Repas** *Lunch 30* – carte 51 à 60.

◆ Dit gastronomische restaurant in Grand-Hotel Voncken heeft een uiterst klassiek culinair repertoire, dat in goede harmonie is met de stijl van de eetzaal.

◆ Intégré au Grand-Hotel Voncken, ce restaurant gastronomique interprète un répertoire culinaire rigoureusement classique, assorti au style de la salle à manger.

Hubert Haenen, Plenkerstraat 47a, ✉ 6301 GL, ✆ (0 43) 601 27 97, *info@ hubert haenen.nl* – **P.** **ₐₑ** **ₒₒ**

a

fermé juin, prem. sem. oct., prem. sem. janv., lundi, mardi et merc. – **Repas** (déjeuner sur réservation) 34/83 bc, ♀.

◆ Een artistiek echtpaar runt dit restaurant, dat wordt opgeluisterd met kleurrijke schilderijen "van het huis". Kleine eigentijdse kaart, houtoven en redelijk geprijsde wijnen.

◆ Un couple d'artistes tient cette table garnie de toiles modernes brossées "maison". Accueil avenant, petite carte actuelle, grillades au charbon de bois et vins à bon prix.

à Berg en Terblijt *Ouest : 5 km* ⟐ *Valkenburg aan de Geul :*

Kasteel Geulzicht ⟐, Vogelzangweg 2, ✉ 6325 PN, ✆ (0 43) 604 04 32, *mail@ ka steelgeulzicht.nl, Fax (0 43) 604 20 11,* ⟐, ⟐, ⟐ – 🚷 📺 **P.** **ₐₑ** ⟐ **ₒₒ** **VISA**. ⟐ rest

Repas (dîner pour résidents seult) – **9 ch** ☐ 106/186 – ½ P 94/120.

◆ In dit kasteel boven het Geuldal hangt nog altijd een aristocratische sfeer. Schitterende salons, panoramisch zomerterras en vier kamers met Romeins bad.

◆ Une atmosphère aristocratique flotte encore dans ce château surplombant la vallée. Splendides salons, restaurant d'été panoramique et quatre chambres avec bain romain.

Vue des Montagnes, Wolfsdriesweg 7, ✉ 6325 PM, ✆ (0 43) 604 06 52, *mail@ vu edesmontagnes.nl, Fax (0 43) 604 25 25,* ⟐, ⟐ – 🚷 📺 **P.** – 🏥 25 à 70. **ₐₑ** ⟐ **ₒₒ** **VISA**. ⟐ rest

Repas (dîner seult jusqu'à 20 h 30) 27/37 – **38 ch** ☐ 53/96 – ½ P 78.

◆ Dit hotel heeft onderdak gevonden in een voormalig rusthuis voor mijnwerkers, aan de voet van een heuvel en naast de ingang van enkele grotten. Heerlijk lichte eetzaal met veel ruimte tussen de tafels en uitzicht op de tuin. Klassieke maaltijden.

◆ Jadis maison de repos de mineurs, cet hôtel établi au pied de la "montagne" (il s'agit plus modestement d'une colline) avoisine aussi plusieurs entrées de grottes. Lumineuse salle de restaurant aux tables bien espacées, donnant sur un jardin. Repas classique.

à **Houthem** *Ouest : 3,5 km* ⓒ *Valkenburg aan de Geul :*

Château St. Gerlach ☜, Joseph Corneli Allée 1, ☒ 6301 KK, ✆ (0 43) 608 88 88, *sales@stgerlach.chateauhotels.nl*, *Fax (0 43) 604 28 83*, ≼, 佘, ⚗, ⚏, ⬛, 棄, ঠ৬ – ▮,
▤ ch, 🆚 🄿 – 🍴 25 à 200. 🄰🄴 ⓪ ➌ 🆅🆂🅰 🄹🄲🄱 ✀
Repas voir rest **St. Gerlach** ci-après – **Bistrot de Liège** *(fermé après 20 h 30) Lunch 18*
– carte env. 40 – 🖂 22 – **58 ch** 155/235, – 39 suites – ½ P 173/260.
◆ Luxueuze kamers en suites liggen verspreid over de dependances (1759) van een neoklassiek kasteel met barokkerk. Aanlokkelijk park en uitzicht op het boslandschap. De sympathieke bistro bereidt traditionele gerechten in de oude keuken van de baron.
◆ Chambres et suites somptueuses, dans les dépendances (1759) d'un château néo-
classique flanqué d'une église baroque. Parc séduisant. Vue sur la campagne boisée. Bistrot
"sympa" mettant à profit l'ancienne cuisine du baron. Recettes traditionnelles.

St. Gerlach - H. Château St. Gerlach, Joseph Corneli Allée 1, ☒ 6301 KK, ✆ (0 43)
608 88 88, *sales@stgerlach.chateauhotels.nl*, *Fax (0 43) 604 28 83*, ≼, 佘 – 🄿. 🄰🄴 ⓪ ➌
🆅🆂🅰 🄹🄲🄱. ✀
Repas (dîner seult) – 48/109 bc, carte 60 à 82
Spéc. Carpaccio de langoustines et homard en salade. Bar rôti sur crème de chou-fleur
et anguille fumée. Tartelette à la rhubarbe et mousse de fromage blanc.
◆ Stijlmeubilair, lambrisering en wandschilderingen uit rond 1900 vormen het weelderige
decor van dit restaurant in het hoofdgebouw van het Château St. Gerlach. Prachtig
park.
◆ Meubles de styles, délicates boiseries et peintures murales "1900" composent
l'opulent décor de cette table occupant le corps de logis du Château St. Gerlach. Parc
admirable.

VALKENSWAARD *Noord-Brabant* 🗺🗺🗺 R 14 *et* 🗺🗺🗺 H 7 – *31 111 h.*

🅱 *Oranje Nassaustraat 8a*, ☒ *5554 AG*, ✆ *(0 40) 201 51 15*, *info@vvv-valkenswaard.nl*,
Fax (0 40) 204 08 05.

Amsterdam 135 – Eindhoven 12 – 's-Hertogenbosch 46 – Venlo 58 – Turnhout 41.

Normandie, Leenderweg 4, ☒ 5554 CL, ✆ (0 40) 201 88 80, *info@normandie.nl*,
Fax (0 40) 204 75 66, 佘 – ▤. 🄰🄴 ⓪ ➌ 🆅🆂🅰. ✀
fermé carnaval, 31 déc.-1er janv., sam. midi et dim. midi – **Repas** *Lunch 28* – 45/55, ⅀.
◆ Deze 20e-eeuwse villa is gebouwd in een stijl die doet denken aan de Normandische
badplaats Deauville. Moderne eetzaal met ronde tafels op ruime afstand van elkaar. Dakterras.
◆ Villa du 20e s. bâtie dans un style balnéaire rappelant un peu Deauville. Salle à manger
actuelle aux tables rondes bien espacées. Restaurant de plein air sur le toit.

VALTHE *Drenthe* 🗺🗺🗺 AA 5 *et* 🗺🗺🗺 L 3 – *voir à Odoorn.*

VEENDAM *Groningen* 🗺🗺🗺 AA 4 *et* 🗺🗺🗺 L 2 – *28 397 h.*

🅶 *Ontspanningslaan 1*, ✆ *(0 598) 62 70 06*, *Fax (0 598) 63 43 85.*
Amsterdam 213 – Groningen 35 – Assen 33.

Parkzicht, Winkler Prinsstraat 3, ☒ 9641 AD, ✆ (0 598) 62 64 64, *info@parkzicht.com*,
Fax (0 598) 61 90 37, 佘, ঠ৬ – ▮ 🆚 🄿 – 🍴 25 à 500. 🄰🄴 ➌ 🆅🆂🅰
Repas *Lunch 15* – carte 29 à 49 – **50 ch** 🖂 60/95 – ½ P 98/119.
◆ De vierde generatie beheert nu dit familiehotel, gehuisvest in een hoekhuis en een aangrenzend modern pand (met binnendoorgang) waarin de meeste kamers zijn onderge
bracht. Restaurant met serre en een grote menukaart met nationale gerechten.
◆ Cet établissement tenu en famille depuis quatre générations se partage entre une
maison de coin et une récente construction communicante regroupant la plupar
des chambres. Restaurant prolongé d'une véranda. Grande carte de préparations à la mod
batave.

à **Wildervank** *Sud : 7 km* ⓒ *Veendam :*

de Veenkoloniën, K.J. de Vriezestraat 1, ☒ 9648 HA, ✆ (0 598) 61 84 80, *Fax (0 59*
61 96 58, 佘 – 🆚 ঠ৬rest, 🄿. 🄰🄴 ➌ 🆅🆂🅰
Repas carte 27 à 42 – **19 ch** 🖂 45/79 – ½ P 63/73.
◆ Aan de rand van Veendam staat langs een kanaal dit hotel met gevel in kolonia
stijl. Het biedt onderdak in kamers met een heel behoorlijk comfort. Eetzaal m
muurschilderingen die de keuken als thema hebben. Hollandse, klassiek-traditionele gerec
ten.
◆ À l'entrée de Veendam, en bordure de canal, bâtisse à façade "coloniale" où vous loger
dans des chambres offrant un confort très satisfaisant. Salle à manger égayée de peintu
murales sur le thème de la cuisine. Choix classique-traditionnel néerlandais.

VEENENDAAL *Utrecht* 532 S 10 *et* 715 H 5 – *60 953 h.*

🏨 *au Sud-Est : 10 km à Maarsbergen, Woudenbergseweg 13a,* ✉ *3953 ME,* ℰ *(0 343) 43 19 11, Fax (0 343) 43 20 62.*

🛈 *Kerkewijk 10,* ✉ *3901 EG,* ℰ *(0 318) 52 98 00, vvvanwb@ vvvvanwbveenendaal.nl, Fax (0 318) 55 31 33.*

Amsterdam 74 – Arnhem 35 – Utrecht 36.

XX **De Vendel,** *Vendelseweg 69,* ✉ *3905 LC,* ℰ *(0 318) 52 55 06, Fax (0 318) 52 25 02,* 🌳 – 🅟 – 🔏 40. 🆎 ⓞ 🆖 🆅🆂🅰
fermé sam. midi et dim. – **Repas** *Lunch 30* – *carte 32 à 54.*
♦ *Deze voormalige boerderij ligt verscholen in een woonwijk, vlak bij een oude molen. 's Middags kunt u aan tafel in een lichte, piramidale serre en bij mooi weer in de tuin.*
♦ *Ancienne ferme cachée dans un quartier résidentiel, près d'un vieux moulin. À midi, on s'attable dans une lumineuse véranda pyramidale, voire au jardin, si le temps s'y prête.*

VEERE *Zeeland* 532 G 13 *et* 715 C 7 – *22 087 h.*

Voir *Maisons écossaises★ (Schotse Huizen)* **A** – *Ancien hôtel de ville★ (Oude stadhuis).*
🛈 *Oudestraat 28,* ✉ *4351 AV,* ℰ *0 900 202 02 80, vvvveere@ vvvwnb.nl, Fax (0 118) 50 17 92.*

Amsterdam 181 ② – Middelburg 7 ① – Zierikzee 38 ②

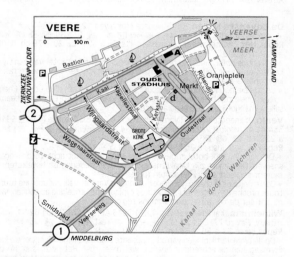

XX **De Campveerse Toren** *avec ch en annexe, Kaai 2,* ✉ *4351 AA,* ℰ *(0 118) 50 12 91, info@ campveersetoren.nl, Fax (0 118) 50 16 95,* ≤, 🚲, 🛗 – 🌀 📺 🅟 – 🔏 25. 🆎 ⓞ 🆖 🆅🆂🅰
a
fermé 9 janv.-4 fév. – **Repas** *(fermé lundi et mardi de nov. à avril) (dîner seult de nov. à avril) Lunch 36* – *42/85 bc,* ♀ – **14 ch** ⛶ *100/150* – *½ P 140/190.*
♦ *Dit restaurantje heeft zich verschanst in een bastiontoren (15e eeuw) die waakt over het Veerse Meer. Aan karakter geen gebrek ! Rustiek decor. Mooie kamers in de annexe.*
♦ *Retranché dans une tour-bastion (15e s.) surveillant le Veerse Meer, ce petit restaurant ne manque assurément pas de caractère. Décor rustique. Jolies chambres et annexe.*

XX **'t Waepen van Veere** *avec ch, Markt 23,* ✉ *4351 AG,* ℰ *(0 118) 50 12 31, info@ waepen.nl, Fax (0 118) 50 60 09,* 🌳 – 📺. 🆎 🆖 🆅🆂🅰
d
fermé du 31 déc.-9 fév. et lundi et mardi de nov. à avril – **Repas** *(fermé après 20 h 30) 33/55 bc* – **11 ch** ⛶ *73/93* – *½ P 138.*
♦ *In deze charmante familieherberg op de Markt wordt een eigentijdse keuken bereid. Er zijn ook enkele kamers, die onlangs zijn gerenoveerd.*
♦ *Sur le Markt, mignonne auberge familiale où se concocte une cuisine d'aujourd'hui. Des chambres récemment refaites à neuf sont également proposées.*

VELDHOVEN *Noord-Brabant* 532 R 14 *et* 715 H 7 – 42 795 h.
Amsterdam 129 – Eindhoven 8 – Venlo 67 – Turnhout 45.

XX **The Fisherman,** Kruisstraat 23, ⊠ 5502 JA, ℰ (0 40) 254 58 38, *fisherman@ indep entmedia.nl*, Fax (0 40) 254 58 57, 佘, Produits de la mer – 迌 飪 ① ◑◐ 𝗩𝗜𝗦𝗔 𝗝𝗖𝗕. ⅏ *fermé 2 dern. sem. juil., prem. sem. janv., sam. midi et dim. midi* – **Repas** *Lunch 25* – 33/40.
◆ De naam van deze imposante villa met rieten dak geeft geen enkele aanleiding tot enig misverstand : de keuken staat geheel in het teken van de zee.
◆ L'enseigne de cette imposante villa coiffée d'un toit de chaume n'autorise vraiment aucune équivoque : cuisine donnant toute sa mesure dans les produits de la mer.

VELP *Gelderland* 532 U 10 *et* 715 I 6 – *voir à Arnhem.*

VELSEN *Noord-Holland* 531 N 8 *et* 715 E 4 – *voir à IJmuiden.*

VENLO *Limburg* 532 W 14 *et* 715 J 7 – 91 780 h.
Voir *Mobilier★ de l'église St-Martin (St. Martinuskerk)* Y.
☞ *par* ⑦ : 30 km à Geysteren, Het Spekt 2, ⊠ 5862 AZ, ℰ (0 478) 53 25 92, Fax (0 478) 53 29 63.
🚩 *Koninginneplein 2,* ⊠ 5911 KK, ℰ (0 77) 320 77 74, *venlo@ regiovvv.nl*, Fax (0 77) 320 77 70.
Amsterdam 181 ⑥ – Maastricht 73 ④ – Eindhoven 51 ⑥ – Nijmegen 65 ⑧

Plan page ci-contre

🏨 **De Bovenste Molen** ⑤, Bovenste Molenweg 12, ⊠ 5912 TV, ℰ (0 77) 359 14 14, ◁, 佘, 𝄞, ⇆, 🏊, 🎾, ㊑, 🚲 – ▤ ⅙ 𝗧𝗩 迌 – 🕍 30 à 80. 飪 ① ◑◐ 𝗩𝗜𝗦𝗔 𝗝𝗖𝗕. ⅏ rest
Repas *Het Zwanenmeer* *Lunch 35* – carte 35 à 65 – ⊡ 20 – **79 ch** 70/160, – 3 suites – ½ P 120/219.
◆ Dit rustige hotel midden in het groen spiegelt zich in het water van een vijver. Behaaglijke kamers en junior suites, volledig uitgerust beautycenter en zomerterras. Grote, klassiek ingerichte eetzaal.
◆ Ce paisible hôtel entouré de verdure se mire à la surface d'un étang. Chambres et junior suites douillettes, beauty-center complet et jolie terrasse dressée aux beaux jours. Grande salle à manger classiquement agencée. X v

🏨 **Venlo,** Nijmeegseweg 90 (Nord : 4 km près A 67 - E 34, sortie ㊵), ⊠ 5916 PT, ℰ (0 77) 354 41 41, *venlo@ valk.com*, Fax (0 77) 354 31 33, 佘, 🚲 – ▤ ⅙, ▤ rest, 𝗧𝗩 迌 – 🕍 25 à 220. 飪 ① ◑◐ 𝗩𝗜𝗦𝗔 𝗝𝗖𝗕 V s
Repas (ouvert jusqu'à 23 h) carte 22 à 39, ♀ – **149 ch** ⊡ 67/98.
◆ Dit Van der Valk-hotel is gevestigd in een toren met acht verdiepingen, dicht bij de snelweg. De kamers zijn karakteristiek voor deze Nederlandse hotelketen. Het grote res-taurant serveert streekgerechten (grote porties).
◆ Cette unité de la chaîne hôtelière hollandaise Van der Valk occupe une tour de huit étages toute proche de l'autoroute. Chambres typiques de l'enseigne au toucan. Vaste restaurant misant sur de copieuses préparations régionales.

🏨 **Wilhelmina,** Kaldenkerkerweg 1, ⊠ 5913 AB, ℰ (0 77) 351 62 51, *info@ hotel-wilhe mina.nl*, Fax (0 77) 351 22 52, 🚲 – ▤, ▤ rest, 𝗧𝗩 迌 – 🕍 25 à 125. 飪 ◑◐ 𝗩𝗜𝗦𝗔
Repas carte 33 à 56 – **43 ch** ⊡ 60/100 – ½ P 53/65. Z a
◆ Op de twee verdiepingen van dit imposante stadshuis liggen functionele kamers van goed formaat. Aan de achterkant heeft u wat meer rust. Het hotel is in alle opzichten goed bereikbaar. De maaltijden worden met zorg en kwaliteitsproducten bereid.
◆ Chambres fonctionnelles bien calibrées se partageant les deux étages d'une impo-sante maison de ville. Plus de calme à l'arrière. Situation avantageuse, point de vue mobilité. Restaurant soucieux de bien faire, avec de bons produits.

🏨 **Puur** sans rest, Parade 7a, ⊠ 5911 CA, ℰ (0 77) 351 57 90, *info@ hotelpuur.r* Fax (0 77) 352 52 60, 🚲 – ▤ 𝗧𝗩. 飪 ◑◐ 𝗩𝗜𝗦𝗔. ⅏ YZ *fermé 25 et 26 déc.* – **30 ch** ⊡ 63/77.
◆ Een verdienstelijk hotel in een mooi herenhuis, op loopafstand van de winkel- en war delstraten. Kleine, fleurige kamers in trendy stijl of met een licht maritiem accent.
◆ Estimable hôtel implanté dans une belle maison de notable proche des rues piétonne commerçantes. Fringantes petites chambres de styles "tendance" ou vaguement nautiqu

🏨 **Campanile,** Noorderpoort 5 (Nord : 4 km près A 67 - E 34, sortie ㊵), ⊠ 5916 F ℰ (0 77) 351 05 30, *venlo@ campanile.nl*, Fax (0 77) 354 80 57, 佘 – ⇆ 𝗧𝗩 ₺ch, 迌 🕍 30. 飪 ① ◑◐ 𝗩𝗜𝗦𝗔. ⅏ rest V
Repas *(fermé dim. midi)* (avec buffets) carte 22 à 34 – ⊡ 10 – **49 ch** 45/64 – ½ P 7
◆ In dit ketenhotel leidt een externe gang naar de kamers, die conform het Campan concept klein en eenvoudig zijn en voorzien van geluidsisolatie. Grote parking in het zic
◆ Établissement de chaîne dont l'accès aux sobres petites chambres insonorisées - conf mes à l'esprit Campanile - se fait par un couloir extérieur. Grand parking à vue.

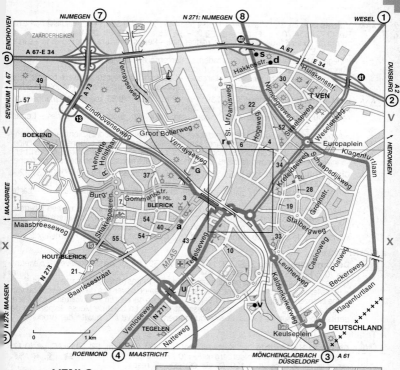

VENLO

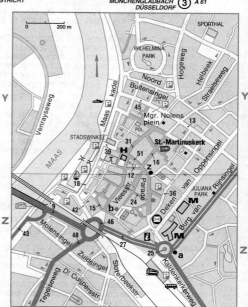

Valuas avec ch, St. Urbanusweg 11, ⊠ 5914 CA, ℘ (0 77) 354 11 41, *valuas@ home.nl*, Fax (0 77) 354 70 22, ≤, 斎 – ┃⊖ TV P – ⊿ 25 à 125. AE ⓞ ⓜⓔ VISA. ⅋   V   r
fermé du 18 au 31 juil., fin déc., sam. midi et dim. – **Repas** (avec brasserie) *Lunch 38* – carte 53 à 75, ⒨ 斎 – **18 ch** ⊂⊃ 68/90.
◆ Elegante eetzaal met zuilen en arcaden, zomerterras aan de Maas en een kosmopolitische wijnkaart waarop zeker een wijn staat (ook per glas) die goed bij uw gerechten past.
◆ Élégante salle à manger animée d'arcades et de colonnes, restaurant d'été tourné vers la Meuse et cave cosmopolite proposant de jolis accords mets-vins (bon choix au verre).

La Mangerie, Nieuwstraat 58, ⊠ 5911 JV, ℘ (0 77) 351 79 93, *mangerie@ mangerie.nl*, Fax (0 77) 351 72 61 – AE ⓞ ⓜⓔ VISA JCB. ⅋   Z   b
fermé du 5 au 12 fév., du 2 au 22 août, sam. midi, dim., lundi et jours fériés – **Repas** 33/93 bc, ⒨.
◆ Aangenaam en inmiddels vertrouwd adres in het centrum. Persoonlijke ontvangst, eigentijdse eetzalen met intieme ambiance, aantrekkelijke gerechten en onberispelijke service.
◆ Adresse agréable connue de longue date sur cette placette du centre. Accueil personnalisé, salles à manger actuelles et intimes, mets attrayants et service sans reproche.

Chez Philippe, Parade 61, ⊠ 5911 CB, ℘ (0 77) 354 89 01, Fax (0 77) 352 31 77 – AE ⓞ ⓜⓔ VISA JCB   Z   c
fermé du 4 au 14 fév., 17 juil.-8 août, sam. midi, dim. et lundi – **Repas** *Lunch 22* – carte env. 44, ⒨.
◆ Familierestaurant in een voetgangersstraat. Ongedwongen ambiance en een interieur met stoelen en banken, dat in het teken staat van de draaimolen. Open keuken.
◆ Dans une rue piétonne commerçante, affaire familiale décontractée présentant un décor intérieur sur le thème du manège. Alternative chaises ou banquettes. Fourneaux à vue.

à Blerick ⒸVenlo :

De Cantharel, Helling 2, ⊠ 5921 GT, ℘ (0 77) 382 00 75, *richard.waleveld@ planet.nl*, Fax (0 77) 382 88 44 – AE ⓞ ⓜⓔ VISA JCB   X   a
fermé 2 sem. carnaval, mardi de mai à sept. et merc. – **Repas** (dîner seult) carte env. 44, ⒨.
◆ Een allercharmantst restaurant naast een park aan de oever van de Maas. Expositie van kleine bronzen beeldjes op de tafels. Seizoengebonden gerechten van kwaliteitsproducten.
◆ Restaurant mignon comme tout avoisinant un parc en bord de Meuse. Exposition de petits bronzes sur les tables. Cuisine du moment attentive à la qualité des produits.

à Tegelen *par* ④ : 5 km Ⓒ Venlo :

Château Holtmühle ⌂, Kasteellaan 10 (Sud-Est : 1,5 km), ⊠ 5932 AG, ℘ (0 77) 373 88 00, *holtmuehle@ bilderberg.nl*, Fax (0 77) 374 05 00, ≤, 斎, ⊘, ☎, ◲, 斎, ℀, ♨ – ┃⊖ TV P – ⊿ 25 à 120. AE ⓞ ⓜⓔ VISA ⅋ rest
fermé 28 déc.-2 janv. – **Repas** *Lunch 30* – carte 51 à 84, ⒨ – ⊂⊃ 19 – **66 ch** 85/160 – ½ P 98/149.
◆ Een statig 14e-eeuws kasteel met slotgracht en Engelse tuin vormt het decor van dit luxehotel. De vorstelijke kamers zijn met stijlmeubilair ingericht. Beautycenter. Restaurant met ingetogen ambiance onder het monumentale gewelf van de kelders. Mooi terras.
◆ Une demeure du 14ᵉ s. entourée de douves et agrémentée d'un jardin à l'anglaise sert de cadre à cet hôtel de luxe. Vastes chambres garnies de meubles de style. Beauty-center. Restaurant feutré sous la voûte monumentale des caves du château. Jolie terrasse.

Aubergine, Maashoek 2a (Ouest : 0,5 km à Steijl), ⊠ 5935 BJ, ℘ (0 77) 326 03 90, Fax (0 77) 326 03 90, 斎 – AE ⓞ ⓜⓔ VISA
fermé lundi et mardi – **Repas** (dîner seult) carte 51 à 61, ⒨.
◆ Een goed restaurant in een woonwijk aan de Maas. De fijne klassieke keuken heeft een eigentijds accent en is in harmonie met het interieur. Terras naast een kruidentuintje.
◆ Bonne table établie dans un quartier résidentiel mosan. Fine cuisine classique actualisée et décor intérieur assorti. Terrasse jouxtant un petit jardin d'herbes aromatiques.

VIERHOUTEN *Gelderland* Ⓒ Nunspeet 26 456 h. ⑤③② T 9 et ⑦①⑤ I 4.
⑱ ⑲ *au Sud-Est : 8 km à Nunspeet, Plesmanlaan 30,* ⊠ 8072 PT, ℘ (0 341) 26 11 45, Fax (0 341) 27 09 20.
Amsterdam 88 – Arnhem 53 – Apeldoorn 27 – Zwolle 34.

De Mallejan ⌂, Nunspeterweg 70, ⊠ 8076 PD, ℘ (0 577) 41 12 41, *info@ demallejan.nl*, Fax (0 577) 41 16 29, 斎, ♨ – ┃⊖ TV ⌂ ⟶ P – ⊿ 25 à 75. AE ⓞ ⓜⓔ VISA ⅋ rest
Repas *(fermé après 20 h 30)* carte 30 à 42, ⒨ – ⊂⊃ 13 – **38 ch** 75/110 – ½ P 75/8...
◆ De eerbiedwaardige pleisterplaats van weleer is uitgegroeid tot een aangenaam, eigentijds hotelcomplex. Grote gemeenschappelijke ruimten en comfortabele kamers. De Veluwe biedt tal van recreatieve mogelijkheden. Ruime en lichte eetzaal met designdecor.
◆ Auberge vénérable transformée en confortable hôtel de notre temps. Communs spacieux et chambres de bon séjour. Nombreuses excursions possibles dans la région de la Veluwe. Salle de restaurant ample et lumineuse, agencée dans l'esprit "design".

🏠 **De Foreesten,** Gortelseweg 8, ✉ 8076 PS, ℰ (0 577) 41 13 23, info@foreesten.nl,
Fax (0 577) 41 17 03, 🌳, 🍽, 🚲 – 🍴 TV P – 🔏 25 à 80. AE ⑩ VISA ⋘
fermé du 1ᵉʳ au 10 janv. – **Repas** Lunch 7 – carte 28 à 39 – **37 ch** ☐ 57/88 – ½ P 81.
✦ Dit familiehotelletje in het dorpscentrum is een praktisch adres voor een onderbreking
van de reis. Functionele, vrij aangename kamers en twee tuintjes. Lommerrijke terrassen
waar 's zomers wordt geserveerd. Frans-Hollandse kaart.
✦ Au milieu du village, petit établissement familial bien pratique pour l'étape. Chambres
fonctionnelles d'un confort très correct et deux jardinets. Terrasses ombragées où l'on
dresse le couvert à la belle saison. Carte franco-hollandaise.

VIERLINGSBEEK Noord-Brabant ⓒ Boxmeer 29 352 h. 532 V 13 et 715 J 7.
Amsterdam 149 – 's-Hertogenbosch 66 – Eindhoven 53 – Nijmegen 42.

XX **De Vier Linden,** Soetendaal 5 (face à la gare), ✉ 5821 BL, ℰ (0 478) 63 16 37,
Fax (0 478) 63 15 99, 🌳 – P – 🔏 25 à 140. ⑩ VISA ⋘
fermé carnaval – **Repas** (déjeuner sur réservation) carte 36 à 57.
✦ Een handig adres om vanuit het station aan tafel te gaan. Gezellige ontvangstsalon,
eigentijdse eetzaal en beschut zomerterras. De keuken volgt voorzichtig de huidige
trend.
✦ Adresse commode pour s'attabler au sortir de la gare. Chaleureux salon d'accueil, salle
des repas actuelle et terrasse estivale abritée. Cuisine sobrement mise à la page.

VIJFHUIZEN Noord-Holland ⓒ Haarlemmermeer 122 902 h. 531 N 8, 532 I 8 et 715 F 4.
🛏 Spieringweg 745 (Cruquius), ✉ 2142 ED, ℰ (0 23) 558 90 01, Fax (0 23) 558 90 09.
Amsterdam 31 – Haarlem 5.

XXX **De Ouwe Meerpaal,** Vijfhuizerdijk 3, ✉ 2141 BA, ℰ (0 23) 558 12 89, meerpaal@
wxs.nl, Fax (0 23) 558 36 92, 🌳, 🖩 – P. AE ⑩ ⑩ VISA
fermé 27 déc.-10 janv. et lundi – **Repas** Lunch 32 – 40/68 bc, 🖫.
✦ Deze charmante herberg heeft post gevat aan een kanaal, in een mooi polderlandschap.
Knusse salon, eetzaal met stijlmeubilair en uitnodigend zomerterras.
✦ Coquette auberge postée en bordure du canal, dans un beau paysage de polders. Salon
cosy, salle à manger garnie de meubles de style et terrasse estivale invitante.

VILSTEREN Overijssel 531 X 7 et 715 K 4 – voir à Ommen.

VINKEVEEN Utrecht ⓒ De Ronde Venen 34 499 h. 532 O 9 et 715 F 5.
🛏 au Sud-Ouest : 4 km à Wilnis, Bovendijk 16a, ✉ 3648 NM, ℰ (0 297) 28 11 43, Fax
(0 297) 27 34 35.
🅱 Herenweg 144, ✉ 3645 DT, ℰ (0 297) 21 42 31, vinkeveen@vvvhollandsmidden.nl,
Fax (0 297) 21 42 35.
Amsterdam 23 – Utrecht 24 – Den Haag 61 – Haarlem 32.

🏰 **Résidence Vinkeveen,** Groenlandsekade 1 (Est : 3 km près A 2), ✉ 3645 BA,
ℰ (0 294) 29 30 66, vinkeveen@bilderberg.nl, Fax (0 294) 29 31 01, ≤, 🔄s, 🖫, 🚲, 🖩
– 🔄 ✉ TV P – 🔏 25 à 120. AE ⑩ ⑩ VISA
Repas voir rest **Le Canard Sauvage** ci-après – ☐ 19 – **65 ch** 98/189.
✦ In dit kwaliteitsmotel op enkele schoolslagen van de jachthaven liggen de kamers ver-
spreid over een aaneengesloten reeks paviljoens met puntdaken. Mooi uitzicht op de plas-
sen.
✦ À quelques brasses du port des yachts, motel haut de la gamme distribuant ses chambres
dans une ribambelle de pavillons mitoyens aux toits pentus. Jolie vue sur le lac.

XXX **Le Canard Sauvage** - H. Résidence Vinkeveen, Groenlandsekade 1 (Est : 3 km près A 2),
✉ 3645 BA, ℰ (0 294) 29 30 66, vinkeveen@bilderberg.nl, Fax (0 294) 29 31 01, ≤, 🌳,
🖩 – 🖫 P. AE ⑩ ⑩ VISA ⋘
fermé sam. midi et dim. midi – **Repas** Lunch 40 – carte 56 à 85.
✦ Gastronomisch restaurant van Résidence Vinkeveen. De gelambriseerde eetzaal kijkt uit
op de Vinkeveense Plassen, net als het zomerterras dat op houten vlonders is ingericht.
✦ Table gastronomique de l'hôtel Résidence Vinkeveen. La salle à manger lambrissée offre
une échappée lacustre, au même titre que la terrasse d'été dressée sur caillebotis.

XX **De Lokeend** avec ch, Groenlandsekade 61 (Est : 3 km près A 2), ✉ 3645 BB, ℰ (0 294)
29 15 44, webmaster@delokeend.nl, Fax (0 294) 29 30 01, 🌳, 🖫 – TV P. AE ⑩ ⑩
VISA ⋘
Repas (fermé sam. midi, dim. et lundi) 35/60 – ☐ 13 – **7 ch** 80/100.
✦ Deze charmante villa met restaurant en enkele kamers kijkt aan de achterkant uit op
de Vinkeveense Plassen. Bij mooi weer wordt op het terras geserveerd. Split-level kamers.
✦ Cette villa mignonne où l'on trouve le gîte et surtout le couvert donne, à l'arrière, sur
le lac de Vinkeveen. Repas servi en terrasse par beau temps. Chambres duplex.

✗ **De Eetkamer van Vinkeveen,** Vinkenkade 2, ⊠ 3645 AR, 𝒫 (0 294) 29 54 50, Fax (0 294) 29 59 15, 🌤 – 🖪. 🖭 ⓞ 🐠 𝘝𝘐𝘚𝘈
fermé 27 déc.-3 janv., merc. et sam. midi – **Repas** Lunch 30 – 45.
◆ Een must wanneer u eenvoudig maar goed wilt eten in een ongedwongen sfeer. Als het weer het toelaat, wordt op het fraaie terras geserveerd.
◆ L'adresse à ne pas manquer pour manger simplement, et toutefois convenablement, dans une atmosphère décontractée. Jolie terrasse où l'on s'attable par météo clémente.

VLAARDINGEN Zuid-Holland 🖫🖫🖫 L 11 et 🖫🖫🖫 E 6 – 74 322 h.

🖪 Westhavenkade 39, ⊠ 3131 AD, 𝒫 (0 10) 426 26 54, info@vvv-vlaardingen.nl, Fax (0 10) 435 89 97.
Amsterdam 78 – Rotterdam 13 – Den Haag 28.

🏯 **Delta,** Maasboulevard 15, ⊠ 3133 AK, 𝒫 (0 10) 434 54 77, info@deltahotel.nl, Fax (0 10) 434 95 25, ≤ Meuse (Maas), 🌤, 🖫 – 🕸 🕸 🖭 ⊡🕈🖪 – 🔬 25 à 250. 🖭 ⓞ 🐠 𝘝𝘐𝘚𝘈
Repas Nautique carte 35 à 54, ♀ – **78 ch** ⊒ 100/445 – ½ P 113/265.
◆ Dit comfortabele hotel is gehuisvest in een modern pand dat vrij uitzicht biedt op de druk bevaren Maas. Eigentijdse kamers van goed formaat. Roomservice. Panoramisch restaurant met zeer eigentijds, nautisch decor.
◆ Ce confortable hôtel occupe un immeuble contemporain profitant d'une vue imprenable sur le trafic fluvial mosan. Chambres actuelles de bonne ampleur. Room service. Salle de restaurant panoramique avec décor nautique bien dans le coup.

🏠 **Campanile,** Kethelweg 220 (près A 20, sortie ⑩), ⊠ 3135 GP, 𝒫 (0 10) 470 03 22, Fax (0 10) 471 34 30, 🌤 – 🕸🕸 🖭 – 🔬 30. 🛰
Repas (avec buffets) 22 – ⊒ 10 – **48 ch** 72 – ½ P 67/95.
◆ Ketenhotel met kleine, eenvoudige kamers die zijn voorzien van dubbele beglazing en verspreid liggen over twee verdiepingen. Deze zijn via een externe gaanderij bereikbaar.
◆ Établissement de chaîne dont les menues chambres de mise simple, munies du double vitrage, se répartissent sur deux étages accessibles par un couloir extérieur.

VLIELAND (Ile de) Fryslân 🖫🖫🖫 O 3 et 🖫🖫🖫 F 2 – voir à Waddeneilanden.

VLIJMEN Noord-Brabant ⒸHeusden 43 161 h. 🖫🖫🖫 Q 12 et 🖫🖫🖫 G 6.
Amsterdam 94 – 's-Hertogenbosch 8 – Breda 40.

🏠 **Prinsen** 🦢, Julianastraat 21, ⊠ 5251 EC, 𝒫 (0 73) 511 91 31, info@hotelprinsen.nl, Fax (0 73) 511 79 75, 🌤, 🚲 – 🔳 rest, 🖭 🖪 – 🔬 25 à 200. 🖭 ⓞ 🐠 𝘝𝘐𝘚𝘈. 🛰 rest
Repas carte 43 à 69 – ⊒ 12 – **26 ch** 65/805 – ½ P 75.
◆ Dit onlangs opgeknapte hotelletje in een rustig straatje vlak bij de kerk heeft kamers aan de achterkant, die alle uitkijken op een binnentuin. Restaurant met zomerterras.
◆ Près de l'église, dans une rue assez tranquille, petit hôtel rafraîchi depuis peu et dont les chambres, distribuées à l'arrière, donnent toutes sur un jardin intérieur. Restaurant agrémenté d'une terrasse d'été.

VLISSINGEN Zeeland 🖫🖫🖫 G 14 et 🖫🖫🖫 B 7 – 45 199 h.
🛥vers Breskens : Prov. Stoombootdiensten Zeeland, Prins Hendrikweg 10 𝒫 (0 118) 46 09 00, Fax (0 118) 46 80 96 (Pas de voitures !). Durée de la traversée : 20 min.
🖪 Oude Markt 3, ⊠ 4381 ER, 𝒫 (0 118) 42 21 90, info@vvvvlissingen.nl, Fax (0 118) 58 35 45. – Amsterdam 205 – Middelburg 6 – Brugge 86 – Knokke-Heist 80.

🏨 **Gd H. Arion,** Boulevard Bankert 266, ⊠ 4382 AC, 𝒫 (0 118) 41 05 02, info@hotela rion.nl, Fax (0 118) 41 63 62, ≤, 🌤, 🚐, 🚲 – 🕸 🖭 🕭 🖪 – 🔬 25 à 400. 🖭 ⓞ 🐠 𝘝𝘐𝘚𝘈 𝙅𝘾𝘽. 🛰 rest
Repas (fermé sam. midi et dim. midi) 28/48 – ⊒ 15 – **68 ch** 71/172 – ½ P 83/105.
◆ Dit hotel aan de boulevard heeft kamers met een goed comfort en bijna allemaal me een balkon dat uitkijkt op de monding van de Schelde. De grote eetzaal heeft een pano ramisch terras. De geserveerde gerechten zijn goed bij de tijd.
◆ Cet immeuble du front de mer renferme des chambres de bon confort, presque toute munies d'un balcon procurant un agréable coup d'œil sur l'estuaire de l'Escaut. Ample sall à manger ouvrant sur une grande terrasse estivale panoramique. Plats au goût du jou

🏠 **de Leugenaar,** Boulevard Bankert 132, ⊠ 4382 AC, 𝒫 (0 118) 41 25 00, info@ho eldeleugenaar.nl, Fax (0 118) 41 25 58, ≤, 🌤 – 🕸 🖭 🖭 ⓞ 🐠 𝘝𝘐𝘚𝘈 𝙅𝘾𝘽. 🛰 ch
Repas (taverne-rest) Lunch 13 – carte 23 à 48 – **15 ch** ⊒ 60/98 – ½ P 100/135.
◆ Twee derde van de kamers in dit hotel aan de boulevard, waarvan zes met balkon, hee een weergaloos uitzicht op de monding van de Schelde. Restaurant met maritiem dec en een terras dat uitkijkt op het scheepvaartverkeer.
◆ Deux tiers des chambres de cet hôtel de la digue ménagent une vue imprenable s l'embouchure de l'Escaut, qui s'apprécie accoudé au balcon dans six d'entre elles. Tavern restaurant au décor marin devancée d'une terrasse surveillant le trafic des navires.

🏠 **Truida** sans rest, Boulevard Bankert 108, ⊠ 4382 AC, 🖉 (0 118) 41 27 00, *informati e@hoteltruida.nl*, Fax (0 118) 43 05 02, ≤ – ⧙⧘ ⧙TV⧘ ⧙MO⧘ ⧙VISA⧘. ⧙⧘
fermé dern. sem. sept.-prem. sem. oct., déc. et janv. – **20 ch** ⧙⧘ 56/90.
• Dit familiehotel op de dijk wordt nu door de derde generatie gerund. Het heeft acht kamers met kitchenette, twaalf met uitzicht op het scheepvaartverkeer, net als het terras.
• Hôtel sur digue tenu en famille depuis trois générations. Huit chambres possèdent une cuisinette et douze partagent avec la terrasse la vue sur le va-et-vient des bateaux.

🍴🍴 **De Bourgondiër,** Boulevard Bankert 280, ⊠ 4382 AC, 🖉 (0 118) 41 38 91, *info@d e-bourgondier.nl*, Fax (0 118) 41 61 85, ≤, ⧙⧘ – ⧙AE⧘ ⧙MO⧘ ⧙VISA⧘
fermé 26 déc.-7 janv. et merc. – Repas 33/70 bc.
• Dit moderne paviljoen aan de boulevard baadt in het licht dat door de grote ramen naar binnen valt. Uitzicht op de zee. Aangenaam zomerterras. Eigentijdse keuken.
• Au bord de la promenade, pavillon moderne et lumineux, avec ses grandes baies vitrées offrant une échappée vers le large. Terrasse estivale agréable. Cuisine de notre temps.

🍴🍴 **Solskin,** Boulevard Bankert 58, ⊠ 4382 AC, 🖉 (0 118) 41 73 50, *info@solskin.nl*, Fax (0 118) 44 00 72, ≤, ⧙⧘ – ⧙⧘ 50. ⧙AE⧘ ⧙MO⧘ ⧙VISA⧘ ⧙JCB⧘
Repas *Lunch* 25 – carte 27 à 62, ⧙⧘.
• Restaurant aan de boulevard, met panoramisch terras en pergola aan de voorzijde en een vrij visrijke kaart. De eetzaal heeft een maritiem decor. Fruits de mer.
• Une carte assez poissonneuse est soumise à cette table littorale devancée d'une terrasse-pergola panoramique. Salle à manger au cadre maritime. Plateaux de fruits de mer.

🍴 **de Zeven Provinciën,** Smallekade 13 (Bellamypark), ⊠ 4381 CE, 🖉 (0 118) 41 71 62, *7provincien@zeelandnet.nl* – ⧙AE⧘ ⧙MO⧘ ⧙VISA⧘. ⧙⧘
fermé 2 dern. sem. juil., 2 dern. sem. janv., mardi et merc. – **Repas** (dîner seult) 25/45 bc.
• Sympathiek restaurantje. De naam verwijst naar het schip van Michiel de Ruyter, die in 1607 in Vlissingen werd geboren. Zijn heldendaden worden in het naburige museum belicht.
• Petite table sympathique dont l'enseigne se réfère au vaisseau du célèbre amiral De Ruyter, né à Flessingue en 1607 et dont le musée municipal voisin retrace les exploits.

à Koudekerke *Nord-Ouest : 3 km* ⧙C⧘ *Veere 22 087 h :*

🏰 **Westduin** ⧙⧘, Westduin 1 (Dishoek), ⊠ 4371 PE, 🖉 (0 118) 55 25 10, *westduin@ze elandnet.nl*, Fax (0 118) 55 27 76, ⧙⧘, ⧙⧘, ⧙⧘, ⧙⧘, ⧙⧘ – ⧙⧘ ⧙⧘ ⧙TV⧘ ⧙⧘rest, ⧙P⧘ – ⧙⧘ 25 à 500. ⧙AE⧘ ⧙O⧘ ⧙MO⧘ ⧙VISA⧘ ⧙JCB⧘. ⧙⧘
Repas *Lunch* 27 – carte 33 à 41, ⧙⧘ – **115 ch** ⧙⧘ 86/160, – 1 suite – ½ P 68/95.
• Hotel onder aan een duin, die u nog even over moet om een duik te kunnen nemen in het zilte nat. Drie typen, goed uitgeruste kamers. Goede vergaderfaciliteiten. Restaurant met bistrocomfort. Klassieke kaart en voor de lunch een buffetformule.
• Hôtel situé aux pieds des dunes, qu'il vous faudra gravir pour profiter de la plage. Trois types de chambres bien équipées ; bonne infrastructure pour la tenue de séminaires. Restaurant au confort "bistrot". Carte classique et formule buffets au déjeuner.

VLODROP *Limburg* ⧙532⧘ V 16 *et* ⧙715⧘ J 8 – *voir à Roermond.*

VOGELENZANG *Noord-Holland* ⧙531⧘ M 9, ⧙532⧘ M 9 *et* ⧙715⧘ E 5 – *voir à Bennebroek.*

VOLENDAM *Noord-Holland* ⧙C⧘ *Edam-Volendam 28 063 h.* ⧙531⧘ P 8 *et* ⧙715⧘ G 4.
Voir *Costume traditionnel*★.
🛈 *Zeestraat 37,* ⊠ *1131 ZD,* 🖉 *(0 299) 36 37 47, info@vvv-volendam.nl,* Fax (0 299) 36 84 84.
Amsterdam 23 – Alkmaar 33 – Leeuwarden 121.

🏠 **Spaander,** Haven 15, ⊠ 1131 EP, 🖉 (0 299) 36 35 95, *p.dejongh@spaander.com,* Fax (0 299) 36 96 15, ⧙⧘, ⧙⧘, ⧙⧘, ⧙⧘ – ⧙⧘, ▤ rest, ⧙TV⧘ ⧙P⧘ – ⧙⧘ 25 à 70. ⧙AE⧘ ⧙O⧘ ⧙MO⧘ ⧙VISA⧘ ⧙JCB⧘
Repas *Lunch* 12 – 22/43 – ⧙⧘ 13 – **80 ch** 54/115 – ½ P 81/101.
• Hotelcomplex dat in dit toeristische havenplaatsje is voortgekomen uit een oude herberg. Sommige kamers, met balkon, kijken uit op het IJsselmeer. De oude doeken in het restaurant werden door de schilders als betaalmiddel gebruikt. Palinggerechten.
• Complexe hôtelier né d'une vieille auberge dans ce bourg portuaire touristique. Certaines chambres, avec balcon, ont vue sur la petite mer intérieure. Les toiles anciennes exposées au restaurant servirent de moyen de paiement aux peintres. Plats d'anguille.

🍴 **Van Den Hogen** avec ch, Haven 106, ⊠ 1131 EV, 🖉 (0 299) 36 37 75, *hotel@hogen.nl,* Fax (0 299) 36 94 98, ≤ – ▤ rest, ⧙TV⧘ ⧙MO⧘ ⧙VISA⧘. ⧙⧘ ⧙⧘
fermé du 1er au 10 sept. – **Repas** 35, ⧙⧘ – **5 ch** ⧙⧘ 50/80.
• Restaurant dat te vinden is op de havendijk. Traditionele keuken met enkele typische streekgerechten. Het heeft ook drie kleine kamers met zicht op de jachten.
• Restaurant familial officiant sur la digue du port. Choix de préparations bourgeoises, dont quelques recettes "couleur locale". Trois petites chambres ont vue sur les yachts.

VOLLENHOVE Overijssel ⓒ Steenwijkerland 42 358 h. 🗺️ U 6 et 🗺️ I 3.
Amsterdam 103 – Zwolle 26 – Emmeloord 14.

XX **Seidel**, Kerkplein 3, ✉ 8325 BN, ℰ (0 527) 24 12 62, info@seidel.nl, 🏠 – AE ⓞ ⚫⚫
VISA **JCB**
fermé lundi – **Repas** Lunch 15 – 25/56 bc, Ⴎ.
◆ Er bestaat een leuke legende over dit restaurant (17e eeuw), dat het oude gemeentehuis heeft betrokken. Als het niet zo druk is, krijgt u het verhaal wellicht te horen.
◆ Une étrange légende se rattache à ce restaurant familial établi dans l'ancien hôtel de
ville (17e s.). Si le service n'est pas surmené, peut-être le laisserez-vous conter.

VOORBURG Zuid-Holland 🗺️ L 10 et 🗺️ E 5 – voir à Den Haag, environs.

VOORSCHOTEN Zuid-Holland 🗺️ L 10 et 🗺️ E 5 – voir à Leiden.

VORDEN Gelderland ⓒ Bronckhorst 8 478 h. 🗺️ W 10 et 🗺️ J 5.
🐎 au Sud : 6 km à Hengelo, Vierblokkenweg 1, ✉ 7255 MZ, ℰ (0 575) 46 75 33, Fax
(0 575) 46 75 62.
🛈 Kerkstraat 1b, ✉ 7251 BC, ℰ (0 575) 55 32 22, info@vvvvorden.nl, Fax (0 575)
55 22 76.
Amsterdam 117 – Arnhem 41 – Apeldoorn 31 – Enschede 51.

🏨 **Bakker** (annexe), Dorpsstraat 24, ✉ 7251 BB, ℰ (0 575) 55 13 12, info@bakkerinvo
rden.nl, Fax (0 575) 55 37 40, 🏠, 🌷, 🚲 – ▤ rest, 📺 🚗 P – 🔏 25 à 200. AE ⚫⚫
VISA **JCB**
Repas Lunch 20 – carte 26 à 44 – **30 ch** ⇄ 55/135 – ½ P 75/110.
◆ Dit traditionele hotel-restaurant is te vinden in het dorpscentrum. Achter de charmante
voorgevel gaat een vrij nieuwe annexe schuil met comfortabele kamers en een verzorgde
tuin. Frans-Hollandse keuken en zomerterras bij een waterpartij.
◆ Au centre du village, auberge traditionnelle dont la pimpante devanture dissimule un
jardin croquignolet avec une annexe récente regroupant des chambres de bon confort.
Table franco-batave et terrasse d'été dressée près d'une pièce d'eau.

🏠 **Bloemendaal**, Stationsweg 24, ✉ 7251 EM, ℰ (0 575) 55 12 27, info@hotelbloeme
ndaal.nl, Fax (0 575) 55 38 55, 🏠, 🍴, 🍸, 🌷 – 📺 – 🔏 35. ⚫⚫ **VISA**. 🍴
fermé déc.-janv. – **Repas** (diner pour résidents seult) – **15 ch** ⇄ 78.
◆ Dit gemoedelijke hotel in een woonwijk heeft iets weg van een familiepension. Dagelijks
wordt uitsluitend aan de hotelgasten een verzorgd menu geboden.
◆ Cet établissement chaleureux, situé dans un quartier résidentiel, affiche un petit air de
pension de famille. Chaque jour, un menu soigné est proposé aux seuls logeurs.

VREELAND Utrecht ⓒ Loenen 8 324 h. 🗺️ P 9 et 🗺️ G 5.
Amsterdam 22 – Utrecht 24 – Hilversum 11.

XXX **De Nederlanden** 🦢 avec ch, Duinkerken 3, ✉ 3633 EM, ℰ (0 294) 23 23 26, den
🍴 ederlanden@hetnet.nl, Fax (0 294) 23 14 07, ≤, 🏠, 🚲, 🍴 – ▤ rest, 📺 P – 🔏 30.
AE ⓞ ⚫⚫ **VISA**. 🍴 rest
fermé 27 déc.-2 janv. – **Repas** (fermé sam. midi et dim. midi) Lunch 40 – 60/115 bc, carte
59 à 78, Ⴎ 🍴 – ⇄ 20 – **9 ch** 225 – ½ P 222
Spéc. Mousseline de Saint-Jacques au ragoût de homard. Entrecôte de veau à la duxelles
de chanterelles et sauce au poivre noir. Pêche à la lavande au four (juin-sept.).
◆ Prachtig hotel bij een karakteristiek ophaalbruggetje over de Vecht. In de eetzaal met
serre kunt u genieten van een verfijnde, inventieve keuken. Schitterende kamers.
◆ Admirable hostellerie voisine d'un typique pont à bascule jeté sur la Vecht. Salle à manger
véranda vous conviant à goûter une fine cuisine inventive. Superbes chambres.

VROUWENPOLDER Zeeland ⓒ Veere 22 087 h. 🗺️ G 3 et 🗺️ B 7.
Amsterdam 165 – Middelburg 12 – Rotterdam 96.

X **Vrouwe in den Polder,** Vrouwenpolderseweg 81, ✉ 4354 ND, ℰ (0 118) 59 19 00
info@restaurantvrouwenpolder.nl, Fax (0 118) 59 19 65, ≤, 🏠 – P. AE ⚫⚫ **VISA**
fermé 2 sem. en janv. et lundi sauf en juil.-août – **Repas** 24/29.
◆ In dit paviljoen onder aan de dijk tussen de Noordzee en het Veerse Meer wordt ee
eigentijdse keuken bereid met zorgvuldig gekozen producten. Grote parking. Uitzichtpun
◆ En contrebas de la digue séparant la mer du Nord du Veerse Meer, pavillon où se conco
une cuisine d'aujourd'hui attentive au choix des produits. Grand parking. Point de vue

---

VUGHT Noord-Brabant 🗺️ Q 13 et 🗺️ G 7 – voir à 's-Hertogenbosch.

De WAAL Noord-Holland 🗺️ N 4 et 🗺️ F 2 – voir à Waddeneilanden (Texel).

WAALRE Noord-Brabant 🔢🔢🔢 R 14 et 🔢🔢🔢 H 7 – *16 339 h.*

Amsterdam 128 – Eindhoven 9 – Venlo 56 – Turnhout 47.

XXX **De Treeswijkhoeve,** Valkenswaardseweg 14 (sur N 69), ⊠ 5582 VB, ℘ (0 40) 221 55 93, *info@treeswijkhoeve.nl*, Fax (0 40) 221 75 32, 🍴 – 🅿. 🆎 ⓄⒹ ⓌⓈ 🆚🆂🅰. ⚒
fermé du 2 au 4 mai, 25 juil.-15 août, du 17 au 19 août, 24 et 27 déc., lundi et sam. midi
– **Repas** Lunch 30 – 40/95 bc, 🍷.
  ◆ Charmant restaurant waar het bij mooi weer een puur genot is om aan de tuinkant onder de pergola aan tafel te gaan. De aantrekkelijke menukaart is nieuwerwets getint.
  ◆ Ravissante maison de bouche où s'attabler côté jardin, sous la tonnelle, est un pur plaisir dès que la température grimpe un peu. Appétissante carte teintée de modernité.

WAALWIJK Noord-Brabant 🔢🔢🔢 P 12 et 🔢🔢🔢 G 6 – *45 584 h.*

🅱 *Vredesplein 14,* ⊠ 5142 RA, ℘ (0 416) 33 22 28, *mobile@vvvwaalwijk.nl*, Fax (0 416) 65 13 13.

Amsterdam 100 – Eindhoven 50 – 's-Hertogenbosch 18 – Breda 30 – Tilburg 17.

🏨🏨 **Queen,** Bevrijdingsweg 1 (près N 261), ⊠ 5161 BZ, ℘ (0 416) 67 46 84, *info@queen waalwijk.nl*, Fax (0 416) 67 46 80, 🍴 – 🔊 🌐 ▤ 📺 ✆ 🅿. – 🔏 25 à 100. 🆎 ⓄⒹ ⓌⓈ 🆚🆂🅰. ⚒
Repas (dîner seult) carte 30 à 47, 🍷 – ⊡ 13 – **120 ch** 92 – ½ P 75.
  ◆ Hotel met een modern interieur en een vleugje zen : eigentijds meubilair, zachte designverlichting en harmonieus grijs, zwart en amethist in de gemeenschappelijke ruimten. Mooie, goed uitgeruste kamers. Restaurant met een actueel, culinair repertoire.
  ◆ Hôtel au cadre moderne tendance "zen" : mobilier contemporain, éclairage design tamisé et harmonie gris-noir-améthyste dans les espaces communs. Belles chambres bien équipées. Restaurant vous conviant à un repas au goût du jour.

🏨 **Waalwijk,** Burg. van der Klokkenlaan 55, ⊠ 5141 EG, ℘ (0 416) 33 60 45, *info@hot elwaalwijk.nl*, Fax (0 416) 33 59 68, 🍴, 🚲 – 🔊 📺 – 🔏 25 à 300. 🆎 ⓄⒹ ⓌⓈ 🆚🆂🅰. ⚒
Repas carte env. 30 – ⊡ 8 – **61 ch** 85/103.
  ◆ Een aangenaam adres in deze leder- en schoenenstad om de koffers uit te pakken en de pantoffels aan te trekken. De functionele kamers zijn goed onderhouden.
  ◆ Point de chute très convenable pour poser ses bagages et enfiler ses pantoufles dans la cité du cuir et du soulier. Chambres fonctionnelles bien tenues.

XX **Het Heerenhuys,** Grotestraat 283, ⊠ 5141 JT, ℘ (0 416) 65 03 15, *hetheerenhuy s@home.nl*, Fax (0 416) 65 16 91, 🍴 – 🆎 ⓄⒹ ⓌⓈ 🆚🆂🅰
fermé sam. midi, dim. et jours fériés sauf Noël – **Repas** Lunch 29 – 30/58 bc, 🍷.
  ◆ In dit mooie herenhuis in een winkelstraat wordt een eigentijdse keuken bereid. De eetzaal is uitgebreid met een serre die uitkijkt op de tuin.
  ◆ Cuisine actuelle servie dans une jolie maison bourgeoise de la commerçante Grotestraat. Une véranda donnant au jardin procure plus d'ampleur à la salle de restaurant.

XX **Mandarijn,** Van Andelstraat 19 (près A 59, sortie ㊲), ⊠ 5141 PB, ℘ (0 416) 34 33 87, *david.leung@planet.nl*, Fax (0 416) 31 16 62, 🍴, Cuisine chinoise et japonaise avec Teppan-Yaki – ▤ 🅿. 🆎 ⓄⒹ ⓌⓈ 🆚🆂🅰 🆓🆑🅱. ⚒
Repas Lunch 26 – carte 28 à 45, 🍷.
  ◆ In dit restaurant gaan twee culinaire registers zij aan zij : Chinees in de grote zaal met mezzanine-salon, Japans in het deel met de teppan yaki.
  ◆ Deux types de cuisines se côtoient à cette enseigne : chinoise dans la grande salle coiffée d'une mezzanine-salon, et nippone dans l'autre partie dotée de tables de cuisson.

X **De Gelegenheid,** Olympiaweg 8, ⊠ 5143 NA, ℘ (0 416) 33 93 08, *degelegenheid@ hetnet.nl*, Fax (0 416) 34 34 00, 🍴 – 🅿. – 🔏 25 à 150. ⓌⓈ 🆚🆂🅰 🆓🆑🅱
fermé 31 déc.-1er janv. et merc. – **Repas** 24/37.
  ◆ Etablissement aan de rand van Waalwijk, het hart van de Nederlandse schoenenindustrie. Café, à la carte restaurant en faciliteiten voor feesten en partijen.
  ◆ Établissement situé à l'entrée de Waalwijk, pôle important de l'industrie de la chaussure aux Pays-Bas. Café, restaurant à la carte et installations pour la tenue de banquets.

WADDENEILANDEN
ILES DES WADDEN★★

210 – N 5 à X 1
908 – F 2 à J 1

● Les îles des Wadden comprennent Texel (province de Hollande du Nord) et les
îles Frisonnes (Vlieland, Terschelling, Ameland et Schiermonnikoog). Elles constituent
une réserve naturelle exceptionnelle, peuplée de nombreux oiseaux. Sur Vlieland et
Schiermonnikoog, les voitures ne sont pas admises.

● Texel (provincie Noord-Holland) en de Friese eilanden (Vlieland, Terschelling,
Ameland en Schiermonnikoog) zijn de belangrijkste Nederlandse Waddeneilanden.
Samen vormen zij een uitzonderlijk natuurreservaat met ontelbare vogels. Op
Vlieland en Schiermonnikoog zijn geen auto's toegelaten.

● Die Westfriesischen Inseln mit Texel (Provinz Nordholland) und die Friesischen
Inseln (Vlieland, Terschelling, Ameland und Schiermonnikoog) bilden ein außerge-
wöhnliches Naturschutzgebiet, welches von zahlreichen Seevögeln bewohnt wird.
Auf Vlieland und Schiermonnikoog sind Autos nicht zugelassen.

● The Wadden islands are made up of Texel (province of Northern Holland) and
the Frisonnes islands (Vlieland, Terschelling, Ameland and Schiermonnikoog). These
islands are areas of outstanding natural beauty, and are home to many different
species of birds. Cars are not allowed on Vlieland or Schiermonnikoog.

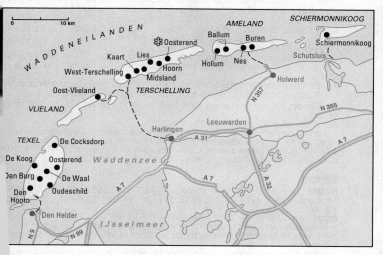

WADDENEILANDEN (ILES DES WADDEN) ★★ *Fryslân - Noord-Holland* 531 N 5 à X 1 et 715 F 2 à J 1 *G. Hollande.*

La plupart des hôteliers ne louent qu'à partir de 2 nuitées.
De meeste hotelhouders verhuren maar vanaf 2 overnachtingen.

AMELAND *Fryslân* 531 T 2 et 715 I 1 – *3 576 h.*

vers Holwerd : Rederij Wagenborg, Zeedijk 9 à Lauwersoog (0 519) 54 61 11. Durée de la traversée : 45 min.
Amsterdam (bac) 169 – Leeuwarden (bac) 30 – Dokkum (bac) 14.

Nes

Bureweg 2, 9163 KE, (0 519) 54 65 46, info@vvvameland.nl, Fax (0 519) 54 65 47.

Noordsee, Strandweg 42, 9163 GN, (0 519) 54 66 00, *noordsee@westcordhotels.nl, Fax (0 519) 54 67 00,* – ch, – 40. AE MC VISA.
Repas *Lunch 25* – carte 34 à 60 – **110 ch** 77/135 – ½ P 77/92.
◆ Dit hotel valt in de smaak vanwege het eigentijdse maar knusse interieur waarin zee en strand in allerlei details terugkeren. Kamers, suites en appartementen. Gezellige eetzaal met modern decor. Op de kaart staat van alles en nog wat.
◆ Hôtel apprécié pour son décor intérieur à la fois cosy et bien de notre temps, semé d'évocations nautiques et littorales. Hébergement en chambres, suites ou appartements. Salle à manger au cadre actuel accueillant ; carte un peu passe-partout.

Hofker sans rest, Johannes Hofkerweg 1, 9163 GW, (0 519) 54 20 02, *info@hotel-hofker.nl, Fax (0 519) 54 28 65,* – – 25. MC VISA.
40 ch 53/96.
◆ Dit familiehotel midden in het dorp heeft kamers van goed formaat, die allemaal in 2004 zijn gerenoveerd. Alle kamers hebben een balkon, een kwart is voorzien van kitchenette.
◆ Cet hôtel familial établi au coeur de Nes abrite des chambres bien calibrées et toutes rénovées en 2004. Chacune possède son balcon et un quart d'entre elles, une cuisinette.

Ameland, Strandweg 48 (Nord : 1 km), 9163 GN, (0 519) 54 21 50, *info@hotelameland.nl, Fax (0 519) 54 31 06,* – . MC VISA.
mars-nov. – **Repas** (dîner pour résidents seult) – **27 ch** 55/90 – ½ P 55/60.
◆ Dit hotel aan de weg naar het strand kent al een lange familietraditie. Het heeft frisse, keurige kamers waarvan vier met een eigen balkon.
◆ Ressource hôtelière de longue tradition familiale oeuvrant sur la route de la plage. Chambres fraîches et nettes, dont quatre profitent d'un petit balcon-terrasse privatif.

Nes sans rest, Strandweg 39 (Nord : 1 km), 9163 GL, (0 519) 54 21 83, *hotelnes@home.nl, Fax (0 519) 54 35 44,* – . MC VISA.
mars-oct. – **35 ch** 66.
◆ Dit etablissement ligt iets buiten het dorp richting kust. De kamers bevinden zich op de eerste verdieping van het hoofdgebouw, maar de beste liggen in de annexe.
◆ Établissement légèrement excentré, situé en direction du rivage. Les chambres se partagent l'étage du bâtiment principal et l'annexe, qui dispose des meilleures.

De Klimop, Johannes Hofkerweg 2, 9163 GW, (0 519) 54 22 96, – . AE MC VISA
fermé janv. et mardi – **Repas** 28/38.
◆ Deze klimop heeft zich vastgeklampt aan twee voormalige kapiteinshuizen, die herinneren aan de tijd dat Ameland van de walvisvaart leefde. Rustiek restaurant.
◆ De Klimop a jeté l'ancre dans deux anciennes maisons de capitaine, rappelant l'époqu où la chasse à la baleine était la spécialité d'Ameland. Taverne rustique.

Ballum

Nobel avec ch, Gerrit Kosterweg 16, 9162 EN, (0 519) 55 41 5 *info@hotelnobel.nl, Fax (0 519) 55 45 15,* – , rest, – 25. AE VISA.
Repas carte 29 à 44, – **23 ch** 41/123 – ½ P 60/80.
◆ In deze honderd jaar oude herberg in een pittoresk dorp vindt u een van beste restaurants van het eiland. Verzorgde kaart, gemoedelijke ambiance en aangenar kamers.
◆ Cette auberge centenaire élevée dans un village pittoresque abrite l'une d meilleures tables de l'île. Carte élaborée, ambiance chaleureuse et chambres de b séjour.

PAYS-BAS

Buren (Bueren).

🏠 **De Klok,** Hoofdweg 11, ⊠ 9164 KL, ℘ (0 519) 54 21 81, *Fax (0 519) 54 24 97,* �, ƒ⑤, ⟠s – ▐▌ ⚡☎ 🕾 ☎ – 🔏 80. ◪ 🕾⊙ 🔏 rest
Repas carte env. 32 – **25 ch** �rə 50/86 – ½ P 53/58.
♦ De vierde generatie staat inmiddels aan het roer van dit hotel. Functionele kamers, kleine brasserie en een karakteristiek café met dikke kleden op de tafels. Eetzaal met visserij-decor, waar traditionele Hollandse maaltijden worden geserveerd.
♦ La même famille insulaire vous reçoit à cette enseigne depuis quatre générations. Chambres fonctionnelles, petite brasserie et café typé aux tables couvertes de tapis épais. Salle de restaurant au décor évoquant la pêche. Repas traditionnel à l'hollandaise.

✗ **Amjaad,** Strandweg 71, ⊠ 9164 KA, ℘ (0 519) 54 33 75, *amjaad@home.nl, Fax (0 519) 54 38 43,* � – **P.** ⊕⊙ **VISA**
Repas carte 31 à 58, ⊊.
♦ Dit restaurant met sober, eigentijds decor onderscheidt zich enigszins van de collega's op het eiland door zijn trendy culinair register. Terras met uitzicht op de duinen.
♦ Ce restaurant au cadre sobre et actuel se distingue un peu des autres tables de l'île par son registre culinaire bien en phase avec l'époque. Terrasse tournée vers les dunes.

Hollum

📘 *Oosterhiemweg 20,* ⊠ 9161 CZ, ℘ (0 519) 55 42 19, *Fax (0 519) 55 65 67.*

🏠 **d'Amelander Kaap,** Oosterhiemweg 1, ⊠ 9161 CZ, ℘ (0 519) 55 46 46, *info@am elander-kaap.nl, Fax (0 519) 55 48 09,* ⟠s, 🔲, ✗, 🚴 – ▐▌ 🕾 **P.** – 🔏 25 à 300. ◪ ⊙ ⊕⊙ **VISA**. ✗
Repas Lunch 13 – carte 27 à 37, ⊊ – **40 ch** ⊊ 72/114 – ½ P 72/77.
♦ Dit hotelcomplex op de punt van het eiland, op 5 min. van het strand, is zowel voor een zakelijk als een toeristisch verblijf geschikt. Aangename kamers, beautycenter en een golf-terrein vlakbij. Eetzaal met veel licht dankzij de serre.
♦ Au bout de l'île, à 5 mn de la plage, complexe hôtelier bien équipé pour les séjours en famille ou en séminaire. Chambres plaisantes, beauty-center et voisinage d'un golf. Salle à manger profitant de la clarté d'une véranda.

🏠 **Dit Eiland** sans rest, Burenlaan 1, ⊠ 9161 AJ, ℘ (0 519) 55 44 05, *t.mank@chello.nl* – ⊕⊙ **VISA**. ✗
5 ch ⊊ 125/145.
♦ Charmant hotelletje dat eigenlijk meer als een bed breakfast door een beeldhouwer wordt gerund. Het designinterieur is geslaagd. Galerie voor moderne kunst.
♦ Petit hébergement charmant exploité dans l'esprit "bed and breakfast" par un artiste sculpteur. Aménagement intérieur "design" assez réussi. Galerie d'art contemporain.

SCHIERMONNIKOOG Fryslân 📙📙 W 2 et 📙📙 J 1 – 1000 h.

Voir Het Rif★, ≤★.

🚢 vers Lauwersoog : Wagenborg Passagiersdiensten B.V., Zeedijk 9 à Lauwersoog ℘ (0 519) 34 90 50. Durée de la traversée : 45 min.
Amsterdam (bac) 181 – Groningen (bac) 44 – Leeuwarden (bac) 42.

Schiermonnikoog (Skiermûntseach).

🚩 Reeweg 5, ⊠ 9166 PW, ℘ (0 519) 53 12 33, *info@vvvschiermonnikoog.nl, Fax (0 519) 53 13 25.*

🏠 **Graaf Bernstorff,** Reeweg 1, ⊠ 9166 PW, ℘ (0 519) 53 20 00, *hotel@bernstorff.nl, Fax (0 519) 53 20 50,* �, 🚴 – ▐▌ 🕾 – 🔏 25 à 80. ◪ ⊙ ⊕⊙ **JCB**. ✗
Repas (dîner seult, menu unique) 38 – **17 ch** ⊊ 83/196 – ½ P 91/141.
♦ Aangenaam hotel in het centrum van het enige dorp op dit kleine Waddeneiland. Smaakvol ingerichte kamers en schitterende appartementen voor een langer verblijf. Eet-zaal met bistromeubilair en een beschut terras. 's Avonds één verrassingsmenu.
♦ Hôtel agréable à vivre situé au centre du seul bourg que compte cette petite île. Chambres agencées avec goût et superbes appartements pour les longs séjours. Salle à manger au mobilier de bistrot bordée par une terrasse abritée. Le soir, menu-surprise unique.

🏠 **Duinzicht** ✎, Badweg 17, ⊠ 9166 ND, ℘ (0 519) 53 12 18, *info@hotelduinzicht.nl, Fax (0 519) 53 14 25,* �, ⟠s, 🌳 – ✗ 🕾 – 🔏 30. ◪ ⊙ ⊕⊙ **VISA**
Repas Lunch 15 – carte 22 à 41 – **35 ch** ⊊ 42/70 – ½ P 51/65.
♦ De onderkaak van een neef van Moby Dick markeert de ingang van dit hotel aan de voet van de vuurtoren. Kamers in de annexe rond een gazon. Aan tafel wordt de gast herinnerd aan de heldhaftige walvisvaarders die het bedrijf 100 jaar geleden hebben opgezet.
♦ La mâchoire inférieure d'un cousin de Mobby Dick marque l'entrée de cet établissement posté au pied du phare. Chambres et annexe, aménagées autour d'une pelouse. À table, évocation de l'épopée des chasseurs de baleines qui ont lancé l'affaire voici 100 ans.

PAYS-BAS

🏠 **Van der Werff**, Reeweg 2, ⊠ 9166 PX, ℘ (0 519) 53 12 03, *hotelvanderwerff@ch ello.nl, Fax (0 519) 53 17 48*, 🌡, ✗ – 🛗 📺 – 🏄 25 à 50. ⓪ ⓴ 𝗩𝗜𝗦𝗔. ✗ rest
Repas *Lunch 16* – carte 24 à 55 – **49 ch** ⌂ 43/95 – ½ P 55/60.
◆ Dit adres is ontstaan vanuit een klein bruin café uit 1726 en had in zijn glorietijd een deftige cliëntèle. Nu is het een eenvoudig maar zeer authentiek hotel. De klassiek ingerichte eetzaal druipt van de nostalgie.
◆ Issu d'un modeste "bruin café" fondé en 1726, cet édifice a connu le passé d'une vil- légiature cossue. C'est aujourd'hui un hôtel simple retraçant l'histoire locale. Ambiance nostalgique dans une salle des repas classiquement aménagée.

TERSCHELLING *Fryslân* 𝟝𝟛𝟙 R 2 *et* 𝟟𝟙𝟞 H 1 – *4 723 h.*

Voir *Site*★★ – *De Boschplaat*★ *(réserve d'oiseaux).*
⛴ *vers Harlingen : Rederij Doeksen, Willem Barentszkade 21 à West-Terschelling ℘ 0 900 363 57 36, Fax (0 562) 44 32 41. Durée de la traversée : 2 h. Il existe aussi un service rapide (pour passagers uniquement). Durée de la traversée : 45 min.*
Amsterdam (bac) 115 – Leeuwarden (bac) 28 – (distances de West-Terschelling).

West-Terschelling (West-Skylge).
🅱 *Willem Barentszkade 19a*, ⊠ 8881 BC, ℘ (0 562) 44 30 00, *info@ vvv.terschelling.org*, Fax (0 562) 44 28 75.

🏛 **Schylge**, Burg. van Heusdenweg 37, ⊠ 8881 ED, ℘ (0 562) 44 21 11, *schylge@ west cadhotels.nl, Fax (0 562) 44 28 00*, ≤, 🌡, ⇌, 🏊, 🚲 – 🛗 ✦, 🖥 rest, 📺 🔥ch, ⟺ 🅿. 🏄 25 à 200. 🖳 ⓪ ⓴ 𝗩𝗜𝗦𝗔. ✗ ch
Repas *Nova Zembla* 33/54 bc, 🍷 – **98 ch** ⌂ 89/120 – ½ P 93/111.
◆ Een zeer comfortabel hotel dat uitkijkt op de Waddenzee en de haven. Alle kamers heb- ben een balkon, de beste liggen aan de zeezijde. Eigentijds restaurant waarvan de naam verwijst naar de archipel die door Willem Barentsz, een Terschellinger, werd ontdekt.
◆ Hôtel très confortable dominant la mer des Wadden et le port. Chaque chambre a son balcon ; les meilleures sont tournées vers le littoral. Table au goût du jour dont le nom se réfère à un archipel découvert dans l'Arctique par Barents, enfant de Terschelling.

🏠 **Boschrijck**, Sportlaan 5, ⊠ 8881 EP, ℘ (0 562) 44 33 11, *boschrijck@ westcordhote ls.nl, Fax (0 562) 44 27 55*, 🌡, 🛁, ⇌, 🏊, 🚲 – 🛗 📺 🅿. – 🏄 25 à 130. 🖳 ⓪ ⓴ 𝗩𝗜𝗦𝗔. ✗ ch
Repas *Lunch 14* – carte 24 à 32 – **62 ch** ⌂ 108/192 – ½ P 103/122.
◆ Vrij nieuw establissement met speciale aandacht voor gasten met kinderen. Diverse cate- gorieën praktisch ingedeelde kamers en appartementen. Bar-restaurant in eigentijdse stijl en dito keuken.
◆ Établissement récent où une attention particulière est réservée à la clientèle familiale accompagnée d'enfants. Diverses catégories de chambres et d'appartements bien conçus. Bar-restaurant de style actuel ; cuisine de même.

🏠 **Nap**, Torenstraat 55, ⊠ 8881 BH, ℘ (0 562) 44 32 10, *info@hotelnap.nl, Fax (0 562) 44 33 15*, 🌡 – 📺 🖳 ⓪ ⓴ 𝗩𝗜𝗦𝗔
Repas carte 24 à 32 – **32 ch** ⌂ 68/112 – ½ P 67/78.
◆ Familiehotel in de schaduw van de 16e-eeuwse vuurtoren de Brandaris. Zes split-level kamers alsmede een appartement met kitchenette in de annexe. In het restaurant hangt een collectie doeken van Nederlandse vuurtorens. Lunch voor een vriendenprijs.
◆ Auberge familiale postée à l'ombre de la Brandaris, tour carrée élevée au 16e s. Six cham- bres sont des duplex et une annexe abrite un appartement avec kitchenette. Bistrot égayé d'une collection de toiles dédiée aux phares hollandais. Lunch à prix d'ami.

🏠 **Oepkes**, De Ruyterstraat 3, ⊠ 8881 AM, ℘ (0 562) 44 20 05, *hotel@oepkes.nl, Fax (0 562) 44 33 45*, 🌡, 🚲 – 🅿. – 🏄 40. 🖳 ⓪ ⓴ 𝗩𝗜𝗦𝗔 𝗝𝗖𝗕
fermé 6 janv.-4 fév. – **Repas** *(fermé après 20 h 30)* carte 23 à 36 – **19 ch** ⌂ 45/96 – ½ P 64/82.
◆ Vlak bij dit adresje, dat veel weg heeft van een familiepension, meert de veerboot aan die de verbinding met het vasteland onderhoudt. Propere, eigentijdse kamers. Slechts één, vrij beknopte lunchformule, maar 's avonds een ruimere keuze aan gerechten.
◆ Le bac assurant la liaison entre l'île et le continent accoste à quelques encablures de ce petit point de chute façon "pension de famille". Chambres actuelles proprettes. Formule lunch unique assez succincte, mais choix de préparations plus complet au dîner.

Kaart
🏠 **De Horper Wielen** 🌸 sans rest, Kaart 4, ⊠ 8883 HD, ℘ (0 562) 44 82 00, *info@ hoperwielen.nl, Fax (0 562) 44 82 45*, 🚗 – ✦
11 ch ⌂ 30/76.
◆ Een adresje om te onthouden voor wie de intieme ambiance zoekt van een particu- lier huis. Kleine kamers, maar rustig en netjes. Uitstekend onthaal.
◆ Adresse à retenir si l'atmosphère intime d'une maison particulière vous tente, le temp d'un séjour insulaire. Chambres sans ampleur, mais nettes et calmes. Excellent accueil

Midsland (Midslân).

🏨 **Claes Compaen** ॐ sans rest, Heereweg 36 (Midsland-Noord), ✉ 8891 HT, ℰ (0 562) 44 80 10, *claescompaen@tref.nl, Fax (0 562) 44 94 49*, 🕿, 🖛 – 📺 📞 🛠
10 ch 🍽 88.
◆ Etablissement met ruime, rustige kamers die op de begane grond naast elkaar liggen, aan een grasveld. Het ontbijt wordt op de kamer of uw terras geserveerd (zelf afwassen).
◆ Chambres amples et tranquilles alignées de plain-pied, devant une pelouse. Breakfast personnalisé servi au saut du lit ou sur votre terrasse (mais vaisselle à faire soi-même).

Lies

🏨 **De Walvisvaarder,** Lies 23, ✉ 8895 KP, ℰ (0 562) 44 90 00, *info@walvisvaarder.nl, Fax (0 562) 44 86 77*, 😂, 🕿, 🖛, 🚲 – 📺 📞 🛠
fermé janv.-20 fév. – **Repas** (résidents seult) – **61 ch** 🍽 45/87, – 1 suite – ½ P 51/61.
◆ Dit rustige hotel in een dorpje midden op het eiland beschikt over aangename kamers, de meeste met balkon of terras, die zijn ingericht in twee vleugels aan de tuinkant.
◆ Au coeur d'un village marquant le centre de l'île, hôtel paisible dont les jolies chambres, souvent dotées d'un balcon ou d'une terrasse, occupent deux ailes côté jardin.

Oosterend (Aasterein).

🍴
❀ **De Grië** (van Scheppingen), Hoofdstraat 43, ✉ 8897 HX, ℰ (0 562) 44 84 99, *Fax (0 562) 44 83 22*, 😂 – 📞 🅰🅴 🆖🆂 🆅🆂🆐
fermé 7 janv.-18 mars, mardi et merc. hors saison – **Repas** (dîner seult) 70 bc, carte 38 à 52, ♀
Spéc. Croquette de cèpes à la truffe et jus de moutarde douce. Aiglefin au fumet de turbot. Ragoût d'épaule d'agneau et de sa langue aux échalotes et laurier.
◆ Een waardig bolwerk van vernieuwende gastronomie, deze karakteristieke boerderij. Eetzaal met fraai gebint van oude masten. Fleurig zomerterras, moestuin en boomgaard.
◆ Digne écrin d'une gastronomie novatrice, cette ferme typique reconvertie vous reçoit sous une jolie charpente formée de vieux mâts. Terrasse d'été fleurie, potager et verger.

TEXEL *Noord-Holland* 🬀🬀🬀 N 4 *et* 🬀🬀🬀 F 2 – *13 825 h.*

Voir *Site*★★ – *Réserves d'oiseaux*★ – *De Slufter* ≤★.
🚢 *vers Den Helder : Rederij Teso, Pontweg 1 à Den Hoorn* ℰ *(0 222) 36 96 00. Durée de la traversée : 20 min.*
Amsterdam (bac) 85 – Haarlem (bac) 78 – Leeuwarden (bac) 96 – (distances de Den Burg).

Den Burg

🛈 *Emmalaan 66,* ✉ *1791 AV,* ℰ *(0 222) 31 28 47, info@texel.net.*
🏨 **Den Burg,** Emmalaan 2, ✉ 1791 AV, ℰ (0 222) 31 21 06, *hoteldenburg@hetnet.nl, Fax (0 222) 32 20 53*, 🚲 – 📺 🛗ch, 📞 – 🅰 25. 🆖🆂 🆅🆂🆐
Repas (résidents seult) – **27 ch** 🍽 55/95 – ½ P 59/69.
◆ Dit sympathieke hotel aan de rand van het centrum heeft iets weg van een familie-pension. Goed comfort in de diverse categorieën kamers, waarvan de meeste zeer eigen-tijds zijn.
◆ À l'entrée du centre de Den Burg, hôtel "sympa" affichant un petit air de pension familiale. Bon confort dans les diverses catégories de chambres, souvent très actuelles.

🏨 **De 14 Sterren** ॐ, Smitsweg 4 (par Pontweg, sortie ⑪), ✉ 1791 PG, ℰ (0 222) 32 26 79, *14sterren@planet.nl, Fax (0 222) 32 26 81*, 🖛, 🚲 – 📺 📞 – 🅰 30. 🆖🆂 🆅🆂🆐 🛠
fermé mi-nov.-mi-déc. et mi-janv.-mi-fév. – **Repas** voir rest **De Worsteltent** ci-après – 🍽 12 – **14 ch** 88/130 – ½ P 165/185.
◆ Aangename, landelijk gelegen pleisterplaats. Verzorgde kamers met een eigen zomer-terras. Ideaal voor een zonnig ontbijtje, dat "aan de deur" wordt bezorgd.
◆ Agréable point de chute au cadre champêtre. Chambres coquettes toutes dotées d'une terrasse d'été individuelle où il fait bon prendre son petit-déjeuner, livré à votre convenance.

🏨 **De Lindeboom,** Groeneplaats 14, ✉ 1791 CC, ℰ (0 222) 31 20 41, *info@lindeboom texel.nl, Fax (0 222) 31 05 17*, 😂, 🚲 – 🛗, 🖧 ch, 📺 📞 – 🅰 40. 🆖🆂 🆅🆂🆐 🅹🅲🅱 🛠 rest
Repas *Lunch 23* – carte 29 à 39 – **25 ch** 🍽 65/95 – ½ P 60/70.
◆ Groot, geheel gerenoveerd etablissement midden in het centrum. Het oudste deel, aan de kant van de Vismarkt, dateert uit 1611. Gezellige, goed uitgeruste kamers. Voor de inwendige mens zijn er een bistro, een eetcafé en een restaurant met eigentijds decor.
◆ Au centre du village, grand établissement entièrement rénové, mais dont la partie la plus ancienne, côté Vismarkt, remonte à 1611. Accueillantes chambres bien équipées. À l'heure des repas, choix entre un bistrot, un "eetcafé" et un restaurant au cadre actuel.

XX **Het Vierspan,** Gravenstraat 3, ✉ 1791 CJ, ☎ (0 222) 31 31 76 – 🖭 **⊙❸** 𝘝𝘐𝘚𝘈
fermé lundi et mardi – **Repas** (déjeuner sur réservation) carte 38 à 55, ⚲.
  ◆ Een trefzeker adres voor een etentje in hartje Den Burg. Hartelijk onthaal, gemoedelijke sfeer, eigentijdse gerechten en buffet met kaassoorten van het eiland.
  ◆ Une valeur sûre pour se restaurer au cœur de Den Burg. Accueil familial gentil, ambiance conviviale, recettes au goût du jour et buffet de fromages typiques de l'île.

X **De Worsteltent** - H. De 14 Sterren, Smitsweg 6 (par Pontweg, sortie ⑪), ✉ 1791 PG, ☎ (0 222) 31 02 88, *worsteltent@planet.nl*, Fax (0 222) 32 26 81, 🍽, Avec cuisine italienne – 🅿. **⊙❸** 𝘝𝘐𝘚𝘈
fermé mi-nov.-mi-déc. et mi-janv.-mi-fév. – **Repas** carte 22 à 36, ⚲.
  ◆ In deze gerenoveerde boerderij aan een fietspad langs de bosrand worden Italiaans georiënteerde gerechten geserveerd. Aangenaam zomerterras. Muzikale omlijsting op zondag.
  ◆ Cuisine d'esprit transalpin servie dans une ferme rénovée assise à la lisière des bois, devant une piste cyclable. Plaisante terrasse d'été. Animation musicale le dimanche.

X **Osprey,** Gravenstraat 16, ✉ 1791 CK, ☎ (0 222) 32 00 43, *ospreytexel@msn.com*, 🍽
– 🖭 **⊙❸** 𝘝𝘐𝘚𝘈
fermé mardi et merc. – **Repas** (dîner seult) 32.
  ◆ De naam van dit sympathieke, eigentijdse adresje betekent "visarend", wat uitnodigt om uw bord net zo te lijf te gaan als een roofdier met zijn prooi doet.
  ◆ Fondrez-vous tel un rapace sur sa proie à cette petite adresse sympathique et actuelle dont l'enseigne signifie "aigle pêcheur" dans la langue de Shakespeare !

X **Freya,** Gravenstraat 4, ✉ 1791 AV, ☎ (0 222) 32 16 86 – 𝘝𝘐𝘚𝘈
fermé 20 août-3 sept., dim., lundi et jours fériés – **Repas** (dîner seult) 24.
  ◆ Klassiek-eigentijds restaurant onder de hoede van Freya, godin van de vruchtbaarheid in de Scandinavische mythologie. Vrij goed geslaagd, mediterraan decor.
  ◆ Table classique-actuelle placée sous la protection de Freya, déesse de la fécondité appartenant à la mythologie scandinave. Décor intérieur méditerranéen assez réussi.

De Cocksdorp

⛳ *Roggeslootweg 3,* ✉ 1795 JV, ☎ (0 222) 31 65 39, Fax (0 222) 31 60 19.

🏨 **Molenbos** 🐾, Postweg 224, ✉ 1795 JT, ☎ (0 222) 31 64 76, *info@molenbos.nl*, Fax (0 222) 31 63 77, ≤, 🚲 – ⤬⤬ 🖭 ᵭch, 🅿. 🖭 **⊙ ❸** 𝘝𝘐𝘚𝘈
fermé 10 janv.-4 mars et 21 nov.-16 déc. – **Repas** (résidents seult) – **27 ch** ⊇ 65/122 – ½ P 68/81.
  ◆ Dit hotel bij het dorp en het natuurreservaat wordt gewaardeerd vanwege de goede, huiselijke ontvangst en de ruime kamers. Mooi uitzicht op de terrassen aan de kanaalzijde.
  ◆ Près du village et de sa réserve naturelle, hôtel apprécié pour son bon accueil familial et l'ampleur de ses chambres. Côté canal, leurs terrasses offrent une très jolie vue.

Den Hoorn

XX **Culinaire Verwennerij Bij Jef** avec ch, Herenstraat 34, ✉ 1797 AJ, ☎ (0 222) 31 96 23, *info@bijjef.nl*, Fax (0 222) 31 96 24, 🍽 – 🖭 🅿. 🖭 **⊙ ❸** 𝘝𝘐𝘚𝘈. ⤬ ch
fermé 15 janv.-15 fév. – **Repas** *(fermé mardi de nov. à avril)* (déjeuner sur réservation d'oct. à avril) *Lunch 30* – carte 40 à 64, ⚲ – **9 ch** ⊇ 55/90 – ½ P 80.
  ◆ Een eigentijds restaurant in een oude herberg die een verjongingskuur heeft ondergaan. Moderne eetzaal in heldere kleuren, mooi terras en praktische kamers.
  ◆ Restaurant au goût du jour installé dans une ancienne auberge rajeunie. Salle à manger moderne aux tons vifs, belle terrasse et teck et chambres pratiques pour dépanner.

X **Het Kompas,** Herenstraat 7, ✉ 1797 AE, ☎ (0 222) 31 93 60, Fax (0 222) 31 93 56
– 🖭 **⊙ ❸** 𝘝𝘐𝘚𝘈. ⤬
fermé mi-janv.-mi-fév. et mardi – **Repas** (dîner seult) carte 38 à 53.
  ◆ Restaurant in het centrum, met Schotse pubambiance. Klassieke gerechten, goede wijnselectie, Schotse en Ierse whisky's en de mogelijkheid een eigen muziekje uit te zoeken.
  ◆ Atmosphère "pub écossais" à cette enseigne du centre. Mets classiques, bon choix de vins, collection de whiskies et whiskeys et possibilité de choisir votre musique préférée.

De Koog

🏨 **Gd H. Opduin** 🐾, Ruyslaan 22, ✉ 1796 AD, ☎ (0 222) 31 74 45, *info@opduin.nl* Fax (0 222) 31 77 77, ≤, 🍽, ⊕, 🐾, 🛥, ⊠, 🍽, 🚲 – ⁍ ⤬, ▤ rest, 🖭 ᵭ, 🅿 – 🔏 25 à 100. 🖭 **⊙ ❸** 𝘝𝘐𝘚𝘈. ⤬ rest
fermé 28 déc.-1er janv. – **Repas** *De Heeren XVII* carte 59 à 68, ⚲ – **93 ch** ⊇ 97/236 – 3 suites – ½ P 118/154.
  ◆ Dit hotelpand aan de rand van de duinen en een klein bos is onlangs grondig gerenoveerd. Gemeenschappelijke ruimten in moderne stijl en ruime kamers. Het restaurant serveert klassieke gerechten, waarbij ook het lokale lamsvlees niet ontbreekt.
  ◆ En lisière des dunes et d'un bosquet, immeuble hôtelier ayant récemment bénéficié d'une rénovation importante. Espaces communs de style contemporain et chambres spacieuses. Restaurant dont la carte, classique, permet de s'initier à la saveur de l'agneau local.

Boschrand, Bosrandweg 225, ✉ 1796 NA, ✆ (0 222) 31 72 81, *boschrand@tref.nl*, *Fax (0 222) 31 74 59*, �!, 🚲 – 🛏 📺 🅿 🕮. ❄
fermé 21 nov.-déc. – **Repas** (dîner pour résidents seult) – **51 ch** ⊑ 40/100 – ½ P 50/120.
◆ Vrij nieuw pand aan de rand van het dorp. De kamers, die een balcon hebben en over twee verdiepingen verspreid liggen, zijn allemaal goed van formaat en voldoende uitgerust.
◆ Construction récente située aux portes du village. Munies d'un balcon et distribuées sur deux étages, toutes les chambres offrent suffisamment d'espace et d'accessoires.

Greenside, Stappeland 6, ✉ 1796 BS, ✆ (0 222) 32 72 22, *info@hotelgreenside.nl*, *Fax (0 222) 32 73 33*, 🚓, 🚣, 🚲 – 📺 – 🕮 40. 🕮 *VISA*. ❄ rest
Repas – lunch 28 – carte 36 à 48 – **49 ch** ⊑ 95/140 – ½ P 88/98.
◆ Dit grote, eigentijdse gebouw aan de rand van het dorp heeft kamers met veel ruimte en modern comfort. Vrij klassiek ingerichte eetzaal, wat ook geldt voor het culinaire repertoire.
◆ Aux abords du village, grande bâtisse de notre temps où vous logerez dans des chambres offrant beaucoup d'espace et présentant les caractéristiques du confort moderne. Salle de restaurant d'un genre assez classique ; répertoire culinaire de même.

Strandh. Noordzee, Badweg 200, ✉ 1796 AA, ✆ (0 222) 31 73 65, *info@noordzee.nu, Fax (0 222) 31 75 77*, ≤, 🚓 – 🕮 📺 🅿 🕮 🕮 *VISA*
Repas (taverne-rest, dîner seult sauf week-end de nov. à mars) Lunch 8 – carte 28 à 41 – **10 ch** ⊑ 90/125 – ½ P 165.
◆ Dit moderne paviljoen staat boven op een duin pal aan het strand. Het beschikt over standaardkamers, de meeste met een panoramisch balkon. Vakantiesfeer verzekerd. Het populaire restaurant voert een traditionele kaart.
◆ Pavillon moderne posté sur une dune, juste en face de la plage. Chambres standard généralement dotées d'un balcon panoramique. Ambiance vacances assurée. Taverne-restaurant populaire proposant une carte traditionnelle.

Tesselhof, Kaapstraat 39, ✉ 1796 AE, ✆ (0 222) 31 73 70, *info@tesselhof.nl*, *Fax (0 222) 32 71 04*, 🚲 – 🛏 📺 🕮ch, 🅿 🕮 *VISA*
fermé déc.-janv. – **Repas** carte 22 à 32 – **48 ch** ⊑ 80/165 – ½ P 81/103.
◆ Spiksplinternieuw familiehotel waar u kunt kiezen uit diverse categorieën lichte, eigentijdse kamers met terras of balkon. Het restaurant heeft een traditionele kaart waarop ook specialiteiten van het eiland staan.
◆ Établissement familial flambant neuf où vous aurez le choix entre diverses catégories de chambres claires et actuelles, souvent pourvues d'une terrasse ou d'un balcon. Une carte traditionnelle incluant des spécialités insulaires est présentée au restaurant.

Zeerust, Boodtlaan 5, ✉ 1796 BD, ✆ (0 222) 31 72 61, *info@hotelzeerust.nl*, *Fax (0 222) 31 78 39*, 🚓 – 🅿 🕮 *VISA*. ❄
12 fév.-12 nov. – **Repas** (dîner pour résidents seult) – **18 ch** ⊑ 45/85 – ½ P 52/65.
◆ Deze villa op 200 m van beboste duinen is verbouwd tot een klein hotel met de sfeer van een familiepension. Functioneel comfort in de kamers.
◆ À 200 m du centre, près d'une étendue de dunes boisées, villa résidentielle convertie en petit hôtel évoquant une pension familiale. Confort fonctionnel dans les chambres.

Alpha 🚣 sans rest, Boodtlaan 84, ✉ 1796 BG, ✆ (0 222) 31 76 77, *info@texel.to*, *Fax (0 222) 31 72 75* – 📺 🅿 🕮 🕮 🕮 *VISA*
fermé mi-nov.-mi-janv. – **12 ch** ⊑ 71/81.
◆ Voor toeristen die hoofdzakelijk rust zoeken, is dit een van de beste adressen in De Koog. Vrij eenvoudige, maar onberispelijke standaardkamers.
◆ Parmi les meilleures adresses du patelin pour la clientèle touristique recherchant avant tout la tranquillité. Chambres standard de mise assez simple, mais sans reproche.

Oosterend

Rôtiss.'t Kerckeplein, Oesterstraat 6, ✉ 1794 AR, ✆ (0 222) 31 89 50, *rotisserie@texel.com, Fax (0 222) 32 90 32*, 🚓 – 🅿 🕮 🕮 *VISA*
fermé mi-janv.-mi-fév., lundi et mardi – **Repas** (déjeuner sur réservation) carte 32 à 54, 🍷
◆ Dit karakteristieke huis staat bij een van de kerken in Oosterend. Verzorgde maaltijden met als specialiteit het lokale lamsvlees. Rustieke ambiance en charmante ontvangst.
◆ Cette maison typique jouxte l'une des églises d'Oosterend. Repas où prime l'intention de bien faire, spécialité d'agneau local, ambiance rustique et accueil avenant.

Oudeschild

't Pakhuus, Haven 8, ✉ 1792 AE, ✆ (0 222) 31 35 81, *info@pakhuus.nl, Fax (0 222) 31 04 04*, ≤, Taverne-rest, Produits de la mer – 🕮 🕮 *VISA* *JCB*
fermé dern. sem. nov.-3 prem. sem. déc. – **Repas** Lunch 25 – carte 33 à 66, 🍷
◆ Café-restaurant in een 17e-eeuws pakhuis dat zijn oude karakter heeft behouden. Eetzaal met serre. Visgerechten en uitzicht op de bedrijvigheid in de haven.
◆ Taverne-restaurant aménagée dans un entrepôt du 17e s. préservant son cachet ancien. Salle à manger-véranda. Cuisine de la mer et vue sur les activités portuaires.

De Waal

 Rebecca, Hogereind 39, ⊠ 1793 AE, ℘ (0 222) 31 27 45, *hotel.rebecca@wxs.nl,* Fax (0 222) 31 58 47, 佘, ℴ, ⅌, ⅏ rest
fermé nov. et 3 dern. sem. janv. – **Repas** 33/59 bc – **18 ch** ⊃ 49/100 – ½ P 60/70.
 ♦ Gerenoveerd familiehotel waar fietsers en vogelliefhebbers graag toeven. Vrij charmante kamers en grote tuin met jeu-de-boulesbaan. In de moderne, lichte restaurantzaal staan stoelen met rood velours. Klassiek-traditionele kaart.
 ♦ Établissement familial rénové où cyclistes et amis des oiseaux posent volontiers leurs valises. Chambres assez charmantes et grand jardin avec boulodrome. Salle de restaurant claire et moderne dotée de chaises en velours rouges. Carte classique-traditionnelle.

VLIELAND Fryslân 🔲🔲🔲 O 3 et 🔲🔲🔲 F 2 – 1 240 h.

 ⚓vers Harlingen : Rederij Doeksen, Willem Barentszkade 21 à West-Terschelling ℘ 0 900 363 57 36, Fax (0 562) 44 32 41. Durée de la traversée : 2 h. Il existe aussi un service rapide. Durée de la traversée : 45 min.
 🔲 Havenweg 10, ⊠ 8899 BB, ℘ (0 562) 45 11 11, *info@vlieland.net,* Fax (0 562) 45 13 61.
 Amsterdam (bac) 115 – Leeuwarden (bac) 28.

Oost-Vlieland (East-Flylân).

Voir Phare (Vuurtoren) ≤★.

 Strandhotel Seeduyn ⚲, avec appartements, Badweg 3 (Nord : 2 km), ⊠ 8899 BV, ℘ (0 562) 45 15 77, *seeduyn@westcordhotels.nl,* Fax (0 562) 45 11 15, ≤, 佘, ⇘, ⬜, ⅌, ℴ – 🛗 ⅍ 📺 ⅙ – ⅍ 25 à 200. ⅏ ⓞ ⅏ VISA. ⅏
fermé 9 janv.-9 fév. – **Repas** voir rest **Entre deux Mers** ci-après – **Brassery** (fermé du 18 au 25 janv.) (taverne-rest) carte 22 à 40, ⅌ – **Strandpaviljoen 't Badhuys** (fermé lundi et mardi de nov. à mars) (taverne-rest) carte 22 à 35 – **152 ch** ⊃ 88/156 – ½ P 77/114.
 ♦ Dit hotel heeft een prachtig uitzicht op de zee en de duinen, wat het een bijzondere charme geeft. Kamers en appartementen met balkon. Brasserie en beautycenter. Het strandpaviljoen is heel praktisch voor een hapje tussen het zonnen door.
 ♦ Le charme de l'hôtel tient surtout à son site, dominant le front de mer. Chambres et appartements avec balcon, brasserie-salon et beauty-center. "Pavillon de plage" très commode pour se restaurer agréablement sans quitter des yeux sa serviette de bain.

XX **Entre deux Mers** - H. Strandhotel Seeduyn, Badweg 3 (Nord : 2 km), ⊠ 8899 BV, ℘ (0 562) 45 15 77, *seeduyn@westcordhotels.nl,* Fax (0 562) 45 11 15, ≤, 佘 – ⅏ ⓞ ⅏ VISA. ⅏
fermé 9 janv.-9 fév. – **Repas** (déjeuner sur réservation) carte 35 à 46, ⅌.
 ♦ Het gastronomische restaurant van Strandhotel Seeduyn bereidt een eigentijdse keuken op basis van regionale producten. Eetzaal met nautisch decor. Uitzicht op de kust.
 ♦ Le restaurant gastronomique associé au Strandhotel Seeduyn sert une cuisine actuelle honorant les produits régionaux. Salle à manger d'esprit nautique. Vue littorale.

X **De Wadden** avec ch, Dorpsstraat 61, ⊠ 8899 AD, ℘ (0 562) 45 26 26, *dewadden@westcordhotels.nl,* Fax (0 562) 45 26 23, 佘, ℴ – ⅍ 📺 ⅌ le soir uniquement. ⅏ ⓞ ⅏ VISA JCB. ⅏ ch
Repas (avec taverne-rest) Lunch 25 – 22/26 bc – **22 ch** ⊃ 67/124 – ½ P 88/94.
 ♦ In dit gemoedelijke restaurant gaat u aan tafel in het decor van een Hollands grand café. Aan de achterkant ligt een annexe waarin kamers met terras of balkon zijn ingericht.
 ♦ Chaleureuse auberge où l'on s'attable dans un décor façon "grand café hollandais". Une annexe regroupant des chambres avec terrasse ou balcon se dissimule à l'arrière.

WADDINXVEEN Zuid-Holland 🔲🔲🔲 M 10 et 🔲🔲🔲 E 5 – 26 797 h.
 Amsterdam 46 – Rotterdam 26 – Den Haag 29 – Utrecht 37.

XX **Bibelot,** Limaweg 54, ⊠ 2743 CD, ℘ (0 182) 61 66 95, *info@bibelot.info,* Fax (0 182) 63 09 55, 佘 – ▤ ⅌ – ⅍ 25 à 150. ⅏ ⓞ ⅏ VISA JCB
fermé sam. midi, dim. midi et lundi – **Repas** Lunch 30 – 33/75 bc, ⅌.
 ♦ In dit comfortabele, moderne restaurant in een halfrond paviljoen zijn hedendaagse kunstwerken te zien. Wijnen en gerechten zijn in goede harmonie. Prima ontvangst e service.
 ♦ Aménagé dans un pavillon semi-circulaire, ce confortable restaurant au goût du jou s'agrémente d'oeuvres d'art contemporain. Bons accords mets-vins. Accueil et servic "pro".

Akkeroord, Akkeroord 1 (Sud : 3 km direction Gouda), 2741 PZ, (0 182) 61 61 01, *akkeroord@zonnet.nl, Fax (0 182) 63 21 05,*
fermé dern. sem. déc., 2 dern. sem. juil., sam. midi, dim. et lundi – **Repas** Lunch 32 – 42/55 bc.
◆ Elegante voorgevel met 's zomers veel bloemen, beeldige tuin, lommerrijk terras, goede keuken : de Akkeroord heeft heel wat in huis om de gasten te bekoren.
◆ Pimpante devanture fleurie à la belle saison, jardin croquignolet, terrasse d'été ombragée, cuisine de bonne facture : l'Akkeroord ne manque pas d'atouts pour séduire.

't Baarsje, Zwarteweg 6 (Est : 2 km, direction Reeuwijk), 2741 LC, (0 182) 39 44 60, *info@baarsje.nl, Fax (0 182) 39 27 47,*
fermé dern. sem. juil.-2 prem. sem. août, sam. midi, dim. et lundi – **Repas** Lunch 30 – carte 44 à 54, ♀.
◆ Charmant restaurantje in de polder. Als de muren van dit vroegere visserscafé konden spreken, zouden er ongetwijfeld heel wat stoere hengelaarsverhalen loskomen.
◆ Auberge mignonne et discrète retirée dans les polders. Son enseigne - une petite perche (baarsje) frétillante - résume le passé de l'établissement, naguère café de pêcheurs.

de Gouwe Dis, Zuidkade 22 (près du pont), 2741 JB, (0 182) 61 20 26, *info@gouwedis.nl, Fax (0 182) 61 09 99*
fermé fin juil.-mi-août, sam. midi, dim. midi et lundi – **Repas** Lunch 33 – carte 31 à 49.
◆ Het restaurant in dit charmante pand tegenover de rivier ademt een nostalgische sfeer : glimmend parket, balken, oude meubels, potkachel en schouw met tegeltjes.
◆ Face au canal, jolie maison dont la salle à manger restitue une ambiance nostalgique : parquet luisant, poutres, mobilier à l'épreuve du temps, poêle et cheminée carrelée.

WAGENINGEN *Gelderland 532 S 11 et 715 I 6 – 34 841 h.*
Stadsbrink 1-C, 6707 AA, (0 317) 41 07 77, info@vvvwageningen.nl, Fax (0 317) 42 31 86.
Amsterdam 85 – Arnhem 19 – Utrecht 47.

Nol in't Bosch, Hartenseweg 60 (Nord-Est : 2 km), 6704 PA, (0 317) 31 91 01, *info@nolintbosch.nl, Fax (0 317) 31 36 11,* – 25 à 150. rest
Repas Lunch 20 – carte env. 40 – **33 ch** 68/122 – ½ P 75.
◆ In dit opgeknapte hotel in de bossen hangt de gemoedelijke sfeer van een familiepension. Kamers van goed formaat, met terras of balkon. De eetzaal is weer als nieuw. Het terras is erg geliefd bij fietsers.
◆ Il règne une attachante atmosphère de pension familiale dans cet hôtel rajeuni à débusquer parmi les bois. Chambres de bonne ampleur, dotées d'une terrasse ou d'un balcon. Salle à manger rafraîchie et restaurant d'été estimé des cyclistes.

de Wereld, 5 Mei Plein 1, 6703 CD, (0 317) 46 04 44, *info@hoteldewereld.nl, Fax (0 317) 42 64 22,* ch, – 25 à 60.
fermé 31 déc.-2 janv. – **Repas *O Mondo*** 30/60 bc – 15 – **11 ch** 100/115, – 3 suites.
◆ In dit gebouw werd op 5 mei 1945 de capitulatie ondertekend van de Duitse legers in Nederland. Kamers en suites in design. Moderne eetzaal met zicht op de keuken. Eigentijdse en met zorg bereide gerechten.
◆ Bâtisse où se sont déroulés, le 5 mai 1945, les préparatifs de l'acte de capitulation des armées nazies aux Pays-Bas. Chambres et suites design. Salle à manger contemporaine avec cuisines à vue. Table au goût du jour animée par le souci de bien faire.

't Gesprek, Grintweg 247, 6704 AN, (0 317) 42 37 01, *ge.dierkens@wxs.nl, Fax (0 317) 42 58 26,*
fermé sam. midi, dim. midi et lundi – **Repas** Lunch 27 – carte 34 à 48, ♀.
◆ Vriendelijk restaurant aan de rand van de stad. Aangename eetzaal, zomerterras en een culinair repertoire dat goed aansluit bij de huidige trend.
◆ Auberge engageante établie aux portes de Wageningen. Salle de restaurant agréable à vivre, terrasse d'été et répertoire culinaire néerlandais en phase avec l'époque.

WAHLWILLER *Limburg 532 U 18 – voir à Wittem.*

WAMEL *Gelderland C West Maas en Waal 18 202 h. 532 R 11 et 715 H 6.*
Amsterdam 94 – Utrecht 60 – Arnhem 48 – 's-Hertogenbosch 30 – Nijmegen 31.

d'Oude Weeghbrug, Dorpsstraat 126, 6659 CH, (0 487) 50 12 73, *info@oudeweeghbrug.nl, Fax (0 487) 50 15 26,*
fermé carnaval, 2 prem. sem. janv., lundi et mardi – **Repas** (dîner seult jusqu'à 20 h 30) 32/45, ♀.
◆ In deze charmante herberg bij de dijk langs de Waal bereidt een bevlogen chef-kok een smakelijke keuken met dagverse producten. Hollandse ambiance.
◆ Tout au bout de la Dorpsstraat, près de la digue du Waal, adorable auberge où un chef inspiré vous mitonne une goûteuse cuisine du marché. Ambiance typiquement batave.

WANNEPERVEEN Overijssel 🔢🔢🔢 V 6 et 🔢🔢🔢 J 3 – voir à Giethoorn.

WANSSUM Limburg ⓒ Meerlo-Wanssum 7 732 h. 🔢🔢🔢 V 13 et 🔢🔢🔢 J 7.

🏌 au Nord-Est : 3 km à Geysteren, Het Spekt 2, ⊠ 5862 AZ, ℘ (0 478) 53 25 92, Fax (0 478) 53 29 63.

Amsterdam 159 – Maastricht 104 – Eindhoven 51 – Nijmegen 48.

à **Geysteren** Nord-Est : 3 km ⓒ Meerlo-Wanssum :

🍴 **Eethoeve de Boogaard,** Wanssumseweg 1, ⊠ 5862 AA, ℘ (0 478) 53 90 70, deb oogaard@hotmail.com, Fax (0 478) 53 90 71, 🍴 – 🅿. ⓜ 𝘝𝘐𝘚𝘈
fermé 2 sem. carnaval, lundi et mardi – **Repas** (dîner seult sauf dim.) carte 33 à 46.
♦ Landelijk gelegen restaurant in een oude, karakteristieke Limburgse boerderij. Neorustieke eetzaal en vierkante binnenhof die 's zomers vol bloemen staat.
♦ Restaurant de campagne occupant une ancienne ferme typiquement limbourgeoise. Salle à manger néo-rustique et cour intérieure carrée, abondamment fleurie aux beaux jours.

WARDER Noord-Holland ⓒ Zeevang 6 324 h. 🔢🔢🔢 P 7.
Amsterdam 38 – Haarlem 48 – Alkmaar 3.

🏨 **'t Tolhuus** ⚓, IJsselmeerdijk 7a, ⊠ 1473 PP, ℘ (0 299) 40 33 33, tolhuus@hemho tels.nl, Fax (0 299) 40 33 39, 🍴, 🍴, 🍴 – 🛏 🖥 📺 ➡🍴🅿 – 🛏 25. 🕮 ⓞ ⓜ 𝘝𝘐𝘚𝘈, 🍴 rest
Repas (avec buffets) Lunch 13 – 22 – **39 ch** ⊴ 45/115 – ½ P 55/80.
♦ Dit hotel ligt net buiten het dorp verscholen in de polder, tussen Edam en Hoorn. Goede geluidsisolatie in de vrij ruime kamers. In de eetzaal wordt een keur van traditionele gerechten geserveerd. Buffetformule.
♦ Ressource hôtelière embusquée à l'écart d'un petit hameau des polders, entre Edam et Hoorn. Bonne isolation phonique dans les chambres, assez spacieuses. À l'heure du repas, choix de préparations traditionnelles. Formule buffets.

WARFHUIZEN Groningen 🔢🔢🔢 X 2 – voir à Leens.

WARKUM Fryslân – voir Workum.

WARMOND Zuid-Holland 🔢🔢🔢 M 9 et 🔢🔢🔢 E 5 – 4 985 h.

🚤 Veerpolder, ⊠ 2360 AA, ℘ (0 71) 305 88 10.
🅱 Dorpsstraat 4a, ⊠ 2361 BB, ℘ (0 71) 301 06 31, warmond@hollandrijnland.nl, Fax (0 71) 301 26 99.
Amsterdam 39 – Rotterdam 46 – Den Haag 20 – Haarlem 25.

🍴🍴 **De Moerbei,** Dorpsstraat 5a, ⊠ 2361 AK, ℘ (0 71) 515 68 98, Fax (0 71) 515 68 98, 🍴 – 🖥 🅿. ⓜ 𝘝𝘐𝘚𝘈
fermé 20 fév.-6 mars, 17 juil.-7 août, 27 déc.-1er janv., sam. midi et dim. – **Repas** Lunch 29 – 35/62 bc, ⚏.
♦ Midden in het dorp staat, verscholen achter het groen, een oude boerderij met een rieten dak. Gezellige, moderne eetzaal. Geactualiseerde klassieke gerechten.
♦ Au centre du village, derrière un écran végétal, restaurant aménagé dans une ancienne ferme à toit de chaume. Fringante salle à manger moderne. Mets classiques actualisés.

🍴🍴 **De Stad Rome,** De Baan 4, ⊠ 2361 GH, ℘ (0 71) 301 01 44, informatie@stadrome.nl, Fax (0 71) 301 25 17, 🍴, Grillades – 🅿. 🕮 ⓞ ⓜ 𝘝𝘐𝘚𝘈
fermé août et lundi – **Repas** (dîner seult) 29/38, ⚏.
♦ Vleesliefhebbers opgelet ! Dit familierestaurant staat al ruim twintig jaar bekend om zijn overvloedige grillgerechten. Zomerterras met miniwaterval.
♦ Avis aux carnivores : voici une adresse familiale dont les plantureuses grillades font la réputation depuis plus de vingt ans. Terrasse estivale avec mini-cascade.

WASSENAAR Zuid-Holland 🔢🔢🔢 L 10 et 🔢🔢🔢 D 5 – voir à Den Haag, environs.

WATERINGEN Zuid-Holland ⓒ Westland 96 000 h. 🔢🔢🔢 K 10 et 🔢🔢🔢 D 5.
Amsterdam 65 – Rotterdam 24 – Den Haag 10.

🍴🍴 **'t Raethuys,** Plein 13g, ⊠ 2291 CA, ℘ (0 174) 27 02 14, 🍴 – 🅿. 🕮 ⓞ ⓜ 𝘝𝘐𝘚𝘈
fermé dern. sem. juil.-2 prem. sem. août, sam. midi, dim. midi et lundi – **Repas** Lunch 28 – 30/60, ⚏.
♦ Dit sympathieke restaurant aan het Plein heeft zijn intrek genomen in het voormalig raadhuis (1936). Verzorgde, eigentijdse gerechten. Klein zomerterras aan de voorkant
♦ Sur la place de la localité, sympathique table ayant pris ses quartiers dans l'ancienne mair (1936). Mets soignés au goût du jour. Petite terrasse d'été à l'avant.

WATERLANDKERKJE *Zeeland* ⓒ *Sluis 24 791 h.* 🗺️ G 15 *et* 🗺️ B 8.

Amsterdam 211 – Middelburg 52 – Oostburg 7 – Terneuzen 28 – Knokke-Heist 25.

✗ **Bistro In den Koning,** Molenstraat 56, ⊠ 4508 AG, ℰ (0 117) 45 22 49, *info@ind
enkoning.com, Fax (0 117) 45 07 99,* 🌫️ – 🅰🅴 ⓪ ⓦⓞ 𝘝𝘐𝘚𝘈
fermé mardi et merc. – **Repas** (dîner seult) 33/46 bc, ♀.
  ♦ Rustiek restaurant met bloem aan de gevel en rood met geel raamwerk. Traditionele,
maandelijks wisselende kaart. Vriendelijke, spontane ontvangst en service.
  ♦ Auberge rustique repérable à sa façade fleurie égayée de châssis rouges et jaunes. Choix
traditionnel recomposé chaque mois. Accueil et service aimables et spontanés.

WEERT *Limburg* 🗺️ T 15 *et* 🗺️ I 8 – *48 785 h.*

🏛️ *Laurabosweg 8,* ⊠ *6006 VR,* ℰ *(0 495) 51 84 38, Fax (0 475) 51 87 09.*

🄱 *Maasstraat 18,* ⊠ *6001 EC,* ℰ *(0 495) 53 68 00, weert@regiovvv.nl, Fax (0 495)
54 14 94.*

Amsterdam 156 – Eindhoven 28 – Maastricht 57 – Roermond 21.

🏨 **Golden Tulip,** Driesveldlaan 99, ⊠ 6001 KC, ℰ (0 495) 53 96 55, *info@goldentulipw
eert.nl, Fax (0 495) 571 18 82,* 🚲 – 🛗, 🍽️ rest, 📺 🕭 ch, ⇔ – 🔬 25 à 300. 🅰🅴 ⓪ ⓦⓞ
𝘝𝘐𝘚𝘈 🦌
Repas carte 35 à 66, ♀ – **60 ch** ⊃ 90/110 – ½ P 110/130.
  ♦ Dit hotel is gunstig gelegen, dicht bij het station. De meeste kamers hebben een stoffering met Schotse ruit. Gratis toegang tot het tropische zwembad, dat buiten het centrum ligt. Chic restaurant met een eigentijdse keuken.
  ♦ Hôtel de chaîne avantagé par la proximité immédiate de la gare. Chambres souvent
égayées de tissus écossais. Accès gratuit à la piscine tropicale située hors du centre. Restaurant d'allure et d'orientation culinaire contemporaines.

🏨 **Host. Munten,** Wilhelminasingel 276, ⊠ 6001 GV, ℰ (0 495) 53 10 57, *info@hostel
leriemunten.nl, Fax (0 495) 54 45 96,* 🌫️, 🚲 – 🛗 📺 ⊟📶 ⇔ 🄿 – 🔬 35. 🅰🅴 ⓪ ⓦⓞ 𝘝𝘐𝘚𝘈
🄵🄲🄱
fermé dim. non fériés et sam. midi – **Repas** (avec brasserie) *Lunch* 32 – 34/68 bc – **14 ch**
⊃ 79/93 – ½ P 95/105.
  ♦ Deze honderd jaar oude hostellerie gaat met de eigentijdse inrichting nog een
mooie toekomst tegemoet. Smaakvol gestoffeerde kamers, knusse lounge, fraai
terras. De moderne serre geeft het restaurant licht en ruimte. 's Zomers wordt buiten
gegeten.
  ♦ Réaménagée dans l'esprit actuel, cette hostellerie centenaire a encore de
beaux jours devant elle. Chambres aux tissus coordonnés, salon cosy et jolie terrasse
d'été. Une véranda moderne procure espace et clarté au restaurant. Repas estival et plein
air.

🏨 **De Brookhut,** Heugterbroekdijk 2 (Nord : 3 km à Laar), ⊠ 6003 RB, ℰ (0 495) 53 13 91,
Fax (0 495) 54 33 05, 🌫️ – 📺 🄿 – 🔬 30. 🅰🅴 ⓦⓞ 𝘝𝘐𝘚𝘈. 🦌
fermé du 1er au 14 août et 27 déc.-3 janv. – **Repas** *(fermé sam. midi, dim. midi et lundi)*
Lunch 25 – 40/65 bc – **8 ch** ⊃ 60/85 – ½ P 85/100.
  ♦ Dit familiebedrijfje buiten de bebouwde kom ligt op nog geen 3 min. afstand
van het plaatsje zelf. Het beschikt over lichte, propere kamers met functioneel
meubilair. In een lichte eetzaal met serre kunt u genieten van streekgerechten met een
klassiek tintje.
  ♦ Petite affaire familiale mettant à votre disposition des chambres claires et proprettes,
pourvues d'un mobilier fonctionnel. Vous gagnerez Weert en 3 mn. Préparations classico-
régionales servies dans une lumineuse salle à manger-véranda.

✗✗ **Les Deux Charmes,** Bassin 4, ⊠ 6001 GZ, ℰ (0 495) 54 32 82, *lesdeuxcharmes@p
lanet.nl, Fax (0 495) 54 77 26,* 🌫️ – 🔬 25 à 40. 🅰🅴 ⓪ ⓦⓞ 𝘝𝘐𝘚𝘈. 🦌
fermé 1 sem. carnaval, du 19 au 30 sept., lundi et mardi – Repas *Lunch* 24 – 30/48.
  ♦ Voor de bescheiden gevel van dit kleine restaurant staan twee "charmes" (haagbeuken)
en een oud kanon. Kwaliteitsproducten worden hier met zorg in eigentijdse stijl
bereid.
  ♦ "Deux charmes", mais aussi un vieux canon, devancent la modeste façade de
cette petite maison de bouche. Bons produits soigneusement travaillés dans le tempo
actuel.

✗✗ **Bretelli,** Hoogstraat 8, ⊠ 6001 EV, ℰ (0 495) 45 20 28, *info@bretelli.nl, Fax (0 495)
45 20 38* – 🅰🅴 ⓪ ⓦⓞ 𝘝𝘐𝘚𝘈
fermé carnaval, vacances bâtiment, fin déc., sam. midi, dim. et lundi – **Repas** *Lunch* 33 –
35/70, ♀ 🍽️.
  ♦ Een restaurantje in hartje Weert dat de wind in de zeilen heeft. Bont interieur,
mediterraan getinte keuken met enkele originele gerechten en een Italiaanse
wijnkaart.
  ♦ Une table qui "cartonne" au cœur de Weert. Décor intérieur composite, carte
inspirée par la Méditerranée, avec quelques recettes assez originales, et cave italo-
ibérique.

à Nederweert *Nord-Est : 5 km – 16 104 h*

XX **Kesselshof,** Brugstraat 44, ⊠ 6031 EG, *€* (0 495) 62 50 00, *info@kesselshof.nl,* Fax (0 495) 63 46 42, 🖛 – **P.** AE ⓞ ⓞⓞ VISA JCB
fermé du 1er au 11 fév., du 15 au 31 août, 27 déc.-3 janv. et lundi – **Repas** Lunch 28 – carte 46 à 57, ♀.
◆ Eigentijdse eetzalen in pasteltinten, terras onder het bladerdak van een populier, Provençaals serviesgoed, keuken met zuidelijke accenten en heerlijke verrassingsmenu's.
◆ Pièces actuelles aux tons pastel, terrasse sous les frondaisons d'un peuplier pleureur, vaisselle provençale et cuisine aux accents du Sud, avec de bons menus "surprise".

WEESP *Noord-Holland* 🔢 P 9, 🔢 P 9 *et* 🔢 G 5 – *17 885 h.*

🔢 *Basisweg 2,* ⊠ *1383 NC, €* (0 294) 41 56 23, fax (0 294) 41 56 18.
Amsterdam 18 – Hilversum 17 – Utrecht 39.

X **Meyers CuliCafe,** Nieuwstad 84, ⊠ 1381 CD, *€* (0 294) 41 54 63, *info@meyerscul icafe.nl,* Fax (0 294) 41 54 63 – VISA
fermé 22 août-5 sept. et lundi – **Repas** (dîner seult) 25/38.
◆ Bistro in het centrum, tegenover de gracht. Eetzaal met lambrisering, spiegels en oude muziekinstrumenten. Zeer vriendelijke bediening.
◆ Au centre du village, bistrot alangui face au canal. Lambris, miroirs et vieux instruments de musique garnissent les murs de la salle de restaurant. Service tout sourire.

X **Minevitus,** Nieuwstad 32, ⊠ 1381 CC, *€* (0 294) 41 35 29, *info@minevitus.nl,*
⊖ Fax (0 294) 41 35 29, 🖛 – AE ⓞ ⓞⓞ VISA JCB
fermé dern. sem. déc.-prem. sem. janv., lundi et sam. midi – **Repas** Lunch 29 – 22/42, ♀.
◆ Bijzonder charmante bistro met decoratieve oude voorwerpen, zoals affiches van beroemde Franse aperitieven. Kaart met diverse Franse specialiteiten. Terras aan het water.
◆ Ravissant bistrot décoré d'objets d'hier, comme ces affiches vantant de fameux apéritifs français. Carte se référant à quelques coins de l'Hexagone. Terrasse au bord du canal.

WEIDUM *Fryslân* ⓒ *Littenseradiel 10 840.h.* 🔢 T 4 *et* 🔢 I 2.
Amsterdam 142 – Leeuwarden 13 – Sneek 16 – Zwolle 91.

XX **De Vijf Sinnen,** Hegedijk 2, ⊠ 9024 EA, *€* (0 58) 251 92 17, *info@devijfsinnen.nl,* 🖛
– **P.** AE ⓞ ⓞⓞ VISA JCB
fermé 31 déc.-1er janv., dim. et lundi – **Repas** (dîner seult jusqu'à 23 h) 33/41, ♀.
◆ Restaurant met een goede reputatie in dit stukje Friesland. Eetzaal in Laura Ashley stijl, kaarslichtambiance, eigentijdse keuken en interessante wijnkelder.
◆ Restaurant auréolé d'une bonne réputation dans ce petit coin de Frise. Salle à manger façon Laura Ashley, ambiance bougie, cuisine au goût du jour et cave intéressante.

WELLERLOOI *Limburg* ⓒ *Bergen 13 463 h.* 🔢 V 13 *et* 🔢 J 7.
Amsterdam 160 – Maastricht 95 – Eindhoven 54 – Nijmegen 46 – Venlo 20.

XXX **Host. de Hamert** 🦢 avec ch, Hamert 2 (rte Nijmegen-Venlo), ⊠ 5856 CL,
€ (0 77) 473 12 60, *hamert@alliance.nl,* Fax (0 77) 473 25 03, ⩤ trafic fluvial (Meuse-Maas) et campagne, 🖛, 🍴, 🚲 – 🛏, TV P – 🛏 35. AE ⓞ ⓞⓞ 🦢
fermé du 27 au 30 juin, 28 déc.-7 janv. et mardi et merc. de nov. à mars – **Repas** Lunch 45 – 53/73, ♀ – **10 ch** ⫤ 150/160 – ½ P 125/133.
◆ Luxueuze hostellerie aan de Maas, met fraai uitzicht op het scheepvaartverkeer en het platteland. Goed voorziene wijnkelder, kamers met alle comfort, asperges in het seizoen.
◆ En saison, l'asperge est à l'honneur dans cette hostellerie cossue dominant la Maas. Jolie vue sur le trafic fluvial et la campagne, cave bien montée et chambres tout confort.

WELTEN *Limburg* 🔢 U 17 – *voir à Heerlen.*

WEMELDINGE *Zeeland* ⓒ *Kapelle 11 568 h.* 🔢 I 13 *et* 🔢 C 7.
Amsterdam 176 – Middelburg 34 – Brielle 84 – 's-Hertogenbosch 126 – Rockanje 79.

X **De Oude Sluis,** Wilhelminastraat 82, ⊠ 4424 BD, *€* (0 113) 62 25 30, *oudesluis@z elandnet.nl,* Fax (0 113) 62 25 27, 🖛, Produits de la mer – ⓞⓞ VISA JCB
fermé jeudi d'oct. à mai et merc. – **Repas** 25/43.
◆ In dit voormalige schipperscafé bij de haven krijgen producten uit de Oosterschelde toegevoegde waarde. Gerookte paling "maison" en homarium in de eetzaal. Aangenaam terras.
◆ Près du port, ex-café de bateliers devenu un restaurant valorisant les produits de l'Oosterschelde. Anguille fumée "maison" et vivier à homards en salle. Terrasse agréable.

WESTERBORK Drenthe 🄲 Midden-Drenthe 32 826 h. 🟦 Y 5 et 🟦 K 3.
Amsterdam 173 – Assen 24 – Emmen 24 – Leeuwarden 77 – Zwolle 61.

🏨 **Golden Tulip** 🦢, Beilerstraat 24a, ✉ 9431 TA, 🖉 (0 593) 33 14 44, *gitta.prakken@westerbork.nl*, Fax (0 593) 33 28 88, 🌳, 🚲 – 🔑 📺 🅿 – 🔬 25 à 150. 🖭 ⑩ 🕔 VISA. 🦢 rest
fermé 28 déc.-5 janv. – **Repas** *Ruyghe Venne* Lunch 18 – carte 34 à 47, ♀ – **34 ch** ♋ 65/105 – ½ P 84/88.

♦ Dit familiehotel aan de rand van het bos heeft een nieuwe vleugel gekregen met comfortabele kamers. Als het wat kouder wordt, knappert er in de lounge een behaaglijk vuurtje. Klassiek ingerichte eetzaal. Zomerterras in een bosrijk decor.
♦ En lisière de forêt, hôtel familial agrandi d'une aile récente regroupant des chambres bien équipées. Pendant la saison des frimas, flambées réconfortantes au salon. Salle à manger classiquement agencée. Terrasse estivale bénéficiant d'un environnement boisé.

WESTERVELDE Drenthe 🟦 X 4 – *voir à Norg.*

WESTKAPELLE Zeeland 🄲 Veere 22 087 h. 🟦 F 13 et 🟦 B 7.
Amsterdam 219 – Middelburg 18.

🏨 **Zuiderduin Beachhotel** 🦢, De Bucksweg 2 (Sud : 3 km), ✉ 4361 SM, 🖉 (0 118) 56 18 10, *info@zuiderduinbeachhotel.nl*, Fax (0 118) 56 22 61, ⛵, 🗻, 🌳, 🍴, 🚲 – ↯, 🍽 rest, 📺 🅿 – 🔬 25 à 240. 🖭 🕔 VISA. 🦢 rest
fermé du 1er au 7 janv. – **Repas** Lunch 18 – carte 28 à 51 – **67 ch** ♋ 82/148 – ½ P 83/101.
♦ De meeste kamers in dit hotel bij de duinen hebben een terras of balkon. Er zijn enkele split-level gezinskamers. Het hotel heeft twee eetgelegenheden : de grote eetzaal voor een maaltijd à la carte en een kleine, informele bistro met nautisch decor.
♦ La majorité des chambres de cet hôtel avoisinant les dunes possèdent une terrasse ou un balcon. Certaines sont des duplex prévus pour les familles. Deux espaces de restauration : grande salle pour manger à la carte et petit bistrot informel au décor nautique.

🍴 **Badmotel**, Grindweg 2, ✉ 4361 JG, 🖉 (0 118) 57 13 58, *info@badmotel.nl*, Fax (0 118) 57 13 59, ⛵, 🌳 – 🅿. 🕔 VISA
Pâques-oct. ; fermé merc. de Pâques à juin, lundi et mardi – **Repas** carte 32 à 42.
♦ Dit restaurant is gevestigd in een bungalow aan het meertje bij de badplaats. Eenvoudige maar goede klassieke keuken, grote bar en appartementen voor een langer verblijf.
♦ Cette table occupe un bungalow procurant une jolie vue sur le petit lac de la station balnéaire. Plats classico-bourgeois, grand bar et appartements pour longs séjours.

🍴 **De Westkaap**, Westkapelse Zeedijk 7, ✉ 4361 SJ, 🖉 (0 118) 57 25 57, *info@westkaap.nl*, Fax (0 118) 57 01 69, ⛵ trafic maritime, 🌳, Taverne-rest – ⅙ 🅿. 🕔 VISA
fermé 2 prem. sem. déc. – **Repas** 23, ♀.
♦ Dit Grand café aan de zeedijk is gehuisvest in een paviljoen op palen dat uitzicht biedt op de zee en de passerende schepen. Maquettes van boten in de eetzaal.
♦ Ample taverne-restaurant installée au bord de la digue, dans un pavillon sur pilotis surveillant le va-et-vient des navires. Maquettes de bateaux exposées en salle.

WEST-TERSCHELLING (WEST-SKYLGE) Fryslân 🟦 O 2 et 🟦 G 1 – *voir à Waddeneilanden (Terschelling).*

WIJDEWORMER Noord-Holland 🟦 O 8 – *voir à Zaandam.*

---

de WIJK Drenthe 🟦 W 6 et 🟦 J 3 – *voir à Meppel.*

WIJK AAN ZEE Noord-Holland 🄲 Beverwijk 36 409 h. 🟦 M 8 et 🟦 E 4.
Amsterdam 29 – Haarlem 18 – Alkmaar 27.

🏨 **Villa de Klughte** sans rest, Van Ogtropweg 2, ✉ 1949 BA, 🖉 (0 251) 37 43 04, *hotel@hoteldeklughte.nl*, Fax (0 251) 37 52 24, 🌳, 🚲 – 📺 🅿. 🕔 VISA 🆓
11 ch ♋ 79/149.
♦ Deze mooie villa met tuin is begin vorige eeuw gebouwd aan de rand van de duinen. Kamers en junior suites met een eigen karakter, sommige met jacuzzi. Verzorgd ontbijt.
♦ Belle villa sur jardin élevée au début du 20e s. en bordure des dunes. Chambres et junior suites au décor personnalisé, quelques-unes pourvues d'un jacuzzi. Breakfast soigné.

🏨 **Residentie Zeeduin** 🦢, Relweg 59, ✉ 1949 EC, 🖉 (0 251) 37 61 61, *info@zeeduin.nl*, Fax (0 251) 37 61 00, 🌳, 🏋, ⛵, 🚲 – 🛗 ↯ 📺 🅿 – 🔬 25 à 80. 🖭 ⑩ 🕔 VISA 🆓
Repas *(fermé 25, 26 et 31 déc.)* carte 33 à 45, ♀ – **60 ch** ♋ 95/140 – ½ P 116/183.
♦ Dit nieuwe gebouw in de duinen, aan de rand van het dorp, telt vier verdiepingen met vrij grote, eigentijdse kamers die zijn voorzien van een kitchenette.
♦ Dans les dunes de la station balnéaire, immeuble récent dont les quatre étages renferment des chambres actuelles, assez grandes et complétées d'un coin cuisine.

WIJK BIJ DUURSTEDE Utrecht 📙 R 11 et 📗 H 6 – 23 330 h.

🛆 Markt 24, ✉ 3961 BC, ℰ (0 343) 57 59 95, vvvwbd@zonnet.nl, Fax (0 343) 57 10 67.
Amsterdam 62 – Utrecht 24 – Arnhem 54 – 's-Hertogenbosch 48.

XX **Pippijn en H. de Oude Lantaarn** avec ch, Markt 2, ✉ 3961 BC, ℰ (0 343) 57 13 72,
info@pippijn.nl, Fax (0 343) 57 37 96 – 📺 🖭 ⓪ ⓬ 𝘝𝘐𝘚𝘈
Repas (fermé lundi midi) Lunch 29 – 33/66 bc, ♀ – **18 ch** ⌑ 70/97, – 2 suites –
½ P 100/127.
◆ Dit voormalige poststation aan de markt is gemakkelijk te vinden. Goed ingericht restaurant met serre. Behaaglijke kamers op de verdiepingen en in de aangrenzende dependances.
◆ Ancien relais de poste facilement repérable sur le Markt. Restaurant-véranda bien installé.
Chambres douillettes réparties aux étages et dans les annexes voisines.

WILDERVANK Groningen 📙 AA 4 et 📗 L 2 – voir à Veendam.

WILHELMINADORP Zeeland 🄲 Goes 36 251 h. 📙 I 13 et 📗 C 7.
Amsterdam 163 – Middelburg 27 – Goes 4.

XX **Katseveer,** Katseveerweg 2 (direction Roodewijk puis route parallèle à la N 256),
✉ 4475 PB, ℰ (0 113) 22 79 55, info@katseveer.nl, Fax (0 113) 23 20 47, ≤ digue et
plages, ☆, 🎇 – 🖭 ⓪ ⓬ 𝘝𝘐𝘚𝘈
fermé 2 dern. sem. fév., sam. midi, dim. et lundi midi – **Repas** Lunch 35 – carte 43 à 60.
◆ Dit restaurant in het voormalige wachtlokaal van de veerpont biedt een mooi uitzicht
op de Oosterschelde. In de keuken vormen streekproducten de hoofdingrediënten.
◆ Jolie vue sur le trafic de l'Oosterschelde depuis cet ancien pavillon d'où les voyageurs
guettaient l'arrivée du bac. La cuisine travaille surtout les produits régionaux.

WINSCHOTEN Groningen 📙 AB 4 et 📗 M 2 – 18 494 h.

🛆 Stationsweg 21a, ✉ 9671 AL, ℰ (0 597) 41 22 55, vvvanwb.winschoten@planet.nl, Fax
(0 597) 42 40 62.
Amsterdam 230 – Groningen 41 – Assen 49.

🏠 **Royal York,** Stationsweg 21, ✉ 9671 AL, ℰ (0 597) 41 43 00, info@royalyork.nl,
Fax (0 597) 42 32 24, 🐧 – 🗟 💝 📺 🕭rest, 🄿 – 🕭 25 à 60. 🖭 ⓬ 𝘝𝘐𝘚𝘈
Repas (grillades) carte 22 à 30 – **39 ch** ⌑ 60 – ½ P 75/85.
◆ Dit hotel in het centrum, op loopafstand van het station, beschikt over comfortabele
kamers waar het rumoer van de straat wordt gedempt door de dubbele beglazing. Restaurant waar men mexicaans gerechten eet.
◆ Situé à deux pas de la gare, cet hôtel du centre-ville dispose de chambres très convenables, avec un double vitrage adoucissant la rumeur de la rue passante. Salle de restaurant
où l'on vient faire des repas à la mexicaine.

🏠 **In den Stallen,** Oostereinde 10 (Nord-Est : 3 km, près A 7), ✉ 9672 TC, ℰ (0 597)
41 40 73, info@indenstallen.nl, Fax (0 597) 42 26 53, ☆, 🐎 – 📺 🄿 – 🕭 25 à 250. 🖭
⓬ 𝘝𝘐𝘚𝘈
fermé 1ᵉʳ janv. – **Repas** Lunch 18 – carte 22 à 37, ♀ – ⌑ 8 – **10 ch** 57 – ½ P 82/92.
◆ In deze oude boerderij aan de rand van de stad, vlak bij de snelweg, kunt u na een partijtje
bowling de slaap der rechtvaardigen slapen in lichte, moderne kamers. Rustieke eetzaal met
landelijke ambiance. Eenvoudige en puur Hollandse keuken.
◆ Aux avant-postes de Winschoten, près de l'autoroute, ancienne ferme où vous trouverez
le sommeil du juste dans des chambres claires et actuelles, après une partie de bowling.
Salle à manger rustique à l'ambiance rurale. Cuisine simple et cent pour cent batave.

WINTERSWIJK Gelderland 📙 Z 11 et 📗 L 6 – 28 975 h.

🏌 Vredenseweg 150, ✉ 7113 AE, ℰ (0 543) 56 25 25.
🛆 Markt 17a, ✉ 7101 DA, ℰ (0 543) 51 23 02, info@vvvwinterswijk.nl, Fax (0 543)
52 40 81.
Amsterdam 152 – Arnhem 67 – Apeldoorn 66 – Enschede 43.

🏠🏠 **De Frerikshof,** Frerikshof 2 (Nord-Ouest : 2 km), ✉ 7103 CA, ℰ (0 543) 51 77 55
hotel@frerikshof.nl, Fax (0 543) 52 20 35, ☆, 🏊, 🎇, 🐎 – 🗟 💝, 🕭rest, 📺 🄿 – 🕭 2
à 200. 🖭 ⓪ ⓬ 𝘝𝘐𝘚𝘈. 🛇 rest
Repas 30/41 – ⌑ 14 – **66 ch** 90/125 – ½ P 76.
◆ Dit hotelcomplex aan de rand van de stad beschikt over een zwembad, een bowling e
picobello kamers met balkon. 's Morgens staat er een ontbijtbuffet klaar in een fraaie serr
De koepel geeft licht en ruimte aan het restaurant.
◆ Complexe hôtelier implanté aux abords de la ville. Piscine, bowling, pimpantes chambre
avec balcon et breakfast présenté sous forme de buffets dans une jolie véranda. Un
coupole apporte espace et clarté au restaurant.

🏠 **Stad Munster,** Markt 11, ⊠ 7101 DA, ✆ (0 543) 51 21 21, *info@hotelstadmunster.nl*, Fax (0 543) 52 24 15, 🍽, 🐾 – 📳 📺 📞 🖭 🕐 🕘 **VISA**. 🍴 rest
fermé 30 déc.-21 janv. – **Repas** *(fermé dim. midi)* Lunch 31 – 33/68 bc, ♀ – ⌑ 12 – **20 ch** 50/98 – ½ P 65/85.

◆ Dit familiehotel-restaurant is in de 17e eeuw als herberg begonnen, werd in 1911 in Jugendstil herbouwd en is nu een vrij comfortabele pleisterplaats in Winterswijk. Eigentijdse keuken. Asperges en wild in het seizoen. Mooi zomerterras.

◆ Fondée au 17e s., reconstruite en 1911 dans l'esprit "Jugendstil", cette fière auberge familiale est un point de chute appréciable pour poser ses valises à Winterswijk. Repas au goût du jour. Asperge et gibier en saison. Belle terrasse d'été.

🍴 **De Beukenhorst,** Markt 27, ⊠ 7101 DA, ✆ (0 543) 52 28 94, *info@debeukenhorst.com*, Fax (0 543) 51 35 95, 🍽 – 🖭 🕘 **VISA**. 🍴
fermé du 1er au 16 août, 27 déc.-11 janv., lundi et mardi – **Repas** Lunch 20 – 30/75 bc, ♀.

◆ In deze voormalige koffiebranderij aan de Markt worden gerechten uit een mediterraan georiënteerde keuken geserveerd. Gezellige eetzaal met kapgebint en een charmante patio.

◆ Cuisine d'inspiration méditerranéenne servie dans une ancienne brûlerie de café postée sur le Markt. Coquette salle à manger avec charpente apparente et patio charmant.

WITTEM Limburg © Gulpen-Wittem 15 340 h. 532 U 18 et 715 I 9.

🛁 au Sud : 2 km à Mechelen, Dalbissenweg 22, ⊠ 6281 NC, ✆ (0 43) 455 13 97, Fax (0 43) 455 15 76.

Amsterdam 225 – Maastricht 19 – Aachen 13.

🏠 **In den Roden Leeuw van Limburg,** Wittemer Allee 28, ⊠ 6286 AB, ✆ (0 43) 450 12 74, *info@indenrodenleeuw.nl*, Fax (0 43) 450 23 62, 🍽 – 📺 📞 🕘 **VISA** **JCB**. 🍴
fermé du 6 au 11 fév. – **Repas** *(fermé lundi et après 20 h)* 28, ♀ – **8 ch** ⌑ 28/63 – ½ P 48/76.

◆ Deze familieherberg met een brullende rode leeuw aan de voorgevel biedt reizigers in het uiterste zuiden van Limburg al ruim 150 jaar een slaapplaats. Aan de voorkant van het klassiek ingerichte restaurant liggen een karakteristiek café en een zomerterras.

◆ Un lion rouge rugit sur la devanture de cette auberge familiale officiant depuis plus de 150 ans dans ce petit coin du Limbourg. Chambres de bonne ampleur. Une terrasse estivale et un café typé devançant le restaurant classiquement aménagé.

🍴 **Kasteel Wittem** 🌿 avec ch, Wittemer Allee 3, ⊠ 6286 AA, ✆ (0 43) 450 12 08, *wittem@alliance.nl*, Fax (0 43) 450 12 60, ≤, 🍽, 🌳 – 📺 📞 – 🛗 30. 🖭 🕐 🕘 **VISA** **JCB**. 🍴
fermé du 6 au 14 fév. et du 3 au 10 janv. – **Repas** *(fermé lundi)* (dîner seult sauf dim.) 65/143 bc, ♀ – ⌑ 18 – **10 ch** 150/195, – 2 suites – ½ P 161/174.

◆ Luxe, rust en levenskunst in dit 15e-eeuwse kasteel met park en slotgracht. De eetzaal is met stijlmeubilair ingericht. Geen enkele wanklank verstoort het decor van de kamers.

◆ Luxe, calme et art de vivre dans ce château du 15e s. entouré d'un parc avec douves. Salle à manger garnie de meubles de style. Chambres décorées sans fausse note.

à Wahlwiller Est : 1,5 km © Gulpen-Wittem :

🍴 **Der Bloasbalg** (Waghemans), Botterweck 3, ⊠ 6286 DA, ✆ (0 43) 451 13 64, *roger@derbloasbalg.nl*, Fax (0 43) 451 25 15, 🍽 – 📞 🖭 🕐 🕘 **VISA** **JCB**.
❀ *fermé 31 janv.-16 fév., du 12 au 28 sept., 24 déc., mardi, merc. et sam. midi* – **Repas** Lunch 38 – 63/93 bc, carte 49 à 81, ♀
Spéc. Cabillaud cuit sur sa peau, poireaux aigre-doux et confiture de tomates. Civet de homard, cabillaud et petits-gris. Filet de bœuf au foie d'oie et aux truffes.

◆ Dat wordt een zeer genoeglijk uurtje tafelen in deze landelijke bungalow aan de rand van een pittoresk dorp. Klassieke keuken in een eigentijds jasje. Warme ambiance. Terras.

◆ Bungalow posté en bordure d'un village typique, dans un cadre champêtre idéal pour un repas-plaisir. Mets classiques actualisés. Intérieur chaleureux. Terrasse estivale.

🍴 **'t Klauwes,** Oude Baan 1, ⊠ 6286 BD, ✆ (0 43) 451 15 48, *info@klauwes.nl*, Fax (0 43) 451 22 55, 🍽 – 📞 🖭 🕐 🕘 **VISA**
fermé lundi et sam. midi – **Repas** Lunch 35 – 43, ♀.

◆ Deze boerderij uit de 18e eeuw heeft kruiken en hooibalen verruild voor potten en pannen, tot grote tevredenheid van de fijnproevers. Witte "huiswijn". Rustieke ambiance.

◆ Cette ferme du 18e s. a troqué cruches et bottes de foin contre spatules et casseroles. Les bonnes fourchettes ne s'en plaindront pas ! Vin blanc "maison". Ambiance rustique.

PAYS-BAS

WOERDEN Utrecht 🔢 O 10 et 🔢 F 5 – 47 762 h.

🚹 Molenstraat 40, ⊠ 3441 BA, 𝒫 (0 348) 41 44 74, info@vvvwoerden.nl, Fax (0 348) 41 78 43.

Amsterdam 52 – Utrecht 21 – Den Haag 46 – Rotterdam 41.

🏨 **Woerden** sans rest, Utrechtsestraatweg 25, ⊠ 3445 AL, 𝒫 (0 348) 41 25 15, bwwo erden@hetnet.nl, Fax (0 348) 42 18 53, 🚲 – ✨ 📺 🖨 🅿 🆎 ① 🆗 VISA JCB
fermé 23 déc.-1er janv. – **62 ch** 🚮 75/115.
♦ Dit hotel dicht bij het station in het centrum heeft kamers met functioneel comfort die allemaal identiek zijn ingericht en verspreid liggen over drie verdiepingen.
♦ Ressource hôtelière implantée à proximité de la gare et du centre de Woerden. Confort fonctionnel dans les chambres, conçues à l'identique et distribuées sur trois étages.

🍴 **Floyds,** Groenendaal 28, ⊠ 3441 BD, 𝒫 (0 348) 41 53 00, info@floyds.nl, 🌳 – 🍽 🆗 VISA
fermé 2 sem. vacances bâtiment, fin déc.-début janv. et dim. – **Repas** (dîner seult) 40/56 bc, 🍷.
♦ Met zijn zorgvuldig gekozen producten en mooie spijs-wijncombinaties heeft dit familierestaurantje de smulpapen uit de omgeving voor zich gewonnen. Vrij trendy interieur.
♦ Avec ses produits soigneusement choisis et ses jolis accords mets-vins, cette petite affaire familiale un peu "trendy" rencontre toutes les faveurs des gastronomes du coin.

🍴 **De Dukdalf,** Westdam 2, ⊠ 3441 GA, 𝒫 (0 348) 43 07 85, Fax (0 348) 46 02 54, ≤, 🌳, 🛥 – 🆎 ① 🆗 VISA
fermé 24 déc.-2 janv., sam. midi et dim. midi – **Repas** Lunch 19 – carte 38 à 48.
♦ Een paviljoen op palen, aan de jachthaven. Ongedwongen bistrosfeer, terras aan het water en een menukaart met eigentijdse gerechten die elke zes weken wisselt.
♦ Kiosque sur pilotis émergeant du port de plaisance. Ambiance de bistrot décontracté, terrasse aquatique et choix de préparations actuelles recomposé toutes les six semaines.

🍴 **bistro 't Pakhuis,** Havenstraat 15, ⊠ 3441 BH, 𝒫 (0 348) 43 03 40, pakhuis@zon net.nl, Fax (0 348) 48 13 25 – 🍽 🆎 🆗 VISA 🛇
fermé du 14 au 24 mars, du 1er au 23 août et mardi – **Repas** (dîner seult) carte 32 à 52.
♦ Dit voormalige kaaspakhuis in een smalle straat is te herkennen aan de pittoreske voorgevel. Ietwat overdadig interieur, maar een evenwichtige klassiek-traditionele menukaart.
♦ Une façade mignonne signale cet ancien entrepôt à fromage situé dans une rue étroite du centre. Décor intérieur un peu chargé mais carte classico-traditionnelle bien conçue.

WOLFHEZE Gelderland 🄲 Renkum 32 098 h. 🔢 T 10 et 🔢 I 5.
Amsterdam 93 – Arnhem 10 – Amersfoort 41 – Utrecht 57.

🏨 **De Buunderkamp** 🌲, Buunderkamp 8, ⊠ 6874 NC, 𝒫 (0 26) 482 11 66, buunder kamp@bilderberg.nl, Fax (0 26) 482 18 98, ☎, 🏊, 🌳, 🍴, 🚲 – 📶 ✨ 🍽 rest, 📺 🖨 🅿 – 🔬 25 à 150. 🆎 ① 🆗 VISA 🛇 rest
Repas (fermé sam. midi et dim. midi) Lunch 30 – 35/68 bc – **96 ch** 🚮 75/238, – 5 suites – ½ P 110/273.
♦ Zeer comfortabel hotel in de bossen. Alle kamers en gemeenschappelijke ruimten zijn in 2003 gerenoveerd en hebben een moderne uitstraling gekregen. Eetzaal met leren stoelen en veel ruimte tusen de tafels. Klassieke maaltijd.
♦ Hôtel très confortable retiré dans des bois. Toutes les chambres et parties communes ont retrouvé l'éclat du neuf en 2003 et présentent une décoration uniformément moderne. Salle à manger pourvue de sièges en cuir et de tables bien espacées. Repas classique.

🏨 **Wolfheze** 🌲, Wolfhezerweg 17, ⊠ 6874 AA, 𝒫 (0 26) 333 78 52, wolfheze@bilde rberg.nl, Fax (0 26) 333 62 11, 🌳, ☎, 🏊, 🌳, 🍴, 🚲 – 📶 ✨ 🍽 rest, 📺 🅿 – 🔬 25 à 85. 🆎 ① 🆗 VISA JCB 🛇
Repas Brasserie de Paris (dîner seult) 33/43, 🍷 – 🚮 19 – **69 ch** 50/185, – 1 suite - ½ P 105/209.
♦ Een laag U-vormig gebouw uit de jaren zeventig herbergt dit hotel in een bosrijke omgeving. Diverse categorieën kamers. Golfterrein en de-boulesbaan. Brasserie met een echt Parijs accent, waar interieur, ambiance en gerechten uitstekend bij elkaa passen.
♦ Dans un environnement boisé, construction basse des années 1970 adoptan un plan en forme de U. Plusieurs catégories de chambres. Terrains de golf et d pétanque. Brasserie à l'accent très "parigot" : décoration intérieure, ambiance et recette assorties.

WOLPHAARTSDIJK *Zeeland* © *Goes 36 251 h.* **532** H 13 *et* **715** C 7.
Amsterdam 186 – Middelburg 26 – Goes 6.

XXX **'t Veerhuis,** Wolphaartsdijkseveer 1 (Nord : 2 km, au bord du Veerse Meer), ⊠ 4471 ND, *℘* (0 113) 58 13 26, *veerhuis.wolphaartsdijk@hetnet.nl, Fax* (0 113) 58 10 92, ≤, 🍽 – 🗖 & ₽, Æ ◑ ☯ 𝗩𝗜𝗦𝗔
fermé 28 avril-5 mai, 20 déc.-20 janv., mardi sauf en juil.-août, merc. et sam. midi – **Repas** *Lunch 34* – 40/100 bc.
◆ Dit restaurant in het veerhuis aan het einde van de pier kijkt uit over de jachthaven. Moderne restaurantzaal met nautisch decor. Eigentijdse keuken.
◆ À l'extrémité de la jetée, ancien logis de passeur d'eau surveillant le port des yachts. Salle de restaurant moderne décorée sur le thème nautique. Cuisine de notre temps.

WORKUM (WARKUM) *Fryslân* © *Nijeferd 10 903 h.* **531** R 5 *et* **715** H 3.
Env. *au Sud-Ouest : 6 km à Hindeloopen : Musée★ (Hidde Nijland Stichting).*
Amsterdam 128 – Leeuwarden 40 – Zwolle 86.

X **Séburch,** Séburch 9, ⊠ 8711 EE, *℘* (0 515) 54 13 74, *Fax* (0 515) 54 17 53, ≤, 🖳 – Æ ◑ ☯ 𝗩𝗜𝗦𝗔 𝖩𝖢𝖡
fermé mi-fév.-mi-mars, lundi d'oct. à avril et mardi – **Repas** (déjeuner sur réservation) carte 28 à 36, ♀.
◆ In deze voormalige, 19e-eeuwse zeemansherberg vlak bij een haventje wordt met "vrouwelijke flair" een klassieke keuken met een eigentijds accent bereid.
◆ À proximité d'un petit port, cuisine classique très féminine, et sagement actualisée, servie dans une ancienne auberge de pêcheurs datant du 19e s.

WORMERVEER *Noord-Holland* **531** N 8 *et* **715** F 4 – *voir à Zaandam.*

WOUDRICHEM *Noord-Brabant* **532** P 12 *et* **715** G 6 – *14 408 h.*
Amsterdam 79 – Utrecht 40 – 's-Hertogenbosch 32 – Breda 40 – Rotterdam 48.

XX **De Gevangenpoort,** Kerkstraat 3, ⊠ 4285 BA, *℘* (0 183) 30 20 34 – 🗐. Æ ◑ ☯ 𝗩𝗜𝗦𝗔 𝖩𝖢𝖡
fermé sam. midi, dim. midi et lundi – **Repas** *Lunch 23* – 36/45 bc.
◆ Dit rustieke restaurant heeft zich gevestigd in de imposante Gevangenpoort, die al sinds de 16e eeuw de wacht houdt in een straatje nabij de haven en het oude stadhuis.
◆ Cette table rustique occupe une imposante "porte-prison" (gevangenpoort) montant la garde depuis le 16e s. dans une ruelle proche du port et de l'ancien hôtel de ville.

YERSEKE *Zeeland* © *Reimerswaal 20 839 h.* **532** J 14 *et* **715** D 7.
🗓 *Kerkplein 1,* ⊠ *4401 ED,* *℘* *0 900-168 16 66, vvvyerseke@planet.nl, Fax* (0 113) 57 43 74.
Amsterdam 173 – Middelburg 35 – Bergen op Zoom 35 – Goes 14.

XXX **Nolet-Het Reymerswale** 1er étage, Burg. Sinkelaan 5, ⊠ 4401 AL, *℘* (0 113)
✿ 57 16 42, *nolet@alliance.nl, Fax* (0 113) 57 25 05, 🍽, Produits de la mer et huîtres – 🗜. Æ ◑ ☯ 𝗩𝗜𝗦𝗔
fermé du 7 au 24 juin, 30 janv.-24 fév., mardi et merc. sauf jours fériés belges – **Repas** *Lunch 39* – 82 bc, carte 55 à 80
Spéc. Homard de l'Oosterschelde (avril-juil.). Huîtres au Champagne (oct.-avril). Anguille fumée maison.
◆ In dit charmante visrestaurant bij de haven en de oesterbanken gelden kwaliteit (van producten uit de Oosterschelde) en eenvoud als sleutelwoorden. Mooi, verscholen terras.
◆ Hôtellerie charmante voisine du port et des parcs à huîtres. Cuisine littorale où priment la simplicité et la qualité des produits (de l'Oosterschelde). Belle terrasse cachée.

XX **In den Wijngaard,** Wijngaardstraat 16, ⊠ 4401 CS, *℘* (0 113) 57 62 22, *splblok@ zeelandnet.nl, Fax* (0 113) 57 62 24, Produits de la mer – ☯ 𝗩𝗜𝗦𝗔
fermé mardi et merc. – **Repas** *Lunch 30* – 38/48, ♀.
◆ Dit visrestaurant in hartje Yerseke valt in de smaak vanwege de gezellige ambiance, de aantrekkelijke kaart en de zorg waarmee de borden worden opgemaakt.
◆ Ce restaurant de la mer établi au coeur de la localité est apprécié pour son ambiance chaleureuse, sa carte appétissante et le soin apporté à la présentation des assiettes.

X **Oesterbeurs,** Wijngaardstraat 2, ⊠ 4401 CS, *℘* (0 113) 57 22 11, *Fax* (0 113) 57 16 15, Produits de la mer – ☯ 𝗩𝗜𝗦𝗔
fermé 17 mai-1er juin, 24 oct.-1er nov., mardi sauf en juil.-août et lundi – **Repas** *Lunch 29* – carte 39 à 70.
◆ Een vrij plezierig adres in hartje Yerseke, in de voormalige beurs waar ook trouwerijen plaatsvonden. Het restaurant staat lokaal goed bekend om de visgerechten.
◆ Au coeur de Yerseke, dans l'ancienne bourse où se déroulaient aussi les mariages, adresse assez plaisante, bien connue dans le secteur pour ses assiettes gorgées d'iode.

✗ **Nolet's Vistro,** Burg. Sinkelaan 6, ✉ 4401 AL, ✆ (0 113) 57 21 01, Fax (0 113) 57 25 05, ☂, Produits de la mer – ▤ 🅿
fermé 2 sem. en mai, 3 prem. sem. janv. et lundi sauf en juil.-août – Repas *Lunch 28* – 33/38.
❖ Dit sympathieke eethuis bij de haven staat naast zijn grotere broer, wat ook aan de naam is af te lezen. Goed uitgebalanceerd zeemenu.
❖ Près du port, maisonnette sympathique attenante à sa grande sœur, dont l'enseigne ne cache effectivement pas son petit air de famille. Menu de la mer bien balancé.

ZAANDAM *Noord-Holland* ⓒ *Zaanstad 139 464 h.* 🖫🖫🖫 N 8 et 🖫🖫🖫 F 4.

Voir *La région du Zaan★ (Zaanstreek) – La redoute Zanoise★ (De Zaanse Schans).*

 au Nord : 5 km à Wijdewormer (Wormerland), Zuiderweg 68, ✉ *1456 NH,* ✆ *(0 299) 47 91 23, Fax (0 299) 43 81 99.*

🛈 *Gedempte Gracht 76,* ✉ *1506 CJ,* ✆ *0 900-400 40 40, info@atcb.nl, Fax (0 20) 625 28 69.*

Amsterdam 9 – Haarlem 27 – Alkmaar 28.

🏨 **Inntel,** Provincialeweg 15, ✉ 1506 MA, ✆ (0 75) 631 17 11, *infozaandam@hotelinntel.com, Fax (0 75) 670 13 79,* ✆ – 🛗 ✳ ▤ 📺 🅿 – 🕰 25 à 120. ◼ ⓪ ◼ 🆅🆂🅰. ✁ rest
Repas *Lunch 19* – carte env. 30 – ☞ 14 – **70 ch** 90/180 – ½ P 85/202.
❖ Ketenhotel uit de jaren tachtig van de vorige eeuw, aan de rand van het centrum van Zaandam en nabij het station. Functionele kamers met geluidsisolatie, op vier verdiepingen.
❖ Hôtel de chaîne élevé dans les années 1980 en bordure du centre de Zaandam, à proximité de la gare. Chambres fonctionnelles insonorisées, réparties sur quatre étages.

🏨 **Bastion,** Wibautstraat 278 (par A 8, sortie ①), ✉ 1505 HR, ✆ (0 75) 670 63 31, *bastion@bastionhotel.nl, Fax (0 75) 670 12 81* – 🛗 ✳ 📺 🅿. ◼ ⓪ ◼ 🆅🆂🅰. ✁
Repas (grillades, ouvert jusqu'à 23 h) carte env. 30 – ☞ 11 – **80 ch** 76/81.
❖ Dit hotel aan een kruispunt dicht bij de ringweg van Amsterdam behoort tot de betere etablissementen van de Nederlandse Bastion-keten.
❖ Cet hotel posté au bord d'un carrefour assez proche du ring d'Amsterdam fait partie des unités "haut de gamme" de la chaîne hollandaise Bastion.

✗✗✗✗ **De Hoop Op d'Swarte Walvis,** Kalverringdijk 15 (Zaanse Schans), ✉ 1509 BT, ✆ (0 75) 616 56 29, de.walvis@alliance.nl, Fax (0 75) 616 24 76, ≤, ☂, 🛗 – ▤ 🅿. ◼ ◼ 🆅🆂🅰 🅹🅲🅱. ✁
fermé sam. midi et dim. – Repas *Lunch 45* – 60/70, ♀.
❖ Dit 18e-eeuwse weeshuis in het museumdorp de Zaanse Schans is verbouwd tot een goed eethuis dat flirt met de eigentijdse keuken. Terras met pergola aan de dijk.
❖ Dans un joli village-musée, ancien orphelinat du 18e s. transformé en bonne maison de bouche flirtant avec les saveurs d'aujourd'hui. Pergolas au bord de la digue.

à Wijdewormer *Nord : 5 km* ⓒ *Wormerland 15 510 h :*

✗ **'t Heerenhuis,** Zuiderweg 74b, ✉ 1456 NH, ✆ (0 75) 616 21 02, Fax (0 75) 614 35 44, ☂ – 🅿. ◼ ◼ 🆅🆂🅰
fermé 31 déc.-1er janv., sam. midi et dim. midi – **Repas** *Lunch 27* – carte 36 à 45, ♀.
❖ Dit restaurantje op de dijk vlak bij de pittoreske Zaanse Schans heeft de ambiance van een plattelandsherberg. Zomerterras met teakmeubilair.
❖ Ambiance auberge de campagne dans ce petit restaurant sur digue avoisinant la très pittoresque redoute zanoise. Terrasse d'été garnie de meubles en teck.

à Wormerveer *Nord : 6 km* ⓒ *Zaanstad :*

🏨 **Huis te Zaanen,** Zaanweg 93, ✉ 1521 DN, ✆ (0 75) 628 17 40, info@huistezaanen.nl, Fax (0 75) 640 34 96, ☂ – 📺 – 🕰 25 à 60. ◼ ⓪ ◼ 🆅🆂🅰 🅹🅲🅱
fermé du 1er au 14 août et 27 déc.-3 janv. – **Repas** *(fermé sam. midi et dim. midi)* Lunch 25 – 30/63 bc – **8 ch** ☞ 54/64.
❖ De voorgevel van dit eerbiedwaardige hotelpand (1612) tegenover de Zaan straalt een heerlijk ouderwetse charme uit. Goed onderhouden kamers en vriendelijk onthaal. Puur Hollandse restaurantzaal met vitrage en lambrisering.
❖ En face de la Zaan, vénérable hostellerie (1612) se signalant par une façade au charme délicieusement suranné. Les chambres sont bien tenues et l'accueil, avenant. Salle de restaurant cent pour cent hollandaise, agrémentée de vitraux et de lambris.

✗✗ **De Rijcke Jonker,** Zaanweg 10, ✉ 1521 DH, ✆ (0 75) 628 55 88, info@de-rijcke-onker.nl, Fax (0 75) 621 19 76, 🛗 – ◼ ◼ 🆅🆂🅰. ✁
fermé fin juil.-début août, 27 déc.-1er janv., sam. midi, dim. midi et lundi – **Repas** (déjeuner sur réservation) carte 33 à 44, ♀.
❖ Restaurant in het centrum van Wormerveer, met zicht op de haven en de Zaan. Schilderijen en foto's sieren de lange eetzaal. Specialiteiten van gerookte vis en zuiglam.
❖ Cette affaire familiale du centre de Wormerveer surveille le port et la Zaan. Longue salle à manger ornée de toiles et photos. Spécialités de poisson fumé et d'agneau de lait.

à Zaandijk Nord-Ouest : 5 km [C] Zaanstad :

Sans Pareil, Lagedijk 32, ⊠ 1544 BG, ℰ (0 75) 621 19 11, info@sanspareil.nl, Fax (0 75) 621 85 61, ≤, 🍴, 🐎 – 🗏 📺 – 🔏 30. 🖭 🐠 🗺 ✎
Repas (fermé sam. midi et dim.) Lunch 28 – carte 35 à 60 – 🖙 11 – **15 ch** 96/146.
◆ Aangenaam hotel aan de oever van de Zaan, vlak bij de brug naar de beroemde Zaanse Schans. Comfortabele kamers. Terras aan het water. De restaurantzaal biedt een mooi uitzicht over het water, waar op de achtergrond fier de molens draaien.
◆ Agréable hôtel posté au bord de la Zaan, près du pont menant à la fameuse redoute. Bon confort dans les chambres. Terrasse à fleur d'eau. Salle de restaurant procurant une belle vue aquatique, avec les fiers moulins à l'arrière-plan.

ZAANDIJK Noord-Holland **531** N 8 et **715** F 4 – voir à Zaandam.

ZALTBOMMEL Gelderland **532** Q 12 et **715** G 6 – 25 999 h.
Amsterdam 73 – Utrecht 44 – Arnhem 64 – 's-Hertogenbosch 15.

La Provence, Gamersestraat 81, ⊠ 5301 AR, ℰ (0 418) 51 40 70, Fax (0 418) 54 10 77, 🍴 – 🖭 ⓞ 🐠 🗺 ᴊᴄʙ
fermé 2 sem. vacances bâtiment, 26 déc.-4 janv., sam. midi, dim. et lundi – **Repas** Lunch 30 – 35/68, 🛱 🅐.
◆ Zeer betrouwbaar restaurant in een herenhuis, waar een schitterende belle-époqueluchter de eetzaal siert. Klassieke gerechten en prachtige bordeaux uit topjaren.
◆ Ancienne maison de notable où l'on prend place en toute confiance sous un superbe lustre Belle Époque. Mets classiques et grands millésimes bordelais des années 1990.

De Eetgelegenheid, Waterstraat 31, ⊠ 5301 AH, ℰ (0 418) 51 50 18, info@deee tgelegenheid.nl, Fax (0 418) 51 05 94, 🍴 – 🖭 🐠 🗺 ᴊᴄʙ
fermé 2 sem. carnaval, mi-sept.-mi-oct., mardi, sam. midi et dim. midi – **Repas** Lunch 24 – 33/48.
◆ In het centrum van het versterkte plaatsje herbergt dit charmante huis drie kleine, eigentijdse restaurantzalen en suite. Degelijke keuken. Gastvrij onthaal.
◆ Au cœur de la ville fortifiée, maisonnette engageante renfermant trois petites salles de restaurant actuelles, disposées en enfilade. Préparations sages. Accueil familial.

ZANDVOORT Noord-Holland **531** M 8, **532** M 8 et **715** E 4 – 16 864 h – Station balnéaire★ – Casino AX , Badhuisplein 7, ⊠ 2042 JB, ℰ (0 23) 574 05 74, Fax (0 23) 574 05 77.
🖪 Schoolplein 1, ⊠ 2042 VD, ℰ (0 23) 571 79 47, zvt@vvvzk.nl, Fax (0 23) 571 70 03.
Amsterdam 29 ① – Haarlem 11 ① – Den Haag 49 ②

Plan page suivante

NH Zandvoort, Burg. van Alphenstraat 63, ⊠ 2041 KG, ℰ (0 23) 576 07 60, nhzan dvoort@nh-hotels.nl, Fax (0 23) 571 90 94, ≤, 🍴, 🐎 – 🛗 📺 🅟 – 🔏 25 à 180. 🖭 ⓞ 🐠 🗺 ✎ rest   BX **a**
Repas Lunch 17 – carte 27 à 41 – 🖙 16 – **195 ch** 60/180, – 14 suites.
◆ Dit moderne hotelcomplex beschikt over zeer functionele maar bijzonder ruime kamers, die uitkijken op de zee en de gezellige drukte aan het strand.
◆ Cet ensemble hôtelier contemporain dispose de chambres très fonctionnelles mais fort bien calibrées, d'où l'on ne perdra pas une miette du spectacle des bains de mer.

Hoogland sans rest, Westerparkstraat 5, ⊠ 2042 AV, ℰ (0 23) 571 55 41, info@ho telhoogland.nl, Fax (0 23) 571 42 00 – 📺 🖭 ⓞ 🐠 🗺   AX **b**
30 ch 🖙 50/110.
◆ Klein familiehotel in de schaduw van de oude watertoren van een van de drukste bad-plaatsen van Nederland. Geluidsinstallatie en video op de kamers.
◆ Petit hôtel familial posté à l'ombre de l'ancien château d'eau de Zandvoort, l'une des stations balnéaires les plus courues des Pays-Bas. Équipement hi-fi et vidéo en chambre.

Zuiderbad, bd Paulus Loot 5, ⊠ 2042 AD, ℰ (0 23) 571 26 13, info@hotelzuiderbad.nl, Fax (0 23) 571 31 90, ≤, 🍴 – 📺 🅟 🐠 🗺   BY **e**
fermé du 1er au 27 déc. – **Repas** (dîner pour résidents seult) – **26 ch** 🖙 45/105 – ½ P 53/68.
◆ Familiebedrijf op een steenworp afstand van het strand. Drie formaten eenvoudig inge-richte kamers, op de tweede verdieping met panoramisch balkon aan de zeezijde.
◆ Affaire tenue en famille, située à un saut de la plage. Trois formats de chambres sobrement équipées, avec balcon panoramique au deuxième étage, côté front de mer.

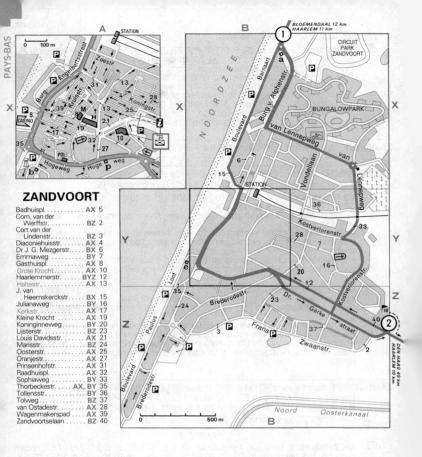

ZANDVOORT

🏠 **Amare** sans rest, Hogeweg 70, ✉ 2042 GJ, ℘ (0 23) 571 22 02, *hotel.amare@planet.nl*, Fax (0 23) 571 43 74 – 📺. 🅰🅴 ⓜⓞ 💳. ✧   AX p
15 ch ☲ 40/75.
◆ Een handig adres voor een paar daagjes strand. Eenvoudige maar vrij aangename kamers die voldoende ruimte bieden. Sommige hebben een balkonnetje.
◆ Un point de chute utile pour quelques jours de villégiature. Chambres de mise simple, toutefois convenables, offrant assez d'espace et donnant parfois sur un balconnet.

à Bentveld par ② : 3 km 🄲 *Zandvoort* :

XX **Beaulieu,** Zandvoortselaan 363, ✉ 2116 EN, ℘ (0 23) 524 00 29, Fax (0 23) 524 74 01, 🍴 – 🅿. 🅰🅴 ① ⓜⓞ 💳 🅹🄲🄱. ✧
Repas 30/75 bc, ♀.
◆ Deze statige villa uit 1901 nodigt uit om aan tafel te gaan in de intieme eetzaal met lichte lambrisering. 's Zomers wordt ook op het terras geserveerd.
◆ Cette fière villa élevée en 1901 vous invite à passer à table dans une intime salle à manger habillée de lambris clairs. Repas également servi en terrasse à la belle saison.

Si vous êtes retardé sur la route, dès 18 h, confirmez votre réservation par téléphone, c'est plus sûr... et c'est l'usage.

ZEDDAM Gelderland © Bergh 18 416 h. 532 W 11 et 715 J 6.

  🖪 Kilderseweg 1, ✉ 7038 BW, 🖋 0 900 666 31 31, vvvmontferland@hetnet.nl, Fax (0 314) 68 35 12.

  Amsterdam 129 – Arnhem 29 – Doetinchem 8 – Emmerich 8.

🏛 **Landgoed Montferland** 🐾, Montferland 1, ✉ 7038 EB, 🖋 (0 314) 65 14 44, hzi nger@hetnet.nl, Fax (0 314) 65 26 75, 🍴, 🌳, 🚴, ✤ TV ⊡ - 🔒 25 à 75. AE ⑩ ⓦ VISA. ✦ fermé 27 déc.-21 janv. – **Repas** (fermé sam. midi et dim. midi) Lunch 30 – carte 38 à 55, ♀ – **8 ch** ➴ 60/110 – ½ P 90/105.

  ◆ Deze grote villa heeft de wacht betrokken op een beboste verdedigingsheuvel en beschikt over enkele grote kamers. Rustgevende tuin en terras waar 's zomers wordt geserveerd. Charmante jachtkamer voor kleine banketten.

  ◆ Cette grosse villa montant la garde sur les hauteurs d'une butte défensive boisée avec quelques grandes chambres à votre disposition, ainsi qu'un jardin reposant. Terrasse où l'on dresse le couvert en été. Adorable "chambre de chasse" pour petits banquets.

à Beek Ouest : 5 km © Bergh :

XX **Mezzo,** Arnhemseweg 11, ✉ 7037 CX, 🖋 (0 316) 53 12 50, info@mezzoweb.nl, Fax (0 316) 53 21 82, 🍴, Cuisine italienne – ⊡. AE ⑩ ⓦ VISA. fermé du 25 au 31 juil., 31 déc.-11 janv., lundi et mardi – **Repas** (dîner seult) 25/45 bc, ♀.

  ◆ Bungalow in het centrum, met een tuin aan de voorkant en terras achter. Eigentijdse eetzaal, uitgebalanceerde Italiaanse kaart en wijnen van daarginder voor een zacht prijsje.

  ◆ Au centre de Beek, bungalow devancé d'un jardin et complété d'une terrasse à l'arrière. Salle contemporaine, carte italienne bien balancée et vins de là-bas à prix plancher.

à Braamt Nord : 3 km © Bergh :

🏛 **Host. Hettenheuvel,** Hooglandseweg 6, ✉ 7047 CN, 🖋 (0 314) 65 14 52, hettenh euvel-hostellerie@planet.nl, Fax (0 314) 65 12 65, 🍴, 🌳 – ⊡. TV ⊡. AE ⑩ ⓦ VISA JCB **Repas** (dîner pour résidents seult) – **8 ch** ➴ 50/85 – ½ P 58/68.

  ◆ Persoonlijke ontvangst en service in de gemoedelijke ambiance van dit sympathieke, landelijk gelegen hotelletje. Behaaglijke kamers in cottagestijl en een bekoorlijke tuin.

  ◆ Accueil et service personnalisés à cette sympathique petite adresse de campagne où règne une ambiance familiale. Douillettes chambres de style "cottage". Jardin croquignolet.

à Lengel Sud : 2 km © Bergh :

XX **De Korenmolen,** Drieheuvelenweg 1, ✉ 7044 AA, 🖋 (0 314) 66 12 14, alby.nawrot h@compagnet.nl, Fax (0 314) 66 60 28, 🍴 – ⊡. AE ⑩ ⓦ VISA JCB fermé 31 déc. – **Repas** Lunch 25 – 34/46, ♀.

  ◆ Traditionele keuken in een modern jasje en, net als de kleuren van de eetzaal, met zuidelijke accenten. Panoramische rotonde aan de achterkant.

  ◆ Cuisine traditionnelle mise à la page, avec quelques notes évoquant le Sud, à l'image des tons dont s'habille la salle de restaurant. Rotonde panoramique à l'arrière.

ZEEGSE Drenthe © Tynaarlo 31 998 h. 531 Y 4 et 715 K 2.

  Amsterdam 203 – Groningen 21 – Assen 16.

🏛 **Golden Tulip** 🐾, Schipborgerweg 8, ✉ 9483 TL, 🖋 (0 592) 53 00 99, info@golden tulipdrenthe.nl, Fax (0 592) 53 00 88, 🍴, ✍s, 🌊, 🌳, 🚴 – ▮⬜ ✤ TV 🔧ch, ⊡ – 🔒 25 à 500. AE ⑩ ⓦ VISA **Repas** La Lisière Lunch 32 – carte env. 40, ♀ – **76 ch** 79/117, – 2 suites – ½ P 91/94.

  ◆ Dit hotel is gehuisvest in een laag pand aan de rand van een natuurgebied met bossen en heidevelden. De comfortabele kamers hebben een terras of balkon. Groot aantal zalen voor bijeenkomsten en seminars. Restaurant met zomerterras. Eigentijdse gerechten.

  ◆ Construction basse située en lisière d'un parc parsemé de bois et bruyères. Chambres de bon confort, munies d'une terrasse ou d'un balcon. Nombreuses salles de séminaires. Le restaurant s'agrémente d'une terrasse estivale. Mets au goût du jour.

ZEIST Utrecht 532 Q 10 et 715 G 5 – 59 799 h.

  🚉 au Nord : 2 km à Bosch en Duin, Amersfoortseweg 1, ✉ 3735 LJ, 🖋 (0 30) 695 52 23, Fax (0 30) 696 37 69.

  🖪 Slotlaan 24, ✉ 3701 GL, 🖋 0 900-109 10 13, vvvzeist@hetnet.nl, Fax (0 30) 692 00 17.

  Amsterdam 55 – Utrecht 10 – Amersfoort 17 – Apeldoorn 66 – Arnhem 50.

🏛 **Figi,** Het Rond 2, ✉ 3701 HS, 🖋 (0 30) 692 74 00, info@figi.nl, Fax (0 30) 692 74 68, 🍴 – ▮⬜ ✤ TV 🔧 – 🔒 25 à 500. AE ⑩ ⓦ VISA. ✦ **Repas** Walkart Park Lunch 29 – carte 39 à 48, ♀ – ➴ 15 – **94 ch** 125/205, – 3 suites.

  ◆ Eigentijds hotel met een groot congrescentrum in het centrum van Zeist. Diverse categorieën kamers met veel comfort. Prachtige art-decoramen. De eetzaal heeft de ambiance van een brasserie en kijkt uit op het stadhuis.

  ◆ Au centre de Zeist, hôtel contemporain complété d'un grand centre de congrès. Plusieurs catégories de chambres où l'on a ses aises. Jolie collection de vitraux Art déco. Ordonnée à la façon d'une brasserie, la salle à manger offre la vue sur l'hôtel de ville.

Oud London, Woudenbergseweg 52 (Est : 3 km sur N 224), ⊠ 3707 HX, ℘ (0 343) 49 12 45, info@oudlondon.nl, Fax (0 343) 49 12 44, 🏤, 🔲, 🐎 – 📳 🗐 📺 🅿 – 🛆 25 à 350. 🖭 🕦 🚳 𝗩𝗜𝗦𝗔 ᴊᴄʙ
Repas *La Fine Bouche* Lunch 28 – 35/55 bc, ♀ – '**t VoorHuys** 28, ♀ – ☲ 15 – **87 ch** 95/185, – 1 suite.

◆ Een soldaat van Napoleon stichtte hier een herberg, die is uitgegroeid tot het huidige hotel-restaurant. Ruime kamers en gemeenschappelijke ruimten. Restaurant met een eigenlijkse keuken die bij fijnproevers goed in de smaak valt. Brasserie in 't Voorhuys.
◆ Un soldat de Napoléon est à l'origine de cette auberge dont l'enseigne ''british'' aurait probablement contrarié l'empereur. Chambres et communs de bonne ampleur. Restaurant avec cuisine actuelle goûtée des ''fines bouches''. Ambiance brasserie au 't Voorhuys.

Kasteel 't Kerckebosch 🐎, Arnhemse Bovenweg 31 (Sud-Est : 1,5 km), ⊠ 3708 AA, ℘ (0 30) 692 66 66, kerckebosch@bilderberg.nl, Fax (0 30) 692 66 00, 🏤, 🌫, 🍴, 🐎 – 🖂 📺 🅿 – 🛆 25 à 135. 🖭 🕦 🚳 𝗩𝗜𝗦𝗔 ᴥ
Repas *De kamer van Lintelo* (fermé 27 déc.-1er janv., sam. midi et dim.) Lunch 33 – carte 42 à 70, ♀ ☀ – ☲ 17 – **30 ch** 119/173 – ½ P 105/150.

◆ Dit weelderige, karaktervolle landhuis uit 1904 ligt in een rustig park. Luxueuze inrichting met ornamenten uit vroegere tijden. Zeer comfortabele kamers. Het stijlmeubilair, de lambrisering en de schouw geven het restaurant een zeker cachet.
◆ Élevée en 1904, cette opulente demeure de caractère s'entoure d'un parc reposant. Aménagement intérieur cossu, parsemé d'éléments décoratifs anciens. Chambres de bon séjour. Meubles de style, boiseries et cheminée donnent un certain cachet au restaurant.

Beyerick, Jagerlaan 1, ⊠ 3701 XG, ℘ (0 30) 692 34 05, beyerick@wanadoo.nl – 🗐. 🖭 🚳 𝗩𝗜𝗦𝗔 ᴊᴄʙ
fermé dern. sem. fév., 3 sem. en juil., lundi et mardi – **Repas** (dîner seult) carte 44 à 53, ♀.

◆ Al ruim tien jaar gaat dit familierestaurant in het centrum rustig zijn gangetje. De goed uitgebalanceerde gerechten sluiten aan bij de huidige trend.
◆ Cette affaire familiale du centre de Zeist poursuit gentiment son petit bonhomme de chemin depuis plus de dix ans. Préparations bien balancées, dans le tempo actuel.

Hermitage, Het Rond 7, ⊠ 3701 HS, ℘ (0 30) 693 31 59, info@hermitage-zeist.nl, Fax (0 30) 692 34 08, 🏤 – 🖭 🚳 𝗩𝗜𝗦𝗔
Repas Lunch 28 – carte 30 à 61.

◆ Dit eigentijdse restaurant met café in een voormalige herberg serveert eenvoudige gerechten. Het terras aan de voorkant is 's zomers bijzonder in trek. Charmante bediening.
◆ Dans un ancien hôtel-relais, table au goût du jour complétée d'un café servant des plats simples. L'été, une terrasse très courue est dressée en façade. Serveuses charmantes.

à Bosch en Duin Nord : 2 km 🅲 Zeist :

de Hoefslag 🐎, Vossenlaan 28, ⊠ 3735 KN, ℘ (0 30) 225 10 51, info@hoefslag.nl, Fax (0 30) 228 58 21, 🌡, 🌫, 🍴 – 📳, 🗐 ch, 📺 🅿 – 🛆 25. 🖭 🕦 🚳 𝗩𝗜𝗦𝗔
fermé 31 déc.-1er janv. – **Repas** voir rest **de Hoefslag** ci-après – **Repas** *Bistro de Ruif* (dîner seult jusqu'à 23 h) 28/38 – ☲ 20 – **26 ch** 190/230, – 4 suites.

◆ Aangenaam etablissement in een boomrijke en vrij chique woonwijk. Vriendelijke ontvangst en attente service. De behaaglijke kamers ademen de sfeer van de Engelse countryside. Bistro De Ruif is een alternatief voor het gastronomische hotelrestaurant.
◆ Agréable établissement environné de verdure, dans un quartier résidentiel assez chic. Accueil et service prévenants. Chambres douillettes au décor d'esprit ''country club''. Le Bistro de Ruif fournit une alternative à la formule gastronomique de la maison.

de Hoefslag, Vossenlaan 28, ⊠ 3735 KN, ℘ (0 30) 225 10 51, info@hoefslag.nl, Fax (0 30) 228 58 21, 🏤 – 🅿 🖭 🕦 🚳 𝗩𝗜𝗦𝗔
fermé 31 déc.-1er janv., sam. midi et dim. – **Repas** Lunch 36 – 39/84 bc, carte 51 à 63, ♀
Spéc. Queues de langoustines sautées aux witlof, marmelade d'oignons rouges et pommes. Marbré de viande salée au confit de foie gras de canard (mai-sept.). Suprême de canard sauvage, foie gras d'oie sauté et pêche marinée au romarin (oct.-30 déc.).

◆ Uitstekende klassieke keuken in een eigentijds jasje, die perfect harmonieert met de inrichting van de eetzaal. 's Zomers wordt geserveerd op het terras in het groen.
◆ Belle cuisine classique actualisée, et parfaite osmose avec le style de la salle à manger. L'été venu, réservez votre table sur la délicieuse terrasse dressée ''au vert''.

à Den Dolder Nord : 7 km 🅲 Zeist :

Anak Dèpok, Dolderseweg 85, ⊠ 3734 BD, ℘ (0 30) 229 29 15, rimateillers@planet.nl Fax (0 30) 228 11 26, Cuisine indonésienne – 🗐. 🖭 🕦 🚳 𝗩𝗜𝗦𝗔. ᴥ
fermé lundi et mardi – **Repas** (dîner seult) 36.

◆ Een Indonesisch restaurant pur sang, dat al sinds lang een vertrouwd beeld is in het centrum van het stadje en lokaal een zeker aanzien geniet. Interessante rijsttafelformule
◆ Restaurant cent pour cent indonésien installé de longue date au milieu du patelin et auréolé d'une certaine reconnaissance locale. Formule ''table de riz'' intéressante.

XX **Sensa,** Dolderseweg 77, ⊠ 3734 BD, ℘ (0 30) 225 20 00, info@sensa.nl, Fax (0 30) 225 15 12, 佡 – AE ⓪ ⓪ VISA
fermé 30 avril, sam. midi et dim. midi – **Repas** *Lunch* 25 – carte 41 à 49.
♦ Op de benedenverdieping van een groot gebouw bevindt zich dit mooie restaurant, waarin design de boventoon voert. Groot zomerterras met teakhouten meubilair.
♦ Établi au rez-de-chaussée d'un immeuble, ce beau restaurant décoré dans un style résolument design offre l'agrément d'une grande terrasse estivale dotée de meubles en teck.

ZELHEM *Gelderland* © *Bronckhorst* 11 214 h. 泅泂 X 10 et 泅泅 K 5.
Amsterdam 139 – *Arnhem* 39 – *Enschede* 52.

XX **'t Wolfersveen,** Ruurloseweg 38 (Nord-Est : 4,5 km), ⊠ 7021 HC, ℘ (0 314) 62 13 75, info@wolfersveen.nl, Fax (0 314) 62 57 60, 佡 – P. AE ⓪ ⓪
fermé 27 déc.-9 janv. et lundi – **Repas** (dîner seult sauf dim.) 30/36, ♀.
♦ Dit klassiek ingerichte familierestaurant staat lokaal wel bekend en heeft aan de tuinkant een groot, lommerrijk zomerterras.
♦ Connue comme le loup blanc dans ce petit coin du Gelderland, cette auberge familiale classiquement aménagée profite, côté jardin, d'une ample terrasse estivale ombragée.

ZENDEREN *Overijssel* © *Borne* 20 651 h. 泅泂 Z 9, 泅泅 Z 9 et 泅泅 L 5.
Amsterdam 150 – *Zwolle* 54 – *Arnhem* 86 – *Assen* 88 – *Den Haag* 196 – *Lelystad* 108.

XXX **het Seminar,** Hertmerweg 42, ⊠ 7625 RH, ℘ (0 74) 259 59 79, info@hetseminaar.nl, Fax (0 74) 259 50 60, 佡 – P. – A 25 à 150. ⓪ VISA ⚹
fermé du 7 au 25 août, 27 déc.-8 janv., merc., sam. midi et dim. midi – **Repas** 28/60 bc, ♀.
♦ Een voormalig kerkelijk gebouw herbergt dit moderne, stijlvolle restaurant, dat al even ruim als comfortabel is. Mooie vergaderzaal in de oude kapel op de verdieping.
♦ Un ancien bâtiment ecclésiastique abrite ce restaurant moderne très soigné, et aussi spacieux que confortable. Belle salle de séminaires à l'étage, dans l'ancienne chapelle.

ZEVENAAR *Gelderland* 泅泅 V 11 et 泅泅 J 6 – 25 965 h.
Amsterdam 114 – *Arnhem* 15 – *Emmerich* 21.

Ⓜ **Campanile,** Hunneveldweg 2a (près A 12 - E 35), ⊠ 6903 ZM, ℘ (0 316) 52 81 11, zevenaar@campanile.com, Fax (0 316) 33 12 32, 佡 – ✳ TV P. AE ⓪ ⓪ VISA JCB
Repas (avec buffets) *Lunch* 10 – carte 24 à 32 – ☲ 10 – **55 ch** 57/79.
♦ Dit ketenmotel ligt op 15 min. van Arnhem en is rechtstreeks via de A12 te bereiken. Functionele kamers met goede, dubbele beglazing.
♦ Motel de chaîne situé à 15 mn de la ville d'Arnhem, que vous rejoindrez directement par l'autoroute A 12. Chambres fonctionnelles pourvues d'un double vitrage efficace.

ZEVENBERGEN *Noord-Brabant* © *Moerdijk* 36 553 h. 泅泅 M 13 et 泅泅 E 7.
Amsterdam 111 – *Bergen op Zoom* 30 – *Breda* 17 – *Rotterdam* 43.

ⒽⒽ **Tulip Inn** ⚭ Schansdijk 3, ⊠ 4761 RH, ℘ (0 168) 33 12 34, info@tulipinnzevenbergen.nl, Fax (0 168) 33 12 33 – ⧉ ✳ TV ⧗ P. – A 25 à 130. AE ⓪ ⓪ VISA
Repas voir rest **De 7 Bergsche Hoeve** ci-après – **63 ch** ☲ 70/115.
♦ Spiksplinternieuw hotel met grote, goed ingedeelde kamers die rustig gelegen zijn. Het etablissement beschikt ook over drie uitstekend geoutilleerde vergaderzalen.
♦ Hôtel flambant neuf où vous serez logés dans de grandes et calmes chambres bien agencées. L'établissement dispose aussi de trois salles de conférences complètement équipées.

XX **De 7 Bergsche Hoeve** - H. Tulip Inn, Schansdijk 3, ⊠ 4761 RH, ℘ (0 168) 32 41 66, Fax (0 168) 32 38 72, 佡 – P. AE ⓪ ⓪ VISA JCB
fermé du 4 au 14 fév., sam. midi et dim. – **Repas** 37/59.
♦ Restaurant in een oude boerderij die zo'n vijftig jaar geleden met behoud van het rustieke karakter is herbouwd. De keuken is niet trendgevoelig. De eetzaal is weer als nieuw.
♦ Cuisine insensible aux modes servie dans une ancienne ferme reconstruite voici près de cinquante ans mais préservant son esprit rustique. Salle de restaurant refaite à neuf.

Si vous cherchez un hôtel tranquille,
consultez d'abord les cartes de l'introduction
ou repérez dans le texte les établissements indiqués
avec le signe ⚭.

ZIERIKZEE Zeeland © Schouwen-Duiveland 34 484 h. 532 I 13 et 705 C 7.

Voir *Noordhavenpoort*★ Z **C**.

Env. par ③ : *Pont de Zélande*★ *(Zeelandbrug)*.

ᵢ₈ à l'Est : 12 km à Bruinisse, Oudendijk 3, ⊠ 4311 NA, ℘ (0 111) 48 26 50, Fax (0 111) 48 15 66.

🛈 Meelstraat 4, ⊠ 4301 EC, ℘ (0 111) 45 05 24, vvv.schuwen-duiveland@edz.nl, Fax (0 111) 45 05 25.

Amsterdam 149 ② – Middelburg 44 ③ – Breda 81 ② – Rotterdam 66 ②

ZIERIKZEE

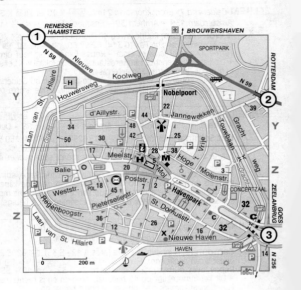

✗ **De Drie Morianen,** Kraanplein 14, ⊠ 4301 CH, ℘ (0 111) 41 29 31, Fax (0 111) 41 79 36, 😙, Moules en saison – 🍴. 🖭 ⓪ ⓪ 𝗩𝗜𝗦𝗔   Z **c**
fermé 3 dern. sem. janv. et mardi de sept. à mars – **Repas** Lunch 18 – 34.
♦ Dit restaurant is bijzonder favoriet in het mosselseizoen en behoort tot de trefzekere adressen van de stad. De eenvoudige maar goede keuken is in harmonie met het interieur.
♦ Très courtisée lorsque la saison des moules bat son plein, cette adresse compte parmi les valeurs sûres de Zierikzee. Recettes bourgeoises, assorties au décor intérieur.

✗ **brasseriemaritime,** Nieuwe Haven 21, ⊠ 4301 DJ, ℘ (0 111) 41 21 56, info@bra sseriemaritime.nl, Fax (0 111) 41 70 25, 😙 – 𝗩𝗜𝗦𝗔   Z **x**
fermé lundi de sept. à mai – **Repas** carte 35 à 65, ♀.
♦ Vriendelijk restaurant waarvan de naam een tipje van de culinaire sluier oplicht. Fruits de mèr uit de Oosterschelde. Actueel decor met geschilderde kreeften à la Andy Warhol.
♦ Table engageante dont le nom résume le style culinaire. Plateaux de fruits de mer puisés dans l'Oosterschelde. Cadre actuel égayé de homards peints à la manière d'Andy Warhol.

à Schuddebeurs Nord : 4 km © Schouwen-Duiveland :

🏨 **Host. Schuddebeurs** ⩘, Donkereweg 35, ⊠ 4317 NL, ℘ (0 111) 41 56 51, hoste llerie@schuddebeurs.nl, Fax (0 111) 41 31 03, 😙, 🐎, 🚲 – 📶 📺 ᴋ ₽ – 🕭 25 à 40. ⓪ 𝗩𝗜𝗦𝗔 ⩘ rest
fermé 23 déc.-13 janv. – **Repas** Lunch 29 – 33/70, ♀ – **19 ch** ⊇ 84/154, – 3 suites – ½ P 105/150.
♦ Dit familiebedrijf in het Zeeuwse landschap is geliefd vanwege de rustieke omgeving en de knusse ambiance van de kamers. Die in de annexe kijken uit op een aangename tuin. Mooie onbijtzaal. De maaltijd wordt geserveerd in de serre. Eigentijdse gerechten.
♦ À la campagne, hostellerie familiale dont on apprécie le calme et l'aspect "cosy" des chambres. Celles de l'annexe donnent sur un jardin agréable. Jolie salle de break fast. À l'heure des repas, on prend place dans la véranda. Préparations au goût du jour

ZOETERMEER Zuid-Holland 𝟧𝟥𝟤 L 10 et 𝟟𝟙𝟝 E 5 – 112 594 h.

🚅 Heuvelweg 3, ✉ 2716 DZ, ℰ (0 79) 320 31 36, Fax (0 79) 352 13 35.
Amsterdam 64 – Rotterdam 24 – Den Haag 14.

🏯 **NH Zoetermeer,** Danny Kayelaan 20 (près A 12, wijk 19), ✉ 2719 EH, ℰ (0 79) 361 02 02, nhzoetermeer@nh-hotels.nl, Fax (0 79) 361 63 49 – 📶 ⇄ 📺 ♿ch, ⇌ – ⚒ 25 à 250. 🖭 ⓪ ⓦ𝕠 𝘝𝘐𝘚𝘈
Repas (fermé dim.) Lunch 18 – carte 37 à 55 – � 15 – **104 ch** 89/165.
◆ Dit moderne hotelpand staat aan een esplanade nabij de snelweg en het station. De eigentijdse kamers zijn goed van formaat en bieden functioneel comfort. Lobby in design. De restaurantzaal past bij de huidige tijdgeest.
◆ Immeuble moderne posté sur une esplanade aménagée à proximité de l'autoroute et de la gare. Confort fonctionnel dans les chambres, actuelles et bien calibrées. Hall design. Salle de restaurant d'esprit contemporain.

🏤 **Mercure,** Boerhavelaan (près A 12, wijk 13), ✉ 2713 HB, ℰ (0 79) 321 92 28, h5030 @accor-hotels.com, Fax (0 79) 321 15 01, 🌰, 🚲 – 📶 ⇄ 📺 🅿 – ⚒ 25 à 250. 🖭 ⓪ ⓦ𝕠 𝘝𝘐𝘚𝘈 𝙅𝘾𝘽, ⥱ rest
Repas (fermé sam. et dim.) carte 33 à 49 – ⊒ 14 – **60 ch** 140/160.
◆ Dit hotel vlak bij het station en de snelweg (A12) biedt kamers die perfect beant-woorden aan de normen van Mercure, wat ook geldt voor de culinaire prestaties ter plaatse.
◆ Cet hôtel de chaîne proche de la gare et d'une voie rapide (A12) met à votre disposition des chambres parfaitement conformes aux standards "mercuriens". Restaurant s'accor-dant aux préceptes de l'enseigne.

🏠 **Bastion,** Zilverstraat 6 (près A 12, sortie ⑦, wijk 18), ✉ 2718 RL, ℰ (0 79) 361 10 71, bastion@bastionhotel.nl, Fax (0 79) 361 13 50, 🌰 – ⇄ 📺 🅿 🖭 ⓪ ⓦ𝕠 𝘝𝘐𝘚𝘈, ⥱
Repas (grillades, ouvert jusqu'à 23 h) carte env. 30 – ⊒ 10 – **90 ch** 75/85.
◆ Dit ketenmotel aan het begin van een industrieterrein, vlak bij het spoor en de snelweg, beschikt over kleine, eenvoudig uitgeruste kamers die vooral praktisch zijn.
◆ À l'entrée d'un zoning industriel, près du chemin de fer et de l'autoroute, hôtel de chaîne disposant de petites chambres sobrement équipées, pratiques avant tout.

🍴 **Julius,** Eerste Stationsstraat 39 (wijk 12), ✉ 2712 HB, ℰ (0 79) 316 61 62, info@juli us-restaurant.nl, Fax (0 79) 316 63 78, 🌰 – ▤ 🅿 🖭 ⓪ ⓦ𝕠 𝘝𝘐𝘚𝘈, ⥱
fermé 31 déc.-1er janv., sam. midi et dim. midi – **Repas** Lunch 28 – 24/58, ⚑.
◆ Restaurant in een villa vlak bij een statige molen (1897). De eetzaal en de keuken hebben beide een eigentijds karakter. Bij mooi weer wordt het op het terras geserveerd.
◆ Villa située au voisinage d'un auguste moulin (1897). Salle à manger bien en phase avec l'époque, tout comme la cuisine. Les beaux jours, repas servis en terrasse.

Les pages explicatives de l'introduction vous aideront
à mieux profiter de votre Guide Michelin.

ZOUTELANDE Zeeland 🅲 Veere 22 087 h. 𝟧𝟥𝟤 F 14 et 𝟟𝟙𝟝 B 7.

🅱 Bosweg 2, ✉ 4374 EM, ℰ 0 900-202 02 80, vvvztld@vvvwnb.nl, Fax (0 118) 56 12 38.
Amsterdam 213 – Middelburg 12 – Vlissingen 13.

🏤 **Beach** ⥱, Duinweg 97, ✉ 4374 EC, ℰ (0 118) 56 12 55, beach@zeelandnet.nl, Fax (0 118) 56 12 69 – 📶 📺 ♿ 🅿 – ⚒ 25 à 50. ⓦ𝕠
fév.-oct. et week-end – **Repas** (dîner seult) carte 22 à 33 – **40 ch** ⊒ 45/91 – ½ P 60/65.
◆ Dit hotel onder aan de duinen beschikt over drie typen kamers, de meeste met balkon of terras, die zijn ondergebracht in een villa en een nieuwe dependance. Huiselijke ambiance. Aan tafel kunt u genieten van klassiek-traditionele gerechten van Hollandse bodem.
◆ Trois types de chambres, souvent munies d'un balcon ou d'une terrasse, se partagent cette villa et son annexe récente situées aux pieds des dunes. Ambiance familiale. À table, cuisine classique-traditionnelle néerlandaise.

🍴🍴 **'t Streefkerkse Huis** ⥱ avec ch, Duinweg 48, ✉ 4374 EG, ℰ (0 118) 56 15 21, info@streefkerksehuis.nl, Fax (0 118) 56 32 12, ≼, 🍴 – ⇄ 🅿 ⓦ𝕠 𝘝𝘐𝘚𝘈, ⥱
fermé 31 déc.-18 fév. – **Repas** (fermé lundi et mardi de nov. à avril) (déjeuner sur réser-vation) 28/33, ⚑ – **6 ch** ⊒ 60/85.
◆ Charmant hotel-restaurant met rieten dak, boven op een duin. Goed en huiselijk onthaal, lounge met schouw, mooi restaurant, eenvoudige kamers en uitzicht op Walcheren.
◆ Adorable auberge à toit de chaume juchée sur une dune. Bon accueil familial, salon avec cheminée, restaurant bien installé, chambres simples et vue sur la plaine de Walcheren.

ZUIDBROEK *Groningen* © *Menterwolde 12 694 h.* 531 AA 3 *et* 715 L 2.
Amsterdam 200 – Groningen 24 – Assen 39.

Zuidbroek, Burg. Omtaweg 2 (sortie ㊸ sur A 7 - E 22), ✉ 9636 EM, ☎ (0 598) 45 37 87, *info@zuidbroek.valk.com, Fax (0 598) 45 39 32,* – 25 à 1200. AE VISA
Repas (ouvert jusqu'à minuit) *Lunch 10* – carte 22 à 38 – **120 ch** 70/80 – ½ P 50/58.
◆ Kolossale infrastructuur voor congressen, enorm sportcomplex, gigantische expositiehal en kingsize kamers. Kortom, Zuidbroek is ruimdenkend !
◆ Infrastructure colossale pour les congrès, énorme complexe sportif, hall d'exposition gigantesque et chambres "king size" : Zuidbroek voit tout en grand !

ZUIDLAREN *Drenthe* © *Tynaarlo 31 998 h.* 531 Z 4 *et* 715 L 2.
Env. *au Sud-Est : 13 km à Eexterhalte : Hunebed★ (dolmen).*
au Nord-Ouest : 8 km à Glimmen (Haren), Pollselaan 5, ✉ 9756 CJ, ☎ (0 50) 406 20 04, Fax (0 50) 406 19 22.
Stationsweg 69, ✉ 9471 GL, ☎ (0 50) 409 23 33, vvv.zuidlaren@12move.nl, Fax (0 50) 402 95 50.
Amsterdam 207 – Groningen 20 – Assen 18 – Emmen 42.

Tulip Inn Brinkhotel, Brink O.Z. 6, ✉ 9471 AE, ☎ (0 50) 409 12 61, *info@tibrinkhotel.nl, Fax (0 50) 409 60 11,* – ch, – 30 à 250. AE VISA JCB
Repas *Lunch 13* – carte 24 à 56 – **54 ch** 92/121 – ½ P 68/72.
◆ Dit hotel tegenover de paardenmarkt in het centrum is een comfortabele uitvalsbasis om het land van de hunebedden te verkennen. De kamers zijn vergroot.
◆ Au cœur de la localité, devant le marché aux chevaux, point de chute très convenable pour partir à la découverte du pays des hunebedden (dolmens). Chambres agrandies.

De Vlindertuin, Stationsweg 41, ✉ 9471 GK, ☎ (0 50) 409 45 31, *info@restaurant-devlindertuin.nl, Fax (0 50) 409 57 53,* – AE VISA JCB
fermé 26 juil.-13 août, dim. et lundi – **Repas** (dîner seult) 43/72 bc, ♀.
◆ In deze voormalige boerderij met rieten dak wordt een keur van eigentijdse gerechten bereid. Smaakvol ingerichte eetzaal en mooi zomerterras aan de typisch Drentse brink.
◆ Ancienne ferme à toit de chaume où se concocte un choix de préparations actuelles. Salle à manger de bon goût et jolie terrasse d'été surveillant le "brink" (place verte).

Ni Hao Panorama, Stationsweg 11, ✉ 9471 GJ, ☎ (0 50) 409 04 39, *Fax (0 50) 402 73 91,* Cuisine asiatique – AE VISA.
Repas (dîner seult sauf week-end) 20/41.
◆ Het rozenhouten meubilair, het Chinese tafereel, het terras met fontein en bamboe : hier staat alles in het teken van exotiek. Chinees-Thaise en Indonesische gerechten.
◆ Mobilier en bois de rose, scène de genre chinoise, terrasse avec fontaine et bambous : le décor ne manque pas d'exotisme. Saveurs sino-thaïlandaises et indonésiennes.

Ni Hao Buitenpaviljoen, Hondsrugstraat 14, ✉ 9471 GE, ☎ (0 50) 409 67 93, *info@nihaogroup.com, Fax (0 50) 409 67 81,* Cuisine japonaise avec Teppan-Yaki – AE VISA.
fermé mardi – **Repas** (dîner seult) carte 33 à 49.
◆ Een Japans restaurant in een pand in 1900-stijl : een combinatie die niet echt voor de hand ligt ! Traditionele gerechten met als specialiteit de formule teppan yaki.
◆ Un restaurant japonais aménagé dans une maison "1900" - l'association des genres est assez inattendue ! Recettes traditionnelles et, en spécialité, la formule Teppan-Yaki.

ZUIDOOSTBEEMSTER *Noord-Holland* 531 O 7 – *voir à Purmerend.*

ZUIDWOLDE *Drenthe* © *De Wolden 23 969 h.* 531 X 6 *et* 715 K 3.
Amsterdam 157 – Assen 38 – Emmen 38 – Zwolle 36.

In de Groene Lantaarn, Hoogeveenseweg 17 (Nord : 2 km), ✉ 7921 PC, ☎ (0 528) 37 29 38, *Fax (0 528) 37 20 47,* Ouvert jusqu'à minuit – VISA JCB
fermé du 1er au 16 août, 27 déc.-7 janv., lundi et mardi – **Repas** (déjeuner sur réservation) 30/39, ♀.
◆ Aangenaam restaurant in een grote, zeer karakteristieke boerderij uit de 18e eeuw. In de zomer kunt u genieten op het rustige terras in de prachtig bloeiende tuin.
◆ Agréable restaurant aménagé dans une grosse ferme (18e s.) très typée. L'été venu, profitez du cadre reposant de la terrasse, embellie d'un jardin généreusement fleuri.

ZUTPHEN *Gelderland* 🔢🔢 W 10 et 🔢🔢🔢 J 5 – *36 924 h.*

Voir *La vieille ville★ – Bibliothèque★ (Librije) et lustre★ dans l'église Ste-Walburge (St. Walburgskerk) – Drogenapstoren★ – Martinetsingel* ≤★.

🔢 *Stationsplein 39,* ⌫ *7201 MH,* 𝒫 *(0 575) 51 93 30, vvvzutphen@tref.nl, Fax (0 575) 51 79 28.*

Amsterdam 112 – Arnhem 30 – Apeldoorn 21 – Enschede 58 – Zwolle 53.

🏨🏨 **Eden,** 's Gravenhof 6, ⌫ 7201 DN, 𝒫 (0 575) 54 61 11, *res.edenzutphen@edenhotel group.com, Fax (0 575) 54 59 99,* 🍴🍴 – 🛗 🍴🍴 📺 🍴ch, – 🍴 35. 🔢 ⓞ 🔢 𝘝𝘐𝘚𝘈. 🍴 rest
Repas carte 36 à 49, ♀ – **74 ch** ⌑ 72/169 – ½ P 99/164.
◆ Dit voormalige 16e-eeuwse weeshuis herbergt nu een karaktervol hotel met goed comfort. In het interieur gaan modern en antiek hand in hand. Bar-restaurant in de gewelfde kelder.
◆ Cet ancien orphelinat fondé au 16ᵉ s. a été transformé en un hôtel de bon confort. Ensemble de caractère et décoration intérieure composite, mêlant le moderne et l'ancien. Bar-restaurant installé dans une cave voûtée.

🍴🍴 **Galantijn,** Stationsstraat 9, ⌫ 7201 MC, 𝒫 (0 575) 51 72 86, *galantijn@compacnet.nl, Fax (0 575) 51 19 61 –* 🔢 ⓞ 🔢 𝘝𝘐𝘚𝘈
fermé sam. midi, dim. et lundi – **Repas** Lunch 23 – 30/63 bc.
◆ Dit restaurantje vlak bij het station geniet lokaal een goede reputatie. Eetzaal met kersenhouten meubilair, schilderijenexpositie en open keuken.
◆ Une bonne réputation locale entoure cette petite adresse proche de la gare. Salle à manger garnie de meubles en merisier, exposition de tableaux et fourneaux à vue.

🍴🍴 **'t Schulten Hues** (Gast) sous-sol, Houtmarkt 79, ⌫ 7201 KL, 𝒫 (0 575) 51 00 05, 🍴 *info@schullenhues.nl, Fax (0 575) 51 27 06 –* 🔢 🔢 𝘝𝘐𝘚𝘈 𝘑𝘊𝘉. 🍴
fermé 2 prem sem. sept., fin déc.-début janv., lundi et mardi – **Repas** (déjeuner sur réservation) 39/63, carte env. 50, ♀
Spéc. Tartare de langoustines à la crème acidulée. Aile de raie à la crème de topinanbour. Tartare de pêche et glace au chocolat.
◆ Dit 17e-eeuws pand met eigentijdse en ambitieuze keuken waardeert men om zijn innoverende schotels. Mooi selectie wijnen waarvan de meeste ook per glas te verkrijgen zijn.
◆ Maison du 17ᵉ s. estimée pour sa cuisine au goût du jour aussi ambitieuse qu'innovante et sa sélection vineuse dont la plupart des références sont aussi disponibles au verre.

ZWARTSLUIS *Overijssel* ⓒ *Zwartewaterland 22 206 h.* 🔢🔢 V 7 et 🔢🔢🔢 J 4.
Amsterdam 123 – Zwolle 16 – Meppel 12.

🏨 **Zwartewater,** De Vlakte 20, ⌫ 8064 PC, 𝒫 (0 38) 386 64 44, *info@hotel-zwartew ater.nl, Fax (0 38) 386 62 75,* ≤, 🍴, 🍴, 🍴, 🍴, 🍴, 🍴, – 🛗 🍴, 🍴 rest, 📺 🍴 🍴 – 🍴 25 à 2000. 🔢 ⓞ 🔢 𝘝𝘐𝘚𝘈. 🍴
Repas (avec grillades) carte 22 à 41 – **51 ch** ⌑ 47/97 – ½ P 65.
◆ Dit grote hotelcomplex beschikt over goede sportvoorzieningen en een immens congrescentrum. De beste kamers hebben een balkon met uitzicht op het Zwarte Water. Grillrestaurant. 's Zomers kunt u heerlijk tafelen op het terras aan de rivier.
◆ Ce vaste complexe hôtelier dispose de bonnes installations sportives et d'un immense centre de congrès. Les meilleures chambres profitent d'un balcon avec vue sur l'eau. Restaurant à grillades. L'été, repas agréable en terrasse, au bord du Zwartewater.

ZWEELOO *Drenthe* ⓒ *Coevorden 36 008 h.* 🔢🔢 Z 6 et 🔢🔢🔢 L 3.
🍴 *au Sud-Ouest : 1 km à Aalden, Aelderholt 4,* ⌫ *7854 TZ,* 𝒫 *(0 591) 37 24 50.*
Amsterdam 184 – Assen 34 – Emmen 13 – Groningen 60.

🍴🍴 **Idylle** (Zwiep), Kruisstraat 21, ⌫ 7851 AE, 𝒫 (0 591) 37 18 57, *info@restaurantidylle.nl,* 🍴 *Fax (0 591) 37 24 04,* 🍴 – 🍴 🔢 ⓞ 🔢 𝘝𝘐𝘚𝘈 𝘑𝘊𝘉. 🍴
fermé 14 fév.-1ᵉʳ mars, 25 juil.-16 août, sam. midi et lundi – **Repas** Lunch 33 – 45/77 bc, carte 50 à 68, ♀
Spéc. Langoustines grillées au melon, anchois et pesto (21 juin-21 sept.). Foie d'oie sauté et soupe de figues. Filet de veau et ravioli de fromage de chèvre à la tomate séchée et romarin.
◆ Geniet van de rustieke ambiance in deze oude Saksische boerderij in een pittoresk dorp. Verfijnde, eigentijdse keuken en vriendelijke bediening. Kruidentuin.
◆ Savourez l'ambiance rustique de cette ancienne ferme saxonne à dénicher dans un village pittoresque. Fine cuisine au goût du jour et service avenant. Jardin d'aromates.

805

PAYS-BAS

à Aalden *Sud-Ouest : 1 km* Ⓒ *Coevorden :*

Adema, Aelderstraat 49, ⊠ 7854 RP, ℰ (0 591) 37 14 54, *geert.adema@hetnet.nl*, Fax (0 591) 37 25 59, ☆ – ▤
fermé lundi et mardi – Repas (déjeuner sur réservation) 32/63 bc.
• Bekoorlijke herberg aan de hoofdstraat van een gehucht dat tal van boerderijen met rieten dak telt. Aantrekkelijke menu's, gezellig interieur en een heerlijk zomerterras.
• Mignonne auberge bordant la grand-rue d'un patelin où abondent les fermes à toit de chaume. Menus appétissants, coquette décoration intérieure et exquise terrasse d'été.

ZWOLLE Ⓟ *Overijssel* 🔢🔢🔢 V 7 et 🔢🔢🔢 J 4 – 109 955 h.

Voir *Hôtel de ville (Stadhuis) sculptures★ du plafond dans la salle des Échevins (Schepenzaal)* BYZ **H** – *Sassenpoort★* CZ.

Musées : *Stedelijk Museum Zwolle★* BY **M²**.

🔢 *Zalnéweg 75,* ⊠ *8026 PZ,* ℰ *(0 38) 453 42 70.*

🔢 *Grote Kerkplein 15,* ⊠ *8011 PK,* ℰ *0 900-112 23 75, info@vvvzwolle.nl, Fax (0 38) 422 26 79.*

Amsterdam 111 ④ – *Apeldoorn 44* ④ – *Enschede 73* ② – *Groningen 102* ① – *Leeuwarden 94* ①

Plan page ci-contre

De Koperen Hoogte, Lichtmisweg 51 (Nord : 8 km sur N 28 - E 232, sortie ㉒), ⊠ 8035 PL, ℰ (0 529) 42 84 28, *dekoperenhoogte@dekoperenhoogte.nl*, Fax (0 529) 42 84 29, ※ campagne environnante – 🔾 ▤ ▣ 🅿 – 🔾 25 à 150. 🅰🅴 ⓸ ⓸⓸ 🆅🅸🆂🅰 ※
Repas *(fermé lundi et mardi)* Lunch 35 – carte 58 à 67, 🔾 – **16 ch** 100/200, – 2 suites –
½ P 140/175.
• Dit luxueuze etablissement aan de snelweg is gehuisvest in een oude watertoren aan een vijver en een golfterrein. Grote kamers met uitermate veel voorzieningen. Ronde, panoramische restaurantzaal die langzaam ronddraait.
• Cet établissement de luxe situé au bord de l'autoroute tire curieusement parti d'un ancien château d'eau dominant un étang et un golf. Vastes chambres sur-équipées. Restaurant circulaire entièrement panoramique et animé par un lent mouvement de rotation.

Gd H. Wientjes, Stationsweg 7, ⊠ 8011 CZ, ℰ (0 38) 425 42 54, *wientjes@bilderberg.nl*, Fax (0 38) 425 42 60, ☆, 🚲 – 🔾 🔾 ▣ 🔾ch, 🅿 – 🔾 25 à 200. 🅰🅴 ⓸ ⓸⓸ 🆅🅸🆂🅰 🅹🅲🅱 ※ rest   BZ **s**
fermé 27 déc.-2 janv. – **Repas** (ouvert jusqu'à 23 h) Lunch 30 – carte 40 à 52, 🔾 – 🔾 19
– **56 ch** 95/195, – 1 suite – ½ P 100/140.
• Dit hotel ligt iets buiten het centrum maar pal tegenover het station en beschikt over enigszins verouderde maar smaakvol ingerichte kamers. Verzorgde gemeenschappelijke ruimten. Aangename eetzaal met stijlmeubilair. Klassieke gerechten in een modern jasje.
• Commode pour les usagers du chemin de fer, cette hostellerie légèrement excentrée propose des chambres un peu mûrissantes mais décorées avec goût. Espaces communs soignés. Plaisante salle à manger garnie de meubles de style. Mets classiques actualisés.

Mercure, Hertsenbergweg 1 (Sud-Ouest : 2 km), ⊠ 8041 BA, ℰ (0 38) 421 60 31, *H2109@accor.com, Fax (0 38) 421 03 69*, 🚲 – 🔾 🔾 ▤ rest, ▣ 🅿 – 🔾 25 à 450. 🅰🅴 ⓸ ⓸⓸ 🆅🅸🆂🅰   AX **a**
Repas Lunch 15 – carte 26 à 37, 🔾 – 🔾 15 – **72 ch** 110/137 – ½ P 165.
• Dit ketenhotel aan de rand van de oude, versterkte hanzestad beschikt over functionele kamers op de begane grond en op twee verdiepingen.
• Aux avant-postes de l'ancienne ville hanséatique fortifiée, établissement de chaîne dont les chambres fonctionnelles se distribuent de plain-pied et sur deux étages.

Fidder sans rest, Koningin Wilhelminastraat 6, ⊠ 8019 AM, ℰ (0 38) 421 83 95, *info@hotelfidder.nl, Fax (0 38) 423 02 98*, ☆, 🚲 – ▣. 🅰🅴 ⓸ ⓸⓸ 🆅🅸🆂🅰 🅹🅲🅱. ※   AX **b**
fermé 24 déc.-1er janv. – **22 ch** 85/160.
• Dit kleine familiehotel in drie mooie herenhuizen straalt een nostalgische charme uit. Lounges, bibliotheek, rustig terras en kamers met antieke meubels.
• Trois jolies maisons bourgeoises composent ce petit hôtel familial au charme nostalgique. Salons, bibliothèque, terrasse reposante et chambres pourvues de meubles anciens.

De Librije (Boer), Broerenkerkplein 13, ⊠ 8011 TW, ℰ (0 38) 421 20 83, *librije@allia nce.nl, Fax (0 38) 423 23 29* – 🔾 🅿. 🅰🅴 🆅🅸🆂🅰   BCY **z**
fermé 13 au 21 fév., 31 juil.-22 août, 28 déc.-10 janv., mardi midi, sam. midi, dim. et lundi
– **Repas** Lunch 55 – 76/165 bc, carte 98 à 117, 🔾 ※
Spéc. Quatre façons de manger le maquereau (sept.-janv.). Sole cuite au beurre fumé, jambon fermier et pommes de terre (août-mars). Dos de cabillaud à la pomme de terre aux truffes (mai-janv.).
• Dit modern ingerichte restaurant is gehuisvest in een vleugel van een voormalig 15e eeuws klooster. Smakelijke, eigentijdse keuken met een professionele, persoonlijke noot.
• Une aile d'un ancien couvent du 15e s. abrite cette grande table réaménagée à la mode d'aujourd'hui. Succulente cuisine dans l'air du temps, personnalisée avec brio.

ZWOLLE

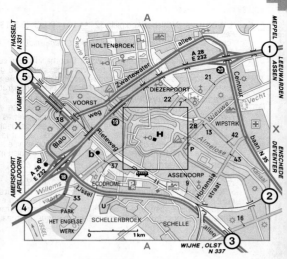

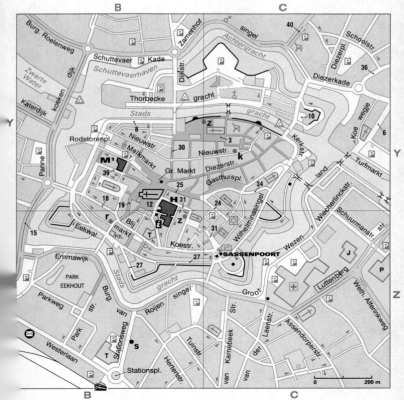

XX **'t Wolhuys,** Bethlehemkerkplein 32, ⊠ 8011 PH, ℘ (0 38) 344 75 81, *info@ wolhuys.nl*,
Fax (0 38) 422 72 07 – ᴁ ⓞ ⓒⓞ *VISA*   BZ **z**
fermé 13 fév.-1ᵉʳ mars, du 1ᵉʳ au 16 août, sam. midi, dim. et lundi – **Repas** *Lunch 32* –
48/87 bc, ♀.
♦ In dit restaurant in het centrum wordt u onthaald in een zeer eigentijdse eetzaal waar
rode en beige tinten de toon zetten. Verfijnde, inventieve gerechten.
♦ Ce restaurant du centre-ville vous reçoit dans une jolie salle à manger résolument
contemporaine, où dominent les tons rouge et beige. Préparations délicates et inventives.

X **'t Pestengasthuys,** Weversgildeplein 1, ⊠ 8011 XN, ℘ (0 38) 423 39 86, *restaura*
⊛ *nt@ pestengasthuys.nl, Fax (0 38) 423 26 56*, ⇱ – ᴄ. ᴁ ⓞ ⓒⓞ *VISA*   CY **k**
fermé 27 déc.-2 janv., sam. midi, dim. midi et lundi – Repas *Lunch 28* – 31/76 bc, ♀.
♦ In dit historische pand uit de 15e eeuw wacht u een genoeglijke maaltijd. Restaurantzaal
met zeer hoog plafond en vide. De doortimmerde, eigentijdse menu's zijn favoriet.
♦ Repas plaisant servi dans une demeure historique élevée au 15ᵉ s. Salle de restaurant
très haute de plafond, avec mezzanine. Menus actuels bien montés, donc fort courtisés.

X **Poppe,** Luttekestraat 66, ⊠ 8011 LS, ℘ (0 38) 421 30 50, *Fax (0 38) 338 81 64,* Ouvert
jusqu'à 23 h – ᴄ. – ⚃ 30. ᴁ ⓞ ⓒⓞ *VISA*   BZ **r**
fermé sam. midi, dim. midi et lundi – **Repas** 30/44, ♀.
♦ Restaurant in een voormalige hoefsmederij vlak bij de Grote Markt en de restanten van
enkele verdedigingswerken. Rustiek interieur. Open keuken en goede ambiance.
♦ Table installée dans une ancienne forge avoisinant la grand-place et les vestiges de
plusieurs bastions défensifs. Décor intérieur rustique, fourneaux à vue et bonne ambiance.

Principales marques automobiles
Belangrijkste auto-importeurs
Wichtigste Automarken
Main car manufacturers

Belgique – België – Belgien   Grand-Duché de Luxembourg

Audi
Porsche
Volkswagen
S.A. D'Ieteren N.V.
Rue du Mail, 50
Maliestraat, 50
1050 Bruxelles – Brussel
Tél. : 0 2 536 51 11

B.M.W.
S.A. B.M.W./
Lodderstraat, 16
2880 Bornem
Tél. : 0 38 90 97 11

Citroën
S.B.A. Citroën
Place de l'Yser, 7
Ijzerplein, 7
1000 Bruxelles – Brussel
Tél. : 0 2 206 06 11

Daewoo
Daewoo Motor
Belgium N.V.
Mechelsesteenweg, 309
1800 Vilvoorde
Tél. : 0 2 257 29 50

Daihatsu
N.V Autoproducts
Kipdorp, 57
2000 Antwerpen
Tél. : 0 3 206 02 02

Ferrari
Garage Francorchamps
Lozenberg, 13
1932 Sint Stevens Woluwe
Tél. : 0 2 725 67 60

Fiat
Lancia
Alfa-Romeo
S.A. Fiat Belgio N.V.
Rue de Genève 175
Genèvestraat 175
1140 Bruxelles – Brussel
Tél. : 0 2 702 65 11

Ford
Ford Motor CY
Groenenborgerlaan 16
2610 Wilrijk
Tél. : 0 3 821 20 00

Honda
S.A. Honda Belgium N.V.
Wijngaardveld, 1
9300 Aalst
Tél. : 0 53 72 51 11

Hyundai
S.A. Korean Motor CY N.V.
Pierstraat, 231
2550 Kontich
Tél. : 0 3 450 06 11

Jaguar
Jaguar Belgium
Sint Bernardsesteenweg, 534
2660 Antwerpen
Tél. : 0 3 830 18 80

Lada
S.A. Lada-Belux N.V.
Avenue Galilée 5
1300 Wavre
Tél. : 0 10 28 89 93

Mazda
Beherman European
Industrieweg, 3
2880 Bornem
Tél. : 0 3 890 91 11

Daimler-Chrysler
Daimler-Chrysler Belgium
Avenue du Péage, 68
Tollaan, 68
1200 Bruxelles – Brussel
Tél. : 0 2 724 12 11

Nissan
S.A. Nissan Belgium N.V.
Boomsesteenweg, 42
2630 Aartselaar
Tél. : 0 3 870 32 11

Opel Opel Belgium N.V.
Marketing Division
Prins Boudewijnlaan 30
2550 Kontich
Tél. : 0 3 450 63 11

Peugeot S.A. Peugeot Talbot
Belgique N.V.
Rue de l'Industrie, 22
1400 Nivelles
Tél. : 0 67 88 02 11

Renault S.A. Renault Belgique
Luxembourg N.V.
Avenue W.A. Mozart, 20
W.A.Mozartlaan, 20
1620 Drogenbos
Tél. : 0 2 334 76 11

Saab Beherman European
Distribution
Industrieweg 3
2880 Bornem
Tél. : 0 3 890 91 11

Seat Seat Import
Boulevard Industriel, 51
Industrielaan, 51
1070 Bruxelles – Brussel
Tél. : 0 2 556 35 11

Skoda Skoda Import
Avenue A. Giraud 29-35
A. Giraudlaan 29-35
1030 Bruxelles – Brussel
Tél. : 0 2 215 92 20

Ssangyong Beherman European
Industrieweg 3
2880 Bornem
Tél. : 0 3 890 91 11

Subaru S.A. Subaru
Belgium N.V.
Mechelsesteenweg, 588 d
1800 Vilvoorde
Tél. : 0 2 254 75 11

Suzuki S.A. Suzuki
Belgium N.V.
Satenrozen, 2
2550 Kontich
Tél. : 0 3 450 04 11

Toyota S.A. Toyota
Belgium N.V.
Avenue du Japon 51
1420 Braine-l'Alleud
Tél. : 0 2 386 72 11

Volvo Volvo Cars Belgium
Chaussée de Zellik, 30
Zelliksesteenweg, 30
1082 Bruxelles – Brussel
Tél. : 0 2 482 51 11

Nederland – Pays-Bas

BMW BMW Nederland B.V.
Einsteinlaan 5
2289 CC Rijswijk
Tél. : (070) 395 62 22

Citroën Citroën Nederland B.V.
Stadionplein 26-30
1076 CM Amsterdam
Tél. : (020) 570 19 11

Chrysler Chrysler Holland Import B.V.
Lange Dreef 12
4131 NH Vianen
Tél. (0347) 36 34 00

Daewoo Daewoo Motor Benelux B.V.
Jupiterstraat 210
2132 HJ Hoofddorp
Tél. : (023) 563 17 12

Daihatsu Daihatsu Holland B.V.
Witboom 2
4131 PL Vianen ZH
Tél. : (0347) 37 05 05

Ferrari Kroymans B.V.
Soestdijkerstr. wg. 64
1213 XE Hilversum
Tél. : (035) 685 51 51

Fiat Hullenbergweg 1-3
Lancia 1101 BW Amsterdam
Alfa-Romeo Tél. : (020) 652 07 00

Ford Ford Nederland B.V.
Amsteldijk 217
1079 LK Amsterdam
Tél. : (020) 540 99 11

Honda Honda Nederland B.V.
Nikkelstraat 17
2984 AM Ridderkerk
Tél. : (0180) 45 73 33

Hyundai Greenib Car B.V.
H. v. Doorneweg 14
2171 KZ Sassenheim
Tél. : (0252) 21 33 94

Kia Kia Motors
Marconiweg 2
4131 PD Vianen
Tél. : (0347) 37 44 54

Mazda Autopalace De Binckhorst
B.V.
Binckhorstlaan 312-334
2516 BL Den Haag
Tél. : (070) 348 94 00

Daimler- Daimler-Chrysler
Chrysler Nederland BV
Reactorweg 25
3542 AD Utrecht
Tél. : (030) 247 19 11

Mitsubishi Mitsubishi Motor Sales NL B.V.
Diamantlaan 29
2132 WV Hoofddorp
Tél. : (023) 555 52 22

Nissan Nissan Motor Nederland B.V.
Hornweg 32
1044 AN Amsterdam
Tél. : (020) 516 31 11

Opel Opel Nederland B.V.
Lage Mosten 49-63
4822 NK Breda
Tél. : (078) 642 23 00

Peugeot Peugeot Nederland N.V.
Uraniumweg 25
3542 AK Utrecht
Tél. : (030) 247 54 75

Rover Rover Nederland B.V.
Sportlaan 1
4131 NN Vianen ZH
Tél. : (0347) 36 66 00

Renault Renault Nederland N.V.
Boeingavenue 235
1119 PD Schiphol-Rijk
Tél. : (020) 561 91 91

Saab A.I.M. B.V.
Jr. D.S. Tuynmanweg 7
4131 PN Vianen
Tél. : (0347) 37 26 04

Seat Seat Importeur Pon Car B.V.
Klepelhoek 2
3833 GZ Leusden
Tél. : (033) 495 15 50

Ssangyong Ssangyoung Nederland cv
Savannahweg 69C
3542 AW Utrecht
Tél. : (030) 241 40 42

Suzuki Nimag B.V. – Reedijk 9
3274 KE Heinenoord
Tél. : (0186) 60 79 11

Toyota Louwman & Parqui
Steurweg 8
4941 VR Raamsdonksveer
Tél. : (0162) 58 59 00

VW Pon's Automobielhandel
Audi Zuiderinslag 2
3833 BP Leusden
Tél. : (033) 494 99 44

Volvo Volvo Nederland B.V.
Stationsweg 2
4153 RD Beesd
Tél. : (0345) 68 88 88

Belgique – België – Belgien

1er janvier	*Jour de l'An*
27 mars	*Pâques*
28 mars	*lundi de Pâques*
1er mai	*Fête du Travail*
5 mai	*Ascension*
15 mai	*Pentecôte*
16 mai	*lundi de Pentecôte*
21 juillet	*Fête Nationale*
15 août	*Assomption*
1er novembre	*Toussaint*
11 novembre	*Fête de l'Armistice*
25 décembre	*Noël*

Grand-Duché de Luxembourg

1er janvier	*Jour de l'An*
7 février	*lundi de Carnaval*
27 mars	*Pâques*
28 mars	*lundi de Pâques*
1er mai	*Fête du Travail*
5 mai	*Ascension*
15 mai	*Pentecôte*
16 mai	*lundi de Pentecôte*
23 juin	*Fête Nationale*
15 août	*Assomption*
1er novembre	*Toussaint*
25 décembre	*Noël*
26 décembre	*Saint-Étienne*

Nederland – Pays-Bas

1er janvier	*Jour de l'An*
27 mars	*Pâques*
28 mars	*lundi de Pâques*
30 avril	*Jour de la Reine*
5 mai	*Jour de la Libération*
5 mai	*Ascension*
15 mai	*Pentecôte*
16 mai	*lundi de Pentecôte*
25 décembre	*Noël*
26 décembre	*2e jour de Noël*

de/van/ von/from \ vers/naar nach/to	(A)	(B)	(CH)	(CZ)	(D)	(DK)	(E)	(FIN)	(F)	(GB)	(GR)
A Austria		0032	0041	00420	0049	0045	0034	00358	0033	0044	0030
B Belgium	0043		0041	00420	0049	0045	0034	00358	0033	0044	0030
CH Switzerland	0043	0032		00420	0049	0045	0034	00358	0033	0044	0030
CZ Czech Republic	0043	0032	0041		0049	0045	0034	00358	0033	0044	0030
D Germany	0043	0032	0041	00420		0045	0034	00358	0033	0044	0030
DK Denmark	0043	0032	0041	00420	0049		0034	00358	0033	0044	0030
E Spain	0043	0032	0041	00420	0049	0045		00358	0033	0044	0030
FIN Finland	0043	0032	0041	00420	0049	0045	0034		0033	0044	0030
F France	0043	0032	0041	00420	0049	0045	0034	00358		0044	0030
GB United Kingdom	0043	0032	0041	00420	0049	0045	0034	00358	0033		0030
GR Greece	0043	0032	0041	00420	0049	0045	0034	00358	0033	0044	
H Hungary	0043	0032	0041	00420	0049	0045	0034	00358	0033	0044	0030
I Italy	0043	0032	0041	00420	0049	0045	0034	00358	0033	0044	0030
IRL Ireland	0043	0032	0041	00420	0049	0045	0034	00358	0033	0044	0030
J Japan	00143	00132	00141	001420	00149	00145	00134	001358	00133	00144	00130
L Luxembourg	0043	0032	0041	00420	0049	0045	0034	00358	0033	0044	0030
N Norway	0043	0032	0041	00420	0049	0045	0034	00358	0033	0044	0030
NL Netherlands	0043	0032	0041	00420	0049	0045	0034	00358	0033	0044	0030
PL Poland	0043	0032	0041	00420	0049	0045	0034	00358	0033	0044	0030
P Portugal	0043	0032	0041	00420	0049	0045	0034	00358	0033	0044	0030
RUS Russia	81043	81032	81041	810420	81049	81045	*	810358	81033	81044	*
S Sweden	0043	0032	0041	00420	0049	0045	0034	00358	0033	0044	0030
USA	01143	01132	01141	011420	01149	01145	01134	01358	01133	01144	01130

* Pas de sélection automatique * Geen automatische selektie

Important : pour les communications internationales, le zéro (0) initial de l'indicatif interurbain n'est pas à composer (excepté pour les appels vers l'Italie).
Aux Pays-Bas on n'utilise pas le préfixe dans la zone.
Appel d'urgence : Belgique : 100 ; Luxembourg : 112 ; Pays-Bas : 112

Belangrijk: bij internationale telefoongesprekken moet de eerste nul (0) van het netnummer worden weggelaten (behalve als u naar Italië opbelt). In Nederland moet men binnen eenzelfde zone geen kengeta draaien of intoetsen. Hulpdiensten : België : 100 ; Luxemburg : 112 ; Nederland : 112.

Internationale Telefon-Vorwahlnummern
International dialling codes

(H)	(I)	(IRL)	(J)	(L)	(N)	(NL)	(PL)	(P)	(RUS)	(S)	(USA)	
0036	0039	00353	0081	00352	0047	0031	0048	00351	007	0046	001	**Austria A**
0036	0039	00353	0081	00352	0047	0031	0048	00351	007	0046	001	**Belgium B**
0036	0039	00353	0081	00352	0047	0031	0048	00351	007	0046	001	**Switzerland CH**
0036	0039	00353	0081	00352	0047	0031	0048	00351	007	0046	001	**Czech CZ Republic**
0036	0039	00353	0081	00352	0047	0031	0048	00351	007	0046	001	**Germany D**
0036	0039	00353	0081	00352	0047	0031	0048	00351	007	0046	001	**Denmark DK**
0036	0039	00353	0081	00352	0047	0031	0048	00351	007	0046	001	**Spain E**
0036	0039	00353	0081	00352	0047	0031	0048	00351	007	0046	001	**Finland FIN**
0036	0039	00353	0081	00352	0047	0031	0048	00351	007	0046	001	**France F**
0036	0039	00353	0081	00352	0047	0031	0048	00351	007	0046	001	**United GB Kingdom**
0036	0039	00353	0081	00352	0047	0031	0048	00351	007	0046	001	**Greece GR**
	0039	00353	0081	00352	0047	0031	0048	00351	007	0046	001	**Hungary H**
0036		00353	0081	00352	0047	0031	0048	00351	*	0046	001	**Italy I**
0036	0039		0081	00352	0047	0031	0048	00351	007	0046	001	**Ireland IRL**
00136	00139	001353		001352	00147	00131	001480	001351	*	00146	0011	**Japan J**
0036	0039	00353	0081		0047	0031	0048	00351	007	0046	001	**Luxembourg L**
0036	0039	00353	0081	00352		0031	0048	00351	007	0046	001	**Norway N**
0036	0039	00353	0081	00352	0047		0048	00351	007	0046	001	**Netherlands NL**
0036	0039	00353	0081	00352	0047	0031		00351	007	0046	001	**Poland PL**
0036	0039	00353	0081	00352	0047	0031	0048		007	0046	001	**Portugal P**
81036	*	*	*	*	*	81031	81048	*		*	*	**Russia RUS**
0036	0039	00353	0081	00352	0047	0031	0048	00351	007		001	**Sweden S**
01136	01139	011353	01181	011352	01147	01131	01148	011351	*	01146		**USA**

* *Automatische Vorwahl nicht möglich*   * *Direct dialling not possible*

Wichtig: bei Auslandsgesprächen darf die Null (0) der Ortsnetzkennzahl nicht gewählt werden (ausser bei Gesprächen nach Italien).
In den Niederlanden benötigt man keine Vorwahl innerhalb einer Zone.
Notruf : Belgien : 100 ; Luxembourg : 112 ; Niederlanden : 112.

Note: when making an international call, do not dial the first "0" of the city codes (except for calls to Italy).
The dialling code is not required for local calls in the Netherlands.
Emergency phone numbers : Belgium : 100 ; Luxembourg : 112 ; Netherlands : 112.

Distances _____

Quelques précisions

Au texte de chaque localité vous trouverez la distance de sa capitale
d'état et des villes environnantes. Les distances intervilles du tableau
les complètent.
La distance d'une localité à une autre n'est pas toujours répétée
en sens inverse : voyez au texte de l'une ou de l'autre.
Utilisez aussi les distances portées en bordure des plans.
Les distances sont comptées à partir du centre-ville et par la route
la plus pratique, c'est-à-dire celle qui offre les meilleures conditions
de roulage, mais qui n'est pas nécessairement la plus courte.

Afstanden _____

Toelichting

In de tekst bij elke plaats vindt U de afstand tot de hoofdstad
en tot de grotere steden in de omgeving. De afstandstabel dient
ter aanvulling.
De afstand tussen twee plaatsen staat niet altijd onder beide
plaatsen vermeld ; zie dan bij zowel de ene als de andere plaats.
Maak ook gebruik van de aangegeven afstanden rondom
de plattegronden.
De afstanden zijn berekend vanaf het stadscentrum en via
de gunstigste (niet altijd de kortste) route.

Entfernungen _____

Einige Erklärungen

Die Entfernungen zur Landeshauptstadt und zu den nächstgrößeren
Städten in der Umgebung finden Sie in jedem Ortstext.
Die Kilometerangaben der Tabelle ergänzen somit die Angaben
des Ortstextes.
Da die Entfernung von einer Stadt zu einer anderen nicht immer
unter beiden Städten zugleich aufgeführt ist, sehen Sie bitte unter
beiden entsprechenden Ortstexten nach. Eine weitere Hilfe sind auch
die am Rande der Stadtpläne erwähnten Kilometerangaben.
Die Entfernungen gelten ab Stadtmitte unter Berücksichtigung
der güngstigsten (nicht immer kürzesten) Streckte.

Distances _____

Commentary

Each entry indicates how far the town or locality is from the capital
and other nearby towns. The distances in the table complete those
given under individual town headings for calculating total
distances.
To avoid excessive repetition some distances have only been quoted
once. You may, therefore, have to look under both town headings.
Note also that some distances appear in the margins of the town
plans.
Distances are calculated from town centres and along the best roads
from a motoring point of view – not necessarily the shortest.

Distances entre principales villes
Afstanden tussen de balangrijkste steden
Entfernungen zwischen den größeren Städten
Distances between major towns

Gent - Rotterdam: 149 km

Distance chart (triangular matrix). Reading down each column gives the distances in km from the city heading that column to the cities listed below it.

City order (diagonal headings): Amsterdam, Antwerpen, Apeldoorn, Arlon, Arnhem, Bastogne, Breda, Brugge, Bruxelles/Brussel, Charleroi, Dinant, 's-Gravenhage, Eindhoven, Enschede, Gent, Groningen, Haarlem, Hasselt, 's-Hertogenbosch, Kortrijk, Leeuwarden, Liège, Luxembourg, Maastricht, Mechelen, Middelburg, Mons, Namur, Nijmegen, Oostende, Rotterdam, Tilburg, Tournai, Turnhout, Utrecht, Zwolle

Amsterdam: 160, 89, 374, 97, 337, 103, 268, 206, 266, 59, 295, 123, 161, 220, 185, 20, 189, 87, 262, 139, 245, 417, 217, 186, 174, 273, 266, 113, 286, 74, 115, 285, 134, 39, 113

Antwerpen: 191, 229, 358, 162, 188, 58, 105, 45, 105, 130, 135, 89, 256, 98, 58, 314, 163, 78, 100, 293, 199, 256, 109, 85, 112, 304, 288, 142, 123, 301, 73, 124, 316, 162, 125

Apeldoorn: 34, 317, 320, 286, 280, 134, 247, 237, 297, 135, 359, 253, 381, 74, 251, 141, 108, 183, 152, 134, 228, 164, 188, 450, 212, 345, 161, 206, 248, 18, 287, 112, 289, 250, 62

Arlon: 38, 246, 166, 104, 164, 188, 78, 318, 58, 123, 212, 495, 389, 177, 152, 66, 488, 128, 345, 71, 160, 188, 273, 275, 164, 248, 91, 312, 329, 124, 280, 316, 339, 302

Arnhem: 114, 254, 270, 208, 172, 135, 318, 98, 135, 277, 211, 253, 171, 96, 285, 264, 171, 212, 30, 248, 250, 287, 272, 51, 183, 300, 253, 237, 301, 339, 71, 357, 158

Bastogne: 147, 208, 132, 123, 80, 111, 202, 49, 247, 83, 212, 457, 352, 247, 247, 240, 164, 211, 315, 273, 166, 275, 206, 212, 184, 272, 280, 250, 253, 287, 212, 200, 302, 71

Breda: 101, 155, 164, 104, 49, 209, 63, 196, 56, 366, 206, 212, 67, 117, 323, 84, 273, 101, 86, 133, 171, 95, 252, 30, 116, 170, 116, 184, 272, 250, 212, 83, 212

Brugge: 62, 180, 215, 80, 78, 149, 136, 306, 366, 343, 92, 200, 336, 198, 116, 215, 113, 69, 164, 172, 252, 91, 170, 256, 30, 116, 88, 51, 25, 183, 39, 69, 158

Bruxelles/Brussel: 266, 145, 191, 111, 57, 202, 93, 306, 362, 208, 362, 95, 247, 123, 234, 156, 126, 243, 39, 248, 236, 178, 27, 235, 123, 93, 149, 181, 123, 255, 265

Charleroi: 207, 55, 145, 159, 63, 205, 105, 420, 366, 208, 421, 192, 247, 234, 182, 219, 94, 236, 260, 260, 178, 42, 108, 178, 94, 117, 231, 25, 206, 320

Dinant: 236, 191, 252, 238, 160, 234, 209, 424, 258, 449, 47, 387, 199, 126, 169, 121, 215, 192, 248, 192, 218, 211, 235, 140, 149, 175, 235, 325

's-Gravenhage: 145, 180, 138, 102, 33, 196, 366, 213, 119, 323, 215, 113, 243, 232, 94, 172, 170, 256, 150, 206, 235, 108, 256, 94, 175, 265

Eindhoven: 178, 146, 159, 63, 188, 160, 347, 244, 260, 96, 502, 280, 167, 338, 347, 428, 480, 428, 189, 65, 440, 248, 382, 71, 382, 211, 349

Enschede: 317, 216, 135, 247, 160, 417, 48, 347, 66, 42, 273, 367, 280, 167, 338, 428, 189, 429, 480, 65, 440, 149, 188, 104, 275

Gent: 375, 203, 320, 205, 102, 234, 66, 260, 299, 209, 176, 210, 299, 32, 199, 137, 199, 248, 90, 289, 149, 131, 300, 149, 132

Groningen: 146, 159, 191, 320, 102, 100, 42, 209, 420, 313, 77, 151, 159, 72, 133, 137, 175, 90, 61, 146, 141, 190, 220

Haarlem: 202, 210, 389, 176, 215, 299, 32, 127, 109, 201, 78, 205, 46, 225, 79, 90, 56, 52, 133

Hasselt: 67, 341, 340, 109, 151, 340, 109, 113, 131, 78, 148, 171, 244, 199, 31, 131, 180, 228, 317

's-Hertogenbosch: 389, 159, 233, 233, 401, 327, 400, 392, 182, 215, 207, 242, 412, 260, 162, 95

Kortrijk: 175, 233, 175, 162, 33, 201, 131, 78, 65, 171, 71, 207, 175, 177, 177, 266

Leeuwarden: 175, 340, 233, 159, 92, 148, 72, 327, 339, 215, 204, 204, 279, 237

Liège: 162, 109, 191, 82, 142, 92, 205, 244, 231, 356, 242, 177, 240

Luxembourg: 233, 157, 190, 168, 190, 116, 46, 199, 90, 28, 177, 256

Maastricht: 92, 107, 132, 75, 82, 129, 116, 131, 98, 279, 237

Mechelen: 191, 149, 228, 191, 65, 159, 90, 130, 204, 240

Middelburg: 75, 216, 203, 149, 110, 69, 126, 119, 256

Mons: 186, 189, 126, 175, 129, 119, 136, 330

Namur: 203, 74, 175, 146, 159, 268, 317

Oostende: 226, 114, 186, 203, 169, 226

Rotterdam: 78, 226, 87, 112, 78

Tilburg: 198, 29, 81, 251

Tournai: 170, 251, 341

Turnhout: 99, 199

Utrecht: 93

817

Amsterdam	Antwerpen	Bruxelles/Brussel	Luxembourg	Rotterdam	
1535	1373	1340	1147	1476	*Barcelona*
709	589	548	335	689	*Basel*
664	725	768	766	699	*Berlin*
804	684	643	430	784	*Bern*
351	527	520	734	629	*Birmingham*
1087	925	892	926	1028	*Bordeaux*
2046	1926	1885	1672	2026	*Brindisi*
1537	1376	1342	1377	1478	*Burgos*
791	630	596	721	732	*Cherbourg*
929	767	733	605	869	*Clermont-Ferrand*
442	399	403	239	457	*FrankfurtamMain*
921	761	720	507	862	*Genève*
772	1000	992	1207	725	*Glasgow*
471	558	601	620	506	*Hamburg*
381	442	486	483	417	*Hannover*
782	869	912	931	817	*København*
289	128	114	310	230	*Lille*
2239	2078	2044	2078	2180	*Lisboa*
487	325	317	532	427	*London*
929	769	729	515	870	*Lyon*
1769	1608	1574	1608	1710	*Madrid*
2259	2097	2063	2092	2199	*Málaga*
1241	1081	1040	827	1181	*Marseille*
1046	925	884	671	1026	*Milano*
831	767	732	519	815	*München*
889	728	694	728	830	*Nantes*
1830	1709	1669	1455	1810	*Napoli*
1270	1357	1400	1419	1305	*Oslo*
1830	1710	1669	1456	1810	*Palermo*
506	344	310	355	447	*Paris*
2068	1907	1873	1907	2009	*Porto*
884	844	888	731	864	*Praha*
1633	1512	1471	1258	1613	*Roma*
1324	1162	1128	1163	1264	*SanSebastián*
1446	1533	1576	1595	1482	*Stockholm*
595	475	434	221	575	*Strasbourg*
1110	940	900	686	1041	*Torino*
1186	1024	990	1025	1126	*Toulouse*
1809	1647	1613	1484	1749	*Valencia*
1234	1192	1151	938	1293	*Venezia*
1148	1105	1109	939	1163	*Wien*
1335	1291	1295	1086	1349	*Zagreb*

Amsterdam *Antwerpen* *Bruxelles/Brussel* *Luxembourg* *Rotterdam*

Bruxelles/Brussel-Madrid

1574 km

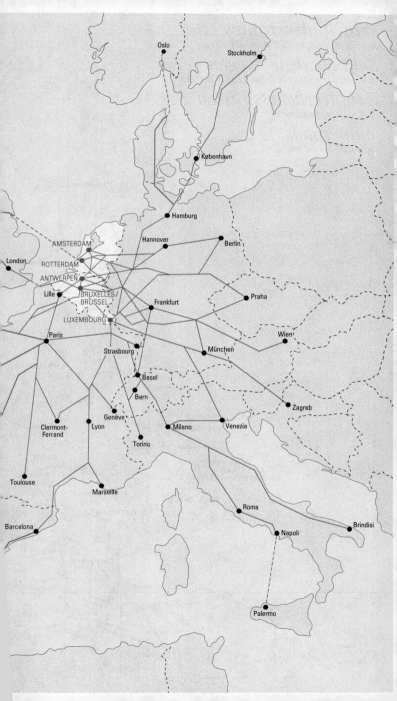

Principales routes
Carte de voisinage : voir à la ville choisie

Belangrijkste wegen
Kaart van de omgeving in de buurt van grote steden

Hauptverkehrsstrassen
Stadt mit Umgebungskarte

Main roads
Town with a local map

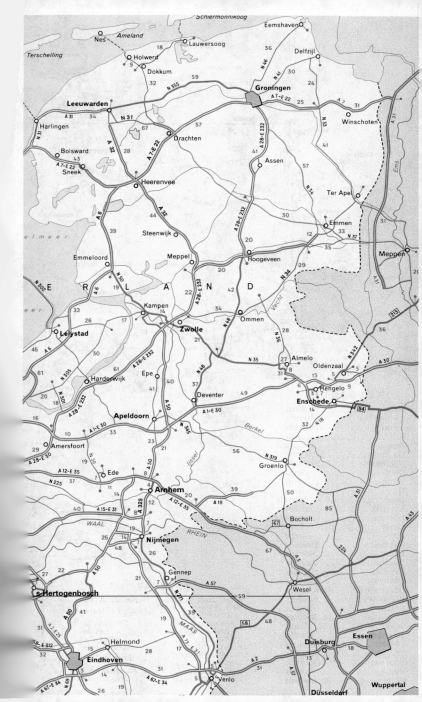

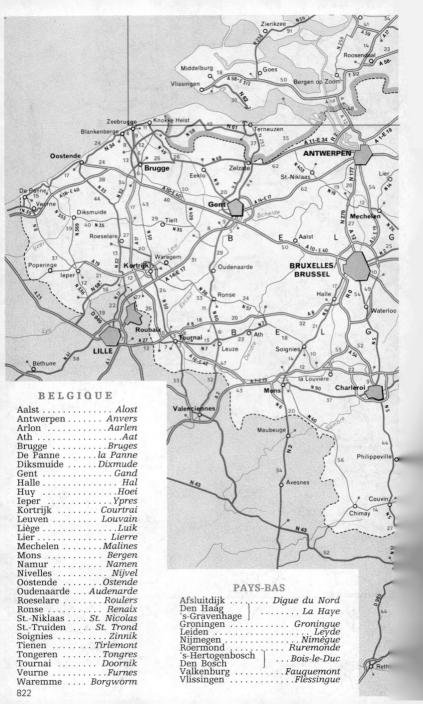

BELGIQUE

Aalst	*Alost*
Antwerpen	*Anvers*
Arlon	*Aarlen*
Ath	*Aat*
Brugge	*Bruges*
De Panne	*la Panne*
Diksmuide	*Dixmude*
Gent	*Gand*
Halle	*Hal*
Huy	*Hoei*
Ieper	*Ypres*
Kortrijk	*Courtrai*
Leuven	*Louvain*
Liège	*Luik*
Lier	*Lierre*
Mechelen	*Malines*
Mons	*Bergen*
Namur	*Namen*
Nivelles	*Nijvel*
Oostende	*Ostende*
Oudenaarde	*Audenarde*
Roeselare	*Roulers*
Ronse	*Renaix*
St.-Niklaas	*St. Nicolas*
St.-Truiden	*St. Trond*
Soignies	*Zinnik*
Tienen	*Tirlemont*
Tongeren	*Tongres*
Tournai	*Doornik*
Veurne	*Furnes*
Waremme	*Borgworm*

PAYS-BAS

Afsluitdijk	*Digue du Nord*
Den Haag ⎫	
's-Gravenhage ⎭	*La Haye*
Groningen	*Groningue*
Leiden	*Leyde*
Nijmegen	*Nimègue*
Roermond	*Ruremonde*
's-Hertogenbosch ⎫	
Den Bosch ⎭	*Bois-le-Duc*
Valkenburg	*Fauquemont*
Vlissingen	*Flessingue*

P. Gatïc I Michelin

- [ ] a. ✗✗ *Restaurant de bon confort*
- [ ] b. ✿ *Une très bonne table dans sa catégorie*
- [ ] c. 😊 *Repas soignés à prix modérés*

Vous ne savez pas quelle case cocher ?
Alors plongez-vous dans Le Guide Michelin !

- une collection de 12 destinations
- 20 000 restaurants sélectionnés en Europe
- 1 600 plans de ville
- les meilleures adresses à tous les prix

Guides Michelin, le plaisir du voyage.

Manufacture française des pneumatiques Michelin
Société en commandite par actions au capital de 304 000 000 EUR
Place des Carmes-Déchaux – 63 Clermont-Ferrand (France)
R.C.S. Clermont-Fd B 855 200 507

Michelin et Cie, propriétaires-éditeurs, 2005
Dépôt légal 02-2005 – ISBN 2-06-711552-9

Printed in Belgium : 02-2005
Compogravure : Maury Imprimeur S.A., Malesherbes.
Impression : CASTERMAN Printing à Tournai.
Reliure : S.I.R.C. à Marigny-le-Châtel.

Illustrations : Introduction, Cécile Imbert/MICHELIN et Narratif Systèmes/Genclo.
Nomenclature, Rodolphe Corbel